朱祖延　主編

爾雅詁林

周祖謨題

卷上

【一】

長江出版傳媒
湖北教育出版社

重印説明

《爾雅詁林》作爲國家古籍整理『八五』規劃重點出版項目，一九九八年一經出版，便引起了學術界的强烈反響，全國重要的學術報刊紛紛發表評論文章，對該書的學術價值給予了很高的評價。十六年來，這部收羅宏富、選本精良、編排科學、制作精美的鴻篇巨制，得到了學術界、出版界的高度肯定，先後獲得第四届全國優秀教育圖書獎榮譽獎、第四届國家圖書獎、第二届國家古籍圖書獎。二〇一三年八月，國家新聞出版廣電總局、全國古籍整理出版規劃領導小組組織專家經過初審、通訊評審、會議論證、復核評審等多輪評審程序，全票通過《爾雅詁林》入選『首届向全國推薦優秀古籍整理圖書目録』。

一直以來，《爾雅詁林》因其『將現存的歷代研究《爾雅》的資料網羅殆盡，有購一書而衆書皆備之效』，免去了研究者搜羅翻檢之苦，受到專家和學者的青睞。由于目前我國新建了許多大專院校，各種古代文化研究機構也日益增多，人們需要借助《爾雅》去解讀中國古代典籍。因此，《爾雅詁林》這部集《爾雅》研究資料之大成的著作在研究中國古代文化中的地位和作用日漸突出，受到更多研究者的關注。基於此，我們决定重印此書，以便使這部凝聚了數十位專家學者十餘年心血的皇皇巨制在中華學術文化研究方面發揮更大的作用。我們相信，《爾雅詁林》的再次出版，必將對《爾雅》的進一步研究起到重要作用。同時，這也是向那些爲《爾雅詁林》的編輯整理默默奉獻的專家們表達我們崇高敬意和深切懷念之情的最好方式。

二〇一四年二月

纂《爾雅》衆注於一帙

题朱祖延教授主编《爾雅詁林》

匡亚明

一九九二年十一月

先師蘄春黃公撰郝氏尔
疋疏訂補先友殷君石臞作
尔疋篆疏而皆未有成書
祖延教授嘗從石臞游精通
小學乃集衆力以成尔疋詁林可
謂能光大師門發皇疋學者矣
壬申冬程千帆敬題於南京
大學時年八十

《爾雅詁林》題辭

自傳注既興，而後有訓詁之學。《爾雅》一書，乃漢初經生裒錄衆家傳注而成。後人以其可取以解經，故附之群經之後耳。魏世張揖因《爾雅》舊例，博採漢儒箋注及《三蒼》、《説文》諸書以增廣之，名曰《廣雅》。深恐其書不爲時人所重，乃推尊《爾雅》，謂爲周公、孔子遺書，以明己之學所自出。此乃後人託古之陋習，不足信也。顧其書條理縝密，包羅敷廣，世之探索訓詁名物者悉宗之，其與群經并重久矣。余早歲治《爾雅》，始讀郝氏《義疏》，繼觀邵氏《正義》，於邵書尤爲服膺。邵書善矣，第草創之初，慮猶有罅漏；又其成書甚早，後出之義轉多。擬廣採他家，兼下己意，爲《爾雅邵疏訂補》以總會之。甫及一卷，終以他事間之，未能成也。吾友朱祖延教授，以文字訓詁之學施教上庠，慨然以主編《爾雅詁林》自任。鳩合同志，分工協作。外至各地採訪，歸而伏案整理，不數年而書成。弘編巨帙，蔚爲大觀。則吾人所欲遍覩之舊疏新解，悉在其中矣。自此治雅學者，不必廣求他書，而衆説畢備。嘉惠士林，夫豈淺鮮！祖延教授以七十高年，身多疾病，而猶夙夜在公，與諸同志搜輯排比，區處而條理之。積歷歲年，克底于成。其精神毅力，爲尤不可及也。

公元一九九二年十一月張舜徽

主　　編　朱祖延

副 主 編　宛志文　謝先俊　黄毓儀　黄　榕　詹八言　張林川

主要編纂者（以下按姓氏筆劃爲序）

宋文虎　胡至善　胡錦賢　郭康松　馮瑞生　閔定慶　溫顯貴

楊　薇　鍾名立　蕭惠蘭

編 纂 者　王孟懷　江中柱　林久貴　周子翼　周德美　查清華　彭長大

目録

序

吾國辭書之業，如長江大河，汪洋浩汗，沿波討源，《爾雅》實爲濫觴。《爾雅》之爲書也，類列詞語，同義相訓。古書讀應《爾雅》，則古今異言，方俗殊語，豁然可得而解。故孔子答問，稱《爾雅》足以辨言；子長作史，引經輒易以雅訓。《爾雅》之爲用宏矣。昔人譽爲「九流之津涉，六藝之鈐鍵，學覽者之潭奧，摛翰者之華苑」，信不誣也。至於讀之不熟，則彭蜞致疾；資以博聞，則豹鼠顯名。斯又前賢之嘉話，長供後人之談助者也。自《爾雅》肇創辭書訓詁之體式，百世而下，翕然向風。雖「包羅天地，綱紀人事，權揆制度，發百家之訓詁，未能悉備」，然規模麁具矣。後儒增廣《爾雅》，迭出新製，在漢有《小爾雅》、《逸雅》，在魏有《廣雅》，在宋有《埤雅》、《爾雅翼》，自明訖清，又有《駢雅》、《匯雅》、《通雅》、《別雅》、《比雅》、《疊雅》，凡所著書，悉以「雅」名。群「雅」薈萃，可謂瓜瓞綿綿，本支百世者已。推原厥初，《爾雅》寧非不祧之祖歟！然《爾雅》博採先秦故書以立訓，文辭簡約，語或不詳所自。古文因聲寄意，字多通假，而《爾雅》全無音讀。若是之類，研習爲難。以故後之學者，爲之注疏，爲之引證，爲之考辨，爲之音圖。或古注散亡，爲之輯佚；或傳寫致誤，爲之校勘。踵事增華，代有繼作。作者曰聖，述者曰明。《爾雅》訓詁之書，粲焉若繁星之麗天矣。漢晉諸儒之注《爾雅》者，有犍爲文學、劉歆、樊光、李巡、孫炎、郭璞諸家。今惟郭注僅存，餘皆散佚。景純洽聞强識，詳悉古今，廣徵載籍，參以時驗，所注《爾雅》，爲時所重。六朝訖唐，爲《爾雅》注釋音義者，又有沈旋、施乾、謝嶠、顧野王、裴瑜、江漼、陸德明諸家。今惟陸氏《音義》行於世，餘皆不傳。宋真宗咸平初，邢昺等奉勅撰《爾雅疏》，以郭注爲主，多能引證，黄侃稱其閎通。其所徵引古籍有非今人所及睹者。宋自慶曆以降，重義理而輕考據，義疏訓詁之書，束置高閣。其能發明古義，不事穿鑿者，則鄭樵《爾雅注》差可稱道。陸佃《爾雅新義》於郭注之外，比附成義，亦時有可採。元明之際，以制義取士，雅學陵夷，不絶如綫。有清一代，漢學復興，逢掖之儒，皆崇尚實學，不逞臆説，由是《爾雅》一書復見重於世。一時精研雅學著書傳世者，無慮數十百家。要而言之，有余蕭客、臧庸、嚴可均、黄奭、馬國翰、董桂新、葉蕙心、陶方琦之輯録佚注；盧文弨、彭元瑞、阮元、張宗泰之校勘經疏；戴震、沈廷芳、錢坫、嚴元照、胡承珙、馬宗薌、汪鎣之正字匡名；翟灝、戴鎣、周春、劉玉麐、潘衍桐、朱學聃、王樹枏之補正郭注；錢坫、程瑶田、宋翔鳳、劉寶楠之考釋名物；包錫咸、楊賡元、李雩、王仁俊、蔣元慶、董瑞椿、王頌清、陸錦燧之日記札録；邵晉涵、郝懿行、龍啓瑞、姚正父、王闓運、尹桐陽之疏證集解。其於群經總論或群書博覽中論及《爾雅》者，如王引之《經義述聞》、俞樾《群經平義》、洪頤煊《讀書叢録》之類，尤更僕難數。《爾雅》訓詁之學，至此始臻於極盛。其時雖著述如林，蔚爲大觀，然窮源竟委，觸類旁通，則邵氏《正義》、郝氏《義疏》，堪稱巨擘。而郝書較邵書晚出，實能博採衆長，兼以聲韻明訓詁，融通轉注假借之例，精博乃出邵書之上。然千慮一失，智者不免，故王念孫又有《爾雅郝注刊誤》之作也。迨及近世，王國維、劉師培、黄侃、殷孟倫、徐復、周祖謨諸先生俱以雅學湛深，馳譽上庠。黄氏《音訓》依郝氏《義疏》而施以增改，以聲訓推求鳥獸草木得名之由，精義紛呈，多有碻不可易者。周氏《校箋》，以《天祿琳琅叢書》宋監本爲底本，博採前代字書、韻書、音義書、類書所引《爾雅》文字與之比勘，又擇取清儒成説以定其是非，可謂至纖至悉。「前修未密，後出轉精」、「先創者難爲功，紹述之易爲力」，不其然歟！綜上所述，可知雅學流傳，亘二千年而不替，亦盛矣哉！惟是載籍浩繁，珍本希世，或散在四方，訪求不易；或庋藏石室，謀面爲難。爲《爾雅》之學者，往往臨淵羨魚，欲濟無舟。職此之由，本所同仁，遂倡議規仿丁福保氏《説文解字詁林》之例，纂輯《爾雅詁林》，以示學者。昔王引之序《經籍纂詁》有云：「展一韻而衆字畢備，檢一字而諸訓皆存，尋一訓而原書可識」，今是書編成，彙《爾雅》衆注於一帙，百家之説，或相增補，或相駁詰，覼縷而陳，莫衷一是。學者手此一編，循覽故訓，考覈異同，瞭然如指諸掌，無翻檢之勞，得筌蹄之助，其爲功又豈在《經籍纂詁》之下哉？竊思兹事體大，編者智苶學短，疏漏闕失，知所不免，尚望海内學人，有以教之。

公元一九九二年十月寶應朱祖延識於湖北大學古籍研究所

纂例

一　本編纂集自漢迄今治《爾雅》之重要著作凡九十四種。

二　本編以《爾雅》經文條目為綱，以諸家訓釋為目，分條纂義，排比衆説。首列經文郭注、次邢疏、次古注（輯佚）、次補注、次札記、次校勘、次音釋，以類相從，圖附於末。同一類中依刊刻年代為序；若兩書内容關係緊密，則緊相隨從，不以時間為序，如清盧文弨《爾雅音義考正》緊綴於唐陸德明《爾雅音義》之後，俾便參校。

三　《爾雅》條目之劃分，歷代注家不盡相同，本編謹依郝懿行《爾雅義疏》本。若某書分為兩條（或多條）而郝疏本劃作一條者，則將其内容合於一條之中；若郝疏本分為兩條（或多條）而某書劃作一條、内容又牽扯難斷者，本編一律併入末條。

四　本編以忠實原書為原則，諸書内容雖分散見於各條，但其文字内容基本保持原貌。諸家輯佚，所輯雖為同一家注，内容多有雷同，但文字、出處等往往互有差異，可相互參證，以資啟發，故不避重複，全文保留。補注、音釋之類照録經注者，為省篇幅，一般删去不用；凡有所補充和發明者，則一概保留。

五　條目之下，以陰文印章標識書名。馬國翰《玉函山房輯佚書》，黄奭《爾雅古義》等輯佚之書，所輯古注係按注家分卷，注文置於各條之後則無從辨別，故在注文下以陽文印章標識其注家名。王仁俊《玉函山房輯佚書續編》及《十三經漢注四十種輯佚書》準此。書名、注家名均用簡稱，全稱見《引書目錄》。

六　本編句讀採用頓點、圈點兩種符號。句讀恪守達義、貫通、明晰之原則。

七　本編採用宋蜀大字經注本作底本，經文依郭注之意點讀。輯佚各書之經文、各補注本之經注，無論其照錄全文或截取某句某詞為釋，概不標點。

八　本編所收《爾雅》研究之典籍，內容廣博，徵引繁富，為使文意暢達，避免支離細碎，在標點上一般宜粗不宜細。

九　文中大字下綴有小字夾注，大小字分別絕句。若夾注僅標示出處（如書名、篇名、卷次、部首、韻部）或音切、異文，則不圈點。

十　少數書籍原已有句讀，本編一仍其舊。

十一　入選書籍，依據本編分條剪輯、影印之特點，務求其善。有些書籍，雖學術性較強，由於難以分條，未能入選。少數書籍，雖善本尚存，但因年代久遠，文字漫漶，不便影印，只好割愛，而用文字清晰之本。

十二　原書文字錯誤概不勘改。惟尹桐陽《爾雅義證》一書，因原書附有校勘，則據以對原文作了改訂。

引書目錄

原書名・	簡稱
爾雅注　郭璞　影覆宋蜀大字本	郭注
爾雅疏　邢昺　光緒四年吳興陸氏十萬卷樓仿宋刻本	邢疏
爾雅古義　黄奭　漢學堂叢書本	黄輯古義
玉函山房輯佚書・爾雅　馬國翰　長沙湘遠堂刻本	玉函山房輯佚
玉函山房輯佚書續編・爾雅　王仁俊　上海古籍出版社一九八九年版	玉函山房輯佚續編
爾雅圖贊　王謨　漢魏遺書鈔本	王輯圖贊
爾雅圖贊　嚴可均　觀古堂匯刻書本	嚴輯圖贊
爾雅圖贊　錢熙祚　百部叢書集成影指海本	錢輯圖贊
古經解鉤沉・爾雅　余蕭客　乾隆六十年刊本	鉤沉
爾雅漢注　臧庸　槐廬叢書本	漢注
孫氏爾雅正義拾遺　吳騫　拜經樓叢書本	孫氏正義拾遺
爾雅一切注音　嚴可均　木犀軒叢書本	一切注音

爾雅古注斠　葉蕙心　光緒二年李氏半畝園刊本
爾雅古注斠補　陶方琦　漢孳室遺書鈔本
十三經漢注四十種輯佚書　王仁俊　上海古籍出版社一九八九年版
爾雅鄭玄注稽存　許森　民國二十一年石印本
爾雅音義　陸德明　通志堂刊本
爾雅音義考正　盧文弨　抱經堂叢書本
爾雅新義　陸佃　百部叢書集成影粤雅堂叢書本
爾雅注　鄭樵　學津討原本
爾雅古注合存　董桂新　稿本
爾雅注疏參義　姜兆錫　雍正十年寅清樓刊本
爾雅補注　周春　觀古堂匯刻書本
爾雅正義　邵晉涵　乾隆戊申餘姚邵氏家塾本
爾雅補注殘本　劉玉麐　廣雅書局刊本
爾雅校議　劉玉麐　食舊堂叢書本
爾雅義疏　郝懿行　咸豐六年刊本
爾雅郝注刊誤　王念孫　殷禮在斯堂叢書本

古注斠
古注斠補
漢注輯佚
鄭玄注稽存
陸音義
音義考正
新義
鄭樵注
古注合存
注疏參義
補注
正義
補注殘本
校議
義疏
郝注刊誤

爾雅經注集證	龍啓瑞	皇清經解續編本	經注集證
爾雅集解	王闓運	湘綺樓全書本	集解
爾雅義證	尹桐陽	民國三年衡陽學社石印本	義證
爾雅釋地四篇注	錢坫	皇清經解續編本	釋地四篇注
爾雅釋言集解後案	黃世榮	民國四年文惠全書本	釋言集解後案
爾雅蟲名今釋	劉師培	劉申叔先生遺書本	蟲名今釋
爾雅補郭	翟灝	木犀軒叢書本	補郭
爾雅郭注補正	戴鎣	光緒十一年海陽韓氏經香閣刊本	郭注補正
爾雅古義	錢坫	皇清經解續編本	錢氏古義
爾雅舊注考證	李曾白	李滋然補刊本	舊注考證
爾雅正郭	潘衍桐	光緒十七年浙江書局刻本	正郭
爾雅評郭	朱學聃	民國二十五年印本	評郭
爾雅郭注佚存補訂	王樹枏	王氏資陽莫文室自刻本	郭注佚存補訂
爾雅説詩	王樹枏	王氏陶廬叢刻本	説詩
爾雅補釋	汪柏年	民國二十五年蘇州文新印書館鉛印本	補釋
十三經注疏正字・爾雅	沈廷芳	四庫全書本	注疏正字

爾雅小箋	江藩　鄦齋叢書本	小箋
經義述聞·爾雅	王引之　四部備要本	述聞
爾雅匡名	嚴元照　廣雅書局刊本	匡名
爾雅啓蒙	姚正父　咸豐刊本	啓蒙
爾雅正名（黄侃評）	汪鎣　制言雜誌期刊	黄侃評本正名
爾雅本字考	馬宗薌　民國二十八年齊魯大學國學研究所印本	本字考
爾雅音訓	黄侃　上海古籍出版社一九八三年版	黄侃音訓
爾雅義疑	吳浩　四庫全書本	義疑
讀爾雅日記	包錫咸　學古堂日記本	包錫咸日記
讀爾雅日記	楊賡元　學古堂日記本	楊賡元日記
經讀考異·爾雅	武億　蘇州護龍街中文學山房刊本	考異
讀雅筆記	李雱　嘉慶甲子年賜錦堂刊本	讀雅筆記
十三經札記·爾雅	朱亦棟　光緒四年武林竹簡齋刊本	札記
十三經客難·爾雅	龔元玠　嘉慶二十三年刊本	客難
十三經證異·爾雅	萬希槐　民國十二年湖北官書處印本	證異
爾雅古義	胡承珙　道光丁酉年求是堂刊本	胡氏古義

讀書叢錄・爾雅	洪頤煊	道光元年刊本	讀爾雅錄
十三經詁答問・爾雅	馮登府	皇清經解續編本	詁答問
爾雅古義補	馮登府	稿本	古義補
群經蠡管・爾雅	劉椿	道光戊子年敬信齋刻本	蠡管
十三經考異摘要・爾雅	趙履和	咸豐十年刊本	考異摘要
群經平議・爾雅	俞樾	同治十一年刊本	平議
十三經心畬・爾雅	陶起庠	甲州陶氏家塾本	心畬
讀爾雅日記	王仁俊	學古堂日記本	王仁俊日記
讀爾雅日記	蔣元慶	學古堂日記本	蔣元慶日記
讀爾雅日記	董瑞椿	學古堂日記本	董瑞椿日記
讀爾雅補記	董瑞椿	學古堂日記本	董瑞椿補記
讀爾雅日記	王頌清	學古堂日記本	王頌清日記
讀爾雅日記	陸錦燧	學古堂日記本	陸錦燧日記
爾雅詁	徐孚吉	南菁書院叢書本	爾雅詁
爾雅稗疏	繆楷	南菁書院札記本	稗疏
十三經舊學加商・爾雅	吳修祜		舊學加商
香草校書・爾雅	于鬯	中華書局一九八四年版	校書

爾雅學	陳晉	教育書院叢書本	爾雅學
爾雅石經考文提要	彭元瑞	同治十二年重刻本	石經考文提要
爾雅注疏校勘記	阮元	皇清經解本	校勘記
十三經注疏校勘記識語・爾雅	汪文臺	光緒三年江西書局刊本	校勘記識語
爾雅南昌本校勘記訂補	許光清	涉聞梓舊叢書本	校勘記訂補
十三經注疏校記・爾雅	孫詒讓	齊魯書社一九八三年版	校記
爾雅注疏本正誤	張宗泰	積學齋叢書本	注疏本正誤
爾雅注疏校勘札記	劉光蕡	光緒二十年陝甘味經刊書處重校刊本	校勘札記
爾雅校箋	周祖謨	江蘇教育出版社一九八四年版	宋監本校箋
爾雅音圖・爾雅音	佚名	光緒十年上海同文書局影印本	音圖・音
爾雅直音正誤	周春	粵雅堂叢書本	直音正誤
十三經音略・爾雅	周春	粵雅堂叢書本	音略
爾雅直音	孫偘	乾隆乙卯年山淵堂刊本	孫偘直音
爾雅直音校正	王祖元	叢書集成初編本	直音校正
十一經音訓・爾雅	楊國楨	光緒三年湖北崇文書局刊本	楊氏音訓

爾雅音釋　干朝梧　嘉慶六年星子干氏刻本　干氏音釋

爾雅音圖・爾雅圖　佚名　光緒十年上海同文書局影印本　音圖・圖

黄輯古義、玉函山房輯佚及續編、漢注輯佚所引注家本書採用簡稱：

犍爲（文學或稱舍人）注　劉（歆）注　樊（光）注　李（巡）注　許（慎）注　鄭玄注　孫（炎）音注　劉劭注　郭（璞）音注　郭（璞）圖贊　沈（旋）集注　謝（嶠）音　顧（野王）音　施（乾）音　裴（瑜）注　麻（杲）注　衆家注

釋詁第一

釋詁第一　釋曰、釋、解也。詁、古也。古今異言、解之使人知也。釋言則釋詁之別。故爾雅序篇云、釋詁釋言通古今之字、古與今異言也。第、次也。一、數之始也。以其作最在先、故爲第一。此篇相承以爲周公作、但其文有周公後事、故先儒共疑焉。或曰仲尼子夏所增足也、或曰當周公時有之、今無者或在散亡之中。然則詩書所有、非周公所釋、乃後人依放故言雅記而爲之文、故與之同。郭氏因即援據以成其義。若言胡不承權輿及緇衣之蓆兮、此秦康鄭武之詩、在周公之後明矣。其義猶今爲文採摭故事以爲辭耳。則此篇所載悉周公時所有、何足怪也。其諸篇所次、舊無明解、或以爲有親必須宮室、宮室既備、事資器用。今謂不然。何則、造物之始、莫先兩儀、而樂器居天地之先、豈天地乃樂器所資乎。蓋以先作者居前、增益者處後、作非一時、故題次無定例也。其篇之名義、逐篇具釋、此不繁言。此書之作、以釋六經之言、而字別爲義、無復章句、今而作疏、亦不分科段。所解經文、若其易了及郭氏未詳者、則闕而不論。其稍難解、則援引經據及諸家之說以證之。郭氏之注多采經記、若其通見可曉者、則但指篇目而已。其或書名僻異、義旨隱奧者、則具載彼文以祛未寤者耳。

邢疏

釋故第一　陸德明經典釋文、詁、樊光李巡本作故。

毛詩釋文、樊孫等爾雅本皆爲釋故。

樊注

陸德明毛詩釋文、郭景純注爾雅則作釋詁、樊孫等爾雅本皆爲釋故。

李注

陸德明經典釋文、詁、樊光李巡本作故。

孫音注

玉函山房輯佚

釋詁第一　陸德明經典釋文爾雅音義上中、詁、樊光李巡本作故。又毛詩音義上、郭景純注爾雅則作釋詁、樊孫等爾雅本皆爲釋故。

漢注

釋詁第一　釋文二十九卷、詁、李巡樊光本作故。

一切注音

釋詁第一　樊光李巡本作故。釋文

蕙心案、說文言部引詩曰詁訓、即詩古訓是式之古訓。詁通作故。漢書藝文志有大小夏侯解故、詩有魯故、齊后氏故、齊孫氏故、韓故、毛詩故訓。然則古訓故訓詁訓並聲同義通。

古注斠

釋詁第一　音古、又音故。樊光李巡本作故。說文云、詁、故言也。字林同。張揖雜字云、詁者、古今之異語也。

陸音義

釋詁第一　詁、故也、古人之言也、故從言。以古人之言於今有訛轉、故作釋詁。以五方之言於此有異同、故作釋言。然古人之言亦有五方之異、五方之言亦有古今不同、故釋詁釋言二篇雖各有註、其義互通。

鄭樵注

釋詁第一　詁、樊光李巡本作故。

鄭樵曰、詁、故也、古人之言也、故從言。以古人之言於今有訛轉、故作釋詁、以五方之言於此有異同故作釋言。然古人之言亦有五方之異、五方之言亦有古今不同、故釋詁釋言二篇雖各有註、其義互通。

古注合存

釋詁第一。疏曰、釋、解也。詁、古也。古今異言、解之使人知也。釋言則釋詁之分、故序篇總云釋詁釋言、通古今字之異言也。此篇相傳以爲周公作、但其文或有在周公之後、有先儒多疑之。或曰仲尼子夏所增足也、或曰當周公時有其文今無者、或已散亡也。然則註所引書詩之文、非皆周公所釋、若言胡不承權輿、緇衣之蓆兮、此秦康鄭武之詩、在周公之後明矣。蓋郭氏援據以成其義也。其諸篇所次、先作者居前、增益者居後、作非一時、故題次無定例云。愚按爾雅非先聖之原書、而疏於此篇、獨信爲周公作、故言註所引周公以後之文、乃郭氏援據成義、初非周公當日之所釋、而其所釋者今或亡也。今考篇中、如權輿字蓆字、謂周公時或別有其文猶可、若終風詩刺衛莊之謔浪笑敖、閟宮詩頌魯僖之黃髮兒齒、皆成句全文、似難謂周公時亦恰有是成文、則此篇亦有非周公作者雜之、與餘詳各篇各條。

注疏參義

詩釋文云、釋詁、樊孫等爾雅本皆爲釋故。

春秋元命包言子夏問夫子作春秋、不以初哉首基爲始

爾雅詁林　一　釋詁上

何、邢疏據此以定釋詁爲周公所作、亦未確也。

補注

釋詁第一

正義

說文解字云、詁訓故言也。古、故也、从十口、識前言者也。詩大雅烝民云古訓是式、鄭箋云古訓、先王之遺典也。詁通作故、漢書蓺文志書有大小夏侯解故、詩有魯故、齊后氏故、齊孫氏故、韓故、毛詩故訓傳、顏師古云故者、通其指義也。釋文引樊光李巡本皆作釋故、是也。先王遺典由今言以通古義、故釋文引張揖雜字云詁者、古今之異語也。陸德明誤會張揖之意、以此篇爲周公所作、餘爲後人增益、辨已見前矣。周公作爾雅、則篇目皆周公所定、而孔子門人每篇皆有附益以增成其義、即此篇亦有增益者。何以明之、古人字簡、多有假借、自文字日滋、遂不得不多所訓釋。如羕即永字之古文、而此篇云永羕長也、嵩爲崇字之或體、而此篇云嵩崇高也、是皆門人附益之證。密靜也前後重見、其不盡出於一人明矣。後人或引秦風不承權輿、謂周公不應釋秦風、以此疑爲非周公所作。斯又不然。逸周書已見權輿、豈得謂周公之時無權輿之文乎。況夫爾雅與六經相表裏、据爾雅以釋六經、而六經明、引六經以證爾雅、而爾雅明。故郭氏每引經文、所以證明爾雅也。如謂先有郭氏所引之經、而後有爾雅之義、此不足與通古今之義矣。此篇所釋始也君也大也其義相承、餘廼錯舉而釋之。

正義

釋詁弟一 釋者說文云解也、从釆、取其分別物也。爾雅之作、主於辨別文字、解釋形聲、故諸篇俱曰釋焉。詁者說文云訓故言也、从古聲。古、故也、从十口、識前言者也。釋文引張揖雜字云、詁者古今之異語也。然則詁之爲言故也、故之爲言古也。詁通作故、亦通作古。釋文詁兼古故二音、是也。又引樊光李巡本釋詁作釋故。詩周南釋文亦云樊孫等爾雅本皆爲釋故。說文言部引詩曰詁訓、漢書蓺文志作故訓、詩烝民云古訓是式。蓋古訓即故訓、故訓亦即詁訓、並字異而義通矣。此篇自始也以下終也以上、皆

舉古言、釋以今語。其間文字重複、展轉相通、蓋有諸家增益、用廣異聞。釋言釋訓以下亦猶是焉。

義疏

釋故者、釋周以前相傳之古字。樊光李巡、孫炎本皆作故、郭璞本作詁。釋、解也。

集解

釋詁第一 詁訓故言也。古言多叚借、以今言釋之、故名釋詁。

義證

釋詁第一 釋文云詁、樊光李巡本作故。案、毛詩釋文云、郭注爾雅則作釋詁、樊孫本皆爲釋故。据此則漢讀皆作故、獨郭作詁。案說文言部詁、訓故言也、从言古聲、詩曰告之詁言、今本作詩曰詁訓、脫告之二字。又誤言作訓。据毛詩釋文云說文作詁、今改正。則詁爲正文、故詁古今字。第當作弟。說文弟、韋束之次弟也。竹部無第字、故說文弟一、弟二字皆作弟。而毛詩周南關雎詁訓傳第一、正義曰說文云第、次也、字從竹弟、豈唐本竹部有第字邪。然弟不成字、恐未可信。

匡名

釋詁第一 說文釋、解也、从釆、釆取其分別物也、从睪聲。詁、訓故言也。古、故也。詁通作故。詩大雅古訓是式。古人字簡、假借者多、自文字日增、不得不爲之訓釋。此篇所以釋古今之異語也。

啓蒙

廣雅詁、言也。然則詁與言對言有別、通言不殊。

黃侃音訓

釋詁周公所作

爾疋釋詁、周公所作。而權輿字見夏屋詩、蔕字見緇衣詩者、後人摭其文以作詩故也。若釋訓篇多釋詩辭、則孔子子夏所增益、非周公之書矣。

始君大居先

釋詁篇必以始君大居先者、始者無先之稱、君者至尊之號、大則無所不包、故先言之。又此三者天也人也地也。易曰、萬物資始、天也。直方大、地也。乾坤相對、而以地在人後者、以人居天地之中、且尊尚人君、故進之也。有十餘名而同一實者、大是也。

讀雅筆記

邢疏　詁古也古今異言解之使人知也

證異

釋詁第一　邢疏爾雅敘篇云、釋詁釋言通古今之字、古與今異言也。

案、詩周南關雎詁訓傳第一孔疏引爾雅序篇云、釋詁釋言通古今之字、古與今異言也、釋訓言形貌也。此邢疏所本。漢書藝文志爾雅三卷二十篇、今爾雅止十九篇、其一篇蓋卽敘篇無疑。孫氏志祖讀書脞錄續編謂釋詁分上下二篇、故漢志稱二十篇。不知釋詁之分篇實自邢昺作疏時始、唐石經及正德本閩本毛本（竝見阮氏元校勘記。）影宋蜀大字本（刊在古逸叢書。）皆止作釋詁一篇、不作二篇也。翟氏灝謂祭名講武旌旂三章俱非天類、古爾雅當更有釋禮一篇、與釋樂篇相隨、此三章乃釋禮文之殘缺失次者耳。（附見爾雅補郭夏曰復胙條後。）不知廣雅篇次一依爾雅、廣雅既無釋禮篇、則爾雅必亦無此篇可知。然則爾雅有敘篇、何以廣雅無之、曰廣雅篇次一依爾雅、爾雅既有敘篇、廣雅又何必重敘之。班固作漢書百篇、其一篇爲敘傳、而范曄作後漢書無之。亦以范書篇次一依班書、班書既有敘傳、范書可不必重敘之也。

董瑞椿補記

詁者、故也、陸德明引樊光李巡本、釋詁皆作釋故。詩有韓故、賈氏爲左氏傳訓故、故即詁也。釋者、說文云：「解也、从釆。」本篇多用今言解釋古語、故名釋詁。

爾雅學

釋詁第一〇釋曰釋解也　注疏本刪上六字。

釋詁釋言通古今之字　注疏本脫古字。按、毛詩周南關雎詁訓傳正義曰、爾雅序篇云、釋詁釋言通古今之字、古與今異言也、釋訓言形貌也。邢疏本此。

此秦康鄭武之詩　注疏本詩誤時。

校勘記

釋詁第一　十行本下二格、雪牕本下一格、餘倣此。

校勘記訂補

上者對中下生名　監本同。毛本湘本生作之。

注疏校勘札記

釋詁　古　故

孫品直音

釋詁第一

周公作詁必以始也君也大也居先者、始者無先之稱、君者至尊之號、大則無所不包、故先言之。一曰此三者天也人也地也易乾卦云萬物資始、坤卦云直方大、老子云域中有四大、王居其一焉。故以此三者爲先。乾坤相對之物、而以地在人後者、以人居天地之中、且尊尚人君、故進之。

楊氏音訓

初、哉、首、基、肇、祖、元、胎、俶、落、權輿、始也。

尚書曰、三月哉生魄。詩曰、令終有俶。又曰、俶載南畝。又曰、訪予落止。又曰、胡不承權輿。肧胎未成亦物之始也。其餘皆義之常行者耳。此所以釋古今之異言、通方俗之殊語。

郭注

初哉首基肇祖元胎俶落權輿始也　釋曰、皆初始之異名也。初者、説文云從衣從刀、裁衣之始也。哉者、古文作才、説文云才、草木之初也。以聲近借爲哉始之哉。首者、頭也、身之始也。基者、説文云牆始築也。肇者、説文作肁、始開也。祖者、宗廟之始也。元者、善之長也、長即始義。胎者、人成形之始也。俶者、動作之始也。落者、木葉隕墜之始也。權輿者、天地之始也、天圓而地方、因名云。此皆造字之本意也。及乎詩書雅記所載之言、則不必盡取此理。但事之初始、俱得言焉。他皆倣此。

注尚書至殊語　釋曰、云尚書曰三月哉生魄者、康誥文。云詩曰令終有俶者、大雅既醉文。又曰俶載南畝者、周頌載芟文。又曰訪予落止者、周頌訪落文。又曰胡不承權輿者、秦風權輿文。云肧胎未成亦物之始也者、説文云、肧、婦孕一月也。胎、婦孕三月也。然則尚未成形而爲形之始、故曰肧胎未成亦物之始。物則形也。云其餘皆義之常行者耳者、謂初首基肇祖元也、通見詩書、故曰義之常行。云此所以釋古今之異言通方俗之殊語者、楊雄説方言云、皆古今語也、初別國不相往來之言也、今或同。而舊書雅記故俗語不失其方、而後人不知、故爲之作釋也。郭彼注云、謂作釋詁釋言是也。

邢疏

胎始也以下釋故　毛詩音義上　郭景純注爾雅則作釋詁、樊孫等爾雅本皆爲釋故。

胎、大才反。釋文

孫音注

胎始也以下釋詁

胎、生之始。詩七月正義八之一　一切經音義一作胎始養也

衆家注

黃輯古義

元胎、大才反。陸德明釋文

孫音注

玉函山房輯佚

胎

大才翻。孫炎音　釋文二十九

鉤沉

胎始也

孫曰、胎、大才反。釋文

注曰、胎、生之始。孔穎達詩七月正義八之一。唐沙門元應一切經音義一作胎始養也。

漢注

爾雅詁林　一　釋詁上

初哉首基肇祖元胎俶落權輿始也 胎本或作殆。毛詩豳風傳云、殆、始也。正義云、釋詁文。

舊註云、胎、始養也。一切經音義一 郭璞云、尚書曰三月哉生魄。詩曰令終有俶、又曰俶載南畝、又曰訪予落止、又曰胡不承權輿。胚胎未成、亦物之始也。其餘皆義之常行者耳。此所以釋古今之異言、通方俗之殊語。

一切注音

胎始也 孫炎云、大才反。釋文 舊注云、胎、始養也。一切經音義一

蕙心案、漢人注經、祇云讀如讀若讀作。孫炎始刱反切。

古注斠

胎始也 舊注胎生之始 詩七月正義

古注斠補

陸音義

哉 子來反。亦作𢦏。 肇 音趙。 胎 天才反、孫炎大才反。本或作台。 俶 尺叔反。字又作俶。 權 巨員反。 輿 音余。 令 力政反。 胚 字又作𦙶、同。普才反。又匹尤反。淮南子及文子並云、婦孕三月而胚。說文云、胚、婦孕一月也。胚、凝血。

新義

初哉首基肇祖元胎俶落權輿始也

初、氣之始。哉、事之始。亦物之始。首、體之始。基、堂之始。祖、親之始。元、善之始。亦體之始。胎、形之始。初、有始而未形、故有大初而後有大始。俶、於人為叔、於天為始。落、於花為落、於實為始。權、量之始。輿、車之始。

鄭樵注

初哉首基肇祖元胎俶落權輿始也 初、衣始制也。哉、艸木始生也。首、元首、皆人之首也。肇、始闢戶也。祖、人之先也。胎、孕形也。俶、初動作也。落、初隕也。權輿、胚胎未成、亦物之始。凡此皆始也。可以文義求。他有因音借字、不可以文義求者。難專泥此。舊註引尚書三月哉生魄詩曰令終有俶、又曰俶載南畝、又曰訪予落止又曰胡不承權輿。

古注合存

初哉首基肇祖元胎俶落權輿始也 肇、鄭本作肇。胎、孫炎大才反。

郭璞曰、尚書曰三月哉生魄。詩曰、令終有俶。又曰俶載南畝。又曰訪予落止。又曰胡不承權輿。胚胎未成、亦物之始也。其餘皆義之常行者耳。此所以釋古今之異言、通方俗之殊語。凡郭注全錄。

鄭樵曰、初、衣始制也。哉、艸木始生也。首、元首、人之首也。肇、始闢戶也。祖、人之先也。胎、孕形也。俶、初動作也。落、初隕也。權輿、胚胎未成、亦物之始。凡此皆始也、可以文義求。他有因音借字、不可以文義求者、難專泥此。舊註引尚書三月哉生魄、詩曰令終有俶、又曰俶載南畝、又曰訪予落止、又曰胡不承權輿。凡鄭注全錄。

注疏參義

初哉首基肇祖元胎俶落權輿始也。俶、昌叔反。○此釋初哉以下、皆爲始之義也。註曰、哉、書康誥云、哉生魄。俶、詩既醉云、令終有俶。落、詩訪落云、訪予落止。權輿、秦風云、胡不承權輿。疏曰、初、說文從衣從刀、衣服之始。哉、說文古作才、草木之始也。以聲近借爲哉。首者、身之始。基者、屋之始。肇、始開也。祖者、人之始。元者、善之長。長卽始義。胎者、形之始也。俶者、動作之始。落者、隕墜之始。權輿、象天圓而地方、天地之始也。愚按、始字從女從台、與胎字義畧同、而其字尤古。今四方通行之義。故以釋初哉以下諸異號同實之字。其諸字。註有證有不證者、則以義有易明不易明也。後皆放此。

補注

詩釋文、載、始也。載哉義同。

鄭云、首元皆人之首也。肇、始闢戶也。

初哉首基肇祖元胎俶落權輿始也 註 尚書曰三月哉生魄詩曰令終有俶又曰俶載南畝又曰訪予落止

爾雅詁林　一　釋詁上

又曰胡不承權輿胚胎未成亦物之始也其餘皆義之常行者耳此所以釋古今之異言通方俗之殊語

正義 訓釋古今、必有託始、累辭相貫、其義則同、故先釋始之義也。○初哉首基○初者、說文云、初、裁衣之始也。此言造字之本意也。經傳通用、直以初爲始耳。餘皆放此。干寶周易爻義云、位始故稱初。夏小正云、初者始也。穀梁隱五年傳云、初、始也。哉、說文作才、云艸木之始也。古文哉俱作才、如書云在哉汝諧、張平子碑作在才汝諧是也。詩大雅文王云、陳錫哉周、鄭箋、哉、始也。左氏昭七年傳引作陳錫載周。周頌云、載見辟王、毛傳、載、始也。是哉通作載也。首者、方言云、人之始生謂之首。釋名云、首、始也。呂氏春秋簡選篇云、爲兵首、高誘註、首、始也。基者、說文云、基、牆始也。周頌昊天有成命云、夙夜基命宥密、周語引此詩而釋之曰、基、始也。○肇祖元胎○肇者、說文作肁、戶始開也。夏小正云、貍子肇肆。肇、遂也。肇、始也。逸周書謚法解云、肇、始也。祖者、說文云、祖、始廟也。史記集解引尚書云、黎民祖飢。漢書食貨志亦引作祖飢。史記五帝本紀作黎民始飢。禮記仲尼燕居云、無以祖洽於衆也。又聘禮記云、出祖釋軷。既夕禮云、有司請祖期、鄭註、將行而飲酒曰祖、祖、始也。元者、呂氏春秋造類篇、元者吉之始也。春秋繁露王道篇、春秋何貴乎元而言之、元者始也。說苑奉使篇引史䵷曰、元者、吉之始也。漢書律歷志云、元、始也。胎者、漢書枚乘傳云、福生有基、禍生有胎、孟康註云、基胎皆始也。本或作殆。豳風七月云、殆及公子同歸、毛傳、殆、始也。孔疏以爲釋詁文。○俶落權輿○俶者、聘禮云、俶獻無常數、鄭註、俶、始也。落者、左氏昭七年傳云、願與諸侯落之、杜預註、宮室始成祭之爲落。權輿者、逸周書周月解云、是謂日月權輿。大戴禮記誥志篇云、孟春百草權輿。是權輿二字連文。**註** 尚書至權輿○ **正義** 尚書曰、三月哉生魄者、康誥文。詩曰、令終有俶者、大雅既醉文。又曰、俶載南畝者、周頌載芟文。又曰、訪予落止者、周頌訪落文。又曰、胡不承權輿者、秦風權輿文。今本作不承權輿、疑有闕字。以文義求之、當以郭氏所引爲舊本也。○胚胎至者耳○說文云、胚、婦孕一月也。胎、婦孕三月也。文子九守篇、三月而胚、四月而胎。淮南精神訓云、一月而膏、二月而胅、三月而胎。是胚胎未成、亦物之始。故衆經音義引爾雅舊註云、胎、始養也。其餘皆義之常行者、郭氏以人所易曉、故不引書爲證、舉以示例也。○此所至殊語○揚雄方言云、皆古今語也、初別國不相往來之言也、今或同。而舊書雅記故俗語、不失其方、而後人不知、故爲之作釋也。郭氏彼註以爲釋詁釋言之屬。按華陽國志引揚雄自序云、典莫大於爾雅、作方言。是方言仿爾雅而作、故郭氏多引爲證。

正義

肇祖元胎　肇、說文作肁、戶始開也。

郭注胚胎不成　說文肧胎、婦孕一月、从肉不聲。今从丕誤。

邢疏權輿者天地之始也　汪鋭𢆯云、作量自權始、以準量由此而生。造車自輿始、以蓋軫由此而起。揚子權輿天地、叚借之語耳。以權輿爲天地之始、謬矣。

邢疏揚雄說方言云皆古今語也初別國不相往來之言也今或同而舊書雅記故俗語不失其方而後人不知故爲之作釋也　戴東原云、此自明作書之意、謂舊書常記故俗之語、不失其方、而後人不知、故作方言以釋之。

校議

初哉首基肇祖元胎俶落權輿始也

尚書曰三月哉生魄詩曰令終有俶又曰俶載南畝又曰訪予落止又曰胡不承權輿肧胎未成亦物之始也其餘皆義之常行者耳此所以釋古今之異言通方俗之殊語

此釋始之義也。說文云、始、女之初也。釋名云、始、息也、言滋息也。按始與治通。書云在治忽、史記夏紀作來始滑、漢書律麻志作七始詠、是始治通也。初者裁衣之始。哉者、草木之始。基者、築牆之始。肇者、開戶之始。祖者、人之始。胎者、生之始也。每字皆有本義、但俱訓始、倒得兼通、不必與本義相關也。初旣訓始、覲禮及

爾雅詁林　一　釋詁上

檀弓注又訓故者、故亦古也、古亦始也。始與治通、故下文又云治故也。哉者、才之叚音。說文云、才、艸木之初也。經典通作哉。尙書大傳云儀伯之樂舞䩻哉、詩云陳錫哉周、鄭俱以哉爲始也。郭注下文茂勉、引大傳茂哉茂哉、釋文或作茂才。書云往哉汝諧、張平子碑作往才汝諧、哉生魄、晉書夏侯湛傳作才生魄、是才哉古字通。又通作載。陳錫哉周、左氏宣十五年傳作陳錫載周、書載采采、史記夏紀作始事事、詩載見辟王、傳亦云載始也、是載哉通。爾雅釋文、哉亦作栽。中庸栽者培之、鄭注栽讀如文王初載之載。栽或爲茲。茲栽哉古皆音同字通也。首者、與鼻同意。方言云、鼻、始也。嘼之初生謂之鼻、人之初生謂之首。是首鼻其義同。特言此者、人生之始、首鼻居先也。胎者、一切經音義一引爾雅舊注云、胎、始養也。漢書枚乘傳云、福生有基、禍生有胎、服虔注基胎皆始也。通作始。詩始及公子同歸、傳始始也、釋文始作迨、始也。爾雅釋文、胎、孫炎、大才反、本或作台。是台迨始俱胎之叚音矣。俶者、說文云、始也。又土部埱、一曰始也、則其義同。釋名云、荊豫人謂長婦曰孰。孰、祝也。祝、始也。是孰與俶音義又同也。落者、詩訪予落止、逸周書文酌篇云物無不落、毛傳及孔晁注竝云落始也。落本殞墜之義、故云殂落。此訓始者、始終代嬗、榮落互根、易之消長、書之治亂、其道胥然。愚者闇於當前、達人燭以遠覽。落之訓死、又訓始、名若相反、而義實相通矣。權輿者、廣雅疏證以爲其萌虇蕍之叚音、則與才落義皆相近。詩不承權輿、文酌篇云一幹勝權輿、周月篇云日月權輿、大戴禮誥志篇云百草權輿、皆以權輿連文。古書多叚借、今略爲標舉。如基肇祖三字俱訓爲始。詩夙夜基命、禮孔子閒居基命作其命。書丕丕基、漢石經作不不其、儀禮士喪禮注古文基作期、是期其通基也。肇乃肁之叚音。說文、肁、始開也。詩后稷肇祀、禮表記作兆祀、是兆肇通肁也。祖、古金石文字作且。書黎民阻飢、史記集解據今文尙書作祖飢、索隱據古文作阻飢。詩六月徂暑、箋徂猶始也。是徂阻通祖矣。凡聲同之字古多通用。

義疏

初哉才載茲孳**首基**其箕荄**肇**兆**祖**且徂**元胎**殆迨**俶落權輿始**治**也**

郭注尚書曰三月哉生魄詩曰令終有俶又曰俶載南畝又曰訪予落止又曰胡不承權輿肧胎未成亦物之始也其餘皆義之常行者耳此所以釋古今之異言通方俗之殊語

說文、初、始也。从刀衣、卽裁字也。從才衣、故以爲元始之通名。書以初對後、易以初對後、制裁字讀初音如徂也。哉、本作才、艸木之初。書往哉、張平子碑引往才。哉生、夏侯湛引才生。詩哉周、左傳引作載周。哉載皆無始義、直以聲同用之。宋以後字作纔、纔卽纔字、至今專用纔爲始也。首、百古文百、頭也、通爲道、導、導先也。易无首吉。書元首。今皆以最先者爲頭也。基、牆始也、从土其。其、箕古今字。築牆一箕土、是始基也。書、丕丕基。詩、邦家之基。基、本也。本亦始也。上始曰首、下始曰基。肇兆一字也。龜卜爲兆、謀事之始、吉凶之先也。啟龜書之、故字又从启省从聿。說文云、肁、始開也。从戶从攴、皆啟省耳。又變攴爲戈、作肈。書兆州或作肇州、詩肇祀、禮記作兆祀是也。祖、且古今字、从几加足爲且、俎、鬼之主亦象焉。祭之始、溯人之所始也。書、祖飢、或作俎飢、或作阻飢。說文、祖、始廟也。記曰、本仁祖義。元、見下首。胎、婦孕三月也、字本作㠯、象胎上繫之形、隸作以、用也。口用之必怡、怡、悅。口猶肯也、故加口。女悅則胎、故加女爲始。始終義大行、反加肉爲胞胎。胎專胞名、又以殆迨代之。釋文詩殆及公子作迨、及、皆通用字也。俶、當爲尗。小豆初生、下兩瓣出土、句萌之形。可拾者少、故加又爲叔。人少則善、水少則淸、俶淑是也。落之字从艸各、衰落之形也。後分爲苓落、以落屬木而仍从艸。叔落皆衰末而更以爲始義、生於相反也。權輿唯見秦風。權、黃華木名也。輿、車輿。二文不相連、又俱無始義。俗儒說造衡自權始、造車自輿始、事既不然、亦不可連文。此權當爲勸、輿當爲與。勸與、治也、非始也。詩承先公、可爲有始義、字無始義，又非釋訓，何爲專用詩義乎。始治古字本通，治之字當从糸，許慎說絲勞則紿，後用爲欺紿，乃以水名字代之。書曰在治忽，史記作來始滑，班固引七始詠，知書無治字，但作台，已也。哉、基，又作茲、滋、其、孳，音義竝同。或又作箕子。王念孫以蘿蕍爲權輿、昇俞不相通，非也。

集解

初哉首基肇祖元胎俶落權輿始也

初裁衣之始也，从刀从衣會意。引申爲凡事之始。廣雅釋爲飭，儀禮覲禮鄭注釋爲故，均聲轉而義近也。詩生民厥初生民箋初，始。公羊隱五傳，初者何，始也。穀梁隱五傳，初，始也。夏小正傳，初者，始也。列子天瑞，大初者，氣之始也。楚辭離騷皇覽揆余于初度兮，天問遂古之初，王注均云初，始也。哉言之閒也，从口𢦏聲。正字爲才。書往哉汝諧，張平子碑作往才汝諧。下經茂勉，郭注引大傳茂哉茂哉，釋文或作戕才，均以才爲哉也。才，艸木之初也。引申爲始。今俗書作纔，經傳通以哉爲之。書康誥惟三月哉生魄，馬注魄，朏也，謂三月始生兆朏名魄。詩文王陳錫哉周，箋哉，始。尚書大傳儀伯之樂舞蔓哉，鄭注哉，始也。書皋陶謨載采采，史記載作始。乃賡載歌曰，鄭注始也。詩駟載獫歇驕，皇矣載錫之光，箋均云載，始也。前漢書王莽傳公以八月載生魄庚子，地理志冀州既載，師古均曰載，始也。孟子滕文公自葛載，注載，始也。以載爲之。首，百之古文，頭也，人身之始。公羊隱六傳春秋雖無事，首時過則書，注首，始也。前漢書律歷志首律歷事，師古曰首謂始定也。呂覽簡選以爲兵首，高注首，始也。文選謝靈運遊赤石進帆海詩首夏猶清和，注首，始也。書禹貢導岍及岐，釋文從首起也，呂覽適威忠信以導之，注導，猶先也，始也，以導爲之。基，牆始也，从土其聲。詩昊天有成命夙夜基命宥密，傳基，始也。禮記孔子閒居引作其。晉語滅禍不自其基，必復亂，韋注基始也。前漢書哀帝紀夫基事之元命必與天下自新，師古曰基始也。後漢書班固傳斯乃虙羲氏之所以基皇德也，淮南原道而高者必以下爲基，注均云基，始也。文選枚叔上書諫吳王福生有基，服虔曰基，始也。肁，字本作肈，擊也，从戈肁聲。因漢和帝諱改肈作肇。正字爲尐。尐，不多也。引申爲始。說文則以肁爲之。肁少肇通用字。書堯典肇十有二州，僞傳肇，始也。詩小毖肇允彼桃蟲，箋肇，始。夏小正狸子肇肆，傳肇，始也。前漢書司馬相如傳伊上古之初肇自顥穹生民，師古曰肇，始也。後漢書班固傳肇自高而終平，文選離騷肇錫余以嘉名，謝宣遠張子房詩肇允契幽叟，注均云肇，始也。詩生民以歸肇祀，傳肇，始也。禮表記引作兆。孟子萬章爲之兆也，注兆，始也，前漢書禮樂志歌佻正嘉吉弘以昌，如淳曰佻讀曰肇。肇，始也，以兆佻爲之。祖，始廟也。从示且聲。且象鬼主。詩生民疏，祖者，始也，已所從始也，自父之父以上皆得偁焉。書堯典黎民祖飢，史記祖作始，馬注祖，始也。周禮喪祝大喪祖飾棺，注祖爲行始也，其序載而後飾。禮記仲尼燕居則無以祖洽於眾也，注祖，始也。史記秦始皇本紀今年祖龍死，蘇林曰祖，始也。前漢書貨殖傳蓋天下言治生者祖白圭，藝文志祖述堯舜，外戚傳易祖師丁將軍之玄孫，師古均曰祖，始也。管子侈靡尊祖以敬祖，文選西京賦告止期於祖龍，高唐賦萬物祖矣，注均云祖，始也。陸士衡挽歌詩祖載當有時，注引白虎通曰祖者，始也。詩四月六月徂暑，箋徂猶始也。鴟鴞予所蓄租[illegible]訓始。莊子庚桑楚與物且者，釋文且，始也，以徂祖爲之。元吉之始也，从一从兀。易乾元亨利貞，子夏傳元，始也。春秋元年杜預注左傳云，隱公之始年。公羊傳元年者何，君之始年也。魏徵周易義，始萬物爲元。九家易元首，氣之始也。前漢書律歷志太極元氣函三爲一，極，中也。元，始也。司馬相如傳撫厥所元，師古曰元，始也。胎，婦孕三月也，从肉台聲。文選枚叔上書諫吳王福生有胎，服虔曰胎，始也。詩七月殆及公子同歸，傳殆，始也。釋文殆作迨，始也。以殆或迨爲之。俶，人之始也，从人叔聲，與埱義近。書僞允征俶擾天紀，僞傳俶，始也。詩既醉令終有俶，傳俶，始也。儀禮聘禮無與蓋，俶獻無常數，注始獻四時新物無常數也。尚書大傳秋伯之樂舞蔡俶，文選思玄賦簡元辰而俶裝，謝玄暉和徐都曹詩東都已俶載，注均云俶，始也。鄭語故命之曰祝融，注祝，始也。史記屈原傳屈平屬草藁，崔浩曰謂發始造端也。前漢書律歷志金曰鍾木曰柷，師古曰柷與俶同，俶，始也。易屯象，天造草昧，廣雅釋詁，造，始也。釋名，荆豫人謂長婦曰熟。熟，祝也。祝，始也。以祝草柷造熟爲之。落，木落也，从艸洛聲。正字爲頟。頟，顡也。字亦作額。人以首爲始，首以頟爲始。頟落通用字。詩訪落訪予落止，傳落，始。逸周書文酌篇物無不落，孔晁注落，始也。左昭七傳願與諸侯落之，注宮室始成祭之曰落。權，黃華木也，从木雚聲。借爲權骨之權。曹子建洛神賦靨輔承權，注權面頰也，是也。權爲首之一部，故與首同訓爲始。方言則以權爲之。後漢書劉玄論夫爲權首，鮮必不及，注引左傳無始禍。文選運命論權乎禍福之門終乎榮辱之算，注權，始也。輿，車輿也，从車舁聲。正字爲

爾雅詁林　一　釋詁上

豫實爲素。素白緻繒也。大素爲質之始。故又引申爲始。尚書大傳著其素。注素猶始也、是也。素豫與通用字。詩權輿不承權輿、傳權輿始也。前漢書揚雄傳萬物權輿於內、師古曰權輿始也。後漢書卓茂傳今始夏、百穀權輿、陽氣胎養之時。文選魏都賦造化權輿、注均云權輿始也。

始、女之初也、从女台聲。墨子經上、始、當時也。

初哉首基肇祖元胎俶落權輿始也　胎天才反。俶尺叔反。

義證

註　尚書曰三月哉生魄詩曰令終有俶又曰俶載南畝又曰訪予落止又曰胡不承權輿胚胎未成亦物之始也其餘皆義之常行者此所以釋古今之異言通方俗之殊語　補正　邢疏、初者說文云從衣從刀、裁衣之始也。哉古文作才、說文云才、草木之初也。以聲近借爲哉始之哉。首、頭也。身之始也。基說文云牆始築也。肇說文作肈、始開也。祖、宗廟之始也。元善之長也。長卽始義。胎人成形之始也。俶動作之始也。落木葉隕墜之始也。權輿天地之始也。此皆造字之本意也。鄭樵爾雅註云凡此皆始也。又以文義求他有因音借字、不可以文義求者、難專泥也。

郭注補正

胎始也

郝氏義疏云、一切經音義一引尔疋舊注云胎始養也。邵氏正義亦云眾經音義引尔疋舊注云胎始養也。錢繹方言箋疏台胎陶鞠養也下云、尔疋釋詁胎始也。眾經音義一引尔疋胎始養也。蓋引舊注文誤脫注字耳。郭注胚胎未成亦物之始也、言始不言養。其注方言胎或曰艾引尔疋云艾養也。下文艾長也。艾長有養義。言養不言始。郭以尔疋胎無養訓、而艾兼通養。故變文而言胚胎未成亦物之始也。物始卽有養義。蓋亦折衷舊注而依經立說耳。

舊注攷證

初哉首基肇祖元胎俶落權輿始也

尚書曰三月哉生魄詩曰令終有俶又曰俶載南畝又曰訪予落止又曰胡不承權輿胚胎未成亦物之始也其餘皆義之常行者耳此所以釋古今之異言通方俗之殊語

明注疏本作胚。胚、俗字。宋單疏本元雪牕本皆作肧。與釋文同。

郭注佚存補訂

初哉首基肇祖元胎俶落權輿始也

說文云、初裁衣之始也。引申之、凡言初者皆謂之始。大雅生民厥初生民、鄭箋云初始也。小雅小明二月初吉、毛傳云初吉朔日。朔卽始也。大雅大明文王初載、正義云謂其幼小始有識知。初載、蓋溯其始也。蕩靡不有初、箋云民始皆庶幾於善道。是以初爲始也。此常語也。

哉之爲始、常語也。古文作才。下文茂勉郭注引大傳茂哉茂哉、釋文云或作茂才。說文云才、草木之初也。又通作載。大雅文王陳錫哉周、傳云哉載也、箋云哉始也、宣十五年左氏傳作陳錫載周。秦風駟鐵載獫歇驕、大雅皇矣載錫之光、周頌載見辟王、載芟載柞、魯頌閟宮秋而載嘗、傳箋竝云載始也。　基者、說文云、基始築也。引申之、爲凡始基之稱。周頌昊天有成命夙夜基命宥密、毛傳云基始也。小雅南山有臺邦家之基、傳云基本也。本卽始也。大雅抑維德之基、箋云能爲德之基止。止卽址、址亦始也。　肇、始也、亦常語也。大雅生民以歸肇祀、周頌維清肇禋迄用有成、小毖肇允彼桃蟲、傳箋竝云肇、始也。肇通作兆。商頌烈祖肇域彼四海、箋云肇當作兆。生民后稷肇祀、禮記表記作后稷兆祀、詩疏云鄭唯以肇祀爲郊兆之祀、兆亦始也。孟子爲之兆也、注云兆、始也。晉語、其魄兆于民矣。魏都賦兆朕振古、注云幾事之先見者也。先見卽始也。　祖者、人生之始也。見文二年穀梁傳注。小雅楚茨先祖是皇。先祖卽始祖也。甫田以迓田祖、傳云田祖、先嗇也。鄭注周禮云、田祖始耕田者。斯干似續妣祖、箋云祖、先祖也。周頌載芟烝畀祖妣、箋云謂祭先祖先妣也。有瞽先祖是聽、閔予小子念茲皇祖、魯頌閟宮皇祖后稷、商頌烈祖嗟嗟烈祖、皆謂其先。廣雅釋詁云、先、始也。祖、通作阻。書黎民阻飢、今文尚書作祖飢、馬注云祖、始也。史記五帝紀作黎民始飢、索隱云祖阻聲相近。小雅四月六月徂暑、箋云徂猶始也。祖阻徂皆從且、古文祖只作且字。周頌載芟匪且有且、傳云且、此也、非也。匪且有且與匪今斯今相對爲文、且卽祖、祖、始也、謂匪始匪今、蓋振古如此也。　元亦始也。子夏易傳云、元、始也。易彖傳九家注云、元者、氣之始也。小雅六月元戎十乘、毛傳云元、大也。元兼始大二義、蓋相成也。釋名云元戎車在軍前、啟突敵軍、周所制也。在前、亦始之義也。魯頌閟宮建爾元子、傳云元、首也。首卽始也。元子猶長子、長子在眾子之先、爲始生之子。　胎者、人生之始也。豳風七月殆及公子同歸、傳云殆始也、疏云殆始、釋詁文。蓋以胎爲殆也。釋文云、胎、孫炎本或作台。小雅行葦黃耇台背、魯頌閟宮黃髮台背、傳云台背、大老也。孔耽碑背有胎衣二字、古蓋通用。漢書枚乘傳集注引李奇曰、胎、始也。郭注云、肧胎未成、亦物之始也。　俶者、說文云始也。大雅既醉令終有俶、鄭箋云俶猶

爾雅詁林　一　釋詁上

厚也。既始有善令、終又厚之。始有善令、兼解俶字之義。愚謂令終有俶即善終如始也。崧高有俶其城、傳云俶、作也、朱子云俶、始作也。周頌載芟、俶載南畝。郭注引之。俶亦始也、謂始菑南畝也。　落者、訪落訪予落止、傳云落、始也。箋云、成王始即政、自以承聖父之業、懼不能遵其道德、故於廟中與羣臣謀我始即政之事。始即落也。　權輿者、秦風權輿于嗟乎不承權輿、傳云權輿、始也、箋云此君之行、不能承繼其始。　餘詳訂經。

說詩

初哉節注胡不承權輿（胡、毛詩作乎、屬上句。）

疏才草木之初也（草、說文作屮、以草為皂白之皂。後放此。）身之始也（身、監本誤首。）牆始築也（築、衍字。）肁者說文作肁（肁仍作肇、誤。）周頌載芟文（文、監本誤云。）揚雄說方言云（揚、監本誤楊。後同者不出。）

注疏正字

胎

詩豳風七月始及公子同歸、毛傳始、始也、孔疏云釋詁文。案始胎皆从台得聲、通叚字也。

小箋

初哉首基肇祖元胎俶落權輿始也　釋文云哉、亦作栽。案當作才。說文才、艸木之初也、从丨上貫一、將生枝葉、一、地也。哉栽皆通假字。又通作載。哉栽載皆从𢦏、𢦏从才、故通用。　肇、當作肁。說文、戶部肁、始開也、从戶从聿。又戈部肇、上諱、臣鉉等曰、李舟切韻云擊也、从戈肁聲。又攴部肇、擊也、从攴肁聲、段氏玉裁曰、玉篇攴部肇、俗肇、廣韻亦有肇無肇、說文攴部肇字係唐後人妄增。　祖、通作徂。詩小雅四月六月徂暑、箋徂猶始也。釋文云胎本或作台。案胎始皆从台聲、故皆可訓始。又詩豳風七月殆及公子同歸、傳殆始。正義云、釋詁云胎（今本誤殆。）始也、說者皆以為生之始、然則胎殆（今本誤作殆始、据宋監本疏校。）義同、故為始也。釋文云、俶字又作俶。案尗、俗體。凡俗體字毋庸別其同異、如俶字之類是也。又案、俶亦通埱。說文土部埱、一曰始也、从土叔聲。

匡名

初哉首基肇祖元胎俶（音叔）落權輿始也（此釋始之義。說文、始、女之初也。）初、裁衣之始也、會意。大雅厥初生民、夏小正初、始也。　武成哉生明傳哉、始也。通作才。才、草木之初也。通作載。孟子湯始征自葛載、註載、始也。呂氏春秋、毋為兵首、釋名首、始也。　基、牆始也。周頌夙夜基命宥密、周語基、始也。　舜典肇十有二州、周書、肇、始也。說文作肁、从戶聿、戶、始開也。通作兆、孟子為之兆也、朱註事之端也。又通作造。伊訓造攻自鳴條、正韻造、始也。　舜典黎民阻饑、史記集解引作黎民祖饑、又五帝本紀作黎民始饑。元、始也、从一兀聲。徐楷曰、元者、善之長也故从一。九家易、元者、气之始也。　胎、婦孕三月也。漢書枚乘傳福生有基、禍生有胎、孟康註基胎皆始也。或作迨。豳風迨及公子同歸、傳迨始也。　大雅令終有俶、傳俶、始也。　又訪予落止、傳落始也。　秦風不承權輿、韻會造衡自權始、造車自輿始。

啓蒙

爾雅詁林　一　釋詁上

肇　扉　許氏說文戈部肇云。上諱。無訓釋。李舟切韻云。擊也。攴部。肇。擊也。玉篇云。肇。俗肇字。戶部。扉。始開也。茲訓始。當作扉

黃侃評本正名

始也者。說文。始。女之初也。从女台聲。引申訓初。國策秦策今日韓魏孰與始強。高注。始。初也。章先生曰。始古音如胎。胎亦始也。（以上章先生語見文始）通作治。郝懿行疏云。始與治通。書云在治忽。史記夏紀作來始滑。漢書律厤志作七始詠。（以上郝疏）宗瓛案。郝說是也。下云治故也。治卽始之聲借。故亦始也。范甯注穀梁傳故宋也云。故猶先也。猶晉語安始而可。韋解云。始先矣。

初者。說文。初。始也。从刀从衣。裁衣之始也。穀梁隱五年傳云。初。始也。大戴禮記夏小正初歲祭耒傳云。初者始也。

哉者。說文。哉。言之間也。無始義。訓始者當爲才之借。章先生曰。哉爲才之借。說文。才。草木之初也。書之哉生明。卽才生明也。書無逸無若殷王受之迷亂酗于酒德哉。三體作才。張平子碑往才汝諧。夏侯湛昆弟誥才生魄。今尚書皆作哉。恐古文今文尚書本同作才。（以上章先生口講）通作裁。又通作財。章先生曰。才至今音猶未變。今言方纔。漢書作裁或作財。實皆此才字也。（以上章先生口講）哉又借爲菑。王念孫廣雅疏證云。爾雅。田一歲曰菑。郭璞注云。今江東呼初耕地反草爲菑。釋文。菑本或作甾。鄭衆注考工記輪人云。泰山平原所樹立物爲菑。漢書溝洫志隤林竹兮揵石菑。顏師古注云。石菑謂臿石立之。然後以土就塡塞之也。是凡言菑者皆始立基業之意。菑之言哉也。爾雅。哉。基。始也。卷一云。業。始也。此云。甾。業也。義並相通。（以上王語）又通作載。邵疏云。詩大雅文王云。陳錫哉周。鄭箋云。始也。左氏昭七年傳引作陳錫載周。周頌云。載見辟王。毛傳。哉。始也。（以上邵疏）

首者。百之古文。說文。百。頭也。古文亦作𩠐。隸變作首。章先生曰。凡兒始生。卽訓始之義名之。故首鼻皆訓始。而方言云。嘼之初生謂之鼻。人之初生謂之首。（以上章先生語見新方言）釋名云。首。始也。呂氏春秋簡選篇以爲兵首。高注云。首。始也。

基者。說文云。基。牆始築也。引申爲始。周頌昊天有成命云。夙夜基命宥密。周語引此詩而釋之曰。基。始也。

肇者。說文肇訓擊。無始義。訓始者當爲扉之借。說文。扉。戶始開也。引申訓始。扉字不見經典。通以肇爲之。夏小正云。貍子肇遂。肇。始也。逸周書謚法解云。肇。始也。

祖者。說文。祖。始廟也。引申訓始。書黎民祖飢。史記五帝紀作黎民始飢。史公以雅詁代之也。章先生曰。說文。祖。始廟也。釋詁。祖。始也。詩傳曰。祖。爲也。凡作始者皆造次試爲之。未能精致。故因有刱造之義。（以上章先生語見文始）

元者。說文云。元。始也。从一从兀。徐鍇曰。元者。善之長也。故从一。邵疏云。春秋繁露王道篇。春秋何貴乎元而言之。元者始也。說苑奉使篇引史黯曰。元者吉之始也。漢書律歷志。元。始也。（以上邵語）

胎者。說文。胎。婦孕三月也。从肉台聲。一切經音義引爾雅舊注云。胎。始養也。廣雅釋親云。人一月而膏。二月而脂。三月而胎。四月而胞。五月而筋。六月而骨。七月而成。八月而動。九月而躁。十月而生。案三月而胎。謂婦始孕腜兆也。說文。腜。婦始孕腜兆也。廣雅云。腜。胎也。以是明之。胎爲始孕。因引申訓始。亦作台。用聲首也。釋文。孫炎云。胎。大才反。本或作台。章先生曰。古音㠯亦可如胎。巳者未成之子。反巳爲㠯。賈侍中說爲意㠯實㠯。非卽薏苢也。巳㠯左右詘曲。當爲同字。（以上章先生語見文始）宗瓛謹案。先生之說是也。說文包字說解云。巳在中。象子未成形。又云。褱妊于巳。是巳爲未成子也。胎从台聲。台从㠯聲。詩江漢召公是似。傳。訓嗣。似从㠯聲也。是㠯有嗣義也。文選典引有于德不台淵穆之讓。漢書王莽傳引舜讓于德不嗣。是台讀如嗣也。㠯台皆有嗣續之義。與包字說解云巳爲子合。通作殆。又通作迨。詩豳風七月云。殆及公子同歸。毛傳云。殆。始也。孔疏云。釋詁文。則胎始之胎。爾雅有作殆者矣。釋文云。殆作迨。始也。

俶者。說文。俶。一曰始也。章先生曰。說文俶本訓善。埱本訓气出土。皆云一曰始也。此乃叚借。俶埱音皆近頭。傷寒論曰。初頭鞕。後必溏。今猶謂始爲頭。周世言俶。漢以來言頭。俶頭則以頭爲本字。（以上章先生語見新方言）邵疏云。聘禮云。俶獻無常數。鄭注云。俶。始也。

落者。說文。落。凡草曰零。木曰落。从艸洛聲。無始義。訓始者當爲朔之借。說文。朔。月一日始蘇也。从月屰聲。屰聲各聲古相通。叚爾雅釋天太歲在酉曰作噩。史記曆書作作鄂。（今本作作噩集解作噩一作鄂正義李巡曰作鄂萬物皆落枝起之貌也鄂正作鄂）漢書天文志作作詻。鄂。說文作㖾。云。刀劍刃也。从刀㖾聲。籀文从𠬞从各作𠡍。詩載芟有略其耜。傳云。略。利也。孔疏云。釋詁文。今釋詁作𠡍利也。（宋本亦作𠡍屰路古音並疑紐魚韻）是屰聲各聲相通之證。廣雅。朔。始也。朔蘇古同音。蘇得聲於魚。朔得聲于屰。古音皆疑紐魚韻。晉語。暇豫之吾吾。韋解讀爲魚魚。方言。悅。舒。蘇也。蘇與暇豫吾吾之吾同。鹽鐵論國病云。大夫色少寬。面文學而蘇也。蘇亦悅懌之意。要之。訓悅者當借爲悟。聲類。悟。心解也。說文。欠。張口气悟也。是亦解也。悅懌本作說釋。與解同意。故謂之悟。鹽鐵論之蘇字。則直謂釋然耳。朔蘇吾悟與各聲之詻頟。（皆疑紐魚韻）古皆同音。疑訓始之落。當爲朔。而落室之落。又借爲蘇也。詩訪予落止。傳云。落。始。此朔

爾雅詁林　一　釋詁上

字也。左傳願與諸侯落之。杜注云。宮室始成祭之爲落。此蘇字也。古之祭祀與燕樂相將。宗廟之祭同姓者燕。詩所謂諸父兄弟備言燕私者也。若宮室之成則有饗。左傳饗大夫以落之。杜注云。以豭豬血釁鐘曰落。此則取悅蘇之意。與朱駿聲云落爲頟之借。謂頟爲始。猶元首之爲始也。同門黃侃云落訓木葉隕。無始義。其訓始者當爲反言。何以知之。即以胎殆同從而義反知之也。以上黃說見爾雅略說 案朱說經記不見其用。無以知其然。不黃說合於徂存苦快之例。於義爲長。

權輿者。說文權訓黃華木。輿訓車輿。無始義。訓始者當作灌渝。錢大昕潛研堂集引孫星衍說。謂即釋草之其萌虇蕍。亦即說文之夢灌渝。王念孫釋廣雅夢字云。夢猶萌也。說文云。夢灌渝。讀若萌。夢灌渝即爾雅之其萌虇蕍也。虇蕍之言權輿。爾雅權輿始也。始生故以爲名。大戴禮誥志篇云。孟春百草權輿。是草之始生名權輿也。黃侃云。訓始者當作灌渝。以說文夢字說解云灌渝知之。以上黃說見爾雅略說 尋諸家以權輿爲灌渝。其說自不可易。唯郭璞注爾雅。讀其萌虇絕之。云今江東呼蘆筍爲虇。以蕍屬下芛葟華榮讀之。王念孫因之。謂單言之則亦曰權。故江東呼蘆筍爲虇。俞樾爾雅平議云。俶落以上皆字各成義。則權輿亦必非相連爲文。方言曰。⿱雚大始也。⿱雚大即權字。而其字从大。⿱雚大爲大亦爲始。猶元爲始而亦爲大矣。章先生著新方言云。方言。⿱雚大始也。⿱雚大化也。郭璞音歡。⿱雚大即爾雅所謂權輿。大戴禮誥志篇百草權輿。謂始化生也。與胎同意。淮西蘄州謂婦人免乳爲⿱雚大。音如看。看與⿱雚大聲字通。若看亦作翰。釋名觀亦訓翰矣。以上章先生語見新方言 據郭璞王念孫俞樾及章先生之說。則權字可單言成義。惟輿字未見有訓始者。俞樾謂左傳輿人與師杜訓爲衆。衆有大義。詩傳訓甫甫爲大。廣雅訓爲衆。周官鄭注訓爲始。謂輿爲衆故爲大。亦爲始。猶甫爲始故爲大。亦爲衆矣。然無顯證。殊不足取信。宗鄉案說文芽萌芽也。廣雅訓始。又訓孽也。芽从牙聲。均疑紐而雅一音烏加。則入影紐。周禮故書王爲玉。槷或作弋。皆疑紐可讀影紐之證。喉牙二音互有蛻化。午聲爲許。我聲爲羲。自古然矣。然則芽亦可讀輿也。芽疑紐古音魚韻輿影紐魚韻 今北方讀芽則均入影紐矣。意者輿可借爲芽乎。虇爲蘆筍。而芽爲草萌。⿱雚大爲始化。而芽爲始孽。義亦相麗。若然。則可引章先生新方言說之。先生曰。萌芽亦始也。古祇作牙。後漢書崔駰傳甘羅童牙而報趙。注。童牙謂幼小也。管子海王篇吾子食鹽二升半。以吾爲之。芽又變⿰子牙。故類篇云。吳人呼赤子曰⿰子牙子。今揚州鎮江杭州通謂小兒爲小⿰子牙。以上章先生語見新方言 案下文覭髳茀離也。郭璞云。孫叔然字別爲義。然則此權輿字字各爲義。亦不背先儒之矩矱也。而經記連用者。

俞樾云。因權輿二字適相連文。故古人即以二字並舉。周書文酌篇一幹勝權輿。周月篇是謂日月權輿。大戴記誥志篇孟春百草權輿。並本之爾雅耳。亦猶下文林烝君也。而平都相蔣君碑即曰於穆林烝。林烝二字非相連爲義也是也。

本字考

初、始也。　始與胎義近、其語自己吕來。故說文云、始、女之初也。初與裁聲近、其語自才來、亦自且來、初與裁一語而變易、猶語詞之哉與且一聲而通轉、裁受音於才、初受音於且、才且二字義得相通。

哉、始也。哉聲通在、下文云、在、終也、是相反為訓。贊又通載、釋天書虞曰載、注取物終更始、是哉、在、載兼包終始二義。哉又與菑通、菑即栽植之本字、故哉又與栽通、下文田一歲曰菑、廣雅菑業也、業亦始也。又考工記輪人先鄭注泰山平原所樹之物為菑、此即栽植義矣。草木之初為才、初栽草木則為菑、論衡初稟草木出土為栽蘖、東京賦尋木始於蘖栽、是栽亦有始義。又與⿰麥才通、玉篇⿰麥才、始也、凡从才聲者多有始義、說文⿰麥才餅⿱⺮⿰麥匊也、⿱⺮⿰麥匊酒母也、是⿰麥才有始義、不獨⿰麥才也。

胎、始也。　胎與始義近、皆受音于己吕。胎殆聲通胎始殆危、相反為訓。　肧胎連言。說文肧婦孕一月也、衃凝血也、坏瓦未燒也、皆同意。肧聲轉為甫、甫亦始也

俶、始也。　俶下文云、作也、俶通埱、皆受音于首、肇亦首之變也。

落、始也。　落與路同聲、路道也、道即首也。道从辵从首、⿺九首从九从首、古文以首為道見於此矣。　落與顱鬣音義皆近。　下文郭注以殂為存、猶以亂為治、以曩為鄉、以故為今、然則落為始猶此例也。落本草木零落之名、引申訓死、又引申而訓始、故左氏昭七年注宮室始成祭之曰落、明落之義由始死來矣。作為始、始死字別為殂、殂古文。　落迄訓始而未製字、此所謂叚借。

權輿、始也。　方言⿱雚大始也、⿱雚大化也、⿱雚大與權同。說文作奞、曰奢奞

爾雅詁林　一　釋詁上

也。由此比知輿者夸也、皆本訓大、引申訓初。奄之轉亦為夸、猶讙之轉為譁、權之名黃華也。說文夸、艸木華也、亦與權輿聲義兼通、權輿猶華夸也。權、黃華也、權華一聲之轉、皆謂花之始也。人之始為胎、草木之始為華、此其比也。夸、況于切、凡華夸音變、變為虇蕍灌渝、蓲蕍、瓜瓞。爾雅以權輿為始、猶方言以華為始也。華即芏之別出字。或曰權輿之合聲為古、然則灌渝之合聲為句、蘉、灌渝猶言句萌耳。釋蟲又有蠸輿、父守瓜、則又以黃得名。說文彏、弓曲也、彄、弓弩耑弦所居也、彏彄即虇蕍灌渝權輿字、虇猶句萌之句。釋草郭讀其萌虇為句、比知權輿亦可單言權。

黃侃音訓

權輿

釋詁權輿、始也。郭注詩曰胡不承權輿。芹按、詩于嗟麟兮用兩字、則今本乎字乃胡字之訛。于嗟乎騶虞用三字、則今本乎字下疑闕一字。郭注所引葢舊本也。又逸周書周月解是謂日月權輿。大戴禮誥志篇孟春百草權輿。後漢書魯恭傳方今始夏百穀權輿。楊雄賦萬物權輿於內。皆言始也。按陳氏書傳旁通韻會云權輿始也、造衡自權始、造車自輿始。又唐書藝文志趙自勔造化權輿六卷。

札記

釋詁權輿始也。邢疏、權輿、天地之始、天圓地方。承珙案、權輿疑即堪輿、權堪聲相近。說文虔讀若矜、爾雅椹謂之榩。此堪與權聲近之證。淮南天文訓、北斗之神有雄雌、十一月始建於子、月行一辰、雄左行、雌右行。又曰、堪輿徐行、雄以音知雌。文選注引許慎淮南注曰、堪天道也、輿地道也。漢書張晏注曰、堪輿、天地總名也。堪輿即權輿聲之轉。逸周書周月解、惟一月既南至、是月斗柄建子、始昏北指、陽氣虧、草木萌蕩、日月俱起于牽牛之初、右回而行。月周天進一次、而與日合宿、日行月一次而周天、歷舍于十有二辰、終則復始、是謂日月權輿。葢權輿爲天地之始、因而日月所起亦謂之權輿。更推廣之、則凡事物之始皆謂之權輿。如詩胡不承權輿、大戴禮孟春氷泮百草權輿、後漢書魯恭傳今始夏百穀權輿是也。楊雄劇秦美新曰、權輿天地未祛、此權輿二字本義。羽獵賦萬物權輿於內、太元元圖云百卉權輿、此所謂推廣之義也。

胡氏古義

權輿、始也。釋詁

郭璞注曰、詩曰胡不承權輿。　邢昺疏曰、權輿者、天地之始也。

樾謹按、文選劇秦美新曰、權輿天地未祛、睢睢盱盱。權輿二字止作始字解、非天地之始謂之權輿也。邢氏誤會其義、謬甚矣。錢氏大昕潛研堂集引孫星衍說、謂即釋草之其萌虇渝、亦即說文之蘉灌渝。此說自不可易。惟經文曰初哉首基肇祖元胎俶落權輿始也、俶落以上皆字各成義、則權輿亦非必相連爲文。方言曰、奞始也。奞即權字、而其字從大、是其本義爲大也。奞爲大而亦爲始、猶元爲始而亦爲大矣。輿者衆也。僖二十八年左傳聽輿人之謀，成二年傳無令輿師淹於君地，杜注竝訓輿爲衆。故廣雅釋詁曰：輿，多也。衆多則亦有大義。玉篇多部㚉㚊㚋䎹四字竝曰大也，而其字竝從多。至㚋䎹二字亦作奓奲，則又從大，可知其義之通矣。詩韓奕篇魴鱮甫甫，毛傳曰：甫甫然大也。廣雅釋訓曰：甫甫，衆也。周官小宗伯及冢人職鄭注竝曰：甫，始也。然則輿爲衆故爲大，亦爲始，猶甫爲始故爲大，亦爲衆矣。此權輿訓始之本意也。因權輿二字適相連成文，故古人即以二字竝舉。周書文酌篇一䤠勝權輿，周月篇是謂日月權輿，大戴記誥志篇孟春百草權輿，竝本之爾雅耳。亦猶下文林烝君也，而平都相蔣君碑即曰於穆林烝。林烝二字非相連爲義也。此可見爾雅一書雖經後人附益，而實傳之自古矣。平議

祖始也 嚴氏元照爾雅匡名：祖，通作徂。詩小雅四月篇六月徂暑，箋：徂猶始也。

案說文示部：祖，始廟也。是祖爲廟之始，此許義也。詩大雅烝民篇仲山甫出祖，鄭箋：祖者，將行犯軷之祭也。又箋韓奕篇韓侯出祖云：祖，將去而犯軷也。疑高密讀爾雅以此祖爲出祖之祖，不爲祖廟之祖。出祖之祖爲始，猶落成之落爲始。一爲人將行祭之名，一爲物初成祭之名耳。儀禮既夕有司請祖期，鄭注：將行而飲酒曰祖。祖，始也。又聘禮記出祖釋軷，祭酒脯，乃飲酒于其側。鄭注：祖，始也。既受聘享之禮，行出國門，止陳車騎，釋酒脯之奠於軷，爲行始也。詩傳曰：軷，道祭也。謂祭道路之神。春秋傳曰：軷涉山川。然則軷，山行之名也。道路以險阻爲難，是以委土爲山，或伏牲其上，使者爲軷，祭酒脯，祈告也。卿大夫處者於是餞之，飲酒於其側。禮畢，乘車轢之而遂行，舍於近郊矣。其牲犬羊可也。言出祖之祭最爲詳備。其兩言祖始也，當皆引此釋詁文也。

胎始也 郭注：胚胎未成，亦物之始也。

案說文肉部：胚，婦孕一月也。胎，婦孕三月也。明胎不始於胚。此經舉胎不舉胚，必非以胎爲詁始本字。錢氏大昕潛研堂集嘗引孫星衍說：權輿始也，即釋草其萌虇蕍之虇蕍。以彼例之，疑此胎始也，亦即釋草簢筍萌之簢。說文竹部：簢，竹萌也。廣雅釋詁一：萌，始也。可見簢實竹之始。簢從怠聲，怠又與胎同從台聲，因而音叚爲胎耳。

落始也 郭注引詩訪予落止。孔氏廣森經學巵言：落之爲始，施於終始相嬗之際。如宮室考成謂之落成，言營治之終而居處之始也。成王踐阼，其詩曰訪予落止，此先君之終，今君之始也。

案禮雜記下：成廟則釁之，路寢成則考之而不釁。鄭注：考之者，設盛食以落之爾。檀弓曰晉獻文子成室，諸大夫發焉是也。詩小雅斯干篇序：宣王考室也。鄭注：考，成也。羣寢既成而釁之，歌斯干之詩以落之。孔疏禮引庾蔚云：落謂與賓客燕會，以酒食澆落之，即

歡樂之義也。疏詩引昭四年左傳叔孫爲孟丙作鐘釁大夫以落之、服虔云釁以豭豚爲落。然則落與發與考與釁同。是凡物初成祭之名。發者、祓也。考者、祰也。釁者、血祭也。落者、澆落以酒食也。落本無始義、因其爲凡物初成祭之名、雅遂詁落爲始。謂落者、祭之始也。孔氏廣森拘泥言之、反多傅會。哀十七年左傳、衞侯爲虎幄於藉圃、成求令名者而與之始食焉。又國語楚語、靈王爲章華之臺、伍舉對曰、今君爲此臺也、數年乃成、願得諸侯與始升焉。皆徑以始爲落、尤落有始義之的證。

董瑞椿補記

哉始也

錦燧謹案、此釋詩文王篇陳錫哉周也。鄭箋云哉、始也。葢卽本諸爾雅、故與雅訓合。惟說文口部云哉、言之間也。此哉之本訓、與始義不相蒙。今訓始者、乃才之假借字也。邢疏謂哉者古文作才、以聲近借爲哉始之哉。蒙以爲邢云假借則是、邢云古文則非。据說文哉从𢦏聲、𢦏从才聲、哉才聲同、故得通假。說文部首云才、艸木之初也。此本義也。引申之則爲凡始之偁。又孔氏詩皇矣載見文王疏以爲哉載誼同、不知載从車得義、故本義訓乘、其訓始者亦才之假借也。

權輿始也

錦燧謹案、此釋詩權輿篇不承權輿也。毛傳云權輿、始也。葢卽本諸爾雅、故與雅訓合。惟說文木部云權、黃華木也。車部云輿、車輿也。二字各有本訓、俱與始義不相蒙。今連文而訓爲始者、乃灌渝之假借也。本經釋艸葭華蒹薕葭蘆菼薍其萌虇蕍、郭注以虇絕句、其說非是。據說文艸部云䕡灌渝、讀若萌、則以灌渝二字連讀、其萌虇蕍卽䕡灌渝、亦卽權輿也。灌渝本蒹葭始生之偁、引申之爲凡艸始生之偁、大戴禮所謂百艸權輿者是。又引申爲凡始之偁、秦詩所謂不承權輿者是。或以爲造衡始權造車始輿、權輿因有始義、此則不通小學者之望文生訓也。

陸錦燧日記

釋詁　初哉。

㽞案。哉蓋讀爲栽。楚辭沈江諫秋毫微哉而變容。洪興祖補注云。哉一作栽。是栽哉通用之證。許叔重說文衣部云。裁、制衣也。刀部云。初、裁衣之始也。裁與初二字正同一類。故知哉當讀爲裁。凡釋詁篇中多以兩字爲一類。不勝指數。讀者自悟之。邢昺釋謂哉古文作才。據說文草木之初爲解。則與初字判分兩類。殆未察釋詁之通例矣。陸德明經典釋文云。哉亦作栽。栽或卽裁字之譌。亦有間字爲類者。如下文云。弘廓宏溥、介純夏幠。弘與宏爲類。介與夏爲類。然此例不多。其連兩字爲類者。觸目皆是。今案。初哉當卽詩大明篇之初載。說見彼。姑兩存之。

校書

初、哉、首、基、肇、祖、元、胎、俶、落、權輿、始也。

此釋始之義也。許書首一篆、爾雅先釋始、其義同。始者、說文云：「女之初、」此始之本義、引伸之、爲凡始之稱。凡訓始之字、多用引伸義。

初、說文云：「始也、从刀衣、裁衣之始也。」此與裁同意、裁爲制衣、从衣、𢦏聲、故初裁皆引伸爲始義、惟初爲會義、裁則兼諧聲耳。

哉者、才之假借。晉書謝混傳云：「才小富貴、便豫人家事、」說文云：「才、艸木之初也、」故引伸義爲始。財裁載从才、而皆有始義。尙書「往哉汝諧、」張平子碑作「往才汝諧、」「哉生魄、」晉書夏侯湛傳作「才生魄、」張碑夏侯傳用本字、尙書及爾雅用假借字也。哉才胎疊韻。始哉同部。

首訓始、與鼻同意、方言云：「鼻、始也、嘼之初生謂之鼻、人之初生謂之首、」古以人物之初生者爲首鼻、故首鼻二字皆訓始。

基、說文云：「牆始也、」故引伸爲凡始之稱。康誥曰：「周公初基作新大邑于東國洛、」（十二字連讀、本王引之。）言周公始作新洛邑也、周語云

：「后稷始基靖民、」言后稷始靖萬民也、二基字皆應訓始、此基爲始之證也。始基同部疊韻。

肇者肁之假借字、說文云：「肁、始開也、从戶聿、」聿爲發語詞、有始義、故肁从聿、而訓爲戶之始開。爾雅訓始、玉篇同、此引伸義。自經典假用肇、而肁之本字遂廢。郝懿行謂「兆通肁。」

祖、說文云：「始廟也、」段註云：「釋詁曰：『祖、始也、』毛詩傳曰：『祖、爲也、』皆引伸之義。」戴祖雙聲。

元者、說文云：「始也、从一、兀聲、」段氏于一篆下引漢書曰：「元元本本、數始於一、」一爲數之始、元从一、故有始義。

胎、說文云：「婦孕三月、」訓爲始者、與首之爲始同義。郝氏云：「胎通作殆、詩『殆及公子同歸、』傳『殆、始也、』釋文『殆作迨、始也、』爾雅釋文『胎、孫炎大才反、本或作台、』是台迨殆、俱胎之假音。」始胎並从台聲同部。

俶、訓始、聘禮鄭注同。郝氏引說文以釋爾雅、其實說文俶字本訓善、惟新方言云：「說文俶埱皆云『一曰始也』『此乃假借、俶埱音皆近頭、』傷寒論曰『初頭鞕、後必溏、』今猶謂始爲頭。周世言俶、漢以來言頭、猶周世言尗、漢以來言豆矣。」此謂俶之訓始、由聲近也。初俶爲雙聲。

落爲始、詩訪落傳同。左傳云：「願與諸侯落之、」落亦始也、故杜云：『宮室始成祭之爲落。』說文云：「艸曰零、木曰落、」零落字而訓始者、猶之終轉爲始、老艾字轉爲少艾之義也。祖落同部。

權輿、孫星衍謂「即釋草之其萌蘿蕍、亦即說文之蕍灌蕍、」蓋說文灌蕍爲本字、爾雅作權輿蘿蕍者、牟廷相方雅以爲同聲假借。大戴禮誥志云：「孟春百草權輿、」是權輿者草木初生之義也、釋草稱萑葦之萌爲蘿蕍、說文以灌蕍訓夢、字雖微異、而義足相證。其始則草木之初生者爲權輿、其後凡言始者、皆得用之、逸周書云：「是謂日月權輿、」詩云：「不承權輿、」皆其義也。王引之云：「單言之亦曰權、故江東呼蘆筍爲蘿也、」江東句郭註語。俞樾亦謂權與不必相連爲文、引方言「蘿、始也、」爲證、以爲蘿即權字、是權輿自古單用矣。元權疊韻。初輿疊韻。

爾雅學

胚胎未成 注疏本同。釋文亦作胚、從丕。單疏本雪牕本及元本疏中皆作胚。○案、胚字是。

初哉首基肇祖元胎俶落權輿始也 ○釋曰皆初始之異名也 注疏本刪上十六字。

肇者說文作肁 注疏本下仍作肇、非。

他皆倣此○注尚書至殊語○釋曰 注疏本刪下八字。按、閩本監本毛本刪七字、注改註。元本無此字。今統元本注疏言之故刪八字。通書準此。

楊雄說方言云 正德閩監本同。毛本楊改揚。

校勘記

又曰胡不承權輿 十行本作吁嗟乎不承權輿。

俶昌叔 雪牕本昌叔反。案當有反字、南昌本誤。十行本吳本均不載。釋文十行本卷末有音釋、但注昌叔二字於俶字下、蓋其體例通不標反切字及音字也。今盧刻經典釋文作尺叔反。後闕反字不具載。

校勘記訂補

初哉首基肇祖元胎俶落权舆，始也。

注「又曰：『胡不承权舆』」 ○今本《诗》无「胡」字。

注「尚书至殊语」 疏「郭彼注云『谓作释诂、释言是也。』」 ○今本《方言》注作「释诂、释言之属」。

若言胡不承權輿 案、今秦風權輿此句無胡字、郭所引疑係魯韓二家詩。王應麟詩考收此句與異字異義內、亦不能定爲誰詩。

注疏校記

而或書名僻異 監本毛本湘本而作其。

尚書曰哉生魄 監本毛本湘本尚書上有注字。

首之始也 監本同。毛本湘本首作身、是。

注疏校勘札記

初哉首基肇音兆祖元胎俶音叔落權輿始也

音圖・音

俶音叔 案、俶昌六翻、尺六翻同。音柷。近觸韻異。今音叔、因讀偏傍而誤。俶又與倜同、別爲一義。

音略

肇、釋文音趙、澄母字。今通讀邵、禪母字。案音趙直小翻。後漢書注引許慎、肇犬了翻。犬了以隔標出切、其音趙與直小同也。刻本大了或譌火可、則不成翻切矣。王西莊光祿云、說文戈部肈無解釋、攴部肇字注云擊也、戶部肁字注云始開也。釋詁肇始也。又謀也。釋言肇敏也。此字訓始者當作肁、不當从攴。今依石經作肇。胎、天才翻、音台。本或作台。孫炎大才翻、音臺。豳風殆及公子同歸、毛傳云殆、始、正義云釋詁殆始也。案此殆與胎通讀如臺。釋文作迨音待。後漢書崔駰達旨、坏冶一陶。注引爾雅郭注坏胎。案今本不從土。

音略

初哉我首基、肈兆祖、元、胎、俶叔落、權、輿余、始也、

孫偘直音

初哉首基肇兆祖元胎俶昌叔切落權輿始也、

楊氏音訓

肇趙

干氏音釋

林烝天帝皇王后辟公侯君也

林、烝、天、帝、皇、王、后、辟、公、侯、君也。詩曰有壬有林。又曰文王烝哉。其餘義皆通見詩書。

郭注

林烝天帝皇王后辟公侯君也　釋曰、皆天子諸侯南面之君異稱也。白虎通云、君、羣也、羣下之所歸心也。林者、說文云平地有叢木曰林。烝者、左傳云、天生烝民、樹之以君而司牧之。然則人物之衆必立君長以司牧之、故以林烝爲君也。天者、說卦云乾爲天爲君、以其俱尊極故也。大雅皆謂君爲天是也。帝、皇者、白虎通云、德合天地者稱帝、帝者、諦也、象可承也。皇、美也、大也、天之揔美大稱也、時質故揔稱之。號之爲皇、煌煌人莫違也。王者、往也、天下所歸往。說文云后者、繼體君也、象人之形。施令以告四方、故后之從一口、發號者、君后也。辟者、法也、爲下所法則也。公者、通也、公正無私之意也。侯者、候也、候逆順也。天帝皇王惟謂天子、公侯惟謂諸侯、餘皆通稱。　注詩曰至詩書　釋曰、云詩曰有壬有林者、小雅賓之初筵文。又曰文王烝哉者、大雅文王有聲文。云其餘義皆通見詩書者、謂天帝皇王后辟公侯皆義之常行、故不備引。

邢疏

后　君也　孫炎云、后、王、君王也。禮內則正義

古注斠

烝本又作蒸、同之仍反。辟必亦反。壬而心反。通見賢遍反、下迄卷終注悉放此。

陸音義

林烝天帝皇王后辟公侯君也

皇言道、帝言德、王言業。天覆之、林庇之、后繼之、辟新之、烝熟之。按、詩君皆具此六七名、而同一實、自其所言之異爾。君子偕老曰胡然而天也、胡然而帝也。序詩者以爲人君服飾之盛可謂盛矣。若伯、有長人之道而已。子、字也。男、任也。春秋傳曰伯子男一也。是以不在此數。

新義

林烝天帝皇王后辟公侯君也　賓之初筵曰、有壬有林。文王有聲曰、文王烝哉。餘皆義之常行、通見詩書。

鄭樵注

林烝天帝皇王后辟公侯君也

郭璞曰、詩曰有壬有林、又曰文王烝哉、其餘義皆通見詩書。

鄭樵曰、賓之初筵曰有壬有林、文王有聲曰文王烝哉、餘皆義之常行、通見詩書。

古注合存

林烝天帝皇王后辟公侯、君也。辟音璧。○此釋林烝以下皆君之義也。註曰、詩賓之初筵云、有壬有

爾雅詁林　一　釋詁上

林、文王有聲云、文王烝哉。疏曰、白虎通云、君、羣也、羣下所歸心也。平林叢木曰林。左傳云、天生烝民、樹之以君而司牧之、則人物之衆必立君爲司牧、故以林烝爲君也。說卦云、乾爲天爲君。白虎通云、德合天地者稱帝、皇、美也、大也、號之爲皇、煌煌人莫違也。王者往也、天下所歸往。后從人從一從口、象人之形、發號以告四方。辟之言法、下所法則也。天帝皇王諸天子、公侯謂諸侯、餘皆通稱也。

注疏參義

林烝天帝皇王后辟公侯君也 註 詩曰有王有林、又曰文王烝哉、其餘義皆通見詩書 正義 此釋人君之號、變文以著名、題德以別操也。荀子王制篇云、君者、善羣也。春秋繁露滅國篇云、君者、不失其羣者也。又云、君者、羣也。漢書刑法志云、從之成羣、斯爲君矣。白虎通義云、君、羣也、羣下之所歸心也。林與烝並釋爲君者、白虎通義云、林、衆也。此篇下文云、烝、衆也。是林烝爲君、與君羣也義同。故漢書律歷志云、林、君也。屈原天問云、伯林雉經、王逸註林、君也。平都相蔣君碑云、於穆林烝、實乾所生。是漢人知宗雅訓也。天者、穀梁宣十五年傳云、爲天下主者天也。繼天者君也。帝者、說文云、帝、諦也、王天下之號也。皇者、說文云、皇、大也、从自。自、始也。始皇者三皇大君也。王者、說文云、王、天下所歸往也。白虎通義云、帝者天號、王者五行之稱也。何休公羊傳註云、德合於元者稱皇、德合於天者稱帝、仁義合者稱王。后者、說文云、后、繼體君也。象人之形。施令以告四方。故厂之、从一口。發號者、君后也。易姤卦象傳云、后以施命誥四方。又曲禮云、天子之妃曰后。孔疏引白虎通云、后、君也。明配至尊、爲海內小君、天下尊、故繼其王言之也。辟者、下文云、辟、法也、言爲人所取法也。穀梁文六年傳云、士造辟而言、是也。公侯者、白虎通義云、所以名之爲公侯何、公者、通也、公正無私之意也。侯者、候也、候順逆也。又云、伯、子、男、臣子於其國中褒其君爲公。春秋曰葬齊桓公、齊侯也、尚書曰公曰嗟、秦伯也。詩云覃公維私、覃子也、春秋曰葬許繆公、許男也。禮大射經曰公則釋獲、大射者諸侯之禮也、伯子男皆在也。王制孔疏云、公侯伯子男五等之爵、獨以侯爲名者、以侯爲君、又舉中而言、故稱諸侯也。謚法解云、德象天地曰帝、靜民則法曰皇、仁義所在曰王、立制及衆曰公、執應八方曰侯。註 詩曰至詩書。○

正義 有王有林、小雅賓之初筵文。文王烝哉、大雅文王有聲文。其餘義皆見詩書者、詩疏云、板傳曰上帝以稱王者。桑柔傳云、昊天斥王。然則王稱天稱帝、詩之通義。呂刑云皇帝清問下民、商頌元鳥云商之先后、周頌烈文云百辟其刑之、小雅白駒云爾公爾侯、皆義之常行者耳。

正義

皇王 說文、皇大也、从自。自、始也。

校議

林烝天帝皇王后辟公侯君也 詩曰有王有林、又曰文王烝哉、其餘義皆通見詩書

說文云、君、尊也。儀禮喪服傳云、君至尊也。鄭注、天子諸侯及卿大夫有地者皆曰君。逸周書謚法篇云、賞慶刑威曰君、從之成羣曰君。白虎通云、君、羣也、羣下之所歸心也。然則君之言羣、凡羣衆所歸皆謂之君矣。林烝者、衆也。又訓君者、衆之所歸、斯謂之君、與君羣義同也。林者、詩有王有林、毛傳用爾雅。楚辭天問篇云、伯林雉經、王逸注及漢書律麻志並云、林、君也。烝者、釋文云、本又作蒸。蒸烝古字通。詩文王烝哉、毛傳烝、君也。釋文引韓詩云、烝、美也。美與君義亦近。凡臣子於君父以美大之詞言之、故皇謂之大、亦謂之美、亦謂之君。烝謂之衆、亦謂之美、亦謂之君。凡有數義而皆通、斯爾雅諸文之例也。不明乎此則窒矣。林亦盛大之詞、與烝同意。故平都相蔣君碑云、於穆林烝、以二字連文、其義與單文同也。天與帝亦訓爲君者、天帝俱尊大之極稱、故臣以目君焉。易說卦云、乾爲天爲君、左氏宣四年傳云、君天也、鶡冠子道端篇云、君者天也、是皆以君爲天之證。古者稱君、或言昊天、或言天王、或言天子、其名異其實同也。說文云、帝、諦也、王天下之號也。風俗通引書大傳云、帝者任德設刑以則象之、言其能行天道、舉錯審諦。謚法篇云、德象天地曰帝、是帝本天之號、又爲王者之稱、故詩上帝板板、上帝甚蹈、毛傳皆以上帝爲王矣。皇者、說文云、大也、从自。自、始也。始皇者、三皇大君也。謚法篇云、靜民則法曰皇。詩有皇上帝、毛傳皇、君也。凡詩之皇尸皇祖、士昏禮之皇舅、士虞禮記之皇祖、鄭皆以皇爲君也。王者、說文云天下所歸往也。風俗通引書

大傳同。謚法篇云、仁義所在曰王。仁義所在、是即民所歸往也。王與皇同意、故春秋繁露云王者、皇也、書建用皇極、洪範五行傳作建用王極。皇王其義同也。后者、說文云繼體君也。周禮量人營后宮、禮記內則后王命冢宰、鄭注並云、后、君也。釋文引孫炎云、后王、君王也。辟者、下文云法也。此訓君者、君爲人所法也。人所法爲君、猶人所歸往爲王矣。詩內辟字、毛鄭多訓爲君。書馬鄭注義亦同也。公侯者、列國之君也。故釋名云、公、君也、君尊稱也。周禮牛人掌公牛、巾車掌公車、鄭注並云公、猶官也。史記孝文紀索隱曰、官、猶公也。然則公亦爲官、官亦爲公、反覆相訓、義得兼通。公官又一聲之轉、故廣雅云官、君也、是官亦稱君矣。侯者、詩云洵直且侯、侯文王孫子、謹爾侯度、毛鄭並云侯、君也。羔裘釋文引韓詩云、侯、美也。又訓美者與烝同義、故烝侯毛傳並云君、韓詩並云美。臣子於君父以美大之詞言之、亦其證也。公侯皆有本義。白虎通言公者公正無私、侯者候逆順、皆其義。又訓君者、公侯雖臣、於其國稱君也。然則伯子男亦列國之君。此不言者、舉尊以例卑、及卿大夫之有地者亦得兼包焉。

義疏

林烝蒸天帝皇王后辟公侯君尹羣也郭云

詩曰有壬有林、又曰文王烝哉。其餘義皆通見詩書。

郝懿行義疏以君兼羣美二義、林烝爲羣、烝皇爲美、又皆盛大之詞也。林者野外之地、蓋公子封邑所在、故楚詞以太子爲伯林、漢平都相蔣君碑云於穆林烝。詩有壬爲男邦、漢書所謂任國、左傳謂之伯男、畿內諸侯也。有壬則都家采邑、禮所謂大夫君也。春秋周王稱天王、君之君也。詩以天帝喻君、天爲昊天、帝爲五帝。吳大澂說帝主字皆从▲、▲、花蒂也、象形、其後加而从木、鄂跗形、許愼誤爲刺聲耳。皇、从自爲始、从王爲大。禮皇舅皇姑生則曰君舅君姑。夫曰皇辟、皇、大、辟、君也。立賢曰諦、審諦也。傳子曰王、眾所歸往也。王立主亦曰帝、宗祀賢者也。繼體曰后、后、後也。从人口、人所同尊也。妻曰后、妃配君者也。因通謂天子妻曰后、爲女君之稱矣。辟、法也。三公異於諸侯爲內外所法、故曰辟。公卿大夫私臣尊其君從三公之稱、皆謂之辟、故有百辟。外五等則皆曰公、於外通曰諸侯、各從最尊之爵以稱其君。故公侯有君義、伯子男無君義也。君之字从尹、以手正物也。加口爲君、不自執事、但使人也。羣从羊、君、眾羊必有君也。郝以林烝爲羣、餘皆爲君、不知此專釋詩林烝、郭義爲長。

集解

林烝天帝皇王后辟公侯君也

平地有叢木曰林。烝、火气上行也。均與君義林、正字爲臨。說文瀶、谷也、从水臨聲、讀若林、左定八傳林楚、公羊作臨南、均以臨爲林也。臨、監視也、隱几視下之偁、故治民亦曰臨民。臨林通用字。詩賓之初筵有壬有林、傳林、君也。前漢書律歷志林鐘林君也、言陰氣受任、助蕤賓君主種物使長養楙盛也。楚辭天問伯林雉經、注林、君也。禮記少儀負良綏、注君綏也。呂覽去私南陽無令、注令、君也。廣雅釋詁令龍郎、君也、以良郎令龍爲之。烝之爲言丞也。丞即拯字、故丞民一謂爲拯民。文選難蜀父老拯民於沉溺、羽獵賦丞民乎農桑、李善注引聲類曰丞、亦拯字也、斥君德言耳。丞拯烝通用字。書立政夷微盧烝、孫星衍疏烝、君也。詩文王有聲文王烝哉、傳烝、君也。禮記表記武王烝哉、注烝、君也。漢平都相蔣君碑於穆林烝、林烝、均君也。或曰林烝、眾也、斥民而言。此釋君者、其即今所謂民主與。天、顛也、至高無上、从一大。易乾爲天爲君、以其俱高極也。春秋周王偁天王、君之君也。左傳、君者天也。轉注則天可訓君。詩文王天降滔德、傳天、君。論語八佾獲罪於天、孔注天以喻君。穀梁宣十五傳爲天下主者天也、繼天者君也。前漢書五行志天辟惡之、如淳曰天辟謂天子也。文選吳季重答東阿王書若質之志、實在所天、注君、天也。帝、諦也、从上朿聲、擇賢而君天下之號。擇賢者必審諦。左僖二五傳、今之王、古之帝也。白虎通德合天地者偁帝。詩板上帝板板、菀柳上帝甚蹈、傳箋均以上帝爲王、即以上帝爲君也。荀子賦請占之五泰、注五帝也、廣雅釋詁大嫡君也、以泰大嫡爲之。皇、大也、美也。君之號皇者、大美而人莫違也。唐虞前始王天下者之通偁、如三皇是也。五帝乃改而偁帝。呂刑有皇帝之偁、對

爾雅詁林　一　釋詁上

新廌茍氏言也。今與於本國偁君王、於卬度則偁皇帝。詩正月有皇上帝、傳皇、君也。楚茨皇尸載起、信南山獻之皇祖、烈文繼序其皇之、載見思皇多祜、武於皇武王、桓皇以閒之、箋均云皇、君也。儀禮士虞禮適爾皇祖伯某、注皇、后也。前漢書禮樂志歌寒暑不忒況皇章、晉灼曰皇、君也。前漢書五行志皇、君也。極、中也。離騷恐皇輿之敗績、文選陸士衡答賈長淵詩伊室有皇、曹子建責躬詩皇肯照微、班固答賓戲悟皇綱、注均云皇、君也。王、往也、天下所歸往也。家天下而爲人所歸往、其君號之曰王。措廟立主乃偁帝。尚書大傳王之不極、是爲不建、注王、君也。詩皇矣王此大邦、箋王、君也。禮記祭法王宮祭日也、注王宮、日壇也。王、君也、日偁君。呂覽順說則難與往也、注往、王也、君也、以往爲之。后、繼體君也。象人之形、施令以告四方、故厂之从一口。發號者、君后也。引申爲天子及天子妃之通偁。書堯典肆覲東后、史記作遂見東方君長。詩文王有聲王后烝哉、傳后、君也。玄鳥商之先后、箋后、君也。周語昔我先世后稷、孟子梁惠王徯我后、周禮量人營后宮、禮記內則后王命冢宰、注均云后、君也。前漢書貨殖傳引易曰后以財成輔相天地之宜以左右民、師古曰后、君也。離騷昔三后之純粹兮、注后、君也。辟、法也。从卩从辛、節制其罪也。从口、用法者也。攝王之偁。周公攝王、詩故偁曰辟公。其从口、蓋與君后同意。詩桑扈百辟爲憲、文王有聲皇王維辟、棫樸濟濟辟王、箋均云辟、君。蕩下民之辟、殷武天命多辟、傳均云辟、君也。史記樂書封君世辟、索隱辟亦君也。前漢書司馬相如傳歷選列辟、師古曰辟、君也。魯語其周公大公及百辟神祇實永饗而賴之、後漢書班固傳豈特方軌並跡、紛綸后辟、理近古之所務、蹈一聖之險易云爾哉、張衡傳仲尼不遇、故論六經以俟來辟、文選幽通賦穪五辟而成災、束皙補亡詩明明后辟、注均云辟、君也。公、平分也。从八从厶、謂背私也。君偁爲公、明君貴公正無厶耳。說文則以厶爲之。前漢書郊祀志吾欲見鉅公、張晏曰天子爲天下父、故曰鉅公。公羊傳天子、三公偁公、王者之後亦偁公、魯僖王者、故魯侯亦偁公。詩既醉公尸嘉告、箋公、君也。臣工敬爾在公、傳公、君也。儀禮喪服傳公爲適子之長殤中殤、周禮冢人掌公墓之地、注均云公、君也。方言六凡尊老謂之公、或謂之翁。書君奭南宮括、馬本作君、禮記樂記宮爲君、廣雅釋詁宮、君也。一本作官、史記孝文紀索隱官猶公也、以翁宮官爲之。侯字本作矦、从人从厂、象張布之狀、矢在其下。周制諸侯貢士、天子以射試之、中多者獲封爵、因君人國而謂之諸侯。書康誥孟侯、孫疏侯、君也。詩羔裘洵直且侯、傳侯、君也。文王侯文王孫子、抑謹爾侯度、箋均云侯、君也。君、尊也。从尹、發號、故从口。墨子經說上君以若名者也。

義證

林烝天帝皇王后辟公侯君也（辟、必亦反）

註　詩曰有壬有林、又曰文王烝哉、其餘義皆通見詩書

郭注補正

林烝天帝皇王后辟公侯君也

林烝者、郭注引詩有壬有林、爲小雅賓之初筵文。又引詩文王烝哉、爲大雅文王有聲文。毛傳云林烝君也。王氏引之云君有二義、一爲君上之君、天帝皇王后辟公侯是也、一爲羣聚之羣、林烝是也。古者君與羣同聲、故韓詩外傳云君者羣也。古羣臣字通作君臣。管子大匡篇桓公使鮑叔識君臣之有善者、問篇君臣有位而未有田者幾何人、皆羣臣之假借也。呂氏春秋召類篇曰羣者眾也、白虎通義曰林者眾也。此篇下文曰烝眾也、林烝羣同爲眾多之義、故曰林烝羣也。林烝二字連文、不與下文相錯、亦可知其別爲一類矣。自毛公釋詩之有壬有林、文王烝哉、始誤以林烝爲君上之君。案小雅賓之初筵云百禮既至、有壬有林。上曰百

禮下曰有林、則有林正取衆盛之義、不得訓爲國君、使文義參差也。林鐘之義、周語以爲和展百事、韋注云林衆也、言萬物衆盛也、則林字正取衆盛之義、故訓之曰百事。淮南時則篇謂林鍾爲百鍾、不得如漢志君主種物之說也。天問之伯林雉經、不知何指。王叔師見晉語有太子申生雉經之事、遂以伯林爲申生而訓爲長君、實無明據也。至大雅文王有聲之文王烝哉、則韓詩訓烝爲美、其說確不可易、不得如毛傳訓爲君上之君也。下文有王后烝哉、皇王烝哉、若訓烝爲君、則與王后皇王字義相複矣。林烝爲羣聚之羣、與天帝以下爲君上之君、二義不嫌同條。下文多有此例。　天爲君者、鶡冠子道端云、君者天也。孟子引詩天之方蹶、注云天謂王者。古之稱君曰天子、曰天王、曰皇王、位曰天位。小雅正月天夭是椓、毛傳云君天之、在位椓之。正義云毛以天斥王者、故爲君天之。大雅板天之方難、鄭箋云天斥王也。天之方虐、天之方懠、天之牖民、箋竝以天指王。召旻旻天疾威、箋云天斥王也。桑柔倬彼昊天、瞻卬瞻卬昊天、傳竝云昊天斥王也。王即君也。蕩天降慆德、傳云天君也。　帝者、說文云諦也、王天下之號也。稱天爲帝、稱君亦爲帝。文選西京賦、同天號於帝皇。蕩蕩蕩上帝、傳云上帝以託君王也。板上帝板板、傳云上帝以稱王者也。　皇者、說文云大也。老子云、天大、地大、王亦大。上古凡爲君者皆稱皇、中古皆稱帝、三代皆稱王、自秦而後復稱皇稱帝。小雅正月有皇上帝、楚茨皇尸載起、信南山獻之皇祖、周頌烈文繼序其皇之、載見思皇多祜、武於皇武王、桓皇以間之、般於皇時周、傳箋竝云皇君也。訪落休矣皇考、箋云美哉我君考。小雅漸漸之石不皇朝矣、箋云皇王也。　王后辟者、說文云王、天下所歸往也。董仲舒曰、古之造文者、三畫而連其中謂之王。三者、天地人也。而參通之者王也。孔子曰、一貫三爲王。后、繼體君也、象人之形、施令以告四方、故厂之从一口。發號令者君后也。辟、法也、从卩从辛、節制其辠也、从口、用法者也。用法者君之事也、故辟又訓君。大雅皇矣王此大邦、箋云王君也。下民之王、箋云作下民之君。詩之言王者衆矣。或

爾雅詁林　一　釋詁上

言爲君、如大明不易維王、下武世有哲王、民勞以爲王休、江漢告成于王之類。有實指爲君之王、如大明文王嘉止涼彼武王、棫樸周王壽考、長發實左右商王之類。有君王並稱者、大雅假樂宜君宜王。有皇王並稱者周頌閔予小子於乎皇王、箋云於乎君王歎文王武王也。文王有聲皇王維辟、箋云辟、君也。有王后並稱者、文王有聲王后烝哉、王后維翰、傳曰后、君也。周頌時邁允王爲后、箋云信哉武王之宜爲君。有辟王並稱者、周頌載見載見辟王、箋云諸侯始見君王。有辟公並稱者、載見烈文辟公、雝相維辟公、箋竝云百辟與諸侯。商頌玄鳥商之先后、箋云后、君也。下武三后在天、傳云三后、大王王季文王也。小雅雨無正辟言不信、抑辟爾爲德、板無自立辟、蕩下民之辟、商頌殷武天命多辟、傳箋竝云辟、君也。大雅假樂百辟卿士、箋云百辟、畿內諸侯也。諸侯卽君也。烝民式是百辟、箋云汝施行法度於是百君。韓奕以佐戎辟、箋云以佐助女君。　公侯者、五等之爵、以封諸侯、皆國君也。儀禮既夕禮公國君也、疏云臣皆尊其君呼之曰公。大雅既醉公尸嘉告、鄭箋云公、君也。卷阿嗣先公酋矣、箋云又嗣其先君之功、汝王能終之矣。雲漢羣公先正、毛傳云先正百辟卿士也。百辟卽諸侯也。周頌有駜夙夜在公、箋云言時臣憂念君事、早起夜寐在於公之所、卽在於君之所也。周頌臣工敬爾在公、傳云公君也。召南采蘩夙夜在公、羔羊退食自公、小雅天保于公先王、大雅文王有聲王公伊濯、傳箋竝云公、事也。非也。公應皆訓爲君。王制疏云、公侯伯子男五等之爵、獨以侯爲名者以侯爲君、又舉中而言。據此則公侯稱君、伯子男亦稱君、不言者舉公侯以例其下也。鄭風羔裘洵直且侯、大雅文王侯文王孫子、抑謹爾侯度、傳箋竝云侯、君也。公侯亦有並稱者、周南兔罝公侯干城、公侯腹心、箋云諸侯可任以國守、扞城其民、諸侯卽君也。召南采蘩公侯之事、公侯之宮、箋云言夫人於君祭祀而薦此豆也。君謂公侯也。

說詩

烝君也

鄭注引詩文王烝哉、毛傳烝、君也。栢年案楚辭九懷云將去烝兮遠游、王逸注違離於君之四裔也。正以烝字訓君、而邵郝諸家多未引及。

補釋

林烝節疏平地有叢木曰林地、說文作土。左傳云天生烝民傳、監本誤釋。故厂之從一口發號者厂、誤后。從、說文作从。後放此。

注疏正字

林烝天帝皇王后辟公侯君也

郭曰、詩曰有壬有林。又曰文王烝哉。引之謹案、君字有二義、一爲君上之君、天帝皇王后辟公侯是也。一爲羣聚之羣、林烝是也。古者君與羣同聲。故韓詩外傳曰、君者羣也。故古羣臣字通作君臣。管子大匡篇桓公使鮑叔識君臣之有善者、問篇君臣有位而未有田者幾何人、皆羣臣之假借也。國蓄篇、男女諸君吾子無不服籍。君亦羣之假借、謂大男大女及諸羣吾子也。諸羣猶諸衆也。呂氏春秋謹聽篇云、諸衆齊民。呂氏春秋召類篇曰羣者衆也、白虎通義曰林者衆也。此篇下文曰烝衆也、林烝羣也。林烝二字連文、而不與下文相錯、亦可以知其別爲一類矣。不然君上至尊、豈得以林烝稱之乎。自毛公釋詩之有壬有林、文王烝哉、始誤以林烝爲君上之君。而漢書律曆志之說林鍾、楚辭天問注之說伯林、表記注之說武王烝哉、竝仍其誤。案、小雅賓之初筵云、百禮既至、有壬有林。上曰百禮、下曰有林、則有林正取衆盛之義、不得訓爲國君、使文義參差也。傳云、壬、大也。林、君也。君與大義已不類、而壬字之解猶不誤。箋又以壬爲卿大夫、其失彌甚矣。毛鄭詩考正曰、詩中如有蕡有鶯之類、竝形容之辭。此以形容百禮既至、壬壬然盛大、林林然衆多。此說是也。林鍾之義、周語以爲和展百事、俾莫不任肅純恪。韋注曰、林、衆也。言萬物衆盛也。則林字正取衆盛之義。故訓之曰百事。故淮南時則篇謂林鍾爲百鍾、不得如漢志君主種物之說也。天問之伯林雉經、不知何指。王叔師見晉語有太子申生雉經之事、遂以伯林爲申生而訓爲長君、實無明據也。至大雅文王有聲之文王烝哉、則韓詩訓烝爲美、其說確不可易。詩書多以烝爲美大之詞。說見前不顯不承下。不得如毛傳訓爲君上之君也。下文有王后烝哉、皇王烝哉、若訓烝爲君、則與王后皇王字義相複矣。徧考經傳之文、未有謂君爲林烝者、則林烝之本訓爲羣明矣。天帝皇王后辟公侯爲君上之君、林烝爲羣聚之羣、而得合而釋之者、古人訓詁之指本於聲音、六書之用廣於假借、故二義不嫌同條也。如下文台朕賚畀卜陽予也、台朕陽爲予我之予、賚畀卜爲賜予之予。鄭樵注曰、疑此當言台朕陽予也、賚畀卜予也、以二字同文故誤耳。案、古之字義不隨字音而分、一義兼數音、一音亦兼數義。樵以後人之音析古人之義、誤矣。頷竢替戾底止徯待也、頷竢徯爲竢待之待、替戾底止爲止待之待。治肆古故也、治古爲久故之故、肆爲語詞之故。載謨食詐僞也、載謨食爲作爲之爲、詐爲詐僞之僞。昌敵彊應丁當也、昌爲當理之當、丁浪反敵彊應丁爲相當之當。棲遲憩休苦㱃齂呬息也、棲遲憩休苦爲止息之息、㱃齂呬爲氣息之息。郡臻仍迺侯乃也、郡臻仍爲仍乃之乃、迺侯爲語詞之乃。艾歷覛胥相也、艾爲輔相之相、歷覛爲相視之相、胥爲相保相受之相。際接翜捷也、際接爲交接之接、翜爲捷疾之捷。義則有條而不紊、聲則殊塗而同歸。此爾雅所以爲訓詁之會通也。魏張稚讓作廣雅、猶循此例。如釋詁篇龓或員虞方云撫有也、龓或員方云爲有無之有、虞撫爲相親有之有。軫袞䌛䧢匡屬方也、軫袞䌛爲方圓之方、䧢匡屬爲旁側之旁。敨勁堅剛耆勥勎莫悍憸搯鈔倞悖快強也、敨勁堅剛耆勥搯鈔倞悖快爲剛強之強、勎莫悍憸爲勉強之強。若斯之類、不可枚舉。自唐以來、遂莫有能知其義者矣。

述聞

林烝天帝皇王后辟公侯君也　釋文云、烝本又作蒸。

匡名

林烝天帝皇王后辟公侯君也　此釋人君之號。說文、君尊也。从尹口。發號故从口。小雅有壬有林。漢書林、君也。烝、火气上行也。引伸之、如下文之烝進也。又引伸之、如下文之烝衆也。釋言之烝塵也。塵訓久也。又引伸之則君也。大雅文王烝哉、傳烝、君也。穀梁宣十五年傳、爲天下主者天也。繼天者君也。帝、諦也。王、天下之號也。从丄朿聲。皇、大君也。从自王。自、始也。王、天下所歸往也。孔子曰、一貫三爲王。后、繼體君也。象人之形。施令以告四方。故厂之从一

爾雅詁林　一　釋詁上

口。發號者、君后也。泰誓、撫我則后。辟、法也、从卩辛、節制其辠也。从口、用法者也。會意、洪範、維辟作福。廣韻、辟君也。 孟子、公一位。 侯、从人厂、象張張布、矢在其下。古者以射選賢侯、从矢取射義。射中獲封、故因謂之諸侯。孟子、侯一位。

啓蒙

林烝天帝皇王后辟公侯君也

邢疏云。皆天子諸侯南面之君異稱也。

君者。說文。君。尊也。从尹發號故从口。尹君同聲。尹治也。从又握事者也。故逸周書謚法解云賞慶刑威曰君。君所以能握事者則以有德而人歸往之也。故荀子王制篇云君者善羣也。逸周書謚法解云從之成羣曰君。儀禮喪服傳君至尊也。鄭注云天子諸侯及卿大夫有地者皆曰君也。

林者。說文。平土有叢木曰林。从二木。

烝者。即蒸之聲首。說文。蒸。析麻中榦也。从艸烝聲。引申爲薪蒸。林烝之所以訓君。章先生言之冣爲神覈。先生曰。麗王公奠天位者其實其名大氐不出於山麓。古之王者以神道設教。草昧之世神人未分。而天子爲代天之官。因高就丘。爲其近於穹蒼。是故封泰山。禪梁父。後代以爲曠典。然上古視之至恆也。山海經云鼓鐘之山帝臺之所以觴百神也。又云帝堯臺帝嚳臺帝丹朱臺帝舜臺各二臺。臺四方在昆侖東北。西王母之山有軒轅之臺。係昆之山有共工之臺。蓋人君恆居山上。雖宮室既備。猶必放而爲之。有時亦直營岡阜以爲中都。說文云。京。人所爲絕高丘也。詩稱公劉乃陟南岡。乃覯於京。京師之野。于時處處。于時廬旅。此蓋在夏衰戎狄雜居之世。其後則春秋以天子所居爲京師。亦放物其意而名之。爾雅釋詁曰。林烝君也。林爲山。烝即薪蒸。是天子在山林中明甚。尙書納于大麓。古文家太史公說曰。堯使舜入山林川澤。此讀麓爲本字。所謂林屬於山爲麓也。說文。烝。从火丞聲。丞。翌也。从収从卩从山。山高奉承之義。此足明蒸之在山。後代此制既絕。而古語流傳。其迹尙在。故秦漢謂天子所居爲禁中。禁从林聲。禁者林也。言禁。籞皆山林之儲胥也。以上皆章先生語見文錄官制索隱 林烝以單言成義。詩小雅有壬有林。傳云。林君。大雅文王烝哉。傳云。烝君也。亦或連用。平都相蔣君碑於穆林烝。是也。

天者。說文。天。顚也。至高無上。从一大。章先生曰。說文。天。顚也。顚。頂也。知天顚非門閭戶護之例者。易其人天且劓。馬融以爲黥鑿其額曰天。顚頷題通言。顚題音轉。天本顚鑿之亦曰天。猶直稱去髕曰髕也。又山海經有刑天。刑天無首。則被鑿顚之刑也。以顚釋天。猶以雒釋鴼。緯書已有是訓。則局就蒼蒼者。說文言至高無上。人頂于身亦至高無上。蒼蒼者于萬物亦至高無上。本當言从大。大。人也。从一在其上。指事也。與末同意。說文言從一大。則略也。天爲人頂。引伸爲蒼蒼者。猶也爲女陰。孳乳爲地也。初祇作囟也而已。以上章先生語見文始 然則稱君爲天者。亦猶言元首矣。詩大雅倬彼昊天。傳云。昊天。斥王者也。詩大雅天降滔德。傳云。天。君也。左傳君。天也。或言天王。或言天子。其名異。其實同也。

帝者。說文。帝。諦也。王天下之號也。从二朿聲。章先生曰。說文。帝从二古文上字朿聲。方言。顚。頂上也。帝本謂在顚頂者。周官所謂昊天上帝及五帝也。王天下者亦以是爲號。猶言元首。以上章先生語見文始 詩大雅蕩蕩上帝。下民之辟。傳云。上帝以託君王也。又上帝板板。傳云。上帝以稱王者也。離騷帝高陽之苗裔兮。王注云。德合天地稱帝。莊子徐無鬼篇。堇也。桔梗也。雞廱也。豕零也。是時爲帝者也。王念孫云。時即蒔。更也。帝。君也。言此更爲君者也。

皇者。說文。皇。大也。从自。自。始也。始皇者。三皇。大君也。詩小雅有皇上帝。傳云。皇。君也。章先生曰。漢書五行志傳曰。皇之不極。是謂不建。皇。君也。此本釋詁義。劉歆皇極傳亦無異說。是古今文諸家皆有斯義。當從之。以上章先生語見古文尙書拾遺定本

王者。說文。王。天下所歸往也。董仲舒曰。古之造文者三畫而連其中謂之王。三者天地人也。而參通之者王也。孔子曰。一貫三爲王。章先生曰。倉頡時無王號。蓋王即皇。蓋古三皇祇作王。夏以來分別作皇。以上章先生語見文始 左傳。今之王。古之帝也。賈逵左傳注云。畿內稱王。諸夏稱天王。詩大雅王此大邦。箋云。王。君也。

后者。說文。后。繼體君也。象人之形。施令以告四方。故厂之。从一口。發號者。君后也。后爲通於王侯之稱。詩大雅三后在天。傳云。三后。大王王季文王也。王后烝哉。傳云。后。君也。謂文王也。禮記內則后王命冢宰。王肅云。后王。君王也。是后爲王也。書舜典班瑞于羣后。肆覲東后。羣后四朝。某氏傳云。后。君。是后亦謂諸侯也。

辟者。說文。辟。法也。从卩从辛。節制其辠也。从口。用法者也。案君字說解云。發號故从口。說文令訓發號。从亼卩。則辟从卩从口。用法亦謂發號也。后字說解云。發號者君后。宣

十五年左傳君能制命爲義。命从口从令。令爲發號。則命亦發號矣。君制命與辟用法同意。故辟訓君。辟亦通於王侯之稱也。詩大雅蕩蕩上帝下民之辟。傳云。辟。君。皇王維辟。箋云。辟。君。是謂王爲辟也。詩商頌天命多辟。傳云。辟。君。小雅百辟爲憲。箋云。辟。君。是謂諸侯爲辟也。

公者。說文。公。平分也。从八从厶。八猶背也。韓非曰。背私爲公。賈子道術云。兼覆無私謂之公。論語公則說。孔安國云。言政教公平則民說矣。因引申爲五等爵之公。此孟子所謂公一位者也。亦汎謂諸侯。周禮考工記坐而論道謂之王公。鄭注云。天子諸侯。詩周頌嗟嗟臣工敬爾在公。傳云。公。君。此皆謂諸侯也。侯伯子男於其國亦稱公。白虎通義云。伯子男臣子於其國中褒其君爲公。春秋曰葬齊桓公。齊侯也。尚書曰公曰嗟。秦伯也。詩曰覃公維私。覃子也。（案覃今詩作譚）春秋曰葬許穆公。許男也。禮大射儀曰。公則釋獲。大射者諸侯之禮也。伯子男皆在也。此侯伯子男亦稱公也。

侯者。說文。矦。訓射侯。無君義。訓君者爲后之借。說文。矦。春饗所射侯。从人从厂象張布矢在其下。祝曰。毋若不甯侯。不朝于王所。故伉而射汝也。后繼體君也。章先生曰。后既專訓君。列侯則曰羣后。乃知侯故后之聲借。然后象人。射侯亦象人。考工記說祭侯之禮曰。惟若甯侯。無或若女不甯侯。不屬于王所。故抗而射汝。然則射侯得名因于諸侯。記射義言射中者得爲諸侯。春秋國語言唐叔射兕於徒林以爲大甲以封於晉。射義說亦有徵。蓋本言羣后。因射羣后不朝者而作侯。由是借侯爲后。且以爲五等之名焉。（以上章先生語見文始）王制孔疏謂公侯伯子男五等之爵。獨以侯爲名者。以侯爲君。又舉中而言故稱諸侯。此不得其解而强爲之說也。郝疏以國風洵直且侯韓詩訓美謂臣子於君父以美大之詞言之。亦非。孟子侯一位。此五等爵之侯也。又爲羣后之稱。隱七年左傳凡諸侯同盟。孔疏云。諸侯者公侯伯子男五等之總號。是也。

本字考

林君也。　君兼君尊、君羣二義。王引之說林烝訓君、君讀爲羣。案謂君兼羣義可、謂此君即羣不可。　林與隆聲通。漢志隆慮、續漢志作林慮、荀子君者國之隆也。林字本作臨、（左傳林楚、公羊作臨南）詩皇矣疏臨者以上臨下之名、皇侃論語疏曰、臨謂以高視下也。

烝君也。　說文烝火气上行也、書多方不蠲烝、馬注訓烝為升、烝有升上之義、故引申為君、廣雅上君也、中庸注上謂君也。烝下文云、進也。又下文云、衆也。君與衆義近。白虎通及廣雅釋言並云、君羣也。

皇王君也。　皇王聲通同訓。皇通作王、儀禮聘禮記賓入門皇注古文皇皆作王。

公君也。　謚法立制及衆曰公、然則公之訓君與君之訓羣同。

黃侃音訓

哉　肈　胎　俶　權輿　始也　烝　君也

釋文、哉亦作栽。（釋詁釋文）邢疏、哉古文作才。（釋詁疏）說文肈作肁。（云戶始開也。戶部肁。）釋文、胎本或作台。（釋詁釋文）毛詩傳胎作殆、始也。（豳風殆及公子同歸傳）釋文、俶字又作俶。（釋詁釋文）逸周書是謂日月權輿。（周月解）大戴禮記、孟春百草權輿。（誥志篇）釋文、烝本又作蒸。（釋詁釋文）

哉、始也。邢疏、哉、古文作才。按、哉才古字通用。尚書舜典往哉汝諧、張平子碑作往才汝諧。說文、才、艸木之始也。胎、始也。毛詩傳胎作殆。按、七月詩殆及公子同歸、毛傳殆、始也。孔疏以為釋詁文。

證異

公君也

案、說文八部、公、平分也。从八从厶。八、猶背也。韓非曰、背厶為公。是公之本義為公厶之公。君公之公實伀之叚字。人部伀下曰、志及衆也。志及衆為伀、正猶羣下歸心為君也。（白虎通三綱六紀篇、君、羣也、羣下之所歸心也。）故雅以君釋公。逸周書謚法解、立制及衆曰公。立制及衆、亦猶志及衆也。是字雖相承作公、而及衆之義、要不可沒也。下釋親夫之兄為兄公、釋名釋親屬作兄伀、（據畢氏沅校本。）用伀本字者、惟彼一見。

董瑞椿補記

林烝君也

錦熾謹案、此林訓君者、乃釋詩賓之初筵篇有壬有林也。毛傳云林君也、卽本爾雅爲訓。邢疏以下均以爲君羣也、林衆也、羣衆義同。至王氏經義述聞直謂君有二義、林烝君也之君當讀爲羣。蒙謂此說未允。竊疑林乃臨之假借字。左氏定八年傳林楚御桓子、公羊傳作臨南、是林臨二字通假之證。說文臥部云、臨、監臨也。此臨之本義。君者在上臨下、故臨得爲君上之稱。詩皇矣臨下有赫、疏臨者在上臨下之名。穀梁哀公七年傳春秋有臨天下之言焉、注臨者、撫有之也。左氏昭公六年傳臨之以敬、疏臨謂位居其上、俯臨其下。國語、臨長晉國者。國策、君臨函谷。此皆臨有君義之證。烝者、乃釋詩文王有聲篇文王烝哉也。毛傳同雅訓。釋文引韓傳云、烝、美也。蒙謂毛韓訓異而實同。君云美者、猶皇之訓美、君可云皇也。本經釋文云、烝本又作蒸。廣雅釋詁云、蒸、美也。烝蒸字通、是烝之訓君取義于美。訓烝爲衆、亦非經義。至烝蒸二字之本義、則說文火部云烝、火气上行也、艸部云蒸、析麻中幹也。其訓爲美者、烝聲乃聲古通用。乃、訪之假借字。說文言部云、訪、厚也。厚與美義近。

公君也

錦熾謹案、此釋詩臣工篇敬爾在公、緜篇古公亶父也。臣工傳公君也、卽本雅訓爲說。緜箋諸侯之臣偁君曰公、亦用雅訓。說文八部云、公、平分也、从八从厶。會意。是公之本義爲公私之公。人部伀下說解云志及衆也、與周書謚法立制及衆曰公、其義正同。是經典相承之公、皆伀之假借也。

陸錦燧日記

林烝君也郭云詩曰有壬有林又曰文王烝哉。楷案、下文自天帝以下、列字俱有次第、天帝上冠以林烝二字、甚覺不倫。竊疑二字本在大也節、錯亂在此。詩賓之初筵有壬有林、文王有聲文王烝哉、毛傳於林烝並訓君、則所見爾雅已誤。蓋夏五郭公之闕、己亥三豕之訛、攷訂自昔已難、不得謂毛公之所據盡得其實也。王引之爾雅述聞乃徒知責傳說之誤解、而不知此文之錯亂、何所見之偏哉。林烝並訓衆、故訓大。凡訓衆字多有大義、如甫爲衆又爲大、殷爲衆又爲大、皆其例。林又與臨通。定八年左傳林楚、公羊傳作臨南。易序卦傳、臨者大也。則林爲臨之假音、義亦爲大。烝又訓美、美亦爲大。故說文說美字會意、爲从羊从大。依此言、是二字本在大也節愈無疑義。邢疏引尸子云、天帝皇后辟公、皆大也。是彼因君義而引申之爲大義、此則因大義而誤屬之君義、其致誤未必無由。

稗疏

林、烝、天、帝、皇、王、后、辟、公、侯、君也。

此舉訓君之字、分類以釋其義也。說文於一字而有數義者、先釋本義、次用「一曰」或「某以爲」以兼存之；爾雅於一義而有數字者、則類列其字、而總釋其義。本節林烝爲一類、天帝皇王后辟公侯爲一類、皆以君字解之；下文之載謨食詐爲二類，而皆以僞字解之，即其例也。義不同而合釋之者，王引之所云「古人訓詁之指，本於聲音，六書之用，廣於假借，故二義不嫌同條，爾雅所以爲訓詁之會通」者，是也。說文「君，尊也，从尹口，口以發號；」白虎通「君，羣也，羣下所歸心。」故王氏謂「君有二義，一爲君上之君，一爲羣衆之羣。」

林、烝，爲君者，取羣衆之義。白虎通又云：「林，衆也；」周語韋昭注云：「林，衆也，言萬物衆盛。」本篇下文云：「烝，衆也，」大雅烝字，韓詩訓美，美即美盛。是林烝有美衆之義，與羣義同。古人取衆盛美大之字，以稱贊其君，故林烝皆訓爲君。小雅「百禮既至，有壬有林，」大雅「文王烝哉，」「皇王烝哉，」邵晉涵引平都相蔣君碑云：「於穆林烝，實乾所生，」此林烝之見經典者。

天、帝，用爲君稱者，說文「天，至高無上，从一大。」舜典「肆類于上帝，」帝亦天也。穀梁傳云：「爲天下主者天也；」說文云：「帝，諦也，王天下之號，」皆用爲君稱。蓋邃古人心，驚於人力之薄弱，不足以抵抗宇宙自然現象；而敬天畏命之思想，因之以起。其時掌握治權者，利用民族之心理，建立尊號，於是視君如天，而呼之爲天；視君如帝，而呼之爲帝。以役於萬民之公僕，而天之帝之，其來久矣。

皇者，說文云：「皇，大也，从自王，自，始也，始王者，三皇大君也，」是皇本大君之稱，因之凡大者皆爲皇，乃引伸義也。王者，說文云：「天下所歸往也，」董仲舒曰：「古之造文者，三畫而連其中，謂之王，三者天地人，而參通之者王。」王往疊韻。通天地人，其德至矣，故爲君稱也。

后者，說文云：「繼體君，」段云：「后之言後也。」經典多假后爲後，以后後聲同，而相訓，故曰繼體之君。但渾言之，亦無別也。

辟者，本篇云：「法也，」稱君爲辟，謂爲人民所取法也。公者，白虎通云：「公正無私之意也。」侯者，詩蒸裘釋文引韓詩云：「侯，美也，」人臣稱君，必用美大之詞，烝侯訓美，皇訓大，皆以君德爲君稱，其義一也。林烝爲一類，天帝皇王后辟公侯，乃直稱君主之名，爲一類，故爾雅連類釋之。

爾雅學

林烝天帝皇王后辟公侯君也○釋曰注疏本刪。

故后之說文作故厂之此誤。

餘皆通稱○注詩曰至詩書○釋曰注疏本刪下八字。

皆義之常行元本閩監本同。毛本皆誤者。

校勘記

林烝天帝皇王后辟公侯，君也。

「林烝至君也」　疏「皇，美也，大也。天之总美大称也」　○「天之总」，今本《白虎通》同，卢校。

又疏「王者往也，天下所归往。」　○据《御览》引「天下」增「人」字。

又疏「公者通也，公正无私之意也，侯者候也，候逆顺也。」　○「公者通也」四句，亦本《白虎通》。

注疏校記

云其餘皆義之常者耳者監本永懷堂本毛本湘本常下有行字。按此疏注文宜有行字。

左傳云天生烝民毛本湘本同。監本傳誤釋。

天之揔美大稱也各本同。据白虎通天下有人字此及各本脫。

宋監本校箋

注疏校勘札記

一上（三）括號中數字爲本書頁碼，下同

八行（注）詩曰有王有林○王，《詩小雅·賓之初筵》作壬，當據正。宋刻十行本及蜀本（即《古逸叢書》本）不誤。

音圖·音

林烝天帝皇王后辟音畢公侯君也

孫偘直音

林烝天帝、皇、王　后辟、公、侯、君也。

璧

楊氏音訓

林烝天帝皇王后辟璧公侯君也。

弘廓宏溥介純夏幠厖墳嘏丕弈洪誕戎駿假京碩濯訏宇穹壬路淫甫景廢壯冢簡劉昄晊將業蓆大也

弘、廓、宏、溥、介、純、夏、幠、厖、墳、嘏、丕、弈、洪、誕、戎、駿、假、京、碩、濯、訏、宇、穹、壬、路、淫、甫、景、廢、壯、冢、簡、劉、昄、晊、將、業、蓆、大也。詩曰、我受命溥將。又曰、亂如此幠。爲下國駿厖。湯孫奏假。王公伊濯。訏謨定命。有壬有林。厥聲載路。既有淫威。廢爲殘賊。爾土宇昄章。緇衣之蓆兮。廓落宇宙、穹隆至極、亦爲大也。劉義未聞。尸子曰、此皆大、有十餘名而同一實。

郭注

弘廓宏溥介純夏幠厖墳嘏丕弈洪誕戎駿假京碩濯訏宇穹壬路淫甫景廢壯冢簡箌昄晊將業蓆大也　釋曰、此皆廣大之異言也。弘者、谷容之大也。周書洛誥云、武王弘朕恭。廓者、方言云、張小使大謂之廓。宏者、書曰、若保宏父。介者、方言云、東齊海岱之間謂之介。純者、魯頌閟宮、公天錫公純嘏。夏者、方言云、自關而西、秦晉之間凡物之壯大而愛偉之謂之夏。厖者、深之大也。墳、嘏者、方言云、墳、地大也。青幽之間凡土而高且大者謂之墳。秦晉之間凡物壯大謂之嘏。丕者、書云、嘉乃丕績。弈者、詩大雅韓弈云、弈弈梁山。洪者、書大誥云、延洪惟我幼冲人。誕者、大雅生民云、誕彌厥月。戎者、方言云、宋魯陳衛之間謂之嘏、或曰戎。京、碩、濯、訏者、秦晉之間凡人大謂之奘、燕之北鄙齊楚之郊或曰京、齊宋之間曰碩、荆吳楊甌之郊曰濯、中齊西楚之間曰訏。此皆謂大、方俗之殊語也。甫者、詩齊風云、無田甫田。景者、周頌潛篇云、以介景福。壯者、秦晉之間凡人大謂之壯、大或謂之壯。冢者、舍人曰、冢、封之大也。大雅緜篇云、乃立冢土。簡者、周頌執競云、降福簡簡。劉者、郭云義未聞。顧氏云、都角切。說文云、草大也。韓詩云、劉彼圃田。將者、周頌云、日就月將。業者、版之大也。大雅靈臺云、虡業維樅。餘皆見注。　注詩曰至一實　釋曰、云我受命溥將者、商頌烈祖文。又曰亂如此幠者、小雅巧言文。云下國駿厖者、商頌長發文。云湯孫奏嘏者、商頌那篇文。云王公伊濯者、大雅文王有聲文。云訏謨定命者、大雅抑篇文。云有壬有林者、小雅賓之初筵文。云厥聲載路者、大雅生民文。云既有淫威者、周頌有客文。云廢爲殘賊者、小雅四月文。云爾土宇昄章者、大雅卷阿文。云緇衣之蓆兮者、鄭風緇衣文。云廓落宇宙穹隆至極亦爲大也者、廓落、大貌。四方上下曰宇。說文云、宙、舟輿所極也。穹隆、天之形也。郭氏讀晊爲至、故云至極。是廓宇穹晊亦爲大也。云尸子曰此皆大有十餘名而同一實者、漢書藝文志云、尸子二十篇。注曰、名佼、魯人、秦相商君師之、鞅死、佼逃入蜀。案尸子廣澤篇云、墨子貴兼、孔子貴公、皇子貴衷、田子貴均、列子貴虛、料子貴別囿、其學之相非也、數世矣而已、皆弇於私也。天帝后皇辟公弘廓閎博介純夏幠厖晊昄皆大也、十有餘名而實一也。若使兼公虛均衷平易別囿一實也、則無相非也。以其數字皆訓爲大、故引之也。周公作詁、必以始也君也大也居先者、始者無先之稱、君者至尊之號、大則無所不包、故先言之。一曰此三者天也人也地也。易乾卦云、萬物資始。坤卦云、直方大。老子云、域中有四大、王居其一焉。故以此三者爲先、乾坤相對之物、而以地在人後者、以人居天地之中、且尊尚人君、故進之。自此而下、隨便即言、無義例也。

邢疏

路冢大也

輅、車之大者。荀子哀公問篇注　冢、封之大也。書舜典正義　邢疏

犍爲注

宏墳晊大也

以下釋故　陸德明經典釋文爾雅音義上中、詁、樊光本作故。

周禮云、其聲大而宏。詩云、有賁其首。晊、可見之大也。書盤庚下正義九引周禮及詩　史記司馬相如列傳索隱引郅可見之大也

樊注

廓劉昄大也

廓、張之大也。劉、都耗反。昄、方滿反。毛詩釋文下

一切經音義九　釋文引劉都耗反二句

孫音注

爾雅詁林　一　釋詁上

釗昄晊犬也已下釋詁

釗、陟孝反。昄方滿反。釋文 昄方滿切又見詩大雅卷阿釋文

郭氏讀晊爲至。邢疏 郭音義

昄大也以下釋詁

昄、蒲板反。釋文 沈集注

釗昄晊大也以下釋詁

釗、都角反。釋文顧野王、邢疏、顧氏云都角切。昄、音板。晊、充尸反。釋文 顧音

昄大也以下釋詁

昄、蒲滿反。釋文 施音

晊大也已下釋詁

晊、舊音之日反。釋文 衆家注

黄輯古義

弘廓宏溥介純夏幠厖墳嘏丕弈洪誕戎駿假京碩濯訏宇穹壬路淫甫景廢壯冢簡釗晊昄將業席大也依注路作輅。

輅、車之大也。冢、封之大也。荀子哀公篇楊倞注、邢昺疏書舜典孔穎達正義並引下句。 犍爲注

弘廓宏溥介純夏幠厖墳嘏丕弈洪誕戎駿假京碩濯訏宇穹壬路淫甫景廢壯冢簡劉昄晊將業席大也依注胵作郅

周禮云、其聲大而宏。詩云有賁其首。書盤庚下孔穎達正義

郅、可見之大也。史記司馬相如傳司馬貞索隱 樊注

弘廓宏溥介純夏幠厖墳嘏丕弈洪誕戎駿假京碩濯訏宇穹壬路淫甫景廢壯冢簡劉昄晊將業席大也

廓、張之大也。釋元應一切經音義卷九

簡劉昄晊。劉、都耗反。同上 昄、方滿反。釋文毛詩釋文並引孫郭 孫音注

簡劉陟孝反。陸德明釋文

昄晊。昄、方滿反。同上引孫郭 讀晊爲至。邢昺疏 郭音義

弘廓宏溥介純夏幠㡾墳嘏丕奕洪誕戎駿假京碩濯訏宇穹壬路淫甫景廢壯冢簡釗昄晊將業席大也

昄、蒲板反。陸德明釋文 沈集注

簡劉昄晊。劉、都角切、說文云草大也。韓詩云、劉彼甫田。邢昺疏 陸德明釋文引首句切作反 昄、音板、又普姦普練二反。

釋文 晊、音充尸反。同上 顧音

昄晊。昄、蒲滿反。陸德明釋文 施音

玉函山房輯佚

爾雅詁林　一　釋詁上

宏　周禮云其聲大而宏。樊光注

墳　賁

詩云有賁其首。同並書疏九

冢　封之大也。舍人注書疏三

劉　陟孝翻。郭璞音　都角翻。顧野王音

昄　蒲板翻。沈旋音　蒲滿翻。施乾音

眰　之日翻。舊音並釋文二十九

鈎沉

廓宏墳路冢劉昄眰大也

孫曰、廓、張之大也。劉、都耗反。昄、方滿反。釋文又毛詩釋文下　一切經音義九

樊曰、周禮云其聲大而宏。詩云有賁其首。眰、可見之大也。孔穎達盤庚下正義九　史記司馬相如列傳司馬貞索隱

舍人曰、輅、車之大也。冢、封之大也。書舜典正義三　荀子哀公篇楊倞注　邢昺爾雅疏上也字舊誤作者。

漢注

弘廓宏溥介純夏幠厖墳嘏丕奕洪誕戎駿假京碩濯訏宇穹壬路淫甫景廢壯冢簡劉昄晊將業蓆大也本幠或作膴。鄭注周禮腊人云膴與大亦一也。疏云釋詁文。墳、據書正義九卷引樊光注作賁、蓋樊光本墳作賁、王本作任。毛詩邶燕燕傳任、大也。正義云釋詁文。

舍人云、路、車之大也。荀子哀公篇注　冢、封之大也。書正義三卷

樊光云、周禮云其聲大而宏。詩云有賁其首。書正義九卷　眰、可見之大也。史記司馬相如傳索隱　孫炎云、廓、張之大也。一切經音義九　郭璞云、詩曰我受命溥將。又曰亂如此幠。爲下國駿厖。湯孫奏假。王公伊濯。訏謨定命。有壬有林。厥聲載路。既有淫威。廢爲殘賊。爾土宇昄章。緇衣之蓆兮。廓落宇宙、穹隆至極亦爲大也。劉義未聞。尸子曰、此皆大、有十餘名而同一實。

一切注音

廓大也　孫炎云、廓、張之大也。一切經音義九

蕙心案、方言云張小使大謂之廓。孫義本此。

宏　樊光云、周禮曰其聲大而宏。書正義

墳　樊光云詩有賁其首。書盤庚正義

蕙心案、今詩作有頒其首。樊注引作賁、當出三家詩。頒正字。賁借字。墳賁古通。

路　舍人云、輅、車之大也。荀子哀公問篇注

冢　舍人云、封之大也。書泰誓正義

蕙心案、冢與墳同義。方言、冢、秦晉之間謂之墳。引申爲大之通稱、詩乃立冢土、書友邦冢君、周禮天官冢宰皆是。

劉　孫炎云、都耗反。郭璞音陟孝反。並釋文

昄　孫炎云、方滿反。釋文

眰　樊光云、郅、可見之大也。史記司馬相如傳索隱　舊音之日反。釋文

蕙心案、今本通作眰。說文無眰字。釋文云、本又作至、又作脛。蓋眰乃脛之譌、郅乃至之借。郭注云至極、是郭已改從至字。

古注斠

宏戶萌反。溥音普。介音界。夏戶雅反。幠火吳反、下同。厖亡江反、又亡項反。方言云、厖、深之大也。墳符云反。嘏古雅反。丕字又作丕、同。普悲反。奕以昔反。誕音但。駿子俊反、又荀閏反。假古雅反。濯直角反。訏本又作盱、同。香于反。穹起弓反。壯側狀反。箌郭陟孝反、顧野王都角反。說文云、草大也。孫都耗反。昄沈旋蒲板反、此依詩讀也。孫郭方偹反、字林方但方旦二反、旋乾蒲滿反、顧音板、又普姦普綠二反。眰昔音之日反。本又作至、又作脛。顧音充尸反。蓆音席。謨亡乎反。

陸音義

箌說文云草大也○案、說文艸部、菿、艸大也。竹部、箌訓艸木到。據陸氏知今本說文誤。然訓爲艸大則字當從艸、今爾雅亦從竹、疑皆誤。

音義攷證

弘廓宏溥介純夏幠厖墳嘏丕奕洪誕戎駿假京碩濯訏宇穹壬路淫甫景廢壯冢簡箌昄眰將業席大也注席、疏本作蓆。吳元恭本、鍾人傑本、陳深本皆作席、與此正合。

駿、大而高。溥、專也。若嵩高可謂駿矣、若泰山之雲可謂溥矣。宏、大爲之亢、廓、大謂之郭。宇、覆所至也。詩曰居常與許。許、魯朝宿之邑。常、薛旁邑。舉其遠者也。春秋傳曰、築臺於薛、何譏爾、遠也。有國乃有京、有家乃有冢。詩曰、三后在天。所謂玉京金闕在天之謂也。幠而覆、昊天之大。穹而覆、蒼天之大。凡詩言昊天、望之以其察、今幠如此、可謂大矣。言蒼天、望之以其仁、今穹如此、可謂大矣。林、君也。伯子男、壬也。壬、大而已。丕、積而大。揚子曰、積小以大、不亦丕乎。誕、言誕則大。故也。詩於公劉言篤、於后稷言誕。后稷之事誕矣。所謂誕膺駿命、蓋若有火復於王屋流爲烏之類、雖言誕可也。廢、大或廢焉。詩曰、無田甫田、維莠驕驕。景、明而大。甫、美而大。甫田、言農夫之慶。大田、言寡婦之利。大田、言自雨、甫田、言祈之而兩相備也。簡、竹間種之則大。箌、竹倒種之則大。所謂箌彼甫田、宜莠而收。於大爲箌。眰曰以至爲大。昄曰以反爲大。冬日至陽反而大、夏日至陰反而大。墳、物之大。路、道之大。克岐則所謂路者判矣。碩若在滌能碩而已、卽在靈囿乃能濯也。純、自大也。介、助之而大。詩曰、天錫公純嘏。又曰、以介景福。壯則老矣。訏、尙往也。蠻小而夏大、眞小而假大。嘏、假也。若眉壽萬年、可謂假矣。業、危而大。席、大而安焉。詩曰、不如子之衣安且吉兮。奕、有爲之大者矣。洪、莫適爲大也。

新義

弘廓宏溥介純夏幠厖墳嘏丕奕洪誕戎駿假京碩濯訏宇穹壬路淫甫景廢壯冢簡箌昄眰將業蓆大也弘、洛誥云、武王弘朕恭。廓。方言云、張小使大謂之廓。宏、書曰、若保宏父。溥、烈祖云、我受命溥將。介、方言云、東齊海岱之間謂之介。純、閟宮云、天錫公純嘏。夏、方言云、自關而西秦晉之間凡物之壯大而愛偉之謂之夏。幠、巧言云、亂如此幠。厖、駿、商頌長發云、爲下國駿厖。墳、嘏、方言云、靑幽之間凡土高且大者謂之墳、秦晉之間凡物壯大謂之嘏。丕、書云、嘉乃丕績。奕、韓奕云、奕奕梁山。洪、大誥云、延洪惟我幼冲人。誕、生民云、誕彌厥月。戎、方言云、宋魯陳衛之間謂之嘏、或曰戎。京、碩、濯、訏、秦

爾雅詁林　一　釋詁上

晉之間凡人大謂之奘。燕之北鄙齊楚之郊或曰京、齊宋之間曰碩、荊吳揚甌之郊曰濯、中齊西楚之間曰訏。又文王有聲云、王公伊濯。又抑云、訏謨定命。宇、覆六合也。穹、天之高遠也。壬、賓之初筵云、有壬有林。路、生民云、厥聲載路。淫、有客云、既有淫威。甫、齊風云、無田甫田。景、潛云、以介景福。廢、四月云、廢爲殘賊。壯、方言云、秦晉之間凡人大謂之奘、或謂之壯。冢、緜云、乃立冢土。簡、執競云、降福簡簡。箌、都角反。韓詩云、箌彼甫田。又說文云、箌、艸大也。昄、卷阿云、爾土宇昄章。晊、日照之所及也。將、周頌云、我將我享。業、大版也。靈臺云、虡業維樅。席、緇衣云、緇衣之席兮。

鄭樵注

弘廓宏溥介純夏幠厖墳嘏丕奕洪誕戎駿假京碩濯訏宇穹壬路淫甫景廢壯冢簡箌昄晊將業席大也箌、孫都耗反、郭陟孝反。昄、孫郭方滿反。

舍人曰、冢、封之大也。

樊光曰、周禮云其聲大而宏。詩云有墳其首。晊、可見之大也。上二句見書盤庚疏。但所引詩見小雅魚藻篇、作有頒其首。孔疏引釋詁云墳大也、則亦通作墳字解。故樊注此引作墳、而書疏引之又作賁耳。其釋晊字句見史記索隱。晊本作郅。○按、他書所引爾雅古注有字與經異者、非明見陸氏釋文、則必係引之者所改、故此編所錄仍用本經原字。他做此。○又爾雅古注有止見一書者、有屢見諸書者、今不可悉記。惟字句間有可疑者、則云見某書某書、以便參考。他做此。○又按、諸經疏中引爾雅有某氏說、間與樊注同、或疑即樊光。然疏中亦有引樊光注與某氏說互見者、則非一人明矣。攷崇文總目有亡名氏爾雅音訓一書、通考云二卷。所云某氏倘即此與。若然、則不得稱注。而諸經疏中有一二處云某氏注者、或以其有此訓、遂指爲某氏注與。否則郭璞爾雅序云、注者十餘。此或其中之一耳。然序錄所載注爾雅者、並無某氏一家。今此編唯載八家之注、某氏說概置不錄。

孫炎曰、廓、張之大也。按、諸書所引有孫炎爾雅正義數條、即宋初所行孫炎疏也。非此孫炎之注、今概置不錄。

郭璞曰、詩曰我受命溥將、又曰、亂如此幠。爲下國駿厖。湯孫奏假。王公伊濯。訏謨定命。有壬有林。厥聲載路。既有淫威。廢爲殘賊。爾土宇昄章。緇衣之席兮。廓落、宇宙、穹隆、至極、亦爲大也。箌義未聞。尸子曰、此皆大、有十餘名而同一實。

鄭樵曰、弘、洛誥云、武王弘朕恭。廓、方言云、張小使大謂之廓。宏、書曰、若保宏父。溥、烈祖云、我受命溥將。介、方言云、東齊海岱之間謂之介。純、閟宮云、天錫公純嘏。夏、方言云、自關而西秦晉之間凡物之壯大而愛偉之謂之夏。幠、巧言云、亂如此幠。厖、駿、商頌長發云、爲下國駿厖。墳、嘏、方言云、青幽之間凡土高且大者謂之墳。秦晉之間凡物壯大謂之嘏。丕、書云、嘉乃丕績。奕、韓奕云、奕奕梁山。洪、大誥云、延洪惟我幼沖人。誕、生民云、誕彌厥月。戎、方言云、宋魯陳衛之間謂之嘏、或曰戎。京、碩、濯、訏、秦晉之間凡人大謂之奘、燕之北鄙齊楚之郊或曰京、齊宋之間曰碩、荊吳揚甌之郊曰濯、中齊西楚之間曰訏。又文王有聲云、王公伊濯。又抑云、訏謨定命。宇、覆六合也。穹、天之高遠也。壬、賓之初筵云、有壬有林。路、生民云、厥聲載路。淫、有客云、既有淫威。甫、齊風云、無田甫田。景、潛云、以介景福。廢、四月云、廢爲殘賊。壯、方言云、秦晉之間凡人大謂之奘、或謂之壯。冢、緜云、乃立冢土。簡、執競云、降福簡簡。箌、都角反。韓詩云、箌彼甫田。又說文云、箌、艸大也。昄、卷阿云、爾土宇昄章。晊、日照之所及也。將、周頌云、我將我享。業、大版也。靈臺云、虡業維樅。席、緇衣云、緇衣之席兮。

古注合存

弘廓宏溥介純夏幠厖墳嘏丕奕洪誕駿假京碩濯訏宇穹壬路淫甫景廢壯冢簡劉昄晊將業席、大也。幠音呼。厖亡江反。誕音但。訏音吁。劉音道、又音卓。昄蒲板反。晊之日反。○此釋弘、廓以下皆大之義也。註曰、詩烈祖云、我受命溥將。巧言云、亂如此幠。長發云、爲下國駿厖。文王有聲云、王功伊濯。四月云、廢爲殘賊。卷阿云、爾土宇昄章。緇衣云、緇衣之席兮。疏曰、詩韓奕云、奕奕梁山。執競云、降福簡簡。韓詩云、劉彼甫田。方言云、凡物之大者、東齊海岱之間謂之介、秦晉謂之夏。又謂之壯。青幽間謂之墳、秦晉魯宋陳衛謂之嘏、燕北齊楚之郊或曰京、齊宋曰碩、荊吳揚甌之間曰濯、中齊西楚之間曰訏。冢、舍人謂封之大者。晊、郭氏讀爲至、亦大也。愚按、詩旄丘云、何誕之節兮。雝篇云、假哉皇考。皆大也。舊引誕彌厥月、湯孫奏格者、非。廢爲大者、蓋敗肆猖披之象、有大之意與。凡言業者、乃修廣之意也。

注疏參義

按、爾雅以幠訓大、從巾、而周禮注云、膴又詁爲大、二者同矣。則是膴乃膟肉大臠。賈氏云、據爾雅釋詁文。此似從肉作膴、或所見異本也。

詩旐邱云、何誕之節兮、雝云、假哉皇考、皆大也。舊引誕彌厥月、湯孫奏假者、非。姜上均說。姜似未見鄭注、然稍有可采、今取其是者存之。

箌、說文从艸作菿、音卓、又音到。

晊、郭讀爲至、故以極訓之。釋文音質。鄭云、日照之所極也。從釋文。

補注

弘廓宏溥介純夏幠厖墳嘏丕奕洪誕戎駿假京碩濯訏宇穹壬路淫甫景廢壯冢簡菿昄晊將業蓆大也

註 詩曰、我受命溥將。又曰、亂如此幠。爲下國駿厖。湯孫奏假。王公伊濯。訏謨定命。有壬有林。厥聲載路。既有淫威。廢爲殘賊。爾土宇昄章。緇衣之蓆兮。廓落宇宙、穹隆至極、亦爲大也。菿義未聞。尸子曰、此皆大有十餘名而同一實。

正義 此釋大之義也。說文云、天大地大、人亦大、故大象人形。○弘廓宏溥○弘者、易云、含弘光大。廓者、方言云、張小使大謂之廓。衆經音義引孫炎云、廓、張之大也。大雅皇矣云、憎其式廓。通作擴。孟子云、知皆擴而充之矣、趙岐註、擴、廓也。孫奭音義引丁公著云、張大也。宏者、書盤庚云、用宏茲賁。孔疏引樊光云、周禮曰其聲大而宏。溥者、禮記祭義云、溥之而橫於四海。○介純夏幠○介者、方言云、夯、大也。東齊海岱之間曰夯、或曰幠。夯介古通用。晉六二云、受茲介福、于其王母。虞翻註、介、大也。純者、周頌維天之命云、文王之德之純。毛傳、純、大也。左傳疏云、凡言純孝純臣者、皆謂大孝大忠也。夏者、方言云、自關而西秦晉之間凡物之壯大者而愛偉之謂之夏。樂記云、夏、大也。左氏襄二十九年傳云、能夏則大。幠者、天官腊人云、膴胖之事。後鄭云、膴與大亦一也。膴又詁曰大。二者同矣。賈疏以爲釋詁文。是幠本或作膴。○厖墳嘏丕○厖者、方言云、厖、深之大也。又云、自關而西秦晉之間凡大貌謂之幪、或謂之厖。說文云、厖、石大也。左氏成十六年傳云、民生敦厖、杜註厖、大也。墳者、方言云、墳、地大也。青幽之間凡土而高且大者謂之墳。小雅苕華云、牂羊墳首。魚藻云、有頒其首。毛傳、頒、大也。孔疏云、頒與墳字異音義同。嘏者、方言云、秦晉之間凡物壯大謂之嘏、或曰夏。說文云、嘏、大遠也。徐鍇繫傳云、詩曰天錫公純嘏、大遠之福也。少牢饋食禮云、以嘏于主人。郊特牲云、嘏、大也。丕者、禹貢云、三苗丕叙。史記夏本紀作三苗大叙。○奕洪誕戎○奕者、小雅車攻云、四牡奕奕。文選註引韓詩云、奕奕、盛貌。又通作亦。周頌噫嘻云、亦服爾耕。鄭箋、亦、大也。洪者、洪範云、不畀洪範九疇。史記集解引鄭註以爲大道也。漢書作鴻範、洪鴻古字通用。誕者、邶風旄丘云、何誕之節兮、毛傳、誕、濶也。濶與大義相成也。大雅生民云、誕彌厥月、毛傳、誕、大也。戎者、方言云、戎、大也。宋魯陳衛之間謂之嘏、或曰戎。周頌烈文云、念茲戎功。○駿假京碩○駿者、大雅文王云、駿命不易。通作浚、皋陶謨云、夙夜浚明有家。釋文引馬融云、浚、大也。又通作俊。夏小正云、時有俊風。俊者、大也。假者、方言云、夏、大也。周鄭之間謂之假。家人九五云、王假有家。陸績云、假、大也。士冠禮云、宜之于假。鄭註、假、大也。京者、方言云、京、大也。燕之北鄙齊楚之郊或曰京。公羊桓九年傳云、京者何、大也。穀梁與文九年傳云、京、大也。左氏莊二十二年傳云、莫之與京。碩者、方言云、齊宋之間曰巨、曰碩。說文云、碩、頭大也。繫傳引詩云、碩大且儼。蹇上六云、往蹇來碩。通作石。漢書律歷志云、石、大也。○濯訏宇穹○濯者、方言云、濯、大也。荆吳揚甌之間曰濯。商頌殷武云、濯濯厥靈。訏者、方言云、訏、大也。中齊西楚之間曰訏。大雅生民云、實覃實訏。通作芋。小雅斯干云、君子攸芋、毛傳芋、大也。鄭箋芋當作幠。是芋又與幠通也。宇者、荀子非十二子篇喬宇嵬瑣、楊倞註宇、大也。放蕩恢大也。穹者、文選註引韓詩云、在彼穹谷、薛君云、穹谷、深谷。今小雅白駒篇作在彼空谷、毛傳空、大也。是穹爲深而大也。○王路淫甫○壬通作任。邶風燕燕云、仲氏任只、毛傳任、大也。孔疏以爲釋詁文。路者、大雅皇矣云串夷載路、毛傳路、大也。淫者、方言云、遥、淫也、九疑荆郊之鄙謂淫曰遥。凡言遥遠者皆廣大也。呂刑云、爰始淫爲劓刵椓黥。以淫爲大也。甫者、後漢書註引韓詩云、東有甫草。薛夫子章句云、甫、博也、有博大之茂草也。○景廢壯冢○景者、士冠禮云、介爾景福。廢者、墨子非命篇、廢以爲刑政。壯者、方言云、秦晉之間凡人之大謂之奘、或謂之壯。月令云、養壯佼。冢者、書疏引舍人云、冢、封之大也。大雅緜云、乃立冢土。鄭註天官冢宰云、百官總焉則謂之冢、列職於王則稱大。冢、大之上也。○簡菿昄晊○簡者、盤庚云、予其懋簡相爾。淮南俶真訓云、壹簡以游太清、高誘註簡、大也。菿者、說文云、菿、艸大也。舊疏引韓詩云、菿彼甫田、本於詩釋文也。玉篇引韓詩與釋文同。毛詩作倬、古字通用。說文云、倬、著大也。大雅桑柔云倬彼昊天、鄭箋倬、明大貌。今本說文作菿艸大也、菿艸木到後人所竄易也。昄者、說文云、昄、大也。繫傳云、昄訓爲大、當作阪、作昄、亦假借也。晊者、史記索隱引樊光云、郅、可見之大也。晊、本作郅。○將業蓆○將者、方言云、將、大也、齊楚之郊或曰京、或曰將。商頌長發云、有娀方將。業者、釋器云、大版謂之業。周頌有瞽云、設業設虡。蓆者、說文云、蓆、廣多也。【註】詩曰至蓆兮○【正義】我受命溥將、商頌烈祖文。亂如此憮、小雅巧言文。爲下國駿厖、商頌長發文。湯孫奏假、商頌那文。王公伊濯、大雅文王有聲文。訏謨定命、大雅抑文。有壬有林、小雅賓之初筵文。厥聲載路、大雅生民文。既有淫威、周頌有客文。廢爲殘賊、小雅四月文。爾土宇昄章、大雅卷阿文。緇衣之蓆兮、鄭風緇衣文。毛傳俱用爾雅。今本四月毛傳云廢忕也、釋文云本作廢大也。○廓落至大也○廓落爲大者、淮南原道訓云廓四方、高誘註廓、大也。廓又通作郭。郭落爲大之貌也。宇宙爲大者、左氏昭四年傳云失其守宇、杜註於國四垂爲宇。莊子庚桑楚篇有實而無乎處者宇也、郭象註宇者有上下四方、而上下四方未有窮處。釋文引三倉云、上下四方爲宇。穹隆爲大者、考工記韗人云穹者三之一、鄭司農云穹讀爲志無空邪之空、謂鼓木腹穹隆者居鼓三之一也。是穹與空聲近義同、穹隆即大也。至極爲大者、郭氏讀晊爲至、下文云極至也。荀子儒效篇宇中六指謂之極、楊倞註六極謂上下四方。是極與宇義同。○尸子至一實○舊疏引尸子廣澤篇云、墨子貴兼、孔子貴公、皇子貴衷、田子貴均、列子貴虛、料子貴別囿、其學之相非也、數世矣而已、皆弇于私也。天帝皇后辟公弘廓宏溥介純夏憮冢晊昄皆大也、十有餘名而實一也。若使兼公虛均衷平易別囿一實也、則無相非也。郭氏引之以證異名而同實也。【正義】

介純　玉案方言介作夵音介說文作夵徐諧曰大人也

奕洪　說文亣部奕字註云大也从大亦聲亣籀文大也今作弈从廾非

簡菿　汪銳齋改从菿云菿字據說文及釋文玉篇廣韻

邢疏田子貴均　玉案田子即田駢也呂覽曰陳駢貴齊陳田古通【校議】

弘廓宏溥介純夏憮厖墳嘏丕奕洪誕戎駿假京碩濯訏宇穹壬路淫甫景廢壯冢簡菿昄晊將業蓆大也

詩曰我受命溥將又曰亂如此憮爲下國駿厖湯孫奏假王公伊濯訏謨定命有壬有林厥聲載路旣有淫威廢爲殘賊爾土宇昄章緇衣之蓆兮廓落宇宙穹隆至極亦爲大也菿義未聞尸子曰此皆大有十餘名而同一實

釋君之後繼以大者、君亦大也、故老子云、天大、地大、王亦大。說文本之而云天大地大人亦大、尸子本此而云天帝后皇辟公皆大也。是皆君亦訓大之義。推此而言、林烝亦有大意、公侯亦兼大名、其義舉可見矣。廓者、方言云、張小使大謂之廓。一切經音義九引孫炎云、廓、張之大也。詩云憎其式廓、文選西京賦云廓開九市、毛傳及薛綜注竝云廓、大也。孟子云知皆擴而充之、趙岐注擴、廓也。釋名云、郭、廓也、廓落在城外也。公羊文十五年傳云、恢郭也。恢郭即恢廓、故意林引風俗通云、郭大也。詩皇矣釋文、郭本又作廓。莣正義本作廓、釋文本作郭、而音亦苦霍反。是郭廓通擴、義亦同矣。宏者、說文云、屋深響也。書、用宏茲賁。正義引樊光曰、周禮云、其聲大而宏。禮記月令其器閎以奄、呂覽孟冬紀作其器宏以弇。史記司馬相如傳云必將崇論閎議、漢書閎作竑。一切經音義十七云、宏古文竑、同。是竑閎俱與宏通。逸周書皇門篇之閎、孔晁音皇。詩執競篇之喤、徐邈又音宏。宏皇聲轉、皇亦大也、是音義又通矣。溥者、經典與普通。詩溥天之下、左氏昭七年傳及孟子竝作普天之下、儀禮鄭注普大也、是普溥通。又通鋪與敷。詩鋪敦淮濆、釋文引韓詩鋪作敷、云大也。禮記祭義云溥之而橫乎四海、釋文溥、本亦作敷。蓋溥鋪敷俱从甫聲。凡聲同者字亦通也。溥旁聲轉。說文云旁溥也、聲轉爲旁薄、又爲旁魄、又爲彭魄、又爲旁勃、又爲盤礴、竝以聲爲義矣。介者、夰之叚借也。說文方言竝云、夰、大也。經典通作介。逸周書武順篇云集固介德、離騷云彼堯舜之耿介、孔晁王逸注竝云介、大也。純者、奄之叚借也。說文云、奄大也。讀若鶉。經典通作純。周語云俾莫不任肅純恪、文選魯靈光殿賦云承蒼昊之純殷、韋昭及張載注竝云純大也。又方言云、純、好也。呂覽士容篇注、純美也。漢書注、純、善也。純又訓善者與介同意、故介訓善又訓大、純訓大又訓善也。好美皆善矣。純通作淳。鄭語云黎爲高辛氏火正、以淳燿惇大、韋昭注淳大也、是淳純通矣。夏者、方言云大也、樂記同。說文以夏爲中國之人、蓋有威儀僃具之美。周禮染人秋染夏及夏采、說者以夏爲五色之名。爾雅兼包二義、故訓爲大。左傳云、能夏則大。書云、羽畎夏翟。可知二義兼矣。憮者、說文云覆也。覆冒義亦爲大、故方言云憮大也。詩亂如此憮、毛傳同。通作膴。儀禮公食大夫禮及周禮腊人鄭注竝云膴大也。膴義與憮同。韋昭晉語注云、膴、豐也。豐亦大也。說文云、無、豐也。引商書曰、庶草繁無、今書無作廡、是聲義又同矣。憮荒聲轉。詩天作傳、荒大也。凡聲同聲近聲轉之字、其義多存乎聲、皆此例也。厖者、說文云石大也、方言云深之大也。厖矇聲近、故方言又云、秦晉之閒凡大貌謂之矇、或謂之厖矣。墳者、釋丘云、墳、大防。方言云、墳、地大也、青幽之閒凡土而高且大者謂之墳。詩、牂羊墳首。周禮司烜、共墳燭。通作賁。詩、賁鼓維鏞。書、用宏茲賁。賁皆大也。又通作頒。說文云、頒、大頭也。引詩有頒其首。正義據釋詁云、頒與墳字雖異、音義同。此說是也。但古書多叚借頒首之頒、則頒爲正體、墳乃叚借。書正義據樊光引詩作有賁其首、賁亦叚借矣。嘏者、說文云大遠也。郊特牲云、嘏長也、大也。長遠與大義近、故方言云、嘏、大也。通作格。少牢饋食禮云以嘏于主人、鄭注古文嘏爲格。士冠禮云孝友時格、鄭注今文格爲嘏。又通作假。詩嚴假無言、左氏昭廿年傳作嚴嘏無言。士冠禮及禮運釋文竝云、嘏本或作假。蓋嘏爲本字、假爲通借。假格古音相轉、故其字俱通矣。假古讀若鼓、夏古讀若戶、故鄉飲酒義云夏之爲言假也、皆以聲近爲義也。丕者、書云三苗丕敘、史記夏紀作三苗大序。漢書郊祀志引大誓曰丕天之大律、鄭注丕、大也。張參五經文字云、丕、石經作㔻、見春秋傳。按左傳㔻鄭父是也。爾雅本亦有作㔻者、故釋文云丕、字又作㔻、通作不。戴氏震毛鄭詩考正云、書立政篇丕丕基、漢石經作不不其。凡詩中不顯不承不時不寍不康、皆當讀爲丕。詩之不顯不承、即書之丕顯丕承也。奕者、詩之奕奕、毛俱訓大。文選秋懷詩注引韓詩章句云、奕奕、盛貌。盛大義亦近也。通作亦。詩亦服爾耕、亦有高廩、鄭箋竝云亦大也。不顯亦世、後漢書袁術傳注及魏書禮志作不顯奕世。是其字通矣。洪者、水之大也。故說文云、洪、洚水也。洚與洪音義同。通作鴻。書之洪水、史記俱作鴻水。文選四子講德論云夫鴻均之世、李善注鴻與洪古字通也。誕者、詞之大也。詩書誕皆訓大。何誕之節兮、毛傳誕、闊也。闊亦大矣。戎者、詩民勞傳云大也。方言云、凡物盛多謂之寇。盛多與大義亦近、是寇戎其義同。駿者、玉篇云馬之美稱也。美大義近。下文又云駿長也、長大義亦近。通作峻。詩駿命不易、駿極于天、禮記中庸大學及孔子閒居竝引作峻。又通作浚。書夙夜浚明有家、釋文引馬融注、浚大也。詩噫嘻、釋文、浚本亦作駿。又通作俊。夏小正云時有俊風、初俊羔、傳竝云俊者大也。說文云、俊才過千人也。然則人之俊者爲大、馬之駿者亦爲大、山之峻者亦爲大、水之浚者亦爲大、字雖異而音義同矣。京者、丘之大也、與墳同意。釋丘云絕高爲之

京。高亦大也、故公羊桓九年傳云京者何、大也。京景
聲義同、故白虎通云景者、大也。經典景俱訓大、而亦
爲明。景从日、故訓明、从京聲、故又訓大矣。碩者、說文
云頭大也、與頒同意。小爾雅云、碩、遠也。遠亦大也。通
作石。漢書律厤志云、石者、大也。匈奴傳云、石畫之臣
甚衆。文選爲曹公作書與孫權云明棄碩交、李善注
碩與石古字通。濯者、方言云大也。詩王公伊濯、濯征
徐國、毛傳並云濯、大也。王公伊濯釋文引韓詩云、濯、
美也。美亦大也。說文美从大、大與善同意。故詩桑柔箋
云、善、猶大也。善訓大、知美亦訓大矣。訏者、詩中訏字
毛傳並訓爲大。通作芋。方言訏芋並云大也、郭注芋
猶訏也、又云訏亦作芋、故詩云君子攸芋、毛傳芋、大
也。又通作盱與吁。詩溱洧釋文訏、韓詩作盱、斯干釋
文芋、或作吁、爾雅釋文訏本又作盱、是皆以聲爲義
也。凡从于之字多訓大、于亦訓大、故方言云于、大也。
檀弓云于則于、說者亦以爲廣大、是矣。宇者、亦从于、
與訏同。說文云、宇、屋邊也。蓋屋檐四垂、爲屋之四邊、
天形象屋四垂、故曰天宇、亦曰大宇。逸周書寶典篇
云七寬弘、是謂寬宇。荀子非十二子篇云矞宇嵬瑣、
楊倞注宇、大也。莊子齊物論篇釋文引尸子云、天地
四方曰宇。然則宇之爲大可知矣。穹者、與宇同意、故
穹隆穹崇穹蒼其義皆謂天也。漢書司馬相如傳云
觸穹石、張揖注穹石、大石也。通作空。詩在彼空谷、毛
傳空、大也。文選注引韓詩作在彼穹谷、薛君曰穹谷、
深谷也。然則穹蓋深之大矣。壬者、詩有壬有林、毛傳
壬、大也。通作任。仲氏任只、傳亦云任、大也。史記律書
云壬之爲言任也、是任壬聲義同。說文云、壬象人裹
妊之形。故訓爲大矣。路者、詩串夷載路、厥聲載路、傳
並云路、大也。經典凡言路寢路車路馬、義皆爲大。路
本道路、可以通達、故謂之大。或借爲輅。玉篇云、輅、大
車。荀子哀公問篇注引舍人云、輅、車之大也。後漢書
張湛傳注引曲禮式路馬作軾輅馬、云輅、大也、是輅
路通矣。淫者、浸淫、又久雨也。浸久有過度之意、故訓
爲過。過有參泰之意、故又爲大。詩旣有淫威、毛傳淫、
大也。文選七發云衁脈淫濯、李善注淫濯謂過度而
且大也。然則淫濯俱訓大、本於爾雅也。甫者、男子之
美稱。美大義近、故又爲大。詩之甫田、甫草及魴鱮甫
甫傳並云、大也。說文云、誧、大也。讀若逋。詩東有甫草、

文選東都賦注引韓詩作東有圃草、薛君曰圃、博也、
有博大茂草也。後漢書班彪傳注引薛君傳作甫博
也。博與圃誧俱从甫聲、故義皆爲大、而其字亦通矣。
廢者、奔之叚音也。說文云奔、大也。玉篇作费、又作猌、
同。通作佛。詩云佛時仔肩、毛傳佛、大也。孔穎達不知
叚借之義、故云佛之爲大、其義未聞。又通作廢。郭引
詩廢爲殘賊。釋文云、廢、大也。此王肅義。列子楊朱篇
云廢虐之主、張湛注廢、大也。逸周書官人篇云、華廢
而誣。是亦以廢爲大也。壯者、與奘同而聲近將、其義
亦相通借。禮記射義云幼壯孝弟、鄭注壯或爲將。詩
鮮我方將、毛傳將、壯也。是二字義同字通。廣雅云、將、
美也。又云將、長也。長美與大義亦近也。冢者、與墳義
同、與京義亦近。說文云、冢、高墳也。方言云、冢、秦晉之
閒謂之墳。書正義引舍人曰、冢、封之大也。蓋冢本封
土爲名、而凡大亦皆稱冢。書之友邦冢君、冢亦大也。
然則大君謂之冢君、大宰謂之冢宰、大子謂之冢子、
大祀謂之冢祀、不但詩之冢土、獨擅冢名矣。簡者、疏
節闊目之意、故亦爲大。論語可也簡、孔安國注以簡
爲大也。淮南說山篇云周之簡圭生於垢石、高誘注
簡圭、大圭也。通作閒。尚書大傳云閒尾倍其身、鄭注
閒、大也。又通作閑。文選魏都賦注引薛君韓詩章句
曰、閑、大也。謂閑然大也。又通作簡。詩簡兮釋文云簡
或作蕳、是皆以聲爲義也。菿者、釋文引說文云、艸大
也。今說文本菿作蓺、蓋形近誤衍蓺字、而於菿下又
妄加艸木到三字、並誤矣。玉篇菿下引韓詩作菿彼
甫田、詩釋文引作箌、从竹、亦非矣。廣韻四覺斲紐下
引說文菿从艸、與爾雅釋文合。今據以訂正焉。通作
倬。詩倬彼甫田、韓詩作菿、云菿、卓也。卓與倬同。毛詩
作倬。說文云、倬、箸大也。引詩倬彼雲漢。傳亦云、倬、大
也。是倬菿音義同。昄者、說文及詩卷阿傳並云、昄、大
也。通作反。詩威儀反反、釋文引韓詩作昄昄、云善貌。
善與美同意、美大義近。昄之爲言版也、與業同意、故
釋名云、板、昄也。昄、昄平廣也。廣大義又近、是韓詩之
威儀昄昄、本兼善大二義。故玉篇云、昄、大也、善也。晊
者、古本作郅。史記司馬相如傳云、爰周郅隆、索隱引
樊光云、郅、可見之大也。是樊本作郅。通作晊。玉篇云、
晊之日切、大也。聲近臷。說文云、臷、大也。讀若詩臷臷
大猷。玉篇臷雉慄切。與晊音同。釋文晊、本又作至。蓋

郭本郎作至。故云至極亦爲大也。至者、極也。極者、中也。屋之中極至爲高大、故云至極亦大矣。業者、說文云大版也、詩傳同。俱本釋器爲說也。四牡業業、毛云業業然壯也、又云業業言高大也。高壯亦皆爲大矣。蓆者、說文云廣多也。廣多亦皆爲大。故詩緇衣傳、蓆大也。釋文引韓詩云、蓆、儲也。儲積與廣大義亦近也。通作席。漢書賈誼傳云非有仄室之埶以豫席之也、應劭注席、大也。郭引尸子曰、此皆大、有十餘名而同一實。邢疏引尸子廣澤篇云、天帝后皇辟公弘廓宏溥介純夏幠冢晊昄、皆大也、十有餘名而實一也。今按、大字之訓凡三十有九名、尸子所稱才止十一。又天帝后皇辟公亦俱訓大、與今本異。證知爾雅諸文後人多有增益及竄改者。古書茫昧、千載無聲、編簡蕞殘、遺文散落、夫孰從而辨之。

義疏

箌　經文

阮相國爾雅校勘記云、釋文唐石經各本俱作箌、元槧本作菿。盧文弨曰、釋文引說文草大也、則字當从艸。今說文爾雅皆有誤。　按、今說文艸部有䓕字、訓艸大也。而菿字訓艸木倒、無復文義。䓕當即菿之訛。段氏說文解字注正之、是也。詩倬彼甫田、釋文引韓詩亦作箌。潘克溥云、說文訓竹爲冬生艸、則竹亦艸類、不可訓艸大乎。古書殘缺、實難臆斷、姑從蓋闕可耳。

席　經文

唐石經及諸本同。阮云、釋文蓆音席。按、說文、蓆、廣多也。詩緇衣毛傳、蓆大也。當作蓆。　按、席自有大義、從廿者是其分別之文。字書中類此者甚多、疑古只作席不作蓆也。

經注集證

弘 宏閎 廓 郭擴

宏 喤皇 溥 博普敷旁 介 純 淳焞 夏 幠 無膴廡荒 庬 龐逄豐[illegible] 墳 賁頒

汾賁 嘏 格假 丕 奕 亦 洪 鴻洚 誕 戎 農龍 駿 峻俊 假 遐何 胡 京

强 碩 濯 訏 盱夸迂吁 宇 芋于 穹 空孔 壬 任 路 淫 甫 鋪方 景

廢 佛發 壯 冢 簡 閑僩間晥 箌 倬卓 昄 反 至 郅晊 戴 將 業 蓆

席 大也

尸子廣澤篇、天帝后皇辟公弘廓宏溥介純夏幠冢晊昄、皆大也、十有餘名而實一也。孫炎注、廓、張之大也。樊光注、周禮云、其聲大而宏。詩有賁其首、郅可見之大也。舍人注、冢、封之大也、路、車之大也。郭注、詩曰我受命溥將、又曰亂如此幠、爲下國駿庬、詩湯孫奏假、王公伊濯、訏謨定命、有王有林、厥聲載路、既有淫威、廢爲殘賊、爾土宇昄章、緇衣之蓆兮、廓落宇宙、穹隆至極、亦爲大也、菿義未聞、尸子曰此皆大、有十餘名而同一實。弘宏皆肱字、增加肱、橫也、廣也、弘、弓聲、張大之詞。宏、屋湀響、湀大之詞。宇亦作寓、閎。易含弘。書弘保、用宏。詩喤喤、徐邈讀爲宏宏。是也。詩憯其式郭、或加广、非也。郭、从𩫏、象城門二亭相對。春秋傳以城郛爲恢郭、拓大之意。孟子書作擴、後別爲彍、與弘同意。溥之字从尃、尃从甫、甫从父、父亦大也。又作虎、虎讀若盱、故夏胡叚古同聲通用。幠、亾亦是也。溥旁聲轉義同。旁竝同字、因又以普爲大。詩普天之下、頌作敷天。又甫田、甫艸字亦作圃。韓詩辥章句曰、圃、博也。詩鋪敦。禮記溥之而橫、又溥博淵泉。說文、旁、溥也。介之字从人八、八有小義、反言爲大。詩介爾景福、易受茲介福、書大介賚。介爲分之大。說文作夰、俗字也、與奄同爲不典。純之字从屯、屯象艸木初生、亦以小爲大。書侵戎我國家純、又天惟純佑。詩時純熙矣。郝引鄭語焞燿敦大、焞燿敦、卽純濯屯、皆大義也。夏與亦同意、象人自張掖。自、大也。以爲春夏字者、立必南面、中國日在南地獨大也。橆、从無大、冊林皆衆意、衆物巿之是大也。故肉大鬱爲膴、大屋象广爲廡、瓦大之尊爲甒。無又通亾。亾川爲巟、加艸爲荒、皆與橆同意。厖从厂尨聲。犬多毛爲尨、故厖爲石大字。通作龐。高屋龐然大也。又作逄。詩、鼉鼓逄逄。書、子孫其逢。又作豐。丰茸艸衆、故幷丰盛豆爲盛大、禮有豐。蕡爒麥、使蓬蓬大也。墳之字从賁、賁从卉、卉亦艸衆大之意。加貝者、大貝也。詩有賁鼓。書用宏茲賁。加土爲墳、大防。防水字又作濆。卉分通用、故又作汾。錢大昕說詩、汾王之甥。許愼引詩有頒其首。詩、牂羊墳首。又、有蕡其實。蕡从五中、俗字也。嘏假經典通用。嘏从古孶、假从叚孶、實不同也。古从十口爲長遠、又象禽頸下垂胡爲大。禮曰、圭人受祭之福、胡壽保。是受嘏也。古文嘏爲格、今文禮時格爲時嘏、然則嘏讀爲各假讀爲遐、因之胡亦讀遐矣。易、王假之。書、惟先假王。又、須假之。假之字从皮二、其義爲昔。皮肉乾腊、故爲久遠。二蓋與叚从二同意。遐昔則可假借。詩、鬷假、又作奏假、左傳引作鬷嘏。記曰、夏之爲言假也。詩、不瑕有害。又、遐不作人。遐不黃耉。遐不卽何不、遐耉卽胡耉、不瑕卽不遐、胡不卽何不。又荷葉曰蕸、皆从遠大生意也。丕字通用。丕从不、不象鳥飛、亦遠意也。書三苗丕敘、春秋成郛、傳以郛爲郭、則丕廓一義也。褒亦从孚、孚又通包、包亦大意。奕从亦大、亦本从大、則奕从二大。詩奕奕梁山、亦服爾耕、亦有高㢈。又丕顯奕世、卽不顯亦世。丕丕基、漢石經作不不其也。說文、洪、洚水也。鄭康成說諱降爲共、則洪非古字。書、洪惟圖天、又、洪惟我幼沖人。洪範、本作鴻範。共無大義、鴻有大義、洚與逄同也。然二人共舉、亦與介分無異、故以共爲大耳。詩四牡項領、鴻領也。

共龔同用。龍龏字通。龔行天罰、卽大降罰矣。誕、从延、長也。書、誕保文武。又、誕淫屑。詩、何誕之節。延爲長大也。誕謾卽延曼。言不可曼、故誕誇同誠。說文、誕、詷也。詷、共也。誕詷卽誕洪。又譁謣訏詤、皆詭妄大言。謣訏一字、訏之異文耳。戎、从戈甲、以音近用之。詩、戎雖小子。傳依此爲訓、非也。書、戎殷農用八政。詩、何彼茙矣、釋畜馬八尺爲龍。詩、我龍受之、皆大也。駿之字从夋。加馬爲㚖、加山爲高、加水爲濬、加人爲傑。詩駿命不易、駿極于天。書克明俊德、禮記引竝作峻。詩、駿發、釋文本作浚發。書浚明有家、夏小正俊風、俊羔皆大也。夋、蓋蹲踞字、借爲尊高、故有大義。京、景一字、絕高北爲京。詩鎬京辟雍、公羊傳京師、以衆大之詞言之。又、景命有僕。京强同用、麠麔一字、是也。算家以多少爲强弱、强从弘聲、則京弘又同。書、無疆惟休、左傳莫與之京、詩無競、皆大詞。景、又作耿。書上帝之耿命。又、耿光、猶大烈也。禮加景以大衣、加禮服外也。說文、碩、頭大也。詩、通以夫人爲碩人、以君爲美人。石取其不遷、稱人故从頁耳。詩其詩孔碩、易碩果不食、實大爲碩也。濯、从水翟。翟雉浴水則明潔。翟行爲躍。濯躍或作洮跳。守祧亦爲守濯。兆乃有大義耳。書曰兆民賴之。詩濯征徐國。濯卽逖也。狄翟同用、遠大爲逖。字又通卓、棹櫂是也。卓从匕早、明大之意。訏宇皆从于、于吁一宇。駭人曰芋、遠行爲迂。宇又通夸。詩、洵訏且樂、韓作盱。君子攸芋、釋文作吁、卽攸宇也。記曰、迂其身。又曰、于則于。論語、于之迂也。于與庀聲同。詩不虞不揚、吳爲大言、故又作吳、穹窮空皆从穴、與宏㝝同意。詩在彼空谷、韓作窮谷。易、窮大者、穹、卽窮省。詩、穹窒熏鼠、謂大其熏窗也。字又通容。書容保民。又與孔同。詩孔武、亦孔。凡孔皆大也。壬、象懷妊腹大。書孔壬、史記以爲甚佞。春秋佞夫、一作年夫、不干爲年、亦大意也。佞、从女仁、高材也。詩、仲氏任只。

論語、仁而不佞。孔子惡佞、佞義始廢。路、从足各、大道眾行。詩、串夷載路。禮、路寢、又曰大寢。字又作落。落落、廓落皆大意。淫、从王、廷、頲皆大也。過取爲㚔、水過爲淫、過取女爲婬。淫、淫荒過大之詞、與泰、汰同意。書、惟王淫虐。又、淫用非彝。又、今惟淫舍。甫、有爵之稱。字从父、用。大夫稱甫、春秋作父。釋艸、木、凡大者稱虎、小者稱鼠。釋蟲、凡大者稱父。詩、魴鱮甫甫、禮、伯父叔父、書、父義和、皆以父爲甫也。廢、从發、通作佛。說文作奔、俗字也。詩、佛時仔肩。發、从癹、弓、弗、从川、弓、弓張則大。書、發出往卽大厺也。字亦作費。記、不辭費。又曰、致廢衣於賈人。君衣故曰廢、猶君馬曰路也。壯、將俱从爿、今牀字也。又作椿、栊也。三十曰壯。易、大壯、大者壯之、栊止之也。因以對幼爲壯大。詩、克壯其猶。月令、養壯佼。將、从爿月、說文云牆省。其將行將帥字作牂。手持椿者牂也。椿土則爲壯、持牆之進之字爲將。經字皆作將、牆義廢矣。詩亦孔之將、鮮我方將、皆與壯同。冢、从包豕、葢植栊而封之。書、冢君、周官冢宰、冢有董率之義、與將同也。其始由於冢土社樹、象豕、封土爲勹、故大之矣。簡、閒也。門中見月、比戶隙爲大。加人爲僩。詩、瑟兮僩兮。加竹爲簡。書、簡代夏。又、簡畀殷命。詩、奏鼓簡簡。簡兮簡兮。又、簡簡黃鳥。字亦作睆。左傳、睅其目。睅睆一字、謂大目也。書大傳閒尾。詩、桑者閑閑兮。鄭注辟章句竝云大也。菿、文从艸到、艸高大則倒。韓詩菿彼甫田。毛作倬。倬、从卓。詩、倬彼雲漢。語、所立卓爾。卓、著明也。明亦大也。明又作名。名山大川、名卽大也。明堂、大堂。明王、大王也。昄、从日反、反卽阪也。日照阪、故明大。字通作反。詩威儀反反。韓作昄。上帝板板與蕩蕩上帝、皆可爲大也。又、福祿來反、亦明大也。業、大版也。古文作𤐫、从丵相竝倒植之形。篆文从丵、下有半木爲版形。詩、四牡業業。字又作言、崇墉言言是也。至不相對爲文。不爲上厺、加一爲丕、至爲下來、見其大也。加日、加乃以別至到耳。說文、𢧢从大或、大也。引詩𢧢𢧢大猷。今詩作秩秩。記曰、雨甚至、雨大也。易、至臨。又曰坤至柔、至靜、甚柔、甚靜也。郅字漢人用之、晊字無見焉。蓆、席也。席从巾、庶、庶眾、故大也。其文从炗、炗廣亦大也。加艸與無同意。从巾、與昄業同。

集解

墳嘏丕奕洪誕戎駿假京碩濯訏宇穹

弘廓宏溥介純夏幠厖

壬路淫甫景廢壯冢簡菿昄晊將業蓆

大也

弘、弓聲也。从弓厶聲。字亦作弦。正字爲宏。宏弘疊韻。詩、節南山、喪亂弘多。傳、弘、大也。左襄十三傳、其弘多矣。注、弘、大。論語、士不可以不弘毅。包注、弘、大。史記吳大伯世家、美哉、聖人之弘也。集解、弘、大也。前漢書揚雄傳、正瀏濫以弘惝。師古曰、弘惝、高大也。南都賦、作閎敞。後漢書班固傳、在下之訓匪漢不弘。杜喬論夫稱仁者其道弘矣。注均云、弘、大也。文選舞賦、攄予意以弘觀兮。注、弘、大也。笙賦、泓宏融裔。注、泓宏、聲大皃。以泓爲之。廓、字本作霩。雨止雲罷皃。从雨郭聲。引申爲大、謂雨止雲罷而天地大空也。詩、皇矣、憎其式廓。傳、廓、大也。前漢書鄒陽傳、今欲使天下寥廓之士。師古曰、寥廓、遠大之度也。文選西京賦、爾乃廓開九市。海賦、於廓靈海。盧子諒時興詩、悠悠方儀廓。注均云、廓、大也。魯靈光殿賦、廓宇宙而作京。注引方言、張小使大謂之廓。詩考槃、碩人之薖。傳、薖、寬大皃。公羊文十五傳、郛者何、恢郭也。音義、恢郭、大也。意林引風俗通云、郭、大也。孟子公孫丑、知皆擴而充之矣。注、擴、廓。漢書吾邱壽王傳、十賊彍弩、百吏不敢前。注引滿曰、彍、今音讀如郭、謂大滿也。以薖郭或擴彍爲之。宏、屋深響也。深大之屋、凡聲如有應響。書顧命、宏璧。鄭注、宏、大也。盤庚、用宏茲賁。酒誥、若保宏父。僞傳均云、宏、大也。攷工梓人、其聲大而宏。注、謂聲音大也。後漢書班固傳、大雅宏達於茲爲羣。注、宏亦大也。呂覽孟冬紀、其器宏以弇。注、宏、大。文選吳都賦、伊茲都之函宏。注、函宏、寬大也。景福殿賦、又宏璉以豐敞。注、宏璉、大連眾

爾雅詁林　一　釋詁上

木也。前漢書司馬相如傳布護閎澤、師古曰閎亦大也。文選羽獵賦涉三皇之登閎注閎大也。詩執競鐘鼓喤喤、徐邈讀爲宏宏大也。楚茨先祖是皇、傳皇大也。墨子兼愛以泄渠孫皇之水、謂小大水也。以閎喤皇爲之。溥、水之大也、从水尃聲。引申爲凡大之稱。詩北山溥天之下、公劉瞻彼溥原傳均云溥大。韓奕溥彼韓城、箋溥大。易大有匪其彭、子夏傳作旁、王注壯也。周書世俘旁生魄、注廣大。詩常武鋪敦淮濆、韓詩作敷、云大也。儀禮士虞禮記普淖注普大也。左桓六傳博碩肥腯、注博碩、厚大也。廣雅釋詁、博旁大也。莊子逍遥遊廣莫之野。小爾雅廣詁、莫大也。以彭旁鋪敷普博莫爲之。介、畫也、从八从人會意。物必大者乃可畫。說文則以夵爲之。易晉受茲介福、虞注介大。兌介疾有喜馬注介大也。詩小明介爾景福、生民攸介攸止、傳均云介大也。左襄二八傳寡君之貴介弟也、昭二四傳問於介衆、哀十四傳有介麋焉、孟子盡心柳下惠不以三公易其介、注均云介大也。前漢書司馬相如傳以登介邱、不亦恧乎、服虔曰介大也。離騷彼堯舜之耿介兮、文選魯靈光殿賦錫介珪以作瑞、江賦介鯨乘濤以出入、思玄賦遇九皋之介鳥兮、注均云介大也。孟子梁惠王時日害喪、注害大也。中山策佳麗人之所出、高注佳大、麗美也。廣雅釋詁、佳大也。以害佳爲之。純、絲也、从糸屯聲。正字爲惇。惇、厚也。引申爲大。故墨子云厚有所大。說文則以奄爲之。奄惇純通用字。詩維天之命文王之德之純、傳純大也。卷阿純嘏爾常矣、閟宮天錫公純嘏、載見俾緝熙于純嘏、酌時純熙矣、箋均云純大也。前漢書宣元六王傳夫行純茂而不顯異、則有國者將何勖哉、禮樂志既畏茲威惟慕純德、師古均曰純大也。文選東京賦今捨純懿而論爽德、魯靈光殿賦殷五代之純熙、注均云純大也。易序卦屯者盈也。鄭語以淳耀敦大注淳大也。呂覽明理流散循饑無日矣、注循大也。方言一敦、大也。以屯淳循敦爲之。夏、中國之人也、从夊从頁从臼、臼兩手、夊兩足也。象人當暑燕居手足表露之形。正字爲假、實爲嘏。嘏假夏疊韻。詩時邁肆于時夏、權輿於我乎夏屋渠渠、傳均云夏大也。左隱五傳舞夏、注夏大也。禮記樂記韶繼也、夏大也。前漢書五行志外伐鬼方、以安諸夏、師古曰夏大也。淮南時則北方之極自九澤窮夏晦之極、注夏大也。說苑修文商者常也、夏者大也。文選封禪文繼韶夏、注夏大也。幠、覆也、从巾無聲。大也者、謂大能覆物也。詩巧言昊天大幠、新序引作大太亂如此幠、傳幠大也。小旻民雖靡膴、疏膴大也。周禮腊人膴胖之事、注膴大。後漢書崔琦傳德用不憮、注憮、大。說文、俁大也。方言作吳。詩天作大王荒之、傳荒大也。淮南天文大荒落之歲、

注荒大也。法言孝至荒荒聖德、注荒荒大也。晉語今晉國之方、注方大也。廣雅釋詁同。以膴幠俁吳荒方爲之。厖、石大皃、从厂尨聲。引申爲凡大之偁。詩長發爲下國駿厖、傳厖厚大也。左成十六傳民生敦厖、周語敦厖純固、注均云厖大也。前漢書司馬相如傳湛恩厖鴻、易豐也、師古曰厖鴻皆大也。後漢書張衡傳蒙厖褫以拯民、注厖大也。詩小戎蒙伐有苑、箋蒙厖大也。書洪範子孫其逢吉、馬注逢大也。禮記儒行衣逢掖之衣、荀子非十二子逢其容良、注均云逢大也。易序卦傳豐者大也。詩豐年多黍多稌、箋大有年也。烈文無封靡于爾邦、殷武封建厥福、傳均云封大。說文、龐高屋也。寷、大屋也。易曰寷其屋。廣雅釋詁、寷大也。以蒙逢豐封龐寷爲之。墳、墓也、从土賁聲。釋邱墳大防、釋地墳莫大於河墳、則大防乃墳本訓、墓其引申義耳。詩苕之華牂羊墳首、傳墳大也。周禮司烜共墳燭庭燎、注墳大也。孔安國書序伏羲神農黃帝之書謂之三墳、言大道也。釋文墳大也。詩靈臺賁鼓維鏞、傳大鼓也。尚書大傳天子賁庸、注賁大也。詩韓奕汾王之孫、傳汾大也。魚藻有頒其首、傳大首皃。文選幽通賦渾元運物、注渾大也。廣雅釋詁、衮大也。以賁汾頒渾衮爲之。嘏、大遠也、从古叚聲。詩賓之初筵錫爾純嘏、卷阿純嘏爾常矣、傳均云嘏大也。禮記郊特牲嘏長也大也。儀禮特牲饋食進聽嘏、注嘏長也大也。丕、高大也、从一不聲。書禹貢三苗丕敘、史記作三苗大序。古大誓丕天之大律、鄭注丕大也。前漢書匡衡傳殆議論者未丕揚先帝之盛功、師古曰丕大也。後漢書班固傳騁文成之丕誕、文選東京賦昧旦丕顯、注均云丕大也。典引注汪乎丕天之大律、注道大如天也。孟子滕文公篇引書曰丕顯哉、注丕大。詩作不顯。文選景福殿賦欂櫨邳張、注邳或爲丕大也。以不邳爲之。奕亦之大也、从大亦聲。詩韓奕奕奕梁山、傳大也。巧言奕奕寢廟、傳大皃。豐年亦有高廩、噫嘻亦服爾耕、箋均云亦大也。家語困誓則睪如也、注高皃。禮記表記衣服以移之、注猶廣大也。說文作㢋、云廣也。前漢書叙傳弈世宏業、師古曰弈大也。以亦睪移㢋弈爲之。洪、大水也、从水共聲。引申爲凡大之偁。書洪範不畀洪範九疇、鄭注訓大。詩長發洪水芒芒、傳洪大也。書大誥洪惟我幼沖人、漢書作洪惟我幼沖孺子。前漢書揚雄傳圖纍承彼洪族兮、敍傳略序洪烈、師古均曰洪大也。後漢書班固傳宏亮洪業、注宏洪並大也。蔡邕傳有羲皇之洪寧、文選東京賦洪恩素蓄、西京賦洪鐘萬鈞、注均云洪大也。典引鋪觀三代洪纖之度、注洪大也。後漢書班固傳鴻化惟神、文選魯靈光殿賦鴻爌炾以爣閬、四子講德論鴻鈞之世、何物不樂、注均云鴻大也。詩節南山四牡項領、

傳頊，大也。尚書大傳維時供祀六沴，注供，大也。孟子告子洚水者洪水也，疏即洪大之水。呂覽古樂降通漻水以導河，注降，大也。廣雅釋詁，頙，大也。以鴻頊供洚降頙為之。誕，詞誕也，从言延聲。引申為大，所謂大言是也。書大誥肆朕誕以爾東征，漢書作故朕大以爾東征。多方誕罔顯于天，馬注訓大。偽湯誥誕告萬方，傳誕，大也。詩皇矣誕先登于岸，箋誕，大。生民誕彌厥月，傳誕，大也。前漢書藝文志則誕欺怪迂之文彌以益多，師古曰誕，大言也。楊雄傳然後誕章乖離，諸子圖微，劉敞曰誕，大也。叙傳國之誕章博載其路，師古曰誕，大也。後漢書班固傳誕略有常，文選三都賦序博誕空類，謝宣遠答靈運詩華宗誕吾秀，琴賦披重壤以誕載兮，冊魏公九錫文誕育丞相，注均云誕，大也。書序以闡大猷，釋文闡，大也。文選甘泉賦單埢垣兮，注大兒。史記匈奴傳匈奴單于曰頭曼，集解單于，廣大之兒。廣雅釋詁，鮮都大也。以闡單鮮都為之。戎，兵也，从戈从甲，會意。正字為崇。崇，嵬高也。引申為大。崇戎通用字。書盤庚乃不畏戎毒于遠邇，偽傳戎，大。詩緜戎醜攸行，江漢肇敏戎公，烝民纘戎祖考，民勞戎雖小子，思齊肆戎疾不殄，傳均云戎，大。書洪範農用八政，偽傳農，厚也，鄭注讀為醲。周禮馬八尺以上為龍，釋畜作駥，疏釋絶大者名也。史記司馬相如傳深山之谾谾，蕭該曰長大兒，或作巃。淮南說山近之則鐘音充，注充，大也。說文隆，豐大也。以農龍巃充隆為之。駿，馬之良材也，从馬夋聲。正字為陖。陖，陗高也。引申為大。故史記大會亦曰高會。峻陖古今字，陖駿通用字。詩文王駿命不易，長發為下國駿厖，傳均云駿，大也。文王有聲遹駿有聲，清廟駿奔走在廟，箋均云駿，大也。禮記大學克明駿德，今本作峻，注峻，大也。書皋陶謨夙夜浚明有家，馬注浚，大也。夏小正時有俊風，初俊羔，傳均云俊者大也。楚辭怨思帶隱虹之逶蛇，注隱，大也。廣雅釋詁，殷，夤，大也。說文阬，高也，大也。以浚俊隱殷夤阬為之。假，非真也，从人叚聲。正字為嘏。曾子問不旅不假，鄭注假讀為嘏。以嘏為假也。嘏假疊韻。易家人王假有廟，陸績云假，大也。詩思齊烈假不瑕，那湯孫奏假，烈祖奏假無言，以假以享，傳均云假，大也。禮記禮運是謂大假，鄉飲酒義夏之為言假也，儀禮士冠宜之於假，注均云假，大也。前漢書司馬相如傳舜在假典，師古曰假，大也。楚辭大招英華假只，注假，大也。詩載芟胡考之寧，左僖廿二傳雖及胡耇，儀禮士冠永受胡福，注胡，猶遐也，遠也。廣雅釋詁，胡，大也。儀禮喪服傳冠者沽功也，注猶麤也，麤功，大功也。白虎通封禪嘉禾者，大禾也。以胡沽嘉為之。京，人所為絶高丘也。从高省，丨象高形。引申為大。與畺義近。說文，䴥，大鹿。字一作麖，以京畺均有大義故也。詩大明曰嬪于京，文王裸將于京，傳均云京，大也。左莊二十二傳莫之與京，注京，大也。公羊桓九傳京師者天子之居也，京者何，大也。前漢書揚雄傳乘鉅鱗，騎京魚，師古曰京，大也。文選東京賦京邑翼翼，注京，大也。齊策天下強國無過齊者，注強，大也。廣雅釋詁，競，高也，大也。以強競為之。碩，頭大也，从頁石聲。詩考槃碩人之寬，椒聊碩大無朋，碩人碩人其頎，狼跋公孫碩膚，巧言蛇蛇碩言，大田既庭且碩，崧高其詩孔碩，白華念彼碩人，閟宮路寢孔碩，箋均云碩，大也。前漢書楊雄傳炎感黃龍兮熛訛碩麟，師古曰碩，大也。荀子富國篇珪璧將甚碩，後漢書班固傳又悉經五縣之碩應矣，文選景福殿賦宏儒碩生，注均云碩，大也。前漢書匈奴傳石畫之臣甚眾，墨子經說上猶石致也，莊子外物與石師而能言。漢書律歷志石者，大也。文選魏都賦或超朗而拓落兮，注廣大之兒。廣雅釋詁，拓，大也。字一作袥。以石拓袥為之。濯，瀚也，从水翟聲，字或以洮為之。正字為兆。兆，灼龜坼也，謂龜裂而文多也。因訓為數之大。兆洮濯通用字。詩文王有聲王公伊濯，常武濯征徐國，傳均云濯，大也。文選七發血脈淫濯，注濯，大也。訏，詭譌也，从言于聲。齊楚謂信曰訏，玉篇引說文作齊楚謂大言曰訏，與詩客同。詩溱洧洵訏且樂，生民實覃實訏，抑訏謨定命，傳均云訏，大也。韓奕川澤訏訏，傳訏訏，大也。禮記文王世子況于其身以善其君乎，注于讀為迂，迂猶廣也，大也。易盱豫王肅注，盱，大也。前漢書谷永傳廣盱營表，晉灼曰盱，大也。尚書大傳羲伯之樂舞將揚，其歌聲比大謠，名曰朱于，注于，大也。方言同。廣雅釋詁，夸，大也。以迂盱于夸為之。宇，屋邊也，从宀于聲。謂屋至極邊而大也。引申以喻天地四方之大。尸子天地四方曰宇是也。荀子非十二子禹宇嵬瑣，注宇，大也。詩斯干君子攸芋，傳芋，大也。前漢書楊雄傳震諺詡，師古曰詡，大也。以芋詡為之。穹，窮也，从穴弓聲。引申則以喻天之高大。釋天所謂穹蒼蒼天是也。韓詩桑柔有穹大谷，薛君章句穹谷，深谷也。毛詩作空，傳大也。前漢書司馬相如傳觸穹石，激堆埼，張揖曰穹石，大石也。文選思玄賦拂穹岫之騷騷，注穹，大也。儀禮士冠，爰字孔嘉。老子孔德之容，注孔，大也。文選左思詠史詩寥寥空宇內，注廓也。南都賦鞠巍巍其隱天，注鞠，高兒。說文，姪，大也。以空孔鞠姪為之。壬，位北方也，陰極陽生，象人褱妊之形。正字為任，實為堪。史記律書壬之為言任也。前漢書霍光傳察群臣唯光任大重可屬社稷，師古曰任，堪也。以堪任為壬也。堪，地突也，謂土之大起者。堪任壬通用字。詩賓之初筵有壬有林，傳壬，大也。易序卦傳臨者，大也。廣雅釋詁，臨，大也。列子湯問帝憑怒，憑即凭，注大也。以臨凭為之。

路、道也。从足从各。正字爲格。實爲𨂏。儀禮少牢饋食以𨂏于主人。注古文𨂏爲格。以格爲𨂏也。𨂏格路疊韻。詩生民厥聲載路。皇矣串夷載路。傳均云路、大也。文選魏都賦頌聲載路而洋溢。注路、大也。後漢書張湛傳引曲禮式路馬作軾輅。馬注輅、大也。詩六月以奏膚公。膚、臚之攝文。傳大也。文王殷士膚敏。孟子注膚、大。莊子庚桑楚魯雞固能矣。向注大雞也。廣雅釋詁臚、盧也、大也。以膚臚盧慮爲之。淫、浸淫隨理也。从水㸒聲。正字爲湛。實爲甚。甚、尤安樂也。引申爲大。甚湛淫通用字。書呂刑爰始淫爲劓刵椓黥。棐誓今惟淫舍牿牛馬。孫疏均云淫、大也。詩有客既有淫威。傳淫、大。禮記表記君子不矜而莊。注矜謂自尊大也。廣雅釋詁矜、沈大也。以矜沈或矜爲之。甫、男子之美偁也。从用父。父亦聲。正字爲父。父、矩也。从又舉杖。家長率教者。家長爲一家之大。故引申爲尊大之通偁。如尚父尼父仲父亞父是也。說文則以誧爲之。誧父甫通用字。詩國風甫田無田甫田。車攻東有甫草。傳均云甫、大也。小雅甫田倬彼甫田。釋文甫之言大也。前漢書禮樂志注同。韓奕魴鱮甫甫。傳甫甫然大也。韓詩東有圃草。薛君云圃、博也。有博大茂草也。周語藪有圃草。注圃、大也。韓詩簡兮碩人扈扈。毛作俁俁。云容貌大也。淮南要略以儲與扈治。注廣大也。文選上林賦扈從橫行。晉灼曰扈、大也。以圃扈爲之。或者甫之正字爲無與。景、日光也。从日京聲。正字爲京。京景疊韻。詩楚茨潛以介景福。箋均云景、大也。車舝景行行止。玄鳥景員維河。傳均云景、大也。儀禮士冠介爾景福。晉語景霍以爲城。後漢書班固傳敕洪藻信景爍。文選甘泉賦垂景炎之炘炘。陸士衡皇大子宴令賦詩承規景數。注均云景、大也。白虎通封禪景星者、大星也。易坤含萬物而化光。注光、大。書立政以覲文王之耿光。猶大烈也。詩六月四牡脩廣。雝於薦廣牡。傳均云廣、大也。說文作廣。緜高門有伉。傳高皃。廣雅作亢高也。禮記祭統康周公。注康猶襃大也。以光耿廣廣伉亢康爲之。廢、屋頓也。从广發聲。正字爲發。發、射發也。引申爲大。謂弓張乃大耳。說文則以奞爲之。奞發廢通用字。詩四月廢爲殘賊。釋文廢、大也。敽之佛時仔肩。傳佛、大也。吉日其祁孔有。傳祁、大也。淮南天文賁星墜而勃海決。注勃、大也。前漢書五行志沛然自大。廣雅釋詁沛、奘大也。以佛祁勃沛或奘爲之。壯、人之大也。从士爿聲。詩釆芑克壯其猷。傳壯、大也。孟子梁惠王壯而欲行之、注壯、大。管子小問至其壯也。注茁轉長大。前漢書武五子傳少壯受公羊春秋、師古曰少壯者言漸長大也。楚辭天問何壯武厲能流厥言。王注壯、大也。冢、高墳也。从勹豕聲。引申爲大。詩緜乃立冢土。傳冢、大也。前漢書郊祀志引此注同。

禮記內則冢子則大宰。周禮乃立天官冢宰。後漢書后紀冢嗣遘屯。注均云冢、大也。文選册魏公九錫文用建冢社。注大社也。公羊僖三三傳宰上之木拱矣。注宰、冢也。荀子大略望其壙宰如也。注高皃。呂覽任數則亂愈長矣。注長、大也。以宰長爲之。簡、牒也。从竹閒聲。正字爲睅。睅、大目也。引申爲凡大之偁。睅簡通用字。書多方克以爾多方簡代夏作民主。王注訓大。盤庚予其懋簡相爾。僞傳簡、大也。詩簡兮簡兮。傳簡、大也。魯論吾黨之小子狂簡。疏簡、大也。孟子注同。淮南說山周之簡圭生於垢石。注簡圭、大圭也。文選長笛賦簡積頵砡。應德璉建章臺集詩簡珠墮砂石。注均云簡、大也。尚書大傳閒尾倍其身。鄭注閒、大也。韓詩殷武旅楹有閑。章句大也。詩淇奧瑟兮僩兮。傳僩、寬大也。十畝之閒桑者閑閑兮。韓詩作閑、云大也。說文、橌、大木皃。以閑閑僩橌爲之。菿、一本作箌。邢昺疏引說文菿、草大也。今本說文無菿字。字當作剳、乃合草大之訓。詩倬彼甫田、傳倬大也。釋文韓詩作菿、菿倬也。菿不從艸而从竹、陸氏誤矣。今本說文菿草木倒也、菿草大也、蓋後人之所竄易者。或者剳即草字之俗書與。昄、日之大也。从日反聲。詩卷阿爾土宇昄章。傳昄、大也。易訟或錫之鞶帶。馬注鞶、大也。孟子公孫丑般樂怠敖。注般、大也。詩長發玄王桓撥。傳桓、大也。說文作奋。禮記大學心廣體胖。注猶大也。詩卷阿伴奐爾游矣。傳廣大。說文伴、大皃。奐、大也。前漢書武五子傳以屋版瓦覆。師古曰版瓦、大瓦也。文選西京賦叛赫戲以煇煌。幽通賦叛迴穴其若茲兮。叛均大也。以鞶般桓奋胖伴版叛爲之。晊、字本作至、鳥飛从高下至地也。引申爲極也、大也。禮記哀公問敬之至矣、注至矣言至大也。秦策法令至行、注至、大也。詩巧言秩秩大猷、說文引作𢧁大也。史記司馬相如傳爰周郅隆。索隱郅、大也、盛也。以秩𢧁郅爲之。將、帥也。从寸醬省聲。正字爲壯。禮記射義幼壯孝弟、注或爲將。以將爲壯也。壯將疊韻。方言則以奘爲之。詩樛木福履將之。正月亦孔之將。我將我將我享。長發有娀方將。傳均云將、大也。溱洧伊其將謔。巧言爲猶將多。臣工將受厥明。箋均云將、大。禮記孔子閒居日就月將。法言孝至夏殷商之道將兮。注均云將、大也。前漢書食貨志夫鹽食肴之將。酒、百藥之長。師古曰將、大也。文選上林賦過乎泱漭之野。張揖曰山海經所謂大荒之野。禮記月令其器高以粗。廣雅釋詁粗、大也。以泱粗爲之。業、大版也、所以飾縣鐘鼓。捷業如鋸齒。以白畫之。象其鉏鋙相承也。从丵从巾。巾象版。引申爲凡大之偁。詩釆薇四牡業業。傳業業然壯也。烝民四牡業業。傳業業、言高大也。碩人碩人敖敖。傳長皃。皇矣崇墉言言。傳高大也。釆芑方叔元老。傳元、大也。以敎言元爲之。蓆、廣多也。从艸席聲。引申爲大。詩緇衣緇衣之蓆兮傳蓆大也。前漢書賈誼傳非有仄室之埶以豫席之也、應劭曰席、大也。以席爲之。大、天大地大人亦大、故大象人形。古文大也。籒文介改古文亦象人形。經典多以泰或太爲之。

義證

弘廓宏溥介純夏幠厖墳嘏丕奕洪誕戎駿假京碩濯訏宇穹壬路淫甫景廢壯冢簡箌昄晊將業蓆大也。幠、火吳反。厖、亡江反。嘏、古雅反。箌、陟孝反。昄、方滿反。晊、之日反。

【注】詩曰我受命溥將。又曰亂如此幠。爲下國駿厖。湯孫奏假。王公伊濯。訏謨定命。有壬有林。厥聲載路。既有淫威。廢爲殘賊。爾土宇昄章。緇衣之蓆兮。廓落宇宙。穹隆至極。亦爲大也。箌義未聞。尸子曰此皆大。有十餘名而同一實。

【補正】邢疏、弘者、含容之大也。周書洛誥云、武王弘朕恭。廓、方言云、張小使大謂之廓。宏、書曰若保宏父。介、方言云、東齊海岱之間謂之介。純、魯頌閟宮云天錫公純嘏。夏、方言云、自關而西秦晉之間凡物之壯大而愛偉之謂之夏。厖者、深之大也。墳嘏者、方言云、墳、地大也、青幽之間凡土而高且大者謂之墳、秦晉之間凡物壯大謂之嘏。丕、書云嘉乃丕績。奕者、詩韓奕云、奕奕梁山。洪者、書大誥云、延洪惟我幼冲人。誕者、大雅生民云、誕彌厥月。戎者、方言云、宋魯陳衛之間謂之嘏、或曰戎。京碩濯訏者、秦晉之間凡人大謂之奘、燕之北鄙齊楚之郊或曰京、齊宋之間曰碩、荊吳揚甌之郊曰濯、中齊西楚之間曰訏。甫者、詩齊風云、無田甫田。景者、周頌潛云、以介景福。壯者、秦晉之間凡人大謂之奘、或謂之壯。冢者、舍人曰、冢、封之大也。大雅云、乃立冢土。簡者、周頌之降福簡簡。箌者、說文云、草大也。韓詩云、箌彼甫田。將者、周頌云、日就月將。業者、版之大也。大雅云、虡業維樅。穹隆、天之形也。郭讀晊爲至、故云至極。是廓宇穹晊亦爲大也。尸子廣澤篇云、天帝皇后辟公弘廓宏溥介純夏幠冢晊昄、皆大也。臣鍌按、方言訓此大亦有二意、云凡物之大貌曰夯、幠、嘏、戎、物之壯大曰嘏、夏、裝、壯、京、將。說文解字云、厖、石大也。夯、大也。嘏、大遠也。奕、大也。奘、駔大也。義各有別。又史記陳陟世家夥頤、亦夏之轉語耳。

郭注補正

廓大也。當用郭字。古城亭字作亭、郭大字作郭、而無廓字。公羊傳說恢郭卽是。或以爲亦用椁、見檀弓注。

憮大也。詩巧言、亂如此憮。字从心旁無。毛傳云、大也。正義以爲傳訓本此。案憮、大也。幠、覆也。覆義通於大、是應作幠。斯干君子攸芋、傳芋大也、箋芋當作幠、是其證。然則憮乃假借字。

箌大也。字當从艸作菿、見說文解字。古無箌字。

錢氏古義

駿大也　補

滋然謹按、唐釋慧琳一切經音義八十三郵駿注引鄭注尒疋云、駿、馬之美稱也。郭注引詩爲下國駿厖、玉篇駿、馬之美也、卽用鄭注尒疋。美

爾雅詁林　一　釋詁上

大義近。下文又云駿長也長大義亦近。通作峻浚俊詩駿命不易駿極于天禮記中庸大學孔子閒居竝引作峻書夙夜浚明有家釋文引馬融注浚大也詩噫嘻釋文浚本亦作駿夏小正云時有俊風初俊羔傳竝云俊者大也說文俊才過於人也然則人之大者爲俊馬之大者爲駿山之大者爲峻水之大者爲浚字雖異而音義通。郭氏不用段義故不引鄭氏。

舊注攷證

弘廓宏溥介純夏幠厖墳嘏丕奕洪誕戎駿假京碩濯訏宇穹壬路淫甫景廢壯冢簡箌昄晊將業席大也

詩曰我受命溥將又曰亂如此幠爲下國駿厖湯孫奏嘏王公伊濯訏謨定命有壬有林厥聲載路既有淫威廢爲殘賊爾土宇昄章緇衣之蓆兮廓落宇宙穹隆至極亦爲大也箌義未聞尸子曰此皆大有十餘名而同一實

雪牕本明注疏本作湯孫奏假明吳元恭仿宋刻本作嘏王氏詩考引爾雅注同。阮氏元云郭盖據韓魯詩以證經之嘏非釋經之假也。樹柟案說文嘏遠大也假爲嘏之借字釋嘏而假之誼可知。

釋文釋經晊字云本又作至邢疏云郭氏讀晊爲至。樹柟案釋文據郭本爲正則郭本作晊而以晊爲至之假字故注曰至極其經文或作至者緣郭注誤改也。

郭注佚存補訂

弘廓宏溥介純夏幠厖墳嘏丕奕洪誕戎駿假京碩濯訏宇穹壬路淫甫景廢壯冢簡箌昄晊將業席大也

弘大常語也大雅召閔職兄斯弘鄭箋云乃茲復主大此爲亂之事疏云乃復主益此亂使之更大。是以弘爲大也民勞而式弘大箋云弘猶廣也廣即大也。廓者孫炎云張之大也大雅皇矣憎其式廓毛傳云廓大也彼釋文云郭本又作廓。郭者古文省三家詩當有作郭者故釋文出郭字與毛詩異也。意林引風俗通云郭大也。宏者說文云屋深響也引申之爲凡大之稱周頌執競鐘鼓喤喤彼釋文云徐音皇又音宏宏皇皆大也。樊光云周禮其聲大而宏。溥與普通小雅北山溥天之下傳云溥大也韓詩外傳作普天之下大雅韓奕溥彼韓城傳云溥大也潛夫論氏姓作普彼韓城。公劉瞻彼

爾雅詁林　一　釋詁上

溥原、既溥既長、傳云溥、大也。召旻溥斯害矣、箋云溥、徧也。徧亦大也。商頌烈祖、我受命溥將。溥將皆謂大也。溥又通作鋪。大雅常武、鋪敦淮濆。彼釋文云韓詩作敷、云大也。小雅雨無正、淪胥以鋪。鋪亦訓徧。溥鋪敷皆從甫聲、其義得相通。　介者、說文作夰、云大也。亣、籀文大改古文亦象人形。豳風七月以介眉壽、小雅小明介爾景福、大雅行葦以介景福、周頌雝介以繁祉、鄭箋皆用釋詁介右之義、實則於介之本義亦相通。介眉壽謂大其眉壽、介景福謂大其景福、介繁祉謂大其繁祉也。既醉介爾昭明疏云天又光大汝成王、與之以昭明之道。是以介爲大也。周頌酌是用大介、箋亦云介、助也。正義云以卒句乃言信得用師之道於此未宜歎其大大、故依常訓以介爲助。是介爲大也。　純者、說文作奄、云大也、讀若鶉。今經典通借作純、無作奄者。酌時純熙矣、小雅賓之初筵錫爾純嘏、大雅卷阿純嘏爾常矣、周頌維天之命文王之德之純、載見俾緝熙于純嘏、魯頌閟宮天錫公純嘏、傳箋並云純、大也。　夏者、說文謂夏爲中國之人、蓋大之也。禮記樂記云、夏大也。鄉飲酒義云夏之爲言假也。假大也。秦風權輿於我乎夏屋渠渠、周頌時邁肆于時夏、傳並云夏、大也。　憮者、大也。見方言。小雅斯干君子攸芋、箋云芋當作憮、憮覆也、大而後能覆也。巧言亂如此憮、唐石經作憮。小旻民雖靡膴、疏云鄭訓膴爲法、王肅讀爲幠、幠大也。大雅緜周原膴膴、傳云膴膴美也。此亦當訓大、謂周原廣大也。膴憮幠皆從無、故義得相通。　厖者、說文云石大也、引申之爲凡厖大之稱。商頌長發爲下國駿厖、傳云厖厚。厚與大義近。　墳者、周南汝墳遵彼汝墳、傳云墳、大防也。小雅苕之華牂羊墳首、傳云墳、大也。大雅常武鋪敦淮濆、彼釋文云淮濆、鄭大防也。蓋讀濆爲墳。李巡引常武正作墳。墳省作賁、靈臺賁鼓維鏞、傳云賁、大鼓也。彼釋文云賁字亦作鼖。蓋從賁者皆有大義。又通作頒、小雅魚藻有頒其首、傳云頒、大首貌。正義云頒與墳字異音義同。樊光引作有賁其首、皆假字也。　嘏者、說文云大遠也。徐鍇繫傳云詩曰

爾雅詁林　一　釋詁上

天錫純嘏大遠之福也。小雅賓之初筵錫爾純嘏、大雅卷阿純嘏爾常矣傳並云嘏大也。周頌載芟、俾緝熙于純嘏。彼釋文云此經雖無毛傳但毛於嘏皆爲大。我將釋文云嘏古雅反毛大也。嘏與假同。士冠禮釋文云、嘏本或作假。大雅思齊烈假不瑕商頌那湯孫奏假烈祖以假以享鬷假無言傳並云假大也。昭廿年左氏傳引作鬷嘏無言。　丕者、釋訓云、丕丕丕大也。釋文云丕字又作丕。戴氏震云、丕通作不。書立政篇丕丕基漢石經作不不其。凡詩中不顯不承不時不甯不康皆當讀爲丕。詩之不顯不承即書之丕顯丕承也。案戴說是也。鐘鼎文丕字多作不、不爲丕之古文省。大雅文王有周不顯、帝命不時、傳云不顯顯也。不時時也。生民上帝不甯、不康禋祀、傳云不甯甯也。不康康也。韓奕不顯其光、箋云不顯顯也。周頌清廟不顯不承維天之命於乎不顯烈文不顯維德、不字並是丕字之義。　奕者、小雅巧言奕奕寢廟、毛傳云奕奕大貌。大雅韓奕奕奕梁山傳云奕奕大也。商頌那萬舞有奕、傳

云奕奕閑也。案奕當如韓奕之四牧奕奕、奕盛也。盛亦大也。郝云詩之奕奕毛俱訓大。文選秋懷詩注引韓詩章句云奕奕盛貌。盛大義亦近也。通作亦。周頌噫嘻亦服爾耕、豐年亦有高廩箋並云亦、大也。大雅文王不顯亦世、後漢書袁術傳注及魏書禮志作不顯奕世、是其字通矣。今案周頌振鷺亦有斯容有客亦白其馬亦字亦當訓大、謂其容盛大其馬大而且白也。　洪者說文云洚水也、謂水之大也。引申之爲凡大之稱。商頌長發洪水芒芒、傳云洪大也。　誕者說文云誕詞也、謂詞之大也。大雅皇矣誕先登于岸生民誕彌厥月、誕寘之隘巷、傳箋並云誕大也誕我祀如何、箋云大矣哉、我后稷之祀天何如乎、亦以誕爲大也。邶風旄丘何誕之節兮、傳云誕闊也。闊即大也。　戎大、亦常語也。大雅緜戎醜攸行、思齊肆戎疾不殄民勞戎雖小子、烝民韓奕纘戎祖考、案民勞烝民韓奕戎字應從鄭箋訓女。江漢肇敏戎公烈文念茲戎功、傳並云戎大也。駿者商頌長發爲下國駿厖毛傳云、駿大也。箋云

駿之言俊也。夏小正傳云，俊者，大也。大雅文王駿命不易，文王有聲遹駿有聲，崧高駿極于天，周頌駿奔走在廟，傳箋竝云駿大也。維天之命駿惠我文王，箋云以大順我文王之意。噫嘻駿發爾私，傳云欲民之大發其私田耳。彼釋文云浚，本亦作駿，毛大也，爲下國駿厖，荀子榮辱作爲下國駿蒙，注云駿大也。駿通作峻。駿命不易，禮記大學作峻命不易。駿極于天，禮記孔子閒居注作峻極于天是也。　假義已見上嘏字下。又案大雅雲漢昭假無贏，傳云假，至也。假宜訓大，指昊天言，謂滿天星漢光大無餘，毫無雲翳，言旱甚也。周頌維天之命假以溢我，雝假哉皇考，傳竝云假嘉也，非也。假均宜訓大，謂大以溢我，大哉皇考也。　京者，與墳同義。釋丘云，絕高爲之京。京丘之大者也。引申之爲凡高大之稱。大雅文王祼將于京。大明曰嬪于京，傳云京大也。皇矣依其在京，傳云京大阜也。小雅甫田如坻如京，鄘風定之方中景山與京，傳竝云京高邱也。大雅公劉乃覯于京，箋云絕高謂之京，本釋丘文。高與大亦同義也。　碩者，說文云頭大也。引申之爲凡大之稱，亦常語也。衞風考槃碩人之寬，碩人碩人其頎，魏風碩鼠碩鼠，豳風狼跋公孫碩膚，小雅巧言蛇蛇碩言，白華念彼碩人，大田既庭且碩，大雅崧高其詩孔碩，魯頌閟宮路寢孔碩，傳箋竝云碩大也。邶風簡兮碩人俁俁，傳云碩人大德也，謂德之大也。唐風椒聊碩大無朋，箋云碩謂壯貌，佼好也。壯與大義亦近。　濯者，方言云大也。大雅常武濯征徐國，文王有聲王公伊濯，傳竝云濯大也。崧高鉤膺濯濯，傳云濯濯光明也。商頌殷武濯濯厥靈，正義云濯濯乎光明者。光明與大義亦相近。　訏者，鄭風溱洧洵訏且樂，大雅生民實覃實訏，抑訏謨定命，傳竝云訏大也。見郭注方言。　訏亦作芋。小雅斯干君子攸芋，傳云芋大也。釋文云訏本又作盱者，溱洧釋文云訏韓詩作盱。盱亦大也。見易豫王肅注。宇亦從于得聲，凡從于者皆有大義。方言云，于，大也。呂覽下賢注云，四方上下曰宇，以屋喻天地也，故稱大寓。寓，籀文宇也。　大雅緜聿來胥宇，桑柔念我土宇，閟宮大啟爾宇，傳竝云宇居也。大雅卷阿爾土宇版章、箋云土宇謂居民以土地屋宅也。人在天地之中、如居屋中。說文、宇、屋邊也、从宀于聲。閟宮復周公之宇、即所謂大啟爾宇、言土地之大也。　穹、與宇同義、郭注云宇宙、穹隆亦爲大也。大雅桑柔以念穹蒼、傳云穹蒼、蒼天。言其大也。穹通作空、小雅白駒在彼空谷、傳云空、大也。韓詩作在彼穹谷、薛君云穹谷、深谷也。深與大義近。　壬者、大雅賓之初筵有壬有林、傳云壬、大也。壬通作任、邶風燕燕仲氏任只、傳云任、大也。路者、大雅皇矣串夷載路、生民厥聲載路、傳竝云路、大也。　淫者、周頌有客旣有淫威、傳云淫、大也。

甫者、齊風甫田無田甫田、小雅車攻東有甫草、大雅韓奕魴鱮甫甫、傳竝云甫、大也。小雅甫田倬彼甫田、箋云甫之言丈夫也。彼釋文云、一本作甫之言大也。東有甫草、韓詩作東有圃草、薛君云圃、博也。博亦大也。　景者、說文云光也。小雅車舝景行行止、傳云景、大也。箋及表記注云、景、明也。光明與廣大義近。楚茨以介景福、大雅旱麓以介景福、

旣醉介爾景福、周頌潛以介景福、商頌烈祖景員維河、傳箋竝云景、大也。小雅小明介爾景福、傳云介景皆大也。鄘風定之方中景山與京、傳云景山、大山也。旣醉景命有僕、箋云天之大命。　廢者、𢊁之假借。說文云、𢊁、大也。小雅四月廢爲殘賊、彼釋文云、廢、大也。廢通作佛。周頌敬之佛時仔肩、傳云佛、大也。　壯者、說文云大也。小雅采芑克壯其猶、傳云壯、大也。壯通作將。禮記射義注云、壯或爲將。周南樛木福履將之、鄭風溱洧伊其將謔、豳風破斧、小雅正月亦孔之將、巧言爲猶將多、周頌我將我享、臣工將受厥明、商頌長發有娀方將、傳箋竝云將、大也。小雅北山鮮我方將、傳云將、壯也。　冢與墳同義。說文云、冢、高墳也。引申之爲凡大之稱。大雅緜乃立冢土、傳云冢、大也。冢土、大社也。書疏引舍人云、冢、封之大也。凡言冢宰冢子、皆謂之大也。　簡者、釋訓云、簡簡、大也。邶風簡兮簡兮、傳云簡、大也。周頌執競降福簡簡、傳云簡簡、大也。商頌那奏鼓簡簡、箋云其聲和大簡簡然。朱子云簡簡、和大也。蓋本鄭箋

爲義。　菿者、說文云草大也。小雅甫田倬彼甫田、邢疏云韓詩作菿彼甫田。彼釋文云、菿、卓也。卓亦大也。大雅桑柔倬彼昊天、箋云倬、明大貌。雲漢倬彼雲漢、正義云倬然而明大者、彼天之雲漢。韓奕有倬其道。彼釋文云、明貌。是菿倬通也。　昄者、說文云大也。通作反。小雅賓之初筵威儀反反。彼釋文云、韓詩作威儀昄昄、善貌。善之與大、猶美之與大也、蓋互訓也。　晊、釋文云本又作至。郭注云、至極亦爲大也。是郭作至也。王氏念孫曰作至者是也。高注呂氏春秋求人篇及秦策竝云、至、大也。卽用爾雅之訓。案、禮記哀公問敬之至矣、注云至矣言至大也。經典凡言至人至尊至德至樂至美皆訓大。竊以小雅甫田田畯至喜、亦可訓至爲大、謂田畯大喜也。郝云、晊聲近戴。說文云、戴、大也、讀若詩戴戴大猷。案今小雅巧言作秩秩大猷、蓋同聲相假也。秩秩爲大猷之狀。　將義已見壯字下。　業者、說文云大版也。大雅靈臺虡業維樅、傳云大版也。引申之爲凡大之稱。大雅烝民四牡業業、言高大也。小雅采薇四牡業業、傳云業業然壯也。壯亦大也。　蒂者、說文云廣多也。廣多與大義近。鄭風緇衣之蒂兮、傳云蒂、大也。

說詩

厖墳嘏丕（墳、書盤庚疏引作賁。）奕洪誕戎（奕誤弈。）壬路淫甫（壬、詩邶風燕燕疏引作任。）景廢壯冢（冢、監本誤家。後同者不出。）

註亂如此幠（幠、毛詩作憮。）音昄蒲板切（釋文云、郭方滿切。）

疏東齊海岱之間謂之介（介、方言作夯。）凡物之壯大者云云（脫者字。）凡人之大謂之奘（脫上之字。）甫者詩齊風（下當脫甫田二字。）韓詩云菿彼甫田（甫、監本誤圃。）虡業維樅（樅誤摐。）宙舟輿所極覆也（脫覆字。）天帝皇后（皇后、監本作后皇。）弘廓宏溥（宏溥、監本作閎博。）介純夏幠冢晊昄皆大也（監本純誤忳、幠冢晊誤幠蒙贖。）

注疏正字

晊

釋文本又作至、又作脛。邢疏、郭讀爲至。案、古無晊字。脛、許氏說文云鳥胃也、一曰五藏總名也。訓無大義。當从郭讀。釋文本又作至、卽郭本也。注、至極亦大也。郭作至不作晊、可見經文本作至矣。後人據釋文改爲晊、注中至字未及改耳。

小箋

晊大也

釋文、晊舊音之日反、本又作至、又作脛。家大人曰、作至者是也。作晊者、涉上文昄字從日而誤。說文無晊字。其作脛者、又晊之誤也。（說文、脛、鳥胃。玉篇、充脂切。與大義無涉。）郭曰、至極亦爲大、則郭本作至明矣。高注呂氏春秋求人篇及秦策竝云、至大也、即用爾雅之訓。邵氏二雲正義曰、史記索隱引樊光云、郅、可見之大也。（司馬相如傳）晊本作郅、此說非也。樊本蓋已誤作晊字、從日、故云可見之大。索隱引樊注作郅者、以正文云爰周郅隆、（郅隆、即至隆、作郅者借字耳。）故從正文作郅、以省繁文、非謂樊本作郅也。若作郅、則字從邑、不得言可見之大矣。釋文所列諸本皆無作郅者、以是明之。

述聞

弘廓宏溥介純夏幠厖墳嘏丕奕洪誕戎駿假京碩濯訏宇穹壬路淫甫景廢壯冢簡箌昄晊將業席大也

說文、（雨部）霩、雨止雲罷皃、从雨郭聲。臣鉉等曰、今別作廓、非是。　溥、義與說文同。又通普。士虞禮嘉薦普淖、注普大也。　介、說文訓畫、當作夰。說文、（大部）夰、大也、从大介聲、讀若蓋。經典相承用介。　幠、說文訓覆。案、幠與膴通。天官腊人膴胖、注曰膴與大亦一也。又云膴又詁曰大、二者同矣。疏云、膴又詁曰大者、據爾雅釋詁文。又與荒通。詩（唐風蟋蟀）好樂無荒、又（大雅篤公劉）（爲幽）居允荒、又（周頌天作）大王荒之、毛傳皆訓大。下注引詩遂幠大東、今詩作荒。是通用之徵。　錢少詹大昕曰、詩遵彼汝墳、大防也。牂羊墳首、大首也。汾王之孫傳訓汾爲大、以汾墳同音。有頒其首傳訓大首、亦以頒墳同音也。賁鼓爲大鼓、是賁本有大義。元照案、尚書疏（盤庚）引作賁。　丕、古通不。釋文云、丕、字又作丕。案、丕俗體。　奕、唐石經作弈。案、說文弈乃博弈字、在廾部。訓大者从亣、亣隸變作大、石經非。奕又通亦。詩（周頌噫嘻）亦服爾耕、箋亦、大。正義曰亦大、釋詁文。彼亦作奕、音義同。又（豐年）亦有高廩、箋亦、大也。周語奕世載德、漢樊安碑郭仲奇碑武榮碑皆作亦世載德。　洪、正義曰、洪範、漢書作鴻範。呂覽（亦同）洪鴻古字通用。元照案、詩（小雅節南山）四牡項領、傳項、大也。項从工聲、古音亦如洪。傳訓爲大、即取此義。正義乃曰、以領巳是項、文不宜重、故以項爲大、斯非其義。　駿與峻浚俊皆从夋聲、古通用。大學克明峻德、注峻、大也。又峻命不易、注峻、大也。正義曰峻大也、釋詁文。爾雅峻字、馬旁爲之、與此同也。　正義曰、碩、通作石。漢書律歷志石、大也。　釋文云、訏、本又作盱。案、訏盱字皆从亏聲。詩（小雅斯干）君子攸芋、傳芋、大也。此亦訏盱之異文、芋亦亏聲也。　穹、通空。詩（小雅白駒）在彼空谷、傳空、大也。韓詩作穹谷。　壬通任。正義云、詩仲氏任只、傳任、大也。孔疏以爲釋詁文。　甫、當作誧。說文、（言部）誧、大也、从言甫聲、讀若逋。　壯、說文同。又通奘。說文、（大部）奘、駔大也、从大壯聲。　箌、釋文石經皆从竹。詩（小雅甫田）倬彼甫田、傳倬、大也。（說文倬箸大也从人卓聲詩曰倬彼雲漢）釋文曰、韓詩作菿、云菿、卓也。於此則曰說文云艸大也。說文既訓草大、則字必不从竹、此陸之疏也。玉篇艸部、菿、都角切。大也。廣韻無箌字。玉篇竹部、箌、豬効切、捕具也、又作罩。則箌卽罩字、與大義了不相涉。今邵氏正義改正从艸、是也。又案、說文竹部無箌字。艸部、菿、艸木倒、从艸到聲。又有⿱艹致字、云艸大也、从艸致聲。錢少詹曰、二訓爲後人竄易。元照案、玉篇（艸部）廣韻（六至）皆無⿱艹致字。　昄、說文同。　釋文云、晊、本又作至、又作

胵。案、說文日部無晊字。錢少詹曰、封禪文叐周郅隆索隱引
樊光說郅、可見之大也、則樊本作郅。元照案、本當作至。經師
遞增偏旁耳。　蓆、石經單疏本作席。臧氏鏞堂曰、說文蓆、廣
多也。廣多有大義、席从庶省亦有大義。元照案、蓆正文、席省
文。

匡名

弘廓宏溥介純夏幠音呼厖墳嘏音假丕奕洪誕戎駿假
京碩濯訏音吁宇穹壬路淫甫景廢壯冢簡箌音卓昄音板
晊音姪將業蓆大也　此釋大之義。說文、大、天大、地大、人
亦大。象人形。古文人也。　弘、弓聲
也。訓大者假弘爲宏耳。坤卦、含弘光大。　𩫏、鼓下
云、萬物郭皮甲而出。當作𩫏、即今廓字也。高誘註、
廓大也。大雅、增其式廓。通作擴。孟子知皆擴而充
之矣、註擴、廓也。又通作郭。郭註、郭落大貌。　宏、屋
深也。註屋深者、其內深廣也。考工記其聲大而宏、
言外大而中宏也。　溥、大也。祭義、溥之而橫於四
海。　晉卦受茲介福、虞翻註、介大也。　左隱元年
傳、純孝也、疏純、大也。　夏、中國之人。中國者大也、
故左襄二十九年傳能夏則大。　幠、覆也。引伸之
爲大爲有也。小雅亂如此幠、傳幠、大也。今作憮、或
作膴。　厖、石大也。左成十六年傳民生敦厖、註厖、
大也。　墳、墓也。墳之義經傳多引伸假借用之。方
言、地大謂之墳、靑幽之間凡土高大者亦謂之墳。
小雅牂羊墳首、傳墳、大也。通作頒。小雅有頒其首、
傳頒、大也。　嘏、大遠也。周頌伊嘏文王。郊特牲、嘏、
大也。通作假。大雅假哉天命、朱註假、大也。又音古。

周頌俾緝熙于純嘏。　丕、大也。禹貢三苗丕敘、史
記引作三苗大敘。古多用不爲丕、如不顯即丕顯
之類、丕與不音同也。凡假借必同部同音。　奕、大
也。大雅奕奕梁山。通作亦。周頌亦服爾耕、箋亦、大
也。　洪、洚水也。孟子以洪釋洚、許以洚釋洪、是曰
轉注。洪範帝乃錫禹洪範九疇。漢書作鴻範。又通
作洪。玉篇、大谷名。類篇、大壑名也。　誕、詞誕也。註、
此三字蓋有誤。經傳皆曰誕大也。大禹謨、帝乃誕
敷文德。　戎、兵也。註、兵者械也。月令、以習五戎。五
戎、五兵也。兵之引伸爲車卒步卒、戎之引伸亦爲
卒旅。兵可相助、故小雅烝也無戎傳戎相也。相助
者能建大功、故周頌念茲戎功傳戎、大也。其餘有
讀若汝者、常武之詩是也。有讀若輮者、常棣之詩
是也。若戎狄之戎、又引伸之義也。　駿、馬之良材
者。註、引伸爲凡大之稱。大雅駿命不易。通作浚。皐
陶謨夙夜浚明有家。又通作俊。夏小正時有俊風。
　假、非眞也。註訓大者、與賓筵等傳之嘏大也同、
謂假爲嘏之假借字也。大雅假哉天命、毛傳假、大
也。　左莊二十二年傳莫與之京、公羊傳京、大也。
碩、頭大也。蹇卦、往蹇來碩。通作石。漢書石、大也。
　大雅王公伊濯。方言、濯大也。　訏、詭譌也。一曰
訏䓿。齊楚謂信曰訏。註信當作大。方言、訏、大也。大
雅、訏謨定命。通作芋。小雅君子攸芋、傳芋、大也。
宇、屋邊也。大爲引伸之義。尸子天地四方謂之宇、
楊倞註、宇、大也。　大雅以念穹蒼。正韻穹、大也。
小雅有壬有林。通作任。邶風仲氏任只傳任大也
　大雅串夷載路、傳路、大也。　周頌既有淫威、傳
淫、大也。　小雅東有甫草、傳甫、大也。　景、日光也。
光能普照、故訓大也。小雅介爾景福。　奔、大也、从
大弗聲。小雅廢爲殘賊、釋文廢、大也。廢即奔之叚

借也。又、周頌佛時仔肩。傳佛、大也。佛又奔之叚借也。玉篇作奰、又作䝴。壯、大也。易大壯、大者壯也。通作莊。壯訓大、故莊訓艸大。古書壯莊多通用。冢、高墳也。从勹豕聲。註、引伸之凡高大曰冢、故太子曰冢子、太宰曰冢宰。大雅迺立冢土、傳冢土、大社也。盤庚予其懋簡相爾、高誘註簡、大也。菿、艸大也。作蓺者誤。邢疏引韓詩菿彼甫田、毛詩作倬、鄭箋倬、明大貌。昄、大也。大雅爾土宇昄章。晊、本作至。坤卦至哉坤元、註至、極也。極亦大也。將、帥也、从寸醬省聲。蓋有法度而後可以主之先之、故从寸。帥、古作衛、今帥行而衛廢矣。毛詩將字有訓行者、如邶風遠于將之是也。有訓送者、如召南百兩將之是也。有訓養者、如小雅不遑將父是也。有訓側者、如大雅在渭之將是也。有訓請者、如鄭風將仲子兮是也。有訓壯者、如小雅鮮我方將是也。有訓且者、如小雅將恐將懼是也。有訓奉者、如周頌我將我享是也。有訓願者、如衞風將子無怒是也。有訓爲扶助者、如商頌湯孫之將是也。有訓爲扶進者、如小雅無將大車是也。又訓資、訓齊者、詳釋言。訓大者、商頌有娀方將、毛傳將、大也。業、大版也、从丵从巾、巾象版。周頌、設業設虡。席、廣多也。鄭風、緇衣之席兮。

蒙啓

廓 陸氏經典釋文。詩皇矣釋文。郭本又作廓。案公羊文十五年傳云。恢郭也。恢郭卽恢廓。則廓當作郭。

侃曰說文彉弩滿也讀若爾雅孫注廓張之大也是廓正字當作彉

箌 說文艸部。菿艸大也。釋文引作箌。誤从竹。邢疏引韓詩云菿彼圃田。玉篇艸部引作菿。當从艸。

此釋文引說文今本作菿

晊 釋文。晊本又作至。案郭注。至極亦爲大。則郭本作至。

邢疏郭氏讀晊爲至

黃侃評本正名

弘廓宏溥介純夏幠厖墳嘏丕奕洪誕戎駿假京碩濯訏宇穹壬路淫甫景廢壯冢簡箌昄晊將業席大也

邢疏云。此皆廣大之異言也。

大也者。說文天大地大人亦大故大象人形。古文大也。

弘者。說文。弘弓聲也。从弓厶聲。厶古文厷字。章先生曰。弓彊則聲高。弘亦本有彊義。論語士不可以不弘毅。任重而道遠。此弘卽今之強字。用爲彊義。任重須彊。不彊則力絀。子張之執德不弘。信道不篤。焉能爲有。焉能爲亡。弘亦今強字。論語全書無強字。知弘卽強也。唯人能弘道非道弘人乃訓大。（以上章先生語見廣論語駢枝）尋弘訓弓聲而有大義。以泓从弘聲訓下深兒明之。深盛同義。高誘已言之。

廓者。說文無廓字。訓大者正當作𩫏。章先生曰。說文𩫏。度也。民所度居（度卽宅字）也。从回象城𩫏之重兩亭相對也。引申爲恢𩫏之義。（以上章先生語見文始）通作郭。文十五年公羊傳郛者何。恢郭也。何注云。恢。大也。郭。城外大郭。案說文。郛。郭也。郛爲恢郭。則恢郭卽郛矣。郭本國名。城郭之郭正作𩫏。經典通以郭爲之。意林引風俗通義云。郭。大也。郭在城外。圍大於城。故有大義。孟子三里之城。七里之郭。是也。經典亦作廓。則俗字也。詩大雅憎其式廓。傳云。廓。大也。憎其用大位行大政。釋文。廓本又作郭。是詩本作郭也。毛意亦然矣。毛公詁詩多用雅訓。知雅祇訓郭爲大爾。而一切經音義引孫炎注云。廓。張之大也。則用鄭義。（鄭箋憎其式廓云憎其所用爲惡者浸大也變毛公之德句爲案句矣）非毛義也。孫意與方言張小使大謂之廓。意義全同。其正字當爲彉。說文。彉。弩滿也。讀若郭。彉亦作彍。孫子兵勢篇勢如彍弩。彉又通作韕。御覽引尸子云。杅弓韕弩。韕者𩍐之省也。若夫孟子知皆擴而充之。自是桄之異字。說文。桄。充也。趙注云。擴。廓。未諦。

宏者。說文。宏。屋深響也。从宀厷聲。秦策高注云。深。猶盛也。廣大盛厚同義。故宏訓大。書盤庚用宏茲賁。孔疏引樊光曰。周禮云。其聲大而宏。案周禮之宏。當訓響。盤庚之宏。當訓響應。章先生曰。釋魚。龜三足。賁。此以賁爲龜之大名。猶後世言著蔡。以蔡爲龜之大名矣。宏。說文云屋深響也。又云。弦。屋響也。谺谷中響也。皆一義所孳乳。是宏有響應之義。繫辭云。君子將有爲也。將有行也。問焉而以言。其受命也如響。（卽響字）虞翻曰。同聲相應。故如響也。此言用應茲龜。義正如此。與各非敢違卜意相足。（以上章先生語見古文尚書拾遺定本）案宏大之宏通作閎峪。亦通作弘。禮記月令其器閎以奄。呂氏春秋孟冬紀閎作宏。史記司馬相如傳必將崇論閎議。漢書閎作峪（閎峪與宏相通郝疏已言之）法言修身篇其爲中也弘深。又以弘爲宏。

溥者。說文。溥大也。詩大雅溥彼韓城。箋云。溥大也。通作普。詩小雅溥天之下。孟子引詩作普。又通作敷。書禹貢禹敷土。荀子成相篇作禹溥土。又聲轉爲旁。魚陽對轉也。說文。旁。溥也。廣雅。旁。大也。

介者。說文訓畫。無大義。訓大者當爲乔之借。說文。乔。大也。从大介聲。方言乔大也。東齊海岱之間曰乔。漢樊毅修華嶽廟碑受茲乔福。作此乔字。經傳通以介爲之。詩小雅介爾景福。傳云。介景皆大也。

純者。說文云絲也。从糸屯聲。無大義。訓大者爲奄之借。說文。奄大也。从大屯聲讀若鶉。經傳通以純爲之。以同从屯聲也。詩周頌文王之德。傳云。純大也。又通作淳。鄭語以淳燿惇大天明地德光昭四海。韋解云。淳。大也。

夏者。說文。夓中國之人也。从夊从頁从臼。臼兩手。夊兩足也。是夏純象人形。大字說解云。天大地大人亦大。夏訓中國人。故可訓大。書舜典蠻夷猾夏。某氏傳云華夏。卽指謂中國人也。方言凡物之壯大謂之嘏。或曰夏。又凡物之壯大而愛偉之謂之夏。則夏之引申義也。詩周頌肆于時夏。傳云。夏大也。又周禮大司樂舞雲門大卷大咸大磬大夏大濩大武。鄭注云。大夏禹樂也。禹治水傅土。言其德能大中國也。則兼大與中國人二義以爲釋矣。夏通作襾。覆與大義相受也。詩秦風於我乎夏屋渠渠。傳云。夏大也。章先生謂夏屋字當爲襾。說文。襾覆也。从冂上下覆之。讀若晋。其爲襾屋。猶宀爲交覆深屋矣。覆覈皆从襾。與察寀諸字从宀同意。非必屋下察之。顧謂交覆窮結耳。楊雄傳曰。以函夏之大漢兮。曾何足與比功。服虔說爲函諸夏。漢卽諸夏。言函諸夏之漢。則不辭。且唐虞殷周亦非不同制中區也。夏亦當爲襾。言大漢之德無不函容覆幬。故四代不足比也。（以上章先生語見小學答問）若四時之夏。則正當作是。而說文未錄。魏三體石經夏皆作是。章先生曰。是从日疋聲。案說文夏本訓中國人。此从日疋聲者。乃四時之正字。而說文未錄。然春秋經紀時誠當作是。尙書夏殷字亦作是。則古字通借。孫氏疑古文夏作夓。變體作是。非也。夓从人目足。自指中國人。莊子所謂有目有趾者也。是从日疋聲。自指暑時。（以上皆章先生語見新出三體石經考）夏亦通作翌。㠩魚陽對轉也。章先生曰。說文。翌。樂舞以羽翳自翳其首也。周官或以皇爲之。記王制曰。有虞氏皇而祭。亦以皇爲翌。蓋虞氏之冕。周以舞旱暵矣。鄭司農以翌爲羽覆頭上。卽取襾義。鄭後司農則云。雜五采羽如鳳凰色。持以舞。二說雖殊。羽固宜有五采。故又孳乳爲㠩。設色之工也。玉篇亦訓㠩爲幠。然則翌㠩義固相屬。天官序官夏采注曰。夏采夏翟羽色。染人秋染夏注曰。染五色以夏翟爲飾。此皆以翌㠩對轉之聲書作夏也。（以上皆章先生語見文始）

幠者。說文。幠覆也。从巾無聲。覆與大義相受。故雅訓大。方言。幠大也。東齊海岱之間或曰幠。詩小雅亂如此幠。傳云。幠大也。（詩釋文作憮宋本同而唐石經作幠今從之）儀禮士喪禮幠用斂衾。鄭注云。幠覆也。幠通作膴。說文膴訓無骨腊。周禮有膴判。儀禮公食大夫禮鄭注云。魚或謂之膴。膴大也。有司徹皆加膴。鄭注云。刳魚時以爲大臠也。王念孫云。膴與幠通。（說見方言疏證補）幠又作無。用聲首也。荀子禮論篇無帾絲歶縷翣。其須以象菲帷幬尉也。楊注云。無讀爲幠。王念孫云。無。柳車上覆。卽禮所謂荒也。（以上王語見廣雅疏證）又通作荒。魚陽對轉也。王念孫云。喪大記曰。飾棺君龍帷黼荒素錦褚加僞荒。鄭注云。荒。蒙也。在旁曰帷。在上曰荒。皆所以衣柳也。僞當爲帷。大夫以上有褚以襯覆棺。乃加帷荒於其上。（以上鄭注）荒幠一聲之轉。皆謂覆也。故柳車上覆謂之荒。亦謂之幠。詩公劉傳曰。荒大也。閟宮傳曰。荒有也。爾雅曰。幠。大也。有也。是幠與荒同義。幠从無聲。荒从巟聲。巟从亡聲。荒之轉爲幠。猶亡之轉爲無。故詩遂荒大東。爾雅注引作遂幠大東。禮記毋幠毋敖。大戴作無荒無慠矣。（以上皆王語見讀書雜志）

厖者。說文。厖石大也。引申訓大。成十六年左傳民生敦厖。杜注云。厖大也。周語敦厖純固。韋解云。敦厚也。厖大也。厚大同義。詩商頌爲下國駿厖。傳云。厖厚也。墨子經篇厚有所大也。方言厖深之大也。自關而西秦晉之間凡大貌謂之㠻。或謂之厖。今之方言亦然。章先生曰。爾雅。厖。壯大也。方言凡物之大貌曰豐厖。三州人謂人肥大曰厖壯。亦曰豐厖。（以上章先生語見新方言嶺外三州語）

墳者。說文訓墓。而經傳以爲墳大字。然訓大者正當爲坋。說文。坋。一曰大防也。爾雅釋丘墳大防。當以坋爲正字。詩小雅有頒其首。傳云。頒大也。孔疏云。釋詁云墳大也。頒與墳字雖異音義同。案有頒其首當以頒爲正字。說文。頒。大首也。而書正義引樊光作有賁其首。賁者墳之聲首也。方言云。墳。地大也。青幽之間凡土而高且大者謂之墳。案從卉聲字有大義。如大鼓謂之鼖。淮陽名車穹隆轒。憤懣是也。從分聲字亦有大義。如頒大首。䯨長衣。楚謂大巾曰帉是也。則墳坋均有大義。墳自振古用爲大義。而墳墓字亦有大義。如冢訓高墳。而周禮冢宰卽大宰。其鄰類也。特坋訓大防。於說文有明文耳。詩小雅牂羊墳首傳云。墳大也。案墳首之墳。正字亦當作頒。若詩大雅賁鼓維庸傳云。賁大鼓也。則鼖之借也。至周禮司烜共墳燭。故書墳爲蕡。鄭司農云。蕡燭。麻燭也。則正當作黂。葩之或體。說文訓爲枲實。此即所謂麻蒸者也。鄭訓爲大。亦未安。郝疏引賁鼓墳燭以證大義。則非所稱矣。

嘏者。說文。嘏大遠也。從古叚聲。禮記郊特牲云。嘏長也。大也。方言云。嘏大也。凡物壯大謂之嘏。大遠之義。今字作遐。說文無遐。訓遠者字當爲嘏。下文云。遐遠也。詩大雅遐不作人。傳云。遐遠也。遐即嘏也。儀禮少牢饋食禮以嘏于主人曰。皇尸命工祝承致多福無疆于女孝孫。來女孝孫。使女受祿于天。宜稼于田。眉壽萬年。勿替引之。鄭注云。嘏大也。予主人以大福。余謂此亦大遠義也。以酒養老。祝之則曰上壽。此秦漢語也。詩曰。爲此春酒。以介眉壽。此非起于秦漢也。祝之贊辭亦上壽類也。說文壽訓久。久遠同義。祝云眉壽萬年。後之上壽者或稱萬歲。皆祝久遠之義。古多以胡爲嘏。故壽考謂之胡。詩周頌胡考之寧。傳云。胡壽也。大亦謂之胡。逸周書謚法解云。胡大也。胡即嘏也。亦通作假。下文云。假大也。方言凡物之壯大而愛偉之。周鄭之間謂之假。儀禮士冠禮宜之于假。永受保之。鄭注云。假大也。假即嘏也。亦通作格。儀禮少牢饋食禮以嘏于主人。鄭注云。古文嘏爲格。儀禮士冠禮云。孝友時格。鄭注云。今文格爲嘏。則格亦訓大。孝友時格。謂孝友是大也。與詩南土是保緇衣之好同例。鄭訓格爲至。未安。

丕者。說文。丕大也。从一不聲。書禹貢三苗丕敘。史記夏紀作三苗大敘。史公以雅訓詁之也。亦作不。用聲首也。書立政以並受此丕丕基。漢石經作不不其。是也。丕通作負。書金縢若爾三王是有丕子之責於天。史公魯周公世家作是有負子之責於天。章先生曰。馬鄭僞孔負作丕。蓋古文本然。古音負丕皆如倍。故孔安國讀丕爲負。史公述金縢以古文。隗囂檄言申命百姓。各安其所。庶無負子之責。以王莽時古文立學官。故囂沿用之。若白虎通稱諸侯病曰負子。此不可說金縢。武王已爲天子。何得以諸侯言之。徐廣取此說。史實非其義。負子之責本指三王。負子者所謂綴負其子。詩螟蛉有子。蜾蠃負之。傳。負持也。然則或負或抱通得稱負。質言之。則保育其子耳。鄭以丕子爲不慈。義雖可通。依史則責爲責任。依鄭則責爲譴責。不如舊故爲長。然素隱言鄭亦讀丕曰負。今鄭注已亡。不可决知。若馬僞孔皆讀丕如字。以丕子爲大子。則文義不馴矣。以上皆章先生語見大史公古文尙書說

奕者。說文。奕大也。从大亦聲。詩大雅奕奕梁山。傳云。奕奕大也。大玄格往小來奕奕亦大也。奕亦作亦。用聲首也。詩周頌亦服爾耕。鄭箋云。亦大也。通作繹。王引之云。宋公孫願繹字碩父。方言。繹。既廣又大也。繹之言奕也。爾雅。奕大也。以上王說見春秋名字解詁

洪者。說文。洪洚水也。从水共聲。孟子當堯之時。洪水猶未平。氾濫於天下。是大水也。故洪訓大。詩商頌洪水芒芒。傳云。洪大也。書洪範天乃錫禹洪範九疇。史記集解引鄭注以爲大道也。章先生曰。書大誥洪維我幼冲人。多方洪維圖天之命。洪維謂大思。逸周書明堂解大維商紂暴虐。脯鬼侯以享諸侯。大維即此洪維。王引之謂洪爲發語詞。或句中語助者。無根據。洪自當依釋詁訓大。以上章先生語見文錄續編 洪通作鴻。書洪水。史記作鴻水。書洪範史記作鴻範。荀子成相篇禹有功。抑下鴻。楊注云。鴻即洪水也。

誕者。說文。誕詞誕也。从言延聲。案延訓長行。引申訓長。長大同義。誕之語根爲大。義自大衍。故誕可訓大。書大誥肆朕誕以爾東征。漢書翟方進傳作故予大以爾東征。此王莽以詁訓改之也。大與誕爲泰寒對轉。亦有可借之道。詩大雅誕彌厥月。傳云。誕大也。誕自訓大。不爲語詞。章先生曰。王引之謂誕爲發語詞。或句中語助者。與下文延訓間相會。非此誕訓大者之謂矣。誕當讀爲延。王未引釋詁延閒。亦爲專輒。以上章先生語見古文尙書拾遺定本及王伯申新定助詞辯

戎者。說文。戎兵也。从戈从甲。左傳國之大事在祀與戎。故戎訓大。方言云。戎大也。宋魯陳衛之間謂之嘏。或曰戎。詩大雅戎醜攸行。傳云。戎大也。管子戒篇出冬蔥與戎叔布之天下。注云。戎叔胡豆。此自以出山戎得名。而戎胡亦皆有大義也。又說文襛衣厚皃从衣農聲詩曰何彼襛矣詩召南傳云襛襛猶戎戎也襛戎古同音厚大同義說訓大者本字爲襛亦得

駿者。說文。駿馬之良材也。从馬夋聲。駿訓馬之良材而有大義。猶俊訓材千人。而夏小正傳云。俊者大矣。駿俊皆取高材義也。詩大雅駿命不易。傳云。駿大也。亦作俊。夏小正時有俊風。傳云。俊者大也。又作峻。禮記大學克明峻德。鄭注云。峻大也。峻本訓高。亦自有大義。故駿峻二字時相迻用。如詩大雅駿極于天。禮記孔子閒居引作峻。是也。

假者。說文。假訓非眞。从人叚聲。無大義。訓大者當爲嘏。說文。嘏大遠也。从古叚聲。以同从叚聲故相通。方言云。夏大也。周鄭之間謂之假。禮記鄉飲酒義云。夏之爲言假也。鄭注云。假大也。此皆嘏之借。詳上嘏字。

京者。說文。京人所爲絕高丘也。從高省。丨象高形。詩傳云。京大阜也。又云。京高丘也。高大同義。秦策高注云。高大也。則大亦高矣。方言。京大也。燕之北鄙東楚之交曰京。詩大雅裸將于京。傳云。京大也。

碩者。說文。碩頭大也。从頁石聲。詩豳風公孫碩膚傳云。碩大。方言碩大也。齊宋之間曰碩。章先生曰。湖北嘉魚繁偉其大則曰好碩。以上章先生語見新方言 亦作石。用聲首也。章先生曰。莊子外物。嬰兒生無石師而能言。釋文。石者匠名也。匠石石師蓋皆借爲碩。碩者大頭。猶頭領也。以上章先生語見莊子解故 此借石訓大頭義也。亦有借石字而訓大者。郝疏云。漢書律歷志云。石大也。匈奴傳云。石畫之臣甚衆。文選爲曹公作書與孫權云。明棄碩交。李善注云。碩與石古字通。

濯者。說文。濯瀚也。从水翟聲。翟訓山雉尾長者。翟字本有長義。濯訓瀚。瀚之物入水則彭亨。則濯亦有大義。方言。濯。大也。荆吳楊甌之間曰濯。詩大雅王公伊濯。傳云。濯大。通作祧。周禮守祧掌守先王先公之廟祧。注云。故書祧作濯。鄭司農濯讀爲祧。尋禮記祭法遠廟爲祧。古兆翟同音。兆今音在澂紐古音定紐宵韻翟古音定紐宵韻 遠大同義。釋詁遠遐也遐之本字爲遐訓大遠也

訏者。章先生曰。說文。訏訓詭譌。詩傳訏大也。訏从于聲。于亦本有大誼。方言。于。大也。檀弓曰。于則于。以上章先生語見文始 方言。訏。大也。中齊西楚之間曰訏。詩大雅實覃實訏。傳云。訏大也。亦作于。用聲首也。禮記檀弓云。于則于。孔疏云。于謂廣大。書大傳義伯之樂名曰朱于。鄭注云。于。大也。方言。于。大也。通作芋。詩小雅君子攸芋。傳云。芋大也。又通作盱。易豫卦。盱豫。王肅云。盱。大也。詩鄭風洵訏且樂。傳云。訏大。釋文云。訏。韓詩作盱。又通作幠。詩小雅君子攸芋。鄭箋云。芋當作幠。幠。覆也。幠說文訓覆。而雅訓大也。

宇者。說文。宇屋邊也。从宀于聲。易曰上棟下宇。邊亦櫋也。說文。櫋屋邊聯也。从木邊省聲。秦名屋櫋聯。齊謂之檐。楚謂之梠。淮南高注云。宇。屋檐也。則屋邊屋檐也。檐宇四垂。覆于屋上。宇大於屋。故訓大。呂氏春秋下賢篇神覆宇宙而無望。高注云。四方上下曰宇。以屋喩天地也。是宇爲大也。晉語君子之德。宇韋解云。宇覆也。覆與大義相受。

穹者。說文。穹窮也。从穴弓聲。弓訓以近窮遠。則弓有遠義。詩以念穹蒼。則穹有隆高義。淮南說山訓乃知其大相去之遠。秦策高注云。高大穹有遠高二義。故訓大。周禮考工記韗人爲皋陶。穹者三之一。注。鄭司農云。皋陶鼓木也。穹讀志無空邪之空。謂鼓木腹穹隆者居鼓三之一也。郭璞注爾雅云。穹隆亦爲大也。西京賦閣道穹隆注云。長曲兒。是也。通作空。詩小雅在彼空谷。傳云。空大也。文選注引韓詩作在彼穹谷。薛君曰。穹谷。深谷也。穹通作空用郝疏說 案考工記鄭司農讀穹爲志無空邪之空。是穹空通也。

壬者。說文。壬象人裹妊之形。承亥壬以子。生之序也。大字說解云。大象人形。故壬訓大。詩小雅有壬有林。傳云。壬大也。通作任。詩邶風仲氏任只。傳云。任大也。孔疏以爲釋詁

爾雅詁林　一　釋詁上

文與今本異。吳語齊簡公壬。漢書古今人表作任。

路者。說文。路道也。从足各聲。從繫傳 道。所行道也。从辵从首。一達謂之道。爾雅釋宮云。道一達謂之道路。老子云。道大道路同義。故路亦訓大。詩大雅厥聲載路。傳云。路。大也。通作輅。章先生曰。說文。輅馬在軛中也。小篆作駕。又孳乳爲馭。使馬也。小篆作御。輅馭蓋一字。據牛馬言輅。據僕夫言馭。覲禮偏駕不入王門。天子諸侯之車稱路。實輅之借。漢以來稱天子所乘曰車駕。亦斯義。以上章先生語見文始 又通作輅。郝疏云。玉篇輅大車。荀子哀公問篇注引舍人云。輅車之大也。後漢書張湛傳注引曲禮式路馬。作軾輅馬。云輅大也。

淫者。說文。淫浸淫隨理也。从水㸒聲。一曰久雨爲淫。案㸒從爪壬。壬從人士。以形言。字從人。故可訓大。春秋隱九年大雨震雷。左傳說之云。凡雨自三日以往爲霖。爾雅釋天云。久雨爲淫。淫謂之霖。則淫雨卽大雨。以義言。故淫亦可訓大矣。詩周頌既有淫威。降福孔夷。傳云。淫大也。周禮考工記善防者水淫之。鄭司農云。謂水淤泥土留著助之爲厚。厚亦大也。墨子厚有所大也

甫者。章先生曰。說文甫男子之美稱也。从用父。禮注曰。甫且字也。始冠稱甫。引申有始大二義。以上章先生語見文始 詩小雅東有甫草。傳云。甫大也。通作圃。詩東有甫草。文選東都賦注引韓詩作圃。薛君曰。圃博也。有博大茂草也。又通作方。魚陽對轉也。廣雅。方大也。晉語今晉國之方。韋昭注云。方大也。

景者。說文。景光也。从日京聲。光有大義。詩周頌學有緝熙於光明。傳云。光廣也。說文廣訓殿之大屋。廣擴二字說解並云一曰大也。是也。景從京聲。京亦大也。故景訓大。詩小雅介爾景福。傳云。介景皆大也。景行行止。傳云。景大也。

廢者。說文。廢訓屋頓。無大義。訓大者當爲奔之借。說文。奔大也。从大弗聲。讀若予違汝弼。廢奔並脣音。所謂同類雙聲者也。廢古音幫紐奔古音並紐 隊泰近旁轉。廢古在泰韻奔古在隊韻 故相借。奔字不見於經典。亦作奘。廣雅。奘大也。通作佛。詩周頌佛時仔肩。傳云。佛大也。又通作廢。詩小雅廢爲殘賊。傳云。廢忕也。釋文云。一本作廢大也。此是王肅義。郭璞注雅引詩廢爲殘賊。以證廢之訓大。與王肅義同。列子楊朱篇廢虐之主。張湛注云。廢大也。

壯者。說文。壯大也。从士爿聲。方言。秦晉之間凡人之大謂之奘。或謂之壯。詩小雅克壯其猶。傳云。壯大也。通作將。禮記射義云。幼壯孝弟。鄭注云。壯或爲將。詩小雅鮮我方將。傳云。將壯也。壯通作將用郝疏意

冢者。說文。冢。高墳也。秦策高注云。高。大也。高大同義。故冢訓大。周禮天官敘官云。乃立天官冢宰。使帥其屬而掌邦治。以佐王均邦國。治官之屬大宰。卿一人。鄭司農云。爾雅曰。冢。大也。冢宰。大宰也。變冢言大。進退異名也。百官摠焉。則謂之冢。列職於王。則稱大。冢大之上也。山頂曰冢。綜之冢本高墳。故舍人云。冢。封之大也。釋山山頂冢。則其鄰類者也。若其遂以狀名物。則引申義。爾詩大雅乃立冢土。傳云。冢土。大社也。

簡者。說文。簡。牒也。牒。札也。冊字說解云象其札一長一短中有二編之形。此謂竹簡之編排爲冊也。冊或以策爲之。儀禮聘禮記云。百名以上書於策。不及百名書於方。方用木版。策比竹簡。方書字少。策書字多。因之簡有大義。易繫辭傳曰。書不盡言。言不盡意。則簡書所傳。祇明較略。不能委細。因之又有簡易簡略義。論語仲弓曰。居敬而行簡。以臨其民。不亦可乎。孔曰。居身敬肅。臨下寬略。是也。通作僩。詩衛風瑟兮僩兮。傳云。僩。寬大也。說文。僩。訓武皃。武皃無寬大義也。以是明之。

箌者。菿之譌。釋文宋監本宋本明正統本殿本俱作菿阮元校勘記云元槧本作菿尋釋文引說文云草大也宋刊爾雅疏云顧氏云都角切說文云草大也韓詩云菿彼甫田則陸氏邢氏之意謂字本相傳作箌而讀則從菿據說文也案隸書艸字竹字形相似往往致譌衡方碑垂名廾帛篠竹令王君神道廣漢緜艸令任伯嗣碑蓺楊侯相莵鎮碑南陽菀陽人也周公禮殿記修舊築周公禮殿魏受禪築受壇竹字同艸竹旁與艸旁同作廾夏承碑碧瑕考妣孔龢碑若重規口魏上尊號奏若以群賢之靈艸與艸同艸旁作廾與竹旁同則箌字諒爲菿字之譌而相承不改葢其愼也 據釋文邢疏說文菿訓草大。而今宋本說文亦無菿訓草大之文。當捝一曰草大也五字。章先生說之云。說文菿訓艸木到。臣鍇引莊子艸木到植證之。司馬彪云。鉏拔反之。更生者曰到植。此自古義如此。菿固到之孳乳也。段氏以釋詁菿大也。韓詩言菿彼甫田。據爾雅釋文廣韻四覺改菿訓艸大。而刪蓺字。菿訓艸木到植。說文當有一曰艸大也五字。今本脫之。然其聲義實由蓺轉。猶至轉爲到耳。至引申亦訓大。故郅亦訓大。釋詁作晊。次對轉清則孳乳爲臷。大也。而咥訓大笑。蓺訓艸大。皆受義於至。若刪蓺篆。雖菿之訓大亦無所因。此段氏之疏也。以上皆章先生語見文始 箌字不見經典。通以倬爲之。詩大雅倬彼雲漢。傳云。倬。大也。倬自有大義。說文倬。箸大也。小雅倬彼甫田。傳云。倬。明貌。朱駿聲謂此焯之借。以說文焯訓明也是也。

昄者。說文。昄。大也。从日反聲。詩大雅爾土宇昄章。亦孔之厚矣。傳云。昄。大也。通作反。詩小雅威儀反反。傳云。反反。言重愼也。重大同義。釋文云。韓詩作昄。云善貌。郝疏云。善與美同意。美大義近。

晊者。說文無晊字。當讀爲至。釋文晊。又作至。郭注云。至極亦大也。邢疏云。郭氏讀晊爲至。故云至極。章先生曰。至引申亦訓大。故郅亦訓大。釋詁作晊。咥訓大笑。蓺訓艸大。皆受義於至。以上章先生語見文始 禮記哀公問。敬之至矣。鄭注云。至矣。言至大也。呂氏春秋求人篇。憂其黔首。顏色黎黑。竅藏不通。步不相過。以求賢人。欲盡地利。至勞也。高注云。至。大也。通作郅。史記司馬相如傳。爰周郅隆。索隱引樊光云。郅。可見之大也。郅又作晊。史記司馬相如傳。爰周郅隆。集解云。郅或爲晊。

將者。說文。將。訓帥。無大義。訓大者正當作壯。說文。壯。大也。从士爿聲。將从醬省聲。醬从爿聲。以同从爿聲故通。漢書賈誼傳。此人少壯。豈能忘其父哉。師古曰。少壯猶言稍長大。此壯訓大也。本字也。方言。將。大也。齊楚之郊或曰京。或曰將。詩豳風亦孔之將。傳云。將。大也。此將訓大也。借字也。若莊子田子方篇嘗爲女議乎其將。將爲大齊之義。其本字則爲𢩫。章先生曰。說文。𢩫。造法𢩫業也。讀若創。初造法度者。用心粗觕。故引申爲大齊之稱。段借則爲將。莊子田子方篇嘗爲女議乎其將。是也。

業者。釋器。大版謂之業。說文。業。大版也。引申訓大。詩大雅四牡業業。傳云。業業。言高大也。

蓆者。說文。蓆。廣多也。从艸席聲。詩鄭風緇衣之蓆兮。傳云。蓆。大也。亦作席。用聲首也。漢書賈誼傳。天下殽亂。高皇帝與諸公併起。非有仄室之埶以豫席之也。應劭曰。席。大也。

本字考

廓大也。　廓登韵則為廓落。注云。廓落為大是也。說文彉、弩滿也、讀若郭。廓正字當作彉。

介大也。　介下文云、善也、大與善義近。又下文云、右也、右、助也、介之為助、相反相成。

夏大也。　夏通作假、方言夏大也、周鄭之間謂之假、易家人九五王假有家、士冠禮宜之于假、陸績鄭注並云、假大也。

幠訏宇、大也。　幠通作膴、周禮腊人膴胖之事注膴與大亦一也、膴又詁曰大、二者同矣、賈疏以為據爾雅釋詁文。　幠訏宇同字並見。

厖大也。　厖下文云、有也、商頌長發為下國駿厖、傳厖厚也、有、厚與大義亦近。

墳大也。　說文楚謂大巾曰㡃、音義亦與墳近。

嘏、大也。　嘏假同字並見。注引湯孫奏嘏、嘏今作假。

誕、大也。　誕者單之借、說文單、大也。

駿、大也。　駿下文云、長也、大長義同。

京、大也。　京景同字並見。史記高祖功臣表高京侯周成、漢書京作景、文選西京賦注引韓詩曲京曰阿、華嚴經音義引京作景。

穹、大也。　穹注云穹隆為大者、穹隆疊韻。

壬、大也。　壬下文云、佞也。

淫、大也。　淫之為大、猶夸之為大、而夸淫又同訓、方言夸、婬也、廣雅夸、大也。方言遙、淫也、是淫與遙聲轉義通。淫訓遙而為大、猶嘏碩訓遠而為大矣。

簡、大也。　簡正作橺、僩。

壯、將、大也。　壯將同字並見。

郭注引尸子曰、此皆大有十餘名而同一實、邢疏引尸子廣澤篇云、天、帝、后、皇、辟、公、弘、廓、宏、溥、介、純、夏、幠、冢、晊、昄、皆大也、十有餘名而實一也。案尸子所舉與爾雅有同有異、蓋略舉常訓、不必出于爾雅。郭引之者、證異名同實之理、不謂尸子引爾雅也。然天帝后皇辟公爾雅訓君、而尸子訓大、知君、大義通矣。【黃侃音訓】

訏大也。釋文、本又作盱。承珙案、毛詩鄭風溱洧訏且樂、韓詩作盱、漢書地理志引詩洵盱且樂亦作盱。此爾雅本又作盱者、正與韓詩同。易盱豫釋文引王肅云、盱、大也。

晊大也。釋文晊、舊音之日反、本又作至、又作𦡶。承珙案、至為晊之省、𦡶為晊之誤。說文𦡶訓鳥胃、與大義無涉。惟玉篇目部云、晊、視也、真日切。集韻晊亦從見作覙。史記司馬相如列傳爰周郅隆索隱引樊光云、郅、可見之大也。據此知郅亦與晊通。晊有視義、故樊以為可見之大。集韻郅亦作𦡶、此𦡶字亦晊之誤。【胡氏古義】

箌○釋文唐石經俱作菿。盧文弨曰說文云草大也、則字當从草、今爾雅有誤。按、玉篇引韓詩菿彼圃田亦作菿、从艸。【考異摘要】

業大也

疏曰、業者、版之大也。

樾謹按、邢氏以大版為說、未得其義。廣雅釋詁、業、始也。國語齊語擇其善者而業用之、韋昭注曰業猶創也。創亦始也。業之義為始、故亦為大、猶元之義為大故亦為始矣。爾雅甫業竝訓大、而甫之義即通乎始。廣雅昌孟業竝訓始、而昌與孟之義即通乎大。然則訓始訓大於義得通。爾雅廣雅正堪互證。【平議】

廓大也　郭注、廓落。大智度論一一、廓然。釋元應音義引孫炎曰、廓、張之大也。說文無廓。雨部、霩、雨止雲罷皃。徐鉉等曰、今別作廓、非是。案、以廓為霩之俗、則雨止雲罷之義與大義不涉。說文部首、鼓、郭也、春分之音、萬物郭皮甲而出。正以郭為郭張字、疑此字實當作郭。公羊文十五年傳郛者何、恢郭也、何休解詁郭、城外大郭。大郭為郭本義。引申之凡大皆曰郭。意林四引風俗通云、郭、大也。玉篇𩫏部引白虎通云郭之為言廓也大也、是也。詩大雅皇矣篇憎其式廓、毛傳廓、大也、孔疏廓大、釋詁文。釋文出郭、云本又作廓、是陸元朗所見毛詩有作郭一本。此正釋詩廓為郭之俗字益無可疑。釋名以俗字

爾雅詁林　一　釋詁上

釋正字、故其釋宮室曰郭、廓也、廓落在城外也。此郭注所本。今吳中方言猶呼大爲廓落矣。

又案、禮檀弓上殷人棺槨、鄭注槨、大也。以木爲之、言槨大於棺也。据知高密所見爾雅又作槨、槨亦有廓落義。釋名釋喪制槨、廓也、廓落在表之言也可證。

夏大也

案、說文夊部、夏、中國之人也。夏本無大義、訓夏之大、葢取假義。其本字實爲嘏。禮鄉飲酒義南方者夏、夏之爲言假也、養之長之假之仁也。此夏取假義之据也。此經假嘏並大也。而說文人部、假、非眞也。古部、嘏、大遠也。是假尙非本字、其本字實爲嘏矣。方言一、秦晉之閒、凡物壯大謂之嘏、或曰夏。据知以夏爲大殆出秦晉人語。爾雅一書多載秦晉人語、如釋山有梁山晉望也、釋獸有秦人謂之小驢、皆其例也。詩秦風權輿篇夏屋渠渠、毛傳夏、大也。又左襄二十九年傳、爲之歌秦、曰此之謂夏聲、夫能夏則大、大之至也。得此兩證、則以夏爲大、爲秦晉人語益信。

幠大也

郭注引詩亂如此幠。邢疏引尸子廣澤篇幠作幙。說文巾部、幠、覆也。幕覆食案亦曰幕。錢氏坫古義覆義通於大。

案、說文林部、無、豐也、从林奭、或說規模字。从大卌、數之積也。林者、木之多也。是無有豐義。無與豐一聲之轉。易序卦傳、豐者、大也。是豐有大義。方言一、凡物之大貌曰豐、東齊海岱之閒或曰憮。盧氏文弨校本依爾雅改作幠。又、二、趙魏之郊燕之北鄙凡大人謂之豐人、燕趙之閒言圖大謂之豐。是以豐爲大、爲燕趙魏人通語。其轉豐爲無聲、乃東齊海岱閒之方言也。觀此經加巾爲幠、方言又加心爲憮、明幠憮皆止取其聲、初不取其義。其義實當爲豐字也。詩周頌豐年篇豐年多黍多稌、毛傳豐、大、孔疏豐大、釋詁文。今爾雅大也條無此文、可見毛所見本幠尙有作豐者。說文肉部、膴、無骨腊也、从肉無聲、讀若謨。知無聲莫聲古亦相近、因而尸子又引幠作幙。

又案、儀禮公食大夫禮士羞庶羞皆有大、鄭注魚或謂之膴、膴、大也。周禮天官腊人膴胖、鄭注膴又詁曰大、賈疏膴又詁曰大者、據爾雅釋詁文。是高密所見爾雅則從肉作膴、膴亦取其聲不取其義也。詩小雅小旻篇、民雖靡膴、釋文出靡膴、王火吳反、大也。知爾雅作膴一本、王肅注毛詩時亦見及之。詩小雅斯干篇君子攸芋、箋芋當作幠、幠、覆也。巧言篇亂如此幠、箋幠、敖也。儀禮士冠禮記殷冔、注冔名出於幠、幠、覆也。士喪禮幠用斂衾、注幠、覆也。既夕禮幠用夷衾、注幠、覆之。禮投壺毋幠毋敖、注幠敖、慢也。是高密所見爾雅皆作膴、無作幠者、故以大注膴、不以大注幠也。

弈大也

釋文出奕以昔反、不與今本同。

案、詩周頌噫嘻篇亦服爾耕、鄭箋亦、大、孔疏亦大、釋詁文、彼亦作弈、音義同。又豐年篇亦有高廩、鄭箋亦、大也。据知高密所見爾雅作亦、而孔穎達所見爾雅又正作弈。說文大部、奕、大也、从大亦聲。則訓大之字自以釋文所据本爲正。而亦者奕之省、弈又奕之叚

爾雅詁林 一 釋詁上

也。詩大雅文王篇不顯亦世、後漢書袁術傳作不顯弈代。國語周語弈世載德、漢樊安碑郭仲奇碑武榮碑皆作亦世載德。日本足利學本以詩亦服爾耕之亦作弈、見山井鼎七經孟子攷文。此當是彼國人依据爾雅而妄改者。孫氏志祖讀書脞錄謂攷文所言足利本大率類此。此亦卽弈省之證。

董瑞椿補記

介純大也

錦燧謹案、此釋詩小明篇介爾景福、甫田篇攸介攸止、生民篇攸介攸止也。小明傳云介景皆大也、甫田釋文云介大也、生民傳云介大也、俱卽本諸爾雅、故與雅訓合。惟說文八部云、介、畫也、从八从人、人各有介。是介之本訓與大義絕不相蒙。今訓大者、乃⿱大介之假借也。說文大部云、⿱大介、大也、从大介聲、讀若蓋。⿱大介卽从介得聲、故經典中得借介爲之。如麓从鹿聲、說文林部云麓守山林吏也、一曰林屬于山爲麓、而易卽鹿无虞、虞注云山足稱鹿、則字當作麓、而經祇作鹿。⿰骨會从會聲、說文骨部云⿰骨會、骨擿之可會髮者、而詩會弁如星毛傳云會所以會髮、則字當作⿰骨會、而經祇作會。楃从屋聲、說文木部云楃、木帳也、而詩尚不愧于屋漏毛傳云屋小帳也、則字當作楃、而經祇作屋。諸如此類、不勝枚舉。卽介字論之、本經之介善也、與說文人部价善也合、此則价之假借也。詩錫爾介圭鄭箋云圭長二寸謂之介、與說文玉部玠大圭也合、此則玠之假借也。詩無此疆爾介、釋文以大釋之、是讀爲⿱大介矣。然以疆介連文、與說文田部界境也合、此則界之假借也。⿱大介假作介、其例正同。純者、乃釋詩賓之初筵篇錫爾純嘏、卷阿篇純嘏爾常矣、維天之命篇文王之德之純、載見篇俾緝熙于純嘏、酌篇時純熙矣、閟宮篇天錫公純嘏也。毛于維天之命傳云純大也、餘俱從畧、鄭則一一箋云純大也、與雅訓俱合。惟說文絲部云、純、絲也。此純之本義、不訓爲大。今訓大者、乃⿱大屯之假借字。說文大部云、⿱大屯、大也。以純⿱大屯同从屯聲、故得通假。經典相承以純爲之、而⿱大屯字遂廢矣。又易序卦傳之屯者盈也、廣雅釋詁之屯滿也、亦皆⿱大屯之假借。蓋屯之本義訓難而盈滿、與大則義相近也。

夏大也

錦燧謹案、此釋詩夏輿篇於我乎夏屋渠渠、時邁篇肆于時夏也。毛傳並用雅訓爲說。說文夊部云、夏、中國之人也。此夏之本義。今訓大者、乃嘏之假借字也。夏、古讀若戶、嘏古讀若鼓。据段氏六書音韻表、夏聲叚聲同在弟五部、故鄉飲酒義云夏之爲言假也、書大傳云夏者假也、廣雅釋言云夏嘏也。此俱以聲爲訓、並可爲夏嘏聲假之證。說文古部云、嘏、大遠也。然則廣雅之以嘏訓夏、蓋以本字釋假字也。又、本經云假大也、此釋詩思齊篇烈假不瑕、那篇湯孫奏假、烈祖篇以假以享、鬷假無言也。毛傳俱本爾雅爲說、而假之本義則說文人部云非眞也。今訓大者、假嘏同从叚聲、亦嘏之假借也。

訏宇大也

爾雅詁林 一 釋詁上

錦燧謹案、訏乃釋詩溱洧篇洵訏且樂、生民篇實覃實訏、抑篇訏謨定命也。毛傳俱云訏、大也、俱與爾雅合。韓口篇川澤訏訏傳亦云訏訏、大也、單言之曰訏、累言之曰訏訏、其義無別。詩中宇字釋爲居者有之、無訓爲大者、殆詢訏、實訏、訏謨等、三家異文有作宇者乎。說文言部云、訏、詭譌也。宀部云、宇、屋邊也。此訏宇二字之本訓。今訓大者、乃夸之假借也。夸从于聲、訏宇亦皆从于聲、聲同故得通假。說文大部云夸、奢也、奢下云張也、是夸之本義訓爲張大。凡經典中訏宇之訓大者、以及易之盱豫王肅注云大也、詩之君子攸芋毛傳云芋大也、禮記之于則于孔疏云廣大、皆以聲同通假。其本字俱當作夸。

壬大也

錦燧謹案、此釋詩賓之初筵篇有壬有林也。毛傳云壬、大也、卽本雅訓爲說。說文部首云、壬、位北方也。又人部云、𡈼、善也、从人士、士事也。兩字形義各別、自隸變概作壬、而壬𡈼不分矣。蒙謂壬大也之壬、當本作𡈼、非壬癸之壬。𡈼善也、此本訓也。今訓爲大者、乃戴之假借字也。戴从𢦔聲、𢦔从呈聲、呈从𡈼聲、則聲同矣、故得通假。說文大部云、戴、大也。自經典多借壬爲戴、而戴字遂廢。亦經典中壬𡈼不分、而人遂以訓大之𡈼、混于壬癸之壬矣。

路大也

錦燧謹案、郝氏義疏以爲路本道路、可以通達、故謂之大。其說非是。竊謂路亦嘏之假借字。路从各聲、嘏从叚聲、據段氏六書音均表同入弟五部。儀禮士冠禮注今文格爲嘏、說文引書格于上下作假、此皆叚聲各聲通假之證。詩生民篇厥聲載路、皇矣篇串夷載路、毛公均本爾雅爲說、蓋雅訓固卽釋此詩也。

廢大也

錦燧謹案、此釋詩四月篇廢爲殘賊也。毛傳云、廢、忕也。忕乃大之譌。釋文云、一本作廢大也。陸所見本毛傳猶有作大者。今以爾雅證之、可知毛公卽本雅訓爲說。說文广部、廢、屋頓也。屋頓者、廢之本訓。今用爲凡物棄廢之偁、則又屋頓之引申義也。其訓爲大者、乃奔之假借字。據段氏六書音韻表、發聲弗聲同在弟十五部、例得相假。說文大部云、奔、大也。

席大也

錦燧謹案、阮氏校勘記云、唐石經單疏本陳本同、雪窗本注疏本作蓆。然則相傳之本、固又有作蓆者。此蓋釋詩緇衣篇緇衣之蓆兮也。毛傳云蓆、大也、與雅訓正合。阮氏又云、釋文蓆音席。說文蓆、廣多也。席、藉也。廣多有大義、當從釋文。蒙謂阮說未碻。此經當從唐石經作席。并疑說文蓆席二字之說解、亦已爲後人互易、非復許書之舊。何以證之、曰席从庶省、庶與廣多義同、是可知廣多爲席之說解也。蓆从艸得義、以蓆固艸所織成之物、與茵之从艸同義、是可知藉爲蓆之說解也。自經典多席蓆互假、或遂據以改許書、因而互易其說矣。

陸錦燧日記

釋詁　晊大也

釋文晊本又作至、又作𡵋。字吉按說文無晊字、亦無𡵋字。蓋原本作至、轉寫者涉上昄字遂譌作晊、𡵋又晊字之譌也。郭注云、至極亦爲大。可知郭本卽作至。哀公問敬之至矣、鄭注至矣言至大也。秦策法令至行、高誘注至猶大也。皆其證矣。

爾雅詁

廢、大也。

鬯案。廢從广。故訓大。猶上文廓字、下文席字亦從广。亦訓大也。說文巾部以席爲庶省。然庶亦從广。又上文厖字從厂。宏字宇字並從宀。下文冢字從冖。從厂、從宀、從冖猶從广也。故同訓大。然則廢之訓大。實爲本義。其廢舍之義當作癈。下文廢、舍也。陸釋云。字亦作癈、是也。蓋癈從疒。故其義爲舍。說文疒部云。癈、固病也。段玉裁注云。經傳所云廢疾也。如痼、聾、跛、躃斷者、侏儒皆是。則其爲癈舍義。固爲甚曉。廢從广。安得有癈舍義乎。書傳假廢爲癈。於是癈舍之義竟爲廢字所專。而廢之訓大反若可異。遂有別求他字以爲正字者。不亦顚乎。說文於广部廢下不用雅訓。而云屋頓也。則許君已不免乎流俗之見矣。

校書

弘、廓、宏、溥、介、純、夏、幠、厖、墳、嘏、丕、奕、洪、誕、戎、駿、假、京、碩、濯、訏、宇、穹、壬、路、淫、甫、景、廢、壯、冢、簡、箌、昄、至、將、業、蓆、大也。

此舉訓大之字而釋其義也。大者、說文云：「天大、地大、人亦大、象人形。」段以爲「首手足皆具、可以參天地、是爲大。」本節多用假借字。易曰：「含弘光大、」法言曰：「其中弘深、」卽訓大之證。

弘、說文本訓弓聲、與弦彏爲一字、經傳假爲宏、故有大義。

廓訓大、見於詩傳及方言、其實廓者俗字也。古城郭字、說文作𩫏、郭者國名、本作鄗、自後世以郭爲城郭字、而𩫏遂廢。說文𩫏篆下曰：「萬物郭皮甲而出、」其字卽城𩫏字、其義爲廓大義、許作郭者假用也。公羊文十五年傳云：「恢、郭也、」意林引風俗通云：「郭、大也、」與許書同爲假借字。自俗用之廓字既行、而郭乃專用於城郭、而恢大之義亦遂廢矣。

宏、說文「屋突也、」（依段本）深則廣、故有大義。月令云：「其器圜以閎、」史記司馬相如傳云：「崇論閎議、」閎皆宏之假字。詩執競篇之「喤喤、」徐邈音宏、宏皇聲轉、皇亦大也。

溥、說文「大也、」又旁篆下云：「旁、溥也、」旁、廣雅亦訓大、旁魄、旁薄、皆大也。溥通普、詩「溥天之下、」左傳孟子皆作普天。又通敷、通鋪、祭義「溥之而横乎四海、」釋文云：「溥、本亦作敷、」詩「溥敦淮濆、」釋文引韓詩作敷、云：「大也、」郝氏云：「溥、鋪、敷、俱从甫聲、凡聲同者字亦通也。」

介、爾雅古本應作夰、後人因經典借用介、遂并爾雅而改之。說文云：「夰、大也、讀若蓋、」方言第一篇云：「夰、大也、」又云：「東齊海岱之間謂之夰、」是揚子猶用古字、爾雅不應作介。介乃疆界字、說文八部曰：「介、畫也、从人从八、」畫部曰：「畫、介也、」介畫互訓、可明其義。自後世疆界字、棄介而用界、而訓大之義、亦遂棄夰而用介矣。以是言之、則易晉之「受茲介福、」大福也、左傳之「貴介弟、」大弟也、注訓介爲大、未誤、以其用夰之義、而假介爲之也。至於孟子「不以三公易其介、」離騷「彼堯舜之耿介、」注仍訓大、則失之矣。段於許書「从人从八」句注云：「人各守其所分、」是不易其介者、謂不易其所守之分、耿介亦守其分之謂、易繫辭云：「憂悔吝者存乎介、」傳謂介爲「辯別之端、」說最明通。蓋許訓介爲畫、畫有分別之意、有分定之意、凡關於言操守言間別之介、皆畫之引伸義、段以禮之擯介、左傳之介人之寵爲引伸、與此同意。

純、商頌毛傳周語韋注並訓大。左傳純孝純臣、孔疏以爲卽大孝大臣、皆用雅訓也。說文「奄、大也、」郝氏以純爲奄之假借。

夏、訓大、此夏之本義。說文云：「夓、中國之人也、从夊、从頁、从臼、臼兩手、夊兩足、」許釋夏篆、其義與大同、其例與焦僥東夷同。天地大矣、而人以首與手足皆具、可以參天地、此人之所以爲大也、中國人以首與兩手兩足皆具、能踐其形、此中國人之所以稱夏也、故曰、其義與大同。說文羌篆云：「焦僥从人、頗有順理之性、東夷从大、大、人也、夷俗仁。」此說焦僥與夷之字形、而兼說焦僥人與東夷人之性質也。夏篆云：「从夊从頁从臼」者、所以說夏之字形、而先云「中國之人」者、謂五方之人、獨中國人形骸具而性質善、視他族人爲大、故惟中國可稱夏、此亦兼言中夏人之性質也。故曰其例與焦僥東夷同。左傳云：「此夏聲也、能夏則大、」此謂秦由戎俗進而爲夏聲、卽大之象、其語亦足爲夏訓大之證。

憮、說文訓覆、段氏以爾雅之訓大、爲覆載義之引伸、蓋覆冒者必大故也。詩傳釋「亂如此憮、」用釋詁文。儀禮公食大夫禮及周禮膴人之膴、尙書「庶草繁廡」之廡、皆憮之假借。

厖、說文云：「石大也、」引伸爲凡大之稱。左傳「民生敦厖、」方言「秦晉之間、凡大貌謂之厖、」皆其義。字說「尨姑敦𠬪字、與㪟鐘𠬪姬、皆从大。說文厖、當即从厂从𠬪之字、尨加厂爲厖、或从龍作龐、當即一字」。吳說極是、故金石甲骨文字、實足補許氏說文之闕。爾雅之厖、亦當作厖。

墳、京、冢、爲同類字。檀弓云：「古者墓而不墳、」蓋昔之塋域、平者爲墓、高者爲墳；墳之訓大、即墳墓字之引伸，左傳「地墳、」杜訓大、用其義也。段玉裁謂「凡賁聲字多訓大、」京、說文云：「人所爲絕高、丘、」釋丘云：「絕高爲之、京、非人爲之、丘、」是京者丘之高大者也、故左公穀三傳、皆以京爲大。冢、說文訓爲高墳、故其義爲大、凡冢子、冢宰、冢祀、皆大義也。然則墳京冢之訓大、皆爲引伸之義。

嘏假二字古通。說文云：「嘏、大遠也、」此嘏之本字本義。郝氏云：「嘏通作假、詩『鬷假無言、』左氏傳作『鬷嘏無言、』士冠禮及禮運釋文、竝云：『嘏本或作假、』」是假爲嘏之通借字。

丕、說文訓大。古多借不爲丕、毛鄭詩考正云：「書立政篇『丕丕基、』漢石經作『不不其、』」王引之本其義以說經、引證尤多、自有此丕不通借之說、凡經典中難通之不字、蓋無不可通矣。

奕、說文「大也、从大、亦聲、」大雅「奕奕梁山、」毛傳訓大。詩「亦服爾耕、」「亦有高廩、」鄭箋皆云「大」者、此假亦爲奕也。

洪、說文「洚水、」是形容水之大也、後因以爲凡大之義。故史記「洪範九疇、」集解引鄭注解爲大道、用雅訓也。書之洪範洪水、漢書均作鴻、是洪鴻古通用。惟大誥之「洪惟我幼冲人、」多方之「洪惟圖天之命、」不訓大、王引之以爲發聲。

誕者、如大禹謨「帝乃誕敷文德、」傳云：「誕、大也、」詩「旄丘之葛兮、何誕之節兮、」毛傳云：「誕、闊也、」是其證。至詩「誕彌厥月、」毛亦訓誕爲大、則失之、王引之云：「誕、發語詞、」詩皇矣曰：「誕先登于岸、」生民曰：「誕彌厥月、」「誕寘之隘巷、」「誕我祀如何、」諸誕字、皆發語詞。

戎、詩民勞傳亦訓大。方言云：「戎、大也、宋魯陳衞之間謂之嘏、或曰我。」

駿、說文「馬之良材者、」引伸之爲凡大之稱、詩文王噫嘻傳、皆用釋詁義。駿與峻浚俊、皆從夋聲、古多通用、詩「駿命不易、」「駿極於天、」禮記中庸及孔子閒居、並引作峻、書之「浚明有家」夏小正之「時有俊風、」皆大之義。

碩、說文云：「頭大也、从頁、石聲、」引伸之、凡大者皆爲碩。碩與石互相借、何奴傳「石畫之臣甚衆、」漢書律歷志云：「石者大也、」此其證。新方言謂「湖北嘉魚驚偉其大、曰好碩。」

濯者、大雅「王公伊濯」傳用雅義釋之。方言亦訓大。

訏、方言云：「大也、中齊西楚之間曰訏。」說文云：「齊楚謂信曰訏、」段據爾雅方言謂「信當作大、」是也。訏通芋、詩云：「君子攸芋、」傳亦訓大；郝氏云：「凡从于之字多訓大、于亦訓大、故方言云：「于、大也、」宇亦从于、與訏同。」

宇、說文「屋邊也、从宀、亏聲、」段云：「引伸之、凡邊謂之宇、如『輪人爲蓋、上欲尊、而宇欲卑、』左傳云：『在君之宇下、』皆是。宇者言其邊、故引伸之義又爲大、文子及三倉云：『上下四方謂之宇、』上下四方者、大之所際也。」

穹、通作空、文選注引韓詩：「在彼穹谷、」毛詩作空谷、傳云：「空、大也、」釋天稱穹蒼爲天、其爲大之義益明。

壬者、詩云：「有壬有林、」傳訓大。壬又通任、詩之「仲氏任只、」傳亦訓大。

路、說文云：「道也、」釋詁訓大者、乃道之引伸義、經典凡言路寢路馬、皆大之謂也。通作輅、輅車輅馬、與稱路同。

淫者、左傳之淫雨、詩之淫威、皆大也。

甫、爾雅匡名云：「當作誧、說文云：『誧、大也、从言、甫聲、讀若逋。』」嚴說是也、爾雅闡明假借、當先求其本字本義；王引之謂「改本字讀之、怡然理順、依借字解之、則以文害辭」者、此類是也。蓋誧爲本字、甫爲聲假、故訓大。

廢者、說文𢊁之假借字、說文云：「𢊁、大也、」故假廢爲之、亦訓大、列子楊朱篇、「殷富之主、」張湛注云：「殷、大也、」用雅訓也。又通佛、詩「佛時仔肩、」傳訓佛爲大。

壯將二字聲義同。說文云：「壯、大也、」禮記射義云：「幼壯孝弟、」鄭注「壯或爲將、」此字通也。詩「鮮我方將、」傳云：「將、壯也、」此義通也。將又通奘、釋言「奘、駔也、」孫樊二本並作「將、且也、」蓋說文訓奘爲駔大、字从大壯會意、亦有壯大之義、故奘將二字通。

簡者、論語「可也簡、」孔注以爲大、淮南說山篇「簡圭、」高注以爲大圭、是其義也。

菿、各本作箌、邵氏改从艸、今从之。說文云：「菿、草大也、」（亦本邵氏、）故引伸爲凡大之義。毛詩「倬彼甫田、」韓詩作「菿彼甫田、」郝氏云：「倬菿音義同。」

昄、說文「大也、」詩「土宇昄章、」傳亦訓大。詩又云：「威儀反反、」釋文引韓詩作「昄昄、」釋名云：「板、昄也、昄昄、平廣貌、」是昄與反板亦通用。

至、郭注云：「至極亦爲大。」王引之曰：「釋文『晊、舊音之日反、本又作至、又作胵。』家大人曰：『作至者是也、作晊者涉上文昄字从日而誤、說文無晊字、其作胵者、又晊之誤也、（說文胵與大意無涉、）郭曰：『至極亦爲大、』則郭本作至、明矣、高注呂氏春秋求人篇及秦策並云：『至、大也、』』即用爾雅之訓。」釋文旣謂本又作至、王氏自注語中、猶知郭本亦必作至、其說自不可易、今故改作至。

業、說文「大版、」釋器亦云：「大版謂之業、」此訓業爲大者、乃引伸之義。

蓆、說文訓廣多、毛傳釋緇衣、用釋詁文。又與席通、漢書賈誼傳「豫席之、」注訓席爲大。

弈 唐石經單疏本雪牕本同、釋文作奕。○按依說文奕大也、弈圍棊也、然則作弈非是。毛詩奕奕梁山亦是譌字耳。

箌 釋文唐石經單疏本雪牕本閩本監本毛本同。元本作菿。盧文弨曰、釋文引說文云草大也、則字當從艸。今說文爾雅皆有誤。

晊 唐石經單疏本雪牕本同。釋文、晊舊音之日反、本又作至、又作胵。按、胵當作郅。史記司馬相如傳爰周胵隆。徐廣曰、胵、蓋字譌、或爲郅、北地有郁郅縣、郅大也、音質。索隱曰、郅、至也。樊光云、郅、可見之大也。今本史記胵郅字互誤。漢書注、文穎曰、郅、至也。○按、作郅作胵作晊者、皆至之轉寫譌俗、漢魏人所爲也。而晊字僅見後漢書人名。

席 唐石經單疏本陳本同。雪牕本注疏本作蓆。注及疏準此。釋文、蓆、音席。按、說文、蓆廣多也。席藉也。廣多有大義。當從釋文。詩緇衣亦作蓆、毛傳曰蓆大也本此。

湯孫奏假 雪牕本注疏本同。單疏本作湯孫奏嘏。王氏詩考引爾雅注同。按、詩釋文奏假、毛古雅反、大也、鄭作格、升也。是毛鄭異讀、而字同作假。郭引作嘏、以證經之嘏、而非釋經之假、蓋所據魯韓詩。

廓落宇宙穹隆至極亦爲大也 單疏本雪牕本同。疏云、郭氏讀晊爲至、故云至極、是廓宇穹晊亦爲大也。按、此經作晊、注作至、爲經注異文之證。釋文音經晊、本又作至、葢依注改經也。○按、郭所據之經本作至、而後人亂之、未可定耳。

宏廓宏溥介純夏幠厖墳嘏丕弈洪誕戎駿假京碩濯訏宇穹壬路淫甫景廢壯冢簡箌昄晊將業席大也○釋曰 注疏本删。

弈弈梁山 元本閩本監本同。毛本改奕奕、非。王氏詩考引

韓詩云箌彼圃田 注疏本圃改甫。玉篇艸部引韓詩菿彼圃田、與此合。箌亦當從玉篇作菿。按毛詩車攻東有甫草、李善注文選、李賢注後漢書皆引韓詩東有圃草。是毛詩甫字、韓詩多作圃也。

餘皆見注○注詩曰至一實○釋曰 注疏本删下六字。

云緇衣之席兮者 注疏本席改蓆。

皇子貴衷 監本毛本同。正德本閩本衷誤哀。

料子貴别囿 監本毛本同。正德本閩本囿作原、則句下屬。惠棟云、料疑作科。

天帝后皇 正德本閩本監本同。毛本倒作皇后。

閎博介忳夏幠冢贖昄 監本同。正德本毛本作宏溥介純夏幠冢晊昄、係依爾雅改。按閎宏

爾雅詁林 一 釋詁上

愽溥惇純皆同聲、幠幠音相近、故規模字亦作橅。蒙為王女、王、大也、故蒙亦為大。贖當作膴。元校困學紀聞引作膴、與晊皆音質。

自此而下 正德本監本同。閩本毛本而改以。

校勘記

湯孫奏嘏 十行本雪牕本吳本並假。案此釋京上之假、非釋丕上之嘏。阮據誤本為之曲說、非是。

鈞義未聞 十行本釗。南昌本校經文而未及注、故詳之。

亡江切　蒲板切　之日切 雪牕本切並作反。案釋文皆作反、南昌本誤。以後並同、不具載。

校勘記訂補

弘廓宏溥介純夏幠厖坟嘏丕弈洪诞戎骏假京硕濯讦宇穹壬路淫甫景废壮冢简劉昄晊将业席，大也。

「弘廓至大也」 疏「介者，《方言》云：「东齐海岱之间谓之介。」」 ○「介」，《方言》作「夼」，郭云：「音介」。

注「诗曰至一实」 疏「《老子》云：「域中有四大，王居其一焉。」」 ○《道德经·象元章》傅奕本作「而王处其一尊」，此系何上公本。

注疏校記

荆吳楊甌之閒郊曰濯 監本同。毛本湘本楊作揚。案方言正作揚。

說文云宙舟輿所極也 案說文極下有覆字。謂自此至彼而復還、如循環然。

此及毛本脫。

而已弇弇於私也 監本毛本湘本上弇字作皆。按尸子正作皆。

注疏校勘札記

一下（四）

一行庬○《釋文》同，原本《玉篇》「庬」下引從「广」。案：「庬」「厐」字通，《說文》作「厖」。

二行菿○《釋文》「菿」下引《說文》云：「草大也。」是此字從「艸」，不從「竹」。《詩·倬彼甫田》，倬者，大也。《玉篇》艸部「菿」下引《韓詩》作「菿彼圃田」，「菿」「倬」音義相同。邵晉涵《爾雅正義》及郝懿行《爾雅義疏》並改作「菿」，是也。

三行蓆○《釋文》同，邢昺《爾雅疏》及宋刻十行本均作「席」。《詩·緇衣》云：「緇衣之蓆兮」，《毛傳》曰：「蓆，大也。」字從艸。「蓆」「席」音同。

宋監本校箋

弘廓宏溥介純夏幠（音呼）厖（音旁）墳嘏丕弈洪誕（音但）戎駿假京碩濯訏（音吁）宇穹壬路淫甫景廢壯冢簡劉（音罩）昄（音反）晊（音姪）將業席大也

音圖・音

厖音旁 案厖亡江翻、微明互切。（莫江翻同。明字本母出切。）音近芒。江陽之別。今音旁、因龐而毋韻並誤。（厖又音蒙、亦明母字。直音誤同。）

劉音罩 案劉音到。（陟孝翻、端知隔標出切。）今音罩、仍以陟字本母出切、非。

晊音姪 案晊之日翻、音質。（照）今音姪（澄）、非。

直音正誤

左傳逢澤有介麋焉、方言作奈、同。幠本作幠、亦作膴。今本作幠、說詳周禮。墳賁頒汾（符云翻）四字通。訏芋二字通、並見詩。毛傳訓大、訏韓詩作盱。劉郭陟孝翻、知端隔標出切。因效韻無端母字、故用隔標讀如號韻到字也。顧野王都角翻、端知隔標出切。因覺韻無端母字、有知母字、故亦用隔標讀如本韻卓字也。（詩釋文陟角翻同。）孫炎都耗翻、不用隔標、以端母本音出切、讀入號韻。（唐韻都導翻同。）昄沈旋蒲板翻。此依詩讀也。（詩釋文徐扶版翻、本母出切、同。）並奉輕重交互出切。讀如阮韻之飯歸於潸韻。（潸韻阪昄同扶板翻。又音返。）孫郭方滿翻、讀如阮韻之返、歸於旱韻。字林方但方旦二翻。方但翻與方滿翻同。方旦翻即方滿方但之去聲、歸於翰韻。施（乾）蒲滿翻、亦輕重交互出切。讀如阮韻之飯、歸於旱韻。顧音板。（此音當是梁陳後出之誤。）又普姦普練二翻、滂敷輕重交互出切。普姦讀如元韻之幡、歸於刪韻。普練讀如幡字之去聲、母歸於敷韻、歸於霰。因此字本輕脣音、或讀非、或讀敷、或讀奉。或以本母出切、或以輕重交互出切、而又拘於分韻。如平聲之寒（桓）刪（山）上聲之旱（緩）潸（産）銑（獮）去聲之翰（換）諫（襇）霰（線）竝無輕脣字。惟平聲之元（魂）上聲之阮（混）去聲之願（慁）有輕脣字。以致讀法紛繁、而讀者愈淆惑矣。辨翻切者不可不悟其源也。

音略

弘廓宏溥（普）

介、純、夏（上聲）幠（呼）厖（旁）墳（汾）、嘏（賈）、丕（平聲）、奕、洪、誕（但）、戎、駿（俊）、假（賈）、京、碩、濯、訏（吁）、宇、穹（平聲）、壬、路、淫、甫（斧）、景、廞、壯、家、簡、到（罩道）、昄（板）、晊（質）、將、業、席（席）、大也。

弘、廓、宏、溥、（普）

孫偘直音

介、純、夏（上聲）、幠（呼）、厖（旁）、墳（汾）、嘏、丕、奕、洪、誕（但）、戎、駿（俊）、假（賈）、京、碩、濯、訏（吁）、宇、穹（窮）、壬、路、淫、甫（斧）、景、廞、壯、家、簡、到（罩道）、昄（板）、晊（質）、將、業、席（席）、大也。

直音校正

弘廓（濶）宏溥（普）介純夏幠（呼）厖（亡江切）墳嘏丕奕洪誕（但）戎駿假京碩濯訏（吁）宇穹壬路淫甫景廞壯家簡到（罩）昄（版）晊（鑕）將業席大也、

楊氏音訓

幠（呼）厖（尨）穹（去弓切）到（罩）昄（版）晊（之日切）

干氏音釋

幠厖有也

幠、厖、有也。二者又爲有也。詩曰、遂幠大東。

郭注

幠厖有也　釋曰、二者又爲有。言大有也。成十六年左傳云、民生敦厖。言人生聚豐厚大有也。注詩曰遂幠大東　釋曰、魯頌閟宮文也。案今詩本作遂荒。此言遂幠者、所見本異也。或當在齊魯韓詩。

邢疏

幠厖有也　有本或作厚。毛詩節南山傳、幠、厚也。長發傳、厖、厚也。正義並云釋詁文。

郭璞云、二者又爲有也。詩曰、遂幠大東。

一切注音

膴厖有也　膴、毛本从巾。按、郭注引詩遂幠大東、即遂荒大東也。農師訓荒、則膴字本从巾也。殆傳寫之誤。

有、一有一無、厖也。厖有之而雜、膴有之而荒。

新義

幠厖有也　郭云、二者又爲有也。詩曰遂幠大東。幠、今本爲荒。

鄭樵注

古注合存

幠庬有也

郭璞曰、二者又爲有也。詩曰遂幠大東。

鄭樵曰、郭云二者又爲有也、詩曰遂幠大東。幠今本爲荒。

注疏參義

幠龐有也。此釋二字又爲有之義也。註曰詩閟宮云遂幠大東。疏曰左傳云民生敦龐言生聚豐厚大有也。今詩幠作荒。齊魯韓詩或異文。

幠庬有也 註 二者又爲有也詩曰遂幠大東 正義 有與大義相近、故幠庬又爲有也。幠通作撫。文王世子云君王其終撫諸、鄭註撫猶有也。庬者、周語云、敦庬純固。淮南俶眞訓云、通乎無埶而復反于敦龐。言自無而反諸有也。有、本或作厚。小雅節南山云則無幠仕、毛傳幠厚也。商頌長發云爲下國駿庬、毛傳庬厚也。孔疏以爲釋詁文。註 詩曰至大東○ 正義 魯頌閟宮文。舊疏以爲當在齊魯韓詩、是也。毛詩作遂荒大東、傳云、荒有也。幠荒聲之轉。又通作方。召南鵲巢云維鳩方之、毛傳方、有也。

正義

有也 有本或作厚、見詩節南山長發孔疏。

校議

幠厖有也 二者又爲有也 詩曰遂幠大東

幠厖既訓大、又訓有者、有大義近、故復爲有。有之爲言又也、亦言富也。易雜卦云、大有衆也。有與大皆豐厚之意、故其義相成矣。幠者、覆也。覆者、撫而有之也。通作撫。廣雅云、撫、有也。禮記文王世子云君王其終撫諸、鄭注撫猶有也。詩則無幠仕、毛傳幠厚也。幠幠厚有竝聲義近。詩遂荒大東、郭引作遂幠大東。幠荒聲轉也。厖者、幪也。幪亦覆而有之也。玉篇云、厖、有也、厚也。詩爲下國駿厖、毛傳厖厚也。正義引釋詁文。是厚有、其義近。厖通作蒙。荀子榮辱篇引詩爲下國駿蒙、楊倞注蒙讀爲厖、厚也。是其字通之證。

義疏

幠厖有也 郭注、二者又爲有也。詩曰遂幠大東。幠厖卽下荒蒙。彼云奄、此云有、同意也。記曰、其終、撫諸詩。駿厖荀子作駿蒙。詩正義引厖有也作厖厚也、楊倞亦云厖厚。蓋各本異。

集解

幠庬有也 幠、覆也、从巾無聲。正字爲撫。撫、安也、循也。引申爲有、謂撫有也。禮記文王世子君王其終撫諸、左成十一傳使諸侯撫封均是也。撫、幠通用字。詩鵲巢維鳩方之、傳有之也。閟宮遂荒大東、傳荒有也、借方荒爲之。厖石大皃、从厂尨聲。引申爲有。說文則以龐爲之。詩長發爲下國駿厖、荀子作蒙、謂大有也。史記平準書盡籠天下之貨物、王引之曰、籠與厖同、有也。廣雅釋詁、仜、有也。以蒙、籠、仜爲之。有、不宜有也。春秋傳曰、日月有食之、引申爲富也專也。易雜卦、大有、衆也。

義證

幠龐有也

註 二者又爲有也詩曰遂幠大東 補正 臣鑒 按、今詩作遂荒。孟、幠大也、荒亦大也。詩意奄有龜蒙遂廓大大東係有凫繹遂廓大徐宅所以能至于海邦。郭于此条下不當引此詩。

郭注補正

幠厖有也

幠厖爲大復爲有者、廣異義也。幠爲撫之通借。廣雅云、撫、有也。昭元年左氏傳、謂圍將使豐氏撫有而室。郭注引詩遂幠大東、今魯頌閟宮作遂荒大東、毛傳云荒有也。樛木葛藟荒之、傳云荒奄也。奄謂奄覆而有之也。此蓋三家詩作幠而毛作荒也。　厖者、幪之通假。秦風小戎幪伐有苑、箋云幪厖也。商頌長發爲下國駿厖、荀子引作爲下國駿蒙。蒙亦覆有之義。鄘風君子偕老蒙彼縐絺、傳云蒙覆也。

說詩

幠厖節疏言人生聚豐厚大有也　大、監本誤天。

注疏正字

厖有也

引之謹案厖古讀若蒙。（說見唐韻正。厖與蒙古字通。上文厖大也、宋槧爾雅疏明監本注疏引尸子竝作蒙大也。商頌長發篇爲下國駿厖、荀子榮辱篇引作駿蒙、大戴記衞將軍文子篇引作恂蒙。雜卦傳曰、蒙雜而著。秦風小戎篇蒙伐有苑、鄭箋曰、蒙、厖也。盡雜羽之文於伐、故曰厖伐、卽易所謂蒙雜也。凡此皆厖蒙通用之證。）釋言曰、蒙荒奄也。蒙與厖同、荒與幠同、故郭引詩遂荒大東作遂幠大東。蒙厖幠荒皆謂奄有之也。（魯頌閟宮傳、荒、有也。說文、奄、大有餘也。）大元元文、罔者有之舍也、蒙者亡之主也（亡與無同。）范望曰、有生於無、無生於有也。又罔蒙相極、事相極盡。是蒙爲有也。蒙亦厖耳。廣雅、龓有也。家大人疏證曰、說文龓兼有也、從有龍聲、讀若聾。爾雅、厖有也。厖與龓聲近而義同。（說卦傳震爲龍、虞翻千寶竝作駹。周官巾車駹車、故書駹作龍。杜子春讀爲駹。考工記玉人上公用龍、先曹司農讀爲尨。尨駹之通作龍、猶龓之通作厖矣。）

述聞

幠厖有也　此與釋言蒙荒奄也義互通。厖蒙聲相近。詩（商頌長發）爲下國駿厖、荀子（榮辱）引作駿蒙、大戴禮（衞將軍文子）引作恂蒙。詩（邶風擊鼓）狐裘蒙戎、左傳（僖五）狐裘尨茸、是其徵也。此注引詩遂幠大東、毛作荒。幠荒聲相近、奄有聲相近。　正義云、有、本或作厚、詩則無膴仕、傳膴、厚也。又爲下國駿厖、傳厖、厚也。孔疏以爲釋詁文。

匡名

幠厖有也　幠厖又訓爲有。有、不宜有也。今爲凡有之稱。　郭註引詩遂幠大東、毛傳作遂荒大東、傳荒、有也。通作撫。文王世子君王其終撫諸、註撫、猶有也。又通作方。召南維鳩方之、傳方、有也。周語敦厖純固、漢書厖、有也。　又訓厚。小雅則無膴仕、傳膴、厚也。　商頌爲下國駿厖、傳厖、厚也。

啓蒙

幠厖有也

皆撫有也。

有也者撫有也。章先生曰、說文有、不宜有也。說春秋雖可爾、說字則不可通。故今以有爲撫有。有字从月、卽从死省、縣亟周帀是撫有也。（以上皆章先生語見文始）

幠者、說文幠、覆也。从巾無聲。章先生曰、幠本讀如模、與冖雙聲、後讀如芋、與両同類。幠訓有者、從後讀也。（以上章先生語見文始）詩魯頌遂荒大東、傳云荒有。郭引作遂幠大東。則幠亦有也。通作撫。廣雅云、撫、有也。禮記文王世子西方有九國、焉君王其終撫諸。鄭注云、撫猶有也。昭元年左傳君辱貺寡大夫圍、謂圍將使豐氏撫有而室。昭二年左傳若惠顧敝邑、撫有晉國、賜之內主。成十一年左傳使諸侯撫封。杜注云、各撫有其封內之地。又通作方。魚陽對轉也。邵疏云、詩召南維鳩方之、傳云、方、有也。

厖者、說文厖、訓石大、無有義。訓有者借爲龓。廣雅龓有也。王念孫云、說文龓、兼有也。从有龍聲。史記平準書盡籠天下之貨物。籠與龓通。爾雅、厖、有也。厖與龓聲亦相近。

本字考

幠有也。　幠通作撫。釋言幠救撫也、釋訓矜憐撫掩之也、撫皆有有義。撫與方對轉、詩維鳩方之、傳方有之也。又詩奄有龜蒙、遂荒大東、三家詩荒作幠、幠有亦同義並用。焯案釋詁、釋言兩篇有同文異訓而並列一處者、如幠厖前云大也、此云有也。又粵三訓、于二訓、爰二訓、永三訓、悠迥二訓、逢三訓、劉二訓、朕三訓、余二訓、詔二訓、左右三訓、相二訓、亮二訓、肅二訓、遹二訓、亟二訓、勞二訓、鮮二訓、神二訓、俾拼抨二訓、（已上釋詁）爽二訓、（釋言）皆是。

庬、有也。庬聲與龓龍通、說文龓、兼有也、詩傳龍、和也、和猶兼有。易說卦震為龍、虞翻干寶龍作駹、考工記上公用龍、鄭司農讀龍為庬、故庬可與龓龍通。

黃侃音訓

憮庬有也　郭注詩曰遂憮大東

案、憮與荒同。荒憮一聲之轉。古亾無通用、是其證。庬古讀若蒙、與龓音近而義同。說文、龓、兼有也。廣雅、龓、有也。荒蒙皆奄有之謂、故釋言又曰蒙荒奄也。

包錫咸日記

憮　**丕　訏　壬　箌　晊　大也　憮　有也**

周禮注憮作膴。天官腊人膴胖之事注 釋文丕、字又作平。釋詁釋文 訏、本又作盱。釋詁釋文 毛詩傳壬作任、大也。燕燕詩仲氏任只傳 詩釋文、韓詩倬作箌。甫田詩釋文玉篇引同。 晊、本又作至。釋詁釋文 又作脛。釋詁釋文 尸子作天帝皇后辟公弘廓宏溥介純夏憮冢晊昄皆大也。邢疏引廣澤篇。 毛詩憮作荒。注引遂憮大東。詩作荒、傳云、荒、有也。閟宮

憮、大也。周禮注憮作膴。按、周官腊人膴胖之事、後鄭云膴與大亦一也、賈疏以為釋詁文。是憮本或作膴。壬、大也。毛詩傳壬作任。按燕燕詩仲氏任只、毛傳任、大也。孔疏以為釋詁文。是壬本或作任。釋文引異字尚多遺也。

證異

憮庬有也。註引詩曰遂憮大東。今詩作遂荒、疏云、所見本異、或齊魯韓詩。

考異摘要

憮庬有也

庬讀為龓。說文、龓、兼有也、从有龍聲、讀若聾。案、庬龓聲同、从尨从龍字古通。左襄四年傳、尨圉。史記夏本紀尨正義作龍。易說卦虞注、駹、讀作龍。周禮巾車注、故書駹作龍、杜子春云龍讀為駹。據此是庬龓例亦可通。廣雅依爾雅而作、釋詁龓有也、彼之龓即此之庬。王氏疏證云、庬與龓聲亦相近是也。朱氏說文通訓定聲庬下云、段為龓。俊謂龓者正字、故訓為兼有、庬者段字、故本誼石大也。

王仁俊日記

憮有也　郭注引詩遂憮大東。邢疏、今本作遂荒、此言遂憮者、所見本異也、或當在齊魯韓詩。邵氏晉涵郝氏懿行俱曰憮荒聲轉。

案、荒之本字為巟。巟从亾得聲。亾有無音、憮之可作荒、猶無之可作亾也。

董瑞椿日記

憮庬有也　郭注、二者又為有也、詩曰遂憮大東。邢疏二者又為有、言大有也、詩曰遂憮大東、魯頌閟宮篇文也。今詩本作遂荒、此言遂憮者、所見本異也、或當在齊魯韓詩也。

案、說文部首、有、不宜有也。春秋傳曰日月有食之、从月又聲。段氏玉裁注此引經釋不宜有之恉、亦即釋从月之意也。日不當見食也、而有食之者、孰食之、月食之也。据此、知有字以不宜有為本義。此經以憮庬釋有、則憮庬二字亦當有不宜有義。其本字疑當作𣠮。隸變亦省作無。龓、說文亾部、𣠮、亾也、从亾無聲。有部、龓、兼有也、从有龍聲。亾即不有、兼有即不宜有而有。不宜有之引申義為有、故𣠮龓之引申義亦皆得為有。公羊莊四年傳上無天子、下無方伯。何休解詁、有而無益於治曰無。以𣠮為有也。廣雅釋詁龓有也、王氏念孫疏證、龓與籠通。史記平準書、盡籠天

下之貨物。以龖爲有也。鑏與幠同从無聲，故此經叚幠爲鑏。無聲亾聲古音相近，說文舛部舞之古文作𦏶，从羽亾聲。手部撫之古文作𢝪，从辵亾聲。皆其切證。故遂幠大東之幠，毛詩又作荒。荒从巟聲，巟从亾聲也。說文艸部，荒，蕪也。毛詩作荒，而傳仍爲有。蓋正以荒之有爲鑏之有也。禮投壺篇毋幠毋敖，大戴記亦正作毋荒毋傲。厖从龙聲，龖从龍聲，龙聲龍聲字古多通用，故此經又叚厖爲龖。易說卦傳爲龍，鄭注龍讀爲龙，引見漢上易傳九。周禮攷工記玉人上公用龍，鄭司農云，龍當爲龙。左襄四年傳龙圉，史記夏本紀正義作龍圉。此龙龍古通之證。說文土部，𡎴，涂也，从水从土會意，龙聲，讀若隴。周禮春官巾車駹車，注故書駹作龍，杜子春云，龍讀爲駹。又秋官犬人用駹可也，注故書駹作龍。易說卦傳爲龍，釋文龍虞干本作駹。此又龙聲龍聲字古通之證。

董瑞椿補記

厖有也

錦燧謹案：上文厖大也，乃石大之引申義。此云厖有也，乃龖之假借字。說文有部云，龖，兼有也，讀若聾。攷厖之古音讀若蒙，是龖厖乃疊韻字。說卦傳震爲龍，虞翻干寶本作駹。周禮巾車駹車，故書駹作龍。攷工記玉人上公用龍，鄭衆讀爲厖。左襄公四年傳龙圉，史記夏紀作龍，此厖龖二字通假之證也。

陸錦燧日記

幠、厖、有也。

幠者、郭注引詩曰：「遂幠大東、」詩疏以爲當在齊魯韓詩、今詩作「遂荒大東、」傳訓荒爲有、是幠荒相通。文王世子「君王其終撫諸、」鄭注云：「撫、有也、」是幠又通作撫。

厖、乃龖之假借字、說卦傳「震爲龍、」鄭衆讀龍爲厖、是厖龍音義通。

說文云：「龖、兼有也、从有、龍聲、」廣雅訓龖爲有、玉篇訓厖爲有、即本於爾雅說文。周頌云：「我龍受之、」傳於龍字解爲和、即兼包幷有也。今人稱兼有一切、曰「龖統、」實爲古音古義、俗人不察、寫龖爲攏、失之遠矣。

爾雅學

幠厖有也○釋曰注疏本刪。

注詩曰遂幠大東○釋曰監本毛本注改云，刪釋日。正德本閩本刪此九字。

校勘記

遂幠大東 十行本遂荒大東。

生民敦厖 監本毛本湘本生民作民生，据左傳亦作民生。

所見本異也 監本同。毛本湘本無也字。

校勘記訂補

注疏校勘札記

五行（注）二者又為有也○原本《玉篇》「庬」下引「《爾雅》：庬，有也。郭璞曰：又為有無也。」「有」下有「無」字。

宋監本校箋

楊氏音訓

幠厖有也。二者又爲有言大有也

迄臻極到赴來弔艐格戾懷摧詹至也

迄、臻、極、到、赴、來、弔、艐、格、戾、懷、摧、詹、至也。齊楚之會郊曰懷，宋曰屆。詩曰先祖於摧。又曰六日不詹。詹摧皆楚語方言云。

郭注

迄臻極到赴來弔艐格戾懷摧詹至也　釋曰：迄者自古至今也。大雅生民云以迄于今。臻者，詩邶風泉水云遄臻于衞，言疾至於衞也。極者窮盡之至也。樂記云及夫禮樂之極乎天而蟠乎地，言禮樂之道上至於天下委於地也。到者自遠而至也。大雅韓奕云靡國不到。赴者趨而至也。雜記云凡赴

爾雅詁林　一　釋詁上

於君。來者自彼至我也。春秋經曰、祭伯來。言至魯也。弔者、小雅天保云、神之弔矣。艐讀爲屆。屆格戾懷摧詹、皆方俗語。 注齊楚至言云 釋曰、云齊楚之會郊曰懷、宋曰屆者、方言文。云詩曰先祖於摧者、大雅雲漢文。又曰六日不詹者、小雅采綠文。云詹摧皆楚語方言云者、案方言云、徦(音駕)佫(古格字)懷摧詹戾艐(古屆字)至也。邠唐冀兗之間曰徦、或曰佫。齊楚之會郊或曰懷。摧詹戾、楚語也。艐、宋語也。皆古雅之別語也。今則或同。是也。

邢疏

艐至也

艐、古屆字。釋文 史記司馬相如列傳索隱

孫音注

艐至也

艐音屆。釋文

郭音義

艐至也

艐、子公反。釋文

顧音

黃輯古義

迄臻極到赴來弔艐格戾懷摧詹至也

艐、古屆字也。釋文 史記司馬相如傳索隱

孫音注

赴來弔艐。艐音屆。釋文

郭音義

弔艐、子公反。釋文

顧音

玉函山房輯佚

艐至也

孫曰、艐、古屆字也。釋文 史記司馬相如列傳索隱

漢注

迄臻極到赴來弔艐格戾懷摧詹至也

孫炎云、艐、古屆字。釋文二十九卷 史記司馬相如傳索隱 郭璞云、齊楚之會郊曰懷、宋曰屆、詩曰先祖于摧。又曰六日不詹。詹摧皆楚語方言云。

一切注音

艐 至也 孫炎云、古屆字。釋文 郭音屆。釋文

蕙心案、作艐是也。郭注云、宋曰屆。據方言艐、宋語也、釋文云郭音屆、則郭注不作屆。可知孫注亦不作屆、必唐時本已誤。

古注斠

迄(許訖反。) 臻(側巾反。) 弔(如字。又音的。) 艐(郭音屆。孫云古屆字。顧子公反。) 格(更伯反。字或作格。) 戾(力帝反。) 摧(昨雷反。又祖雷反。) 詹(音古。) 屆(音界。)

陸音義

艐 郭音屆孫云古屆字顧子公反○邢本艐音宗。官本載釋文而又兼取音宗一音與顧之子公反亦不合。不當羼入。

音義攷證

迄臻極到赴來弔艐格戾懷摧詹至也

迄幾至。極窮盡之至。詩曰、誰因誰極。冀其救之詞故曰救。不言次、言次非救也。到至所止、艐則不至、以止爲至。說文云、艐、舟若不行也。戾以至爲戾。鳶飛戾天、戾矣我客、戾止、戾矣。來非晝我也。弔以其至至焉。詹、危不得至也。

新義

迄臻極到赴來弔艐格戾懷摧詹至也

迄、生民云、以迄于今。臻、泉水云、遄臻于衛。極、樂記云、及夫禮樂之極乎天。赴、雜記云、凡赴於君。來、春秋云、祭伯來。弔、小雅云、神之弔矣。艐讀爲屆。方言云、齊楚之會郊曰懷、宋曰屆。摧、大雅云、先祖于摧。詹、采綠云、六日不詹。

鄭樵注

迄臻極到赴來弔艐格戾懷摧詹至也(艐、孫云古屆字。郭音屆。) 郭璞曰、齊楚之會郊曰懷、宋曰屆、詩曰先祖于摧。又曰、

六日不詹。詹摧皆楚語方言云。鄭樵曰、迄生民云以迄于今。臻泉水云遄臻于衛。極樂記云及夫禮樂之極乎天。赴雜記云凡赴于君。來春秋云祭伯來。弔小雅云神之弔矣。艐讀爲屆。方言云齊楚之會郊曰懷宋曰屆。摧大雅云先祖于摧。詹采綠云六日不詹

【古注合存】

迄臻極到赴來弔艐格戾懷摧詹至也。弔音的。艐音宗、或讀爲屆。摧昨雷反。○此釋迄臻以下皆至之義也。註曰、齊楚之會郊曰懷宋曰屆。疏曰、詩天保云、神之弔矣。艐讀爲屆。屆格戾懷摧詹皆方俗語。邠唐冀兗之間曰假、或曰格。齊楚之會郊或曰懷。摧詹戾楚語也。艐宋語也。愚按以方言推之。舊引詩先祖于摧、六日不詹爲至義者、恐非詩傳。摧滅也。詹與瞻同。

【注疏參義】

艐、釋文音宗、不讀爲屆。疏因注引宋曰屆、而正文無屆字、遂讀艐爲屆。復云艐古屆字。鄭從之。然終屬牽合。按說文云、艐、船著不行也。此亦有至義。則讀爲宗當無不可矣。詩正義云、假至、釋詁文。彼作格、音義同。

【補注】

迄臻極到赴來弔艐格戾懷摧詹至也【註】齊楚之會郊曰懷宋曰屆詩曰先祖于摧又曰六日不詹詹摧皆楚語方言云【正義】從高而下曰至、自外而來亦爲至、此釋之也。○迄臻極到。○迄者、周頌維清云、迄用有成。臻者、考工記嘉量銘云、允臻其極。大雅雲漢云、饑饉荐臻。極者、崧高云、峻極于天。釋地言四極、謂四方所至也。到者、大雅韓奕云、靡國不到。○赴來弔艐。○赴者、說文云、赴、趨也。釋名云、趨、赴也、赴所至也。徐鉉云、春秋傳赴告用此字、今俗作訃、非是。士喪禮云、乃赴于君。來者、釋名云、來、哀也、使來入已哀之、故其言之低頭以招之也。士冠禮云、兄弟具來。弔者、說文作迅、至也。今經傳俱作弔。盤庚云、厥謀弔由靈。左氏昭二十六年傳云、率羣不弔之人、杜註弔、至也。艐者、史記索隱引孫炎云、艐、古屆字。大雅瞻卬云、靡有夷屆。又通作戒。商頌烈祖云、既戒既平、毛傳戒、至也。○格戾懷摧詹。○格者、堯典云、不格姦、史記作不至姦。舜典云、歸格于藝祖、史記作歸至於祖禰廟。格通作假。商頌元鳥云、四海來假。祭統云、假於太廟。戾者、魯語云、戾于敝邑。郭氏方言註引詩曰、魯侯戾止。懷者、釋名云、懷、回也、本有去意、回來就已也。亦言歸也、來歸已也。小雅鼓鍾云、懷允不忘、鄭箋懷、至也。摧詹皆方俗語也。【註】齊楚至言云。○【正義】方言云、假佫懷摧詹戾艐至也。邠唐冀兗之間曰假、或曰佫、齊楚之會郊或曰懷。摧詹戾、楚語也。艐、宋語也。皆古雅之別語也、今則或同。郭氏彼註亦引詩曰、先祖于摧、六日不詹、大雅雲漢、小雅采綠之文也。

【正義】

極至也

王案、管子形勢篇、山高而不崩則祈羊至、淵深而不涸則沈玉極。極亦至也。

郭注宋曰屆　孫炎曰、艐古屆字。郭注宋曰屆、釋艐字也。今乃音宗、非是。

【校議】

迄臻極到赴來弔艐格戾懷摧詹至也齊楚之會郊曰懷宋曰屆詩曰先祖于摧又曰六日不詹詹摧皆楚語方言云

說文云、至、鳥飛从高下至地也、从一、一猶地也。文選長笛賦注引字林曰、至、到也。禮記注、至、來也。儀禮及國語注竝云、至、極也。互相訓也。至通作致。禮器篇及莊子外物篇釋文竝云、致本作至。又通作砥。聘禮記注、今文至爲砥。詩柏舟傳、之、至也。泮水傳、止、至也。止之與至竝聲相轉也。迄者、訖之叚音也。說文云、訖、止也。止亦至也。通作迄。書聲教訖于四海。漢書藝文志訖作迄。詩以迄于今、迄用有成、迄用康年、及楚辭天問云、吳獲迄古、其義皆爲至也。又通作汔。詩汔可小康、漢書元帝紀作迄可小康。臻者、義詳下文薦摯臻也。極者、玉篇云、棟也、中也、又至也、盡也、遠也、高也。按、極字凡有數義、皆緣棟而生。棟居屋之中、至爲高絕、故爾雅訓至、極又竟也、窮也、終也。終窮竟三義又緣至而生也。魯語云、齊朝駕則夕極於魯國、韋昭注極、至也。文選東京賦云、是廓是極、薛綜注極、致也。致亦至也。漢書成帝紀注、極、止也。詩鴇羽箋極、已也。已、止

亦俱爲至矣。赴者、說文云、趨也。儀禮注云、赴、走告也。走趨相告、義皆爲至。通作訃。聘禮旣夕記注竝云、今文赴作訃。聲又與傅近。詩亦傅于天、鄭箋、傳、至也。卷阿箋、傳猶戾也。戾亦至矣。來者、釋名云、來、哀也。使來入、已哀之、故其言之低頭以招之也。詩采薇傳、來、至也。呂覽不侵篇注、來猶致也。通作戾。公羊隱五年傳登來之、禮記大學篇注引作登戾之。戾、來聲同、故詩魯矦戾止、毛傳戾、來也。來亦爲戾、戾亦爲來。二字古音同之證也。下文又云、戾、止也、止亦至矣。弔者、遝之叚音也。說文云、遝、至也。通作弔。詩神之弔矣、不弔昊天、不弔不祥、傳箋竝云、弔、至也。書云、弔由靈、逸周書祭公篇云、予維敬省不弔、其義皆爲至也。詩不弔昊天、書無敢不弔、鄭箋及注竝云、至猶善也。考工記弓人云、覆之而角至、鄭注以至爲善、是至有善義、故弔兼善訓矣。艐者、說文云、船著不行也。方言云、艐、至也。史記司馬相如傳云、蹋以艐路兮、徐廣注本爾雅艐至也。漢書張揖注本說文艐著也、著與至義亦近。郭本孫炎以艐爲屆、注竟作屆、屆字誤也。郭注據方言宋曰艐、今誤作屆。證以釋文、艐、郭音屆、孫云古屆字、可知孫郭本竝非改艐爲屆矣。釋言云、屆、極也。極至義同。張參五經文字以爲艐爾雅或作屆、葢自唐本已誤矣。格者、徦之叚音也。說文云、徦、至也。通作佫。方言云、佫、至也。郭注佫、古格字、爾雅釋文亦云格字或作佫。又通作假。說文引虞書曰、假于上下。今書作格于上下。凡書之來格、格王、格人、格于皇天之格、史記漢書俱作假。儀禮又通作嘏。士冠禮注、今文格爲嘏。又通作佫。逸周書小開武篇云、非時罔有佫言。佫卽古格字。格旣訓至、釋言又云、格、來也。小爾雅又云、格止也。止、來亦至矣。懷者、下文云、懷、止也。釋言云、懷、來也。來、止義俱爲至。釋名云、懷、回也、本有去意、回來就已也。亦言歸也。來歸已也。歸、回義亦爲至矣。摧者、詩先祖于摧、文選東京賦云、五精帥而來摧。毛傳及薛綜注竝云、摧、至也。摧近察、又近摵。摵讀若蹙。尚書大傳云、察者、至也。方言云、摵、到也。摧、察、摵竝一聲之轉也。詹者、方言云、至也。詩六日不詹、魯邦所詹。毛俱訓至。文選思玄賦云、黃靈詹而訪命兮、舊注詹、至也。

義疏

宋曰屆 注文

阮云、按釋文、艐、郭音屆、孫云古屆字、此音經艐字也。又屆音界、此音注屆字也。爲經注異文之證。五經文字艐、爾雅或作屆、非。　郝懿行爾雅義疏云、郭本孫炎以艐爲屆、注竟作屆、屆字誤也。據方言宋曰艐。　按、說文艐、船著不行也、从舟、㚇聲。子紅切。音與釋文引顧子公反相近。郭本孫炎竟音爲屆、亦誤也。艐屆葢古今字、義相似而音實不同。孔廣森氏謂艐格連文、卽商頌所謂鬷假無言者也。按中庸引此作奏假。假音格、鬷與奏爲雙聲、益知子公切之爲正矣。

經注集證

迄（訖 汔 幾）**臻**（荐 洊）**極到赴來弔屆**（艐）**格**（假）**戾懷摧詹至也**

詩正義引屆、釋文作艐冂。孫注、艐、古屆字也。郭注、齊楚之會郊曰懷、宋曰屆、詩曰先祖于摧、又曰六日不詹、詹、摧皆楚語方言云。　迄从气。气無不至、故以气所至爲迄、止字。書、訖于四海。詩、以迄于今。汔可小康。汔幾通用、幾亦至也。書、大漸維幾。臻从秦、秦从拱杵治禾、以爲薦藉正字、秦地名著、乃加至耳。詩、遄臻于衞。京房易水臻至、干寶本作洊、說文作瀳、水至也。鄭水有溱洧、溱至也、洧有也。臻義轉爲重、釋於下文極、棘也。文从亟、亟从二、包又、說文从人口、誤也。苟自急敕、二義相同、加又助之、故尤疾耳。疾則必至、故加木爲極、屋所至也。亦爲中、亦爲止。易傳亦不知極。書、罔有定極。詩、易其有極。到从至、刀。當从至人、人乃能顚倒也。詩、靡國不到。赴、从卜、走告之詞。禮今文作訃。郝引詩亦傅于天。卜、尃聲近、然無他證、彼傳當同薄也。來、象麥穗芒。書帝曰來禹、延進之詞。來者致之也。易、不寧方來。書、我王來既。禮、兄弟具來。詩、曷云能來。弔與赴對、聞赴則弔、从人持弓、祓不祥、更爲善詞。詩、神之弔矣。書、無敢不弔。屆从尸、凷。積凷爲居、與室同意。人所至也。以爲古伦般、則未聞。詩、嚴假無言、卽此般格與。說文般、船著不行也、从舟殳。皃。推之郭引方言宋曰屆、今本亦伦般、云从叚聲則乖矣。格假叚竝見上文。書格于、古今文竝伦假。大亦至也。禮、孝友時假。記、致知在格物。戾、犬在戶下。公羊傳、登戾之。詩、魯侯戾止、又、鳶飛戾天。戾、本不宜至而至。通、爲凡至詞也。懷、从衣眔。眔、逮同字、以衣取物也。又从鬼衣、爲懷藏俗字也。書懷爲來、詩懷哉懷哉、皆來至之詞。摧、从崔。說文伦崖。隹在屵下、高大之意。難至之詞也。加手爲摧落摧挫。詩交偏摧我、摧無至意。毛傳以于爲于至非也。易、晉如摧如、摧不晉反至之詞。字當爲推或省厂、或又省山、無二義也。詹从产、與屵同意、言八分辨之、亦反至之詞。詩、魯邦所詹、又、不盈一襜、襜取屋檐屋所至也。六日不詹、詹、瞻也、瞻足卽偏至也。澹、澹水所至也。至致來詞意各別其義大同。

集解

迄臻極到赴來弔般格戾懷摧詹至也

迄字本作訖、止也、从言乞聲。引申爲至。謂言至乃止耳。訖迄古今字。詩生民、以迄于今、維清、迄用有成、傳均云迄至。庄工迄用康年、箋、迄至也。周語、唯有嘉功、以命姓受祀迄於天下、注迄、至也。前漢書揚雄傳、降周迄孔、成於王道、師古曰迄、至也。楚辭天問、吳獲迄古、文選登樓賦、漫踰紀以迄今、注均云迄、至也。禮記哀公問、愾乎天下、注愾猶至也。論語摘輔象讖曰時不再及、宋均曰及、亦至也。陸士衡短歌行、作時無重至。爾雅廣言、曁、及也、（左隱元傳猶不曁、注曁至也、）至也。以愾及曁爲之。臻、禾熟之至也、以至秦聲。詩菀柳、于何其臻、箋、臻至也。雲漢、饑饉薦臻、傳臻至也。考工㮚氏、光臻其極、晉語、喪亂並臻、注均云臻、至也。前漢書司馬相如傳、及臻厥成、天下是如也、公孫弘傳、今何道而臻於此、師古均曰臻至也。文選景福殿賦、啟金光則清風臻、注臻、至也。前漢書王莽傳、聖瑞畢溱、谷永傳、暴風三溱、師古曰溱、與臻同、至也。郊祀志、四極爰轃。王吉傳、則福祿其轃。王莽傳、百蠻并轃。文選甘泉賦、是時未轃夫甘泉也、注轃、至也。易坎水洊至、京本作臻、說文作瀳、云水至也。墨子尚同、疾菑戾疫飄風苦雨荐臻而至者、下經薦、臻也。廣雅釋詁、薦至也。以溱轃洊瀳荐薦爲之。極、棟也、在屋之正中至高處、至者下之極、極者高之至也。詩、載馳誰因誰極、南山曷又極止、菀柳後予極焉、崧高駿極于天、傳均云極、至也。縣蠻畏不能極、箋極、至也。禮記樂記、禮樂政刑其極一也、魯語齊朝駕則夕極於魯國、越語無過天極究數而止、注均云極至也。前漢書高帝紀、豐者吾所生長、極不忘耳、師古曰極、至也。武帝紀、親省邊垂、用事所極、李斐曰極、至也。文選海賦、徂南極東、羽獵賦外則正南極海、邪登樓賦、俟河清其未極、注均云極、至也。淮南主術雖馳傳騖置不若此其亟、注亟、極也。荀子正論、期臭味、注期、極也。書皐陶謨、予決九川距四海、史記距作致。前漢書食貨志、元龜岠冉長尺二寸、孟康曰岠、至也。以亟期距岠爲之。到、自遠而至也、从至刀聲。詩韓奕、靡國不到、齊策、雖隆薛之城到於天、墨子備城門、水器容四斗到六斗者百、到均至也。詩祈父、靡有底止、傳底、至也。史記律書、氐者言萬物皆至也。前漢書文帝紀、至邸而議之、師古曰邸國朝宿之舍在京師者、率名邸。邸、至也。楚辭天問、南土爰底、注底至也。廣雅釋詁、抵、至也。呂覽本生、命之曰招蹷之機、注招、至也。以底氐邸底抵招爲之。赴、趨也、謂趨而至也、从走仆省聲。字亦作訃。禮記雜記、凡訃於其君、注訃或作赴、赴至也。文選齊敬皇后哀策文、身隅兩赴、時無二辰、注赴、至也。詩閟宮、遂荒大東、韓詩章句、至也。菀柳、亦傅于天、箋傅至也。廣雅作溥。禮記祭義、推而放諸東海而準。孟子、放乎四海。又、摩頂放踵、丁音放、至也。莊子秋水、司馬本踣水則接腋持頤、注踣、赴也。淮南天文、拂於扶桑、注拂至也。以荒傅薄放踣拂爲之。來、周所受瑞麥來麰、一來二夆、象芒朿之形。詩思文、貽我來麰、來麰天所來也。引申爲行來之來。故訓爲至字。一作徠。詩采薇、我行不來、傳來至也。呂覽不侵、不足以來士矣、注來猶致也。說文引詩不𢓊不來、謂不至也。字从寺聲類、乃至也。以𢓊乃爲之。弔、問終也。古之葬者厚衣之以薪、从人持弓、會意。引申爲至。說文則以逗爲之。書盤庚、弔由靈、僞傳弔至。棐誓、無敢不弔、史記弔作善、鄭注弔至猶善也。詩節南山、不弔昊天、天保神之弔矣、傳均云弔至。瞻卬、不弔不祥、箋弔至也。左哀十六傳、旻天不弔、張壽碑作顚天不惜、昭二六傳帥羣不弔之人、注均云弔、

爾雅詁林　一　釋詁上

至也。前漢書司馬相如傳右弔番禺文穎曰弔至也書大誥殷小腆馬注腆至也。淮南兵略敦六博投高壺注敦致也。以腆敦為之。艐船著不行也从舟夎聲。正字為奏。奏進也。引申為至。奏艐通用字。史記司馬相如傳躤以艐路兮徐廣曰艐至也。詩烈祖鬷假無言、耶作奏假謂大至也。史記三王世家西湊月氏墨子尚同今若天飄風苦雨溱溱而至者。大玄元挽臚湊群辟注湊至也。以鬷湊為之。格木長皃从木各聲。正字為畍。畍境也。引申為至。說文則以假為之假畍格通用字。書堯典不格姦、史記作不至。格于文祖、格于藝祖、史記格均作至。君奭天壽平格、鄭注格謂至於天也。格于上帝、馬注格至也。詩抑神之格思、傳格至也。禮記月令暴風來格、大學致知在格物、文選劇秦美新格來甚勤、注均云格至也。詩雲漢昭假無贏、泮水昭假烈祖、傳均云假至。烝民昭假于下、玄鳥四海來假、箋均云假至也。禮記王制歸假于祖禰、注假至也。儀禮士冠孝友時格、注格至也。今文格為假。詩烈祖既戒既平、傳戒至。節南山君子如屆、箋屆至。文選海賦一越三千不終朝而濟所屆、注屆至也。詩君子于役牛羊下括、傳括至也。以假艘戒屆括為之。戾曲也从犬出戶下身曲戾也。正字為逮。逮臨也。引申為至。字或作莅。逮戾通用字。詩采菽亦是戾矣、傳戾至也。魯語天災流行戾于敝邑、注戾至也。前漢書韋賢傳爰戾于鄒、師古曰戾至也。後漢書班固傳伊考自邃古乃降戾爰茲、文選藉田賦士女頒斌而咸戾、東京賦犀后翕戾、赭白馬賦霜戾秋登、西征賦戾飲馬之陽橋、謝宣遠送孔令詩揚鑾戾行宮、注均云戾至也。詩四月翰飛戾天、箋戾至。韓詩作厲。廣雅釋詁纍及也至也。或省作累。公羊傳及者何、累也。以厲纍累為之。懷念思也从心褱聲。至也者、謂有念思而至也。詩泉水有懷于衞、鼓鐘懷允不忘、箋均云懷至。禮記表記聿懷多福、注懷至也。淮南主術辯慧懷給、說文作譞、云語相及也。以譞為之。摧擠也从手崔聲。正字為推。廣雅釋詁三、摧推也。以推為摧也。推排也。引申為前也進也。推之前進者必至。推摧通用字。詩雲漢先祖于摧、傳摧至也。文選東京賦五精帥而來摧、注摧至也。周禮司門凡四方之賓客造焉、儀禮士喪造於西階、注均云造至也。廣雅釋詁、摵至也。說文作𡽀。史記天官書索隱津湊也至也。以造𡽀津或摵為之。詹多言也从言从八从产。正字為瞻。詩閟宮魯邦所詹、說苑風俗通並作瞻。以瞻為詹也。瞻臨視也。謂至而視之也。與逮畧同。瞻詹通用字。詩采綠六日不詹、傳詹至也。文選思玄賦黃靈詹而訪命兮、注詹至也。詩鹿鳴示我周行、傳周至也。孟子滕文公踵門而告文公、注踵至也。以周踵為之。或省詹之正字為至與。至鳥飛从高下至地也。象形从一、一猶地。指事。不上去而至下來。古文从土作𡉏。

義證

迄臻極到赴來弔艐格戾懷摧詹至也艐古居字。

註 齊楚之會郊曰懷宋曰屆詩曰先祖于摧又曰六日不詹詹摧皆楚語方言云

補正 邢疏、大雅云以迄于今。邶風云遄臻于衞。極者、窮盡之至也。樂記云及夫禮樂之極乎天。到者自遠而至也。大雅云靡國不到。赴者、雜記云凡赴于君。來者、春秋經曰祭伯來。至魯也。弔、小雅云神之弔矣。艐讀為居。方言云懷詹摧戾艐至也。懷摧詹戾楚語也。艐宋語也。臣鑒按、釋文引孫云艐古居字。史記司馬相如傳糾蓼叫奡蹋以艐路兮、索隱曰艐音居。孫炎云艐古居字。蓋居亦至也。書曰無遠弗居。戾、大雅鳶飛戾天。祭義風戾以食之。懷、小雅懷允不忘、箋云至也。至信不忘。詹、魯頌魯邦所詹、傳云詹至也。

郭注補正

迄臻極到赴來弔艐格戾懷摧詹至也

齊楚之會郊曰懷宋曰屆詩曰先祖於摧又曰六日不詹詹摧皆楚語方言云

釋文釋經艐字云、郭音屆、孫曰古屆字。郭音經之艐為屆、而注文遂直改屆以明其音義。經注異文往往如此。郝氏懿行謂郭注屆為誤字、非也。五經文字云、艐、爾雅或作屆。蓋據郭注以改經文。仿宋本明注疏本作先祖于摧、單疏本雪牕本作於。郭所據多韓魯詩。阮氏元云毛詩古文作于、三家詩今字作於。

郭注佚存補訂

迄臻極到赴來弔艐格戾懷摧詹至也

迄者、說文新附云迄至也。大雅生民以迄于今、周頌維清肇禋迄用有成、臣工迄用康年、傳箋竝云迄至也。迄通作汔。大雅民勞汔我小康、漢元帝紀作迄我小康。　臻者、說文云至也。邶風泉水、遄臻于衞。大雅雲漢饑饉薦臻、傳云臻、至也。小雅雨無正則靡所臻、箋云如行而無所至也。　極者、說文云棟也。棟取其中、故衞風氓、魏風園有桃、小雅楚茨、大雅民勞、傳箋皆訓爲中。又引申之爲盡、爲竟、爲止、爲至。小雅菀柳後予極焉、緜蠻畏不能極、大雅崧高駿極于天、傳箋竝云極至也。齊風南山曷又極止、傳云極止也。唐風鴇羽曷其有極、箋云極、已也。止已皆至義也。　到、說文云至也。常語也。大雅韓奕云靡國不到。　赴者、說文云趨也。趨即走告之義。儀禮注云、赴走告也。赴爲傳之假借。小雅菀柳亦傳于天、鄭箋云傳、至也。大雅卷阿亦傳于天、箋云傳猶戾也。戾亦至也。　來者、小雅采薇我行不來、毛傳云來、至也。箋云來猶反也。反亦至也。邶風終風惠然肯來、箋云有順心然後可以來至我旁。亦以來爲至也。大雅江漢淮夷來求、箋云據至其境、故言來。常武四方來庭、傳云來王庭也、謂至王庭也。卷阿來游來歌、箋云來就王游而歌。就、至也。邶風雄雉曷云能來、王風丘中有麻將其來食、鄭風女曰鷄鳴知子之來之、子衿子甯不來、魏風陟岵猶來無止、豳風東山我來自東、小雅出車謂我來矣、無羊爾牧來思、何人斯壹者之來、大雅緜聿來胥宇、靈臺庶民子來、下武四方來賀、鳧鷖公尸來止熏熏、商頌烈祖來假來饗、殷武莫敢不來享、莫敢不來王、來竝應訓至、以其爲常語、故不復釋也。弔、說文作迅、云至也。今經典通省作弔。小雅天保神之弔矣、節南山不弔昊天、大雅瞻卬不弔不祥、傳箋竝云弔、至也。　艐者、屆之假借。釋文云、郭音

爾雅詁林 一 釋詁上

届、孫云古届字。方言云、艐、至也、宋語也。小雅小弁莫知所届、箋云届、至也。節南山君子如届、采菽君子所届、大雅蕩靡届靡究、瞻卬靡有夷届、傳箋竝云届、極也。極卽至也。 格、說文作假、云至也。常語也。大雅抑神之格思、毛傳云格、至也。小雅楚茨神保是格、傳云格、來也。來亦至也。格通作假。大雅雲漢昭假無嬴、傳云假、升也。烝民昭假于下。彼釋文竝云、假音格。周頌噫嘻、旣昭假爾。彼釋文云、假、鄭王竝音格。商頌那、湯孫奏假。彼釋文云、鄭作格、升也。升與至義近。 戾者、至也。方言云、戾、至也。楚語也。 戾與來一聲之轉。魯頌泮水魯侯戾止、傳云戾、來也。二字音義皆同、故來訓至、戾亦訓至也。小雅四月翰飛戾天、采菽亦是戾矣、采芑其飛戾天、小宛翰飛戾天、傳箋竝云戾、至也。大雅桑柔民之未戾、雲漢以戾庶政、雨無正靡所止戾、傳竝云戾、定也。至則定矣。 懷訓至者至也、釋言云、懷、來也。來卽至也。方言云、懷、至。郭注云、齊楚之會郊、或曰懷。案、齊風南山旣曰歸止曷又懷止、懷應訓至、言旣歸而又至也。禮記表記引大雅大明聿懷多福、鄭注云懷、至也。 摧者、大雅雲漢先祖于摧、傳云摧、至也。 詹者、小雅采綠六日不詹、魯頌閟宮魯邦所詹、傳竝云詹、至也。方言云、摧、詹、至也。楚語也。

說詩

赴來弔艐 艐、釋文及監本作艐。音迄許訖切 誤極紀力切。 艐音宗 釋文云、郭音届。

疏大雅韓奕 奕、誤弈。 或曰格 格、當依方言作佫。

注疏正字

艐

釋文、郭音届、孫云古届字、顧子公反。說文、船著不行也、讀若莘。船著不行、至之義也。莘與届爲雙聲、故可通作届。

小箋

來懷至也

引之謹案、召誥曰、越若來三月、句 惟丙午朏、越三日戊申。越若來三月五字連讀。越若、語詞。來、至也。言越若至三月也。某氏傳以越若來爲於順來、非是。說見尚書。釋言曰、懷、來也。來亦至也。故表記引詩聿懷多福、鄭注曰懷、至也。

述聞

迄臻極到赴來弔艐格戾懷摧詹至也 類篇三上言部引作訖、說文辵部無迄字、言部訖、止也、从言气聲。隸變省作乞。止至同義。詩淑愼爾止、傳訓至、又懷戾二字此旣訓至、下又訓止。 又哀公問愾乎天下、注愾猶至也、正義曰愾音近愬。愬爲息、息是至之義、故云愾猶至也。元照案、孔說非是。愾本作忾。据說文、氣卽今之餼字、氣息之氣當作气。訖忾皆从气聲、故通用耳。臻到二訓說文同。弔、當作迅。說文、辵部迅、至也、从辵弔聲。經典相承用弔。釋文云、艐孫云古屆字。五經文字云、艐爾雅或作屆、音戒、至也。案說文、舟部艐、船著今本誤著。不行也。又、尸部屆、行不便也、一曰極也。二字通用。大禹謨無遠弗屆、傳屆至也、正義曰屆至也、釋詁文。正義云、屆通作戒、商頌既戒既平、傳戒至也。元照案、詩正義曰言戒至者、謂肅恭敬戒而至、非訓戒爲至也。徐養原曰、疏說非也。傳曰戒至、嚴總。假大也。此訓詁之常例。孔因戒至不見爾雅、故謬爲此說。釋文云、格字或作佫。案說文彳部無佫字、格亦借用、當作徦。說文、彳部徦、至也、从彳叚聲。又通作假。說文、人部假、非眞也、一曰至也。詩大雅雲漢昭假無贏、傳假至、正義曰假至、釋詁文。又、烝民昭假于下、箋假至也、正義曰假至、釋詁文。又、周頌噫嘻既昭假爾、正義曰假至、釋詁文、彼假作格、音義同。又、魯頌泮水昭假烈祖、傳假至也。又、商頌元鳥四海來假、箋假至也、正義曰假至、釋詁文、彼作格、音義同。王制歸假于祖禰、注假至也、正義曰假至也、釋詁文。祭統公假于大廟、注假至也、正義曰假至也、釋詁文。孔子閒居昭假遲遲、注假至也、正義曰假至也、釋詁文。

匡名

迄臻極到赴來弔音的艐音宗格戾懷摧音推詹至也 此釋至之義。

說文、至、鳥飛從高下至地也、從二、猶地也、象形。不上去而至下來也。夫自高而下曰至、自外而來亦曰至。訖至也、从言气聲。周頌迄用有成、傳迄至也。大雅饑饉荐臻、傳臻至也。大雅峻極于天、傳極至也。極、棟也。棟屋至高之處、引伸之凡至高至遠皆謂之極。到、至也。大雅靡國不到。赴、趨也、从走仆省聲。取急疾以至之意。士喪禮乃赴於君。凡赴告用此字。俗作訃、非是。來、周所受瑞麥來麰。引詩貽我來麰。又爲往來之來。來卽至也。小雅兄弟具來。弔、至也。經傳俱作弔。盤庚弔由靈。艐、船著沙不行也。訓至、不行之義之引伸也。卽古屆字。大禹謨無遠弗屆。又通作戒。商頌既戒既平、毛傳戒至也。格、木長皃。長必有所至、故訓至也。堯典不格姦、史記作不至姦。此接於彼曰至、彼接於此曰來。故又訓來、如書格汝衆是也。并有借格爲庋閣字者。亦有假格爲扞格字者。若尙書格皆作假、如假于上下、傳假至也。此謂格爲假之叚借字也。上文訓大、下文訓嘉、皆叚借也。戾、曲也、从犬出戶下。戾者身曲戾也。曲必有所至、故引伸之爲至也。魯頌魯侯戾至。小雅懷允不忘、箋懷、至也。摧、擠也、一曰挏也、一曰折也。至卽抵之義也。今折義行而上二義廢矣。大雅先祖于摧、傳摧、至也。小雅六日不詹、傳詹、至也。

啓蒙

迄 訖 鈕氏樹玉曰。漢書揚雄傳。降迄周孔。蕭該音義云宋咸法言本迄作訖。又引字林曰。迄至也。是古通作訖。案書聲敎訖于四海。史記引作迄。亦其證。說文。訖、止也。

黃侃評本正名

迄臻極到赴來弔艐格戾懷摧詹至也

赴。入也。入亦至也。齊策可以令楚王亟入下東國高注云入猶致也致與至通禮記禮器釋文莊子外物釋文並云致本作至 通作訃。儀禮既夕記鄭注云。今文赴作訃。又通作仆。帝堯碑若不虔恪輒赴癲。又通作踣。莊子秋水篇赴水則接腋持頤。釋文。赴司馬本作踣。來者。說文。來周所受瑞麥來麰。天所來也。故爲行來之來。許意謂來引申爲行來也。尋來由天所來而爲行來。與至從高下而爲下來。其義正同。故來訓至。章先生曰。三體石經來皆作逨。說文未錄。然來本來牟字。行來之來自應別制逨字。說文別有𡴆字。恐與

爾雅詁林 一 釋詁上

此同。（以上章先生語見新出三體石經考）詩小雅我行不來傳云來至也又作徠倈釋訓不俟不來也釋文來本作徠又作倈書禹貢因桓是來漢書地理志作因桓是倈通作戾雙聲相轉也隱五年公羊傳登來之也禮記大學一人貪戾鄭注云春秋傳曰登戾之

弔者說文弔訓問終非至義訓至者當爲到說文到至也又說文迅至也从辵弔聲章先生曰迅從弔聲本音多嘯切音轉乃切都歷爾雅訓至者本借爲到然迅亦非後增同音之字尚有蝍字彝器以弔爲叔詩書以不弔爲不淑則蝍亦可讀弔說文蝍至也昌六切字亦作𢧵方言𢧵到也郭璞音縮今人謂至極曰蝍音佗候切以透爲之透本音式六切方言訓驚無至極義廣韻乃轉爲佗候切（廣韻透訓跳習憲廣雅音曰世人以透爲跳透字佗候反未是矣案今人言透過義即跳過此非古義）則蝛𢧵轉切佗候音例可知要之到弔蝍本一字小篆已分故許君無由合之也（以上皆章先生語見小學答問及新方言）今經傳俱作弔詩小雅神之弔矣傳云弔至也

艐者說文艐船著不行也从舟㚇聲讀若莘廣韻一東引作船著沙不行也方言艐至也錢繹方言疏證云著不行亦至之意也（釋文艐郭音屆孫云古屆字顧子公反郭注方言艐至也亦云艐古屆字史記司馬相如傳糾蓼叫奡蹋以艐路兮索隱曰艐音屆孫炎曰艐古屆字蓋師說相傳如此其說自不可易惟詩商頌亦有和羹既戒既平鬷假無言時靡有爭傳云戒至鬷總案說文鬷釜屬無總義禮記中庸引作奏假無言奏爲湊之借湊訓水上人所會有總義亦有至義奏鬷侯東對轉可通艐與屆之在泰部不近而屆見紐鬷奏皆精紐聲亦不近無緣相叚疑孫郭之音讀非也顧音艐子公反與音理合）艐字不見於經傳呂氏春秋開春篇叔嚮爲之奴而艐高注云艐繫也繫與船著不行義合

格者說文訓木長皃無至義訓至者當爲假之借說文假至也从彳叚聲三體石經格皆作洛三體悉同章先生曰洛說文作假漢費鳳碑有恥且洛已作洛蓋古文論語如此休寧戴氏說堯典格於上下引說文木長爲訓以與橫被相對實不然也然據莫高窟所得經典釋文字亦作格是僞孔已知不用洛字而陸乃云古作𢧵汗簡因之不知何所本也（以上章先生語見新出三體石經考）釋文格本作洛方言洛至也邠唐冀兖之間或曰洛經典或以格爲之詩小雅神保是格傳云格至也通作假說文假一曰至也从人叚聲虞書曰假于上下今書作格書之來格格王格人格于皇天史記漢書俱作假詩商頌四海來假箋云假至也

戾者說文訓曲無至義訓至者當爲來之借隱五年公羊傳登來之禮記大學篇注引作登戾之其徵也郝疏已言之詩魯頌魯侯戾止傳云戾來止至以上文來訓至言之則毛傳戾來之來亦至也

懷者說文訓念思無至義訓至者當爲回說文回轉也從口中象迴轉形懷回古同音（匝紐隊部）故相通回字朱翱作戶還反則與還同音說文還復也今語猶謂還爲回或曰回來矣釋名云懷回也本有去意回來就己也亦言歸也來歸己也此足徵懷卽回矣（以上釋名語見釋姿容）方言懷至也齊楚之會郊或曰懷釋言云懷來也來亦至也詩大雅予懷明德傳云懷歸也歸亦至也詩邶風有懷于衛箋云懷至也

摧者章先生曰說文摧擠也有𢶡柱義摧訓至者猶夂訓從後至氏訓至也即迫近義也夂與至同義惟夂上聲至去聲爲異古止有夂後乃造至又曰釋詁毛傳皆訓摧爲至者摧猶抵耳說文抵亦訓擠今人謂至曰抵昔人謂至曰摧其恉則同凡相擠迫者必至其處故摧抵同爲至抵之言氏也說文氏从氏下箸一氏爲山岸脅旁箸欲落墮者氏則謂其岸根箸地故說文氏亦訓至（以上皆章先生語見小學問答及新方言）方言摧至也摧詹戾楚語也詩大雅先祖于摧傳云摧至也

詹者說文詹訓多言無至義訓至者當爲到之借章先王曰談胥對轉以詹爲到說文到至也古音詹本如儋與到爲古音雙聲（以上章先生語見二十三部音準）方言詹至也詹戾楚語也詩魯頌泰山巖巖魯邦所詹傳云詹至也亦作撍蹭章先生曰周易朋盍簪京作撍處作戠云戠合也廣雅蹭止也今直隸山東謂行所至小有宿留曰打蹭（俗作尖）即撍蹭等字也爾雅方言皆云詹至也蹭詹聲相類義亦相引申矣（以上章先生語見新方言）

本字考

迠至也。迠下文訓止，說文無迠字，故類篇言部引爾雅釋詁作訖至也，止至義同。

到弔至也。到弔一語並見。

艐至也。艐與釋言之屆異體。

戾至也。戾下文云，止也，戾與来聲通同訓。

懷至也。懷下文云，止也，止至義同。

黃侃音訓

艐、格至也。釋文引孫炎曰，艐，古屆字。商頌鬷假無言，毛傳鬷，總。假，大也。承珙案鬷、當作艐。假與格同。詩釋文云，假，鄭音格，至也。鬷假皆當訓至。說文艐讀若莘，莘屆聲相近，故

孫叔然以艘爲届。方言艘、至也。艘、宋語也。商頌宋詩故有艘假之言、中庸引作奏假。奏訓進、亦有至義也。毛詩蓋借鬷爲艘。鬷乃釜屬、與至義無涉、猶越以鬷邁之鬷當作稯、亦是借鬷爲之耳。

胡氏古義

艘至也

釋詁、艘、至也。釋文、艘、郭音届、孫云古届字。頤煊案、詩節南山正義引釋詁届、至也。張參五經文字、艘、爾雅或作届、音戒、至也。郭璞注引方言宋曰届、可證郭本作届。

讀爾雅録

艘至也 釋文、艘、郭音届、孫云古届字、顧子公反。孔氏廣森經學卮言、艘之與届形聲弗類、當從顧野王音子公反爲是。朱氏駿聲說文通訓定聲豐部艘下曰、凷㚇聲隔、届義非届音也。案、詩小雅節南山篇君子如届、鄭箋届至也、孔疏釋詁云届至也。五經文字舟部、艘、爾雅或作届、音戒、至也。是爾雅有作届一本。高密見之、張參孔穎達輩亦見之。若非艘即古届字、何由有作届本耶。說文凷之或體从鬼聲、土部、凷、墣也。塊或从鬼。鬼之古文从示聲、鬼部首、人所歸爲鬼。䰟、古文从示。而届又从凷聲、是届音古如示也。䆞从宰聲、宰从辛聲。辛之聲訓爲辠。辛部辛部首皆云辠也。辠从自聲、而舟部艘讀若䆞、是艘音古如自也。如示、如自、斯届艘二字古音自近、自得通叚。郭以届音艘、孫以艘爲古届字、皆深於古音者也。顧野王以艘从㚇聲、㚇从兇聲、兇从凶聲而音艘子公反。今攷届从凷聲、凷之聲訓爲墣、墣从菐聲、菐从廾聲、徐鉉音廾居竦切、是届之古音固亦可讀居竦切、與艘之今音子公反相近也。不深究造文時之音、而漫謂凷㚇聲隔、豈其然乎。

董瑞椿補記

弔至也

錦燧謹案、此釋詩天保篇神之弔矣、節南山篇不弔昊天、瞻卬篇不弔不祥也。毛天保節南山傳鄭瞻卬箋俱云弔、至也、蓋即本諸爾雅、故與雅訓合。弔乃𢎘之隸變。說文八部云、𢎘、問終也。是𢎘之本訓與至義遠。今訓至者、乃遻之假借字也。說文辵部云、遻、至也。此訓至之本字。以遻从𢎘聲、故即可假𢎘爲之。自遻假作𢎘、又隸變爲弔、而𢎘與遻遂廢矣。

陸錦燧日記

艘至也。孫云、艘、古届字。郭云宋曰届、方言云。楷案方言、艘、至也。艘、宋語也。郭彼注古届字與此注均本孫炎說。然艘與届古音不相近、此說非也。艘當爲奏之假音。釋文載顧音子公反、此音甚是。艘與奏一聲之轉。詩烈祖艘假無言、記中庸引艘作奏是其證。說文、奏、進也。進與至義近。下文薦摯臻也、郭注薦進也、摯至也、故皆爲臻。臻、至也。是訓進之字又訓至。通作湊。太元元挩臚湊羣辟、范望注湊、至也、

爾雅詁林 一 釋詁上

是也。玉篇、艐、又音屆、至也。廣韻十六怪、艐、爾雅云至也、亦云古屆字。皆沿孫郭之誤。五經文字、艐、爾雅或作屆、音戒至也。書大禹謨傳、屆、至也。疏云、釋詁文。此則並孔說矣。孫郭讀艐爲屆、未嘗改艐爲屆也。

稗疏

迄、臻、極、到、赴、來、弔、艐、格、戾、懷、摧、詹、至也。

說文「至、鳥飛從高下至地也、从一、一猶地也、象形。」引伸之爲凡至之稱。又爲懇至極至。通作砥、見聘禮注。

迄者、訖之假借字。說文「訖、止也、」止亦至也、書「聲教訖于四海、」即至四海也。詩「迄用有成、」「迄用康年、」皆用迄。民勞篇「汔可小康」之汔、與迄訖別、詳後「幾、汔也」下。

極、說文訓棟、與棟訓極爲互訓、是古本名棟爲極；引伸之爲窮極之義。詩「峻極於天、」即至於天也。又見後艐字解。

赴、說文「趨也、」釋名云：「趨、赴也、」儀禮注云：「赴、走告也。」趨走皆至之義。訃告字、春秋傳作赴、聘禮既夕記注、並云「今文赴作訃、」是今人用訃、非俗字、今文禮經如此作也。

來、說文「周所受瑞麥來麰也、天所來也、故爲行來之來。」此許以行來之來爲引伸義也。朱駿聲曰：「往來之來、正字是麥、菽麥之麥、正字是來、三代以還、承用互易。」

弔者、說文云：「遞、至也、」聲近假爲弔、詩「神之弔矣、」左傳「率群不弔之人、」毛傳杜注皆訓至。

艐、說文云：「船著沙不行也。」（从叚本）又屆篆下云：「屆、行不便也、一曰極也。」著其地即爲至、故方言云：「艐、至也、」此用雅訓。極其所之、亦爲至、故經典用屆、其義爲至。艐屆之訓至、要皆假借義也。以艐屆義近、故多誤艐爲屆、而艐之字遂廢。

格者、說文「假、至也、」經典借假格爲之。商頌之「四海來假、」祭統之「假於太廟、」假之借用假也。堯典之「不格姦、」舜典之「歸格於藝祖、」假之借用格也。假格皆爲假之借字、故說文引虞書「假于上帝、」今尚書作「格于上帝、」要皆以假爲本字也。爾雅釋文又云：「格字或作佫、」考說文無佫字、惟方言有云：「佫、至也、」郭注謂「佫、古格字。」

懷者、方言以懷摧詹戾爲楚語、艐爲宋語。

摧訓至、已見前所引之方言；大雅雲漢傳、文選東京賦注、並用其義。說文「摧、擠也、」抵篆亦云：「抵、擠也、」小學答問曰：「今人謂至曰抵、昔人謂至曰摧、其誼則同、凡相擠迫者、必至其處、故摧擠同爲至。」

詹者、小雅采綠云：「六日不詹、」傳以詹爲至、用釋詁文也。

爾雅學

艐 唐石經單疏本正德本毛本同。雪牕本閩本監本誤。艐、音宗。釋文亦誤。

宋曰屆 單疏本雪牕本同。按、釋文、艐、郭音屆、孫云古屆字。此音經艐字也。又屆、音界。此音注屆字也。爲經注異文之證。五經文字云、艐、爾雅或作屆。此依注改經、非也。

先祖于摧 注疏本同。單疏本雪牕本于作於。按、郭注引詩、如先祖於摧、尚不愧於屋漏、祝祭於祊、集於灌木、皆作於、不作于。蓋毛詩古文作于、三家詩今字作於也。

迄臻極到赴來弔艐格戾懷摧詹至也○釋曰 注疏本刪。

皆方俗語○注齊楚至言云○釋曰 注疏本刪下八字。

假音駕佫古格字 懷摧詹戾艐古屆至也 注疏本音切改大字。

校勘記

昨雷切 雪牕本作雷反。

校勘記訂補

艐格戾懷摧詹至也 釋文、艐、郭音屆、孫云古屆字、顧子公反。疏、艐、讀爲屆。蓋玉篇艐字雖有宗音、然此經注引方言宋曰屆、是艐屆通、孫音得之。況玉篇亦有屆音。今本直言音宗、失之矣。又釋文本作艐亦誤。

注疏本正誤

迄臻極到赴来弔艐音宗格戾懷摧音推詹至也

音圖・音

艐、張參五經文字云邱戒翻。音揩去聲、與廣韻口箇翻音坷者相近。又古入翻、音戛、卽戒之入聲。又音涬。爾雅或作屆、音戒、至也。案、艐字今有艐戒兩音、戒音本孫郭、古屆字。艐音本顧、子公翻。邢疏因注引宋曰屆而正文無屆字、遂讀艐爲屆、復云艐古屆字。鄭夾漈從之、與孫炎合。說文、艐船著不行。徐鍇繫傳云、艐至也、不行卽至也。案、五經文字又音涬、由於誤讀說文而起。艐說文讀若莘、蓋因艐莘隔標、仍讀子紅翻、非讀子亥阻史兩翻也。唐人已不悟此理、泥於讀若莘、且改莘爲涬、仍是隔標皆由不知說文讀若之例而已。

音略

迄、臻、極、到、赴、来、弔、艐、格、戾、懷、摧、詹、至也。

的釣　宗戒　利　漼　占

孫侶直音

迄（肸）臻、極、到、赴、來、弔、艐、格、戾、懷、摧、詹、至也。（弔　的又如字；艐　宗居；戾　利；摧　漼；詹　占）

直音校正

迄臻極到赴來弔的艐宗格戾懷摧催詹瞻同至也。

楊氏音訓

弔的　艐宗

干氏音釋

如適之嫁徂逝往也

如、適、之、嫁、徂、逝、往也。方言云、自家而出謂之嫁、猶女出爲嫁。

郭注

如適之嫁徂逝往也　釋曰、皆謂造於彼也。如者、自我而往也。春秋公及大夫朝聘皆曰如。之者、論語云之一邦、言又往一國也。適嫁徂逝皆方俗語。　注方言云自家而出謂之嫁猶女出爲嫁　釋曰、案、方言云、嫁、逝、徂、適往也。自家而出謂之嫁、猶女而出爲嫁也。逝、秦晉語也。徂、齊語也。適、宋魯語也。往、凡語也。

邢疏

如適之嫁徂逝往也

郭璞云、方言云自家而往謂之嫁、猶女出爲嫁。

一切注音

適傷亦反。

陸音義

如適之嫁徂逝往也

如、應事而往。逝、有折而無舍。徂、且而已。適、所適當也。

新義

如適之嫁徂逝往也　如、春秋公及大夫朝聘皆書如。之、論語云之一邦。適、嫁、徂、逝皆方俗語也。適、方言云、自家而出謂之嫁、猶女出爲嫁也。逝、秦晉語也。徂、齊語也。適、宋魯語也。

鄭樵注

如適之嫁徂逝往也

郭璞曰、方言云自家而出謂之嫁、猶女出爲嫁。

鄭樵曰、如、春秋公及大夫朝聘皆書如。之、論語云之一邦。適、嫁、徂、逝皆方俗語。方言云自家而出謂之嫁、猶女出爲嫁也。逝、秦晉語也。徂、齊語也。適、宋魯語也。

古注合存

如適之嫁徂逝往也。此釋如適以下皆往之義也。註曰、自家出謂之嫁、猶女出爲嫁。疏曰、適、宋魯語。徂、齊語。嫁、秦晉語。往、凡語也。

注疏參義

左傳正義云、釋詁如往也。往是相從之義、故訓爲從。嫁、不引列子將嫁于衛。

補注

爾雅詁林　一　釋詁上

如適之嫁徂逝往也 注 方言云自家而出謂之嫁猶女出爲嫁 正義 說文云、往、之也。釋名云、往、暀也、歸暀於彼也、故其言之卬頭以指遠也。如者、小爾雅云、如、適也。春秋桓三年、公子翬如齊。適者、說文云、適、之也。魏風碩鼠云、適彼樂國。之者、說文云、之、出也。碩鼠云、誰之永號。鄭箋之、往也。嫁者、列子天瑞篇、子列子居鄭圃、將嫁於衞。徂者、說文云、𨑉、往也。或作徂。後漢書引韓詩云、彼徂者岐、注引薛君云、徂、往也。又省作且。鄭風溱洧云士曰既且、毛傳且、往也。逝者、碩鼠云、逝將去女、鄭箋逝、往也。注 方言至爲嫁。○正義 方言云、嫁、逝、徂、適、往也。自家而出謂之嫁、由女而出爲嫁也。逝、秦晉語也。徂、齊語也。適、宋魯語也。往、凡語也。郭註引方言由作猶、古字通用。

正義

如適之嫁徂逝往也 方言云自家而出謂之嫁猶女出謂嫁

釋名云、往、暀也、歸往於彼也。故其言之卬頭以指遠也。說文云、徃、之也。互相訓也。通作迋。說文云、迋、往也。案、古文徃作迬、此迋即迬字之省。故左氏襄廿八年傳云君使子展迋勞於東門之外、漢書五行志迋作往、是矣。如者、小爾雅云、如、適也。亦互相訓也。春秋經凡書如晉如齊如盟如會之類、皆以如爲往也。通作于。詩言于歸于仕于狩于邁之類、皆以爲往也。適者、之也。之者、適也。亦互相訓、其義又皆爲往也。嫁者、說文云女適人也。儀禮喪服注云、凡女行於大夫以上曰嫁、行於士庶人曰適人。按此亦對文耳。若散文則嫁亦爲適、適亦爲嫁、嫁適俱訓爲往、故方言云嫁、往也。列子天瑞篇云、子列子居鄭圃、將嫁於衞。趙策云、韓之所以內趙者、欲嫁其禍也。是皆以嫁爲往也。徂者、說文云、𨑉、往也。或作徂。方言云、徂、往也。通作且。詩士曰既且、釋文云、且、音徂、往也。又同𧻓。說文云、𧻓、且往也。玉篇作趄同。是趄且俱徂之叚音矣。逝者、之也、去也。通作遰。說文云、遰、去也。夏小正云遰鴻鴈、傳云遰、往也。易大有釋文云、晢、鄭本作遰、陸本作逝。史記屈原賈生傳云鳳漂漂其高遰兮、索隱曰遰音逝、漢書賈誼傳遰正作逝、是逝遰通。

義疏

如適之嫁

徂逝往也 郭注方言云自家而出謂之嫁猶女出爲嫁　如即女也。書女于時、謂嫁女與之。春秋、公如京師。適从啻、帝主同義、主有所往爲適。書不適逸則。又事不貳適。之、象中出地。詩不如我所之。如適之又通爲嫁詞。禮、嫁者嫁于大夫。適適士者。嫁从女家。亦作家稼。詩好是家嗇、一作稼嗇。家从豭省。假、豕牡乘牝。後醜其名、定親迎使女从男而豭名不廢。故家爲私。嫁爲往也。書無或私家。俎、从且。且、俎也。薦俎待賓、故爲且往。書聽命徂茲。詩士曰既且。說文从辵、又作𧻓。逝从折、以斤斷艸。趣之行往。故逝有久往不歸及赴疾急二意。詩汎汎其逝、又逝將去女。語曰逝者、謂从者。與徂殂同意也。凡往从㞷。者行無定、如艸妄生也。以逝爲往、及嫁適徂皆不反之詞。

集解

如適之嫁徂逝往也 如、從隨也、从女从口會意。或曰女亦聲。今謂如字疑从女若省聲、女从人者也。書女于時是也。引申爲凡自我而往之通偁。春秋凡書如音如齊如盟如會之類、皆謂往也。晉語有如河水、呂覽尊師如山林入川澤、注均云如、往也。前漢書敘傳仕不爲祿所如不合、侫幸傳開如通家游戲、師古均曰如、往也。文選東京賦獨微行其馬如、注如、往也。詩雨無正維曰于仕、桃夭之子于歸、傳均云于、往也。采綠之子于狩、棫樸周王于邁、箋均云于、往。前漢書韋賢傳于戜其尤、師古曰于、往也。文選曹子建責躬詩茕茕僕夫、于彼冀方、注于、往也。以于爲之。適、君之往也、从辵啻聲。啻、帝也。詩何人斯誰適與謀、箋適、往也。周語其適來班貢、不俟馨香嘉味、注適、往也。前漢書董仲舒傳道者所繇適於治之路也、師古曰適、往也。離騷欲自適而不可、文選思舊賦將命適於遠京兮、張景陽雜詩聊以適諸越、注均云適、往也。之、出也、象艸過屮、枝莖益大有所之。一者、地也、指事。與生屯乇非同意。引申爲往。詩碩鼠誰之永號、桑柔既之陰女、鶴鳴樂彼之園、崧高定申伯之宅、箋均云之、往也。禮記檀弓之死而致生之、荀子大略諸侯非問疾弔喪不之臣之家、文中子二帝三王吾不得而見也捨兩漢將安之乎、秦策秦之楚者多資矣、注均云之、往也。前漢書鄱陽傳今子欲安之乎、霍光金日磾傳自之符璽取節十六、師古均曰之往也。文選遊天台山賦近智者以守見而不之、注之往也。嫁、女適人也、猶言女往人也、从女家聲。左傳所謂女有家是也。儀禮喪服傳子嫁、注凡女行于大夫以上曰嫁、行于士庶人曰適人。墨子經說下、嫁子無子。方言三女謂之嫁子、注言往適人。列子天瑞列子居鄭圃將嫁於衛、趙策韓之所以內趙者欲嫁其禍也、則又以嫁為凡往之偁矣。徂、字本作退、行而往也、从辵且聲。且象足在地。籀文作徂。詩氓自我徂爾、小明我征徂西、緜自西徂東、天作彼徂者岐、箋均云徂、往也。前漢書楊雄傳罕徂離宮而輟觀游、師古曰徂、往也。後漢書張衡傳從蓐收而遂徂、文選西征賦自京徂秦、韋孟諷諫詩歲月其徂、顏延年贈王大常詩徂生入窮節、注均云徂往也。詩溱洧士曰既且、釋文且往也。緜自杜沮漆、王引之曰謂自杜往漆也。淮南要畧、攬掇遂事之蹤追觀往古之跡、楚辭天問遂古之初注遂往也說文殂往死也齇且往也。以且沮遂殂齇為之。逝、折而往也、从辵折聲。書大誥若昔朕其逝、王肅注訓往。論語君子可逝也、孔注逝往也。詩東門之枌榖旦于逝、傳逝往也。碩鼠逝將去女、車舝思孌季女逝兮、公劉逝彼百泉、抑言不可逝矣、箋均云逝往也。離騷雄鳩之鳴逝兮、楚辭湘夫人將騰駕兮偕逝、注均云逝、往也。夏小正遰鴻雁、傳遰往也、方言作帶、云行也。以遰帶為之。往、之也、从彳㞷聲。古文从辵字亦作徃、作㢟、小爾雅作徨。

義證

如適之嫁徂逝往也

〔註〕方言云自家而出謂之嫁猶女出爲嫁〔補正〕邢疏、如者、自我而往也。春秋公及大夫朝聘皆曰如。之者、論語云之一邦、言又往一國也。方言云、逝、秦晉語也。徂、齊語也。適、宋魯語也。往、凡語也。〔臣鋆〕按、徂、亦作退。說文云、退、往也。退、齊語。適、之也。適、宋魯語。

郭注補正

如適之嫁徂逝往也

一如爲往者、經典通訓也。漢書高帝紀盧綰傳司馬相如傳竝云、如、往也。陸希聲春秋左傳通例、自此適彼曰如。郝云、如、通作于。詩言于歸于仕于狩于邁之類、皆以爲往也。案、易繫辭傳云、介于石、不終日、貞吉、介如石焉、甯用終日。是介于石即介如石也。漢書汲黯傳、愚民安知市買長安中而文吏繩以爲闌出財物如邊關乎、史記如作于。

適者、說文云之也。宋魯語。小雅巷伯誰適與謀、箋云適、往也。邶風北門王事適我、鄭風緇衣適子之館兮、叔于田叔適野、唐風有杕之杜噬肯適我、小雅四月奚其適歸、傳箋竝云適、之也。魏風碩鼠適彼樂土、正義云之彼樂土有德之國。適之、皆謂往也。

之者、說文云出也。碩鼠誰之永號、箋云之、往也。

嫁者、由此往彼也。方言云、自家而出謂之嫁、亦謂適人。文選寡婦賦適人而所天又殞、注云適、謂往嫁也。鄭風丰序傳云婚姻之道謂嫁取之禮、正義云嫁謂女適夫家、娶謂男往娶女。大雅大明來嫁于周、箋云大任從殷商之畿內嫁爲婦於周之京。蓋由此往彼之義也。

徂、說文作退、云往也。或作徂、齊語也。衛風氓自我徂爾、小雅四月六月徂暑、小明我征徂西、楚茨徂賚孝孫、大雅緜自西徂東、桑柔云徂何往、天作彼徂矣岐、傳箋竝云徂、往也。皇矣侵阮徂共、釋文亦云、徂、往也。魯頌駉思馬斯徂、箋云徂猶行也。行卽往也。疏引王肅云、徂、往也。周頌絲衣自堂徂基、自羊徂牛、疏云自羊徂牛、是從此往彼。又云、自堂徂基、但言所往之處、不言所爲之事、牛羊但言所視之物、不言所往之處、互相足也。大雅雲漢自郊徂宮、徂亦往也、是以徂爲往也。賚我徂維求定、箋云今我往以此求定。宣十二年左氏傳引此文、疏云徂、往也。徂、或省作且。鄭風溱洧、士曰既且。彼釋文云、且、音徂、往也。周頌載芟匪且有且、且亦當徂之省文。且、往也、謂往日也、與今相對爲文。言匪往匪今、乃自古如此也。　逝、往、常語也。魏風碩鼠逝將去女、陳風東門之枌穀旦于逝、邶風二子乘舟汎汎其逝、小雅杕杜期逝不至、車舝思孌季女逝兮、大雅公劉逝彼百泉、抑言不可逝矣、傳箋竝云、逝、往也。小雅小弁無逝我梁、何人斯胡逝我梁、邶風谷風毋逝我梁、傳箋竝云逝之也。之逝皆往也。大雅桑柔逝不以濯、箋云逝猶去也。魏風十畝之間行與子逝兮、邶風日月逝不古處、傳箋竝云逝、逮也。去逮皆與往義近。

說詩

如適節疏逝秦晉語也逝誤斯。

注疏正字

如適之嫁徂逝往也　說文、辵部𨑒、徂也、从辵且聲、或从彳作徂。正義云、徂又省作且。詩士曰既且毛傳且往、也。元照案毛傳無文、邵誤以釋文爲之。　逝、說文同。

匡名

如適之嫁徂逝往也　此釋往之義。說文、徃、之也、从彳㞷聲。如、從隨也、會意。春秋隱三年公子翬如齊、註、如、適也。　適、之也、从辵啻聲。魏風適彼樂土。廣韻、適、往也。　㞷、出也、象艸過屮、枝莖漸益大、有所之也。一者、地也。孟子先生將何之、註、之、往也。　嫁、女適人。列子、將嫁於衛。方言、嫁、逝也。　𨑒、往也、从辵且聲。或从彳。豳風我徂東山、或省作且。鄭風士曰既且、傳、且、往也。　逝、往也。魏風、逝將去也。

啓蒙

如適之嫁徂逝往也

邢疏曰。皆謂造於彼也。

往也者。說文。往。之也。釋名云。往。暀也。歸往於彼也。廣雅。往。去也。亦作迋。說文。迋。往也。襄二十八年左傳君使子展迋勞於東門之外。漢書五行志作往勞於東門之外。漢書楊雄傳注云。迋古往字。

如者。章先生曰。說文。如。從隨也。从女从口。如與繇同訓。繇訓從隨。引申爲繇徑。如訓從隨。釋詁亦訓往。以上章先生語見文始　書洛誥王如弗敢及天基命定命。某氏傳云。如。往也。章先生曰。如。往時也。晉語以其賞如伯樂氏。韋解云。如。之也。之亦往也。下文云之往也。桓五年春秋經齊侯鄭伯如紀。杜注云。外相朝皆言如。如者往也。

適者。說文。適。之也。从辵啻聲。適。宋魯語。方言。適。往也。適。宋魯語也。往。凡語也。詩邶風王事適我。傳云適之也。之亦往也。下文云之往也。離騷欲自適而不可。王注云適往也。儀禮喪服子嫁反。鄭注云。凡女行於大夫以上曰嫁。行於士庶人曰適人。呂氏春秋下賢篇帝也者天下之適也。王也者天下之往也。王念孫云適亦往也。之者。說文㞢出也。象艸過屮枝莖益大有所之也。章先生曰之本爲艸木出地。引申訓往。爾雅之往也。有上出之義。故周禮梓人作其鱗之而。雕刻獸頰之須鬣上出者曰之。下出者曰而也。出字之本義亦爲艸木出地。以上章先生語見文始 詩魏風誰之永號。箋云。之往也。宣六年公羊傳子之乘矣。何注云。之乘即上車也。此用爲上出義也。嫁者。說文。嫁。女適人也。方言。嫁。往也。自家而出謂之嫁。由女出爲嫁也。宋刊本作由女而出爲嫁也李成裕云而字因上句自家而出而衍此言自家而出謂之嫁猶女出爲嫁耳文義甚明若云女而出爲嫁則不辭矣爾雅疏引此已衍而字郭注引無而字王念孫作方言疏證補依以訂正今從之 王念孫云。凡自此之彼通謂之嫁。趙策云。韓之所以內趙者。欲嫁其禍也。周官司嫁。鄭注云。種穀曰稼。如嫁女之有所生。義並同也。以上王語見方言疏證補 列子天瑞篇子列子居鄭圃。將嫁於衛。張湛注云。自家而出謂之嫁。嫁者往也。徂者。說文。退。往也。从辵且聲。且。齊語。退或从彳作徂。方言。徂。往也。徂。齊語也。詩小雅六月徂暑。傳云。徂往也。亦作且。用聲首也。詩鄭風士曰既且。傳云。且往也。逝者。說文。逝。往也。从辵折聲。讀若誓。方言。逝。往也。逝。秦晉語也。詩陳風穀旦于逝。傳云。逝往也。詩邶風無逝我梁。傳云。逝之也。上文云之往也。

本字考

如、適、之、嫁、徂、逝、往也。

說文「往、之也、从彳、㞷聲、𨑒、古文从辵、」彳、小步也、故往从之。𨑒亦省作迋、左傳「君使子展迋勞於東門之外、」即其字。

如、說文云：「從隨也、」證以嫁篆訓隨從之義、則如者乃錄錄無能之言、其訓爲似、訓爲往者、段以爲引伸。

適嫁同訓往者、說文云：「適、之也、」列子云：「子列子將嫁於衛、」此適嫁二字所以皆訓往也。用於女子、則嫁於大夫以上曰嫁、適士庶曰適、見喪服注；但渾言之、則不分尊卑。

之、說文作㞢、云「出也、象艸過屮枝莖漸益大、有所之也、一者地也、」龜甲文作、㞢从止。

徂、說文作退、訓往。詩或借且爲徂、「士曰既且、」即既往也。

逝、訓往、說文同。方言云：「逝、秦晉語；徂、齊語；適、宋魯語；往、凡語也。」逝又通作遾、見易大有釋文。

爾雅學

如適之嫁徂逝往也○釋曰注疏本刪。皆方俗語○注方言云自家而出謂之嫁猶女出爲嫁○釋曰注疏本刪下十八字。斯逝秦晉語也注疏本脫逝。

校勘記

如適之嫁徂逝往也

孫侶直音

如適之嫁 徂平聲 徂逝往也。

直音校正

賚貢錫畀予貺賜也

賚貢錫畀予貺賜也。皆賜與也。

郭注

賚貢錫畀予貺賜也 釋曰皆謂賜與也。賚者賜有功善人也。書湯誓曰予其大賚汝。貢者下與上也。左傳齊桓責楚云爾貢包茅不入。錫者嘉賜也。禹貢云禹錫玄圭。畀者付與也。詩鄘風干旄云何以畀之。予者授與也。小雅采菽云天子所予。貺者惠賜也。小雅彤弓云中心貺之。

邢疏

賚貢錫畀子貺賜也

郭璞云皆賜與也。

一切注音

賚 賜也

蕙心案、釋詁賜也無釐字。大雅既醉云、釐爾女士。孔疏引釋詁云釐、予賜也、知賚字樊李舍人諸古本必

爾雅詁林　一　釋詁上

有作釐者。說文、賚、賜也、从貝來聲。釐來一聲之轉耳。

古注斠

賚 力代反、又力臺反。貢 字或作贛同。畀 必寐反、下及注同。予 羊汝反、下同。貺 許誑反、本或作況

陸音義

貢 字或作贛同○案、說文贛從貝贛省聲。此文下從貢非也。

音義攷證

賚貢錫畀予貺賜也

錫、易義以爲仁。賜、易利以爲義。春秋所謂來錫公命、仁之而已。來賜公命、義也。蓋易不言無、詩書禮未有言无者。禮不言錫、詩書易未有言賜者。

新義

賚貢錫畀予貺賜也 賚、錫有功善人也。湯誓曰、予其大賚汝。貢、下與上也。錫、加賜也。畀、付與也。干旄云、何以畀之。予、卽與也。貺、惠與也。彤弓云、中心貺之。

鄭樵注

賚貢錫畀予貺賜也

郭璞曰、皆賜與也。

鄭樵曰、賚、錫有功善人也。湯誓曰、予其大賚汝。貢、下與上也。錫、加賜也。畀、付與也。干旄云、何以畀之。予、卽與也。貺、惠與也。彤弓云、中心貺之。

古注合存

賚貢錫畀予貺賜也 畀音秘。予上聲。○此釋賚貢以下皆賜之義也。賚賜上與下之詞、貢下與上之詞、餘上下通。

注疏參義

賚貢錫畀予貺賜也 **註** 皆賜與也 **正義** 說文云、賜、予也。轉相訓也。賚者、詩序云、賚、大封于廟也。賚、予也、言所以錫予善人也。商頌烈祖云、賚我思成、鄭箋云、賚讀如往來之來。少牢饋食禮云來女孝孫、鄭註來讀曰釐。釐、賜也。大雅旣醉云釐爾女士、毛傳釐予也。孔疏引釋詁云、釐予賜也。貢者、說文作贛、賜也。淮南道應訓云、桓公贛之衣冠而見。要畧云一朝用三千鍾贛、高誘註贛、賜也。錫者、禹貢云錫土姓、史記作賜土姓。公羊莊元年傳云、錫者何、賜也。畀者、祭統云、畀之爲言與也、能以其餘畀其下者也。予者、天官冢宰云予以馭其幸、鄭註有以賜予之、以勸從也。貺者、左氏僖十五年傳云、亦無貺也。士昏禮記云、貺室某也。

正義

貢賜也　玉案、古今人表子貢之貢作贛、贛訓賜、故子贛名賜。

校議

賚貢錫畀予貺賜也 皆賜與也

說文云、賜、予也。周禮大府云幣餘之賦以待賜予、此賜予連文、若單文則賜亦爲予、予亦爲賜、賜予互訓、其義俱通。賜之言施也、施亦賜也、予亦與也。賚者、說文云賜也。引周書曰賚爾秬鬯、今洛誥作予以秬鬯、是賚爲賜、又爲予。故此云賚賜、下云賚予、予賜其義同也。賚通作來。詩賚我思成、鄭箋賚讀如往來之來。爾雅釋文云賚、又力臺反。此卽賚讀爲來也。少牢饋食禮云來女孝孫、鄭注來讀曰釐、釐賜也。按釐來古同聲、故來又通釐。玉篇引蒼頡曰釐賜也。詩釐爾圭瓚、毛傳同。又通作理。書子其大賚女、史記殷紀作子其大理女。書序云、帝釐下土方。釋文引馬融注、釐賜也、理也。是理釐來並音同字通。貢者、贛之叚音也。說文云、贛、賜也。淮南要略篇云一朝用三千鍾贛、高誘注贛、賜也。按古人名字多依雅訓、孔子弟子名賜字子贛、亦其證也。通作貢。今經典贛字多俗作貢矣。畀者、予也。予亦畀也。並見下文。貺者、詩中心貺之、毛傳及儀禮注並云貺、賜也。通作況。魯語云況使臣以大禮、晉語云開父之褭而嘉其況、韋昭注並云況、賜也。漢書武帝紀云遭天地況施、禮樂志云寒暑不忒況皇章、應劭及晉灼注並云況、賜也。左氏僖十五年釋文及爾雅釋文並云貺本作況。按況从兄聲、古止作兄。漢尹翁歸字子兄、兄卽況也。故詩常棣出車篇作

況，而桑柔召旻篇作兄，傳箋釋云茲也、滋也。滋茲皆訓益，益與賜義近，故經典古作兄，通作況，今作貺，宜據詩之古文訂正焉。乃常棣釋文既云況或作兄，而又非之，蓋唐人陸德明已不知古音古義，故妄加非議，今爲辨正於此。說又見釋言矧況下。

義疏

賚貢錫畀予貺賜也

賚者，說文云賜也。引周書曰賚爾秬鬯，今洛誥作予，以秬鬯，是賚爲賜，又爲予，故此云賚賜，下云賚予，予賜其義同也。

念孫案，說文所引乃文矦之命，非雒誥也。

郝注刊誤

賚釐理**貢錫畀予**

與**貺**況**賜也**

郭注皆賜與也

賚，郎來也。詒我來牟，故來爲賜。書大賚女，史記作大理女。禮來女孝孫，詩釐爾圭瓚，書作賚爾，是今文也。書厥貢，雒誥作功，下賜上之詞，後專以賜下爲義。錫賜皆从易，易施同意，勿於以旗致民，蓋頒與之典，金貝一也。後以似銀鉛者爲錫，本義晦矣。易王三錫命，書師錫帝，詩王錫韓侯，皆與賜同。禹貢錫貢與納賜異義，則今文分別之與。畀，从由丌。杜林以由爲麒麐字，讀由同其，許愼讀由同自，今謂由郎由也。由丌以與人爲畀。書付畀四方，詩何以畀之。予之字象兩手相付，詩以爲予我字。通作与與。記賜君子與小人，予輕於賜也，詩何以予之，下別出賚畀予也，謂凡相與者。況貺从兄，兄古祝字，書毋兄曰今日湛樂，則兄曰敬德。詩中心貺之，禮君貺寡人，左傳作況。皆以益爲賜，然以況爲正則非。

集解

賚貢錫畀予貺賜也 賚，賜歸來者也，从貝來聲。書湯誓予其大賚汝，鄭注賚，賜也。史記賚作理。詩烈祖賚我思成，傳賚，賜也。文選東京賦賚皇寮，注

賚，賜也。儀禮少牢饋食來女孝孫，注來讀曰釐，釐，賜也。詩江漢釐爾圭瓚，傳釐，賜也。書序帝釐下土方，馬注釐，賜也，理也。廣雅釋詁，載，予也。晉語子犯授公子載璧，謂重耳所賜璧也。以來釐載爲之。貢，獻功也，从貝工聲。正字爲贛，漢石經子貢作贛，禮記檀弓下釋文子貢本亦作贛，以贛爲貢也。贛以貨貝賜人也。貢、贛通用字。淮南道應桓公貢之衣冠而見，要畧一朝用三千鍾貢，今本貢均作贛，注賜也。史記樂書大一貢兮天馬下，漢書禮樂志作況，師古曰賜也。禮記月令，周天下，呂覽注，周，賜也。周禮遺人鄭玄注，謂以物有所饋遺。鄭語將侯淫德而加之焉，注加，遺也。前漢書廣川惠王越傳取善繒匃諸宮人，師古曰乞遺之也。西域傳我匃若馬，師古曰匃，乞與也。說文匃，气也。字亦通餽。孟子王餽兼金一百，謂賜金也。以周遺加匃龔洪饋餽爲之。錫，銀鉛之閒也，从金易聲。正字爲賜，賜錫叠韻。書禹貢九江納錫大龜，史記納錫作入賜。洪範錫汝保極，呂誥乃復入錫周公，鄭注均訓賜。書序平王錫晉文侯秬鬯圭瓚，馬本錫作賜。詩文王陳錫哉周，傳錫，賜也。春秋莊元年，王使榮叔來錫桓公命，公羊傳錫者何，賜也。離騷肇錫予以嘉名，注錫，賜也。易乾德施普也，釋文施，與也。廣雅釋詁，施，予也。說文詒，遺也，字亦作貽、異，分也。廣雅釋言，移，遺也，賜也。以施貽異移爲之。畀，相付與之約在閣上也，从丌甶聲。甶，今由字也。引申爲賜。詩干旄何以畀之，傳畀，予也。禮記祭統畀之爲言與也。公羊僖二八傳畀者何，與也。文選東京賦龜書畀姒，注畀，賜也。書序王俾榮伯，史記俾作賜。廣雅釋詁俾，予也。方言作埤。說文貱，迻予也。以俾裨埤貱爲之。予，推予也，象相予之形。引申爲賜。說文則以与爲之。詩何以予之，何錫予之，墨子使人予人酒均是也。周禮大宰予以馭其幸，注有以賜予之以勸後也。荀子富國其於貨財取與計數也，注謂賜與。詩天保何福不除，傳除，開也，箋謂開出以予之，以與除爲之。貺字本作況，寒水也，从水兄聲。正字爲兄。詩常棣況也永歎，釋文作兄，以兄爲況也。兄，長也，从儿从口。引申爲滋也、益也，謂有賜於人而滋益之也。況貺古今字，兄況通用字。詩彤弓中心貺之，傳貺，賜也。儀禮士昏禮貺室某也，又吾子有貺命，注均云貺，賜也。魯語況使臣以大禮，晉語聞父之愛而嘉其況，注均云況，賜也。前漢書武帝紀遭天地況施，應劭曰況，賜也。禮樂志寒暑不忒貺皇章，今本作況，晉灼曰況，賜也。文選景福殿賦總神靈之貺祐，顏延年直東宮答鄭尚書詩何以銘嘉貺，注均云貺，賜也。賜，予也，尊致於卑之詞。

義證

賚貢錫畀予貺賜也

註皆賜予也

補正 邢疏、賚者、賜有功善人也。湯誓曰、予其大賚汝。貢者、下與上也。左傳齊桓責楚云、爾貢包茅不入。錫者、嘉賜也。畀、付與也。干旄云、何以畀之。予者、授與也。小雅云、天子所予。貺、惠賜也。彤弓云、中心貺之。

郭注補正

貢、賜也。當作贛。故子貢名賜。熹平石經作贛。貢乃貢獻字。

錢氏古義

賚貢錫畀予貺賜也

皆賜與也

元應賢劫經十二卷音義引爾雅、錫、賜也。謂賜與也。上與下之辭也。王法正理論音義引爾雅、錫、賚、賜與也。謂上與之辭也。案上與下之辭也六字疑亦注文。

郭注佚存補訂

賚貢錫畀予貺賜也

賚者、說文云、賜也。商頌烈祖、賚我思成。毛傳云、賚、賜也。小雅楚茨、徂賚孝孫。傳云、賚、予也。周頌賚序云、賚、予也。言所以錫予善人也。貢者、釋文云、字或作贛、同。說文云、贛、賜也。貢者、贛之假借也。淮南道應訓云、桓公贛之衣冠而見。呂覽舉難贛作賜。淮南精神訓、今贛人敖倉。高注云、贛、賜也。錫者、宣十五年左氏傳引陳錫載周。注云、錫、賜也。小雅彤弓序云、天子錫有功諸侯也。菁菁者莪、錫我百朋。箋云、賜我百朋。邶風簡兮、公言錫爵。箋云、公徒賜其一爵而已。大雅江漢、用錫爾祉。箋云、將賜女福慶也。錫山土田。箋云、使虎受山川土田之賜。魯頌閟宮、錫之山川。箋云、加賜之以山川。商頌烈祖、申錫無疆。箋云、天又重賜之以無竟界之期。小雅賓之初筵、錫爾純嘏。大雅皇矣、載錫之光。既醉、永錫祚胤。崧高、錫爾介圭。韓奕、王錫韓侯。周頌烈文、錫茲祉福。錫皆賜也。畀者、說文、畀、相付與之約在閣上也。引申之為凡畀與之稱。邶風簡兮毛傳云、祭有畀煇胞翟閽寺者、惠下之道。疏云、皆祭統文。彼又云、畀之為言與也。能以其餘畀於下也。小雅大田、秉畀炎火。彼釋文云、畀、與也。鄘風干旄、何以畀之。小雅信南山、畀我尸賓。周頌豐年載芟、烝畀祖妣。傳箋並云、畀、予也。予與古通用、皆賜也。畀者予也、予者畀也、皆見下文。小雅采菽、天子所予。箋云、天子以是故賜予之。是以予為賜也。于旄何以予之。論衡率性作何以與之。采菽何錫予之。白虎通考黜作何錫與之。　貺者。小雅彤弓中心貺之。傳云貺賜也。箋云欲加恩惠也。貺通作況。

史記樂書太一貢兮天馬下。漢書禮樂志貢作況。

說詩

貢賜也

邵曰。貢說文作贛。賜也。淮南道應訓云。桓公贛之衣冠而見。家大人曰。呂氏春秋舉難篇贛作賜。要略云一朝用三千鍾贛。高誘注贛賜也。家大人曰。淮南精神篇今贛人敖倉。高注亦曰贛賜也。今通作貢。史記仲尼弟子傳端木賜字子貢。韓子外儲說左篇曰。貢賜不出。史記樂書大一貢兮天馬下。漢書禮樂志貢作況。況亦賜也。此皆貢訓爲賜之證。

聞述

賚貢錫畀予貺賜也　賚說文同。正義云。少牢饋食禮來女孝孫。注來讀曰釐。釐賜也。詩釐爾女士。傳釐予也。孔疏引釋詁云。釐予賜也。元照案。賚釐聲相近。其作來者。賚之省文。又詩大雅江漢釐爾圭瓚。傳釐賜也。正義曰。釐賜。釋詁文。尚書立政正義亦曰。釐賜。釋詁文。　釋文云。貢字或作贛。盧學士文弨曰。案說文贛从貝竷省聲。此夂下作貢。非也。臧氏琳曰。說文貢獻功也。贛賜也。二字不同。故子贛字賜。今經典作子貢。字之省借耳。漢石經論語子貢作子贛。論語釋文云。子貢本亦作贛。禮記檀弓下釋文云。子貢本亦作贛。今唯禮記中樂記祭義兩篇尚作子贛。餘多爲後人改易矣。邢疏引爾貢苞茅不入爲證。誤甚。　予通与。說文与部。与。賜予也。一勺爲与。此与與同。　釋文云。貺本或作況。案說文貝部無貺字。

匡名

賚貢錫畀予貺賜也　此釋賜之義。說文。賜。予也。轉相訓也。　賚。賜也。引書賚尒秬鬯。借作釐。大雅釐爾女士。傳。釐。予也。　贛。賜也。後人改作貢耳。貢。獻功也。引周禮九貢。淮南子。桓公貢之衣冠。註。貢。賜也。禹貢錫土姓。史記作賜土姓。　畀。相付与之。約在閣上也。註。与舊作與。与與予同。畀之爲言與也。能以其餘畀其下者也。鄘風何以畀之。傳。畀。予也。　畀。推予也。象相與之形。周禮予以馭其富。註。予。賜也。　貺。賜也。歸妹卦亦無貺也。

啓蒙

貢　贛　釋文。貢字或作贛。同。案說文。貢。獻功也。贛。賜也。當从或本。
獻賜義亦相因。作貢亦可。

貺　況　釋文。貺本或作況。案禮記聘義北面拜貺。釋文作拜況。左氏僖十五年傳亦無貺也。釋文。貺本亦作況。說文無貺。蓋古止作況。
說文。兄。長也。引申訓茲。訓益。故以爲賜。況訓寒水。亦非本字。

黃侃評本正名

賚貢錫畀予貺賜也

邢疏云。皆謂賜與也。

賜也者。說文。賜。予也。从貝易聲。予。推予也。象相予之形。則賜者不必爲上予下之專稱也。

賚者。說文。賚。賜也。从貝來聲。周書云。賚尒秬鬯。詩周頌賚序云。賚。予也。言所以錫予善人也。詩商頌賚我思成。傳云。賚。賜也。通作釐。詩大雅釐爾圭瓚。傳云。釐。賜也。葉蕙心云。釋詁賜也無釐字。大雅既醉云。釐爾女士。孔疏引釋詁文云。釐。予賜也。知賚字樊李舍人諸古本必有作釐者。說文賚从來聲。釐來一聲之轉耳。以上葉語見爾雅古注斟　宗鄴案。葉說是也。詩商頌列祖箋云。賚讀如往來之來。儀禮少牢饋食禮來女孝孫。鄭注云。來讀曰釐。釐。賜也。是釐賚通用之證。說文釐訓家福。無賜義。故知釐爲賚之借矣。

爾雅詁林　一　釋詁上

貢者。說文貢訓獻功。無賜義。訓賜者爲贛之借。釋文云本作贛。是也。說文贛。賜也。从貝。贛省聲。史記端木賜字子贛。禮記樂記子贛見師已而問焉。曰賜聞聲歌各有宜也。淮南精神篇今贛人敖倉。高注云贛。賜也。要略篇一朝用三千鍾贛。高注亦云贛。賜也。通作貢。禮記檀弓夫子之畜狗死。使子貢埋之。釋文云貢本亦作贛。音同。錫者。說文錫訓銀鉛之間。無賜義。訓賜者即賜字之借。以同从易聲也。而於古祇作易。章先生曰。經傳以錫爲賜。而彝器字祇作易。是西周尚無賜字。況虞夏時乎。堯典師錫帝曰。禹貢厥包橘柚錫貢。九江內錫大龜。錫貢磬錯。四錫字夏時古文祇當作易。凡由此逐彼曰易。般庚無俾易種于茲新邑。春秋隱公傳惡之易也。如火之燎於原。傷寒論說病有陰陽易。皆此義。由此逐予彼亦曰易。漢衛綰傳劍人之所施易。獨至今乎。然則彼此相與古祇作易。其後乃有賜字。爲上予下之專稱。賜可通言。易不可變言賜。師易帝者。謂衆予帝也。禹貢之錫土姓禹錫玄圭雖當爲賜字於古亦祇作易貢況言予耳 若禹貢言易。貢言內。易乃市易義。此皆不列正貢。以和買得之。既由下達上。故亦或稱貢耳。夏本紀言九江入賜大龜。此史公之疏。以上皆章先生語見古文尙書拾遺定本 書禹貢錫土姓。史記夏紀作賜土姓。史公以雅訓代之也。莊五年公羊傳錫者何。賜也。易訟卦或錫之鞶帶。釋文。錫。賜也。畀者。說文畀。相付與之約在閣上也。从丌由聲。異字說解云畀。與也。公羊莊元年傳錫者何。賜也。禮記祭統云畀之爲言與也。能以其餘畀其下者也。僖二十八年穀梁傳畀。與也。范注云畀。上與下之辭。予者。說文予。推予也。象相予之形。予與与同義。說文与。賜予也。一勺爲与。章先生曰与異於予者。与專指飲食。予兼百物也。以上章先生語見文始 周禮冢宰予以馭其幸。鄭注云。有以賜予之以勸後也。荀子修身篇喜不過予。楊注云予。賜也。通作與。詩鄘風何以予之。論衡率性篇引作何以與之。周禮大卜三曰與。鄭司農注云。與謂予人物也。貺者。釋文云貺本或作況。說文況訓寒水。無賜義。訓賜者當作兄。說文兄。長也。从儿从口。古文作兄。章先生曰。說文予。推予也。賜者予也。讀从喉音。則孳乳爲兄。長也。釋詁。況。賜也。以況爲之。今俗作貺。古音兄如荒。見釋名 詩大雅倉兄塡兮。職兄斯引。傳並云兄。茲也。釋文兄音況。是兄有茲長增益之義。書君奭公曰君告女朕兄。今本作允此從三體石經 兄卽貺。釋詁貺。賜也。告者。釋詁云祈。請告也。則告亦可訓祈請。漢高帝紀告歸。師古曰告者請謁之言。告女朕兄者。祈女貺我也。欲其解慍。故云然。又案論衡氣壽篇云召公周公之兄也。疑亦本此爲說。則當讀告女朕兄保奭爲句。猶康誥言孟侯朕其弟小子封爾然。

爾雅詁林 一 釋詁上

不如讀貺爲悵。以上章先生語見文始及古文尙書拾遺定本 通作況。魯語況使臣以大禮。韋解云。況。賜也。俗作貺。詩小雅中心貺之。傳云貺。賜也。經典通用俗貺字。

本字考

貢賜也。賜又通作錫。書錫土姓、史記作賜土姓、公羊莊元年錫者何、賜也。易師王三錫命、釋文錫、徐音賜、鄭本作賜。 貢、說文云、獻功也、獻賜義亦相因、而盧文弨、嚴元照、臧鏞堂肆誚於陸邢、過矣。邢疏引左傳爾貢包茅不入爲證則誤。

貺、賜也。 釋文貺本或作況。或謂說文無貺字、蓋古止作況。案說文兄、長也、引申訓茲、訓益、故以爲賜。況訓寒水、亦非本字。焯案詩桑柔倉兄塡兮、召旻職兄斯引、皆以兄爲況。

黃侃音訓

艐 格 至也 貢 貺 賜也

釋文艐、郭音屆、孫炎云古屆字。釋詁釋文 格、字或作佫。釋詁釋文 貢、字或作贛。釋詁釋文 貺、本或作況。釋詁釋文

格、至也。釋文、格、字或作佫。按、格佫古字通。論語有恥且格、費鳳碑作有恥且佫。 貢、賜也。釋文、貢、字或作贛。按、說文貢、獻功也、從貝工聲。又、贛、賜也、從貝竷省聲。爾雅貢訓賜、則字當從或作贛。

證異

貢。賜也。釋文、貢、或作贛。說文、貢、獻功也。贛、賜也。子貢名賜、字當作贛。爾雅以貢訓賜、亦當作贛。邢疏引左傳爾貢包茅不入爲証、誤矣。

考異摘要

賚賜也

案詩大雅既醉篇、釐爾女士。孔疏、釋詁云釐予、賜也。又江漢篇釐爾圭瓚、毛傳釐、賜也、孔疏釐賜、釋詁文。似穎達所見爾雅賜也條有一釐字、今爾雅無之、非奪文也、釐蓋賚之音叚字也。說文貝部賚、賜也、里部

釐、家福也、明訓賜之義、自當以賚爲本字。賚从來得聲、而儀禮少牢饋食禮來女孝孫、鄭注來讀曰釐。釐、賜也、是高密所見爾雅亦正作釐不作賚。故商頌烈祖篇賚我思成鄭箋竝不引賚賜也、而謂賚讀如往來之來也。詩周頌思文篇貽我來牟、漢書劉向傳引作釐麰。左隱十一年經公會鄭伯于時來、水經濟水篇注引作時釐。史記杞世家索隱郁釐、譙周云名鬱來。此經釋草釐蔓華、說文艸部萊蔓華也。又、周禮天官獸人注釐所田之野、釋文釐、本亦作萊。可見从來聲字古輒與釐通段。故此經賚字有作釐一本。

董瑞椿補記

賚賜也

按、賚或省作來。通作釐、又通作理。少牢饋食禮云來女孝孫、鄭注來讀曰釐。釐賜也。書予其大賚女、史記殷本紀作予其大理女。凡從來聲里聲字竝聲近而字通、故蔓華謂之釐、亦謂之萊。釋草釐蔓華、說文釐作萊。貍謂之不來、亦謂之猍貍。

爾雅詁

賚、貢、錫、畀、予、貺、賜也。

說文「賜、予也。」此施予之通稱、不分貴賤。

賚、說文毛傳同訓賜、省爲來、少牢饋食禮云：「來汝孝孫、」是。借爲釐、詩「釐爾女士、」「釐爾圭瓚、」是。

貢、釋文云：「字或作贛、」作贛、是也。說文云：「贛、賜也、」贛訓賜、故端木氏名賜、字子贛。說文貢爲獻功、與賜義無涉、段謂「贛之古音與貢不同、貢爲音之轉。」

錫者、禹貢「九江納錫大龜、」此自下予上之詞。古用朕、不分尊卑、用錫賜字、不分上下、其時居民平等、可以想見。朕之專用於君、錫賜之專用於自上予下、皆起於專制時代也。禹貢之「錫土姓、」史記作「賜土姓、」公羊傳「錫者賜也、」段玉裁謂「經典多借錫爲賜字、凡言錫予者、即賜之假借。」

畀者、祭統云：「畀之爲言與也、」爲賜予之義。

予、說文「推予也、」此本之爾雅。案說文之与、音義同於予、至擧與之與、則从舁、取共擧之義也、而後世乃以與代与、而与之本字於是乎廢矣。

貺、釋文云：「本或作況、」案說文無貺、作況者是也。晉語「況使臣以大禮、」晉語「嘉其況、」韋注竝云：「況、賜也、」此必爾雅原文。鄭氏云：「況从兄聲、古止作兄、兄即況也、詩常棣出車篇作況、而桑柔召旻篇作兄、傳箋云：『茲也、滋也、』茲滋皆訓益、益與賜義近、故經典古作兄、通作況、今作貺。」

爾雅學

貢　唐石經單疏本雪牕本同。釋文貢、字或作贛、同。臧琳經義雜記曰、論語子貢字、隸釋載石經殘碑作贛。說文貢、獻功也。贛、賜也。子貢名賜、字當作贛。爾雅古本作正字、然陸德明已不能定其是非矣。邢疏釋文知爾雅貢賜與也、郭注皆賜與也。據引左傳爾貢包茅不入爲證、誤解贛賜之贛爲貢獻之貢、則無足責也。○按、經典子貢爲贛之假借字。

校勘記

賚貢錫畀予貺賜也○釋曰　注疏本刪。

二上（五）

一行（注）皆賜與也○玄應《一切經音義》卷四引「《爾雅》：錫，賜也．謂賜與也．上與下之辭也．」王樹枏《爾雅郭注佚存補訂》云：「上與下之辭也六字疑亦注文．」案：顧氏《玉篇》引《郭注》無此六字．

宋監本校箋

賚貢錫畀音訃予貺賜也

音圖・音

畀音訃　案畀必痹翻音臂幫今音訃韻寘遇母幫敷俱失之大謬

直音正誤

賚與釐通、貺與況通、又與兄通、竝見詩毛傳。

音略

睞賴　與　況
賚貢錫畀、予、貺、賜也。

孫品直音

賚貢錫畀必寐切予與貺賜也

楊氏音訓

予與

干氏音釋

儀若祥淑鮮省臧嘉令類綝彀攻穀介徽善也

儀、若、祥、淑、鮮、省、臧、嘉、令、類、綝、彀、攻、穀、介、徽、善也。詩曰：儀刑文王。左傳曰：禁禦不若。詩曰：永錫爾類。我車既攻。介人維藩。大姒嗣徽音。省、綝、彀未詳其義，餘皆常語。

郭注

儀若祥淑鮮省臧嘉令類綝彀攻穀介徽善也　釋曰：皆謂美善也。儀者，形象之善也。若者，惠順之善也。祥者，李巡曰：福之善也。書秦誓云：襲于休祥。淑者，有德之善也。詩曹風鳲鳩云：淑人君子。鮮者，清絜之善。邶風新臺云：籧篨不鮮。省、綝、彀，郭氏未詳。臧者，功能之善也。詩齊風云：射則臧兮。嘉者，美之善也。詩大雅抑篇云：無不柔嘉。令者，大雅卷阿云：令問令望。類者，昭二十八年左傳云：勤施無私曰類。攻者，堅緻之善。穀者，養生之善。詩小雅小明云：式穀以女。介者，大善也。徽者，美善也。　注詩曰至常語　釋曰：云詩曰儀刑文王者，大雅文王篇文。云左傳曰禁禦不若者，左傳無全文，案文十八年說四凶云：投諸四裔，以禦魑魅。宣三年傳言鑄鼎象物，故民入山林，不逢不若。蓋採合傳文，故云禁禦不若也。云詩曰永錫爾類者，大雅既醉文。云我車既攻者，小雅車攻文。云介人維藩者，大雅板篇文。云大姒嗣徽音者，思齊文。云餘皆常語者，謂祥淑鮮臧嘉令穀，書傳多有之，故云皆常語。

邢疏

祥善也　以下釋故　陸德明經典釋文爾雅音義上中、詁、李巡本作故。

祥、福之善也。春秋成十六年正義二十八邢疏

李注

鮮善也　釋文：鮮，本或作誓。沈云古斯字。

沈集注

鮮綝善也

鮮，本或作尠。釋文引郭音義。綝，勅淫反。釋文

郭音義

黃輯古義

儀若祥淑鮮省臧嘉令類綝彀攻穀介嶶善也

祥、福之善也。春秋成十六年孔穎達正義

李注

儀若祥淑鮮省臧嘉令類綝攻穀介嶶善也。鮮，本或作尠。綝，勅淫反。

郭音義

儀若祥淑誓省臧嘉令類綝彀攻穀介嶶善也

誓，古斯字。

沈集注

玉函山房輯佚

祥、福之善也。李巡注　宋本春秋疏十九

鉤沈

祥善也

李曰：祥、福之善也。孔穎達春秋成十六年正義

儀若祥淑鮮省臧嘉令類綝彀攻穀介徽善也

李巡云：祥、福之善也。左傳正義十九卷　郭璞云：詩曰：儀刑文王。左傳曰：禁禦不若。詩曰：永錫爾類。我車既攻。介人維藩。大姒嗣徽音。省、綝、彀未詳其義，餘皆常語。

漢注

祥善也　李巡云：祥、福之善也。左氏成十六年傳正義

一切注音

鮮　郭音義云：本或作尠，非古斯字。釋文

蕙心案：鮮善一聲之轉。鮮斯亦聲近叚借。詩北山云

鮮我方將、鄭箋云鮮、善也。又、詩鮮民之生、書惠鮮鰥寡、諸鮮字皆古斯字。若作尟、爲不詞矣、郭音義故以爲非。

粼 郭勑淫反。釋文

古注斠

淑市六反。鮮息淺反、又音仙。本或作誓。沈云古斯字。郭音義云本或作尟。非古斯字。按字書誓先奚反、亦訓善。省先郢反。臧子郎反。令力政反。粼勑金反。郭勑淫反。彀古豆反、一音古侯反。徽音暉。藩方元反。大姒音泰。

陸音義

儀若祥淑鮮省臧嘉令類粼彀攻穀介徽善也

所謂若稽、禾从反禾則若右轉順善也。儀、匹之而已。介、或助之。祥、有善而祥隨焉。類、善之以爲類。鮮、善之以爲鮮。淑、智善。嘉、禮善。令、信善。臧、義善。穀、仁善。挾冊讀書、義善也。博塞以遊、仁善也。詩曰穀旦於逝、言穀亦以此。粼、處獨之善。中論曰肅肅兔罝、施於中林、處獨之謂也。省、省而善之。攻、攻而善之。

新義

儀若祥淑

鮮省臧嘉令類粼彀攻穀介徽善也 儀、文王云儀刑文王。若、左傳宣三年、民入山林、不逢不若。祥、泰誓云襲于休祥。淑、鳲鳩云淑人君子。鮮、新臺云籧篨不鮮。粼、敕金反。省粼彀、郭氏未詳。臧、齊風云射則臧兮。嘉、抑云無不柔嘉。令、卷阿云令問令望。類、左傳云勤施無私曰類。攻、車攻云我車既攻。穀、小明云式穀以女。介、板云介人維藩。徽、思齊云大姒嗣徽音。

鄭樵注

儀若祥淑鮮省臧嘉令類粼彀攻穀介徽善也鮮、郭音義云本或作尟。粼、郭勑淫反。

李巡曰、祥、福之善也。

郭璞曰、詩曰儀刑文王。左傳曰、禁禦不若。詩曰、永錫爾類。我車既攻。介人維藩。大姒嗣徽音。省粼彀、未詳其義、餘皆常語。

鄭樵曰、儀、文王云、儀刑文王。若、左傳宣三年、民入山林、不逢不若。祥、泰誓云、襲于休祥。淑、鳲鳩云、淑人君子。鮮、新臺云、籧篨不鮮。粼、敕金反。省粼彀、郭氏未詳。臧、齊風云、射則臧兮。嘉、抑云、無不柔嘉。令、卷阿云、令問令望。類、左傳云、勤施無私曰類。攻、車攻云、我車既攻。穀、小明云、式穀以女。介、板云、介人維藩。徽、思齊云、大姒嗣徽音。

古注合存

儀若祥淑鮮省臧嘉令類粼彀攻穀介徽善也。鮮上聲。省悉井反。粼音琛。○此釋儀若以下皆善之義也。註曰、左傳云、不逢不若。詩既醉云、永錫爾類。車攻云、我車既攻。思齊云、太姒嗣徽音。疏曰、儀者象之善。祥者福之善。淑者德之善。穀者養之善也。若、惠順也。鮮、清潔也。嘉、柔。介、大。皆善之意。愚按、省粼彀、註未詳。今考粼之言繕、修整之義。彀爲圓滿之義、猶攻爲精專之義也。省亦爲察治之義。故皆得爲善與。

注疏參義

禁禦不若、郭采合傳文、鄭竟引不逢不若。郭引永錫爾類、鄭引勤施無私曰類。

省、郭未詳。記大傳有事省于其君、注省、善也。善於其君、謂免於大難也。釋文引爾雅息靖反。

按、詩敦弓既句。句、彀同。此彀字可訓善、不必訓張。

補注

儀若祥淑鮮省臧嘉令類粼彀攻穀介徽善也 **註** 詩曰儀刑文王左傳曰禁禦不若詩曰永錫爾類我車既攻介人維藩大姒嗣徽音省粼彀未詳其義餘皆常語

正義 釋名云、善、演也、演盡物理也。此通言善美也。

○儀若祥淑 ○儀、通作義。大雅文王云宣昭義問、

爾雅詁林 一 釋詁上

毛傳義、善也。若訓爲順、順者善也。魯頌閟宮云、魯侯是若。祥者、左傳疏引李巡云、福之善也。士相見禮云、語忠信慈祥。禮運云、是謂大祥。通作詳。淮南說林訓六畜生多耳目者不詳、高誘註詳、善也。淑者、邶風燕燕云、淑慎其身。雜記云、如何不淑。○鮮省臧嘉。○鮮者、小雅北山云鮮我方將、鄭箋鮮、善也。故後世以鮮風爲善風也。省者、大雅皇矣云帝省其山、鄭箋省、善也。禮記大傳云、省於其君、鄭註以爲善於其君也。臧者、盤庚云、邦之臧惟汝衆。左氏宣十二年傳云、執事順成爲臧。繫辭傳云藏諸用、鄭氏易作臧諸用。臧與藏義同。小雅隰桑云、中心藏之、鄭箋藏、善也。嘉者、隨九五云、孚于嘉。郊特牲云、盡其嘉而無與讓也。○令類緈彀。○令者、士冠禮云、以時之令。類者、左氏昭二十八年傳云、勤施無私曰類。呂氏春秋重言篇引高宗之言曰余唯恐言之不類也、荀子儒效篇其言有類、高誘楊倞註並云類、善也。緈者、類篇云、緈、繕也。叔于田鄭箋云、繕之言善也。彀者、行葦釋文云句、說文作彀。案、上文云敦弓既堅、堅、好也、則彀當爲善也。○攻穀介徽。○攻者、治物之善也。穀者、春官典瑞云穀圭以和難、鄭註穀、善也。諸侯相與爲難、故以善圭和之使善也。介者、大雅既醉云、介爾景福。徽者、小雅角弓云、君子有徽猷。【註】詩曰至不若。○【正義】儀刑文王者、大雅文王文。左傳曰禁禦不若者、惠棟左傳補註云、張平子東京賦云禁禦不若、以知神姦、螭魅魍魎、莫能逢旃。爾雅釋詁云、若、善也。郭景純註左傳曰禁禦不若、今左傳作不逢不若。案、下傳云莫能逢之、杜氏云逢遇也、既云不逢、又云莫逢、文既重出、且杜氏不應舍上句註下句、此晉以後傳寫之訛、當從張衡本作禁禦不若。○詩曰至徽音。○永錫爾類、大雅既醉文。我車既攻、小雅車攻文。介人維藩、大雅板文。毛詩作价、傳云价、善也。太姒嗣徽音、大雅思齊文。

【正義】

省善也注省未詳其義　汪鋭齋云詩帝省其山鄭氏箋善也禮記有大事省於其君鄭注亦云善也

【校議】

儀若祥淑鮮省臧嘉令類緈彀攻穀介徽善也詩曰儀刑文王左傳曰禁禦不若詩曰永錫爾類我車既攻介人維藩大姒嗣徽音省緈彀未詳其義餘皆常語

說文云、譱、吉也、从羊、與義美同意。釋名云、善、演也、演盡物理也。通作繕。易略例云、善邇而遠至、釋文善、又作繕。詩鄭風箋及周禮注並云、繕之言善也。儀者、義之叚借也。周禮肆師注云、故書儀爲義、鄭衆注義讀爲儀。葢古書儀作義、故說文云、義、己之威儀也。是威儀之儀正作義、經典通俗作儀耳。詩宣昭義問、毛傳義、善也。禮緇衣云章義瘟惡、釋文引皇侃亦云、義、善也。是皆古書儀作義之證。餘皆作儀。詩無非無儀、儀刑文王及逸周書寶典篇云是謂四儀、王子晉篇云各得其所是之謂儀、儀皆訓善。寶典篇注誤作儀言也。儀無訓言之理、葢篆文善作譱、从言、缺脫其上、因爲言矣。若者、釋言云、順也。順理爲善、故逸周書武順篇云、禮義順祥曰吉、是其義也。漢書禮樂志云、神若宥之、韋玄成傳欽若稽古、集注並云若、善也。郭引左傳曰禁禦不若、惠氏棟左傳補注引東京賦云禁禦不若、今左傳作不逢不若。此晉以後傳寫之譌、當從張衡郭璞本作禁禦不若是矣。祥者、說文云、福也、一云善、是祥兼福善二義、故左氏成十六年正義引李巡曰祥、福之善也。經傳祥俱訓善。士虞禮記注、祥、吉也。吉亦善也。通作詳。易視履考祥、釋文祥、本亦作詳。不詳也。釋文又引鄭王肅作祥。逸周書皇門篇云作威不詳、孔晁注詳、善也。左氏成十六年傳詳以事神、正義曰詳者、祥也。古字同耳。又通作羊。說文云、羊、祥也。葢美善義祥之字俱从羊、羊祥俱訓善。二字既同義、又同聲、故考工記車人云羊車、鄭注羊、善也。左氏昭十一年經云盟于祲祥、公羊作侵羊、是其證。又海內西經崑崙洋水之洋、郭音翔、亦其例也。爾雅洋觀裒衆那、釋文云、洋、音羊、讀羊者或爲詳、非。葢不知羊詳古同音、故以羊讀詳者爲非耳。淑者、俶之叚音也。說文云、俶、善也。引詩令終有俶。一曰始也。俶既訓始、又訓善者、始未有不善、終之爲難、故詩言令終有俶、以俶爲善、是必三家詩舊說、故許君依以爲釋。毛傳訓俶爲始、鄭箋訓俶爲厚、並與舊說異也。俶通作淑。詩及禮記淑字毛鄭俱訓善、聘禮之俶獻注古文俶作淑、是皆俶之叚借爲淑也。爾雅此文亦借爲淑於是俶善之訓僅存於說文矣。鮮者、鱻之叚音也。說文云、鱻、新魚精也。是鱻取生新爲義。凡鳥獸魚鼈之肉皆新鱻者善、故訓善也。通作鮮。方言云、鮮、好也。好亦

爾雅詁林　一　釋詁上

善也。詩籧篨不鮮、鮮我方將、鮮我覯爾、度其鮮原、鄭箋並云鮮、善也。爾雅釋文、鮮本或作誓、沈云古斯字、郭音義云本或作尠、非古斯字。案字書誓先奚反、亦訓善。按、陸引字書誓訓善、今無可攷。以意求之、誓與斯音義同、斯鮮古字通、故詩有兔斯首、鄭箋讀斯爲鮮、而云鮮、齊魯之閒聲近斯、是斯鮮音轉字通。沈旋以誓爲斯而訓善、正得其義與其音。陸德明非之、謬矣。阮雲臺師曰、書云惠鮮鰥寡、又云知恤鮮哉、詩云鮮民之生、鮮皆斯字之叚借。孔傳訓鮮爲少、毛傳訓鮮爲寡、皆非也。金鶚云、奚斯字子魚、斯亦鮮之叚借也。小山別大山鮮、鮮亦斯之叚借也。說見釋山下。省者、察之善也。明察審視、故又訓善。詩云帝省其山、禮記大傳大夫士有大事省於其君、鄭箋及注並云省、善也。臧者、經典俱訓善。通作藏、藏古作臧。故易繫辭云藏諸用、釋文藏、鄭作臧、知以藏往、釋文藏劉作臧、並云善也。詩中心藏之、鄭箋藏善也。是鄭本藏亦作臧。莊子應帝王及徐無鬼篇釋文並云藏本作臧、皆其證矣。又通作戕。詩曰予不戕、釋文戕、王作臧、孫毓評以鄭爲改字、是鄭易臧爲戕。今箋無此語、蓋脫去之。說文臧从戕聲、故此二字可以通借。臧聲又近將、廣雅云將、美也。美善其義同。嘉者、下文云美也、美亦善。漢書郊祀志云故神降之嘉生、應劭注嘉、穀也。穀亦善矣。令者、靈之叚音也。書弔由靈、及丕靈承帝事、不克靈承于旅、皆以靈爲善。詩靈雨既零、鄭箋靈、善也。省作霝。董逌廣川書跋載叔綴鼎銘有霝終之文、釁鼎銘亦曰霝始霝終、霝訓爲善、猶言善始善終也。通作令。詩旣醉箋令、善也。又通作泠。莊子逍遙遊篇云泠然善也。是泠令又同矣。類者、法之善也。方言云類、法也。法與善義近。逸周書芮良夫篇云、后作類、荀子儒效篇云其言有類、孔晁及楊倞注並云類、善也。類與戾同。故廣雅云戾、善也。又與賴同。孟子云富歲子弟多賴、趙岐注賴、善也。賴戾類並一聲之轉也。彀者、張弓之善也。射必至於彀、猶學必至於善、故彀有善義。彀、穀古音同。論語云不至於穀、孔安國注穀、善也。釋文穀、公豆反、則與彀同。釋言云穀、生也。又云穀、祿也。廣雅云祿、善也、是展轉相訓、其義又同矣。攻者、治之善也。又堅之善也。攻訓堅、又訓治、兼之爲善。詩工祝致告、毛傳善其事曰工。是工與攻聲義同。介者、价之叚借也。說文云、价、善也。引詩价人維藩。通作介。郭注及漢書注引詩价人俱作介。介、與佳同。說文及廣雅並云、佳、善也。佳介又一聲之轉。徽者、美也、善也。書之愼徽、馬融注徽、善也。詩之徽猷、徽音、傳箋並云徽、美也。美善義同。禮器云不麾蚤、鄭注齊人所善曰麾、是麾徽其義同。又近褘與禕。下文云禕、美也、禕嘉也。

義疏

儀義宜**若祥淑鮮**一本作誓、沈重云、古斯字。**省臧嘉令**靈**類綝彀攻**工**穀**愨**介**价**徽**褘**善也**義善美鮮祥皆从羊、養老用羊、故爲善。李巡注、祥、福之善也。郭注、

詩曰儀刑文王、左傳曰禁禦不若、詩曰永錫爾類、我車既攻、介人維藩、大姒嗣徽音、綝穀未詳其義、餘皆常語。

下云儀幹、儀度、儀無善義。義之字从羊从我。我則俄也、傾側爲我、後以爲人我。仁者人也、義者我也、亦非本義、皆宜字之假借耳。詩無非無儀、又宣昭義問、記章義癉惡、皆是也。書鳴義、詩風議、則傾邪之本義。若从右艸、擇也。釋言云、順也。順由於善擇亦善也。詩魯矦是若、禮若則有常、書曰若稽古。祥从示者灾祥、从言者詳審。譱或作善、即詳字也。易視履考詳、禮小祥大祥、詩不弔不祥、皆本作詳。俶淑同字、義皆爲始。說文引詩有俶、云善也。禮禽羞俶獻、古文作淑。詩淑女淑人、以淑爲善、俶爲始、許說非也。鮮、今鱻字也。魚之善者鮮之。一作斯、析也。詩鮮我方將。書知恤鮮哉。下云鮮、寡也。善故寡也。省从眉中、與看同意。詩帝省其山、記省於其君、皆詳察之義。音與選同、選亦善也。臧、今藏字。或又作藏。臣執戈以守、是藏珍寶也。後又作蒇而讀爲展、从善爲音。易否臧、書邦之臧、詩何用不臧。又中心藏之。嘉、从加壴、喜樂之事。五禮有嘉禮。禮而有樂爲加。易有嘉折首。書

嘉綏于朕邦。詩又作假。假樂君子、記引作嘉也。令、當爲霝。象雨生物之形。通作靈。書丕靈承、詩靈雨。又、令終有俶、禮令月吉日是也。類、从米頁。說文以類爲謎、非也。米有善義、人善爲類。故字从米加犬。則相類儔類字耳、無善義也。詩而秉義類。又、威儀不類。緐說文止也、廣韻繕也。書善敹乃甲胄。敹緐聲轉、繕郎善也。㱿穀一字、繕弓爲㱿。凡善爲穀、字皆从㱿、慤亦善也。詩雕弓既句。句、㱿也。堅㱿皆謂弓善。詩曷云能穀。下云穀生也。生即善也、祿也。記自稱曰不穀。書既富方穀。記慤善不違身。攻、从攴工。使工善也。詩工祝致告。書左不攻于左。又云、工官也。周官季秋獻功裘。介、大也、助也。易介于石、謂以石扴之、故善也。凡价皆介助之義。無善義也。緐攻介皆繕也、古通用善耳。徽、文从糸从微。微、藏也。嫰微皆从敳。說文敳从豈省。豈、樂也。人攴豈者奏軍樂、故徽嫰皆从敳。徽爲美亦是也。記殊徽號、一作禕號。禕禕、美也。

集解

儀若祥淑鮮省臧嘉令類緐㱿攻穀介徽善也

儀、度也。从人義聲。正字爲獻、貲爲賢。尚書大傳民儀有十夫、今大誥作民獻。書萬邦黎獻、漢碑作黎儀。廣雅釋言、儀、賢也。以賢獻爲儀也。賢多才也、引申爲善。禮記內則若富則具二牲獻其賢者於宗子、注賢猶善也、是也。賢獻儀通用字。詩斯干無非無儀、箋儀善也。我將儀式刑文王之典、傳儀善。魯語堯能單均刑法以儀民、注儀、善也。詩文王宣昭義問、傳義善也。韓詩何人斯我心施也、釋文施、善也。大玄犲好是宜德、注宜、美也。說文誐、嘉善也。以義施宜誐爲之。若、擇菜也、从艸右會意、右手也。正字爲善。善若雙聲。詩烝民邦國若否、箋若、順也。順否猶臧否、謂善否也。左宣三傳不逢不若、惠棟補注若、善也。前漢書禮樂志神若宥之、傳世無疆、師古曰若、善也。詩頍弁爾殽既時、傳時、善也。廣雅釋詁時馴善也。以時馴爲之。祥、福也、从示羊聲。一云善也、謂福之善也。詩大明文定厥祥、傳祥、善也。禮記禮運是謂大祥、儀禮士相見與衆言言忠信慈祥、左僖三傳棄德不祥、周語棄親則翟不祥、注均云祥、善也。前漢書宣元六王傳推原厥本不詳自博、師古曰祥、善也。楚辭招魂而離披不詳些、注祥、善也。易大壯不能退、不能遂、不詳也、鄭玄王肅作祥、善也。逸周書皇門作威不詳、注詳善也。攷工東人羊車二柯、注羊、善也。易豐天際翔也、孟鄭王本皆正作祥。漢脩堯廟碑翔風膏雨、謂善風也。漢書韋賢傳洋洋仲尼、注美盛也。以詳羊翔洋爲之。淑、清湛也、从水叔聲。正字爲俶。儀禮聘禮俶獻、注古文俶作淑。以俶爲淑也。俶人之善也。俶淑通用字。詩關雎窈窕淑女、鳲鳩淑人君子、韓奕淑旂綏章、泮水淑問如臯陶、桑柔其何能淑、傳箋均云淑、善也。前漢書揚雄傳淑周楚之豐烈兮、應劭曰淑、善也。後漢書張衡傳悲淑人之希合、文選東京賦終然允淑、楚辭招魂九侯淑女、注均云淑、善也。左哀十六傳旻天不弔、周禮大祝先鄭注作閔天不淑。書棐諅無敢不弔、鄭注弔至猶善也。詩節南山不弔昊天、箋弔猶善也。新臺籧篨不殄、箋殄當作腆。腆、善也。周髀算經思之未孰、注孰猶善也。廣雅釋詁、適、善也。以弔腆孰適爲之。或曰淑當讀如字。淑訓清湛、水之善也。引申則爲凡事之善矣。鮮、魚名、出貉國。从魚羴省聲。正字爲善。善鮮疊韻。詩新臺籧篨不鮮、北山鮮我未老、車舝鮮我覯爾、皇矣度其鮮原、箋均云鮮、善也。猗嗟舞則選兮、正義當謂其善舞。前漢書武帝詔引詩九變復貫、知言之選、應劭曰選、善也。詩瓠葉有兔斯首、箋斯白也、善也。說文作鱻。莊子寓言九年而大妙、妙即紗、注善也。楚辭怨思西施媞媞而不得見兮、注好皃。淮南脩務立是廢非、注是、善也。以選斯鱻紗媞是爲之。省、視也、从眉省从屮。正字爲靖。靖、立竫也。引申爲静也、善也。韓詩東門之栗有靖家室是也。靖省通用字。詩皇矣帝省其山、箋省、善也。禮大傳大夫士有大事省于其君、注云省、善也。書堯典静言庸違、史記作善言。禮記曲禮日而行事則必踐之、注踐讀爲善。漢書李尋傳昔秦穆公說諓諓之言、注小善也。詩碩人巧笑倩兮、傳好口輔。晉書音義倩、美也。廣雅釋詁、竫、善也。淮南覽冥山無陵榦、注美材也。以静踐諓倩竫陵爲之。臧、事之善也、从臣戕聲。詩雄雉何用不臧、定之方中終焉允臧、還揖我謂我臧兮、頍弁庶幾有臧、傳均云臧、善也。載馳視爾不臧、桑柔自獨俾臧、甫田我田既臧、抑未知臧否、箋均云臧、善也。周禮校人秋祭馬祖臧僕、注簡練馭者令善也。前漢書禮樂志德音孔臧、外戚傳爰何不臧、師古均曰臧、善也。文選南都賦帝王臧其擅美、東京賦不度不臧、注均云臧、善也。書皋陶謨禹拜昌言、史記作美言。廣雅釋詁、將、美也。黨長善也。呂覽本生萬物章。章、注明美皃。攷工弓人覆之而角至，注至猶善也。管子法法夫至用民者，注至、善也。以昌將棠長章至為之。嘉、美也，猶善也，从壴加聲。詩載馳既不我嘉，柳無不柔嘉，四月山有嘉卉，箋均云嘉、善也。周禮大宗伯以嘉禮親萬民，周語莫非嘉績，克厭帝心，晉語眾而順嘉也故曰享，注均云嘉、善也。前漢書律歷志而五量嘉矣，師古曰嘉、善也。後漢書竇武傳夫瑞生必於嘉士，注嘉士猶善士也。離騷肇錫予以嘉名，注嘉、善也。攷工函人則材更也，司農注更、善也。廣雅釋詁忏、善也。下經假、嘉也，善也。以更忏假為之。令、發號也，从亼卩會意。正字為靈，實為良。良、行之善也。良靈令通用字。書皋陶謨何畏乎巧言令色孔壬，史記令作善。詩凱風我無令人，角弓不令兄弟，賓之初筵維其令儀，卷阿令聞令望，烝民令儀令色，文王令聞不已，閟宮令妻壽母，箋均云令、善也。儀禮士冠令月吉日，注令、善也。前漢書韋賢傳既令厥德，師古曰令、善也。文選琴賦又善始而令終，五等諸侯論國乏令主，注均云令、善。法言脩身君子純終領聞，注領、令。莊子逍遙遊夫列子御風而行泠然善也。詩車舝思孌季女逝兮，傳美皃，即善皃。以領泠孌為之。類、種類相似，唯犬為甚，从犬頪聲。引申為肖也，象也。周語類也者不忝前哲之謂也。故又引申為善。詩既醉永錫爾類，桑柔貪人敗類，瞻卬威儀不類，傳均云類、善也。文王而秉義類，皇矣克明克類，箋均云類、善也。左傳二四傳召穆公思周德之不類，晉語正名育類，楚語余恐德之不類，逸周書芮良夫后作類，荀子儒效其言有類，呂覽引高宗之言曰余唯恐言之不類也，注均云類、善也。孟子告子富歲子弟多賴，注賴、善也。廣雅釋詁戾、善也。以賴戾為之。綝、止也，从糸林聲。正字為良。良綝雙聲。詩蟋蟀良士瞿瞿，箋良、善也。正義以為釋詁文，以綝為良之借字也。書柴誓善敹乃甲冑，敹綝聲轉，謂繕善也。呂刑苗民否用靈，墨子引作練，善也。以敹練為之。或者綝之正字為琳與。彀、張弓弩也，从弓殸聲。正字為穀。左莊十三傳鬬穀於菟為令尹，釋文楚人謂乳曰穀，漢書作穀，以穀為彀也。穀彀疊韻。魯論三年學不至於穀，孔讀彀，公豆反，則字本作彀，注善也。詩行葦敦弓既句，謂弓善也。以句為之。攻、擊也，从攴工聲。正字為工。工、巧飾也。物巧飾則善。詩楚茨工祝致告，傳善其事曰工是也。工攻通用字。秦策是攻用兵，注巧也。書甘誓左不攻于左，孫疏攻、善也。說文孔、通也。古人名嘉字子孔，則孔亦善也。廣雅釋詁衷、善也。以孔衷為之。穀、百穀之總名，从禾殸聲。百穀所以養人，養美善義皆从羊，故又引申為善。廣雅則以穀為之。書洪範既富方穀，偽傳訓善。詩東門之枌穀旦于差，甫田以穀我士女，黃鳥不我肯穀，傳均云穀、善也。小宛式穀似之，小明式穀以女，桑柔不胥以穀，有駜君子有穀，箋均云穀、善也。管子禁藏氣情不營則耳目穀，注穀、善也。介、畫也，从八从人會意。正字為价。价、人之善也。价介通用字。書多方畐不夾介乂我周王享天之命，孫疏介、善也。詩板价人維藩，漢書注引作介，毛傳善也。莊子天地於予以蕃衆，司馬本作善。老子佳兵不祥，注佳、善也。以蕃佳為之。徽、三糾繩也，从糸徽省聲。正字為豈。豈、還師振旅樂也。引申為善。說文則以媄為之。媄豈徽通用字。書堯典慎徽五典，馬注徽、善也。文選東京賦罔有不韙，注韙、善也。廣雅釋詁暟、美也。以暟或暟為之。善、吉也，从誩从羊會意，與義美同意。篆文从言从羊。今謂善義美善四字疑皆從祥省。善从言聲，籀文从二言也。詩桑柔覆背善詈，箋猶大也。載馳女子善懷，箋猶多也。

義證

省善也　詩大雅帝省其山，鄭氏箋曰：省，善也。疏曰：天顧文王，善其國內之山。禮記大傳大夫士有大事省于其君，干祫及其高祖，註亦曰：省，善也。疏曰：有勳勞大事為君所善者。詩正義、禮記音義皆即引爾雅釋詁，以原鄭訓所本。

綝善也　廣韻：綝，繕也。詩鄭風序繕治甲兵，箋曰：繕之言善也。周禮夏官繕人註亦曰：繕之言善也。據此則綝釋為善，乃謂備治服器之精善者。

彀善也　論語三年學不至於穀，孔安國讀穀公豆反，註曰善也。言人三歲學不至於善，不可得。穀既讀公豆，則字當作彀。此孔氏所註古論與齊魯本不同處。今所承者魯本，故惟通行為穀。雍正間丹陽姜兆錫著爾雅註疏參義，謂彀為圓滿之義，故得為善。

補郭

儀若祥淑鮮省臧嘉令類綝彀攻穀介徽善也　綝，勑淫反

〔註〕詩曰儀刑文王。左傳曰禁禦不若。詩曰永錫爾類。

我車既攻、介人維藩、太姒嗣徽音。省、緝、穀未詳。其餘義皆常語。【補正】邢疏、儀者、形像之善。若者、惠順之善。詳者、李巡曰、福之善也。泰誓、襲于休祥。淑者、有德之善。曹風、淑人君子。鮮者、清潔之善。邶風、籧篨不鮮。臧者、功能之善。齊風、射則臧兮。嘉者、美之善也。大雅、無不柔嘉。令者、卷阿、令聞令望。類者、左傳、勤施無私曰類。攻者、堅緻之善。穀者、養生之善。小雅、式穀以爲。介者、大善也。徽者、美善也。臣鍌按詩大雅、帝省其山、箋云、善也。禮大傳、省于其君、註云、善于其君、謂免于大難也。【郭注補正】

㱿、善也。郭氏未詳。按㱿、射之善也。魯公子彄字子臧、彄㱿同物同音、是其義。與古从㱿之字皆云善、如穀、善也。因之通乎㱿。老子矦王自稱孤寡不穀、河上云、本作㱿。是㱿亦有善義矣。又二玉合爲珏字、或作㱿。淮南道應訓、謂之工。是㱿又通於工。論語、工欲善其事。康成箋詩云、善其事曰工。工有善義、工與㱿通、是㱿亦有善義。因之反訓又爲不善。㱿、惡木名、不善也。是因善而生不善。古人有反訓、如廢爲置、弃爲藏、並是。【錢氏古義】

攻、善也。 注詩曰、我車既攻。

正曰、後漢樊光注爾雅、其引詩蓋本魯詩。臧明經拜經日記備刪其證。郭注承用樊注舊本、類多魯詩逸詁。此條引詩我車既攻、據小雅車攻毛傳、訓攻爲堅、不訓爲善、知訓善者、夫魯詩說也。然魯詩說訓攻爲善、審其音讀、則攻當爲功。樓生蔚然云、漢書董賢傳顏注、功字或作攻。荀子議兵、械用兵革攻完便利者强、揚注、攻當爲功、功者善也。周禮司兵鄭注等謂功沽上下、賈疏、功謂善者爲上等。古者用兵凡器械之善者得偁爲功。我車既功、猶言我車既善也。郭注不審魯詩音讀、而漫引異詁目取證、宜乎作疏者之不得其解矣。【郭正】

儀、若、祥、淑、鮮、省、臧、嘉、令、類、緝、穀、攻、穀、介、徽、善也。

儀者、義之假借也。說文以義爲威儀之儀、今則通借用儀字。邢疏云、儀、形象之善也。小雅斯干、無非無儀。周頌我將、儀式刑文王之典。傳箋並云、儀、善也。大雅文王、儀刑文王、即儀式刑文王也。烝民、我儀圖之、傳云、儀、宜也。宜亦善也、謂我善圖之也。禮記內則注云、宜猶善也。周禮小宗伯肆師注云、故書儀爲義。曹風鳲鳩、其儀一兮、箋云、儀、義也。小雅楚茨、禮儀卒度、韓詩作禮義卒度、二字蓋通用也。文王、宣昭義問、傳云、義、善也。

若者、邢疏云、惠順之善也。小雅大田、曾孫是若。大雅烝民、天子是若、邦國若否。魯頌閟宮、魯侯是若、傳箋並云、若、順也。順即善也。漢書禮樂志、神若宥之、集注云、若、善也。

祥者、說文云、福也。大雅大明、文定厥祥、傳云、祥、善也。瞻卬、不弔不祥。商頌長發其祥。案祥瑞者善之所致也、故李巡云祥者、福之善也。　淑者、邢疏云、有德之善也。周南關雎窈窕淑女、邶風燕燕淑愼其身、王風中谷有蓷遇人之不淑矣、曹風鳲鳩淑人君子、小雅鼓鍾淑人君子、大雅桑柔其何能淑、韓奕淑旂綏章、魯頌泮水淑問如皐陶、傳箋竝云淑、善也。大雅抑淑愼爾止、箋云又當善愼女之容止。是以淑爲善也。淑又省作叔。陳風東門之池、彼美淑姬。彼釋文云、叔本亦作淑。淑又通作俶。說文云、俶、善也。引大雅既醉令終有俶。鄭注聘禮云古文俶作淑、經典皆假淑爲俶善之俶。　鮮者、邢疏云、清絜之善也。邶風新臺籧篨不鮮、小雅車舝鮮我覯爾、北山鮮我方將、大雅皇矣度其鮮原、鄭箋竝云鮮、善也。　省者、郝云、察之善也。明察審視故又訓爲善。大雅皇矣帝省其山箋云省、善也。　臧者、說文云善也。邢疏云、功能之善也。邶風雄雉何用不臧、鄘風定之方中終然允臧、載馳視爾不臧、鄭風野有蔓草與子偕臧、齊風還揖我謂我臧兮、猗嗟射則臧兮、小雅十月之交于何不臧、小旻謀臧不從、甫田我田既臧、頍弁庶幾有臧、大雅抑未知臧否、桑柔自獨俾臧、魯頌駉思馬斯臧、閟宮俾爾壽而臧、傳箋竝云臧、善也。又通作藏。小雅隰桑中心藏之、箋云藏、善也。彼釋文云、藏、鄭子郎反、王才郎反、陸所見本蓋作臧、與今本異。藏臧二字古皆通用。臧又通作戕。十月之交曰、予不戕。彼釋文云、戕、王作臧。臧、善也。孫毓評以鄭爲改字。據此毛本原作臧、鄭改戕、故王肅不從。臧從戕、故二字得通用也。　嘉者、說文云美也。邢疏云、嘉、美之善也。鄘風載馳既不我嘉、豳風東山其新孔嘉、小雅四月山有嘉卉、北山嘉我未老、大雅抑無不柔嘉、箋竝云嘉、善也。禮記樂記引小雅車舝雖有嘉肴注云嘉、善也。豳風破斧亦孔之嘉、大雅大明文王嘉止、烝民柔嘉維則、小雅頍弁爾殽既嘉、傳箋竝云嘉、美也。抑俾臧俾嘉、箋云使之爲民臣所善所美。蓋以臧爲善、以嘉爲美也。美與善皆從羊、美卽善也。節南山民言無嘉、箋云無一嘉慶之言。案嘉亦善也、謂民無善言也。

令者、說文云發號也、謂號令之善也。引申之爲凡令善之稱。邶風凱風我無令人、小雅湛露莫不令德、賓之初筵維其令儀、角弓此令兄弟、大雅文王令聞不已、既醉高朗令終、卷阿令聞令望、烝民令儀令色、魯頌閟宮令妻壽母、箋竝云令、善也。大雅韓奕慶既令居。彼釋文亦云令、善也。假樂顯顯令德、箋云有光光之善德。　類者、下文云灋也、謂灋之善也。大雅皇矣克明克類、既醉永錫爾類、蕩而秉義類、桑柔貪人敗類、瞻卬威儀不類、傳箋竝云類善也。　綝者、邵云、玉篇綝、繕也。鄭風叔于田箋云、繕之言善也。案廣雅綝、止也、綝訓善又訓止、猶徽訓善又訓止、其義皆相成也。綝者、止之善也。彀者、弓矢之善也。彀與句同。大雅行葦敦弓既句。彼釋文云、句、說文作彀、云張弓曰彀。案彀當從雅訓爲善。敦弓既堅與敦弓既彀相儷爲文。生民既堅既好、則此既堅既彀宜爲既堅既善也。　攻者、邢疏云、堅緻之善也。小雅車攻我車既攻、傳云攻、堅、疏謂我車既堅緻矣。堅緻即善也。攻、與工同。楚茨工祝致告、傳云善其事曰工。說文、工、巧飾也。巧飾即善也。　穀者、邢疏云、養生之善也。引申之爲凡善之稱。陳風東門之枌穀旦于差、小雅黃鳥不我肯穀、小宛式穀似之、四月曷云能穀、小明式穀以女、甫田以穀我士女、大雅桑柔不胥以穀、周頌有駜君子有穀、傳箋竝云穀善也。小雅正月蔌蔌方有穀、天保俾爾戩穀、傳箋竝云穀、祿也。不穀、不祿也。祿亦善也。見淮南人間訓注。廣雅釋詁云、祿、善也。是穀祿皆訓爲善也。小雅小弁蓼莪四月民莫不穀、傳箋竝云穀、養也。此穀字亦當訓爲善、謂民莫不善也。　价者、价之假借也。說文云、价、善也。邢疏云、介、大善也。大雅板价人維藩、傳云价、善也。漢書王莽傳作介人惟藩。徽者、邢疏云、美善也。小雅角弓君子有徽猷、大雅思齊大姒嗣徽音、傳箋竝云徽、美也。美即善也。

說詩　攻善也

郭注引詩我車既攻、毛傳訓攻爲堅。柏年案、堅利亦所以爲善也。郝疏知攻與工聲義同、而不知攻功字通。管子七法器械不功、注謂堅利。荀子議兵械用兵革攻完便利者強、揚倞注攻當爲功。功者善也。漢書董賢傳賢第新成功堅、顏注功字或作攻。皆其證。

補釋

鮮省臧嘉衆、釋文引郭音義云、鮮、本或作尠。非古斯字。註儀刑文王刑、監本誤形、疏同。介人維藩介、毛詩作价。省未詳其義按、大雅皇矣篇帝省其山、箋云省、善也。疏邶風新臺云邶、監本誤從比作、後並同。詩齊風云射則臧兮齊風下當脫猗嗟二字。令聞令望聞誤問。蓋采合傳之之、當文字誤。云大姒嗣徽音者思齊文思齊上當脫大雅二字。

注疏正字

鮮

釋文本或作誓、沈云古斯字、郭音義云本或作尠、非古斯字。案字書誓、先奚反、亦訓善。予謂誓、說文悲聲也、先稽切、義不同而音同。鮮尠音同而義亦同、皆可通叚也。

淑

當作俶。俶、說文善也、詩曰令終有俶、一曰始也。淑、說文清湛也。俶本字、淑通借字。後人不察、經傳訓善之俶皆改爲淑矣。俶詁爲善、猶夫元之訓善。凡事有始有卒則善矣。

綝

說文止也、蓋謂治絲之功畢也。治絲功止則絲善矣。

徽

人能知止、則爲善人矣。

周官師氏以媺詔王、鄭注以善道告王也。說文無媺字。當作𢼸。𢼸、說文妙也。妙與善訓義相同、是徽當爲𢼸矣。徽古以爲徽幟徽纆字、無善義。詩之徽音徽猷皆𢼸之通借字。

小箋

綝善也

郭曰、綝、未詳其義。釋文、綝、勑金反。引之謹案、玉篇、諃、丑林切、善言也、廣韻同。丑林與勑金同音、是善言爲諃也。古無諃字、故借綝爲之。說文廣雅竝曰、綝、止也。家大人疏證曰、止、有安善之義、故字之訓爲止者、亦訓爲善。爾雅曰綝徽善也、徽、戾止也、休、戾也、廣雅曰休、戾善也、綝止也、皆其證矣。

述聞

儀若祥淑鮮省臧嘉令類綝彀攻穀介徽善也　正義曰、儀、通作義。詩大雅文王宣昭義問、傳義善也。元照案、正義曰、義善、釋詁文。　正義云、祥、通作詳。淮南說林六畜生多耳目者不詳、注詳、善也。元照案、公羊傳宣十二年不赦不詳、韓詩外傳六春秋繁露王道篇皆作祥。何氏云善用心曰詳。葢祥詳譱字皆从羊、故其義同。而詳从言、譱从誩、義尤切近。惠氏棟曰、左傳昭十一年祲祥、服子愼引公羊作詳。今公羊作侵羊者、春秋繁露云羊之爲言猶祥與。鄭衆百官六禮辭亦云羊者、祥也。說文、羊、祥也。攷工記注、羊、善也。疑古祥詳字皆省作羊。　淑、說文云清湛也、非此義。當作俶。說文、俶、善也、从人叔聲、詩曰令終有俶、一曰始也。　鮮、釋文云、本或作誓、沈云古斯字、郭音義云本或作尠、非古斯字。案字書誓、先奚反、亦訓善。元照案、鮮與斯通。其从言者、係經師增益。說文言部誓、悲聲也、从言斯省聲。非其義也。尠、當从是作𣪊與鮮通。　臧、說文同。正義曰、臧與藏義同。小雅中心藏之、箋藏、善也。元照案藏說文艸部新附字。臣鉉等案、漢書通用臧字、从艸後人所加。今攷毛詩釋文作臧。監本注疏作藏、亦係後人妄改、非孔之誤。　令通靈。盤庚弔由靈、傳靈、善也、正義曰靈、善、釋詁文。詩鄘風定之方中靈雨既零、箋靈、善也。　介、當作价。說文人部价、善也、从人介聲、詩曰价人維藩。元照案、毛傳价、善也。正義曰、价善、釋詁文。

說文誩部譱、吉也、从誩从羊。篆文从言作善、隷省爲善。

名匡

儀若祥淑鮮音銑**省臧嘉令類綝**音琛**𣪊**音遘**攻穀介徽善也**

此釋善之義。說文譱、吉也、从誩羊。此與義美同意。篆从言。　儀、度也。大雅儀型文王。通作義。大雅宣昭義問、傳義、善也。　𦬸、擇菜也、从艸右、右手也。本義擇也、假借爲順、又假借爲善也。小雅曾孫是若。　祥、福也、一曰善。禮運是爲大祥。通作詳。左成十六年傳詳以事神、註詳、善也。　淑、清湛也。註善爲引伸之義。曹風淑人君子。通作俶。俶、善也。　小雅鮮我方將、箋鮮、善也。　省、視也、从眉省从屮。註善爲引伸之義。大傳大夫有大事省於其君、謂君察之而得其大善也。大雅帝省其山、箋省、善也。　臧、善也、从臣戕聲。邶風何用不臧。通作藏。小雅中心藏之、箋藏、善也。　君陳嘉謀嘉猷。或作假。大雅假樂君子、傳假、嘉也。　左成十年傳忠爲令德、註令、善也。　類、種類相似、唯犬爲甚、从犬頪聲。註引伸假借爲凡相似之稱。釋類爲善、猶釋不肖爲不善也。左昭二十八年傳勤施無私曰類、註類、善也。　綝、止也。類篇綝、繕也。鄭箋繕之言善也。　大雅敦弓既堅、註堅、好也、則敦弓既㲉、㲉字亦當作善解。

攻、擊也。如攻木攻玉俱欲善其器也、故又訓善也。小雅我車既攻。　又式穀似之、箋穀、善也。　大雅介人維藩、傳介、善也。　徽、衺幅也、一曰三糾繩也、从糸微省聲。註訓止訓美訓善者、偪束之義之引伸也。大雅太似嗣徽音、箋謂續行其善教令也。

啓蒙

鮮　鱻　釋文。鮮、息淺反、又音仙。郭音義云、本或作尠。案詩新臺釋文。鮮、斯踐反、鄭善也、王少也。依鄭又音仙。此訓善也。當音仙作鮮。下罕也寡也當作尟。說文。尟、是少也。尠乃尟之俗字。

訓善當作鱻新魚精也

黄侃評本正名

儀若祥淑鮮省臧嘉令類綝𣪊攻穀介徽善也

邢疏曰、皆謂美善也。

善也者、說文譱、吉也、从誩从羊、此與義美同意。

儀者、說文儀、訓度、無善義。訓善者當爲義之借。說文義、己之威儀也、从我羊。襄三十一年左傳有儀而可象謂之儀、儀即義也。賈子道德說云、有義、德之美也。說文美字說解云、从羊从大、羊在六畜主給膳也、美與善同義。義从羊、故知義訓善也。邢疏云、儀者形象之善、是也。周禮肆師、凡國之大事治其禮儀、以佐宗伯。注云、故書儀爲義。鄭司農云、義讀爲儀、古者書儀但爲義、今時所謂義爲誼。此儀義相通之證。詩大雅宣昭義問、傳云、義、善也。通作儀。詩曹風其儀一兮、心如結兮。傳云、言執義一、則用心固。此言鳲鳩之養其子、朝從上下、暮從下上、平均如一、是言其威儀之一也。傳以本字釋之、云言執義一也。義即今之儀也。

若者、說文若、訓擇菜、無善義。訓善者當借爲如。說文、如、從隨也、从女从口、引申訓順。釋言、若、順也。若亦如之借也。大戴禮記本命云、女、如也。禮記昏義云、婦順備而後內和理。儀禮喪服傳云、婦人有三從之義、無專用之道。順理從義、正逸周書武順篇所謂禮義順祥曰吉者也、故如有善義。宣十二年左傳有律以如己也、杜注云、如、從也。如亦善也。通作若。書洛誥篤叙乃正父罔不若、章先生曰、釋詁、若、善也。罔不若、無不善也。（以上章先生語）（見古文尚書拾遺定本）漢書禮樂志神若宥之、注云、若、善也。

祥者、說文祥、福也、一曰善也。成十六年左傳正義引李巡曰、祥、福之善也。詩大雅文定𢑝祥傳云祥善也儀禮士虞禮記期而小祥鄭注云祥吉也吉亦善也說文吉善也亦作羊用聲首也考工記車人羊車鄭注云羊善也通作詳易履卦視履考祥虞翻本祥作詳云詳善也逸周書皇門篇以昏求臣作威不詳孔注云詳善也荀子成相篇愼墨季惠百家之說誠不詳王念孫云祥詳古字通不祥不善也

淑者說文淑訓清湛無善義訓善者當爲俶之借說文俶善也从人叔聲詩曰令終有俶淑俶同从叔聲故相通儀禮聘禮燕與羞俶獻無常數鄭注云俶始也始獻四時新物古文俶作淑案說文俶善一曰始也則俶獻者亦獻其善者也俶以始新爲善猶鱻以新爲善矣又作叔用聲首也詩陳風彼美叔姬釋文云叔音淑本亦作淑善也通作淑經傳通以淑爲之詩周南窈窕淑女傳云淑善也

鮮者說文鮮訓魚名無善義訓善者當爲鱻說文鱻新魚精也从三魚不變魚周禮庖人冬行鱻羽杜子春注云鱻魚也禮記內則冬宜鮮羽鄭注云鮮生魚也周禮庖人凡其死生鱻薨之物鄭司農注云鱻謂生肉書皋陶謨暨益奏庶鮮食馬融注云鮮生也是鱻鮮二字相通之證方言云鮮好也南楚之外通語也好即善也禮記仲尼燕居領惡而全好者與鄭注云好善也郝疏云鱻之所以訓善者取生新爲義也凡鳥獸魚鼈之肉新鱻者爲善故鱻訓善也（以上郝疏語）是也通作鮮詩大雅度其鮮原箋云鮮善也

省者說文省視也从眉省从屮古文从少从冏章先生曰省視謂察視極精明也（以上章先生語見文始）尋冏訓窗牖麗廔闓明賈侍中說讀與明同則省有精明義賈子道術云知道者謂之明荀子解蔽云知賢之謂明逸周書本典云智能親智仁能親仁義能親義德能親德武能親武五者昌於國曰明是明爲善也賈子大政云知善而弗行謂之不明則知善而行爲明審矣故省有善義詩大雅帝省其山箋云省善也禮記大傳大夫士有大事省於其君鄭注云省善也

臧者說文臧善也从臣戕聲詩邶風何用不臧傳云臧善也通作藏詩小雅中心藏之何日忘之箋云藏善也釋文云藏鄭子郎反王才郎反是鄭讀藏爲臧而王則如字也古者臧藏皆作臧章先生曰貴均平惡專利重道藝輕貪冒者漢人之國性也其在上古慮有以多金爲譽者臧者男而壻婢奴與帑一也故引申爲府臧得賕賂亦爲臧以臧爲財而引申亦爲善（以上章先生語見文錄五朝法律索隱）

嘉者說文嘉美也从壴加聲美字說解云美與善同義故嘉訓善詩鄘風既不我嘉箋云嘉善也詩大雅文王嘉止傳云嘉美也美亦善也

令者說文令訓發號無善義訓善者當爲良說文良善也从畗省亡聲古以多財爲善畗古富字亦以畗有悃愊之義故良从其義訓善令可借爲良（令來紐眞部良來紐陽部）猶氓之即民榜之稱篇矣詩邶風德音無良傳云良善也通作令詩大雅令聞令望箋云令善也又通作靈陽與清近旁轉也詩鄘風靈雨既零箋云靈善也又通作洽莊子逍遙遊篇夫列子御風而行洽然善也

類者說文類種類相似唯犬爲甚从犬頪聲肖骨肉相似不似其先故曰不肖故類有似肖義賈子修政語曰行者惡則謂之不肖然則行者善則謂之肖矣老子若肖久矣其細也王注云肖善廣雅釋詁云肖類方言曰肖法也西楚梁益之間曰肖西南梁益之間凡言相類者亦謂之肖肖爲善則類亦爲善矣是並類可訓善之徵詩大雅永錫爾類傳云類善也通作戾（戾類古同音）廣雅云戾善也詩小雅優哉游哉亦是戾矣傳云戾至也孔疏云明王之德能如此亦是至美矣鄭注柴誓云至猶善也亦通作賴（類古音在隊賴古音在泰泰隊近旁轉）孟子富歲子弟多賴趙注云賴善也

綝者說文綝止也从糸林聲讀若郴章先生以爲綝即禁止之禁易繫辭傳云理財正辭禁民爲非曰義義與善同義故綝止亦訓善廣雅綝止也王念孫云止有安善之義故止之訓爲止者亦訓爲善爾雅曰綝徽善也徽戾止也休戾也廣雅曰休戾善綝止也皆其證矣（以上王說見廣雅疏證）是也通作禁禮記緇衣君子道人以言而禁人以行鄭注云禁猶謹也謹亦善也楚辭懷沙謹厚以爲豐王注云謹善也

彀者說文彀張弩也从弓𣪊聲錢坫曰彀射之善也魯公子彄字子臧彄彀同物同音是其義與古從𣪊之字皆云善如穀善也因之通乎觳老子侯王自稱孤寡不穀河上云本作觳是觳亦有善義矣又二玉合爲玨字或作瑴淮南道應訓謂之工是瑴又通於工論語說工欲善其事康成箋詩云善其事曰工工有善義工與瑴通是瑴亦有善義（以上錢語見爾雅古義）宗𤊹案孟子大匠不爲拙工改廢繩墨羿不爲拙射變其彀率君子引而不發躍如也中道而立能者從之趙注云彀弩張嚮表率之正體望之極思用巧之時不可變也於道則中道德之中不以學者不能故卑下其道（以上趙注）蓋射者彀張必儀望準的持弓矢審固然後可以言中禮記射義云故射者進退周還必中禮內志正外體直然後持弓矢審固持弓矢審固然後可以言中此可以觀德行矣（以上射義語）蓋射以觀德不惟善射者必須合彀率矣故彀有善義姜兆錫謂彀爲圓滿之善（姜語見爾雅補注）是也孟子羿之教人射必志於彀學者亦必志於彀趙注云羿古之工射者彀張也學者

爾雅詁林　一　釋詁上

志道。猶射者之張也。案禮記學記云雖有至道。弗學不知其善也。孟子以學者之志道與射者之彀張相爲比況。知學者之志道爲善。則射者之彀張亦爲善矣。通作句。詩大雅敦弓既句。釋文云句。說文作彀。邵疏云上文云敦弓既堅。堅。好也。則彀當爲善也。以上邵語

攻者。說文攻訓擊。从攴工聲。無善義。訓善者當爲工。說文。工。巧飾也。象人有規榘也。巧訓技。飾訓㕞。巧飾者謂善於圖畫文飾也。象人有規榘者象人有準繩也。規榘準繩所以爲巧者。引申凡善其事皆曰工。章先生曰。攷工記攻木攻金攻皮設色刮摩搏埴皆稱工。治之皆曰攻。工之冣初古文祇有工耳。𢒄乃後出之古文。𢒄从彡。彡毛飾畫文也。亦巧飾之事也。以上章先生語見文始 詩小雅工祝致告傳云善其事曰工也。又作功。古人工功同用。初亦祇有工耳。周禮肆師凡師不功。鄭注云古者工與功同字。又作攻。詩小雅我車既攻傳云。攻。堅。攻初亦爲工也。

穀者。說文穀。續也。百穀之總名也。从禾㱿聲。凡仕宦所得曰穀。故詩曰蔌蔌方有穀。論語言邦有道穀。邦無道穀。舊多以祿爲之釋。言穀祿也。周禮天府注祿之言穀也。釋詁無祿死也。猶言不食穀耳。古者周禮司士以德詔爵。以功詔祿。凡有穀者皆有德有功者也。故以穀爲善。孟子五穀者種之美者也。穀亦固有善義。詩陳風穀旦于差。傳云穀善也。通作祿。淮南人間訓不穀親傷。高注云不穀不祿也。

介者。說文介訓畫。非善義。訓善者當爲价之借。說文价。善也。从人介聲。詩大雅价人維藩。傳云。价。善也。亦作介。用聲首也。漢書諸侯王表介人維藩。

徽者。說文徽訓衺幅。一曰三糾繩。無善義。訓善者當爲散。江藩云周官師氏以媺詔王。鄭注云以善道告王也。說文無媺字。當作散。散。說文云妙也。妙與善訓義相同。是徽當爲散矣。以上江語見爾雅小箋 宗獅案說文無妙字。散妙之妙正當作㣊。章先生曰。老子常無欲以觀其妙。王注妙者微之極也。律書雖妙必效情。正義說爲微妙之性。訓散者字本作㣊。說文㣊細文也。从彡𡭴省聲。𡭴者際見之白。韓非外儲說左上曰客有爲周君畫莢者。曰築十版之牆。鑿八尺之牖而以日始出時加之其上而觀。周君爲之望見其狀盡成龍蛇禽獸車馬萬物之狀備具。蓋古有此畫技。因際見之白以著細文。特爲作㣊字。今所謂描也。經典穆字亦借爲㣊。詩傳曰。穆穆。美也。以上章先生語見小學答問及文始 美善同義。㣊妙一字。妙爲善。散訓妙。則散亦善矣。散字不見於經典。通以微爲之。荀子解蔽篇豈一之微榮矣而未知。楊注云微精妙也。妙亦善也。呂氏春秋蕩兵篇有巨有微。高注云微要眇。覩未萌之萌也。眇亦妙也。妙亦善也。通作徽。詩小雅君子有徽猷。傳云徽美也。美亦善也。又通作麾。禮記禮器云不麾蚤。鄭注云齊人所善曰麾。徽之通麾用郝疏說

本字考

鮮、省、善也。 鮮、省聲通同訓。鮮訓善當作鱻。說文云、新魚、精也。省即鮮之轉。禮記玉藻唯君有黼裘以飾省。釋文省、依注作獮。息淺反。史記魯世家索隱字或作鮮、或作獮、是鮮省並通作獮。鮮省反切又同。

嘉、善也。 嘉下文云、美也。

綝、善也。 綝說文云止也、凡訓止者與善義近。故綝訓止亦訓善、徽訓善亦訓止、見下 戾訓止見下 亦訓善、廣雅 休訓戾釋言 亦訓善。廣雅 綝或琳之借。

穀、穀、善也。 穀穀同字並見。

介、善也。 介上文云、大也、大善義近。詩桑柔箋善猶大也、易繫辭上傳莫善乎蓍龜、本亦作莫大乎蓍龜矣。

徽、善也。 徽下文云、止也、止善義近。徽从散聲、散、妙也、妙善義亦近。

黃侃音訓

穀善也

註云未詳。愚按毛詩頗多俾爾戩穀之類。

義疑

釋詁省綝彀。大疋帝省其山、鄭箋省善也。禮大傳省於其君、注善于其君、謂免于大難也。綝、玉篇善也。唐王方慶名綝、慶訓爲善、唐人猶知古義。集韻音森、或作襂。楚辭九懷舒佩兮綝纚。木華海賦被羽翮之襂纚。彀、詩大疋敦弓既句、注句彀通。射至于彀、射之善也。

讀雅筆記

綝善也

爾雅詁林 一 釋詁上

緜、善也。郭注未詳。顧煊案、禮記曲禮上急繕其怒、鄭注、繕讀曰勁。周禮夏官繕人鄭注、繕之言勁也、善也。緜勁聲近。說文、緜、止也、从糸林聲、讀若郴。方言自關而西秦晉之間凡物之壯大者而愛偉之謂之夏、周鄭之間謂之假、鄭、齊語也。義亦與善相近。

讀爾雅録

省善也

注曰省未詳其義

樾謹按、省通作眚。尚書洪範篇王省惟歲、史記宋微子世家作王眚惟歲、莊二十二年公羊傳肆大省、左穀竝作肆大眚是也。釋名釋天曰眚、消也、如病者消瘦也。以消釋眚乃從雙聲取義、消從肖聲。河上公注老子曰、肖、善也。然則省之爲善、猶肖之爲善、而省之爲肖、猶眚之爲消矣。省字葢從少得聲、省與少雖於古音非同部、而實一聲之轉。說文水部、消少減也。不徑訓減而必曰少減者、兼以聲訓也。禮記喪服小記篇多陳之而省納之、荀子仲尼篇省求多功、竝以省多對文、疑卽讀省如少矣。故省與肖義得通也。

儀善也

平議

儀、又通議。說文議、嘉善也、从言我聲、詩曰議以謐我。

案、義从我聲、故从我得聲者多通。（詳經籍籑詁及經義述聞。）議乃儀之聲同叚字。

王仁俊日記

儀善也　郭注詩曰儀刑文王

案、說文人部儀、度也、無善義。詩大雅文王篇宣昭義問、毛傳義、善也、孔疏義善、釋詁文。是古本爾雅作義不作儀。誩部、譱、吉也、从誩羊。此與義美同意。善篆文从言、善卽譱之隸省。善與義同意、故義可訓善。

又案儀从義聲、義从我聲。而言部有从我聲之譺、嘉善也。詩小雅蓼莪篇之莪、衡方碑作儀、魯峻碑作羛、則儀亦可以譺通之。

鮮善也　邢疏、鮮者清潔之善。邶風新臺云、籧篨不鮮。

釋文、鮮、本或作⿱斯言、沈云古斯字、郭音義云本或作尠。（嚴氏元照匡名、尠、當从是作尟、與鮮通。）

案、說文魚部、鮮、魚名、出貉國。言部、⿱斯言、悲聲也。皆無善義。沈旋作斯得之。斤部、斯、析也。善有解義。（禮學記相觀而善之謂摩、孔疏善猶解也。）解亦析也。（禮經解孔疏引皇氏云、解者、分析之名。）故斯可訓善。說文、善、吉也。禮檀弓吉事欲其折折爾、鄭注引詩好人提提、明提提卽折折、折折以屬吉事、則折折猶析析、析析猶斯斯矣。提提卽折折、故此經斯字本或作尟、斯與折同从斤、尟與湜同从是、可比例而悟也。禮祭法瘞埋於泰折、鄭注折、炤晳也。晳者、晳之隸變。鄭以晳釋折、必亦叚折爲析、可知折之卽析、正猶晳之卽晳耳。說文雨部、𩆵、从雨鮮聲、讀若斯。詩小雅瓠葉篇有兔斯首、鄭箋斯白也。今俗斯白之字作鮮、齊魯之間聲近斯。然則斯之卽鮮、古有的證。白有潔白明白兩義、言其明白爲解析、言其潔白又爲清潔。邢疏就潔白言之、故曰鮮者清潔之善。（荀子王霸篇仁人之所務白也、）

爾雅詁林　一　釋詁上

楊倞注白、明白也。此白有明白義之證。

綝善也 郭注、綝未詳其義。翟氏灝補郭、廣韻綝、繕也。繕之言善也。王氏引之經義述聞、玉篇誄、善言也。洪氏頤煊讀書叢錄、說文綝讀若郴。方言自關而西秦晉之閒凡物之壯大者而愛偉之謂之夏、周鄭之閒謂之嘏、郴、齊語也。義亦與善相近。

案、說文言部無誄、邑部郴、桂陽縣、無善義。破善爲繕、似較得解。然綝之訓繕、亦僅廣韻下平二十一侵韻中一見、他無佐證。竊謂此綝古止作林。林與烝侯此經皆以君釋之、是林與烝侯同義。詩大雅文王有聲篇文王烝哉、釋文引韓詩烝、美也。又鄭風羔裘篇洵直且侯、釋文引韓詩侯、美也。烝侯並有美義、則林亦有美義可知。說文羊部美下曰美與善同意、故此經又以林爲善耳。春秋繁露深察名號篇、君者、元也、昜文言傳、元者、善之長也。荀子王制篇君者善羣也。是君亦本有善義。明乎此、則詁君之林、當更有善義益無可疑。

攻善也 郭注詩曰我車既攻、潘氏衍桐正郭取樓蔚然說、謂攻當爲功、功者善也。

案、說文力部、功以勞定國也。是功無善義。部首、工巧飾也、象人有規矩也。有規矩爲人之善、巧飾爲物之善。引申之則工自當有善義。詩小雅楚茨篇工祝致告、毛傳善其事曰工。此以工爲善之證也。攻從工得聲、訓善之攻其本字實當作工。石鼓文第一鼓第一句之避車既工、卽小雅吉日詩之我車既攻也。故吉日爲宣王田獵之詩、而元和郡縣志金石録諸道石刻録等書並謂石鼓卽宣正大狩時所作詳王氏昶金石萃編一。碻無可疑。

又案、小爾雅廣詁攻、治也。廣雅釋詁三、繕、治也。是攻與繕同有治義。莊子六繕性篇繕性於俗、釋文繕、崔云治也、或云善也。元應音義七正法華經一若善下引三蒼云、繕、治也。繕之言善也。是繕善古通。以善釋攻、猶以繕釋攻也。攻之釋繕、以攻與繕同有治義故也。

穀善也

案、說文禾部、穀、續也、百穀之總名。此本義也。引申之則百穀皆以養人。周禮春官大宗伯職子執穀璧、鄭注穀所以養人。養从羊、必與善之从羊同意。又从食則養必爲食之善者。說文羊部、美、甘也。羊在六畜主給膳也。美與善同意。養之有善義、正猶美之有善義也。穀之有善義、正猶養之有善義也。

又案、周禮天官序官膳夫職注、膳之言善也。今時美物曰珍膳。是膳之从善、正取善義。說文肉部、膳、具食也。文選十九宋玉高唐賦公樂聚穀、李善注穀亦食也。聚食於山阿。穀有食義與膳食之義同。而膳又取善義、則穀之當有善義益無可疑。

董瑞椿補記

瞉善也

錦燧謹案、郝氏義疏謂瞉者張弓之善也。此說非也。蒙謂瞉與下穀字皆慤之假借字、慤瞉穀俱从殼得聲，例得通假。說文心部云，愨，謹也。謹有善義，故引申之訓爲善。詩中無㱿字，而穀旦于差、不我肯穀、以穀我士女毛傳，又式穀似之、曷云能穀、式穀以女、不胥以穀、君子有穀鄭箋，俱云穀，善也。可知下文所云穀，善也，卽釋此毛詩諸句。蒙謂㱿穀聲近，毛詩諸穀字，三家異文或有作㱿者，此則又釋三家詩之㱿也。

陸錦燧日記

省善也。郭云，未詳其義。郝懿行爾雅義疏云，省者察之善也。明察審覛，故又訓善。楷案省之訓善，與鮮同意。鮮者少也，省亦少也。荀子仲尼篇省求多功，楊倞注，省，少也。少者小也。韋昭晉語注、釋名並云，少，小也。小有好義，易中孚釋文引孟喜注云，好，小也。字訓少猶訓小，故鮮與省皆有善義矣。

綝善也。郭云，未詳其義。翟灝爾雅補郭云，廣韻，綝，繕也。詩鄭風序箋、周官繕人注並曰，繕之言善也。據此則綝釋爲善，乃謂備治服器之精善者。王念孫廣雅疏證云，綝，止也。止有安善之義。王引之云，玉篇，綝，善言也。古無𧬉字，故借綝爲之。楷案說文，綝，止也。讀若郴。許書讀若之字，義俱相通。方言，自關而西秦晉之間凡物之壯大者而愛偉之謂之夏，周鄭之間謂之暇，郴，齊語也。郴有大義，故又訓善。詩桑柔箋，善猶大也。大謂之郴，善亦謂之郴，猶大謂之元，善亦謂之元，大謂之介，善亦謂之介也。綝與郴同。說文，琳，美玉也，亦與綝音義同。

徽善也。郭云，詩曰，太姒嗣徽音。楷案說文徽訓衺幅，又訓三糾繩。引申之皆無善義。經典多訓善者，蓋於微聲取義也。徽从微省聲，微从𢼸聲。說文，𢼸，妙也。𢼸爲妙，故凡从𢼸字皆有妙義。文選登徒子好色賦口多微辭，李善注，微，妙也。周禮大司徒一曰媺宮室，鄭注，媺，善也。徽之訓善，正同此例。錢大昕養新錄云，周官之媺，卽說文之娓。案微聲字與尾聲字多通用。故書堯典孳尾，史記作字微。論語微生畝，漢書古今人表作尾生畮。尾旣通微，故尾亦有美善義。詩旄丘瑣兮尾兮，傳，瑣尾，少好之貌是也。又防有鵲巢誰侜予美，釋文引韓詩美作娓，云音尾，美也。皆以聲得義字。

齯齒壽也。郭云，齯齒，齒墮更生細者。楷案，郭以細詁齯，甚合。齯之言兒也，細小之稱也。小魚謂之鯢，莊子外物篇釋文引李注，鯢，小魚也。小鹿謂之麑，韋昭魯語注，鹿子曰麑。小蟬謂之蜺，釋蟲蜺寒蜩，郭注似蟬而小。小垣謂之堄，玉篇引蒼頡篇，堄，城上小垣也。小齒謂之齯，其義一也。經典通作兒，釋名遂謂兒齒，大齒落盡更生細者，如小兒齒也。於義左矣。

稗疏

鮮、善也。

㿝案。鮮從羊故訓善。善亦從羊也。羊者詳也。故凡從羊之字皆有善義。說文誩部譱下云。此與義、美同意。依孫星衍刻宋本。義美亦並從羊也。左僖四年傳孔穎達正義云。美善之字皆從羊。鮮從羊而又從魚。則本指魚之美善者。爾雅但訓爲善。亦不失鮮之本義也。猶初爲裁衣之始。爾雅但訓爲始。亦不失初之本義也。若如陳澧東塾讀書記謂造初字者無形可畫。無聲可諧。故以從衣從刀會意。則不謂初爲裁衣之始。然則造鮮字者亦無形可畫。無聲可諧。故以從魚從羊會意。亦不必指魚之美善者。此亦一通。善者必其物之少者也。下文云。鮮、罕也。又云。鮮、寡也。郭璞注云。謂少鮮少之義。實即由善義而引伸之。鮮引伸義爲少。故與下省字爲一類。說文魚部以鮮爲魚名。而說其形曰從魚羴省聲。又有鱻字云。新魚精也。於是學者以經傳鮮字皆謂其本字當作鱻。郝懿行爾雅義疏亦遂以此鮮爲鱻字之假音。實由其信爾雅不如其信說文耳。夫說文依形解字。宜皆字之本義。然正有不盡是本義者。爾雅固多假字。然其用字之本義者又正不少。此當據爾雅訓善以定鮮字。而訂說文說解之誤。不可援說文以唐突爾雅。且說文於鱻訓新魚精。亦未見必善義也。

段書

儀、若、祥、淑、鮮、省、臧、嘉、令、類、綝、彀、攻、穀、介、徽、善也。

說文「善、吉也、从誩羊、此與義美同意。」案羊、說文訓祥、考工記鄭注則訓善、故从羊之字、皆有美善之意。

儀、非威儀字、說文「儀、度也、」段云：「毛傳曰：『儀、善也、』『儀、宜也、』其義相引伸、」是爾雅之儀乃今所用義之本字。訓爲善者、乃法度之訓之假借也。詩云：「無非無儀、」「儀刑文王、」逸周書寶典篇云：「是謂四儀、」王子晉篇云：「各得其所、是謂之儀、」此皆用儀之本字、可爲爾雅之證。今所謂威儀字、古本作義、是以說文云：「義、己之威義也、」其說本自鄭司農周禮注發之。文王傳云：「義、善也」段玉裁以爲與釋詁「儀、善也、」正同、意謂義爲儀之假借字也。然則孟子云：「義者宜也、」其字作義者、亦儀之假借也。

若、釋言訓順、故有善義。左傳云：「不逢不若、」即不善也。

祥者、李巡云：「福之善、」說文訓福。古通作羊。古之鐘鼎欵識、吉祥字多作吉羊。

淑者、俶之假借字、說文云：「俶、善也、」故淑亦訓善。

鮮爲鱻之假借字、亦見緒言。方言云：「鮮、好也、」詩之「籧篨不鮮、」鄭箋訓爲善、皆假借也。爾雅釋文又云：「鮮、又或作尠。」

省訓善、詩「帝省其山、」禮「省於其君、」毛鄭皆用爾雅義。

令爲靈之假借字、詩「靈雨既零、」箋訓靈爲善。省爲霝、亦爲善。

類、說文云：「種類相佀、唯犬爲甚、」此言犬之相類也。又頪下云：「頪、難曉也、」此泛言事物之相類也。爾雅之類應作頪、自後世用類而頪乃廢。爾雅以類爲善者、段玉裁云：「猶釋不肖爲不善、」說最明確。呂氏春秋重言篇引高宗之言曰：「予恐言之不類也、」高注云：「類善也、」即用雅訓也。類又假作戾賴、經典有用戾賴字爲善之義者、皆類之假音。

綝攻皆治也、此爲繕治之義。詩鄭風序箋曰：「繕之言善也、」夏官繕人注亦同、廣韻以繕釋綝、故綝爲善。詩「我車既攻、」傳即以善訓攻、故攻亦爲善。此綝攻二字、所以皆取繕治之義而訓善也。詩「工祝致告、」傳云：「善其事曰工、」其義一也。

彀者、弓滿也、滿而後發、爲射之法。朱兆錫爾雅注疏參義云：「彀爲圓滿之義、故得爲善。」穀訓善、屢見經傳、禮「於內自稱曰不穀、」謂不善也、典瑞稱「穀圭、」謂善圭也。錢坫云：「彀、射之善也、魯公子彄、字子臧、彄彀同物同音、是其義與从㱿之字皆爲善。如穀、善也、因之通乎彀、老子『侯王自稱孤寡不穀、』河上云；『本作彀、』是彀亦有善義也、」如錢氏說、是彀穀同从㱿、故皆訓善也。

介爲价之假字、說文「价、善也、」詩「价人維藩、」傳用釋詁義解之、此介之本字。

徽者、尚書「愼徽五典、」馬融注云：「徽、善也。」小雅云：「君子有徽猷、」大雅「太姒嗣徽音、」傳箋並解爲美、美亦善也。

爾雅學

儀若祥淑鮮省臧嘉令類綝彀攻穀介徽善也○釋曰 注疏本刪。

清絜之善 注疏本絜改潔。下準此。

詩齊風云射則臧兮 注疏本同。浦鏜云、齊風下當脫猗嗟二字。按、此類係疏文原本如是、非由脫誤。

令問令望 注疏本同。浦鏜改作令聞、云問字誤。按、詩釋文、令聞音問、本亦作問。宋板荀子正名篇引詩作問、與此合。

徽者美善也○注詩曰至常語○釋曰 注疏本刪下八字。

爾雅詁林 一 釋詁上

以禦螭魅注疏本螭作魑。因魅字從鬼，故改螭亦從鬼也。

蓋採合傳文，故云禁禦不若也。閩本、監本、毛本採作釆，云作言，文誤之。正德本作釆，云作云，與此合。

校勘記

餘皆常語雪牕本無餘字。

校勘記訂補

祥者李巡曰福之善也毛本、湘本同。監本者誤孝。

詩曰儀刑文王者毛本、湘本同，監本刑誤形。

注疏校勘札記

二行（注）大姒嗣徽音○原本《玉篇》糸部「徽」下引「音」字下有「是也」二字。

宋監本校箋

儀若祥淑鮮銑音省臧嘉令類綝音嗔穀音叩攻穀介徽善也

音・圖音

綝音嗔 案綝侵韻，徹母字，直音音琛，不誤。今音嗔，入眞韻，非。

穀音叩 案穀古豆翻，音覯，直音不誤。今音叩，誤。

直音正誤

綝敕金翻，音郴。釋文郭敕淫翻，重出。徹母字也。張文敏爾雅注疏考證云集韻音深，或作縿。案此別爲一義。

音略

儀若祥

俶、鮮、省、臧、嘉、令、類、綝、穀、攻、穀、介、徽、善也

仙 騂上聲 琛深、遷 揮

孫偘直音

儀、若、祥、淑、鮮、省、臧、嘉、令、類、綝、穀、攻、穀、介、徽、善也

仙 騂上聲 琛 遷 揮

直音校正

儀若祥淑鮮息淺切省悉井切臧嘉令類綝琛穀古豆切攻穀介徽善也、

楊氏音訓

綝 琛

干氏音釋

舒業順敘也舒業順敘緒也

舒、業、順、敘也皆謂次敘。舒、業、順、敘、緒也四者又爲端緒。

郭注

釋曰、舒業順敘也舒業順敘緒也 敘謂次敘。舒者，展舒徐緩有次也。業者，事有次敘也。順者，不逆有敘也。舒、業、順、敘四者又爲端緒，互相訓也。

邢疏

敘緒也

謂端緒也。史記集解序張守節正義 會六語 韻

孫音注

玉函山房輯佚

舒業順叙緒也

謂端緒也。史記集解序張守節正義

孫音注

黃輯古義

敘緒也

孫曰、謂端緒也。史記集解序張守節正義

漢注

舒業順敘也

郭璞云、皆謂次序。

舒業順敘緒也

爾雅詁林 一 釋詁上

孫炎云、謂端緒也。史記集解序正義　郭璞云、四者又爲端緒。

一切注音

叙緒也　孫炎曰、謂端緒也。史記正義

古注斠

舒業順敍緒也　凡可次敍者、其緒而已。

新義

舒業順敍也謂次敍也。舒業順敍緒也四者又爲端緒。

鄭樵注

舒業順敍也　郭璞曰、皆謂次序。鄭樵曰、謂次序也。
舒業順叙緒也　孫炎曰、謂端緒也。郭璞曰、四者又爲端緒。鄭樵曰、四者又爲端緒。

古注合存

舒業順敍也、舒業順敍緒也、此釋舒業順皆爲敍而轉爲緒之義也。舒之言雍也和也。凡物雍和則有敍、急遽則無敍。業、猶虡業之業、亦有次敍之貌。而絲緒亦以次而出、故又釋爲緒也。

注疏參義

舒業順敍也註皆謂次序　舒業順敍緒也註四者又爲端緒

正義　說文云、敍、次弟也。緒、爲端緒、亦言有次第、其義相承也。○舒業順敍也。○舒者、大雅常武云王舒保作、釋文引毛傳作舒序也。考工記鮑人云則厚薄序也、鄭註序、舒也。轉相訓也。業者、學記云、時教必有正業。順者、左氏宣四年傳云以順則公子堅長、鄭註大射儀云、今文順爲循。釋名云、順、循也、循其理也。鄭註燕禮云、序次第也。○舒業王緒也。○舒通作紓。凡紓軸皆有端緒、故又爲緒也。業者、史記張蒼

傳云緒正律歷、文穎曰緒、業也。是緒業互相爲訓、故下文云緒業事也。順者、士冠禮云、順爾成德。敍者、周頌烈文云、繼序其皇之。天官宮伯云、行其秩敍。史記正義引孫炎云、謂端緒也。

正義

順敘也　月令順彼遠方、呂覽作巡彼遠方。巡與循同。儀禮注、古文循作順。淮南子注、循、順也。

校議

舒業順敍也皆謂次敍　舒業順敍緒也四者又爲端緒

說文云、敍、次弟也。書惇敍九族、鄭注敍、次序也。序卽敍字。經典敍皆通作序也。舒者、釋言云緩也。舒緩與次弟義近。舒之言徐也、徐與敍聲義同。故詩毛傳、舒徐也。常武釋文、舒、序也、一本作舒、徐也。是徐序通、序卽敍也。蓋陸德明本作舒序、孔穎達本作舒徐、陸據爾雅、其義爲長。正義乃據舒徐之本、而以定本作舒序爲非、謬矣。舒、通作荼。考工記弓人云斲目必荼、鄭衆注云荼讀爲舒。舒、徐也、徐亦敍矣。業者、大版、又篇卷也。版作鋸齒捷業相承、篇有部居、後先相次、皆有敍義。孟子云有業屨、趙岐注業、次業也。蓋謂作之有次敍矣。順者、說文云理也。釋名云、順、循也、循其理也。通作循。大射儀云順左右隈、鄭注今文順爲循。又通作訓。書于帝其訓、史記宋世家作于帝其順。法言問神篇云、事得其序之謂訓。訓卽順也。○緒者、與敍聲義同。說文云、緒、絲耑也。蓋有耑緒可以次敍、故敍又訓緒也。緒敍古通用。莊子山木篇云食不敢先嘗、必取其緒、釋文緒、次緒也。次緒卽次敍、是其字通矣。舒業順、皆可以義求。下文云緒業事也、順繹陳也、繹訓抽絲、與緒義相成。緒業皆訓事、事有耑緒可陳敍、又與敍義合也。

義疏

舒豫業順敍也郭注皆謂次序　舒業順馴敍徐序緒也孫注、謂端緒也。郭注、四者又爲端緒。以此明詁訓轉相生義也。舒舍同字、舍卽余也、字亦作荼。考工記斲目必荼、說文以余從舍省、舍居、余我、舒徐、意相成也。書今惟淫舍、又洪舒于民、記曰凡事豫、皆謂次序之。下云舒緩也、又从序而分別其意。

業既爲大、又以習業事、事爲爲序。易傳、進德修業。記、敬業樂羣。業爲事、事爲序也。順古坤字。易地勢巛。伛順。因人而加頁。堯典克明馴德、五品不馴。敘序緒經字通用。說文、敘、次弟也。序、東西牆。緒、絲耑。書惇敘。時敘。丕敘。攸敘。其敘。史記皆伛序。周官秩敘、置其敘、六敘、又、掌官敘以治敘、皆業敘字。又序哭、序其祭祀字伛序。皆順序字。又功緒、則緒端字。又視祲八曰序易傳易之象也本皆伛易之序、則序豫字又伛象也。小司寇敘進、字當伛序、改者未盡耳。詩繼序、傳緒也。纘禹之緒業也。亦自有分。記無敘緒字、皆用序。序從或爲豫從、序點或爲徐點、故禮經無敘緒也。公食序進、次弟之意、注以爲更。燕大射序進則云次弟、是當伛緒也。今文敘緒一字、故疊釋之。詩常武三事就緒、又王舒保伛、二文相成。或以舒徐爲緒。要緒之、不敘可爲緒、緒不可爲敘。

集解

舒業順敘也

伸 舒、

也。从舍从予予亦聲。正字爲敘。敘、舒疊韻。詩常武王舒保作、釋文舒、序也。禮記射義徐點揚觶而語、或作序點。中庸凡事豫則立。下經、豫敘也。以徐豫爲之。業、大版也。版作鋸齒、捷業相承而有次敘、故引申爲敘。晉語則民從事有業、注業猶次。孟子有業屨於牖上、注業次業。均是也。禮記學記敬業樂羣。敬業敬其事其亦有敘謂與順、理也。从頁从巛巛亦聲。引申爲敘。左宣四傳以順則公子堅長、謂順敘也。書堯典五品不馴、左文十一傳國人弗徇、法言問神事得其序之謂訓、以馴徇訓爲之。敘、次弟也。从攴余聲。書堯典、百揆時敘。周禮司書以敘其財、注猶比次也。經典多用序。易艮言有序、文言與四時合其序、詩序賓以賢、儀禮序進、皆同敘、而有次第意也。

舒業順敘緒也

上釋舒業順爲敘、此復釋舒業順敘爲緒、轉注義也。易豫彖傳雷出地奮豫、豫即舒雷之始動耳。易進德脩業、記敬業樂羣、均謂緒事。書堯典克明馴德、馴即順、亦緒事也。洛誥睽厥攸灼敘、弗其絕、孫疏以爲端緒。詩閔予小子繼敘思不忘、今本作序、傳序緒也。作事言也。緒、絲耑也。下經云事也。

義證

舒業順敘也

註皆謂次序補正邢疏、舒者、展舒徐緩有次也。業者、事有次敘也。順者、不逆有敘也。

舒業順敘緒也

註四者又爲端緒補正邢疏互相訓也。

郭注補正

舒業順敘也舒業順敘緒也

邢疏云、敘謂次敘。舒者、展舒、徐緩有次也。召南野有死麕舒而脫脫兮、大雅常武王舒保作、毛傳竝云舒、徐也。彼釋文云、舒、序也、一本作舒、徐也。徐序二字古蓋通用。大雅江漢匪安匪舒、舒亦與徐遲義同。陳風月出舒窈糾兮、傳云舒、遲也、徐遲一義、謂有次序不亂也。業者、說文云、大版也、所以飾縣鐘鼓、捷業如鋸齒、以白畫之、象其鉏鋙相承也。引詩曰巨業維樅。案、鉏鋙相承、有次敘之象。大雅靈臺虡業維樅、傳云業大版也。周頌有瞽設業設虡、傳云業大版也。所以飾栒爲縣也。捷業如鋸齒。捷業即次敘之義也。凡人肄業修業、各有次弟漸進之義、故業訓爲敘。晉語韋注云、業猶次也。次即敘也。言順者、說文云理也。理謂條理文理。釋名云、順、循也。循其理也。鄭風女曰

爾雅詁林 一 釋詁上

雞鳴知子之順之、大雅皇矣克順克比、順帝之則、抑四國順之、桑柔維彼不順、魯頌泮水順彼長道、皆順敘之義也。四者又爲端緒、廣其義也。說文、緒、絲耑也。敘與序同。周頌閔予小子繼序思不忘、傳云序、緒也。烈文繼序其皇之、箋謂序爲次序、皇爲君、非也、謂能繼其緒而大之也。大雅常武三事就緒、魯頌閟宮纘禹之緒、商頌殷武湯孫之緒、傳箋竝云緒、業也。

說詩

業

釋器、大版謂之業。孫炎曰、業所以飾栒、刻版捷業如鋸齒也。毛傳、業大版也。所以飾栒爲縣也。縣、樂縣也、刻爲鋸齒以縣編鍾編磬。六律六閒皆有次敘、周語所謂律呂不易無姦物也。變易則姦物、故訓爲敘。訓爲緒者、尋其所縣之緒、則知孰爲黃鍾、孰爲大呂矣。

小箋

業敘也

引之謹案、齊語曰、脩舊法擇其善者而業用之、言擇舊法之善者而次敘用之也。韋注、業猶創也、失之。晉語曰信於事則民從事有業、韋注業猶次也。次亦敘也。邵引學記時教必有正業、失之。正業之業不得訓爲敘。

述聞

舒業順敘也舒業順敘緒也

匡名

敘通序。詩周頌閔予小子繼序思不忘、傳序、緒也。正義曰釋詁文。

舒業順敍也舒業順敍緒也 說文、敍、次弟也。又緒、絲耑也。抽絲者得緒而可引、故又爲端緒、義相承也。舒、伸也、从舍予予亦聲、一曰舒緩也。大雅王舒保作傳、舒序也。鄭註序舒也。國語則民從事有業、註業、序也。順、理也、从頁巛。左襄四年傳以順則公子堅長、註順、序也。○舒通作紓。凡紓軸皆有端緒、故又爲緒也。史記張蒼傳緒正律歷、文頴曰緒、業也。是緒業互相爲訓。士冠禮、順爾成德。周禮、行其秩敍。

啓蒙

舒業順叙也

邢疏云。叙謂次敍。

叙也者。說文。叙。次弟也。从攴余聲。叙次弟者。凡事豫則立。謂先爲規摹。次弟行之。此備豫之本字。書皋陶謨惇叙九族。鄭注云。叙次也。通作序。易繫辭傳易之序也。釋文引京注云。序次也。書舜典百揆時叙。史記五帝紀作百官時序。禹貢三苗丕叙。史記夏本紀作三苗大序。是也。又通作豫。釋言。豫。叙也。晉語豫而後給。韋解云。豫。備也。荀子大略篇先患慮患謂之豫。又通作謝。管子輕重丁篇故君謹守泉金之謝物且爲之舉。章先生曰。謝讀爲豫。鄉射禮豫則鉤楹內。鄭注云。豫。讀爲成周宣謝災之謝。是豫謝得通。左成九年傳備豫不虞。是豫者先事而備具之謂。義與儲同。故漢書何並傳注。儲。豫備也。以將舉用之故謹守諸貨之儲。以上章先生語見管子餘義

舒者。說文。舒。申也。从舍从予予亦聲。一曰舒緩也。奄字說解云。申。展也。方言東齊之間凡展物謂之舒勃。論語申申如也。馬注云。申申。和舒之貌。申展和舒則不夌躐急遽。故有次弟義。詩大雅王舒保作。釋文引毛傳舒序也。周禮考工記鮑人卷而摶之而不迆。則厚薄序也。鄭注云。序。舒也。邵疏云毛傳舒序鄭注序舒轉相訓也 通作豫。書洪範曰豫恆燠若。鄭王本及史記漢書並作舒。

業者。說文。業。大版也。所以飾縣鐘鼓。捷業如鋸齒。以白畫之。象其鉏鋙相承也。从丵从巾。巾象版。詩曰巨業維樅。釋名云。簨之版曰業。刻爲牙。捷業如鋸齒也。釋器孫注云。業所以飾栒。刻版捷業如鋸齒也。業有齒相捷。業亦爲次弟。業有先義。史記留侯世家索隱業猶本先也 叙爲備豫。亦有先義也。史記留侯世家良業爲取履。索隱云。業。猶本先也。言先則有後。

故亦爲次弟也。孟子有業屨，趙注云，業，織之有次業而未成也。郝疏云，業次業，蓋謂作之有次叙矣，是也。

順者，說文，順，理也。从頁从川。順愻義同。禮記學記不陵節而施之謂孫，孫卽愻也。說文愻，順也。愻爲不陵節而施，則順亦爲不陵節而施矣。不陵節而施，斯有次弟矣。釋名云，順，循也，循其理也，是也。詩大雅克順克比，傳云，慈和徧服曰順。徧服非一時之事，則亦有先後之次矣。宣四年左傳以順則公子堅長，謂兄弟之叙長幼有次也。通作訓。書洪範于帝其訓，史記宋世家作于帝其順。法言問神篇事得其序之謂順。廣雅，訓，順也。又通作循。儀禮大射儀順左右隈，鄭注云，今文順爲循。莊子天下篇己之大順，釋文云，順本作循。

舒業順叙緒也

邵疏云，緒爲端緒，亦言有次弟也。

緒也者，說文，緒，絲耑也。从糸，者聲。者，訓別事詞，从白𣥂聲，𣥂，古文旅字。釋詁，旅，陳也。故緒亦有次叙義。莊子山木篇食不敢先嘗，必取其緒，釋文，緒，次緒也，是其徵。舒業順叙四字，郭云，四者又爲耑緒。案郭氏此注本之孫炎。孫注云，謂端緒也。然緒亦言次叙，以叙緒別字，故別言之，以有耑緒義，故別條焉。

舒者，訓緒之義不見經典，意爲余字之借。說文，余，語之舒也。蓋在始語時用之，有更端之意。左傳小白余敢貪天子之命無下拜，杜注云，余，身，疑未塙。章先生曰，說文，曾，詞之舒，余，語之舒也，从八，舍省聲。曾余同義，故余亦訓何，通借作舍。孟子滕文公篇舍皆取諸其宮中而用之，猶言何物皆取諸其宮中而用之也。晉書元帝紀帝既至河陽，爲津吏所止，從者宋典後來，以策鞭帝馬而笑曰，舍長官禁貴人，女亦被拘邪。舍字斷句，猶言何事也。亦有直作余者，春秋左氏傳曰，小白余敢貪天子之命無下拜，猶言小白何物也。今通言曰甚麼，舍之切音也。川楚之間曰舍子，江南曰舍，俗作啥，本余字也。歌戈魚模麻相轉，甚舍齒音旁紐相通，故甚麼得爲舍之切音。又云，舒，伸也，从予，舍聲。依段正。一曰舒緩也，與此余義略同。以上章先生語，見新方言。舒余皆舍聲，故相通。

業者，廣雅，端緒，業也。齊語擇其善者而業用之，韋解云，業猶創也。史記大史公自叙項梁業之，子羽接之，言項梁初創業也，創卽造端矣。史記張蒼傳緒正律歷，文穎云，緒，業也。此云業緒，是互相爲訓也。

順者，儀禮士冠禮始加，祝曰，令月吉日，始加元服，棄爾幼志，順爾成德。鄭注云，既冠爲成德。然則順爾成德，謂始爾成德也，猶言爾之成德造端於是也。

叙者，周禮小司寇以叙進而問焉，鄭注云，叙，更也。更亦謂更端也。通作序。詩周頌繼序思不忘，傳云，序，緒也。

本字考

舒、叙也。舒攄聲近、故淮南脩務注攄、舒也。攄又通作臚、史記司馬相如傳攄之無窮、徐廣曰、攄一作臚、爾雅此文舒叙也、釋言臚、叙也、是舒、攄、臚三者互通。

業、叙也。業、捷業如鋸齒、其物有叙、引申訓叙。

黃侃音訓

業敘也　郭注皆謂次敘

案說文攴部、敘、次弟也。釋名釋典藝二十、敘、杼也、杼泄其實宣見之也。是敘有次弟義、而杼泄以見之典藝者亦謂之敘。此經舒順與業並以敘爲釋、實則舒順之敘爲次弟之敘、而業之爲敘則典藝之敘也。說文丵部、業、大版也、所以飾懸鐘鼓、捷業如鋸齒、以白畫之、象其鉏鋙相承也、从丵从巾、巾象版。此業之本義也。引申之、則築牆之版、書冊之版、亦皆得曰業。此經釋器大版謂之業、郭注築牆版也。爲築牆版謂業之證。禮曲禮上請業則起、鄭注業謂篇卷也。又、學記時教必有正業、孔疏正業謂先王正典。爲書冊版謂業之證。業爲書冊版、故雅以典藝之敘釋之。且管子襍篇弟子職曰、受業之紀必由長始。是受書冊版之始、亦未嘗不有次弟也。

舒業順敘緒也　郭注四者又爲端緒

案古逸本玉篇糸部緒下引此經舒業敘從緒也、郭璞曰謂端緒也。與今本爾雅不同。詩魯頌泮水篇順彼長道、鄭箋順、從。禮樂記率神而從天、鄭注從、順也。

是從順二字本可互訓。今本敘上有順，古本敘下有從，文雖異義實同也。據郭注四者又爲云云，知郭所見爾雅正同今本。否則敘也條有順無從，若此順作從，則郭當云三者又爲，不當云四者又爲也。此其證也。

敘緒也 詩周頌閔予小子篇繼序思不忘，毛傳序，緒也。孔疏釋詁文。

案說文糸部，緒，絲耑也。广部，序，東西牆也。是序義與緒義不合。毛公所見爾雅敘作序，葢以序爲杼字之叚耳。說文木部，杼，機之持緯者。持緯者杼之本義。引申之則持緯自有絲耑義在。尚書大傳諸侯疏杼，鄭高密注杼亦牆也，兹引見禮書卷四十三。書叚序爲杼，猶叚杼爲序矣。

董瑞椿補記

舒、業、順、敘、緒也。

敘、說文「次第也、」經典多通作序。舒者、釋言舒訓緩、毛傳訓徐、緩徐義近敘；考工記注、釋序爲舒可證。業者、說文云：「業、大版、所以飾縣鐘鼓、捷業如鋸齒、」捷業、所以形容其次第排列之貌、故其字从丵、而義爲敘、齊語曰：「修舊法、擇其善者而業用之、」業用、王引之謂「次序用之」也。順爲敘者、說文釋敘爲理、循理必有次敘。此舒業順所以訓敘也。

緒、說文「絲耑也、从糸、从者；」引伸爲凡事之耑緒解。敘緒聲義同、故通用。事之有次敘者、自有耑緒可尋、故敘業順敘、皆訓緒。

爾雅學

皆謂次敘 雪牕本同。注疏本敘改序。

舒業順敘也舒業順敘緒也〇釋曰 注疏本刪。

校勘記

三行舒業順敘緒也（注）四者又爲端緒〇原本《玉篇》「緒」下引「《爾雅》：

舒、業、敘、從，緒也。郭璞曰：「謂端緒也。」「從」字似誤。

宋監本校箋

舒業順敘也謂次第**舒業順敘緒也**四者又爲端緒

楊氏音訓

怡懌悅欣衎喜愉豫愷康妉般樂也悅懌愉釋賓協服也

怡、懌、悅、欣、衎、喜、愉、豫、愷、康、妉、般、樂也。皆見詩。悅、懌、愉、釋、賓、協、服也。皆謂喜而服從。

郭注

怡懌悅欣衎喜愉豫愷康妉般樂也 釋曰、皆謂喜樂。怡者、和樂也。小雅節南山云、既夷既懌。怡夷音義同。懌者、悅樂也。商頌那篇云、亦不夷懌。悅者、心樂也。小雅都人士云、我心不說。悅說音義同。欣者、笑喜之樂也。大雅鳧鷖云、旨酒欣欣。毛傳云、欣欣然樂也。衎者、飲食之樂也。小雅南有嘉魚云、嘉賓式燕以衎。喜者、說文云、不言而悅也。小雅彤弓云、中心喜之。愉者、安閒之樂也。唐風山有樞云、他人是愉。毛傳云、愉、樂也。豫者、逸樂也。小雅白駒云、逸豫無期。愷者、康樂也。小雅魚藻云、豈樂飲酒。康者、安樂也。唐風蟋蟀云、無以大康。妉者、樂之久也。小雅鹿鳴云、和樂且湛。又衞風氓篇云、無與士耽。鄭箋云、耽非禮之樂。般者、遊樂也。周頌篇名也。鄭箋云、般、樂也。注皆見詩 釋曰、郭以爾雅之作多爲釋詩、且詩中備有此文、故云皆見詩。其實六經之中所訓亦爾。但以詩書之作、作非一人、故有音義雖同而字形踳駮者、詩文作湛耽、而此作妉、詩文作夷說豈槃、而此作怡悅愷般之類、直以異人之作、故不同爾、無義例也。他皆放此。悅懌愉釋賓協服也 釋曰、皆謂喜而服從也。悅懌愉者、皆喜樂而服也。釋者、釋去恨怨而服也。賓者、懷德而服也。旅獒云、四夷咸賓。協者、和合而服也。左傳曰、謀其不協。

邢疏

怡懌樂也

郭璞曰，怡心之樂也。懌，意解之樂也。衆經音義二又十三。案此似舍人李巡語，義非郭注。

郭音義

怡懌樂也

怡，心之樂也。懌，意解之樂也。一切經音義案卷二卷十三作。郭注義誤。

愷康般樂也

文選琴賦注引爾雅作愷慷樂也。東都賦鶡鷃賦注竝引爾雅作盤樂也。

衆家注

黃輯古義

怡懌樂也

注曰怡心之樂也懌意解之樂也一切經音義一按卷二卷十三作郭注義誤

漢注

怡懌樂也舊注曰，怡，心之樂也。懌，意解之樂也。一切經音義一

般

蕙心案文選東都賦及鶡鷃賦注並引爾雅作盤樂。今本作般。說文昪，喜樂貌，正字也。隸省作弁。詩小弁毛傳，弁，樂也。通作般，假作盤。書無逸篇，文王不敢盤于遊田。

康樂也

蕙心案，文選琴賦注引爾雅作愷慷樂也。

鈎沉

怡以之反。懌音亦。衎苦旦反。愉羊朱反。愷苦在反。妉丁含反。般蒲安反。樂也音洛。協胡頰反。

陸音義

怡懌悅欣衎喜愉豫愷康妉般樂也

悅有稅舍，欣有界辨。妉沈矣，愉或偷焉。詩先是愉，後是保，以此。

悅懌愉釋賓協服也

悅懌愉誠服也。釋、賓、協，服之而服。

新義

怡懌悅欣衎喜愉豫愷康妉般樂也

悅懌愉釋賓協服也皆謂悅服也。釋，無憾也。賓，懷德也。

備見經典。妉通作耽。

鄭樵注

怡懌悅欣衎喜愉豫愷康妉般樂也

郭璞曰，皆見詩。按，衆經音義引舊注有云，怡，心之樂也。懌，意解之樂也。二義未知誰氏之注。

鄭樵曰，備見經典。妉，通作耽。

悅懌愉釋賓協服也

郭璞曰，皆謂喜而服從。

鄭樵曰，皆謂悅服也。釋，無憾也。賓，懷德也。

古注合存

怡懌悅欣衎喜愉豫愷康妉般樂也。欣忻同，妉耽同，亦作湛。般音盤，樂音洛。○此釋怡懌以下皆樂之義也。疏曰，衎者，說文云，不言而悅也。妉者，樂之久也。般，遊樂也。愚按，喜、豫、康，形於外，餘皆存於中。妉、般則過矣。

悅懌愉釋賓協服也。此又釋悅懌以下皆服之義也。註曰，皆謂喜而服從。疏曰，釋者，解怨而服。賓者，懷德而服。協者，合志而服也。

注疏參義

怡夷通。妉湛耽通。弁槃通。

補注

怡懌悅欣衎喜愉豫愷康妉般樂也【注】皆見詩悅懌愉釋賓協服也【注】皆謂喜而服從【正義】釋名云、樂、樂也。使人好樂之也。此釋悅樂之義、又轉爲相悅服也。○怡懌至樂也。○怡者、說文作㠯、說也。史記集解引今文尚書云、舜讓于德不怡、史記作不懌、是也。懌者、文王世子云、其成也懌、衆經音義引舊註云、怡、心之樂也。懌、意解之樂也。悅者、說文云、說、說釋也。益象傳云、民說無疆。經傳通作說。孟子本作悅、後世隸體字也。欣者、孟子云、舉欣欣然有喜色。衎者、說文云、衎、衎喜皃。漸六二云、飲食衎衎。喜者、說文云、喜、樂也。又云、憙、說也。愉者、聘禮記云、私覿愉愉焉。荀子王霸篇云、安重閒靜莫愉焉。楊倞註、愉、樂也。豫者、雜卦傳云、豫、怡也。虞翻註豫薦樂祖考、故怡。鄭康成云、豫、行出而喜樂之意。愷者、說文云、愷、康也。康者、盤庚云、無傲從康。妉者、說文作媅、樂也。詩釋文引韓詩云、妉、樂之甚也。般者、孟子云、般樂怠敖、皆言樂也。○悅懌至服也。○悅又爲服者、召南草蟲云、我心則說、毛傳說、服也。孟子云、弔者大悅、謂弔者皆心服也。懌者、小雅節南山云、既夷既懌、毛傳懌、服也。愉與諭通。穀梁僖三年傳云、諸侯皆諭乎桓公之志。釋者、顧命云、王不懌、釋文云、馬融本作不釋。案、古字懌皆作釋。莊子齊物論、南面而不釋然、說文云、釋、解也。史記多作醳、是釋爲本字、醳爲或體字、懌爲別體字也。賓者、虞翻易註引詩云、莫敢不來賓、楚語云、其不賓也久矣。又通作嬪。說文云、嬪、服也。鄭註天官云、故書嬪作賓。協者、左氏僖二十六年傳云、謀其不協。協與賓義同、故鄭註樂記云、賓、協也。【注】皆見詩

○【正義】商頌那云、亦不夷懌、毛傳夷、說也。夷怡音義同。邶風靜女云、說懌女美、鄭箋說懌當作說釋。大雅鳧鷖云、旨酒欣欣、毛傳欣欣然樂也。商頌那云、衎我烈祖、大雅崧高云、周邦咸喜、唐風山有樞云、他人是愉、小雅白駒云、逸豫無期、魚藻云、豈樂飲酒、邶風云凱風自南、愷豈凱古通用、唐風蟋蟀云、無以太康、小雅鹿鳴云、和樂且湛、鄭箋湛、樂之久也。衛風氓云、無與士耽、鄭箋耽、非禮之樂。妉湛耽音義同。般、周頌篇名、鄭箋般、樂也。舊疏云、郭以爾雅之作多爲釋詩、且詩中備有此文、故云皆見詩。其實六經中所訓亦爾。

【正義】

愷樂也　玉案、釋言愷悌發也。孫李皆訓愷爲明、服虔曰哀生於晦、樂生於明、此其義也。

懌服也　玉案、方言、悛懌、改也。廣雅、悛懌、改更也。訓懌爲改、與服從之義亦協。

【校議】

怡懌悅欣衎喜愉豫愷康妉般樂也皆見詩**悅懌愉釋賓協服也**皆謂喜而服從

釋名云、樂、樂也、使人好樂之也。一切經音義二引蒼頡篇云、樂、喜也。喜樂互相訓也。怡者、台之叚音也。說文云、台、說也。書祇台德先、鄭注敬悅天子之德既先。史記自序云、虞舜不台、索隱曰、台音怡悅也。又諸呂不台、徐廣注台怡懌也。通作怡。說文云、怡、和也。和樂義近。故一切經音義一引爾雅舊注曰、怡、心之樂也。史記集解徐廣引今文尚書作舜讓于德不怡、索隱引古文作不嗣、今文作不怡。怡與夷聲近。釋言云、夷、悅也。懌者、五帝紀云、舜讓於德不懌。詩辭之懌矣。禮記文王世子云、其成也懌。鄭注懌、悅懌。一切經音義一引爾雅舊注曰、懌、意解之樂也。通作繹。詩庶幾說懌、釋文懌本又作繹。辭之懌矣、說苑善說篇作辭之繹矣。悅者、古作說。說文說、釋即悅懌也。經典悅說通用。故顏氏家訓書證篇云、以說爲悅。通作兌。文王世子樂記緇衣鄭注竝云、兌當爲說。書說命釋文說本亦作兌。是兌說通。易說卦云、兌、說也。蓋兌从台聲、與說相轉、此古音也。故古通用矣。欣者、說文云、笑喜也。喜亦樂也。通作訢。說文云、訢、喜也。樂記云、天地訢合、鄭注訢讀爲憙。釋文訢一讀依字音欣、是也。又通作忻。史記周紀云、姜原見巨人跡、心忻然說、欲踐之。爾雅釋獸釋文、欣本或作忻。衎者、說文云、衎、喜皃。廣雅云、衎、衎和也。和樂義近。通作侃。論語云、侃侃如也。孔安國注侃侃和樂貌也。喜者、通作憙。說文云、憙、說也。史記漢書喜多作憙。地理志聞喜、劉寬碑陰作聞憙。又通作僖。說文云、僖、樂也。又通作熙。書庶績咸熙、文選劇秦美新作庶績咸喜、李善注喜與熙古字通。又通作嬰。說文云、嬰、說樂也。愉者、通作媮。詩他人是愉、地理志作它人是媮。文選諷諫詩云、我王以媮、李善

注媮與愉同、樂也。又通作俞。聘禮記愉愉、釋文作俞俞。廣雅云、喻喻、喜也。莊子天道篇釋文引作俞俞、喜也。聲近娛。說文云、娛、樂也。又近虞。白虎通云、虞者、樂也。豫者、一切經音義十三引蒼頡篇云、豫、佚也。佚亦樂也。易雜卦云、豫、怠也。釋文引虞翻作豫、怡也。通作預。玉篇云、豫、或作預。又通作與。一切經音義十九云、豫、古文作與。儀禮注云、古文與作豫。又通作譽。呂覽孝行篇云天下譽。高誘注譽、樂也。愷者、說文兩見。豈部云、愷、康也。心部云、愷、樂也。通作凱。禮記凱弟君子、鄭注及文選吳都賦注竝云、凱、樂也。又通作豈。詩孔燕豈弟、豈樂飲酒、傳箋竝云、豈、樂也。釋文俱云、豈、本亦作愷。孔子閒居及表記釋文、凱、本亦作愷。又作豈。康者、逸周書謚法篇云、康、安也。安樂義相成、故又云豐年好樂曰康、安樂撫民曰康、令民安樂曰康。通作慷。文選琴賦云、心慷慨以忘歸、李善注引爾雅作愷慷、樂也。案、慷、說文作忼、云忼慨也。文選注引爾雅僭作愷慷、然則慷慨倒轉、卽愷康矣。妣者、說文作媅、云樂也。通作妣。華嚴經音義上云、聲類媅作妣。一切經音義四云、媅、古文妣同。又通作湛。方言云、湛、安也。安亦樂也。詩子孫其湛、和樂且湛、傳箋竝云樂也。常棣釋文引韓詩云、湛、樂之甚也。又通作耽。一切經音義二引國語注云、耽、嗜也。嗜亦樂也。詩無與士耽、中庸引詩和樂且耽、毛鄭竝云耽、樂也。鹿鳴常棣釋文竝云、湛、又作耽。葢耽湛陸俱都南反、湛亦音沈、沈亦音耽、竝古音通轉。故史記陳涉世家云、夥頤、涉之爲王沈沈者、文選西京賦及魏都賦竝作耽耽、李善注沈與耽音義同。詩荒湛于酒、漢書五行志作荒沈于酒。皆其證也。般者、昪之段音也。說文云、昪、喜樂皃。省作弁。詩小弁傳、弁、樂也。通作般。詩般箋、般、樂也。又通作槃。考槃傳、槃、樂也。又作盤。書文王不敢盤于游田、文選東都賦及鷦鷯賦注竝引爾雅作盤、樂也。○悅懌愉旣訓樂、又訓服者、服之言伏也。喜樂之至轉爲屈伏。義相成也。下文云服、事也。通作伏事。故文選吳王郎中時從梁陳下詩云、誰謂伏事淺、李善注服與伏同。古字通。是其證矣。悅訓服者、孟子所謂中心悅而誠服是也。詩我心則說、毛傳說、服也。懌則詩云旣夷旣懌、毛傳懌、服也。愉之爲言輸也。又言諭也。輸寫其誠、諭其志意、皆爲屈伏之至、故愉訓服矣。釋者、說文云解也。解、散與輸寫義近。釋訓服者、梅書大禹謨及左氏襄廿一年傳竝云、釋茲在茲。釋宜訓服、與念茲義近、僞孔訓釋爲廢、杜預訓釋爲除、竝非也。且念茲釋茲、與名言允出、文俱匹對、義分淺深、何故釋茲獨訓廢除。文義俱舛、證知釋服之訓當從爾雅矣。賓者、嬪之段音也。說文云、嬪、服也。釋親云、嬪、婦也。婦亦服、故說文云、婦、服也。通作賓。周禮大宰注云、嬪故書作賓。說文云、賓、所敬也。敬服義亦相成。故易集解虞翻注引詩曰莫敢不來賓。賓、卽訓服。楚語云其不賓也久矣、韋昭注賓、服也。史記司馬相如傳故遣中郎將往賓之、索隱引賈逵云、賓、伏也。伏亦服也。樂記諸侯賓服、注賓、協也。協亦服矣。協者、下文云和也。和說義近、故亦訓服。

義疏

怡懌悅欣衎喜愉豫愷康妣般樂也悅懌愉釋賓協服也

欣者、說文云笑喜也。喜亦樂也。通作訢。說文云、訢、喜也。樂記云、天地訢合。鄭注訢讀爲熹、非。釋文訢一讀依字音欣、是也。

念孫案、文韻與之韻古音互相轉。訢之讀爲熹、亦猶曹公子欣時、公羊作喜時也。韓詩外傳八景公嘻然而笑、卽欣然而笑。此古音古義也、不可駁。

釋者、說文云解也。解散與輸寫義近。釋訓服者、書訓大禹謨及左氏襄廿一年傳并云、釋茲在茲。釋宜訓服、與念茲義近、僞孔訓釋爲廢、杜預訓釋爲除、竝非也。且念茲釋茲、與名言允出、文俱匹對、義分淺深、何故釋茲獨訓廢除。文義俱舛、證知釋服之訓當從爾雅矣。

念孫案、釋之訓服、仍是悅服之義、非釋茲在茲之釋。

郝注刊誤

怡台懌釋悅說欣訢衎喜熙愉愈豫愷豈康妣耽般弁樂也

舊注、懌、意解之樂也。怡、心

爾雅詁林　一　釋詁上

之樂也。郭注、皆見詩。**悅懌愉**輸**釋賓**嬪**協服也**郭注、皆謂喜而服從。怡怠一字。易謙輕而豫怠、虞氏作豫怡。書舜讓于德不怡、史記作台。又、祇台德先。皆喜說之意、不可云樂。樂象木縣鐘磬、舞蹈發越、大喜爲樂也。懌繹皆釋字。增加目捕罪人、采而釋之。詩辭之懌矣、庶幾悅懌、或皆作繹。記、其成也懌。語說而不繹。說从兌、兌从人谷。谷水半見爲澤、澤亦釋也。兌澤說釋悅懌一字耳。周官、達萬民之說。易、乃徐有說。記、游於說。又、孰能說之。又、而民說。語近者說。書王不懌、馬作不釋。說釋、今又作脫舍。詩女反說之。易輿說輹。記說又作稅。釋又作舍也。欣喜一聲之轉。說文欣、芺喜也。訢喜也。記、天地訢合。詩旨酒欣欣、斤無喜義、直音同耳。衎从行干、說文喜皃。易飲食衎衎、蓋以行得至于爲喜。記飲食衎爾。詩烝衎烈祖。字又作侃、从川信、說文剛直也。孔安國注論語云、侃侃和樂皃。喜从壴口。後或加心、加人。說文憙說也。信樂也。易、勿藥有喜。書惟喜康共。記所以飾喜也。又、喜怒哀樂。喜因心、樂因事也。愉从俞、刳舟中空、卽搖字也。書以爲詩荅之詞。記、人喜則斯陶、詠斯繇。詩、他人是愉。記私覿愉愉焉。又、必有愉色。豫卽舒也。易奮豫先王以作樂。讀豫爲踊、春秋傳豫爲文公諱、作踊是也。書有疾不豫、字又作忬。豫州元命苞云、豫之言序也。詩匪安匪舒。又、無敢戲豫。又豈弟君子記引作凱。又孔燕豈弟、字亦作愷。周官、愷樂獻于社。康、米皮、从庚米、篆加禾作穅、俗字也。康本豐年之稱、米相庚續、後以穀糈爲康、則專取空聲、別作穅字、乃反以穅爲正義焉。書庶事康哉。易康侯。詩無已大康。李善引爾雅愷慷、从愷加心也。說文忼慨、憂憤之意。今或作慷慨。妉詩作耽、亦作沈湛。冘从人出冋、故爲耽久。甚从甘匹、亦久樂之。書湛樂、或皆作耽樂。詩士之耽兮。又、和樂且湛。又荒湛于酒、漢書作荒沈。說文有媅無妉、妉葢今文也。般从殳舟、游之樂也。字亦作弁、忭。詩弁彼鸒斯。又、考槃在澗。書盤于游田。般與服、同意。服从舟艮、本取制御、因爲服從、悅服之義。下云服事、又以服從生義、轉爲衣服也。服有數義、與樂同者、悅懌愉釋、與樂近者、賓協也。詩我心則說。又、亦不夷懌。書禹曰俞哉。記、男唯女俞。詩、庶幾說釋。樂記、諸侯賓服。說文、賓所敬也。从宀丏貝、面用貝於宀下也。協从十劦、劦卽脅也、以力劦而服之。書率怠弗協。詩、游環脅驅。下云、協、和也。

集解

怡懌悅欣衎喜愉豫愷康妉般樂也

怡、和也、从心台聲。與下形上聲之怠別、與嬰畀同。引申爲樂。書金縢公乃爲詩以貽王、鄭貽作怡、悅也。禮記內則下氣怡色、周語有慶未嘗不怡、注均云怡、說也。楚辭哀郢心不怡之長久兮、注怡、樂說也。文選歎逝賦神何適而獲怡、舞賦餘日怡蕩、月賦不怡中夜、注均云怡、樂也。書禹貢祗台德先、鄭注敬說天子之德既先。史記自序虞舜不台、索隱台悅也。下經、夷悅也。孟子施施從外來、注喜悅之皃。前漢書楊雄傳易幽岐之夷乎、李奇曰易、樂也。吳語不自安恬逸、注逸、樂也。以台夷苑易逸爲之。懌字本作繹、抽絲也。从糸睪聲。正字爲釋。釋、解也。凡人心有不釋則不樂、解則樂矣。懌繹古今字、繹釋通用字。詩那亦不夷懌、箋云言說懌也。禮記文王世子其成也懌、注懌、悅也。書康誥予一人以懌、孫疏懌、樂也。前漢書司馬相如傳昆蟲闓懌、文穎曰闓懌、均樂也。文選舞賦嚴顏和而怡懌兮、注懌、樂也。悅字本作說、釋也。一曰談說也。从言兌會意。正字爲兌。書說命、釋文本亦作兌。文王世子樂記緇衣鄭注均謂兌當爲說。从兌爲說也。兌、說也。引申爲樂。兌說通用字。周禮掌交達萬民之說、注所喜也。周語語說昊天有成命、晉語平公說新聲、注均云說、樂也。左僖二七傳說禮樂而敦詩書、孫疏謂愛樂之。淮南俶真不若有說也、注說、樂也。文選東京賦海內同說、今本作悅、注悅、樂也。詩蜉蝣蜉蝣掘閱、疏閱者、悅懌之意。說文慭、說也、樂也。以閱慭爲之。欣、笑喜也。从欠斤聲。引申爲樂。詩鳧鷖旨酒欣欣、傳欣欣然樂也。史記樂書天地訢合、正義訢、喜也。楚辭東皇大一君欣欣兮樂康、注喜皃。史記周本紀姜原見巨人跡、心忻然說欲踐之。淮南脩務訓奚忻忻然常自以為治、注得意之皃也。漢書王吉傳訢訢焉、注古欣字。廣雅釋詁、紛怡喜也。以忻訢紛為之。衎、喜皃。从行干聲。引申為樂。易漸飲食衎衎、焦循曰衎、樂也。詩南有嘉魚嘉賓式燕以衎、那衎我烈祖、傳均云衎、樂也。賓之初筵烝衎烈祖、箋衎、樂。論語侃侃如也、孔注和樂皃。漢書韋賢傳我徒侃爾、注和悅皃。禮記玉藻二爵而言言斯、注和敬皃。廣雅釋訓、言言、喜也。莊子天地君子不可以不刳心焉、崔譔作軒、云寬悅皃。廣雅釋詁、嘆、酣樂也。方言十三、嘆、樂也。注、嘆嘆、歡兒。集韻嘆或作嗎、樂也。以侃言軒酣嗎或嘆為之。喜不言而說也。从壴从口會意。古文从壴从欠、與歡同意。引申為樂。詩彤弓中心喜之、傳喜、樂也。書堯典庶績咸熙、文選劇秦美新作庶績咸喜、注喜與熙古字通。說文作嬉、說樂也。禮記學記不興其藝不能樂學、注興之言喜也、歆也。廣雅釋詁、嬉、喜也。說文憙、說也。僖、樂也。以熙嬉與嬉憙僖為之。愉、薄也。从心俞聲。字亦作愈、下形上聲。正字為癒。漢書貨殖傳然其贏得過當癒於孅嗇、師古曰癒讀為愈。以癒為愉也。瘉、病瘳也。病瘳則樂。說文則以愒為之。愒瘉愉通用字。詩山有樞他人是愉、傳愉、樂也。前漢書禮樂志高賢愉愉民所懷、李奇曰愉愉、懌也、師古曰愉愉、和樂皃也。後漢書張衡傳越卬州而愉敖、荀子王霸形體好佚而安重閑靜莫愉焉、注均云愉、樂也。文選謝靈運石壁精舍還湖中詩愉悅偃東扉、注悅愉、樂也。顏特進褉體詩測恩躋愉逸、注愉、逸、耽樂縱逸也。楚辭東皇大一穆將愉兮上皇、注愉、樂也。詩常棣和樂且孺、謂孺樂也。前漢書韋賢傳我王以媮、師古曰媮、樂也。媵禮記愉愉、釋文作俞俞。廣雅喻喻、喜也。莊子天道篇釋文引作俞俞喜也。呂覽知分俞然而以待耳。後漢書張衡傳雖遨遊以媮樂兮、注懷安也。莊子齊物論自喻適志也、李注喻、快也。管子小問由由乎茲免何其君子也、注悅也。楚辭惜賢尚由由而進之、注猶豫也。孟子由由然不忍去也、韓詩外傳作愉愉。荀子子道篇猶若也、注舒和之皃。禮記樂記人喜則斯陶、咏斯猶。說文嗂僖均喜也。以繇媮俞猶嗂僖或由為之。豫、象之大者。賈侍中說不害於物。从象予聲。象大不害於物、故人樂其大而不害。說文則以悆為之。易豫鄭注行出而喜樂之意。詩白駒逸豫無期、傳訓樂。晉語我教茲暇豫事君、注豫、樂也。文選長笛賦注同。孟子離婁篇瞽瞍底豫、荀子禮論故說豫娩澤、注均云豫、樂也。前漢書禮樂志桐生茂豫、師古曰桐讀為通、茂豫、美盛而光悅也。悅亦樂也。文選顏延年秋胡詩春來無時豫、贈王大常詩豫往誠歡、歇、景福殿賦輯農功之暇豫、注均云豫、樂也。呂覽孝行天下譽、注譽、樂也。詩君子陽陽其樂只且、孫陽故字伯樂矣。廣雅釋詁、虞、娛樂也。文選琴賦怡養說念、釋名既葬還祭于殯宮曰虞、謂虞樂安神使還此也。以譽陽養娛虞為之。愷、心之樂也。从心豈聲。詩蓼蕭孔燕豈弟、魚藻豈樂飲酒、釋文俱云豈本亦作愷、鄭箋均云樂也。周語引詩愷悌君子、注愷、樂也。禮記孔子閒居凱弟君子、注凱弟樂易也。文選吳都賦沆可休而凱歸、注凱、樂。琴賦心慷慨以忘歸、注慷慨、樂也。前漢書司馬相如傳昆蟲闓懌、文穎曰闓懌均樂也。廣雅釋詁、忔、故、妭、喜也、樂也。以慨闓忔故妭或凱為之。康、穀皮也。从禾从米庚聲、或从米庚聲。正字為寬、寬、屋寬大也。引申為樂。說文則以康為之。康寬康通用字。詩臣工迄用康年、蟋蟀無已大康、傳均云康、樂也。前漢書司馬相如傳中外禔福不亦康乎、師古曰康、樂也。淮南要略康梁沈湎宮中成市、注康梁、耽樂也。楚辭東皇大一君欣欣兮樂康、文選東京賦君臣歡康、舞賦漫既醉其樂康、注均云康、樂也。神女賦心凱康以樂歡、凱康均樂也。妉、字本作媅、女之樂也。从女甚聲。甚、尤安樂也。詩鹿鳴和樂且媅、賓之初筵子孫其媅、今本俱作湛、傳箋訓樂。氓無與士耽、禮記中庸引詩和樂且耽、傳注均云耽、樂也。書無逸惟耽樂之從、偽傳過樂謂之耽。呂覽報更堪士不可以驕恣屈也、注堪、樂也。以堪為之。般、辟也。象舟之旋。从舟从殳、殳所以旋也。引申為樂、謂舟遊之樂也。說文則以昪為之。詩般箋樂也。後漢書班固傳樂不極般、荀子賦忠臣危殆讒人般矣、注均云般、樂也。詩考槃考槃在澗、傳槃、樂也。後漢書馬融傳閑槃廣之佃、注槃、樂也。書無逸文王不敢盤于遊田、偽傳訓樂。文選東都賦樂不極盤、鵩鳥賦遊無所盤、注均云盤、樂也。詩小弁弁彼鸒斯、傳弁、樂也。書皋陶謨朋淫於家、朋即般樂也。詩崧高徒御嘽嘽、傳喜樂也。以槃弁朋嘽或盤為之。樂、五聲八音總名。象鼓鞞、木其虡也。引申為惟、如論語不亦樂乎是也。

悅懌愉釋賓協服也

悅、字本作說、釋也、一曰談說也。正字為兌、兌、說也、謂說服也。悅說古今字、說兌通用字。詩草蟲我心則說、傳說、服也。書多方克閱于乃邑、孫疏閱與說通、服也。以閱為之。懌、字本作繹、抽絲也。正字為釋、釋、解也、謂解釋而服也。懌繹古今字、繹釋通用字。詩節南山既夷既懌、傳懌、服也。書康誥予一人以懌、荀子引作擇、則以懌為擇矣。愉、薄也。正字為癒、癒、病瘳也。上經引申為樂、此經引申為服、謂其樂而服之也。癒愉通用字。禮記內則男唯女俞、注俞、然也、亦服也。借俞為之。釋、解也。解則樂、樂則服。此經釋懌並見、則以釋懌為一字者、非也。詩頍弁庶幾說釋，言悅服也。賓，所敬也，从貝𡧍聲。正字爲嬪，嬪，服事人者。嬪、賓通用字。禮記樂記諸侯賓服，注賓，協也。書僞旅獒四夷咸賓，僞傳訓服。楚語其不賓也久矣，注賓，服也。協，叒之同，和也，从劦从十。會意，劦亦聲。引申爲服。說文則以懾爲之。書顧命惟新陟王畢協賞罰，孫疏協，服也。公羊文十四傳子以大國壓之，注壓，服也。漢書景帝紀而於人心不厭者，注厭，服也。淮南氾論聲懾四海，注懾，服也。以壓、厭、懾爲之。服，字本作𦨈，用也，从舟𠬝聲。禮記王制賢良服，注謂爲之任使。

義證

怡懌悅欣衎喜愉豫愷康妉般樂也 衎，苦旦反。妉，丁含反。般，蒲反

註皆見詩〔補正〕邢疏：怡，和樂也。小雅既夷既懌，怡喜善義同。懌，悅樂也。商頌亦不夷懌。悅，心樂也。小雅我心不悅。欣，笑喜之樂也。大雅旨酒欣欣。衎者，飲食之樂也。小雅嘉賓式燕以衎。喜者，說文云不言而悅也。小雅中心喜之。愉者，安閒之樂也。唐風他人是愉。豫，逸樂也。小雅逸豫無期。愷，康樂也。小雅豈樂飲酒。康，安樂也。唐風無已太康。妉，樂之久也。小雅和樂且湛。衛風無與士耽，鄭箋云耽非禮之樂。般者，遊樂也。

悅懌愉釋賓協服也

註皆謂喜而服從〔補正〕邢疏：釋者，去恨怨而服也。賓者，懷德而服也。協者，和合而服也。

郭注補正

怡懌樂也

唐釋元應一切經音義一怡懌注引尔疋注曰：怡，心之樂也。懌，意解之樂也。今郭注無此語，邵氏正義、郝氏義疏均引爲尔疋舊注。又一切經音義二怡懌注云：尔疋怡懌，樂也。郭璞曰：怡，心之樂也。懌，意解之樂也。蓋誤㠯舊注爲郭璞語。

滋然謹按：慧琳一切經音義三躭樂注引尔疋取樂過度。今經文郭注均無其語，迨亦舊注。

舊注攷證

怡懌悅欣衎喜愉豫愷康妉般樂也

皆見詩 怡，心之樂也。懌，意解之樂也。

元應大般涅槃二十四卷音義引爾雅：怡懌，樂也。郭璞曰：怡，心之樂也。懌，意解之樂也。佛滅度後金棺葬送經音義引同。維摩詰經下卷音義引爾雅：怡懌，樂也，謂意解之樂也。今本脫此十一字，據補。慧琳阿毗達磨大毗婆沙論一百九十卷音義引爾雅：躭，取樂過度也。躭即妉，不言郭注。

郭注佚存補訂

怡懌悅欣衎喜愉豫愷康妉般樂也

怡者，舊注云：心之樂也。說文云：怡，和也。和即樂也。怡與夷音義皆同。鄭風風雨云胡不夷，小雅節南山既夷既懌，商頌那亦不夷懌，傳箋並云：夷，說也。說亦樂也。懌與怡古亦通用。史記集解引今文尚書舜讓于德不怡，史記作不懌。一切經音義七引字林云：懌，怡也。大雅板辭之懌矣，傳云：懌，悅也。邶風靜女說懌女美，箋云說懌當作說釋。小雅頍弁庶幾說懌，彼釋文云：懌，本作釋。懌釋同

爾雅詁林　一　釋詁上

字。漢書集注云、釋、解也。舊注所謂意解之樂也。 悅與說同、詩皆作說、無作悅者。召南草蟲我心則說、小雅都人士我心不說是也。 欣者、說文云笑喜也。喜卽樂也。大雅鳧鷖旨酒欣欣、傳云欣欣然樂也。板無然憲憲、傳云憲憲猶欣欣也。欣憲一聲之轉。生民履帝武敏歆、箋云心體歆歆然。史記云姜原見巨人跡、心忻然悅欲踐之、是史公以歆爲忻、忻與欣同字。 衎者、說文云喜貌。小雅南有嘉魚嘉賓式燕以衎、賓之初筵烝衎烈祖、商頌那衎我烈祖、毛傳竝云衎、樂也。 喜樂常語也。小雅彤弓中心喜之、菁菁者莪我心則喜、傳竝云喜、樂也。鄭風風雨云胡不喜、唐風山有樞且以喜樂、小雅六月吉甫燕喜、車舝式燕且喜、喜皆樂也。 愉者、唐風他人是愉、傳云愉、樂也、箋讀曰偷、漢書地理志作它人是媮。偷媮皆從俞、故相通用。莊子天道釋文引廣雅、俞俞、喜也。 豫者、小雅白駒逸豫無期、箋云何爲逸樂、以反也、是以樂釋豫也。大雅板無敢戲豫、傳曰戲豫、逸豫也。逸豫卽樂也。豫通作譽。小雅車舝式燕且譽、蓼蕭是以有譽處兮、朱子引蘇氏曰譽豫通。凡詩之譽皆言樂也。 愷者、說文心部云、愷樂也。豈部云愷康也。康亦樂也。詩凡愷字俱作豈、古文省也。小雅蓼蕭孔燕豈弟、令德壽豈、魚藻豈樂飲酒、傳箋竝云豈、樂也。湛露豈弟君子、疏云樂易之君子。大雅旱麓干祿豈弟、傳云故、君子得以干祿樂易也。卷阿豈弟君子、箋云樂易之君子。泂酌豈弟君子、傳云樂以强教之、易以說安之。旱麓釋文云、豈本亦作愷、又作凱。豈樂也、弟易也。後豈弟皆同。案禮記作凱弟君子、鄭注云凱、樂也。 康者、說文云安也。安樂義近。唐風蟋蟀無已太康、周頌臣工迄用康年、傳竝云康、樂也。周頌昊天有成命文王不敢康、箋釋康爲安、竊謂康兼安樂二義。大雅民勞汔可小康、箋云康安也。周頌天作文王康之、箋云文王則能安之。旣安未有不樂者、義相成也。周書謚法云、令民安樂曰康。 妉者、說文作媅、云樂也。通作妉。古書從冘從甚之字多相通用。說文冘讀如淫、與甚音同。大雅大明天難忱斯、韓作訦、說文作諶。蕩其命匪

爾雅詁林 一 釋詁上

諶、韓作訦。說文作忱。是其證也。說文云、甚者尤安樂也。凡妉字、詩皆假湛爲之。小雅鹿鳴和樂且湛、傳云湛樂之久。彼釋文云湛都南反、字又作耽。常棣和樂且湛、彼釋文云湛、又作耽。韓詩云樂之甚也。北山或湛樂飮酒、彼釋文云諶都南反。賓之初筵子孫其湛、其湛曰樂、箋云湛、樂也。大雅抑女雖湛樂從、箋云女君臣雖好樂嗜酒而相從、疏云又耽樂於酒。亦以湛爲耽。衞風氓無與士耽、傳云耽、樂也。耽妉皆從冘、故音義皆相通也。一切經音義三躭樂注引爾雅云躭、取樂過度、當是舊注之文。據此則爾雅別本又有作躭者矣。 般說文作昪、云喜樂皃。小雅小弁傳云、弁、樂也。弁蓋昪之省文。弁與般通。周頌般傳云、般、樂也。又通作槃。衞風考槃在澗、傳云槃、樂也。

悅懌愉釋賓協服也

悅懌愉又訓服者、悅樂之甚、未有不屈服者。孟子所謂中心悅而誠服也。召南草蟲我心則悅、毛傳云悅、服也。小雅節南山既夷既懌、傳云懌、服也。

愉之爲服、猶悅懌之爲服也。愉之言輸也。廣雅云輸、寫也。輸寫其誠所謂服也。小雅正月既輸爾載、箋云輸、墮也。輸亦委輸之輸。委輸卽服從之義。釋與懌同。說文云、釋、解也。常語也。大雅板辭之懌矣民之莫矣、傳云王者政教和悅順於民、則民心和定。案懌通作釋、謂其言辭釋然能悅服於民、則民心安定矣。故曰民之莫也。 賓者、說文云所敬也。敬卽服也。召南采蘋箋云、蘋之言賓也。疏云賓服也。欲使婦人柔順服從。說文云、婦、服也。賓通作嬪。大雅大明曰嬪於京、說文云、嬪、服也。周禮太宰注云、嬪故書作賓。周易集解虞翻注引詩、莫敢不來賓。樂記云諸侯賓服、注云賓、協也。 協者、下文云和也。說文云、眾之同和也。和與服義相成。協與洽通。大雅江漢洽此四國、孔子閒居作協此四國。協此四國、謂服此四國也。板民之洽矣、洽謂洽於民心、兼有和服二義。

說詩

怡懌節音樂洛 洛、監本誤洛。

疏不言而悅也 案、說文作喜樂也。 唐風山有樞云 唐監本誤康。 無已太康 已誤以。

注疏正字

爾雅詁林 一 釋詁上

怡懌悅欣衎喜愉豫愷康妉般樂也　說文口部台、說也。从口㠯聲。又心部怡、和也。从心台聲。　說文心部無懌字、見於新附、云懌、樂也。从心睪聲。經典通用釋。元照案下節懌釋並出、自不當重。當定作繹。楚詞九辨有美一人兮心不繹。　悅、說文新附亦無、當作說。說文言部說、說釋也。从言兌。　欣通訢。說文言部訢、樂也。从言斤聲。又口部听、芺皃。从口斤聲。亦相近。　喜、說文同。又通憙。說文喜部憙、說也。从心从喜喜亦聲。又通僖。說文人部僖、樂也。从人喜聲。又通歖。說文欠部歖、卒喜也。从欠从喜。說文古文喜作歖。　說文心部愉、薄也。从心俞聲。論語曰、私覿愉愉如也。是愉之本義爲薄、論語愉愉爲通借、正文當作悆。說文、悆、忘也。嘾也、从心余聲。周書曰有疾不悆。悆、喜也。　愷通豈。詩小雅蓼蕭孔燕豈本亦作愷。見釋文。弟。傳訓樂。　康、文選注十八引作慷。案說文禾部穅、今本誤穅。穀皮也。从禾从米、庚今本作康、誤。庚隸變作庚。聲。或省作康。心部無慷字。　說文女部無妉字、當作媅。說文媅、樂也。从女甚聲。又酉部酖、酒樂也。从酉冘聲。　詩作湛、又作耽、皆通借字。文選注廿九引作躭。案躭俗字。　般、尚書無逸正義、文選注十三又引皆作盤。案盤俗槃字。尚書般庚今亦作盤。說文般、辟也。象舟之旋、非此義。當作昪。說文昪、喜樂皃。从日弁聲。

悅懌愉釋賓協服也　見上　正義云、賓通作嬪。說文嬪、服也。鄭注天官云、故書嬪作賓。

匡名

怡懌悅欣衎喜愉豫愷康妉般樂也悅懌愉釋賓協服也　悅樂與悅服義亦相承也。怡、和也。內則下氣怡色。㠯、說也。漢書引書作舜讓于德不台、史記諸品不台、皆謂不爲百姓所悅也。又作懌。懌、說也。經典通用釋。康誥則予一人以懌、傳懌、悅懌也。說、說釋也。註、卽說懌也。經傳通作說。益卦民說無疆。孟子本作悅。欣、笑喜也。孟子、舉欣欣然有喜色。衎、行喜貌。商頌衎我烈祖、傳衎、樂也。大雅、周邦咸喜。愉、薄也。引論語愉愉如也。註薄薄樂也。唐風他人是愉、傳愉、樂也。豫、象之大者。賈侍中說不害於物。引伸之爲凡大之稱。大必寬裕、寬裕則樂也。君陳無敢逸豫。豈、康也。引詩愷樂飲酒。小雅作豈樂飲酒。又作凱。邶風凱風自南、傳樂夏之長養。唐風無已太康、傳康、樂也。妉作媅、樂也。令假耽湛爲之。衛風無與士耽、傳耽、樂也。又小雅和樂且湛、註湛、亦樂也。般、辟也。象舟之旋、从舟殳。殳令舟旋者也。引伸爲般遨、般樂。孟子般樂怠敖。又昪、喜樂皃。小雅弁彼譽斯、傳弁、樂也。此昪之假借也。般、樂也、亦昪之假借也。昪其正字、而罕用之者。○孟子弔者大悅註悅服也　小雅既夷既懌、傳懌、服也。　愉、通作諭。穀梁僖三年傳諸侯皆諭乎桓公之志、註諭、服也。　莊子南面而不釋。古與懌通。　賓、所敬也。楚語、其不賓也久矣。又通作嬪。嬪、服也。　左僖二十六年傳謀其不協、疏協、服也。

蒙啓

懌　繹　詩頍弁。庶幾說懌。釋文。懌本又作繹。板。辭之懌矣。說苑善說篇引作辭之繹矣。是繹與懌通。

悅懌卽說釋。引申之義當作繹。

悅　說　邢疏。小雅都人士云。我心不說。悅說音義同。案說正字。悅俗字。

妉　媅　說文。媅。樂也。釋元應一切經音義四。媅。古文妉。同都含反。

黃侃評本　匡名

怡懌悅欣衎喜愉豫愷康妉般樂也

邢疏云。皆謂喜樂。

樂也者。章先生曰。說文。樂。五聲八音總名。象鼓鞞木虡也。樂引申爲哀樂之樂。聞樂則樂。與喜从壴同義。說文無笑。蓋卽樂字。讀如鑠。書藥切。（以上章先生語見文始）

怡者。說文怡訓和。非樂義。訓樂者當爲台。說文。台說也。从口㠯聲。台卽開口笑字。史記太史公自叙。虞舜不台。索隱云。台悅也。又諸呂不台。集解云。台悅懌也。通作怡。禮記內則。下氣怡色。鄭注云。怡說也。方言云。紛怡喜也。湘潭之間曰紛怡。

懌者。說文無懌。懌卽釋之俗字。說文。釋解也。从釆。釆取其分別物也。从睪聲。說釋也。章先生曰。說釋卽悅懌。悅懌亦爲說釋。（以上章先生語見文始） 襄二十九年左傳。釋不朝正于廟也。杜注云。釋解也。禮記三年問則釋之矣。鄭注云。釋猶除也。去也。除去亦解也。俗作懌。爾雅舊注云。懌意解之樂也。詩大雅辭之懌矣。傳云。懌悅也。

悅者。說文無悅。悅卽說之俗字。說文。說說釋也。从言兌。淮南俶眞訓辨者不能說也。高注云。說釋也。周禮掌交達萬民之說。鄭注云。說所喜也。大戴禮記曾子立事近於說其言。盧注云。說古通以爲悅字。亦作兌。用聲首也。禮記緇衣兌命曰。鄭注云。兌當爲說。文王世子兌命曰。鄭注云。兌當爲說。說命尙書篇名。樂記兌命曰念終始典于學。鄭注云。兌當爲說。字之誤也。案說古作兌。非字誤也。鄭說非。俗作悅。論語不亦悅乎。釋文云。自內曰悅。

欣者。說文。欣笑喜也。从斤欠聲。廣雅。欣喜也。史記樂書天地欣合。正義云。欣喜也。喜亦樂也。晉語是以民能欣之。韋解云。欣。戴也。重言之曰欣欣。詩大雅旨酒欣欣。傳云。欣欣然樂也。亦作訢。說文。訢喜也。禮記樂記云。天地訢合。陰陽相得。鄭注云。訢讀爲熹。熹猶蒸也。王念孫云。訢之讀爲熹。亦猶曹公子欣時。公羊作喜時也。通作嘻。王念孫云。韓詩外傳景公嘻然而笑。卽欣然而笑。（以上王說見爾雅郝注刋誤）

衎者。說文。衎行喜皃。从行干聲。禮記檀弓居處言語飮食衎爾。鄭注云。衎爾自得貌。重言之曰衎衎。易漸卦飮食衎衎。孔疏云。衎衎樂也。則衎爾亦樂也。通作侃。漢書韋賢傳我徒侃爾。注云。侃和樂貌。重言之曰侃侃。論語侃侃如也。孔注云。侃侃和樂貌也。

喜者。說文。喜樂也。从壴从口。詩小雅中心喜之。傳云。喜樂也。又作憙。說文。憙說也。漢書賈誼傳遇有禮故羣臣自憙。師古云。憙好也。又作僖。說文。僖樂也。逸周書謚法解慈惠愛親曰釐。孔注云。言周愛親族也。以釐爲僖。詩邶風柏舟序鄭箋云。共伯。僖侯之世子。孔疏云。史記僖字皆作釐。則周愛爲釐。卽周愛爲僖也。愛樂義近。又作娶。說文。娶說樂也。方言。喜湘潭之間曰紛怡。或曰巸已。以巸爲之。通作熙。釋詁。歆熙興也。古本作歆喜娭也。（禮記樂記孔疏引爾雅歆喜娭也） 文選劇秦美新庶績咸喜。李注云。喜與熙古字通。

愉者。說文。愉訓薄。無樂義。訓樂者爲諭之借。說文。諭告也。从言俞聲。周禮掌交鄭注云。諭告曉也。告曉之爲諭。樂猶說釋之爲悅懌也。呂氏春秋禁塞篇愉悅毋躬。高注云。愉解。以知愉必爲諭之借。而非說文訓薄之愉矣。段注云。薄樂。亦無塙徵。說文引論語愉愉如也。愉亦借字。不得據以爲說。莊子齊物論自喩適志也。李注云。愉快。文選聖主得賢臣頌是以嘔喩受之。李善引應劭注云。嘔喩和悅。喩卽諭之或字。重言之則曰喩喩。廣雅釋訓云。喩喩喜也。亦作俞。用聲首也。莊子天道篇俞俞者憂患不能處。釋文引廣雅。俞俞喜也。通作愉。詩唐風他人是愉。傳云。愉樂也。又通作媮。詩他人是愉。漢書地理志作媮。文選諷諫詩我王以媮。李善注云。媮與愉同。樂也。又通作愈。荀子正論篇形至佚。心至愉。君子篇愉作愈。文選讓中書令表夫富貴寵榮臣所不能忘也。刑罰貧賤臣所不能甘也。今恭命則愈。違命則苦。王念孫云。愈卽愉字。爾雅曰。愉樂也。樂與苦正相反。愉與愈古字通。（以上王說見讀書雜志）

豫者。說文。豫象之大者。从象予聲。無樂義。訓樂者當爲悆之借。說文。悆喜也。从心余聲。予余聲通。書舜典百揆時叙。史記作序。洪範豫恒燠若。鄭王本作舒。釋言。豫叙也。穆天子傳天子使孟悆如畢討戎。郭注云。悆音豫。以是明之。說文引書金縢有疾不悆。云。悆喜也。東京賦膺多福以安悆。薛注云。悆寍也。通作豫。書金縢王有疾弗豫。某氏傳云。武王有疾。不悅豫。易雜卦豫怠也。釋文引虞翻注云。豫怡也。又通作譽。呂氏春秋孝行篇人主孝則名章榮。下服聽。天下譽。高注云。譽樂也。

愷者。說文。愷樂也。从心豈聲。又云。愷康也。周禮眂瞭賓射皆奏其鐘鼓。鼜愷獻亦如之。鄭注云。愷獻。獻功。愷樂也。又作豈。用聲首也。詩小雅孔燕豈弟。傳云。豈樂也。又豈樂飮酒。箋云。豈亦樂也。釋文。豈本亦作愷。同苦在反。樂也。俗作凱。詩邶風凱風自南。傳云。南風謂之凱風。樂夏之長養者。亦以樂釋凱。禮記孔子閒居凱弟君子。鄭注云。凱樂也。則凱亦愷也。章先生曰。說文無凱字。凱卽豈也。恐凱字是從𧯛字變之。以來𧯛爲訖事之樂。豈爲還師振旅之樂。其事一也。（以上章先生語）

康者。說文作𥻨。訓穀皮。隸變作康。無樂義。訓樂者當爲㝩。說文。㝩屋㝩㝩也。从宀康聲。段引郭注方言云。㝩㝩空貌。朱駿聲謂㝩㝩猶安宅也。二說不同。尋㝩安寍皆從宀。釋詁康訓安。又訓寍。洪範三曰康寍。古人名字相應。韓康孟康皆字休。說文。休。息止也。逸周書謚法篇康。安也。豐年好樂曰康。安樂撫民曰康。令民安樂曰康。則康有安義。宜即㝩之借字。詩小雅斯干宣王考室。其詩云。殖殖其庭。有覺其楹。噲噲其正。噦噦其冥。君子攸寍。傳云。殖殖言平正。有覺言高大。箋云。噲噲噦噦。皆寬明貌。言高大寬明爲君子所寍。則㝩㝗之空。正所以爲安矣。二說相異而實相成。居安斯樂。故又訓樂。㝩字不見於經典。通以康爲之。詩周頌迄用康年。傳云。康。樂。

妉者。妉正作媅。說文無妉。有媅。云樂也。从女甚聲。妉媅字通。華嚴經音義上云。聲類媅作妉。一切經音義四云。媅古文妉。詩鹿鳴常棣釋文並云。湛又作耽。抑篇荒湛于酒。漢書五行志作荒沈于酒。並冘聲甚聲相通之徵。章先生說媅字云。甚。尤安樂也。从甘匹。謂男女之欲也。甚又孳乳爲媅。樂也。以上章先生語見文始　媅字不見於經典。通以妉爲之。列子楊朱篇方其妉于色也。華嚴經音義引字林云。嗜色爲妉。通作湛。詩小雅和樂且湛。傳云。湛。樂之久也。又通作耽。詩衛風無與士耽。傳云。耽。樂也。女與士耽則傷禮義。禮記中庸引詩和樂且湛。作和樂且耽。

般者。說文般訓辟。無樂義。訓樂者當爲昪之借。說文昪。喜樂兒。从日弁聲。昪字不見於經典。以弁爲之。用聲首也。詩小雅弁彼鸒斯。傳云。弁。樂也。通作般。詩周頌般序。般。巡守而祀四嶽河海也。般。樂也。崔集注本以般樂也三字爲序文孔疏云經無般字序又說其名篇之意般樂也爲天下所美樂定本般樂二字爲鄭注未知孰是是正義本爲序文與集注同也阮元校勘記云考此序解般樂也與桓序云桓武志也賚序云賚予也言所以錫予善人也正爲一例當以集注正義本爲長　亦通作變。書堯典黎民於變時雍。孔宙碑於六時雝。六即弁也。章先生曰黎民於變時雍句五帝本紀不載漢成帝詔引黎民於蕃時雍乃今文孔宙碑於六弁時雍不知據何家案詩小雅弁彼鸒斯傳弁樂也說文正作昪云喜樂兒此義實較蕃變爲長蓋上言親九族則下言九族睦上言平章百姓則下言百姓昭明上言協和萬邦則下言黎民於樂時和義皆相應若言變言蕃非協和之效矣五帝德說堯事云四海之內舟輿所至莫不說夷說夷即樂之謂但今莫高窟堯典釋文字正作彭即石經古文變作𢿱之異體未知石經此字果作𢿱否太史不載亦未敢定爲孔氏所讀以其義長故附于宋以上章先生說見古文尙書拾遺定本　又通作盤。書無逸文王不敢盤于游。由某氏傳云。文王不敢樂於遊逸田獵。重言曰盤桓。易屯卦雖磐桓。志行正也。孔疏云。非是苟貪逸樂。唯志行守正也。則磐桓亦逸樂也。章先生曰。般桓本一語。般與桓古音相近。如譯佛書者涅槃或作泥洹。是其例也。今人謂游戲爲頑。本即桓字。實即般字。頑本音五還切。桓則音胡官切。音紐不同。然今人讀疑母字近喻母。以上章先生語見新方言

悅懌愉釋賓協服也

邢疏云。皆謂喜而服從也。

服也者。說文作𦨈。云用也。一曰車右騑從段改所以舟旋。古文服作䑺。言舟得人以舟旋乃可用。與車右騑所以爲舟旋同義。服用又引申爲服事。服從。詩大雅曾是在服。傳云。服。服政事也。周禮職方氏其外五百里曰侯服。鄭注云。服。服事天子也。通作伏。說文。伏。司也。司者臣司事於外。則伏亦司事也。服伏皆有屈服義。說文。臣象屈服之形。臥从人臣。取其伏。則屈服與伏同義。楚辭離騷執非善而可服。王注云。服。服事也。文選陸士衡吳王郎中時從梁陳詩誰謂伏事淺。李注云。服與伏同。古字通。又通作犕。易繫辭傳服牛乘馬。說文牛部引易曰。犕牛乘馬。左氏伯服。史記作伯犕。後漢書皇甫嵩傳義眞犕未乎。李注云。犕。音服。說文曰。犕牛乘馬。犕即古服字也。今河朔人猶有此言。音備。

悅者。正作說。心解說也。詩召南我心則說。傳云。說。服也。俗作悅。孟子以德服人者。中心悅而誠服也。如七十子之服孔子也。趙注云。以己德不如彼而往服從之。誠心服者也。」

懌者。正作釋。心釋解也。書顧命王不懌。馬融本作王不釋。俗作懌。詩小雅既夷既懌。傳云。懌。服也。邵疏已引

愉者。正作諭。僖三年穀梁傳諸侯皆諭乎桓公之志。言心服桓公之志也。邵疏已引

釋者。說文。釋。解也。莊子齊物論南面而不釋然。邵疏已引　言不說服也。魯語今君來討敝邑之罪。其亦使聽從而釋之。必不泯其社稷。韋解云。釋。置也。今謂釋即服也。言使魯聽從且悅服而已。必不棄魯也。

賓者。正作嬪。說文。嬪。服也。从女賓聲。詩大雅曰嬪于京。傳云。嬪。婦也。婦亦服也。說文。婦。服也。亦作賓。用聲首也。楚語其不賓也久矣。韋解云。賓。服也。

協者。說文。協。衆之同和也。从劦从十。僖二十六年左傳桓公是以糾合諸侯。而謀其不協。不協者不服也。書堯典協和萬邦。如其讀應爾雅。則亦服和萬邦耳。敵對爲仇。同和爲服。可以反言明之也。

本字考

怡、懌、樂也。　怡、懌聲通同訓。　懌又訓服。

悅、愉、樂也。　愉下文云、勞也、或云相反為義。聲轉為悆。說文悆下引周書有疾不悆。悆、喜也。

豫、樂也。　豫下文云、厭也、或云相反為義。又下文云、安也。樂安義同。史記樂書而民康樂。正義樂、安也。

康、樂也。　康下文云、靜也、安也、秎與樂義同。又下文云、苛也、或

爾雅詁林　一　釋詁上

云相反為義。

懌、釋、服也。懌釋同字并見、悅懌即說釋，引中之義當作釋。

黃侃音訓

妷。樂也。疏引詩和樂且湛、又引詩無與士妷、蓋字異而音義同者、此類是也。

考異摘要

怡懌樂也　郭注、皆見詩。邢疏、怡者、和樂也。小雅節南山云、旣夷旣懌。怡夷音義同。懌者、悅樂也。商頌那篇云、亦不夷懌。劉氏台拱經傳小記、古䏽之二頡不相通、邢說非。郭注云見詩、當更攷之。

案玄應經音義二大般湼槃經二十四怡懌下、又十三佛滅度後金棺葬送經欣懌下、又雲公大般湼槃經二十四怡懌下、音義竝引此經怡懌樂也、郭璞云怡、心之樂也、懌、意解之樂也。雲公音見慧琳經音義二十六。又玄應經音義一大方等大集經十五怡懌下引、但作注曰、不作郭璞曰。黃氏奭爾雅古義因竟收此文在眾家注上、以作郭注義爲誤、非是。是郭注此條元以皆見詩指悅欣以下十字、而怡懌二字則別有注釋也。自邢昺作疏時此注已有佚、於是求詩中怡字不可見、强以夷通之、殊失郭注之旨。史記五帝本紀舜讓於德不懌、集解引徐廣曰今文尚書作不怡。怡、懌也。又文選四十八班固典引有于德不台、淵穆之讓、李善注引尚書舜讓于德不嗣、漢書音義韋昭曰古文台爲嗣。然則爾雅之怡懌葢釋書之今古文、並非釋詩。懌爲古文、怡爲今文、文雖異而義實同、故爾雅以怡懌連文釋之。據希麟續經音義八根本一切有部毘奈耶藥事八熙怡下音義曰、台音怡、見爾雅。是郭璞所見爾雅、此怡實作台。台音怡三字卽其爾雅音義中文。作台亦正與文選合、亦今文也。

悅懌愉釋賓協服也　郭注、皆謂喜而服從。

案、希麟續經音義七大聖文殊師利佛刹功德莊嚴經中熙怡下音義引爾雅云、怡、服也。是今本服也一條尚奪一怡字。以上文舒業順敘也舒業順敘緒也例之、此條悅字當在懌下、而懌上當有怡字、與樂也條次第同也。服有從義、書舜典五刑有服、傳、服、從也。有從有順義、禮孔子閒居氣志旣從、注從、順也。而怡字正兼有從順二義、故此經又以服釋怡也。論語子路篇怡怡如也集解引馬融曰怡怡、和順之貌也、皇侃義疏怡怡、和從之貌也。此怡字兼有從順二義之證。

董瑞椿補記

愉樂也

錦燧謹案、此釋詩山有樞篇他人是愉也。毛傳云、愉、樂也。蓋卽本諸爾雅、故與雅訓合。說文心部云、愉、薄也。此愉之本義。經典中以偷爲之。偷乃漢時已有之俗字。周禮大司徒以俗教安則民不愉、猶从心旁。今通行周禮注疏已誤作偷、幸有阮氏校勘記可證。段氏說文注以爲薄也當作薄樂也、轉寫奪去樂字。朱氏說文通訓定聲直以爲愉樂也。案段說無據、然猶存許書之舊。至朱則妄改許書强合雅訓、尤不足信。豈知此經愉字乃娛之假借乎。據段氏六書音韻表俞聲在弟四部、吳聲在弟五部、古音最近、故得相假。廣韻愉娛竝入十虞、是其明證。說文女部云、娛樂也。自娛假作愉、遂別製一偷字以當愉薄之愉、而愉之本義晦矣。

坿駁段氏說文愉字注三則

段注云、鹿鳴視民不佻、傳曰佻愉也。許書人部作佻愉也。周禮以俗教安則民不愉、鄭注愉謂朝不謀夕。此引申之義也。燧案、許書明云愉薄也、自是本義。且愉篆厠于憪懱之間、許卽以愉訓憪、而懱云輕易也、亦與愉薄義相蒙。段氏自飾其說謂憪爲澹泊之樂、然則愉懱連文、懱亦得爲輕易之樂乎。蓋毛傳鄭注正可爲許書之證、故佻下云愉也、並不云偷也、明愉卽偷之正字。洵如段說、是許以愉釋佻、佻有樂義、何爾雅之佻其義曰偷也。詩之佻佻公子、其義曰行不耐勞苦皃、俱與愉薄義相近、而與愉樂義相遠乎。則以佻薄爲愉之引申義、不足信也。

段注又云、淺人分別之、別製偷字、从人訓爲偷薄、訓爲苟且、訓爲偷盜、絕非古字、許書所無。然山有樞鄭箋云愉讀曰偷、偷取也、則不可謂其字不古矣。燧案、段旣知偷爲絕非古字、又以鄭箋云云遂疑爲字非不古、豈知古亦非無俗體、偷乃東漢已有之俗字也。經典不少俗體、解經之例每有以正字讀正之者。疑詩本作他人是偷、鄭讀正之曰偷讀曰愉。後人因用箋說改經文、而後又以旣改之經文改注。段氏經韻樓集中載周禮蒩讀爲鉏、蜮讀爲蟈數條、可舉爲證。乃明于彼而昧于此、何與。

段氏又以許引論語曰私覿愉愉如也、因注云論語鄭注云愉愉容色和也、正薄樂之義。燧案、許書引經之例說假借者爲多、蓋旣載本義之後、其所引經及所偁古文以爲某字、一曰某也之類、皆所以明假借義。卽心部證之、如憖肎也此本義也。許兩引春秋傳、一曰兩軍之士皆未憖、杜注憖缺也。憖、齾一聲之轉。齒部、齾缺齒也。引申爲凡缺之偁、是憖乃齾之假也。愃、寬閒心腹皃。詩曰赫兮愃兮、爾雅作烜。火部、爟或从亘聲、舉火曰爟。引申之有光明宣著之義、是愃乃烜之假也。怞、朖也。詩曰憂心且怞、今詩作妯、女部、妯動也。是怞乃妯之假也。𢝊、疾利口也。詩曰相時𢝊民、書譌作詩、傳寫之誤。乃今書作憸、心部、憸、憸詖也。是𢝊乃憸之假也。念、忘也、嘾也。周書曰、有疾不念、念喜也。念、娛聲近。女部、娛、樂也。是念乃娛之假也。忨、貪也。春秋傳曰忨歲而㵣日、晉語注偷也、左傳又作翫、習部、翫習猒也。是忨乃翫之假也。惔、憂也。詩曰憂心如惔。火部引作炎、炎小爇也。與毛傳訓燔義合、是惔乃炎之假也。今引論語愉愉如也、以愉娛聲近、謂愉乃娛之假耳。段轉以爲本義可乎。

愷樂也

錦燧謹案、說文愷字重出。豈部云、康也。从心豈、豈亦聲。心部云、樂也。从心豈聲。竊謂愷本訓康、許書說解大凡以聲爲訓、愷康雙聲字也。康有安樂義、故雅訓愷又訓樂。心部愷字乃唐以後增竄、蓋唐人立說文字林之學、合許呂之書爲一、引者往往誤偁、至唐末而說文或鈌校者、又取字林以補之。愷字外如出部敖、游也。放部敖、出游也。字从出、于義出游爲碻。當刪出部字。口部吁、驚也。于部吁、驚語也。字从口、於義驚語爲碻、當刪口部字。口部否、不也。从口不。不部否、不也。从口不、不亦聲。不否音近、增竄者必不明古音、故口部不敢言某聲、即此可知增在口部、當刪口部字。愷字亦其一也。增竄者不知愷之聲義竝从乎豈、僅云从心豈聲、以是知增在心部、當爲刪去。

般樂也

錦燧謹案、此釋詩周頌般篇也。鄭箋云般、樂也、與雅訓合。說文舟部云、般、辟也。象舟之旋。此般之本義、今訓樂者乃昪之假借字也。據段氏六書音韻表、般聲弁聲同在第十四部、例得通假。蓋弁古讀若般、昪从弁聲、是昪般音同矣。儀禮士冠禮記周弁、鄭注弁名出于槃、槃大也。言所以自光大也。此般弁二字音同之證。說文日部云、昪、喜樂皃。則昪爲般之本字可知。又詩弁彼鸒斯、傳云弁、樂也。則以昪聲从弁而假借也。書乃盤游無度、僞孔傳云盤、樂也。詩考盤在澗、毛傳云槃、樂也。則以盤槃从般得聲、故亦得爲昪之假也。自經典中相承用弁般盤槃、而昪字僅見于許書。

陸錦燧日記

怡、懌、悅、欣、衎、喜、愉、豫、愷、康、妉、般、樂也。

說文有𥂕樂之樂；樂之引伸、爲哀樂之樂。

怡懌悅三字、古作台釋說。說文云：「台、說也、」史記自序「虞舜不台、」索隱云：「台、音怡、悅也、」是爾雅所釋、必爲台字、今作怡者、郝氏以爲音假。說文怡字訓龢、謂樂音調龢、與台字義殊；各本說文龢作和、更誤、和者唱和字也。懌訓樂者、衆經音義引爾雅舊注云：「懌、意解之樂也、」證以說文「釋、解也、」之語、義正相符；唯其字當從說文作釋。詩「辭之懌矣、」說苑善說篇引作繹、史記用懌、字多作醳、邵氏謂「釋爲本字、醳爲或體、懌爲別體、」郝氏以爲懌通繹。悅、說文作說、云：「說、說釋也、」易說卦傳云：「兌、說也、」是兌字本有說義、故許本易義以釋之。邵氏云：「經傳通作說、孟子本作悅、後世隸體字也。」

欣、說文有此字、釋之曰：「欣、笑喜也。」但說文又有訢字、解爲喜、與爾雅訓樂之義、皆不相背。萬石君傳「僮僕訢訢如也、」晉灼云：「訢、許慎曰、古欣字、」據晉說、是訢欣又爲一字矣。

衎、說文云：「喜貌。」衎通侃、論語「侃侃如也、」孔注謂「和樂貌。」

喜者、說文僖喜二字、皆訓樂。郝氏云：「喜通熹、」史記漢書「喜多作熹、又通作僖熙。」

愉、說文訓薄、段以爲應作薄樂；蓋及有甚樂之媅、故有薄樂之愉也。愉通俞、又通媮。

豫、說文云：「象之大者、賈侍中說、『不害於物、』从象、予聲、」段云：「引伸之、凡大皆稱豫、故史記云：『市不豫價、』寬大則樂、故釋詁曰：『豫、樂也、』侍中說豫、象雖不害於物、故寬大舒緩之義取此字、」如段說、則豫訓樂、乃引伸義。豫借爲舒、亦爲與。作預者俗字。

愷者、經傳之愷、多借用豈歌之豈、詩毛傳禮鄭注皆訓爲樂。其作凱者段以爲俗字。康之爲樂、如詩蟋蟀云：「無以太康、」書云：「無傲從康、」逸周謚法篇曰：「康、安也、」又曰：「豐年好樂曰康、令民安樂曰康、」皆與爾雅義同；疑康字自古即有安樂之義。說文豈部「愷、康也、」在前、心部「愷、樂也、」在後、段以爲「心部之愷、後人增竄、」字雖有所增益、而愷之爲樂義、自不可易、愷既爲樂、而豈部以康釋愷、則康有樂義、於說文又得一證矣。郝氏以說文之忼爲康、衡以許書所列篆書次第、殆不然。

妉當作媅、說文云：「媅、樂也、」可證。方言作湛、又作耽、陳涉世家作沈、皆假借、作躭者俗字也。古注家多訓樂、獨韓詩云：「樂之甚、」鄭或云：「非禮之樂」者、說文媅从甚、云「尤安樂也、」是媅字本取甚義、故韓鄭如此云。

般者昪之假借、說文云：「昪、喜樂貌、从日、弁聲、」此本字本義。周頌有般篇鄭箋訓樂、孟子云：「般樂怠傲、」亦樂也。詩之小弁、乃昪之省；考般作槃、亦借用。盤庚之盤、乃槃之俗字。說文有般、非樂義。

悅、懌、愉、釋、賓、協、服也。

郭注云：「皆謂喜而服從。」賓者、說文云：「所敬也、从貝、寅聲。」所敬之人曰賓、因之見敬而生悅服之心亦爲賓、老子云：「萬物將自賓、」樂記云：「諸侯賓服、」皆其義也。協者、說文云：「同衆之龢、」古文作叶、亦同衆之義、故爲服。

爾雅學

悅懌愉釋賓協服也 監本作賓協。案康熙字典協字下注服和兩訓協注與愶同。五經文字古文作叶。從十者義長今从。武英殿本唐石經鄭樵注本下協字皆同。

石經考文提要

怡懌悅欣衎喜愉豫愷康妉般樂也〇、釋曰 注疏本刪。

我心不說 正德本閩本監本說作悅、毛本脫此字。

無以大康 注疏本大改太、非。浦鏜以改已。按後漢書張升傳注引詩無以大康。古以已通。

般樂也〇注皆見詩〇釋曰 注疏本刪下六字。閩本監本毛本下增按字。

但以詩書之作作非一人 注疏本不重作字。

而字形踳駁者 正德本閩本作踳駁監本毛本作蹖駁。〇案踳字非也。

詩文作夷說豈槃口 此本槃下空闕一字、注疏本改作弁槃。

恊 雪牕本正德本閩本監本同。釋文唐石經單疏本毛本作協、按說文恊同心之和、協衆之同和也。此詁服當用從十字。五經文字云心部亦有恊字。按古文作叶、則從十者義長。

悅懌愉釋賓協服也〇釋曰 注疏本刪。

校勘記

般盤樂洛 雪牕本般音盤、樂音洛。南昌本所據蓋用音釋者。案、釋文皆有音、盧刻般蒲安反。後不具載。

校勘記訂補

般盤樂洛 案此釋音截去音字、或無音字、其例不一、後不重出。

詩文作夷說豈原缺槃 按、阮校原缺字在槃下、此橫注槃上、蓋本注疏本添弁字於槃上而誤。又槃、疏謂周頌篇名、今周頌正作般。注疏釋文均未有作槃者、惟考槃之槃、毛傳訓樂、而經注未引槃、當有誤。

注疏校勘札記

四行怡懌……樂也（注）皆見詩〇玄應《音義》卷一引「《爾雅》：怡、懌，樂也。注曰：怡，心之樂也；懌，意解之樂也。」所引注文今本無。

宋監本校箋

怡懌悅欣衎音勘喜愉豫愷康妉音丹般樂也

音圖·音

衎音勘 案衎音看、翰今音勘韻非。

直音正誤

盤　洛

般、樂也。悅懌愉釋賓協、服也。

亦　上去二音　映　凱　同耽

怡懌悅欣衎喜愉豫愷康妉

孫侶直音

怡懌悅欣衎喜愉豫愷康妉丹同耽亦作湛般盤樂洛也悅懌愉釋賓協服也 詩書之作非一人故有音義雖同而字形踳駁者詩文作湛耽而此作妉詩文作夷說豈弁槃而此作怡悅愷般之類他皆放此。

楊氏音訓

衎看　妉耽

干氏音釋

爾雅詁林　一　釋詁上

適遵率循由從自也適遵率循也

適、遵、率、循、由、從、自也。自猶從也。適、遵、率、循也。三者又爲循行。

郭注

適遵率循由從自也適遵率循也 釋曰、自亦從也、轉互相訓也。適者、大雅緜篇云、聿來胥宇。適聿音義同。遵者、周南汝墳云、遵彼汝墳。率者、大雅緜篇云、率西水滸。循者、顧命云、率循大卞。由者、曲禮大夫士出入君門由闑右。從者、小雅何人斯云、伊誰云從。適遵率三者又爲循行。

邢疏

適自也

適、古述字。釋文

孫音注

黃輯古義

適遵。適、古述字。讀聿、亦音橘。

孫音注

玉函山房輯佚

適自也

孫曰、適、古述字。釋文

漢注

適遵率循由從自也

孫炎云、適、古述字。讀聿。釋文二十九卷 郭璞云、自猶從也。

適遵率循也

郭璞云、三者又爲循行。

一切注音

適自也 孫炎云、適、古述字。讀聿、亦音餘橘反。釋文

蕙心案、詩適駿有聲、適追來孝、毛傳皆云適述也。以今字釋古字。

古注斠

適 孫云古述字。讀者亦尹[illegible]反。循 音旬。循行 下孟反。率 所律反。

陸音義

適 孫云古述字讀聿一音橘○古述字下舊作讀聿、一音餘橘反。案、餘橘即聿、何一音之有。今據宋本正。

音義攷證

適遵率循由從自也

遵、若遵彼汝墳。率、若率西水滸。率太王之事、來朝走馬、可謂率矣。

新義

適遵率循由從自也 自亦從也。適遵率循也 三者又爲循義。循者、不改作也。

鄭樵注

適遵率循由從自也 適、孫云古述字、讀聿。

郭璞曰、自猶從也。

鄭樵曰、自亦從也。

適遵率循也

郭璞曰、三者又爲循行。

鄭樵曰、三者又爲循義。循者、不改作也。

古注合存

適遵率循由從自也適遵率循也。適聿同。○此釋適遵以下皆自之義也。註曰、自猶從也。疏曰、詩大雅緜云、聿來胥宇、適聿音義同。愚按適聿爲遵循率從之義。如詩聿修厥德及書祗適乃文考是也。至詩之適駿有聲、適求厥寧及聿來胥宇之屬、皆發語詞。此等若解爲遵從之義、恐并詩文亦難通。引証蓋未的也。節末五字、舊註適遵率又爲循行。今玩五字重出、當爲衍文。

注疏參義

適遵率循由從自也 註 自猶從也 適遵率循也 註 三者又爲循行也。○ 正義 此釋所從自與所循行、其義相貫通。○適、遵至自也。○適者、大雅文王有聲云、適求厥寧。遵者、鄭風云、遵大路兮。率者、小雅北山云、率土之濱。循者、左氏昭七年傳云、循牆而走。由者、

爾雅詁林 一 釋詁上

襄二十三年傳云、抑有由也。從者、哀八年傳云、從武城。皆言自也。○遹遵率循也。○說文云、循、行順也。遹者、釋文引孫炎云古述字讀聿是也。少牢饋食禮云遂述命、士喪禮云不述命、鄭註俱云述、循也。釋言云、遹、述也。詳見釋言。遵者、謚法解云、遵、循也。率者、夏小正云、率者、循也。左氏宣十二年傳云、今鄭不率。通作帥。覲禮云帥乃初事、鄭註今文帥作率。文王世子云、武王帥而行之。**正義**

從自也　玉案、昭公五年左氏傳云羣臣懼死不敢自也、注自、從也。

邢疏遹聿音義同　孫炎曰、遹古述字、讀聿。**校議**

遹遵率循由從自也自猶從也**遹遵率循也**三者又爲循行

說文云、自、始也。又云鼻也。鼻亦始也。人生從鼻始、百體由之、故偕爲自此至彼之義。自訓從也、由也、率也。從亦爲由、由亦爲率、率亦爲自、展轉相訓、其義俱通也。遹者、釋言云述也。述與率循義近、故皆訓自。釋文引孫炎云、遹古述字、讀聿、亦音橘。按、遹有三音、音橘者今未聞。橘遹竝从矞聲、或古音讀同也。讀聿者、聿遹古通用。詩遹追來孝、禮記禮器作聿追來孝。又、聿來胥宇、鄭箋聿、自也。正義以爲釋詁文。是聿遹通。又通作欥。詩遹求厥寧、說文引作欥求厥寧。欥从曰聲、欥又通曰、曰又通聿。故詩之見晛曰消、釋文引韓詩劉向作聿消、是其證矣。孫炎以爲古述字者、葢遹有述音、匡謬正俗引逸禮記曰知天文者冠鷸、鷸字音聿、亦有術音。故禮之衣服圖及蔡邕獨斷謂爲術氏冠、亦因鷸音轉爲術字耳、非道術之謂也。據顏此說證以鷸遹俱从矞聲、可知遹之音爲述、亦猶鷸之音爲術也。遹音爲述、其訓亦述。故詩遹駿有聲、鄭箋遹、述也。遹音爲聿、聿亦訓述、故詩聿修厥德、毛傳聿、述也。率者、逵之叚音也。說文、逵、先道也。通作衛。玉篇衛、循也、導也、遵也。又通作率。左氏宣十二年傳今鄭不率、杜預注率、遵也。率有律音。釋言律、述也、廣雅率、述也。是率律音義同。率之音爲律、律亦猶遹之音爲聿也。率之訓爲述、亦猶遹之訓爲述也。方言轟、律、始也。廣雅作轟萃、始也。萃、律、率俱字異音義同。然則率訓始、又訓自者、自亦始也、始亦自也。其義又通矣。由者、易由豫、由頤、虞翻注竝云、由、自、從也。由又用也、行也。行用與自義亦近。○遹遵率三者又俱爲循。循者、說文云行順也。通作順。詩江漢箋循流而下、釋文循流本亦作順流。又通作修。易繫辭云損德之修也、釋文修、馬作循。莊子大宗師篇云以德爲循、釋文循本亦作修。修循一聲之轉也。遹者、通作述。說文云、述、循也。詩報我不述、毛傳同。漢書藝文志注及後漢書曹褒傳注竝云、述、修也。又通作聿。後漢書傅毅傳注、聿、循也。遵者、說文及謚法竝云、遵、循也。詩遵養時晦、傳遵、率也。率亦循也。率者、詩禮內率訓循者非一。書罔不率俾、鄭注率、循也。率又行也、用也。詩帝命率育、傳率、用也。用行義亦爲循。易繫辭云初率其辭、集解引侯果曰率、循也。率又音律、律訓爲述、述亦循矣。率通作帥。詩率時農夫、文選東都賦注引韓詩作帥時農夫。周禮注故書帥爲率、儀禮注古文帥爲率。禮記注帥、循也。漢書循吏傳注、帥、遵也。遵亦循矣。然則由從二字亦當訓循。此不言者、可以意求之。由亦從也、從亦順也、順即循也、其義又通矣。**義疏**

遹遵率循由從自也遹遵率循也

循者、說文云行順也。通作順。詩江漢箋循流而下、釋文循流亦作順流。又通作修。易繫辭云損德之修、釋文修、馬作循。莊子大宗師篇云以德爲循、釋文循、本亦作修。修循一聲之轉也。

念孫案、隸書循脩二字相似、寫者多亂之。漢北海相景君碑陰、故脩行都昌台邱暹。隸續云、循脩二字、隸法止爭一畫、書碑者好奇、所以從省借用、然皆形之誤、非聲之通也。或者不察、遂謂循修二字古通、誤矣。韻書循在諄部、脩在尤部、尤與諄可通用乎。其或作修者、又脩之誤耳。**郝注刊誤**

遹聿**遵率循由從自也**孫注、遹、古述字。郭注、自猶從也。適从矛吶難人之意。此當作聿。聿卽筆也。故與述通。述从辵朮。朮田中可行。是由從之義也。本其所由爲自。自卽鼻也。知气所來。俗儒以爲人生从鼻始，妄言也。旣不剞孕、無由知也。詩適追來孝、記作聿追。適求厥寧、說文作欥。見晛曰消、劉向引作聿消。書祇適乃文考、字又作律。下云律述也。又作率捕鳥畢也。从玄有柄、外有敗羽，以网致之、故爲率。先古多用帥、自巾亦网意也。後以帥帨爲一字、與率遠矣。書、网不率俾。詩悉率左右。易、師出以律。又、長子率師。遵从辵尊、隨尊者行也。書遵王之道、詩遵彼汝墳、遵以循爲義。禮鄉飮有遵者、則以自鄉舉爲大夫而名之。循从盾彳。語足蹜蹜如有循、是正義也。記毋循往、謂因人而往、是有所自。春秋傳自者有力焉爾、順之爲循、率之爲自也。由、蓋从厶十會意。許愼不識人鬼而以由爲鬼頭、後遂讀鬼頭爲忽、而失由字、乃欲以甹爲之、謬矣。易由頤、書由乃在位、春秋傳由我嫁、皆自也。詩無易由言、又勿由勿語、由用以聲轉同用也。由從亦有循義、不言者可知也。循爲本義、自爲古訓、故先釋之。

適遵率循也

郭注三者又爲循行。

集解

適遵率循由從自也

適回辟也。从辵矞聲。猶袤行、與僻略同。正字爲述。詩文王有聲適駿有聲、箋適述、以適爲述也。述循也、亦自也。述適通用字。詩緜聿來胥宇、箋聿自也。左昭二六傳聿懷多福、詩作自懷多福。文選王僧達答顏延年詩聿來歲序暄、注聿自也。借聿爲之。遵循也、亦自也。从辵尊聲。詩酌遵養時晦、傳遵率也。猶自也。率、捕鳥畢也。象絲網上下其竿柄也。正字爲述。廣雅釋言、率述也。以述爲率也。述率通用字。詩思文帝命率育、正義引釋詁云率由自也。方言鼃律、始也。廣雅作鼃率、始也。說文自亦訓始。以律率爲之。循、行順也。从彳盾聲。引申爲自。禮記少儀毋循枉是也。前漢書武帝詔其敕鴈門代郡軍士不循法者、師古曰循從也、由也。詩載芟振古如茲、傳振自也。以振爲之。由、行也。从厶十、象獸蹄形。引申爲自。說文以由爲鬼頭、後人讀聲如忽、而以甹當由、誤矣。易由豫、由頤、虞注均云由自從也。禮記內則由衣服飲食、由執事、毋敢視父母所愛、又由命士以下皆潄澣、文選思玄賦不識蹊之所由、注均云由、自也。方言鼻始也。卽自也。釋水縣𨅊以下爲捐、注縣自也。以鼻縣爲之。從、隨行也。从辵从从會意、从亦聲。引申爲自。詩南山橫從其畝、韓詩作橫由。何人斯伊誰云從、箋言誰我者是言從誰生乎。孟子公孫丑、豈徒順之。又從爲之辭、言自爲之辭、以飾非也。自鼻也。气所自出者。故自又引申爲始也。

適遵率循也

適回辟也。正字爲述。述、行之循也。述適通用字。書康誥今民將在祗適乃文考、僞傳訓循。後漢書傳毅傳密勿朝夕、聿同始終、注聿、循也。以聿爲之。遵、君之循也。从辵尊聲。詩汝墳遵彼汝墳、遵大路遵大路兮、傳均云遵、循也。前漢書元后傳桑遵霸水而祓除、師古曰遵、循也。離騷旣遵道而得路、楚辭哀郢遵江夏以流亡、文選東京賦遵節儉、又規遵王度、辨亡論築壘遵渚、注均云遵、循也。率、捕鳥畢也。正字爲述。述率疊韵。易繫辭曰初率其辭、集解引侯果曰率、循也。書君奭罔不率俾、鄭注率、循也。詩吉日悉率左右、常武率彼淮浦、箋均云率、循也。緜率西水滸、北山率土之濱、傳均云率、循也。禮記大傳自仁率親、自義率祖、樂記樂者敦和率神而從天、左僖二六傳其率桓之功、文選西京賦雖靡率於舊典、注均云率、循也。禮記王制不帥教者、曾子問奉帥天子、文王世子武王帥而行之、周語能帥舊德而守終純固、魯語帥長幼之序、注均云帥、循也。以帥爲之。循、行順也。从彳盾聲。書顧命率循大卞。

義證

適遵率循由從自也

註 自猶從也 補正 邢疏、自亦從也、轉互相訓也。

郭注補正

適遵率循由從自也

自猶從也

元應地持論九卷音義引爾雅率、循自也、郭璞曰

爾雅詁林 一 釋詁上

自從也。從、自意也。

遹遵率循也

三者又爲循行也

元應阿毗達磨俱舍論廿三卷音義引爾雅率循自也。郭璞注曰又爲循行也。慧苑華嚴經音義卷上慧琳新翻密嚴經二卷音義俱引郭璞爾雅云、循爲巡行也。今據補也字。

郭注佚存補訂

遹遵率循由從自也遹遵率循也

遹者、釋言云述也。釋文引孫炎云遹古述字、讀聿也。述者、由後追前之辭、故云自也。大雅文王有聲遹駿有聲、鄭箋云遹、述也所述者、謂大王王季也、述其所自來也。彼釋文云遹、尹橘反、又音述。遹追來孝、禮記禮器作聿追來孝。緜聿來胥宇、箋云聿、自也、疏云聿自、釋詁文。蓋遹聿古通用也。傳箋於大雅文王聿修厥德、大明聿懷多福並云聿、述也。文王有聲遹求厥甯、說文引作欥求厥甯。欥从曰、故曰聿互通。豳風七月曰爲改歲彼釋文云漢書作聿。小雅角弓見晛曰消、彼釋文云韓詩作聿、荀子非相篇漢書劉向傳引亦作聿。遹聿曰欥、皆同聲相假、然鮮有用欥者。遹訓爲述。邶風日月報我不述、傳云述、循也、韓詩作報我不術。術、所由也。見禮記樂記注。所謂自也。　遵者、說文云循也。周南汝墳遵彼汝墳、鄭風遵大路兮、傳並云遵、循也。循亦自也。豳風七月遵彼微行、遵亦循也、遵循皆自也。周頌酌遵養時晦、傳云遵、率也。　率、說文作逵、云先道也。率者、逵之省文、今經典通作率。小雅吉日悉率左右、沔水率彼中陵、北山率土之濱、采菽亦是率從、大雅緜率西水滸、常武率彼淮浦、假樂率由舊章、周頌思文帝命率育、訪落率時昭考、傳箋並云率、循也。　循者、從也、由也。見漢書武帝紀集注。由亦從也。王風君子陽陽右招我由房、小雅賓之初筵匪由勿語、箋並云由從也。　從、說文作从、云相聽也。从二人。相聽謂聽從之義。小雅小旻謀臧不從、從謂遵也。魯頌閟宮莫不率從、從亦率也、皆輾轉互訓也。小雅吉日漆沮之從、疏云從彼以至天子之所。從彼者、自彼也。何人斯伊誰云從、箋云譖我者是言、從誰生乎。從誰生者、自誰生也。案以上諸條訓爲自。而遹遵率三字又分別言之、而訓爲循者、自有由此至彼追述之義、循則遵行之義、故分別釋之也。

說詩

遹遵

遹當作述。說文、述、循也。述字下遵字亦云循也。二字相次、同義。許氏之訓即爾雅文。可知古本作述、不作遹。孫炎以遹爲古述字、是孫炎本作遹。遹述古字雖通用、然經之例、訓詁互見。釋言、遹、述也。則此文當作述矣。若皆作遹、讀者何由知述之訓自訓循乎。說文、遹、回避也。回避與遂循同義、此循訓之外又一義爾。

由

說文無由字、而从由者不下十餘字。以粤櫱字推之、則由字篆文當作甴、倒甲爲由、亦如倒子爲𠫓也。其字象百果艸木甲坼之形。𠃌爲包孚、丄爲萌芽、凡百果艸木皆从此出、故訓爲自、爲从。說詳隸經文。 番禺鄭明經灝若曰、木部柚字下有𠙹字、云古文柚、此即由字也。柚由同部、所以古文叚爲柚字。說文已見于柚字下、不別出由字矣。

小箋

遹遵率循由從自也遹遵率循也 釋文云、遹、孫云古述字。一切經音義十八、又廿四兩引述、循也。甘誓正義云、述、循、釋詁文。案釋言、遹、述也。說文、述、循也。又見儀禮士喪禮、少牢饋食禮注。 又通術。詩邶風日月報我不述、傳箋皆訓循。釋文云、本亦作術。士喪禮注、古文述皆作術。又通聿。詩大雅緜聿來胥宇、箋聿、自也、正義曰聿自、釋詁文。又抑正義云、爾雅之訓聿曰述也。此指釋言遹、述也。亦爲自也。 說文辵部、𨓆、先道也、从辵率聲。經典相承省作率。又通帥。禮記王制不帥教者、注帥、循也、正義曰爾雅釋詁文。又曾子問奉帥天子、注帥、循也、正義曰此釋詁文。又文王世子武王帥而行之、注帥、循也、正義曰釋詁文。又內則欽有帥、注帥、循也、正義曰釋詁文。鄭注儀禮云、古文帥皆作率。 說文無由字、偏旁有之、乃粤之省文、與此無涉。漢書由字皆作繇。說文系部、繇、隨從也、从系䍃聲。又辵部遙、行遙徑也、从辵繇聲。

匡名

遹音聿遵率循由從自也遹遵率循也 說文、自、鼻也、象鼻形。以鼻訓自、會意。循、行順也。此言自从、與循行義相通也。遹、回辟也。古多假爲述字。大雅、遹觀厥成。 鄭風、遵大路兮。 𨓆、先道也。經典假率字爲之、訓循引伸之義也。有先導之者、乃有循而行者、亦謂之𨓆也。小雅、率土之濱。 左昭七年傳、循牆而走、註皆言自也。 由、或繇字。古繇由通用。義當从田有路可入也。韓詩、橫由其畝、傳東西曰橫、南北曰由。毛詩作從。論語觀其所由、註由、從也。 左哀八年傳、從武城、註從、自也。○康誥祗遹乃文考、註遹、述也。遹、循也。洪範、遵王之路。 左宣十二年傳、今鄭不率。夏小正、率、循也。通作帥。文王世子、武王帥而行之。

啓蒙

黃侃評本正名

由

繇 說文、繇、隨從也。繇與由音義同。古通用。

遹遵率循由從自也

邵疏曰、此釋所從自也。

自也者。說文、自、鼻也。象鼻形。皇字說解云、自、始也。自讀若鼻。今俗以始生子爲鼻子。章先生說之云。自鼻本一字。自。純象形。鼻。後出字。蓋自本鼻字。後爲自己字。又訓爲從。故別造鼻字。自訓始者。人生在胎先生鼻。故有始義。故皇从自。謂始皇者。三皇大君也。楊雄反離騷言鼻祖。卽始祖也。說文云。自讀如鼻。始生子爲鼻子。則古呼鼻。正如今呼伯也。伯必駕反。長子曰伯。古之泰部。如今中原呼廂。（以上章先生語。自音如伯。見二十三部音準）自有始義。伯音。而訓從者。猶言始於此矣。郝疏謂人生從鼻始。百體由之。故借爲自此至彼之義。言蓋得之。書酒誥庶羣自酒。章先生云。釋詁。由。從。自也。郭云。自猶從也。尋古字縱祇作從。然則自酒者。縱酒也。（以上章先生語。見古文尚書拾遺定本）

適者。說文。適。回避也。从辵矞聲。回。轉也。避。回也。則適者還回之始行也。故因訓自矣。釋文云。孫云。適古述字。讀聿。一音餘橘反。案釋文之例。別讀乃書。陸云適古述字讀聿。則陸意適讀如述。與聿而聿之音不與唐韻讀余律切者相同。陸云一音餘橘反。則陸意適又與說文之欥聿唐韻同余律切者相同也。（余律餘橘二切。今音皆諭紐術韻。古音皆影紐隊韻。今古皆同音）如其適之音聿。亦同餘橘。二音皆同。不煩重出。則陸之重出二音。意必有別明矣。尋聿从一聲。喉音自其正讀。而从聿聲之隶。乃入齒音邪紐。集韻肆字與述音同。亦入齒音禪紐。雖有齒頭正齒之別。而音固同類。又同位也。則聿可讀述。理自不疑。顏之推云。逸禮記知天文者冠鷸。蔡邕獨斷以爲術士之冠。亦因鷸音轉爲術字。（見匡謬正俗）適亦矞聲。可讀如述。故集韻鷸適術三字同音。詩大雅聿修厥德。傳云。聿。述。孔疏以爲釋詁文。今釋詁無聿述。惟釋言有適述耳。漢書東平思王宇傳引作述修厥德。明適聿述三字同音。然則孫炎以適爲古術字者。是謂古或借適爲術。不謂適爲術之古文。至若適讀喉音。而與聿曰相通者。則以欥爲本字。說文。欥。詮詞也。从欠曰聲。引詩欥求厥寧。今詩大雅欥作適。詩小雅見晛曰消。韓詩曰作聿。（釋文引）明適又與聿曰三字同音。曰者。欥之聲首也。則曰聿適皆欥之借矣。考適字所以有二音者。則以毛鄭異讀之故。知者。大雅適求厥寧。毛公無傳。箋云。適。述。釋文云。適。尹橘反。又音述。則適音同述者。乃鄭義。適音同欥者乃毛義也。許君說文叙云。其稱易孟氏。（孟爲費字之誤。說見漢書藝文志）書孔氏。詩毛氏。皆古文也。以是明之。適字訓自。不見於經典。通以聿字爲之。詩大雅聿來胥字。箋云。聿。自也。

遵者。說文。遵。循也。从辵尊聲。案說文。尊。酒器也。从酋。廾以奉之。周禮六尊。犧尊。象尊。著尊。壺尊。大尊。山尊。以待祭祀賓客之禮。儀禮士冠禮鄭注云。置酒曰尊。呂氏春秋情欲篇曰。尊酌者衆。則速盡。則置酒於尊。乃酌之始也。是尊有始誼。孟子遵海而南。放于琅邪。趙注云。遵。循。放。至。楚辭哀郢去故鄉而就遠兮。遵江夏以流亡。王注云。言己東行循江夏之水而遂流亡。以上下文義言。則孟子楚辭之遵並有始行之義。

率者。說文。率。訓捕鳥畢。無自義。訓自者。當爲䢦之借。說文。䢦。先導也。从辵率聲。道卽導引之導。䢦爲先導。故有始自之義。䢦字不見於經典。通以率爲之。用聲首也。淮南時則篇天子親率三公九卿大夫。高注云。率。使也。今謂率導也。逸周書大匡篇三州諸侯咸率。孔注云。率。奉順也。今謂率從也。通作帥。儀禮大射儀帥衆介夕。鄭注云。古文帥皆作率。成十三年左傳帥我蝥賊以來。帥亦導也。襄十年左傳率帥老夫以至於此。帥乃絓䢦之謂。用率之本義也。

循者。說文。循。行順也。从彳盾聲。論語夫子循循焉善誘人。何晏云。循循。次叙皃。淮南原道訓循天者。與道游者也。高注云。循。隨。說文云。從。隨行。則循亦從也。循從者。順而前進之義也。荀子性惡篇上不循於亂世之君。楊注云。循。順從也。

由者。甹之古文。說文。甹。木生條也。从马由聲。商書曰。若顚木之有甹枿。古文言由枿。章先生曰。古文甹作由。猶雲作云。𣶒作囘。淵作淵。㮇作㮇之比。說文言从马由聲者。猶靁下云从畾。非靁外別有畾。甹外別有由也。由有生義。春秋傳曰。歲在鶉火。是以卒滅。今在析木之津。猶將復由。詩序曰。由儀。萬物之生各得其宜也。以生訓由。生。進也。象艸木生出土上。冣初當祇作屮。艸木初生也。（以上章先生語。見文始）是由有始生義。始生謂之由。因引申爲由此及彼之稱。禮記內則子有二妾。父母愛一人焉。子愛一人焉。由飲食衣服由執事。毋敢視父母所愛。鄭注云。由。自也。通作用。幽東亦有對轉也。詩小雅謀夫孔多。是用不集。是由不集也。廣雅。由。以。用也。則用亦由矣。小雅謀臧不從。不臧覆用。用亦從也。本經由從同訓自。以是明之。

從者。說文。從。隨行也。从辵从从。从亦聲。案比字說解云。二人爲从。隨字說解云。从也。从訓相聽。則從者有爲之先者而始從也。釋親云。父之世父從父爲從祖祖父。父之世母從母爲從祖祖母。郭注云。從祖而別。釋親又云。父之晜弟先生爲世父。後生爲從父。則從之言亦有先後之次矣。周禮鄰長從于他邑則從而授之。鄭注云。從猶隨也。隱六年左傳長惡不悛。從自及也。杜注云。從。隨也。漢書張騫傳從蜀宜徑。注云。從。由也。

適遵率循也

郭注云。三者又爲循行。

循也者。說文。循。行順也。郭注云。循行。則是專取行順爲義。王念孫云。凡言循者皆率由舊章之謂。（以上王語。見讀書雜志）詩召南序云。采蘋。大夫妻能循法度也。通作徇。文十一年左傳

爾雅詁林　一　釋詁上

爾雅詁林　一　釋詁上

國人弗徇。服注云。徇。順也。循之通爲徇。猶循循之作恂恂矣。論語夫子循循然孟子章指作恂恂然 又通作順。儀禮大射儀順左右隈。鄭注云今文順爲循。書大傳三正若循連環。白虎通義引作順。又通作遂。一聲之轉也。王念孫云。墨子非儒篇宗喪循哀不可使慈民。史記孔子世家及孔叢子詰墨篇皆作崇喪遂哀。是循哀即遂哀也。以上王語見讀書雜志 循又誤爲脩。王念孫云。荀子議兵篇然後百姓曉然皆知脩上之法。像上之志。而安樂之。案脩當爲循。字之誤也。循。順也。謂順上之法也。禮器曰。禮也者反本脩古不忘其初者也。正義曰。脩定本及諸本作循。字當作脩。案定本及諸本是也。鈔本北堂書鈔禮儀部一引此亦作循古。陳禹謨改循爲脩 循古者遵循古道而不失正。所謂不忘其初也。下文元酒之尚。鸞刀之貴。豪鞂之設。皆是循古。非脩古也。莊子徐無鬼篇曰。反己而不窮。循古而不摩。商子更法篇曰。湯武之王也不循古而興。史記商君傳同索隱引商子作脩非 淮南氾論篇曰。不知法制之原。雖循古終亂。書傳多言循古。則作循者是也。以上王說見讀書雜志及經義述聞 又云。郝云通作脩。非。循之作脩。是形之誤。非聲之通也。以上王語見郝疏刊誤

遹者。說文。遹。訓迴避。無循義。訓循者當爲述之借。說文。述。循也。从辵朮聲。古者遹述同音。孫炎曰。遹。古述字。詩大雅遹修厥德。漢書東平思王傳引作述修厥德。是遹述同字之徵。詩邶風報我不述。傳云。述。循也。通作遹。釋言。遹。述也。說文述訓循。則遹亦循也。書康誥王曰。封。女念哉。今民將在祗遹乃文考。馬注云。遹。述也。此本釋言爲說。述亦循也」。

遵者。說文。遵。循也。逸周書謚法解云。遵。循也。則遵循之義其來甚古。詩周南遵大路兮。傳云。遵。循也。通作逡。方言。逡。循也。月運爲逡。史記游俠傳逡逡有退讓君子之風。漢書作循循。又通作徬。漢書王莽傳徬儉隆約以矯世俗。王引之云。徬讀爲遵。遵循也。謂循儉尚約以矯世俗之奢侈也。遵與徬古字通。爾雅曰。遵。循也。方言曰。逡。循也。集韻逡亦作徬。以上王語見讀書雜志

率者。正當作達。達訓先導。引申爲循行。段玉裁達字注云。釋詁毛傳皆云率循。此引申之義。有先導之者。乃有循而行者。亦謂之達也。以上段語見說文解字注 亦作率。用聲首也。詩大雅率西水滸。傳云。率。循也。通作帥。禮記王制簡不率敎者。鄭注云。帥。循也。通作類。率亦音類也。楚語齊桓晉文心類德音。以得有國。韋解云。類。善也。王引之云。類之言率也。率循也。言其心常循乎德音也。下文觀射父曰。使心率舊典者爲之宗。語意與此同。率與類古同聲同義。而字亦通用。漢書尹翁歸傳類常如翁歸言顏師古注類猶率也外戚傳事率衆多顏注率猶類也考工記梓人注是取象率焉率音類本又作類又音律祭義古之獻繭者其率用此與率音類又音律又所律反凡釋文率字之音多如此以上王語見經義述聞 又通作律。率亦音律也。釋言。律。述也。廣雅。循。率。述也。則律亦循矣。考工記釋文率又音律。禮記中庸上律天時。鄭注云。律。述也。述亦循也。

本字考

循、由從自也。 循由從同訓自、則由從自亦可有循義。展轉解釋、義可潛通、爾雅不言、欲人隅反也。

黃侃音訓

遹遵率循由從自也　郭注自猶從也

案、慧苑華嚴經音義十二率土咸戴仰下引爾雅率、從也。又二十六萬邦遵奉下引爾雅遵、從也。又二十七衆罪由生下引爾雅由從也。慧琳經音義二大般若波羅密多經一百八十一循環下引爾雅循、從也。又十三大寶積經三十八循環下引郭璞注爾雅循、從也。今本爾雅無遵率循由從也一條。疑古本此條實以從釋上六字、自從二字當互倒。易豫九四由豫、釋文出由豫、曰由從也。陸以從釋由、不以自釋由、則陸所見爾雅亦正二字互倒可知。李氏鼎祚周易集解兩引虞翻、皆曰由、自從也。一在豫九四由豫下、一在頤上六由頤下。此虞之以雅釋易也。當時讀雅必有連讀自從二字者、虞翻從之。藉見古本爾雅、自實在從上。郭不以自從連讀爲然、故注曰、自、猶從也。言自亦從之謂也。

董瑞椿補記

遹、遵、率、循、由、從、自也。遹、遵、率、循也。

此言自循二義之相貫也。說文云：「自、鼻也、」鼻有始義、故用自爲自此遵彼之字者、引伸義也。循者、說文云：「行順也。」凡有所自者必循之以行、循而行者亦必有所自、故訓爲自循二字者、其義皆通。

遹遵率三字、皆有自循二義者、釋言云：「不遹不蹟、」小雅沔水傳云：「不蹟、不循道、」是遹有循義矣。遹通聿、詩「聿來胥宇、」鄭箋訓聿爲自

爾雅詁林　一　釋詁上

、所遹之所以有自義也。遹、說文及謚法解均云：「循也。」循既有自義、則遹亦有自義、明矣。率者、夏小正以爲循；而小雅「率土之濱」訓自；即用循義也。

由從二字、經典訓自者甚多。攷之說文、則皆有循義。說文由、作繇、云：「隨從也；」從、作从、云：「隨行也；」蓋繇從系、有所系而隨之、故曰隨從、从从、因相聽而隨之、故曰隨行、是由從二字亦有循義矣。齊風「並驅從兩肩兮、」毛傳訓從爲逐、逐即循也、而本篇「從、自也、」之義。段玉裁反以爲引伸、以此知訓自之義、類由循義引而伸之也。

爾雅學

遹遵率循由從自也遹遵率循也○釋曰　注疏本删。

校勘記

六行(注)又爲循行○玄應《音義》卷九引「行」下有「也」字。

宋監本校箋

遹音聿遵率循由從自也

音圖·音

釋詁有遹無述、釋言有遹有述、並無聿字。依孫說則遹卽古述字。釋言讀述、釋詁讀聿、餘樀翻本極明晰。故文王有聲箋遹訓述、正義云釋言文。緜箋以聿爲自、乃釋詁文。掤正義同。釋詁釋言音義各異、而古字互通。

音略

聿

遹遵、率、循、由、從、自、也。遹遵率、循也。

孫侶直音

遹同聿遵率循由從自也遹遵率循也、

楊氏音訓

遹聿

干氏音釋

靖惟漠圖詢度咨諏究如慮謨猷肇基訪謀也

靖惟漠圖詢度咨諏究如慮謨猷肇基訪謀也　國語曰詢于八虞咨于二虢度于閎夭謀于南宮諏于蔡原訪于辛尹。通謂謀議耳。如肇所未詳。餘皆見詩。

郭注

靖惟漠圖詢度咨諏究如慮謨猷肇基訪謀也　釋曰皆謂謨議也。靖者安謀也。小雅小旻云靖共爾位。惟者思謀也。漠者舍人曰心之謀也。小雅小弁云聖人莫之。漠莫音義同。圖者大雅崧高云我圖爾居。詢度咨諏者小雅皇皇者華傳云訪問於善爲咨、咨事爲諏、咨事之難易爲謀、咨禮義所宜爲度、親戚之謀爲詢。究者小雅小弁云不舒究之。慮者計謀也。謨者大謀也。大雅云訏謨定命。猷者以道而謀也。大雅文王云厥猶翼翼。猷猶音義同。肇者大雅江漢云肇敏戎公。基者君子作事謀始也。訪者謀政事也。　注國語至見詩　釋曰云國語曰詢於八虞咨于二虢度于閎夭謀于南宮諏于蔡原訪于辛尹者是晉語胥臣對文公辭。說文王之卽位也。韋氏解云八虞周八士皆在虞官。二虢文王弟虢仲虢叔。南宮南宮括也。蔡蔡公。原原公。辛辛甲。尹尹逸。皆周大史也。

邢疏

漠謀也

漠心之謀也。釋文　邢疏　詩疏

犍爲注

漠音莫。釋文

郭音義

咨謀也

文選魏都賦注引爾雅作諮謀。

衆家注

黃輯古義

靖惟漠圖詢度咨諏究如慮謨肇基訪謀也

漠心之謀也。邢昺疏　釋文作心之謨。

犍爲注

靖惟漠圖。漠音莫。

郭音義

玉函山房輯佚

漠

心之謀也。舍人注　一　疏

鉤沉

漢謀也

舍人曰、漢、心之謀也。釋文。邢疏釋文作心之謨。今從疏所引。

孫曰、漢音莫。釋文

漢注

靖惟漢圖詢度咨諏究如慮謨猷肇基訪謀也

舍人云、漢、心之謀也。釋文二十九卷

郭璞云、國語曰詢于八虞、咨于二虢、度于閎夭、謀于南宮、諏于蔡原、訪于辛尹。通謂謀議耳。如肇所未詳。餘皆見詩。

一切注音

漢謀也孫音莫。　舍人云、心之謀也。竝釋文

咨

蕙心案、文選魏都賦注引爾雅作諮謀、从俗體也。古祇作咨。

古注斠

靖音靜漢孫音莫。舍人云、心之謨也。

度徒洛反、注同。諏子須反。猷音猶。肇音趙。究九又反。謨亡胡反。基

本或作謨、音同。謀莫浮反。虢古伯反。閎夭音宏、下於兆反。原音元。

陸音義

漢

舍人云、心之謀也○謀舊作謨。今從毛本官本改。

諏子須反○毛本諏譌趣。官本子須作子頭、係妄改。

究○正文諏究連文、次則謨、又次則猷肇。此本究謨皆在猷肇下、失其次。未必陸氏本與今不同。

音義攷證

靖惟漢圖詢度咨諏究如慮謨猷肇基訪謀也

圖、畫事而圖之。猷、猶事而猷之。謨、模事而謨之。基、有基而後圖之。究、窮則謀生焉。小、猶可惟也。細、猶可慮也。如、其後如之。漢、以時定也。訪、就而謀之。靖、謀不出其位。

新義

靖惟漢圖詢度咨諏究如慮謨猷肇基訪謀也皆謂謀議也

漢、通作莫。小雅云、聖人莫之。猷、通作猶。大雅云、厥猶翼翼。餘皆見詩。

郭氏云、如肇未詳。按、肇即江漢云肇敏戎公。如義未詳。

鄭樵注

靖惟漢圖詢度咨諏究如慮謨猷肇基訪謀也漢孫音莫

舍人曰、漢、心之謀也。

郭璞曰、國語曰詢于八虞、咨于二虢、度于閎夭、謀于南宮、諏于蔡原、訪于辛尹。通謂謀議耳。如肇所未詳。餘皆見詩。

鄭樵曰、皆謂謀議也。漢、通作莫。小雅云、聖人莫之。猷、通作猶。大雅云、厥猶翼翼。餘皆見詩。鄭氏云、如肇未詳。按、肇即江漢云肇敏戎公。如義未詳。

古注合存

靖惟漢圖詢度咨諏究如慮謨猷肇基訪謀也。漢莫同。度音鐸。諏子夏反。○此釋靖惟以下皆謀之義也。註曰、國語云、詢於八虞、咨於二虢、度於閎夭、謀於南宮、諏於蔡原、訪於辛尹。通謂謀議也。疏曰、漢者、舍人謂心謀也。詩小弁云、聖人莫之。肇基者、君子作事謀始也。愚按、詩傳莫之言定、猶靖也。靖漢爲謀、所謂安而能慮。與肇基二字連文讀。如義未詳。或云、如猶言如何、謀之狀也。

注疏參義

如訓謀。按即論語如之何如之何之意、熟思審處、有謀義也。

肇、郭云未詳。疏引肇敏戎公、鄭從之。姜上均以肇基二字連讀、大謬。

補注

靖惟漢圖詢度咨諏究如慮謨猷肇基訪謀也**註**國語曰詢于八虞、咨于二虢、度于閎夭、謀于南宮、諏于蔡原、訪于辛尹通謂謀議耳如肇所未詳餘皆見詩

正義

此釋謀慮之義也。說文云、慮難曰謀。○靖惟漢圖。靖者、方言云、靖思也、東齊海岱之間曰靖。盤庚云、則惟汝衆自作弗靖。惟者、詩釋文引韓詩云、惟念也。盤庚云、人惟求舊。漢者、詩疏引舍人云、漢心之謀也。圖者、說文云、圖畫計難也。聘禮云、君與卿圖事。○詢度咨諏○詢者、舜典云詢于四嶽、史記作謀於四嶽。度者、士喪禮云度茲幽宅兆基。咨者、說文云、謀事曰咨。左氏昭元年傳云、子産咨於太叔。諏者、說文云、諏聚謀也。特牲饋食禮云、不諏日。○究如慮謨○究者、釋言云、究、窮也。謂盡其謀也。如、通作茹、周頌臣工云來咨來茹、邶風柏舟云不可以茹、鄭箋俱云、茹、度也。度即爲謀、故釋言又云茹度也。慮者、方言云、慮、謀思也。夏官大司馬云、大役與慮事。韓非解老云、白公勝慮亂。又曰、越王慮伐吳。謨者、說文云、謨、議謀也。皐陶謨云謨明弼諧、史記作謀明輔和。○猷肇基訪○猷者、盤庚云、汝猷黜乃心。肇者、大雅江漢云肇敏戎公、毛傳肇、謀也。基者、周語云、后稷始基靖民。訪者、說文云、汎謀曰訪。徐鍇繫傳云、謂廣問於人也。左氏昭元年傳云、晝以訪問。哀六年傳云、君大訪於陳子而圖其小。**註**國語至議耳。○**正義**晉語胥臣說文王之詞云、詢于八虞而咨于二虢、度于閎夭而謀于南宮、諏於蔡原而訪于辛尹。韋昭註以詢度諏訪皆謀也。案、小雅皇皇者華云周爰咨諏、周爰咨謀、周爰咨度、周爰咨詢。左氏襄四年傳說此詩云訪問於善爲咨、咨親爲詢、咨禮爲度、咨事爲諏、咨難爲謀。毛傳云訪問於善爲咨、咨事爲諏、咨事之難易爲謀、咨禮義所宜爲度、親戚之謀爲詢、俱本左傳爲義。郭氏不引詩而引國語者、欲見詢咨度謀諏訪之義經傳皆同、不獨毛詩爲然也。故舉以見例。○餘皆見詩。○小雅菀柳云、俾予靖之。周頌云維天之命、釋文引韓詩云維念也。小雅小弁云聖人莫之、漢莫音義同。大雅崧高云我圖爾居。小雅常棣云是究是圖。大雅抑云、訏謨定命。文王云、厥猶翼翼。猷猶古通用。

正義

靖惟漢圖詢度咨諏究如慮謨猷肇基訪謀也國語曰詢于八虞咨于二虢度于閎夭謀于南宮諏于蔡原訪于辛尹通謂謀議耳如肇所未詳餘皆見詩

釋言云、謀、心也。郭注、謀慮以心。說文云、慮難曰謀。按、難讀難易之難、故詩毛傳云咨事之難易爲謀、葢本左傳之文而申釋其義也。謀本在心而从言者、凡事謀之於心宣之於口。故周禮大卜四曰謀、鄭衆注謀謂謀議也、葢亦以計議爲謀也。通作謨。謨謀聲相轉、也。靖者、方言云思也。靖思與謀心義近。下文又云、靖、治也。說文云、靖、細皃。精細理治與謀義又近也。詩靖共爾位、俾予靖之、實靖夷我邦、日靖四方、毛鄭竝云靖、謀也。通作靜。書靜言庸違、漢書王尊傳作靖言庸違。管子侈靡篇云曲靜之言、不可以爲道、尹知章注靜、謀也。惟者、下文云思也、魯語注云陳也、思慮陳敘竝與謀議義近。通作維。維訓度也、念也。念亦思也、度亦謀也。漢者、莫之叚音也。詩聖人莫之、毛傳莫謀也。莫訓謀者、莫本訓無、無古讀若謨、謨亦謀也。通作漠。釋文、漢、孫音莫、舍人云心之謀也。詩巧言釋文莫又作漠、一本作謨。抑釋文、謨本亦作漠。是漠謨互通、莫之與漢又音同字通。爾雅多叚借毛詩本古文、此則爾雅之漢當依毛詩作莫矣。圖者、畫之謀也。說文云、圖、計畫難也。詩是究是圖、我儀圖之、其義皆爲謀也。詢度咨諏四者竝見詩皇皇者華及魯語、毛傳俱本左襄四年傳而爲說。詢者、毛傳云、親戚之謀爲詢。書詢于四岳、史記五帝紀作謀于四嶽。度者、毛傳云、咨禮義所宜爲度。詩度其鮮原、禮坊記度是鎬京、箋注竝云度、謀也。咨者、毛傳云訪問於善爲咨。說文、謀事曰咨。詩來咨來茹、周語云而咨於故實、晉語云而咨於二虢、其義皆訓爲謀也。通作諮。周爰咨諏、釋文咨、本亦作諮。文選魏都賦注引爾雅亦作諮謀。按、諮从言後人所加、淮南修務篇云周爰諮謨亦作諮者、葢後人追改也。諏者、說文云聚謀也。毛傳咨事爲諏、魯語作咨才爲諏。韋昭注才當爲事、是也。通作詛。特牲饋食禮注、今文諏皆爲詛。究者、釋言云窮也、窮盡事理。與謀義近。古微書引孝經援神契云、究者、以明審爲義。然則明審與謀畫之義又近也。詩不舒究之、爰究爰度、傳箋竝云究、謀也。如者與茹同。釋言云、茹、度也。度亦謀也、茹亦如也、如與猷同意。故猷訓爲謀、亦訓爲若、如訓爲謀亦訓爲若。猷通作猶、如通作茹、其意正同矣。謨者、說文云議謀也。書謨明弼諧、史記夏紀作謀明輔和。詩訏謨定命、毛傳謨、謀也。通作謀、又通作漠、竝已見上。猷者、釋言云圖也。圖亦爲謀、通作猶。詩王猶允塞、毛傳猶、謀也。又通作由。易由豫、釋文引馬作猶、云猶豫、疑也。然則猶豫狐疑與謀義又近也。肇者、釋言云敏也、敏之謀也。詩肇敏戎公、傳肇、謀也。謀敏古音相近、故中庸云人道敏政、鄭注敏或爲謀、是其證也。基者、釋言云經也、設也。經營設造與謀義亦近。書周公初基、正義引鄭注基、謀也。孔子閒居夙夜基命宥密、鄭注亦云基、謀也。通作諆。玉篇、廣韻竝云諆、謀也。又別作諅。爾雅釋文基、本或作諅。蓋基爲本字、諆爲叚音、諅爲或體耳。訪者、說文汎謀曰訪。僭作邡。穀梁昭廿五年傳邡公也、范甯注邡當爲訪。訪、謀也。

義疏

靖靜**惟**誰**漠**謨莫**圖詢度咨諏**詛且**究如**茹**慮謨猷肇基**其**訪**方邡**謀也**

郭注、國語曰詢于八虞、咨于二虢、度于閎夭、謀于南宮、諏于蔡原、訪于莘尹。通謂謀議耳。如肇所未詳。餘皆見詩。

下云、靖、治也。靖从立青、靜从爭青、青無謀義、當皆从靜省、相爭而立者有謀也。謀从某。某者、槑之省文。枚梅音同、枚數之卽每數之、知爲某某也。从甘木者、今柑字。說文酸果、或誤以爲梅諸之梅、非也。詩無某字、摽有梅則从每明矣。槑杏花果同梅、柟借梅字耳。呆者、謀之義、豈从甘乎。書靖言、左傳引作靖譖。史記釋爲善言。又、自靖人自獻。詩、靖共爾位。又、實靖夷我邦。又、靜言思之。惟从心隹、隼字通。心之所準、卽所謀也。下文云思也。書惟時懋哉。朕命惟允。惟或爲助詞、與如猶其方皆擬度之詞也。詩皆作維。唯、載謀載惟、乃爲一謀也。莫、日冥也。加言加水同意。詩聖人莫之、一作謨之、漠之。下云莫、定也。謀之定也。詩訏謨定命。圖从口啚、國之遠謀也。書亦惟圖任。詩是究是圖。究从穴九、內謀也。詢均古字通。旬从包日、十日之周、故爲均遍。加言爲徧謀。書詢于四嶽。又、詢事考言。周官詢衆庶。又致萬民而詢焉。詩皇華周爰咨諏、咨謀、咨度、咨詢、因事爲義。左傳國語惟博文辭、不顧字義、乃云咨親爲詢、讀詢爲徇、以公爲私、非也。度从庶省、亦衆謀也。後分汝度、圖度、禮筮宅度茲、詩爰究爰度。書何度非及。又、師師非度。咨从次口、與度同意、以口次弟謀之。如从女口、則內謀之。詩來咨來茹。咨人茹己也。皇華五咨、外謀也。不可以茹、內謀也。書帝曰咨。諏从取、擇而取之。禮今文作詛、且亦擇也。特牲不諏日、不取丁巳日也。詩且往觀乎。慮从虍、思懼而謀也。周官慮刑貶。詩弗慮弗圖。下云、慮、思。記云、安而后能慮。愼思之、若有懼也。猶从犬酋。獸名、無謀義。酋者、酒半、汎歠者謀其宜、故下云猶若也。與如通。禮曰如何、書曰若之何。詩克壯其猶、書乃猷裕我。又、聽予一人之作猷。又、尚猶詢茲黃髮。肇、始也。與基同意。詩肇敏戎功。書肇我民。又、肇刑文武。又不其易其。又基命定命、皆謀始。與訪同也。周官受納訪。詩、訪予落止。穀梁傳邡公也。詩萬邦之方、易方雨、將雨也。方將、謀計之意。凡此惟如莫猶若其方且、卽助語有義者。

集解

靖惟漠圖詢度咨諏究如慮謨猷肇基訪謀也

靖、立竫也。从立青聲。與竫略同。正字爲靜。書大誥西土人亦不靜、漢書作靖、以靜爲靖也。靜、審也。引申爲思也、謀也。書堯典靜言庸違、僞傳靜、謀。鬼谷子權靜言者反而于信、均是也。靜靖通用字。書盤庚弗靖非予有咎、僞傳靖、謀也。詩小明靖共爾位、召旻實靖夷我邦、我將日靖四方、傳均云靖、謀也。菀柳俾予靖之、箋靖、謀也。惟、凡思也。从心隹聲。引申爲謀。詩生民載謀載惟、箋惟、思也。維天之命、韓詩念也。史記三王世家維者度也。念也。念亦思也。度亦謀也。大玄玄圖馴幽推厤、注推、謀也。廣雅釋詁揣、度也。謀也。以維推揣爲之。漠、北方流沙也。从水莫聲。正字爲謨、謨漠疊韻。詩巧言聖人莫之、釋文莫、又作漠、溥謀也。圖、畫計難也。謂謀難也。从口从啚。啚、嗇意。啚、難意也。詩常棣是究是圖、傳圖、謀也。儀禮聘禮君與卿圖事。禮記表記無以內圖外。注均云圖謀也。前漢書揚雄傳其廑至矣而功不圖。兩龔傳知謀咸信。可與建教化。圖安危。師古均曰圖。謀也。離騷不顧難以圖後兮。文選西京賦及帝圖時。歐陽堅石臨終詩潛圖密已構。注均云圖。謀也。詢字本作訊。問也。从言凡聲。引聲為謀。訊詢古今字。書堯典詢于四岳。史記作謀于四嶽。詩皇矣詢爾仇方。箋詢。謀也。板詢于芻蕘。箋有疑事當與薪采者謀之。魯語咨親為詢。注詢。親戚之謀。周禮小司寇以致萬民而詢焉。左成十三傳秦大夫不詢于我寡君。注均云詢。謀也。度。法制也。从又庶省聲。引申為量也。謀也。書呂刑何度非及。馬注度。造謀也。詩皇矣度其鮮原。箋度。謀。禮記坊記度是鎬京。左昭二四傳同德度義。哀十一傳周宣敢度其私。訪衛國之難也。魯語咨義為度。注均云度謀也。咨。謀事也。从口次聲。字亦作諮。書堯典咨十有二牧。僞傳咨。謀也。詩臣工來咨來茹。箋咨。謀。左襄四傳訪問于善曰咨。晉語賦事行刑必問於遺訓而咨於故實。後漢書章帝詔前代聖君博思咨諏。文選郭有道碑文實有懿德。文王咨焉。注均云咨。謀也。禮記表記事君先資其言。注資。謀也。以資為之。諏。聚謀也。从言取聲。儀禮特牲饋食不諏日。注諏。謀也。晉語諏于蔡原而訪于辛尹。注諏訪皆謀也。前漢書敘傳胥仍物而鬼諏兮。應劭曰諏。謀也。究。窮也。謂極謀也。从穴九聲。詩皇矣爰究爰度。傳究。謀。小弁不舒究之。箋究。謀也。如。從隨也。从女从口會意。正字為議。議。論也。引申為謀議如通用字。詩柏舟不可以茹。釋文茹。謀也。說文儀。度也。即謀也。借茹儀為之。慮。謀思也。从思虍聲。思有所圖曰慮。慮猶縷也。詩雨無正弗慮弗圖。箋慮。謀也。周禮朝士令邦國都家縣鄙慮刑貶。注慮謂謀也。秦策願大王有以慮之也。韓非內儲說上越王慮伐吳。呂覽安死人之壽。久之不過百。中壽不過六十。以百與六十為無窮者之慮。不廣。管子之慮近之矣。注均云。慮。謀也。文選鵩鳥賦天不可預慮兮。鶡冠子作天不可預謀。思玄賦景三慮以營國兮。注慮。謀也。謨。議謀也。从言莫聲。書皋陶謨謨明弼諧。史記作謀明輔和。詩抑訏謨定命。傳謨。謀也。左襄二一傳引書聖有謩勳。孟子萬章篇謨蓋都君。注均云謨。謀也。前漢書敘傳謨先聖之大猷兮。師古曰謨。謀也。後漢書張衡傳疇克謨而從諸。崔駰傳昔堯含戚而皋陶謨。文選廣絕交論謨神睿而為言。注均云謨。謀也。猷字本作猶。玃屬。从犬酋聲。正字為惟。惟猷雙聲。書君奭告君乃猷裕。鄭注訓謀。盤庚聽予一人之作猷。孫疏猷。謀也。詩常武王猶允塞。傳猶。謀也。釆芑克壯其猶。板為猶不遠。文王厥猶翼翼。泮水式固爾猶。箋均云猶。謀也。荀子大畧先患慮患謂之豫。慮患。猶謀患也。以豫為之。肇。字本作肈。擊也。謂謀擊人也。从戈肁聲。詩江漢肇敏戎公。傳肇。謀。或曰釋言肇。敏也。謀敏聲近。敏亦謀也。基。牆始也。从土其聲。正字為謀。謀基疊韵。書康誥周公初基。鄭注基。謀也。禮記孔子閒居夙夜其命宥密。注詩其為基。基。謀也。以其為之。訪。汎謀也。从言方声。詩序訪落嗣王謀於廟也。傳訪。謀也。周禮保章氏訪序事。晉語故求元君而訪焉。注均云訪。謀也。前漢書敘傳昔咎繇謨虞。箕子訪周。師古曰訪。亦謀。後漢書張衡傳黃靈詹而訪命兮。注訪。謀也。穀梁昭二五傳。邡公也。注邡。當為訪。謀也。以邡為之。謀。慮難也。言慮事之難易。

義證

如謀也　釋言篇茹、度也。彼註引詩邶風不可以茹。又小雅、玁狁匪茹。周頌、來咨來茹。如、即茹省文。依文求證、則虞書如五器、孟子如就見、並可以謀義訓。論語、如之何。如之何亦謀度辭也。

補郭

靖惟漢圖詢度咨諏究如慮謨猷肇基訪謀也

【註】國語曰、詢于八虞、咨于二虢、度于閎夭、謀于南宮、諏于蔡原、訪于辛尹、通謂謀議耳。如肇所未詳。餘皆見詩。【補正】邢疏、靖、安謀也。小雅、靖共爾位。惟、思謀也。漠、舍人曰、心之謀也。小雅、聖人莫之。圖、大雅云、我圖爾居。詢度咨諏者、小雅皇皇者華傳云、訪問於善為咨、咨事為諏、咨事之難易為謀、咨禮之所宜為度、親戚之謀為詢。究者、小雅、不舒究之。慮、計謀也。謨、大謀也。大雅、訏謨定命。猷者、以道而謀也。大雅、厥猶翼翼。肇者、大雅、肇敏戎公。基者、君子作事謀始也。訪者、謀政事也。

郭注補正

如謀也。郭氏未詳。案詩柏舟、不可以茹。臣工、來咨來茹。凡言茹者、皆如也、古字通用。釋言有茹、度也、正此字。

錢氏古義

爾雅詁林　一　釋詁上

漠謀也補

滋然謹按慧琳一切經音義八十九愔漠注引鄭注尔疋云、漠謂靜察也。楚辭云、欲寂寞而絕端。說文漠謂北方幽冥沙漠也。釋文漠、孫音莫、舍人云心之謀也。心謀卽靜察義。郭氏於漠字無注、迨未檢察鄭注耳。

舊注攷證

靖惟漠圖詢度咨諏猷肇究如慮謨基訪謀也

國語曰、詢于八虞、咨于二虢、度于閎夭、謀于南宮、諏于蔡原、訪于辛尹、通謂謀議耳。如肇所未詳。餘皆見詩。

郭注佚存補訂

靖惟漠圖詢度咨諏究如慮謨猷肇基訪謀也

靖者、小雅小明靖共爾位、菀柳俾予靖之、大雅召閔實靖夷我邦、周頌我將日靖四方、傳箋竝云靖、謀也。靖、通作靜。靜亦謀也。見書堯典靜言庸違傳。靖共爾位、韓詩外傳作靜恭爾位、春秋繁露祭義亦作靜共爾位。樊陽令楊君碑處靖衡門、亦以靖爲靜。惟者、下文云思也。周頌維天之命、彼釋文云、引韓詩云惟、思也。大雅生民載謀載惟、箋云惟、思也。思亦謀也。惟謀一義、載謀載惟猶爰究爰度、古人複語往往如此。漠與莫通。小雅巧言聖人莫之、傳云莫、謀也。彼釋文云、莫、亦作漠、一本作謨。大雅抑釋文云謨、沈云本亦作漠、音莫。漠謨俱從莫故古多假借爲之。大雅皇矣、貊其德音。彼釋文云貊、左傳作莫。亦同音相假也。圖者、說文云圖、畫計難也。大雅板猶之未遠、傳云猶、圖也。疏云圖卽謀也。猶與猷同。猷圖竝訓謀。小雅常棣是究是圖、傳云圖、謀也。大雅崧高我圖爾居、箋云我謀女之所處。雨無正弗慮弗圖、箋云慮圖、皆謀也。烝民我儀圖之、圖卽謀也、此常語也。詢見說文新附、云謀也。小雅皇皇者華周爰咨詢、毛傳云親戚之謀爲詢。彼釋文云諮親爲詢。大雅詢爾仇方、傳云詢、謀也。板詢于芻蕘、箋云有疑事當與薪採者謀之。禮記坊記引此文注云詢、謀也。度者、說文云計量也。計量卽謀也。皇皇者華周爰咨度、傳云咨禮義所宜爲度。大雅皇矣度其鮮原、傳云度、謀也。爰究爰度、箋云度亦謀也。爰究爰度與是究是圖、弗慮弗圖同爲複語。帝度其心、度謂度量、與謀同義。咨者、說文云謀事曰咨。

皇皇者華周爰咨諏傳云訪問於善爲咨。周頌臣工來咨來茹箋云咨謀也。 諏者、說文云聚謀也。皇皇者華周爰咨諏傳云咨事爲諏。釋文云各本作諮、淮南脩務訓作周爰諮謨、文選魏都賦注引爾雅作諮。諏又與詛同。特牲饋食禮注云今人諏爲詛。小雅何人斯以詛爾斯傳謂爲詛盟。案周禮詛祝注云大事曰盟小事曰詛與聚謀義相成。 究者、說文云窮也。窮究與謀義近。小雅節南山以究王訩大雅蕩靡屆靡究、傳箋並云究窮。與說文同義。小雅鴻雁其究安宅傳亦訓窮、非也。宜讀爲爰究爰度之究、謂百堵之劬勞所以謀安宅也。文四年左氏傳注引詩、云究度皆謀也。小弁不舒究之皇矣爰究爰度、傳並云究謀也。 如者、茹之假借。釋言云茹、度也。邶風柏舟不可以茹、小雅六月玁狁匪茹、周頌臣工來咨來茹、傳箋並云茹、度也。茹度皆謂謀也。大雅烝民柔則茹之疏云茹者啖食之名。人之啖食必咀嚼之始知其味、如人之謀食必籌度之始得其宜、故茹訓爲度、又訓爲謀也。 慮者、說文云謀思也。廣雅釋詁云慮謀也。案惟圖慮三字廣雅與爾雅複。 周南兔罝傳云此罝兔之人於行攻伐、可用爲策謀之臣使之慮事。疏云謀慮不意之事也。義具圖字注。 謨者、說文云議謀也。暮、古文。大雅抑訏謨定命、傳云謨謀也。 猷者、釋言云圖也。圖亦謀也。釋詁又云猷言也。郭注云猷者道、道亦言也。言與道皆與謀義近、言之有道即謀也。故小雅何人斯秩秩大猷、角弓君子有徽猷、箋並云猷道也。猷與猶通。凡詩之猶、毛多訓道、鄭多訓圖、訓謀、其義一也。小雅采芑克壯其猶、傳云猶、道也、箋云猶、謀也。斯干無相猶矣、傳云猶、道也。小旻不敢告猶、傳云猶、道也、箋云猶、圖也。圖即謀也。又云我視謀猶。謀猶一義、複文也。大雅板爲猶不遠、傳云猶道也、箋云猶、謀也。猶之未遠、傳云猶圖也、箋云王之謀不能圖遠。抑遠猶辰告、傳云猶道也、箋云猶、圖也。桑柔秉心宣猷、箋云猶、謀也。常武王猶允塞、傳云猶、謀也。魯頌泮水式固爾猶、箋云猶、謀也。詩凡猷字多以猶字代之。文選女史箴王猷有倫注云猷與猶古字通。 肇者、釋言云敏也。大雅江漢肇敏戎公、

爾雅詁林　一　釋詁上

傳云肈、謀也。敏亦謀也。中庸人道敏政、注云敏或為謀。謀敏一聲之轉。　基者、釋言云基、經也。注云基、業所以自經營。經營與謀義近。周頌昊天有成命夙夜基命宥密、孔子閒居基作其、注云詩讀其為基。大雅抑溫溫恭人維德之基。基亦謀也、言恭人所謀皆有德之言。下文告之話言、卽所謀之言也。惟哲人能聽吾謀、順德而行、愚人則反謂我不應謀、而責我以僭也。觀下數語、卽知基之宜訓為謀矣。　訪者、說文云、汎謀曰訪。周頌訪落訪予落止、傳云訪、謀也。

說詩

惟謀也

郭注見詩。柏年案、今大雅生民篇載謀載惟、鄭箋以惟為思。書般庚人惟求舊、又惟涉河以民遷、王肅亦以惟為思。說文雖有謀思凡思常思念思莫思之別、要之思有謀意。惟之訓謀又訓思、猶慮之訓思又訓謀也。

補釋

靖惟節音諏子須切諏、誤趣。切字脫。後同不出。

疏小雅小明云靖共爾位明誤旻。小雅巧言云聖人莫之巧言誤小弁。咨禮義所宜為度義、誤之。親戚之謀為詢戚、誤感。

注疏正字

爾雅詁林　一　釋詁上

肈

說文無訓。徐鼎臣引李舟切韻曰、擊也。凡遇擊殺必謀定而後戰、所謂兵謀也。

小箋

惟基謀也

郭曰、國語曰詢于八虞、咨于二虢、度于閎夭、謀于南宮、諏于蔡原、訪于辛尹。通謂謀議耳。如肈所未詳。邵曰、如、通作茹。周頌臣工云來咨來茹、邶風柏舟云不可以茹、鄭箋俱云茹、度也。度卽為謀、故釋言又云茹、度也。大雅江漢云肈敏戎功、毛傳肈、謀也。餘皆見詩。引之謹案、郭言餘皆見詩、惟基亦見詩也。今案、大雅生民篇載謀載惟、鄭箋曰惟、思也。思與謀義相成、則惟亦謀也。蓋三家詩有訓惟為謀者、故郭云見詩。褚少孫續史記三王世家曰、維者、度也。惟維古字通。度亦謀也。載謀載惟、猶言是究是圖、弗慮弗圖、爰究爰度、來咨來茹、周爰咨諏、周爰咨謀、周爰咨度、周爰咨詢、皆古人複語也。爾雅惟圖詢度咨諏究茹慮、皆訓為謀、則其義皆通矣。康誥曰周公初基作新大邑于東國雒、見康誥正義。某氏傳以初基為十二字連讀。鄭注以基為謀。造基、於基上加造字以釋之、非是。孔子閒居引詩夙夜其命宥密、鄭注曰詩讀其為基。基、謀也。密、靜也。言君夙夜謀為政教以安民。鄭訓基為謀與毛傳異、毛傳、基、始也。蓋亦本三家也。故郭亦云見詩。基或通作惎。定四年左傳管蔡啓商、惎閒王室、謂謀閒王室也。說見左傳。邵引盤庚人惟求舊、周語后稷始基靖民皆失之。人惟求舊與器非求舊對文、則惟為語詞、猶呂刑言非訖于威惟訖于富也。周語曰后稷始基靖民、又曰基福十五、基禍十五、三基字文義相承、則基非謀也。

述聞

靖惟漠圖詢度咨諏究如慮謨猷肈基訪謀也　靖通靜。堯典靜言庸違傳靜、謀。正義曰靜謀、釋詁文。　釋文云、漠、舍人云心之謀也。元照案、舍人本殆作慔。說文、心部慔、勉也。又案、詩小雅巧言聖人莫之、傳莫、謀也。釋文云又作漠、同。　詢、說文言部新附字。案、下文詢、信也、据說文心部恂、信心也、从心旬聲、則詢信字當作恂。此文亦當作恂。咨文選注六引作諮。案諮俗字。
正義云。如通作茹。詩不可以茹來咨來茹箋俱訓度。度卽爲謀。故釋言又云茹度也。元照案說文艸部茹飤馬也。非此義。
猷釋文音猶。案猷卽猶字之別體。不可以爲音。　釋文云基本或作諆。案諆俗字。　盧學士曰。正文諏究連文。次則謨。又次則猷肇。釋文究謨皆在猷肇下。

匡名

靖音靜惟漢圖詢度咨諏究如慮謨猷肇基訪謀也

此釋謀之義。說文慮難曰謀。　靖立竫也。安而能慮。故訓謀也。小雅俾予靖之。　大雅載謀載惟。箋諏謀其曰思念其禮。　詩疏漢心之謀也。通作莫。小雅聖人莫之。傳莫謀也。　圖畫計難也。从口啚。啚難意也。大雅我圖爾君。　詢謀也。舜典詢于四嶽。史記謀于四嶽。　度法制也。从又庶省聲。晉語度於閎夭。註度謀也。　咨謀事曰咨。左襄四年傳訪問於善爲咨。　諏聚謀也。小雅周爰咨諏。　大雅爰究爰度。傳究謀也。　如通作茹。邶風不可以茹。傳茹度也。　太甲弗慮胡獲。方言慮謀思也。　謨議謀也。皋陶謨謨明弼諧。史記作謀明輔和。　君陳嘉謀嘉猷。通作猶。大雅王猶允塞。箋猶謀也。　大雅肇敏戎公。傳肇謀也。　周語后稷始基靖民。註基謀也。　訪汎謀曰訪。洪範王訪于箕子。

啓蒙

靖惟漢圖詢度咨諏究如慮謨猷肇基訪謀也

邢疏云。皆謂謀議也。

謀也者。說文謀慮難曰謀。左傳毛傳並云。咨事之難易爲謀。周禮大卜四曰謀。鄭司農注云。謀議也。然則謀慮事難易之議也。章先生曰。說文但訓慮難曰謀。釋詁肇基皆訓始。亦訓謀。然則謀亦有始義。猶言經始。臣鍇曰。謀猶謀也。始謀也。斯義甚允。以上章先生語見文始　通作每。章先生云。莊子外物聖人躊躇以興事以每成功。小雅每懷靡及。魯語說之曰懷和爲每懷。漢書賈誼傳品庶每生。然則每成功者猶求成功也。每與謀聲義亦相近。古文謀作𠰔。以上章先生語見莊子解故

靖者。經典皆訓謀。而說文靖訓立竫。與謀義遠。訓謀者當爲靜之借。說文靜審也。从青爭聲。本謂畫繪素絢亭審。審爲宷之篆文。宷悉也。知宷諦也。从宀从釆。悉知審諦。必詳盡安善矣。以慮難爲謀。咨事之難易爲謀。訪問于善爲咨言之。則謀亦有審諦詳盡安善義。方言云。靖思。靖亦靜之借字。書堯典靜言庸違。史記五帝紀作善言而用僻。史公以訓詁代之也。善言亦謀義。某氏傳云。靜謀。其說自塙。管子侈靡篇曲靜之言不可爲道。尹注云。靜謀也。禮記儒行陳言而伏。靜而正之。上弗知也。鄭以善言詁靜。下又言謀事。似亦以靜爲謀也。通作靖。書靜言庸違。漢書王尊傳作靖言庸違。詩小雅靖共爾位。傳云。靖謀也。韓詩外傳靖作靜。

惟者。說文惟凡思也。从心隹聲。案慮訓謀思。从思虍聲。故惟訓思亦訓謀矣。方言惟思也。又惟凡思也。詩大雅載謀載惟。鄭箋云。惟思也。王引之云。思與謀義相成。則惟亦謀也。以上王語見經義述聞　通作維。史記褚少孫續三王世家云。維者度也。王引之云。度亦謀也。以上王語見經義述聞

漢者。說文漢北方流沙也。一曰淸也。从水莫聲。無謀義。訓謀者當爲謨之借。說文謨議也。从言莫聲。虞書曰咎繇謨。詩小雅釋文莫又作漠。一本作謨。詩大雅釋文謨本亦作漠。是其徵。詩大雅訏謨定命。傳云。謨謀也。亦作謩。用古文而變也。古文謨作暮。言或从口。口亦或从言。古文往往然也。襄二十一年左傳聖有謩勳。杜注云。謩謀也。亦作莫。用聲首也。詩小雅聖人莫之。傳云。莫謀也。通作漠。以同聲相通也。詩巧言釋文莫又作漠。一本作謨。抑釋文謨本亦作漠。又通作謀。書皋陶謨謨明弼諧。史記夏本紀作謀明弼諧。史公以雅訓代之也。而聲亦相通。章先生曰。謨謀同訓。魚轉之也。訓詁皆同而聲紐相轉。本爲一語之變。以上章先生語見成均圖及轉注叚借說

圖者。說文圖畫計難也。从囗从啚。啚難意也。章先生曰。給事曰圖曰畫曰謩。謀亦曰圖曰畫曰謨。以上章先生語見小學答問　然則畫計難曰圖。與慮難曰謀義固一矣。詩小雅是究是圖。傳云。圖謀也。

詢者。說文無詢字。左傳及詩傳並云。親戚之謀爲詢。疑當爲訊之借。說文。訊。問也。从言卂聲。詩邶風有懷于衞。靡日不思。孌彼諸姬。聊與之謀。次章云。女子有行。遠父母兄弟。問我諸姑。遂及伯姊。馬瑞辰撰列女傳孟姬嫁于齊。姑姊妹誡之門內。謂古者有姑姊妹誡送之禮。故得問于姑姊。所問者即上女子有行遠父母兄弟也。以上馬說見毛詩傳箋通釋 若然。則問亦有謀義。荀子大略篇問士以璧。楊注云。問謂訪其國事。禮記學記善問者如攻堅木。孔疏云。問謂論難。是並問有謀義之徵。古音訊思晉切與詢相倫切並心紐眞韻。同音故相借。僖十年公羊傳君嘗訊臣矣。何注云。上問下曰訊。今謂訊亦有謀義。晉荀息傅奚齊卓子。獻公病。將死。謂荀息曰。士何如則可謂之信矣。荀息對曰。使死者反生。生者不愧乎其言。則可謂信矣。此謀立奚齊之問也。故可謂訊亦有謀義。周禮小司寇以三刺斷庶民獄訟之中。一曰訊羣臣。二曰訊羣吏。三曰訊萬民。聽民之所刺宥。以施上服下服之刑。小司寇之職。掌外朝之政。以致萬民而詢焉。一曰詢國危。二曰詢國遷。三曰詢立君。其位。王南鄉。三公及州長百姓北面。羣臣西面。羣吏東面。小司寇擯以敘進而問焉。以衆輔志而弊謀。則詢訊同爲問也。詢爲謀。則訊亦有謀義明矣。通作詢。書舜典詢于四岳。史記五帝紀作謀于四嶽。史公用雅訓代之也。周禮鄉大夫退而以鄉射之禮五物詢衆庶。鄭司農注云。詢謀也。

度者。說文。度。法制也。从又。庶省聲。又。手也。趺字說解云。寸。法度也。亦手也。則度與寸義同。尋字說解云。又。寸。分理之。度人之兩臂爲尋八尺也。則度亦有分理義。有量義。與詩所謂忖度又同。尺字說解云。十寸也。十寸爲尺。尺所以指尺規榘事也。周制。寸尺咫尋常仞諸度量。皆以人之體爲法。寸尺之等爲度量。以度量度之爲度。度量。卽法制也。度以法制。與度以禮義同事。故春秋傳云。咨禮爲度。咨義爲度。詩傳云。咨禮義所宜爲度。則度即議也。以謨訓議。謀言之。則度亦議謀矣。詩大雅度其鮮原。禮記坊記度是鎬京。箋注並云度謀。晉語詢于八虞。咨于二虢。度于閎夭。謀于南宮。諏于蔡原。訪于辛尹。韋解云。詢。謀。咨。謀。度亦謀。諏訪皆謀。郭璞亦引國語六言而釋之曰。通謂曰謨議。是並度可訓謨之徵。書呂刑何度非及。馬注云。度。造謀也。詩大雅爰究爰度。箋云。度亦謀也。

咨者。說文。謀事曰咨。从言次聲。左傳詩傳並云。訪問于善爲咨。周語而咨于故實。晉語而咨于二虢。韋解並云咨謀。則咨者訪問于善之謀也。書舜典咨十有二牧。某氏傳云。咨亦謀也。俗作諮。詩大雅周爰咨諏。釋文咨本亦作諮。淮南修務訓作周爰諮謨。

諏者。說文。諏。聚謀也。从言取聲。詩傳咨事爲諏。魯語作咨才爲諏。晉語諏于蔡原。韋解云。諏。謀也。通作詛。侯魚亦有轉也。儀禮特牲饋食禮不諏日。鄭注云。諏。謀也。今文諏皆爲詛。

究者。說文。究。窮也。从穴九聲。九字說解云。陽之變也。象其屈曲究盡之形。白虎通義禮樂篇云。九之爲言究也。則究九並有屈曲究盡義。詩爰究爰度傳云。究。謀也。則究者窮盡屈曲之謀也。通作鳩。左傳蔿掩書土田。度山林。鳩藪澤。王引之以爲爾雅度究謀也。詩云爰究爰度。究猶度也。度山林。究藪澤。皆取相度之義。鳩究二字皆以九爲聲。以上王說見經義述聞

如者。郭云未詳。宗薌案說文。如。从隨也。从女。从口。徐鍇謂女子从父之敎。从夫之命。故从口。然則女之受命如影響也。詩邶風我心匪鑒。不可以茹。傳云。鑒所以察形也。茹。度也。說文茹訓食。無度義。則茹度之茹正作如也。如訓从隨。从相聽也。又俱也。旅字說解 則如者彼此如一無所牾逆之謂也。鑒可察形。表裏如一。故云茹度。人之圖事亦欲察見究曲。與事狀符同。故如訓謀矣。論語如用之。則吾從先進。皇侃疏云。如猶若也。隱元年公羊傳且如桓立。何注云。且如。假設之辭。又如勿與而已矣。何注云。如即不如。齊人語也。今謂此皆商度之詞。卽爾雅之如謀意也。通作茹。詩周頌來咨來茹。箋云。女有事當來謀之。來度之。度亦謀也。釋言。茹。度也。此云如謀也。

慮者。說文。慮。謀思也。从思虍聲。方言云。慮。謀思也。周禮大司馬大役與慮事。鄭司農云。國有大役。大司馬與謀慮其事也。

謨者。說文。謨。議謀也。从言莫聲。孟子謨蓋都君咸我績。趙注云。謨。謀也。通作譕。管子形勢篇譕臣者可以遠舉。王引之云。譕與謨同。集韻謨古作譕。臣當作亘。字之誤也。亘。大也。譕亘者。謀及天下之大而非一家一國之謀也。以上王說見讀書雜志 又通作無。昭二十八年穀梁傳季孫意如曰。叔倪無病而死。此皆無公也。是天命也。非我罪也。王引之云。無公之無。當讀譕。譕古謨字。爾雅曰。謨。謀也。譕公者。謀納公也。言違天者不祥。宋公叔倪之死。皆以謀納公故。故曰叔倪無病而死。此皆譕公也。謀納公者皆死。則是天之不使公還。非我不納公也。故曰是天命也。非我罪也。以上王說見經義述聞 餘見前謨下。

猷者。說文猷作猶。訓玃屬。从犬酋聲。一曰隴西謂犬子爲猶。無謀義。訓謀者當爲頌之借。東幽亦有對轉也。章先生曰。頌本訓皃。引申象其皃則曰形頌。單言爲頌。古多以猶爲頌。楚辭然容與而狐疑。容與。卽猶與。猶豫。故猶可借爲頌。說文猶本訓玃屬。一曰隴西謂犬子爲猶。釋言。猶。圖也。春官凡以神仕者。以猶鬼神示之居。鄭君曰。猶。圖也。是本

借猶爲頌。頌本頌皃。引申象其皃則曰形頌。單言曰頌。畫之曰頌。猶畫之曰皃矣。釋詁圖猶皆訓謀。緰事曰圖曰畫曰摹。謀亦曰圖曰畫曰謨。故亦同謂之頌。謀事之頌。所謂規度也。以上章先生語見小學答問 禮記檀弓晉獻文子成室。晉大夫發焉。張老曰。美哉輪焉。美哉奐焉。歌於斯。哭於斯。聚國族於斯。文子曰。武也得歌於斯。哭於斯。聚國族於斯。是全要領以從先大夫於九京也。北面再拜稽首。君子謂之善頌善禱。鄭注張老之言云。心譏其奢也。言此者欲防其後。復爲善頌。謂張老之言。案此頌有規度之意。不僅稱頌也。可以證頌爲謀也。通作猶。詩大雅王猶允塞。傳云。猶。謀也。郝疏已引 王念孫云。謀猶字。詩皆作猶。說文有猶無猷。作猷者隸變耳。俗以猶爲猶若字。猷爲謀猷字。非也。以上王語見讀書雜志

肈者。說文肈訓擊。無謀義。訓謀者。當爲肁之借。說文。肁。始開也。从戶从聿。聿。畫字。說解云。聿。所以畫之。則謀亦始畫也。說文。慮。難曰謀。釋言。謀。心也。詩傳云。咨事之難易爲謀。周禮太卜鄭司農注云。謀。議。尋先儒之詁。謀也曰慮曰心曰咨曰議。皆謂規度于事先也。史記高帝紀說蕭何功首之狀曰。發蹤指示。是謀爲始畫在事先之徵。俞樾謂肈亦謀始之意。上文肈基並訓始。是其證。以上俞說見群經平議 是也。肁字不見於經典。通以肈爲之。詩大雅肈敏戎公。傳云。肈。謀也。邢疏已引

基者。說文。基。牆始也。从土其聲。牆以基爲始。猶事以謀爲始也。論語臨事而懼。好謀而成。此夫子之所與者也。周頌昊天有成命。夙夜基命宥密。傳云。基。始。箋云。基。謀。賈子禮容篇則云。基者。經也。勢也。詩傳云。經。度之也。召誥某氏傳云。經營規度。則大傳之訓亦謂謀之也。周語自后稷之始基靖民。韋解云。基。始也。今謂基亦謀也。通作惎。章先生云。秦誓惟古之謀人。則曰未就予惎。惎字從說文引 惟今之謀人。姑將以爲親。惎當讀爲基。釋詁。基。謀也。言古人已往。不能就我而謀。故姑親今之謀人爾。春秋定公傳管蔡啓商惎間王室。惎亦當讀基訓謀。以上章先生語見古文尚書拾遺定本

訪者。說文。訪。汎謀曰訪。从言方聲。詩周頌訪予落止。傳云。訪。謀也。通作邡。以同从方聲也。昭二十五年穀梁傳宋公佐卒于曲棘。邡公也。范注云。邡當爲訪。訪。謀也。言宋公所以卒于曲棘者。欲謀納公。郝疏已引

本字考

漠、謨、謀也。 漠正作謨、漠謨同字幷見。

詢、謀也。 說文恂信心也、即詢字。此訓謀、下文訓信。

肇、謀也。 肇正作肁。

基、謀也。 基與亟、敏疾也敏亦謀也。戒、警也。誡敕也。械、飭也。諆、飭也。該、軍中約也。誋、誡也。音同、義並近。 基訓始、又訓謀、猶肁訓始、又訓謀。又腜訓始、娠孕腜兆也。同聲之謀訓慮。方訓始、同聲之訪訓謀。落訓始、同聲之慮訓謀。易曰、君子以作事謀始、此其義也。

黃侃音訓

基謀也郭注云見詩。承珙案、今毛詩傳箋無訓基爲謀者。惟禮記孔子閒居引詩夙夜其命宥密、鄭注云詩讀其爲基、聲之誤也。基、謀也。密、靜也。言君夙夜謀爲政教以安民。鄭於此訓基爲謀、與詩箋從毛訓基爲始者異。蓋注禮先於箋詩、此必用三家詩義。郭注爾雅時猶及見之、故云見詩。孔穎達禮記正義已不能言其故矣。又尚書周公初基作新大邑于東國洛、正義引鄭注云基謂謀也、此亦用雅義也。爾雅釋文云、基本或作諆、音同。案、諆與諆同。後漢書張衡傳、迴志朅來從元諆。文選思元賦同。周書酆保解曰諆言告聞、注云諆、謀也。

胡氏古義

謨謀也

謨謀也。邵氏晉涵正義詩疏引舍人云漠、心之謀也。頤煊案、詩巧言聖人莫之、毛傳莫、謀也、釋文莫、本又作漠。

讀爾雅録

漠。謀也。疏引小雅聖人莫之爲證、云漠莫音義同。

猷。謀也。疏引大雅厥猶翼翼。猷猶音義同。

考異摘要

肇基謀也

爾雅詁林 一 釋詁上

注曰、肇未詳。疏曰、肇者、大雅江漢云肇敏戎公。基者、君子作事謀始也。

樾謹按、肇亦謀始之意、上文肇基竝訓始、是其證也。詩生民篇后稷肇祀、禮記表記篇引作后稷兆祀、是肇兆古字通。文選漢高祖功臣頌伐謀先兆、擠響于音李善注曰兆爲謀始、響爲音初也、正得爾雅之義。郝氏懿行義疏引釋言肇、敏也、謂敏謀古音相近、雖其說亦通、然經以肇基連文、則以謀始之說爲塙矣。

靖謀也 **平議**　郭注、見詩。邢疏、靖者、安謀也、小雅小明明元作旻、依浦氏鏜爾雅注疏正誤改正之。云靖共爾位。

案、書堯典靜言庸違、孔傳靜、謀、孔疏靜謀、釋詁文。今本謀也條無靜字。漢書王尊傳論衡恢國篇竝引書作靖言庸違、是穎達所見爾雅此靖實作靜。韓詩外傳四春秋繁露祭義篇竝引詩靖共爾位亦作靜共爾位。郭所据多三家詩、則作靜爲得。慧琳經音義六十六阿毗達磨發智論十七靜慮下亦正引此作靜謀也。

如謀也　郭注、未詳。翟氏灝補郭据釋言茹度也、謂此如卽茹省文。

案、說文艸部、茹、飤馬也。殊與謀義不合。言部、謀、慮難曰謀、从言某聲。䜂、古文謀。譬亦古文。雷先師嘗詔瑞椿此如當卽䜂之誤文、碻不可易。郭忠恕汗簡下女之屬有如字作咨、云出王庶子碑。葢此經以謀釋䜂、爲以今文釋古文、爾雅元有此例。後人少見䜂多見如、遂疑此䜂爲咨之誤文而妄改之耳。汗簡上口之屬則以䜂爲謨、謂出貝邱長碑。鄭氏珍汗簡箋正据夏竦古文四聲韻、謂謨實謀誤、是也。說文心部、慔、讀若侮。是某聲母聲古本相通。謀之古文作䜂、正猶慔之許讀若侮也。

肇謀也　郭注、未詳。邢疏、肇者、江漢云肇敏戎公。郝氏懿行義疏、釋言肇、敏也、謀敏古音相近。俞氏樾羣經平議、上文肇基竝訓始、邢疏基者君子作事謀始之意、故連文。

案、詩小雅生民篇后稷肇祀、禮表記引作后稷兆祀。是肇兆古通。此經訓謀之肇、當爲兆之叚字。說文卜部、㸎、灼龜坼也、从卜兆象形。兆、古文㸎省。周禮春官大卜職掌三兆之灋、鄭注兆者灼龜發於火、其形可占者。書洪範、謀及乃心、謀及卿士、謀及庶人、謀及卜筮。此經謀也條凡卄六字、如惟漠慮等字爲乃心之謀、詢咨諏訪等字爲卿士庶人之謀、而此兆字則實爲卜筮之謀、與洪範脗合也。文選四十七陸機漢高祖功臣頌伐謀先兆、李善注言將伐其謀、先其未兆。然兆爲謀始也。彼兆亦正指卜筮言。漢書郊祀志、於是衡譚奏議曰臣聞廣謀從衆、則合於天心。卽伐謀先兆之謂也。

董瑞椿補記

靖、惟、漠、圖、詢、度、咨、諏、究、如、慮、謨、猷、肇、基、訪、謀也。

左傳云：「咨難爲謀、」說文之「慮難曰謀、」即本左氏。

靖者、說文云：「靖、細也、」細从囟；方言云：「靖、思也；」皆有謀意。是以詩「靖共爾位、」「日靖四方、」毛傳並訓謀。靖通靜、堯典「靜言、」傳以謀訓靖、正義以爲釋詁文。

惟、方言云：「凡思也、」說文同。惟通作維、亦爲謀。但「人惟求舊、」之惟、王引之作語詞解。

謨者、說文云：「謨、議謀也。」漢亦借爲謨、詩巧言「聖人莫之、」傳訓莫爲謀、釋文云：「莫又作漢、一本作謨、」是莫漢皆謨之假字、

圖、說文云：「計畫難也。」

詢度咨諏同訓謀者、左傳云：「訪問於善爲咨、咨親爲詢、咨禮爲度、咨事爲諏。」毛傳訓曰：「親戚之謀爲詢、」曰「咨禮義所宜爲度、」曰「訪問於善爲咨、」曰「咨事爲諏、」穆叔之語、本皇華、毛傳又本於左氏。但經典亦用於汎謀之義。

究、釋言云：「窮也、」詩「爰究爰度、」傳箋並詢謀。

如者、邵氏云：「如通作茹、」臣工「來咨來茹、」柏舟「不可以茹、」鄭箋俱云「度也。」」郝氏云：「釋言云：『茹、度也、』度亦謀也、茹亦如也、如與猷同意、故猷訓爲謀、亦訓爲若、如訓爲謀、亦訓爲若、猷通作猶、如通作茹、其意正同。」邵郝二氏、皆以如通茹、故訓謀也。

猷者、嚴元照謂「猷爲猶之別體、」詩「王猶允塞、」毛傳云：「猶、謀也、」此猶訓謀之證。說文「猶、玃屬、」段云：「猶豫、遲疑之貌、釋詁曰：『猷、謀也、』釋言曰：『猷、圖也、』召南傳曰：『猶、若也、』說文『圖者、畫也、計難也、謀者、慮難也。』圖謀必酷肖其事而後有濟、故圖也謀也若也爲一義、皆從遲疑鄭重之意引伸之。」如段嚴所考、則爾雅之猷、應作猶；作猶故有圖謀之義。

肇者、大雅云：「肇敏戎公、」毛傳云：「肇、謀也。」

基者、孔子閒居「夙夜基命宥密、」鄭注云：「基、謀也。」王引之云：「基通惎、左傳『管蔡啓商、惎閒王室、』謂謀閒王室也。」

訪者、說文云：「汎謀曰訪。」

爾雅學

漢釋文單疏本雪牕本同。瞿中溶云唐石經漢謨二字皆磨改。

究如慮謨猷肇唐石經單疏本雪牕本同。釋文猷肇在究謨上。

唐石經謨字先作謀。

靖惟漢圖詢度咨諏究如慮謨猷肇基訪謀也○釋曰注疏本刪。

小雅小旻云浦鏜云、明誤旻。

小雅小弁云浦鏜云、巧言誤小弁。

咨禮義所宜爲度閩本監本毛本義改之、正德本實闕。

訪者謀政事也○注國語至見詩○釋曰注疏本刪下八字。

詢於八虞正德本閩本監本同。毛本於改于。按晉語六于字並當作於、明道本及俗本皆于於錯出。

是晉語胥臣對文公辭正德本同。閩本監本毛本是誤皆。

皆周大史也注疏本脫也。

校勘記

○趣子須釋文趣作諏、盧玟證云、毛本諏譌趣。按、須下脫去切字、他處或無切字或有切字、其例不一。後不重出。

親戚之謀爲詢監本毛本同。湘本戚作戚。

厥猷翼翼監本毛本湘本猷作猶。案此經文作猷詩作猶、故下言猷猶音義同、以申明之。作猶字是。

注疏校勘札記

七行基訪謀也○「基」，釋文同，云：「本或作諆，音同。」原本《玉篇》言部「諆」下引「《爾雅》：諆，謀也。」字作「諆」。

八行(注)咨于二虢○「虢」當依蜀本作「虢」。

宋監本校箋

靖惟漢圖詢度音鐸咨諏音苴究如慮謨猷肇基訪謀也

音圖・音

諏音苴 案、諏、子須翻虞韻精母字。今音苴、魚母雖合而韻非。直音音周、歸照母非。

直音正誤

小雅聖人莫之、釋文云莫、又作漢同、一本作謨。案爾雅漢謨同訓謀、莫協韻爲勝。穀梁傳邡公也。昭二十五年注

爾雅詁林 一 釋詁上

邡當爲訪謀也。釋文依注讀爲訪。

音略

静　莫　荀　鐸　周

靖、惟、漠、圖、詢、度、咨、諏、究、如、慮、謨、猷、肈、

基、訪、謀也。

孫侶直音

静　莫
靖、惟、漠、圖、

直音校正

荀　鐸　苴陬
詢、度、咨、諏、究、如、慮、謨、猷、肈、

基、訪、謀也。

楊氏音訓

靖惟漠莫同圖詢度鐸咨諏子須切究如慮謨猷肈基訪謀也。

度鐸　諏子于切

干氏音釋

典彝法則刑範矩庸恒律戛職秩常也柯憲刑範辟律矩則法也

典、彝、法、則、刑、範、矩、庸、恒、律、戛、職、秩、常也。庸戛職秩義見詩書。餘皆謂常法耳。柯、憲、刑、範、辟、律、矩、則、法也。詩曰、伐柯伐柯、其則不遠。論語曰、不踰矩。

郭注

典彝法則刑範矩庸恒律戛職秩常也　釋曰、皆謂常禮法也。典刑者、詩大雅蕩篇云尚有典刑。彝者、洪範云彝倫攸敘。法則者、天官冢宰以八灋治官府、以八則治都鄙、鄭注云、邦國官府謂之禮法、常所守以爲法式也。則、亦法也。典法則所用異、異其名也。範者、模法之常也。矩者、度方有常也。庸者、書皋陶謨云自我五禮有庸哉。恒、久之常也。湯誥云若有恒性。律者、常法也。戛者、康誥云不率大戛。職者、主之常也。秩者、商頌烈祖云有秩斯祜。　柯憲刑範辟律矩則法也　釋曰、此亦謂常法、轉互相訓。柯者、執以取法也。憲者、大雅桑扈云百辟爲憲。辟、罪法也。刑範律矩則皆謂常法也。　注詩曰至踰矩　釋曰、云詩曰伐柯伐柯其則不遠者、豳風伐柯文。云論語曰不踰矩者、爲政文。

邢疏

典常也

典、禮之常也。周禮太宰之職疏二

李注

典、禮之常也。周禮疏二

孫音注

戛常也

戛、苦八反。釋文

郭音義

典彝法則刑範矩庸恒律戛職秩常也

黃輯古義

典、禮之常也。周禮天官大宰賈公彥疏

李注

律戛苦八反。

郭音義

玉函山房輯佚

典

禮之常也。孫注　周禮疏二

鈎沉

典常也

李曰、典、禮之常也。賈公彥周禮太宰之職疏二

漢注

典彝法則刑範矩庸恒律戛職秩常也

李巡云、典、禮之常也。周禮疏二卷　郭璞云、庸戛職秩義見詩書。餘皆謂常法耳。

柯憲刑範辟律矩則法也

郭璞云、詩曰伐柯伐柯、其則不遠。論語曰、不踰矩。

一切注音

典，常也。孫炎云、典、禮之常也。周禮太宰疏

範，法也。蕙心案、一切經音義二引爾雅、笵、法也。說文、笵、法也。亦通范。禮運、范金合土、鄭注、范、鑄作器用。

古注斠

戞，郭苦八反。釋文

陸音義

彝以而反。範音犯。字或作范、同。戞居黠反。郭苦八反。職之力反。秩長栗反。柯古河反。辟婢亦反、下同。踰以朱反。矩俱宇反。

音義攷證

踰矩 俱宇反○。案、矩字正文先已兩見、似當在上範字下、作音、并云下同。

新義

典彝法則刑範矩庸恆律戞職秩常也

典、邦國之常。彝、宗廟之常。法、官府之常。則、都鄙之常。律、樂也。戞、禮也。

鄭樵注

典彝法則刑範矩庸恆律戞職秩常也 郭氏云、庸、戞、職、秩、義見詩書。餘皆謂常法耳。

柯憲刑範辟律矩則法也 豳風云、伐柯伐柯、其則不遠、謂執柯以取法也。辟、婢亦反、下同。

古注合存

典彝法則刑範矩庸恆律戞職秩常也 戞、郭苦八反。

孫炎曰、典、禮之常也。

郭璞曰、庸戞職秩、義見詩書。餘皆謂常法耳。

鄭樵曰、郭氏云、庸戞職秩、義見詩書。餘皆謂常法耳。

柯憲刑範辟律矩則法也

郭璞曰、詩云、伐柯伐柯、其則不遠。論語曰、不踰矩。

鄭樵曰、豳風云、伐柯伐柯、其則不遠、謂執柯以取法也。

辟、婢亦反、下同。

典彝法則刑範矩庸恆律戞職秩常也 刑、型同。○此釋典彝以下皆常之義也。戞、亦法也。職主也。彝、庸、恆乃常之正義。典、法、則、刑、範、矩、律、戞、秩皆爲常者、有法度則有常也。職爲常者、有職主則亦有常也。

柯憲刑範辟律矩則法也 辟音璧。○此又釋柯憲以下皆法之義也。註曰、豳風詩云、伐柯伐柯、其則不遠。

補注

書正義云、戞猶楷也、言爲楷模之常、故戞爲常也。

注疏參義

典彝法則刑範矩庸恆律戞職秩常也 **註** 庸、戞、職、秩、義見詩書。餘皆謂常法耳。柯憲刑範辟律矩則法也 **註** 詩云、伐柯伐柯、其則不遠。論語曰、不踰矩。

正義 凡事之可常行者、垂之爲法、故法卽爲常、此互訓之也。○典彝至常也。○典者、天官冢宰掌建邦之六典、鄭註、典、常也、經也、法也。王謂之禮經、常所秉以治天下也。邦國官府謂之禮法、常所守以爲法也。常者、其上下通名。謚法解云、典、常也。周禮疏引孫炎云、典、禮之常也。故釋言又云、典、經也。彝者、洪範云、彝倫攸敘。法者、冢宰以八灋治官府。則者、冢宰以八則治都鄙、鄭註則亦灋也。典灋則所用異、異其名也。刑者、周頌烈文云、百辟其刑之。範者、繫辭傳云、範圍天地之化而不過。刑範皆法之常也。矩者、說文作巨、云規巨也、从工、象手持之。巨或从木矢。矢者、其中正也。矩有常度、故爲常也。庸者、文言傳云、庸言之信、庸行之謹。九家易云、庸、常也。謂言常以信、行常以謹矣。恒者、恒彖傳云、恒、久也。家人象傳云、君子以言有物而行有恒。律者、釋言云、律、述也。敘述者有常法也。戞者、書疏云、戞猶楷也。言爲模楷之常、故戞爲常也。職者、下文云、職、主也、言所主有常也。秩者、天官宮正云、行其秩敘。月令云、大合百縣之秩芻、鄭註秩、常也。○柯憲至法也。○柯者、考工記、車人之事、半矩謂之宣、一宣有半謂之欘、一欘有半謂之柯、一柯有半謂之磬折。是柯與矩皆所以爲法也。憲者、皋陶謨云、愼乃憲。內則云、五帝憲。刑者、大雅思齊云、刑于寡妻。禮運云、刑仁講讓。刑通作型。說文云、型、鑄器之法也。範者、九家易云、範者、法也。言乾坤消息、法周天地、而不過於十二辰也。衆經音義引爾雅作笵、法也。謂楷式法則也。通俗文云、規模曰範。辟者、小雅雨無正云、辟言不信、毛傳、辟、法也。左氏文

六年傳云、辟刑獄。孔疏以爲依法斷治也。律者、王制云、加地進律。漢書律歷志云、律者、法也。莫不取法焉。矩者、考工記匠人云欲爲淵則句于矩。則者、說文云、則、等畫物也。後漢書註引韓詩云、四方是則。祭義云、以爲黔首則。【註】庸戛至詩書。○【正義】皐陶謨云、自我五禮有庸哉。康誥云、不率大戛。秦誓云、亦職有利哉。小雅賓之初筵云、不知其秩。○詩云至踰矩。○【正義】郭所引詩、豳風伐柯文。不踰矩者、爲政篇文。

正義

典彝常也　詩瞻卬疏、夷常、釋詁文。夷作彝、音義同。

郭注方言荆吳淮泗之間劉改作淮汭又燕岱東亭劉改作燕代云据方言改

校議

典彝法則刑範矩庸恆律戛職秩常也庸戛職秩義見詩書餘皆謂常法耳**柯憲刑範辟律矩則法也**詩曰伐柯伐柯其則不遠論語曰不踰矩

常、說文以爲裳本字。經典僭爲久長字。蓋尋常俱度長之名、因訓爲長。故方言云、凡物長謂之尋。是尋亦訓長。常與長音義同、故詩文王箋長猶常也。通作嘗。閟宮箋、常或作嘗。禮記少儀馬不常秩、釋文常、本亦作嘗。常、本古裳字。又通作商。說苑修文篇云、商者常也。韓策云西有宜陽常阪之塞、史記蘇秦傳常作商。淮南繆稱篇云老子學商容、說苑敬愼篇作常樅。皆其證矣。典者、釋言云、經也。經卽常、故謚法云、典、常也。大宰注云、典、常也、經也、法也。賈公彥疏引孫炎曰、典、禮之常也。彝者、說文云、宗廟常器也。書彝倫攸斁、史記宋世家作常倫所斁。我不知其彝倫攸敘、作我不知其常倫所敘。通作夷。詩串夷載路、釁有夷屆、毛傳並云、夷、常也。民之秉彝、孟子作民之秉夷。書是彝是訓、宋世家作是夷是訓。明堂位云夏后氏以雞夷、卽雞彝也。法則者、俱一定而不可變、是有常意、故訓常也。管子正篇云、當故不改曰法。七法篇云、而未嘗變也、謂之則。是皆法則訓常之義也。刑範矩與法則同意。說皆見下。庸者、用之常也。說文庸从用从庚、而訓用、更迭用事、亦有常義。故中庸注、庸、常也。用中爲常道也。通作甬。廣雅云、甬、常也。恆者、心之常也。說文云、恆、从心从舟、在二之閒上下、一心以舟施恆也。易雜卦云、恆、久也。繫辭云、恆、德之固也。固與久、其義皆爲常也。律者、與法則同意、故同訓。說亦見下。戛者、書不率大戛、正義曰戛猶楷也。言爲楷模之常、故戛爲常也。按戛楷一聲之轉、其義相近。又戛之言槷也、槷所以爲平也、平常義亦相近。文選海賦注云、戛猶槷也。槷戛亦一聲之轉。釋言又云、戛、禮也。禮曰天秩、秩曰天常、亦其義也。釋文、戛、居黠反、郭苦八反。說文戛讀若棘。云戟也。按、戟於兵器最長、故曰長。戟、長猶常也。其義亦通矣。職者、下文云主也。主有常義。秩者、說文云積也。積與常義亦近。○旣云常又云法者、法必有常、有常可以爲法也。說文作灋、省作法。云刑也。釋名云、法、逼也。人莫不欲從其志、逼正使有所限也。管子禁藏篇云、法者天下之儀也。蓋儀訓表、又訓法矣。柯者、斧柄也。又訓法者、詩伐柯伐柯、其則不遠、則卽法也。故考工記車人云、半矩謂之宣、一宣有半謂之欘、一欘有半謂之柯、一柯有半謂之磬折。鄭注伐木之柯、柄長三尺。鄭衆注引蒼頡篇有柯欘。是柯與矩皆法之所從出、因亦訓法矣。柯與括同。廣雅云、括、灋也。法言脩身篇云、其爲外也肅括。李軌注、括、法也。括柯又一聲之轉。憲者、釋訓云、憲憲、泄泄、制法則也。詩崧高箋及小司寇注並云、憲、表也。蓋標表亦所以爲法矣。刑者、型之叚音也。說文、型、鑄器之灋也。經典俱僭作刑。刑當作刑。說文、刑、罰辠也。从刀从井。引易曰、井法也。一切經音義廿引易曰、刑、法也。井爲刑法也。此卽說文所引。又引春秋元命包曰、刑、字從刀從井。井以飲人、人入井爭水、陷於泉、以刀守之、割其情欲、人畏愼以全命也。通作刑。詩刑于寡妻、釋文引韓詩云刑、正也。正亦法也。古文法作金、从古文正字。法所以正人、故周禮注、刑、正人之法。皆本古文爲說也。楊信碑云追念義刑、平都相蔣君碑云秉口口之芳刑、皆以刑爲型也。又通作形。易鼎云、其刑渥。集解今本刑作形。高彪碑云、形不妄濫、亦以形爲刑也。範者、范之叚音也。說文云、范、法也。从竹。竹、簡書也。古法有竹刑。通作範。一切經音義二引通俗文云、規模曰範。易範圍天地之化、鄭注、範、法也。又通作范。禮運云范金合土、鄭注范、鑄作器用。荀子彊國篇云刑范正、楊倞注范、法也。刑、范、鑄劍規模之器也。爾雅釋文範字或作

爾雅詁林　一　釋詁上

范不知范範皆叚借耳。辟者、說文云法也。詩辟言不信、無自立辟、辟爾爲德、及尚書大傳犧牲中辟、毛鄭竝云辟法也。方言云、南楚凡罵庸賤謂之田儓、或謂之辟。辟、商人醜稱也。按、辟與庸同意、故庸爲凡常之稱。辟亦凡庸之名。庸旣訓常、知辟亦當訓常。辟旣訓法、知庸亦當訓法。推之典旣訓常、亦當訓法、爾雅於典庸不言法、於辟不言常、實則其義互相通也。辟通作彝。書我之弗辟、說文引作我之不彝、云彝、治也。治與法、義亦相成矣。律者、釋言云銓也。漢書律麻志云、律、法也。莫不取法焉。通作類。方言云、類法也。樂記云律小大之稱、史記樂書作類小大之稱。釋名云、律、累也、累人心使不得放肆也。是累類律竝聲轉義同矣。矩者、說文作巨、或作榘。經典相承省作矩、閒有作榘與巨者。大學注云、矩、或作巨。離騷云求榘矱之所同。淮南氾論篇亦作榘。餘皆作矩。弟子職云居句如矩、尹知章注矩、法也。通作距。考工記輪人注故書矩爲距、鄭司農云當作矩、謂規矩也。又通作萬。輪人注故書萬作禹、鄭司農云讀爲萬、書或作矩。然則矩萬距竝以聲爲義也。

義疏

典彝夷 **㳒則刑**型 **範**笵 **矩**

庸恆律戛職秩常也李巡注、典、禮之常也。郭注、庸戛職秩義見詩書。餘皆謂常㳒耳。

典从丌冊。莊都說大冊也。彝非古字、起於酒尊、以後文緐無義。字當作夷。洪範是彝是訓、史記作夷。是彝爲周時字也。書天秩有典、又象以典刑、詩文王之典、又民之秉彝、書彝倫攸敘、皆恆常也。常从尚巾、或从尚衣。衣下之巾爲裳。禮服非常服、常卽尚也。尚从八向。向、屋下牖、在堂上、故爲高尚之詞。分別之則有常尊、因以爲恆久不移之名。詩曰商是常、皆尊商也。易常德行尚德也。記以初爲常、尚之以爲恆矣。㳒、說文加廌、周官亦加廌、籀文也。本从水厺。水以爲準、滿則厺之、是以爲㳒。書五虐之刑曰㳒、以爲常行也。刑从幵刀。對立相比、以刀制之。字或作型、笵土爲㳒也。說文又作㓝、爲㓝罰字、从井。井、㳒也。緯書增造耳。記曰、刑者、侀也。侀卽刑之異文。皆當作刑。詩刑于寡妻、㳒也。記禮俗刑然後樂、又教之不刑、注以爲成、成卽常矣。則、从刀貝。與刑同意。易經言則皆助語、傳言則多爲㳒。助語之則、常之意也。範當爲巳、象花縈之將開。因以爲陷、作型以陷含之、遂名爲笵。加竹、於木、先从水爲㳒、後或多以竹爲式、書鴻範是也。作範者、車之㳒式尤多、許慎云範軷、以軷爲祭、非也。記曰范金合土、竹艸之篆隸不分。又范則冠、又蜩范、蠭有冠象、因名之耳。易傳範圍天地而不過、以㳒圍之也。皆無常義。唯孟子書範我馳驅、可云常耳。矩卽巨也。象工所持曲尺。後因加木、又从規。加夫謂爲从矢。用矩必以大指、因又謂大爲巨。禮右巨指。又記創鉅、加金亦爲大也。語不踰矩、謂不改常。記絜矩、則規矩耳。庸从庚用、續而用之、是常也。書庸違、庸可庸庸、皆直爲用、易傳及記竝云庸言庸行、則皆爲常。恆亙一字、亙从舟運二閒、地之軌道若緪繫、其行有常也。易、不恆其德。書乃罔恆獲、易傳又曰、恆、久也詩如月之恆、則爲緪矣。律、卽筆也。又爲吹管之名。从手持管畫一字、與率同用。書有眾率怠。又率、遏眾力。率割夏邑。又與述循字通、循亦常也。戛从百戈。戈、平頭戟、蓋侍衛立伎、以戈齊首、故下云禮也。馬融書注戛、擽也、孔穎達以戛同揩。書戛擊、記作揩擊、楊雄作桔隔。書不率大戛、蓋今楷模字。與詩偕偕士子、又雞鳴喈喈、讀爲戛戛、則音義明矣。職、从耳戠。戠、蓋以戈記音、古軍行之表識也。下云職、主。又俾、職也。詩職思其居、又職競武王。秩、从手持禾乙治之。書、天秩有典、詩、不知其秩。記九十日有秩。秩序卽常也、因以常祿爲爵等。

柯憲刑範辟律矩則㳒也郭注、詩曰伐柯伐柯、其則不遠。論語曰、不踰矩。

柯當爲科。此皆刑㳒之㳒、非常㳒也。柯从木丂。可卽丂字、丂亦矩也。攷工記、一欘有半謂之柯。長於矩十分之四、車人所用爲灋者。呵禁字亦爲何、亦爲訶、亦爲叵、皆反丂字耳。科之字从禾斗、有灋程刑律用焉。憲从害悳省。周官掌邦憲。憲本字作顯、顯其禁約也。詩文武是憲。又百辟爲憲。辟爲君、又爲辠、字从名辛。定辠名者君也。刑範矩律則既爲常、又爲灋。不言典彝戛者、彼主禮、不主刑也。恆庸不必可灋、故皆略之。

集解

典彝法則刑範矩庸恆律戛職秩常也

典五帝之書也、从册在丌上、會意。尊閣之也。莊都說典、大册也。此訓常者、以五典可爲常法耳。書堯典慎徽五典、僞傳五常之典。高宗肜日典祀無豐于昵、史記作常祀無禮于棄道。詩我將儀式刑文王之典、傳典、常。周禮大宰掌建邦之六典、注典、常也、經也。儀禮士昏吾子順先典、注典、常也法也。周語將觖協典禮以示民訓則、楚語宁有官師之典、管子禁藏如典之同生、文選劇秦美新斯受命之典業也、注均云典、常也。彝宗廟常器也、从糸。糸、綦也。廾、持。米、器中實也。彑聲。引申爲法也、常也。書洪範彝倫攸斁、史記作常倫所斁。詩烝民民之秉彝、傳彝、常也。韓非喻老篇、康誥曰毋彝酒。彝酒者常酒也。左襄十九傳且夫大伐小、取其所得以作彝器、周語棄袞冕而南冠以出、不亦簡彝乎、注均云彝、常也。書顧命夷玉、僞傳夷、常也。詩皇矣串夷載路、瞻卬靡有夷瘳、傳均云夷、常也。文選劇秦美新攀公先正罔不夷儀、注夷儀、言有常儀也。束晳補亡詩蕩蕩夷庚、注夷、常也。左昭十三傳貢之無藝服服、注一曰常也。以夷藝爲之。灋字本作灋、刑也。平之如水、从水。廌所以觸不直者去之、从去。今省作法。常也者、謂立法之有常也。周禮大宰以八灋治官府、官常其一端也。管子正篇當故不改曰法、如日月之明曰法。注法之用守常不變。令法令之定爲律書、亦以法令之貴有常也。則等畫物也、从刀从貝。貝、古之貨物也。籀文作鼎、从刀。貝者鼎省。刀者刻畫鼎文也。鼎爲重器、故以爲科則之稱。引申爲常。管子七法而未嘗變也謂之則、未嘗變者、常也。易震後有則也、王引之曰則、常也。有則猶言有常。坤文言曰後得主而有常、是也。同人而反則也、謙不違則也、明夷順以則也、失則也、乾文言乃見天則、其詁均同。說者多以則爲法、誤矣。晏子春秋內篇問上守則而不虧、音義則常也、法也。刑、剄也、从刀开聲。正字爲刑。刑、罰辠也、國之刑罰也、从井从刀。禮記王制刑者侀也。侀者成也。一成而不可變也。故刑又引申爲常。經典通以刑爲之。詩尚有典刑、猶易之言有典常也。前漢書外戚傳引詩尚有典刑、師古曰典刑常法也。範軓也、从車笵省聲。正字爲笵。笵、法也。引申爲常。笵範疊韵。孟子滕文公吾爲之範我馳驅。範與詭對文、詭謂不常、則範乃常者耳。或者正字爲法、與法範雙聲。法既訓常、則範亦得訓常、其說亦通。矩字本作巨、規巨也。从工、象手持之。字或作榘。工以規巨爲常法、故訓爲常。引申爲凡事有常之通偁。巨矩古今字。論語七十而從心所欲不踰矩、言不改常也。管子山至數皆有矩券於上、注矩券、常券也。庸、用也、从用从庚會意。庚、更事也。猶續事也。常也者、謂行事之能繼續而有常也。廣雅則以庸爲之。易文言庸言之信、庸行之謹、九家易曰庸、常也。周禮大司樂中和祗庸孝友、注庸、常也。孟子告子庸敬在兄、文選西京賦值庸主之矜愎、文賦放庸音以足曲、注均云庸常也。恆、常也、从心从舟、在二之間上下、一心以舟旋恆也。易家人君子以言有物而行有恆、惠棟注恆、常也。歸妹歸妹以娣以恆也、江藩曰恆、常也。書禹貢恆衛既從、洪範曰狂恆雨若、史記恆皆作常。詩小明無恆安處、箋恆常也。春秋莊六年恆星不見、孟子離婁人有恆言、秦策非恆士也、文選思玄賦恆反仄而靡所、楚辭招魂去君之恆幹、注均云恆、常也。律、均布也、从彳聿聲。五聲之均、十二辰之布、皆律之有常而不可變者。故又引申爲常。書湯誓夏王率遏衆力、率割夏邑、有衆率怠弗協、率皆常也。論語述而不作、亦謂守常。借率述爲之。戛戟也、从戈从百會意。攷工廬人、車戟常八尺曰尋、倍尋曰常。車戟之長以常爲度、則戛以常爲常也。書康誥不率大戛、僞傳戛、常也。禮記儒行後世以爲楷、武梁祠堂畫象後世凱式、謂爲後世常式也。廣雅釋詁、楷、灋也、式也。以楷式凱爲之。職記微也、从耳戠聲。下經引申爲主。此引申爲常、謂所主之職當有常。故人無常職者曰閒民。詩蟋蟀職思其居、職思其外、職皆常也。前漢書武帝紀有冤夫失職使者呂閭、景帝詔令無罪者失職、師古均曰職、常也。秩、積也、从禾失聲。禾之積者有敘。常也者、謂有敘即有常也。詩賓之初筵不知其秩、烈祖有秩斯祜、傳均云秩、常也。禮記王制九十日有秩、月令大合百縣之秩芻、內則大夫無秩膳、周語於是修執秩以爲晉法、楚語至于令尹秩之、文選東京賦章漢祚之有秩、注均云秩、常也。詩柏舟胡迭而微、釋文引韓詩作戴、常也。淮南繆傳老子學商容、說苑作常摐。廣雅釋詁、商、常也。說苑脩文篇同。以迭商爲之。常、下帬也、从巾尚聲。或从衣作裳。裳常為下之飾，有恒常之義。越語無忘國常，注典法也。是又由恆常而引申之耳。

柯憲刑範辟律矩則法也

柯，斧柄也，執以取法也，从木可聲。攷工車人之事，一欘有半謂之柯。長於矩十分之四，車人用以為法者。詩伐柯伐柯，其則不遠，言柯即以柯為法也。默者柯之正字為科與。桼茱科脩既備。大玄玄攡三儀同科，注科，法也。科柯雙聲。憲，敏也，从心从目，害省聲。目與心應為敏。縣法示人，使人觀於法象，曉然知不善之害，接於目，怵於心，凜然不可犯也。周禮法象均縣象魏，秋官且列布憲為專官，則周禮其立憲書乎。詩六月萬邦為憲，桑扈百辟維憲，傳均云憲法也。書臯陶謨慎乃憲，僞傳憲法也。禮記內則凡養老五帝憲，學記發慮憲求善良，管子宙合猶迹求履之憲也，周語以為憲令，注均云憲，法也。前漢書董仲舒傳維前帝王之憲，藝文志憲章文武，師古均云憲，法也。文選張茂先荅何劭詩文憲焉可踰，注憲，法也。書顧命率循大卞，卞即弁，法也。論語子張大德不踰閑，孔注閑猶法也。廣雅釋詁僞，法也。以弁閑僞為之。刑，剄也，从刀幵聲。正字為荆。荆，罰辠也，引申為法。廣雅則以幵為之，幷荆刑通用字。書堯典觀厥刑于二女，僞傳刑，法也。詩思齊刑于寡妻，抑克共明刑，我將儀式刑文王之典，傳均云刑，法也。周語其安庸刑，晉語吾聞國家有大事必順於典刑，注均云刑，法也。前漢書終軍傳刑於宇內矣，師古曰刑，法也。文選西都賦馳五剌之所刑，注刑，法也。範，軷也，从竹笵省聲。正字為笵。笵，常法也。笵範通用字。易繫辭範圍天地而不過，鄭注範，法也。書洪範鄭注大法也。前漢書嚴安傳非所以範民之道也，師古曰範謂為之立法也。大玄大鴻大無范，注范，法也。論語且知方也，鄭注禮法也。荀子大略博學而無方，注方，法也。以范方為之。辟，君之法也，从卩从辛，節制其辠也，从口，用法者也。詩雨無正辟言不信，板無自立辟，傳均云辟，法也。抑辟爾為德，箋辟，法也。周禮鄉師以攷司空之辟，禮記曲禮夫曰皇辟，尚書大傳犧牲中辟，鄭注均云辟，法也。左襄十傳子孔當國為載書，以位序聽政辟，管子宙合故諭教者取辟焉，注均云辟，法也。書金縢我之弗辟，說文引作㢸，僞傳法也。以㢸為之。律，均布也，从彳聿聲。律呂為萬法所從出，故又引申為法。書堯典同律度量衡，馬注律，法也。左哀十六傳尼父無自律，注律，法也。前漢書律歷志律，法也，莫不取法也。禮記樂記律小大之稱，史記作類小大之稱。方言類，法也。書西伯戡黎不迪率典，鄭注訓法。孟子盡心變其彀率，陸注率，法也。廣雅釋詁容、術，法也。以類率容術為之。矩，字本作巨。規巨也。引申為法。謂巨為工之法耳。巨矩古今字。攷工車人之事，半矩謂之宣，注矩，法也。管子弟子職居句如矩，尹知章注矩，法也。詩長發受小共大共，傳共，法也。廣雅作拱。禮記鄉飲酒祖陽氣之發於東方也，注祖，法也。以共拱祖為之。則，等畫物也。上經引申為常。此引申為法，謂常法也。故法令謂之律，又有謂之則例者。詩烝民有物有則，六月閑之維則，傳均云則，法也。卷阿四方為則，抑維民之則，箋均云則，法也。周禮大宰以八則治都鄙，周語昭明物則以訓之，注均云則，法也。前漢書禮樂志歌泼則師德，師古曰則，法也。白虎通七月律謂之夷則。夷傷。則，法也。言萬物始傷被刑法也。法字本作灋，荆也。二者作法。

義證

典彝法則刑範矩庸恒律戛職秩常也 戛苦八反。

註 庸戛職秩義見詩書餘皆謂常法耳 臣鑒按周禮疏引孫註云典禮之常也。

柯憲刑範辟律矩則法也

註 詩云伐柯伐柯其則不遠論語曰不踰矩 補正 邢疏此皆謂常法轉互相訓。

郭注補正

柯憲刑範辟律矩則法也

詩曰伐柯伐柯其則不遠論語曰不踰矩

毛本詩曰作詩云。

郭注佚存補訂

典彝法則刑範矩庸恒律戛職秩常也

典常常語也。周頌我將儀式刑文王之典，毛傳云典，常也。維清文王之典，傳云典，法也。法亦常也。大雅蕩尚有典刑，鄭箋云猶有常事故法可案用也。常事即常也。　彝常亦常語也。大雅烝民民之秉彝、傳云彝、常也。通作夷。孟子引詩作民之秉夷、注云夷、常也。禮記明堂位夏后氏以雞夷、周禮司尊彝司農注作雞彝。皇矣串夷載路、瞻印靡有夷屆、傳竝云夷、常也。　法則刑三者同義故云常、亦云法也。亦常語也。豳風伐柯其則不遠、小雅六月閑之維則、大雅烝民有物有則、卷阿四方維則抑維民之則、魯頌泮水維民之則、傳箋竝云則、法也。大雅皇矣順帝之則、傳云順天之法而行之者。下武孝思維則、疏云武王能法則三后之道。抑鮮不爲則、傳云其不爲人所法。烝民柔嘉維則、疏云柔和而美善維、可以爲法則。蓋皆以則爲法也、法亦常也。　刑、說文从井从刀。易曰、井、法也。大雅文王儀刑文王思齊刑于寡妻、抑克共明刑、周頌我將儀式刑文王之典、傳竝云刑、法也。蕩尙有典刑、典刑卽典常也。詩之言典刑、猶易之言典常也。思齊釋文引韓詩云刑、正也。惟正乃可常也。周禮秋官序官法云刑正人之灋。禮記王制云、刑者、侀也。侀者成也。刑法一成而不可變、故又訓爲常。　範矩同義範爲笵之假借。說文云笵、法也。一切經音義二引通俗文云、規模曰範。矩、說文作巨。矩、法制也。見漢書敘傳注。範矩二者所以示人以常法也、故又訓常。通作萬。考工記輪人注云故書萬作禹。鄭司農云、讀爲萬、書或作矩。小雅十月之交楀維師氏、漢書古今人表作師氏萬。廣韵云萬、楀同。

庸常、常語也。齊風南山齊子庸止、傳云庸、用也。案、庸應訓爲常。庸止謂常常如此也。小雅節南山昊天不傭、傳云傭、均也。釋文引韓詩作庸、云庸易也。皆非也。不庸謂不常。降此鞠訩、卽不常之事。莊子德充符其與庸亦遠矣、崔注云庸常人也。庸人卽傭人、受値曰傭、二字古蓋通用。毛用釋言庸均之訓、似不如用庸常之詁爲的。　恒常亦常語也。說文云恒、常也。小雅小明無恒安處、傳云恒、常也。無恒安息、漢書董仲舒傳作無常安息。

律者、法也。漢書律麻志云、律、法也。注引月令章句云、律者、淸濁之率法也。律爲常行之法、故又訓常律。與率通。率亦法也。廣雅釋言云、律、率也。孟子變其彀率、注云率、法也。周頌訪落率時昭考、謂法其昭考也。　職者、下文云主也。謂所主之職事有常也。王氏念孫云、唐風蟋蟀職思其居、職思其外、職思其憂、皆謂常思之也。小雅大東東人之子、職勞不來、謂常服勞苦而不見勞來也。　秩者、小雅賓之

爾雅詁林　一　釋詁上

初筵不知其秩、商頌烈祖有秩斯祜、傳竝云秩、常也。戞詳訂經。

柯憲刑範辟律矩則法也

柯者、郭注引豳風伐柯云伐柯伐柯、其則不遠、鄭箋云則法也。伐柯者必用柯、其大小長短近取法於柯、所謂不遠求也。憲者、小雅六月萬邦爲憲、桑扈百辟爲憲、傳竝云憲法也。大雅崧高文武是憲、箋云憲表也。表與法義近、謂文武是法也。辟者、小雅雨無正辟言不信、大雅文王有聲皇王維辟、抑辟爾爲德、板無自立辟、傳箋竝云辟、法也。刑範律矩則、義已見上。謂之常、又謂之法者、郝云法必有常、有常乃可以爲法也。

說詩

職常也

郭注見詩書。王氏經義述聞已條舉之。說文、職、記微也。識、常也。與此異。章太炎師云、識職二字本可通借。常與記微義訓無二。周禮春官有司常之官、掌九旗之物、而詩勿士行枚傳、枚微也、微亦當爲徽、是可知同爲標幟之意。古無幟字、以識字當之。柏年謹案、樊毅修華嶽碑、職方作識方、古鉩職方作諱方、（諱當爲識之變體、要之從言可知。）是其證。司常掌九旗之物名、各有屬、以待國事、日月爲常、注屬、謂徽識也。徽識日月者爲常。蓋日月麗乎天、亘古不變、常道也。以是識爲有徽識之意也。

補釋

典戞節音（案、釋文云、戞、郭苦八切。）

疏有秩斯祜（祜、誤祐。）

柯憲節疏小雅桑扈云（小、誤大。）豳風伐柯文（豳、誤從豕、後同者不出。）

不踰矩者為政文（矩、毛本誤距。）

注疏正字

則刑職常也

則之爲常、說見周易後有則也下。邢曰、典刑者、詩大雅蕩篇云尙有典刑、引之謹案、典刑即典常也。詩之言有典刑、猶易之言有典常、（繫辭傳、既有典常。）魯語曰、晝考其國職、夕省其典刑。晉語曰、必順於典刑。又曰、失趙氏之典刑。鄭語曰、脩典刑以守之。楚語曰、多訓典刑以納之。孟子萬章篇曰、太甲顛覆湯之典刑。以上凡言典刑者可訓爲典法、即可訓爲典常。（鄭注周官太宰曰、典、常也、經也、法也。王謂之禮經、常所秉以治天下也。邦國官府謂之禮法、常所守以爲法式也。常者上下通名、是法即常也。故爾雅則刑範矩律五字既訓爲法、而又訓爲常。）刑爲典常之常、又爲久常之常。召誥曰、其惟王位在德元、小民乃惟刑用于天下、言常用王之德於天下也。（此家大人說。某氏傳以刑爲法、失之。辯見尙書。）多方曰、愼厥麗乃勸、厥民刑用勸、言湯愼其所施之政敎、然後勸勉其民、而民遂常用勸勉也。（傳以乃勸爲民勸、又以刑爲刑罰、皆失之。）家大人曰、唐風蟋蟀篇職思其居、職思其外、職思其憂、皆謂常思之也。（毛傳、職、主也。主與常義亦相近。故坤彖辭先迷後得主、傳曰、先迷失道、後順得常。）小雅大東篇、東人之子、職勞不來、謂常服勞苦而不見勞來也。史記越世家、殺人而死職也。五子胥傳、事成爲卿、不成而亨、固其職也。皆謂事理之常也。季布傳、臣各爲其主用、季布爲項籍用、職耳。漢書顏師古注曰、職、常也。言此乃常道也。

述聞

典彝法則刑範矩庸恒律戞職秩常也柯憲刑範辟律矩則法也

彝、通夷。詩（大雅皇矣）串夷載路、傳、夷、常。正義曰、夷常、釋詁文。又

爾雅詁林　一　釋詁上

瞻卬靡有夷瘳、傳夷常也、正義曰釋詁文。彼夷作彝、音義同。書顧命夷玉、傳夷常也、正義曰夷常、釋詁文。案說文、糸部彝、宗廟常器也。又大部夷、平也。彝、正文。夷、假借。　說文、廌部灋、从廌从水从去。法、今文省。　刑、从井、隸變从开。　釋文云、範字或作范。案、當作笵。說文、竹部笵、法也、从竹。竹、簡書也。氾聲。从艸者譌。又範、从車笵省聲。義異。　正義云、矩、說文作巨、云規巨也、从工、象手持之。或从木矢作榘。　說文、用部庸、用也、从用从庚。又亯部𩫖、用也、从亯从自、讀若庸。是庸與𩫖通。　說文、二部亙、常也、从心从舟在二之閒。隸變作恆、俗書从亘。　說文、巾部常、下帬也、从巾尚聲。或从衣作裳。攷說文有一曰某也之例、常爲下帬、乃正訓、必有旁訓、今佚之耳。

匡名

典、彝音夷法則刑範音犯矩庸恆律戛職秩常也柯憲刑範辟律矩則法也

說文常詳釋器。裳行而常廢、今爲常變之常。灋、荆也。平之如水、从水。廌、所以觸不直者去之、从廌去。今省作法。凡事可常行者、即可垂之爲法也。　典、五帝之書也。从册丌。舜典愼徽五典、鄭註典、常也。　彝、詳釋器。尚書洪範彝倫有敘、註彝、常也。　月令、乃命太史守典奉法。　則、等畫物也、从刀貝。貝、古之物貨也。註等畫物者、定其差等而各爲介畫也。介畫之故从刀。引伸之爲法則、假借之爲語詞。大雅順帝之則。𠛬、到也。周頌百辟其刑之、註皆常法也。　範、範軷也、从車笵省聲。註車軓字、本作軓。鄭云、軓、法也。又竹部笵亦法也。然則範圍字當作軓、或作笵、而範其假借字也。　巨、規巨也、从工、象手持之。又作榘、巨或从木矢。矢者、其中正也。註規矩猶言法度。訓常、引伸之義也。論語不踰矩。　庸、用也。中庸庸德之行、庸言之信、註庸常也。　恆、常也、从心舟在二之間上下、心以舟施恆也。恆卦、言有物而行有恆。師卦師出以律、註律、謂常法也。　戛、戟也。訓常、謂戛同楷也。假借。康誥不率大戛、註戛、常也。　職、記微也。謂其有所司也。有所司可常也。秦誓亦職有利哉、註職、常也。　秩、積也。引詩積之秩秩、註積之必有次敘、成文理、是曰秩。引伸之爲智也、清也、常也。○柯、斧柄也。豳風伐柯伐柯、其則不遠、註柯所以爲法也。　皐陶謨愼乃憲、傳憲、法也。　大雅尚有典刑、通作型。型、鑄器之法也。　九家易、範者、法也。　小雅辟言不信、傳辟、法也。　中庸、上律天時、漢書、律、法也。　小雅君子是則是效、傳謂可法也。

啓蒙

範笵　釋文。範字或作笵。同。案說文。範軷也。笵法也。笵正字。範借字。一切經音義二引正作笵。

黃侃評本正名

典彝法則刑範矩庸恆律戛職秩常也

邢疏云。皆謂常禮法也。

常也者。說文。常下帬也。从巾尚聲。或从衣作裳。章先生曰。常本衣常。而八尺爲尋。倍尋爲常。蓋深衣之常要七尺二寸。下齊丈四尺四寸。倍尋一丈六尺。略如深衣下齊。故謂之常。日月爲常。又爲旌旗之通名。故掌之者曰司常。案釋天。緇廣充幅長尋曰旐。繼旐曰旆。是旆旐合爲二尋。它旗宜皆同此度數。故並曰常也。常引申爲典常。猶兵亦訓法。法度字从寸也。以上章先生語見小學答問　易繫辭傳。既有典常。王注云。是其常典也。越語無忘國常。韋解云。常典法也。又引申訓長。廣雅。長常也。

典者。釋言。典經也。古之爲政者必本于天。殺以降命。命降于社之謂殺地。降于祖廟之謂仁義。降于山川之謂興作。降于五祀之謂制度。故諸教令符號謂之經。說文。典。五帝之書也。从册在丌上。尊閣之也。莊都說。大册也。書册所以箸禮法。記所謂文武之政布

在方策者也。策。卽册之借也。古者不入于禮。則入于法。法者刑法。禮者經禮曲禮也。禮禁于未然之先。法施于已然之後。是故典册所箸不出二者。周官六典謂之周禮。春秋內外傳並云。若欲行而法。則周公之典在。周禮大宰賈疏引孫炎云。典。禮之常也。是禮。典。法。一實也。韓非子謂法者編箸之圖籍。設之于官府。而箸之于百姓。亦禮典爲法之義矣。禮法皆法度之事。諸法度字皆从寸。寸尺咫尋常仞皆以人之體爲法。而諸旗之度數。又皆與常旗同。故典法又並訓常矣。詩周頌儀式刑文王之典。傳云。典。常也。

彝者。說文。彝。宗廟常器也。从糸。糸。綦也。収持米器中實也。彑聲。此與爵相似。周禮六彝。雞彝鳥彝黃彝虎彝蜼彝斝彝。以待祼將之禮。引申訓常。周禮司約凡大約劑書于宗彝。說文。契。訓大約。券訓契。下文。憲訓法。憲卽契之借也。故釋詁彝與法則同訓爲常。書彝倫攸斁。史紀宋世家作常倫所斁。我不知其彝倫攸敘。作我不知其常倫所敘。史公以雅訓代之也。詩大雅民之秉彝。傳云。彝。常也。通作夷。詩大雅串夷載路。傳云。夷。常也。詩民之秉彝。孟子作民之秉夷。書洪範是彝是訓。史記宋世家作是夷是訓。禮記明堂位夏后氏以雞夷。周禮司尊彝鄭司農注作夏后氏以雞彝。彝通作夷郝疏已言

法者。灋之今文。說文。灋。刑也。平之如水。从水。廌所以觸不直者去之。从去。今文省作法。荆。亦法也。說文。荆。罰辠也。从井。从刀。易曰。井。法也。井亦聲。文十八年左傳云。有常無赦。在九荆不忘。常卽九荆。則荆卽常矣。法訓荆。荆卽常。故法亦爲常。漢書張釋之傳而君以法奏之。師古云。法。謂常法。

則者。說文。則。等畫物也。从刀貝。貝。古之物貨也。等訓齊簡。引申爲凡齊之稱。今人謂稱之微者曰等子。則等畫物猶言稱平物耳。權衡爲法。與物相準。有相稱之義。律厤志言衡平權重。衡所以任權而均物平輕重。權者銖兩鈞石所以稱物平施知輕重。說文稱訓銓。釋言坎律爲銓。漢書引舜典同律度量衡。謂所以齊遠近立民信也。則稱銓之重與律法同。等从寺。寺訓廷有法度者也。是等亦有法義。則訓等。則則亦有稱義。周禮冢宰以六典治邦國。以八灋治官府。以八則治都鄙。鄭注云。則亦法也。典。法。則。所用異。異其名也。則則與典法同事。周禮八法四曰官常。鄭司農注云。官常謂各自領其官之常職。法爲常。則訓法。則則亦常矣。詩豳風其則不遠。傳云。則。法也。

荆者。說文。荆。罰辠也。从井从刀。易曰。井。法也。井亦聲。章先生曰。荆入井部。井亦訓灋。此猶灋从水取其平。案。大宰八法四曰官常。六曰官灋。七曰官荆。荆常與法鄰類。故荆可訓常矣。書多方厥民荆用勸。章先生曰。荆。常也。謂其民亦常以勸勉也。以上章先生語見古文尚書拾遺定本

範者。說文。範。訓範軷。从車。笵省聲。無常義。訓常者。當爲笵之借。說文。笵。法也。从竹。竹簡書也。氾聲。古法有竹荆。荆法皆訓常。故笵亦常也。笵字不見於經典。通以範爲之。大玄窮不失其範。注。範。法也。今謂範。常也。窮不失其範。言窮不失其常也。

矩者。矩爲榘之省。說文。巨。規巨也。从工。象手持之。或作榘。从木矢。矢者其中正也。律歷志云。權與物鈞而生衡。衡運生規。規圜生矩。矩方生繩。繩直生準。準正則平衡而鈞權矣。是爲五則。規者所以規圜器械。令得其類也。矩者所以矩方器械。令不失其形也。規矩相須。陰陽位序。圜方乃成。與常以爲度其事正同。說文。尺。所以指尺規榘事也。周制寸尺咫尋常仞諸度量。皆以人之體爲法。尺爲規榘事。則諸度量亦皆規榘事矣。周禮考工記車人之事。半矩謂之宣。鄭注云。矩。法也。此之訓法。亦謂規榘事也。矩之訓常。不見於經典。論語七十而從心所欲。不踰矩。馬云。矩。法也。今謂不踰矩。不越常度也。

庸者。說文。庸。訓用。爲庸作之庸。非常義。訓常者。當爲傭之借。說文。傭。均直也。从人。庸聲。與法有平義。古文作𠔉。同意。尋古文正作𤴓。从二。二古文上字。則古文法有正義。故論語齊桓公正而不譎。漢書賈鄒枚路傳作法而不譎。荀子家語並法正連言也。春秋傳正直爲正。賈子道術方直不曲謂之正。說文。均。平徧也。則均直亦平正矣。易坎卦君子以常德行習教事。虞注云。坎爲常。九家注云。坎爲水。爲法。法爲正。亦爲常。傭訓均直。直爲正。故亦可爲常矣。釋言。傭。均也。詩小雅昊天不傭。傳云。傭。均。則亦傭常耳。亦作庸。用聲首也。詩昊天不傭。釋文引韓詩作庸。周禮大司樂中庸祗和孝友。鄭注云。庸。有常也。論語中庸之爲德也。集解云。庸。常也。通作甬。廣雅。甬。常也。案度人之兩臂爲尋八尺倍尋爲常說庸爲桶之借亦得說文桶木方受六升从木甬聲禮記月令角斗甬鄭注云今斛也廣雅釋器亦以方斛爲桶而許言受六升然則桶之大小亦無定矣律歷志云量者龠合升斗斛也所以量多少也本起于黃鍾之龠用度數審其容則桶亦有度義矣以廣雅甬常言之則說庸常爲桶常似亦不爲臆說

恆者。說文。恆。常也。从心。从舟。在二之間上下。一心以舟施恆也。死。古文恆。从月。詩曰。如月之恆。章先生謂古文恆作死。从古文月。此象月弦亙竟之義。緪从恆聲。訓大索。傳言亘以周索。亘以戎索。是緪亦竟也。緪可度地。與常之爲度又同。易曰。恆。久者。周禮久諸牆以觀其橈。久諸牆卽亙諸牆也。㮓竟也从木恆聲古文作亙相党柱則持久。故久引申訓長久。久亦兼亙竟長久二義。以上章先生語見文始 案。恆常之恆。正當作緪。取引緪度地之義。引申亦訓常。而人以恆久爲長久者。古者長常音同相通。如廣雅長訓常。漢京兆尹長安。王莽曰常安矣。詩小雅如月之恆。釋文恆本亦作緪。傳云。恆。弦。方言緪竟也。秦晉或曰緪。亦作

緪。楚辭招魂緪洞房些。王注云。緪竟也。亦作恆。用聲首也。易序卦傳恆者久也。易豫卦恆不死。虞注云。恆常也。周禮賈師使有恆賈。鄭注云。恆常也。書禹貢恆衛既從。史記夏本紀作常衛既從。禹貢大行恆山。夏本紀作大行常山。此因避漢文帝諱。史公以雅訓代之也。亦作極。周禮考工記弓人恆角而短。鄭注云。恆讀爲極。鄭司農云恆讀裻緪之緪。

律者。說文。律。均布也。从彳聿聲。按建訓立朝律。从聿从廴。廴从彳引之。律建所从同義。亦當同矣。周禮大史祭之日執書以次位常。司常曰。官府各象其事。州里各象其名。家各象其號。鄭注云。事名號者。所以題別衆臣。樹之于位。朝各就焉。覲禮上介皆奉其君之旂。置于宮。尚左。公侯伯子男皆就其旂而立。則常亦立朝律矣。故律可訓常。書舜典同律度量衡。某氏傳云。律法制。法訓常。則律亦常矣。通作率。書西伯戡黎不迪率典。章先生曰。迪由也。率如彀率算率之率。實即律字。釋詁律典皆訓常。亦得互訓。此叅言耳。以上章先生語見古文尚書拾遺定本

戛者。說文。戛。戟也。从戈从百。讀如棘。章先生曰。釋詁戛訓常者。常本衣常。而八尺爲尋。倍尋爲常。蓋深衣之常。要七尺二寸。下齊丈四尺四寸。倍尋一丈六尺。略如深衣下齊。故謂之常。常引申爲典常。猶兵亦訓灋。灋度字从寸也。考工記云。車軨常。是戛與常同度。故戛可訓常。亦引申爲典常之義。以上章先生說見小學答問 書康誥不率大戛。某氏傳云。戛常也。通作楷。以雙聲相借也。章先生曰。爾雅法。則。刑。範。矩。律。戛。並訓常。刑。範。律。矩。則。又並訓法。案戛亦法也。康誥不率大戛。正義曰。戛猶楷也。古字戛楷雙聲。爾雅釋文戛郭苦八反楷實蹈苦駭切 而相通借。皋陶謨戛擊明堂位作楷擊是戛與皆聲字通 儒行後世以爲楷。陸孔皆訓楷爲法式。則戛亦法矣。晉書衛恆傳上谷王次仲始作楷法。今人言楷書。皆知其義爲楷法。楷本作戛。則鮮知者。揚州猶謂木模攝麪成餅者曰麪戛子。作苦八反。合口呼之。以上章先生語見新方言

職者。說文。職。記微也。从耳戠聲。識。常也。从言戠聲。微正作徽。章先生曰。職識二同字。釋詁云。職。常也。常即旗常之常。周官司常徧掌九旗徽識。故常爲大名。記徽者。詩勿士行枚。傳曰。枚。微也。微即徽字。說文同之。識職皆今幟之正字。詩言織文鳥章。以織爲之。而周禮故書有志字。注以爲古文識。記檀弓孔子之喪。公西赤爲志。漢書高惠高后文功臣表汾陰侯周昌初起以職志擊秦。如淳曰。職志主旗幟。引申乃爲記識矣。又凡言設官分職者。職猶常也。旗也。春官司常曰。官府各象其事。州里各象其名。家各象其號。注。事名號者。所以題別衆臣。樹之于位。朝各就焉。覲禮曰。公侯伯子男皆就其旂而立。故位即稱常。春官大史執書以次位常。天官大宰四曰官常以聽官治。宰夫曰旅掌官常以治數。亦稱位曰職。春秋傳曰。本秩禮。明常職。明言職即言常也。以上章先生語見文始 墨子旗職篇亭尉各爲職。王念孫云。墨子書旗識字如此。舊本从俗作幟。以上王語見讀書雜志 管子明法解孤寡老弱不失其職。失職即失常也。漢書武帝紀有冤失職使者以聞。師古曰。職常也。趙廣漢傳廣漢爲京兆尹。廉明威制豪彊。小民得職。師古注云。得職。各得其常所也。今謂得職即得常也。亦作識。禮記檀弓故以其旗識識之。周禮小祝杜子春注有上識字儀禮士喪禮鄭注亦有上識字今從之 王念孫云。上識是旗識之識。今作幟 下識是表識之識也。周禮司常掌九旗之物名。各有屬。以待國事。鄭注云。屬謂徽識也。孔疏云。徽識謂在朝在軍所用小旌。故以屬言之。以上王語見經義述聞 通作織。管子事語篇。女勤於緝績徽織。功歸於府。王念孫云。徽織即徽識。周禮司常注云。徽識旌旗之細也。識或作織。小雅織文鳥章。箋云。織徽織是也。以上王語見讀書雜志 又通作志。禮記檀弓公西赤爲志焉。鄭注云。志謂章識。周禮保章氏掌天星以志星辰日月之變動。鄭注云。志古文識。識記也。今謂此識言識別也。猶言旌表矣。

秩者。說文。秩。積也。从禾失聲。詩曰。稽之秩秩。稽積禾也。蓋秩積亦絫束之名。詩周頌穫之挃挃。積之栗栗。其崇如墉。其比如櫛。釋訓。栗栗。衆也。李巡云。栗栗。積聚之貌。如秩非絫束則無以崇如墉也。以是明之。書堯典平秩。史記作辨程。說文。程。品也。十髮爲程。十程爲分。十分爲寸。則程品亦度也。積稈莖而爲絫束。與積分寸而爲尋常。其義一也。秩程相通。猶秩或爲戜。迭義同佚矣。少牢饋食禮注古文戜爲秩秩或爲戜說文引爲戜大猷今詩作秩秩大猷說文迭訓更迭佚一訓代也 周禮酒正凡有秩酒者。鄭司農注云。秩常也。鄉師凡邦事令作秩敘。鄭注亦云。秩常也。周語于是乎脩執秩以爲晉法。韋解亦云秩常也。左傳本秩禮。明常職。明言秩亦言常也。詩小雅不知其秩。傳云。秩常也。重言曰秩秩。詩大雅德音秩秩。傳云。秩秩有常也。

柯憲刑範辟律矩則法也

邢疏云。此亦謂常法。宗甗案此謂刑法也。

法也者。說文。灋。刑也。平之如水。从水。廌所以觸不直者去之。从去。法今文省。金古文。據許君之言則法貴平而刑不共者也。管子禁藏篇云。法者天下之儀也。心術篇云。法者所以同出不得不然者也。正篇云。如四時之不貳。如星辰之不變。如宵如晝。如陰如陽。如日月之明曰法。七法篇云。尺寸也。繩墨也。規矩也。衡石也。斗斛也。角量也。謂之法。此皆平之如水之事也。管子心術篇云。殺戮禁誅謂之法。魯語云。不共有刑。韋解云。法刑也。鹽鐵論詔聖篇云。法者刑罰也。所以禁强暴也。此皆觸不直者去之之事也。章先生

爾雅詁林　一　釋詁上

曰。言灋言禮。其實皆由本義引申。灋本刑律。其字从廌。禮本祀神之典。其字从示。後乃用於他處耳。（以上章先生語見文錄）是也。如上來所言。則此條之法不僅指尺常法矣。

柯者。說文。柯。斧柄也。从木可聲。周禮考工記半矩謂之宣。一宣有半謂之欘。一欘有半謂之柯。柯長三尺。博三寸。厚一寸有半。鄭司農云。柯長三尺。謂斧柯。因以爲度。車人云。轂長半柯。其圍一柯有半。輻長一柯有半。渠三柯者三。是柯以爲度也。故訓法。章先生云。柯斧柄而訓法。後人言格令。格卽柯也。（以上章先生語見文始）詩豳風伐柯伐柯。其則不遠。箋云。伐柯者必用柯。其大小長短取法於柯。晉語今若大其柯。韋解云。柯斧柄所操以伐木。是柯有制斷義也。

憲者。說文。憲。訓敏。从心从目害聲。無法義。訓法者。當爲契之借。以俱从丯聲也。（害从丯聲。契从㓞。㓞从丯聲）章先生曰。說文。憲。敏也。然釋詁云憲法者。憲得聲于丯。其字當由㓞孳乳。說文㓞。巧㓞也。蓋謂工於刻彫。巧敏義近。故孳乳爲憲。㓞从刀爲刻彫之巧。故孳乳爲栔。刻也。又孳乳爲契。大約也。憲令者。借爲契令。漢有廷尉挈令。光祿挈令。樂浪挈令。挈卽栔契。質言爲栔令。刻令也。文言爲契令。約法也。亦單言契。毛詩死生契闊。本又作挈。韓詩說曰。契闊。約束。然則因時約劑。暫爲事法者謂之契。老子曰。聖人執左契而不責于人。有德司契。無德司徹。漢世法制。舊主所定箸者爲律。新主所施行者爲令。故曰契令。而傳係之于君。逸周書諸言憲者並借爲契。（以上章先生語見小學答問）由上來所說。則契有法義。亦有刻義。周禮小宰六曰聽取予以書契。鄭注云。書契。謂出予受入之凡要。凡簿書之冣目。獄訟之要辭。皆曰契。易繫辭易之以書契。九家注云。契。刻也。周禮華氏掌共燋契。杜子春注云。契謂契龜之鑿也。詩傳云。契。開。考工記輈人馬不契需。鄭司農注云。契讀爲爰契我龜之契。謂不傷蹄。則契龜之契亦刻也。通作憲。釋訓憲憲泄泄。制法則也。（郝疏已引）詩小雅萬邦爲憲。傳云。憲。法也。周語以爲憲令。韋解云。憲。法也。周禮小司寇乃宣布于四方憲刑禁。鄭注云。憲。表也。謂縣之也。今謂憲刑禁猶言箸刑禁於書契也。上言宣布。已兼有表縣之義。不煩詞費也。憲之乃罰辠之先事也。

刑者。說文。荆。罰辠也。从井从刀。易曰。井。法也。井亦聲。从井故有法義。从刀故有罰辠義。詩大雅克共明刑。傳云。刑。法也。周禮秋官敍官以佐王刑邦國。鄭注云。刑。正人之法。呂氏春秋音律篇陰將始刑。高注云。刑。殺也。殺亦罰辠之一事也。管子正篇云。制斷五刑。各當其名。罪人不怨。善人不驚。曰刑。是也。此皆罰辠義也。詩周頌儀式刑文王之典。傳云。刑。法。書文侯之命女肇刑文武。某氏傳訓刑以法。是也。詩言善效法文王之典。常書言敏於效法文武也。

範者。范之借。說文。范。法也。从竹。竹。簡書也。古者有竹刑。左傳鄭駟歂殺鄧析而用其竹刑。杜注云。鄧析鄭大夫。欲改鄭所鑄舊制。不受君命。私造刑法。書之竹簡。故云竹刑。是范有罰辠義。范字不見於經典。通作範。漢書嚴安傳非所以範民之道也。注云。謂爲之立法也。孟子吾爲之範我馳驅。趙注云。範。法也。此範爲行法也。

辟者。說文。辟。法也。从卩从辛。節制其辠也。从口。用法者也。詩大雅無自立辟。傳云。辟。法也。小司寇以八辟麗邦法。鄭注云。辟。法也。書雒誥亂爲四方新辟。章先生曰。釋詁。辟。法也。言乃撮舉大要爲四方新法也。（魯語韋解凡作篇章篇義既成撮其大要爲亂故亂訓撮其大要以上章先生語見古文尚書拾遺定本）此皆法之義也。周禮大史若約劑亂。則辟灋。鄭注云。辟法者。考按讀其然否。此皆用法之義也。通作𨐨。說文。𨐨。治也。章先生曰。𨐨。今經典但作辟。禮記王制正刑明辟。今諸會黨皆謂殺爲辟。（以上章先生語見新方言）然則襄二十五年左傳各致其辟。杜注云。辟。誅也。亦𨐨之借矣。

律者。說文。律。均布也。从彳聿聲。法律貴均布。所謂平之似水也。故九家注易云。坎爲法律。而樊光注釋言坎律銓也。云。律亦平也。管子七臣七主云。律者所以定分止爭。荀子王霸篇質律禁止而不偏。楊注云。質律。質劑也。可使爲法。故言質律也。此律爲法也。史記孔子世家無自律。王肅云。律。法也。此律爲取法也。逸周書王子晉篇穆穆虞舜。明明赫赫。立義治律。萬物皆作。孔注云。律。法也。謂致其物也。此律爲行法也。

矩者。說文。巨。規巨也。从工。象手持之。榘。巨或从木矢。矢者其中正也。經典省作矩。章先生謂規巨爲法。猶拱卽句股。捄卽球字。句股磬折皆物之形法。廣雅訓拱捄爲法也。（以上章先生說見小學答問）孟子不以規矩不能成方圓。荀子不苟篇五寸之矩盡天下之方也。楊注云。矩。正方之器也。周禮考工記車人之事。半矩謂之宣。鄭注云。矩。法也。所法者人也。人長八尺。而大節三。頭也。腹也。脛也。以三通率之。則矩二尺六寸三分寸之二。半矩尺三寸三分寸之一。人頭長也。此言矩法之長度也。考工記輪人凡斬轂之道。必矩其陰陽。鄭注云。矩。謂刻識之也。淮南本經訓天地之大可以矩表識也。此言用矩法之事也。通作萬。考工記輪人萬之以眡其匡也。注云。故書萬作禹。鄭司農云。讀爲萬。書或作矩。又通作距。考工記輪人必矩其陰陽。鄭注云。故書矩爲距。鄭司農云。當作矩。謂規矩也。又通作柜。榘之省也。漢修堯廟碑圖象規柜。

則者。說文。則。等畫物也。等爲齊簡。有齊義。等子以爲稱。因有法度義。詩小雅閑之維則。

傳云、則法也。周禮大宗伯以九儀之命正邦國之位。五命賜則。鄭司農注云、則者法也。出爲子男。此皆謂法則也。皆實句也。今猶謂施行法之細目爲則矣。論語惟天爲大、唯堯則之。孔注云、則法也。此業句也。文十八年左傳云、先君周公制周禮曰、則以觀德、德以處事、事以度功、功以食民。作誓命曰、毀則爲賊、掩賊爲藏、竊賄爲盜、盜器爲姦。主藏之名、賴姦之用、爲大凶德、有常無赦、在九刑不忘。尋毀則者在九刑不忘之言、則則亦與刑相繫。周禮冢宰以八則治都鄙、七曰刑賞、以馭其威。此則亦麗刑之明證。

本字考

庸、常也。 庸常之字正作傭。說文、均、直也。韓詩昊天不庸、庸、易也。毛詩庸、均也。爾雅均、易也。然則均、易、常義通、傭、庸字通。

戛、常也。 戛正作介、通作稭楷。

秩、常也。 秩正作豒。說文豒、爵之次弟也。

辟、法也。 辟下文云、辠也。辠法義同。說文法、刑也、刑即辠。

黃侃音訓

鮮 善也 遹 自也 基 謀也 範 常也

釋文鮮本或作尠 釋詁釋文　沈云鮮古斯字 釋詁釋文　郭音義云本或作尠 非古斯字。釋詁釋文　孫炎云遹古述字 釋詁釋文　基本或作諆 釋詁釋文　範字或作范 釋詁釋文

鮮、善也。釋文、沈旋云鮮、古斯字。按、小雅瓠葉詩有兔斯首、箋云斯、白也。今俗語斯白之字作鮮、齊魯之間聲近斯。

證異

範常也 釋文出範、曰音犯、字或作范、同。

案此經以常釋範、又以法釋範。說文竹部、笵、法也、从竹。竹、簡書也。氾聲。古法有竹刑、則此訓常之範、實當作笵。玄應經音義二大般涅槃經二師範下音義引此經、笵、法也。正作笵。釋文之或本當與玄應所見本同。范乃笵之誤文耳。當从竹、不當从艸。慧琳經音義一大般若波羅蜜多經四十三軌範下、又四四百軌範下、四四百四十軌範下音義並引此經作範、法也。與今本同、不與玄應見本同。範乃笵之叚字也。

戛常也 郭注戛義見書。邢疏戛者、康誥云不率大戛。

案書康誥不率大戛、孔傳戛、常也。正本爾雅。說文戈部戛、戟也、讀若棘。殊與常義不涉。孔疏破戛爲楷、謂戛猶楷也、言爲楷模之常、故戛爲常也。此說碻不可易。書皋陶謨戛擊鳴球、禮明堂位作揩擊。又禹貢三百里納秸服、釋文出秸、云本或作稭。漢書地理志引禹貢又作三百里納戛服、可見戛聲皆聲字古本相通。此經戛字即楷之叚字、猶戛擊之即楷擊、戛服之即稭服也。一聲之轉也。廣雅釋詁一、楷、灋也。此經法亦詁常、故楷更有常義。見於經傳者、如禮儒行後世以爲楷、孔疏楷、法式也。是也。

柯憲刑範辟律矩則法也

案、慧苑華嚴經音義二十二儀則下音義引爾雅、儀、法也。今本爾雅法也條無儀字、當是奪文、當据慧苑引補之。國語周語三度之于軌儀、韋昭注儀、法也。是韋昭所据爾雅此條儀字尚不奪、故本之以注國語也。又呂氏春秋孟春紀貴公覽遵王之義、高誘注義、法也。上文儀善也之儀、本或作義。大雅文王篇宣昭義問、毛傳義、善也。孔疏義、善、釋詁文。是高誘義法之注亦本此經可知。

柯法也 郭注詩曰伐柯伐柯其則不遠

案、詩豳風伐柯篇鄭箋、則、法也。伐柯者必用柯、其大

小長短近取法於柯、是詩辭以則爲法、初不以柯爲法。說文木部柯下亦曰斧柄也、殊無法義。詩商頌長發篇實維阿衡、實左右商王、孔疏阿衡保衡皆公官、竊謂此柯乃阿之叚字。實維阿衡之阿、三家詩當有作柯者、故爾雅釋之、並非釋伐柯之柯也。左襄十九年傳、諸侯盟于祝柯、公羊傳作祝阿。阿衡一作柯衡、猶祝柯一作祝阿也。禮文王世子、虞夏商周有師保、有疑丞。書君奭序、召公爲保、周公爲師、相成王爲左右。保師左右正與阿衡左右一義、然則阿衡者古之師保官也。書皋陶謨百僚師師、孔傳師師相師法。此經以法釋阿、言阿爲師之法也。或問、阿在說文𨸏部、大陵也、一曰曲阜也、師保之官何以取義於阿。曰、詩陳風澤陂篇有蒲與荷、孔疏樊光注爾雅引作有蒲與茄。又、釋地陵莫大於加陵、風俗通山澤篇謂即左成十七年傳之柯陵、是可聲加聲古本相通。說文女部妿、女師也、杜林說加教於女也。讀若阿。阿保之阿乃妿之讀若字耳。妿从女、以女師爲本義。引申之斯凡可師法者、皆得言妿矣。其隸變又作⿱加心、廣韻下平七歌妿下有⿱加心、法也、楷也。許書心部無⿱加心、故知⿱加心者妿之隸變也。史記扁鵲列傳、故濟北王阿母自言足熱而懣。漢書丙吉列傳、是時掖庭宮婢則令民夫上書、自陳嘗有阿保之功。晉書顧和列傳、帝以保母周氏有阿保之勞。是用女師本義字。古亦相承作阿、不作妿也。

董瑞椿補記

典、彝、法、則、刑、範、矩、庸、恒、律、戛、職、秩、常也。柯、憲、刑、範、辟、律、矩、則、法也。

說文云：「灋、刑也、平之如水、从水、廌所以觸不直者去之、从廌去、」是灋以三字會意。古者八尺曰尋、倍尋曰常、是常爲度名。刑法度量、類一成而不變、故古人之常守而不變者謂之法、亦謂之常、經傳稱綱常倫常經常、左傳曰：「周有常刑、」明常法爲常守之事物、此釋詁所以舉常法二字互釋之、而又以常訓法也。

典者、謚法云：「典、常也、」與爾雅立義相同。說文云：「敟、主也、」段謂「凡典法典守字、皆當作敟。」

彝、說文訓「宗廟之常器、」故引伸爲常、詩「民之秉彝、」傳云：「常也。」經典多借夷爲之、書之「是彝是訓、」宋世家作是夷是訓、是。

則訓常又訓法者、說文云：「則、等畫物也、从刀貝、貝、古之物貨也、」是則爲動詞、依條理以分畫之、是之謂則。借動詞爲名詞、於是用爲法則字、乃分畫已定之物也。分畫既定、必常守之、管子七法篇云：「而未嘗變也、謂之則、」此常之義也。

刑範矩、爲同類字。刑爲型之假字；範爲笵之假字。說文云：「型、鑄器之灋；笵、法也。」玄應謂「以土曰型、以金曰鎔、以木曰模、以竹曰笵。」矩、說文云：「巨、規巨也、」作矩者、古文榘之省。型笵矩此常用之法、故訓法、亦訓常也。王引之曰：「多方曰：『厥民刑用勸、』言民常用勸也、」此刑訓常之證。

庸恒同訓常者、易乾卦云：「庸德之言、庸言之謹。」雜卦傳曰：「恆、久也、」說文「恆、常也。」此平常常久之義、故爾雅兼釋之。

律者、漢書律歷志云：「律、法也、莫不取法焉。」方言云：「類、法也、」類即律之假字、故亦訓法。律訓法而有常義、與法訓常同意。

戛者、書「不率大戛、」正義曰：「戛猶楷也、」此謂戛爲模楷字之假借、邵郝二氏皆用其說。小學答問云：「考工記云：『車戟常、』戛與常同度、故訓常。」案說文云：「戛、戟也、」又云：「戛有枝兵、周禮戟長丈六尺、」段引周禮「車戟常、」以注周禮句。是戛者戟也、故其字从戈百會意。戛常同長、故爾雅以常訓戛。章說用戛之本義、不必以假義釋之。

職者、本篇云：「職、主也、」主與常義相成。故坤彖辭「先迷後得主、」傳曰「先迷失道、後順得常。」詩「職思其居、」毛亦訓職爲常。經義述聞云：「小雅『東人之子、職勞不來、』謂常服勞苦、而不見勞來也。伍子胥傳云：『事成爲卿、不成而亨、固其職也、』言此乃常道也。」

爾雅詁林　一　釋詁上

秩者、天官宮正云：「行其秩序、」鄭注訓秩爲常。

柯者、考工記車人云：「半矩謂之宣、一宣有半謂之欘、一欘有半謂之柯、」是柯與矩同爲法則、可據以造物者也、故曰、柯、法也。

憲者、詩崧高箋云：「憲、表也、」舉法典而表示之爲憲、其後所表示者即爲憲、故憲訓法。

辟、說文云：「法也；从卪辛、節制其辠也、从口、用法者也。」小雅「辟言不信、」大雅「無自立辟、」傳皆訓法。

爾雅學

典彝法則刑範矩庸恒律戛職秩常也○釋曰 注疏本刪。

若有恒性 注疏本若誤君。

有秩斯祜 注疏本祜誤祐。

詩曰伐柯伐柯 單疏本雪牕本正德本閩本監本同。毛本日改云。

柯憲刑範辟律矩則法也○釋曰 注疏本刪。

大雅桑扈云 浦鏜云、小誤大。

皆謂常法也○注詩曰至踰矩○釋曰 注疏本刪下八字。

不踰矩者 正德本閩本監本同。毛本矩誤距。

校勘記

以八灋治官府 監本毛本湘本灋作法。按、說文周禮亦作灋、省作法。作灋是。

注疏校勘札記

典彝音夷法則刑範矩庸恒律戛職秩常也柯憲刑範辟音畢律矩則法也

音・圖

戛居八翻、介入聲、尚書戛擊是也。郭苦八翻、邱八翻同、楷入聲、尚書大戛是也。此處當從郭音、不必音居八翻。

直音正誤

典彝夷、法、則、刑、範犯、矩、庸容、恒、律、戛帢、職、秩、常也。柯歌、憲、刑、範、辟壁、律、矩、則、法也。

孫偘直音

典彝夷、法、則、刑、範犯、矩、庸容、恒、律、戛讀甲、職、秩、常也。柯歌、憲、刑、範、辟壁、律、矩、則、法也。

直音校正

典彝夷法則刑同型範矩庸恆律戛職秩常也柯憲刑範辟壁律矩則法也。

楊氏音訓

辜辟戾辠也

辜、辟、戾、辠也。皆刑罪。

郭注

辜辟戾辠也 釋曰、皆謂刑罪也。辜者、書仲虺之誥云、罔不懼于非辜。辟者、呂刑云、墨辟疑赦。戾者、大雅抑篇云、亦維斯戾。辠、罪古今字也。說文云、辠、犯法也。從辛從自、言辠人蹙鼻苦辛之憂。秦以辠似皇、改爲罪。罪、取非人自投於网。自、古文以爲鼻。

邢疏

辜辠也

辜、禮義之罪也。一切經音義二

衆家注

黃輯古義

辜辠也

注曰、辜、禮義之罪也。一切經音義二

漢注

辜辟戾辠也

郭璞云、皆刑罪。

一切注音

辜辠也 舊注云、辜、禮義之罪也。一切經音義二

古注斠

陸音義

辜古胡反。辠古罪字，秦始皇以其字似皇字改從四非。

音義攷證

辠秦始皇以其字似皇字改從四非。○罪字上從网，隸變作罒。舊譌作從四，今改正。

新義

辜辟戾辠也

辟，刑所辟。戾，義所戾。辜，故爲也。

鄭樵注

辜辟戾辠也　辠卽罪也。秦以辠似皇，故改爲罪。

古注合存

辜辟戾辠也

郭璞曰：皆刑罪。

鄭樵曰：辠卽罪也。秦以辠似皇，故改爲罪。

注疏參義

辜辟戾辠也　辟音闢。辠，古罪字。○此釋辜以下皆罪之義也。註曰：古文罪從自從辛。秦以辠似皇，改辠爲罪。取非人投於网也。古文取自爲辠。

辟有法辠兩義。訓法者如字。訓辠者婢亦切。故釋文止于訓辠者音婢亦切。鄭于訓法者音婢亦切，且云下同，誤。

補注

辜辟戾辠也　註　皆刑罪　正義　說文云：辠，犯法也，从辛从自，言辠人蹙鼻苦辛之憂。秦以爲辠似皇字，改爲罪。辜者，微子云：凡有辜罪。秋官掌戮云：殺王之親者辜之。鄭註：辜之言枯也，謂磔之。辟者，呂刑云：墨辟疑赦。左氏僖二十三年傳云：貳乃辟也。戾者，大雅抑云：亦維斯戾。

正義

辜辟戾辠也　皆刑罪

辠古罪字。說文云：辠，犯法也。墨子經上篇云：罪，犯禁也。按，犯禁爲罪，加之刑罰亦爲罪，故呂覽仲秋篇云：行罪無疑。高誘注：罪，罰也。辜者，一切經音義二引爾雅舊注云：辜，禮義之罪也。按舊注非是。書微子云：凡有辜罪。此辜必非禮義之罪，故詩民之無辜、何辜今之人，鄭箋並云：辜，罪也。是罪辜通名耳。莊子則陽篇云：至齊見辜人焉。辜人，卽罪人也。通作故。史記屈原賈生傳云：亦夫子之辜也。索隱曰：辜，漢書作故。故、辜以聲爲義也。辟者，法也。又訓罪者，出乎法，卽入乎罪。治其罪者亦罪也。故說文云：辟，从辛，節制其辠也。禮王制云：司寇正刑明辟，謂正法明治其罪也。戾者，曲也，乖也，貪也，纍也，皆與罪名相近，故爲罪也。詩亦維斯戾，逸周書大匡篇云：刑罪之戾。戾皆訓罪。罪戾亦通名耳。一切經音義二引漢書云：有其功無其意曰戾，有其功有其意曰罪戾。是戾與罪異，亦非也。左傳云：赦其不閑於教訓而免於罪戾。罪戾一耳。

義疏

辜辟戾辠也　郭注：皆刑罪。　因辟而旁及辜戾。辜，卽故也。書佁怙。舊注：辜，禮義之罪也。謂不依古而犯罪者。書凡有罪辜。詩無罪無辜。辟，卽罪名也。詩民之多辟。戾从犬出戶下，衺曲之意。詩亦維斯戾。漢書注：有其功無其意曰戾。

集解

辜辟戾辠也　辜，殺王親者之辠也。周禮殺王之親者辜之是也。从辛古聲。詩正月民之無辜、雲漢何辜今之人，箋均云：辜，辠也。公羊宣六傳天乎無辜，注：辜，辠也。史記屈原賈生傳亦夫子之辜也，索隱：辜，漢書作故。辠也。廣雅釋詁：誅、殺也，辠也。以故誅爲之。辟，㳒也。周制五刑均謂爲辟，所以辠非辟之人也。禮記王制司寇正刑明辟，晉語其在辟也吾從中也，左襄一傳辟殺子狐，文選解嘲行殊者得辟，注均云：辟，辠也。戾，曲也。从犬出户下，身曲戾也。人必行爲曲戾乃羅於辠。詩抑亦維斯戾，傳：戾，辠也。周語職貢業事之不共而獲戾，文選曹子建上責躬應詔詩表追思罪戾，西征賦尤闕西之効戾，注均云：戾，罪也。辠，犯㳒也。从辛从自，言辠人蹙鼻辛苦之狀。秦皇以辠似皇字，改爲罪，取非人自投於网。自，古文以爲鼻。墨子經上：罪，犯禁也。

義證

辜辟戾辠也

爾雅詁林　一　釋詁上

註皆刑罪補正邢疏、辠罪古今字也。秦以辠似皇、改爲罪、取非人自投于网。

郭注補正

辜辠也

郝氏義疏云、辜者、一切經音義二引尔疋舊注云、辜、礼義之罪也。郭注此節云皆刑罪不專指礼義之罪言。按辠罪通用。詩民之無辜、何辜今之人、鄭箋竝云辜、罪也。莊子則陽篇云、至齊見辜人焉。辜人卽罪人也。郝蘭皋謂舊注非是、良允。

舊注攷證

辜、辟、戾辠也

皆刑罪也

希麟琳法師別卷上音義引爾雅云、辜辟戾罪、郭注云皆刑罪也。今據補也字。

郭注佚存補訂

辜辟戾辠也

辠古罪字。說文云、辠、犯法也。舊注云、辜、禮義之罪也。小雅正月民之無辜、大雅雲漢何辜今之人、鄭箋竝云辜、罪也。小雅小弁何辜于天、疏云我有何罪于上天、亦以辜爲罪也。十月之交無罪無辜、雨無正舍彼有罪既伏其辜、巧言予慎無罪予慎無辜、辜罪竝言、是辜罪一也。　辟者、說文云辟从卒、節制其罪也。大雅板無自立辟、傳云辟、法也。法爲辟、以法治人亦謂之辟、猶之法爲刑、以法治人亦謂之刑。蕩疾威上帝、其命多辟、傳云威罪人者、峻刑罰也、其政教又多邪僻。案既以威爲威罪人、則辟當訓爲刑辟之辟、謂人之命多懼於罪者。　戾者、大雅抑亦維斯戾、傳云戾、罪也。小雅節南山降此大戾、箋云戾、乖也。乖戾與罪義相成。戾聲轉爲厲。瞻卬降此大厲、卽降此大戾也。襄十三年左氏傳注云、殺戮不辜曰厲。

說詩

辜辟戾辠也 辜、監本誤从辛、後同不出。

疏說文云辠犯法也 說、誤訓。　秦以辠似皇字改爲罪 脫字字。

古文自為鼻 鼻、誤辠。

注疏正字

辜辟戾辠也　辜、說文同。　辟、疑通辥。說文、辛部辥、辠也、从辛峕聲。　釋文云、辠古罪字、秦始皇以其字似皇字、改從罒、非。原闕

匡名

辜音孤辟戾辠也 說文辠、犯法也、从辛自。　辜、辠也、从辛古聲。微子、凡有辜罪。　呂刑墨辟疑赦。左傳所謂貳乃辟也。大雅亦惟斯戾、傳戾、罪也。

啓蒙

辜辟戾辠也 皆謂犯法也。

皋也者。說文。皋犯法也。从辛从自。言皋人蹙鼻苦辛之憂。秦以皋似皇字改爲罪。墨子經上云。皋犯禁也。通作罪。禮記服問罪多而刑五。釋文本或作皋。

辜者。說文。辜。皋也。从辛古聲。古文辜从死作㱚。則辜乃死罪也。又作殆。章先生曰。說文殆枯也。古但作辜。春官大宗伯以疈辜祭四方百物。鄭司農曰。罷辜披磔牲以祭。若今時磔狗祭以止風。秋官掌戮殺王之親者辜之。注謂磔之。剖腹張之曰辜。膊肉置骨曰冎。說文 辜冎雙聲相轉。今時極刑剖腹支解。復膊其肉。但謂之冎。以上章先生語見新方言 詩大雅何辜今之人。箋云。辜罪也。通作故。以同从古聲也。史記屈原賈生傳亦夫子之辜也。索隱云。辜漢書作故。郝疏已引

辟者。說文。辟法也。从卩从辛。節制其皋也。从口。用法者也。此爲辟法及辟皋之本字。知爲辟皋之本字者。以从辛明之。宰字說解云。辛皋也。辛从一从䇂。䇂亦皋也。訓法爲本義。訓皋則引申義也。僖二十七年左傳貳乃辟也。杜注云。辟罪也。魯語慾則有辟。韋解云。辟罪也。

戾者。說文。戾曲也。从犬出戶下。戾者身曲戾也。段云。了戾乖戾很戾皆其義也。引申之訓爲罪。宗鄦案。段說是也。淮南高注云。曲故曲巧也。又曲故巧詐也。古者曲直並言。正爲直。則不正爲不直矣。賈子道術云。合得密周謂之調。反調爲戾。又心兼愛人謂之仁。反仁爲戾。逸周書謚法解不悔前過曰戾。文四年左傳云。其敢干大禮以自取戾。魯語云。職貢業事之不共而獲戾。則戾者犯禮之罰也。故杜注韋解並云戾罪矣。莊二十二年左傳云。赦其不閑于教訓。而免于罪戾。罪戾又連言也。亦足徵戾爲干禮矣。詩大雅亦維斯戾。傳云。戾罪也。

本字考

辜皋也 郭注、皆刑罪。釋文出皋、云、古罪字。秦始皇以其字似皇字、改從四、非。

案此可見郭所見爾雅皋已作罪。陸元朗以罪字不古、始依說文改作皋耳。元應經音義二大般涅槃經十九無辜下音義引爾雅、辜、罪也、禮義之罪。是元應所据本正與郭本同矣。郝氏懿行義疏、葉氏蕙心古注斠並以禮義之罪爲爾雅舊注。今檢經音義初無舊注字樣、然則此四字實乃元應之說、不得謂之舊注也。說文网部、罷、遣有皋也、从网能。言有賢能而入网、即貰遣之。元應以辜爲禮義之罪、猶許君以罷爲賢能之罪矣。詩小雅小明篇畏此罪罟、毛傳罟、網也、鄭箋畏此刑罪羅網。又大雅瞻卬篇罪罟不收、毛傳設罪以爲罟、鄭箋施刑罪以羅網天下。知則辜罟二字同从古得聲、辜正兼有罟義、故秦以罪爲皋也。說文网部罪捕魚竹网、罟网也、是也。

董瑞椿補記

辜、辟、戾、皋也。

說文云：「皋、犯法也；从辛自、言皋人戚鼻苦辛之𢡆。秦日皋佀皇字、改爲罪。」案罪爲捕魚竹網、經典多用罪爲皋、非古也。

辜者、說文云：「皋也、从辛、古聲。」辜之从辛、與皋同義。爾雅舊注以辜爲禮義之皋、析言之、或有此區別。史記索隱謂「漢書辜作故、」蓋音之假。

辟、嚴元照以爲通辟、說文辟訓皋、即爾雅之辟。

戾者、左傳云：「赦其不閑於教訓、而免於罪戾、」即皋戾也。

爾雅學

皆刑罪 雪牕本注疏本同。釋文音經皋古罪字。疏云皋罪古今字。按此經作皋、注作罪。

辜辟戾皋也〇釋曰 注疏本刪。

說文云 注疏本說誤訓。

自古文以爲皋 注疏本作古文自爲皋、誤也。徐鉉曰、自古者以爲鼻字。說文、自、鼻也、象形。

校勘記

辜辟戾皋也。疏說文云說、誤作訓。古文自爲皋、當作古文鼻爲自。

注疏本正誤

二下（六）

三行（注）皆刑罪〇希麟《續一切經音義》卷十引「罪」下有「也」字。

宋監本校箋

爾雅詁林 一 釋詁上

辜音孤辟戾皋音罪也

音圖・音

孤　僻　罪

辜、辟、戾、皋、也、

孫偘直音

辜孤辟闢戾皋罪也、

楊氏音訓

皋罪

干氏音釋

黃髮䶵齒鮐背耇老壽也

黃髮䶵齒、鮐背、耇、老、壽也。黃髮、髮落更生黃者。䶵齒、齒墮更生細者。鮐背、背皮如鮐魚。耇、猶耆也。皆壽考之通稱。

郭注

黃髮䶵齒鮐背耇老壽也　釋曰、皆壽考之通稱也。黃髮者、舍人曰、黃髮老人髮白復黃也。郭云、黃髮髮落更生黃者。䶵齒者、說文云、䶵老人兒齒也。郭云、齒墮更生細者。魯頌閟宮云、既多受祉、黃髮兒齒。鄭箋云、兒齒亦壽徵。鮐背者、舍人曰、老人氣衰、皮膚消瘠、背若鮐魚。郭云、鮐背、背皮如鮐魚。劉熙釋名云、九十曰鮐背、背有鮐文。大雅行葦云、黃耇台背、毛傳云、台背、大老也。鄭箋云、台之言鮐也、大老則背有鮐文。方言云、秦晉之郊、陳兗之會謂老曰耇。鮐耇者、郭云、耆也。方言云、燕代北鄙謂耇爲梨。郭彼注云、梨面色似凍梨也。舍人曰、耇、觀也。血氣精華觀竭、言色赤黑、如狗矣。孫炎曰、耇面如凍梨色似浮垢、老人壽徵也。老者、說文云、七十曰老、從人毛匕、言須髮變白也。

邢疏

黃髮䶵齒鮐背耇老壽也

黃髮者、老人髮白復黃也。詩行葦正義　鮐背者、老人氣衰、皮膚消瘠、背若鮐魚也。耇、觀也。血氣精華觀竭、言色赤黑如狗矣。書正義十一　詩正義十之一又十七之二　春秋正義十五　邢疏

犍爲注

黃髮、髮落更生者。耇、面凍梨也、如浮垢、老人壽徵也。方言云、燕代北鄙謂耇爲梨。詩正義十之一又十七之二　春秋正義十五　邢疏引耇面如凍梨至壽徵也

郭音義

黃輯古義

黃髮覞齒駘背耇老壽也

黃髮、老人髮白復黃也。駘背、老人氣衰、皮膚消瘠、背若駘魚。耇、觀也。血氣精華觀竭、言色赤黑如狗矣。邢疏　詩小雅南山有臺正義引黃髮二句　詩大雅行葦正義書泰誓中正義並引駘背至若駘魚也　春秋僖二十二年正義引耇觀也至狗矣

犍爲注

黃髮、髮落更生者。面凍梨色、似浮垢也。老人壽徵也。邢昺疏　春秋　方言云、燕代北鄙謂耇爲梨。詩大雅行葦正義引有此句　小雅南山有臺正義引耇面凍梨色如浮垢二句　春秋僖十五年正義邢疏並引作耇面如凍梨色似浮垢有老人句

郭音義

玉函山房輯佚

黃髮䶵齒鮐背耇老

黃髮、老人髮白復黃也。李注　詩疏十之一　鮐背、老人氣衰、皮膚消瘠、背若鮐魚也。舍人注　書疏十一　黃髮、髮落更生者。孫注　詩疏十七之二　耇、面凍梨色、如浮垢。詩疏十之一同

鉤沉

黃髮齯齒鮐背耇老壽也

舍人曰、黃髮、老人髮白復黃也。鮐背、老人氣衰、皮膚消瘠、背若鮐魚。耇、覯也。血氣精華覯竭、言色赤黑如狗矣。書正義十一孔穎達詩南山有臺正義十之一又行葦十七之二春秋僖二十二年正義十五邢疏

孫曰、黃髮、髮落更生者。耇、面凍梨色、如浮垢、老人壽徵也。方言云、燕代北鄙謂耇爲梨。詩正義十之一又十七之二春秋正義十五邢疏按、邢疏作面如凍梨色、衍一如字、今從詩正義所引。朱子詩集傳亦同。

漢注

黃髮齯齒鮐背耇老壽也

舍人云、黃髮、老人髮白復黃也。鮐背、老人氣衰、皮膚消瘠、背若鮐魚也。耇、覯也。血氣精華覯竭、言色赤黑如狗矣。書正義十一卷又十七之二卷詩正義十之一卷左傳正義十二卷　孫炎云、黃髮、髮落更生者。耇、面如凍梨色、如浮垢、老人壽徵也。書正義十一卷詩正義十之一卷又十七之二卷　郭璞云、黃髮、髮落更生黃者。齯齒、齒墮更生細者。鮐背、背皮如鮐魚。耇猶耆也。皆壽考之通稱。

一切注音

黃髮壽也　舍人曰、黃髮、老人髮白復黃也。詩南山有臺行葦正義　孫炎曰、黃髮、髮落更生者。行葦正義

鮐背　舍人曰、鮐背、老人氣衰、皮膚消瘠、背若鮐魚也。詩行葦正義

耇　孫炎曰、耇、面如凍梨色、如浮垢、老人壽徵也。詩行葦正義　舍人曰、耇、覯也。血氣精華覯竭、言色黑如狗矣。左氏僖二十二年傳正義

壽也　釋文作耈。

蕙心案、說文耈、久也、从老省句聲。隸變作壽。釋文作耈。必古注本如此。

古注斠

兒本今皆作■五号反。一音如字。鮐天才反。一音夷。背博內反。耇音苟。耈音壽。本反作壽。更古孟反。隋徒火反。又作墮同。細先計反。耆巨伊反。通稱尺證反。

陸音義

兒本今皆作齯。○邢本作齯。凡本今云云皆後人所增入。何以明之、卽如此條若出陸氏、亦當先云古兮反、一音如字。本或作齯。不應於齯字下方云一音如字。耈○邢本作壽。隋○邢本作墮。

音義攷證

黃髮齯齒鮐背耇老壽也

今鮫魚胎生背皮錯戾鮐背者象此魚歟。

新義

黃髮齯齒鮐背耇老壽也　黃髮、髮白更黃也。齯齒、齒落重生者。鮐背、背皮有鮐魚文。此皆壽徵。耇、方言云、秦晉之郊陳兗之會謂老曰耇。

鄭樵注

黃髮齯齒鮐背耇老壽也

舍人曰、黃髮老人髮白復黃也。鮐背、老人氣衰、皮膚消瘠、背若鮐魚。耇、覯也。血氣精華覯竭、言色赤黑如狗矣。

孫炎曰、黃髮、髮落更生。耇、面如凍梨色、如浮垢、老人壽徵也。

郭璞曰、黃髮、髮落更生黃者。齯齒、齒墮更生細者。鮐背、背皮如鮐魚。耇猶耆也。皆壽考之通稱。

鄭樵曰、黃髮、髮白更黃也。齯齒、齒落重生者。鮐背、背皮有鮐魚文。此皆壽徵。耇、方言云、秦晉之郊陳兗之會謂老曰耇。

古注合存

爾雅詁林　一　釋詁上

黃髮齯齒鮐背耇老壽也。齯詩作兒。鮐音台。耇音狗。○此釋黃髮
細也。疏曰、黃髮、舍人謂髮白復黃也。詩閟宮云、黃髮兒齒。鮐
背、謂老人皮膚消瘠、背若鮐魚文也。大雅行葦云、黃耇台背。

注疏參義

黃髮齯齒鮐背耇老壽也 **註** 黃髮髮落更生黃者齯齒齒墮更生細者鮐背背皮如鮐魚耇猶耆也皆壽考之通稱

正義 壽、說文作𦒿、久也。从老省、𠷎聲。此釋壽考之名也。黃髮者、秦誓云、尚猷詢茲黃髮。詩疏引舍人云、黃髮、老人髮白復黃也。齯齒者、魯頌閟宮云、黃髮兒齒。鄭箋云、兒齒亦壽徵。說文云、齯、老人兒齒也。鮐背者、大雅行葦云、黃耇台背。毛傳、台背、大老也。鄭箋、台之言鮐也、大老則背有鮐文。耇者、論衡無形篇云、人少則髮黑、老則髮白、白久則黃。人少則膚白、老則膚黑、黑久則黯、若有垢矣。髮黃而膚有垢、故禮曰、黃耇無疆。案、論衡所引、士冠禮之詞也。鄭註云、耇、凍梨也。釋名云、黃耇、鬢髮變黃也。耇、垢也、皮色驪悴、恒如有垢者也。或曰凍梨、皮有斑黑、如凍梨色也。詩疏引孫炎云、耇、面如凍梨、色如浮垢、老人壽徵也。是孫氏兼采衆家之說爲義也。老者、說文云、老、考也。七十曰老、从人毛匕、言須髮變白也。召誥云、則無遺壽耇。漢書孔光傳引書作無遺耇老、顏師古云、召誥之辭。今作壽耇、與耇老義同也。**註**黃髮至耆也。○

正義 詩疏引孫炎云、黃髮、髮落更生。郭註本孫炎、不從諸家之說、以爲白變而黃也。釋名云、齯、大齒落更生細者、如小兒齒也。又云、九十曰鮐背、背有鮐文也。俱與郭註同。郭以耇猶耆者、方言云、梨、鮐、老也。燕代之北鄙曰梨、秦晉之郊、陳兗之會謂老曰耇鮐。說文云、耆、老也。釋名云、耆、指也、不從力役、指事使人也。郭氏以耇即爲老、不從諸家所釋以耇爲垢。左傳疏引舍人云、耇、覯也。血氣精華覯竭、言色赤黑如狗矣。以聲近之字輾轉相釋、郭氏所不取也。

黃髮齯齒鮐背耇老壽也 黃髮髮落更生黃者齯齒齒墮更生細者鮐背背皮如鮐魚耇猶耆也皆壽考之通稱 **正義**

說文云、𦒿、久也。隸變作壽、故釋文云、𦒿、本又作壽。春秋繁露云、壽之爲言猶讎也。通作讎。左氏文十三年傳云、魏壽餘、史記秦紀作魏讎餘。又通作疇。書酒誥云、若疇圻父、詩祈父正義引鄭注、順𠷎萬民之圻父。釋文、𠷎、古疇字、本又作壽、馬鄭音受。按、疇無受音、馬鄭本葢作壽、而音受也。匡謬正俗云、年壽之字、北人讀作受音、南人則作授音。證知馬鄭本若疇作若壽而音受、馬鄭即北人也。黃髮者、詩南山有臺及行葦正義引舍人曰、黃髮、老人髮白復黃也。孫炎曰、黃髮、髮落更生者。郭注本孫炎。以今驗之、耋老者人秀眉宜髮、未蒙更生、而華顛皓首、芸然變黃、誠有如舍人所云者矣。齯齒者、釋名云、齯齒、大齒落盡、更生細者、如小兒齒也。通作兒。詩黃髮兒齒、鄭箋兒齒亦壽徵。爾雅釋文、兒、本今皆作齯、五兮反、一音如字。是陸本與詩同作兒。兒者、齯之叚借也。鮐背者、說文云、鮐、海魚也。釋名云、九十曰鮐背、背有鮐文也。詩正義引舍人曰、老人氣衰、皮膚消瘠、背若鮐魚也。通作台。黃耇台背、毛傳台背、大老也、鄭箋台之言鮐也、大老則背有鮐文。以今驗之、鮐魚背有黑文、老人背亦發斑、似此魚然。詩及爾雅釋文並云、鮐、一音夷、今登萊海上人呼此魚正如臺、無音夷者、唯鯸鮐魚音夷耳。耇者、說文云、老人面凍黎若垢。釋名云、耇、垢也、皮色驪顇、恆如有垢者也。或曰凍黎、皮有斑點、如凍黎色也。行葦箋云、耇、凍梨也。正義引孫炎曰、面凍梨色似浮垢也。左氏僖廿二年正義引舍人曰、耇、覯也。血氣精華覯竭、言色赤黑如狗矣。是諸家說耇字互異、郭氏皆不從、而云耇猶耆者也。耆訓老也。詩遐不黃耇、毛傳耇、老也。書耇造德不降、鄭注及方言並與毛同。此皆郭所本也。老者、說文云、考也。七十曰老、本曲禮文。釋名云、老、朽也。獨斷云、老、謂久也、舊也、壽也。白虎通云、老者、壽考也。俱本爾雅爲說也。此黃髮齯齒鮐背並二字連文爲義、實則黃齯鮐三字單舉、於義亦通。故南山有臺傳及行葦箋並云、黃、黃髮也。是單言黃之證。說文、齯、老人齒。是單言齯之證。方言、鮐、老也。是單言鮐之證。至於耇老二字、雖俱單文、亦有連語。耇稱胡耇、老稱黎老。黎亦梨也。胡猶黃也。黃胡聲轉、梨黎字通。

義疏

黃髮鯢鯢兒齒鮐台背耇老壽也舍人注、黃髮、白復黃也。鮐背、老人氣衰、皮膚消瘠、背若鮐魚也。耇、覯也。血氣精華覯竭。孫注、黃髮、髮落更生者。耇、面凍棃色、似浮垢也、老人壽徵也。郭注、黃髮、髮落更生黃者。兒齒、齒墮更生細者。鮐背、背皮如鮐魚。耇猶耆也。皆壽考之通稱。此以老壽連文、釋詩二句、如引詑淚笑傲、張仲孝友、所謂詁也。鯢鮐皆海魚、鯢齒吹浪高數十丈、由齒離隙、使然。鮐、大也、大魚行、但見其背、老人背局似之、豈裸見皮斑乎。耇上亦當有黃字、句亦局也。此二句直言老髦、不從髮齒背生義、故以老壽釋之。

集解

黃髮齯齒鮐背耇老壽也

黃髮、髮落更生者。詩南山有臺遐不黃耇傳、黃、黃髮也。耇、老也。儀禮士冠黃耇無疆、注黃、黃髮也。壽徵也。齯齒、老人兒齒、齒落而更生者。詩閟宮黃髮兒齒、箋兒齒亦壽徵。借兒爲之。鮐、海魚也、从魚台聲。漢書貨殖傳鮐鮆千斤。吳都賦王鮪鯸鮐。鮐狀如科斗、即今河豚斑魚之類。老人氣衰、皮膚消瘠、背若鮐魚之文、故曰鮐背。詩閟宮黃髮鮐背、今本作台、箋皆壽徵也。耇之爲言句也、句、曲也。耇老背句曲之老也。許慎謂老人面凍棃若垢、耇者老聲訓耳。書微子之命咈其耇老、周書皇門克有耇老、均以耇老連文而爲壽徵。文選韋孟諷諫詩年其逮耇、注引爾雅耇老壽也。壽久也、从老省𠃬聲、今字也、古字作𠷎、引申爲考也、老也。故三壽謂爲三老。

義證

黃髮齯齒鮐背耇老壽也齯、本作兒、五兮反、一音如字。鮐、天才反。耇、音苟。

註黃髮髮落更生黃者齯齒齒墮更生細者鮐背背皮如鮐魚耇猶耆也皆壽考之通稱補正邢疏、舍人曰、黃髮、老人髮白復黃也。說文云、齯、老人兒齒也。鮐背、舍人曰、老人氣衰、皮膚消瘠、背若鮐魚。耇、覯也。血氣精華覯竭、言色赤黑如狗矣。孫炎曰、耇、面如凍梨、色如浮垢、老人壽徵也。臣鑒按、詩疏引李巡註亦云黃髮、老人髮白復黃也、與舍人註同。郭註謂更生黃者、非是。

郭注補正

耇壽也　注耇猶耆也

正曰、論衡無形、人老則膚黑、黑久則黯、若有垢矣。說文老部、耇、老人面凍黎若垢也。儀禮士冠禮黃耇無疆、鄭注耇、凍黎也、壽徵也。詩大雅行葦序尊事黃耇、鄭箋耇、凍黎也。釋文、方言云、凍黎、老也。正義釋詁、耇壽也。孫炎曰、耇、面凍黎、色佀浮垢也。方言云、燕代北鄙謂耇爲黎、郭注黎、面色佀黎也。國語周語敬事耇老、韋注耇、凍黎也。釋名釋長幼、耇、垢也、皮色驪頓、恆如有垢者也。或曰凍黎、皮有斑黑、如凍黎色也。王許鄭劉韋埶訓耇面凍黎若垢、與爾雅孫注合、葢取耇垢聲近字爲訓也。郭注不審音讀、改訓猶耆、失之矣。

正郭

黃髮壽也　注黃髮髮落更生黃者

諍曰、注說本於孫炎。按詩正義引舍人曰、黃髮、老人髮白復黃也。郝氏云、秀眉宣髮、未蒙更生、而華顛皓首、芸然變黃、誠有如舍人所云者。論衡無形篇亦云、老則髮白、白久則黃、是舍人說實勝於孫炎、注轉從之、未能覈實。

諍郭

黃髮兒齒鮐背耇老壽也

黃髮髮落更生黃者兒齒齒隋更生細者鮐背背皮如鮐魚耇猶耆也皆壽考之通稱

釋文云、皃五兮反、一音如字。舊校云、本今皆作齯。隋、徒火反、又作墮、同。樹柟案陸氏依郭本爲正、則郭本經注作皃不作齯、作隋不作墮。儀禮士冠禮疏引爾雅云黃髮皃齒、與釋文合。皃者、齯之假字。隋者、墮之正字。

黃髮兒齒鮐背耇老壽也

郭注佚存補訂

黃髮兒齒、魯頌閟宮文。又云黃髮台背、鄭箋云黃髮台背、皆壽徵也。兒齒亦壽徵。彼釋文云兒、五兮反、齒落更生細者也。小雅南山有臺遐不黃耇傳云黃、黃髮也。耇、老也。正義引舍人曰、黃、髮老人髮白復黃也。孫炎曰、耇、面凍梨色如浮垢。大雅行葦黃耇台背傳云台背、大老也。箋云台之言鮐也、大老則背有鮐文。正義云、舍人曰老人氣衰皮膚消瘠、背若鮐魚也。爾雅作鮐、以其似鮐魚、而此經作台、故箋申之曰台之言鮐也、大老則背有台文、是依爾雅爲說也。劉熙釋名云九十曰鮐背、背有鮐文、或當然也。案兒者、齯之省文。台者鮐之省文。諸家所說、以今驗之猶然。僖廿二年左氏傳正義引舍人曰、耇、覯也。血氣精華覯竭、言色赤黑如狗矣。此則從字取義、殊爲附會、宜郭注之不從也。

說詩

黃髮齯齒鮐背耇老壽也 釋文齯作兒、壽作耉。

註齯齒齒墮更生細者 墮、釋文作隋。

疏齯老人兒齒也 說文無兒字。 黃耇鮐背 鮐、經作台、傳同。 郭云耇者 者、監本下誤從目。 燕代北鄙謂耇爲梨 代、誤岱。 言鬚髮變白也 鬚、說文作須。

注疏正字

鮐背壽也

郭注鮐背背皮如鮐魚也。釋名云九十曰鮐背、背有鮐文也。柏年案今老人之背並無鮐文、不得附會。尋舍人注云、老人氣衰皮膚消瘠、背若鮐魚也、蓋舍人意以背形似鮐、不以背皮色爲驗、故背下不著皮字、其說是也。鮐魚今河豚之屬、背脊穹然、人老則傴其背、與鮐正同、故曰鮐背。

補釋

黃髮齯齒鮐背耇老壽也

此釋詁之事例也。耇老互爲訓、轉注也。黃髮齯齒鮐背、皆壽考之通稱。三者可訓爲耇、耇爲老、老爲壽。推而廣之、亦可訓爲考。又可連文訓爲壽考、壽耇老壽。是轉注之別一例矣。以訓詁之正例言之、黃髮當如舍人云老人髮白復黃也。齯齒當从說文老人兒齒也。鮐背、當从詩行葦箋大老則背有鮐文也。

小箋

黃髮兒齒鮐背耇老壽也 釋文云、兒本今皆作齯。石經作齯。玉篇齒部 文選注四 引亦作齯。案說文齒部齯老人齒、从齒兒聲。

鮐、詩作台。箋云、台之言鮐也。釋文云、耈、本又作壽。案此隸變小異耳、毋庸別出。石經作壽。毛詩大雅行葦正義引作壽人也。人字恐誤衍。

名匡

黃髮鯢齒鮐背耈老壽也。郭註、皆壽考之通稱。說文、𩠐、根也。秦誓、詢之黃髮。𪘏、老人齒、从齒兒聲。釋名、九十曰鮐背。耈、老人面凍黎若垢、从老省句聲。大雅、黃耈台背。耆、考也、从人毛匕、言須髮變白也。曲禮、七十曰老。

啓蒙

黃髮鯢齒鮐背耈老壽也

邢疏云、皆壽考之通稱也。壽也者、說文、𠷎、久也、从老省𠃬聲、隸變作壽。詩傳、壽、考也。說文、考、老也、則壽亦老也。黃髮者、邢疏云、舍人曰、黃髮、老人髮白復黃也。案舍人之說、詩小雅南山有臺孔疏已引之。詩疏引李巡注亦云、黃髮、老人髮白復黃也。郭注謂黃髮、髮落更生黃者。此說本之孫炎、邢所不引。邵氏亦然。郝疏本之目驗、謂華顚皓首、芸然變黃、誠有如舍人所云者矣。諸說從同、足以爲審、可勿復紛紜也。書秦誓、尚猷詢茲黃髮。詩魯頌、黃髮兒齒。箋云、兒齒亦壽徵、亦者兩相須之詞、則黃髮亦壽徵矣。黃髮亦單言黃。詩小雅、遐不黃耈。傳云、黃、黃髮也。大雅亦云、黃耈台背。郝疏已言。鯢齒者、說文、鯢、老人齒、从齒兒聲。釋名、鯢齒、大齒落盡、更生細者、如小兒齒也。郭璞云、鯢齒、齒墮更生細者。與釋名同。鯢齒不見於經典、書以兒爲之、用聲首也。釋文、兒、本今皆作鯢、五兮切、一音如字、則陸氏所據之爾雅作兒也。詩魯頌、黃髮兒齒。箋云、兒齒亦壽徵。鯢齒亦單言鯢。說文、鯢、老人齒也。郝疏已言。鮐背者、郝疏云、說文、鮐、海魚也、从魚台聲。釋名云、九十曰鮐背、背有鮐文也。詩疏引舍人云、老人氣衰、皮膚消瘠、背若鮐魚也。章先生云、方言、凡以驢馬馲駝載物者謂之負佗、佗今作馱。此通語也。負物必曲背、故今謂僂者爲佗背。爾雅、鮐背、壽也。恐駘背即佗背。莊子德充符篇、衛有惡人焉、曰哀駘它。老人多僂、以此狀之。台它雙聲、蓋醜惡莫如局背、故亞訓爲醜、象局背形。駘它者、即局背之謂耳。舊說鮐背、背有鮐文、甚誤。以上章先生語。見新方言。亦作台、用聲首也。詩大雅、黃耈台背。傳云、台背、大老也。箋云、台之言鮐也。大老則背有鮐文。鮐背亦單言鮐。方言、鮐、老也。郝疏已引。由方言鮐老之訓言之、則背如鮐魚之說恐未然。耈者、說文、耈、老人面凍黎若垢、从老省句聲。釋名、耈、垢也、皮色驪顇恆如有垢者也。或曰凍黎、皮有斑點、如凍黎色也。詩行葦鄭箋、耈、凍梨也。正義引孫炎曰、面凍梨色似浮垢也。耈亦有痀義。章先生曰、釋詁耈老壽也、舊皆云面浮垢、故曰耈、實當以𦣻痀得名。說文、痀、曲𦣻也。以上章先生語見文始。方言、耈、老也。詩小雅、遐不黃耈。傳云、耈、老也。老者、說文、老、考也、七十曰老、从人毛匕、言須髮變白也。吳語、有父母耆老。韋解云、七十曰老。

本字考

鯢齒、壽也。鯢之言兒也、凡小者每曰兒。小蟬曰蜺、小鹿曰麑、皆是也。

黃侃音訓

鯢齒鮐背。詩本作兒齒、作台背。此本註疏引用依詩文、而解釋仍依爾雅。

考異摘要

耈老壽也

注曰、耈猶耆也。疏曰、方言云、燕岱北鄙謂耈爲梨。郭彼注云、梨、面色如凍梨也。舍人曰、耈、覯也。血氣精華覯竭、言色赤黑如狗矣。孫炎曰、耈、面如凍梨、色如浮垢、老人壽徵也。樾謹按、凍梨之義、可以釋梨、不可以釋耈、故郭氏不用以說此經。至訓覯、訓垢、又取象於狗、皆以聲近之字展轉相訓、而義實未安、宜郭氏皆不之用也。說文老部、耈、從老省句聲。句部、句、曲也。故凡從句聲之字皆有曲義。竹部笱、曲竹捕魚笱也、羽部翎、羽曲也、疒部痀、曲脊也、並其證也。耈老之耈、蓋卽痀之異文。老人之脊必曲、故以爲名。其變從老省者、以疾言則宜從爿、以壽言則亦從老也。玉部玖篆下云、讀若人句脊之句、然則句脊字本止作句。從爿從老皆其孳乳寖多者矣。

黃髮壽也　郭注、黃髮、髮落更生黃者。邢疏引舍人曰、黃髮、老人髮白復黃也。郝氏懿行義疏、以今驗之、耋老耆人、秀眉宣髮、未蒙更生、而華顛皓首、芸然變黃、誠有如舍人所云者。

平議　案、舍人之說殊與郭異。詩大雅行葦篇序外尊事黃耇、孔疏引孫炎曰黃髮、髮落更生。是郭注亦正有本。爾雅以黃髮與齯齒同釋、詩魯頌閟宮篇亦黃髮兒齒連文。說文齒部、齯、老人兒齒也。釋名釋長幼、或曰齯齒、大齒落盡更生細者、如小兒齒也。齯齒爲齒墮更生細者。此郭注文。則黃髮爲髮落更生黃者、義亦可通。說文人部、优、小兒。段氏玉裁注小當作大。今案、优次俖下、俖亦小皃、則作小不誤。水部、濻、小津也。黃與优、㚘从光得聲、而濻又从黃得聲、优濻皆有小義、知古訓黃字當亦必有小義。淮南氾論訓不殺黃口、高誘注黃口、幼也。此黃有小義之明證也。黃髮之黃、葢與黃口之黃同。言髮落更生小兒之髮、與齒墮更生小兒之齒同也。文選四張衡南都賦、鮐背之叟皤皤然被黃髮者。史記秦本紀古之人謀黃髮番番、張守節正義番番當作皤皤、白頭貌。彼亦㚘以黃髮之黃作幼、小義解也。若解作黃色如舍人義、則與皤皤白頭之貌不相矛盾乎。

鮐背壽也　詩大雅行葦篇黃耇台背、孔疏引釋詁云、台背、耇、老、壽人也。案孔疏此篇詩序及小雅南山有臺篇皆引爾雅此條、壽下皆無人字、則人字當是誤衍。文選四張衡南都賦李注引爾雅此條亦正無人字。郭注、背皮如鮐魚。邢疏引舍人曰、老人氣衰、皮膚消瘠、背若鮐魚。郝氏懿行義疏、鮐魚背有黑文、老人背亦發斑似此魚。

案詩大雅行葦篇黃耇台背、魯頌閟宮篇黃髮台背、字㚘作台。爾雅此文卽釋彼詩、則元本爾雅當亦止作台。古从台諸字皆有黑義、如本經釋魚玄貝貽貝、郭注黑色貝也。素問風論其色炲、王冰注炲、黑色也。皆可取證。黑背爲台背、葢與黑貝爲貽貝、黑色爲炲色同義。卽鮐魚之鮐、亦因其背黑而取从台字爲名也。後人以台背與鮐魚同黑、故字又通作鮐、因有作鮐一本、遂以皮似鮐魚傅會之、未免望文生訓。論衡無形篇、人少則膚白、老則膚黑。釋名釋長幼、耋、鐵也、皮膚變黑色如鐵也。耇、垢也、皮色驪頟、恆如有垢者也。可見老人皮膚多發黑色。鮐背之鮐、猶驪頟之驪、皆爲黑義之叚字。若依舍人等說將謂老人背皮既似魚又似馬乎、可笑已甚。

耇老壽也　郭注、耇猶耆也。邢疏耇者云云老者云云。

案、黃髮齯齒鮐背、皆二字連文爲義、不應此二字獨一字一讀。國語周語上而敬事耇老、逸周書皇門解克有耇老、可見耇老二字固可連文爲義。漢書孔光傳、元后詔曰俊乂大臣、惟國之重、其猶不可以闕焉。書曰無遺耇老、顏師古注周書維誥之辭也、言不遺老成之人也。今尚書洛誥無之、而召誥有則無遺壽

爾雅詁林　一　釋詁上

耇一語，二語連次，是以顏注誤憶耳。元后所引尙書壽耇作耇老，則爾雅此條當卽釋尙書彼文，葢爾雅所据尙書與元后見本同也。詩小雅南山有臺篇遐不黃耇，毛傳黃，黃髮也，耇，老。方言一，鮐，老也，秦晉之郊陳兖之會曰耇。鮐耇老或單言耇，猶黃髮或單言黃，鮐背或單言鮐。不得因耇或單言遂析讀此二字，致與上六字不例也。

董瑞椿補記

鮐背壽也

錦燧謹案，此釋詩行葦篇黃耇台背也。鄭箋台之言鮐也，大老則背有鮐文。竊疑三家詩有作鮐者，故鄭讀與雅訓合。郭注謂背皮如鮐魚，卽本鄭說。而蒙謂鄭說未安，疑鮐乃佁之假借字。說文人部云，佁，癡皃。癡，不慧也。就性情言之。引申之則形體之癡騃皆得曰癡。然則佁背者，言老人背如曲弓也。至謂背如鮐魚，則必鮐背二字連舉始得爲老人之稱。何以方言云鮐老也，單舉鮐字，義可通乎。且毛傳云大老也，是毛亦不以爲鮐魚可知。故知鮐必非如字讀之。猶螓首之螓爲頲之假字，蛾眉之蛾爲娥之假字，鄭詩箋以螓爲螓蜻，顏漢書注以蛾爲蠶蛾與。此鄭郭之以鮐爲鮐魚，皆望文生訓也。

陸錦燧日記

黃髮、齯齒、鮐背、耇、老、壽也。

壽、說文作𠷎、云：「久也、从老省、𠷎聲。」隸變作壽。

黃髮、齯齒、鮐背、皆壽之徵。齯齒、說文謂爲「老人兒齒、」乃齒落而更生者、故閟宮卽作兒齒。鮐背者、說文以鮐爲海魚、詩作「台背、」鄭箋謂「人老則背有鮐文。」郝氏云：「鮐魚背有黑文、登萊海上人、呼此魚正如臺、無音夷者。」黃齯鮐、單舉亦成義。

耇老者、兪樾云：「說文老部『耇、从老省、句聲；』句部『句、曲也；』疒部『痀、曲脊也。』耇老之耇、蓋卽痀之異義、以疾言則宜从疒；以壽言則宜从老。玉部玖篆下云：『讀若人句脊之句、』然則句脊字本作句、从疒从老、皆其孳乳浸多者矣。」是兪氏自句字求得老之義也。老者、說文云：「老也、七十曰老、从毛匕（依段本）言鬚髮變白也、」老訓考、與考下「老也、」爲轉注。此耇老之所以爲壽也。

爾雅學

齯齒 唐石經單疏本雪牕本同。釋文，兒，五兮反，一音如字。按者云，本今作齯。按注云，黃髮，髮落更生黃者，兒齒，齒墮更生細者。訓兒爲細，是本不從齒也。儀禮士冠禮疏引爾雅云，黃髮兒齒，與釋文合。詩閟宮亦作兒。此當從陸本。○按玉篇作齯。

齒墮更生細者 雪牕本注疏本同。釋文單疏本墮作隋。古字通借。

耇猶耆也 雪牕本同。釋文單疏本注疏本耆作耈。下經者長也準此。按五經文字云者從老省從旨。今或作老下目者，非。

黃髮齯齒鮐背耇老壽也○釋曰 注疏本刪。

黃耇台背毛傳云台背，台。注疏本台作鮐，依爾雅改。按詩作

燕代北鄙謂耇爲梨 正德本同。閩本監本毛本代誤岱。

色似浮垢 注疏本似改如。按春秋僖廿五年正義引作似。

匕言須髮變白也 正德本同。閩本監本毛本須改鬚。

校勘記

老者說文云七十曰老從人毛匕 按，老，篆文作耂。段玉裁曰，此篆葢本从毛匕，長毛之末筆，非中有人字。韻會無人字。

注疏校勘札記

三行　齯齒○「齯」釋文作「兒」，舊校云：「本今皆作齯。」

四行（注）齒隋更生細者○「隋」，宋刻十行本及蜀本作「墮」。

宋監本校箋

黄髮齯（音倪）齒鮐（音台）背耇（音狗）老壽也

音圖・音

齯、五兮翻、音倪。亦作兒。鮐、天才翻、湯來翻同。音台。亦作台。又音怡。新建裘文達公云、釋詁每一字一句、而末以一字釋之。此節兩字四句、而末以一字釋之。耇老、見漢書孔光傳。

音略

黄髮齯齒鮐背耇老壽也。

倪兒　台　苟

孫偘直音

黄髮齯（倪）齒鮐（台）背耇（狗）老壽也。

楊氏音訓

齯（倪）鮐（臺）耇（苟）

干氏音釋

允孚亶展諶誠亮詢信也　展諶允慎亶誠也

允、孚、亶、展、諶、誠、亮、詢、信也。方言曰、荆吳淮汭之間曰展、燕岱東齊曰諶、宋衛曰詢、亦皆見詩。展、諶、允、慎、亶、誠也。轉相訓也。詩曰、慎爾優遊。

郭注

允孚亶展諶誠亮詢信也

釋曰、皆謂誠實不欺也。注方言至見詩　釋曰、案方言云、允、訦（音諶）、恂（音詢）、展、諒（音亮）、穆、信也。齊魯之間曰允、燕代東齊曰訦、宋衛汝潁之間曰恂、荆吳淮汭之間曰展、西甌毒屋黄石野之間曰穆。衆信曰諒、周南召南衛之語也。云亦皆見詩者、鄘風定之方中云、終然允臧。大雅文王云、萬邦作孚。小雅祈父云、亶不聰。鄘風君子偕老云、展如之人兮。大雅蕩篇云、其命匪諶。誠者、復言之信也。鄘柏舟云、不諒人只。鄭風溱洧云、洵訏且樂。亮諒詢洵音義同。　展諶允慎亶誠也　釋曰、皆謂至誠轉相訓也。　注詩曰慎爾優遊　釋曰、小雅白駒文。

邢疏

亮信也

諒、知之信也。一切經音義十七

展亶誠也

展者、言之誠。亶者、行之誠。周禮疏八

衆家注

亮信也

注曰、諒、知之信也。一切經音義十七

展亶誠也

注曰、展者、言之誠。亶者、行之誠。周禮疏八　按、賈雖不云舊注、然擬之他注、知亦舊注也。

黄輯古義

允孚亶展諶誠亮詢信也

郭璞云、方言云、荆吳淮泗之間曰展、燕岱東齊曰諶、宋衛曰詢。亦皆見詩。

展諶允慎亶誠也

郭璞云、轉相訓也。詩曰、慎爾優游。

漢注

亶

信也。爾雅、亶、信也。展者、言之誠。亶者、行之誠。周禮司服正義

一切注音

亮

蕙心案、展者二語似引爾雅舊注之文。

舊注云、諒、知之信也。一切經音義十七

蕙心案、亮通諒。舊注作諒、必爾雅古本如此。說文、諒、信也。方言、衆信曰諒。舊注出於說文方言。

古注斠

允（音尹。）孚（音敷。）亶（丁但反。）諶（甚針反。）淮汭（如銳反。）岱（音徒。）

陸音義

諶甚針反○此後及他經皆作忱林反。淮汭○注所引方言與今本正合。毛本作淮泗，官本同。

音義攷證

允孚亶展諶誠亮詢信也

孚，自然。允，以爲然。亶，厚信。諶，深信。詢，徧信。亮，可察。展、可示。

新義

允孚亶展諶誠亮詢信也方言云，齊魯之間曰允，燕代東齊曰諶，宋衛汝潁之間曰恂，荆吳淮汭之間曰展，西甌毒屋黃石野之間曰穆。衆信曰諒，周南召南衛之語也。訦，通作諶。亮，通作諒。詢、通作恂。餘皆見詩。展諶允愼亶誠也更相訓釋。小雅云，愼爾優游。

鄭樵注

允孚亶展諶誠亮詢信也

郭璞曰，方言云荆吳淮汭之間曰展，燕代東齊曰諶，宋衛曰詢。亦皆見詩。監本汭，誤作泗，原文及釋文並作汭，代諸本並誤作岱，今依原文改。

鄭樵曰，方言云齊魯之間曰允，燕代東齊曰訦，宋衛汝潁之間曰恂，荆吳淮汭之間曰展，西甌毒屋黃石野之間曰穆。衆信曰諒，周南召南衛之語也。訦，通作諶。亮，通作諒。詢、通作恂。餘皆見詩。

展諶允愼亶誠也

郭璞曰，轉相訓也。詩曰，愼爾優游。

鄭樵曰，更相訓釋。小雅云，愼爾優游。

古注合存

允孚亶展諶誠亮詢信也。展諶允愼亶誠也。詢，方言作恂，詩作洵，諶忱同。○此釋允孚以下皆信之義，而展諶以下又皆誠之義也。疏曰，大雅蕩篇云，其命匪諶。鄭風溱洧云，詢訏且樂。

注疏參義

允孚亶展諶誠亮詢信也註方言云荆吳淮汭之間曰展，燕代東齊曰諶，宋衛曰詢，亦皆見詩。展諶允愼亶誠也註轉相訓也。詩曰，愼爾優游。正義說文云，信，誠也。誠，信也。互相訓也。賈誼書道術篇，期果言當謂之信，反信爲慢。志操精果謂之誠，反誠爲殆。誠信義相貫通也。○允孚至信也。○允者，堯典云，允釐百工。史記作信飭百官。考工記，嘉量銘云，允臻其極。孚者，呂刑云，五辭簡孚。史記作五辭簡信。雜卦傳云，中孚，信也。公羊僖十五年傳云，季氏之孚也。亶者，盤庚云，誕告用亶。其有衆。士冠禮云，嘉薦亶時。展者，左氏定四年傳云，展布四體。諶者，說文云，諶，誠諦也。通作忱。盤庚云，爾忱不屬。誠者，文言傳云，修辭立其誠。檀弓云，徒使我不誠於伯高。亮者，皐陶謨云，亮采有邦。史記集解引馬融云，亮，信也。通作諒。內則云，請肆簡諒。鄭註，諒，信也。詢通作恂。論語云，恂恂如也。○展諶至誠也。○誠訓爲信，展諶允亶又訓爲誠，其義同也。賈公彥云，展者言之誠，亶者行之誠。此各就文義分釋之耳。愼者，說文，愼，謹也。王制云，愼測淺深之量。禮器云，有所竭情盡愼。皆言誠也。註方言至見詩。○正義方言云，允、訦、恂、展、諒，信也。齊魯之間曰允，燕代東齊曰訦，宋衛汝潁之間曰恂，荆吳淮汭之間曰展。衆信曰諒，周南召南衛之語也。監本淮汭誤作淮泗，燕代誤作燕岱。說文云，燕代東齊謂信曰訦。本方言爲義也。郭云皆見詩者，商頌長發云，允也天子。大雅文王云，萬邦作孚。小雅常棣云，亶其然乎。亶，通作單。天保云，俾爾單厚。毛傳，單，信也。車攻云，展也大成。大雅大明云，天難諶斯。小雅我行其野云，成不以富。論語引作誠不以富。鄘風柏舟云，不諒人只。鄭風溱洧云，洵訏且樂。洵，詢音義同。○詩曰至優游。○正義小雅白駒文。毛傳用爾雅。

正義

允孚亶展諶誠亮詢信也方言曰，荆吳淮汭之間曰展，燕岱東齊曰諶，宋衞曰詢，亦皆見詩。展諶允愼亶誠也轉相訓也。詩曰，愼爾優游。

說文云，信，誠也。誠，信也。釋名云，信，申也，言以相申束，使不相違也。墨子經上篇云，信，言合於意也。鶡冠子學問篇云，所謂信者，無二響者也。按，信訓實，又訓明審，故周語注云，信，審也。鬼谷子摩篇云，信訓者、明也。蓋明與審皆所以爲精、精之至則誠矣。允者、說文云、信也。从儿、㠯聲。按、儿、古文人、與信同意。㠯、从反巳。引賈侍中說、巳、意、巳、實也。是㠯有實義、實卽信之訓也。說文、㠯聲。蓋聲又兼義矣。孚者、說文云、卵孚也。一曰、信也。繫傳、鳥之孚卵、皆如其期、不失信也。方言云、北燕朝鮮洌水之閒、謂伏雞曰抱。抱卽孚也。孚有抱音、故說文云、古文孚从禾。禾卽古文保字。又手部捊或从包作抱。春秋隱八年經盟于浮來、公羊作包來。皆其證也。易雜卦云、中孚、信也。書呂刑云、五辭簡孚。史記周紀作五辭簡信。簡孚有衆、作簡信有衆。孚與符聲近。說文云、符、信也。史記律書言萬物剖符甲而出也。索隱曰、符甲猶孚甲也。亶者、下文云、厚也。厚與信義近。詩亶其然乎、亶侯多藏、毛傳皆訓爲信。通作單。詩俾爾單厚、毛傳、單、信也。書乃單文祖德、馬融注、單、信也。又通作誕。文選大將軍讌會詩云、誕隆駿命、李善注引薛君韓詩章句云、誕、信也。展者、與亶聲義俱近、故禮記展衣、其字作襢、从衣、亶。周禮內司服注、展字當爲襢。襢之言亶。是亶展聲近義同之證也。方言云、展、信也。遈周書大匡篇云、昭信非展。寶典篇云、展允于信。蓋展也、允也、統言之俱訓信、細分之、又微有別。故楚語云、展而不信、是其不同之證也。展、又伸也。伸、信之音又同矣。諶者、訦之叚音也。方言云、訦、信也。說文云、燕代東齊謂信曰訦。通作諶。郭引方言作燕岱東齊曰諶。又通作忱。詩天難忱斯、毛傳、忱、信也。說文引作天難諶斯。爾雅下文棐備注引書曰天威棐諶、釋文、諶、今本作忱。文選幽通賦注、諶與忱、古字通也。亮者、諒之叚借也。說文云、諒、信也。方言云、衆信曰諒。又云、諒、知也。是諒兼信知二義、故一切經音義十七引爾雅舊注云、諒、知之信也。本方言爲說也。詩及禮記論語古文俱作諒。通作涼。詩職涼善背、鄭箋、涼、信也。正義引釋詁文。又通作亮。詩涼彼武王之涼、韓詩作亮。玉篇云、亮、朗也。又信也。亮之訓朗、亦猶諒之訓知矣。一切經音義十七引字詁云、諒、今作亮。書亮采有邦、乃或亮陰、馬融注竝云、亮、信也。詩不諒人只、釋文、亮本亦作諒。是亮諒通矣。詢者、恂之叚音也。說文云、恂、信心也。方言云、恂、信也。大戴禮衞將軍文子篇云、爲下國恂蒙、盧辯注、恂、信也。通作洵。詩洵有情兮、毛傳、洵、信也。洵訏且樂、釋文引韓詩作恂盰。漢書地理志亦引作恂盰。又洵直且侯、韓詩外傳亦引作恂直。是毛詩從叚借作洵、韓詩依本字作恂。又通作詢。詩洵美且異、及于嗟洵兮、釋文竝云、洵本亦作詢。○旣云信、又云誠者、誠亦信也。故賈子道術篇云、期果言當謂之信、志操精果謂之誠。廣雅云、誠、信、敬也。是信誠其義同。又訓敬者、不敬則心不專一、而不能信與誠。誠信又訓明也、審也。不明審、則心不精細、而亦不能信與誠矣。故禮記經解云、衡誠縣、繩墨誠陳、規矩誠設、鄭注、誠猶審也。論語云、誠不以富。詩作成不以富。是成誠古字通。中庸云、誠者自成也。蓋成亦實也、實亦信也、信亦誠也、展轉相訓、其義俱通矣。展者、詩展矣君子、展如之人、展我甥兮、展也大成、及楚語展而不信、毛鄭及韋昭竝云、展、誠也。諶者、說文云、誠諦也。詩其命匪諶、毛傳、諶、誠也。說文、忱、誠也。引詩作天命匪忱。韓詩作其命匪訦。允者、書云允蠢鰥寡、漢書翟方進傳作誠動鰥寡。愼者、詩愼爾優游、予愼無罪、愼爾言也、考愼其相、傳箋竝云、愼、誠也。愼訓誠者、愼猶眞也。以眞爲誠、故以愼爲誠也。愼从眞聲。說文、假、非眞也。可知眞訓誠矣。亶者、詩亶不聰、不實于亶、胡臭亶時、及士冠禮云嘉薦亶時、毛鄭竝云、亶、誠也。周禮內司服注同。賈公彥疏引爾雅而申之云、展者言之誠、亶者行之誠。此二語似引爾雅舊注之文也。通作單。書誕告用亶其有衆、釋文、亶、馬本作單、云誠也。又通作癉。士冠禮注、古文亶爲癉。癉亶以聲爲義也。凡此訓誠之字、卽訓信之文。其孚亮詢三字旣訓信、亦當訓誠。而此不言者、經傳無文、難以取證、於所不知、蓋闕如也。

義疏

允孚亶單**展諶誠**訦忱**亮**諒涼**詢**恂洵**信也**　郭注：方言曰、荊吳淮汭之間曰展、燕代東齊曰諶、宋衞曰詢。亦皆見詩。舊注：諒、知之信也。

展諶允愼亶誠也　郭注：轉相訓也。詩曰、愼爾優游。在人曰信、在已曰誠。信可爲誠、愼不可爲信、故分別之。信从言人。人卽仁也。誠从成。戊丁成實之象。誠卽實也。允从人㠯。㠯怡同

爾雅詁林 一 釋詁上

字、人怡說而允之。易曰眾允、書曰允元、詩允矣、君子是也。孚卽保也抱也、鳥伏子爲孚。易有中孚、書獄成而孚、輸而孚。亶、从㐭旦、與單同用、俱有多寡二義。下云亶厚是多、亶但同字是寡、單大是多、單薄是寡。蓋旦㐭有多寡二意、惟所用也。詩亶不聰、書乃單文祖德。展襃一字、工細之衣、因以爲舒展字、無信義。㠭塞同一意、塞實是信也。詩展如之人兮。諶忱一字、上云樂也、又爲信者、以樂而信之人、書越天棐忱。詩天難忱斯、書欽念以忱。誠通之佮情書大傳萬性允誠。易傳修辭立其誠、詩成不以富語引佮誠不。左傳言情僞、卽誠僞也。今日以眞僞。書對曰信、對以爲是眞也。此誠之爲信言可信耳。非常所謂誠、乃記之至誠也。亮篆从亢京、隸變以亢在京下。詩不諒人只。書亮采惠疇。下云亮助也。京从入、圍下象屋棟、人所系高之臺、故義爲助。亢而求助、故又爲大爲信。詢、从旬。下云均也。韓詩恂盱且樂。恂直且侯。又、洵美且異、一本佮詢美。言心篆相似、言水艸相似、故互用耳。孚、詢不更詁、誠者無眞義也。愼卽眞也、从人化目隱爲眞。仙人所疑怪、故明其誠。因誠又加心爲愼密。詩予愼無罪。其允展諶亶、或誠或信、皆可釋也。亮亦爲誠、詩職涼善背是也。後通用焉。

允孚亶展諶誠亮詢信也

允、仁而信也、从儿㠯

集解

贊。書堯典允釐百工、史記作信飭百官。皋陶謨允迪厥德、史記作信其道德。庶尹允諧、鄭注允、信也。詩定之方中終焉允臧、車攻允矣君子、公劉豳居允荒、常武王猶允塞、箋均云允、信也。周語引詩允王保之、法言君子亦允蹈之、注均云允、信也。前漢書楊雄傳大哉體乎允非小子之所能及也、師古曰允、信也。文選東京賦允矣天子者也、注允、信也。禮記檀弓、頎乎其至也。呂覽下賢、硍乎其誠自有也。廣雅釋詁、懇、信也。以頎硍或懇爲之。孚、卵也、从爪从子會意。鳥之卵孚皆如期而不失信。書呂刑五辭簡孚、史記作五辭簡信。簡孚有衆、史記作簡信有衆。詩文王萬邦作孚、傳孚、信也。禮記緇衣成王之孚、公羊僖十五傳夷伯者曷爲者也季氏之孚也、周語制義庶孚以行之、後漢書李王鄧來贊少公雖孚宗卿未驗、注均云孚、信也。書盤庚鮮以不浮于天時、洪頤煊云浮、信也。以浮爲之。或者孚之正字爲符與。亶、多穀也、从㐭旦聲。正字爲擅。擅、專也。謂嫥壹。引申爲自信嫥決之意。擅亶通用字。詩常棣亶其然乎、傳亶、信也。文中子立命亶其深乎、注亶、信也。書洛誥乃單文祖德、馬注單、信也。詩天保俾爾單厚、傳單、信也。文選陸雲大將軍讌會詩誕隆駿命、注誕、信也。以單誕爲之。展、字本作㞡、轉也。从尸襄省聲。正字爲敦、實爲惇。惇、厚也。引申爲信。廣雅方言均釋惇爲信、是也。說文則以嫥爲之。嫥敦惇展通用字。書僞旅獒時庸展親、僞傳訓信。文選思玄賦展洩洩以彤彤、注展、信也。諶、誠諦也、从言甚聲。正字爲訦。燕代東齊謂信曰訦。訦諶通用字。書僞咸有一德天難諶命靡常、僞傳訓信。或者正字爲忱與。詩大明天難忱斯、韓詩作諶、毛傳信也。誠、言之信也、从言成聲。書僞大甲鬼神無常享享於克誠、僞傳訓信。禮記郊特牲牲幣必誠、後漢書后紀將杜根逢誅未值其誠乎、注均云誠、信也。詩我行其野成不以富、孟子告子爲其不成享也、均謂信實。以成爲之。亮、字本作諒。大信也。从言京聲。亮諒古今字。書堯典亮采惠疇、皋陶謨亮采有邦、無逸乃或亮陰、馬注均云亮、信也。後漢書張衡傳魏顯亮以從理兮、文選典引夫圖書亮章天哲也、歎逝賦亮造化之若茲、注均云亮、信也。詩柏舟不諒人只、傳諒、信也。何人斯諒不我知、箋諒、信。論語君子貞而不諒、高宗諒陰、孔注均云諒、信。禮記內則請肄簡諒、文選東京賦苟民志之不諒、北征賦諒時運之所爲兮、注均云諒、信也。詩桑柔職涼善背、箋涼、信也。黃鳥不可與明、箋明、信也。古詩十九首良無盤石固、注良、信也。白虎通封禪、梁信也。以涼明良梁爲之。詢、字本作訊、問也。从言卂聲。正字爲恂。恂、信心也。詢訊古今字。訊恂通用字。書立政迪知忱恂于九德之行、孫疏忱誠也、恂信也。大戴禮將軍文子篇爲下國恂蒙、列子周穆王且恂士師之言何也、注均云恂、信也。詩有女同車洵美且都、叔于田洵美且仁、溱洧洵訏且樂、箋均云洵、信也。宛丘洵有情兮、傳洵、信也。以洵爲之。信、誠也、从言从人會意。墨子經上、信言合於意也。白虎通情性、信者、誠也、專一不移也。

展諶允愼亶誠也

展、字本作㞡、轉也。正字爲敦、實爲惇。惇、厚也。引申爲誠。說文則以嫥爲之。嫥惇敦展通用字。詩雄雉展矣君子、君子偕老展如之人、猗嗟展我甥兮、車攻展也大成、傳箋均云展、誠也。楚語展而不信、注展、誠也。諶、誠諦也。正字爲訦。訦、信也、誠也。訦諶通用字。詩蕩其命匪諶、傳諶、誠也。楚辭哀鄭諶荏翁而難持文選幽通賦實棐諶而相訓注均云諶誠也。秦篆左右皆曰甚然注謂誠也。以甚爲之。或者正字爲忱與。允信也、亦誠也。从儿㠯聲。書大誥允蠢鰥寡漢書翟方進傳作誠動鰥寡。愼謹也、从心眞聲。古文作昚、从火从日。謹愼之人其言出於眞、眞則誠矣。詩曰駒愼爾優游、巧言予愼無辜、巷伯愼爾言也、傳箋均訓誠。亶、多穀也。正字爲壇。壇、專也、謂嫥壹。引申爲誠。壇亶通用字。詩祈父亶不聰、板不實于亶、傳均云亶誠也。生民胡臭亶時、箋亶誠也。儀禮士冠嘉薦亶時、荀子彊國亶有之矣、注均云亶誠也。書盤庚乃話民之弗率、誕告用亶、馬本亶作單誠也。大戴禮文王官人觀其信憚也、逸周書作誠。以單憚爲之誠、信也、从言成聲。

義證

允孚亶展諶誠亮詢信也 亶丁但反 諶甚針反

〔注〕方言云荆吳淮泗之間曰展燕岱東齊曰諶宋衞曰詢亦皆見詩〔補正〕邢疏方言云允訦恂展諒穆信也。齊魯之間曰允燕岱東齊曰訦宋衞汝潁之間曰恂荆吳淮泗之間曰展西甌毒屋黃石野之間曰穆。衆信曰諒周南召南衞之語也。

郭注補正

亮信也

亮通作諒字詁 云諒今作亮一切經音義十七諒無注引尔疋舊注云諒知之信也。音義引尔疋云諒、信也。知之信也。郭氏謂爲舊注。郭本亮無注、而於此節展諶詢三字均引方言曰、荆吳淮汭之間曰展燕代東齊曰諶、宋衞曰詢。按方言又云、衆信曰諒。又云、諒、知也。是諒兼知信二義、郭氏漏引此注耳。

舊注攷證

允孚亶展諶誠亮詢信也

方言曰荆吳淮汭之間曰展燕岱東齊曰諶宋衞曰詢亦皆見詩

毛本作方言云荆吳淮泗之間曰展。樹枏案方言作汭不作泗釋文云汭仁銳反。

展諶允愼亶誠也

轉相訓也詩曰愼爾優遊

明注疏本遊作游。

郭注佚存補訂

允孚亶展諶誠亮詢信也

允者、說文云信也。鄘風定之方中終焉允臧、小雅車攻允矣君子、大雅公劉豳居允荒、常武王猶允塞、周頌時邁允王維后、允王保之、小毖肇允彼桃蟲、酌實維爾公允師、傳箋竝云允信也。小雅鼓鐘懷允不忘、箋云至信不可忘。周頌般允猶翕河、箋云皆信案山川之圖而次序祭之。魯頌泮水允文允武、箋云信文矣、爲修泮宮也。信武矣、爲伐淮夷也。皆以允爲信也。此常語也。孚者、說文云信也。亦常語也。大雅文王萬邦作孚、下武成王之孚、傳箋竝云信也。亶者、下文云厚也。厚與信義近。小雅常棣亶其然乎、傳云亶信也。十月之交亶侯多藏、傳云信維貪淫多藏之人也。彼釋文云、亶、信也。說文信與誠互訓。祈父亶不聰、大雅生民胡臭亶時、板不實于亶、傳箋竝云亶誠也。亶通作單。周頌昊天有成命單厥心。周語作亶厥心。小雅天保俾爾單厚。傳云單信也。又通作誕。生民誕彌厥月。薛君章句云誕信也。　展者，方言云信也。邶風雄雉展矣君子。鄘風君子偕老展如之人兮。齊風猗嗟展我甥兮。小雅車攻展也大成。傳箋並云展誠也。　諶者，說文云誠諦也。引詩曰天難諶斯。大雅蕩其命匪諶。傳云諶誠也。韓詩作其命匪訦。說文心部作天命匪忱。諶訦忱古皆通用。大明天難忱斯。傳云忱信也。韓詩作天難訦斯。漢書禹貢傳作天難諶斯。與說文引同。　誠信常語也。誠與成同。小雅我行其野成不以富。論語作誠不以富。　亮者，諒之假借。說文云諒信也。鄘風柏舟不諒人只。彼釋文云亮本作諒。亮諒古通用。舊注云亮知之信也。毛詩別本必有作亮者。故陸出亮字。又通作涼。大雅桑柔職涼善背。彼釋文云涼鄭音亮。下同。箋云諒信也。正義云諒信釋詁文。蓋鄭所據爾雅作諒。涼曰不可。箋云我諒止之以信。言女所行者不可。大明涼彼武王。韓詩作亮。蓋鄭以桑柔之涼為諒。據韓詩為說也。　詢者，恂之假借也。說文云恂、信心也。通作洵。邶風靜女洵美且異。鄭風叔于田洵美且仁。有女同車洵美且都。溱洧洵盱且樂。陳風宛丘洵有情兮。傳箋並云洵信也。溱洧釋文云韓詩作恂。靜女釋文云洵本作詢。漢書地理志引詩洵盱且樂作恂盱且樂。鄭風羔裘洵直且侯。傳云洵均也。洵當讀如洵美且仁之洵。洵信也。韓詩外傳作恂直且侯。邶風擊鼓于嗟洵兮。傳云洵遠。非也。洵信也。與下不我信兮義正相儷。

展諶允慎亶誠也

展諶允亶訓信又訓誠者，誠信一也。慎者，小雅白駒慎爾優遊。巧言予慎無辜。巷伯慎爾言也。傳箋並云慎誠也。大雅桑柔考慎其相。箋云慎成也。成即誠也。

說詩

允孚節註荊吳淮汭之間曰展　汭、誤泗、疏同。

疏終馬允臧　馬、監本誤然。

注疏正字

允孚亶展諶誠亮詢信也展諶允慎亶誠也　允、說文同。正義云亶、通作單。小雅天保俾爾單厚。傳單、信也。　文選注十六引忱、信也。尚書正義大誥引忱、誠也。元照案、諶忱通用。說文言部諶、誠諦也。从言甚聲。詩曰天難諶斯。又心部忱、誠也。从心冘聲。詩曰、天命匪忱。今詩大雅大明作天難忱斯、傳忱、信也、正義曰忱信、釋詁文。又大雅蕩天命匪諶、傳諶、誠也、正義曰諶誠、釋詁文。說文無亮字。臧氏琳曰、釋詁亮信也亮導也亮右也左右亮也、四訓亮並當作諒。元照案亮信、文選注屢引、唯北征賦注引作諒。詩何人斯諒不我知、箋諒、信也。又鄘風柏舟不諒人只、傳諒、信也。內則請肄簡諒、注諒、信也。祭義易直子諒、注諒、信也。皆取此義。一切經音義十七廿一引作諒。說文諒、信也、从言京聲。又通涼。詩大雅桑柔職涼善背、箋涼、信也、正義曰涼信、釋詁文。詢、當作恂。見上一切經音義十六引恂、信也。又通洵。詩邶風靜女洵美且貽、箋洵、信也、釋文曰本亦作詢。又鄭風叔于田洵美且仁、箋洵、信也、正義曰洵信、釋詁文。又溱洧洵訏且樂、箋洵、信也、釋文曰韓詩作恂、正義曰洵信、釋詁文。又陳風宛丘洵有情兮、傳洵、信也、正義曰洵信、釋詁文。

匡名

允孚亶展諶音辰誠亮詢信也展諶允慎亶誠也　賈誼曰、期果言當謂之信、反信爲慢、志操精果謂之誠、反誠爲殆。說文、信、誠也。誠、信也。蓋誠無不信、信則亦可以至於誠矣、義相貫通也。　允信也、从㠯儿。堯典允釐百工、史記作信飭百官。　孚卵即孚也、从爪子。一曰信也。呂刑五辭簡孚、史記作五辭簡信。　亶多穀也、从㐭旦聲。厚與信誠引伸之義也。小雅、亶其然乎。通作單。小雅俾爾單厚、傳單、信也。　展轉也。註展者、未轉而將展也。引伸之爲適也。訓信訓誠、假借也。小雅、展也大成。方言、展、信也。　諶誠諦也。咸有一德、天難諶。通作忱。大誥天棐忱辭、註忱、信也。乾卦、修辭立其誠。或作成。小雅成不以富、論語引作誠不以富。孟子、君子不亮。通作諒。內則請肄簡諒、鄭註諒、信也。詢通作洵。鄭風洵訏且樂。又作恂。論語恂恂如也、註恂恂、信實之皃。○賈公彥曰、展者言之誠、亶者行之誠。楚詞、諶荏弱而難持。君奭告汝朕允。　慎謹也。註未有不誠而能謹者、故其字从眞。禮器有所竭情盡慎。士冠禮嘉薦亶時、註皆言誠也。

啓蒙

詢　恂　鈕氏樹玉曰。漢宣帝諱詢。之字曰謀。則許君不應遺詢字。蓋言心二部古多通。如誖或作悖。謝或作愬。訦與忱。誠與慽。諗與憸。義並同。因此推之。則恂卽詢矣。案下文。詢信也。列子釋文。恂信也。說文。恂信心也。是詢當作恂。郭注引方言曰。宋衞曰詢。邢疏引方言曰。宋衞汝潁之閒曰恂。亦詢恂通用之證。

亮　諒　錢氏大昕曰。古訓佐之字當作倞。詩。不諒人只。釋文。諒本亦作亮。說文。諒。信也。案亮恂之亮當作諒。亮介之亮當作倞。

黄侃評本正名

允孚亶展諶誠亮詢信也

邢疏云皆謂誠實不欺也。

信也者說文信誠也从人从言會意賈子道術篇云期果言當謂之信反信爲慢。

允者說文允信也从儿㠯聲方言允信也齊魯之間曰允詩鄘風終然允臧傳云允信也書臯陶謨允迪厥德史記夏本紀作信其道德庶尹允諧作百官信諧史公以雅訓代之也。

孚者說文孚一曰信也此叚借義訓信者正當作𠂔章先生曰說文孚卵孚也从爪从子一曰信也卵孚爲信者此說叚借字當爲𠂔以古文孚作采从古文保聲古文保又作保从古文孚聲例之孚保聲通說文任保也鄭君說地官大司徒六行云任信于友道春秋傳莫保其性說苑引作莫信其性則知保任皆訓信然說文保本訓養乃從字義孳乳則訓信者亦非本字故知字當作𠂔𠂔訓相次其字从匕匕相與比叙也與比周同意故𠂔引申得訓信若三體石經以㚔爲寶从任禾聲此當是𠂔之或字非保之或字也今人保甲字亦當作𠂔以上章先生語見小學答問𠂔字不見於經典通以孚字爲之詩大雅萬邦作孚傳云孚信也。

亶者說文亶多穀也从㐭旦聲朱駿聲謂亶訓誠信者爲憻之耤說文憻專也謂嫥壹也宗𨙸謂亶爲悬之借以同旦聲也說文怛憯也从心旦聲或作悬从心在旦下詩曰信誓悬悬今詩作旦旦以从心在旦下言之說文旦明也从日見一上一地也旦明之爲信猶丹青之信言必然矣詩王風云謂予不信有如皦日傳云皦白也箋云謂我言不信我言之信如白日也此足徵悬爲信矣亦作旦用聲首也釋訓晏晏旦旦悔爽忒也釋文云旦本作悬上所稱信誓旦旦說文引作悬悬通作亶詩小雅亶其然乎傳云亶信也又通作單古音同也端紐寒部詩小雅俾爾單厚傳云單信也又通作誕古音同也悬端紐寒部誕定紐寒部端定爲同類雙聲故古音同廣雅誕信也王念孫云文選陸雲大將軍讌會詩誕隆駿命李善注引薛君韓詩章句云誕信也以上王說見廣雅疏證

展者說文展訓轉从尸𧛔聲無信義訓信者當爲𧛔說文𧛔丹縠衣也从衣㠭聲引申訓丹說文青字說解云丹青之信言必然其義也丹𧛔古音同章先生曰古音無舌上𧛔本如丹故詩傳以𧛔爲丹縠衣說文从之以上章先生語見文始𧛔襢古通用禮記展衣其字作襢周禮內司服注展字當爲襢而襢又从亶聲與悬爲信相係𧛔字不見於經典通以展爲之方言云展信也荆吳淮汭之間曰展又云展信也東齊海岱之間曰展

諶者說文諶訓誠諦亦有信義然訓信者正當作訦說文燕岱東齊謂信曰訦方言訦信也通作忱詩大雅天難忱斯傳云忱信也又通作諶郭注引方言云燕岱東齊曰諶」

誠者說文誠信也从言成聲禮記郊特牲幣必誠鄭注云誠信也論語誠哉是言也皇疏亦云誠信也

亮者說文無亮字章先生謂亮即倞之省以上章先生語見文始而說文倞訓彊从人京聲無信義訓信者當爲諒之借以同京聲也說文諒信也从言京聲方言衆信曰諒周南召南衛之語也釋文亮本作諒一切經音義十七引字詁云諒今作亮是諒亮相通之徵邢疏云亮諒音義同是也詩鄘風不諒人只傳云諒信也通作涼詩大雅職涼善背箋云諒信也孔疏云涼信釋詁文通作亮書亮采有邦馬注云亮信也

詢者說文無詢字訓信者正當作恂說文恂信心也从心旬聲方言恂信也宋衞汝潁之間曰恂恂作詢者其猶誖或从心作悖謝或从心作愬乎邢疏云詢恂音義同是也方言宋衞汝潁之間曰恂郭注爾雅引作詢是二字相通之證大戴禮記衞將軍文子篇爲下國恂蒙盧注云恂信也郝疏已引通作洵詩陳風洵有情兮傳云洵信也亦作詢詩邶風洵美且異箋云洵信也釋文云洵本亦作詢洵詢亦郝疏所引

展諶允愼亶誠也

邢疏云皆謂至誠

誠也者說文誠信也从言成聲賈子道術篇云志操精果謂之誠反誠爲殆亦作成用聲首也王念孫云詩小雅成不以富論語引作誠管子禁藏篇賞罰莫若成必成卽誠字以上王語見讀書雜志通作情王念孫云齊策臣知誠不如徐公美劉本誠作情呂氏春秋具備篇三月嬰兒慈母之愛諭誠也淮南繆稱篇誠作情漢書禮樂志正人足以副其誠漢紀誠作情墨子非攻篇情不知其不義也故書其言以遺後世若知其不義也夫奚說書其不義以遺後世哉情不知卽誠不知以上王語見讀書雜志又通作請王念孫云墨子節葬篇請可以富貴衆寡定危治亂乎畢从一本改請爲誠案古者誠與請通不煩改字以上王語見讀書雜志

展者亦𧛔之借說文𧛔丹縠衣也引申訓丹猶祖爲始廟而引申訓始牧爲養牛人而引申訓養矣廣雅丹赤也孟子不失其赤子之心言誠也趙注云少小之心專一未變化是也古亦謂赤心爲丹心亦皆言誠也𧛔字不見於經典通以展爲之詩鄘風展如之人兮傳云展誠也

諶者說文諶誠諦也从言甚聲詩大雅其命匪諶傳云諶誠也亦作忱說文忱誠也从心冘聲諶忱二同字書盤庚爾忱不屬某氏傳云汝忠誠不屬逮古書大誥天棐忱辭漢書孔光傳作天棐諶辭其翟方進傳作天輔誠辭者以詁訓代之也

允者說文允信也信訓誠故允亦訓誠矣書大誥允蠢鰥寡漢書翟方進傳作誠動鰥寡以詁訓代之也

愼者說文愼謹也从心眞聲昚古文愼章先生曰尞祡祭天也从火从昚昚古文愼字祭天所以愼也昚从屮火卽燒柴尞祭从日大報天而主日大宗伯亦以實柴祀日月星辰故疑昚卽禋字精意以享爲禋引申有誠謹之意乃作愼耳以上章先生語見文始詩小雅愼爾優游傳云愼誠也

亶者悬之借詩衞風信誓旦旦箋云我以其信相誓旦旦耳言其懇惻款誠是旦旦有誠義也旦旦說文作悬悬通作亶以同旦聲也詩大雅不實於亶傳云亶誠也書君奭篇偶王在亶章先生曰偶遇也在釋詁察也亶釋詁誠也周公言己遭流言遇王發金縢之書察其至誠通作憚古同聲也大戴禮記文王官人篇鄉黨之間觀其信誠也王引之云憚讀爲亶逸周書觀人篇作觀其信誠誠亦亶也以上王語見經義述聞今謂憚亶亦悬

也。

本字考

亶展信也。信兼誠信、屈申二義。展之訓信、亦兼二義、故方言「展信也」、長楊賦李注引作「展申也」。亶下文云「厚也」、信厚義近。大戴禮信德主厚也。亶展同字、並見周禮內司服注。展字當作禮、禮之言亶、是二字聲通之證。

謔浪笑敖戲謔也。笑當作芺、人笑則體屈、如字統說則从竹从夭。九經字樣引楊承慶字統注云、笑从竹从夭、竹爲樂器、君子樂然後笑。案說文當以媄爲笑之正字。說文媄巧也、一曰女子笑皃。漢書薛宣傳壹芺相樂作芺、則从八夭聲、錢大昕說、芺亦由隸變艸爲丷、恐非。敖即游敖之敖、謂敖弄也。史記天官書箕爲敖客、爲口舌、索隱宋均曰、敖調弄也、箕以簸揚調弄爲象。又通作警、廣雅誠、調也。又云、誠警也、調警義同、警即敖矣。惟敖即游敖、故舍人曰意舒、郭曰調戲、此義引中爲慢傲之傲。

黃侃音訓

諶信也　郭注引方言云、燕岱東齊曰諶。

案今方言一作燕代東齊曰訦、說文亦於言部訦下曰燕代東齊謂信曰訦。訦之或作諶、猶忱之或作諶。又詩大雅大明篇天難忱斯、說文言部諶下引作諶。又大雅蕩篇天命匪諶、說文心部忱下引作忱。皆可取證。惟从山之岱則與東齊同地、郭注似誤、當依今方言改正作代。釋文出岱云音待、知陸元朗所見本郭注已誤。

董瑞椿補記

允、孚、亶、展、諶、誠、亮、詢、信也。展、諶、允、慎、亶、誠也。

說文「誠、信也；信、誠也；」二字互訓。故訓信之字、亦可訓誠。

允、說文云：「信也、」書「允釐百工、」即信釐百工。書之「允蠢鰥寡」漢書翟方進傳作「誠動鰥寡、」是允又有誠之義矣。

孚者、說文云：「孚、卵孚也、从爪子、一曰信也。」廣雅訓孚爲生、鷄卵因伏而生、爲孚。凡鳥類之孚卵無不如其期、故引伸之義爲信、雜卦傳云：「中孚、信也、」即其義。

亶展二字聲近、故義同。詩「亶其然乎、」傳訓信。亶通單、天保「俾爾單厚、」傳亦訓信。方言云：「展、信也、吳淮汭之間曰展。」此亶展爲信也。車攻「展也大成、」傳云：「展、誠也、」士冠禮鄭注同。賈公彥曰：「展者言之誠、亶者行之誠。」是亶展又爲誠之義矣。

諶者、方言云：「信也、」諶通作愖忱、故說文訓愖爲誠、詩毛傳訓忱爲信、是諶愖忱、皆有誠信之義也。

亮爲諒之假借。說文「諒、信也；」方言謂「衆信曰諒。」詩何人斯柏舟禮內則皆作諒。詩桑柔篇又借用涼字。

詢爲恂之假借。方言云：「恂、信也；」說文云：「恂、信心也；」皆本爾雅爲義。毛詩之「洵美且仁、」「洵有情兮、」則又以洵爲恂之假字也。

慎、訓誠者、禮器云：「有所竭情盡慎、」即誠之義。故詩「予慎無罪、」「慎爾言也、」毛鄭均訓誠。

爾雅學

校勘記

方言曰荆吳淮汭之間曰展　雪牕本正德本同。閩本監本毛本汭誤泗。毛本方言曰曰改云。

按釋文汭仁銳反。單疏本亦作汭。

允孚亶展諶誠亮詢信也○釋曰　注疏本刪。

○注方言至見詩○釋曰案方言云允訦音諶**恂**音詢**展諒**音亮**穆信也**　注疏本刪上八字及音切。下文洵訏且樂下多訦諶二字。毛本案作按。

終然允臧　正德本閩本監本同。毛本依坊刻詩集傳改作終焉、謬甚。

慎爾優遊　單疏本雪牕本同。注疏本遊改游。

展諶允慎亶誠也○釋曰　注疏本刪。

○注詩曰慎爾優遊○釋曰　注疏本刪、但存詩曰二字。

亶丁簡切 雪牕本丁但反。盧刻同。

校勘記訂補

諶誠亮詢信也。注荆吴淮汭之間曰展，燕岱東齊曰諶汭，今本誤作泗。釋文汭，仁鋭反。方言本岱作代，不从山，疑是。

諶誠亮詢信也。疏西甌毒屋黄石野之間曰穆，石誤作右。

注疏本正誤

齊魯之間曰訦 監本毛本湘本作齊魯之間曰允，燕岱東齊曰訦。据方言證之，此疑脱。

誠者復言之復也 監本毛本湘本下復字作信，是。

注疏校勘札記

允孚亶音單展諶音辰誠亮詢信也

音圖・音

亶音單　案亶，丁但翻，上聲。今音單，平聲，非。直音貪上聲，混端於透，亦非。

諶音辰　案諶，甚，禪針侵翻，音近仁。禪日之别。今音辰，真母，同韻非。直音甚，平聲合。

直音正誤

允孚亶展、諶、誠、亮、詢、信 （尹　敷　貪平聲　甚平聲　荀）

孫品直音

也。展、諶、允、慎、亶、誠也。

允孚、亶、展、諶、誠、亮、詢、信也 （尹　敷　甚平聲　荀）

直音校正

允孚亶丁簡切展諶同忱誠亮詢方言作恂信也

展諶允慎亶誠也 轉相訓也

楊氏音訓

諶是吟切

干氏音釋

謔浪笑敖戲謔也

謔、浪、笑、敖、戲謔也。謂調戲也。見詩。

郭注

謔浪笑敖戲謔也　釋曰：詩曰謔浪笑敖者，不敬之戲謔也。舍人曰：謔，戲謔也。浪，意明也。笑，心樂也。敖，意舒也。戲笑，邪戲，謔笑之貌。郭云謂調戲也，見詩者，此邶風終風文。

邢疏

謔浪笑敖戲謔也

謔，戲謔也。浪，意萌也。笑，心樂也。敖，意舒也。戲笑，邪戲也。謔笑之貌也。詩終風正義。邢疏萌作朗，疑誤。

犍爲注

黄輯古義

謔浪笑敖戲謔也

謔，戲謔也。浪，意朗詩正義作萌。也。笑，心樂也。敖，意舒也。戲笑，詩正義無笑字。邪戲也，邢疏此及下句無也字。謔笑之貌也。詩邶風終風正義。邢疏

犍爲注

玉函山房輯佚

謔浪笑敖戲謔也

謔，戲謔也。浪，意萌也。笑，心樂也。敖，意舒也。戲笑，邪戲也。謔笑之貌也。舍人注　詩疏二之一

鉤沉

謔浪笑敖戲謔也

舍人曰、謔、戲謔也。浪、意朗也。笑、心樂也。敖、意舒也。戲邪、戲也。謔、笑之貌也。詩正義二之一、邢疏。按、詩正義朗誤作萌、今從邢疏。舊本邪戲也上有笑、今按當衍。

漢注

謔浪笑敖戲謔也

舍人云、謔、戲謔也。浪、意朗也。笑、心樂也。敖、意舒也。戲笑、邪戲也。謔、笑之貌也。詩正義二之一卷　郭璞云、謂調戲也、見詩。

一切注音

謔浪笑敖戲謔也　舍人曰、謔、戲謔也。浪、意萌也。笑、心樂也。敖、意舒也。戲笑、邪戲也。謔、笑之貌也。詩終風正義

蕙心案、意萌、邢疏引作意朗、不誤。說文謔、戲也、引詩善戲謔兮、則戲謔二字本互相訓、以釋詁之例推之、是謔浪笑敖戲五字皆訓謔。觀舍人注、各字分訓、自知郝氏義疏謂謔浪笑敖四字爲句、本詩終風篇戲謔二字爲句、本毛傳戲謔不敬。雖戲謔可統釋謔浪笑敖之辭、然究不得執彼例此。

古注斠

謔許虐反・笑蘇誚反。敖五報反。戲虚寄反。調徒弔反。

陸音義

謔浪笑敖戲謔也

毋則莊笑、而愚弄其母、是豈可以仁義責哉。

新義

謔浪笑敖戲謔也　謔有不同、而此四者所謂戲狎之謔也。

鄭樵注

謔浪笑敖戲謔也

舍人曰、謔、戲謔也。浪、意朗也。笑、心樂也。敖、意舒也。戲笑、邪戲謔笑之貌。

郭璞曰、謂調戲也、見詩。

鄭樵曰、謔有不同、而此四者所謂戲押之謔也。

古注合存

謔浪笑敖戲謔也。敖去聲。○此釋謔浪笑敖爲戲謔之義也。疏曰、謔浪笑敖、衛詩終風文。

注疏參義

謔浪笑敖戲謔也 注 謂調戲也見詩 正義 說文云、謔、戲也、詩曰善戲謔兮。說文引衛風淇奧之詩、戲謔二字爲連文也。謔浪笑敖四字連文。又禮運云、是謂君臣爲謔。詩釋文引韓詩云、浪、起也。大雅板云、勿以爲笑。左氏昭五年傳、王欲敖叔向以其所不知。是四字分言之、亦各爲義。故詩疏引舍人云、謔、戲謔也。浪、意萌也。笑、心樂也。敖、意舒也。戲笑、邪戲也。謔、笑之貌也。注見詩。○ 正義 邶風終風文。毛傳云、言戲謔不敬。

正義

謔浪笑敖戲謔也　謂調戲也見詩

說文云、謔、戲也。引詩善戲謔兮。是爾雅此讀以戲謔相屬、而以謔浪笑敖四字爲句、本詩終風篇文。毛傳謔言戲謔不敬、正本爾雅爲訓也。正義引舍人曰、謔、戲謔也。浪、意萌也。笑、心樂也。敖、意舒也。戲笑、邪戲也。謔、笑之貌也。郭氏不從舍人而以調戲詮釋、與毛傳合。舍人意萌、萌字誤、邢疏引作朗、是也。其戲笑笑字蓋涉下句而誤衍耳。謔者、玉篇云、喜樂也。詩云無然謔謔、毛傳謔謔然喜樂。浪者、終風釋文引韓詩云、起也。蓋謂放蕩猖狂也。笑者、一切經音義廿五引蒼頡篇云、笑、喜弄也。釋名云、笑、鈔也、頰皮上鈔者也。素問陰陽應象大論云、在聲爲笑。王砅注、笑、喜聲也。敖者、傲之叚音也。釋文敖、五報反、則當作傲。說文、傲、倨也。通作敖。釋言云、敖、傲也。釋訓云、敖敖、傲也。經典傲敖二字通用、故離騷云、保厥美以驕敖兮、敖即傲也。王逸注、侮慢曰敖。

義疏

謔浪芺敖戲謔也　舍人注、謔、戲虐也。浪、意朗也。芺、心樂也。敖、意舒也。戲、笑且戲也。謔、笑之皃也。郭注、謂調戲也、見詩。此亦釋詩、無他義者。四字連文、不可分析、蓋舉

當時通語。戲从虘戈、本武舞、因爲玩弄詞。

集解

謔浪笑敖戲謔也　此四字而四釋耳。詩終風連用之、猶權輿王后例也。謔、戲也、从言虐聲。詩溱洧、伊其相謔。莊子大宗師女將何以遊夫遙蕩恣睢轉徙之塗乎、廣雅作嬉愓、戲也。史記殷本紀惟王淫虐用自絶、書本作戲、以逸嬉虐爲之。浪、滄浪水也、从水良聲。正字爲愓。愓、飛舉也。引申爲戲、禮記樂記發揚蹈厲之已蚤是也。廣雅則以愓爲之。愓揚浪通用字。文選江淹詩浪跡無嫉妍、注浪、放也。今楚俗呼好遊戲者爲浪子、義蓋取諸此。禮記月令、毋或作爲淫巧以蕩上心。淮南俶真其德蕩者其行偽、注逸也。逸即劮、廣雅亦云戲也。以蕩爲之。笑、艸也。味苦、江南食以下氣。从艸夭聲。人之下氣者必怡色、故引申爲喜聲、作笑作笑者均俗字也。禮記曲禮笑不至矧、喜笑也。詩終風顧我則笑、傳侮之也。論語夫子莞爾而笑、下復云前言戲之、則戲謔而笑也。敖、出遊也、从出从放、會意。引申爲戲。禮記投壺毋敖、晉語小國敖、均是也。史記天官書其爲敖客、注敖、調弄也。即戲謔也。戲从戈虘聲。與我戠同意。其器無攷、蓋玩具也。戲謔之詞助、如乞匃數祿之比。詩淇奧、善戲謔兮。或者正字爲娭與。

義證

謔浪笑敖戲謔也

謂相調戲也見詩

元應瑜伽師地論四卷音義引爾雅、戲謔也。謂相調戲也。謔亦喜樂也。樹柟案、元應不言郭注、脫之也。慧琳大寶積經四十七卷正誣論三卷音義俱引爾雅郭注云、相嘲戲也。唐殘本玉篇言部謔下引郭璞爾雅注亦作謂相嘲戲也。今本脫相字、據補。嘲調古通、據釋文、則陸氏所據本作調。

郭注佚存補訂

謔浪笑敖戲謔也

謔浪笑敖、邶風終風文。四字連文。說文云謔、戲也、引衛風淇奧善戲謔兮。戲謔二字連文。毛傳云言戲謔不敬。詩疏引舍人云謔、戲謔也。浪、意萌也。笑、心樂也。敖、意舒也。戲笑、邪戲也。謔笑之貌也。邪疏引同。詩釋文云、浪、韓詩云起也。笑本又作咲、俗字也。終風顧我則笑、傳云笑、侮之也。鄭風溱洧伊其相謔、箋云因相與戲謔、行夫婦之事。大雅板無然謔謔、傳云謔謔然喜樂。又、勿以爲笑、爾用憂謔、箋云女無笑之、而女反如戲謔。敖與傲同。說文云、傲、倨也。小雅桑扈彼交匪敖、漢書五行志作匪徼匪傲。周頌絲衣不吳不敖、史記武帝紀作不虞不驁。桑扈疏云、言交非敖、則常恭敬爲不敖慢。絲衣箋云不敖慢、彼釋文云敖本又作傲。驁從敖、其義亦同。

說詩

謔浪節疏浪意朗也　朗、詩疏作萌。未詳孰是。戲笑邪戲也　脫也字。

注疏正字

謔浪笑敖戲謔也

連文爲訓、同上例。笑、十九字之一、當作芙、誤作芺、又加口旁作咲、皆俗字也。此乃从篆變隸之譌。隸書从竹之字皆从艸、後世變隸爲楷、分別从艸从木之字、又誤爲笑耳。

小篆

謔浪笑敖戲謔也　錢少詹曰、說文無笑字、（大徐增入竹部。）漢書薛宣傳壹笑相樂、師古曰笑、古笑字也。案笑亦不知所从、當即芺薊之芺。說文媄、从女芺聲。女子笑皃。莞爾之莞亦从艸、明芺即古笑字矣。漢隸从竹从艸之字皆省作廾、後人往往相亂。如箸作字當从竹而反从艸、芺語字當从艸而反从竹、皆由隸省而譌也。隸書艸在上者、或變爲兩點一畫、故漢書或作笑、亦作咲、此即从艸之證。李陽冰謂竹得風、其體夭屈、如人之笑。較之以竹鞭犬、稍爲近理。要皆肊造不足信。

匡名

謔浪笑敖戲謔也　說文、謔、戲也。笑、喜也、从竹犬。又李陽冰謂當从夭、以竹得風、其體夭屈、如人之笑。邶風謔浪笑敖。禮運、是謂君臣相謔。孔疏、浪意萌也。大雅勿以爲笑。左昭五年傳、王欲敖叔向以其所不知。衛風善戲謔兮。戲、三軍之偏也、一曰兵也。引伸爲戲豫戲謔、言以兵杖爲戲玩也。

啓蒙

謔浪笑敖戲謔也

邢疏云詩曰謔浪笑敖者不敬之戲謔也。戲謔也者言不敬也。戲謔連文爲義。說文謔戲也。从言虐聲。詩曰善戲謔兮。詩邶風謔浪笑敖傳云言戲謔不敬。是戲謔連文之證。郝懿行曰爾雅此讀以戲謔相屬。其說是也。說文戲三軍之偏也。一曰兵也。从戈䖒聲。戲一訓兵而與謔同訓者。蓋兵猶春秋傳曰士兵之。與虐訓殘从虍。取於虎足反爪人意蓋同矣。僖二十八年左傳子玉使鬥勃請戰曰請與君之士戲。杜氏無解。蓋戲即兵之也。故得臣云然。戲謔亦單文成義。說文。謔戲也。書西伯戡黎惟王淫戲用自絕。史記殷本紀作淫虐。虐即謔。史公用雅訓代之也。謔亦作虐。用聲首也。襄十四年左傳臧紇如齊唁衛侯。與之言虐。退而告人曰。衛侯其不得入矣。其言糞土也。則謔者汚穢之言。故云如糞土。昭四年左傳亦云紂作淫虐。左丘明傳春秋用古文。故亦以虐爲謔矣。知虐非不爲虐兮之虐者。以書言淫戲明之」。

謔浪笑敖者。戲謔不敬也。詩邶風謔浪笑敖。傳云言戲謔不敬。孔疏云釋詁云謔浪笑敖。戲謔也。謔浪笑敖四字。亦單言成義。孔疏引舍人云。謔戲謔也。浪意明也。笑心樂也。敖意舒也。戲笑邪戲也。謔笑之貌也。宗𤩽案說文。謔戲也。是戲謔同義。浪爲水名。文選李注云。浪猶放也。是自流水湯湯諭言之也。（詩沔彼流水其流湯湯傳言放縱無所入也）案說文。狼矛屬。从矛良聲。以戲有兵義。謔有虎足反爪人義言之。浪其狼之借乎。詩傳云笑侮之。一切經音義廿五引倉頡篇笑喜弄之也。則笑侮弄義也。史記天官書曰箕爲敖客。曰口舌。宋均注云。敖。調弄也。離騷王注侮慢曰敖。說文敖訓出游。从出从放。而愓憛並訓放。則敖放憛義。說文傲訓倨。亦从敖聲爲義矣。謔者。詩鄭風伊其相謔。箋云相與戲謔行夫婦之事。漢書地理志伊其相謔注。謔戲言也。重言曰謔謔。詩大雅無然謔謔。傳云。謔謔喜樂貌。浪者。邵疏云詩釋文引韓詩云。浪起也。郝疏云蓋放蕩猖狂也。（郝疏止此）文選江淹詩。浪迹無蚩妍。李注云。浪猶放也。笑者。詩大雅勿以爲笑。箋云女無笑之。敖者。傲之借。說文。傲倨也。从人敖聲。亦作奡。書益稷無若丹朱傲。說文引書作奡。云奡嫚也。讀如傲。傲奡音義全同。亦作敖。用聲首也。昭五年左傳王欲敖叔向以其所不知。楚辭離騷保厥美以驕敖兮。王注云侮慢曰敖。則以敖爲奡也。

本字考

謔浪笑敖戲謔也　郭注、謂調戲也、見詩。邢疏引舍人曰、謔、戲謔也。浪、意明也。笑、心樂也。敖、意舒也。戲笑、（句）邪戲謔笑之貌。（句）

案、詩邶風終風篇謔浪笑敖、爾雅此文葢釋彼詩、當上四字句、下三字句。毛傳言戲謔不敬、亦正本爾雅。舍人所見爾雅、戲謔葢作戲笑、因以邪戲謔笑之貌釋戲笑二字、邪戲謔笑之貌當六字連讀。自孔疏引舍人注誤於邪戲下衍一也字、一若舍人以邪戲釋戲以笑之貌釋諕者、於是葉氏蕙心古注斠推以釋詁例、謂諕浪笑敖戲五字皆訓諕、觀舍人注各字分訓自知。郝氏懿行義疏、臧氏庸漢注亦玆意舍人讀於戲字絕句、而以戲笑之笑爲衍文。今攷慧琳經音義十三大寶積經四十七調諕下、又五十七掉戲下、又八十一嬉戲下、十七善住意天子經中戲樂下、四十六大智度論一嬉戲下、並引爾雅戲、諕也。一百止觀門論上戲諕下引更加一亦字曰戲、亦諕也。是析讀此條下三字唐已有然、其誤會舍人之注不自近人始矣。惟爾雅多釋詩、五字爲句既與終風不合、且以諕釋諕、爾雅豈有此例。舍人既以戲諕注諕矣、何又以笑之貌注諕。諕字从言、在說文言部。漢書地理志伊其相諕、顏注諕、戲言也。可見單舉諕字、止有戲言義、並無笑貌義、此以知舍人讀此、必不上五字句下二字句也。列子黃帝篇僁於戲笑、玄應經音義三摩訶般若波羅密經一熙怡下引蒼頡篇嬉、戲笑也。是戲笑連文、由來已久。終風彼詩莊姜作之以傷已之遭暴見侮慢也。諕浪笑敖、正承顧我則笑而言。是舍人本爾雅以戲笑釋詩、正合詩之本旨。舍人注以邪戲諕笑釋戲笑、亦正與諕戲義合。然則郭本雖作戲諕、義固與舍人無殊。邢疏雖在孔疏後、而所引舍人注向不衍也字、當据以訂正之。

又案古逸本玉篇言部諕下引爾雅、諕浪、戲諕也。放部敖下引爾雅、咲敖、戲諕也。是顧野王讀此上四字又各二字爲句、與郭讀不同、要其斷句在敖下不在戲下、則無不同也。

董瑞椿補記

諕浪笑敖、戲諕也。

諕浪笑敖、詩終風篇文、毛傳釋詩云：「戲諕不敬、」此本爾雅以立義。說文云：「諕、戲也、詩曰：善戲諕兮、」郝氏據之、以爲「爾雅以戲諕相屬、」是也。邵氏謂「四字分言之、亦各爲義。」禮運「是謂君臣相諕。」詩釋文引韓詩「浪、起也。」大雅「勿以爲笑、」衆經音義引倉頡篇云：「笑、喜弄也。」左傳「王欲敖叔向以其所不知、而不能、」敖即傲之假音、故經典敖傲通用。此諕浪笑敖四字分用之證也。

爾雅學

諕浪笑敖 唐石經單疏本雪牕本元本閩本同。釋文亦作笑、五經文字云笑、喜也。從竹下犬。監本毛本作笑、係據說文改。通書準此。

諕浪笑敖戲諕也○釋曰 注疏本刪。

浪意明也 注疏本作意朗也。此誤。詩終風正義作意萌。

校勘記

敖五報反 南昌本無。雪牕本有此四字、盧刻同。

校勘記訂補

七行（注）謂調戲也○原本《玉篇》「諕」下引此注作「謂相啁戲也」，「謂」下有「相」字。「啁」「調」古通。玄應《音義》卷十三引「《爾雅》：戲，諕也。謂相調戲也。」兼引注文，「謂」下亦有「相」字。今本脫，當據補。

宋監本校箋

諕直音音學 案諕、許虐翻、曉母字。今音學、混於匣、謬。

直音正誤

學

諕浪笑敖戲、諕也 去聲

孫侶直音

爾雅詁林　一　釋詁上

直音校正

讀學謔、浪、笑、敖、去聲戲謔也

楊氏音訓

謔浪笑敖去聲戲謔也。

粤于爰曰也爰粤于也

郭注

粤、于、爰、曰也。書曰、土爰稼穡。詩曰、對越在天。王于出征。爰、粤、于也。轉相訓。

邢疏

粤于爰曰也爰粤于也 釋曰、皆謂語辭發端、轉互相訓也。說文云、曰、從開口、象氣出於口也。注書曰至出征 釋曰、云書曰土爰稼穡者、周書洪範文。云詩曰對越在天者、周頌清廟文。云王于出征者、小雅采芑文。

一切注音

粤于爰曰也

郭璞云、書曰土爰稼穡。詩曰、對越在天。王于出征。

爰粤于也

郭璞云、轉相訓。

陸音義

粤音越爰音袁。稼古作反。穡音色。征之成反。

新義

粤于爰曰也

粤、越也。相與不至亦言而已。小過曰、密雲不雨、已上也。于、往也。相與不至亦言而已。小畜曰、密雲不雨、尚往也。

鄭樵注

粤于爰曰也粤亦作越。通作曰。曰、於也。爰粤于也更相訓釋。以曰通作粤、故此言粤、不言曰也。

古注合存

粤于爰曰也

郭璞曰、書曰土爰稼穡。詩曰、對越在天。王于出征。

鄭樵曰、粤亦作越。通作曰。曰、於也。

爰粤于也

郭璞曰、轉相訓。

鄭樵曰、更相訓釋。以曰通作粤、故此言粤、不言曰也。

粤于爰曰也 **註** 書曰土爰稼穡。詩曰對越在天。王于出征

爰粤于也 **註** 轉相訓

正義 說文云、曰、詞也、从口乙聲、亦象口气出也。粤者、說文云、粤、于也。審愼之詞。周書曰、粤三日丁亥。粤與越通。盤庚云越其罔有黍稷。釋文云本又作粤是也。于者、說文云、亐、於也、象氣之舒亐。从丂从一。一者其氣平之也。爰者、大雅緜云、爰始爰謀。曰又通作聿、詳見釋言、皆語辭也。爰粤又轉訓爲于者、盤庚云綏爰有衆、三國志註引鄭註云、爰、于也。夏小正云、越有小旱。越、于也。**註** 書曰至出征○ **正義** 土爰稼穡、周書洪範文。對越在天、周頌清廟文。王于出征、小雅六月文。

正義

粤于爰曰也 書曰土爰稼穡詩曰對越在天王于出征 爰粤于也 轉相訓

說文云、曰、詞也、从口乙聲、亦象口气出也。論語皇侃疏引說文云、開口吐舌謂之爲曰。與今本異也。曰、猶言也、云也。通作聿。詩見晛曰消、曰喪厥國、釋文引韓詩曰俱作聿。又通作欥。漢書敘傳云欥中龢爲庶幾兮。集注欥古聿字。聿、曰也。文選幽通賦欥正作聿。說文欥从曰从欠、曰聲、是曰欥通也。粤者、說文以爲審愼之詞。故訓曰也。引周書曰粤三日丁亥。今書作越三日丁巳。漢書楊雄傳越不可載已、集注越曰也。于者、語气之舒也。故亦訓曰。詩穀旦于差、王于出征、之子于苗、我獨于罹、於昭于天、鄭箋竝云于、曰也。左氏宣十二年傳于民生之不易、楊雄傳于胥德兮麗萬世、注皆以于爲曰也。于通作乎。列子周穆王篇云於于余一人、釋文於于音嗚呼。又通作吁。穀旦于差、釋文引韓詩作穀旦吁嗟。文選注引薛君章句曰、吁嗟歎辭也。然則吁嗟卽于差、於于卽嗚呼、是皆語之歎詞、詞卽曰矣。爰者、說文云引也。按引謂引气出聲、又爲詞之引起、兼茲二義、故又訓曰也。詩之爰有寒泉、爰得我所、爰及矜人之類、皆以爰爲引起下文之詞、鄭箋竝

以為曰。郭引書土爰稼穡史記宋世家作土曰稼穡。○爰粵二字竝从于，故又訓于也。爰者、書綏爰有衆、詩亦集爰止、鄭皆以為爰、于也。粵者、說文云于也。通作越。書云越至于今、馬融注越、于也。越其罔有黍稷釋文越本又作粵、音曰、于也。爰于雙聲、粵曰疊韵。

義疏

粵越于乎爰曰也郭注書曰土爰稼穡。詩曰對越在天。王于出征。

爰粵于也郭注轉相訓。

集解

粵于爰曰也　粵、于也、審慎之詞也。从于从寀會意。引申為曰。曰粵亦疊韻也。韓詩見睍聿消毛作曰。前漢書楊雄傳越不可載已注越曰也。借聿越為之。于於詞也。象气之舒亐从丂从一。一者其氣平也。正字為曰。曰于雙聲。詩東門之枌穀旦于差、六月王于出征、桓於昭于天箋均云于曰也。左宣十二傳于民生之不易注于曰也。爰引也、从𠬪从于。援之本文。正字為于、實為曰。曰于爰雙聲。書洪範土爰稼穡史記爰作曰。詩鴻雁爰及矜人、四月爰其適歸、碩鼠爰得我所、篤公劉爰眾爰有、箋均云爰曰也。文選盧子諒覽古詩爰在澠池會注爰曰也。曰、詞也、从口乚、象口气出也。

爰粵于也　轉相訓。書盤庚綏爰有眾無逸爰暨小人、鄭注均云爰于也。詩卷阿亦集爰止、緜爰及姜女、箋均云爰于也。書盤庚越其罔有黍稷釋文越本又作粵、于也。

義證

粵于爰曰也

(註)書曰土爰稼穡詩曰對越在天王于出征(補正)邢疏皆語辭發端、轉互相訓也。

爰粵于也

(註)轉相訓(補正)鄭樵註云以曰通作粵、故此言粵不言曰也。

郭注補正

粵于爰曰也

書曰土爰稼穡詩曰對粵在天王于出征

唐殘本玉篇于部粵下引爾雅粵曰也。郭璞曰詩云對粵在天是也。榭栅案、漢書顏師古注粵古越字。郭既引詩以證粵，則玉篇作對粵者是。今本作越者、後人據毛詩以改注也。郭所引蓋三家之詩。

郭注佚存補訂

粵于爰曰也爰粵于也

粵于爰曰一聲之轉，故其義皆得相通。粵與越通。夏小正越有小旱、傳曰越、于也。陳風東門之枌越以鬷邁、鄭箋云越、於也。於即于也。　于者說文云亏、於也。東門之枌穀旦于差、小雅六月王于出征、車攻之子于苗、小弁我獨于罹、箋並云于、曰也。周頌桓於昭于天、箋云于、曰也。於即于也。　爰與于古皆互訓。大雅卷阿亦集爰止、箋云爰、于也。邶風擊鼓爰居爰處、鄘風桑中爰采唐矣、小雅皇皇者華周爰咨諏、采芑亦集爰止、斯干爰居爰處爰笑爰語、大雅緜爰及姜女、周爰執事、傳箋並云爰、於也。於亦于也。邶風凱風爰有寒泉、鄘風定之方中爰伐琴瑟、魏風

爾雅詁林　一　釋詁上

碩鼠爰得我所、小雅鴻雁爰及矜人、鶴鳴爰有樹檀、大雅公劉爰方啟行、爰衆爰有、傳箋竝云爰曰也。王氏引之云、詩擊鼓曰爰居爰處、爰喪其馬、于以求之、于亦爰也。緜曰爰始爰謀、爰契我龜、曰止曰時、曰亦爰也。皆互文耳。張衡思玄賦舊注云爰、於是也。斯干曰爰居爰處、爰笑爰語、公劉曰于時處處、于時廬旅、于時言言、于時語語、爰卽于時也、于時卽於是也。或訓爲于、或訓爲於、或訓爲曰、或訓爲於是、其義一也。

說詩

粤于節疏曰從開口象氣出於口也說文作曰、從口、亦口气出也。

注疏正字

粤于爰曰也

引之謹案、曰讀若聿、字本作欥。說文、欥、詮詞也。從欠從曰、曰亦聲。字或作聿、或作曰、其義一也。文選江賦注引薛君韓詩章句曰、聿、辭也。詩中多借用曰字、如曰至渭陽、渭陽曰爲改歲、曰殺羔羊、七月見晛曰消、角弓曰嬪于京、大明曰止曰時、予曰有疏附、予曰有先後、予曰有奔奏、予曰有禦侮、緜曰喪厥國、抑曰求厥章、載見皆當讀爲歲聿其莫之聿。故曰爲改歲、漢書食貨志引作聿。見晛曰消、釋文引韓詩作聿、荀子非相篇漢書劉向傳引詩亦作聿。曰嬪于京、爾雅釋親注引作聿。予曰有奔奏、予曰有禦侮、楚辭離騷注引作聿。曰喪厥國、釋文引韓詩作聿、而鄭箋於見晛曰消、曰止曰時、予曰有疏附四句、皆讀爲論語子曰之曰、失其指矣。辯見釋詞。粤于爰聿一聲之轉、而聿與曰通、故云粤于爰曰也。若讀爲子曰之曰、則與粤于爰異義矣。鄭箋於穀旦于差、王于出征、爰及矜人、爰有樹檀、爰方啟行、皆誤訓爲子曰之曰。辯見釋詞。

述聞

粤于爰曰也爰粤于也　正義云、粤與越通。盤庚越其罔有黍稷、釋文云本又作粤、是也。元照案、大甲正義越於、釋詁文。詩陳風東門之枌越以鬷邁、箋越於、正義曰越於、釋詁文又。周頌清廟對越在天、箋越於、正義曰越於、釋詁文。徐氏養原云、詩魏風園有桃子曰何其、箋云曰於也、正義云曰於、釋詁文。案于既訓於、又訓曰、故曰亦訓於。雖非爾雅成文、而展轉相訓、爾雅有此例、故正義以爲釋詁文。正義云、曰、通作聿。小雅角弓見晛曰消、大雅抑曰喪厥國、釋文引韓詩皆作聿。元照案、說文、曰、詞也。从口乚聲。又欠部欥、詮詞也。从欠曰聲。詩曰欥求厥甯。曰欥正文、聿通假。

匡名

粤于爰曰也爰粤于也　此以曰于轉相訓也。說文、亏、詞也、从口乙聲、亦象口气出也。曰、通作聿。詳釋言。亏、於也、象气之舒、从丂一。一者、其气平之也。隸作于。粤、亏也、審慎之詞、从亏宷。引書粤三日、古本尚書作粤若稽古帝堯。通作越。盤庚越其罔有黍稷、註越曰也。小雅王于出征、箋于、曰也。爰、引也、从𠬪亏。註引謂引詞也、由上以引下也。小雅爰及矜人、箋爰曰也。○邶風爰居爰處、傳爰于也。夏小正越有小草、註越于也。

啓蒙

粤于爰曰也

邢疏云、皆謂語辭發端。

曰也者、說文曰、詞也。从口乙聲。亦象口气出也。章先生曰、論語子曰之曰、卽此曰字。詞也。吐詞爲曰也。亦通作欥。書洪範水曰潤下、木曰曲直之曰、當爲欥。說文、欥、詮詞也。詮詞者、解釋詞也。蓋初亦止有曰字、後乃有欥也。以上章先生語通作聿。詩小雅見晛曰消、釋文引韓詩作聿。郝疏已引粤者。說文粤于也審愼之詞者。从于从寀周書曰粤三日丁亥通作曰。章先生曰。書召誥曰若來三月惟丙午朏。漢書律歷志引武成粤若來三月既死霸。以上章先生語見古文尚書拾遺定本又通作越。此引周書粤三日丁亥段玉裁云今召誥越三日丁巳。以上段語見說文解字注郝疏云。漢書楊雄傳越不可載巳注越曰也。

于者。說文于於也象气之舒于从丂从一一者其气平之也。章先生曰。于古文但作丂。丂說不出于則能說出矣。引申爲舒緩之意于亦可作曰用于曰一聲之轉也。以上章先生語詩陳風穀旦于差箋云于曰也。章先生曰。春秋傳于民生之不易于正訓曰。史記殷本紀述高宗肜日常祀毋禮于棄道于亦訓曰今本作典祀無豐于尼案三體石經古文禮作豊此太史所據古文眞本亦作豊故以禮讀之。當讀典祀無豊爲句于尼爲句尼者止也。故孔安國故說爲棄道。以上章先生語見太史公古文尚書說

爰者。說文爰引也。从𠬪从于。章先生曰。在口爲曰。箸之竹帛則用筆爰訓曰爰書者以書換口亦自曰而轉也。于曰粤爰一聲之轉。書洪範土爰稼穡之爰爰與曰聲同。亦欥字也。以上章先生語見文始書土爰稼穡史記宋世家作土曰稼穡史公以雅訓代之也。

爰粤于也

郝疏云爰粤二字竝从于故又訓于也。宗𨜶案皆審愼之詞也。

于也者。說文于於也象气之舒于从丂从一一者其气平之也此審愼之詞也。以粤訓于爲審愼之詞明之詩召南于以采蘋箋訓于以爲往以今謂于蓋審愼之詞也。大玄飾白舌于于注云于于多難之貌也詩邶風于以求之箋云于於也。

爰者。說文爰引也从𠬪从于書盤庚綏爰有衆三國志注引鄭注云爰于也。邵疏已引詩亦集爰止箋云爰于也。郝疏已引書盤庚我王來既爰宅于茲鄭注云爰于也今謂爰審愼之詞也。

粤者。說文粤于也審愼之詞也从于从寀周書曰粤三日丁亥史記周本紀粤瞻雒伊。正義云粤者審愼之詞也通作曰越書堯典曰若稽古章先生曰曰于也召誥越若來三月惟丙午朏漢書律歷志引武成粤若來三月既死霸越若粤若曰若皆同。爾雅粤于也若此也于此稽古猶于今稽古今夏史之時也亦猶佛經以如是我聞開端矣。以上章先生語見古文尚書拾遺定本及口講

本字考

粤于爰曰也

郭注、書曰土爰稼穡、詩曰對越在天、王于出征。王氏引之經義述聞曰、讀若聿、字本作欥。說文、欥、詮詞也、从欠曰曰亦聲。讀爲論語子曰之曰、失其指矣。

案、說文部首曰、𧦝也、从口乚聲、亦象口气出也。陸氏元朗釋文於孝經開宗明義章出子曰之曰語辭也、從乙在口上、乙象氣、人將發語、口上有氣、故曰字缺上也。申說文曰字之解最爲明晰。此經以粤于爰三字並釋爲曰者、于从丂一、在說文作亏。部首丂气欲舒出、勹上礙於一也。又、亏、於也、象气之舒。亏、从丂一。一者、其气平也。是丂者口气未出、在人未發語之時。及其發語、口气遂平。象其气所自出爲曰、象其所出氣之平則爲亏。亏曰義一毌、本可通釋。粤从亏、在說文亏部。亏也、寀愼之𧦝也。爰亦从亏、在說文𠬪部、引也。據韵會、引此下尚有謂引詞也四字。然則亏與粤爰義亦一毌、亦可通釋。寀愼其气而出之、故加寀於亏上。下其气而出之、故加𠬪於于。𠬪說文物落也。上下相付也。从爪又。盖气之上下相引者、象亦如之也。至欥之解詮𧦝、謂詮解其詞、不得與粤于爰三字之義通。述聞說非。

又案、詩周頌清廟篇對越在天、陳風東門之枌篇越以鬷邁、鄭玆箋越於、孔疏越於、釋詁文。疑高密所見爾雅粤作越、于作於。於在說文爲烏之古文、部首烏、孔子曰烏、盱呼也。取其助气、故㠯爲烏呼。知於本有助气義、與亏之舒气義亦通、故許君卽以於解亏也。書盤庚越其罔有黍稷、釋文越本亦作粤。公羊桓元年經及鄭伯盟于越、釋文越本亦作粤。越粤古多通

爾雅詁林　一　釋詁上

用。据郭引淸廟詩注此、可見郭所依爾雅亦與鄭本同、作越不作粤矣。說文走部、越、度也。殊無曰義、蓋粤之音近相叚耳。

董瑞椿補記

粤、于、爰、曰也。爰、粤、于也。

此爾雅釋虛字之義。曰于爲聲轉、有曰義者即有于義、故連類釋之。曰者、吹之借字、說文云：「吹、詮辭也、从欠曰、曰亦聲、詩曰：吹求厥寧。」此爲本字。經典有借聿爲之者、漢書敘傳「吹中龢爲庶幾兮、」文選吹作聿、詩「曰喪厥國、」韓詩曰作聿、是也。有借遹爲之者、說文所引詩之吹字、大雅作遹、詩之「遹觀厥成、」「遹追來孝、」毛鄭詩考正皆以爲聿之假借、是也。其借曰爲之者、則爾雅是、漢書敘傳師古注「吹、古聿字、聿、曰也、」此即爾雅之義也。王引之云：「曰讀若聿、字本作吹、或作聿、或作曰、其義一也。詩中多借用曰字、如『曰至渭陽、』『曰爲改歲、』『曰殺羔羊、』『曰嬪于京、』『曰止曰時、』『予曰有疏附、予曰有先後、予曰有奔奏、予曰有禦侮、』皆當爲『歲聿其莫、』之聿、故曰嬪于京、爾雅釋親注引作聿、予曰有奔奏、予曰有禦侮、離騷注引作聿。鄭箋于曰止曰時、予曰有疏附四句、皆讀爲論語『予曰』之曰、失其指矣。」此皆足明爾雅之曰、爲吹之假借也。

粤訓爲曰者、漢書揚雄傳「越不可載也、」集注云：「越、曰也、」粤通作越、集注以曰釋越、即爾雅「粤、曰也、」之義、蓋粤曰疊韻、其聲同也。左傳引詩「聿懷多福、」杜注云：「聿、惟也、」王引之曰：「越、猶惟也、」詩云：「惟予小子、」而大誥則曰：「越予小子、」金縢「惟予沖人弗及知、」而大誥曰：「越予沖人、」蓋曰通聿、聿訓惟、粤通越、越亦訓惟、是其義又同矣。此粤之所以訓爲曰也。本節及下節、又以于於二字訓粤者、說文云：「粤、于也、」王引之曰：「夏小正『越有小旱、』傳曰：『越、于也、』于、猶今人言於是也、東門之枌曰、『穀旦于逝、越以鬷邁、』越亦于也、互文耳。」此粤之所以又訓于於也。

于訓爲曰者、王引之云：「曰、古讀若聿。聿于一聲之轉、『于以采蘩、』聿以采蘩也、聿於亦一聲之轉、故傳曰：『于、於也、』箋訓于爲往、則下文『于以用之、』及采蘋之『于以盛之、于以湘之、』皆不可通、至擊鼓之『于以求之、』則鄭亦訓爲於矣。『王于出征、』王聿出征也、箋曰：『王曰令汝出征玁狁、』是以『于、曰也、』爲『予曰』之曰、失其指矣。『于疆于理、』聿疆聿理也、猶緜之『迺疆迺理』也、箋訓于爲往、亦失之。」然則聿于爲聲轉、古讀曰爲聿、故本節云：「于、曰也、」聿於亦爲聲轉、故下節云：「于、於也。」

爰訓爲曰者、王引之曰：「聿曰古字通、聿爰一聲之轉、『爰有寒泉、』『爰伐琴瑟、』『爰得我所、』『爰方啓行、』『爰衆爰有、』爰、聿也、鄭箋皆用爾雅『爰、曰也、』之訓、是也。而多釋爲論語『子曰』之曰、則失其指。緜之詩曰：『爰始爰謀、爰契我龜、曰止曰時、』曰亦爰也、互文耳。」詩既用爰爲聿、又以爰曰互用、此爾雅所以訓爰爲曰也。然本節及下節、又以于於訓爰者何故、王氏云：「于與於同義、詩擊鼓曰：『爰居爰處、爰喪其馬、于以求之、』于、亦爰也、互文耳。張衡思玄賦舊注曰：『爰、于是也、』斯干曰：『爰居爰處、爰笑爰語、』公劉曰：『于時處處、于時廬旅、于時言言、于時語語、』爰、即于時也、于時、即於是也。或訓爲于、或訓爲於、或訓爲曰、或訓爲于是、其義一也。」胡適謂王氏之解釋助詞、多用歸納法、觀本節所引各條、可以見矣。

爾雅學

對越在天 單疏本雪牕本同。按越粤字通。書盤庚越其罔有黍稷、釋文越本又作粤、注引詩越字以證經之粤、是郭意對越爲對曰也。鄭箋云越、於也。在下文非郭義。此經注異字之證。釋文粤音越、本注也。

粤于爰曰也爰粤于也○釋曰 注疏本刪。

說文云曰從開口象氣出於口也 今說文作从口乙聲、亦象口气出也。

○注書曰至出征○釋曰云書曰 注疏本刪上八字。

小雅采芑文 元本同、誤也。閩本剜改采芑爲六月、監本毛本從之。

校勘記

粤 石經作粤

校勘記訂補

粤于爰曰也 ○ 原本《玉篇》曰部「曰」下引「粤」作「越」，于部

粵音曰于爰曰也

宋監本校箋

「粵」下引「《爾雅》：粵，曰也。郭璞曰：《詩》云：對粵在天，是也。」案「粵」「越」字通。今本注文引《詩》作「對越在天」，後人據《毛詩》改。郭引蓋據三家詩。八行（注）轉相訓○原本《玉篇》于部「于」下引「訓」字下有「也」字。

曰 袁

音圖·音

粵于爰曰也爰粵于也。

孫偘直音

粵同越于爰曰也爰粵于也。轉相訓也

楊氏音訓

粵 越

干氏音釋

爰粵于那都繇於也

爰、粵，于、那、都、繇，於也。左傳曰，弃甲則那。那猶今人云都那也。書曰皐陶曰都。繇辭於乎、皆語之韻絕。

郭注

爰粵于 那都繇於也 釋曰，皆語之韻絕歎辭也。爰粵于三者又爲於乎。注左傳至韻絕 釋曰，云左傳曰棄甲則那者，宣二年華元荅謳者辭也。云書曰皐陶曰都者，虞書皐陶謨文也。云繇辭者，繇卦兆之辭也。云於乎者，周頌維天之命云於乎不顯是也。

邢疏

繇於也

繇音由。又音遙。釋文

孫音注

黃輯古義

都繇，音由，又音遙。並同上

孫音注

玉函山房輯佚

繇於也

孫曰，繇音由，又音遙。釋文

漢注

爰粵于那都繇於也

郭璞云，左傳曰棄甲則那。那猶今人云那那也。書曰，皋陶曰都。繇辭於乎、皆語之韻絕。

一切注音

繇於也孫音由。釋文

古注斠

由，於也。

毛詩大雅抑「無易由言」，鄭玄箋云「由，於也」，孔穎達疏云『由於釋詁文』，孫志祖讀書脞錄續編據此謂鄭爾雅本作「由於」，與今本作「繇於」異。森案說文有甹無由，甹下云『木生條也，商書曰、「若顛木之有甹枿」，古文言由枿』，段玉裁注云「今書作由，由即甹之假借」，朱珔說文假借義證云、「案古文省马作由，故本書不別出由字」，高翔麟說文字通云『甹通繇，董仲舒策「所繇適於治之路也」，注「繇與由同」，漢書古今人表許由作「許繇」』，案漢書凡繇字、顏師古注均謂與由同。

那乃何反。繇除又反，注同。孫音由，又音遙。於也音烏，注同。皐陶音遙。

陸音義

鄭玄注稽存

爰粵于那都繇於也

於，古烏字。鵲告喜而已，烏告人之凶，故於又爲於于之字。於一名而兩讀。那都繇於也。爰粵于於也。

新義

爰粵于那都繇於也　那、左傳宣二年、棄甲則那。都、虞書皋陶曰都。繇卦兆之辭。六者語韻之絕、於即於乎、歎聲。

鄭樵注

爰粵于那都繇於也繇孫音由

郭璞曰、左傳曰棄甲則那。那猶今人云那那也。書曰皋陶曰都。都、繇辭於乎、皆語之韻絕。

鄭樵曰、那、左傳宣二年棄甲則那。都、虞書皋陶曰都。繇、卦兆之辭。六者語韻之絕、於即於乎、歎聲。

古注合存

粵于爰曰也。爰粵于也。爰粵于、那都繇、於也。粵曰越同、繇音由、於音烏。○此釋粵于爰為曰之義、而又轉釋為于為於也。註曰、詩云、對越在天。王于出征。爰於乎不顯。書云、土爰稼穡。皋陶曰都。疏曰、曰于皆語詞、於嘆詞也。左傳云、棄甲則那。愚按爰粵于為嘆詞、未詳。或曰、覆言爰粵為于、以越那都繇為於之義也。繇字書云、於也。一云、美也。禹貢云、厥草維繇。那亦美也。詩商頌那篇云、猗與那與。故皆為嘆美之詞。

注疏參義

郭注繇辭於乎皆語之韻絕。鄭作語韻之絕。之韻二字倒轉、乃傳寫之誤。

補注

爰粵于那都繇於也　註　左傳曰棄甲則那。那猶今人云那那也。書曰皋陶曰都。繇辭於乎、皆語之韻絕。

正義

尚書大傳云、於者、歎之也。周頌毛傳云、於、歎詞也。孔穎達云、於即嗚字、歎之辭也。爰、又為歎詞。故方言云、爰、哀也。小雅四月云、爰其適歸。粵者、微子云越至于今。史記集解引馬融云、越、於也。于通作吁。呂刑云王曰吁。釋文引馬融本作于。墨子尚賢篇引作於。以于為於、經傳通義也。那者、奈何二字之合聲也。都者、孟子引逸書云謨蓋都君。趙岐註、都、於也。繇者、大誥云猷大誥爾多邦、釋文引馬融本猷作繇。是繇為歎辭。多士云王曰猷告爾多士。多方云王若曰猷告爾四國多方、皆為歎辭。以猷為於也。多士又云嗚呼猷告爾有方多士、重言以歎之、猶詩言噫嘻也。舊時釋書者俱以猷為道、蓋以此篇下文云繇道也、故据以為義、而於繇於也之訓、偶有不檢也。繇、又通作由。大雅抑云無易由言、鄭箋由、於也。皆以其聲近、故義同也。註左傳至韻絕○

正義

左傳曰棄甲則那者、宣二年傳文。今人云那那者、世說載漢魏人語多云那、郭氏据當時語也。皋陶曰都者、皋陶謨文、史記作皋陶曰於、又堯典云僉曰於鯀哉、詩疏引鄭註云、於者、嗚聲是也。繇辭於乎皆語之韻絕者、郭意亦以繇即於乎也。說文云、烏取其助气、故以為烏呼。今經傳多作嗚呼。文選註引薛君韓詩章句云、嗚、歎辭也。

正義

爰於也　玉案、詩奚其適歸、左傳引作爰、是爰與奚通、皆歎詞也。　鄭樵註云、六者語類之絕、於即於乎、難聲也。

校議

爰粵于那都繇於也　左傳曰棄甲則那、那猶今人云那那也。書曰皋陶曰都、繇辭於乎皆語之韻絕

於與于同、亦語詞也。詩書俱古文作于、經典段借作於。於、本古文烏字。說文引孔子曰烏、于呼也、取其助气、故以為烏呼。然則烏呼雙聲疊韻之字。許意蓋以經典凡言烏呼者、皆取引聲以助气。如詩云於乎小子、於乎悠哉、於乎前王不忘之類是也。若單言於者、則為歎美之詞。如詩云於粲洒埽、於穆清廟之類是也。於乎即烏呼、俗作嗚呼、非也。烏于呼三字古皆同聲、故經典或借於為于。詩於我乎夏屋渠渠是也。廣雅云、於、于也。說文、于、於也。是皆以為語辭。故詩于于沚、遠送于野、毛傳竝云、于、於也。書呂刑王曰吁、釋文引馬作于。于、於也。按於之為言相連相及之意、如論語云君子之於天下、吾之於人、孝經云通於神明、光於四海、皆為由此達彼之詞。故釋詁又云、於、代也。代之為言亦相連及之義矣。爰訓於者、詩之爰采唐

爾雅詁林　一　釋詁上

矣、周爰執事、書之爰暨小人、士冠禮之爰字孔嘉、毛傳、鄭注竝云爰、於也。粤訓於者、漢書敘傳云尙粤其幾、應劭注粤、於也。通作越、詩越以鬷邁、對越在天、書越茲麗刑、箋注竝云越、於也。爰粤既訓于、又訓於、於于聲義同也。那者、越語云吳人之那不穀、韋昭注那、於也。廣韻云、那、何也、都也、於也。那又訓何者、左氏宣二年傳云棄甲則那、杜預注那猶何也。按何猶言柰何、柰何卽那之反音、但那雖爲柰何、而非於字之訓、郭注不引越語而援左傳、似失之矣。都者、孟子云謨蓋都君、史記司馬相如傳云終都攸卒、趙岐注及裴駰集解竝云都、於也。書皋陶謨凡云都者、史記夏紀俱作於、張守節正義以爲於音烏、歎美之辭、然烏于古同聲、于於其義又同、史記以於釋都、正本爾雅爲訓、張守節音於爲烏、此强生分別耳。爾雅釋文亦云於音烏、注同、其失均矣。都與諸古同聲通用、諸猶於也、鄉射禮及聘禮注竝云諸、於也。然則都與諸同、都之訓於、其義九明矣。繇者、與於聲轉、通作猷。書大誥云王曰猷大誥爾多邦、釋文引馬本作大誥繇爾多邦。正義引鄭本猷在誥下、與馬本同、是皆以繇爲於也。又通作由、詩云無易由言、鄭箋由、於也。繇又同搖、搖動游移亦有由此達彼之意、與於義又同矣。郭云繇辭者、蓋以繇爲歎辭、與於乎同意、故云皆語之韵絶。是郭亦讀於爲烏、故有此解。釋文不察、乃云繇、除又反、注同、孫音由。陸氏蓋不知孫、郭同音由、妄加除又一音、是其失也。邢疏因之、誤以繇爲卦兆之辭。但卦兆繇辭不與於乎同意、又非語之韵絶。繇辭之繇說文作籒、云讀書也、引春秋傳曰卜籒云。

義疏

爰粤亐那柰**都**諸**繇**由**於也** 郭注、左傳曰棄甲則那。那猶今人云那那。也。書曰、皋陶曰都。繇辭於乎、皆語之韻絶。此分古今語異同也。曰于異意同字、于於異字同義。書粤若稽古、詩于以采蘩、爰采唐矣、異皆曰也。越其罔有黍稷、綏爰有衆、皆于也。亐卽吁、於卽烏乎、而有往彼之義。詩周爰執事、越以鬷邁、于沼于沚、書柰何弗敬、記哭諸異室、詩無易由言、則皆同於於、異於曰、而字無政也。粤爰字皆从于、于於爲古今文、不取烏呼也。堯典都卽諾之聲、今字作者、非於歎之。北人諾曰者、者不從曰、惡惡或爲吁、或爲呼非此所釋。

集解

爰粤于那都繇於也 爰粤于三者又為於乎。爰、引也。正字為于、實為於。於于爰雙聲。詩桑中爰采唐矣、傳爰、於也。擊鼓爰居爰處、箋爰、於也。儀禮士冠爰字孔嘉、注爰、於也。粤、于也、卽於也。从亐从寀會意。前漢書敘傳尚粤其幾淪神域兮、應劭曰粤、於也。書盤庚越其罔有黍稷、僞傳越、於也。呂刑越茲麗刑、鄭注越、於也。微子之命越至于今、馬注越、於也。詩園有桃子曰何其、箋曰、於也。以越曰為之。于、於辭也、象气之舒。詩谷風比予于毒、無衣王于興師、都人士行歸于周、篤公劉于胥斯原、文王侯于周服、箋均云于、於也。燕燕之子于歸、傳于、於也。前漢書楊雄傳于胥德兮麗萬世、師古曰于、於也。書呂刑王曰吁、馬本作于云矜也。禮記中庸莫見乎隱、莫顯乎微、呂覽貴信又況乎人事、注乎、於也。列子周穆王於于余一人、釋文於乎、音嗚呼、均於也。以吁乎或呼為之。那、字本作那。西夷國。从邑冄聲。此云於者、以那聲訓為何故也。左宣二傳棄甲則那、注猶何也。猶言柰何也。柰何之合音為那。凡事至言柰何者必於乎。書召誥柰何弗敬、曲禮柰何去社稷也、老子柰何萬乘之主、均此經所謂那也。後漢書韓康傳公是韓伯休那、乃不二價乎、注那、語餘聲也。越語吳人之那不穀、注那、於也。有先君之舊宗廟曰都、从邑者聲。經典以為於聲之詞。因都與於聲近也。書皋陶謨都在知人、史記作於。孟子萬章謨蓋都君、注都、於也。前漢書司馬相如傳終都攸卒、師古曰都、於也。繇、字本作䌛、隨從也、从系䍃聲。與亐聲近、故亦以為發聲之詞。亐气欲舒出、勹上礙於一也。古以為于字。書大誥馬本大誥繇爾多方、正義引鄭本猷在誥下。猷卽繇字、均以繇為於也。詩抑無易由言、箋由、於也。以由為之。於、字本作烏、孝烏也。以為助語及發聲之詞、蓋以於為于為乎之借字也。

義證

爰粤于那都繇於也 繇、音由、又音遙。於、音烏。

【注】左傳曰棄甲則那、那猶今人云那那也。書曰皋陶曰都繇辭於乎皆語之韻絶【補正】邢疏、皆語之韻絶、歎

爾雅詁林　一　釋詁上

辭也。爰粵于三者又爲於乎。鄭樵註云繇、卦兆之辭。於卽於乎、歎聲也。

郭注補正

爰粵于那都繇於也　注左傳曰棄甲則那那猶今人云那那也書皋陶曰都繇辭於乎皆語之韻絕

正曰、郭注引僞尙書凡兩見、其餘引書則概用僞孔本。攷經典未有繇辭於乎爲韵語者、有之自僞孔本始。多方王曰嗚呼猷告爾有方多士、郭注讀繇爲猷、讀於乎爲嗚呼、巳互相遷就。幸存馬本眞古文、尙堪舉正其失。書大誥王若曰猷大誥爾多邦、釋文馬本作大誥繇爾多邦、猶言大誥於爾多邦也。繇斯巳推、多士王曰猷告爾多士、多方王若曰猷告爾四國多方、王曰嗚呼猷告爾有方多士、馬本當作告繇爾多士、告繇爾四國多方、告繇爾有方多士。猶言告於爾多士、告於爾四國多方、告於爾有方多士也。是馬注繇於皆語詞、無所謂韵語也。僞孔本顚倒其文、而變繇作猷、與嗚呼相連屬、郭注遂據之爲韵語。雖左傳棄甲則那、書皋陶曰都、於韵語尙屬可通、而爰粵于三字究不得巳韵語通之也。王尙書經義述聞云、於者語詞。上文粵于爰曰也、爰粵于也、與此條文義相承。若目爲語之韵絕、則非其類矣。爰粵于訛爲於、書傳多有、不煩訛釋。越語吳人之那不穀、亦又甚焉、韋注那、於也。孟子謨蓋都君咸我績、趙注都、於也。釋文、繇、孫音由。詩大雅抑君子無易由言、鄭箋由、於也。繇猷由古字通。

正郭

爰粵于那都繇於也　注左傳曰棄甲則那那猶今人云那那也書曰皋陶曰都繇辭於乎皆語之韻絕

諍曰、上文粵于並訓曰、粵又訓于、此粵于又訓於、轉相訓釋、以類相從、於亦爲語辭、非於乎之於明矣。釋文云於音烏、乃沿注之誤。郝氏歷引爰采唐矣、周爰執事、書之爰暨小人、士冠禮爰字孔嘉、毛傳鄭注並云爰於也。漢書敘傳尙粵其幾、應劭注粵、於也。于沼于沚、遠送于野、毛傳並云于、於也。越語吳人之那不穀、韋昭注那於也。孟子謨蓋都君、史記司馬相如傳終都攸卒、趙岐注及裴駰集解並云都、於也。繇通作猷。書大誥王曰猷大誥爾多邦、釋文引馬本作大誥繇爾多邦、正義引鄭本猷在誥下、皆以繇爲於也。足證凡訓於者、皆語辭而非歎詞。邵氏曲從之、謂詩爰其適歸、書越至于今、于、通作吁。書王曰吁。那者、奈何二字之合聲。孟子謨蓋都君、書猷大誥爾多邦、馬本作繇、並爲歎詞。皆屬臆說、不足據也。

靜郭

爰粵于那都　繇於也

左傳曰棄甲則那那猶今人云那那也書曰皋陶曰都繇辭於于皆語之韻絕　辭也

元應大般涅槃經三卷音義引郭璞注、于於皆語之韻絕辭也。樹枏案、今本於于誤作於乎、當據元應所引訂正。於于古今字、故皆以爲韻絕辭。

郭注佚存補訂

爰粵于那都繇於也

於有二義、一爲由此往彼之於、一爲歎美發聲之於。爰粤訓于又訓於者、于於同也。召南采蘩于沼于沚、邶風燕燕遠送于野、擊鼓于以求之、谷風比予于毒、唐風無衣王于興師、小雅正月于何從祿、都人士行歸于周、大雅文王侯于周服、公劉于胥斯原、于時處處、于時廬旅、于時言言、于時語語、江漢至于南海、周頌我將于時保之、魯頌有駜于胥樂兮、傳箋竝云于、於也。　繇與由同。戰國策許由、古今人表作許繇。大雅抑無易由言、箋云由、於也。王風君子陽陽右招我由房、傳云由、用、箋云由、從、皆非也。由、於也、謂右招我於房也。此皆由此往彼之於也。　那爲歎美之詞。楚語使富都那豎贊焉、注云、那、美也。小雅桑扈受福不那、魚藻有那其居、商頌猗與那與、那字竝應釋爲歎美之辭。　都與那同義、與於同聲。廣韻云、那、都也、於也。尚書皐陶謨之都、史記夏本紀俱作於。於音烏、歎美之辭。鄭風有女同車洵美且都。都卽美也。大雅文王於昭于王、於緝熙敬止、靈臺於牣魚躍、於論鼓鐘、於樂辟廱、下武於萬斯年、周頌清廟於穆清廟、武於皇武王、酌於鑠王師、桓於昭于天、般於皇時周、雝於薦廣牡、昊天有成命於緝熙單厥心、臣工於皇來牟、烈文於乎前王不忘、閔予小子於乎皇考、於乎皇王、訪落於乎悠哉、大雅雲漢王曰於乎、彼釋文竝云於音烏。傳箋皆以爲歎美之辭。繇者、郭注云辭。蓋以繇爲歎辭、與那都於同義。此皆歎美發聲之於也。

說詩

爰粤節音繇音由　案釋文云、除又切、孫音由、又音遥。錐案、音由遥者作繇、音除又切者當作繇字。

注疏正字

爰粤于那都繇於也

注繇辭於乎皆語之韻絕。或謂辭乃語辭。然爰粤于那都於皆語辭、景純必不獨以繇爲語辭、蓋以繇爲卦繇之辭耳。繇當作繇。从䍃、俗體也。繇由古字通。孫炎音由、可爲通用之明證。經由从自也。說文繇隨从也。音同而義亦同矣。卜龜之兆有釁罅、如百果艸木之甲坼、故兆亦謂之墨坼。下文云繇道也、謂坼之象若道路然。兆體有五色、重之以墨坼、其頌千有二百。周官大卜鄭注、頌謂繇也。繇辭由坼兆而作、所以訓爲自爲从矣。又俗爲由。詩巧言秩秩大猷、漢書敘傳作繇。書猷大誥爾多邦、釋文馬融本作繇。繇、於也。大誥、繇爾多邦也。蓋自與从乃繇之本訓、於爲繇通借之訓矣。繇訓於、則由亦可訓爲於。於俗字當作於、古文烏字、說文引孔子曰烏盱呼也。取其助氣、故爲語詞。凡經傳於呼皆二字絕句、所以云語之韻絕。於又

爾雅詁林　一　釋詁上

通作于。說文、亏於也。又可通作乎。呂覽然則先王聖于、高誘注于、乎也。亏乎呼古人皆讀如烏、晉宋以後于爲羽俱切、從此於亦讀如亏矣。庸人云郭讀爲非是此說不但不知古音、并不識於卽烏字、可不謬哉。郭注於乎連文。又爲單詞、堯典於鯀哉、單詞也。論語不亦樂乎、單詞也。於詩春秋皆作亏、因亏訓於訓乎、音同義同、可以通叚矣。

小箋

爰粤于那都繇於也

引之謹案於者語詞非歎詞也。粤于爰曰也、爰粤于那都繇於也、其義上下相承、若以於爲歎詞、則非其類矣。郭曰、左傳曰棄甲則那、那猶今人言那那也。書曰皋陶曰都、繇辭於乎、皆語之韻絶。所說皆謬。爰粤于之訓爲於、書傳多有、不煩訓釋。那者、越語曰吳人之那不穀、亦又甚焉、韋注那、於也。都之言諸也、（諸與都古字通。爾雅釋地宋有孟諸、史記夏本紀作明都。）諸亦於也。邵引孟子謨蓋都君咸我績、趙注都、於也。繇者、釋文、繇、除又反、孫音由。是孫不以繇爲卜兆之繇辭也。邵曰、繇通作由。大雅抑云無易由言、鄭箋由於也。是那都繇皆爲於也。又案康誥曰往敷求于殷先哲王、又曰別求聞由古先哲王、由亦于也、言徧求聞于古先哲王也。（別與徧古字通、說見前別求聞由古先哲王下。）繇亦通作猷。馬本大誥王若曰大誥繇爾多邦、鄭王本繇作猷。漢書翟義傳王莽倣大誥曰大誥道諸侯王、蓋用爾雅繇道也之訓、馬鄭王竝同。（以釋文正義知之。）引之案大誥道爾多邦文義不順。猷於也。大誥猷爾多邦者、大誥於爾多邦也。經文本自明白、祇緣訓猷爲道、於義未安、致令後人妄改。其始改也、升猷字於誥字之上、某氏傳曰順大道以告天下衆國是也。其再改也、又升猷字於大字之上、正義曰此本猷在大上是也。其他緣例而改者二、改而復脫者一。多士曰王曰猷告爾多士、多方曰王曰爲呼猷告爾有多方士、傳竝曰以道告之。蓋俱是告猷、而晚出古文改爲猷告矣。此緣例而改者也。多方曰王若曰猷告爾四國多方、傳曰順大道告四方。與大誥猷爾多邦傳同。則此句經文亦有大字、蓋初作大告猷爾四國多方、後改爲大猷告爾四國多方、故解之曰順大道告四方。其後則又脫大字矣。此改而復脫者也。王莽倣大誥、用今文尙書、而以道字代猷字、曰大誥道諸侯王。是今文猷字亦在誥字下、與馬鄭王本同。大誥在多士多方前、其誥猷之文、馬鄭王必皆有說。學者雖不悟誥猷之誤爲猷誥、猶不得不載其異同。至多士多方告猷之義已詳、大誥不復再釋、學者斯忽焉不察矣。然以例推之、可得而知也。邵以猷爲歎詞、亦因今本尙書而誤。

述聞

爰粤于那都繇於也　正義云、于、通吁。呂刑王曰吁、釋文云馬本作于。墨子（尙賢）引作於。　繇、與猷通、又作由。正義詳之。　陸氏佃新義云、於、一名而兩讀。盧學士曰古人之於字訓、不因音讀之異而區別。元照案、爾雅此例屢見、今各就本文著之。

匡名

爰粤于那都繇（音由）於（音烏）也　於、歎辭。周頌、於穆淸廟。小雅、爰其適歸。微子、越至于今。　周南、于嗟麟兮。通作吁。堯典帝曰吁咈哉。　左宣二年傳、棄甲則那。那、奈何二字之合聲也。　皐陶謨皐陶曰都、史記作皐陶曰於。　繇、通作猷。多士王曰猷告爾多士、傳猷歎辭也。

啓蒙

爰粤于那都繇於也

邢疏云。皆語之韻絶歎辭也。王引之云。於者語詞。非歎詞也。於也者。說文。於爲烏之古文。烏孝烏也。象形。孔子曰。烏盱呼也。取其助气。故以爲烏呼。𩾏古文烏象形。於象古文烏省。章先生曰。說文。孔子曰。烏盱呼也。取其助气。故以爲烏呼。音轉則爲邪許。今引重者呼。烏呼以助气。烏盱亦作於于。莊子天地篇。於于以蓋衆。

說文於古文烏於于即烏盱盛氣呼號之謂司馬說爲夸誕近之（以上章先生語見新方言及莊子解故）亦或作於猶言於是也章先生曰易繫辭於稽其類書堯典黎民於變時雍於卽於是也其單言於者堯典僉曰於鯀哉夔曰於予擊石拊石皆指其人其事爲言於卽訓是今淮西蘄州言此物在是則指曰於於讀如好惡之惡直隸音轉如阿陝西言彼亦曰於音亦如阿彼人曰於人彼事曰於事彼此同言猶之其通互也於音引長則晉代言阿堵江南運河而東至於浙江謂所在曰於黨於讀如惡（好惡之惡）黨讀如堂於者是也黨者所也猶言上黨矣於黨阿堵音轉（以上章先生語見新方言）通作焉魚與寒亦有對轉也如篗之或作䉛與無之作憂烏之作安也章先生曰焉猶於是也禮記月令天子焉始乘舟楚辭離騷馳椒丘且焉止息（以上章先生語見新方言）僖十五年左傳晉於是乎作爰田晉語作焉作轅田是焉卽於是之證

爰者上條云爰于也說文于於也故又訓於章先生曰于與爰同爰本从于聲義亦相通釋詁粤于爰曰也爰粤于也是其例（以上章先生語）詩鄘風爰采唐矣傳云爰于也

粤者說文粤于也于於也故又訓於漢書敘傳尙粤其幾應劭注云粤于也（郝疏已引）通作越詩陳風越以鬷邁箋云越於也（郝疏已引）

于者說文亏於也象气之舒亏从丂从一一者其气平之也詩召南于沼于沚傳云于於也通作吁書呂刑王曰吁馬注云于於也通作乎呂氏春秋審應篇魏昭王謂田詘曰然則先生聖于高注云于乎也莊子人間世篇不爲社且幾有翦乎釋文乎崔本作于

那者說文那爲西夷國名無於義訓於者當爲如之借語根爲于說文如從隨也如有於義亦借爲於漢書韓長孺傳匈奴至者投鞍高如城數所新序善謀篇如作於易繫辭傳介于石不終日貞吉象曰介如石焉寧用終日是如與於于通也論語不曰如之何如之何者吾末如之何也巳矣孔注云不曰如之何者猶言不曰奈是何如奈那古同聲（泥紐）魏志毌丘儉傳注載文欽與郭淮書曰所向全勝要那後無繼何言如後無繼何也是那奈如通用之證故那爲如之借實爲于之借也那借爲如雙聲之相轉如借爲于又疊韻之相遂也詩邶風比予于毒箋云于於也通作那越語吳人之那不穀韋解云那於也

都者說文有先君之舊宗廟爲都無於義訓於者正當爲者說文者別事詞也从白𣥂聲𣥂古文旅字者有於是義章先生曰都之訓於有不屬於上下而單言者尙書驩兜曰都史記作於（廣書六言都史記皆作於）或將發語先言都以指示之都訓爲是與者字通（都从者聲）今通言此處爲者里黃梅則言都里音如篤（以上章先生語見新方言）都之訓爲於者亦者字也於是到轉則爲之於（之是通用如之子是子也之類）漢書司馬相如傳捘厥所元終都攸卒注云都於也今謂都亦之於也章先生云今吳越間言於猶用都字如置諸某處則曰放都某處或曰安都某處紹興作德駕切（魚模轉麻也）蘇州作丁莫切（魚模入聲爲鐸也以上章先生語見新方言）今謂都亦之於也之於卽都之合音也（古音之如臺以臺从之聲明之依段改）孟子謨蓋都君趙注云都於也象言謀覆於君今謂猶言謨蓋於是君也通作諸儀禮鄉射禮則薦諸其席鄭注云諸於也今謂諸亦猶之於也之於卽諸之合音也（今音之諸並照紐）

繇者繇之俗說文繇隨從也从系䍃聲以从系有連及之義以从䍃聲因爲詞與丂相系繇丂古同音于今字有丂繇之分于古文則止有丂耳丂者古文以爲于字于訓於故繇亦訓於也釋水繇膝以下爲揭繇膝以上爲涉繇帶以上爲厲郭注云繇自也據釋詁由從自也惟詩邶風傳云由膝以上爲涉以由易繇也以今字代古字也當以繇於爲訓漢書以繇爲由者多矣是繇由相通之證今謂繇訓爲於言於膝以上於義亦無不合也書大誥之猷馬本作繇自邵晉涵郝懿行王引之以爲繇卽訓於之繇皆稱引之以爲然自魏三體石經出始證知前說之非璗知大誥之繇自當訓道不訓於也舊釋書者俱以繇爲道據下文繇道之訓不爲非也章先生曰大誥王若曰大誥繇爾多邦（從馬本）釋詁繇道也故莽大誥作大誥道諸侯王馬鄭王訓並同唯鄭王繇作猷耳釋詁繇雖別有於訓非此之義道導古今字大誥繇爾多邦謂大誥導爾多邦也多士王曰猷告爾多士多方王若曰猷告爾四國多方王曰烏呼猷告爾有方多士猷告卽導告與言誥猷者文有先後之殊義並得通祇緣東晉古文於此大誥篇誤升猷字於大字上王氏述聞遂謂多士多方三言猷告皆本作告猷且據釋詁繇於也爲說則自任匈臆亦泰甚矣今所得三體石經多士篇王曰繇三字相連知三處本作繇告不作告繇也（以上章先生語見古文尙書拾遺定本）

本字考

于、於也。　於兼語詞歎詞二義。釋文云、於音烏、注同、但舉歎詞一偏耳。盧文弨說、古人之於字訓不因音讀之異而區別。案如盧說、則於或讀烏、或讀如字、無不可也、究之不宜漫汗如此。于又與乎通。呂覽然則先王聖于、注于、乎也。又通作吁。呂刑王曰吁、馬本作于、是于又爲歎詞也。墨子尚賢引作於。段玉裁說、凡詩書用于字、論語用於字。蓋于於在周時爲古今字、故釋詁以今字釋古字。今案爾雅有以正釋叚、有以叚釋正、非必字有古今。

都、於也。　書皋陶謨凡云都者、史記夏紀俱作於、張守節正義以爲於音烏、歎美之辭。段玉裁以張爲強生區別、陸德明音此於爲烏、其失均。案字音分別、古或不盡如今、然今人以今音讀之、自不得不加區異、張陸未必非、段未必是也。惟陸但烏一音、誠有所闕耳。

黃侃音訓

爰粵于那都繇於也。承珙案、此與上文爰粵于也同義。說文云、于、於也、象气之舒。又以於爲古文烏、象形。然于於二字經典通用。儀禮士昏禮大射儀注竝云、今文於爲于。既夕禮又云、今文于爲於。是古文象烏形之於、今文即用以爲語辭之于、與烏呼義不同。上文爰粵訓于、此又以爰粵于竝訓於、正以備古今文之別。那者、國語越語云吳人之那不穀、韋昭注云、那、於也。都者、孟子謨蓋都君趙岐注、史記司馬相如傳終都攸卒集解引漢書音義竝云、都、於也。繇者、大雅無易由言、鄭箋云、由、於。繇與由通、即此數者音訓於之義皆不得以爲歎辭。然則此於當作央居切。釋文音烏、亦非雅義。段懋堂云、凡詩書用亏字、凡論語用於字。蓋于於二字在周時爲古今字、故釋詁毛傳皆云、于、於也。以今字釋古字也。說文、於、古文烏。又云、烏、亏呼也。取其助氣。然則許以於釋亏、取其助氣、自周時已分別。於爲屬辭之用、見於羣經爾雅、故許從之。

胡氏古義

那、於也。　郭注、左傳曰棄甲則那、那猶今人云那那也。

案、那那之言、今未有諭。古逸叢書所刊影宋蜀大字本上那字作都。國語十七楚語上使富都那豎贊焉、韋注都閑也、那美也。是都那二字古固有連文者、蜀本當不誤。短言之爲那、長言之即爲都。那、猶短言之爲於、長言之即爲於乎。詩大雅雲漢篇王曰於乎、周頌烈文篇於乎前王不忘、閔予小子篇於乎皇考、皆其證也。文選四張衡南都賦阿那蓊茸、李善注阿那、柔弱之貌。阿那、又都那之轉、亦轉爲猗儺。詩檜風隰有萇楚篇猗儺其枝、毛傳猗儺、柔順也。是也。再轉爲旖旎。王逸注楚辭九辯九歎引詩旖旎其華、云旖旎、盛貌。是也。都那爲閑美之貌、猶旖旎猗儺阿那爲盛貌、爲柔順貌、爲柔弱貌、皆形容、譬況、歎美之辭也。詩大雅文王篇於昭于天、周頌清廟篇於穆清廟、毛皆傳於爲歎辭、是以那有於義。詩商頌那篇猗與那與、以那與猗對文、小雅桑扈篇受福不那、顏之推家訓書證篇又引那作儺、都那之單言爲都爲那、猶猗儺之單言爲猗爲儺、皆二字可連言亦可單言者也。故雅亦詁都爲於也。左宣二年傳棄甲則那、杜注那猶何也。廣雅釋言、奈、那也。那亦爲奈何之二合音、故那又有奈何義。奈何亦歎辭也。後漢書韓康傳公是韓伯休那、李賢注那、語餘聲也。那之爲語餘聲、猶於之爲發言聲。左定五年傳於越入吳、杜注夷言發聲。是也。國語越語下吳人之那不穀、亦又甚焉。彼那當用奈何義、言吳人困苦越王之甚焉。韋注那、於也、正本爾雅文。

繇於也 郭注、繇辭於乎、皆語之韵絕。邢疏云、繇辭者、繇卦兆之辭也。云於乎者、周頌維天之命云於乎不顯是也。孔氏廣森經學卮言、卜繇之繇、經典原止作繇、顧未可就以繇辭當都於之訓、郭義殊强鑿。案、郭注繇辭、蓋以繇爲語辭、與爰粵于那都五字一例、非以此繇爲卦兆之辭、如邢疏云云也。此邢疏之誤解、並非郭注之强鑿。詩大雅抑篇無易由言、鄭箋由於、孔疏由於、釋詁文。唯彼由作繇、音義同。据知高密所見爾雅、此繇又作由、古者猶由二字義得通用。本左莊十四年傳猶有妖乎孔疏。易豫九四由豫、釋文出由、馬本作猶、其切證也。而古書字從酋從缶者、又多以聲近叚借。書大誥王若曰猷、漢書敘傳引作繇。禮檀弓咏斯猶、鄭注猶當爲搖。是以爾雅此繇、尚有作由一本。釋文出繇、孫音由、又音遙。魏志王肅傳、時樂安孫叔然授學鄭玄之門人、偁東州大儒。然則孫炎之音繇爲由、蓋郎本其師說也。

董瑞椿補記

爰、粵、于、那、都、繇、於也。

於字、介詞也、亦稱前置詞、王引之謂「於者語詞、非歎詞」者是也。于於古今字、前節舉曰于、本節復舉於字者、說文亦古今字互訓。許書之例、必本於爾雅也。爰粵于之爲於、已見上節、茲祇釋那都繇三字。

那訓於者、越語「吳人之那不穀、亦又甚焉、」韋注云：「那、於也、」是其義。左傳「棄甲則那、」不作此解、王氏說如此。

都訓於者、邵晉涵云：「孟子引逸書曰：『謨蓋都君、咸我績、』趙岐注云：『都、於也。』蓋都諸古通、鄉射禮注云：『諸、於也、』故都亦訓於。」

繇、俗體也、字當作䌛。小學家謂古繇由一字、說文有䌛而無由、䌛與下云：「隨從也、从系、䍃聲、」从系者有所繫屬之意、於之介詞之性質、必下繫於名代之詞以示義、故繇訓於、此即段氏所謂「引之而往、」郝氏所謂「相連相及、」之義也。邵晉涵謂「大雅抑云：『無易由言、』鄭箋云：『由、於也。』」王引之云：「康誥曰：『往敷求於殷先哲王、』又曰：『別求聞由古先哲王、』由亦于也、言徧求聞于古先哲王也。繇亦通作猷、馬本大誥『王若曰、大誥繇爾多邦、』鄭王本繇作猷、猷、於也、謂大誥於爾多邦也。」然則爾雅之文、當作繇於也。

爾雅學

那 雪窗本注疏本同。釋文唐石經單疏本作那。

爰粵于那都繇於也○釋曰 注疏本刪。

又爲於乎○注左傳至韻絕○釋曰 注疏本刪下八字。

云繇辭者繇卦兆之辭也 注疏本繇作繇。按、說文玉篇廣韻無繇字、集韻始收。詩氓箋云、兆卦之繇、無凶咎之辭。杕杜箋云、合言於繇爲近。小旻箋云占繇不中、葉鈔釋文繇錯出、岳本今本皆從卜、他宋本仍作繇。此經唐石經單疏本作繇、釋文繇、除又反、注同。是陸氏所據經注同作繇、從卜之字非古也。○按此經繇同由、如孟子由是則生而有不用是也。由與於皆語辭。於如字、不音烏也。自郭氏注譌、而疏者更支離矣。

校勘記

那猶今人云 十行本今作令。

校勘記訂補

三上（七）

一行（注）那猶今人云都那也○「都那」宋刻十行本作「那那」，當據正。

（注）繇辭於乎皆語之韻絕○玄應《音義》卷二引郭璞《爾雅注》云：「於、于，皆語之韻絕辭也。」案郭璞此注乃總釋正文「于、繇、於」數詞皆爲語絕之辭也。今本注文「於」下「于」字既誤爲「乎」，「繇」下復衍「辭」字，遂不可解。據玄應所引，原注蓋作「繇、於、于，皆語之韻絕辭也。」「繇」通「猷」，「于」通「吁」，皆爲歎詞。

宋監本校箋

爰粵于那都繇音由於音烏也

音圖・音

爾雅詁林 一 釋詁上

孫偘直音

爰、粵、于、那（儺）、都、繇（由遥烏）、於也

直音校正

爰、粵、于、那（儺）、都、繇（由烏）、於也

楊氏音訓

爰粵于那都繇（由）於（烏 嘆辭也）也、

干氏音釋

繇由　於烏

欱郃盍翕仇偶妃匹會合也仇讎敵妃知儀匹也妃合會對也妃媲也

欱、郃、盍、翕、仇、偶、妃、匹、會、合也。皆謂對合也。仇、讎、敵、妃、知、儀、匹也。詩云、君子好仇。樂子之無知。實維我儀。國語亦云、丹朱馮身儀之。讎、猶儔也。廣雅云、讎、輩也。妃、合、會、對也。皆相當對。妃、媲也。相偶媲也。

郭注

欱郃盍翕仇偶妃匹會合也　釋曰、皆謂對合也。欱者、說文云合會也。郃者、和合也。盍者、衆合也。易豫卦九四云、勿疑朋盍簪。翕者、斂合也。左傳曰、怨耦曰仇。偶者、相對合也。左傳曰、大都偶國。妃者、嘉耦曰妃。匹者、配合也。大雅文王有聲云、作豐伊匹。會者、集合也。周禮曰、時見曰會。　仇讎敵妃知儀匹也　釋曰、皆謂匹合也。仇者、孫炎云、相求之匹。讎者、儔侶輩類之匹也。敵者、相當之匹也。妃、合耦之匹也。注詩云至輩也　釋曰、云詩云君子好仇者、周南關雎文。云樂子之無知者、檜風隰有萇楚文。云實維我儀者、鄘柏舟文也。云國語亦云丹朱馮身儀之者、案周語惠王十五年、有神降於莘。王問於內史過曰、今是何神也。對曰、昔昭王娶於房、曰房后。實有爽德、協于丹朱。丹朱馮身以儀之、生穆王焉。實臨照周之子孫、而禍福之。夫神一不遠徙遷。若由是觀之、其丹朱乎。韋氏解云、馮、依也。儀、匹也。言房后之行有似丹朱、丹朱馮依其身而匹偶之、生穆王焉。　妃合會對也妃媲也　釋曰、此三者又爲當對。妃又爲媲、謂相偶媲也。

邢疏

仇讎敵匹也

仇、怨之匹也。怨耦曰讎。一切經音義二又九

李注

仇讐敵匹也

仇、相求之匹也。詩正義一之一　一切經音義十四　邢疏

孫音注

妃媲也

媲、音譬。釋文　大雅皇矣傳釋文

郭音義

仇讎敵匹也

怨之匹也。一切經音義六

妃媲也　詩云、天立厥妃。詩正義十六之四引某氏

文選廣絕交論注引爾雅作媲妃也。

衆家注

黃輯古義

妃媲也

詩云、天立厥妃。詩大雅皇矣正義引某氏　案臧庸拜經日記、唐人義疏引某氏爾雅注、即樊光也。後倣此。

樊注

仇讎敵妃知儀匹也

仇、怨之匹也。怨耦曰讎。釋元應一切經音義卷二又卷九

李注

仇、相求之匹也。詩周南關雎正義　邢疏〇一切經音義卷十四又卷十八

孫音注

妃媲也。媲、音譬。並同上

郭音義

玉函山房輯佚

仇
相求之匹。同詩疏一之一
孫音注

妃媲也
詩云、天立厥妃。某注詩疏十六之四
鈎沉

仇讎敵匹也
注曰、怨之匹也。一切經音義六
李曰、仇怨之匹也。怨耦曰讎。一切經音義二又九
孫曰、仇相求之匹也。詩正義一之一邢疏一切經音義十四又十八

妃媲也
某氏曰、詩云、天立厥妃。詩正義十六之四
漢注

敆郃盇翕仇偶妃匹會合也
郭璞云、皆謂對合也。

仇讎敵妃知儀匹也
李巡云、仇讎、怨之匹也。怨耦曰讎。一切經音義二　某氏云、詩曰天立厥妃。詩正義十六之四卷　孫炎云、仇、相求之匹。詩正義一之一卷一　郭璞云、詩云君子好仇、樂子之無知、實維我儀、國語亦云丹朱馮身以儀之。讎猶儔也。廣雅云、讎、輩也。

妃合會對也
郭璞云、皆相當對。

妃媲也
郭璞云、相偶媲也。
一切注音

仇匹也　孫炎云、逑、相求之匹也。詩關雎正義　李巡曰、仇、讎怨之匹也。
蕙心案、孫注作逑、李注作仇。毛傳與孫同、鄭箋與李同。逑正字。仇借字也。禮記緇衣引詩君子好仇、亦通叚之證。

妃媲也　某氏云、天立厥配。詩皇矣正義　郭音譬。釋文
蕙心案、毛詩妃作配、傳云配、媲也。義本爾雅。妃配古今字。
古注斠

仇匹也　李巡曰、怨耦曰仇。一切經音義二又九
古注斠補

敆古荅反。郃音合、又音洽。盇胡獵反。翕許急反。仇音求。偶五口反。妃音配、又芳非反、下同。讎市周反。樂子音洛。馮身皮冰反。媲普計反。郭音譬。字林匹圵反。
陸音義

盇胡臘反○舊臘作獵譌今改正
音義攷證

敆郃盇翕仇偶妃匹會合也
在郃之陽。郃合也。度其鮮原、於是爲至。

仇讎敵妃知儀匹也
仇讎敵怨匹也。妃知儀嘉匹也。知非其匹、雖知有不能盡。王文公曰、易不可勝已、尚不爲知雄者。

妃合會對也
合若太姒文王對也。會若齊侯宋公對也。
新義

敆郃盇翕仇偶妃匹會合也　敆音閤、說文云合會也。盇、周易豫之九四云、勿疑朋盇簪。郃、未詳。餘皆義之常。
仇讎敵妃知儀匹也　仇、周南云、君子好仇。讎、廣雅云輩也。知、檜

風云、樂子之無知。儀、鄘柏舟云、實維我儀。**妃合會對也**對、當也。**妃媲也**媲、比偶也、譜計反。皆更相訓釋。

鄭樵注

敆郃盍翕仇偶妃匹會合也

郭璞曰、皆謂對合也。

鄭樵曰、敆音閤、說文云合會也。盍、周易豫之九四云、勿疑朋盍簪。郃、未詳。餘皆義之常。

仇讎敵妃知儀匹也

李巡曰、仇讎怨之匹也。

孫炎曰、仇、相求之匹也。

郭璞曰、詩云君子好仇、樂子之無知、實維我儀、國語亦云丹朱馮身以儀之。讎猶儔也。廣雅云、讎、輩也。

鄭樵曰、仇、周南云、君子好仇。讎、廣雅云讎、輩也。知、檜風云、樂子之無知。儀、鄘柏舟云、實維我儀。

妃合會對也

郭璞曰、皆相當對。

鄭樵曰、對、當也。

妃媲也媲郭音譬

郭璞曰、相偶媲也。

鄭樵曰、媲、比偶也、譜計反、皆更相訓釋。

古注合存

敆郃盍翕仇偶妃匹會合也。敆音閤。郃胡臘切。妃配同。○此發敆郃以下皆合之義也。疏曰、敆者、說文云、會合也。郃者、和合也。盍者、聚合也、易豫卦朋盍簪是也。翕者、歛也。愚按仇偶妃匹皆對合之義、敆郃盍翕會皆所以合之意也。

仇讎敵妃知儀匹也。妃合會對也。妃媲也。媲音譬。○此仇讎以下、又因上條推之而遞釋爲匹爲對爲媲也。註曰、詩萇楚云、樂子之無知、柏舟云、實維我儀。國語亦云、丹朱馮身以儀之。讎猶儔也。廣雅云猶輩也。愚按以萇楚詩証知爲匹、似未安。恐或有別証也。考詩傳、本言樂萇楚之無知識而已。註蓋以其下二章樂子之無室、樂子之無家、因牽解爲匹以証之與。

媲猶對也。

注疏參義

詩正義云、詩本作逑、爾雅多作仇、字異音義同。

補注

敆郃盍翕仇偶妃匹會合也 **註** 皆謂對合也。**仇讎敵妃知儀匹也** **註** 詩云、君子好仇、樂子之無知、實維我儀、國語亦云、丹朱馮身以儀之。讎猶儔也。廣雅云、讎、輩也。**妃合會對也** **註** 皆相當對。**妃媲也** **註** 相偶媲也。

正義 說文云、合、合口也。凡相會合、即爲儔匹。釋名云、匹、辟也、往相辟耦也。妃、合、會、又爲當對。妃又爲媲偶。其義輾轉相承。故說文又云、媲、妃也。○敆、郃至合也○敆者、說文云、敆、合會也。通作祫。王制云、祫禘祫嘗祫烝。鄭註祫、合也。郃者、大雅大明云、在洽之陽、說文引作在郃之陽。風俗通義亦作在郃之陽。小雅正月云、洽比其鄰、毛傳洽、合也。又通作協。堯典云、協和萬邦、史記作合和萬國。盍者、豫九四云、朋盍戠、虞翻云、盍、合也。坤爲盍。戠、聚會也。九歌東皇太一云、盍將把兮瓊芳。翕者、皐陶謨云、翕受敷施。繫辭傳云、其靜也翕。夏小正云、翕也者、合也。仇者、左氏桓二年傳云、嘉耦曰妃、怨耦曰仇、古之命也。偶者、桓六年傳云、人各有耦。耦與偶通。下篇釋言云、偶、遇也。釋名云、偶、遇也、二人相對遇也。妃者、昭九年傳云、妃以五成、杜註妃、合也。匹者、大雅文王有聲云、作豐伊匹、毛傳匹、配也。仇、偶、妃、匹、皆言媲對之合也。會者、天官冢宰云、以會官事。聘禮云、會諸其幣。又爲合蓋之名、士虞禮云、命佐食啓會、鄭註會、合也、謂敦蓋也。○仇讎至匹也○仇讎俱訓爲匹者、衆經音義引李巡云、仇讎、怨之匹也。疏引孫炎云、相求之匹也。敵者、左氏成二年傳云、若以匹敵。方言云、臺敵、匹也、自關而西秦晉之間物力同者謂之臺敵。妃者、晉語云、爲王妃兮。知者、鄭箋云、知、匹也。儀者、益稷云、鳳凰來儀。詩疏引鄭註云、儀、匹、言其相乘匹。大雅蒸民云、我儀圖之、鄭箋儀、匹也。我與倫匹圖之、而未能爲也。○妃合會對也○周頌清廟云、對越在天。大雅皇矣云、帝作邦作對、毛傳俱云對、配也。妃、對互相爲訓。合、會與妃義同。○妃媲也○詩疏引某氏云、詩曰、天立厥妃。毛詩妃作配、傳云配、媲也。左氏文十四年傳云、子叔姬妃齊昭公、釋文云本亦作配。是妃配二字古通用。釋名云、配、輩也、一人

爾雅詁林 一 釋詁上

獨處、一人往輩耦之也。註詩云至輩也。○正義君子好仇、周南關雎文。今本仇作逑。毛傳、逑、匹也。鄭箋云、怨耦曰仇。孔疏云、詩本作逑、爾雅多作仇、字異音義同也。樂子之無知、檜風隰有萇楚文。實維我儀、鄘風柏舟文。丹朱馮身以儀之、周語文。韋昭註、儀、匹也。郭云讎猶儔者、以聲近爲義。廣雅云、讎、輩也。謂儕輩也。

正義

郃合也

玉案、水經河水又南過汾陰縣西、注河水又逕郃陽城東、城北有瀵水逕其城內、東入於河。又於城內側中有瀵水、東南出城注於河。城南又有瀵水、東流注於河水、即郃水也。縣取名焉。故應劭曰、在郃水之陽。呂忱曰、爾雅異出同流爲瀵水。是瀵水本合諸水同流、故得郃名。此郃訓爲合之證也。

補注殘本

妃媲也　詩釋文云、媲、郭音譬。

校議

敆郃盍翕仇偶妃匹會合也皆謂對合也**仇讎敵妃知儀匹也**詩云君子好仇、樂子之無知、實維我儀、國語亦云丹朱馮身以儀之、讎猶儔也、廣雅云讎輩也**妃合會對也**皆相當對**妃媲也**相偶媲也

說文云、合、亼口也。周禮注、合、同也。呂覽注、合、和也。又云、合、交也。交和同皆對合之義。楚語注、合、會也。詩大明傳、合、配也。離騷注、合、匹也。匹配會又與合互相訓也。敆者、說文云合會也。玉篇、敆、公荅切。按今人同爨共居謂之敆火、本於爾雅也。通作欱。太玄玄告云、下欱上欱、范望注欱、猶合也。郃者、佮之叚音也。說文云、佮、合也。通作洽。詩洽比其鄰、民之洽矣、以洽百禮、傳箋竝云洽、合也。又通作郃。詩在洽之陽、說文引作在郃之陽。又通作祫。公羊文二年傳云、大祫者何、合祭也。禮王制云祫禘、鄭注祫、合也。詩豐年釋文、祫本或作洽。盍者、說文作盇、云覆也。玉篇云、盇盍同。按盍訓覆、覆蓋所以合之。故士虞禮注謂敦蓋爲合、即此義也。易豫云朋盍簪、虞翻注盍、合也。盍與嗑同。故序卦云、嗑者、合也。通作闔。一切經音義十二引說文云闔、合也。今說文無之。莊子天地篇云夫子闔行邪、釋文闔、本亦作盍。翕者、方言云聚也。聚亦合也。故玉篇云、翕、合也、斂也、聚也。詩兄弟既翕、載翕其舌、允猶翕河、毛傳竝云翕、合也。夏小正云、翕也者、合也。仇者、逑之叚音也。說文云、逑、斂聚也。又云、怨匹曰逑。本左傳文。詩以爲民逑、毛傳逑、合也、鄭箋合、聚也。正義引釋詁文。通作仇。說見下。偶者、釋言云、遇、偶也。通作耦。釋名云、耦、遇也。二人相對遇也。經典耦偶互通。故一切經音義二引字林云、偶、合也。呂覽季冬紀注、耦、合也。左氏桓二年傳、嘉耦曰妃、怨耦曰仇。蓋怨嘉雖異、仇妃本同。對文則兩耦似分、散文即仇妃俱合。故詩之好仇、即好合矣。妃匹俱說見下。會者、說文云合也。从亼、亼亦合也。樂記云、會守拊鼓、史記樂書作合守拊鼓。按說文、佮古文會。一切經音義九云、會古文佮、同。然則佮省彳爲合、合省口爲會。古人文字相生、於斯可見。○匹者、合也。合者、言有匹也。故公羊宣三年傳、無匹不行、何休注匹、合也。釋名云、匹、辟也、往相辟偶也。白虎通云、匹、偶也。與其妻爲偶、陰陽相成之義也。按匹與正字形相亂、故禮器云、匹士大牢而祭、釋文匹士、本或作正士。緇衣云唯君子能好其正、小人毒其正、鄭注正當爲匹字之誤也。蓋漢隸書匹正形近、所以致誤、非古字通也。仇者、說文云讎也。讎猶讐也。讐當亦匹對也。詩與子同仇、詢爾仇方、毛俱訓匹、鄭唯賓載手仇之仇讀𣪠、音拘、其餘俱本左傳怨耦曰仇。仇與逑通、故詩關雎毛傳逑、匹也。釋文、逑本亦作仇。正義引孫炎云、逑、相求之匹也。一切經音義九引李巡曰、仇讎、怨之匹也。然則李孫所據爾雅蓋有二本。以相求爲義則知孫本作逑、以讎怨爲義則知李本作仇。然詩君子好逑、緇衣引作君子好仇、是其字通之證。李孫之說、猶未免望文生訓矣。讎者、說文云猶譍也。譍以言對也。故一切經音義一引三蒼云、讎、對也。左氏僖五年傳、憂必讐焉。讐亦對也。表記注云、讎猶荅也。廣雅云、讎、輩也。郭云、讎猶儔也。儔一輩荅對、其義亦皆爲匹也。讎與仇通、故一切經音義一引三蒼

爾雅詁林　一　釋詁上

云怨偶曰仇、又引作怨耦曰讎、是讎仇通。又通作酬。書敢以王之讎民百君子、釋文讎、字或作酬。詩無言不讎、韓詩外傳亦引作酬。又通作疇。齊語云人與人相疇、家與家相疇、楚辭疾世篇云居嵺廓兮尠疇王逸韋昭注竝云疇、匹也、是疇讎又通矣。敵者、說文云仇也、方言云匹也。左氏文六年傳敵惠敵怨、杜預注敵猶對也。爾雅下文云、敵、當也。敵當對俱一聲之轉。通作適。玉藻云敵者不在、釋文敵、本又作適。論語云無適也、釋文適、鄭本作敵。又與嫡同。釋名云、嫡敵也、與匹相敵也。按敵與特義近、特訓獨、又訓匹。故詩實維我特、毛傳特、匹也。韓詩作直云相當值也。然則相當亦相匹矣。妃者、說文云匹也。白虎通云、妃匹者何、謂相與爲偶也。釋名云、妃輩也、一人獨處、一人往輩耦之也。通作配。楚辭九思篇云配稷契兮恢唐功、注云配、匹也。詩皇矣釋文、配本亦作妃。大司樂注姜嫄無所妃。釋文、妃、本亦作配。經典配妃通者非一、其餘皆可推也。知者、墨子經上篇云、知、接也。莊子庚桑楚篇亦云、知者、接也。蓋接以交會對合爲義、故爲匹也。詩云樂子之無知、鄭箋知、匹也。樂其無妃匹之意。按詩文王初載傳箋訓載爲識。識、知也。又云天作之合、合、匹也。詩言文王始有識知而天爲生配匹、是卽知訓匹之證。古讀載如茲、詩蓋偕載爲識、故毛鄭因而通之明其段偕矣。儀者、善也、善之匹也。詩實維我儀、我儀圖之、傳箋竝云儀匹也。大司樂疏引鄭注鳳皇來儀、儀亦以儀爲匹也。通作義。書云父義和、正義引鄭注讀義爲儀、儀仇皆訓匹也、故名仇字儀。按威儀之字、說文作義、今作儀、鄭讀合於古矣。○對者、說文云譍無方也、从口、則與讎同意。漢文帝去口从士、非矣。廣雅云、對、當也。詩帝作邦作對、對越在天、以亯時之對、毛鄭竝云對、配也。文選東京賦云推光武以作配、薛綜注配、對也。是對亦訓配、配亦訓對。合者、荅也。古荅問之字直作合、故左氏宣二年傳既合而來奔、杜預注合猶荅也。按說文云、合、亼口也。亼口卽荅之義。荅卽對也。凡物相對謂之合。四方上下謂之六合。淮南原道篇注云、孟春與孟秋爲合、仲春與仲秋爲合、季春與季秋爲合、孟夏與孟冬爲合、仲夏與仲冬爲合、季夏與季冬爲合、故曰六合。是合皆取相對之意、會與合同意。○媲者、說文云、媲、妃也。妃、匹也。以聲近聲

轉爲義也。詩天立厥配、毛傳配、媲也。正義引某氏作天立厥妃、是妃配通。文選廣絕交論注引爾雅作媲妃也、今作妃媲也。爾雅諸文展轉相訓、其義俱通、多此類也。

義疏

敆郃盇翕仇偶妃匹會合也

案匹與正字形相亂、故禮器云匹士大牢而祭、釋文匹士、本或作正士。緇衣云唯君子能好其正、小人毒其正、鄭注正、當爲匹字之誤也。蓋漢隸書匹正形近、所以致誤、非古字通也。

念孫案、爾雅誤字、所當辯者也。若他書之誤字而亦辯之、則是書之富、必至積案盈箱、不止於七卷矣。

郝注刊誤

敆郃盇翕仇偶妃匹會合也

郭注、皆謂對合也。合有合同配合二義。字从亼口、象室在亼下、蓋合之也、故相合字加攴。經無敆字、說文引詩在郃之陽、蓋詩洽比其鄰、民之洽矣。以洽百禮、三家作敆、在洽則作郃、今皆改之也。盇卽蓋也、禮謂敦蓋爲會、今謂之合。易噬嗑、从盇加口、佮嗑、又朋盇哉、記戶闔亦闔、盇與開對也。翕、从合羽。夏小正、翕也者、合也。詩兄弟既翕。又、允猶翕河。仇、从九人。九、聚也。聚人則有儔匹讎敵二義。後更以讎言爲讎怨、又以逑求爲逑匹。詩君子好仇、亦改作好逑。周官調人、讎、記皆作仇。仇、正字也。詩以爲民逑、以逑爲會合字。左傳怨耦曰仇、非仇匹之義、怨則不匹合、明矣。君子好仇、公侯好仇、字皆當作讎。偶、从人禺、相人也。後改作耦遇、而古文仍用偶字。禮射有三耦。詩十千維耦、書女明勖偶王、在古文作偶也。妃配古今字、以君妻爲妃、而改妃匹爲配。女匹已爲妃、酉以醴女亦妻之名。許愼以配爲酒色、殆非也。易遇其配主、詩克配彼天、書禮陟配天、禮以某妃配、是會合也。匹从匚八、布帛之名也。春秋

傳無匹不行，易馬匹亾，書馬四匹，皆以合者爲匹。

仇逑**讎**酬雔**敵**嫡適**妃**配媲**知儀**擬**匹也**

注：仇，孫作逑。注「相求之匹也」，李注：仇，怨之匹也。怨耦曰讎。郭注詩云君子好仇，樂子之無知，實維我儀，國語亦云丹朱馮身以儀之，讎猶儔也。廣雅云讎，輩也。此因合而生匹配之義。匹者，一與一相合。仇本怨敵，以與讎同用而生配耦，敵从攴啻聲，啻即諦也，下云敵當，字同適，嫡對也。正字當作敵，以語相對，又加攴擊，是與仇同也。義相當不讓，因爲嫡妻之稱，又轉爲適寢也。妃从女配己，是妃匹正字。知即矢也，射必有耦，因以喻匹。書以夫婦爲夫知，交游謂之知交，亦是也。儀義古今字，義从羊我，與妃同意。善我爲義，故有匹義。書鳳皇來儀，字又作擬。擬亦當也。書王義嗣父義和，記擬人必於其倫，皆謂相匹也。

妃合答**會對也**

郭注：皆相當對。此又以對答爲義，不必相耦，但相竝即可爲妃配，天是也。禮答拜，不對拜，書用答揚文武，詩聽言則答，是對也。答本佁畐，與會同意。禮啟敦會合，敦之葢也。周官歲終則會，以簿籍對冣之，故會計爲對計，因以爲計數之稱耳。對从丵口寸，丵叢而口斷制之。本从會答爲義，因爲凡答及下對上之詞。

妃媲妣也

郭注：相偶媲也。此專以妃爲尊稱，釋親配考者曰妣，禮曰某妃配，是妃配異義，但取媲輔。記曰天子之妃，詩序言后妃是也。詩釋媲爲妃，分媲妣爲二字，不知爲重文。

集解

敆部

盇翕仇偶妃匹會合也

敆，合會也，从攴合聲。今竹木之器物門枸俗謂之合縫，即此敆字也。大玄告下敆上啟，范望注敆猶合也。儀禮士昏啟升，今本作合，注合左右胖升於鼎也。郃，邑名，从邑合聲。今陝西關中道縣屬。正字爲合。合郃疊韵。詩大明在郃之陽，史記魏世家正作合。正月洽比其鄰，板民之洽矣，毛傳均云洽，合也。義。艾以洽百禮，箋洽，合也。禮記仲尼燕居則無以祖洽於衆也，注洽，合也。說文佮，合也。大玄郭陰氣慼而㑒之，㑒即佮，注猶合也。楚辭天問天何所沓，文選羽獵賦天與地沓。小爾雅廣言沓，合也。鄭語先王以土與金木水火雜，注雜，合也。前漢書郊祀志揖五瑞，師古曰揖，合也。後漢書陳蕃王允傳贊人謀雖緝，注緝，合也。以洽佮沓雜揖緝爲之。盇，覆也，从皿从大。大者象覆蓋形，从一。一者，皿中物也。引申爲合，謂蓋物而使合也。易豫朋盇簪，虞注盇，合也。易序卦傳嗑者合也。繫辭傳闔戶謂之坤，虞注閉翕也。以嗑闔爲之。翕，起也，从羽合聲。正字爲合。合翕疊韵。書皋陶謨翕受敷施，傳翕，合也。詩常棣兄弟既翕，般允猶翕河，傳均云翕，合也。夏小正匽之興五日翕望乃伏。翕也者，合也。書堯典協和萬邦，史記作合和萬國。禮記禮運協於分藝，注協，合也。莊子天運予口張而不能嗋，釋文嗋，合也。釋木晝聶宵炕，郭注聶，合也。荀子不苟齊秦襲，淮南天文天地之襲精爲陰陽，注均云襲，合也。廣雅釋詁設，合也。周語克厭天心，注厭，合也。以協嗋聶襲設厭爲之。仇，讎也，从人九聲。讎也者，二人相對相當之誼，所謂合也，非專斥讐怨言也。詩民勞以爲民仇，今本作逑，傳合也。離騷雖不周於今之人兮，注周，合也。說文羣，輩也，合也。以周羣爲之。偶，桐人也，从人禺聲。正字爲耦。耒廣五寸爲伐，二伐爲耦，是耦有配合誼也。耦偶通用字。書君奭汝明勖偶王，疏偶，配也。史記高帝紀偶語者棄世，集解偶，對也。呂覽季冬紀命司農計偶耕事，今本作耦，注合也。妃，匹也，謂己與女身對合也，从女己聲。禮記曲禮天子之妃曰后，疏妃，配也。左昭五傳妃以五成，注妃，合也。匹，四丈也，从匸从八。八揲一匹，八亦聲。今謂从匸者卷而可藏也，八者分也，分四丈爲二卷也。引申爲合。詩文王有聲作豐伊匹，傳匹，配也。禮記三年問失喪其羣匹，注匹，偶也。公羊宣三傳自內出者無匹不行，注匹，合也。楚辭惜誦又何以爲此伴也，注伴，侶也。悲回風伴張弛之信期，注伴，俱也。說文作扶。廣雅釋詁朋，類也。吳語而孩童焉比謀，注合也。以伴扶朋比爲之。會，聚而合也，从亼从增省。古文作給。易乾亨者，嘉之會也。姚配中曰會，合也。禮記樂記會守拊鼓，史記會作合。儀禮士虞命佐食啟會，注會，合也。謂敦蓋也。大玄玄告日月相劇，劇即會合也。前漢書貨殖傳節駔儈，注合會二家交易者。史記𠀤作會。以劇或儈爲之。合，亼口也，从亼从口會意。

仇讎敵妃知儀匹也

仇，讎也，亦匹也。左桓二傳，嘉耦曰妃，怨耦曰仇。相對而為言耳。實則兩異為仇，兩同亦為仇，不得專訓仇怨也。詩無衣與子同仇，皇矣詢爾仇方，傳均云仇，匹也。文選登樓賦實顯敞而寡仇，王仲宣贈士叔良詩尚哉君子異於他仇，注均云仇，匹也。禮記緇衣君子好仇，注仇，匹也。詩關雎釋文，本作逑。文選甘泉賦迺搜逑索偶，注逑，匹也。以逑為之。讎，猶譍也，以言雔聲。譍字本作應，謂以言相當也。相當則相匹矣。前漢書地理志雖免為民，俗猶羞之，嫁取無所讎，師古曰，讎，匹也。文選景福殿賦夫何足以比讎，注讎，匹也。詩無言不讎，韓詩外傳引作酬。齊語人與人相疇，家與家相疇，楚辭疾世居嵺郭兮尠疇，注均云疇，匹也。以酬疇為之。敵，仇也，亦匹也，从攴啇聲。禮記玉藻敵者不在，孟子仁者無敵，均是也。左文六傳敵惠敵怨不在後嗣，注敵猶對也。秦策四國之兵敵，注謂強弱等也。呂覽處方其右攝其一勦適之，注適猶等也。方言，臺敵，匹也，自關而西秦晉之間物力同者謂之臺。釋名，嫡，敵也，與匹相敵也。嫡妻適寢均是。以適臺嫡為之。妃，謂己與女身匹也。古嬪御之貴次於后者曰妃。易豐遇其妃主，江藩曰，妃，匹也。秦策貞女工巧，天下願以為妃，鮑注妃，匹也。白虎通，妃者匹也，妃匹者何，謂相與為偶也。楚辭九思配稷契兮恢唐功，注配，匹也。以配為之。知，詞也，从口从矢會意。正字為再。再，一舉而二也。引申為匹。廣雅故匹再均釋二。說文則以彼為之。彼再知通用字。書名誥夫知保抱攜持厥婦子孫，疏知，匹也。詩萇楚樂子之無知，箋知，匹也。或曰墨子經上知接也，接人者斯有匹。廣雅因釋接為合。其說亦通。儀，度也，从人義聲。正字為擬。擬，比也。引申為匹。禮記曲禮擬人必於其倫，是也。擬儀通用字。書皋陶謨鳳皇來儀，謂來匹。詩柏舟實為我儀，傳儀，匹也。烝民我儀圖之，箋儀，匹也。周語丹朱馮身以儀之，生穆王焉。文選顏延年應詔讌曲水詩儀辰作貳，注均云儀，匹也。書文侯之命父義和，鄭注義讀為儀。儀仇皆匹也。廣雅釋詁儷，耦也。釋言儷，扶也。說文丽，兩耦也。均匹也。以義丽或儷儷為之。

妃合會對也

妃，匹也，謂己與女身對也。經典多以配為之。前漢書王莽傳基成而享不配，師古曰，配，對也。文選東京賦推光武以作配，遊天台山賦應配天於唐典，注均云配，對也。合，亼口也。引申為對，謂對合也。書君奭襄我二人汝有合哉，孫疏合，對也。秦策一可以合十，十可以合百，百可以合千，千可以合萬，韓非子初見秦篇合并作對。詩雨無正聽言則荅，漢書賈山傳作對。儀禮鄉射禮記既發則荅君而俟，禮記祭義荅陽之義也，注均云荅，對也。以荅為之。會，合也，从亼。亼亦合也。引申為對。禮記樂記會守拊鼓，注會猶合也，對也。對字本作對，譍無方也。从口，與讎同意。漢文帝去口从士，非矣。故妃可訓為媲，許慎說比密也。二人為从，反从為比。詩皇矣天立厥妃，傳媲也。今本以配為之。

妃媲也

妃為相對之人，媲取相比之義。

義證

欱郃盍翕仇偶妃匹會合也　欱古答反

註 皆謂對合也 補正 邢疏，欱，說文云合會也。郃者，和合也。盍，眾合也。易豫卦九四云勿疑朋盍簪。翕，歛合也。左傳曰，怨偶曰仇，嘉耦曰妃。偶者，相對合也。匹，配合也。會，集合也。臣鑒按，郃洽通。詩在郃之陽，亦作洽。疏訓郃為和合，以詩洽比其鄰可證也。

仇讎敵妃知儀匹也

註 詩云君子好仇，樂子之無知，實維我儀。國語亦云丹朱馮身以儀之。讎猶儔也。廣雅云讎輩也 補正 邢疏，仇，孫炎云，相求之匹。詩疏引舍人註同。讎者，儔侶。輩類之匹也。敵者，相當之匹也。妃，合耦之匹也。

妃媲也

註 相媲偶也 補正 詩疏引某註云，詩云天立厥妃。

郭注補正

仇讎敵妃知儀匹也

詩云君子好仇樂子之無知實維我儀國語亦云丹朱馮身以儀之讎猶儔也廣雅云讎輩也

倣宋本閩本馮身作憑身，釋文及各本俱作馮，國語亦作馮，俗加心。　唐殘本玉篇言部讎下引爾雅郭璞曰、讎猶疇也。疇儔古通、顧野王所據郭注作疇。

妃合會對也

皆謂相當對也

元應大智度論七十七卷音義引爾雅會、對也、郭璞曰謂相當對也。慧琳後出、阿彌陀偈一卷音義引同。今據補謂也二字。

妃媲也

相偶媲也

慧琳能斷金剛般若波羅蜜多經論下卷音義引郭注爾雅云媲亦偶也。

郭注佚存補訂

畝郃盍翕仇偶妃匹會合也

畝者、說文云合會也。郃、釋文音合、又音洽。郃與洽通。大雅大明在洽之陽、說文作在郃之陽是也。小雅正月洽比其鄰、賓之初筵以洽百禮、大雅板民之洽矣、周頌載芟以洽百禮、傳箋並云洽、合也。洽又與協同。大雅江漢洽此四國、禮記孔子閒居作協此四國、洽比其鄰、僖廿二年左氏傳作協比其鄰。郃洽協三字音義皆同。　翕者、小雅常棣兄弟既翕、大東載翕其舌、周頌般允猶翕河、傳並云翕合也。載翕其舌、玉篇作載吸其舌。　仇者、仇媲之合也、與逑通。周南關雎君子好逑、彼釋文云逑本作仇。禮記緇衣漢書匡衡傳作君子好仇。鄭箋云怨耦曰仇。兔罝公侯好仇、唐風無衣與子同仇、大雅皇矣詢爾仇方、箋並云怨耦曰仇。好仇猶常棣之言好合也。大雅民勞以爲民逑、傳云逑合也。　偶者、偶遇之合也。一切經音義二引字林云、偶合也。　偶與耦同。莊子齊物論釋文云、偶、本作耦。周頌噫嘻十千維耦、箋云二耜爲耦。僖九年左氏傳注云、耦、兩也。　凡兩相合者俱謂之耦。呂覽季冬紀注云、耦、合也。　妃者、夫婦之合也。桓二年左氏傳嘉耦曰妃、注云妃合也。　通作配。大雅皇矣天立厥配、箋云天既顧文王爲之生賢妃、正義云妃字音亦爲配。邶風匏有苦葉箋云、爲之求妃耦。彼釋文云、妃本作配。齊風雞鳴傳云古之夫人妃其君子、彼釋文云妃音配、本亦作配。大雅下武王配于京、永言配命、皆是配合之義。　匹者、匹配之合也。宣三年公羊傳注云匹、合也。　大雅文王有聲作豐伊匹、傳云匹、配也。匹與配皆合也。　會者、會集之合也。小雅杕杜會言近止、大

爾雅詁林　一　釋詁上

雅大明會朝清明、箋竝云會合也。上文其會如林、會亦合也。齊風雞鳴會且歸矣傳云會會於朝也。會於朝、謂集合於朝也。

仇讎敵妃知儀匹也

仇者、孫炎云相求之匹也。秦風無衣與子同仇、大雅皇矣詢爾仇方、傳竝云仇匹也。小雅賓之初筵賓載手仇、彼釋文亦云仇、匹也。周南關雎君子好仇也。兔罝公侯好仇、疏云毛以爲赳赳然有威武之夫有文有武能匹耦於公侯之志爲公侯之好匹。此雖無傳、以毛仇皆爲匹、鄭唯好仇爲異。讎者、邢疏云儔侶輩類之匹也。讎從雔說文云雔、雙鳥也。从二隹會意。則讎爲匹義可知。大雅抑無言不讎、疏云相對謂之讎。釋詁云讎匹也。是匹敵相報。邶風谷風反以我爲讎、此所謂怨偶曰讎也。讎與仇通。一切經音義一引三蒼云、怨偶曰讎。小雅采芑、大邦爲讎。讎亦匹敵也。　敵者、邢疏云、相當之匹也。下文云敵當也。小雅彤弓序箋云諸侯敵王所愾、疏云敵者、當也。相當卽匹敵也。　知者、郭注引詩樂子之無知檜風隰有萇楚文也。鄭箋云知、匹也。　儀者、注引詩實維我儀、鄘風柏舟文也。毛傳云儀、匹也。大雅烝民我儀圖之、箋云儀匹也、彼釋文出我義、云毛如字、鄭作儀、匹也。蓋陸所據毛詩作義、今毛詩皆從鄭作儀矣。

妃合會對也妃媲也

妃合會已見上條、而又訓爲對、爲媲、反復以申其義也。對者、大雅皇矣帝作邦作對、周頌清廟對越在天般裒時之對、傳箋竝云對、配也。配卽妃字。合者、大明天作之合、傳云合、配也。配亦對也。合亦有對答之義、合爲古答問字。說文云合、亼口也。亼口卽答義。大雅皇矣以對于天下、江漢對揚王休、桑柔聽言則對、箋竝云對答也。　妃媲者、皇矣天立厥配傳云配、媲也。正義云、釋詁云妃媲也、某氏曰詩云天立厥妃、是毛讀配如妃、故爲媲也。

說詩

仇讎節註丹朱馮身以儀之　馮監本誤然。

疏夫神一不遠徙還焉若由是觀之　監本脫焉字。毛本脫若字。一、周語作壹。

注疏正字

爾雅詁林　一　釋詁上

郃

郃陽、漢左馮翊縣名。班志注、應劭曰在郃水之陽。郃當作洽。詩小雅正月洽比其鄰、傳洽合也。此可證古本作洽不作郃矣。邑因水得名、故从洽省。叔重引詩在洽之陽、以明郃之从合、非謂洽水當作郃水也。今本說文風俗通皆後人所改。

知

注、樂子之無知。檜風箋曰、知匹也。正義下文無家無室、故知此宜爲匹也。蓋夫妻好合、重在新知。楚詞九歌樂莫樂兮新相知、王逸注言天下之樂莫大於男女始相知之時也。　小箋

合對也

引之謹案秦策一可以合十、十可以合百、百可以合千、千可以合萬、韓子初見秦篇合竝作對。　述聞

欱郃盍翕仇偶妃匹會合也　詩小雅正月洽比其鄰、傳洽合。又大雅板民之洽矣、傳洽合、正義曰洽合釋詁文。又周頌載芟以洽百禮、箋洽合、正義曰洽合釋詁文。元照案欱郃翕洽皆从合聲、可展轉通借。說文佮、合也。从人合聲。又水部洽、霑也。从水合聲。正義云通作祫。說文祫大合祭也。禮記注、王制祫合也。又通協。堯典協和萬邦、史記作合和萬國。　仇又通逑。臧氏琳曰、說文逑、斂聚也。从辵求聲。虞書曰、旁逑孱功。又曰、怨匹曰逑。詩周南關雎君子好逑、傳逑匹也。正義曰逑匹釋詁文。孫炎云相求之匹。詩本作逑、爾雅多作仇。字異音義同也。又大雅民勞以爲民逑、傳逑合也。正義曰逑合釋詁文。今爾雅作仇。據孫氏注知孫本作逑。　正義云、偶與耦通。元照案耦、正文。偶、通借。　妃、說文同。又通借作配。

仇讎敵妃知儀匹也　仇亦作逑。見上

妃合會對也　詩正義十九之一引作配。

妃媲也　詩大雅皇矣天立厥配、傳配媲也。釋文云本亦作妃。正義云妃字音亦爲配。釋詁云妃媲也。某氏曰詩云天立厥妃。是毛讀配如妃、故爲媲也。　匡名

欱音閤郃音合盍翕仇音求偶妃音配匹會合也仇讎敵妃知儀匹也妃合會對也妃媲音譬也

合匹對媲義本相通、故輾轉相訓也。說文合、合口也。大雅、天作之合。欱、合會也。通作祫。公羊文二年傳、大祫者何、合祭也。郃、引詩作在郃之陽、毛本作在合之陽、今作洽。又通協。堯典協和萬邦、史記作合和萬國。　盇、覆也。从血大聲。註皿中有血而上覆之。覆必大於下、故从大。艸部之蓋从盇會意、訓苫覆之、引伸耳。今則蓋行而盇廢矣。隸又變作盍。豫卦朋盍簪、虞翻云盍、合也。　翕、起也。註詩言合而許言起者、但言合則不見起、言起而合在其中矣。如鳥將起、必斂四翼也。皐陶謨翕受敷施、夏小正翕合也。　仇、讎也。仇與逑古通用。周南公侯好仇。　偶、桐人也。註偶寓也、與並耕之耦義迥別。今皆作偶、則失古意矣。君奭偶王在亶、亦作耦。左桓六年傳、人各有耦。　妃、匹也。註引伸爲凡相耦之偁。左桓二年傳嘉耦曰妃、註妃合

也。大雅作豐于匹、傳匹、配也。會、合也。从亼曾省。曾、益也。周禮以會官事、鄭註會、合也。○匹、四丈也。从八匸。八揲一匹、八亦聲。註匹訓爲偶、取夫婦有別之義、故謂之匹。漢匡衡政治疏、匹妃之際、生民之始。周南君子好仇、今作逑、傳逑、匹也。○讎、猶讐也。召誥敢以王之讎民。廣雅、讎、輩也。○敵、仇也。从攴啇聲。左成二年傳若以匹敵。曲禮天子之妃曰后、註妃、匹也。檜風樂子之無知、箋知、匹也。鄘風實維我儀、傳儀、匹也。○大雅帝作邦作對、傳對、配也。與妃互相爲訓、合會與妃義同。○詩疏引詩作天立厥妃、毛詩妃作配、傳配、媲也。嫓、妃也。妃配二字古通用。

啓蒙

敆郃盇翕仇偶妃匹會合也

郭注云。皆謂對合也。

合也者。說文。合。合口也。从亼从口。有匌聚之義。

敆者。說文。敆。合會也。从攴从合。合亦聲。敆字不見於經典。通作祫。邵疏云。禮記王制云。祫禘。祫嘗。祫蒸。鄭注云。祫。合也。以上邵疏 又通作欱。郝疏云。大玄玄告下欱上欱。注云。欱猶合也。以上郝疏

郃者。說文。郃在馮翊郃陽縣。詩曰。在郃之陽。無合義。訓合者當爲佮之借。說文。佮。合也。从人合聲。用郝疏說 佮字不見於經典。通以洽爲之。詩小雅洽比其鄰。傳云。洽。合。知洽與郃通者。詩大雅在洽之陽。說文引作在郃之陽。以是明之。

盇者。說文作盍云。覆也。从血大。易豫卦朋盍簪。虞注云。盍。合也。通作嗑。易序卦嗑者合也。以上盍嗑二義郝疏已引

翕者。說文。翕。起也。从羽合聲。蓋謂兩羽相支岠而糾起也。兩者相待。故亦有合義。夏小正說良蜩鳴云。五日翕。翕也者。合也。案說文。蜩。蟬也。蟬以旁鳴。則翕者合兩旁也。詩小雅兄弟既翕。傳云。翕。合也。

仇者。說文。仇。讎也。从人九聲。非合義。訓合者當爲逑之借。說文。逑。斂聚也。聚斯合矣。詩大雅以爲民逑。傳云。逑。合也。孔疏云。逑合釋詁文。知孔意仇即逑矣。

偶者。說文。偶。訓桐人。从人禺聲。無合義。訓合者當爲耦之借。說文。耦。耒廣五寸爲伐。二伐爲耦。从耒禺聲。淮南時則訓令農計耦耕事。高注云。耦。合也。古者併兩耜而耕。二耜爲耦。二人共耕。論語所以言長沮桀溺耦而耕也。故耦有合義。廣雅釋詁。耦。諧也。諧亦合也。通作偶。一切經音義引字林云。偶。合也。

妃者。說文。妃。匹也。从女己聲。案春秋傳嘉耦曰妃。則妃亦對合義。此卽儀禮喪服所謂夫妻牉合者矣。昭九年左傳。妃以五成。杜注云。妃。合也。邵疏已引

匹者。說文。匹。四丈也。从八匸。胡禮切 八揲一匹。八亦聲。古者丈爲一端。二端爲一兩。每束五尋。合之則四十尺。今謂之匹。說見昭二十六年左傳杜注及禮記雜記鄭注 二端相合爲兩。二兩相合爲匹。故匹有合義。宣三年公羊傳無匹不行。何注云。匹。合也。

會者。說文。會。合也。从亼从曾省。曾。益也。禮記樂記會守拊鼓。史記樂書作合守拊鼓。史公以雅訓代之也。

仇讎敵妃知儀匹也

邢疏云。皆謂匹合也。

匹也者。說文云。匹。四丈也。从八匸。八揲一匹。八亦聲。二端相合爲兩。二兩相合爲匹。是匹有耦義。章先生曰。釋詁。匹。合也。詩傳。匹。配也。夫婦之道。素問所謂隱曲。故从匸。引申乃爲四丈。以兩兩捲之也。以上章先生語見文始 然則匹固匹配義矣。禮記三年問失喪其羣匹。鄭注云。匹。偶也。白虎通義爵篇。匹。偶也。與其妻爲偶。陰陽相成之義也。

仇者。說文。仇。讎也。从人九聲。下文讎訓匹。則仇亦匹矣。孫炎云。仇。相求之匹也。是也。詩秦風與子同仇。傳云。仇。匹也。怨耦亦曰仇。李巡曰。仇。讎。怨之匹也。桓二年左傳云。晉穆侯夫人姜氏。以條之役生太子。命之曰仇。師服曰。嘉耦曰妃。怨耦曰仇。古之命也。通作执。方言。执。仇也。今本执譌作执。王引之據集韻引改。今從之 郭璞曰。謂怨仇也。又通作救。王引之云。太元內初一。讙于嬰执。范望曰。执。匹也。釋文曰。嬰與妃同。执音仇。一作救。管子中匡篇。公曰。吾欲誅大國之不道者。可乎。對曰。安卿大夫之家。而後可以危救敵之國。救敵與仇敵同。以上王說見讀書雜志

讎者。說文。讎。猶譍也。从言雔聲。讎亦自有對義。以譍訓。以言對知之。然其正字則當作雔。說文。雔。雙鳥也。从二隹。隹二枚爲雙。匹亦訓雙。楚辭懷沙王注 則雔亦匹矣。邢疏云。讎者。儔侶輩類之匹也。是也。雔字不見於經典。通以讎爲之。漢書地理志嫁取無所讎。師古曰。讎。匹也。通作儔。文選思玄賦。魂憿惘而無儔。舊注云。儔。匹也。通作疇。齊語。人與人相疇。

爾雅詁林 一 釋詁上

家與家相嚋。韋解云。嚋匹也。

敵者。說文。敵。仇也。从攴啻聲。方言。臺。敵。匹也。自關而西秦晉之間物力同者謂之臺敵。（邵疏已引）邢疏云。敵者相當之匹也。大玄元攡列敵度宜之謂義也。注云。敵。匹也。通作適。以同啻聲也。禮記玉藻敵者不在。釋文。敵。本又作適。（郝疏已引）

妃者。說文。妃。匹也。从女己聲。白虎通義嫁娶篇云。妃者匹也。妃匹者何。謂相與爲偶也。（郝疏已引）通作配。楚辭九思配稷契兮恢唐功。王注云。妃。配也。詩大雅天立厥配。釋文。配。本亦作妃。周禮大司樂鄭注姜嫄無所妃。釋文。妃。本亦作配。（郝疏已引）

知者。說文。知。詞也。从口从矢。無匹義。訓匹者朱駿聲謂爲伎之借。說文。伎。與也。从人支聲。引詩曰籍人伎忒。（以上朱語見說文通訓定聲）案今詩伎作忮。釋文之豉反。本照紐支聲之猳孟子作翄。趙注云。翄。辭也。翄之本字爲啻。語時不啻也。文選王粲詩見眷良不翄。李注云。不啻。猶過多也。（啻从帝聲端紐）是支可讀端紐之證。伎與知古同聲。而支脂次旁轉。音理可通。與。訓黨與。與匹義亦會。朱說蓋得之。郝疏據墨子莊子知接之訓。云接以交會對合爲義。故爲匹。說亦有本。孰爲高下。未能質也。書秦誓如有一介臣。斷斷猗無他伎。其心休休焉。其如有容焉。禮記大學鄭注云。他技。異端之技也。今案以上下文求之。則此伎訓與。訓匹。說文。斷。截也。斷古文作㡭。引周書㡭㡭猗無他技。（今謂技亦應作伎）言一介之臣斷斷無他伎。而休休有容。一介與無他伎相應。亦通。詩小雅鹿斯之奔。維足伎伎。傳云。伎伎。舒貌。宗薌曾說之云。說文。伎。與也。與有安行義。以說文趨从與聲訓安行明之。（說見所著毛詩集釋）通作知。詩檜風樂子之無知。箋云。樂其無妃匹之意。莊子應帝王篇而曾二蟲之無知。章先生曰。釋詁。知。匹也。曾二蟲之無知。言不能匹二蟲。（以上章先生語見莊子解故）

儀者。說文。儀。訓度。从人義聲。與匹義不近。訓匹者當爲檥之借。說文。檥。榦也。从木義聲。榦。築牆耑木。書費誓峙乃楨榦。馬注云。楨榦皆築具。楨在前。榦在兩旁。因之檥有匹義。檥字不見於經典。通以儀爲之。詩鄘風實維我儀。傳云。儀。匹也。（馬瑞辰說以爲耦字以儀耦同疑紐爲雙聲未知孰是）周語昔昭王娶于房曰房后。實有爽德。協于丹朱。丹朱馮身以儀之。生穆王焉。韋解云。儀。匹也。此又引申爲乘匹矣。若書益稷鳳凰來儀。鄭注云。止巢而乘匹。則非是。章先生闢之云。儀訓匹。雖本釋詁。巢中字尾人焉得闚之。若在廣庭。鳳德爲已媟矣。案古者書儀但爲義。地官舞師教皇舞。皇書或爲義。然則義者舞名。易所謂其羽可用爲儀也。鳳本羽蟲。軒翥自然中於義舞。故云鳳皇來儀矣。樂記逸篇稱師曠作樂玄鶴二八。集乎郎門。舒翼而舞。則其比也。（以上章先生語見古文尚書拾遺定本）

妃合會對也

郭注云。皆相當對也。

對也者。說文。對。𤕭無方也。从丵从口从寸。對或从士。漢文帝以爲責對而爲言多非誠對。故去其口以从士也。章先生曰。對。說文訓𤕭無方。義與讎同。故爲匹耦之稱。釋詁。妃。合。會。對也。又曰。對。當爲艸木莑儷之義。易象傳曰先王以茂對時育萬物。時借爲蒔。蒔育義亦近。謂茂育萬物也。對必訓茂。从丵之義由是可通。从士者當爲土。字从土从寸與封同意。封本封土邕樹。春秋傳曰宿敢不封殖此樹。故从㞢。㞢者艸過屮枝莖益大也。以手邕土培艸木爲封。引伸凡邕土皆曰封。建國必以大社之土往封其社。故亦曰封。對字从土从寸。與封同意。漢文以爲从士者。古文大小篆士土形本無異。故誤仞爲士爾。丵者。說文云。叢生艸也。象丵嶽相並出也。艸叢生。故訓茂。相並。故引申亦爲敵對。釋詁。妃。對也。詩大雅傳對配也。對从對省聲。訓𤕭無方。𤕭對引申之義亦爲相敵相當。其與對本義則異。引申之義則同。故古文常相通借。漢文冢仞爲一字矣。（以上章先生語見文始及小學答問）

妃者。說文。妃。匹也。从女己聲。釋詁。匹。合也。下文云。合。對也。故妃亦對矣。晉語若翟公子吾是之依兮。鎭國撫家。爲王妃兮。韋解云。言重耳當霸諸侯爲王妃。偶。妃亦對也。通作配。文選東京賦推光武以作配。薛綜注云。配。對也。詩大雅帝作邦作對。傳云。對。配也。又互訓也。

合者。章先生曰。說文。合。合口也。釋詁。合。對也。與仇同意。（以上章先生語見文始）郝疏云。合者荅也。古荅問之字直作合。宣二年左傳既合而來奔。杜注云。合猶荅也。凡物相對謂之合。四方上下謂之六合。淮南原道篇高注云。孟春與孟秋爲合。仲春與仲秋爲合。季春與季秋爲合。孟夏與孟冬爲合。仲夏與仲冬爲合。季夏與季冬爲合。故曰六合。是合皆取相對之意。（以上郝疏語）逸周書武寤篇王克配天。合于四海。王引之云。合。對也。合于四海。猶大雅言對于天下耳。合與荅古同義。荅亦對也。（以上王語見讀書雜志）俗作荅。儀禮鄉射禮記既發則荅君而俟。鄭注云。荅。對也。荅即合之俗也。通作荅。詩邶風序遭州吁之難。衛莊姜傷己不見荅於先君。以至困窮。衛風序莊公惑於嬖妾。使驕上僭。莊姜賢而不荅。終以無子。孔疏云。嬖妾謂州吁之母。惑者謂心所嬖愛。使情迷惑。故夫人雖賢。不被荅偶。經四章皆陳莊姜宜荅而君不親幸。（孔疏止此）則荅者又有乘匹之意也。

會者。說文。會。合也。上文合對也。故會亦對矣。周禮宮正會其什伍。鄭注云。會之者。使之蜚作蜚學相勸帥。且寄宿衞之令。此會字有對義。詩鄭風序男女失時思不期而會焉。箋云。周禮仲春之月令會男女之無夫家者。漢書地理志男女亟聚會。故其俗淫。以上三會字皆有擇對之義。

妃媲也

郭注云。相偶媲也。

媲也者。說文媲妃也。从女毘聲。妃媲皆取牝聲。章先生曰。說文牝畜母也。毗忍切。經典釋文引徐仙民牝作扶死反。六朝人不分輕脣重脣扶死卽頻死也與匕聲合。牝引申爲陰器。老子曰。谷神不死。是謂玄牝。今人謂女陰通曰牝。從徐音作平聲呼如毗。凡妃毗妣皆取此聲。以上章先生語見新方言毘从比聲。比本訓密。而釋詁比又訓俌。易彖又云順從。在人相密相輔相順者爲妃媲。亦取比之義也。用章先生說出文始媲字不見於經典。惟詩傳一用之耳。見大雅皇矣篇妃者。說文妃匹也。从女己聲。儀禮少牢饋食禮以某妃配某氏。鄭注云。某妃某妻也。桓二年左傳嘉耦曰妃。杜無注。通作配。詩大雅天立厥配。傳云。配媲也。孔疏引某氏云。詩曰天立厥妃。文十四年左傳子叔姬妃魯昭公。釋文云。本亦作配。邵疏已引

本字考

敆、郃、合也。　敆、郃、合同字並見。

仇、讎、匹也。　仇、讎音近義同。

敵、知、匹也。　敵與知同字並見。

黃侃音訓

妃匹也。易豐卦遇其妃配主、鄭作妃。大戴記配以及配、小戴作妃。左傳子叔姬妃齊昭公、釋文作配。

古義補

郃合也

案此釋詩在洽之陽也。大雅大明篇在洽之陽、說文邑部郃下引作郃。穀梁桓八年注引鄭君說、後漢書崔琦傳注引列女傳及漢書地理志顏注引竝同、可見三家詩有作郃、一本爾雅以合釋郃者。据史記魏世家文侯時西攻秦築雒陰合陽、知郃陽之郃、古又止作合、後乃專製郃字。合之加邑而作郃、猶文王所都之豐、說文邑部亦加邑作酆也。蓋以古字釋今字、爾雅元有此例。水經河水篇河水又南過汾陰縣西、酈道元注河水又逕郃陽城東、城北有瀵水逕其城內、東入于河、又于城內側中有瀵水、東南出城注于河城南又有瀵水、東流注于河、卽郃水也。縣取名焉。故應劭曰在郃水之陽也、呂忱曰爾雅異出同流爲瀵水。然則瀵水本合諸水同流、因得合名、爾雅此郃專釋水之合也。

又案、說文水部洽、霑也、無合義。亼部、會、合也。㣛、古文从合从彡。毛詩作洽、疑卽㣛之形誤。㣛亦合也、非毛本加水於合也。

仇讎匹也

郭注、詩云君子好仇、讎猶儔也。廣雅云、讎輩也。

案慧琳經音義十八地藏十輪經八酬亢下音義引爾雅酬、匹也、郭璞曰此酬通謂相報荅、不唯主於飲酒也。與今經注皆不同。下文別有酬酢侑報也一條、郭注此通謂相報荅、不主於飲酒。然則慧琳所引蓋彼文、並非此文、匹乃報字之誤。至慧苑華嚴經十二仇對下音義引爾雅、仇、讎也、則又也上奪去一匹字、更不足据。

知匹也

郭注、詩云樂子之無知。邢疏、檜風隰有萇楚文。

案鄭箋彼詩知、匹也。疾君之恣、故於人年少沃沃之時樂其無妃匹之意。据知爾雅此文專釋彼詩、故高密亦本雅訓。惟說文口部知、詞也、从口从矢會意、殊無妃匹義在。孔疏十五六時已有所知、性頗可識猶

端正謹慤、則雖至長大亦無情慾。如孔疏云云、是仍用知識義、雅何以詁知爲匹。竊謂知之有匹義有可旁證而見。小戴禮禮器篇匹士太牢而祭、釋文匹、本作正。知从矢、而廣雅釋詁一矢、正也、矢義同匹、則从矢之知當亦同匹義矣。證一。列子仲尼篇務外游不知務內觀、殷敬順釋文知、一本作如。說文女部如、從隨也。從隨正妃匹之義、則知亦當有妃匹義矣。證二。荀子天論篇所志於陰陽者已其見知之可以治者矣、楊倞注知、或爲和。又大略篇審節而不知、不成禮、楊亦注知、或爲和。說文口部咊相應也咊爲相應正與龤爲猶譍之義近說文言部、龤、猶譍也。此經知龤竝詁匹、而知又通和、則知自有匹義矣。證三。墨子經上云、知、接也。莊子庚桑楚、知者接也。知接一聲之轉、言知爲接之叚字也。廣雅釋詁二、接、合也。國語吳語爾君偃兵接好、韋昭亦注接、合也。接既有合義、而此經匹亦詁合、則知亦可爲接之音叚矣。證四。有此四證、故曰知之有匹義、有可互證而見。

儀匹也　郭注、詩云實維我儀、國語亦云丹朱憑身以儀之。

案影宋蜀大字本引作丹朱馮身儀之、憑作馮、身下無以字。据釋文出馮身、云皮冰反。又据邢疏云國語亦云丹朱馮身儀之者云云、可見陸元朗邢昺本爾雅此注正無以字、憑亦正作馮、蜀本當不誤。國語周語上丹朱憑身以儀之、爲天聖明道本。宋庠補音本憑元作馮也。說文人部儀、度也、殊無匹義。詁匹之儀當爲宜之音叚字。說文宀部宜从多省聲、部首多緟也、从緟夕、緟夕爲多、正與分四丈爲匹本朱氏駿聲說文通訓定聲履部匹下說同意。故宜之古文亦竝兩宜作㝖、竝兩宜卽匹之謂矣。此宜有匹義之證。詩小雅角弓篇如食宜饇、釋文引韓詩宜作儀我也、是宜可通儀而用儀義。又大雅文王篇宜鑒于殷、禮大學引宜作儀、孔疏儀、宜也、是儀可通宜而用宜義。儀宜互通、而儀無匹義、故知此儀爲宜之音叚字也。詩大雅烝民篇我儀圖之、毛傳儀、宜也、鄭箋儀、匹也。蓋惟叚儀爲宜、然後儀有匹義、鄭正申毛、竝非與毛異也。易繫辭上傳兩儀生四象、李鼎祚集解引虞翻曰兩儀、謂乾坤也。竊意乾坤之謂兩儀、猶言乾坤兩大可以相匹、儀當亦爲宜之叚字。

合對也　邵氏晉涵正義、妃對互相爲訓、合會與妃義同。

案說文部首亼、三合也、从人一、象三合之形、讀若集。合、从亼口、合口也。三口相集爲合、猶之十口相同爲叶。說文劦部、協、眾之同和也。古文或从口从十。古對荅之字、皆當止作合。詩小雅雨無正篇聽言則荅、漢書賈山傳新序襍事篇竝引作聽言則對。儀禮鄉射禮記既發則答君而俟、小戴禮郊特牲篇答陽之義也、又祭義篇穆答君、鄭竝以對注答。說文艸部、荅、小尗也。初無對荅義。左宣二年傳既合而來奔、杜注合猶荅也。又襄十年傳與伯輿合要、孔疏合要者、使其各爲要約、言語兩相辯荅。可見今所謂對荅字、古皆止作合。韓非子初見秦篇夫一八奮死可以對十十可以對百百可以對千千可以對萬萬可以尅天下矣、與國策三秦一一可以勝十十可以勝百百可以勝千千可以勝萬萬可以勝天下矣、此据刔川姚氏本兩文正同。而鮑彪注本勝皆作合、尤合有對義之切證。

董瑞椿補記

欱、郃、盍、翕、仇、偶、妃、匹、會、合也。仇、讎、敵、妃、知、儀、匹也。妃、合、會、對也。妃、媲也。

此言合匹對媲之義之相通也。說文云：「合、亼口也、」離騷注云：「合、匹也。」匹者、公羊宣三年傳何注云：「匹、合也、」白虎通云：「匹、偶也。」詩大明皇矣傳箋、合訓爲配、對亦訓配；而「天立厥配、」傳云：「配、媲也。」是合匹對媲、輾轉相訓、其義皆貫、故爾雅類列而釋之。而又以合訓匹、以對訓合也。

欱郃皆訓合者、說文「欱、合會也、」許即用爾雅之義。郃爲佮之假字、說文云：「佮者合也、」此正字、詩「在洽之陽、」說文引作在郃之陽者、與爾雅同用假借字也。洽亦佮之假、故「在洽之陽」「洽比其鄰、」傳並云：「洽、合也。」王制「禘祫」之祫、鄭注訓合、豐年釋文謂「祫本或作洽、」是借祫爲佮也。蓋佮郃洽祫、皆从合聲、故相借用。

盍、說文作盇、云：「覆也、」隸變作盍、凡被覆蓋者必相合、故引伸爲合。易「朋盍簪、」虞翻注云：「盍、合也、」是其義。序卦之「嗑者合也、」莊子天地篇之「天子闔行邪、」借嗑闔爲盍也。

翕者、夏小正云：「翕也者、合也。」詩用翕字、傳皆以釋詁文訓之。

仇者、逑之假借、說文云：「怨匹曰逑、」此即今本左傳「怨耦曰仇」之語、詩正義引孫炎云：「逑、相求之匹、」是許所見左傳、孫所見爾雅、仇皆作逑、可知矣。詩曰：「君子好逑、」又曰：「妻子好合、」好逑即好合、關雎傳逑訓匹、即爾雅曰：「仇、合也、匹也、」之義。

偶爲耦之假借、衆經音義引字林云：「偶、合也、」呂覽季冬紀注：「耦、合也、」凡奇偶配耦相遇之偶、皆有合義。

妃者、左氏昭九年傳云：「妃以五成、」杜訓合、是妃合義同。說文訓妃爲匹、白虎通云：「妃匹者何、謂相與爲偶、」是匹妃義同。左傳云：「子叔姬妃齊昭公、」妃即配對之義。說文云：「媲、妃也、」與爾雅爲互訓。此爾雅所以云：「妃、合也、匹也、對也、媲也。」

會者、說文云：「會、合也、从亼、曾省、曾、益也。」故會有合意。說文「亼讀若集、」凡相集者皆相對、與合之訓對同意。秦策「一可以合十、十可以合百、」韓子合並作對、此會之所以又有對義也。

讎訓匹者、衆經音義引三蒼云：「讎、對也、」對即匹之義。故齊語「人與人相疇、」楚辭「孰疇、」王逸韋昭注、即徑訓疇爲匹、以疇爲讎之假字也。

敵、方言亦訓匹、左傳「若以匹敵、」二字連用成文。

知訓匹者、詩「樂子之無知、」鄭箋用雅義釋之。墨子經上篇「知、接也、」莊子庚桑楚篇同、接亦兩相匹偶之義。

儀者、益稷「鳳凰來儀、」鄭云：「儀、匹也、」言其來相乘匹、鄘風「實爲我儀、」即實爲我匹也。

爾雅學

欱郃盍翕仇偶妃匹會合也○釋曰 注疏本删。元本閩本此節疏後分一卷中。

丹朱憑身以儀之 陳本閩本同。釋文單疏本雪牕本正德本監本毛本憑作馮。國語同此。下加心、非。

仇讎敵妃知儀匹也○釋曰 注疏本删。

妃合耦之匹也○注詩云至輩也○釋曰 注疏本删下八字。

實臨昭周之子孫而禍福之 元本同。閩本監本毛本昭作照。盍據國語改。

若由是觀之 元本監本同。與明道本國語合。毛本若作焉上屬、係依俗本國語改。閩本若上剜擠焉字。

妃合會對也妃媲也○釋曰 注疏本删。

校勘記

欱音閤 雪牕本音閤。盧刻古荅反。

盍胡臘切 雪牕本胡獵反。

讐 十行本雪牕本吳本並讎。

丹朱憑身以儀之讎猶儔也 雪牕本丹朱馮身儀之無以字。下重讎字。

爾雅詁林 一 釋詁上

媲普計切 雩𢈔本譜計反。

校勘記訂補

四行(注)鏙鏙猶儔也。「鏙」字重，宋刻十行本不誤。(注)皆相當對。玄應《音義》卷九引此注作「謂相當對也」。今本「皆」下脫「謂」字，「對」下脫「也」字，當據補。

宋監本校箋

敆音閤郃音合盍音曷翕仇偶妃音配匹會合也妃媲音譬也

音圖・音

欱古荅翻，音閤。郃音合，又音洽。大雅在洽之陽，釋文洽、戶夾翻，一音庚合翻。音閤。案敆、郃、洽三字音義並通。應劭漢書注馮翊郃陽縣，在郃水之陽。郃，戶荅翻。師古音合。

音略

閤　合洽洽　吸　求　配　酬

敆、郃、盍、翕、仇、偶、妃、匹、會、合也。仇、讎、敵、妃、

譬

知、儀、匹也。妃、合、會、對也。妃、媲也。

孫侶直音

蛤　合　合　吸　求　配　求　酬

敆、郃、盍、翕、仇、偶、妃、匹、會、合也。仇、讎、敵、妃、知、儀、匹也

直音校正

敆閤郃合盍胡臘切翕仇相當對相偶偶妃配匹會合也。仇、讎、敵、妃、知、儀、匹也。妃、合、會、對也。妃、媲媲譬也。

楊氏音訓

敆閤郃合盍胡臘切仇求妃配媲匹計切

干氏音釋

紹胤嗣續纂緌績武係繼也

紹、胤、嗣、續、纂、緌、績、武、係、繼也。詩曰：下武維周。緌見釋水。餘皆常語。

郭注

紹胤嗣續纂緌績武係繼也　釋曰：皆聯繼不絶也。紹者，大雅抑篇云：弗念厥紹。胤者，大雅既醉云：永錫祚胤。嗣者，周頌酌篇云：載用有嗣。續者，小雅斯干云：似續妣祖。纂者，魯頌閟宮云：纘禹之緒。緌、武見注。績者，陳風東門之枌云：不績其麻。係者，繫屬之繼。易曰：係小子失丈夫。注詩曰至常語　釋曰：云詩曰下武維周者，大雅下武文。云緌見釋水者，彼云：汎汎楊舟，紼縭維之。紼，䌊也。縭，緌也。是矣。

邢疏

紹胤繼也

紹，繼道也。胤，繼世也。春秋隱十一年正義、一切經音義八又九

犍爲注

黃輯古義

紹胤嗣續纂緌績武係繼也

紹，繼道也。胤，繼世也。春秋隱十一年正義、一切經音義卷八又卷九

犍爲注

玉函山房輯佚

紹胤繼也

舍人曰：紹，繼道也。胤，繼世也。春秋隱十一年正義四、一切經音義八又九

漢注

紹胤嗣續纂緌績武係繼也

舊注云：紹，繼道也。一切經音義八　舍人云：胤，繼世也。左傳正義

四卷　郭璞云：詩曰下武維周。緌見釋水。餘皆常語。

一切注音

爾雅詁林　一　釋詁上

紹繼也。爾雅注云、紹、繼道也。一切經音義八、
蕙心案、當是漢人舊注。郝氏義疏云、此舍人注、未審何本。
胤 舍人云、繼、世也。左氏隱十三年傳正義
係 繼也
蕙心案、後漢書班彪傳云系唐統、李賢注引爾雅系、繼也。係系古通用。

古注斠

紹市小反。胤羊忍反、又以刃反。纂子管反。綏世誰反。績子狄反。係戶帝反。繼音計。

陸音義

紹胤嗣續纂綏績武係繼也
紹若韶武、若大武。嗣子是也。係孫是也。冠成而綏繼之、絲成而績繼之、故曰絲事畢而麻事起矣。績利則賡之、纘善則贊焉。

新義

紹胤嗣續纂綏績武係繼也 綏、綴紼者。績、續麻也。皆有繼之義。武、大雅下武維周。係亦作繫。

鄭樵注

紹胤嗣續纂綏績武係繼也
舍人曰、允、繼世也。按、衆經音義引舊注有云紹繼道也四字、名氏未聞。
郭璞曰、詩曰下武維周。綏見釋水、餘皆常語。
鄭樵曰、綏、綴紼者。績、續麻也。皆有繼之義。武、大雅下武維周。係亦作繫。

古注合存

紹胤嗣續纂綏績武係、繼也。此釋紹胤以下皆繼之義也。註曰、綏見釋水。疏曰、係者繫屬之也。釋水云汎汎楊舟、紼纚維之。紼、繂也。纚、綏也。愚按、武跡也、謂跡相繼也。紹續纂係皆繼之正義、胤嗣言繼之人、績武言繼之象

注疏參義

係鄭云、亦作繫。

補注

紹胤嗣續纂綏績武係繼也 **註** 詩曰下武維周。綏見釋水、餘皆常語 **正義** 說文云、繼、續也。紹者、盤庚云、紹復先王之大業。樂記云、紹、繼也。衆經音義引舊註云、紹、繼道也。允者、左傳疏引舍人云、繼世也。說文云、子孫相承續也。高宗肜日云、罔非天允、史記作罔非天繼。嗣者、洪範云、禹乃嗣興。續者、周頌良耜云、續古之人。纂者、祭統云、纂乃祖服。周語云、纂修其緒。說文作纘、繼也。大雅大明云、纘女惟莘。綏者、說文云、綏系冠纓也。鄭註天官夏采云、綏以旄牛尾為之、綴於橦上。是冠綏旌綏皆取其繫屬。凡繫屬者皆相繼續也。績者、左氏昭二年傳云、子盍亦遠績禹功、杜註以績為纂。纂即繼也。孔疏取下文績功也為訓、則於文義有所窒矣。武者、詩序云、下武繼文也。以武為繼也。係通作繫。說文云、系、繫也。易繫辭傳釋文云、繫、續也。春官小史云、奠繫世。言定其繼世之敘也。班固東都賦云、系唐統、註引爾雅曰、系、繼也。系與係通。**註** 詩曰至釋水○ **正義** 大雅云、下武維周。毛傳用爾雅釋水云、縭、綏也。郭氏彼註云、綏、繫。是以綏為繫、繫即為繼也。

正義

係繼也 袁紹傳云、絕臣軍糧不得踵係。此以係為繼。

校議

紹胤嗣續纂綏績武係繼也 詩曰下武維周。綏見釋水、餘皆常語
繼者、相續不絕也。故說文云、繼、續也。一曰反㡭為繼。㡭、古文絕。反絕、會意也。繼之言繫也。繫繼音又同也。紹者、謚法云、疏遠繼位曰紹。一切經音義八引爾雅注云、紹、繼道也。按、此舍人注。道謂以道承繼大統、葢本謚法為說也。胤者、古文作孠、从子、取繼世不絕之義也。古讀胤如詒。故詩子寧不胤音、釋文引韓詩作詒音。書舜讓于德弗胤、史記集解引作不怡、皆其證也。子衿毛傳、胤、習也。旣醉毛傳、胤、習也。所以俱訓習者、習之言猶續也。續習義近而聲轉、故毛云胤習、鄭云胤續、明其義同也。胤通作似。故詩似續妣祖、毛傳

似、嗣也。以似以續、毛傳亦云嗣前歲續往事、是似續即嗣續。古字通用。又斯干箋、似、讀如巳。嗣有怡音、亦其證矣。纂者、纘之叚音也。說文云、纘、繼也。詩載纘武功、纘女維莘、毛傳竝云纘、繼也。崧高箋及中庸注同。通作纂。祭統云纂乃祖服、周語云纂修其緒、鄭注及韋注竝云纂、繼也。又通作踐。詩王纘之事、釋文纘韓詩作踐。中庸踐其位、鄭注踐或為纘。綏者、說文云系冠纓也、玉篇作繼冠纓也。冠纓所以繼者。鄭注士冠禮記云綏纓飾。蓋於纓上別加綏連綴為飾、故云繼也。通作蕤。漢書律厤志云、蕤、繼也。禮雜記云、大白冠、緇布之冠皆不蕤、鄭注不蕤、質無飾也。玉藻云緇布冠續綏、鄭注綏或作蕤。又通作緌。檀弓云喪冠不綏、釋文綏本又作緌。周禮夏采注云、士冠禮及玉藻冠綏之字、故書亦多作緌者、今禮家定作蕤。是蕤緌俱綏之叚借也。郭云綏見釋水者、釋器釋水竝云縭綏也、郭注俱云綏、繫。是綏訓為繫、繫即繼矣。績者、說文云、績、緝也。緝、績也。詩東門之池箋於池中柔麻、使可緝績作衣服、釋文云西州人謂績為緝也。是緝績音義同。詩授几有緝御、箋云緝猶續也、有相續代而侍者。績既訓續、亦通作續。穀梁成五年傳伯尊其無績乎、范甯注績或作續、釋文亦云績本或作續。蓋績之言積也、積即續矣。武者、詩下武傳武繼也。按武之拇也、足迹曰武、故釋訓云武迹也。周語云不過步武尺寸之間、韋昭注六尺為步、賈君以半步為武、按冠卷亦曰武、故玉藻云縞冠玄武、鄭注武冠卷也。古者冠卷殊、然則步之有武所以繼步也、冠之有卷、亦所以繼冠矣。係者系之叚借也。說文云系、繫也。釋名云、系、繫也、相聯繫也。後漢書班彪傳云系唐統、李賢注引爾雅作系、繼也。通作係。越語注、係、繫也。易繫辭釋文、繫、系也、又續也。又通作繫。易同人及兌釋文竝云、繫本或作係。係繫之音與繼同、亦通作繼。易係用徽纆、穀梁宣二年注作繼用徽纆。詩何彼穠矣序不繫其夫、釋文繫本或作繼。又後漢書李固傳云、羣下繼望。繼亦繫也。繫之一字、兼系繼二音、故古通用。

義疏

紹胤嗣續纂緌績武係系繼也舍人

注、紹、繼道也。胤、繼世也。郭注、詩曰下武維周。綏見釋水。餘皆常語。纂、周末字也。古皆作纘、从兟貝、奉貝相繼進。詩載纘武功、記纘大王王季、孔悝鼎銘始從算。禮有纂者、記作餕鬼神之餘、亦繼進之義。則纂籑一字、皆當作贊、从算非也。綏綏一字、或誤分之。書紹復先王、底綏四方、又先后綏乃祖、綏爰有眾、綏績于朕邦、皆繼義也。績从責、未詳。詩八月載績、又不績其麻、又授几有緝御、鄭云緝猶續也。豈以咠為繼續之詞與、或糸不續則責之、先制紡績字與𡳿。从止戈而以為𡳿迹及冠𡳿。又通作拇。其實當作亾、亾者迹之、或又執戈、左傳誤以止戈說之耳。亾又作模橅摹竝从迹生義、迹相踵、故武又為繼也。係系古今字易係小子、係丈夫、與繫異字。係、繼也。繫、贅也。

集解

紹胤嗣續纂綏績武係繼也

紹、道之繼也、从糸召聲。詩抑弗念厥紹、傳紹、繼。訪落紹庭上下、箋紹、繼也。晉語使寡君之紹續昆裔、注紹、繼也。史記魯仲連傳勝請為紹介、索隱紹者、繼也。後漢書班固傳紹百王之荒屯、文選魯靈光殿賦紹伊唐之炎精、潘安仁關中詩聖皇紹祚、盧子諒贈劉琨詩紹熙有晉、劇秦美新紹唐虞之絕風、注均云紹、繼也。詩裳裳者華序絕功臣之世焉、疏謂繼也。禮記樂記韶、繼也。以世韶為之。胤、子孫相承續也、从肉从八、象其長也。幺亦象重累也。詩既醉永錫祚胤、傳胤、嗣也。書高宗肜日罔非天胤、史記作天繼。洛誥予乃胤保大相東土、偽傳訓繼。左隱十一傳大岳之胤也、注胤、繼也。文選劇秦美新胤殷周之失業、注胤、續也。即繼也。嗣、諸侯嗣國也、从冊从口司聲。古文作孠、从子司聲。冊者、於廟讀之、故从口。引申為凡事之繼。詩青衿子寧不嗣音、杕杜繼嗣我日、箋均云嗣、續也。書洪範禹乃嗣興、偽傳嗣、繼也。召誥今王嗣受厥命、孫疏嗣、繼也。左襄二五傳其弟嗣書而死者二人、鄭語文之祚盡武其嗣乎、注均云嗣、繼也。詩斯干似續妣祖、裳裳者華是以似之、良耜以似以續、傳均云似、嗣也。廣雅釋詁娰、續也。以似為之。續、聯也、从糸賣聲。古文作賡、从庚貴省聲。有繼續誼。下經訓賡為續、以今文釋古文也。聲轉為讀、似專斥士之繼續而言、所謂士之子恒為士也。引申為凡繼之偁。晉語使寡君之紹續昆裔、注續、嗣也。書盤庚予迓續乃命于天、孫疏續、繼也。文選魏文帝與吳質書仲宣獨自善於辭賦、今本獨作續、言仲宣最少、繼諸賢自善於辭賦也。廣雅釋詁、屬、續也。以獨屬為之。纂、似組而赤、从糸算聲。正字為纘。纘、事之繼也。詩載纘武功、記纘大王王季是也。纘纂通用字。禮記祭統纂秀祖服、左襄十四傳纂乃祖考、周語纂修其緒、文選東京賦況纂帝業而輕天位、永明九年策秀才文朕獲纂洪基、孔文舉薦禰衡表纂承基緒、史述贊纂堯之緒、齊故安陸昭王碑入纂絕業注均云纂、繼也。漢書司馬遷傳、仍父子相繼纂其職。墨子非攻武王踐功、踐同纘、繼也。詩崧高王纘之事、傳繼也。韓詩作踐。逸周書大武後動撚之。廣雅釋詁、撚、續也。以纂踐撚為之。緌、系冠纓也、从糸委聲、謂纓之垂者。引申為繼、如孟子所謂創業垂統為可繼是也。廣雅則以未為之。儀禮士冠其緌也、注緌纓飾。纓飾、繼冠而為飾、故喪冠則去之。書顧命綏爾先公之臣服于先王、孫疏綏當為緌、繼也。言繼爾先公之臣服于先王也。淮南道應損其有餘而緌其不足、說苑指武緌作繼。禮記檀弓喪冠不緌、釋文緌、本又作綏。前漢書律歷志、甤、繼也。廣雅釋詁、尾、後也、繼也。以綏甤尾為之。績、緝也、从糸責聲。斥緝麻言耳。麻之績不絕、即縷之長亦不絕、所謂繼也。詩行葦授几有緝御、箋緝猶續也。是也。書文侯之命有績予一人、永綏在安、史記績作繼。左昭元傳遠績禹功、謂遠繼也。武、迹也、从止戈聲。左傳說止戈為武則會意而以為武功耳。此訓繼者、謂步迹之多繼也。詩繩其祖武、儀禮士相見武舉前曳踵、均是也。廣雅則以劃為之。書大誥予翼以于敉寍武圖功、漢書作予敬以終於此謀繼嗣圖功。詩下武維周、箋言後人能繼先祖者惟有周也。係、絜束也、从人从系會意、系亦聲。與結畧同。正字為繼。繼係疊韵。易係小子、係丈夫、均是也。後漢書安帝紀親德係後、莫宜於祐、注係、繼也。易繫辭釋文繫、系也、續也。文選東都賦系唐統、注系、繼也。以繫或系為之。繼、續也、从糸㡭。一曰反㡭為繼。易象傳大人以繼明照於四方、注謂不絕也。

義證

紹胥嗣續纂緌績武係繼也　緌汝誰反　係戶帝反

註詩曰下武維周緌見釋水餘皆常語　補正邢疏皆聯繼不絕也。鄭樵註云緌、綴紼者。績、績麻也。皆有繼之義。

郭注補正

紹繼也

郭氏紹無注。一切經音義八紹隆注引尒疋注云紹、繼道也。邵氏正義亦云眾經音義引舊注云紹繼道也。惟郝氏義疑以此爲舍人注。馬氏國翰輯舍人注从之。按一切經音義明云尒疋紹胥繼也注云紹、繼道也。允繼世也。春秋隱十一年左傳正義亦止言胥繼也。釋詁文。舍人云胥、繼世也。竝未合言紹繼道也句爲舍人注。郝馬混而一之。當从邵氏正義爲允。

舊注攷證

緌繼也　注緌見釋水

正曰。釋水縭、緌也。注緌、繫。釋水經注俱無訓緌爲繼之明證。此注云見釋水者誤也。王尚書經義述聞云、禮記玉藻緇布冠繢緌。鄭注緌或作蕤。漢書律厤志、蕤賓。蕤、繼也。賓導也。言陽始導陰气使繼萬物也。緌與蕤通、故得訓爲繼。

正郭

紹胥嗣續纂緌績武係繼也

詩曰下武維周緌見釋水餘皆常語

元應維摩詰所說經上卷音義引爾雅紹、允繼也、注云紹、繼道也、允繼世也。顯揚聖敎論一卷音義引爾雅、紹繼也、謂繼續先宗也。正法華經一卷音義引爾雅、纘繼也、謂繼修前業也。所引皆不言郭注。

郭注佚存補訂

紹肖嗣續纂緌績武係繼也

紹者、說文云繼也。大雅抑弗念厥紹、周頌訪落紹庭上下、傳箋竝云紹、繼也。大雅常武匪紹匪敖彼釋文云紹、繼也。 肖者、說文云子孫相承續也。大雅既醉永錫祚肖、傳云肖、嗣也。 嗣者、說文云諸侯嗣國也。引申之爲凡繼嗣之稱。鄭風子衿子寧不嗣音、小雅杕杜繼嗣我日、箋竝云嗣、續也。大雅生民以興嗣歲、傳云興來歲、繼往歲也。疏云嗣者、繼續之言。周頌酌載用有嗣、箋云有嗣、傳相致。疏云故蹻蹻之士爭來造王、而王又用之、則其餘嗣續至、故以有嗣爲傳相致也。嗣通作似。大雅卷阿似先公酋矣、郭注引作嗣先公酋矣、箋云似、嗣也。是似嗣通也。小雅斯干似續妣祖、裳裳者華是以似之、大雅江漢召公是似、傳竝云似、嗣也。周頌良耜以似以續、續古之人、傳亦謂嗣前歲、續往事也。古文續从庚貝作賡、賡續前進、即繼義也。 纂者、繼也。見禮記祭統注。邢疏引魯頌閟宮纘禹之緒、以纘爲纂、說文云纘、繼也。豳風七月載纘武功、毛傳云纘、繼也、正義云纘繼、釋詁文。大雅大明纘女維莘、崧高王纘之事、傳箋竝云纘、繼也。烝民纘戎祖考、箋云繼女先祖先父。皆以纘爲繼也。 緌者、綏之假借。小雅車攻傳天子發抗大綏、彼釋文云綏、本作緌。大雅韓奕淑旂綏章、彼釋文云綏、本亦作緌。周禮夏采注云、士冠禮及玉藻冠緌之字、故書多作綏、今禮家定作蕤。 說文云、緌、系冠纓也。玉篇作繼冠纓也。 冠緌旂緌皆取系屬之義。齊風南山冠緌雙止、疏云緌必屬之於冠、故云緌、繼也。今案、周南樛木福履綏之、小雅楚茨以綏後祿、鴛鴦福祿綏之、商頌那綏我思成、綏皆訓爲繼。謂福履繼之、以、繼後祿、福祿繼之、繼我思成也。 績者、陳風東門之枌不績其麻、豳風七月八月載績、疏云、績、緝麻之名。緝麻有繼續之義。說文云績、緝也。大雅行葦授几有緝御、箋云緝、續也。 武者、大雅下武序云、下武、繼文也。下武維周傳云武繼也繩其祖武。生民履帝武敏歆、周頌武嗣武受之、傳竝云武、迹也。繼其迹而行、故曰繼也。 係者、邢疏云、係屬之繼。一切經音義一云係、古文作繫繼二形。召南何彼襛矣序云不繫其夫、彼釋文云繫本作繼。繫卽系也。後漢書班彪傳系唐統、注引爾雅作系、繼也。系亦與係通用。周頌訪落繼猶泮渙、箋云繼續其業。是以繼爲續也。

說詩

肖繼也

柏年案、說文肖、子孫相承續也。廣韻繼也、嗣也。書堯典肖子朱啟明、高宗肜日王司敬民罔非天肖、傳皆以肖爲嗣。洛誥予乃肖保大相東土、傳以肖爲繼、是也。

補釋

緌繼也

引之謹案、緌通作蕤、亦通作綏。（玉藻緇布冠繢緌、鄭注緌或作蕤。餘見前綏爾先公之臣服于先王下。）漢書律曆志曰、蕤賓。蕤、繼也。賓、導也。言陽始導陰氣使繼萬物也。顧命曰、綏爾先公之臣服于先王。綏亦繼也。說苑指武篇損其有餘而繼其不足、淮南道應篇繼作綏。

述聞

紹肖嗣續纂緌績武係繼也　紹、說文同。纂、一切經音義三引、又七、又十一、又四十八、皆作纘。詩七月（豳風）載纘武功、傳纘、繼。正義曰纘繼、釋詁文。又大明（大雅）纘女維莘、傳纘、繼也、正義曰纘繼、釋詁文。又崧高王纘之事、箋纘、繼、正義曰纘繼、釋詁文。（中庸纘大王王季文王之業、注纘、繼也。）案、說文糸部纘、繼也、从糸贊聲。纂非此義、音近通借耳。係、文選注一、後漢書四十下、一切經音義廿三引皆作系。案說文系、續也。係字義異。正義云通作繫。

匡名

紹肖嗣續纂緌績武係繼也。此釋繼之義。說文、繼、續也。紹、繼也。盤庚、紹復先王之大業。樂記、紹、繼也。高宗肜日罔非天允、史記作罔非天繼。嗣、諸侯嗣國也、从册口司聲。洪範禹乃嗣興、註嗣、繼也。續、連也。周頌續古之人、傳續往事也。纂似組而赤。以纂爲繼、卽纘之假借也。禮記纂乃祖服。通作纘。豳風載纘武功、傳纘繼也。儀禮其緌也、郭註釋水云緌、繫、是以緌爲繫、繫卽爲繼也。績、緝也。績、積也。積少成多、故訓繼也。左昭二年傳子盍亦遠績禹功。大雅下武維周、詩序下武、繼文也。係、絜束也。隨卦係小子、註係、繼也。

啟蒙

紹胤嗣續纂緌績武係繼也

邢疏云皆聯繼不絕也。

繼也者。說文作繼云續也。从系𢇍。一曰反𢇍爲繼。𢇍古文絕。象不連體絕二絲。隸變作繼。

紹者。說文。紹。繼也。从糸召聲。舊注云紹繼道也。詩大雅弗念厥紹傳云紹繼也。紹亦有絕義。管子幼官刑則紹昧斷絕。是紹亦有斷絕義。又以相反爲訓也。（紹斷見章先生文始）

胤者。說文。胤。子孫相承續也。从肉。从八象其長也。从幺象重累也。舍人云胤繼世也。文選吳都賦胤陽阿劉注云胤繼也。書堯典胤子朱啟明馬注云胤嗣也。嗣亦繼也。

嗣者。說文嗣諸侯嗣國也。从册从口司聲。𠭁古文嗣从子。章先生曰特牲禮嗣舉奠注曰。嗣主人將爲後者也。嗣似同字。似象㠯也。廣雅釋言子巳似也。詩箋云似讀如巳午之巳。則子肖其父之義也。詩傳似嗣也。本因似有嗣後。遂以嗣爲本字。似爲叚借。（以上章先生語見文始）書洪範禹乃嗣興某氏傳云嗣繼也。鄭語文之胙盡武其嗣乎韋解云嗣繼也。亦作似。詩大雅似先公酋矣傳云似嗣也。爾雅注引詩作嗣先公爾酋矣。

續者。說文。續。連也。从糸賣聲。賡古文續从庚貝。書益稷乃賡載歌某氏傳云賡續也。以今字釋古字也。說文連訓負車。（連作員者誤）連輦古今字。周禮故書輦爲連。輦爲輓車。从車扶。扶竝行也。凡輦皆數人竝行。有接連聯次之義。故續以爲訓。（述章先生語文始）孝經續莫大焉。釋文。續。相續也。此與詩似續同義。亦繼世也。

纂者。邢疏段說文注郝疏竝謂爲纘之借。其說自不可易。惟說文纂似組而赤。从糸算聲。以周禮幕人鄭司農注。綬。組綬所以繫帷也。言之。則纂亦有連繼義。猶緌爲系冠纓亦訓繼矣。故周語纂修其緒。韋解云。纂。繼也。纂纉二同字。說文纘。繼也。从糸贊聲。詩豳風載纘武功。傳云。纘。繼也。通作踐。詩大雅王纘之事。傳云。纘。繼也。釋文引韓詩作王踐之事。禮記中庸踐其位。鄭注云。踐或爲纘。郝疏已引。緌者。說文。緌。系冠纓也。从系委聲。纓。冠系也。士冠禮纓屬於缺。釋文云。纓從下而上者。士昏禮主人入。親說婦之纓。鄭注云。婦人年十五許嫁。笄而禮之。因箸纓。明有繫也。既夕記纓條屬厭。鄭注云。纓條屬者。通屈一條繩爲武。垂下爲纓。屬。則纓有屬連義。緌纓同訓。則緌亦當然矣。釋器婦人之褘謂之縭。縭。緌也。郭注云。即今之香纓也。褘邪交落帶繫於體。因名爲褘。緌。繫也。此緌之繫於體者也。釋水汎汎楊舟。紼縭維之。紼。繂也。縭。緌也。郭注云。緌。繫也。此緌之維舟者也。周禮夏采以乘車建綏復于四郊。注云。故書綏爲禭。杜子春云。當爲綏。禭非是也。玄謂明堂位曰。凡四代之服器。魯兼用之。有虞氏之旂。夏后氏之綏。則旌旂有是綏者。當作緌。字之誤也。緌以旄牛尾爲之。綴於橦上。所謂注旄於干首者。此緌之綴橦者也。凡緌皆以繫屬爲義。邵疏謂凡繫屬者皆相繼續。是也。績者。說文。績。緝也。从糸責聲。績。緝。皆非一擘治。一紩納而已足。故有繼續義。詩大雅授几有緝御。箋云。緝。猶續也。績緝互訓。績猶續。則績亦當然矣。昭元年左傳子盍亦遠績禹功而大庇民乎。杜注云。勸趙孟使纂禹功。纂。繼也。則績亦繼矣。武者。說文作武。云夫武定功戢兵。故止戈爲武。則武有止義。止戈之止。乃止足之引申義也。說文。止。下基也。象艸木出有阯。故以止爲足。儀禮士昏禮注云。古文止爲趾。說文不錄。以止即趾也。止在下。引申爲下基。足可行可止。又引申爲行止。而止之本義實爲足。釋訓。武。迹也。詩大雅傳亦云。武。迹也。說文迹訓步處。是謂武爲足迹。從止足之義言之也。禮記曲禮堂上接武。堂下步武。鄭注云。武。迹也。迹相接。謂每移足半躡之。中人之迹尺二寸。布武謂每移足各自成迹。不相躡。則武爲足迹明矣。周語不過步武尺寸之間。賈君以半步爲武。又自止足之義引伸之矣。章先生曰。止戈爲武。解之者率本楚莊王禁暴戢兵之意。謂止人之戈。但大雅履帝武敏傳曰。武。迹也。則足迹亦謂之武。案牧誓不愆于六步七步。不愆于四伐五伐。步伐整齊。則軍令森嚴。則謂之武耳。余意止者步省。戈者伐省。取步伐之義。以上章先生語見小學略說 案據先生所說。則武爲足迹益信。儀禮士相見禮武舉前曳踵。則武乃行步。必兩止相繼乃可。故武有繼義矣。詩大雅下武維周。傳云。武。繼也。

係者。說文。係。絜束也。从人系。亦聲。系。繫也。係从系。故亦有繫義。越語係妻孥。韋解云。係。繫也。後漢書安帝紀親德係後。莫宜於祜。李注云。係。即繼也。亦作系。用聲首也。後漢書班彪傳系唐統。李注引爾雅云。系。繼也。通作繫。說文。系。繫也。易繫辭傳釋文云。繫。續也。周禮小史奠繫世。鄭司農注云。繫世謂帝繫世本之屬是也。邵疏引之。云言定其繼世之叙也。

本字考

績武繼也。 績、跡同聲。績之訓繼。猶武之訓繼矣。

係繼也。 係、繼聲通同訓。 釋蟲密肌繼英。釋鳥密肌繫英。繼繫聲亦通。廣韻係、繼、繫同音古詣切。

黃侃音訓

黃髮齯齒 鮐背 壽也 妃 合也 係 繼也

釋文齯作兒。云本今皆作齯。釋詁釋文 魯頌作黃髮兒齒。詩閟宮 大雅作台背。詩行葦 釋文作壽。音壽。云本又作壽。釋詁釋文 妃音配。釋詁釋文 文選注引作系繼也。東京賦注

證異

肙繼也。書高宗肜日罔非天肙。史記作天繼。

古義補

紹肙嗣續纂緌績武係繼也

案。慧琳經音義十三大寶積經四十一紡績下音義引績、結也。績也。今爾雅釋詁績、有功也。業也、事也、成也。獨無結也、續也。繼與結音近。當是績續繼也之誤。又三十七菩提莊嚴陀羅尼經繼嗣下音義引繼、紹也。今爾雅無紹也。當是紹繼也之倒。又四十五優婆塞戒經六繼嗣下音義引繼、紹、綱也、四十八玄應瑜伽師地論七體肙下音義引肙繼、嗣也。今爾雅亦無綱也、嗣也、並當改作繼也。以繼釋紹係、以繼釋肙嗣、亦爾雅今本文、而傳寫者顛舛失次。綱之古文作㭜、

見說文糸部綱下。頗與係形近、或又誤係爲杼、再轉爲綱、遂與今本多歧異耳。爲訂正之。

紹肩繼也　玄應經音義八維摩詰所說經上紹隆下音義引爾雅、紹允、繼也。注云、紹繼道也。允繼世也。郝氏懿行義疏、此舍人注。葉氏蕙心古注斠、當是漢人舊注。郝云此舍人注、未審何本。

案左隱十一年傳大岳之肩也杜預注肩、繼也。孔疏釋詁文、舍人云肩繼世也。又慧琳經音義四十六大智度論十九體肩下音義亦引肩繼也、舍人曰肩繼世也。玄應連引紹肩下注肩繼世爲舍人注、則紹繼道亦舍人注碻無可疑。慧琳音郝雖未見左傳疏郝固見之、此郝所本也、葉斠失之。

纂繼也　邢疏纂者魯頌閟宮云纘禹之緒

案、禮祭統纂乃祖服、鄭注纂、繼也、孔疏釋詁文。此經釋繼之纂、邢疏所見本果如今本作纂、則當引孔悝鼎銘爲證、不當引魯頌閟宮文。詩豳風七月篇載纘武功、毛傳纘、繼、孔疏釋詁文。大雅大明篇纘女維莘、毛傳纘、繼也、孔疏釋詁文。又崧高篇王纘之事、鄭箋纘、繼、孔疏釋詁文。据知古本爾雅元有作纘作纂兩本、邢疏所見爾雅、當是作纘一本、故引纘禹之緒。纂者云云、乃後人依作纂一本妄改之耳。說文糸部、纘、繼也、从系贊聲。纂、似組而赤、从糸算聲。是纘爲正字、纂爲叚字。古逸本玉篇糸部纘下引爾雅繼也。玄應經音義七正法華經一纂脩下、又十一增一阿含經四十八纂修下音義並引爾雅纘、繼也。蓋皆同邢疏所見本。

緌繼也　郭注、緌見釋水。邢疏、緌見釋水者、彼云汎汎楊舟、紼縭維之。紼、綷也。縭、緌也。是矣。王氏引之經義述聞、緌、通作甤、亦通作綏。漢書律厤志甤賓。甤、繼也。賓、導也。言陽始導陰氣使繼萬物也。說苑指武篇損其有餘而繼其不足、淮南道應訓繼作綏。潘氏衍桐正郭、釋水經注俱無訓緌爲繼之明證、此注云見釋水者、誤也。

案、郭以繫注釋水之緌、彼疏引李巡云、𦮲竹爲索、所以維持舟者。又引孫炎云、舟止繫之於樹木、戾竹爲大索。然則緌見釋水者、謂此緌亦有維繫義、與彼緌同也。說文糸部繼下云續也、續下云聯也、聯續卽維繫之謂。此經釋蟲有密肌繼英、釋鳥作密肌繫英。詩召南何彼襛矣篇序車服不繫其夫、釋文繫本或作繼。緌之爲繼、猶緌之爲繫也。禮內則冠緌纓、注緌、纓之飾也。又儀禮士冠禮緇組紘、注有笄者屈組爲紘、垂爲飾、無笄者纓而結其條。然則緌與紘本一物、用一組從下屈而上屬之於兩旁、垂其餘者爲紘、用兩組屬之於兩旁、結之於頷下、垂其餘者爲緌。（本左桓二年傳孔疏。）說文糸部、紘、冠卷維也。（維字元無、段氏玉裁注緌、本依玉篇補、今從之。）系冠纓也。明紘緌二字皆取維繫義。言紘爲冠卷之維、緌爲冠纓之系也。引申之、則凡有維繫皆得曰紘、曰緌、淮南墬形訓八殥之外而有八紘、高誘注紘、維也。此凡紘皆有維義之證。紼縭維之之縭、爾雅以爲緌、卽凡緌皆有繫義之證。郭知釋詁此緌爲凡維繫之名、不專指冠纓之系、故注引釋水綏以廣之。郭正無誤、潘誤矣。至蕤緌二字乃綏之音叚。禮檀弓喪冠不綏、釋文綏本作緌。玉藻緇布冠繢緌、釋文綏本作蕤。或本皆以蕤緌字爲綏、其切證也。蕤緌之有繼義、正叚蕤緌爲綏耳。今轉破綏爲蕤緌、王亦誤矣。

董瑞椿補記

紹、胤、嗣、續、纂、緌、績、武、係、繼也。

繼、說文作㡭、（依段本）云：「續也、从糸㡭、」此會意字。㡭从糸㡭者、謂以糸聯其斷絕也。

胤、說文云：「子孫相承續也、从肉、从八、象其長也、幺亦象重累也、」段注云：「八、分也、骨肉所傳、支分辰別、傳之無窮。」案說文「八、別也、象分別相背之形、」梁啓超云：「八字發音與別與背同、一聽而即可察其義、」是八、有別義、亦有別音。

纂者、纘之假字。說文云：「纘、繼也、」七月大明傳、皆訓纘爲繼、正義謂「纘繼、釋詁文、」是爾雅本作纘、明矣。纘借爲纂；又借爲踐、中庸「踐其位、」鄭注云：「踐或作纘、」是也。

緌、說文云：「系冠纓𠂢者。」（從段）結纓頷下以固冠；結之餘者、散而下垂爲緌。是緌爲繼纓之物、故有繼義。淮南假綏爲緌。

績者、左傳「子盍亦遠績禹功、」杜訓績爲纂、纂即繼也。

武訓繼、下武傳即用此義。郝氏以武作步武解。

係者、系之假借、班固東都賦李注引爾雅云：「系、繼也、」知爾雅舊本必作系。說文云：「系、繫也、」即聯繫之義。

爾雅學

紹允嗣續纂緌績武係繼也○釋曰注疏本删。

陳風東門之枌云注疏本脫風。

失丈夫○注詩曰至常語○釋曰注疏本删下八字。

校勘記

五行紹胤嗣續纂緌績武係繼也○《爾雅》此條字從「糸」旁者共六字．原本《玉篇》糸部於紹、續、緌、績、繼五字下均引《爾雅》訓繼，惟「纂」字下不引《爾雅》訓釋．但於「纘」下引《爾雅》云：「纘、紹，繼也。」是顧氏所據《爾雅》傳本此條「纂」字作「纘」，且在「紹」字之上．考慧琳《音義》卷八十五引「《爾雅》：纘，繼也。」字亦作「纘」．「纘」「纂」古書多通用．又「係」字原本《玉篇》糸部「系」下引作「系」，《後漢書．班固傳》李賢注引同．「系」「係」亦相通．

宋監本校箋

紹亂嗣續纂音慕緌績武係繼也

音圖・音

紹、肴、嗣、續、纂、緌、績、武、係、繼也。

韶上聲　纘　䋎

孫愐直音

上聲俗讀去聲

紹、肴、嗣、續、纂、緌、績、武、係、繼也

纘　䋎

直音校正

紹肴嗣續纂子管切緌績武係繼也、

楊氏音訓

緌儒隹切

干氏音釋

忥諡溢蟄慎貉謐顗頠密寧靜也

忥、諡、溢、蟄、慎、貉、謐、顗、頠、密、寧、靜

也。忥顗頠未聞其義。餘皆見詩傳。

郭注

靜也　釋曰、皆安靜也。諡者、人死將葬、誄列其行而作之也。溢者、盈溢者宜靜。周頌維天之命云、假以溢我。蟄者、藏伏靜處也。易曰、龍蛇之蟄。慎者、謹靜也。大雅云、淑慎爾止。貉者、靜定也。大雅皇矣云、貊其德音。鄭箋云、德政應和曰貊。謐者、說文云靜語也。密者、周頌昊天有成命云夙夜基命宥密。寧者、周頌良耜云、婦子寧止。　一忥諡溢蟄慎貉謐顗頠密寧

邢疏

爾雅詁林　一　釋詁上

頠靜也

頠、五鬼反。釋文 孫音注

頠、五鬼反。釋文 郭音義

頠、五罪反。釋文 沈集注

黃輯古義

顗頠、五果反。釋文引孫郭 孫音注

顗頠、五果反。釋文引孫郭 郭音義

氣謚溢螫慎貉謐顗頠密寧靜也

頠、五罪反。沈集注

玉函山房輯佚

頠靜也

孫曰、頠、五鬼反。釋文

漢注

氣謚溢螫慎貉謐顗頠密甯靜也

郭璞云、氣顗頠、未聞其義、餘皆見詩傳。

一切注音

頠靜也孫郭、五鬼反。釋文

蕙心案、盧刻釋文作五果反。郝氏義疏云、果當作累、字形之譌。又邵氏正義引釋文作五鬼反、當近是。

古注斠

氣本或作氣、同。許氣反。諡時至反。溢以日反。螫直立反。貉莫白反、又武博反。謐彌畢反。顗魚豈反、又五愷反。頠魚毀反、沈王罪反、孫郭五果反。

陸音義

諡時至反○諡舊作諡、案、五經文字謚諡、常利反。上說文、下字林。字林以謚爲笑聲、音呼益反。今用上字。據此則爾雅亦必本是謚字、與石經同。毛刻三謚字俱係改刻、痕迹宛然、乃依今本說文之誤所致。官本從之。時至作詩至、亦非。頠孫郭五果反○果、舊作鬼。今從宋本正。

音義攷證

氣謚溢螫慎貉謐顗頠密寧靜也

溢用淨之時。貉、深居簡出靜也。謚、謚而後靜、是非闔棺尚未定也。春秋傳曰、桓公葬而後舉謚、於卒事焉加之矣。

新義

氣謚溢螫慎貉謐顗頠密寧靜也 氣、音戲。顗、音疑。

頠、魚毀反。郭云、氣顗頠、未聞其義、餘皆見詩傳。按貉、大雅云、貊其德音。貉貊通。謐、說文云靜語也。

鄭樵注

氣謚溢螫慎貉謐顗頠密寧靜也 頠、孫郭五鬼反。

郭璞曰、氣顗頠、未聞其義、餘皆見詩傳。

鄭樵曰、氣音戲。顗音疑。頠魚毀反。郭云、氣顗頠未聞其義、餘皆見詩傳。按貉、大雅云、貊其德音。貉貊通。謐、說文云、靜語也。

古注合存

氣謚溢螫慎貉謐顗頠密寧靜也 氣音戲。貉貊同。謐音密。顗音擬。頠魚毀反。○此發氣謚以下皆靜之義也。註曰、氣顗頠、未聞其義、餘見詩傳。疏曰、易繫辭云、龍蛇之螫。詩皇矣云、貊其德音。周頌云、夙夜基命宥密。愚按、氣顗頠註未聞其義、考字書、氣癡貌。顗莊謹也。頠閑習容止貌。皆靜意也。謚溢之義、疏解亦未詳。今考人生則有動作、死而議謚、所謂蓋棺可定也。溢之言滿、凡流遇坷坎、則入而沸騰、平滿則自寧矣、故並得爲靜。

注疏參義

顗頠二字、郭云未聞其義、而晉人若周若裴以之命名、蓋止取靜義耳。

補注

氣謚溢螫慎貉謐顗頠密寧靜也 注 氣顗頠未聞其義、餘皆見詩傳

正義 說文云、靜、審也。釋名云、靜、整也。氣、說文作㥨、云靜也。謚者、大雅文王釋文

云謐愼也溢者下文云溢愼也溢通作衁說文云衁静也詩曰閟宫有衁蟄者繫辭傳云龍蛇之蟄愼者繫辭傳云是以愼密而不出也貉與莫通又通作漠郭氏釋言註漠然清静也謐者說文云謐静語也一日無聲史記集解引今文尚書云惟刑之謐哉史記作惟刑之静哉顗者說文云顗謹莊皃本或作㝠說文云㝠静也頠者說文云頠閑習也密者說文作宓云静也今經傳通作密舜典云四海遏密八音繫辭傳云云幾事不密則害成鄭註密静也寧者緇衣云國家以寧**註**皆見詩傳○**正義**郭以謐溢謐古字通用俱訓為愼謐密古字通用俱訓為寧愼寧皆静也周頌維天之命云假以溢我說文引作誐以謐我又作誐以謐我毛傳云溢愼也昊天有成命云夙夜基命宥密周語引此詩而釋之曰密寧也賈誼書禮容語引作夙夜基命宥謐釋之曰謐者寧也謐溢謐密皆聲之轉故其義亦同也蟄於詩傳無考貉者大雅皇矣云貊其德音毛傳貊静也

正義

氣静也

王案說文氣癡貌釋名云静整也癡者其容最整故義得為静

補注殘本

氣謐溢蟄愼貉謐顗頠密寧静也

氣顗頠未聞其義餘皆見詩傳

静者埩之叚音說文埩亭安也經典俱通作静静訓審審諦者必安静故詩傳箋竝云静安也釋名云静整也文選神女賦注引韓詩云静貞也貞固者必安定安定必寡言故楚辭招魂篇注無聲曰静是也通作靖說文靖立埩也埩與靖音義同周宣王名静亦作靖是其證矣氣者亦叚俗字說文玉篇俱不訓静唯廣雅云氣息也𧫷與下文咽息也音義同釋文氣本或作氣同許氣反則與餼𩝟音同而義絕異說文氣訓癡皃爾雅訓静經典遂無其文竟不知為何字之叚俗也謐者謐法篇云行之迹也白虎通云謐之為言引也引列行之迹也廣韻謐下日易名又申也申與引義近釋名云謐曳也曳引亦聲轉義近也謐訓静者詩文王篇釋文云謐愼也悉也悉與審義近静旣訓審愼又訓静謐兼審愼二義故亦訓静矣謐

今本說文作謐从言兮皿闕戴侗六書故云唐本無謐但有謐行之迹也廣韻雖有謐而云說文作謐是謐乃謐之俗體後人所加又於謐下別注笑皃不知謐訓笑皃本於呂忱而非許君之說證以張參五經文字言部無謐而有謐謐二字俱常利反上說文下字林又云字林以謐為笑聲音呼益反今用上字其說甚明今定據以訂正焉溢者下文云愼也愼亦審也與謐同意通作衁說文云衁静也引詩曰閟宫有衁毛傳衁清静也又通作恤詩假以溢我左氏襄廿七年傳作何以恤我詩釋文云溢徐邈音謐是謐溢音又同矣蟄者說文云藏也易繫辭云龍蛇之蟄虞翻注蟄潛藏也潛藏與安静義近蟄與宋聲相轉方言云宋安静也愼者溢之訓也說文云謹也上文云誠也誠謹俱安静之意愼猶順也凡恭愼而柔順者其人必沈静故謐法云柔德考衆曰静恭己鮮言曰静官人篇云沈静而寡言多稽而儉貌曰質静者又云誠静必有可信之色然則愼訓誠又訓静皆其證矣貉者下文云定也郭注静定通作貊又作莫詩貊其德音毛傳貊静也釋文貉本又作貊武伯反左傳作莫音同荀子非十二子篇云莫莫然楊倞注莫讀為貊貊静也不言之貌又通作嗼亦作寞廣雅云嗼静也文選西征賦注引薛君韓詩章句云寞静也謐者說文云靜語也一曰無聲也賈子禮容篇云謐者寧也億也億訓安安寧亦静故素問云其化清謐王砯注謐静也通作恤書惟刑之恤哉史記五帝紀作惟刑之静哉集解徐廣曰今文云惟刑之謐哉顗者釋文云魚豈反又五愷反說文顗謹莊皃謹莊與静義近謹又愼字之訓故玉篇云顗静也頠者說文云頭閑習也廣韻作頭也一曰閑習疑今本頭下脫也字閑習與静義亦相成故玉篇引爾雅曰頠静也五罪牛毁二切按頠與姽音義同文選神女賦云旣姽嫿於幽静兮李善注引說文曰姽靖好貌五累切靖即静矣釋文云頠孫郭五果反果當作累字形之譌耳密者宓之叚音也說文云宓安也安静也通作密詩止旅迺密毛傳密安也夙夜基命宥密毛傳密寧也箋安静也考工記廬人注密審也正也正亦貞也貞審皆静之訓也又通作謐賈子禮容篇引詩作夙夜基命宥謐

義疏

爾雅詁林　一　釋詁上

慎者，溢之訓也。說文云謹也，上文云誠也，誠謹俱安靜之意。慎猶順也。凡恭慎而柔順者，其人必誠靜，故謚法云柔德考衆曰靜，恭己鮮言曰靜。官人篇云沈靜而寡言，多稽而儉貌曰質靜者也。又云誠靜必有可信之色。然則慎訓誠，又訓靜，皆其證矣。念孫案：誠靜必有可信之色，靜乃古情字，非安靜之靜。情者實也，故曰必有可信之色。

郝注刊誤

氣佮**謚**謐**溢**恤衈**蟄**摯**慎貈**莫**謐顗**豈愷**頠**婉**密寧靜也**

郭注：氣、顗、頠未聞其義。餘皆見詩傳。

氣，說文疑皃。春秋傳佮然從乎趙盾而入，放乎堂下而立。禮有疑立，字亦作凝。詩克岐克嶷，皆謂立定也。謚溢一字，謚密一字，通用相亂。詩何以溢我，左傳讀爲恤，徐邈讀爲謚。書惟刑之恤，今文作謚。詩閟宮有恤，字又从人也。詩宥密，賈子作宥謚。字葢从皿而宓之譌，轉增減失其形事。益必皆無靜義，必从弋八，弋而分之，非靜也。正當作宓耳。或即寧誤加丿乎。寧从心宓，是其證也。蟄，藏也。虫可執者。易龍蛇之蟄，月令蟄蟲咸動。詩傳言摯而有別，亦謂靜也。慎，誠也。易慎言語。貈善睡，故爲靜。經字皆作貊，與泊同意。从舟誤耳。又多以貉爲貊。詩貊其德音，左傳作莫。顗頠从頁，蓋謂容皃之靜。詩豈弟，字亦作愷。頠則未聞也。說文寧，从心在皿上，飲食器以安人，殆非也。寧當在心部而从寍。寍，土穴也。宀冂同意，字取皿聲，心密則安靜矣。靜从青無義，說文作竫，是也。立爭，則爭止而靜。字又作靖，但取青聲，亦非。

集解

氣謚溢蟄慎貉

謐顗頠密寧靜也

氣，癡皃。从心气聲。字亦作忾。正字爲訖。訖，止也。行則動，止則靜。訖氣通用字。書秦誓訖訖勇夫，馬注無所省錄之皃。史記扁鵲倉公傳病得之少憂數忔食飲，索隱忔，風痺忔然不得動也。公羊宣六傳佮然從乎趙盾而入，放乎堂下而立。莊子讓王忔然執干而舞，均謂靜立。以佮或忔爲之。謚，行之迹也。从言益聲。今本說文以謚爲行迹，謚爲笑皃，古葢通用字耳。作謚者宜靜審其人之行迹，故又引申爲靜。詩文王箋崩謚曰文，釋文謚慎也，是也。詩蓼蕭孔燕豈弟，洞酌豈弟君子，載驅齊子豈弟，豈弟即此經顗謚，靜也。禮記樂記則易直子諒之心油然生矣，易亦靜也，借弟易爲之。溢，器滿也。从水益聲。正字爲侐。侐，人之靜也。侐溢通用字。詩維天之命假以溢我，左傳讀爲恤，徐邈讀爲謚，傳溢慎也。閟宮閟宮有侐，傳清靜也。蟄，藏也，藏伏靜處也。从虫執聲。詩螽斯宜爾子孫蟄蟄兮，傳蟄蟄，和集也。易繫辭龍蛇之蟄，以存身也，言靜藏以存身也。慎，謹也。从心眞聲。謹慎之人言行必靜。書臯陶謨慎乃在位，孫疏慎，靜也。康誥克明德慎罰，孫疏慎靜也。堯典所謂惟刑之謐。文選張茂先女史箴肅慎爾儀，肅慎者，肅靜也。貉，北方豸種。从豸各聲。正字爲嗼。嗼，啾嗼也。引申爲靜。嗼貉通用字。詩皇矣貉其德音，傳貉，靜也。荀子非十二子莫莫然，注莫讀爲貊。貊，靜也，不言之皃。文選子令升晉紀總論以至於王季能貊其德音，注貊，靜也。左傳樂記引詩貉均作莫。漢書楊雄傳泊如也，注泊，安靜也。廣雅釋詁蓦，靜也。說文云宋也。以莫泊蓦或貊爲之。或者貉之正字爲貈與。貈似狐，善睡獸。凡物靜乃至睡焉耳。謐，靜語也。从言益聲。賈子禮容謐者，寧也，億也。書堯典惟刑之侐哉，今文作謐，史記作靜。素問其化清謐，王砯注謐，靜也。文選琴賦婉肅肅以靜謐，陳太邱碑文政以禮成，化行有謐，陸士龍大將軍讌會詩函夏無塵，海外有謐，注均云謐，靜也。顗，莊謹皃。从頁豈聲。皃之莊謹者必靜，故玉篇曰顗，靜也。左文十八傳八愷，注愷，和也。詩魚藻豈樂飲酒，蓋謂靜樂。借愷豈爲之。頠，頭閒習也。从頁危聲。徐鍇曰：低仰便也。今謂閒習猶靜習，此經故訓爲靜。詩葛屨好人提提，書大傳一適謂之攸好德，論語危言危行，均有靜意。文選神女賦既姽嫿於幽靜兮，注姽嫿，好皃。靖即靜矣。借提適危姽爲之。或者字通作言與。記玉藻二爵而言言斯，亦謂和敬而靜也。密，山如堂者。从山宓聲。正字爲謐。謐宓疊韵。說文則以宓爲之。宓謐密通用字。詩公劉止旅乃密，傳密，安也。昊天有成命夙夜基命宥密，傳密，寧也，箋安靜也。書堯典四海遏密八音，僞傳密，靜也。前漢書楊雄傳七年之閒而天下密如也、敘傳故宓爾自娛於斯文、王莽傳過宓之義、詑于季冬、師古均曰宓、靜也。文選東京賦京室密清、注密靜。洞簫賦揪慄密率、注密率、安靜也。寧、願詞也、从丂盗聲。正字為靜。靜寧疊韻。說文則以寍為之。書洪範三曰康寧、鄭注康寧、人平安也。呂刑其寧惟永、孫疏寧、靜也。文選七命王猷允塞、函夏謐寧。謐寧均靜也。靜審也、从青爭聲。謂丹青審也。丹青審則不爭、故引申為動之反對。古人謂端居習字可以養心、丹青亦字之類也。說文則以為竫之借字。竫、亭安也。

義證

氣靜也　許愼說文解氣爲癡貌、愾爲太息、並許既切。按氣本作气、氣當爲愾本字。別訓癡貌、非義。張揖廣雅曰、氣氣欯欯、喜也。又曰、忔欯喜也。氣爲忔、忔更爲愾。其輾轉孳生之迹顯然矣。詩曹風愾我寤歎、禮祭義愾然有聞乎其歎息之聲、此許氏解愾爲太息之本。而據詩禮所言、一屬獨寤、一屬幽通、實皆靜謐中微舒氣息之意。但由心感無分喜憂、故爾雅祇以靜字釋之。

顗靜也　說文、顗、莊謹貌。廣韻、靖也。莊謹與靖均于靜義相發。晉書周顗字伯仁、取此釋及論語仁者靜語。

顩靜也　張參五經文字曰、顩見春秋傳。今檢三傳皆無。說文載此字、解爲頭閒習。徐鉉註曰、低仰便也。閒習而無所迫遽、則自有安靜之象。

補郭

氣謐溢蟄愼貉謐顗顩密寧靜也謐、時至反。溢、以日反。顗、魚豈反。顩、五鬼反。

註 氣顗顩未聞其義。餘皆見詩傳。補正　臣鍌按、古氣字。氣從气從火、或從心。釋文云氣本或作氣、同。許氣反。

郭注補正

氣靜也。郭氏未詳。按氣卽忔字也。史記周本紀所稱棄爲兒時、忔如巨人之志者卽是矣。忔靜卽疑止。儀禮士相見禮賓西階上疑立、注疑讀如仡然從於趙盾之仡。疑、正立自定之貌。又鄉射禮注、疑止也。有矜莊之色。仡字同忔。忔、與疑通、卽凝字。凝又同嶷。大戴禮記五帝德篇其色郁郁、其德嶷嶷者卽是凝字。嶷字之同凝、仡字之通忔、古今字其義如此。

錢氏古義

氣謐溢蟄愼貉謐顗顩密寧靜也

氣者、息也。息卽靜也。見廣雅釋詁、云氣息也。　氣與塈同。邶風谷風伊余來塈、大雅假樂民之攸塈、毛傳並云塈、息也。息卽氣也。　謐者、大雅文王箋云崩謐曰文、彼釋文云謐愼也悉也。靜方能愼、靜方能審、蓋靜兼愼審二義。　溢者、周頌維天之命假以溢我、傳云溢愼也。與謐同訓。襄廿七年左氏傳作何以恤我、說文引作誐以謐我、又作誐以謐我。蓋溢恤謐謐音義皆同。書惟刑之恤哉、史記五帝紀作惟刑之靜哉、集解引今文作惟刑之謐哉。是溢恤謐謐皆訓靜也。　溢又通作恤。說文云恤、靜也、引詩閟宮有恤、傳云恤、淸靜也。　蟄者、說文云藏也。藏與靜義近。郭注云見詩傳。胡承珙謂周南螽斯宜爾子孫蟄蟄兮、傳言和集、疑郭所見本自作和靜、故云見詩傳耳。今案、詩以蟲之揖揖喻子孫之蟄蟄、揖爲輯之假借。釋詁云輯、和也。輯輯者和斂之象、蟄蟄者和靜之象、其義一也。蟄又通作執。釋天在辰爲執徐。淮南執徐之歲注云執、蟄也。執徐伏蟄之物皆散舒而出也。周頌執競武王箋云執、持也。持守者靜之義也。　愼者、說文云謹也。謹則不敢妄動、故云靜也。謐溢皆訓愼、同此義也。邶風燕燕淑愼其身、小雅白駒愼爾優遊、巧言予愼無罪、大雅愼爾出話、淑愼爾止、桑柔考愼其相、魯頌泮水敬愼威儀、傳箋或訓誠或訓謹、皆與靜義相近。謐法所謂恭己鮮言曰靜、卽此義也。　貉者、下文云定也。定卽靜也。大雅皇矣貊其德音、傳云貊、靜也、箋曰德正應和曰貊。彼釋文云、貉、本作貊、武伯反、左傳作莫、韓詩同、云莫、定也。案釋文出貉字、是陸所見毛詩作貉、與爾雅同。郭注云見詩傳、所據本亦作貉也。詩正義云、左傳樂記韓詩貊皆作莫。釋詁云貊莫定也、郭璞曰皆靜定也。義俱爲定、聲又相近、讀非一師、故字異也。定是靜義、故曰貊靜。杜預曰莫然淸靜、取此傳爲說也。小雅楚茨君婦莫

莫、傳云莫莫、言淸靜而敬至也。莫亦貉之假借。荀子非十二子莫莫然、楊注云莫讀爲貊。貊、靜也。　顗者、說文云謹莊貌。謹與愼同義。玉篇云顗、靜也、卽本爾雅。竊疑顗頠二字連文。說文云頠、頭閑習也。閑習與靜義相近。顗頠者、閑靜之義也。當是召南羔羊委蛇之音轉。委蛇字古無定文、但取其聲、故或作逶迤、或作猗移、或作逶移、或作委隨、或作威遲。箋云、委曲自得之貌。與靜義亦相成也。　密者、說文作宓、云宓、安也。安卽靜也。大雅公劉止旅迺密、毛傳云密、安也。周頌昊天有成命夙夜基命宥密、傳云密、甯也。甯亦安也。鄭箋云密、安靜也。孔子閒居引作夙夜其命宥密、注云密、靜也。賈子禮容引作夙夜基命宥謐。是密謐亦通也。　寍與安同義。周南葛覃歸寍父母、大雅生民上帝不寍、周頌載芟胡考之寍、傳箋並云寍、安也。安與靜同義、故訓靜也。

說詩

忥諡節音頠魚毀切　釋文云、郭五鬼切。

注疏正字

忥諡溢蟄愼貉謐顗頠密甯靜也　釋文云忥本或作氣。案說文忥訓癡。氣卽今餼字、故从米義。皆不合。正義云、說文作瘱、

云靜也从心脈聲。謚、通志堂本釋文作謚、盧學士校㮚本据宋本及石經改正从益。案說文、言部謚、行之迹也、从言兮皿、闕。又、謚、笑皃、从言益聲。段氏玉裁曰、五經文字謚謚二字、音常利反。上說文、下字林。字林以謚爲笑聲、音呼益反。今用上字。据此則今本說文非原文矣。元照案、一切經音義十三曰、謚、神至反。說文云、行之迹也、从言益聲。廣韻六至曰、謚、神至切、易名、又申也。說文作謚。又曰、謚、上同。此依張本。顧本多譌。此皆唐初人書、可据以訂今本之譌。　說文無𢡃字。　正義云、溢、通作侐。說文、侐、靜也。詩曰、閟宮有侐。元照案、溢謐侐恤洫古皆通用。堯典、惟刑之恤哉、史記五帝本紀作靜。徐廣曰、今文作謐。詩周頌維天之命假以溢我、左傳襄廿七年引作恤。廣韻七歌引作謐。莊子齊物論以言其老洫、釋文云本亦作溢。　正義云、貉與莫通、又通作漠。元照案、詩大雅皇矣貉其德音、傳、貉、靜也。釋文曰、本又作貊。孔本作貊、其正義云、左傳樂記韓詩貊皆作莫。　正義云、說文宓、靜也、从宀必聲。今經傳通作密。　寍、說文曰、願詞也、非此義。當作寍。說文宀部、寍、安也、从宀、心在皿上。安靜義相附。

匡名

氣音細謚音侍溢𢡃慎貉音陌謐音甯顗音擬頠音危密甯靜也此釋靜之義。說文、䪫、宷也。詁、靚者靜之叚借。宷色詳宷得其宜謂之䪫。蓋宷度得宜、一言一事必求理義之必然、則雖緐勞之極而無紛亂、故亦曰靜。引伸假借之義也。安靜本字當从竫。詳見上。　炁、癡貌。癡、不惠也。不慧、心無所思、有似靜也。或謂即瘱、靜也。　謚、行之迹也、从言益聲。舊作謚。今从段氏改正。訓靜者假借也。釋文、謚、慎也。慎必靜也。　周頌假以溢我、傳、溢、慎也。說文引作誐以謐我。左傳引作何以恤我。溢者、恤之字誤。莊子、以言其老洫也。恤洫皆侐之叚借。侐、靜也。魯頌、閟宮有侐。　𢡃、藏也。繫辭、龍蛇之蟄。　繫辭是以君子慎密而不出也。疏、慎、謹靜也。　貉通作貊。大雅、貊其德音。又與莫漠通。淮南子、猶未之莫與。文中子、非淡漠無以明德。註、謨、淸靜也。　謐、靜語也。魏志、海外謐然。史記引書作惟刑之謐哉、又作惟刑之靜哉。　顗、謹莊貌。或作㝀、㝀、靜也。　頠、頭閑習也。註、閑當作嫻。引伸爲凡嫻習之偁。訓靜與婉義略同。　密作宓、安也。舜典、四海遏密八音。鄭註、密、靜也。　緇衣、國家以甯。

啓蒙

謚　謚　阮氏元校勘記曰。段玉裁云。宋以前無謚字。元應書引說文云。从言。益聲。是也。說文作謚。始於徐鉉等。經典改謚爲謚始於毛居正岳珂。

謚溢同字並見皆當作侐靜也

黃侃評本正名

炁謚溢𢡃慎貉謐顗頠密寍靜也

邢疏云。皆安靜也。

靜也者。說文靜訓審。从青爭聲。與安義微遠。訓安者當爲竫之借。說文竫。亭安也。从立爭聲。以同爭聲故通。必知靜訓安者。以下文寍靜詩傳說文寍均訓安明之。竫靖古同音。宜爲一同字。說文靖。立竫也。从立靑聲。山海經郭注。靖或作竫。音同。其證也。定七年春秋公羊傳。葬曹竫公。呂氏春秋貴因篇。竫立安坐而至者。高注云。竫。正也。說文定从正。而訓安。則正亦有安義也。亦作靖。書盤庚。自作不靖。馬注云。靖。安也。周語。自后稷之始基靖民。韋解云。靖。安也。通作靜。逸周書謚法解。靜。安也。詩邶風。靜言思之。傳云。靜安也。經典多以靜爲安義。

炁者。郭云。未聞其義。今謂炁。正立自定之貌也。說文炁。癡兒。从心气聲。癡。不慧也。从疒疑聲。疑从子止匕矢聲。疑字从止。故詩傳疑訓定。公食大夫禮。賓立於階西。疑立。鄭注云。疑立。正立自定之貌。鄉射禮。賓升西階上。疑立。鄭注云。止也。癡者亦定止無所動與疑止同。故癡从疑聲矣。說文疑訓惑者。相反爲訓也。氖爲癡貌。則氖者亦定止錮鈍無所動之貌矣。故雅云氖靜。言其亭安然無所動也。氖字不見於經典。通以佇爲之。以同从气聲也。俞樾云。儀禮鄉飲酒禮賓西階上疑立。鄭注云。疑讀爲佇然從乎趙盾之後之佇。正立自定之貌。然則氖猶佇也。其字並从气聲。義得相通。以上俞說見羣經平義亦作佇。錢坫云。氖即忔字也。史記周本紀所稱棄爲兒時忔如巨人之志者。即是矣。忔靜即疑止。以上錢說見爾雅古義又通作疑。疑。錢坫云。忔與疑通。卽凝字。凝又同嶷。大戴禮五帝德篇其色郁郁。其德嶷嶷。嶷者即是凝字。嶷字之同凝。佇字之通忔。古今字其義如此。以上錢語見爾雅古義

謐者。宋監本作謐今從之阮元校勘記云段玉裁云宋以前無謐字元應書引說文云从言益聲是也說文作謐始於徐鉉等經典改謐爲謐始於毛居正岳珂說文。謐。行之迹也。依段據北堂書鈔訂从言益聲。依段據元應書引說文訂無靜義。訓靜者當爲衁之借。說文。衁靜也。从人血聲。詩曰衁宮有衁。詩傳云。衁。淸靜也。是衁有安靜義。莊子老洫之洫。釋文亦或作溢。血聲益聲之通。至之旁轉之理也。詩周頌假以溢我。說文引作誐以謐我。是其證。黃侃云。謐溢同字。並見。皆當作衁。以上黃語見爾雅正名評是也。謐靜之訓祇見於釋詁。

溢者。說文溢訓器滿。从水益聲。無靜義。訓靜者當爲衁之借。說文。衁。靜也。从人血聲。詩曰閟宮有衁。通作溢。詩周頌假以溢我。傳云。溢。愼也。說文引作誐以謐我。下文愼靜也。說文謐訓靜語。一曰無聲。皆安竫之義。知溢愼亦安竫義也。通作恤。襄二十七年左傳引周頌何以恤我。左師謂樂喜之存之也。則恤亦安之義也。杜注訓恤爲憂。於義遠。通作洫。莊子齊物論以言其老洫也。釋文洫本亦作溢。章先生曰。洫借爲衁。說文。衁靜也。作溢。亦通。釋詁。溢愼也。以上章先生語見莊子解故

蟄者。說文。蟄藏也。从虫執聲。呂氏春秋音律篇云。蟄虫入穴。孟春紀云蟄蟲始振蘇。則蟄者伏臧。伏臧斯安靜矣。周禮穴氏掌攻蟄獸。鄭注云。蟄獸熊羆之屬冬藏者也。

愼者。說文。愼謹也。从心眞聲。禮記文王世子愼其身以輔翼之。鄭注云。愼其身謹安護之。是愼有安靜義。

貉者。說文貉北方豸種。从豸各聲。孔子曰。貉之爲言惡也。無靜義。訓靜者當爲嗼之借。說文。嗼。啾嗼也。从口莫聲。下文貉嗼安定也。靜定同義。又作莫。用聲首也。下文嗼定。釋文云。嗼本作莫。襄三十年左傳民之莫矣。杜注云。莫猶定也。通作貉。詩大雅貉其德音。傳云。貉靜。又通作貊。詩大雅。貉其德音。釋文。貉本又作貊。又通作漠。淮南俶眞訓時既者其神漠。高注云。漠定也。

謐者。說文。謐靜語也。从言㿥聲。一曰無聲也。賈子禮容篇謐者㿥也。億也。說文㿥億皆訓安也。竫訓亭安。則安亦靜矣。素問五常政大論其政謐。王注云。謐靜也。通作密。莊子人間世篇密若無言。章先生曰。密借爲謐。說文。謐靜語也。一曰無聲也。此以一字斷句。若女也。田子方篇默女無言。詞例正同。以上章先生語見莊子解故

顗者。說文。顗謹莊皃。从頁豈聲。郝疏云。謹莊與靜義近。謹又愼字之訓。故玉篇云顗靜也。以上郝疏邵疏云。本又作㚄。說文。㚄靜也。以上邵疏案通堂志釋文抱經堂釋文阮元校勘記皆無本又作㚄之文。不知何所本也。顗字唯說文爾雅玉篇有之。經典遂無其文。翟灝云。說文。顗。謹莊皃。廣韻靖也。晉書周顗字伯仁。取此釋。及論語仁者靜語。以上翟語見爾雅補郭

頠者。說文頠頭閑習也。从頁危聲。郝疏云。閑習與靜義亦相成。文選神女賦云。既姽嫿于幽靜兮。李善注引說文曰。姽。靖好皃。五累切。靖即靜矣。案郝說甚塙。說文危訓在高而懼。京字說解云。丨象高形。則高有直義。禮記玉藻頭容直。鄭注云。不傾顧也。又云頭頸必中。不傾顧。斯亭安矣。然則頭閒習。謂頭容直有合于禮爾。

密者。說文。密山如堂者。从山宓聲。非靜義。訓靜者當爲宓之借。說文。宓。安也。从宀必聲。淮南覽冥訓宓穆息于太祖之宇。高注云。宓。寍。通作密。經典率用密。周頌夙夜基命宥密。傳云。密。寍也。箋云。安靜所以息暴亂也。通作謐。郝疏云。賈子禮容篇引詩作夙夜基命宥謐。

寍者。說文。寍安也。从宀心在皿上。人之飲食器所以安人。章先生曰。宀有諦審寍靜之義。故安靜皆從宀。以上章先生語見文始詩周南歸寍父母。傳云。寍安也。呂氏春秋仲冬紀身欲靜。高注云。寍靜也。則寍亦靜矣。

本字考

氖靜也。 氖與訖同从气聲、呬之段借是也。

謐溢、謐宓、靜也。 謐溢謐同字並見。皆當作衁、靜也。

謐密聲通同訓。

愼靜也。 愼繫辭傳是以愼密不出也、是愼密同義、密訓靜、故愼亦訓靜

貉靜也。 貉下文云、定也、靜定義同。貉又通作漠、下文漠漠清也、莊子知北遊漠而淸乎。又通作嗼、下文貉嗼同訓定。呂覽胥時飢馬盈廄嗼然未見芻也。

黃侃音訓

忥、說文靜寍靜也。寧下文云、安也、安靜義同、說文作寍。也。又息也。忥同忔。廣韻靜也。史記周本紀、棄爲兒時忔如巨人之志。顗、音螘、說文謹莊皃。頠、音隗、說文頭閑習也。晉有周顗裴頠以是命名。

讀雅筆記

忥、靜也。郭云未聞其義。說文忥訓癡皃、於靜義不協。廣雅云、忥、息也。古訓於大息止息義本互通。爾雅釋文云、忥本作氣。承珙案、氣當作愾。釋名云、氣、愾也。說文、愾、大息也、从心从氣、氣亦聲。愾爲大息、息有靜義、故又訓靜。禮記哀公問則愾乎天下矣、注云愾猶至也、正義愾音近愬。愬爲息、是至之義。亦其證也。

胡氏古義

忥靜也

注曰忥未聞

樾謹按、說文心部忥、癡貌、疒部癡、不慧也、其義與靜絕遠。然癡字從疑、詩桑柔篇靡所止疑、毛傳曰疑、定也。不慧謂之癡、正由其性能定而不能動耳。是亦人之一病、故從疒作癡。然所謂癡貌者、非必其爲不慧之貌也。儀禮鄉飲酒禮賓西階上疑立、鄭注曰疑讀爲仡然從乎趙盾之仡、正立自定之貌。然則忥猶仡也。其字竝從气聲、義得相通。以其不善者而言則爲癡貌、以其善者而言則爲疑立之貌、美惡不嫌同辭。大學篇曰定而后能靜、正立自定是爲靜矣。學者但知忥爲癡貌、而不知忥通乎仡然之仡、癡通乎疑立之疑、故不得其解也。說文心部又曰、懝、騃也。癡與懝蓋同字、以疾言則從疒、以心言則從心耳。懝之義爲騃、而馬部曰騃、馬行仡仡也。仡仡者謂之懝、故仡然者謂之癡。明乎此而爾雅之與說文固一貫矣。

平議

忥靜也

釋詁忥字漢魏諸家注釋多不可考。郝氏懿行曰、忥者亦假借字。說文玉篇俱不訓靜。釋文忥本或作氣、同。許氣反。則與餼槩音同而義絕異。說文忥訓癡皃、爾雅訓靜、經典遂無其文、不知爲何字之假借也。元慶按、郝氏云云、是終未得忥字之塙解也。然則忥之訓靜當何所證、曰邵氏晉涵一言得之矣。邵氏曰、忥、說文作瘱、云靜也。按說文心部、瘱、从心㾜聲。徐鉉曰、㾜非聲、未詳。於計切。蒙謂瘱从於計反、則音近於气、忥从气得聲、是音與之同。說文因忥瘱同音、又同在心部、故遂顚倒誤置。忥當訓靜、與爾雅合。瘱从㾜、㾜从疒、疒者、病之省也。訓癡不失爲會意字。守爾雅之訓、藉是可正說文之譌。廣疋釋詁、忥、息也。息、安也。說文、竫、安也。詩傳箋並云、靜、安也。是忥與靜乃輾轉相訓也。廣疋之忥字、葢亦作靜字解矣。高郵王氏廣疋疏證引詩伊余來塈、民之攸塈、謂毛傳並云塈、息也。塈與忥通、似亦可備忥字訓靜之一證也。

蔣元慶日記

忥謐溢蟄愼貉諡顗頠密寍靜也

爾雅詁林　一　釋詁上

案古逸本玉篇云部藝下引爾雅藝、靜也。今靜也條無藝、當是奪文。當据顧引補之。釋名釋言語靜、整也。禮月令季秋之月、整設於屏外。鄭注整、正列也。文選三張衡東京賦乃整法服、薛綜注整、理也。然則靜有整治義、因有整列整理兩義。藝之詁靜、蓋藝亦有整治及整列整理義也。廣雅釋詁三、藝、治也。此藝有整治義之證。荀子十六正名篇無埶列之位、說文無藝。丮部埶、種也、從坴丮、持種之。引詩我埶黍稷。徐鍇繫傳曰、今俗作藝。然則埶卽藝之正字。楊倞注班列也。家語七禮運篇協於分藝、王肅注藝、理。此藝有整列整理義之證。

忥靜也　郭注、未聞其義。邵氏晉涵正義忥說文作瘱。錢氏坫古義据儀禮士相見禮注疑讀如仡、鄉射禮注疑止也。謂忥靜卽疑止。

案忥者忾之隸變。釋文出忥云本或作氣、同。說文心部忾、癡皃。米部氣、饋客之芻米也。皆與靜義不關。疑此詁靜之忥古本作愾。傳寫者或省心爲氣、或又省米爲气。因有作忥作氣兩本。其實作忥作氣皆非此詁靜之本字也。然則作愾何以有靜義。曰、說文心部愾、太息也。禮祭義出戶而聽、愾然必有聞乎其歎息之聲。孔疏設薦已畢、孝子出戶而靜聽、愾愾然也。必有聞乎其歎息之聲也。是愾者、太息之靜也。息從鼻出氣、非靜不能聞也。詩曹風下泉篇愾我寤嘆、鄭箋愾、嘆息之意。孔疏卽引祭義愾然爲證。蓋爾雅此愾正釋彼詩愾我寤嘆耳。郭不知忥當作愾、故云未聞。邵說無徵、錢說更欠直捷。左昭八年傳臣必致死禮以息楚、杜預注息、寧靜也。爾雅此條寧亦詁靜、愾爲息、息爲寧靜、則愾有寧靜義益無可疑。

謐慎謐靜也

案古逸本玉篇言部謐下引爾雅、謐、靜也、昚也。慧琳經音義十一大寶積經序寧謐下亦引爾雅、謐、靜也、昚也。昚在說文心部爲慎之古文。今本爾雅謐慎謐三字皆詁靜、别無慎也一條。疑古本爾雅此條之下元有慎也一條、轉互相訓、以廣異文、猶敘也、緒也、自也、循也、常也、法也、信也、誠也、曰也、于也諸條之例。顧野王慧琳所見爾雅兩條尙未相掍、故於謐下謐下皆連引靜也昚也兩訓、而昚也皆次靜也下、可知慎也一條其次第則在靜也條後也。書堯典慎徽五典、陸元朗釋文敘錄引慎作昚。是靜也條之慎蓋專釋慎徽五典。慎字本或作昚、因而爾雅之慎亦有作昚一本。

頠靜也　釋文頠、魚毁反、沈五罪反、孫郭五果反。盧氏文弨釋文攷證、果舊作鬼、今從宋本正。郝氏懿行義疏、文選神女賦既姽嫿於幽靜兮、李善注引說文姽、婧好皃、五累切。婧卽靜矣。果當作累、字形之譌。

案、說文頁部頠从危聲、金部鈋亦从危聲、讀若毁行。此据小徐本。大徐本作讀若跛行。是凡从危聲之字古皆有毁音、釋文謂頠、魚毁反、是也。玉篇上頁部三十六、頠、五罪牛毁二切。牛毁卽魚毁之轉、五罪亦與沈旋音同。而孫郭獨音五果反者，唐韻果古火切。引見大徐本說文部首、火、燬也。火之聲訓爲燬，則古火切猶言古毀切，五果反猶言五毀反，與玉篇牛毀、釋文魚毀之音皆正脗合。必改五果爲五累，可謂知其一不知其二矣。舊作五鬼，當亦淺學者率改之耳。盧依宋本正之甚是。唐韻頠，語委切。引見大徐本說文頁部頠下。說文女部，婐，讀若騧，或若委。亦頠果同音之證。漢書賈山傳曾不得蓬顆蔽冢而託葬焉，顏師古注顆謂土塊。顏氏家訓書證篇，北土通呼物一凷改爲一顆。可見漢讀果聲字確不如今音。至北齊猶然，則魏晉閒音又何疑乎。且說文女部有妮，曰婐妮也，从女戹聲。唐韻五果切。凡戹聲字既讀五果切，則危聲字又不可讀五果切乎。危，从厃从卩在厂上。卩部戹卽从卩厂聲，謂其音毋尙不同乎。說文婐妮猶文選之婐嫿也，婐可通妮，謂頠不當有果音乎。　**董瑞椿補記**

㤊靜也

錦燧謹案，詩中無㤊字，不知釋詩何句。說文心部云，㤊，癡皃。訓靜非其義也。嚴氏匡名以爲瘱之假借。蒙攷說文心部云，瘱，靜也。於計切 又宀部云，㝞，靜也。於計切 㝞與瘱音義俱同。竊謂瘱从心得義，其本訓當爲心之靜。㝞从宀得義，其本訓當爲室之靜。气聲、疾聲、契聲古俱同部，例可通假。嚴僅以爲瘱之假字，是知其一不知其二矣。　**陸錦燧日記**

㤊、靜也。郭云，未聞。釋文云，㤊本或作氣，同，許氣反。楷案，㤊卽忔字。作氣者形近之誤。陸氏據之作音，非也。史記倉公傳數忔食飲索隱忔音疑乙反。忔者風痹忔然，不得動也。不得動卽靜義。又通仡、通疑、通嶷、通凝。詳錢坫爾雅古義。」

稗疏

㤊、謐、溢、蟄、愼、貉、謐、顗、頠、密、寧、靜也。

說文云：「竫、亭安也、靜、審也、」竫靜異字異義。爾雅之靜、乃竫之假借字。竫者、安靖也、故㤊蟄貉謐顗頠密寧八字、皆用假字訓靜。

㤊者、邵氏云：「說文作𢡱、云：『靜也。』」

溢者、侐之假字、說文云：「侐、靜也、」詩「閟宮有侐、」傳訓淸竫、故溢有靜義。謐者、郝云：「詩釋文『溢、徐邈音謐、』是謐溢音同。然則爾雅訓謐爲靜、以謐溢二字、古音通故也。

蟄當爲慹之假字。莊子田子方「慹然似非人、」司馬注云：「慹、不動貌、」此與貊之訓靜同意、見後貉字注。

謐、說文云：「靜語也、一曰無聲也、」義與爾雅同。堯典「惟刑之恤哉、」今本尚書作謐、史記作靜、蓋恤逌爲侐之假借、侐與謐古音同部、故通用。

貉者、下文云：「定也、」此復云靜者、即說文亭安爲竫之義。詩「貊其德音、」傳云：「貊、靜也、」貉貊通、故詩用貊。貉又通莫、通漠、荀子「莫莫然、」楊倞注云：「莫讀爲貊、貊、靜也、不言之貌、」此通用之證。不言之靜爲貉、不動之靜爲蟄、意正同。

顗、說文「謹莊貌、」與靜義同。邵謂「本或作𡪢、」引說文「𡪢、靜也、」以釋之、倉頡篇𡪢訓安、與說文亭安爲竫之義同。玉篇亦云：「顗、靜也。」

頠、說文云：「頭閑習也、」故引伸爲凡閑習之義。

爾雅學

謐　葉鈔釋文、唐石經單疏本雪牕本元本閩本監本同。毛本作諡。盧文弨曰，五經文字謚諡，常利反。上說文，下字林。字林以諡爲笑聲，音呼益反。今用上字。據此知爾雅本作謚。毛刻諡字剜改，蓋因今本說文而誤。段玉裁云，宋以前無諡字，元應書引說文云從言益聲，是也。說文作謚始於徐鉉等，經典改謚爲謚，始於毛居正岳珂。

校勘記

氣謚溢蟄愼貉謐顗頠密寧靜也。○釋曰 注疏本刪。

六行「蟄靜也」○「蟄」，《釋文》音直立反。原本《玉篇》云部「藝」下引「《爾雅》：藝，靜也。」《廣韻．祭韻》「藝」下亦有「靜也」一義，是《爾雅》舊本有作「藝」者。劉師培《左盦集．爾雅誤字考》謂「蟄」字即「藝」字之訛。

宋監本校箋

氣音戲 謚音侍 溢 蟄 愼 貉音陌 謐音密 顗音擬 頠音委 密 寧 靜也

音圖・音

顗音擬　案顗，魚豈翻，音蟻。尾 今音擬，紙 韻稍誤。直音擬蟻兩音亦混。

頠音委　案頠，魚毀紙 五罪賄 五鬼尾 三翻，竝危上聲，疑母字。今音委，影 非。

直音正誤

氣本或作氣。許氣翻，音餼。注疏考證云氣與忔、忾同。

五經文字云謚謚，常利翻，音視。上說文，下字林。謚爲謚之省，非省。字林以謚爲笑聲，音呼益翻。音隙。又伊昔翻，音益。說文笑貌。案石經周禮儀禮左傳多作謚，無作謚者。即漢隸亦但作謚，作謚無作謚者。廣韻云謚，說文作謚。此唐以前無謚字之證也。宋本說文始有謚字，於是丁氏類篇李氏字鑑始辨之，遂有謚謚之別。

貉，詩釋文又作貊，武伯翻，音陌。莫白翻同。左傳作莫，音同。韓詩作莫，同。武博翻

顗，魚豈翻，音蟻。尾韻 又五愷翻，音隗。賄韻 頠，魚毀翻，危上聲。紙韻 沈五罪翻，音隗。賄韻 孫郭五鬼翻，與五罪五愷同音，而讀入尾韻。

郭云未聞其義，但晉人多以之命名，當取靜義。晉褚頠子翼，父子並取爾雅爲名。　宋本五鬼譌作五果。

音略

氣、謚、溢、蟄、愼、貉、謐、顗、頠、密、寧、靜也。

戲 侍 逸 折質 陌莫客 擬 螘 隗

孫偘直音

氣、謚、溢、蟄、愼、貉、謐、顗、頠、密、寧、靜也

希去聲 侍 逸 諡執 陌 密 蟻上聲 隗上聲

直音校正

氣戲 謚侍 溢 蟄 愼 貉陌 同

謐密 顗擬 頠魚毀切 密 寧 靜也

楊氏音訓

氣許既切 貉莫 謐蜜 顗愷 頠隗

干氏音釋

隕磒湮下降墜摽蘦落也

隕、磒、湮、下、降、墜、摽、蘦，落也。

磒猶隕也，方俗語有輕重耳。湮，沈落也。摽、蘦見詩。

郭注

隕磒湮下降墜摽蘦落也　釋曰：皆謂墮落也。隕者，說文云從高墜也。易曰有隕自天。磒者，石落也。郭云磒猶隕也，方俗語有輕重耳。湮，沉落也。下者，自上而落也。降即下也。曲禮謂羽鳥死曰降。墜者，說文曰從高墮也。左傳曰弗敢失墜。摽者，召南云摽有梅。蘦者，說文云草曰蘦，木曰落。此對文爾。散而言之，他物之落亦言蘦。鄘風定之方中云靈雨既零。蘦、零音義同。

邢疏

湮落也

湮音因，又音烟，又音翳。釋文

郭音義

蘦落也

蘦，直今反。釋文

沈集注

湮下。湮，音因，又音烟，又音翳。釋文

郭音義

黃輯古義

隕磒湮下降隧摽蘦落也

郭璞云，磒猶隕也，方俗語有輕重耳。湮，沈落也。摽蘦見詩。

玉函山房輯佚

一切注音

湮落也郭音因。釋文

古注斠

隕于閔反。磒于敏反。石落也。湮郭音因，又音烟，又音翳。降古巷反。隧本又作隊，同。直類反。摽婢眇反，又普交、符表二反。蘦力丁反，字或作苓。說文云，艸曰苓，木曰落。沈直今反。

陸音義

磒石落也○官本作殞，譌。此訓石落，自當從石。

音義攷證

隕磒湮下降隧摽蘦落也

湮，其精者落也；蘦，其神者落也；隧，重而落；摽，雖輕猶落；蘦，雖靜猶落。

新義

隕磒湮下降墜摽蘦落也 隕土曰隕，隕石曰磒。湮、隕，沒也。摽，召南云，摽有梅。蘦，說文云，草曰蘦，木曰落。亦通作零。

鄭樵注

隕磒湮下降墜摽蘦落也湮郭音因

郭璞曰，磒猶隕也，方俗語有輕重耳。湮，沈落也。摽蘦見詩。

鄭樵曰，隕土曰隕，隕石曰磒。湮、隕，沒也。摽，召南云，摽有梅。蘦，說文云，草曰蘦，木曰落。亦通作零。

古注合存

隕磒湮下降墜摽蘦落也。磒、隕同。摽音殍。蘦、零同。○此釋隕磒以下皆落之義也。疏曰，隕者從高墜也。磒，石落也。湮，沈落也。說文云，草曰蘦，木曰摽，對文也。散文則通言零。

注疏參義

隕磒。郭云，磒猶隕也，方俗語有輕重耳。疏云，隕者，石落也。蓋泥春秋隕石之義。鄭遂改隕作磒，以爲隕土曰隕，隕石曰磒，似近穿鑿。雖字書元有磒字，不得輒改。

補注

隕磒湮下降墜摽蘦落也 註 磒猶隕也，方俗語有輕重耳。湮，沈落也。摽蘦見詩 正義 說文云，木曰落，艸曰零。此言字之本義也。通言之則隕墜之類皆爲落也。隕者，說文云，隕，從高下也。姤九二云，有隕自天。夏小正云，隕麋角。隕，墜也。豳風七月云，十月隕蘀。毛傳，隕，墜也。磒者，說文引春秋傳云，磒石于宋五。今春秋莊七年傳，磒作隕。穀梁傳云，著於下，不見於上，謂之隕。隕磒古通用。湮者，周語云，墮高湮庳。下者，益象傳云，自上下下。降者，禹貢云，是降丘宅土。曲禮云，水潦降。降與下義同。故釋言云，降，下也。墜，說文作隊，云，從高隊也。左氏僖二十八年傳云，俾隊其師。杜註，隊，隕也。摽通作莩。趙岐孟子註，莩，零落也。蘦通作零。夏小正云，栗零。零也者，降也。註 磒猶至見詩○ 正義 郭以隕即爲磒，因方俗語有輕重，分爲二字耳。左氏文十八年傳云，不隕其名。隕，墜也。列子周穆王篇，王若磒虛焉。張湛註，磒，墜也。是其義同也。湮爲水落，故云沈落也。摽蘦見詩者，召南云，摽有梅。毛傳，摽，落也。盛極則隋落者，梅也。鄭風野有蔓草云，零露漙兮。豳風東山云，零雨其濛。

正義

隕磒湮下降墜摽蘦落也 磒猶隕也，方俗語有輕重耳。湮，沈落也。摽蘦見詩

說文云，凡艸曰零，木曰落。按此亦對文耳。若散文則通。故夏小正云，栗零，明零不必草也。莊子逍遙遊篇云，瓠落，明落不必木也。所以離騷云，惟草木之零落兮。王逸注，零落皆墜也。是其義俱通矣。磒者，說文云，落也。引春秋傳曰，磒石于宋五。今左氏穀梁作隕，公羊作霣，俱磒之叚音也。爾雅釋文，磒，石落也。此亦望

文生訓、實則磒隕字異而義同。故郭云磒猶隕也、方俗語有輕重耳。湮者、說文云沒也。謂沈沒也。湮沒沈淪皆隕墜之意。釋文、湮、郭音因、又音烟、又音翳。按因音烟、聲同。因翳聲轉。釋名云、殪、翳也。就隱翳也。隱翳與零落義近。史記屈原賈生傳云、獨湮鬱兮其誰語、漢書賈誼傳作壹鬱。湮有翳音、亦其證矣。墜者、隊之或體也。說文云、隊、從高隊也。音義同䃍、云䃍、陊也。陊落也。經典陊通作墮、隊通作墜。故爾雅及莊子釋文竝云、墜本又作隊。楚辭國殤篇云矢交墜兮士爭先、王逸注、墜、墮也。又云天時墜兮威靈怒、王逸注、墜、落也。又通作隧。荀子儒效篇云至其頭而山隧、楊倞注隧讀爲墜。淮南說林篇云有時而隧、高誘注、隧、墮也。摽者、𠬪之叚音也。說文云、𠬪、物落上下相付也、讀若詩摽有梅。通作芆、或作莩。孟子塗有餓莩、趙岐注引詩云莩有梅、莩、零落也。漢書食貨志贊引作野有餓芆、集注鄭氏曰、芆、音蔈有梅之蔈、芆、零落也。顏師古曰芆、諸書或作殍字、音義亦同。然則三書凡三引詩而各異、唯說文之𠬪乃本字。芆亦通用、摽蔈俱叚音、莩殍亦俗聲也。讀毛詩者便以摽爲本字、不知摽字說文訓擊。柏舟毛傳、摽、拊心貌。此乃摽之本義。其爾雅及摽梅之摽、俱叚借矣。蘦者、亦叚音也。說文云、零、餘雨也。按零落宜用此字。故又云、霝、雨零也。䨏、雨零也。䨏亦通落、霝亦通零。故詩靈雨既零、毛傳、零、落也。零雨其濛、說文引作霝雨其濛。又通作苓。禮王制及月令云草木零落、釋文、零、本又作苓。爾雅釋文、蘦、字或作苓。又通作泠。樊敏碑云、士女涕泠。張公神碑云、天時和兮甘露泠。是零爲正體、霝亦通用、蘦苓泠俱叚音。

義疏

隕磒湮下降墜摽蘦落也 郭注

磒猶隕也、方俗語有輕重耳。湮、沈落也。摽蘦見詩。　此別隕磒之異。字俱从員、員圓則易墜、從制字則以依傍而落者爲隕、从空落者爲磒。詩亦不隕厥問、从𠂤。易有隕自天、春秋霣石、星霣、从石也。湮、沒也、从水垔。以土塞水者必墜落、故垔爲塞、湮爲落。書鯀陻鴻水、古文作伊。伊、鬱塞也。詩闉闍謂縣門下隊之義、與今謂溺氽爲淹、湮之誤也。下有三義、一在下、一落下、一人下之。詩無以下禮、人下之也。書水曰潤下、水能下物、易自上下下、亦降落義也。降从夂、ヰ相承、自𠂤而下、與下同義。書詩之降、皆降下、非落也。月令時雪不降、淫雨早降、乃爲落矣。墜从𠂤豙、後又加土。書乃其隊命、又無墜天之降寶命、或亦加土也。摽、擊也。詩摽有梅、趙岐引作莩。說文、𠬪、物落上下相付也。說文、艸曰零、木曰落。又作霝。䨏、霝从皿、象雨形。落即各字加偏旁。既曰木落、不必从艸水也。零落聯文、上所言降隕皆零落之見。散文則詩靈雨既零、桑之未落、其正義也。郭云蘦見詩、謂霝雨其濛字、不从艸明矣。月令艸木苓落、作苓、亦非也。

集解

隕磒湮下降墜摽蘦落也

隕、從高下也、从𠂤員聲。員易下物也。引申爲落。易垢有隕自天、虞注隕、落也。周語駟見而隕霜、楚辭悲回風物有微而隕性兮、注均云隕、落也。磒、石落也、从石員聲。引申爲凡落之偁。列子周穆王王若隕虛焉注磒墜也。春秋僖十六隕石于宋五、說文引作磒、杜注左傳云落也。湮、沒也、从水垔聲。謂物沒水而沉落也。書鯀湮洪水、其落土以塞水與。文選封禪文、湮沒而不偁者言沉落而無偁也。下字本作丅、底也。指事。下其篆文。落也者、謂自上而落下也、易所謂自上下下是也。曹丕寡婦賦陰雲曀兮雨未下、今楚俗呼下雨爲落雨、雨未下者、猶言雨未落也。文選西都賦招白鷴、下雙鵠、注下、落也、降下也。亦降、落也。禮記月令時雪不降、淫雨早降均是也。从𠂤夅聲。禮記曲禮羽鳥曰降、注降、落也。墜、字本作隊。從高隊也、从𠂤豙聲。引申爲落。書乃其墜命、又無墜天之降寶命均是也。左僖二八傳俾隊其師、注墜、隕也。楚辭國殤天時墜兮威靈怒、文選長笛賦鏓硐隤墜注均云墜、落也。淮南說山有時而隧、注隧、墮也。說文、䃍、陊也、落也。以隧䃍爲之。摽、擊也、从手票聲。物被擊者必落。詩摽有梅、傳摽、落也。孟子梁惠王野有餓莩、注引詩莩有梅、莩、零落也。漢書食貨志贊引作野有餓芆、集注鄭氏曰芆音蔈有梅之蔈、芆、零落也。說文、𠬪、物落上下相付也。以莩芆蔈𠬪爲之。蘦、大苦也、从艸霝聲。正字爲零、實爲霝。零、餘雨也。雨者、自上而落下

爾雅詁林　一　釋詁上

也。與霝訓雨零畧同。零霝蘦通用字。詩定之方中靈雨既零，傳零，落也。野有蔓草零露漙兮，箋零，落也。夏小正栗零，傳零也者，降也。禮記王制草木零落，釋文零本作苓。張公神碑天時和兮甘露冷，論語磨而不磷，謂不落也。以苓冷磷為之。落木落也。對文艸曰零木曰落，散文凡物落均可謂之落。詩桑之落矣。吳語人民離落。

義證

隕碩湮下降隧摽蘦落也

〔註〕碩猶隕也方俗語有輕重耳湮沈落也摽蘦見詩

〔補正〕邢疏、說文草曰蘦木曰落，此對文耳。散而言之，他物之落亦言蘦。鄘風靈雨既零，蘦零音義同。

郭注補正。

隕碩湮下降墜摽蘦落也

隕碩同字。說文云，碩，落也。衛風氓其黃而隕，豳風七月十月隕蘀，小雅小弁涕既隕之，大雅緜亦不隕厥問，毛傳並云隕，墜也。墜亦落也。孟子引作亦不殞厥問。一切經音義三云，殞，字書作隕，同。　下者，降也。常語也。降卽落也。呂覽功名篇下鳥乎百仞之上，注云下，猶隕也。隕亦落也。邶風燕燕下上其音，傳云飛而下曰下音。下音卽落之義也。　降者，說文云下也。召南草蟲我心則降，小雅出車我心則降，大雅旱麓福祿攸降，公劉復降在原，崧高維嶽降神，商頌玄鳥降而生商，長發湯降不遲，殷武天命降監，傳箋並云降，下也。小雅天保降爾遐福，箋云天又子女以廣遠之福。節南山降此鞠訩，箋云乃下此多訟之俗。十月匪降自天，箋云匪從天墮也。雨無正降喪饑饉，箋云下此死喪饑饉之災。大雅生民誕降嘉種，箋云故為之下嘉種。蕩天降慆德，疏云君所下，明是慢人之德。桑柔天降喪亂，箋云天下喪亂，國家之災。雲漢天降喪亂，箋云天仍下旱災亡亂之道。瞻卬降此大厲，箋云王乃下此大惡，以敗亂之。天之降罔，箋云天下羅罔，以取有罪。周頌敬之陟降厥士，箋云天上下其事。商頌烈祖自天降康，箋云天於是下平安之福，使年豐。詩言降者甚多，鄭箋都以降下為訓，下卽落也。　墜，說文作隊，云從高隊也。小雅小宛傳云恐隊也，小弁傳云隕，隊也。大雅召旻傳云貶，隊也。並從古文作隊。召旻釋文云，隊，又作墜。墜或體字也。　摽，說文作芆，云芆，物落上下相付也。讀若詩摽有梅。召南傳云，摽，落也。盛極則隋落者梅也。孟子塗有餓莩，趙岐注引詩作莩。漢書食貨志贊引野有餓芆，鄭氏引詩作蔈。案芆為本字、摽莩蘀皆假借也。　䨏、說文作霝、云霝、雨零也。零、餘雨也。落、作零、云雨、零也。今經典皆作零落。鄘風定之方中靈雨既零、鄭風野有蔓草零露漙兮、傳箋竝云零、落也。豳風東山零雨其濛、說文引作霝雨其濛。

說詩

隕磒湮下（磒、監本誤歺旁作。下同。）

疏隕者說文云從高墜也（墜、說文作下。）墜者說文曰從高隆也（墜、說文作餘。）草曰蘦木曰落（蘦、說文作零。）

注疏正字

墜

古無此字。古文地作墬、从彖不从豕。此墜字當作隊、說文从高隊也。

小箋

湮落也

引之謹案周語湮替隸圉、（今本湮作堙、依宋明道本改。）韋注湮、沒也、謂沈沒於隸圉之中。故郭云湮、沈落也。湮替隸圉猶云降在皁隸。（昭三年左傳）故爾雅湮降竝訓爲落也。邵引周語墮高堙庳、失之。（韋注、堙、塞也。）

述聞

隕磒湮下降墜摽蘦落也　釋文云墜、本又作隊。類篇七下石部引作磙。案說文、石部磙、陊也、（今作墮誤）从石㒸聲。又𨸏部隊、從高隊也、从𨸏豙聲。墜係土部新附字。　段氏玉裁曰詩摽有梅、廣韻引字統云合作芆落也。趙岐注孟子曰、芆、零落也。詩曰、芆有梅。漢書野有餓芆、鄭氏曰芆音蔈有梅之蔈。案說文有𠬪無芆。𠬪、物落上下相付也。摽、擊也。同部假借作芆、俗。元照案說文、𠬪、从爪从又、讀若詩摽有梅。則毛詩作摽、趙引作芆、莩从三家本。又案今本孟子經注芆作莩、其傳譌已久、并有改其音作孚者矣。　釋文云蘦字或作苓。案說文曰凡艸曰零、（釋文引作苓。）木曰落。霝、雨零也。零、餘雨也。蘦、大苦也。苓、卷耳也。是正文作零、零與霝通、苓蘦皆假借字。又案、詩鄘風定之方中靈雨既零、又鄭風零露漙兮、傳箋皆訓零爲落。

匡名

隕磒（俱音允）湮下降墜摽蘦落也　此釋落之義。說文艸木落曰落、草落曰零。

隕、从高下也。引易有隕自天。　磒、落也。引春秋隕石於宋五。郭註、磒猶隕也。　湮、没也。周語墮高湮痺註湮落也　益卦自上下下、註下降也。　降、下也。古多叚降爲夅。曲禮水潦降、註降下也。　墜、侈也。論語未墜於地、古多作隊、从高隊也。今墜行而隊廢矣。左僖二十八年傳俾隊其師、註隊、隕也。通作碌。　摽、擊也。召南摽有梅、傳摽、落也。通作莩。王應麟詩攷作莩有梅。蘦、通作零。鄘風靈雨既零。趙註、莩、零落也。

啓蒙

墜　隊　釋文。墜本又作隊。同。案荀子王制篇楊倞注。隊與墜同。

隕磒湮下降墜摽蘦落也

邢疏云皆謂墮落也。

落也者。說文。落。凡艸曰零。木曰落。从艸洛聲。邵疏云說文言字之本義也。通言之則隕墜之類皆爲落也。

隕者。說文。隕。從高下也。从𨸏員聲。易曰。有隕自天。詩豳風十月隕蘀。傳云隕墜也。通作賈。王念孫云。左氏春秋經莊七年星隕如雨。公羊隕作賈。墨子天志篇雷降雪霜雨露以長遂五穀麻絲。雷蓋賈字之誤。賈與隕同。爾雅隕降落也。（以上王語見讀書雜志）又通作殞。詩大雅亦不隕厥問。孟子作亦不殞厥間。

磒者。說文。磒。落也。从石員聲。春秋傳曰。磒石于宋五。通作隕。左傳穀梁傳磒石俱作隕

黃侃評本正名

石又通作磒。公羊傳磒石作霣。湮者。說文。湮。沒也。从水垔聲。沒訓沈。沈一訓濁。默。默訓滓垢。此皆重濁下墬之意。文選封禪文湮滅而不稱者。李注云。湮。沒也。通作堙。周語絕後無主。堙替隸圉。韋解云。堙。沒也。

下者。二之篆文。說文。二。底也。指事。下。篆文下。段玉裁云。說文無低字。底即低字。以上段注 底下之下。此德句也。易益卦自上下下。上下字乃業句。讀如禮記射義下而飲之下。鄭注云。下。降也。呂氏春秋功名篇下鳥乎百仞之上。高注云。下猶隕也。墨子天志篇天子賞罰不當。聽獄不中。天下疾病禍祟。祟原作福依王念孫據天志中篇改 王念孫云。下者降也。言降之以疾病禍祟也。以下王語見讀書雜志

降者。說文。降。下也。从𨸏夅聲。詩大雅復降在原。傳云。降。下也。禮記曲禮羽鳥曰降。鄭注云。降。落也。

墜者。隊之俗字。說文。隊。從高隊也。从𨸏㒸聲。周禮考工記良蓋弗冒弗紘。殷畝而馳不隊。謂之國工。鄭注云。隊。落也。僖二十八年左傳俾隊其師。杜注云。隊。隕也。隕亦落也。俗作墜。經典用爲隊落字。廣雅。墜。墮也。書君奭乃其墜命。漢書王莽傳作乃亡隊命。莊子德充符雖天地覆墜。釋文。墜本作隊。本經釋文墜本作隊。文三年公羊傳死而墜也。何注云。墜。隋地也。隋者。陊之俗字。作墮者之省也。通作隧。淮南說林訓有當而隧。高注云。隧。墮也。荀子儒效篇至共頭而山隧。漢石經論語殘碑未隧於地。漢書王莽傳不隧如髮。並以隧爲墜。又通作遂。荀子王制篇小事殆乎遂。王念孫云。遂讀爲墜。正論篇國雖不安。不至於廢易遂亡。遂亦讀爲墜。史記倉公傳陽脈下遂。徐廣曰。一作隊。正義曰。遂音直類反。遂隊並與墜同。以上王語見讀書雜志

摽者。說文。摽。擊也。从手票聲。無落義。訓落者當爲受之借。說文。受。物落上下相付也。从爪从又。讀若詩摽有梅。郝懿行謂受爲摽有梅之本字。其說致塙。章先生曰。說文無拋字。古文即用受。以上章先生語見文始 受字不見於經典。或以孚莩爲之。章先生曰。受有誤爲孚者。以聲義近也。書高宗肜日天既孚命正厥德。殷本紀孚命作附命。孔光傳引書作付命。熹平石經同。據此是太史公以今文釋古文也。孚與附付音雖近。然此似本作受。轉寫誤作孚。說文。受。物落上下相付也。讀若詩摽有梅。受付古亦雙聲相轉。音近義同。故今文直以付爲受。太史作附。亦付字耳。又作荾。漢食貨志野有餓荾而弗知發。鄭氏曰。荾音蔈有梅之蔈。荾。零落也。此字今孟子作莩。注。餓死者曰莩。詩曰莩有梅。莩。零落也。是則正字作受。漢時作荾。誤書作莩。荾誤作莩。正猶受誤作孚矣。以上章先生語見古文尚書拾遺定本 通作摽。詩召南摽有梅。傳云。摽。落也。盛極則隋落者梅也。又通作暴。孟子自暴者不可與有言也。自棄者不可與有爲也。章先生曰。自暴自棄。皆今拋棄義。以上章先生說見文始 又通作僄。荀子修身篇怠慢僄棄。楊注云。僄。輕。章先生曰。僄棄亦今拋棄義。以上章先生語見文始

蘦者。說文。蘦。大苦也。从艸霝聲。無落義。訓落者當爲霝之借。說文。霝。雨零也。从雨。㗊象零形。詩曰。霝雨其濛。今詩豳風作零雨其濛。詩鄘風靈雨既零。傳云。零。落也。大戴禮記夏小正栗零。傳云。零也者。降也。通作苓。此經釋文蘦字或作苓。禮記王制草木零落。釋文。零本又作苓。月令草木零落。釋文。零本又作苓。楚辭離騷惟草木之零落兮。王注云。零一作苓。

本字考

隕、磒，落也。隕、磒聲通同訓。隕下文云墜也。降，落也。釋言降，下也。

黃侃音訓

蘦。落也。疏引定之方中詩靈雨既零云蘦零音義同。

考異摘要

隕磒湮下降墜摽蘦落也

案說文艸部、落凡艸曰零、木曰落。是落爲艸木落之專名。詩周南摽有梅篇毛傳、摽、落也。是摽亦艸木落之專名。疑此當隕磒湮下降墜也爲一條、摽蘦落也別爲一條、蘦卽艸曰零之零也。詩豳風七月篇十月隕蘀、大雅緜篇亦不隕厥問、毛皆傳隕爲墜、孔皆疏隕墜、釋詁文、可見毛所据爾雅墜下正有也字、正以墜釋隕、並不以落釋隕。玄應經音義二十六度集三隕下下亦引此經作隕墜也。此古本爾雅別有墜也條之碻證也。說文𨸏部、降、下也。隊、從高隕也。隕、從高下也。春秋僖十六年經隕石於宋五、說文於石部磒下引作磒、可見隕磒下降諸字正與墜義古通、故同隸墜也條。慧琳經音義七十二阿毗達磨顯宗論一

爾雅詁林 一 釋詁上

爾雅詁林　一　釋詁上

顯墜下引郭注、墜猶落也。今郭注無此文。葢卽墜也一條下之佚注。今既與落也條相并、遂爲淺人所刪耳。惟墜下本有也字、故郭以下文落也條證墜也條、而通其詁曰猶也。

董瑞椿補記

隕、碩、湮、下、降、墜、摽、蘦、落也。

說文云：「凡艸曰零、木曰落。」此析言之；渾言則無別。蘦爲零之假借。

隕碩訓落者、說文云：「隕、從高下也。」姤九五云：「有隕自天。」七月云：「十月隕蘀。」皆落也。碩、說文云：「落也。」引春秋傳「碩石于宋五。」爲證、是隕碩古通。

湮、說文「沈沒也。」周語「湮替隸圉。」湮替、猶云淪落耳。邵氏引證周語之湮未是；湮者塞也、非落義。

墜者、隊之或體。說文「隊、從高隊也。」此爲本字。經典多借墜隧爲隊、用隊者少矣。

摽、說文作𡕖、𡕖爲正字。毛詩作摽、孟子趙注引作莩、書漢注引作莩、或作藁者、皆借字也。

爾雅學

隕碩湮下降墜摽蘦落也 監本作隕、殞。案經典釋文、邢昺疏皆云石落也。今从唐石經、九經字樣、鄭樵注本、至善堂九經本。

石經考文提要

碩 釋文、唐石經、單疏本、雪牕本、元本、毛本同。閩本、監本作殞、訛。石經考文提要引至善堂亦作碩。

摽 唐石經、單疏本、雪牕本、注疏本同。此舊作標、訛。今訂正。葉鈔釋文作標。

隕碩湮下降墜摽蘦落也○釋曰 注疏本刪。

校勘記

碩于閔切 雪牕本丁閔反。

校勘記訂補

八行(注)碩猶隕也方俗語有輕重耳○原本《玉篇》石部「碩」下引此注「方俗」下有「異」字。

(注)湮沈落也○原本《玉篇》水部「湮」下引「沈落」上有「謂」字。

訊誥告也○「訊」《釋文》作「誶」，云：「郭音碎。告也。本作訊，音信。」是陸氏所據郭本字作「誶」。

宋監本校箋

隕音允 殞音允 湮下降隊摽音俵 蘦音零 落也

音圖・音

摽音俵 案摽婢眇翻、符表翻交互同、瓢上聲。並今音俵、帮非。

直音正誤

隕、碩、湮、下、降、墜、摽、蘦、落也。

殞 殞 因 缸 古音洪 鬉上聲 零

孫侶直音

並讀殞 因 瓢上聲 零

隕、碩、湮、下、降、隊、墜、摽、蘦、落也。

直音校正

隕碩同隕 湮下降墜摽殍 蘦同零 落也。

楊氏音訓

碩于敏切 湮因 摽瓢上聲 蘦苓

干氏音釋

命令禧畛祈請謁訊誥告也

命、令、禧、畛、祈、請、謁、訊、誥、告也。

禧未聞。禮記曰、畛於鬼神。

郭注

命令禧畛祈請謁訊誥告也　釋曰皆謂告諭也。命者使告也。詩唐風揚之水云我聞有命。令者發號以告也。論語云其身正不令而行。畛者致告也。祈者求告也。書召誥云祈天永命。請者言告也。婚禮五曰請期。謁者告白也。月令曰謁於天子。訊者告問也。詩云歌以訊之。誥者布告也。書大誥洛誥之類是也。　注禮記曰畛於鬼神　釋曰下曲禮文。

邢疏

訊告也

誶、音碎、告也。本作訊、音信。釋文

郭音義

誶告也

文選思玄賦幽通賦注竝引爾雅作訊告也。

衆家注

黃輯古義

誶誥。誶、音碎、告也。本作訊、音信。

郭音義

命令禧畛祈請謁誶誥告也今注疏本作訊、釋文作誶。

誶、音碎。

沈集注

玉函山房輯佚

宷也

宷、七代翻。李巡音 七在翻。樊光音 竝釋文二十九

鉤沉

命令禧畛祈請謁誶誥告也誶今本皆作訊。茲從釋文本。

郭璞云禧未聞、禮記曰畛於鬼神。

一切注音

祈告也孫炎曰祈、爲民求福、叫告之詞也。一九 一切經音義

藼心案、釋言祈、叫也、義同。

誶郭音碎、告也。釋文

藼心案、文選思玄賦通幽賦注竝引作訊告也。後漢書張衡傳注引作誶告也。古訊誶二字經典通用。

古注斠

誶沈音粹、郭音碎、告也。本作訊、音信。令力政反。說文云、發號也。禧許其反。畛之忍反。誥羔報反、又古篤反。告古酷反。

陸音義

誶郭音碎、告也。○

邢本作訊、官本但留訊音信三字、餘皆刪。案後漢張衡傳思玄賦注引爾雅正作誶、此與訊字雖可通用、然當各依本文。

音義攷證

命令禧畛祈請謁訊誥告也

畛祈請謁、告也。禧之告、禧、喜之也。其、謂告也。是乃所以爲福也、

新義

命令禧畛祈請謁訊誥告也禧、未詳。畛、曲禮云畛於鬼神。

鄭樵注

命令禧畛祈請謁訊誥告也訊本亦作誶、郭音碎。

郭璞曰、禧、未聞。禮記曰畛於鬼神。

鄭樵曰、禧、未詳。畛、曲禮云畛於鬼神。

古注合存

命令禧畛祈請謁訊誥告也畛音軫、告音谷。○此釋命令以下皆告之義也。註曰禧未聞、曲禮云畛於鬼神。疏曰畛者致告、祈者求告、請者言告、謁者告白、月令云謁於天子、訊者告問、詩墓門云歌以訊之。愚按畛祭於田間也、禧畛祈蓋皆祭告之意。

注疏參義

命令禧畛祈請謁誶誥告也註禧未聞、禮記曰畛於鬼神。正義皆謂陳告也。命者、士冠禮云宰自右、少退贊命、少牢饋食禮云祝命嘗食、鄭註皆云命、告也。說文云、命、使也。謂告以使之也。令者、說文云、令、發號也。月令云、命相布德和令。謂布告令於外也。禧者、說文云、禧、禮告也。案禧通作釐。漢書文帝紀祠官祝釐、謂禮告也。畛通作眡。玉篇引張揖埤蒼云、眡、告也。禮記曰、眡於鬼神。祈者、春官太祝云、以祈福祥。釋言云、祈、叫也。孫炎以爲呼告之詞也。請者、說文云、請、謁也。士昏禮云擯者出請事入告、又云請期用鴈、是請即爲告也。謁者、說文云、謁、白也。左氏昭十六年傳云、宣子謁諸鄭伯。月令云、太史謁之天子。釋言云告謂請也。互相訓也。誶今本作訊、陸本作誶、後漢書註引爾雅亦作誶、告也。廣韻引詩云歌以誶止。王逸楚詞章句引詩云誶予不顧。今陳風誶俱作訊。戴震毛鄭詩考正云、訊乃誶字轉寫之譌。毛詩云告也、韓詩云諫也、皆當爲誶。誶音碎、故與萃韻。訊音信、問也。於詩義及音韻咸扞格矣。又云、雨無正四章莫肯用訊、訊乃誶字轉寫之訛。誶告訊問、聲義不相假借。案戴說是也。學記云多其訊、吳語云乃誶申胥、今轉寫俱訛作訊。惟離騷云謇朝誶而夕替、莊子山木篇怵然

爾雅詁林　一　釋詁上

而誶之、墨子非命篇百姓之誶也、誶字尚未盡譌、皆爲告也。誥者、書云、大誥爾多方。秋官士師云、誥用之于會同。**註**禮記至鬼神○**正義**下曲禮文鄭註云、眕、致也。祝、致告於鬼神辭也。釋言云、眕、致也。詳見釋言。

正義

眕告也

邵氏正義眕、通作眡。玉篇引張揖埤蒼云、眡告也。禮記云、眡於鬼神。玉案、玉篇耳部眡字注云之忍切、埤蒼云告也、禮記曰眡於鬼神、字竝从耳。今从目、誤。又氏下無、、亦誤。

補注殘本

訊誥告也　玉案後漢書張衡傳注引爾雅誶告也、陸氏音義亦作誶。今据改。　疏中訊字亦改作誶。

校議

命令禧眕祈請謁誶誥告也 禧未聞禮記曰眕於鬼神

釋言云、告、請也。獨斷云、告、教也。釋名云、上敕下曰告。告、覺也、使覺悟知己意也。按、以告爲上敕下亦不必然。廣韵二沃梏紐下云、告上曰告、發下曰誥。是告乃上下通名耳。告有古沃古到二音。詩日月告凶、漢書劉向傳作日月鞠凶。禮文王世子注告讀爲鞠、是告音古沃切者也。漢書高帝紀注服虔曰告音如嗥呼之嗥、是告音古到切者也。二讀皆古音矣。爾雅釋文於誥下列羔報古酷二反、而於告下但云古篤反、是其疏也。禧者、說文云禮吉也。邵氏晉涵正義據徐鍇本禮吉作禮告、與此義合也。通作釐。漢書文帝紀云祠官祝釐、集注釐、本字作禧、叚借用耳。然則祝釐即祝禧、謂祝致神意以告主人、詩楚茨所謂工祝致告者也。眕者、眡之叚音也。玉篇廣韵竝作眡。玉篇眡之忍切、引埤蒼云告也。禮記曰眡於鬼神、亦作眕。然則眡爲正文、眕乃叚借。鄭注曲禮本釋詁釋言眕告眕致二訓而云眕、致也。祝告致於鬼神辭也。因鄭此訓又知釋言眕致之眕亦當爲眡、與釋詁同。而曲禮注又云、眕或爲祗。蓋祗即眡字、形近而譌也。因又知張揖埤蒼之眡即本鄭君曲禮注而爲訓矣。祈者、說文云求福也。玉篇廣韵竝云祈告也、釋言又云祈、叫也、叫告義近。一切經音義九引孫炎曰祈爲民求福叫告之詞也、叫告連文。孫注蓋兼釋詁釋言而爲訓也。詩以祈黃耇、毛傳祈報也、鄭箋祈告也、告報義同。通作蘄。莊子養生主篇云不蘄畜于樊中、荀子儒效篇云跨天下而無蘄、郭象及楊倞注竝云蘄、求也。是蘄祈通矣。誶者、釋文云沈音粹、郭音碎、告也。又云本作訊、音信。文選思玄及幽通賦注竝引爾雅作訊告也、後漢書張衡傳注引作誶告也。誶訊二字經典多通。故離騷注引詩誶予不顧、廣韵引詩歌以誶止、今作歌以訊之、訊予不顧、毛傳訊告也。又莫肯用訊、鄭箋訊、告也。此二詩之訊依字皆當作誶。又莊子山木篇云虞人逐而誶之、釋文誶本又作訊、音信、問也。至於詩之執訊、王制之訊馘、學記之多其訊、此三文本應作訊。釋文又云、訊本作誶。蓋誶訊二字聲相轉、古多通用。近日戴氏震毛鄭詩考正及錢氏大昕養新錄皆有辨證。王引之經義述聞又謂二字古音同、今依用其說也。誥者、說文云告也。書序云、雅誥奧義、亦通作告。周禮大祝云三日誥、杜子春注誥當爲告。書亦或爲告。書序云作帝告、史記殷紀作帝誥。索隱曰、一作俈。嚳。又大誥序釋文云、誥、本亦作𢍏。

義疏

命令禧（嘻、釐）**眕**（眡、祇）**祈請謁誶**（訊）**誥告也**

孫注、祈爲民求福叫告之詞也。郭注、禧未聞、禮曰眕於鬼神。命令本一字也。令从亼卪、命从口令。月令曰命工師令百工、大命小令也。詩命彼倌人。又自公令之。書皆言命、唯甫刑言罔有令政。易后以施命告四方。禧釐古今字。釐敕也。書釐降。詩王釐爾成。又噫嘻成王。眕致聲轉。書其惟致告。禮工祝承致。祈从示斤。說文云求福。非也。詩以祈黃耇。凡乞言曰祈。斤以斫木正之。示斤告以正也。因爲祈年祈穀字耳。書祈天永命。祈求字作蘄也。請即情也。言情爲請。禮請賓。請期。謁从曷。曷加言。曷从曰匃。有求歫二意。月令謁諸天子。告上爲謁也。誶訊通用。問遠之詞。詩歌以誶之。誶予不顧。今作訊也。告从牛口。

不必加言。以告爲梏、因更用誥。書、誥告爾多方。

命令禧畛祈請謁訊誥告也

集解

命、使也、从口从令。謂使四方而告以君命。易后以施命告四方是也。儀禮士冠禮宰自右少退贊命、特牲饋食祝命嘗食、吳語吾問於王孫包胥既命孫矣、晉語天以命矣、文選魯靈光殿賦乃命孝孫、甘泉賦於是乃命羣僚、長楊賦秋命右扶風、閒居賦忝司空大尉之命、曹子建責躬詩廣命懿親以藩王國、王命論舜亦以命禹、注均云命、告也。令、發號也、从亼卩。上告下之詞。詩東方未明自公令之、傳令、告也。禧、禮吉也、从示喜聲。徐鍇本作禮告。謂告神致福、所謂册祝。周禮大宗伯之職以吉禮事邦國之鬼神示、注故書吉或爲告。禮記緇衣尹吉曰、注吉當爲告。經傳或以釐爲之。書釐降二女于嬀汭、詩王釐爾成、均謂告也。或者正字爲誋與、誋、誡也。廣雅釋詁、誋、告也。由誡義而引申耳。畛、井田閒陌也、从田㐱聲。正字爲診。診字从言、有告之義。素問風論聽問其診、注謂可言之證。許慎訓診爲視、借畛以爲診也。診畛通用字。禮記曲禮畛於鬼神、注致也。祝、告致於鬼神辭也。祈、求福也、从示斤聲。求福者必告神。詩行葦以祈黃耇、箋祈、告也。周禮大祝掌六祈、注祈、嘄也。謂爲有災變號呼告神以求福。請、謁也、从言青聲。下告上之辭。禮記投壺請賓多馬、儀禮鄉射禮主人答再拜乃請、注均云請、告也。謁、白也、从言曷聲。引申爲告、如皋从白而訓爲告是也。儀禮覲禮擯者謁、聘禮乃謁關人、禮記月令大史謁之天子、鄭注均云謁、告也。左桓十七傳事至而戰又何謁焉、襄二七傳子木使驛謁諸王、魯語又何謁焉、秦策請謁事情、孫子用閒必先知其謁者之姓名、呂覽當務楚有直躬者其父竊羊而謁之上、列子使遠人謁之、後漢書后紀闈房肅雍險謁不行也、注均云謁、告也。訊、問也、从言卂聲。亦上告下之辭。公羊僖十傳君嘗訊臣矣是也。詩墓門歌以訊之、又、訊予不顧、傳均云訊、告也。雨無正莫肯用訊、箋訊、告也。吳語乃訊申胥、注訊、告讓也。文選思玄賦占水火而妄訊、幽通賦既訊爾以吉象兮、注均云訊、告也。訊一本作誶。誶訊雙聲、故經典訊誶多通用。段玉裁謂爾雅誶告也、誶多訛作訊、其說誤矣。誥、布告也、从言告聲。書有大誥洛誥。周禮大祝三曰誥、杜注誥當爲告。楚語與人誦以曰誥也、注誥、告也。史記殷本紀作帝誥、今書序云作帝告。文選魏都賦乃盱衡而誥曰、注誥、告也。易繫詞六爻之義易以貢、韓注貢、告也。周禮樂師詔來鼓皋鼓、司農注皋、當爲告。列子楊朱密造鄧析而謀之、釋文造、本作告。以貢皋或造爲之告、牛觸人、角著橫木、所以告人也。故以爲告諭之通偁。

義證

禧告也　後文禧、福也。此釋爲告、謂告神求福也。與本科祈畛字義略同。說文解禧爲禮吉、禮之吉者莫大于祭、祭必有祝告神。或疑說文吉字即告之訛。

補郭

命令禧畛祈請謁訊誥告也

【註】禧未聞禮記曰畛於鬼神【補正】邢疏、命、使告也。令者、發號以告也。畛、致告也。祈、求告也。請、言告也。謁、告白也。訊、告問也。誥、布告也。

郭注補正

禧告也。郭氏未詳。開成石經作禧、从衣旁。案此石刻誤也、當从示旁。說文解字云、禧、禮告也。今本作禮吉者非是。漢書文帝紀、祠官祝釐。祝釐即祝禧、祝禧是禮告歟。

錢氏古義

命令禧畛祈請謁誶誥告也

禧未聞禮記曰畛於鬼神

釋文云、誶、郭音碎、告也、本作訊、音信。樹栟案、陸氏所據郭本作誶、後漢書張衡傳注引亦作誶。誶訊古同音通借。唐殘本玉篇言部誶下引爾雅誶、告也、郭璞曰相問誶也。今注文無此四字。釋言訊、告也、注云相問訊。顧氏葢誤合釋言注於此下歟。

郭注佚存補訂

爾雅詁林　一　釋詁上

命令禧畛祈請謁訏誥告也

命者、說文云使也。从口从令。卽告之義也。邢疏云、命者、使告也。大雅卷阿維君子使、鄭箋云命、猶使也。謂告而使之也。唐風揚之水我聞有命、不敢以告人、毛傳云有善政命、命卽告也。謂不敢以其所告之政告人也。大雅下武永言配命、箋云命、猶教令也。教令卽告也。凡詩之言命者、若小雅采菽天子命我、出車王命南仲、大雅崧高王命申伯、烝民王命仲山甫、抑匪面命之、韓奕王親命之、周頌臣工命我衆人之類、大都皆詔告之辭、傳箋均無釋者、常語也。　令者、說文云發號也。發號卽告義也。齊風東方未明自公令之、傳云令、告也。大雅韓奕慶既令居、彼釋文云令、命也。令命皆告也。　禧者、說文云禮吉也。徐鍇本作禧、禮告也。古書吉告二字多相亂、告字是也。禧通釐。鄘風柏舟序箋云、共伯僖侯之世子。彼釋文云僖、史記作釐。漢書文帝紀集注云、釐、本字作禧、假借用耳。漢書禮樂志集注云、釐讀曰禧。　大雅既醉釐爾士女、卽福爾士女、謂禮告之辭也。周頌王釐爾成、釐亦訓爲禮告之禧、臣工係諸侯助祭遣於廟之詩、故禮告之。禮樂志熙事備成、顏注云福熙之事皆備成也。熙與禧同。此卽王釐爾成之義也。

畛者、眂之假借。玉篇云眂、之忍反、引埤蒼云告也。邢疏云、畛者、致告也。說詳釋言畛致也下。　祈者、說文云求福也。孫炎云、祈爲民求福呌告之詞也。邢疏云、祈者、求告也。大雅行葦以祈黃耇、箋云祈、告也。周頌噫嘻序春夏祈穀于上帝也、箋云祈、猶禱也、求也。大雅雲漢祈年孔夙、疏云是急於禱請。小雅賓之初筵以祈爾爵、傳云祈、求也。甫田以祈甘雨、箋云以求甘雨。求禱皆告也。　誶與訊通。陳風墓門歌以訊之、訊予不顧、傳云訊、告也。箋云歌謂作此詩也。既作又使工歌之、是謂之告。彼釋文云、訊又作誶、告也。韓詩訊、諫也。諫亦告也。廣韻六至引詩歌以誶止、離騷注引詩誶予不顧、二字古蓋通用。小雅雨無正莫肯用訊、箋云訊、告也。彼釋文云訊、音信、徐息悴反、又音碎。是徐讀訊爲誶也。正月訊之占夢、傳云訊、問也。問而告之、義相成也。案彼釋文云、訊、本又作誶。訊字不體、竊疑詩經文

爾雅詁林　一　釋詁上

當是誶字、故云誶、一本作訊。訊爲謪字、餘詳訂經。

說詩

禧告也

說文禧、禮吉也、無訓告者。邵郝皆以吉爲告字之誤、非。

補釋

柏年案禧當爲祰字之誤。說文祰、告祭也。

祈請謁訊　案、釋文訊作誶、云郭音碎。

疏月令曰謁之天子　之、誤于。　詩云歌以訊之　詩下當脫陳風墓門四字。

汪疏正字

命令禧畛祈請謁誶誥告也　正義云禧、通作釐。漢書文帝紀祠官祝釐、錢少詹曰說文禧、禮吉也、吉乃告之謪。禧與畛祈連文、畛爲致告、祈爲求告、禧爲禮告、皆告神之名。元照案文帝紀注師古曰釐字本作禧、假借用耳。賈誼傳受釐、應劭曰釐音禧。師古曰禧、福也、借釐字爲之耳。又案石經禧从衣、誤。正義云畛通作眂。玉篇引埤蒼云眂告也。禮記曰、眂於鬼神。釋文云誶、沈音粹、郭音碎、本作訊、音信、石經作訊。案詩陳風墓門歌以訊之、訊予不顧、傳訊、告也、正義曰訊告、釋詁文、釋文曰本又作誶、音信、徐息悴反。又小雅雨無正莫肯用訊、箋訊告也、釋文曰音信、徐息悴反、告也、又音碎。又大雅皇矣執訊連連、釋文云音信、言也、字又作訙、卽訊之謪、陸不能辨。又作誶、音同。禮記王制以訊馘告、釋文曰本又作誶。又學記多其訊、釋文曰字又作誶、音信、問也。莊子山木怵然而誶之、釋文曰本又作訊、音信、問也。又徐无鬼察士無淩誶之事、釋文曰音信、廣雅云問也。又音崇、又音峻。史記賈誼傳訊曰已矣、李奇曰訊、告也、索隱本作誶、漢書亦作誶。思元賦占水火而妄誶、後漢書張衡傳作誶、章懷注引爾雅誶告也。文選作訊、李善注曰訊息對切。幽通賦既訊爾以吉象、李善注引爾雅訊、告也。是誶訊二文通用已久、難以訂定。案說文訊、問也、从言卂聲。誶、讓也、从言卒聲。國語曰誶申胥。今國語作訊。

誥、說文同。

匡名

命令禧畛音軫祈請謁誶音粹誥告音谷也　此釋告之義。說文、告、牛觸人、角箸橫木、所以告人也。从口牛。命、使也、从口令。令、發號也、从亼卪聲。增韻大曰命、小曰令、上出爲命、下稟爲令。禧、通作釐。漢書祠官祝釐、註釐、禮告也。曲禮畛於鬼神、通作眂。玉篇眂、告也。祈、求福也。大雅以祈黃耇、箋祈、告也。請、謁也。昏義納徵請期、註請、卽告也。謁、白也。月令太史謁之天子。廣韻白告也。誶、讓也、引吳語乃誶申胥、作訊謪。吳語誶、告讓也。誥、告也。韻會告上曰告、發下曰誥。

啓蒙

命令禧畛祈請謁誶誥告也

邢疏云。皆謂告諭也。

告也者。說文。告。牛觸人。角箸橫木。所以告人也。从牛从口。易曰。僮牛之告。則告本僮牛之告。引申爲告人也。釋言告請。亦告人義。章先生曰。易僮牛之告。王弼本作僮牛之牿。牿俗字也。段意凡曉告人之告用誥字。而告但爲僮牛之告。理或如此。據三體石經。告之小篆作告。而古文則作告。說文從之。告爲僮牛之告。而嚳訓急告者。蓋嚳从誥省也。以上章先生語。案據先生之意。則曉告之告正當作誥也。雅作告者。用聲首也。告亦有祈

爾雅詁林　一　釋詁上

請之義。章先生曰。釋詁祈請告也。則告亦可訓祈請。漢書高帝紀告歸。師古曰。告者請謁之言。書君奭公曰。君。告女朕兄。（今本作允此從三體石經）兄即睨。釋詁。睨賜也。告女朕兄者。祈女睨我也。（以上章先生語見古文尚書拾遺定本）

命者。說文。命使也。从口从令。令發號也。號令使人有所爲也。故訓使。鄭國簡書亦爲命。胥命爲命是也。簡書使同惡相恤。故亦曰命。邵疏云。士冠禮云。宰自右少退贊命。少牢饋食禮云。祝命嘗食。鄭注皆云命告也。說文云。命使也。謂告以使之也。（以上邵疏）

令者。說文。令發號也。从亼卪。發號者告人以約束也。詩齊風自公令之。傳云令告也。

禧者。郭云未聞。案說文禧禮告也。（原作禮吉依邵疏據徐鍇繫傳訂正）从示喜聲。禮吉之爲禮告。錢坫巳言之。漢書文帝紀祠官祝釐。集注云。釐本字作禧。則祝釐卽祝禧。猶禮言祝嘏矣。儀禮特牲饋食禮主人坐。左執角。受祭。祭之。祭酒。啐酒。進聽嘏。鄭注云。聽猶待也。受福曰嘏。禮記禮運祝以孝告。嘏以慈告。鄭注云。嘏者祝爲尸致福于主人之辭也。則禧亦禮告明矣。禮告卽爲祝釐祝禧。自錢坫邵晉涵郝懿行皆舉以爲言。說自信而有徵。今更從而爲之辭。禧字不見於經典。通以釐爲之。漢書禮樂志惟泰元尊媪神蕃釐。師古曰。釐福也。釐讀曰禧。文帝紀今吾聞祠官祝釐。皆歸福於朕躬。不爲百姓。師古曰。釐本字作禧。叚借用耳。同音僖。

眕者。說文。眕訓井田間陌。从田㐱聲。無告義。訓告者當爲眡之借。眡古文視也。古文視有眡眎二形。眕與眎形近。而古音亦同。說文視訓瞻。从見示。章先生曰。示本義卽三辰之辰。引申乃爲神明。又訓示人。詩其祁孔有。鄭讀祁爲麎。古視字恐亦作示。（以上章先生語見文始及口講）然則示視眡眎均可讀辰也。玉篇眡之忍切。引埤蒼云告也。禮記曰。眡於鬼神。亦作眕。案廣韻眡眕皆章忍切。於字爲同音。辰植鄰切（眡眕照紐辰禪紐皆正齒音爲同類雙聲眡眕辰古音皆眞韻）於古亦同音。有可相通之理。鄭注眕於鬼神云。眕或爲祗。案祗爲祗敬字。（祗照紐脂韻）脂眞亦有對轉。玭古文作蠙。說文𦣞讀若指。是其比也。余疑祗或是祇之形譌。章先生曰。周禮以示爲神祇字。或者祇爲古文之所無乎。（以上章先生語）祇古止作示。故或書爲祇。乃與眡有連。此古音古義也。知之者蓋鮮矣。由上來所說。則眕告之眕本字卽爲眡字。示爲神事。視眎並从示。可以指尺祭事。示訓示人。與告義同。今俗猶言告示矣。眕爲眡之借。郝疏已言之。而未及其所以。故特爲徵舉疏明如上。方周禮卜師眡高作龜。鄭注云。視高以龜骨高者可灼處示宗伯也。是眡有告示義。通作眕。禮記曲禮臨諸侯眕於鬼神曰有天王某甫。鄭注云。眕致也。祝告致於鬼神辭也。郝疏說之云。鄭注曲禮本釋詁釋言眕告眕致二訓。因鄭此訓。又知釋言眕致之眕亦當爲眡。與釋詁同。（以上郝疏）又通作殄。章先生曰。釋言。眕殄也。此謂古字聲借。眕可爲殄。則殄亦可爲眕。釋詁。眕告也。下曲禮眕於鬼神。此眕字之義。又釋詁云。行言也。注。今江東通語爲行。然則眕行當訓告言。謂告訐之言。乃與讒說相應。五帝本紀述此作朕畏忌讒說殄僞振驚朕衆。訓行爲僞。亦通。然讀殄爲眕。訓爲告僞。文義始順。告僞猶今之誣告爾。（以上章先生語見古文尚書拾遺定本）

祈者。說文。祈求福也。从示斤聲。引申訓求。亦訓告。孫炎曰。祈爲民求福叫告之辭也。案周禮太祝六祝。祈福祥。求永貞。掌六祈以同鬼神示。鄭注云。祈嘄也。謂爲有災變號呼告神以求福。是祈爲叫告之義。祝爲祭主贊詞。詩言工祝致告。是祈即告矣。章先生據釋言祈叫。謂求正當作叫。亦得作告。是也。（以上章先生語見文始）詩小雅以祈爾爵。傳云祈求也。大雅以祈黃耇。傳云祈報也。釋言祈叫也。莊子天地篇予雖有祈嚮。不可得也。章先生曰。詩大雅傳祈報也。釋詁祈告也。釋言祈叫也。嚮卽今鄉導字。凡鄉導主呼路徑以報告人。故謂之祈鄉。左氏昭十二年傳有祈招。祈招者告詔也。是因穆王欲周行天下。故諷諫者先舉鄉導爲言。祈招與祈鄉一也。昭二十年傳云。海之鹽蜃。祈望守之。祈望猶祈鄉。鄉望一義。祈望者善知潮汐出沒者也。（以上章先生語見莊子解故）通作蘄。莊子逍遙遊篇以爲一世蘄乎亂。釋文。蘄。徐音祈。李云。求也。

請者。說文。請謁也。从言靑聲。謁白也。儀禮鄉射禮乃請。鄭注云。請告也。告賓以射事。禮記投壺請賓曰。鄭注云。請猶告也。通作將。淸轉陽也。請之借爲將。猶並亦作併。丁借爲當矣。詩衛風將子無怒。傳云。將願。箋云。將請也。鄭風將仲子兮。傳云。將請也。章先生曰。將借爲請。（以上章先生語見國故論衡䜴均圖）

謁者。說文。謁白也。从言曷聲。章先生曰。白爲㕯之譌。凡言白事者。蓋㕯之誤。㕯爲詞言之气從鼻出。故諸助詞之字皆從㕯。白雖有明義。然義頗迂遠。㕯義甚近。此二字形近易誤。釋名皆以音爲訓。而白字訓啓。則又爲譌讀白爲㕯矣。說文。謁白也。謁從㕯孳乳。則白爲㕯誤較然。（以上章先生語見文始）禮記月令先立春三日。太史謁之天子。曰某日立春。鄭注云。謁告也。儀禮覲禮侯氏北面立。告聽事。擯者謁諸天子。鄭注云。謁告也。則謁卽告人以事矣。亦譌作論。史記張儀傳臣請論其故。王念孫云。論索隱本作謁。注曰謁者告也。今本既改正文作論。又改注文曰論者告也。案訓謁爲告。本於爾雅。若論字則古無訓爲告者。後人之改謬矣。秦策及新序並作謁。（以上王語見讀書雜志）

誶者。邢疏本宋監本宋刊本俱作訊。釋文作誶。云。沈音粹。郭音碎。告也。本作訊。音信。據釋文是沈本郭本皆作誶也。後漢書張衡傳思玄賦李注引爾雅誶告。則唐時亦作誶也。邵疏云。廣韻引詩云歌以誶止。王逸楚詞章句引詩云誶予不顧。今陳風誶俱作訊。戴震毛鄭詩考正云。訊乃誶字轉寫之譌。毛詩云告也。韓詩云諫也。皆當爲誶。誶音碎。故與萃韻。訊音信。問也。於詩義及音韻咸扞格矣。又云。雨無正四章莫肎用訊。訊乃誶字轉寫之譌。誶告訊問聲義不相叚借。案戴說是也。學記多其訊。吳語云乃誶申胥。今轉寫俱譌作訊。惟離騷云謇朝誶而夕替。莊子山木篇怵然而誶之。墨子非命篇百姓之誶也。誶字尚未盡譌。皆爲告也。以上邵疏 王引之郝懿行皆謂誶訊古通。說與戴氏邵氏微異。案依釋文及詩小雅雨無正以退遂瘁誶退爲韻退遂瘁誶古音皆在隊韻言之。則作誶者是。作誶則協。作訊則否。以是明之。考論衆家。江永錢大昕段玉裁並據離騷王注廣韻六至引詩歌以誶止謂訊爲誶之誤似戴邵之說於義爲長。邵疏郝疏本亦俱作誶。今定作誶。說文誶讓也。从言卒聲。國語曰誶申胥。讓者相責讓也。左氏傳曰嘖有煩言。嘖即責字。周語曰讓不貢。告不王。有威讓之令。有文告之辭。讓告對言。讓爲告人以事。則誶亦當然矣。尋今本吳語作乃訊申胥。韋解云。訊。告讓也。案說文訊訓問。誶訓讓。截然不同。則訊非責讓甚明。今吳語作訊。訊亦誶之譌也。史記屈原賈生傳爲賦以弔屈原。訊曰。集解李奇曰。訊告也。索隱曰。劉伯莊音素對反。訊猶宣也。重宣其意。周成解詁音碎也。王念孫云。訊作誶。與說文相合。以上王語見讀書雜志 此亦訊爲誶之譌也。誶亦譌作評。逸周書序篇武王評周公維道以爲寶。作寶典。王引之云。評字義不可通。評當爲誶。爾雅訊告也。釋文訊作誶。音粹。寶典篇武王告周公曰。有義是謂生寶。故言武王誶周公維道以爲寶也。隸書卒字或作卆。見漢北軍中候郭仲奇碑與平相似。故誶譌作評。以上王語見讀書雜志 誥者。說文誥告也。从言告聲。易姤卦后以施命誥四方。虞注云。巽爲誥。荀子大略篇誥誓不及五帝。楊注云。誥誓以言辭相誡約也。周禮士師以五戒先後刑罰。一曰誥。用之於會同。鄭注云。誥於書則大誥康誥之屬。書序周公相成王將黜殷作大誥。某氏傳云。大誥天下。楚語以自誥也。韋解云。誥告也。亦作告。用聲首也。周禮大祝三曰誥。杜子春注云。誥當爲告。書亦或爲告。書序湯始居亳。從先王居作帝告。史記殷本紀作帝誥。

本字考

命、令、告也。 命、令聲通同訓。

禧、告也。 禧之言誨也。誨訓曉、教、亦告之義。禧訓告猶誨訓曉矣。曉、告聲又近。

誥告也。 誥、告一語變易。

黃侃音訓

禧通釐。史記孝文紀祠官祝釐。師古曰釐本作禧。

禧字誤

釋詁、禧、告也。禧之訓告義無可尋。案、說文祰告祭也。禧、祰字形相近。必祰字之訛矣。

讀雅筆記

氤 靜也 墜 譆 落也 眕 訊 告也

釋文、氤本或作氣。釋詁釋文 說文作㤂、靜也。從心疾聲。心部㤂 釋文墜、本又作隊。釋詁釋文 說文作隊。云從高隊也。阜部隊 釋文譆、字或作苓。說文草曰苓木曰落。釋詁釋文 張揖埤蒼眕作眡。告也。見玉篇。引 釋文訊作誶。云本作訊、音信。釋詁釋文 後漢書注引作誶告也。張衡傳思元賦注 文選注作訊告也。思元賦注

眕告也。注云禮記曰眕於鬼神。玉篇引埤蒼作眡告也。禮記曰眡於鬼神。按、鄭注禮記眕於鬼神云、眕、致也。眕或爲祇、祇必眡字之譌。是鄭所見本亦有作眡字者矣。訊告也。釋文訊作誶、云沈旋音粹、郭音碎、告也、本作訊、音信。按說文言部訊訓問也、釋詁告也則當從沈郭本作誶。

證異

禧、告也。告、神致福也。周禮大宗伯之職以吉禮事邦國之鬼神示、注故書吉或為告。禮記緇衣尹吉曰惟尹躬暨湯咸有一德、鄭氏謂吉當為告。此譌吉為告之證。

古義補

禧告也 郭注、禧未聞。邵氏晉涵正義、禧者、說文徐鍇本云禧、禮告也。案今繫傳示部禧、禮吉也、明作吉不作告。惟嚴氏可

爾雅詁林 一 釋詁上

均說文校議据爾雅此文謂吉當作告、然則作告一本、乃後人据爾雅而臆改者、今不得即引以證爾雅。詩周頌噫嘻篇噫嘻成王、毛傳噫、勑也、此据岳珂相臺本及山井鼎攷文古本。孔疏毛以爲噫嘻然嗟歎而有所戒勑者。釋名釋書契、上敕下曰告、告、覺也、使覺悟知己意也。然則毛詩噫嘻之嘻正有告義、此葢釋詩噫嘻成王也。說文口部無嘻、當時三家詩必有作禧一本、故此經以禧爲告、不以嘻爲告。書堯典允釐百工、史記五帝本紀作信飭百官。釋名釋書契、敕、飭也、使自警飭不敢廢慢也。漢書文帝紀祠官祝釐、顏注釐、字本作禧、叚借用耳。可見禧本通釐、釐又通飭而有敕義、則禧自得有敕義而詁爲告無可疑也。郭注拘禧之本字以求之、故云未聞。後人改說文以牽合雅詁、更屬非是。葢許書敘字皆以類從、若果禧下作禮告不作禮吉、則此字當厠於告祭之祰字前後、不應與訓福訓祥訓吉諸字相厠也。至陸氏曉春以禧爲祰、說見詁經精舍文集陸曉春辨爾雅禧告也之誤。朱氏駿聲以禧爲認、說見說文通訓定聲頤部。皆不免改經就我、皆不足取。

眕告也 郭注、禮記曰眕於鬼神。

案、曲禮下臨諸侯、眕於鬼神、曰有天王某甫、鄭注眕、致也。祝告致於鬼神辭也。眕、或爲祗。然則爾雅此文正釋曲禮。玉篇上耳部、聜、之忍切。埤蒼云告也。禮記曰聜於鬼神、亦作聄。廣韻上聲十六軫、聜、告也。類篇十二上耳部出軫聜二文、曰止忍切、告也。或引禮聄于鬼神、亦作聜。聜、又之刃切、昭告也。集韻上聲十六軫亦出聄聜二文、曰告也。或引禮聄于鬼神、亦作聜、通作眕。聄聜二文皆非許書所有、後人以言告故改眕从耳旁、鄭注眕或爲祗、因又變祗爲聜耳、不可据也。禮內則祗見孺子、鄭注祗、或作振。書無逸篇治民祗懼、史記周公世家祗作震。眕之通祗、猶祗之通振通震、葢皆一聲相轉也。玉篇類篇廣韻集韻即以軫音音聜、殊屬非是。俞氏樾禮記異文箋謂爾雅眕告之眕、其本字當从言旁作診。今案說文言部診、視也。初無告義、恐亦不足据。

訊告也 釋文出誶、云沈音粹、郭音碎、告也、本作訊、音信。邢疏、訊者、告問也、詩云歌以訊之。張氏宗泰注疏本正誤、下釋言別有訊言也、郭注爲相問訊、不云訊亦爲問、則告之爲誶明矣、此經及詩多誤作訊。

案、陸元朗所見爾雅有作誶一本。而邢昺所据本與陸異者、說文言部、訊、問也。誶、讓也。是作訊與告義近、作誶則與告義不近也。詩陳風墓門篇歌以訊之、毛傳訊、告也、孔疏訊告、釋詁文。可見毛公所見爾雅正作訊、不作誶。高密所見爾雅當與毛同、故箋小雅雨無正篇莫肯用訊、亦曰訊告也。惟後漢書張衡傳思玄賦占水火而妄誶、李賢注引爾雅誶告也、與釋文本同。古逸本玉篇言部誶下引作誶告也。葢亦同釋文本。竊謂作誶一本乃後人因三家詩而妄改者、必非爾雅元文如是。釋文於墓門詩出訊云、本又作誶、徐息悴反、告也。韓詩、訊、諫也。又廣韻去聲六至、誶、言也、詩云歌以誶止。可見墓門詩之訊，三家詩固有叚用誶字者，爾雅此訊正釋墓門詩，後人或据三家詩遂改作誶耳。張以不誤爲誤，殊疏。郭注於釋言告謁請也條、祈叫也條，皆不云告謁亦爲請，祈亦爲叫，則豈得於訊言也條獨以不云訊亦爲言疑之。据墓門詩釋文引韓詩作訊，劉向列女傳入辯女傳亦引詩作歌以訊止，則作誶一本，當出齊詩。劉向治魯詩，其所稱述必皆出魯詩，說詳陳喬樅魯詩遺說攷自敘。

董瑞椿補記

命、令、禧、昣、祈、請、謁、誶、誥、告也。

告者，用于上下，用于人神之通稱。

命，鄭注士冠禮少牢饋食禮，並云：「告也。」

禧、昣、祈，皆告鬼神之詞。徐鍇本說文云：「禧，禮告也。」昣者，眡之假字，禮記「眡於鬼神」，玉篇引張揖埤蒼云，「眡，告也」，皆爾雅昣之本字。祈，說文「求福也」，玉篇廣韻並云：「祈，告也」，蓋告神求福之謂也。錢氏云：「禧與昣祈連文，禧爲禮告，昣爲致告，祈爲求告，皆告神之名。」

誶，後漢書注引爾雅亦云：「誶，告也。」今本作訊者，戴震云：「訊，問也，爾無正四章：『莫肯用訊』，訊乃誶字轉寫之譌；誶告訊問，聲義不相假借。」是爾雅作訊，亦譌字也。邵氏歷引離騷莊子墨子諸誶字，尤足爲證。

誥，說文云：「告也。」亦通作告。又或作稟。

爾雅學

訊唐石經單疏本雪牕本同。盧文弨曰釋文誶，沈音粹，郭音碎。本作訊，音信。則郭本不作訊明矣。後漢書張衡傳注引爾雅作誶。離騷謇朝誶而夕替，王逸注引詩誶予不顧。按，邢疏云，訊者，告問也，詩歌以訊之。是邢本作訊，其誤始於唐石經。詩墓門釋文云，訊之，本又作誶，徐息悴反，告也。韓詩訊諫也。則毛詩本作歌以誶之。

命令禧昣祈請謁訊誥告也○釋曰注疏本刪。

○注禮記曰昣於鬼神○釋曰注疏本但存昣於鬼神四字。

校勘記

禧石經作禧，嚴可均石經校文云，从衣者，字書無此字。

校勘記訂補

訊誥告也釋文，誶，沈音粹，郭音碎，本又作訊，音信。蓋卒字有書作卆者，與卂相近，故此經及詩多誤作訊。廣韻訊注雖有問告兩訓，然下釋言別有訊言也，郭注爲相問訊，而不云訊亦爲問，則告之爲誶明矣。凡釋文本又作某者，不過收之以備一說，今刻者不察，轉依其又作者刻之，而不從其大書之字。他經往往有此，不獨爾雅也，宜各衡其文義正之。

注疏本正誤

令發號以告也監本毛本湘本令下有者字，是。

注疏校勘札記

命令禧昣音稹祈請謁訊誥告音谷也

音圖・音

誶，郭音碎。文選注訊，息對翻，同。本作訊，音信。碎信音近。誶，沈音粹，同。殷敬順列子釋文誶，音崒，非。後漢書張衡傳思元賦注引爾雅作誶。王逸離騷注引詩誶予不顧。

音略

命、令、禧、昣、祈、請、謁、訊、誥、告也。
僖聲真　信　谷

孫偘直音

命、令、禧、昣、祈、請、謁、訊、誥、告也。
僖　珍上聲　信　谷

直音校正

命令力政切禧昣軫祈請謁訊誥告谷也

楊氏音訓

禧僖

干氏音釋

永悠迥違遐逷闊遠也永悠迥遠遐也

永悠迥違遐逷闊遠也。

書曰逷矣西土之人 永悠迥遠遐也 遐亦遠也轉相訓。

郭注

一永悠迥違遐逷闊遠也永悠迥遠遐也 釋曰皆謂遼遠也。永者長遠也。周南漢廣云江之永矣。悠者小雅漸漸之石云山川悠遠。迥者大雅云洞酌彼行潦。迥洞音義同。違者離遠也。召南殷其靁云何斯違斯。遐者大雅旱麓云遐不作人。逷者古文逖也。闊者相疏遠也。邶風擊鼓云于嗟闊兮。永悠迥遠四者又爲遐也。遐亦遠也。轉相訓爾。 注書曰逷矣西土之人 釋曰周書牧誓文也。

邢疏

悠遠也

悠行之遠也。一切經音義九

犍爲注

逷遠也

逷湯革反 釋文

郭音義

黃輯古義

永悠迥違遐逷闊遠也

悠行之遠也。一切經音義卷九

犍爲注

遐逷湯革反。

郭音義

玉函山房輯佚

悠遠也

舍人曰悠行之遠也。一切經音義九

永悠迥違遐逷闊遠也

舍人云悠行之遠也。一切經音義九 郭璞云書曰逖矣西土之人逖即逷也。

漢注

永悠迥遠遐也

郭璞云遐亦遠也轉相訓。

一切注音

逷遠也 郭湯革反。釋文

蕙心案郭注引書曰逷矣西土之人今書作逖。說文辵部逖古文作逷。

悠遐也 舍人曰悠行之遠也。一切經音義九

悠音由 迥戶頂反。 逷說文云古逖字。他歷反郭湯革反。 闊苦活反。

陸音義

古注斠

永悠迥違遐逷闊遠也

違於道遠闊於事遠。

新義

永悠迥違遐逷闊遠也 迥大雅洞酌彼行潦迥洞同。逷古文逖也。牧誓云逷矣西土之人。永悠迥遠遐也 遐尤遠也。

鄭樵注

永悠迥違遐逷闊遠也 逷郭湯反。

郭璞曰書曰逷矣西土之人。

鄭樵曰迥大雅洞酌彼行潦。迥洞同逷古文逖也。牧誓云逷矣西土之人。

永悠迥遠遐也

郭璞曰遐亦遠也轉相訓。

鄭樵曰遐尤遠也。

古注合存

永悠逈違遐逷濶遠也永悠逈遠遐也 逈音絅逷音惕。此釋永悠以下皆遠之義也。註曰

書云逷矣西土之人愚按末六字重出錯脫亦當爲衍矣。

注疏參義

遐郭云亦遠鄭云尤遠尤疑爲猶字之誤。

補注

永悠迥違遐逷闊遠也 註 書曰逷矣西土之人永悠迥

遠遐也【註】遐亦遠也轉相訓【正義】此以遠與遐互相訓也。說文云、遠、遼也。永者、坤用六云、利永貞。悠者、周頌訪落云、於乎悠哉。衆經音義引舍人云、悠、行之遠也。迥者、大雅云洞酌彼行潦、毛傳洞、遠也。洞迥音義同。又通作敻、詩釋文引韓詩云、于嗟敻兮。敻亦遠也。違者、說文云、違、離也。召南殷其靁云、何斯違斯。遐者、泰九二云、不遐遺。小雅天保云、降爾遐福。逷者、史記引太誓云、離逷其王父母弟。大雅抑云、用逷蠻方。左氏襄十四年傳云、豈敢離逷。濶者、邶風擊鼓云、于嗟濶兮。永悠迥遠又俱訓爲遐者、說文遐作徦、云至也。極其所至亦爲遠也。【註】書曰至之人○【正義】牧誓文、今本作逖矣。後漢書註文選註俱作逷矣。與郭氏所見本同。逷逖古今字也。左氏僖二十八年傳云、糾逖王慝。【正義】

永悠迥違遐逷闊遠也書曰逷矣西土之人**永悠迥遠遐也**遐亦遠也轉相訓

說文云、遠、遼也。遼、遠也。遠有疏離之義、故方言云離楚謂之越、或謂之遠。呂覽知接篇注、遠猶疏也。永者、下文云長也、長亦遠也。虞翻易注以乾爲遠、坤爲永。永遠義同耳。永與脩同意、脩亦訓長、又訓遠也。離騷云路曼曼其脩遠兮、王逸注脩長也。又重之以脩能、王逸注脩遠也。悠者、與脩同意、悠亦訓長、又訓遠也。吳語云今吾道路悠遠、韋昭注悠長也。詩云於乎悠哉、毛傳悠遠也。一切經音義九引舍人曰、悠、行之遠也。通作遙、詩悠悠我思、說苑辨物篇作遙遙我思。悠遙一聲之轉。迥者、說文云、遠也。史記司馬相如傳云迥闊泳沫、迥闊皆遠也。通作洞、詩洞酌彼行潦、毛傳洞、遠也。又通作洵、詩于嗟洵兮、毛傳洵、遠也。釋文洵呼縣反。又通作敻。釋文洵、韓詩作敻、況盛反。敻亦遠也。故穀梁文十四年傳云敻入千乘之國、范甯注敻猶遠也。違者、說文云離也。詩谷風毛傳、違、離也。釋文引韓詩云、違、張也。開張分離俱遠之意。違古通回。道路紆回、亦爲絕遠。違回又聲相轉也。遐者、詩汝墳棫樸傳並云、遐、遠也。通作瑕、不瑕有害、毛傳瑕、遠也。遐不謂矣、表記作瑕不謂矣。景北海碑陰云、魂靈瑕顯、亦以瑕爲遐也。又通作徦。集韵云、遐或作徦。楊統碑文懷徦冥、又徦爾莫不隕涕。繁陽令楊君碑徦爾僉服、皆以徦爲遐也。又庳長田君碑以遐爲遐、矦成碑以遐爲遐、是又假徦二字之變體也。假徦俱有遐音、又俱訓至、至與遠義相成。然則爾雅及經典之遐、亦假徦之借音矣。逷者、說文作逖、古文作逷、云遠也。經典逷逖通用。易云渙其血去逖出。詩云用逷蠻方。書云逖矣西土之人、郭注引逖作逷。史記周紀作遠矣西土之人。逖省作狄、逷省作易。詩舍爾介狄、毛傳狄、遠也。漢書禮樂志云、徦狄合處、徦狄即遐逖、集注以徦狄爲遠夷失之矣。史記殷紀云、母曰簡狄、索隱引舊本作易。又作逷。漢書古今人表作簡逷、淮南墜形篇又作簡翟、亦狄之叚音耳。闊者、說文云、疏也。疏亦遠也。故一切經音義七引字林云、闊、遠也。詩于嗟闊兮、鄭箋以闊爲離散相遠。闊與越同。小爾雅云、越、遠也。左氏襄十四年傳云而越在他竟、晉語云隱悼播越、皆以越爲遠也。闊越疊韵。○永迥疊韵、悠遠雙聲、四字又俱訓遐。【義疏】

永悠搖**迥**敻洵**違**回**遐**瑕假**逷**逖**闊**活**遠也**舍人注、悠、行之遠也。**永悠迥遠遐也**郭注、書曰逖矣西土之人。遐亦遠也、轉相訓。

此分遠爲二義、一爲人遠、一爲道遠也。經言永多長意、唯詩江之永矣、可爲遐遠。或又作羕、仍訓長也。茲之永歎、況也永歎、乃謂在遠爲永。書修思永、以永對身、亦謂遠與。詩悠悠我思、劉向引作遙遙。攸亦作汝、行水也。故又爲脩長修治字。書播告之修、又修扞我、皆脩遠也。林外爲同、遠地也。迂同則遠矣。詩洞酌、从水。坰野、从土。又于嗟洵兮、韓作敻。違从韋、相背也。詩何斯違斯、又德音不違、又遡洄從之、書無違朕、易天與水違行、皆謂遠也。說文無遐字、亻部徦、至也。詩遐不、禮記作瑕字。皆當作叚。譚長說叚作叚、蓋从又𡿨一以識之。然則假僞同義。因以假爲遠耳。詩不我遐棄、書天既遐終、則遐即永也。非此永遠之義。逷遜一字、字當作狄。狄之、遠之也。易遜出。詩、用逷蠻方。又狄彼東南、韓伦鬄彼。又疆場翼翼、易亦遠也。闊、从門活。說文疏也、从活。蒥與悠同意。詩于嗟闊兮、又北流活活、又不我活兮、不使我得遠害也。故又以爲生活字。以永悠迴遠爲遐者、又兼長遠之義。書永敬大恤、又是圖茲攸俟、詩驅馬悠悠、又泂酌彼行潦、逸詩周道局局是也。遠从袁、从衣叀省。叀、玄也、遠也。

永悠迥違遐逷闊遠也

集解

永、水長也、象水巠理之長。長則遠矣。詩漢廣江之永矣、傳永、長。猶遠也。禮記投壺毋喻言注喻遠談語也。廣雅作踰云遠也。釋親仍孫之子爲雲孫、郭注言輕遠如浮雲。廣雅作云遠也。淮南墬形九州之外乃有八寅、注寅、猶遠也。論語子之迂也、包注迂、猶遠也。以喻喻雲云寅迂爲之。悠、憂也、从心攸聲。正字爲鋚。易荀本其欲悠悠、劉表作鋚、以鋚爲悠也。鋚、疾也、長也。引申爲遠。鋚悠通用字。詩訪落於乎悠哉、傳悠、遠也。載馳驅馬悠悠、傳遠皃。黍離悠悠蒼天、傳遠意。文選東皙補亡詩武功外悠、注悠、遠也。前漢書敍傳攸攸外寓、師古曰攸攸遠皃。離騷又重之以修能、注修、遠也。廣雅釋詁、遙、遠也。漢書郊祀志注遼、遠也。以攸修遙或遼爲之。迥、行之遠也、从辵冋聲。詩迥酌、迥酌彼行潦、今本作泂、傳遠也。文選登樓賦路逶迤而修迥兮、西征賦何相越之遼迥、北征賦迥千里而無家、王仲宣贈士孫文始詩邈其迥深、謝靈運登江中孤嶼詩懷新道轉迥、曹子建䄙詩江湖迥且深、注均云迥、遠也。詩擊鼓于嗟洵兮、傳洵、遠也、釋文洵韓詩作敻。穀梁文十四傳敻入千乘之國、范注敻猶遠也。呂覽盡數集於聖人與爲敻明、注敻、猶大也、遠也。文選赭白馬賦絢練敻絕、注迥、絕也。以洵敻爲之。違、離也、从辵韋聲。引申爲遠。廣雅故釋離爲遠。易天與水違行、詩何斯違斯、德音不違、皆謂遠也。齊語天威不違顏咫尺、魯語毋乃違乎、注均云違、遠也。遐字本作𡜊、大遠也、从古叚聲。𡜊遐古今字。詩汝墳不我遐棄、棫樸遐不作人、傳均云遐、遠也。天保降爾遐福、隰桑遐不謂矣、鴛鴦宜其遐福、南山有臺遐不黃耇、抑不遐有愆、旱麓遐不作人、箋均云遐、遠也。前漢書司馬相如傳遐哉邈乎、楊雄傳遐萌爲之不安、師古均曰遐、遠也。文選東京賦踵二皇之遐武、封禪文遐瀾泳沫、注均云遐、遠也。書康誥不汝瑕殄、孫疏瑕、遠也。詩泉水不瑕有害、傳瑕、遠也。前漢書禮樂志假狄合處、假狄即遐逖、遠也。以瑕假爲之。逷、今文作逖、地之遠也。从辵狄聲。易渙渙其血去逖出、王注逖、遠也。書牧誓逖矣西土之人、史記逖作遠。詩抑用逷蠻方、潛夫論引作逖、傳遠也。左襄二八傳糾逖王慝、注逖、遠也。前漢書司馬相如傳使疏逖不閉、師古曰逖、遠也。文選封禪文逖聽者風聲、顏延年皇太子釋奠會作詩逷彼前文、注均云逖、遠也。詩瞻卬舍爾介狄、傳狄、遠也。文選文賦意徘徊而不能揥、揥即擿、遠也。以狄擿爲之。闊、疏也、从門活聲。引申爲遠。詩擊鼓于嗟闊兮、傳闊、遠也。左襄十四傳而越在他竟、小爾雅廣言越、遠也。以越爲之。遠、遼也、从辵袁聲。禮記王制屏之遠方。中庸柔遠人也。永悠迥遠遐也、遐字本作𡜊、亦遠也、轉相訓。

義證

永悠迥違遐逷闊遠也

註書曰逷矣西土之人補正釋文逷、說文云古逖字也。

郭注補正

永悠迥違遐逷闊遠也

永者、說文云長也。長與遠同義。周南卷耳維以不永懷、漢廣江之永矣、衛風考槃永矢弗諼、唐山風有樞且以永日、小雅常棣況也永歎、楚茨永錫爾極、大雅文王下武永言配命、既醉永錫祚胤、永錫爾類、周頌振鷺以永終譽、傳箋並云永、長也。長即遠也。悠與永一聲之轉。舍人云、悠、行之遠也。周頌訪落於乎悠哉、傳云悠、遠也。周南關雎悠哉悠哉、傳云悠、思也。謂思之長遠也。王風黍離悠悠蒼天、傳云悠悠、遠意。鄘風載馳驅馬悠悠、傳云悠悠、遠也。悠通作攸。小雅十月之交悠悠我里、爾雅釋文引作攸攸我里。漢書叙傳集注云攸攸、遠貌。

迵者、說文云達也。迵通作洞。大雅洞酌彼行潦傳云洞、遠也。又通作坰。魯頌駉在坰之野、傳云坰、遠野也。　違者、說文云違、離也。邢疏云違者、離遠也。邶風谷風中心有違、傳云違離也。召南殷其靁何斯違斯、小雅節南山惡怒是違、傳云違去也。離去皆遠義也。　遐者、說文新附云遠也。周南汝墳不我遐棄、小雅天保降爾遐福、南山有臺遐不眉壽、鴛鴦宜其遐福、隰桑遐不謂矣、大雅棫樸早麓遐不作人、抑不遐有愆傳箋並云遐遠也。遐通作瑕。禮記表記作瑕不謂矣。邶風泉水不瑕有害、傳云瑕遠也。思齊烈假不瑕、彼釋文云瑕音遐、遠也。又通作假。大雅下武箋此三后既没登假登假即登遐也。列子黃帝篇而帝登假注云假當爲遐。　詩之假字多訓至。烝民昭假于下、雲漢昭假無贏、傳箋並云假至也。至與遠義相成。　逷與逖同。說文作逖、云遠也。古文作逷。大雅抑用逷蠻方、傳云逷、遠也。瞻卬舍爾介狄、傳云狄、遠也。說文引作舍爾介逖。魯頌泮水狄彼東南、彼釋文云狄、王他歷反、遠也、孫毓同。狄者、逖之省文。經典逷逖通用。史記殷本紀母曰簡狄、索隱云狄、舊本作易、又作逷。

濶者、邢疏云相疎遠也。邶風擊鼓于嗟濶兮、箋云離散相遠。即濶字義也。下句于嗟洵兮、箋云洵遠。韓詩洵作夐。夐亦遠也。濶與洵相對爲文、則濶之訓遠、其意可知。

永悠迥遠遐也

永悠迥爲遠而又訓爲遐、其義一也。說文云遠、遼也。遼、遠也。遼即遐也。邶風燕燕遠送于野、雄雉道之云遠、谷風不遠伊邇、衛風竹竿遠莫致之、河廣誰謂宋遠、鄭風東門之墠其人甚遠、齊風甫田無思遠人、豳風伐柯其則不遠、小雅白華之子之遠、緜蠻道之云遠、漸漸之石山川悠遠、皆常語。故傳箋無文。

說詩

永悠節註逷矣西土之人　逷、經文作逖。

注疏正字

違遠也

家大人曰魯語爲有司之以班命事也、無乃違乎、齊語天威不違、顏咫尺、韋注並曰違、遠也。邢疏引召南殷其靁篇何斯違斯、未確。毛傳、違、去也。

述聞

永悠迥違遐逷闊遠也永悠迥遠遐也　悠、通𢓜。說文、足部𢓜、疾也、長也、从足攸聲。舍人注、悠、行之遠也。一切經音義引。　迥、說文同。正義云、詩洞酌彼行潦、傳、洞、遠也、正義曰洞遠釋詁文。元照案、洞、假借字。　遐、說文辵部新附字。臣鉉等曰、或通用假字。元照案、說文訓假爲至、非。此義當作瑕。詩邶風泉水不瑕有害、傳瑕、遠也。又二子乘舟不瑕有害、傳言二子之不遠害。　釋文云、逷、說文古逖字。案、說文逖古文作逷、不可云古逖字。又案、詩大雅瞻卬舍爾介狄、傳、狄、遠也。正義曰毛讀狄爲逖、故爲遠也。

匡名

永悠迥違遐逷音惕闊遠也永悠迥遠遐也　說文、遠、遼也。遐、遠也。徐鉉曰、或通用假字。假、至也。極其所至、亦爲遠也。故互相訓也。　永、長也、象水巠理之長。引詩江之永矣。傳、永、長也。　鄘風驅馬悠悠、傳、悠悠、遠貌。　迥、遠也。大雅迥酌彼行潦、傳、洞、遠也。今作洞、通作敻。釋文引韓詩于嗟敻兮、註、敻亦遠也。　違、離也。召南何斯違斯、註、謂遠離也。　泰卦、不遐遺。　逖、遠也。从辵狄聲。多方、離逖爾土。古从易。左襄十四年傳、豈敢離逷。　闊、疏也。註、疏通也。闊之本義如是。今借訓爲廣、又借訓爲遠也。邶風于嗟闊兮、箋謂相遠也。

啓蒙

遐　當作嘏大遠也。

瑕　詩、不瑕有害、傳、瑕、遠也。遐不謂矣、禮表記作瑕不謂矣。是瑕與遐通。

黃侃評本正名

永悠迥違遐逷闊遠也

邢疏云、皆謂遼遠也。

遠也者、說文、遠、遼也。从辵袁聲。遼、遠也。周語言無遠、韋解云、遠、謂非耳目所及也。

永者、說文、永、長也。象水巠理之長。詩曰江之永矣。長久遠也。故永亦遠矣。方言施於衆長謂之永。詩周南維以不永懷、傳云、永、長也。書臯陶謨愼厥身修思永。史記夏本紀作愼其身修思長。史公以詁訓代之也。亦作羕。說文、羕、水長也。从永羊聲。詩曰江之羕矣。下文云、羕、長也。

悠者、說文訓悳、从心攸聲。非遠義。訓遠者當爲𢓜、以同攸聲也。嚴元照云、悠通𢓜。說文。𢓜、疾也、長也、从足攸聲。以上嚴說見爾雅匡名　朱駿聲亦云、易頤卦其欲逐逐、劉表本作其欲𢓜𢓜。劉注云、𢓜𢓜、遠也。唯𢓜从足、故舍人云、悠、行之遠也。通作悠。詩周頌於乎悠哉、傳云、悠、遠也。又通作脩。詩小雅四牡脩廣、傳云、脩、長也。方言脩、長也、陳楚之間曰脩。脩亦自有長義。說文、脩、脯也。从肉攸聲。脩以職計。禮記以脩脯置者左朐右末。鄭注云、朐、謂中屈。儀禮鄉射禮記云、薦脯用籩五膱。膱長尺二寸。脩脯長一尺二寸。於肉之切者爲特長。故有長義。猶膴爲大臠、而訓爲大矣。故經典通以脩爲長。特𢓜之訓長、於說文有明文耳。

迥者、說文、迥、遠也。从辵同聲。史記司馬相如傳迥濶泳沫、集解引漢書音義云、迥、遠也。

違者、說文、違、離也。从辵韋聲。方言、離、楚謂之越、或謂之遠。魯語無乃違乎、韋解云、違、遠也。齊語天威不違顏咫尺、韋解云、違、遠也。禮記中庸忠恕違道不遠、鄭注云、違猶去也。去亦遠也。齊策不能相去、高注云、去、離也。方言離謂之遠、故去亦遠

遐者、說文無遐字。凡經典之遐訓遠者、皆嘏之借。說文、嘏、大遠也。从古叚聲。詩大雅遐不作人、傳云、遐、遠也。通作瑕。詩小雅遐不謂矣、禮記表記引作瑕不謂矣。邶風不瑕有害、傳云、瑕、遠也。

逷者、逷爲逖之古文。說文、逖、遠也。从辵狄聲。逷、古文逖。詩大雅用逷蠻方、傳云、逷、遠也。書牧誓逖矣西土之人、爾雅郭注引作逷矣西土之人。史記周本紀作遠矣西土之人。史公以雅訓代之也。僖二十八年左傳糾逖王慝、杜注云、逖、遠也。亦作易、作狄。用聲首也。漢書古今人表簡逷、史記殷本紀作簡狄。史記索隱引舊本作簡易。管子戒篇易牙、大戴禮記保傅作狄牙。詩大雅舍爾介狄、傳云、狄、遠也。

闊者、說文、闊、疏也。从門活聲。隸變作闊。章先生曰、闊疏即遠。以上章先生語見文始　詩邶風于嗟闊兮、鄭箋云、離散相遠。

永悠迥遠遐也

邢疏云、永悠迥遠四者又爲遐也。遐亦遠也。轉相訓爾。以上邢疏　今謂此四者皆大遠義也。

遐也者、遐爲嘏之借。說文、嘏、大遠也。詩小雅降爾遐福、鄭箋云、遐、遠也。天又下予女以

廣遠之𥲤。廣遠卽大遠也。說文廣殿之大屋。故詩傳云廣大矣。悠者。悠爲跾之借。說文跾疾也長也。吳語今吾道路悠遠賈注云悠長也長大同義。悠遠者猶言大遠也。

迥者說文迥遠也後漢書班彪傳慝亡迥而不泯微胡頊而不頤李注云迥遠也迥與頊相對爲文頊爲小則迥爲大矣猶言惡無有大而不泯滅者也則此迥亦大遠義也」。遠者說文遠遼也老子遠曰反王注云遠極也老子深矣遠矣王注云遠不可極也荀子賦篇念彼遠方楊注云遠方猶大道也。是遠皆大遠義也。

本字考

永、遠也。　永下文云、長也、長、遠義同。

遐、遠也。　遐正當作𤽛、大遠也、通作假、徦。

黃侃音訓

迥。遐也。疏引大雅泂酌彼行潦、云迥泂音義同。

考異摘要

悠遠也　邢疏、悠者、小雅漸漸之石云、山川悠遠。案、鄭箋山川悠遠、云其道里長遠、是以長釋悠、並不以遠釋悠。惟周頌訪落篇於乎悠哉、毛傳悠、遠、孔疏悠遠釋詁文。邢不引訪落詩而引漸漸之石詩、失之。說文心部、悠、憂也。殊無遠義。詁遠之悠、當爲跾之叚字。跾、从足、隸說文足部、疾也長也。玄應經音義九大智度論十二悠遠下引此經、舍人注、悠、行之遠也。舍人所見爾雅、悠必作跾、以其字从足、故知爲行之遠也。易頤九四其欲逐逐、釋文出逐逐、云子夏傳作攸攸、荀作悠悠、劉作跾、云遠也。然則劉表所見爾雅悠亦必作跾、跾遠之注、亦正本此經。

逷遠也　郭注、書曰逷矣西土之人。邢疏周書牧誓文也、今尚書逷作逖、臧氏庸拜經日記、此類異文未必郭親見舊本、蓋漢人李巡樊光等注所引、郭承襲用之耳。

案、說文辵部、逖、遠也、从辵狄聲、逷古文逖。是逷爲古文、逖爲今文。汗簡上辵屬引古文尚書十四字於逷下注一逖字。北齊書文苑列傳顏之推觀我生賦曰、逷西土之有眾、資方叔以薄伐。可知六朝時牧誓之逷猶不作逖、郭注此引正親見作逷一本者。臧說非也。詩大雅抑篇用逷蠻方、毛傳逷遠也。蓋本雅訓、故孔疏釋詁文。又瞻卬篇舍爾介狄、毛傳狄遠、孔疏毛讀狄爲逖、故爲遠也。疑古爾雅尚有作狄一本。史記以訓詁代經文、故周本紀載此文逷又作遠。漢書藝文志、書者、古文讀應爾雅、故解古今語而可知也。牧誓之逷、所謂讀應爾雅也。五帝紀作遠、所謂解古今語也。

董瑞椿補記

永、悠、迥、違、遐、逷、闊、遠也。永、悠、迥、遠、遐也。

此以遠遐轉相訓也。說文以遼訓遠、詩汝墳樸棫傳並以遠訓遐、是遠遐義同。呂覽知接篇云：「遠、猶疏也；」此節遠字、亦兼遠近疏遠二義。遐又通瑕、詩二子乘舟「不瑕有害、」傳以瑕爲遐。又通作假。

悠、訪落傳訓遠；眾經音義引舍人云：「悠、行之遠也。」此等悠字、皆當作攸。說文攸篆云：「攸、行水也、」行水二字、唐本說文作「行水攸攸；」史記載會稽石文曰：「德惠脩長、」張徵所錄會稽始皇碑文、脩作攸；是悠久悠遠之悠、皆攸字也。攸一作汥、見說文。凡小雅大雅脩字訓長者、假脩爲攸也；見說文段注。

迥、說文亦云：「遠也。」詩「泂酌彼行潦、」「于嗟洵兮、」之洵、韓詩作夐、穀梁傳「夐入千乘之國、」洞夐皆訓遠、乃迥之假借。

違、說文訓離；詩谷風傳同；左傳「天威不違顏咫尺、」違顏、離顏也；相離即相遠、故以遠訓違。永、悠、迥、遠、同有遠意、故又訓遐。

逷、說文云：「遠也、古文作逖；」經典二字通用。逷、或作狄、史記「

毋曰簡狄、」即古今人表之簡逷。或作易；或作翟；皆同聲相假。

闊、說文云：「疏也、」此即疏遠義。

爾雅學

永悠迥違遐逷闊遠也永悠迥遠遐也○釋曰注疏本刪。

召南殷其靁云元本閩本監本作隱其雷、毛本作殷其雷。按詩釋文殷音隱。

○注書曰逷矣西土之人○釋曰注疏本刪注書曰釋曰五字。

校勘記

遠者離遠也監本毛本湘本上遠字作違。按此疏釋遠字宜作違。

又遠遐也監本毛本湘本遠作爲、是。此誤。

注疏校勘札記

永悠迥音扃違遐逷音惕闊遠也

音圖・音

闊直音音适。案闊苦活翻、溪母字。今音适誤。

直音正誤

迥戶頂翻、音泂。此上聲字也。顏氏匡謬正俗云迥遠之迥今俗讀之音戶鎣烏定翻、徑韻。翻。案潘岳西征賦迥與命盛叶以韻而言或有此音矣。此則去聲字也。

音略

由　泂　剔　适

永、悠、迥、違、遐、逷、闊、遠也。永、悠、迥、遠、遐也。

孫佀直音

永悠迥絅違遐逷惕闊遠也永悠迥遠遐也轉相訓也

楊氏音訓

逷逖

干氏音釋

虧壞圮垝毀也

虧壞圮垝毀也書曰、方命圮族。詩曰、乘彼垝垣。虧、通語耳。

郭注

虧壞圮垝毀也　釋曰、皆謂毀敗也。虧者損毀。祭義云、不虧其體。壞者人毀也。音怪一云自毀也。乎怪切圮者岸毀也。書序曰、祖乙圮于耿。垝是毀垣也。注書曰至語耳　釋曰、云書曰方命圮族者、堯典文。孔安國云、圮毀族類也。言鯀性很戾、好此方名命而行事、輒毀敗善類。云詩曰乘彼垝垣者、衞風氓篇文也。

邢疏

圮毀也

圮、房美反、岸毀也。釋文

孫音注

虧毀也

虧、許宜反。釋文

郭音義

黃輯古義

虧壞圮垝毀也

圮、岸毀也。釋文

圮垝。圮、房美反。同上

孫音注

虧壞。虧、祛危反、又許宜反。並同上

郭音義

玉函山房輯佚

圮毀也

孫曰、圮、房美反、岸毀也。釋文

漢注

虧壞圮垝毀也

郭璞云、書曰方命圮族。詩曰乘彼垝垣。虧、通語耳。

一切注音

虧毀也郭許宜反。釋文

圮　孫房美反。釋文

古注斠

虧字又作虧。祛危反。郭又許宜反。壞音怪。說文云敗也。籀文作𣀔。字林云壞、自敗也。下怪反。𣀔、毀也。公壞反。圮孫房美反。岸毀也。垝古委反。垣音袁。

陸音義

虧壞圮垝毁也

王文公曰、懷乃所以壞。聲、虧氣于皆虧之道。危、毁也。壞亦毁焉。圮、毁也。虧亦毁焉。

新義

虧壞圮垝毁也 自毁曰壞、乎怪反。他毁曰壞、音怪。圮、堯典云、方命圮族。又書序云、祖乙圮于耿。垝、衛風云、乘彼垝垣。

鄭樵注

虧壞圮垝毁也 虧、郭許宜反。圮、孫房美反。 郭璞曰、書曰方命圮族。詩曰乘彼垝垣。虧、通語耳。鄭樵曰、自毁曰壞、乎怪反。他毁曰壞、音怪。圮、堯典云、方命圮族。又書序云、祖乙圮于耿。垝、衛風云、乘彼垝垣。

古注合存

虧壞圮垝毁也。壞音怪。垝音鬼。○此釋虧壞以下皆毁之義也。註曰、書云、方命圮族。詩氓篇云、乘彼垝垣。

注疏參義

虧壞圮垝毁也 註 書曰方命圮族詩曰乘彼垝垣虧通語耳 正義 說文云、毁、缺也。虧者、魯頌閟宮云、不虧不崩。儒行云、見利不虧其義。壞者、說文云、壞、敗也。籀文作敷。釋文引字林云、壞、自敗也。敷、毁也。經解云、以舊坊為無用而壞之者、必有水敗。圮者、釋文云、岸毁也。書序云、祖乙圮于耿。釋文引馬融云、圮、毁也。垝者、說文云、垝、毁垣也。註 書曰至垝垣 ○ 正義 方命圮族、堯典文、史記作負命毁族。乘彼垝垣、衛風氓文。

正義

虧壞圮垝毁也 書曰方命圮族詩曰乘彼垝垣虧通語耳

說文云、毁、缺也。孝經釋文引蒼頡篇云、毁、破也。虧者、說文云、气損也。損訓減少、故為缺毁。詩閟宮箋、虧、崩、皆謂毁壞也。壞者、說文支部云、敷、毁也。土部云、壞、敗也。籀文作敷。易敷壞同。釋文云、壞音怪、引字林云、壞、自敗也、下怪反。敷、毁也、公壞反。此蓋漢以後人強生分別、古讀止有下怪一音。知者、壞敷俱从褱聲、二字是一、且經典敷俱作壞。故春秋文十三年經云、大室屋壞、此即自敗之為壞也。史記秦始皇紀云、隳壞城郭、此即人毁之亦為壞也。通作瘣。詩譬彼壞木、說文引作譬彼瘣木。圮者、釋言云、覆也。說文云、毁也。引書方命圮族。史記五帝紀作負命毁族。釋文云、圮、孫房美反、岸毁也。垝者、說文云、毁垣也、引詩乘彼垝垣。毛傳、垝、毁也。或作陒。漢書杜周傳贊集注云、陒、毁也。

義疏

虧壞圮垝毁也 孫注、圮、岸毁也。郭注、書曰方命圮族。詩曰乘彼垝垣。虧、通語耳。虧、从虘。虘、从隹虍。說文在雚翟之間。蓋雀有斑文者、羽白駁似虧省。詩、不虧不崩。壞、从褱。褱、从衣眔。眔持衣、故為俠挾眔。故毁敗也。春秋、世室屋壞。圮、从己、象土壞之形。危、从㔾、产、高易壞毁也。毁、當為毇、米在日而殳之。本春鑿之名、因以名器之不完者。又以為毁譽之詞、省米加土為毁字。缺。

集解

虧壞圮垝毁也 虧、气損也、从亏雐聲。引申為毁。

易天道虧盈、馬本作毁。詩閟宮不虧不崩、箋虧崩皆謂毁壞也。呂覽察今其時已與先王之法虧矣、文選盧子陽詠霍將軍北伐詩人道有虧盈、注均云虧、毁也。壞、敗也、从土褱聲。引申為毁。春秋文十三大室屋壞是也。前漢書溝洫志延世與馬巛相破壞、師古曰壞、毁也。圮、土之毁也、从土己聲。與从已聲之圯橋字別、與阢誼同。書堯典方命圮族、史遷作負命毁族。書序祖乙圮于耿、馬注圮、毁也。前漢書敍傳將圮絶而罔階、師古曰圮、毁也。後漢書張衡傳睹有黎之圮墳、崔琦傳圮剝至親、注均云圮、毁也。文選西京賦居相圮耿、注河水所毁曰圮。垝、毁垣也、从土危聲。荀子覇形東山之西水深滅垝、注敗墻也。詩氓乘彼垝垣、傳垝、毁也。列子力命跪食惡肉、謂毁食也。管子禁藏吏不敢以長官威嚴危其命、注謂毁敗。以跪危為之。毁、壞也。一曰缺也。

虧壞圮垝毁也

義證

註 書曰方命圮族詩曰乘彼垝垣虧通語耳 補正 邢

爾雅詁林　一　釋詁上

疏虧者損毀祭義云不虧其體壞者人毀也音怪一云自毀也圮岸毀也書序曰祖乙圮于耿垝是毀垣也。

郭注補正

虧壞圮垝毀也

虧者說文云气損也損少猶缺毀也廣雅云毀虧也魯頌閟宮不虧不崩鄭箋云虧崩皆謂毀壞也。壞者說文云敗也敗卽毀也大雅板無俾城壞壞卽毀壞也小雅小弁譬彼壞木毛傳云壞瘣也謂傷病也說文引作譬彼瘣木傷病與毀義相近。圮者說文云毀也引書方命圮族史記五帝紀作負命毀族釋文云圮岸毀也圮與汜屺均有毀義召南江有汜傳云決復入爲汜決卽毀也魏風陟岵陟彼屺兮山無草木曰屺屺圮也無所出生也見釋名是屺亦有毀義故曰屺圮也。垝者說文云毀垣也引詩乘彼垝垣古文从亯作陒所引衛風氓文也傳云垝毀也。

說詩

虧壞圮垝 衆釋文云虧字又作虧 祛危切郭又許宜切

疏言緜性很戾 很誤從犬旁作後並同

注疏正字

虧壞圮垝毀也 釋文云虧字又作虧案說文亏部虧从亏雐聲或从兮。 釋文云壞說文云敗也籀文作𣪊。 圮說文同。

匡名

虧壞音怪圮垝音鬼毀也 此釋毀之義說文毀缺也从土毇省聲。虧气損也或从兮。魯頌不虧不崩箋虧崩皆毀壞也。壞敗也左襄三十一年傳子產使盡壞其館之垣字林壞毀也。圮毀也引書方命圮族。垝毀垣也引詩乘彼垝垣。

啓蒙

虧壞圮垝毀也

邢疏云皆謂毀敗也。

毀也者說文毀缺也从土毇省聲毇米一斛舂爲八斗缺訓器破則毀乃少損之名故廣雅云毀虧矣禮記檀弓毀不危身鄭注云毀謂憔悴將滅性毀亦損之謂也。

虧者說文虧气損也从亏虐聲章先生曰虧本損詞 說文亏象气舒虧在亏部故知爲詞 引申訓損今人謂幸曰虧幸者屰夭本有不足義其言虧者與古言僅相類 以上章先生語見新方言 其引申訓損者淮南高注云虧損也損訓減故漢書何武傳注云虧減矣減損則不足管子立政云不足曰虧令又謂虧爲不足也楚辭離騷唯昭質其猶未虧王注云虧歇也呂氏春秋察今篇其時已與先王之法虧矣高注云虧毀也歇云毀云皆減損也。

壞者說文壞敗也从土褱聲古文壞省作𡊅籀文壞作𣪊敗訓毀𣪊亦訓毀也壞𣪊二同字釋文引字林云壞自敗也論語皇疏云壞是漸敗之名是也文十三年春秋經大室屋壞左傳云大室之屋壞書不共也杜注云簡慢宗廟使至傾穨則壞者亦非盡敗之詞也通作懷以同褱聲也襄十四年左傳王室之不壞釋文壞服本作懷荀子禮論篇諸侯不敗壞史記樂書作諸侯不敗懷 王念孫讀書雜志已言之

圮者說文圮毀也虞書曰方命圮族从土己聲[illegible]圮或从手从非配省聲書堯典方命圮族史記五帝紀作負命毀族史公以雅訓代之也圮亦漸傾穨之名也章先生曰說文圮毀也[illegible]圮或从手从非配省聲今廬江謂物傾穨曰圮下去讀如擺案徐鉉音圮爲符鄙切古無輕脣則圮正當讀擺 圮從配省聲非從己聲切以符鄙亦未密合切符美者得之 或字兼從非聲與排裴悲等字聲尤近又廢圮敗音義皆近廢訓屋頓敗訓毀圮亦訓毀凡物傾頓則搖動今亦云擺實即圮字 以上章先生語見新方言

垝者。說文。垝。毀垣也。从土危聲。詩曰乘彼垝垣。垝或从自作䧦。引伸訓毀。詩傳曰。垝毀也。管子霸形篇東山之西水深滅垝。尹注云。垝敗牆也。史記天官書東至於危。危垝也。言陽氣之危垝。故曰危。十月也。王念孫云。言陽氣之危垝。垝上本無危字。此是訓危爲垝。故曰危垝也。言陽氣之垝。爾雅曰。垝毀也。言陽氣至十月而毀也。以上王說見讀書雜志

本字考

壞毀也 釋文引字林云，壞，自敗也，下怪反。敹，毀也，公壞反。邢疏，壞者，人毀也，音怪。一云自毀也，乎怪切。案，說文繫傳攴部有敹，曰毀也。從攴褱聲。臣鍇曰，人毀之也。孔安國曰，壞孔子宅。當作此字。又土部，壞，敗也。從土褱聲。敹，籀文壞從攴。臣次立按，徐鉉云攴部有敹，此重出。然則敹在說文蓋兩見，大徐本於攴部刪敹篆，於土部壞重文注此重出，是壞敹實止一字。字林分下怪公壞兩音，失之。邢疏因謂壞有兩義，一從字林訓爲自毀，一又從繫傳訓爲人毀。不知自毀人毀皆由一義引申，强生分別，殊可不必。顏之推家訓下音辭篇，江南學士讀左傳，口稱傳述自爲凡例，軍自敗曰敗，打破人軍曰敗，元注，補敗反。諸記傳未見補敗反，徐仙民讀左傳唯一處有此音，又不言自敗敗人之別，此爲穿鑿耳。邢疏自毀人毀之別，正猶江南學士自敗敗人之別，其爲穿鑿一矣。慧琳經音義十六發覺淨心經上毀呰下引爾雅，毀，壞也。此乃小爾雅廣言文。彼爾雅蓋正指小爾雅，並非慧琳所見爾雅以壞釋毀文與今本異也。慧苑華嚴經音義六僉然下引廣雅，僉，同也。曹氏籀校勘記，徐陳本皆作爾雅。陳潮校云，同也訓見小爾雅，爾上當脫小字。不知小爾雅一名、古亦省偁爾雅。宋氏翔鳳小爾雅訓纂，唐以前人引小爾雅有作爾雅者，以與爾雅同爲一家，故冒爾雅之號，猶易緯爲易，逸禮爲禮是也。

圮毀也 郭注，書曰方命圮族。邢疏，堯典文，孔安國云，圮，毀，族，類也。言鯀性狠戾，好比方名命而行事，輒毀敗善類。

案，今尚書孔傳好比方名作好此方名，孔疏亦再言好此方直之名，則作此當不誤。惟王天與撰尚書纂傳引此作比，毛晉汲古閣刻本因謂書傳比作此誤。不知好比方直之名義不可解。此之作比實乃王天與傳寫之誤，毛以不誤爲誤，殊疏。王天與爲元人，邢疏此經已誤引書傳作比，殆後人据尚書纂傳而妄改者。近陸氏心源翻刊北宋咸平本爾雅單疏，比，尚作此，可知邢昺所見孔傳，初不作比矣。

董瑞椿補記

虧、壞、圮、垝，毀也。

《說文》云：「毀，缺也。」缺者，器之破，引伸爲凡破壞之義。虧垝者，《說文》「虧，气損也；垝，毀垣也。」引伸之，凡有所損、有所毀，皆曰虧曰垝。壞，《說文》「敗也。」籀文作敹，自壞人壞之義，皆同。圮，《說文》亦訓毀。

爾雅學

虧壞圮垝毀也○釋曰注疏本刪。

壞者人毀也音怪一云自毀也乎怪切○注疏本音切改大字。

垝是毀垣也○注書曰至語耳○釋曰注疏本刪下八字。

注疏校勘札記

虧懷垂毀也 按，懷，當壞字之譌。

校勘記

虧壞圮音移垝音鬼毀也

音圖・音

爾雅詁林 一 釋詁上

怪 否 鬼

虧、壞、圮、垝、毀也。

孫偘直音

虧、壞、圮、垝、毀也（怪 痞 鬼）

直音校正

虧壞怪圮房美切垝鬼毀也。

楊氏音訓

壞怪 圮符鄙切 垝古委切

干氏音釋

矢雉引延順薦劉繹尸旅陳也

矢、雉、引、延、順、薦、劉、繹、尸、旅、陳也。禮記曰：尸，陳也。雉、順、劉皆未詳。

郭注

矢雉引延順薦劉繹尸旅陳也　釋曰：皆謂敷陳也。矢者，書序云：皋陶矢厥謨。引者，伸陳也。延，鋪陳也。薦者，饌陳也。繹者，復陳也。周頌賚篇云：時周之命於繹思。尸者，主陳也。旅者，謂布陳也。大雅賓之初筵云：殽核維旅。注禮記曰尸陳也　釋曰：郊特牲文。

邢疏

矢雉引延順薦劉繹尸旅陳也

樊光云：雉，夷也。夷，平也。左傳正義二十九卷

郭璞云：禮記曰：尸陳也。雉順劉皆未詳。

一切注音

雉陳也　樊光云：雉，夷也。夷，平也。左氏昭十七年傳正義

古注斠

矢雉引延順薦劉繹尸旅陳也

戻本作矢同。失耳反。繹音亦。旅音呂。

陸音義

用矢則陳焉，用旅則陳焉。雉耿介有陳而已，順乃可陳若中冓之言，言之醜也。薦，薦而陳之。劉，殺而陳之。引，弓引之則陳。繹，絲繹之則陳。神無象也，以尸陳之。

新義

矢雉引延順薦劉繹尸旅陳也　矢，春秋經云：公矢魚于棠。繹，賚云：時周之命於繹思。尸，郊特牲云：尸，陳也。雉、順、劉未詳。

鄭樵注

矢雉引延順薦劉繹尸旅陳也

郭璞曰：禮記曰：尸，陳也。雉、順、劉皆未詳。

鄭樵曰：矢，春秋經云：公矢魚于棠。繹，賚云：時周之命於繹思。尸，郊特牲云：尸，陳也。雉、順、劉未詳。

古注合存

矢雉引延順薦劉繹尸旅陳也。此釋矢雉以下皆陳之義也。註曰。郊特牲云：尸，陳也。疏曰：書序云：皋陶矢厥謨。引者，伸陳也。延者，鋪陳也。薦者，饌陳也。繹者，復陳也。旅者，布陳也。愚按矢，引發之機。雉，行列之象。引、延、順、繹，皆敘次之意，故皆爲陳也。劉未詳，或曰劉之言殺，亦肆陳之義也。

注疏參義

矢雉引延順薦劉繹尸旅陳也 **註** 禮記曰：尸，陳也。雉、順、劉皆未詳。

正義 皆言陳敘也。矢者，大雅卷阿云：以矢其音。春秋隱五年：公矢魚于棠。左傳所謂陳魚而觀之也。矢，本或作肆。大雅行葦云：或肆之筵。毛傳：肆，陳也。孔疏以爲釋詁文。周頌時邁云：肆于時夏。鄭箋亦云：肆，陳也。雉者，左傳疏引樊光、服虔云：雉，夷也。夷，平也。文選註引服虔云：雉、夷聲相近。聲近者其義同。喪大記云：夷于牀。鄭註：夷之言尸也。士喪禮註與喪大記同。雉即爲夷，夷訓爲尸，尸者陳也。是輾轉相訓也。引者，行葦云：以引以翼。引，本或作矧。大師云：帥瞽而廞作匶諡。鄭註：故書廞作淫。鄭司農云：淫，陳也。延者，晉語云：使張老延君譽于四方。韋昭註：延，陳也。順者，坊記引君陳曰：爾有嘉謀嘉猷，入告爾君於內，女乃順之於外，曰：此謀此猷，惟我君之德。此謀此猷，惟我君之德。即其陳敘之詞。順者陳敘也。

也。舊說以順爲將順、失其義矣。薦者、雜記云、薦而不食。祭義云、薦其薦俎。劉者、淮南原道訓云劉覽徧照、謂陳覽也。繹者、小雅吉日云、會同有繹。尸者、祈父云有母之尸饔。左氏宣十二年傳云荆尸而舉、杜註尸、陳也。白虎通義崩薨篇、尸之言陳也。旅者、秋官司儀云旅擯後、鄭云旅、讀如鴻臚之臚。臚、陳之也。左氏莊二十二年傳云庭實旅百、郊特牲云旅幣無方、皆言陳也。**註**禮記至陳也○**正義**郊特牲文。

正義 劉陳也注劉未詳　逸周書序文王惟庶邦之多難論典以匡謬作劉法。蓋陳迹法則之義。

校議 **矢雉引延順薦劉繹尸旅陳也**禮記曰尸陳也 雉順劉皆未詳

陳者、敶之叚音也。說文云、敶、列也。楚辭招魂篇云、敶鍾按鼓。通作陳。古者陳田聲同、其字通用。史記田敬仲完世家云以陳字爲田氏、周禮稍人注甸、讀與維禹敶之之敶同、皆其證也。說文云、田、陳也。蓋田有行列、又以陳久爲艮、故敶字从田从久、是陳又爲久矣。矢者、下文云矢、弛也。弛與施同。說文、施一日設也。張設與陳列義近。詩大明皇矣卷阿毛傳並云、矢、陳也。書序云皋陶矢厥謨、春秋隱五年經公矢魚于棠、傳云遂往陳魚是也。矢或作戻戻。故爾雅釋文、戻、本作矢、同、失耳反。廣雅云、戻、陳也。戻蓋矢之異文也。雉者从矢、矢聲、與矢義同。方言云、雉、理也。古微書引春秋感精符云、雉之爲言弟也。按、弟音替、與夷近。夷古音稊、與雉通。周禮序官薙氏注云、書薙或作夷、釋文薙、字或作雉、同他計反。是雉薙夷俱聲義同。故漢書楊雄傳注及文選甘泉賦注並引服虔曰、雉夷聲相近。左氏昭十七年正義引樊光服虔云、雉者夷也、夷、平也。今按夷陳亦聲轉字通。故春秋經夷儀、公羊作陳儀。大記釋文云、夷、尸也、陳也。皆其證也。雉、又牛鼻繩。漢人呼雉、周禮作綴、說文作紖、云牛系也、从引聲、讀若弦。是雉引古音又近、此義馬瑞辰爲余說之。然則雉引同訓陳、此亦其證矣。引延、下文並云長也、又訓陳者、引伸延曼俱與陳列義近。順者、上文云敘也、緒也。說文云理也。物有條理耑緒皆可陳敘、故又爲陳也。洪頤煊讀書叢錄云、士冠禮洗有篚在西南順、鄭注以順爲陳。特牲饋食禮及兩鉶芼設于豆南南陳、卽順也。鄉飲酒禮篚在洗西南肆、肆亦陳也。薦者、藉也。下文云進也。薦進與延引義近、薦藉與鋪陳義近、故又爲陳也。劉者與擂聲近義同。說文云、擂、引也。或从由作抽、訓引。故又爲陳、亦馬瑞辰說。按、劉與膢聲義又同。漢書武帝紀注、膢、音劉。又劉膢通。古讀膢如臚、臚旅古字通、旅亦陳也。繹者、說文云抽絲也。方言云、繹、理也。抽繹伸理俱與陳義近。詩會同有繹、徐方繹騷、敷時繹思、傳並云繹、陳也。尸者、說文云陳也、象臥之形。詩有母之尸饔、傳尸、陳也。郭引禮記者、郊特牲文。左氏莊四年傳楚武王荆尸、宣十二年傳荆尸而舉、尸皆訓陳、與肆義同。故晉語云、殺三郤而尸諸朝、論語云肆諸市朝。是尸與肆同矣。旅者、師旅也。人衆須有部列、與陳義近。故詩殽核維旅、旅楹有閑、傳並云旅、陳也。通作臚。周禮司儀云皆旅擯、鄭注旅、讀爲鴻臚之臚。臚、陳之也。漢書郊祀志云、旅於泰山。史記六國表云、而臚於郊祀。是臚旅通。又與魯通。說文旅、古文作表、以爲魯衞之魯。故書序云旅天子之命、史記周紀作魯天子之命。

義疏 **矢**施**雉**肆夷**引**絼**延順薦劉繹尸旅**臚**陳也**樊光注、雉、夷也。郭注、禮記曰尸、陳也。雉順劉皆未詳。

矢無陳義。詩矢于牧野、無矢我陵、以矢其音、書序皋陶矢厥謨、皆以施爲矢耳。施、旌旗倚施、故以陳兵爲矢、因以雉爲陳。雉或作雞、弟、夷通用。周官夷盤冰、禮夷牀、皆陳尸所用。矢雉夷又卽尸耳。周官封人置其絼、注云今謂之雉、以豸爲聲。說文無絼、有紖、豸卽廌也。又與薦同。引、从弓丨、開弓也。有牽引、引長之義。記引而進之、進亦陳也。書般乃引考、其謂陳般禮乎。經注無引陳明文。春秋傳引師而厺之、引或謂軍陳。與、延當作筵。詩肆筵設席、筵在席下、故專陳義。經以延引同用、皆長進意、亦非陳也。順从巛、巛卽坤也。禮筐南順、又或云南肆、坤又爲川、故巛爲逆順字。薦从廌艸、解廌所食艸。解廌又作獬豸。蓋古以爲陳列馴獸、因有進臻二義。禮以薦爲豆之專名。易殷薦之上帝、又盥而觀薦、詩醓醢以薦、皆進陳也。劉、釗葢一字、周康王名。白虎通引元子釗爲元子劉、是也。从金刀、人君以佩刀所謂盪琫者、故从鏐聲、而讀若畱。後以爲地名、又避王諱而加邪焉。或改地名爲畱。春秋劉子、詩作畱子是也。書詩皆以爲殺。桑柔捋采其劉、或可爲陳耳。馬瑞辰以爲播引之抽。經抽字亦無陳義。繹爲抽絲、詩會同有繹、敷時繹思傳皆訓陳、而實非也。記有舊繹之酒、或可以爲久陳耳。尸象臥人、故陳尸爲尸。周官肆之三日、卽尸之也。語、肆諸市朝、旅从於下二人、亦爲軍陳之名。易以爲羈旅、詩殺核維旅、書序旅豪、禮旅擯、鄭讀爲臚。語旅泰山、史記云臚郊祀也。陳古文作𨸏申、在𠂤是軍列本字。加木爲地名、又加攴爲陳列、非古字也。今以𠂤車爲行陣、正有列義。

集解

矢雉引延順薦劉繹尸旅陳也

矢、弓弩所發矢也。从入、象鏑括羽之形。正字爲肆。肆、極陳也。肆矢一聲之轉。詩大明矢于牧野、皇矣無矢我陵、傳均云矢、陳也。卷阿以矢其音、傳矢、陳也。矢詩不多、箋矢、陳也。春秋隱五年公矢魚于棠、杜注書陳魚以示非禮也。後漢書班固傳靡號師矢、文選永明九年策秀才文矢陳冊謨、注均云矢、陳也。雉、野雞也。从隹矢聲。矢既訓陳、則雉亦可訓陳。或曰陳从申聲、雉陳一聲之轉、猶申矢、申尸之爲一聲之轉、其說亦通。周禮王有五門、雉居其中、門外有兩觀、闕曰象魏、六官象法均懸於此、使萬民就觀。門之名雉、其取陳示義與。文選甘泉賦列新雉於林薄、服虔曰雉夷聲相近。春秋夷儀、公羊作陳儀。喪大記釋文、夷尸也。陳也。以夷爲之。引、開弓也。象引弓之形。正字爲廞。周禮司裘大喪廞裘飾皮車、故書廞爲淫、鄭司農曰淫裘、陳裘也。大師大喪帥瞽而廞、作匶謚、故書廞爲淫、鄭司農曰淫、陳也。陳其生時行迹爲作謚、此經之引本作淫、引淫一聲之轉。陳廞亦一聲之轉也。廞陳輿服於庭也。引申爲凡事之陳。廞引通用字。文選潘安仁悼亡詩衾裳一毀撤、千載不復引、注引、陳也。延、長行也。从延丿聲。引申爲陳、謂陳列之延長、所謂鋪陳是也。晉語使張老延君譽於四方、注延、陳也。陳君之偁譽於四方。文選西京賦溫調延北、注延、陳也。周禮大胥展樂器、注謂陳數之。左哀二十傳敢展謝其不恭、注展、陳也。以展爲之。或者延之正字爲引與。順、理也、敘也。凡陳列物必理其順敘、今數學排列一謂順列、義亦類此。書僞君陳爾乃順之於外、陳櫟曰去欲其陳審謀猷、以見之設施。儀禮士冠洗有篚在西南順、南順者、猶特牲饋食所謂南陳也。鄭注故以順爲陳。詩閟宮敦商之旅、謂陳旅也。離騷屯余車其千乘兮、注屯、陳也。以敦屯爲之。薦、廌獸所食草也、从廌从艸。正字爲餞。餞、送去食也。人神不宜相瀆、因借薦以爲陳食於神前之專稱。餞薦通用字。禮記祭義薦其薦俎、卽仲尼燕居所謂陳其薦俎也。左隱三傳可薦於鬼神、言可陳於鬼神前也。文選顏特進侍宴詩方懃淥水薦、注淥、淥水、古詩名。薦謂陳詩。劉、許愼作鐂。鐂、殺也。从金留聲。引申爲陳、謂殺而陳諸市也。周禮所謂凡殺人者踣諸市、肆之三日是也。逸周書序文王惟庶邦之多難、論典以匡謬、作劉法。劉法者蓋謂陳述先王大法也、若肆命然。書費誓敹乃甲冑、史記魯世家作陳爾甲冑。以敹爲之。或曰劉、釗一字、白虎通引元子釗爲元子劉是也。此訓陳者、蓋借效字之義耳。曲禮效羊效犬、呂覽偁絲效功、均謂陳之。繹、抽絲也、从糸睪聲。正字爲釋。釋、漬米也。引申爲陳、謂陳久也。字亦作醳。禮記郊特牲注謂舊醳之酒爲昔酒者是也。漬米昔酒久於陳置、故又引申爲陳列之陳。釋繹通用字。詩車攻會同有繹、常武徐方繹騷、傳均云繹、陳也。賚敷時繹思、傳繹陳。左宣十二傳引詩注同。禮記射義射之爲言者繹也、或曰舍也。繹者、各繹己之志也。疏繹、陳也。後漢書班固傳厥有氏號紹天闡繹者、注繹、陳也。尸、神像也。象臥之形。引申爲陳、故陳尸爲尸。周禮肆之三日、卽尸之也。詩祈父有母之尸饔傳尸、陳也。禮記曲禮在牀曰尸、左宣十二年傳荊尸而舉、莊四傳楚武王荊尸、晉語殺三郤而尸諸朝、注均云尸、陳也。禮記郊特牲、尸、陳也。白虎通崩薨尸之言陳也。晉語從欒氏者爲大戮施、韋注施、陳也。陳其尸也。以施爲之。或者尸之正字爲陳實爲敶與。軍之五百人曰旅、从㫃从从、从从會意。从、俱也。引申爲陳。詩所謂陳師鞠旅是也。詩賓之初筵殽核維旅、殷武旅楹有閑、傳均云旅、陳也。周禮大宗伯國有大故、則旅上帝及四望、注旅、陳也。前漢書敘傳荒服不旅、張晏曰旅、陳也。文選東京賦旅東帛之戔戔注旅、陳也。周禮司儀士旅擯注旅、讀爲鴻臚之臚。臚、陳之也。前漢書禮樂志歌殷勤此路臚所求、師古曰臚、陳也。書序旅天子之命、史記作魯天子之命。以臚魯爲之。陳、字本作敶、列也。从攴陳聲。陳乃國名。經典通以陳代敶。

義證

雉陳也　周禮朝士註、鄭司農曰王有五門、其一曰雉。康成謂雉爲中門、門外有兩觀、闕曰象魏、大宰治象之法、司徒教象之法、司馬政象之法、司寇刑象之法、並縣此以使萬民就觀、門之所以名雉、蓋取陳示義也。又春秋公羊傳五堵而雉、五雉而城。雉亦取陳列爲義。

順陳也　書君陳嘉謀嘉猷、入告爾后于內、爾乃順之于外、或說順爲將順、蔡傳乃謂成王之失、此言不知書所云順、實當依此釋爲陳。成王欲君陳不徒空言入告、而以所告謀猷敷陳于外、爲良法美政、何失言之有哉。孔傳云順行于外、正合敷陳義。元陳櫟書傳纂疏云、欲其陳審謀猷、以見之設施、則已明作陳解、惜其未引爾雅證之。

劉陳也　姜兆錫參義曰、劉之言殺、肆陳之義也。肆陳事見周禮鄉士。按逸周書序文王惟庶邦之多難、論典以匡謬作劉法。今篇闕、度其篇目似謂陳述先王之大法、蓋劉又有陳述義。

補郭

矢雉引延順薦劉繹尸旅陳也

註禮記曰尸陳也雉順劉皆未詳　補正 邢疏、皆謂敷陳也。矢者、書序云皋陶厥謨。引者、伸陳也。延、鋪陳也。薦、饌陳也。繹、復陳也。尸、主陳也。旅、布陳也。鄭樵註云、矢、春秋經云公矢魚于棠。尸、郊特牲云、尸、陳也。

郭注補正

戾雉引延順薦劉繹尸旅陳也

戾者、釋文云本作矢、同。廣雅云、矢陳也。戾矢本同字、今經典通作矢。大雅大明矢于牧野、皇矣無矢我陵、卷阿以矢其音、矢詩不多、傳箋竝云矢、陳也。江漢矢其文德、孔子閒居作弛其文德、注云弛、施也。施與陳義近。周禮小宰杜注云、弛讀爲施。彼釋文云、弛本作施。古施字多以弛爲之。矢、又通作肆。大雅行葦或肆之筵、傳云肆、陳也。疏云肆陳、釋詁文。蓋所引爾雅別本也。矢與肆音義皆同。雉、從矢、與矢同義、而亦與夷同。漢書楊雄傳注引服虔曰、雉夷聲相近。周禮序官注云、書薙或作夷。喪大記奉尸夷于堂、釋文云夷陳也。注云、夷之言尸也。御覽引王季彬禮統、尸之爲言矢也、陳也。戾、又省作尸。小雅祈父有母之尸饔、傳云尸、陳也。尸雉矢同爲陳、互相訓也。引者、下文云、引、長也。引長即陳之義也、陳之則長。小雅楚茨勿替引之、大雅行葦卷阿以引以翼、召旻職况斯引、傳竝云引、長也。延與引一聲之轉、故下文引延竝訓長。延長亦陳之義也。延與梃同。商

爾雅詁林　一　釋詁上

頌殷武松桷有梴，傳云梴，長貌。謂松桷陳列之延長也。　順者，上文云叙也。叙有陳叙之意，義相通也。大雅公劉既順乃宣，順當訓陳，言陳叙其事而宣布之也。　薦者，邢疏云饌陳也。中庸陳其宗器，設其裳衣。與薦其時食相對爲文，則設薦亦陳也。故荀子禮論謂陳器爲薦器。周頌雝於薦廣牡，箋云天子是時則穆穆然於進大牡之牲，百辟與諸侯又助我陳祭祀之饌。是薦卽陳也。潛序季冬薦魚春獻鮪也，疏云經揔言冬春雜陳魚鮪，皆係薦獻之事也。凡禮言薦，皆有陳獻之義，如薦幣薦黍稷薦脯醢是也。　劉者，肆陳也。謂殺而陳諸市朝也。周頌武勝殷遏劉，傳云劉，殺也。此謂殺之陳其屍也。　繹者，邢疏云復陳也。小雅車攻會同有繹，大雅常武徐方繹騷，周頌賚敷時繹思，傳竝云繹，陳也。於繹思疏云，使陳而思行之。　尸者說文云陳也。白虎通云，尸之言陳也，失氣亡神，形體獨陳。大雅板善人載尸，箋云賢人君子則如尸矣，不復言語。此卽尸陳之尸，所謂尸位者也。　旅者，邢疏云布陳也。大雅賓之初筵殽核維旅，商頌殷武旅楹有閑，傳竝云旅陳也。**說詩**

注疏正字

矢雉引延（矢，釋文作屎。）疏小雅賓之初筵云（小，誤大。）

小箋

劉通作瀏。淮南王書劉覽偏照，本或作瀏。

述聞

引順薦劉陳也

引之謹案，王制、內則竝曰，凡三王養老皆引年。引年者，陳敘其年齒之多寡也。鄭注以爲引戶校年，失之。經言引年，不言引戶校年也。文六年左傳曰，陳之藝極，引之表儀。引亦陳也。引延繹一聲之轉，皆長之陳也。凡物陳之則長，故引延繹又訓爲長矣。（下文曰，引延長也。方言曰，繹長也。）郭曰，順未詳。邵曰，坊記引君陳曰，爾有嘉謀嘉猷，入告爾君于內，女乃順之于外，曰此謀此猷，惟我君之德。順者，陳敘也。此謀此猷惟我君之德，卽其陳敘之詞也。舊說以順爲將順，失其義矣。引之謹案，邵說是也。古者謂陳爲順。聘禮曰，陪鼎當內廉，東面北上，上當碑，南陳。鄉飲酒禮曰，篚在洗西，南肆。士冠禮曰，洗有篚在西，南順。或言南陳，或言南肆，或言南順，其義一而已矣。昭二十年左傳曰，其祝史祭祀，陳信無愧。又曰，其祝史薦信，無愧心矣。薦亦陳也。連言之則曰薦陳。襄三十一年傳曰，非薦陳之不敢輸也，是也。家大人曰，祭義曰，孝子之祭，其進之也敬以愉，其薦之也敬以欲。薦之謂陳之也。上文曰，夫婦齊戒沐浴，盛服奉承而進之，卽此所謂進之也。又曰，薦其薦俎，卽此所謂薦之，亦卽仲尼燕居所謂陳其薦俎也。薦訓爲陳，故荀子禮論篇謂陳器爲薦器。鄭注以進之爲進血腥，薦之爲進孰，強分二事，失之矣。郭曰，劉未詳。引之謹案，逸周書敘曰，文王唯庶邦之多難，譔典以匡謬，作劉法。劉法者，陳法也。柴誓善敹乃甲冑，史記魯世家作陳乃甲冑，是敹亦爲陳也。敹與劉聲近而義同。（下文曰，流，擇也。說文曰，敹，擇也。敹與流之同爲擇，猶敹與劉之同爲陳矣。）邵引詩以引以翼，禮記告賓祭薦而不食，及淮南之劉覽偏照，皆失之。**述聞**

爾雅詁林　一　釋詁上

戻雉引延順薦劉繹尸旅陳也　釋文云、戻本作矢。案戻俗字。自石經以後諸本無作戻者。正義云、矢本或作肆。詩大雅行葦或肆之筵、傳肆、陳也。正義曰肆陳、釋詁文。又周頌時邁肆于時邁、箋亦訓陳。　錢少詹曰、雉、从矢聲。矢者陳也。古文雉與夷通。春秋傳五雉夷民者也、服虔云雉者、夷也。夷、平也。正義云、雉聲近夷。甘泉賦列新雉於林薄、服虔謂雉夷聲相近、新雉卽辛夷也。秋官薙氏注、薙或爲夷。釋文云薙、一本作雉。古音夷如稊、稊陳聲相轉。春秋夷儀、公羊作陳儀。夷有陳義、故雉亦訓陳。邵氏正義云、喪大記夷于牀注夷之言尸也、士喪禮注同。雉卽爲夷、夷訓爲尸、尸者陳也、是展轉相訓。元照案、說文隹部雉、古文作鴺。又鳥部鵜、或作鶇。　正義云、引本或作淫。春官大師帥瞽而廞、作匶謚、注故書廞爲淫、鄭司農云淫、陳也。元照案、引淫音不相近、未可以臆定也。　說文、艸部薦、獸之所食艸、从廌从艸。又、荐薦席也。荐義較近之。　說文無劉字、係誤脫。竹部水部偏旁有之、其訓爲陳、無可徵也。　惠氏棟云、周禮秋官司儀旅擯、注旅、讀爲鴻臚之臚。臚、陳之也。士冠禮旅占、注古文旅作臚。班固述贊曰大夫臚岱、鄭德云臚岱、季氏旅於泰山是也。顏監曰、旅、陳也。臚亦陳也、臚旅聲相近。元照案、旅正文、臚假借。說文、肉部臚、皮也、从肉盧聲。籀文省作膚。　說文、攴部敶、削也、从攴陳聲。陳乃國名。經典通以陳代敶。

匡名

矢雉引延順薦劉繹尸旅陳也　此繹陳之義、春秋隱五年公矢魚于棠、左傳陳魚而觀之也。或作肆。周頌肆于時夏、箋肆、陳也。　雉、未詳。　繫辭引而伸之、疏引伸、陳也。　晉語使張老延君譽於四方、韋注延、陳也。　君陳爾乃順之於外、註順、陳敘也。　薦、獸之所食草、从廌艸。假借爲荐。引伸之爲進、爲陳也。雜記薦而不食。　淮南子劉覽偏照、註劉、陳覽也。　小雅會同有繹、傳繹、陳也。　尸、陳也。象臥之形。左宣十一年傳、荆尸而舉。　又莊二十二年傳庭實旅百、註旅、陳也。

啓蒙

戻　宊　釋文。戻本作矢同。案玉篇。戻與矢同。今本固作矢。此條宜去。

劉　鎦　說文。有鎦無劉。段氏玉裁改鎦爲鐂云。鐂殺也。从金刀。丣聲。注云。古未有姓鎦者。且與殺義不協。竹部有䉧劉聲。水部有瀏劉聲。又劉劉杙。又劉向劉歆。以許訂許。此必作劉。若無劉字。劉聲無本矣。今輒更正。嚴氏可均云。刀部必脫劉篆。竹部䉧水部瀏皆从劉聲。且國姓必非近字。顧命一人冕執劉。鄭云。蓋今鑱斧。孔云。戉屬。小徐疑義篇云。从刀。鎦省聲。宜補。今从段氏作鐂。

此乃段氏向壁虛造。寧可據信。說文偏旁从劉者多矣。將一一改之乎。

黃侃評本正名

矢雉引延順薦劉繹尸旅陳也

邢疏云。皆謂敷陳也。

陳也者。說文陳宛丘舜後嬀滿之所封。从𨸏从木申聲。本國名。無敶陳義。訓敶陳者當爲敶之借。說文。敶列也。从攴陳聲。陳列者縱橫直列也。說文田訓陳。象四口。十阡陌之制。釋宮陳爲堂塗。以是明之。荀子成相荆稱陳。守其銀。王念孫據漢書哀帝紀李斐注訓陳爲道。其說自不可易。今謂稱有平義。陳有直義。荆稱陳。猶言荆平且直也。陳爲直出。與陳訓道之義。理亦不悖。周禮掌客皆陳。鄭注云。陳列也。司市以陳肆辨物而平市。鄭注云。陳猶列也。

矢者。說文。矢。弓弩矢也。从入。象鏑括羽之形。章先生曰。矢本爲弓弩矢。引申凡有發義者皆稱矢。矢直。故凡直出者皆言矢。此矢訓陳。詩傳訓施。皆直出義。說文田訓陳者。以

爾雅詁林　一　釋詁上

田之阡陌皆直出也。以上章先生語見文始及口說 詩大雅矢于牧野。傳云。矢陳也。以矢其音。傳亦云。矢陳也。論語夫子矢之。釋文引蔡謨云。矢陳也。詩大雅矢其文德。傳云。矢施也。釋詁矢弛也。弛亦施也。弛施之本字皆爲𢼊。說文𢼊。敷也。此皆敷陳義。

雉者。說文雉有十四種。从隹矢聲。鴙。古文雉从弟。雉本鳥名。無陳義。訓陳者當爲䰞之借。䰞今作肆。說文肆。極陳也。从長隶聲。肆變作肆。章先生曰。古文雉字作鴙。从弟聲。釋詁雉陳也。與肆訓陳同字。是借爲䰞字。二者爲䰞。古文作䰞。虞書䰞類于上帝。今作肆類于上帝。詩禮皆謂祭牲體解爲肆。以肆爲剔。徐鉉曰。剔解骨也。肆讀佗歷切。與剔同音。剔弟古本同部同音。則肆弟亦同音。釋詁雉陳與肆訓陳同字。是雉與䰞聲通也。以上章先生語見小學答問 詩小雅或肆或將。傳云。肆陳也。通作雉。本經雉陳也。方言雉理也。廣雅理訓順。說文順訓理。下文順訓陳。則雉理猶雉陳也。又通作夷。周禮序官薙氏注。書薙或爲夷。釋文。薙或作雉。同他計反。左傳五雉者夷民者也。服虔云。雉者夷也平也。昭十七年左傳孔疏引 雉夷聲相近。漢書揚雄傳注引 是雉夷聲通之證。禮記喪大記奉尸夷于堂。釋文夷陳也。雉通夷郝疏已言

引者。說文引。開弓也。从弓丨。章先生曰。引長即鋪陳義。陳列也。釋詁引訓陳。與陳列同意。地官大司徒屬其六引。鄭司農曰。謂引喪車索也。雜記執引者三百人。注在塗曰引。引訓爲陳。引樂小鼓稱田。說文𪔁。小鼓引樂聲也。廣韻引𪔁皆羊晉切。周頌𪔁字作田 陳田古本一聲。引音如之。故揚州謂楯柩屬引發塗爲出田。田即引也。以上章先生語見文始及新方言 本經引陳之訓不見於他經典。詩小雅勿替引之。傳云。引長也。以章先生引長即鋪陳之說說之。則引長之引亦陳也。禮記王制凡三王養老皆引年。王引之云。引年者陳叙其年齒之多寡也。鄭注以爲引戶校年。失之。經言引年。不言引戶校年也。文六年左傳陳之藝極。引之表儀。引亦陳也。以上王語見經義述聞 通作神。廣雅神陳也。說文神訓天神引出萬物。从示申聲。明神引聲同也。章先生曰。申古音本如乚。稍變如陳。待因切。又變作失人切。乃或如信矣。以上章先生語見文始 禮記禮運列於鬼神。鄭注云。神者引物而出。又通作淫。眞與侵亦有轉。如本艸之梣皮作秦皮矣。邵疏謂詩大雅以引以翼。引本或作淫。周禮大師帥瞽而廞作匶謚。鄭注云。故書廞作淫。鄭司農云。淫陳也。以上邵疏

延者。說文延。長行也。从㢟丿聲。引伸訓長。下文云。延長也。延長亦鋪陳義。鋪陳正作敶。敶。晉語使張老延君譽於四方。韋解云。延陳也。

順者。郭云未詳。宗瓛案。說文順理也。从頁从川。理即儆理之理。說文儆理也 順亦即順叙之順矣。上文順叙也 儆理敶列同意。順訓理。則順亦陳矣。儀禮士冠禮洗有篚在西南順。文例與鄉飲酒禮篚在洗西南肆相同。鄭注鄉飲禮設篚於禁南東肆。云肆陳也。南肆當亦同之。南肆爲南陳。則南順亦南陳矣。以儀禮之南順南肆南陳證順爲陳洪頤煊讀書叢錄王引之經義述聞郝疏俞樾羣經平議皆已言之

薦者。說文薦。獸之所食艸。从廌从艸。釋艸薦黍蓬。則薦本艸名。無陳義。訓陳者爲肆之借。說文肆。極陳也。从長隶聲。而薦或作廌。廌亦自有陳義。章先生曰。說文廌解廌獸也。似山牛一角。古者決訟令觸不直。象形。从豸省。廌本得名於豸。有司殺義。故灋字从廌。古即以豸廌爲殺字。神獸觸不直者。論衡已匡其謬。薦。廌所食艸。釋詁薦訓陳。易殷薦之上帝。本或作廌。此則廌亦訓陳。由廌與豸㣇䰞䰞通借爲肆字。廌豸㣇䰞肆古音皆定音支部 亦自可引申訓陳。豸廌皆訓殺。肆爲陳亦訓殺。鎦爲殺亦爲陳。尸訓陳。殺而陳尸亦曰尸。然則廌有殺義。即可訓陳矣。若以聲言。敶引聲義相類。而紖字周禮作絼。絼紖爲支眞次對轉。廌敶亦支眞次對轉也。經典釋文以殷廌爲非。斯未求音義之原矣。以上章先生語見文始 詩大雅或肆之筵。傳云。肆陳也。亦作廌。易豫卦先王以作樂崇德。殷廌之上帝。以配祖考。釋文。薦或作廌。章先生曰。廌陳也。已見上引 通作薦。禮記祭義薦其薦俎。鄭氏無注。以義揆之。則薦其之薦應訓陳也。王念孫云。薦其薦俎。即仲尼燕居所謂陳其薦俎也。以上王語見經義述聞 是也。王引之云。昭二十年左傳曰。其祝史祭祀陳信不愧。又曰其祝史薦信無愧心矣。薦亦陳也。以上王語見經義述聞

劉者。說文有从劉聲之字。而無劉篆。劉之本訓如何不可知。訓陳者當爲鎦。說文鎦。殺也。隸變作鎦。知鎦訓陳者。章先生曰。肆爲陳亦爲殺。鎦爲殺亦爲陳。以上章先生語見文始 案古者殺而陳尸。春秋傳尸諸周氏之汪。論語吾力猶能肆諸市朝。鄭注云。有罪既刑。陳其尸曰肆。皆殺而陳尸之事。鎦之訓殺。書傳多有。其字皆作劉。劉之訓陳。則唯此經一見而已。劉玉麐謂逸周書序文王惟庶邦多難。論典以匡謬。作劉法。蓋陳述法則之義。以上劉語見爾雅校議 特其篇已佚。無以知其然不矣。姚承輿謂淮南子劉覽偏照注。劉陳覽也。以上姚語見爾雅啓蒙 今淮南原道訓劉覽徧觀。高注云。劉覽。回觀也。劉讀留連之留。非劉氏之劉也。與姚所引注不同。竟不知其據何本也。通作膢。說文膢。楚俗以十二月祭飲食也。一曰。嘗新始殺食新曰貙膢。漢儀注立秋貙膢。蔡邕曰。貙虎常以立秋日搏獸。還食其母。王者亦以此日出獵。還以祭宗廟。膢音劉。劉殺也。續漢書禮儀志云。立秋之日。始斬牲以薦陵廟。斬牲之體名曰貙劉。貙劉之劉本爲殺義。以爲祭名則陳義也。

繹者。說文。繹。抽絲也。从糸睪聲。抽爲搯之或體。廣雅。繹。搯也。說文。搯。引也。引長卽鋪陳。故繹亦訓陳矣。詩大雅徐方繹騷。傳云。繹。陳也。論語繹之爲貴。鄭注云。繹。陳也。通作釋。作懌。詩周頌絲衣序繹賓尸也。釋文云。字書作繹。周禮籥師注壬午猶繹。釋文云。繹本作釋。釋天繹又祭也。孫炎云。祭之明日尋繹復祭也。是有引長鋪陳義。詩大雅辭之繹矣。釋文繹本作懌。商頌莫不夷繹。釋文。繹本作懌。懌者釋之俗也。

尸者。說文。尸。陳也。象臥之形。詩小雅有母之尸饔。傳云。尸。陳也。

旅者。說文。旅。軍之五百人爲旅。从㫃从从。从。俱也。古文旅作𣄼。古文以爲魯衞之魯。𢀖字說解云。𢀖。古文旅。此最初古文也。旅亦爲軍師之通名。釋天振旅闐闐。出曰治兵。尚威武也。入曰振旅。反尊卑也。是旅爲軍師通號之證。詩小雅陳師鞠旅。大雅左右陳行。戒我師旅。周禮大司馬言列陳。春秋傳言成列。言失次離局。喪列亂行。則師旅必有行陳矣。故引伸旅亦訓陳。周禮司儀皆旅擯。鄭注云。旅讀爲鴻臚之臚。臚。陳之也。是用雅義爲訓。詩小雅殽核維旅。傳云。陳旅也。通作魯。許君所謂古文以爲魯衞之魯者也。書序旅天子之命。史記周本紀作魯天子之命。郝疏已引又通作臚。論語季氏旅於泰山。史記六國表云。位在陪臣而臚於郊祀。郝疏已言

本字考

矢雉引陳也。　陳與神近。此云引陳也。廣雅。神。引也。陳也。是陳與神聲通。　矢下文云。弛也。弛施字同。施陳義同。　矢雉尸同字。並見。左桓十五尸諸周氏之汪。淮南俶真注引尸作矢。大雅行葦或肆之筵。傳肆。陳也。疏以爲釋詁文。未詳爲矢之異文。爲雉之異文。

引陳也　說文引。開弓也。从弓丨。鉉曰。象引弓之形。邵晉涵云。引或作淫。引周禮太師注故書廞作淫。鄭司農云。淫。陳也。案引淫一聲之轉。云或作者非。嚴元照亦云。聲不相近。

延陳也。　延下文云進也。陳。進義近。

薦陳也。　薦下文云。進也。陳。進義近。

劉陳也。　劉通作瀏。淮南子劉覽偏照。本或作瀏。

黄侃音訓

雉引陳也。雉夷聲相近。雉卽爲夷。夷訓爲尸。尸者。陳也。故雉亦訓陳。此義錢詹事大昕、邵學士晉涵言之備矣。承珙案。雉引古聲亦同。楊雄甘泉賦刋新雉於林薄。新雉卽辛夷也。本草經辛夷亦名辛矧。御覽又作辛引。禮記祭統君執紖。釋文。紖。本又作引。　注云。周禮作絼。周禮封人置其絼。先鄭云。絼。今時謂之雉。與古者名同。後鄭云。絼。字當以豸爲聲。古字聲同者訓多通。雉引同聲。故同訓。此亦足備一誼。

胡氏古義

順陳也

順陳也。郭注未詳。頤煊案。儀禮士冠禮洗有篚在西南順。鄭注。篚亦以盛勺觶。陳於洗西。特牲饋食禮及兩鉶芼設于豆南南陳。南陳卽南順也。鄉飲酒禮篚在洗西南肆。肆亦陳也。

讀爾雅録

順劉陳也

注曰皆未詳

樾謹按。郝氏懿行義疏引洪頤煊讀書叢錄說。謂士冠禮之南順卽特牲饋食禮之南陳。其說甚塙。順之與陳。蓋以聲近而義通。陳從申聲。古文作陣。然則順之爲陳。猶坤之爲順矣。劉者。郝云與擂聲近。說文云。擂。引也。或從由作抽。訓引。故又訓陳。其說亦塙。此經以劉繹連文。劉繹猶抽繹也。尙書立政篇克由繹之。由卽抽也。卽此經之劉繹矣。下文留久也。留與劉亦通。高誘注淮南子原道篇曰。劉。讀留連之留。是其證也。此文引延與劉竝訓陳。下文引延訓長。留訓久。長

爾雅詁林　一　釋詁上

久之義同矣。且陳亦有久義、尚書盤庚篇失于政、陳于茲、枚傳以陳久釋之、正義曰、釋詁云陳久也。古者塵陳同。以是言之、劉猶留也、陳猶塵也。觀下文留與塵同訓、則無疑乎劉之訓陳矣。

平議

矢陳也　釋文出戻、本作矢、同、失耳反。邢疏、矢者書敘云皋陶矢厥謨。

案、說文無戻、匕部𠤕、未定也、从匕吴聲。吴、古文矢字。則戻實吴之誤、爲矢之古文。部首矢、弓弩所發矢也。殊與陳義不涉。長部肆、極陳也。疑此詁陳之矢乃肆之音段字。詩大雅行葦篇或肆之筵、毛傳肆、陳也、孔疏肆陳、釋詁文。可見唐本爾雅尚有作肆一本、肆卽肆之隸變也。張揖上廣雅表擇撢羣蓺、不在爾雅者、詳錄品覈、以箸于篇。而其釋詁二有戻陳也條、明張揖所据爾雅、此矢必亦作肆。不然何以曰不在爾雅乎。

引陳也　邢疏、引者、伸陳也。

案、說文弓部、引、開弓也。殊無陳義。又申部、𨐍、擊小鼓引樂聲也、從申柬聲、周禮曰小樂事鼓𨐍、讀若引。（周禮以下十一字、据繫傳本補。）說文讀若之字、固有兼明段借一例。（詳見王氏筠說文釋例十一）𨐍讀若引、則引固可爲𨐍之段字矣。詩周頌有瞽篇應田縣鼓、鄭箋田、當作𨍏。𨍏、小鼓、在大鼓旁、應鞞之屬也。而史記田敬仲世家敬仲之如齊、以陳字爲田氏、司馬貞索隱以陳田二字聲相近、遂以爲田氏。是𨐍陳二字皆通作田、此𨐍之讀若字所以有陳義也。（白孔六帖六十二鼓六、白居易引纂要曰應鼓亦曰鞞鼓、亦曰𨍏鼓、亦曰田鼓。肩者、引也。言先擊鼓、次引大鼓也。）

又案、周禮天官司裘職大喪廞裘、鄭注故書廞爲淫、鄭司農云淫裘、陳裘也。又春官大師職大喪帥瞽而廞、作匶謚、鄭注故書廞爲淫、鄭司農云淫、陳也、陳其生時行迹爲作謚。又秋官司兵職大喪廞五兵、鄭注故書廞爲淫、鄭司農云淫、陳也、淫讀爲廞。葢司農所据本周禮廞皆作淫、而司農皆以廞讀之、廞陳之訓當本於爾雅、疑此引字亦爲廞之段字。說文广部、廞、陳與服于庭也。可見廞有陳義。廞从欽聲、引本通寅、（說文虫部螾之或體作蚓、其切證也。）書堯典欽若昊天之欽、史記五帝本紀作敬。又寅賓出日之寅、史記五帝本紀亦作敬。則廞引自得通矣。

董瑞椿補記

矢、雉、引、延、順、薦、劉、繹、尸、旅、陳也。

說文云：「敶、列也；」陳者、敶之假借；古之陳列軍陣字皆作敶。其後省爲敕、素問注云：「敕、古陳字、」是也。自後借陳爲陳列、作陣爲軍陣、而敶廢矣。

矢雉訓陳者、書序云：「皋陶矢厥謨、」春秋云：「公矢魚于棠、」皆陳列義。或作戻、乃矢之異文。郝氏云：「雉从矢聲、與矢義同。」引劉訓陳者、牛鼻繩、漢人呼雉、周禮作紖、說文作絼、云：「牛系也、从引聲、讀若矤、」是雉引古音近矣。劉與擂聲近義同、說文「擂、引也、」是劉擂又皆引之義矣。故引劉皆訓陳、此馬瑞辰說。王引之曰：「王制內則並云：『凡三王養老、皆引年、』陳敘其齒也、逸周書敘曰：『謹典以匡內、作劉法、』劉法、陳法也。」

延、說文「从延、厂聲；」延从廴止、引而復止、義近於陳。又詳本節繹字及後「延、長也」節下。

順者、郝氏引君陳篇曰：「爾有嘉謀嘉猷、則入告爾君於內、爾乃順之於外；」洪頤煊引士冠禮云：「洗有篚在西，南順；」諸順字，皆陳也。
薦者，荐之假借。說文云：薦，薦也。」段易薦爲席，是矣；但薦亦當爲荐。蓋荐爲承藉之物，故引伸之而有「陳也」、「進也」之義。左傳云：「非薦陳之，不敢輸也。」薦陳二字並用；此薦字亦荐之假借。
繹，說文云：「抽絲也。」與引延同意；故詩「會同有繹」、「敷時繹思」，傳並訓陳。王引之謂「引、延、繹，皆一聲之轉；皆長之陳。」
尸，說文「陳也，象臥之形。」左傳「荊尸」，杜訓尸爲陳。
旅者，左傳「庭實旅百」，即陳也。旅，通作臚；周禮司儀「皆旅擯」，鄭注云：「旅讀爲鴻臚之臚。」又通魯；書序「旅天子之命」，史記周紀作魯，是也。

爾雅學

矢唐石經單疏本雪牕本同。釋文，戻本作矢，同。失耳反。按廣雅二釋詁戻，陳也，本此經。當從陸本作戻。玉篇戻與矢同。

矢雉引延順薦劉繹尸旅陳也○釋曰　注疏本刪。

○注禮記曰尸陳也○釋曰　注疏本刪下五字。

校勘記

雉稚　亦

矢、雉、引、延、順、薦、劉、繹、尸、旅、陳也。

孫偘直音

矢、雉雉、引、延、順、薦、劉、繹、尸、旅、陳也　亦

直音校正

尸職主也尸寀也寀寮官也

尸、職、主也。左傳曰、殺老牛莫之敢尸。詩曰、誰其尸之。又曰、職爲亂階。尸、寀也。謂寀地。寀、寮、官也。官地爲寀，同官爲寮。

郭注

尸職主也　釋曰，皆謂爲之主宰也。注左傳至亂階　釋曰云左傳曰殺老牛莫之敢尸者，成十七年傳云，晉欒書中行偃遂執公焉，召韓厥，韓厥辭曰，昔吾畜於趙氏，孟姬之讒，吾能違兵。古人有言曰，殺老牛莫之敢尸，而況君乎。二三子不能事君，焉用厥也。是其事。云詩曰誰其尸之者，召南采蘋文。又曰職爲亂階者，小雅巧言文。尸寀也寀寮官也　釋曰寀謂寀地。王事者必有寀地。寀，采也。采取賦稅以供己有。寀地及言同寮者，皆謂居官者也。注官地至爲寮　釋曰云官地爲寀者，禮運云大夫有采以處其子孫是也。云同官爲寮者，左傳文七年荀林父告先蔑之辭也。

邢疏

尸寀也

寀北在反。釋文

樊注

寀七代反。釋文

孫音注

尸寀也寀寮官也

寀七代反。釋文

郭音義

黃輯古義

尸寀也

寀、七在反。釋文

樊注

尸寀也。寀、七代反。釋文引李孫郭

孫音注

尸寀也。寀、七代反。釋文引李孫郭

郭音義

玉函山房輯佚

尸寀也　釋文寀、孫郭本並七代反。下句及注同。樊七在反。

漢注

尸職主也

郭璞云、左傳曰殺老牛莫之敢尸、詩曰誰其尸之、又曰職爲亂階。

尸寀也

郭璞云、謂寀地。

寀寮官也

郭璞云、官地爲寀、同官爲寮。

一切注音

寀官也李孫郭並七代反。樊光音七在反。釋文

古注斠

尸寀李孫郭並七代反。下句及注同。樊七在反。寮字又作僚、同。力彫反。

陸音義

戾○邢本作矢。

音義攷證

尸職主也 職有爲之主、尸無爲之主。

尸寀也 寀亦田主無爲之主也。

寀寮官也 官亦多術矣、寮以應物爲聊。寀、尸之而已。

新義

尸職主也 采蘋云、誰其尸之。巧言云、職爲亂階。尸寀也 舊註謂寀地、非。此卽寮寀之寀。故亦從寀。而下文又申云。寀寮官也 左傳云、同官爲寮。

鄭樵注

尸職主也

郭璞曰、左傳曰殺老牛莫之敢尸、詩曰誰其尸之、又曰職爲亂階。

鄭樵曰、采蘋云誰其尸之、巧言云職爲亂階。

尸寀也 寀、樊七在反、李孫郭並七代反。

郭璞曰、謂寀地。

鄭樵曰、舊註謂寀地、非。此卽寮寀之寀、故亦從寀。而下文又申云。

寀寮官也

郭璞曰、官地爲寀、同官爲寮。

鄭樵曰、左傳云同官爲寮。

古注合存

尸職主也此釋尸職爲主之義也。詁曰、詩召南云、誰其尸之。巧言云、職爲亂階。

尸寀也寀寮官也此釋尸爲寀之義、而因釋寀寮之義也。詁曰、寀謂寀地也。同地爲寀、同官爲寮。愚按尸之言主、寀地必有主、故釋尸爲寀、而因以釋寮寀之爲官也。

注疏參義

尸寀也。鄭云、舊註謂寀地、非。此卽寮寀之寀、故亦從寀。而下文又申云。按鄭意以寮寀必有所主、故訓尸。而寮寀復訓官也。郭竟以寀爲寀地、稍費解。然寀地之寀本因官地爲名、其義亦可兼通。大夫有寀地者爲寀、而同爲大夫者爲寮也。

補注

尸職主也 **註** 左傳曰殺老牛莫之敢尸、詩曰誰其尸之、又曰職爲亂階。尸寀也 **註** 謂寀地。寀寮官也 **註** 官地爲寀、同官爲寮。 **正義** 尸既爲陳、又與職俱爲主其事者。尸又訓爲寀、寀寮又俱爲官、轉相訓也。○尸職主也。○尸者、書序云、康王既尸天子。穀梁隱五年傳云、卑不尸大功。又學記云、當其爲尸、鄭註、尸、主也。爲祭主也。職者、秦誓云、亦職有利哉。左氏僖二十六年傳云、大師職之。禮記疏引干寶周官註云、凡言職者、主其事也。○尸寀也。○莊子天下篇皆願爲之尸、謂願其主食寀之地也。○寀寮官也。○寀、通作采。堯典云、疇咨若予采。釋文引馬融云、采、官也。寮、通作僚。大雅板云及爾同僚、晉語云非僚弗從、毛傳及韋昭註俱云、寮、官也。 **註** 左傳至亂階。○ **正義** 郭引左傳成七年傳文也。又宣十二年傳云、彘子尸之、襄二十七年傳云、非歸其尸盟也、皆言主也。誰其尸之者、召南采蘋文。職爲亂階者、小雅巧言文。○謂寀地。○ **正義** 顏師古漢書註云、因官食地、故曰采地。○官地至爲寮。○ **正義** 禮運云、大夫有采、以處其子孫、是采爲官地也。同官爲寮者、左氏文七年傳文。

正義

尸職主也 左傳曰殺老牛莫之敢尸、詩曰誰其尸之、又曰職爲亂階。尸寀也 謂寀地。寀

寮官也官地爲宷　同官爲寮

·廣雅云、主、君也。又云、主、守也。曲禮云凡執主器、鄭注以主、君也。此主兼謂天子諸侯也。周禮大宰六曰主、以利得民。此主謂公卿大夫也。詩云侯主侯伯、毛傳主、家長也。此主謂士庶人也。然則君主之稱通於上下矣。尸者、厤之叚音也。說文云、厤、終主。通作尸。上文尸訓陳、此訓主者、郊特牲注尸、或詁爲主。此尸神象、當從主訓之言陳、非也。此鄭駁郊特牲尸陳也之文、明施於所尊、宐訓主也。詩云誰其尸之、晉語云董伯爲尸、毛傳及韋注竝云尸、主也。尸與司同、司亦主矣。職者、上文云常也、又訓主者、易云後得主而有常、是其義也。詩如職思其居、職競由人之類、毛俱訓主。周禮如職喪職方職金之類、鄭俱訓主。主與宰同意。天官家宰、釋文引鄭云宰、主也。○宷者、當爲采。下文云、采、事也。能其事者、食其地、亦謂之采。禮運大夫有采以處其子孫。韓詩外傳、古者天子爲諸侯受封謂之采地。然則尸訓宷者、蓋爲此地之主、因食此土之毛、故鄭語云主芣騩而食溱洧、是其義也。釋文宷、李孫郭竝七代反、樊七在反。按七在音是、今從樊光讀。○官者、說文云、吏事君也。古微書引春秋元命苞云、官之爲言宣也。宷訓官者、宷亦當爲采。漢書刑法志注引宷正作采。樂記注云、官猶事也。事卽采之訓、故采又訓官矣。書疇咨若予采、馬融注采、官也。史記司馬相如傳云以展采錯事、集解亦云采、官也。寮者、釋文、寮、字又作僚。詩釋文、僚、字又作寮。是寮僚同。玉篇宀部人部分見二文。經傳通用。故詩及爾同僚、毛傳僚、官也。左氏文七年傳、同官爲寮。昭七年傳隸臣僚、正義引服虔云僚、勞也。共勞事也。然則同僚謂同勞也。同勞謂同官也。同官不同勞、從事所以獨賢也。同勞不同官、北門所以交謫也。

義疏

尸職主也尸宷也宷寮官也

宷者、當爲采。下文云、采、事也。能其事者食其地、亦謂之采。禮運、大夫有采、以處其子孫。韓詩外傳、古者天子爲諸侯受封謂之采地。然則尸訓宷者、蓋爲此地之主、因食此土之毛。故鄭語云主芣騩而食溱洧、是其義也。釋文、宷、李孫郭竝七代反、樊七在反。按七在音是、今從樊光讀。

念孫案、大夫有采以處其子孫、非謂大夫有主以處其子孫也。主芣騩而食溱洧、非謂采芣騩而食溱洧也。尸可訓主、采不可訓主。采可訓事、尸不可訓事。乃云能其事者食其地亦謂之采、毋乃近於鑿乎。

郝注刊誤

尸職主也郭注、左傳曰殺老牛莫之敢尸、詩曰誰其尸之、又曰職爲亂階。此釋尸別義也。職、从戠、戠、蓋从弋音、說文誤爲从戈。弋、橜也。橜而有音、是習樂之事、與業同意。主、象鐙火、今別作炷、以主爲賓主字。易、遇主于巷。**尸宷**采宰**也**郭注、謂宷地。鼎銘有王之尸臣、經傳未見。以尸爲宷者、書、服休服宷。周官冢宰。宰、主也。**宷寮官也**郭注、官地爲宷、同官爲寮。書、𠷎咨若予宷。宷、从爪木、故爲事、因爲寮官。寮、从穴㚇、或佁僚、从人㚇、㚇以夜佁、是官事也。詩及爾同僚。書、有服在大僚。官、从宀自、吏事君者。宷、食邑。官、府寺也。

集解

尸職主也

尸、神像也。古者祭祀均有尸以依神、孝子不見親之形像、心無所繫、立尸以主意也。詩采蘋誰其尸之、傳尸、主也。書序康王旣尸天子、僞傳尸、主也。禮記學記當其爲尸、儀禮士虞祝爲尸、左襄二七傳非歸其尸盟也、成十七傳殺老牛莫之敢尸、穀梁隱五傳卑不尸大功、莊廿三以是爲尸女也、注均云尸、主也。前漢書朱雲傳皆尸位素餐、兩龔傳以曲從苟容爲賢、以拱默尸祿爲智、師古均曰尸、主也。書大禹謨茲用不犯于有司、僞傳司、主也。高宗肜日王司敬民、僞傳訓主。以司爲之。職、記微也、从耳戠。引申爲主謂主聽也。詩十月之交職競由人、蟋蟀職思其居、抑亦職爲疾、傳均云職、主也。巧言職爲亂階、大東職勞不來、召旻職兄思引、桑柔職涼善背、箋均云職、主也。禮記曲禮是職方、左僖二六傳

爾雅詁林　一　釋詁上

大師職之、列子天瑞故天職生覆、地職形載、文選東京賦鉤盾所職注均云職、主也。主、鐙中火主也、从𠁧象形。从丶、丶亦聲。引申為凡主宰之通偁、如人主君主之類。**尸寀也**尸、上經訓主。禮大夫之臣偁其君曰主。大夫食采地、因為寀地之主、故曰尸、寀也。鼎銘有王之尸臣、謂食寀臣也。寀、字本作采、捋取也。从木从爪會意。人臣因官而取地、故謂之采。俗加宀作寀耳。**寀寮官也**寀、采地也。人臣因官食采、故采可訓為官。書堯典疇咨若予采、馬注采、官也。史記司馬相如傳以展采錯事、集解采、官也。前漢書刑法志此卿大夫采地之大者也、師古曰采、官也。寮、字本作寮、穿也。从穴尞聲。正字為僚。僚、好皃。引申為官、謂好人得為官耳。書稱建官惟賢是也。寮寮古今字、寮僚通用字。詩板及爾同寮、傳寮、官也。魯語今吾子之教官寮唐注同官曰寮。前漢書禮樂志歌賓百僚山河饗、師古曰百僚百神之官也。文選左大沖詠史詩英俊沈下寮、今本作僚、注官也。張茂先荅何劭詩自昔同寮寀、注寀寮官也。楊統碑百遼嘆傷、夏堪碑官遺臨啼、均謂官也。以遼或遺為之。官史事君也。周禮區分六官、百職均備。

義證

尸寀也

[註]謂寀地[補正]鄭樵註云、舊註謂寀地、非。此則寮寀之寀、故亦從寀。而下文又申云。

郭注補正

尸寀也　注謂寀地

寀官也　注官地爲寀

靜曰、王氏云古無謂寀地爲尸者、爾雅直訓官、何得以官地釋之乎。注義誠迂曲。惟讀寀爲宰、宰訓主、又訓官、義固可通。究無明證。案漢書司馬相如傳以展寀錯事注寀、官也。寀、經皆作采。堯典若予采、釋文引馬注曰、采、官也。是采本訓官。所謂采地者、猶言官地。公羊襄十五年傳何注云、采者、不得有其土地人民、采取其租稅耳、乃屬望文生訓。官爲民之主、故大夫直稱主。尸訓主、故又訓寀、寀又訓官也。注義失之。

靜郭

寀寮官也

官地爲寀同官爲寮

元應普曜經四卷音義引爾雅、僚、官也。郭璞曰、同官爲僚。樹枏案釋文所據郭本作寮、云字又作僚。元應音義引又本也。顯揚聖教論七卷音義亦引作僚。

郭注佚存補訂

尸職主也

尸主常語也。說文作屍、云屍、終主。通作尸。尸有二義、一爲象神之尸、一爲主事之尸。大雅既醉鳧鷖公尸來燕來寧、小雅楚茨皇尸載起、小雅信南山畀我尸賓、楚茨鐘鼓送尸、箋云尸、節神者也。此象神之尸也。召南采蘋誰其尸之、傳云尸、主也。小雅祈父有母之尸饔、傳云、尸、陳也。非也。尸、主也。謂使母主饔飧之事也。此主事之尸也。　職者、邢疏云、爲之主宰也。禮記曲禮疏引干寶云、凡言職者、主其業也。　唐風蟋蟀職思其居、小雅巧言職爲亂階、十月之交職競由人、大東職勞不來、大雅桑柔職涼善背、抑亦職維疾、召旻職兄斯引、傳箋竝云職、主也。

尸寀也

王氏引之云、寀之言宰也。鄭注周官大宰曰、宰、主也。宰宷聲相近、故謂宰爲宷。漢書楊雄傳胥靡爲宰、寂莫爲尸。尸也宰也、皆主也、其義上下相承。小雅十月之交家伯維宰、箋云冡宰掌邦之六典。冡宰卽大宰、宰亦主也。

宷寮官也

王氏引之云、宷亦宰也。隱元年公羊傳曰、宰者何、官也。字或作采。故堯典若予采、釋文引馬注曰采、官也。下文云、采、事也。大雅文王上天之載、傳云載、事也、漢書楊雄傳作上天之縡。官謂之宰、亦謂之宷、事謂之采、亦謂之縡、皆以聲近而通。　寮、釋文云、字又作僚。大雅板及爾同寮、傳云寮、官也。彼釋文云、僚、字又作寮。小雅大東百僚是試、傳云是試用於百官也。彼釋文云、僚、字又作寮、同。二字實一字也。

說詩

尸宷節疏采取賦税以供己有宷地及言同寮者（己、疑也字誤。言疑衍。）

注疏正字

尸職主也尸宷也宷寮官也

郭釋尸宷也曰謂宷地、釋宷寮官也曰官地爲宷、同官爲寮。引之謹案、古無謂宷地爲尸者。（邵曰莊子天下篇皆願爲之尸、謂願其主食采之地也、此曲說不可通。）爾雅直訓宷爲官、何得以官地釋之乎。據釋文云宷、李孫郭竝七代反、則李孫亦以宷爲宷地、不始於景純矣。今案宷之言宰也。鄭注周官太宰曰、宰、主也。宰宷聲相近、故謂宰爲宷。尸職主也、尸宷也、其義上下相承。漢書楊雄傳、胥靡爲宰、寂莫爲尸。尸也宰也、皆主也。官者事之主、故宷又爲官、義亦相承也。官宷之宷亦宰也。隱元年公羊傳曰、宰者何、官也。（周官目錄注、隱元年左傳注竝曰、宰、官也。）宰宷聲相近、字或作采、故堯典若予采、釋文引馬注曰采、官也。（漢書司馬相如傳以展采錯事、文穎注與此同。）主謂之宰、亦謂之宷。官謂之宰、亦謂之宷、冡謂之宰、亦謂之埰。（僖三十三年公羊傳宰上之木拱矣、何注、宰、冡也。方言、冡、秦晉之閒或謂之埰、埰亦宰也。郭彼注曰古者卿大夫有采地、死葬之、因名曰埰、誤與此注同。）事謂之采、亦謂之縡、（下文曰、采、事也。大雅文王篇上天之載、毛傳、載、事也、漢書楊雄傳作上天之縡。）皆以聲近而有二名也。

述聞

尸職主也尸宷也宷寮官也　漢書注（刑法志）文選注（廿四）引采寮官也。案宷、說文宀部新附字、當作采。堯典疇咨若予采、馬云官也、卽取此義。爾雅詁訓相屬、下文績緒采業云云、亦承此文。　釋文云、寮、字又作僚。一切經音義（廿二、廿三）引作僚。皋陶謨百僚師師、傳云僚工皆官也、正義曰僚官、釋詁文。詩（大雅板）及爾同僚、傳僚官也。案說文無寮僚二字、疑當从宂作寮。

匡名

尸職主也尸宷也宷寮官也　說文、㞢、鐙中火主也。㞢象形、从丶、丶亦聲。引伸假借爲臣主賓主之主。官、吏事君也、从𠂤、𠂤猶衆也、此與師同意。主其事者官也、故轉相訓也。召南誰其尸之、傳尸、主也。○左僖二十六年傳太師職之、註職者主其事也。○莊子皆願爲之尸、謂願其主食采之地也。○宷同地爲宷、郭註官地爲宷、同官爲寮。宷通作采。堯典疇咨若予采、馬融云采、官也。寮、通作僚。大雅、及爾同僚。韋昭註、寮、官也。

啓蒙

主 丶說文。丶有所絕止。丶而識之也。主。鐙中火主也。臣鉉等曰。今俗別作炷。非是。段氏玉裁云。丶主古今字。主炷亦古今字。凡主人主意字本當作丶。今假主爲丶而丶廢矣。假主爲丶則不得不別造鐙炷字。

案、此二義亦相禪、段說太固。

宷 采 堯典疇咨若予采。釋文引馬云。采。官也。禹貢百里采。史記夏本紀注引馬曰。采。事也。各受王事者。是宷當作采。漢書刑法志注引正作采。

當爲士或事。

黃侃評本正名

尸職主也

邢疏云。皆謂爲之主宰也。

主也者。說文。主。鐙中火主也。从𡈼象形。从丶。丶亦聲。章先生曰。主人之主應作火主之主。今用不誤。火主爲鐙之主。猶主人爲客之主也。段謂當作丶。非。最作文始謂絕止之丶惟一點。有子特之義。客丶亦取此義。引申凡獨主之義亦曰丶。義得兩通。以主从丶固可據以爲說也。（以上章先生語見文始及口說）凡爲之主宰者皆爲主。老子吾不敢爲主而爲客。王注云。主先也。史記天官書大白主中國。正義云。主猶領也。入也。文選奏彈曹景宗景宗即主。李注云。主謂爲主首也。呂氏春秋重己篇世之人主貴人。高注云。人主謂王者諸侯也。周禮大宰六曰主以利得民。鄭司農注云。主謂公卿大夫。詩周頌侯主侯伯。傳云。主家長。太玄耎內有主也。范注云。主謂父也。是皆爲之主宰者也。

尸者。說文尸訓陳。象臥之形。無主義。訓主者當爲屍之借。說文。屍。終主也。从尸从死。隸變作屍。引申爲凡主之稱。此云尸主。尸即屍也。周禮大司樂屍出入則令奏肆夏。通作尸。儀禮士虞禮祝迎尸。鄭注云。尸主也。孝子之祭不見親之形象。心無所繫。立尸而主意焉。禮記郊特牲坐尸於堂。尸陳也。鄭注云。尸或詁爲主。此尸神象。當從主訓之。言陳非也。詩召南誰其尸之。傳云。尸主也。

職者。說文。職。記微也。从耳戠聲。章先生曰。微即徽字。職即今幟之正字。職猶常也。旗也。周禮司常曰。官府各象其事。州里各象其名。家各象其號。注。事名號者所以題別衆臣。樹之于位。朝各就焉。覲禮曰。公侯伯子男皆就其旗而立。（以上章先生語見文始）是職必有主之者也。故引申訓主。詩大雅亦職維疾。傳云。職主也。

尸宷也

謂采地也。

宷也者。說文無宷字。古衹作采。禮記禮運故天子有田以處其子孫。諸侯有國以處其子孫。大夫有采以處其子孫。襄十五年公羊傳以邑氏也。何注云。所謂采者不得有其土地人民。采取其租稅耳。法言重黎西采雍梁。李注云。食稅也。則采者用采取義。說文。采。捋取也。从木从爪。詩傳。采。取也。則宷正作采矣。詩傳又云。采。事。采之也。書皋陶謨載采采。史記夏本紀作始事事。有事職而後采取地之租稅。食租稅必爲能其事。職因之采與事又通言矣。詩鄭風還予授子之粲兮。傳云。粲。餐也。諸侯入爲天子卿士受采祿。孔疏云。采謂田邑。采取賦稅。左氏莊元年春秋經單伯送王姬。杜注云。單伯。天子卿也。單。采地。孔疏云。人君賜臣以邑。令取賦稅。謂之采地。王引之謂古無謂宷地爲尸者。宷當爲宰。宰宷聲相近。以鄭注周禮大宰云宰主也證之。（以上王語見經義述聞）王念孫亦謂郝疏引禮運大夫有采。非謂大夫有主。引鄭語主芣騩。非謂采芣騩。尸可訓主。采不可訓主。采可訓事。尸不可訓事。（以上王語見郝疏刊誤）名父子共以爲非。義自堅卓。不可駮。惟易宷爲宰。比諸以尸爲主。其過弘矣。釋文。宷。李孫郭並七代反。樊七在反。以宷爲采。此自漢以來相傳之舊訓。未可以古無謂宷地爲尸遽易之也。邵疏云。莊子天下篇皆願爲之尸。謂願其主食采之地也。（以上邵語）案邵說是也。墨子蓋宋之大夫。史記孟子荀卿傳有明文。大夫有采。其弟子之鉅子願爲之尸。自謂願食其宷地。繼爲大夫也。向秀郭象注莊子。意在淸言。妙演奇致。大暢玄風。雅訓故言。非其所尚。遂不言尸爲宷。固其疏也。而尸之訓宷。固自可徵。則宷謂采地明矣。

尸者。大夫之采地也。上云尸主也。晉語再世以下主之。韋解云。大夫稱主。禮記禮運云。大夫有采。故尸亦訓宷矣。尸之爲宷。唯莊子天下篇說墨家云。以巨子爲聖人。皆願爲之尸。冀得爲其後世。有爲宷之義。皆願爲之尸。皆願治其宷也。（呂氏春秋先己篇可以爲天下。高注云。爲治也。世說新語言庾穉恭爲荊州。王安期爲東海郡。皆謂治爲爲。斯其比也。）大玄堅上九。螽焚其翅。喪于尸。測曰。螽焚其翅。所憑喪也。謂尸爲所憑。螽以所憑之翅爲尸。猶大夫以所食之采爲尸矣。夫何疑於尸之訓宷乎。

宷寮官也

謂官府之次舍也。引申亦謂其職與其人。

官也者。說文。官。吏事君也。从宀从𠂤。𠂤猶衆也。此與師同意。以从宀从𠂤言之。則官乃

爾雅詁林 一 釋詁上

吏治事之所。其訓事君與臣同。古者自三公以至於士。凡有治人之責者。皆稱爲吏。左傳王使委於三吏杜注云三吏三公也周禮大宰九兩七曰吏以治得民鄭注云吏小吏在鄉邑者天官序官治官之屬自大宰以至旅下士鄭注云旅衆也下士治衆事自大宰至旅下士轉相副貳皆王臣也亦稱爲官。呂氏春秋孟秋紀無以封侯立大官高注云大官謂上公九命之官周禮宰夫掌小官之戒令鄭注云小官士也官吏治事必有處所。其治事之所亦稱官。禮記玉藻在官不俟屨。鄭注云官謂朝廷治事處也。周禮士師二曰官禁。鄭注云官官府也。禮記曲禮在官言官。鄭注云官謂版圖文書之處。是治事之處所皆稱官也。是故於文則从宀。宀者交覆深屋也。寀者。正作采。其本字則爲事。書堯典疇咨若予采。馬注云采官也。史記司馬相如傳以展采錯事。集解引漢書音義云采官也。采事古同音同義。說文事職也。書堯典疇咨若予采。史記五帝紀作誰可順此事。正義云言將登用之嗣位。張氏以位詁事。其義至精。位以地言。事職所以表位。官以府言。事職所以旃官。周禮司常官府各象其事。鄭注云事者徽識。所以題別衆臣。樹之於位。朝各就焉。則官亦以地言也。采事同字。寮寀連言同官爲同僚。亦曰同事。則此寀不謂采地明矣。漢書刑法志此卿大夫采地之大者也。師古曰。采官也。因官食地。故曰采地。爾雅曰。采寮官也。案顏氏以寀爲采。是也。而訓采地之采爲官則非。其說采地與郭注官地爲寀雖同。而與詩傳孔疏公羊何注詁采爲取則異。尋此經寀寮竝訓爲官。寮爲官有明文。采訓官有舊說。而寀地之寀爲官。則未之聞也。周制以家邑之田任稍地。稍地在野。遂人掌邦之野。遂人以土均平政。鄭注云。土均掌平其稅。司稼巡野觀稼。以年之上下出歛法。則采地爲食稅明矣。司勳凡頒賞地參之一食。鄭司農云不以美田爲采邑。玄謂賞地之稅。參分計稅。王食其一也。二全入於臣。此采地爲食稅之明文也。然則訓采爲取。合於周典也。顏說似未諦。寮者。說文無寮。有寮。云穿也。从穴尞聲。論語有公伯寮。古者謂窗曰穿。倉頡篇云。寮小窗。說文云。牖穿壁以木爲交窗。其徵也。今俗謂同學爲同窗。以宦學事師言之。則同官亦取同窗之義。與文七年左傳同官爲寮。魯語今吾之敎官寮。韋解云。同官曰寮。通作僚。詩大雅我雖異事。及爾同僚。傳云。僚官也。釋文寮字又作僚。孔疏云寮官釋詁文。是詩本亦作寮。

本字考

尸、寀也。寀、寮、官也。 尸、寀、寀、官相承義近。說文無寀、寀益采之後出字。寮乃寮之省、石經作僚。左氏昭七年正義引服虔云、僚、勞也、共勞事也。是寮僚正當作勞。

黃侃音訓

逷 遠也 壞、毀也 矢 陳也 寮 官也

說文、逷、古逖字。辵部逖 釋文、壞、籀文作敹。毀也釋詁釋文 矢作屎。云本作矢、同。失耳反。釋詁釋文 毛詩傳矢作肆陳也。行葦詩或肆之筵傳 釋文、寮、字又作僚。釋詁釋文

矢、陳也。大雅行葦詩或肆之筵、毛傳云肆、陳也。孔疏以爲釋詁文。

證異

尸寀也

尸寀也、郭注謂寀地。寀官也、郭注官地爲寀。頤煊案、寀與尸義不相近、寀當爲宰字之譌。周禮序官乃立天官冢宰、鄭注宰、主也。公羊隱元年傳、宰者何、官也。

讀爾雅錄

尸寀也 郭注謂寀也

案、郭注釋經當變其文、不當仍曰寀也。下寀官也、郭注官地爲寀。此注寀也當是寀地之誤。近顧氏廣圻翻刊吳元恭單注本、黎氏庶昌影宋蜀大字單注本、皆正作謂寀地、不作謂寀也、是也。邢疏釋此而曰寀謂寀地、主事者必有寀地。可見邢昺所据本亦初不作也。

寀寮官也 郭注官地爲寀同官爲寮

案、釋文出尸寀、曰李孫郭並七代反、下句及注同、樊七在反。又出寮、曰字又作僚、同、力彫反。是陸元朗所見爾雅寮或作僚、而寀則無異文。漢書刑法志此卿大夫采地之大者也、顏師古注采、官也。因官食地、故

爾雅詁林 一 釋詁上

曰采地。爾雅曰、采寮、官也。又文選二十四張華荅何劭詩自昔同寮宷、李善注亦引爾雅曰采僚、官也。是爾雅古本此宷實作采。宷在說文爲宀部之新附字、則作采爲得。禮樂記樂之官也、鄭注官猶事也。又天地官矣同。注釋詁文例轉互相訓。采有官義、官復有事義、故下文卽釋曰采事也。詁事之采、今尚不作宷、則此宷字及上文尸宷之宷、元本必亦作采無疑。玄應經音義二十二瑜伽師地論一官僚下、又二十三顯揚聖教論七官僚下、慧琳經音義一大般若波羅蜜多經一百僚佐下、又五四百二十七僚佐下、埜引此經作僚官也。是釋文所謂作僚一本、唐人固多見之。玄應經音義十二普曜經四寮屬下引爾雅、寮僚、官也。郭璞曰、同官爲僚。又二十四新譯阿毗達磨俱舍論十二臣僚下引爾雅、官、寮也。同官爲僚也。玄應兩引郭注皆作同官爲僚、可見寮僚官也者、宷僚官也之誤。官寮也者、僚官也之誤。惟慧琳經音義八十八集沙門不拜俗議三寮宷下引爾雅、寮、官也。宷、官也。字皆從宀、與今本同。

董瑞椿補記

尸、職、主也。尸、宷也。宷、寮、官也。

此言主、宷、官、皆爲司其事者之詞、故並釋之。主者丶之假借字。段謂「主人主意字、當作丶；」然主守字、亦當作丶。丶職二字、可合釋之。說文云：「丶、有所絕止丶、而識之；」職、記敫也。」識也、記也、一而已。「識之者、職之也、」謂職守其事、廣雅云：「主、守也、」可證。「記敫」者、職徹也、謂職主纖微之事、周禮職方、亦作識方、可證。主義爲守、故君主之爲主也、卿大夫之爲主也、皆謂有所職守、其字皆當作丶；段謂君主、賓主、由鐙中火主之字、引伸假借者、非也。職義爲主、故蟋蟀之「職思其居、」周禮之「職方職金、」毛鄭皆訓主、卽用雅義也。尸、訓主、又訓宷者、王引之云：「宷之言宰也、鄭注周官大宰曰：『宰、主也、』宰宷聲相近、故謂宰爲宷。『尸、職、主也；尸、宷也；』其義上下相承。漢書揚雄傳：『胥靡爲宰、寂寞爲尸、』『尸也、宰也、皆主也。』宷寮爲官者、宷、宰也、公羊傳曰：「宰、官也。」宷或作采、堯典「若予采、」釋文引馬注亦曰：「采、官也。」此宷之所以訓官也。寮、與僚同、左傳「同官爲僚、」大雅「及爾同僚、」皆謂官也。

爾雅學

尸職主也○釋曰 注疏本刪。

○注左傳至亂階○釋曰云左傳曰 注疏本刪上八字。

尸宷也宷寮官也○釋曰 注疏本刪。

○注官地至爲寮○釋曰云官地爲宷者 注疏本刪上八字。

校勘記

謂宷也 十行本雪牕本吳本並宷地。

校勘記訂補

謂宷也 監本毛本湘本永懷堂本也作地、是。

注疏校勘札記

尸宷音采也

音圖・音

上去二音

尸職、主也、尸、宷也、宷寮、官也。

孫侶直音

尸職主也尸宷 謂宷地 七代切 也宷寮官也

楊氏音訓

宷 採

干氏音釋

績緒、采業服宜貫公事也

績緒、采、業、服、宜、貫、公、事也。論語曰、仍舊貫。餘皆見詩書。

郭注

績緒采業服宜貫公事也　釋曰皆事爲也。績者、功事也。商頌云設都于禹之績。緒者、事業也。魯頌閟宮云、纘大王之緒。采者、皐陶謨云、亮采有邦。業者、學人所有事。書周官云、業廣惟勤。服者、周南關雎云、寤寐思服。宜者、宜其事也。大雅鳧鷖云、公尸來燕來宜。貫者、魏風碩鼠云、三歲貫汝。公者、周頌酌篇云、實維爾公允師。注論語曰仍舊貫　釋曰、先進篇云、魯人爲長府、閔子騫曰、仍舊貫、如之何、何必改作、是也。

邢疏

績緒采業服宜貫公事也

郭璞云、論語曰仍舊貫、餘皆見詩書。

一切注音

采業 七在反。服 本或作艆、同。符福反。又作般字。貫 古玩反。

陸音義

績緒采業服宜貫公事也

宜、鳧鷖云、公尸來燕來宜。貫、碩鼠云、三歲貫女。公、酌云、實維爾公允師。

鄭樵注

績緒采業服宜貫公事也

郭璞曰、論語曰仍舊貫、餘皆見詩書。

鄭樵曰、宜、鳧鷖云、公尸來燕來宜。貫、碩鼠云、三歲貫女。公、酌云、實維爾公允師。

古注合存

績緒采業服宜貫公事也、公功同。○此釋績緒以下皆事之義也。註曰論語云、仍舊貫。疏曰魯頌云、纘太王之緒。周頌云、實維爾公允師。愚按服猶徃修爾服之服。宜謂事之所宜也。

注疏參義

績緒采業服宜貫公事也 **註** 論語曰仍舊貫餘皆見詩書 **正義** 說文云、事、職也。釋名云、事、偉也。偉、立也。凡所立之功也。故青徐言立曰偉也。績者、周語云、莫非嘉績、下文又云、績、業也、功也、成也、義相承也。緒者、天官宮正云、稽其功緒。采者、史記集解引馬融云、采、事也。業者、文言傳云、君子進德修業、宋衷云、業、事也。服者、祭統云、纂乃祖服、鄭註服、事也。宜者、士冠禮云、宜之于假。貫者、夏官職方云、使同貫利。漢書武帝紀引逸詩云、九變復貫、顏師古註貫、事也。公與功同。穀梁宣十二年傳云、功、事也。餘皆見詩書者、商頌殷武云、設都于禹之績。魯頌閟宮云、纘太王之緒。皐陶謨云、載采采、史記作始事事。周頌噫嘻云、亦服爾耕。大雅鳧鷖云、公尸來燕來宜。江漢云、肇敏戎公。毛詩言業者、皆不訓爲事。盤庚云、紹復先王之大業。又東晉所上古文有業廣維勤之語、郭氏嘗見東晉古文、故云見書。**註** 論語至詩書○ **正義** 仍舊貫者、先進篇文。

正義

公事也○江漢詩肇敏戎公傳曰公事也。

校議

績緒采業服宧貫公事也 論語曰仍舊貫餘皆見詩書

說文云、事、職也。釋名云、事、傳也。傳、立也。凡所立之功也。秦策注、事、治也。樂記注、事、猶爲也。然則凡所營爲作治建立俱謂之事。故下文又云、事、勤矣。績者、上文云、繼也、下文云、業也、功也、成也、其義皆與事近。緒者、敘也、業也、已詳上文。又訓事者、詩云纘禹之緒、周語云、纂修其緒、鄭箋及韋注竝云、緒、事也。采者、上文云官也。官亦事也。詩卷耳傳、采采、事采之也。芣苢傳采采非一辭也、不同者、毛意蓋以采采同訓事、因是重文、故又云非一辭。若準以爾雅、則采采猶事事也。故書云載采采、史記夏紀作始事事。又亮采有邦及百里采、馬融注竝訓爲事。逸周書克殷篇云、召公奭贊采、孔晁注亦云、采、事也。蓋采从木爪、訓爲捋取、捋取亦勤事之意、故訓事矣。業者、上文云、敘也、緒也。耑緒次敘皆與事近。故魯語云、非故業也、史記項羽紀云業已講解、韋昭及索隱竝云業、事也。服者、釋文、服、本或作艆、又作般。荀子賦篇注、服本或作般、按二般字俱當爲艆。蓋服古作艆、形譌爲般耳。詩云、曾是在服、傳服、服政事也。詩內服字、毛訓事者止此一處。它如寤寐思服、其武之服、昭哉嗣服、我言維服、亦服爾耕、鄭箋竝云服、事也。又如曲禮云孝子不服闇、祭統云纂乃祖服、鄭注竝云服、事也。通作復、喪大記云君弔則復殯服、鄭注復或爲服、是服復通。因知釋文服本或作艆、蓋艆即復字形相近、又因服古从舟相涉而誤也。宧者、釋名云、儀、宧也、得事宧也。然則宧訓事者、作事得宧、因謂之宧、故詩鳧鷖傳宧、宧其事也。貫者、下文云、習也。習與事義亦近。詩三歲貫女、傳貫、事也。

爾雅詁林　一　釋詁上

職方氏云使同貫利。論語云仍舊貫。鄭注並云貫，事也。通作宦。漢石經詩作三歲宦女，宦蓋與官同。宦，仕也。仕，事也。官亦事也。官，貫聲，又同矣。公者，與功同，亦叚借也。詩夙夜在公，于公先王，矇瞍奏公，王公伊濯，肇敏戎公，實維爾公允師，毛鄭並云公，事也。以奏膚公，傳又云公，功也。明公與功同也。故載纘武功，世執其功，傳並云功，事也。通作工。肆師注故書功為工，鄭司農工讀為功。古者工與功同字。按功工與公又通，故矇瞍奏公，楚辭懷沙篇注作矇瞍奏工，呂覽注及史記集解並作矇叟奏功。

義疏

績緒采業服宜貫公事也

郭注：論語曰仍舊貫。餘皆見詩書。

此別釋采之義。績即責也。書綏績于朕邦，又負子之責，春秋敗績，責从束貝，蓋以取貝為事，得則有功，不則有責，不必加糸也。緒既同敘，又訓為業，蓋大曰業，小曰事，詩三事就緒，書紀其緒，詩采采芣苢，書載采采，謂各事其事，服从舟𠬝，𠬝从又卩，治也，能治之使事，我亦以服，自治其事為服，詩曾是在服，宐从多在宀下，一上宀下，多當治定之，書禮亦宜之，記宐于社，詩宐其室家，謂一事之也。貫又作宦，詩三歲宦女，語仍舊貫，又一以貫之。公上言君，此以事君為公，與功同用，詩以奏膚公，禮事官掌百工也，書監我士師工，詩以矇瞍奏公，呂覽引佁功，王逸引佁工事，古文从告，又篆从史中，史治事之初，生中即治也，與采同意，从告誤也。

集解

績緒采業服宜貫公事也

績，緝也，从糸責聲。女子以緝麻為責，即以緝麻為事。引申為凡行為之通偁。詩文王有聲維禹之績，傳績，業。七月八月載績，傳絲事畢而麻事起矣。緒，絲耑也，从糸者聲。治絲者之事。詩閟宮纘禹之緒，箋緒，事也。周語纂脩其緒，注緒，事也。采，捋取也，从木从爪會意。正字為䆊。䆊，皋人在屋下執事者。引申為凡官吏治事之通偁。

䆊采通用字。書堯典疇咨若予采，偽傳采，事也。亮采惠疇，史記亮采作相事。皋陶謨載采采，史記作始事事。亮采有邦，禹貢百里采，馬注均云采，事也。禮記明堂位九采之國，疏各掌當州諸侯之事。逸周書克殷篇名公兪贊采，孔注采，事也。書皋陶謨有能奮庸熙帝之載，史記作事。前漢書楊雄傳上天之縡，師古曰縡，事也。以載縡為之。業，大版也，所以飾栒，刻版捷業如鋸齒也。用於學中而習樂者。引申為凡習事之通偁。曲禮所請所習必有業是也。晉語敢不承業，魯語諸侯朝修天子之業命，又，而往觀之非故業也，秦策驕忿非伯主之業也，注均云業，事也。史記項羽紀業已講解，索隱業，事也。前漢書司馬相如傳恐不能卒業，師古曰業，事也。服，字本作服，用也。一曰車右騎所以舟旋。从舟𠬝聲。𠬝，从又卩。卩，事之制也。故又引申為事。說文則以𠬝為之。詩六月共武之服，板我言維服，下武昭哉嗣服，噫嘻亦服爾耕，箋均云服，事也。蕩曾是在服，傳服，服政事也。禮記曲禮孝子不服闇，注服，事也。史記周本紀我維顯服，及德方明，正義服，事也。前漢書食貨志令農夫五口之家，其服役者不下二人，師古曰服，事也。楚辭離騷孰非善而可服，注服，服事也。天問舜服厥弟，何以害之，惜誦戒六神與嚮服，注均云服，事也。文選陸士衡吳王郎中時從梁陳詩誰謂伏宦淺，注謂為公家服事也。以伏為之。宜，所安也，从宀之下，一之上。會意指事。多省聲。引申為事。䛥，適宜乃可為事也。詩鳧鷖公尸來燕來宜，傳宜其事也。禮記王制宜乎社，言有事於社也。論語為政施于有政，包注施，行也，事也。釋名誼，宜也，裁制事物使合宜也。以誼為之。貫，錢貝之貫也，从毌貝會意。毌亦聲。正字為宦。宦，吏事君也。引申為事。禮記樂記天地官矣，注官猶事也，是也。說文則以遺或摜為之。遺摜官貫通用字。詩碩鼠三歲貫女，傳貫，事也。論語仍舊貫，周禮職方使同貫利，鄭注均云貫，事也。前漢書傅常鄭甘陳段傳顧吾子因循舊貫，師古曰貫，事也。易序卦傳蠱者事也。周禮小行人周知天下之故。易文言貞固足以幹事。廣雅釋詁幹，故，事也。以蠱故幹為之。公，平分也，从八从厶會意。正字為工。工，巧飾也。象人有規巨也，與巫同意。凡工之事，一規巨盡之。引申為凡習事之稱。工公通用字。書古秦誓予受先公，孫疏公，事也。詩天保于公先王，江漢肇敏戎公，靈臺矇瞍奏公，酌實維爾公允師，傳均云公，事也。采蘩夙夜在公，文王有聲王公伊濯，箋均云公，事也。周禮均人豐年則公旬用三日，馬注公，事也。詩七月載纘武功，嵩高世執其功，傳均云功，事也。穀梁宣十二傳功，事也。詩靈臺庶民攻之，傳攻、作也。謂作事。漢書文帝紀大紅十五日、小紅十四日、注當言大功、小功。哀帝紀害女紅之物、紅即功、事也。从功攻紅爲之。事、職也。謂記微也。从史之省聲。

義證

績緒采業服宜貫公事也

王氏念孫云下文曰績業也功績成也、績業皆事之已成者。故績業又爲事也。大雅文王有聲繼禹之績、毛傳云績業也。緒者、上文云業也。魯頌閟宮纘禹之緒、大雅常武三事就緒、商頌殷武湯孫之緒、傳箋並云緒業也。績與緒既訓業而又訓事者、輾轉以通其義也。閟宮纘禹之緒、鄭箋云緒事也。至於文武纘大王之緒、箋云文王武王繼大王之事、亦以事爲緒也。采者、上文云官也。樂記注云官猶事也。周南卷耳采采卷耳、傳云采采事采之也。以采爲事、從雅訓也。服事也、常語也。論語以服事殷、服事二字連文服亦事也。周南關雎寤寐思服、小雅六月共武之服、大雅下武昭哉嗣服、板我言維服、周頌噫嘻亦服爾耕、鄭箋並云服事也。大雅蕩曾是在服、毛傳云服、政事也。政事亦事也。宜者、當於事之謂也。大雅鳧鷖公尸來燕來宜、傳云宜宜其事也。棫樸髦士攸宜此宜亦謂宜其事、言左右奉璋乃髦士之所事也。貫者、下文云習也。習與事義相成。魏風碩鼠三歲貫女、傳云貫事也。漢石經貫作宦、宦與官同義、亦謂事也。小雅何人斯及爾如貫、箋云我與女俱爲王臣、其相比須如物之在繩索之貫也。案、貫亦事也。釋詁云如、謀也。及爾如貫、謂及爾謀事也。公者、周南采蘩夙夜在公、小雅天保于公先王、大雅靈臺矇瞍奏公、文王有聲王公伊濯、江漢肇敏戎公、周頌酌實維爾公允師、傳箋並云公事也。臣工敬爾在公、箋云敬女在君之事。召南羔羊退食自公、正義云鄭訓自爲從、公爲事。小雅雨無正三事大夫、正義云鄭以經三事爲三公也。大雅瞻卬婦無公事、傳謂婦人無與外政、箋亦謂公事爲與朝廷之事、非也。無公事謂無所事事、公亦事也。蠶織是婦人之事、今乃無所事事、而休其蠶織。亦猶陳風東門之枌不績其麻、市也婆娑之義。公與功通、小雅六月以奏膚公、傳云公功。功公二字古多互相通用。豳風七月載纘武功、大雅崧高世

爾雅詁林 一 釋詁上

執其功、傳並云功、事也。又通作工。矇瞍奏公、楚辭懷沙注作矇瞍奏工、呂覽注作矇叟奏功。

說詩

績宜事也

家大人曰、下文曰績業也、功績成也、功績業皆事之已成者、故績業公又爲事也。公功古字通。業公已見邢邵疏。皋陶謨曰庶事康哉、堯典曰庶績咸熙、庶績卽庶事也。又曰績用弗成、卽事弗成也。莊十一年左傳大崩曰敗績、謂敗其事也。故春秋宣十二年晉師敗績、穀梁傳曰績、功也。功、事也。曰其事敗也。舊本曰作日、今從楊疏作曰。晉語曰國無敗績、軍無敗政、謂國無敗事也。韋注訓績爲功、不若訓爲事。齊語曰昔吾先王昭王穆王世法文武遠績以成名、謂以文武之事爲法也。邢引商頌設都于禹之績、失之。業宜一聲之轉。月令曰季冬之月、天子乃與公卿大夫共飭國典、論時令、以待來歲之宜。宜者、事也。來歲之事、必依國典順時令而行之。故歲終則飭國典、論時令、以待來歲之事也。淮南本經篇曰、包裹風俗、斟酌萬殊、旁薄衆宜。衆宜謂衆事也。高注衆物宜適也、失之。邢引大雅鳧鷖篇公尸來燕來宜、邵引士冠禮宜之于假、皆失之。公尸來燕來宜、毛傳宜其事也。則宜非事也。宜之于假、承上髮士攸宜而言、則宜亦非事也。引之謹案、釋天曰、起大事、動大衆、必先有事乎社而後出、謂之宜。郭曰、周官所謂宜乎社。大祝然則宜乎社、卽有事乎社、故曰宜事也。

述聞

績緒采業服宜貫公事也　釋文云、服本或作㝗、同、又作般。案、㝗俗字。般之訓事、於經典亦無徵、恐亦形涉而譌。　正義云、公與功同。穀梁傳、宣十二年功、事也。元照案、詩七月豳風載纘武功、傳功、事也。正義曰功事、釋詁文。

匡名

績緒采業服宜貫公事也　此釋事之義。說文、事、職也。大雅維禹之績、傳績業也。魯頌纘禹之緒、傳緒業也。采、捋取也。訓事假借。皋陶謨載采采、史記作始事事。乾卦君子進德修業、宋註業事也。服、用也。古文服从人舟、於人最切用、凡事皆當如人之操舟也、故又訓事。周頌亦服爾耕、鄭註服事也。大雅公尸來燕來宜。貫、錢貝之母也。註漢書都內之錢貫朽而不可挍、其本義也。引伸之爲中也、如齊風射則貫兮是也。又爲習也、如孟子我不貫與小人乘是也。詳下習註。訓事、論語仍舊貫、註貫事也。召南夙夜在公、穀皆云公、事也。

啓蒙

績緒采業服宜貫公事也

邢疏云、皆事爲也。

事也者、說文、事、職也、从史之省聲。禮記曲禮大夫七十而致事、孔疏云、致事、致職於君。荀子大略篇臣道知事、楊注云、事謂職守也。亦作士、音同也。說文、士、事也。章先生曰、莊子大宗師篇不蘄士、說文、士、事也、古士事本一字。不蘄事者、不謀事也。以上章先生語見莊子解詁通作載、一聲之轉也。今音事牀紐、載精紐、牀精爲同類雙聲、古音則事讀如㚇定紐、載讀如戴端紐、定端亦同類雙聲。章先生曰、詩大雅上天之載、傳云、載、事也。詩書皆以載爲事。事載本一聲之轉。今福州猶謂事爲載、讀如戴。古音載本如戴也。詩載弁即戴弁。以上章先生語見新方言又通作縡。載、縡音同也。王念孫云、大雅上天之載、傳云、載、事。漢書楊雄傳作上天之縡。以上王語見廣雅疏證

績者、說文、績、緝也、从糸責聲。魯語公父文伯退朝、其母方績。文伯曰、以歜之家而主猶績、懼干季孫之怒也。其以歜爲不能事主乎。其母歎曰、王后親織玄紞、公侯之夫人加之以紘綖、卿之內子爲大帶、命婦成祭服、列士之妻加之以朝服、自庶士以下各衣其夫。社而賦事、烝而獻功、男女效績、愆則有辟、古之制也。則績者績絲枲也。周禮大宰九職、七曰嬪婦化治絲枲。嬪婦以績爲職。說文事訓職、故績可訓事矣。晉語國無敗績、軍無敗政。王念孫云、國無敗績、謂國無敗事也。韋注訓績爲功、不若訓爲事。以上王語見經義述聞緒者、說文、緒、絲耑也、从糸者聲。段玉裁曰、耑者艸木初生之題也、因以爲凡首之稱。抽絲者得緒而可引。引申之凡事皆有緒可纘。以上段語見說文解字注若然、則緒可引申訓事矣。余謂緒訓絲耑者、爲別事之詞。是亦嬪婦化治絲枲之事也。故緒訓事、緒之訓事取義於嬪婦以化治絲枲爲職。猶功之訓事取義於百工以飭化八材爲職矣。周禮肆師注故書功爲工、詩傳

功事也功即工也 詩魯頌纘禹之緒。鄭箋云。緒事也。通作序。王念孫云。漢書郊祀志帝王之事莫大乎承天。承天之序莫重於郊祀。四句相對爲文。序亦事也。周頌傳曰。序緒也。爾雅曰。緒事也。以上王語見讀書雜志

采者。說文采訓捋取。無事義。訓事者即事之借也。說文。事。職也。書皋陶謨載采采。史記夏本紀作始事事。史公以雅訓代之。而音亦相近也。事咍紐采淸紐爲同類雙聲古音同類亦爲同音 禮記明堂位九采之國。鄭注云。九采九州之牧典貢職者也。鄭君訓采爲職。知采爲事之借矣。宋策則君不奪太后之事矣。高注云。事政事也。通作采。書皋陶謨亮采有邦。馬注云。采事也。

業者。說文業訓大版。所以飾縣鐘鼓。捷業如鋸齒。無事義。訓事者當爲聿之借。說文。聿。手之疌巧也。从又持巾。章先生曰。說文聿手之疌巧也。尼輒切。凡肄肅聿等字皆从聿。今浙東紹興謂作事爲聿。轉去聲爲女劍切。爾雅。業事也。業本大版。訓爲事者亦聿之借矣。說文釋名皆以捷業說業。此以聲爲訓也。聿訓疌巧亦然。故聿業相通。以上章先生語見新方言 聿字不見於經典。通以業爲之。易乾卦文言君子進德修業。宋衷注云。業事也。魯語非故業也。韋解云。業事也。

服者。般之隸變。說文。般用也。一曰車右騑所以舟旋。从舟。㞋聲。古文般从人作舣。案服訓用。而用訓可施行也。从舟取舟旋推行義。从㞋聲。㞋訓治。从又从卩。卩者事之節。章先生謂㞋从又卩。猶漢世持卩治獄矣。以上章先生語見文始 則服有施行義。有治事義。實則施行亦治事也。詩大雅曾是在服。傳云。服服政事也。與雅訓正合。通作伏。荀子解蔽篇今使塗之人伏術爲學。專心一志。王念孫云。郝云。伏與服古字通。服者事也。案術者道也。服術猶言事道。以上王語見讀書雜志

宜者。誼之聲首也。說文。宜所安也。从宀之下一之上。多省聲。禮記中庸義者宜也。孔疏云。宜謂於事得宜。卽是其義。以上孔疏 蓋王事靡盬。襄取于事無不宜。故遂以宜爲事矣。宜猶今言妥當也。詩大雅公尸來燕來宜。傳云。宜宜其事也。亦作誼。說文。誼人所宜也。从宜宜亦聲。釋名。誼宜也。裁制事物使合宜也。通作儀。同音也。釋名。儀宜也。得事宜也。釋名之儀今之義字。正當作誼。說文所謂誼人所宜也。故釋名云。儀宜也。又通作義。義本威儀字。而訓宜者。借爲誼也。禮記祭義義者宜此者也。法言重黎篇事得其宜之謂義。禮記表記道者義也。鄭注云。義也謂斷以事宜也。

貫者。說文。貫。訓錢貝之貫。从毌貝。無事義。訓事者當爲宦。說文。宦仕也。从宀从臣。仕學也。从人从士。士事同字。學習同意。四字皆事其事之義。詩魏風三歲貫女。傳云。貫事也。漢石經作三歲宦女。是宦訓事之證。禮記曲禮宦學事師。鄭注云。宦仕也。仕亦事也。通作貫。古同音也。宦匣紐貫見紐古音寒韻匣見爲同類雙聲于古爲同音 周禮職方氏使同貫利。鄭注云。貫事也。又通作患。章先生曰。莊子盜跖篇此患上無以爲身。下無以爲人。讀爲串。大雅串夷載路。釋文串古患切。一本作患。是串患通。串即毌字。今通作貫。釋詁貫事也。此貫者此事也。以上章先生語見莊子解詁

公者。說文公訓平分。从八从厶。無事義。訓事者當爲工之借。說文。工巧飾也。象人有規榘也。章先生曰。巧飾謂畫於圖畫文飾。引申凡善其事皆曰工。周禮考工記攻木攻金攻皮設色刮摩摶埴皆稱工。治之皆曰攻。周時商未大興。工則率是在官之役。周禮大宰以九職任萬民。五曰百工飭化八材。故工有事義。以上述章先生語見文始及口講 書皋陶謨無曠庶官。天工人其代之。史記夏本紀作非其人居其官。是謂亂天事。史公以天事詁天工。則事即工之訓也。通作功。周禮肆師若師不功。鄭注云。故書功爲工。鄭司農工讀爲功。古者工與功同字。今謂不功猶不職也。職事也。師無事卽師不盡職也。詩豳風載纘武功。傳云。功事也。又通作公。詩大雅曚瞍奏公。傳云。公事也。周禮均人豐年則公旬用三日焉。鄭注云。公事也。又通作官。一聲之轉也。寒東亦有轉。百官之爲百工。衮之从公聲。是其比也。禮記樂記樂之官也。鄭注云。官猶事也。晉語固醫官也。韋解云。官猶職也。職即事也。呂氏春秋安死篇憚耕稼採薪之勞。不肎官人事。王念孫云。官猶事也。事如詩事斯語之事 言不肎事其民事也。樂記鄭注云官猶事也。人事卽指耕稼而言。以上王語見讀書雜志

本字考

宦、貫事也。或說宦爲官形誤、官貫文異訓同。案官、貫訓固同、貫亦通宦。官訓事亦見樂記注、然不破字亦通、漢書武紀引逸詩九變復貫、顏注貫、事也。

黃侃音訓

業事也

說文、業、大版也。非事業之業、疑當作㸁。說文、㸁、賦事也、从丵从八。八、分之也。八亦聲、讀若頒。一曰讀若非。案㸁卽業之正字。賦者、布也。賦卽釋从八之義。八有分別義、故曰賦事。業㸁形最相近、故易譌。大戴禮衛

爾雅詁林　一　釋詁上

將軍文子篇業功不伐、王氏念孫以爲業當作𦍒。𦍒之譌業、猶𦍒之譌業矣。

王仁俊日記

宜事也

邢疏、宜者、宜其事也。大雅鳧鷖云、公尸來燕來宜。元慶按、宜者宜其事也、蓋謂得事之宜也。此宜字作虛用耳、非實指爲事也。味下二章來處來宗、語意自見。舉此爲爾雅之證、終覺不甚塙切。竊嘗讀禮而得訓宜爲事之證也。禮王制宜乎社、注家皆以宜爲祭名。爾雅釋天所詳祭名、無有言宜者。此宜字蓋作有事解耳。禮器故魯人將有事於上帝、必先有事於頖宮、晉人將有事於河、必先有事於惡池、齊人將有事於泰山、必先有事於配林、此六事字皆作祭祀解。則宜爲祭名、卽爲有事可知矣。詩緜章迺立冢土、戎醜攸行、毛詩故訓傳冢土、大社也。起大事、動大衆、必先有事乎社而後出謂之宜。此尤宜乎社卽有事于社之證也。宜之爲事、益不煩言而解矣。郝氏義疏就邢說而引伸之、未嘗別持一解。邵氏正義引士冠禮云宜之于假、說亦簡略而不詳。故專就禮訓而推闡之。

蔣元慶日記

業事也 郭注、論語曰仍舊貫、餘皆見詩書。邢疏、業者、學人所有事、書周官云業廣惟勤。邵氏晉涵正義、毛詩言業者、皆不訓爲事、盤庚云紹復先王之大業、又東晉所上古文有業廣維勤之語、郭氏嘗見東晉古文、故云見書。

案、易文言傳君子進德脩業、李氏鼎祚集解引宋衷曰業、事也。孫子八九變篇役諸侯者以業、魏武注業、事也。業事之詁、碻不見於詩書。慧琳經音義十不空譯仁王護國般若波羅蜜多經下業漂下引爾雅業、事也、郭注云、業、次舍也。端、緒也。上文舒業順敘緒也、郭注四者又爲端緒。慧琳連引端緒也三字、當是緒也條之注。而次舍也三字、則此條業字之佚注耳。郭注此條餘皆見詩書、餘字蓋指績緒采服宜五字、初不謂業亦見詩書也。邢昺疏爾雅此注、已奪去業次舍也四字、故引東晉僞書以申證之。据慧琳引則郭於業字別有注釋、猶貫字之例、唐本爾雅正尚完善可見矣。說文丵部、業、大版也、所以飾縣鐘鼓、捷業如鋸齒、以白畫之、象其鉏鋙相承、从丵从巾、巾象版。鉏鋙相承、卽次舍之謂也。業之爲事、乃謂事之有次舍者、是以郭注云然。

服事也 釋文、服、又作般字。嚴氏元照匡名般之訓事、經典無徵、恐形涉而譌。

案、荀子賦篇讒人服矣、楊倞注服、用也。本或作讒人般矣。般、樂也、音盤。是般服古通、碻有明證。不得以形涉而譌疑之。般之有事義、蓋𦍒之音叚字。說文丵部、𦍒、賦事也、从丵八。八、分之也、八亦聲。讀若頒。一曰讀若非。徐鍇繫傳曰、此古頒字。周禮天官大宰職八曰匪頒之式、注引鄭司農曰頒、讀爲班布之班、謂班賜也。是𦍒可通班。尚書分器篇序班宗彝、釋文班、本作般。左襄十八年傳有班馬之聲。此經釋言般還也、注亦引作般、是班又可通般。通班之義、以賦事爲本義、則通班之般、自當有事義。

貫事也 郭注、論語曰仍舊貫。邢疏貫者、魏風碩鼠云三歲貫女。

案、說文毌部貫、錢貝之貫也、殊無事義。詁事之貫、其本字當作宦。宀部、宦、仕也。詩大雅文王有聲篇武王豈不仕、毛傳仕、事。是宦訓爲仕、宦卽有事義。可知洪适隸釋載漢熹平石經魯詩殘碑三歲貫女之貫、凡兩見、皆作宦。則貫爲宦之叚字、亦無可疑。爾雅多釋魯詩、說詳陳喬樅魯詩遺說攷自序。此條貫字、元本必徑作宦。 董瑞椿補記

公事也

錦燧謹案、此釋詩采蘩篇夙夜在公、天保篇于公先王、靈臺篇矇瞍奏公、文王有聲篇王公伊濯、江漢篇肇敏戎公、酌篇實維爾公允師也。毛公天保靈臺江漢酌傳、鄭君采蘩文王有聲箋、俱云公、事也、與雅訓合。公訓事者、乃功之假借字。邢疏以爲公與功同、其說良是。後漢書朱閎傳引詩江漢作肇敏戎功。史記孝武紀申功、封禪書功作公。樊德碑以公德加位、功亦作公。此皆公功通假之證。說文八部云、公、平分也。力部云、功、以勞定國也。平分義與事義絕遠、以勞定國則勞於王事之謂、與事義相蒙。詩六月篇以奏膚公、亦功之假借、毛傳以功詁之、蓋以本字釋假字也。孔氏詩七月疏云、功事、釋詁文。則沖遠所見古本爾雅卽有作功者矣。 陸錦燧日記

續緒、采、業、服、宜、貫、公、事也。

事、說文云：「職也；」樂記注云：「爲也。」

續者、堯典「庶績咸熙、」國語「軍無敗績、」績、即事也。業者、湯文言云：「君子進德修業、」孟子云：「君子創業垂統、」業、即事也。公爲功之借字；司勳云：「國功曰功、」穀梁傳云：「功、事也。」借爲公、則如詩之「夙夜在公、」「矇瞍奏公、」傳皆訓爲事。述聞云：「功、績、業、皆事之已成者、故績業公爲事。」

緒、上文訓業、是與績業同意；天官宮正云：「稽其功緒、」詩云：「纘禹之緒、」亦已成之事也。

采者、書云：「載采采、」史記夏紀作「始事事；」逸周書克殷篇云：「召公奭贊采、」孔晁注亦云：「采、事也。」

服者、詩「亦服爾耕、」鄭箋訓事、此動詞也。祭統「纂乃祖服、」鄭注云：「服、事也、」此名詞。

宜者、述聞云：「月令『季冬之月、天子乃與公卿大夫共飭國典、論時令、以待來歲之宜、』宜者事也。淮南本經篇云：『包裹風俗、斟酌萬殊、旁薄衆宜、』衆宜、謂衆事也。」

貫者、職方氏「使同貫利、」鄭注云：「貫、事也。」郝氏云：「貫通作宦、詩『三歲貫女、』漢石經詩作『宦女；』宦義與官同、官貫聲又通矣。」下文云：「貫、習也、」習、亦事也。 爾雅學

續緒采業服宜貫公事也○釋曰注疏本刪。

○注論語曰仍舊貫○釋曰先進篇云魯人爲長府閔子騫曰注疏本刪論語曰以下二十一字有云論語者四字。

校勘記

績、緒上聲、采、業、服、宜、貫瓘、公、事也。 孫偘直音

績緒采業服宜貫公同功事也、 楊氏音訓

爾雅詁林　一　釋詁上

永羕引延融駿長也

郭注

永、羕、引、延、融、駿、長也。宋衛荊吳之間曰融。羕所未詳。

邢疏

永羕引延融駿長也　釋曰、說文云、長、久遠也。方言云、施於衆長謂之永。引者、漢書律歷志云、十丈爲引。引者、信也。顏師古曰、信讀曰伸、言其長。延者、方言云、延、年長也。凡施於年者謂之延。又曰、宋衛荊吳之間曰融。駿者、長大也。

一切注音

永羕引延融駿長也

郭璞云、宋衛荊吳之間曰融、羕所未詳。

陸音義

羕　羊讓反。字從永。說文云、水長也。引　以忍反。駿　本或作俊。又作峻同。子閏反。長　直良反。

鄭樵注

永羕引延融駿長也引、讀與文引之引同。融、方言云、宋衛荊吳之間曰融。羕未詳。

古注合存

永羕引延融駿長也

郭璞曰、宋衛荊吳之間曰融。羕所未詳。

鄭樵曰、引、讀與丈引之引同。融、方言云宋衛荊吳之間曰融。羕未詳。

注疏參義

永羕引延融駿長也羕漾同。○此釋永羕以下皆長之義也。註曰、宋衛荊吳之間謂長曰融。疏曰、漢書律歷志云十丈爲引、引者信也。顏師古云、信讀曰伸、言其長也。駿者長大也。愚按羕者蕩漾、融者冲和、駿者奮發、皆長之意。

補注

馬融字季長、義本爾雅。

羕、魏晉時有命名者。可見豹鼠既辨之後、無不留心爾雅、

風尚則然、不獨宏農太守矣。

正義

永羕引延融駿長也 **註** 宋衛荊吳之間曰融羕所未詳

正義 說文云、長、久遠也。永者、舜典云歌永言、史記作謌長言。唐風山有樞云且以永日、毛傳永、引也。羕者、說文云、羕、水長也。詩曰江之羕矣。薛君章句云、漾、長也。羕、通作養。夏小正云時有養日、時有養夜、養、長也。又羕爲古永字、齊侯鎛鐘云羕保其身、又云羕保用言是也。引者、大雅召旻云職兄斯引、毛傳引、長也。史記曹世家云、豈不欲引曹之祀者哉。又漢書律歷志云十丈爲引、引者、信也。又云、信於引。引者信天下者也。顏師古云、信讀曰伸。是引爲長也。延者、說文云、延、長行也。大誥云、延洪惟我幼冲人。又通作梴。說文云、梴、木長也。詩曰松桷有梴。融者、大雅既醉云、高明有融。左氏昭五年傳云、明而未融。駿者、小雅雨無正云、不駿其德。**註** 宋衛至曰融。○ **正義** 方言云、駿融延、長也。宋衛荊吳之間曰融。延、年長也。凡施於年者謂之延、施於衆長謂之永。

羕融長也注融羕所未詳　玉案、郭林宗碑文稟命不融、享年四十有二、是以融爲長也。采孫案馬融字季長、亦此義。

校議

永羕引延融駿長也宋衛荊吳之間曰融羕所未詳

說文云、長、久遠也。廣雅云、長、常也。詩文王箋、長猶常也。按八尺曰尋、倍尋曰常。常丈六尺、故以常訓長。長與脩同。故方言云、脩、長也。永者、上文云遠也、說文云長也。長遠義近。故詩卷耳漢廣常棣文王傳竝云、永

爾雅詁林 一 釋詁上

長也。白駒箋、永、久也。久亦長也。羕者、與永同意。說文云、羕、水長也。引詩江之羕矣。永下引詩江之永矣。不同者、文選登樓賦注引韓詩曰江之漾矣。薛君曰漾長也。漾卽羕。說文本韓詩也。通作養。書云民養其勸弗救、漢書翟方進傳作民長其勸弗救。夏小正云執養宮事、又云時有養日、傳並云養、長也。引延上文並云、陳也。陳、長義近。引者、釋名云、引、演也。演亦長也。齊語云、是以國家不日引、不月長。漢書律厤志云、引者、信也。信與伸同。故文選典引蔡邕注、引者、伸也、長也。按、樂歌皆有引、引聲長言之意。故樂記注、長言之引也。其聲也。詩楚茨行葦卷阿召旻傳並云、引、長也。引與矧同。矧古字作弞。方言云、弞、長也。東齊曰弞。按、今登萊間人謂物卷者伸而長之爲弞、音辰上聲。是弞卽引也。方俗語音有輕重耳。延者、說文云、長行也。書云不少延、鄭注言害不少乃延長之。離騷云、延佇乎吾將反。王逸注、延、長也。延从木爲梴。說文梴、長木也。从手爲挻、說文挻、長也。是挻梴延聲義俱同矣。融者、白虎通云、融者、續也。續有長義。又釋丮云、再成銳上爲融丘。銳有高義。故左氏昭五年傳明而未融、服虔注融、高也。高與長近。故詩昭明有融、周語云顯融昭明、毛傳及韋注並云、融、長也。文選笙賦云況宏融裔、李善注融裔、聲長貌。通作彤。思玄賦云展洩洩以彤彤、李善注融與彤古字通。按彤融聲同、彤繹義同、彤繹皆祭之明日又祭之名、其義爲相尋不絕之意。故方言彤繹俱云長也。因此知笙賦之融裔卽彤繹。又海賦云沖瀜沆瀁、李善注深廣之貌。按、沖瀜沆瀁俱字之疊韵、瀜卽融、瀁卽羕矣。融羕永引延又俱一聲之轉。駿者、上文云大也。大與長義近、故詩雨無正及清廟傳並云駿、長也。通作峻。離騷云冀枝葉之峻茂兮、王逸注峻、長也。淮南本經篇云山無峻幹、高誘注峻幹、長枝也。方言云、駿融延、長也。並與此義合。

永羕引延融駿長也

郭注　宋衛荊吳之間曰融

義疏

羕所未詳。此別釋永引延之義。長卽遠而兼久義也。書其寧維永、詩以永今朝、又江之羕矣。羕从羊。羊、祥也。書出于不祥、又作養民養是也。永本水長、凡長則作羕耳。詩職兄斯引、書引養引恬、又不少延、不其延、詩松桷有梴、融从鬲蟲省。炊气上出、故火神祝融、詩昭明有融。繹祭商曰融、字又作彤。融繹同意。融謂盛長、因又以蟲爲長。詩蘊隆蟲蟲。駿以大爲長、詩不駿其德。長从兀七倒亾。古文从上人。所謂馬頭人爲長、其說不可非。古文又作兵、則倒亾耳。又以爲官長字、則上人爲長、勝於倒亾。易曰元者善之長也。

集解

永羕引延融駿長也

永、水長也。象水巠理之長。書堯典歌永言、金縢惟永終是圖、史記永均作長。堯典日永星火、僞傳云永、長也。詩漢廣江之永矣、常棣況也永歎、卷耳維以不永懷、文王永言配命、傳均云永、長也。考槃永矢弗諼、既醉永錫爾類、楚茨永錫爾極、振鷺以永終譽、箋均云永、長也。周禮大祝求永貞、儀禮士冠永乃保之、文選東京賦爲無爲、事無事、永有民以孔安、注均云永、長也。羕亦水長也。从永羊聲。詩漢廣江之永矣、韓詩作羕、薛君云長也。說文引詩同。齊侯鎛鐘銘子子孫孫羕保用高、謂長享也。書大誥民養其勸弗救、漢書翟方進傳作民長其勸弗救。夏小正時有養日、時有養夜、養、長也。書盤庚迪高后丕乃崇降弗祥。弗祥、今文作丕永。孫疏、丕永者不永、言不長也。祥以羊爲聲、養漾俱長也。文選登樓賦川既漾而濟深、注引韓詩江之漾矣。漾、長也。詩小戎文茵暢轂、傳長轂也。楚辭哀時命、哀余壽之弗將。廣雅釋詁、將、遠、長也。以養祥漾暢將遠爲之。引、開弓也、从弓从丨。丨亦象矢。引申爲長。易引而申之、觸類而長之是也。廣雅則以矧爲之。詩楚茨勿替引之、召旻職兄斯引、行葦以引以翼、傳均云引、長。書梓材引養引恬、僞傳引、長也。後漢書張衡傳取蜀禪而引世、注引、長也。詩生民實覃實

爾雅詁林　一　釋詁上

詩、傳覃、長也。廣雅釋詁、𧰼、長也。以覃或𧰼爲之。或者引之正字爲演與。延、長行也。从延丿聲。與叉同字。書大誥天降割于我家不少延、鄭注言害不少乃延長之。左成十三傳君亦悔禍之延、楚辭離騷延佇乎吾將反、大司命結桂枝兮延佇、文選洛神賦延頸秀項、謝靈運登江中孤嶼詩尋異景不延、酬從弟惠連詩別後情更延、陸士衡長歌行吾壽安得延、注均云延、長也。詩殷武松桷有梴、注梴、長皃。廣雅作挻、云長也。周禮典瑞璧羨以起度、司農注羨長也。前漢書禮樂志歌德施大世曼壽、師古曰曼、延也。廣雅釋訓、曼曼長也。以梴挻羨曼爲之。融、炊气上出也、从鬲蟲省聲。正字爲庸。庸、用也。引申爲常也、長也。庸融通用字。詩既醉昭明有融、傳融、長。周語顯融昭明、文選顏延年應詔讌曲水詩祚融世哲、注均云融、長也。笙賦泓宏融裔、注融裔、聲長皃。史記三王世家廣陵王策云毋侗好佚、褚少孫曰毋長好佚樂也。論衡齊世、上世之人侗長姣好、書高日肜曰、肜即周繹、長也。廣雅釋詁、繹蕭鐘抒、長也。以侗肜蕭繹鐘抒爲之。或者融之正字爲羕與。駿、馬之良材也、从馬夋聲。正字爲陖。陖、陗高也。引申爲長。字亦作峻。陖峻駿通用字。詩清廟駿奔走在廟、雨無正不駿其德、傳均云駿、長也。離騷冀枝葉之駿茂兮、今本作峻、注長也。詩新臺有洒、傳洒、高峻。亦長也。以洒爲之。長、久遠也、从兀从匕。兀者、高遠之意也。久則變化。亾聲。𠂆、倒亾也。**義證**

羕長也　說文羕水長也引詩江之羕矣爲證昭明文選註引韓詩作漾蕣君章句亦訓漾爲長。**補郭**

永羕引延融駿長也 羕羊讓反

註宋衛荆吳之間曰融羕所未詳 **補正** 邢疏說文云長久遠也方言云施於眾長謂之永引者漢書律歷志云十丈爲引引者信也顏師古曰信讀曰伸言其長延者方言云延年長也凡施於年者謂之延。臣鑒

按小雅不駿其德大雅昭明有融毛傳皆云長也又釋文引說文云羕水長也。**郭注補正**

永羕引延融駿長也

永者周南卷耳維以不永懷維以不永傷漢廣江之永矣小雅常棣況也永歎大雅文王永言配命傳竝云永長衛風考槃永矢弗諼永矢弗過永矢弗告唐風山有樞且以永日小雅楚茨永錫爾極大雅下武永言配命既醉永錫祚胤永錫爾類振鷺以永終譽箋並云永長也。羕亦永也說文云羕水長也引詩江之羕矣又永下引詩江之永矣蓋一引毛詩一引韓詩也文選登樓賦注引韓詩曰江之漾矣薛君章句云漾長也羕者漾之古文。

引者伸也。見廣雅。伸之使長也。小雅楚茨勿替引之行葦以引以翼卷耳以引以翼召旻職況斯引傳竝云引長也大雅行葦箋云在前曰引。

延者說文云征行也。大雅生民實覃實訏正義云釋言覃延也延引是漸長之義故爲長也。

融者大雅既醉昭明有融傳云融長也箋云又使之長有高明之譽。

鄭亦以融爲長也。駿者、小雅雨無正不駿其德、周頌淸廟駿奔走在廟、傳竝云駿、長也。

說詩

永羕引延融駿長也　正義云、羕、通作養。夏小正時有養日、時有養夜、養、長也。　正義云、延、通作梴。說文、梴、木長也。元照案、又通挻。說文、手部挻、長也、从手延聲。　釋文云、駿、或作俊、又作峻。案峻乃陖之省文、皆从夋聲。

匡名

永羕音樣引延融駿長也　說文、𨱗、久遠也、从兀从匕、兀者、高遠意也。久則變化。亡聲。𠂆者、倒亡也。　舜典歌永言、史記作謌長言。　羕、水長也。引詩江之羕矣。今作永、韓詩作江之漾矣。註、漾、長也。假作養。夏小正、時有養日、時有養夜。註、養、長也。　引、開弓也。引伸爲延長之偁。大雅職兄斯引、傳、引、長也。　延、長行也、从㢟丿。大誥延洪惟我幼冲人。通作梴。商頌松桷有梴、傳梴、長貌。　融、炊气上出也。大雅高明有融、傳融、長也。引伸之義也。　小雅、不駿其德。方言駿融、長也。

啓蒙

永羕引延融駿長也

此汎言長遠也。

長也者。說文𨱗。久遠也。从兀从匕。兀者高遠意也。久則變化。亾聲。𠂆者到亾也。隸變作長。章先生曰。久本訓歫。久遠者歫之而長久也。以上章先生語見文始　詩商頌長發其祥。箋云長猶久也。呂氏春秋長見篇以其長見與短見也。高注云長遠也。通作常。廣雅長常也。漢書地理志京兆尹長安。王莽曰常安。

永者。說文。永長也。象水巠理之長。詩曰江之永矣。方言施於衆長謂之永。詩周南維以不永懷。傳云。永長也。書舜典歌永言。史記五帝紀作歌長言。史公以雅訓代之也。

羕者。說文。羕水長也。从永羊聲。詩云江之羕矣。章先生曰。永長也。羕水長也。古音同在陽類。紐韻皆同。於古宜爲一字。以上章先生語見國故論衡轉注叚借說　羕字唯此經一見。蜀志有彭羕。邵疏云。羕爲古永字。齊侯鎛鐘云羕保其身。又云羕保用亯是也。通作漾。文選登樓賦川既漾而濟深。李注引韓詩曰江之漾矣。薛君曰漾長也。通作養。書大誥民養其勸弗救。漢書翟方進傳作民長其勸弗救。大戴禮夏小正時有養日。傳云。養長也。通作養邵疏郝疏均已言

引者。說文。引開弓也。从弓丨。周禮考工記弓人量其力有三均。鄭注云。量其力又參均謂若幹勝一石。加角而勝二石。被筋而勝三石。引之中三尺。假令弓力勝三石。引之中三尺。弛其絃以繩緩擐之。每加物一石則張一尺。是弓開則引長也。故引訓長。詩大雅職兄斯引。傳云。引長也。通作弞。古同音也。說文。弞。況也。詞也。从引省聲。方言弞長也。東齊曰弞。郭注云。弞古矧字。弞或作矧。廣雅矧長也。通作神。古同音也。說文神天神引出萬物者也。廣雅神引也。周禮馮相氏賈疏云。神讀爲引。荀子修身篇莫神一好。楊注云。神神明也。今謂神引也。引長也。莫長者莫大也。

延者。說文。延長行也。从㢟丿聲。邢疏云。方言云。延年長也。凡施於年者謂之延。以上邢疏　成十三年左傳君亦悔禍之延。杜注云。延長也。重言曰延延。廣雅延延長也。亦作挻。說文。挻長也。从手延聲。通作梴。說文。梴長木也。从木延聲。詩商頌松桷有梴。傳云。梴長貌。挻郝疏已言　梴邵疏已言

融者。說文。融炊气上出也。从鬲蟲省聲。𩰫籀文融不省。章先生曰。說文。融。炊气上出也。大雅昭明有融。詩傳訓長。从釋詁文。融从蟲省聲。古無舌上音。彤蟲蟲鏤皆借爲彤。則融亦讀如彤。融音如彤。長音如黨。並在舌頭。以旁紐雙聲相轉。气出則緜緜不絕。亦與本義相會。以上章先生語見小學問答　方言融長也。宋衛荊吳之間曰融。周語顯融昭明。韋昭云。融長也。通作桐。侗。古同音也。融桐侗古音皆定紐東韻　漢書武五子傳毋桐好逸。史記三王世家作毋侗好逸。褚先生釋之曰。毋長好佚樂馳騁弋獵。王念孫云。侗爲長久之長。亦爲長大之長。論衡齊世篇上世之人侗長佼好。是也。侗之爲長。乃漢人常訓。以上王語見讀書雜志　今謂桐侗皆融之借也。亦通作彤。郝疏云。文選思玄賦展洩洩以彤彤。李善注云。融與彤古字

通。案彤融聲同。彤繹義同。彤繹皆祭之明日又祭之名。其義爲相尋不絕之義。故方言彤繹俱云長也。以上郝疏

駿者。說文。駿馬之良材也。从馬夋聲。此與俊訓材千人同取高材義。引申爲長爲大。上文駿大也。此經駿長也。長大高遠皆同義。方言駿長也。詩周頌駿奔走在廟。傳云。駿長也。通作峻。峻爲陖之或體。說文陖高也。从山陖聲。峻亦自有長義。楚辭離騷冀枝葉之峻茂兮。王注云。峻長也。離騷注郝疏已引 又通作俊。書文侯之命即我御事罔或者壽俊在厥服。章先生曰。俊本作畯。銅器多言畯臣天子。是畯有長義。非專訓大。即我御事罔或者壽長在厥服。謂狄師伐周。周公忌父毛伯原伯富辰皆死也。以上章先生語見古文尚書拾遺

本字考

永羕永、長也。永羕聲通同訓。

黃侃音訓

羕、韓詩外傳引漢廣之詩江之漾矣、說文作羕。

讀雅筆記

羕長也。齊侯鎛鐘銘、子子孫孫、羕保用昌。夏小正時有養日、時有養夜、養、長也。

古義補

永羕引延融駿長也

案、慧琳經音義十一大寶積經序縱橫下引爾雅、縱長也、橫廣也。今此長也條無縱者、非奪文也。小爾雅廣詁、從、長也。琳音所謂爾雅乃小爾雅也。玄應經音義二大般涅槃經一從廣下引小爾雅、從、長也。廣、橫也。正其切證。且廣雅釋詁二亦曰、從、長也。如張揖所見爾雅長也條果有縱字、則不應複箸於篇矣。又案、希麟續經音義三續新音大方廣佛華嚴經三十六延齡下引爾雅、永承引延、長也。今此長也條、亦無承字。詩秦風權輿篇于嗟乎不承權輿、毛傳承、繼也。白虎通號篇論三皇五帝三王五伯曰、祝者、屬也。融者、續也。此經釋詁、續、繼也。是承融同義。長也條既有融、則承必奪文、非羕之誤字、當据希音引補之。

羕長也 郭注、羕所未聞。

案、詩周南漢廣篇江之永矣、說文於部首永水長也下引同。又於从永之羕水長也下引作江之羕矣。文選十一王粲登樓賦川既漾而濟深、李善注引韓詩曰江之漾矣。薛君曰漾、長也。然則毛詩江之永矣之永、韓詩正作羕。許書兼釋兩家異文、故再引及之。爾雅此條亦兼釋兩家異文、故羕即次永下。周齊侯鎛鐘銘曰女考壽萬年、羕保其身、又曰子孫羕保用亯、薛尚功鐘鼎彝器款識王俅歗堂集古錄竝釋羕羕爲永、孫氏星衍續古文苑所錄獨釋爲羕、先從祖伯父柳江公讀書偶筆、永羕字異義同。公諱桂新、嘉慶壬戌進士、翰林院庶吉士、未及散館而逝、年僅三十有二。嘗箸爾雅古注合存二十卷、藁本、已燬於兵燹。事實載嶽州府志儒林傳、又婺源縣志學林傳。是羕之有長義、猶永之有長義、皆謂水之長也。

駿長也 邢疏、駿者、長大也。

案、說文山部、陖、高也、从山陖聲。峻、陖或省。從言之爲高、橫言之即爲長。此有長義之駿、乃峻之叚字。離騷冀枝葉之峻茂兮、王逸注峻、長也、是也。釋文出此駿

云本或作俊，又作峻，同。是唐本爾雅元有作峻、作俊、作駿三本。當以作峻本爲主，而俊駿皆同聲相叚也。

慧琳經音義二十寶星陀羅尼經一峻險下引郭注

爾雅云，峻，長也。可見作峻者爲郭注元本。

董瑞椿補記

永、羕、引、延、融、駿、長也。

說文云：「長、久遠也。」此長字之本義。引伸爲滋長長幼及盈餘之義、皆假借也。說文敘云：「假借者本無其字、依聲託事、令長是也。」

永、羕、說文並云：「水長也。」引伸爲凡長之稱。前以永爲遠、此云長、其義同。羕通養、夏小正云：「時有養日、時有養夜。」養即羕也。文選注引韓詩作漾、乃羕之譌字。

引、說文云：「開弓也、从弓丨。」从丨者段謂「引而上行之丨也。」延、說文云：「長行也、从延、丿聲。」丿者、抴引之形。是引延二字、皆有引長之義、故皆訓長。延从延、延者、說文云：「安步延延也、从廴止。」引而復止、是陳列意、故前節訓延爲陳。

融、說文云：「炊气上出、从鬲、蟲省聲。」訓長者、段以爲引伸義。白虎通訓融爲續、續亦長也。又見下文駿字下。

駿、前節訓大、大長義近。方言云：「駿、融、延、長也。宋衞荊吳之間曰融。延、年長也；凡施於年者謂之延、施於衆長謂之長。」

梁啓超云：「訓詁三篇、所訓亦多用聲轉之字。如『永、羕、引、延、融、駿、長也、』除駿字外、餘盡雙聲。他如怡、懌、悅、愉、豫、之訓樂；展、諶、允、慎、亶、之訓誠；粤、于、爰、之訓曰；爰、粤、于、繇、之訓於；貉、謐、密、之訓靜；永、悠、遠、之訓遐；大抵皆同一發音、而語尾有若干之變化而已。」梁氏於說文轉注、亦主「聲轉。」其說曰：「以吾所臆斷、所謂『建類一首、』非形之類形之首、而聲之類聲之首也。建立一類之聲、以爲發音之首一毋；凡衍此一首之聲者、雖收音有變異、然皆同意而相受；是謂轉注。例如建『戔』聲爲首、而綫、箋、錢、等、皆同意相受。建『八』類之聲爲一首、而分、半、北、別、辨、等、皆同意相受。然則凡諧聲之字、十有九兼轉注矣。」其說聲轉既如此、故解釋爾雅多從音原以求字原。

爾雅學

校勘記

永羕引延融駿長也〇釋曰注疏本刪。

引者信也顏師古曰、信讀曰伸、言其長。〇注疏本改小注爲大字。

注疏校勘札記

又宋衞荊吳之閒曰融監本毛本湘本又下有曰字。

音圖・音

永羕音樣引延融駿長也

說文永、于憬翻。羕余亮翻。韻固不同、字亦有上去之別。惟其音近、所以可通。楊氏慎、謂古字羕與永同、非也。顧氏唐韻正謂永古音于兩翻、尤非。說文引韓詩江之羕兮、乃韓毛異文。且正見韻之相協、豈謂羕竟與永同耶。

音略

蜀彭羕字永年、義本爾雅。

孫侶直音

樣

永、羕、引、延、融、駿、長也。

楊氏音訓

永羕樣引延融駿長也、

干氏音釋

羕餘亮切

爾雅詁林 一 釋詁上

喬嵩崇高也崇充也

喬嵩崇高也。皆高大貌。左傳曰：師叔楚之崇也。崇充也。亦爲充盛。

郭注

喬嵩崇高也崇充也　釋曰：皆高大貌。喬，周頌般篇云：嶞山喬嶽。釋山云：山大而高崧。嵩崧音義同。崇者，高貴也，亦爲充盛。樂記云：復綴以崇。注左傳曰：師叔楚之崇也。釋曰：宣十二年傳文也。杜注云：師叔潘尫，爲楚人所崇貴。

邢疏

崇充也

威大充盛。春秋正義二十

犍爲注

喬高也

喬音橋，或音驕。釋文

郭音義

黃輯古義

崇充也

威大充盛。春秋文十八年正義。案舍人本崇疑作威。

犍爲注

喬嵩

喬音橋，或音驕。釋文

郭音義

玉函山房輯佚

崇充也

威大充盛　舍人注　宋本春秋疏十五

鈎沉

崇充也

舍人曰：威大充盛。春秋正義二十　疑舍人本崇作威

喬嵩崇高也

郭璞云：皆高大貌。左傳曰：師叔楚之崇也。

漢注

崇充也

舍人云、威大充盛。左傳正義十五卷

郭璞云亦爲充盛。

一切注音

喬高也　郭音橋　釋文

崇充也　舍人云、威大充盛。左氏傳正義

古注斠

喬　郭音橋、或音驕。嵩　宿忠反

陸音義

喬嵩崇高也

喬、上聳。嵩、大而高。崇、聚也。

新義

喬嵩崇高也崇充也　崇又有充盛之義、樂記曰：復綴以崇。

鄭樵注

喬嵩崇高也　喬郭音橋

郭璞曰、皆高大貌。左傳曰：師叔楚之崇也。

崇充也

舍人曰、威大充盛。

郭璞曰、亦爲充盛。

鄭樵曰、崇又有充盛之義、樂記曰：復綴以崇。

古注合存

喬嵩崇高也崇充也　嵩崧同。○此發喬嵩崧皆高之義，而崇又有充義也。疏曰：釋山云：山大而高曰崧。崇者，高貴也，亦爲充盛。

注疏參義

喬嵩崇高也 註 皆高大貌。左傳曰：師叔楚之崇也。崇充也 註 亦爲充盛

正義 此釋高大之貌。高大者又爲充盛也。○喬嵩崇高也。○喬者，說文云：喬，曲而高也。禹貢云：厥木維喬。周頌般云：嶞山喬嶽。案釋木云：句如羽，喬。又云：小枝繚上爲喬。是樹枝盤曲而小枝銳上者爲喬。山之銳而高者似之，故釋山云：銳而高，嶠。嶠即喬字之或體也。嵩爲崇字之或體。周語云：夏之興也，融降于崇山。韋昭註云：崇，崇高山也。夏居陽城，崇高所近。史記集解引劉熙孟子註謂

益辟禹之子在嵩高之北、漢書通作崈高、漢碑亦作嵩、是崇亦作崈、或體作嵩、隸體變轉、又爲崧也。大雅云崧高維嶽、毛傳崧高貌、釋山云山大而高是也。崇者說文云崇嵬高也、又云高崇也、轉相訓也。繫辭傳云知崇禮卑、周頌烈文云維王其崇之、大射儀云大侯之崇。○崇充也。○崇又訓爲充、充者滿也。大射儀云主人不崇酒、有司徹云再拜崇酒、荀子知賦云周流四海曾不崇日、楊倞註崇充也、言知周流四海曾不充滿一日而徧也。**註**左傳至崇也。○**正義**宣十二年傳文、杜註云師叔潘尫、爲楚人所崇貴。○亦爲充盛。○**正義**左傳疏引舍人云戚大充盛。郭註畧本舍人。

正義

喬嵩崇高也 皆高大貌。左傳曰師叔楚之崇也。**崇充也** 亦爲充盛。

說文云高崇也。釋名云高臯也、最在上臯韜諸下也。喬者說文云高而曲也、必言曲者、喬从夭、夭屈也、故釋木云句如羽喬、又云上句曰喬、舊注喬曲是也。通作橋、詩山有橋松、釋文橋本亦作喬、南有喬木、釋文喬本亦作橋、又通作嶠、釋山云山銳而高嶠、釋名作山銳而高曰喬、形似橋也。史記五帝紀云黃帝葬橋山、正義引爾雅山銳而高曰橋、御覽引史記作喬山。又通作僑、左氏文十一年傳獲長狄僑如、穀梁成二年傳叔孫僑如、釋文竝云僑本亦作喬。嵩者釋名云嵩竦也、亦高稱也。白虎通云嵩言其高大也。通作崧、釋山云山大而高崧、釋名崧作嵩、詩崧高維嶽、孔子閒居引作嵩高維嶽。又通作崇、周語云融降於崇山、韋昭注崇崇高山也、夏居陽城、崇高所近、是崇高即嵩高也。又通作崈、考工記總目釋文云崇本亦作古崈字、漢書郊祀志及地理志竝作崈高、集注俱云崈古崇字。然則嵩古通作崇、又作崈、別作崧、玉篇以崧爲正體、嵩爲重文、固非、今人又以嵩字說文所無、而欲以崇代嵩、不知爾雅此文嵩崇竝見、經典相承、嵩崧通用、不得謂嵩字後人所作。後漢書靈帝紀熹平五年復崇高山名爲嵩高山、是嵩崇非同字、與爾雅合矣。崇者說文云嵬高也。通作宗、書云是崇是長、漢書谷永傳作是宗是長。○充者說文云長也、高也。高與長義近、充訓長者、方言云度廣爲尋、幅廣爲充是也。充訓高者、即此文崇轉爲充是也。釋名云八達

日崇期。崇、充也。道多所通、人充滿其上、如共期也。鄉飲酒及鄉射禮竝云崇酒、又樂記云六成復綴以崇、鄭注竝云崇充也。按充之言重也、爾雅下云崇重也、重疊與充滿義相成。又言終也、詩崇朝其雨、曾不崇朝、傳箋竝云崇終也。終竟與充盈義亦相成、書云其終出于不祥、釋文終馬本作崇、云充也。蓋充崇終俱聲轉義同、故音訓可通。臧鏞堂爾雅漢注引舍人本崇疑作戚、然聲義俱不相應、俟攷。

義疏

喬嵩崇高也。郭注、皆高大皃。左傳曰師叔楚之崇也。說文諸家竝以嵩崇一字、此讀當云崇高以釋喬嵩也。詩嶞山喬嶽、又崧高維嶽、記引作嵩。蓋詩本作松、與喬皆取木狀山、後乃制嵩字、崇而高之、所謂因名山升中、非狀其高也。嵩山通用崈山、以訓詁代正字、故漢熹平定用嵩不用崇、是經有嵩字、古文家不取耳。喬从高夭、高而上句、詩南有喬木、言有蔭也。崇从宗、宗尊、故高語亦可宗也。**崇充也**。舍人注威大充盛。郭注亦爲充盛。禮再拜崇酒、詩福祿來崇、充从儿𠫓、突長突出、皆爲充塞、从育省、則充即育也。

集解

喬嵩崇高也 喬、高而曲也、从夭从高省、會意。書禹貢厥草維喬、僞傳喬高也。詩伐木遷于喬木、時邁及河喬嶽、箋均云喬高也。列子天瑞四方悉平、周以喬陟、注喬高也。文選甘泉賦仰橋首以高視兮、詩山有橋松、釋文、高也。墨子親士招木近伐、招木即喬木、高也。樊敏碑松僑協軌、說文僑高也。以僑橋招喬爲之。嵩字本作松、木之高者。詩所謂山有喬松是也。作崧者、後起字也。詩崧高維嶽、傳崧高皃。文選陸士衡赴洛道中作詩植轡倚嵩巖、注嵩高也。此經嵩崇並見、則以嵩崇爲一字者非也。或者嵩之正字爲岑、與文選思玄賦歆青岑之玉醴兮、注上高者曰岑。今公雙聲、岑嵩亦雙聲也。崇嵬高

爾雅詁林 一 釋詁上

也从山宗聲。廣雅則以竦爲之。禮記王制樂正崇四術、立四教、文王世子以爵爲位、崇德也、攷工輪已崇則人不能登也、鄭注均云崇高也。魯語若爲小而崇、以怒大國、周語天所崇之子孫、文選思玄賦二女感於崇嶽兮、陸士衡樂府詩崇雲臨岸駿、贈馮文熊詩嬌志崇邈、注均云崇高也。禮記檀弓爾無從從爾、注、從從謂大高。陸灋言切韻聳高也。詩南山南山崔崔傳崔崔、高大皃。以從聳崔爲之。高崇也。谷、象臺觀高之形、从冂口、與倉舍同意。

崇充也 充長也高也、从儿育省聲。充育一聲之轉、或曰从育省會意。子長大成人也。故崇可訓爲充、崇充疊韻。禮記樂記復綴以崇、儀禮鄉飲酒主人再拜崇酒、鄭注均云崇、充也。楚詞招魂汜崇蘭些、注崇、充也。書君奭其終出于不祥、馬本終作崇、曰充也。漢書郭解傳解貧不中貲、注中、充。以終中爲之。

義證

崇充也

註亦爲充盛 補正 臣鍌按、春秋疏引舍人註云威大充盛。

郭注補正

喬嵩崇高也崇充也

喬說文云高而曲也。釋木云上句曰喬。卽高而曲也。周頌時邁及河喬嶽般墮山喬嶽、小雅伐木遷于喬木、傳箋竝云喬、高也。周南漢廣南有喬木、毛傳云喬、上竦也。上竦卽高也。彼釋文云喬本亦作橋。鄭風山有扶蘇山有喬松、彼釋文云橋、本亦作喬、王云高也。喬橋二字古多通用。 嵩通作崧、釋山云、山大而高曰崧。大雅崧高崧高維嶽、孔子閒居作嵩高維嶽。傳云崧、高貌。韋注周語又作崇高山。漢書靈帝紀熹平五年復崇高山名爲嵩高山、是崧崇又同也。 崇者、說文云嵬高也。大雅鳧鷖福祿來崇、傳云崇、重也。重卽高也。崇與宗同。文王有聲既伐于崇、書大傳作既伐于宗。考工記釋文云、崇、本作古宗字。崇宗山上下互易耳。 崇又訓充者、鄉飲酒、鄉射禮、燕禮崇酒注竝云崇、充也。周頌烈文維王其崇之、箋云崇、厚也。厚卽充也。

說詩

喬嵩節疏墮山喬嶽、墮、監本誤墯。

注疏正字

喬嵩崇高也崇克也 說文山部新附云嵩、从山从高、亦从松。韋昭國語注云古通用崇字。元照案、此文嵩崇竝出、嵩字、疑非本文。

匡名

喬嵩崇高也崇充也 說文高、崇也。象臺觀高之形。从冂口、與倉舍同意。充、長也、高也。从儿、育省聲。 喬、高而曲也。从夭、高省。引詩南有喬木。傳喬、上竦也。 嵩、中嶽、高山也、又作崧。大雅嵩高惟嶽。 嵬、高也。繫辭、崇高莫大於富貴。 ○儀禮主人再拜崇酒、註崇、充也。

啓蒙

嵩崇 崇宗 說文新附。嵩、中岳嵩高山也。韋昭國語注云。古通用崇字。郝氏懿行爾雅義疏云。今人以嵩字。說文所無。欲以崇字代之。不知爾雅此文嵩崇並見。經典相承嵩崧通用。不得謂嵩字後人所作。案郝說非也。嵩當作崇。此文蓋本作崇宗。崇古亦作宗。後人易宗爲嵩。而誤移其山字於宗字上爲崇耳。且牧誓是崇。漢書谷永傳作是宗。是崇與宗古亦通用。

郝及此皆謬。爾雅有古今字並見、不盡同。于說文如篤竺𥝓嗟遹述者是也。寧可悉改乎。

黃侃評本正名

喬嵩崇高也

郭注云。皆高大貌。

高也者。說文。高。崇也。象臺觀高之形。从冂口與倉舍同意。釋親曾祖王父之考爲高祖王父。郭注云。高者言最在上。案郭注本之釋名。劉熙釋親屬云。高祖。高臯也。最在上臯韜諸下也。書大傳五分內以一爲高。鄭注云。高。穹高也。

喬者。說文。喬。高而曲也。从夭从高省。詩曰。南有喬木。夭屈也。釋木句如羽喬。又上句曰喬。舊注云。喬。高曲。則喬者高而曲者也。此別言也。若通言之則喬爲高。詩小雅遷于喬木。傳云。喬。高也。通作嶠。釋山山銳而高嶠。釋名作山銳而高曰嶠。說文無嶠字。於古則祇作喬。旁著山者。後人所加也。詩周頌及河喬嶽。淮南泰族訓則作及河嶠岳矣。通作橋。詩鄭風山有橋松。釋文云。本亦作喬。毛作橋。王云。高也。則王本作喬也。又通作僑。文十一年左傳獲長狄僑如。釋文云。僑。本又作喬。通僑郝疏已引又借爲簥。章先生曰。經義聞述春秋名字解詁。鄭公孫僑字子產。旣舉爾雅釋樂之訓。爾雅喬高也。又曰大管謂之簥。大簥謂之產。復言僑與產皆長大之意。實則僑借爲簥而已。如此則名字相應矣。又曰。產音或同彥。鄭子產一字子美。取義於彥美士也。以上章先生語見小學略說及文始

嵩者。說文無嵩。嵩者崇之後起字。嵩古但作崇。說文。崇。嵬高也。从山宗聲。而經文嵩崇並見者。古今字之俱存也。黃侃云。爾雅有古今字並見不盡同。於說文。如篤竺𥝓嗟遹述皆是也。以上黃說見爾雅正名評是也。知崇嵩爲古今字者。漢書武帝紀詔曰。翌日親祭崇高。王念孫云。崇高即嵩高。師古分崇高爲二字。非也。詔曰。翌日親祭崇高。志曰。以山下戶凡三百封崈高。則崇高本是山名。而因以爲邑名。非以崇奉中嶽而名之也。古無嵩字。以崇爲之。故說文有崇無嵩。經傳或作嵩。或作崧。皆是崇之異文。地理志潁川郡崈高下云。古文以崈高爲外方山。周語融降於崇山。韋解云。崇。崇高山也。是嵩高之嵩本作崇也。郊祀志又云。祠中嶽泰室於嵩高。是邑名之崇高字亦作嵩也。爾雅。嵩崇高也。嵩崇聲近而義同。故崇或作嵩。楊雄河東賦瞰帝唐之嵩高兮。謂堯德之崇高也。是經傳汎言崇高者。其字亦作嵩也。山名崇高本取崇高之義。爾雅山大而高崧。郭璞曰。今中嶽嵩高山。蓋依此取名。是也。以上王語見讀書雜志周禮考工記總目崇於軫四尺。鄭注云。崇。高也。亦作崈。周禮考工記總目崇於戈四尺。釋文。崇。本作古崈字。亦作嵩。風俗通義山澤篇

嵩者高也。亦作崧。釋山大而高曰崧。釋名作山大而高曰嵩。詩大雅崧高維嶽。傳云。崧高貌。山大而高曰崧。

崇者。說文。崇。嵬高也。从山宗聲。禮記王制樂正崇四術。鄭注云。崇。高也。重言之曰崇崇。文選甘泉賦崇崇圜丘。李注云。崇崇。高貌也。

崇充也

郭注云。亦爲充盛。

充也者。說文。充。長也。高也。从儿育省聲。方言。充。養也。此與育省聲相會。詩邶風褎如充耳。傳云。充耳。盛飾也。舍人云。威大充盛。與毛義合。

崇者。說文。崇。嵬高也。儀禮鄉飲酒禮崇酒。鄭注云。崇。充也。

本字考

嵩、崇高也。 嵩崇同字並見。嚴元照以嵩崇並見爲疑。郝懿行謂嵩崇並見非同字，皆非也。此文嵩崇高也。下文篤竺厚也，賡、揚續也，𥝓嗟也，遹述也，皆是同字並見之例。其餘聲近聲轉而實同字者，不可悉數。

黃侃音訓

崇充也

義疑

儀禮崇酒、謂酒薄充滿一飽而已。

服 事也 羕 駿 長也 喬 高也

釋文服、本或作艆。符福反。釋詁釋文 又作般字。釋詁釋文 文選注引韓詩羕作漾。登樓賦注引江之漾矣 駿、釋文本或作俊。釋詁釋文 又作峻。釋詁釋文

喬或音驕。釋詁釋文 釋山作嶠。銳而高嶠

服、事也。釋文服、又作般。按說文舟部服云用也、一曰車右騎所以舟旋。從舟𠬝聲、房六切。古文服從人作䑸、釋文般字蓋䑸字之譌。

證異

崇充也 郭注亦爲充盛

案、古逸本玉篇山部崇下引此經充也。郭璞曰念思

爾雅詁林 一 釋詁上

前世之崇與今注不同然玉篇所引義亦不解。國語十八楚語下思念前世之崇替者韋昭注崇終也。書君奭其終出于不祥釋文出終馬本作崇云充也。是楚語之崇既有終義即有充義元本郭注當作亦爲充盛國語曰思念前世之崇替蓋郭引楚語以證爾雅也。今注有奪顧野王又不全引於玉篇遂致歧異耳。

又案左成十八年傳崇飾惡言杜預注崇聚也。孔潁達正義釋詁云崇充也舍人曰威句大充盛德句亦集聚之義故崇爲聚也。臧氏庸輯爾雅漢注及馬氏國翰輯爾雅犍爲文學注並据之疑此經崇終之崇舍人本作威。郝氏懿行義疏不從之謂聲義俱不相應不知崇从宗聲左成五年傳有晉伯宗穀梁傳作伯尊釋名釋宮室宗尊也。宗之聲訓爲尊可見崇之古音亦讀如尊。易革卦上六象辭順以從君也與其文蔚也爲韻。詩小雅采芑篇征伐玁狁與荆蠻來威爲韻。說文艸部莙讀若威此經釋親有君姑說文女部威下引漢律作威姑今吳人評叒斗聲如運斗漢書王莽傳則作威斗。顏之推家訓書證篇或問東宮舊事六色罽緭是何物當作何音曰莙牛藻也用五色絲象莙以飾物即名爲莙張敞因造絲旁畏耳宜作隈君犹莙運之聲古並與蔚威隈近則不得謂讀如尊之崇不與威聲相應矣郝說殊疏。

董瑞椿補記

崇充也。舍人云威大充盛郭云亦爲充盛臧庸爾雅漢注云舍人本崇疑作威。楷案舍人本崇作威臧說是也。但威亦誤字依義求之當作威廣雅威健也。荀子道篇顏色充盈楊倞注充盈猛厲也。猛厲與健義近故以充釋威作威者形近之誤舍人遂附會爲之說耳。郭則涉上文而誤衍又誤脫也。

稗疏

喬、嵩、崇、高也。崇、充也。

說文云：「高、崇也、充、長也、高也。」是高崇義相貫、故竝釋之。

喬、說文「高而曲也；」釋木云：「上句曰喬。」一蓋喬从夭、夭者屈也、故有曲義；然曰高而曲、曰上句、則皆曲之高者也、故訓爲高。釋山之嶠、左傳之僑如、皆喬之假字。

崇者、說文云：「山大而高、」故爾雅訓高、又訓爲充也。樂記鄭注云：「崇、充也、」即用此訓。大雅「福祿來崇、」傳云：「崇、重也；」鄘風「崇朝其雨、」傳曰：「崇、終也；」此皆音近假借。大雅「崧高維嶽、」孔子閒居引詩、崧作嵩；韋注國語云：「古通用崇字；」獨段氏云：「崧嵩皆崇之異體、作崈者、體之小異耳。」如段言、則爾雅之嵩、必爲淺人所增。孫星衍謂爾雅多俗字、此殆爲俗字之一也。

爾雅學

喬嵩崇高也崇充也○釋曰 注疏本刪

○注左傳曰師叔楚之崇也○釋曰宣十二年傳文也 注疏本注改云、刪左傳曰師叔五字。釋曰作者、傳文下刪也。

校勘記

橋驕崧

喬嵩崇高也、崇充也。

孫偘直音

爾雅詁林 一 釋詁上

喬嵩崧同崇高也、崇充也、亦爲充盛

楊氏音訓

犯奢果毅剋捷功肩堪勝也勝肩戡劉殺克也劉獼斬刺殺也

犯奢果毅、剋捷功肩堪勝也。陵犯誇奢果毅皆得勝也。左傳曰殺敵爲果。肩即剋耳。書曰西伯戡黎。勝肩戡劉殺克也。轉相訓耳。公羊傳曰克之者何殺之也。劉獼斬刺殺也。書曰咸劉厥敵。秋獵爲獮。應殺氣也。公羊傳曰刺之者何殺之也。

郭注

犯奢果毅剋捷功肩堪勝也 釋曰皆謂得勝也。舍人曰肩、強之勝也。孫炎曰戡勝之勝也。陵犯誇奢殺敵爲果。致果爲毅。剋殺捷獲、有功。肩剋堪任、是皆得勝也。 注左傳至堪黎 釋曰云左傳曰殺敵爲果者、宣二年君子辭也。云書曰西伯堪黎者、商書篇名也。 勝肩戡劉殺克也 釋曰克亦勝也。詩周頌敬之云佛時仔肩。毛傳云仔肩克也。又爲殺也。皆謂得勝而殺之、轉互相訓耳。 注公羊傳曰克之者何殺之也 釋曰在隱元年。經曰夏五月鄭伯克段于鄢。傳曰克之者何殺之也。 劉獼斬刺殺也 釋曰說文云殺戮也。斬者文二年左傳曰狼瞫取戈以斬囚。餘皆具注。 注書曰至之也 釋曰云書曰咸劉厥敵者、周書君奭文。云秋獵爲獮者、釋天文。云應殺氣也者、言秋氣肅殺、故名秋獵爲獮。大司馬云中秋教治兵、遂以獮田是也。云公羊傳曰刺之者何殺之也者、僖二十七年傳文也。經云公子買戍衛、不卒戍、刺之。故傳云此也。

邢疏

肩勝也

肩、強之勝也。書盤庚正義 邢疏

犍爲注

果肩堪勝也 釋文倮本今作果。堪字又作戡。

倮、決之勝也。戡、強之勝也。書正義十 一切經音義九

邢疏引戡勝之勝也。案上勝字誤。 韻會二十哿引果作倮。孫炎曰倮決之倮。

孫音注

殺克也

殺舊所例反。釋文

衆家注

黃輯古義

犯奢果毅剋捷功肩堪勝也

肩、強之勝也。邢疏 書盤庚下正義

犍爲注

犯奢果毅尅捷功肩堪勝也 依注果作倮

倮、決之勝也。一切經音義卷九 戡、勝之勝也。邢疏 書西伯戡黎正義

孫音注

玉函山房輯佚

果肩堪勝也 釋文倮本今作果堪字又作戡

孫曰倮、決之勝也。戡、強之勝也。書正義十 一切經音義九 邢疏

舍人曰肩、強之勝也。書正義九 邢疏

漢注

犯奢倮毅剋捷功肩堪勝也

舍人云肩、強之勝也。書正義九卷 孫炎云倮、決之勝也。一切經音義九 戡、強之勝也。書正義十卷 郭璞云、陵犯夸奢果毅皆得勝也。左傳曰殺敵爲果。肩即克耳。書曰西伯戡黎。

勝肩戡劉殺克也

郭璞云、轉相訓耳。公羊傳曰、克之者何、殺之也。

劉獼斬刺殺也

爾雅詁林 一 釋詁上

郭璞云、書曰咸劉厥敵。秋獵曰獮、應殺氣也。公羊傳曰、刺之者何、殺之也。

一切注音

果勝也 孫炎曰、惈、決之勝也。一切經音義九

蕙心案、廣韻云倉頡篇果敢作此惈、據叔然注知爾雅古本作惈、釋文云亦作惈、音果、本今作果。是唐時爾雅猶有作惈者。

古注斠

肩 舍人曰、肩、强之勝也。書盤庚正義

堪 孫炎曰、戡、强之勝也。書西伯戡黎正義

蕙心案、孫本作戡、說文邑部引書西伯戡黎。

陸音義

惈 音果、本今作果。捷 才接反。肩 音堅。堪 字又作戡、同苦含反。勝 尸證反、注及下同。夸 口花反、或作誇、非。〓 郎兮反。國名、本作黎。殺 所黠反、舊所例反。說文云、戮也。獮 息淺反。說文或作𤢦。刺 七賜反。說文云、君殺大夫曰刺。刺、直傷也。周禮司刺掌三刺之法、以聽獄訟。或七亦反。應殺 應對之應。

音義攷證

惈○邢本作果。夸○邢本作誇。〓○邢本作黎。

犯奢果毅剋捷功肩堪勝也

勝肩戡劉殺克也

肩、克物。勝、克己、亦克物。勘、堪也。堪乃能克之。莊子曰、重爲任而罰不勝。

劉獮斬刺殺也

殺大夫曰刺、若所謂簠簋不飭、蓋刺之而已。

新義

犯奢果毅剋捷功肩堪勝也 果毅、左傳云殺敵爲果、致果爲毅。肩、舍人云强之勝也。堪、亦作戡。奢未聞。

勝肩戡劉殺克也 轉相訓釋。周頌云佛時仔肩。

劉獮斬刺殺也 劉、周書云咸劉厥敵。獮、秋殺獸也。

鄭樵注

犯奢果毅剋捷功肩堪勝也 果本或作惈、堪字又作戡

舍人曰、肩、强之勝也。

孫炎曰、惈、決之勝也。戡、强之勝也。上句見衆經音義、下句見尚書疏。邢氏爾雅疏引此强作勝、誤也。按諸書有共引一注、字句小有異同而無關緊要者、惟擇其詳明者錄之、不復識別。其有可相質者、特爲標出。餘倣此。

郭璞曰、陵犯、誇奢、果毅、皆得勝也。左傳曰、殺敵爲果。肩、卽尅耳。書曰、西伯堪黎。

鄭樵曰、果毅、左傳云殺敵爲果、致果爲毅。肩、舍人云强之勝也。堪、亦作戡。奢未聞。

勝肩戡劉殺克也

郭璞曰、轉相訓耳。公羊傳曰、克之者何、殺之也。

鄭樵曰、轉相訓釋。周頌云佛時仔肩。

劉獮斬刺殺也

郭璞曰、書曰咸劉厥敵。秋獵曰獮、應殺氣也。公羊傳曰、刺之者何、殺之也。

鄭樵曰、劉、周書云咸劉厥敵。獮、秋殺獸也。

古注合存

犯奢果毅尅捷功肩堪勝也。勝肩戡劉殺克也。堪、商書作戡。○此釋犯奢以下皆勝之義也。註曰、左傳云、殺敵爲果。肩卽尅耳。書云、西伯堪黎。疏曰、殺敵爲果、致果爲毅、尅殺捷獲、有功堪任、皆爲勝也。愚按、犯言衝陷、奢言徇畧也。舊以爲陵犯誇奢者非。肩者勝任之義、猶堪也。堪、商書作戡。戡、攻尅之名。

劉獮斬刺殺也。獮音尠。○此釋劉殺以下皆殺之義也。註曰、書君奭云咸劉厥敵。秋獵爲獮、應殺氣也。公羊云、刺之

者何殺之也。

注疏參義

詩正義云、釋詁曰肩克也、直以肩爲克耳。傳言仔肩、克也。則二字共訓爲克、猶權輿之爲始。箋亦曰仔肩、任也。雖所訓不同、亦二字共義。按此肩上當脫一仔字。

補注

犯奢倮毅尅捷功肩堪勝也 註 陵犯誇奢果毅皆得勝也。左傳曰殺敵爲果。肩卽尅耳。書曰西伯堪黎。

勝肩戡劉殺克也 註 轉相訓耳。公羊傳曰克之者何殺之也。

劉獮斬刺殺也 註 書曰咸劉厥敵。秋獵曰獮。應殺氣也。公羊傳曰刺之者何殺之也 正義 相勝卽爲相克、克又爲殺、轉相訓也。○犯奢至勝也。○犯者、夏官大司馬云、馮弱犯寡則眚之。奢者、說文云、奢、張也。西京賦云、麗美奢乎許史。薛綜註、被服過此二家也。以奢爲勝。漢人宗雅訓也。倮者、方言云、倮、勇也。廣韻云、倉頡篇果敢作此倮。衆經音義引孫炎云、倮、决之勝也。今通作果。毅者、說文云、毅、有决也。周語云、致戎以果毅。又云、棄毅行容羞也。是果毅俱爲勝敵也。尅者、左氏莊十一年傳云、得儁曰克。既濟九三云、三年克之。捷者、小雅采薇云、一月三捷。功者、大司馬云、若師有功、又云若師不功。鄭註、功、勝也。呂氏春秋先已篇、三王先教而後殺、故事莫功焉。肩者、盤庚云、朕不肩好貨。疏引舍人云、肩、强之勝也。堪者、多方云、克堪用德。周語云、下能堪其任。墨子非攻篇述湯武之事云、往攻之。予必使汝大堪之。○勝肩至克也。○勝肩又爲克者、周頌武云、勝殷遏劉。敬之云、佛時仔肩。毛傳、仔肩、克也。戡者、說文云、戡、刺也。逸周書祭公解云、維武王申大命、戡厥敵。謂克敵也。劉者、漢書引今文武成云、咸劉殷王紂。殺者、說文云、殺、戮也。釋名云、罪人曰殺。殺、竄也。埋竄之使不復見也。○劉獮至殺也。○劉又爲殺者、盤庚云、重我民、無盡劉。方言云、秦晉宋衛之間謂殺曰劉、晉之北鄙亦曰劉。獮者、夏官大司馬云、遂以獮田。鄭註、獮、殺也。斬者、說文云、斬、截也。釋名云、斫頭曰斬、斬腰曰腰斬。斬、暫也。暫加兵卽斷也。刺者、說文云、君殺大夫曰刺。晉語云、既刺三郤。秋官小司寇云、以三刺斷庶民獄訟之中。其屬有司刺。鄭註、刺、殺也。三訊罪定則殺之。註 左傳至堪黎。○正義 左氏宣二年傳云、殺敵爲果。致果爲毅。郭云、肩卽克者、說文云、克、肩也。是肩克互相訓也。西伯堪黎、商書篇名。說文引書作西伯既戡黎。云戡、殺也。今本作戡黎。古字通。書疏引孫炎云、戡、强之勝也。則孫炎本作戡。○公羊至之也。○正義 隱元年傳文。○書曰至之也。○正義 咸劉厥敵、周書君奭文。秋獵爲獮、釋天文。郭氏彼註亦云順殺氣也。公羊傳曰刺之者何殺之也、僖二十八年傳文。

正義

斬殺也

玉案、郭氏於斬字無訓、陸氏釋文亦不出斬字、而說文繫傳引爾雅云堪殺也。乃今本所無。竊疑堪與斬聲近易譌、今斬字蓋卽堪也。說文戡、刺也。戡與堪同、刺猶殺也。列子臣力篇能折春螽之股、堪秋蟬之翼。張湛注、堪、猶勝也。余以爲訓殺亦得。

補注殘本

劉獮斬刺殺也　案、說文戎、殺也。商書、既戎黎。徐鍇曰爾雅堪殺也。豈今本誤脫一堪字耶。

校議

犯奢果毅尅捷功肩戡勝也 陵犯誇奢果毅皆得勝也。左傳曰殺敵爲果。肩卽尅耳。書曰西伯戡黎。**勝肩戡劉殺克也** 轉相訓耳。公羊傳曰克之者何殺之也。**劉獮斬刺殺也** 書曰咸劉厥敵。秋獵爲獮。應殺氣也。公羊傳曰刺之者何殺之也。勝者、說文云、任也。玉篇云、强也。强與任、材能過絕於人謂之爲勝。勝之言盛也、以盛氣益人。又言乘也、以

爾雅詁林一　釋詁上

氣乘人而上之故書序云周人乘黎傳云乘勝也是其義也犯者說文云侵也小爾雅云突也玉篇云抵獨也曲禮云介胄則有不可犯之色左傳云蒙皐比而先犯之皆謂以氣陵轢於人故犯訓爲勝楚語云若防大川焉潰而所犯必大矣韋昭注犯敗也犯訓勝又訓敗者義相足成也奢者說文云張也籀文作奓文選西京賦云心奓體忕奓卽奢也又云麗美奢乎許史薛綜注言被服過此二家然則奢訓爲過過猶勝也郭云誇奢當作夸奢夸奢猶言䶩沙杫㛹皆疊韵字也果者倮之叚音也一切經音義九引蒼頡篇云倮慤也殺敵爲倮卽引爾雅倮勝也孫炎曰倮決之勝也是爾雅古本作倮故釋文倮音果本今作果倮訓慤者慈亦敢也通作果文選魏都賦云風俗以韰果爲嫿李善注引方言曰倮勇也倮與果古字通謚法云猛以剛果曰威孔晁注果敢行也然則凡言果能者卽敢能言不果者卽不敢亦卽不勝矣果聲同過過於人卽勝於人也呂覽適威篇云以爲造父不過也高誘注過猶勝也莊子至樂篇釋文果本作過是過果通矣毅者說文云有決也左氏宣二年傳殺敵爲果致果爲毅楚語云毅而不勇韋昭注毅果也是毅與果同但義有淺深耳凡臨敵制勝必果毅兼資故周語云制戎以果毅明果毅能制勝也剋者勉之俗體也說文勉尤劇也玉篇云勉勝也通作剋又作勉皆俗作也御覽荆法部十八引尚書大傳云弱而受荆謂之剋淮南兵略篇云剋國不及其民是皆以剋爲勝也依正文當作克說文云克肩也象屋下刻木之形釋言云克能也能亦勝故書云剛克柔克鄭注克能也馬注克勝也克與刻音義同故釋名云克刻也刻物有定處人所克念有常心也按爾雅宋本此作剋下作克釋文無剋字知陸本俱作克今宏據以訂正焉捷者說文云獵也則與獨同意又云軍獲得也則與克同意謚法云捷克也克卽勝故詩一月三捷周語云且獻楚捷吳語云事若不捷毛傳及韋注竝云捷勝也功者與攻同說文云攻擊也攻擊與戰勝義近上文云攻善也善勝亦聲轉義近凡言善於此者亦言勝於此也通作功大司馬云若師有功又云若師不功鄭注功勝也漢書董賢傳云賢第新成功堅集注功字或作攻是攻與功通肩者

說文以爲克之訓也肩任負何力能勝之謂之克旣爲肩知肩亦爲克故郭云肩卽剋耳書云朕不肩好貨正義引舍人曰肩強之勝也按肩之爲言堅也堅強與能勝義近堅與賢聲近賢於人卽[illegible]戡者書序云西伯戡黎正義引孫炎曰戡[illegible]通作戔說文引書西伯戔黎邑部盩下又[illegible]戡戔通又通作龕文選詩注龕與戡音義[illegible]音同耳戡訓刺戔訓殺二義皆與勝近但[illegible]字經典俱僭作堪堪訓任任卽勝也故晉[illegible]堪也列子仲尼篇云堪秋蟬之翼韋昭及[illegible]云堪猶勝也墨子非攻篇云往攻之予必[illegible]之亦以堪爲勝也藝文類聚及文選注竝[illegible]作戡。克訓勝又訓殺者書弗迓克奔馬[illegible]禦克奔鄭注克殺也不得暴殺紂師之奔[illegible]公羊隱元年傳曰克之者何殺之也穀梁[illegible]何能也何能也能殺也是皆郭義所本也[illegible]云用之於戰勝鄭注勝克敵也素問金匱[illegible]所謂得四時之勝者王砅注四時皆以所[illegible]勝也勝謂制剋之也肩者下文云作也造作與[illegible]義近詩云佛時仔肩毛傳仔肩克也鄭箋仔肩任也明仔肩連文爲訓其實單文亦通故說文云仔[illegible]皆二字俱訓克也戡者勝也勝亦爲克故不勝言弗克亦言弗堪堪克聲轉耳劉者逸周書世俘篇[illegible]咸劉商王紂孔晁注劉剋也。殺者說文云戮也釋名云竄也埋竄之使不復見也通作弒大司寇及士冠禮注竝云篡殺釋文竝云殺本作弒劉者說文作鎦云殺也通作劉書云無盡劉詩勝殷遏劉毛傳劉殺也劉聲近膢漢書武帝紀注引漢儀注立秋貙膢伏儼曰膢音劉劉殺也師古曰續漢書作貙劉[illegible]劉義各通然則劉又秋獮之名與獮義同矣獮者說文作獮云秋田也經典俱作獮釋天云秋獵爲獮大司馬注秋田爲獮獮殺也刺者司刺注刺殺也郭引公羊僖廿八年傳刺之者何殺之也說文訓以君殺大夫曰刺蓋據春秋書刺之文而壹施之卽實非[illegible]秋官三刺下逮庶民晉刺懷公又非大夫故晉語云殺懷公於高梁又云刺懷公于高梁證知刺殺通名亦猶弑殺古通用矣。

義疏

郝注刊誤

犯奢果毅剋捷功肩戡勝也

毅者、說文云有決也。左氏宣二年傳、殺敵為果、致果為毅。楚語云毅而不勇、韋昭注毅、果也。是毅與果同但義有淺深耳。

念孫案、爾雅校勘記以殺為衍字、甚確。當從之。

犯奢果毅剋捷功肩戡勝也 孫注果作慄決之勝也。戡、強之勝也。舍人注肩、強之勝也。郭注陵犯、誇奢、果毅、皆得勝也。左傳曰殺敵為果。肩即克耳。書曰西伯戡黎。犯、从巳。覃也。覃、含、淡也。巳即含苞之含。語、好犯上者。記、有隱而無犯。勝上為犯。易、範圍天地而不過。語、犯而不校。此勝主。謂軍陣、則犯謂先登也。與果毅皆見左傳。今所不引。奢、从大者、籀作奓。詩、哆兮侈兮、春秋傳、婦人以眾多為侈也。果、从木、象形。記、必果、必不果。又與過同用。記、師爾過、過人、即勝人也。毅、从殳、豪、豕怒而能殳之。記、剛毅。語、弘毅、武毅也。克、象屋下刻木之形。从人、口下象前、楣楹承之、因以為克敵字。易、三秊克之、書、既克商。捷、从又止、屮手足並用、故為疾、亦為疾加手俗字也。詩、一月三捷、春秋、戎捷。功、从力工。周官、若師不功。與攻同用。肩、象肩形。書、朕不肩好貨。肩、任也。勝、任。雖同意、以肩為勝、則無以言之。戡、从甚。甚、从甘匹。書、西伯𢦟者、从今、取拑鈐義耳。詩、未堪家多難。言不勝任也。勝、从力朕。朕、从灷舟。灷即送也。能送舟、故為勝任。

勝肩戡劉殺克也 郭注、轉相訓耳。公羊傳曰克之者何、殺之也。此別釋勝肩戡為能也。月令、陽气不勝。書、永肩一心。又惟時二人弗堪。又咸劉厥敵、皆謂克之。殺、下別釋。則此殺謂減殺、非斬殺也。周官、凶荒殺禮、謂克減之。書、剛克柔克、減此益彼也。

劉獮斬刺殺也 郭注、書曰咸劉厥敵。秋獮為獮、應殺氣也。公羊傳曰、刺之者何、殺之也。書、無盡劉。詩、勝殷遏劉。獮、从犬璽、無義。說者讀為選、當為鮮。大傳以西為鮮方、禽獸亦有鮮鮮斯同用、有減殺肅殺二義。斬、从斤車。詩、國既卒斬、傳、斷也。禮皆言斬伐、是斬主於伐木為車。說文在車部是也。而以車裂說之、則非。月令、斬殺必當以斷木喻刑殺耳。春秋傳、君殺大夫謂之刺。若詩之刺、諷令自殺也。刺、从刀朿、以刀厶刺。詩、天何以刺。殺、从杀、蓋積朮刈之、斬刺杀皆主殺。艸木、聖人不作殺人字也。說文又作弒字、斯為謬矣。

集解

犯奢果毅剋捷 功肩堪勝也 犯、侵也。从犬㔾聲。謂犬犯人也。引申為凡陵犯之通偁。欲勝人者乃犯人。故又引申為勝。廣韻、犯、勝也。禮記曲禮、介胄則有不可犯之色、言有不可勝之色也。奢、張也。从大者聲。籀文作奓。引申為勝、謂張大而欲勝人也。論語所謂奢則不遜是也。文選西京賦、麗美奢乎許史、注、訓過。過猶勝也。詩巷伯、哆兮侈兮。春秋傳、婦人以眾多為侈也。管子大匡、關市之征侈之、注謂過常、即過勝意也。以侈為之。或者奢之正字為勝與。勝奢雙聲。果、木實也。从木田、象果形在木之上。正字為過。莊子至樂釋文、果本作過。以過為果也。過、渡也。引申為勝。論語師也過、禮記師爾過、是也。過果通用字。晉語、是之不果奉、注、果、克。呂覽適威、以為造父不過也、注、過猶勝也。或者正字為敢與。毅、妄怒也、一曰有決也。从殳豙聲。引申為勝。論語、剛毅木訥近仁、是也。楚語、毅而不勇、注、毅、果也。左宣二傳、殺敵為果、致果為毅。毅有致果之力、因有殺敵之勝也。剋、字本作勊、尤劇也。从力克聲。正字為克。克、肩也。謂以肩任物也。引申為勝。詩小宛、飲酒溫克。禮記禮器、我戰則克。傳注均云克、勝也、是也。剋勊古今字。勊克通用字。書洪範、三曰柔克。後漢書鄭興傳作柔剋。馬注、克、勝也。後漢書張衡傳、偈若卑體屈己、美言以相剋、注、剋、勝也。禮記坊記、食時不力珍、注、力、猶勝也、以力為之。捷、軍獵也。軍獲得也。獲勝乃能獲得。詩采薇、一月三捷、傳、捷、勝也。周語、且獻楚捷、吳語、事若不捷、則是盡也、韋注均云捷、勝也。功、以勞定國也。从力从工、會意、工

爾雅詁林 一 釋詁上

亦贊。以勞定國者必勝人。周禮大司馬若師有功、又云若師不功、注功、勝也。肩、髆也、从肉象形。俗從户、非。引申為勝、謂肩能勝物也。詩敬之佛時仔肩、傳仔肩、克也。書盤庚朕不肩好貨、正義引舍人曰肩、强之勝也。堪、地突也、从土甚聲。正字為𢦟。書西伯戡黎、說文引作𢦟。郭注此經引作堪。漢書五行志王心弗𢦟、孟康說古堪字、以𢦟為戡也。𢦟、殺也。殺之即所以勝之也。𢦟、戡通用字。詩小毖未堪家多難、傳堪、任。正義引釋詁云堪、勝。亦任之誼也。魯語口弗堪也、列子仲尼堪秋蟲之翼、注均云堪猶勝也。文選李少卿答蘇武書功難堪矣、注堪、勝也。謝靈運述祖德詩龕暴資神理、注龕、勝也。魯語不能任重、注任、勝也。廣雅釋詁劵、取也。竹書周師取耆、即西伯𢦟耆、謂勝耆也。以龕任劵為之勝、字本作勝、任也。謂能任事也。从力朕聲。經典多借用乘、或騰。書西伯戡黎序周人乘黎、鄭注乘、勝也。呂覽權勲天下兵乘之、注乘、猶勝也。逸周書文酌騰屬咸衆、謂勝屬耳。

勝肩戡劉殺克也

此别釋勝肩戡為能也。禮記月令陽氣不勝。書盤庚永肩一心。君奭惟時二人弗堪。堪即戡、均謂克能。劉殺釋克、謂自勉耳、非斬殺也。劉劍一字、劍下云勉勉即自勉也。周禮凶荒殺禮、墨子非攻罪死無殺、則自勉而或減殺也。克、能也、一曰約也。經典多以為勉之借字。

劉獮斬刺殺也

此劉為戮之借字耳。周禮司戮注、謂膊焚辜肆。晉語而戮其死者、注陳尸曰戮。均以戮而釋殺也。劉戮通用字。書盤庚重我民無盡劉、君奭咸劉厥敵、偽傳均云劉、殺也。詩武勝殷遏劉、傳劉、殺。左成十三傳虔劉我邊垂、注虔、劉皆殺也。後漢書張衡傳弔祖江之見劉、注劉、殺也。說者以劉為說文所無、謂即鐂字。今謂鐂從金畱、兵器名也。書顧命一人冕執劉、即說文之所謂鐂也。釋殺之劉與戮通用、說文直釋鐂為殺、誤矣。獮、秋田也、字或作獼。秋田所以應殺氣也。周語獮於既烝、注秋田曰獮。獮、殺也、順時始殺也。文選西京賦已獮其什七八、注獮、殺也。書皋陶謨艱食鮮食、偽傳鳥獸新殺曰鮮、以鮮為之。斬、斷也、从車从斤、謂斷木以為車材也。周禮仲冬斬陽木、仲夏斬陰木是也。引申為殺、以殺木喻刑殺也。說文以為斬法車裂、誤矣。周禮司戮掌斬殺賊諜而膊之。詩雨無正斬伐四國、謂殺伐也。周禮大司馬放殺其君則殘之、注殘、殺也。史記樊酈滕灌傳凡二十七縣殘、集解謂多所殺傷也。淮南本經芟野菼、注芟、殺也、以殘芟為之。刺、直傷也、从刀朿、謂直殺也。春秋僖二十八年、公子買戍衛、刺之。公羊傳、刺之者何殺之也。晉語遂刺欒盈滅欒氏、注刺、殺也。殺、戮也、从殳杀聲。

義證

犯奢果毅剋捷功肩堪勝也（勝、尸證反。下同。）

㊟陵犯誇奢果毅皆得勝也。左傳曰殺敵為果。肩則剋耳。書曰西伯堪黎。【補正】邢疏、舍人曰肩、强之勝也。孫炎曰戡、勝之勝也。陵犯、誇奢、殺敵為果、致果為毅。剋殺、捷獲、有功、肩剋、堪任、是皆得勝也。

劉獮斬刺殺也（獮、息淺反。）

㊟書曰咸劉厥敵。秋獵曰獮應殺氣也。公羊傳曰刺之者何殺之也

郭注補正

犯奢惈毅剋捷功肩堪勝也

陵犯夸奢惈毅皆得勝也左傳曰殺敵為惈肩即剋耳書曰西伯堪黎

釋文云夸、或作誇。案仿宋本單疏本雪牕本俱作誇。說文夸、奢也。作夸者是。阮氏元以經之毅字為衍文、以注之惈毅為後人竄入。樹枏案、郭以惈毅為得勝、而惈字之義不明、故重引左傳以申之。陵犯夸奢為句、惈毅皆得勝也為句、謂惈與毅皆得勝之義也。據釋文則陸氏所見郭本作惈、不言注有異同、蓋注文亦作惈也。元應大智度論十六卷音義引蒼頡篇惈、憨也。殺敵為惈。爾雅惈、勝也。孫

炎曰慄、決之勝也。今亦作果。據此則殺敵爲慄、字本作慄。後人據今本左傳改爲果、遂併經文而亦改之、失其舊矣。　釋文云堪、字又作戡。𨞪、郎兮反、國名。本作黎。樹枬案、陸釋經文堪字不言注有異同、則注之作堪可知、雪聰本改戡、非郭注之舊。𨞪字諸本皆作黎、陸所據郭本與說文合。

劉獮斬刺殺也

書曰咸劉厥敵秋獵爲獮應殺氣也公羊傳曰刺之者何殺之也

毛本作秋獵曰獮。案、釋天作爲、不作曰。

郭注佚存補訂

犯奢慄毅剋捷功肩堪勝也

犯奢慄、求勝人也。郭注云陵犯誇奢、以陵釋犯、以誇釋奢也。說文云犯、侵也。奢、張也。侵陵、誇張、皆勝義也。曹風蜉蝣序云、刺奢也。昭公好奢、徒以衣服華美勝人、故君子刺之。　慄與果同。郭注云果毅、以毅釋果、猶上之以陵釋犯以誇釋奢也。故引左傳殺敵爲果、而不引致果爲毅、以經中無毅字也。傳寫者誤將注中毅字入於經、沿誤遂至於今。一切經音義九引蒼頡篇云果、憨也。殺敵爲慄。孫炎云慄、決之勝也。慄果同字。　剋捷功、爲勝敗之勝。剋與克通、剋卽克也。鄭風清人序云高克好利、彼釋文云克本作剋。剋、俗體也。說文云克、肩也。肩亦勝也。小雅小宛飲酒溫克、大雅桑柔如云不克、傳箋竝云克、勝也。蕩曾是掊克、傳云掊克、自伐而好勝人也。疏云克者勝也。小雅正月如不我克、箋云如將不勝我、亦以克爲勝也。克又訓能。齊風南山豳風伐柯匪斧不克、大雅生民克禋克祀、蕩鮮克有終、周頌思文克配彼天、魯頌泮水克明其德、傳箋竝云克、能也。小雅采芑克壯其猷、正月既克有定、大雅文王王國克生、克配上帝、蕩克共明刑、烝民民鮮克舉之、周頌雝克昌厥後、箋竝訓克爲能、能卽勝也。　捷者、說文云獵也、軍獲得也。獲得卽勝也。小雅采薇一月三捷、傳云捷、勝也。　功之訓勝者、凡戰勝皆謂之功。周禮大司馬若師有功、注云功、勝也。大雅文王有聲有此武功、常武天子之功、周頌武耆定爾功、烈文念茲戎功、魯頌泮水在泮獻功、閟宮克咸厥功、魯侯之功、皆謂戰

爾雅詁林　一　釋詁上

勝之功也。獻功猶獻勝也。功與攻通。漢書董賢注云功字或作攻。荀子議兵篇械用兵革攻完便利者强注云攻當爲功。小雅車攻我車既攻、傳云攻堅也。堅强與勝義相成。　肩者、說文云克、肩則肩亦克也。故郭注云肩卽克也。肩堪爲勝任之勝、舍人云肩强之勝也。周頌敬之佛時仔肩、傳云仔肩克也。箋云仔肩任也。疏云釋詁肩勝卽堪任之義、故爲任也。　堪者、周頌小毖未堪家多難、傳云堪任也。任謂勝任。郭注引書西伯堪黎釋文云堪字又作戡。孫炎云戡强之任也。蓋孫本作戡、郭本作堪。又通作戓。書西伯戡黎、說文戈部作戓黎、而邑部又引作戡黎、蓋同字也。

勝肩戡劉殺克也

勝又爲克者、書序武王勝殷、漢書律歷志作武王克殷、是勝爲克也。小雅正月靡人弗勝、傳云勝、乘也。疏謂乘陵之乘、陵卽克義也。商頌玄鳥武王靡不勝、傳云勝任也。勝任亦能克之義。　劉者、周頌武勝殷遏劉、毛傳云劉殺也。箋云舉兵伐殷而勝之、勝之卽克之也。　殺者、郭注引隱元年公羊傳曰克之者何、殺之也。穀梁傳曰克者何、能也。何能也、能殺也。克與殺其義一也。詩譜序云若違而弗用、則被勘殺大禍如此。疏云大禍如此謂如厲幽陳靈惡加於民被放弒也。弒與殺通。士冠禮釋文云殺本作弒。

劉獮斬刺殺也

劉者、方言云秦晉宋衛之間謂殺曰劉、晉之北鄙亦曰劉。大雅桑柔言采其劉、傳云劉爆爍而希也。朱子云劉殘也。爆爍摧殘皆與殺義相近。　獮者、釋天云秋獵爲獮、郭注云順殺氣也。大司馬注云獮殺也。　斬者、說文云截也。小雅節南山國既卒斬、毛傳云斬斷也。截斷皆殺也。雨無正斬伐四國、箋云天下諸侯於是更相侵伐、侵伐卽肆行殺戮也。大雅棫樸箋云豫斫以爲薪、彼釋文云斬一本作斫。斫亦殺也。　刺者、說文云君殺大夫曰刺、引申之爲凡刺殺之稱。詩言美刺、猶春秋所謂口誅筆伐也。仍是刺殺之義。

說詩

犯奢果毅尅捷功肩尅誤尅。果、釋文作惈。

詿陵犯誇奢誇、釋文作夸、云或作誇非。西伯堪黎堪、尚書作戡。黎、釋文作𪐝。

爾雅詁林　一　釋詁上

疏戡强之勝也强誤勝。

劉獮節註秋獵爲獮為誤曰。

疏僖二十八年傳文八、監本誤七。

注疏正字

剋

俗字當作勊。

倮

注引左傳殺敵爲果、是郭本作果矣。釋文今本作果、今本指郭本也。

堪

元刻作戡、注引西伯戡黎。庸人曰作堪誤。說文戡䤈作戒䤈、葢堪戡戒音同、可以通叚、不可以作堪爲誤也。黎當从釋文作䤈、然䤈爲本字、且釋文作䤈可見古本不作黎矣。

小箋

犯剋捷功肩堪勝也

引之謹案勝又訓爲陵、故犯亦訓爲勝、取陵犯之義也。漸九五終莫之勝、虞注曰勝陵也。管子侈靡篇得天者高而不崩、得人者卑而不可勝、謂卑而不可陵也。是勝與陵犯同義。剋捷功爲勝敗之勝、肩堪爲勝任之勝、竝見邢邵疏。堪又爲勝敗之勝與勝任之勝、見郭注。勝敗之勝與勝任之勝、相陵犯之勝、古皆讀若升、故同爲一訓。逸周書周祝篇陳彼五行必有勝、天之所覆盡可稱。又曰維彼大心是生雄、維彼忌心是生勝。呂氏春秋貴因篇賢者出走命曰崩、百姓不敢誹怨命曰刑。勝是勝敗之勝、古亦讀若升。

述聞

犯奢倮毅剋捷功肩堪勝也　釋文云倮本今作果。案說文心部無倮字、石經單疏本作果。　剋、釋文不出、今依石經俗字也。當作克。說文亭、肩也。俗又从寸作尅、尤非。下克也石經作克。　釋文云堪字又作戡。尚書正義西伯戡黎引作戡。案說文土部堪、地突也。義別。戡刺也。从戈甚聲。又通𢦏。說文戈部𢦏、殺也。从戈今聲。商書曰西伯既𢦏䤈。今本誤黎。

勝肩戡劉殺克也　戡釋文不出、今依石經。　說文金部鎦、殺也。从金留聲。無劉字。

劉獮斬刺殺也　釋文云獮、說文或作𤢂。案說文犬部𤢂、秋田也。从犬璽聲。或作獼。

匡名

犯奢倮毅尅捷功肩堪勝也勝肩戡劉殺克也劉獮音蘚斬刺殺也　說文𦝫、任也。从力朕聲。註任者、保也。保者、當也。凡能舉之能克之皆曰勝。本無二義二音、而俗強分平去。亭、肩也。象屋下刻木之形。肩、仔肩也。能任故能勝也。殺、戮也。公羊隱元年傳、克之者何、殺之也。勝克殺義相通、故轉相訓也。犯、侵也。周禮馮弱犯寡、註犯、勝也。奢、張也。凡奢侈者自以爲勝人、故引伸之爲勝也。殷堯藩詩、笙歌盡鬬奢。孫炎云倮、決之勝也。通作果。左宣二年傳殺敵爲果、致果爲毅。毅、妄怒也。一曰有決也。尅通作克。左莊十一年傳、得儁曰克。玉篇克、勝也。捷、獵也。軍獲得也。小雅一月三捷、傳捷、勝也。周禮若師有功、鄭註功、勝也。肩、髆也。从肉象形、俗从戸。凡人負物惟肩能任、故引伸之爲勝也。盤庚朕不肩好貨、疏肩、强之勝也。堪、地突也。地之凸出者曰堪。此言地高處無不勝任也。故引伸之凡勝任者皆曰堪。周語下能堪其任。○史記百戰百勝、註勝、克也。周頌佛時仔肩、傳仔肩、克也。戡、刺也。戡卽堪、古作𢦟。說文引書西伯旣𢦟黎、註𢦟、克也。劉、說文作鐂、殺也。君奭咸劉厥敵、註劉、克也。周頌勝殷遏劉、傳劉、殺也。周禮遂以獮田、註獮、殺也。斬、暫也。斬、截也。小雅斬伐四國、釋文斬、暫也。暫加兵卽斷也。弑君殺大夫曰刺。刺、直傷也。从刀朿、朿亦聲。公羊僖二十八年傳、刺之者何、殺之也。

啓蒙

惈 果 釋文。惈本亦作果。案郭注引左傳殺敵爲果。當作果。

必求本字正當作午爾

剋 勀 段氏玉裁曰。勊之字譌而從刀。猶勮之譌而从刀也。

獮 𤢺 釋文。獮說文作𤢺。今說文作𤢺。

黃侃評本正名

犯奢果毅剋捷功肩堪勝也

邢疏云。皆謂得勝也。

勝也者。說文。勝。任也。从力朕聲。任。儋何也。章先生曰。禮記祭義班白者不以其任行乎道路。鄭注云。任所儋持也。說文任訓保。乃引申義。周禮冢宰以九職任萬民。鄭注云。任猶剸也。傳卽剸刃之傳。然則任亦有刺義。以上章先生說見文始 詩商頌武王靡不勝。傳云。勝任也。宣十二年左傳可勝既乎。孔疏云。重物不可舉者謂之不勝。用之不可既者亦言不勝。呂氏春秋誣徒篇理義之術勝矣。高注云。勝猶行也。論威篇過勝之所在也。高注云。勝有所勝也。

犯者。說文。犯。侵也。从犬巳聲。从人又持帚若埽之進。又手也。案左傳無鐘鼓曰侵。穀梁傳苞人民敺牛馬曰侵。則侵有直入以求必勝之義。犯訓侵則亦當然矣。周禮大司馬馮弱犯寡則眚之。鄭注云。言不字小而侵侮之。是以侵侮釋犯也。

奢者。說文。奢。張也。从大者聲。籀文作奓。段玉裁曰。張者施弓弦也。引伸爲凡充庰之稱。以上段語見說文解字注 案西京賦麗美奢乎許史。薛綜注云。言被服過此二家。蓋張奓所以爲過。過之猶勝之矣。呂氏春秋高注云。過猶勝也。書序周人乘黎。某氏傳云。乘勝。蓋乘上奢過之義一矣。隱三年左傳驕奢淫泆。孔疏云。奢謂夸矜僭上。此亦直刺義也。

果者。說文果訓木實。从木象果形在木之上。無勝義。訓勝者當爲敢之借。敢正作𠭥。進取也。从𠬪古聲。𢽎籀文𢽎。𠭖古文𠭖。隸變作敢。章先生曰。籀文从爪从月从𠬪。執𠬪冐而前也。然則敢爲執兵器以進取。勇敢謂之勇果。談盇歌泰亦有旁轉。如冄聲之字爲那。盈科借爲盈坎也。以上章先生語見文始及國故論衡成均圖 賈子道術篇信理遂惔謂之敢。大戴禮記文王官人潔廉而果敢者也。盧注云。果敢謂不虞不懼也。通作果。晉語其身果而辭順。韋解云。果謂敢行其志也。宣二年左傳殺敵爲果。孔疏云。能殺敵人是名爲果。俗作惈。一切經音義九引倉頡篇云。惈。憨也。殺敵爲惈。爾雅惈。勝也。孫炎曰。惈。決之勝也。方言惈。勇也。爾雅釋文作惈云。本今作果。邵疏據之改果爲惈。實則說文有果無惈。而爾雅果勝之果乃敢之借也。

毅者。唐石經宋監本單疏本雪牕本同有毅字。阮元校勘記因郭注引左傳殺敵爲果以釋果。未引致果爲毅。知無毅。更據段玉裁謂注以果毅釋惈。猶以陵犯夸奢釋犯奢也。定毅爲衍文。王念孫謂校勘記以毅爲衍字。甚塙。當從之。以上王語見郝疏刊誤 今案據郭注似無毅字。惟邢疏亦有毅字。經文當以唐石經爲正。不可刪。說文。毅。妄怒也。一曰有決也。从殳𧰨聲。左傳戎昭果毅以聽之之謂禮。殺敵爲果。致果爲毅。周語亦云致戎以果毅。明戎事惟果毅能致勝也。論語士不可以不弘毅。章先生曰。弘卽強字。爲彊有力。說文毅有決也。任重須彊。不彊則力絀。致遠須決。不決則志渝。以上章先生語見廣論語駢枝 書皋陶謨擾而毅。鄭注云。致果曰毅也。

剋者。勊之譌字。段玉裁云。勊之字譌而从刀。猶勮之譌而从刀也。以上段語見說文解字注 宗鄦案郭注云。肩卽剋耳。則此剋乃克之俗也。說文。克。肩也。象屋下刻木之形。章先生曰。屋下刻木蓋藻井之類。尚書大傳曰。桷。庶人到加。西京賦言蔕到茄於藻井。然則桷與藻井並到茄。後世亦有畫棟。疑古制本然。屋下刻木所以承棟梁者。引申爲能義。以上章先生語見文始及口講 案說文。肩。髆也。徐鍇曰。肩任也。負何之名也。與人肩膊之義通。能勝此物謂之克。案楚金之說與克爲藻井之說相符。揚搉言之殆爲篤論。詩小雅飲酒溫克。傳云。溫勝也。書洪範二曰剛克。三曰柔克。馬注云。克勝也。鄭注云。克能也。是能勝同義。俗作剋。老子則無不剋。王注云。剋勝也。一切經音義二十五引字林云。剋能也。

捷者。說文。捷。獵也。軍獲得也。从手疌聲。春秋傳曰。齊人來獻戎捷。案軍有獲得則勝矣。詩小雅一月三捷。傳云。捷勝也。

功者。說文。功。以勞定國也。从力从工。工亦聲。周禮司勳國功曰功。鄭注云。保全國家若伊尹。案孟子言伊尹自任以天下之重。如鄭意則功亦有任義矣。周禮大司馬若師有

功。鄭注云。功勝也。逸周書大武解有功無敗。王念孫云。爾雅功勝也。燕策亦云轉禍而爲福。因敗而爲功。以上王說見讀書雜志

肩者。說文。肩。髆也。从肉象形。說文。克。肩也。象屋下刻木之形。章先生說以爲藻井之類所以支岠棟梁者。勝任支載義相引也。以上章先生說見文始及國故論衡語言緣起說 故舍人云肩強之勝也。尋肩本爲肩髆字。肩所以儋當。以肩荷物曰肩。猶口所以言食。左傳謂口善言曰有口矣。肩能荷物謂勝任也。故肩亦訓勝矣。克承棟梁亦取象於肩。故說文云克肩也。詩周頌佛時仔肩。鄭箋云。仔肩任也。勝訓任。故仔肩亦勝矣。

堪者。唐石經宋監本單疏本注疏本皆此條作堪。下條作戡。惟雪牕本同作戡。釋文亦作堪。云本又作戡。今從釋文唐石經作堪。說文。堪。地突也。从土甚聲。章先生曰。地突可以負舉。亦有勝義。故釋詁云堪勝也。由勝任義引申復爲支載也。以上章先生語見國故論衡語言緣起說 通作欽。章先生曰。莊子庚桑楚道者德之欽也。欽借爲堪。大宗師篇堪坏。淮南作欽負。是其相通之證。說文。堪。地突也。引申訓載。道本由道路引申。故喻之以地突。以上章先生語見莊子解故

勝肩戡劉殺克也

皆謂克能也。能殺也。

克也者。說文。克。肩也。象屋下刻木之形。章先生曰。克屋下曲木所以承棟梁者。引申爲能義。又由能引申爲殺義。能獸堅中。故稱賢能。而彊壯稱能傑也。豪傑之傑从桀聲。而古亦往往用桀。桀本伸張人體於木而刳其腹之謂。傑蓋以聲兼義。指目其能殺人耳。故能有殺義。以上章先生說見諸祖耿筆記 隱元年穀梁傳克者何。能也。何能也。能殺也。

勝者。說文。勝。任也。墨子經上云。辯勝當也。說文任訓保。保訓當。義亦相應。引申爲戰勝。宣十二年公羊傳勝乎皇門。何注云。勝謂戰勝。戰勝則克敵。禮記聘義用之於戰勝。鄭注云。勝克敵也。素問金匱眞言論所謂得四時之勝者。王注云。勝謂制尅之也。尅者克之俗也。

肩者。說文。肩。髆也。說文。克。肩也。克訓肩。則肩亦克矣。書盤庚朕不肩好貨。章先生曰。釋詁肩克也。朕不肩好貨。言朕不能好貨也。殷民以總於貨寶爲賢。故言不能。又永肩一心。章先生曰。爾雅。肩。克也。克。能也。永肩一心。言永能一心也。以上章先生語見古文尚書拾遺定本及口講

戡者。說文。戡。刺也。从戈甚聲。於克義微遠。訓克者當爲𢦏之借。說文。𢦏。殺也。从戈今聲。商書曰西伯既𢦏黎。章先生曰。釋詁戡訓克。與殺同訓。說文𢦏訓殺。以戈矛刺人爲𢦏爲殺。猶以錐刀刻木爲克矣。以上章先生語見新方言 𢦏字希見於經典。通以戡爲之。書西伯戡黎。史記殷本紀云及西伯伐飢國滅之。周本紀云。敗耆國。史公以滅詁戡。則殺之之義。以敗詁戡。則勝之之義也。通作揕。章先生曰。史記刺客傳左手把其袖。右手揕其匈是也。揕今俗作砍也。以上章先生語見國故論衡語言緣起說 亦通作堪。章先生曰。墨子非攻篇往攻之。予必使女大堪之。此勝之之義也。以上章先生語見國故論衡語言緣起說 又曰。周語王心弗堪。漢書五行志作王心弗𢦏。以上章先生語見春秋左氏疑義答問 又通作咸。章先生曰。說文咸字从戌。戌者滅也。書咸鎦厥敵。逸周書世俘解咸鎦商王紂。與春秋傳克滅侯宣多同義。蓋與𢦏同字。𢦏。殺也。以上章先生語見文始

劉者。說文作鎦。云殺也。逸周書世俘篇則咸劉商王紂。孔疏云。劉。剋也。剋者克之俗也。史記周本紀至紂死所。武王自射之三發而後下車。以輕劍擊之。以黃鉞斬紂頭。是咸鎦商王紂之事也。孔云鎦剋。則鎦剋亦擊斬之謂矣。

殺者。說文。殺。戮也。从殳杀聲。戮。殺也。殳以杸殊人也。殊。死也。漢令曰。蠻夷長有罪當殊之。漢法殊死謂斷頭也。則殺謂以杸斷人頭。猶以錐刀刻木爲克矣。故殺訓克。周禮掌戮鄭注謂殺以刀刃若今棄市。此以漢法爲況。古蓋未必然 𣏂古文殺。邢疏云。殺謂得勝之殺也。是也。隱元年春秋經鄭伯克段于鄢。公羊傳云。克之者何。殺之也。此得勝之殺也。通作蔡。章先生曰。𣏂與蔡同。蔡殺聲同。說文有𣏂。其古文作𣏂。三體石經陳蔡之蔡作𣏂。左傳周公蔡蔡叔。據正義蔡作𥝢。或爲漢人亂之。抑七國時亂之。不可知也。而蔡即殺字則無疑。因古文蔡殺𥝢皆書作𣏂故也。大戴記五帝德孟子萬章篇皆云殺三苗于三危。殺即𥝢。遷也。放也。書序成王既黜殷命。殺武庚。逸周書作雒解則言王子祿父北奔。是武庚非誅死。殺武庚者。𥝢武庚也。以上章先生語見廣論語駢枝 亦通作竄。章先生曰。大戴記孟子皆言殺三苗於三危。書舜典作竄。竄應作𥝢。分散也。以上章先生口講 亦通作弒。左氏僖九年經晉里克殺其君之子奚齊。公羊作弒。章先生曰。論語崔子弒齊君。鄭云。魯讀崔爲高。今從古。案崔杼弒齊君光。事見春秋。坦然明白。扶卿何因不見而妄改爲高。正恐古文本是高子耳。據釋文弒本又作殺。此舊本也。殺卽𥝢。高子𥝢齊君者。高子卽高厚。春秋傳言齊靈公立光爲太子。既又許立公子牙。遂東太子光。使高厚傅牙以爲太子。東太子光所以遷也。時光尙未成君。從後追言。故曰齊君。此事本由靈公自主。然高厚齊之守卿。嘗相太子光。會諸侯於鍾離。不與謀則遷廢之事不成。故歸獄焉。遷卽竄。故云殺齊君。一變遂爲崔子弒齊君矣。古文恐無弒字。古書弒與殺往往相掍。至漢乃分別之矣。以上章先生語見廣論語駢枝及口講

爾雅詁林　一　釋詁上

劉獮斬刺殺也

皆致法之殺也

殺也者說文殺戮也从殳杀聲周禮司刑殺罪五百鄭注云殺死刑也此言致法之殺與上條之殺指目得勝之殺異

劉者說文作鎦云殺也方言劉殺也秦晉宋衛之間謂殺曰劉晉之北鄙亦曰劉詩周頌勝殷遏劉傳云劉殺箋云舉兵伐殷而勝之以止天下之暴虐而殺人者則劉亦致法之殺矣

獮者說文作𤢂云秋田也从犬璽聲隸省作獮秋獮之法本爲古制著於周禮至春秋猶述遵無廢隱五年左傳臧僖伯云春蒐夏苗秋獮冬狩皆於農隙以講事也鳥獸之肉不登於俎皮革齒牙骨角毛羽不登於器則公不射古之制也杜注云獮殺也以殺爲名順秋氣也周禮大司馬中秋教治兵遂以獮田如蒐之灋羅弊致禽以祀祊鄭注云秋田爲獮獮殺也周語獮於既烝韋解云秋田曰獮獮殺也順時始殺也是獮爲秋獵逐殺禽獸之專名其事著於典法歲以爲常故可爲致法之比矣釋天秋獵爲獮蓋是周公所制之舊文可以徵知者也

斬者說文斬截也从車从斤斬法車裂也斤爲斫木斧依段據小徐本訂正截訓斷斬截之斷正當爲斷又斷截也从𢇍从斷斷或从刀專蓋斬亦斷頭矣然斬以斧者致法之通制剸以刀者致刑公族之特法也禮記文王世子公族有死罪則磬于甸人其刑罪則纖剸亦告于甸人周語有斧鉞刀墨之民韋解云斧鉞大刑也後漢書蔡茂傳茂上書云然頃者貴戚椒房之家數因恩埶干犯吏禁殺人不死傷人不論臣恐繩墨棄而不用斧斤廢而不舉李注云斧斤謂刑戮也是剸用刀斬用斧之徵也釋名斫頭曰斬斬要曰要斬斬暫也暫加兵即斷也此皆致法爲斬也詩小雅國既卒斬傳云斬斷也此則通言矣

刺者說文刺君殺大夫曰刺刺直傷也从刀从朿朿亦聲章先生曰刺殺爲事則同以名有別殺者公私之通號刺者致法之專稱刺小司寇之正制也其職曰以三刺斷庶民獄訟之中一曰訊羣臣二曰訊羣吏三曰訊萬民聽民之所刺宥以施上服下服之刑司刺又有三刺三宥三赦之法然皆非施于公族者記文王世子篇公族有死罪則磬于甸人其刑罪則纖剸亦告于甸人天官甸師王之同姓有罪則死刑焉謂不與國人慮兄弟也蓋惟依正制而致于法乃得名刺矣春秋魯殺大夫惟公子買公子偃此皆公族買本無罪僖公殺以自解偃之死乃激于穆姜之一言亦非有逆謀者而春秋悉以刺書非謂司寇奉法刑戮罪人正以公族之誅事異恆衆叔牙慶父職爲亂階死皆不行其誅買偃罪非在辟而施小司寇三刺之法與國人慮兄弟傎執甚焉故書以示譏非以爲諱也公羊謂諱殺言刺若外殺大夫魯未知其致法否也故不問情狀悉以殺書使人覽傳自知其事以上章先生語見春秋左氏疑義答問然則謂刺殺通名者又非其實矣郝懿行謂刺殺通名晉語遂刺欒盈韋解云刺殺也

本字考

犯、奢、果、毅、尅、捷、功、肩、戡、勝也。

勝兼勝任、勝負二義，犯、奢、尅、捷、功、勝負之勝也，果、毅、肩、戡、勝任之勝也。但二義亦互通，尅訓為能，即勝任之義，戡黎之戡，亦勝負之義也。果訓堅，果訓果敢，皆引申之義。必求本字，當作午爾。小徐本說文婐，一曰果敢也。克亦勝也，任也，故仔肩訓克，又訓任，堪訓克，又訓任，勝訓克，又訓任。

黃侃音訓

果。勝也。唐石經作果。釋文作惈、音果、云本今作果。一切音義引爾雅惈勝也，與釋文合。廣韻引倉頡篇亦作惈，則惈字甚古。而郭註引左傳殺敵爲果以證。果惈音義同、不必字體相同、如妉之引湛耽也。

堪勝也。註引書西伯堪黎。按今尚書作戡。說文邑部引書作西伯戡𨞲。伏生大傳亦作戡。此作堪非。

考異摘要

犯奢果毅勝也 郭注陵犯誇奢果毅皆得勝也左傳曰殺敵爲果

案、郭以果毅注果、猶以陵犯注犯、誇奢注奢。陵誇非經文、則毅字古本爾雅當亦無之。左宣二年傳、殺敵爲果、致果爲毅。若郭所据爾雅碻有毅字、不應引左傳不及下句、其切證也。阮氏元挍勘記、龍氏啟瑞爾雅句讀便讀竝以毅爲衍文、碻不可易。毅蓋涉注文而誤也。果、亦作惈、釋文出惈云音果、本今作果、可證。玄應經音義九大智度論十六惈敢下引爾雅惈勝也、孫炎曰惈決之勝也。說文殳部毅、妄怒也、一曰毅有決也。論語泰伯篇士不可以不宏毅、何晏集解引苞咸注毅强而能決斷也。然則毅有決義、郭以毅注果與孫炎以決注惈、義正一例。惟孫炎所据爾雅惈下亦無毅、故止曰惈決之勝、不曰惈毅決之勝。

剋勝也 校勘記唐石經單疏本雪牕本元本同。閩本監本毛本改尅、注中準此。

案說文刀部無剋、寸部亦無尅、部首克、肩也、象屋下刻木之形。此既與肩同詁爲勝、下克也條又詁肩爲克、可見此剋字古本爾雅元止作克。克有肩義、故郭注此條肩字曰即克耳。自唐石經誤此克爲剋、後人因改注中克字爲剋、陸氏心源翻刊宋咸平本至以下條克也之克亦誤爲剋、其竄改之蹟固可尋見矣。書洪範篇二曰剛克、釋文出克馬云勝也。詩小雅小宛篇飲酒溫克、毛傳克勝也。禮禮器篇我戰則克、鄭注克、勝也。皆古本爾雅元止作克之證。玄應經音義二十二瑜伽師地論十八克伏下、又慧琳經音義八十九高僧傳三克捷下、竝引爾雅克勝也、是作克一本唐人猶見及之、釋文不出此剋字、必陸元朗所見爾雅正與下條同作克也。

堪勝也 郭注書曰西伯堪黎、釋文堪字又作戡、同。苦含反。

案說文土部堪、地突也、殊無勝義。戈部𢦟、殺也、引商書曰西伯既𢦟黎。是此堪勝之堪、其本字當爲𢦟、惟堪爲𢦟之叚字、故堪詁爲勝亦詁爲殺。徐鍇說文繫傳於戈部𢦟下引爾雅堪殺也、可證今爾雅殺也條無堪、蓋奪文。劉氏玉麐補注殘本謂今斬字即堪之聲譌、恐非也。左昭二十一年傳泠州鳩曰王心弗堪、漢書五行志下之上引作王心弗𢦟、顏注引孟康曰古堪字、是堪與𢦟古本互通。据玉篇上土部堪下引爾雅堪勝也、郭璞云書曰西伯堪黎、是此條叚用堪字由來已久。釋文字又作戡、蓋謂孫炎本耳。邢疏引孫炎曰戡、勝之勝也。書序西伯戡黎正義戡、勝。釋詁文。孫炎曰戡、强之勝也。今邢引强作勝、誤也。可見孫炎所据爾雅此堪作戡、說文邑部𨛫下又引商書曰西伯戡𨛫、則作戡亦得也。此條之次有戡克也條、戡克也之戡當即此戡勝也之戡。依孫本爲戡、依郭本則皆當爲堪、今一作堪、一作戡者、二本相掍也。瑞椿嘗謂孫郭之書、後或幷合、得此證益信。元槧雪牕書院本猶据未與郭掍之孫注本、故於此條堪字正同下條改作戡。

董瑞椿補記

犯、奮、惈、毅、剋、捷、功、肩、堪、勝也。

說文云：「勝、任也；」段注云：「凡能舉之、能克之、皆曰勝。」爾雅之勝、兼此二義。王引之謂「勝敗之勝、與勝任之勝、古皆讀若升。」

犯者、管子侈靡篇云：「得天者高而不崩、得人者卑而不可勝、」不可勝、即不可犯也。是以漸九五「終莫之勝、」虞注訓勝爲陵、陵亦犯也。奢者、西京賦「麗美奢乎許史、」薛綜注云：「被服過此二家、」呂覽高誘注云：「過、勝也；」故奢訓勝。

倮殺者、倮亦作果、左傳云：「殺敵爲果、致果爲毅；」果毅皆以剛勇之氣勝人、故訓勝。

剋、或作尅；然皆剋之譌寫。段氏謂以力制勝爲剋。捷者、說文云：「獵也；軍獲得也；」左氏傳之告捷獻捷、皆勝獲之義、故捷訓勝。功者、「以勞定國」也；鄭注大司馬「若師不功、」云「功、勝也、」此假名詞爲動詞之用。剋、捷、功、之爲勝、皆勝敗之勝。

肩者、有所負荷、力能勝之。左傳「鄭子駟請息肩於晉、」即息任也；詩「佛時仔肩、」箋云：「仔肩、任也。」堪者、亦勝任之謂。左傳云：「君將不堪、」周語云：「下能堪其任、」堪即勝也。肩堪之爲勝、皆勝任之勝。

勝、肩、戡、劉、殺、克也。

上節云勝、本節言克、克即勝也；故郭注云：「轉相訓。」克字亦兼勝敗勝任二義。故左傳云：「鄭伯克段于鄢、」謂勝段于鄢、此勝敗之克。說文云：「克、肩也、」釋言亦云：「克、能也、」此勝任之義之克也。

克兼勝敗勝任二義、故勝肩俱訓克。內經眞言論「所謂得四時之勝者、」王砅注云：「四時皆所以剋殺而爲勝也、」此剋字當作克、謂制克也。前引詩「佛時仔肩、」鄭訓仔肩爲任；然說文云：「仔、克也、」是仔、肩、二字可連舉、亦可單用；皆勝任之義也。

戡者、上節訓堪爲勝、段氏謂「訓勝之字、以堪爲正；戡、鈛、龕、皆假借爲之、」是爾雅之戡、乃堪之假字也。墨子非攻篇「往攻之、予必使汝大堪之、」列子仲尼篇「堪秋蟬之翼、」堪者、勝也、克也。說文云：「戡、刺也；鈛、殺也」二字古通用、其本義爲刺殺；假用作堪、則爲勝爲克。逸周書祭公解云：「維武王申大命、戡厥敵、」書有西伯戡黎、說文引書亦作鈛、此皆克之義也。

劉殺爲克者、謂克而殺之也。郭引公羊傳云：「克之者何、殺之也；」穀梁傳亦云：「克者何、能也、何能也、能殺也；」鄭注書云：「克、殺也；」是克有殺之訓矣。劉、說文作鐂、云：「殺也、」君奭云：「咸劉厥敵；」謂克而殺之也。劉、漢書亦作膢。

劉、獮、斬、刺、殺也。

說文云：「殺、戮也；」大司寇及士冠禮釋文並云：「殺本作弑；」此殺戮之通稱。

劉義已見前。書之「無盡劉、」詩之「勝殷遏劉、」皆殺也。南人稱殺人爲戡、但寫作砍。北人稱殺人爲劉、猶用古義古字；俗用溜、則誤矣。

獮者、釋天云：「秋獵爲獮。」說文作𤢾、亦云「秋田」也。

斬、說文「截也、从車斤、斬法、車裂也。」古用車裂、後用斧鉞。

刺、說文「直傷也。」郝謂「刺殺通名、亦猶殺弑古通用、」是也。許謂「君殺大夫刺；」公羊傳云：「內諱殺大夫謂之刺之、」因以刺爲當其罪者、經典殊不爾。

爾雅學

果毅　唐石經單疏本雪牕本同。釋文倮音果。本今作果、無毅字音。按果當爲倮、一切經音義卷九引爾雅倮、勝也、與釋文合。郭注引左傳作果、此經注異字之證。毅當爲衍文。注云陵犯誇奢、皆得勝也、此釋經之犯字奢字。又云左傳曰殺敵爲果、此釋經之倮字。今注陵犯誇奢下有果毅二字、蓋後人竄入。邢疏祇云陵犯誇奢、經如本有毅字、郭引左傳必連致果爲毅矣。邢所據本有毅字、故釋經文殺敵爲果、致果爲毅。段玉裁云注當本是陵犯夸奢倮毅、以倮毅釋果、猶以陵犯夸奢釋犯夸也。下引左傳作果以證倮字、廣韻引蒼頡篇作倮、則倮字甚古、特說文不收。

剋　唐石經單疏本雪牕本元本同、閩本監本毛本改尅、注中準此。

堪　唐石經單疏本注疏本同、皆上作堪、下作戡。雪牕本上下皆作戡、於此云戡音堪、注疏本移此音於下。按此堪勝也與下戡克也同字同義、但轉相訓耳。故釋文於此作堪云本又作戡、下不別出、明無異文也。蓋自唐石經始誤加區別、而今本因之。

陵犯誇奢　單疏本雪牕本同。釋文夸口花反、或作誇、非。按說文大部夸、奢也。作誇者爲言之誇誕、在言部。

西伯堪黎　單疏本注疏本同、雪牕本堪作戡、釋文⿱𥝩邑國名、本作黎。按說文邑部⿱𥝩邑、殷諸侯國、从邑𥝩聲。商書西伯戡⿱𥝩邑。許氏所引書爲古文、此注正與之合、當從釋文、今本非。史記宋微子世家集解、索隱謂鄒誕本作⿱𥝩邑、音黎、又尚書及伏生大傳皆作戡、與說文合、此作堪、非。蓋既區別經文爲上堪下戡、因復據經改注耳。

犯省果毅剋捷功肩堪勝也○釋曰 注疏本删。

戡勝之勝也 書正義作强之勝也此誤。

是皆得勝也○注左傳至堪黎○釋曰 注疏本删下八字。

宣二年君子辭也 元本閩本監本同毛本宣下衍公字。

勝肩戡劉殺克也○釋曰 注疏本删。

轉互相訓耳 注疏本脱耳。

○注公羊傳曰克之者何殺之也○釋曰 注疏本公羊下增者删傳曰以下十一字。

秋獵爲獮 單疏本雪牕本同注疏本爲改曰。

劉獮斬刺殺也○釋曰 注疏本删。

餘皆具注○注書曰至之也○釋曰 注疏本删下八字。

云秋獵爲獮者 注疏本脱者。

僖二十七年傳文也 元本閩本監本同誤也毛本七改八。

校勘記

釋詁 西伯堪黎 雪牕本堪作戡案說文邑部𨛜殷諸侯國從邑𥝩聲商書西伯戡𨛜又尚書及伏生大傳皆作戡與說文合此作堪非。

案玉篇引書作堪黎與此合雪牕本正據今書私改耳漢晉經本異同甚多安能一一律以說文說文戈部引書作𢦟黎不得執之謂戡𨛜又非也。

校勘記識語

云書曰西伯堪黎者商頌篇名也 按西伯堪黎乃商書篇名監本毛本湘本頌作書是此誤又湘本此句下有案書堪作戡五字。

佛時仔肩克也 監本毛本湘本肩下有毛傳云仔肩五字此脱。

注疏校勘札記

功 十行本攻。

校勘記訂補

三下(八)

八行果毅○ 阮元《爾雅校勘記》云：「《釋文》：惈音果，本今作果。無毅字音。按果當爲惈。《一切經音義》卷九引《爾雅》：惈，勝也。與《釋文》合。『毅』當爲衍文。」阮元所引《一切經音義》爲玄應書。今案：日本釋昌住《字鏡》一書字下訓釋多本顧氏《玉篇》，《字鏡》惈下亦云：「勝也。」蓋《玉篇》所據《爾雅》字亦作「惈」，「毅」字蓋因郭注而衍。

四上(九)

一行堪勝也○《尚書·西伯戡黎》《正義》引孫炎云：「戡，強之勝也。」是孫炎本「堪」作「戡」。今郭注此條引書曰「西伯堪黎」，下條「勝、肩、戡、劉、殺、克也」，郭注云：「轉相訓耳。」兩條字必皆作「戡」。《字鏡》「戡」下云：「勝也，克也。」與《爾雅》此條及下條訓釋相同。

(注)陵犯誇奢果毅皆得勝也○「誇」，《釋文》作「夸」，云：「口花反，或作誇，非。」阮元《校勘記》云：「按《說文》大部夸，奢也。作誇者爲言之誇誕，在言部。」

三行剌殺也○「剌」，《釋文》七賜反，是字當作「刺」。注文引《公羊傳》「剌之者何」，「剌」亦當作「刺」。

宋監本校箋

犯奢果毅音義尅捷功　肩戡音堪勝也　劉獮音𢧐斬刺音次殺也

音圖·音

釋文堪字又作戡、同。苦含翻。注𢧐字本作黎。案今本郭注無𢧐字、仍作黎。說文作𢦏𢧐。

音略

犯、奢、果、毅、尅（刻）、捷、功、肩、堪、勝也。勝（平聲）、肩、戡、劉、殺、克也。劉、獮（先上聲）、斬、刺（次）、殺也。

孫侶直音

犯奢果毅義尅捷功肩堪書作戡勝也。勝肩戡劉殺克也。劉獮𢧐（轉相訓耳）斬刺次殺也。

楊氏音訓

獮息淺切　刺七賜切

千氏音釋

亹亹蠠沒孟敦勖釗茂劭勔勉也

亹亹、蠠沒、孟、敦、勖、釗、茂、劭、勔、勉也。詩曰、亹亹文王。蠠沒猶黽勉。書曰茂哉茂哉。方言云、周鄭之間相勸勉為勔釗。孟未聞。

郭注

亹亹蠠沒孟敦勖釗茂劭勔勉也　釋曰、皆謂勸勉也。敦者、厚相勉也。勖者、邶風燕燕云以勖寡人。劭者、勉力也。餘見注。注詩曰至未聞。釋曰、云詩曰亹亹文王者、大雅文王文也。言勉勉乎不倦、文王之勤用明德也。云蠠沒猶黽勉者、以其聲相近、方俗語有輕重耳。邶風谷風云黽勉同心。云書曰茂哉茂哉者、皋陶謨文也。書作懋。茂懋古今字也。云方言云以下者、案彼云釗、薄、勉也。秦晉曰釗、或曰薄、故其鄙語曰薄努、猶勉努也。南楚之外曰薄努、自關而東、周鄭之間曰勔釗、齊魯曰勖茲是也。

邢疏

敦茂勉也

文選西都賦注引爾雅作惇、勉也。東京賦注引爾雅作懋、勉也。

劭勉也

劭美也　文選豪士賦序注。又演連珠注。

衆家注

黃輯古義

劭勉也

注曰、劭美也。文選四十六豪士賦序注。又五十五演連珠五十首注。

漢注

亹亹蠠沒孟敦勖釗茂劭勔勉也

郭璞云、詩曰亹亹申伯、亹亹文王、蠠沒猶黽勉。書曰茂哉茂哉。方言云周鄭之間相勸勉為勔釗。孟未聞。

一切注音

敦　勉也

蕙心案、文選西都賦注引爾雅惇、勉也。釋文作敦。

茂

蕙心案、文選東京賦注引爾雅懋、勉也。尚書大誓云

茂哉茂哉、書皋陶謨作懋哉懋哉。

古注斠

劭勉也　舊注、劭美也。文選豪士賦序注

古注斠補

亹亹 字或作亹、同。亡匪反。蠠 彌畢反、又亡忍反。本或作蠠。說文曰蠠古蜜字。敦 丁門反。本今作敦。勗 許玉反。釗 古堯反、又之遙反。茂 字又作懋、亦作悉、同。亡候反。劭 上照反、或上遙反。勔 勔 作偭、又作黽、泯、又彌兖反。偭 字又作黽、亡忍反。又亡衍反。茂哉 或作茂才。

陸音義

蠠本或作蠠。說文曰蠠、古蜜字。○官本蜜作密。案密、勿、蠠没、黽勉皆同義。但說文蠠、蠠甘飴也。或從宓作蜜。則從虫為是。 敦○邢本作敦。 偭○邢本作黽。

音義攷證

亹亹蠠没孟敦勖釗茂劭勔勉也

蝒化而後已。没、死而後已。敦、自厚。釗、自刻。孟、則能勉、幼或不能。面則可勉、心或不能。

新義

亹亹蠠没孟敦勗釗茂劭勔勉也 大雅云亹亹文王。蠠没猶黽勉也。孟卽晉也。皆方俗之語有重輕耳。釗、方言云勉也。秦晉曰釗、自關而東周鄭之間曰勔釗、齊魯曰勗兹也。茂卽懋也。

鄭樵注

亹亹蠠没孟敦勗釗茂劭勔勉也

郭璞曰、詩曰亹亹文王。蠠没猶黽勉。書曰茂哉茂哉。方言云周鄭之間相勸勉為勔釗。孟未聞。

鄭樵曰、大雅云亹亹文王。蠠没猶黽勉也。孟卽晉也。皆方俗之語有重輕耳。釗、方言云勉也。秦晉曰釗、自關而東周鄭之間曰勔釗、齊魯曰勗兹也。茂卽懋也。

古注合存

亹亹蠠没孟敦勗釗茂劭勔勉也。亹音尾。蠠音密。釗音昭。茂懋同。劭音邵。勔音泯。○此釋亹亹以下皆勉之義也。註曰、大雅文王云、亹亹文王。蠠没猶黽勉。方言云、周鄭之間、相勉為勔。疏曰、敦者、厚相勉也。劭、勉力也。釗、薄勉也。秦晉曰釗、或曰薄。其鄙語曰薄努、猶勉努也。南楚外亦曰薄努。關以東周鄭之間、曰勔釗。齊魯曰勗兹。愚按孟敦二字、疑亦方言。或曰今人言猛作之人曰悶屯音轉也。

注疏參義

勔音泯、與黽同音。蠠音密、則黽之入聲亦卽勉之入聲、故蠠没猶黽勉、音相近也。

補注

亹亹蠠没孟敦勖釗茂劭勔勉也【註】詩曰亹亹文王。蠠没猶黽勉。書曰茂哉茂哉。方言云周鄭之間相勸勉為勔釗。孟未聞。【正義】說文云、勉、彊也。亹亹、蠠没、以聲轉為義也。繫辭傳云、成天下之亹亹者、鄭註亹亹、没没也。禮器云、君子達亹亹焉、鄭註亹亹、勉勉也。周語云亹亹怵惕、韋昭註亹亹、勉勉也。大雅棫樸云、勉勉我王、荀子引作亹亹我王。蠠没、轉為没没、又轉為勿勿。曾子立事篇云、君子終身守此勿勿也、盧辯註勿勿、猶勉勉也。祭義云、勿勿乎其欲饗之也、鄭註勿勿、猶勉勉也。又轉作密勿。小雅十月之交云、黽勉從事、漢書劉向傳作密勿從事。邶風谷風云黽勉同心、文選註引韓詩作密勿同心。傳云密勿、僶勉也。是皆聲之轉也。孟者、班固幽通賦云、盍孟晉以迨羣兮。漢人用雅訓也。嘉定錢詹事曰、洛誥云汝乃是不蘉、孟蘉聲之轉。釋文引馬融云、蘉、勉也。孔疏謂鄭王皆訓為勉也。敦者、繫辭傳云、安土敦乎仁、曲禮云、敦善行而不怠。本或作惇。文選註引爾雅云、惇、勉也。勖者、牧誓云、勖哉夫子、史記作勉哉夫子。釗者、方俗語也。茂者、无妄象傳云、先王以茂對時、馬融云茂、勉也。通作懋。舜典云、維時懋哉、史記作維是勉哉。劭者、漢書成帝紀云、先帝劭農、晉灼云、劭、勸勉也。勔、說文作偭、云勉也。【註】詩曰至勔釗。○【正義】亹亹文王、大雅文王文。郭云蠠没猶黽勉者、爾雅多以聲轉為義、舉以為例也。漢書五行志黽勉作閔勉。書曰茂哉茂哉、皐陶謨文、今本茂作懋。史記引湯征云、勉哉勉哉。郭引方言者、方言云、釗、勉也。秦晉曰釗、自關而東、周鄭之間曰勔釗、齊魯曰勖兹。郭氏彼註云、相勸勉也。張衡思元賦云、勔自強而不息兮、舊註勔、勉也。

正義

亹亹蠠没孟敦勖釗茂劭勔勉也 詩曰亹亹文王蠠没猶黽勉書曰茂哉茂

哉方言云周鄭之間相勸勉為勔釗孟未聞説文云勉彊也小爾雅云勉力也力猶勸厲故説文又云勸勉也借作免漢書薛宣傳宣因移書勞免之谷永傳閔免遁樂集注閔免猶黽勉也五行志作閔勉遯樂又借作俛表記云俛焉日有孳孳鄭注俛焉勤勞之貌是俛即勉也俛本俯字亦音免故借為勉矣又通作勱一切經音義六云勉古文勱同又通作邁左氏莊八年傳引夏書曰皐陶邁種德杜預注邁勉也是邁即勱矣亹者説文無之徐鉉謂當作娓釋文亹字或作斖竝非也阮雲臺師曰亹讀若皃[illegible]在亹之亹音門按亹與蠠没孟勉俱一聲之轉亹訓勉者李善吳都賦注引韓詩曰亹水流進貌進即勉詩亹亹文王亹亹申伯傳箋竝云亹亹勉也勉字亦作重文與亹相配故詩勉勉我王荀子富國篇及韓詩外傳俱作亹亹我王禮器注亹亹勉勉也易繫辭鄭注亹亹没没也不同者没没即勉勉聲之轉也又轉為昒昒大戴禮五帝德篇云亹亹穆穆文選封禪文作昒昒穆穆又亹亹文王墨子明鬼篇引作穆穆文王是穆穆昒昒與亹亹勉勉俱聲相轉也亹與釁古音近周禮鬯人鄭衆注釁讀為徽徽从微聲微古讀若眉故春秋莊廿八年經云築郿公羊作築微釋文左氏作麋麋郿音同是微古讀眉之證故玉篇云亹亾匪切亹亹猶微微也一切經音義九引周易劉瓛注亹亹猶微微也是玉篇所本爾雅釋文亦云亹亾匪反徐鉉以亹作娓娓與嬔同韓詩以為誰侜予美之美然則亹讀為美與亹讀為門又俱聲相轉矣蠠没者釋文蠠彌畢反又亾忍反本或作蟁引説文曰蠠古密字是蠠無正文借聲為之蠠没聲轉為黽勉故郭云蠠没猶黽勉也又轉為密勿詩云黽勉同心文選注引韓詩作密勿同心密勿僶俛也僶俛即黽勉又黽勉從事漢書劉向傳作密勿從事又没重文作没没轉為勿勿禮器云勿勿乎其欲其饗之也大戴禮曾子立事篇云君子終身守此勿勿也鄭注及盧辯注竝云勿勿猶勉勉也蠠没又轉為懋慔釋訓云懋懋慔慔勉也又轉為侔莫方言云侔莫強也北燕之外郊凡勞而相勉若言努力者謂之侔莫又轉為文莫欒肇論語駁曰燕齊謂勉強為文莫是文

莫即侔莫也又方言云薄努猶勉努也廣雅作薄怒勉也又云文農勉也文農亦即侔莫是皆古方俗之語音轉字變而其義俱通者也孟者黽之叚音也後漢書趙岐傳云作要子章句要蓋黽字之誤古文要作㝵與黽形近易譌黽與孟聲近叚借水經清漳水注大黽谷作大要谷矣[illegible]及胡承珙曰趙岐傳借黽為孟爾雅借孟作黽故孟訓勉即黽勉也其説是也文選幽通賦曹大家注及漢書敘傳服虔注竝云孟勉也孟聲轉為蘉錢氏大昕養新錄云洛誥汝乃是不蘉釋文引馬融注蘉勉也古讀孟如芒釋文蘉莫剛反蓋馬鄭舊音則蘉即孟矣又轉為明古讀明亦如芒王引之經義述聞云明勉一聲之轉書盤庚明聽朕言洛誥明作有功公明保予沖子多方爾邑克明顏命爾侚明時朕言皆當訓勉童言之則曰明明詩江漢云明明天子令聞不已猶言亹亹文王令聞不已也有駁云夙夜在公在公明明言在公勉勉也鄭箋在于公之所明義明德失之矣敦者詩北門及常武釋文竝引韓詩云敦迫也迫促與勸勉義近漢書楊雄傳云敦衆神使式道兮文選典引云靡號師矢敦奮撝之容集注及蔡邕注竝云敦勉也通作惇下文云惇厚也厚與勉義亦近文選西都賦注引爾雅作惇勉也是惇敦通矣勖者説文云勉也詩以勖寡人士昏禮云勖帥以敬先妣之嗣毛鄭竝云勖勉也書云迪見冒釋文冒馬作勖勉也雲臺師曰勖从冒聲當讀與目同今人讀若旭者漢以後音之譌變按説文木冒也是冒木聲同此古音也勖讀若[illegible]以勖寡人坊記引作以畜寡人是勖畜同音其來已久若从古音則勖讀如冒冒勉亦一聲之轉矣釗者方言云勉也秦晉曰釗釋文釗古堯反又之遼反方言注作居遼反居遼之合聲為教教亦勸勉也之遼之合聲為招招亦勔釗也茂者懋之段音也説文云懋勉也本釋訓文又引書曰惟時懋哉馬融注懋美也美勉義近又懋建大命漢石經懋作勖勖懋聲相轉也通作茂詩方茂爾惡易先王以茂對時毛傳及馬融注竝云茂勉也尚書大傳大誓云茂哉茂哉書皐陶謨作懋哉懋哉爾雅釋文茂字又云作懋亦作忞文選東京賦注引爾雅作懋勉也云亦作忞者忞説文以為懋字之省也劭者釋文上照反

或上遙反。說文云劭、勉也。讀若舜樂韶。是上遙之音合於古讀也。漢書成帝紀云先帝劭農、晉灼注劭、勸勉也。文選豪士賦注引爾雅注曰劭、美也。演連珠注同。所引蓋爾雅舊注之文。劭又訓美者、美勉聲轉義近也。勔者、偭之叚音也。說文云偭、勉也。通作勔。方言勔釗注云勔亦訓勉也。文選思玄賦云勔自強而不息兮、舊注勔、勉也。又通作僶。爾雅釋文勔字本作僶、又作黽、或音泯、又彌兗反。按僶卽黽之或體、民卽彌兗之轉音。今從彌兗反者、方言注勔音沈湎是也。

義疏

亹亹旼旼微微勉勉娓娓蠠沒密勿黽勉孟薆敦勗釗茂劭勔勉也郭注

詩曰亹亹文王。蠠沒猶黽勉。書曰茂哉茂哉。方言云周鄭之間相勸勉爲勔釗。孟未聞。

凡重文不取。字義。詩勉勉我王、荀子韓詩均引作亹。易亹亹、鄭注作沒沒、劉瓛注云微微、巽子引詩作穆穆、司馬相如作旼旼、卽旻也。詩黽勉同心、韓作密勿。黽勉從事、劉向作密勿。說文蠠作蝒、馬蜩也。釋文蠠或作蠠孟。明古通用。書明保予、又明時朕言、又女乃是不薆。詩王事敦我、書惇大成裕、又居師惇宗。敦从攴辜、薦熟之事。故以爲黍稷器名、因以爲厚、又爲勉也。勗从力冒。書勗哉夫子。詩以勗寡人、記引作畜。詩王欲玉女、玉亦畜也。諸家皆以釗爲昭。引書昭武王惟冒非也。釗卽劉字、戮劉通用。茂懋孞通用字。書惟時懋哉、又懋不懋。茂从艸戊、戊象拘糾形、故爲盛。懋从林矛、矛如林亦盛也。或以矛戊一字、因爲勉强之勉耳。劭从力召、召人助力、與昭紹同用。書昭事上帝、紹聞衣德言、皆勉也。勔勉同用字。又作黽、黽通作孟。書勉出乃力、詩黽勉求之。免兔一字、或太兔足爲免、又作俛、記俛焉日有孳孳。

集解

亹亹蠠沒孟敦勗釗茂劭勔勉也

亹字本作娓、俗作亹。娓娓猶媺媺也、古娓媺一字。韓詩誰侜予娓、毛詩作誰侜予美。是娓媺爲一字也。娓娓、勸勉之詞、若今俗所云好好也。易繫辭成天下之亹亹、疏亹亹勉也。詩崧高亹亹申伯、箋亹亹勉也。文王亹亹文王、傳亹亹勉也。周語亹亹怵惕、注亹亹勉也。前漢書敘傳兒生亹亹、師古曰亹亹勉也。禮記禮器君子達亹亹焉、後漢書文苑傳成兆庶之亹亹、文選束皙補亡詩亹亹忘劬、注均云亹亹勉也。大戴禮五帝德篇亹亹穆穆、文選封禪文作旼旼穆穆。詩亹亹文王、墨子明鬼篇引作穆穆文王。以旻旻或穆穆爲之。蠠、釋文本作蠠蠠、古蜜字。蜜沒黽勉一聲之轉、亦猶韓詩蜜勿、釋訓懋懋、方言侔莫、魯論文莫、與黽勉均爲一聲之轉也。孟、長也、从子皿聲。正字爲黽、賓爲彊。彊、弓有力也、引申爲勉。淮南脩務功可彊成、注彊、勉也是也。孟黽彊通用字。前漢書敘傳盡孟晉以迨羣兮、服虔曰孟、勉也。文選曹大家注同。書皋陶謨夙夜浚明有家、孫疏、明與孟通。故孟諸卽明都。孟、勉也。洛誥汝乃是不薆、鄭注薆、勉也。以明蘭爲之。敦、字本作𢾾、辜怒也、詆也、一曰誰何也。从攴辜聲。正字爲諄、諄、告曉之熟也。引申爲勉。詩誨爾諄諄是也。𢾾、敦古今字、𢾾諄通用字。前漢書楊雄傳敦衆神使式道兮、集注敦、勉也。文選典引敦奮僞之容、褚淵碑文爰降詔書敦還攝任、注均云敦、勉也。西都賦命夫惇誨故老、注惇勉也。以惇爲之。勗、勉其事而冒犯爲之。从力冒聲。書牧誓夫子勗哉、史記勗作勉。儀禮士昏勗帥以敬先妣之嗣、注勗、勉也。後漢書文苑傳迨時斯勗、文選稽叔夜幽憤詩庶勗將來、阮元瑜爲曹公作書與孫權良時在茲勗之而已、注均云勗、勉也。詩燕燕以勗寡人、坊記引作畜。毛傳勉也。畜君兩迪見冒聞于上帝、馬本作勗、勉也。立政用勱相我國家、僞傳訓勉。以畜冒勸爲之。釗卽劉字、因周康王諱而加邪焉。釗从金刀、兵器名也、卽說文所謂鐂者。此釋勉而上釋克、正字爲勠耳。勠、并力也。引申爲勉。勠釗通用字。中山策勠力同憂、注勉力也。晉語作戮力、均此經所謂釗也。書呂刑、農殖嘉穀。左襄十三傳、小人農力以事其上。管子大匡、耕者用力不農。廣雅釋詁、農懋勉也。李陵與蘇武詩、努力崇明德。方言努、勉也。以農怒或努爲之。茂、草豐盛也、从艸戊聲、正字爲懋。釋文茂、字又作懋。周語注茂通作懋。以茂爲懋也。懋、勉也、謂心勉也。字或省作悉。懋茂通用字。易旡妄先王以茂對時、馬注茂、勉也。詩節南山方茂爾惡、傳茂、勉也。左昭八傳茂不茂、周語茂正其德而厚其性、晉語茂穡勸分、注均云茂、勉也。前漢書董仲舒傳仲舒對策曰、書云茂哉茂哉、彊勉之謂也。食貨志楙遷有無、注勉也。以楙爲之。劭、以言勉也、从力召聲。前漢書成帝紀先帝劭農、晉灼曰劭、勉也。書文侯之命克左右昭事厥辟、孫疏昭、勉也。以昭爲之。勔、字本作愐、面勉而入於心也、从心面聲、與勸通用。禮記表記使民有所勸勉以行其言、論語舉善而教不能則勸、均此經所謂愐也。後漢書張衡傳勔自強而不息兮、注勔、勉也。勉、勞也、从力免聲。

義證

孟勉也　班固幽通賦盍孟晉以迨羣、曹大家註曰孟、勉也。鄭樵爾雅註曰孟、猶愍也。方俗語有輕重耳。按愍爲抵齶之音、不應轉孟。書洛誥汝乃是不蘉、孔傳馬註俱訓蘉爲勉。蘉、莫剛反、或與孟因語輕重別字。

補郭

亹亹蠠沒孟敦勗釗茂劭勔勉也　蠠彌畢反　勔彌兗反

【註】詩曰亹亹文王、蠠沒猶黽勉、書曰茂哉茂哉、方言云周鄭之間相勸勉爲勔釗、孟未聞。【補正】邢疏、方言云釗薄勉也、秦晉曰釗、或曰薄、故其鄙語曰薄努、猶勉努也。南楚之外曰薄努、自關而東周鄭之間曰勔釗、齊魯曰勗茲。臣鏊按、班固幽通賦云盍孟晉以迨羣、辰倏忽其不再、註孟、晉、勉進也。

郭注補正

劭勉也

郭無注。文選豪士賦注引尒疋注曰、劭、美也。郝氏義疏謂所引蓋尒疋舊注之文。演連珠注亦引尒疋注曰邵、美也。不稱注者、蓋呂豪士賦注已明言尒疋注矣。今郭本及羣書所引疋注均無此文、決非經文必舊注也。

舊注攷證

亹亹蠠沒孟敦勗釗茂劭勔勉也

詩曰亹亹文王、蠠沒猶僶勉、書曰茂哉茂哉、方言云周鄭之間相勸勉爲勔釗、孟未聞。

釋文云僶字又作黽、諸本皆作黽。樹枬案、郭注所本多三家之詩、文選注引韓詩密勿同心、密勿、僶勉也。此郭注所本也。慧琳大唐內典錄十卷音義引郭注爾雅亹亹猶僶俛也、字亦作僶。

郭注佚存補訂

亹亹蠠没孟敦勖釗茂劭勔勉也

亹、釋文云或作亹、同亡匪反。說文無亹字。阮氏元謂亹讀如鳧鷖在亹之亹、音門。大雅文王亹亹文王、崧高亹亹申伯、傳箋並云亹亹、勉也。亹亹、勉勉一聲之轉。棫樸勉勉我王、韓詩外傳作亹亹我王。亹亹文王、墨子明鬼篇引作穆穆文王。文王穆穆、魯頌泮水穆穆魯侯、亦亹亹之音轉也。又轉爲明明。大雅江漢明明天王、泮水明明魯侯。又轉為懋懋、慔慔。釋訓云、懋懋慔慔、勉也。又轉為敃敃、又轉為勿勿、又轉為没没、明敃勿没皆訓勉也。蠠没、郭注云猶黽勉也。邶風谷風黽勉同心、彼釋文云黽勉本亦作僶、莫尹反。黽勉猶勉勉也。小雅十月之交黽勉從事、箋云、自勉以從王事。大雅雲漢黽勉畏去、疏云、黽勉者勉力事神。黽勉又作密勿。黽勉同心、韓詩作密勿同心。黽勉從事、漢書劉向傳作密勿從事。皆音之轉也。孟勉亦音轉字、孟為明之假借。書禹貢孟豬、史記夏本紀作明都、是也。召誥茲予其明農哉、明農即黽勉也。王氏引之云、江漢明明天子、令聞不已、猶言亹亹文王令聞不已也。有駜云夙夜在公、在公明明、言在公勉勉也。敦者、漢書楊雄傳集注敦、勉也。邶風北門王事敦我、謂以王事勉我。傳訓為厚、失之。魯頌閟宮敦商之旅、謂勉商之眾以同其功也。箋訓為治、亦失之。敦通作惇。文選西京賦注引爾雅作惇、勉也。一切經音義一云敦古文惇同。勖者、說文云勉也。邶風燕燕以勖寡人、傳云勖、勉也。釗亦勉也。見方言。茂者、釋文云字又作懋。茂懋通字。皋陶謨懋哉懋哉、郭注作茂哉茂哉。懋、文選東京賦注引爾雅作懋、勉也。小雅節南山方茂爾惡、傳云茂、勉也。劭者、說文云勉也。漢書成帝紀集注晉灼云劭、勸勉也。勔與僶黽皆同字。

說詩

注疏正字

孟敦勗釗 敦、釋文作敦。

註蠠没猶黽勉 黽、釋文作僶。 音勔音泯 釋文云字本作僶、又作黽、或音泯。又彌兖切。

亹亹蠠没孟敦勖釗茂劭勔勉也

亹說文無此字、核以六書之義、不知所从。大徐云當作娓、詩大雅亹亹文王、釋文音尾、聲同可以通用、於是學者遂置亹字於不問矣。後人以亹字不合於六書之義、又不知聲之所从、乃加文字於上、以為諧聲、其後又省文為亠、而字義尤晦矣。予謂乃釁之省文。釁本為血祭、引申為罅隙。事有隙、則當勉力為之、故訓勉也。俗儒誤酉作且、不知釁从爨省、又改爾作冂、改且作土而作壆矣。詩生民之什釋文亹、音門、爾雅作亹、今本作釁。亹乃釁之誤、亦省文也。釁有尾音、轉為没没勿勿、又有門音、轉為泯泯勉勉。釁釁今之壘均、蠠没今之雙聲。徐言之釁釁没没勿勿也、疾言之孟敦勖釗茂劭勔勉也。方言釗、勉也。秦晉曰釗、自關而東周鄭之間曰勔釗、雙聲也。齊魯曰勖茲、茲、詞也。

小箋

爾雅詁林 一 釋詁上

孟勉也

郭曰孟未聞、錢氏曉徵答問曰、班孟堅幽通賦盇孟晉以迨羣、曹大家服虔竝訓孟爲勉。書洛誥女乃是不蘉。蘉莫剛反、馬鄭王皆訓爲勉、而說文爾雅俱無蘉字、蓋卽孟之轉聲。戰國有芒丣、淮南子作孟丣氾論篇、是孟有芒音也。古文尚書必有作孟字者、孟轉爲蘉、猶蠠沒轉爲密勿。經師授受、文字互異、各有所自。家大人曰、明字古亦讀若芒、明亦勉也。盤庚曰明聽朕言、無荒失朕命。顧命曰爾尚明時朕言。洛誥曰明作有功。又曰公明保予沖子。多方曰爾邑克明、爾惟克勤乃事。明字皆當訓爲勉、重言之則曰明明。大雅江漢曰明明天子、令聞不已。魯頌有駜曰夙夜在公、在公明明。皆謂勉勉也。蘉明孟古竝同聲、故其義亦同。說見前明聽朕言及明明天子下。 述聞

亹亹蠠沒孟敦勗釗茂劭勔勉也　釋文云亹字或作斖。案二字皆不見於說文。錢少詹曰、亹卽釁字、其从文者、後人妄增。石經及宋本易詩絕無作斖者、廣韻亹下重出斖字、云俗。此其證也。周禮釁字先鄭多讀爲徽、徽从微省、微與尾古通用、周官之嬍卽說文之娓。詩誰侜予美、韓詩美作娓、娓卽嬍、讀若媚、與今讀異。釁嬍古今字。徽訓美、同訓者必同音、後人讀徽許歸切、因讀釁爲許覲切、失先鄭之旨矣。古鍾鼎文眉壽字多作釁、或作亹。楊南仲謂釁眉古同文、眉轉爲門、詩鳧鷖在亹是也。門又轉爲勉、詩勉勉我王、荀子引作亹亹是也。晉書宋書凡嫌釁字皆作亹。亹者、釁之省、隸變作亹、只是一字而後人分而二之。　釋文云蠠本或作𧖅。說文曰𧖅古蜜字。案郭注曰蠠沒、猶黽勉。正義云又轉爲密勿。詩小雅十月之交黽勉從事、漢書楚元王傳引作密勿。又邶風谷風黽勉同心、文選注引韓詩作密勿同心。傳云密勿、黽勉也。是皆聲之轉。元照案、說文占部㫚、从占勿聲、或从旻作㛮。是勿旻通用之徵。　錢少詹謂洛誥女乃是不蘉、馬鄭皆訓勉、說文無蘉字、蘉聲近孟、當作孟。邵氏正義、王氏鳴盛尚書後案、江氏聲尚書集注、皆用其說。　釋文云敦本今作敦。案隸變小異耳。石經作敦、文選注一引作惇。　釋文云茂字又作懋、亦作忞。案說文心部懋、勉也。从心楙聲。虞書曰時維懋哉。或省作忞。經典相承通用茂。　釋文云勔字本作偭、又作黽。案說文無勔偭二字、當作愐。說文心部愐、勉也。从心面聲。 匡名

亹亹蠠音密沒孟敦勖釗茂劭音邵勔音泯勉也　此釋勉之義。說文、勉、彊也。註凡言勉者皆相迫之意、自勉者自迫也。勉人者迫人也。忞、自勉彊也。大雅亹亹文王、傳亹亹、勉也。亹卽釁之俗、釁从分聲、釁釁卽忞忞之假借也。又勉勉我王、荀子引作亹亹我王。愐、勉也。註蠠沒、勔勉也。蠠沒、郭註猶黽勉。小雅黽勉從事、亦作僶俛、韓詩作密勿、漢書亦作密勿。蠠本作𧖅、𧖅卽蜜、誤作密耳。又轉爲勿勿、祭義勿勿乎其欲饗之也、鄭註勿勿、猶勉勉也。班固幽通賦盇孟晉以迨羣兮、註孟、晉勉進也。又轉作蘉、洛誥女乃是不蘉、馬註蘉、勉也。敦、怒也、詆也、一曰誰何也。此皆責問之意、責問者、勉之也。曲禮敦善行而不怠、假作惇、晉語守學彌惇、註惇、勉也。勖、勉也、引書勖哉夫子。史記作勉哉夫子。釗、刓也、訓勉、引伸之義也。方言秦晉言勉曰釗。无妄先王以茂

對時。通作懋、舜典惟時懋哉、史記作維是勉哉。劭、勉也。漢書成帝紀、先帝劭農。方言、周鄭之間言勉曰勔釗。

啓蒙

亹　忞　段氏玉裁曰。亹卽斖之俗。斖从分聲。斖斖卽忞忞之叚借。說文。忞自勉彊也。

亹斖从文釁聲正字當作忞

蠠　䍜　釋文。蠠本或作䍜。說文曰。䍜古蜜字。

釋文又音亡忍正亦當作忞　蠠沒猶忞慔也

茂　懋　釋文。茂字又作懋案說文。茂艸豐盛。懋勉也。當作懋。文選東京賦注引作懋。

勔　愐　說文。愐勉也。無勔字。

黃侃評本正名

亹亹蠠沒孟敦勖釗茂劭勔勉也

邢疏云。皆謂勸勉也。

勉也者。說文。勉。彊也。从力免聲。楚辭離騷曰勉升降以上下兮。王注云。勉強也。重言曰勉勉。詩大雅勉勉我王。亦作免。用聲首也。荀子王制篇百吏免盡而衆庶不偸。君道篇賞免罰偸。原作克王念孫據韓詩外傳改爲免今從之　韓詩外傳作賞勉罰偸。漢書谷永傳閔免遁樂注云閔免猶黽勉也。勉免相同王念孫讀書雜志已言之

亹亹者。說文無亹字。無以下筆。釋文亹字或作斖。據此則訓勉者當爲忞之借。說文忞自勉彊也。从心文聲。黃侃云。亹斖从文釁聲。正字當作忞。以上黃說見爾雅正名評　是也。說文引周書曰在受德忞今書立政作其在受德敃。馬注云受所爲德也章先生曰。受德受之德也。與上桀德對文。敃說文作忞。彊也。余謂當爲泯之借。亂也。非彊義。以上章先生口講　亦作文。用聲首也。廣雅。文勉也。王念孫云文讀爲忞。以上王說見廣雅疏證　通作亹。詩大雅亹亹文王傳云亹亹勉也。又通作敃。同文聲也。大戴禮記五帝德亹亹穆穆。文選封禪文作旼旼穆穆。通敃郝疏已言

蠠沒者。釋文蠠彌畢反又亡忍反本或作䍜。說文曰䍜古密字。案說文無蠠字。卽本或作䍜言之則蠠沒卽密勿也。卽又亡忍反言之則正當作忞慔也。蠠沒密勿忞慔皆雙聲之聯語也。蠠沒密勿皆義存乎聲。與本義不相關。卽有此義無此字也。此亦本無其字。依聲託事之叚借也。忞慔則亦爲聯語而有本字。說文忞彊也慔勉也。有其義復有其字也。雙聲聯語以有義無字爲常。其一字有義一字無義者亦多有之。若二字均有義者則不多見矣。蠠沒本爲忞慔。黃侃曾略言之。其言云。釋文又音亡忍。正亦當作忞。蠠沒猶忞慔也。以上黃說見爾雅正名評　忞慔希見於經典。通以文莫爲之。用聲首也。欒肇論語駮云燕齊謂勉强爲文莫。論語文莫吾猶人也。章先生曰。近人或欲讀爲忞慔。並訓爲勉。云出欒肇。義亦可通。然不如言文質爲有旨。漢西域傳罽賓以金銀爲錢。文爲騎馬。幕爲人面。鳥弋錢文爲人頭。幕爲騎馬。安息錢文爲王面。幕爲夫人面。張晏以文面漫面釋之。如淳曰。幕音漫。史記索隱引荀悅曰。幕音漫。無文面。詳漫字說文所無。正當作縵。說文。縵繒無文也。周官車無緣飾者曰夏縵。漢志田無甽者曰縵田。義並同。此文莫卽彼文幕。猶俗言文質而已。文謂禮樂。幕指質性。文幕猶人。愈於文質無所底者也。以上章先生語見廣論語駢枝　據此則以論語之文莫爲忞慔者。說尙未妥貼。盬極也。忞慔聲轉爲侔莫。諄幽本無可轉之理。而亦有轉也。方言侔莫強也。北燕之外郊凡勞而相勉若言努力者謂之侔莫。亦作劮莫。廣雅劮莫強也。玉篇云。劮勸勵也。通作蠠沒。忞之爲蠠。諄質次旁轉也。慔之爲沒。魚隊亦有轉。如鼓造之爲屈造。塗面之爲突面矣。蠠沒唯此經一見。餘無聞焉。又通作密勿。與蠠沒古同音也。蠠彌畢切與密同音沒勿古音皆明紐隊韻　詩小雅黽勉從事。漢書劉向傳作密勿從事。又通作黽勉。諄陽可相轉。如芳之轉爲芬。防之轉爲墳。魚寒亦有轉。如跋扈之作畔援。魁梧之作魁岸是也。是故忞慔亦轉爲黽勉矣。詩邶風黽勉同心。釋文云。黽勉猶勉勉也。

孟者。郭云未詳。宗竈案說文孟訓長。从子皿聲。無勉義。訓勉者當爲㒼之借。說文㒼翌也。从明亡聲。廣雅㒼遽也。此卽今之忙字。五經五字云。㒼人晝夜作。無日用月。無月用火。常思明。是則㒼本訓翌。爲飛貌。數飛爲習。因有遽義。凡㒼遽者必勉力。因有勉義矣。是猶今浙江謂勉力爲𤃋力。湖北謂敏捷爲勉力。皆一語也。知孟爲㒼者。書禹貢孟豬。漢書地理志作盟豬。禹貢東至於孟津。史記河渠書作盟津。是明孟相通之證。㒼字不見於經典。通以茫爲之。同亡聲也。方言茫遽也。吳楊曰茫。通俗文時務曰茫。通作蘉。㒼之爲蘉。猶皖之作鰽矣。書洛誥汝乃是不蘉。馬注云。蘉勉也。章先生曰。說文無蘉字。有㒼。云翊也。蘉當爲㒼之借。勉也。卽俗之忙字。以上章先生口講　又通作明。古同音也。書君奭女明勖。章先生曰明讀曰孟。釋詁孟勉也。以上章先生口講　重言曰明明。章先生曰。古人用明爲聯語。如爾雅明明察也。此明照義。詩魯頌在公明明。則非明照義。乃勉勉義也。明字經典無訓勉者。爾雅孟勉也。古孟明音近。故經典明明字有讀孟訓勉者矣。以上章先生口講　又

通作孟。古同音也。翟灝云。文選幽通賦盍孟晉以逮羣兮。李注云。孟勉也。以上翟語見爾雅補郭

梁玉繩云。管子任法云高言孟行。語在班前。以上梁語見瞥記

敦者。說文作𢾺。怒也。詆也。一曰誰何也。从攴𦎧聲。無勉義。訓勉者當爲諄。說文。諄。告曉之孰也。从言𦎧聲。隸變作諄。諄爲告曉之孰而爲勉。猶諭爲時務之劇而爲勉矣。後漢書班彪傳又有天祿石渠典籍之府。命夫諄誨。故老名儒師傅講論乎六藝稽合乎同異。李注云。諄誨。謂殷勤敎告也。殷勤敎告與勉同義。重言曰諄諄。詩大雅誨爾諄諄。箋云。我敎告王口語諄諄然。通作敦。文選典引靡號師矢敦奮撝之容。蔡邕注云。敦勉也。禮記敦善行而不怠。鄭注云。敦厚。王念孫云。敦勉也。以上王語見讀書雜志 又通作惇。禮記內則惇行孝弟。王引之云。敦惇古字通。爾雅敦勉也。以上王語見讀書雜志

勖者。說文。勖勉也。周書曰勖哉夫子。从力冒聲。詩邶風以勖寡人。傳云。勖勉也。

釗者。說文。釗。刓也。从刀从金。無勉義。訓勉者當爲劭之借。說文。劭勉也。从力召聲。讀若舜樂韶。釗劭古同音。釗照紐宵韻劭禪紐宵韻照禪皆正齒音爲同類雙聲 下文郭注引書釗我周王。孟子作紹我周王。紹與劭同召聲。故相通。漢書成帝紀先帝劭農。晉灼曰。劭。勸勉也。通作釗。方言釗勉也。秦晉曰釗。

茂者。說文茂訓艸豐盛。从艸戊聲。無勉義。訓勉者當爲懋之借。說文。懋。勉也。从心楙聲。虞書曰。時惟懋哉。釋訓懋懋勉也。釋文懋本作茂。是其相通之證。書堯典惟時懋哉。史記五帝紀作惟是勉哉。史公以雅訓代之也。重言曰懋懋。釋訓懋懋勉也。通作茂。詩小雅方茂爾惡。傳云。茂勉也。又通作勖。古同音也。勖本从冒聲詩邶風以勖寡人禮記坊記引作以畜寡人唐韻遂音許玉反非古音矣 書盤庚懋建大命。漢石經作勖建大命。是漢石經謂懋勖同音也。

劭者。說文。劭。勉也。从力召聲。魏志韓曁傳年踰八十守道益固。可謂純篤老而彌劭者也。劭勉義也。通作卲。後漢書應劭字仲遠。卲訓高。與遠同義。名字相應。正應作卲。若謂劭爲如字訓勉。亦可通。任重致遠非勉不可。論語士不可以不弘毅。任重而道遠。弘爲彊力。毅爲有決。非懋勉亦無以任重而道遠也。弘毅亦勉爲之事也。

勔者。說文無勔。有愐云。勉也。从心面聲。愐字不見於經典。通以勔爲之。文選思玄賦勔自強而不息兮。舊注云。勔勉也。通作勉。方言。釗薄勉也。秦晉曰釗。自關而東周鄭之間曰勉釗。此經郭注云周鄭之間相勸勉爲勔釗。

本字考

亹亹、勉也。 亹字或作亹、說文忞、勉也、廣雅文。是忞从文𡕢聲、王氏疏證文讀為忞。 勉也、並與亹通、忞即亹之本字也。讀為娓者、猶免聲有浼也。亹又訓進、進亦勉也。繫辭傳成天下之亹亹者、九辯時亹亹而過中兮、虞王注並云、亹亹、進也。

蠠沒、勉也。 郝懿行爾雅義疏云、蠠沒聲轉為黽勉、故郭云蠠沒猶黽勉也。案五經文字蠠蠠二同、並彌一反、詩釋文黽本亦作僶、五經文字人部僶、莫尹切、僶勉之僶字書無此字、今經典或借黽字為之。

孟、勉也。 孟聲轉為蘉、蘉者古寢字之異體、从寢省、瞢省聲、周禮則作𡪢、从宿省夢省聲、書洛誥汝乃是不蘉、借為孟耳。

釗、劭、勉也。 釗劭同字並見 釗劭俱从刀得聲。

茂、勉也。 茂通作牟。淮南詮言善博者不欲牟、御覽引注云、牟大者進也。重言曰牟牟、廣雅牟牟、進也。通作恈恈。荀子榮辱篇恈恈然惟飲食之見、又云、恈恈然惟利之見。又與侔通、勑通。

黃侃音訓

昏强也

昏當作㬶。書不㬶作勞。㬶音閔、與暋同、強也。

義疑

孟班固幽通賦盍孟晉以迨羣、注孟晉、勉進也。洛誥汝乃是不蘉、孟即蘉之轉音。

讀雅筆記

果 堪 勝也 亹亹 蠠 敦 茂 勔 勉也

釋文果作惈、云本今作果。釋詁釋文 堪字又作戡。釋詁釋文 亹亹字或作亹。釋詁釋文 蠠本或作𧒽。說文𧓍、古蜜字。釋詁釋文 敦作𢾺云本今作敦。釋詁釋文 茂字又作懋。釋詁釋文 勔本作偭。釋詁釋文 又作黽。釋詁釋文

茂勉也、郭注引書曰茂哉茂哉、皐陶謨作懋哉懋哉、史記引湯征作勉哉勉哉。按太史公作史記引用經義悉以訓詁之字易之、如堯典欽若昊天作敬順昊天、庶績咸熙作衆功皆興、悉依於雅訓者、不可勝舉。

證異

孟勉也、郭云未聞。後漢書趙岐傳、作要子章句、劉攽刊誤曰要當作孟、吳仁傑刊誤補遺曰、古文要作㝡、與黽相近、疑孟與黽通、趙岐作黽子章句、訛作要耳。水經清漳水出大黽谷、注云出大要谷、類此。承珙案、要說文作㝡、斥彰長田君碑作㝡、與黽字形近易誤、吳說是也。爾雅之孟則固與黽聲相近。大戴記明、孟也。孟津亦曰盟津。孟訓勉者、卽黽勉也。廣雅釋蟲胡蝠、鼁、蝦蟆也。案蝠亦黽字之借。

胡氏古義

鼏沒、勉也。詩黽勉同心、韓詩作密勿。黽勉從事、漢書劉向傳作蜜勿。士冠禮設扃鼏、注、古文鼏為蜜。玉篇鼆鼆同、勉勉也。

古義補

蠠沒。註蠠沒猶黽勉。以其聲相近、方俗語有輕重耳。邶風谷風云、黽勉同心。

茂。勉也。註引書茂哉茂哉、疏云書作懋。懋茂古今字。

考異摘要

亹亹蠠沒孟敦勗釗茂劭勔勉也

案慧琳經音義十六引玄應音無量清淨平等覺經下各勵下曰、廣雅勵勤也、爾雅免也、埤蒼强也、說文勉力也。武進莊氏炘校刊本玄應經音義八於此經出各勵二字曰、埤蒼云勵、强也、勉也、勤也。經文或作勵、與慧琳引本不同、蓋妄幷廣雅爾雅於埤蒼也。免蓋勉之省。今釋詁勉也條無勵、琳音又先引廣雅而後及爾雅、則此爾雅明謂小爾雅也。小爾雅廣言有勵勉也條、乃其切證。惟琳音八十六辯正論七勗哉下復引爾雅釋詁玆云勗勉勵也、是此勉也條之後古本爾雅當尚有勵也一條。勗詁為勉、勗勉又詁為勵、所謂轉互相訓、猶上文舒業順詁為敘、舒業順敘又詁為緒之比也。後漢書方術列傳上謝夷吾傳董臣嚴綱、勗臣懦弱、范曄注勗、勵也。法言孝至篇天下通道五、所以行之一曰勉、李軌注勉、勵。又呂氏春秋恃君覽達鬱篇臣乃今將為君勉之、高誘亦注勉、勵。必高李范輩所見爾雅勉也條後正有勗勉勵也一條、故本此經而以勵注勗、以勵注勉也。說文無勵、力部勸、勉力也、讀若厲、為勵之正字。詳雷先師說文外編經字三書皐陶謨庶明勵翼下。

亹亹勉也 郭注詩曰亹亹文王

案爾雅十九篇、惟釋訓一篇多重言疊語形況之辭。今釋詁篇中重言凡四見、曰亹亹勉也、曰暀暀皇皇藐藐穆穆美也、曰關關噰噰音聲和也、曰阮阮虛也。四條中惟阮阮重言、鄭樵注本以其一為衍文、其餘三條皆當隸在釋訓、不當在此釋。蓋元本此釋勉也條止有蠠沒孟敦勗釗茂劭勔九字、美也條止有休嘉珍褘懿鑠六字。元本釋訓當別有暀暀皇皇藐藐穆穆美也一條、懋懋慔慔勉也條當尚有亹亹二字、而後人以其同釋遂誤與釋詁文相提耳。至關關噰噰音聲和也條、擬其句例亦當在釋訓廱廱優優和也之次、今次在釋詁諧輯協和也勰燮和也之間、亦必非爾雅元本如是。

爾雅詁林 一 釋詁上

敦勉也　邢疏敦者厚相勉也

案說文攴部敦、怒也、詆也、一曰誰何也。邢疏謂厚相勉、殊與敦義不涉。文選一班固西都賦命夫愖誨故老、李善注引爾雅曰愖、勉也。是唐本爾雅此敦或作愖。說文心部愖、厚也。疑邢昺所据爾雅即作愖一本。愖有厚義、故以厚相勉增成愖義。慧琳經音義二十五雲公音大般涅槃經十五敦喻下、又四十三大普賢陀羅尼經三敦喻下、竝引爾雅敦勉也、與今本同。

茂勉也　郭注書曰茂哉茂哉、邢疏臯陶謨文也。書作懋。茂懋古今字也。釋文出茂字、又作懋、亦作忞、同。亡侯反。

案文選三張衡東京賦感懋力以耘耔、薛綜注引爾雅曰懋、勉也。慧琳經音義二十寶星陀羅尼經序爰懋下引郭注爾雅云懋、勉也。此郭注蓋鄭注之誤。鄭本爾雅與郭本不同、故標異之曰鄭注爾雅。又三十深密解脫經序德懋下引鄭注爾雅云懋、謂自勉強也。尚書云懋昭大德是也。瑞椿案、王懋昭大德、尚書仲虺之誥文。又八十四集古今佛道論衡四懋績下引郭注爾雅云懋、自勉強也。今郭注無此文。與琳音三十所引鄭注爾雅同。郭注亦鄭注之誤。据知作茂爲郭注本、作懋爲高密注本。薛綜注東京賦、釋文字又作懋、蓋竝依高密注也。漢書董仲舒傳書曰茂哉茂哉、顏師古注、茂哉茂哉、虞書咎繇謨之辭也。可見顏所据書茂哉之茂尚不作懋、此實天寶以前未改之舊。高密注爾雅作懋、故引書仲虺之誥。郭注爾雅作茂、故引書臯陶謨。其不侔之蹟顯然可見。自鄭本與郭本相提而高密注亡、後人因据鄭本改郭注、又据郭注改臯陶謨此茂哉之茂今書所以作懋也。春秋繁露同類相勸篇引尚書傳言茂哉茂哉、是茂哉之茂古固未有作懋者。

瑞椿案、慧琳經音義引鄭玄爾雅注懋勉一條而外、尚十有六見、惟三條可疑、餘皆碻鑿也。坿列之。余氏蕭客古經解鉤沈、胡氏培翬研六室文鈔、嘗据周官疏謂高密有爾雅注、以此書證之益信。

董瑞椿補記

亹亹、蠠沒、孟、敦、勖、釗、茂、劭、勔、勉也。

說文云：「勉、彊也；」（從段）彊者、迫也；故爲勸勉義。俛、本俯字也、亦音免、故借爲勉；表記云：「俛焉日有孳孳、」是。亹、阮元讀爲「𪇰鷖在亹」之亹、蓋亹勉一聲之轉。棫樸「勉勉我王、」荀子及韓詩外傳均引作「亹亹我王；」禮器鄭注國語韋注竝云：「亹亹、即勉勉也；」是字義俱通。

蠠沒者、黽勉之假借。黽爲鼃黽字、引伸之爲黽勉之義；此爲正字。爾雅作蠠沒者、黽蠠一聲之轉。字亦作蠠；勉沒、亦聲轉也。詩云：「黽勉同心、」文選注引韓詩作「密勿同心；」論語云：「文莫吾猶人也、」欒肇論語駁曰：「燕齊謂勉強爲文莫；」方言云：「侔莫、強也、北燕之外交、凡勞而相勉、若言努力者、謂之侔莫。」密勿也、文莫也、侔莫也、均黽勉之假字。郝氏云：「是皆古今方俗之語、音轉字變、而其義俱通」者、是也。

孟者、錢大昕云：「洛誥『汝乃是不蘉、』釋文引馬融注『蘉、勉也；』孟讀爲蘉、故爲勉。經義述聞云：「明字亦讀若芒；盤庚曰：『明聽朕言、』顧命曰：『爾尚明時朕言、』皆訓勉。有駜曰：『夙夜在公、在公明明、』謂勉勉也。蘉、明、孟、古並同聲、故其義亦同。」

敦、本或作惇；禮云：「敦善行而不怠、」即勉也。

勖訓勉、說文詩箋皆同。阮元謂「勖从冒聲、讀與目同。」

釗、方言云：「薄、勉也；秦晉曰釗、或曰薄、齊魯曰勖。」

茂、釋文云：「本或作懋。蓋茂乃懋之假借；」說文「懋、勉也、」文選東京賦注引爾雅作「懋、勉也；」知古文爾雅必作懋、不作茂。懋亦省作忞。

劭者、說文「勉也、讀若舜樂韶。」

爾雅詁林　一　釋詁上

勔者、愐之假借；說文「愐、勉也。」

爾雅學

敦 唐石經單疏本雪牕本同。釋文敳、丁門反、本今作敦。

蠠沒猶黽勉 單疏本雪牕本同。釋文僶、字又作黽。按詩釋文黽本亦作僶。五經文字人部僶、莫尹反。僶勉之僶、字書無此字、經典或借黽字爲之。

亹亹蠠沒孟敦勗釗茂劭勔勉也○釋曰 注疏本刪。

餘見注○注詩曰至未聞○釋曰 注疏本餘下衍者、刪下八字。

校勘記

四行勗○此字從「冒」聲，字當作「勖」。

宋監本校箋

亹亹音尾 蠠音蜜 沒孟敦勗釗音招 茂劭音邵 勔音泯 勉也

音圖・音

蠠、彌畢翻、音密。又亡忍翻、音泯。微明互切本或作蠠。說文曰蠠古蜜字。勔字本作僶、又作黽、或音泯、又彌兖翻、音勉。蠠黽入聲、亦勉入聲、故蠠沒猶黽勉、音相近也。楊升菴云蠠讀蔑。案卽彌畢翻。張氏自烈以爲蠿、說非。班固幽通賦盍孟晉以迫羣兮、曹大家注孟、勉也。案周書覆莫郎翻字訓勉。覆與孟音相近。蠠沒黽勉孟懋茂七字竝同母音近。夾漈云孟猶懋也。方俗語有輕重。此論極合。或以懋爲抵鐍之音、不應轉孟、可謂强作解事矣。

音略

尾 密 蓄 招 邵 緬泯

亹亹蠠沒、孟、敦、勖、釗、茂、劭、勔、勉也。

孫偘直音

尾 密 旭 招

亹亹蠠沒、孟、敦、勖、釗、茂

邵 緬泯

劭、勔、勉也

直音校正

亹尾亹蠠密沒孟敦勖釗昭茂劭邵勔泯勉也。

楊氏音訓

蠠蜜 勖蓄 劭實照切 勔緬

于氏音釋

鶩務昬暋強也

鶩、務、昬、暋、強也。馳鶩、事務、皆自勉強。書曰、不昬作勞。暋不畏死。

郭注

鶩務昬暋強也 釋曰皆謂自勉強也。鶩謂馳鶩、務謂先務、二者皆以力勉強。孫炎曰昬夙夜之強也。

注書曰至畏死 釋曰云書曰不昬作勞者盤庚文。云暋不畏死者康誥文。

邢疏

昬强也

昬、夙夜之强也。書正義八 邢疏

孫音注

黃輯古義

務鶩昬暋强也

昬、夙夜之强也。書曰、不昬作勞。邢疏 書盤庚上正義

孫音注

玉函山房輯佚

昬

夙夜之强也 孫注 書疏九

鈎沉

爾雅詁林 一 釋詁上

昬強也

孫曰昬、夙夜之強也。書曰、不昬作勞。書正義九　邢疏

漢注

鷩務昬暋強也

孫炎云昬、夙夜之強也。書正義九卷　郭璞云、馳鷩、事務皆自勉強。書曰不昬作勞、暋不畏死。

一切注音

昬強也　孫炎曰昬、夙夜之強也。書盤庚正義

古注斠

鷩音務　暋音閔、或作旻。　強也其丈反、注同。

陸音義

鷩務昬暋強也

若董仲舒乘馬、三年不知牝牡、可謂昬矣。雖昬不止強也。

新義

鷩務昬暋強也　鷩、馳鷩。務、事務。昬、盤庚云不昬作勞。暋、康誥云暋不畏死。強、勉強也。

鄭樵注

鷩務昬暋強也　昬諸本作昏、鄭本作昬、今從鄭。

孫炎曰昬夙夜之強也。此從書正義。邢疏引此強作勉、誤。乾隆四年刊本仍改從強。

郭璞曰、馳鷩事務皆自勉強。書曰不昬作勞。暋不畏死。

鄭樵曰鷩、馳鷩。務、事務。昬、盤庚云不昬作勞。暋、康誥云暋不畏死。強、勉強也。

古注合存

鷩務昬暋強也　鷩音務、暋音閔、強其丈切。○此釋鷩務以下皆強之義也。註曰、書盤庚云不昬作勞。康誥云暋不畏死。疏曰、孫炎云昬者、夙夜自勉也。愚按昬暋本昬悶之貌。今人有不知分曉、一味狠淚強作者、故二字皆爲強也。鷩字亦畧同。

注疏參義

鷩務昬暋強也 **註** 馳鷩事務皆自勉強。書曰不昬作勞

暋不畏死 **正義** 強、當作彊、卽勉也。鷩務聲近義同。說文作敄、彊也。今通作務。文子積誠篇云、名可強立、功可強成。淮南時務訓作名可務立、功可彊成。荀子富國篇云、慒然要時務民、楊倞註務、勉彊也、謂以勞役彊民也。昏者、書疏引孫炎云昏、夙夜之勉也。書釋文云昏、本或作暋。說文云敃、彊也。忞、彊也。周書曰在受德忞讀若旻。案今立政篇作其在受德暋。

註 書曰至畏死。 **正義** 不昏作勞、盤庚文。孔疏引鄭註昏讀爲暋、訓爲勉也。暋不畏死、康誥文。說文云敃、冒也。

正義

鷩務昏暋強也　馳鷩事務皆自勉強。書曰不昏作勞。暋不畏死

強亦勉也。強有二義、勉強之強、說文作勥、云迫也。剛強之強、說文作彊、云弓有力也。然彊勥二字經典俱通作強。下文云強、勤也。一切經音義六引蒼頡篇云、強、健也。爾雅此條則主強力而言、卽詩載芟傳云彊、彊力也。鷩者、敄之叚音也。說文云、敄、彊也。通作鷩、說文鷩、亂馳也。穆天子傳云、天子西征、鷩行。薔馳鷩有幷力進取之意、故爲強也。又通作鶩。淮南主術篇云、魚得水而鶩、高誘注鶩、疾也。鶩疾亦馳鷩之意也。務者、說文云趣也。疾趣與馳鷩同意。淮南修務篇云名可務立、功可彊成。又云名可彊立、功可彊成。是務卽彊矣。故荀子富國篇云、僡然要時務民、楊倞注務、勉強也。公羊定二年傳云、不務乎公室也、何休注務、勉也。然則務又訓勉、務勉聲轉。古讀務如冒、聲轉爲勖。一切經音義引埤蒼云、勖、強也。勉也、勤也。勖之爲強、又爲勉、亦如務之爲勉、又爲強矣。昏者、書云不昏作勞。文選西京賦云、何必昏於作勞、薛綜注昏、勉也。書盤庚正義引鄭注昏讀爲暋、暋、勉也。又引孫炎曰昏、夙夜之強也。通作暋。書釋文云昏、本或作暋、音敏。爾雅昏暋皆訓強、故兩存。周禮釋文亦同。又通作愍。不昏作勞、大司寇注作民不愍作勞。釋文愍本又作昏。按昏一从民聲、故从民之字俱音同字通矣。暋者、敃之叚音也。說文敃、彊也。玉篇敃、暋同。通作忞。說文忞、彊也。引周書曰在受德忞。今書立政篇作在受德暋。說文敃、冒也。引書曰敃不畏死。敃訓冒、與強義亦近。孟子引康誥作閔不畏死。又君奭予惟用閔于天越民。傳云閔、勉也。是皆以聲爲義也。

義疏

爾雅詁林　一　釋詁上

鶩務昏暋忞閔**强也**孫注、昏、夙夜之强也。書曰、不昏作勞。

郭注、馳鶩事務皆自勉强。書曰、暋不畏死。此因茂而别釋之。矛有勉義、因有彊義、孜从攴矛、加馬加力一也。詩、外御其務。春秋傳、不務乎公室。昏从日氏。昏作亦爲勉力、音轉爲文。故忞閔靳皆爲强。語文、莫吾猶人也。書在受德暋。説文作忞。孟子引暋不畏从字作閔。

集解

鶩務昏暋强也

騖亂馳也、从馬敄聲、正字爲㦤。㦤、勉也、即强也。説文則以敄爲之、敄㦤騖通用字。韓詩防有鵲巢、誰舟予娓。娓即上所謂亹强也。廣雅釋詁勑、强也。借娓或勑爲之。務、趣也、从力敄聲、正字爲敄、實爲㦤。㦤敄務疊韻。公羊定二傳不務乎公室也、注務、勉也。荀子富國僡然要時務民、注勉强也。昏、日冥也、从日从氏省會意。氏者下也、一曰从民聲、正字爲勉。勉、彊也。説文則以㬑爲之㬑。勉昏㫆通用字。書盤庚不昏作勞、鄭注昏讀爲䀆。䀆勉也。僞傳昏、彊也。文選西京賦何必昏於作勞、注昏勉也、猶强也。䀆冒也、从攴昏聲、正字爲䀆、實爲勉。䀆勉䀆雙聲。書康誥䀆不畏死、僞傳䀆强也。孟子作閔。書君奭予惟用閔于天越民、僞傳閔勉也。廣雅釋詁文、勉也。説文作忞、云彊也。以閔文忞爲之。强字當作彊。彊、弓有力也、从弓畺聲、正字爲勥。勥、迫也、古文作𠲍。强乃蟲名、釋蟲强蚚、其本義也。今經傳於勉勥字皆以强爲之。

義證

鶩務昏暋强也强其丈反

註馳騖事務皆自勉强。書曰不昏作勞、暋不畏死。補

正邢疏皆謂自勉强也。孫炎曰昏、夙夜之勉也。

郭注補正

鶩務昬暋強也

馳騖事務皆自勉強也。書曰、不昬作勞、暋不畏死。

希麟新譯十地經六卷音義引爾雅騖務强也、郭注云馳騖事務皆自勉强也。今本脱也字、據補。

郭注佚存補訂

鶩務昏暋强也

鶩説文作孜、云彊也。與務通。務有二義、一勉强之務、説文云趣也、趣即勉强之義也。定二年公羊傳不務于公室、注云務、勉也。一强禦之務、小雅常棣外禦其務、鄭箋云務、侮也、謂强横之人也。昏與暋通。郭注引書不昏作勞、鄭注云昏讀爲暋、勉也。大司寇注云民不愍作勞。愍即暋也。暋亦有二義、一爲勉强之暋、説文云䀆彊也是也。通作閔。豳風鴟鴞鬻子之閔斯、傳訓爲病、非也、謂黽勉以鬻子、猶恩勤之義。周南汝墳序云能閔其君子、謂能勉其君子也。一爲郭注所引書暋不畏死之暋、暋謂兇强。書立政、其在受德暋。是也。

説詩

鶩務節疏昏夙夜之强也强、毛本誤勉。

注疏正字

鶩務昏暋强也　説文攴部孜、彊也。从攴矛聲。鶩務皆假借字。釋文云暋或作㬑。案昏暋當作䀆忞、説文攴部䀆、彊也、从攴民聲。

爾雅詁林　一　釋詁上

又心部忞、彊也。从心文聲。周書曰、在受德忞。讀若暋。今書作暋、或作旻者、知是忞之誤也。 說文弓部彊、弓有力也。从弓畺聲。強乃蟲名、釋蟲強蚚、乃其本義。經典互用。

匡名

鶩務昏暋強也 說文勥迫也。註迫者、近也。所謂實偪處此也。彊與勥義別、彊者有力、勥者、以力相迫也。凡云勉勥者、當用此字、今則用強彊、而勥彊廢矣。郭註皆自勉強。文子、名可強立、功可強成。 邢疏鶩謂馳鶩、務謂事務、皆以力勉強。東京賦、詛方激而遐鶩。 緜趣也。从力敄聲。趣者、疾走也。言其促疾於事也。繫辭、夫易開物成務。 盤庚不昏作勞、註強也。 玉篇敃、勉也。○又當訓爲強很。 鶩、亂馳也。漢書音義亂馳曰鶩。 荀子、憯然要時務民。 牧誓、昏棄厥肆祀弗答。 暋作敃、彊也。康誥暋不畏死、註暋強很也。立政其在受德暋、註暋、強暴也。

啓蒙

鶩務昏敃強也

邢疏云。皆謂自勉強也。

強也者。說文。強。蚚也。从虫弘聲。無勉強義。訓勉強者當爲弘之借。說文。弘。弓聲也。从弓厶聲。後人借強爲之。用爲彊義。章先生曰。弓彊則聲高。弘亦本彊義。凡作強者皆弘之聲借。論語執德不弘。信道不篤。弘亦今強字。以上章先生語見文始及廣論語駢枝 通作強。禮記學記知困然後能自強也。鄭注云。自強修業不敢倦。詩周頌侯彊侯以。傳云。強。強力也。又通作彊。大戴禮記曾子大孝彊者此彊者也。禮記祭義強者強此者也。韓非子喻老篇云。自勝之謂彊。

鶩者。說文。鶩。亂馳也。从馬敄聲。無強義。訓強者當爲敄之借。說文。敄。彊也。从攴矛聲。敄字不見於經典。通以鶩爲之。此經鶩強也。莊子外物篇鶩揚而奮鬐。釋文無釋。今謂鶩強也。鶩揚者彊揚也。下云奮鬐。以是明之。通作勑。古同音也。古無輕脣音。故敄勑音同相通。廣雅勑強也。

務者。說文。務。趣也。从力敄聲。與強義微遠。訓強者當爲敄之借。說文。敄。彊也。經典通以務爲之。郝疏云。淮南脩務篇云。名可務立。功可彊成。又云。名可彊立。功可彊成。是務卽彊矣。

昏者。說文。昏。日冥也。从日氐省。氐者下也。一曰民聲。無強義。訓強者當爲敃之借。說文。敃。彊也。从攴民聲。同从民聲。故相通。章先生曰。古音昏蓋如緍。以上章先生語見文始 是也。敃字不見於經典。通以昏爲之。書盤庚不昏作勞。則作昏。某氏傳云。昏強。文選西京賦何必昏於作勞。亦作昏。書正義引孫炎云。昏夙夜之強也。則作昏。且望文生義矣。而鄭君則讀昏爲敃。書正義引鄭注云。昏讀爲敃。敃強也。知鄭君發疑正讀。得其勰理。高於其弟子遠矣。通作敃。書釋文云。昏馬同。本或作敃。音敏。爾雅昏敃皆訓強。故兩存。通敃郝疏已言 又通作愍。書不昏作勞。周禮大司寇以圜土敎罷民。鄭注云。民不愍作勞。有似於罷。釋文云。愍音敏。尙書作昏。

暋者。說文。暋。冒也。从攴昏聲。周書曰。暋不畏死。冒冢而前。與強義微遠。訓強者亦當爲敃之借。說文。敃。彊也。从攴民聲。敃字不見於經典。通以暋爲之。書康誥暋不畏死。某氏傳云。暋強。自強爲惡而不畏死。章先生曰。暋強屈強也。以上章先生口講 通作閔。音同也。書康誥暋不畏死。孟子作閔不畏死。

本字考

鶩務昏暋強也。 強與下彊當也之彊異體。二字錯見。 鶩務同字並見。 昏暋亦同字並見。說文有昏字、而腤敯婚緍諸字則从民。

黃侃音訓

鶩務昏暋强也

案慧琳經音義六大般若波羅蜜多經五百一暴惡下引爾雅暴、强也。今此經强也條無暴、惟釋言有强暴也一條、與慧琳引不同、且據郭彼注云彊梁淩暴、邢彼疏亦引詩敘云彊暴之男、可見釋言之强元本作彊。今陸氏心源翻宋咸平本正作彊。唐石經亦先作彊後改强。 與此强也之强不同。元本爾雅强也條當別有暴字、非卽釋言强暴之倒文也。說文弓部彊、弓有力也。引申之爲凡有力之偁、至强也之强。郭注鶩務二字曰、馳鶩事務、皆自勉强。今本作皆曰勉强、此依希麟經音義三新譯十地經六遽務下引及黎氏庶昌影宋蜀大字本顧氏廣圻翻刊吳元恭本訂正。下釋言競逐彊也郭注皆自勉彊、亦正、不作皆曰。惟競逐之彊、郭所見本當是同此條作强、故仍以勉强爲注。釋文出彼强巨丈反、注同。本或作彊字、乃其切證。邢彼疏馳逐者亦彊梁、則爲作彊一本、後人并邢疏於郭注、遂改注中强字亦作彊、不知彊梁之彊與勉强之强截然不同也。則當爲勥之叚字。說文力部勥、迫也。勥迫斯有勉强義也。彊梁之暴更有勉强義者、說文夲部㬥、疾有所趣也。言部謈、大呼自勉也。强梁之暴爲㬥之叚字、勉强之暴又爲謈之叚字也。

董瑞椿補記

鶩務昏暋强也

錦燧謹案、郭注云馳鶩事務、皆自强勉。其說非是。强乃彊之假借字。說文力部云勥、迫也。此勉强之本字也。又弓部云彊、弓有力也。引申之有剛强義。此剛强之本字也。今經典中通以强爲之、而郭注于是誤爲勉强矣。鶩務訓强、不知釋詩何句、郝氏義疏云鶩者、敄之假音。此說良是。說文攴部云敄、彊也。鶩从敄聲、故得通假。蒙謂務亦敄之假借、蓋務亦从敄得聲、與敄通假、其例正同。郝知鶩爲敄之假而不知務爲敄之假、何與。詩中無昏暋訓强者、書盤庚不昏作勞、僞孔傳云昏、强也。與爾雅合。疑此非爾雅原文、乃後人以書傳羼入。說文心部云忞、彊也。又攴部云敃、彊也。昏或作昬、从民聲。敃亦从民聲、暋又从敃聲、忞从文聲。文聲民聲同部、是昏愍乃忞敃之假借矣。析言之則忞从心得義、心之剛强者曰忞。敃从攴得義、力之剛强者曰敃。義微有別。

陸錦燧日記

鶩、務、昏、暋，强也。

說文云：「彊，弓有力」引伸爲剛彊字；又云：「勥，迫也，」即勉勥字，今通用强；爾雅兼用二義。

鶩者，敄之假借。說文云：「敄，彊也；」爾雅訓鶩爲强，乃剛彊之義。

務，說文云：「趣也。」段注云：「趣者疾走，務者言其促疾於事。」曰促疾於事，即有勉意，故許書務篆，與勥勸勉同列；爾雅訓務爲强，此勉强之强也。

昏者，書盤庚「不昏作勞，」孔疏引孫炎云：「昏，夙夜之勉，」此勉强之義也。段氏謂「昏字之氏，乃从氐省，」既从氐省，則不从民矣。文選西京賦「何必昬於作勞，」薛綜注云：「昬，勉也，」此二昬字皆昏之譌。盤庚鄭注云：「昏讀爲暋，暋，勉也；」又釋文云：「昏，本或作暋，音敏；」鄭訓暋爲勉，陸音爲敏，音義是也。惟字作暋，亦譌寫，宜作敯，詳後敯字解。

昏之本義，非勉强也；聲轉則義異。孫之訓强，鄭之訓勉，皆用爾雅訓也。

敯之爲强，亦勉强之義也。惟其字，宜从說文作敯。說文云：「敯，（從段本；後同。）冒也；从攴，昏聲；周書曰：『敯不畏死。』」晉案許所云冒，即勖；說文用假字以釋篆文，閒有此例。說文勖篆訓爲勉，今以勖說敯，則敯爲勖勉義無疑矣。許所引周書「敯不畏死，」孟子引作「閔不畏死，」傳云：「閔，勉也；」此亦可見爾雅之「暋，强也，」爲勉强之義之證。書立政篇云：「其在受德暋，」而說文忞篆下又云：「忞，强也，从心，文聲，周書曰：『在受德忞，』讀若旻；」說文作忞者，段氏謂「所據古文不同，」是也。然則爾雅之暋，即說文之敯，敯爲正字，暋爲別體；或作閔，又作愍者，乃音假；作忞，以音義同，故通用也。說文又有敃，云：「彊也；」此剛强義之字，與訓勖勉之敯，異字異音。

爾雅學

昏暋 唐石經同。釋文暋從昬。單疏本正德本作昬暋。雪牕本注中作昬暋。經及閩本監本毛本作昏暋。

鶩務昏暋强也〇釋曰 注疏本刪。

務謂先務注疏本先改事。

昬夙夜之強也監本同，與書正義合，正德本强誤勉，閩本毛本承之。

餘皆見注○注書曰至畏死○釋曰注疏本删下八字。

校勘記

皆曰勉强十行本雪牕本吴本皆自勉强。

校勘記訂補

皆曰勉强監本毛本湘本永懷堂本曰作自，据下疏皆謂自勉强也證之，自字是。

○鶩音務暋音閔强其丈切監本毛本湘本誤厠此音義於疏文下。

注疏校勘札記

鶩音務昬暋音閔强也

音圖·音

務
鶩、務、昬、暋、强也
閔　上聲

孫侃直音

務
鶩、務、昬、暋、强也
閔　上聲

直音校正

鶩務務昬暋閔强其丈切也

楊氏音訓

暋眉殞切

干氏音釋

卬、吾、台、予、朕、身、甫、余、言，我也。朕、余、躬，身也。台、朕、賚、畀、卜、陽，予也。

卬、吾、台、予、朕、身、甫、余、言，我也。卬猶姎也，語之轉耳。書曰：非台小子。古者貴賤皆自稱朕。禮記云：授政任功，曰予一人。畛於鬼神，曰有某甫。言，見詩。朕、余、躬，身也。今人亦自呼爲身。台、朕、賚、畀、卜、陽，予也。賚、卜、畀，皆賜與也。與猶予也，因通其名耳。魯詩云：陽如之何。今巴濮之人自呼阿陽。

郭注

卬吾台予朕身甫余言我也　釋曰：我者，施身自謂也。此皆我之別稱也。卬也，郭云卬猶姎也，語之轉耳。說文云：女人稱我曰姎。由其語轉，故曰卬。邶風匏有苦葉云：人涉卬否。吾者，孔子曰：吾自衞反魯。身者，我之躬也。余者，邶谷風云：伊余來塈。餘皆見注。　注書曰至見詩　釋曰：云書曰非台小子者，湯誓文。云古者貴賤皆自稱朕者，大禹謨云：帝曰朕宅帝位。禹曰：朕德罔克。屈原亦云：朕皇考曰伯庸。是貴賤皆自稱朕。史記秦始皇二十六年，定爲至尊之稱，漢因不改，以迄於今。云禮記云授政任功曰予一人，畛於鬼神曰有某甫者，皆下曲禮文。云言見詩者，周南葛覃云：言告師氏，言告言歸，是也。　朕余躬身也　釋曰：身，即我也。郭云今人亦自呼爲身。舍人曰：余，謙卑之身也。孫炎曰：余，舒遲之身也。僖九年左傳云：齊侯曰小白余。杜注云：小白，齊侯名。余，身也。邶谷風云：我躬不閱。　台朕賚畀卜陽予也　釋曰：予，即與也，皆謂賜與。台者，遺與也，讀與貽同。朕者，我與之也。賚、畀、卜，皆賜與也。說命云：夢帝賚予良弼。鄘風干旄云：何以畀之。小雅天保云：君曰卜爾，萬壽無疆。　注與猶至阿陽　釋曰：云與猶予也，因通其名耳者，說文云：與，黨與也。予，推予前人也。象兩手相與之形。今經典多以與爲推予，故云因通其名耳。云魯詩云陽如之何者，漢書藝文志云：魯申公爲詩訓故，是爲魯詩。其經云陽如之何，申公以陽爲予，故引之。云今巴濮之人自呼阿陽者，以時驗而言也。

邢疏

余身也

余，卑謙之身也。左傳正義十三　邢疏

犍爲注

台我也

台，羊而反。釋文

余身也

余舒遲之身也。春秋正義十三　邢疏

孫音注

黃輯古義

朕余躬身也

余卑謙之身也。春秋僖九年正義　邢疏作謙卑之身

犍爲注

朕余躬身也

余舒遲之身也。邢疏　春秋僖九年正義

卬吾台予台羊而反下同。釋文

孫音注

玉函山房輯佚

余

卑謙之身也。舍人注　舒遲之身也。孫注　並宋本春秋疏一十一

鈎沉

台我也

孫曰台羊而反。釋文

余身也

舍人曰余卑謙之身也。春秋正義十三　邢疏作謙卑之身

孫曰余舒遲之身也。春秋正義十三　邢疏

漢注

卬吾台予朕身甫余言我也

郭璞云卬猶姎也語之轉耳。書曰非台小子。古者貴賤皆自稱朕。禮記曰授政任功曰予一人畛於鬼神。日有某甫。言見詩。

朕余躬身也

舍人云余卑謙之身也。　孫炎云余舒遲之身也。並左傳正義十一卷　郭璞云今人亦自呼爲身。

台朕賚畀卜陽予也

郭璞云賚卜畀皆賜與也與猶予也因通其名耳。魯詩云陽如之何今巴濮之人自呼阿陽。

一切注音

台我也孫羊而反　釋文

余　舍人注卑謙之身也。　孫炎曰舒遲之身也。左氏傳正義

古注斠

卬五剛反。台孫羊而反、下同。予余並羊　姎如反。烏郎烏黨烏浪三反。說文云、女人稱我曰姎。任而鴆反。畛之忍反。某音丹　躬音弓　畀必二反。陽音賜、又如字、本或作賜。予羊汝反。巴伯家反。濮音卜

陸音義

陽音賜、又如字本或作賜○兩賜字舊作賜　如此何必云又如字。郭注云賚卜畀皆賜與也、與猶予也、故下又承明云與猶予也。以陽爲賜、正與音合。上條音予余並羊如反、此音羊汝反、其分明如此。且君子曰賜、小人曰與、不必連文。夫以陽爲賜、此古人改字之法、下云因通其名、故又以陽爲予我義、後人疑陽與賜音不相近、遂妄改爲音賜、今幸得宋本正之。

音義攷證

卬吾台予朕身甫余言我也

甫有父用能有我矣身信也能有我矣吾命物余辨物予通物台㠯物言諭物卬向物我敵物詩曰比予於毒又曰伊余來塈余辨物而已安徐之我也若予則授任書曰台小子舊學於甘盤又曰爾交修予台

爾雅詁林 一 釋詁上

㠯物而已、怡悅之我也、若予則授任。記曰分職授政任功、曰予一人。書曰疇若予工。又曰有能典朕三禮。言朕禮重事也、問有以、或無故也。所謂有能俾乂有能奮庸亦以此。且岳薦禹、直曰伯禹作司空。薦伯夷、直曰伯夷至。垂曰垂哉、益曰益哉、疑詞也。帝命禹曰、俞汝往哉。伯夷曰俞往、欽哉。至垂至益曰俞往哉汝諧。言諧嫌或不諧。夔曰命汝典樂、龍曰命汝作納言、曰命崇夔龍也。夔一足、夔一而足。謂之夔、則所謂龍可知也已。傳曰昔唐堯在上、羣龍爲用。

朕余躬身也

朕、濟物之身。余、辨物之身。身、止而屈於是爲下。

台朕賚畀卜陽予也

陰、小人也。則陽爲我矣。予亦一名而兩讀。台朕陽予也。賚畀卜予也。詩曰、君曰卜爾。神所與見於卜而已。春秋傳曰、稱我者齊亦欲之我。占恪予畀與。

新義

卬吾台予朕身甫余言我也甫、曲禮云、授政任功、曰予一人、眕於鬼神、曰有某甫。餘見詩書。朕余躬身也身、自己稱也。張飛云、身是張益德也。台朕賚畀卜陽予也卜、天保云、卜爾萬壽無疆。陽、魯詩云陽如之何、申公謂陽、予也。據予本予我之予、又爲賜予之予。樵疑此當言台朕陽予也、謂我也。賚畀卜予也、謂與也。以二字同文、故誤耳。

鄭樵注

卬吾台予朕身甫余言我也台孫羊而反

郭璞曰、卬猶姎也、語之轉耳。書曰、非台小子。古者貴賤皆自稱朕。禮記曰、授政任功、曰予一人。眕於鬼神、曰有某甫。言見詩。

鄭樵曰、甫、曲禮云、授政任功、曰予一人、眕於鬼神、曰有某甫。餘見詩書。

朕余躬身也

舍人曰、余、謙卑之身也。

孫炎曰、余、舒遲之身也。

郭璞曰、今人亦自呼爲身。

鄭樵曰、身、自己稱也。張飛云、身是張益德也。

台朕賚畀卜陽予也

郭璞曰、賚卜畀皆賜與也。與猶予也。因通其名耳。魯詩云陽如之何。今巴濮之人自呼阿陽。

鄭樵曰、卜、天保云卜爾萬壽無疆。陽、魯詩云陽如之何、申公謂陽、予也。據予本予我之予、又爲賜予之予。樵疑此當言台朕陽予也、謂我也。賚畀卜予也、謂與也。以二字同文故誤耳。

古注合存

卬吾台予朕身甫余言我也朕余躬身也卬音昂、台音怡。○此釋卬吾以下皆身之義也。詁曰、書云非台小子。古者貴賤皆稱朕。疏曰、詩谷風云、伊余來塈。愚按甫爲我者、甫本男子之美稱、猶古書自稱爲某之意也。言爲我未詳、舊引言告師氏爲証。

台朕賚畀卜陽予也舊釋台貽同、陽音賜。今按台如字、陽當爲賜、予上聲。○此釋台朕以下之義也。詁曰、賚畀卜皆與也。與猶予、因通其名耳。疏曰、台者遺與也。朕者我與之也。與說文象兩手相與之形。予者推與人也。愚按舊釋台爲貽、古字多通、但釋朕爲取予之予、似曲。今考台朕卽上條卬台以下十四字重出之衍文、台當讀如字、陽疑賜字之譌。舊引魯詩陽如之何、及巴濮之人自呼阿陽、皆不可曉。

注疏參義

舍人云余、謙卑之身。孫炎云、余、舒遲之身。二解俱精。鄭云身、自己稱也。張飛云、身是張益德也。鄭云、據予本予我之予、又爲賜予之予。樵疑此當言台朕陽予也、謂我也。賚畀予也、謂與也。以二字同文、故誤耳。陽如之何、釋文音賜。鄭如字。

補注

卬吾台予朕身甫余言我也 註 卬猶姎也、語之轉耳。書曰非台小子。古者貴賤皆自稱朕。禮記曰授政任功曰予一人、畛於鬼神曰有某甫。言見詩。朕余躬身也 註 今人亦自呼爲身。台朕賚畀卜陽予也 註 賚卜畀皆賜與也。與猶予也。因通其名耳。魯詩云陽如之何。今巴濮之人自呼阿陽。

正義 說文云、我、施身自謂也。予身俱訓爲我。說文又云、予、推予也。故又爲賜與。此連釋之也。○卬吾至我也。○卬者、大雅生民云、卬盛于豆。吾者、士冠禮云、願吾子之教之也。鄭註、吾、我也。台者、禹貢云、祗台德先。予者、堯典云、予聞如何。史記作朕聞之、其何如。是朕卽予也。身者、少儀云、毋身質言語。甫者、士冠禮字辭曰伯某甫。鄭註、甫是男子之美稱。余者、周語引湯誓云、余一人有罪、無以萬夫。余猶予也。言爲發聲之詞、故卽以爲自謂之稱也。○朕余躬身也。○朕余又訓爲身、左傳疏引舍人云、余、卑謙之身也。孫炎云、余、舒遲之身也。左氏僖九年傳云小白余、杜註、余、身也。躬者、士昏禮記云、已躬命之。又鄉射禮云倍中以爲躬。鄭註、躬、身也。謂中之上下幅也。春官大宗伯云、侯執信圭、伯執躬圭。後鄭云、信當爲身、聲之誤也。身圭躬圭蓋皆象以人形爲瑑飾、文有麤縟耳。欲其愼行以保身也。是射侯主文之言躬者、皆謂身也。○台朕至予也。○台朕予互相爲訓、陽亦爲予也。賚畀卜皆錫予之予、因字同而連舉之也。上文云賚畀予賜也、賚畀又互訓爲予也。湯誓云、予其大賚汝。周頌序云、賚、予也。

畀者、穀梁僖二十八年傳云、畀、與也。衆統云、畀之言與也。卜者、小雅天保云、君曰卜爾。楚茨云、卜爾百福。釋文引韓詩云、卜畀炎火。註 卬猶姎至見詩。○ 正義 卬猶姎者、說文云、姎、女人自稱我也。風俗通義云、南蠻相呼爲姎。徒書曰非台小子者、湯誓文。古者貴賤皆自稱朕者、獨斷云、朕、我也。古者尊卑共之、貴賤不嫌、則可同號之義也。堯曰、朕在位七十載。臯陶與帝舜言曰、朕言惠可底行。屈原曰、朕皇考。此其義也。至秦天子獨以爲稱、漢因而不改也。白虎通義云、王者自謂一人者、謙也。欲言己材能當一人耳。故論語曰、百姓有過、在予一人。臣下謂之一人何、亦所以尊王者也。以天下之大、四海之內、所共尊者一人耳。故尚書曰、不施予一人。或稱朕何、亦王者之謙也。朕、我也。或稱予者、予亦我也。不以尊稱自也。但自我皆謙。案周以前貴賤同稱、故爾雅訓朕爲我、又訓爲身、又訓爲予。自漢以後定爲王者所自稱矣。郭又引禮記者、下曲禮文。言見詩者、周南葛覃云、言告師氏、言告言歸、毛傳、言、我也。○今人至爲身。○ 正義 自呼爲身、通見史傳。今俗語尚然。○魯詩至阿陽。○ 正義 陽如之何、詩考以爲卽陳風澤陂篇傷如之何之異文也。魯詩亾於東晉、郭氏猶及見之。今韋君章句久佚、莫可考矣。巴濮人自呼阿陽、據時驗也。

正義

台朕賚畀卜陽予也　鄭樵曰、予本予我之予、又爲賜予之予。疑此當言台朕陽予也、謂我也。賚畀卜予、謂與也。以二字同文、故誤耳。

校議 宋孫案、鄭說非是。爾雅自有此例、如從申神加弼崇重也。郭注云、神未詳。錢竹汀少詹云、重有重疊之義、又有尊重之義。從申加、重疊之重也。神弼崇、尊重之重也。此賚畀卜爲賜予之予、台朕陽爲予我之予、其例相同。

卬吾台予朕身甫余言我也 卬猶姎也、語之轉耳。書曰非台小子。古者貴賤皆自稱朕。禮記云授政任功曰予一人、畛於鬼神曰有某甫。言見詩。**朕余躬身也** 今人亦自呼爲身。**台朕賚畀卜陽予也** 賚卜畀皆賜與也。與猶予也。因通其名耳。魯詩云陽如之何。今巴濮

爾雅詁林　一　釋詁上

之人自呼阿陽

說文云我施身自謂也按我从手手古垂字施垂下之貌古人謙卑凡自稱我必垂下其身故云施身自謂也虞翻易注坤爲自我蓋坤亦卑順之義也易云觀我生孟子云萬物皆備於我虞翻及趙岐注竝云我身也身訓我我亦訓身轉注之義也我聲近阿木蘭詩云阿耶無大兒阿耶猶言我父也晉書潘岳傳云負阿母阿母猶言我母也卬者與姎同故郭云卬猶姎也說文姎女人自稱我也錢坫說文斠詮云後漢書長沙武陵蠻相呼爲姎徒姎徒猶我徒也今伊犁烏魯木齊等回民稱女曰姎哥按姎卬我竝聲相轉今方俗語謂我爲俺俺亦聲轉但說文俺訓大於義又不當自謂也詩中卬字三處毛皆訓我書大誥云不卬自恤漢書翟方進傳作不身自恤身卽我矣吾者說文云我自稱也士冠禮云願吾子之教之也鄭注吾子相親之辭吾我也子男子之美稱管子海王篇云吾子食鹽二升少半尹知章注吾子謂小男小女按吾子猶言我子耳台者與儀同詩云如食宐饇釋文宐本作儀引韓詩云儀我也按說文云義己之威儀也蓋威儀之儀說文作義義从我因訓我故云己之威儀己卽我也春秋繁露云義者謂宐在我者又云義者我也是義訓我之證然則訓我之台正當作義叚借作台韓詩之儀卽義之叚音耳予者白虎通云予亦我也詩予又集于蓼毛傳予我也詩內予字傳訓止此一處餘鄭箋與毛同朕者說文云我也白虎通云或稱朕何亦王者之謙也朕我也蔡邕獨斷云朕我也古者尊卑共之貴賤不嫌則可同號之義也是朕爲通稱上下所同故書臯陶曰朕言惠離騷云朕皇考曰伯庸是古尊卑同號之證也秦以後乃爲天子自稱而說者云天子稱朕但以聞聲斯言謬矣彼謂眹兆之眹而非朕我之朕也身者郭云今人亦自呼爲身按今時唯獄詞訟牒自呼爲身身之爲言人也世說載晉時有自稱民者民亦人耳今時平民自稱民人市商自稱商人亦其義也然則自稱爲人亦如自呼爲身矣甫者說文以爲男子美稱禮記鄭注以爲某甫但字皆非爾雅之恉訓我之甫詩小雅甫田箋甫之言丈夫也是甫訓爲夫檀弓注

夫夫猶言此丈夫卽其義也或言老夫者猶言老人耳曲禮云自稱曰老夫鄭注老夫老人稱是也或言一夫者猶言一人耳白虎通云王者自謂一人者謙也欲言己材能當一人耳然則甫之爲言夫也夫之言丈夫丈夫男子之通稱猶蕭育自稱杜陵男子張裔自稱男子張君嗣皆其比也余者說文云語之舒也是余爲舒遲之我也余予古通用故論語云百姓有過在予一人周語引湯誓曰萬夫有罪在余一人郭引曲禮云授政任功曰予一人鄭注引覲禮曰伯父寔來余一人嘉之是余予古字通之證故鄭又云余予古今字蓋言予古文作余覲禮余一人是也黔曲禮[illegible]注作訂予正宐據今文作予曲禮予一人是也必知古文作余者隸續載魏三體石經書大誥云余惟小子晉姜鼎銘云余惟嗣朕先姑君晉邦余不辱妄石經鼎銘皆古文作余卽知作予者爲今文矣是鄭君之意乃因經傳余予通用而別以古文今文非謂余予同字匡謬正俗誤會鄭意乃云因鄭此說學者遂皆讀予爲余又云麻觀詞賦予無余音此駁非矣今以聲義求之余予不妨同音余予不嫌非同字據玉篇廣韵予以諸切又餘佇切本兼二音曲禮釋文予依字音羊汝反鄭云余予古今字則同音餘是陸德明誤讀鄭注與顏師古同矣言者詩內言字傳箋竝訓我莊子山木篇云言與之偕逝之謂也釋文亦云言我也蓋言與台余俱聲相轉故其義同〇身既訓我我又稱身故轉相訓說文云身躳也象人之身通作信大宗伯云侯執信圭伯執躳圭鄭注信當爲身聲之誤也身圭躳圭蓋皆象以人形爲瑑飾文有麤縟耳欲其愼行以係身圭皆長七寸又通作伸釋名云身伸也可屈伸也荀子儒效篇云是猶傴伸而好升高也楊倞注伸讀爲身字之誤也按身伸信三字古同聲通用此皆叚借耳鄭君及楊倞以爲字聲之誤卽實非矣朕又訓身者朕之爲言審也宐審愼者莫如身朕之爲審蓋與帝之爲諦其義同矣余又訓身者余爲語之舒舒緩亦詳審之意左氏僖九年傳小白余杜預注余身也正義引舍人曰余卑謙之身也孫炎曰余舒遲之身也舒與身又聲轉義同矣躳者說文作躳云身也或从弓作躳按躳从身亦訓爲身周禮身圭躳圭其義同故躳爲身身亦爲躳轉相訓

也。○予既訓我，又爲賜與，與予聲同，故郭云與猶予也。說文予，推予也，象相予之形。然則台、朕、陽爲予我之予，賚、畀、卜爲賜予之予。一字兼包二義，故郭云因通其名耳。賚、畀、予，上文並云賜也，賜即予，故又爲予也。賚者，詩序云賚，予也。方言云予、賴也，賴、賚聲同。廣雅云俚，賴也。俚、釐聲同。詩釐爾女士，毛傳釐，予也。畀者，說文云相付與之約在閣上也。詩何以畀之，傳畀，予也。穀梁僖廿八年傳畀，與也。通作俾，逸周書祭公篇云付俾于四方，孔晁注付與四方也。又通作埤，方言云埤、賠，予也。按古人多名畀我，楚昭王之妹曰季羋畀我，左氏襄廿三年經云邾畀我，公羊及春秋繁露俱作鼻我。說文云鼻，引气自畀也。是畀、鼻聲義同。卜者，詩云君曰卜爾，卜爾百福，傳、箋並云卜，予也。秉畀炎火，釋文秉，韓詩作卜。卜，報也。按報當讀爲赴，少儀[illegible]報，故白虎通云卜，赴也。然則赴告亦相推予也。陽者，易說卦云爲妾爲羊，漢上易傳引鄭本羊作陽，注云此陽謂爲養，无家女行賃炊爨，今時有之，賤於妾也。然則陽之爲言養也，女之賤者稱陽，猶男之卑者呼養也。毛詩傷如之何，郭引魯詩作陽如之何，是鄭爲陽之說本於魯詩也。郭云今巴濮之人自呼阿陽者，阿即我也。魏志東夷傳云東方人名我爲阿。然則自呼阿陽，亦如自稱厮養矣。陽、姎義亦相近。**義疏**

卬吾台予朕身甫余言我也

吾者，說文云我自稱也。士冠禮云願吾子之教之也，鄭注吾子，相親之辭。吾，我也。子，男子之美稱。管子海王篇云吾子食鹽二升少半，尹知章注，吾子謂小男小女。案吾子猶言我子耳。

念孫案，管子云終月大男食鹽五升少半，大女食鹽三升少半，吾子食鹽二升少半。吾子猶言餘子，故尹注云吾子謂小男小女也。今云吾子猶言我子，我字不知何指，真不可解矣。

身又通作伸。釋名云身，伸也，可屈伸也。荀子儒效篇云是猶傴伸而好升高也，楊倞注伸讀爲身，字之誤也。

念孫案，伸者僂之壞字也，言身不肖而以賢者自誣，是猶傴僂而好升高也，指之者愈衆矣。楊注非。**郝注刊誤**

卬吾台予朕身甫余言我也

郭注，卬猶姎也，語之轉耳。書曰非台小子。古者貴賤皆自稱朕。禮記云授政任功曰予一人，畛於鬼神曰某甫。言見詩。凡自稱一多用吾、予、朕、余、言、我，而文各有施。卬、台、甫偶一見耳。卬、从匕卩，字亦佀仰。對人之詞。詩卬盛于豆，又人涉卬否。吾，从口，又又，禦也，故爲語。論語多言吾，亦言我，不言予。又也。台即胎、怡字，蓋謙退之稱。湯誓先言台，繼言予，後言朕，詞愈決也。予，象兩手相推予，詞緩於我。朕，當从目𢍏，說文有眷無朕，又有目但有眹之文，疑誤以眹、眷一字，乃又以䑢爲目，我則失之矣。凡言朕皆訓告之詞，書朕予相對而詞气不同。詩朕舌、朕命、朕未有艾，皆言王。此外唯言予我，賤者豈可稱朕乎。周公以世子禮王，故告王亦曰朕，先曰朕，後曰予，義可知也。身，象人背其用，之乃以爲膺，經傳正文無用爲我者。郭引某甫爲我，亦不詞也。或者詩用薄言，亦單用薄，單用言，皆可爲我。甫即薄耳。下又以薄言爲間，師說不同也。余，从亼八，即舍字也。經皆以予爲我，唯禮經有余，蓋周文家分別用之。詩有伊余來塈，或說爲我。按上比予用予，則伊余詞也，非伊我也。禮經余一人，或亦佀予，魏石經予惟小子，亦佀余。郝以爲古今文異，是也。言之爲我，專見於詩。蓋欲人諦聽，則曰我，含吐其詞，則曰予，隨指而言，則曰言。易唯言我，我雖對人言己，其實多就他人言之。易觀我生，觀民也。从戈、𠃬。或說垂字，或說殺字，蓋即古戈字，𠃬象人。

朕余躬身也

舍人注余，卑謙之身也。孫注余，舒遲之身也。郭注今人亦自呼爲身。此別身於我、朕，迹也。書朕虞、周官謂之

爾雅詁林　一　釋詁上

迹人。詩舍命不渝、箋以舍爲處、謂立身也。易艮其身、止諸躬也。躬从身加呂、或从弓。**台朕賚畀卜陽予也** 郭注、賚卜畀皆賜與也。與猶予也、因通其名耳。魯詩云陽如之何。今巴濮之人自呼阿陽。此別釋予本義、分爲予我、付予二說者、不顧上文、非也。台詒貽通用字。書自貽哲命。詩美人之貽。朕送通用、送贈同義。禮、壺有贈、送也。賚畀並見上。嫌、賜與異。詩釐爾女士、又何以畀之、皆以畀予尊也。卜象龜坼、示人吉凶。詩君曰卜爾、卜爾百福、又景命有僕、皆與也。陽从勿旦、旌旗開見日、無與意也。記陽童、余童也。郎卬聲轉字。韓詩又以鬺爲湘、則相襄皆近之。

集解

卬吾台予朕身甫余言我也 卬、望欲有所庶及也、从匕从卩會意。仰之古文。正字爲我。我卬雙聲。說文則以姎爲之。書大誥不卬自恤、漢書翟方進傳作不身自恤。釋文、我也。詩匏有苦葉人涉卬否、白華卬烘于煁、生民卬盛于豆、傳均云卬、我也。吾、我自偁也、从口五聲。書馬本吾其試哉、今書作我。儀禮士冠禮願吾子之教之也、注吾、我也。左桓六傳我張吾三軍而被吾甲兵。尚書中候注吾、我也。文選東都賦吾子曾不是睹、注吾、我也。列子黃帝姬魚語汝、猶論語居吾語汝也。以魚爲之。台、說也、从口㠯聲。經典通以怡爲之。今謂台之从口、與吾之从口同、故以爲自偁之詞。書禹貢祗台德先、偽傳台、我也。湯誓非台小子、馬注台、我也。前漢書敘傳如台不匡、禮法是謂、如淳曰台、我也。後漢書班固傳今其如台而獨闕也、張衡傳云台行乎中野、注均云台、我也。予、推予也、象相予之形、正字爲余、實爲吾。吾余予疊韻。書大誥予有後弗棄基、鄭詩箋引作我。詩谷風棄予如遺、新序予作我。小毖予又集于蓼、傳予、我也。河廣跂予望之、葛生予美亡此、小弁予之佗矣、桑柔雖曰非予、箋均云予、我也。後漢書張衡傳櫂龍舟以濟予、呂覽贊能夷吾佐予、注均云予、我也。史記宰予字子我。楚詞離騷夫何煢獨而不予聽、九歌芳菲菲兮襲予、注均云予、我也。朕、字本作𦩍。今本說文𦩍、我也。闕。戴震攷工記圖函人注、舟之縫理曰朕、朕既從舟、則戴說近是也。其訓我者、疑舟子之自偁耳。書堯典汝能庸命巽朕位、馬注朕、我。詩韓奕朕命不易、箋朕、我。楚辭離騷朕皇考曰伯庸、招魂朕幼清以廉潔兮、注均云朕、我也。蔡邕獨斷、古者尊卑共偁朕、貴賤不嫌、則可同號之義也。自始皇以朕爲至尊之偁、漢因不改、以迄於清。夫民猶水也、君猶舟也、君之偁朕、義蓋取此。身、躳也、象人之身、从人厂聲。引申則爲自偁之詞。今時獄詞訟牒契約等均自偁爲身、是也。易觀我生虞注我、身也。孟子盡心篇萬物皆備於我矣、趙注我、身也。轉注即身我也。甫、男子美偁也、从用、父、父亦聲。正字爲吾。吾甫疊韻。詩甫薄同用。葛覃薄汚我私、與言告言歸句相承、蓋謂我汚我私耳。今以爲詞閒者、其後起之說與。余、語之舒也、从八、舍省聲、蓋自發聲之詞。禮偁余一人是也。左僖十二傳余嘉乃勳、疏余、我也。離騷肇錫余以嘉名、注余、我。或者字通吾與。言、直言也、从口䇂聲。正字爲卬、實爲我。我卬言雙聲。詩葛覃言告師氏、文王永言配命、傳均云言、我也。柏舟靜言思之、終風願言則嚏、女曰雞鳴弋言加之、小戎言念君子、采綠薄言歸沐、大東眷言顧之、采菽言采其芹、下武永言配命、箋均云言、我也。莊子山木篇言與之偕逝之謂也、釋文言、我也。我、施身自謂也、从戈从𠂒。𠂒或謂古垂字。又說施身、私身也。今日本人偁我爲私、私施疊韻。

朕余躬身也 轉訓耳。朕、我也。身亦我也。故朕可訓爲身。余、正字爲吾。我也、即身也。左僖九傳小白余敢貪天子之命、注余、我也。躬、从身、故訓身。易艮其身、止諸躬也、書牧誓其于爾躬有戮、史記躬作身。詩泯躬自悼矣、烝民王躬是保、箋均云躬、身也。禮記表記有擇言在躬、呂刑作身。少儀不疑在躬、樂記致禮以治躬則莊敬、周禮小司寇凡命夫命婦不躬坐訟獄、儀禮鄉射倍中以爲躬、公羊宣十五傳躬足以亡爾、文選東京賦躬追養於廟祧、注均云躬、身也。禮記檀弓文子其中退然如不勝衣、注中、身也。楚語左執殤宮、宮、身也、以中宮爲之。

台朕賚畀卜陽予也 台、說也、从口㠯聲、正字爲詒。詒、相欺詒也、一曰遺也、謂詒予也、字或作貽。詒貽台通用字。詩天保詒爾多福、箋詒、遺也。說文異、分也、予也。廣雅釋詁載、予也。以異載爲之。朕字本作𦩍、我也、正字爲送。送、遣也。引申爲予。送朕通用字。儀禮燕禮升媵觚於賓、謂予觚也。公食禮作騰。說文倂、送也。賸、物相增加也、一曰送也。借倂騰賸或媵爲之。賚、賜也、从貝來聲。引申爲予、謂予賜也。詩序賚、予也、言所以賜予善人也。詩既醉釐爾士女傳䇳予。以䇳爲之畀相付與之約在閣上也。从丌甶聲。詩干旄何以畀之傳畀予也。信南山以爲酒食畀我尸賓豐年孫畀祖妣箋均云畀予也。周語三而畀讎之孫楚語則又畀之子反注均云畀予也。卜灼剝龜也。丨象龜坼一象楚焞一曰象龜之縱橫也。正字爲付。付與也。付卜通用字。詩天保君曰卜爾傳卜予也。楚茨卜爾百福箋卜予也。釋文陽音賜又如字本或作賜。今謂作賜是也。上經訓予爲賜此經賜轉注爲予或者陽之正字爲與與陽雙聲予推與也象相予之形謂手授與与微别。若以予訓爲予我則賚之正字當爲台。上經台我也即予也。台賚叠韵。畀正字爲鄙五鄭爲鄙。周禮鄙師論語鄙夫均是也。引申爲自謙之稱。鄙畀通用字。纏子董無心曰無心鄙人也不識世情。張景陽七命公子蹶然而興曰鄙夫固陋守此狂狷。難蜀父老云鄙人固陋不識所謂。吳季重荅東阿王書非鄙人之所庶幾也。又曰寶蕩鄙心均以鄙爲自謙詞也。卜正字爲僕禮記檀弓卜人即周禮僕人僕自謙之偁曹子建與楊德祖書僕少小好爲文章。以下僕凡六見。前漢書韋玄傳自稱爲僕卑辭也若大史公之偁走然。走亦僕也。陽仍讀如字卬之聲轉。漢書西南夷傳西南之夷自偁曰𡝩徒。方言巴濮之人自呼曰阿陽。魯詩有美一人陽如之何言予奈之何也。記曰陽童某甫亦謂予童耳。

義證

卬吾台予朕身甫余言我也（卬五剛反台羊而反下同）

註卬猶姎也語之轉耳書曰非台小子古者貴賤皆自稱朕禮記曰授政任功曰予一人畛於鬼神曰有某甫言見詩 補正 邢疏說文云女人稱我曰姎由其語轉故曰卬。邶風人涉卬否。

朕余躬身也

註今人亦自呼爲身 補正 邢疏舍人曰余謙卑之身也孫炎曰余舒遲之身也。

台朕賚畀卜陽予也

註賚卜畀皆賜與也與猶予也因通其名耳魯詩云陽如之何今巴濮之人自呼阿陽 補正 鄭樵註云據予本予我之予又爲賜予之予樵疑此當言台朕陽予也謂我也賚畀卜予也謂與也以二字同文故誤耳。

郭注補正

卬我也郭氏曰卬猶姎也。案景純之說出之許愼說文解字曰姎女人自稱是已後漢書武陵長沙蠻相呼爲姎徒姎徒猶我徒也卬姎聲之同。

錢氏古義

台朕賚畀卜陽予也　注賚卜畀皆賜與也與猶予也因通其名耳魯詩云陽如之何今巴濮之人自呼阿陽

正曰說文予部予推予也象相予之形眾經音義三予三蒼解詁曰此亦與字依說文予訓推予象相予之形則予字本誼當爲與故廣雅釋詁訓予爲與也台讀若詒詩鄭子袷釋文嗣韓詩作詒寄也禮記射義與爲人後者鄭注與猶寄也說文舟部人部朕倂竝㠯灷得聲朕讀若倂經典倂皆作媵儀禮士昏禮媵倂餕鄭注古者嫁女必姪娣從之謂之媵是媵訓從也國語齊語桓公知天下諸侯多與己也韋注與從也穀梁僖二十八年傳畀與也詩周頌賚序賚予也小雅天保君曰卜爾毛傳卜予也予卽與也釋文陽本或作倂賜卽郭注

所謂賜與也。樓生蔚然云、郭注以予也之予分作兩詁、訓賚畀卜爲賜予之予、訓台朕陽爲予我之予、但爾雅十九篇中每㠯一字釋數字、未見有一訓兩詁者。如上文大也一訓多至三十九字、亦是一詁。樓說是也。王尙書經義述聞依郭注一訓兩詁、遂於此條外又羅削各條㠯自申其說、其實各條無此例也。王云林烝天帝皇王后辟公侯君也、天帝皇王后辟公侯爲君上之君、林烝爲君羣之君、然林烝訓君上之君、詩小雅賓之初筵、大雅文王有聲、毛傳鄭箋有明訓、未可輕改。且字詁有虛實、卽王后烝哉、皇王烝哉兩句、猶言我君之眞可爲君、亦何害於字詁相複也。王又云、須竢朁戾底止徯待也、須竢徯爲竢待之待、朁戾底止爲止待之待、然朁戾底止雖竝訓止待、而禮記檀弓上吉事雖止不怠、鄭注止、立俟事時也。鄭注訓止爲俟、俟待止待一意、引申無所區別也。王又云郡臻仍迺侯乃也、郡臻仍爲仍乃之乃、迺侯爲語詞之乃、然迺侯雖語詞、其詁亦取仍乃之乃。周禮春官司几筵仍几注、故書仍爲乃、鄭司農云乃讀爲仍。說文乃部迺作卤、讀若仍。毛詩侯字傳箋訓維不訓乃、今與迺同訓、則詁亦近仍。下文仍訓爲因、古者因仍皆詞語、不若後世乃字作轉語也。王又云際接翜捷也、際接爲接捷之捷、翜爲捷疾之捷、然說文羽部翜、一曰俠也。漢書季布傳顏注、俠之言挾也。儀禮鄉射禮兼挾椉矢、鄭注古文挾皆作接。莊子人閒世必將椉人而鬬其捷、釋文捷本作接。是翜亦接捷之捷也。王又云治肆古故也、治古爲久故之故、肆爲語詞之故。載謨僉訛僞也、載謨僉爲作爲之爲、訛爲訛僞之僞。昌敵彊應丁當也、昌爲當理之當、敵彊應丁爲相當之當。棲遲憩休苦㕧齂呬息也、棲遲憩休苦爲止息之息、㕧齂呬爲氣息之息。艾歷覛胥相也、艾爲輔相之相、歷覛爲相視之相、胥爲相係相受之相。辨詳後各條下。 **正郭**

卬吾台予朕身甫余言我也

卬猶姎也語之轉耳書曰非台小子古者貴賤皆自稱朕禮記曰授政任功曰予一人畛於鬼神曰有某甫言見詩

明注疏本作禮記曰。仿宋本單疏本雪牕本作云。

台朕賚畀卜陽予也

賚畀卜皆賜與也與猶予也因通其名耳魯詩云陽如之何今巴濮之人自呼阿陽

今本作賚卜畀皆賜與也。據經文訂正。疏云賚畀卜皆賜與也卽本注文。 **郭注佚存補訂**

卬吾台予朕身甫余言我也

卬者、郭注云卬猶姎也。說文云姎、女人自稱我也。邶風匏有苦葉人涉卬否、小雅白華卬烘于煁、大雅生民卬盛于豆、毛傳竝云卬、我也。　吾者、說文云我自稱也。常語也。　台與予同。湯誥肆台小子、墨子兼愛篇作惟予小子履。小周頌小毖予又集于蓼、衛風河廣跂予望之、魏風陟岵予子行役、唐風葛生予美亡此、陳風墓門訊予不顧、小雅祈父予王之爪牙、小弁予之佗矣、大雅緜予曰有疏附、桑柔雖曰匪予、傳箋竝云予、我也。予與吾音義皆同。　朕者、我也。古者尊卑共之、貴賤不嫌、則可同號。邢疏云、史記秦始皇二十六年定爲至尊之稱、漢因不改、以迄於今。大雅韓奕無廢朕命、箋云朕、我也。抑莫捫朕舌、箋云、今人無持我舌者。　身者、郭注云今人亦自呼爲身。郝云、今時唯獄詞訟諜自呼爲身。老子吾將饎之以無名之樸注云吾身也。　甫者、男子之美稱。見鄭注士冠禮大雅崧高序云尹吉甫美宣王也、彼釋文云甫、本又作父。後人名字仿此。　余與予古皆通用。　言者、周南葛覃言告師氏、言告言歸、召南采蘩薄言還歸、草蟲言采其蕨、邶風栢舟靜言思之、終風寤言不寐、衛風氓言既遂矣、鄭風女曰雞鳴弋言加之、魏風汾沮洳言采其莫、秦風小戎言念君子、小雅彤弓受言藏之、黃鳥言旋言歸、我行其野言就爾居、大雅睠言顧之、北山言采其杞、采菽言采其芹、采綠薄言歸沐、大雅文王永言配命、下武永言配命、周頌載見永言保之、傳箋竝云言、我也。小雅都人士言從之邁、箋云言、亦我也。案釋詁云言、間也。謂語中之詞也。若詩之薄言旋歸、靜言思之、寤言不寐、弋言加之、受言藏之、睠言顧之、薄言歸沐、永言配命、永言保之諸言字、皆語助間廁言詞之中、傳箋竝訓爲我、失之。

朕余躬身也

朕余爲我身之身、躬爲身體之身。邶風谷風我躬不閱、衛風氓躬自悼矣、大雅烝民王躬是保、傳箋竝云躬、身也。

台朕賚畀卜陽予也

爾雅詁林 一 釋詁上

台朕爲予我之予、賚畀卜爲賜與之予、郭注所謂通其名也。周頌賚序云、大封於廟也。賚、予也。言所以錫予善人也。小雅楚茨徂賚孝孫、傳云賚、予也。周頌烈祖賚我思成、傳云賚、賜也。賜卽予也。 畀者、鄘風干旄何以畀之、小雅信南山畀我尸賓、周頌豐年載芟烝畀祖妣、傳箋竝云畀、予也。小雅大田秉畀炎火、彼釋文云畀、與也。與亦予也。 卜者、小雅天保君曰卜爾、楚茨卜爾百福、傳箋竝云卜、予也。小宛握粟出卜、卜亦予也。言塡寡之人懼於岸獄、但握粟以與之非長久之計、從何能生。箋謂但持粟行卜、求其勝負、從何能生。卜字之義殊迂晦。 陽者、釋文云音賜、又如字、本或作賜。案陽當爲賜形近之譌。說文賜、予也。郭注引魯詩陽如之何、陳風澤陂文也、毛詩作傷。陽如之何、猶論語吾末如之何也之義。如此解則陽又爲予我。 說詩

卬吾節疏女人稱我曰姎說文作女人自稱我也。史記秦始皇二十六年脫記字。

台朕賚畀卜陽陽誤陽、下同。案毛氏居正云、陽音賜、古賜字也。從卩從難易之易。陽字從阜從易。易音暘、日氣也。從日從阜今作卩。音陽音暘下脫又如字三字。暘誤暘。

疏夢帝賚予良弼予誤以。 注疏正字

卬

注、猶姎也、語之轉耳。卬、五郎反、聲轉爲仰。詩釋文卬、本或作仰是已。又轉爲姎、烏浪反。

朕

說文作舼、戴太史東原考工記圖解曰、舟之縫理曰舼、故札續之縫亦謂之舼。此說可稱得解、惜無確證耳。

台舼賚畀卜陽予也

此乃事例之變例、釋予字有二訓也。予一訓我一訓與。台舼陽、我也。賚畀卜、與也。陽、娸之轉聲也。 小箋

卬吾台予朕身甫余言我也朕余躬身也 說文呂部躳、身也。从身从呂。或作躬、从弓。

台朕賚畀卜陽予也 賚、通釐。詩大雅既醉釐爾女士、傳釐、予也。正義曰、釋詁云釐、予賜也。 釋文云陽音賜、又如字、本或作賜。兩賜字、通志堂本皆誤作暘、盧本依宋本正。說見龍城札記。 案此一訓兼兩義者、陽賜皆通。 予通與。洪範正義曰畀、與。釋詁文。 鄭樵注云、樵疑此當言台朕陽予也、謂我也、賚畀卜予也、謂與也。以二字同文故誤耳。元照案、一訓兼兩義者、爾雅屢見、陸佃所云一名兩讀者是也。鄭之見遜於陸矣。 匡名

卬吾台予朕身甫余言我也朕余躬身也台朕賚畀

爾雅詁林　一　釋詁上

卜陽予也　此互釋我身之義而兼及推予之義也。卬、望也、欲有所庶及也。从匕卪。引詩高山卬止。仰訓舉、卬訓望、今則仰行而卬廢。過秦論卬關而攻秦、凡作叩作仰皆誤。大雅傳卬卬、盛皃。引伸之義也。訓我假借也。邶風卬須我友、傳卬、我也。郭註卬猶姎也。姎、女人自稱我也。吾、我自稱也。左桓六年傳我張吾三軍。湯誓非台小子。堯典予聞、史記作朕聞之。朕、我也。皋陶謨朕言惠。三代時朕貴賤通稱、故爾雅訓爲我、又訓爲身爲予。秦始王二十六年定爲至尊之稱以迄於今。身、躬也。象人之身、从人厂聲。繫辭近取諸身。甬、男子之美稱、从用从父、父亦聲。曲禮眕於鬼神曰某甫。余、語之舒也。孫炎云余、舒遲之身也。故余之引伸爲我。詩書用予不用余、左傳用余不用予。余予古今字、非謂余予本即一字也。周南言告師氏、傳言、我也。𢊁、施身自謂也。朕余躬又訓爲身。左疏余、卑謙之身也。躳、身也。或从弓。士昏禮、己躬命之。○台朕予互相爲訓、陽亦予也。郭註引魯詩陽如之何、又巴濮人自稱爲阿陽。賚畀卜則賜予之予、當分釋之。卜者、小雅卜爾百福箋卜、予也。賚畀予已詳上文。

啓蒙

吾予余我也。　吾、予、余同字並見。

台朕賚畀卜陽予也。　或謂台朕爲予我之予、賚以下皆賜予之予、陽在賚畀卜之下、宜爲賜字。案後治肆古故也、治古爲久故之故、肆爲語詞之故、亦爲不次、何疑於此乎。　賚畀卜亦兼予我之予、賚台同聲、畀鼻同聲、鼻自同字、卜僕同聲。　陽即今語之俺、爲余之對轉、姎之叚借。說文姎、女人自稱我也。　釋文陽音賜、又如字、本或作賜、音陽爲賜者、自據一本而破字、而以陽爲賜與也。云又如字者、仍守郭說也。郭注今巴濮之人自呼阿陽。　音賜之說即由本或作賜而來。嚴元照說、陽賜音同、盧文弨說陽有賜音、皆非也。或謂陸本作錫、以他本改郭也、尤非。　釋文發音往往依注、不必與字形相合。

黄侃音訓

陽予也。郭注、魯詩曰陽如之何。今巴濮之人自呼阿陽。考易說卦兌爲羊、虞翻作羔、云羔、女使。皆取位賤、故爲羔。臧鏞堂曰羔乃鄭本作陽、云讀爲養、無家女行賃炊爨、今時有養之誤。之賤於妾也。今案陽爲予者、疑亦女人自稱之詞、如下妾婢子之類、皆取卑賤之名以自謙也。

胡氏古義

台朕賚畀卜陽予也

注曰賚卜畀皆賜與也、與猶予也、因通其名耳。魯詩云陽如之何。今巴濮之人自呼阿陽。

樾謹按、郭意以賚卜畀爲賜予之予、台朕陽爲予我之予、其實卜亦予我之予也、卜乃僕之叚字。禮記檀弓篇卜人師扶右、鄭注曰卜當爲僕、其是證也。古人每自稱僕、故訓僕爲予矣。詩天保篇君曰卜爾、楚茨篇卜爾百福、毛鄭並用此經爲說、誤也。辯見毛詩。至陽字郭引魯詩及巴濮語證之、然其義未詳。今按陽者、養之叚字。說卦傳爲妾爲羊、朱震漢上易傳引鄭本羊作陽、注曰此陽謂爲養、无家女行賃炊爨、今時有之、賤於妾也。是陽與養通。鄭因兌爲少女、故以女說之。然宣十二年公羊傳廝役扈養、何休注曰炊烹者曰養。漢書兒寬傳嘗爲弟子都養、師古注曰養、主

紿烹炊者也。然則養之名通於男女。此經卜陽竝言、卜卽僕也、陽卽養也、皆古人謙稱、自託于執卑賤之役也。 平議

卜予也

錦燧謹案、此釋詩天保篇君曰卜爾、楚茨篇卜爾百福也。毛天保傳、鄭楚茨箋俱云卜、予也。蓋卽本諸爾雅、故與雅訓合。俞氏平議謂卜乃僕之假字、非賜予之予、乃予我之予也。給事者曰僕、自稱爲僕、謙詞也。據說文丵部、菐或作𦬿、禮記檀弓篇卜人師扶右、鄭注曰卜當爲僕、聲之誤也、以及撲俗作扑、是卜僕二字古多通假。俞說亦非無據、惟僅釋爾雅則此說可通、以之釋詩則君曰卜爾、卜爾百福兩卜字明明爲賜予之卜、而不能作予我解。 陸錦燧日記

台朕賚畀卜陽予也。郭云賚卜畀皆賜與也、與猶予也、因通其名耳。魯詩云陽如之何。今巴濮之人自呼阿陽。楷案、依郭說是以賚畀卜爲賜與之予、台朕陽爲予我之予、然一字兼包兩義、本非爾雅通例。說文予、推予也、象相予之形。是賜與乃予字本義。此釋其義、未必兼予我之義在內也。與予同。台者、㠯聲字也、故訓與。說文台、从口㠯聲。㠯卽以。詩江有汜箋、以猶與也。通作貽、又作詒。釋言貽、遺也。說文詒、遺也。王逸楚辭湘君注、廣雅並云遺、與也。詩子衿釋文引韓詩詒、寄也。寄亦與。鄭注射義、與猶寄也。詩文王有聲、箋詒、傳也。傳與與義亦相近。朕者、媵字之省借也。釋言媵、送也。送與與義相因。故今人猶謂以物與人爲送矣。鄭注士昏禮、古者嫁女必姪娣從之、謂之媵。是媵又爲隨從義。從亦與。韋昭齊語注、與、從也。方言媵、寄也。寄物爲媵、媵訓與、又訓寄、猶詒訓與、亦訓寄矣。通作騰。鄭注燕禮及大射儀並云、今文媵皆作騰。說文騰、傳也。證以詒訓與、又訓傳、則騰訓傳亦訓與矣。又通作滕。鄭本易咸滕口說也。(見疏)今本滕作媵。孔疏滕、競與也。是媵騰滕音義皆同矣。陽者、揚字之假音也。昭二十五年左氏春秋陽州、公羊作揚州。釋名陽、揚也。是其相通之證。鄭注鄉射禮、大射儀並云揚猶舉也。舉卽與。故易无妄、物與无妄、虞翻注謂與謂舉是也。揚與媵又一聲之轉。燕禮注媵讀或爲揚。揚、舉也。記檀弓注禮揚作媵。揚、舉也。音相轉、故義相通矣。釋文云陽、本或作賜。是又訓與之顯然者矣。郭氏習知予我之訓、而不求之於聲音通假之理、故以台朕陽三字與賚畀卜三字分爲兩解、而不知非經意也。 稗疏

台、朕、賚、畀、卜、陽、予也。

㟁案。賚與台疊韻。則賚卽台也。今謂己。朱駿聲說文通訓云。己實當作已止之已。借已爲台也。案己、已、台皆疊韻。畀蓋當作卑。卑畀二字隸體相溷。春秋襄二十三年經邾畀我。昭二十年經、二十七年經、襄二十一年傳。

爾雅詁林 一 釋詁上

孔義諸引畀皆作卑。唐石經亦作卑。洪适隸釋載漢校官碑俾字作畀。孟子萬章篇有庳。史記鄒陽傳作有卑。而他書則多作有鼻。皆可鼻證。卑畀音亦不遠。或者假借。亦未可知。卑之言婢也。小戴曲禮記云。自世婦以下自稱曰婢子。鄭注云。婢之言卑也。左僖二十二年傳云。寡君之使婢子。侍執巾櫛。杜預集解云。婢子、婦人之卑稱也。是自稱爲婢之據。卜之言僕也。俞蔭甫太史羣經平議已言之。然則賚、畀、卜三者訓予。與台、朕、陽三者訓予。同爲予我之予。初無異義。郭注以台、朕、陽訓予爲予我之予。賚、畀、卜訓予爲賜與之與。古書簡奥。縱有此例。以説此文。未必當也。上文云。卬、吾、台、予、朕、身、甫、余、言、我也。繼之云。朕、余、躬、身也。又繼之云。台、朕、賚、畀、卜、陽、予也。郭於雅文此類處輒謂轉相訓。則此亦轉相訓耳。安可以賜與之義廁其間乎。且前文既釋賚畀爲賜。此訓予若仍爲賜與義。亦太覺複出乎。**校書**

卬、吾、台、予、朕、身、甫、余、言、我也。朕、余、躬、身也。台、朕、賚、畀、卜、陽、予也。

此言我、身、予三字、義相貫通；而予又有付與之義也。

卬者、大雅生民云：「卬盛于豆、」毛用釋詁文訓我。郭璞云：「卬、猶姎、」説文云：「姎、女人自我也、」今山東北平農婦皆自稱老姎們；山西陽曲自稱俺們、俺姎聲近；此古語之猶存者歟。台爲我、多見于尙書。但如湯誓之「非台小子敢行稱亂、」是也。朕字、古爲尊卑通稱；秦以後始專用于君主。説文云：「朁、曾也、」古稱朕、實朁之假借；北方自呼、俗稱偺們、偺即朁字也。甫余爲我者、禮鄭注云：「余、予、古今字；」左傳疏引舍人云：「余、卑謙之身也、」因屬卑賤之詞、故用爲自稱。士冠禮「伯某甫、」鄭云：「甫、男子之美稱、」邵氏引之以爲己稱之證。此蓋己之稱甫在前、美稱之區別在後；亦猶「童牙」之轉爲吾、（雀鬮説）管子言吾子皆幼少之名、後世乃以吾子爲親愛之稱也。言者、邵氏云：「言爲發聲之詞、故即以爲自謂之稱、」以發聲爲己稱、及親暱之稱者、如自稱曰阿陽、稱昆弟之昆曰兄、亦其例也。郝氏云：「言與台、余、俱聲相轉、故其義同。」

朕、余、躬、又訓爲身者；郭注云：「今人亦自呼爲身、」是身爲自稱、自昔有之。左氏傳「小白余、」杜注云：「余、身也。」躬、説文作躳、與身字爲互訓。

台、朕、賚、畀、卜、陽、爲予者、台、朕、卜、陽、爲予我之予；賚、是付予之予；而畀兼二義；故合釋之。台朕本訓我、予即我也、故訓予。卜陽者、乃僕養之假字。檀弓「卜人師扶右、」鄭注曰：「卜當爲僕、」是古恒假卜爲僕也；養亦卑稱、宣十二年公羊傳云：「廝役扈養、」何休注謂爲炊烹之人；爾雅卜陽並舉、必皆爲古人之謙稱。俞樾説如此。賚、畀、訓予、郭注解爲賜予者、本篇上文云：「賚、畀、賜也、」是郭義所本。然畀亦有予義。晋案説文云：「自、鼻也；」許以鼻訓自、爾雅訓畀爲予、其義正同。畀鼻疊韻、故得通借。左氏襄二十三年經云：「邾畀我、」公羊及春秋繁露俱作「鼻我、」可證。爾雅之畀、即説文鼻之借字也。古人每用「鼻我」「畀我」「予」「我」爲名字；故公羊傳有「邾鼻我；」左氏傳有「邾畀我；」楚昭王之妹季芊、字「畀我、」見左氏定四年傳；孔子弟子宰予、字「子我；」此皆歷歷可舉者。邾畀我楚畀我之稱畀我、猶之宰予之稱我；畀亦我也。然則爾雅之訓畀爲予、乃兼予我之予、非止賜予之予、明矣。

吾訓我者、趙悳四書箋義「吾我二字、學者多以爲一義、殊不知就己而言則曰吾、因人而言則曰我。『吾有知乎哉、』就己而言也；『有鄙夫問于我、』因人之問而言也。」俞樾推廣其義、亦云：「『越予沖人、不卬自恤。』予、即我也；卬、即吾也；其語似複而實非複。」此言吾我予卬四字字義之不同也。胡適云：「如『吾我』二字、在論語檀弓時代、區別的很嚴。『吾』字用在主格、又用在領格、但決不用在受格。『我』字專用在受格、但有時用『我』字代主格的『吾』字、都是例外。這種研究法、叫做『歷史的研究法。』清康熙皇帝遊江南時、有一天、他改了裝、獨自出門遊玩。他走到一條巷口、看見一個小孩子、眼望着墻上寫的『此路不通』四個字。皇帝問他道：『你認得這幾個字嗎？』那小孩子答道：『第一個是『子路』的路字；第三個是『不亦説乎』的不字；第四個是『天下之通喪』的通字；只有頭一個字、是我不曾讀過。』問他讀過什麼書？他説讀過論語。皇帝心裏奇怪、回到行宮、翻開論語細看、果然沒有一個『此』字。其實何止這個『此』字、語言文字是時時變易的、時時演化的。故我們不可説『吾我』兩字用法、完全相同。只可説『吾我』兩字用法、在論語檀弓時代、是很有區別的；後來這種區別、在語言裏、漸漸消滅、故在文字裏、也往往隨便亂用了。」胡氏用「歷史的研究法」去研究「吾我」二字、其區別有時在用法、不在字義、異於諸説矣。日知錄云：「論語之言『斯』者七十、而不言『此。』檀弓之言『斯』者五十有二、而言『此』者一而已。大學成於曾氏之門人、而一卷之中言『此』者十九。語言輕重之間、世代之別、從可知矣。」顧氏之言、亦係從歷史方面觀察。以是知研究文

爾雅詁林　一　釋詁上

字、歷史之關係、必不可忽也。

爾雅學

禮記云單疏本雪牕本同。注疏本云改曰。

卬吾台予朕身甫余言我也○釋曰注疏本刪。

餘皆見注○注書曰至見詩○釋曰注疏本刪下八字。

史記秦始皇二十六年注疏本脫記。

朕余躬身也○釋曰注疏本刪。

賚卜畀皆賜與也雪牕本注疏本同。按經作賚畀卜、疏云賚畀卜皆賜與也。此作賚卜畀蓋誤。

台朕賚畀卜陽予也○釋曰注疏本刪。

夢帝賚予良弼注疏本予誤以。

萬壽無疆○注與猶至阿陽○釋曰注疏本刪下八字。

漢書蓺文志云注疏本蓺作藝。

校勘記

台音怡下同雪牕本下並同。盧刻、孫羊而反、下同。

魯詩曰十行本雪牕本吳本曰並云。

校勘記訂補

魯詩曰陽如之何監本毛本湘本曰作云。案邢疏引書多作某書云、間有作曰字者、例不一也。後不重出。

陽音暘汞懷堂本湘本同。監本毛本暘誤腸。釋文陽、音暘、又如字、本或作暘。按作音暘是。注暘與、音暘之訓也。阿陽、如字之訓也。若本音暘、則又如字三字贅矣。邢疏時已譌暘爲暘、故並又如字三字去之。

注疏校勘札記

四下（一〇）一行(注)賚卜畀皆賜與也○正文作「賚、畀、卜」，此注「卜畀」當從正文作「畀卜」。又原本《玉篇》丌部「畀」下云：「《公羊傳》：畀者何？予也。《爾雅》亦云。郭璞曰：謂賜與也。」郭注原文

宋監本校箋

「皆」下蓋有「謂」字。

(注)今巴璞之人○「璞」，宋刻十行本作「濮」，當據正。

音圖・音

卬音昂吾台音怡予朕身甫余言我也

台音怡朕賚畀卜陽予音與也

直音正誤

陽直音音暘　案詳見音略

音略

釋文陽音暘、又如字、音賜本或作賜。毛居正六經正誤云、案陽从𨸏易、易音的、从日从勿。𨸏今作阝。此陰陽之陽。陽音賜、即古賜字也。从卩从難易之易。爾雅陽予也。案毛氏之說陽與陽自是兩字、因字形相近、故釋文有賜音。然說文有陽無陽、則此字之缺久矣。吳氏任臣字彙補因音賜、坊本誤刻音腸、遂於陽字下添一腸字切音、而音賜之陽字轉闕。姜氏上均不知此說、但云陽當作賜、未免轉成蛇足。

孫侶直音

卬讀平聲吾台怡予上聲朕身甫斧余言我也朕余躬身也、台朕賚畀比卜陽賜予與也。

直音校正

卬昂吾台怡予上聲朕身甫斧余言我也台朕賚畀比去聲卜陽陽又聲予與也

楊氏音訓

卬昂吾台怡予朕身甫余言我也朕余躬身也

台同貽朕賚畀必二切卜陽予與也

印五剛切 台怡

干氏音釋

肅延誘薦餤晉寅藎進也羞餞迪烝進也。

肅、延、誘、薦、餤、晉、寅、藎、進也。禮記曰、主人肅客。詩曰、亂是用餤。王之藎臣。易曰、晉、進也。寅未詳。羞、餞、迪、烝、進也。皆見詩禮。

郭注

肅延誘薦餤晉寅藎進也　釋曰、皆謂進道。延者引而進之。射義云子路出延射。誘者道而進之也。召南野有死麕云吉士誘之。薦者進獻也。月令云先薦寢廟。餘皆見注。　注禮記至進也　釋曰、云禮記曰主人肅客者、上曲禮文也。鄭注云進客謂道之。云詩曰亂是用餤者、小雅巧言文。云王之藎臣者、大雅文王文。云易曰晉進也者、晉卦彖辭也。羞餞迪烝進也注皆見詩禮　釋曰、謂進與也。羞者、曲禮云聞子有客使某羞。餞者、進飲食之名也。迪者、以道而進也。烝者、周頌豐年云烝畀祖妣。

邢疏

餤進也

餤、持鹽反。釋文

郭音義

餤進也

餤、大甘反。釋文

沈集注

餤進也

甘之進也。龍龕手鑑四

衆家注

黃輯古義

薦餤持鹽反。

郭音義

肅延誘薦餤晉寅藎進也

餤大甘反。

沈集注

肅延誘薦餤晉寅藎進也

餤、甘之進也。遼僧行均龍龕手鑑卷四。

裴注

玉函山房輯佚

餤

甘之進也。爾雅注　僧行均龍龕手鑑四

鈎沉

餤進也

注曰、甘之進也。僧行均龍龕手鑑四

漢注

肅延誘薦餤晉寅藎進也

舊注云餤、甘之進也。遼行均龍龕手鑑四卷　郭璞云、禮記曰主人肅客。詩曰亂是用餤。王之藎臣。易曰晉、進也。寅未詳。

羞餞迪烝進也

郭璞云皆見詩禮。

一切注音

餤進也　舊注云餤、甘之進也。龍龕手鑑四　郭持鹽反。釋文

古注斠

餤 沈大甘反、徐仙民詩音閻餘占反。郭持鹽反。　晉 本又作晉。　藎 本又作燼、同徐刃反。　誘 余九反。　餞 徂淺反。　迪 大的反。　烝 之仍反。

陸音義

肅延誘薦餤晉寅藎進也

羞餞迪烝進也

陽進於丑、陰進於未、故羞爲美、又爲羞惡之字。晉、進也。陽進於冬日至、陰進於夏日至。

新義

爾雅詁林 一 釋詁上

爾雅詁林 一 釋詁上

肅延誘薦餤晉寅藎進也 肅、曲禮云主人肅客。延、射義云子路出延射。餤、小雅云亂是用餤。晉、周易晉之象曰晉、進也。藎、文王云王之藎臣。寅未詳。羞餞迪烝進也 羞、餞進飲食之名也。迪、進道也。烝、豐年云烝畀祖妣。

鄭樵注

肅延誘薦餤晉寅藎進也。餤、郭持盥反。

郭璞曰、禮記曰主人肅客。詩曰亂是用餤。王之藎臣。易曰晉、進也。寅未詳。按、龍龕引舊注有餤、甘之進也句、名氏未聞。

鄭樵曰、肅、曲禮云主人肅客。延、射義云子路出延射。餤、小雅云亂是用餤。晉、周易晉之象曰晉、進也。藎、文王云王之藎臣。寅未詳。

羞餞迪烝進也。迪、鄭本同。監本作廸。

郭璞曰、皆見詩禮。

鄭樵曰、羞餞進飲食之名也。迪、進道也。烝、豐年云烝畀祖妣。

古注合存

肅延誘薦餤晉寅藎進也羞餞迪烝進也。餤音談。藎音燼。○此釋肅延以下並皆進之義也。註曰、記云、主人肅客。詩巧言云、亂是用餤。疏曰、肅客、鄭謂進客也。射義云、子路出延射。薦者、進獻也。易晉卦云、晉、進也。餞者、進飲食之名。迪者、以道而進也。周頌豐年云、烝畀祖妣。愚按、誘猶延也。寅藎猶肅也。肅本恭敬之義、敬以進客、故訓肅爲進。藎義畧如之。羞猶薦也。餤、餌也。凡遇餌有進無退、故亦訓爲進。

注疏參義

誘、進也。按、玉篇羑、進也。今作誘。知此誘字本作羑、故注不引吉士誘之而疏始引也。

補注

肅延誘薦餤晉寅藎進也 註 禮記曰主人肅客。詩曰亂是用餤王之藎臣。易曰晉進也。寅未詳。羞餞迪烝進也 註 皆見詩禮。

正義 說文云、進、登也。釋名云、進、引也。引而前也。此分釋其義也。○肅延至進也。○肅者、大雅桑柔云、民有肅心。特牲饋食禮云、乃宿尸。鄭註宿讀爲肅。肅、進也。進之者、使之祭日當來也。延者、少牢饋食禮云、祝延尸。鄭註、由後詔前相之曰延。延、進也。誘者、鄉射禮云、誘射、謂進而教之也。薦者、祭義云、卿大夫有善薦於諸侯。鄭註薦、進也。凡經傳言薦人者、皆進之於上也。天官籩人云、共其籩薦羞之實。鄭註、薦羞皆進也。未飲未食曰薦、既飲既食曰羞。凡經傳言殷薦、薦車、薦歲事、薦時食者、皆進也。餤者、龍龕引舊註云、餤、甘之進也。晉者、說文云、晉、進也。日出萬物進。寅者、司馬法云、殷曰寅車、六月毛傳引之。鄭箋、寅、進也。漢書律歷志云、引達於寅。寅、通作夤。顏師古漢書註引書曰、夤亮天功。漢書敘傳云、夤用刑名。漢紀作寅用刑名。李仲璇孔子廟碑、寅賓作夤賓。玉篇云、夤、進也。藎者、逸周書皇門解云、朕藎臣大明爾德。孔晁註、藎、進也。○羞餞至進也。○羞者、說文云、羞、進獻也。洪範云、使羞其行。孔疏引王肅云、使進其行。晉語云、有武德以羞爲正卿。餞者、說文云、餞、送去也。文選註引韓詩薛君章句云、送行飲酒曰餞。迪者、皐陶謨云、允迪厥德。漢書敘傳云、亦迪斯文。劉德云、迪、進也。烝者、釋天云、冬祭曰蒸。郭氏云、進品物也。註 禮記至進也。○ 正義 禮記曰主人肅客者、上曲禮文。鄭註、進客謂道之。詩曰亂是用餤者、小雅巧言文。王之藎臣者、大雅文王文。鄭箋、今王之進用臣也。易曰晉、進也、晉卦彖傳文。○皆見詩禮。○ 正義 少牢饋食禮云、主人羞斯俎。鄭註、羞、進也。夏小正云、丹鳥羞白鳥。羞也者、進也。士虞禮記云、未徹乃餞。大雅崧高云、王餞于郿。桑柔云、弗求弗迪。毛傳、迪、進也。小雅甫田云、烝我髦士。

正義

肅延誘薦餤晉寅藎進也 禮記曰主人肅客。詩曰亂是用餤。王之藎臣。易曰晉進也。寅未詳。羞餞迪烝進也 皆見詩禮。

說文云、進、登也。釋名云、進、引也。引而前也。詩常武箋及儀禮注並云、進、前也。呂覽論人篇注、進、薦也。薦、進、互訓、引前義同。淮南要略篇注、楚人謂精進爲精搖、此則方俗之異言矣。肅者、下文云、疾也、速也。俱與進義近。詩民有肅心、鄭箋、肅、進也。通作宿。士冠禮云、乃宿賓。鄭注、宿、進也。特牲饋食禮云、乃宿尸。鄭注宿讀爲肅。肅、進也。又通作速。注又云、凡宿或作速。記作肅、周禮亦作宿、是宿速肅俱以聲爲義也。延者、引之進、也。儀禮祝延尸、注延進也。曲禮主人延客祭、注延道也。道引亦進之也。故引訓長延亦訓長也、引訓陳延亦訓陳也。引訓進延又訓進也。明此二字聲義俱同矣。誘者說文作𧦝、云相訹呼也。或作誘、古文作羑。羊部云羑進善也。从羊久聲。是羑與羞同意。玉篇云羑導也。導與道通用。故詩吉士誘之毛傳誘道也。樂記云知誘於外、鄭注誘猶道也引也。是皆以道爲導也。誘通作牖。詩天之牖民毛傳牖道也。牖民孔易韓詩外傳及樂記俱作誘民孔易、鄭注誘進也。易坎云內約自牖、釋文牖陸本作誘。按牖爲窗牖所以進明、與誘聲義俱同、是明之進矣。薦者上文云陳也、陳之進也。薦又訓爲薦藉、是藉之進也。餤者詩巧言傳餤進也。龍龕手鑑四引爾雅舊注云餤甘之進也。葢本詩盜言孔甘而爲說。史記趙世家云故以齊餤天下、趙策餤作餌、是餤葢以甘言誘敵之意。通作啖。故史記樂毅傳云令趙嚪秦以伐齊之利、集解徐廣曰嚪進說之意。索隱曰嚪與啗同。然則嚪啗俱啖之或體、啖餤皆誘進之意。又通作鹽。爾雅釋文餤沈大甘反、徐仙民詩音閻、餘占反、表記釋文餤徐本作鹽、以占反。是徐邈讀餤爲鹽、其字因亦作鹽。鹽之爲言豔也。豔猶引也。故郊特牲注鹽讀爲豔。古樂府有昔昔鹽、鹽亦作豔。昔昔豔猶昔昔引也。引亦誘進之意也。餤聲又近禫。喪大記注禫或皆作道。士虞禮記注古文禫或爲導。說文谷部亦云西讀若三年導服之導。然則禫古字作導、禫之爲導、亦如餤之爲啖、竝引而進之之意。餤啖禫導俱聲轉而義同矣。晉者釋文本又作𣆪。說文云𣆪進也、日出萬物進。五經文字云𣆪石經作晉。易序卦云晉者進也。雜卦云晉晝也。晝晉聲轉、又與日出物進之義合。文選幽通賦云盍孟晉以迨羣兮、曹大家注晉進也。寅者釋名云演也。演生物也。漢書律麻志云引達於寅。然則引導演長俱進之意。通作夤。玉篇云夤進也。按夤緣爲干進之言、義出於此。說文夤訓敬惕、下文云寅敬也。是寅又爲敬之進矣。藎者與燼同。釋文藎本又作燼、詩桑柔釋文同。是燼藎通。按燼俗字。說文作㶳、云火餘也。方言云藎餘也、自關而西秦晉之閒炊薪不盡曰藎。然則藎之言不盡也。不盡者有餘、是藎爲有餘之進也。故詩王之藎臣、逸周書皇門篇云朕藎臣夫明爾德、毛傳及孔晁注竝云藎進也。○羞者說文云進獻也。羞美俱从羊、羊善也。有美善可進獻也。故周禮籩人注薦羞皆進也。未食未飲曰薦、既食既飲曰羞。庖人注備品物曰薦、致滋味乃爲羞。然則羞薦對文則別、散文則通、故云薦羞皆進也。又月令云羣鳥養羞。夏小正云丹鳥羞白鳥、傳云羞也者進也、不盡食也。是羞又爲進食之通名矣。餞者說文云送去也。按餞爲送行、行有進意、送而飲之酒、亦所以進之也。通作踐。踐履不傍、所謂精進也。司尊彝注故書踐作餞、士虞禮記注古文餞爲踐、是踐餞通。迪者下文云作也道也。動作導引義皆爲進。詩云弗求弗迪、毛傳迪進也。漢書禮樂志云百鬼迪嘗、敘傳云亦迪斯文、皆以迪爲進也。通作軸。詩碩人之軸、毛傳軸進也。葢軸迪竝从由聲、迪亦音逐、故與軸通矣。烝者說文云火气上行也。書云不蠲烝、馬融注烝升也。然則烝葢升之進也。詩是烝是享、烝我髦士、傳俱訓進。書烝烝乂、後漢書和熹鄧皇后紀注引孔安國注、及詩泮水箋竝云烝烝猶進進也。釋天冬祭曰烝、注云進品物也。

義疏

肅延誘薦餤晉寅藎進也

郭注、禮記曰主人肅客。詩曰亂是用餤。王之藎臣。易曰晉、進也。寅未詳。舊注餤、甘之進也。此又別釋延薦也。肅从聿、𡸁、捷者臨𡸁則不進、因又以爲疾進。鄭注禮以宿爲肅、則合今古文爲一、又非也。延者安步而廴之。禮、祝延尸、從後進之。記、延客祭、從前引之。誘本作羑、又加厶爲𧦝、又與牖同用。詩、吉士誘之。記、誘民孔易。月令、薦鞠衣。易、殷薦之上帝。餤、从炎、火炎上也。暗進則加臽。書、始餤。晉、从日臸、臸即之也。竝至爲臸、在日上、日初照地而有所之。周官晉鼓、又諸侯晉。寅、易以爲髕字、古文作𡗝、象兩𨛗行土上。篆誤以臾爲内、則不進矣。易、夕惕若夤、列其寅。書、同寅協共。藎从𦘔皿、𦘔持火、亦進意。後以爲餘、𦘔空盡、乃以藎艸爲進。進从隹辵、辵而捕隹也。

羞餞迪烝進也

爾雅詁林　一　釋詁上

郭注皆見詩禮。又別進有二義。羞餞爲陳進，迪烝爲行進。周官掌王及后世子之薦羞。月令羣鳥養羞。羞从手持羊進之。餞从戔。易束帛戔戔，多皃。書戔戔諞言。亦貪進之意。許以戔爲殘賊，非也。餞淺踐通用。書寅淺內日。迪从由。說文誤以由爲鬼頭。既不識鬼，乃又見鬼頭可閔芖也。由蓋象獸蹯之形。由其迹而蹤之，故爲進也。書迪朕德。又迪知上帝命。字又作軸。詩碩人之軸。烝从火丞。丞从𠬞卪。升高之義。書烝烝乂。詩烝我髦士。又作承蒸。書恭承民命。禮有脀俎，又有殽蒸。

集解

肅延誘薦餤晉寅藎進也

肅持事振敬也。从聿在𣶒上。會意。引申爲進。謂臨𣶒則欲急進以覲耳。詩桑柔民有肅心，箋肅，進。禮記曲禮主人肅客而入，注肅，進也。儀禮士冠乃宿賓，注宿，進也。特牲饋食乃宿尸，注宿讀爲肅。肅，進也。凡宿或作速，記作肅，周禮亦作宿。以宿速爲之。或者肅之正字爲先與。說文先，前進也。延長行也。从延丿聲。上經韓注爲引。此經引申爲進。謂引而進之也。禮記曲禮主人延客，祭射義子路執弓矢出延射，儀禮士虞祝延尸，覲禮儐者延之曰升，鄭注均云延，進也。魯語相延食饎，文選閒居賦右延國胄，顏延年登巴陵城樓詩經途延舊軌，吳季重與魏大子牋前蒙延納侍宴終日，注均云延，進也。周禮男巫掌望祀望衍授號，注衍讀爲延，謂有牲粢盛者延進也。易升允升大吉，漢王易傳引施讎易敘，進也。以衍敘爲之。誘字本作𧥛，或作誘。古文羑。羑，進善也。从羊久聲。羑㕗誘古今字。詩野有死麕吉士誘之，傳誘，道也。正義引釋詁云誘，進也。衡門序誘僖公也，箋誘，進也。板天之牖民，正義牖與誘通。韓詩作天之誘民。又牖民孔易，樂記韓詩外傳引作誘。鄭注牖，進也。以牖爲之。薦，廌獸所食艸也。此訓進者，由上經陳義而引申之耳。儀禮特牲饋食某薦歲事，少牢饋食用薦歲事於皇祖伯某，鄭注均云薦，進。穀梁莊二四傳娶仇人子弟以薦舍於前，其義不可受也。左宣十四傳誅而薦賄，晉語亡人而國薦之，呂覽贊能命有司除廟筵几而薦之，文選高唐賦願薦枕席，注均云薦，進也。易漸篆傳漸之進也，廣雅釋詁漸，進也。書舜典敷奏以言，僞傳訓進。前漢書韓延壽傳爭奏酒炙，師古曰奏，進也。以漸奏爲之。餕字本作唉。唉，噍唉也。謂自進食也。若進於人則曰啗。六書故今以薄餅卷肉切而薦之曰餕。詩巧言盜言孔甘，亂是用餕，傳餕，進也。禮記表記徐本作亂是用餤。說文唉一曰噉。从口敢。敢，進取也。以鹽豉爲之。晉字本作晉。謂日出萬物進也。从日从臸。會意。晉序卦晉者，進也。前漢書敘傳盍孟晉以迨羣兮，服虔曰晉，進也。文選曹大家注同。寅，髕也。正月陽气動，去黃泉，欲上出，陰尚彊，象宀不達，髕寅於下也。正字爲夤。夤，敬惕也。易曰夕惕若夤。夤之訓進，與肅訓進同。夤寅通用字。詩六月傳殷曰寅車，先疾也。箋寅，進也。或者正字爲引與。桓公九井詩逸爵紓勝引，注勝，友也。引猶進也。良友所以進己。顏延年詩臨塗未及引，注引，進也。蓋，藎草也。从艸盡聲。正字爲進。進蓋疊韵。說文則以遘爲之。詩文王王之藎臣，傳藎，進也。逸周書皇門篇朕蓋臣大明爾德，注藎，進也。進，登也。从辵閵省聲。引申爲前也，行也。易說卦巽爲進退。

羞餞迪烝進也

羞，進獻也。从羊。羊所進也。从丑，丑亦聲。書盤庚今我既羞告爾朕志，僞傳訓進。儀禮少牢饋食賓長羞牢肝用俎，周禮大司徒羞其肆，膳夫羞用百有二十品，庖人與其薦羞之事，注均云薦，進也。籩人凡祭祀共其籩薦羞之實，注薦羞皆進也。左隱三傳可羞於王公，楚語不羞珍異，注均云羞，進也。夏小正丹鳥羞白鳥。羞也者，進也。後漢書張衡傳羞玉芝以療飢，注羞，進也。餞，送去食也。从食戔聲。引申爲進。謂以酒食進也。儀禮士虞禮記獻畢未徹乃餞，注餞，送行者之酒。言以酒食進送行者也。周禮司尊彝其朝踐用兩獻尊，故書作餞。進也。廣雅釋詁養前，進也。以踐養前爲之。迪，道也。从辵由聲。由，行也。引申爲進。說文則以㣞爲之。詩桑柔弗求弗迪，傳迪，進也。前漢書禮樂志發成甫田百鬼迪嘗，師古曰迪，進也。敘傳武功既抗亦迪斯文，劉德曰迪，進也。詩考槃碩人之軸，傳軸，進也。禮記樂記禮有報而樂有反，注報讀爲褒，猶進也。前漢書董仲舒傳今子大夫褒然爲舉首，張晏曰進也。以軸報褒爲之。烝，火气上行也。从火丞聲。正字爲登。登，上車也。引申爲升也，進也。書堯典烝烝乂，僞傳進也。詩信南山是烝是享，甫田烝我髦士，傳均云烝，進也。賓之初筵烝衎烈祖，豐年烝畀祖妣，箋均云烝，進也。魯語夏父弗忌爲宗，烝將躋僖公，賈侍中云烝，進也。呂覽孟秋農乃升穀，注升，進也。說文皋，气皋白之進也。皋从白夲。夲，進取也。廣雅釋詁迂，進也。以升皋迂爲之。

義證

寅進也　詩小雅元戎十乘、毛傳曰、殷曰寅車、先疾也。周曰元戎、先良也。鄭箋曰寅、進也。孔疏曰、此車能進取遠道、故云先疾。漢書律歷志引達于寅、引達即進之義。又大族位于寅、族奏也、顏師古註曰奏進也、謂寅月陽氣進也。說文寅訓髕、髕爲膝耑、所以登進具也。

補郭

肅延誘薦餤晉寅藎進也　餤持鹽反

註禮記曰主人肅客詩曰亂是用餤王之藎臣易曰晉進也寅未詳補正邢疏皆謂進道。臣鍌按、唐僧行均龍龕手鑑餤字下引爾雅註云甘之進也。臣謂詩盜言孔甘、亂是用餤。盜言則書之所謂遜言、遜言小人之甘言也。詩所謂巧言如簧、如笙中之簧、以說人也。

羞餞迪烝進也

註皆見詩禮補正邢疏、謂進與也。羞、曲禮云聞子有客使某羞。餞、進飲食之名也。迪、以道而進也。烝、周頌云烝畀祖妣。

郭注補正

餤進也

龍龕手鑑四引尒疋舊注云餤甘之進也。與郭注引詩亂是用餤、易曰晉進也詳略不同。詩巧言傳餤、進也。舊注葢本詩盜言孔甘而爲說、郭氏隱采其義也。

舊注攷證

肅延誘薦餤晉寅藎進也

肅者、召南小星肅肅宵征、毛傳云肅肅、疾貌。葢言進之疾。大雅桑柔民有肅心、鄭箋云肅、進也。　延、大雅生民覃長、疏云、延引是漸長之義、漸長則進矣。　誘者、說文作羑、云相訹呼也、或作誘、古文作羑。羑、進善也。召南野有死麕吉士誘之、傳云誘、道也。道、導也。導之進也。陳風衡門序以誘掖其君也、疏云、誘謂在前導之。與牖同。大雅板天之牖民、傳云牖、道也。道亦導也。御覽八百七作天之誘民。疏云牖與誘古字通。又牖民孔易、韓詩外傳作誘民孔易、禮記樂記亦作牖民孔易、鄭注云誘、進也。

薦者、大雅行葦醓醢以薦、正義云、言王燕族人於獻酒之時、則用醓醢并韭菹以薦進之也。周頌雝於薦廣牡、箋云天子是時穆穆於進大牡之牲。是皆以薦爲進也。　餤者、小雅巧言亂是用餤、毛傳云餤、進也。郝云、龍龕手鑑引舊注云餤、甘之進也。葢本詩盜言孔甘而爲說。　晉說文作䇒、云進也。

常語也。　藎者、大雅文王王之藎臣、傳云藎、進也。

爾雅詁林　一　釋詁上

羞餞迪烝進也

羞者、說文云進獻也。與薦同義。周禮籩人注云、薦羞皆進也。常語也。餞進一聲之轉。說文云餞送行飲酒也。送行使之進也。邶風泉水飲餞於禰、毛傳云、祖而舍軷、飲酒於其側曰餞。文選戲馬臺詩集注引韓詩章句云送行飲酒曰餞。大雅崧高王餞於郿、鄭箋云餞、送行飲酒也。迪者、下文云道也。道之卽進之也。大雅桑柔弗求弗迪、傳云迪、進也。迪與軸通。衞風考槃碩人之軸、傳云軸、進也。彼釋文云軸、毛音迪。正義引釋詁云迪、進也。軸迪皆從由、故義得相通。烝者、釋文、孫注云烝、進也、進品物也。小雅信南山是烝是享、甫田烝我髦士、賓之初筵烝衎烈祖、周頌豐年載芟烝畀祖妣、魯頌閟宮烝徒增增、傳箋竝云烝、進也。泮水烝烝皇皇、箋云烝烝、猶進進也。

說詩

寅進也

郭注未詳。郝疏引釋名寅、演也。引導演長俱進之意。柏年案郝氏雖不誤、然寅自有訓進之處、詩六月元戎傳、殷曰寅車、先疾也。鄭箋寅、進也。又禮記月令疏寅、引也。班孟堅西都賦注演、引也。是寅演字通。

補釋

肅延節疏晉卦彖辭也 辭下當脫文字。

注疏正字

餤 當作啖。

小箋

餞迪進也

邵引說文餞送去也。又引大雅崧高王餞于郿、士虞禮記未徹乃餞。家大人曰、諸餞字皆訓爲送、不訓爲進。余謂餞與踐同。周官司尊彝曰春祠夏禴、其朝踐用兩獻尊、其再獻用兩象尊。秋嘗冬烝、其朝獻用兩著尊、其饋獻用兩壺尊。踐與獻皆進也。鄉大夫注、鄉飲酒禮注、坊記表記注、竝曰獻、進也。或言朝踐、或言朝獻、其義一而已矣。鄭注曰朝踐謂薦血腥酌醴、始行祭事、后於是薦朝事之豆籩、既又酌獻。以上鄭注 薦亦進也。注又曰故書踐作餞、杜子春云餞當爲踐。士虞禮記注曰古文餞爲踐。是踐餞古字通。又與薦聲相近、而其義則皆爲進也。邵曰、大雅桑柔云弗求弗迪、毛傳迪、進也。引之謹案、迪古讀若逐。說見唐韻正。漢書五行志引京房易傳曰良馬逐。大畜九三 逐、進也。衞風考槃篇碩人之軸、傳曰軸、進也。釋文軸、毛音迪。正義引釋詁云迪、進也。迪逐軸竝通。

述聞

肅延誘薦餤晉寅藎進也

說文芊部羑、進善也。从芊久聲。又厶部䛻、相訹呼也。从厶从羑。或从言秀作誘、或从言盾作𧩼。古文作𦍩。說文無餤字。釋文云晉本又作㬜。案㬜、隸變作晉。說文夕部夤、敬惕也。从夕寅聲。易曰夕惕若夤。經典相承用寅。釋文云藎本又作燼。案燼俗字。

羞餞迪烝進也

釋詁迪字凡三見、訓進訓作訓道。案說文辵部迪、道也。从辵由聲。又彳部徆、行徆徆也。从彳由聲。元照謂訓進訓作者、當从彳作徆。古書从彳从辵之字皆通用、今經典徆字夊𡖋。又案詩衞風考槃碩人之軸、傳軸進也。卽此異文。軸亦由聲也。

匡名

肅延誘薦餤晉寅藎進也羞餞迪烝進也

此分釋進之義也。說文䢐登也、从辵閵省聲。曲禮主人肅客、鄭註肅、進也。射義執弓矢出延射、廣韻延進也。䇥相訹呼也、从厶羑、或从言秀、或从言盾。古文羑見羊部。羑進善也。詩序衡門誘僖公也、箋誘進也。祭義卿大夫有善薦於諸侯、註薦進也。小雅亂是用餤、傳餤進也。●晉進也、日出萬物進。从日臸、引易明出地上晉。徐鉉曰臸到也。會意。漢書律歷志、引逵於寅。通作夤。漢書註引書夤亮天功。玉篇寅、進也。大雅王之藎臣、傳藎進也。羞進獻也、从羊。羊所進也。洪範使羞其行、孔疏引書作使進其行。周禮共其籩薦羞之實、鄭註薦羞皆進也。未飲未食曰薦、既飲既食曰羞。餞送去也。引詩顯父餞之。迪、詳下文道字註。皐陶謨允迪厥德、劉德云迪進也。小雅烝我髦士、傳烝進也。

蒙啓

黃侃評本 正名

餤　鹽　禮表記釋文。餤。徐本作鹽。類篇引說文有餤字。此字當本作導。說文導引也、甘从口含一。一道也。

肅、進也。　羞進也。　肅羞同字並見。　肅下文云、疾也。

薦、進也。　薦上文云、陳也。陳進義近。薦與晉字通、故亦同訓。周禮典瑞注晉讀為搢紳之搢、搢紳史記作薦紳。又與箭聲近、釋名矢謂之箭、箭、進也。

餤、進也。　餤類篇引說文有此字。案餤進之訓當作導、說文導、引也。

黃侃音訓

藎、進也。　藎从盡聲、盡進聲通、列子天瑞終進乎不知也、注進當為盡。又博進、餽贐字本作賮。

迪、進也。　說文迪、道也、伷行伷伷也、二義相近、道亦行也。

讀雅筆記

寅、皐陶謨同寅協恭、謂同進而協恭也。

陸錦燧日記

誘進也

錦燧謹案、說文䇥下云或从言秀作誘、是誘卽䇥字。誘訓為進者、羑之假借也。說文厶部云䇥、相訹呼也。羊部云羑、進善也。義各有當。近人多以䇥下云古文作羑、遂誤合為一字、豈知許君所言謂古文假羑為䇥、與此經之假䇥為羑、正可互證。禮記之誘民、孔易論語之循循善誘、亦皆羑之假借。羑訓進善、引申之則為凡進之稱。

肅、延、誘、薦、餤、晉、寅、藎、進也。羞、餞、迪、烝、進也。

說文云：「進、登也。」亦訓為引也。前也。

肅者、曲禮云：「主人肅客、」鄭注訓肅客為進客。經典每借用宿速二字為肅。

誘者、羑之或體；說文云：「羑、進善也。」經典誘義兼善惡言、故召南傳訓誘為道；樂記鄭注訓引。誘與牖通用。

薦者、荐也、見上文「薦、陳也、」節。羞者、說文「羞、進獻也；从羊丑、羊、所進也、丑亦聲。」是薦為進、乃進席進羊之引伸義也。庖人鄭注云：「備品物曰薦、致滋味乃為羞、」此析言之耳；渾言則亦通用。

餤、爾雅舊注云：「甘之進也。」小雅巧言云：「亂是用餤。」

晉者、易序卦云：「晉者進也。」

寅、詩六月訓進。釋名釋為演、亦引進之義。通作夤、玉篇云：「夤、進也；」夤緣干進、即取義於此。

藎者、詩「上之藎臣、」逸周書：「朕藎臣大明爾德、」毛傳孔晁注並云：「藎、進也。」

餞、說文「送去食也；」詩崧高云：「王餞于郿、」亦進食物之義；此與薦羞之訓進、同意。

迪、說文「道也、」道兼道路引道二義；訓進者、道之引伸。詩「碩人之軸、」傳訓軸爲進、或謂軸迪並從由聲、故義相通。

烝、說文「火氣上行。」詩「是烝是享、」「烝我髦士、」傳並訓進、蓋取上升之意。書馬融注訓烝爲升、亦此意也。

爾雅學

肅延誘薦餤晉寅藎進也○釋曰注疏本刪。

餘皆見注○注禮記至進也○釋曰注疏本刪下八字。

羞餞迪烝進也注皆見詩禮○釋曰注疏本刪。

校勘記

肅延誘薦餤音淡晉寅藎音燼進也

音圖・音

藎音燼　案藎徐刃翻震韻邪母字去聲

餤沈大甘翻。詩釋文、沈旋音談。徐仙民詩音閻、餘占翻詩釋文、徐音鹽同。郭持鹽翻此以澄定隔標出切音與沈同而韻微異。

直音正誤

肅延誘薦餤晉　上聲音晉　談淡

略音

燼　寅藎進也羞餞践迪烝進也。

孫偘直音

薦　羞餞迪烝進也

直音校正

肅延誘薦餤談晉寅藎燼進也羞餞迪烝進也

楊氏音訓

餤談　藎燼　餞践

干氏音釋

詔亮左右相導也詔相導左右助勴也亮介尚右也左右亮也

詔、亮、左、右、相導也。皆謂教導之。詔、相、導、左、右、助、勴也。勴謂贊勉。亮、介、尚、右也。紹介、勸尚、皆相佑助。左、右、亮也。反覆相訓、以盡其義。

郭注

詔亮左右相導也詔相導左右助勴也亮介尚右也左右亮也　釋曰、詔者、大宗伯云、詔相王之大禮。亮者、大雅大明云、涼彼武王。左右者、周南關雎云、左右流之。相者、鄉飲酒云、相者二人。此皆謂教導之也。敎導卽贊勉也、故又爲勴。說文云、勴助也。不以力助、以心助也。郭云紹介勸尚皆相佑助、孫炎曰、介者相助之義、如人之左右手、故以介爲左右也。大雅生民云、攸介攸止、故轉爲右、左右卽亮也、亦皆謂佐助。反覆相訓、以盡其義。亮涼音義同。

邢疏

介右也

介者、相助之義、如人之左右手、故以介爲左右也。詩正義十七之一　邢疏

孫音注

黃輯古義

亮介尚右也

介者、相助之義。邢疏　詩大雅生民正義

孫音注

玉函山房輯佚

爾雅詁林 一 釋詁上

介

介者相助之義如人之左右手故以介爲左右也。孫注詩疏十七之一

鈎沉

介右也

孫曰介者相助之義。詩正義十七之一 邢疏

漢注

詔亮左右相道也

郭璞云皆謂教導之。

詔相道左右助勴也

郭璞云勴謂贊勉。

亮介尙右也

孫炎云介者相助之義如人之左右手故以介爲左右也。詩正義十七之一卷 郭璞云紹介勸尙皆相佑助。

左右亮也

郭璞云反覆相訓以盡其義。

一切注音

介右也孫炎曰介者相助之義如人之左右手故以介爲左右也。詩生民正義

古注斠

左右音佐佑。下同。相息亮反、下文同。道徒報反、本或作導、注及下同。勴力庶反。介音界反覆芳服反。

陸音義

道○邢本作導。

音義攷證

詔相導左右助勴也勴、郭本作勴。案廣韻勴勴兩收、注皆云助也則勴字未爲誤。

勴之爲助以能爲非焉子曰同也非助我者也於吾言無所不說。

左右亮也

詩曰實左右商王、涼彼武王。涼、涼也。然則湯之所以賴阿衡厚矣。

新義

詔亮左右相導也

亮、通作涼。大雅云涼彼武王。詔相導左右助勴也勴音慮、說文云助也。此謂贊助也。亮介尙右也介、紹介也。尙、勸尙也。右卽佑也。左右亮也郭氏云反覆相訓、以盡其義。

鄭樵注

詔亮左右相導也

郭璞曰、皆謂教導之。

鄭樵曰、亮通作涼。大雅云涼彼武王。

詔相導左右助勴也

郭璞曰、勴謂贊勉。

鄭樵曰、勴音慮、說文云助也、此謂贊助也。

亮介尙右也

孫炎曰、介者、相助之義、如人之左右手、故以介爲左右也。

郭璞曰、紹介勸尙、皆相佑助。

鄭樵曰、介、紹介也。尙、勸尙也。右卽佑也。

左右亮也

郭璞曰、反覆相訓以盡其義。

鄭樵曰、郭氏云反覆相訓以盡其義。

古注合存

詔亮左右相導也、詔相導左右助、勴也、亮介尙右也、左右亮也。詩亮作涼、相去聲、勴音慮、尙右之右同佑。○此釋詔亮以下皆導之義、而遞釋爲勴、又轉爲亮也。註曰導謂教道、勴謂贊勉、右謂佑助。疏曰、周禮大宗伯云詔相王之大禮、詩大明云、涼彼武王、孫炎云、介者相助之義、如人之左右手。愚按亮、詩傳訓爲佐輔、蓋教道贊勉、佑助佐輔、皆互釋也。

注疏參義

勴、疏云不以力助以心助也。此助與勴之別。

補注

詔亮左右相道也【註】皆謂教導之詔相道左右助勴也【註】勴謂贊勉亮介尚右也【註】紹介勸尚皆相佑助左右亮也【註】反覆相訓以盡其義【正義】道、本亦作導、謂相教導。說文云勴、助也。右、手口相助也。小爾雅云涼、佐也。涼與亮通。道勴右亮其義相通、故互訓以明之也。○詔亮至道也。○詔者、說文云詔、告也。告之所以導之也。微子云詔王子出廸。文王世子云春誦夏弦、大師詔之。亮者、詩釋文引韓詩云亮彼武王。亮、相也。毛詩作涼彼武王、音義同。左右者、泰象傳云以左右民。相者、鄉飲酒禮云主人一相。少牢饋食禮云以相從入。皆言相導也。○詔相至勴也。詔相道左右助又爲贊勉者、春官大宗伯云詔相王之大禮。盤庚云予其懋簡相爾。月令云野虞教道之。商頌長發云實左右商王。大雅蒸民云愛莫助之。是皆爲贊助也。○亮介尚右也。○鄭註祭統云右、助也。通作祐。繫辭傳云祐者、助也。亮者、舜典云惟時亮天功、史記作時相天事。介者、大雅生民云攸介攸止、疏引孫炎云介者、相助之義。如人之左右手、故以介爲左右也。尚者、左氏襄二十九年傳云不尚取之。是皆言佑助也。○左右亮也。○尚書大傳云舜爲左右。書序云周公爲師、召公爲保、相成王爲左右。亮訓爲相、故左右爲亮也。

【正義】

相道也

玉案曲禮云春不相。樂記曰治亂以相。舊唐書云春牘虛中如筩無底、舉以頓地如春杵、亦謂之頓相。古樂有相、卽後世之拍板、用以節樂、亦贊勉歌者俾之赴節、故相爲道又爲勴。

【補注殘本】

亮介尚右也　玉案春秋繁露曰春秋之於世事也、善復古、譏易常、欲其法先王也。然而介以一言曰王者必改制。此介字義爲佑助也。

【校議】

詔亮左右相導也皆謂教導之詔相導左右助勴也勴謂贊勉亮介尚右也紹介勸尚皆相佑助左右亮也反覆相訓以盡其義

說文云導、導引也。釋名云導、陶也。陶演已意也。陶演卽導引聲之轉耳。通作道。孝經釋文導本或作道。爾雅釋文道本或作導。注及下同。是導陸本作道。道之爲言教也。教導之俾遵循於道。故淮南繆稱篇注道、教也。道導教同義。故論語云道之以德。鹽鐵論授時篇作教之以德矣。詔者、釋名云詔、照也。人暗不見事宜、則有所犯、以此照示之、使昭然知所由也。一切經音義二引三蒼云詔、告也。玉篇云告也、教也、導也。按詔與召義亦近。召爲呼召。詔亦口導。故楚辭招魂序云以言曰召。是詔爲言之導矣。經典詔皆訓告。周禮詔字屢見。又儀禮禮記左傳國策俱有詔字。蔡邕獨斷云三代無其文。秦漢有之者、謂制詔之名起於秦漢、非秦以前無詔字也。亮者、與諒同。諒訓信已見上文。是諒爲信之導也。通作涼。詩涼彼武王、傳涼、佐也。佐亦導也。釋文涼、本亦作諒、韓詩作亮、云相也。相亦導也。是亮與諒同、經典通用。書惟時亮天工、史記五帝紀作惟時相天事。左右者、釋文音佐佑、下同。蓋佐佑卽左右之俗作也。經典雖亦相承通用、古書仍作左右。輔佐啟佑皆所以爲教導也。○勴者、勴字之省也。說文云勴、助也。教導所以爲贊助、故又爲勴也。詔者从召、口之助也。周禮大宰以八柄詔王馭羣臣、鄭注詔、告也、助也。相者从目、視之助也。書呂刑云今天相民、馬融注相、助也。導者从寸、法度之助也。法度繩人、引以當道、故孟子云得道者多助、失道者寡助、是導訓助之義也。左者从手、手之助也。說文左、ナ手相左也。通作佐。釋名云佐、左也。在左右也。周禮序官以佐王均邦國、鄭注佐猶助也。右者从手口、手口之助也。故說文右字分二部、口部云助也、又部云手口相助也。右皆訓助。詩彤弓傳右、勸也。勸勉亦相助也。通作佑。詩保右命之、中庸作保佑命之。又通作祐。說文祐、助也。易繫辭云祐者、助也。无妄云天命不佑、釋文佑、本又作祐、馬本作右。又通作侑。繫辭云可與祐神、釋文祐、荀本作侑。又左右二字連文、其義亦同。故詩左右流之、實左右商王、傳箋竝云左右、助也。左右既訓助、因而詔相卽訓左右。周禮大僕注相、左右也。大行人注詔相左右、教告之也。易泰集解引鄭注輔相左右、助也。是皆轉相訓、而義俱通矣。助者、說文云左也。通作佐。故小爾雅云助、佐也。釋名云助、乍也、乍往相助、非長久也。按助从且聲、且與徂同、故云往相助也。以乍爲訓、則失之。○旣言左右、又單言右者、舉右以包左也。右旣訓助、又兼尊也、上也二義。尊上卽所以爲助也。亮者旣訓信、又訓右者、信之右也。故繫辭云天之所助者順也、人之所助者信也、卽其義也。介者、上文訓大、訓善、又訓右者、大善之右也。詩言介壽、介福、介稷黍之類、俱以右助兼大善之義。故攸介攸止、傳介、大也。箋介、左右也。亦二義相足成也。詩正義引孫炎曰介者、相助之義。郭云紹介、相佑助、與孫義同也。尚者、一切經音義廿五引蒼頡訓詁云尚、上也。文選東京賦注尚、高也。高上義相成、故詩蕩云人尚乎由行、傳訓尚爲上。抑云肆皇天弗尚、箋訓尚爲高。按尚俱當訓右。人尚乎由行、言小人佑助其行也。肆皇天弗尚、言天命不佑助也。傳箋義亦近也。郭云勸尚者、蓋以聲轉借尚爲相也。易象傳云君子以勞民勸相、王弼注相猶助也。是郭義所本。楚辭天問篇云登立爲帝、孰道尚之。道與導同。道尚卽導相、猶相導也。王逸注訓爲尊尚、亦近之。○左訓亮者、詩大明傳涼、佐也。右訓亮者、卽此上云亮、右也。然則亮亦相也、相亦左右也、左右亦助也、是皆義訓之反覆相通者。

義疏

詔亮左右相導也 郭注皆謂教導之。召从口刀、當从人口、以口召人進 也。口又加言以爲詔。令書我罔爲牒詔。周官掌以媺詔王。亮从綡變、亢气逆不得息、京北 也。从丨高升北气逆、故爲勉助之詞。書惟時亮天工。詩綡彼武王。職涼善背、左右又佀佐 佑、卽ナ又也、兩手相助。詩不遐有佐、易天命不佑行、又可與祐神。相从目木、故爲相度。易 輔相天地之宜。書相時憸民。導、釋文本作道首辵引進也。加寸蓋 周末字。語道之以政。

詔相導左右助勵也 郭注勵謂贊勉。助其謀也。說文勵从力 慮非言非助力。慮从虍思、處事之思。**亮介尚右**祐佑**也** 孫注介者、相助之義。郭注紹介、勸尚、皆相佑助。介、上云大。从人八。尚从八向、八分、故爲助也。詩介介景福、易往 有尚、行有尚。此直福祐之、故別爲義。**左右亮也** 郭注反覆相訓、以盡其義。此亮有强 義。左右連文。書克左右昭事。詩左右流之。

集解

詔亮左右相導也 詔、字本作紹、繼也。从糸召聲。作詔者、後 起字也。鄭注禮器詔或爲紹、是古經傳詔均作紹也。正字爲告。告、牛觸人、角箸橫木、所以告人也。引申爲導。紹詔古今字。詔告通用字。書大誥紹天明卽命、孫疏紹、導也。禮記禮器故禮有擯詔、注擯詔、告道賓主者也。書君奭昭武王爲冒、孫疏昭、與詔通、導也。呂覽知度凡朝也者相與召理義也、以昭名爲之。亮字本作諒、信也。从言京聲。正字爲景。景、日光也。字亦作影。導也者、謂如影之附形合而相導也。諒亮古今字。諒景通用字。詩大明諒彼武王、箋佐也。韓詩作亮、云相也。亦導也。左、手相左助也。从ナ工會意。引申爲導。經典用左多與右連文。書臯陶謨予欲左右有民。古泰誓左右予小子、孫疏均云導也。說文右字分二部、口部云助也、又部云手口相助也。引申均有導義。詩大明保右命爾、傳右、助。導亦助也。相、省視也。从目从木。引申爲導。謂善省視者乃能導人耳。說文則以毀爲之。儀禮鄉飲酒相者二人、疏相、教導也。楚語問誰相禮、則華元駟䮨、注相、相導也。周禮樂師遂倡之、疏倡道也。詩蘀兮唱予和女。說文唱、導也。以倡唱爲之。導、引也。从寸道聲。

詔相導左右助勵也 詔、字本作紹、繼也。正字爲劭。劭、勉也。引申爲勵。詔紹古今字。紹劭通用字。周禮大宰以八柄詔王馭羣臣、注詔、告也助也。書君奭乃惟時昭文王、孫疏、昭同詔、勵也。相、省視也。上經釋爲導、此釋爲勵、謂導之卽所以勵之也。書呂刑今天相民、馬注相、助也。儀禮士虞哀子某哀顯相、注相、助也。書西伯戡黎非先王不相我後人、孫疏相、勵也。臯陶謨思日贊贊襄哉、襄謂助也。春秋桓三年齊侯衞侯胥命于蒲、穀梁傳胥之爲言相也。方言胥、輔也。廣雅云助也。詩緜予曰有疏附、疏附卽相備勵也。以襄胥疏爲之。導、引也。从寸道聲。引申爲勵。廣雅則以由爲之。詩匪由勿語、記故飲食有由、由均道也。廣雅釋由為助、即此經釋導為勴意也。楚辭天問登立為帝、孰道尚之、王逸注訓為開導而尊尚、不知此經釋導為勴、下經釋尚為右、導尚猶勴。右、助也。左手相左助也。引申為勴。經典用左多與右連文。易泰以左右民、疏左右、助也。詩關雎左右流之、長發實左右商王、傳箋均云左右、助也。前漢書韋賢傳左右昭宣、師古曰左右、助也。墨子迎敵祠兼左右各死而守、畢注左右、助也。書文侯之命克左右昭事厥辟、孫疏左右、導也勴也。周禮序官以佐王均邦國、注佐、助也。以佐為之右、手口相助也。一云助也。引申均有勴義。詩大明保右命爾、傳右、助。左襄十傳王右伯輿、注右、助也。書多士我有周佑命、孫疏右釋詁作右、勴也。周禮春官大祝以享右祭祀、注右讀為侑、勸也。以佑侑為之助左也、亦勴也。从力且聲。易繫辭天之所助者順也。魯論曰也非助我者也。言能勴助夫我也。孔注謂無發起增益於己、失之。詩雲漢羣公先正、則不我助、猶上云則不我虞。廣雅釋詁虞、助也。周禮遂人以興鋤利甿、杜子春讀為助、勴也。以虞耡為之。勴、字本作勴助也。以力从非慮聲。

亮介尚右也　亮字本作諒、信也。正字為景。景、日光也。上經引申為導。此經引申為右、導之即所以右之也。亮諒古今字、諒景通用字。詩大明諒彼武王、箋佐也。實右也。介、畫也。从八从人會意。人各有介、八者分也、从人者取人身之左右以見意。古者主所以有儐、賓所以有介也。詩七月以介眉壽、箋介、助也。正義介、右也。言助也。書酒誥爾乃自介用逸、孫疏介、右也。尚曾也庶幾也。从八向聲。正字為相。相、助也、即右也。相尚通用字。詩抑肆皇天弗尚、言天命不右助也。箋訓高、失之。墨子引湯之官刑曰、上帝弗常、九有以亡。弗常即弗尚、謂弗右也。以常為之。或者正字為向與。向、北出牖也、从宀从口。古宮室北墉無戶牖、民間或有之、命之曰向。向分天之光、以右人之視、尚所以有右義與。說者謂書名尚書以助治故其義本此。

左右亮也　轉訓耳所以盡其義。

義證

詔亮左右相導也

【註】皆謂教導之【補正】邢疏太宗伯云詔相王之大禮大雅云涼彼武王周南云左右流之鄉飲酒云相者一人亮涼音義同

詔相導左右助勴也　勴力庶反

【註】勴謂贊勉【補正】邢疏教導即贊勉也、故又為勴。說文云勴、助也。不以力助以心助也。

亮介尚右也

【註】紹介勸尚皆相佑助【補正】邢疏、孫炎曰介者、相助之義也、如人之左右手、故以介為左右也。

郭注補正

尚右也　注勸尚皆相佑助

正曰、尚訓勸、尚乃破尚為相、其實毋庸破字也。詩大雅抑肆皇天弗尚、語意與周頌我將維天其右之相反。皇天弗尚猶言皇天弗右也。鄭箋就本詁言、故尚訓為高。雅詁就本詁引申言、故尚亦得訓為右。

正郭

詔亮左右相道也

皆謂教道之也

釋文音經、道字云徒報反、本或作導。注及下同。樹枏案、唐殘本玉篇言部詔下引爾雅郭璞曰謂教道之也。是顧野王所見郭注作道、與釋文合。阮氏謂經當作道、注當作導、妄說。今據補也字。

郭注佚存補訂

詔亮左右相道也

詔者、說文云告也。告之即道之也。周禮大行人注云、詔相左右教告之。通作召。後漢馮衍傳注云詔、召也。齊風東方未明自公召之。楚辭招魂序云以言曰召。亮與涼通。大雅大明涼彼武王、毛傳云涼佐也。釋文云涼本亦作諒、韓詩作亮、云相也。佐相皆道也。　左右釋文音佐佑。說文云左者、從手、手之助。右者從手口、手口之助也。左右訓爲道、道之卽助之、故又爲勴亮、皆助之義也。周南關雎左右流之、商頌長發實左右商王、傳箋竝云左右、助也。　相者、左右也。見周禮太僕注。互相通訓。大雅桑柔考愼其相、周頌雝相維辟公、傳箋竝云相、助也。相予肆祀、箋云百辟與諸侯、又助我陳祭祀之饌、亦以相爲助也。

詔相道左右助勴也

勴、說文作勵、云助也。助者、說文云左也。大雅烝民愛莫助之、謂無能贊助之者。道勴右亮、字雖不同、義則相類。郭注所謂反覆相訓、以盡其義也。

亮介尚右也左右亮也

介者、大雅生民攸介攸止、箋云介、左右也。疏引孫炎云介者、相助之義、如人之左右手、故以介爲左右也。豳風七月以介眉壽、小雅楚茨以介景福、大雅旱麓行葦小雅小明大雅既醉介爾景福、小雅甫田以介我黍稷、周頌酌是用大介、傳箋竝云介、助也。雝介以繁祉、箋云安助之以考壽與多福祿。是以介爲助也。　尚者、王氏引之云、大雅抑肆皇天弗尚、謂天弗右也。周頌我將維天其右之是也。墨子非樂篇引湯之官刑曰、上帝弗常、九有以亡。弗常卽弗尚也。尚古通作常。案商頌殷武曰商是常、常亦爲尚、謂商是右也。郝云、大雅蕩人尚乎由行、尚當訓右、人尚乎由行、言小人佑助其行也。　左右又訓亮者、左右卽佐佑。小雅六月以佑天子、箋云以佐助我天子之事。大雅下武不遐有佐、箋云不遐有佐言其輔佐之臣。韓奕以佐戎辟、箋云以佐助女君。右、說文口部云助也。又部云手口相助也。小雅彤弓一朝右之、傳云右、勸也。勸亦助也。大雅大明保右命爾、傳云右、助也。假樂保右命之、彼釋文云、右音又、助也。周頌我將維天其右之、時邁實右序有周、周頌雝既右烈考、亦右文母、箋竝訓右爲助。

爾雅詁林　一　釋詁上

彼釋文云、右音祐。說文云佑、助也。右祐古通用。保右命之、中庸作保祐命之。左右連文亦訓助、說已見上。大雅棫樸左右奉璋、箋云、諸臣助之亞祼以璋瓚。亮者、相也。亦詳上文。

說詩

詔亮右左相導也　導、釋文作道。

注疏正字

尙右也

亮介尙右也。郭曰紹介勸尙皆相佑助、引之謹案、郭以尙爲勸尙、非也。大雅抑篇曰肆皇天弗尙、謂天弗右也。周頌我將篇維天其右之、是也。鄭箋曰皇天不高尙之、於詩意未合。故下文即曰、如彼泉流、無淪胥以亡。墨子非樂篇引湯之官刑曰、上帝弗常、九有以亡。義與此同。弗常即弗尙也。尙古通作常、說見前肆皇天弗尙下。晚出古文尙書咸有一德篇、襲墨子而改之曰厥德匪常、九有以亡。蓋未知常爲尙之借字也。邵引左氏襄二十九年傳不尙取之、未確。

述聞

詔亮左右相道也　說文言部無詔字、大徐所補十九字之一也。亮當作諒、下同。見上。亦作涼。詩大雅大明涼彼武王、箋、涼、佐也。釋文曰、本亦作諒、韓詩作亮。韓詩今文也、故從俗。釋文云道本或作導、下同。石經單疏皆作導。華嚴經音義引詔、導也。一切經音義二又六亦引詔、導也。案說文寸部導、引也、从寸道聲。

詔相道左右助勴也　詔道皆見上。說文無勴字、陸氏新義作勴。案說文力部勴、助也、从力从非、慮聲。尙書正義益稷盤庚引作慮。

亮介尙右也左右亮也　尙書正義畢命引亮、佐也。即此文。案佐佑皆俗字。

匡名

詔亮左右相導也詔相導左右助勴也亮介尙右也左右亮也　導勴右亮義本相通、故互訓以明之也。䆃導引也。孟子、使人導之出疆。詔、告也。莊子爲人父者必能詔其子、註、詔謂教導之也。亮明也、从儿高省、高明者可以佐人、故訓導也。典謨多用亮字、釋文引韓詩亮彼武王、毛詩作涼、傳、涼、佐也。孟子、君子不亮、此假亮爲諒也。𠂇手左相佐也、會意、𠂇手口相助也。泰卦以左右民、註、左右教導也。相省視也、註、目接物曰相、故彼此交接皆曰相、其交接而扶助者、則爲相瞽之相、鄉飲酒相者一人教道。○勴助也、从力非慮聲、註、力去其非也。郭註勴謂贊勉、疏、教導即贊勉也。周禮詔相王之大禮。史記文帝紀道民之略。商頌實左右商王、傳、左右助也。晰左也、大雅愛莫助之。○舜典惟時亮天功。豳風以介眉壽、箋、介、助也。大雅肆皇天弗尙、註、弗尙、不佑也。○書序、周公爲師、召公爲保、相成王爲左右。亮訓爲相、故左右又爲亮也。

啓蒙

亮　倞　詳亮下。

仍當作諒。諒訓信、信之言引也、故又訓導。

黃侃評本正名

亮導也。　亮與諒同、諒訓信、信之言引也、故諒又訓導。

左右、助勴也。　關雎箋左右、助也、疏以爲釋詁文。文選求加贈劉前軍表注引左右、助也。又勴助也、力御、力胡兩音。證之說文訓勴爲助、勴爲勸之省、玉篇勴助也、廣韻勸助也。大宰注訓詔爲助、序官注訓佐爲助、說文訓右爲助、此文應以助也統上諸字。勴應在助上。且郭注無勴、必在助下之明文、釋文又無可考、此唐以來傳本倒植也。

黃侃音訓

左右助勴也 勴當作勸。說文勸、助也。从力从非慮聲。古玉篇詔下引詔、非勴也。郭璞曰謂贊勉也。俊案非勴二字乃勸字一字而譌分，校者不知而仍之，猶禮記郊特牲見間二字實卽矙一字之例。古玉篇左下引左右勸也。尚不譌。

王仁俊日記

詔、亮、左、右、相、導也。詔、相、導、左、右、助、勴也。亮、介、尙、右也。左、右、亮也。

此就引導輔助之義之字、反覆互訓以明之也。導者、說文「導引也；」論語「道之以德、」鹽鐵論作「敎之以德；」是導敎義通。勴者、說文「勴、助也。」勴爲勸之省、導引卽所以輔助也、故導勴義相成；而導亦訓勴。右者、古佑字。古之ナ又爲入手、左右爲輔助之義；俗以左右爲ナ又字、故又造作佐佑以爲左右字矣。爾雅之左右、仍用本字也。易曰：「以左右民、」謂佐佑人民也、此與爾雅同用本字也。亮者、書「惟時亮大工、」史記五帝紀作「惟時相天事、」是亮者相也；與勴右義同。詩「涼彼武王、」傳訓涼爲佐、釋文云：「涼、本作諒、」是涼諒與亮同聲、故義亦通。

詔、說文云：「告也、」玉篇云：「告也、敎也、導也、」故郝氏謂「經典詔皆訓告。」制詔之名、獨斷云：「三代無其文、秦漢有之。」

亮者、邵氏云：「鄉飮酒禮『主人一相、』少牢饋食禮『以相從入、』皆言相導也。」相旣爲導矣、亮訓相、故亦爲導。

詔相訓勴者、郝氏云：「詔从召、口之助也；相从目、目之助也。」

左右訓勴者、說文「左、ナ手相左也；」口部云：「右、助也、」又部云：「右、手口相助也；」故皆訓勴。後世左作佐、右作佑、或作祐、侑、皆勸之義。導勴義相成、故曰：「左右、導也。」

介尙訓右者、詩言「介壽、」「介福、」之類、正義引孫炎云：「介者、相助之義。」詩「肆皇天弗尙、」言不佑助也。左傳「不尙取之、」言不輔佑而取之也。爾推單言右者、郝氏云：「舉右以包左。」

左右訓亮者、邵氏云：「尙書大傳曰：『舜爲左右、』書序云：『周公爲師、召公爲保、相成王爲左右。』亮訓爲相、故左右爲亮也。」

爾雅學

導也 唐石經單疏本雪牕本同。釋文道、徒報反本或作導。注及下同。按經當作道、注敎導字作導、陸所見本已亂。

皆相佑助 單疏本雪牕本同。此經作右、注作佑。

詔亮左右相導也詔相導左右助勴也亮介尙右也左右亮也○釋曰 注疏本刪。

相者二人此皆謂敎導之也 注疏本二誤一、導改道、非。下同。

校勘記

三行 詔亮左右相導也（注）皆謂敎導之○《釋文》「導」作「道」，云：「徒報反。本或作導。注及下同。」案原本《玉篇》「詔」下云：「《爾雅》：詔，道也。郭璞曰：謂敎道之也。」是顧氏所據《爾雅》「導」亦作「道」。注文「道之」下有「也」字。

四行 （注）勴謂贊勉○原本《玉篇》「詔」下引「勉」字下有「也」字。

宋監本校箋

詔亮左右相（音象）導也 詔相導左右助勴（音慮）也

音圖・音

相音象 案相去（心）象上（邪）大謬

直音正誤

詔亮（涼）左（佐）右（有）相（去聲）、導也。詔、相導左（佐）右（有）助、勴（慮）也。亮、介、尙、右也。左（佐）、右（有）、亮也。

孫侶直音

爾雅詁林　一　釋詁上

詔亮(涼)左右(佐佑)相(去聲)導也。詔相導、左右助勴也。(佐佑慮)亮介尚右也。

古音校正

詔亮(涼)(詩作)左右相(去聲)導也。詔相導、左右助勴(慮)(謂贊勉)也。亮介尚右(佑同)(相佑助)也。左右亮也(反覆相訓以盡其義)

楊氏音訓

勴(慮)

緝熙烈顯昭皓頻光也

緝熙、烈、顯、昭、皓、頻、光也。詩曰、學有緝熙于光明。又曰休有烈光。

郭注

緝熙烈顯昭皓頻光也　釋曰、顯者光明也。大雅假樂云顯顯令德。說文云昭日明也。大雅雲漢云昭回于天。皓者亦日光也。頻火光也。小雅無將大車云不出于頻。注詩曰至烈光　釋曰云學有緝熙于光明者、周頌敬之文。又曰休有烈光、周頌載見文。

邢疏

緝熙烈顯昭皓頻光也

郭璞云詩曰學有緝熙于光明、又曰休有烈光。

一切注音

緝(七入反。)熙(許其反。)皓(胡老反。)頻(古迴反。)

陸音義

皓○字從日。邪本從白、非。

音義攷證

緝熙烈顯昭皓頻光也　周頌云學有緝熙于光明。又曰休有烈光。

鄭樵注

緝熙烈顯昭皓頻光也

郭璞曰、詩曰學有緝熙于光明。又曰休有烈光。

鄭樵曰、周頌云學有緝熙于光明。又曰休有烈光。

古注合存

緝熙烈顯昭皓頻光也。(頻耿同。○此釋緝熙以下皆光之義也。緝熙二字連文。詁曰、詩敬之云學有緝熙于光明、載見云休有烈光。疏曰、說文云昭日明也。皓者亦日光也。頻火光也。)

注疏參義

緝熙烈顯昭皓頻光也 **註** 詩曰學有緝熙于光明、又曰休有烈光 **正義** 晉語云、光明之耀也。說文云、光、明也。緝熙者、周語引詩緝熙亶厥心、而釋之曰、緝明也。熙廣也。韋昭註引鄭後司農云、廣當爲光、虞亦如之。是鄭康成虞翻俱以熙爲光也。古者光廣二字通用。荀子禮論積厚者流澤廣、大戴禮記作流澤光。故釋言云光、充也。烈者、說文云、烈火猛也。商頌長發云、如火烈烈。言其光炎也。顯者、周頌淸廟云、肅雝顯相。墨子非命篇引太誓曰、天有顯道。昭者、說文云、昭、日明也。大雅旣醉云、介爾昭明、鄭箋昭光也。晧者、說文云、晧日出貌。頻者、小雅無將大車云、不出于頻、本亦作耿。立政云、丕釐上帝之耿命、孔疏云、耿、光也。釋詁文 **註** 詩曰至烈光。○ **正義** 學有緝熙于光明、周頌敬之文。休有烈光、周頌載見文。

正義

緝熙烈顯昭皓頻灮也

詩曰學有緝熙于灮明。又曰休有烈灮

說文云、灮明也。从火在人上、灮明意也。釋名云、灮晃也。晃晃然也。亦言廣也。所照廣遠也。詩南山有臺傳、灮明也。敬之傳、灮廣也。皇矣傳、灮大也。三訓不同者、按說文灮古文作炗、廣从黃聲、黃从炗聲、庶亦从炗、與廣同意、故灮訓廣也。廣與大同、故訓大也。灮與桄通、故釋言云桄充也。孫炎本桄作灮。又與橫通、故書灮被四表、後漢書馮異傳作橫被四表。橫與廣俱从黃聲也。緝熙者、詩凡四見。昊天有成命云、於緝熙。周語引而釋之云、緝明也。熙廣也。毛傳用國語、鄭箋廣當爲灮、韋昭注熙灮大也。與鄭義同。然灮廣古同音、廣卽灮也。是皆本爾雅爲訓。故文王毛傳云、緝熙灮明也。維清敬之鄭箋、竝與毛同。灮卽廣字之音、明卽緝字之訓、無可疑矣。熙字从火、與烈同意。烈者火之灮也。顯者、下文云見也。見之灮也。說文顯頭明飾也。从㬎聲。㬎从日中視絲、古文以爲顯字。是顯古作㬎、日中視絲、故訓灮、又訓見、皆本古文爲說也。通作憲。詩顯顯令德、中庸作憲憲令德。葢憲有表明之義。小司寇注、憲表也。朝士注、憲謂幡書以表明之、皆其義也。

昭者、下文亦云見也。說文日明也。則與顯義同。通作炤。中庸云昭昭之多。又云亦孔之昭、釋文並云昭本作炤。又通作照。穀梁僖廿七年經云齊侯昭卒、釋文、昭或作照。老子云俗人昭昭、釋文昭一本作照。孫叔敖碑云處幽晤而照明、嚴訢碑云去斯照照、俱以照爲昭也。晧者、說文云日出皃。又暤云晧旰也。楚辭怨思篇注晧旰、炎也。通作昦、釋天云夏曰昊天、釋文晧、本亦作昊。晧炎明也、日出也。荀子賦篇云晧天不復、憂無疆也、楊倞注晧與昊同。又通作顥、一切經音義十八引三蒼云晧古文顥同。文選古詩李少卿與蘇武詩云晧首以爲期、李善注晧與顥古字通。按商山四顥、書作四晧、亦其證矣。熲者釋言與桄俱訓充也。說文云火光也。詩不出于熲、毛傳熲光也。通作耿、說文云、杜林說耿光也。離騷云彼堯舜之耿介兮、王逸注耿、光也。又通作炯、說文云炯光也。文選登巴陵城樓詩云炯介在明淑、李善注耿與炯同、引蒼頡篇曰炯、明也。

義疏

緝熙烈顯昭晧熲耿炯光也　郭注、詩曰學有緝熙于光明。又曰休有烈光。

緝从咠、無光義、說文緝、績也。國語緝、明也。詩四緝熙皆連文、不取字義也。烈、从火列聲、以光烈對文。顯从㬎、日中絲光明、傾覘之。詩肅雍顯相、又率時昭考、昭从日。召亦作炤。詩亦孔之炤。又作照、晧从日告、與昭同意。詩、月出晧兮、月出照兮、照即昭也。昊天又作晧天、則聲同借用耳。熲从火頃、詩不出于熲。又作耿、从耳。書上帝之耿命、熲从頃。耿从耳、蓋以火照察也。說文云耿、从炯省聲。今炯字盛行矣。光从人火、古文作炗、廿炬也。

集解

緝熙烈顯昭晧

熲光也　緝、績也。从糸咠聲。凡麻者績之爲縷曰緝。縷、綫也。謂縷之有光澤也。或者正字爲熠與。熙、燥也。从火巸聲、謂火燥而光明也。周

語叔向曰緝、明也。熙、廣也。光廣一聲之轉。緝熙詩凡四見、均係連文。昊天有成命於緝熙、毛傳訓用。周語箋廣當爲光。文王於緝熙敬止、傳緝熙、光明也。維清維清緝熙、箋緝熙、光明也。敬之學有緝熙于光明、傳光廣也。箋光明也。經典單用緝而訓爲光者罕見、單用熙而訓爲光者尚多也。書堯典庶績咸熙、皋陶謨有能奮庸熙帝之載、又百工熙哉、僞傳均訓廣、即光也。後漢書班固傳重熙而累洽、文選七啟熙天曜日、注均云熙、光也。烈、火猛也、从火列聲。引申爲光。詩雝既右烈考、箋烈、光也。烈文烈文辟公、傳烈、光也。孟子滕文公引書武王烈、注烈、光也。顯、明飾也、从頁㬎聲。引申爲光。書康誥惟乃丕顯考文王、孫疏顯、光也。詩文王有周不顯、執競不顯成康、傳均云顯、光也。假樂顯顯令德、清廟肅雝顯相、敬之天惟顯思、箋均云顯、光也。昭、日明也、从日召聲。引申爲光。詩既醉介爾昭明、箋昭、光也。桑柔倬彼昊天、箋倬、明大皃。光也。淮南要畧挾日月而不姚、姚即照、注光也。以倬照或姚爲之。晧、日出也、从日告聲。引申爲凡光之偁。詩月出皓兮是也。作皓者、俗字耳。詩揚之水白石晧晧、文選魯靈光殿賦作澔澔、注光明盛皃。廣雅云光也。楚辭遠遊曳彗星之晧旰兮、注晧旰、光也。九辯顥晧日之顯行兮、洪興祖補注晧、光也。釋天夏曰昊天、釋文昊、本亦作晧。晧、光明也。莊子人間世作皞天、童子逢盛碑作顥天。漢修堯廟碑恩如浩倉、鄘閣頌精通晧倉、則浩又與晧通、皆謂光也。以昦皞顥浩爲之。熲、火光也、从火頃聲。詩無將大車不出于熲、傳熲、光也。文選潘安仁河陽縣詩熲如槁石火、注熲、光也。書立政丕釐上帝之耿命、正義耿、光。離騷彼堯舜之耿介兮、注耿、光也。文選答賓戲守窔奥之熒燭、注小光也。墨子經說下景日之光反燭人。說文景、日光也。以耿熒景爲之。光字本作炗、从火在人上、光明意也。易需有孚光亨。

義證

緝熙烈顯昭晧熲光也　熲下迥反。

〔註〕詩曰學有緝熙于光明又曰休有烈光

郭注補正

緝熙烈顯昭晧熲光也

緝熙詩凡四見。大雅文王於緝熙敬止、毛傳云緝熙光明也。周頌昊天有成命傳云緝、明。熙、廣。箋云、

爾雅詁林　一　釋詁上

廣當爲光。敬之傳云光、廣也。書堯典光被四表後漢書馮異傳作橫被四表。橫廣俱從黃與光同音故皆相通也。維淸維淸緝熙文王之典敬之學有緝熙於光明。箋竝云緝熙光明也。 烈者、說文云火猛也。烈謂火之光也。周頌烈文烈文辟公。雝既又烈考。傳箋竝云烈、光也。 顯者、說文云明飾也。明飾卽光也。大雅文王有周不顯。假樂顯顯令德。周頌淸廟肅雝顯相。執競不顯成康。敬之天維顯思。傳箋竝云顯、光也。大雅韓奕不顯其光箋云不顯、顯也。文王有周不顯、箋云周之德不光明乎、光明矣。不顯亦世、箋云謂其臣有光明之德者、亦得世世在位。小雅湛露顯允君子、疏云、明信之君子。采芑顯允方叔、疏云明信之方叔。大雅抑無日不顯、箋云顯、明也。明卽光也。 昭者、說文云日明也。大雅既醉介爾昭明、雲漢昭回于天、鄭箋竝云昭、光也。小雅鹿鳴德音孔昭、大雅大明昭事上帝、抑昊天孔昭、周頌訪落率時昭考、箋竝云昭、明也。大雅文王於昭于天、周頌時邁明昭有周、傳箋竝云昭、見也。本釋詁昭見也。注云明見也、明見卽光也。周頌噫嘻既昭假爾、箋云、噫嘻乎能成周王之功也、其德已著至矣。謂光被四表、格於上下也。著至光被、卽昭字之義。昭通作炤。小雅正月亦孔之昭、箋云炤炤易見。中庸引作亦孔之炤。彼釋文云昭本亦作炤、同。 晧者、說文云日出皃。唐風揚之水白石晧晧、傳云晧晧、潔白也。潔白卽光也。詩之昊天、夏承碑作晧天。郙閣頌精通晧倉。晧倉卽晧天也。荀子賦晧天不復、注云晧與昊同。釋天注云言氣晧旰、釋文云晧本亦作昊。 熲者、說文云火光也。小雅無將大車不出於熲、傳云熲、光也。

說詩

緝熙烈顯昭晧熲光也 晧从日俗从白。 正義云熲本亦作耿。立政丕釐上帝之耿命、正義云耿光釋詁文。

匡名

緝熙烈顯昭晧熲 晧從日。從白者誤。下同。

注疏正字

緝熙烈顯昭晧熲光也 此釋光之義。說文光、明也。緝、緝也。熙、燥也。燥者、熙之本義、訓興訓光者、引伸之義也。大雅、於緝熙。 烈、火猛也。引伸之爲光也。業也。周頌、休有烈光。 顯、頭明飾也。引伸爲凡明之稱。㬎謂衆明、顯本主謂頭明飾、今顯專行而㬎廢矣。日部㬎下古文以爲顯字。是顯字皆當作㬎。㬎者本義、顯者叚借、載籍既皆作顯、乃謂古文作㬎爲叚借矣。周頌不顯成康、傳顯、光也。 昭、日明也。大雅於昭于天、箋昭、光也。晧、日出皃。註、光明之皃。天下惟絜白者最光明、故引伸爲凡白之稱。 熲、火光也。註、凡不言火、但言光者、其引伸之義也。小雅不出于熲、傳熲、光也。本亦作耿。立政陟丕釐上帝之耿命、疏耿、光也。

啓蒙

緝熙光也

注曰詩曰學有緝熙于光明。

樾謹按、緝熙字詩凡四見、然以字義言、緝無光義、疑湒之叚字也。說文水部湒、濤涌皃。水涌則有光、故洸篆說解曰水涌光也。湒熙連文、湒者水之光、熙者火之光矣。

平議

緝光也。郭云詩曰學有緝熙于光明。俞樾爾雅平議云、緝無光義、疑湒之假字也。說文湒、濤涌貌。水涌則有光、故洸篆說解曰水涌光也。楷案、緝从糸、糸者絲也。絲本有光義。說文㬎、絲色也。段玉裁注謂絲之色光彩灼然也。攷工記曰絲欲沈、注云如在水中時色、今人謂之漂亮。又云槀白致繒也。从系、𠂢取其澤也。段注謂澤者光潤也。又云豹、白豹、縞也。段注謂急就篇有白豹、顏注曰謂白絜之精者、其光豹豹然也。此皆言絲有光之證。緝雖本義爲績、以其从系、故引申之有光義矣。

稗疏

緝、熙、烈、顯、昭、晧、熲、光也。

說文云：「光、明也、从火在人上、」此光明義也。詩敬之傳光訓廣、皇矣傳訓大者、說文光之古文作炗；廣从黃聲、黃从炗聲；庶亦从炗；左傳云：「光遠而自他有燿者也；」故光又爲廣大也。光通桄。又與橫通、書「光被四表、」漢王莽傳、後漢崔駰傳、皆作橫被。

緝熙者、詩「於緝熙、」國語引而釋之曰：「緝、明也、熙、廣也。」熙从火、光廣同音、左傳釋光、有光遠意、故國語亦以廣釋熙。文王傳云：「緝熙、光明也；」敬之箋與毛同。

顯者、㬎之假借、說文「㬎、从日中視絲、」乃明察微妙之意。

昭晧者、說文「昭、日明也、晧、日出皃、」皆光明之義。鄭云：「昭通作炤、照；晧、通作昦顥。」晧作皓者、嚴氏以爲俗字。

熲、說文「火光。」熲通炯耿。

爾雅學

晧雪牕本閩本監本毛本同、釋文唐石經單疏本正德本作皓、從日。疏云、晧者亦日光也、今本從白非。

緝熙烈顯昭晧熲光也○釋曰注疏本刪。

不出于熲○注詩曰至烈光○釋曰注疏本刪下八字。

又曰休有烈光注疏本又曰改云。

校勘記

六行熲○宋刻十行本作「熲」，當據正。

宋監本校箋

緝熙烈顯昭晧熲音耿光也

音圖·音

葺 僖 槀 炯

緝、熙、烈、顯、昭、晧、熲、光也。

孫品直音

葺 僖 炯

緝熙烈顯昭晧熲光也

直音校正

緝熙烈顯昭晧熲同耿光也

楊氏音訓

爾雅詁林 一 釋詁上

皓胡老切 顥炯

干氏音釋

劼鞏堅篤掔虔膠固也

劼、鞏、堅、篤、掔、虔、膠、固也。劼虔皆見詩書。易曰、鞏用黃牛之革。固志也。掔然亦牢固之意。

郭注

劼鞏堅篤掔虔膠固也　釋曰、皆牢固也。劼者、確固也。鞏者、說文云以革有所束也。堅者、剛彊之固也。論語曰、不曰堅乎、磨而不磷。篤者厚也。物厚者牢固。掔者、堅亦牢固之意。虔者、恭之固也。膠者所以固物。小雅隰桑云德音孔膠。注劼虔至志也　釋曰、云劼虔皆見詩書者、酒誥云劼毖殷獻臣。大雅韓奕云虔共爾位。云易曰鞏用黃牛之革固志也者、案革卦云、初九鞏用黃牛之革。遯卦六二象曰執用黃牛固志也。文與此異。然則郭云固志者、所以釋革卦之鞏、非謂遯之固志。一

邢疏

劼掔固也

劼、苦八反。釋文　掔、本與摼指物同。釋文引郭音義　郭音義

黃輯古義

劼鞏堅篤掔。劼、苦八反。掔、本與摼指物同。並同上　郭音義

玉函山房輯佚

劼鞏堅篤掔虔膠固也

郭璞云、劼虔皆見詩書。易曰、鞏用黃牛之革。固志也。掔然亦牢固之意。郭璞音義云、掔、本與摼指物同。釋文二十九卷

一切注音

劼固也　郭古八反。釋文

掔　郭音義、本與摼指物同。釋文

古注斠

劼苦黠反、郭苦八反。或作硈字、古黠反。鞏九勇反。篤丁毒反。掔音牽。又却閑反。郭音義、本與慳惜物同。虔音乾。膠音交

陸音義

掔　郭音義本與摼指物同。○舊摼指俱誤從立心。案慳惜無義、字書亦無惜字。摼指物謂拂拭物也。今改正。

音義攷證

劼鞏堅篤掔虔膠固也　掔、說文苦閑反。

鄭樵注

劼鞏堅篤掔虔膠固也　劼、郭苦八反。掔、郭音義本與摼指物同。

郭璞曰、劼虔皆見詩書。易曰鞏用黃牛之革。固志也。掔然亦牢固之意。

鄭樵曰、掔、說文苦賢反。

古注合存

劼鞏堅篤掔虔膠固也　劼、苦黠反。掔、牽同、一音慳。○此釋劼鞏以下皆固之義也。註曰、書酒誥云劼毖殷獻臣。易革卦云鞏用黃牛之革。固志也。詩韓奕云虔共爾位。愚按劼從力。掔從手。掔本牽字。執而不舍、故因爲堅固之義、而讀如慳也。二者皆以人事而言。鞏者束之固。膠者粘之固。二者皆以物用而言也。篤、厚。虔、謹也。二者皆以人心而言。堅、猶固也。

注疏參義

鞏用黃牛之革、固志也。郭注誤合革遯二卦之文。

補注

劼鞏堅篤掔虔膠固也　註　劼虔皆見詩書。易曰鞏用黃牛之革。固志也。掔然亦牢固之意。

正義　天保毛傳云、固、堅也。轉相訓也。劼者、說文云、劼、慎也。慎密故嚴固也。又通作硈。說文云、硈、石堅也。釋言云、硈、鞏也。堅石所以爲鞏固也。鞏者、說文云、鞏、以革有所束也。大雅瞻卬云、無不克鞏。元和郡縣志釋鞏縣之義、謂四面有山河之固、依爾雅以爲名。案說文云、固、四塞也。則李吉甫之說是也。堅者、考工記函人云、不摯則不堅。篤者、釋名云、篤、築也。築堅實稱也。緇衣云、篤以不揜。掔者、莊子徐無鬼云、掔好惡。虔者、殷武毛傳云、虔、敬也。與劼慎義同。又釋宮云、椹謂之榩。鄭箋引作椹、謂之虔者、以其堅固也。膠者、說文云、膠、昵也。釋言云、䵒、膠也。䵒與昵通。凡

膠粘者、所以爲堅固。小雅隰桑云、德音孔膠。**註**劼虔至之意。○**正義**劼虔皆見詩書者、酒誥云、汝劼毖殷獻臣。大雅韓奕云、虔共爾位。郭引易者、革初九云、鞏用黃牛之革。干寶云鞏、固也。離爲牝牛、離爻本坤、黃牛之象也。遯六二云、執之用黃牛之革。象曰、執用黃牛、固志也。侯果云六二離爻、離爲黃牛、獨守中直、堅如革束。郭以革遯二卦其取象同、其義亦同、故合而釋之也。掔然亦牢固之意者、說文引詩曰赤舄掔掔。掔掔亦重固之貌。

正義

堅掔固也

玉案、白虎通云臣堅也。厲志自堅固也。儀禮通解引作臣牽也。說文亦云臣、牽也。然則堅有牽音、廣雅云臣、掔也。又云固確掔也。集韻云掔、墟閑切、音牽。又云掔、輕煙切、音牽。然則掔與鞏堅並同音、故義得爲固。

補注殘本

劼鞏堅篤掔虔膠固也

劼虔皆見詩書易曰鞏用黃牛之革固志也掔然亦牢固之意

說文云固、四塞也。蓋其字从口、四面閉塞、牢固難破也。通作故。哀公問注、固猶故也。投壺注、固之言如故也。論語云固天縱之將聖、論衡知實篇作故天縱之將聖。又通作錮。文選求通親親表云禁固明時、李善注固與錮通。又通作假。詩假哉天命、毛傳假、固也。假讀如古聲、俗爲固矣。劼者、硈之叚音也。釋文劼或作硈。說文硈、石堅也。釋言云硈、鞏也。通作劼。說文劼、慎也。慎固義近。書云汝劼毖殷獻臣、傳云劼、固也。義與矸同。晉書音義引字林云矸、堅也。鞏者、束之固也。說文鞏、以韋束也。郭引易曰鞏用黃甚之革。革初九文又曰固志也。遯六二象文。郭葢以意引經也。詩無不克鞏、毛傳鞏、固也。楚辭離世篇云心鞏鞏而不恧、王逸注鞏鞏、拘攣貌也。拘攣亦堅固之意。轉作管、史記平準書云欲擅管山海之貨、集解引或曰管、固也。固管鞏一聲之轉也。篤者、下文云厚也、厚與固義近。釋名云篤、築也、築堅實稱也。後漢書班彪傳論云何其守道恬淡之篤也、李賢注篤、固也。掔者、下文亦云厚也、與篤同意。說文掔、固也、从手臤聲。讀若詩赤舄掔掔。今詩作赤舄几几、蓋几掔聲轉字通。掔掔猶急急也。故曲禮云急繕其怒、鄭注、急猶堅也、繕讀曰勁、然則急繕猶言堅勁。毛傳几几、絇貌。蓋絇之言拘、拘亦堅固之意也。釋文、掔音牽、又卻閑反、二音俱本玉篇。掔云卻閑去賢二切、去賢之音爲牽、卻閑之音爲堅也。亦通作堅、又通作牽、易牽羊悔亡、子夏傳牽作掔。公羊定十四年經云公會齊侯衞侯于堅、釋文堅本又作掔。左氏作牽、是牽堅與掔音同之證也。又轉爲鞏、廣雅云堅也。玉篇鞏口閒切、又轉爲硻、說文硻、餘堅者。玉篇硻口耕切、別作硜、論語皇侃疏硜硜、堅正難移之貌也。虔者、敬之固也。經典虔多訓敬、敬固義近。詩虔共爾位、有虔秉鉞、毛傳並云虔、固也。書奪攘撟虔、漢書武帝紀注孟康曰虔、固也。撟稱上命以財賄用爲固。顏師古曰、妄託上命而堅固爲邪惡者也。膠者、昵之固也。說文膠、昵也。昵、䵒同。釋言云䵒、膠也。詩德音孔膠、毛傳膠、固也。禮王制云周人養國老於東膠、鄭注膠之言糾也。膠或作絿。按絿訓急也、急亦堅也。膠糾古音疊韵、故楚辭遠遊篇云、形蟉虬而逶迤。蟉虬與膠糾近。

義疏

劼鞏堅篤掔摼硜虔膠固也

郭注、劼鞏皆見詩書。易曰鞏用黃牛之革。固志也。掔然亦牢固之意。劼从吉、與硈結同。吉爲周密、故訓堅固。書劼毖殷獻臣。鞏从巩、丮、工爲褏持之固。詩無不克鞏。堅掔皆从臤、又臣即丮工也、故緊堅皆从臤、加手、非也。字亦作賢。詩我從事獨賢、語不曰堅乎、又鏗爾、硜硜然、硜即磬也。記鐘聲鏗、石聲磬。篤从竹。下云篤笁厚也。竹爲艸之堅厚者、故馬遲亦曰竹。書惠篤敘、詩曾孫篤之。又虔共爾位、虔从虍文、虎行迹淡、故爲固也。膠、以固物。詩德音孔膠。字从翏、蓋參羽新生膠昵、因以爲皮膠之稱。又以其固物爲堅固、又爲膠滯耳。固从古、古物能存、必其堅者、加口所以錮之。

集解

劼鞏堅篤掔虔膠固也　劼、慎

也，从古力聲。引申為固。說文則以硞為之。書酒誥劼毖殷獻臣，傳劼，固也。易乾文言確乎其不可拔，鄭注確堅高皃。詩文王假哉天命，傳假，固。廣雅釋詁艮、鞕堅也。文選思玄賦行積冰之磑磑兮，注磑，堅也。南都賦結根竦本，注結，固也。以確假艮鞕磑結為之。鞏，以韋束也，所以固物。从革巩聲。詩瞻卬無不克鞏，傳鞏，固也。後漢書班固傳乃始虔鞏勞謙，兢兢業業，注虔、鞏，固也。詩車攻我車既攻，傳攻，堅也。廣雅作拱，云固也。管子七法器械不功，注功，謂堅利。晉語辨其功苦，注牢也固也。史記平準書欲擅管山海之貨，集解引或曰管，固也。方言董、固也。以攻拱功管董為之。堅，剛也。从臤从土。引申為固。論語不曰堅乎是也。淮南時則堅致為上，注功牢也。素問腹中論其氣急疾堅勁，注堅，定也固也。周禮州人彊槩用蕡，注彊，堅者。詩北山我從事獨賢，廣雅釋詁賢，堅也，即固也。以檻賢為之。篤，馬行頓遲也。从馬竹聲。竹，草之堅厚者，故篤又引申為固。說文則以竺為之。書微子之命篤不忘，論語君子篤於親，釋文及汗簡古論語均作竺者此也。後漢書班彪論何其守道恬淡之篤也，注篤，固也。詩破斧四國是遒，傳遒，固也。廣雅作揫，云固也。以遒揫為之。掔，手掔之使固也。从手臤聲。論語鏗爾硜硜然，禮記樂記石聲磬，史記樂書作硜，均謂固也。借鏗硜磬為之。虔，虎行皃。从虍文聲。正字為掔。掔虔一聲之轉。詩韓奕虔共爾位，長發有虔秉鉞，傳均云虔，固。前漢書武帝紀將百姓所安殊路，而橋虔吏因乘勢以侵蒸庶邪，師古曰虔，固也。膠，昵也。作之以皮，可以固物。詩隰桑德音孔膠，傳膠，固也。固，四塞也。从口古聲。引申為凡事牢固之偁。或謂古物存者必堅，古字加口所以訓為四塞與。

劼鞏堅篤掔虔膠固也 劼，苦八反。掔音牽。

義證

【註】劼虔皆見詩書。易曰鞏用黃牛之革。固志也。掔然亦牢固之意。

郭注補正

鞏固也　注易曰鞏用黃牛之革固志也

評曰：說文鞏，以韋束也。以韋束物，即有堅固之義。邵氏謂革初九鞏用黃牛之革，干寶云鞏，固也。遯六二執之用黃牛之革，象曰執用黃牛固志也。二卦取象同，其義亦同，故合而釋之。案二卦義雖同，然明引革卦鞏字，而以遯之固志為訓，究屬牽合曲為之說，非也。

靜郭

劼鞏堅篤掔虔膠固也

劼虔皆見詩書易曰鞏用黃牛之革固志也掔然亦牢固之意也掔音堅

希麟金剛頂經一字頂輪王念誦儀一卷音義引郭注爾雅云，掔然牢固之意也，掔音慳。據補也字及音。

郭注佚存補訂

劼鞏堅篤掔虔膠固也

劼義見釋言硞鞏也下。　鞏者，說文云以韋束也。引易鞏用黃牛之革。王注云鞏，固。大雅瞻卬無不克鞏，毛傳云鞏，固也。鞏與攻聲近，攻之言鞏固也。小雅車攻我車既攻，傳云攻，堅也。　堅者，說文云剛也。剛與固義相近。大雅行葦敦弓既堅，疏以堅為勁。堅勁即固也。堅與賢通。宣四年左氏傳鄭襄公堅，成四年公羊傳作臤，穀梁作賢。堅賢俱从臤，故相通用。校官碑、親臤寶智，師臤作朋，皆以臤為賢。　小雅北山我從事獨賢，傳云賢，勞也。非堅固者不能耐勞，義相成也。下文嘉我未老，傳云善也。鮮我方將，傳云壯也。旅力方剛，經營四方，四語即言獨賢之義。故孝經說云臣者，堅也。將、剛皆與堅義近。　篤者、

爾雅詁林　一　釋詁上

爾雅詁林　一　釋詁上

釋名云篤、築也。築堅實稱也。唐風椒聊碩大且篤、傳云篤、厚也。非也。謂實大且堅固也。大雅皇矣、則篤其慶。篤亦固也。　掔者、說文云固也。亦與堅通。（宣十四年公羊經云公會齊侯衞侯於堅、彼釋文云堅、本又作掔、是也。）說文引詩曰赤舄掔掔、掔掔亦堅固之意也。案今豳風狼跋作赤舄几几、說文丮又引詩赤舄几几、蓋雜引三家詩也。　虔者、大雅韓奕虔恭爾位、商頌長發有虔秉鉞、傳竝云虔、固也。殷武方斲是虔、虔亦宜訓固、傳訓虔敬、非也。　膠者、說文云昵也。昵與勠同。勠、膠也。小雅隰桑德音孔膠、傳云膠、固也。

說詩

劼鞏節音劼苦黠切（釋文云、郭苦八切。）

疏說文云以韋束也（韋誤草。下衍有所二字。）

注疏正字

掔

釋文音牽、又却閑反。郭音義與摼揩物同。惠徵君曰揩當作惜。藩謂惜物不用、則堅固不敝、故訓固也。通作几。說文引詩赤舄掔掔、豳風箋几、絇皃。士冠禮鄭注云絇之言拘也、以爲行戒。拘拘亦有惜義。

小箋

篤固也

家大人曰、中庸曰篤行之、篤行卽上文所謂固執也。儒行篤行而不倦、謂行之常固也。論語泰伯篇篤信好學、謂信之固也。子張篇信道不篤、謂不固也。博學而篤志、謂固志也。（固志見遯象傳。）老子致虛極、守靜篤、謂守靜固也。以上諸條皆合爾雅篤固也之訓、而釋者但訓篤爲厚、釋爾雅者亦未引諸書以證固也之訓、皆失之疏矣。篤與固同義、故後漢延篤字叔堅。莊子秋水篇井魚不可以語於海者、（今本井魚作井鼃、乃後人所改。辯見讀書雜志。）拘於虛也。夏蟲不可以語於冰者、篤於時也。篤於時、固於時也。史記白起范睢傳皆言稱病篤、謂病已固也。然則篤之訓固、其所包者廣矣。

述聞

劼鞏堅篤掔虔膠固也　釋文云劼、苦黠反。郭苦八反。或作硈字。案說文（力部）劼、愼也、从力吉聲。周書曰汝劼毖殷獻臣。又（石部）硈、石堅也、从石吉聲。則硈是正文、劼屬假借。又案郭音苦八反、則字从告不从吉。釋言硈、鞏也。釋文硈、苦角反。邢疏曰硈當從告。說文別有硈、石堅也。字異義同。案說文硞、石聲、从石告聲、苦角切。元照案硈訓石堅、此文與鞏堅同訓、則當从吉爲硈、不當从告。釋文載郭音而不詳字體之異、失之疏矣。（五經文字硈、口八反、又苦角反、見爾雅。徐養原曰苦八宜从吉、苦角宜从告、訓固訓鞏竝宜从吉。釋文之音、邢疏之解、竝非。）說文（二部）竺、㫗（此㫗薄字今作厚）也、从二竹聲。又（亯部）篙、㫗也、从亯竹聲、讀若篤。經典相承用篤。　掔說文同。

匡名

劼鞏堅篤掔虔膠固也　此釋固之義。說文固、四塞也。引周禮負固不服、守天下之要塞也。註凡堅牢曰固。又事之已然者曰固。卽故之叚借字也。　劼、愼也。引書汝劼毖殷獻臣。廣韻劼、用力也、勤也、固也。通作硈。硈、石堅也。釋言硈、鞏也。堅石所以爲鞏固也。　鞏、以韋束也。引易鞏用黃牛之革。大雅無不克鞏、傳鞏、固也。　堅、土剛也。考工記不摯則不堅、註堅、固也。　篤、下文訓厚也。

物厚者必牢固。掔、固也。引詩赤舄掔掔、註掔之言堅也緊也、謂手持之固也。或假爲牽字、如史記鄭襄公肉袒掔羊是也。今別作慳、非是。莊子掔好惡、註掔亦重固之皃。虔、虎行皃、掔固之意也。大雅、虔共爾位。又釋宮樴謂之杙、鄭箋引作樴、謂之虔者、以其堅固也。小雅德音孔膠、傳膠、固也。詳釋言。

啓蒙

劼　硈　釋文。劼。或作硈。案說文。劼。愼也。硈。石堅也。當作硈。愼固義近、二字俱通當作貇、美也。

黃侃評本正名

鞏、固也。　鞏亦通作拱、下文云、拱、執也、執亦固也、廣雅拱、固也。

堅、掔、固也。　堅掔聲通同訓。堅與上文劼一聲之轉。掔又與鍇通、方言鍇、堅也、說文九江謂鐵曰鍇。字又作鐈、方言堅也、掔之轉為鐈、猶掔之轉為几矣。說文掔固也、从手、臤聲、讀若詩赤舄掔掔、今詩作赤舄几几。掔又與臣通、御覽引孝經說、臣者、堅也。又與臤通、說文臤、堅也、又與贅賢通、廣雅贅賢、堅也。

黃侃音訓

陽　予也　晉　藎　進也　導也　劼　掔　固也

釋文陽、音賜、又如字、本或作賜。釋詁釋文晉本又作㬜。釋詁釋文藎、本又作燼。釋詁釋文導作道。云本或作導、下同。釋詁釋文劼、或作硈。釋詁釋文掔、郭音義本與摼揩物同。釋詁釋文

陽予也、爾雅音義考證云、釋文陽、音賜、又如字、本或作賜。按兩賜字舊作賜、如此何必云又如字。郭注云賚卜畀皆賜與也、與猶予也。疑注本作賚卜畀賜與也、故下文承明云與猶予也。以陽爲賜、正與音合、上條音予余並羊如反、此音羊汝反、其分明如此。夫以陽爲賜、此古人改字之法。下云因通其名、故又以陽爲予我義、後人疑陽與賜音不相近、遂妄改爲音賜、今幸得宋本正之。

證異

劼、鞏、堅、篤、掔、虔、膠、固也。

說文云：「固、四塞也。」通作故、禮哀公問注云：「固、猶故也；」論語「固天縱之、」王充論衡引作故。又通錮、見文選求通親親表注李善說。

劼者、硈之假音。說文「硈、石堅也；」故引伸爲凡堅固之義。本篇云：「劼、固也、」釋言云：「硈、鞏也；」此用借字、彼用本字也。

鞏、說文「以韋束也、」引伸義爲鞏固。革初九云：「鞏用黃牛之吉、」王弼注以鞏爲固、此與卦名相反而義相成。平準書「欲擅管山海之貨、」注以管訓固；蓋固、管、鞏、一聲之轉。

堅、說文「土剛也、从臤土、」引伸之爲固。掔、說文云：「固也、从手臤聲、」以手持之固也。二字皆从臤、而皆訓固。下文云：「掔、厚也、」厚、固、義相成、與篤同意。俗用慳吝字、本當作𢹂。或借掔爲牽、史記「肉袒掔羊、」即左傳之牽羊也。公羊定十四年經「公會齊侯衛侯于堅、」釋文「堅本作掔、」此以義同、故通用。

篤者、篙之假借字。說文「篙、𦤎也、讀若篤、」段謂「篙篤古今字。」又竺篆下云：「竺、𦤎也；」竺與篙音義同、故經典亦通用。自篤之假借字行、而篙竺皆廢。凡厚者必固、故篤訓固。

虔者、詩「虔共爾位、」「有虔秉鉞、」傳竝用雅訓。

膠、說文「昵也。」凡親昵者其情必固、故訓固。詩「德音孔膠、」即謂德義孔固也。

爾雅學

劼鞏堅篤掔虔膠固也。○釋曰注疏本刪。

剛彊之固也注疏本彊作强、非。

虔者恭之固也膠者所以固物注疏本脫也。此本膠者字誤著今訂正。

德音孔膠○注劼虔王志也○釋曰注疏本刪下八字。

云易曰鞏用黃牛之革注疏本脫云。

校勘記

劼音吉鞏堅篤掔音牽虔膠固也

音圖・音

劼、苦黠翻、音鶻。郭苦八翻、同。或作硈字、古黠翻、音戛。

音略

孫偘直音

直音校正

劼、鞏、堅、篤、掔、虔、膠、固也。戛 掐拱 牽 乾 交

劼、鞏、堅、篤、掔、虔、膠、固也。戛 拱 牽 乾 交

楊氏音訓

劼苦黠切 鞏堅篤掔同牽 虔膠固也

干氏音釋

劼恪八切 鞏拱 掔慳

郭注

嚋孰誰也

嚋、孰、誰也。易曰：嚋離社。

邢疏

嚋孰誰也 釋曰：皆謂語辭，不爲義也。又猶言誰人也。論語云：君孰與不足。陳風墓門云：誰昔然矣。注易曰嚋離祉 釋曰：否卦九四爻辭也。

一切注音

嚋孰誰也

郭璞云、易曰嚋離祉。

陸音義

嚋 本又作𠷎，直留反。祉 音恥。

音義攷證

嚋本又作𠷎。○舊作本又作𠷎，譌。今據易否卦釋文改正。

新義

嚋孰誰也

嚋所誰也、嚋而誰之道也。生所誰也、孰而誰之道也。

古注合存

嚋孰誰也

郭璞曰、易曰嚋離祉。

注疏參義

嚋、孰、誰也。此釋嚋孰爲誰之義。也、書云、嚋若予工。

嚋孰誰也 **註** 易曰嚋離祉 **正義** 說文云：誰，何也。釋名云：誰，相也。有所擇言不能一也。嚋者，說文云𠷎，誰也。繫傳云：口問爲誰也。堯典云：嚋咨若予采，史記作誰可順此事。孰者，論語云：孰能爲之大。**註** 易曰嚋離祉，否九四爻辭。

正義

嚋孰誰也 易曰嚋離祉

釋名云：誰，推也。有推擇言不能一也。說文云：誰，何也。呂覽貴信篇注：誰，猶何也。史記秦始皇紀云：陳利兵而誰何。文選過秦論注：誰何，問之也。嚋者，𠷎之段音也。說文𠷎，誰也。从口𢏚，又聲。𢏚，古文嚋。又𢏚部云：𢏚，詞也。从𢏚聲。𢏚與嚋同。引虞書帝曰：𢏚咨。此二文經典俱通作嚋。故易否云：嚋離祉。釋文嚋，鄭作古𢏚字。詩祈父箋若𢏚圻父，釋文𢏚古嚋字。爾雅釋文嚋本又作𢏚。此三文蓋皆𢏚字之省也。書嚋咨若時登庸，史記五帝紀作誰可順此事。嚋若予工作誰能馴予工。又通作詶。魏元丕碑云：詶咨羣寮，劉寬碑云：詶咨儒林，竝以詶爲嚋也。又通作譸。文選西征賦注引聲類曰：譸亦嚋字也。引爾雅曰：嚋，誰也。晉書音義云：嚋一作詶，一作譸，又一作𢏚。是皆同聲段俗之字也。孰者，熟之本字。孰誰聲轉字通，故詩誰能執熱，墨子尚賢篇作孰能執熱。

義疏

嚋孰誰也 郭注：易曰嚋離祉。嚋从𢏚，治田形。作𢏚加口，又加又作壽。又从田𢏚。皆一字也。書嚋咨、嚋若，史記皆作誰。熟，从丮𦎫，進熟食也。因爲問詞。記，孰有執親之喪。語，孰不可忍。詩誰能執熱，墨子引孰能。誰，从言隹，亦呵問之詞。通爲凡問詞。三字上中古異用。

集解

嚋孰誰也 嚋，字本作𠷎，耕治之田也。正字爲𢏚。

𠷎，詞也。誰也。疇、𠷎古今字，𠷎𠷎通用字。書堯典疇咨若時登庸，史記作誰可順此事。疇若予工，作誰能馴予工。左宣二傳疇昔之羊，謂誰昔也，猶今俗語那一日。龐𢡟不細詮之詞。文選封禪文疇逆失而能存，注疇，誰也。魏元丕碑酬咨羣僚，劉寬碑酬咨儒林，酬咨即書疇咨。文選西京賦疇一姓之或在，注疇亦疇字也。疇，誰也。法言修身儔克爾，注儔，誰也。以酬疇儔為之。孰，食飪也，从丮𦎫聲，正字為𠷎𠷎孰疊韵。禮記檀弓夫明王不興而天下其孰能宗予，公羊隱元傳王者孰謂，謂文王也，注均云孰，誰。魯論孰不可忍也，馬注孰，誰也。墨子尚賢孰能執熱，今詩作誰。楚辭山鬼歲既晚兮孰華予，文選神女賦視之盈目孰者克尚，注均云孰，誰也。潘安仁關中詩疇真可掩，孰儔可久，注疇，孰，誰也。誰，何也。从言隹聲。

義證

疇孰誰也

註 易曰疇離祉 補正 邢疏皆謂語辭，不為義也。又猶言誰人也。

郭注補正

疇孰誰也

疇，釋文云本又作𢀚。說文云𠷎，誰也。𢀚，古文疇。小雅祈父箋云，若疇祈父。彼釋文云𢀚，此古疇字，本或作壽。疇孰誰常語也。疇誰一聲之轉。陳風墓門誰昔然矣，誰昔即疇也。檀弓云予疇昔之夜。大雅桑柔誰能執熱，墨子尚賢作孰能執熱。

說詩

疇孰誰也　釋文云疇本又作𤰝，𤰝字譌，盧學士校改為𢀚。

案說文田部𤱔，耕治之田也，从田，象耕屈之形，或省作𢀚，隸變作疇。又口部𠷎，誰也，从口𢀚又聲，𢀚古文𤱔。又白部𠷎，詞也，从白𢀚聲。𢀚與𤱔同。虞書帝曰𠷎咨。据說文則此疇字當用口部之𠷎。然𠷎咨字史記作誰，史公用孔氏古文，以詁訓代經，是𠷎𠷎二字殆無庸過於區別。

匡名

疇孰誰也　說文誰，何也。同人卦，又誰咎也。𠷎，誰也。从口𢀚又聲。𢀚，古文疇。註當作𠷎。堯典疇咨若予采，史記作誰可順此事。論語，孰能為之大。

啓蒙

疇，誰也。　九家易否疇離祉，疇類也，則用疇之本義解之，疇即𤱔之隸變。郭注引易則以為𠷎之借也，說當本於前師。孰，誰也。　孰與敦同，从𦎫聲，皆轉入蕭韵，土田培敦即保墫也。孰之訓誰，當作敦，說文敦，一曰誰何也。

黃侃音訓

疇、孰、誰也。

疇，說文口部云：「𠷎，誰也；𢀚，古文疇。」（用段說。）田部𤱔篆云：「𢀚，𤱔或省。」是古疇誰字，本作𠷎；田疇字，作𤱔，亦作𢀚矣。經典每借訓、譸、𤰝、爲疇誰之疇。

爾雅學

疇孰誰也○釋曰　注疏本刪。

○注易曰疇離祉○釋曰　注疏本刪注易曰釋曰五字，祉下增易。

校勘記

疇，本又作𤰝。疑誤。直留翻，音𢔶。　秦小峴廉使云說文𠷎，誰也。𠷎，耕治之田也。𠷎，詞也。虞書帝曰𠷎咨。凡三字文義不同，今經典通作疇。爾雅誰也之義當作𠷎。

音略

疇直留切　孰誰也

楊氏音訓

睢睢皇皇藐藐穆穆休嘉珍褘懿鑠

爾雅詁林 一 釋詁上

美也

暀暀、皇皇、藐藐、穆穆、休、嘉、珍、禕、懿、鑠、美也。自穆穆已上、皆美盛之貌。其餘常語。

郭注

暀暀皇皇藐藐穆穆休嘉珍禕懿鑠美也 釋曰、皆謂美盛也。少儀云、祭祀之美、齊齊皇皇。鄭玄云、皇皇讀如歸往之往。彼言皇皇、則此暀暀也。少儀又云、言語之美、穆穆皇皇。曲禮云、天子穆穆、諸侯皇皇。鄭注皆云、行容止之貌。然則皇皇穆穆者、皆言語容止之美盛也。大雅崧高云、既成藐藐。毛傳云、藐藐、美貌。休者、大禹謨云、戒之用休。又曰、嘉乃丕績。儒行云、席上之珍以待聘。禕者、歎美也。懿者、周頌時邁云、我求懿德。鑠者、周頌酌篇云、於鑠王師。是皆謂美之常語爾。

邢疏

暀暀皇皇藐藐穆穆休嘉珍禕懿鑠美也

郭璞云、自穆穆已上皆美盛之貌、其餘常語。

一切注音

禕美也 舍人云、禕者、心之美。引詩曰、禕禕它它、如山如河。釋文

蕙心案、禕美之禕字、當从示。今本並釋文皆从衣作禕。禕、后祭服也、非是。舍人引詩作禕、蓋本三家詩。重言之爲禕禕。

鑠

蕙心案、史記李斯傳索隱引爾雅言百鎰之美也、蓋舊注文。

古注斠

暀 于況反、又千橘反。 藐 亡角反。 禕 於宜反。 懿 音意。 鑠 舒灼反。 已上 時掌反。 美盛 或作晠、同。

陸音義

暀暀皇皇藐藐穆穆休嘉珍禕懿鑠美也 禕、注疏本从示旁、新義作禕、解曰服之美、則陸氏經文作衣旁。

暀暀在前、皇皇在後、諸侯之美也。藐藐在上、穆穆在下、天子之美也。故曰天子令德、諸侯言時計功。嘉尚可加焉、休已矣、不可以有加矣。詩先亦孔之嘉、後亦孔之休、以此。珍其圭之美、若大圭大矣。禕其服之美、若大裘大矣。懿、一則以壹、一則以恣美也。鑠、一則以凝、一則以釋美也。

新義

暀暀皇皇藐藐穆穆休嘉珍禕懿鑠美也 暀暀音旺、說文云、光美也。曲禮云、天子穆穆、諸侯皇皇。崧高云既成藐藐。此連二文皆言美盛之貌。餘皆義之常。

鄭樵注

暀暀皇皇藐藐穆穆休嘉珍禕懿鑠美也

郭璞曰、穆穆已上皆美盛之貌。其餘常語。

鄭樵曰、暀暀音旺、說文云光美也。曲禮云、天子穆穆、諸侯皇皇。崧高云、既成藐藐。此連二文皆言美盛之貌。餘皆義之常。

古注合存

暀暀皇皇藐藐穆穆休嘉珍禕懿鑠美也。暀音旺、藐音邈、禕音衣。○此釋暀暀以下皆美之義也。注曰、穆穆以上、皆美盛貌。疏曰、少儀云、祭祀之美、濟濟皇皇。鄭云、皇皇讀如歸往之往、則此暀暀也。詩崧高云、既成藐藐。傳云美貌。愚按禕從示、不從衣、字書亦云美也。

注疏參義

禕音衣、漢晉閒人多以命名。疏云歎美也。玉篇云美也、歎詞。疏合爲一耳。

暀暀、詩正義作往往。

補注

暀暀皇皇藐藐穆穆休嘉珍褘懿鑠美也【註】穆穆已上皆美盛之貌其餘常語【正義】此釋美善之義也。○暀暀至穆穆。○暀暀者、魯頌泮水云烝烝皇皇、鄭箋皇皇當作暀暀。少儀云祭祀之美齊齊皇皇、鄭註皇皇讀如歸往之往。是暀暀即皇皇也。皇皇者、曲禮云、諸侯皇皇。少儀云、言語之美、穆穆皇皇。藐藐、說文作懇、美也。大雅瞻卬云、藐藐昊天、鄭箋藐藐、美也。穆穆者、商頌那云、穆穆厥聲。此皆重言之、以狀其美也。周頌烈文云、繼序其皇之、毛傳皇、美也。清廟云、於穆清廟、毛傳穆、美也。呂氏春秋至忠篇可謂穆行矣、高註穆、美也。是單舉其文亦爲美也。○休嘉至懿鑠。○休者、商頌長發云、何天之休、後漢書註引今文太誓云、羣公咸曰休哉。嘉者、士冠禮云、嘉薦令芳。珍者、左氏文八年傳云、珍之也、鄭註天官膳夫云、今時美物爲珍膳、是珍爲美也。褘者、易釋文引古文云、以其偉偉美也。褘與偉通、東京賦云、侯其褘而。懿者、說文云懿、專久之美也。周頌時邁云、我求懿德。鑠者、周頌酌云、於鑠王師。史記李斯傳云、鑠金百鎰、索隱云百鎰之美金也。【註】穆穆至之貌。○【正義】郭以重語皆言其貌、與釋訓義同也。楊倞荀子註引爾雅云穆穆、敬也。皇皇、正也。郭璞云皇皇、自修正貌。穆穆、容儀謹敬也。案釋訓云穆穆、敬也、郭註云皆容儀謹敬、是楊倞所据也。釋言云皇、正也、楊倞引作皇皇、今本郭註無皇皇自修正貌六字、未知楊倞所据何本。楊倞又云由言語之美所以威儀修飾。或曰穆穆、美也。皇皇有光儀也。又云皇皇穆穆言緒之美也。

【正義】

暀暀皇皇藐藐穆穆休嘉珍褘懿鑠美也 自穆穆已上皆美盛之貌其餘常語

美、好也、善也。故說文云美與善同意。通作媺。大司徒云一曰媺宮室、鄭注媺、善也。釋文云媺音美、廣韵云媺美同。又通作娓。詩誰侜予美、釋文美韓詩作娓。暀者、說文云炏美也。與旺同。廣韵云旺美炏暀旺同。又王云盛也、義亦相近。古讀皇聲如王、王聲如往、故詩楚茨箋皇、暀也。泮水箋皇皇當作暀暀、暀暀猶往往也。皇者、白虎通云君也、美也、大也。君義已見上文。又訓美者、詩繼序其皇之、上帝是皇、毛傳竝云皇、美也。烝烝皇皇、毛傳皇皇、美也。聘禮記云賓入門皇、鄭注皇、自莊盛也。莊盛義亦爲美也。皇與煌同、故詩采芑斯干傳箋竝云皇猶煌煌也。通作王。聘禮記注古文皇皆作王。又通作黃、呂覽功名篇云缶醯黃蚋、高誘注黃、美也。易繫辭云黃帝、風俗通聲音篇作皇帝。左氏宣十七年傳苗賁皇、說苑善說篇作釁盆黃。是黃者皇通。然則詩之狐裘黃黃、推其義亦卽皇皇矣。藐者、懇之叚音也。說文懇、美也。通作藐。詩旣成藐藐、毛傳美貌。又藐藐昊天、鄭箋美也。毛傳以爲大貌、美大義近也。文選西京賦云眳藐流眄、薛綜注以藐爲好、好亦美也。又通作眇。楚辭湘夫人篇云目眇眇兮愁予、王逸注眇眇、好貌也。又轉爲眠、詩眠釋文引韓詩云眠、美貌。眠藐一聲之轉也。穆者、敬而美也、詩清廟傳穆、美也。文王及那傳箋竝云穆穆、美也。少儀云言語之美、穆穆皇皇、鄭注美當爲儀。然儀訓善、善亦美也。穆義與茂同。漢書武帝紀云茂才異等、後漢書章帝紀云聖德淳茂、皆以茂爲美也。茂、穆又一聲之轉矣。休者、易休否大人吉、詩亦孔之休、以爲王休、毛傳竝云休、美也。江漢長發鄭箋竝同。又釋言云休、慶也。楚語注休、嘉也。周語注休、喜也。廣雅休、善也。善喜嘉慶其義亦俱爲美也。休與烋同。玉篇云烋、火烋切、美也、福祿也、慶善也。是烋休字異音義同。嘉者、說文云美也。也、美善同意、故上文云嘉、善也。嘉、假同音、故下文云假、嘉也。聲轉爲佳、故淮南說林篇云佳人不同體、高誘注佳、美也。廣雅云佳、好也。珍者、寶之美也。說文云珍、寶也。華嚴經音義上引國語賈逵注云珍、美也。禮儒行注珍、善也。褘者、玉篇云於宜切、美皃。又歎辭、文選東京賦云漢帝之德、侯其褘而、薛綜注褘、美也。通作委。釋訓云委委、美也。釋文委、諸儒本竝作褘、於宜反。舍人云褘褘者、心之美。引詩亦作褘。是褘褘竝與委通。又通偉、與瑋、莊子大宗師篇云偉哉夫造物者、釋文引向秀注偉、美也。一切經音義一云偉、埤蒼作瑋、同。于鬼反。文選吳都賦云瑋其區域、劉逵注瑋、美也。易泰釋文引傅氏注云彙、古偉字、美也。又通作徽、禮大傳云殊徽號、鄭注徽或作褘。又褘猗聲義同、禮大學注猗猗、喻美盛。然則猗猗又卽褘褘矣。懿者、說文云：專久而美也。易象傳云：君子以懿文德。詩烝民、時邁傳、箋竝云：懿，美也。鑠者，目之美也。方言云：好目謂之順，驪瞳之子，宋衞韓鄭之間曰鑠。是鑠謂目好流光鑠鑠也。後漢書馬援傳云：矍鑠哉是翁。意正如此。通作爍，故顔延之宋文皇帝元皇后哀策文云：圜精初爍。文選注引郭方言注：爍言光明也。是爍鑠同。詩於鑠王師，毛傳：鑠，美也。太玄斷云：乃後有鑠。范望注亦云：鑠，美也。史記李斯傳云：鑠金百鎰。索隱引爾雅，又言百鎰之美也。

義疏

暀暀旺 **皇皇藐藐穆穆休嘉珍褘懿鑠美也**

舍人注：褘褘者，心之美。郭注，自穆穆已上皆美盛之皃，其餘常語。暀皇同字，詩但用皇皇。藐穆亦同聲，詩則竝用。既成藐藐、藐藐昊天、穆穆文王、穆穆厥聲是也。記穆穆皇皇與齊齊皇皇分爲二美，則臣用暀，君用皇也。凡疊字雙文不取字形義。休从人倚木，有息二意，亦與茂同意，故以爲休美。鴻範休徵，詩亦孔之休，又亦孔之嘉。嘉从壴加。上言善，此言美，以美爲正也。珍，从㐱，羽新生，故珍之字亦作殄。詩籧篨不殄，記席上之珍。褘，从章，章背亦爲委順。記殊徽號，本作褘，嘉號也。懿，从壹氣，說文誤以爲恣聲。易懿文德，詩好是懿德。鑠从金樂，樂即燿也，金色之美，因爲銷鑠。詩於鑠王師。美从羊大，因爲凡美稱。

集解

暀暀皇皇藐藐穆穆休嘉珍褘懿鑠美也

暀，光美也，从日往聲，字亦作旺。詩泮水烝烝皇皇，箋：皇皇當作暀暀。暀暀，猶往往也。禮記少儀祭祀之美穆穆皇皇，注：皇讀如歸往之往。彼言皇皇，則此暀暀也。毛詩正義故引此而作往往。皇，大也，从自，始也。始王者，三皇大君也。會意。正字爲煌。煌煌，煇也。引申爲光也美也。煌皇通用字。詩烈文繼序其皇之，傳：皇，美也。詩泮水烝烝皇皇，傳：皇皇，美也。楚茨先祖是皇，箋：皇，暀也。呂覽功名篇缶醯黃，注：黃，美也。以暀黃爲之。藐，字本作藐，茈艸也。可以染紫，从艸須聲。引申爲美，謂染色之美耳。說文則以䫉爲之。詩崧高既成藐藐，傳：美皃。瞻卬藐藐昊天，箋：美也。楚辭湘夫人目眇眇兮愁予，注：眇眇，好皃也。廣雅作眊，云好也。法言重黎晉宵不足邵也，注：邵，美也。以眇眊邵爲之。穆，禾也，从禾㣎聲。㣎，細文也。故又引申爲美。書堯典四門穆穆，僞傳：穆穆，美也。詩清廟於穆清廟，傳：穆，美也。大王穆穆文王，傳：穆穆，美也。那穆穆厥聲，箋：穆穆，美也。前漢書揚雄傳聖皇穆穆，師古曰：穆穆，美也。呂覽至忠可謂穆行矣，注：穆，美也。或者正字爲好與。好穆疊韻。休，息止也，从人依木會意。正字爲喜。喜，樂也。引申爲美，謂樂其美也。喜休通用字。易大有順天休命，鄭注：休，美也。詩破斧亦孔之休，民勞以爲王休，傳均云：休，美也。江漢對揚王休，長發荷天之休，箋均云：休，美也。儀禮士冠承天之休，注：休，美也。前漢書禮樂志歌休嘉砰隱溢四方，師古曰：休，美也。文選東都賦考休徵，注：敘美行之驗也。封禪文休之以燎，宣德皇后令休氣四塞，注均云：休，美也。書堯典有能奮庸熙帝之載，史記作美堯之事。廣雅釋詁：熹，美也。以熙熹爲之。嘉，美之極也。从壴加聲。易乾亨者嘉之會也，姚配中曰：嘉，善也，美也。詩大明文王嘉止，傳：嘉，美也。頍弁爾殽既嘉，箋：嘉，美也。周語無亦擇其柔嘉，注：嘉，美也。文選西京賦嘉卉灌叢，注：嘉猶美也。珍，寶也，从玉㐱聲。引申爲美。故士之賢者曰珍，食之美者亦曰珍。廣雅則以腆爲之。禮記儒行儒有席上之珍以待聘，注：珍，善也。文選西京賦珍物羅生，注：珍美之物，羅列布見。南都賦珍羞琅玕，魯靈光殿賦飄亦有云而不珍，注均云：珍，美也。褘，蔽厀也，从衣韋聲。正字爲煒。煒，大赤也。引申爲凡美之偁。煒褘通用字。文選東京賦侯其褘而，注：褘，美也。易泰以其彙征吉，傳注：彙，古偉字，美也。韓詩防有鵲巢，誰侜予娓，毛詩作美。禮記大傳殊徽號，注：徽或爲褘。詩角弓君子有徽猷，思齊大姒嗣徽音，箋均云：徽，美也。文選王仲宣公讌詩管絃發徽音，注：徽，美也。莊子大宗師偉哉夫造物者，向注：美也。文選吳都賦煒其區域，注：瑋，美也。東京賦冏有不韙，注：韙，美也。釋訓委委美也，釋文引舍人作褘。廣雅釋詁：暐，美也。以彙娓徽偉瑋韙委或暐爲之。懿，字本作懿，嫥久而美者也。从壹恣省聲。詩烝民好是懿德，傳：懿，美也。時邁我求懿德，箋：懿，美也。前漢書揚雄傳懿神龍之淵潛，師古曰：懿，美也。後漢書張衡傳姑純懿之所廬，文選幽通賦懿前列之純淑兮，琴賦嘉斯器之懿茂，注均云懿、美也。劇秦美新侯崇祇庸爍德懿和之風、注懿爍、美也。詩猗嗟抑若揚兮、傳美色也。漢書高帝紀其有意稱明德者、謂美名也。文選注作懿。離騷見有娀之佚女、注佚、美也。以抑意佚爲之。鑠、銷金也。从金樂聲。字亦作爍。正字爲燿。燿、昭也。引申爲美。燿鑠通用字。詩酌於鑠王師、傳鑠、美。史記李斯傳鑠金百鎰、索隱鑠、美也。前漢書楊雄傳酌允鑠、張晏曰鑠、美也。盛哉鑠乎、越不可載已、師古曰鑠、美也。文選陸士衡贈馮文熊詩靡德不鑠、太玄斷乃後有鑠、注均云鑠、美也。韓詩王公伊濯、章句濯、美也。說文濯、玓瓅也。玓瓅、明光之色美也。以濯瓅爲之。美、甘也。从羊从大。羊在六畜主給膳也。美與善同意。羊大則美、故从大。

義證

暀暀皇皇藐藐穆穆休休嘉珍褘懿鑠美也暀于況反

注穆穆已上皆美盛之貌其餘常語 補正 邢疏少儀云祭祀之美齊齊皇皇、鄭元云皇皇讀如歸往之往」彼言皇皇則此暀暀也。臣鑾按、說文暀、光美也。

郭注補正

暀暀皇皇藐藐穆穆休休嘉珍褘懿鑠美也

自穆穆已上皆美盛之貌其餘常語

明注疏本脫自字。釋文云盛作晠、同。

郭注佚存補訂

暀暀皇皇藐藐穆穆休嘉珍褘懿鑠美也

說文云暀、光美也。小雅楚茨先祖是皇、鄭箋云皇、暀也。魯頌泮水烝烝皇皇、毛傳云皇皇、美也。箋云皇皇、當作暀暀。暀暀猶往往也。禮記少儀祭祀之美、濟濟皇皇、注云讀爲歸往之往。 皇皇者、斯干朱芾斯皇、傳箋竝云皇猶煌煌也。小雅皇皇者華傳云、皇皇猶煌煌也。煌煌亦美盛之貌也。周頌烈文繼序其皇之、執競上帝是皇、傳竝云皇、美也。臣工於皇來牟、箋云於美乎、赤烏以牟麥俱來。 藐者、懇之假借。說文云懇、美也。大雅瞻卬藐藐昊天、鄭箋云藐藐、美也。崧高既成藐藐、毛傳云藐藐、美貌。 穆穆者、周頌清廟於穆清廟、傳云穆、美也。大雅文王穆穆文王、商頌那穆穆厥聲、傳箋竝云穆穆、美也。周頌雝天子穆穆、疏引王肅云天子穆穆然以美德爲之王。亦以穆穆爲美也。 休、美。常語也。豳風破斧亦孔之休、大雅民勞以爲王休、江漢對揚王休、商頌長發何天之休、傳箋竝云休、美也。小雅菁菁者莪我心則休、彼釋文亦云休、美也。周頌訪落休矣皇考、箋云美矣我君考。 嘉者、說文云美也。大雅大明文王嘉止、烝民柔嘉維則、豳風破斧亦孔之嘉、傳箋竝云嘉、美也。小雅頍弁爾殽既嘉、箋云旨嘉皆美也。北山嘉我未老、箋云嘉鮮皆善也。美善皆從羊、其義同也。嘉通作假。周頌雝假哉皇考、傳云假、嘉也。箋云嘉哉皇考、斥文

爾雅詁林　一　釋詁上

王也。大雅假樂君子、中庸作嘉樂、音義皆同。 珍爲美者、亦見廣雅、與爾雅同。魯頌來獻其琛、莊氏述祖云、琛字古無正文、當依說文作珍。案珍與林音金失韻、其說非也。 褘者、邢疏云歎美也。釋訓委委、釋文云委委、於危反。詩云委委佗佗、如山如河是也。諸儒本竝作禕。舍人云禕禕者、心之美。引詩亦作禕。韓詩云委委佗佗、德之美貌。通作煒。小雅常棣鄂不韡韡、藝文類聚引韓詩作咢不煒煒、音義皆同、故互假用也。 懿者、說文云專久而美也。亦常語也。大雅烝民好是懿德、周頌時邁我求懿德傳箋竝云懿美也。通作抑。大雅抑疏云、楚語曰昔衞武公年九十有五矣、猶箴儆於國、於是乎作懿以自儆。韋昭云、昭謂懿詩大雅抑之篇也。抑讀曰懿。 鑠者、周頌酌於鑠王師、傳云鑠美也。 **說詩**

鑠美也

柏年案、說文鑠、銷金也。此訓美者、假借義也。集韻或作爍。前漢書藝文志爍金爲刃、師古注爍讀與鑠同。方言宋衞韓鄭之閒曰鑠、注言光明也。又何晏景福殿賦故其華表則鎬鎬鑠鑠、注皆謂光顯昭明也。又通作爍。說文灼爍光也。周禮冬官考工記爍金以爲刃、釋文爍音余灼反、義當作鑠。是鑠爲光明之美。今人猶稱光明之美爲鑠亮、又稱光搖曳不定爲閃鑠。 **補釋**

暀暀節注自穆穆已上（脫自字。）

疏祭祀之美齊齊皇皇（齊齊誤濟濟。美、注云美當爲儀、蓋之誤也。）周頌酌篇云於鑠王師（脫云字。） **注疏正字**

藐

當作懇。

褘

當作偉。韓詩外傳仁者好偉、易釋文偉、美也。古無褘字、偉之誤字也。 **小箋**

褘美也

釋文褘於宜反。邵引東京賦侯其褘而。引之謹案釋訓曰委委佗佗美也。釋文委委、於危反。詩云委委佗佗是也。諸儒本竝作禕、於宜反。舍人云禕禕者、心之美。引詩亦作禕。是禕字重言之亦爲美也。今本釋文禕作褘非。禕、於宜切、美也。字從示。褘、許韋切、后祭服也。字從衣。舍人引詩作禕、蓋本於三家。 **述聞**

暀暀皇皇藐藐穆穆休嘉珍褘懿鑠美也 暀暀、毛詩正義十二之一引作往往。 藐、當作懇。說文心部懇、美也、从心須聲。 褘、釋文石經皆从示。五經文字示部褘、美也。音猗。說文示部無褘字。此字當从衣。（說文在巾部。衣巾偏旁通用。） 陸氏新義曰褘、其服之美。是陸本从衣。元照案、褘即徽字。詩小雅角弓君子有徽猷、傳訓美。又大雅思齊大姒嗣徽音、箋訓美。正用此訓。正義不知徽即褘字、故

爾雅詁林 一 釋詁上

不云釋詁文耳。釋詁褘訓美、徽訓善、善美義同。堯典愼徽五典、馬融訓善、王肅訓美、皆本釋詁文也。攷禮記大傳殊徽號、注曰、徽或爲褘。釋文从衣、釋器婦人之幃謂之褵、釋文曰本或作褘。又作徽。離騷忽緯繣其難遷、廣成頌徽繣霍奕、此通用之徽。

鑠、文選注四十八引作爍。案說文火部無爍字。

匡名

晊晊皇皇藐藐穆穆休嘉珍褘音衣懿鑠美也　此釋美之義。說

文美、甘也。从羊大。羊在六畜主給膳也。美與善同意。徐鉉曰羊大則美、故从大。註甘者五味之一、而五味之美皆曰甘。引伸之凡好皆謂之美。晊、光美也。魯頌烝烝皇皇、鄭箋皇皇當作晊晊。少儀濟濟皇皇、鄭註皇皇讀如歸往之往。是晊晊卽皇皇也。曲禮諸侯皇皇、註皇皇美也。大雅藐藐昊天、箋藐藐美也。穆、禾也。假穆爲㣎、又訓爲美也。商頌穆穆厥聲、箋穆穆美也。休、息止也。或从广。引伸之爲美爲善爲慶也。商頌何天之休。大禹謨嘉乃丕績、註嘉美也。珍、寶也。左文八年傳珍之也。玉篇珍、美也。東京賦侯其褘而。又與偉通。史記獨覩偉乎。漢書偉美也。懿、嫥久而美也。从壹从恣省聲。周頌我求懿德。又於鑠王師、傳鑠美也。

啓蒙

藐　藐　藐。說文作䫉。案貌爲䫉之籀文。

褘　瀓　錢氏大昕曰。褘與徽同。禮大傳。殊徽號。注。徽或作褘。案徽从微。訓眇。眇亦美也。古美字作媺。媺从微。聲兼義。當作徽。

當作偉。褘亦當作褘、借蔽膝字爲之、與釋訓顧舍人本褘褘它它同字。

黃侃評本正名

晊晊、皇皇、美也。　晊皇同字並見。

藐藐、美也。　藐說文作䫉美也。通作覒、方言覒、好也。又通作眊、廣雅眊、好也。又通作媌、說文媌、目裏好也。方言自關而東河濟之間謂好曰媌。

褘、美也。　褘當作偉。又與覞通、說文覞、好視也。

黃侃音訓

禕字當作褘

釋詁禕、美也。說文示部無从韋之字。案唐石經爾疋此字本从衣。東京賦侯其褘而、薛綜注褘、美也。釋詁之禕當从衣可知。

讀雅筆記

晊晊。美也。疏引少儀祭祀之美齊齊皇皇、鄭康成讀如歸往之往。彼言皇皇、則此言晊晊也。

考異摘要

晊晊、皇皇、藐藐、穆穆、休、嘉、珍、褘、懿、鑠、美也。

說文云：「美、甘也；从羊大；美與善同意。」周禮大司徒作「媺、」韓詩作「娓。」

晊晊、他經多未見。泮水「烝烝皇皇、」箋云：「皇皇、當作晊晊、晊晊猶往往也；」禮少儀「祭祀之美、濟濟皇皇、」鄭注云：「皇皇、讀如歸往之往；」是經典所用皇皇、卽爾雅之晊晊、晊晊爲正字、皇皇爲假借。泮水之皇皇、毛訓美、少儀又云：「言語之美、穆穆皇皇、」是皇皇爲美矣。皇皇爲美、晊晊亦爲美也。說文「晊、光美也、」白虎通云：「皇者、美也、大也、」是晊皇單舉、亦美也。晊借用晊、皇借用黃、義亦爲美；廣韻云：「旺、美光、」呂覽功名篇「黃、美也、」是其證。

藐、說文作䫉、云：「美也。」重言之、亦美也。詩「既成藐藐、」傳云：「美貌；」「藐藐昊天、」傳以爲「大貌、」箋則云：「藐藐、美也。」郝氏云：「藐通作眇、又轉爲㒵。」

穆穆、少儀以爲言語之美；詩「穆穆厥聲、」箋亦云：「美也。」郝氏云：「穆義與茂同；穆茂、一聲之轉。」

爾雅詁林　一　釋詁上

禕者、舍人以爲心之美。文選東京賦「倈其而禕、」薛注訓美。嚴元熙以爲禕乃褘之譌、褘即徽字、故訓美也。

鑠者、方言「好目爲之順；驢瞳之子、宋衛韓鄭之間曰鑠。」郝氏因謂「鑠者目之美、目好流光鑠鑠也。」然周頌云：「於鑠王師、」李斯傳云：「鑠金百鎰、」毛傳索隱皆訓鑠爲美、則非目美之專稱也。鑠通爍。

爾雅學

禕唐石經單疏本雪牕本注疏本同。此本舊作褘、從衣訛、今訂正。按釋文通志堂本作禕、葉鈔本誤作褘。五經文字示部禕、美也、音猗。玉篇示部禕、於宜切、美皃。又歎辭。廣韻五支禕、美也、珍也。文選東京賦漢帝之德侯其禕而、薛綜注禕美也、字皆從示。宋人書衣示偏旁往往無別、或據誤本謂爾雅禕當從衣、其未考之唐石經五經文字玉篇等書也。○按說文有从衣之褘無从示之禕、凡用褘爲徽美字者、取其同音而已、傳寫遂多从示、唐石經五經文字玉篇不可爲典要也。

自穆穆已上雪牕本同注疏本脫自

暀暀皇皇藐藐穆穆休嘉珍禕懿鑠美也○釋曰注疏本刪。

齊齊皇皇注疏本改齊齊皇皇、非。此與禮記合。

皆言語容止之美盛也正德本同。閩本監本毛本言語倒。

周頌酌篇云注疏本脫云。

校勘記

五上(一一)

一行禕美也○「禕」，宋刻十行本同。《釋文》從「示」作「禕」。音於宜反。唐石經字亦從「示」，不從「衣」。邵晉涵《爾雅正義》，及郝懿行《爾雅義疏》同。日本釋空海所纂《篆隸萬象名義》，其文字訓釋皆本《玉篇》。《萬象名義》示部「禕」音於宜反，訓美也，美盛也。「美也」即《爾雅》文，「美盛也」即《爾雅》此條郭注所謂美盛之貌。

宋監本校箋

暀暀音旺皇皇藐藐音邈穆穆休嘉珍禕懿鑠美也

音圖·音

暀、于況翻、音旺。于放翻同。又于柄翻、音枉。案詩箋皇、暀也。禮記少儀注皇讀如往。揚雄反離騷作汪、則皇往汪暀字通也。禕於宜翻、音醫。又釋訓委委佗佗之委、諸儒本作禕、顧舍人引詩釋之云心之美也。此野王說也、朱氏經義考混於犍爲文學、非。案釋慧苑華嚴音義云、猗字又作禕。郭璞注爾雅曰禕謂佳麗輕美之貌。釋訓篇注此字魏晉間人多以命名。三國蜀費禕晉張華子禕、王述子禕之又明初王禕。

音略

暀暀旺皇皇藐藐邈、穆穆、休、嘉、珍、禕衣、懿意、鑠灼、美也。

孫偘直音

暀旺暀皇皇藐藐邈穆穆休嘉珍禕衣懿鑠美也

楊氏音訓

暀往藐莫角切禕衣

干氏音釋

諧輯協和也。關關噰噰音聲和也。勰燮和也。

諧輯協和也書曰、八音克諧。左傳曰、百姓輯睦。關關噰噰音聲和也皆鳥鳴相和。勰燮和也書曰、燮友柔克。

郭注

諧輯協和也關關噰噰音聲和也勰燮和也　釋曰皆謂和同協者、說文云衆之同和也。關關噰噰者、皆鳥鳴音聲相和也。周南關雎云關關雎鳩。邶風匏有苦葉云噰噰鳴鴈。勰即古文協字。注書曰至柔克　釋曰書曰八音克諧、虞書舜典文。云左傳曰百姓輯睦者、案僖十五年及成十六年皆云羣臣輯睦其

爾雅詁林 一 釋詁上

是乎。云書曰燮友柔克者，周書洪範文。**邢疏**

輯和也

文選褚淵碑文注引爾雅作緝，和也。**衆家注**

黄輯古義

諧輯協和也

郭璞云書曰八音克諧，左傳曰百姓輯睦。

關關噰噰音聲和也

郭璞云皆鳥鳴相和。

勰燮和也

郭璞云書曰燮友柔克。**一切注音**

輯和也

蕙心案，文選褚淵碑注引爾雅緝，和也。**古注斠**

諧 下階反。 輯 音集，又七入反。 噰噰 於恭反。 勰 本又作協，同，戶牒反。 燮 蘇頰反。 **陸音義**

關關噰噰音聲和也

關關通，噰噰塞。孳嫌於不通，喈嫌於不塞，若所謂沖沖雝雝亦是意。沖沖虛矣，雝雝實也。

勰燮和也

協而致思焉，燮而或言之，非害同者也。**新義**

諧輯協和也關關噰噰音聲和也

據二文一義者，皆當在釋訓部，恐誤在此。勰燮和也 勰古文協字。燮，洪範曰燮友柔克。**鄭樵注**

諧輯協和也

郭璞曰書曰八音克諧，左傳曰百姓輯睦。

關關噰噰音聲和也

郭璞曰皆鳥鳴相和。

鄭樵曰據二文一義者，皆當在釋訓部，恐誤在此。

勰燮和也

郭璞曰書曰燮友柔克。

鄭樵曰勰古文協字。燮，洪範曰燮友柔克。

古注合存

諧輯協和也關關噰噰音聲和也勰燮和也。噰雝同，勰古文協字。○此釋諧輯以下並爲和之義也。註曰書云燮友柔克，疏曰詩關雎云關關雎鳩，匏葉云雝雝鳴雁。愚按協勰同字，古今文異耳，以文求義，蓋存諸心爲協，發於思爲勰，故此亦分列兩字。**注疏參義**

關關噰噰音聲和也。鄭云據二文一義者，皆在釋訓部，恐誤在此。按上文暀暀皇皇藐藐穆穆下連一文一義者，亦在釋言部，此又因上文而連及之，非誤也。

噰噰一作嗈嗈。**補注**

諧輯協和也**註**書曰八音克諧，左傳曰百姓輯睦。關關噰噰音聲和也**註**皆鳥鳴相和。勰燮和也**註**書曰燮友柔克。

正義 此釋和順之義，兼及於聲之和也。○諧者，堯典云克諧以孝，史記作能和以孝。禮器云則外諧而內無怨。輯者，大雅公劉云思輯用光。莊子天地篇民莫敢不輯。協者，說文云協，衆之同和也。洪範云協用五紀。○關關至和也。○周南關雎云關關雎鳩，邶風匏有苦葉云雝雝鳴雁，皆音聲之和也。此因釋和字之義而連及之，或疑爲釋訓篇之脫簡者，非也。釋訓自子子孫孫以下皆釋引喻之意，與此釋字義者殊，又引無極也、君之德也以下皆協於古音，不得以音聲和也錯列其間，後人徒較量於字句長短，疑爲脫簡，舛矣。○勰者，說文云勰，同思之和也。釋文云本又作協。燮者，○

大雅大明云、燮伐大商。【註】書曰至輯睦○【正義】八音克諧、舜典文。左傳曰百姓輯睦、今本左傳僖十五年成十六年俱云羣臣輯睦、與郭氏所見本異。說文云輯、車和輯也。○書曰至柔克○【正義】洪範文。

【正義】

關關噰噰音聲利也　潘岳笙賦李善注引爾雅曰關關嚶嚶音和也。與此異。

【校議】

諧輯協和也 書曰八音克諧 傳曰百姓輯睦 **關關噰噰音聲和也** 皆鳥鳴相和 **勰燮和也** 書曰燮友柔克

和者、調也適也不爭也。謚法云和、會也。漢書注和、合也。廣雅云和、諧也。通作龢。說文云調也。讀與和同。又通作盉。說文云調味也。按盉爲調味、龢爲調聲、本皆字別爲義、經典俱叚借作和。又通作咼。淮南說山篇云咼氏之璧、高誘注咼、古和字。又通作瑀。文選覽古詩注云瑀、古和字。諧者、說文云詥也。詥即合也。合亦和也。書克諧以孝、史記五帝紀作能和以孝。謨明弼諧、夏紀作謀明輔和。通作龤。說文樂和龤也。引虞書曰八音克龤。今書作諧。輯者、車之和也。詩辭之輯矣、輯柔爾顏、毛傳竝云輯和也。通作揖。書輯五瑞、五帝紀及郊祀志俱作揖。五瑞。詩螽斯釋文揖子入側立二反。是揖有輯音也。又通作緝。文選褚淵碑文云衣冠未緝、李善注引爾雅曰緝和也。緝與輯同。又通作戢。詩思輯用光、孟子作思戢用光。又通作集。辭之輯矣、新序雜事篇作辭之集矣。左氏僖廿四年注及襄十九年傳釋文竝云輯本作集。又與習同。詩谷風傳習習、和舒貌。文選補亡詩云輯輯和風、李善注輯輯、風聲和也。輯與習同。是習輯聲近義亦通矣。協者、說文云衆之同和也。書云有衆率怠弗協、史記殷紀作有衆率怠不和。相協厥居、宋世家作相和其居。通作叶。周禮大史云與羣執事讀禮書而協事、鄭注故書協作叶、杜子春云叶、協也。大行人云協辭命、鄭注故書作叶詞命。又通作旪。書協用五極、五行志作旪用五紀。按旪叶俱協之古文、見說文。又通作汁。文選西京賦云五緯相汁、以旅于東井。大行人注引鄭司農云汁當爲叶。大史注、杜子春云書亦或爲協、或爲汁。

方言云協、汁也。自關而東曰協、關西曰汁。按汁本音執、又音輯。方言之汁當讀如輯、故西京賦注引方言曰汁、叶也。下有之十切三字、爲今本所無、但之十音亦非。今按方言之協汁、當即爾雅之協輯也。葢汁有輯音、亦有協音、故大史及大行人釋文竝云汁之十反、音執、又音協。劉子集反。然則子集之音爲輯、劉昌宗讀汁爲輯、正合爾雅及方言之義。爾雅協輯同訓爲和、方言協汁亦同訓爲和也。○因釋和義而及音聲之和也。說文咊、相譍也。大戴記保傅篇及賈子容經篇竝云聲曰和、周語云聲應相保曰和、是皆和之著之聲音者也。關關噰噰者、鳥聲之和也。詩關雎傳關關、和聲也。菀有苦葉傳雝雝、鴈聲和也。按卷阿鳳皇鳴亦曰雝雝、不獨鴈也。通作雍。詩有來雝雝、漢書劉向及韋玄成傳竝作有來雍雍。又通作噰。詩和鸞雝雝、容經篇作和鸞噰噰。又南都賦及歸田賦笙賦注竝引噰噰作嚶嚶、疑因釋訓丁丁嚶嚶相涉而誤也。天台山賦注又引作喈喈、四子講德論注又作喈喈。釋訓云廱廱、和也。樂記又作雝雝和也。以上諸文竝皆叚借、或從俗作。說文雝本鳥名、借爲鳥聲、作雝爲正。○又申釋和義也。說文云勰、同思之和。協、同心之和。勰與協通。釋文勰本又作協。是協勰又通矣。燮者、說文云和也。詩燮伐大商、毛傳燮、和也。東京賦云北燮丁令、南諧越裳。薛綜注燮諧皆和也。說文云燮、讀若溼。左氏襄八年經云獲蔡公子燮、穀梁作公子溼。

【義疏】

諧輯協和也 郭注、書曰八音克諧。左傳曰百姓輯睦。

諧亦作龤、从皆。比自謂和聲也。輯从咠。口耳相語和同之意。字又作戢、集。詩思輯、孟子引作戢。辭之輯、劉向引作集。書輯五瑞、當作揖。非和合之謂也。劦爲同力、加心加思加十、皆後起字。協古文作旪、叶則不取力、但取冂十。口與古同、但可作十耳。周官汁詞命、从十加水。水言艸書相似。上文協諸侯从劦汁詞命从言、是偏旁生義。書協用五紀、班固引作叶是也。和从口禾。禾美同聲、喜之故、爲應和、後乃別制龢盉。

關關噰噰音聲

和也郭注皆鳥鳴相和。此宜在釋訓於此非類。此**勰燮和也**郭注、書曰燮友柔克。此別釋和爲調和。

集解

諧輯協和也諧詥也、从言皆聲。辭淺會意、皆說笑也。引申為和。書堯典克諧以孝、史記作能和以孝。八音克諧、鄭注諧、和也。皐陶謨謨明弼諧、史記作謀明輔和。左襄十一傳無所不諧、注諧亦和也。前漢書東方朔傳妄為諧語曰、集注、諧者和韵之言也。法言孝至德諧頌箴、文選甘泉賦八荒協兮萬國諧、應德璉建章臺集詩何能中自諧、盧子諒贈劉琨詩就云匪諧、如樂之契、曹子建七哀詩會合何時諧、注均云諧、和也。輯、車和輯也、从車咠聲。引申為凡事之和。詩板辭之輯矣、抑輯柔爾顔、傳均云輯、和也。魯語契為司徒而民輯、後漢書竇融傳懷輯羌虜、注均云輯、和也。詩公劉思輯用光、傳訓和睦。孟子作戢。史記衛世家為武庚未集、索隱集、和也。漢書荆燕吳傳贊天下未集、注集、和也。文選褚淵碑文允成啟行、衣冠未緝、注緝、和也。東皙補亡詩輯輯和風、注引毛詩曰習習谷風。傳習習、和舒兒。呂覽有始夫物合而成、注合、和也。以戢集緝習合為之。協、衆之同和也、从劦从十會意。劦亦聲。書湯誓有衆率怠弗協、史記作有衆率怠不和。相協厥居、史記作相和其居。洪範協用五紀、偽傳協、和也。禮記孔子閒居協此四國、齊語論之協材、呂覽長利協而耰、文選陸士衡皇太子宴令賦詩協風旁駭、注均云協、和也。周禮大史與群執事讀禮書而協事、注、故書協作叶、杜子春云叶、協也。鄉士汁日刑殺、司農注汁、合也。和也。淮南天文而天地襲矣、注襲、和也。以叶汁襲為之。和、字本作咊、相應也。从口禾聲、正字為龢、龢、調也。引申為睦、經典多以和為之。周語樂從和、注八音克諧也。廣雅釋詁和、諧也。

關關噰噰音聲和也關以木横持門戶也、从門𢇇聲。𢇇、織絹以絲貫杼也。織絹者有聲、故關又引申為和。詩車舝閒關車之舝兮、謂舝聲也。傳訓閒關為設舝。失之。關雎關關雎鳩、傳和聲也。噰、字本作雝。雝、䳟也、从隹邕聲。今字作雍。引申為和、謂鳥聲之和耳。釋言所謂噰聲是也。噰雍雝古今字。書堯典黎民於變時雍、偽傳雍、和也。詩何彼襛矣曷不肅雝、傳雝、和也。匏有苦葉雝雝鳴雁、傳雁聲和也。思齊雝雝在宮、傳和也。禮記樂記雝雝和也。文選枚乘七發邕邕羣鳴、注鳴聲和也。四子講德論翼翼邕邕、注和也。詩酌我龍受之、長發何天之龍、傳皆訓和。以邕龍為之。釋詁在詩書以前而有重言形況字、舉以示例、以見疊字之與單字同耳。

勰燮和也勰、字本作勰、同思之和也。从劦从思會意。經傳尠用之者。唯劉勰字彥和見於梁書耳。蓋古者均以協代勰之用也。燮、盉也、从言从又、炎、謂味和也。書顧命燮和天下、孫疏燮、和也。洪範燮友柔克、偽傳燮、和也。詩大明燮伐大商、傳燮、和也。前漢書敘傳燮定東西、疆理南北、師古曰燮、和也。文選東京賦北燮丁令、南諧越裳、注燮、諧皆和也。

義證

關關噰噰音聲和也

註皆鳥鳴相和補正鄭樵註云、據二文一義者、皆當在釋訓部、恐誤在此。

勰燮和也

註書曰燮友柔克補正邢疏勰、古文協也。郭注補正

諧輯協和也

諧和、常語也。　輯者、說文云車和輯也。引申之為凡和之稱。大雅板辭之輯矣、抑輯柔爾顔、毛傳並云輯、和也。輯與戢通。公劉思輯用光、箋云、言民相與和睦以顯於時也。孟子作思戢用光。又通作集。辭之輯矣、新序雜事作辭之集矣。玉篇廣韻引同。說文旪下又引詞之旪矣。　協者、說文云衆之同和也。協與洽通。小雅正月洽比其鄰、僖二十二年左氏傳襄二十九年傳均作協比其鄰。大雅江漢

洽此四國、禮記孔子閒居作協此四國。洽訓合、亦訓和。洽此四國、疏謂和洽此天下四方之國也。

關關噰噰音聲和也

音聲和者、因釋和字之義而兼及之也。說文云咊、相膺也。周南關雎關關雎鳩、毛傳云關關、和聲也。邶風匏有苦葉雝雝鳴雁、傳云雝雝、雁聲和也。大雅卷阿雝雝喈喈、雝雝亦喻鳳鳴之聲。小雅蓼蕭和鸞雝雝、賈子容經作和鸞噰噰。雝噰二字古通用也。凡詩之言聲音和者、若噦噦喈喈等不一而足、舉此例其餘也。

勰燮和也

勰者、說文云同思之和也。釋文云、勰本又作協。蓋同助也。燮者、說文和也。大雅大明燮伐大商、毛詩云燮、和也。

說詩

諧輯協和也 協、監本誤心旁、作後並同。 勰燮和也 燮、監本誤火、下作後並同。

疏噰噰鳴雁 噰、詩作雝、音義同。

注疏正字

噰噰音聲和也

噰、當作雝。此亦事例也。因上和也牽連及之。

勰燮和也

釋文本又作協。上文協、和也。協燮非連文、不應復訓。和又作協、非。

小箋

諧輯協和也 說文龠部龤、樂龢今本譌和龤也、从龠皆聲。虞書曰八音克龤。又龢、調也、从龠禾聲、讀與和同。今經典相承用諧和。輯、文選注五十八引作緝。李善曰緝與輯同。說文協部協、同心之和、从劦从心。勰、同思之和、从劦从思。協、眾之同和也、从劦从十。古文協作叶、又作叶。

關關噰噰音聲和也 文選注四又十五、又十八、引作關關嚶嚶、又十八引雍雍和也、又十一引喈喈和也、又卅四引邕邕音聲和也、又五十一引邕邕和也。元照案揚雄校獵賦王雎關關、鴻鴈嚶嚶、二語皆本諸詩、今詩雝雝鳴鴈古本必有作嚶嚶鳴鴈者、嚶雝聲相近。段氏玉裁云、案說文邕、四方有水自邕成池今本誤城者。雝、雝𪇰也。廱、天子饗飲辟廱也。雝隸變為雍、借為雍和雍塞辟雍、而辟廱本字亦借為和義、又別製喈噰𪇰等字。

勰燮和也 釋文云勰、本又作協。

匡名

諧輯協和也關關噰噰音聲和也勰燮和也 此釋和順之義兼及於聲之和也。說文咊、相膺也。諧、詥也。堯典克諧以孝、史記作能和以孝。輯、車和輯也。大雅辭之輯矣、傳輯、和也。恊、同心之和也、从劦心。協、同眾之和也、从劦十。古文从口十。周南關關雎鳩、噰通作雝、邶風雝雝鳴雁、傳皆言音聲和也。勰、同思之和也、又作協。燮、和也。大雅燮伐大商、傳燮、和也。

啓蒙

爾雅詁林 一 釋詁上

黃侃評本 正名

嗈 雝 詩。和鸞雝雝。容經作和鸞嗈嗈。嗈嗈。俗字。當作雝。
雝和之訓當作䜌，然語原仍出于邕，四方有水自邕成池，則和合之義也。

黃侃音訓

協，和也。 勰，和也。 勰與上文協同，文並見。
關關嗈嗈，音聲和也。 說文有吅、讙、𦦒，並關之正字。
雝和之訓宜以饔食為本字，語原當出於邕，四方有水自邕成池，則和合之義也。又云，嗈正當作廱。

嚋 誰也 睢睢 美也 關關嗈嗈音聲和也

證異

釋文嚋本又作𠷎。直留反。釋詁釋文 魯頌箋、皇皇當作暀暀。泮水詩箋
文選注引作關關嚶嚶聲之和也。南都賦注

考異摘要

關關嗈嗈。註皆鳥鳴相和。疏引詩關關雎鳩。又引詩嗈嗈鳴鴈。又釋言疏引詩肅肅嗈和鳴。又釋訓疏引卷阿詩嗈嗈喈喈。按三詩今本皆作雝。又按文選南都賦笙賦東京賦歸田賦註俱引爾雅此文皆作關關嚶嚶。

諧、輯、協，和也。關關、嗈嗈，音聲和也。勰、燮，和也。

此言和協之義，兼明音聲之和也。說文云：「咊，相應也，从口，禾聲。」許以唱和為咊，聲調曰龢，味調曰盉；經典用和字，兼該眾義，而龢盉都廢。淮南說山之咼、文選覽古詩之咼，各注以為即和字。

諧，說文作龤，云：「樂龢也。」此本字。輯，說文「車輿也」；爾雅訓和，段氏以為引伸義。晉案說文以協為同眾之和。輯既為車輿，輿之引伸義為眾，則輯亦為同眾之和。輯通揖、緝、戢、集、習。

關關雎鳩，鶬鶊鳴雁，皆鳥聲之和。但嗈嗈亦泛用，不盡屬鳥。嗈嗈，本鳥名；說文作雝，隸變為雍。

勰、說文「同思之龢也，从劦思。」蓋劦為同力，故協从劦十，勰从劦思會意。

爾雅學

校勘記

協 唐石經單疏本注疏本同。雪牕本作恊。按疏云協者說文云協眾之同和也，字亦從十。

關關嗈嗈音聲和也 唐石經單疏本雪牕本同。釋文嗈嗈，於恭反。按文選南都賦嚶嚶和鳴，注毛詩曰鳥鳴嚶嚶，爾雅曰關關嚶嚶，音聲和也。又笙賦嚶嚶關關，下引爾雅曰關關嚶嚶音和也。雍雍喈喈下引爾雅雍雍和也。毛傳曰喈喈，和聲遠聞也。然則李善所據本雝雝作嚶嚶，與釋文唐石經異。郭注此云皆鳥鳴相和，於伐木詩亦洽也。毛傳曰嚶嚶，驚懼也，與此異義。張平子東京賦歸田賦皆云關關嚶嚶，李善注俱引爾雅關關嚶嚶音聲和也證之。

燮 雪牕本正德本閩本監本同。釋文唐石經單疏本毛本作爕，當據以訂正。從三火者俗作。

諧輯協和也關關嗈嗈音聲和也勰燮和也○釋曰 注疏本刪。

○注書曰至柔克○釋曰 注疏本刪，但有注云二字。

宋監本校箋

行(注)左傳曰百姓輯睦○今《左傳》僖公十五年、成公十六年俱作「羣臣輯睦」。

關關嗈嗈音聲和也○「嗈嗈」《釋文》同，原本《玉篇》广部「廱」下引作「廱廱」。《文選》張衡《東京賦》、《歸田賦》李善注引此條「嗈嗈」作「嚶嚶」，而孫綽《天台山賦》注引又作「喤喤」。《三教指歸注》卷下之上引「《爾雅》：嚶嚶，音聲和也。」蓋《爾雅》傳本有異。

音圖音

勰音協 燮和也

孫偘直音

諧輯集協和也關關嗈雍嗈音聲和也勰協燮和也

諧輯、協、和也。闟闟、嗺
嗺、音聲和也。勰、燮、和也。

直音校正

諧輯集協和也。闟闟嗺同雖嗺音聲和也。勰協燮和也。

楊氏音訓

勰協

干氏音釋

從申神加弼崇重也

從申、神、加、弼、崇、重也。隨從弼輔、增崇、皆所以爲重疊。神所未詳。

郭注

從申神加弼崇重也　釋曰、隨從、申重、加增、弼輔、崇充、皆所以爲重疊也。大雅鳧鷖云、福祿來崇。

邢疏

從申神加弼崇重也。重、巨中反。毛詩釋文

郭音義

玉函山房輯佚

從申神加弼崇重也

郭璞云、隨從、弼輔、增崇、皆所以爲重疊。神所未詳。

一切注音

弼白筆反。重也直龍反、注同。疊音牒

陸音義

從申神加弼崇重也

引先而從重之精、先而神重之輔、先而弼重之輔。將順其美、弼匡救其惡。夫有將順也、則有匡救可也。非加無重也、非崇無重也。

新義

從申神加弼崇重也郭云隨從、弼輔、增崇、皆所以爲重疊。神所未詳。

鄭樵注

從申神加弼崇重也
郭璞曰、隨從、弼輔、增崇、皆所以爲重疊。神所未詳。
鄭樵曰、郭云隨從、弼輔、增崇、皆所以爲重疊。神所未詳。

古注合存

從申神加弼崇重也。重平聲。○此釋從申以下皆重之義也。疏曰、隨從、申重、加增、弼輔、崇充、皆所以爲重疊也。

愚按神爲重、舊未詳。蓋神明變化、亦得爲重義。

注疏參義

從申神加弼崇重也　**註**隨從弼輔增崇皆所以爲重疊神所未詳之。**正義**皆言重疊也。從者、祭義云、又從而思之。申者、益稷云天其申命用休、史記作天其重命用休。楊倞荀子註云、再命曰申。神者、說文云神、天神、引出萬物者也。又云申、神也。鄭註禮運云、神者、引物而出。風俗通義恠神篇引傳曰、神者、申也。是神與申義同。加者、說文云加、語相增加也。鄉射禮云、乃復求矢加于楅、鄭註、增故曰加。弼者、說文云弼、輔也。重也。又引書、弼成五服、言相重而成五服也。崇者、盤庚云、高后丕乃崇降罪疾。大雅鳧鷖云、福祿來崇。

註隨從至重疊○**正義**下文云、拼、從也。郭註爲隨從。又云弼、輔、俌也。上文云崇、充也。皆與重疊之義相通。

正義

神重也

玉案、張衡東京賦神荼副焉、注神、音申。神、从申、音申。故義得爲申。易巽傳重巽以申命、書堯典申命羲叔、申皆爲重也。嶽雲案神或作伸、鶡冠子近迭篇國被伸創、其發則戰、陸佃注伸、或作神。僂大曰伸。是伸爲重也。古者輕重之重與重復之重皆一音一義、無平去之別。

補注殘本

從申神加弼崇重也　隨從弼輔增崇皆所以爲重疊神所未詳

重有二音。直隴切者、說文云厚也、玉篇云不輕也。直龍切者、廣雅云再也、內則注陪也。二者義亦相成。故詩大車箋重猶累也。重累卽加厚之意。二讀俱通。故大車及大明釋文皆兼二音、於義方備。爾雅釋文但

爾雅詁林　一　釋詁上

爾雅詁林 一 釋詁上

取直龍一音，失之矣。從者亦兼疾龍、才用二音。說文從、隨行也。隨行爲追陪之意，故訓爲重。蓋二人立一人參焉曰參，一人行一人從焉曰重，參、參從重俱聲義近。顏氏家訓書證篇引延篤戰國策音義云：從，牛子。然則子者身之陪貳，其義亦爲重矣。申者，書云天其申命用休，史記夏紀作天其重命用休，詩福祿申之、自天申之、申錫無疆，毛傳竝云申、重也。申與神同，故說文申、神也。可知神亦申矣。神與伸、身竝音同字通。釋名云申、身也。申訓身與申訓神義亦同，故說文㑗、神也。㑗即身也。詩大任有身，毛傳身、重也。鄭箋重謂懷孕也。然則身中復有一身，因訓爲重，故素問奇病論云、人有重身九月而瘖，是其義也。身訓重，故廣雅云重、㑗也。義本毛傳。是㑗即身、身亦神，竝古字通借。毛蓋借身爲神，故訓爲重。義本爾雅。郭意未了，故云未詳。神與伸俱从申聲，其義又同，故古微書引禮含文嘉云神者信也。信即伸字，亦借爲身。周禮信圭即身圭，可知身、伸、神三字古皆叚借通用。爾雅申、神竝訓爲重，無可疑矣。加者增也、益也，故爲重。禮少儀注加猶多也，內則注加猶高也，周語注加猶上也，竝與重義近。通作駕。莊子庚桑楚篇釋文加，崔本作駕，云加也。是加、駕同。弼者說文輔也、重也。弼輔義見下文。又訓重者，方言弼高也，廣雅弼上也，上、高俱加字之訓，又與崇義同矣。崇者上文云高也、充也，充與高義皆爲重。詩福祿來崇，公羊僖卅一年傳不崇朝而徧雨乎天下，毛傳及何休注竝云崇、重也。詩維王其崇之，鄭箋又云崇、厚也。厚即重字之訓。

義疏

重也 經文

郝云、重有二音。直隴切者、說文云厚也、玉篇云不輕也。直龍切者、廣雅云再也、內則注陪也。二者義亦相成，故二讀俱通。

按廣韻重有三音、三鍾下訓重也、疊也，直容切。二腫下訓多也、厚也、善也、愼也、直隴切。三用下訓更爲也、柱用切。釋文於此音直龍反，後凡訓重疊者竝同。重言重曉皆直用反，蓋取更爲之義。惟宮謂之重作直冢反，意訓重濁也。古人每字止有一音、魏晉諸儒始生分別，今承用之，亦不能易也。

從申神加弼崇重也 郭注、隨從弼輔增崇，皆所以爲重疊。神所未詳。

經注集證

從、从辵从。書其克從先王之烈。申、象電形。加、示爲神。易、重巽以申命。又先王以神道設教。字亦作身。詩、大任又身。加、从力口、語相增加也。禮有加豆、加籩。詩、弋言加之。弼、从弜西。西、舌皃。儆弓西西然、是重弓也。書、以弼五教。崇高故重。詩、福祿來崇。易、作樂崇德。皆重絫之也。重从王東。主人尊位故曰重、因加尊又爲重絫。

集解

從申神加弼崇重也 從隨行也，从辵从从，會意。引申爲重，謂重多也。左疏以重關爲多，以貸物遺之是也。書盤庚其克從先王之烈，言能重先王之業也。前漢書司馬相如傳禠遝轇輵，注重累也。後漢書傅毅傳奕世載德，注易曰德積載，載重也，以禠載爲之。申、神也。七月陰气成體，自申束，从臼，自持也。吏以餔時聽事，申旦政也。引申爲人自持之偁。人必自重乃能自持。易彖傳重巽以申命。書皋陶謨天其申命用休，史記申作重。詩假樂福祿申之，采菽自天申之，烈祖申錫無疆，傳均云申、重也。儀禮士冠乃申爾服，禮記月令申嚴百神，左成十六傳蓐食申禱，離騷申申其詈予，文選曹子建贈徐公幹詩申章復何言，晉語申之以盟誓，注均云申、重也。詩大明大任有身，傳身、重也。漢書王莽傳非皇天所以鄭重降符命之意。廣雅釋詁鄭、重也。說文賸、物相增加也。增加則重矣。以身、鄭、賸爲之。神、天神，引出萬物者也。从示申聲。正字爲申。風俗通引傳曰神者申也。以申爲神也。申神疊韵。易觀聖人以神道設教，神道猶申命、重也。或者正字爲坤，與坤道厚而重。加、語相增加也，从力从口，會意。引申爲重。今楚俗舟車加載謂之重載、餽贈加禮謂之重金。儀禮鄉射乃復求矢加于福，注增故曰加。鄉飲酒不去加席，注加席、上席也。大夫席再重。莊子庚桑楚譬猶飲藥以駕病也，崔注駕、加也。

重也。文選魏都賦兼重悂以䟣繆、廣雅䟣作紕、重也。說文作紕云重次弟物也。以駕紕戓紼紕爲之。彌、輔也、从弓西聲。弜、重弓也。君以輔彌之臣爲重臣、故又引申爲重。書皋陶謨其彌直、言重有直德者也。史記作輔惪、說本義也。崇、嵬高也、从山宗聲。引申爲重。從重疊韵、崇重亦疊韵也。詩鳧鷖福祿來崇、傳崇重也。公羊僖三一傳不崇朝而徧雨乎天下、文選謝靈運會吟行高墉積崇雉、注均云崇、重也。重、厚也、从壬東聲。

義證

神重也　禮記檀弓重主道也註曰始死未作主以重主其神。儀禮士喪禮重木刊鑿之甸人置重于中庭。祝取銘置于重疏曰以其木有物縣于下相重累故得重名。銘置于重者重與銘皆是錄神之物也。神之釋重由此。

補郭

從申神加弼崇重也　重直龍反

註隨從弼輔增崇皆所以爲重疊神所未詳　補正　臣鑒按從因之而重也。檀弓爾無從從申復重也。易重巽以申命。書申命羲叔。加語之重也。說文云語相增加也。弼相輔之重也。

郭注補正

從申神加弼崇重也

從者說文作从云相聽也。從隨行也。二人者人與人相比。隨從者人隨人而行皆重之義也。大雅既醉從以孫子、鄭箋云從隨。詩凡言從者若齊風南山曷又從止、敝笱其從如水、邶風擊鼓從孫子仲、秦風駟鐵從公於狩等語皆隨從之義。人與人相從、即人與人相重也。申者小雅采菽福祿申之、大雅假樂自天申之、商頌烈祖申錫無疆、傳箋竝云申重也。大雅旱麓序申以百福焉、疏云申者重也。神者說文云申、神也。神申一義。郝云、釋名申、身也。申訓身與申訓神義亦同、故說文㑗、神也。㑗即身也。詩大任有身、傳身重也。鄭箋重謂懷孕也。然則身中復有一身、因訓爲重。身訓重故廣雅云重、㑗也。義本毛傳。是㑗即身、身亦神、竝古字通借。毛蓋借身爲神、故訓爲重、義本爾雅。　加之爲重常語也。鄭風女曰雞鳴弋言加之、箋云所弋之鳧雁、我以爲加實之實。疏云牲牢之外別有此肴故謂之加也。加者增加、所謂重也。　弼者說文云輔也重也。𢐀、古文。集韻云弼、或作拂、通作佛。周頌佛時仔肩、箋云佛、輔也。以此輔彼即重義也。　崇者說文云嵬高也。高即重也。大雅鳧鷖福祿來崇、鄘風蝃蝀崇朝其雨、衛風河廣曾不崇朝、傳箋竝云崇終也。案崇朝與終朝異。終朝就一時而言。崇朝則再朝也。魯頌烈文維王其崇之、箋云崇厚也。厚

爾雅詁林　一　釋詁上

亦與崇義近。

說詩

從神崇重也

引之謹案大雅既醉篇曰釐爾女士從以孫子。是從爲重也。郭曰隨從所以爲重疊從有重義故隨亦有重義。巽彖傳曰重巽以申命、象傳曰隨風巽、是隨亦重也。坎曰水洊至、離曰明兩作、震曰洊雷、艮曰兼山、巽曰隨風、兌曰麗澤、皆重疊之義。郭曰神未詳。錢曰重有重疊之義、又有尊重之義。從申、加重疊之重也。神弼崇尊重之重也。家大人曰錢以神爲尊重之重是也。禮器曰一獻質三獻文五獻察七獻神、正義曰七獻神者、謂祭先公之廟禮又轉尊、神靈尊重也。荀子非相篇曰寶之珍之貴之神之、亦謂貴之重之也。邢曰、大雅鳧鷖云福祿來崇、家大人曰崇、又爲輕重之重。盤庚曰高后丕乃崇降罪疾、傳曰崇重也。湯必大重下罪疾於我。釋文重直勇反。又下文曰丕乃崇降不祥。多方曰乃大降罰、崇亂有夏。傳曰重亂有夏、釋文重直勇反。諸崇字皆訓爲輕重之重。

述聞

從申神加弼崇重也 此釋重之義。說文𠁣厚也、从壬東聲。祭義又從而思之、註從重疊也。益稷天其申命用休、史記作天其重命用休。禃、天神、引出萬物者也。風俗通義、神者申也。𦨭、語相增加也。論語又何加焉。弼、輔也、重也。从弓西聲。引書弼成五服。大雅福祿來崇、傳崇、重也。

啓蒙

中、神重也。　中神同字並見。

弼、重也。　弼下文云、備也。

黃侃音訓

神重也

神重也。郭注神所未詳。頤煊案、說文㑗、神也。詩大明大任有身、毛傳身、重也。鄭箋重謂懷孕也。是以神爲重也。

讀爾雅録

從重也郭云隨從所以爲重疊。楷案、從从从。从从二人。人有二則重矣。方言荆揚之閒及山之東西雙聾者謂之聳。亦取重義。楚辭九章觀炎風之相仍兮、王逸注、相仍者相從也。仍訓從、則從與仍訓同矣。故廣雅云仍、重也。此云從、重也。

稗疏

從、申、神、加、弼、崇、重也。

說文云：「重、厚也；緟、增益也；」重緟本爲一字。自借重爲緟、而緟乃廢。爾雅之重、兼厚重增益二義。玉篇「重、不輕、」廣雅云：「重、再也、」此本爾雅之義分釋之也。

從、說文「隨行也、」隨行爲追陪之義、玉篇訓重爲陪、故從爲重。此增益之重也。

申、古引伸字。引伸有增益意、故「福祿申之、」「自天申之、」傳皆訓重。神者、說文「神、天神引出萬物者也；」又云：「申、神也。」許以引訓神、以神訓申、是神申同義；故風俗通義亦曰：「神者、申也。」此申神皆爲增益之重也。

弼、說文「輔也。」弼从㢸、說文「㢸、彊也、緟也、」段注云：「重弓者彊之意也、緟疊之意也。」左傳云：「輔車相依、」詩云：「交韔二弓、」皆有重疊之義。故爾雅訓弼爲重、乃增益之重也。

崇、上文云：「高也、充也、」高而充大、亦重之意。故詩「福祿來崇、」「維王其崇之、」傳箋皆訓厚。此厚重之厚也。

爾雅學

從申神加弼崇重也〇釋曰隨從申重加增注疏本刪釋曰以上八字。增誤弼。

校勘記

加弼弼輔 監本毛本同。湘本上弼作增。案說文加、語相增加也。鄭氏鄉射禮注云增故

爾雅詁林　一　釋詁上

曰加。故邢疏以增釋經加字，此及各本作弼，誤矣。

注疏校勘札記

從申神加弼崇重音崇也

音圖・音

從申、神、加、弼、崇、重也。從

孫侶直音

從申神加弼崇重平聲也

楊氏音訓

斁悉卒泯忽滅罄空畢罊殲拔殄盡也

斁、悉、卒、泯、忽、滅、罄、空、畢、罊、殲、拔、殄、盡也。斁，今直語耳。忽然，盡貌。今江東呼厭極爲罊。餘皆見詩。

郭注

斁悉卒泯忽滅罄空畢罊殲拔殄盡也　注斁今至見詩　釋曰：此皆謂終盡。斁，今直語耳。忽然，盡貌。左傳曰：皋陶、庭堅不祀忽諸。云今江東呼厭極爲罊者，以時驗而言也。說文云：器中盡也。云餘皆見詩者，悉者，說文云：詳盡也。卒者，終盡也。衛風日月云：畜我不卒。泯者，滅盡也。大雅桑柔云：靡國不泯。滅，絕盡也。小雅正月云：寧或滅之。罄者，說文云：器中空也。小雅蓼莪云：缾之罄矣。空者，小雅大東云：杼柚其空。畢者，小雅無羊云：畢來既升。殲者，舍人曰：衆之盡也。秦風黃鳥云：殲我良人。拔者，擧除使盡也。殄者，詩云：邦國殄瘁。

邢疏

殲盡也

殲、衆之盡也。書正義七　春秋正義九又十五　邢疏

犍爲注

泯盡也

泯、沒之盡也。詩正義十五之三

李注

罄盡也

罄、竭之盡也。詩正義十五之三　衆經音義九引作罄竭也盡也

孫音注

黃輯古義

斁悉卒泯忽滅罄空畢罊殲拔殄盡也

殲、衆之盡也。邢疏　書胤征正義　春秋莊十七年正義　又僖二十二年正義

犍爲注

斁悉卒泯忽滅罄空畢罊殲拔殄盡也

泯、沒之盡也。詩小雅漸漸之石正義

李注

斁悉卒泯忽滅罄空畢罊殲拔殄盡也

罄、竭之盡也。一切經音義卷九

孫音注

玉函山房輯佚

泯

沒之盡　李注　詩疏十五之三

殲

絜敬之祭也　書疏同三

鉤沉

泯罄殲盡也

李曰：泯、沒之盡也。詩正義十五之三

孫曰：罄、竭之盡也。一切經音義九

舍人曰：殲、衆之盡也。書正義七　春秋正義九又十五　邢疏

漢注

斁悉卒泯忽滅罄空畢罊殲拔殄盡也

舍人云：殲、衆之盡也。書正義七卷　李巡云：泯、沒之盡也。詩正義十五之三卷　孫炎云：罄、竭之盡也。一切經音義九　郭璞云：斁、今直語耳。忽然、盡貌。今江東呼厭極爲罊。餘皆見詩。呼厭極爲罊，今本作爲㲉。邵晉涵云：永樂大典載陸佃爾雅新義、危素爾雅畧義，引郭注並作爲罊。今據改正。

一切注音

爾雅詁林　一　釋詁上

古注斠

泯盡也。李巡云泯、沒之盡也。詩桑柔正義

罄 孫炎曰罄、竭之盡也。一切經音義九

殲 舍人曰殲、衆之盡也。詩黃鳥正義

陸音義

縠 胡角反、又胡谷反。卒 子恤反、字或作碎。泯 亡忍反。罄 苦定反。磬 苦計反、說文口地反、云器中盡也。本或作磬字、音同、廣雅云磬、劇也。殲 子廉反。拔 步八反。殄 大典反。厭 一鹽反。

音義攷證

磬 廣雅云磬、劇也。○案今書作極也。劇極本通。

新義

縠悉卒泯忽滅罄空畢磬殲拔殄盡也

事盡爲畢、器盡爲罄、師盡爲殲。夫物終於其盡、卒也。百年之閒忽然而已、忽也。相盡爲空、若穴土焉、不空不盡也。根盡爲拔、若去草焉、不拔不盡也。水盡爲泯、火盡爲滅、昏亦盡、湣也。明亦盡、滅也。若不死不生、無滅也。不增不滅、無罄也。眞無非無、妙有非有、無空也、是之謂無盡。

鄭樵注

縠悉卒泯忽滅罄空畢磬殲拔殄盡也 縠、胡谷反。郭云今直語耳。磬、苦計反。說文云器中盡也。

縠悉卒泯忽滅罄空畢磬殲拔殄盡也

舍人曰、殲、衆之盡也。左傳僖二十二疏引此之作至、諸經疏並作之。

李巡曰、泯、沒之盡。

孫炎曰、罄、竭盡也。

郭璞曰、縠今直語耳。忽然、盡貌。今江東呼厭極爲磬。餘皆見詩。

古注合存

鄭樵曰、縠、胡谷反。郭云今直語耳。磬、苦計反。說文云器中盡也。

注疏參義

縠悉卒泯忽滅罄空畢磬殲拔殄盡也。縠音覺、磬音氣、殲音尖。○此釋縠悉以下皆盡之義也。疏曰、大雅桑柔云、靡國不泯。左傳云、皐陶庭堅不祀忽諸。磬、說文云、器中空也。拔者、搴除使盡也。愚按縠爲盡、註疏未詳。史記云不縠於此、猶言不但云爾、即盡之義。

補注

縠不引史記不縠于此。

江東呼厭極爲磬、坊本誤罄。

縠悉卒泯忽滅罄空畢磬殲拔殄盡也 **註** 縠今直語耳 皆言忽然盡貌。今江東呼厭極爲磬。餘皆見詩

正義 竭盡也。○縠悉卒○縠者、史記李斯列傳云雖監門之養不縠于此矣、索隱云言監門下人、飯猶不盡此也。悉者、說文云悉、詳盡也。縠梁莊二十九年傳云以其用民力爲已悉矣、范甯註悉、盡也。卒者、鄉射禮云卒觶、與魯語云民羸幾卒、韋昭註卒、盡也。○泯忽滅○泯者、詩疏引李巡云沒之盡也。左氏成十六年傳云是大泯曹也、杜註泯、滅也。忽者、大雅皇矣云是絕是忽、毛傳忽、滅也。滅者、左氏成八年傳云是以卒滅。○罄空畢○罄者、說文云罄、器中空也。衆經音義引孫炎云罄、竭盡也。空者、方言云濂之言空也。畢者、士冠禮云兄弟畢袗元、禮記注引王居明堂禮云畢入于室。○磬殲拔殄○磬者、說文云磬、器中盡也。殲者、書疏引舍人云殲、衆之盡也。說文云殲、微盡也。春秋曰齊人殲于遂。縠梁莊十七年傳云殲者盡也。拔者、少儀云毋拔來、毋報往、鄭註來往所之、不可卒也。是拔與卒忽義同。殄者、左氏宣二年傳云敗國殄民。**註** 忽然至見詩○**正義** 忽然盡貌者、左氏莊十一年傳云其亾也忽焉。文五年傳云不祀忽諸、皆言盡之速也。江東呼厭極爲磬、据時驗也。廣雅云磬、極也。監本作爲罄、永樂大典載陸佃爾雅新義、危素爾雅畧義引郭註俱作爲磬、今從之。餘皆見詩者、大雅雲漢云圭璧既卒、大雅桑柔云靡國不泯。小雅正月云寧或滅之。天保

云、罄無不宜。罄或作窒、說文云窒、空也。詩曰瓶之窒矣。大東云杼柚其空。無羊云畢來既升。秦風黃鳥云殲我良人。大雅瞻卬云邦國殄瘁。

正義

𣪘盡也

玉案既夕記云明衣裳長及𣪘、鄭注云𣪘、足跗也。足跗爲人體盡處、故義得爲盡。

補注殘本

𣪘盡也　玉案既夕禮曰明衣裳長及𣪘、鄭注𣪘、足跗也。足跗爲人之體盡處、故得訓爲盡。

校議

𣪘悉卒泯忽滅罄空畢罊殲拔殄盡也　𣪘今直語耳忽然盡貌今江東呼厭極爲罊餘皆見詩

說文云盡、器中空也。墨子經上篇云盡莫不然也。凡言盡者、俱不出此二義。小爾雅云盡止也。呂覽明理篇注盡極也。極止俱窮盡之義。盡之爲言進也。醻說文云潐盡也。又云醮飲酒盡也。盡醮潐俱一聲之轉也。𣪘者、史記秦始皇紀云雖監門之養不𣪘於此。索隱曰𣪘音學、謂盡也。又古學反。正義曰𣪘又苦角反。引爾雅云𣪘盡也。李斯傳集解徐廣曰𣪘一作𣪠特。牲饋食禮記注古文𣪘皆作穀。是穀𣪘𣪘竝音近字通。管子地員篇云剛而不𣪘。尹知章注𣪘薄也。薄與盡義亦近。郭云今直語。蓋當時方言耳。悉者心之盡也。悉从心从釆。說文云詳盡也。尚書大傳云乃汝其悉自學工。悉盡也。聲轉爲洗。書云厥父母慶自洗腆。釋文引馬融注洗盡也。又轉爲澌。方言云澌盡也。澌斯同。詩王赫斯怒。箋斯盡也。斯音賜。亦作賜。文選西征賦云若循環之無賜。李善注引方言曰賜盡也。又轉爲索。一切經音義三引蒼頡篇云索盡也。亦儩也。儩即賜字。然則賜索斯洗俱與悉同矣。泯者與沒同義。沒爲沈。沒亦爲滅沒。皆盡之意。故詩正義引李巡云泯沒之盡也。詩靡國不泯。左氏成十六年傳是大泯曹也。毛傳及杜預注竝云泯滅也。泯滅沒又俱一聲之轉也。忽者、說文云忽忘也。是忽之盡也。忽與芯聲義近、故方言云忽芯也。芯滅也。蓋芯之爲言亾也。忽之爲言沒也。故忽芯俱訓滅。詩是絕是忽。傳忽滅也。按一蠶所吐爲忽。十忽爲絲。絲毫微杪易於滅盡。故又爲盡也。忽有暴疾之義。左氏莊十一年傳其亾也忽焉。文五年傳不祀忽諸。是忽又爲猝暴之盡矣。罄者、說文器中空也。詩罄無不宜。瓶之罄矣。傳竝云罄盡也。一切經音義九引孫炎曰罄竭之盡也。通作磬。樂記注罄當爲磬。左氏僖廿六年傳室如縣罄。魯語作室如縣磬。淮南覽冥篇磬龜無腹。高誘注磬空也。又通作窒。說文缶部引詩瓶之罄矣。穴部引作瓶之窒矣。窒、空也。畢者、戰之段音也。說文云戰盡也。通作畢。畢有止義、加走爲趩蹕所以止行也。加糸爲縪、縪車所以止車也。止即盡也。畢之爲言必也。必訓極。極亦盡也。罊者、說文云器中盡也。釋文罊苦計反、本或作𣪍、引廣雅云𣪍、𣪍也。今廣雅作𣪍、極也。按𣪍與御同。方言御、𢿫也。說文𣪍、懤也。郭氏以極訓盡、而欲俗𣪍爲罊、非罊之本解。殲者、說文云微盡也。詩黃鳥傳殲盡也。春秋莊十七年經云齊人殲于遂、正義及書正義竝引舍人曰殲衆之盡也。殲于遂、左穀一作之公羊作瀸、云瀸積也。何休注瀸之爲死、積死非一之辭、故曰瀸積。釋文云積本又作漬、曲禮云四足曰漬、鄭注漬謂相瀸汙而死也。引春秋傳曰大災者何大漬也。公羊莊廿年傳漬作瘠、釋文瘠一本作漬、然則瀸漬衆多、故會意爲盡。漬積瘠殲俱一聲之轉矣。拔者、蒲撥、蒲八二音。蒲八之拔、猶言把絕也、陳根悉拔、故爲盡。蒲撥之拔、則少儀云毋拔來、毋報往、鄭注報讀爲赴疾之赴、拔赴皆疾也。然則拔之爲言暴也、與卒猝忽義近。又言撥也、與絕滅義同。詩云本實先撥、鄭箋撥猶絕也。又同顛沛之沛。毛傳訓沛爲拔、鄭箋顛沛即顛拔矣。

義疏

𣪘悉卒泯忽滅罄空畢罊殲拔殄盡也　舍人注殲、衆之盡也。李注泯、沒之盡也。孫注罄、竭之盡也。郭注𣪘、今直語耳。忽然盡皃。今江東呼厭極爲罊。餘皆見詩。

𣪘、从殸、肯象帳、故殸爲空。禮有𣪘折、謂骨盡則折用之、注遂以𣪘爲後足。說文以𣪘爲盛觵卮也。悉从心釆。書乃女其悉自學工、大傳云悉盡也。又悉至

爾雅詁林　一　釋詁上

于庭。卒、从衣有題識。因以餘卒爲倅起。倅則盡矣。又𠬪曰倉卒、因以爲大夫𠬪之詞。下云卒終。禮卒爵拜。詩俾民卒迷。泯没聲轉字。詩靡國不泯、語没階、皆盡也。勿以趣民、因爲盡詞。詩是絶是忽、忽没即滅。滅从火戌、𢦏从聿火、皆火盡也。易滅鼻、滅頂、皆以滅爲没。春秋傳、君𠬪于位曰滅。書國滅無離。罄从殸、象罄空也。詩瓶之罄矣、說文又引窒矣。又罄無不宜。畢、田网、亦爲祭器。禮宗人執畢先入、卒升乃出、故爲盡訖之詞。書攸受休畢。禮告事畢。𣪊从殸、車軎相擊。說文以罄爲器中盡。說者以𣪊即極、所未聞也。俗語方言、不得爲詁。𢦏从戠、小皃。詩𢦏我良人。春秋齊人𢦏於遂。拔詩伐拜、亦伐撥。勿翦勿拜、本實先撥。犮、象曳犬、因爲拔本顛跋字。以拔取又爲盡也。殄从占、㐱其實、即新生義、以爲殄盡。書殄滅之。叏加皿爲盡、義見上。火㶳則進執之、盡爲本義也。

集解

𣪊悉卒泯忽滅罄空畢罊殲拔殄盡也

𣪊、𣪊𩐁危也。一曰射具。从角殸聲。引申爲盡、謂殼空而盡耳。方言則以禝爲之。儀禮特牲饋食記主婦俎𣪊折、言骨盡則折而用之也。注剝後足、失之。史記始皇紀雖監門之養不𣪊於此、正義𣪊盡也。李斯傳索隱同。悉、詳盡也。从心从采、會意。書洛誥乃汝其悉自教工、大傳說悉、盡也。𣪊梁莊二九傳以其用民力爲已悉矣、注悉盡。前漢書成帝紀有司其悉心龍乎天下也。成相春申道輟基畢輸、注畢盡也。罄、器中盡也。从缶殸聲、與磬同。易蒙上九擊蒙、蓋罄蒙借字。對初六發蒙言。則罄蒙乃盡蒙耳。他無徵也。殲、微盡也。从歺韱聲。詩黃鳥殲我良人、傳殲盡也。春秋莊十七年齊人殲於遂、穀梁傳殲盡也。左僖二二傳門官殲焉、襄二八傳其將聚而殲旃、注均云殲盡也。前漢書敘傳東从虐而殲仁兮、應劭曰殲盡也。文選册魏公九錫文大殲醜類、注殲盡也。左成二傳余姑翦滅此而朝食、注翦盡也。廣雅作翦、云盡也。淮南主術畋不掩羣、注掩盡也。廣雅釋詁、湫膷盡也。白虎通爵者盡也。以翦訓掩、湫膷爵爲之。拔、擢也。从手犮聲。引申爲盡、謂擢之使盡也。易乾確乎其不可拔、鄭注移也。禮記少儀毋拔來、毋報往、注來往所之不可卒也。呂覽慎行圍朱方拔之、注覆取之曰拔。詩甘棠勿翦勿拜、箋拜之言拔也。蕩本實先撥、箋撥猶絶也、謂拔盡也。以拜撥爲之。殄、絶盡也。从歺㐱聲。詩瞻卬邦國殄瘁、傳殄盡也。左宣二傳敗國殄民、注殄盡也。後漢書班固傳禽獸殄夷、淮南本經訓下殄地財、文選東京賦方其用財取物、常畏生類之殄也、注均云殄、盡也。盡、器中空也。从皿𦘔聲。墨子經上盡莫不然也。

義證

𣪊悉卒泯忽滅罄空畢罊殲拔殄盡也 𣪊胡谷反。罊本或作罄、苦計反。

註 𣪊今直語耳、忽然盡貌、今江東呼厭極爲罊。餘皆見詩。

補正 邢疏、左傳曰皐陶庭堅不祀忽諸。罄、說文云器中空也。悉、詳盡也。卒、終盡也。泯、滅盡也。滅、絶盡也。殲者、舍人曰衆之盡也。臣鎣按、史記秦始皇本紀堯舜飯土塯、啜土鉶、雖監門之養、不𣪊於此。索隱言監門下人、飯猶不盡此。又詩疏引李巡註泯、没之盡。舍人注殲、衆之盡也。

郭注補正

悉拔盡也　注餘皆見詩

評曰、邵氏歷引詩、獨遺悉拔二字。案吉日悉率左右、以燕天子、鄭箋率、循也。悉驅禽順其左右之宜、以安待王之射也。悉有盡義、說文亦訓詳盡、足爲見詩之證。拔之見詩者、駟驖舍拔則獲、毛傳矢末也。鄭箋括也。緜柞棫拔矣、孔疏云、拔然生柯葉矣。皇矣柞棫斯拔、箋云、使其山樹木茂盛。亦拔然生柯葉之意、與盡義不合、亦云見詩、誤矣。郝氏無疏證、邵氏以少儀毋拔來爲證、亦曲攷。廣雅釋詁拔除也。書金縢大木斯拔、拔乃除去之謂、正與盡義相合也。

靜郭

𣪊悉卒泯忽滅罄空畢罊殲拔殄盡也

𣪊今直語耳忽然盡貌今江東呼厭極爲罊餘皆見

詩

明注疏本罊誤馨。郭注佚存補訂

㱿悉卒泯忽滅罄空畢罊殲拔殄盡也

㱿者古文作㱿。見特牲饋食禮注。大雅桑柔不胥以穀。胥、相也。穀盡也。謂中林之鹿甡甡然有同羣之樂。而我之朋友已受小人之譖相倡以盡矣。不胥以㱿、猶淪胥以亡、無不皆助辭也。　悉者說文云詳盡也。常語也。小雅吉日悉率左右、盡率左右也。郝云悉轉爲澌。方言澌、盡也。澌斯同。詩王赫斯怒箋云斯盡也。　卒者下文云卒、終也。終卽盡也。邶風日月、豳風七月、箋竝云卒、終也。小雅節南山國既卒斬、傳云卒、盡也。漸漸之石維其卒矣、傳云卒、竟也。竟亦盡也。大雅雲漢圭璧既卒、箋云、禮神之圭璧又已盡矣。亦以盡爲卒。　泯者李巡云沒之盡也。大雅桑柔靡國不泯、傳云泯滅也。滅卽盡也。泯滅雙聲、泯盡疊韻。　忽者說文云忘也。忘與盡近。大雅皇矣是絕是忽、毛傳云忽滅也。　滅者、一切經音義一引聲類云滅盡也。小雅桑柔滅我立王、鄭箋云滅盡也。正月寧或滅之、箋云、寧有能滅息之者。息卽盡也。褒姒威之、傳云威、滅也。　罄者、說文云器中空也。空亦盡也。小雅天保罄無不宜、蓼莪缾之罄矣、傳竝云罄、盡也。說文缶部引缾之罄矣穴部引缾之窒矣。窒空也。　空者小雅大東杼柚其空、傳云空盡也。節南山不宜空我師、傳云空窮也。亦盡也。白駒在彼空谷、韓詩作在彼穹谷。穹亦空也。大雅桑柔有空大谷、空謂空虛、皆與盡義相近。　畢說文作㪤、云盡也。小雅無羊畢來既升、謂盡來升入牢也。　罊者說文云器中盡也。釋文云罊本或作㲉、音義皆同。廣雅罊㲉俱訓極、極至則盡也。　殲者說文云微盡也。秦風黃鳥殲我良人、傳云殲盡也。舍人云殲衆之盡也。　拔者、邢疏云搴除使盡也。大雅緜柞棫拔矣皇矣柞棫斯拔謂拔去叢生有刺之柞棫而行道乃兌然開道而無所阻礙。拔亦盡義也。疏承箋義謂拔然而枝葉茂盛失其義矣。　殄者說文云盡也大雅瞻卬邦國殄瘁傳云殄盡也。邶風新臺籧篨不殄、大雅桑柔不殄心憂、傳箋竝云殄絶也。雲漢不殄禋祀、箋云、爲旱故絜祀不絶。思齊肆戎疾不殄、箋云、故大疾害人者不絶之而自絶。緜肆不殄厥慍、箋云、故不絶去其恚惡惡人之心。鄭皆以殄爲絶、絶卽盡也。 **說詩**

𣪘盡也

說文𣪘、盛觵卮也。柏年案盡觵之大盡于𣪘、故引伸之意爲盡。又儀禮士喪禮明衣不辟長及𣪘、注長及足尖。既夕云明衣裳長及𣪘、注足跗也。足尖與足跗爲人體之盡、故引伸之義亦爲盡。 **補釋**

𣪘悉卒泯 棄、小雅漸漸之石疏引李巡曰泯、没之盡也。

註今江東呼厭極爲罊 罄誤罊。疏同。

疏詩云邦國殄瘁 詩當作大雅瞻卬四字。 **注疏正字**

泯

錢詹事辛楣云、通作湎。漢書敘傳湎湎紛紛、卽呂刑泯泯紛紛也。予謂泯滅雙聲、故皆訓爲盡、而泯亦訓滅也。艮庭先生云、周禮曰以秬鬯溷、杜子春讀溷爲泯、古泯字也。 **小箋**

罊盡也

郭曰今江東呼厭極爲罊。釋文罊、苦計反。說文云器中盡也。本或作慤。廣雅云勴也。今廣雅作極也。家大人曰、謂困極也。極亦盡也。廣韻罊、又楷革切、字或作擊。淮南人閒篇、秦皇使蒙公楊翁子將築長城、西屬流沙、北擊遼水。擊與罊同。謂築長城西連流沙北盡遼水也。法言淵騫篇、蒙恬塹山堙谷、起臨洮、擊遼水。亦謂起自臨洮而盡於遼水也。 **述聞**

𣪘悉卒泯忽滅罄空畢罊殲拔殄盡也　釋文云卒、字或作𣨛。

泯、說文水部新附字、疑當作汶。楚詞卜居有汶汶字。史記索隱音閔、謚法閔亦作愍、上文暋、強也。釋文云暋、或作昬、此民文通假之證。又案詩小雅漸漸之石曷其没矣、傳没、盡也。正義曰、釋詁云泯、盡也。李巡云泯、没之盡。泯没義同、故没爲盡也。

說文缶部罄、器中空也。从缶殸聲。詩曰缾之罄矣。又穴部窒、空也、从穴巠聲。詩曰缾之窒矣。是罄與窒通。　畢當作𢿋。說文攴部𢿋、盡也。从攴畢聲。　釋文云、罊本或作慤。案說文缶部罊、器中盡也。从缶𣪘聲。又心部慤、憊今之憊字也、从心𣪘聲。則从心者、厥義殊矣。郭注曰今江東呼厭極爲罊、監本作罄、誤。今从邵本。蓋巳不辨罊慤之别矣。　殄、說文同。詩小雅小宛哀我塡寡、傳塡、盡。釋文云韓詩作疹。案殄疹皆从㐱聲、偏旁通借、又轉爲塡。塡从眞聲、亦相近也。 **匡名**

𣪘音學悉卒泯忽滅罄空畢罊殲拔殄盡也　此釋盡之義。說文盡、器中空也。𣪘、盛觵卮也。註禮經牲體之跗曰𣪘、謂牲體之盡也。訓盡者引伸之義也。史記李斯傳、雖監門之養、不𣪘於此矣。　悉、詳盡也。左文十七年傳將悉敝賦、范註悉、盡也。　大雅圭璧既卒、註卒、盡也。　大雅靡國不泯、傳泯、滅也。左文五年傳不祀忽諸、註忽、盡也。　滅、盡也。小雅甯或滅之。　罄、器中空也。引詩缾之罄矣。或作窒、㝕空也。　空、窾也。窾有孔穴、卽空虛矣。小雅杼柚其空、傳空、盡也。小雅畢來既升、註畢、盡也。罄、器中盡也。孅、微盡也。引春秋齊人殲於遂。拔、拔擢也。漢書攻碭三日拔之、註謂土地人民而盡有之也。殄、盡也。引伸之爲絕也。大雅邦國殄瘁、傳殄、盡也。

啓蒙

泯 湎 錢氏大昕曰。漢書敘傳湎湎紛紛。卽呂刑泯泯棼棼也。顧氏廣圻曰。論衡寒溫篇。前世用刑者。蚩尤亡秦甚矣。蚩尤之民湎湎紛紛。尤與呂刑文義合。泯滅聲轉猶篋爲蔑也。必求正字。泯訓盡字當作㲯、不憭也。案釋名眠、泯也。無知泯泯也。無知卽不憭矣。惛又訓亂、書天惟與我民彝大泯亂、亦泯亂聯言。

黃侃評本正名

泯、盡也。 泯 說文水部新附字。滅聲轉、猶篋爲篾也。泯正當作惛、釋名眠、泯也、無知泯泯也、案眠卽瞑、無知正惛之訓、嚴元照謂泯當作汶、無據。

滅、盡也。 滅下文云、絕也盡絕義近。

𢣾、盡也。 𢣾與㳄同、部䟽。㳄與欿通、子虛賦徼㧻受詘、郭璞注㧻、疲極也、與此注厭極爲𢣾義亦合。

拔、盡也。 拔正作撥、說文拔擢也。

殄、盡也。 殄下文云、絕也、盡絕義近。

黃侃音訓

罄、盡也。郭注今江東呼厭極爲罄。釋文云罄、說文口地反、云器中盡也。本或作𢣾、廣雅云𢣾、劇也。承珙案今廣雅劇作極。說文𢣾、㦗也。極者倦極、㦗者困㦗。郭注以厭極爲義、似郭本亦當作𢣾、不作罄也。

胡氏古義

卒、盡也

錦燧謹案、釋文云卒、字或作𣨛。說文衣部云隸人給事者爲卒。古以染衣題識、故从衣一。與盡義不相蒙。此經本字當依釋文所見本作𣨛。說文歺部云、大夫死曰𣨛。然則𣨛者命之盡也。引申之則凡物之盡皆曰𣨛、而經傳中又假卒爲之耳。

陸錦燧日記

拔、盡也。楷案、周禮赤犮氏、鄭注赤犮猶言捇拔也、主除蟲豸自埋者。除義與盡義近、故拔訓除又訓盡。廣雅拔、除也。此云拔、盡也是也。

稗疏

𣪊、悉、卒、泯、忽、滅、罄、空、畢、罊、殲、拔、殄、盡也。

說文云：「盡、器中空也；」引伸爲虛空、窮盡、盡然之義。𣪊、史記李斯列傳「不𣪊於此、」索隱訓盡；或借用𣪊𣪊爲𣪊。泯者、李巡云：「沒之盡。」詩「靡國不泯、」左傳「是大泯曹也、」皆滅沒意。郝氏云：「泯、滅、沒、俱一聲之轉。」忽者、大雅云：「是絕是忽、」傳訓忽爲滅。郝氏云：「左傳『其亡也忽焉、』『不祀忽諸、』是忽爲猝暴之盡也。」罄罊者、說文云：「罄、器中空也；罊、器中盡也。」孫炎云：「罄、竭之盡；」郭引江東方語呼厭極爲罄。罄罊古多相假通用。罄作𢣾者誤。畢爲斁之假借、說文「斁、盡也。」經典多承用畢。殲殄者、說文云：「殲、微盡也；殄、盡也。」許謂殲爲微盡者、即纖細而盡之、與舍人所云：「衆之盡、」其意正同。殲、公羊傳作瀸、音假也。殄或作殄𤻲。

拔者、晉案拔即撥字。詩蕩「本實先撥、」鄭箋云：「撥、猶絕也、」廣雅釋詁云：「撥、絕也、除也、」除絕即盡之義。此與泯爲沒之盡同意。說文云：「坺、一坺土、从土、犮聲；」考工記云：「二耜之土爲伐；」周語云：「王耕一墢。」其文雖互異、然段注犮篆則云：「墢即考工記之伐、國語之墢、說文土部之坺、實一字。」是從發聲犮聲之字、古本相通也。

爾雅學

今江東呼厭極爲罄單疏本雪牕本同注疏本罄誤罊。

𣪊悉卒泯忽滅罄空畢罊殲拔殄盡也注𣪊今至見詩○

釋曰注疏本刪。

校勘記

磬空畢罄十行本雪牕本吳本並作畢罄。

校勘記訂補

云今江東呼厭極爲罄者監本毛本同。湘本云作注，誤。

注疏校勘札記

四行罄○《釋文》云：「苦計反。《說文》：口地反，云：器中盡也。」案：故宮藏項跋本《刊謬補缺切韻》霽韻本或作罊，字音同。引作「罊」。

宋監本校箋

縠音學悉卒泯忽滅罄空畢罊音擊殲音尖拔殄盡也

音·圖·音

罄音擊 案罄苦計翻音契霽又口地翻音器寘。今音擊非。直音音契不誤。

直音正誤

縠胡角翻。郎史記徐廣注音學又胡谷翻音斛。罄苦計翻音契。說文口地翻音器。霽寘之別本或作罊字音同。注江東呼罄坊本誤作罄。陸佃新義危素略義竝作罄。

音略

學 卒 罷
縠悉卒泯忽滅罄空
契 尖 塡上聲
畢罊殲拔殄盡也

孫侶直音

學
縠悉卒
罷 契 尖 塡上聲
泯忽滅罄空畢罊殲拔殄
盡也

直音校正

縠學悉卒泯忽滅罄空畢罊氣殲尖拔殄盡也

楊氏音訓

罊契殲纖

干氏音釋

苞蕪茂豐也

苞蕪茂豐也。苞叢蕪繁，皆豐盛。

郭注

一苞蕪茂豐也 釋曰皆豐盛也。苞者草木叢生也。禹貢云草木漸苞。蕪者繁蕪也。洪範云庶草蕃廡。蕪廡音義同。茂者茂盛也。小雅天保云如松柏之茂。

邢疏

蕪豐也釋文蕪古本作隸。

漢注

苞蕪茂豐也

郭璞云苞叢繁蕪皆豐盛。

一切注音

苞百交反。蕪音無。或云甫反。蕃滋生長也。古本作隸。豐敷馮反。

陸音義

蕪古本作隸○隸字可疑，似當依說文作蕪乃蕪古字形近遂譌

音義攷證

苞蕪茂豐也

苞豐本。茂豐末。蕪豐本亦豐末。音無則無如也。豐末斯爲下，故詩先如竹苞矣。經曰如竹箭曰苞，如松柏曰茂。茂在下亦以此。

新義

苞蕪茂豐也
郭璞曰苞叢繁蕪皆豐盛。

古注合存

苞蕪茂豐也蕪廡同。○此釋苞蕪茂皆豐之義也。註曰禹貢云草木漸苞，洪範云庶草蕃廡。

注疏參義

爾雅詁林 一 釋詁上

苞蕪茂豐也 註 苞叢繁蕪皆豐盛

正義 序卦傳云、豐者大也。方言云、凡物之大貌曰豐。廣雅云、寷、大也。苞者、說文引書云、艸木蔪苞。今本禹貢作草木漸包。釋文云、包字或作苞。商頌長發云、苞有三蘖。毛傳、苞本也。鄭箋用爾雅。大雅生民鄭箋云、豐、苞亦茂也。是物之稹固而發生茂盛者爲苞也。蕪者、說文云、𣞤、豐也。从大卌。卌、數之積也。林者、木之多也。卌與庶同意。商書曰、庶艸繁無。今本洪範作庶草蕃廡。晉語云、不能蕃廡。蕪爲隸體增加字、廡爲假借字也。茂者、說文云、茂、艸豐盛。周頌良耜云、黍稷茂止。小雅天保云、如松柏之茂。是艸本之豐盛皆爲茂也。註 苞叢至豐盛。○正義 釋言云、苞、稹也。孫炎以爲物叢生曰苞。是苞爲叢茂也。後漢書註引爾雅云、蕃蕪、豐也。蓋連引註文。凡物之苞叢繁蕪者、望之豐滿、故其貌爲大也。

正義

苞蕪茂豐也 苞叢繁蕪皆豐盛

豐、滿也。大也。皆見說文。易釋文云、豐是腆厚光大之義。鄭云、豐之言腆、充滿意也。又厚也。盛也。茂也。詩在彼豐草。茀厥豐草。傳箋竝云、豐、茂也。通作寷。說文云大屋也。引易曰、寷其屋。又與封同。封亦大也。厚也。厚大、卽豐字之訓矣。苞者、釋言云、稹也。稹密卽豐茂。故詩行葦箋、苞、茂也。長發箋、苞、豐也。通作枹。詩苞有三蘖、廣韵引作枹有三枿。樸枹皆叢生茂密之言也。苞與葆聲義同。說文葆、艸盛皃。御覽引通俗文云、生茂曰葆。音保。呂覽審時篇云、得時之稻大本而莖葆。廣雅云、葆、茂也。又云、葆、本也。本茂卽苞字之訓。故詩下泉、斯干、生民、常武、長發、傳竝云、苞、本也。本卽本䔿。西京賦云、苯䔿蓬茸。苯與本同。本䔿皆豐茂之狀。曲禮非曰豐本。本亦茂也。詩之實方實苞。箋云、豐、苞亦茂也。方、齊等也。齊等亦卽豐茂之意。方本苞俱雙聲。苞葆茂俱曡韵。故其字音義俱通矣。蕪者、𣞤之叚音也。說文云、𣞤、豐也。引商書曰、庶艸繁𣞤。隸變作無。通作蕪。故爾雅釋文云、蕪、蕃滋生長也。古本作𣞤。又通作廡。庶草繁無。今書作庶草蕃廡。釋文、廡、無甫反。爾雅釋文亦云、蕪、或亡甫反。此古音也。又轉爲蔓。釋草注蕪菁屬。釋文蕪本或作蔓。蓋蔓延滋長卽繁蕪之意。

蕪古讀如模。模、蔓聲轉也。茂與蕪亦一聲之轉。茂者、說文艸豐盛。素問五運行大論、其化爲茂。詩德音是茂、箋注竝云、茂、盛也。詩子之茂兮、種之黃茂、傳竝云茂美也。美盛義同。通作戊。戰國策有甘茂。說苑雜言篇作甘戊。

義疏

苞蕪(無膴)**茂豐也** 郭注 苞叢緐蕪皆豐盛。

苞茂一字耳。苞从艸包、無豐義。詩皆以苞爲本。如竹苞矣。實方實苞。苞有三蘖。舍包本義而以爲茂、因若包自有茂意矣。𣞤从大林从卌。書庶艸蕃無。字亦佀廡。詩則無膴仕。上以膴爲大、爲有、皆豐也。茂旣爲美、因爲豐也。易茂對時育、詩如松柏之茂。豐从雙丰山豆、皆象器盛之。禮弟子設豐。似豆而卑。易、豐、大也。豐本擁蔽、因爲盛滿耳。

集解

苞蕪茂豐也

苞、苞艸也。南陽以爲麤履。从艸包聲。引申爲豐、謂草豐耳。說文則以葆爲之。詩行葦方苞方體、生民實方實苞、箋均云苞、茂也。長發苞有三蘖、箋苞、豐也。書禹貢草木漸包、孫疏豐也。以包爲之。蕪、薉也。从艸無聲。正字爲𣞤。𣞤、林木豐也。从林夾。蕪𣞤通用字。書洪範庶艸繁蕪、說文引作無。今書作廡、僞傳豐也。晉語黍不爲黍不能繁廡、注廡、豐也。以無廡爲之。茂、草豐盛也。从艸戊聲。易无妄先王以茂對時、注茂、盛。詩南山有臺德音是茂、箋茂、盛。鄭語戎狄必昌、注昌、盛也。說文楙、木盛也。豐也。以昌楙爲之。豐、豆之豐滿者也。从豆从山會意。山取其高大、丰象滿形。禮記曲禮非曰豐本、注豐、茂也。

義證

苞蕪茂豐也

苞者、釋言云、稹也。稹密卽豐茂。商頌長發苞有三蘖、鄭箋云、苞、豐也。大雅行葦方苞方體、箋云、苞茂、

爾雅詁林 一 釋詁上

也。苞茂皆豐也。曹風下泉浸彼苞稂、小雅斯干如竹苞矣、生民實方實苞、常武如山之苞、長發苞有三蘖、毛傳竝云苞本也。本豐則茂。郝云、本謂本䔿、與苯同。西京賦云苯䔿蓬茸、豐茂之狀也。實方實苞、箋云豐苞亦茂也。苞通作枹。秦風晨風山有苞櫟、釋木注引作枹櫟。釋文云苞本作枹。苞有三蘖、廣韻引作枹有三枿。　蕪說文作橆、云豐也。釋文云蕪、蕃滋生長也。蕪通作膴。小雅小旻民雖靡膴、彼釋文云膴、大也。節南山則無膴仕、傳云膴、厚也。大雅緜周原膴膴、箋云、膴膴然肥美大厚。肥美皆豐義也。又通作幠。小雅巧言亂如此幠、傳云幠、大也。斯干君子攸芋、傳云芋、大也。箋云芋當作幠。幠覆也。大與覆皆豐義也。　茂者、說文云草豐盛。小雅斯干如松茂矣、箋云又如松之暢茂矣。天保如松栢之茂、箋云如松栢之葉常茂盛。南山有臺德音是茂、箋云茂、盛也。節南山方茂爾惡、傳云茂、勉也。非也。朱子云茂、盛也。盛卽豐也。齊風還子之茂兮、大雅生民種之黃茂、傳竝云茂、美也。豐美義亦相近。

說詩

苞蕪茂豐也　苞、羣經音辯一引作包。釋文云蕪古本作橆。釋文偁古本止此一見。盧學士曰、橆字可疑、似當依說文作橆、形近遂譌。元照案、學士說是也。說文林部橆、豐字誤當作丰也、从林奭。商書曰庶艸蕃橆。又亾部無、亾也、从亾橆聲。蕃蕪字當作橆、有無字當作無。說文艸部蕪、薉也、从艸無聲。薉卽穢字。尚書今本作廡、正義引爾雅亦作廡、毛詩正義十三之一引亦作廡廡字尤非。後漢書注四十下引蕃蕪、豐也。說文豐、豆之豐滿者也、从豆、象形。鄭氏儀禮注說豐字謂從豐聲、與說文不同。說文亦無豐字。元照案、此文豐字當从丰。說文生部丰、艸盛丰丰也。从生、上下達也。

匡名

苞蕪茂豐也　此釋豐之義。說文苞詳釋艸。書草木蘄苞、今禹貢作草木漸包。苞、草木叢生也。包象人裹妊於已也。苞與包經傳或通用、義則截然爲二。橆豐也、从林奭。商書庶草繁無、今洪範作庶草蕃廡。又廡、堂下周屋。在广部。無、亡也、从亾。橆在亾部。蕪、穢也、从艸。無在艸部、此蕪字在林部、各不相通。有無之無與蕃橆之橆、截然爲二。餘詳釋言。

啓蒙

茂、草豐盛。周頌黍稷茂止。

黃侃音訓

蕪豐也。　蕪、說文薉也、義亦近。茂、豐也。　茂與蓩、務、茆通、說文蓩、細艸叢生也、廣雅蓩楙也、務楙楙、茂也、漢書律歷志冒茆于卯、注茆謂叢生也。

勰和也　卒　罄　盡也　苞　蕪　豐也

釋文勰、本又作協。釋詁釋文卒、字或作碎。釋詁釋文罄、本或作磬字。音同。

廣雅云懇、劇也。釋詁釋文 書釋文包字或作苞。禹貢漸包釋文 釋文蕪古本作隸。釋詁釋文 說文作霖。豐也林部霖

蕪、豐也。釋文蕪、古本作隸。說文作霖。按、隸疑是霖字形近而譌也。說文霖云豐也、從林爽、或說規模字從大冊、數之積也。林者、木之多也。冊與庶同意。商書曰庶草繁蕪、今洪範作庶草蕃廡。霖爲篆文、蕪爲隸體、廡乃假借字。

證異

蕪豐也。釋文蕪、古本作隸。盧學士文弨云、隸字可疑、似當依說文作霖。乃蕪古字、形近遂譌。承珙案說文亾部霖字注云亾也、从亾霖聲、不訓豐。林部霖字注云豐也、从林爽、或說規模字。从大冊、數之積也。林者、木之多也。冊與庶同意。商書曰庶草霖無。據此是爾雅蕪字當作霖。釋文隸字乃霖字之譌、非霖字之譌。盧說是矣、而尚未審。今爾雅作蕪者乃借字。說文艸部有蕪字、注云薉也。邵氏正義以尚書庶草蕃廡爲借字、以爾雅之蕪爲隸體增加字、亦未諦。

胡氏古義

苞、蕪、茂、豐也。

說文云：「豐、豆之豐滿也、」引伸爲凡大之義。

苞者、孫炎以爲物叢生曰苞；生民箋云：「豐苞、亦茂也；」是苞爲叢生之茂。說文訓苞爲草、字通包。

蕪者、霖之假音、說文「霖、豐也、从林爽、商書曰：庶草繁霖、」此本字。隸變爲無、乃借爲有無字。蕃霖、今本尚書作蕃廡、蕪、廡、皆借用字。

茂、說文「草豐盛。」郝氏云：「苞、茂、疊韻；茂與蕪亦一聲之轉。茂通作戊、戰國策有甘茂、說苑雜言篇作甘戊。」

爾雅學

苞蕪茂豐也○釋曰注疏本刪

校勘記

苞包蕪無茂豐也。

孫侶直音

苞蕪廡同茂豐也

楊氏音訓

揫斂屈收戢蒐裒鳩樓聚也

揫、斂、屈、收、戢、蒐、裒、鳩、樓、聚也。禮記曰秋之言揫。揫、斂也。春獵爲蒐。蒐者、以其聚人衆也。詩曰屈此羣醜。原隰裒矣。左傳曰以鳩其民。樓猶今言拘樓聚也。

郭注

揫斂屈收戢蒐裒鳩樓聚也　釋曰、皆會聚也。斂者、率聚也。禮記大學曰、百乘之家不畜聚斂之臣。收者、周頌維天之命云我其收之。戢者、藏聚也。周頌時邁云載戢干戈。餘皆見注。注禮記至聚也○釋曰、云禮記曰秋之言揫、揫、斂也者、鄉飲酒義文。云春獵爲蒐、蒐者以其聚人衆也者、春獵爲蒐、釋天文也。云詩曰屈此羣醜者、魯頌泮水文。云原隰裒矣者、小雅常棣文。云左傳曰以鳩其民者、隱八年文。云樓猶今言拘樓聚也者、以時驗而言也。

邢疏

揫聚也

揫、子由反。釋文

孫音注

揫聚也

揫音遒。釋文

郭音義

爾雅詁林　一　釋詁上

蒐聚也

蒐、所救切。集韻八 施音

揫斂。揫、子由反。同上 孫音注

揫斂。揫、音遒。釋文 郭音義

戢蒐所救切。丁度集韻四十九宥蒐字注 施音

黃輯古義

玉函山房輯佚

揫聚也

孫曰揫、子由反。釋文 漢注

揫斂屈收戢蒐裒鳩摟聚也

郭璞云、禮記曰秋之言揫。揫、斂也。春獵爲蒐。蒐者、以其聚人衆也。詩曰屈此羣醜。原隰裒矣。左傳曰以鳩其民。摟猶今言拘摟聚也。

施乾音蒐、所救切。集韻八卷

一切注音

揫聚也孫子由反郭音遒釋文

摟

蕙心案、小雅角弓正義引釋詁言摟斂、聚也。摟爲屢之正字。正義引爾雅以申式居婁驕之義。鄭箋婁、斂也。孔蓋本鄭箋婁斂之訓、約釋詁而爲之解、非釋詁本有婁斂聚也之文。

古注斠

揫 孫子由反、郭音遒。案、遒音子由、祖秋二反。斂 力儉反。屈 丘勿反。戢 側立反。蒐 所求反。裒 古字作褎、蒲侯反、下同。字本或作捊。鳩 居牛反、說文作勼、音九尤反。摟 力侯反、從手。本或作樓、非。隰 音習。拘 古侯反。

陸音義

裒 字本或作捊。○捊、舊譌從木、今案文義正。摟 本或作樓、非。○俗本摟樓互易、大誤。

音義攷證

揫斂屈收戢蒐裒鳩樓聚也 樓、宋本郭注同。案釋文云从手、本或作摟。

蒐、摟而聚之。屈、聚而屈焉。卽若許由、雖堯不能屈矣。」

新義

揫斂屈收戢蒐裒鳩樓聚也 揫、鄉飲酒云、秋之言揫。揫、斂也。屈、泮水云「屈此羣醜」。戢、時邁云載戢干戈。蒐、通作搜。鳩、左傳云以鳩其民。樓、通作摟。

鄭樵注

揫斂屈收戢蒐裒鳩摟聚也 揫孫子由反郭音遒摟本亦作樓

郭璞曰、禮記曰秋之言揫。揫、斂也。春獵爲蒐。蒐者、以其聚人衆也。詩曰屈此羣醜。原隰裒矣。左傳曰以鳩其民。摟猶今言拘樓聚也。

鄭樵曰、揫、鄉飲酒云秋之言揫。揫、斂也。屈、泮水云屈此羣醜。戢、時邁云載戢干戈。蒐、通作搜。鳩、左傳云以鳩其民。樓、通作摟。

古注合存

揫斂屈收戢蒐裒鳩樓聚也 揫音啾、蒐音搜。○此釋揫斂以下皆聚之義也。註曰、鄉飲酒云揫之言愁、揫斂也、左傳云以鳩其民、樓、猶今言拘樓、愚按屈猶斂也、凡物斂則聚、舒則散、蒐裒則直言聚也、鳩性亦好聚。

注疏參義

鄭云、蒐通作搜、樓通作摟。

補注

揫斂屈收戢蒐裒鳩摟聚也 註 禮記曰秋之言揫。揫斂也。春獵爲蒐。蒐者以其聚人衆也。詩曰屈此羣醜。原隰裒矣。左傳曰以鳩其民。摟猶今言拘摟聚也 正義 說文云聚、會也。方言云萃、集也。東齊曰聚。是聚爲萃集也。揫者、說文引詩云百祿是揫。毛詩商頌長發篇作百祿是遒。傳云遒、聚也。釋文云揫、郭音遒。揫遒音義同。方言云凡斂物而細謂之揫。是揫爲聚之多也。斂者、

說文云斂收也。大雅蕩篇斂怨以爲德、言其聚衆怨也。荀子非十二子云、斂然聖王之文章具焉、楊倞註斂然聚集之貌。屈者、釋文引韓詩云屈收也。收斂得此衆聚。是屈與收斂義同、故爲聚也。收者、周頌維天之命云我其收之、毛傳用爾雅。左氏襄四年傳云、收二國之燼。凡經傳言收斂者、皆爲聚合也。戢者、周頌時邁云、載戢干戈。通作輯。舜典云輯五瑞、史記作揖五瑞。集解引馬融云揖、斂也。蒐者、成十六年傳云蒐乘補卒。襄二十四年傳云、齊社蒐軍實。言聚而閱之也。裒者、商頌殷武云裒荊之旅。是聚之多者爲裒。釋文云裒古字作褎、本或作捊。案孟氏易君子以捊多益寡。今本謙卦象傳作裒多益寡。侯果云裒、聚也。裒捊聲之轉也。鳩者、說文作勼、聚也。通作鳩。堯典云共工方鳩僝功、史記作旁聚布功。又通作逑。說文引書作旁逑孱功。云逑、斂聚也。摟者、說文云摟、曳聚也。本或作婁。小雅角弓云式居婁驕、鄭箋婁、斂也。疏引釋詁云婁、斂聚也。詩釋文引徐邈云婁、鄭音摟。爾雅釋文云、本或作樓、非。**註**禮記至斂也。○**正義**鄉飲酒義云秋之爲言愁也、鄭註愁讀爲揫。揫、斂也。郭氏依鄭讀兼取鄭義也。○春獵至衆也。○春獵爲蒐、釋天文。公羊昭八年傳云、蒐者何、簡車徒也、何休註徒、衆也。是蒐者以聚徒衆也。○詩曰至其民。○屈此羣醜、魯頌泮水文。原隰裒矣、小雅常棣文。毛傳俱用爾雅。以鳩其民、左氏隱八年傳文。又昭十七年傳云五鳩、鳩民者也。○摟猶至聚也。○劉熙孟子註云摟、牽也。故摟爲拘摟。郭氏引時俗語爲證也。**正義**

揫摟聚也

郭注摟、猶今言拘摟聚也。玉案、詩破斧疏引釋詁云遒、斂、聚也。彼遒作揫、音義同、用經文也。角弓疏又引釋詁云婁、斂、聚也。婁卽摟字。摟斂二字非連文、疑孔氏蓋用郭注。今本拘摟下誤脫一斂字耳。嶽雲案、孔所見爾雅本有二、一作遒斂聚也、一作婁斂聚也。而其時通行之本又作揫斂聚也。今本無斂字有摟字、是刻本之誤。孔所引乃爾雅文、與郭注無涉。**補注殘本**

棲聚也　玉案、棲當从手作捿。釋文云、本或作棲、非。案

說文捿、曳聚也。**校議**

揫斂屈收戢蒐裒鳩摟聚也　禮記曰秋之言揫揫斂也春獵爲蒐蒐者以其聚人衆也詩曰屈此羣醜原隰裒矣左傳曰以鳩其民摟猶今言拘摟聚也

說文云聚、會也。邑落曰聚。方言云、萃、雜、集也。東齊曰聚。是聚爲會集之意。集聚聲亦相轉。通作取。易萃云聚以正。釋文聚、荀本作取。又通作冣。樂記云會以聚衆、鄭注聚或爲冣。史記周紀集解徐廣曰聚一作冣。冣亦古之聚字。冣聲近叢。說文云叢、聚也。小爾雅云冣、聚、叢也。聲又近撮。莊子秋水篇鴟鵂夜撮蚤、釋文撮、崔本作冣。淮南作聚。蓋聚冣叢並从取聲。撮从最聲。三字俱聲轉義同也。揫者、說文云束也。引詩百祿是揫。又云䊵或作揫、收束也。讀若酋。通作揪。說文揪、聚也。又通作遒。詩四國是遒、箋遒、斂也。百祿是遒、傳遒、聚也。鄉飲酒義云、秋之爲言愁也。郭引愁作揫、據鄭注愁讀爲揫。揫、斂也。漢書律厤志云秋、䵍也。䵍卽揫字。此說文及鄭義所本。又釋名云秋、緧也。緧、迫品物使時成也。周禮目錄云秋者、酋也。大玄玄文注云酋之言聚也。是皆以聲爲義者也。屈者、蟠屈有斂聚之意。聘禮云屈繅、鄭注屈繅者斂之。詩屈此羣醜傳屈、收也。釋文引韓詩亦云屈、收也。收斂得此衆聚。通作詘。漢書楊雄傳音義引諸詮云詘古屈字。又通闕與厥。蓋厥屈皆短尾之稱。故會意爲聚耳。戢者、說文云藏兵也。藏亦斂。故詩鴛鴦、白華箋並云戢、斂也。斂亦聚。故桑扈、時邁傳並云戢、聚也。通作輯。書輯五瑞、史記作揖五瑞。集解引馬融注揖、斂也。詩螽斯傳揖揖、會聚也。釋文揖、子入反。又通作集。文選東京賦云總集瑞命、薛綜注集、聚也。又通作戢。易豫云朋盍簪、集解引虞翻作朋盍戢。戢、聚會也。釋文引作戢叢合也。然則叢與聚合與會並字異而義同矣。蒐者、按之叚借也。說文按、衆意也。本詩泮水毛傳、蓋矢五十爲一束、故言衆意。衆聚並从㐺、故其義同。按隸變作搜。通作廋。公羊桓四年傳秋曰廋、釋文廋、本又作搜。又通作蒐。穀梁桓四年傳秋曰蒐、釋文蒐、麋氏本又作搜。公羊釋文廋、本亦作蒐。昭八年定十三年釋文並與此同。左氏昭廿九年釋文搜、本又作蒐。郊特牲

爾雅詁林　一　釋詁上

釋文捜、本又作廋。是廋挼蒐古俱通用。若以聲義求之、則蒐狩之蒐、挼爲正體、廋爲叚音、蒐爲譌字、蒐从鬼聲、於義又舛、但經典相承通用。說見釋草茅蒐下。又通作獀。禮祭義云而弟達乎獀狩矣、鄭注春獵爲獀。魏大饗碑云周成岐陽之獀、亦作獀字。葢獀即搜也。隸書手旁犬旁形近易淆、俗師不曉、因致斯譌。然則搜變爲獀、與挼偕爲蒐、其失正同矣。裒者、捊之叚音也。說文捊、引取也。玉篇引說文作引聚也。據詩原隰捊矣、捊、聚也。通作裒。詩原隰裒矣、裒時之對、裒荆之旅、毛傳竝云裒、聚也。又通作掊。玉篇引易曰君子以掊多益寡、易謙釋文裒、鄭荀董蜀才作捊、云取也。字書作掊。詩曾是掊克、釋文掊、蒲侯反、聚斂也。又通作抱。說文捊、或从包。玉篇云抱、說文同捊。又通作襃。禮雜記注招用襃衣也。釋文作裒、云裒本又作襃。爾雅釋文亦云裒古字作襃、本或作捊。按捊襃一聲之轉、襃之爲言保也。保有聚義、故都邑之城曰保、村落之城曰聚。莊子列禦寇篇云人將保汝矣、郭象注保之者、聚守之謂也。是保襃義同。襃裒形近、疑裒即襃之或體矣。鳩者、勼之叚音也。說文勼、聚也。讀若鳩。通作鳩。書共工方鳩僝功、史記五帝紀作共工旁聚布功。左氏襄廿五年傳鳩藪澤、昭十七年傳五鳩鳩民者也、杜預注竝云鳩、聚也。隱八年傳以鳩其民、襄十六年傳敢使魯無鳩乎、注竝云鳩、集也。集聚義同。又通作逑。說文逑、斂聚也。引虞書曰旁逑孱功。爾雅釋訓云惟逑鞫也、釋文引字林云逑、聚斂也。本亦作求。按求方言訓爲挼略、是求有聚意。又通作救。說文人部引虞書曰旁救僝功。按釋器云絇謂之救、郭注救絲以爲絇。是救有糾聚之義也。摟者、說文云曳聚也。玉篇引詩弗曳弗摟、摟亦曳也。通作婁。詩式居婁驕、鄭箋婁、斂也。荀子非相篇作式居屢驕、楊倞注屢讀爲婁。婁、斂也。又通作蔞。檀弓云設蔞翣、鄭注蔞翣棺之牆飾。周禮蔞作柳。縫人職云衣翣柳之材、鄭注柳之言聚、諸飾之所聚。釋名云輿棺之車、其葢曰柳。柳、聚也。衆飾所聚、亦其形僂也。按釋名所謂柳車、即漢書季布傳之廣柳車也。晉灼注亦訓柳爲聚。又通作僂。莊子達生篇云死得於腞楯之上、聚僂之中、釋文引司馬彪云聚僂、器名也。今冢壙中注爲之。一云聚僂、棺椁也。一云聚僂當作菆、才官反。僂當作蔞、力久反、謂殯於菆塗蔞翣之中。又與蓼同。詩烝在栗薪、釋文引韓詩作蒸在蓼薪。蓼、力菊反。衆薪也。是蓼與婁蔞僂柳俱聲轉義同矣。郭云摟、猶今言拘摟聚者、鯆跍蒈當時方言以拘摟爲聚、猶今俗語以牢挼爲聚也。後漢書董卓傳云剽虜資物謂之搜牢。按搜牢今語轉作牢挼。牢挼猶摟蒐、皆斂聚之意。方言云挼、略求也。就室曰挼、於道曰略。略、強取也。然則方言之挼略、即漢書之挼牢、又即爾雅之蒐摟矣。摟牢略俱一聲之轉。

義疏

揫 遒 **斂屈收戢蒐** 挼 **裒** 襃 **鳩** 逑 **摟** 柳 **聚也**

郭注禮記曰、秋之言揫。揫、斂也。春獵爲蒐、蒐者、以其聚人衆也。詩曰屈此羣醜。原隰裒矣。左傳曰以鳩其民。摟、猶今言拘摟聚也。

揫从秋。說文以秋从𪚲、則先作龜卜、後分四時、非也。秋自从禾火、盛暑禾熟而秋、故爲收斂。說文引百祿是揫、今詩作遒。又四國是遒、月令大酋。酋酒古今字。酒亦禾熟所成、故同用耳。斂从攴僉、亦收禾字。書斂時五福、屈从尾出。易尺蠖之屈。收从攴丩。詩我其收之。戢、見上輯。詩載戢干戈。蒐从艸鬼、以染祭服、故从鬼。春秋蒐狩、本皆作搜、記作獀、周官作廋、後皆作蒐、茅蒐之有搜音、所未詳也。以鬼爲田、田獵亦所以供祀、豈以韋布韎韐而名爲艸因爲田號與。詩束矢其搜、語人焉廋哉、廋爲斂臧也。裒之作裒、隸變字耳。經遂分爲二字。易裒多、鄭作捊。玉篇引作掊。裒从保、保孚古今字。抱卵爲孚。易中孚、記四鄙入保、保孚皆聚也。鳩亦作勼。書方鳩、說文引作旁述、又作旁救。求从又、即九也。多不過九、故爲積聚。摟从毋中女、古屢字。詩式居婁驕。又弗曳弗婁、周官翣柳、記作蔞翣、書柳谷、鄭注皆以爲聚。聚从取乑。眾取爲聚。字又作冣。

集解

揫斂屈收戢蒐裒鳩樓聚也

揫束也。从手秋聲。引申爲聚。詩長發百祿是遒、說文引作揫、傳聚也。左成二傳注同。後漢書馬融傳揫斂九藪之動物、注揫、聚也。禮記鄉飲酒義秋之爲言愁也、注愁斂也。尚書大傳秋者愁也。萬物愁而入也。左昭元傳勿使有所壅閉湫底、疏謂氣聚。大玄玄圖陰酋西北、注酋、聚。離騷紛總總其離合兮、注總總猶傳傳聚皃也。南都賦作蕁蕁。左成十六傳蹲甲而射之、注蹲、聚也。史記司馬相如傳鑽羅列聚叢以龍茸兮、廣雅作攢、云聚也。說文猶傳聚也。廣雅釋詁叢、儹、聚也。以愁湫酋蕁蹲鑽欑傳叢儹爲之。斂、收也、从攴僉聲。收之卽所以聚之也。書洪範斂時五福、正義以爲斂聚。後漢書王充王符仲長統論斂威峻刑以苛薄分崩、注斂、聚也。荀子非十二子斂然聖王之文章具焉、注斂然、聚集之皃。列子楊朱君盈則己降、君斂則己施、注斂、收聚也。孟子而不知檢、注檢、斂也。禮記王制十國以爲連、注連猶聚也。廣雅釋詁林、聚也。以檢連林爲之。屈字本作屬無尾也、从尾出聲。今字作屈、省正字爲誳、實爲曲。曲、象器受物之形、受物卽所以聚物。曲誳屈通用字。儀禮聘禮屈繅、注斂之也。詩泮水屈此羣醜、傳屈收也。釋文引韓詩亦云屈、收也。收、斂得此眾聚。收、捕也、从攴丩聲、正字爲捄。捄、手引物使聚也。許愼謂盛土於梩中。專釋詩捄之陾陾而已。捄收通用字。禮記郊特牲旣蜡而收、注謂收斂。詩維天之命我其收之、傳收、聚也。戢、藏兵也、謂聚兵也、从戈咠聲。詩鴛鴦白華戢其左翼、箋均云戢、聚也。桑扈不戢不那、時邁載戢干戈、傳均云戢、聚也。周語夫兵戢而時動、文選陸士衡答賈長淵詩俎豆載戢、注均云戢、聚也。書堯典輯五瑞、馬本作揖、云斂聚也。周語和協輯睦於是乎興、注輯、聚也。前漢書兒寬傳統楫羣元、張晏曰楫聚也。詩無羊其角濈濈、傳聚其角而息濈濈然。民勞箋合聚也。文選東京賦總集瑞命、注集聚也。陽給事誄以緝華裔之眾、注會聚也。荀子議兵伐翕伐張、注翕、斂也。廣雅云聚也。以輯揖楫濈合集緝翕爲之。蒐、茅蒐茹藘人血所生、可以染絳、从艸从鬼、會意、正字爲搜。穀梁桓四傳釋文蒐本又作搜。文選辨亡論蒐三王之樂、注蒐搜古字通。以蒐爲搜也。搜、求也。引申爲聚、謂求而聚之也。字一作廋。公羊廋於紅、儀禮肜肉及廋車是也。廋搜蒐通用字。左隱五傳春蒐夏苗、注蒐擇取不孕者。言擇聚未胎之禽也。穀梁則謂秋曰蒐。禮記祭義而弟達乎獀狩矣。呂覽季春獀焉、注擇也聚也。漢書趙充國傳疏捕山間虜、疏卽搜聚也。廣雅釋詁總聚也。以獀疏總爲之。裒、字本作褎。裒衣博裾、从衣保省聲、正字爲捊。說文徐鍇本引詩原隰捊矣、今常棣作裒。緜捄之陾陾、釋文作捊、引爾雅捊、聚也。以捊爲裒也。捊、引取也。取、王篇作聚。从手孚聲。捊裒通用字。裒、裒古今字。易謙君子以裒多益寡、侯果曰裒聚也。詩般裒時之對、殷武裒荊之旅、傳均云裒聚也。蕩曾是掊克、釋文掊聚斂也。莊子列禦寇人將保汝矣、注保者聚守之謂也。以掊保爲之。鳩、鶻鳩也、从鳥九聲。鳩種類多而不一、故引申爲積聚之稱。說文則以勼爲之。書堯典共工方鳩僝功、史記作旁聚布功。左襄二五傳鳩藪澤、昭十七傳五鳩鳩民者也。後漢書馬融傳鳩之乎蘚囿之中、文選東京賦鳩諸靈囿、景福殿賦鳩經始之黎民、注均云鳩、聚也。說文引書旁逑孱功、今書作鳩。禮記王制二百一十國以爲州、注州猶聚也。以逑州爲之。樓、重屋也、从木婁聲、正字爲摟。摟、曳聚也。摟樓通用字。詩角弓式居婁驕、今本作婁、箋斂也。文選長門賦離樓梧而相撐、注離樓欑聚眾木皃。書堯典睞谷、大傳作柳谷、鄭注柳、聚也。禮記檀弓設蔞翣、周禮縫人作蔞柳。注柳之言聚、諸飾之所聚。以柳蔞爲之。聚、會也、从㐺取聲、易萃、聚以正。

義證

揫斂屈收戢蒐裒鳩摟聚也 揫音遒。裒、蒲侯反。

註禮記曰秋之言揫揫聚也春獵爲蒐蒐者以其聚人衆也詩曰屈此羣醜原隰裒矣左傳曰以鳩其民摟猶今言拘摟聚也

郭注補正

蒐聚也　注春獵爲蒐蒐者以其聚人衆也、

正曰王尚書經義述聞云、釋天春獵爲蒐、彼注搜索取不任者。則蒐非祉聚衆之謂。且苗獮狩皆聚衆、不獨蒐也。彼注蒐訓搜索、蒐與搜古字通。漢書刑法志、春振旅以搜。穀梁桓四季傳、秋曰蒐、釋文蒐、麋氏本又作搜。重修玉篇、廣韵竝云搜、聚也。郎用爾雅文。

正郭

蒐聚也　注春獵爲蒐蒐者以聚人衆也

諍曰王氏據釋天春獵爲蒐、注云搜索取不任者、則蒐非聚衆之謂、且苗獮狩皆聚衆之事、不獨蒐也。魯頌束矢其搜、毛傳搜衆意也。搜與蒐古字通。案、

說文解蒐爲茅蒐、春蒐當作㹱、作蒐者乃叚字、據叚字義以釋之宜多扞格、其義自失。 諍郭

揫斂屈收戢蒐裒鳩摟聚也

禮記曰秋之言揫揫斂也春獵爲蒐蒐者以其聚人衆也詩曰屈此羣醜原隰裒矣左傳曰以鳩其民摟猶今言拘摟聚也

阮氏云、雩𦡱本作摟猶今言拘樓樓摟二字互易始得之。樹枏案、釋文言摟從手、本或作樓、非。據此則注中俱作摟也。 郭注佚存補訂

揫斂屈收戢蒐裒鳩摟聚也

揫者、郭注云禮記曰秋之言揫。揫、斂也。說文云揫、束也。引詩百祿是揫。䪥下云或作收束也。讀若酋。今商頌長發百祿是遒、毛傳云遒、聚也。揫遒聲義皆同。豳風破斧四國是遒、鄭箋云遒、斂也。 斂者、說文云收也。大雅蕩斂怨以爲德、箋云、斂聚羣不逞作怨之人、謂之有德而任用之。是以斂爲聚也。小雅桑扈箋云、然而不自斂以先王之法。疏云斂者、收攝之名。 屈者、魯頌泮水屈此羣醜、傳云屈、收也。彼釋文引韓詩亦同。 收者、周頌維天之命我其收之、傳云收、聚也。 戢者、說文云藏兵也。引申之爲凡戢聚之稱。小雅桑扈不戢其難、周頌時邁載戢干戈、毛傳竝云戢、聚。鴛鴦、白華、戢其左翼、箋竝云戢、斂也。斂卽聚也。戢通作揖。周南螽斯螽斯羽揖揖兮、傳云揖揖、聚會也。又通作輯。轉作集。周語和協輯睦、注云輯、聚也。大雅公劉思輯用光、書無逸傳引作思集用光。板辭之輯矣、新序雜事引作辭之集矣。集說文作雧、羣鳥在木上、聚會之象。薛注東京賦云集、聚也。 集者、雧之省文也。 蒐、說文作搜、云衆意也。經典搜蒐通用。釋天春獵爲蒐、周南騶虞序云蒐田以時、大簡車徒謂之大蒐、卽聚而大閱、邢疏云以其聚人衆也。魯頌泮水束矢其搜、搜者、聚束之義、傳云搜、衆意也。與說文同。玉篇廣韻竝云搜、聚也。 裒者、周頌般裒時之對、商頌殷武裒荊之旅、傳竝云裒、聚也。裒與捊同。玉篇引說文云捊、引聚也。引詩原隰捊矣。今小雅常棣作原隰裒矣、傳云裒、集也。釋文云裒古字作褎、本或作捊。御覽五百十四引作原隰褎矣。皆同聲相假也。又通在掊。大

雅蕩曾是掊克、彼釋文云掊、聚斂也。鳩者、勼之假借也。說文云勼、聚也。讀若鳩。襄二十五年左氏傳注云鳩、聚也。通作逑。說文云逑、聚斂也。引虞書曰旁逑孱功。今書作方鳩僝功。大雅民勞以爲民逑、傳云逑合也。箋云合、聚也。疏云合爲合聚、所以申足毛意。周南關雎君子好逑、好逑如好合、韓詩作好仇。仇從九、亦聚合之義。論語九合諸侯、卽鳩合諸侯也。又通作糾。魏風葛屨糾糾葛屨、傳云糾糾猶繚繚也。說文云丩、相糾繚也。繚、纏也。故九合諸侯亦作糾合諸侯。後漢書荀彧傳注云糾、合也。一切經音義十七引蒼頡解詁云、繩三合曰糾。糾亦聚義也。陳風月出舒窈糾兮、窈糾亦糾結之義。摟者、說文云曳聚也。玉篇引詩弗曳弗摟。今唐風山有樞作弗曳弗婁。婁者、摟之古文省也。小雅角弓式居婁驕、箋云婁、斂也。斂亦聚也。曳者、引而開之。婁者合而聚之也。 說詩

摟聚也

柏年案孟子、五霸者摟諸侯以伐諸侯者也。又踰東家牆而摟其處子。趙注俱訓爲牽。說文摟、曳也聚也。壹牽與曳皆有聚意。又楊子方言、裒持謂之摟。雙臂合抱、亦

所以爲聚也。 補釋

戢蒐裒鳩摟 摟、誤從木。下同。從釋文校。

註秋之言揫 揫、禮記作愁、註愁、讀爲揫。 注疏正字

裒 當从釋文作褎。 小箋

蒐摟聚也

郭曰、春獵爲蒐。蒐者、以其聚人衆也。邵曰蒐者、成十六年左傳云蒐乘補卒。襄二十四年傳云齊社蒐軍實。言聚而閱之也。摟者、說文云摟、曳聚也。或作婁。小雅角弓云式居婁驕。鄭箋婁、斂也。疏引釋詁云婁、斂、聚也。家大人曰、釋天春獵爲蒐。郭云捜索取不任者。則蒐非聚衆之謂。且苗獮狩皆聚衆之事、不獨蒐也。左傳之蒐乘、蒐軍實、皆謂簡閱之、非謂聚之。郭邵所引皆非確證。予謂魯頌泮水篇束矢其捜、捜者聚束之貌。故毛傳云捜、衆意也。捜與蒐古字通。桓四年穀梁傳秋曰蒐、釋文蒐、麋氏本又作捜。漢書刑法志、春振旅以捜。玉篇廣韻並云捜、聚也。卽用爾雅之文。又案角弓篇式居婁驕、婁古屢字也。故荀子非相篇作式居屢驕。王肅訓婁爲數。是也。鄭訓婁爲斂、謂斂其驕慢之過、似於義未安。子謂孟子告子篇五霸者摟諸侯以伐諸侯者也、摟諸侯卽聚諸侯、故郭云摟猶今言拘摟聚也。史記天官書婁爲聚衆。義亦同也。 述聞

揫斂屈收戢蒐裒鳩樓聚也

說文韋部𩏠、收束也、从韋糕聲、讀若酋。或从要作𩎤、或从秌手作揫。詩豳風破斧四國是遒、箋遒、斂也。正義曰、釋詁云遒、斂、聚也。彼遒作揫、音義同。又商頌長發百祿是遒、傳遒、聚也。說文手部揂、聚也、从手酋聲。又揫、束也、从手秋聲。詩曰百祿是揫。戢、正義云通作輯。書輯五瑞、史記作揖。元照案、輯揖亦从咠聲、故通用。說文手部捜、衆意也。一曰求也。从手叜聲。詩曰束矢其捜。

爾雅詁林 一 釋詁上

案摉、正文。借作蒐。釋文云㝗、古字作褒、本或作桴。盧本改捊案說文無㝗字、褎義亦不合。臧氏琳曰桴、傳譌。當作捊。說文手部捊、引聚（今本作取從玉篇所引）也、从手孚聲。詩曰原隰捊矣。大徐本脫、依繫傳補。玉篇引說文亦有。臧氏鏞堂曰、詩大雅緜捄之陾陾、箋捄捊也。築牆者捊聚壤土。釋文作捊、引爾雅云聚也。元照案、說文捊、或从包作抱。俗讀抱爲薄報反、故譌而爲褎。釋文云鳩、說文作勼。正義云勼通作鳩。堯典方鳩僝功、史記作旁聚布功。又通作逑。說文逑、斂聚也。引書旁逑僝功。釋文云摟、从手、本或作樓、非。案石經單疏皆作摟。說文手部摟、曳聚也、从手婁聲。六朝俗書手木易溷。又通作婁。正義云詩小雅角弓式居婁驕、箋婁、斂也。疏引釋詁云婁斂聚也。徐養原曰、士喪禮牢中旁寸、鄭注牢讀爲樓、賈疏云義取樓斂狹少之意。案亦當从手。

匡名

揫斂屈收戢蒐㝗鳩摟聚也。此釋聚之義。說文冣、會也。揫、束也。馬融廣成頌、揫斂九藪之動物。引詩百祿是揫。今商頌作百祿是遒。傳遒、聚也。斂、收也。論語、求也爲之聚斂。魯頌屈此羣醜、傳屈、聚也。戢、捕也。註手部捕、取也。取之所以聚之也。周頌我其收之、傳收、聚也。戢、藏兵也。引詩載戢干戈。通作輯。前漢郊祀志、輯萬國。舜典輯五瑞、史記作揖五瑞。又前漢倪寬傳、統楫羣元。是戢與楫揖亦通。左成十六年傳蒐乘補卒、註蒐、聚也。商頌㝗荊之旅、傳㝗、聚也。通作捊。謙卦㝗多、孟氏易作捊多。疏謂捊、聚也。勼、聚也。堯典共工方鳩僝功、史記作旁聚布功。又通作逑。引書旁逑孱功。又曰怨匹曰逑。逑仇古多通用。摟、曳也聚也。孟子摟諸侯以伐諸侯、註摟、牽也。此曳義之引伸也。或作婁。小雅式居婁驕、箋婁、斂也。

啓蒙

㝗　捊　玉篇捊。說文曰。引聚也。詩曰。原隰捊矣。捊。聚也。本亦作㝗。釋文。㝗。本或作捊。案易謙卦釋文。㝗。鄭荀董蜀才作捊。云。取也。

㝗者褎之訛借褎衣字爲之

鳩　勼　釋文。鳩。說文作勼。聚也。是正字。鳩借字。

黄侃評本正名

揫聚也。揫聲轉為㚇。說文㚇斂足也。廣雅㚇聚也。

黄侃音訓

揫、斂、屈、收、戢、蒐、㝗、鳩、摟、聚也。

說文云：「聚、會也。」方言云：「萃、雜集也、東齊曰聚。」是聚爲集會之義。易萃卦釋文云：「聚、荀本作取；」鄭注樂記云：「聚或爲最。」說文云：「叢、聚也；」其字義相通者。郝氏云：「聚、最、叢、竝取聲、三字俱聲轉義同也。」

揫、即𪇰字。揫訓聚者、漢書律歷志云：「秋、𪇰也、物𪇰斂乃成熟；」說文據之以釋𪇰篆云：「𪇰、收束也、讀若酋、或从秋手；」鄭氏據之以釋鄉飲酒禮云：「揫、斂也。」曰收束、曰斂、皆聚之義也。揫通遒、說文引詩「百祿是揫、」商頌作遒、或借愁爲揫；亦通酋。

屈收者、詩「屈此羣醜、」毛韓竝云：「屈、收也；」「我其收之、」毛傳云：「收、聚也；」是屈收皆爲聚之義。

戢、說文「藏兵也。」藏亦聚斂之意、故鴛鴦箋訓戢爲斂、桑扈傳訓爲聚。通作輯、集、揖。

蒐者、郝氏云：「摉之假借。」說文云：「摉、衆意也、一曰求也、詩、東矢其摉。」今隸作搜。郝氏謂「廋、摉、蒐、古俱通用；以聲義求之、則蒐狩之蒐、摉爲正體、廋蒐爲假音。」摉又通作獀、見禮祭義。

㝗者、釋文「㝗、古字作褒、古侯反、字、本或作捊。」案作捊是也。玉篇引說文云：「捊、引聚也；」說文引詩「原隰捊矣、」傳訓聚；毛許皆用雅義、其字皆作捊也。作褒者、郝氏云：「捊褒一聲之轉。」今本爾雅及毛詩作裒、據陸氏說、則爲裦之今字耳。捊又或作抱、見說文。亦作掊、見玉篇所引易語。

鳩者、勼之假借；說文云：「勼、聚也。」左傳「五鳩鳩民、」杜訓聚；「敢使魯無鳩乎、」杜訓集、集亦聚也。

摟、說文云：「曳聚也、」曳聚爲摟、與引聚爲捊同義。玉篇引詩「弗曳弗摟、」摟即曳也、互文耳。孟子「摟諸侯以伐諸侯、」王引之以爲即聚諸侯。郭璞云：「摟、猶今言拘摟、聚也、」者、郝氏云：「當時方言以拘摟爲聚、猶今俗語以牢捘爲聚也。後漢書董卓傳云：『剽虜資物、謂之捘牢、』案捘牢、今語轉爲牢捘；牢捘猶摟蒐、皆歛聚之意。方言「捘、略、求也；就室曰捘；於道曰略。略、取强也。」然則方言之捘略、即漢書之捘牢、又即爾雅之蒐摟矣。摟、牢、略、俱一聲之轉。」

爾雅學

樓　唐石經單疏本雪牕本同。釋文摟、力侯反、從手、本或作樓、非。

樓猶今言拘樓　單疏本注疏本同。雪牕本作摟猶今言拘樓。按雪牕本樓摟二字互易、始得之。

揫斂屈收戢蒐裒鳩樓聚也○釋曰　注疏本刪。

餘皆見注○注禮記至聚也○釋曰　注疏本刪下八字。

云詩曰屈此羣醜者　注疏本脫者。

云樓猶今言拘摟聚也者　注疏本脫者。

校勘記

摟聚也。摟今本誤从木。注拘摟誤同。釋文摟、力侯反、从手、本或作樓非。

注疏本正誤

云春獵爲蒐蒐者以其聚人衆也　監本毛本湘本也下有者字、此本脫。

注疏校勘札記

六行樓聚也○「樓」、《釋文》作「摟」、云：「從手，本或作樓，非。」案：《說文》「摟」訓「曳聚也」，是字當作「摟」。邵氏《正義》及郝氏《義疏》均作「摟」。注文同。

八行(注)樓猶今言拘樓聚也○「樓」當作「摟」。

宋監本校箋

揫音揪斂屈收戢蒐音搜裒鳩樓聚也

音圖・音

揫、孫子由翻、音啾。說文揫聚也。郎由翻。郭音酋。說文引詩百祿是揫。揫、今作遒。豳風四國是遒。正義云釋詁遒作揫、音義同。宋本集韻蒐施音所救翻。夾漈鄭氏注蒐一音所救翻。翻、竝同收去聲。此音釋文闕。

音略

秋　遒上聲　輯　搜　抔　九平聲　樓

揫、斂、屈、收、戢、蒐、裒、鳩、摟、聚也。

孫品直音

秋遒上聲　輯　搜　抔　九平聲　樓

揫、斂、屈、收、戢、蒐、裒、鳩、摟、聚也

直音校正

揫啾斂屈收戢蒐搜裒鳩樓聚也

楊氏音訓

揫即由切　蒐搜

干氏音釋

肅齊遄速亟屢數迅疾也　寁駿肅亟遄速也

肅、齊、遄、速、亟、屢、數、迅、疾也。詩曰仲山甫徂齊。寁、駿、肅、亟、遄、速也。詩曰不寁故也。駿猶迅速、亦疾也。

郭注

肅齊遄速亟屢數迅疾也　釋曰、皆謂急疾也。肅者、召南小星云肅肅宵征、毛傳云肅肅疾貌。齊者、壯疾也。遄者、邶風泉水云遄臻于衛。速者、論語云無欲速。亟者、欺冀切。論語曰好從事而亟失時。一云亟、居力切。大雅靈臺云匪亟其欲。屢者、小雅巧言云君子屢盟。數者、祭義云祭不欲數。迅者、疾走也。論語云迅雷風烈必變。注詩曰仲山甫徂齊　釋曰、大雅烝民文。寁駿

肅亟遄速也　釋曰、速亦疾也。肅亟遄轉相訓耳。駿者猶迅也。禮記大傳云遂奔走。駿遂音義同。鄭注云疾奔走言勤事也。注詩曰不疌故也　釋曰、鄭風遵大路文。

邢疏

疌速也

疌意之速也。詩遵大路正義

犍爲注

黃輯古義

疌駿肅亟遄速也

疌、意之速。詩鄭風遵大路正義

犍爲注

玉函山房輯佚

疌速也

舍人曰疌、意之速。詩正義四之一

漢注

肅齊遄速亟屢數迅疾也

郭璞云、詩曰仲山甫徂齊。

疌駿肅亟遄速也

舍人云疌、意之速。詩正義四之一卷　郭璞云、詩曰不疌故也。駿猶迅。速亦疾也。

一切注音

駿、速也、

駿、馬之美稱也、

慧琳一切經音義卷八十三大唐慈恩寺三藏法師玄奘傳序「郵駿」下引、據海印寺本、白蓮社本及頻伽藏本竝同、大正藏本作「郭註」誤、

森案董瑞椿讀爾雅補記云「釋詁『大也』『長也』『速也』、條竝有駿、郭註於大也、條駿、引詩「爲下國駿厖」、於「速也」、條駿、言「駿猶迅速亦疾也」、鄭註當隸何條、未見明文、據玉篇下馬部「駿、馬之美稱也、速也」、則高密此註、當隸「速也」條、必顧野王見鄭註「速也」條如此、故於玉篇駿下從鄭註義、又兼引雅文也、穆天子傳一「天子之駿」、郭璞彼註「駿者馬之美稱」、亦正用鄭義、森案說文「駿、馬良材也」、駿本良馬之稱、良馬行疾、引申之有速義。

鄭玄注稽存

遄市專反。亟欺冀反、又居力反。屢力具反。數色角反。迅信峻二音。徂才孤反。疌本或作寁、同。子感反。肅亟字又作茍、同。居力反。經典亦作棘、同。

陸音義

疌本或作寁○寁舊作疌、今案字書改。

肅亟字又作茍○茍、舊作急、是後人妄改、蓋誤以茍爲苟字耳。茍音急、敬字從此。宋本不誤、今據改正。

音義攷證

疌駿肅亟遄速也

詩曰、無我惡兮、不疌故也。疌居之速。遄、行也。

新義

肅齊遄速亟屢數迅疾也疌駿肅亟遄速也　疌、鄭風云、不疌故也。

鄭樵注

肅齊遄速亟屢數迅疾也

郭璞曰、詩曰仲山甫徂齊。

疌駿肅亟遄速也

舍人曰、疌意之速。

郭璞曰、詩曰不疌故也。駿猶迅。速亦疾也。

鄭樵曰、疌、鄭風云不疌故也。

古注合存

肅齊遄速亟屢數迅疾也寁駿肅亟遄速也遄音船、上亟音器、數音朔、下亟音急、寁音昝、駿遂同。○此釋肅齊以下爲疾爲速之義也。註曰、詩鄭風云不寁故也。疏曰、詩召南云、肅肅宵征、毛傳云、疾貌。齊者、壯疾也。記大傳云、遂奔走。駿、猶迅也。愚按、整肅則疾速、散懈則遲緩、故肅齊爲疾之義。而疾速則頻數、遲緩則否、故亟屢數亦爲疾之義也。

注疏參義

肅齊遄速亟屢數迅疾也 註 詩曰、仲山甫徂齊。**寁駿肅亟遄速也** 註 詩曰、不寁故也。駿猶迅。速亦疾也。

正義 釋名云、疾、截也、有所越截也。速訓爲疾、肅亟遄又訓爲速、義相貫通也。○肅齊至疾也。○肅者、禮運云刑肅而俗敝、鄭註肅、駿也。周語云俾莫不任肅純恪、韋昭註肅、速也。淮南本經訓云寬而不肆、肅而不悖、高誘註肅、急也。皆與疾之義相成也。召南小星云肅肅宵征、毛傳肅肅、疾貌。是重言之亦爲疾也。齊者、大戴禮記五帝德云幼而慧齊、史記作幼而徇齊。集解云齊、速也。言聖德幼而疾速也。離騷云反信讒而齊怒、王逸註齊、疾也。荀子君道篇齊給便捷而不惑。尚書大傳云多聞而齊給、鄭註齊、疾也。遄者、說文云遄、往來數也。易曰、巳事遄往。說文所引損卦初九爻辭也。大雅崧高云、式遄其行。是遄爲行之速也。速者、考工記云不微至無以爲戚速也。鄭註速、疾也。書或作數。祭義云、故聽且速也。速通作遬。呂氏春秋辨土篇莖生有行故遬長、弱不相害故遬大、高誘註遬、疾也。亟者、說文云亟、敏疾也。大雅靈臺云、經始勿亟。少儀云、小飯而亟之。淮南主術訓、雖馳傳騖置不若是其亟。亟又通作極。說文云極、疾也。亟、又去吏切。少儀云亟見曰朝久、鄭註亟、數也。屢、當作婁。釋言云婁、亟也。樂記云、臨事而屢斷。其義相成也。數者、祭義云其行也趨趨以數、鄭註數之言速也。迅者、釋獸於貎貐狒狒皆云迅走。是迅爲走之疾也。○寁駿至速也。○寁者、說文云寁、居之速也。詩疏引舍人云寁、意之速。寁通作簪。豫九四云朋盍簪、釋文引子夏傳云疾也、鄭康成云速也。寁簪聲之轉也。駿者、周頌噫嘻云駿發爾私、弟子職云若有賓客弟子駿作、皆言速也。駿又通作遂。舊疏引禮記大傳云遂奔走、鄭註遂、疾也。疾奔走言勤事也。肅亟遄又爲速、轉相訓也。釋文云亟、又作急。

釋名云、急、及也。操切之使相逮及也。急亦作𢙢。詳見釋言。註 詩曰至徂齊。○ 正義 大雅蒸民文。毛傳以爲東方齊也、謂往治齊之城郭也。漢書杜欽傳引韓詩傳云、仲山甫、異姓之臣、就封于齊。郭氏引詩之意則以爲仲山甫往行之疾也。或本齊魯詩傳、未聞其審。○詩曰至疾也。○ 正義 詩鄭風遵大路文。駿猶迅者、說文云駿、馬之良材者。迅、疾也。从辵卂聲。駿馬善疾走、假借以爲駿奔走。猶迅爲疾走、假借以爲迅雷風烈也。速亦疾者、通上下文之義。

正義

肅齊遄速亟屢數迅疾也 詩曰、仲山甫徂齊。**寁駿肅亟遄速也** 詩曰、不寁故也。駿猶迅。速亦疾也。

釋名云、疾、截也、有所越截也。又云疾、疾也。客氣中人急疾也。詩旻天疾威、箋疾猶急也。周語云高位寔疾顚、齊語云深耕而疾耰之、韋昭注並云疾、速也。肅者、上文云進也。進疾義近。故詩小星傳肅肅、疾貌。肅有嚴急之意、故洪範五行傳側匿則侯王其肅、鄭注肅、急也。通作夙。夙、早敬也。早敬亦疾速。故詩載震載夙、箋夙之言肅也。是肅夙聲義同。又通作速。特牲饋食禮注宿或作速。記作肅。是肅速又通矣。齊者、壯之疾也。釋言云齊、壯也。尙書大傳云多聞而齊給、荀子臣道篇云齊給如響。性惡篇云齊給便敏而無類、鄭注及楊倞注並云齊、疾也。郭引詩仲山甫徂齊、以齊爲疾、蓋本三家詩說也。通作資。說苑敬愼篇云資給疾速。資給即齊給也。又通作齌。說文云齌、炊餔疾也。離騷云反信讒而齌怒、王逸注齌、疾也。聲轉爲捷。故淮南說山篇云力貴齊、知貴捷、高誘注齊捷皆疾也。說文訓疾、故衞太叔疾字齊、見左傳。亦其證矣。遄者、說文云往來數也。詩遄臻于衞、亂庶遄沮、式遄其歸、傳並云遄、疾也。通作顓。易己事遄往、釋文遄荀作顓。速者、說文云疾也。通作數。考工記總目注速或作數。弓人注故書速或作數。聲近篗。說文云篗、疾也。文選東都賦云指顧倏忽、李善注倏忽、疾也。亟者、說文云敏疾也。通作極。說文云極、疾也。又通作極。易說卦云爲亟心、釋文亟荀本作極。莊子盜跖篇云亟去走歸、釋文亟、本或作極。荀子賦篇云出入甚極。又云反覆甚

爾雅詁林　一　釋詁上

極、楊倞注竝云極讀爲亟、急也。亦通作苟。說文苟自急敕也。爾雅釋文亟字又作苟、同。居力反。又通作棘。釋文亟、經典亦作棘。按詩棘人欒欒、玁狁孔棘、棘卽亟也。匪棘其欲、釋文亟或作棘。又通作革。檀弓云夫子之病革矣、又云若疾革、釋文革本又作亟。是亟棘革音義俱同矣。屢者、婁之俗體也。釋言云婁亟也。說文云婁務也。務趣也。言趣赴於事。是急疾之義也。通作僂。公羊莊廿三年傳夫人不僂、何休注僂疾也。荀子儒效篇云雖有聖人之知未能僂指也、又云賣之不可僂售也、楊倞注竝云僂疾也。又通作屢。釋言釋文婁本又作屢。詩賓之初筵傳及正月巧言箋竝云屢數也。角弓云式居婁驕、釋文婁、王力住反、數也。是王肅讀婁爲屢也。數者與屢同意。今人言數數猶言屢屢也。屢數有迫促之意故同訓爲疾。禮祭義云其行也趨趨以數、鄭注趨讀如促、數之言速也。樂記云、衛音趨數煩志、鄭注趨數讀爲促速。考工記總目云、不微至無以爲戚速也。戚與蹙同、戚速卽促速也。是數訓爲速、亦通作速。曾子問云不知其己之遲數、數卽速也。考工記注速書或作數。是其字通矣。迅者、說文云疾也。釋獸云狠絕有力、迅。楚辭招魂篇云多迅衆些、文選西京賦云紛縱體而迅赴、皆以迅爲疾也。通作訊。凡經典振訊、奮訊俱迅之叚借。故詩雄雉箋、奮訊其形貌。樂記注奮訊也。詩七月傳莎雞羽成而振訊之、公羊莊八年注故以振訊士衆言之。釋文竝云訊本作迅。又與駿同。爾雅釋文迅信峻二音。是駿迅音又同。凡音同者字通。○疌者、說文云居之速也。詩遵大路傳疌速也。正義引舍人曰疌意之速也。通作疌。爾雅釋文疌本或作疌、同。子感反。又通作簪。易朋盍簪、釋文簪徐側林反、子夏傳同、疾也。鄭云速也。埤蒼同。王肅又祖感反、京作撍、馬作臧、荀作宗、虞作戠。然則王肅以簪爲疌、其撍臧宗戠俱一聲之轉也。撍又轉爲憯。墨子明鬼篇云鬼神之誅、若此之憯速也。是憯疌又聲轉義同矣。駿者、馬之速也。詩駿發爾私、箋駿疾也。通作逡。禮大傳云逡奔走、鄭注逡疾也。又與峻同。峻者嚴急之意也。又與侚同。說文云侚疾也。也。史記五帝紀云幼而徇齊、集解徇疾、齊速也。禮大學注恂字或作峻、讀如嚴峻之峻。是峻侚聲義同。又與迅同。故郭云駿猶迅也。弟子職云若有賓客、弟子

駿作、注亦以駿爲迅矣。肅亟遄既訓疾又訓速者、速亦疾也。

義疏

肅齊遄速亟屢數迅疾也 郭注、詩曰仲山甫徂齊。此因摟而釋屢數、因及諸詁也。肅、上云進。詩肅肅宵征。又夙夜在公。又載震載夙。郭以徂齊對遄歸、言往來皆疾。此齊讀爲齌。說文齌、炊疾也。讀爲齋、敬疾也。易喪其齊斧。詩既齊既稷。遄、从耑、象艸木生。易已事遄往。詩遄臻于衛。遬、从辵欶。辵而欶、是行疾也。篆省从速。書茲義速殺。弢、工樸遬。又作數。亟、从二人又口手、口相助、是急疾也。易爲亟心。詩匪亟其欲。字一作棘、皆今急字。語亟失時、則爲頻數、蓋周末俱用亟數、少用亟疾矣。屢數竝从婁、生義。屢卽屨省也。詩屢舞僊僊。記、趨趨以數。又已之遲數、皆疾也。詩、君子屢盟。語、事君數、則重也。迅、从凡、飛半見。爲迅疾。經傳無迅字。詩訊卽誶、倉卒疾迅一意也。注家喜言振迅奮訊、記訊疾以雅亦周末語、與疾矢本一字、加疒爲疾病矣。行疾速後通以病爲速

疌駿肅亟遄速也 舍人注疌意之速也。郭注詩曰不疌故也。駿猶迅速、亦疾也。疌、从疌、今皆用捷而讀疌爲憯。易朋盍簪、子夏傳簪疾也。駿、从夋、本逡巡不進、而以爲疾、蓋用允義。允、从人㠯、易允升爲疾進、故夊之爲逡退。記引逡奔走、鄭注逡疾。詩駿發爾私、箋同。肅賓或作速宿、亟遄爲疾、又詁爲速者、疾速微有辨。疾促之速、早迅耳、有速而非疾者也。

集解

肅齊遄速亟屢數迅疾也 肅、持事振敬也、从聿在𣶒上。上經引申爲進、此引申爲疾、謂進者之疾也。禮記禮運刑肅而俗敝、則法無常、注肅、峻也。詩小星

爾雅詁林　一　釋詁上

肅肅宵征、傳疾皃。楚語故齊肅以承之、注肅、疾也。詩生民載震載夙、箋夙之言肅也。說文夙、早敬也。早敬亦疾矣。攷工記不微至無以爲戚速也、注齊人有名疾爲戚者。禮記禮器不麩則已蹙。蹙即蹴。疏謂大急。楚辭招魂道相迫些、注遒亦迫也。廣雅云急也。詩風雨風雨瀟瀟、瀟即潚。傳暴疾也。後漢書張衡傳迅飈潚其媵我兮、注潚疾也。以夙戚蹴遒潚爲之。齊亦麥吐穗上平也、象形。正字爲齎。齎、妏鋪疾也。字一作懠。詩天之方懠、釋文懠、疾怒也。是也。齎懠齊通用字。易旅得其齊斧、江藩曰齊、利也。猶疾也。大戴禮五帝德幼而慧齊、孔廣森曰齊、疾也。尚書大傳多文而齊給、荀子非十二子齊給便利而不順理義、注均云齊、疾也。淮南說山力貴齊知貴捷、注齊捷皆疾也。離騷反信讒而齊怒、注齊、疾也。禮記樂記衛音趨數煩志、注趨數讀爲促速、疾也。說苑資給疾速、資即齊、疾也。淮南墬形輕土多利、注利、疾也。說文趀、疾也。以促資利趀爲之。遄、往來數也、从辵耑聲、引申爲疾。詩泉水遄臻于衛、烝民式遄其歸、傳均云遄、疾也。左文二傳引詩亂庶遄沮、文選曹子建應詔詩指日遄征、注均云遄、疾也。易損已事遄往、王注遄、速也。荀本作顓。廣雅釋詁挑、疾也。以顓挑爲之。速、行之疾也、从辵束聲。禮記學記其去之必速、檀弓豈若速反而虞乎、公羊襄二九傳尚速有悔於其身、楚語若來而無寵速其怒也、孟子梁惠王王速出令、楚辭大司命吾與君兮齋速、注均云速、疾也。荀子哀公趨駕召顏回、注趨、速也。莊子徐无鬼丕命相若趨射之、注趨、急也。廣雅趨云疾也。管子心術趮者不靜。說文趮云疾也。漢書揚雄傳輕先疾雷而馺遺風、注馺、疾意也。文選蜀都賦鷹犬倏眒、注倏眒、疾速也。東都賦指顧倏忽、注倏忽、疾也。說文鯈、疾也。廣雅釋詁儵、疾也。以趨趮馺倏鯈儵爲之。亟、敏疾也、从人从口从又會意。禮記少儀小飯而亟之、公羊宣九傳曷爲不繫乎郲婁諱亟也、左昭二一傳亟言之、魯語未說其悔而亟於前之人、注均云亟、疾也。孫子九地敵人開闔必亟入之、孟注疾內。後漢書張衡傳爰整駕而亟行、注亟、疾也。禮記禮運麟以爲畜故獸不狘、廣雅作跋、云疾也。前漢書李尋傳太白發越犯庫、張晏曰發越、疾皃。詩匪風匪車偈兮、傳偈偈、疾趨。荀子賦出入甚極、注當爲亟、急也。列子力命謎極亥諦、釋文極、急也、吃也。說文𢅫、急也。極、疾也。以㤂越偈極𢅫極爲之。屢、字本作婁、空也。从毌中女、空之意也。正字爲數、實爲速。速數屢雙聲。詩屢豐年、一本作婁、箋亟也。書皋陶謨屢省乃成欽哉、僞傳屢數也。詩賓之初筵屢舞僊僊、正月屢顧爾僕、巧言君子屢盟、箋均云屢、數也。論語屢憎於人、孔注屢、數也、疾也。公羊莊二四傳夫人不僂不可使入、注疾、速也。荀子儒效未能僂指也、注僂、疾也。禮記樂記臨事而屢斷、注屢、數也。廣雅釋詁𩑶、疾也。以僂𩑶或𡡾爲之。數、計也、从攴婁聲、正字爲速。速數雙聲。禮記曾子問不知其己之遲數、注數讀爲速、疾也。穀梁莊十九傳其不日數渝惡之也、疏數、疾也。史記賈生傳淹數之度兮、語余其期、文選本作速、注疾也。禮記玉藻疾趨則欲發而手足毋移、欲即數、疾也。小爾雅廣詁赴、疾也。說文𩥇、疾也。方言作䞕、以欲赴𩥇䞕爲之。迅、走之疾也、从辵凡聲。凡、疾飛也。論語迅雷風烈必變、邢疏迅急疾也。楚辭招魂多迅衆些、註迅、疾也。禮記樂記訊疾以雅、注迅、奮訊也。史記五帝紀幼而徇齊、集解徇、疾。商子弱民齊疾而均速、均即訊、疾也。詩二子乘舟傳汎汎然駛疾。晨風傳飮人往之駛疾。釋文本作迅。廣雅駛、疾也。以迅徇均駛爲之。疾、病也、从疒矢聲。引申爲凡急速之偁。射而發矢急亦甚矣。詩旻天疾威、禮記月令征鳥厲疾。

寁駿肅亟遄速也 寁居之速也、从宀疌聲、字亦作㚖。詩遵大路不寁故也、傳寁速也。易豫朋盍簪、子夏傳簪、疾也。鄭王注皆訓速。墨子明鬼鬼神之誅若此之憯遬也、廣雅作𩈮、云疾也。呂覽貴卒吳起之智可謂捷矣、離騷夫唯捷徑以窘步、注均云捷、疾也。荀子君子則事業捷成而有所休、注捷、速也。以簪憯鬻捷爲之。駿、馬之良材也。正字爲逡、實爲迅。迅、疾也、猶速也。迅逡駿通用字。詩噫嘻駿發爾私、箋駿、疾也。禮記大傳遂奔走、今詩清廟作駿奔走。後漢書章帝紀駿奔郊時、注均云疾也。文選海賦飛駿鼓楫、注駿、速也。肅、持事振敬也。上經引申爲疾、故此又引申爲速。禮肅賓戒作宿、又或作速。周語儆莫不任肅純恪也、注肅、速也。亟、敏疾也。此經訓爲速者、由上經而轉注耳。詩七月亟其乘屋、箋亟、急也。宋策欲霸之亟成、注亟、速也。遄、往來數也。由上經轉注而爲速。易損已事遄往、王注遄、速也。詩相鼠胡不遄死、傳遄、速也。崧高式遄其行、箋遄、遠也。文選謝靈運初去郡詩理棹遄還期、注遄、速也。

義證

肅齊遄速亟屢數迅疾也 數色角反

〔註〕詩曰仲山甫徂齊 〔補正〕邢疏、召南肅肅宵征、毛傳云肅肅、疾貌。

寁駿肅亟遄速也 寁子感反。

爾雅詁林 一 釋詁上

註詩曰不遑故也駿猶迅速亦疾也補正邢疏、肅亟遄轉相訓耳。

郭注補正

肅齊遄速亟屢數迅疾也

肅者、上文云進也。大雅桑柔民有肅心、鄭箋云肅、進也。進與疾義相近。召南小星肅肅宵征、毛傳云肅肅、疾貌。若唐風鴇羽之肅肅鴇羽、小雅鴻雁之肅肅其羽、皆飛之疾也。肅通作夙。大雅生民載震載夙、箋云夙之言肅也。傳云夙、早也。疏云震後言早於事不次、卽疾速之義。　齊者、邢疏云壯疾也。鄭注尚書大傳云齊、疾也。郭注引大雅烝民仲山甫徂齊、以齊爲疾、郝謂三家詩說也。　遄速爲疾、常語也。說文云遄、往來數也。邶風泉水遄臻於衛、小雅巧言亂庶遄沮、大雅蒸民式遄其歸、傳竝云遄疾也。鄘風相鼠胡不遄死、大雅崧高式遄其行、傳箋竝云遄、速也。速卽疾、故禮運胡不遄死注云遄、疾也。　速者、說文云疾也。速有促迫之義。小雅伐木以速諸父、以速諸舅、箋云速、召也。召之猶促迫之、謂其疾也。　亟者、說文云敏疾也。大雅靈臺經始勿亟、鄭箋云亟、急也。與疾同。文王有聲匪棘其欲、彼釋文云亟、居力反、下亟同。或作棘。今詩作棘。蓋據或本也。棘亟同字、故箋云棘、急也。檜風棘人欒欒兮、小雅采薇玁狁孔棘、出車維其棘矣、雨無正孔棘且殆、大雅江漢匪疚孔棘、傳箋竝云棘急也。抑傳民大棘、箋謂困急。亦以棘爲急也。　屢與婁同。釋言云婁、疾也。通作屢。小雅正月屢顧爾僕、巧言君子屢盟、箋竝云屢、數也。小雅角弓式居婁驕、荀子非相篇作式居屢驕。王肅訓婁爲數、數卽疾也。　數與速同義。鄭注考工記云速、書或作數。祭義注云數之言速也。　迅者、說文云疾也。釋獸云狼絕有力、迅。通作訊。郝云、凡經典振訊奮訊、俱迅之假借。邶風雄雉箋云、奮訊其形貌。豳風七月傳莎雞羽成而振訊之、彼釋文云訊本作迅。迅疾亦常語也。

寁駿肅亟遄速也

速與疾一義也。　寁者、說文云居之速也。鄭風遵大路不寁故也、毛傳云寁、速也。舍人云寁、意之速也。　駿者、馬之速也。說文云駿、馬之良材者。迅、疾

爾雅詁林 一 釋詁上

也。周頌噫嘻駿發爾私、鄭箋云駿、疾也。清廟駿奔走在廟、禮記大傳作逡奔走。注云逡、疾也。逡駿音義皆同。　肅亟遄速義已具前。

說詩

寁駿肅亟遄速也（案、鄭風遵大路疏引舍人曰寁、意之速也。）

肅疾也肅速也

引之謹案晉語曰知羊舌職之聰敏肅給也肅之言速給之言急也（論語公冶長篇禦人以口給、孔注佞人口辭捷給。皇侃疏給捷也。荀子非十二子篇齊給便利、楊倞注齊疾也。給急也。）給、聰敏肅給義相貫注（韋注肅敬也。給足也。皆失之。）故肅訓爲疾又訓爲速邢引召南小星篇肅肅宵征是也。邵引禮運刑肅而俗敝。（鄭注肅駿也。此謂刑罰急、非謂其疾速也。）周語、俾莫不任肅純恪。（韋注肅速也。純大也。恪敬也。使莫不任其事速其功、大敬其職。案任、信也。肅、整也。純、壹也。任肅純恪四字平列、韋說皆失之。）皆未允。

述聞

肅齊遄速亟屢數迓疾也　齊、當作齋。離騷反信讒而齋怒、王逸曰齋、疾也。說文火部齋、炊餔疾也、从火齊聲。　正義云速通作遬。案遬、籀文速。元是一字、不可言通。　正義云亟通慳。說文慳、疾也、从心亟聲。　正義云屢當作婁。釋言婁、亟也。元照案屢係說文新附字、釋文此作屢、釋言作婁、石經皆作屢。

速迅說文同。

寁駿肅亟遄速也　釋文云寁本或作疌。（盧本改作疌、非。）案說文止部疌、疾也、从止从又。又手也。屮聲。又案宀部寁居之速也、从宀疌聲。

正義云駿又通逡。邢疏引禮記大傳逡奔走、注逡、疾也。（詩駿奔走在廟、大傳注引作逡。）元照案說文夊部夋、行夋夋也、从夊允聲。駿逡皆从夋聲也。　釋文云亟字又作苟、（通志堂本作急。盧本据宋本改。）同。經典亦作棘。案說文苟、自急敕也、从羊省、从包省、从口、古文作𦫳、敬字从此。棘急通用、見釋言。

匡名

肅齊遄速亟屢數迅疾也寁駿肅亟遄速也（說文⿸疒余、病也。假）訓爲速。⿰金隶疾也。此釋迅速之義也。　禮運政肅而俗敝。又召南肅肅宵征傳肅肅疾貌。　楚詞反信讒而齊怒、註齊疾也。謱往來數也。引易㠯事遄往。孟子王速出令、或作數。通作遬。淮南子欲速以遬、高誘註遬疾也。亟敏疾也、从人从口从又从二、二天地也。大雅經始勿亟、通作慳。慳疾也。屢數也。史記臨事而屢斷、通作婁。前漢公孫宏傳婁舉賢良、註婁疾也。數計也。速爲引伸之義、互訓之爲疾也。祭義其行也趨趨以數。　迅疾也。論語迅雷風烈。○寁居之速也。鄭風不寁故也。通作簪。豫卦朋盍簪、註簪速也。簪寁之假借字。又士喪禮簪衣于裳、註簪連也。鐕字之假借也。經典惟此二簪字。簪乃先之俗字也。先訓首笄、今俗行而正廢矣。　武城駿奔走、大傳作逡奔走、註逡速也。其餘又訓爲速、速亦疾也。

啓蒙

屢

𡗞　詩式居婁驕。荀子非相篇引作屢。屢乃婁之俗。婁亟、婁疾之訓皆由女中空引申、俗加尸亦斯意耳。與尼屆屋同旨。

黃侃評本正名

肅、速、數、疾也。　肅速聲通同訓。　速數同字並見。　速又作遬、呂覽辨土莖生有行、故遬長、注遬、疾也。

亟疾也。　亟又通作㥛、說文㥛、急也。又通作急、釋名急、及也、操切之使相逮及也。亟又去聲、少儀亟見曰朝夕、亟、數也、數急義又近。

屢、疾也。　屢者婁之別字、釋言婁、亟也、說文婁一曰婁務也、婁

爾雅詁林　一　釋詁上

亟婁疾之訓，皆由婁務引申，俗加尸亦此意耳，與屆、𡱂、尼从尸同意。說文婁訓空，又訓務，二義相因，婁即婁豬之婁，務者躁急之義。易姤初六羸豕孚蹢躅，王注羸豕謂牝豕也，羣豕之中，豭強而牝弱，故謂之羸豕也，孚猶務躁也，夫陰質而躁恣者，羸豕特甚焉，言以不貞之陰，失其所牽，其為淫醜，若羸豕之孚務蹢躅也。今案羸亦屢也，羸之為婁，猶果羸之為苦蔞矣。公羊言夫人不僂，何注訓疾，其意與婁豬、羸豕同也。訓為婁數，又由此引申。

迅疾也。　迅通作訊，振訊、奮訊字作奞。

駿，速也。　駿，說文云馬之良材者，與迅疾義近。又與侚同，史記五帝紀云，幼而侚齊，集解侚，疾，齊，速也。索隱家語及大戴禮作叡齊，史記舊本亦作濬齊，又商子弱民篇齊疾而均，速、叡、濬、均，聲義並相通。

黃侃音訓

揫　裒　鳩　摟　聚也　寁　亟　速也

釋文揫、郭音遒。釋詁釋文　裒、古字作褎。蒲侯反。釋詁釋文　本或作捊。釋詁釋文　鳩、說文作勼。聚也。從勹九聲。讀若鳩。釋詁釋文　摟、本或作樓、非。釋詁釋文　寁、本或作𡨦。釋詁釋文　亟、字又作茍。居力反。釋詁釋文　經典亦作棘。釋詁釋文

揫、聚也。釋文揫、郭音遒。按揫遒音義同。商頌長發詩百祿是遒、說文引作百祿是揫。裒、聚也。釋文裒、本或作捊。按裒通作捊。周易謙象傳裒多益寡。鄭氏荀爽董遇蜀才本皆作捊多益寡。亟、速也。釋文亟、又作茍。按舊本作急、是後人妄改，宋本作茍。說文茍、自急敕也。從羊省、從包省、從口。已力切、音急。敬字從此。古文作芊不省從蓄。

證異

亟速也、釋文字又作茍。承珙案、說文茍、自急敕也。从羊省、从包省、从口。口猶慎言也。敬、肅也。从攴茍。儀禮燕禮記賓為茍敬。蓋亟茍同字。敬從茍、故訓肅、亦有速義。釋名敬、警也。恒自肅警也。尚書曰、肆惟王其疾敬德。

胡氏古義

鄭注尒雅云駿、馬之美稱也。卷八十三大唐慈恩寺三藏法師玄奘傳序郵駿下引。

案、釋詁大也長也速也條並有駿、郭注於大也條引詩為下國駿厖、於速也條駿言駿猶迅速，亦疾也。鄭注當隸何條，未見明文。据玉篇下馬部駿、馬之美稱也、速也。則高密此注當隸速也條、必顧野王見鄭注爾雅速也條如此、故於玉篇駿下從鄭注義又兼引雅文也。穆天子傳一天子之駿、郭璞彼注駿者、馬之美稱。亦正用鄭義。

董瑞椿補記

齊　疾也

錦燧謹案、詩中齊字屢見、皆不訓疾、如采蘋篇有齊季女、齊當訓為好貌、乃齋之假借也。毛傳齊、敬也。則讀為齋矣。蒙謂非是。小宛篇人之齊聖、毛傳云正也。則齊之引申義也。思齊篇思齊太任、毛傳云莊也。則齋之假借字也。惟板篇天之方懠、釋文云懠、疾怒也。音義俱近。說文無懠字、離騷反信讒而齌怒、卽懠之正體。說文火部云齌、炊餔疾也。引申之為凡疾之稱。是齊乃齌之假借字。禮記孔子閒居至于湯齊、鄭注云詩讀湯躋為湯齊。周禮樂師趨以采齊、釋文齊本作薺。本經釋蟲蠐螬、釋文蠐本作齊。齌之省假作齊、猶躋薺蠐之省假作齊也。

駿　速也

錦燧謹案、此釋詩噫嘻篇駿發爾私也。鄭箋云駿、疾也。疾與速義同。郝氏義疏以為駿者馬之速也。蒙謂駿言馬之其形高者、非言馬之其行速者。竊謂駿乃

徇之假借字。駿从夋聲、徇从旬聲、古多通假。如禮記大學恂栗也、鄭注云恂、字或作峻。讀如嚴峻之峻。言其容貌嚴栗也。史記李將軍傳悛悛如鄙人、索隱曰漢書作恂恂。祝睦浚碑、鄉黨逡逡、朝廷便便、恂恂作逡逡、皆其證也。說文人部云徇、疾也。自書之徇于貨色、禮記之死者用生之器不殆于用徇乎哉、假徇為殉、而徇之本義晦矣。

陸錦燧日記

肅、齊、遄、速、亟、屢、數、迅、疾也。寁、駿、肅、亟、遄、速也。

此明疾速之義之相貫也。

肅者、淮南本經訓云：「肅而不悖、」高注「肅、急也。」小星「肅肅宵征、」傳云：「肅肅、疾貌、」肅通夙、夙亦疾意。又通速、見特牲饋食禮注。

齊者、齋之借字。說文「齋、炊餔疾也；」引申為疾速義。離騷「反信讒而齋怒、」王逸云：「疾也、」此用本字。大戴禮五帝德云：「幼而慧齊、」左傳衛太叔疾、字齊、皆假借字也。說苑敬慎篇借資為之。

亟、說文「敏疾也、」詩「亟其乘屋、」「經始勿亟、庶民子來、」皆疾速也。少儀「亟見曰朝夕、」鄭注訓亟為數、數亦疾意。詩多假棘為亟；檀弓則假革為之。作極者、段氏以為誤字。

屢為婁之俗字、釋言「婁、亟也、」此為本字。荀子儒效云：「未能僂指也、」楊倞注訓僂為疾、此又借僂為婁也。

寁訓速者、說文「寁、居之速也；」舍人以為「意之速、」乃引伸義。釋文云：「寁、本或作寁、同；」案說文疌篆云：「疌、疾也；」寁、疌、𢩻、聲義同、故通用。易「朋盍簪、」王肅以簪為寁。

駿為逡之假借。說文「逡、復也、」復篆下以往復訓復；往復即屢數也、故逡有疾速之義。禮大傳、「逡奔走、」鄭注云：「逡、疾也、」此即依據爾雅以立義。

爾雅學

肅齊遄速亟屢數迅疾也〇釋曰 注疏本刪。

亟者 欺冀切 論語曰 注疏本音切作大字。

〇注詩曰仲山甫徂齊〇釋曰 注疏本刪詩曰釋曰四字。

寁駿肅亟遄速也〇釋曰 注疏本刪。

〇注詩曰不寁故也〇釋曰 注疏本刪注詩曰釋曰五字。

校勘記

亟欺冀切 雪聰本紀力反

校勘記訂補

大雅靈臺云匪亟其欲 案此大雅有聲文也。云靈臺誤。亟、詩作棘。釋文云或作亟、二字通。

注疏校勘札記

肅齊遄音船速亟屢數音朔迅疾也

寁音昝駿肅亟遄速也

音圖·音

肅齊遄速亟屢數

船 器 處 朔

迅疾也寁駿肅亟遄速也。

信 昝 俊 急

孫偘直音

肅齊遄速亟屢數迅疾也。

船 器 處 朔 信

直音校正

肅齊遄船速亟器屢數朔迅疾也寁昝駿同逡肅亟急遄速也

楊氏音訓

寁昝

干氏音釋

㙯阬阬滕徵隍漮虛也

㙯

阬阬滕徵隍漮虛也。㙯、谿㙯也。阬阬、謂阬壍也。隍、城池無水者。方言云、漮之言空也。皆謂丘墟耳。滕徵未詳。

郭注

窒阬阬滕徵隍漮虛也　釋曰、皆謂空虛也。窒者、谿窒也。大雅韓弈云、實墉實壑。阬阬者、坎陷之虛也。但重言耳。隍者、城池無水者。易曰、城復于隍。漮者、注引方言云、康之言空也。彼注云、漮、竇空貌。亦丘墟之空無。小雅賓之初筵云、酌彼康爵。鄭箋云、康、虛也。漮、康音義同。

邢疏

窒漮虛也.

窒、胡郭反。漮、本或作荒、荒亦邱墟之空無。釋文

郭音義

漮虛也

周禮云、野荒民散則削之。詩正義十八之五引某氏曰。

按大雅召旻箋云、荒、虛也。又正義云荒、虛。釋詁文。引某氏此注以證。又云唯某氏之本有荒字耳、其諸家爾雅則無之。按釋文漮、郭云本或作荒。則荒卽漮字之異文、非漮字外更有荒字也。

眾家注

窒阬阬滕徵隍荒虛也　釋文漮、郭云、本或作荒。詩正義云荒、虛。釋詁文。下引某氏注。

黃輯古義

周禮云、野荒民散則削之。詩大雅召旻正義引某氏

樊注

窒阬阬滕隍漮虛也。窒、胡郭反。漮、本或作荒、荒亦丘墟之空處。同上

郭音義

玉函山房輯佚

漮虛也

某氏曰、周禮云、野荒民散則削之。詩正義十八之五云荒、虛也。又正義云荒、虛。釋詁文。引某氏此注以證。按大雅召旻箋又云唯某氏之本有荒字耳、其諸家爾雅則無之。按釋文漮、郭云本或作荒。則荒卽漮字之異文、非漮字外更有荒字也。

漢注

窒阬阬滕徵隍漮虛也

某氏云、周禮云野荒民散則削之。詩正義十八之五卷、據此是某氏本漮作荒。

郭璞云、窒、谿窒也。阬阬、謂阬塹也。隍、城池無水者。方言云、漮之言空也。皆謂丘墟耳。漮本或作荒、荒亦丘墟之空無。滕徵未詳。漮本或下十二字據釋文二十九卷引增。

一切注音

窒虛也　郭胡郭反。釋文

隍　舍人云隍、城池也。李巡曰隍、城池壑也。詩韓奕正義

漮　某氏注云、周禮云野荒民散則削之。詩召旻正義

郭云本亦作荒、荒亦邱墟之空無。釋文

蕙心案、今本郭注爾雅作窒阬阬。以釋文斠之、或疑郭本多一阬字少一荒字。不知漮乃荒之異文。易包荒釋文引鄭讀爲康、云虛也。正與雅訓同。

古注斠

隍　舍人、隍、城池也。李巡曰、隍、城池壑也。詩正義

按此條當附入釋言隍壑也之下。詩正義引舍人注尚有壑溝也三字、應補。舍人與李巡注此處皆應刪去。

古注斠補

荒、虛也、

大雅召旻「我居圉卒荒」、鄭箋云「荒、虛也」、孔疏云、『「荒、虛」釋詁文』、孫氏讀書脞錄續編據此謂鄭爾雅本作「荒虛」、與今本作「漮虛」異。森案漮荒古通、周易泰傳「包荒」、陸德明音義云、「荒、鄭讀為康、云虛也」、又爾雅音義云「漮本或作

荒、荒亦丘墟之空無、阮元爾雅註疏校勘記云、「案陸音、知荒即漮之異文、蓋孫郭諸家本作漮、鄭樊本作荒。」

鄭玄注稽存

陸音義

壑 本或作㕡、同。許各反。郭胡郭反。 阬阬 苦衡反。 縢 徒登反。 隍 音皇。城池也。 漮 字又作歉、同。苦郎反。說文云、水之空也。方言作㝩、亦空也。郭云本或作荒。荒亦丘墟之空無。 虛也 許居反。 谿 音溪。 壍 七豔反。 墟 去魚反。

新義

壑阬阬縢徵隍漮虛也

徵證也、實所學也。虛所證也。縢莫湮之則騰、漮莫撓之則康。

鄭樵注

壑阬阬縢徵隍漮虛也 阬有二文無義、其一爲衍者耳。壑、谿也。阬、壍也。隍、城池無水者。漮音康。方言云漮之言空也。虛謂丘墟也。疑徵爲陊。縢未詳。

古注合存

壑阬阬縢徵隍漮虛也 壑郭胡郭反、漮郭云本或作荒。

郭璞曰、壑、谿壑也。阬阬謂阬壍也。隍、城池無水者。方言云漮之言空也。皆謂丘墟耳。縢徵未詳。

鄭樵曰、阬有二文無義、其一爲衍者耳。壑、谿也。阬、壍也。隍、城池無水者。漮音康。方言云漮之言空也。虛謂丘墟也。疑徵爲陊。縢未詳。

注疏參義

壑阬阬縢徵隍漮虛也 阬音坑、漮音康。○此釋壑阬以下皆虛之義也。疏曰、壑者谿壑也。阬阬者坎陷也。但重言耳。城池無水曰隍。易泰卦云城復于隍。方言云漮之言空也。漮浪空貌。愚按縢徵註未詳、或曰縢徵蓋騰徵之訛也。凡物上騰則下虛、中徵則外虛。

詩正義云、箋荒虛、釋詁文。某氏曰、周禮云野荒民散則削之。唯某氏之本有荒字耳。其諸家爾雅則無之。

鄭云阬有二文無義、其一爲衍者耳。疑徵爲陊。縢訓虛、郭未詳。愚意易咸卦縢口說之縢、不必作騰字、依此作虛字解尤爲直捷。

漮、廣韻作慷。

補注

壑阬阬縢徵隍漮虛也 **註** 壑谿壑也阬阬謂阬壍也隍城池無水者方言云漮之言空也皆謂丘墟耳縢徵未詳 **正義** 玉篇云虛、空也。謂大而空虛也。壑者、大雅韓奕云、實墉實壑。左氏襄三十年傳、吾公在壑谷。郊特牲云水歸其壑、鄭註壑猶阬也。說文作㕡、云溝也。阬、阬者、後漢書註引倉頡篇云阬、壑也。莊子天運篇在谷滿谷、在坑滿坑。縢者、咸上六象傳云縢口說也、孔疏云所競者口、無復心實也。徵者、鄭氏易損卦云、君子懲忿窒欲、註云徵、清也。言清虛也。隍者、泰上六云城復于隍。釋言云隍、壑也。舍人李巡註俱詳見釋言。漮者、說文云漮、水虛也。謚法解云漮、虛也。漮通作康。小雅賓之初筵云酌彼康爵、鄭箋康、虛也。穀梁襄二十四年傳云四穀不升謂之康、范甯註以爲虛也。釋文引郭氏音義云、康本或作荒。荒亦丘墟之空無。案大雅召旻云我居圉卒荒、鄭箋荒、虛也。孔疏引某氏曰、周禮云野荒民散則削之。唯某氏之本有荒字耳、其諸家爾雅則無之。**註** 壑谿至墟耳 ○ **正義** 傳記以大壑爲歸墟、故以壑爲谿壑也。坑坑重文、總言坑壍者。玉篇引左氏傳註溝壍也。字書云城隍也。隍、城池無水者。虞翻易註云城下溝無水稱隍、有水稱池是也。方言云㝩、空也。郭氏彼註云㝩㝗空貌。㝩或作歉、虛也。案㝩通作漮。說文云㝩、屋㝩㝗也。歉、饑虛也。皆與漮義同。郭云皆謂丘墟者、說文云虛、大丘也。徐鉉云今俗作墟、非是。

正義

壑阬阬

注阬阬謂阬壍也。玉案、集韻云壑阬、虛也。郭璞讀。又古今韻會引注云阬壍也。竝不作重文。鄭樵云阬有二文、無義、其一爲衍者耳、是也。

徵虛也

玉案、定八年左傳陽虎爲政、魯國服焉、違之徵死、死無益於主。言虛死而無益也。下文魯人喜於徵死、何暇追予。亦當本此爲訓、蓋猶言無死耳。嶽雲案、翟灝爾雅補郭云、徵者、信實可徵。以爲虛者、亦若亂之爲治、故之爲今、徂之爲存、亢之爲佞、義相反而兼通也。

補注殘本

壑阬阬滕徵隍漮虛也 壑谿壑也。阬阬謂阬壍也。隍城池無水者。方言云、漮之言空也。皆謂丘墟耳。滕徵未詳。

玉篇云、虛、丘居切、大丘也。今作墟。又許魚切、空也。是虛有二音二義。古無墟字、其空虛、丘虛竝作虛。故易云、升虛邑。釋文、虛如字、空也。徐去餘反、馬云丘也。詩升彼虛矣、爾雅釋水注虛山下基也。是皆以虛爲墟也。後人虛旁加土、以別於空虛、因而經典亦多改虛爲墟。故文選西征賦注引聲類曰、墟、故所居也。升彼虛矣及檀弓虛墓之閒、釋文竝云虛本作墟、是皆以墟爲虛也。爾雅之虛本以空虛爲義、郭云皆謂丘虛、蓋失之矣。壑者、釋文云本或作㕡。說文云、㕡、溝也。㕡或从土。釋言云、隍、壑也。郭注、城池空者爲壑。詩實墉實壑、釋文、壑、城池也。郊特牲云、水歸其壑。鄭注、壑猶阬也。是壑有二訓、郊特牲之壑謂阬谷也、詩韓奕之壑謂隍池也。然二義皆謂空虛。郭云壑、谿壑者、晉語云、谿壑可盈。谿壑卽溝矣。阬者、說文云、閬也。蓋阬閬猶閒閒、空虛貌也。阬阬重文、經典所無、鄭樵謂衍一字、恐是也。後漢書馬融傳注引蒼頡篇曰、阬、壑也。俗作坑。莊子天運篇云、在谷滿谷、在坑滿坑。通作亢。史記孫臏傳云、批亢擣虛。蓋亢亦虛空之地、亢卽阬矣。索隱以相亢拒爲解、失其義也。證以釋名云、鹿兔之道曰亢、行不由正、亢陌山谷草野而過也。是亢與阬同。郭云阬壍也者、說文作塹、云阬也。玉篇引左傳注、溝塹也。又引字書云、城隍也。然則壑、隍、阬通謂之塹。

矣。滕者、水之虛也。說文云、滕、水超涌也。玉篇引詩百川沸滕、水上涌也。毛詩釋文滕作騰、而訓乘、乘陵亦超涌之意。易云、滕口說也。釋文滕、九家作乘。然則口以滕說爲虛、水以滕涌爲虛、其義正同矣。徵者、微之虛也。說文云、徵从微省、微訓爲隱、隱與虛近。莊子天運篇云、徵之以天。釋文、徵古本多作徵。按徵亦从微省。下文云、徵、止也。說者謂徵亦當爲徵、徵有止音、然則止爲空盡之義、故亦爲虛。馬瑞辰曰、徵與懲通。文選思玄賦云、懲渙涊而爲清。舊注、懲、騰也。懲訓爲騰、則徵之訓虛與滕之訓虛、其義又同矣。隍者、說文云、城池也。有水曰池、無水曰隍。引易城復于隍。詩韓奕正義引鄭注云、隍、壑也。本釋言文。又引舍人曰、隍、城池也。李巡曰、隍、城池壑也。一切經音義四引蒼頡篇曰、隍、城下阬。易泰釋文、隍、城塹也。子夏作堭、姚作湟。是湟、堭、隍通。漮者、說文云、水虛也。虛上當脫之字。釋文引作水之空也、空當爲虛也。通作穅、謚法云、穅、虛也。省作康。詩生民及莊子天運篇釋文竝云、穅字亦作康。賓之初筵箋、康、虛也。正義云、康、虛、釋詁文。又通作歉。說文云、飢虛也。釋文、漮字又作歉。又通作康。說文云、屋康㝩也。方言云、康、空也。郭注、康㝩、空貌。康或作歉。虛也。又通作槺。文選長門賦云、委參差以槺梁。李善注、康與槺同。然則槺梁卽康㝩矣。又通作荒。釋文引郭云、漮本或作荒。荒亦丘墟之空無。此蓋引郭音義之文。康、荒古通用。故易包荒、釋文、荒、鄭讀爲康。云虛也。詩具贅卒荒、我居圉卒荒、傳箋竝云荒、虛也。正義云、荒、虛、釋詁文。又引某氏曰、周禮云、野荒民散則削之。唯某氏之本有荒字耳。其諸家爾雅則無之。據正義此引、則知郭云漮本作荒者、正指某氏本而言。毛鄭所見、蓋亦此本。是荒卽漮之異文、非漮外更有荒字。或疑郭本多一阬字、少一荒字、亦非也。荒依正文當作⿰禾荒。說文、⿰禾荒、虛無食也。玉篇省作稌。是⿰禾荒爲正體、荒乃段俗。易泰釋文、荒本亦作巟、巟亦段俗也。

義疏

阬阬 虛也 經文

郝云、爾雅之虛本以空虛爲義、郭云皆謂邱虛、蓋失之矣。阬阬重文、經典所無。鄭樵謂衍一字、恐是也。按釋文虛、許居反、墟、去魚反。二字不同音。墟本作虛。釋水河出崑崙虛、陸亦音去魚反。郭蓋混空虛、邱墟爲一讀、故失之耳。

經注集證

䆗阬吭滕徵隍漮虛也 樊本漮作荒、注云野荒民散則削之・舍人注隍、城池也。李注隍、城池壑也。郭注䆗、谿壑也。阬阬謂阬壍也。隍、城池無水者。方言云漮之言空也。皆謂北墟耳。徵滕未詳。䆗从叔谷、人力爲谷也。詩實墉實壑、字亦作谿。阬从亢、亢吭頏一字也。皆象頸吭。加𠂤爲阬谷。說文阬、閬也。詩皐門有伉、韓作閌。又頡之頏之。易亢龍、郎吭也。郭本作阬阬連文、而以下阬爲壍、乖於文理。鄭樵以爲衍一字、今徑改之。滕、从水朕。水送舟、故騰。高騰則虛矣。易滕口說也。書金滕。緘虛亦爲滕也。徵、澂通用。从微省。敳从豈、人卽凱也。五音徵讀爲止。敳細故虛。易徵忿字亦作懲。懲止則清虛也。城隍不得言北虛。隍从自王。上云美大名池亦無所取。𠂤又非池。然則皇謂城中、猶京城名京師耳。城謂垣、皇謂城所盛也。漮、从水康。康从庚米。篆又加禾。詩酌彼康爵、箋云康、虛。非也。康爲米穀。故虛其用之則與荒對。歉荒、康豐。詩康皆豐也。易康侯、記康周公、書其康事公、無其實而有其名、所謂虛矣。虛从虍北。虍卽處也。古文北从土、故一作墟。今分二字、人所處爲墟、無人爲虛也。因以凡空爲虛、空國爲墟。

集解

䆗阬伉滕徵隍漮虛也 䆗、字本作㕡、溝也、人力之所爲者。詩所謂實墉實壑是也。字一作䆗。䆗較平地爲虛、故引申爲凡虛之稱。禮記郊特牲水歸其壑、注壑猶阬也。史記司馬相如傳臨坻注壑、正義䆗、墟也。即虛也。阬、大阜也、从阜亢聲。亢、大也。許慎訓爲閬者、專釋詩高門有伉語也。正字爲空。空、竅也。引申爲虛。論語屢空、集解猶虛中、是也。廣雅則以竅爲之。空竅阬通用字。史記貨殖傳馳阬谷、谷與阬對文、則谷虛而阬亦爲虛也。漢書東海曰東阬、猶莊子大海之曰大壑也。書皋陶謨無曠庶官、論衡釋之曰曠空猶虛也。孟子離婁盈科而後進、廣雅科云空也。以曠科爲之。伉、對也偶也。从人亢聲。魯論有陳伉、借其字以爲名也。正字爲亢。亢、人頸也、从大省、象頸脈形、字亦作頏作吭。引申爲虛、謂人頸中虛也。史記孫子吳起傳、批亢擣虛。亢虛對文則亢亦可訓虛也。亢伉通用字。詩緜高門有伉、傳高大也。門高大而中虛也。或者正字爲閬與。舊注謂阬阬爲阬塹、經傳無徵。阬與伉形近、故徑改下阬爲伉、不必如鄭樵之衍一字也。滕、水超涌也、从水朕聲。字或作騰。水之沸騰、蒸气上升、必漸虛而至於無、故滕可訓爲虛。易咸滕口說也、惠棟曰滕、虛也。言以虛辭相感。或者正字爲賸與。賸、猶曰剩也。訓虛者與䆗阬同。徵、召也、从微省、从壬會意。正字爲景。景、日光也。引申爲虛、謂形實而景虛耳。景徵通用字。易損君子以懲忿惰欲、鄭本作徵、注清也。言清虛也。左定八傳、違之徵死、死無益於主。又魯人喜於徵死、何暇追余。翟灝曰徵死、虛死也。隍、城中也、从阜皇、皇亦聲。皇、君也。隍爲君之所居、故字從阜亦從皇。引申爲虛、以城中之爲大墟也。今俗說猶然。易泰城復於隍、鄭注隍、壑也。亦虛也。漮、水虛也、从水康聲。經典省作康。詩賓之初筵酌彼康爵、箋康虛也。穀梁襄二四傳四穀不升謂之康、注康、虛。易泰包荒、釋文荒、鄭讀爲康、云虛也。書盤康無荒失朕命、孫疏荒、虛也。詩桑柔具贅卒荒、召旻我居圉卒荒、箋均云荒、虛也。文選長門賦委參差以槺梁、注引方言㝩、虛也。㝩與槺同。管子地員黃唐無宜也、注唐、虛脆也。以荒㝩唐爲之。虛、大丘也、从丘虍聲。大丘者、大虛。故引申爲空虛之通偁。

義證

滕虛也　易咸上六滕口說也、孔氏疏曰、所競者口、無復心實、故云滕口說也。程子傳曰、惟至誠爲能感人、乃徒以柔說騰揚于口、豈能感乎。言無實言非誠、則爲虛辭可知。李鼎祚集解本作騰。朱子謂滕與騰通。于虛義尤甚顯白。

徵虛也　徵者、信實可徵。以爲虛者、亦若亂之爲治、故之爲今、徂之爲存、允之爲佞、義相反而兼通也。左氏定公八年傳違之徵死、死無益于主。又曾人喜于徵死、何暇追余。二徵字並當依此爲訓。上言死而無益則是虛死、下言已陷于死而幸免成虛也。

補郭

坙阬阬滕徵隍漮虛也　阬、苦衡反。漮、苦郎反。

注坙谿坙也阬阬謂阬壍也隍城池無水者方言云漮之言空也皆謂丘墟耳滕徵未詳　補正邢疏、小雅酌彼康爵、箋云康、空也。漮康音義同。鄭樵註云阬有二文、無義、其一爲衍者耳。徵疑爲隊。臣鍌按、隊義亦所未聞。

郭注補正

滕虛也。郭氏未詳。按易象咸稱、咸其輔頰舌、滕口說也。康成義、滕、送也。咸道極薄、徒送言語。古字滕爲騰、騰與滕通。咸上不得之三、故徒以口舌相感、言有虛辭而無實義。淮南子所稱子產騰詞是矣。滕口說、王輔嗣本卽作滕口說。滕騰通者、後漢書有北海滕撫林寶元和姓纂引作騰撫。滕爲騰、見儀禮注。

錢氏古義

坙阬阬滕徵隍漮虛也　注皆謂邱墟耳

諍曰、郝氏據詩升彼虛矣、釋水注虛、山下基也、皆以虛爲墟。爾雅本以空虛爲義、郭皆謂邱墟、蓋失之矣。按注坙訓爲谿、坙阬阬訓爲阬壍、隍訓城池無水者、又云漮之言空、皆指空虛說。以邱墟結之、殊失其義。

諍郭

坙阬阬滕徵隍漮虛也

坙谿坙也阬阬謂阬壍也隍城池無水者方言云漮之言空也皆謂丘墟耳　漮本或作荒荒亦丘墟之空無　滕徵未詳

慧琳大乘大集地藏十輪經一卷音義引爾雅坙虛也、郭注云謂坑壍丘墟耳。相續解脫地波羅蜜了義經一卷音義引同。遺教論一卷音義引郭注爾雅坑壍池丘墟耳。皆揔括注文。　釋文漮下引郭云本或作荒荒亦丘墟之空無。今本脫此二句、據補。據詩正義則作荒者、某氏本也。

郭注佚存補訂

坙阬阬滕徵隍漮虛也

古書空虛之虛與邱虛之虛皆不加土。加土作墟、俗體也。　坙者、釋文云坙、本或作㲉。說文云㲉、溝也。今經典皆作坙。大雅韓奕實墉實坙、彼釋文云坙、城池也。　阬阬、鄭樵謂衍一字、郭本作阬阬、陸因之、諸家亦無言複者。說文云阬、閬也。阬阬猶閬閬也。甘泉賦閌閬閬其寥廓兮、師古云閬閬、空虛也。　滕徵、郭云未詳、竊擬滕徵如寁寔爲連緜字、猶阬阬之爲重文。或謂滕爲塍之假字、與溝坙阬塹隍池同類。徵爲澂之假字、澂清與空虛義近。　隍者、說文云城池也。有水曰池、無水曰隍。易曰城復於隍、釋言云隍、壑也。大雅韓奕疏曰壑卽城下之溝。隍壑二字互訓。漮者、說文云水虛也。釋文引作水之空也。小雅賓之初筵酌彼康爵、箋云康、虛也。通作穅。周書謚法云穅、虛也。大雅生民或簸或蹂、傳云或簸穅者。彼釋文云穅、字亦作康。無穀曰穅、故云虛也。漮又通作荒。無年謂之荒。言空虛也。大雅桑柔具贅卒荒、召閔我居圉卒荒、傳箋竝云荒、虛也。召閔釋文云荒、虛。釋詁文。某氏曰周禮云野荒民散則削之。唯某氏之本有荒字耳、其諸家爾雅則無之。案郭本有漮無荒、某氏本則以荒代漮。釋文云漮、本亦作荒。卽指某氏也。康荒二字古通用。易泰包荒釋文引鄭注作康。書凡從康之字如㝩歑槺等、皆有虛義、故多通假也。**說詩**

螣徵虛也

郭注未詳。翟氏補郭引易螣口說疏所競者口、無復心實。程傳惟至誠爲能感人、乃徒以柔說騰揚于口、豈能感乎。言無實言非誠、則爲虛辭可知。李鼎祚集解本作騰。朱子謂螣與騰通。于虛義尤甚顯白。徵者、信實可徵。以爲虛者亦若亂之爲治、故之爲今、徂之爲存、允之爲佞、義相反而兼通也。左氏定公八年傳、違之徵死、死無益于主。又魯人喜于徵死。二徵字並當依此爲訓。柏年案翟氏于螣徵本義得之、然虛本兼空虛丘虛二義。古墟字祇作虛。此惟徵漮爲空虛字、餘皆當爲丘墟。谿壑、阬塹、城池皆同類。以聲求之、螣塍皆從朕聲。此螣當借爲塍、田中開溝以蓄水。西都賦溝塍刻鏤、則與壑阬隍相屬矣。徵者、郝疏據莊子徵之以天。釋文徵、古本多作徵。謂徵亦從徵省。下文云徵、止也。說者謂徵亦當爲徵。徵有止音、然則止爲空盡之意、故亦爲虛。據此則徵當借爲澂。易君子以徵忿窒慾。段氏謂徵者澂之借字。其說是也。澂從徵省聲、說文淸也。俗作澄。淮南說山人莫鑑于沫雨而鑑于澄水、注止水也。蓋淸虛義近而止水與徵之爲止又同。**補釋**

壑阬阬螣徵隍漮虛也　案、釋文云壑、郭胡郭切。漮、郭云本或作荒、荒亦丘墟之空無。今無文脫也。

疏漮窗空貌　窗誤窻

注疏正字

壑阬阬螣徵隍漮虛也　釋文云壑、本或作叡。案說文𣦼部叡、溝也。从𣦼从谷。讀若郝。或从土作壑。又𣦼、坑也。从𣦼从井、井亦聲。元照疑此文當作𣦼。郊特牲水歸于壑、注壑猶坑也。鄭樵注云阬、有二文、無義、其一爲衍者耳。臧氏琳曰經傳不見阬阬之語。廣韻十二庚阬字下引爾雅曰虛也。類篇四下𣦼部壑字下引阬、虛也。郭璞云阬、塹也。引經注阬字不重、則鄭謂衍者是也。又說文水部沆、莽沆、大水也。从水亢聲。一曰大澤皃。是作沆有大義、大者多虛或其一作沆。釋文云濂字又作歉。方言作㾾。郭云本或作荒。案詩大雅召旻我居圉卒荒、箋荒虛也。正義曰荒、虛。釋詁文。某氏曰周禮云野荒民散則削之。唯某氏之本有荒字耳、諸家爾雅則無之。元照又案、說文水部濂、水虛也。从水康聲。又欠部歉、飢虛也。从欠康聲。又宀部㝩、屋㝩㝗也。从宀康聲。又禾部穅、虛無食也。从禾荒聲。孔氏謂諸家無荒字、蓋未審荒卽濂之異文耳。濂亦通康。詩大雅賓之初筵酌彼康爵、箋康虛也。此亦一訓兼兩義者。

匡名

壑阬阬音坑滕徵隍濂虛也

此釋空虛之名。說文虛大丠也。昆侖丠謂之昆侖虛。虛本謂大丘、大則空曠故引伸之爲空虛後作墟。而虛之本義廢矣。㕡、溝也。从死从谷、或从土。詩實墉實壑、鄭註壑猶阬也。阬、閬也。徐鉉曰俗作坑、非是。註地之孔穴虛處與門同故曰閬也。史記駭阬谷。邢疏阬阬者坎陷之虛也。滕水超涌也。凡水涌出之所下必虛故引伸爲虛也。咸卦滕口說也。孔疏所競者口、無復心實也。損卦徵忿懫欲、註徵淸也。言淸虛也。隍、城池也。泰卦城復于隍、註城下溝無水曰隍、有水曰池。濂水虛也。通作康。小雅酌彼康爵、又作康。長門賦委參以康㝗、或作荒。大雅我居圉卒荒、箋荒虛也。

啓蒙

阬阬、虛也。阬與濂聲義盡同、阬字又作坑。與阬康聲轉者有欿坎科渠、義皆略同、而語原於空。阬康對轉則爲虛。廣韻庚韻阬下引爾雅曰、虛也、類篇𨸏部及集韻登下引阬虛也。郭璞注阬、塹也、坑上同、引經注阬字不重、莊子天運釋文引爾雅阬、虛也、明有一異文、故諸家唯引一阬字、或其一作土旁亢歟。

滕、虛也。滕今以爲盅之假借、說文盅器虛也、滕之借盅、猶滕與沖皆訓涌矣。

濂虛也。康釋器康瓠謂之甈、釋文康埤蒼作㼐、字林作㼒、此可爲康荒聲同之證。

黃侃音訓

滕易咸卦、滕口說也。滕有虛義。

讀雅筆記

滕徵虛也。滕徵與下濂字同義。說文濂訓水虛。徵當爲澂。滕澂字皆從水。說文滕、水超涌也。錢詹事大昕云水涌而上、有虛之義。字通作騰。管子、爲人臣者、變故易常、而巧官以諂上謂之騰。承珙案、巧諂亦有虛義。易損君子以徵忿窒欲、釋文引劉作懲、蜀才作澄。澄與澂同。說文澂、淸也。後漢書張衡傳澂澳迥而爲淸、文選思元賦作懲、李善注引舊注云懲、騰也。

胡氏古義

滕徵虛也

滕徵虛也、郭注滕徵未詳。頤煊案、說文滕、水超涌也。水超涌則其下空虛。滕與騰通。文選思玄賦懲澳迥而爲淸、舊注懲、騰也。懲卽徵字。

讀爾雅錄

壑虛也。說文作叡。莊子天地篇夫大壑之爲物也、注焉而不滿、酌焉而不竭。列子湯問篇、渤海之東有大壑焉、實維無底之谷。

濂虛也。襄二十四年穀梁傳四穀不升謂之康、注康、虛。謚法解同。淮南天文訓十二歲一康、高注空也。

古義補

㾬。虛也。疏引小雅酌彼康爵、鄭箋云康㾬音義同。考異摘要

漮虛也。郭云方言云漮之言空也。楷案、漮从康、李注釋器康瓠云康、空也。康爲空、故漮亦爲空矣。康與空一聲之轉。凡从康字皆有空義。詳邢疏。又轉而爲孔、李賢後漢書馮衍傳注、孔之言空也。又轉而爲科、易說卦傳釋文、廣雅、並云科、空也。又轉而爲坎、趙岐孟子注科、坎也。又轉而爲窾爲歁、高誘淮南原道訓注窾、空也。讀科條之科。說文歁、食不滿也。讀若坎。不滿亦空意。蓋窾與科同音、歁與坎同音、故義亦同也。又轉而爲窠、說文窠、空也。又轉而爲口、釋名口、空也。又轉而爲窒爲罄、說文窒、空也。引詩曰瓶之窒矣。今詩蓼莪作罄。案說文罄、器中空也。是窒與罄又同音同義也。又轉而爲殼、文選思元賦舊注殼、甲也。物之甲在外者謂之殼、與穀之皮在外者謂之康意又同。故今人猶謂物之不實爲空殼矣。此皆義由音起之理。稗疏

壑、阬。阬、滕、徵、隍、漮、虛也。

邕案。阬阬二字疑不連讀。以阬釋壑。又以虛釋阬、滕、徵、隍、漮。依例則壑阬下當有也字。傳本脫去。亦未可知。壑、阬也。阬、滕、徵、隍、漮、虛也。卽轉相訓之例。阬阬二字連文。他書不槩見。臧琳經義雜記疑一作坑。然坑卽阬之別體。又謂或作沆。亦無確證。錢大昕爾雅問答據詩正義稱某氏本有荒字。遂謂景純本多一阬字。少一荒字。然陸釋明出漮字。引郭云本或作荒。則荒乃漮之異文。非阬之異文也。阮元校勘記亦云。小戴郊特牲記鄭注云。壑猶坑也。後漢書馬融傳李賢注引蒼頡篇曰。阬、壑也。以坑訓壑。以壑訓阬。蓋並本於雅詁也。或疑鄭注本於雅詁。似不必著猶字。然詩皇矣篇箋云。施猶易也。此非本於下文弛易也乎。陸釋謂顧謝本弛作施。而鄭亦著猶字。校書

壑、阬阬、滕、徵、隍、漮、虛也。

古空虛、丘墟字皆作虛；後世乃增土爲墟。爾雅之虛、乃空虛義、非丘墟也。

壑、釋文「本作叡、同；」說文「叡、溝也、壑、或从土、」是壑爲叡之或體。溝壑爲空虛之地、故引伸爲虛義。

阬阬疊用、不見經典、鄭樵謂衍一字。說文以阬訓塹、則塹亦溝塹也。莊子天運篇云：「在谷滿谷、在坑滿坑、」坑者、阬之俗體。史記孫臏傳云：「批亢擣虛、」亢即阬、乃空虛之地也、故訓虛。

滕者、易咸云：「滕口說也、」釋文「達也。」達與虛義相成、挾成見者不可以口說達也。故鄭樵云：「咸以虛受。」

徵者、澂之假字。易損「徵忿、」段氏以徵爲澂之假字。案說文云：「澂、清也。淪、詩曰：『河水清而淪猗、』一曰沒也。」是古清淪字亦訓爲沒。詩之「曷其沒矣、」魯論之「沒階、」毛傳孔疏均以沒爲盡；盡則虛矣。此爾雅所以訓徵爲虛也。鄭氏易注云：「徵、清也、」蓋亦讀爲澂矣。

隍、說文「城池也、有水曰池、無水曰隍；」衆經音義引蒼頡篇云：「隍、城下坑。」是隍與壑阬、同爲空虛之所也。

漮者、說文「漮、水之虛也；」故引伸爲凡虛之義。賓之初筵云：「酌彼康爵、」箋訓康爲虛、乃漮之省文也。爾雅學

阬阬釋文唐石經單疏本雪牕本同。疏云阬阬者坎陷之虛也。但重言耳。經義雜記曰、廣韻十二庚阬下引爾雅虛也、郭注云坑塹也。坑上同引經注、字皆不重。則鄭漁仲謂其一衍者是也。疑一卽作坑。

漮虛也唐石經雪牕本同。釋文引郭云漮本或作荒。荒亦丘墟之空無。經義雜記曰詩召旻我居圉卒荒、箋云荒虛也。正義曰荒虛釋詁文。某氏曰野荒民散則削之。唯某氏之本有荒字、諸家爾雅無之。按郭音知荒卽漮之異文。蓋孫郭諸家本作漮、鄭樊本作荒、或誤會詩正義語、謂某氏本阬字不重、其一卽作荒非也。

皆謂丘墟耳雪牕本注疏本同。釋文音經墟、許居反。音往墟、去魚反。此經注異字之明證。

壑阬阬滕徵隍漮虛也〇釋曰注疏本刪。

漮㝩空貌浦鏜云宭誤㝩。按漮㝩叠韻字、浦據誤本方言改㝩爲窘、非。

爾雅詁林 一 釋詁上

亦丘墟之空無舊本及釋文引方言注同。閩本監本毛本無誤也。

康虛也舊本同。閩本監本毛本虛誤空。

校勘記

鏧阬阬十行本鏧阬坑。

阬阬謂阬壍也十行本阬坑謂阬壍也。

校勘記訂補

五下（一二）二行阬阬虛也○原本《玉篇》阜部「阬」下引李登《聲類》云：「阬，虛也。」此處「阬阬」疑衍一「阬」字。《廣韻》庚韻「阬」下云：「《爾雅》曰：虛也。郭璞云：阬壍也。」亦不作「阬阬」。今本郭注「阬阬謂阬壍也」，亦因正文誤衍一「阬」字。

宋監本校箋

鏧阬音坑滕徵隍漮音康虛也

音圖・音

漮字又作㰻。案㡮方言、㯩長門賦、𨺗廣雅，竝漮之異文，同苦郎翻。漮本或作荒。詩正義云唯某氏本有荒字，諸家無之。竦與聳同。說文作愯，息拱翻。案竦聳愯三字通。

音略

鏧、阬坑、滕、徵、隍皇、漮康、虛也。

孫品直音

鏧阬坑阬滕徵隍漮康虛也阬阬謂阬壍也

楊氏音訓

阬客庚切 隍黃 漮康

干氏音釋

黎庶烝多醜師旅眾也 洋觀裒眾那多也

洋、觀、裒、眾、那、多也。

黎、庶、烝、多、醜、師、旅、眾也。皆見詩。

詩曰薄言觀者。又曰受福不那。洋溢亦多貌。

郭注

黎庶烝多醜師旅眾也 釋曰皆謂眾夥也。注云皆見詩者，大雅雲漢云周餘黎民，靈臺云庶民子來，烝民云天生烝民，周頌載見云思皇多祜，大雅緜篇云戎醜攸行，棫樸云六師及之，小雅采芑云振旅闐闐之類是也。洋觀裒眾那多也 釋曰皆謂眾多也。洋者洋溢，亦多貌。魯頌閟宮云萬舞洋洋。裒者聚之多也。易曰君子以裒多益寡。眾者，周頌臣工云命我眾人。注詩曰至不那 釋曰詩曰薄言觀者，小雅采綠文。又曰受福不那者，桑扈文。

邢疏

觀多也以下釋詁

觀音官。釋文

謝音

觀多也

觀音官。釋文

顧音

觀多也

觀古喚反。釋文

施音

黃輯古義

洋觀音官。陸德明釋文引顧謝

謝音

洋觀音官。釋文引顧謝

顧音

洋觀古渙反，注同。釋文

施音

玉函山房輯佚

黎庶烝多醜師旅眾也

郭璞云皆見詩。

洋觀裒眾那多也

郭璞云詩曰薄言觀者。又曰受福不那。洋溢亦多貌。

一切注音

之仍反。䎟。洋音羊。洋溢、多貌。讀者或為詳、非也。觀顧謝音官。施古喚反。注同。那奴多反。本或作 烝

陸音義

黎庶烝多醜師旅衆也

周曰黎民、秦曰黔首。烝民所承者衆、立我烝民、以烝該賤、庶民子來、以庶該貴、民靡有黎、以黎該老。

洋觀裒衆那多也

多可裒也、亦可那也。

新義

黎庶烝多醜師旅衆也詩。皆見 洋觀裒衆那多也洋溢也。觀、采綠云薄言觀者。那、桑扈云受福不那。

鄭樵注

黎庶烝多醜師旅衆也

郭璞曰、皆見詩。

鄭樵曰、皆見詩。

洋觀裒衆那多也

郭璞曰、詩曰薄言觀者。又曰受福不那。洋溢亦多貌。

鄭樵曰、洋溢也。觀、采綠云薄言觀者。那、桑扈云受福不那。

古注合存

黎庶烝多醜師旅衆也、洋觀裒衆那多也。觀去聲。○此釋黎庶以下為衆為多之義也。疏曰、詩緜篇云、戎醜攸行。洋溢、亦多貌。閟宮云、萬舞洋洋。桑扈云、受福不那。愚按觀當讀如京觀之觀、乃多之象也。

注疏參義

觀、羡上均謂當讀如象觀之觀、乃多之象也。按此說誤。與釋言訓示者複矣。

補注

黎庶烝多醜師旅衆也 註 皆見詩 洋觀裒衆那多也 註 詩曰薄言觀者。又曰受福不那。洋溢亦多貌。 正義 說文云、衆、多也。多、重也。从重夕。夕者、相繹也、故為多。齊謂多為錁、是衆與多其義同也。○黎庶至衆也。○黎者、堯典云、黎民於變時雍。庶者、說文云、庶、屋下衆也。堯典云、庶績咸熙、史記作衆功皆興。烝者、益稷云、烝民乃粒。多者、少牢饋食禮云、承致多福無疆。醜者、曲禮云、在醜夷不爭。師者、說文云、師、二千五百人為師。从帀从𠂤。𠂤、四帀、衆意也。堯典師錫帝曰、史記作衆皆言於帝。易彖傳云、師、衆也。旅者、士冠禮云、東面旅占天官旅、下士。鄭註云、旅、衆也。下士治衆事者。是皆言衆多也。○洋觀至多也。○匡繆正俗云、山東俗謂衆為洋。是洋為方俗語也。魯頌閟宮云、萬舞洋洋。論語云、洋洋乎盈耳哉、重言之亦為多也。周頌臣工云、奄觀銍艾。大雅文王有聲云、遹觀厥成。鄭箋、觀、多也。裒者、上文云、聚也、又訓為多、義相成也。衆多互相訓也。商頌云、猗與那與、毛傳、那、多也。註皆見詩。○ 正義 大雅桑柔云、民靡有黎、小雅小明云、我事孔庶、周頌思文云、立我烝民、商頌殷武云、天命多辟、大雅緜云、戎醜攸行、板云、曾莫惠我師、小雅采芑云、振旅闐闐、俱訓為衆、義之常行者耳。○詩曰至不那。○ 正義 薄言觀者、小雅采綠文。受福不那、桑扈文。

正義

黎庶烝多醜師旅衆也詩。皆見 洋觀裒衆那多也 詩曰薄言觀者

又曰受福不那

洋溢亦多貌

說文云、眾、多也。从㐺目、衆意。㐺、从三人。按周語云、人三為衆。易說卦云、坤為衆。夫陰象為民、民庶萌也。地數為耦、耦、合同也、皆會衆意。衆通作終。終、猶充也。充滿義亦為衆。故雜卦云、大有衆也。釋文、衆、荀作終。士相見禮注、今文衆為終。又釋草衆秫、貫衆之衆、古俱音終、亦其證矣。黎庶者、民之衆也。說文云、黔、黎也。秦謂民為黔首、謂黑色也。周謂之黎民。按黎民見堯典、非起於周。民不皆黑色、舉其衆多而言也。詩民靡有黎、毛傳、黎、齊也。鄭箋、黎、不齊也。不同者、齊與不齊皆會衆意也。黎通作藜。韓勑後碑云、口口藜民。又通作棃。桐柏廟碑云、棃庶賴祉。又通作犂。三公山碑云、羣犂百姓。是皆以聲為義也。庶者、說文云、屋下衆也。从

芵、芵、古文光字。按光亦廣也。光、廣皆衆盛之意。釋言云、庶、侈也。奢、侈亦衆多之意。庶、通作冊。說文云冊與庶同意。漢孔和碑庶卽作冊。按冊本四十字、數之積也。故與庶意又同矣。烝者、气之衆也。說文云烝、火气上行也。春秋繁露云畢熟故烝。烝、言衆也。是冬祭之烝亦訓爲衆。通作蒸。詩天生烝民、孟子作天生蒸民。又通作賸。易小過注則蒸而爲雨、釋文蒸字又作烝、或作賸。按賸訓送女、與衆義近。廣韵烝、賸同部、則音又近矣。醜者、儔也、類也。儔、輩、羣類皆以衆言之也。詩戎醜攸行、以謹醜厲、屈此羣醜、傳竝云醜、衆也。通作媿。武梁祠堂畫像云無鹽媿女、媿卽醜也。按醜與媿雖俱从鬼而聲不相應。醜訓可惡、因惡生媿、此則以義叚借、不可以聲求者也。師旅者、人之衆也。說文云二千五百人爲師。从帀从𠂤。𠂤、四帀、衆意也。軍之五百人爲旅。从㫃从从。从、俱也。小司徒云五卒爲旅、五旅爲師。夏官序官注、軍師旅卒兩伍皆衆名也。釋言云師、人也。人者、槩乎衆之詞也。廣雅云師、官也。官从𠂤、辥自亦衆矣。旅之爲言俱也、俱亦衆意。故樂記云進旅退旅。鄭注、旅猶俱也。詩旅力方剛、殷商之旅、傳竝云旅、衆也。旅又敍也、陳也。陳列敍次、其義亦皆爲衆也。○多既爲衆、衆又爲多、互相訓也。洋者、匡謬正俗云、今山東俗謂衆爲洋。按以洋爲多、古今通語故詩閟宮傳洋洋、衆多也。碩人傳洋洋、盛大也。衡門傳洋洋、廣大也。大明傳洋洋、廣也。廣、盛大俱與多義近。通作穰。執競傳穰穰、衆也。文選東京賦注穰穰、衆多也。穰聲同壤。史記滑稽傳云穰穰滿家、貨殖傳云天下壤壤、皆爲利往、壤壤卽穰穰也。聲轉爲蠅蠅。尚書大傳云禾黍蠅蠅、蠅蠅亦洋洋也。方言云蠅、東齊謂之羊。郭注此亦語轉耳。今江東人呼羊聲如蠅。然則蠅蠅卽洋洋矣。又轉爲油油。文選思舊賦注引大傳作禾黍油油。詩河水洋洋、楚辭九歎注引作河水油油。又轉爲繩繩。漢書伍被傳張晏注作黍苗之繩繩、繩繩亦蠅蠅也。古讀洋詳同音、故穆天子傳云庚辰濟于洋水、郭注洋音詳。海內西經注亦云洋音翔。洋讀爲詳、則知繩繩亦洋洋之聲轉。爾雅釋文以讀洋爲詳者非、蓋未通於郭音矣。觀者、郭引詩薄言觀者、又適觀厥成、奄觀銍艾、箋竝云觀、多也。永觀厥成、釋文亦云觀、多也。聲同灌。灌、叢也。叢聚亦多也。釋文云觀、顧謝音官、施古喚反、古喚反者讀如觀兵之觀、觀訓示也、示於人必多於人也、故訓多矣。裒者、上文云聚也。聚則多矣、故又爲多。詩裒時之對、鄭箋裒、衆也。那者、詩受福不那、猗與那與、傳竝云那、多也。有那其居、釋文引王肅亦云那、多也。通作難。難、那聲轉、故難有那音。隰桑有阿、其葉有難、難卽音那。毛傳難然盛貌。盛、多義近。是阿難卽阿那也。俗加女旁爲婀娜矣。又通作儺。詩猗儺其枝、猗儺卽阿那也。受福不那、說文鬼部作受福不儺。周禮占夢注故書難或爲儺。是難、儺、那古皆通用。又詩猗儺其華、楚辭九歎注引作旖旎其華。釋文那本或作㝹。廣雅云㝹、多也。㝹蓋那之或體耳。

義疏

黎、庶、烝、多、醜、疇 **師、旅、衆也。**郭注皆見詩。

黎卽𥝢也。黍黏爲黎、刀刃以切之。說文分𥝢爲黏、以黎从利省非也。黎从刀、故爲齊、因以爲衆。詩羣黎百姓、三公碑引作犂。書萬邦黎獻。庶、从广、炗。說文云屋下衆。書庶績咸熙。烝既爲進、因爲衆。詩天生烝民、字亦作蒸。書烝民乃立。多、从二夕。周官戰功曰多。詩思皇多士。醜、从酉、鬼、蓋祭祀之事。易、詩竝以爲執獲敵衆、雖義則以爲儔類。許慎不識人鬼、乃以醜爲可惡、經無醜惡之文也。師、从𠂤帀、易、春秋傳竝云師、衆也。旅、上云陳、陳卽衆。衆也。禮竝以衆爲旅。衆、从目乑。三人爲衆、从卽本字、後加目耳。**洋、觀、裒、衆、那、多也。**郭注詩曰薄言觀者。又曰受福不那。洋溢亦多皃。

別釋衆多之意。衆爲人多、多爲凡衆也。洋溢雙字、洋洋重文、皆不以洋立義。羕爲長、故洋爲多。詳審亦爲多。書詳刑。詩不可詳也。藿、小爵、字本作吅。書、言乃讙。藿讀若和。又通用也。裒、孚、保同字。書、鮮以不浮。詩、裒時之對。多、雨爲霡、多水爲潨、多蟲爲螺。那从冄、冄卽蘘也。故讀爲儺。因之難亦有多意。詩其葉有難。又說文引受福不儺。那、柰字通。書、柰何。又爲語詞也。

集解

黎庶烝多醜師旅眾也

黎、履黏也、从刀、古文利省聲。正字為齊。詩桑柔民靡有黎、傳黎、齊也。以齊為黎也。齊、禾麥吐穗上平也、从二象地。其中、高地之禾。左右、下地之禾也。引申為眾、如三人成眾者。然齊黎通用字。書堯典黎民於變時雍、僞傳黎眾也。詩天保羣黎百姓、雲漢周餘黎民、箋均云黎、眾也。禮記大學以能保我子孫黎民、文選西都賦膏澤洽乎黎庶、注均云黎、眾也。前漢書敘傳岂羣黎之所御、酷吏傳黎民艾安、師古均云黎、眾也。桐柏廟碑黎庶賴祉、三公山碑羣犂百姓、棃犂均眾也。以棃犂為之、或者黎之正字為麗為旅與。庶、屋下眾也、从广炗會意。炗、古文光字、謂屋下充多也。易乾首出庶物、焦循章句曰庶物、眾物也。書堯典庶績咸熙、史記作眾功皆興。皋陶謨庶明勵翼、洪範八曰念用庶徵、鄭注均云庶、眾也。詩天保以莫不庶、傳庶、眾也。摽有梅求我庶士、雞鳴無庶予子憎、小明我事孔庶、卷阿既庶且多、生民庶無罪悔、箋均云庶、眾也。楚語不陳庶侈、周語民之蕃庶於是乎生、孟子萬章皆為庶人、後漢書文苑傳紀綱庶式、注均云庶、眾也。周書糴匡餘子務藝、注餘、眾也。尚書大傳餘子皆入學、注猶眾子也。周禮輿司馬注輿、眾。左昭七傳皁臣輿、服注眾也。以餘輿為之。烝、火气上行也、从火丞聲。正字為眾。眾烝雙聲。詩烝民天生烝民、東山烝在栗薪、傳均云烝、眾也。漸漸之石烝涉波矣、棫樸烝徒楫之、思文立我烝民、箋均云烝、眾也。孟子告子天生蒸民、疏訓眾。前漢書伍被傳氾愛蒸庶、師古曰蒸亦眾也。廣雅釋訓仍仍、眾也。以蒸仍為之。多、重也、从重夕會意。引申為眾、所謂多士多方是也。詩訪落未堪家多難、殷武天命多辟、箋均云多、眾也。鄭語擇臣取諫工而講以多物、注多、眾也。醜、酒祭神也、从鬼酉聲。許慎謂為可惡非也。正字為儔。儔、侶也。引申為眾、从人、从壽有取眾久居則情洽意也。儔醜通用字。詩出車執訊獲醜、古日從其羣醜、常武仍執醜虜、箋均云醜、眾也。緜戎醜攸行、民勞以謹醜厲、泮水屈此羣醜、傳均云醜、眾也。禮記曲禮在醜夷不爭、文選求自試表殲其醜類、注均云醜、衆也。易否疇離祉、孔家注疇、類也。書召誥王之讎民、謂眾民也。僞傳訓匹、非。詩泮水失其搜、傳搜、眾意也。廣雅釋詁周、輩也眾也。以疇讎搜周為之。二千五百人為師、从帀从𠂤、眾意也。書堯典師錫帝曰、史記作眾皆言於堯曰。震驚朕師、史記師作眾。詩韓奕燕師所完、傳師、眾也。文王殷之未喪師、箋師、眾也。公羊桓九傳、師者何、眾也。左哀五傳師乎師乎、注師、眾也。史記齊世家集解同。前漢書禮樂志汲則師德、下民咸殖、師古曰師、眾也。孫子作戰然後十萬之師舉矣、通典御覽師作眾。楚辭天問師何以尚之、注師、眾也。軍之五百人為旅、从㫃从从會意。从、俱也。即眾也。詩北山旅力方剛、大明殷商之旅、傳均云旅、眾也。周禮序官旅、儀禮士冠旅占卒、禮記郊特牲旅幣無方、周語乃命其旅日徇、齊語春以獀振旅、穀梁莊八傳入曰振旅習戰也、後漢書馬融傳測潛鱗踵介旅、楚辭天問湯謀易旅何以厚之、文選魏文帝與吳質書旅食南館、注均云旅、眾也。前漢書兒寬傳常為弟子都養、注凡眾也。廣雅作諸、云眾也。以都諸為之。眾多也、从从目眾意。周語人三為眾。易說卦坤為眾。

洋觀裒眾那多也

洋、水名、从水羊聲。正字為詳。詳、審議也。引申為悉也多也。書詳刑、詩不可詳也、均是也。詳洋通用字。詩閟宮萬舞洋洋、傳眾多也。前漢書司馬相如傳德洋恩普、師古曰洋、多也。燕王旦傳咸武洋溢、注盛多也。觀、諦視也、从見雚聲。正字為灌。實為貫。貫、錢貝之貫也。引申為多、謂貫穿之多也。貫灌觀通用字。詩采綠薄言觀者、文王有聲遹觀厥成、臣工奄觀銍艾、箋均云觀、多也。莊子齊物論賅而存之、釋文注兼也。廣雅作絯、云多也。呂覽明理頡許百族、注猶大也。字一作結、廣雅云多也。以賅頡為之。裒字本作褎。褎、衣博裾、从衣俘省聲。正字為捊。捊、引聚也。引申為多。廣雅訓以綒為之。綒捊褎通用字。綒捊褎裒古今字。易損君子以裒多益寡、裒益對文、則裒為聚亦為多也。詩般裒時之對、箋裒、眾。亦多也。眾、人之多也、从从从目眾意。周禮所謂用眾、邸眾、簡眾、任眾、合眾、均是也。禮記曲禮典司五眾、注眾謂羣臣也。齊策鄒忌事宣王、仕人眾、呂覽孝行務其人、非貧而富之寡而眾之、論威凡軍欲其眾也、注均云眾、多也。文選獄中上書自明眾口鑠金、下復申云不奪於眾多之口。易同人于宗、荀注宗、眾也。禮記祭義以義終、終即眾多也。魯語作以儀民、以宗終為之。那、西夷國名也、从邑冄聲。史記謂之冄駹。正字為多。多那雙聲。廣雅則以𦀚為之。詩桑扈受福不那、那猶與、那與、傳均云那、多也。或者正字為冄與。冄、毛冄冄也。謂毛多也。加言為訥、訓為多語。

義證

洋觀裒衆那多也　那奴多反

註　詩曰薄言觀者又曰受福不那洋溢亦多貌　補正

臣鎜　按匡謬正俗謂今山東俗謂衆為洋引爾雅洋觀裒衆那多也則洋又與衆互通又一義也　郭注補正

洋觀裒衆那多也

詩曰薄言觀者、又曰受福不那、洋溢亦多貌、元應大智度論十五卷雜阿毗曇心論十卷音義俱引爾雅洋溢也、郭璞曰洋溢衆多也。樹枏案爾雅無洋溢之文、溢當爲多字之誤。　郭注佚存補訂

黎庶烝多醜師旅衆也

黎者、小雅天保羣黎百姓、大雅雲漢周餘黎民、鄭箋竝云黎衆也。桑柔民靡有黎、毛傳云黎齊也、齊民卽衆民也。　庶者、說文云屋下衆也、引申之爲凡衆之稱。召南摽有梅求我庶士、齊風雞鳴無庶予子憎、小雅天保以莫不庶、小明我事孔庶、大雅生民庶無罪悔、卷阿既庶且多、抑庶人之愚、傳箋竝云庶衆也。靈臺庶民攻之、箋云衆民則築作不設期日而成之。庶民衆民也。小雅楚茨爲豆孔庶、箋云庶侈也。侈從多、與衆義近。案無庶予子憎、庶無罪悔、宜用釋言庶幾之庶、箋用庶衆之訓、失之。　烝亦庶也。豳風東山烝在栗薪、小雅漸漸之石烝涉波矣、大雅棫樸烝徒楫之、蕩烝民天生烝民、周頌思文立此烝民、傳箋竝云烝衆也。小雅南有嘉魚烝然罩罩、彼釋文引王注云烝衆也。魯頌閟宮烝徒增增、箋云烝進也。非也。烝徒、衆徒也。泮水烝烝皇皇、箋謂烝烝猶進進也、亦非也。烝烝、衆盛貌也。小雅常棣烝也無戎、傳云烝塡、亦非也。謂雖衆亦無助也。釋詁云烝祭也。小雅楚茨以往烝嘗、箋云冬祭曰烝。天保禴祠烝嘗、傳云冬曰烝。烝取衆意、冬物成熟、故曰烝。烝之爲言衆也。見春秋繁露、白虎通。　多、衆常語也。周頌訪落未堪家多難、商頌殷武天命多辟、箋竝云多衆也。詩之言多者衆矣、皆無異義。　醜者、釋草注云醜類也。類謂衆類也。小雅出車執訊獲醜、吉日從其羣醜、大雅緜戎醜攸行、民勞以謹醜厲、常武仍執醜虜、魯頌泮水屈此羣醜、傳箋竝云醜衆也。　師者、說文云二千五百人爲師、從帀從𠂤、𠂤四帀衆意也。小雅采芑陳師鞠旅、大雅棫樸六師及之、箋竝云二千五百人爲師。小雅黍苗我師我旅、箋云五旅爲師、皆謂兵衆也。采芑師干之試、大雅文王殷之未喪師、韓奕燕師

所完、傳箋並云師衆也。旅者、說文云軍之五百人爲旅。从㫃从从、从俱也。俱卽衆也。采芑陳師鞠旅黍苗我師我旅、大雅皇矣爰整其旅、箋並云五百人爲旅。采芑振旅闐闐、北山旅力方剛、大雅大明殷商之旅、魯頌閟宫敦商之旅、傳箋並云旅衆也。

洋觀裒衆那多也

多、卽衆也。周南螽斯序、后妃不妒忌而子孫衆多。衆多一義也。洋者、魯頌閟宫萬舞洋洋、毛傳云洋洋、衆多也。陳風衡門泌之洋洋、傳云洋洋廣大也。衞風碩人河水洋洋、傳云洋洋、盛大也。大雅大明牧野洋洋、傳云洋洋、廣也。盛廣大皆多義也。魯頌閟宫萬舞洋洋、傳云洋洋、衆多也。　觀者、小雅采綠薄言觀者、大雅文王有聲遹觀厥成、周頌臣工奄觀銍艾、鄭箋並云觀多也。有瞽永觀厥成、彼釋文亦云觀多也。　裒者、下文云聚也。聚與多義相成。周頌般裒時之對、箋云裒衆也。衆卽多也。常棣傳以裒爲集、義亦相成。　那者、小雅桑扈受福不那、商頌那猗與那與、傳並云那、多也。小雅魚藻有那其居、彼釋文亦云那、多。受福不那、說文人部作受福不儺。檜風隰有萇楚猗儺其枝、儺與那蓋通字。小雅、隰桑有阿、其葉有難。阿難卽猗儺。傳云阿然美貌、難然盛貌。盛卽多也。隰有萇楚傳云猗儺、柔順也。王氏引之云萇楚之枝柔弱蔓生、故傳以猗儺卽柔順。但華與實不得言柔順、猗儺乃美盛之貌。那儺並字異而義同。釋文云那本或作𦋇。𦋇、多也。見廣雅

說詩

黎庶節疏棫樸云六師及之 棫樸監本誤楪。 振旅闐闐 旅毛本誤振。

注疏正字

裒多也

家大人曰周頌般篇裒時之對、箋曰裒衆也。衆亦多也。管子輕重丁篇曰、五衢之民裒然。今本裒譌作衰。從宋本改。

述聞

黎庶烝多醜師旅衆也洋觀裒衆那多也　一切經音義七又二十引作蒸。　裒當作捊。見上　釋文云那本或作𦋇。案說文多部無𦋇字。　一切經音義九又十八引洋溢也。

匡名

黎庶烝多醜師旅衆也洋觀裒衆那多也　說文眾、多也。多、重也。从重夕。夕、相繹也。故爲多。重夕爲多、重日爲疊。多與衆義同也。　黎、履黏也。𥝢、古文利。作履黏以黍

米也。註以黎訓衆、而履黏之義廢矣。大雅周餘黎民、箋黎、衆也。庶屋下衆也。从广炗、炗古文光字。徐鉉曰光亦衆盛也。堯典庶績咸熙、史記作衆功皆興。大雅天生烝民傳烝、衆也。醜可惡也。醜假借爲類也。以儔類而引伸之卽衆之義也。大雅戎醜攸行、傳醜、衆也。師、二千五百人爲師。从帀𠂤、𠂤四帀、衆意也。堯典師錫帝曰、史記作衆皆言于帝。旅軍之五百人爲旅。从㫃从从、从俱也。小雅我師我旅、鄭註旅、衆也。洋水名、又叚借爲衆。多之皃。魯頌萬舞洋洋。觀諦視也。註宷諦之視也、穀梁傳常事曰視、非常曰觀。凡以我諦視物曰觀、使人得以諦視我亦曰觀。猶以我見人使人見我皆曰視。一義之轉移、本無二音也。周頌奄觀銍艾、箋觀多也。此引伸之義、物多而後可觀、故曰觀多也。猶灌木之爲藂木也。裒詳上文聚註。那、西夷國。訓於詳上。小雅受福不那、傳那、多也。

啓蒙

觀多也。　觀从吅聲、與夥為對轉、說文齊謂多為影夥。

裒多也。　裒與捊近、釋訓注捊捊、氣出盛、又通作浮、詩江漢浮浮、傳浮浮、衆彊皃字。亦作綒、廣雅綒、多也。

那多也。　那儺皆由委變、从委字多在泥紐。

黄侃音訓

黎衆也

樾謹按黎之言麗也。尚書禹貢厥土青黎、史記夏本紀作其土青驪、是其例矣。黎又通作離。禹貢導弱水至于合黎、水經禹貢山水澤地篇作合離、離亦麗也。說文鹿部麗旅行也。故此經黎旅竝訓衆矣。

平議

黎、庶、烝、多、醜、師、旅、眾也。洋、觀、裒、眾、那、多也。

說文云：「眾、多也、从㐺目、眾意。多、緟也、从緟夕、夕者、相繹也。」是眾多義同、故二字互訓。國語云：「人三爲眾；」易雜卦云：「大有、眾也；」亦足證眾多之義相同也。郝氏謂眾通終；終亦眾也。

黎庶爲眾者、民之眾也。周稱黎民、秦稱黔首、說文以黎訓黔。郝氏云：「黎民起於堯典、非起於周、民不皆黑色。」詩云：「民靡有黎、」毛傳云：「黎、齊也、」是黎民者、齊民之謂、即漢書如淳注所謂「等、」說文段注所謂「不齊而齊、」皆眾意也。古碑黎字、或借用𥝩、犂。俗作䊍。庶、說文「屋下眾也、从广炗。」炗、乃古文光字、光者廣也、故有眾意。

烝者、詩云：「天生烝民、」即眾民也。眾經音義引爾雅作烝。

醜者、儔也、類也。類有眾義、與齊等之爲眾、同意。郝氏云：「通作媿。」

師旅爲眾者、人之眾也。說文「二千五百人爲師、从帀、从𠂤、𠂤四帀、眾意也。」師之从𠂤、與官之从𠂤同意；一謂人眾、一謂事眾也。說文「旅、軍之五百人、从㫃、从从、从、俱也。」俱亦眾也。

洋者、匡謬正俗云：「山東俗謂眾爲洋、」即其義。郝氏云：「碩人傳『洋洋、盛大也、』衡門傳『洋洋、廣大也、』廣、盛、大、俱與多義近。」晉案今長江南北、謂辭之夸大者、曰洋語；亦多之義也。洋轉爲蠅；又轉爲油。

觀者、郭氏引詩「薄言觀者、」箋云：「觀、多也。」

裒、當作捊。前訓聚、聚則必多。

那者、郝氏云：「詩『受福不那、』『猗與那與、』傳竝云：『那、多也。』『隰桑有阿、其葉有難、』難即音那、阿難即阿那；俗加女旁作婀娜矣。難儺那古皆通用。廣雅云：『䋍、多也、』䋍、蓋那之或體。」案說文無䋍字、爾雅釋文云：「那、本或作䋍。」

爾雅學

黎庶烝多醜師旅衆也〇釋曰　注疏本刪。

那　單疏本雪牕本注疏本同。釋文唐石經作䢩。

洋觀裒衆那多也〇釋曰　注疏本刪。

〇注詩曰至不那〇釋曰　注疏本但有注云二字。

校勘記

黎庶烝多醜師旅衆也。洋觀羊讀詳非官

衺抔衆那儺多也

孫偘直音

洋觀去聲衺抔衆那儺多也。

直音校正

流差柬擇也

郭注

流差柬擇也。皆選擇。見詩。

邢疏

流差柬擇也 釋曰：皆選擇也。周南關雎云左右流之，小雅吉日云既差我馬，邶風云簡兮簡兮，皆是也。簡柬音義同。

黃輯古義

柬擇也 文選東京賦、魏都賦、長楊賦注竝引爾雅作簡擇也。衆家注

一切注音

流差柬擇也柬簡同。文選註三卷引爾雅云簡擇也。郭璞云皆選擇。見詩。

古注斠

柬擇也 蕙心案：文選東京賦、魏都賦、長楊賦注竝引爾雅作簡、擇也。

陸音義

差楚佳反。柬音簡

新義

流差柬擇也 以有差也，乃有差擇。以有柬也，乃有柬別。

鄭樵注

流差柬擇也皆見詩。柬與簡同。

古注合存

流差柬擇也 郭璞曰：皆選擇。見詩。鄭樵曰：皆見詩。柬與簡同。

注疏參義

流差柬擇也差音叉。柬揀同。○此釋流差柬爲擇之義也。疏曰：詩關雎云左右流之，吉日云既差我馬，邶風云簡兮簡兮。愚按：流柬與今詩解不同，義亦自通。

正義

流差柬擇也 註 皆選擇見詩 正義 說文云：擇，柬選也。流者，釋言云：流，求也。以聲爲義。求又轉訓爲擇也。差者，旣夕禮記夏祝淅米，差盛之，鄭註：差，擇之也。柬者，荀子修身篇柬理也，楊倞註：柬與簡同。文選註引爾雅作簡擇也。夏官趣馬云：簡其六節，鄭註：簡，差也。王制云：簡不肖以絀惡。註見詩 ○ 正義 周南關雎云左右流之，小雅吉日云既差我馬，邶風云簡兮簡兮。

正義

流差柬擇也皆選擇見詩 說文云：擇，柬選也。淮南本經篇云：是以不擇時日。高誘注：擇，選也。呂覽簡選篇云：與惡劍無擇。高注：擇，別也。通作澤。禮射義云：天子將祭，必先擇射於澤。澤者，所以擇士也。曲禮云：共飯不澤手。鄭注：澤謂挼莎也。澤或爲擇。按挼莎者，詩葛覃釋文引阮孝緒字略云：煩撋猶挼莎也。然則挼莎煩撋皆去垢汚以取精潔，與擇義近，故其字通矣。流者，釋言云：求也。求擇義近。詩左右流之，流宜訓擇。毛傳流訓求，芼訓擇者，蓋以淺深爲義，實則二義亦相成也。大戴禮曾子立事篇云：觀說之流。盧辯注：流謂部分。漢書食貨志云：朱提銀重八兩爲一流。流謂流別，蓋亦選擇之名，故分別人物謂之品流也。流之與離俱以分別爲義，故冕旒衣裓俱从流聲，其義亦近。通作疏。左氏昭廿年傳：出入周流。釋文：流，古本有作疏者。疏有分離之義。流是

爾雅詁林 一 釋詁上

區別之名、故於義得通矣。差者、詩穀旦于差、既差我馬、傳箋竝云差、擇也。旣夕記云差盛之、鄭注亦訓爲擇。爾雅釋文差、楚佳反。詩關雎釋文差、初宜、初佳二反。初宜反者訓次也、等也、然等次與別擇亦近。差聲近斯、左氏襄十四年傳庾公差、孟子作庾公斯。釋言云斯、離也。說文云斯、析也。離析與別擇之義又近也。柬者、說文云分別簡之也。从束从八、八、分別也。荀子脩身篇云安燕而血氣不惰、柬理也。楊倞注柬與簡同。言柬擇其事理所宜。通作揀、一切經音義五引埤蒼云揀、擇也。玉篇云揀、力見反、擇也。又音簡。亦通作簡、詩簡兮箋簡、擇也。周禮趣馬云簡其六節、禮王制云簡不肖以絀惡、鄭注簡、差也、擇也。文選東京賦及魏都賦長楊賦注竝引爾雅作簡、擇也。是簡柬通。方言云撟捎、選也。撟騷自關而西秦晉之閒凡取物之上謂之撟捎。按撟捎簡選聲亦相轉。

義疏

流差柬簡諫**擇也** 郭注皆選擇。見詩。

流从㐬。不順者二水夾之、則隨流矣。因流別而有擇義。下云流、求是也。詩左右流之、下采之、芼之、皆謂擇也。𢀩、从左从𠂹、工因爲差等差別之意。詩既差我馬、禮經記差盛之。今俗作搓。柬、从束八、八、別也。經傳多用簡。月令簡練桀俊、練亦簡也。記簡不率教、詩不諫、亦入加言作諫。擇、从手睪。睪、目捕罪人、故當詳柬之。

集解

流差柬擇也 流、字本作㶇、水行也。从林㐬會意。流其篆文也。水流徧地、入川而別。釋言訓求、此經訓擇、均由流別義而引申耳。詩關雎左右流之、與下芼對文、則流爲求亦爲擇也。文選七發流音悅耳、注流、擇也。差、貳也、差不相值也。从左从𠂹。正字爲㕡、㕡、手指相錯、象擇物之形。从差通用字。詩東門之枌穀旦于差、箋差、擇。吉日既差我馬、傳差、擇也。儀禮既夕記差盛之、文選高唐賦差時擇日、注均云差、擇也。柬、分別擇之也。从束从八。八、分別也。字一作揀。經典通作簡。詩簡兮簡兮、箋簡、擇。禮記王制簡不肖以黜惡、注簡、差擇也。文選長楊賦簡力狡獸、盧子諒覽古詩簡才儁行李、曹子建求自試表簡賢授能、注均云簡、擇也。禮記月令簡練桀俊、練亦簡擇也。秦策簡練以爲揣摩、注猶擇。離騷苟余情其信姱以練要兮、文選月賦絃桐練響、七發練色娛目、注均云練、擇也。魏都賦滑吉日、注滑、擇也。說文選、遣也、一曰擇也。以練滑選爲之。擇、柬選也。从手睪聲。睪、令吏將目捕辠人也。當細柬之擇訓爲選、取手義、亦取睪之義也與。

義證

流差柬擇也

流者、釋言云求也。周南關雎左右流之、毛傳云流、求也。而左右芼之則訓爲擇、蓋求而擇之、其義相成也。差者、陳風陳門之枌穀旦于差、小雅吉日既差我馬、傳箋竝云差、擇也。柬者、說文云分別簡之也。柬通作簡、文選東京賦魏都賦長楊賦注竝引爾雅簡、擇也。李善所見爾雅本蓋作簡。邶風簡兮、箋云簡、擇也。

說詩

流差柬擇也 說文林部㶇、从林从㐬。篆文从水作流。經典相承用篆文。柬、文選注三、又六、又九、又二十、又廿一、又廿四、又三十六、又三十七引皆作簡。詩邶風簡兮簡兮、箋簡、擇。案說文柬部柬、分別簡之也。从束从八。則柬簡可通用。

匡名

流差柬擇也 說文擇、柬選也。周南左右流之、傳流、求也。求又轉訓爲擇也。𢀩、貳也、左不相值也。从左𠂹。訓擇、引伸之義也。小雅既差我馬、傳差、擇也。柬、分別簡之也。从束八。八、分別也。註凡言簡練、簡擇、簡少者、皆叚簡爲柬也。又作揀、魏志、無所揀擇。

啓蒙

壑　濂　虛也　那　多也　柬　擇也

釋文壑、本或作叡。許各反。釋詁釋文　濂字又作歉。釋詁釋文　方言作㾾。亦空也。釋詁釋文　郭云濂、本或作荒。釋詁釋文　詩正義引某氏本作荒。召旻詩正義　釋文那、本或作㖠。釋詁釋文　柬音簡。釋詁釋文　文選注引作簡、擇也。長楊賦注

濂、虛也。釋文濂、郭云本或作荒、荒亦邱墟之空無。臧氏琳曰、按詩召旻我居圉卒荒、箋云荒、虛也。國中至邊境以此故盡空虛。正義曰、荒、虛、釋詁文。某氏曰周禮云野荒民散則削之、惟某氏之本有荒字耳、諸爾雅則無之。要知野荒必是虛之義也。據此則郭氏所云或作荒者、卽指某氏本。鄭康成所據亦同。又易泰九二包荒釋文引鄭注云虛也。說文䊖、虛無食也。是荒之爲虛、古義也。

證異

流、差、柬、擇也。

流、本篇訓擇、釋言訓求、蓋擇而求之；郝氏所謂「二義相成」者是也。詩「左右流之、」「左右芼之、」傳訓流爲求、訓芼爲擇、其義同。

差者、詩之「穀旦于差、」「旣差我馬、」傳箋竝訓擇。

柬、說文「分別簡之也、从束八、八、分別也。」與雅訓同。凡經傳簡練、簡擇、揀選字、均柬之假借。

爾雅學

流差柬擇也〇釋曰　注疏本刪。

校勘記

差音乂　監本永懷堂本毛本湘本乂作又、是。

注疏校勘札記

流差音乂柬音簡擇也

音圖・音

乂　簡

流差、柬、擇也。

孫品直音

流、差、柬、擇也。（讀乂簡）

直音校正

流差乂柬同簡擇也

楊氏音訓

差初加切

干氏音釋

戰慄震驚戁竦恐慴懼也

戰慄、震驚、戁、竦、恐、慴、懼也。詩曰不戁不竦。慴卽懾也。

郭注

戰慄震驚戁竦恐慴懼也　釋曰、皆惶怖也。論語曰使民戰栗。詩秦風黃鳥云惴惴其慄。易曰震來虩虩。又曰驚遠而懼邇也。詩云不戁不竦。月令曰國時有恐。樂記曰柔氣不懾。是皆懼也。慴卽懾也。　注詩曰不戁不竦、釋曰商頌長發文也。

邢疏

戰慄震驚戁竦恐慴懼也　釋文二十五卷引爾雅云怖、懼也。此文疑脫一怖字。

郭璞云、詩曰不戁不竦。慴卽懾也。

一切注音

竦　懼也

蕙心案、文選廣絕交論注引爾雅聳、懼也。故文選長楊賦云整輿竦戎、李善注竦與聳古字通。

怖

蕙心案、莊子釋文引爾雅怖、懼也。今無此文。

古注斠

慄六日反。戁女版反。竦息勇反。恐丘勇反。慴之涉反。

陸音義

爾雅詁林　一　釋詁上

戰慄震驚戁竦恐慴懼也

郭璞曰、詩曰不戁不竦。慴卽慑也。

古注合存

戰慄震驚戁竦恐慴懼也。戁音赧、慴慑同。○此釋戰慄以下皆懼之義也。註曰詩長發云、不戁不竦。疏曰、易震卦云、震雷虩虩。又云驚遠而懼邇也。

注疏参義

戰慄震驚戁竦恐慴懼也 註 詩曰不戁不竦。慴卽慑也。

正義 說文云懼、恐也。恐、懼也。互相訓也。戰者、懼容也。論語云使民戰栗。史記齊悼惠世家云股戰而栗。言其懼甚也。小雅小旻云戰戰兢兢、毛傳戰戰恐也。是重言之亦爲懼也。方言云蛩烘、戰慄也。荊吳曰蛩烘。蛩烘又恐也。說文云烘、戰慄也。廣雅云蛩烘、懼也。是戰慄二字連文爲懼也。秦風黃鳥云惴惴其慄、莊子人間世云吾甚慄之。大宗師云登高不慄、天運云操之則慄。是慄爲懼也。震卦象辭云震驚百里、大雅江漢云徐方震驚。震驚二字、經傳多連言之。晉語云四鄰莫不震動、韋昭註震、懼也。方言云懼、驚也。是驚懼互相訓也。戁者、說文云敬也。過敬則心瞿也。竦者、說文作愯、懼也。春秋傳曰駟氏愯、案左氏昭十九年傳作駟氏聳。杜註聳、懼也。又昭六年傳云聳之以威、漢書刑法志引作悚之以威。方言云聳、悚也。周語云身聳除潔、韋註聳、懼也。楚語云能聳其德、韋註聳、敬也。以聳爲敬、猶以戁爲敬、皆言敬而懼也。竦、悚、聳、古字通用。恐訓爲懼、義之通行者耳。慴者、說文云慴、懼也。讀若疊。周頌時邁云莫不震疊、毛傳疊、懼也。疊慴音義同。莊子釋文引爾雅云怖、懼也。今無此文。註 詩曰至慑也。○正義 不戁不竦、商頌長發文。毛傳戁、恐。竦、懼也。慴卽慑者、說文云慑、失气也。曲禮云則志不慑。

正義

慴懼也 詩時邁疏云、疊、懼。釋詁文。彼疊作慴、音義同。

校議

戰慄震驚戁竦恐慴懼也 詩曰不戁不竦慴卽慑也

說文云懼、恐也。方言云懼、驚也。通作㦬。莊子天運篇云吾始聞之懼、庚桑楚篇云南榮趎懼然顧其後、釋文竝云懼本作㦬。蓋懼、㦬竝从瞿聲。瞿有驚遽之意也。戰者、廣雅云惮也。白虎通引尚書大傳曰戰者惮驚之也。法言云見豺而戰、李軌注戰、悖也。詩傳戰戰、恐也。孝經注戰戰恐懼。釋訓云戰戰蹌蹌動也。動亦恐動也。與顫同。玉篇云顫、動也。廣韵云顫、四支寒動。淮南說山篇云、故寒顫、懼者亦顫。高誘注顫讀天寒凍顫之顫。是顫戰聲義同。寒顫即寒戰矣。慄者栗之俗體、古止作栗。說文肉部引徐巡說、木至西方戰栗。論語使民戰栗。是栗爲本字。通作慄。廣雅云慄戰也。詩惴惴其慄、傳慄慄懼也。莊子人間世篇云吾甚慄之。素問瘧論云寒慄鼓領、王砯注慄謂戰慄。調經論注慄謂振慄也。按振慄即戰慄聲轉。又通作溧。說文云溧寒也。素問氣交變大論云其變溧冽。詩二之日栗烈、傳栗烈寒氣也。栗烈即溧冽矣。震者、動之懼也。下文云震動也。說文云震劈歷振物者。蓋震霆疾威、故會意爲懼。周語云玩則無震。韋昭注震懼也。通作振。書震驚朕師、史記五帝紀作振驚朕衆。又通作祇。書云爾謂朕曷震動萬民以遷、漢石經震作祇日嚴祇敬六德、史記夏紀祇作振。治民祇懼、魯世家作治民震懼。蓋震懼祇敬其義相近、震祇聲又相轉、故古字通矣。驚者、說文云馬駭也。文選西京賦注驚惮謂皆使駭怖也。羽獵賦注引宋衷春秋緯注云、驚、動也。驚動與震動同意。驚之言猶警也。警訓敬戒、與恐懼義近。故文選歎逝賦云、節循虛而警立、李善注警猶驚也。戁者、下文云動也。說文云敬也。皆與懼義近、故詩不戁不竦、傳云戁恐也。通作赧。赧訓爲慙、亦與懼近。故楚語云、否則赧。韋昭注赧、懼也。聲轉爲鬾。說文云鬾、見鬼驚聲、讀若詩受福不儺。蓋戁从難聲、鬾从難省聲、訓爲驚懼、其義又同矣。竦者、悚之叚音也。說文云愯、懼也。从雙省聲。引春秋傳曰驪氏悚。通作從。說文云從、驚也。讀若悚。又通作聳。方言云聳、悚也。左氏昭六年傳聳之以行、杜預注聳、懼也。漢書刑法志作愯之㠯行、晉灼注愯、古竦字也。按愯即悚字、从雙不省。驪氏愯、左氏昭十九年傳作驪氏聳。文選廣絕交論注引爾雅亦作聳、懼也。又通作竦。說文云竦、敬也。竦訓敬、與戁同意。故不戁不竦、毛傳竦、懼也。後漢書張綱傳云、京師震竦。文選長楊賦云、整輿竦戍、李善注竦與聳古字通。又通作悚。不戁不竦、家語弟子行篇作不戁不悚。一切經音義十三引字林云悚，惶遽也。恐者，詩云將恐將懼。素問藏氣法時論云善恐如人將捕之。聲近烘。廣雅云烘，懼也。方言云蛩烘，戰慄也。荆吳曰蛩烘。蛩烘又恐也。按蛩烘疊韵，合之爲恐聲。又近兇。許拱左氏僖廿八年傳曹人兇懼。然則烘兇合聲亦爲恐矣。慴者，說文云懼也，讀若疊。莊子達生篇云，是故遻物而不慴。通作懾。說文云懾，失气也。逸周書大戒篇云，大則驕，小則懾。曲禮云則志不懾。鄭注懾猶怯惑。樂記云柔氣不懾。鄭注懾猶恐懼也。又通作懾。廣雅云懾，懼也。一切經音義七云懾、聲類作懾，同。止業反。又通作慹。說文云慹，怖也。一切經音義九云懾，古文慹，或作讋。說文讋，失气言。傅毅讀若慴。按慴，古讀若疊，亦通作疊。詩莫不震疊。傳疊，懼也。吳都賦云鉦鼓疊山，劉逵注疊，振疊也。振疊即震疊，震疊又即震慴，俱聲同叚借字也。

義疏

戰慄震驚戁竦恐慴疊懼也

郭注、詩曰不戁不竦。慴即懾也。

戰，从戈單。單，憚。戰古今字。書大傳，戰者，憚驚之也。詩豈敢憚行。語使民戰栗。慄栗古今字。栗，从木西。秋成實振動。詩惴惴其慄。又載震載夙。震，从雨辰。辰从厂、與氏同用。葢亦山石頹落之字，故爲振動。書治民祇懼。又震動萬民。石經作祇動。詩莫不震疊，以動爲懼也。驚，从敬馬。驚馬令懼，與警同用。實即敬耳。記、毋不敬。書、朕及篤敬。孟子又引泽水儆予。詩、徐方震驚。又我孔熯矣。說文引作戁。難，从堇。堇，謹也。土之黏著者謹密，因以爲戒懼。竦，聳悚㦝一字耳。春秋傳、臨南騄馬。束轉爲速，而有聳音。各家引雅字亦多作聳也。恐，从丮工。因拱執而戒懼。書、邦人大恐。慴懾疊聲轉字。聶語有悚懼之意。記則志不懾。正字也。詩、莫不震疊。通用字也。慴讋則周末通用字耳。懼，从瞿。象鳥驚。詩狂夫瞿瞿、良士瞿瞿。从䀠、左右視也。亦作愳。

集解

戰慄震驚戁竦恐慴懼也

戰，鬥也。从戈單聲。引申爲懼。尚書大傳，戰者，憚驚之也。論語、使民戰栗。哀公言使民戰懼。栗，主也。前漢書高五王傳股戰而栗。師古曰戰者，懼之甚也。詩雲漢豈敢憚暑。箋憚，猶畏也。攷工矢人則雖有疾風，亦弗之能憚矣。鄭司農注憚謂風不能驚憚箭也。晉語小罪憚之，注憚，懼也。淮南說山故寒顫懼者亦顫。呂覽慎大天下顫恐而患之，注顫，驚也。列子黃帝怛然內熱。廣雅怛云驚也。方言讋，台，脅閱，懼也。南楚江湘之閒謂之嘽咺。廣雅釋詁嘽，懼也。以憚顫怛嘽蟬爲之。慄，字本作凓，寒也。从仌栗聲。引申爲懼，謂因寒而懼耳。慄凓古今字。詩黃鳥惴惴其慄。傳慄慄，懼也。後漢書鄧寇傳退自惟念不寒而慄，注不寒而慄，言恐懼也。莊子人閒世吾甚慄之。素問瘧論寒慄鼓頷，王注謂戰慄懼也。文選藉田賦夕惕若慄，注慄，懼也。七發聊兮慄兮，注聊慄，恐懼之皃。震，劈歷振物者。从雨辰聲。引申爲懼。說文則以唇爲之。詩常武徐方震驚，傳訓恐懼。周語玩則無震。楚語滯久不震。文選藉田賦望皇軒而肅震，羽獵賦東震日域，荅賓戲聞之者響震，阮嗣宗爲鄭沖勸晉王牋望風震服，注均云震，懼也。驚，馬駭也。从馬敬聲。引申爲懼。易震驚百里，驚遠而懼邇也。或者正字爲警。與戁，敬也。从心難聲。引申爲懼，謂心謹而敬懼也。詩長發不戁不竦，傳戁恐亦懼也。楚茨我恐熯矣，傳熯，敬也。桑扈不戢不難，疏難者，戒懼之辭。楚語不則報，注報，懼也。以熯難報爲之。竦，立敬也。从立从束。束，自申束也。引申爲懼。說文則以悚爲之。詩長發不戁不竦，傳竦，懼也。左昭六傳聳之以行，十九傳駟氏聳，注均云聳，懼也。以聳爲之。恐，事之懼也。从心巩。巩，从丮工，執事也。書金縢邦人大恐，言大懼也。古秦誓天之見此，以勸之也，恐恃之。西伯戡黎祖伊恐，孫疏均云恐，懼也。素問脅在志爲恐，注恐，所以懼惡也。晉語敵入而凶，注凶，恐懼也。荀子君道故君子恭而不難，敬而不鞏。鞏即恐懼也。廣雅釋詁蛩烘，伀，忪，懼也。方言蛩烘，戰慄也。以凶鞏蛩烘伀忪爲之。慴，心虛而懼也。从心習聲。習，數飛也。心而數飛則虛，虛則懼。莊子達生是故遻物而不慴，釋文慴，懼也。文選七發慴鷙鳥，注慴，恐也。東京賦八靈爲之震慴，注震慴，懼也。易乾夕惕若厲，鄭注惕，懼也。詩時邁莫不震疊，傳疊，懼也。呂覽論威威所以攝之也，注攝，懼也。文選爲鄭沖勸晉王牋，名攝三趙，注引爾雅慴，懼也。以惕疊攝爲之。懼，恐也。从心瞿聲。瞿，鳥驚也。加心故爲恐耳。或省作瞿。

義證

爾雅詁林　一　釋詁上

戰慄震驚戁竦恐慴懼也（戁女版反。慴之涉反。）

【註】詩曰不戁不竦。慴即懾也。【補正】邢疏、樂記曰柔氣不懾。

郭注補正

戰慄震驚戁竦恐慴懼也

詩曰不戁不竦慴即懾字也

慧琳經律異相三十八卷音義引郭注爾雅云聳驚悚也。樹枏案慧琳所據爾雅悚作聳與文選廣絕交論注所引合、與釋文異。 文選阮嗣宗爲鄭沖勸晉王牋注引爾雅云慴、懼也。郭璞曰即懾字也。今本脫字字、據補。慧琳根本說一切有部律攝十一卷音義引爾雅云慴、懼也。或作懾字。即本郭注。元應月光童子經音義引爾雅云慴、懼也。郭璞曰即恐懾者也。念佛三昧經三卷音義引爾雅云慴、懼也。郭璞曰即恐懾也。樹枏案元應所引與李善不同、或者郭音義之文歟。

郭注佚存補訂

戰慄震驚戁竦恐慴懼也

戰、懼。常語也。小雅小旻戰戰兢兢、毛傳云戰、恐也。恐即懼也。 慄者、釋言云慄、慼也。注云戰慄者憂慼。憂慼即懼也。秦風黃鳥惴惴其慄、傳云慄、懼也。慄與栗同。豳風七之日栗烈、傳云栗烈、寒氣也。今人謂之寒戰、亦恐懼之象也。 震者、下文云動也震、以恐懼修省。大雅生民、常武、周頌時邁、傳箋竝以震爲動、震動未有不恐者。商頌長發云不震不動、箋云不震不動、不可驚憚也。驚憚即懼也。有震且業、傳云業、危也。謂懼而且危也。大雅常武徐方震驚、箋云驛馳走相恐懼、以驚動徐國、如雷霆之恐怖人。（鄭改徐方繹騷爲傳驛之驛、殊爲武斷迂曲。） 是以震驚爲懼也。 戁者、說文云敬也。敬慎則近於懼。竦、說文作愯、云懼也。愯爲雙之古文。（漢書刑法志晉灼云雙古竦字也。） 商頌長發不戁不竦、毛傳云戁、恐、竦、懼也。竦與聳通。文選廣絕交論注引爾雅聳、懼也。蓋據爾雅別本也。不戁不竦、家語作不戁不悚。悚竦亦通字。 恐者、小雅谷風將恐將懼。恐懼一義也。 慴者、說文云懼也。讀若疊。與疊亦通字。周頌時邁莫不震疊、傳云疊、懼也。即用此經。

說詩

戰慄節疏使民戰慄（慄、監本依論語作栗。） 震來虩虩（來誤雷。）

戰慄震驚戁竦恐慴懼也 慄、俗字。古作栗。 竦、文選注五十五

注疏正字

引作聳。左傳昭六年聳之以行、杜預曰聳、懼也。正義曰釋詁文也。彼作竦、音義同。案說文心部愯、懼也、从心雙省聲。春秋傳曰駟氏愯。今本作聳又慫、懼也、从心從聲、讀若竦。今本誤悚聳竦音同、竦又訓敬、義亦相附、故皆通用。慴通疊。詩周頌時邁莫不震疊、傳疊、懼也。正義曰釋詁文。彼疊作慴、音義同。案說文慴讀若疊。

匡名

戰慄震驚戁竦恐慴懼也 說文懼、恐也。恐、懼也、从心巩聲。互相訓也。戰、鬭也。註戰爲聖人所愼、故引伸爲懼。小雅戰戰兢兢、傳戰戰、恐也。論語使民戰栗、註戰栗、恐懼貌。大禹謨夔夔齊慄、傳慄、戰慄也。震、劈歷振物者。註引伸之凡動謂之震。驚、詳釋訓。大雅徐方震驚、韋註震、懼也。方言懼、驚也。商頌不戁不竦、傳戁、恐也。竦、懼也。戁、敬也。竦、敬也。竦又作愯、愯、懼也。引左傳駟氏愯、今昭十九年傳作駟氏聳、註聳、懼也。又昭六年傳聳之以威、前漢刑法志引作悚之以威。震卦君子以恐懼修省。慴、懼也。史記一府中皆慴伏。又通懾。曲禮則志不懾。又通疊。周頌莫不震疊、傳疊、懼也。

啓蒙

慄 㮚 說文無慄。蓋古止作栗。論語曰使民戰栗。說文引徐巡說木至西方戰㮚。然戰㮚之訓實當以凓爲正字。凓、寒也。

黃侃評本 正名

慄、懼也。 慄當以凓為正字、凓寒也。

黃侃音訓

戰、慄、震、驚、戁、竦、恐、慴、懼也。

懼字、兼惶駭、敬畏二義。

戰慄者、廣雅訓戰為憚；法言李軌注訓悸。戰通顫、廣韻云：「顫、四支寒動、」故戰為懼也。慄為栗之俗寫、栗本木名、假為戰栗字。說文引徐邈說云：「木至西方戰栗。」戰栗二字多連用。

震驚者、雷之疾者為霆為震、馬駭為驚。引伸之、凡動謂之震、凡駭謂之驚、故皆為懼。易之震卦、大雅江漢、震驚二字亦連言。

戁竦為懼者、敬畏之懼也。說文「戁、敬也、从心、難聲；竦、敬也、从立从束、自申束也；」皆敬慎義也。唯詩長發云：「不戁不竦、」傳訓戁為恐；後漢書張綱傳「京師震竦、」震竦並用、則二字亦假用為驚恐之義矣。

慴、說文「懼也、从心、習聲、讀若疊。」錢大昕謂「漢人言讀若者、不但寓其音、幷可通其字。」周頌時邁云：「莫不震疊、」震疊、即震慴、此錢氏所謂字通也。

爾雅學

戰慄震驚戁竦恐慴懼也○釋曰 注疏本刪。

使民戰栗 監本同。舊本閩本毛本栗作慄。

震來虩虩 舊本同。閩本監本毛本來誤雷。

○注詩曰不戁不竦○釋曰 注疏本注下增云、刪詩曰釋曰。

校勘記

六行（注）慴即懾也○《文選》阮籍《為鄭沖勸晉王牋》注引《爾雅》云：「慴、懼也。」郭璞曰：「即懾字也。」今本「懾」下脫「字」字。《廣韻》葉韻「懾」「慴」並音之涉切。「懾」云：「亦作慴。」

宋監本校箋

戰慄音栗震驚戁音赧竦恐音孔慴音摺懼也

音·圖音

栗 赧 悚 戰聲

戰慄震驚戁竦恐慴懼也

孫侶直音

戰慄栗震驚戁赧竦恐慴懾懼也

楊氏音訓

懟報之涉慴切 干氏音釋

痡瘏虺穨玄黃劬勞咎顇瘽瘉鰥戮癙癵痙痒疧疵閔逐疚痗瘥痱癉瘵瘼癠病也

痡、瘏、虺穨、玄黃、劬勞、咎、顇、瘽、瘉、鰥、戮、癙、癵、痙、痒、疧、疵、閔、逐、疚、痗、瘥、痱、癉、瘵、瘼、癠、病也。虺穨、玄黃皆人病之通名、而說者便爲之馬病、失其義也。詩曰生我劬勞。書曰智藏瘝在。相戮辱、亦可恥病也。今江東呼病曰瘵、東齊曰瘼。禮記曰親癠色容不盛。戮遂未詳。餘皆見詩。 郭注

—痡瘏虺穨玄黃劬勞咎顇瘽瘉鰥戮癙癵痙痒疧疵閔逐疚痗瘥痱癉瘵瘼癠病也 釋曰、疾甚曰病、此皆病之通名耳。孫炎曰痡、人疲不能行之病。瘏、馬疲不能進之病。虺穨、馬罷不能升高之病。玄黃、馬更黃色之病。然則虺穨者病之狀、玄黃者病之變色。郭云皆人病之通名、而說者便爲之馬病、失其義也。蓋指孫炎不能弘通、故云失其義也。咎者、罪病也。顇者、小雅雨無正云、維躬是瘁。顇瘁音義同。瘽者、勞苦之病也。瘉者、小雅角弓云交相爲瘉。戮者、相戮辱、亦可恥病也。癙及痒者、小雅正月云癙憂以痒。舍人云癙癵痙痒皆心憂憊之病也。孫炎云癙者畏之病也。痙者、小雅十月云悠悠我里。痙里音義同。疧者、孫炎云滯之病也。小雅白華云俾我疧兮。疵者、瑕釁小病也。閔者、豳風鴟鴞云鬻子之閔斯。逐者、衞風考槃云碩人之軸。鄭箋云軸病也。軸與逐蓋今古字。郭氏未詳。疚者、小雅采薇云憂心孔疚。痗者、小雅十月云亦孔之痗。瘥者、節南山云天方薦瘥。痱者、四月云百卉具腓。痱腓音義同。癉者、大雅板篇云下民卒癉。瘵者、大雅瞻卬云士民其瘵。瘼者、大雅桑柔云瘼此下民。餘皆見注。注詩曰至見詩 釋曰、云生我劬勞者、小雅蓼莪文。云書曰智藏瘝在者、周書召誥文。云今江東呼病曰瘵者、以時驗而言。云東齊曰瘼者、方言文。云禮記曰親癠色容不盛者、玉藻文。 邢疏

癙癵痙痒皆心憂憊之病也。釋文 邢疏 犍爲注

痡瘏虺穨玄黃瘉癙癵痙痒疧閔癉病也

痡、人疲不能行之病。瘏、馬疲不能進之病。虺穨、馬疲不能升高之病。玄黃、馬更黃色之病。癙者、畏之病也。疧者、滯之病也。痙、疫病也。詩正義一之二 詩釋文之上 邢疏引疲人病至滯之病也。釋文引癙者畏之病至末。 孫音注

癵病也

癵、郭作拘攣、同。力專反。釋文 郭音義

瘉閔病也

瘉、勞病也。龍龕手鑑四 閔、言鬻子之病。詩正義八之三

虺穨病也

字林瘼病也。今經注無此字。釋文 邵晉涵爾雅正義云、詩釋文云、虺說文作瘼。案爾雅舊文必有作瘼穨者。陸氏既定爲虺字、復別見瘼字於後、偶有不檢、遂以爲經傳無此字。郝懿行爾雅義疏云、案瘼字誤。說文作瘣、云病也。引詩譬彼瘣木。詩及爾雅之虺俱瘣之假音。 衆家注

黃輯古義

痡瘏虺穨玄黃劬勞咎悴瘽瘉鰥戮癙癵痙痒疧疵閔逐疚痗瘥痱癉瘵瘼癠病也

爾雅詁林　一　釋詁上

瘋癘瘽痒皆心憂憊之病也。釋文 邢疏

犍爲注

痡瘏虺頽玄黃劬勞咎顇瘽瘉鰥斁瘋癘瘽痒疷疵閔逐疚痗瘥痱癉瘵瘼瘠病也

痡人疲不能行之病。瘏馬疲不能進之病也。詩周南卷耳正義 虺隤、馬罷不能升高之病。玄黃、馬更黃色之病。同上 詩釋引上句罷作退 瘋者、畏之病也。疷者、滯之病也。邢疏 癉、疫病。釋文

孫音注

瘋癘瘽。癘、作拘攣。同力專反。釋文 瘽里同。邢疏

郭音義

痡瘏虺頽玄黃劬勞咎顇瘽瘉鰥斁癙瘽痒疷疵閔逐疚痗瘥痱癉瘵瘼瘵病也

瘉、勞病也。同上

裴注

玉函山房輯佚

痡瘏虺頽玄黃瘉瘋癘瘽痒疷閔癉病也。郭景純注、虺頽玄黃說者謂之馬病。

孫曰痡人疲不能行之病。瘏馬疲不能進之病。虺隤、馬疲不能升高之病。玄黃馬叜黃色之病。瘋者、畏之病也。疷者、滯之病也。癉、疫病也。釋文二 詩正義一之 詩釋文上 邢疏

注曰瘉、勞病也。手鑑四 閔言鬻子之病。詩正義八之三 疑亦本舊注

舍人曰瘋癘瘽痒皆心憂憊之病也。釋文 邢疏

漢注

痡瘏虺頽玄黃劬勞咎顇瘽瘉鰥斁瘋癘瘽痒疷疵閔逐疚痗瘥痱癉瘵瘼瘠病也

舍人云瘋癘瘽痒皆心憂憊之病也。釋文二十九卷 孫炎云痡人疲不能行之病。瘏馬疲不能進之病。虺隤馬罷不能升高之病。玄黃馬更黃色之病。瘋者畏之病也。疷滯之病也。癉疫病。詩正義一之二卷 釋文五卷 又二十九卷 釋舊註云瘉勞病也。龍龕手鑑四卷 郭璞云虺積玄黃皆人病之通名、而說者便謂之馬病、失其義也。詩曰生我劬勞。書曰智藏瘝在。相戮辱亦可恥病也。癘拘攣。今江東呼病曰瘵、東齊曰瘼。禮記曰親瘠色容不盛。斁逐未詳。餘皆見詩。癘拘攣三字據釋文二十九卷增。

一切注音

瘏痡病也 孫炎曰痡人疲不能行之病瘏馬疲不能進之病也詩卷耳正義

虺頽 孫炎曰馬病不能升之病詩釋文

蕙心案、爾雅釋文虺頽下有瘨字、引字林云、病也。又云今經注無此字、別出瘨者、必孫李樊氏諸家注虺有作瘨者、故釋文云虺說文作瘨。今說文無此字、蓋字林之譌。頽釋文作積。

玄黃 孫炎曰玄黃馬更黃色之病詩卷耳正義 邢疏

蕙心案、郭注云虺頽玄黃皆人病之通名、而說者便謂之馬病。郭氏云說者、指孫注而言。郭以爲人病通名者、郭因毛傳痡瘏虺頽皆釋爲病、不以爲馬病、不知毛作詩傳正用爾雅也。孫注痡瘏虺頽玄黃皆指爲馬病、不以爲人病、不知孫因詩有我馬虺頽、我馬

玄黃我馬瘏矣之文。是孫就詩義釋爾雅也。況詩玄黃毛傳云馬病，則玄黃亦就詩言。是爾雅之痡瘏虺頽玄黃病也。凡人病物病皆得通名。郭安得執此例彼。

痡　舊注痡勞病也。龍龕手鑑四

癙　孫炎云癙者畏之病也。釋文

癙癵𤸷痒　舍人云癙癵𤸷痒皆心憂憊之病也。釋文

癵　郭作拘攣、同。力專反。釋文

蕙心案、文選登徒子好色賦注引爾雅攣、病也。蓋爾雅古本有作攣者。郭音義因破其字作攣。攣者借字、癵者俗體、正字作癵。說文癵、臞也。引詩棘人癵癵兮。今素冠詩作欒。毛傳云欒欒、瘠貌。箋云瘦瘠也。欒亦借字。

𤸷

蕙心案、說文悝、病也。正字。爾雅𤸷、病也。俗字。詩叚作里。大雅雲漢篇云如何里。詩釋文引爾雅作悝。陸氏何於爾雅本文不知作悝、但作里也。下文悝、憂也。郭注引詩曰悠悠我悝。今詩作里、毛傳云里、病也。憂病義本相承。何郭氏知悝憂之悝作悝、不知𤸷病之𤸷亦當作悝也。

疧　孫炎曰疧、滯之病也。釋文

癉　孫炎曰疫病。釋文

蕙心案、癉者、癉之或體。詩下民卒癉。傳云癉、病也。緇衣引詩作卒癉。鄭注亦云病也。說文癉、勞病也。故下文又訓勞。

古注斠

痡普胡、芳膚二反。詩作鋪。瘏音徒。詩作屠。虺虎回反，又呼懷反。頽徒回反。劬土于句。咎音臼。顇字或作悴、在醉反。瘽音勤。字亦作懃。瘉羊朱反，又羊主反。鰥古頑反。注康同。癙傷汝反。舍人云癙癵𤸷痒皆心憂憊之病也。孫炎云癙者畏之病也。字林音恝。詩作鼠。癵郭作拘攣、同。力專反。𤸷音里。痒音羊。疧祈支反。或丁禮反。本作疲。字書云疲病也。聲類猶以為疧字。又音支。孫炎云滯之病也。疵音慈。疚音救。痗音昧、一音晦。瘥徂何反。又子衰反。痱符非反。又符沸反。說文蒲愷反。風病也。癉丁但反。又徒丹反。孫炎云疫病。瘵側界反。字林側例反。瘼音莫。癠徂細反。或徂犂反。瘣呼回反。字林云病也。今經注無此字。

陸音義

瘏詩作屠○今詩亦作瘏。疧○邢本作疷。注同。痗一音晦○舊晦作脢。案官本作晦、與廣韻同。今從之。詩釋文音悔、悔亦讀晦。瘣今經注無此字○邢本無此字。此六字疑亦校者所增。

音義攷證

痡瘏虺頽玄黃劬勞咎顇瘽瘉鰥戮癙癵𤸷痒疧疵閔逐疚痗瘥痱癉瘵瘼癠病也

虺兀、而不能行。頽憒、而不能立。玄黃、其萎之病也。虺頽、其隤之病也。記曰、太山其隤乎。哲人其萎乎。痡人、疲不能行之病。瘏、馬疲不能進之病。夫僕疲寧就逋、馬疲寧就屠、可謂至極矣。瘥、調變之差。詩曰天方薦瘥。癠、則非調變之差也。親癠、色容不盛是也。春秋傳曰、樂正子春之視疾也、復加一飯、則脫然愈、復損一

衣則脫然愈答人以爲咎則病疵己以爲疵則病。苟異乎此君子不病也。故曰今憲貧也、非病也。逐以過見逐爲病。戮以罪見戮爲病。苟異乎此君子不病也。故曰不容何病、不容然後見君子。瘽其、理者病也。瘉其愈者病也。痗每有之、疚久矣其爲病也。淮南子曰貍頭已癙。癙癙瘍也。癙憂以痒、則憂不復愈矣。疷以旁出爲病。詩曰俾我疷兮。閔我以爲閔而病。詩曰覯閔既多。仁故也。若柳下惠不恭、斯不憫矣。痒、憔悴于事者。癵癵卷于物者。是乃所謂病也。若瘵、則又不可瘵、傳際之病。詩始言瘏、後言瘵、瘵瘏之而病。

新義

痛瘏虺頹元黃劬勞咎顇瘽瘉鰥戮癙癵瘽痒疷疵閔逐疚痗瘥痱擅瘵瘼瘵病也虺頹、元黃、劬勞、皆二文一命也。咎、罪病也。瘽音勤。癵力專反。疷音祁。痗音妹。鰥卽瘝也。戮郭云相戮辱亦恥病也。閔傷病也。逐、衛風云碩人之軸、箋云軸病也。軸通作逐。

鄭樵注

痡瘏虺頹玄黃劬勞咎顇瘽瘉鰥戮癙癵瘽痒疷疵閔逐疚痗瘥痱擅瘵瘼瘵病也。顇鄭本作頹。癵郭作𤸎、力專反。疷、通作疧。

舍人曰、癙癵瘽痒、皆心憂憊之病也。

孫炎曰、痡、人疲不能行之病。瘏、馬疲不能進之病。虺頹、馬罷不能升高之病。元黃、馬更黃色之病。瘽者、畏之病也。疵者、滯之病也。瘥、疫病也。按說文引爾雅舊注有瘏名也句、名氏未聞、疑亦是孫炎也。

郭璞曰、虺頹、玄黃、皆人病之通名。而說者便謂之馬病、失其義也。詩曰生我劬勞。書曰智藏瘝在。相戮辱亦可恥病也。今江東呼病曰瘵、東齊曰瘼。禮記曰親瘵色容不盛。逐未詳。餘皆見詩。舊本逐上衍戮字、乾隆四年刊本删去。今從删。

鄭樵曰、虺頹、玄黃、劬勞、皆二文一命也。咎罪病也。瘽音勤。癵力專反。疷音祁。痗音妹。鰥卽瘝也。戮郭云相戮辱亦恥病也。閔傷病也。逐、衛風云碩人之軸、箋云軸、病也。軸通作逐。

古注合存

痡瘏虺頹玄黃劬勞咎顇瘽瘉鰥戮癙癵瘽痒疷疵閔逐疚痗瘥痱擅瘵瘼瘵病也。痡音敷。瘏音塗。虺音灰。頹詩作隤。顇瘁同。瘽音勤。瘉音愈。癙音鼠。癵音攣。瘽音里。痒音羊。疷音祁。痗音昧。瘥坐平聲。痱腓同音肥。擅音亶。瘵音債。瘵齊去聲。○此釋痡瘏以下皆病之義也。註曰玄黃虺頹病者之通名。或稱云馬病非也。詩蓼莪云生我劬勞。書召誥云智藏瘝在。今江東呼病曰瘵、東齊曰瘼。記曰親瘵色容不盛。疏曰孫炎云痡人疲不能行之病。瘏馬疲不能進之病。虺頹馬疲不能升高之病。玄黃馬更黃色之病。蓋就詩釋爲馬病也。咎者罪之病。瘽者勞之病。戮辱也。恥病之病也。詩正月云癙憂以痒。癙癵瘽痒皆憂之病也。詩十月云亦孔之痗。節南山云天方薦瘥。四月云百卉具腓。板云下民卒擅。瞻卬云士民其瘵。桑柔云瘼此下民。愚按逐郭註未詳。而邢疏謂逐軸音義同。詩衛風碩人之軸。鄭箋謂之病也。今考全詩皆言碩人寬廣自得之意、不得言其病。箋說非是。逐當是狂易奔走之病也

注疏參義

逐訓病、郭未詳。疏以爲卽詩碩人之軸。古今字通、鄭從之。虺頹、元黃明是馬病、而郭氏以爲通于人病、反詆叔然、殊不可解。鄭云、虺頹元黃劬勞皆二文一命也。

補注

痡瘏虺頹玄黃劬勞咎顇瘽瘉鰥戮癙癵瘽痒疷疵閔逐疚痗瘥痱擅瘵瘼瘵病也 **註** 虺頹玄黃皆人病之通名而說者便謂之馬病失其義也詩曰生我劬勞書曰智藏瘝在相戮辱亦可恥病也今江東呼病曰瘵東齊曰瘼禮記曰親瘵色容不盛戮逐未詳餘皆

見詩。

正義 說文云：病，疾加也。釋名云：疾病者，客氣中人急疾也。病，並也，並與正氣在膚體中也。此釋病之異名也。○痛瘏至劬勞。○痛者、漢書註引韓詩云薰胥以痡。痡、病也。通作鋪。大雅江漢云淮夷來鋪、毛傳鋪、病也。瘏者、豳風鴟鴞云予卩卒瘏、毛傳以爲卩病也。釋文云瘏、本又作屠。虺穨者、周南作虺隤、詩釋文云虺、說文作瘣。隤、說文作穨。爾雅釋文有瘣字、引字林云病也。又云今經註無此字。案爾雅舊本必有作瘣穨者。或作虺穨。陸氏既定從虺字、復別見瘣字於後、蓋於虺卽爲瘣、偶有不檢、遂以爲經註無此字也。說文以穨爲秃貌、釋名以隤爲氣下隤、皆病之狀也。元黃者、毛傳云元馬病則黃。郭氏以爲人病之通名也。劬勞者、小雅鴻雁云劬勞于野、毛傳劬勞、病苦也。○咎顇至癙癵。○咎者、說文云咎、災也。釋言云凶咎也。鹽鐵論云、猶食毒肉愉飽而罹其咎也。顇者、釋文云字或作悴。說文云悴、憂也。通作瘁。文選註引倉頡篇云瘁、憂也。小雅北山云或盡瘁事國、鄭箋以爲盡力勞病也。瘽者、釋文云字亦作懃。樂記云徵亂則哀其事勤。是瘽爲勞劇之病也。瘉者、龕手鑑引爾雅舊註云瘉、勞病也。小雅鼓鐘云其德不猶、鄭箋云猶、當作瘉。瘉、病也。鰥者、釋名云愁悒不寐、目恒鰥鰥然也。戮以恥辱爲病、鄭註秋官掌戮云戮猶辱也。左氏文十年傳云國君不可戮也。癙者、釋文引孫炎云畏之病也。通作鼠。小雅雨無正云鼠思泣血、鄭箋鼠、憂也。癵者、釋文引郭氏音義以爲拘攣之病也。○瘇痒至疚痗。○瘇者、大雅雲漢云云如何里、鄭箋云里、憂也。詩釋文云本亦作瘇。爾雅作悝。案下文云悝、憂也。義相成也。說文云悝、啁也。一曰病也。痒者、說文云痒、瘍也。釋文引舍人云癙癵瘇痒皆心憂憊之病也。疷者、說文徐鍇本以爲病不翅也。釋文引孫炎云滯之病也。字書云疲病也。通作祇。小雅何人斯云俾我祇也、毛傳祇病也。疵者、大誥云知我國有疵、疏引鄭註云知我國有疵病之瑕。禮運云是謂疵國。通作訾。禮記云亦非禮之訾也。閔者、儒行云不閔有司、鄭註閔、病也。逐者、舊疏引衛風考槃云碩人之軸、鄭箋以軸爲病也。孔疏云軸與逐蓋古今字異。疚者、說文作㝌、云貧病也。詩曰煢煢在㝌。今周頌閔予小子篇作煢煢在疚、左氏昭二十年傳云不爲利疚於回。是疚爲貧病也。痗者、鄭箋以爲困病也。○瘥痱至瘼癠。○瘥者、左氏昭十九年傳云札瘥夭昏、孔疏引賈逵云小疫曰瘥。痱者、說文云痱、風病也。通作腓。小雅四月云百卉具腓、毛傳腓、病也。釋文引韓詩云腓、變也。玉篇引詩作百卉具痱。𤺺者、釋文引孫炎云疫病。案緇衣云章善𤺺惡、鄭註𤺺、病也。是𤺺惡猶云疾惡也。𤺺通作癉。左氏襄十九年傳云荀偃癉疽。說文云癉、勞病也。瘵者、楚策引詩云無自瘵也。今小雅菀柳篇作無自瘵焉。瘼者、小雅四月云亂離瘼矣、鄭箋云今政亂將有憂病者矣。癠者、方言云江湘間凡物生而不長曰癠。

註 虺隤至義也。

正義 周南卷耳云我僕痡矣。又云我馬瘏矣、我馬虺隤、我馬元黃。疏引孫炎云痡、人疲不能行之病。瘏、馬疲不能進之病。虺隤、馬罷不能升高之病。元黃、馬更黃色之病。郭氏以爲皆人病之通名、不從孫義者、以毛傳於痡瘏虺隤俱從爾雅釋爲病、不以瘏虺隤爲馬病。說文云痡、病也。瘏、病也。亦從爾雅。劉向九歎云躬劬勞而瘏悴、王逸註瘏亦病也。是劉向王逸俱不以瘏爲馬病、虺穨元黃亦猶是矣。○詩曰至未詳。○生我劬勞、小雅蓼莪文。知藏瘝在、周書召誥文。相戮辱亦可恥病者、左氏襄三年傳云楊干爲戮、何辱如之。江東呼病曰瘵者、木元虛海賦云爲凋爲瘵、瘵其通語也。東齊曰瘼者、方言云瘼、病也。東齊海岱之間曰瘼。禮曰親瘠色容不盛者、玉藻文。戮逐未詳、戮字蓋衍文。○餘皆見詩。○大雅瞻卬云邦國殄瘁。小雅角弓云交相爲瘉。小雅正月云癙憂以痒。大雅桑柔云稼穡卒痒。小雅白華云俾我疷兮。豳風鴟鴞云予之閔斯。大雅召旻云維今之疚、不如茲。邶風伯兮云使我心痗。大雅板云下民卒癉、緇衣引作卒𤺺。瞻卬云士民其瘵。桑柔云瘼此下民。

正義

痡瘏節　詩祇自疧兮、石經作疷、从氏。案𤺺與癉同。書畢命曰彰善癉惡、禮緇衣作章善𤺺惡。山海經翼望之山有獸焉、食之已癉。說文、勞病也。

郭注相戮辱　戮字演文。

校議

痡瘏虺穨玄黃劬勞咎顇瘽瘉鰥戮癙癵瘇痒疷底閔

逐疚痗瘥痱癉瘵瘼癠病也虺頹玄黃皆人病之通名而說者便謂之馬病失其義也詩曰生我劬勞書曰智藏瘝在相戮辱亦可恥病也今江東呼病曰瘵東齊曰瘼禮記曰親癠色容不盛戮逐未詳餘皆見詩

說文云疾病也病疾加也釋名云疾病也客氣中人急疾也病竝也與正氣竝在膚體中也按古人疾病連言病甚於疾故說文訓爲疾加論語鄭注病謂疾益困也包咸注疾甚曰病皆其義也病與秉通見士冠禮注秉與柄通見周禮鼓人注又與炳通見文選與吳質書注蓋柄炳俱从丙病亦丙聲凡聲同者字亦通也痡者說文竝云病也詩卷耳及鴟鴞傳同痡通作鋪爾雅釋文痡詩作鋪詩釋文痡本又作鋪淮夷來鋪淪胥以鋪毛傳及王肅竝云鋪病也後漢書蔡邕傳注引韓詩作勳胥以痛云痛病也是痛鋪通瘏通作屠廣雅云屠壞也壞與病義近爾雅釋文瘏詩作屠卷耳及鴟鴞釋文瘏本又作屠是屠瘏通詩正義引孫炎曰痡人疲不能行之病瘏馬疲不能進之病也此蓋望文生訓知不然者鴟鴞詩言予口卒瘏彼非馬病故知此亦人病之通名耳虺頹者卷耳傳云病也釋文虺說文作瘣按瘣字誤說文作瘣云病也引詩譬彼瘣木毛詩瘣作壞故傳云壞瘣也謂傷病也是壞當作瘣瘣罪詩及爾雅之虺俱瘣之叚音頹詩作隤亦叚音也釋文隤說文作頹按說文作穨云秃皃隸作頹通作隤說文隤下隊也釋名陰腫曰隤氣下隤也然則虺隤亦人病之通名詩釋文引孫炎云馬退不能升之病亦望文生訓耳且虺隤二字俱爲叚音漢書景十三王傳云日崔隤集注崔隤猶言蹉跎也蓋蹉跎與崔隤聲轉崔隤又與虺隤聲近證知此等叚借之字皆以聲爲義也隤通作退見易繫辭釋文玄黃者卷耳傳玄馬病則黃爾雅邢疏引孫炎曰玄黃馬更黃色之病郭氏不從以爲人病之通名是也按易云其血玄黃詩云何草不黃何草不玄明不獨馬病爲然故素問五藏生成論云黃如蟹腹者生黑如烏羽者生史記扁鵲倉公傳云望之殺然黃察之如死青之茲又云胃氣黃黃者土氣左氏哀十三年傳肉食者無墨是皆玄黃之義爲人病之通名矣劬勞者力乏之病也詩凱風及鴻鴈傳竝云劬勞病苦也楚辭九歎云躬劬勞而瘏悴劬者禮內則云見於公宮則劬鄭注劬勞也鴻鴈釋文引韓詩云劬數也頻數亦勞也通作瞿素問靈蘭秘典論云窘乎哉消者瞿瞿王砯注瞿瞿勤勤也又通作懼方言云懼病也是懼瞿劬竝聲義同勞者下文云勤也說文云勮也淮南精神篇云好憎者使人之心勞高誘注勞病也又云竭力而勞萬民氾論篇云以勞天下之民高注竝云勞憂也憂亦病詩言維憂用勞蓋因憂思而成病矣咎者說文云災也災卽病也古人謂病曰災故公羊莊廿年傳大災者何大瘠也何休注瘠病也齊人語也是傳注俱訓災爲病今東齊人謂病爲災蓋古之遺言也詩或慘慘畏咎與劬勞盡瘁句意相對此卽爾雅咎訓爲病之義咎通作皋皋陶古作咎繇皋有緩義筋脈弛緩亦人之病故左氏哀廿一年傳云魯人之皋又云以爲二國憂皋之爲病又其證矣顇者說文云醮顇也荀子王霸篇云勞苦秏顇莫甚焉楊倞注顇顦顇也通作瘁詩憯憯日瘁邦國殄瘁毛傳竝云瘁病也文選歎逝賦注引蒼頡篇曰瘁憂也憂亦病也又通作悴說文云憂也方言云傷也傳亦病也釋文顇字或作悴歎逝賦注瘁與悴古字通又通作萃詩出車及四月釋文竝云瘁本作萃左氏成九年傳作蕉萃昭七年傳作憔悴一切經音義六又作燋悴而云三蒼作顦顇按顦俗字徐鉉所增說文作醮爲正玉篇引楚辭云顏色醮顇是矣瘽者說文云病也通作勤釋文瘽字亦作懃按懃卽勤字與劬勞同意故訓病矣瘉者詩胡俾我瘉交相爲瘉毛傳竝云瘉病也通作愉下文愉勞也勞亦病龍龕手鑑四引爾雅舊注云瘉勞病也是瘉愉同又通作愈詩憂心愈愈釋訓作瘐瘐漢書宣帝紀注瘐或作瘉是矣說文瘉訓病瘳蓋小瘳而猶病今以病瘳爲愈可知詩之愈愈卽瘉瘉傳訓爲憂懼似失之也愈瘐皆卽瘉之或體字耳瘉之聲轉爲猶詩無相猶矣其德不猶箋竝云猶當作瘉瘉病也又轉爲遏詩無遏爾躬釋文引韓詩云遏病也鰥者亦叚借字也經典通作矜書有鰥在下史記五帝紀作有矜在民閒後漢書和帝紀云朕寤寐恫矜李賢注矜病也別作瘝書智藏瘝在正義引鄭注瘝病也

痌瘝乃身、鄭注判罰及已爲痛病。按瘝字字書所無、玉篇廣韵有瘝字、古頑切、云病也。疑瘝瘝形近而譌耳。戮者、辱之病也。周禮序官掌戮注云、戮猶辱也。廣雅及晉語注竝云、戮辱也。說文云、辱恥也。从寸在辰下、失耕時於封畺上戮之也。是戮取恥辱爲義。訓爲病者、士冠禮云、恐不能共事以病吾子、鄭注病猶辱也。是戮訓病之證、郭義所本。又云戮未詳者、疑未敢定也。癙者、鼠之叚音也。詩鼠思泣血、箋鼠憂也。憂即病也。淮南說山篇云、狸頭愈鼠、即今之鼠創病、高誘注以爲鼠齧人創、非矣。通作癙。詩癙憂以痒、傳癙痒皆病也。中山經云、脫扈之山有草名曰植楮、可以已癙、郭注癙病也。爾雅釋文引舍人云、癙心憂憊之病也。孫炎云、癙者畏之病也。按鼠貪而畏人、孫炎蓋取鼠思爲說。舍人則本癙憂爲訓也。癵者、癵之俗體也。說文云、癵臞也。引詩棘人癵癵兮。通作欒。詩素冠傳欒欒瘠貌、箋瘦瘠也。又通作癵。爾雅釋文引舍人云、癵心憂憊之病也。蓋積憂成病、骨體瘦臞、與毛鄭義合。釋文又云、癵郭作拘攣、同。力專反。蓋郭欲破癵爲攣。文選登徒子好色賦注引爾雅、即作攣病也。又據郭義追改爾雅、此皆非矣。痺者、悝之俗體也。說文云悝、病也。下文云憂也。憂病義相成。通作里。詩悠悠我里、傳里病也。云如何里、箋里憂也。釋文引王肅云病也。又通作痺。爾雅釋文引舍人云、痺心憂憊之病也。玉篇引詩作痺悠悠我痺。十月之交釋文里本或作痺。後人改也。雲漢釋文里本又作痺。爾雅作悝。今按爾雅憂病二義、其字皆當作悝。陸德明知悝憂作痺爲後人改字、不知悝病作痺、亦後人改字也。空據說文訂正焉。痒者、說文云瘍也。瘍頭創也。詩癙憂以痒、稼穡卒痒、傳箋竝云痒病也。爾雅釋文引舍人云、痒心憂憊之病也。按癙、癵、痺、痒四字、舍人義訓俱同、蓋憂思煎灼、氣血鬱蒸、故或蘊而爲瘍、或結而爲病、胥是道焉。玉篇痒與癢同、非也。癢字說文作蛘、云搔蛘也。或作癢、通作養、與痒聲同義別。玉篇謂相通、偕謬矣。痻者、說文云病也。玉篇渠支、丁禮二切。釋文痻又音支。詩祇自痻兮、俾我痻兮、傳竝云痻病也。爾雅釋文引孫炎云、痻滯之病也。通作祇。詩俾我祇也、傳祇病也。易无祇悔、鄭注亦云祇病也。又別作疲。爾雅釋文痻本作疲、字書云疲病也。聲類猶以爲痻字。按此則

爾雅復有作疲之本。說文云、疲勞也。勞亦病。通作罷。齊語云、罷士無伍、罷女無家、韋昭注罷病也。是罷即疲。疲亦病。爾雅古有作疲之本、亦其證矣。疵者、說文云病也。禮運云是謂疵國。莊子逍遙遊篇云使物不疵癘、疵皆訓病。書云知我國有疵、馬融注疵瑕也。瑕亦病也。通作呰。漢書翟義傳云、固知我國有呰災、集注呰病也。又通作呰。檀弓云亦非禮之呰也、鄭注呰病也。又通作瘊。一切經音義二云、疵古文瘊、同。說文云瘊、瑕也。瑕、玉篇作瘕。是瘕、瑕、疵、瘊俱字異音義同。閔者、說文云弔者在門也。玉篇云閔病也。傷痛爲閔。是閔兼疾病傷痛二義。說文唯主後義、玉篇爲長。經典亦二義互見。故詩覯閔既多、鬻子之閔斯、閔予小子及儒行云不閔有司、毛鄭竝云閔病也。是皆玉篇前義本於爾雅也。左氏宣十二年傳寡君少遭閔凶、楚辭天問篇云閔妃匹合、又云舜閔在家、杜預及王逸注竝云閔憂也。閔予小子、箋閔悼傷之言也。是皆玉篇後義、亦與前義相成也。通作文。儒行注閔或爲文。又通作憫。淮南主術篇云年衰志憫、高誘注憫憂也。又通作愍。說文愍、痛也。一切經音義三引字詁云、古文愍、今作閔。詩載馳及儒行釋文竝云閔本作愍。又通作涽。左傳魯閔公、史記世家作涽公。又通作惛。范雎蔡澤傳云、竊閔然不敢、索隱引鄒誕生本作惛。漢書劉向傳注、惛古閔字。又通作婚。廣雅婚病也。又通作痻。詩多我覯痻、箋痻病也。然則覯痻即覯閔、古字通矣。逐者、通作軸。詩碩人之軸、箋軸病也。是軸即逐。但逐、軸俱叚音、未審孰爲本字也。說文疛、小腹痛。从肘省聲。[illegible]詩惄焉如擣、釋文擣、韓詩作疛。疛、逐聲轉、或古字通也。疚者、究之俗體也。說文究、貧病也。引詩煢煢在究。通作疚。釋名云疚、久也。久在體中也。詩憂心孔疚、嬛嬛在疚、傳竝云疚病也。又通作究。雲漢釋文疚本或作宄、又作究。召旻釋文亦云然也。痗者、詩使我心痗、亦孔之痗、傳竝云痗病也。通作悔。十月之交釋文痗本又作悔、蓋痗有悔音、故亦通悔。爾雅釋文、痗兼昧、晦二音、是矣。瘥者、詩天方薦瘥、周語云無夭昏札瘥之憂、毛傳及韋昭注竝云瘥病也。左氏昭十九年傳、札瘥夭昏、杜預及賈逵注竝云小疫曰瘥。通作嫅。左氏釋文瘥、字林作嫅。廣韻云嫅、小疫病也。痱者、說文云風病也。从非聲。釋文引說文蒲愷

反者、按陶注本草說蝦蟇云、此是腹大皮上多痱瘰者是也。一切經音義廿五引字略云、痱瘰小腫也。通作腓。詩百卉具腓、毛傳腓、病也。釋文引韓詩云變也。變病義近、聲又相轉。文選戲馬臺詩注引韓毛詩作痱、今本作腓。玉篇引詩正作百卉具痱、可知腓古本作痱矣。⿸疒亶者、癉之或體也。說文癉、勞病也。蓋據下文云癉、勞也。因勞致病、故云勞病。詩下民卒癉、史記扁鵲倉公傳云風癉客脬、毛傳及索隱並云癉、病也。素問瘧論云名曰癉瘧、王砅注癉、熱也。通作疸、說文疸、黃病也。玉篇疸、亦作癉。又通作⿸疒亶、禮緇衣云章義⿸疒亶惡、引詩下民卒⿸疒亶。鄭注並云⿸疒亶、病也。詩板釋文癉、沈本作⿸疒亶。爾雅釋文引孫炎云⿸疒亶、疫病也。又通作僤、詩板釋文僤、本又作癉。桑柔釋文僤、本亦作亶。爾雅釋文⿸疒亶、又徒丹反、是⿸疒亶有殫音、亦通作殫。淮南覽冥篇云斬艾百姓、殫盡大半、高誘注殫、病也。又通作亶、士冠禮注古文亶爲癉。緇衣釋文本作下民卒亶、云亶、本亦作⿸疒亶。然則⿸疒亶古作亶、後人加疒爲⿸疒亶耳。瘵者、說文云病也。詩菀柳瞻卬傳同。郭云今江東呼病曰瘵、東齊曰瘼者、一切經音義十引三蒼同、是郭所本也。通作際。易天際翔也、釋文引鄭注、際當爲瘵。瘵、病也。鄭讀瘵爲際、故詩無自瘵焉、箋云瘵、接也、是瘵亦讀爲交際之際。爾雅釋文瘵、側界反、字林側例反。詩釋文亦兼二音、蓋瘵从祭聲、故二讀俱通矣。瘼者、詩亂離瘼矣、此下民傳並云瘼、病也。方言及說文同。通作莫、文選關中詩及爲范尚書表並云亂離斯莫、李善注引韓詩作莫字、薛君曰莫、散也。又求民之莫、文選齊故安陸昭王碑注引作求民之瘼、云班固漢書引詩而爲此瘼。按班所引亦必三家詩也。癠者、玉藻云親癠色容不盛、鄭注癠、病也。通作瘠、公羊莊廿年釋文瘠、病也。本或作癠。方言云凡物生而不長大謂之鮆、又曰癠、郭注今俗呼小爲癠、然則瘠亦瘦小、故其字通。易說卦云爲瘠、釋文瘠、京荀作柴。按柴、癠亦聲轉義同。

義疏

痡瘏虺頹玄黃劬勞咎顇瘽瘉鰥戮癙癵痙痒疷疵閔逐疚痗瘥痱⿸疒亶瘵瘼癠病也

詩或慘慘畏咎、與劬勞盡瘁句意相對、此即爾雅訓咎為病之義。咎通作皋。皋陶古作咎繇。皋有緩意、筋脈弛緩亦人之病。故左氏哀廿一年傳魯人皋、又云以為二國憂、皋之為病、又其證矣。

念孫案、咎有病義、而皋無病義、不得訓皋為病也。齊人之歌本謂魯人儒書以為二國憂、于皋字絕不相涉。今刪去中三句、但以首句之皋字牽合末句之憂字、而不知皋之不可訓為憂也。況訓為病乎。以此為咎病也之證、真可謂風馬牛不相及者矣。

易无祇悔、鄭注亦云祇、病也。又別作疲。爾雅釋文疷、本作疲。字書云疲、病也。聲類猶以為疷字。案此則爾雅復有作疲之本。說文云疲、勞也。勞亦病。通作罷。齊語云罷士無伍、罷女無家、韋昭注罷、病也。是罷即疲。疲亦病。爾雅古有作疲之本、亦其證矣。

念孫案、釋文疲字乃疫字之譌、校勘記已辨之。

郝注刊誤

痡鋪**瘏**居**虺頹玄**眩**黃劬勞咎顇瘽**覲**瘉鰥**瘝**戮癙癵痙痒疷**釋文作疲**疵閔逐疚痗瘥痱⿸疒亶瘵瘼癠病也**舍人注、癙、癵、痙、痒皆心憂憊之病也。孫炎注痡、人疲不能行之病。瘏、馬疲不能進之病也。虺隤、馬罷不能升高之病。玄黃、馬更黃色之病。癙、畏之病。疷、滯之病。⿸疒亶、疫病也。郭注虺頹玄黃皆人病之通名。而說者便謂之馬病、失其義也。詩曰生我劬勞。書曰智藏瘝在、相戮辱亦可恥病也。今江東呼病曰瘵、東齊曰瘼。禮記曰親癠色容不盛。逐未詳。餘皆見詩。虺頹玄黃、二字成文、餘皆單字、故悉加疒。說文或有或無、要皆後起俗字也。甫爲始病、亦爲同病。詩、淪胥以鋪。

爾雅詁林 一 釋詁上

又我馬瘏矣、我僕痡矣、瘏从者、煮也、暑也、劬从句、與糾同、記見於公宮則劬、劬勞亦多連文、勞从炎宀、火焚屋、用力救之、故詩劬勞皆爲病、困咎从人各異心、則有凶咎、因爲咎病、書咎徵、易无咎、顇悴見上、詩皆作悴、唯說文獨从顇、專以爲顚顇字、瘽、勤亦从堇爲義、春秋傳勤雨、閔雨也、兪从舟巜仝、空也、詩胡俾我瘉、書以兪爲然詞、下云愉、勞、佻、愉、又踰越、則兪爲刳空之意、舊注以爲勞病、憂勞中空也、鰥、从眔、書恫瘝乃身、漢和帝詔引作矜矜、孑也、眔目相及、因爲孤孑詞、讀爲關、又與孤音轉、鰥孤皆窮困之詞矣、戮、从翏、亦孤空之意、書努戮、虜辱也、又爾躬有戮、不用命戮于社、字或作僇、以爲殺戮字、癙、从鼠、詩鼠思泣血、又癙憂以痒、竊慮之詞、癵卽戀也、漢碑路退攣、親詩棘人欒欒、今詩作欒、又孌彼諸姬、俗戀則明矣、釋文云郭作拘攣、文選注引攣病也、蓋以音釋義、里从田土、詩通以爲憂病、蓋从薤取義、字又作悝、說文以悝爲正字、而不用瘇、唯詩十月、雲漢作里耳、痒恙同字、羊爲祥、因爲不祥、問人無恙、或作蛘、說文以爲搔蛘、應劭說恙、噬人蟲、亦俗說也、說文又以痒爲瘍、愈失之矣、詩稼穡卒痒、羊傷或亦通用乎、疷从氏、禮陸之病、與祗同、用易无祗悔、詩俾我祗也、又祗自疷兮、疵从此、指斥之詞、字亦作呰、書疵民不康、王莽引作呰、災記亦非禮之呰也、又毋呰衣服成器、又是謂疵國、作疲者从彼、爲義彼此意同、字又作罷、罷病、疲勞唯左傳多有、蓋周末語也、閔惛愍瘖同、用詩覯閔既多、又多我覯瘖、左傳閔公、史記作湣、記不閔有司、或作不文、說文閔弔者在門也、是以文爲弔詞、不知文之爲汶、紊有昏亂義也、逐以追逐爲困病、易良馬逐、謂馬病也、詩碩人之軸、憂心且妯、聲轉義同、疚从久、攷工記久諸牆、說文從後灸之、灸灼也、詩嬛嬛在疚、說文引作穴、釋文又作究、痗悔晦同用、每从屮母、與毒同意、詩使我心痗、又亦孔之悔、易有悔、无悔、瘞从垩、見上、垩次因有瘥跌之義、詩天方薦瘥、易大耋之垩嗟、歎亦憂病也、又爲嗟美耳、痱、腓通用、从非爲乖違、又爲飄零、詩百卉具腓、文選注玉篇皆云毛詩作痱、癉當作癉、下云癉、勞也、詩下民卒癉、一作癉、僤亶、記章義癉惡、亶从亶、旦、多穀也、亶多、單大、皆因爲盡、詩嘽嘽、說文引作瘆瘆、亦其義也、瘵、从祭、詩無自瘵焉、易天際、鄭讀爲天瘵、祭之爲病未聞、瘼、从莫、班固引詩求民之瘼、今作莫、暮有病義、寂寞亦病意也、詩亂離瘼矣、癠、从齊、上云疾也、急者爲疾、久者爲病耳、病、从丙、掩內不出、是病也。

集解

痡瘏虺頹玄黃劬勞咎顇瘽瘉鰥戮癙癵瘇痒疷疵閔逐疚痗瘥痱癉瘵瘼癠病也

痡、始病也、从疒甫聲。詩卷耳我僕痡矣、傳痡、病也。僞泰誓毒痡四海、傳痡、病也。詩雨無正淪胥以鋪、江漢淮夷來鋪、傳均云鋪、病也。以鋪爲之。瘏、署病也、从疒者聲。詩卷耳我馬瘏矣、鴟鴞予口卒瘏、傳均云瘏、病也。虺、詩釋文引說文作瘣、今說文無瘣、疑字本作瘣耳。瘣、瘣失病也、从疒鬼聲。詩小弁譬彼瘣木、今本作壞、傳壞、瘣也。謂傷病也。頹、字本作穨、禿皃。病重而髮落之形。孫炎說虺頹、馬罷不能升高之病。蓋以虺頹爲痿隤之借字而合訓之也。實則虺頹各自爲義。詩卷耳我馬虺頹、猶秦風之權輿、商頌之左右也。黑而有黃色者爲玄、病重之人狀多如此。腎病而兼脾病也。黃爲土色、脾藏專病、黃疸黃腫黃汗等病是其類。詩卷耳我馬玄黃、謂馬病而色或玄或黃也。易坤龍戰于野其血玄黃、亦以玄黃狀良馬之病、非以玄黃專斥馬病言也。或者玄之正字爲眩與。劬、字本作佝、務也。从人句聲、正字爲痀。痀、曲脊也。病傴僂者。劬佝古今字、佝痀通用字。禮記內則見於公宮則劬、注劬、勞也。亦病也。勞、劇也、从力熒省會意。引申爲病、謂用力過劇之病也。淮南精神好憎者使人之心勞、注勞、病也。詩凱風毋氏劬勞、鴻雁劬勞于野、傳均云劬勞、病也。連劬勞而并用、實則各自為訓耳。咎災也、从人从各會意。咎、相違也。人而相違則必相病。易象傳兇咎者八、爻傳兇咎者八十五。又有傳何咎者、何其咎者、為咎者、匪咎者。咎有過義亦有病義也。頛、顯頛也。从頁卒聲。字亦作瘁。凡人顏色顯頛者多病。詩雨無正憯憯日瘁、瞻卬邦國殄瘁、傳均云瘁、病也。蓼莪生我勞瘁、四月盡瘁以仕、箋均云瘁、病也。文選高唐賦登高遠望使人心瘁、注瘁、病也。瘽、勞病也。从疒堇聲。經典通用勤。公羊傳勤雨、閔雨也。詩鴟鴞恩斯勤斯、王肅注勤、惜也。呂覽不廣勤天子之難、注勤、憂也。淡言先知或問民所勤、注勤、苦也。猶病也。瘉、病瘳也。从疒俞聲。今別作愈。正字為逾。逾、越進也。引申為病、謂驟進而病甚也。逾愉通用字。詩正月胡俾我瘉、角弓交相為瘉、傳均云瘉、病也。周箕周王病瘉矣、史記作病甚。詩鼓鐘其德不猶、箋猶當為瘉。瘉、病也。黍離中心搖搖、搖即瘉、亦病也。周禮內饔牛夜鳴則庮、釋文庮、病也。以猶搖庮為之。鰥、魚名、从魚眔聲。字一作鰥作瘝。正字為矜、實為憐。憐、哀也。引申為病。說文則以宦為之。宦、瀞於鰥瘝通用字。書康誥恫瘝乃身、漢和帝詔引作恫矜、注病也。名詁厥終智藏瘝在、鄭注瘝、病也。戮、殺也、从戈翏聲。引申為病、謂大病也。禮記檀弓注謂人死為大病、被戮亦死也。書湯誓予則孥戮女、牧誓其於爾躬有戮、均是也。前漢書司馬遷傳僕遭遇此禍重為鄉里所戮笑、言為鄉里所病笑也。癙、字本作鼠。穴蟲之總名也、象形。今日本人以鼠能傳疫凡捕鼠者警察官賞之。此經訓鼠為病、意昔時亦以疫病為鼠病也。論衡福虛狸之性食鼠、人有鼠病、吞狸自愈、物類相勝、方藥相使也。則古亦有醫鼠病藥也。惜醫學不講、而此義遂晦耳。詩正月癙憂以痒、傳癙、病也。中山經脫扈之山有草名曰植楮可以已癙、注癙、病也。呂覽變士陽城胥渠處、注處、病也。以處為之。癵、字本作臠、臠之病也。从肉䜌聲。詩素冠棘人欒欒兮、說文引作臠臠。陳奐毛詩疏臠、臞也、病也。文選登徒子好色賦其妻蓬頭攣耳、注攣、病也。以攣為之。瘇、字本作里、居也、从田从土會意。正字為癘、實為盬。盬、猲疢也。引申為病、謂因疢氣而致病。盬癘瘇通用字。書洪範遺癘虐疾、史記作勤勞阻疾。詩雲漢云如何里、王肅作瘇、云病也。禮記檀弓斬祀殺厲、注疫病也。魯論則以為厲己也、王肅注厲、病也。孟子滕文公以眾易械器不為厲陶冶、趙注厲、病也。詩思齊烈假不瑕、箋厲假皆病也。以厲烈為之。痒、瘍也、頭創病也。从疒羊聲。詩正月癙憂以痒、傳痒、病也。桑柔稼穡卒痒、箋痒、病也。疧、滯病也。从疒氏聲。詩白華俾我疧兮、無將大車祇自疧兮、傳均云疧、病也。易復无祇悔、鄭注祇、病也。山海經南山經佩之不聾可以為底、注底一作疧、病也。管子國蓄、前有萬乘之國、而後有千乘之國、謂之抵國。抵國猶疵國、病國也。以底祇抵為之。疵、積聚病也、从疒此聲。此、止也。从止匕。匕、相與比敘也。積聚者有比敘。書大誥知我國有疵、鄭注訓病。禮記禮運是謂疵國、注疵、病也。齊策齊貌辨之為人也多疵、注疵、病也。前漢書景十三王傳有司吹毛求疵、章帝紀不以小疵妨大材、師古均曰疵、病也。老子滌除元覽能無疵乎、范應元注疵、黑病也。呂覽悔過是師必有疵、荀子不苟正義直指舉人之過、非毀疵也、文選范彥龍贈張徐州稷詩物情棄疵賤、注均云疵、病也。禮記檀弓故子之所刺於禮、亦非禮之訾也。前漢書敘傳闔尹之訾、穢我明德、韋昭曰訾、病也。地理志故呰窳婾生而亡積聚、晉灼曰呰、病也。與訾同。以訾呰為之。閔、大病而弔者在門也、从門文聲。古文作悉、即患字也。廣雅則以殙為之。詩柏舟覯閔既多、鴟鴞鬻子之閔斯、傳均云閔、病也。禮記儒行不閔有司、注閔、病也。易繫辭悔吝者言乎其小疵也、疵、病。則吝亦病也。詩多我覯痻、箋痻、病。楚辭惜誦以致愍兮、注愍、病。以吝怋愍為之。逐、追也、从辵从豚省聲。引申為病、謂因追逐而病也。易所謂良馬逐、其欲逐逐、均是也。詩考槃碩人之軸、箋軸、病也。借軸為之。疚、字本作宊、貧病也。从宀久聲。宊疚古今字。易履帝位而不疚、鄭注疚、病也。詩閔予小子嬛嬛在疚、采薇憂心孔疚、傳均云疚、病也。雲漢疚哉冢宰、大東使我心疚、杕杜憂心孔疚、箋均云疚、病也。禮記中庸行前定則不疚、左昭三一傳不為義疚、晉語其勇不疚於刑、注均云疚、病也。後漢書光武紀永念厥咎、內疚於心、注疚、病也。文選西京賦疚望違之幽情兮、秋興賦彼四感之疚心兮、月賦情焉疚懷、稽叔夜幽憤詩心焉內疚、注均云疚、病也。痗、字本作悔、恨也。从心每聲。引申為病。易所謂有悔、无悔是也。痗悔古今字。詩伯兮使我心痗、傳痗、病也。十月之交亦孔之痗、箋痗、病也。文選寡婦賦徒願言而心痗、謝靈運遊南亭詩久痗昏墊苦、注均云痗、病也。瘥、小疫病也、从疒差聲。許慎訓為瘉者、借差義耳。詩節南山天方薦瘥、傳瘥、病也。周語無夭昏札瘥之憂、注瘥、病也。痱、風病也、从疒非聲。字亦作疿。靈樞所謂四肢不收、甚不能言是也。史記魏其武安侯傳聞即恚病痱、索隱痱、風病也。前漢書灌夫傳即陽病痱、師古曰痱、風病也。詩四月百卉具腓、傳腓、病也。文選謝靈運送孔令詩凄凄陽卉腓、注腓、病也。以腓為之。擅、字本作癉、勞病也。从疒單聲。癉擅古今字。詩板下民卒癉、傳癉、病也。禮記彰義擅惡書畢命作癉、偽傳訓病。史記扁鵲倉公傳風癉客脬、索隱癉、病也。淮南覽冥斬艾百姓殫盡大半、注殫、病

爾雅詁林 一 釋詁上

也。以殫爲之。瘵、神病也，从疒，祭聲。醫書俱鬼瘵、鬼瘧，是其類。易豐天際翔也，釋文引鄭云：際當作瘵，病也。詩瞻卬士民其瘵、菀柳無自瘵焉，傳均云：瘵，病也。文選海賦爲凋爲瘵、謝靈運酬從弟惠連詩暇瘵謝人徒，注均云：瘵，病也。瘼、無名病也。从疒，莫聲。詩四月亂離瘼矣、桑柔瘼此下民，傳均云：瘼，病也。文選潘安仁關中詩亂離斯瘼，注：瘼，病也。癠、字本作齊，禾麥吐穗上平皃。病也者，謂平民皆病也。公羊所謂大災大瘠是也。禮記玉藻親癠色容不盛，注：癠，病也。呂覽順民以視孤寡老弱之漬病，注：漬亦病也。以漬爲之。病、疾加也，从疒，丙聲。丙，一，掩內也。禮，掩內不出，唯齋與疾。

義證

戮病也　公羊傳莊公三十二年，季子謂公牙曰：從吾言則必可以無爲天下戮笑。大學爲天下僇，亦通戮。戮謂人識病之，與本科咎字同義。此篇賜予與自稱之予、空虛與邱虛、氣息與休息，俱通爲一。釋譏病疾病例得兼之矣。郭氏已云戮辱亦可恥病也，復云戮未詳，游移其意，似因泥于一義致然。（一本郭註但云逐未詳，上無戮字，疑有者爲衍。）

補郭

痡瘏虺頹玄黃劬勞咎顇瘽瘉鰥戮癙癵痙痒疷疵閔逐疚痗瘥痱瘵瘼癠病也（痡音鋪，瘏音居，癙音恕，癵音攣，痙音里，疷音底，痗音昧。）

【註】虺頹、玄黃，皆人病之通名，而說者便謂之馬病，失其義也。詩曰：生我劬勞。書曰：智藏瘝在。相戮辱亦可恥病也。今江東呼病曰瘵，東齊曰瘼。禮記曰：親癠色容不盛。戮、逐未詳，餘皆見詩。

【補正】邢疏：孫炎曰：痡，人疲不能行之病。瘏，馬疲不能進之病。虺頹，馬罷不能升高之病。玄黃，馬更黃色之病。然則虺頹者，病之狀；玄黃者，病之變色。郭云失其義，蓋指孫炎不能宏通。故云。舍人云：癙、癵、痙、痒，皆心憂憊之病也。孫炎云：瘝者，畏之病也。疷者，滯之病也。逐者，衞風云碩人之軸，箋云：軸，病也。軸與逐蓋今古字。臣鑒按：龍龕手鑑引爾註：瘉，勞病也。釋文引孫註：癉，疫病。

郭注補正

瘉病也

龍龕手鑑四引尒疋舊注云：瘉，勞病也。與郭注餘皆見詩者詳略不同。小疋鼓鍾云其德不猶，鄭箋猶當作瘉。瘉，病也。詩胡俾我瘉，文相爲瘉，毛傳竝云瘉，病也。通作愉。下文愉，勞也。舊注義顯，郭氏云見詩，亦隱用舊注也。

舊注攷證

虺頹玄黃戮病也　注：虺頹、玄黃，皆人病之通名，而說者便謂之馬病，失其義也。相戮辱亦可恥病也。

正曰：詩周南卷耳我馬虺頹，毛傳：虺頹，病也。鄭箋：馬病。又我馬玄黃，毛傳：玄馬病則黃。釋文爾雅同。孫炎云：虺頹，馬退不能升之病。正義：釋詁虺頹、玄黃，病也。孫炎曰：虺頹，馬罷不能升高之病。玄黃，馬更黃色之病。毛鄭並已虺頹、玄黃爲馬病，與爾雅孫注合。郭注乃改訓人病，偏攷經傳無之，此郭注臆說也。相戮辱可恥病，亦臆說也。錢宮詹潛研堂集云：戮當爲瘳。集韵瘳有戮音。謹按：書金縢翼日乃瘳，僞傳瘳，差也。正義：病除之名。然則瘳爲少差之病，故亦得訓爲病。

正郭

痡瘏虺頹玄黃劬勞咎顇瘽瘉鰥戮癙癵痒疧疵閔
逐疚痗瘥痱擅瘵瘼癠病也

瘣穨玄黃皆人病之通名而說者便謂之馬病失其義也詩曰生我劬勞書曰智藏瘝在相戮辱亦可恥病也今江東呼病曰瘵東齊曰瘼禮記曰親癠色容不盛逐未詳餘皆見詩

今本作虺頹玄黃。阮氏云、釋文於經後標瘣字、云呼回反。字林云病也。此蓋注作瘣經作虺、校釋文者因云今經注無此字矣。詩釋文云虺、呼回反。說文作瘣。今說文無瘣字。玉篇廣韻皆云瘣、馬病。蓋毛詩爾雅作虺、韓魯詩作瘣。 仿宋本作便謂之馬疾、單疏本雪牕本作便爲之馬病、明注疏本作便謂之馬病。 今本作逐戮未詳。阮氏云戮字當衍。注云相戮辱亦可恥病也。是戮字注已詳之矣。邢疏亦云逐者郭氏未詳。翟灝云、一本但云逐未詳、無戮字。樹枏案、郝氏懿行謂又云戮未詳者、疑未敢定也。此沿其誤而强爲之說也。邵氏晉涵亦云戮字衍文、據刪。

郭注佚存補訂

痡瘏虺頹玄黃劬勞咎顇瘽瘉鰥戮癙癵痒疧疵閔
逐疚痗瘥痱擅瘵瘼癠病也

釋周南卷耳文 我馬瘏矣、我僕痡矣、毛傳云瘏、病也。痡亦病也。我馬虺隤、傳云隤、病也。我馬玄黃、傳云玄馬病則黃。彼釋文云瘏本又作屠、非。痡本又作鋪同。虺、說文作瘣。虺隤病也。爾雅同。說文作頹。案痡本又作鋪者、小雅雨無正淪胥以鋪、彼釋文云鋪、病也。漢書注引韓詩作熏胥以痡。痡、病也。鄭箋謂鋪、徧也。非也。淪胥以鋪與淪胥以亡同義。 大雅江漢淮夷來鋪、傳云鋪、病。鋪痡俱從甫、聲義皆同。瘏本又作屠者、屠、壞也。見廣雅 壞與病義相近。豳風鴟鴞予口卒瘏、傳云瘏、口之病也。虺頹、說文作瘣頹、詩作虺隤、皆同音相假無定文也。釋文謂說文作頹者、蓋從隸變之字。 玄黃者、毛以爲馬病、郭注則謂人病之通名。小雅何草不玄、何草不黃、孫炎云物衰而色玄也。黃亦謂之黃落。皆草木之病、不獨馬然也。劬勞亦連文。小雅凱風母氏劬勞、鴻雁謂我劬勞、毛傳竝云劬勞、病苦也。蓼莪生我劬勞、疏云其生長我也、其病勞矣。北山或慘慘劬勞、慘慘卽狀其勞病之象。　咎者、說文云災也。災卽病也。小雅北山或慘慘畏咎、箋云咎猶罪過也。伐木微我有咎、傳云咎、過也。衛風體無咎言、箋云兆卦之繇無凶咎之辭。罪過凶咎皆與病義相近。　顇、釋文云字或作悴。說文云顦顇也。顦顇卽病也。顇與悴瘁皆同字。小雅雨無正憯憯日瘁、維躬是瘁、蓼莪生我勞悴、四月盡瘁以仕、大雅瞻卬邦國殄瘁、傳箋並云瘁、病也。北山或盡瘁事國、箋云盡力勞病以從國事。出車僕夫況瘁、箋云御夫則益憔悴。彼釋文云瘁本亦作萃。邦國殄瘁漢書王莽傳作邦國殄顇。一切經音義十一云瘁、古文顇悴二形。　瘽者、說文云病也。邢疏云瘽者勞苦之病也。釋文云瘽、字亦作懃、懃卽勤也。法言或問民所勤、注云勤、苦也。民所苦卽民所病也。周頌賚文王既勤止、毛傳云勤、勞也。勞爲病、則勤亦病也。豳風鴟鴞恩斯勤斯、鬻子之閔斯、閔既爲病則恩勤之義可知。　瘉者、說文云病瘳也。病瘳謂之瘉、病甚亦謂之瘉。小雅正月胡俾我瘉、角弓交相爲瘉、傳並云瘉、病也。瘉通作猶。小雅斯干無相猶矣、鼓鐘其德不猶、箋並云猶當作瘉。瘉、病也。疏云猶瘉聲相近。　鰥者、矜之假借。後漢書和帝紀注云矜、病也。大雅烝民不侮矜寡、矜寡卽鰥寡也。小雅鴻雁爰及矜人、何草不黃何人不矜、均應訓爲病。矜人卽病人、何人不矜卽無人不病也。鰥又與塡同。小宛哀我塡寡、傳云塡、盡也。非也。塡寡卽鰥寡也。朱子云塡與瘨同、病也。大雅桑柔倉況塡兮、朱子亦云塡或疑與瘨字、同爲病之義。雲漢胡寧瘨我以旱、小旻瘨我饑饉、箋並云瘨、病也。　癙與鼠同。小雅雨無正鼠思泣血、鄭箋云鼠、憂也。正月癙憂以痒、癙卽鼠。鼠者古文省也。毛傳云癙痒皆病也。舍人云癙、心憂憊之病也。　癵、說文作䜌、云臞也。引詩棘人癵癵兮。今檜風素冠作欒欒、傳云欒欒瘠貌。蓋病則瘠也。文選登徒子好色賦注引爾雅攣、病也。卽郭注所謂拘攣矣。　𤸎、說文作悝、云病也。小雅十月之交悠悠我里、傳誤作里、居。阮云小字本居作病。彼釋文云里或作𤸎。疏云毛以爲詩人見王政之惡如此、故言悠悠乎可憂也。是孔所見毛

傳以里爲瘽也。玉篇亦引作悠悠我瘽。大雅雲漢
云如何里、箋云里、憂也。憂與病二義相成。彼釋文
云里、本亦作瘽。爾雅作悝、竝同。王曰瘽、病也。案陸
謂爾雅作悝、謂下文悝憂也。悝爲正字、里者悝之
古文。　瘁者、說文云𤺋也。小雅正月瘋憂以痒、大
雅桑柔稼穡卒痒、傳箋竝云痒、病也。　疷者、說文
云病也。孫炎云疷滯之病也。小雅無將大車祇自
疷兮、白華俾我疷兮、毛傳竝云疷、病也。通作祇。何
人斯俾我祇也、傳云祇、病也。　閔者、大雅召旻序
旻、閔也。箋云閔、病也。邶風柏舟覯閔既多、豳風鴟
鴞鬻子之閔斯、周頌閔予小子傳竝云閔、病也。通
作痻。大雅桑柔多我覯痻、箋云痻、病也。疏云痻字
從病而以昬爲聲、是昬忽之病。漢書劉向傳集注云㬪古閔字。
逐、與軸通。衛風考槃碩人之軸、箋云軸、病也。正義
云、箋以與陸爲韻、宜讀爲逐。釋詁云逐、病。逐與軸
蓋古今字異。又與妯通。小雅鼓鐘憂心且妯、箋云
妯之言悼也。悼亦病義也。　疚、說文作㝌、云貧病
也。引詩煢煢在㝌。今周頌閔予小子作嬛嬛在疚。
毛傳云疚、病也。小雅采薇杕杜憂心孔疚、大東使
我心疚、大雅雲漢疚哉冢宰、江漢匪疚匪棘、傳箋
竝云疚、病也。雲漢釋文云疚本或作㝌、又作究、同。
召旻維今之疚不如茲、傳云今則病賢也。彼釋文
云疚、病也。字或作㝌。　痗者、衛風伯兮使我心痗、
小雅十月之交亦孔之痗、傳竝云痗、病也。箋以爲
困病也。　瘥者、說文云瘥、瘉也。亦猶瘉之爲瘳也。
昭十九年左氏傳注云小疫曰瘥。　小雅節南山天方薦瘥、傳云瘥、
病也。說文引作天方薦𦒿。徐鍇本引詩下有殁也
二字、殁當爲疫。箋云天氣方今又重以疫病。　痱
者、說文云風病也。引申之爲凡病之稱。通作腓。小
雅四月百卉具腓、傳云腓、病也。玉篇引作百卉具
痱。文選戲馬臺詩注云韓詩百卉具痱、薛君云痱、
變也。變卽病矣。　擅、說文作癉、云勞病也。大雅板
下民卒癉、毛傳云癉、病也。正義云癉、病、釋詁文。孔
所見爾雅蓋作癉矣。彼釋文作僤、云本又作癉、沈
本作擅。禮記緇衣正引作下民卒擅。彼釋文云本
作下民卒亶。亶者、擅之古文。僤爲假字、擅爲或體。

又通作憚。大雅雲漢我心憚暑，傳云憚、勞。勞亦病也。　瘵者、說文云病也。大雅瞻卬士民其瘵，小雅菀柳無自瘵焉，傳竝云瘵、病也。　瘼者、說文云病也。顏注急就篇云瘼者、無名之病，常漠漠然也。　小雅四月亂離瘼矣，大雅桑柔瘼此下民，傳竝云瘼、病也。瘼通作莫。大雅皇矣求民之莫，漢書及文選齊故安陸昭王碑注引作求民之瘼。亂離瘼矣，文選關中詩注引韓詩作莫。莫者、瘼之省文。　癠、通作懠。大雅板天之方懠，傳云懠、怒也。案天之方難、天之方蹶、天之方虐、皆與病義相近，則懠亦當訓病。謂天方難民、蹶民、虐民。此則更進一層，謂天方病民也。

說詩

戮逐病也

郭注戮辱亦可恥。又云戮逐未詳。邢氏遂云、戮者辱之病也，義涉迂曲。今謂戮與瘳皆從翏聲，古音同在三部，此當爲瘳字。上瘉字說文云病瘳也。瘳者、說文云疾瘉也。然則瘉與瘳不過少差，故仍得爲病也。又戮僇古通。甘誓予則孥戮汝，戮、史記作僇。僇者、說文癡行僇僇也。癡行僇僇是亦爲病。逐者、王氏經義述聞以爲當讀爲疛，音與胄同。據易艮馬逐釋文，逐一音胄。海外北經夸父與日逐走，郭注逐音胄。文選西都賦六師發逐，漢書班固傳逐作胄，是逐字古有胄音，故與疛通。俞氏羣經平議逐正字當作妯，說文作怞，爲心動。漢書田延年傳使我至今病悸，師古曰悸、心動也。是心動亦爲病也。易其欲逐逐，虞注逐逐、心煩貌。柏年案王俞說皆近是。然逐字本从辵豕省聲，今說文从豚省，蓋誤。說文家中寒腫覈也。亦从豕聲，古音同在三部，則逐亦得借爲家也。

補釋

鰥戮癙癵（癵、釋文云郭作拘攣。）瘥痱⿸疒亶瘵瘼癠（下釋文有瘝字，呼回切。字林云病也。）

⿸疒亶、毛本誤從置。下竝同。

注而說者便謂之馬病（病、監本誤疾。）

疏小雅十月云悠悠我里（十誤正。）下民卒⿸疒亶（⿸疒亶、經作癉。）大雅瞻卬云（卬、經作仰。）書曰智藏鰥在者（鰥、經作瘝。）

注疏正字

虺穨玄黃劬勞

詩周南我馬虺隤，釋文云虺、說文作㾯。隤、說文作穨。爾雅釋文虺字之外別出㾯字，引字林云病也。今經注無此字。予謂㾯當作瘣。說文病也。引詩曰譬彼瘣木。釋文不知㾯乃瘣字之誤，故云經注無此字耳。然釋文一書，爲宋人改竄，似非元朗之言也。虺穨玄黃、劬勞，皆連文。劬勞二字又可單詞互訓矣。

戮

通作僇。說文癡行僇僇也。癡、病也。

癙癵痒

爾雅詁林　一　釋詁上

瘋、當作鼠。小雅雨無正鼠思泣血、箋鼠、悳也。癵、當作孿。釋文、郭作拘孿。瘇、當作悝。說文云病也。

逐

當从詩考槃箋作軸。正義云軸與逐蓋古今字異。予謂放逐之臣亦如戮辱、可恥病也。

痗

說文無此字、當作悔。

瘠

通作瘠。公羊莊二十年釋文大瘠、病也。本或作癠。說文無癠字。

小箋

虺穨元黃瘽逐病也

引之謹案虺穨、疊韻字。元黃雙聲字。周南卷耳篇我馬虺隤、我馬元黃、皆謂病貌也。毛傳謂元馬病則黃、失之。小雅何草不黃篇何草不黃、何草不元、元黃亦病也。猶言無草不死無木不萎也。以草病興人之勞瘁、亦中谷有蓷嘆其乾矣之意。鄭箋謂歲始草元歲晚草黃、亦失之。虺穨元黃、凡物病皆得稱之。孫屬之馬、郭屬之人、皆非也。見郭注及詩釋文正義。詩言何草不黃、何草不元、以是明之。釋文曰瘽、音勤、字亦作勤。楚語曰民多曠者而我取富焉、是勤民以自封也。勤民、病民也。病民以自封、猶言厲民而以自養也。邵引樂記徵亂則哀其事勤、亦近之。郭曰逐未詳、衞風考槃篇碩人之軸、鄭箋曰軸、病也。正義曰釋詁云逐、病。逐與軸蓋古今字異。邢疏用孔說。引之案考槃一章曰碩人之寬、二章曰碩人之薖、三章曰碩人之軸、毛傳曰薖、寬大貌。軸、進也。釋文薖、韓詩作過、過、美貌。則寬薖軸皆美大之之詞、不如箋所云也。今案逐當讀爲疛、音胄。說文疛、心腹痛也。讀若紂。廣雅疛、病也。曹憲音胄。小雅小弁篇我心憂傷、惄焉如擣、毛傳曰擣、心疾也。釋文擣、韓詩作疛、義同。呂氏春秋盡數篇鬱處腹則爲張爲疛、高注曰疛、跳動也。是疛爲心腹之病也。大畜九三良馬逐、釋文曰逐、一音胄。海外北經夸父與日逐走、郭注曰逐、音胄。文選西都賦六師發逐、後漢書班固傳逐作胄。是逐字古有胄音、故與疛通也。

述聞

痡瘏虺穨玄黃劬勞咎顇瘽瘉鰥戮癙癵瘇痒疷疵閔逐疚痗瘥痱癉瘵瘼癠病也　釋文云痡瘏、詩作鋪屠。案詩大雅江漢淮夷來鋪、傳鋪、病也。正義曰鋪、病。釋詁文。彼鋪作痡、音義同。　正義云虺、毛詩釋文云說文作瘣。案釋文於癠字下別出瘣字、爲之作音。又云今經注無此字。意爾雅舊本必有作瘣穨者。陸既定作虺字、復別見瘣字於後、偶失檢也。元照案毛詩釋文曰虺、說文作瘣。隤、說文作穨。所謂說文作某者、必許君所引與當時本異、始引以爲證。今說文於疒部秃部竝未嘗引我馬虺隤、陸但以虺瘣音近聊復云然耳。至隤穨二文音義竝同、皆見於說文、又何以知說文之不从𠂤乎。　劬、說文力部新附字。　釋文云顇字或作悴。案又通瘁。詩小雅雨無正憯憯日瘁、傳瘁、病也。又維躬是瘁、箋瘁、病也。又四月盡瘁以仕、箋瘁、病也。釋文曰本又作萃。下篇同。又大雅瞻卬邦國殄瘁、傳瘁、病也。正義曰瘁、病。釋詁文。案說文疒部無瘁字。　釋文云瘽、字亦作懃。案懃卽勤之俗體。　錢少詹曰戮當爲瘳。集韻瘳有戮音。瘳者、病之瘉也。元照案戮瘳皆从翏聲、故通借。瘳之訓病、與瘉瘥一例。　釋文云癙、詩作鼠。案說文無癙字。　釋文云癵、郭作拘攣。案此言郭本作攣也。文選注十九、一切經音義十一引作攣。說文疒部無癵字。錢少詹曰當作臠。臠者、瘦之病也。

爾雅詁林 一 釋詁上

詩棘人欒欒兮、說文引作癵癵。說文無㾜字、當作悝。說文心部悝、啁也。从心里聲。一曰病也。毛詩省作里。釋文云疷、本作疧。正義曰疧通祇。又詩小雅何人斯俾我祇也。傳祇病也。徐養原曰桑柔多我覯痻、箋云痻病也。案說文無痻、疑即疷字。蓋从疒昏省聲也。或作疧亦通。昏本从氐省。無將大車與塵叶、是其明證。白華與卑叶、則當用何人斯之祇。逐、邢疏已詳。說文無疚字、當作宂。說文宀部宂、貧病也。从宀久聲。詩曰煢煢在宂。說文無痗字。正義云痱通腓。詩小雅四月百卉具腓、傳腓病也。从痱正文腓通借。說文無𤺺字、當作癉。說文癉、勞病也。从疒單聲。詩大雅板下民卒癉、傳癉病也。正義曰癉病。釋詁文。釋文作僤、云本又作癉、沈本作𤺺。詩文無瘠字。臧氏琳曰公羊傳莊二十年大災者何大瘠也。釋文瘠本或作癠。一本作漬。鄭注禮記曲禮下、高誘注呂覽貴公引公羊皆作漬。是古本也。痛瘏瘽疷疵瘵瘼說文同。

匡名

痛瘏虺頹玄黃劬勞咎顇瘽瘉鰥戮癙癵㾜痒疷疵閔逐疚痗瘥痱𤺺瘵瘼癠病也

此釋病之名也。說文病、加也。痡、病也。引詩我僕痛矣。又作鋪。大雅淮夷來鋪、傳鋪、病也。瘏病也。引詩我馬瘏矣。又作屠。頹、禿貌。釋名以爲病之狀也。周南我馬虺隤、本作瘨積。字林瘨、病也。周南我馬元黃。郭註以爲人病之通名。小雅劬勞于野、傳劬勞、疾苦也。㕁、災也。从人各。各者、相違也。大禹謨天降之咎。顇、顦顇也。反離騷慶天顇而喪榮。或作悴。悴、憂也。叚作瘁。小雅維躬是瘁、箋瘁、病也。瘽、病也。前漢書文帝紀瘽身從事。瘉、病瘳也。小雅胡俾我瘉。鰥、通作瘝。康誥恫瘝乃身。傳瘝、病也。戮、鄭註辱也。以恥辱爲病。左文十年傳國君不可戮也。小雅癙憂以痒、傳癙、病也。通作鼠。又鼠思泣血。箋鼠、憂也。癵、通作攣。史記蔡澤傳、蹙齃膝攣。正韻、手足曲病也。㾜、或作里。大雅云如何里。又作悝。玉篇悝、疾也。痒、瘍也。大雅稼穡卒痒、箋痒、病也。疷、病也。小雅、俾我疷兮。通作祇。又俾我祇也、傳祇、病也。疵、病也。繫傳、言乎其小疵也。通作訾。檀弓亦非禮之訾也、註訾、病也。閔、弔者在門也。註引伸爲凡痛惜之辭。豳風鬻子之閔斯。傳閔、病也。逐、通作軸。衞風碩人之軸、箋軸、病也。小雅憂心孔疚。說文作宂、貧病也。引詩煢煢在宂、今周頌作煢煢在疚。小雅亦孔之痗。傳痗、病也。瘽、痛也。小雅天方薦瘥、傳瘥、病也。痱、風病也。前漢賈誼傳、且病痱。通作腓。小雅百卉具腓、玉篇引詩百卉具痱。傳痱、病也。緇衣章善癉惡、鄭註癉、病也。通作癉。大雅下民卒癉、傳癉、病也。瘵、病也。小雅、無自瘵焉。瘼、病也。小雅亂離瘼矣。玉藻親瘠色容不盛、註瘠、病也。

啓蒙

劬　跔　錢氏大昕說文荅問云。跔即毋氏劬勞之劬。薛氏傳均疏證云。跔、天寒足跔。徐鍇繫傳云。筋遇寒不舒也。與病苦之訓正合。當作痀、曲脊也。引申訓勞。勞病訓多相通。

癙　鼠　釋文。癙、詩作鼠。
癙與瘏同字並見。孫炎注癙者、畏之病。則以爲即鼠字。

癵　攣　文選登徒子好色賦注引爾雅。攣病也。一切經音義十一引同。錢氏大昕曰。癵當作臠。臠者。瘦之病也。詩。棘人欒欒兮。說文作臠。臠正字。欒借字。癵則俗字也。郭讀癵爲拘攣、則作攣亦通。舍人注癵心憂憊之病。亦未嘗以爲瘦瘠也。

㾜　悝　詩雲漢釋文。里本又作㾜。爾雅作悝。說文。悝病也。

爾雅詁林　一　釋詁上

疚 㝌 說文。㝌貧病也。詩曰。煢煢在㝌。

痗 悔 詩十月之交釋文。痗本作悔。

⿸疒亶 癉 詩。下民卒癉。禮緇衣引作⿸疒亶。說文無⿸疒亶當作癉。

癠 膌 王氏念孫廣雅疏證釋詁注。癠亦通作濟。楊氏峴曰。案公羊莊二十年。大瘠。釋文。瘠在亦反。病也。本或作癠。才細反。一本作漬。才賜反。鄭注曲禮引此同。據此則癠可作瘠。瘠說文作膌。

正當作愈、炊餔疾也。引申爲疾病之疾。

黃侃評本正名

虺穨、病也。虺穨、釋文出瘣字、呼回反。字林云、病也。今經注無此字。案此郭注引以解虺、猶引瘰解鰥也。非經有挩文。臧鏞堂云、蓋注作瘣穨字、經作虺穨字、淺人援經改注亦作虺。校者因云今經注無此字矣。

劬、病也。劬正當作痀、曲脊也。引申訓勞、勞病訓多相通。

瘽、病也。瘽與下勤勞也之勤亦同字並見。

瘉、病也。瘉本字當作臾、臾亦即瘐死本字。

鰥、病也。鰥正作悁、憂也。通作悹、說文悹憂也。

癙、病也。癙與上文瘏同字並見。孫炎注癙者畏之病、則以爲即鼠字。

癵、病也。亦可作臠。

痒、病也。痒與下文悝亦同字並見。

疧、病也。疧疷本二字、釋文音祈支反則从氏、或丁禮反則从氐。然說文無疷字、蓋氐氏古聲通。

⿸疒亶、病也。⿸疒亶與下文癉勞也之癉亦同字並見。

癠、病也。癠正作愈、炊餔疾也、引申爲疾病之疾。

黃侃音訓

虺隤玄黃

註云、皆人病之通名。而說者便謂之馬病。失其義也。按周南卷耳明言我馬虺隤、我馬玄黃、則說馬病亦可。而景純必以爲非馬也、人也何居。

義疑

痡 瘏 頹 瘽 鰥 瘝 癵 疧 ⿸疒亶 病也

釋文痡、詩作鋪。江漢詩、淮夷來鋪。釋詁釋文 瘏、詩作屠。今詩亦作瘏。釋詁釋文 頹、或作悴。釋詁釋文 瘽字亦作懃。釋詁釋文 鰥、注作瘝。書曰、智藏瘝在。釋詁釋文 瘝、詩作鼠。雨無正、鼠思泣血。釋詁釋文 癵、郭作拘攣。釋詁釋文。文選登徒子好色賦注同。疧、本作疲。字書疲、病也。釋詁釋文 ⿸疒亶、詩作癉。大雅板詩下民卒癉、緇衣引作⿸疒亶。癠下有瘣。字林云病也。今經注無此字。釋詁釋文

證異

疧病也。釋文疧、祈支反、或丁禮反。承珙案、祈支反字當從氏、丁禮反則當從氐。詩無將大車祇自疧兮、白華俾我疧兮、皆從疧。釋文云徐都禮反、是徐仙民讀若底。爾雅釋文又引孫炎云疧、滯之病也。孫本似當作疷、讀若底。今邢疏本正作疷。經傳多借爲底。昭元年左傳勿使有所壅閉湫底、注底、滯也。楚語夫民氣縱則底、韋昭注底箸也。晉語底箸滯淫。故孫云滯之病也。

胡氏古義

疧病也

疧、病也。釋文疧、祈支反、或丁禮反、本作疲。字書云疲、病也。聲類猶以爲疧字。頤煊案詩無將大車祇自疧兮、毛傳疧、病也。白華俾我疧兮、毛傳疧、病也。正義不引釋詁文爲證、疑所見爾雅本亦作疲。

讀爾雅録

爾雅詁林 一 釋詁上

問釋詁元黃病也。毛卷耳傳元黃馬病。何也。曰元黃總訓病。詩何草不元何草不黃。草木病亦曰元黃。豈專指馬病耶。郭注虺頹元黃皆人病之通名。而說者便謂之馬病。失其義也。此卽指詩傳。

詁答問

逐病也

注曰未詳

樾謹按、詩考槃篇碩人之軸。箋云軸病也。正義引此經而曰軸與逐蓋古今字異、是逐又通作軸。然逐軸竝非正字也。詩鼓鐘篇憂心且妯。傳曰妯動也。說文心部引作怞。疑逐軸竝怞之叚字。怞爲心動。漢書田延年傳使我至今病悸。師古曰悸、心動也。是心動亦爲病也。周易頤六四其欲逐逐。虞注曰逐逐、心煩貌。以易義證詩義而雅詁益明矣。

平議

𤸫病也

案此經𤸫病也下文癉勞也。詩板篇毛傳云癉、病也。正義云癉病、釋詁文。釋文癉沈本作𤸫。竊謂爾雅病也勞也兩誼本皆作癉、故說文兼之云癉、勞病也。左傳襄十九年荀偃癉疽疏同。據此、則古本𤸫作癉。其作𤸫者、或三家本後人據以改爾雅。緇衣釋文本下民卒癉、云癉、本亦作𤸫。禮記所引卽本三家。觀詩正義所稱、沖遠所見爾雅自作癉也。

王頌清日記

逐病也

錦燧謹案、詩中無逐字、孔穎達考槃篇疏云逐與軸古今字。鄭君考槃箋云軸病也、與雅訓合。鄭君先治三家詩、箋每以三家義易毛。當是三家異文有作碩人之逐而義訓爲病者、雅訓蓋卽釋此。惟說文車部云軸、持輪也。辵部云逐、追也。兩字本義俱不訓病。郝氏義疏以疛逐聲轉、疑其古字或通。蒙謂非也。竊謂逐乃悠之假借字。易頤其欲逐逐、釋文云逐逐子夏傳作攸攸、荀作悠悠、劉作跾跾、是逐悠二字通假之證。說文心部云悠、憂也。憂與病義相近、故樂記病不得其衆也。鄭注云憂猶病也。孟子有采薪之憂、趙注云憂病也。卽本經以憂病相次、亦其義也。

陸錦燧日記

痡、瘏、虺、頹、玄、黃、劬、勞、咎、顇、瘽、瘉、鰥、戮、癙、癵、瘒、痒、疷、疵、閔、逐、疚、痗、瘥、痱、𤸫、瘵、瘼、癠、病也。

此泛言疾病之義也。疾病字、渾言無別、析言之則疾加爲病。郝氏云：「病與秉、柄、炳、通；蓋柄炳俱从丙；病、亦丙聲、凡聲同者字亦通也。」

痡瘏者、卷耳云：「我馬瘏矣、我僕痡矣、」傳竝訓病；說文同。孫炎以瘏爲馬病、非。痡或作鋪、瘏或作屠、皆音假。

虺頹、孫炎以爲馬退不能升之病、非也。虺者、瘣之假字、說文「瘣、病也、」詩曰：「譬彼瘣木；」毛詩、瘣作壞、訓爲瘣；是虺、壞、皆瘣之假借。作瘣者誤字。頹、說文「秃也、从秃、貴聲；」秃者、病狀也。周南云：「我馬虺隤、」傳以虺隤爲病、是也；惟隤爲誤字。頹作頽者亦俗。說文隤、頹、音同義異。

玄黃者、病之狀。詩「何草不黃、何草不玄；」素問五藏生成篇「黃如蟹腹者生、」孟子「面生墨；」皆病狀也。說文云：「疸、黃病、」是黃竝爲病名。

劬勞訓病者、鄭注禮內則云：「劬、勞也、」是二字義同。淮南精神篇「好憎者使人之心勞、」高注「勞、病也；」詩凱風及鴻雁傳竝云：「劬勞、疾苦也。」

咎者、鹽鐵論云：「猶食毒肉、愉飽而罹其咎也、」即爲罹其病。說文「咎、災也；」古人多以病爲災、公羊傳云：「大災者何、大瘠也、」即其義。郝氏謂「東齊人謂病爲災、蓋古之遺言。」

顇、說文「顦顇也。」許書無顦篆而有醮、大徐增顦、段以爲非。錢大昕謂「醮當是正字、」然則玉篇引楚辭云：「顏色醮顇、」皆本字矣。左傳有蕉萃、楚辭漁父作憔悴、或作焦瘁。

瘽、說文亦云：「病也。」釋文謂「瘽亦作懃；」懃、即勤也、楚語曰：「民多曠者而我取富焉、是勤民以自封也、」王引之以爲「勤民、即病民。」

瘉者、詩「胡俾我瘉、」「交相爲瘉、」傳並用雅義、訓爲病。說文「瘉、病瘳；」與爾雅異者、段氏云：「渾言之、謂瘳而尚病、許則析言之、謂雖病而瘳也。」凡訓勝、訓賢之愈、皆引伸爲瘉、愈即瘉字。

鰥、經典多作矜。漢書和帝紀「朕寐寤恫矜、」李賢注「矜、病也。」又作瘝、書「厥終智藏瘝在、」正義引鄭注亦訓瘝爲病。郝氏謂「瘝字、字書所無；玉篇廣韻有𤺄字、疑𤺄瘝形近而譌。」

戮者、郭注「戮辱、亦可恥病也。」邵氏引秋官鄭注「戮、猶辱也、」左傳「國君不可戮也、」以申其說、是也。

癙者、鼠之假借。小雅雨無正「鼠思泣血、」箋訓鼠爲憂；憂即病也。淮南說山篇「貍頭愈鼠、」中山經「脫扈之山、有草名植楮、可以已鼠、」郝氏以爲即鼠創病。

癵者、攣之俗字；釋文謂「郭作拘攣、」衆經音義引爾雅亦作攣。素問痿論云：「筋急拘攣、發爲筋痿、」是其義。

瘇者、下節「悝、憂也、」之悝之俗體。說文「悝、一曰病也、」詩「悠悠我里、」傳訓里爲病、乃假里爲悝也。

痒、說文「瘍也。」鄭注周禮云：「身傷曰痒。」今以痒爲癢、段云：「非也、癢之正字爲蛘。」

疷、孫炎云：「滯之病也。」說文「病不翅也；」詩無將大車白華傳皆云：「疷、病也。」小雅「俾我祇也、」易云：「元祇悔、」則借祇爲疷也。

疵、說文亦云：「病也。」大誥「知我國有疵、」禮運「是爲疵國、」皆爲病。檀弓作訾、漢書作呰、假訾呰爲疵也。說文有𤶣字、訓瘕、義近疵、故通用。

閔者、儒行鄭注用爾雅文訓病。或作愍、潣、惽、𤸎、痻。俗作憫。

逐者、疛之假借。玉篇「疛、心腹疾也；」說文以疛爲小腹疾、小乃心之誤字。小雅「我心憂傷、惄焉如擣、」毛傳以擣爲心疾；釋文「擣、韓詩作疛、義同；」此疛爲心疾之證。王引之云：「疛、曹憲音冑、大畜九三『良馬逐、』釋文『逐音冑、』文選西都賦『六師發逐、』班固傳逐作冑、是逐字古有冑音、故與疛通。」王說是也。俞樾引頤六四、「其欲逐逐、」虞翻注曰：「逐逐、心煩貌。」疛假爲逐、疛爲心疾、故逐逐爲心煩、其義相通也。

疚者、㝌之俗字。詩雲漢釋文「疚、本或作㝌；」說文「㝌、貧病也、」引詩「煢煢在㝌。」是詩之「煢煢在疚、」「憂心恐疚、」皆宜作㝌。

痗者、詩「使我心痗、」「亦孔之痗；」傳並訓病；鄭箋以爲困病。晉案爾雅釋文云：「痗、音昧、一音晦；」今揚通人稱病爲災痗、正讀晦音。詩十月之交釋文云：「痗、本又作悔、」郝謂「痗、有悔音、故亦通悔。」

瘥者、左傳昭十九年孔疏引賈逵云：「小疫曰瘥；」廣韻作㽨、亦云：「小疫病、」詩毛傳、國語韋注用雅訓、乃渾言也。

痱、說文「風病也；」靈樞「痱之爲病也、身無痛者、四肢不收、」此即許所謂風病。詩「百卉俱腓、」腓即痱。

癉者、說文㾬之或體。大雅「下民卒癉、」傳訓癉爲病；禮緇衣「章善癉惡、」鄭注亦訓癉爲病。素問瘧論云：「其但熱而不寒者、名曰癉瘧、」王砅注「癉者、熱也、」此爲癉之本訓。素問舉痛云：「熱留於小腸、腸中痛、癉熱消渴、」亦以癉爲熱也。癉與疸異字異義、郝氏混而一之、未審；但亦不自郝始、自郭注山海經、顏注漢書、已不了了。

瘵、瘼、郭注「今江東呼病曰瘵、東齊曰瘼。」說文疒部瘵瘼字、並云：「病也。」

癠者、玉藻云：「親癠、色容不盛、」鄭注訓癠爲病。臧氏琳曰：「公羊傳莊二十年云：『大災者何、大瘠也、』釋文云：『瘠本或作癠、「本作漬、」』是癠與瘠、漬通矣；說文膌訓臞、漬訓漚、而無癠、究以何字爲正字、不可知也。」

爾雅學

爾雅詁林　一　釋詁上

胣頹葉鈔釋文雪牕本同。通志堂釋文唐石經單疏本注疏本作胣穨爲是。

瘸單疏本雪牕本同。唐石經此字磨改。釋文瘸郭作拘攣。文選登徒子好色賦蓬頭攣耳、李善引爾雅攣、病也。一切經音義卷十一爾雅云攣病也。亦拘攣也。作臠、瘸二形、並非體。按玉篇瘸體瘸曲也。廣韻癵病也。瘦也。詩棘人欒欒兮、說文作臠臠。此從疒當省肉作癵或作瘸。今本非。郭作拘欒、今注無、並別見音義與文選注元應書所引合。

疷注疏本同、誤也。釋文唐石經單疏本雪牕本皆作疧、當據以訂正。釋文疧祈支反、或丁禮反、本作疷。按疧與疷同字同音、或丁禮反故誤作疷。五經文字疧巨支反、病也。見爾雅。雪牕本疷音祈、單疏本引白華俾我疷兮。說文毛傳皆云疷病也。今詩亦誤疷。

胣頹元黃皆人病之通名 單疏本雪牕本同。釋文於經後標瘣字、云呼回反。字林云病也。按此蓋注作瘣頹字、經作胣頹、與毛詩同、假借字也。淺人援經改注、亦作胣。按釋文者因云今經注無此字矣。詩釋文曰胣呼回反。說文作瘣。今說文無瘣。玉篇廣韻皆云瘣馬病。蓋毛詩爾雅作胣、韓魯詩作瘣。邵晉涵正義曰、舊本爾雅必有作瘣穨者。

而說者便爲之馬病 單疏本雪牕本同。閩本監本毛本爲作謂、正德本注作謂、疏作爲。按謂爲二字每相亂、此作謂是也。

智藏瘝在 單疏本雪牕本同。釋文鰥古頑反、注瘝同。此經注異字之證。尚書作瘝。或欲依經改作鰥、非也。

戮逐未詳 雪牕本注疏本同。按戮字當衍。注云相戮辱亦可恥病也。是戮字注已詳之矣。邢疏亦云逐者、郭氏未詳。翟灝云一本但云逐未詳、無戮字。

痡瘏胣穨元黃劬勞咎顇瘽瘉鰥戮癙癵瘇痒疷疵閔逐疚痗瘥痱擅瘵瘼瘠病也○釋曰 注疏本刪。

瘇者小雅正月云 浦鏜云十誤正。

下民卒擅 注疏本同。今詩擅作癉。疏不云擅與癉音義同者、邢氏所據詩本作擅也。詩釋文云癉、沈本作擅。

大雅瞻卬云 注疏本卬改仰。

餘皆見注○注詩曰至見詩○釋曰 注疏本刪下八字。

云書曰智藏瘝在者 注疏本瘝改鰥。

校勘記

便謂之馬疾 十行本雪牕本吳本便爲之馬病。南昌本作謂、云訂正。而病作疾、則其誤。案故記中亦作病。

校勘記訂補

痡瘏至病也注戮逐未詳。案上既云相戮辱亦可恥病也、則未詳者逐耳、戮字衍。

注疏本正誤

八行(注)便爲之馬病○「爲」明刻注疏本作「謂」是也，當據正。

六上(一一三)

一行(注)戮逐未詳○「逐」宋刻十行本作「遂」，與正文合。當據正。又「戮」字郭注上文云「相戮辱亦可恥病也」，此處不得，又云「未詳」。邢昺疏只言「遂」字郭氏未詳，是「戮」字當爲衍文。

宋監本校箋

痡音蒲瘏音徒胣音灰頹玄黃劬勞咎顇音悴瘽音勤瘉音俞鰥戮癙音鼠癵音聯瘇音里痒音羊疷音祁疵閔逐疚痗音妹瘥音瑳痱音肥擅音亶瘵音債瘼音莫癠音際病也

音圖·音

痡音蒲。案痡、普胡翻、當音鋪。滂、今音蒲、並非。

頹直音推平聲。案頹、徒回翻、定母字。今推平聲、混定於透、誤。

癵音聯。案當音攣、母雖同而音異。

瘥音瑳。案瘥、徂何翻、才河翻、同音醝。從、今音瑳、清、非。直音坐平聲合。

直音正誤

平聲徒　灰玳平聲　臼　悴
痡、瘏、虺、頹、玄、黃、劬、勞、咎、顇、
勤　俞　鳳恕　孿里　咩　祇　菭　瞰　妹晦坐平聲
瘽、瘉、鰥、戮、癙、癵、瘦、痒、疷、疵、閔、逐、疚、痗、瘥、
肥　亶　債　莫　嚌
痱、瘧、瘵、瘼、癠、病、也。

孫侃直音

平　徒　灰　推平聲
痡、瘏、虺、頹、玄、
臼　悴　勤　俞　鼠
黃、劬、勞、咎、顇、瘽、瘉、鰥、戮、癙、
孿　里　羊　祇　慈　救　妹　脢　醝
癵、瘦、痒、疷、疵、閔、逐、疚、痗、瘥、
肥　亶　債　莫　劑
痱、瘧、瘵、瘼、癠、病、也

直音校正

痡敷瘏塗虺灰頹隤詩作玄黃劬勞咎顇悴同瘽勤瘉愈鰥戮
癙鼠癵孿瘦里痒羊疷祁疵閔逐疚痗昧瘥坐平聲痱肥瘧亶
瘵債瘼癠齊去聲病也。

楊氏音訓

痡鋪瘏徒虺灰頹
魋顇萃瘽勤瘉庾癙暑癵呂員切瘦里痒陽
疷渠宜切痗昧瘥才何切痱肥瘧亶瘵側介切瘼
莫癠才詣切

干氏音釋

恙、寫、悝、盱、繇、慘、恤、罹、憂也

恙、寫、悝、盱、繇、慘、恤、罹、憂也。今人云無恙謂無憂也。寫有憂者思散寫也。詩曰悠悠我悝。云何盱矣。繇役亦爲憂愁。

郭注

恙寫悝盱繇慘恤罹憂也　釋曰皆謂憂愁也。恙者、聘禮云公問君賓對公再拜、鄭注云拜其無恙。郭云今人云無恙謂無憂也。寫者、有憂者思散寫也。小雅車舝云我心寫兮。繇者繇役亦爲憂愁。慘者心憂也。恤者、小雅祈父云胡轉予于恤。罹者、王風兔爰云逢此百罹。注詩曰至盱矣　釋曰云詩曰悠悠我悝者小雅十月文。云何盱矣者、卷耳及都人士文也。

邢疏

恤憂也
恤救之憂也。一切經音義九

孫音注

恙憂也
匡謬正俗八引爾雅作恙、憂、心也。

衆家注

玉函山房輯佚

恙寫悝盱繇慘恤罹憂也

黃輯古義

恤、救之憂也。一切經音義卷九

孫音注

恤憂也
孫曰恤、救之憂也。一切經音義九

漢注

恙寫悝盱繇慘恤罹憂也
孫炎云恤、救之憂也。一切經音義九。郭璞云、今人云無恙
謂無憂也。寫、有憂者思散寫也。詩曰悠悠我悝。云何

一切注音

盱矣。繇役亦爲憂愁也。亦、今本作以。從宋本校改。

古注斠

恙憂也

蕙心案、匡謬正俗八引爾雅云恙、憂心也。此當是爾雅舊注。

恤　孫炎曰恤、救之憂也。一切經音義九

陸音義

恙羊讓反。寫悉治反。悝音里。盱本或作忓、同香于反。繇音遥。慘七感反。罹力知反。

新義

恙寫悝盱繇慘恤罹憂也

悝、心亂而不治。盱、目于而不直。詩曰、匪莪伊蔚。寫、寫之繇、謠之。

鄭樵注

恙寫悝盱繇慘恤罹憂也恙、聘禮云公問君、賓對公再拜、鄭註云拜其無恙。寫、車舝云我心寫兮。寫謂有憂思散寫也。悝、十月云、悠悠我悝。盱、卷耳及都人士云云何盱矣。繇、王風云、中心搖搖。繇通作搖。

古注合存

恙寫悝盱繇慘恤罹憂也

孫炎曰、恤、救之憂也。

郭璞曰、今人云無恙謂無憂也。寫、有憂者思散寫也。詩曰悠悠我悝。云何盱矣。繇役亦爲憂愁也。亦、監本作以。此從宋本。

鄭樵曰、恙、聘禮云公問君、賓對公再拜。鄭註云拜其無恙。寫、車舝云我心寫兮。寫謂有憂思散寫也。悝、十月云、悠悠我悝。盱、卷耳及都人士云、云何盱矣。繇、王風云、中心搖搖。繇通作搖。

恙寫悝盱繇慘恤罹憂也悝音奎、一音里。盱音吁。繇音遥。○此釋恙寫以下皆憂之義也。註曰、今云無恙謂無憂也。寫者、有憂而散寫也。詩卷耳云、云何盱矣。繇役、以爲憂愁也。愚按悝音奎、本恢諧字、又病也、憂也、悲也。音里、義亦同。舊攺

注疏參義

詩悠悠我里之里爲悝、似曲。盱詩傳謂張目望也。蓋憂之貌。

詩釋文云如何里、里憂也。本亦作瘇。爾雅作悝、竝同。繇役以爲憂愁、郭注最通。鄭引王風中心搖搖、以爲繇通作搖、說似近鑿。

補注

恙寫悝盱繇慘恤罹憂也**註**今人云無恙謂無憂也寫有憂者思散寫也詩曰悠悠我悝云何盱矣繇役亦爲憂愁也**正義**說文云、㤉愁也。今經傳通作憂。恙者、呂氏春秋異用篇、孔子之弟子從遠方來者、孔子荷杖而問之曰、子之公不有恙乎。搏杖而揖之、問曰、子之父母不有恙乎。置杖而問曰、子之兄弟不有恙乎。杙步而倍之、問曰、子之妻子不有恙乎。買誼書容經篇、孔子問子貢曰、子之兄弟亦得無恙乎。鄭註司儀云、問君曰、君不恙乎。問大夫曰、二三子不恙乎。說文云恙、憂也。是本爾雅爲義也。寫者、方言云、凡言相憐愛謂之嘳、或謂之無寫。無寫猶言無恙也。悝痙通用、已見上文。又通作慸。說文云、楚潁之間謂憂曰慸。盱者、豫六三云、盱豫。王弼註、睢盱而豫、悔亦至焉。說文作忓、憂也。繇者、廣韻引詩云、我歌且繇。慘當作懆。說文云、愁不安也。詳見釋訓。恤者、衆經音義引孫炎云、恤救之憂也。大宗伯云、以恤禮哀寇亂。鄭註恤、憂也。盤庚云、永敬大恤。邶風谷風云、皇恤我後。說文作邮、憂也。罹當作離。小雅四月云、亂離瘼矣。毛傳離、憂也。隸體作罹。小弁云、我獨于罹。詩釋文云、罹本作離。**註**今人至愁也。○**正義**郭云無恙、謂無憂者、匡謬正俗云、風俗通義釋無恙云、上古之時、草居露宿、恙、噬人蟲也、善食人心、人恒若患之、凡相問曰無恙乎。非謂疾也。按爾雅云、恙、憂也。楚辭九辯云、還及君之無恙。此言及君之無憂、豈謂不被蟲噬乎。漢元帝詔貢禹曰、今生有疾、何恙不已、乃上疏乞骸骨。此言病何憂不差、而乞骸骨、豈又被蟲食心耶。凡言無恙、謂無憂耳。安得食人之蟲、揔名恙乎。今案顏師古之辨篤矣。應劭本於易緯、据許氏說文、當作無它、

非雅義也。顏引爾雅作憂心也、蓋連引書註之文耳。郭云思散寫者、舊疏引小雅車舝云我心寫兮。郭引詩云悠悠我悝者、小雅十月文。今本作我里。毛傳云悠悠、憂也。是音義相通也。云何盱矣、周南卷耳及小雅都人士文。繇役亦爲憂愁者、郭以義推言之。高誘淮南註云繇、役也。監本亦作以、今從宋本。

恙寫悝盱繇慘恤罹憂也

今人云無恙謂無憂也。寫有憂者思散寫也。詩曰悠悠我悝。云何盱矣。繇役亦爲憂愁也。

正義

憂者、𢝊之叚音也。說文云𢝊、愁也。通作憂。下文云憂、思也。按憂又患也、病也。病與憂相連、故樂記云病不得其衆也。鄭注、病猶憂也。孟子云有宋薪之憂、趙岐注憂、病也。爾雅憂病相次、亦其義也。憂與懮同。楚辭抽思篇云傷余心之懮懮、王逸注懮、痛貌也。恙者說文云憂也。匡謬正俗八引爾雅作恙、憂心也。此蓋爾雅舊注之文。又引風俗通云恙、噬人蟲也、善噬人心、人每患苦之。御覽三百七十六引風俗通云恙、病也。凡人相見及通書問、皆曰無恙。是應劭以無恙爲無病。郭氏以爲無憂、義相成也。玉篇恙字亦兼無憂病二義。楚辭九辯云還及君之無恙、王逸注亦以無恙爲無憂矣。通作養。詩中心養養、傳箋竝以養養爲憂也。寫者、今未詳。詩泉水傳寫、除也。蓼蕭傳輸寫其心也。郭注本此而云有憂者思散寫、蓋失其義矣。馬瑞辰曰管子白心篇云臥名利者寫生危、寫當訓憂、謂寢息於名利必多危險、故憂生危。尹注訓寫爲除、非也。悝者、說文云病也。病亦憂也。通作里、俗作瘇、已詳上文。又通作慈。說文云楚潁之間謂憂曰慈、勯之訛方言慈作慈、字形之誤也。盱者、忏之叚音也。說文云忏、憂也。讀若吁。釋文盱、本或作忏、是也。通作吁。詩云何吁矣、毛傳吁、憂也。又通作盱。詩云何其盱、云何盱矣、鄭箋竝云盱、病也。病與憂義亦同也。繇者亦叚音也、廣韵引詩我歌且繇、繇蓋訓憂。郭云繇役亦爲憂愁、此望文生義耳。下文又云繇、喜也。二義相反。凡偕聲之字不必偕義、皆此例也。繇蓋愮之叚偕。方言云愮、憂也。釋訓云愮愮、憂無告也。通作搖。詩中心搖搖、毛傳搖搖、憂無所愬。是搖搖卽愮愮。故釋訓釋文愮、本又作搖也。搖又通繇。故周禮追師釋文繇、本或作搖。明堂位釋文搖、本又作繇、又通作陶。陶、繇古音同。廣雅云陶、憂也。詩憂心且妯、一切經音義十二引韓詩作憂心且陶、是陶訓憂之證。聲轉爲悠。詩十月之交傳悠悠、憂也。又轉爲愈。詩正月傳愈愈、憂懼也。慘者、懆之叚音也。說文云懆、愁不安也。詩念子懆懆、釋文懆、七感反。說文七倒反。通作慘。說文云毒也、毒有傷痛之意。釋訓云慘慘、慍也、慍猶憂也。故李巡注以憂怒爲說也。詩正月傳慘慘猶慼慼也、抑傳慘慘、憂不樂也。北山釋文慘字亦作懆、白華釋文懆亦作慘、慘是慘懆通。戴氏震毛鄭詩攷正云詩中慘慘皆懆懆之譌。今按懆慘聲轉、古字通偕、不必以爲譌也。又通作慅、詩勞心慅兮、釋文慅、七老反、憂也。廣雅同。又通作憯。說文云痛也。詩胡憯莫懲、釋文憯、亦作慘、不畏明。釋文慘、本亦作憯。是慘又皆爲憯之叚偕矣。恤者、與卹同。說文竝云憂也。經典亦卹恤通、一切經音義九引孫炎曰恤、救之憂也。恤與愼同、又與淫同。方言竝云憂也。宋衞或謂之愼、陳楚或曰淫、淫愼恤俱一聲之轉也。罹者、詩逢此百罹、無父母詒罹、我獨于罹、傳箋竝云罹、憂也。通作離。兔爰斯干釋文竝云罹本又作離、亂離瘼矣、傳亦云離、憂也。書不罹于咎、史記宋世家作不離于咎。又通作羅。書罹其凶害、釋文罹本亦作羅。漢書于定國傳云羅文法者于公所決皆不恨、集注羅、罹也。罹、離聲同、罹、羅聲轉、故其字通。方言云羅謂之離、離謂之羅。

義疏

恙寫悝盱繇慘恤罹離羅**憂也。**

孫注恤、救之憂也。郭注今人云無恙謂無憂也。寫、有憂者思散寫也。詩曰悠悠我悝。云何盱矣。繇役亦爲憂愁也。此別釋痒瘋瘇也、寫鼠聲轉、非以寫憂爲憂、明鼠思不可佮病思耳。盱吁忏同用、皆以于嗟爲義。書帝曰吁、咈哉。繇愮搖陶同字。䍃从肉缶、从擊缶生義。後又佮䛗歌者、有憂也。詩憂心且妯、韓詩佮陶、慘从參。詩皆佮懆、从喿、从喿是也。勞心懆兮、諸家以養養慘慘悠悠釋此、不別詁訓、非也。詩慘不畏明、本亦佮憯、聲近、故从參耳。恤卹皆从血、血卽憂也。書無毖于卹、又不卬自恤。罹羅離通用、正字當佮羅、隹罥网、故爲憂。

詩、亂離瘼矣。又我獨于罹。憂、从心百。下云思也。

集解

恙寫悝盱繇慘恤罹憂也

恙、蟲、善食人心。古者草居、多被此毒、人恒苦而憂之。閔勞之詞、均傳無恙。以無恙即無憂也。史記刺客傳爲老母幸無恙、索隱恙憂也。前漢書公孫弘傳何恙不已、師古曰恙憂也。萬石君傳萬石君無恙、師古曰恙憂病。楚辭九辯還及君之無恙、注訓無憂。文選魏文帝與吳質書季重無恙、注恙憂也。詩二子乘舟中心養養、傳箋均訓憂。以養爲之。寫、置物也、从宀舄聲。正字爲惜。惜、痛也。引申爲憂。惜寫通用字。詩竹竿以寫我憂、車舝我心寫兮、箋均訓除、非此證也。馬瑞辰說管子白心云卧名利者寫生危。寫當訓憂。謂寢息於名利必多危險、故憂生危。尹注訓爲寫除、非也。或者寫之正字爲懆與。詩白華念子懆懆、釋文引說文愁不申也。今本說文作愁不安、皆謂憂也。悝、啁也、从心里聲。正字爲悔。悔、恨也。即憂也。說文則以愁爲之。愁悔悝通用字。詩十月之交悠悠我里、雲漢云如何里、箋均云里、憂也。借里爲之。盱、張目也、从目于聲。正字爲忓。忓、心憂也。忓盱通用字。詩何人斯云何其盱、都人士云何盱矣、箋均云盱、病。病亦憂也。卷耳云何吁矣、傳吁、憂也。以吁爲之。繇、字本作䌛、隨從也。从系䍃聲。正字爲悠。悠、行之憂也。詩悠悠我里是也。繇悠通用字。詩黍離中心搖搖、傳憂無所愬。鼓鍾憂心且妯、韓詩作憂心且陶。廣雅陶云憂也。正月憂心愈愈、傳愈愈、憂懼也。小明自詒伊戚、傳戚、憂。左傳引作慼。荀子脩身見善愀然、注憂懼兒。廣雅慼、憂也。說文慼、憂也。以搖妯陶戚慼愈愀爲之。慘、毒也、从心參聲。正字爲懵。懵、痛也。引申爲憂。懵慘通用字。詩月出勞心慘兮、釋文憂兒。抑我心慘慘、傳憂不樂也。易晉晉如催如、虞注催、憂愁也。廣雅作慛、云憂也。詩月出勞心慅兮、釋文慅、憂也。以催慛慅爲之。恤、憂泣血也、从心血聲。書大誥不卬自恤、僞傳訓憂。詩杕杜而多爲恤、祈父胡轉予于恤、傳均云恤、憂也。谷風遑恤我後、桑柔告爾憂恤、蓼莪出則銜恤、箋均云恤、憂也。周禮大宗伯以恤禮哀寇亂、魯語班相恤也故能有親、文選盧子諒贈劉琨詩恤此窮孤、注均云恤、憂。易小畜血去惕出、馬注血當爲恤、憂也。大戴少閒血者猶血、注憂色也。文選甘泉賦卹胤錫羡、注卹、憂也。離騷曾歔欷余鬱邑兮、注憂也。以血卹鬱爲之。罹、字本作離。離、黃倉庚鳥也、鳴則蠶生。从隹离聲。正字爲羅。羅、以絲罟鳥也。引申爲憂。羅離古今字、離羅通用字。詩兔爰逢此百罹、斯干無父母貽罹、箋均云罹、憂也。小弁我獨于離、箋離、憂也。四月亂離瘼矣、傳離、憂也。文選幽通賦故遭罹而羸縝、注罹、憂也。憂、和之行也、从夊𢝊聲。正字爲𢝊。𢝊、愁也。經典多以憂爲之。

義證

恙寫悝盱繇慘恤罹憂也　悝、音里。盱、幽于反。繇、音遥。

注　今人云無恙謂無憂也寫有憂者思散寫也詩曰悠悠我悝云何盱矣繇役以爲憂愁也

郭注補正

悝憂也。古字只用里。詩雲漢云如何里、即此字。

錢氏古義

寫繇憂也　注寫、有憂者思散寫也。繇役夫爲憂愁也。

正曰、郭注㠯散寫繇役爲憂、詮佀迂曲。王尚書經義述聞云、寫當讀爲鼠。古韵寫鼠同入魚虞模麻部。詩小雅雨無正鼠思泣血、鄭箋鼠、憂也。鄭所見本蓋作鼠字。或作癙。正月癙憂㠯痒、毛傳癙、病。上文癙、病也。釋文舍人云心憂憊之病、癙爲憂憊之病。故既訓病又訓憂也。又云繇當讀爲愮、或作搖。方言愮、憂也。重言之則曰愮愮。釋訓懽懽、愮愮、憂無告也。詩王黍離中心搖搖、詮狀與繇同。樓生蔚然云、景純不知叚字、故不能引詩。

正郭

寫憂也　注寫有憂者思散寫也

諍曰、郝氏據詩泉水傳寫、除也。蓼蕭傳輸寫其心也。以注本此爲失其義、未足糾所失。邢疏本引車舝我心寫兮爲證。案車舝箋云如是則我心中之憂除去也。注又當本此。竊謂憂可寫、樂亦可寫。專以寫爲憂、未爲塙詁。此其失

爾雅詁林　一　釋詁上

也。邵氏引方言凡相憐愛謂之嘖、或謂之無寫。無寫猶言無恙也。恙寫連文、
恙訓憂故寫亦訓憂、得其恉矣。

繇憂也　注繇役亦爲憂愁也。

諍曰、郝氏王氏皆以繇爲愮之叚借。方言愮、憂也。釋訓愮愮、憂無告也。足以訂誤。蓋以繇役爲憂愁、乃後世之失政使然、即以繇爲憂、殊非古義。靜郭

恙寫悝盱繇慘恤罹憂也

今人云無恙謂無憂也寫有憂者思散寫也詩曰悠悠我悝云何盱矣繇役亦爲憂愁也

明注疏本誤作繇役以爲憂愁也。郭注佚存補訂

恙寫悝盱繇慘恤罹憂也

恙憂一聲之轉。漢書公孫宏傳注云恙、憂也。漢書元帝紀集注云、恙音供養之養。恙通作養。邶風二子乘舟中心養養、毛傳云、養養然憂不知所定。養與恙音義皆同。禮記內則釋文云養、本作癢。淮南修務注云癢、心煩悶也。煩悶即憂也。　寫者、郭注云有憂者思散寫也。邶風泉水以寫我憂、傳云寫、除也。小雅蓼蕭我心寫兮、傳云輸寫其心也。箋云我心寫者、舒其情意無留恨也。案除憂謂之寫憂、亦謂之寫、亦猶上文瘉謂之瘉、病亦謂之瘉也。　悝與瘇通。憂與病亦同義。說見瘇病也下。　盱、釋文云本或作忏。說文云忏、憂也。讀若吁。小雅何人斯云何其盱、都人士云何盱矣、箋竝云盱、病也。通作吁。周南卷耳云何吁矣、傳云吁、憂也。又通作訏。大雅生民實覃實訏、箋云訏謂張口嗚呼也。嗚呼與憂義近。說文口部引作實覃實吁。　繇憂一聲之轉。下文云繇、喜也。繇訓喜亦訓憂、古書往往反正相訓。廣韻引詩我歌且繇、今魏風園有桃作我歌且謠。漢書李尋傳注云繇讀與謠同。園有桃序云、大夫憂其君國小而迫、則繇字當訓爲憂、所謂長歌當哭也。字又通作搖。王風黍離中心搖搖、傳云搖搖、憂無所愬。釋訓愮愮、釋文云愮本又作搖。素問氣交變大論云繇、搖也。　繇又與悠同聲。小雅十月之交悠悠我里、傳云悠悠、憂也。邶風雄雉悠悠我思、說苑辨物作遙遙我思。皆以聲爲訓也。　慘者、陳風月出勞心慘兮、彼釋文云慘、憂貌。通作懆。說文云懆、愁不安心也。義詳釋訓慘慘慍也下。慘、又通憯。說文云憯、痛也。憂痛義相近。小雅十月之交胡憯莫懲、彼釋文云憯、或作慘。大雅民勞慘不畏明、彼釋文云慘本亦作憯。說文日部又作

暋不畏明。 恤者，說文云憂也。小雅杕杜而多爲恤、祈父胡轉予於恤、谷風遑恤我後、蓼莪出則銜恤、大雅桑柔告爾憂恤，傳箋竝云恤憂也。說文又云恤收也。玉篇作恤救也。收當爲救字之誤。孫炎云恤救之憂也。 罹者，王風兔爰逢此百罹、小雅斯干無父母詒罹、小弁我獨於罹，傳箋竝云罹憂也。罹與離通。兔爰雉離於羅，彼釋文云罹本作離。雉離於罦，漢書注作雉罹於罦。毋父母詒罹，彼釋文云罹本作離。小雅四月亂離瘼矣，傳云離憂也。離罹同音字。

說詩

恙寫節註詩曰悠悠我悝（悝、毛詩作里。）繇役亦爲憂愁也（亦誤）

从。

注疏正字

寫繇憂也

郭注曰有憂者思散寫也。引之謹案，有憂者待於散寫，不得即以寫爲憂。邶風泉水篇駕言出遊，以寫我憂，散寫之謂也。若即以散寫之寫爲憂，則是以憂我憂矣，其可通乎。今案寫當讀爲鼠。小雅雨無正篇鼠思泣血，箋曰鼠憂也。義本於爾雅也。鄭所見本蓋作鼠，故據以釋經耳。寫字古讀若零露湑兮之湑。（私呂切。小雅蓼蕭篇我心寫兮，與湑語處爲韻。車舝篇我心寫兮、與湑爲韻。）與鼠字聲近而通。（依字母，寫在心母，鼠在審母，二母之字往往相通。如湘音息良切，心母也；鬺音式羊切，審母也。而召南采蘋篇于以湘之，漢書郊祀志注引韓詩湘作鬺。胥音相居切，心母也；疏音所菹切，審母也。而大雅緜篇予曰有疏附，後漢書祭彤傳注引尚書大傳作胥附。犀音先稽切，心母也；師音疏夷切，審母也。而文十六年公羊傳公子遂及齊侯盟于犀邱，穀梁作師邱。他若信之作申、性之作生、速之作數，皆心審二母之相通也。寫鼠之通，亦猶是矣。）字或作癙。上文曰癙、病也。釋文引舍人注曰癙、心憂憊之病也。癙爲憂憊之病，故又訓爲憂。小雅正月篇癙憂以痒，傳曰癙痒皆病也。案痒既訓病，則癙不得復訓爲病。癙與憂連文，癙亦憂也。癙憂猶鼠思耳。小雅之鼠即爾雅之寫。古字多通借，俗師失其讀久矣。

述聞

郭曰繇役亦爲憂愁。錢曰詩心之憂矣，我歌且謠。謠本又作繇，見廣韻。是繇有憂義。景純以繇役爲憂愁，似曲。引之謹案，郭固失之，錢亦未爲得也。廣韻引詩我歌且繇，繇即謠之借字，非以繇爲憂也。若以繇爲憂，則是心之憂矣，我歌且憂，大爲不詞矣。今案方言愮憂也，重言之則曰愮愮。釋訓曰灌灌、愮愮，憂無告也。王風黍離篇曰中心搖搖，義竝與繇同。繇音遙，又音攸。說文悠憂也。小雅十月之交篇悠悠我里，毛傳曰悠悠憂也。昭十二年左傳恤恤乎、湫乎、攸乎，恤、湫、攸皆憂也。（湫與愀同，攸與悠同。杜以攸爲縣危之貌，非是。）悠攸二字義亦與繇同。（漢書韋賢傳注，繇與悠同。）悠之爲悠悠，亦猶愮之爲愮愮。愮與悠古同聲，故皆與繇通。邶風雄雉篇悠悠我思，說苑辯物篇引作遙遙我思，是其例也。

恙寫悝盱繇慘恤罹憂也

正義曰悝通⿱李心。說文楚潁之閒謂憂曰⿱李心。从心李聲。元照案，又省作里。詩大雅雲漢云如何里，箋里憂也。正義曰釋詁文。彼里作悝，音義同。 釋文云盱本或作忓。案說文心部忓，憂也。从心于聲。讀若吁。詩周南卷耳云何吁矣，傳吁憂也。 正義云慘當作懆。說文懆，愁不安也。元照案當作憯。說文憯，痛也。从心朁聲。慘，毒也。从心參聲。義別音同。 正義云恤說文作卹，憂也。元照案說文血部卹，憂也。从血卩聲。又心部恤，憂也，收也。从心血聲。則說文非無恤字。 罹、俗字。左傳正義卅三引作離。案詩王風兔爰逢此百罹，傳罹憂也。釋文曰本又作離。又小雅斯干無父母詒罹，傳罹憂也。釋文曰本又作離。又小弁我獨于罹、釋文曰罹本作離。又四月亂離瘼矣、傳離、憂也。憂當作𢙣。說文心部𢙣、愁也。从心从頁。又夊部憂、行之和也。从夊𢙣聲。詩曰布政憂憂。經典相承以優代憂、以憂代𢙣、而𢙣字遂廢。

匡名

恙寫悝盱繇慘恤罹憂也　此釋𢙣之義。說文𢙣、愁也。註許書𢙣、愁也。愁、𢙣也。於久部曰憂、和之行也、从夊𢙣聲。非和行則不得从久矣。又引詩布政憂憂。於此知許所據詩惟此作憂、其他訓愁者皆作𢙣。自假憂代𢙣、則不得不假優代憂、而商頌乃作布政優優矣。以憂爲𢙣愁字也。

恙、憂也。楚詞、還及君之無恙。　置、置物也。註謂去此注彼也。小雅我心寫兮、箋我心所憂寫而去矣。　悝、哻也、一曰病也。註釋詁悝、憂也。又曰瘇、病也。蓋憂與病相因、悝瘇同字耳。詩悠悠我里、傳里病也。是假里爲悝、故郭註引詩作悠悠我悝。通作慈。說文楚潁之間謂憂曰慈。　盱、張目也。張目企望者心有憂也。小雅云何其盱。又郭註引詩云何盱兮。今周南作云何吁兮、傳吁、憂也。廣韻引詩我歌且繇、今魏風作我歌且謠。箋謂歌謠以寫我憂矣。　慘、毒也。小雅憂心慘慘、傳慘慘猶戚戚也。　恤、𢙣也、收也。盤庚永敬大恤、傳恤、憂也。又大誥無毖于恤。比部引作無毖于邮。邮恤音義同。　羅、心憂也。小雅我獨于罹。古多通用離。小雅亂離瘼矣、傳離、憂也。

啓蒙

罹　離　書不罹于咎。史記宋世家罹作離。正當作羅。書罹其凶害、釋文本亦作羅。案羅之爲𢙣、與罪罟罷同旨。

憂　𢙣　憂。說文作𢙣、愁也。憂、和之行也。義別。當作𢙣。

黃侃評本正名

恙、寫、憂也。　寫恙爲對轉、其本字曰惜、痛也。邵氏正義引方言云、凡相憐愛謂之噴、或謂之無寫、以爲無寫猶言無恙也。

悝、憂也。　悝通作慈、案釐婦之釐正作悝、慈。

繇、憂也。　繇下文云、喜也、相反爲訓。

慘、憂也。　慘郝氏云、慘懆聲轉、古字通借、不必以爲訛、案二字雖可通、而經傳之通則由譌。

罹、憂也。　罹正當作羅、書罹其凶害、釋文本亦作羅、案羅之爲憂、與罪罟罷同旨。

黃侃音訓

寫、憂也

注曰寫有憂者思散寫也　疏曰小雅車舝云我心寫兮

樾謹按、以散寫爲憂義不可通。如其說則我心寫兮爲我心憂兮、而於詩人之旨大悖矣。寫者、瀉之叚字。方言曰瀉、驚也。宋衛南楚凡相驚曰瀉、驚與憂義相近、瀉爲驚、故卽爲憂矣。說文犬部、南楚謂相驚曰瀉。讀若愬。凡說文讀若之字、義皆得通。周易履九四愬愬終吉、釋文引子夏傳曰愬愬、恐懼貌、卽可以說此經矣。

平議

罹、憂也

錦熾謹案、說文無罹字。嚴氏匡名據釋文作離。又引詩亂離瘼矣、毛傳離、憂也爲證。則罹當作離、信有徵矣。蒙謂說文隹部云離、離黃、倉庚也。鳴則蠶生。與憂義亦遠。離訓憂者乃慈之假借字。墨子禽滑釐、呂覽尊師篇引作黎。詩七月傳離黃也、釋文離、本作鴷。離

爾雅詁林　一　釋詁上

釐俱與矜聲字通、可知𢦏聲离聲亦可通假矣。說文心部云惄下、楚潁之間謂憂曰惄。義與雅訓正合。

陸錦燧日記

恙、寫、悝、盱、繇、慘、恤、罹、憂也。

憂、應作𢝊。說文云：「𢝊、愁也、从心頁、𢝊心形於顏面、故从頁。」

恙、說文亦訓憂。呂氏春秋曰：「孔子之弟子從遠方來者、孔子問之曰：子之父母、不有恙乎。」即以恙爲憂也。詩亦用養爲恙。

寫者、㵼之假字。方言「㵼、驚也。宋衛南楚凡相驚、曰㵼、」驚即憂矣。說文「南楚謂相驚曰㵼、讀若愬；」履九四云：「愬愬終吉、」釋文引子夏傳曰：「愬愬、恐懼貌；」此尤足爲㵼訓憂懼之證。俞樾說如此。邵氏引方言「凡言相憐愛謂之嘖、或謂之無寫、」謂「無寫、猶言無恙；」馬瑞辰引管子白心篇「臥名利者寫生危、」謂「寫當訓憂；」此寫之徑訓爲憂也。

悝者、里之譌；里盱者、惄忓之假借也。說文云：「惄、楚潁之間謂憂曰惄。忓、𢝊也、讀若吁。」說文用本文、爾雅用假字、其義皆同。詩「云如何里、」鄭箋訓憂、此假里爲惄也。卷耳「云何吁矣、」傳訓吁爲憂、何人斯云：「云何其盱、」此假吁盱爲忓也。說文惄、忓、二字相次、必其字本有憂愁之義。爾雅亦以里盱二字連舉、是必不與上節「痻、病也、」之意相涉。邵郝二氏以「痻、病也、」「悝、憂也、」二句混釋之、未是。

繇者、愮之假借；釋訓篇作愮、是本字。搖亦借爲愮。

慘者、懆之譌字、詩北山釋文「慘亦作懆、」可證。說文「懆、愁不安也、从心、喿聲、詩曰：念子懆懆。」許所引詩、小雅白華文、今詩亦如此作。詩正月之「憂心慘慘、」北山之「或慘慘劬勞、」抑之「我心慘慘、」毛鄭詩考正以爲皆懆懆之譌。然則本篇之「慘」及釋訓之「慘慘、慍也、」並應易爲懆。

恤者、孫炎云：「救之憂也。」說文恤亦訓憂。又有卹、音義同、古多通用。

罹者、詩「逢此百罹、」「無父母貽罹、」傳箋皆訓憂。又通離。

爾雅學

悠悠我悝　單疏本雪牎本同。按上痻病也、疏引十月之交悠悠我里、云痻里音義同。此悝憂也、注當引雲漢云如何悝、何也、據十月之交毛傳曰里病也、雲漢鄭箋云悝憂也、可證。此作悠悠我悝、誤、或云郭氏據魯韓詩。

繇役亦爲憂愁也　單疏本雪牎本同、注疏本亦誤以。

校勘記

恙寫悝盱繇慘恤罹憂也○釋曰　注疏本刪。

逢此百罹○注詩曰至盱矣○釋曰　注疏本刪下八字。

云何盱矣者卷耳及都人士文也　按卷耳作云何吁矣、箋云而今云何乎其亦憂矣、深閔之辭、不作盱、何人斯作云何其盱、此誤記。

校勘記

繇慘恤罹憂也注、繇役亦爲憂愁也、亦、今本誤作以。

注疏本正誤

有憂者思散寫也　案、經義述聞王引之曰、有憂者待當讀爲鼠、小雅雨無正鼠思泣血、箋曰鼠憂也、義本於爾雅也。鄭所見爾雅本作鼠、故據以釋經耳。小雅之鼠即爾雅之寫、古字多通借。

皆言憂愁也　監本毛本湘本言作謂、案邢疏前後文皆作謂、此獨作言、疑誤。

注疏校勘札記

三行（注）云何盱矣繇役亦爲憂愁○宋刻十行本及蜀本「盱」作「吁」，與正文合。當據正。又「憂愁」下十行本有「也」字。此本脫。

宋監本校箋

恙寫悝音里盱音吁繇音遙慘恤罹憂也

音圖・音

𢙢　里　吁　遥　參上聲　離

孫偘直音

恙、寫、悝、盱、繇、慘、恤、罹、憂也。

恙寫悝里盱吁繇遙慘恤罹・憂也・

楊氏音訓

悝理　盱吁　繇遙　懆七感切　罹離

干氏音釋

倫勩邛敕勤愉庸癉勞也勞來強事謂翦篲勤也

倫、勩、邛、敕、勤、愉、庸、癉、勞也。詩曰莫知我勩。維王之邛。哀我癉人。國語曰無功庸者。倫理事務、以相約敕亦爲勞。勞苦者多惰愉。今字或作窳、同。勞、來、強事、謂、翦、篲、勤也。詩曰職勞不來。自勉強者、亦勤力者。由事事、故爲勤也。詩曰迨其謂之。翦篲未詳。

郭注

一倫勩邛敕勤愉庸癉勞也　釋曰、皆謂勞苦也。倫者理也。理治事務者必勞。勩者、廣雅云苦也。孫炎曰習事之勞也。敕者相約敕也。亦爲勞苦。勤者勞力也。梓材云既勤垣墉。愉者懶也。郭云勞苦者多惰愉。今字或作窳、同。庸者民功曰庸。癉者、說文云勞病也。　注詩曰至庸者　釋曰、云詩曰莫知我勩者、小雅雨無正文。云維王之邛者、巧言文。云哀我癉人者、大東文。云國語曰無功庸者、案晉語韓獻子老使公族穆子受事於朝、辭曰厲公之亂無忌備公族不能死、臣聞之曰無功庸者不敢居高位、今無忌智不能匡君使至於難、仁不能救、勇不能死、敢辱君朝以忝韓宗、請退也。固辭不立。悼公聞之曰難雖不能死而能讓、不可不賞。使掌公族大夫。是其事也。　勞來強事謂翦篲勤也　釋曰、皆謂勤勞也。勞來者以其有勤勞也。自勉強者亦爲勤。由能事事。有功者亦爲勤。　注詩曰職勞不來迨其謂之　釋曰、云職勞不來者、小雅大東文。以不被勞來者爲不見勤、故采薇序曰杕杜以勤歸、即是勞來也。云迨其謂之者、召南摽有梅文也。

邢疏

勞來勤也

勞、力極也。一切經音義九來、強事也。一切經音義十二

犍爲注

勩勞也

勩、習事之勞也。詩正義十二之二　邢疏

孫音注

勩勞也

勩音謚。釋文

郭音義

愉勞也

窳、勞也。郝氏義疏云一切經音義引爾雅凡七見、皆作窳。疑本郭注愉或作窳而生義也。

衆家注

黃輯古義

勞來強事謂翦篲勤也

勞、力極也。來、強事也。一切經音義卷九又卷十一又卷十三

犍爲注

倫勩邛敕勤愉庸癉勞也

勩、習事之勞也。詩邶風谷風正義　邢疏

孫音注

倫勩音謚、字亦作肄。釋文

郭音義

玉函山房輯佚。

勩勞也

孫曰勩、習事之勞也。詩正義十二之二　邢疏

勞來勤也

舍人曰勞、力極也。來、強事也。一切經音義九又十一又十三

漢注

倫勩邛敕勤愉庸癉勞也釋文二十九卷勩字亦作肄

孫炎云肄、習事之勞也。詩正義十二之二卷　郭璞云詩曰莫知我勩。維王之邛。哀我癉人。國語曰無功庸者。倫理事務、以相約敕亦爲勞。勞苦者多惰愉。今字或作窳、同。

勞來強事謂翦篲勤也

犍爲舍人云勞、力極也。一切經音義九來、強事也。一切經音義十二

郭璞云詩曰職勞不來。自勉強者、亦勤力者。由事

爾雅詁林　一　釋詁上

事、故爲勤也。詩曰迨其謂之。翦䇂未詳。

一切注音

勩 勞也。孫炎曰習事之勞。詩習習谷風正義　郭音謚、字亦作肆。釋文

蕙心案、郭注引詩曰莫知我勩、左氏昭十六年傳作莫知我肆。勩肆古通。

勑

蕙心案、一切經音義十二引爾雅來、勞也。錢氏大昕曰、勑當爲勑、卽勞來之來。郭注云倫理事務以相約勑亦爲勞、斯爲鄉壁虛造矣。錢說是也。釋文來本又作勑。則勑字明是勑字之誤。

愉

蕙心案、郭注云勞苦者多惰愉、今字或作窳同。一切經音義引爾雅窳、勞也。七見。郭云今或作窳、則作愉者爲古本。

勩 勞也。犍爲舍人曰勞、力極也。一切經音義九

庸 舊注云庸、勞也。文選思玄賦注

來 舍人曰來、強事也。一切經音義十二

蕙心案、邵氏正義倂強事二字本舍人注溷入正文。郝氏義疏云今偕偕士子、偕、強也。士、事也。此卽強事之義。王氏經義述聞引釋言釋訓及爾雅釋文、大雅板篇正義、舍人諸注、謂舍人注有總釋經文之例、此

注來強事下、安知其無脫文、未可遽以強事爲來之訓釋。第此三說、皆非有確證、姑備述以待參攷。

古注斠

勩字或作勑、與世反。郭音謚、字亦作肆。邛巨凶反。敕本又作飭、並恥力反。案說文字林來旁作力是勞來之字。束旁作攴是始音丑力反。愉羊主反、又羊朱反。瘽丁賀反、本或作憚、音同。窳羊主反。字林云汙也。音烏。說文云汙窬也。按汙窬、窬汙耶也。勞力報反。注同。來本又作勑、力代反。本或作賚。強其丈反。注同。翦子淺反。䇂本又作䇂、同。息遂反、又祖歲反。迨其音待。

陸音義

勩字或作勑。○勑舊作勃、譌。依宋本正。邛舊從卩蒭、非。今改正。敕本又作飭。○飭舊本作飭、係俗字。今改正。

音義攷證

倫勩邛敕勤愉庸瘽勞也

勞、乃能有倫。勞、乃能有庸瘽憚矣。愉或媮焉。

勞來強事謂翦䇂勤也

翦翦伐之勤。䇂灑埽之勤。

新義

倫勩邛敕勤愉

庸瘽勞也 倫、理也。謂理事也。勩、小雅云莫知我勩。邛、巧言云維王之邛。敕、謹也。愉、心勞也。庸、功勞也。或云愉卽瘉也。勞來強事謂翦䇂勤也 來、賚也。謂賚其勤也。強、勉也。事、有所事也。謂、召南云迨其謂之。翦䇂未詳。

鄭樵注

倫勩邛敕勤愉庸瘽勞也 勩音溢

孫炎曰、勩、習事之勞也。

郭璞曰、詩曰莫知我勩。維王之邛。哀我瘽人。國語曰無功庸者。倫理事務以相約敕、亦爲勞。勞苦者多惰愉。今字或作窳、同。

鄭樵曰、倫、理也。謂理事也。勩、小雅云莫知我勩。邛、巧言

云維王之卭。敕、謹也。愉、心勞也。庸、功勞也。或云愉卽瘉也。

勞來強事謂翦篲勤也

舍人曰、勞、力極也。來、強事也。此見衆經音義、來字兼有強事之義、故卽以下文強事釋之耳。

郭璞曰、詩曰職勞不來。自勉強者、亦勤力者。由事事、故爲勤也。詩曰迨其謂之。翦篲未詳。

鄭樵曰、來、賚也。謂賚其勤也。強、勉也。事、有所事也。謂召南云迨其謂之。翦篲未詳。

古注合存

倫勩卭敕勤愉庸癉勞也。勩音異、卭音窮。愉一作窳、癉多去聲。○此釋倫勩以下皆勞之義也。註曰、勞者多惰愉、今字或作窳。疏曰、倫者理也。理治事務者必勞。相約敕亦然。愚按勤勩勞之正義。倫敕於其先、庸卭癉窳於其後。

勞來強事謂翦篲勤也。勞來強並去聲、篲音遂。○此釋勞來以下之義也。疏曰、勞來者、以其勤也。自勉強者爲勤。能事事亦爲勤。愚按註疏、勞來以下皆爲勤。翦篲未詳其義。或曰芟除糞篲之屬皆勤也。或又曰、考之曲禮、乃拂侐馬馭而不過爲鞭策之意。此條勞來強事四字連文、謂翦篲勤也五字連文。言勞來乎強事者、乃謂慰恤其勤也。此猶詩言經始勿亟相似。如此看并謂字都有着落。此於上下文體似不合。然考全書諸文體亦多錯見、學者叅之。

注疏參義

愉、鄭云心勞也。或云卽瘉也。

補注

倫勩卭敕勤愉庸癉勞也 註 詩曰莫知我勩維王之卭哀我癉人國語曰無功庸者倫理事務以相約敕亦爲勞勞苦者多惰愉今字或作窳同勞來強事謂翦篲勤也 註 詩曰職勞不來自勉強者亦勤力者由事事故爲勤也詩曰迨其謂之翦篲未詳 正義 勞訓爲勩、勩訓爲勞、轉相訓也。○倫勩至勞也。○說文云勞、劇也。用力者勞。倫者、鄭註學記云倫理也。易釋文引鄭註噬嗑云勑猶理也。是倫與敕義同。勩本又作肄。邶風谷風云旣詒我肄、毛傳肄、勞也。疏引孫炎云習事之勞也。卭者、小雅小旻云亦孔之卭、毛傳卭、病也。勞苦爲病、義相成也。敕者、說文云勑、勞也。从力來聲。故下文云來、勤也。今經傳通作勅。徐廣史記註云飭古勑字。天官冢宰云百工飭化八材、賈疏云飭、勤也。勤力以化八材。勑通作飭。飭訓爲勤、勤卽勞也。勤者、周頌賚云文王旣勤止。左氏昭十三年傳請君無勤。玉藻云勤者、有事則收之。鄭註謂執勞辱之事也。淮南氾論訓云肩負儋之勤也。愉通作窳。商子墾草篇窳惰之民勉疾。又云惰民不窳。庸者、大雅嵩高云以作爾庸、鄭箋庸功也。夏官司勳云民功曰庸。癉者、鄭註士冠禮云古文亶爲癉。又通作單。周頌昊天有成命云單厥心是也。○勞來至勤也。○勞又訓爲勤者、衆經音義引犍爲舍人云勞、力極也。夏官司弓矢云使者勞者、鄭註云勞者、勤勞王事。儒行云先勞而後祿、鄭註勞猶事也。來者、大雅文王有聲云適追來孝。強者、孟子云強爲善而已矣。事者、淮南俶眞訓云事其神而嬈其精。修務訓云事而身弗伐。事猶勞也。衆經音義引舍人云來強事也。疑強事二字本係舍人之註、傳寫者溷入正文也。謂者、小雅隰桑云遐不謂矣。翦當作踐。鄭註玉藻云踐當爲翦。書疏引鄭註書序云踐讀曰翦。史記集解引服虔云踐、翦也。是踐翦古通用。左氏文元年傳云踐修舊好。士相見禮云不足以踐禮。皆言勤也。篲當作萺。泰初六云以其彙、釋文云古文彙作萺。鄭註云勤也。註 詩曰至庸者。○ 正義 莫知我勩、肄與勩通。維王之卭者、小雅巧言文。哀我癉人、大東文。毛詩作憚人。又小明云憚我不暇、憚通作癉。音義同。國語曰無功庸者、晉語公族穆子之辭。○詩曰至謂之。○ 正義 職勞不來者、大東文。毛傳來、勤也。孔疏云以不被勞來爲不見勤。故采薇詩序曰杕杜以勤歸。卽是勞來也。迨其謂之者、召南摽有梅文。

正義

篲勤也

玉案、說文古文彗作䎮。徐鍇曰埽於尊、加帚於箕上、以袂拘而退其塵不及長者。子夏之門人當灑掃應對可也。當習之也。繫傳訓彗字頗與雅訓相協。陸佃爾雅新義以彗爲灑掃

爾雅詁林　一　釋詁上

之勤蓋本此也。

補注殘本

耒強事勤也　案、一切經音義引舍人云耒強事也。疑強事二字本舍人注、傳寫者誤作正文。

校議

倫勩卭敕勤愉庸癉勞也詩曰莫知我勩維王之卭哀我癉人國語曰無功庸者倫理事務以相約敕亦爲勞勞苦者多情愉今字或作窳同**勞來強事謂翦篲勤也**詩曰職勞不來自勉強者亦勤力者由事事故爲勤也詩曰追其謂之翦篲未詳

勞者、說文云勩也。上文云病也。病、勩義相成。於易坎爲勞卦、流而不盈、行險而不失其信、可謂勞矣。於人自力爲勞、人勸勉之亦爲勞。爾雅之前勞爲自力、後勞爲人勉也。勞兼二義、亦兼二音、故玉篇勞兼力刀力到二切。釋文勞、力報反、欲將二義井爲一音、失之矣。倫者、郭以倫理爲訓、亦失之。倫蓋與淪同。釋言云淪、率也。郭云相率使。然則牽率役使其義亦爲勞也。洪頤煊叢錄引儀禮旣夕記注古文倫爲輪、易說卦爲弓輪、釋文輪本作倫。倫、輪古字通用、輪轉則勞、故倫亦爲勞矣。勩者、詩莫知我勩、傳勩、勞也。通作肄、習亦勤勞、故詩旣詒我肄、毛傳肄、勞也。正義引孫炎曰習事之勞也。莫知我勩、左氏昭十六年傳作莫知我肄。又通作肆。肆、力亦勤勞。肄、肆聲義俱近、經典多通。卭者、禮緇衣云維王之卭、鄭注卭、勞也。詩亦孔之卭。維王之卭、傳箋竝云卭、病也。病勞義亦近也。卭與劬同意。劬訓爲勞、劬勞又俱訓病、劬卭亦一聲之轉也。敕者、說文云誡也。教誡訓敕、亦爲勞苦。通作飭、釋文敕本又作飭。釋名云敕、飭也、使自警飭不敢廢慢也。經典敕勅勑三字相亂。勑本音賚、而讀以爲敕、敕本从攴、而強以从力。廣韻因之而云敕、今相承用勅。又云勅與敕同。玉篇亦云敕、今作勅、然則其誤久矣。勤者、謚法云勞也。通作廑。漢書文帝紀云廑身從事、敘傳云賈廑從旅、集注竝云廑、古勤字。文選長楊賦云其廑至矣、李善注引古今字詁曰廑、今勤字也。愉者、蓋瘉之叚音也。上文云瘉、病也。病、勞二義相涉俱通。故勞訓病、又訓勤、癉訓病、又訓勞、瘉亦訓病、又訓勞。通作愉、俗作窳。一切經音義引爾雅云窳、勞也。凡七見、皆作窳、疑本郭注愉或作窳、而生訓也。但窳字當作㼜。說文㼜、本不勝末、微弱也、讀若庾。玉篇㼜、勞病也。是病勞之訓生於微弱、郭以勞苦者多惰愉、蓋失之矣。庸者、說文云用也。从用庚、庚、更事也。用力者勞、更事者亦勞。故釋訓云庸庸、勞也。周禮司勳云民功曰庸。庸亦勞也。故荀子大略篇云庸庸勞勞、是其義也。詩我生之初尚無庸、文選思玄賦云庸織路於四裔兮、鄭箋及舊注竝云庸、勞也。通作用。書帝庸作歌、史記夏紀作帝用此作歌。按、今人言不勞如是作不用如是、用之訓勞亦其證矣。癉者、上文云病也。說文云勞病也。通作憚。詩哀我憚人、憚我不暇、我心憚暑、傳竝云憚、勞也。雲漢釋文引韓詩云憚、苦也。苦亦勞也。大東、小明釋文竝云憚、丁佐反、徐又音旦。字亦作癉。爾雅釋文癉、丁賀反、本或作憚、音同。○勤旣訓勞、勞亦訓勤、此勞讀爲力報反是矣。一切經音義九引舍人曰勞、力極也。力極卽說文勞訓勮之意、以言勞來則非也。勞者、謂敘其勤苦以慰勉之。故詩序云出車以勞還、杕杜以勤歸、是其義也。旱麓云神所勞矣、孔子閒居云奉三無私以勞天下、毛、鄭竝云勞、勞來皆與爾雅合。來者、勑之叚音也。說文勑訓勞、此勑訓勤、勤勞一耳。通作來。孟子引放勳曰勞之來之、此蓋古尚書文。周禮樂師云詔來瞽皐舞、鄭衆注來勑也。言來卽勑字。詩職勞不來、昭茲來許、遹追來孝、來旬來宣、傳箋竝云來、勤也。一切經音義十二引舍人曰來、強事也。釋文來本又作勑、力代反、本或作賚、是賚又通矣。強者、亦叚音也。當作勥。說文勥、訓迫、蓋迫猶勸也、勉也。勸勉之者、所以作其勤也。考工記梓人云強飲強食。詩泂酌傳樂以強教之。此皆強訓勤之意矣。事者、韓非喻老篇云爲也。小爾雅云力也。用力作爲、其義俱爲勤也。事之爲言剸也。事其事者亦勤也。禮儒行云先勞而後祿、鄭注勞猶事也。勞訓勤則事亦訓勤矣。通作士、又通作仕、俱以聲爲義也。或疑強事二字、經典無訓勤之文、邵氏晉涵正義因以強事本舍人注、傳寫溷入正文。今按、詩云偕偕士子、偕強也。士、事也。此卽強事之義。曲禮云四十曰強、仕。強仕卽強事。而云爾雅本無強事之文、過矣。謂者、釋名云謂、猶謂也、猶得敕不自安謂謂然也。廣雅云謂、使也。役使義亦爲勤也。詩迨其謂之、謂之何哉、遐不謂矣。箋竝云謂、勤也。通作彙。易泰釋文彙古文作萺、鄭云勤也。翦者、猶言前也、進也。前進皆有勤意。篲者、通作肄。文選東京賦云瞻仰二祖、厥庸孔肄、薛綜注肄、勤也。肄篲一聲之轉。段氏玉裁說云、翦之言盡也、謂盡力之勤也。篲謂灑埽之勤也。

義疏

勞來強事謂翦篲勤也

或疑強事二字經典無訓勤之文、邵氏晉涵正義因以強事本舍人注、傳寫溷入正文。今案、詩云偕偕士子、偕、強也、士、事也。此即強事之義。曲禮曰四十曰強而仕。強仕即強事、而云爾雅本無強字之文、過矣。

念孫案、四十曰強而仕、強乃強壯之強、仕乃仕宦之仕、皆非謂勤也。今釋強事勤也之義、而云強仕即強事、則是四十曰強而仕即四十曰勤而勤也、豈其然乎。

郝注刊誤

倫勩邛敕勑賚**勤愉庸癉**憚**勞也**孫注勩、習事之勞也。郭注、詩曰莫知我勩。維王之邛。哀我憚人。國語曰無功庸者。倫理事務以相約敕、亦爲勞苦。勞苦者多惰愉。今字或作窳、同。此別釋瘽瘉、瘽也。倫、从侖、思理也。書、殷其倫喪。詩、淪胥以痛。勩、左傳引詩作肄。勩从世、貝、肄从疑省、从聿、皆有久義、故爲勞苦。詩、既詒我肄。邛、从工。詩、亦孔之邛。从邑、說文無从卩字、从卩是也。來、爲賜勞、賜爲賚。釐治亦因爲勑。孟子引書、勞之來之、勑字也。書、由慰日勤。詩、文王既勤止。郭以瘉爲窳、非也。愉瘉愈一字耳。媮愉亦因勞而生義。庸、上云常也。周官、民功曰庸。書、庸庸祗祗。癉亦作憚。詩、哀我憚人。我心憚暑。**勞來強事謂翦篲勤也**舍人注、來、強事也。郭注、詩曰職勞不來。自勉強者、亦勤力、勤力者、由事事、故爲勤也。

詩曰迨其謂之。翦篲未詳。此別釋勤勞來也。詩、莫敢告勞。又職勞不來。強、从弜、本作彊、从畺力田引弓、皆有強義。記、強飲強食。易、自彊不息。語、有事弟子服其勞。謂、彙、萺、皆从胃、象穀府形。易彙征、鄭注勤也。詩、遐不謂矣。胃爲勤念、因爲品彙也。翦、从前羽。畜鳥者必先前之。下云齊也。此當爲踐。易、束帛戔戔。書、諓諓善靖言。皆多意也。故因爲勤。篲、从又持帚、古文作[竹/習]。篲、習一字。語、學而時習之。習、勤也。

集解

倫勩邛敕勤愉庸癉勞也倫、輩也、从人侖聲。正字爲惀。惀、欲知之皃、从心侖聲。侖、思也。集思以求知、是謂勞心。詩雨無正淪胥以鋪、後漢書蔡邕傳作勲胥以鋪。勲者、勞也。借淪爲之。或者正字爲惀與。勩、用力久而勞也、从力世聲。詩雨無正莫知我勩、傳勩、勞也。書顧命奠麗陳教則肄、僞傳訓肄爲勤勞。詩谷風既貽我肄、傳肄、勞也。左昭三十傳若爲三師以肄焉、注肄猶勞也。文選東京賦厥庸孔肄、注肄、勞也。以肄爲之。邛、地名、在濟陰縣、从邑工聲、正字爲功。功、以勞定國也。說文則以疘爲之。疘功邛通用字。詩小旻亦孔之邛、傳邛、病也。禮記緇衣維王之邛、注邛、勞也。敕、字本作勑、力之勞也、从力來聲。敕勑古今字。孟子引書勞之來之。墨子尚賢垂其股肱之力而不相勞來、來即此經之勑勞也。穆天子傳三勒七萃之士、注勒、勞也。以勒爲之。勤、敬謹而力勞也、从力堇聲。書大誥天亦惟用勤毖我民、漢書作天亦惟勞我民。毖庚胥及逸勤、孫疏勤、勞也。詩賚文王既勤止、傳勤、勞。禮記玉藻勤者有事則收之、注執勞辱之事也。周語無勤民於遠、晉語復庭害矣、且勤君身、楚語大能掉小、故變而不勤、韋注均云勤、勞也。楚辭天問何勤子屠母而死分竟地、文選思玄賦敢迨遑而舍勤、注均云勤、勞也。東京賦因休力以息勤、注訓勤勞。愉、薄也、从心俞聲。正字爲瘉。上經瘉訓爲病、勞亦訓爲病。此經愉訓爲勞者、借瘉而轉注耳。庸、用也。謂繼續用之也、从用从庚會意。正字爲傭。韓詩昊天不庸、毛作傭。以傭爲庸也。傭、均直也。售勞受直曰傭。隨其勞均其直也。傭庸通用字。詩兔爰我生之初尚無庸、箋庸勞也。文選思玄賦庸纖路於四裔兮、注庸、勞也。或曰庸字从庚。庚、更事也。事屢更則勞。癉、勞病也、从疒單聲。經典或以憚爲之。詩大東哀我憚人、小明憚我不暇、

爾雅詁林　一　釋詁上

雲漢我心憚暑，傳均云憚，勞也。

勞來强事謂翦篲勤也　勞，劇也。用力勤者乃勞。上經訓勤爲勞，此經訓勞爲勤，轉注耳。禮記儒行先勞而後祿，注勞猶事也。周禮司弓矢使者勞者，注勞者，勤勞之事。詩序出車以勞還，猶杕杜云以勤歸也。來、來、逨。周所受瑞麥也。正字爲㚘。郭引詩職勞不來，釋文本又作勑。周禮樂師詔來瞽皋舞，注來，勑也。以勑爲來也。勑，勞也。即勤也。勑、來通用字。詩大東職勞不來，傳來，勤也。江漢來旬來宣，下武昭茲來許，文王有聲遹追來孝，箋均云來，勤也。書康誥惟民其敕懋和，孫疏敕，勤也。周禮天官百工飭化百材，賈疏飭，勤也。以敕飭爲之。强，斮也。从虫弘聲。正字爲彊。彊，弓有力也。引申爲勤。强、彊通用字。禮記學記知困然後能自强也，注修業不敢倦。表記强焉日有孳孳，釋文强，一作俛，勤也。事，職也。从史之省聲。在君爲政，在臣爲事。事君而服事者謂之服勤。檀弓所謂事君而服勤至死是也。父師亦同。周禮司勳事功曰勞，以事功由勤勞而致也。淮南修務訓事而身弗伐，言已有勤勞而不伐也。詩東山勿士行枚，傳士，事也。文王有聲武王豈不仕，傳仕，事也。以士仕爲之。謂，報也。从言胃聲。正字爲勩。勩，勞也。即勤也。勩謂通用字。詩摽有梅迨其謂之，北門謂之何哉，隰桑遐不謂矣，箋均云謂，勤也。易泰以其彙征，鄭注彙，勤也。以彙爲之。翦，字本作𦐀，羽初生也。一曰矢羽。从羽歬聲。正字爲劗。劗，齊也。今字誤作剪。勤也者，謂齊斷而費勤勞也。詩閟宮實始翦商，箋翦，斷也。然文王爲太王之孫，三分天下有其二，猶服事殷，當大王時，何至與商斷絶也。翦商云者，猶言勤商也。與服勤義同。或者正字爲踐，與詩崧高王踐之事，傳踐，任也。任事者必勤。篲，字本作彗，古文作篲，謂掃竹也。篲爲服勤之具，故古文又作篲，謂習事也。小子當灑掃，婦人奉箕帚，均勤勞也。

義證

翦勤也　詩魯頌實始翦商，鄭氏箋以翦爲斷，後儒多疑其害義。楊愼欲依說文作戩商。今觀此釋，則字不煩改而義自無所疑矣。除翦荆棘乃服勤之一事。詩言太王翦商，猶書武成篇言王季其勤王家，猶逸書程典解言文王合六州之侯奉勤于商也。明何楷毛詩世本古義嘗主是釋。

篲勤也　篲者，服勤之具。古于弟子曰當灑掃，于婦女曰奉箕帚，皆其義。莊子田開之操篲侍門，史記燕昭王擁篲先驅，皆其事。友人邵晉涵于四庫全書館得見宋陸佃爾雅新義，云已註此爲灑掃之勤。

補郭

倫勩邛敕勤愉庸癉勞也　勩，音謚。邛，巨凶反。

注　詩曰：莫知我勩。維王之邛。哀我癉人。國語曰：無功庸者。倫理事務以相約敕，亦爲勞。勞苦者多惰愉，今字或作窳，同。

補正　邢疏勩，孫炎曰：習事之勞也。

勞來强事謂翦篲勤也　强，其丈反。

注　詩曰：職勞不來。自勉强者亦勤力者，由事事故爲勤也。詩曰：迨其謂之。翦篲未詳

郭注補正

勩勞也。古字通用。肄，詩谷風既詒我肄，即此字。

錢氏古義

倫敕勞也　注倫理事務㠯相約敕亦爲勞

正曰：倫、理、約、敕，於勞誼尚遠。王尚書經義述聞云：倫、通作淪。詩小雅雨無正淪胥㠯鋪，漢書敍傳晉灼注引齊韓魯詩淪胥作薰，後漢書蔡邕傳注引韓詩又作勳。淮南精神人之耳目曷能久熏勞而不息乎。禮記祭統周公旦有勳勞於天下。謹按：倫讀爲勳，乃聲近而通。敕讀爲勑，又聲形竝近而誤。書益稷勑天之命，僞傳勑，正也。易噬嗑明罰勑法，釋文勑，俗字。字林作勅，勅即說文敕字。易書㠯敕誤勑，雅詁又勑誤敕。說文力部勑，勞也。則是說文所見本作勑，不作敕，可據㠯訂郭本之誤。

爾雅詁林　一　釋詁上

勞來強事勤也　注自勉強者亦勤力者由事事故為勤也

正曰、眾經音義十二引舍人注、勞、力極也。來、強事也。來訓強事、則強事連讀、與下文崩薨無祿一例。無祿二字連讀、強事二字亦連讀也。此條舍人逸注。疑釋詩職勞不來、謂力極已後不能強事、故偕經文強事二字已釋來字。淮南原道志弱而事強、事強猶強事。如舍人說、則破來為勑、較孔正義破為勞倈之倈、誼尤直捷也。郭注讀強為勉強之強、而分強與事為兩讀、恐非。　**正郭**

倫勞也　注倫理事務以相約敕亦為勞

諍曰、錢氏謂倫勞聲相近、最純不知聲音之轉、斯為鄉壁虛造。案說文倫、欲知之皃。倫从侖聲。侖、思也。思而欲知、其勞可知。倫為惀之叚字、以為聲相近、究未得其義。注以倫為理事之理、攷虞書無相奪倫、梅傳理也。論語言中倫、包注道也理也、皆為道理之理。轉訓為理事、誤矣。　**靜郭**

倫勩邛敕勤愉庸癉勞也

詩曰、莫知我勩、維王之邛、哀我癉人。國語曰、無功庸者。倫理事務以相約敕亦為勞、勞苦者多惰愉也。今字或作窳同

阮氏謂事務二字係疏語竄入、非也。倫理事務謂理治事務。若但言倫理、則勞字之義不明、故增事務二字。　元應四分律四十九卷、僧祇律九卷、大智度論九十九卷、大莊嚴經論三卷音義、慧琳六波羅蜜多經七卷音義、俱引爾雅窳、勞也。郭璞云、勞苦者多墮窳也。樹枏案、元應慧琳盇引、今本竝注之愉字、而亦改之、失郭本之舊。今於惰愉下據補也字、以足句。單疏本、雪牕本窳作窳。今從釋文。　**郭注佚存補訂**

倫勩卬敕勤愉庸癉勞也

王氏念孫云、倫為勞苦之勞、又為功勞之勞。倫與熏通。淮南精神篇曰、人之耳目曷能久熏勞而不息乎。是熏為勞苦之勞也。倫又與勳通。祭統曰、周公旦有勳勞於天下、是勳為功勞之勞也。熏勳倫聲相近、熏勳之通作倫、猶薰勳之通作淪。小雅雨無正淪胥以鋪、漢書敘傳晉灼注引齊魯韓詩淪竝作薰、後漢書蔡邕傳引韓詩作勳、是其例也。勩為勞苦之勞、小雅雨無正莫知我勩、毛傳云、勩、勞也。昭十六年左氏傳作莫知我肄。邶風谷風既詒我肄、傳云、肄、勞也。釋文云、勩字亦作肄。蓋通字也。卬亦勞苦之勞。小雅巧言維王之卬、小旻亦孔之卬、傳竝云、卬、病也。上文勞為病、則病亦為勞、

爾雅詁林　一　釋詁上

義相通也。敕爲勞來之勞。字當爲勑。說文云勑、勞勑也。從力、來聲。一切經音義十二引爾雅來、勞也。又引舍人作來。下文來、勤也。釋文云來、本又作勑。竊意二文當俱作來、一訓勞一訓勤也。小雅大東職勞不來、大雅下武昭茲來許、文王有聲遹追來孝、江漢來旬來宣、傳箋竝云來、勤也。勤與勞一義。小雅出車謂我來矣、來當訓勞、出車序言勞還率也、故云謂我來矣。此勞之之辭。勞勤皆有勞來之義。小雅采薇序云出車以勞還率、勞謂勞來、職勞不來箋謂東人勞苦而不見勤、謂無勞來安慰之語。 勤者、說文云勞也。周頌賚文王既勤止、毛傳云勤、勞也。召南江有汜序云勤而無怨、謂勞而無怨也。此勞苦之義。小雅采薇序杕杜以勤歸、疏云勤者、陳其勞苦。此勞來之義也。 愉、郭注云今字或作窳。一切經音義十四引爾雅云窳、勞也。大雅召旻正義云窳、音庾。裴駰云病也。病與勞義相成。又引說文云嬾也。楊承慶字統云、嬾人不能自起、瓜瓠在地不能自立、故字從㼌。又嬾人恒在室中、故從宀。今說文脫窳字、故以穴部字當之。 愉惰與愉勞義

反正相通。 庸亦有二義、一勞苦之勞、一功勞之勞。釋訓云庸庸、勞也。王風兔爰我生之初尚無庸、箋云庸、勞也。此勞苦之義。大雅崧高以作爾庸、箋云庸、功也。此功勞之義。 癉與上文癉皆通字。郭注引詩哀我癉人、今小雅大東作哀我憚人。傳云癉、勞也。癉憚同字。小明憚我不暇、傳亦云憚、勞也。彼釋文云憚、本作癉。緜蠻豈敢憚行、箋云憚、難也。大雅雲漢我心憚暑、彼釋文引韓詩云憚、畏也。難畏皆與勞義相成也。

勞來强事謂翦篲勤也

勤與勞字異義同。勞有三義、一勞苦之勞、一功勞之勞、一勞來之勞。說文云勞、劇也。謂勞之甚也。大雅民勞序傳云人民勞苦、民亦勞止、箋云今周民罷勞矣。此勞苦之義也。無棄爾勞、箋云勞猶功也。此功勞之義也。大雅旱麓神所勞矣、箋云勞、勞來。猶言佑助。此勞來之勞也。衛風氓靡室勞矣、碩人無使君勞、小雅節南山卒勞百姓、巷伯矜此勞人、皆謂勤勞。十月之交不敢告勞、箋云雖勞不敢自

爾雅詁林 一 釋詁上

謂勞。竊謂此勞字兼勤勞功勞二義，謂黽勉從事不敢言勤，不敢言功也。來義已具前敕勞也下。强者，自强不息之謂。周頌載芟侯彊侯以，傳云彊，彊力也。箋云彊有餘力者。彊與强同。彊力有餘即勤義也。事者，力也。小爾雅云事，力也。力即勤也。又通作仕。荀子大畧注云仕與事同。小雅四月盡瘁以仕，箋云仕，事也。盡瘁以事即勤也。大雅文王有聲武王豈不仕，傳云仕，事也。表記注云，仕之言事也。謂武王豈不勤也。小雅節南山弗問弗仕，傳云仕，察也。竊謂弗問弗仕與弗躬弗親同義，言不勤其事也。又通作士。鄭風褰裳豈無他士，豳風東山勿士行枚，周頌桓保有厥士，敬之陟降厥士，傳箋並云士，事也。士之為事，猶仕之為事也。　謂者，召南摽有梅迨其謂之，邶風北門謂之何哉，小雅隰桑遐不謂矣，箋並云謂，勤也。　翦者，魯頌閟宮實始翦商，傳云翦，齊也。箋云翦，斷也。非也。翦訓勤，翦商猶王季其勤王家之勤。文王三分有二，以服事殷，稱為盛德。若太王有翦滅商家之志，與文王大相戾矣。賴有爾雅翦勤之訓，謂太王勤於商家，與王季文王同為盛德，則太王不至受誣千古矣。　說詩

倫勩邛敕　邛，監本誤卬。敕，釋文云本又作飭，並耻力切。

註哀我庳人　庳，毛詩作僤。　令字或作㝞同　㝞，誤從穴。疏內同。　音勩與世切　釋文云郭音謚。

疏難雖不能死　下雖君字。

勞來節疏杕杜以勤歸　歸，誤之。

注疏正字

强事謂

邵疏，衆經音義引舍人云來，强事也。疑强事二字本係舍人注，傳寫者溷入正文。考注曰自勉强者亦勤力者，由事事故為勤也。是郭本已有此二字矣。召南摽有梅箋云謂勤也。女年二十而無嫁端，則有勤望之恴。小雅隰桑云遐不謂矣，箋謂勤也。勤思君子也。

小箋

倫敕愉庸勞也

郭曰倫理事務以相約敕亦為勞。勞苦者多惰愉。今字或作窳同。錢曰倫勞聲相近，敕當為勑，即勞來之來。來與勞亦相轉也。景純不知聲音之轉，乃云倫理事務以相約敕亦為勞，斯為鄉壁虛造矣。詩我生之初尚無庸，鄭訓庸為勞，此經典正文而郭亦不能引。家大人曰，勞有三義，一為勞苦之勞，一為功勞之勞，一為勞來之勞。倫勩邛勤愉庸癉為勞苦之勞，而倫庸又為功勞之勞，勑為勞來之勞。倫之為勞，錢但云聲相近而經傳未有明文。今案倫與熏通。淮南精神篇曰人之耳目曷能久熏勞而不息乎。是熏為勞苦之勞也。倫又與勳通。

爾雅詁林 一 釋詁上

祭統曰周公旦有勳勞於天下、是勳爲功勞之勞也。熏勳倫聲相近。熏勳之通作倫猶薰勳之通作淪。小雅雨無正篇淪胥以鋪漢書敘傳晉灼注引齊韓魯詩淪並作薰、後漢書蔡邕傳注引韓詩作勳、是其例也。錢謂敕當爲勑、即勞來之來、是也。今作敕者、經傳中約敕之敕通作勑故勞勑之勑誤作敕。下文勞來釋文曰來本又作勑、則此敕字明是勑字之誤。一切經音義十二引爾雅來勞也、又引舍人注勞、力極也。來、強事也。則舍人本正作來、不作敕。勞來二字說見下條勞來勤也下。愉之言瘉也。上文曰瘉、病也。凡勞與病事相類、故上文曰劬勞瘽瘉癉病也。此曰邛勤愉癉勞也。小雅小閔傳曰邛、病也。義並相通。爾雅訓愉爲勞、而郭乃云勞苦者多惰愉、其失也鑿矣。韓子三守篇曰惡自治之勞憚、憚與癉同。庸之爲勞、錢引詩我生之初尚無庸、是也。釋訓曰庸庸慅慅勞也、是重言之亦爲勞矣。然勞苦謂之庸、功勞亦謂之庸。郭引晉語無功庸者、亦是也。功勞與勞苦義本相近、故勞苦謂之庸、亦謂之熏、功勞謂之勳、亦謂之庸矣。

勞來強事謂勤也

家大人曰、勤有三義、一爲勤勞之勤、金縢曰昔公勤勞王家是也。一爲相勸勉之勤、康誥曰周公咸勤、某氏傳曰周公皆勞勉五服人是也。一爲相勞苦之勤、小雅采薇序曰杕杜以勤歸、鄭箋曰以其勤勞之故於其歸、歌杕杜以休息之。穆天子傳曰天子大饗正公諸侯王吏勤七萃之士于羽陵之上、郭注勤猶勞也、是也。勞來亦有三義、一爲勤勞之勤、說文勑勞勑也、從力來聲。經傳通作來。孔子閒居篇奉三無私以勞天下、鄭注曰勞、勞來也。史記周本紀武王曰日夜勞來定我西土。墨子尚賢篇曰垂其股肱之力而不相勞來是也。一爲相勸勉之勤、呂氏春秋孟夏篇勞農勸民、高注曰勞、勉也。漢書王莽傳力來農事、顏師古注曰力來、勸勉之也。來音郎代反。孟子滕文公篇勞之來之、漢書宣帝紀勞來不怠、皆謂勸勉是也。一爲相勞苦之勤、小雅大東篇東人之子職勞不來、毛傳曰來、勤也。正義曰以不被勞來爲不見勤。故采薇序曰杕杜以勤歸、即是勞來也。鴻雁序曰勞來、還定安集之、是也。強事、謂皆勤勞之勤也。小雅隰桑篇心乎愛矣遐不謂矣、箋曰謂勤也。我心愛此君子、豈能不勤思之乎。呂氏春秋開春篇周厲之難、天子曠絶、而諸侯皆來謂矣、言諸侯皆來勤周也。

邵曰、衆經音義卷十三引舍人云來、強事也。疑強事二字本係舍人之注、傳寫者溷入正文也。引之謹案郭注云自勉強者亦勤力者、由事事故爲勤也。則郭本有此二字。釋文亦不言衆家本無此二字、則與郭本同、未必衆家之本皆誤增此二字也。遍考書傳、亦無訓來爲強事者、竊疑舍人之注本擧來強事三字而總釋之、唐時已脫其總釋之語、但存來強事也四字、而釋元應誤引之也。上文癙癵瘇痒病也、釋文引舍人曰癙癵瘇痒、皆心憂憊之病也。釋言禦圉禁也、衆經音義卷九引舍人曰禦圉未有而預防之也。釋訓謔謔謞謞崇讒慝也、大雅板篇正義引舍人曰謔謔謞謞、皆盛烈貌、是舍人注有總釋經文之例、此注來強事下安知其無脫文、未可遽以強事爲來之訓、釋而謂經有衍字也。

述聞。

倫勩邛敕勤愉庸癉勞也　釋文云勩字或作勣。通志堂本誤作勃、盧本据宋本正。亦作肄。案說文力部勩、勞也、从力貰聲。詩曰莫知我勩。又案詩邶風谷風既詒我肄、傳肄、勞也。正義曰釋詁文。爾雅或作勩。孫炎曰習事之勞也。据此則孫本作肄。肄係通借字、勩係譌體。　釋文云敕本又作飭。元照案當作勑。說文力部勑、勞也、从力來聲。後人誤讀恥力反、與敕同音。又因形近遂相承通用。敕飭音同、故又譌爲飭。　郭注云愉今字或作窳。案一切經音義七引九又十又十一又十四又十五又十七又十九皆作窳。　釋文云癉本或作憚。案詩小雅大東哀我憚人、傳憚、勞也。正義曰憚勞、釋詁文。又小雅小明憚我不暇、傳憚、勞也。又大雅雲漢我心憚暑、傳憚、勞也。正義曰憚勞、釋詁文。瘅、正文。憚、通借。

勞來强事謂翦篲勤也　釋文云來、本又作勑、本或作賚。案勑賚皆从來聲、故通用。又案此與上文相承、可證上敕字之譌。

强當作彊。見上　說文刀部有前字、从刀歬聲。羽部有翦字、从羽歬聲。音同義異、隸變皆溷而爲翦。爾雅之翦、於刀部羽部未知何屬。　釋文云篲本又作彗。徐氏養原曰、大戴禮五帝德幼而彗齊、又史記彗作徇。裴氏訓徇爲疾。疾有勤意、當即爾雅之篲也。

匡名

倫勩音衣邛敕勤愉庸癉勞也勞來强事謂翦篲勤音彗也

此以勤勞互訓、以明其義也。說文勞、劇也、从力熒省。熒火燒冂、用力者勞。勦、勞也。倫、輩也、一曰道也。倫道脊理、心必勞也。勩、勞也。引詩莫知我勩。左昭十三年傳引作莫知我肄。傳、肄、勞也。小雅亦孔之邛。傳、邛、病也。言因勞苦成疾也。敕、誠也、一曰臿地曰勅。勑、勞也。後人用勑爲敕。後漢安帝紀、能敕身率下。又借作飭。周禮百工飭化、疏、飭、勤也。左昭十三年傳、請君無勤。愉、通作窳。商子惰民不窳、註、窳、常也。王風尚無庸、箋、庸、勞也。癉、勞病也。郭註引詩哀我癉人。傳、癉、勞也。今作哀我憚人。古文亶爲癉。又通作單。周頌單厥心、傳、單、厚也。○儒行先勞而後祿、註、勞、勤也。大雅適追來孝、傳、來、勤也。孟子、强爲善而已矣。淮南子事而身弗伐、註、事猶勞也。謂、報也。註、報、當罪人也。蓋刑與罪相當、謂之報。引伸凡論人論事、得其實、亦謂之報。如論語子謂韶是也。亦有借爲曰字者、如左傳王謂叔父是也。又有訓爲勤者、以合音寂近也。小雅遐不謂矣、箋、謂、勤也。翦當作踐。左文元年踐修舊好、註、踐、勤也。篲未詳。

啓蒙

倫、勞也。　倫訓理、又訓勞、猶敕訓理又訓勞。易噬嗑鄭注、勅猶理也。

勤、勞也。　勤聲轉爲賢、詩北山我從事獨賢、傳、賢、勞也、孟子此莫非王事、我獨賢勞也。

癉、勞也。　癉丁賀反。爲勞苦、轉音則爲畏憚之憚、故鄭箋以憚暑爲畏暑、義亦得通也。

勞、來、勤也。　自勤勤他皆謂之勤、王引之謂勞來爲相勞苦之勤、義未晐、不悟亦有自勤義也。周本紀武王日夜勞來定我西土、墨子尚賢垂其股肱之力而不相勞來、孟子引放勳曰、勞之來之、如武王之言、則自勤謂之勞來、如墨子孟子之言、則勤民謂之勞來、聲義與賚亦近

强、事、勤也　强事二字即正文、邵氏疑爲舍人注傳寫溷入者、非也。此猶以初訓哉、以王訓皇、同條之字皆可互訓、不足疑也。

謂篲、勤也。　謂篲皆勤之借、同文並見。篲通作肄、文選東京賦肄綜注、肄、勤也。又通作習、說文彗或作篲、古文作𥱊、从習、肄訓勤、又訓習、明習勤同義。

黃侃音訓

敕勞也

案、釋文引說文字林云來旁作力、是勞來之字。據此則勑當本作勅。說文勑、勞也。一切經音義卷十二引爾雅來、勞也。來者、勑之媘。勅者、勑之誤。勑勞也下、云勞、來、勤也。正轉注。

包錫咸日記

除翦擁篲、皆古人服勤之事、故曰勤。

讀雅筆記

翦篲

釋詁、翦篲勤也。郭注翦篲未詳。爾雅正義翦當作踐。鄭注玉藻云踐當爲翦。書疏引鄭注書序云踐讀曰翦。史記集解引服虔云踐翦也。是踐翦古通用。左氏文元年傳云踐修舊好、士相見禮云不足以踐禮、皆言勤也。芹按、魯頌實始翦商、翦商蓋言勤商、猶書所云其勤王家也。毛傳訓翦爲齊、鄭箋訓翦爲斷、皆非也。爾雅此訓專釋魯頌、與釋言之訓翦爲齊者異。爾雅正義、篲當作蕢。泰初六云以其彙。釋文云古文彙作蕢、鄭注云勤也。芹按、篲之爲勤、不見經傳、考曲禮國中以策彗即篲字卹勿、鄭注彗、竹帚。卹勿、搔摩也。孔疏、入國不馳、故不用鞭策、取竹帚帶葉者、形如埽帚、故云策彗。云卹勿者、以策微近馬體、不欲令疾也。但僕搔摩之時、其形狀卹勿然。朱子云策彗疑謂策之彗、若今時鞭末韋帶耳。芹按、車中之用、有策而無彗、朱子之說是也。竊疑此彗字當作勤字解、謂車行國中則以策勤卹耳。爾雅所訓、蓋指此也。國中以策彗卹、句 勿驅、句 塵不出軌、當作三句讀。卹與恤同、彗卹猶周語所謂勤恤民隱、言愛馬如愛人也。國中勿驅、猶入國不馳也。勿驅、故塵不出軌也。先儒訓彗爲竹帚、卹勿爲搔摩、終覺費解耳。

札記

悝　盱　憂也　勩　敕　愉　瘽　勞也

小雅悝作里。十月之交詩 釋文盱、本或作忏。香于反釋詁釋文 勩、字或作勚。與世反釋詁釋文 字亦作肄。釋詁釋文 敕、本又作飭。恥力反釋詁釋文 郭注愉、今字或作窳。釋詁注 釋文瘽、本或作慬。釋詁釋文

證異

敕、勞也。釋文敕、本又作飭。按說文力部勑、云從力來聲、故下文云來、勤也。今經傳通作勑。徐廣史記注云飭、古勑字。

愉、勞也。注云愉、今字或作窳。按商子墾草篇云、窳惰之民勉疾。又云惰民不窳。愉與窳、古字通用。

讀爾雅錄

倫勞也

倫勞也。郭注倫理事務以相約敕亦爲勞。頤煊案說文侖、思也。玉篇倫、思也。通作惀。說文惀、欲知之皃。欲知是思勞也。儀禮既夕記倫如朝服、鄭注古文倫爲輪。易說卦爲弓輪、釋文輪本作倫、倫輪古字通用。輪轉則勞、故倫亦爲勞也。

篲勤也

篲勤也。郭注未詳。頤煊案、說文彗、埽竹也。重文作篲。左氏昭十七年傳彗所以除舊更新也。史記高祖本紀太公擁篲、集解李奇曰如今卒持帚者也。孟軻列傳昭王擁彗先驅、索隱彗、帚也。言爲之埽地。埽除亦勤勞之事、故篲爲勤也。

剪篲勤也

爾雅詁林　一　釋詁上

郝氏義疏云翦猶前也。前猶進也。前進皆有勤意。孚吉按、翦與進字本通用。翦之聲轉卽爲進、猶箭之聲轉卽爲晉也。周禮注箭、篠也。故書箭爲晉。杜子春云晉當爲箭。吳越春秋晉竹十廋、晉竹卽箭竹。翦通於進、卽箭通於晉之例也。郭云箋未詳。按說文簪、古文箋。从竹習。是箋以習爲義。說文肄、習也。上文勩、勞也。勩與肄通。詩莫知我勩、左氏昭十六年傳引之作莫知我肄。毛傳云勩、勞也。旣貽我肄、傳亦云肄、勞也。然則箋有肄習之義、肄習卽勤勞矣。邵氏正義以爲箋當作萴。泰初六以其彙、釋文云古文彙作萴。鄭注曰勤也。今按萴與謂並從胃、是萴可通謂、不可通箋也。邵說當於謂字及之。

爾雅詁

倫、勩、邛、敕、勤、愉、庸、癉、勞也。

此與下「勤也」節、皆述勤勞之義也。周公謚法解云：「勞、勩也、勤、勞也、」勩者、用力甚而勞苦也。由勞苦義、引伸爲慰勞功勞之勞。勞字兼此三義。許以勞訓勤、此爲勤苦之義、段云：「慰其勤亦曰勤；」是勤亦兼二義。康誥「周公咸勤、」傳云：「周公皆勞勉五服人、」此慰其勤之勤也。勞苦、勤苦、爲勞勤二字之本義；慰勞、功勞、之勞、慰其勤之勤、則爲勞勤二字之假借義、爾雅二節、皆分釋之。

倫者、述聞云：「倫與瘝通、淮南精神篇曰：『人之耳目、曷能久瘝勞而不息乎、』是瘝爲勞苦之勞也。倫又與勩通、祭統曰：『周公有勩勞於天下、』是勩爲功勞之勞也。」王氏以倫與瘝勩、聲近通用、故訓勞。

勩、說文「勞也、」孫炎云：「習事之勞也。」段氏謂「凡物久用而勞敝曰勩；蘇州謂衣久著曰勩著。」邵氏謂勩通肄、郝氏謂通肄。

邛者、禮緇衣云：「維王之邛、」鄭注訓勞、與爾雅同。小旻傳訓邛爲病者、郝謂「與劬同意、劬訓爲勞、劬勞又訓病、」是也。

敕、當爲勑字、述聞云：「經傳中約敕之敕、通作勑、故勞勑之勑、誤作敕、」是也。衆經音義十二引爾雅云：「來、勞也、」今本爾雅無此語。說文「勑、勞勑也、从力、來聲；」是勞苦之來、本如說文作勑、故王氏以爲「勑誤作敕；」經典用勑、多借用來、故釋氏所引、即作「來、勞也；」此皎然可辨者也。又見下「來、勤也、」節。

愉者、窳之譌字。郭注云：「勞苦者多惰愉、今字或作窳、同。」衆經音義引爾雅云：「窳、勞也、」凡七見、則古本爾雅作窳、可明證也。窳者、史記貨殖列傳「呰窳偷生、」枚乘七發「手足惰窳、」此皆惰孏之意、以勞苦者必惰孏也。說文「㼌、本不勝末、微弱也、从二瓜、」以弱本而負多瓜、其勞甚矣。窳之从㼌、亦有勞意：故爾雅曰：「窳、勞也。」郝氏以上文云：「瘉癉、病也、」此云：「愉癉、勞也、」以爲「病勞二義相涉、俱通；」王引之更併邛勤愉癉四字、而皆如此解。不知癉字本訓病、而瘉字則訓病瘳、其有病之義者、由病瘳之義引伸而得之；故癉可訓病、亦可訓勞、而瘉則祇可以訓爲病、不可訓爲勞也。然則郝謂愉爲瘉之假音、王謂愉之言瘉者、皆不必然矣。

庸爲勞者、詩「我生之初尚無庸、」鄭訓庸爲勞。晉語「無功庸者不敢居高位、」注云：「國功曰功、民功曰庸、」是勤兼勞苦慰勞之義、倫庸二字、皆兼勞苦功勞二義。

癉、前訓病、茲復訓勞者、此與劬勞字訓病同意。邵氏引詩「單厥心、」謂癉通單。郝氏據詩「哀我憚人、」「我心憚暑、」傳並訓憚爲勞、以爲癉通憚。是勩、邛、窳、癉之爲勞、皆勞苦之勞也。

勞、來、强、事、謂、翦、箋、勤也。

勞、來、訓勤者、勤有勞苦、慰勉二義；勞來二字、亦兼此二義。勞苦義已見上節；又如江漢「來旬來宣、」鄭箋云：「來、勤也、」亦來爲勞苦之義。滕文公篇「勞之來之、」漢書宣帝紀「勞來不怠、」王莽傳「力來農事、」顏師古注「力來勸勉之、」此勞來爲慰勉之勤之義也。

强、應作彊、勉彊、即勤之義也。郝氏云：「勸勉之者、所以作其勤、考工記梓人云：『强飲强食、』此强訓勤之意。」

事訓勤者、邵氏云：「淮南子云：『事而身勿伐、』事、猶勞也。」郝氏云：「儒行『先勞而後祿、』鄭注云：『勞、猶事也；』勞訓事、則事亦訓勤

爾雅詁林　一　釋詁上

矣。」然則事爲勤者、乃事其事之勤也、故王引之云：「强、事、謂、皆勤勞之勤。」晉案小爾雅云：「事、力也；」漢書司馬遷傳「力誦聖德、」顏師古注云：「力、勤也。」書之「服田力穡、」勤於穡也、漢書之「孝弟力田、」勤於田也。力既訓勤、孔氏以力訓事、則事亦爲勤矣。

謂訓勤、郭氏引「迨其謂之、」此摽有梅文。邵氏引隰桑「遐不謂矣、」郝氏引北門「謂之何哉、」鄭箋並訓謂爲勤、此皆本之爾雅也。述聞引呂氏春秋開春篇「周厲之難、天子曠絶、而諸侯皆來謂矣、」以爲「即諸侯皆來勤周、」是謂之爲勤、亦勤勞之勤也。

翦者、錢大昕云：「詩『實始翦商、』翦者、勤也、」邵氏據玉藻鄭注：「踐當爲翦、」及史記集解引服虔說：「踐、翦也、」以爲踐翦通用之證；左氏文元年傳「踐修舊好、」士相見禮「不足以踐禮、」此皆言勤也。案曲禮「疑而筮之、則勿非也、日而行事、則必踐之、」踐、亦勤也。禮注云：「踐讀曰善、」正義因謂「卜得吉而行事必善、」失其義。

肄爲勤者、錢大昕云：「古文肄从習、習有勤義。」案月令「鷹乃學習；」說文「習、數飛也、」數飛者、勤之義也、故錢氏如此云。肄之爲勤、取義於習、與勤之爲勞同意；詩「莫知我勩、」左氏昭十六年傳作肄、正義引李巡云：「肄、習事之勞。」肄爲習事之勞、則肄爲習事之勤也。

爾雅學

倫勩邛敕勤愉庸癉勞也 監本作勩邛。案此釋詩維王之邛、若邛則別爲顒卬、俛卬義。今从唐石經至善堂九經本。

石經考文提要

邛 葉鈔釋文唐石經單疏本同、雪牕本注中亦作邛、陸德明音巨凶反、今釋文及注疏本作卭、誤。石經考文提要引至善堂九經本作邛。

倫理事務以相約敕亦爲勞 雪牕本注疏本同。按事務二字係疏語竄入、當衍。此訓倫爲理、訓敕爲約、經無事務也。上經務字注云事、此因疏云倫者理也、理治事務者必勞。淺人因增事務於注中矣。或當作倫理約敕亦爲勞。事務以相四字皆衍文。

今字或作窳同 注疏本同。單疏本雪牕本窳作窳。按詩召旻釋文正義皆引說文窳、嬾也。一切經音義卷十四引爾雅窳、勞也。郭氏曰勞苦者多憜窳也。承慶云、懶人不能自起、瓜瓠在地不能自立、故字從㼌。又懶人恆在室中、故從宀。今釋文亦誤作窳。蓋因說文脫窳字、故諸書誤以穴部字當之。又元應書引爾雅窳、勞也。郭氏曰勞苦者多憜窳也。凡七見。葢經作窳、注云或作愉。今本係後人乙改。

倫勩邛敕勤愉庸癉勞也○釋曰 注疏本刪。

勞病也○注詩曰至庸者○釋曰 注疏本刪下八字。

難雖不能死而能讓 今國語作難雖不能死君。浦鏜云、此脫君字。按國語上云無忌備公族不能死、又云勇不能死、此正承上文不能死、與能讓相對、不當有君字。今本國語衍也。

自勉强者亦勤力者 雪牕本注疏本同。按下者字當衍。邢疏云自勉强者亦爲勤。

勞來强事謂翦肄勤也○釋曰皆謂勤勞也 注疏本刪釋曰以上十一字。謂誤爲。正德本作謂。

○注詩曰職勞不來追其謂之○釋曰云職勞不來者 注疏本刪詩曰以下十二字。

校勘記

癉丁賀反 南昌本無。雪牕本有。盧刻同。

哀我癉人 十行本憚人。

校勘記訂補

勩與世切 監本永懷堂本毛本湘本切下有癉丁賀切四字、此脫。

愉者懶也 監本同。毛本湘本懶作嬾。案玉篇嬾、惰也。懶、嬾之俗體也。作懶誤。

摽有梅文也 毛本湘本同。監本摽誤標。

注疏校勘札記

四行（注）詩曰莫知我勩○「勩」當從正文作「勚」，宋刻十行本不誤．

（注）勞苦者多惰愉○玄應《音義》卷九引「《爾雅》：窳，勞也．郭璞云：勞苦者多墮窳也」．此「愉」下脫「也」字．

宋監本校箋

爾雅詁林　一　釋詁上

倫勩異音卬敕勤愉庸癉談音勞也
勞來賚音強事謂翦篲勤也

音圖・音

癉音譚　案癉丁賀翻多去聲。或作憚、音同。今音譚、平聲非。直音音旦亦非

直音正誤

釋元應羣經音義云、爾雅勞來之勞音邏、犍爲舍人注曰勞、力極也。來、強事也。　案此疑強事二字本舍人注而誤入正文。然郭注已有、其誤舊矣。

音略

異世窮　容多去聲去聲　牢　賚上聲
倫、勩、卬、敕、勤、愉、庸、癉、勞也。勞來強
剪遂
事、謂、翦、篲、勤也。

孫偘直音

裔笻
倫勩卬
容多去聲去聲　去聲去聲上聲
敕勤愉庸癉勞也。勞來強
剪篲
事謂翦篲勤也。

直音校正

倫勩異卬窮敕勤愉窳一作庸癉勞力報切也勞去聲來賚強其丈切事謂翦篲遂切勤也

楊氏音訓

來賚、強其兩切篲旋芮切　勩曳癉丁賀切勞郎到切

干氏音釋

悠傷憂思也懷惟慮願念惄思也

悠、傷、憂、思也。皆感思也。懷、惟、慮、願、念、惄、思也。詩曰惄如調飢。

郭注

一悠傷憂思也　釋曰、皆感思也。悠者、秦風渭陽云悠悠我思。傷者、周南卷耳云維以不永傷。憂者、愁思也。　懷惟慮願念惄思也　釋曰、皆思念也。方言云、鬱悠懷惄惟慮願念靖慎思也。晉宋衛魯之間謂之鬱悠。惟、凡思也。慮、謀思也。願、欲思也。念、常思也。東齊海岱之間曰靖、秦晉或曰慎、凡思之貌亦曰慎、或曰惄。舍人曰、惄、志而不得之思也。　注詩曰惄如調飢　釋曰、周南汝墳文。

邢疏

惄思也
惄、志而不得之思也。詩汝墳正義　邢疏志作恚
犍爲注

黃輯古義

懷惟慮願念惄思也
惄、志邢疏作恚而不得之。
犍爲注

玉函山房輯佚

惄思也
舍人曰惄、志而不得之思也。詩正義一之三　邢疏志訛恚

漢注

悠傷憂思也
郭璞云皆感思也。
懷惟慮願念惄思也
舍人云、惄、志而不得之思也。詩正義一之三卷　郭璞云、詩曰惄如調飢。

一切注音

惄思也。舍人曰：惄，志而不得之思也。詩汝墳正義

古注斠

悠傷 字書作慯，尸羊反。 憂思 司嗣反，注同。 惄 乃歷反。 如調 竹留反，毛詩傳云朝也。

陸音義

悠傷憂思也

始則悠悠然，已而傷，久乃有憂。爾記曰：期悲哀，三年憂。

懷惟慮願念惄思也

念，今也。願，願後。懷，往而不釋。

新義

悠傷憂思也 悠，渭陽云悠悠我思。思，感思也。 懷惟慮願念惄思也 思，不忘也。

鄭樵注

悠傷憂思也

郭璞曰：皆感思也。

鄭樵曰：悠，渭陽云悠悠我思。思，感思也。

懷惟慮願念惄思也

舍人曰：惄，志而不得之思也。

郭璞曰：詩曰惄如調飢。

鄭樵曰：思，不忘也。

古注合存

悠傷憂思也，懷惟慮願念惄思也。思去聲，惄音溺。○此釋悠傷以下皆思之義也。注曰詩汝墳云惄如調饑。愚按：上憂思也三字連文，下思也二字連文。惄者，如饑如渴，迫不能已之貌，視願念爲切。

注疏參義

方言：惟，凡思也。慮，謀思也。願，欲思也。念，常思也。數語釋訓最精。思之貌曰愼蓋，卽儼若之意。舍人云惄，恚而不得之思。訓釋亦精。

補注

悠傷憂思也 **註** 皆感思也。懷惟慮願念惄思也 **註** 詩曰惄如調飢。**正義** 釋名云：思，司也。凡有所司捕必靜思忖，亦然也。此分釋思之義也。○悠傷憂思也。○悠者，上文云悠，遠也。是悠爲思之遠也。周南關雎云：悠哉悠哉。傷者，說文作傷，憂也。卷耳云：維以不永傷。是憂傷之思也。憂訓爲思，通見經傳。郭以爲皆感思，所以別於念慮之思也。○懷惟至思也。○方言云：懷、惄、惟、慮、願、念，思也。惟，凡思也。慮，謀思也。願，欲思也。念，常思也。凡思之貌或曰惄。按謚法解云：懷，思也。與釋詁同。上文已云惟、慮，謀也。又訓爲思，增成其義也。願者，鄭風蔓草云：適我願兮。左氏襄三十年傳云：不憖而願大。念者，釋名云：念，黏也，意相親愛，心粘著不能忘也。秦風小戎云：言念君子。惄者，小雅小弁云：惄焉如擣。疏引舍人云：惄，志而不得之思也。**註** 詩曰至調飢。○**正義** 周南汝墳文。釋文引韓詩惄作愵。方言云：愵，憂也。自關而西，秦晉之間，或曰惄。說文云：愵，憂貌，讀與惄同。

正義

惟思也 詩生民篇：載謀載惟。从心，訓思。

校議

悠傷憂思也 皆感思也。懷惟慮願念惄思也 詩曰惄如調飢。

說文云：息，容也。容當爲睿 从囟聲。按：从囟聲兼意。囟，𡿺蓋也。人從囟至心，如絲相貫。心、囟二體皆慧知所藏。人之思慮生於心而屬於𡿺，故善記憶者謂爲𡿺盛，多思慮者或言傷𡿺焉。釋名云：思，司也。凡有所司捕必靜思忖，亦然也。按：思兼二義，心所蓄藏謂之意思，心所思存謂之思念。爾雅前一條爲意思，後一條爲思念，故郭於前條注云皆感思，釋文音司嗣反，而於後條不復加音，明讀如本音也。悠者，方言云：鬱悠，思也。郭注：猶鬱陶也。按：鬱悠、鬱陶俱雙聲字，陶讀如遙也。上文悠訓遠，此訓思者，遠之思也，故詩關雎傳：悠，思也。重文亦然，故釋訓云：悠悠，思也。凡言悠者，俱思而兼遠。通作攸，詩悠悠我里，爾雅釋文作攸攸我里。又司農劉夫人碑云極攸遠索，亦以攸爲悠也。又通作遙，詩悠悠我思，說苑辨物篇作遙遙我思。悠遙聲轉。遙訓爲遠，悠爲遠之思，亦其證矣。傷者，慯之叚音也。說文云：慯，憂也。釋文：傷，字書作慯，是矣。通作傷、傷、創

也病也，與憂同意，故同訓。詩卷耳及澤陂傳箋竝云傷，思也。聲轉爲慎，又爲溼。方言竝云憂也。又云慎，思也。凡思之貌亦曰慎。慎、溼、傷俱一聲之轉也。憂者，已見上文。又訓思者，素問五運行大論云其志爲憂，王砯注憂，慮也，思也。聲轉爲恁。蜘溁文選典引云勤恁旅力，蔡邕注恁，思也。○方言云懷、惄、惟、慮、願、念，思也。惟，凡思也。慮，謀思也。願，欲思也。念，常思也。說文亦同，俱本爾雅爲訓也。懷者，說文云念思也。諡法云思也。詩卷耳、野有死麕、南山、常棣傳懷俱訓思。終風傳懷又訓傷。楚辭悲回風篇云惟佳人之獨懷兮，懷又訓念。念與傷亦俱爲思也。惟者，詩載謀載惟，淮南精神篇云惟像無形，鄭箋及高誘注竝云惟，思也。通作維。詩維天之命釋文引韓詩云維，念也。匡謬正俗云古文尚書皆爲惟字，今文尚書變爲維字，是維、惟通。慮者，上文與惟俱訓謀，此又訓思，故方言、說文竝云慮，謀思也。釋名云慮，旅也。旅，衆也。易曰一致百慮，慮及衆物，以一定之也。荀子禮論篇云禮之中焉能思索，謂之能慮。正名篇云情然而心爲之擇，謂之慮。是皆以慮爲思也。願者，𠭖借字也。說文願不訓思，而別出愿字，訓謹。按諡法云思慮不爽曰愿，是原亦訓思。愿與慎同意。方言慎亦訓思，說文慎、愿俱訓謹，是愿爲謹慎之思也。通作願。大戴禮文王官人篇云言願以爲質，盧辯注願當爲愿。詩終風箋願，思也。二子乘舟及伯兮箋又云願，念也。念亦思矣。惄者，詩惄如調飢、惄焉如擣，傳箋竝云惄，思也。汝墳正義引舍人曰惄，志而不得之思也。說文及方言訓惄爲憂，方言又訓惄爲傷、爲痛、爲悵，然則惄爲憂悵之思也，故舍人以爲志而不得矣。通作愵。說文云憂皃，讀與惄同。汝墳釋文惄，韓詩作愵。又通作⿱歷心。文選洞簫賦云憤伊鬱而酷⿱歷心，李善注引蒼頡篇曰⿱歷心，憂貌。玉篇音奴的切。一切經音義十六云愵，古文惄、⿱歷心二形。

義疏

悠傷句**憂思也**郭注皆感思也。

此承上憂而別釋憂思也。悠悠連文多矣。此悠即攸。上云遠遐，故爲憂思。書朕心之攸困。詩凡言攸，皆有憂思之詞。傷从𥏻省。𥏻傷人，因爲憂傷。詩惟以不永傷。又

傷如之何。**懷惟慮願念惄思也**舍人注惄，志而不得之思也。郭注詩曰惄如調飢。此不必有憂之思也。褱从衣眔。本懷挾字，亦與褢藏字同用。書懷維夾。詩惟以不永懷。惟从心隹，思慕之詞。書惟字今文皆作維。慮，上云助。記安而後能慮。願从原，水泉本也。本而思之爲原。易中心願也。念从今。書欽念以忱。又女念哉。惄即寂也。字又作⿰口叔，从叔拾尗，故有靜義。韓詩作愵，故讀如溺音。

集解

悠傷憂思也悠，憂也。从心攸聲。引申爲思，謂憂思也。詩關雎悠哉悠哉，傳悠，思也。巧言悠悠昊天，箋悠悠，思也。傷，創也。从人，𥏻有聲。正字爲想。想，冀思也。說文則以傷爲之。𥏻、想、傷通用字。詩卷耳維以不永傷，傳傷，思也。澤陂傷如之何，箋傷，思也。詩泮水不吳不揚，傳揚，傷也。以揚爲之。憂，龢之行也。从夊㥑聲。多思者其行和緩。詩小弁我心憂傷，言憂思也。素問陰陽應象大論在志爲㥑，注憂，慮也，思也。思，容也。从心囟聲。徐鍇本容作睿，今謂思當从心从囟會意。思者，心神通於腦。書洪範思曰容，言心之所慮無不包。鍇本作睿，誤矣。

懷惟慮願念惄思也懷，念思也。从心褱聲。詩蝃蝀懷婚姻也，常棣兄弟孔懷，小明豈不懷歸，大明聿懷多福，傳箋均云懷，思也。左宣八傳卜葬先遠日，辟不懷也。晉語威兮懷兮，注均云懷，思也。前漢書敘傳悼世業之可懷，王貢兩龔鮑傳懷祿耽寵以失其世者多矣，師古均曰懷，思也。離騷僕夫悲余馬懷兮，楚詞哀郢出國門而軫懷兮，文選恨賦齎志沒地長懷無已，思玄賦私湛憂而深懷兮，韋孟諷諫詩靡適不懷，注均云懷，思也。惟，凡思也。从心隹聲。書大誥爾惟舊人，漢書惟作思。盤庚人惟求舊，盤庚中惟涉河以民遷，王肅注均訓思。詩生民載謀載惟，箋惟，思也。前漢書律歷志依違以惟，未能修明，董仲舒傳永惟萬世之統，鄒陽傳願大王詳惟之，師古均云惟，思也。淮南精神訓惟像無形，文選思玄賦惟天地之無窮兮，韋孟諷諫詩不惟履冰，王仲宣贈文叔良詩靡事不惟，謝宣遠張子房詩惟德在無忘，注均云惟，思也。慮，謀思也。从思虍聲。思有所圖曰慮。慮猶縷也。禮記大學安而後能慮，言安而後能思也。後漢書，

班固傳又悉經五絲之碩慮矣、注慮思也。詩靈臺於論鼓鐘、傳論思也。廣雅作侖云思也。小爾雅廣言麗、思也。以論侖麗爲之。顧、大頭也、从頁原聲。思者心神通於囟、故頭大者多思。今生理學家之說亦如是。詩伯兮願言思伯、終風願言則嚏、箋均云願思也。楚詞惜誦願陳志而無路、注願、思也。易漸得所願也、江藩曰願、思。念、常思也、从心今聲。謂長久思之。書金縢能念予一人、孫疏訓思。前漢書五行志次八曰念用庶徵、蒯通傳生且休矣吾將念之、師古均曰念思也。文選東京賦酌鑮酒以弛念兮、注念、思也。文選典引勤恁旅力、蔡邕注恁思。廣雅釋詁䁲、憚、思也。以恁或䁲憚爲之。惄、饑餓也、从心叔聲。正字爲愵。愵、憂之皃也。引申爲思。愵惄通用字。詩汝墳惄如調飢、韓詩作愵。鄭箋思也。小弁惄焉如擣、傳惄、思也。後漢書張衡傳惄懟杷其難聊、注惄、思也。

義證

懷惟慮願念惄思也

【註】詩曰惄如調飢【補正】邢疏皆思念也。方言云鬱悠懷惄惟慮願念靖愼、思也。晉宋衞魯之間謂之鬱悠。惟凡思也。慮、謀思也。願、欲思也。念、常思也。東齊海岱之間曰靖、秦晉或曰愼。凡思之貌亦曰愼、或曰惄。舍人曰惄、恚而不得之思也。臣鑑按、詩疏引舍人註惄志而不得之思也。

郭注補正

惄思也。按詩惄如調飢、毛傳惄、飢意也。鄭箋惄、思也。毛用釋言、鄭用釋詁、兩義並通。韓詩又用愵、說文解字云愵、憂貌、讀與惄同。詩惄、飢餓也。一曰憂也。詩曰惄如朝飢、許君讀愵如惄、是通毛韓詩。又方言惄、憂也。秦漢之間曰惄、傷也。汝謂之惄。詩出汝墳、揚子殆以惄爲傷。與憂傷飢思同意。雖異而勿殊。

錢氏古義

悠傷憂思也

此思爲己之心思、下思爲思人之思。釋文祗有心思之音、讀司嗣反、而思人之思不言讀、如字、非也。悠者、釋訓云悠悠、思也。周南關雎悠哉悠哉、毛傳云悠、思也。小雅巧言悠悠昊天、鄭箋云悠悠、思也。通作攸。十月之交悠悠我里、爾雅釋文作攸攸我里。又通作遥。衞風雄雉悠悠我思、說苑辨物作遥遥我思。皆同字也。傷者、周南卷耳維以不永傷、陳風澤陂傷如之何、傳箋並云傷、思也。釋文云傷、字書作慯。說文云傷、憂也。慯爲正字、傷爲假字。召南草蟲我心傷悲、檜風羔裘我心憂傷、豳風七月女心傷悲、小雅杕杜女心傷止、小宛我心憂傷、鼓鐘憂心且傷、白華嘯歌傷懷、苕之華維其傷矣、此皆言己之心思也。憂者、說文作𢝊、云愁也。愁亦思也。小雅小弁我心憂傷、文選贈弟士龍詩注作我心悠傷。憂悠皆思也。召南草蟲憂心忡忡、邶風柏舟如有隱憂、擊鼓憂心有忡、泉水以寫我憂、衞風有狐心之憂矣、王風黍離知我者謂我心憂、兎爰逢此百憂、唐風揚之水云何其憂、秦風晨風憂心如醉、小雅節南山憂心如惔、正月憂心慘慘、十月之交我獨居憂、無將大車無思百憂、鼓鐘憂心且悲、頍弁憂心奕奕、凡所言憂皆己之心思鬱積而成者也。郭注所謂感思也。

懷惟慮願念惄思也

此思人之思、懷者、說文云念思也。周南卷耳嗟我懷人、召南野有死麕有女懷春、鄘風蝃蝀懷昏姻也、載馳女子善懷、齊風南山曷又懷止、豳風東山伊可懷也、小雅常棣兄弟孔懷、小明豈不懷歸、大明聿懷多福、傳箋竝云懷思也。邶風終風願言則懷、傳云懷傷也、傷亦思也。雄雉我之懷矣、王風揚之水懷哉懷哉、箋竝云懷安也。非也。懷亦思也。小雅皇皇者華每懷靡及、大雅板懷德維甯、傳竝云懷和也。正義云懷之爲訓思也來也止也。思止亦和之義、故爲和也。烝民每懷靡及箋云懷私爲每懷、鄭風將仲子仲可懷也、箋云懷私曰懷。魯語謂懷和爲每懷。和蓋私字形誤也。惟者、周頌維天之命序釋文引韓詩云維念也。念卽思念也。大雅生民載謀載惟、箋云惟思也。惟與維同。匡謬正俗云古文尚書皆爲維字、今文尚書變爲惟字。大雅板价人維藩、漢書王莽傳作介人惟藩。商頌玄鳥維民所止、大學及書大傳作惟民所止。是也。案鄭風狡童維子之故、維當訓思、謂思念其君之故不能餐息也。小雅白華維彼碩人、維亦思也。維彼碩人卽下文念彼碩人也。慮者、說文云謀思也。小雅雨無正弗慮弗圖、箋云慮圖皆謀也。謂謀思也。上文慮與惟皆訓謀、此則慮與惟皆訓思、其義得相通也。 願者、邶風終風願言則嚏、箋云願思也。二子乘舟願言思子、衛風伯兮願言思伯、箋竝云願念也。願念皆思也。 念者、說文云常思也。邶風谷風不念昔者、曹風下泉念彼周京、秦風小戎言念君子、小雅小宛念昔先人、小明念彼共人、白華念子懆懆、念皆思念之念。大雅文王無念爾祖、傳云無念、念也。孝經鄭注云無念、無忘也。無忘卽常思也。 惄者、說文云憂也。惄與憂皆思也。周南汝墳惄如調飢、小雅小弁惄焉如擣、傳箋竝云惄思也。汝墳釋文云惄、韓詩作

爾雅詁林 一 釋詁上

愵。一切經音義十六云愵古文惄𢗬二形。

說詩

懷惟節疏惄志而不得之思也 志誤恚，從詩疏校。

注疏正字

悠傷憂思也

家大人曰、釋文思司嗣反。小雅正月曰、癙憂以痒。雨無正曰鼠思泣血。鼠思即癙憂也。此與下文思念之思異義、故郭注別之曰皆感思也。樂記曰亡國之音哀以思。又曰志微噍殺之音作而民思憂。皆是此思字。而邢邵俱未引。

述聞

悠傷憂思也　釋文云傷、字書作慯。案說文心部慯、㥏也。从心殤省聲。經典相承以傷代慯。　憂當作㥏。見上。

懷惟慮願念惄思也　惄通愵。詩召南汝墳惄如調飢、釋文曰韓詩作愵。案說文心部愵、㥏皃、从心弱聲。讀與惄同。

匡名

悠傷憂思也懷惟慮願念惄思也　此釋思之義。說文思、容也、从心囟聲。言慮于心而見于容。凡憂愁念慮皆謂之思也。周南悠哉悠哉、傳悠思也。慯、憂也。周南惟以不永傷、傳傷思也。憂詳上文。懷、念思也。論語君子懷德、註懷思念也。惟、凡思也。太甲視遠惟明。慮、謀思也。太甲弗慮胡獲。願、大頭也。本義如此、故从頁。今則本義廢矣。邶風願言思子、傳願每也。春秋傳懷私為每懷也。念、常思也。引書我念爾祖。惄、饑餓也、一曰憂也。引詩惄如調饑。箋惄、思也。

啓蒙

傷　慯　釋文。傷字書作慯。案說文。傷、創也。慯、㥏也。當作慯。

黃侃評本正名

念、思也。念聲轉為㥏、典引蔡注㥏、思也。釋訓勿念、勿忘也。相反為訓。

黃侃音訓

悠、傷、憂、思也。

說文云：「思、睿也、从心从囟。」古之作字、思从囟、細以囟為聲、慮从思、以腦為智慮之所從出也。脈要精微論曰：「頭者精明之府、」五藏別論曰：「腦、名曰奇恒之府、」所以著其別於百體也。思从心者、韻會曰：「自囟至心、如絲相貫不絕。」此思之本義也。本節思字、釋文云：「司嗣反；」郭云：「皆感思也。」王引之引雨無正「鼠思泣血、」樂記「亡國之音哀以思、」以謂「皆是思字。」

悠傷訓思者、說文「悠、憂也。」故小雅「悠悠我思、」傳訓憂；釋訓亦云：「悠悠、洋洋、思也。」傷為慯之假借、說文「慯、憂也。」經典以傷代慯。

懷、惟、慮、願、念、惄、思也。

此思念之思。方言云：「懷、惄、惟、慮、願、念、思也。惟、凡思也；慮、謀思也；願、欲思也；念、常思也；」說文與方言略同。惄、說文「一曰憂也；」詩如墳傳箋皆訓思。說文愵篆云：「愵、憂貌、讀與惄同；」是惄與愵通用。

爾雅學

悠傷憂思也○釋曰　注疏本刪。

懷惟慮願念惄思也○釋曰　注疏本刪。

惄志而不得之思也　注疏本志誤恚。詩汝墳正義亦作志。

○注詩曰惄如調飢○釋曰　注疏本詩曰改云。刪釋曰。

校勘記

惄如調饑　十行本雪聰本吳本並調飢。案饑穀不熟。南昌本誤。

校勘記訂補

懷惟慮願念惄音溺思也

音圖・音

悠、傷、憂、思也。懷、惟、慮、願、四同

溺　念、惄思也。

孫侶直音

悠、傷、憂、思也。去聲下同

直音校正

悠傷憂思去聲也。懷惟慮願念惄、溺　思也。

楊氏音訓

惄　溺

干氏音釋

祿祉履戩祓禧褫祜福也

祿、祉、履、戩、祓、禧、褫、祜、福也。詩曰、福履綏之。俾爾戩穀。祓祿康矣。褫禧、書傳不見、其義未詳。

郭注

祿祉履戩祓禧褫祜福也　釋曰、皆福祜也。福祿對文則小異、散則祿亦福也。商頌玄鳥云百祿是何、鄭箋謂當檐負天之多福。祉者、繁多之福也。周頌烈文云錫茲祉福。祜者、小雅信南山云受天之祜。　注詩曰至康矣　釋曰云詩曰福履綏之者、周南樛木文。云俾爾戩穀者、小雅天保文。云祓祿康矣者、大雅卷阿文。

邢疏

戩祓福也

戩音箭。釋文　祓除之福。詩正義十七之一

孫音注

褫福也

褫、常支巨移二反。釋文

郭音義

祜福也

祜、天之福也。一切經音義二　案祜字從古、古字訓天。周書周祝解天為古。鄭康成堯典注古、天也。玄鳥箋古帝、天也。故詁為天之福。

衆家注

黃輯古義

祿祉履戩祓禧褫祜福也

戩祓、除之福也。邢疏　詩小雅天保正義

履

戩音箭、釋文　子賤切。丁度集韻去聲三十三綫戩字注

孫音注

禧、褫、常支巨移二反。

郭音義

玉函山房輯佚

戩祓祜福也

孫曰、戩音箭。祓除之福。詩正義十七之一　釋文

注曰祜、天之福也。一切經音義二　按祜字从古、古字訓天。周書周祝解天爲古。鄭康成堯典注古、天也。玄鳥箋古帝、天也。故祜爲天之福。

漢注

祿祉履戩祓禧褫祜福也

孫炎云祓除之福。詩正義十七之一卷　郭璞云、詩曰福履綏之。俾爾戩穀。祓祿康矣。褫禧書傳不見、其義未詳。不見、今本作少見。從宋本校改。

一切注音

戩　福也　郭音箭。釋文

祓　孫炎曰祓除之福。詩生民正義

古注斠

祜　舊注祜、天之福也。一切經音義二

古注斠補

祉音恥。戩音翦又章善反。孫音箭。祓音廢又音拂。又方妹反。禧許其反。褫音斯。郭常支巨移二反。祜音戶。俾必爾反。

陸音義

爾雅詁林　一　釋詁上

祿祉履戩祓禧褫祜福也

祿、福也。履、所以致福。戩、有進焉。祉、止也。褫、或祈之茀。祿、茀猶有祓。純嘏無弗也。

新義

祿祉履戩祓禧褫祜福也 履、樛木云福履綏之。戩、天保云俾爾戩穀。

鄭樵注

祿祉履戩祓禧褫祜福也 戩、孫音翦。褫、郭常支、巨移二反。

孫炎曰、祓除之福。

郭璞曰、詩曰福履綏之。俾爾戩穀。祓祿康矣。褫禧書傳少見。其義未詳。少、宋本作不。

鄭樵曰、履、樛木云福履綏之。戩、天保云俾爾戩穀。

古注合存

祿祉履戩祓禧褫祜福也 戩音翦。祓音弗。亦作茀。禧亦作釐。褫禠同。○此釋祿祉以下皆福之義也。注曰詩樛木云福履綏之。天保云俾爾戩穀。疏曰詩卷阿云茀祿爾康矣。愚按禧褫舊未詳。考史記云受禧。文選云祈褫禳災。是其義也。戩、今詩傳云翦同。謂盡也。

注疏參義

註引祓祿康矣、今詩作茀、當是齊魯韓三家之文。

補注

祿祉履戩祓禧褫祜福也 **註** 詩曰福履綏之。俾爾戩穀。祓祿康矣。褫禧書傳不見。其義未詳 **正義** 禮記祭統云、福者、備也。釋名云、福、富也。其中多品、如富者也。祿者、少牢饋食禮云、使女受祿于天。鄭註云、古文祿爲福。祉者、周頌雝云、介以繁祉。履者、釋言云、履、祿也。履、禮也。是履祿義同。又訓爲禮者、荀子大略篇、禮者、人之所履也。說文云、禮、履也。所以事神致福也。是訓爲禮、亦言受福也。戩者、方言云、福祿謂之祓戩。祓者、大雅生民云、以弗無子、鄭箋、弗之言祓也。疏引孫炎云、祓除之福。春官女巫云、祓除釁浴。說文以祓爲除惡之祭、言去惡以致福也。禧、通作釐。說文云、釐、家福也。漢書孝文紀云、祠官祝釐、如淳曰、釐、福也。賈誼傳受釐坐宣室是也。顔師古云、釐本字作禧。褫者、說文云、褫、福也。義本爾雅。張衡東京賦云、祈褫禳災。思元賦云、蒙厖褫以拯民。據爾雅爲義也。祜者、賈誼書禮篇云、祜、大福也。商頌烈祖云、有秩斯祜。士冠禮云、承天之祜。**註** 詩曰至不見。○**正義** 福履綏之、周南樛木文。俾爾戩穀、小雅天保文。祓祿康矣、大雅卷阿文。毛詩作茀祿爾康矣。監本作書傳少見。今從宋本。

正義

祿祉履戩祓禧褫祜福也 詩曰福履綏之。俾爾戩穀。祓祿康矣。褫禧書傳不見其義未詳

說文云、福、祐也。釋名云、福、富也。其中多品、如富者也。郊特牲云、富也者、福也。祭統云、福者、備也。備者、百順之名也。無所不順者之謂備、言內盡於己、而外順於道也。故荀子天論篇云、順其類者謂之福。賈子道德說云、安利之謂福。皆無所不順之謂也。通作富。詩何神不富、傳、富、福也。易云、福謙、釋文、福、京本作富。劉脩碑云、鬼神富謙。皆其證也。祿者、說文云、福也。古微書引孝經援神契云、祿者、錄也。周禮天府注、祿之言穀也。穀訓善、故廣雅云、祿、善也。實則鄭注以穀訓祿、即謂奉祿。故大宰注、祿若今月奉是也。又福祿二字、若散文則祿即爲福、故詩天被爾祿、傳、祿、福也。若對文則祿福義別、故詩福祿如茨、箋、爵命爲福、賞賜爲祿。祿福聲近、其字亦通、故少牢饋食禮云、使女受祿于天、鄭注、古文祿爲福也。祉者、易云、以祉元吉。又云、疇離祉。虞翻及九家注並云、祉、福也。詩六月、巧言、皇矣、傳箋同。左氏哀九年傳、祉、祿也。祿亦福也。聲近徵、漢書律麻志云、徵、祉也。又近娒、周語云、賜姓曰娒、氏曰有夏、謂其能以嘉祉殷富生物也。韋昭注、娒猶祉也。履者、釋言云、祿也。又云、禮也。說文云、禮、履也、所以事神致福也。然則禮亦訓履、履亦訓禮。說文訓禮爲福、本於釋詁也。釋言訓履爲祿、亦本於釋詁也。履通作禮、故易坤釋文云、履霜、鄭讀履爲禮。詩率履不越、韓詩及漢書宣帝紀、蕭望之傳並作率禮不越。又通作體、易繫辭云、知崇禮卑、釋文、禮、蜀才作體。行其典

禮、姚作典、體。詩無以下體、韓詩外傳作無以下禮。體無咎言禮、坊記作履無咎言。釋文體、韓詩作履。履、幸也。按幸者吉而免凶、是幸亦福也。戩者、方言云福祿謂之祓戩。詩傳爾戩穀、傳戩福也。說文引詩實始戩商、而云戩滅也。不同者毛詩戩作翦、故傳箋云齊也斷也。說文雖作戩而義仍作翦、故云滅也。但翦戩二文容可段借、福滅二訓理難兼通、疑不能明也。祓者、說文云除惡祭也。玉篇申之曰祓除災求福也。字物切、又方吠切、福也。是訓福之祓音廢本方言郭音也。通作茀、郭引詩曰祓祿康矣、毛詩祓作茀、而訓爲小、不若鄭箋訓茀爲福合於雅義也。又通作弗、詩以弗無子、箋弗之言祓也。正義引孫炎曰祓除之福也。禧者、說文云禮吉也。吉即福。目部嘻字下云讀若爾雅禧福是禧訓福也。通作釐、說文釐家福也。漢書文帝紀云祠官祝釐、禮樂志云媼神蕃釐、集注並云釐福也。釐讀曰禧、賈誼傳云受釐坐宣室、集注釐音禧。又云俗釐字爲之。文帝紀注亦云釐本字作禧、段借用耳。又通作僖、僖字史記漢書俱作釐、文選魯靈光殿賦序注釐與僖同也。禠者、說文云福也。釋文禠音斯。郭常支、巨移二反。東京賦云祈禠禳災、思玄賦云蒙庬禠以拯民、李善注並引爾雅曰禠福也。祜者、詩云受天之祜、見於信南山、桑扈、下武、禮云承天之祜、見於士冠禮、禮運。箋注並云祜福也。福稱天者、即左傳所謂如天之福。故一切經音義二引爾雅舊注云祜、天之福也。臧鏞堂爾雅漢注云、祜字从古古字訓天。周書周祝解天爲古。鄭康成堯典注古、天也。玄鳥箋古帝、天也。故祜爲天之福。今按臧說是也。下文又云祜、厚也。舊注祜謂福厚也。此皆因文詁義、依於雅訓也。

義疏

祓祿康矣　注文

阮云、各本同。或依詩改作茀祿爾康矣。誤甚。按卷阿毛傳曰茀、小也。與此異義。郝云、鄭箋訓茀爲福、較傳合於雅義矣。

按此則爾字當有。

經注集證

祿祉履戩祓弗禧禠祜福也

孫注祓、祓除之福也。郭注、詩曰福履綏之。俾爾戩穀。祓祿康矣。禠禧書傳不見、其義未詳。

彔、象屋下刻木。因以爲大家受祿。又因以祿爲穀。又以履爲祿也。祉、从示止。神止得福也。易、以祉元吉。履、从尸彳夂舟。足所依也。故通爲禮。易物、畜然後有禮。畜亦福也。戩、从晉。詩俾爾戩穀、謂俾爾福祿。又以弗無子。又茀祿爾康矣。毛以茀爲小、郭从鄭作祓、三家義也。禧見上字。亦通作賚。詩、釐爾女士。徂賚孝孫。又吉甫燕喜。易、先否後喜。虒、从虎厂。委虒即委蛇也。又作禕、禕。周官既祭則藏其隋、因以爲福與祜、从古。詩受天之祜。禮、承天之祜。祜者故時之福、从畐、象高厚形。畐从畐省、今作畐內加之十、非福也。記福者備也。說文畐、讀若伏。紱韍一字、古者備福同聲。

集解

祿祉履戩祓禧禠祜福也

福祿義近耳。詩言福祿多不別、商頌五篇兩言福、三言祿、大旨不殊。毛傳及此經皆言祿福、古義也。詩既醉天被爾祿、傳祿福也。玄鳥百祿是何、天保受天百祿、箋均訓福。儀禮少牢饋食使女受祿於天、注古文祿爲福也。趙策國之祿也、注祿猶福。祉、事神而獲福也、从示止聲。示神事也。神事爲受福之止。止、下基也。易泰以祉元吉、否疇離祉、虞注及九家均云祉、福也。詩六月既多受祉、巧言君子如祉、傳均云祉、福也。皇矣既受帝祉、箋祉、福也。周語謂其能以嘉祉殷富生物也、注祉、福也。前漢書楊雄傳發祥隤祉、師古曰祉、福也。文選束皙補亡詩以介丕祉、注祉、福也。履、字本作履、足所依也、从彳从夂會意。舟象履形。尸聲。正字爲釐。釐、家福也。釐履通用字。禮記坊記體無咎言、釋文、韓詩體作履、幸也。易履、視履考詳。詳、善也。福也。履亦福也。戩、滅也、从戈晉聲。晉之爲言進也。謂除惡而進福也。詩天保俾爾戩穀、傳戩、福。方言福祿謂之祓戩。祓、除惡祭也、从示友聲。引申爲福。詩卷阿祓祿爾康矣、今詩作茀、箋茀、福。生民以弗無子、箋弗之言祓也。乃禋祀上帝於郊、禖以祓除其無子之疾。史記周本紀周公乃祓齋、正義祓謂除不祥求福也。禧、禮吉也、从示喜聲。正字爲釐。漢書文帝紀今吾聞祠官祝釐、如滈曰釐、福也。賈誼傳受釐坐宣室是也。師古曰釐本字作禧。以釐爲禧也。

爾雅詁林　一　釋詁上

釐禧通用字。詩之燕喜均燕禧也。軍還獲勝、燕以酒食、君之福亦將之福也。正韻禧吉也福也。前漢書禮樂志熙事備成、師古曰福熙之事。以熙爲之。禠、求福而除禍也、从示虒聲。虒委虒、即委虵聲。又轉爲禕禕。周禮既祭則藏其情。因以爲福禠、所以得訓爲福與。後漢書張衡傳蒙虒禠以拯民、東京賦祈禠禳災注均云禠福也。易震來虩虩恐致福也。以虩爲之。祜、大福也、从示古聲。詩桑扈下武、信南山受天之祜、泮水自求伊祜、烈祖有秩斯祜、箋均云祜、福也。儀禮士冠承天之祜、禮記禮運是謂承天之祜、文選陸士衡皇太子讌令賦詩素靈承祜、長楊賦受神人之福祜、注均云祜、福也。福祜也、从示畐聲。禮記祭統福者備也。

義證

禧福也　史記漢孝文帝紀祠官祝釐、注曰釐本作禧、假借用耳。由其說以求諸經傳、則詩大雅釐爾女士、釐亦當與禧通。毛傳釐予也。予之、正福之也。此字六朝以前少見典籍、自隋有受禧降祉樂章、宋有開禧年號、今乃爲恒用字。

禠福也　文選東京賦祈禠禳災、思玄賦蒙庬禠以拯民、李善註皆引爾雅此文爲證。

補郭

履祓福也。古義祓爲福、履爲祿。詩茀祿爾康、福履綏之、福祿之謂也。茀與祓同。案方言福祿謂之祓戩。亦作祓字。

錢氏古義

祜福也

郭注祜未詳。郝氏義疏云、一切經音義二引尒疋舊注云祜、天之福也。臧鏞堂尒疋漢注云、祜字从古、古字訓天。周書周祝解天爲古。鄭康成堯典注古天也。元鳥箋古帝、天也。故祜爲天之福。今按詩云受天之祜見於信南山、桑扈下武。爪云承天之祜、見於士冠爪、爪運。箋注竝云祜、福也。福稱天者、即左傳所謂如天之福。臧氏引申漢注最爲精切。

舊注攷證

祿祉履戩祓禧禠祜福也

詩曰福履綏之俾爾戩穀祓祿康矣禠禧書傳不見其義未詳

阮氏云、本或依毛詩改作茀祿爾康矣、誤甚。卷阿毛傳曰茀、小也。與此異義。樹枏案、郭所引蓋三家詩。書傳不見、明注疏本作書傳少見。

郭注佚存補訂

祿祉履戩祓禧禠祜福也

祿與福古通用。少牢饋食禮、使女受祿於天。鄭注云古文祿爲福。鄭箋大雅假樂云、以受福祿於天。箋皇矣受祿無喪云、世世受福祿。皆以祿爲福也。既醉天被爾祿、毛傳云祿、福也。小雅鴛鴦福祿綏之、瞻彼洛矣福祿如茨、大雅旱麓福祿攸降、鳧鷖福祿來成、周頌執競福祿來反、皆福祿二字連文。小雅天保受天百祿、商頌玄鳥百祿是荷、長發百祿是總、箋以百祿爲多福、非奉祿之祿。假樂干祿百福、箋云干、求也。求祿得百福、亦以祿爲福。竊謂干宜作千、干祿與百福對文形近致譌不得援旱麓干祿豈弟爲解。祉者說文云福也。小雅六月既多受祉、巧言君子如祉大雅皇矣既受帝祉傳箋竝云祉福也。江漢用錫爾祉彼釋文亦云祉福也。周頌雝介以繁祉箋云安助之壽與多福祿福祿卽謂祉也。案君子如祉祉與止通。祉之通作止猶趾之通作止也。君子如祉與君子如怒同義謂止而不信讒譖則亂庶遄已。止已相應毛訓爲福箋復申其義云福謂福賢者上下皆無賢者之文增詞以解義反晦矣。毛傳說詩之固往往如此鄘風相鼠人而無止廣雅云止禮也。止訓爲禮與祉訓爲止皆假借也。履者釋言云祿也。祿既訓福則履亦訓福也。說文云履禮也所以事神致福也。衛風氓體無咎言彼釋文引韓詩作履無咎言。履幸也。案履當訓福、謂其言無咎而有福也。履與福同義。周南樛木福履綏之傳云履祿也。蓋本釋言。箋云使爲福祿所安。戩者小雅天保俾爾戩穀傳云戩福也。被者孫炎云被除之福也。大雅卷阿茀祿爾康矣傳云茀小也。箋云茀福也。福祿又安女正義云茀之爲福爲小皆無正訓以其與祿共文宜爲福耳。案茀爲祓之假借故郭注引作祓祿康矣。毛泥於茀小之義不明假借。小祿爾康語殊不辭宜鄭之不從其說也。玉篇云祓除災求福也義本說文。祓又通作弗。大雅生民以弗無子箋云弗之言祓也。禋祀上帝於郊禖以祓除其無子之疾而得其福也。禧者說文云禮吉也。吉當爲告謂禮告以求福也。漢書文帝紀祠官祝釐集注云釐福也。釐讀曰禧。賈誼傳集注云釐音禧。又云借釐字爲之。大雅既醉釐爾女士謂福爾女士也。祜者小雅信南山桑扈大雅下武受天之祜魯頌泮水自求伊祜商頌烈祖有秩斯祜箋竝云祜福也。周頌載見思皇多祜彼釋文亦云祜福也。大雅皇矣以篤於周祜箋云以厚周當王之福。一切經音義二引舊注云祜天之福也。臧氏鏞堂云祜字從古古訓天周書周祝解天爲古元鳥箋古帝天也故祜爲天之福。**說詩**

戩福也

戩說文滅也。詩曰實始戩商今詩戩作翦。郝疏遂謂翦戩二文容可假借福滅二訓理難兼通疑不能明也。柏年案戩从戈晉聲、戈部之字自當爲滅盡斷絕殺伐兵器之意。詩之俾爾戩穀、朱子以戩爲盡是也。凡盡皆得云滅、亦皆得云戩、是戩本不訓福、與穀連文則亦有福義、毛公直以戩爲福矣。說文皆本字本義、故訓爲滅。六經多假借字、故用爲福義。爾雅者、所以釋羣經者也、故仍之爲福也。又福說文備也。戩云滅也、滅卽盡、與備義同。

補釋

祓禧褫祜 祓、誤從友。後拔跋茇蔽髮帗等字並同、不更出。案大雅生民篇疏引孫炎曰祓除之福。

註俾爾戩穀 監本戩字誤。 祓祿康矣 祓、毛詩作茀、祿下有爾字。 褫禧書傳不見少。不誤 音褫音斯 釋文云、郭常支巨移二切。

疏錫茲祉福 茲監本誤爾 俾爾戩穀 爾監本誤我、

注疏正字

禧福也

郭曰禧書傳不見、其義未詳。邵曰禧通作釐、說文云釐、家福也。漢書文帝紀云祠官祝釐、如淳曰釐、福也。賈誼傳受釐坐宣室是也。師古曰釐本字作禧、假借用耳。引之謹案莊子讓王篇昔者神農之有天下也、時祀盡敬而不祈喜。喜亦與禧同。祈禧、祈福也。呂氏春秋誠廉篇喜作福、是其證。穆天子傳曰祭祀則憙、畋獵則獲。憙亦與禧同。

述聞

祿祉履戩祓禧褫祜福也 郭注引詩祓祿康矣。毛詩作茀、傳茀、小也。箋茀、福也。箋義卽取諸此。茀祓古今字也。郭所据葢三家本。茀與芾通。芾、小。釋言文。孔疏以傳箋皆無正訓、殆於雅訓未之審也。 禧與釐通。見前

匡名

祿祉履戩祓禧褫祜福也 此釋福之義。說文福、備也。註備者百順之名也、無所不順者之謂備。 祿、福也。大雅受祿于天。 祉、福也。周頌介以繁祉。 履、足所依也。从尸、服履者也。从彳夂、从舟、象履形。註引伸之訓踐、如君子所履是也。又引伸之訓祿。詩福履綏之、傳履、祿也。 戩、滅也。滅者、盡也。兼美惡言之也。與福連文則可訓福矣。小雅俾爾戩穀、傳戩、福也。 祓、除惡祭也。言除惡而致福也。左襄二十五年傳、祝祓社。通作茀。郭詩引詩祓祿康矣、今大雅作茀祿爾康矣。又通作弗。大雅以弗無子、箋弗、祓也。 禧、禮吉也。謂行禮獲吉也。通作釐。釐、家福也。賈誼傳上方受釐宣室、如淳曰釐、福也。又通作熙。前漢禮樂志熙事備成。 褫、福也。東京賦祈褫禳災。 祜、福也。小雅受天之祜。

啓蒙

祿、福也。 祿與靈聲轉、故祿訓福、靈亦訓福、廣雅靈、福也。靈訓善、上文令善也、令卽靈。 祿亦訓善、廣雅祿靈皆云善也。 戩、福也。 戩讀翦除之翦、與祓除同音、以戩為祿、猶以祓為福也。翦古在寒部、祓在曷部、曷為寒之入。

黃侃音訓

來 勤也 傷 思也 祓 禧 福也

釋文來本又作勑。釋詁釋文 本或作賚。釋詁釋文 傷字書作愓。釋詁釋文 大雅卷阿詩祓作茀。注引祓祿康矣。 漢書注作釐、福也。孝文紀如淳注 釐字本作禧。孝文紀師古注

證異

祿、祉、履、戩、祓、禧、褫、祜、福也。

祭統云：「福者、備也；備者、百順之名也、無所不順者謂之備。」案福

爾雅詁林　一　釋詁上

備雙聲、故說文亦云：「福、備也。」

祿爲福、詩傳皆用其義。段氏以爲「此古義、鄭既醉箋始爲分別之辭。」

履者、詩樛木「福履綏之、」傳訓履爲祿。祿、即福也。

戩者、詩天保「俾爾戩穀、」毛傳訓福。方言云：「福祿謂之祓戩。」

祓者、說文「除惡祭也；」玉篇云；「除災求福也；」除惡即以求福、二義相成。故詩正義引孫炎曰：「祓、除之福也。」生民「以弗無子、」箋云：「弗之言祓也、」卷阿云：「茀祿爾康矣、」箋訓茀爲福、此假弗茀爲祓也。

禧、上文云：「告也、」今又云：「福也」者、此與祓之爲福同意、蓋告神而受之福也。郭注云：「禠禧、書傳不見。」王引之引莊子讓王篇云：「昔者神農之有天下也、時祀盡敬而不祈喜；」穆天子傳「祭祀則憙、田獵則獲；」謂「喜、憙、與禧同、」是也。說文「釐、家福也、从里、𠩺聲、」里者、居也、故許云：家福；釐與禧、異字異義。漢書文帝紀師古注云：「釐、本字作禧、」段玉裁不取此說。

禠爲福、說文亦取以爲訓。邵氏引張衡東京賦「祈禠禳災、」思玄賦「蒙厖禠以拯民、」李善注皆以雅義釋之。

爾雅學

祓祿康矣 單疏本雪牕本注疏本同。郎本或依詩改作茀祿康矣、誤甚。按卷阿毛傳曰茀小也。是讀茀爲蔽芾之芾、釋言芾小也。是也。與此異義。

禠禧書傳不見 雪牕本同。注疏本不作少、誤。

祿祉履戩祓禧禠祜福也○釋曰 注疏本刪。

受天之祜○注詩曰至康矣○釋曰 注疏本刪下八字。

校勘記

禠禧書傳不見 監本毛本湘本同。案此標經禧禠二字也。經作禧禠、則注不得作禠禧、此當誤倒。

注疏校勘札記

祿祉履戩祓音廢禧禠音斯祜福也

音圖・音

方言、福祿謂之祓戩。郭注廢箭兩音。釋文音廢。卯方妹翻。不必重出。文音拂。漢書注如淳云釐、福也。師古云釐本字作禧。說文、禧讀若爾雅禧福。禠音斯。廣韻息移翻同。郭常支音時巨移音祁二翻。顏氏匡謬正俗云、張衡東京賦祈禠禳災。案說文解字曰禠、福也。字林弋爾翻。音匜今之讀者不識禠字義訓、乃呼爲神祈之祈、或改禠字爲禘、又失之也。

音略

祿、祉、履、戩、祓、禧、禠、祜、福也。
耻　剪　廢弗　僖　斯　户

孫侶直音

祿・祉・履・戩・祓・禧・禠・祜・福也
耻　翦　廢弗　僖　斯　户

直音校正

祿祉履戩翦同祓茀禧禠斯祜福也

楊氏音訓

戩翦祓茀禠斯

干氏音釋

禋祀祠蒸嘗禴祭也

禋、祀、祠、蒸、嘗、禴、祭也。書曰禋于六宗。餘者皆以爲四時祭名也。

郭注

禋祀祠蒸嘗禴祭也　釋曰、皆祭之別名。祭、際也。人神交際。說文云從示從又從肉。又手也。以手持肉示神所以祭也。禋者、說文云絜祀也。祀者、說文云祭無已也。餘者四時祭名、跡具釋天。　注書曰禋于六宗　釋曰、虞書舜典文。孔安國云精意以享謂之禋。宗、尊也。所尊祭者其祀有六、謂四時也、寒暑也、日也、月也、星也、水旱也。

邢疏

祀祠祭也

祀、地祭也。一切經音義二、又二十二引爾雅云祠、祭也、天祭也。祀、地祭也。又二十三引爾雅云祠、祭天也。祀、地祭也。又二十四引爾雅祠、祭也。又天祭曰祠、地祭曰祀。疑亦是舍人注義。

犍爲注

禋、祭也

禋、絜敬之祭也。書正義三 春秋正義四 史記五帝本紀正義

孫音注

黄輯古義

禋祀祠蒸嘗禴祭也

祀、地祭也。祠、天祭也。一切經音義卷二、又卷二十二、又卷二十三

犍爲注

禋祀祠蒸嘗禴祭也

禋、絜敬之祭也。書舜典正義 春秋隱十一年正義 史記五帝本紀張守節正義

孫音注

玉函山房輯佚

禋祀祠祭也

孫曰禋、絜敬之祭也。書正義三 春秋正義四 張守節史記五帝本紀正義

舍人曰祀、地祭也。祠、天祭也。一切經音義二又二十二又三十三又二十二 不云舍人

漢注

禋祀祠蒸嘗禴祭也

舍人云祀、地祭也。一切經音義二 孫炎云禋、絜敬之祭。書正義三卷 郭璞云書曰禋于六宗。餘者皆以爲四時祭名也。

一切注音

禋、祭也。孫炎曰禋、絜敬之祭也。書舜典正義

祀祠 舍人曰祀、地祭也。祠、天祭也。一切經音義二一

古注斠

禋音因。注同。祀音似。祠音詞。周春祭名。烝之升反。冬祭名。嘗字又作常。秋祭名。禴字又作礿、同。餘若反。夏祭名。

陸音義

嘗○下本從旨。此從甘、亦或體。

音義攷證

禋祀祠烝嘗禴祭也

禋、精意以享。諲、精意以言。

新義

禋祀祠蒸嘗禴祭也 禋、祭天也。祀、祭總名也。春祠、夏禴、秋嘗、冬蒸。

鄭樵注

禋祀祠蒸嘗禴祭也蒸、鄭本作烝。

舍人曰、祀、地祭也。

孫炎曰、禋、絜敬之祭也。

郭璞曰、書曰禋于六宗。餘者皆以爲四時祭名也。

鄭樵曰、禋、祭天也。祀、祭總名也。春祠、夏禴、秋嘗、冬烝。

古注合存

禋祀祠烝嘗禴祭也 禋音因。禴音藥。○此釋禋祀以下皆祭之義也。註曰書舜典云禋于六宗。餘四時祭名。疏曰說文云祭從月從又從示。月肉也。又手也。手持肉以祭神示也。禋者潔祀也。祀者祭無巳也。孔安國云精意以享曰禋。

注疏參義

禋祀祠蒸嘗禴祭也 註 書曰禋于六宗。餘者皆以爲四時祭名也。 正義 祭統云、祭者、所以追養繼孝也。此聯其名也。禋者、說文云禋、潔祀也。周語云精意以享、禋也。韋昭註禋、敬也。書疏引孫炎云禋、絜敬之祭也。下文云禋、敬也。其義相承也。祀者、說文云祀、祭無巳也。衆經音義引舍人云祀、地祭也。按春官大宗伯云以禋祀祀昊天上帝、則祀不專屬祭地而言、郭氏所不取也。祠蒸嘗禴者、大宗伯云、以祠春享先王、以禴夏享先王、以嘗秋享先王、以烝冬享先王。是

四時之祭名也。詳見釋天。【註】書曰至六宗。○【正義】舜典文。尚書大傳作湮于六宗、鄭註湮、祭也。字當爲禋。

【正義】禋祭也　周禮鄭注禋之言煙、周人尚臭、煙氣之臭聞者。周語曰精氣以享謂之禋。

【校議】

禋祀祠蒸嘗禴祭也　書曰禋于六宗。餘者皆以爲四時祭名也。

說文云祭、祀也。春秋繁露云、祭之爲言際也與察也。說苑權謀篇云、祭之爲言索也。索也者、盡也。乃孝子所以自盡於親也。御覽禮儀部三引書大傳云、祭者、薦也。廣雅云祭、薦也。按薦祭義同而微別、故穀梁桓八年范甯注無牲而祭曰薦、薦而加牲曰祭。然則祭可以包薦、薦不可以包祭也。禋者、小爾雅云禋、潔也。周語云精意以享禋也。說文兼茲二義、故云禋、絜祀也。一曰精意以享爲禋。書舜典釋文引王肅主說文前義、馬融主說文後義、孫炎爾雅注兼主二義。故書正義引孫炎曰禋、絜敬之祭也。詩維清傳禋、祀也。書洛誥鄭注禋、芬芳之祭。大宗伯注禋之言煙、周人尚臭、煙氣之臭聞者。書禋于六宗、正義引鄭注與大宗伯同。通作煙、詩釋文禋、徐又音烟。書大傳云煙于六宗、鄭注煙、祭也。字當爲禋。魏受禪表云煙于六宗、史晨奏銘云以供煙祀、是皆以煙爲禋也。祀者、一切經音義二引舍人曰祀、地祭也。說文云祭無已也。从巳聲。按巳古有二音。故詩維天之命正義引譜云子思論詩於穆不已、仲子曰於穆不似。斯干云似續妣祖、鄭箋似讀如巳午之巳。巳續妣祖者、謂已成其宮廟也。證以說文巳、巳也。四月陽气巳出、陰气巳藏。釋名亦云巳、已也。陽氣畢布已也。漢書律厤志云已盛于巳。史記律書巳者言陽氣之已盡也。是皆巳午之巳讀爲矣音之證。孟仲子讀巳爲似、鄭康成讀似爲巳、因知古音巳亦爲似、似亦爲巳、其讀俱通。後世上巳之巳讀詳里切、終已之已讀于紀切、分而爲二、非古音也。古讀巳之與祀、似之與以、其音皆同、而其字通。何以明之。說文佀从㠯聲、則以似同音。故易明夷云文王以之、釋文引鄭荀向作文王似之。漢書高帝紀注如淳曰以或作似。是似以通也。說文祀从巳聲、則巳祀同音。故詩於穆不已、文心雕龍練字篇作於穆不祀。易損云巳事遄往、集解引虞翻作祀事遄往。云祀舊作巳。是巳祀通也。然音隨世變、讀從音轉、祀通作祠、似通作嗣、似祀二字俱讀詳里一音。故詩斯干、裳裳者華、卷阿、江漢傳竝云似、嗣也。荀子賦篇云性得之則甚雅似者、與楊倞注似謂似續、則亦以似爲嗣、是似嗣通矣。詩生民釋文祠本、亦作祀。是祠祀通矣。此則祀似俱讀詳里切、益今音也。然據子思仲子論詩、師弟已有二讀、安知今音之非起於古哉。祠蒸嘗禴四者皆時祭之名、詳見釋天。而此又單訓祭者、蓋不獨四時祭有此名、而凡祭亦被斯名也。知者小宗伯云大裁及執事禱祠于上下神示、鄭注得求曰禱、女祝云凡內禱祠之事、鄭注祠、報福。大祝云一曰祠、鄭注祠者交接之辭、皆不以爲春時祭名、然則祠之爲言詞也。故說文云品物少、多文詞、是其義矣。必知凡祭通名祠者、公羊莊八年經云祠兵、齊策云楚有祠者、釋文及高誘注竝云祠、祭也。說文祇字解云以豚祠司命、引漢律曰祠祇司命。史記漢書竝云祠官祝釐、顏氏家訓書證篇云、吳人呼祠祀爲鴟祀。是皆以祠爲凡祭之通名。故一切經音義二及廿三竝引舍人曰祀、地祭也。祠、天祭也。以祠祀爲天地祭名。益知注爾雅者自郭以前皆不以祠爲春祭之名矣。蒸與烝通、亦單訓祭者、詩信南山及賓之初筵傳箋竝云烝、進也。載芟箋進子祖妣、謂祭先祖先妣也。然則烝訓爲進、進訓爲祭、亦不以爲冬時祭名。故書洛誥云王在新邑烝、大宗伯疏引鄭注云、是非時而特假祖廟、故文武各特牛也。然則鄭以洛誥之烝爲非時特祭。證以楚辭天問篇云何獻蒸肉之膏、而后帝不若、王逸注蒸、祭也。以其肉膏祭天帝、是皆以蒸爲凡祭之通名也。祠蒸二文既有明證、推此而言嘗禴二義、亦當相準。而經典無文、莫可取證、月令季秋大饗帝嘗、鄭注嘗者謂嘗羣神、天子親嘗帝、使有司祭於羣神、然則鄭意亦以此嘗爲祭名、而不以爲時祭之嘗矣。唯禴未聞、可姑闕焉。郭以爲皆四時祭名、恐未然也。釋文嘗字又作常。禴字又作礿、竝古字通。

【義疏】

禋祀祠蒸嘗常

禴礿瀹**祭也** 舍人注祀、地祭也。祠、天祭也。孫注禋、絜之祭也。郭注、書曰禋于六宗。餘者皆以爲四時祭名也。

禋、當作煙。祭天之名、不以施餘祭也。禮書詩皆爲後人改作禋、或又爲諲。祀、从巳。巳象胞內子。子祭父、因爲宗廟祭名。亦以祭天帝感生、又有五祀、羣小祀、則爲凡祭名矣。祠、从示。司、謂主祀者。說文誤以文詞解之。春秋、祠兵、周官、禱祠于上下神示。蒸、烝、脀通用。詩、烝衎烈祖。嘗、从旨、尚。本一作常。記、薦其常事。月令、嘗義牲。又嘗麥黍稻麻、皆以旨進上之詞。禴非古字、說文作礿。勺以升爛肉、故又作瀹。易、不如西鄰之瀹祭。謂繹燅俎不特殺。龠、竹管。从品。龠非尋義也。祭、从示从手持肉。或曰从有示。**集解**

禋祀祠蒸嘗禴祭也

禋、絜祀也、从示、垔聲。周禮所謂以禋祀祀昊天上帝是也。詩維清肇禋傳、禋、祀也。書堯典禋於六宗、鄭大傳注作煙、祭也。祀、祭無已也、从示、巳聲。巳象子在包中形、因以爲子孫祭父祖及感生帝之偁。周禮大宗伯五祀、司服羣小祀、典祀外祀、牧人陽祀、外有陰祀、禮于虞人致百祀之木、則以祀爲祭之通名矣。祠、祭之主也、从示司聲。司、主也。春爲四時之主、故春祭名之曰祠。周禮小宗伯禱祠于上下神祇、女祝凡內禱祠之事、公羊莊八傳祠兵、詩生民傳以大牢祠于高禖、齊策楚有祠者、則祠又爲凡祭之偁、蓋引申義也。蒸、析麻中幹也、从艸烝聲。正字爲烝、實爲登。登、上車也。引申爲進也、祭也。月令所謂登麥登穀而先薦寢廟是也。登烝蒸通用字。釋天、冬祭曰蒸。楚辭天問何獻蒸肉之膏而后帝不若、注蒸祭也。或者正字爲脀與。儀禮特牲禮宗人告祭脀、謂祭俎也。嘗、口之味也、从旨尚聲。引申爲祭、謂以甘旨祭也。周禮大宗伯、以嘗秋享先王、祭祖也。前漢書禮樂志百鬼迪嘗、則以嘗爲祭羣神偁耳。禴字本作瀹、漬也。从水龠聲。正字爲礿、實爲鬻、鬻、內肉及菜湯中薄出之。引申爲祭、謂煮菜以祭也。鬻礿瀹通用字。瀹禴古今字。易既濟東鄰殺牛不如西鄰之禴祭、漢書郊祀志引作瀹。師古曰瀹、煮新菜以祭。易萃孚乃利用禴、虞注訓祭。祭、祭祀也、从示从手持肉。**義證**

禋祀祠蒸嘗禴祭也　注書曰禋于六宗餘者皆以爲四時祭名也

諍曰、郝氏謂單訓祭者、不獨時祭有此名、凡祭亦被斯名也。歷引以明郭說之未然。按釋天春祭曰祠、夏祭曰礿、秋祭曰嘗、冬祭曰蒸。四時分釋。此又系其序、其爲泛言祭名無疑、注說偏矣。**諍郭**

禋祀祠蒸嘗禴祭也

禋者、說文云潔祀也。一曰精意以享爲禋。周頌維清肇禋迄用有成、毛傳云禋、祀也。鄭箋云周禮以禋祀祀昊天上帝。疏云禋者祭天之名。詩多以禋祀連文。小雅大田來方禋祀、箋云、禋祀四方之神、祈報焉。疏云、成王之來、乃於四方之神則禋敬而潔祀焉。大雅雲漢不殄禋祀、疏云、故我勤於請禱、不絕其潔敬之祭。生民不康禋祀、克禋克祀、傳云禋、敬也。疏云禋是祭之名。袁準云禋者、煙氣煙熅也。禋與煙通。史晨奏銘、以供煙祀。大宗伯禋祀注云禋之言煙、周人尚臭、煙氣之臭聞者。

祀者、說文云祭無已也。無論何祭、統謂之祀。小雅楚茨祀事孔明、箋云祀禮於是甚明。明猶備也潔也。大雅生民后稷肇祀、箋云后稷肇祀上帝於郊。周頌雝相予肆祀、箋云又助我陳祭祀之饌。魯頌閟宮龍旂承祀、箋云承祀謂視祭也。大雅旱麓以享以祀、傳云言祀所以得福也。小雅大田以享以祀、箋云陽祀用騂牲、陰祀用黝牲。楚茨以享以祀、箋云以黍稷爲酒食獻之以祀先祖、隨其詩之旨而釋之、大抵皆爲祭也。　祠蒸嘗禴釋天專以爲時祭之名、此則爲凡祭之通名也。祠者、說文云春祭曰祠、品物少多文詞也。此時祭之祠也。大雅生民傳云以太牢祠於高禖、彼釋文云祠本作祀。禮記曲禮禱祠祭祀、彼釋文所謂求得曰祠也。是凡祭皆爲祠也。　蒸者、小雅楚茨以往蒸嘗、箋云冬祭曰蒸。此時祭之蒸也。信南山是蒸是享、賓之初筵烝衎烈祖、傳箋竝云烝進也。周頌載芟烝畀祖妣、箋云烝進也。進予祖妣。是凡祭皆爲蒸也。嘗禴者、楚茨以往蒸嘗、箋云秋祭曰嘗。天保禴祠烝嘗、傳曰春曰祠、夏曰禴、秋曰嘗、冬曰烝。此專言時祭之名。郝云祠蒸二文既有名徵、推此而言嘗禴二義亦當相準、而經典無文、莫可取證。案商頌那顧予烝嘗、箋云念我殷家有時祭之事。故王制祭統言四時祭名、注以爲夏殷祭名、是以烝嘗爲時祭。然郊特牲言饗禘有樂而食嘗無樂。此詩盛陳奏樂之盛、則烝嘗字特取祭祀之名、未必爲時祭也。　**說詩**

禋祀祠蒸嘗禴祭也　釋文云嘗字又作常。案常假借字。　釋文云禴字又作礿。案說文有礿無禴。　**匡名**

禋祀祠蒸嘗禴祭也　此釋祭祀之義。說文祭、祭祀也。从示以手持肉。禋、絜祀也。舜典、禋于六宗。祀、祭無已也。或从異。从已而釋爲無已。此如治曰亂、徂曰存、終則有始之義也。洪範三日祀。祠蒸嘗詳釋天。又周禮以祠春享先王、以禴夏享先王、以嘗秋享先王、以蒸冬享先王。詁四時之祭名也。　**啓蒙**

禴。祠　釋文禴字又作礿。案說文。礿。夏祭也。　**黃侃評本正名**

祀祠祭也。　祀祠聲通同訓。
禴祭也。　禴正作礿。說文礿夏祭也。　**黃侃音訓**

祠蒸嘗禴祭也
樾謹按、郝氏義疏曰四者皆時祭之名、詳見釋天。而此又單訓祭者、蓋不獨時祭有此名、而凡祭亦被斯名也。小宗伯云大烖及執事禱祠于上下神示。女祝云凡內禱祠之事。大祝云一曰祠。鄭注皆不以爲春時祭名。書洛誥云王在新邑烝、大宗伯疏引鄭注云是非時而特假祖廟、故文武各特牛也。月令大饗帝

爾雅詁林　一　釋詁上

嘗。鄭注曰嘗者、謂嘗羣神也。天子親嘗帝、使有司祭於羣神。然則鄭意亦以此嘗爲祭名、而不以爲時祭之嘗矣。惟禴未聞。郭以爲皆四時祭名、恐未然也。今按郝氏此論甚得經意。春祭曰祠、夏祭曰礿、秋祭曰嘗、冬祭曰蒸、而四者又爲凡祭之通稱、亦猶春獵爲蒐、夏獵爲苗、秋獵爲獮、冬獵爲狩、而四者又爲凡獵之通稱也。不然、車攻篇既曰駕言行狩、又曰之子于苗、一時之事、何以狩苗互見乎。周易萃六二、升九二竝曰孚乃利用禴、干寶注竝曰非時而祭曰禴。然則禴非時祭、古亦有徵、可以補郝說之闕。

平議

禋、祀、祠、蒸、嘗、禴、祭也。

說文「祭、祭祀也、从示、目手持肉、」此會意字。穀梁桓八年范注云：「無牲而祭曰薦；薦而加牲曰祭。」

禋者、書正義引孫炎云：「絜敬之祭也。」大宗伯禋祀注云：「禋之言煙、周人尚臭、煙、氣之臭聞者、」此亦絜意。惟禋作湮者誤。

祀、說文「祭無已也。」舍人以爲地祭、非是。

祠、礿、嘗、蒸、見釋天篇、彼爲四時之名。今以祠、蒸、嘗、禴爲祭者、以此爲凡祭之稱、不專屬四時也。小宗伯云：「禱祠於上下神示、」鄭注云：「求福曰禱、得求曰祠；」公羊傳稱「祠兵；」此祠之非時祭名也。蒸與烝通、洛誥「王在新邑烝、」大宗伯疏引鄭注云：「是非時而特假祖廟、故文武各特牛也。」是鄭以洛誥之烝、爲非時而特祭也。月令季秋「大饗帝嘗、」鄭注云：「嘗者、謂嘗羣神、天子親嘗帝、使有司祭於羣神、」是嘗爲祭名之嘗也。周易萃六二、升九二竝云：「孚乃利用禴、」干寶注皆云：「非時而祭曰禴、」此禴之非時祭名也。前三義、郝氏說；後一義、俞樾說。嘗亦作常；禴、說文作礿。

爾雅學

禋祀祠蒸嘗禴祭也〇釋曰注疏本刪。

〇注書曰禋于六宗〇釋曰注疏本刪。作注云禋于六宗者。

校勘記

乂手也　毛本同。監本湘本乂作叉。案此解上從叉之叉字也。說文叉、手也。此作乂誤。

注疏校勘札記

禋祀祠蒸嘗禴音藥祭也

音圖・音

禋、祀、祠、蒸、嘗、禴、祭也。藥

孫侶直音

禋因禋、祀、祠、蒸、嘗、禴、祭也

直音校正

禋因祀祠蒸嘗禴藥祭也

楊氏音訓

儼恪祗翼諲恭欽寅熯敬也

儼恪祗翼諲恭、欽、寅、熯、敬也。儼然、敬貌。書曰、夙夜惟寅。詩曰、我孔熯矣。諲未詳。

郭注

儼恪祗翼諲恭欽寅熯敬也　釋曰、皆謂謹敬也。儼者、郭云儼然敬貌。論語云、儼然人望而畏之。恪者、心敬也。周書微子之命云、恪慎克孝。祗者、虞書大禹謨云、祗承于帝。翼者、小心之敬也。云恭者、敬貌也。大雅桑柔云、溫溫恭人。欽者、堯典云、欽若昊天。　注書曰至熯矣　釋曰、云書曰夙夜惟寅者、虞書舜典文。云詩曰我孔熯矣者、小雅楚茨文。

邢疏

熯敬也

熯音罕。

釋文

郭音義

寅敬也

文選永明九年策秀才文注引爾雅曰、寅、敬也。

衆家注

黃輯古義

寅熯音罕

郭音義

玉函山房輯佚

儼恪祗翼諲恭欽寅熯敬也

郭璞云、儼然、敬貌。書曰夙夜惟寅。詩曰我孔熯矣。諲未詳。

一切注音

儼魚儉反。恪口各反。祗旨夷反。諲音因、又音真。熯而善反。郭音罕。說文著頡篇皆同。

陸音義

祗○舊作祇。案此訓敬、當作祗、今改正。

音義攷證

儼恪祗翼諲恭欽寅熯敬也

恪、各敬也。恭、有共之者。詩曰、溫恭朝夕、執事有恪。祗、有氏有示。諲、有垔有言。寅、早敬。欽、欽物。翼、翼物。羽左右異乃能翼。

新義

儼恪祗翼諲恭欽寅熯敬也　楚茨云、我孔熯矣。

鄭樵注

儼恪祗翼諲恭欽寅熯敬也熯、郭音罕。

郭璞曰、儼然、敬貌。書曰、夙夜惟寅。詩曰、我孔熯矣。諲未詳。

鄭樵曰、楚茨云我孔熯矣。

古注合存

儼恪祗翼諲恭欽寅熯敬也　諲音因。熯音善。○此釋儼恪以下皆敬之義也。註曰、詩楚茨云、我孔熯矣。愚按詩傳云、熯、竭也。盡勞而不失敬之意。

注疏參義

儼恪祗翼諲恭欽寅熯敬也　註　儼然敬貌。書曰夙夜惟寅。詩曰我孔熯矣。諲未詳

正義　說文云、敬、肅也。釋名云、敬、警也。恒自肅敬也。儼者、陳風澤陂云、碩大且儼。毛傳、儼、矜莊貌。儼通作嚴。荀子儒效篇、嚴嚴乎其能敬已也。楊倞註、嚴或爲儼。是也。恪者、說文作愙、云敬也。徐鉉云、今俗作恪。商頌那云、執事有恪。祗者、商頌長發云、上帝是祗。金縢云、罔不祗畏。史記作罔不敬畏。翼者、大誥云、厥考翼。大雅卷阿云、以引以翼。諲者、大雅生民云、克禋克祀。毛傳、禋、敬也。左氏桓六年傳云、以致其禋祀。杜註、禋、絜敬也。禋諲古字通。恭者、說文云、恭、肅也。商頌那云、溫恭朝夕。欽者、堯典云、欽若昊天。史記作敬順昊天。書釋文引馬融云、威儀表備謂之欽。鄭康成云、敬事節用謂之欽。皆就書文而推演其義耳。內則云、欽有帥。是欽卽敬也。寅者、堯典云、寅賓出日。史記作敬道日出。逸周書祭公解云、我不則寅哉寅哉。寅、通作夤。說文云、夤、敬惕也。易曰、夕惕若夤。漢書敘傳云、夤亮天

功、鄭展註云爯、敬也。熯者、徐鍇以爲熯當作戁。說文云、戁、敬也。**註**儼然至熯矣。○**正義**儼然敬貌者、曲禮云、儼若思。論語云、儼然人望而畏之。釋名云、嚴、儼也、儼然人憚之也。夙夜惟寅、舜典文、史記作夙夜惟敬。我孔熯矣、小雅楚茨文、毛傳用爾雅。**正義**

欽敬也　漢志曰、內曰恭、外曰欽。書釋文引馬融曰、威儀表備謂之欽。**校議**

儼恪祗翼諲恭欽寅熯敬也儼然敬貌。書曰夙夜惟寅。詩曰我孔熯矣。諲未詳。

釋名云、敬、警也、恆自肅警也。謚法云、夙夜警戒曰敬。文選東京賦薛綜注、敬、宐也。敬訓宐者、上文云、宐、事也。補亾詩注引蒼頡篇曰、宐、得其所也。是皆敬訓宐之義。通作儆。詩既敬既戒、周禮夏官序官注引作旣儆既戒。儼者、詩碩大且儼、曲禮云儼若思、毛鄭竝云儼、矜莊貌。離騷云湯禹儼而求合兮、文選思玄賦云僕夫儼其正策兮、王逸注及舊注竝云、儼、敬也。通作嚴。詩柏舟傳及論語子張篇釋文竝云、儼、本或作嚴。按釋名云、嚴、儼也、儼然人憚之也。是儼、嚴聲義同。恪者、愙之或體也。說文、愙、敬也。引春秋傳曰以陳備三愙。愙通作恪。詩執事有恪、周語云、俾莫不任肅純恪也。又通作㥶。魯峻碑云、敬㥶恭儉。帝堯碑云、若不虔㥶。魏修孔子廟碑云、追存二代三㥶之禮。蓋㥶卽愙之異文、恪又㥶之省文耳。祗者、說文云、敬也。書金縢云罔不祗畏、史記魯世家作罔不敬畏。費誓云、祗復之、魯世家作敬復之。通作振。書曰嚴祗敬六德、史記夏紀祗敬作振敬。內則云祗見孺子、鄭注、祗或作振、振祗聲相轉也。翼者、詩有嚴有翼、以燕翼子、以引以翼、毛傳竝云、翼、敬也。常武傳云、翼翼、敬也。釋訓云、翼翼、恭也。恭亦敬、故詩文王傳云、翼翼、恭敬。蓋兼用詁訓二文也。逸周書程典篇云愼下必翼上、周語云翼其上也、翼皆訓敬。通作趩。論語云趨進翼如也、說文作趩進趩如也。又通作翊。漢書禮樂志云共翊翊、集注共讀曰恭、翊翊、敬也。是翊卽翼矣。諲者、禋之叚音也。

詩克禋克祀、毛傳禋、敬也。本爾雅。左氏桓六年傳云以致其禋祀、杜預注、禋、絜敬也、與孫炎義同。俱本毛傳爲訓也。通作誾。廣雅云、誾誾、敬也。文云、訔訔、語也。一切經音義十二云、誾、古文訔同。又通作言。玉藻云二爵而言言斯、鄭注、言言、和敬貌。是言誾禋俱聲義同。恭者、說文與敬俱訓肅也。恭敬義同。經典對文則少儀云賓客主恭、祭祀主敬、鄭注、恭在貌也、而敬又在心。若散文則敬亦爲恭、恭亦爲敬、故謚法云、敬事供上曰恭、夙夜恭事曰敬。是二義互相訓也。釋名云、恭、拱也、自拱持也。亦言供給事人也。亦二義相兼。通作共。書愿而恭、史記夏紀作愿而共。詩匪其止共、韓詩作匪其止恭。經典恭共通者非一、舉此二文、其餘皆可知也。又通作龔。書象恭滔天、漢書王尊傳作象龔滔天。恭行天之罰、梁元帝告四方檄云龔行天罰。又通作供。老子注云、非唯恭其乏而已、釋文恭一作供。荀子修身篇云、行而供冀、楊倞注、供、恭也。皆其證也。欽者、書欽若昊天、五帝紀蓺文志竝作敬順昊天。謚法云、威儀悉備曰欽。書堯典正義引鄭注云、敬事節用謂之欽。蓋撙節退讓與攝以威儀斯皆恭敬之實也。寅者、夤之叚音也。說文云、夤、敬惕也。漢書集注引書曰、夤亮天工。敘傳云夤用刑名。文選永明九年策秀才文云夤奉天命、李善注引爾雅曰、夤、敬也。通作寅。逸周書祭公篇云寅哉寅哉、孔晁注、寅、敬也。熯者、戁之叚音也。說文云、戁、敬也。本爾雅。通作熯。詩我孔熯矣、毛傳熯、敬也、說文亦引此句而云熯乾皃、熯無敬意、故徐鍇繫傳以熯爲戁、其說是也。蓋戁从難聲、熯从漢省、漢又从難省、故聲同字通。又通作難。禮儒行云儒有居處齊難、難卽戁之省借、齊難猶言莊敬、鄭注以爲齊莊可畏難也、似失之矣。**義疏**

儼嚴**恪**愙**祗翼諲恭**龔共**欽寅熯敬也**郭注、儼然、敬皃。書曰夙夜惟寅。詩曰我孔熯矣。諲未詳。此別釋禮而及敬也。儼、从嚴。嚴、崟高厓也。因爲尊嚴矜儼之稱。詩、碩大且儼。記、嚴若思。恪客一字、賓客皆敬也。加心爲三愙之愙。詩、執事有恪。卽有客有客也。宀下各之，是客矣。記嚴威儼恪，始用爲敬耳。祇从氏，低俛致敬也。書，罔不祇畏。又曰嚴祇敬，史記作振敬。古者振祇同字。翼从飛，異聲也。異从廾畀爲敬，欲象張拱，故皆用㦽。又从篆作翼，不取飛，但象㦽也。詩，以引以翼。又，有嚴有翼。諲从言，無所取。書曰，禋或今文作諲乎。恭从廾廿，漢人多用龔。又誤爲龔。書象龔，龔行，說文龔，愨也。龔，給也。是加龍爲別，皆不用恭。恭義同拱，竦敬也。共，具也。書協共，愿而共，共行，皆當作共。皃曰恭，恭作肅，則可作恭。記賓客主恭，是也。欽从欠金，有羨欲之詞。下云興也，書欽皆作興，注家誤以爲敬。周書，唯有叩璺曰欽。其不可以爲敬也。寅，上云進也。熯，戁難通用字。敬从苟，苟从羊，包口，愼密意也。敬與警儆同用。說文从苟攴，肅也。

集解

儼恪祇翼諲恭欽寅熯敬也　儼，昂頭也，从人嚴聲。引申爲莊敬之皃。記所謂儼若思是也。離騷湯武儼而求合兮，文選思玄賦僕夫儼其正策兮，注均云儼，敬。詩殷武下民有嚴，傳嚴，敬也。禮記大學其嚴乎，注言可畏敬也。學記嚴師爲難，注嚴，尊敬也。楚語民瀆齊盟無有嚴威，注嚴，敬也。以嚴爲之。恪字本作愙，心之敬也。从心客聲。書盤庚恪謹天命，僞傳訓敬。詩那執事有恪，傳恪，敬也。左襄二三傳敬共朝夕恪居官位，昭七傳叔父陟恪，注均云恪，敬也。前漢書敘傳恣咎若茲，如何不恪，師古曰恪，敬也。祇，低俯致敬也，从示氏聲。氏，低也。書金縢罔不祇畏，棐諶無敢越逐祇復之，史記祇均作敬。呂刑以教民祇德，僞傳訓敬。禮記孔子閒居引詩上帝是祇，內則祇事宗子宗婦，周禮大司樂以樂德教國子中和祇庸孝友，鄭注均云祇，敬也。左僖二三傳子不祇，孟子萬章祇載見瞽瞍，文選藉田賦萬方以祇，羽獵賦乃祇莊雍穆之徒，幽通賦乃二雅之所祇，注均云祇，敬也。離騷湯武嚴而祇敬兮，又何芳之能祇，王注均云祇，敬也。書無逸治民祇懼，史記祇作震。禮記祇見孺子，注祇，敬。或作振。以震振爲之。翼，㦽也，从飛異聲。引申爲敬，謂張拱之端好也。魯論所謂翼如是也。書大誥越予小子考翼不可征，漢書作於予小子族父敬不可征。厥考翼，鄭玄注其父敬職之人。詩六月有嚴有翼，文王有聲以燕翼子，行葦卷阿以引以翼，傳均云翼，敬也。周書程典愼下必翼上，後漢書班彪傳以宴翼子，離騷鳳凰翼其承旂兮，文選陸士衡皇大子宴令賦詩欽翼昊天，石闕銘翼百神禔萬福，注均云翼，敬也。荀子修身行而供冀，謂恭敬也。漢書禮樂志共翊翊，集注共讀曰恭，翊翊，敬也。王篇廙，敬也。魏丁廙，字敬禮。以冀翊廙爲之。諲，字本作禋，潔祀也。一曰精意以享。从示垔聲。引申爲敬。廣雅則以畏爲之。禋諲古今字，畏禋通用字。詩生民克禋克祀，傳禋，敬也。左桓六傳以致其禋，注禋，絜敬也。恭，肅也，从心共聲。引申爲敬。洪範恭作肅，少儀賓客主恭，是也。書康誥乃弗克恭厥兄，無逸徽柔懿恭，孫疏均云恭，敬也。詩巧言匪其止共，韓詩作恭。史記屈賈傳共承嘉惠兮，今文選本作恭。集解敬也。書象恭滔天，漢書王尊傳作龔。僞傳訓敬。荀子修身行而供冀，注供，恭也。禮記緇衣皇本匪其止躳，注恭也。廣雅釋詁躳躳，謹敬也。說文，中姝，敬也。以共龔供躳中姝或躳爲之。欽，欠皃，从欠金聲。正字爲頷。頷，低頭也。凡人仰首多怠惰忽略，俛首多敬愼思維。頷欽通用字。書堯典欽明文思安安，鄭注敬事節用謂之欽。欽若昊天，史記作敬順昊天。禮記內則欽有帥，注欽，敬也。前漢書楊雄傳欽若神明者，師古曰欽，敬也。或者正字爲金與。金之質重，敬者亦威重也。寅，髕也。謂陽氣之寅髕而不達也。正字爲夤。夤，敬惕也。夤寅通用字。書堯典寅賓出日，史記作敬道日出。無逸嚴恭寅畏，史記寅作敬。逸周書蔡公解我不則寅哉寅哉，注寅，敬也。文選永明九年策秀才文朕寅奉天命，今本作夤，注敬也。熯，乾皃，从火漢省聲。正字爲戁。戁，謹敬也。詩所謂不戁不竦是也。戁熯通用字。詩楚茨我孔熯矣，傳熯，敬也。敬，肅也，从攴从苟會意。苟，自急敕也。

義證

諲敬也　諲當爲禋。邊旁訛也。上云禋祀祭也，此云禋敬也，相承以廣其義，與篇首幠厖、舒業順等科例同。尚書禋于六宗，大傳述其文又訛邊旁爲湮。

補郭

儼恪祇翼諲恭欽寅熯敬也　熯，音罕。

郭注補正

注儼然敬貌。書曰夙夜惟寅。詩曰我孔熯矣。諲未詳

爾雅詁林　一　釋詁下

儼恪祗翼諲恭欽寅熯敬也

儼者、邶風柏舟毛傳云君子望之儼然可畏。彼釋文云、儼本或作嚴。釋名云嚴、儼也、儼然人憚之也。陳風澤陂碩大且儼、傳云儼矜莊貌。矜莊即敬也。彼釋文云、儼本作曮。說文引作碩大且嬐、韓詩作嬐。嬐、含怒也。一曰難知也、與此義別。　恪、說文作愙、云敬也。一切經音義三云、恪、古文作愙。陳譜武王封嬀滿於陳、以備三恪、正義云恪者、敬也、王者敬先代封其後。商頌那執事有恪、傳云恪敬也。　祗者、說文云敬也。書之祗、史記皆作敬。小雅何人斯俾我祇也、傳云祇、病也、箋云祇、安也。竊謂祇訓爲安是也、亦有同寅相敬之意。毛以爲病、失其義矣。　翼者、小雅六月有嚴有翼、大雅行葦卷阿以引以翼、文王有聲以燕翼子、傳竝云翼敬也。重言之則曰翼翼、說詳釋訓翼翼恭也下。案以燕翼子、翼當讀如生民鳥覆翼之之翼、毛訓爲敬、非是。　諲、與禋通。大雅生民克禋克祀、傳云禋敬也。禋義互見士禋祭也下。　恭敬、常語也。說文、恭、肅也。肅即敬也。小雅賓之初筵温温其恭。商頌那温恭朝夕。恭與共同。大雅韓奕虔共爾位、箋云古之恭字或作共。小雅小明靖共爾位、箋云共具也。案靖共爾位與虔共爾位同義。禮記表記靖共爾位、彼釋文云共本作恭。箋訓爲具、非也。小雅巧言匪其止共、韓詩作匪其止恭。彼釋文云、共、本作恭。謂韓詩也。大雅抑温温恭人、彼釋文云共本作恭。　欽敬亦常語也。書之欽寅、史記皆以敬代之、義本雅訓也。小雅鼓鐘鼓鐘欽欽、傳云欽欽使人樂進也。樂進義與欽敬相近。　熯者、徐鍇云、熯當作戁。說文云戁敬也。小雅楚茨我孔熯矣、說文引此詩而解爲乾貌、傳云熯敬者、蓋假戁爲之。商頌長發不戁不竦、傳云戁恐也。恐即敬畏之義。

說詩

欽敬也

柏年案欽通作頷、漢書楊雄傳頷頤、後漢書周燮傳作欽頤、是其證。頷、說文低頭也。低頭有敬意、故引伸之意爲敬。

補釋

儼恪祗翼　祇、誤神祇字。　音恪口各切　口、誤虛。

注疏正字

儼恪祗翼諲恭欽寅熯敬也　儼通嚴。詩商頌殷武有嚴有翼、傳嚴、敬也。正義曰嚴敬釋詁文。　說文心部、愙、敬也、从心客聲。春秋傳曰以備陳三愙。臣鉉等曰、今俗作恪。　祗、說文同。釋文通志堂本作祇。盧本改。　說文、丞部蹮、蹮進蹮如也、从丞翼聲。經典相承用翼。

諲、左傳正義六引作禋。詩大雅生民克禋克祀、傳禋、敬也。正義曰、釋詁云禋祭也、則禋是祭之名、又云諲敬也、義得相通、故以禋爲敬也。元照案說文言部無諲字。　漢書以龔代恭。案當作龔、說文廾部龔、愨也、从廾龍聲。　寅當作夤。見前。文選注卅六引作夤。　說文心部戁、敬也、从心難聲。楚茨詩作熯者、古字假借。

匡名

儼恪祗翼諲恭欽寅熯敬也 此釋敬之義。說文、敬、肅也。儼、昂頭也。注、昂當是卬。卬者、望欲有所庶及也。陳風碩大且儼、傳儼、矜莊貌。古借嚴爲之。前漢匡衡傳、正躬嚴恪。　恪作愙、敬也。商頌、執事有恪。　祗、敬也。金縢罔不祗畏、史記作罔不敬畏。　翼、翄也。翄、翼也。注、轉注也。翼必兩相輔、故引伸爲輔翼。凡敬者必如兩翼之整齊、故又訓敬也。小雅有嚴有翼。　諲、通作禋。大雅克禋克祀、傳禋、敬也。　敬、肅也。孔疏在貌爲恭、在心爲敬。商頌溫恭朝夕。通作共。大雅虔共爾位、箋共、古之恭字。　欽、欠貌。注、凡气不足而後欠、引伸之欲然如不足也。經言欽者、皆謹恪之意。虞書言欽哉、周書言敬哉、是欽卽敬也。故堯典欽若昊天、史記作敬若昊天。　寅作夤、敬惕也。舜典夙夜惟寅、史記作夙夜惟敬。　熯、乾貌、从火漢省聲。引詩我孔熯矣。訓敬、謂熯卽戁之假借字也。

啓蒙

恪　愙　說文。愙。敬也。春秋傳曰。以陳備三愙。臣鉉等曰。今俗作恪。

諲　禋　詩。克禋克祀。傳。禋。敬也。說文無諲。當作禋。

黃侃評本正名

諲敬也。諲與上禋同字並見。書洛誥疏左氏桓六年疏並引釋詁作禋敬、則與上文同、一字異訓也。

黃侃音訓

儼、恪、祇、翼、諲、恭、欽、寅、熯、敬也。

說文「敬、肅也、从攴苟。」釋名云：「敬、警也、恒自肅警也。」

儼者、詩毛傳、曲禮鄭注、竝云：「矜莊貌。」通作嚴。

恪、說文作愙、云：「敬也。」徐鉉云：「俗作恪；」孔子廟碑作愘。

祇、說文云：「敬也。」鄭注內則云：「祇或作振。」

翼者、書「厥考翼、」詩「有嚴有翼、」皆敬也。

諲、說文無此字。大雅生民云：「克禋克祀、」傳訓敬；左氏桓六年傳「以致其禋祀、」杜註云：「禋、絜敬也；」是諲者、即上文「禋、祭也、」之禋也。

寅熯、乃夤戁之假借。說文「夤、敬惕也；戁、敬也。」文選永明九年策秀才文李注引爾雅、寅作夤、是爾雅本作夤。小雅「我孔熯矣、」傳亦訓敬、與爾雅同用假字也。前訓戁爲懼者、懼爲敬之引伸義也。

爾雅學

儼恪祇翼禋恭欽寅熯敬也○釋曰 注疏本刪。

欽若昊天○注書曰至熯矣○釋曰 注疏本刪下八字。

校勘記訂補

熯而善切 雪聰本而漢反。

校勘記

儼恪祇翼諲音因恭欽寅熯音旱敬也

音圖・音

熯音旱　案熯音罕。曉 今音旱、匣 非。直音音罕不誤。此字有罕上、漢去兩音、又有而善翻。爾雅釋文及詩楚茨釋文並而善翻、音輭。說文人善翻同。

直音正誤

儼、恪、祇、翼、諲、恭、欽、寅、熯、敬也

儼上聲　脂　因　罕

孫偘直音

爾雅詁林 一 釋詁下

爾雅詁林 一 釋詁下

儼、恪、祗(脂)、翼、諲(因)、恭、欽、寅、熯(難上音)、敬也

直音校正

儼恪祗翼諲(因)恭欽寅熯(善)敬也

楊氏音訓

諲 因 熯 人善切

干氏音釋

朝旦夙晨晙早也

朝、旦、夙、晨、晙、早也。晙亦明也。

郭注

朝旦夙晨晙早也 釋曰、早者、說文云晨也、從日在甲上。十、古文甲字。今卽以不晚爲早。朝者、鄘風蝃蝀云、崇朝其雨、毛傳云、崇、終也、從旦至食時爲終朝。旦者、說文云明也、從日在一上。一、地也。陳風東門之枌云、穀旦于差。夙者、齊風東方未明云、不夙則莫。晨者、說文云晨昧爽也。東方未明云、不能晨夜。晙亦明之早也。

邢疏

朝旦夙晨晙早也

郭璞云、晙亦明也。

一切注音

晙 子峻反、又音峻。

陸音義

朝旦夙晨晙早也

朝陽涉難、旦陰退聽、履坦矣。詩曰、來朝走馬。晙、浚也。其銳之時。

新義

朝旦夙晨晙早也

郭璞曰、晙亦明也。

古注合存

朝旦夙晨晙早也。晙音陵。○此釋朝旦以下皆早之義也。註曰、晙亦明也。疏曰、說文云、早從日在甲上。十、古文甲字也。

注疏參義

朝旦夙晨晙早也 **註** 晙亦明也 **正義** 說文云、早、晨也、从日在甲上。古文甲始於一、見於十、成於木之象。朝者、說文云、倝、旦也、从倝舟聲。舊疏引鄘風蝃蝀云、崇朝其雨。毛傳云、從旦至食時爲終朝。孔疏云、左傳子文治兵終朝而畢、子玉終日而畢、是終朝非竟日也。旦者、說文云、旦、明也、从日見一上。一、地也。邶風匏有苦葉云、旭日始旦、毛傳、旭日始出謂大昕之時。夙者、說文作殂、云、早敬也、从丮、持事、雖夕不休、早敬者也。大雅生民云、載震載夙。士冠禮云、夙興設洗。賈誼書禮容語云、夙、早也。晨者、說文作晨、云晨、早昧爽也、从臼从辰。辰、時也。辰亦聲。丮夕爲殂、臼辰爲晨、皆同意。小雅庭燎云、夜鄉晨、毛傳晨、明也。秋官司寤氏云、禦晨行者、鄭註晨、先明也。晙者、大明也、與旦晨之義同。

正義

朝旦夙晨晙早也 晙亦明也

說文云、早、晨也、从日在甲上。案、甲、木也。木之九高者日在其上、是早也。詩云、杲杲出日。故日在木上曰杲、日在木下曰杳。杳、冥也。杲、明也。杲與早聲義近。老子云是謂早服、河上公注早、先也。齊策云早救之、高誘注早、速也。按今人謂及早爲卽速、速猶夙也、夙卽早也。通作蚤。士相見禮云問日之早晏、鄭注古文早作蚤。詩四之日其蚤、王制注作四之日其早。又早起、孟子書作蚤起、皆其證矣。朝者、說文云旦也、从倝舟聲。虞翻易訟注云、日在甲上稱朝、與說文訓早義合。鄭注祭義云、朝、日出時也。通作調。詩惄如調飢、毛傳調、朝也。又通作輖。汝墳釋文、調、張雷反。又作輖、音同。說文心部引詩正作輖飢。又通作鼂。說文、鼂讀若朝。杜林以爲朝旦、非是。楚辭哀郢篇云甲之鼂吾以行、王逸注鼂、旦也。文選上林賦注及漢書注竝云、鼂、古朝字。又通作晁。漢書景帝紀注、晁、古朝字。文選羽獵賦云、於是天子乃以陽晁、李善注朝晁古字同。俱杜林所本也。旦者、說文云明也、从日見一上。一、地也。按日出地上曰旦、日入氏下曰昏、二者意亦同也。詩葛生東門之枌箋板傳竝云、旦、明也。經典或言旦明、或言旦夕。少牢饋食禮云旦明行事、鄭注旦明、旦日質明。管子小匡篇云旦昝從事於此、尹知章注旦昝猶朝夕也。夙者、殂之俗體也。說文云、殂、早敬也、从丮、持事

雖夕不休、早敬者也。通作夙。詩禮內凡言夙夜夙興者非一、傳箋及注並云夙、早也。又通作宿。說文殊古文作佤、宿从此、故逸周書寤儆篇云戒惟宿、孔晁注宿、古文夙。蓋宿有久舊二義、又有豫先二義。然則久次舊故皆人之早也、豫期先定皆時之早也。又通作肅。詩生民箋云、夙之言肅也。蓋夙與速聲義同、又肅速上文並訓疾也、疾速亦皆爲早矣。晨者、說文作晨、云早昧爽也、从臼从辰。辰、時也。辰亦聲。丮夕爲夙、臼辰爲晨、皆同意。釋名云、晨、伸也、旦而日光復伸見也。詩庭燎箋、晨、明也。周禮司寤注、晨、先明也。晉語丙之晨注、晨、早朝也。漢書律麻志引左氏僖五年傳丙之晨作丙子之辰、蓋辰卽晨耳。晙者、浚之或體也。書夙夜浚明有家、史記夏紀作蚤夜翊明有家。按翊翌同。釋言云、翌、明也。史記訓浚爲翊、是翊浚俱訓明。後人淺俗、見浚訓明、因作日旁夋之字以別之。梅書僞孔傳訓浚爲須、尤乖雅義。此古訓不明之失也。浚、通作駿。上文云駿、速也、速卽早意。【義疏】

朝鼂晁旦夙宿晨晙浚晉早也　郭注、晙亦朙也。

翰、从倝舟、早行也。因爲朝夕朝廷之稱。或爲旦鼂、鼂集於旦、故杜林以爲朝旦字。旦、从日見地上。夙、从夕丮、欲早者先夜必戒、故又作宿晨。从辰臼、字又从日辰。辰本从晶、房星也。今皆用晨。詩、夜鄉晨。說文無晙、蓋夋爲退、因又爲早。書夙夜浚朙。易浚恆。記逡奔爲疾、疾亦早也。早、从日在甲上、十亦是也。早昧爽、因爲皁白字。又作蚤。禮鼓鼜。又問日之早晏。古文作蚤。詩、四之日其蚤。捕蚤者必於早旦。【集解】

朝旦夙晨晙早也　朝字本作翰、旦也。从倝舟聲。舟乘早潮因又爲朝廷之朝。周禮春見曰朝、注欲其來之早是也。詩蝃蝀崇朝其雨、傳崇、終也、從旦至食時爲終朝。禮記祭義周人祭日以朝及闇、注朝、日出時也。易訟終朝三褫之、虞注日在甲上稱朝。日在甲上者、早也。詩汝墳惄如調飢、傳調、朝也。韓詩作輖。楚辭哀郢甲之鼂吾以行、注鼂、旦也。文選羽獵賦天子乃以陽晁、注晁、古朝字。早也。以調輖鼂或晁爲之。旦、明也、从日見一上。一、地也。引申爲早、詩所謂旭日始旦是也。儀禮少牢饋食旦明行事、注旦明、旦日質明。秦策旦日客從外來、注旦、明也。管子小匡旦昔從事於此、尹知章注旦昔、猶朝夕也。詩陳風穀旦于差、箋旦、明。正義曰旦謂早朝、故爲明也。夙、夙之俗體、早敬也。从丮持事雖夕不休、早敬者也。易解有攸往夙吉、虞注夙、早也。詩定之方中星言夙駕、東方未明不夙則莫。陟岵夙夜無已、有駜小星夙夜在公、生民載震載夙、傳箋均云夙、早也。儀禮士冠夙興、晉語夙夜征行、注均云夙、早也。晨、字本作曟、房星也。爲民田時者。正字爲晨。晨、早昧爽也。經傳皆以晨爲之。詩庭燎夜鄉晨、箋晨、明也。周禮司寤禦晨行者、注晨、先明也。禮記曲禮昏定而晨省、疏晨旦也。晉語丙之晨、注晨、早朝也。晙、字本作焌、然大也、从火夋聲。引申爲早、謂日早出如然大狀也。或者正字爲迅、與禮逡奔、詩駿發均迅之借字、而訓爲疾、疾則早矣。焌借爲迅、故有疾義、亦有早義也。早、字本作早、晨也、从日在甲上。【義證】

朝旦夙晨晙早也　晙子峻反。

【註】晙亦明也　【郭注補正】

朝旦夙晨晙早也

朝旦夙晨常語也。朝、說文作翰、云旦也、從倝舟聲。鄘風蝃蝀朝隮於西、崇朝其雨、毛傳云從旦至食時爲終朝。衛風氓靡有朝矣、箋云無有朝者、常早起夜卧、非一朝然。河廣曾不崇朝、大雅大明會朝清明、緜來朝走馬、商頌温恭朝夕、皆謂早也。旦者、說文云、旦、明也。邶風匏有苦葉旭日始旦、傳云旭日始出謂大昕之時。唐風葛生誰與獨旦、陳風

爾雅詁林　一　釋詁下

東門之枌穀旦于差、大雅板昊天曰旦、傳箋竝云旦、明也。昕與明皆早也。夙、說文作𡖍、云早敬也。從丮、持事雖夕不休、早敬者也。鄘風定之方中星言夙駕、齊風東方未明不夙則莫、魏風陟岵夙夜無已、大雅生民載震載夙、烝民夙夜匪解、傳箋竝云夙、早也。雲漢祈年孔夙、箋云我祈豐年甚早。小雅小宛夙興夜寐、疏云當早起夜臥、大雅抑誰夙知而莫成、箋云誰早有所知而反晚成。周頌昊天有成命夙夜基命宥密、箋云早夜始順天命。不敢解倦、振鷺庶幾夙夜、魯頌夙夜在公、皆謂早也。晨、說文作晨、云早昧爽也。小雅庭燎夜鄉晨、傳云晨、明也。

說詩

朝旦節疏從日見一上 見、誤在。 說文云晨昧爽也 晨、說文作晨、下有早字。

注疏正字

晙早也 晙、說文新附字。錢詹事云當作浚、書浚明有家是也。

早、當作㫐。

小箋

朝旦夙晨晙早也 說文、夕部𡖍、早敬、以丮持事雖夕不休、早敬者也。臣鉉等曰、今俗書作夙、譌。古文作𠈣、又作𠈤。 晨乃曟之或體、非此義。當作晨。說文、晨、早昧爽也、从臼从辰、辰、時也。丮夕為𡖍、臼辰為晨、其意相同。 晙、說文日部新附字。錢少詹曰、書夙夜浚明有家、史記作蚤夜翊明有家、則浚與翊義同。釋言、翌、明也。則浚亦有明義。晙即浚之異文。 早、經典或借用蚤字。

匡名

朝旦夙晨晙早也 此釋早之義。說文、㫐、晨也、从日在甲上。坤卦由辨之不早辨也。 朝、旦也。鄘風、崇朝其雨。 旦、明也、从日見一上。一、地也。邶風、旭日始旦。 𡖍、早敬也、从丮持事雖夕不休。俗作夙、譌。大雅載震載夙、賈云夙、早也。 曟、早昧爽也、从臼辰。辰、時也。辰亦聲。小雅夜鄉晨、傳晨、明也。

晙、明也。

啓蒙

晙 濬 郭注、晙亦明也。書夙夜浚明有家。史記作早夜翊明。釋言、翊明也。則浚亦有明義。

晙明之訓當作晉。說文引易曰明出地上晉。引申為早、為速則與迅駿又通。

黃侃評本正名

晙早也。 晙亦明也 晙明之訓當作晉說文引易曰明出地上晉、引申為早、為遠則與迅駿又通。

黃侃音訓

晙早也

錦燧謹案、許書無晙字、見于徐氏新附、云晙明也。鈕氏說文新附攷據書夙夜浚明有家、史記作蚤夜翊明有家、謂浚與翊義同。翊或為翌、釋言翌、明也。則浚亦有明義、晙即浚之異文。蒙案、說文云、浚、抒也。與訓明訓早兩義俱不相蒙。竊謂晙乃焌之俗字、晙焌分正俗、猶燿曜之比、浚則焌之假字也。說文火部云、焌、

爾雅詁林 一 釋詁下

然火也。引申之有光明義。焌訓明又訓早、猶旦之本義爲明、而此經亦釋云早也。

陸錦燧日記

朝、旦、夙、晨、晙、早也。

說文日部云：「早、晨也、从日在甲上、」謂昧爽時也。老子河上注云：「早、先也、」齊策高注云：「早、速也、」是早有速意。字通蚤。

朝者、說文「朝、旦也、从倝、舟聲；」倝者「日始出、其光倝倝然也、」故日出地上爲朝。毛傳每假調輖爲朝。說文鼂、讀若朝、故漢書朝鼂通用、又通晁。

旦、說文旦部云：「明也、从日見一上、一、地也。」昏从日氐省、爲日冥、故日在地上之旦爲明、爲早。風衛「信誓旦旦、」傳亦訓爲明明。

夙晨者、𡖊晨之隸體。說文「𡖊、早敬也、从丮夕、持事雖夕不休、早敬者也。晨、早昧爽也、从臼辰；辰、時也；辰亦聲。丮夕爲𡖊、臼辰爲晨、皆同意。」手有所持爲丮、又手爲臼。是晨訓昧爽、謂朝而事事；𡖊之持事、有未及明朝之意也。觀說文㑥爲古文𡖊；而宿字从㑥、即未至明朝之謂；故爾雅以早釋夙晨也。

晙、郭注云：「亦明也。」錢大昕據咎繇謨「夙夜浚明有家、」史記作「蚤夜翊明有家、」謂浚與翊義同。翊或爲翼、釋言「翼、明也、」則浚亦明義；晙即浚之異文。」

爾雅學

朝旦夙晨晙早也○釋曰注疏本刪。

校勘記

朝旦夙晨晙音俊早也

音圖・音

朝、旦、夙、晨、晙、早也。 俊

孫侶直音

朝旦夙晨晙俊早也

楊氏音訓

晙俊

干氏音釋

頣竢替戾底止徯待也

頣、竢、替、戾、底、止、徯、待也。

郭注

書曰徯我后、今河北人語亦然。替戾底者皆止也、止亦相待。

頣竢替戾底止徯待也。釋曰、皆相待也。頣者、邶風匏有苦葉云、卬須我友。竢者、齊風著篇云、俟我于著乎而。頣須、竢俟音義同。替戾底者、郭云皆止也、止亦相待。注書曰徯我后 釋曰、商書大甲文。

邢疏

頣竢替戾底止徯待也

郭璞云、書曰徯我后、今河北人語亦然。替戾底者皆止也、止亦相待。今本作相待也。宋本無也字。

一切注音

頣音須。竢音仕。字又作俟、亦作𠈇、音同。徯胡禮反。替他計反。戾音麗。底之視反。字宜從广、音丁禮反。或作底、非也。

陸音義

替○毛注疏本作普、乃正體、下同。陸本從俗體。底注○疏本作底、是。陸氏誤以底爲非。

音義攷證

頣竢替戾底止徯待也

頣待所須、徯待所係。底、致也、以能致之、故待之。以有待也、故有戾也；以有待也、故有替也。

新義

頣竢替戾底止徯待也 替戾底皆止也、止亦待也。

鄭樵注

頣竢替戾底止徯待也皆監本作替。底、據本並作底。今從釋文及乾隆四年刊本作底。郭璞曰、書曰徯我后、今河北人語亦然。替戾底者皆止也、止亦相待也。宋本待下無也字。鄭樵曰、替戾底皆止也、止亦待也。

古注合存

爾雅詁林 一 釋詁下

頍竢替戾底止徯待也、頍須同、竢俟同、替替同、底音止。○此釋頍竢以下皆待之義也、註曰、書云、徯我后、替戾底、皆止也、亦相待也、

注疏參義

頍竢替戾底止徯待也 註 書呂徯我后今河北人語亦然替戾底者皆止也止亦相待 正義 說文云、待、竢也。頍、通作須。士喪禮云、擯者出告須。鄭註、須、亦待也。士昏禮記云、某敢不敬須。左氏成十二年傳云、寡君須矣。雜記云、孤某須矣。竢通作俟。士昏禮云、俟于門外。鄉射禮云、負俟而俟。祭義云、八十不俟朝。穀梁莊八年傳云、俟、待也。替戾底俱訓為止、詳見下。徯者、益稷云、惟動丕應徯志。書曰至相待。○ 正義 孟子引書曰、徯我后、趙岐註、徯、待也。東晉所上古文在太甲篇、說文繫傳引作徯予后。監本作止亦相待也、宋本無也字。

正義

頍竢替戾底止徯待也 書曰徯我后今河北人語亦然替戾底者皆止也止亦相待

說文云、待、竢也。从寺聲。案待从寺得聲、古讀當祥吏切、或直里切、今讀徒改切、非古音矣。知待讀直里切者、說文云、偫、待也。偫从待、其義與聲亦俱為待。不獨待為然、凡从寺之字讀皆寺聲也。偫與峙同。下文云供峙共具也、具謂備具、峙既訓具、故待亦為具。周語注、待猶備也。齊策注、待猶共也。周禮大府外府注竝云、待猶給也。給共備皆為具。是待與偫聲義同之證也。知待讀祥吏切者、古讀恃待皆同聲也。老子云萬物恃之而生、河上公注、恃、待也。呂覽無義篇云不窮奚待、高誘注、待、恃也。義既互訓、字亦互通。故老子釋文、恃、河上本作待。呂覽審時篇注云、恃或作待。禮雜記注、待、或為恃。儀禮士昏禮注云、今文待作待。莊子田子方及漁父篇釋文竝云、待、或作恃。是恃與待聲義同之證也。待、又通時與持、見易釋文及儀禮注。然則古讀待不作徒改切明矣。頍者、說文云、待也。通作須。士昏禮云、某敢不敬須。士喪禮云、擯者出告須、鄭注竝云、須、待也。又通作需。易彖傳云、需、須也。莊子大宗師篇云、聶許聞之需役、釋文引王云、需、待也。是需須古字通。竢者、說文云、待也。通作俟。釋文云、竢、字又作俟。詩靜女相鼠著毛傳及儀禮鄭注竝云、俟、待也。又通作竢。說文、竢或从已。釋文云、竢、亦作尼。蓋尼即竢字之譌也。又通作立。鄉射禮及大射儀注竝云、今文俟為立。又通作待。大射儀注云、今文俟作待。又通作偨。列子楊朱篇殷敬順釋文云、俟、一本作偨。替者、下文云、止也。釋言云、廢也。說文云、廢、一偏下也。隸變作替。毛鄭亦皆作替而訓廢。蓋廢有止義、止有待義、故又訓待也。說文、普从囟聲、囟與自同、或从日作普、或从兟作替、魏三體石經書大誥云、不敢替、作敢替、本於說文也。又通作秩、或作臷。少牢饋食禮云、勿替引之、鄭注、古文替為秩、秩或為臷。臷替聲相近。案替今他計切、秩直一切、臷他結切、則聲相轉矣。今本儀禮秩作袟、字之誤也。戾底、下文竝云止也。上文云至也。至止聲近、止待義同、故訓止之字又多訓待、替戾底皆是也。戾者、止之待也。聲轉為客。禮大學注、戾、或為客。客、通作遾。說文口部引易曰、以往客。辵部引作以往遾。遾、行難也。然則行難與止義近、止即待矣。底者、至之待也。釋言云、底、致也。致亦至也。止者、息之待也。止訓至也、居也、處也、畱也、皆休息之義。休息亦待之義、故禮記檀弓云、吉事雖止不怠、鄭注、止、立俟事時也。此即止訓待之意也。止通作戴。左氏僖五年經云、會王世子于首止、公羊穀梁作首戴。案戴古讀如蕃、故與止通矣。徯者、說文云、待也。郭引書曰、徯我后、孟子作僕我后、趙岐注、徯、待也。郭云今河北人語亦然者、據時驗也。今東齊人亦曰徯待。又今語謂待為等、等即待聲之轉也。

義疏

底 經文

釋文、厎、之視反。字宜从厂、或作底非也。底音丁禮反。盧云注疏本作底、是陸氏誤以底為非。　按下文厎底皆訓止、止有待義、則此處作厎作底作底俱可通。郝云釋言、厎、致也。致亦至也。厎者、至之待也。諸家本亦皆作厎。

經注集證

爾雅詁林　一　釋詁下

須需**竢**俟**普**替**戾底止徯待也**

郭注、書曰徯我后、今河北人語亦然。普、戾、底者皆止也、止亦相待。

須、口毛、从頁彡、丈夫所必須、又非童幼所有、故以爲待。禮有擯者出告須、書須假之。加立者別於須髮字、後又別作鬚字、而須仍廢矣。易歸妹以須、字又作嬃、嬃爲長女之稱、則同於胥、胥亦待也。易需、須也。竢从矣。矣从矢已、禮射己發則荅君而俟。詩俟我于城隅。从立从人、皆後所加。普从竝白、竝立而息、故下云止也。書不設替。今誤作不設替。詩禮竝云勿替引之。戾上云至、下云止也。書天降戾、又大戾肆不正、皆用定止之義。待則未聞也。底从氐、下亦云止、又云致。止、象艸木出、實則象足。禮賓降堂、大夫止。徯从大丝緜籀文系。系卽止也。徯又作蹊。月令塞徯徑。待从寺。寺、廷也。彳廷待命、與人在廷爲待。分二字、其實皆當作寺、寸之卽止、行止行則待待。

集解

䇓竢普戾底止徯待也

䇓、立待也、从立須聲。經典相承借用須。易歸妹以須、虞注須、需也。書序須于洛汭、馬注止也。多方須暇之子孫、鄭注訓待。詩匏有苦葉卬須我友、毛傳訓待。儀禮士昏某敢不敬須、士喪儐者出告須、鄭注均云須、待也。吳語晉既執諸侯之柄以臨我、將成其志以見天子、吾須之不能、注不能待見天子。前漢書食貨志詔書且須後、吳王濞傳治次舍須大王、楊惲傳須富貴何時、趙充國傳充國至金城須兵滿萬騎、師古均曰須、待也。後漢書何敞傳上書須報、朱浮傳今軍資未充、故須後麥耳、注均云須、待也。易彖上傳、需、須也。襍卦傳需、不進也。莊子大宗師攝許閒之需役、釋文引王云需、待也。史記廉頗藺相如傳胥後令、索隱胥須古字通用、須、待也。孟子公孫丑是何濡滯也、濡卽須待也。管子大匡將胥有所定也、注胥、待。又姑少胥其自及也、注胥、待也。以需濡胥爲之。竢、止立以待也、从立矣聲。經典相承用俟、唯漢書多用竢、如賈誼傳竢罪長沙、彭宣傳竢寘溝壑、終軍傳斯拱而竢之耳、楊雄傳竢慶雲而將舉是也。書金縢歸俟爾命、馬注待女命。顧命諸侯出廟門俟、僞傳待王後命。詩靜女俟我于城隅、相鼠不死何俟、著俟我於著乎而、傳均云俟、待也。儀禮士昏俟於門外、鄉射執旌負侯而俟、周禮內饔以俟饋、鄭注均云俟、待也。春秋莊八年次於郎以俟陳人、穀梁傳俟、待也。文選西京賦寔俟寔儲、幽通賦竚盤桓而且俟、注均云俟、待也。普、廢一偏下也。从竝白聲。字或作普、作替、俗作替。待也者、謂竝立而廢止以待也。書三體石經不敢替上帝命、今大誥作替。儀禮少牢饋食勿替引之、詩楚茨作勿替引之、以俗字易古字也。戾、曲也、从犬出戶下、身曲戾也。正字爲𨽾、𨽾、臨也、引申爲止也、待也。廣雅則以離爲之、離𨽾戾通用字。詩采菽亦是戾矣、桑柔民之未戾、雲漢以戾庶正、均爲定止之義。唯雨無正靡所止戾、有待義耳。厎、柔石也、从厂氐聲。正字爲底、底、止居也、从广氐、引申爲待、謂止居而以待之也。廣雅則以臺爲之、臺底厎通用字。書盤庚厎綏四方、孫疏厎、待也。言遷殷而待安四方也。止、下基也、象艸木出有址、故以止爲足。正字爲待。待止疊韵。說文則以峙爲之。禮記檀弓吉事雖止不怠、注立俟時事也。史記孔子世家齊景公止孔子、今魯論作待。說苑王諫其孰能止之、魯語作其誰云待之。徯、難行而立待也、从彳奚聲。奚、大腹也。大腹者難行。書皐陶謨徯志以昭受上帝、史遷說爲清意以昭待上帝命。湯誓徯予后、僞傳待我君來。孟子引作徯我后、趙注徯、待也。詩大叔于田抑磬控忌、傳止馬曰控。廣雅作空、云待也。以控空爲之。待、竢也、謂彳廷而竢命也。从彳寺聲。寺、廷也。

義證

䇓竢普戾底止徯待也　䇓、音須。竢、音仕。普本亦作替。底、之視反。

〔註〕書曰徯我后今河北人語亦然普戾底者皆止也止亦相待也〔補正〕邢疏、䇓須竢俟音義同。鄭樵註云、左傳云寡君䇓矣。

郭注補正

䇓竢替戾底止徯待也

書曰徯我后今河北人語亦然替戾底者皆止也止亦相待也

明注疏本待下有也字、諸本皆無。

郭注佚存補訂

爾雅詁林　一　釋詁下

頍竢替戾底止徯待也

頍者、說文云待也。邶風匏有苦葉卬須我友、疏云所以人皆涉我獨否者、由我待我友。是以須爲待也。須與頍通。樊須、字子遲。遲亦待也。　竢者、說文云待也。釋文云、竢字又作俟。經傳多假俟爲之。齊風著俟我於著乎而、漢書地理志作竢我於著乎而。邶風靜女俟我於城隅、鄘風相鼠不死何俟、毛傳竝云俟、待也。又通作騃。釋文云不竢不來、說文引作不騃不來。此釋小雅采薇我行不來、說詳釋訓。　替、說文作普。从竝白聲。普、或从曰朁、或从兟从曰。下文云替止也、止與替、又俱訓待、蓋互釋也。小雅楚茨勿替引之、大雅召旻胡不自替、傳以釋言替廢也爲訓。廢有止義、止有待義、皆得相通。　戾者、上文云至也、下文云止也、至有止義、止又訓待、義具戾至也戾止也下。　底者、釋言云致也。致即至也。小雅祈父靡所底止、小旻伊於胡底、傳箋竝云底、至也。郝云、底者、至之待也。　止者、鄘風相鼠人而無止、毛傳云止、所止息也。小雅巧言、匪其止共。家語辨政篇匪其止共、注云止、息也。郝云、止者、息之待也。王氏念孫云、頍竢徯爲竢待之待、止與替戾底爲止待之待、待亦止也。廣雅云、止待、逗也。是待與止逗同義。論語齊景公待孔子、史記孔子世家待作止。故替戾底止皆訓爲待也。王氏引之云、待、通作時。廣雅峙離、待也、方言作萃離、時也。時亦止也。大雅緜曰、止曰時。時與止同義、猶言爰居爰處耳。處亦止也。玉篇引爾雅、室中謂之跱。跱、止也。今爾雅跱作時。

說詩

頍竢替戾底止徯待也

郭曰、替戾底者皆止也、止亦相待。家大人曰、頍竢徯爲竢待之待、替戾底止爲止待之待、待亦止也。廣雅曰止待、逗也、是待與止逗同義。論語微子篇齊景公待孔子、史記孔子世家待作止。（皇侃疏曰、景公欲處待孔子、共爲政治。處亦止也。）故替戾底止皆訓爲待也。引之謹案、待或通作時。廣雅峙離、待也。方言作萃離、時也。時亦止也。（楚辭天問注、萃、止也。）大雅緜篇曰、曰止曰時。時與止同義、猶言爰居爰處耳。（說見前曰止曰時下。）莊子逍遙遊篇猶時女也、司馬彪注曰時女猶處女也。處亦止也。玉篇引爾雅室中謂之跱、跱、止也。今爾雅跱作時。家大人曰、止又爲竢待之待、檀弓吉事雖止不怠、鄭注曰止立俟事時也。俟亦待也。襄二十三年左傳齊侯將伐

注疏正字

頍竢普戾底（普、釋文作替。底、誤底。）

疏卬須我友（須、詩作須。）

爾雅詁林　一　釋詁下

晉、陳文子見崔武子曰將如君何、武子曰羣臣若急君於何有、子姑止之。子姑止之猶言子姑待之也。

述聞

頞竢替戾底止徯待也　頞、說文同、經典相承用須、尚書正義皋陶謨引作須。　釋文云、竢字又作俟、亦作戺。毛詩正義齊風引作俟、一切經音義五引四、又十五、又十六、又十七、又卅九。皆作俟。案說文、立部竢待也、从立矣聲。或从巳作𥏳。其作戺者乃𥏳之譌。俟乃通借字。說文、人部俟、大也。經典相承用俟。　釋文云、底之視反。字宜从厂、或作底非也。底音丁禮反。石經亦从厂。案說文、广部底、山居也、一曰下也、从广氏聲。又厂部厎、柔石也、从厂氏聲。或从石作砥。此與釋言底致也皆當从广、陸以今音區別字體、甚誤。　徯、說文同。

匡名

頞竢音士替音剃戾底音止止徯待也　此釋待之義。說文、待、竢也。　頞、通作須。須、頤下毛也。引伸爲凡下垂之偁。今借須爲需、別製鬒鬚字。左成十二年傳寡君須矣、註須、待也。竢、待也。賈誼傳、竢罪長沙。通作俟。祭義八十不俟朝。穀梁傳、俟、待也。替戾底俱訓爲止。詳見下。徯、待也。仲虺之誥徯予后、朱註徯、待也。

啓蒙

替　暜　替、說文作㬱或从竝从曰作暜或从兟从曰作朁。臣鉉等曰。今俗作替。非是

黃侃評本正名

竢、待也。　待通作臺。廣雅臺、待也。又通作時。廣雅峙、離待也。方言待作時、釋宮室中謂之時。雞鑿垣而棲曰塒。詩釋文作時、皆由此得義。一竢从矣聲、矣語已詞也、已止同義、故廣雅曰、矣、止也、止訓待、則矣亦有待義矣。

底待也。　底、釋文之視反、宜从广、或作底非也。案以本字論之、宜作底、說文底、山居也。以通段論之、亦無妨作底、从广。釋文說非。

黃侃音訓

禴　祭也　諲　敬也　夙　晨　早也　竢　待也

釋文禴、字又作礿。夏祭名。釋詁釋文　毛詩傳作禋敬也。生民詩傳　諲禋同。說文夙作𡖋、早敬也。從丮、持事、雖夕不休、早敬者也。夕部𡖋。晨作晨、早昧爽也。從臼從辰、辰、時也。辰亦聲。丮夕爲𡖋、臼辰爲晨、皆同意。臼下晨部　釋文竢、字又作俟。釋詁釋文　亦作戺。音同。釋詁釋文

證異

頞竢待也

錦燧謹案、頞竢訓待、與說文同。兩字之義皆从立訓待、自是本訓、而經典中頞字往往假須字爲之、如易歸妹以須、釋文云須、待也。儀禮士昏禮云某敢不敬須、士喪禮云擯者出告須、鄭君注俱云須、待也、是也。須之本義爲面毛、自假爲須待而須之本義晦、俗遂別製一鬚字以當之。頞字又有假需字爲之者、如莊子大宗師聶許聞之需役、釋文引王注云需、待也、是也。竢則多假俟字爲之、如詩靜女俟我于城隅、相鼠不死何俟、著俟我于著乎而、毛傳俱釋爲待是也。俟之本義訓大、今則俟行而竢廢、而俟之本義亦晦矣。

陸錦燧日記

頞、竢、替、戾、底、止、徯、待也。

此明待之別爲二義也。述聞云：「頞、竢、徯、爲竢待之待；替、戾、底

爾雅詁林　一　釋詁下

、止、爲止待之待；而止又爲竢待之待。」待通作時、大雅緜篇云：「曰止曰時、」王氏謂「時與止同義。」今人謂待爲等、郝氏以爲即待聲之轉。

頍、竢、徯、說文竝訓待。頍與需音義皆同、故經典多通用；又或假須爲頍。竢、俟、異義、今通用俟者、假借也。又或作戺。徯之爲待、郭注云：「今河北人語亦然；」郝氏云：「今東齊人亦曰徯待。」

普、戾、底、下文竝云：「止也、」此云待者、謂止立而待也。止者、檀弓「吉事雖止不怠、」鄭注云：「止、立俟事時也。」微子篇「齊景公待孔子、」史記孔子世家待作止；左氏襄二十三年傳「羣臣若急、君於何有、子姑止之、」王念孫謂「止之、猶言待之；」是止待義同。此普、戾、底、止、之爲止待義也。普、說文如此作、或作朁、隸作替。

爾雅學

底唐石經雪牕本同。注疏本作底、非。單疏本經作底、注作厎。釋文、底之視反、字宜從一。或作底、非也。底音丁禮反。按五經文字唐石經底皆作底、與葉鈔釋文合。段玉裁云、釋文字宜從一、一乃厂之訛。

止亦相待單疏本雪牕本同。注疏本待下衍也。

頍竢替戾底止徯待也○釋曰注疏本刪。

卬須我友元本同。閩本剜改須爲頍、監本毛本承之。

止亦相待元本同。閩本監本毛本待下衍也。

○注書曰徯我后○釋曰注疏本刪書曰釋曰。

校勘記

頍竢普戾底止徯待也。釋文、底之視反、字宜从一。或作底、非也。今本誤作底、注同、宜正之。

注疏本正誤

替監本同。毛本湘本替作普。案、盧文弨釋文考證云、毛注疏本作普、乃正體。陸本作替、乃俗體。

注疏校勘札記

三行替待也○「替」宋刻十行本字作「替」。《說文》「替」作「普」，或從「兟」作「朁」。此作「替」誤，注文亦當改正。

宋監本校箋

頍音須竢替戾底止徯音係待也

音圖·音

徯音係　案徯胡禮翻、奚上聲。今音係、去聲、非。直音音奚亦非。

直音正誤

頍竢普戾底止徯待也

孫偘直音

須　士　剃　止　奚

頍須竢士普即替字戾止底止徯奚上聲待也

直音校正

頍同須竢同俟普同替戾底即氐止徯待也

楊氏音訓

頍須竢俟普剃

干氏音釋

嗝幾烖殆危也幾汔也

嗝幾、烖、殆、危也。幾猶殆也。嗝烖未詳。幾汔也。謂相摩近。

郭注

嗝幾烖殆危也　釋曰、皆危險也。說文云、危、在高而懼。幾者、幾猶殆也。周書顧命云、無以釗冒貢于非幾。殆者、小雅節南山云、無小人殆。　幾汔也　釋曰、說文云、剴、摩也。郭讀幾爲剴、云謂相摩近。孫炎云、汔、近也。大雅民勞云、汔可小康。鄭箋云、汔、幾也。反覆相訓、故汔得爲幾也。昭二十年左傳亦引此詩、杜預云、汔、期也。然則期字雖別、皆是近義。言其近當如此。史記稱漢高祖欲廢大子、周昌曰、臣口不能言、然臣期知其不可。陛下雖欲廢大子、臣期不奉詔。言期者、意亦與此同也。

邢疏

幾汔也

汔、虛乞反。釋文

樊注

蟣汔也

汔虛乞反。釋文 汔，近也。詩正義十七之四 邢疏

孫音注

嚆危也

嚆，音聿。釋文

蟣汔也

蟣音剴。釋文 郭讀蟣爲剴。邢疏

郭音義

嚆危也

嚆，音述。釋文

蟣汔也

汔，音旣。釋文

施音

嚆危也

事之危也。龍龕手鑑二

衆家注

黄輯古義

蟣汔也

汔，近地。邢疏 詩大雅民勞正義

蟣汔也。汔，虛乞反。釋文引樊孫

孫音注

嚆幾。嚆，音聿。

蟣汔也。蟣，音剴。

郭音義

嚆幾。嚆，音述。

蟣汔也。汔，音旣。

施音

嚆幾烖殆危也

嚆，事之危也。龍龕手鑑卷二

裴注

玉函山房輯佚

嚆

事之危也。爾雅注 龍龕手鑑二

鈎沉

嚆危也

注曰，事之危也。手鑑二

蟣汔也。釋文汔，樊孫虛乞反。

孫曰，汔，近也。詩正義十七之四 邢疏

漢注

嚆幾烖殆危也

舊注云，嚆，事之危也。龍龕手鑑二卷 郭璞云，幾，猶殆也。嚆烖未詳。

蟣汔也

孫炎云，汔，近也。詩正義十七之四卷 郭璞云，謂相摩近。

一切注音

嚆危也 舊注曰，事之危也。龍龕手鑑二一 郭音聿 釋文

蟣近也 郭音剴。釋文

汔 孫炎曰，汔，近也。詩民勞正義

古注斠

爾雅詁林 一 釋詁下

汔 樊孫虛气反。釋文

古注斠補

嘺 郭音聿，施音述。幾 音祈，又音機。𧯷 音祈，又音汔。郭音剴，案剴，音公哀反。說文云，摩也。汔 古愛反。施音餼，樊孫虛乞反。摩 莫河反。近 附近之近。

陸音義

嘺幾○注疏本此下有烖 音哉三字。陸本無。

音義攷證

嘺幾烖殆危也

嘺，晉文公之事，春秋傳曰，桓會不致，安之也。烖，天也。殆，人而已。幾，差于近也，微繆于遠也。大王畿千里，字从幾如此。

𧯷汔也

幾之中又有豈焉，不及幾之詞。

新義

嘺幾烖殆危也 嘺烖未詳。

嘺音聿。𧯷汔也 𧯷讀作剴。說文云，剴，摩也。汔，民勞云，汔可小康。箋云，汔，幾也。

鄭樵注

嘺幾烖殆危也 嘺郭音聿。

郭璞曰，幾猶殆也。嘺烖未詳。按龍龕手鑑引舊注有云，嘺，事之危也。名氏未聞。

鄭樵曰，嘺烖未詳。嘺音聿。

𧯷汔也 𧯷，郭音剴。汔，樊孫虛乞反。

孫炎曰，汔，近也。

郭璞曰，謂相摩近。

鄭樵曰，𧯷讀作剴。說文云，剴，摩也。汔，民勞云，汔可小康。箋云，汔，幾也。

古注合存

嘺幾烖殆危也。嘺音欲。○此釋嘺幾以下皆危之義也。註曰，幾猶殆也。愚按嘺註未詳。字書亦云危也。或曰，字從口。蓋危殆之聲。

𧯷汔也。𧯷音祈，汔音翕。○此釋𧯷爲汔之義也。註曰，謂相摩近也。疏曰，說文云，剴，摩也。註讀𧯷爲剴，故云相摩也。孫炎云，汔，近也。大雅民勞云，汔可小康。鄭箋云，汔，幾也。轉相訓，故汔爲幾也。

注疏參義

烖卽菑，故訓危。郭未詳何也。

𧯷，釋文音祈，郭讀作剴。汔音盍，今俗讀汔可小康之汔如乞者，非。

周昌口吃，故稱期期。疏因杜元凱訓期而引之，無謂。

補注

嘺幾烖殆危也 註 幾猶殆也。嘺烖未詳 正義 說文云，危，在高而懼也。釋名云，危，阢也。阢阢不固之言也。嘺者，說文云，嘺，危也。幾者，說文云，幾，微也，殆也。从𢆶从戍。戍，兵守也。𢆶而兵守者，危也。大雅瞻卬云，維其幾矣。左氏宣十二年傳云，利人之幾。荀子宥坐篇，汝其以魯國驕人幾矣。烖者，逸周書芮良夫解云，爾乃贖亂，𥠘烖。祭義云，烖及其親，猶孟子云以危父母也。殆者，小雅節南山云，無小人殆。祭義云，不敢以先父母之遺體行殆。

𧯷汔也 註 謂相摩近 正義 說文云，𧯷，汔也，訖事之樂也。玉篇引埤蒼云，汔，𧯷也。轉相訓也。𧯷，通作幾。井卦彖詞云，汔至亦未繘井。孔疏，汔，幾也。幾，近也。大雅民勞云，汔可小康。鄭箋，汔，幾也。〔註〕謂相摩近。○正義·釋文云，𧯷，郭音剴。說文云，剴，摩也。詩疏引孫炎云，汔，近也。故以爲相摩近也。左氏襄二十八年傳云，楚不幾十年，以幾爲近也。又昭十年傳引詩汔可小康，杜註汔，期也。期幾以聲近爲義耳。詩疏引史記周昌傳臣期知其不可，以證成杜義，非雅訓也。

正義

嘺危也

玉案，禮運鳳以爲畜，故鳥不獝。孔疏云，獝，驚飛貌。獝與嘺同。

𧯷汔也

玉案，𧯷古幾字，見汗簡。幾本訓危，而民勞詩疏又訓近。汔本訓近、而詩毛傳又訓危。二字蓋反復相訓以成其義耳。

補注殘本

汽也 玉案、詩傳曰汔危也、箋曰幾也。古文作譏、見汗簡碧落文。

校議

噊幾烖始危也 幾猶始也 噊裁未詳 **譏汽也** 謂相摩近

釋名云、危、阢也、阢阢不固之言也。說文云、危、在高而懼也、从产、䐜。檐自卩止之。案产、屋梠也。故喪大記云中屋履危、史記魏世家云、痤因上屋騎危、鄭注及裴駟集解竝云、危、棟上也。然則危猶畏也。高而生懼、故女在宀下爲安、人在屋上爲危。危者安之對也。危通作厄、見易渙釋文。又通作佹、見左傳僖廿八年釋文。又通作佹、見莊子繕性篇釋文。皆以聲爲義也。噊者、說文云、危也。龍龕手鑑二引爾雅舊注云、噊、事之危也。釋文、噊、郭音聿、施音述。今案、噊遹聲同、皆兼聿述二音。然則噊之爲言怵也。怵以恐懼爲義、懼卽危之訓也。三蒼云、詭、譎也。廣雅云、譎、恑也。恑與危、譎與噊竝以聲爲義也。幾者、說文云、微也、始也。从𢆶从戍。戍、兵守也。𢆶而兵守者危也。詩維其幾矣、周語云、而王幾頓乎、荀子堯問篇云、女以魯國驕人幾矣、傳注竝云、幾、危也。幾又訓微、微亦危也。故荀子解蔽篇云危微之幾、是幾兼危微二義。聲轉爲近、易中孚釋文、幾、京作近。又轉爲矜、詩居以凶矜、傳、矜、危也。矜近幾俱以雙聲爲義也。烖者、與灾災同。災訓害、與危義近。經典多通作菑。菑、災聲同也。釋地云、田一歲曰菑、郭注初耕地反草爲菑、孫注菑音災、始災殺其草木也。是災菑音義同。危之爲言以相摩切迫近爲義。然則菑从草田、是田之危也。灾从火宀、是宀之危也。菑與廁側古書俱相通。偺、廁、側皆訓邊也、近也。則與危之義同矣。災亦爲菑、菑亦爲側。公羊昭廿五年傳以人爲菑、何休注菑、今太學辟雍作側字。然則菑側聲義同。此亦其證也。始者、說文云、危也。禮記大學注及論語包咸注竝云、始、危也。檀弓云、夫子始將病也、又云不始於用痀乎哉、鄭注竝云、始、幾也、幾亦近也。故詩無小人始、易繫辭云其始庶幾乎、鄭箋及疾果注竝云始、近也。○譏卽幾也。又訓汔者、汔、近也。爾雅蓋卽汔之爲近、以明危之亦爲近、故復申釋其義也。譏从幾聲、譏、𢧀鉅依二𢧀。玉篇竝云、危也。說文云、譏、𢧀也。訖事之樂也。徐鉉以爲說文無𢧀字、當是訖字之誤。今案、當爲汔字、作訖亦誤也。說文訖訓止、汔訓水涸。竝从气聲。但汔兼涸止二義、水涸盡則近於地、故汔又訓近也。詩汔可小康、毛傳汔危也、鄭箋汔幾也。正義引孫炎曰、汔、近也。不同者、爾雅下文云幾近也。此云幾汔也、知汔卽近矣。毛訓汔爲危、義猶未顯、故鄭申之訓汔爲幾、然後知汔幾卽譏汔、又知爾雅之譏蓋幾之叚借也。漢書元帝紀引詩作迄可小康、迄亦汔之叚借也。幾通作豈。孟子云、其好惡與人相近也者幾希、趙岐注、幾豈也。荀子大略篇注亦云、幾讀爲豈。史記黥布傳云、幾是乎、集解徐廣曰、幾一作豈、索隱引楚漢春秋作豈是乎。是豈幾通、幾皆音祈也。幾近汔俱雙聲。

義疏

噊繘譎**幾烖殆危也** 注、噊、事之危也。郭注、幾猶殆也、噊裁未詳。噊、从矞。矛肉無危意。易汔至亦未繘、因縣繘生危義耳。噊危又佀譎詭、行險故危。春秋傳、蓋譎之也。語譎而不正。幾从戍𢆶。詩惟其幾矣、害惟幾惟康。烖、又佀灾災菑。周官大故天烖。書以自災于厥身。殆、从歺台。台卽胎也。詩無小人殆。易其殆庶幾乎。將近之詞。危亦近也。危从𠂊产、在高而懼。

譏汔也 孫注、汔、近也。郭注、謂相摩近。譏、从豈幾。初以凱樂幾𠦪二字同用豈、後分二字、又以豈爲豈不專字、因佀譏字代之。豈不義行、譏竟不用、或猶用汔耳。說文佀譏、𢧀也。訖、事之樂也。訖事不奏樂、謂訖事而喜樂也。與兾覬同意。詩汔可小康。

集解

噊幾烖殆危也 噊危言也、从口矞聲。矞从矛冏。

爾雅詁林 一 釋詁下

爾雅詁林　一　釋詁下

朋言之難也。予有危義，因以為言之危，引申為凡危之偁。魯論晉文公譎而不正，疏詭、詐也。廣雅釋言，譎，恑也。呂覽明理有倍僪，注日旁之危氣也，在上反出為僪。僪即趫字，借譎趫為之。幾，微也，殆也，从𢆶从戍。會意。戍，兵守也。𢆶而兵守者危也。詩瞻卬維其幾矣，傳幾危也。書皋陶謨惟幾惟康，孫疏幾、危也。顧命爾無以釗冒貢于非幾，偽傳訓危。左宣十二傳利人之幾，周語而王幾頓乎，荀子堯問女以魯國驕人幾矣，注均云幾危也。詩菀柳居以凶矜，傳矜、危也。廣雅釋詁，傒、危也。方言六，傒醯，危也，東齊掎物而危謂之傒醯。以矜傒為之。烖，天火也，从火𢦏聲。引申為危，謂火烖之危人耳。周禮司服大烖，大祝國有大故天烖，膳夫天地有烖則不舉，均是也。禮記祭義烖及其親，猶孟子云以危父母也。詩生民無菑無害。禮記大學菑害竝至。說文作𢦏，云害也。書盤庚以自災于厥身，孫疏烖危也。烖同災，說文，𢦏，傷也，危也。以菑𢦏𢦔烖災為之。殆，危亡也。謂毋因胎死而致危也。从歹台聲。方言則以怠為之。詩節南山無小人殆，傳訓危。禮記大學亦曰殆哉，注殆危也。書秦誓偽傳同。左昭四傳晉有三不殆，晉語大子殆哉，楚語楚其殆也，注均云殆、危也。前漢書蒯通傳臣竊以為殆矣，師古曰殆，危也。荀子議兵兵殆於垂沙，注謂危亡也。儒效樂樂乎其執道不殆也，注殆，危也。淮南說山毋德不服而身見殆，注危害也。文選西京賦雖伊周其猶殆，非有先生論綿綿連連殆哉世之不絕也，楚詞惜誦初若是而逢殆，注均云殆、危也。危，在高而懼也。从厃自卩止之。會意。或曰从人在厓上。危，木節也。

⿰豈幾汔也

⿰豈幾，⿰豈幾也，訖事之樂也，从豈幾聲。訖事之樂猶言樂成也。易井汔至亦未繘井，虞注汔，幾也。未濟小狐汔濟，釋文鄭云汔，幾也。詩民勞汔可小康，箋汔，幾也。均本此而轉注耳。汔，水涸也，从水乞。引申為盡。與⿰豈幾義同。

義證

噊危也　說文亦解噊為危。禮禮運鳳以為畜，故鳥不矞，孔氏疏矞，驚飛貌。驚則有自危義。按噊本从口，當為驚鳴。禮記從省無口，釋文云本又作獝，故孔氏以驚飛訓之。然易口為犬，似是別本禮記之譌。釋行均龍龕手鑑引爾雅註曰，噊，事之危也。爾雅註者十餘，此不詳何氏，其說亦僅虛構，姑附備參。

烖危也　易復卦有灾，釋文曰本又作災，鄭本作烖。烖，正文也。灾，或字也。災，籀文也。此字見經傳頗多，其正作烖者，詩大雅不烖我躬，禮祭義烖及其親，周禮甸人代王受眚烖，大宗伯以弔禮哀禍烖，小祝寧風旱彌烖兵，悉可引證。

補郭

噊幾烖殆危也　噊音聿

註　幾猶殆也。噊烖未詳。補正　邢疏，周書無以釗冒貢于非幾，小雅無小人殆。鄭樵註云，召旻云不烖我躬。

臣鍌按，龍龕手鑑引爾雅註云，噊，事之危也。

⿰豈幾汔也　⿰豈幾音剴。汔，虛乞反。

註　謂相摩近。補正　邢疏，說文云剴，摩也。郭讀⿰豈幾為剴。孫炎云汔，近也。大雅汔可小康，箋云汔，幾也。反覆相訓，故汔得為幾也。昭十年左傳亦引此詩，杜預云汔，期也。然則期字雖別，皆是近義，言其近當如此。史記稱漢高祖欲廢太子，周昌曰臣口不能言，然臣期期不可。陛下雖欲廢太子，臣期期不奉詔。言期者意亦與此同。

郭注補正

噊危也

郭氏噊未詳。龍龕手鑑二引尒疋舊注云，噊，事之危也。說文云，噊，危也，為舊注所本。

舊注攷證

⿰豈幾汔也　注謂相摩近

正曰，釋文，⿰豈幾，郭音剴，說文云摩也。郭注破⿰豈幾為剴，訓為摩；汔訓為近，摩與近誼不相屬。邵編修正義云、說文豈部譏、幾也。重修玉篇气部、幾、埤蒼云幾、譏也。譏幾互訓。經傳通作幾。汔字、詩大雅民勞汔可小康、鄭箋汔、幾也。正義、釋詁譏汔也、孫炎曰汔近也。易井汔至亦未繘井、正義汔、幾也。幾、近也。是易正義依爾雅孫注證也。正郭

噊幾烖殆危也

噊者、說文云危也。王氏引之以危有二義、一爲危險之危、幾烖殆是也。一爲詭詐之詭、噊是也。噊蓋譎之別體、凡字從言者或從口、說文當以噊爲譎之重文、而於口部別出噊字、非也。危則詭之假借也。漢書天文志司詭星出正西、史記天官書詭作危。是詭與危通。說文云、譎、權詐也。三蒼云、詭、譎也。依王之說、則小雅小旻謀猶回遹、大雅桑柔民之回遹、召旻潰潰回遹、遹當爲噊之假音。小旻傳云遹、辟也、桑柔箋云言民之行維邪者、召旻箋云皆潰潰然維邪是行、噊之爲遹、猶譎之爲憰也。恑、戾也。憰、乖也。莊子釋文引李注乖戾皆與辟義近。

幾者、說文云微也、殆也、從丝從戍。戍、兵守也。丝而兵守者危也。大雅瞻卬維其幾矣、毛傳云幾、危也。

烖與災菑同。大雅生民無菑無害、彼釋文云菑音災。魯頌閟宮無災無害、彼釋文云災字又作灾、亦作菑。說文云天火曰烖。或從宀火作灾、籀文作災、蓋一字也。小雅正月正義引洪範五行傳云、害物曰災。故云危也。

殆者說文云危也。小雅節南山無小人殆、傳云無以小人之言至於危殆。

譏汔也

譏者、說文云幾也。徐鉉謂說文無幾字、當是訖字之誤。郝云當爲汔字、作訖亦誤也。大雅民勞汔可小康、毛傳云汔危也、鄭箋云汔、幾也。今案釋詁皆釋經之文、經文皆在上、而詁之字在下、釋言釋訓皆同此例。此乃釋民勞汔字、應作汔譏也、箋正如此、傳寫者誤倒耳。譏或作幾。昭二十年左氏傳正義正引釋詁作汔幾也。詩疏引孫炎云汔、近也。汔近即汔幾。易井及未濟彖傳、鄭虞並云汔、幾也。宜據以訂正。說詩

噊危也

郭注未詳。柏年案、王氏述聞分危爲二義、一爲危險之危、幾烖殆是也。一爲詭詐之詭、噊是也。謂噊爲譎之別體、危爲詭之假借。列證諸書、甚有依據。然爾雅雖有一字二訓者、惟此噊仍當作危解、不應借爲詭。蓋譎詭二字雖相連成文、而噊之訓危一見于爾雅、再見于說文、

必不妄分噊譎爲二。凡釋經本字有可通之處，不煩借字也。噊卽矞字。禮記禮運鳳以爲畜，故鳥不矞。疏：矞，驚飛貌。驚自有危義，居危則心驚。釋文矞，本又作獝，疑當作噊。

補釋

𧯷汽也音𧯷音祈（釋文云：郭音剴，公哀切。）

疏：汽可小康（詩汽，作汔。）昭二十年左傳亦引此詩（脫二字。）言其近當如此（言，監本誤亦。）然臣期知其不可（案，史記疊期字，下句同。）

注疏正字

噊幾烖殆危也

郭注曰：噊烖未詳。引之謹案：危有二義，一爲危險之危，幾烖殆是也。一爲詭詐之詭，噊是也。噊蓋譎之別體（凡字從言者或從口，說文當以噊爲譎之重文，而於口部別出噊字，非也。）危則詭之假借也。漢書天文志司詭星出正西，史記天官書詭作危。淮南說林篇尺寸雖齊，必有詭。文子上德篇詭作危。是詭與危通，故以二義合爲一條。猶林烝爲羣，而羣通作君，遂與天帝皇王后辟公侯同訓爲君也（說見前。）說文曰：譎，權詐也。三蒼曰：詭，譎也（見釋氏一切經音義卷十四。）莊子齊物論篇恢恑憰怪，釋文引李注曰：恑，戾也；憰，乖也。恑與詭同，憰與譎同。譎詭一聲之轉也。廣雅曰：譎，恑也。蓋張稚讓不知爾雅之噊危也卽是訓譎爲詭，故又綴此條耳。假借之例，後人昧之久矣。自許氏說文已不識噊危之同譎詭，又何怪後世作音者強分噊與譎爲二乎。（玉篇：噊，余出切；譎，公穴切。）

述聞

噊幾烖殆危也　噊，說文同。

𧯷汽也　左傳正義（昭卄年）引作汽，幾也。詩（大雅民勞）汽可小康，傳：汽，危也。箋：汽，幾也。皆用雅訓。箋申傳，非易傳也。　說文（豈部）𧯷，⿹气幾也。訖事之樂也。从豈幾聲。臣鉉等曰：說文無⿹气幾字，从幾从气義亦無取，當是訖字之譌。　汽，文選注（卅四）引作迄。案迄，說文辵部新附字。　气，隸變作气，經典承用已久。獨此汽字偏旁釋文、石經皆作气。

匡名

噊（音聿）幾烖殆危也　此釋危之義。說文危，在高而懼也，从厃、自卩止之。噊，危也。幾，微也，殆也，从𢆶戍。戍，兵守也。𢆶而兵守者危也。左宣十二年傳：利人之幾。烖，天火曰烖。註：引伸爲凡害之稱。祭義烖及其親。殆，危也，引伸之凡將然之詈。小雅無小人殆。

𧯷汔也　此釋汔之義。說文汔，水涸也。註：水涸爲將盡之時，故引伸之曰危，曰幾也。𧯷，⿹气幾也，訖事之樂也。通作幾。左襄二十八年傳：楚不幾十年。孔疏：幾，近也。大雅汔可小康，箋：汔，幾也。𧯷，郭音剴。剴，一曰摩也。郭註謂相摩近，與經傳互相爲訓也。

啓蒙

噊危也。　噊與僪音義同。呂覽明理有倍僪，注：僪，日旁之危氣也。

𧯷汔也。謂相摩近。　𧯷，釋文云：郭音剴，故此注云謂相摩近。說文剴，摩也。磑，䃯也。⿰齒豈，齵牙也。義並相近。汔讀若刉，說文刉，刀不利於瓦上刉之。又與杚通，廣雅杚，磨也。又與槩杚通，說文槩，杚斗斛也。杚，平也。鍇曰：杚卽槩也，摩之使平也。又通作摡，周禮世婦注：摡，拭也。

黃侃音訓

𧯷汽也。說文𧯷，⿹气幾也，訖事之樂也。承珙案：說文無⿹气幾字，⿹气幾當卽作訖也，涉上文𧯷字而誤。爾雅汽字亦當作訖。說文本用雅訓、復以訖事釋之、訖訓止、故爲既事之詞。釋文汔、施音既。古幾字通既。易歸妹月幾望、釋文引荀本竝作既。淮南繆稱訓君子幾、高誘注云幾終也。終既皆與訖義同。易汔至亦未繘井、詩汔可小康、虞注鄭箋竝云汔、幾也。幾從鐖省、汔與訖同、郭用孫炎訓汔爲近、不如用許氏訓爲當也。 **胡氏古義**

嘺危也

案古人於危字有本誼有叚誼、王氏引之經義述聞云一爲危險之危、幾烖殆是也、此本誼也。一爲詭詐之詭、嘺是也、此叚誼也。嘺與譎葢一字、古人於从言从口之字、其誼多可竝訓、如嘷作譹、嗁作謕之類。說文不言嘺爲譎之重文、而於口部復載嘺字、非也。危卽詭之通叚字。漢書天文志司詭星、史記天官書作危。淮南子尺寸雖齊必有詭、文子詭作危。是危詭相通之證。論語晉文公譎而不正、齊桓公正而不譎、鄭注云詐也。說文云、權詐也。三蒼云詭、譎也。廣雅云、譎、恑也。恑與詭同。譎詭二字互訓。然則此經嘺危也、本字當作譎詭也。玉篇廣韻云嘺、危也、皆本爾雅。郭氏不明此誼、故曰未詳。邵郝兩家但舉龍龕手鑑引爾雅注云嘺事之危也爲證、殆亦未知嘺卽譎之別體乎。 **王頌清日記**

鐖汔也。孫云汔、近也。郭云謂相摩近。楷案、幾聲乞聲字古通用。周禮犬人幾珥、士師作刉珥。此條以聲得義、非有定詁也。上文幾、危也、玉篇鐖、危也、則汔亦有危義。詩民勞傳汔、危也。玉篇[幾乞]、危也、是也。下文幾、近也、則汔亦有近義。孫云汔、近也、郭云謂相摩近、是也。莊子齊物論篇釋文、幾、盡也。說文、鐖、[幾乞]也、訖、事之樂也。訖亦盡、則汔亦有盡義。廣雅汔、盡也、是也。詩楚茨傳、幾、期也。則汔亦有期義。杜預注昭二十年左傳汔、期也、是也。孫郭但以近說之猶偏。 **稗疏**

嘺、幾、烖、殆，危也。

說文「危、在高而懼也；从厃、人在厓上、自卪止之。」(從段)从卪者、徐云：「孝經『高而不危、制節謹度、』故从卪。」引伸之、凡可畏懼皆曰危。

嘺、說文亦云：「危也。」爾雅舊注云：「事之危也。」

幾、說文𢆶部云：「微也、殆也、从𢆶、从戍、戍、兵守也、𢆶而兵守者危也。」大雅瞻卬「惟其幾矣、」荀子彊問篇「汝其以魯國驕人、幾矣、」幾皆危也。

烖、說文作𢦏、訓害。說文又有烖、訓天火、或體作灾、籀文作災、古文作𤆎、亦引伸爲凡害之稱。

鐖、汔也。

詩民勞疏引孫炎云：「汔、近也。」說文謂汔爲水涸；郝氏云：「水涸盡則近於地、故訓近。」詩「汔可小康、」鄭箋云：「汔、幾也、」井象辭云：「汔至、亦未繘井、」孔疏亦訓汔爲幾；爾雅下文云：「幾、近也。」

鐖訓汔者、說文云：「鐖、[幾乞]也；」徐鍇謂說文無[幾乞]字、郝氏謂「當爲汔、」是也。鐖爲幾之假借。 **爾雅學**

嘺幾烖殆危也 ○ 釋曰注疏本刪。

鐖汔也 ○ 釋曰注疏本刪。

昭二十年左傳閩本監本毛本脫一二、元本實闕。

校勘記

陛下雖廢太子 監本毛本湘本雖下有欲字。案史記及詩正義均有欲字、此脫。

注疏校勘札記

五行(注)謂相摩近○原本《玉篇》水部「汔」下引此注「近」下有「也」字。案郭注凡言「謂某某者」，句尾例皆有「也」字，今本多經後人删去。

宋監本校箋

噕音聿幾烖音哉殆危也譏音祈汔音蓋也

音圖・音

噕、郭音聿、施音述。僧行均龍龕手鑑引爾雅注云、噕事之危也。未詳誰氏注。

譏、音祈、又音沂、郭讀作剴。案剴、公哀翻。音該　汔、古愛翻、音槩。施音既。樊孫虛乞翻、音迄。鄭康成許氣翻、音餼。楊升菴云、譏幾汔期迈忌皆語助辭。

音略

聿　祈機

噕幾烖、殆危也、譏汔也。

祈剴既迄

孫偘直音

新剴蓋

譏汔也

直音校正

噕聿幾烖哉殆危也譏祈汔蓋也　謂相摩近

干氏音釋

噕聿譏祈汔迄

治肆古故也肆故今也

治、未詳。肆古見詩書。肆既爲故、又爲今、今亦爲故、故亦爲今、此義相反而兼通者、事例在下、而皆見詩。

郭注

治肆古故也　釋曰、肆之爲故、語更端辭也。商書湯誥曰、肆台小子。古之爲故、謂舊故也。周頌良耜云、續古之人。　肆故今也　釋曰、詩大雅緜篇云、肆不殄厥愠。毛傳云、肆、故今也。即以肆之一字爲故今、因上起下之語。郭氏字別爲義、云肆既爲故、又爲今、今亦爲故、故亦爲今、此義相反而兼通者、事例在下。在下者謂在下文徂在存也注。

邢疏

治故也

治、直吏反。釋文

施音

治肆古故也。治、直吏反。

施音

黃輯古義

治肆古故也

郭璞云、治未詳、肆古見詩書。

肆故今也

郭璞云、肆既爲故、又爲今、今亦爲故、故亦爲今、此義相反而兼通者。事例在下、而皆見詩。

玉函山房輯佚

治如字。施直吏反。肆音四。

一切注音

陸音義

治肆古故也

亂後世之事。拘後世之事。今新而古故矣。

肆故今也

故、亦陳也。今、亦陳也。言肆、則今見、故亦見。

新義

治肆古故也治、疑爲始。肆故今也此各隨詩書之文有其義、故展轉釋之。

鄭樵注

治肆古故也

郭璞曰、治未詳、肆古見詩書。

鄭樵曰、治、疑爲始。

肆故今也

郭璞曰、肆、既爲故又爲今、今亦爲故、故亦爲今、此義相反而兼通者。事例在下、而皆見詩。

鄭樵曰此各隨詩書之文有其義故展轉釋之

古注合存

治肆古故也肆故今也此釋治肆古爲故、而肆又爲故今之義也。註曰、治未詳、肆古見詩書、又爲今。疏曰、書康誥云、肆台小子、詩緜篇云、肆不殄厥慍、毛傳云、肆、故今也、郭以肆之一字爲故今、因上起下之語。郭氏字別爲義、謂肆既爲故又爲今、愚按以疏推之、古當爲台、肆台二字連文、或云、治字亦恐台字之譌

注疏參義

治訓故、郭未詳。鄭疑爲始。

補注

治肆古故也註治未詳、肆古見詩書肆故今也註肆既爲故又爲今、今亦爲故、故亦爲今、此義相反而兼通者、事例在下而皆見詩也。正義此以故與今反覆相訓。○治肆古故也。○治、當爲始。益稷云在治忽、史記作來始滑、漢書律歷志引作七始詠、是治始二字相溷也。墨子經篇云、始、當時也、是始即故也。肆爲發端之詞、故爲申釋之詞、其義相通。古故以聲爲義也。○肆故今也。○說文云、今、是時也。肆故爲當時、反覆相訓也。註肆古見詩書。○梓材云肆徂厥敬勞、盤庚云古我先王、皆言故也。正義周頌昊天有成命云、肆其靖之、毛傳肆、固也、鄭箋固、當爲故字之誤也。邶風日月云、逝不古處、毛傳古、故也。○此義至見詩。○正義郭以爲義有反覆旁通、詳見徂在存也之註。云見詩者、大雅緜云肆不殄厥慍、毛傳肆、故今也。抑云肆皇天弗尚、鄭箋肆、故今也。俱以故今二字連文、郭云皆見詩、與毛鄭微異。

正義

治肆古故也　玉案、孟子始條理也、孫奭音義曰本亦作治。又益稷在治忽、史記漢書并引治作始。是治始二字古本通用、或以爲二字相溷、誤矣。

校議

治肆古故也治未詳、肆古見詩書肆故今也肆既爲故又爲今、今亦爲故、故亦爲今、此義相反而兼通者事例在下而皆見詩

說文云、故、使爲之也。楚辭招魂篇注、故、古也。蓋故有二義、訓古者、今之對也。訓使爲之者、以人所有事也。爾雅之故、亦兼二義。知者、招魂篇云樂先故些、王逸注故、舊也。穀梁襄九年傳云故宋也、范甯注故、猶先也。先舊義俱爲古也。是皆故訓古之證。墨子經上篇云、故、所得而後成也、即說文故使爲之之意。公羊昭卅一年傳云、習乎邾婁之故、周語云且無故而料民、何休及韋昭注竝云故、事也。是皆故訓事之證。通作固。固之爲言猶故也。見儀禮禮記注、論語云固天縱之將聖、論衡知實篇固作故、周語云而咨於故實、史記魯世家故作固、皆其證也。治者、値之故也。釋名云、治、値也。玉篇云、修治也、除之除冀二切。爾雅之治亦兼二音。故釋文治、如字、施直吏反。治與事聲義近、故呂覽論人篇云事心乎自然之塗、淮南俶眞篇云事其神者神去之、高誘注竝云事、治也。事訓治、治亦訓事、事即故字之訓也。通作始。孟子云始條理也、孫奭音義云本亦作治、條理也、是治始通、始訓古也。先也、先古義俱爲故也。肆者、陳之故也。肆訓陳、陳訓久也、舊也。舊久義俱爲故也。郭云見詩書者、詩肆其靖之、毛傳肆、固也、鄭箋固當爲故、是也。書云肆朕誕以爾東征、漢書翟方進傳作故予大以爾東征。肆訓遂、故書云肆類于上帝、肆覲東后、史記五帝紀肆俱作

遂。楚辭天問篇云遂古之初、遂亦肆也。肆有申遂之義、故亦申事之詞。然則經典凡言是故者、卽肆故也。或言是以者、卽遂以也。又言所以者、亦是以也。皆申事之詞也。肆遂是所俱一聲之轉也。古者、說文云故也。从十口。識前言者也。玉篇云、古、久之言也。詩逝不古處、古訓是式、傳並云古、故也。緜傳又云、古言久也。久舊亦故也。廣雅云、古、始也。始亦治也、治亦故也。○今者、說文云是時也。从亼从乛。乛、古文及。按今、不古也。已故爲古、及時爲今。亼會及時之意、故云是時也。文選南都賦注引蒼頡篇曰、今、時辭也。詩迨其今兮、傳今、急辭也。然則今爲急辭、卽知故爲緩辭矣。肆訓故、又訓今者、肆、遂也。遂有緩義、亦有急義。緩義爲故、急義爲今也。肆亦有緩急二義。書眚災肆赦、肆訓緩也。詩是伐是肆、肆訓疾也。由斯以談、凡言是故者、舒緩之詞也。凡言卽今者、急疾之詞也。字有二義、因有二訓。然則肆旣爲故、又爲今、無足怪矣。詩緜及思齊毛傳並云肆、故今也。大明及抑鄭箋亦云、肆、故今也。俱故今二字連文、郭讀斷開、非毛鄭意也。所謂故今者、卽肆今也。肆今猶肆古也、肆古之聲變爲是故、肆今之聲亦變爲斯今、詩匪今斯今是也。斯今又聲變爲自今、詩自今以始是也。經典或言迄今、或言及今、或言至今、並字異而義同。郭云事例在下者、見下文徂在存注。

義疏

治肆古故也 治未詳。肆古見詩書。治始、紿始通用。今多以治水爲治亂字、以始爲先古之義。書七始、今作才治。將治亳、東晳引作將始宅。肆从長隶、極也陳也。字又作遂。書肆朕誕以爾東征。詩肆其靖之。古、从十口。故又加攴。學古爲故也。字亦作固。詩、逝不古處。書曰若稽古、釋詁卽釋古、又卽釋故。

肆故今也 郭注、肆既爲故、又爲今、今亦爲故、故亦爲今、此義相反而兼通者。事例在下、而皆見詩。　此有三讀、肆爲今、故亦爲今一也。肆爲故今二也。肆故爲今三也。肆故又作是故、又作振古。故今又作斯今、又作自今。今、从亼及。詩、迨其今兮。肆不殄厥慍。肆戎疾不殄。書、故天棄我。故我至于今。振古如茲。自古有秊。

集解

治肆古故也 治、水名、今小始河。从水台聲。正字爲始。書在治忽、史記作來始滑、漢書作七始永。將治亳、東晳引作將始宅。以始爲治也。始、女之初也。由前開始謂之初、由後溯始謂之故。易乾萬物資始、禮記檀弓君子念始之者也、均是也。始治通用字。孟子萬章始條理也、終條理也。始一本作治。然則條理之終治、亦猶時序之新故與。荀子正論、治古無肉刑而有象刑。治古、猶始古、上世也。注謂爲古之治世、失之。肆、字本作𨽿、極陳也。从長隶聲。或从髟。正字爲遂。遂、亡也。引申爲从始至末之詈。从始者、故也。說文則以彖爲之。彖遂肆通用字。書無逸肆中宗之享國、肆祖甲之享國、史記肆均作故。大誥肆朕誕以爾東征、漢書作故。詩昊天有成命肆其靖之、傳肆、固也、箋固當作故。古、从十古。識前言者也。引申爲故、謂前言卽故言。詩日月逝不古處、傳古、故也。烝民古訓是式、劉向引作故、毛傳亦云古、故也。晏子春秋內篇襍上失古之重變古常、音義古、故也。故、使爲之也、从攴古聲。經典多以爲古之借字、易革故、論語温故、周禮教故之類是也。

肆故今也 肆、上訓爲故、此訓爲今、蓋同遂爲从始至末之詈。从始爲故、至末則爲今矣。書君奭君肆其監於茲、盤庚肆上帝將復我高祖之德、孫疏均云肆、今也。故、正字爲古。此訓今者、今對古言、古爲故、今之故、事爲古、今之故、物亦爲古。詩思齊大明抑箋並云、肆、故、今也。蓋述爾雅而連引之以今訓肆、故非以故今訓肆也。書盤庚故有爽德、孫疏故、今也。或者今對古而言、則古爲古、後對今而言、則今亦爲古、故所以訓今與。莊子曰、古猶今也。荀子不苟、天地始者、今日是也。今、是時也、从亼从乛。乛、古文及。

義證

治故也　鄭樵註曰、治、疑爲始。按孟子始條理也、孫奭音義曰本亦作治條理。始治相竄、固嘗見典記矣。

補郭

治肆古故也

[註]治未詳肆古見詩書[補正]邢疏、肆之爲故語更端

爾雅詁林　一　釋詁下

辭也。書曰、肆台小子。古之爲故、謂舊故也。詩云、續古
之人。鄭樵註云、治、疑爲始。
肆故今也
註肆既爲故又爲今今亦爲故故亦爲今此義相反
而兼通者事例在下而皆見詩補正邢疏詩云肆不
殄厥慍、傳肆、故今也。卽以肆之一字爲故今、因上起
下之語。郭氏云事例在下者謂在下文徂在存也。

郭注補正

治肆古故也　注治未詳肆古見詩書
肆故今也　注肆既爲故又爲今今亦爲故故亦爲
今此義相反而兼通者事例在下而皆見詩
正曰、王尚書經義述聞云、治肆古故也、治古、爲久
故之故、肆爲語詞之故。謹按、王說非也。治、讀爲始。
廣雅釋詁、古、始也。楚辭招魂王注、故、古也。詩大雅
緜毛傳、古、言久也。周頌昊天有成命夙夜基命宥
密、於緝熙、單厥心、肆其靖之、毛傳肆、固也、鄭箋固、
當爲故字之誤也。於美乎、既光明矣、又能厚其心
矣、爲之不解倦、故於其功、終能和安之。此肆字夾
有久故之意、言其靖之者、繇夙夜基命宥密而來、
不自今日遽靖之也。又、肆故今也、與下、文安安坐
也一例。故今、安坐皆二字爲訓。詩大雅緜肆不殄
厥慍、毛傳肆、故今也。思齊肆戎疾不殄、毛傳肆、故
今也。抑肆皇天弗尚、鄭箋肆、故今也。此肆字乃合
故今二字爲訓、猶言所以今日不殄厥慍、戎疾不
殄皇天弗尚也。郭注乃以肆與故並訓爲今、與毛
鄭讀法違異。

正郭

治肆古故也肆故今也
治者、邵云當爲始。蓋稷云在治忽、史記作來始滑、
漢書律厤志引作七始詠、是治始二字相溷也。墨
子經篇云、始、當時也。始卽故也。周南關雎序是謂
四始、疏引鄭荅張逸云風也、小雅也、大雅也、頌也
此四者人君興廢之始、故謂之四始。案、風雅頌爲
古者興衰之鑒、故云始。始卽故也。大雅緜爰始爰
謀、靈臺經始靈臺、皆回溯之辭、所謂故也。肆者、
大雅緜肆不殄厥慍、思齊肆戎疾不殄、大明肆伐
大商、抑肆皇天弗尚、傳箋並云肆、故今也。皆以故
今二字連讀。王氏引之云肆伐大商之肆、當依毛
傳訓爲疾、案肆應讀如皇矣是伐是肆之肆、與伐同義。箋云、肆犯突也、犯之卽伐之也。又
夏小正狸子肇肆、傳云肆、殺也。肆伐卽殺伐也。餘皆當訓爲故、不當訓爲
故今。治肆古、故也。肆故、今也。皆字各爲義、不當以
故今二字連讀。案、大雅思齊肆成人有德、箋云故
大夫士皆有德、子弟皆有所造成。是箋以肆爲故

也。周頌昊天有成命肆其靖之，傳云肆，固也，箋云固當爲故。故固亦通字也。古者，邶風日月逝不古處，大雅烝民古訓是式，傳竝云故，古也。緜古公亶父，傳云古，言久也。久亦故也。古爲新故之故，亦爲申事之故，說文所謂故使爲之也。小雅甫田自古有年，周頌載芟振古如茲，商頌那自古在昔，此皆新故之故也。玄鳥古帝命武湯，箋云，古帝，天也。非也。商頌言帝者屢矣，未有稱古帝者。古者，故也。故者，使爲之也，猶是故也。是故帝命武湯使之正域四方也，此申事之故也。肆故今者，今與故義得相通，故今皆語詞也。說詩

肆故今也。（肆俗作肆。）

大雅緜篇肆不殄厥慍，思齊篇肆戎疾不殄，毛傳竝曰肆，故今也。大明篇肆伐大商，抑篇肆皇天弗尚，鄭箋亦曰肆故今也。皆以故今二字連讀。引之謹案，肆伐大商之肆，當依毛傳訓爲疾。餘三肆字皆當訓爲故，不當訓爲故今也。治肆古故也，肆故今也，皆字各爲義，不當以故今二字連讀。（宋王觀國學林曰，釋詁釋言皆用一字爲訓，若以故今二字訓肆字，則非爾雅句法。）康誥曰嗚呼肆女小子封，言今汝小子封也。多士曰肆爾多士，言今爾多士也。梓材曰，肆王惟德用，和懌先後迷民，用懌先王受命。肆王，今王也。召誥曰肆惟王其疾敬德，言今惟王其疾敬德也。君奭曰君肆其監于茲，言君今其監于茲也。檀弓曰故謂夫子貞惠文子，言今謂夫子貞惠文子也。哀公問曰，君之及此言也，百姓之德也，固臣敢無辭而對。固與故同，言今臣敢無辭以對乎。是肆故皆訓爲今也。故訓爲今，今亦可訓爲故。甘誓曰天用勦絕其命，今予惟共行天之罰，言故予惟共行天之罰也。湯誓曰夏德若茲，今朕必往，言故朕必往也。皆承上之詞。治、肆古故也，治讀爲始。（皋陶謨在治忽，史記夏本紀作來始滑，漢書律曆志作七始詠。孟子萬章篇始條理也，音義本亦作治條理。荀子禮論篇所以別貴始，史記禮書始作治。齊策天地之闢人民之治，曾本治作始。）始、古爲久故之故，肆爲語詞之故，肆故今也，則皆爲語詞。郭謂今與故義相反而兼通，非也。述聞

治肆古故也肆故今也　鄭樵注云，治疑爲始。錢少詹曰，古文治與始通。尚書在治忽，史記（夏本紀）作來始滑，漢書（律歷志）作七始詠，是治即始字。始者，故也。（徐氏養原曰，般庚序疏束晳云孔子壁中尚書云將始宅殷，治即始字，又一證也。孔氏謂安國古文治皆作乿，其字與始不類，無緣誤作始字，豈其然。）正義云，詩（大雅緜）肆不殄厥慍，傳肆故今也。又（抑）肆皇天弗尚，箋肆，故今也。（元照案，大明詩肆伐大商，箋肆，故今也。）俱以故今連文。元照案，郭意肆訓今，故亦訓今，其讀乖於師法。匡名

治肆古故也肆故今也　此以故今反覆相訓也。郭註肆既爲故，又爲今，今亦爲故，故亦爲今，此義相反而兼相通者。說文，故，使爲之也。今，是時也，从亼㇇，㇇，古文及。益稷在治忽，史記作來始滑，漢律歷志作七始詠。肆，極陳也。如小雅或肆或將是也。又肆，力也，疾也，皆極陳之義之引伸也。或以肆爲遂，或以肆爲肄，或以肆爲肆，皆假借也。若以肆爲故，爲今，語詈也。梓材肆徂厥敬勞，註肆，故也。邶風逝不古處，傳古，故也。大雅肆皇天弗尚，箋肆，故今也。啓蒙

治肆古，故也。故有先故、故事二義，治古皆先故之故，肆兼二

義。王引之說肆但為語辭之故義未晐。肆自音近自亦始也，始亦古也。又肆之言遂也，遂，乃也。

黃侃音訓

治故也

治、故也。郭注未詳。頤煊案，尚書盤庚序將治亳殷，正義引束晳說孔子壁中尚書作將始宅殷。荀子正論篇，治古無肉刑而有象刑。治古猶言始古也，古即故也。楊倞注治古，古之治世也，失之。

讀爾雅録

治故也

錦燧謹案，此不知釋詩何句。郝氏義疏云，治者，値之故也。釋名云，治，値也。又云，通作始。始訓古也，先也，先古義俱爲故也。竊謂値之故也四字語不可解。其謂字通作始，則說甚碻。治始皆从台聲。書在治忽，史記作來始滑，漢書作七始訓。孟子始條理也，孫氏音義云本亦作治條理也。此皆治始通假之證。經典中始字故字，其訓詁每同。如呂覽孟冬天子始裘，注云始猶先也。穀梁襄九年傳故宋也，注云故，先也。又荀子王制篇天地者生之始也，注云始猶本也。而性惡篇凡禮義者是生于聖人之僞，非故生于人之性也，注云故猶本也。此皆始可訓故之旁證。

陸錦燧日記

治、肆、古、故也。

楚辭招魂篇云：「故、舊也；」穀梁襄九年傳范注云：「故、猶先也；」先、舊、意同、此一義也。周髀筭經趙注云：「故者、申事之辭、」此又一義也。以文法論、前一義爲副詞、後一義爲接續詞。馬氏文通云：「馮唐列傳云：『臣父故爲代相、』故字解如本字、故得爲本者、故舊也。左氏隱三年傳『王貳於虢、鄭伯怨王、王曰：無之、故周鄭交質、』故字、承上文而申言之也。曲禮云：『故君子式黃髮、』鄭注以爲發句言故者、明衆篇之雜辭也；蓋此句文義、與上不屬、故以爲發語詞。禮經中起句言故言是故者、所在而有。」馬氏所引前一故字、爲副詞、後二故字、皆接續詞；爾雅故字兼此二義。

治古爲故者、皆先、舊之義之故、副詞也。治讀若始、皋陶謨「在治忽、」史記夏本紀治作始；萬章篇「始條理也、」孫氏音義云：「本亦作『治條理；』」是治、始、二字、古通用矣。爾雅假治爲始、所以訓治爲故也。古、說文云：「故也、」詩「古訓是式、」傳亦云：「古、故也；」廣雅云：「古、始也；」始即治之本字、是古又與治同義矣、此爾雅所以訓古爲故也。

肆爲故、爲申事之辭之故、接讀詞也。大誥「肆朕誕以爾東征、」無逸「肆中宗之享國、七十有五年、」緜云：「肆不殄厥愠、」抑云：「肆皇天弗尚、」諸肆字、皆故也。傳箋釋詩、並云：「肆、故今也、」王引之謂「字各爲義、不當以故今二字連讀。」

肆、故、今也。

說文「今、是時也、从亼、从乁；乁、古文及。」許以是時釋今字、在文法上、今字爲記時之副詞。馬氏文通引論語「始吾於人也、聽其言而信其行；今吾於人也、聽其言而觀其行、」謂「記時之字置於句首、亦爲狀字、」者、是也。至「今也」「今者」之稱、則附也者字以成之、亦副詞也。

肆訓今者、王引之引康誥曰：「嗚呼、肆汝小子封、」多士曰：「肆爾多士、」梓材曰：「肆王、」召誥曰：「肆惟王其疾敬德、」君奭曰：「君肆其監於茲、」諸肆字、謂「皆訓爲今。」

故訓今者、王引之云：「檀弓曰：『故謂夫子貞惠文子、』言今謂夫子貞惠文字也。哀公問曰：『君之及此言也、百姓之德也、固臣敢無辭而對、』固與故同、言今臣敢無辭以對乎。是故訓爲今也。」肆、故、旣訓今、與今字同爲副詞。

爾雅學

治肆古故也○釋曰注疏本刪。

肆故今也○釋曰注疏本刪。

校勘記

四

治肆古故也。肆故今也。

孫侶直音

治肆古故也肆故今也　肆既爲故，又爲今，今亦爲故，故亦爲今，此義相反而兼通也。 楊氏音訓

惇亶祜篤掔仍肶埤竺腹厚也

惇、亶、祜、篤、掔、仍、肶、埤、竺、腹，厚也。頻仍、埤益、肶輔，皆重厚。掔然，厚貌。餘皆見詩書。 郭注

惇亶祜篤掔仍肶埤竺腹厚也　釋曰：皆重厚也。惇者，周書武成云：惇信明義。亶者，誠之厚也。大雅桑柔云：逢天僤怒。小雅天保云：俾爾單厚。周頌昊天有成命云：單厥心。皆訓厚也。亶、僤、單，音義同。祜者，福厚也。篤者，周頌維天之命云：曾孫篤之。掔然，厚貌。頻仍、埤益、肶輔，皆重厚。釋天云：仍飢爲荐。邶風北門云：政事一埤益我。小雅節南山云：天子是毗。又采菽云：福祿膍之。肶、毗、膍，音義同。竺與篤同。腹者，小雅蓼莪云：出入腹我。月令云：水澤腹堅。 邢疏

亶祜厚也

詩云：俾爾亶厚。詩正義十八之二引某氏曰　祜，謂福厚也。一切經音義二 衆家注 黄輯古義

惇亶祜篤掔仍肶埤竺腹厚也

詩云：俾爾亶厚。詩大雅桑柔正義引某氏 樊注 玉函山房輯佚

亶

詩云：俾爾亶厚。某注　詩疏十八之二 鈎沉

亶祜厚也

某氏曰：詩云俾爾亶厚。詩桑柔正義十八之二

注曰：祜，謂福厚也。一切經音義二 漢注

悎亶祜篤掔仍肶埤竺腹厚也

某氏云：詩云俾爾亶厚。詩正義十八之二卷　樊光云：詩云逢天亶怒。左傳正義十三卷　郭璞云：頻、仍、埤益、肶輔，皆重厚。掔然，厚貌。餘皆見詩書。 一切注音

亶 厚也　樊光曰：詩云逢天亶怒。左氏傳正義　某氏曰：詩云俾爾亶厚。詩桑柔正義

蕙心案：今詩作逢天僤怒。僤與單同，單謂之厚，僤亦謂之厚。僤單皆亶之叚借字。天保傳云：單，信也。或曰單，厚也。蓋據爾雅亶有信厚兩訓言之。

祜　舊注云：謂福厚也。一切經音義二 古注斠

惇 字又作憞，丁門反。亶 多但反。祜 音戶。掔 却賢反，又苦閒、苦忍二反。仍 本或作扔，同汝烝反。肶 音毗，本或作膍，同。婢 婢支反，又音埤。竺 字又作篤，同丁毒反。腹 分伏反。皆 重 直龍反。 陸音義

埤 又音婢。○舊作又音椑，似未當。宋本空此一字。案埤本有椑婢兩音，上音避支反，此當音婢。今改正。 音義攷證

惇亶祜篤掔仍肶埤竺腹厚也

竺，自厚；埤，或厚之。荀子曰：上一則下一矣。竺，上一而下二；厚，于本者也。掔，德之厚。仍，政之厚。孔子曰：三年無改于父之道，可謂孝矣。腹，氣于此復，子在是焉，厚也。 新義

惇亶祜篤掔仍

朏埤竺腹厚也　孯、郭云孯然、厚貌。仍積、朏輔、埤益也。竺與篤同。古文工郎馬字。腹、蓼莪云、出入腹我。

鄭樵注

惇亶祜篤孯仍朏埤竺腹厚也　竺、鄭本作笁。
樊光曰、詩云逢天亶怒。
郭璞曰、頻仍、埤益、朏輔、皆重厚。孯然、厚貌。餘皆見詩、書。
鄭樵曰、孯、郭云孯然、厚貌。仍積、朏輔、埤益也。笁與篤同。古文工郎馬字。腹、蓼莪云、出入腹我。

古注合存

惇亶祜篤孯仍朏埤竺腹厚也　亶、僤、單。朏、毗、朓。音義並同。埤音脾。竺、篤同。○此釋惇亶以下皆厚之義也。註曰、仍、頻。埤益朏輔皆重厚也。孯然、厚貌。疏曰、詩桑柔云、逢天僤怒。天保云、俾爾單厚。月令云、水澤腹堅。愚按前條篤孯並釋為固、此明固而又厚也。

注疏參義

竺、鄭作笁、注云與篤同。古文工郎馬字。

補注

惇亶祜篤孯仍朏埤笁腹厚也　**註**　頻仍埤益朏輔皆重厚。孯然厚貌。餘皆見詩書。**正義**　釋名云、厚、後也。有終後也。故青徐人言厚曰後也。惇者、內則云、皆有惇史。惇通作敦。樂記云、若夫敦樂而無憂。鄭註、敦、厚也。亶者、周語云、亶、厚也。按上文云、亶、信也、誠也。又云、祜、福也。俱又訓為厚、增成其義也。篤者、公羊宣十二年傳云、君子篤於禮而薄於利。上文云、篤、孯、固也。孯又訓厚、義相承也。仍者、明堂位云、爵用王琖仍雕。下文云、仍、因也。因而重之、以為厚也。朏者、說文云、朓、牛百葉也。朓、或作朏。釋文云、本或作脾。釋名云、脾、裨也。埤者、說文云、埤、增也。是朏與埤俱以增益為厚也。笁與篤通。楚詞天問云、帝何笁之。腹者、月令云、水澤腹堅。呂氏春秋作水澤復堅。高誘註、復或作複。釋名云、腹、複也。是腹有重複之義、故訓為厚。說文亦云、腹、厚也。**註**頻仍至詩書。○**正義**頻仍埤益朏輔皆重厚者、廣雅云、仍、再也。邶風北門云、政事一埤益我。小雅節南山云、天子是朏。采菽云、福祿膍之、釋文引韓詩云、膍、厚也。是皆以重為厚也。孯然厚貌者、上文孯固也、郭氏註云、孯然、亦牢固之意。是以固為厚也。餘皆見詩書者、舜典云、惇德允元。史記作厚德允元。左傳疏引樊光註引詩云、逢天亶怒。大雅桑柔毛傳云、僤、厚也。孔疏云、僤亶聲近義亦同。疏又引某氏註云、詩云俾爾亶厚。小雅天保文也。盤庚云、朕及篤敬。周頌維天之命云、曾孫篤之。小雅蓼莪云、出入腹我。

正義

笁厚也　案、笁與篤同。古文工郎馬字也。此从亼一非。

校議

惇亶祜篤孯仍朏埤笁腹厚也　頻仍埤益朏輔皆重厚。孯然厚貌。餘皆見詩書。說文云、𠪚、山陵之厚也、从㫗。㫗口㫗、厚也、从反亯。案亯从高省、所亯在上也。故易曰、公用亨于天子。𠪚、从反亯、所厚在下也。故易曰、上以厚下安宅。然則厚者、上益下也。易曰、損下益上曰損、損上益下曰益。故厚為增益之義也。至厚莫如地。易曰、坤厚載物。故說文云、古文厚作垕、从后土。后土、即地矣。厚猶多也。又訓重也。重且多則大矣。故墨子經上篇云、厚有所大也。通作後。見莊子列禦寇篇釋文。案釋名云、厚、後也。終後也。是後厚同。又通作后。后、即垕字之省。惇者、說文作憞、云厚也。書云惇德、史記五帝紀作厚德。禮記內則云、惇史。鄭注、惇史、史惇厚者也。通作敦。詩事敦我。曲禮云、敦善行而不怠。樂記云及夫敦樂而無憂。毛傳鄭注竝云、敦、厚也。亶者、藏之厚也。說文云多穀也。上文云、信也、誠也。誠信與惇厚義近。周語引詩亶厥心、而釋之云、亶、厚也。通作單。詩單厥心及爾單厚、毛傳竝云、單、厚也。桑柔正義引某氏曰、詩云俾俾爾亶厚。又通作僤。逢天僤怒、毛傳僤、厚也。正義云僤亶音相近、義亦同。釋文云、僤本亦作亶。左傳正義引樊光曰、詩云、逢天亶怒。又通作燀。呂覽重己篇云衣不燀熱。高誘注燀讀曰亶。亶、厚也。祜者、上文云福也。福與厚義近、故一切經音義二引爾雅舊注云祜謂福厚也。賈子容經篇云、祜、大福也。大與厚相成也。篤者、𥫱之叚音也。說文云、𥫱、厚也。从竹聲讀若篤。經典通作篤。上文云、篤、固也。固厚義近。詩椒聊、大明、皇矣、公劉傳箋竝云、篤、厚也。通作毒。書天毒降災荒殷邦。史記宋世家作天篤下災亾殷國。孯者、上文云固也。又訓厚者、孯之為言堅也。又言膴也。膴訓豐滿、堅訓密緻、皆有厚意。故又訓厚矣。仍者、訪之叚音也。

爾雅詁林　一　釋詁下

說文云：訪，厚也。通作仍。下文云：仍，因也。廣雅云：仍，重也。小爾雅云：仍，再也。周語注：仍，數也。漢書注云：仍，頻也。俱與厚義近。又通作扔，釋文：仍，本或作扔。又轉爲仁，今從古。肶者，說文作膍，或作肶，云牛百葉也。經典仁，仁亦厚也。論語云：仍舊貫。釋文引鄭注：魯讀仍爲膍肶通用。詩：福祿膍之。毛傳：膍，厚也。釋文引韓詩作肶，義亦同。又通作毗。天子是毗，毛傳：毗，厚也。鄭箋：毗，輔也。輔厚義亦相成也。埤者，增之厚也。說文云：埤，增也。詩：政事一埤益我。毛傳：埤，厚也。通作鞞。說文云：鞞，益也。廣雅云：埤，益也。是埤鞞通。又與毗通。詩節南山釋文：毗，王肅作埤。又與裨通。鄭語注：裨，益也。漢書注：裨，助也。覲禮：侯氏裨冕。鄭注：裨之爲言埤也。是埤裨音義又同矣。竺者，說文云：厚也。从竹聲。平輿令薛君碑云：遵此竺㒵。通作篤。釋文：竺，字又作篤。又通作毒。後漢書西域傳云：天竺國一名身毒。海內經云：天毒其人水居。郭注：天毒即天竺國。是矣。腹者，與膍同意。說文云：厚也。釋名云：腹，複也，富也。複富竝與厚義近。詩：出入腹我。禮月令：水澤腹堅。傳注竝云：腹，厚也。通作複。月令釋文云：腹，本又作複。又通作復。水澤腹堅，呂覽季冬紀作水澤復。高誘注：復亦盛也。復或作複，凍重累也。又轉爲阜。一切經音義十三引國語賈逵注云：阜，厚也。是阜腹義又同也。

義疏

惇（敦醇）亶（單僤）祜篤（毒）掔（堅）仍肶（膍䚡）埤（裨）竺腹厚也

樊注，詩云：俾爾亶厚。注，祜謂福厚也。郭注，頻仍，埤益，肶輔，皆重厚。掔然，厚皃。餘皆見詩書。　惇、从亯、見上敦勉字。一作醇。書：惇德允元。易：敦樂而無悳。又：萬物化醇。亶，上云信也。詩：亶厥心。本作單厥心。又：逢天僤怒，樊引作亶。祜，上云福。篤，上云固。詩：篤公劉。書：天毒降災，史記引作篤。堅，上云固。語：不曰堅乎，磨而不磷。仍，从乃，詞之難也。與孕同用。任、孕、妊同字，衣、衽、袵、席，皆以重疊爲厚也。肶、䚡皆从比，比次故厚。膍肶一字，則膍䚡亦一字。後分之，膍爲牛百葉，䚡爲人齎。詩：天子是毗。又：福祿膍之，韓作肶。是也。埤，从土卑，增也。詩毗，王肅作埤。政事一埤。說文鞞、益，从會。䓐，裨冕字耳。竺，从二竹。非古字。竹亦無厚意。因篤从馬，別作此爲篤厚字。經傳仍不行用。腹，从复。亯即富也。月令：水澤腹堅。厚，本作㫗，从倒亯，加厂爲山㫗，因又同阜㫗。

集解

惇亶祜篤掔仍肶埤竺腹厚也

惇，心之厚也，从心，𦎫聲。皋陶謨：惇敘九族，鄭注：惇，厚也。堯典：惇德允元，史記作惇，厚也。周語：守以惇篤，晉語：守學彌惇，注均云厚。禮記內則：皆有惇史，注：惇史，史惇厚者。惇，厚也。前漢書成帝紀：惇任仁人，師古曰：惇，厚也。後漢書班固傳：躬奉天經，惇睦辯章之化洽，注：惇，厚也。易臨：敦臨吉，正義：敦，厚也。詩北門：王事敦我，傳：敦，厚。閟宮：敦商之旅，釋文：厚也。禮記曲禮：敦善行而不怠，樂記：及夫敦樂而無憂，左定四傳：分之土田陪敦，注均云：敦，厚也。老子：敦兮其若朴，注：質厚也。荀子議兵：則百姓莫不敦惡，注：敦，厚也。淮南齊俗：澆天下之淳，注：淳，厚也。氾論：古者人醇工龐，注：醇，厚不虛華也。漢書萬石君傳：廉醇謹而已，注：專厚也。詩麟之趾：振振公子，傳：仁厚也。晉語：厚之至也，故曰屯也。說文：蠢，亂也，一曰厚也。以敦淳醇振屯蠢為之。亶，多穀也，謂厚藏也，从㐭，旦聲。周語引詩：亶厥心，釋之曰：亶，厚也。毛傳作單。詩桑柔：逢天僤怒，傳：僤，厚也。天保：俾爾單厚，傳：單，厚也。周語：陽㾓憤盈，土氣震發，注：㾓，厚也。呂覽重己：衣不燀熱，注：燀讀曰亶，亶，厚也。以單僤燀㾓為之。祜，福也，謂厚福也，从示，古聲。賈子容經：祜，大福也。大猶厚也。書康誥：惟時祜冒，孫疏：祜，厚也。說文：富，備也，一曰厚也。以富為之。篤，馬行頓遲也，从馬，竹聲。上經引申為堅，此引申為厚，謂堅厚也。說文則以竺為之。詩椒聊：碩大且篤，公劉：篤公劉，大明：篤生武王，傳均云：篤，厚也。皇矣：則篤其慶，箋：篤，厚也。禮記表記：篤以不揜，公羊宣十二傳：是以君子篤於禮而薄於利，注均云：篤，厚也。前漢書李尋傳：益天所以篤右陛下也，師古曰：篤，厚也。文選陸士衡皇太子宴令賦詩：世篤其聖，注：篤，厚也。書微子：天毒降災，史記作天篤下災，孫疏：毒，厚也。左昭二九傳：大正曰祝融，賈注：祝，甚也。史記楚世家：命曰祝融，集解引虞翻曰：祝，大也，厚也。以毒祝為之。掔，固也，从手，臤聲，與臤畧同。凡物厚者乃固。魯論：不曰堅乎，言堅厚也。秦策：賢於兄弟，注：賢，猶厚也。借堅賢為之。仍，因也，从人，乃聲。引申為厚，謂物仍者必厚耳。說文則以訪為之。論語：仍舊貫，釋文本或作扔。又轉為仁，仁亦厚也。周禮王府：衽席牀第，司農注：單席也。單，大也。詩泮水：烝烝皇皇，傳：厚也。以衽悉爲之。肶、字一作膍。牛百葉也。从肉𣬉聲。或从比聲。即胃之厚處。所謂胘者切而食之、謂之脾析。引申爲凡厚之偁。詩采菽福祿膍之、傳膍、厚也。節南山天子是毗、傳毗、厚也。王肅作埤、荀子宥坐引作庳。以毗庳爲之。埤、增也、从土卑聲。與塈略同。引申爲厚、謂增土而使之厚也。詩北門政事一埤益我、傳埤、厚也。鄭語若以同裨同盡乃棄矣、注裨、益也。說文俾𧶠、益也。益則厚矣。以裨俾𧶠爲之。笁、地之厚也、从二、竹聲。二、地數也。汗簡古論語君子笁於親、今本作篤。楚辭天問帝何笁之、注均訓厚。腹字本作𦟀、複而厚也。一曰身中。詩蓼莪出入腹我、傳複、厚也。禮記月令孟冬之月水澤腹堅、注腹、厚也。呂覽以復爲之。厚、山林之𣆪也、从𣆪从厂、𣆪亦聲。正字爲𣆪。𣆪、厚也。經傳皆以厚爲之。

義證

惇亶祜篤掔仍肶埤笁腹厚也

[註]頻仍埤益肶輔皆重厚掔然厚貌餘皆見詩書[補]

[正]邢疏、大雅僤怒、小雅單厚、亶僤單音義同。天子是毗、福祿膍之、肶毗膍音義同。笁與篤同。腹者小雅出入腹我、月令、水澤腹堅。臣鑒按、仍訓原義無他證。笁即篤字、釋文於笁字下註云、字又作篤、同。丁毒反、上篤字疑衍。

郭注補正

篤笁、厚也。按古厚之字作笁。篤、馬行貌。蓋因笁而通之。汗簡載古文論語君子笁於親、是已。

錢氏古義

祜厚也

郭注見詩書。郝氏義疏云、一切經音義二引尒疋舊注云、祜謂福厚也。上文云祜、福也。舊注依經立義、校郭氏加詳。

舊注攷證

肶厚也　注肶輔厚重

正曰、肶訓肶輔、乃破肶爲毗。毗輔使之厚、誼甚迂曲。詩小雅采菽福祿膍之、釋文膍、厚也。韓詩作肶。釋文不引韓詩異訓、則韓詩肶亦訓厚、即用釋詁文也。東晉時韓詩尚存、而郭注不引。

正郭

惇亶祜篤掔仍肶埤笁腹厚也

惇、說文作㥫、云厚也。惇者、㥫之省也、經典皆以惇爲之。通作敦。邶風北門王事敦我、毛傳云敦、厚也。大雅常武鋪敦淮濆、彼釋文云敦、王申毛如字、厚也。

亶者、說文云多穀也。多即厚、引申之爲凡厚之稱。通作單。小雅天保俾爾單厚、傳云單、信也。或曰單、厚也。信與厚義亦相近。大雅桑柔正義引某氏曰、詩云傳爾亶厚。周頌昊天有成命單厥心、傳云單、厚也。周語引作亶厥心、注亦云亶、厚。亶單古通。字又通作僤。桑柔逢天僤怒、傳云僤、厚也。彼釋文云僤、本亦作亶。樊光云、詩云逢天亶怒。正義云僤亶音相近、義亦同。小雅十月之交亶侯多藏、傳以亶爲信。竊謂亶宜訓厚、厚與多藏一義、謂厚其聚斂也。大雅板不實於亶、傳云亶誠也。亶亦應訓厚、厚與實同義。生民胡臭亶時、箋云亶誠也。亦非

爾雅詁林　一　釋詁下

也。亶謂香臭之厚時、讀如頍弁爾殽既時之時、傳云時、善也。謂其臭厚而善也。　祜者、舊注云、祜、謂福厚也。凡字之從古者、皆有久義。小雅伐木無酒酤我、傳云酤、亦宿酒也。商頌烈祖既載清酤、傳云酤、酒。蓋酒陳久則味厚、故字從古。魏風陟岵、陟彼岵兮、釋山云山多草木曰岵。多即厚也。　篤、說文作䈞、云厚也、讀若篤。今經典通以篤代之。唐風椒聊、碩大且篤、大雅大明篤生武王、皇矣則篤其慶、公劉篤公劉、傳箋竝云篤、厚也。皇矣以篤於周祜、箋云以厚周當王之福。周頌維天之命曾孫篤之、傳云成王能厚行之也。　掔、上文云固也。固故又訓厚、義見前。　仍、說文作𧦝、云厚也。今經典皆以仍爲之。釋文云、仍、本作扔。大雅常武仍執醜虜、彼釋文云仍、本作扔。毛傳云、仍、就也。案字林云、扔、數也。見老子釋文。　與仍同義。仍扔又俱訓因、因之即重之、皆與厚義近。一切經音義十七云、仍、古文礽𧦝扔三形、蓋一字也。仍與烝音義皆同。魯頌泮水烝烝皇皇、傳云烝烝、厚也。烝烝即仍仍也。　肶者、說文與膍同、肶者、膍之省文也。小雅采菽福祿膍之、傳云膍、厚也、韓詩作肶。又通作毗。小雅節南山天子是毗、傳云毗、厚也、彼釋文云王本作增。增、厚也。荀子宥坐篇作庳、隋書律歷志作裨、皆增益之義。　鄘風干旄、素絲紕之。紕爲緣爲飾、緣之飾之、亦增益義也。增益即厚也。　埤者、說文云增也。增則厚矣。邶風北門政事一埤益我、傳云埤、厚也。　竺者、說文云厚也。釋文云、竺、字又作篤。今經典皆以篤爲之。　腹者、說文云厚也。小雅蓼莪出入腹我、傳云腹、厚也。腹、通作復。呂覽季冬水澤復、即月令之水澤腹堅也。鄭注云、腹、厚也。高誘注云、復、亦盛也。盛與厚義近、然不如鄭注之直訓爲厚也。蓼莪出入復我、箋云復、反覆也。大雅桑柔是顧是復、箋云王反顧念而重復之。反復重復亦厚義也。大雅緜陶復陶穴、傳云陶其土而復之。疏云、覆者地上爲之、取土於地、復築而堅之。復蓋取土加厚之意、故復與腹互通也。

說詩

惇亶祜篤掔仍肶埤竺腹厚也　釋文云、惇、字又作𢡊。隸變小異。正義云、惇、通作敦。元照案、惇、說文訓厚、敦義異。　亶、通僤。詩大雅桑柔逢天僤怒、傳僤、厚也。正義曰僤亶音相近、義亦同。釋文曰本亦作亶。又通單。詩周頌昊天有成命單厥心、傳單、厚。　篤當作䈞。見前。　仍、釋文云本或作扔。案當作𧦝。說文言部𧦝、厚也、从言乃

爾雅詁林　一　釋詁下

聲。仍扔二字說文皆訓因。肶、釋文云本或作脾。案說文膍、或作肶。詩小雅采菽福祿膍之、傳膍厚也、釋文云韓詩作肶。肶脾音相同耳。又通毗。詩小雅節南山天子是毗、傳毗厚也、釋文曰王作埤。竺、釋文云字又作篤。案篤係假借字、見前。鄭樵本誤作笁。其注曰古文工與馬同。其言妄矣。腹、說文同。說文五下㫗、厚也、从反亯。又𠩺、山陵之厚也、从㫗从厂。厚薄字當作㫗、其字久廢、𠩺之隸變爲厚。

匿名

惇亶祜篤掔仍肶埤竺音篤腹厚也

此釋厚之義。說文㫗、厚也。𠩺、山陵之厚也。今厚行而㫗廢矣。惇、厚也、从心𦎫聲。舜典惇德允元、史記作厚德允元。今多作敦厚、如繫傳安士敦乎仁、鄭註敦、厚也。此假借、非本字也。亶、周語云厚也。通作單。小雅俾爾單厚、傳單、厚也。小雅受天之祜、疏祜、福厚也。𩫖、㫗也。篤、馬行頓遲也。註、古假借以篤爲𩫖。竺、篤行而𩫖竺廢。凡經傳篤字、固厚二訓足包之。論語君子篤於親、註篤、厚也。掔、上文訓爲固、郭註掔然牢固之意。又訓爲厚、是以固爲厚也。前漢王莽傳吉瑞累仍、註仍、重也。重之卽厚也。膍、牛百葉也。或从比。註、謂之百葉者、胃薄如葉、碎切之、故云百葉。未切爲膍胵、既切則謂之脾析、謂之百葉也。胃而言脾、脾胃連言故也。肶膍實一字。小雅福祿膍之、傳膍、厚也。引伸叚借之義也。又作毗。小雅天子是毗、傳毗、厚也。毗卽毗字。肶亦作脾。埤、增也。邶風政事一埤益我、傳埤、厚也。竺、厚也、从二竹聲。楚詞帝何竺之。通作篤、或作竺。腹、厚也。小雅出入腹我。

啓蒙

篤竺厚也。篤竺同字並見書微子之命曰篤不忘、釋文篤本亦作竺。

黃侃音訓

腹、厚也。春秋元命苞、腰而下者爲陰、豐厚地之重。

古義補

篤厚也

錦燧謹案、此釋詩椒聊篇實大且篤、大明篇篤生武王、皇矣篇則篤其慶、公劉篇篤公劉也。毛椒聊大明公劉傳、鄭皇矣箋俱云篤、厚也、與雅訓合。說文馬部云篤、馬行頓遲也、與厚義遠。今訓厚者、乃𩫖之假借字也。說文亯部云、𩫖、厚也、讀若篤。凡許書中讀若之字、大都皆經典中通假之字。如勼讀若鳩、而書之方鳩、左氏之五鳩、卽假鳩爲勼矣。翌讀若皇、而周禮之皇舞、卽假皇爲翌矣。以及祘讀若筭、釆讀若辨、㕞讀若度、㫃讀若偃之類、不勝枚舉。𩫖篤同从竹聲、故多通假。禮記之必因其材而篤焉、篤以不揜、左傳之明允篤誠、論語之君子篤于親、論篤是與、信道不篤、博學而篤志、無一作𩫖、蓋篤行而𩫖廢矣。說文二部又有竺字、說解亦云厚也、而亦从竹聲、與𩫖音義俱同。

陸錦燧日記

惇、亶、祜、篤、掔、仍、肶、埤、竺、腹、厚也。

說文厚薄字作㫗、从反亯。厚者、山林之厚也、自經典借厚爲㫗、而㫗遂廢。从反亯、何以爲㫗、段云：「不奉人而自奉、㫗之意也。」古文㫗作垕、从后土、所謂坤㫗載物也。或作后、郝氏以爲「垕字之省。」厚又通後。

惇、說文作惇、云：「厚也。」書之「惇德、」史記五帝紀作「厚德。」詩「王事敦我、」樂記「敦樂而無憂、」毛鄭均訓敦爲厚、是惇通作敦也。

亶、說文「多穀也、从㐭、旦聲；」訓厚者、穀多之引伸義也。上文云：「亶、信也、誠也；」信誠、亦敦厚之意。郝氏謂「亶通單燀、」詩「單厥心

爾雅詁林 一 釋詁下

、」傳訓單爲厚、呂覽重已篇「衣不燀熱、」高誘注云：「燀讀曰亶、」是相通也。

祜、上文曰：「福也、」此又云厚者、爾雅舊注云：「祜謂福厚也。」福厚與賈子所云：「祜、大福、」同義。

篤掔二字、俱見上周也節。竺與篤義同、亦詳前節。經典每假篤爲竺、故竺字罕用。楚辭天問云：「帝何竺之、」平與令薛君碑云：「濃此竺閔；」此本字之僅見者。

仍者、小爾雅云：「再也、」廣雅云：「重也、」漢書注云：「頻也、」再重頻數、皆增多之意、故爾雅訓厚。此與竺同義、說文「竺、厚也、从二、竹聲；」段釋从二、謂爲「加厚之意；」仍亦加厚之義也。

肶埤訓厚、皆增益之厚也。肶者、釋文「肶、音毗、本或作膍、同；」釋名「膍、裨也。」埤者、說文「埤、增也；」廣雅「埤、益也；」覲禮「侯氏裨冕、」鄭注云：「裨之爲言埤也。」是肶埤皆裨益之義、皆以增益爲厚。毛詩「福祿膍之、」釋文引韓詩作肶、二家皆訓厚；邶風云：「政事一埤益我、」毛亦訓埤爲厚；要皆本之爾雅也。

腹爲厚、說文同。月令「水澤腹堅、」注亦云：「腹、厚也。」呂覽引月令腹作復；月令釋文謂腹本作複；是腹與複復字義俱通。

爾雅學

頻仍坤益肶輔皆重厚單疏本雪牕本同。按經先肶後埤、與注異。

惇亶祜篤掔仍肶埤竺腹厚也○釋曰注疏本刪。

校勘記

埤音椑雪牕本音脾。　盧刻又音婢。

校勘記訂補

仍饑爲荐監本同。毛本湘本饑作飢。案說文、飢、餓也。饑、穀不熟也。段玉裁注曰、飢與饑異。釋天曰、仍饑爲荐。作饑是。

肶毗膍音義同監本毛本湘本同。下有竺與篤同四字、此脫。

注疏校勘札記

惇亶祜篤掔仍肶音毘埤音脾竺音篤腹厚也

音圖・音

掔却賢翻音牽。又苦閒、音慳苦忍音䐃二翻。釋文、肶本或作膍、同。詩釋文天子是膍、韓詩作肶。夾漈云、竺與篤同、古文工卽馬字。从工不从二。

音略

户　牽　毗　椑　篤

惇、亶、祜、篤、掔、仍、肶、埤、竺、腹、厚也

孫偘直音

惇、亶、祜、篤、掔、仍、肶、埤、竺、腹、厚也（戶　牽　毗　脾　篤）

直音校正

惇亶祜篤掔牽仍肶毗埤脾竺篤腹厚也

楊氏音訓

肶頻脂切　埤蒲麋切　竺篤

干氏音釋

載謨食詐僞也

載謨食詐僞也。載者、言而不信。謨者、謀而不忠。書曰、朕不食言。

郭注

載謨食詐僞也　釋曰、皆虛僞也。郭云載者言而不信、謨者謀而不忠者、以載詁爲言、謨爲謀、今又爲僞、故以爲言而不信、謀而不忠。不信不忠則是僞也。食者、孫炎曰、食言之僞也。哀二十五年左傳云、孟武伯惡郭重、曰何肥也。公曰是食言多矣、能無肥乎。然則言而不行、如食之消盡、後終不行前言爲僞、故通謂僞言爲食言。故此訓食爲僞也。詐者、方言云、膠譎詐也。涼州西南之間曰膠、自關而東西或曰譎、或曰膠。詐通語也。　注書曰朕不食言　釋曰、商書湯誥文。

邢疏

食僞也

食言之僞也。書正義八　春秋正義十六

孫音注

謨僞也

謨音慕。釋文

郭音義

黃輯古義

載謀食詐僞也

食言之僞也。邢疏　書湯誓正義○春秋僖二十八年正義

孫音注

載謨音慕。

郭音義

玉函山房輯佚

食

食言之僞。孫注　宋本春秋疏十三

鈎沉

食僞也

孫曰、食言之僞也。書正義八　春秋正義十六　邢疏

漢注

載謨食詐僞也

孫炎云、食言之僞也。書正義八卷　左傳正義十三卷　郭璞云、載者言而不信、謨者謀而不忠。書曰朕不食言。

一切注音

謨僞也郭音慕。釋文

食　舊注、食僞也。文選思玄賦注　孫炎曰、食言之僞也。左氏僖二十八年傳正義　書湯誓正義

謨亡胡反。郭音慕。許側駕反。謀亡侯反。

陸音義

古注斠

載謨食詐僞也

凡書所載、皆僞也。謨、模之而已、亦僞也。

新義

載謨食詐僞也　食、湯誥云、朕不食言。郭氏謂載者言而不信、謨者謀而不忠。恐是臆說。

鄭樵注

載謨食詐僞也郭謨音慕

孫炎曰、食、言之僞也。

郭璞曰、載者言而不信、謨者謀而不忠。書曰朕不食言。

鄭樵曰、食、湯誥云朕不食言。郭氏謂載者言而不信、謨者謀而不忠。恐是臆說。

古注合存

載者言而不信。謨者謀而不忠。故訓僞。鄭以郭注爲臆說。

補注

載謨食詐僞也**註**載者言而不信謨者謀而不忠書曰朕不食言**正義**古者爲僞二字通用。堯典云平秩南訛、史記作便程南爲、漢書王莽傳作以勸南僞。月令云毋或作爲淫巧、鄭註云今月令作爲作詐僞。蓋因有所作爲遂生詐僞、其聲相近、其義相通。後世字別爲義、則載謨訓作爲之爲、食訓作爲虛僞之僞也。載者、皐陶謨云載采采、大宗伯云則攝而載果、鄭註載、爲也。謨者、上文云謨謀也。逸周書祭公解云、無以小謀敗大作。是謀即爲作、作者爲也。食者、書疏引孫炎云、食言之僞也。左氏僖二十八年傳云背惠食言、成十六年傳云瀆齊盟而食話言、又云臨事而食言、襄二十七年傳云食言者不病、哀二十五年傳云是食言多矣、杜註言而不行、如食之消盡後終不行前言爲僞也。詐者、方言云、譎、詐也、自關而東西或曰譎。詐、通語也。**註**載者至食言。**正義**郭以載謨爲反訓、近時學者多不從之。然古人之訓、實有反覆相通者、如此篇上云允誠也、而下云允佞也、展信也、而周語云展而不信。誕者妄也、而廣雅云誕信也。合諸以徂爲存、以治爲亂、則知古訓流傳、郭註未可遽非矣。然古人實皆訓載以爲、如益稷篇乃賡載歌、史記作乃更爲歌是也。朕不食言、湯誓文。

正義

載謨食詐僞也載者言而不信謨者謀而不忠書曰朕不食言

說文云、僞、詐也、从爲聲。按僞之言爲也。故廣雅云、僞爲也。荀子性惡篇云人之性惡、其善者僞也、楊倞注僞、爲也、矯也。矯其本性也。凡非天性而人作爲之者、皆謂之僞。故僞字人旁爲、亦會意字也。禮曾子問云作僞主以行、鄭注僞猶假也。然則假之爲言詐也、詐之爲言作也。作與詐、僞與爲古皆通用。故釋言云作造爲也。詩尚無造、毛傳造、僞也。小子有造傳又云造爲也。是爲僞通。禮月令云毋或作爲淫巧、鄭注今月令作爲爲詐僞。是詐亦通作僞、亦通爲。推此而言、左氏成九年傳爲將改立君者、定十二年傳子爲不知釋文竝云爲本作僞。是皆僞爲通之證也。爾雅之僞義亦通爲。說者但謂詐僞則失之矣。載者下文云行也。行亦爲。謚法云、載、事也。事亦爲。故大宗伯云大賓客則攝而載果、鄭注載、爲也。下文載又訓言故郭云載者、言而不信。上文謨已訓謀、故郭云謨者、謀而不忠。今按、郭說載言謨謀是也、其云不忠不信非也。何以明之、謨之爲言摹也、規摹圖畫與作爲義近、與詐僞義遠。然則載謨爲作爲之爲、食詐爲詐僞之僞、而亦爲作爲。一字皆兼數義爾雅此例甚多、僞之通爲、益無可疑矣。食者、郭引書湯誓云朕不食言、又晉語云號之會魯人食言、文選思玄賦云疾防風之食言、韋昭及舊注竝云食、僞也。左氏僖廿八年傳背惠食言、成十六年傳瀆齊盟而食話言、法言重黎篇亦云不食其言、是經典俱食言連文。故湯誓及左傳正義竝引孫炎曰、食、言之僞也。此亦望文生義、實則食自訓僞、不必因言以見知者。逸周書皇門篇云媚夫有邇無遠、乃食蓋善夫、孔晁注食、爲也。爲亦僞也。書意蓋言佞媚之人、以飾詐作僞、掩蓋善士。又左氏哀元年傳後雖悔之不可食已、此食亦當訓爲、猶言疾不可爲矣。是皆食自訓僞、不因言見之證。杜注訓食爲消、孔傳訓食爲盡、俱不合爾雅之詁、亦爲妄說矣。詐者、說文云欺也。方言云、膠、譎詐也。淮南俶眞篇注巧言爲詐。荀子修身篇云匿行曰詐。是詐兼言行而言也。詐與譌同意、譌與僞同聲。周禮馮相氏注辯秩南譌、漢書王莽傳作以勸南僞。是僞譌通。故詩沔水及正月箋竝云、訛、譌也。蓋言訛當作譌、譌亦僞也。造作語言行其詐僞、故論語云由之行詐也、無臣而爲有臣、爲亦僞矣。僞所以爲欺、故曰吾誰欺、欺天乎。詩云

人之爲言、苟亦無信。爲亦僞也。釋文、爲、本或作僞。正義本卽作僞、故云人之詐僞之言、又云君能不受僞言、則人之僞言者復何所得焉。

義疏

載謨食詐佀**僞**譌**也**

孫注、食、言之僞也。郭注、載者、言而不信。謨者、謀而不忠。書曰、朕不食言。

載、从車𢦏。𢦏、傷、得車載之、因爲行事之詞。又爲記載。季載。書、朕在位七十載。又、冀州既載、詩、上天之載、周官則攝而載果、皆爲也。左傳引詩無載爾僞、是僞也。謨、从萛。上云謀。書謨䦕弼諧。詩聖人莫之、又訏謨定命。謀爲也。食、从亼皀。聚米爲食、因爲食事語、敬其事後其食。書十有二牧曰食哉。字亦佀飾。詐、从乍。乍从亾一、止也。佀止相對、故又爲起。起意則詐僞生。詩、君子佀之。語、由之行詐也。月令、毋或佀爲淫巧。爲、象母猴以爪用。書辯秩南僞、一佀爲、一佀譌也。

集解

載謨食詐僞也載、乘也、从車𢦏聲。正字爲事。事、職也。

凡有職者必有爲。事載通用字。書皋陶謨有能奮庸熙帝之載、鄭注載、行也。周禮大宗伯則攝而載果、注載、爲也。謨、議謀也、从言莫聲。引申爲僞、謂議謀而有所爲也。詩訏謨定命、逸周書無以小謀敗大作、均是也。廣雅則以靡爲之。或者謨之正字爲摹。摹與謨疊韵。食、一米也、从皀亼聲。正字爲飾。飾、㕞也、虛也。引申爲僞。書堯典食哉、孫疏訓爲。逸周書皇門媚夫有邇無遠乃食蓋善夫、注食爲也。唯食言二字連文、多訓爲僞而爲惡詞。書湯誓朕不食言、晉語魯人食言、文選思玄賦疾防風之食言、均是也。詐、欺也、从言乍聲。正字爲作。作、起也。引申爲爲、謂起而有所爲耳。易利用爲大作、書汝作司徒、春秋定二新作雉門、均是也。作詐通用字。禮記月令毋或作爲淫巧、注今月令作爲爲詐僞、則詐僞亦作爲也。僞、詐也、即作也。經傳皆以母猴之爲爲之。書堯典辯秩南僞、一作爲、一作譌也。

義證

爾雅詁林　一　釋詁下

載謨食詐僞也謨音慕

註載者言而不信、謨者謀而不忠。書曰朕不食言。補

正邢疏、孫炎曰食言之僞也。臣鋆按鄭樵謂郭氏恐是臆說。臣按淮南子兵略訓云、載以銀錫、註謂笴以銀錫飾之、卽載猶飾也。又南唐書黨與傳云越人謨信、註謨信、無信也。閩人語音。然則飾辭無信、豈非僞乎。郭注補正

載謨食詐僞也 注載者言而不信、謨者謀而不忠

正曰、載者言而不信、謨者謀而不忠、于古無徵。郝戶部義疏云、廣雅釋詁、僞、爲也。荀子性惡楊注、僞、爲也。禮記月令毋或作爲淫巧、鄭注今月令作爲爲詐僞。周禮大宗伯大賓客則攝而載果、鄭注載、爲也。周書皇門媢夫有邇無遠、乃食蓋善夫、孔注食僞也。謹按謨通作慔。說文心部、慔勉也。荀子天論、勉力不時。左昭二十五年傳、爲政事庸力行務。慔有勉力爲之之意、故慔亦得轉訓爲也。然邢疏孫炎曰食言之僞也、與周書孔注食訓爲同詁。古者有美惡不嫌同名。作爲詐僞無甚區別。荀子性惡可學而能、可事而成之在人者、謂之僞。則凡載訓爲、慔亦轉訓爲、俱與僞訓相通。蔣生敬時云載謨食詐連類相貫是也。若王尚書經義述聞已載謨食爲作爲之爲、詐爲詐僞之僞、一訓兩詁、其誤較甚。正郭

載謨食詐僞也 注載者言而不信、謨者謀而不忠。書曰朕不食言

諍曰、下文卽云話猷載行訛言也。言又兼訛說、此不應亦指僞言說、況注言不信不忠、皆因訓僞而望文生義、書無徵也。錢氏王氏皆以古僞爲同。錢氏以載謨爲作爲之義、食詐爲虛僞之義。王氏謂載謨食皆爲也。義皆極塙。惟分從爲僞二說亦未安。竊謂下文專釋言、此當專釋爲。爲僞相通。僞正作爲。依王說載謨食皆爲之不僞者、詐乃爲之僞者、僞不僞莫非爲也。猶下文話猷載行皆言之不僞者、訛又言之僞者、僞不僞莫非言也。比類以觀、義本顯然、注之失不待言也。諍郭

載謨食詐僞也

邵氏郝氏皆謂載謨爲作爲之爲、食詐爲詐僞之僞。今案下文載言也、謨與猷一義、亦云言也。載盟辭也。見周禮司盟注。盟者多詐僞之言、故郭注云載者言而不信。謨者、說文云議謀也。大雅抑訏謨定命傳云謨謀也。猷亦爲謀。釋詁云猷謀也。方言云、猷、詐也。謨之爲僞、猶猷之爲詐也。小雅小旻謀猶回遹。謀與謨同、猶與猷同、傳云回邪、遹辟也。竊謂謀猶當訓爲詐僞、謂王之所爲詐僞邪辟、故曰我視謀猶伊於胡底也。巧言爲猶將多、猶亦當訓爲詐僞。郭注云謨者謀而不忠、正謂此也。 食者、郭注引書曰朕不食言。邢疏云言而不行如食之消盡、

後終不行前言爲僞、故通謂僞言爲食言。案諸書所引皆以食言連文。食者、消也、虧也。見僖十五年左氏傳注。消虧皆虛也、虛故謂之僞。小雅十月之交日有食之、日食卽虧虛之義。僞者、無一不虛、故曰食僞也。餘詳訂經。

說詩

載謨節疏以載詁為言 詁、誤詁。 自關而東西或曰謫 脫下三字。 朕不食言商書湯誓文 誓、誤誥。

注疏正字

載謨食詐僞也

孫曰、食言之僞也。郭曰、載者言而不信、謨者謀而不忠。書曰朕不食言。錢曰、古文僞卽爲字。書堯典平秩南訛、史記作南爲、漢書王莽傳作南僞。荀子性惡篇人之性惡、其善者僞也。不可學不可事而在人者謂之性、可學而能可事而成之在人者、謂之僞。蓋僞有兩義、載謨者作爲之義、食詐者虛僞之義。景純專主虛僞之訓、乃謂載者言而不信、謨者謀而不忠、失其旨矣。邵引大宗伯則攝而載果鄭注載爲也、餘與錢同。引之謹案、錢邵以載謨爲作爲之爲、是也。皋陶謨乃賡載歌、史記夏本紀作乃更爲歌。襄三十年左傳引詩曰無載爾僞、謂無爲爾僞也。杜注、無載、行詐、僞行亦爲也。小雅巧言篇奕奕寢廟君子作之、秩秩大猷聖人莫之、釋文莫一本作謨、作與謨皆爲也。孫郭皆以食爲虛僞之僞、而證以湯誓之朕不食言、韋注晉語亦以食言爲僞言、皆非也。食言者言而不行、則爲自食其言、食者消滅之義、非虛僞之義也。左傳僖十五年我食吾言、杜注食、消也。公羊傳僖十年荀息可謂不食其言矣、何注不食言者、不如食受之而消亡之。哀二十六年左傳、是食言多矣能無肥乎。若以食言爲僞言、則與能無肥乎之文了不相涉矣。而某氏書傳乃曰食盡其言、僞不實。正義曰、言而不行、如食之消盡後終不行、則前言爲僞、故通謂僞言爲食言、不幾於穿鑿而失其本指乎。今案載謨食皆爲也。哀元年左傳曰、違天而長寇讎、後雖悔之不可食已。不可食、不可爲也。已語終詞也。杜注食消也、已止也、皆失之。或曰食當讀爲飭。吳語周軍飭壘、韋注曰飭、治也。字或作飾。高誘注淮南本經篇曰、飾、治也。爲亦治也。周語韋注、呂氏春秋去私篇高注竝曰、爲、治也。飭與爲同訓治、故曰飭爲也。古字多假借、後人不識耳。

述聞

載謨食詐僞也 此亦一訓兼兩義者。僞與爲通。詳正義。

匡名

載謨食詐僞也 此釋僞之義。說文、㒖、詐也。郭註、載者、言而不信。謨者、謀而不忠。南唐黨與傳、越人謨信。湯誓、朕不食言。 訛、欺也。左宣十五年傳、爾無我詐。 古爲僞譌皆通用。如堯典南譌、史記作南爲、漢書作南僞。鄭云月令毋或作爲淫巧、今月令作爲作詐僞。蓋因有所作爲、遂去詐僞義相通也。則載謨當訓作爲之爲、食詐爲虛僞之僞也。舜典有能奮庸熙帝之載、鄭曰載、行也。行卽爲也、謂能與起以廣堯之所爲也。後漢順帝紀舉有謀謨任將帥、註有謀者方能有爲也。則載謨二字似當訓爲也。

啓蒙

載謨食詐、偽也。 偽兼作為、詐偽二義、嚴元照說此亦一訓兼兩義。為亦然也。載謨食詐二義兼之、不必分屬。 偽義亦兼為、而為亦兼詐偽義。詩采苓人之為言、釋文于偽反、或如字、疏云、王肅諸本作為言、定本作偽、云為言謂人為善言、是為亦有詐偽義。 載者𢦏之叚借。謨者誣之叚借。食者飾之叚借也。

黃侃音訓

食僞也

食僞也。頤烜案、僞爲古字通用。食字亦兼有二義。左氏僖二十八年傳背惠食言、成十六年傳瀆齊盟而食話言、是以食爲僞也。哀元年傳役雖悔之不可食已、是以食爲爲也。

讀爾雅録

載謨食詐爲也

注曰載者言而不信謨者謨而不忠書曰朕不食言

樾謹按、錢氏大昕謂古爲僞同字。載謨者作爲之義。食詐者虛僞之義。而王氏引之又謂載謨食皆爲也、引哀元年左傳不可食已爲證。其義皆極塙。勝郭注遠矣。惟食何以訓爲、義終未明。王氏引或說謂食當讀飭。今按周易井初六傳井泥不食、虞注曰食、用也。國策衛策始君之所行於世者食高麗也。老子我獨異於人而貴食毋、高誘河上公注竝曰食用也。荀子富國篇仁人之用國楊倞注曰用、爲也。是用與爲義得相通。食訓用、故訓爲、正古義矣。不必改讀作飭也。

平議

載謨僞也。郭云載言而不信、謨謀而不忠。楷案郭解僞爲虛僞之僞、是也。而其解二字之義則竝非。何也、載有言義、無不信義。謨有謀義、無不忠義也。葢載者、譖字之假音也。載與譖古音通。詩文王上天之載、漢書揚雄傳引載作縡、顏師古注縡讀與載同。縡卽繒之籀文。今說文作縡、云籀文繒从宰省。是載聲之字通乎宰聲、卽通乎曾聲矣。說文、譖、加也。加謂言語誣妄相加。故加字下云語相譖加也。誣字下亦云加也。譖爲誣妄相加、故此訓爲僞也。謨者、𧬊字之誤文也。篆文莫與萬形相近、故致誤。說文、𧬊、譀也。譀誇也。大徐本誇作誕、是𧬊爲誇誕之義。通作噧。說文、噧、高氣多言也。引春秋傳曰噧言。今哀二十四年左傳作躛言、杜注、躛、過也。釋文、躛、戶快反、過也。謂過謬之言。服云僞不信言也。字林作躛、云夢言意不慧也。錢大昕潛研堂集云、釋文躛、戶快反、與噧音河介切相近。古義从口从言之字多相通。說文兼收噧𧬊二字。噧訓高氣多言、𧬊訓譀、譀又訓誇。誇譀義較過僞尤長。然則噧言卽躛言、亦可作𧬊言也。案錢說是也。但譀誇亦虛誕之謂、與過僞義正相同、不必强生區別。是𧬊爲誇誕之義、故此訓爲僞也。郭說失之。

稗疏

載、謨、𠕋、詐、僞也。

僞有二義。說文「僞、詐也。」此其一也。荀子性惡篇「人之性惡、其善者僞也。不可學不可事而在人者謂之性、可學而能可事而成之在人者謂之僞、是性僞之分也。」楊倞注云：「僞、爲也、」廣雅亦云：「僞、爲也。」此其一也。錢大昕說如此。邵氏因之、以載謨爲作爲之義；王引之則謂𠕋亦作爲之義；按僞字既兼二義、則𠕋亦有二義也。

載、下文云：「行也。」皋陶謨大宗伯注皆云：「載、爲也、」邵氏引皋陶謨「乃賡載歌、」史記作「乃更爲歌。」是載者行爲之僞也。

謨、上文云：「謀也；」逸周書祭公解「無以小謀敗大作、」言無以小爲害大作也。小雅巧言云：「奕奕寢朝、聖人作之、秩秩大猷、聖人莫之、」釋文謂「莫作謨、」聖人莫之者、言聖人爲之也。是謨之爲僞、乃作爲之僞也。

食之爲僞、兼二義言之。郝氏引逸周書皇門篇云：「媢夫有邇無遠、乃食蓋善夫、」言詐蓋善人之美。此詐僞義也。左氏哀元年傳「違天而長寇讎、後雖悔之、不可食已、」王氏謂「不可食、不可爲也。」此食之爲作爲義也。濔注引「朕不食言、」解食字、非也；左傳亦云：「是食言多矣、能無肥乎、」此皆飲食義也。

詐者、說文「欺也。」荀子修身篇云：「匿行爲詐；」淮南俶眞篇云：「巧言爲詐。」是詐之爲僞、乃欺詐之僞也。

爾雅學

載謨食詐僞也○釋曰注疏本刪。

校勘記

樸纂

載、謨、食、詐、僞也。

孫侶直音

話、猷、載、行、訛、言也

話、猷、載、行、訛、言也。詩曰、愼爾出話。猷者道、道亦言也。周禮曰、作盟詛之載。今江東通謂語爲行、世以妖言爲訛。

郭注

話猷載行訛言也　釋曰皆謂言辭也。話者、善言也。孫炎曰、善人之言也。猷者、道也。道亦言也。載者、載於簡策之言也。郭云今江東通謂語爲行、世以妖言爲訛。注詩曰至之載　釋曰云詩曰愼爾出話者、大雅抑篇文。云周禮曰作盟詛之載者、春官詛祝職文也。

邢疏

話言也

話、政之善言也。書立政正義

犍爲注

話言也

話、善人之言也。書正義九又十七　邢疏

孫音注

行言也

行、下孟反。釋文

郭音義

黃輯古義

話猷載行訛言也

話、政之善言也。書立政正義

話猷載行訛言也

話、言人之言也。邢疏　書盤庚中正義、又立政正義引無人字。

孫音注

載行、下孟反。

郭音義

玉函山房輯佚

話

政之善言也。舍人注　善之言也。孫注　並書疏十七

鈎沉

話言也

舍人曰、話、政之善言也。書正義十七

孫曰、話、善人之言也。書正義九又十七　邢疏

漢注

話猷載行訛言也

舍人云、話、政之善言也。書正義十七卷　孫炎云、話、善人之言也。書正義九卷又十七卷　郭璞云、詩曰愼爾出話。猷者道、道亦言也。周禮曰作盟詛之載。今江東通謂語爲行、世以妖言爲訛。

一切注音

行言也郭下孟反。釋文

話舍人曰、話、政之善言也。書立政正義孫炎曰、話、善人之言也。書盤庚正義

古注斠

話胡快反。猷音由。字亦從犭。載行下庚反。郭下孟反、注同。訛字又作吪、亦作譌、同。五戈反。盟音明。詛側慮反。祅於喬反。本又作妖、同。

陸音義

祅○說文作䄏、諸經注中多省作祆。注疏本作妖、刪去本又作妖同五字。

音義攷證

話猷載行訛言也

凡言可話、可猷、可書、可行、可化、謂之言可也。然守之而不能化、雖可話、可圖、可書、可行、若典謨所書、易象所圖、古人之糟粕已。

新義

話猷載行訛言也郭云、猷、道也。道亦言也。載、春官云、作盟詛之載。行、卽諱䫜語也。訛、妖語也。

鄭樵注

話猷載行訛言也行、郭下孟反。

舍人曰、話、政之善言也。

孫炎曰、話、善人之言也。

郭璞曰、詩曰慎爾出話。猷者道、道亦言也。周禮曰、作盟詛之載。今江東通謂語爲行、世以妖言爲訛。

鄭樵曰、郭云猷道也、道亦言也。載、春官云、作盟詛之載。行、卽諱䫜語也。訛、妖語也。

古注合存

載、謨、食、詐、僞也。話、猷、載、行、訛、言也。此遞釋載爲謨之屬之義也。詁曰、周禮云作盟詛之載。書湯誥云、朕不食言。詩抑篇云、慎爾出話。妖言爲訛。疏曰、話者、善言也。猷者、道也。愚按此當爲五釋。載、謨也。凡載書乃謨謀之詞也。食、詐、僞也。詐僞二字連文。食其言而不能踐、是詐僞也。話、猷也。言而道存、是善言也。載、行也。載之謂事、行謂行事也。訛、言也。凡訛者妖言也。謨猷行之下無語助者、省文也。舊不達句讀省文之例、而止牽合爲爾釋者非。

注疏參義

話猷載行訛言也註詩曰慎爾出話猷者道道亦言也周禮曰作盟詛之載今江東通謂語爲行世以妖言爲訛

正義

呂氏春秋離謂篇云、言者以諭意也。下篇、釋言以言爲字。此所釋者人所言也。話者、盤庚云、乃話民之弗率。書疏引舍人云、話、政之善言也。孫炎云、善人之言也。說文作話、云合會善言也。傳曰、告之話言。案左氏文六年傳作著之話言。猷者、坊記引君陳云、爾有嘉謀嘉猷。載者、左傳引逸詩云、無載爾僞。行者、舜典云、朕堲讒說殄行、史記作朕畏忌讒說殄僞。行訓爲言、故龍作納言。訛者、小雅正月云、民之訛言、鄭箋訛、僞也。是訛與行義同、皆爲言也。註詩曰至爲訛。○

正義

慎爾出話、大雅抑文。毛傳話、善言也。猷者道道亦言者、下文云、猷、道也。鄭註禮記云、道、言也。周禮云作盟詛之載者、春官詛祝云、作盟詛之載辭。鄭註載辭、爲辭而載之於策。秋官司盟云、掌其盟約之載。鄭註載、盟辭也。左氏襄九年傳云、晉士莊子爲載書。哀八年傳云、景伯負載。是也。郭云江東通謂語爲行者、據時諺也。以妖言爲訛言、今俗語猶然。

正義

話猷載行訛言也詩曰慎爾出話猷者道道亦言也周禮曰作盟詛之載今江東通謂語爲行世以妖言爲訛

釋名云、言、宣也、宣彼此之意也。墨子經上篇云、言、口之利也。莊子外物篇云、言者所以在意。法言問神篇云、言、心聲也。案、言語有別。故詩公劉傳直言曰言、論難曰語。禮哀公問注又云、言、語也。周禮家人注亦云、言猶語也。是言語二字對文則別、散則通也。易笑言啞啞、釋文言、亦作語。一切經音義六引易作笑語啞

啞。是言語通矣。話者，說文作話，云合會善言也，从昏聲。籀文从會作譮。通作話。經典或話言連文。故小爾雅及左傳杜預注竝云話，善也。實則善言爲話，非話即爲善。故詩板及抑傳竝云話，善言也。此爲話字本義。抑傳又云話言，古之善言也。書立政正義引舍人曰話，政之善言也。盤庚正義引孫炎曰話，善人之言也。是皆緣詞生訓，非話之本義也。猷者，下文及釋宮竝云猷，道也。郭云道亦言者，詩東門之池傳言，道也。終風箋今俗人嚏云人道我，是皆以道爲言之證也。載者，郭引周禮詛祝云作盟詛之載辭。又司盟云掌盟載之灋，鄭注載，盟辭也。是皆郭義所本。但載自訓辭，非必盟辭。故詩載馳載驅傳載，辭也。左氏定三年傳載祀六百，孟子引詩載胥及溺，賈逵及趙岐注亦云載，辭也。詩內如載馳、載陽、載考、載飛，箋竝云載之言則也。載則聲相轉，亦皆語辭也。是皆載訓言之證也。載又訓行，行亦言矣。行者，與猷同義同訓，故釋宮云行，道也。詩內如行露、周行俱訓爲道，道亦言也。行，古讀戶剛切，今下庚切。釋文郭下孟切，注同，非也。彼行乃言之對，非行道之行也。訛者，譌之叚音也。說文云譌，言也。廣雅云譌，譁也。案譌之言爲也，造作語言，讙譁動聽，謂之譌言。通作訛。說文引詩民之譌言，今沔水及正月竝作民之訛言。史記五帝紀云便程南譌，今書作平秩南訛。又通作吪。廣雅云吪，言也。詩尚寐無吪，釋文吪本亦作訛。四國是訛，釋文訛又作吪。爾雅釋文訛字又作吪，亦作譌。是譌爲正體，吪叚借，訛或體也。郭云世以妖言爲訛者，西山經云畢方見則其邑有譌火，郭注譌亦妖譌字，是也。**義疏**

話猷載行訛言也　舍人注，話，政之善言也。孫注，話，善人之言也。郭注，詩曰，慎爾出話。猷者道，道亦言也。周禮曰，作盟詛之載。今江東通謂語爲行。世以妖言爲訛。話，从昏，會也。會合之言爲話。猷，从犬酋。玃類。犬有酋長，因以爲謀。猷猶若字。書，猷告爾四國多方。行，象兩脛，遣人往言爲行。詩，往來行言。記，非有行媒。訛，即吪也。詩，尚寐無吪。言，从口辛。議罪爲言，易有言，皆謂責問。說文直言爲言，非也。**集解**

話猷載行訛言也　話，字本作譮，合會善言也，从言昏聲。籀文从會聲。書盤庚乃話民之弗率，馬注話，告也，言也。詩板出話不然，抑慎爾出話，傳均云話，善言也。猷，字本作猶，玃屬。从犬酋聲。正字爲籀。籀，讀書也。春秋曰卜籀云。今本左傳凡卦兆之詞，皆以繇爲之。舊注猷者道，道亦言也。謂借爲廸，爲導，失之。書多方猷告爾四國多方，謂言告四國多方也。或者正字爲䚻與。䚻，徒歌也。䚻或作謠。謠猶雙聲。載，乘也，从車𢦏聲。引申爲凡載之偁。載言其一也。周禮司盟掌盟載之法，注盟，詛也。猶盟言也。行，人之步趨也，从彳从亍，會意。此訓言者，猶道亦爲言例也。釋宮，行，道也。道，言也。或曰詩往來行言，明行者謂遣人往言耳。曲禮行媒，周禮行人，均因往言以合好而設也。訛，字本作譌，僞言也。从言爲聲。詩沔水民之譌言，毛本作訛。箋僞也。前漢書成帝紀京師無故訛言大水至，師古曰訛，僞言。言，直言也，从口辛聲。**義證**

話猷載行訛言也

〔註〕詩曰慎爾出話猷者道道亦言也周禮曰作盟詛之載今江東通謂語爲行世以妖言爲訛〔補正〕邢疏、話者，善言也。孫炎曰善人之言也。臣鋆按、書疏引舍人註話、政之善言也。**郭注補正**

話猷載行訛言也

詩曰慎爾出話猷者道道亦言也周禮曰作盟詛之載今江東通謂語爲行世以祅言爲訛言

釋文云、祅本又作妖同。各本皆作妖。唐殘本玉篇言部譌下引爾雅郭璞曰、世以妖言爲譌言也。慧琳高僧傳十三卷音義引郭注爾雅代以祅言爲譌言。樹枬案、釋文云、訛、字又作吪、亦作譌。譌爲正

爾雅詁林　一　釋詁下

字。顧野王慧琳所據本皆作譌、代字避諱改、今本脫言字、據補。

郭注佚存補訂

話猷載行訛言也

話、說文作𧦅、云合會善言也。經典皆通用話字。大雅板出話不然、抑愼爾出話、毛傳竝云話、善言也。告之話言、傳云話言、古之善言也。　猷者、小雅巧言秩秩大猷、角弓君子有徽猷、鄭箋竝云猷、道也。郭注云、猷者道、道亦言也。　行者、言之生也、見說苑權謀。　謂行其言也。行亦訓道、道亦言也。小雅十月之交不用其行、竊謂行言也、謂不用善人之言所致不用其行、與不用其良同義。巧言、來往行言。行、亦言也、箋云君子樹善木、如人心思數、善言而出之。

訛、說文作譌、云譌、言也。引詩民之譌言。案、小雅沔水正月作民之訛言、箋竝云訛、僞也。訛僞同字。小雅無羊或寢或訛、彼釋文引韓詩作譌。又通作吪。釋文云、訛字亦作吪。王風兔爰尙寐無吪、釋文云吪、亦本作訛。豳風破斧四國是吪、彼釋文云訛、又作吪。小雅節南山式訛爾心、箋云訛、化也。謂以誦言化之也。

說詩

話猷載行 釋文云、行、郭下孟切、註同。

註世以妖言爲訛 妖、釋文作祅。

注疏正字

話猷載行訛言也　此亦一訓兼兩義者。猷、釋文云字亦從犭。訛、釋文云字又作吪亦作譌。案說文、言部譌、譌言也、从言爲聲、詩曰民之譌言。吪字訓動、非此義。言部無訛字。譌之作訛、猶古貨字作䝻、說文貝部俗花字之作蘤也。

匡名

話猷載行訛言也　說文、直言曰言、論難曰語。从口辛聲。大雅、愼爾出話。說文作𧦅、引詩告之話言。左文六年傳引作著之話言。　君陳、嘉謀嘉猷。　載、椉也。註、乘者覆也。上覆之則下載之、故其義相成。引申之謂所載之物曰載、如小雅載輸爾載是也。又爲凡載物之稱、如小雅載沉載浮是也。有叚借爲始者、孟子自葛載、註、載始也。有叚借爲事者、大雅上天之載、傳載事也。有叚借爲滿者、大雅厥聲載路、註、載滿也。有叚借爲語詞者、鄘風載馳載驅、傳載辭也。又假借爲言者、左襄九年傳士莊子爲載書、鄭註載、盟辭也。　論語先行其言而後從之。是言者卽所行也、故行訓爲言也。　譌、譌言也。引詩民之譌言、今作訛。說文無訛字。

啓蒙

訛　譌　釋文。訛字又作吪、亦作譌。同。惠氏棟九經古義云。書南訛。史記作南譌。毛詩無羊。或寢或訛。韓詩作譌。說文引詩民之譌言。今正月詩作訛。譌與訛古字通。

黃侃評本正名

爾雅詁林　一　釋詁下

訛言也。嚴元照說譌之作訛猶古貨字作賧。今案訛與語議聲亦相近，廣雅亟訓言也，詩訛言連用，故此以言釋訛。或謂話猷載行爲好言，訛乃莠言，案訛當兼好言莠言二義，尚寐無吪，詩尚寐無訛，釋文吪本亦作訛。非莠言也。

黃侃音訓

譏　汽也　惇　仍　毗　竺　厚也　猷　訛　言也

說文譏，𢎿也。訖事之樂也。豈部𢎿引見玉篇堲蒼，𢎿譏也。鄭氏詩箋汽，幾也。大雅民勞詩箋易井象辭正義同。周釋文惇字又作憞。釋詁釋文仍本或作扔，同。汝烝反。釋詁釋文毗本或作䏶，同。釋詁釋文竺字又作篤，同。釋詁釋文猷字亦從猶。釋詁釋文訛字又作吪、釋詁釋文亦作譌，同。釋詁釋文

仍、厚也。釋文、仍、本或作扔。按仍扔古字通用。左傳哀元年歸於有仍、漢書古今人表作有扔、師古曰扔、音仍。竺、厚也。釋文、竺、字又作篤。按竺篤古字通。楚辭天問云帝何竺之義與篤同。

證異

行言也

行、言也。郭注今江東通謂語爲行。頤煊案左氏哀元年傳因吳太宰以行成、服虔注行成，求成也。管子山權數篇行者道民之利害也。是皆行爲言也。

讀爾雅錄

行言也

注曰今江東通謂語爲行

樾謹按、釋宮曰行、道也。是行與道義通。周官訓方氏掌道四方之政事、撢人道國之政事、鄭注竝曰道猶言也。行之訓言、猶道之訓言矣。襄二十五年穀梁傳莊公失言淫于崔氏、失言、卽失道也。然則行言也、猶曰行道也、與釋宮之文其義本通。郭引時諺爲證、尚非古義。

平議

話、猷、載、行、訛、言也。

釋名「言、宣也、宣彼此之意也。」詩公劉傳云：「直言曰言、論難曰語；」郝氏謂「言語二字、對文則別、散則通也。」

話訛訓言、一屬善、一屬惡。話、說文作譮；云：「會合善言也；」左氏文六年傳云：「著之話言；」詩板及抑傳竝云：「話、善言也；」是善言爲話也。訛者、譌字之假借、說文「譌、譌言也；」小雅正月「民之訛言、」箋云：「訛、僞也；」是惡言爲訛也。訛通吪、郝氏引廣雅云：「吪、言也。」

猷者、上文云：「猷、謀也、」晉書刑法志云：「二人對議謂之謀。」而說文云：「議、語也、」廣雅「議、言也、」然則謀議二字皆爲言語、猷亦言也。又案書大誥云：「猷大誥爾多邦、」正義云：「鄭本猷在誥字下、此本在大字上、」猷在誥下、則爲「大誥猷爾多邦、」矣。大誥猷爾多邦者、即語爾多邦也。誥猷者、告語之謂、論語「吾語汝；」盤庚「乃話民之弗率、」話者、注云：「告也；」誥猷之猷、與語汝之語、話民之話、同爲動詞用法。此爾雅所以訓猷爲言也。

載者、周禮春官云：「作盟詛之載辭、」秋官云：「掌其盟約之載、」鄭注、「載、盟辭也。」邵氏引左傳所引逸詩云：「無載爾僞、」載亦言也。

行訓言、與釋言篇「履、禮也、」同例。履、非禮也、然祭義云：「禮者、履此者也、」故曰：「履、禮也；」行、非言也、然中庸云：「言顧行、」是言者、行此者也、故曰：「行、言也。」此皆明其意、非釋其義。爾雅釋言、故有此例。

爾雅學

以載詁爲言元本同。閩本監本毛本詁誤話。

或曰謞或曰膠注疏本脫上三字。

○注書曰朕不食言○釋曰商書湯誥文注疏本刪書曰釋曰。浦鏜云誓

誤詁。

世以妖言爲訛單疏本雪牕本同。釋文祅於喬反本又作妖同。

話猷載行訛言也○釋曰注疏本刪。

載於簡策之言也閩本監本毛本言誤謂元本空闕。

世以妖言爲訛○注詩曰至之載○釋曰注疏本刪下八字。

校勘記

七上（一一五）

一行訛言也○原本《玉篇》言部「譌」下引「《爾雅》：譌，言也。」字作「譌」。案：「譌」「訛」字通。

二行（注）世以妖言爲訛○原本《玉篇》「譌」下引此注作「世以妖言爲譌言也。」慧琳《音義》卷九十引「譌」下亦有「言」字。

宋監本校箋

衡姓

話猷載行訛言也

孫侶直音

話猷載行訛言也　構　餓平聲　悟

直音校正

遘逢遇也遘逢遇遻也遘逢遇遻見也

遘逢遇也謂相遭遇。遘逢遇遻也轉復爲相觸遻。遘逢遇遻見也行而相值即是見。

郭注

遘逢遇也遘逢遇遻也遘逢遇遻見也　釋曰皆謂相遭遇觸遻而相見也。召南草蟲云亦既遘止。周書洪範云子孫其逢吉。鄭風野有蔓草云邂逅相遇。轉復相訓三者又爲相觸遻。遘逢遇遻四者皆行而相值之名。行而相值即見也故又爲見。

邢疏

遘逢遇也遘逢遇遻也

漢書敘傳幼寤聖君集注鄧展曰爾雅寤逢遇也。

遻見也

心不欲見而見曰遻。龍龕手鑑四

衆家注

黃輯古義

遘逢遇遻見也

心不欲見而見曰遻。龍龕手鑑卷四

裴注

玉函山房輯佚

遻見也

心不欲見而見曰遻。爾雅注 龍龕手鑑四

鈎沉

遻見也

注曰心不欲見而見曰遻。手鑑四

漢注

遘逢遇也

郭璞云謂相遘遇。

遘逢遇遻也

舊注云心不欲見而見曰遻。龍龕手鑑四卷　郭璞云轉復爲相觸遻。

爾雅詁林　一　釋詁下

遘逢遇遻見也
郭璞云、行而相值卽見。今本作卽是見。從宋本刪是字。

一切注音

遘逢 遇也

蕙心案、漢書叙傳集注鄧展曰、爾雅寤逢遇也。寤與晤通。詩可與晤歌。毛傳晤遇也。遘寤疊韵。

遻 舊注云、心不欲見而見曰遻。龍龕手鑑四

蕙心案、遻通作遌。列子黃帝篇遻物而不慴、殷敬順釋文云、遻、一本作遌。

古注斠

遘古豆反。遻也字又作迕、同。五故反。轉復扶又反。剡工堯反、又章堯反。

陸音義

遘逢遇遻見也
若寔來書、我雖見、非見也。

新義

遘逢遇也遘逢遇遻也遻觸也。音悟。遘逢遇遻見也反覆欲盡義。

鄭樵注

遘逢遇也
郭璞曰、謂相遘遇。
遘逢遇遻也
郭璞曰、轉復爲相觸遻。按龍龕手鑑引爾雅舊注有心不欲見而見曰遻之語、名氏未聞。
鄭樵曰、遻觸也音悟。
遘逢遇遻見也
郭璞曰、行而相值卽是見。宋本無是字。
鄭樵曰、反覆欲盡義。

古注合存

遘逢遇也遘逢遇遻也遘逢遇遻見也遻音諤、一音晤。○此遞釋遘逢以下爲遇、爲遻、爲見之義也。註曰、謂相遘遇、復爲相觸遻而相見也。疏曰、詩草蟲云、亦既遘止。蔓草云、邂逅相遇。愚按字書、遻音悟者、遇也、逢也、又逆也、音諤者、驚相遇也。

注疏參義

遘逢遇也 註 謂相遘遇 遘逢遇遻也 註 轉復爲相觸遻 遘逢遇遻見也 註 行而相值卽見 正義 此以遇遻見輾轉相訓也。○遘逢遇也。○說文云、遇、逢也。釋言云、遇、偶也。穀梁傳所云不期而會者也。遘者、鄭氏易姤作遘。序卦傳云、遘、遇也。鄭風野有蔓草云、邂逅相遇。釋文云、逅、本亦作遘。毛傳云、邂遘、不期而會。是遘爲遇也。逢者、左氏宣三年傳云、莫能逢之。杜註逢、遇也。○遘逢遇遻也。○說文云、遻、相遇驚也。龍龕手鑑引爾雅舊註云、心不欲見而見曰遻。遘逢遇又爲遻者、金縢云、遘厲虐疾。邶風柏舟云、逢彼之怒。王風中谷有推云、遇人之不淑矣。○遘逢遇遻見也。○四者又俱訓爲見也。遘通作覯。豳風伐柯云、我覯之子。毛傳、覯、見也。說文云、覯、遇見也。逢者、王風兔爰云、逢此百罹。遇者、檀弓云、遇負杖入保者息。鄭註遇、見也。遻者、楚詞懷沙云、重華不可遻兮。王逸註、遻、逢也。遻通作寤。漢書鄧展註寤逢遇也。又通作迕。楊倞荀子註云、迕、遇也。故釋言又云、遌、寤也。詳見釋言。註 行而至卽見。正義 監本作行而相值卽見。宋本無是字、今從宋本。

正義

遘逢遇遻也遘逢遇遻見也
漢書敍傳萬石溫溫、幼寤聖君。鄧展曰、爾雅寤逢遇也。師古曰、此說非也。爾雅曰遻遇也、非謂寤。王案、釋言、遌寤也。遌孫本作迕。迕與遌、與遻竝同。遻卽寤也。義爲違忤、亦爲遘遇。鄧氏所引爾雅蓋古文也、顏氏議之謬矣。

補注殘本

遘逢遇也謂相遘遇 遘逢遇遻也轉復爲相觸遻 遘逢遇遻見也行而相值卽見

說文云、遇、逢也。釋言云、遇、偶也。釋名云、耦、遇也、二人相對遇也。然則遇亦二人相對耦矣。遇謂之遭、說文云、遭、遇也。亦謂之會、穀梁隱八年傳云、不期而會曰遇、是也。亦謂之合、秦策注、遇、合也。遘者、說文云、遇也。書、遘厲虐疾、通作覯、詩亦旣覯止、毛傳、覯、遇也。又通作冓、詩中冓之言、釋文、冓本又作遘、又通作構、文選王粲七哀詩云、豺虎方遘患、李善注、遘與構同、古字通也。又通作逅、詩邂遘相遇、釋文、遘本亦作逅、毛傳、邂逅、不期而會也。又通作姤、易彖傳及雜卦傳竝云、姤、遇也。釋文、姤、薛云古文作遘、鄭同也。逢者、說文云、遇也。又云、迎、逢也。方言云、逢、迎也。是逢迎互訓、其義則皆爲遇也。故楚辭天問篇云、逢彼白雉、王逸注、逢、迎也。又云、而親以逢殆、王逸注、逢、遇也。按逢有蓬音、今人謂相遇曰逢、讀若蓬去聲。○遻者、說文云相遇驚也、从吅从屰、屰亦聲。案、遻音五各、五故二反、說文訓遇驚、則音五各、爾雅直訓遇、則音五故。實則二音相轉俱通也。遻訓驚者、通作愕、文選西都賦注引字書云、愕、驚也。廣雅同。又作咢。一切經音義五引字書云、愕、或作咢、同、五各反、是也。遻訓遇者、通作遌、玉篇云、遌、遇也。又作迕、玉篇云、遌同迕。爾雅釋文亦云、遻、字又作迕、同、五故反、是也。又通作晤、詩可與晤歌、傳、晤、遇也。又通作迕。釋言云、迕、寤也。郭注相干寤。又通作寤、漢書敘傳云、幼寤聖君、集注鄧展曰、爾雅寤、逢、遇也。又通作午。荀子富國篇注、午、讀爲迕、遇也。此皆遻訓遇之證也。楚辭懷沙篇云、重華不可遻兮、王逸注、遻、逢也。逢亦遇矣。○見者、郭云、行而相值卽見也。值者、當也、兩人相對相當也。遘訓見者、字當作覯、說文云、覯、遇見也。詩內覯字、傳箋竝云見也。逢訓見者、洪範五行傳云、是離逢非沴、鄭注、逢、見也。按今人行而相值謂之逢、見、不相值謂之未逢見。逢亦讀爲蓬去聲矣。遇訓見者、禮檀弓云、遇於一哀而出涕、又云、遇負杖入保者息、鄭注竝云、遇、見也。曲禮云、諸侯未及期相見曰遇。大宗伯云、冬見曰遇。是皆以遇爲見也。遻訓見者、列子黃帝篇云、遻物而不慴、殷敬順釋文、遻、一本作遌。龍龕手鑑四引爾雅舊注云、心不欲見而見曰遌。是遻訓見也。遻與晤同、可與晤歌、箋、晤猶對也。相對亦相值矣。

義疏

遘逢遇也 郭注、謂相遘遇。冓交積材木。因爲覯見講解、字加辵爲行相遇。易、風行天上。遘、字亦佀姤。逢、从夆。丰艸蔓引、加夊爲夆、又加辵、非古字。書、遘厲虐疾、又、子孫其逢、遻、偶耦通用、皆从禺、母猴也。相偶故爲逢遇。詩、遇人之不淑矣。

遘逢遇遻晤寤**也** 郭注、轉復爲相觸遻。此又以善詞爲惡也。遻、从咢、咢从吅屰。詩、或歌或咢。徒歌曰咢。又爲善詞。周官佀噩、則从品屰。吅品同義也。咢爲驚愕、又爲會寤。詩、可與晤歌。又、寤辟有摽。易、遘其角。詩、逢彼之怒。書、暫遇姦宄。

遘逢遇遻見也 舊注、心不欲見而見曰遻。郭注、行而相值卽見。因暫見、遂爲凡見也。詩、亦旣覯止。逢此百憂。易、遇主于巷。周官六日、噩、寤見。从人目。

集解

遘逢遇也 遘、交遇也、从辵冓聲。冓、交積材也。辵而相交是相遇也。易、風行天上。遘字或作姤、彖傳及襍卦傳均云遇也。書金縢遘厲虐疾、釋音遘、遇也。詩草蟲亦既遘止、傳遘、遇。文選寡婦賦遘天禍之未悔、海賦羣妖遘迕、盧子諒贈劉琨詩伊諶陋宗、昔遘嘉惠、注均云遘、遇也。逢、行之遇也、从辵夆聲。夆从夂丰。丰、草盛而上下相遇也。加辵故爲行遇耳。書金縢乃幷是吉、論衡幷作逢。史記作遇。左宣三傳莫能逢之、注逢、遇。楚辭天問而親以逢殆、文選封禪文逢涌原泉、注均云逢、遇也。淮南俶真一範人之形而猶喜、注範猶遇也、遭也。以範爲之。遇、逢也、从辵禺聲。禺、母猴也。母猴喜相遇。

遘逢遇遻也 遻、相遇驚也、从辵从咢、咢亦聲。周禮作噩、杜子春云噩當爲驚愕之愕。則驚愕字當作愕、相遇而驚字當作遻。遘遇逢均有相遇而驚之意、故訓爲遻。詩野有蔓草邂遘相遇、柏舟逢彼之怒。易睽遇主於巷。

遘逢遇遻見也 遘上訓爲遇爲遻、此訓爲見、正字爲覯耳。詩伐柯我覯之子、抑莫予云覯、均謂見也。覯遘通用字。魯詩遘閔既多、今詩作覯見也。前漢書司馬相如傳固非觀者之所覩也。師古曰覩見也。逢、遇也、从辵夆聲。引申為見。詩兔爰逢此百離傳訓遇。洪範五行傳是離逢非沴、鄭注逢見也。遇、逢也、从辵禺聲。引申為見。禮記曲禮諸侯未及期相見曰遇。是也。公羊傳遇者何不期也、禮記檀弓遇於一哀而出涕、又遇負杖入保者息、注均云遇見也。遻、相遇驚也。引申為見。列子黃帝遻物而不慴、向秀曰遇而不恐也。文選思玄賦幸二八之遻虞兮、注遻遇也。楚辭懷沙重華不可遻兮、注遻、逢也。詩東門之池可以晤歌、傳晤遇也。荀子富國午其軍取其將若撥麷、注午、遇也。後漢書陳蕃傳王甫時出與蕃相迕、注迕猶遇。賈誼書其眾之見將吏、猶噩迕仇讎也。文選幽通賦乘高而遻神兮、注遻、遇也。高唐賦卒愕異物、注遻、見也。以語午噩或迕遻愕為之。見、視也、从目从儿。墨子經上、見體盡。

義證

遘逢遇遻也遻五故反

註轉復為相觸遻補正 臣鍌按、龍龕手鑑引爾雅註云、心不欲見而見曰遻。

郭注補正

遻見也

郭注、行而相值曰見。龍龕手鑑四引尒疋舊注云、心不欲見而見曰遻。列子黃帝篇云遻物而不慴、殷敬順釋文遻、一本作遌。郭氏殆折衷舊注以立言耳。

舊注攷證

遘逢遇也　注謂相遘遇

遘逢遇遻也　注轉復為相觸遻

遘逢遇遻見也　注行而相值卽見

正曰、郭注分為相遘遇、相觸遻、相值見三詁。其實遘遇、值見、與觸遻詁不相屬、且遘逢遇見是冓會、又何至於觸遻也。釋文、遻、本又作迕、同、五故反。依遘逢遇見之詁、則遻當讀為晤。詩陳東門之池可與晤歌、毛傳晤、遇也。爾雅曰遘逢遇、訓晤、毛傳又曰晤轉訓遇也。漢書敘傳下萬石溫溫、幼寤聖君、注鄧展曰爾雅寤逢遇也。師古曰爾雅遻遇也、非謂寤也。漢書鄧注用古毛詩說、讀遻為晤、又讀為寤。爾雅曰遘逢遇、訓寤、鄧注又曰寤轉訓逢遇也。顏注誤駮鄧注、蓋為郭注本所惑也。又釋言逜寤也、郭注相干寤。干寤卽觸遻、與此條遻字異詁、郭注侶不得混而為一。

正郭

遘逢遇也

謂相遭遇也

明注疏本作謂相遘遇、非。慧琳佛說善生子經音義引郭注爾雅謂相遭遇也。邢疏亦云相遭遇。今據慧琳引補也字。

遘逢遇遻也

轉復為相觸遻

文選琴賦注引郭璞爾雅注曰遻、相觸遻也。

遘逢遇遻見也

行而相值卽見

明注疏本卽下衍是字。

郭注佚存補訂

爾雅詁林　一　釋詁下

遘逢遇也遘逢遇遻也遘逢遇遻見也

説文云、遇、逢也。郭注云、遇謂相遘遇。遘者、説文云遘、遇也。邶風柏舟覯閔既多。彼釋文出遘、云本或作覯。鄭風野有蔓草邂逅相遇傳云邂逅不期而會。唐風綢繆見此邂逅傳云邂逅解悅之貌。彼釋文皆云、遘、本作逅。蓋陸所據毛詩俱作遘也。遘與覯逅皆通字。召南草蟲亦既覯止傳云覯、遇也。見此邂逅、韓詩作見此邂覯。又省作冓。鄘風牆有茨中冓之言、彼釋文云冓、本作遘。 逢者、説文云遇也。柏舟逢彼之怒、王風兔爰逢此百罹、逢皆謂遇也、常語也。 遻者、説文云相逢驚也。郭注云轉復爲相觸遻。遌與遻同。遌、遇也。釋文云、遻、字又作迕。迕與遻同。見玉篇。遻取愕驚之義。字又通作寤。漢書敘傳集注、鄧展曰爾雅寤、逢、遇也。爾雅別本當有作寤者。陳風東門之池可與寤歌、傳云寤、遇也。彼釋文云寤與遻同、音五故反。舊注云、心不欲見而見曰遻。迕亦忤逆之義也。大雅抑莫予云覯、兔爰柔柔逢天僤怒、王風中谷有蓷遇人之不淑矣、皆所謂不欲見而見所謂遻也。 以上四者又俱訓爲見者、反復以廣其義也。遘爲覯之假借。豳風伐柯我覯之子、小雅車舝鮮我覯爾、裳裳者華我覯之子、大雅公劉迺覯於京、傳箋竝云覯、見也。逢遇遻義與上互通。

說詩

遘逢遇也 逢、監本誤逄、蒙之逢、下同。

註謂相遭遇 遭、誤遘。 行而相值即是見 是、衍字。

疏亦既遘止 遘、詩作覯。 邂逅相遇見 遇、誤見。

注疏正字

遘逢遇也 説文同。

遘逢遇遻也 遻、釋文云字又作迕。案説文午部啎逆也从午吾聲。啎與遻通。迕、俗字。 漢書注叙傳下引鄧展云爾雅曰寤、逢、遇也。元照案、寤即遻字、又通晤。詩陳風東門之池可與晤歌、傳晤、遇也。列女傳賢明引可與晤言、皆作寤。凡兩見。即本此訓。正義不知晤遻同字、故不云釋詁文。邶風柏舟寤辟有摽、説文日部引作晤辟。

遘逢遇遻見也 詩召南草蟲亦既覯止傳覯、遇。又豳風伐柯我覯之子、箋覯、見也。正義曰覯見釋詁文。又小雅裳裳者華我覯之子、箋覯、見也。又車舝鮮我覯爾、箋覯見也。又大雅篤公劉乃覯于京、傳覯見也。正義曰覯見、釋詁文。又抑莫予云覯傳覯見也。正義曰覯見、釋詁文。左傳正義廿六云、爾雅訓覯爲見。 元照案説文見部覯見也、从見冓聲。

匡名

遘逢遇也遘逢遇遻也遘逢遇遻見也 此分釋遇遻見。輾轉相訓也。說文、遇、逢也、不期而會也。遻、相遇驚也。莊子、醉者遻物而不懼。見、視也。講、遇也。序卦、遘、遇也。逢、遇也、从辵峯省聲。左宣三年傳莫能逢之、注逢、遇也。○金縢、遘厲虐疾。邶風逢彼之怒。王風遇人之不淑兮。○遘、通作覯。豳風我覯之子、傳覯見也。論語遇丈人以杖荷蓧。○楚詞重華不可遻兮、通作迕。後漢陳蕃傳王甫時出、與蕃相迕。又與遻遌迕通。

啓蒙

遘逢遇遻見也。　見與下見同訓分條。

黄侃音訓

遘、逢、遇也。遘、逢、遇、遻也。遘、逢、遇、遻、見也。

此言遇、逢、遻之義、相貫通也。

遇、說文「逢也。」遘逢爲遇、說文亦同。易雜卦傳云：「遘、遇也、」姤卦之姤、亦當作遘。郝氏云：「逢有蓬音、今人謂相遇曰逢、讀去聲。」

遻、釋文「字又作迕、同。」楚辭九章云：「重華不可遻兮、」王逸注「遻、逢也。」郝氏謂「遻、通遌、又通晤；」玉篇云：「遌、遇也、」詩毛傳云：「晤、遇也、」遻爲逢遇、則遘亦爲遻矣。

見、郭注云：「行而相值、即見。」遘、遇、逢、爲見、與上二句同。惟遻之爲見、兼有相牾之意。爾雅舊注云：「心不欲見而見曰遻、」說文「遻、相遇驚也、」莊子達生篇「醉者遻物而不慴、」此皆相牾之義。

爾雅學

謂相遭遇　雪牕本同。注疏本作遘遇、非。邢疏云、相遭遇。

行而相值即見　陳本同。雪牕本注疏本作行而相值即是見、是衍字。邢疏云行而相值即見也、本注。

遘逢遇也遘逢遇遻也遘逢遇遻見也〇釋曰　注疏本刪。

邂逅相遇　注疏本遇誤見。

行而相值即見也　注疏本脫也。

校勘記

郭注「阮阮謂阮斆也」，亦因正文誤衍一「阮」字。

三行(注)行而相值即是見〇宋刻十行本「即」下無「是」字。

宋監本校箋

遘音構　逢遇也　遘逢遇遻音悟也

音圖・音

遻字又作迕、同、五故翻、音悟。莊子楚辭並有遻字。文選高唐賦注愕與遻同。亦作遌。漢書敘傳注、鄧展曰爾雅寤逢遇也。師古以爲非。龍龕手鑑引注、心不欲見而見曰遻。未詳誰氏注。

音略

構　　悟

遘、逢、遇也、遘、逢、遇、遻也、遘、逢、遇、遻、見也

孫侶直音

遘構　逢遇也遘逢遇遻晤轉復爲相觸遻。也遘逢遇遻見也行而相值即是見。

楊氏音訓

遘　姤　遻　誤

干氏音釋

顯昭覲釗覿見也監瞻臨涖頫相視也

顯、昭、覲、釗、覿、皆謂見也。顯、昭明見也。逸書曰釗我周王。監、瞻、臨、涖、頫、相、視也。察視也。

郭注

顯昭覲釗覿見也　釋曰顯、昭、皆明見也。周頌敬之云天維顯思、又時邁云、明昭有周。覲、釗、覿者、皆下見上也。曲禮云、天子當依而立、諸侯北面而見天子曰覲。郊特牲云、不敢私覿。　注逸書曰釗我周王　釋曰不在今尚書之内故曰逸。　監瞻臨涖頫相視也　釋曰、皆謂察

視也。小雅節南山云、何用不監。又曰、民具爾瞻。大雅大明云、上帝臨女。文王世子云、成王幼不能涖阼。覜者、考工記云、瑑圭璋八寸、璧琮八寸、以覜聘。鄭注云、覜、視也。聘、問也。眾來曰覜、特來曰聘。相者、小雅小弁云、相彼投兔。

邢疏

相視也

相、息亮反、又息良反。釋文

施音

黃輯古義

顯昭覲釗覿見也

郭璞云、顯、昭、明見也。逸書曰釗我周王。

監瞻臨涖頫相視也

郭璞云、皆謂察視也。

一切注音

頫視也

蕙心案、文選魏都賦注引爾雅、眺、覜。

古注斠

覿見也 賢遍反、注同。監 音鑒、又工杉反。字又作瞷。涖 音利、又音類。覜 他弔反。相 施息亮反、又息良反。

陸音義

顯昭覲釗覿見也

春秋傳曰、再會而盟以顯昭明。

新義

顯昭覲釗覿見也 郭云、逸書曰釗我周王。監瞻臨莅覜相視也

鄭樵注

顯昭覲釗覿見也

郭璞曰、顯、昭、明見也。逸書曰釗我周王。

鄭樵曰郭云、逸書曰釗我周王。

監瞻臨涖頫相視也 涖、鄭本作莅。

郭璞曰、皆謂察視也。

古注合存

顯昭覲釗覿見也、監瞻臨涖頫相視也、頫音眺、相去聲。○此釋顯昭以下為見、為視之義也、註曰、顯、昭、謂明見也、逸書云、釗我周王、監瞻以下、皆謂察視也、愚按見猶視也、若言看見相似、與上遘遇逢遌相見之見迥異、故覲覿得與顯昭等為類、臨涖頫得與監瞻等為類、明非朝覲之屬之義也、

注疏參義

釗我周王、當即泰誓昭我周王。孟子昭我周王見休、故有見義也。

文選運命論脈脈然注引爾雅脈、相視也。郭璞云、脈脈、謂相視貌也。按即後覛胥相也、而與此誤合為一。

補注

顯昭覲釗覿見也 **註** 顯昭明見也逸書曰釗我周王監瞻臨涖頫相視也 **註** 皆謂察視也 **正義** 說文云、見、視也。視、瞻也。此分釋其義也。○顯昭至見也。○上文云顯昭光也、又訓為見、義相成也。說文云、顯、頭明飾也。昭、日明也。以其光明、故轉訓為著見也。覲者、舜典云日覲四岳羣牧、史記作日見四嶽諸牧。儀禮有覲禮、鄭目錄云、秋見曰覲。曲禮云、天子當依而立、諸侯北面而見天子曰覲。大雅韓奕云、韓侯入覲。此言四時之朝覲也。古者貴賤不嫌同稱、故左氏昭十六年傳云、宣子私覲於子產。是覲即見也。釗與昭聲近義同、故為見也。覿者、禮云、賓覿。記又云、私覿愉愉焉。荀子大畧篇私覿私見也。穀梁莊二十四年傳云、覿、見也。此言聘問之禮也。易困卦云、三歲不覿。淮南主術訓云、使史墨往覿焉。是覿即見也。○監瞻至視也。○監者、說文云、監、臨下也。周頌敬之云、日監在茲。魯語云、使長監于世。韋昭註、監、觀也。說文作覽、視也。瞻者、說文云、瞻、臨視也。魯頌閟宮云、魯邦所詹。風俗通義引作魯邦所瞻。又通作覘。檀弓云、我喪也斯沾。鄭注、沾、讀曰覘。覘、視也。臨者、說文云、臨、監臨也。大雅皇矣云、臨下有赫。又雜記云、臨者入門左。鄭註、臨、視也。涖者、天官世婦云、涖陳女官之具。秋官大司寇云、涖其盟書。鄭註、涖、臨也。頫者、春官典瑞云、以頫聘。秋官大行人云、殷頫以除邦國之慝。說文云、諸侯三年大相聘曰頫。頫、視也。相者、說文云、相、省視也。盤庚云、相時憸民。地官大司徒云

以相民宅、鄭註相、占視也。**註**逸書至周王。○**正義**孟子引書紹我周王、趙岐註以爲顧見周王。尚書逸篇之文也。郭氏引作釗我周王、所見本異也。梅賾所上古文武成篇作昭我周王。○皆謂察視也。○**正義**釋名云、視、是也、察其是非也。是視爲察視也。

正義

沚視也　周禮鄉師及窆執斧以沚匠師、鄭注沚、謂臨視也。

校議

顯昭覭釗覿見也顯昭明見也逸書曰釗我周王**監瞻臨沚覜相視也**皆謂察視也

說文云、見、視也。按見有二音、視有二義。見訓看者、音古電切。訓示者音胡電切。爾雅之見、實兼二音。釋文但主賢徧一音、失之矣。視訓瞻也、又與示同、見詩箋及曲禮士昏禮注。然則見之言看也、又言觀坿亂也。顯昭皆觀示之義、讀賢偏者是也。觀覿皆看視之義、讀古電者是也。郭注亦二義兼矣。顯昭上文並云光也、光與見義相成。顯者古文作㬎、从日中視絲、是有光明著見之義。故詩天維顯思、傳顯、見也。吳語云不敢顯然布幣行禮、韋昭注顯猶公露也。蓋公然顯露亦爲著見也。通作憲。上文憲訓法、法令亦所以示人也。昭者、詩文王時邁傳箋並云、昭、見也。樂記蟄蟲昭蘇、鄭注昭、曉也。曉亦明見之意。通作照。照與昭同也。覲者、大宗伯云、秋見曰覲。按爾雅之覲與周禮異、凡見皆稱覲、非必朝王、非時皆可見、不必因秋。故書曰、覲四岳羣牧。又云肆覲東后。在正月二月閒、明覲不必秋矣。詩韓侯入覲、左氏隱四年傳王爲可、覲皆不訓見、亦不必秋。又貴賤相見皆稱覲。故左氏昭十六年傳云、宣子私覲於子產。華嚴經音義上引珠叢云、覲謂就見尊老也。是凡見皆稱覲、明不獨施於至尊矣。釗者、上文云勉也、方言云遠也、皆不訓見。郭引逸書曰釗我周王、梅書作昭我周王、孟子作紹我周王、趙岐注以爲顧見周王。孟子所引必書之眞古文、梅作昭、郭作釗、蓋皆紹之段借。紹有介紹之義、與見義近、故趙注謂顧見周王、是紹訓見、其義與爾雅合。或趙所據爾雅古本作紹、舊注以顧見爲說、而趙從之、均未可知。若從梅書作昭、昭已訓見、不當重出。若從郭引作釗、釗無訓見之文、必是段借。然則爾雅古本竊疑當從孟子作紹、紹訓爲見、當依趙注爲說。郭本作釗、或係聲借之字、而郭未詳。今注疑有脫、抑或郭引逸書卽本梅書作昭、而轉寫者見正文有釗字、注文因誤作釗矣。覿者、公羊莊廿四年傳覿者何見也。左氏傳宗婦覿用幣、漢書五行志作宗婦見用幣。聘禮有私覿、謂賓私見也。然凡見皆稱覿、故左氏昭十九年傳龍不我覿也、周語云武不可覿、又云火朝覿矣、覿皆訓見。又貴賤相見皆稱覿。文選思玄賦云、覿天皇于瓊宮、易云三歲不覿、是覿又爲相見之通稱矣。○見既訓視、視亦訓見、此見但爲看見之見、視亦但爲瞻視之視也。故說文云、視、瞻也。釋名云、視、是也、察其是非也。通作眡。說文眎眡俱古文視字。周禮食醫云食齊眡春時、士昏禮注作食齊視春時。又通作示。周禮十師云眡高揚火、士喪禮注作示高揚火。按視亦有二音、一切經音義二引字詁云視、時旨時至二反。釋文無音、今唯取時旨一音、亦非也。監者、䁨之段音。說文云、䁨、視也。通作監、說文臨下也。詩何用不監、呂覽達鬱篇云王使衞巫監謗者、毛傳及高誘注並云監、視也。方言云、監、察也。節南山釋文引韓詩云、監、領也。領臨聲轉、其義亦爲視矣。瞻者、詩傳箋並云視也、說文云臨視也。通作詹。詩魯邦所詹、說苑襍言篇作魯侯是瞻。左氏莊十七年經云齊人執鄭詹、公羊作鄭瞻。臨者、方言云照也、詩箋云視也。易繫辭云如臨父母、虞翻注臨、見也。晉語云臨長晉國者、韋昭注臨、監也。監見照、其義皆爲視也。華嚴經音義上引國語賈逵注、臨、治也。臨訓治、與監訓領又同矣。涖者、說文作竦、云臨也。通作涖。詩采芑傳、涖、臨也。周禮司市及大宗伯注、鄭衆並云涖、視也。鄉師注、鄭衆云涖、謂臨視也。又通作莅。士冠禮及文王世子注皆作莅。又通作位。穀梁僖三年傳涖者位也。昭七年傳涖位也。周禮肆師注、故書位爲涖。杜子春云涖、當爲位。書亦或爲位。又通作立。鄉師司市及大宗伯注並云、故書涖作立。又鄭衆讀立爲涖。案竦字經典所無。小宗伯注、古者立位同字。蓋涖莅从立、从位、故段借俱通矣。覜者、說文云、諸侯三年大相聘曰覜。覜、視也。

爾雅詁林　一　釋詁下

通作頫。頫、說文以爲俛仰字、經典俗爲覜字。考工記玉人云以頫聘、齊語云以驟聘頫於諸侯、鄭注及韋昭注竝云頫、視也。典瑞及大行人小行人頫聘、覜省字俱作頫。又通作眺。以驟聘頫之頫、宋本國語作眺。文選思玄賦云流目眺夫衡阿兮。魏都賦注引爾雅亦作眺視也。相者、說文省視也。引易曰地可觀者莫可觀於木。又引詩曰相鼠有皮。毛傳相、視也。大司徒注、相、占視也。考工記矢人注相猶擇也、擇與古亦察視之意。

義疏

顯昭覲釗覿見也　郭注、顯昭朙見也。逸書曰、釗我周王。見有二義、當前有形爲見、人見之亦爲見。顯昭、上云光朙。詩、天維顯思。亦孔之昭、字又佀炤。禮、有覲有覿。覲爲謹見、覿爲瀆見。覿、从賣。衒貝者、必數見人。又相睦順也。釗、上云勉。釗劉一字。詩、劉其清矣。皎人劉兮。

監瞻臨涖覜相視也　郭注、皆謂察視也。監、从臥血。古文从臥言。說文以血爲从衉省。衉爲凝血、可以照物、後以爲臨察字、因改从臥、其義迂曲、所未審也。書人無于水監、今字佀鑑。詩監觀四方、今字佀覽。瞻、从詹。八产言之、产卽檐也。臨宇別言、聽訟之詞。因爲瞻視占度。詩、魯邦所詹。又、瞻言百里。臨、从臥品。與監同意。易有臨卦。又如臨父母。涖、卽位字。人立爲位、立位爲涖、加水以別班位。或佀莅、加艸象縣蕞。周官故書以立爲涖、又以涖爲位。說文佀𨽿、古今所不用也。覜、从兆。兆、可見者也。篆炑、从卜八。古文佀𠔀。周官存頫省、聘問字又佀眺。相、从目木。審視之詞。說文引易說以爲木可觀非也。周官有馮相氏。覜、从見示。古文佀眡眂。周官唯用眡字。

集解

顯昭覲釗覿見也

顯、明飾也。从頁㬎聲。古文作㬎、从日中視絲。引申爲見。詩敬之天維顯思、傳顯、見也。或者正字爲顯與。昭、日明也。从日召聲。日明爲衆目之所見。詩文王於昭于天、傳昭、見也。時邁明昭有周、箋訓見。正月亦孔之炤、箋甚炤炤易見。周語好盡言以招人過、注舉也、猶見也。以照、招爲之。覲、謹見也。从見堇聲。周禮則以爲諸侯秋見之偁。書堯典肆覲東后、史記覲作見。詩韓奕韓侯入覲、傳覲見也。禮記曲禮天子當依而立、諸侯北面而見天子曰覲。王制覲諸侯、注覲、見也。左僖二八傳出入三覲、杜注凡三見。穀梁昭三二傳諸侯不享覲、文選東京賦當覲乎殿下著、注均云覲見也。釗、卽劉字。上經釋勉、此釋見者、正字爲留耳。留、止也。引申爲見、謂止目以見物也。釗劉留通用字。詩月出佼人劉兮、美目清也。淮南原道劉覽偏照、注云回觀則謂見也。郭引逸書釗我周王、孟子作紹、趙注訓見則紹似與釗通。蓋古者釗讀如寮聲也。覿、字本作儥。瀆、見也。从人賣聲。儥覿古今字。儀禮聘禮賓奉束錦以請覿、注覿見也。魯論私覿愉愉如也、鄭注、覿見也。公羊莊二四傳覿者何見也。左氏傳宗婦覿用幣、漢書五行志作見。周語武不可覿、大戴朝事覿美、韋注均云覿見也。前漢書敘傳耀所聞而疑所覿、師古曰覿見也。荀子大略私覿、私見也。文選東京賦故矇世而不覿、幽通賦覿幽人之髣髴、思玄賦覿天皇於瓊宮、謝靈運南樓中望所遲客詩引領冀良覿、注均云覿、見也。

監瞻臨涖頫相視也

監、臨下也。从臥衉省聲。正字爲鏡。鏡、景也。金有光可照物而使景見者。說文則以鑑爲之。鑑鏡、監通用字。詩節南山何用不監、傳監、視也。大東監亦有光、烝民天監有周、敬之日監在茲、皇矣序天監代殷、箋均云監、視也。齊語而監其鄉之資、晉語日入監九御、又以示後人使永監焉、後漢書張衡傳彼天監之孔明兮、注均云監、視也。孟子滕文公陽貨矙孔子之亡、注矙、視也。文選琴賦俯闞海湄、注闞、視也。齊策而數覽、注覽、視也。說文、診、視也。廣雅釋詁、覵瞷、視也。以闞覽診覵瞷爲之。瞻、臨視也。从目詹聲。户、仰也。詩燕燕瞻望弗及、雄雉瞻彼日月、傳均云瞻、視也。公劉瞻彼溥原、良耜或來瞻女、箋均云瞻、視也。漢華山碑日月星辰所昭仰也。禮記正作瞻、視也。檀弓我喪也斯沾、注沾、視也。廣雅作占。晉語各覘其私、注微視也。淮南俶真其兄掩戶而入覘之、注覘、視也。以昭沾占覘爲之。臨、監臨也。从臥品聲。謂隱几而視下也。易繫辭如臨父母、虞注臨、視也。詩大明上帝臨女、思齊不顯亦臨、皇矣臨下有赫、箋均云臨、視也。禮記襍記臨者入門左、注臨、視也。魯論臨之以莊則敬、皇疏謂以高視下也。涖、字本作𨽿。臨也、亦視也。周禮故書作立、或作位。廣雅則以睞爲之。詩采芑方叔涖之，傳涖，臨也，視也。周禮大宗伯涖玉鬯，司市市師涖焉，司農均曰涖，視也。禮記文王世子成王幼不能涖阼，注涖，視也。頫，俛頭也，即俛字也。一切經義引作眺，作頫者，誤字也。眺，目不正也，从目兆聲。正字為頫。諸侯三年大相聘曰頫。頫，視也。頫眺通用字。周禮大宗伯殷頫曰視，攷工記玉人以頫聘，注頫，視也。左昭五傳享頫有璋，注頫，視也。文選思玄賦流目眺夫衡阿兮，注眺，視也。詩小宛題彼脊令，傳題，視也。廣雅作題，說文作睼。文選東京賦眇天末以遠期，注眇，視也。海賦眇睢冶夷，注視皃。以題睼眇或題為之。相，省視也，从木从目會意。書盤庚相時憸民，馬注相，視也。召誥惟大保先周公相宅，鄭注相，視也。無逸相小人，僞傳訓視。詩小弁相彼投兔，伐木相彼鳥矣，四月相彼泉水，節南山相爾矛矣，韓奕為韓姞相攸，棫樸金玉其相，箋均云相，視也。周禮大司徒以相民宅，馮相氏，犬人相犬，禮記月令善相丘陵阪險原隰，禮運引詩相鼠有體，鄭注均訓視。齊語桓公召而與之語，訾相其質，離騷悔相道之不察兮，文選思玄賦怨高陽之相寓兮，注均云相，視也。管子樞言與人相胥，又君臣胥令而動者也，注均云胥，視也。以胥為之。視，瞻也，从見示聲。古文作眎眡，周禮唯用眡字。

義證

監瞻臨涖頫相視也

【注】皆謂察視也【補正】邢疏考工記云瑑圭璋八寸璧琮八寸以頫聘，鄭註云頫，視也。

郭注補正

昭釗見也　注逸書曰釗我周王

正曰，此條蓋舍人及樊李孫等舊注，為郭注所承用而改之未盡也。孟子滕文公下紹我周王，趙注從有攸已下，皆尚書逸篇文。士女願見周王，趙注破紹為釗，訓為見，而偁為尚書逸篇，與舍人及樊李孫舊注本側偁逸書者合。王肅僞造古文武成篇，乃破紹為昭，是舍人等所不及料也。然下文㫐當也，郭注既引僞古文大禹謨，此條不引僞古文武成，而偁為逸書，豈非自亂其側與。

正郭

顯昭覲釗覿見也

見有二義，顯、昭為明見之見，讀為現，釋文所云賢遍反是也。覲、釗、覿為見視之見，讀如字，釋文祇一音，疏矣。　顯者，周頌敬之天維顯思，毛傳云顯，見也。大雅抑無曰不顯，鄭箋云顯，明也。文王有周不顯，假樂顯顯令德，周頌清廟肅雝顯相，執競不顯成康，傳箋竝云顯，光也。光明即著見之義，故郭注云顯昭明見也。　昭者，文王於昭于天，周頌時邁明昭有周，傳箋竝云昭，見也。小雅鹿鳴德音孔昭，大雅大明昭事上帝，抑昊天孔昭，下武昭哉嗣服，昭茲來許，周頌訪落率時昭考，箋竝釋昭為明。既醉介爾昭明，雲漢昭回於天，箋竝釋昭為光。光明之與見，亦猶顯義也。昭，通作炤。小雅正月亦孔之炤，中庸作昭。荀子儒效篇注云，炤炤，明見之貌。　覲者，說文云諸侯秋朝曰覲，勞王事。大雅韓奕韓侯入覲，傳云覲，見也。　釗者，郭注引逸書曰釗我周王，今武成作昭我周王，孟子作紹我周王。案釗當與紹通。趙注孟子釋紹為願見，蓋本雅訓也。周頌訪落紹庭上

爾雅詁林　一　釋詁下

下、陟降在家、與上篇念茲皇考、陟降庭止同義。陟降卽上下也。紹者、見也。庭與廷同。漢書匡衡傳此作陟降廷止。爲嗣王朝廟之詩、言祭祀之時、如見皇考陟降上下於家庭之閒、卽禮記祭儀僾然必有見乎其位之意、所謂如在其上、如在其左右也。傳以庭爲直、非是。庭與家對言、上下於庭、陟降於家、文義甚明。訓庭爲直、義反晦矣。

監瞻臨涖頫相視也

說文視見同訓、而義各有當、故爾雅分別言之。視亦有二義、監臨涖爲見視之視、瞻頫相爲瞻視之視。　監者、說文云臨下也。監可訓視、而不可訓見、餘皆同此。　小雅節南山何用不監、大雅烝民天監有周、傳箋並云監、視也。小雅賓之初筵或立之監、箋云則立監使視之。大明天監在下、箋云天監視善惡於下。皇矣監觀四方、箋云乃監察天下之衆國。察亦視也。瞻者、說文云臨視也。邶風燕燕瞻望弗及、雄雉瞻彼日月、小雅節南山民具爾瞻、瞻彼洛矣、大雅公劉瞻彼溥原、周頌臣耜或來瞻女、傳箋並云瞻、視也。小雅桑柔瞻言百里、箋云聖人所視而言者。言者句助、箋解爲言語之言、失之。瞻彼中林、箋云視彼林中。皆以瞻爲視。吉日瞻彼中原、大雅旱麓瞻彼旱麓、雲漢瞻仰昊天、魏風陟岵瞻望父兮、伐檀胡瞻爾庭檜風顧瞻周道、瞻皆訓視、常語也。瞻、又省作詹、魯頌閟宮魯邦所詹、說苑雜言篇引作魯邦所瞻。　臨者、說文云監臨也。大雅大明上帝臨女、思齊不顯亦臨、皇矣臨下有赫、箋並云臨、視也。雲漢上帝不臨、箋云天不視我之精誠。魯頌閟宮上帝臨女、箋云天視護女、皆本雅訓也。　涖、說文作竦、云臨也。今經典通用涖字。臨涖一聲之轉。小雅采芑方叔涖止、傳云涖臨也。　頫者、說文云諸侯三年大相聘曰頫。頫、視也。今經典通以頫爲覜字、通作眺。魏都賦注引爾雅眺、視也。一切經音義七引說文云眺、視也。與今說文不同。　相者、說文云省識也。鄘風相鼠相鼠有皮、小雅伐木相彼鳥矣、節南山相爾矛矣、小弁相彼投兔、四月相彼泉水、大雅棫樸金玉其相、韓奕爲韓姞相攸、傳箋並云相、視也。召旻我相此邦、疏云言我視此

爾雅詁林　一　釋詁下

王之邦國。公劉相其陰陽、箋云觀相其陰陽寒煖所宜。抑相在爾室、相、亦視也、謂視其在爾室之中不愧屋漏也。箋謂相爲助、失之。

說詩

監瞻臨涖頫相視也（頫誤頫仰之頫下並同）

疏上帝臨汝（詩汝作女）聘問也（誤曰）

注疏正字

覿

當作儥。艮庭先生曰、据說文繫傳儥、見也、徐鍇曰周禮貨賣字借作覿、知爲覿之正文。

小篆

顯昭覲釗覿見也　覿、說文見部新附字。（心部愉字下引論語私覿、亦係傳譌。疑）古作賣。說文、（貝部）賣、衒也、从貝𡈼聲。𡈼、古文睦、讀若育。（與買賣字从出从買者別。）

監瞻臨涖頫相視也　監、釋文云、字又作𥉊。案說文、（臥部）監、臨下也、从臥衉省聲。又、（目部）𥉊、視也、从目監聲。則𥉊義更切。　涖、當作竦。案說文、（立部）竦、臨也、从立隶聲。經典相承作涖、或作莅、皆俗體。　頫、（俗本誤作頫。）一切經音義二十引作眺。

匡名

顯昭覲釗覿見也監瞻臨涖頫相視也　此釋見視之義。說文見詳上。視、瞻也。　中庸莫顯乎微、註顯猶見也。　大雅於昭于天、傳昭、見也。　覲、諸侯秋朝曰覲、覲勞王事也。舜典日覲四岳羣牧、史記作日見四嶽諸牧。　郭註引逸書釗我周王、孟子引作紹我周王、趙註以爲願見周王、今武城作昭我周王。此叚釗爲昭也。　儥見也。即今之覿字。經傳作覿。覿行而儥廢矣。論語私覿、愉愉如也。荀子私覿、私見也。○監、臨也、从臥衉省聲。周頌曰監在茲、箋監、視也。又作𥉊、視也。譼、臨視也。魯頌魯邦所詹、風俗通義引作魯邦所瞻。通作覘。檀弓我喪也斯覘、註覘、視也。臨、監臨也、从臥品聲。大雅上帝臨女、鄭註臨、視也。　周禮涖玉鬯、鄭註涖、臨也。　覜、諸侯三年大相聘曰頫。周禮殷頫曰視。　左隱十一年傳相時而動、鄭註相、占視也。

啓蒙

覿　儥　說文儥、賣也。嚴氏可均曰、小徐韻會一屋引作見也。案釋詁、覿、見也。儥正私覿字。故通釋謂周禮借爲貨賣、大徐改見爲賣、非。賣與見義亦相成、大徐不誤。

涖　竦　說文、竦、臨也。無涖字。

黃侃評本正名

昭釗見也。　昭釗同字並見。

黃侃音訓

監視也

錦燧謹案、此釋詩大東篇監亦有光、皇矣篇監觀四方、烝民篇天監有周、敬之篇日監在茲也。鄭箋俱云監、視也、與雅訓合。說文卧部云、監、臨下也。又目部云、𥉊、視也。二字義別、訓視則字當作𥉊。其作監者、乃聲同通假耳。猶左傳之篳路藍縷、假藍爲襤、詩之觱沸檻泉、假檻爲濫、論語之小人窮斯濫矣、假濫爲爁也。自經傳中以監爲視、而𥉊字遂廢而不用矣。

陸錦燧日記

顯、昭、覲、釗、覿、見也。監、瞻、臨、涖、頫、相、視也。

說文「見、視也；視、瞻也；」此見視二字之本義。郝氏云：「見有二音；視有二義、亦有二音。」曲禮「幼子常視毋誑、」小雅「視民不恌、」其字爲視、其義則示、示、其引伸義也。用示爲視、始於漢、士昏禮注曰：「示、

爾雅詁林　一　釋詁下

今之視字、」小雅箋云：「視、古示字、」可證。爾雅訓見諸字、兼有示義；訓視之字、則皆瞻視之義也。郝氏謂「視通、眂說文眎、眂、倶古文視字。」

顯昭爲見、皆表示之見也。詩「天維顯思、」傳云：「顯、見也；」吳語「不敢顯然布幣行禮、」韋注云：「顯、猶公露也；」皆表著之意。上文云：「顯、昭、光也、」見與光義相成。

覲覿爲見、皆相見之見也。古之朝聘稱覲覿、如大宗伯「秋見曰覲、」曲禮「諸侯北面而見天子曰覲；」聘禮有「賓覿、」左氏傳稱「宗婦覿用幣；」是也。然左傳云：「王覲爲可、」又云：「宣子私覲於子產；」易云：「三歲不覿；」是覲覿者、亦爲相見之通稱、不以貴賤分也。

釗、上文云：「勉也；」見義爲他經所無。郭注引逸書：「釗我周王、」以釋之；孟子引此語、作「紹我周王、」趙注以爲願見周王。郝氏云：「爾雅古本疑作紹、郭本作釗、或係聲借之字。」

監、爲瞷之假借；說文「瞷、視也。」魯語韋注云：「監、觀也；」方言「監、察也；」觀、察、亦視也。故詩「何用不監、」呂覽達鬱篇「王使衛巫監謗者、」毛傳及高注竝訓視。

瞻訓視、詩傳箋多用其義。字通詹、又通覘。

臨者、方言「照也；」易繫辭「如臨父母、」虞注云：「臨、見也、」說文「臨、監臨也；」照、見、監、臨、皆爾雅視之義。故雜記「臨者入門左、」鄭注亦云：「臨、視也。」

涖、說文作竦、云：「臨也；」周禮司市及大宗伯注鄭衆竝云：「涖、視也。」涖、通作莅、作位、亦作立；郝氏云：「小宗伯注、古者立位同字、蒞涖莅从立从位、故假借俱通矣。」

覜者、說文「諸侯三年大相聘曰覜、覜、視也、」許用雅義也。覜、說文以爲俛仰字；考工記鄭注、齊語韋注、竝以頫爲視者、借頫爲覜也。思玄賦注引爾雅作眺。

相、說文「省視也、易曰：『地可觀者、莫可觀於木、』」此釋从木之義也。詩「相鼠有皮、」傳用雅義釋爲視。大司徒注以相爲占視、考工記矢人注訓爲擇、郝氏云：「擇與占、亦察視之意。」

爾雅學

監瞻臨涖覜相視也 監本作位。

頫今从經典釋文、唐石經、鄭樵注本。

石經考文提要

顯昭覲釗覿見也○釋曰 注疏本刪。

○注逸書曰釗我周王○釋曰 注疏本但有注逸書二字。

頫閩本監本毛本同。釋文、唐石經單疏本雪牕本元本作覜。當據以訂正。按、說文見部覜、視也。本此。頁部頫、低頭也。大史卜書頫仰字、如此義別。

監瞻臨涖覜相視也○釋曰 注疏本刪。

上帝臨女 元本同。閩本監本毛本女改汝。

不能涖阼 元本涖作莅。閩本監本毛本作蒞、非。

覜者考工記云 注疏本覜誤頫、下竝同。

聘問也 注疏本也誤曰。

校勘記

逸書曰釗我周王 十行本無逸字。案疏釋逸字。

校勘記訂補

顯昭明見也 監本毛本湘本昭下有皆字。

昭明有周 監本毛本湘本昭明作明昭。案、詩作明昭是、此誤倒。

注疏校勘札記

四行覜○《釋文》及唐寫本《爾雅》（伯希和編號三七一九）同。宋刻十行本作「頫」。案「覜」「頫」字通。

宋監本校箋

顯昭覲釗覿音的見也 監瞻臨涖音利頫音眺相視也

音圖・音

覿音的　案、覿音迪。定今音的、端非。直音不誤。

直音正誤

釗、釋文工堯母見章堯母照二翻。工堯與音澆同、章堯與音昭同。注引釗我周王當卽泰誓文。邢疏以爲逸書，非。案邱光庭兼明書二周康王名釗。諸儒皆讀爲昭，非也。釗當音梟（音澆）字。書六體一曰諧聲，此釗字諧聲字。口邊著斗（音吉由切）是叫字。卽金邊著斗，當音梟明矣。今人从刀者譌。且昭王是康王之子，豈有子謚父諱而音同乎。是周人本讀爲梟，今人誤讀昭字矣。案說文刀部釗，止遙翻（音昭）。陸氏釋文姜遼翻，又古堯翻，同（竝音澆）。又音昭。徐（邈）之肴翻（一作莊交翻，同。竝音嘲）。則釗字自有兩音，康王之名當爲姜遼翻，不當爲止遙翻也。但字从刀，不从斗。从斗者，與鈄同音求。玉篇訓弩牙，別是一字。況从斗諧聲（同毋），从刀亦諧聲（同頫），此則邱氏之誤耳。

音略

顥（僅）、昭（招）、覲、釗、覿（狄），見（現）也。監（鑒）、瞻、臨、涖（利）、頫（跳）、相（去聲），視也。

孫侶直音

顯、昭、覲、釗、覿，見也。（僅　招　狄）

直音校正

覿見也。監（鑒）瞻臨涖（利）頫（眺）相（去聲）視也。顯昭覲釗（之遙切）

楊氏音訓

頫（他弔切）

干氏音釋

鞠訩溢盈也

鞠、訩、溢，盈也。詩曰、降此鞠訩。

郭注

鞠訩溢盈也。釋曰、皆謂盈多。訩訟。滿溢皆盈多也。注詩曰降此鞠訩。釋曰、小雅節南山文。毛傳云、鞠，盈。訩，訟也。鄭箋云盈猶多也。以盈者必多，故鄭轉云盈猶多也。

邢疏

鞠訩溢盈也

郭璞云、詩曰降此鞠訩。

一切注音

訩（音凶）。

陸音義

鞠訩溢盈也

溢，治之盈也。詩曰、假以溢我。

新義

鞫訩溢盈也　節南山云降此鞫訩，毛云鞫，盈也。訩無盈義，但引文耳。

鄭樵注

鞠訩溢盈也

郭璞曰、詩曰降此鞠訩。

鄭樵曰、節南山云降此鞠訩，毛云鞠，盈也。訩無盈義，但引文耳。

古注合存

鞠訩溢盈也。訩音凶。○此釋鞠訩溢爲盈之義也。註曰詩節南山云降此鞠訩。疏曰毛傳云鞠，盈也。鄭箋云盈猶多也。愚按今詩傳云鞠，窮也。訩，亂也。疏因本文之義，故從毛傳釋之。

注疏參義

鞠訩訓盈。鄭云、訩無盈義，但引文耳。

補注

鞠訩溢盈也　**註**　詩曰降此鞠訩　**正義**　說文云、盈，滿器也。墨子經篇云、盈，莫不有也。鞠者，齊風南山云曷又鞠止，鄭箋鞠，盈也。訩者，小旻鄭箋云、謀事者衆，訩訩滿庭。左氏僖二十八年傳云、曹人兇懼。兇兇，衆多之聲也。溢者，說文云、溢，器滿也。孝經云、滿而不溢。**註**　詩曰至鞠訩。○　**正義**　小雅節南山文。毛傳、鞠，盈。訩，訟也。鄭箋、盈猶多也。

正義

鞠訩溢盈也　詩曰降此鞠訩

說文云、盈、滿器也。从夃。秦以市買多得爲夃、是夃有多益之意、與滿義近。故墨子經上篇云、盈、莫不有也。詩鵲巢及匏有苦葉傳竝云、盈、滿也。禮祭義注、盈猶溢也。按、盈之言贏也、贏者有餘賈利也。是贏盈聲同。又與盈从夃義近矣。通作逞。穀梁昭廿三年經云沈子盈滅、釋文盈、本亦作逞。左氏襄廿三年傳云晉欒盈、史記晉世家作欒逞。齊世家集解徐廣曰盈、史記多作逞。田完世家索隱曰、逞音盈。是盈逞古字通。又左氏昭四年傳云逞其心以厚其毒、新序善謀篇逞作盈亦其證。杜預訓逞爲盡義亦近矣。鞠者、詩曷又鞠止、降此鞠訩、箋傳竝云鞠、盈也。鞠訓窮、窮訓極盡、與盈滿義近。又鞠有穹音。左氏宣十二年傳山鞠窮、釋文鞠、起弓反。是鞠窮聲又近矣。訩者、說文作訩、或作詾、又作說、云訟也。本釋言文。降此鞠訩、毛傳亦本釋言。蓋訩从匈聲、言語爭訟、其聲匈匈。故又訓盈、所謂發言盈廷者也。荀子天論篇云君子不爲小人匈匈也輟行、楊倞注匈匈、諠譁之聲。與訩同。今按訩與詾義亦同。說文云、詾膽气滿聲在人上。玉篇音胡內胡市二切。然則詾之訓爲滿、與訩之訓爲盈又同矣。溢者、說文云器滿餘也。按今本脫餘字。从華嚴經音義補。喪服傳云朝一溢米、釋文引王肅劉逵袁準孔倫葛洪皆云滿手曰溢。小爾雅云一手之盛謂之溢、宋咸注滿一手也。又云兩手謂之掬、宋咸注半升也。然則滿一手曰溢、滿兩手曰匊。匊與鞠聲同、爾雅之鞠、又與匊義同矣。匊與溢皆有盈滿之意。故詩假以溢我、箋溢盈溢之言也。莊子人間世篇云夫兩喜必多溢美之言、文選東京賦云規摹踰溢、郭象及薛綜注竝云溢過也。過亦盈滿意也。通作泆。書溢爲榮、史記夏紀作泆爲榮。又通作軼。漢書地理志作軼爲榮、集注軼與溢同。

義疏

鞠訩溢盈也

訩者、說文作詾、或作訩、又作說、云訟也。本釋言文。降此鞠訩、傳亦本釋言。蓋詾從匈聲、言語爭訟、其聲匈匈。故又訓盈、所謂發言盈廷者也。

念孫案、校勘記以訩爲衍字、是也、當從之。

郝注刊誤

鞠訩溢盈也

郭注、詩曰降此鞠訩。此別三義、非以鞠訩爲溢盈也。此鞠从革匊、蹋鞠當盈其氣、因爲凡盈詞。書鞠人謀人之保居、詩鞠爲茂艸。母兮鞠我、昔育恐鞠、以鞠爲窮、窮亦盈也。凶、象地穿交陷其中。易三多凶、位極於下也。詩以究王訩、益从水皿、穷又加水象其溢出。禮傳朝一溢米、溢即匊也。詩假以溢我、孝經滿而不溢。盈从夃从皿。夃、多得也。字亦作贏。

集解

鞠訩溢盈也

鞠、蹋鞠也、从革匊聲。毛丸可蹴戲者。正字爲匊。

匊、物在手也。引申爲盈。詩謂蕃衍盈匊是也。匊鞠通用字。詩節南山降此鞠訩、傳鞠盈。南山曷又鞠止、箋鞠盈也。訩字一作詾、說也、从言匈聲。正字爲洶。洶、湧也。凡水湧則盈。洶詾訩通用字。詩節南山以究王訩、言窮究王朝多訟之故也。盈亦多也。溢、器滿也、从水益聲。引申爲盈。儀禮喪服傳朝一溢米、釋文滿手曰溢。詩維天之命假以溢我、箋溢盈溢之言也。盈、滿器也、从皿从夃。夃、猶多也。墨子經上盈、莫不有也。

義證

鞠訩溢盈也

盈者、說文云滿器也。引申之爲凡滿之稱。　鞠者、齊風南山曷又鞠止、小雅小弁鞠爲茂草、節南山降此鞠訩、傳箋竝云鞠、盈也。案、詩以鞠訩連文、而毛傳釋訩爲訟、魯頌泮水不告於訩、鄭箋亦云訩、訟也。訟者、說文云爭也。爭則訩訩然、故訓爲盈。小旻箋云謀事者衆、訩訩滿庭。又案、大雅雲漢鞠哉

爾雅詁林　一　釋詁下

庶正箋訓鞫爲窮、非也。鞫當訓爲盈、謂庶正之多也。溢者、說文云器滿也。周頌維天之命假以溢我、箋云溢、盈溢之言也。

說詩

訩盈也

阮氏校勘記及臧鏞堂皆以爲涉詩降此鞫訩而誤衍訩字、其說不爲無據。柏年案訩自有盈義、訩凶字通、釋名、凶空也、洪範凶短折、馬注凶終也。空終義同、與盈滿義相反而相成。訩之訓盈、又訓終、猶鞫之訓窮盡、又訓爲盈也、亦卽亂之爲治、徂之爲存之例。

補釋

鞫訩溢盈也　臧氏鏞堂曰、詩小雅節南山降此鞫訩、傳曰鞫盈、訩訟也。知訩不詁盈也、殆因郭注引降此鞫訩、正文因而衍訩字耳。鞫字誤、辨見釋言。

匡名

鞫訩溢盈也　此釋盈之義。說文、盈、滿器也、从皿夃。夃、市買多得也。鞫、𨈇鞫也。齊風曷又鞫止、箋鞫、盈也。詾、訟也、或省。訩、或作詾。小旻箋訩訩、盈庭。又作兇。左僖二十八年傳曹人兇懼、註兇兇、衆多之聲也。溢、器滿也。孝經滿而不溢、鄭云溢、盈溢之言也。

啓蒙

鞫、盈也。釋言鞫、窮也。相反爲訓。訩、盈也。阮元、嚴元照說、經文訩字緣注而衍、說本臧庸、郝懿亦云訩無盈義、但引文耳。案毛傳不盡同爾雅、未可以訩盈之訓不見采於毛爲此文衍之證。說文洶、涌也、涌、滕也、滕、超涌也、詾與洶同聲、未嘗無盈義也。

黄侃音訓

鞫、訩、溢、盈也。

說文皿部云：「盈、滿器也、从皿夃。」夃者、夂部云：「秦人日市買多得爲夃、」是盈者、貯滿之謂也。盈、贏、聲同義近。盈與逞、古通。

鞫者、郭引詩「降此鞫訩、」此小雅節南山文、傳云：「鞫、盈也。」齊風「曷又鞫止、」箋亦訓鞫爲盈。

訩者、小旻鄭箋云：「謀事者衆訩訩滿庭。」邵氏引左傳僖公二十八年「曹人兇懼、」謂「兇兇、衆多之聲也。」

溢者、說文「器滿也。」喪服傳云：「朝一溢米、」小爾雅云：「一手之盛謂之溢、」是溢者、盈滿之詞。

爾雅學

鞫訩溢盈也　唐石經單疏本雪牕本同。按訩當爲衍文。詩節南山降此鞫訩、毛傳鞫盈、訩訟也。正義曰訩訟、釋言文、鞫盈、釋詁文可證。鞫詁盈、訩不詁盈也。此殆因郭注引詩降此鞫訩正文遂衍訩字。

降此鞫訩　雪牕本注疏本同。單疏本鞫字剜改、蓋本作鞫、釋言、訩訟也。單疏本引詩降此鞫訩可證。

鞫訩溢盈也○釋曰　注疏本刪。

○注詩曰降此鞫訩○釋曰　注疏本刪注詩曰釋曰五字。

校勘記

鞫、訩凶、溢、盈也。

孫詒直音

鞫訩凶溢盈也

楊氏音訓

訩凶

干氏音釋

孔魄哉延虛無之言閒也

孔、魄、哉、延、虛、無、之、言、閒也　孔穴延魄虛無皆有閒隙。餘未詳。

郭注

孔魄哉延虛無之言間也　釋曰、間、謂閒隙也。孔者、孔穴。小雅角弓云、如酌孔取。魄者、形也。謂月之無光之處名魄也。康誥云、惟三月哉生魄。延者、今墓道也。虛無者、空無所有也。是皆有閒隙也。

邢疏

孔魄哉延虛無之言間也

郭璞云、孔穴延魄虛無、皆有間隙。餘未詳。

一切注音

間也　舊音閑。釋文

古注斠

間　古閑反、隙也。舊音閑。　隙　去戟反。

陸音義

孔魄哉延虛無之言閒也

魄、入閒者也。孔、閒也。適可無閒也。哉、詞之閒也。之、詞之閒也。春秋傳曰、詞閒容之緩詞也。延、則有閒可乘。言、則有閒可乘。虛、實之閒也。無、有之閒也。眞虛非虛也、無閒也。眞無非無也、無閒也。

新義

孔魄哉延虛無之言間也　孔、穴也。魄、虛中之形。延、卽埏。埏、隧道也。孔魄延虛無皆有間隙。餘未詳。

鄭樵注

孔魄哉延虛無之言間也

郭璞曰、孔穴延魄虛無、皆有間隙。餘未詳。

鄭樵曰、孔、穴也。魄、虛中之形。延、卽埏。埏、隧道也。孔魄延虛無、皆有間隙。餘未詳。

古注合存

孔魄哉延虛無之言閒也。閒去聲。○此釋孔魄以下爲間之義也。註曰、孔魄延虛無皆有間也。疏曰、間、謂間隙。孔者、孔穴。魄者、謂月無光之處名魄也。書康誥云、哉生魄。延者、今墓道也。虛無者、皆有間隙。愚按魄哉疑卽哉生魄倒文之言未詳。或曰、之、往也。往而不留、言而不行、亦有間之意也。然其義亦迂。

注疏參義

延、鄭云卽埏、隧道也。之言二字、語辭也。姜氏曲爲解釋、穿鑿無理。姜氏于郭注所未詳者、必巧爲之說、甚乖蓋闕之義。雖或十得其一、然可資捧腹者良多。

補注

孔魄哉延虛無之言間也 **註** 孔穴延魄虛無皆有間隙 餘未詳 **正義** 下文云、間、代也。杜註左傳云、間、隙也。孔魄延虛無、爲間隙。哉之言、爲詞之間。故說文云、哉、言之間也。孔者、小雅角弓云、如酌孔取。鄭箋云、孔取、謂度其所勝多少。凡器之孔其量大小不同。詩疏引老子云、孔德之容、唯道是從。亦謂器之受實爲孔也。魄者、釋名云、魄、月始生魄然也。延者、杜註左傳云、隧、延道也。虛無者、老子云、是謂虛牝。又云、當其無有室之用。是皆有間隙也。哉者、周頌雝云、假哉皇考。之者、臣工云、惟暮之春。言者、有客云、薄言追之。皆謂詞之間也。

正義

虛無之言間也　晉語使奄楚以環釋言、吳語使奚斯釋言于齊、皆謂釋其間隙、故言得爲間。

校議

孔魄哉延虛無之言閒也　孔穴延魄虛無皆有閒隙餘未詳

說文云、閒、隙也。墨子經上篇云、有閒、中也。經說上云、閒、謂夾者也。然則中有閒隙、據兩邊夾者而言也。閒有中義。此注云有閒隙是也。閒亦有廁義。下文云閒代是也。蓋因有閒隙、故相襍廁、旣相襍廁、因生閒代、其義相足成也。孔者、通之閒也。說文、孔、通也。老子云、孔德之容、王弼注、孔、空也。淮南精神篇云、夫孔竅者、精神之戶牖也。詩如酌孔取、箋以爲凡器之孔。正義申之云、孔取謂器中空虛受物之處。通作空。考工記函人云、眡其鑽空。賈公彥疏以空爲孔。史記五帝紀云、舜穿井爲匿空旁出。索隱亦云空音孔矣。魄者、體之閒也。人始生而體魄具、耳目口鼻皆開竅於陰而爲魄之所藏。故白虎通云、魄者猶迫然著人也。又月之空缺陰映蔽光謂之爲魄。書哉生魄、亦其義也。哉者、說文云言之閒也。段氏玉裁曰、有兩而後有閒、凡

爾雅詁林 一 釋詁下

言哉、多起下文之詞、或無下文亦語於此少歇、故云言之間也。按、哉字經典以爲語已之詞、又爲游衍之詞、是皆爲有間矣。延者進之間也。上文延訓進也。夤緣誘進、兩相延及、亦有間意。虛者實之間也。日中則昃、月盈則虧。當其空虛是生間隙、故墨子經上篇云、纑間虛也。經說上云、纑虛也者、兩木之間謂其無木者也、亦其義也。無者有之間也。素問調經論云、無者爲虛。是虛無互訓。老子云、三十輻共一轂、當其無有車之用。埏埴以爲器、當其無有器之用。鑿戶牖以爲室、當其無有室之用。是皆以無爲間之義也。之者、往之間也。上文云、之往也。段氏玉裁曰、之訓間者自此往彼、故有間也。行文以之爲上下聯屬、亦其義也。按文內之字、如國策云南之威、莊子云麗之姬、皆在當句之中者也。易云知至至之、知終終之、皆在當句之末者也。是皆有間意也。言者意之間也。莊子云、言者所以在意。凡人意藏於中、非有間也。意與事相際而言以出焉。人與人相交而言以宣焉。此則言爲人意之間矣。蓋凡言間者、或兩而斷、或一而連、離立者不出中間。或往參焉、此一而連者也。兩山夾水爲澗、澗亦間焉、此兩而斷者也。言與延通、彼我之懷是以連爲間也、哉與之牽別離之緒、是以斷爲間也。虛無則以兩相對合爲間、孔魄又以內外區分爲間也。此皆易了、不知郭氏何以未詳、乃其所詳、抑又疑焉。邢疏推本郭義以延爲基道、亦非蒙意所安。

義疏

孔魄薄霸**哉延**誕**虛**虖**無之言間也**

郭注、孔穴。延魄虛無皆有間隙。餘未詳。此皆助語詞。說文、哉、言之間也。以言間釋哉、文義益明。孔、从乙子。因以盛美爲孔。書、六府孔修。詩、四牡孔阜。魄、从鬼白。鬼所止泊。因爲月霸薄迫字。詩、薄言采之。薄伐玁狁。哉、上云始。書、欽哉俞哉。詩、悠哉懷哉。字又作載。載謀載維。載沈載浮。延誕同字。詩、誕我祀如何。誕后稷之穡。虛、見上。此當作虖、即乎也。書、孝乎惟孝。詩、於我乎。于嗟乎。俟我乎。無莫通用。詩、無念爾祖。無競維人。又、莫往莫來。㞢、从中在一上。上云、往。因以爲詞。詩、左右流之。葛藟纍之。漢之廣矣。江之永矣。又、言告言歸。旋車

言邁。句首句中句終皆以足句也。間從門中有月。因爲空隙之稱。

集解

孔魄哉延虛無之言間也 孔、通也。从乙从子會意。乙、請子之候鳥也。乙而得子、嘉美之也。正字爲堪、實爲甚。甚、尤安樂也。經傳多用爲形容之詞、間於言中。魯論甚於水火、呂覽觀表甚歡是也。甚堪孔通用字。書禹貢九江孔殷、詩汝墳父母孔邇、小戎俴駟孔羣、既醉威儀孔時、采薇玁狁孔棘、閟宮其詩孔碩、儀禮士冠冕字孔嘉、均以孔間於言中也。魄、陰神也、从鬼白聲。其以爲發聲詞而間於言中者、因魄爲迫之借字也。經典通用薄。詩采芑薄言采之、時邁薄言震之、傳均訓辭。即此經所謂間也。哉、上訓始、才之借字、此訓間本義耳。經典用哉、多起下之詞、其無下文亦語於此少歇、論語何哉、爾所謂達者、孟子何哉、君所謂踰者、起下詞也。書欽哉、俞哉、禮哀哉、傷哉、詩優哉、游哉、則歇詞也。其位句首、多借用載。詩生民載震載夙、載生載育、均是也。延、長行也、从延丿聲。與誕單亶通用、而爲言間。詩誕彌厥月、誕實匍匐、誕我祀如何、誕之用爲言間也。莊子讓王單以反一日之無故、而不可得也、單之用爲言間也。詩亶侯多藏、前漢書賈誼傳非亶倒懸而已、揚雄傳亶費精神於此、文選羽獵賦亶觀夫剽禽之紲踰、今俗通作但。亶之用爲言間也。虛、大丘也、从丘虍聲。正字爲虖、實爲乎。乎、語之餘也、故以爲言之間。史記多以虖爲之。乎虖虛通用字。書孝乎惟孝、詩俟我于著乎而、於我乎、吁嗟乎、禮記檀弓鹿裘亦用綌乎、少儀子亟食於某乎、孟子亦將有以利吾國乎、均以乎爲言間也。無、豐也、从林奭。其以爲言間者、因聲近乎與夫也。詩無念爾祖、傳念也。論語無寧死於二三子之手乎、馬注無寧、寧也。則無爲言間而無義、非反詞也。詩上帝不寧、有周不顯、不顯不承、中庸莫顯乎微、或與無義近、或與無音近、均言間也。之、出也。上經引申爲往、凡人自此往彼則爲有間、行文之聯屬上下、亦其義也。詩漢之廣矣、魯論禮之用、穀梁郊牛之口傷、孟子城門之軌、均以之爲言間也。言、直言也、从口䇂聲。經傳亦多以爲詞之間。詩中言字、傳箋多訓我、而位於句首、或位於句中、實如虛字之用法。其大東眷言顧之、荀子作焉、後漢劉陶傳作然、則尤言爲詞間之明證也。或曰言爲詞間、引申則爲凡間之間。周語驪姬使奄楚以環釋言、吳語夫差既勝齊人於艾陵、使行人奚斯釋言、均謂釋其間隙也。間、隙也、从門中見月會意。

義證

爾雅詁林 一 釋詁下

哉間也　說文曰哉言之間也。謂言辭中間厠字。若今人云語助矣。尙書食哉維時。時哉弗可失。論語君子哉若人。尙德哉若人。其大凡也。

之間也　或謂之言二字連貫上下爲句。與釋宮器篇謂之字同檢。此篇前後諸科絕無此例。恐非確說。之亦間厠字。如左氏傳鸜之鵒之。孟子庾公之斯。尹公之他。莊子麗之姬。南之沛。語本屬而故以之字間之。所以爲文辭也。一說之適也。從此之彼。凡所居于中者皆間隔也。義亦略通。

言間也　晉語驪姬旣遠大子乃生之言。大子由是得罪。猶云生間隙也。又夷吾奔梁二年。驪姬使奄楚以環釋言。吳語夫差旣勝齊人于艾陵。使行人奚斯釋言于齊。皆謂釋其間隙。再據生之言。句似此科。之言二字。又若權輿。蝱没等文。可以連讀。　補郭

註孔穴延魄虛無皆有間隙餘未詳　補正　臣鑒按。臣鑒族兄臣震曰。郭註孔穴延魄虛無皆有間隙。餘未詳。攷之說文哉言之間也。言之間卽辭助。然則哉之言三字。乃言之間。言爲辭助見於詩易多矣。

孔魄哉延虛無之言間也。間詁閑攷　郭注補正

孔魄哉延虛無之言間也

說文云。間者隙也。凡物之空者皆間也。　孔有二義。一爲孔竅之孔。一爲語詞之孔。小雅角弓如酌孔取。鄭箋云孔取。謂度其所勝多少。凡器之孔其量大小不同。疏云孔者器中之所受也。此孔竅之間也。秦風小戎俴駟孔羣。小雅鹿鳴德音孔昭。采薇玁狁孔棘。何人斯其心孔艱。小明我事孔庶。大雅旣醉威儀孔時。抑昊天孔昭。凡孔字在語中。如哉之言者。皆是此言詞之間也。　哉亦有二義。有在句中者。說文所謂哉言之間也。有在句末者。卽少間之間。間息也。韋昭注晉語可以少間云。間息也。大雅文王陳錫哉周。假哉天命。下武昭哉嗣服。小雅雲漢鞫哉庶正。疚哉冢宰。類此者皆言間之哉。大雅文王有聲文王烝哉。武王烝哉。王風揚之水曷月予還歸哉。黍離此何人哉。類此者皆句末間息之哉。　虛者。空也。見廣雅。又孔竅也。見淮南氾論訓注。卽間也。邶風北風其虛其邪。毛傳云虛虛也。之者。上文云往也。由此至彼之間也。凡句中以之字聯貫。亦間也。周南葛覃葛之覃兮。兔罝椓之丁丁。漢廣江之永矣。麟趾麟之定。皆語間之之也。亦有在句尾少間與哉同義者。如周南關雎樛木芣苢以之字住句者。皆間息之義也。　言者。亦語辭之在句間者。周南

茅苢薄言采之、召南采蘩薄言旋歸、邶風柏舟靜言思之、終風寤言不寐、諸如此類、皆語辭之間。毛傳概訓言爲我、非也。餘詳訂經。

說詩

孔魄哉延虛無之言間也

注、孔穴延魄虛無皆有間隙。間有二義、一曰間隙、如孔之爲穴是也。一曰代也、如詞語借實字以代虛字、方言南楚江湘之間代語、說文哉、言之間也、是已。孔、下文云甚也。禹貢九江孔殷、史記作九江甚中。甚詞也。魄、釋名月始生魄然也。魄然通作迫然。白虎通性情篇、魄者猶迫然著人。延、誕字省文之誤。說文、誕、詞誕也。籒文省、正作这。後人不識此字、妄改爲延、書大誥誕敢紀其敘、詩生民誕彌厥月之類皆詞也。故說文云、詞誕也。誕、大言也。引伸爲妄誕、言大而誇、言妄而不實、有隙可乘矣。虛、獻之省、欷獻歎辭也。無之言皆詞也。見經傳者多矣。

小箋

哉延言閒也

孔魄哉延虛無之言閒也、郭注曰孔穴延魄虛無皆有閒隙、餘未詳。邢疏曰、延者今墓道也。說文曰、哉、言之閒也。引之謹案、凡語詞皆言之閒、何獨於哉而云閒乎。哉疑當讀爲厠、厠與閒同義、廣雅、厠、閒也。故曰厠閒也。厠、本字也。哉、借字也。哉與菑古同聲、哉之爲厠、猶菑之爲厠也。考工記輪人察其菑蚤不齵、鄭司農讀菑如雜厠之厠、是其例也。閒又訓爲息、見下。延者、息之閒也。大誥天降割于我家不少延、延者、閒也、息也、謂禍亂不少閒也。疏曰、鄭王皆以延上屬爲句、言害不少、乃延長之。案、分不少與延爲二義、失之。晉語平公謂陽畢曰自穆侯以至於今、亂兵不輟、民志無厭、禍敗無已、恐及吾身、若之何。陽畢對曰、去其枝葉、絶其本根、可以少閒。韋注曰、閒、息也。是也。邢說失之。閒又訓爲毀、廣雅、閒、諿也。諿與毀同。言者、毀之閒也。緇衣君毋以小謀大、毋以遠言近、謂遠臣毀近臣也。昭二十七年左傳楚郤宛之難、國言未已、周語國人莫敢言、道路以目、皆謂謗毀也。

述聞

孔魄哉延虛無之言閒也

下文閒、代也。此言閒隙也、謂閒隙也。說文閒、隙也。註、隙者、壁際也。引申之、凡有兩邊有中者皆謂之隙、隙謂之閒。孔、通也。从乚子。小雅如酌孔取、箋孔取、謂度其所勝多少。凡器之孔、其量大小不同。魄、陰神也。釋名、魄、月始生魄然也。哉、言之閒也。徐鍇曰、春秋左傳曰遠哉遥遥、是哉爲閒隔之詞也。左隱元年隧而相見、註隧若今延道。老子、是謂虛牝。无、奇字無也。通於元者、虛无道也。註、虛无之道、上通无气、寂寞也。玉篇、无、虛无也。周子無極而太極。周頌惟暮之春、箋周之季春、於夏爲孟春也。周頌薄言追之、邵註謂詞之閒也。

啓蒙

魄閒也。魄以爲語詞、則詩之薄也。

延閒也。延、邢疏以爲墓道。今案延讀爲羨、考工記玉人注羨猶延也、墓道曰羨、史記衛世家共伯入釐侯羨自殺、索隱羨、墓道也。字亦作埏、作延、聲類云、埏、墓隧也。文選潘岳悼亡詩注引。又與衍聲通、郊祀志李奇注云、三輔謂山阪閒爲衍。案說文㕣、山閒陷泥也。此諸延羨衍字皆當以㕣爲本字。

黃侃音訓

哉之言間也

說文、哉、言之間也。王氏述聞云、凡語詞皆言之閒、何獨於哉而云間乎。哉疑當讀爲廁、廁與間同義、故曰廁、間也。廁、本字也、哉、假字也。考工記輪人察其菑、鄭司農讀菑如雜廁之廁。菑與哉古同聲、哉之爲廁、猶菑之爲廁也。子吉按、王氏以哉爲廁字之假借、而斥說文所訓爲非、固得之矣。然說文多本爾雅、爾雅以間釋哉、說文以言之間釋哉、其所以不同之故、則王氏或未之思也。竊謂爾雅之體、重辭累言、同意相受、易爲傳寫者所譌、將之言二字倒轉讀之、卽與說文合矣。叔重所見舊本、蓋與今本不同、或曰之言二字倒轉讀之則此節宜皆爲言之間矣、而孔魄虛無延諸字又不皆爲言之間、何也、曰爾雅本以一間字釋此節、許誤讀之耳。許以哉爲語助辭、遂誤以言之間詁哉字、而不知其失爾雅之讀、宜王氏非之也。

爾雅詁

延虛間也。郭云、延虛皆有間隙。楷案、此條皆訓爲詞之間、郭說亦非也。延者、誕字之省借也。誕之作延、猶諷之作風、漢書志傳風字數十見、注皆云讀爲諷。謨之作莫、詩巧言聖人莫之、釋文莫一本作謨。誥之作告也。史記殷本紀帝誥、書序作帝告。經籍中用誕字有二例、一爲發語之詞、一爲語中之助詞。詳王引之經傳釋詞。虛者、乎字之假音也。顏師古匡謬正俗、古文尚書悉爲於戲字、今文尚書悉爲嗚呼字、而詩皆云於乎字、是乎呼戲三字通。虛之借爲乎、亦猶戲之借爲呼也。上文魄字讀爲薄、說詳馬瑞辰毛詩傳箋通釋。

稗疏

孔、魄、哉、延、虛、無、之、言、間也。

郭注「孔、穴、延、魄、虛、無、皆有間隙。」案說文「間、隙也、」是間者、居中之地也、虛無之地也。爾雅所釋諸字、有就其地而言、有就文字而言者。

孔者、說文「通也、」通猶達也。老子「孔德之容、」王弼注云：「孔、空也、」淮南精神篇曰：「夫孔竅者、精神之戶牖也、」考工記函人云：「眡其鑽空、」賈公彥以空爲孔。其實空爲穴；孔則借用字。

魄者、釋名「魄、月始生魄然也、」武成「惟一月壬辰旁死魄、」疏云：「謂月之輪廓無光之處名魄也、」是魄者、乃月光之間隙也。說文魄、作霸。

延者、郝氏引左傳杜注云：「隧、延道也；」延道者、孔道也。此言道路之間也。

虛無爲間者、史記「批亢擣虛、」謂排擊其間隙也。老子「鑿戶牖以爲室、當其無有室之用、」謂補其無室之間隙也。故郝氏云：「虛者實之間、無者有之間」也。素問調經論曰：「無者爲虛、」玉篇云：「无、虛无也、」是虛無古義相通、乃間隙之間也。

哉者、說文「哉、言之間也。」段注云：「有兩而後有間、凡言哉、多起下文之詞；或無下文、亦語於此少歇；故云言之間也。」段氏前義、在文法爲感歎詞、其後義、爲疑問助詞。今蘇州語尾字、恆用哉字、以歇其語。之爲間、邵氏引臣工、「惟暮之春、」解之、此在文法爲介詞、郝氏引國策「南之威、」是與左氏燭之武之用法同。要皆在句中、故云間。言爲間、邵氏引有客篇：「薄言追之、」解之。是哉、之、言、皆文字之間也、故類別之。

爾雅學

孔魄哉延虛無之言間也○釋曰注疏本刪。

空無所有也元本同。閩本監本毛本空誤虛。

校勘記

拍

孔魄哉延虛無之言間也去聲

孫侶直音

拍

孔魄哉延虛無之言間也艱閑

直音校正

孔魄哉延虛無之言間去聲謂間隙也。也

楊氏音訓

瘞幽隱匿蔽竄微也

瘞、幽、隱、匿、蔽、竄、微也。微謂逃藏也。左傳曰其徒微之是也。 郭注

瘞幽隱匿蔽竄微也 釋曰、微謂逃藏也。瘞者、埋藏之微也。幽者、深微也。隱者、潛隱而微也。匿者、舍人曰藏之微也。蔽者、覆障使微也。竄者、行之微。是皆微昧不顯揚也。 注左傳曰其徒微之是也。 釋曰、案昭十七年傳云、楚白公勝作亂、殺子西子期。葉公子高至、遇箴尹固帥其屬、將與白公。子高曰、微二子者、楚不國矣。棄德從賊、其可保乎。乃從葉公。使與國人以攻白公。白公奔山而縊。其徒微之、是也。 邢疏

匿蔽竄微也

匿者、藏之微也。蔽者、覆障使微也。竄者、行之微也。是皆微昧不顯揚也。邢疏 左哀十六年正義引匿藏之微也。 犍爲注

黃輯古義

瘞微也

瘞、音翳。釋文 郭音義

瘞幽隱匿蔽竄微也

匿、藏之微也。蔽者、覆障使微也。竄者、行之微也。是皆微昧不顯揚也。邢疏 春秋哀十六年正義引首句 犍爲注

瘞幽。瘞、音翳。 郭音義

玉函山房輯佚

匿

藏之微也。舍人注 宋本春秋疏三十六

鉤沉

匿微也

舍人曰、匿、藏之微也。春秋正義六十 邢疏

漢注

瘞幽隱匿蔽竄微也

舍人云、匿、藏之微也。左傳正義三十六卷 舊注云、微謂逃竄也。一切經音義八 郭璞云、微謂逃藏也。左傳曰其徒微之是也。

一切注音

瘞

微也 郭音翳。釋文

匿

舍人曰、匿藏之微也。左氏哀十六年傳正義

微也

舊注云、謂逃竄也。一切經音義

古注斠

瘞猗例反。郭音翳。匿女力反。蔽必曳反。竄麤亂反。

陸音義

瘞幽隱匿敝竄微也 微、謂晦藏不顯揚也。

鄭樵注

瘞幽隱匿蔽竄微也。瘞、郭音翳。蔽、鄭本作敝。

舍人曰、匿藏之微也。

郭璞曰、微謂逃藏也、左傳曰其徒微之是也。橫、東經音義引舊注云謂逃竄也。

鄭樵曰、微謂晦藏不顯揚也。

古注合存

瘞幽隱匿蔽竄微也 瘞音意。○此釋瘞幽以下爲微之義也。註曰、微謂潛藏也。左傳云其徒微之是也。疏曰、瘞埋也。幽深。隱潛也。匿亦藏也。蔽者覆幛也。竄者逃行也。

注疏參義

瘞幽隱匿蔽竄微也 註 微謂逃藏也左傳曰其徒微之是也

正義 說文云、微、隱行也。是幽隱皆爲微也。瘞者、秋官犬人云、伏瘞亦如之、鄭司農云、瘞謂理祭也。釋言云、瘞、幽也。詳見釋天。幽者、困象傳云、入於幽谷不明也。隱者、少儀云、隱情以虞。匿者、左傳疏引舍人云、匿、藏之微也。盤庚云、不匿厥指。左氏襄十八年傳云、敢匿情乎。蔽者、月令云、無有掩蔽。竄者、左氏定

四年傳云而君又竄之、杜註竄、匿也。荀子儒效篇惠施鄧析、不敢竄其察、楊倞註竄、匿也。【註】微謂至是也 ○【正義】衆經音義引舊註云、謂逃竄也。又微、止也。左傳曰其徒微之者、哀十六年傳文。又襄十九年傳云崔杼微逆光、服虔云微、匿也。晉語云、設微薄而觀之。左傳疏引孔晁云、微、蔽也。

【正義】

瘞幽隱匿蔽竄微也 微謂逃藏也左傳曰其徒微之是也

說文云、微、隱行也。引左氏哀十六年傳白公其徒微之。又襄十九年傳崔杼微逆光、服虔注微、隱匿也。又晉語云設微薄而觀之、韋昭注微、蔽也。蔽匿隱俱依爾雅爲訓也。微有幽隱曖昧之意、故言之隱者曰微言、行之隱者曰微行、衣服之隱者曰微服、其義一也。通作危。考工記輪人鄭衆注微至、書或作危至、是矣。瘞者、釋言云幽也。釋天云祭地曰瘞。薶、說文本此二訓、故曰瘞、幽薶也。釋言云、薶、塞也。塞亦幽隱之義、故詩燕燕傳塞、瘞也。瘞與翳聲義同。通作殪。覲禮云祭地瘞、鄭注古文瘞作殪。幽者、說文云隱也。又丝云、微也。是丝與幽同。太玄玄瑩注幽、謂陰也。陰與隱義亦同。大戴禮誥志篇云幽、幼也。小爾雅云幽、冥也。釋言云冥、幼也。釋文幼本或作窈、然則窈冥幽昧皆隱微之義。幽猶黝也。黝訓黑、黑色亦幽闇、故詩其葉有幽、及玉藻幽衡毛傳鄭注俱偕幽爲黝矣。隱者、說文云蔽也。與乚同。說文云匿也、象迟曲隱蔽形、讀若隱。玉篇卽以乚爲古文隱字。隱之訓爲微、故史記司馬相如傳云春秋推見至隱、索隱李奇曰隱猶微也。通作殷。詩如有隱憂、韓詩作如有殷憂、劉熊碑云勤恤民殷、殷卽隱也。又通作依。說文云、衣、依也。白虎通云、衣者隱也。書無逸云則知小人之依、謂知小人之隱也、衣殷古同聲、隱之通爲依、猶隱之通爲殷也。此義馬瑞辰說。又聲轉爲偃。偃同匽、匽、匿也。詩魚麗傳士不隱塞、釋文隱本又作偃。漢書古今人表徐隱王卽徐偃王也。匿者、說文云亾也。廣雅云藏也、隱也。左氏哀十六年正義引舍人曰匿、藏之微也。御覽七百五十六引通俗文云、竹器邊緣曰匿。此雖別義、蓋亦以匿爲藩蔽之意也。蔽者、說文云蔽蔽、小艸也。按小草曰蔽蔽、小葉曰蔽、芾皆草木隱翳之貌也。釋器云、與竹後謂之蔽。廣雅云蔽、障也。又云隱也。論語鄭注蔽、塞也。包咸注、蔽猶當也。按今人謂遮蔽爲遮當、讀當聲如黨矣。老子云故能蔽不新成、河上公注蔽者、匿光榮也。王弼注、蔽、覆蓋也。通作革。史記淮陰侯傳云閒道革山、索隱以革爲蓋覆也。又通作斃。釋木云、蔽者翳。詩皇矣傳、自斃爲翳。是斃卽蔽矣。竄者、說文云匿也、从鼠在穴中。呂覽首時篇云隱匿分竄、高誘注竄、藏也。藏匿義皆爲微。故晉語云敏能竄謀、韋昭注竄、微也。書竄三苗、史記五帝紀作遷三苗、說文又引作㪙三苗、云㪙、塞也。

【義疏】

瘞幽隱匿蔽竄微也 舍人注、匿、藏之微也。郭注、微謂逃藏也、左傳曰其徒微之是也。

瘞、从土、瘱。與瘱同用。瘱、从夾、夾卽隱蔽之意。後加疒、又加心、加土。禮、祭地瘞。詩傳以塞爲瘱字、與懿同用。詩、女執懿匡。幽、从丝、絲未糸者、故爲微隱。書、幽明庶績。隱、从𤔌、工在𤔌中、人所依據。詩、如有隱憂。記、不以隱疾。又爲隱痛也。匿、从匸、若。若、擇菜而匸之、以一覆乚、爲是滨藏也。詩、之死矢靡匿。字又作慝。周官以除慝。語、崇德修慝、隱微之疚也。蔽、从艸、敝。㡀象衣敗、加艸覆蔽之。語、帝臣不蔽。月令、毋有障蔽。竄、从穴、鼠。書、伦竄塞也。逃隱杜塞皆爲竄。竄竂同聲、亦爲滨竂。詩、大風有隧、隧道亦爲幽瘞也。敳、从攴、豈省、从人、凱歸而人匿、故爲逃匿、因爲細妙之稱。

【集解】

瘞幽隱匿蔽竄微也

瘞、幽薶也、从土、疾聲。引申爲微。詩雲漢上下奠瘞、釋文埋也。禮記禮運瘞繒宣祝嘏、注埋牲曰瘞。周禮司巫守瘞、注謂若祭地祇有埋牲玉者也。前漢書楚元王傳多其瘞藏、言其多微藏也。覲禮祭地瘞、注古文瘞作殪。天元廓、陰氣瘞而念之、謂閉藏。以殪疾爲之。幽、隱也、謂隱微也。从山中丝、丝會意。易困入于幽谷、注不明之辭也。禮記禮運是謂幽國、注闇也。荀子正論上幽險則下漸詐、注幽、隱也。亦微也。隱、蔽也、从阜㥯聲。引申爲微。說文則以乚、廣雅則以㥯為之。易繫辭探賾索隱，虞注初隱未見。禮記中庸莫見乎隱，莫顯乎微。史記司馬相如傳春秋推見至隱，李奇曰隱猶微也。匿，亡也，从匸若聲。引申為微。書所謂不匿厥指是也。論語匿怨而友其人，皇疏匿藏也。左宣十五傳瑾瑜匿瑕，注匿亦藏也。呂覽論人不可匿也，注匿猶伏也。荀子天論匿則大惑，注謂隱匿其情。周語文不可匿，注匿，隱也。左哀十六傳白公其徒微之，正義引舍人曰匿藏之微也。易說卦坎為隱伏，晉語龍尾伏辰，注伏，隱也。說文㘸，遏遮也，微也。以伏㘸為之。蔽，蔽蔽小艸也，从艸敝聲。小艸曰蔽，蔽小葉曰蔽茀，均艸木陰翳而隱微之皃。引申為凡事之微。禮記月令無有掩蔽，論語帝臣不蔽是也。淮南主術聰明先而不蔽，注蔽，闇也。老子故能蔽不新成，河上公注匿光榮也。晉語設微薄而觀之，注微，蔽也。轉注則蔽者，微也。竄，匿也，从鼠在穴中。引申為微。易所謂歸逋竄也是也。呂覽有時隱匿分竄，注竄，藏也。晉語求廣土而竄伏焉，走之易達，不通可以竄惡，注均云竄，隱也。莊子駢拇竄句遊心於堅白同異之閒，司馬注謂邪說隱微，穿鑿文句也。晉語敏能竄謀，注竄，微也。微，隱行也。从彳从𢼸會意，𢼸亦聲。漢書成帝紀上始為微行出入。

義證

瘞幽隱匿蔽竄微也

〔註〕微謂逃藏也，左傳曰其徒微之是也〔補正〕邢疏微謂逃藏也。匿者，舍人曰藏之微也。

郭注補正

竄微也

郭本竄無注。微，逃藏也。邵氏正義云，衆經音義引舊注云謂逃竄也，又微，止也。與郭氏微異。

舊注攷證

瘞幽隱匿蔽竄微也

微謂逃藏也，左傳曰其徒微之是也　瘞薶也幽藏也　竄亦逃也

元應僧祇律一卷四分律四十三卷音義俱引爾雅郭注曰，微謂逃竄也。慧琳續高僧傳十一卷音義引爾雅祭地曰瘞薶，郭璞曰，幽藏也。瘞，埋也。樹枏案，所引當為此經注文，慧琳隨舉而合之耳。高僧傳十卷音義亦引爾雅瘞埋也，郭璞注曰，瘞謂微幽藏也。此所引亦誤倒，當作瘞微也。郭璞注曰，瘞謂埋幽藏也。今據補正。　慧琳根本毗奈耶雜事錄十七卷音義引郭注爾雅云，竄亦逃也。今本脫此四字，據補。

郭注佚存補訂

瘞幽隱匿蔽竄微也

說文云，微，隱行也。　瘞者，釋言云幽也。釋天云祭地曰瘞薶。邢疏云，瘞者，埋藏之微也。邶風燕燕其心塞淵，毛傳云塞，瘞也。瘞者，塞蔽之義也。　幽者，說文云隱也。釋言云瘞，幽也。小雅伐木出自幽谷，傳云深也。斯干幽幽南山，傳云幽幽，深遠也。深遠則隱蔽不明，故曰微也。幽與黝通。禮記玉藻注云幽讀為黝。小雅隰桑其葉有幽，傳云幽，黑色也。以幽為黝。何草不黃卒彼幽草，幽草即何草不立，亦黑色也。黑色亦幽闇不明之義。　隱者，說文云蔽也。邶風柏舟

爾雅詁林　一　釋詁下

如有隱憂、隱卽微隱憂之隱、藏於內爲人所不見者。匿者、說文云亡也。舍人云、匿、藏之微也。匿通作慝。大雅瞻仰伊胡爲慝、釋訓釋文云慝、言隱匿其情以飾非、卽此義也。蔽者、釋器云、輿竹後謂之蔽。蔽、障也、隱也。見廣雅。邢疏云、蔽者、覆障使微也。召南蔽芾甘棠、小雅我行其野蔽芾其樗、蔽爲樹陰遮蔽之義。說文云蔽蔽小草也、蓋謂小草之皃蔽蔽然也。

說詩

瘞幽節疏隱者潛藏而微也 而、當之字誤。藏、監本誤隱。皆是微昧不顯揚也 昧、監本誤從目。哀十六年傳云云遇箴尹固 監本哀誤昭、六誤七、固誤因。

注疏正字

瘞音亦 **幽隱匿蔽竄微也** 此釋微之義。說文、𢕟、隱行也。从彳敚聲。引左傳其徒微之。幽、郭註謂逃藏。瘞、詳釋天。周禮、伏瘞亦如之。乾卦龍德隱也、从山丝、丝亦聲。困卦、入於幽谷。而隱者也、註、隱、藏也。匸、亡也。盤庚、不匿厥指。舍人云、匿、藏之微也。𦺇、小艸也。月令無有掩蔽、疏蔽者、覆障使微也。竄、匿也。左定四年傳而君又竄之、註、竄、匿也。

啓蒙

瘞、幽、隱、匿、蔽、竄、微也。

說文「微、隱行也。」許以隱訓微、故郭注云：「微、謂逃藏也、」引左傳哀十六年「其徒微之、」爲訓。襄十九年傳「崔杼微逆光、」服虔注云：「微、隱匿也、」晉語「設微薄而觀之、」韋注云：「微、蔽也；」隱、匿、蔽、亦皆用雅義以釋之。郝氏云：「微有幽微蔑昧之意、故言之隱者、曰微言、行之隱者、曰微行、衣服之隱者、曰微服、其義皆一也。」

瘞、釋言「幽也；」說文「幽、薶也；」皆隱匿意、故訓微。

幽、說文丝部云：「隱也；从山丝；丝亦聲。」丝者、微也、微則隱、故从丝；从山者、遮蔽之意。小雅「其葉有幽、」傳云：「幽、黑色；」箋云：「幽讀如黝。」幽無黑色之義、毛不易字、故云黑色、鄭易字以解之、義長於毛。是幽者、幽隱也、幽暗也、幽微也。

隱者、說文𨸏部云：「蔽也、从𨸏、㥯聲；」从𨸏者、與幽之从山同意、有所蔽之義也。又乚部云：「乚、匿也、讀若隱；」玉篇以爲乚即古文隱字。史記司馬相如傳云：「春秋推見至隱、」索隱李奇訓隱爲微、即用雅訓也。郝氏云：「隱通殷、詩『如有隱憂、』韓詩作『如有殷憂、』劉熊碑云：『勤恤民殷、』殷即隱也。又通作依；說文云：『衣、依也；』白虎通云：『衣者、隱也；』書無逸云：『則知小人之依、』謂知小人之隱也。衣、殷、古同聲、隱之通爲依、猶隱之通爲殷也。此義馬瑞辰說。」

匿者、左傳哀十六年正義引舍人云：「匿、藏之微也。」

蔽、廣雅云：「障也、隱也。」論語包咸注「蔽、猶當也；」郝氏謂「今人謂遮蔽爲遮當、讀當聲如黨矣。」今長江南北、猶單稱當。

竄、說文「匿也、从鼠在穴中。」前引服注訓微爲匿、故竄、匿、亦爲微也。

爾雅學

微謂逃藏也 雪牕本注疏本同。一切經音義卷四卷十四卷十五卷十八四引皆作謂逃竄也。

瘞幽隱匿蔽竄微也〇釋曰 注疏本刪。

潛隱而微也 元本閩本監本同。毛本隱作藏、非。

行之微 注疏本下有也。

〇注左傳曰其徒微之是也〇釋曰案昭十七年傳云 注疏本刪釋曰以上十二字。昭十七年、元本閩本監本同、誤也。毛本改作哀十六年。又元本閩本此節疏後分一卷下。

校勘記

案哀十六年傳云毛本湘本同監本作昭十七。案左傳哀公十六年白公勝作亂。監本作昭十七、誤。

注疏校勘札記

瘞音亦 幽隱匿音覓 蔽竄微也

音圖・音

瘞音亦 案瘞、去聲、音翳。今音亦、入聲、大謬。直音音翳不誤。
匿音覓 案匿、女力翻。孃今音覓、明大謬。

直音正誤

翳異 瘞、幽、隱、匿、蔽、竄、微也。瘱

孫偘直音

瘞翳 幽、隱、匿、蔽、竄、微也 瘱

直音校正

瘞意 幽隱匿蔽竄微也謂逃藏也。

楊氏音訓

瘞壹計切

干氏音釋

訖徽妥懷安按替戾底厎尼定曷遏止也

訖、徽、妥、懷、安、按、替、戾、底、厎、尼、定、曷、遏、止也。妥者、坐也。懷者、至也。按、抑按也。替、廢。皆止住也。戾、底義見詩傳。國語曰、戾久將厎。孟子曰、行或尼之。今以逎相止爲遏。徽未詳。

郭注

一訖徽妥懷安按替戾底厎尼定曷遏止也　釋曰、皆謂止住也。訖者終止也。妥者坐止也。懷至止也。安休止也。抑按替廢皆止住也。大雅云、以按徂旅。小雅云、勿替引之。定者靜止也。曷者俗以抑止爲曷。今以逎相止爲遏。餘皆見注。　注戾底至尼之　釋曰、云戾底義見詩者、小雅采菽云、亦是戾矣。底者在物之下、是亦止也。凡注言見詩、今毛詩無者、蓋在齊魯韓詩也。云國語曰戾久將厎者、案晉語云、文公在翟十二年、狐偃曰、日吾來此也、非以翟爲榮、可以成事也。吾曰、奔而易達、困而有資、休以擇利、可以戾也。今戾久矣。戾久將厎、厎著滯淫、誰能興之、盍速行乎。是其事也。云孟子曰行或尼之者、案孟子魯平公將見孟子、嬖人臧倉止之。樂正子見孟子曰、克告於君、君爲來見也。嬖人有臧倉沮君、君是以不來也。曰、行或使之、止或尼之、行止非人所能也。吾之不遇魯侯、天也。臧氏之子焉能使予不遇哉。是其事也。此云行或尼之者、所見本異、或傳寫誤。

邢疏

安止也
安、他果反。釋文

孫音注

妥止也
妥、他回反、又他罪反。釋文

郭音義

尼止也
尼、羊而反。釋文

謝音

尼止也
尼、女乙反。釋文

施音

妥懷。妥、他回反、又他罪反。

郭音義

黃輯古義

尼定。尼、羊而反。釋文

謝音

尼定。尼、女乙反。並同上

施音

玉函山房輯佚

妥止也
孫曰、妥、他果反。釋文

漢注

詁徵妥懷安按替戾底厎尼定曷遏止也（底，今本誤作廢，從釋文本及宋本改正。）

郭璞云：妥者、坐也。懷者、至也。按、抑。替、廢。皆止住也。戾、底義見詩傳。國語曰、戾久將底。孟子曰、行或尼之。今以逆相止爲遏。徵未詳。（按：抑下今本有按也二字，從宋本刪。邢疏述郭義按抑替廢皆止住也，亦無按也字。）

一切注音

妥止也。孫他果反。郭他回反、又他罪反。釋文

古注斠

妥（孫他果反、郭他回反、又他罪反。劉昌宗音儀禮同，字林亦同。）按（一旦反。）底（丁禮反。）厎（之視反。）尼（䊵女乙反、謝羊而反。）曷（何末反。）遏（烏割反。）抑（於力反。）

陸音義

底（丁禮反）厎（之視反○今注疏正文厎作廢。邵氏晉涵所見宋本是底字。又注疏本作底、丁視反、亦誤。當一依陸氏爲是。）

音義攷證

詁徵妥懷安按替戾底厎尼定曷遏止也（下厎字、與開成石經、宋本、郭注、陸氏釋文同。俗本作廢、大誤。錢氏大昕金石文跋尾亦辨及此。）

徵可以止矣、不止惡或乘之。戾乃有止也。替乃有止也。

新義

詁嶶妥懷安按替戾底廢尼定曷遏止也（詁終妥安懷至安休替廢底住也、皆有止之義焉。按大雅云、以按徂旅。戾、采菽云、亦是戾矣。厎、晉語云、戾久將厎、厎著滯淫、誰能興之。尼、孟子云、行或尼之。曷者、俗以抑止爲曷、今以逆相止爲遏。嶶未詳。）

鄭樵注

詁嶶妥懷安按替戾底廢尼定曷遏止也（妥、孫他果反、郭他回反。廢、据釋文及宋本並作厎。）

郭璞曰、妥者、坐也。懷者、至也。按、抑按也。替、廢、皆止住也。戾、底義見詩傳。國語曰、戾久將底。孟子曰、行或尼之。今以逆相止爲遏。徵未詳。（宋本抑下無按也二字。）

鄭樵曰、詁終妥安懷至安休替廢底住也、皆有止之義焉。按大雅云、以按徂旅。戾、采菽云、亦是戾矣。底、晉語云、戾久將底、底著滯淫、誰能興之。尼、孟子云、止或尼之。曷者、俗以抑止爲曷、今以逆相止爲遏。徵未詳。

古注合存

詁嶶妥懷安按替戾底廢尼定曷遏止也（尼音暱。○此釋詁嶶以下爲止之義也。註曰、妥者坐也。按者抑也。替廢皆止也。國語云、戾久將底。孟子云、止或尼之。疏曰、抑止爲曷、逆止爲遏。國語云、晉文公在翟、狐偃曰、吾來此、可以房也。今戾久矣、戾久將底、底著滯淫、誰能興之、盍速行乎。愚按嶶註未詳。今考製琴、嶶止而軫動、亦止也。懷安卽懷與安、實敗名之義、二字本連文、今析爲解耳。廢爲止、所謂廢然而反也。）

注疏參義

今考製琴、嶶止而軫動、則徵亦止也。（姜上均說。）

郭引孟子行或尼之、此必傳寫之誤、非郭注誤引也。鄭仍依郭作行。

補注

詁徵妥懷安按普戾底厎尼定曷遏止也　**註**　妥者坐也　懷者至也　按抑普廢皆止住也　戾厎義見詩傳國語曰戾久將厎孟子曰行或尼之今以逆相止爲遏徵未詳

正義　止、歫也、謂有所限而止也。詁者、穀梁僖九年傳云、毋訖糴。祭統云、訖其耆欲、鄭註、訖、猶止也。嶶者、坎上六云、係用嶶纆。揚雄解嘲云、嶶以糾纆。以嶶爲止也。妥、與安義同。小雅楚茨云、以妥以侑。懷者、王風揚之水云、懷哉懷哉、鄭箋、懷、安也。安者、左氏襄七年傳云、吾子其少安。又僖二十三年傳云、行也、

爾雅詁林　一　釋詁下

懷與安實敗名。是以懷安爲不行也。按者、大雅皇矣云以按徂旅、孟子引作以遏徂莒。荀子王制篇、偃然案兵無動。呂氏春秋期賢篇衛以十人者按趙之兵、高誘註按、止也。替者、楚茨云、勿替引之。戾者、左氏襄二十九年傳云乃猶可以戾、杜註戾、止也。底者、說文云、底、下也。又云止、下基也。是底與止義相通也。上文云、替戾底止待也、是又以相待爲止也。底、通作祇、以聲爲義。監本底誤作廢、今從宋本改正。釋文與宋本同。尼者、下文云、尼、定也。通作柅。姤初六云繫于金柅、釋文引蜀才作尼、止也。柅訓爲止、與嶶同義也。定者、小雅節南山云、亂靡有定。曷者、商頌長發云則莫我敢曷、漢書引作則莫我敢遏。遏者、湯誓云夏王率遏衆力、史記作夏王率止衆力。大雅文王云、無遏爾躬。公羊莊二十二年傳云、季子之遏惡也。**註**妥者至爲遏。○**正義**下文云安安坐也、故云妥者安也。上文云懷至也、至止以聲爲義也。按訓爲抑者、楚茨云王抽旃旌而抑兕首、是抑爲按也。釋言云替、廢也、以廢爲止、今俗語猶然。戾底義見詩傳者、舊疏以爲葢在齊魯韓詩。今按、小雅采菽云亦是戾矣、毛傳戾、至也、鄭箋戾、止也。至止聲同、毛鄭俱本爾雅爲義也。底、通作祇。何人斯云俾我祇也、鄭箋祇、安也。安亦爲止也。國語曰戾久將底者、晉語云可以戾也、今戾久矣、戾久將底、韋昭註戾定也、底止也。孟子曰行或尼之者、今本孟子作止或尼之、趙岐註尼、止也。舊疏以爲所見本異、或傳寫誤也。今以逆相止爲遏者、孫子云歸師弗遏是也。監本抑字下衍按也二字、今從宋本刪去。舊疏云、按抑、替廢、皆止住也。與宋本同。**正義**

底止也　釋文及宋本並作厎。玉篇、厎、丁禮切、止也。厎、之視切、至也。至與止義亦相通。

郭注、按、抑按也。　注按也二字演、据宋本刪。**校議**

訖徽妥懷安按替戾厎底尼定曷遏止也妥者坐也。懷者至也。按抑替廢皆止住也。戾底義見詩傳。國語曰戾久將底。孟子曰行或尼之。今以逆相止爲遏。徽未詳

止者、足也。止趾古同字。士昏禮注古文止作趾、是也。因止足而生止息之義、故詩相鼠傳止、所止息也。又因止息而生止待之義、故上文云止、待也、鄭語注止、留也。玉篇云止、住也。住、留待則久矣、故墨子經上篇云止以久也。蓋止之言至也。故詩抑及泮水傳並云止、至也。又言節也。故相鼠釋文引韓詩云止、節也。又言制也、執也。故執獲謂之止、禁制亦謂之止。亦有訓爲語詞者、如云亦旣見止、亦旣覯止之類、並居當句之末以定讀、亦卽止住之義矣。訖者、說文云止也。禮祭統云防其邪物、訖其耆欲、鄭注訖猶止也。穀梁僖九年傳毋訖糴、洪範五行傳禦言于訖衆、訖俱訓止。漢書注又云、訖、盡也、竟也。竟盡亦俱爲止也。通作迄。書聲教訖于四海、漢書蓺文志作聲教迄于四海。蓋迄訓至、至亦止矣。徽者、微之止也。徽从微省聲、微有隱義、安隱與止息義近。說文以徽爲三糾繩、廣雅云徽、束也。易云、繫用徽纆。文選解嘲云徽以糾墨、李善注引服虔曰徽、縛束也。是徽有縛止之義。故文選陸機挽歌云悲風徽行軌、李善注引爾雅徽、止爲證矣。通作徵。莊子天運篇釋文云、徵、古本多作徽。易云徵忿窒欲、釋文徵、止也。徵與懲同。今易作懲忿窒欲、懲亦止也。故詩沔水節南山十月之交傳箋並云、懲、止也。是懲徵與徽竝字異而義同矣。妥者、下文與安竝云坐也。安坐二字俱有止義。妥、古字作綏、故士相見禮注、古文妥爲綏。漢書燕剌王旦傳孟康注亦云、妥、古綏字也。說文有綏無妥、但綏旣从妥、妥訓安、故綏亦訓安。安訓止、故妥亦訓止。是妥綏同義、亦當同聲。故齊語云以勸綏謗言、韋昭注綏、止也。是綏妥聲義同之證。今讀綏息遺切。爾雅釋文、妥、孫他果反、郭他回反、又他罪反。妥與綏始不同音矣。懷者、思之止也。懷訓思、而尤甚於思、裹藏不解、是有止義。詩我之懷矣、懷哉懷哉、箋竝云懷、安也。安亦止。上文云懷至也、至亦止、故又訓止矣。安者、說文云靜也、與止義近。下文云定也、定又訓止。故秦策云而安其兵、高誘注安、止也。通作案。荀子王制篇云、偃然案兵無動、是案兵卽安兵。故勸學篇注安或作案、是也。今人施物於器曰安、亦取其止而不動矣。按者、抑也。說文云下也。下謂手抑下之。抑、猶止也。故詩以按徂旅、呂覽期賢篇云衞以十人者按趙之兵、毛傳及高誘注竝云按、止也。通作案。史記司馬相如傳云案節未舒、案節、卽按節、猶弭節也。弭亦止矣。聲轉爲遏。以按徂旅、孟子作

以遏徂莒。詩釋文云按、本又作遏、是也。普戾底止、上文竝訓待。待亦止也。普者、釋言云廢也。廢亦戾底止義、故郭云普廢、止住也。住同逗。方言郭注逗、即今住字也。戾者、上文云至也。至亦止。釋言云、疑休戾也。疑立休息、亦止之意。故詩亦是戾矣。文選典引云乃降戾爰茲。鄭箋及蔡邕注竝云戾止也。桑柔雲漢雨無正傳竝云戾定也。定亦止矣。底者說文云止凥也。𡴭、誤作从段本改。一曰下也。下即足、足亦止、故晉語云戾久將底、韋昭注底止也。又云底箸滯淫、是底有滯箸之義、亦爲止矣。底者與底皆从氐聲。氐訓至、至亦爲止。釋言云底致也。致亦爲至。書乃言底可績、馬融注底、定也。定亦爲止。詩靡所底止、伊于胡底、傳箋竝云底至也。尼者、下文云定也。郭注尼者止也。止亦定。此注引孟子行或尼之、今作止或尼之。大荒北經云其所歍所尼、即爲源澤、趙岐注及郭注竝云尼止也。通作柅。易繫于金柅、釋文柅廣雅云止也。蜀才作尼止也。定者說文云安也。安訓止、故詩日月采薇節南山傳箋竝云定止也。曷者、釋言云盍也、說文云何也。按、凡言何者、問人之詞。問人者須止住其人、或止絕其言而問之。故邢疏云俗以抑止爲曷、亦其義也。通作害。經典害曷二字段借通用、故詩葛覃長發傳竝云曷害也。葛覃傳害何也。又通作遏。詩則莫我敢曷、漢書刑法志作則莫我敢遏。遏者、說文云微止也。蓋謂止之於微也。一切經音義引蒼頡篇云遏遮也。遮迾亦所以禦止之、故書夏王率遏衆力、史記殷紀作夏王率止衆力。遏又訓絕。絕亦止義。通作閼。說文云閼遮攤也。一切經音義一云、遏古文閼同。又通作謁。詩無遏爾躬、釋文遏或作謁。左氏襄廿五年經云吴子遏、公羊穀梁作吴子謁。又通作藹。周憬功勳碑云陬隅壅藹。壅藹即壅遏也。遏藹謁三字俱从曷得聲、曷遏字通、亦其證。

義疏

底 經文

盧云、今注疏正文底作廄、邵氏晉涵所見宋本是底字皆誤、當一依陸氏爲是。 按、釋文於上底待也音之視反、此作底从氏亦音之視反。說文厂部有从氏之底、無从氏之底、則釋文誤也。盧氏轉據之以立說、非是。段玉裁說文解字注云、郭注底義見詩傳、謂靡所底止、伊于胡底、傳曰底至也。郭又引國語戾久將底、此爲底字作注也。底、五經文字石刻譌作底、少一畫、不可從。顧亭林與潘次耕書分別底底不同義、不知古無從氏之底也。又按郭注戾底將底字俱有誤、今據段說訂正。

見詩傳 注文

阮云、疏云凡注言見詩、今毛詩無者、蓋在齊魯韓詩也。今本傳字衍。 按、此與段說不合。據釋言昣底致也、致至互通、郭注亦云皆見詩傳、則段說爲長。

經注集證

訖徽妥委**懷安按替戾底底尼定曷遏止也**

郭注、妥者、坐也。懷者、至也。按、抑、替、廢、皆止住也。戾、底、義見詩傳。國語曰、戾久將底。孟子曰、行或尼之。今以逆相止爲遏。徽、未詳。 訖、徽、懷、替、戾、竝見上書訖于四海。徽同徽、亦同徽、或又作麾。書白旄以麾。詩我之懷矣。勿替引之。亦是戾矣。妥委隸變字。後人於說文系部增綏、从女爪系、升車乃有妥字。詩以妥以侑。禮拜妥尸。安从宀女。禮以我安。加手爲按。詩以按徂旅。底从底竝从氏。說文以底爲砥。底爲居。詩皆用底、無底字。又佮坻宛在水中坻。上云底待、釋言云底底致、皆底也。砥行而底生耳。尼从匕尸、近也。亦佮柅。昵、邇。因爲尼止詞。語致遠恐泥。易繫于金柅。蜀才佮金尼。定从宀正。詩我成未定。曷遏同字。曷从曰匃。求匃者曷止之。詩則莫我敢曷。今喝字也。因爲問詞。曷予靖之。曷月予還是

爾雅詁林 一 釋詁下

也。書夏王率遏眾力。詩無遏爾躬，一作無謁。止、見上待也。因足趾爲行止，又爲容止。

集解

訖徽妥懷安按晉戾底底尼定曷遏止也

訖，言之止也，从言乞聲。書西伯戡黎天既訖我殷命，孫疏訖與迄同，止也。禮記祭統訖其耆欲，鄭注訖猶止也。穀梁僖九傳毋訖糴，注訖，止也。莊子齊物論適得而幾矣，又三子之志幾乎，釋文盡也。公羊宣元傳既而曰，注事畢也。畢、廣雅作趯，云止也。以幾既爲之。徽，三糾繩也，从糸微省聲。所以拘止有罪者。易坎係用徽纆是也。文選陸士衡挽歌悲風徽行軌，注徽，止也。詩江漢淮夷來鋪，謂爲淮夷之故而來止。廣雅釋詁鋪，止也。漢書天文志晷長爲潦，短爲旱，奢爲扶，鄭氏注云扶，當爲蟠。齊魯之間聲如酺，酺扶聲近。蟠，止不行也。廣雅釋詁蹼，止也。以鋪脾蟠或蹼爲之。妥，安也，亦止也，从爫从女會意。說文有綏無妥，誤也。詩楚茨以妥以侑，傳妥，安坐也。儀禮士相見妥而後傳言，士虞禮主人及祝拜妥尸，注均同詩傳。齊語以勸安謗言，今本作綏，注止也。懷，念思也，从心褱聲。引申爲至也、止也。傳所謂懷與安實敗名是也。詩終風願言則懷，箋懷，安也。揚之水懷哉懷哉，正義引釋詁懷，安止也。安，竫也，从女在宀中會意。引申爲止。魯論察其所安，傳自安於夫鍾均是也。秦策而安其兵，高注安，止也。文選曹子建樂府詩借問女安居，注安，止也。按，下也，从手安聲。謂手抑物使下，正字爲安，安按疊韻。詩皇矣以按徂旅，傳按，止也。呂覽期賢衞以十八者按趙之兵，注按，止也。晉，廢一偏下也，从竝白聲。引申爲止，謂廢止也。詩楚茨勿晉引之，傳晉，廢。廢亦止也。戾，曲也，从犬出戶下，身曲戾也。正字爲逮，逮，臨也。引申爲待也、止也。廣雅則以棣爲之。棣逮戾通用字。詩雲漢以戾庶正，桑柔民之未戾，傳均云戾，定也。采菽亦是戾矣，箋戾，止也。左宣二九傳乃猶可以戾，文選典引乃降戾爰茲，注均云戾，止也。或者戾之正字爲綝與。底，止居也，从广氐聲。與底礪字別。詩均用底，而底則以耆爲之。晉語戾久將底，文選秋興賦殆不踐而獲底，注均云底，止也。史記河渠書自中山西邸瓠口爲渠，正義止也。漢書溝洫志注同。文選安陸昭王碑文六龍頓轡，注頓猶舍也。張翰雜詩頓足託幽深，注頓，止也。以邸頓爲之。底，柔石也，从厂氐聲，或从石作砥、盋礪石之精者。正字爲底。底底疊韻。書堯典乃言底可績，馬注底，定也。

詩祈父靡所底止，小旻伊于胡底，傳箋均云底，止也。尼，從後近之也，从尸匕聲。正字爲疑。疑，惑也。引申爲止，謂事有所疑惑而止耳。儀禮鄉射禮賓升西階上疑立，注疑，止也，是也。疑尼通用字。易姤繫于金柅，釋文柅，廣雅云止也。蜀才作尼，止也。孟子梁惠王止或尼之，注尼，止也。大荒北經相繇食于九土，其所歍所尼，即爲源澤，郭注尼，止也。列子力命孰能礙之，注礙，止也。下經水潦所止，泥邛。書皋陶謨庶績其凝，馬注凝，定也，止也。說文稽，留止也。以礙泥稽或凝爲之。定，安也，从宀从止會意。引申爲止。書洛誥公定予往，孫疏定，止也。詩日月胡能有定，傳定，止也。采薇我戍未定，豈敢定居，節南山亂靡有定，箋均云定，止也。易損君子以懲忿窒欲，焦循曰懲，止。詩沔水寧莫之懲，傳懲，止也。白虎通懲者，止也。陽氣止。埤倉水止曰渟。廣雅釋詁渟，止也。以懲渟爲之。曷，何也，从日匃聲。正字爲遏。詩則莫我敢曷，以遏爲曷也。遏曷疊韻。詩四月曷云能穀，傳曷，逮也。逮及亦止也。淮南時則流而不滯，注滯，止也。呂覽權勳嗜酒甘而不能絕於口，注絕，止也。以滯絕爲之。遏，微止也，从辵曷聲。廣雅則以咹爲之。書堯典四海遏密八音，孫疏遏，止也。孟子及王莽傳注同。湯誓夏王率遏眾力，史記遏作止，馬注遏，止也。詩武勝殷遏劉，民勞式遏寇虐，箋均云遏，止也。周禮禁殺戮遏訟者，注遏止欲訟者也。公羊莊二二傳季子之遏惡也，文選文賦來不可遏，注均云遏，止也。詩文王無遏爾躬，釋文遏或作謁。毛傳止也。呂覽古樂民氣鬱閼而滯著，注閼讀曰遏止之遏。前漢書景十三王傳今臣雍閼不得聞，注閼，止也。以謁閼爲之。止，下基也，象艸木出有址。引申爲足也、止也。

義證

徽止也　易坎上六係用徽纆，寘于叢棘。劉表章句曰三股曰徽，兩股曰纆，皆索名。是徽以拘止有罪爲義，而凡止或通言之。文選陸機挽歌悲風徽行軌，註引此釋爲證。

補郭

訖徽妥懷安按普戾底廢尼定曷遏止也

[註]妥者坐也懷者至也按抑按也普廢皆止住也戾底義見詩傳國語曰戾久將底孟子曰行或尼之今

以逆相止爲遏徵未詳。補正邢疏、大雅以按徂旅、小雅亦是戾矣。

郭注補正

底、廢止也。開成石經作底底。應从之、葢刊本之謬。讀郭注自明。

錢氏古義

尼止也　注孟子行或尼之

諍曰、邵氏云今本作止或尼之、舊疏以爲所見本異或傳寫誤也。竊以爲涉上文行或使之而誤引、猶鞏用黃牛之革固志也、涉執用黃牛之革而誤也。邢疏曲全之、非也。

靜郭

訖徵妥懷安按替戾底底尼定曷遏止也

妥者坐也懷者至也按抑替廢皆止住也戾底義見詩國語曰戾久將底孟子曰行或尼之今以逆相止爲遏徵未詳

仿宋本雪牕本明注疏本作按抑、按也。邵氏晉涵云、按也二字衍、從宋本刪。邢疏云、按抑替廢皆止住也、與宋本同。　各本皆作戾底皆見詩傳、國語曰戾久將底。阮氏云、單疏本作戾底義見詩、國語曰戾久將底、當據以訂正。疏云凡注言見詩、今毛詩無者、葢在齊魯韓詩也、可證今本傳字衍。

郭注佚存補訂

訖徵妥懷安按替戾底底尼定曷遏止也

止至同義。大雅抑淑愼爾止、魯頌泮水魯侯戾止、毛傳並云止、至也。　訖者、說文云止也。訖與迄通。上文云迄、至也。大雅生民周頌維淸傳並云、迄、至也。至則止矣。義詳前。　妥者、說文云坐也。坐與止義近。古文妥爲綏。見士相見禮注。案、說文有綏無妥、綏從妥、則說文必有妥字、奪之久矣。妥綏一義。小雅楚茨以妥以侑、傳云妥安坐也。周南樛木小雅南有嘉魚楚茨諸詩傳箋並云、綏、安也。烈祖綏我眉壽、彼釋文云綏、安也。安卽止也。　懷者、上文云至也。至卽止也。齊風南山曷又懷止、箋云懷、來也。來則止矣。檜風匪風懷之好音、大雅皇矣予懷明德、魯頌泮水懷我好音、傳箋並云懷、歸。歸則止矣。邶風泉水有懷於衛、小雅鼓鐘懷允不忘、箋並云懷至也。至則止矣。邶風雄雉我之懷矣、王風揚之水懷哉懷哉、箋並云懷、安也。懷安同訓止也。　安者、說文云靜也。靜卽止也。小雅斯干乃安斯寢、鴻雁其究安宅、小明無恒安處、大雅民勞汔可小安、江漢匪安匪舒、安皆謂安居、卽止義也。　按與安通。史記

爾雅詁林　一　釋詁下

秦始皇紀安土息民，索隱云賈誼書安作案。案即按也。大雅皇矣以按徂旅、傳云按、止也，彼釋文云按、本又作遏。此二字俱訓止也。孟子引作以遏徂莒。　普戾已詳上文待也下。待亦止也。普義亦見釋言廢也下。廢亦止也。故郭注云普廢、止住也。　戾者、小雅采菽亦是戾矣、箋云戾、止也。大雅桑柔民之未戾、雲漢以戾庶正、雨無正靡所止戾、傳竝云戾、定也。戾定皆止也。　底、說文云止居也。厎、柔石也。或從石作砥、小雅大東周道如砥是也。二字皆從氐、古多通假、義詳上文厎止待也下。　尼者、下文云定也。尼定皆爲止也。尼通作居。孟子音義引丁音尼作屔居字。邶風擊鼓爰居爰處、小雅出車不遑啟居、采薇豈敢定居、大雅公劉匪居匪康、居皆止也。　定者、邶風日月胡能有定、小雅采薇我戍未定豈敢定居、節南山亂靡有定、傳箋竝云定、止也。六月以定王國、箋云定、安也。定安皆止也。　曷遏同字。商頌長發則莫我敢曷、漢書刑法志作則莫我敢遏。毛傳云曷、害也。鄭箋云誰敢禦害我。禦即止也。說文云遏、微止也。大雅文王

無遏爾躬、民勞式遏寇虐、周頌武勝殷遏劉、傳箋竝云遏、止也。

說詩

訖徽節註令以逆相止爲遏大雅文王篇無遏爾躬、民勞篇式遏寇虐、毛鄭並云止也。音妥他果切釋文云、郭他回切。遏烏割切割、誤曷。疏大雅云以按徂旅大雅下當有皇矣二字。小雅云勿朁引之小雅下當有楚茨二字。朁、經及監本作替。君是以不果來也脫果字。

注疏正字

妥

小箋

俗字當作委。詩委蛇委蛇、委委佗佗、安詳之皃也。

徽止也

郭曰、徽未詳。錢曰、徽從微省、古文微與尾通、故徽有止義。易係用徽纆、所以止罪人也。邵引楊雄解嘲徽以糾纆。引之謹案、錢說皆失之迂。服虔注漢書楊雄傳曰徽、縛束也。見文選注。亦非止之義。今案楚辭離騷忽緯繣其難遷、廣韻作徽繣。徽繣者、止而不還之謂。繣之言畫也。論語雍也篇今女畫、孔傳畫、止也。王注緯繣、乖戾也、義亦相近。凡物止則不行、相乖戾亦不行、故乖謂之戾、止亦謂之戾。止謂之徽、猶戾謂之敹也。說文、敹、戾也。廣雅、敹㦛、乖刺也。敹㦛即徽繣。止謂之眕、猶戾謂之紾也。說文、眕、目有所恨而止也。孟子告子篇紾兄之臂、趙注紾、戾也。止謂之艮、猶戾謂之很也。

述聞

訖徽妥懷安按替戾底厎尼定曷遏止也　訖、說文同。　說文無妥字。　釋文云、底、丁禮反。厎之視反。石經上作底、下作厎。厎字上半殘剝、未知有丶否。　元照案說文、广部底、山居也、一曰下也、从广氐聲。又厂部厎、柔石也、从厂氐聲、或从石作砥。广厂兩部無从氐

之字。釋文之厎、石經之底、皆譌體。 左傳昭廿九年物乃坻伏、杜預曰坻止也。正義曰釋詁文也。元照案、說文土部坻小渚也、詩曰宛在水中坻、从土氐聲、非此義。當作坻。說文坻箸也、从土氏聲。箸與止義同、底下一字、乃坻之譌。底下一字俗本作廢、尤誤。

匡名

訖嶶𡚰安按替戾底厎 音指 尼定曷遏止也 此釋止之義。說文、止、下基也。象艸木有址、故以止爲足。 訖、止也。 穀梁僖九年傳毋訖糴、鄭注訖猶止也。 坎卦係用嶶纆、楊子嶶以糾纆、以嶶爲止也。 𡚰、安也。从爪女。𡚰與安同意。下文訓坐、坐者、止也。小雅以安以侑、傳𡚰、安、安坐也。 王風懷哉懷哉、箋懷、安也。益稷、安汝止。 按、下也。大雅以按徂旅、孟子引作以遏徂莒。高誘註、按、止也。 替、小雅勿替引之、詳釋言。 康誥未戾厥心、王註戾、定也。 底、山尻也、一曰下也。註、山當作止字之誤也。字从广、故曰止尻。下文厎訓柔石、引伸之訓致也、至也。俗本多亂之。晉語戾久將底、註底、止也。 厎、柔石也。或从石。小雅伊于胡厎、箋厎、止也。通作祇。小雅俾我祇也、箋祇、安也。 孟子行或尼之、今本作止或尼之。小雅、亂靡有定。 商頌則莫我敢曷、漢書引作則莫我敢遏。 譪、微止也。湯誓夏王率遏衆力、史記引作夏王率止衆力。

啓蒙

𡚰 綏 儀禮士相見禮注。古文𡚰爲綏。釋文。𡚰郭他回反。則郭本當作綏。說文挩𡚰字、此不當輒以爲綏。

黃侃評本正名

訖、止也。 訖上文云、迄、至也、類篇引作訖至也、止至義同。

徽、止也 徽上文云、善也、善止義近、故亦訓止。徽之爲止、猶綝之爲止也。廣雅釋詁三。 庋本訓止、廣雅亦訓善矣。徽與𢇛同聲、說文𢇛引也、字亦作彌、通作弭、詩沔水傳弭、止也、離騷吾令羲和弭節兮、注弭、案也、案亦止矣。周禮男巫春招弭、杜注讀如彌兵之彌、從其本義也、周禮天府鬯人、雞人、先鄭注釁讀爲徽、蓋讀爲徽止之徽、即讀爲招弭之弭也。徽又與救音近、救、撫也、廣雅休、安也、安亦止矣。

𡚰、安、按、曷、遏、止也。 𡚰、安下文並云、坐也、坐止義同。安、按同字並見。曷、遏亦同字並見。曷即遏也。 安、按、曷、遏聲通同訓。 安、按、遏一語也。又通作咹、廣雅咹、止也、音遏、又音案。安曷聲通之例又見說文、頞从頁、安聲、或作齃、从鼻、曷聲。

厎、底、止也。 厎底同字並見。上文厎、止、待也、釋文云、厎或作底。

黃侃音訓

嶶止也

嶶止也、郭注未詳。頤煊案、文選陸士衡挽歌詩悲風嶶行軌、李善注爾雅曰嶶、止也。

廢止也

廢止也。釋文唐石經廢作底、邵氏正義從宋本亦作底。頤煊案、郭注戾底義見詩傳、釋上文底字。國語曰戾久將底、釋此底字。傳寫者誤底作底、後人不知底義別、而以底底爲重出、因改一作廢字、誤矣。

讀爾雅錄

問釋詁嶶止也、郭未詳、邵氏正義以易嶶纆訓之、確否。曰、嶶卽嶶音之嶶、當就威儀容止說、故有止訓。邵說誤。

詁答問

徽止也

注曰徵未詳

樾謹按、說文水部瀓、不流濁也。段氏注曰謂蔵濁不流去也。不流則有止義、徵即瀓之叚字。禮記大傳篇殊徽號、鄭注曰徽或作褘。是其例也。上文褘美也、猶云徽美也。此文徵止也、猶云瀓止也。以聲求之、得其義矣。

平議

訖、徵、妥、懷、安、按、替、戾、底、厎、尼、定、曷、遏、止也。

說文無趾、借止以爲趾；士昏禮「北止、」注云：「止、足也、古文止爲趾、」段謂「許同鄭、故不錄趾字。」詩相鼠傳云：「止、所止息也、」玉篇云：「止、住也、」詩抑及泮水傳云：「止、至也、」此皆由足之義引伸而出也。

訖、說文亦訓止。祭統「訖其耆欲、」鄭注：「訖、猶止也。」穀梁僖九年傳：「毋訖糴、」即止糴也。郝謂「通作迄。」

徵者、述聞云：「楚辭離騷『忽緯繣其難遷、』廣韻作徵繣、徵繣者、止而不遷之謂。（繣之言畫也、論語雍也篇『今女畫、』孔注：『畫、止也。』）王注『緯繣、乖戾也、』義亦相近；凡物止則不行、相乖戾亦不行、故乖謂之戾、止亦謂之戾。」

妥者、士相見禮云：「古文妥爲綏、」漢書孟康注亦云：「妥、古綏字；」據爾雅釋文云：「妥、孫他果反、郭他回反、又他罪反、」是郭之讀妥、正與綏同音。齊語「以勸綏謗言、」韋注云：「綏、止也、」此即用爾雅「妥、止也、」之義。

懷、上文云：「至也；」今又訓止者、段氏所謂「至則止、其義一」者也。

安者、秦策云：「而安其兵、」高注云：「安、止也、」此即用爾雅之義。襄七年左氏傳「吾子其少安、」謂少止也、荀子勸學篇注「安、或作案、」是安案古通用。又王制篇云：「偃然案兵無動、」禮玉藻「口容止、」注「不妄動；」兵不動爲案、口不妄動爲止、是案者止之謂也。

按者、注云：「按抑、替廢、皆止住也；」說文「按、下也；」抑之下之、皆止之意。是以大雅皇矣「以按徂旅、」孟子引作「以遏徂旅、」遏、即止也。史記平準書「按天下物、名曰平準、」後漢明帝紀「章奏若有過稱、尚書宜按而不省、」皆止之謂也。按通案；聲轉爲遏。

替者、上文云：「替、戾、底、止、待也、」是替、止、同義、即止待也。釋言「替、廢也、」廢者、廢止之謂。郭注謂「替廢、止住也。」其注方言云：「逗、即今住字、」說文「逗、止也、」是替、住、亦同義。

戾、上文訓至；至、止、義相成。詩「亦是戾矣、」左氏襄二十九年傳「乃猶可以戾、」鄭箋杜注俱云：「戾、止也。」

底、厎、皆訓止者、說文「氐、至也、」段云：「氐之言抵也；」底、厎、皆从氐聲、氐訓至、故底厎訓止；此與戾爲止同意。故晉語「戾久將底、」韋注云：「底、止也。」詩「靡所底止」傳云：「底、至也。」

尼者、郭引孟子曰：「行或尼之、」今作「止或尼之、」趙注云：「尼、止也。」字通柅、姤初六「繫於金柅、」釋文引廣雅云：「柅、止也。」

定者、節南山云：「亂靡有定、」傳以定爲止。

曷遏者、易大有「君子以遏惡揚善；」湯誓「夏王率遏衆力、」史記作「夏王率止衆力；」是遏、者止也。長發「則莫我敢曷、」漢書引作「則莫我敢遏、」曷遏古通、是曷亦遏也。遏又通閼謁。

爾雅學

訖徵妥懷安按替戾底厎尼定曷遏止也 監本作底廢案經典釋文連注底、丁禮反、底、之視反、今从唐石經。

石經考文提要

底通志堂釋文、雪牕本注疏本同。葉鈔釋文、唐石經單疏本作厎。五經文字、厎、丁米反、下也。按、說文广部、底、山居也、从广氐聲。山居有止義、即爾雅此字當從氐爲正。釋文、五經文字開成石經皆作底、從氐、葢隸省相承如是、與說文不同。○按此張參之誤。

廢注疏本同、誤也。葉鈔釋文、唐石經作厎、單疏本引注亦作厎、當據以訂正。單疏本雪牕本經作底、非。

按抑按也替廢皆止住也 雪牕本注疏本同。邵晉涵正義云、監本按抑下衍按也二字、今從宋本刪。邢疏云、按抑替廢皆止住也、與宋本同。按注訓按爲抑、訓替爲廢、因注衍按也二字。似替廢皆經所有、又未審底厎為二字，因改經底作廢矣。

戾底義見詩傳國語曰戾久將底雪牕本注疏本同。單疏本作戾底義見詩國語曰戾久將底，當據以訂正。疏云，凡注言見詩，今毛詩無者，蓋在齊魯韓詩也，可證今本傳字衍。

訖徽妥懷安按替戾底廢尼定曷遏止也○釋曰注疏本刪。

餘皆見注○注戾底至尼之○釋曰注疏本刪下八字。

此云行或尼之者元本同。閩本監本毛本脫者字。

校勘記

行或尼之十行本行作止。案疏辨行字。

校勘記訂補

按，替戾底底尼定曷遏止也，釋文底丁禮反。底之視反。石經亦作底底。今本底誤作廢，此緣注按抑替廢皆止住也而誤，說見卷二一。

按替戾底底尼定曷遏止也注按抑、替廢皆止住也。戾底義見詩傳。今本注中按抑下衍按也二字。疏云按抑、替廢皆止住也。則無此二字明矣。今本疏按抑誤作抑按，亦宜正之。又今本注底誤作底。

注疏本正誤

按抑監本毛本湘本按抑作抑按。案、郭注作按抑、邢疏標注不得作抑按，各本誤。

注疏校勘札記

七行替戾底底尼止也○「替」當作「替」，唐本、宋刻十行本作「替」，邢昺疏同。「底」《釋文》作「底」（音丁禮反），宋刻十行本同。案：「底」今通作「底」。「底」即上文訓待之「底」，《釋文》音之視反。宋刻十行本字作「底」，非。原本《玉篇》厂部作「底」可證。「尼」字《釋文》同，唐寫本《爾雅》作「妮」。「妮」蓋「觬」字之誤。

八行(注)按抑按也替廢皆止住也戾底義見詩傳國語曰戾久將底○。邵晉涵謂此注「按也」二字為衍文，改為「按抑替廢皆止住也」。「戾底義見詩傳」，邢疏引無「傳」字。「戾久將底」，原本《玉篇》「底」下引同，宋刻十行本「底」作「底」，誤。

七下（一一六）

一行(注)孟子曰行或尼之○。今本《孟子》作「止或尼之」。

宋監本校箋

訖徽妥懷安按替戾底底尼定曷遏曷音止也

音圖·音

訖、徽、妥、懷、安、按、替、戾、底、廢、尼、定、曷、遏、止也。

同迄　拖上聲　剃　邸　匿又去聲　闕

孫偘直音

訖、徽、安、懷、安、按、替、戾、底、底、尼、定、曷、遏、止、也

同迄　拖上聲　剃　邸　此坊本作廢　匿　闕

直音校正

訖徽妥懷安按替替戾底廢尼暱定曷遏止也

楊氏音訓

豫射猒也

豫射猒也詩曰服之無斁。豫未詳。

郭注

豫射猒也注詩曰服之無斁　釋曰謂猒倦也。云詩曰者，周南葛覃文也。

邢疏

射厭也

衆家注

文選月賦注引爾雅作斁厭也。

黃輯古義

豫射厭也　郭璞云：詩曰服之無斁。豫未詳。

一切注音

射　厭也

蕙心案：文選月賦注引爾雅「斁，厭也」。射、斁二字，經典通用。

古注斠

射羊石反。字又作斁，同。厭於豔反。

陸音義

豫射厭也

豫，所射之序。鄉射曰：豫則鉤楹內。若乃不厭，則學之事，非豫事也。

新義

豫射厭也　豫，怠也。射，即斁也。

鄭樵注

豫射厭也
郭璞曰：詩曰服之無斁。豫未詳。
鄭樵曰：豫，怠也。射，即斁也。

古注合存

豫射厭也。射、斁同。○此釋豫射爲厭之義也。註曰詩葛覃云：服之無斁。愚按：豫，註未詳。詩板篇云：無敢戲豫。豫亦厭意也。

注疏參義

豫射厭也 **註** 詩曰服之無斁。豫未詳 **正義** 豫者，雜卦傳云：豫，怠也。射者，文選註引韓詩云：在此無射。薛君云：射，厭也。祭統云：奔走無射。屈原天問云：皆歸射鞫，是也。又鄭註鄉射禮云：豫讀如成周宣榭災之榭，是豫讀爲射。射通作斁，斁訓爲厭，以聲爲義也。**註** 詩曰至無斁。○ **正義** 周南葛覃文。說文云：斁，猒也。射、斁音義同，故書云：俾我有周無斁。

正義

豫射厭也　戴東原曰：豫當訓猒足飽飫之猒，射訓猒倦猒憎之猒。

校議

豫射厭也　詩曰服之無斁。豫未詳

厭者，猒之或體也。說文云：猒，飽也。通作厭。書萬年厭于乃德，馬融注：厭，飫也。周語注：猒，足也。飫足與飽滿義同。詩還釋文：厭，止也。後漢書注：厭，倦也。倦止與飫足義亦相成。又通作懕。說文云：懕，安也。方言云：猒，安也。安樂與倦怠義又相近，蓋因飫足生安，安樂又因安樂生厭，倦始於歡豫，終於倦怠。故厭訓安，又訓倦，與豫訓安，訓樂，又訓厭，其義正同矣。豫者，上文云：樂也。下文云：安也。安樂極而厭斁生，故易雜卦云：豫，怠也。楚辭惜誦篇云：行婞直而不豫兮。王逸注：豫，厭也。通作序。序、豫俱从予聲而近射，故釋言云：豫，敘也。敘、序同。孟子云：序者，射也。射、序聲又同，故鄉射禮云：豫則鉤楹內，鄭注：豫讀如成周宣榭災之榭，周禮作序。今文豫爲序，然則序、豫、射俱字異而音同。說文無榭，蓋榭即射矣。射者，斁之叚音也。射古音序，又音舍，轉音石，又音亦，故射、斁二字經典叚借通用。說文云：斁，猒也。引詩服之無斁。一曰終也。解也。蓋懈怠於終，所以生猒，其義相足成也。故白虎通云：射者，終也。無射者，無厭也。易說卦云：水火不相射，釋文：射，食亦反，虞、陸、董、姚、王肅音亦，云厭也。射俱斁之叚借，故詩無射于人斯，禮大傳作無斁于人斯。服之無斁，禮緇衣作服之無射。爾雅釋文：射，羊石反，字又作斁，同。文選月賦注引爾雅即作斁，厭也，與釋文合。

義疏

豫斁射厭也　郭注：詩曰服之無斁。豫未詳。

豫从予，與舒同用，與象聲轉。易有豫卦。春秋傳豫踊同用。記定猶豫。書豫恆燠若。禮豫則物當棟。豫、序、射、榭又同用也。詩無斁戲豫。孟子引夏諺一游一豫。罕上云陳，又云樂。樂即厭也。伬射聲轉耳。厭本伬猒，甘犬肉爲猒足。加厂則壓笮字。因飽足又爲厭倦、厭棄。

集解

豫射厭也　豫、象之大者、从象予聲。正字為紓。紓、緩也。引申為厭。紓豫通用字。易襍卦、謙輕而豫怠也。書洪範曰豫恒燠若、鄭本作舒、曰舉遲也。楚辭惜誦行婞直而不豫兮、注豫、厭也。射、字一作䠶。弓弩發於身而中於遠也。从矢从身會意。篆文作射、从寸从身。寸、法度也、亦手也。正字為斁。斁、解也。引申為厭。斁射通用字。易說卦水火不相射、釋文射、厭也。詩車舝好爾無射、抑矧可射思、箋均云、射、厭也。韓詩在此無射、毛作斁、箋訓厭。禮記緇衣服之無射、鄭注射、厭也。楚辭招魂射遞代些、注射、厭也。厭、笮也、从厂猒聲。正字為猒。猒、飽也。引申為足也、倦也。經傳多以厭為之。

義證

豫厭也　謂厭怠也。易雜卦傳、謙輕而豫怠。書五子之歌、以逸豫滅厥德。太甲、無時豫怠。康誥、無康好逸豫。詩小雅、逸豫無期。大雅、無敢戲豫。

補郭

豫射厭也石反射羊

註詩曰服之無斁豫未詳補正鄭樵註云、豫、怠也。射卽斁也。

郭注補正

豫射厭也。郭氏未詳豫。按豫與射正同耳。鄉射禮豫則鉤楹內、堂則由楹外、注今言豫謂州學也、讀如成周宣榭火之榭、周禮作序、凡屋無室曰榭、宜从榭。今文豫為序、序為夏后氏之學、非也。坫攷古無榭字。榭、射宮也。榭既同豫、豫與序通。射既訓厭、豫因从之矣。豫通序者、祭義鄉大夫序、从序或為豫是也。康成駁今文禮為非、或反非與。

錢氏古義

豫射厭也

詩曰服之無射豫未詳

各本俱作服之無斁。樹枏案、釋文云、射、羊石反、字又作斁、同。不言注有異、則郭本作射、後人據毛詩改之也。郭注引詩多據三家毛詩。振鷺在此無斁、韓詩作無射。此詩服之無斁、禮記緇衣王逸楚辭注俱引作服之無射。葢亦引三家詩也。

郭注佚存補訂

豫射厭也

厭、說文作猒、云飽也。亦作猒。猒者、厭之省文也。豫者、小雅白駒、逸豫無期。大雅板、無敢戲豫。王逸注楚辭惜誦云、豫、厭也。豫與射同義。儀禮鄉射禮注云豫讀如榭、是豫通作射也。射斁二字古多通用。說文云、斁、猒也。引詩服之無斁。此周南葛覃文也。禮記兩引作服之無射。文選月賦注引爾雅云、斁、厭也。釋文云、射字又作斁。李善蓋據又本也。小雅車舝好爾無射、大雅抑矧可射思、箋竝云、射、厭也。周頌淸廟無射於人斯、彼釋文云、射、厭也。禮記大傳作無斁於人斯、注亦云斁、厭也。周頌振鷺在此無斁、箋云無厭之者、韓詩作在此無射。魯頌駉思無斁、箋云斁、厭也。泮水徒御無斁、箋云徒行者、御車者、皆敬其事、又無厭倦也。

大雅思齊古之人無斁、彼釋文云斁、厭也。無射亦保、傳云保安無厭也。二字古蓋互相假。

說詩

豫射厭也　射、釋文云字又作斁。案說文、攴部斁解也、从攴睪聲、詩云服之無斁。斁、猒也。一曰終也。攷葛覃傳曰斁厭也。正義曰斁厭、釋詁文。彼斁作射、音義同。又魯頌駉思無斁、箋斁厭也、正義曰斁厭、釋詁文。又案、禮記緇衣引葛覃詩作射。周頌振鷺在此無斁、禮記中庸引亦作射。斁射古今字也。　厭、石經單疏本皆作猒。案說文日部猒、飽也、从日从肰。或从㠯作猒。厭訓笮、與猒義異、當從石經。釋文於毛詩葛覃傳作猒、云本亦作厭。不能定所從也。　惠氏棟曰、古豫序同字、而豫又讀爲榭、榭古作射、是豫卽射也。故同訓。豫本訓樂。厭樂之極也。　錢少詹曰、豫與射古文通。鄉射禮豫則鉤楹內、注豫讀如成周宣榭災之榭。今文豫爲序。孟子、序者、射也。序之名取於習射、古文或爲豫、亦讀如榭。說文無榭字、則臺榭字亦當爲射、蓋因習射以得名也。詩于邑于謝、潛夫論引作序。則序與謝亦通矣。豫射文殊而義同、故同訓猒也。釋言豫敍也、郭注亦未了。若知豫爲序之古文、皆从予得聲、則豫之爲敍昭然察矣。

匡名

豫射音亦厭也　說文、猒、飽也、从甘肰。或从㠯。今名書皆假厭爲猒足猒愜字。厭、笮也、合也。與壓義尚近。於猒飽也義則遠。故以厭爲猒、而猒足猒愜失其正字、厭之本義、罕知矣。　雜卦、豫、怠也。

紲弓弩發於身而中於遠也。篆文𢎜。詩禮以射爲猒斁之斁、如文選註引韓詩在此無射、今周頌作在此無斁、傳斁、厭也。

啓蒙

豫、射、厭也。　厭、兼厭足、厭倦二義。　豫射同字並見射斁通用。說文斁、解也、引詩服之無斁。斁、厭也。一曰終也、訓終者字又作繹。廣雅繹、終也。揚雄劇秦美新神歇靈繹。續漢書天文志注引張衡靈憲神歇靈斁。是二字同又訓終、訓厭、義並通也。

黃侃音訓

選也　釗　見也　監　視也　豫　射　厭也

釋文選也字又作迣同。五故反。釋詁釋文　郭注引逸書作釗、釋詁注　孟子引書作紹、滕文公下　周書作昭。昭我周王。武成篇　釋文監字又作𥌠。釋詁釋文　周易作豫怠也。雜卦傳　說文射作斁猒也。攴部斁

豫射厭也、注云豫未詳。邵氏晉涵曰、鄭氏注鄉射禮云豫讀如成周宣榭災之榭、是豫讀爲射、射通作斁、斁訓爲厭、以聲爲義也。希槐按、古禡韻皆入遇韻、豫與射古字通。

證異

豫、射、厭也。

說文甘部「猒、飽也、足也、从甘肰；」肰者、犬肉也、此會意字。書「萬年厭于乃德、」馬融注、「厭、飫也、」飫飽、滿足、爲猒之本義、引伸之而有厭倦厭憎終止之意。詩還釋文云：「厭、止也；」後漢書注云：「厭、倦也；」此與爾雅所釋、皆引伸義。段云：「猒、厭、古今字；猒、饜、正俗字。」

豫者、雜卦傳云：「豫、怠也、」是豫之爲厭、乃厭倦之厭。段氏云：「豫者、古以爲舒字、安也、亦緩也。」

射者、斁之假字。文選月賦注引爾雅作「斁、厭也；」說文「斁、猒也、」此許用古本爾雅也。葛覃「服之無斁、」文選注引韓詩云：「在此無射、」

是毛用斁、韓乃用射耳。射之爲厭、乃厭斁之厭也。說文斁篆下云：「一曰終也、」此與詩還釋文訓厭爲止同義、蓋終止之厭也。

爾雅學

豫射厭也 雪牕本閩本監本毛本同。唐石經單疏本元本厭作猒、釋文作厭。服之無斁 單疏本雪牕本同。案禮記緇衣、王逸楚辭注引詩皆作服之無射。

豫射猒也○注詩曰服之無斁○釋曰謂猒倦也云詩曰皆 注疏本删上十三字。又閩本監本毛本猒改厭、云改注、元本作猒、作云。

校勘記

謂厭倦也云 監本毛本湘本無云字、此誤衍、

注疏校勘札記

豫射 音亦 厭也

音圖・音

豫、射 亦 、厭也。

孫品直音

豫射 亦 去聲 厭也

直音校正

豫射、亦 厭也 謂厭倦也。

楊氏音訓

射 睪

干氏音釋

烈績業也績勳功也

烈、績、業也。謂功業也。績、勳、功也。謂功勞也。

郭注

烈績業也 釋曰、謂功業也。烈者、周頌執競云、無競維烈。績者、大雅文王有聲云、維禹之績。

績勳功也 釋曰、謂功勞也。績者、虞書大禹謨云、嘉乃丕績。勳者、案周禮司勳職云、王功曰勳。鄭注云、輔成王業若周公。

邢疏

烈績業也

郭璞云、謂功業也。

績勳功也

郭璞云、謂功勞也。

一切注音

烈績業也

烈、如火之烈。績、如蠶之績。

績勳功也

高曰勳、厚曰績。

新義

烈績業也

郭璞曰、謂功業也。

績勳功也

郭璞曰、謂功勞也。

古注合存

烈績業也績勳功也、此釋烈績以下爲業爲功之義也。

注疏參義

烈績業也 **註** 謂功業也 績勳功也 **註** 謂功勞也 **正義** 釋名云、業、捷也、事捷乃有功業也。功、攻也、攻治之成也。故上文云業事也、下文云功成也。○烈績業也。○烈者、盤庚云其克從先王之烈。表記云后稷天下之爲烈也、鄭註烈、業也。績者、舜典云、三載考績。周語云、莫非嘉績。○績勳功也。○績又訓爲功者、堯典云庶績咸熙、史記作衆功皆興。穀梁宣十二年傳云、績、功也。勳者、夏官司勳云、王功曰勳。說文云、勳、能成王功也。功、以勞定國也。

正義

爾雅詁林　一　釋詁下

烈績業也謂功業也。**績勳功也**謂功勞也。

上文云業、事也，又云敘也、緒也。釋名云業、捷也，事捷乃有功業也。曲禮云請業則起，鄭注業謂篇卷也。釋器云大版謂之業，郭注築牆版也。然則築牆以版榦爲業，讀書以篇卷爲業，作事以次敘爲業，其義俱通矣。烈者，上文云光也。有功業則光美，義相成也。故謚法云有功安民曰烈，秉德遵業曰烈。詩烈假不瑕，無競維烈，傳竝云烈，業也。禮祭法、祭統俱功烈連言，表記又單言烈，云后稷天下之爲烈也，鄭注亦竝云烈業矣。績者，上文云事也，又云繼也。通也，謂事有次，業可繼續也。故詩維禹之績，傳績，業也。通作積，荀子禮論篇云積厚者流澤廣，積薄者流澤狹也，楊倞注積與績同，功業也。漢書外戚傳注，績字或作積，又通作迹。左氏哀元年傳復禹之績，釋文績，一本作迹。蓋迹或作蹟，蹟，績俱从責聲，故其字通。○釋名云功，攻也，攻治之乃成也。故下文云功，成也。說文云功，以勞定國也。通作公。上文云公，事也。詩以奏膚公，傳公，功也。是功公聲義同。績既訓業，又訓功者，功業義相成。故詩維禹之績，傳訓績爲業，箋訓績爲功。功之與業，其名異其實同耳。故書庶績咸熙，史記五帝紀作衆功皆興。漢書律厤志作衆功皆美。凡書言績者，史記俱作功矣。通作勛。一切經音義四引聲類云，勛，功也。十四又云，績，古文作勛。案，勛蓋績之或體耳，非古文也。勳者，說文云能成王功也。本周禮司勳王功曰勳，夏官序官鄭衆注，勳，功也。通作勛。說文云，勛，古文勳。司勳注亦云，故書勳作勛。又通作勳。袁良碑云，不問勳次。又通作薰。夏承碑云，策薰著于王家。

義疏

烈績業也郭注、謂功業也。

烈、上云光。烈、業字當作列，从刀𣦼。𣦼，水流𣦼𣦼，故从𣦼，象列骨。其實列自从古文𣦼字作剮，後乃加川𣦼上，反以列从巛爲義，傎矣。列骨爲陳列，與業陳樂器同。書揚武王之大烈。詩無競維烈，通用从火之烈，專以列爲行列矣。績，上云事。詩維禹之績，業，上云事。已成之事也。

績勳功也郭注、謂功勞也。此績或爲勳、與功勛皆从力。勳仍或不用、通用績也。勳當从古文作勛。員、物數也，从口貝。熏無功義。周官王功曰勛。書曰放勛。功、从力工。工、事也。

集解

烈績業也烈、火猛也、从火列聲。引申爲業。詩執競無競維烈、思齊烈假不瑕、傳均云烈、業也。禮記表記后稷天下之爲烈也、注烈、業也。前漢書韋賢傳繼烈以下五廟之遷、師古曰烈、業也。後漢書袁安傳引義雅正可謂王臣之烈、文選長楊賦亦以奉大尊之烈、注均云烈、業也。管子法禁用不倚其人、家富於其列、注列、業也。以列爲之。績、緝也、从糸責聲。女子以緝麻爲責、即以緝麻爲業也。詩文王有聲維禹之績、傳績、業也。左哀元傳復禹之績、釋文績、一本作迹。荀子禮論積厚者流澤廣、積薄者流澤狹也、注積與績同、功業也。以迹積爲之。業、大版也、所謂習樂者。故引申爲事業之業。

績勳功也上訓績爲事爲業、此訓爲功、事業功均義相成也。書堯典庶績咸熙、史記作衆功皆興。詩文王有聲維禹之績、箋訓功。春秋宣十二晉師敗績、穀梁傳績、功也。公羊僖四傳爲主序績也、穀梁成五傳伯宗其無績乎、晉語國無敗績、無大績於民故也、魯語男女效績、注均云績、功也。勳、能成王功也、从力熏聲。古文作勛。書堯典放勳、僞傳勳、功。周禮司勳王功曰勳、序官鄭衆注勳、功也。左襄二一傳引書曰聖有謨勳、昭四傳孟孫爲司空以書勳、楚辭天問勳闔夢生少離散亡、文選東京賦銘勳彝器、魯靈光殿賦誰能刻此乎此勳、注均云勳、功。夏承碑策薰著於王家、薰即勳、功也。以薰爲之。功、以勞定國也、从力从工會意。

義證

烈績業也績勳功也

上文云業、事也。事成謂之業。易文言傳發於事業、疏云事成謂之業。

烈者、大雅思齊烈假不瑕、周頌武無競維烈、毛傳竝云烈、業也。

績者、大雅文王有聲維禹之績、傳云績、業也。豳風七月八月載績、疏云績、緝麻之名。

爾雅詁林　一　釋詁下

績之爲業、蓋取績緝之義。緝成謂之有成、績有成績謂之有成功、故績訓業、又訓功、功績又俱訓成、反復以申其義也。尚書之績、史記皆以功代之。維禹之績、傳釋爲業、箋釋爲功、各本雅訓也。

說詩

績勳節疏按周禮司勳職云 脫司字。

注疏正字

烈績業也績勳功也 烈、文選注廿六引作列。

匡名

烈績業也績勳功也 郭註、業謂功業。功、謂功勞。說文、功、以勞定國也。叚作公。小雅、以奏膚功。盤庚、其克從先王之烈、鄭註烈、業也。舜典三載考績註績業也。堯典庶績咸熙、史記作衆功皆興。勳能成王功也。古文从員。周禮、王功曰勳。

啓蒙

績、業也。績、功也。功業義同。易文言君子進德修業、正義業謂功業。

黃侃音訓

烈、績、業也。績、勳、功也。

釋名「業、捷也、事捷乃有功業也；功、攻也、攻治之乃成也。」郝氏云：「詩『維禹之績、』傳訓績爲業；箋訓績爲功；功之與業、其名異、其實同。」其說是也。功業二字、其義本同。本節功業竝舉、與上文我予、勤勞、疾速竝舉同例、非有二義。

烈者、謚法解云：「有功安民曰烈、秉德遵業曰烈。」孟子功烈字連舉；詩毛傳禮鄭注皆云：「烈、業也。」

績、上文云：「事也；」荀子禮論篇「積厚者流澤廣、」楊倞注云：「積與績同、功業也；」書云：「庶績咸熙、」史記五帝紀作「衆功皆興、」書言績者、史記俱作功；此績所以訓爲功業也。衆經音義引聲類云：「勳、功也、」郝以勳爲績之別體。

勳者、夏官司勳云：「王功曰勳；」說文「勳、能成王功也。勛、古文勳。」與釋詁同。郝謂「勳、通作勛薰、」見袁良碑及夏承碑。

爾雅學

烈績業也○釋曰 注疏本刪。

績勳功也○釋曰 注疏本刪。

案周禮司勳職云 注疏本脫司。

校勘記

績勳功也疏、案周禮司勳職云、今本禮下落司字、宜補。

注疏本正誤

功績質登平明考就成也

功績質登平明、功績皆有成。詩曰、質爾民人。禮記曰、年穀不登。穀梁傳曰、平者成也。事有分明、**考就成也。**亦成濟也。

郭注

功績質登平明考就成也 釋曰、皆謂成濟也。勳、功績、業皆有成也。事有分明、亦成濟也。舜典云三載考績。周頌敬之云日就月將、皆言成功也。注詩曰至成也 釋曰、云詩曰質爾民人者、大雅抑篇文。云禮記曰年穀不登者、下曲禮文。云穀梁傳曰平者成也者、宣十五年文也。

邢疏

功績質登平明考就成也

郭璞云、功績皆有成。詩曰質爾民人。禮記曰年穀不登。穀梁傳曰平者成也。事有分明、亦成濟也。

一切注音

功績質登平明考就成也

質、其成可質。考、其成可考。登、登而成之。平、平而成之。

爾雅詁林 一 釋詁下

明月之成也。虧已則成，成已則虧。考、或有礙也。就、或有尤也。若所謂功成名遂身退、天之道、是去也、非就也。

新義

功績質登平明考就成也　質、大雅云、質爾人民。登、曲禮云、年穀不登。平、穀梁傳云、平者成也。明、有顯效也。成者、謂其有成跡。

鄭樵注

功績質登平明考就成也　郭璞曰、功績皆有成。詩曰質爾民人。禮記曰年穀不登。穀梁傳曰平者成也。事有分明亦成濟也。鄭樵曰、質、大雅云質爾人民。登、曲禮云年穀不登。平、穀梁傳云平者成也。明、有顯效也。成者、謂其有成跡。

古注合存

功績質登平明考就成也　此釋功績以下皆成之義也。註曰、功績皆有成也。詩抑篇云、質爾人民。曲禮云年穀不登。穀梁傳云、平者成也。事有分明亦成濟矣。愚按質爾人民傳云、質成也。定也。考成成就皆成之義。

注疏參義

功績質登平明考就成也　**註**　功績皆有成。詩曰質爾民人。禮記曰年穀不登。穀梁傳曰平者成也。事有分明亦成濟也。**正義**　釋名云、成、盛也。功者、夏官槀人云、乃人功于司弓矢。鄭註功、成也。荀子富國篇、百姓之力、待之而後功。績者、穀梁成五年傳云、伯尊其無績乎。質者、曲禮云、疑事毋質。少儀云毋身質言語。鄭註質、成也。登者、大雅崧高云、登是南邦。左氏襄元年傳云、且不登叛人也。平者、夏官大司馬以佐王平邦國。鄭註、平、成也。明者、隨九四云有孚在道以明。象曰有孚在道、明功也。王弼註、能幹其事、而成其功也。是明爲成也。考者、謚法解云、考、成也。春秋隱五年考仲子之宮。穀梁傳云考者、成也。雜記云、路寢成則考之而不釁。詩序云、斯干考室也。無羊考牧也。就者、史記楚世家云、就章華臺。既夕禮云、薦馬纓三就。鄭註就、成也。又鄭註天官典絲云、采色一成曰就。**註**　詩曰至成也。○**正義**　質爾民人、大雅抑文。年穀不登、曲禮文。平者成也、宣四年傳文。

正義

功績質登平明考就成也　功績皆有成。詩曰質爾民人。禮記曰年穀不登。穀梁傳曰平者成也。事有分明亦成濟也

釋名云、成、盛也。說文云、成、就也。詩節南山及緜傳又云、成、平也。小司徒注、成、猶定也。定與平義相成。詩猗嗟箋、成、猶備也。周禮司書注、成、猶畢也。畢、備之義爲終、故燕禮記注三成猶三終也。成通作盛、又通作誠、竝以聲爲義也。功績者、事業之成也。事業已見上文。又功有攻堅之意、績取緝續之名、與成實之義又近也。質者、信之成也。說文云、質、以物相贅。贅、以物質錢。是質有信義。信爲誠實、誠者物之所以自成、是卽質訓成之義也。詩民之質矣、虞芮質厥成、質爾人民、傳竝云質、成也。曲禮云疑事毋質、少儀云毋身質言語、鄭注亦云質、成也。質爾人民、韓詩外傳及說苑修文篇竝作告爾人民、鹽鐵論世務篇作詰爾人民。詰誓與質盟義亦相近。通作贄。尚書大傳云則君子不饗其質、鄭注質、亦贄也。荀子大略篇注、質讀爲贄。古字通。案策名委質、委質卽委贄、亦其證也。登平者、年穀之成也。古人重農貴穀、穀熟曰登、登者成也。曲禮云、年穀不登。月令云、蠶事既登。又曰、農乃登麥、登黍、登穀之類、皆訓成。五穀一歲一熟、爲一登、故漢書食貨志進業曰登、再登曰平、三登曰泰平。是則登平之義、本據穀熟爲言。經典則但借爲成也。詩誕先登于岸、登是南邦、傳箋竝訓登爲成。周禮鄉大夫及族師、注亦云登、成也、定也。遂人注、登成也、猶定也。定亦成之訓。鄉飲酒禮云、羹定。定卽成孰之義、與登同也。登與升古字通。升亦成也。故樂記云、男女無辨則亂升、史記樂書作男女無別則亂登。儀禮喪服云冠六升、鄭注亦云升字當爲登矣。平者、正也、定也。正定義俱爲成。穀梁宣四年、及十五年、昭七年傳竝云平者成也。公羊隱六年傳、輸平猶墮成也。是皆平訓爲成之證也。通作苹。書堯典釋文引馬融本平作苹。周禮車僕注、故書苹作平。又通作便。書平章百姓、史記五帝紀作便章百姓。又通作辯。書平秩東作、周禮馮相氏注作辯秩東作。古讀平如編、故與辯便俱通。

又通作凝。易正位凝命、書庶績其凝、鄭注竝云凝、成也。中庸云至道不凝、注亦云凝、猶成也。按凝說文以爲俗冰字。冰平聲轉、故其字通。凝又有堅定之義、是其義亦同矣。明考者、長老之成也。明、古文从月从日。史記曆書云、日月成故明也。明者孟也。是明以日月成爲義、故明訓成。孟者、長也。長大亦成就。故淮南說林篇云長而愈明、高誘注明、猶盛也。盛成聲義又同也。通作孟。書被孟豬、史記夏紀作被明都。考者、老也。與孟同意。孟爲長成、則考爲老成矣。故謚法云、考、成也。書五日考終命、及詩序考室、考牧、其義竝同。春秋隱五年經云考仲子之宮、穀梁傳考者、成之也。楚辭離世篇注、考、猶終也。漢書東方朔傳注、考、究也。究與終、其義亦俱爲成。士喪禮云考降無有近悔、鄭注考、登也。登亦成矣。通作攷。周禮大宰云設其攷、鄭注攷、成也。就者、終之成也。下文云、就、終也。說文云、就、高也。高與登同意。故古微書引孝經援神契及鉤命訣注竝云、就之爲言成也。公羊昭廿五年傳餕饔未就、何休注、未就、未成也。大行人典瑞弁師巾車及旣夕禮注竝以就爲成。旣夕注又云、就、猶善也。禮檀弓及王制少儀注竝云、成猶善也。是成就皆有善義、故又訓善。謚法云、就、會也。會與質義近。廣雅云、就、久也。久與考義近。

義疏

功績質登平朙考就成也 郭注、功績皆有成。詩曰質爾民人。禮記曰季穀不登。穀梁傳曰平者成也。事有分朙、亦成濟也。

言功績非但施之人、於己亦爲功績也。書、朙作有功。春秋、我師敗績。質从所貝。兩斤治一貝、是質地也。因爲證成之稱。詩、民之質矣。質爾人民。登从豆。本豆登之名、从𣥠者、謹行進之也。說文誤以登爲上車、豆象上形、又別作𢍏字、謬一爲二矣。進上故爲成就、與升同用。布八十縷爲一登、禮皆作升。月令、蠶事既登。周官、登其夫家。又爲登載也。樂書無別、則亂登、記作亂升。平、从一亏。今評字。乎、从曳亏。爲疑之則決。書平則采、之通轉。春秋輸平、傳云隓成。書文武丕平、左傳引地平天成。朙从囧月。古文从日月。明顯亦爲名題。易、朙罰勑法。書受天朙命。考、从老省、从丂、丂、古文巧字。老於工巧爲成事。亦作攷。周官、設其攷。詩序、考室考牧。春秋考仲子之宮。父爲考。謙已不能成父事、父事已成也。就、从京尤。爲京最高是成就也。因以爲造就、就見之詞。禮、繅三就、纅斿皆就。易、革言三就。詩、三事就緒。成、从戊丁。戊卽矛也。丁之乃成。

集解

功績質登平明考就成也 功、以勞定國也。引申爲成、謂成功也。書洪範公乃自以爲功、史記功作質。周禮稾人乃入功于司弓矢及繕人、注功、成也。齊語相示以巧、相成以功。注功、成功也。績、上訓爲事、爲業、爲功、此又訓爲成、明事業之必有成功乃謂之績耳。春秋師敗曰敗績。敵績而君獲、則以輸平諱。輸平、猶墮成也。質、以物相贅也、从貝从所、所亦聲。正字爲準。準、平也、猶成也。準質通用字。詩天保民之質矣、抑質爾人民、緜虞芮質厥成、傳均云質、成也。禮記曲禮疑事毋質、少儀毋身質言語、注均云質、成也。周禮詛祝以質邦國之劑信、注質、正也、成也。登、上車也、从𣥠豆。象登車形。正字爲丁。丁、夏時萬物皆丁實。徐鍇本作夏時萬物皆丁壯成實。說文則以憕爲之。憕丁登通用字。詩皇矣誕先登于岸、箋登、成也。崧高登是南邦、傳登、成也。猶定也。禮記月令蠶事既登、曲禮年穀不登、左隱五傳不登於器、襄二傳且不登叛人也、注均訓成。前漢書敘傳登我皇道、師古曰登、成也。文選籍田賦宜其民和年登、赭白馬賦霜庭秋登、顏特進侍宴詩登情、注均云登、成也。禮記樂記男女無辨則亂升、史記樂書升作登、鄭注成也。穀梁襄二四傳五穀不升爲大饑、注升、成也。淮南天文秋分蔈定、注定、成也。以定爲之。成者登之正字爲壯與。平、語平舒也。从亏从八。八、分也。引申爲正、成也。周禮大司馬以佐王平邦國、注平、成也。春秋昭七暨齊平、宣十五宋人及楚人平、穀梁傳均云平者、成也。公羊隱六傳輸平猶墮成也。穀梁隱六傳、平之爲言以道成也。呂氏春秋有始覽知合知成、知離知生、則天地平矣、注平、成也。朙、字一作明、照也。从月从囧。會意。古文从日月。會意。引申爲成。以日月照臨、足以成物也。今博物學亦云然。易隨有孚在道、以明。象曰有孚在道、明功也。王注訓成。書皋陶謨謨明弼諧、孫疏明、成也。考、老也、从老省丂聲。正字爲巧。巧、技也。攷

爾雅詁林 一 釋詁下

巧技以成物、釋名所謂致合異類、共成一體是也。巧考通用字。易復中以自考也、書洪範五曰考終命、鄭注均云考、成也。詩考槃考槃在澗、緇衣胡考之休、載芟胡考之寧、傳均云考、成也。湛露在宗載考、箋訓成。斯干序宣王考室也、傳考、成也。禮記禮運故事行有考、注考成也。春秋隱五考仲子之宮、穀梁傳考者成之也。前漢書五行志言以考典、典以志經、翼奉傳然後大行考室之禮、師古均曰考、成也。後漢書桓帝論飾芳林而考濯龍之宮、淮南人間婦人不能剫麻考縷、文選漢高祖功臣頌寔敕攸考、注均云考、成也。書君奭耇造德不降、鄭注造、成也。詩閔予小子遭家不造、箋造、猶成也。禮記王制曰造士、注造、成也。周禮大宰設其攷、注訓成、以造攷為之。就、高也、从京从尤。尤、異于凡也。釋邱一成再成三成、周禮司儀為壇三成、成猶重也。積高成學、故高可引申為成。易革言三就有孚、虞注就、成也。周禮典瑞五采五就、巾車樊纓十有再就、禮記孔子閒居日就月將、注均訓成。論語如殺無道以就有道、孔注就、成也。公羊昭二五傳餕饔未就、注未就、未成也。孝經援神契天子之孝曰就。又云、就之為言成也。前漢書高帝紀天下方未定、故可因以就宮室、匡衡傳蓋所以就文武之業、崇大化之本也、師古均曰就、成也。呂覽貴當所以就大務也、文選稽叔夜幽憤詩有志不就、注均云就、成也。詩韓兮偈予要女、傳要、成也。呂覽簡選以要甲子之事于牧野、注要成也。詩黍苗我行既集、箋訓成。小爾雅廣詁、集、成也。以要集為之。成、就也、从戊丁聲。戊即矛也、丁之則成。

義證

功績質登平明考就成也

註 功績皆有成。詩曰、質爾民人。禮記曰、年穀不登。穀梁傳曰、平者成也。事有分明亦成濟也。補正 鄭樵註云、成者、謂其有成跡也。

郭注補正

功績明成也　注功績皆有成事有分明亦成濟也

正曰、郭注迂曲。邵編修正義云、周禮夏官稾人入功于司弓矢、鄭注功、成也。易隨九四有孚在道、以明、象曰有孚在道、明功也。王尚書經義述聞云、書禹貢覃懷厎績、和夷厎績、原隰厎績、猶之東原厎平、震澤厎定。平定皆成也。史記夏本紀作覃懷致功、功、大成也。李斯傳大山不讓土壤、故能成其大、河海不擇細流、故能就其深、王者不卻衆庶、故能明其悳、明與成就同誼。

正郭

明成也　注事有分明亦成濟也

諍曰、王氏謂於皇來牟將受厥明、明者成也。箋曰、大受其光明、失之。案邵氏引易有孚在道明功也、王弼注能幹其事而成其功也、以成釋明、較王氏為有據、當從之。注殊迂曲。

諍郭

功績質登平明考就成也

功績皆有成。詩曰、質爾民人。禮記曰、年穀不登。穀梁傳曰、平者成也。事有分明亦成濟也

阮氏云、鍾本依詩改作人民、非。案詩正義釋經云、言汝等當平治汝民人、知政事。又釋箋云、故令質爾民人也。是正義本作民人、開成石經毛詩誤倒耳。

郭注佚存補訂

功績質登平明考就成也

說文云、成、就也。周南樛木福履成之、傳云成、就也。小雅節南山誰秉國成、大雅緜虞芮質厥成、傳並云成、平也。平、成互為訓也。　功者、大雅江漢告成於王、箋云告功於王、故功為成也。　質者、小雅天

保民之質矣、大雅抑質爾人民、及緜虞芮質厥成、傳竝云質、成也。　登者、大雅皇矣誕先登於岸、崧高登是南邦、傳箋竝云登、成也。　平與成同義。文十八年左氏傳地平天成、注云平、亦成也。大禹謨傳云水土治曰平。小雅黍苗原隰既平、毛傳云土治曰平。猶言原隰既成也。邶風擊鼓序而平陳與宋、鄭箋云平、成也。　明者、小雅楚茨祀事孔明、箋云明、猶備也。明之爲備、猶成之爲備也。齊風猗嗟箋云成、猶備也。王氏念孫云周頌臣工於皇來牟將受厥明、明者成也。暮春之時麥已成熟、故云將受厥成、箋謂大受其光明、失之。　考者、衛風考槃考槃在澗、小雅湛露在宗載考、大雅江漢作召公考、周頌載芟胡考之寧、絲衣胡考之休、傳箋竝云考、成也。小雅斯干序云宣王考室也、傳云考、成也。考室、猶隱五年左氏經考仲子之宮。注云成仲子宮。疏云考是成就之義。無羊序云宣王考牧也、傳云牧人之職廢、宣王始興而復之、至此而成。是考爲成也。　就、成。常語也。周頌敬之日就月將、鄭注禮記孔子閒居日就月將云就、成也。

說詩

功績節註詩曰質爾民人民人、經作人民。

注疏正字

功績明成也

郭曰、功績皆有成事有分明、亦成濟也。邵曰、功者、夏官槀人云乃入功于司弓矢、鄭注功、成也。荀子富國篇百姓之力待之而後功。績者、穀梁成五年傳云伯尊其無績乎。明者、隨九四云有孚在道以明、象曰有孚在道、明功也。引之謹案郭說迂曲、邵說是也。大戴記盛德篇曰能成德法者爲有功。周官典婦功曰秋獻功。染人曰冬獻功。槀人曰秋獻成。功亦成也。管子五輔篇大夫任官辯事、官長任事守能、士脩身功材。言脩身成材也。莊子天道篇帝王無爲而天下功。言無爲而天下成也。堯典之三載考績、謂考成也。正義曰、以三年考校其功之成否。禹貢之覃懷底績、和夷底績、原隰底績、皆謂有成也。猶之東原底平、震澤底定、平定皆成也。呂氏春秋仲冬篇注、淮南天文篇注竝曰、定、成也。史記作覃懷致功、功亦成也。魯語曰社而賦事、烝而獻功、男女效績、功績皆成也。互文耳。周語曰守終純固、道正事信、明令德矣。言令德已成也。又曰和平則久、久固則純、純明則終。言純成則終也。說竝見國語。史記李斯傳曰大山不讓土壤、故能成其大、河海不擇細流、故能就其深、王者不卻衆庶、故能明其德。明與成就同義。家大人曰、周頌臣工篇於皇來牟將受厥明、明者成也。暮春之時麥已將熟、故云將受厥成。箋曰大受其光明、失之。辯見毛詩。

述聞

功績質登平明考就成也

此釋成之義。說文成、就也、从戊丁聲。　荀子百姓之力、待之而後功、鄭註功、成也。　穀梁成五年傳伯尊其無績乎、註績、成也。　質、以物相贅、从貝所、闕。曲禮疑事毋質、鄭註質、成也。　孟子五穀不登、註登、成孰也。又大雅登是南邦、傳登、成也。　亏、語平舒也、从亏八。八、分也。春秋宣十五年宋人及楚人平、穀梁傳平、成也。　史記日月所成、故明也。　春秋隱五年考仲子之宮、穀梁傳考、成也。就就高也、从京尤。尤、異于凡也。史記楚世家就章華臺、鄭註就、成也。

啓蒙

質成也。質廣雅云、定也、定亦成也、鄭注小司徒云、成猶定也、是成定義同。又通作隲、洪範惟天陰隲下民、疏隲即質也、世家隲作定。

就成也。就下文云、終也、終成義近、書益稷簫韶九成、正義引鄭注成猶終也、典絲注采色一成曰就。

黃侃音訓

功、績、質、登、平、明、考、就、成也。

說文「成、就也。」考詩節南山毛傳云：「成、平也；」小司徒注云：「成、猶定也；」詩猗嗟箋云：「成、猶、備也；」司書注云：「成、猶畢也；」平、定、畢、備、皆不出就之義、故爾雅以成訓就、說文以就訓成。

功、績、訓成者、夏官稾人「乃入功於司弓矢、」鄭注云：「功、成也、」管子五輔篇「士修身功材、」謂修身成材；此功之所以訓成也。邵氏引穀梁成五年傳云：「伯尊其無績乎；」王氏引堯典之「三載考績、」謂爲「考成；」此績所以訓成也。功績二字之訓成、多係假名詞爲動詞；王氏所釋績之爲成則又假動詞爲名詞也。

質者、郭注引詩「質爾人民、」此大雅抑篇文。曲禮「疑事毋質、」鄭注亦云：「質、成也。」

登者、郭引曲禮曰：「年穀不登、」登即成也。漢書食貨志云：「進業曰登、再登曰平、」皆五穀爲登之證。

平者、郭引穀梁傳曰：「平者、成也、」見宣四年及十五年昭七年傳。

明者、邵氏引易隨九四云：「有孚在道、以明、」象曰：有孚在道、明功也、明功者、成功也。王念孫云：「周頌臣工篇云：『於皇來牟、將受厥明、』明者、成也；暮春之時、麥已將熟、故云將受厥成。」王引之云：「周語曰：『守終純固、道正事信、明令德矣、』言令德已成也。」晉案詩楚茨云：「祝祭于枋、祀事孔明、」箋云：「明、猶備也、」鄭於猗嗟「儀既成兮、」云：「成、猶備也、」是明成之義同矣。

考者、謚法解云：「考、成也、」。春秋隱五年經「考仲子之宮、」穀梁傳亦云：「考者、成之也。」考、通攷、故周禮太宰「設其攷、」鄭注訓攷爲成。

就、下文云：「終也；」以終爲就、與前引司書注以畢訓成、同意。故鄭注天官典絲云：「采色一成曰就；」何休注公羊昭二十五年傳云：「未就、未成也。」

爾雅學

質爾民人　單疏本雪牕本注疏本同、鍾本依詩改作人民、非。按、詩正義釋經云、言汝等當平治汝民人之政事。又釋箋云、故令質爾民人也。是正義本作民人、開成石經、毛詩誤倒耳。鹽鐵論世務篇引詩詰爾民人、說苑脩文篇引詩告爾民人、皆不作人民。

功績質登平明考就成也○釋曰　注疏本刪。

皆言成功也○注詩曰至成也○釋曰　注疏本刪下八字。

校勘記

質爾民人　十行本人民。

年穀不登　十行本年數。

校勘記訂補

三行(注)功績皆有成○原本《玉篇》「績」下引此注作「功績有成者也。」

宋監本校箋

梏梗較頲庭道直也

梏、梗、較、頲、庭、道、直也。梏梗較頲皆正直也。詩曰、既庭且碩。頲道無所屈。

郭注

梏梗較頲庭道直也　釋曰、梏梗較頲皆正直也。庭係直也。道者、頲道無所屈。注詩曰既庭且碩　釋曰、小雅大田文。

邢疏

梏直也

梏、音角。釋文

郭音義

黃輯古義

梏梗。梏、音角。上並同

郭音義

玉函山房輯佚

梏梗較頲庭道直也

郭璞云、梏梗較頲、皆正直也。詩曰、既庭且碩。頲道無所屈。

一切注音

梏直也　郭音角。

古注斠

梏古沃反。郭音角。梗古杏反。較古學反。頲他鼎反。

陸音義

梏梗較頲庭道直也

直、可以梏人、可與人較。記曰、夫人薦豆執校。校中央直者也。梗言之直。頲、貌直。道、所由也。庭、所位也。詩曰、靖共爾位、好是正直。

新義

梏梗較頲庭道直也　梗、卽鯁亮之鯁。較、所謂較然也。頲、不屈也。庭、大田云、既庭且碩。道、循理也。梏未聞。

鄭樵注

梏梗較頲庭道直也梏郭音角。

郭璞曰、梏梗較頲、皆正直也。詩曰既庭且碩。頲道無所屈。

鄭樵曰、梗、卽鯁亮之鯁。較所謂較然也。頲、不屈也。庭、大田云既庭且碩。道、循理也。梏未聞。

古注合存

梏梗較頲庭道、直也。較音角、頲廷上聲。○此釋梏梗以下爲直之義也。註曰梏梗較頲、皆正直也。詩大田云、既庭且碩。疏曰、庭、條直也。道者、道無所屈。

注疏參義

亭林云、梏直也。古人以覺爲梏。禮記緇衣引有覺德行作有梏德行。注未引。

鄭云、較、較然也。頲、不屈也。

補注

梏梗較頲庭道直也 註 梏梗較頲皆正直也詩曰既庭且碩頲道無所屈 正義 說文云、直、正見也。梏者、緇衣引詩云有梏德行、大雅抑篇作有覺德行、毛傳覺、直也。梗者、方言云、梗、覺也。郭氏彼註云謂直也。較者、鄭註天官司裘云、鵠之言較、較者直也、所以直已志。又大射儀註云、鵠之言較、較直也。頲者、左氏襄五年傳引詩云周道挺挺、杜註挺挺、正直也。頲通作挺、又通作脡。曲禮鮮魚曰脡祭、鄭註脡、直也。庭者、後漢書註引倉頡篇云、廷、直也。周語云以待不庭、不虞之患、韋昭註庭、直也。不庭、猶不道也。道者、孟子云、不直則道不見。註 詩曰至且碩。○ 正義 小雅大田文。

正義

較庭直也

玉案、詩小雅有覺其楹、鄭箋覺直也。楹乃直物、而以覺形之、亦正以覺爲較耳。覺較古通。左襄二十一年傳夫子覺者也、杜注較然正直。

補注殘本

梏梗較頲庭道直也　梏梗較頲皆正直也詩曰既庭且碩頲道無所屈

說文云、直、正見也。易繫辭云其動也直、韓康伯注直、剛正也。蓋直對曲而言。左氏襄七年傳正曲爲直、是直能正人之曲也。直又對邪而言。史記樂書云回邪曲直、是直爲邪之對也。無邪爲正、正則直。直者特然獨立之貌。特與直亦音近字通。故詩實維我特、韓詩特作直、云相當值也。案相當值之值古止作直、史記匈奴傳直上谷是也。特或作犆、禮王制礿犆禘犆是也。然則韓詩之直、或卽犆字之省、古字叚借通用。郊

爾雅詁林　一　釋詁下

特牲注、直或爲犆、是其證也。直又語詞。故詩非直也人、傳以非直爲非徒。今按、非徒亦曰非獨、亦曰非特、特獨徒俱一聲之轉、而其義亦通矣。梏者、禮緇衣引詩有梏德行、鄭注梏大也、直也、通作鵠。詩賓之初筵釋文鵠者覺也、直也。禮射儀注、鵠之言梏也、梏直也。又通作覺。詩有覺其楹及有覺德行、箋傳竝云覺直也。也。爾雅釋文梏、古沃反、郭音角。是郭讀梏爲覺、本於毛鄭也。梗者、猶庚庚也。庚庚、堅強貌也。楚辭橘頌篇云梗其有理兮、王逸注梗強也。強與直義近。梗本山楡有朿者之名、故方言云凡草木刺人、自關而東或謂之梗、梗訓棘、亦與強直義近、故方言又云梗覺也。又云、梗略也。梗槩粗略與直率義又近也。通作鯁。詩至今爲梗後漢書段熲傳作至今爲鯁、李賢注鯁與梗同。較者、與梏鵠聲近義同、司裘及大射儀注竝云鵠之言較、較、直也。尚書大傳云覺兮較兮、鄭注較兮謂直道者也。較與覺聲義同、故楚辭遠逝篇云服覺酷以姝俗兮、王逸注覺較也。左氏襄廿一年傳夫子覺者也、杜預注覺較然正直。然則較之爲言覺也。覺較俱訓明。故史記伯夷傳云此其尤大彰明較著者也、平津侯主父傳云較然著明、皆以較爲明、明與直義近、卽說文直訓正見之意也。較又辜較也、較與權聲義同、權爲率略取直之意。故考工記輿人注故書較作權、一切經音義七云較、古文權同、是權也較古字通矣。頲者、說文云狹頭頲也。訓直者、頭容直也。通作脡。曲禮云鮮魚曰脡祭、鄭注脡直也、又通作挺士虞禮云脯四脡、鄭注古文脡爲挺、考工記弓人注挺直也。也。左氏襄五年傳周道挺挺、注亦以挺挺爲正直也。又與珽同。玉藻注、珽之言挺然無所屈也、隋書引許愼五經異義云、天子笏曰珽、挺直無所屈也、又通作侹。一切經音義十三云侹、古文作頲、又引通俗文云、平直曰侹。此皆字異而音義俱同也。庭者、廷之叚音也。後漢書郭太傳注引蒼頡篇云廷、直也、又引風俗通云廷、正也、言縣廷郡廷朝廷皆取平均正直也。通作庭。詩大田韓奕閔予小子傳竝云庭、直也、陟降庭止、漢書匡衡傳作陟降廷止、經典通者非一、其餘皆可知也。道者、與廷同意。廷者人所停、道者人所蹈、皆挺然正直、故詩云周道如砥、其直如矢、逸詩云周道挺挺、是皆道訓直之義也。道與徑同意。史記大宛傳云從蜀宛徑、文選諫吳王書云徑而寡失、集解及注竝云徑直也。徑訓直、知道訓直矣。

義疏

梏覺**梗較頲**脡**庭道**首**直也**注、郭

梏梗較頲、皆正直也。詩既庭且碩、道無所屈。

梏、从木告。告、牛角橫木、使不能觸、故爲告覺。詩有覺德行、記引有梏。有覺其楹、覺見告曉。同義。因爲正直詞也。梗、从叓。攴丙改之、故爲梗直。詩至今爲梗、傳以爲病字。又通亢。抗直。鞕直皆常語、而經無文證之。較、从車交、說文所無。詩重較字、作較、此較蓋校也。校爲木田。周官有校人、易荷校、與梏同意、蓋以警囚使思自直也。記三年考校、謂校比之語、直而無禮則絞、絞急則過直也。頲庭皆从王、廷古作王、故爲平直。禮、脯四脡、記天子搢珽、詩陟降庭止。从頁爲頭直。月令荔挺出、字又从手。道从首、記首也者直也。字又作犆。犆牛曰一元。是首爲直。周道如砥、其直如矢。直从目乚、卽矩也、十其準也、象引繩正木。說文云、乚匿。非。

集解

梏梗較頲庭道直也　梏、手械也、从木告聲。與桎畧同。正字爲覺、實爲縮。詩抑有覺德行、斯干有覺其楹、傳箋均云覺、直。左襄二一傳夫子覺者也、注覺較然正直。禮記投壺注奇則縮、疏訓直。以縮覺爲梏也。縮、亂也、即治也。亂治均繩直之引申。縮覺梏通用字。禮記緇衣引詩有梏德行、注梏直也。詩賓之初筵箋釋文引說文鵠者覺也、直也。射者直己志。禮記射義注、鵠之言梏也、梏直也。攷工輪人揉輻必齊、揉即煣、廣雅云直也。以鵠煣爲之。梗、山枌榆也。有朿其莢可爲蕪荑、从木更聲。正字爲正。正、是也。引申爲直。周禮典同正聲緩、注謂上下直正。鬼谷子磨篇正者直也、均是也。說文則以蔽爲之。蔽正梗通用字。禮記玉藻凡行容惕惕、注直疾兒也。廣雅釋詁惕、直也。攷工函人眡其裹而易、則材更也、更即梗、有平直意也。借惕更爲之。較、字本作較、車騎上曲鉤也、从車爻聲。正字爲卓。卓、高也、矗之本字、矗即直也。較較古今字、矗卓較較通用

爾雅詁林　一　釋詁下

字。尚書大傳較兮，鄭注謂直道者也。儀禮大射儀注，鵠之言較，較直也。書盤庚出矢言，傳訓直。易噬嗑得金矢，王注矢，直也。離騷矯菌桂以紉蕙兮，注矯，直也。以矢矯為之。頲，狹頭頲頲也。从頁廷聲。正字為挺。挺，一枚也。引申為直，謂挺然正直也。說文則以端為之。端挺頲通用字。儀禮士虞記脯四脡，禮記曲禮鮮魚曰脡祭，古文脡均作挺，注直也。攷工弓人於挺臂中有柎焉故剽，注挺直也。左襄五傳周道挺挺，注正直也。禮記玉藻天子搢珽，注珽之言挺然無所屈也。文選上書諫吳王徑而寡失，注徑，直也。以挺珽徑為之。庭，宮中也。从广廷聲。正字為挺。挺庭疊韻。詩韓奕幹不庭方、大田既庭且碩，傳均云庭，直也。周語以待不庭不虞之患，注庭，直也。詩閔予小子陟降庭止，漢書匡衡傳作廷，毛傳直也。廣雅釋詁，當，直也。以廷當為之。道，所行道也。从辵从首。一達謂之道。引申為直，謂道之直也。詩大東周道如砥，其直如矢，斥道路之直言也。論語三代之所以直道而行也，斥道德之直言也。禮記郊特牲，首也者直也。以首為之。直，正見也。从乚从十从目會意。引申為義也、正也。

義證

梏梗較頲庭道直也梏音角

註 梏梗較頲皆正直也詩曰既庭且碩頲道無所屈

補正 鄭樵註云，梗即鯁亮之鯁。較所謂較然也。頲不屈也。道循理也。梏未聞。臣鑒按，梏覺同。禮記緇衣引詩有梏德行，大雅本作覺。詩小雅有覺其楹，箋云直也。左傳襄二十一年夫子覺者也，註較然正直。又射義棲皮曰鵠，註鵠之言梏，梏直也。

郭注補正

梏梗較頲庭道直也

梏梗較頲皆正直也詩曰既庭且頎頲道無所屈

阮氏云，頲解已見上，不當複出。邢疏云，道者頲道無所屈。此注當作道挺道無所屈。左傳周道挺挺，杜注挺挺正直也。樹枏案，頲字衍文，當作道無所屈，言道者無所屈之義也。

郭注佚存補訂

梏梗較頲庭道直也

梏，與覺通。大雅抑有覺德行，毛傳云覺直也。禮記緇衣引作有梏德行，注云梏大也直也。小雅斯干有覺其楹，鄭箋云覺直也。梏又通作鵠。賓之初筵釋文云，鵠者覺也直也。射義注云鵠之言梏也，梏直也。　梗者，方言云覺也，郭注云謂直也。大雅桑柔至今為梗，箋云為梗不止。梗有強梗之義，強與直義近。通作鯁。漢書段熲傳注云鯁與梗同。直臣謂之骨鯁，即取此義。　較者，與梏同聲，亦通作鵠。儀禮大射儀注云鵠之言較，較直也。射義注謂鵠之言梏。蓋因聲以為義也。　頲與庭皆為直者，凡從廷得聲若挺侹珽脡諸字，皆訓為直，故多通借。　庭者，小雅大田既庭且碩，韓奕幹不庭方，周頌閔予小子陟降庭止，傳竝云庭直也。訪落紹庭上下，箋云繼文王陟降庭止之道，是亦以庭為直也。陟降庭止，漢書匡衡引庭作廷。定十四年左氏傳釋文云廷本又作庭。　庭廷同字，道與首同字。逸周書周月云周正歲首，歲道即歲首也。芮良夫云予小臣良

爾雅詁林 一 釋詁下

夫稽道稽道卽稽首也。道從首、同音相假。小雅小弁首與道草擣老爲韻、大雅江漢首與休老壽爲韻、是其證也。禮記郊特牲云、首也者直也。

說詩

梏梗節音梏音谷釋文云、郭音角。

注疏正字

梗較道直也

引之謹案方言梗覺也、郭彼注曰謂直也。邵有、楚辭九章淑離不淫、梗其有理兮、謂橘榦之直而有理也。王注梗、強也。未確。今俗語猶云梗直矣。書大傳覺兮較兮、鄭注曰較兮、謂直道者也。周官司裘注曰、鵠之言較。較者直也、射所以直己志。邵有、祭統夫人薦豆執校、戶教反鄭注曰校豆中央直者也。校較聲近義同、直道一聲之轉。說苑脩文篇、樂之動於內、使人易道而好良、樂之動於外、使人温恭而文雅、易道、卽易直也。樂記曰、致樂以治心、則易直子諒之心、油然生矣。是也。文子自然篇行道者而被刑、淮南主術篇道作直、是道與直同義。或曰道古首字也。郊特牲曰、首也者、直也。古聲道與首相近、說見古韻標準。故字亦相通。史記秦始皇紀會稽刻石文追首高明、索隱曰今碑文首字作道。是史記借首爲道也。逸周書周月篇周正歲道、歲道卽歲首。芮良夫篇予小臣良夫稽道謹告、今本謹譌作謀、據羣書治要引改。稽道卽稽首。是逸周書借道爲首也。

述聞

梏梗較頲庭道直也　梏、通覺。詩大雅抑有覺德行、傳覺直也、正義曰釋詁云梏較、直也、與覺字異音同。禮記緇衣引詩作梏。說文無較字、當作較。　正義云、頲、通作挺。左傳襄五年周道挺挺、杜云挺挺、正直也。又通作脡。禮記曲禮下鮮魚曰脡祭、注脡、直也。元照案、頲挺皆从廷聲、說文冈部無脡字。

匡名

梏梗較頲庭道直也　此釋直之義。說文、直、正見也、从十目乚。古文㮳。左傳正直爲正、正曲爲直、其引申之義也。左傳古之遺直。緇衣引詩有梏德行、今大雅作有覺德行、傳覺、直也。又通作鵠。梗、詳釋木。引伸爲凡柯莖骾刺之稱。通作鯁。後漢殷熲傳至今爲鯁、註鯁、直也。孝經疏、較、猶梗概也。大射註、鵠之言較較直也。頲、狹頭頲也。註假借爲挺直之挺。廣韻、頲、直也。通作挺。左襄五年傳引詩周道挺挺。又作脡。曲禮鮮魚曰脡祭、註脡直也。或作梃、梃亦直也。　小雅旣庭且碩、註庭、直也。　孟子不直則道不見。

啓蒙

較　較　說文。較。段氏注云。今字作較。

較直之字當作絞。論語直而無禮則絞、則絞直義近。又脛謂之骹、鼜槌謂之校、皆取義于直。

黄侃評本正名

梏、梗、較、直也　梏梗同訓直、而梏又訓大、則梗亦有大義、故梗概猶言大略、其訓直者與旋義近、旋、直項莽旋皃、又伉、健也、又剛彊斷也、義並同。其訓大者、則莽沆、大水也、鯇、大貝也、京、大也、鱷、海大魚也、麠、大鹿也、義並近。　梏較聲通同訓。　較直之字當作絞、論語直而無禮則絞、則絞直義近。又脛骨曰骹、亦與較義近。脛義近頲、骹義近較、爲例正同。鼜槌曰校、見方言注音叉。廣雅作校、亦取義於直也、故槌曰植。

頲、庭、直也。　頲庭同字並見。　頲庭一語、而字殊爾。

黄侃音訓

梏、梗、較、頲、庭、道、直也。

說文「直、正見也。」有剛直止直曲直之分。

梏者、釋文「梏、古沃反、郭音角。」禮緇衣引詩「有梏德行、」鄭注云：「梏、大也、直也、」此本爾雅以立義也。今大雅抑篇作「有覺德行、」傳云：「覺、直也；」是梏與覺通。賓之初筵釋文云：「鵠者、覺也、直也、」禮射義注云：「鵠之言梏也；」蓋梏、鵠同以告爲聲、故又借鵠爲梏。

梗者、方言「梗、覺也、」郭於彼注、即用直義釋之。楚辭橘頌篇：「梗其有理兮、」王引之云：「謂橘榦之直而有理也。」

較者、尚書大傳「覺兮較兮、」鄭注云：「較兮、謂直道者也」、周禮司裘注云：「鵠之言較、較者、直也；」左氏襄二十一年傳云：「夫子覺者也、」杜注云：「覺、較也；」是較有直義矣。王引之又引祭統「夫人薦豆執校、」鄭注云：「校、豆中央直者也、」謂「校、較、聲近義同。」

庭與廷同、頲从廷得聲；庭、頲、皆訓直。詩「陟降庭止、」漢書匡衡傳作「陟降廷止；」經典廷庭本多通用、故韓奕閔予小子傳、國語韋注並云：「庭、直也。」眾經音義十三云：「侹、古文作頲；」又引通俗文云：「平直曰侹；」是頲爲平直義也。又考左氏襄五年傳引詩云：「周道挺挺、」杜注云：「挺挺、正直也；」曲禮「鮮魚曰脡祭、」鄭注云：「脡、直也；」隋書引許慎五經異義云：「天子笏曰珽、挺直無所屈也；」挺、珽、脡、皆廷聲也、故皆爲直義。梁啓超說雅義、每從音原以求字原。今以廷爲音原、廷者、直也；於是庭也、頲也、侹也、挺也、脡也、珽也、皆可因廷之音、以得直之義矣。

道訓直者、王引之云：「直、道、一聲之轉。說苑修文篇『樂之動於內、使人易道而良好、』易道、即易直也；樂記曰：『致樂以治心、則易直子諒之心、油然生矣、』是也。文子自然篇『行道者而被刑、』淮南主術篇、道作直、是道與直同義。或曰：道、古音字也；郊特牲曰：『首也者、直也。』古聲道與首相近、故字亦相通。史記秦始皇紀會稽石刻文『追首高明、』索隱曰：『今碑文首字作道、』是史記借首爲道也。」道之訓直、經傳罕見、王氏所引、實遠勝舊注。

爾雅學

頲道無所屈 雪牕本注疏本同。按頲解已見上、不當複出。邢疏云、道者頲道無所屈。此注當作道、挺道無所屈。左傳周道挺挺、杜注挺挺、正直也。

梏梗較頲庭道直也○釋曰 注疏本刪。

○注詩曰既庭且碩○釋曰 注疏本注下增云、刪詩曰燿日。

校勘記

四行(注)頲道無所屈○阮元《校勘記》云：「頲解已見上，不當複出。邢疏云：道者頲道無所屈。此注當作道挺道無所屈。《左傳》：周道挺挺，杜注：挺挺正直也。」王樹枏云：「案頲字衍文，當作道無所屈，言道者無所屈之義也。」

梏音谷梗較頲音挺庭道直也

音圖・音

梏、釋文古沃翻音梏、郭音角、大雅有覺德行正義引釋詁梏、與覺字異音同。禮記緇衣引詩覺作梏。

音略

梏谷覺、梗鯁、較角、頲珽上聲、庭、道、直也。

孫偘直音

梏谷梗鯁較角頲珽上聲庭道直也

直音校正

梏谷梗較角頲廷上聲庭道直也

楊氏音訓

梗古杏切頲他頂切

干氏音釋

密康靜也

密、康、靜也。皆安靜也。

郭注

密康靜也 釋曰、皆安靜也。周頌昊天有成命、夙夜基命宥密。大雅生民云、不康禋祀。

邢疏

密康靜也

郭璞云、皆安靜也。

一切注音

爾雅詁林 一 釋詁下

密亡筆反。 陸音義

密康靜也 郭璞曰、皆安靜也。 古注合存

密康靜也註皆安靜也正義密、靜也。已見上文。康者、大雅生民云、不康禋祀。 正義

密康靜也 皆安靜也 靜、見上文。靜、亦安也。說文作竫、云亭安也。通作靜。大學云、靜而后能安。逸周書大匡篇云施舍靜衆、孔晁注靜、安也。亦通作靖。說文、靖、立竫也。是竫靖音義同。故書自作弗靖、馬融注靖、安也。詩靖其爾位、春秋繁露作靜共爾位。漢書敘傳集注、靖古靜字。又通作靚。文選甘泉賦注、靚、卽靜字也。密訓靜、見上文。康訓安、見下文。 義疏

密康靜也 郭注皆安靜也。 靜已釋、復出、後所附也。康訓空樂安、專作靜、則所未詳。 集解

密康靜也 上云密靜此又云密靜、明密有正假二義耳。密、山如堂者、从山宓聲。山主靜、故引申爲靜。詩昊天有成命夙夜基命宥密、箋訓安靜。文選顏延年直東宮答鄭尚書詩跼蹐淸防密、注密、靜也。康、穀皮也、从禾庚聲。正字爲寬。寬、屋寬大也。引申爲靜、謂屋之寬大必靜耳。說文則以康爲之。康寬通用字。書文侯之命惠康小民、孫疏康、靜也。靜、審也、从青爭聲。正字爲竫。竫、亭安也。 義證

密康靜也 密、靜。已見上文。康者、下文云安也。說文云、安、靜也。安與靜同義、說詳下。小雅賓之初筵酌彼康爵、鄭箋云康、虛也。虛故能靜、義相成也。 說詩

客康節疏周頌昊天有成命云 脫云字。 注疏正字

密康靜也 密當作宓。見前。 匡名

密康靜也 靜與密俱詳上文。大雅、不康禋祀。 啓蒙

密靜也。 靜與前靜同訓分條。 密靜也重出。
康靜也。 康下文云安也。又下云苛也、或云相反爲義 黃侃音訓

密、康、靜也。 密、靜也、已見上文、此處不宜再釋、是衍文。康義、見下「安也」節。 爾雅學

密康靜也○釋曰 注疏本刪。 周頌昊天有成命 浦鏜下增云字。按此類皆疏本原本如是、不當補。 校勘記

五行（注）皆安靜也○原本《玉篇》广部「康」下引此注作「謂安靜也。」今本「皆」下蓋脫「謂」字。 宋監本校箋

豫寧綏康柔安也

豫、寧、綏、康、柔、安也。皆見詩、書。 郭注

豫寧綏康

柔安也 釋曰，皆安樂也。大雅板篇云，不敢戲豫。虞書大禹謨云，萬邦咸寧。商書大甲云，撫綏萬邦。大雅民勞云，汔可小康。虞書舜典云，柔遠能迩。

邢疏

柔安也

衆家注

詩云，懷柔百神。詩正義十九之二引某氏曰。

黃輯古義

豫寍綏康柔安也

詩云，懷柔百神。詩周頌時邁正義引某氏。

樊注

玉函山房輯佚

柔安也

詩云，懷柔百神。某注 詩疏十九之二

鉤沉

柔安也

某氏曰，詩云，懷柔百神。詩正義十九之二

漢注

豫甯綏康柔安也

某氏云，詩云，懷柔百神。詩正義十九之二卷 郭璞云，皆見詩書。

一切注音

柔安也 某氏注詩曰懷柔百神。詩桑柔正義

古注斠

豫寍綏康柔安也

寍，考所安也。豫，有備焉，安矣。綏，有執焉，安矣。

新義

豫寧綏康柔安也 柔，舜典云，柔遠能邇。

鄭樵注

豫寧綏康柔安也 郭璞曰，皆見詩書。

鄭樵曰，柔，舜典云柔遠能邇。

古注合存

密康靜也豫寧綏康柔安也 此釋密康以下爲靜爲安之義也。疏曰，詩昊天云，夙夜基命宥密。愚按安亦寧靜之意也。凡事暇豫則安，迫切則不安。柔靜剛躁，亦畧如之。舊訓安爲安樂者非。

注疏參義

柔某氏引詩懷柔百神。

補注

豫寧綏康柔安也 **註** 皆見詩書 **正義** 說文云，安，靜也。釋名云，安，晏也，晏晏然和喜無動懼也。豫者，虞氏易雜卦傳，豫，怡也。寧者，說文作寍，安也。从心在皿上。人之飲食器，所以安人。乾卦云，萬國咸寧。綏者，夏小正云，綏多女士。綏，安也。謚法解云，綏，安也。康者，晉卦云，晉康侯。謚法解又云，柔、安也。柔者，內則云，柔色以溫之。**註** 皆見詩書。**正義** 皆見詩者，小雅白駒云，逸豫無期。斯干云，君子攸寧。周頌桓云，綏萬邦。賈誼書禮容語引詩宬王不敢康。康，安也。詩疏引某氏曰，詩云懷柔百神。皆見書者，康誥云，無康好逸豫。盤庚云，茲猶不常寧。又云，底綏四方。西伯戡黎云，不有康食。史記作不有安食。舜典云，柔遠能邇。又左氏隱十一年傳云，以撫柔此民也。文七年傳云，服而不柔。杜註，柔，安也。

正義

豫寧綏康柔安也 皆見詩書

安者，上文云，止也。下文云，定也。定止義俱爲靜。故一切經音義十五引蒼頡篇云，安，靜也。說文云，侒，宴也。宴，安也。又云，晏，安也。晏宴侒安竝聲義同。宴安則喜樂，故釋名云，安，晏也。晏晏然和喜無動懼也。淮南氾論篇注，安，樂也。晉語注，安，猶善也。少牢饋食禮注，安，平也。平善與樂義近，是安兼靜樂二義。爾雅豫康爲安樂之安，寧綏柔爲安靜之安。安通作晏，晏从安聲也。豫者，上文云，樂也。又云，厭也。俱與安義近。通作譽。

左氏昭二年傳季氏有嘉樹、宣子譽之、服虔注譽、游也。引夏諺曰一游一譽。今孟子作一游一豫、趙岐注豫、亦遊也。遊、亦豫也。引宣子譽之、作宣子豫焉、是豫譽古字通。豫訓遊者、遊豫雙聲。從容遊閒、亦爲安豫。故文選曲水詩序注引孫子兵法曰、雖優游暇譽、令猶行也。暇譽卽暇豫矣。綏者、上文作安、訓止、止亦安。故下文云、安、安也。綏古同字。故謚法云、綏、安也。書綏爰有衆、鄭注安隱於其衆也。廣雅云、綏、撫也。又云綏、舒也。舒撫義亦爲安。安通作退、檀弓云、文子其中退然如不勝衣、鄭注退柔和貌。退或爲妥。又通作隤。易繫辭云、夫坤隤然示人簡矣、集解虞翻注隤、安也。釋文、隤、馬韓云柔貌也。孟作退、陸董姚作妥。是妥退隤俱音轉字通。綏柔俱訓安、其義亦見矣。康者、上文云樂也。與豫同訓。故謚法云、康、安也。經典內康訓安者非一。易云、康侯、釋文引馬融陸績注康俱訓安。陸又云樂也。鄭云尊也、廣也。淮南天文篇注、康、盛也。逸周書文政篇注、康、逸也。逸盛尊廣、又皆與安樂之義相近也。柔者、和也、順也、猶言優也。優優和平、與安靜義近。故詩民勞抑及時邁絲衣傳箋竝云、柔、安也。柔民箋、柔猶濡毳也。淮南說山篇注亦云、柔、濡。亦通作濡。時邁釋文、柔本亦作濡。正義以爲釋詁文。某氏引詩云懷柔百神、定本作柔、集注作濡。是濡柔通。濡讀乳兗切、音耎、與輭同。耎濡柔竝一聲之轉。

義疏

豫寧綏康柔安也　樊注、懷柔百神。郭注、皆見詩書。竝見上。

集解

豫寧綏康柔安也　豫、象之大者、从象予聲。正字爲娛。娛、樂也。引申爲安。說文則以念爲之。念娛豫通用字。書金縢弗豫、謂弗安也。禹貢荆河爲豫州、釋名豫州在九州中、京師東都所在、常安豫也。晉書地理志、豫、舒也、言稟中和之氣、性安舒也。易中孚虞吉、荀注虞、安也。左桓十三傳夫固謂君訓衆而好鎮撫之、廣雅撫云安也。以虞撫爲之。寧、願詞也、从丂寍聲。寍从心在皿上。飲食器、所以安人。故寧又引申爲安。說文則以寍爲之。書無逸不敢荒寧、馬注寧、安也。康誥裕乃以民寧、偽傳訓安。詩載芟胡考之寧、良耜婦子寧止、箋均云寧、安也。攷工梓人惟若寧侯、注寧、安也。詩柏舟靜言思之、傳靜、安也。說文作竫、云亭安也。左文十八傳靖譖庸回、注靖、安也。以靜竫靖爲之。綏、車中把也、从糸从妥會意。引申爲安。書文侯之命永綏在位、偽傳訓安。詩樛木福履綏之、楚茨以綏後祿、傳均云綏、定也。鴛鴦福履綏之、民勞以綏四方、那綏我思成、箋均云綏、安也。公羊宣十二傳使率一二耋老而綏焉、注綏、安也。夏小正綏多士女、傳綏、安也。前漢書武帝詔德未能綏民、師古曰綏、安也。或者綏之正字爲敉與。康、穀皮也。正字爲寬。寬、屋寬大也。引申爲安。廣雅則以幹爲之。幹寬康通用字。書文侯之命惠康小民、偽傳訓安。洪範而康而色、史記康作安。詩民勞汔可小康、生民不康禋祀、卷阿福祿爾康矣、箋均云康、安也。禮記禮運是謂小康、離騷曰康娛而自忘兮、文選西都賦毅而帯康、長楊賦羣黎爲之不康、注均云康、安也。柔、木曲直也、从木矛聲。詩荏染柔木是也。引申爲安謂柔則靜而安也。詩民勞柔遠能邇、時邁懷柔百神、傳均云柔、安。抑輯柔爾顏、緜衣旨酒思柔、箋均云柔、安也。前漢書傅常鄭甘陳段傳足下以柔遠之令德、師古曰柔、安也。左文七傳服而不柔、周語所以優柔容民也、文選東京賦化胡不柔、束晳補亡詩王亦柔之、注均云柔、安也。或者柔之正字爲尼與。下經尼、定也、廣雅云安也。尼柔雙聲。安、竫也、从女在宀中會意。引申爲止也、定也。

義證

豫寍綏康柔安也

豫者、小雅白駒逸豫無期、毛傳以逸豫爲逸樂。大雅板無敢戲豫、傳以戲豫爲逸豫。逸樂與安義皆近。釋地云河南曰豫州、李巡云河南厥性安舒、故曰豫。是豫爲安也。又通作譽。小雅蓼蕭裳裳者華是以有譽處兮、箋以譽爲聲譽、非也。譽處謂安處。呂覽孝行云天下譽、注云譽、樂也。樂卽安也。小雅車舝式燕且譽、與禮記射義則燕則譽同義、譽亦安也。箋譽爲名譽、失之。　寍者、周南葛覃歸寍父母、大雅生民上帝不寍、周頌載芟胡考之寍、傳箋竝云寍安也。小雅常棣既安且寍、斯干君子攸寍、節南山我王不寍、十月之交不寍不令、大雅文王有聲遹求厥寍、鳧鷖公尸來燕來寍、雲漢曷惠其寍、瞻卬孔塡不寍、周頌良耜婦子寍止、商頌殷武壽考且寍、箋竝以寍爲安。　綏者、周南樛木福履綏之、小雅南有嘉魚嘉賓式燕綏之、楚茨以綏後祿、鴛鴦福祿綏之、民勞以綏四方、周頌桓綏萬邦、商頌那綏我思成、傳箋竝云綏安也。烈祖綏我眉壽、彼釋文云綏安也。周頌雝綏予孝子、箋云文王之德乃安我孝子。載見綏以多福、箋云安之以多福。　康者、大雅卷阿茀祿爾康矣、生民不康禋祀、民勞汔可小康、箋竝云康安也。唐風蟋蟀無已大康、周頌臣工迄用康年、傳竝云康樂也、用釋詁康樂也文。樂與安義亦相近。周頌天作文王康之、箋云文王則能安之。昊天有成命成王不敢康、箋云不敢自安逸。周語引成王不敢康、注云康、安也。　柔者、大雅民勞柔遠能邇、抑無不柔嘉、輯柔爾顏、周頌思邁懷柔百神、絲衣旨酒思柔、傳箋竝云柔安也。時邁釋文云、柔本亦作濡。督郵班碑渘遠而邇、柔作渘、與濡同音。

說詩

豫寧節疏無敢戲豫（無、誤不。）汔可小康（汔、經作汔。）

注疏正字

綏　俗字當作綏。說文綏字乃妥人所改、說文無妥字、焉得有从妥之字乎。且字从爪从女、無當於六書之義、而糸部又無綏字、則綏爲俗體無疑矣。冠名、委貌、爲其有冠綏也。

小箋

豫安也　邢引大雅板篇云不敢戲豫。邵引小雅白駒云逸豫無期、康誥云無康好逸豫。引之謹案、板傳以戲豫爲逸豫、白駒傳以逸豫爲逸樂、雖樂與安義相近、而究非確證也。今案金縢曰王有疾弗豫、弗豫謂弗安也。（傳曰不悅豫、亦未確。）爾雅河南曰豫州、李巡曰河南其氣著密、厥性安舒、故曰豫。釋名曰豫州地在九州之中、京師東都所在、常安豫也。字通作譽。小雅蓼蕭及裳裳者華竝曰是以有譽處兮、譽處謂安處也。（見說毛詩。）

述聞

豫寧綏康柔安也　寧當作寍。（見前。）

匡名

豫寍綏康柔安也　此釋安之義。說文、宓、靜也。太甲無時豫怠、註豫、安也。　寍、安也、从宀、心在皿上。丂部寧、願詞也。用部甯、所願也。寍爲安寍正字、今丂部寧行而寍廢矣。乾卦萬國咸寍、註寍、安也。　綏、車中把也。徐鍇曰、禮升車必正立、執綏所以安也。當从爪安省。周頌綏萬邦、傳綏安

爾雅詁林　一　釋詁下

也。西伯戡黎不有康食、史記作不有安食。柔、木曲直也。註、凡木曲者可直、直者可曲曰柔。引伸爲凡耎弱撫安之稱。舜曲柔遠能邇、傳柔、安也。

啓蒙

豫、安也。安有安樂、安靜二義。

黄侃音訓

豫、寍、綏、康、柔、安也。

說文宀部云：「安、竫也。」各本說文竫作靜、竫者、亭安也、段謂「與此爲轉注、」故改爲竫。上文以安爲止；下文以安爲定；止也、定也、皆安停之意。

豫、康、上文訓樂、與安樂義略同。王引之云：「金縢曰：『王有疾弗豫、』謂弗安也。字通作譽、小雅蓼蕭及裳裳者華竝曰：『是以有譽處兮、』譽處、謂安處也。」

寍者、說文「寍、安也；从宀、心在皿上；皿、人之食飲器、所以安人也。」爲三字會意也。

綏、周公謚法解亦云：「安也。」說文「綏、車中靶也、从糸、妥聲。」（從段。）是綏本以妥會意、故爾雅訓安。郭璞注子虛賦云：「綏所執以登車、」論語「升車、必正立執綏、」周生烈曰：「正立執綏、所以爲安；」是綏之爲用、所以安人也、故引伸爲凡安之義。妥綏乃二字、見下文「妥也」節。

康、上文云：「樂也、靜也、」靜爲竫之假借、竫者、亭安也、故本節訓安。郝氏謂「經典內康訓安者非一、」西伯戡黎云：「不有康食、」史記作安食。

柔者、詩「懷柔百神、」書「柔遠能邇、」皆安也。

爾雅學

豫寧綏康柔安也○釋曰 注疏本刪。

不敢戲豫 浦鏜依今詩改作無敢、非也。左傳昭三十二年後漢郎顗丁鴻蔡邕等傳引詩皆作不敢。

校勘記

大雅板田云 監本毛本湘本田作篇、是。此誤。

注疏校勘札記

周頌懷柔百神、傳柔安也。正義云、釋詁某氏注引詩定本作柔、集注作濡、釋文云柔本亦作濡。兩通、俱訓安也。

武進錢文敏公云柔濡同母、故得兩通。

音略

豫寧綏雖康柔安也

孫偘直音

平均夷弟易也

平、均、夷、弟、易也。皆謂易直。

郭注

夷弟易也 釋曰、易者、不難也。和平均一、皆易直也。周頌天作云、岐有夷之行。大雅洞酌云、豈弟君子。

平均

邢疏

平均夷弟易也

郭璞云、皆謂易直。

一切注音

夷易也 樊光曰、雉者、夷也。夷、平也。左氏昭十七年傳正義

古注斠

易也 以豉反、注同。

陸音義

平均夷弟易也 謂易直也。

鄭樵注

平均夷弟易也

郭璞曰、皆謂易直。

鄭樵曰、謂易直也。

古注合存

平均夷弟易也。弟易並去聲。○此釋平均以下爲易之義也。註曰、皆謂易直也。疏曰、詩洞酌云、豈弟君子。愚按坦夷

亦易直也、詩傳云、豈弟樂易也、

注疏參義

平均夷弟易也 【註】皆謂易直 【正義】易、言其平易也。平者、說文云語平舒也。小雅節南山云、不平謂何。均者、說文云平徧也。地官之屬有均人、鄭註均猶平也、主平土地之力政者。又有土均、註云主平土地之政令者也。夷者、周頌有客云、降福孔夷、說文作俇、云行平易也。弟者、大雅泂酌云豈弟君子。表記引詩而釋之曰弟以說安之、毛傳作易以說安之。是弟訓爲易也。

正義

平均夷弟易也　玉案、周禮薙氏注云書薙或爲夷、故司農以芟夷訓薙。說文載古文雉字作䧅。故康成讀薙如鬀、卽一薙字或爲夷、或从弟者、古人以夷弟二字聲相近、義亦可通、故得兩用之。此之并釋爲易義亦如是。

校議

平均夷弟易也 皆謂易直

易者、傷之叚音也。說文云、傷、輕也。一曰交傷。通作易。論語八佾篇鄭注、易、簡也。公羊宣六年傳何休注、易、猶省也。考工記玉人注、易、行去煩苛。是亦簡省之意、與輕易義近也。詩何人斯傳、易、說也。郊特牲注、易、和說也。論語包咸注、易、和易也。公羊莊十三年傳注、易、猶佼易也。相親信無後患之辭。今案、佼易亦和說之意、與交易義近也。通作施。詩我心易也、釋文易、韓詩作施。施、善也。案易亦有善義。見易繫辭釋文施音以豉切。是施易聲義俱同矣。平者、墨子經上篇云、平、同高也。詩伐木箋云、平、齊等也。案平又訓治、易亦有治義。詩禾易長畝、孟子易其田疇、易皆訓治。又平不險陂。易不煩碎、亦兼和平樂易之意。平訓爲易、皆其證也。通作辯、詩采菽傳平平、辯治也。書云平秩、大傳作辯秩。然則辯平俱訓治、易又訓治、故聲義俱通矣。均者、說文云平徧也。詩秉國之均、周禮大司徒以土均之灋、均皆訓平。詩皇皇者華傳、均、調也。調亦平徧和易之義也。均、通作鈞、又通作旬、其義同。又與傭義同。詩昊天不傭、傳本釋言云傭、均也。釋文、傭、韓詩作庸。庸、易也。是庸傭聲同。韓訓爲易、毛訓爲均、其義亦同。說文傭訓均直、與易直之義亦近。上文庸訓常也、庸常與平易義又近矣。夷者、徥之叚音也。說文云、徥、行平易也。通作夷。說文、夷、平也。文選封禪文云、故軌迹夷易、易遵也。李善注夷易皆平也。經典夷或訓平、或訓易。詩出車節南山桑柔召旻傳及草蟲箋竝云、夷、平也。節南山天作有客傳及後漢書注引韓詩薛君傳竝云、夷、易也。夷古音弟、亦通作弟。易匪夷所思、釋文夷、荀作弟。又夷于左股、釋文夷、子夏本作睇、亦其例也。又通作雉。雉亦音弟、故左氏昭十七年傳正義引樊光服虔云、雉者、夷也。夷、平也。又本草辛夷一名辛雉、見文選注。皆其證也。弟者、通作悌。釋名云、悌、弟也。經典作弟、孟子作悌、趙岐注悌、順也。和順與說易義近。詩洞酌云豈弟君子、毛傳樂以强教之、易以說安之。毛以樂易釋豈弟、本禮表記云凱以强教之、弟以說安之。故知凱訓樂、弟訓易也。孔子閒居注亦云凱弟、樂易也。俱本釋詁文。

義疏

平均夷弟易也 郭注、皆謂易直。

平、當爲釆、通作辯、治也。易亦治也。書平章、平秩、平平是也。均、从土勻。包二爲勻、字亦作昀。詩昀昀原隰、周官有土均。因均治、故爲均平。詩秉國之鈞。又來旬來宣。下云偏也、偏卽辯也。夷从大弓。說文以爲東方夷人、非也。正身持弓、故爲平均、亦爲弛易。夷弟同字。弟象韋束、未若亦从弓、因平均故有次弟也。易匪夷所思、夷于左股、一本作弟。鵜胡或作鶇胡、是同字也。書厥民夷。詩亂生不夷。又齊子豈弟。記、弟以說安之。易、从日勿。勿以趣民、治政、因有交易、改易、難易之義。說文以爲象蜥蜴形、緯書又以日月爲易。易之名起於中古、正取易治耳、不取蟲形。

集解

平均夷弟易也 平、語平舒也。从亏八

爾雅詁林 一 釋詁下

八。八、分也。一曰正也。引申為易。詩節南山不平謂何、箋責三公之不均平。史記樂書將以教民平好惡、正義平均也。後漢書班超傳、任尚曰我以班君當有奇策、今所言平平耳。平平、猶易易也。均、平徧也、从土勻聲。引申為易。詩節南山秉國之均、傳均、平也。周禮地官之屬有均人、又有土均、注均、剷平。詩昊天不傭、傳均也。韓詩傭作庸、易也、以均亦易也。詩桑柔其下侯旬、傳言陰均也。呂覽有始中央曰鈞天、注鈞、平也。以旬鈞為之。夷、人持弓也。从大从弓。許慎謂為東方之人、以東夷之好持弓也。正字為易。易夷雙聲。說文則以徔為之。書堯典厥民夷、史記作其民夷易。禹貢三百里夷、馬注夷易也。詩節南山君子如夷、天作有夷之行、有容降福孔夷、傳均云夷易也。前漢書揚雄傳斬叢棘、夷野草、師古曰夷、平也、易也。文選封禪文故軌迹夷易、易、遵也、注夷易皆平也。左昭十七傳五雉為五工正、夷民者也、服注雉者夷也。山海經、夷羿作仁羿仁者、樂易也。以雉仁為之。弟、韋束之次弟也。从古文之象、引申為易。詩蓼蕭孔燕豈弟、傳弟易也。禮記表記引詩凱弟君子、注弟、易也。前漢書史丹傳丹為人足知愷弟愛人、師古曰弟、易也。禮記禮運是謂大同、注同猶和也、平也。荀子非十二子蕩蕩然、注快易之皃。以同蕩為之。易、蜥易、蝘蜓、守宮也。此以為治平之俏者、以字从日勿耳。勿、旗也、所以趣民者。故勉勉云勿勿。說文則以為徔之借字。老子大道甚徔、謂甚平也。易繫辭易者使傾、陸注易、平也。

義證

平均夷弟易也

易有二義、一為和易之易、一為易治之易。小雅何人斯我心易也、毛傳云易、悅也。此和易之易也。甫田禾易長畝、傳云易、治也。此易治之易也。　平亦有二義。小雅伐木終和且平、鄭箋云平、齊等也。商頌那既和且平、箋云平、正平也、皆非也。平猶和也、謂和易也。此一義也。小雅黍苗原隰既平、傳云土治曰平。常棣喪亂既平、箋云平猶正也、非也。謂喪亂既平治也。隱元年公羊傳注、平治也。此一義也。　均猶平也。小雅皇皇者華六轡既均、傳云均、調也。調和與易義近、此和易之均也。節南山秉國之均、傳云均平也。謂平治天下也。此平治之均也。　夷亦有二義。召南草蟲我心則夷、箋云夷、平也。謂平易之平。我心則夷、與我心則降、我心則悅、相對為文、則夷為悅易之義可知。鄭風風雨云胡不夷、小雅節南山既夷既懌、商頌那亦不夷懌、傳箋竝云夷、悅也。周頌有客降福孔夷、天作有夷之行、節南山君子如夷、傳竝云夷易也、此和易之夷也。小雅出車玁狁于夷、節南山式夷式已、大雅桑柔亂生不夷、召旻實靖夷我邦、傳竝云夷、平也。此易治之夷也。弟與夷古通字。易渙匪夷所思、彼釋文云夷、荀本作弟。　弟者、大雅旱麓豈弟君子、彼釋文云弟、亦作悌。弟、易也。齊風載驅疏云、古文作弟、今文作圛。孝經家語周語引旱麓文竝云、弟、易也。小雅蓼蕭孔燕豈弟、傳亦云弟、易也。青蠅豈弟君子、箋云豈弟、樂易也。大雅泂酌豈弟君子、傳云樂以强教之、易以說安之。是以易釋弟也。

說詩

平均節疏愷弟君子 愷、經作豈、音同。

注疏正字

均弟易也

引之謹案夏小正農率均田傳曰、均田者始除田也。案均、易也。均田、猶孟子盡心篇言易其田疇也。邵曰、大雅洞酌云豈弟君子、表記引此而釋之曰弟以說安之、毛傳作易以說安之、是弟爲易也。案大雅旱麓篇豈弟君子、干祿豈弟、周語引此而釋之曰夫旱麓之榛楛殖、故君子得以易樂干祿焉。亦以豈爲樂、弟爲易。

述聞

平均夷弟易也 正義云、說文彳部徺、行平易也、从彳夷聲。弟、

左傳正義十三引作悌。

匡名

平均夷弟易也 說文、易、蜥易、蝘蜓、守宮也。象形。祕書說日月爲易、象陰陽也。一曰从勿。註、假借而爲難易之易。又易有簡易變易不易三義、餘皆从此而引伸之也。郭註、謂易直。小雅、不平、爲何。均、平偏也。小雅大夫不均、鄭云、均、平也。徺行平易也。今則夷行而徺廢矣。周頌降福孔夷。大雅、豈弟君子。表記引詩而釋之、弟以說安之、毛傳作易、以說安之。

啓蒙

平均夷弟易也。 易亦通作敭、廣雅夷、敭也、此易有二讀二訓、廣雅之敭亦然。 易直亦有當之義、故廣雅云易、與、如也、宋衞策注如、當也、然則平均之訓易、交易之易也、夷弟之訓易、輕傷平易之易也、而兩義又相近、故竝在一條矣。 夷弟同字竝見。

黃侃音訓

平、均、夷、弟、易也。

說文人部云：「傷、輕也、一曰：交傷；」郝以易爲傷之假字。蓋由傷侮之義、引伸爲簡易爲和易之稱也。論語鄭注「易、簡也；」包咸注「易、和易也；」詩何人斯傳「易、說也、」說與和易義同。孟子「易其田疇、」易者、治也、是又易有治平之義也。

平均爲易者、說文「平、語平舒也；」平之爲易、乃和易之易也。書堯典云：「平秩東作；」地官上均注云：「主平土地之政令。」是平也、均也、又皆有治之義矣。

夷、郝氏謂「徺之假音、」是也；說文「徺、行平易也、」故訓易。文選封禪文「故軌迹夷易、易遵也；」夷易、即徺易也、故李善注云：「夷、易、皆平。」周頌有客「降福孔夷、」傳云：「夷、易也；」節南山天作傳、皆訓夷爲易、與爾雅同用假字也。

弟、即孟子悌字、趙岐注云：「悌、順也、」順者、和易之謂。大雅洞酌云：「豈弟君子、」毛傳以樂易解之、樂易者、和易也。易「匪夷所思、」釋文云：「夷、荀作弟、」然則夷弟古通用。

爾雅學

平均夷弟易也〇釋曰 注疏本刪。

豈弟君子 元本同。閩本監本毛本豈改愷。

校勘記

平、均、夷、弟、易也。 異

孫佀直音

平均夷弟去聲易去聲也 謂易直

楊氏音訓

易 異

干氏音釋

矢弛也弛易也

矢弛也、弛放。弛易也、相延 易

郭注

爾雅詁林 一 釋詁下

矢弛也弛易也 釋曰，郭云弛，放也，以弓釋弦曰弛。故云弛放。禮記雜記云，一張一弛。弛又爲易，謂相延易也。

邢疏

矢弛也弛易也 釋文，謝本弛作施。

易以豉反。釋文

謝音

矢弛也弛易也 釋文顧謝本弛作施

易以豉反。釋文

顧音

黃輯古義

弛易也

弛，音尸紙反，下音亦。釋文

李注

施易也。施易皆以豉反，注同。釋文弛易顧謝本弛作施並易皆云云。

謝音

施易也。施易皆以豉反，注同。釋文，弛易顧謝本弛作施並易皆云云。

顧音

玉函山房輯佚

弛易也 釋文，施李音尸氏反，下音亦。

漢注

矢弛也

郭璞云，弛放。

弛易也

郭璞云，相延易。

一切注音

矢 弛也 弛 易也 施李音尸紙反，下音亦。釋文

蕙心案，弛施古字通。陸氏釋文於李音上加一施字，可知李本弛字作施。郭氏於矢弛也注云弛放，於弛易也注云相延易，皆非義也。詩矢其文德，正義云矢，施也。謂施陳文德。據知爾雅之弛當讀如施。又矢其文德，孔子閒居作弛其文德，鄭注弛施也。是施即弛字叚音。爾雅借弛爲施，禮記借弛爲矢，一也。又詩施于孫子，鄭箋施猶易也，延也。論語君子不施其親，孔注施易也，可證弛易之卽施易矣。

古注斠

弛也尸紙反。 弛易 施，李音尸紙反，下音亦。顧謝本弛作施，并易皆以豉反，注同。

陸音義

弛易 施李音尸紙反，下音亦。顧謝本弛作施，并易皆以豉反。○爾雅上文矢弛也，音尸紙反，下音亦者，以顧謝與易同音以豉反，故須別出。注疏本刪去施李一音，竟似施李亦讀尸弛之弛，爲以豉反矣。此葢疑爲重複而刪之，不知其不可通也。

音義攷證

矢弛也弛易也

弓張則矢弛。詩曰弛其文德，所謂放德而行弛也。

新義

矢弛也弛易也 易，猶慢易也。

鄭樵注

矢弛也

郭璞曰，弛，放。

弛易也 弛，李音尸紙反。易，李音亦。

郭璞曰，相延易。

鄭樵曰，易，猶慢易也。

古注合存

矢，弛也。弛，易也。矢弛並尸紙切，易去聲。○此釋矢爲弛，弛又爲易之義也。註曰，弛，放也。疏曰，弓弦曰弛。禮雜記云，三王之道，一張一弛。愚按矢釋弓，則弓弛，故矢爲弛也。弓弛則易直矣。

注疏參義

補注

詩釋文矢其文德毛傳矢施也爾雅作弛式氏反

矢弛也【註】弛放弛易也【註】相延易【正義】矢訓爲弛者、大雅江漢云矢其文德、孔子閒居篇引作弛其文德。鄭註、弛施也、詩釋文引毛傳定本作矢弛也、孔氏正義本作矢施也。弛訓爲易者、小雅何人斯云我心易也、釋文引韓詩作我心施也。是易爲和易之易也。樂記云庶民弛政、鄭註弛政、去其紂時苛政。是易爲移易之易也。坊記云君子弛其親之過、鄭註弛、猶棄忘也。是易爲易去之易也。古音順昀義相貫通、後世字別爲聲、聲別爲義、古音旣昧、於古義多所窒矣。【註】相延易。○【正義】大雅皇矣云施于孫子、鄭箋施猶易也、延也。郭註本鄭箋。

正義

矢弛也弛放**弛易也**相延易

弛者、施之叚音也。矢者、上文云陳也、此云弛也、弛訓弓解與陳義遠。說文云、設、施陳也。設與陳義近、知弛當爲施也。詩矢其文德、傳矢施也。以此可證。釋文、矢施如字、爾雅作弛式氏反。正義云矢施也、謂施陳文德。據此則知爾雅之弛亦當讀如施斯音義兩得矣。施旣通弛、弛亦通矢、故矢其文德、孔子閒居作弛其文德。鄭注弛、施也。是弛卽矢字叚音。爾雅借弛爲施禮記借弛爲矢、其例正同矣。經典弛施二字多通用。詩卷阿雲漢泮水釋文竝云施、本又作弛。周禮小宰禮記曲禮左氏襄十八年傳釋文竝云弛本又作施。○弛、亦施之叚音也、釋文顧謝本弛作施是也。詩施于孫子、箋施猶易也、延也。此郭注所本。又孔子閒居施于孫子、注施、易也。論語君子不施其親、孔注亦云施、易也。荀子儒效篇云若夫充虛之相施易也、史記萬石張叔傳云劒人之所施易、俱與此合。是知爾雅之弛易卽施易矣。然不獨弛爲施之叚借易亦移之叚借也。古讀施如易、亦讀如移。詩我心易也、韓詩作我心施也。是施讀如易之證也。詩施于中谷、傳施、移也。莊子人閒世篇云哀樂不易施乎前、釋文引崔注亦云施、移也。是施讀如移之證也。又知爾雅之施易卽施移、注相延易、亦卽延移矣。施訓爲延、故詩皇矣箋及樂記注竝云施延也。漢書衞綰傳注、施讀曰貤貤、延也。貤亦移也。移延、猶延移也。施旣訓延、亦通作延。故詩施于條枚、呂覽知分篇及後漢書黃琬傳又韓詩外傳竝作延于條枚。延施一聲之轉。然則延移卽施移矣。又作旖施、說文㫃部云、旗旖施也。又作檹施、木部云木檹施。又作倚移、考工記總目及弓人注鄭衆云、迆讀爲倚移從風之移。又作旖旎、史記司馬相如傳作旖旎從風、漢書作椅柅從風。廣韵四紙作猗狔從風皃。是皆施移二字之展轉相通也。古書多叚借此條。矢弛注訓弛放、郭旣失之、邢疏亦非。邵氏正義未能訂正、其說弛易抑又非是。唯臧氏琳經義雜記七說施弛古通、湠合雅訓、今所依用。其有未備、仍復曲暢旁通、用袪未寤焉。

義疏

矢弛也弛易也 經文

臧云、按說文、施、旗皃。徐鍇曰旗之逶迤。一曰設也。弛、弓解也。凡延及陳設義、當作施。凡廢解義、當作弛。古書二字互通。詩江漢矢其文德、毛傳矢、施也。釋文矢施如字、爾雅作弛、式氏反。又禮記孔子閒居作弛其文德。論語君子不施其親、唐李翺筆解云施、當爲弛。此以見弛施互相通借。郭氏於此處矢弛也、讀作如字而訓爲放、是不明六書之旨。下文弛易也之弛、亦施之假借。詩皇矣箋云施、猶易也、延也。郭注相延易本此。 按、釋文、弛也、音尸紙反、弛易、施李音尸紙反、下音亦、顧謝本弛作施、并易皆以豉反、注同。如臧說則上下兩文皆當作施、或讀弛爲以豉反、不當讀如字、陸音亦誤。

經注集證

矢雉**弛也**樊注、雉者、夷也。夷、平也。郭注、弛、放。 上云矢陳、弛施。古今字。施亦陳也。詩矢其文德、記引作弛。弛、弓解也。施、旗皃。弛而陳之、作施爲疏。周官施弛互見通用。

弛迆施**易也**郭注、相延易。弛从弓也、也、古地字。故以爲轉移字。因爲張弛。詩施于中谷。易也易延同用。施于條枚。韓詩作延于。又析薪杝矣。攷工記。菑栗不迆。又嵮爾而下迆也。

集解

矢弛也 矢與雉通用、即上所謂夷者。此釋爲弛、以矢陳、弛亦陳也。詩江漢矢其文德、孔子閒居作弛其文德。弛、弓解也。正字爲肔。肔、重次弟物也。引申爲陳。文選上林賦肔邱陵、注肔、延也。上經延亦云陳也。

弛易也 弛易均爲肔之字。故弛可訓爲易、非上所謂平易之易也。詩皇矣施于孫子、箋施猶易也、延也。借施爲之。

義證

矢弛也

註弛放補正邢疏、以弓釋弛曰弛。禮雜記云、一張一弛。

弛易也易音亦。

註相延易補正鄭樵註云、易猶慢易也。

郭注補正

矢弛也

弛放也

慧苑華嚴經上卷音義引郭璞注爾雅曰、弛放也。

據補也字。

郭注佚存補訂

矢弛也弛易也

矢訓爲弛者、邵云、大雅江漢矢其文德、孔子閒居引作弛其文德、鄭注云弛施也。詩釋文引毛傳定本作矢弛也、孔氏正義作矢施也。郝云、弛者施之假音也、爾雅之弛當讀如施、經典弛施二字多通用、卷阿雲漢泮水釋文並云、施本又作弛。案上文云戻陳也。戻即矢字。大雅卷阿大明皇矣傳箋並訓矢爲陳。陳與施義近、此反復以申其義也。弛訓爲易者、釋文云、弛、顧謝本作施。大雅皇矣施於孫子、箋云施猶易也、延也。鄭注孔子閒居作施易也。小雅何人斯我心易也、彼釋文引韓詩作我心施也。施易古蓋通假。周南葛覃施於中谷、傳云施、移也。移易古亦通假。大雅旱麓施於條枚、箋云延蔓於木之枝本而茂盛、韓詩外傳作延於條枚。易延聲轉字。小雅頍弁施於松柏、亦相延易也。

說詩

矢弛也　臧氏琳曰、說文弓部弛、弓解也、从弓从也。又㫃部施、旗皃、从㫃也聲。齊欒施字子旗、知施者旗也。徐鍇曰、旗之逶迆、一曰設也。凡延及陳設義當作施、凡廢解義當作弛。古書既互通、俗人又多亂之。詩大雅江漢矢其文德、傳矢施也。釋文云、施、爾雅作弛。正義云、矢、施也、謂施陳文德。定本作弛字、非也。禮記、孔子閒居詩云弛其文德、注弛、施也。釋文云、弛、其皇作施。又云、弛施也。皇本作施、布也。据此知爾雅禮記作弛、皆施之通借、當從詩傳作施。禮記注、弛施也、此非訓弛爲施、言弛爲施之假借也。郭注訓放、失其旨矣。

弛易也　釋文云、弛、易。施李音尸紙反。下音亦。顧謝本弛作施、并易皆以豉反。元照案、詩大雅皇矣施于孫子、箋施猶易也、延也。又禮記孔子閒居施及四海注施、易也。則顧謝本是也、假借作弛耳。

匡名

矢弛也弛易也　大雅矢其文德。孔子閒居引作弛其文德。樂記庶民弛政、移易之易也。坊記君子弛其親之過、易去之易也。小雅我心易也、釋文引韓詩作我心施也、和易之易也。義皆貫通也。

啓蒙

矢弛也。弛放。弛易也。相延易。矢弛弛易相承義異。矢弛聲通同訓。易字又作敭、廣雅施、敭也。弛兼弛放施陳二義、郭但舉其一耳。易兼延易轉易二義、郭亦但舉其一耳。

黃侃音訓

矢、弛也。弛、易也。

此節上句、應作「矢、施也。」施、如字。下句應從顧謝本、作「施、易也。」施、易、皆以豉切。以施、弛、古通、故假用弛。

矢者、上文云：「陳也。」郝云：「說文『設施陳也、』設與陳義近、知弛當爲施。詩『矢其文德、』傳『矢、施也、』據此則知爾雅之弛、亦當讀如施。經典弛施二字多通用；詩卷阿雲漢泮水釋文竝云：『施、本又作弛；』周禮小宰禮記曲禮左氏襄十八年釋文竝云：『弛、本又作施。』」

下句、郭注云：「相延易。」郝氏云：「詩『施于孫子、』箋『施、猶易也、延也、』此郭注所本。又孔子閒居『施於孫子、』注『施、易也；』論語『君子不施其親、』孔注亦云：『施、易也，』荀子儒效篇云：『若夫充虛之相施易；』俱與此合。是知爾雅之弛易、即施易也。然易亦移之假借、詩『施于中谷、』傳『施、移也、』知爾雅之施易、即施移；注『相延易、』亦即延移矣。施既訓延、亦通作延、故詩『施于條枚、』呂覽知分篇作『延于條枚、』延施一聲之轉；然則延移、即施移矣。又作旖施、說文㫃部云：『旗、旖施也、又作檹施、木部云：『、檹木檹施。』又作倚移、考工記弓人注鄭衆云：『迆、讀爲倚移從風之移。』又作旖旎、史記司馬相如傳作『旖旎從風、』漢書作『椅柅從風。』廣韻作『猗狔從風皃。』是皆施移二字之展轉相通也。」施、弛、古通之說、創於臧琳之經義雜記、郝氏又推廣其義、而古書假借之例益明矣。

爾雅學

矢弛也弛易也○釋曰郭云弛放也注疏本刪釋曰以上八字。弛放也、誤矢弛也。

校勘記

矢弛音止也弛放弛易也

音圖・音

弛音止　案弛音矢。審今音止、照大謬。直音音豕、不誤。

直音正誤

矢豕、弛也。弛豕、易異也。

孫侶直音

矢弛豕也弛易異也

直音校正

矢弛尸紙切、弛放。也弛易去聲、相延易。也

楊氏音訓

希寡鮮罕也鮮寡也

希、寡、鮮、罕也。罕亦希也。鮮、寡也。謂少。

郭注

希寡鮮罕也鮮寡也 釋曰、皆簡少之稱也。論語云希不失矣。易說卦云巽爲寡髮。大雅抑篇云鮮不爲則。郭云罕亦希也。鄭風大叔于田云叔發罕忌。鮮、又爲寡、轉互相訓、皆謂希少爾。

邢疏

希寡鮮罕也

郭璞云、罕亦希也。

鮮寡也

郭璞云、謂少。

一切注音

鮮 息淺反、下同。 罕 火旱反。

陸音義

希寡鮮罕也

必干而後罔之則罕矣。

新義

希寡鮮罕也 罕亦希也。鮮寡也 寡、直謂少耳。

鄭樵注

希寡鮮罕也

郭璞曰、罕亦希也。

鄭樵曰、罕亦希也。

鮮寡也

郭璞曰謂少。

鄭樵曰寡直謂少耳。

古注合存

希寡鮮罕也鮮寡也 鮮上聲。○此釋希寡以下爲罕之義也、末三字當爲衍文。

注疏參義

希寡鮮罕也 **註** 罕亦希也 鮮寡也 **註** 謂少 **正義** 堯典云、鳥獸希革。繫辭傳云、吉人之辭寡。盤庚云、鮮以不浮于天時。希寡鮮俱訓爲罕、義之常行者耳。鮮又訓寡、轉相訓也。**註** 罕亦希也。○ **正義** 鄭風太叔于田云、叔發罕忌。毛傳罕、希也。公羊桓六年傳云、蓋以罕書也、何休註罕、希也。少儀云罕見日聞名、鄭註罕、希也。是郭註所本也。

正義

鮮寡也 西征賦李善注引爾雅曰、尠、寡也。尠、古文鮮。玉案一切經音義引此亦作尠。

補注殘本

希寡鮮罕也 罕亦希也 **鮮寡也** 謂少

罕者、說文本爲網罟之名、經典借爲希少之義。故詩叔發罕忌、禮少儀云罕見日聞名、公羊桓六年傳蓋以罕書也、穀梁莊廿九年傳則功築罕、傳注並云罕希也。罕古通作軒、蓋以聲爲義耳。希者、稀之叚音也。說文云稀、疏也。通作希。說文無希字、而云稀从希聲、是古本有希字也。希皆訓少。呂覽原亂篇注、希、鮮也。孟子盡心上篇注希、遠也。遠亦疏也、與鮮少義相成。又通作絺。周禮酒正及司服釋文並云、希本又作絺。蓋絺亦稀疏之意、从希聲、又同也。寡者、說文云少也。寡對衆之稱、故經典每言衆寡。孟子注王侯自稱孤寡、其義俱訓少也。通作宣。易說卦云爲寡髮、釋文寡本又作宣。考工記車人注正作巽爲宣髮。按宣蓋鮮之通俗。鮮寡義同、鮮宣聲同、聲同者義亦同。故鮮訓善、善有少意。又宣髮爲白髮、鮮首亦爲白首、皆其義矣。鮮者、尟之叚音也。通作鮮。禮中庸表記大學注並云、鮮、罕也。易繫辭上釋文引師說云、鮮、盡也。盡與罕義亦近。○鮮亦當作尟。說文云、尟、是少也。俗作尠。文選西京賦云、慘則尠於驩、李善注尠、少也。西征賦注引爾雅作尠、寡也。又通作鮮。易乾及繫辭下釋文並云、尟、本亦作鮮。繫辭上釋文云、鮮、鄭作尟。經典尟字止此數處、餘皆作鮮。鮮又訓寡者、詩蓼莪傳及揚之水蕩箋並云、鮮、寡也。論語學而篇鄭注及華嚴經音義上引國語賈注並云、鮮、寡也。

義疏

希寡鮮罕也 郭注 罕亦希也。

希者、希之隸變。說文、稀、疏也。語、怨是用希。寡、从宀頒。詩、刑于寡妻。書、乃寡兄勖。鮮、从魚羊。魚出貉國。今作鮮。易、故君子之道鮮矣、鮮不及矣、本皆作尟。書鮮以不浮、惠鮮矜

爾雅詁林　一　釋詁下

寡、以鮮為斯。詩籧篨不鮮、以為善。善亦罕也。罕从网干。干网者少、因為旌竿字。

鮮寡也

郭注、謂少。詩、終鮮兄弟。

集解

希寡鮮罕也　希、黹之古文。緘縷所紩衣、从㡀丵省聲。正字為稀。文選曹子建朔風詩朱華未希、注希與稀同。以稀為希也。稀、疏也。引申為罕。經傳皆以希為之。論語怨是用希、又十世希不失矣、孔注希、少也。呂覽原亂禍希不及身、注希、鮮也。亦罕也。或肴希之正字為句與寡、少也、从宀从頒省。頒、分賦也、故為少。引申為罕。書康誥乃寡兄勗、詩思齊刑于寡妻、寡均訓罕。鮮、魚名、出貉國。正字為尟、易繫辭鮮不及矣、釋文作尟。又君子之道鮮矣、釋文鄭作尟。以尟為鮮也。尟、是少也。尟、俱存也。引申為罕。尟鮮通用字。禮記大學天下鮮矣、表記民鮮克舉之、注均云鮮、罕也。前漢書敘傳蠡生民之脢、晉灼曰蠡、古鮮字、師古曰蠡、少也。詩天保不騫不崩、廣雅騫作虔、云少也。以蠡騫虔為之。罕、网也、从网干聲。正字為尟。詩大叔于田、叔發罕忌。論語、子罕言利。

鮮寡也　上鮮寡同訓為罕、故鮮可轉訓為寡。詩揚之水終鮮兄弟、蓼莪鮮民之生、蕩鮮克有終、箋均云鮮、寡也。周語又鑄大鐘以鮮其繼、文選思玄賦既姱麗而鮮雙、注均云鮮、寡也。

義證

希寡鮮罕也鮮寡也

二者皆常語也。　罕者、鄭風大叔于田叔發罕忌、毛傳云罕、希也。說文奪希字、而云稀、疏也、從希聲。說文凡云從某聲而無其字者皆奪也。齊風東方未明東方未晞、正義云湛露云匪陽不晞、謂見日之光而物乾、故以晞為乾。蒹葭云白露未晞、言露在朝旦、未見日氣、故亦為乾義。案、傳謂明之始升、其光尚希、蓋取希字義也。乾亦與希義近。　寡、對衆而言、故曰罕。邶風燕燕以勗寡人。案、君自稱曰寡人、對衆人而言。夫人自稱曰寡人、猶言寡小君也、皆就一人而言。大雅思齊刑于寡妻、箋云寡妻、寡有之妻。孟子注引此詩云、寡、少也。小雅小宛哀我填寡、箋云我窮盡寡財之人。鴻雁哀此鰥寡、傳云偏喪曰寡。大田伊寡婦之利、箋云故聽矜寡、取之以為利。詩祗言寡婦、不言矜。矜者、鰥也。大雅烝民不侮矜寡、疏云不欺侮於鰥寡孤獨之人。　鮮、說文作尟、云是少也。今經典皆假鮮為之。大雅烝民民鮮克舉之、箋云衆人寡能舉之以行者。表記引此文注云、鮮、罕也。邶風新臺籧篨不鮮、彼釋文引王注云鮮、少也。大雅抑鮮不為則、釋文亦云鮮、少也。少即罕也。　鮮又為寡者、王風揚之水終鮮兄弟、小雅蓼莪鮮民之生、大雅蕩鮮克有終、傳箋並云鮮、寡也。寡與罕一義也。

說詩

希寡鮮罕也鮮寡也　說文、禾部稀、疏也、从禾希聲。徐鍇曰、說文無希字、當言从爻从巾。無聲。莃晞皆當从稀省。元照案、口部唏从口稀省聲。此許氏元文。　罕、从网。凡从网者、隸變皆作

爾雅詁林　一　釋詁下

四、獨罕字从冖。鮮、文選注十引作尠、乃尟之譌、體通借作鮮。說文是部尟、是少也、尟俱存也、从是少、賈侍中說。

匿名

希寡鮮罕也鮮寡也 說文、罕、网也。罕爲小网、經傳假爲尟字、訓少也。五經文字經典相承隸省作罕。論語子罕言。寡少也、从宀頒。頒、分賦也。宀分故爲少、義相通也。孟子人之所以異於禽獸者幾希、註幾希、少也。繫辭吉人之辭寡。論語民鮮久矣、註鮮、少也。

啓蒙

希　絺　說文無希字而希聲字多有。不得謂無希字。今借稀。稀、疏也。亦有罕義。稀罕字、正當作絺、何借之云。

鮮　尟　詳上鮮字下。

黃侃評本正名

希罕也 錦燧謹案、說文無希字、而艸部莃、口部唏、目部睎、肉部脪、邑部郗、日部晞、禾部稀、人部俙、欠部欷、豕部豨、糸部絺、凡十一字皆从希聲、是許書本有希字可知。據周禮春官司服祭社稷、五祀則希冕、鄭注云、書曰絺黹希繡、希讀爲絺、或作黹、字之誤也。是希卽黹之重文。今本無者、偶奪耳。莃唏諸字不从黹、而从重文希者、猶帝旁等字不从丄、而从古文二也。今經文以罕釋希、則當爲稀之假借。說文稀下云疏也、从禾希聲、是稀之本義當訓爲禾稼不多之偁、引申之則爲凡物不多之偁。

陸錦燧日記

希、寡、鮮、罕也。鮮、寡也。

說文寡訓少；罕字本爲网罟名、借爲寡少之用。

希、寡、鮮、爲罕；鮮、爲寡；皆義之常行者。鮮之本字作尟。

爾雅學

希寡鮮罕也鮮寡也○釋曰注疏本刪。

校勘記

大雅篇云 監本毛本湘本篇上有抑字。案有抑字是、此脫。

注疏校勘札記

希寡、鮮、罕也。鮮、寡也。

上聲　同上

孫品直音

希寡鮮上聲罕也鮮寡也

楊氏音訓

酬酢侑報也

酬酢、侑報也。 此通謂相報答、不主于飲酒。

郭注

酬酢侑報也　釋曰、皆相報答也。郭云此通謂相報荅、不主于飲酒者、以飲酒之禮、主人酌酒於賓曰獻。賓既卒爵、洗而酌主人曰酢。主人既卒酢爵、又酌自飲卒爵、復酌進賓曰酬。故說者以酬酢主謂飲酒相報荅。郭以易繫辭云可與酬酢、謂應對萬物也。小雅楚茨云萬壽攸酢、是神報主人也、故云不主于飲酒。侑者、案公食大夫禮賓三飯之後、云公受宰夫束帛以侑。注云、束帛十端帛也。侑猶勸也。主國君以爲食賓殷勤之意未至、復發幣以勸之、欲其深安賓也。是侑者、主人所以報賓也。

邢疏

酬酢侑報也

郭璞云、此通謂相報答、不主于飲酒。

一切注音

酢才各反。侑本或作宥、同。于救反。

陸音義

酬酢侑報也

食于我而飽、故侑以報之。

新義

酬酢侑報也 飲酒之禮、主人酌賓曰獻、賓酌主人曰酢、主人復酌賓曰酬。公食大夫禮、賓三飯之後、公受宰夫束帛以侑。是侑者亦主人所以報賓也。

鄭樵注

酬酢侑報也

郭璞曰、此通謂相報答、不主于飲酒。

鄭樵曰、飲酒之禮、主人酌賓曰獻、賓酌主人曰酢、主人復酌賓曰酬。公食大夫禮賓三飯之後、公受宰夫束帛以侑、是侑者亦主人所以報賓也。

古注合存

酬酢侑報也。此釋酬酢侑爲報之義也。註曰、通謂相報答不主於飲酒。疏曰、飲酒之禮、主酌賓曰獻、賓卒爵酌主曰酢。主卒爵、又酌自飲、復酌賓曰酬。易繫辭云、可與酬酢、謂應酬萬物。詩楚茨云、萬壽攸酢、謂神報主以福。故郭氏云、不專主於飲酒也。侑猶勸也。公食大夫禮云、三飯之後、主束帛以侑賓、是主以報賓也。

注疏參義

酬酢侑報也 註 此通謂相報荅不主于飲酒 正義 此言相報荅也。

酬者、說文云、醻、主人進客也。或作酬。酢者、說文云、醋、客酌主人也。特牲饋食禮云、尸以醋主人。鄭註、醋、報也。古文醋作酢。是醋酢古今字也。廣韻引倉頡篇云、主答客曰酬、客報主曰酢。鄉飲酒禮云、賓實爵主人之席前、東南面酢主人。又云、主人實觶酬賓。小雅瓠葉云、酌言酢之。又云、酌言醻之。毛傳、酢、報也。醻、道飲也。鄭箋、報者、賓既卒爵、洗而酌主人也。主人既卒酢爵、又酌自飲卒爵、復酌進賓、猶俗之勸酒。孔疏以爲鄭据鄉飲酒燕禮而言也。侑者、特牲饋食禮云、尸三飯告飽、祝侑、鄭註云、侑、勸也。或曰又勸之使又食。少牢饋食禮、侑辭曰皇尸未實、侑也。小雅楚茨云以妥以侑、毛傳侑、勸也。鄭箋爲其嫌不飽、祝以主人之辭勸之。孔疏云、已飲食而後勸之、亦是重報之義。是酬酢侑皆爲飲食之禮相報也。註 此通至飲酒。○正義 郭以經傳義有假借、不專主飲酒而言。舊疏引繫辭傳云、可與酬酢。楚茨云、萬壽攸酢。公食大夫禮云、公受宰夫束帛以侑。是也。士冠禮云、主人酬賓束帛儷皮。皆其證也。

正義

酬酢　酢、當作醋。

校議

酬酢侑報也 此通謂相報荅不主于飲酒

玉篇云、報、酬也、荅也。喪服小記注、報、猶合也。合與荅聲義近。淮南天文篇注、報、復也。穆天子傳注、報、猶反也。反與復義近。樂記及祭義竝云、禮有報而樂有反。是反報義同。報、又白也。如報命報罷之報、俱訓白。又與荅義近矣。酬者、說文作醻、或作酬。通作醻。詩瓠葉傳、醻、道飲也。形弓箋、醻、猶厚也、勸也。此皆主於飲酒而言也。形弓云、一朝醻之。傳、醻、報也。周語云、酬幣宴貨、吳語云、到於客前以酬客。韋昭賈逵唐固注竝云酬、報也。此皆汎言酬荅、不專爲飲酒而言也。故易繫辭云、可與酬酢。集解引九家注、陽往爲酬、陰來爲酢。韓康伯注、酬酢、猶應對也。又通作訓。一切經音義十八引蒼頡篇云、酬、作訓同。按訓从言、故廣韻云以言荅之。荅卽報矣。酢者、說文作醋。通作酢。特牲饋食禮注、古文醋作酢。有司徹注、今文醋曰酢。二注不同。廣韵引蒼頡篇云、主荅客曰酬、客報主人曰酢。蒼頡多古字、是醋古文作酢也。經典醋酢二字通。故詩萬壽攸酢、酌言酢之、傳竝云、酢、報也。士虞禮及特牲饋食禮注竝云、醋、報也。是醋酢古字通之證。又司几筵及司尊彝俱酢爲昨、注云、昨讀曰酢。禮少儀注又云、酢或爲作。俱同聲叚借字也。醋古文作酢、亦其證矣。侑者、說文作姷、或作侑。通作祐。易繫辭云、可與祐神。對可與酬酢而言、是酬酢祐其義同。祐訓爲報、故易釋文引馬融注、祐、配也。說文廣雅竝云、侑、耦也。配耦與酬酢義近。陸德明訓祐爲助、亦失其義矣。又詩楚茨傳及公食大夫特牲少牢饋食注竝云、侑、勸也。勸勉與報荅義亦近。故楚茨正義云、已飲食而後勸之、亦是重報之義、其說是也。又侑通作宥。爾雅及禮器釋文竝云、侑、本或作宥。聘禮及有司徹注竝云、古文侑皆作宥。又通作囿。禮器云、詔侑武方。鄭注、詔侑或爲詔囿。

義疏

酬醻**酢**醋**侑**姷祐宥右**報也**郭注、

此通謂相報答、不主於飲酒。酬、从𠭁者、正字也。旅酬當𠭁問其先後、因其衆而从州。詩一朝醻之、因酒而有幣。無言不讎、劉向引作醻、則專謂報荅也。酢、从乍者、正字。酒自阼階爲酢、昔酒酸爲醋。今文乃亂之。説文正反之矣。詩、萬壽攸酢。侑本从女、有女爲耦。禮尸侑改从人、古文皆作宥。詩一朝右之、易可與祐神、字又作右祐。詔詞自右。右、助也。是尸侑義、詩右之承醻之則報也。報、从服𠬝。因爲報荅。記報葬者報虞、又以爲疾急。

集解

酬酢侑報也

酬字一作醻、主人進客也。从酉𠭁聲、或从州聲。引申爲報。詩彤弓一朝醻之傳醻、報也。左昭二七傳吾無以酬之、注酬、報獻也。周語酬幣宴貨、吳語自剄于客前以酬客、韋注均云酬、報也。酢、醶也、从酉乍聲。正字爲醋。醋、客酌主人也。引申爲報。醋酢通用字。詩楚茨萬壽攸酢、瓠葉酌言酢之、傳均云酢、報也。儀禮士虞尸以醋主人、注醋、報。特牲注同。侑字一作姷、耦也。从女有聲、或从人。正字爲祐。祐、助也。凡相助者必相報。祐姷侑通用字。儀禮特牲饋食祝侑、注侑、勸也。易繫辭可與祐神、與可以酬酢對文、則祐亦報也。報當𡚬人也、與復通用。

義證

酬酢侑報也

此通謂相報荅也不主於飲酒

慧琳根本毗奈耶雜事律廿二卷音義引郭注爾雅云、謂相報答也。高僧傳二卷音義引爾雅酬報也。郭注云、酬相報答也。今本脫也字、據補。各本皆作于、阮氏云于當作於。

郭注佚存補訂

酬酢侑報也

説文云、醻、主人進客也。或作酬。醋、客酌主人也。古文醋作酢、字皆從酉。蓋酬酢爲飲酒之禮、此爲正義。引申之爲凡爲酬酢之稱。小雅瓠葉酌言酢之、毛傳云酢、報也。鄭箋云、報者賓既卒爵、洗而酌主人也。酌言醻之傳云醻、道也。箋云、主人既卒酢爵、又酌自飲卒爵、復酌進賓、猶今俗之勸酒。楚茨獻醻交錯、箋云賓既酌主人、主人又自飲酌賓曰醻。小弁如或醻之、箋云醻、旅醻也。正義云、酬酢皆作酬、此作醻者、古字得通用也。酬有二等、既酢而酬賓者、賓奠之不舉、謂之奠酬。至三爵之後乃舉嚮者所奠之爵、以行之於後、交錯相酬、名曰旅酬、謂衆相酬也。彤弓一朝酬之、傳云醻、報也。箋云醻、猶厚也、勸也。此亦言飲酒之禮。郭注謂酬酢通謂相報答、不專主飲酒。案、酬與讎通。大雅抑無言不讎、無德不報、讎與報對文、則讎亦報也。韓詩外傳作無言不酬。書召誥讎民、彼釋文云讎字或作酬。傳箋失之。此則泛言酬報也。酢者、楚茨萬壽攸酢、傳云酢、報也。楚茨獻醻交錯、當爲酢。周語正作獻酬交酢、注云酢、報也。

爾雅詁林　一　釋詁下

小雅行葦或獻或酢、箋云進酒於客曰獻、客答之曰酢。侑者楚茨以妥以侑、傳云侑、勸也、疏云、傳以爲勸者已飲食而後勸之、亦是重報之義、侑通作右。儀禮有司徹注云右、古文作侑。周禮大祝注云、右讀爲侑。彤弓一朝右之、傳云右、勸也。與一朝醻之同義。

說詩

酬酢節疏欲用深安賓也 用、誤共。

注疏正字

酬酢侑報也　酬、一切經音義八引作醻。案、說文、酉部醻、从酉𠷎聲。或从州作酬。醻、卽醻之隸變。　酢、當作醋。說文、酉部醋、客酌主人也、从酉昔聲。又酢、醶也、从酉乍聲。二字聲同、故醋亦作酢。儀禮注曰、古文醋作酢、後人竟互易之。　侑、釋文云本或作宥。案、說文人部無侑字。据左傳僖廿五年王饗醴命之宥、則作宥可也。然說文訓宥爲寬、則亦非本義。周官大祝享右祭祀、鄭君讀右、是古文作右也。

匡名

酬酢侑報也 說文報當作人也。从㚔𠬝。𠬝、服罪也。註、報白、報復、引伸之義也。鄭註謂通相報答、不至於飲酒。醻主人進客也、从酉𠷎聲。或从州。酧、醶也。廣韻、主答客曰酬、客報主曰酢。小雅、酌言酬之、又酌言酢之、傳酢、報也。醻、道飲也。小雅以妥以侑、傳侑、勸也。

啓蒙

酢　醋　說文。酢。醶也。醋。客酌主人也。儀禮特牲饋食禮。祝酌授尸。尸以醋主人。注。醋。報也。古文醋作酢。易繫辭。可與酬酢。釋文。酢。京作醋。

黃侃評本正名

梏直也　弛易也　鮮寡也　侑報也

禮記注作梏、直也。緇衣注有梏德行　毛詩傳、覺、直也。抑詩有覺德行傳　施乾　李巡作弛。尸紙反　易、音亦。釋詁釋文　顧野王謝嶠本弛作施。釋詁釋文　易、以豉反。釋詁釋文　文選注作尠、寡也。西京賦注　釋文侑本或作宥。釋詁釋文

證異

酢報也

錦燧謹案、酢乃醋之假借字。据段書乍聲昔聲古音同五部。經典中多通用。如儀禮特牲饋食禮尸以醋主人注、古文酢作醋。又有司徹尸以居右注、今文醋曰酢。易繫辭是故可與酬酢、釋文酢、京本作醋。漢書文三王傳集注晉灼引許君云、措置字借以爲笮耳。此皆乍昔聲同通假之證。說文酉部云、截、酢漿也。醶、酢漿也。酢、醶也。三字連文、是酢本酸截之名、引申之凡味酸者皆謂之酢。上文醶、酢也、酸、酢也、皆用酢之引申義也。說文又云、醻、獻醻、主人進客也。醋、客酌主人也。二文連文、是醋本訓爲獻醻。今獻醻之醋、則相承用酢、酸截之酢則相承用醋、因假借而互易其字、猶榑楞、職識、拏挐、童僮、穜種、沈㞌、憮煤、霚霧、翰鶾之比矣

陸錦燧日記

酬、酢、侑、報也。

玉篇「報、酬也、荅也、」淮南天文篇「報、復也、」穆天子傳注云：「報、猶反也、」是酬、荅、反、復、皆報也。飲食用之；尋常報荅亦用之。

酬酢者、說文「醻、主人進客也、或作酬。醋、客酌主人也。」廣韻引倉頡篇云：「主荅客曰酬；客報主人曰酢。」郝氏以爲「倉頡多古字、古文作酢。」

爾雅詁林　一　釋詁下

」侑者、特牲饋食禮鄭注云：「侑、勸也；或曰：又勸之使又食。」是酬、酢、侑者、乃主賓飲食之禮相報荅也。詩彤弓云：「一朝醻之、」傳云：「醻、報也；」楚茨云：「萬壽攸酢；」公食大夫禮云：「公受宰夫束帛以侑；」此則不專主飲食、乃泛言報荅也。酬、亦作詶、見眾經音義所引倉頡篇。酢、司几筵及司尊彝俱作昨、注云：「昨、讀曰酢。」侑、說文作姷、其或體作侑；儀禮注謂：「古文侑、皆作宥。」

爾雅學

酬酢侑報也○釋曰 注疏本刪。

不主于飲酒 單疏本雪牕本同。按于當作於。

案公食大夫禮賓三飯之後云 元本同。閩本監本毛本禮賓倒。

殷勤之意未至 元本同。閩本監本毛本殷勤改慇懃。

校勘記

侑報也。疏侑者。案公食大夫禮賓三飯之後今本賓字誤在禮字上。

注疏本正誤

酬、酢、侑報也。 昨 又

孫侶音直

酬酢昨侑報也

楊氏音訓

毗劉暴樂也覭髳茀離也

毗劉、暴樂也。謂樹木葉缺落、蔭疏。暴樂見詩。覭髳、茀離也。謂草木之叢茸翳薈也。茀離即彌離、彌離猶蒙蘢耳。孫叔然字別爲義、失矣。

郭注

毗劉暴樂也 釋曰、舍人曰毗劉、爆樂之意也、木枝葉稀踈不均爲爆樂。郭云、謂樹葉缺落蔭踈爆樂見詩者、大雅桑柔云捋采其劉、毛傳云劉、爆爍而希也、是矣。覭髳茀離也 釋曰、郭云謂草木之叢茸翳薈也、茀離即彌離、彌離猶蒙蘢耳、孫叔然字別爲義、失矣。郭以時驗而爲此解、孫氏每字各別爲義、故云失矣。

邢疏

毗劉暴樂也

毗劉、爆樂之意也。木枝葉稀疏不均爲爆樂。詩桑柔正義 邢疏爆作暴。

犍爲注

毗樂也 釋文、毗、樊光本作庇。

庇、蔭也。釋文

樊注

覭髳茀離也 郭注茀離孫叔然字別爲義。

孫音注

毗劉暴樂也 釋文、樂、本又作爍。

樂音洛。又力角反。釋文 爍、盧角反。詩大雅桑柔傳爆爍釋文

覭離也

覭、亡革反、又莫經反。釋文 盧本經作經。

郭音義

毗劉暴樂也

大雅桑柔引爾雅作爆爍。

眾家注

黃輯古義

毗劉爆爍也 釋文、暴、本又作爆。樂、本又作爍。依注是舍人本。

毗劉、爆爍之意也。木枝葉稀疏不均爲爆爍。詩大雅桑

爾雅詁林 一 釋詁下

柔正義 邢疏

犍爲注

庇劉暴樂也釋文、毗、樊光本作庇。

庇蔭也。釋文

樊注

覭髳茀離也

茀離字別爲義。郭注引孫叔然

孫音注

毗劉暴樂也。樂音洛。又力角反。釋文盧角反。詩釋文

覭髳。覭亡革反、又莫經反。釋文

郭音義

玉函山房輯佚

毗劉暴爆樂爍也

毗劉、爆爍之意也。木枝葉稀疏不均爲爆爍。舍人注 詩疏十八之二

鉤沉

毗劉暴樂也釋文、毗、樊光本作庇。暴、本又作爆。樂、本又作爍。按、詩正義引舍人注作爆爍、則釋文所指當即是舍人本。

舍人曰、毗劉、爆爍之意也。木枝葉稀疏不均爲爆爍。詩正義十八之二 邢疏

樊曰、庇蔭也。釋文

覭髳茀離也郭注、茀離、孫叔然字別爲義。

漢注

毗劉暴樂也釋文二十九卷、毗、樊光本作庇、暴樂、本又作爆爍。按、詩正義十八之二卷引此文作爆爍。

舍人云、毗劉、爆爍之意也。木枝葉稀疏不均爲爆爍。詩正義十八之二卷

樊光云、庇、蔭也。釋文二十九卷

郭璞云、謂樹木葉缺落蔭疏、暴樂見詩。

覭髳茀離也

郭璞云、謂草木之叢茸翳薈也。茀離即彌離、彌離猶蒙蘢耳。孫叔然字別爲義、失矣。

一切注音

毗劉暴樂也 舍人曰、毗劉、爆爍之意也。木枝葉稀疏不均爲爆爍也。詩桑柔正義 樊光本毗作庇、云廕也。

樂、郭音洛。釋文

蕙心案、正義引爾雅作爆爍、與舍人同。然則爾雅以爆爍爲句。蓋爆爍猶剝落、郭注謂樹木葉缺落蔭疏。暴樂義本舍人。

覭髳茀離也 茀、郭亡羊反。釋文

蕙心案、說文見部覭下引爾雅曰、覭髳、茀離。郭注、謂草木之叢茸翳薈也。茀離即彌離、彌離猶蒙蘢也。孫叔然字別爲義、失矣。蓋郭云叢茸即覭髳之轉聲、翳薈即茀離之疊韵。郭更伸言彌離蒙茸者、舉字之因聲以見義、例可類推、皆以識孫之失耳。孫注今無可攷。

古注斠

毗如字。樊光本作庇、云蔭也。暴本又作爆、同。邦角反。樂本又作爍。郭音洛、又力角反。也 廕於禁反。又作蔭、同。覭郭亡革反、又莫經反。髳音蒙。茀音弗。叢才工反。茸如容反、或如融反。薈烏會反。

陸音義

廕又作蔭、同。○蔭乃正體。注疏本廕與蔭互易。

音義攷證

爾雅詁林 一 釋詁下

毗劉暴樂也

毗、毗其下。劉、劉其上。荀子曰、葉落糞本。

覛髳茀離也

茀、相弗也。離、相麗也。

新義

毗劉暴樂也 剝、桑柔云、捋采其劉。暴、音剝、木枝疎落也。樂、即爍也。毗未詳。 覛髳茀離也 覛、翳薈也。髳、蒙茸也。茀、茂盛也。離、謂艸木披離。覛、音陌。髳、音蒙。

鄭樵注

毗劉暴樂也毗、樊光本作庇。暴、本又作爆。樂、本又作爍。郭音洛。

舍人曰、毗劉、爆爍之意也。木枝葉稀疏不均爲爆爍。

樊光曰、庇、蔭也。

郭璞曰、謂樹木葉缺落蔭疏。暴樂見詩。

鄭樵曰、劉、桑柔云、捋采其劉。暴、音剝、木枝疎落也。樂、即爍也。毗未詳。

覛髳茀離也覛、郭七革反。

郭璞曰、謂草木之叢茸翳薈也。茀離即彌離、彌離猶蒙蘢耳。孫叔然字別爲義、失矣。邵案、注今無改。

鄭樵曰、覛、翳薈也。髳、蒙茸也。茀、茂盛也。離、謂艸木披離。覛、音陌。髳、音蒙。

古注合存

毗劉暴樂也毗音皮、暴樂當作爆爍、音剝落。○此釋毗劉爲暴樂之義也。註曰、謂木葉缺落蔭疎暴樂也。疏曰、詩桑柔云、捋采其劉、毛傳云、劉、爆爍而希也。愚按、毗、謂蔭毗也。毗劉二字連文。

覛髳茀離也覛音陌、髳音蒙。○此釋覛髳爲茀離之義也。註曰、謂草木之叢茸翳薈也。茀離即彌離、猶蒙蘢耳。孫氏字別爲義非。

注疏參義

鄭云、暴樂、樂即爍也、毗未詳。按、毛傳劉、爆爍而希也、則毗亦當以一文爲一義、而郭鄭均未之詳、郭又似以毗劉二文連爲一義。

鄭云、覛、翳薈也。髳、蒙茸也。茀、茂盛也。離、謂草木披離。按此以字別爲義也、未知即孫叔然之說否。郭氏以覛髳二文爲一義、茀離二文爲一義、謂草木之叢茸翳薈也、茀離即彌離、彌離猶蒙蘢耳。二說竝通。郭以字別爲義爲失、亦正不必。

補注

毗劉暴樂也**註**謂樹木葉缺落蔭疏暴樂見詩覛髳茀離也**註**謂草木之叢茸翳薈也茀離即彌離彌離猶蒙蘢耳孫叔然字別爲義失矣**正義**此釋草木疎容之異名也。○毗劉暴樂也。○說文云、䶊、綠廢也。釋文引樊光本作庇、云蔭也。按、庇蔭也、釋言文。與暴樂之義無涉、作毗者是也。詩疏引爾雅作毗劉、爆爍也。又引舍人云、毗劉爆爍之意也、木枝葉稀疏不均爲爆爍。○覛髳茀離也。○說文云、覛、小見也。引爾雅曰、覛髳、茀離。案、覛髳、茀離皆雙聲。凡雙聲之字、義存乎聲。**註**謂樹至見詩。○**正義**郭氏本舍人爲義。云見詩者、大雅桑柔云、捋采其劉、毛傳、劉、爆爍而希也、鄭箋云、及已將采之時、則葉爆爍而疏。○**註**謂草至失矣。○**正義**郭云草木之叢茸翳薈、猶孫子云葭葦山林翳薈也。茀離即彌離者、彌離又轉作仳離。王風中谷有蓷云、有女仳離。又云彌離即蒙蘢者、蒙蘢又轉作尨茸、左氏僖五年傳云狐裘尨茸。後世彌離轉作迷離、又轉作靡麗。蒙蘢轉作蒙戎、又轉作葱蘢。皆語之遞轉、郭氏舉類以曉人也。郭以字別爲義爲失者、連舉之字不當分析取義、亦舉以例其餘也。

正義

毗劉暴樂也

玉案、漢書五行志剝落萬物始大殺矣、剝落即暴樂。

補注殘本

郭注草木叢茸　繫傳引注茸作攢。

校議

毗劉暴樂也謂樹木葉缺落蔭疏暴樂見詩覛髳茀離也謂草木之叢茸翳薈也茀

離卽彌離、彌離猶蒙蘢耳。孫叔然字別爲義失矣。方言云、毗、廢也。廢與㬥樂義近、通作爆爍。詩捋采其劉、毛傳劉爆爍而希也。鄭箋云捋采之則葉爆爍而疏。釋文、爆、本又作㬥、同。音剝。爍、本又作爍、或作落、同。音洛。爾雅釋文、㬥、本又作爆。爍、本又作爍。桑柔正義引爾雅正作爆爍、又引舍人曰毗劉爆爍之意也、木枝葉稀疏不均爲爆爍。然則爆爍之爲言猶剝落也。亦言蘀落。說文云、艸木凡皮葉落陊地爲蘀。詩七月鶴鳴傳竝云、蘀落也。或言拓落。文選解嘲云、何爲官之拓落也。蓋拓落疏薄之意猶落魄也。又言牢落。文選上林賦云牢落陸離、李善注牢落猶遼落也。又言留落。漢書霍去病傳云、諸宿將常留落不耦。然則留落之聲與劉樂同、毗劉之爲言猶不留也。音變爲仳離。詩、有女仳離。仳離蓋分散之義、與披離同。方言云、披、散也。是披離猶仳離也。又變爲劈歷。釋名云、辟歷辟析也、所歷皆破析也。又變爲㷸爆。廣韵云、㷸爆、胡樂。亦作必栗。一切經音義十九引纂文云、必栗者、羌胡樂器名也。蓋必栗猶言別裂、其聲激楚、聽之如欲破裂也。此皆毗劉一聲之轉也。釋文、毗、樊光本作庇云庇蔭也。按、庇毗聲同、古字通借、訓爲庇蔭失其義也。毗劉、㬥樂、蓋古方俗之語、不論其字、唯取其聲。今登萊閒人凡果實及木葉陊落謂之毗劉、把拉。把拉亦卽㬥樂之聲轉。○說文云、覭、小見也、从冥聲。引爾雅曰覭髳、弗離。是覭當讀莫經反。釋文郭亾革反、則讀如陌、二讀實一聲之轉也。說文髳卽髮重文之省、當讀如矛。釋文音蒙、蒙矛亦一聲之轉也。覭髳音變爲幕蒙。左氏昭十三年傳、以幕蒙之。按、幕蒙亦覆蔽之意也。又變爲溟沐。太玄少云、密雨溟沐。蓋溟沐猶霢霂、爲細雨濛密之貌也。又變爲蠛蠓。蠛蠓者、小蟲亂飛之貌也。又變爲緜蠻。詩緜蠻黃鳥、緜蠻猶言彌漫。蓋文采緐密之貌。文選景福殿賦注引韓詩薛君云緜蠻文貌。是矣。毛鄭訓小、失其義也。是皆覭髳一聲之轉、字雖異而義實同者也。茀離、說文引作弗離。郭注茀離卽彌離、彌離猶蒙蘢、亦皆一聲之轉也。彌離變爲迷離。木蘭詩云、雌兔眼迷離。又變爲幎歷。文選射雉賦云、幎歷乍見。幎音覓、幎歷猶迷離也。又變爲冪歷。廣韵云、冪歷、煙狀。又變爲冪䍦。廣韵云、冪䍦、婦人所戴。又變爲幕絡。釋名云、賁蔮曰莫莫、幕也、貧者著衣、可以幕絡絮也。蒙蘢之聲同爲矇朧。玉篇云、矇矓也。又聲近爲蒙戎。詩狐裘蒙戎、毛傳蒙戎以言亂也。亦作尨茸。左氏僖五年傳狐裘尨茸、杜預注尨茸、亂貌也。茀離之爲言猶紛綸。史記司馬相如傳云紛綸葳蕤、索隱胡廣云紛亂也。是紛綸猶紛亂、又與茀離聲轉義近也。覭髳雙聲、茀離疊韵、亦古方俗之語、取其聲不論其字者。孫炎字別爲義、郭所以譏其失矣。

義疏

毗劉爆暴**爍**樂**也** 舍人注、毗、劉、爆爍之意也。樊注、庇、蔭也。郭注、謂樹木葉缺落蔭疏、暴樂見詩。此當以爆爍連文、毗劉各別爲讀、樊注是也。詩胡不茈焉、言皆見其爆爍。捋采其劉、言采多則爆爍。爆爍、枯悴皃。

覭髳茀句**離也** 郭注、謂艸木之叢茸翳薈也。茀離卽彌離、彌離猶蒙蘢耳。孫叔然字別爲義失矣。覭髳、溟濛、詞家用之。茀離、被離、離披、非冥蒙義也。又經傳所無。何云釋詁、覭、从冥、卽幎也。禮、給幎、周官有幎人。緜沔皆其聲轉。詩、緜緜瓜瓞、髳鬏髦通用字。詩、如蠻如髦。緜連也。言若合若離。又茀厥豐艸字、亦作拂。拂、去離之也。離、从离、离山神獸。離爲楚雀、皆無別義。易有離卦、傳云麗也。因附麗而生分別。又爲羅网、離憂之詞。

集解

毗劉暴樂也 毗、人臍也、从囟比聲。正字爲捝。捝、反手擊也。字亦作批。物被擊者必暴樂。左傳批而殺之、則批與劉又同意矣。毗捝批通用字。詩中谷有蓷有女仳離、傳以仳爲別非也。仳離卽毗劉。蓋女子暴樂而醜其容者。說文仳、仳催醜面也。楚辭注、仳催、醜女也。淮南高注、仳催醜皃。皆有暴落之意、借仳爲之。或者正字爲剝、實爲支與。劉字一作釗、刘也。草木刘之乃暴樂。說文則以鎦爲之。鎦劉釗通用字。詩桑柔捋采其劉傳劉爆樂而希也。暴樂疊韵連語、猶剝落也。暴毗雙聲、樂劉亦雙聲。暴樂卽毗劉之轉語。

覭髳茀離也 覭、小視也、从見冥聲。正字爲幎。幎、幔也、覆也、以巾覆物、與以網離物

爾雅詁林　一　釋詁下

同。周禮幎人、儀禮絡幎均是也。幎覭通用字。詩角弓如蠻如髦，蠻髦即覭髳、離也。因以為遠方之偁。或者正字為冥，實為一。與周禮冥氏掌設弧張，冥取一義、亦取離義也。髳字一作鬏、髮至眉也。从髟敄聲，或从矛聲。引申為離，謂髮離垂於眉也。詩所謂其實離離是也。字或以髦為之。詩柏舟髧彼兩髦，儀禮既夕脫髦，禮記內則拂髦，玉藻親沒不髦，髦均為額上飾髮離垂而麗其容者。故髦可釋為離也。茀，艸多也。从艸弗聲。引申為離，謂艸多而離離也。詩彼黍離離是也。易既濟婦喪其茀，王注以茀為首飾，子夏茀作髴，其為飾髮離垂可知。若今之飾鬢然。莊子逍遙遊窮髮之北，背義云山以艸為髮，則艸曰離離，髮亦曰離離，此茀所以釋離與離。離黃、倉庚也。从佳离聲。經典或以為羅，為垂之借字。

義證

毗劉暴樂也 暴、釋文本又作爆，邢角反。樂、本又作爍、音洛。

(註)謂樹木葉缺落蔭疏暴樂見詩(補正)邢疏、舍人曰毗劉、暴樂之意也、木枝葉稀疏不均為暴樂。臣鍫按、詩疏引舍人註暴樂作爆爍、此亦當在釋訓篇。下茀離同。

覭髳茀離也 覭、亡革反。髳音蒙。

(註)謂草木之叢茸翳薈也茀離即彌離彌離猶蒙籠而

郭注補正

毗劉暴樂也。舍人作爆爍。按詩柔桑捋采其劉，毛傳劉爆爍而希也。依義當从舍人。

錢氏古義

毗劉暴樂也　注謂樹木葉缺落蔭疏暴樂見詩

正曰、詩有劉字無毗字。暴樂字郭注未安。詩大雅桑柔捋采其劉、毛傳劉、爆爍而希也。鄭箋葉爆爍而疏。孔正義、釋詁云毗劉爆爍也。舍人曰毗劉、爆爍之意也。木枝葉稀疏不均為爆爍。孔正義引舍人本暴樂作爆爍，而釋文引樊光本毗作庇，云蔭也。左文七年傳葛藟猶能庇其本根。疑樊注引左傳訓庇為蔭，葛藟庇蔭亦爆爍而希疏，與舍人同詁，勝於郭注釋劉不釋毗矣。

覭髳茀離也　注謂艸木之叢茸翳薈也茀離即彌離彌離猶蒙蘢耳孫叔然字別為義失矣

正曰、依孫注離讀為籬，訓為蔽。易大壯釋文藩、馬云籬落。周禮春官巾車漆車藩蔽。是其詁也。詩衞碩人翟茀以朝，毛傳茀、蔽也。髳，經典通作髦。釋文釋形體髦，冒也。漢書翟方進傳善惡相冒，顏注冒、覆蔽也。茀與髳皆有蔽詁。詩小雅無將大車鄭箋、冥冥，蔽人目明令無所見。說文見部覭、小見也，从見冥聲。爾雅曰覭髳茀離。覭訓小見，則幾於無所見，亦有蔽人目明之詁。說文引爾雅覭不與髳連讀，而字別為義，與孫注合。此古詁之廑存者也。邵郝兩疏用郭。邵駁孫、而覭髳與茀離皆連讀，無依據之可言，殆與郭注同過與。

正郭

毗劉暴樂也

謂樹葉缺落廕疏暴樂見詩

各本作謂樹木葉缺落，今據單疏本刪木字。釋文云、廕又作蔭，同，各本俱作蔭。

郭注佚存補訂

毗劉暴樂也

大雅桑柔捋采其劉毛傳云劉爆爍而希也鄭箋云人庇陰其下者均得其所及已將采之則葉爆爍而疏人息其下則病於爆爍鄭以毗爲庇以劉爲暴樂彼釋文云爆本又作暴同音剝爍本又作樂或作落同疏云釋詁云毗劉爆爍也舍人曰毗劉爆爍之意也木枝葉稀疏不均爲爆爍據此則毛與舍人及孔所見爾雅同作爆爍與陸本異也今案此當釋王風中谷有蓷有女仳離仳離與毗劉音轉字暵乾與爆爍同義以草之暵乾形容女之仳離此皆雙聲疊韻字但取其聲讀其聲即知其義不可一字一釋毗劉暴樂二字連緜與下句覭髳茀離同不得單以劉字釋暴樂也毛鄭均失之

覭髳茀離也

說文云覭小見也引爾雅覭髳茀離郭注云謂草之叢茸翳薈也茀離即彌離彌離蒙蘢耳孫叔然字別爲義失矣今案此當釋邶風狐裘蒙戎傳云蒙戎以言亂也僖五年左氏傳作尨茸凡此皆無定字但取其聲故蒙戎之聲可轉爲覭髳茀離亦

草木林離之貌林離見子虛賦皆謂亂雜也。

說詩

毗劉節註謂樹木葉缺落蔭踈 蔭釋文作㕃。

疏捋采其劉毛傳云劉爆爍而希也是矣 矣疑也字誤。捋監本誤將。

覭髳節音覭音陌 釋文云郭七革切又莫經切。

注疏正字

毗劉暴樂也覭髳茀離也

說文無毗字當作仳詩王風中谷有蓷有女仳離即茀離也仳離句暴樂句也覭髳句茀離句也皆連文爲訓故郭注云孫叔然字別爲義失矣然大雅桑柔捋采其劉傳曰劉爆爍而希也據此亦可字別爲義矣爆爍即暴樂也。

小箋

毗劉暴樂也 毗釋文云樊光本作庇云蔭也正義曰說文云毗緣廢也樊本作庇訓蔭與暴樂之義無涉作毗是也元照案庇毗皆从比聲樊本作庇訓蔭與暴樂之義正合古訓與後之循文解義者不同說文訓毗爲人臍囟部邵所引亦誤釋文云暴樂本又作爆爍毛詩正義大雅桑柔引作爆爍案爍說文火部新附字。 說文日部暴晞也从日从出从廾从米與㬥字从夲者別今俗作曝。 樂本禮樂字此當作落。桑柔釋文爍本又作樂或作落。

覭髳茀離也 說文見部類篇髟部引皆作茀。

匡名

毗劉暴音剝樂也覭髳音蒙茀離也此釋草木疏密之異名。㗊本義毗齎人

爾雅詁林 一 釋詁下

爲假爲廢也、明也。郭註謂樹木葉缺落蔭疏。邢疏、木枝葉稀疏不均者爲暴樂。大雅捋采其劉、傳劉、爆爍而希也。覞、小見也。引爾雅覞髳茀離。郭註、謂草木之叢茸翳薈也、茀離卽彌離、彌離猶蒙茏耳。

啓蒙

茀　弗　說文覞字下引作弗。不从艸。
說文雖引作弗離、而茀實正字。

黃侃評本正名

毗劉、暴樂也。　暴樂正作彔落。又與駁犖近。

覞髳、茀離也。　謂草木之叢茸翳薈也。茀離即彌離、彌離猶蒙籠耳。孫叔然字別爲義、失矣。

郝疏云、覞髳音變爲幕蒙、又變爲溟沐、蠛蠓、緜蠻、彌漫。案說文、糸、細絲也。玉篇與覞俱音亡狄反。聲轉又爲縻。方言秦晉謂布帛之細者爲縻。爲緬、廣雅微也。爲蔑、書君奭鄭注小也。爲懱、廣雅小也。爲緜、漢書嚴助傳越人緜力薄材、孟康曰緜音滅。爲麼、廣雅微也。大抵由此音而變轉者、皆有小義、不獨郝疏所舉也。郝又云、詩緜蠻黃鳥、文選景福殿賦注引韓詩薛君云、緜蠻文貌、是矣。毛鄭訓小、失其義也。是皆覞髳一聲之轉。案雖覞髳亦是小、何必韓是而毛非、此說非也。　茀離、說文雖引作弗離、然茀爲正字、茀與市通、說文朩、艸木盛朩朩然、讀若輩。又通作肺、詩其葉肺肺是也。又通作旆、荏菽旆旆是也。又通作淠、萑葦淠淠是也。　茀亦重言茀茀、廣雅茀茀、茂也。又通作拂、夏小正拂桐芭、傳言桐芭始生、貌拂拂然也。孫叔然字別爲義者、覞猶言溟溟、髳猶言菽菽、茀猶言茀茀、離猶言離離、凡雙聲疊韻疊字無不可單言成義者、郭注遽議其失亦非也。

黃侃音訓

釋詁覞髳茀離也

億案、此凡兩讀。注云孫叔然字別爲義、則覞一讀髳、一讀茀、一讀以離也、總釋上三字。郭景純註茀離卽彌離、彌離猶蒙籠耳、又以覞髳一讀茀離一讀以茀離釋覞髳。攷釋詁例皆以末一字釋上數字、如郭氏註獨以此二字訓上兩字、疑不可從、依叔然讀爲是。

異考

毗劉、暴樂也。郭云謂樹木葉缺落蔭疏。暴樂、詩疏引舍人云毗劉、爆爍。木枝葉稀疏不均爲爆爍。案說文無毗字、釋文引樊光作庇、云蔭也。邵氏駁之曰、庇蔭也、釋言文、與暴樂義無涉、仍當作毗。引方言毗、緣廢也。今案邵說亦迂。毗、疑當作彔。說文、彔、木葉陊也。从木、㒵聲、讀若薄。玉篇以此爲蘀字。毛詩傳云、蘀、落也。大雅桑柔傳云、劉、爆爍而希也。是彔與劉義正相近、說文彔讀若薄、與暴音近、暴樂猶剝落耳。

胡氏古義

毗劉、暴樂也。

釋文「暴、本又作爆；樂、本又作爍、」詩桑柔疏引爾雅、即作爆爍。疏又引舍人云：「毗劉、爆爍之意也、木枝葉稀疏不均爲爆爍；」郝云：「猶剝落也。」

毗、釋文云：「如字。」劉者、詩「捋采其劉、」傳云：「劉、爆爍而希也、」箋云：「捋采之、則葉爆爍而疏。」釋文云：「爆、音剝；爍、或作落、同、音洛。」

覞髳、茀離也。

郭注「謂草木之叢茸翳薈也。茀離、即彌離；彌離、猶蒙蘢耳。孫叔然字別爲義、失矣。」邵氏云：「彌離、又轉作仳離、王風中谷有蓷云：『有女仳離。』蒙蘢、又轉作尨茸、左氏僖五年傳云：『狐裘尨茸。』後世彌離轉作迷離、又轉作靡麗；蒙茸轉作蒙戎、又轉作葱蘢；皆語之遞轉、郭氏舉類以曉人也。」

爾雅詁林　一　釋詁下

䫉髳、釋文「䫉、郭亡革反、又莫經反。髳、音蒙。」郝云：「䫉、髳、」雙聲；茀、離、疊韻；亦古方俗之語、取其聲不論其字者。孫炎字別爲義、郭所以譏其失矣。」

爾雅學

謂樹木葉缺落蔭疏暴樂 雪牕本注疏本同。釋文廕又作蔭、同。單疏本作謂樹葉缺落蔭疏爆樂當據以訂正。按、釋文音經、暴樂本又作爆爍、郭音落。疏引毛詩傳作爆爍、引舍人注作爆樂。

毗劉暴樂也○釋曰 注疏本刪。

爆樂之意也 元本同。閩本監本毛本爆改暴、非。下二爆樂同。

䫉髳髴離也○釋曰 注疏本刪。又釋文唐石經作茀、此作髴、葢因髳字從髟因誤。書茀亦從髟也。

校勘記

孫叔然字別爲義失矣 十行本無此九字。雪牕本字作自。

校勘記訂補

䫉髳茀離也。音䫉音汩、誤作陌。釋文䫉、郭亡革反、又莫經反。

注疏本正誤

八行(注)謂樹木葉缺落○。邢疏引無「木」字。

宋監本校箋

毗劉暴(音剝)樂也䫉(音陌)髳(音蒙)茀離也

音圖・音

䫉郭亡革翻。微明輕重交互出切、音覓。(革陌覓、錫微別。)一音麥、非。又莫經翻、音冥。髳、音蒙。䫉蒙雙聲。(或以茀離爲雙聲、非。)丁度集韻䫉、音蒙。引爾雅䫉髳䟫離也、誤。

音略

毘 剝 洛又去聲 麥明棠 弗

毗、劉、暴、樂也。䫉、髳、茀、離也。

孫侶直音

毘 剝 洛 麥 蒙 弗

離也毗、劉、暴、樂也。䫉、髳、茀、

直音校正

毗(皮)劉暴(剝)樂(洛)也。(木枝葉稀疎不均爲暴樂。)䫉(陌)髳(蒙)茀離也。(茀離即彌離、彌離猶蒙蘢耳。)

楊氏音訓

㬥(暴)䫉(麥)髳(蒙)

干氏音釋

蠱諂貳疑也

蠱、諂、貳、疑也。蠱惑、有貳心者、皆疑也。左傳曰、天命不諂。音縚。

郭注

蠱諂貳疑也 釋曰、皆謂疑惑也。郭云蠱惑有貳心者皆疑也者、案昭元年左傳晉趙孟問於醫和、曰何謂蠱。對曰淫溺惑亂之所生也。於文皿蟲爲蠱、穀之飛亦爲蠱。在周易女惑男、風落山謂之蠱。是蠱惑也。貳者、心疑不一也。大雅大明云無貳尔心。毛傳云無敢懷貳心也。云左傳曰天命不諂者、哀十七年葉公子高辭也。

邢疏

諂疑也

諂、音縚、他刀反。釋文

郭音義

諂疑也 釋文、諂、或作慆。沈、勑檢反。

沈集注

黃輯古義

蠱諂、音縚、他刀反。

郭音義

蠱諂貳疑也

諂、勑檢反。下竝同

沈集注

玉函山房輯佚

蠱諂貳疑也

郭璞云、蠱惑、有貳心者、皆疑也。左傳曰天命不諂。

一切注音

謟疑也 郭音縚、他刀反。釋文

古注斠

蠱音古。謟郭音縚、他刀反。字或作慆。沈勑檢反。

陸音義

謟沈勑檢反。○此上當云又或作諂、方與沈音合。

音義攷證

蠱謟貳疑也

言有不盡則疑。

新義

蠱諂貳疑也 蠱惑也。諂謂讒諂也。貳心不一也。

鄭樵注

蠱謟貳疑也 謟、郭音韜。字或作慆。郭璞曰、蠱惑有貳心者、皆疑也。左傳曰天命不謟。鄭樵曰、蠱惑也。謟謂讒謟也。貳心不一也。

古注合存

蠱謟貳疑也 謟音叨。○此釋蠱謟爲貳疑之義也。疏曰、左傳趙孟問於醫和曰、何謂蠱。對曰、淫溺惑亂之所生也。於文皿蟲爲蠱。在易女惑男、風落山謂之蠱。是蠱惑也。貳者心疑不一也。愚按疏單訓蠱之義、謟亦如之。蘊氏云、物必先壞也而後蟲生之、人必疑也而後譖入之、意與此條畧同。此不明字說之同異、而發事理之源流、蓋又一類也。

注疏參義

蠱謟貳疑也 **註** 蠱惑有貳心者皆疑也左傳曰天命不謟 **正義** 說文云、疑、未定也。是疑即惑也。蠱者、左氏哀二十六年傳云、大尹蠱惑其君。墨子非儒篇、盛容修飾、以蠱世。皆言惑也。又惑疾爲蠱。宣八年傳云晉胥克有蠱疾、昭元年傳云疾如蠱是也。謟者、昭二十六年傳云、天道不謟、不貳其行。貳者、大雅大明云、無貳爾心。左氏閔元年傳云、間攜貳。**註** 蠱惑至不謟。○ **正義** 貳、本亦作忒。曹風鳲鳩云其儀不忒、毛傳忒、疑也。疏以爲釋言文。郭引左傳哀十七年傳文。

正義

蠱謟貳疑也 蠱惑有貳心者皆疑也。左傳曰天命不謟。說文云、疑、惑也。又云、恖、未定也。是恖疑聲義同。逸周書王佩篇云時至而疑、孔晁注疑、猶豫不果也。漢書注、疑、似也。士相見禮注、疑、度之。周禮司服注、疑之言擬也。然則擬也、度也、俱與似義近、皆疑惑不定之意也。通作凝。易坤釋文云、疑、荀虞姚信蜀才本作凝。禮中庸釋文、凝、本又作疑。疑凝一聲之轉也。蠱者、左氏昭元年傳、淫溺惑亂之所生也。於文皿蟲爲蠱、穀之飛亦爲蠱。在周易女惑男風落山謂之蠱。皆同物也。說文又以腹中蟲爲蠱、梟桀死之鬼亦爲蠱、其義皆爲疑惑也。晉語韋昭注、蠱、化也。化惑聲轉。又恖从匕匕。訓變。變化與疑惑義近。通作假。詩烈假不瑕、唐公房碑作厲蠱不瑕。蠱假音同、古讀假如蠱也。蠱又讀如冶、亦與冶通。馬融廣成頌云田開古蠱、即古冶也。後漢書張衡傳注、蠱、音野、謂妖麗也。然則妖冶與惑亂之義又近矣。謟者、郭引左氏哀十七年傳天命不謟。又昭廿六年傳天道不謟、杜預注並云、謟、疑也。逸周書鄷謀篇云帝命不謟、孔晁注謟、僭也。僭訓假也、擬也、又差也、皆與疑義近。通作慆。左氏昭廿七年傳天命不慆久矣、杜注慆、疑也。爾雅釋文、謟、字或作慆。又通作滔。文選西京賦云天命不滔、李善注滔與謟音義同。左傳哀十七年釋文亦云、謟、本又作滔。皆聲同叚借字也。爾雅釋文又云、謟、沈勑檢反。按勑檢乃諂字之音。謟从舀聲與諂从臽聲迥別、沈旋音誤矣。貳者、說文云副益也、从貝式聲。式、古文二。按二、不一也。有二心者必生疑惑、故晉語云不可以貳、貳無成命。韋昭注貳、疑也。通作二。呂覽應言篇云令二輕臣也、高誘注二、疑也。是二貳通。又通作忒。詩其儀不忒、毛傳忒、疑也。禮緇衣釋文、忒、本或作貳。周語云平民無貳、大射儀注作平民無忒。又通作貸。緇衣云衣服不貳、釋文貳、本或作貸。易豫釋文又云、忒、京本作貸。貸忒聲轉。忒又作貣。貣忒俱从弋聲、貳亦从弋、貳與忒又俱訓變、變與疑義近、故古字俱通。

義疏

蠱謟貳疑也 郭注、蠱惑。有貳心者皆疑也。左傳曰天命不謟。易有蠱卦、傳云、事也。左傳皿蟲爲蠱、女惑男爲蠱、不得

爾雅詁林 一 釋詁下

爲疑也。蓋以王事靡鹽爲無疑、不同毛傳不堅緻之說。謟从言舀。舀卽抗字。書欽念以抗爪曰出米。因爲挨試之詞。詩慆慆不歸。又無貳爾心。貳从弍貝。二則疑矣。疑从化矢夗反比也。比矢不定、故㲋加子益疑矣。

集解

蠱謟貳疑也

蠱腹中蟲也、从蟲从皿會意。左氏所謂皿蟲爲蠱、晦淫之所生是也。正字爲錮。錮、鑄塞也。引中爲疑詞。語學則不固、固卽錮。孔注云蔽也。蔽則疑矣。說文則以吡爲之。吡、錮蠱通用字。易序卦傳、蠱者、事也。左傳以爲女惑男、風落山謂之蠱。則蠱謂疑也。左莊二八傳楚令尹子文欲蠱文夫人、釋文蠱也、猶疑也。謟、字本作惂、說也。从心舀聲。正字爲惑。惑、更也。引申爲疑。詩鳲鳩其儀不忒、傳忒、疑是也。謟慆古今字。謟忒通用字。詩東山慆慆不歸、謂遲疑也。左哀十七傳天命不謟、昭二六傳天道不謟、杜注均云謟、疑也。昭二七傳天命不慆久矣、注慆疑也、文選西京賦作天命不滔。以滔爲之。貳、副益也、从貝从弍會意。弍亦聲。正字爲二。二、地之數也。引申爲變易無常之偁。變易無常者、疑也。二貳通用字。詩大明無貳爾心、箋訓疑。晉語不可以貳、貳無成命、注貳、疑也。呂覽應言令二輕臣也、注二、疑也。疑、惑也。一曰䟭、未定也、从子止矣聲。

義證

蠱謟貳疑也

註蠱惑有貳心者皆疑也左傳曰天命不謟〔補正〕邪

疏貳者、心疑不一也。臣鎣按左傳閔元年閒攜貳註云離而相疑者、則當因而閒之。昭二十六年天道不謟、不貳其命。哀十七年天命不慆久矣註慆、疑也。慆謟通、與謟諛字不同。謟、郭音縚、他力反。釋文云字或作慆。鄭樵謂譏謟非。

郭注補正

蠱謟貳疑也

蠱惑有貳心者皆疑也左傳曰天命不謟音縚

仿宋本有音縚二字。釋文云謟、郭音縚、與仿宋本合。雪牕本作音叨、非。阮氏云今注疏本別附音切者皆刪去音縚二字、以避複。

郭注佚存補訂

蠱謟貳疑也

蠱者、惑也。見易蠱釋文。惑卽疑也。蠱通作假。大雅思齊烈假不瑕。漢唐公房碑作厲蠱不遐。　謟、與慆通。釋文云謟、字或作慆。蕩天降慆德、慆德卽慆德、讀爲昭廿七年左氏傳天命不慆之慆。注云、慆、疑也。哀十七年左氏傳作天命不慆、注亦云慆、疑也。　貳者、大雅大明無貳爾心、箋云天護視女伐紂必克無有疑心。衛風氓士貳其行、箋云我心於女故無差貳而復關之行有二意。有二意卽疑也。貳通作忒。曹風鳲鳩其儀不忒、傳云忒、疑也。禮記緇衣其儀不忒、彼釋文云忒、本作貳。疏以忒疑爲釋言文。案正義引爾雅多依經文改易爾雅本字。大雅瞻卬鞫人忮忒、魯頌閟宮享祀不忒、傳箋並云忒、變也。變卽疑也。

說詩

蠱謟貳疑也　謟、釋文云字或作慆。案說文言部無謟字。郭注

爾雅詁林　一　釋詁下

引左傳天道不謟、哀十七年彼釋文云本又作滔。盧學士曰、釋文謟沈勑檢反。是沈本作諂从臽則不得讀勑檢反矣。元照案謟、無疑義。魏晉人不辨舀臽之分、故誤音勑檢反。陸氏不爲之申明異同、殊失之疏。

匡名

蠱謟貳疑也 說文、𦘔惑也、从子止匕、矢聲。若釋言疑戾也是。匕部𠤕定也之𠤕、非訓惑之疑也。郭註、蠱惑有貳心者、皆疑也。蠱腹中蟲也。左哀二十六年傳、大尹蠱惑其君。左昭二十六年傳、天道不謟。大雅無貳爾心、箋謂無有疑心也。

啓蒙

謟 滔 左氏哀十七年傳天命不謟。本又作滔。案文選西京賦李注、滔與謟音義同。

黃侃評本正名

蠱、疑也。蠱通作兆、讀若賁。謟、疑也。謟正作滔、說文滔、水漫漫大皃。滔與謟、漫與慢並同聲字也。謟疑之義、又由慢來。

黃侃音訓

蠱、謟、貳、疑也。

說文子部云：「疑、惑也。」此疑之本義。邵郝二氏引說文均誤。

蠱者、左氏宣八年傳「晉胥克有蠱疾、」昭元年傳「於文皿蟲爲蠱；谷之飛亦爲蠱；在周易、女惑男、風落山、謂之蠱；皆同物也。」晉語韋注云：「蠱、化也；」故左氏傳蓋謂化者、必生疑似之態、故郝云：「變化與疑惑義相近。」

謟者、郭引左傳云：「天命不謟、」此哀十七年文、杜注云：「謟、疑也。」謟、通慆、見左氏昭二十七年傳；又通滔、見文選西京賦。

貳者、大雅大明云：「無貳爾心、」左氏閔元年傳云：「間携貳、」晉語云：「不可以貳、貳無成命、」皆謂疑也。

爾雅學

天命不謟音縚 釋文謟郭音縚與此合。雪牕本作音叨、非。今注疏本別附音切者、皆刪去音縚二字、以避複。下準此。

蠱謟貳疑也○釋曰 注疏本刪。

云左傳曰 元本同。閩本監本毛本云改注。

校勘記

蠱謟音叨貳疑也

音圖・音

謟、郭音縚、南宮縚之縚。他刀翻。字或作慆、左傳不謟亦作不滔、大雅謟德。吐刀翻、音同。沈勑檢翻、音諂、此沈氏之誤、釋文取之非也。案、郭氏忠恕佩觿云、謟从舀、諂从臽。案爾雅、謟、疑也。說文、諂、諛也。毛氏居正六經正誤云、謟从言从舀、與諂諛字不同、謟之與諂字形音義迥別。陸氏存敕檢一翻、但取其音之備、而未加辨正也。張自烈以謟爲慆之譌、亦非。

音略

蠱謟古縚貳疑也。

孫偘直音

蠱謟滔貳疑也

楊氏音訓

謟叨

干氏音釋

楨翰儀榦也

楨翰、儀榦也。詩曰、維周之翰。儀表亦體榦。

郭注

楨翰儀榦也 釋曰、舍人曰楨、正也、築牆所立兩木也。翰、所以當牆兩邊障土者也。

爾雅詁林 一 釋詁下

大雅生民云、維周之楨。又崧高云、維周之翰。儀表亦體榦也。

邢疏

楨翰榦也

楨、正也。築牆所立兩木也。翰、所以當牆兩邊障土者也。書費誓正義　詩桑扈正義　春秋正義十又二十三又二十五　邢疏

犍爲注

黃輯古義

楨翰儀榦也

楨、正也。築牆所立兩木也。翰、一作幹　所以當牆之兩邊障土者也。邢疏　正義　書費誓正義　詩小雅桑扈正義　春秋莊二十九年正義又宣十一年正義又成二年正義

犍爲注

玉函山房輯佚

楨翰

楨、正也。築墻所立兩木也。同書疏二十　翰、所以當墻兩邊障土者。同宋本春秋疏十六

犍爲注

鉤沉

楨翰榦也

舍人曰、楨、正也。築牆所立兩木也。翰、所以當牆之兩邊障土者也。書正義二十　詩正義十四之二　春秋正義十又二十二又二十五　邢疏

漢注

楨翰儀榦也

舍人云、楨、正也。築牆所立兩木也。翰、所以當牆兩邊障土者也。書正義二十卷　左傳正義十六卷

郭璞云、詩曰維周之翰。儀表、亦體榦。

一切注音

楨幹也　舍人曰、楨、正也。築牆所立兩木也。書費誓正義

翰　舍人曰、翰、所以當牆兩邊障土者也。詩桑扈正義　書費誓正義

古注斠

楨音貞　榦本又作幹、胡旦反、又作翰。

陸音義

楨翰儀榦也　楨、築牆所立兩木也。翰、牆兩邊障土者。儀、表儀也。皆有體榦之義。

鄭樵注

楨翰儀榦也

舍人曰、楨、正也。築牆所立兩木也。翰、所以當牆兩邊障土者也。邢疏引此無翰字。詩小雅疏及左傳宣十一年疏榦並作幹。此從莊二十九年及成二年傳疏。

郭璞曰、詩曰維周之翰。儀、表儀亦體榦。

鄭樵曰、楨、築牆所立兩木也。翰、牆兩邊障土者。儀、表儀也。皆有體榦之義。

古注合存

楨翰儀榦也。此釋楨翰儀爲榦之義也。註曰、詩崧高云、維周之翰。儀表亦體榦也。

注疏參義

疏引舍人云、楨、正也。築牆所立木也。所以當牆兩邊障土者也。按也下所以上脫幹字。以左傳正義校。

補注

楨翰儀榦也 **註** 詩曰維周之翰。儀表亦體榦。 **正義** 說文云、榦、築牆耑木也。左氏宣十一年傳云、平板榦。是榦爲板築之具也。楨者、說文云、楨、剛木也。費誓云、峙乃楨榦。史記集解引馬融云、楨榦皆築具。楨在前、榦在兩旁。書疏引舍人云、楨、正也。築牆所立兩木也。翰者、成二年傳云、棺有翰檜。杜註、翰、旁飾。舍人云、翰、所以當牆兩邊障土者也。儀者、說文作檥、云、榦也。史記項羽本紀、檥其船以待。若今小船兩頭植篙、猶築牆之榦矣。 **註** 詩曰至體榦。○ **正義** 維周之翰、大雅崧高文。又文王云、維周之楨、小雅桑扈云之屏之翰、皆言幹也。儀所以行禮、左氏成十三年傳云、禮、身之幹也。襄三十年傳云、禮、國之幹也。

正義

楨翰儀榦也　詩曰維周之翰　儀表亦體榦

爾雅詁林　一　釋詁下

說文云、榦、築牆耑木也。書云峙乃楨榦、馬融注楨榦皆築具、楨在前、榦在兩傍。按兩邊立木所以榦正牆體、故榦又訓正。易榦父之蠱、詩榦不庭方、虞翻注及韓詩章句竝云榦、正也。榦在兩旁、象人之脅、故又訓脅。公羊莊元年傳搚榦而殺之、釋文榦、脅也。脅所以正肢體、故又訓體。楚辭招魂篇云去君之恆榦、王逸注榦、體也。因人肢體又爲木之枝榦、故一切經音義二引三蒼云榦、枝榦也。通作幹、亦通作翰。故釋文云榦、本又作幹、胡旦反、又作翰。漢書郊祀志注亦云榦或作翰。按榦本兼公旦、胡旦二音、爾雅及費誓釋文俱偏舉一音、亦未備也。又通作干。鄭季宣碑陰云直事干、司馬整碑陰云有諸曹干十三人、皆假干爲榦也。又甲乙爲榦、亦書作干而音榦矣。楨者、書費誓傳題曰楨、旁曰榦、正義云題謂當牆兩端者也、旁謂在牆兩邊者也。又引舍人曰、楨、正也、築牆所立兩木也。按楨榦對文則別、散文則通。楨之言貞也。貞者正也。正亦榦正。故易文言云、貞者、事之榦也。明楨榦其義同。詩云維周之楨、毛傳楨榦也。鄭箋以爲榦事之臣也。翰者、韓之叚者也。說文云韓、井垣也。井垣與榦義近。通作榦。莊子秋水篇云吾跳梁乎井榦之上、釋文井榦、司馬云井欄也、褚詮之音韓。西京賦作韓。今按漢書枚乘傳云單極之綆斷幹、晉灼注幹、井上四交之幹。此幹亦當音韓。郊祀志井幹樓注云幹或作韓。然則井幹即井韓矣。又通作翰。詩桑扈文王有聲板崧高傳竝云翰、幹也。桑扈及費誓正義竝引舍人曰、翰所以當牆兩邊障土者也。是舍人以翰爲榦、所言即榦之訓耳。儀者、檥之叚音也。說文云檥、榦也。玉篇云檥、義奇儀倚二切。史記項羽紀云烏江亭長檥船待、集解應劭曰檥、正也。如淳曰南方人謂整船向岸曰檥。文選蜀都賦云檥輕舟、劉逵注南方俗謂正船迴濟處爲檥。然則檥亦爲正、正亦爲榦、與爾雅合矣。郭氏不知儀字叚借、而云儀表亦體榦、經典無此訓、其義非也。廣韵四紙云檥、同艤、艤字亦俗。

義疏

楨翰儀幹也 舍人注、楨、正也、築牆所立兩木也。翰、所以當牆兩邊障土者也。郭注、詩曰維周之翰。儀表亦體幹。

楨、从貞。貞从卜貝。卜當正、因以爲正。易傳曰貞者、事之榦也。詩維周之楨。又王后維翰。翰、从軟。旦立旌旗、故爲兩端立木、因爲兩翼、彊羽之稱。儀義古今字。說文、檥、榦也。經無檥字。禮、脊體儀也。榦體以脅爲幹、脅骨多、故分用之。儀、擬也。因爲脅名、此專釋之耳。幹翰同字、在木加木。隸書从干亦通。

集解

楨翰儀榦也 楨、剛木也、从木貞聲。古者築牆之具、以剛木爲之。楨在前、而榦在後。詩文王維周之楨、傳楨榦也。文選任彥昇出郡傳舍哭范僕射詩式瞻在國楨、注楨、榦也。易文言、貞者、事之榦也。以貞為之。翰、天雞赤羽也、从羽倝聲。正字為榦。榦翰疊韵。詩桑扈之屏之翰、文王有聲王后維翰、板大宗維翰、崧高戎有良翰、傳均云翰、榦也。或曰、翰訓天雞、借韓之義、其本義實當訓翼。榦為築牆耑木、亦輔翼意也、故翰可訓為榦。儀、度也、从人義聲。正字為檥。檥、系船榦也。墨子備水城上為射檥、史記烏江亭長檥船待、文選蜀都賦檥輕舟、均是也。檥儀通用字。儀禮有司徹、其脊體儀也。禮脊正脊為榦、則儀即榦與。榦、築牆耑木也、从木倝聲。書費誓峙乃楨榦。

義證

楨翰儀榦也

注 詩曰維周之翰。儀表亦體榦 補正 邢疏、舍人曰楨、正也、築牆所立兩木也、所以當牆兩邊障土者也。大雅云、維周之楨。

郭注補正

儀榦也 注 儀表亦體榦

正曰、郭注於詁未了。說文木部、檥、榦也。許君讀儀爲檥、訓爲榦、即用雅詁文也。王尚書經義述聞云檥榦從木、皆謂立木、經傳通用爲儀表字。左文六年傳引之表儀、大戴記子張問入官、上者民之儀也、有司執政民之表也。儀表亦體榦、非其本恉。**正郭。**

楨翰儀榦也

榦者，說文云築牆耑木也。榦在兩旁，以榦正牆體。大雅韓奕榦不庭方，韓詩章句云榦，正也。 楨者，舍人云，楨，正也。築牆所立兩木也。大雅文王維周之楨，毛傳云楨，榦也。 翰者，舍人云翰，所以當牆兩邊障土者也。小雅桑扈之屏之翰，大雅文王有聲王后維翰，崧高維周之翰，戎有艮翰，板大宗維翰，傳竝云翰，榦也。江漢召公維翰，箋云召康公為之楨榦之臣。 儀，說文作檥，云榦也。經典通作儀。曹風鳲鳩其儀不忒，正是四國，大雅抑不愆於儀，文王儀刑文王，皆假儀為之。

說詩

楨翰儀榦也 案，尚書費誓傳，題曰楨，旁曰榦。疏云，題曰楨，謂當牆兩端者也。旁曰榦，謂在牆兩邊者也。

疏翰所以當牆兩邊障土者 脫翰字。

注疏正字

儀榦也

家大人曰，楨翰儀榦，皆謂立木也。說文，檥，榦也，從木義聲。經傳通作儀。大戴記子張問入官篇曰，上者民之儀也，有司執政民之表也。文六年左傳曰，陳之藝極，引之表儀。呂氏春秋慎小篇注曰，表，柱也。表儀，儀與藝極義相近。杜注表儀猶威儀，失之。 荀子君道篇曰，君者，儀也。儀正而景正。爾雅直訓儀為榦，郭曰儀表亦體榦，邵曰儀所以行禮，引左氏成十三年傳禮身之榦也，皆非其本指。

述聞

楨翰儀榦也 楨，左傳正義廿五引作槙，其引舍人注亦作槙。 案槙字恐譌。 正義云，儀，說文作檥，云榦也，从木義聲。 榦，釋文云本又作幹，又作翰。案幹，俗榦字。作翰則與上複出。

匡名

楨翰儀榦也 說文，榦，築牆耑木也。徐鉉曰今別作幹，非是。左襄三十年傳，禮，國之幹也。楨，剛木也。費誓，峙乃楨榦。 翰，詳釋鳥。大雅維周之翰，傳，翰，榦也。段借字。 儀，說文作檥，榦也。註，人儀表曰榦，木所立表亦為幹。史記項羽本紀，檥其船以待。

啓蒙

翰，榦也。 翰榦同字並見。

棐，俌也。 與棐同聲者有騑，又有輫，方言箱謂之輫。此車箱。又有篚，此箱篚。皆有輔相之義。

輔，俌也。 輔之訓俌，嗟之訓髮，迺之訓乃，義大同而字又互通。爾雅必釋之者，以古今異字，不釋則義不顯也。郭注俌猶輔也，明其為一字矣。

黃侃音訓

毗 㬥 樂也 覞髮 茀離也 謟 疑也 翰 榦也

釋文，樊光本毗作庇。云蔭也。釋詁釋文 㬥本又作爆。釋詁釋文 樂本又作爍。釋詁釋文 郭音洛。釋詁釋文 詩正義引作毗劉爆爍也。大雅桑柔詩正義 舍人云，毗劉，爆爍之意也。大雅桑柔詩正義 說文引作覞髮弗離。見部 郭注茀離即彌離，彌離猶蒙蘢。釋詁注 釋文，謟字或作慆。釋詁釋文 沈旋本作謟。勑檢反 釋詁釋文 榦本又作幹。胡旦反 釋詁釋文 又作翰。釋詁釋文

覞髮，茀離也。邵氏晉涵曰，覞髮、茀離，皆雙聲。凡雙聲之字，義存乎聲。郭注茀離即彌離，云云，舉類以曉人也。

證異

爾雅詁林 一 釋詁下

楨翰榦也。玉篇、楨榦、築牆垣版也。法言五百篇然後知榦楨之克立也、注榦楨、築牆版之屬。太元廓、次二、金榦玉楨廓於城。書費誓、峙乃楨榦、甲戌我惟築。楨榦皆築具、翰在兩旁、榦在兩頭。

古義補

楨、翰、儀、榦也。

左氏宣十一年傳云：「平板榦、」是榦者夾於牆兩邊之木板也。說文乃云：「榦、築牆耑木也、」此解疑誤。易「榦父之蠱、」虞翻注云：「榦、正也、」此板榦之引伸義。又引伸爲本榦、說文云：「榦、一曰本也、」淮南子注術訓云：「枝不得大於榦、」衆經音義引三倉云：「榦、枝榦也、」此皆本榦之義。郭注所云體榦、即本榦也。

楨者、書費誓「峙乃楨榦、」馬融注「楨、榦、皆築具、楨在前、榦在兩旁。」大傳云：「題曰楨、旁曰榦；」正義云：「題、謂當墻兩端者也、旁、謂在牆兩邊者也。」又引舍人曰：「楨、正也、築牆所立兩木也。」是楨爲立牆兩端之木、與夾牆兩旁之板榦、本爲二物。以渾言則無分、故爾雅以榦訓楨；而詩「維周之楨、」傳亦云：「楨、榦也。」楨訓正、與榦之爲正同。

翰者、詩桑扈文王有聲傳並云：「翰、榦也。」漢書郊祀志注云：「榦、或作翰、」是翰之訓榦、乃讀翰爲榦、而以榦之義爲其義、故費誓正義引舍人曰：「翰、所以當牆兩邊障土者、」舍人所言、亦即榦之義也。

儀、當作檥。說文木部云：「檥、榦也、从木、義聲。」史記項羽紀云：「烏江亭長檥船待；」文選蜀都賦云：「檥輕舟；」各書皆作檥。是段謂「許所據爾雅作檥者、」可信矣。史記集解應劭曰：「檥、正也；」劉逵文選注云：「南方俗謂正船迴濟處爲檥；」是檥之爲用、亦取於正、與榦之訓正同意、故曰檥、榦也。經傳假儀爲之、述聞引大戴記子張問入官篇曰：「上者、民之儀也、有司執政、民之表也；」文六年左傳曰：「引之表儀；」荀子居道篇「君者、儀也、儀正而景正；」以上諸儀字、皆榦之義也。

爾雅學

楨翰儀榦也 單疏本雪牕本同。唐石經原刻作榦、後磨改作榦。釋文、翰、胡旦反。榦、本又作幹。翰幹字當兩列、今本誤并爲一。按詩正義翰幹釋詁文、凡三引。又一引釋詁楨幹也、本字皆從干、與石經原刻合。

維周之翰 正。單疏本雪牕本注疏本同。此本翰字舊誤幹、今訂

楨翰儀榦也 ○釋曰注疏本刪。

翰所以當牆兩邊障土者也 注疏本脫翰。○按此翰當作幹、詩桑扈疏可證。

大雅生民云 正德本同。閩本剜改作文王、監本毛本從之。

校勘記

儀表亦體榦也 十行本雪牕本吳本無也字、十行本榦作幹。

校勘記訂補

八上（一七）

二行楨○《釋文》同．唐寫本作「禎」，誤．

榦○唐寫本字作「幹」．

宋監本校箋

弼棐輔比俌也

弼、棐、輔、比、俌也。書曰、天威棐忱。易曰比輔也。俌猶輔也。

郭注

弼棐輔比俌也 釋曰俌猶輔也。弼者商書說命云夢帝賚予良弼、棐者周書康誥云天威棐忱、輔者商書湯誓云爾尚輔予一人、比者易比卦彖云比輔也。

邢疏

弼棐輔比俌也

俌、方輔反。釋文

郭音義

黃輯古義

比俌也。俌、方輔反。

郭音義

玉函山房輯佚

弼棐輔比俌也

郭璞云、書曰天威棐忱。易曰比輔也。俌猶輔也。

一切注音

俌也　郭方輔反。釋文

古注斠

弼棐輔比俌也

棐音匪。比毗志反，注同。俌音輔。郭方輔反，字林音甫。諶市林反。本今作沈。 **陸音義**

諶○郍本作忱。 **音義攷證**

弼棐輔比俌也

俌，能輔之。心能棐而弼之。 **新義**

弼棐輔比俌也 棐，康誥云，天畏棐忱。俌猶輔也，音甫。 **鄭樵注**

弼棐輔比俌也（俌郭方輔反） 郭璞曰，書曰天威棐忱。易曰比，輔也。俌猶輔也。鄭樵曰棐，康誥云天畏棐忱。俌猶輔也，音甫。 **古注合存**

弼棐輔比俌也 棐音匪，比音避，俌音甫。○此釋弼棐以下爲俌之義也。註曰書康誥云，天威棐忱。易比卦云，比輔也。俌猶輔也。 **注疏參義**

弼棐輔比俌也 **註** 書曰天威棐忱。易曰比輔也。俌猶輔也。 **正義** 說文云，俌，輔也。弼者，上文云重也，又訓爲俌也。義相成也。通作郉。說文云，郉，輔信也。書曰，郉成王服。又通作佛。周頌敬之云，佛時仔肩，鄭箋，佛，輔也。棐者，洛誥云，公功棐廸篤，以棐爲輔也。輔者，洛誥言四輔。大戴禮記千乘篇，國有四輔。尚書大傳云，古者天子有四輔臣，前曰疑，右曰丞，左曰輔，後曰弼。越語云，懀輔遠弼，韋昭註，相道爲輔，矯過爲弼。是輔弼皆言相俌也。比者，說文云，比，密也。大雅皇矣云，克順克比，左傳昭二十八年傳釋此詩云，擇善而從之曰比。**註**書曰至輔也。○ **正義** 天威棐忱，康誥文。比，輔也，比卦彖傳文。

弼棐輔比俌也 書曰天威棐忱。易曰比輔也。俌猶輔也。 **正義**

說文云，俌，輔也，讀若撫。釋文，俌音輔，郭方輔反，字林音甫，與說文合。弼者，上文云重也，重與輔義近。說文亦兼輔重二義，本於爾雅也。書弼成五服，史記夏紀作輔成五服。荀子臣道篇注，弼，所以輔正弓弩者也。

是弼有拂戾之義。故越語云，懀輔遠弼，韋昭注，相導爲輔，矯過爲弼。漢書注，弼，戾也。通作拂。孝經注，左輔右弼，釋文，弼本又作拂。大戴禮保傅篇云，弼者拂天子之過者也。賈子作拂者拂天子之過者也。荀子臣道篇注云，拂讀爲弼。又通作佛。詩佛時仔肩，鄭箋，佛，輔也。釋文，佛，鄭音弼。又通作毗。弼成五服，說文引作毗成五服，云毗，輔信也。玉篇以毗爲古文弼字也。棐者，說文云輔也。書康誥云，天威棐忱。大誥云，天棐忱辭，又云越天棐忱。漢書翟方進傳棐忱俱作輔誠。通作腓。詩小人所腓，腓卽棐也。鄭箋，腓當作芘。然芘倚亦比輔之意。牛羊腓字之，亦卽輔字之也。又通作配。春秋繁露云，使一大夫立於棐林，卽配林也。配副義亦爲輔。棐配音又相近也。輔者，車之俌也。詩云，其車旣載，乃棄爾輔。又云，無棄爾輔，員于爾輻，是輔所以助車。今人縛杖於輻以防傾側，此卽車之輔也。左氏僖五年傳輔車相依，正與詩合，此本義也。杜預注，輔，頰輔。服虔注，輔，上頷車也，與牙相依。釋名云，頤或曰輔車，言其骨强所以輔持口也。此則輔車亦借車輔以爲名耳，非本義也。說文引傳輔車相依，又以頰車訓輔，義似未安。且輔在車部，乃車之輔，其面部別有䩉字，訓頰，乃是頰車之輔。故易咸其輔，釋文云輔虞作䩉。玉篇引左傳作䩉車相依，云亦作輔，是輔車之輔，正作䩉，通作輔。說文輔訓頰車，將義取通借，或文有脫略，疑不能明耳。比者，親之俌也。說文云密也。二人爲从，反从爲比，是比爲親密不苟从也。故謚法云，擇善而從曰比。左氏昭廿八年傳及皇矣詩傳竝用其文。易彖傳云，比，輔也。詩云，胡不比焉，齊語云，足以比成事，鄭箋及韋昭注竝云，比，輔也。通作庇，又作芘，見詩雲漢及莊子人間世釋文。 **義疏**

弼棐輔比俌也 郭注，書曰天威棐忱。易曰比輔也。俌猶輔也。

弼，上云重，故爲輔。弼，書弼成五服。字又作佛，詩佛時仔肩。字又作郉。棐，从非，象兩翼。字亦作腓，詩小人所腓。輔俌皆从甫、父，象斧形，故爲輔助。加車者，詩無棄爾輔。加面者，易咸其酺。加人者，書爾尚俌予一人。今通用輔也。易有比卦，从二匕。 **集解**

爾雅詁林 一 釋詁下

弼棐輔比俌也

弼上訓爲重，此訓爲俌，重俌義近耳。許慎亦兼重俌二義。書皋陶謨弼成五服，史記弼作輔。尚書大傳左曰輔，右曰弼。是輔弼皆言相俌也。詩敬之佛時仔肩，箋佛，輔也。易頤子夏傳弗經于丘頤，注輔，弼也。廣雅釋詁拔、拂，輔也。以佛、弗、拔、拂爲之。棐，輔也，亦俌也。从木非聲。蓋弓檠之類，或者爲夾車之木。書大誥天棐忱辭，越天棐忱，漢書翟方進傳棐均作輔。前漢書敘傳實棐諶而相訓，應劭曰棐，輔也。公羊宣元傳會晉師於棐林，本或作斐。荀子性惡不得排檠，注輔正弓弩之類。以斐排爲之。輔，木夾車也，从車甫聲。許慎謂爲人頰車，借酺義耳。正字爲俌。俌輔疊韵。易泰象傳輔相天地之宜，謂俌助也。書湯誓爾尚輔予一人，孫疏輔，俌也。禮記學記離師輔而不反也，疏輔，友也。友所以俌仁也。詩緜予曰有疏附，謂毀俌也。漢書賈誼傳注，傅，輔也。說文，誧，人相助也。以附傅誧爲之。比，密也。二人爲从，反从爲比。引申爲親也，俌也。說文則以邲爲之。易象傳，比，輔也。詩杕杜胡不比焉，箋比，輔也。齊語足以比成事，注比，輔也。書微子之命毗予一人，僞傳訓輔。詩節南山天子是毗，箋毗，輔也。漢書項籍傳注，裨，助也。土紀碑陰共出義錢埤石碑，直唐扶頌諸學徒相埤助，廣雅釋詁埤，助也，皆謂俌也。以毗裨埤爲之。俌，輔也，猶助也。从人甫聲。經傳皆以輔爲之。

義證

弼棐輔比俌也

書曰天威棐諶易曰比輔也俌猶輔也

各本俱作天威棐忱，仿宋本作天畏棐忱，係據孔本尚書改。釋文云，諶，市林反，舊校云，本今作忱。案風俗通卷五引書天威棐諶，與釋文合。今各本皆作忱者，亦淺人據尚書改。

郭注佚存補訂

弼棐輔比俌也

俌者，說文云輔也。弼者，說文作弜，云輔也，重也。古文作𢐀，通作拂。大雅皇矣四方以無拂，鄭箋云拂猶佹也。佹，戾天子之意。韋昭所謂矯過爲弼也。又通作佛。周頌敬之佛時仔肩，鄭箋云佛，輔也。棐者，說文云輔也。郝云通作腓。詩采薇小人所腓，腓即棐也，鄭箋腓當作芘。芘倚亦比輔之意。生民牛羊腓字之，亦即輔字之也。又通作配。春秋繁露云使一大夫立於腓林，即配林也。配副義亦爲輔。今案大雅皇矣天立厥配，傳云配，媲也。文王永言配命，克配上帝，下武王配于京，周頌思文克配彼天，配皆謂媲，媲即輔義。輔者，釋小雅正月其車既載，乃棄爾輔，無棄爾輔，員於爾輻文也。箋云，以車之載物，喻王之任國事也。棄輔喻遠賢也。案車須輔，國亦須輔，其義一也。比者，郭注引易曰輔也。唐風杕杜胡不比焉，箋云比，輔也。大雅皇矣克順克比，傳云擇善而從曰比。小雅六月比物四驪，疏云比同力之物。從者彼此相從，比者彼此相比，皆與輔義近也。

說詩

弼棐節註天威棐忱威，經作畏。忱，釋文作諶。

注疏正字

弼棐輔比俌也　正義云，弼通作㢸。說文云，㢸，輔信也。从卩比聲。虞書曰、邶成五服。又通作佛。周頌敬之佛時仔肩、箋佛、輔也、孔疏云鄭讀爲輔弼之弼。比通毗。詩小雅節南山天子是毗、箋毗、輔也。詩唐風杕杜胡不比焉、箋比、輔也、正義曰比輔釋詁文。彼輔作俌。

匡名

弼棐輔比俌也 說文、俌輔也。郭註、俌猶輔也。今輔行而俌廢矣。尚書大傳古者天子有四輔臣、前曰疑、右曰丞、左曰輔、後曰弼。弼、輔也。益稷、弼成五服。通作佛。周頌佛時仔肩、箋佛、輔也。棐、輔也。洛誥、公功棐迪篤。輔、人頰車也。左僖五年傳、輔車相依。比、密也。二人爲从、反从爲比。比卦比、輔也。

啓蒙

輔俌也

錦燧謹案、說文人部云、俌、輔也、讀若撫。輔云、春秋傳曰輔車相依、从車甫聲、人頰車也。蒙攷詩正月篇其車既載、乃棄爾輔、是輔亦車上之物。故許君逕引春秋以明其義、猶斟下云詞之斟矣、艴下云色艴如也之例、以不必別載說解、而其義即具于所引之經也。人頰車也之上、當有一曰二字。蓋許君于本義後說假借讀輔爲䩉耳、今經文以俌釋輔、則以經典中每假輔爲俌、如易象傳輔相天地之宜、書湯誓爾尚輔予一人、周禮太宰置其輔、禮記學記離師輔而不反也、孟子王驩爲輔行之類、故經亦即以本字詁假字也。

陸錦燧日記

弼、棐、輔、比、俌也。

說文人部云：「俌、輔也、从人、甫聲、讀若撫、」此謂人之有俌、猶車之有輔也。自後世通用輔、而俌乃廢。

弼者、輔弓之稱。詩云：「竹閉緄縢、」即輔弓之具；引伸之爲凡輔弼之義也。上文云：「弼、重也、」今訓俌者、俌則必重、其義相成。說文引書云：「邶成五服、」周頌云：「佛時仔肩、」弼之通作邶、佛也。玉篇以邶爲古文弼字。弼又通拂、大戴禮保傅篇云：「弼者、拂天子之過者也、」賈子作「拂者、拂天子之過者也、」荀子臣道篇注云：「拂讀曰弼、」是借拂爲弼也。越語韋注云：「相導爲輔、矯過爲弼；」漢書注云：「弼、戾也；」凡相輔弼者不皆阿順也、自必有拂戾之地、故又訓戾。其實輔弼義之中、固已兼該之矣。

棐、說文木部云：「輔也、從木、非聲、」段云：「蓋弓檠之類。」棐從木、既爲弓檠、乃竹閉之用木者也。弼爲輔弓之稱；棐、輔弓之具、故均訓俌。尚書多用棐、康誥「天威棐忱、」洛誥「公功棐迪篤、」皆謂輔也。書之棐忱、漢書翟方進傳俱作輔誠、是棐輔古通。棐、又通腓、配。

輔者、縛於輻之兩旁、所以輔車之木也。小雅正月曰：「其車既載、乃棄爾輔、」又云：「無棄爾輔、員于爾輻、」上句之棄輔、謂輔之不可棄也。故下文復云：「無棄爾輔」耳。僖五年左傳云：「諺所謂輔車相依者、其虞虢之謂乎：」呂覽權勳篇云：「虞之與虢也、若車之有輔也；」此皆謂車之不可無輔。詩正義謂「輔是可解脫之物、」實誤。說文輔字云：「從車、甫聲、」是輔爲車輔之本字。爾雅以輔本爲輔輻之用、故曰：「輔、俌也。」說文面部云：「䩉、頰也、從面、甫聲、」此頰䩉之本字。左傳之輔車相依、許引之以釋輔、是也、而杜注左傳則云：「輔、頰輔、」是混輔䩉而一之矣。郝氏引咸卦釋文云：「輔、虞作䩉、」可爲輔䩉通借之證；但左傳之輔車、終不可解爲䩉頰。此說文輔篆下頰車之字、段氏所以斥爲後人妄增也。

比者、易云：「比、輔也。」詩「胡不比焉、」鄭箋亦用此義。說文「比、密也、」郝氏謂：「比者、親之俌、」即本於許。

爾雅學

天威棐忱 單疏本、雪牕本、注疏本同。此本舊作天畏、係據孔本尚書改、今訂正。臯陶謨天明畏、釋文云馬本作威。是孔本畏字、舊本多作威也。釋文、諶、市林反。本今作忱。按風俗通卷五引書天威棐諶、與此合。今本作忱、亦淺人據尚書改。

爾雅詁林 一 釋詁下

校勘記

弼棐輔比俌也○釋曰注疏本刪。

三行(注)書曰天威棐忱○「威」，宋刻十行本作「畏」，「忱」，《釋文》作「諶」。舊校云：「本今作忱。」

宋監本校箋

弼棐音匪輔比俌也

音圖·音

弼、棐、輔、比、俌也。匪 避 市

孫品直音

弼棐輔比俌也 頻入聲 匪 避 甫

直音校正

弼棐匪輔比毗俌甫也 俌猶輔也。

楊氏音訓

棐菲 俌甫

干氏音釋

疆界邊衛圉垂也

疆界、邊、衛、圉，垂也。疆埸、竟界、邊旁、營衛、守圉，皆在外垂也。左傳曰：聊以固吾圉也。

郭注

疆界邊衛圉垂也 釋曰謂四垂也。郭云疆埸竟界邊旁營衛守圉皆在外垂也。舍人曰圉、拒邊垂也。孫炎曰圉國之四垂也。注左傳曰聊以固吾圉也 釋曰隱十一年鄭伯辭也。

邢疏

圉垂也

圉、拒邊垂也。詩桑柔正義 邢疏 左傳隱十一年杜預注及正義引無拒字。

犍爲注

圉垂也

圉、國之四垂也。詩正義十八之二 邢疏

孫音注

黄輯古義

疆界邊衛圉垂也

圉、拒邊垂也。邢疏 詩大雅桑柔正義 春秋隱十一年正義

犍爲注

疆界邊衛圉垂也

圉、國之四垂也。邢疏 詩大雅桑柔正義

孫音注

玉函山房輯佚

圉垂也

圉、拒邊垂也。同

圉、國之四垂也。孫注 並詩疏十八之二

鈎沉

圉垂也

舍人曰、圉、拒邊垂也。詩正義十八之二 春秋正義四十八 邢疏

孫曰、圉、國之四垂也。詩正義十八之二 邢疏

漢注

疆界邊衛圉垂也

舍人云、圉、拒邊垂也。孫炎云、圉、國之四垂也。並詩正義十八之二卷 左傳正義四卷引舍人云、圉、邊垂也。郭璞云、疆埸、境界、邊旁、營衛、守圉、皆在外垂也。左傳曰、聊以固吾圉也。

一切注音

圉垂也 舍人云、圉、邊垂也。左氏隱十二年傳正義 孫炎曰、圉、國之四垂也。詩桑柔正義

古注斠

蕙心案、桑柔正義引舍人注、圉、拒邊垂也。比左氏傳正義引多拒字。

壃字又作畺、音姜。經典作疆、假借字。圉魚呂反。場羊石反。廣雅云、界也。旁步郎反。聊音遼。【陸音義】

壃○那本作疆。【音義攷證】

疆界邊衞圉垂也。衞、營衞也。圉、拒邊也。垂、謂四垂也。【鄭樵注】

疆界邊衞圉垂也　舍人曰、圉、拒邊垂也。孫炎曰、圉、國之四垂也。郭璞曰、疆場、境界、邊旁、營衞守圉、皆在外垂也。左傳曰、聊以固吾圉也。鄭樵曰、衞、營衞也。圉、拒邊也。垂、謂四垂也。【古注合存】

疆界邊衞圉垂也。垂、一作陲。○此釋疆界以下爲垂之義也。註曰、疆場境界邊徼營衞封圉、皆外陲也。左傳云、聊以固吾圉也。【注疏參義】

疆界邊衞圉垂也【註】疆場境界邊旁營衞守圉皆在外垂也左傳曰聊以固吾圉也【正義】說文云、垂、遠邊也。小雅信南山云、我疆我理。毛傳、疆、畫經界也。穀梁昭二年傳云、疆之爲言猶竟也。界者、說文云、畍、竟也。孟子云、不以封疆之界。邊者、左氏昭十一年傳云、五大不在邊。漢書武紀引逸詩云、親省邊垂。衞者、大司馬九畿之籍、采畿之外、方五百里曰衞畿。又史記五帝紀、黃帝始制營衞。說文云、衞、行列衞也。圉者、大雅召旻云、我居圉卒荒。左傳疏引舍人云、圉、拒邊垂也。詩疏引舍人云、圉、邊垂也。孫炎云、圉、國之四垂也。【註】左傳至圉也。○【正義】隱十一年傳文。

【正義】

疆界邊衞圉垂也　疆場境界邊旁營衞守圉皆在外垂也左傳曰聊以固吾圉也

說文云、垂、遠邊也。通作垂。史記司馬相如傳云、坐不垂堂。莊子逍遙遊篇云、其翼若垂天之雲。索隱及釋文竝云、垂、邊也。又通作陲。說文云、陲、危也。危有近邊之義、故稱邊陲。廣韵云、陲、邊也。荀子臣道篇云、邊境之臣處、則疆垂不喪。楊倞注、垂與陲同、是也。疆者、說文作畺、或作疆、云界也。从畕。三其界畫也。周禮載師云以大都之田任畺地。鄭注、畺、五百里王畿界也。大司徒云制其畿疆而溝封之、鄭注、疆猶界也。穀梁昭元年傳、疆之爲言猶竟也。按竟卽境字、經典俱以竟爲境也。通作壃。易坤詩緜禮檀弓釋文竝云、疆本作壃。爾雅釋文、壃、字又作畺、經典作疆、假借字。按疆畺同字、非叚借字。疆省弓卽爲壃、又省土卽爲畺。故詩萬壽無疆、白石神君碑作萬壽無畺。又通作彊。賈子審微篇云、啟彊辟彊、天子之號也。彊卽疆字。史記越世家云越王無彊、越絕書作無疆。皆其證也。疆與界同意、俱从田、田从口十、卽分疆畫界之義。故說文疆訓界、界訓境、疆界境又俱一聲之轉也。邊者、說文云行垂崖也。崖岸亦邊垂。漢書武帝紀引逸詩云、親省邊垂。吳語云頓顙於邊、玉藻云其在邊邑、韋昭注以邊爲邊境、鄭注邊邑謂九州之外。然則邊之言遠也。又言近也。史記高祖紀云齊邊楚、集解文穎曰邊、近也。是邊兼遠近二義。邊猶瀕也、傍也、如云瀕河瀕海、亦云傍河傍海。史記俱作竝字、音亦相轉。是皆以邊爲近也。邊又偏也。左氏隱十一年傳、奉許叔以居許東偏。東偏猶言東邊。又昭十一年傳、五大不在邊。是皆以邊爲遠也。邊與鄙義同。月令云四鄙入保、鄭注鄙界上邑。左氏傳云羣公子皆鄙、杜預注鄙、邊邑也。公羊經云伐我西鄙、何休注鄙者邊垂之辭。是邊鄙義同、鄙與邊又一聲之轉也。衞者、周語云侯衞賓服、韋昭注衞衞圻也。葢本周禮大司馬九畿而言也。圻、卽畿字。說文圻本垠之重文、一曰岸也。岸亦崖也、與邊訓垂崖同意。然則垠亦邊垂之義。衞又遠裔之名、故周禮巾車云以封四衞、鄭注四衞四方諸侯守衞、者、蠻服以內。葢衞之言猶裔也。淮南原道篇注、裔、邊也。方言云、裔、末也。末亦邊遠之義。又釋名云、矢其旁曰羽、齊人曰衞、所以導衞矢也。又營衞軍兵列營爲守衞、亦在邊垂。是衞裔圻竝聲近義同矣。圉者、說文云垂也。詩孔棘我圉、我居圉卒荒、傳竝云、圉、垂也。郭

爾雅詁林　一　釋詁下

引左氏隱十一年傳文、杜預注及正義引舍人並云、圉、邊垂也。詩桑柔正義引舍人曰、圉、拒邊垂也。孫炎曰、圉、國之四垂也。按、圉猶宇也。文選東京賦注引蒼頡篇云、宇、邊也。易繫辭虞翻注、宇、謂屋邊也。詩七月釋文、屋四垂為宇。淮南氾論篇注、宇、屋之垂。然則宇圉聲義同。

義疏

疆界邊衛圉宇垂也 舍人注、圉、拒邊垂也。孫注、圉、國之四垂也。郭注、疆場、境界、邊旁、營衛、守圉、皆在外垂也。左傳曰、聊以固吾圉也。疆、當作畺、从三界畕、後加弓為彊弱字、反又加土謬矣。詩、無此疆爾界。介加田以別介助字。臱、从自⿵冂方。⿵冂方、蓋屛高字、至坰而息、是極邊也。記、其在邊邑。春秋傳、良邊垂之臣。衞从行韋帀。周官、以封四衞。圉、从口幸、囚也。詩、孔棘我圉。以圉為宇。禮、置于宇西。詩、八月在宇。垂、从𠂹、象安下形。亦作陲。

集解

疆界邊衛圉垂也 疆、字一作畺、界也。引申為垂。从畕、三其界畫也。或从彊土。詩楚茨萬壽無疆、儀禮士冠禮黃耇無疆、箋注均云、疆、竟也。荀子臣道、邊竟之臣處則疆垂不喪。周禮大司徒制其畿疆而溝封之、注、疆猶界也。史記越世家越王無疆、越絕書作彊。周禮掌固凡國都之竟、注、竟、界也、垂也。以彊竟為之。界、字本作畍、境也。从田介聲。詩所謂無此疆彼界是也。引申為國界之界、故訓為垂。前漢書司馬相如傳邪與肅慎為鄰、右以湯谷為界、言以湯谷為右垂也。詩思文無此疆爾介、介即界垂也。史記天官書星茀於河戒、又唐書天文志江河為南北兩戒、戒與界通、垂也。以介戒為之。邊、行垂崖也。从辵臱聲。引申為國垂之垂。傳所謂虔劉我邊垂、前漢書武帝詔所謂親省邊垂、均是也。禮記玉藻其在邊邑、注、邊邑謂九州之外。吳語稽顙於邊、注、邊、境也。前漢書韓信傳齊夸詐多變反覆之國、南邊楚、言南垂楚也、師古訓近失之。衛、宿衛也、从韋帀从行會意。引申為垂、謂邊垂之如宿衛耳。周禮巾車以封四衛、注、四衛、四方諸侯守衛者。大司馬又其外方五百里曰衛畿、大行人謂之衛服。衛畿衛服對侯甸男采而言、則為垂矣。周禮山虞物為之厲、注、每物有蕃界也。說文、迾、遮也、垂也。以厲迾為之。圉、囹圉、所以拘辠人。从幸从口會意。正字為宇。宇、屋邊也。引申為垂。易繫辭上棟下宇、詩七月八月在宇、左昭四傳失其守宇、均是也。宇圉通用字。詩桑柔孔棘我圉、召旻我居圉卒荒、傳均云、圉、垂也。左隱十一傳聊以固吾圉也、注、圉、邊垂也。垂、字本作埀、遠邊也。从土𠂹聲。經傳或以陲為之。莊子其翼若垂天之雲。

義證

疆界邊衛圉垂也

(註)疆場境界邊旁營衛守圉皆在外垂也左傳曰聊以固吾圉也(補正)邢疏、謂四垂也。舍人曰、圉、拒邊垂也。孫炎曰、圉、國之四垂也。

郭注補正

疆界邊衛圉垂也

疆場竟界邊旁營衛守圉皆在外垂也左傳曰聊以固吾圉也

釋文云、疆字又作畺。經典作疆、假借耳。據此知陸所據郭本作疆。今各本皆作疆、非郭氏之舊。仿宋本單疏本作竟界、明注疏本加土旁作境。疆境皆後人所改。

郭注佚存補訂

疆界邊衛圉垂也

垂者、說文作埀、云遠邊也。　疆、說文作畺、或作疆、云界也。從畕、三其界畫也。釋文云、疆字又作畺。經典作疆。豳風七月萬壽無疆、毛傳云、疆、竟也。周頌烈文惠我無疆、思文無此疆爾界、魯頌駉思無疆、商頌烈祖申錫無疆、彼釋文竝云疆、竟也。竟者、邊竟卽垂也。小雅楚茨萬壽無疆、箋云疆、竟界也。商頌長發外大國是疆、彼釋文云疆、竟界也。大雅江漢于疆于理、箋云則往正其境界。小雅信南山我疆我理、傳云疆、畫經界也。疆場有瓜、韓詩外傳作壃場有瓜。大雅緜迺疆迺理、彼釋文云疆本亦作作壃、同。　界者、說文云畍、竟也。界與疆同義一聲之轉。無此疆爾界、唐石經界作介、詩釋文亦作介、音界、大也。魏都賦注引薛君云介、界也。介界通字、故韓詩以介爲界。　邊者、說文云行垂厓也。漢書武帝紀引逸詩云、親省邊垂。　圉者、說文云垂也。舍人云圉、邊垂也。孫炎云圉、國之四垂也。大雅召旻我居圉卒荒、桑柔孔棘我圉、傳竝云圉、垂也。郝云圉、猶宇也。詩七月八月在宇、釋文云屋四垂爲宇。文選東京賦注引蒼頡篇云、宇、邊也。案、大雅桑柔念我土宇、卷阿爾土宇版章、魯頌閟宮大啟爾宇、復周公之宇、皆謂四境也、四境猶四垂。

說詩

疆界邊衛圉垂也（疆、釋文作壃、垂字毛本誤。下並同。）

註疆場（場、毛本誤場。下同。）聊以固吾圉也（聊字誤。）

疏郭云疆場云云（云、監本誤去。）

注疏正字

壃界邊衛圉垂也　壃、釋文云、字又作畺。經典作疆、假借字。案說文畕部畺、畍也。从畕、三其畍畫也。或从弓从土作疆。陸以疆爲假借字、非也。壃、俗。　圉通圄。說文㚔部圉、囹圄、所以拘辠人。从㚔从口、一曰圉、垂也。又口部圄、守之也。从口吾聲。二字音義皆同、故囹圉亦作囹圄。　垂、一切經音義廿五引作陲。

匡名

疆界邊衛圉垂也　說文、垂、遠邊也。郭註、疆場境界邊旁、營衛守圉、皆在外垂也。　畺、界、畫也。从畕、三其界畫也。或从疆。小雅我疆我理、傳、疆畫經界也。　畍、竟也。註、樂曲盡爲竟。引申爲凡邊竟之偁。界之言介也。介者、畫也。畫者、介也。象田四界、聿所以畫之。介界古今字。孟子、必先正其疆界。　邊、行垂崖也。玉藻其在邊邑。　衛、宿衛也。从韋帀行。行、列衛也。徐鍇曰、韋、周圍也、會意。史記五帝紀、黃帝始制營衛。　圉、囹圄、所以拘罪人。从㚔口。一曰圉、垂也。一曰圉人掌馬者。左隱十一年傳、聊以固吾圉也。舍人云圉、邊垂也。

啓蒙

壃　畺　釋文。壃字又作畺。案說文作畺、或作疆。今本固作疆、此條宜去。

黃侃評本正名

衛垂也

注曰營衛在外垂也

樾謹按、史記五帝紀以師兵爲營衞、正義曰爲營以自衞、是營衞之衞、乃保衞之衞。郭引以證此經、於義未塙。衞者、圉之叚字。禮記孔子閒居篇帝命式于九圍、鄭注曰九圍、九州之界也。是圍與界義同、界訓垂、故圍亦訓垂矣。

平議

疆、界、邊、衞、圉、垂也。

說文「垂、遠邊也。」史記司馬相如傳「坐不垂堂、」索隱云：「垂、邊也。」莊子逍遙遊篇「其翼若垂天之雲、」釋文亦云：「垂、邊也。」通作郵。

疆界者、說文畕部云：「畺、界也、從畕、三、其界畫也。」田部云：「界、竟也、從田、介聲；」七月「萬壽無疆、」傳云：「疆、竟也；」是疆界義同。界從田、畺从二田；界以介爲聲而兼會意、畺又爲界畫之意、而皆訓境；則皆邊垂之義也。畺之或體爲疆、亦作壃；又通彊。界、介、古今字。

邊者、說文「行垂崖也；」段云：「行於垂崖曰邊；因而垂崖謂之邊。」左傳昭十一年云：「五大不在邊、」此即邊垂之邊、名詞也；史記高祖紀云：「齊邊楚、」此假名詞爲動詞也。漢地理誌引禹貢云：「海瀕廣斥、」而漢書成帝紀則云：「瀕河之郡、」邊之由名詞假借爲動詞、正與瀕同例。郝氏據史記集解文穎注訓邊爲近、遂謂邊有遠近之義、失之支離。

衞者、周禮大司馬九畿、有衞畿、巾車「以封四衞、」鄭注云：「四衞、四方也。」史記五帝紀云：「黃帝始制營衞、」營衞稱衞者、郝云：「軍兵列營爲守衞、亦在邊垂。」

圉、說文亦本爾雅訓垂。郝氏云：「圉猶宇也；」文選東京賦注引倉頡篇云：「宇、邊也、」詩七月釋文「屋四垂爲宇、」然則宇、圉、聲義同。

爾雅學

疆唐石經單疏本雪牕本同。釋文壃字又作畺。經典作疆、假借字。惠棟云、據此知爾雅不作疆也、當改正。按說文畺界字作畺或作疆。此當經作畺、注作疆。嘗謂爾雅之文、有較經典獨得其正者、此類是也。一切經音義卷二十五壃界居良反、壃境也。爾雅壃陲也、與陲本合。

疆埸竟界單疏本同。雪牕本注疏本竟作境。按古竟界字祇作竟。竟盡也。加土旁者俗作。

疆界邊衞圉垂也○釋曰注疏本刪。

○注左傳曰聊以固吾圉也○釋曰注疏本刪作注云聊以固吾圉也者。

校勘記

疆界邊衞圉垂也注疆埸今本埸誤作場。釋文埸羊石反。按疆埸之埸从易、場圃之場从昜、二字本不相混。自唐人詩中有叶作疆場者、後人多承其謬而誤用之、遂致罔辨、其失甚矣。又埸从易不从昜、世亦多誤書者。

注疏本正誤

疆界邊衞圉音語垂也

音圖・音

姜

疆界邊衞圉語垂也

孫偘直音

疆界邊衞圉垂也謂四垂也。

楊氏音訓

昌敵彊應丁當也

昌、敵、彊、應、丁、當也。書曰禹拜昌言。彊者、好與物相當值。

郭注

昌敵彊應丁當也　釋曰、皆相當也。昌者言當也。敵者仇匹相當也。文六年左傳曰、敵惠敵怨。彊者、好與物相當值。應者、對當也。大雅下武云應侯順德。丁者、雲漢云寧丁我躬。

注書曰禹拜昌言　釋曰虞書大禹謨文。

邢疏

昌敵彊應丁當也

郭璞云、書曰禹拜昌言。彊者、好與物相當值。

一切注音

敵音狄。彊巨良反。下注同。應本或作譍，同於矜反。者好呼報反。

陸音義

昌敵彊應丁當也

當一名而兩讀。禹拜昌言。昌，當也。彊、彊則有當之者、應當則有應之者。

新義

昌敵彊應丁當也　昌，郭氏引虞書禹拜昌言。

鄭樵注

昌敵彊應丁當也

郭璞曰：書曰禹拜昌言。彊者、好與物相當值。

鄭樵曰：昌、郭氏引虞書禹拜昌言。

古注合存

昌敵彊應丁當也。此釋昌敵以下爲當之義也。註曰：彊者好與物相當。愚按敵應丁，乃當之正義。昌之言盛，猶彊也。一云昌、唱同，唱和亦有當意。舊引昌言之昌，覺曲。

注疏參義

昌敵彊應丁當也 **註** 書曰禹拜昌言。彊者好與物相當值。

正義 當者、相值也。昌者、說文云、昌、美言也。益稷云、汝亦昌言。又云、師汝昌言。敵者、謂敵體相當也。少儀云、敵者曰某固願見。又左氏桓八年傳云、不當王非敵也。是敵爲相當也。上文云、敵、匹也。廣雅云、敵、儔、當也。彊者、左氏昭十年傳云、彊於陳鮑氏。惠棟補註以爲與陳鮑相當也。應者、周頌賚云、我應受之。僖十年傳云、應乃懿德。丁者、大雅雲漢云、寧丁我躬。劉向九歎云、丁時逢殃。後漢書岑彭傳與人頌云、我喜我生、獨丁斯時。丁當雙聲、義存乎聲。**註** 書曰至昌言。

正義 東晉所上古文大禹謨之辭、孔傳、昌、當也。

昌敵彊應丁當也　書曰禹拜昌言。彊者好與物相當值。

正義 說文云、當、田相值也。又云、𢷏、當也。𢷏、值同。晉語云、當之者戕焉。又云、朱也當御。韋昭注竝云、當、值也。通作直。晉語云、臣敢煩當日。注、當日、直日也。直與值同。呂覽無義篇云、魏使公子卬將而當之。貴信篇云、寒暑四時當矣。高誘注竝云、當、應也。公羊莊十三年傳、君請當其君、臣請當其臣。何休注、當猶敵也。敵、當一聲之轉也。昌者、說文云、美言也。一曰日光也。詩還及猗嗟傳竝云、昌、盛也。盛與炎義相成。春秋元命苞注、昌、兩日重見、言明象。然則兩日重爲相當、故又訓當也。疊从三日、尢盛、故後漢書注引韓詩云、莫不震疊。疊、應也。疊之訓應、與昌之訓當義正同矣。郭引書曰禹拜昌言、僞孔傳及後漢書注竝云、昌、當也。別作黨。逸周書祭公篇云、王拜手稽首黨言。張平子碑云、黨論允諧。又作讜。孟子注引書作禹拜讜言。書益稷釋文、當、丁浪反、本亦作讜、當蕩反。李登聲類云、讜言、善言也。文選典引云、旣感羣后之讜辭。蔡邕注、讜、直言也。荀子非相篇云、博而黨正、楊倞注、黨與讜同、謂直言也。然則讜猶當也、當訓直、直亦當、讜訓善、與昌訓美義又同矣。敵者、上文云、匹也。匹敵亦當對也。禮少儀云、敵者曰某固願見。史記衞世家及左氏哀十五年傳俱云、敵子路。鄭注及服虔注竝云、敵、當也。餘已見上文敵匹下。敵與疊近。韓詩云、疊、應也、應亦爲當。又與特近。詩柏舟傳、特、匹也、匹亦爲敵。釋文引韓詩特作直、云、相當值也。直特聲近、敵疊聲轉、故其義俱通矣。彊者、釋名云、彊、畺也。按畺、从畕。㽘良畕、比田也。二田相當、與昌同意。彊、又盛也、與昌訓盛義又同。彊之爲言僵也。釋名云、僵、正直畺然也。是僵訓爲直、直亦爲當。彊有姜音。詩釋文引韓詩云、奔奔彊彊、乘匹之貌。然則匹耦亦相當之義。禮表記作姜姜賁賁、鄭注爭鬭惡貌也。爭鬭又相敵之義、故廣雅云、姜、強也。強卽彊、姜亦彊矣。應者、說文云、當也。又云、譍、以言對也。對亦爲當。詩云、應侯順德、我應受之。周語云、以應成德。淮南原道篇云、事無不應。毛傳及韋昭高誘注竝云、應、當也。通作膺。詩戎狄是膺、傳、膺、當也。史記建元以來侯者年表作戎狄是應。爾雅釋文、應本或作膺。是膺應通。聲轉爲禦。詩百夫之禦、易利用禦寇、毛傳及虞翻注竝云、禦、當也。丁者與彊同義。白虎通云、丁者、彊也。釋名云、丁、壯也。詩甯丁我躬、楚辭惜賢篇云、丁時逢殃、逢尤篇云、思丁文兮聖明哲、毛傳及王逸注竝云、丁、當也。神農之教曰、丈夫丁壯而不耕、又曰、婦人當年而不織。丁壯卽當年也。丁當雙聲、丁鼎疊韵。漢書匡衡傳云、無說詩、匡鼎來。服虔注、鼎猶言當也。賈誼傳云、天子春秋鼎盛、亦其義也。

義疏

昌敵彊應膺丁鼎當讜黨也郭注書曰禹拜昌言。彊者好與物相值。

昌从日曰美言也。盛明之意。書、而邦其昌。又、師女昌言。史記皆釋爲美。趙岐引禹拜讜言。敵、上云匹。匹亦當也。春秋傳、王者無敵、莫敢當也。彊、从畺。田畔相當也。詩、萬壽無彊。思無彊、强弱、當从弘、畺無强義。應、膺俱从雁。鷹擊必當。詩、我應受之。又、戎狄是膺。丁、象釘形。釘必當物。詩、寧丁我躬。當从尚。尚、向。从八向。分向相當、加田爲田相值也。

集解

昌敵彊應丁當也昌美言也、从日从曰會意。一曰日光也。正字爲當。當昌疊韵。書皋陶謨禹拜昌言、僞傳訓當。文選文賦病昌言之難屬、注昌、當也。逸周書祭公王拜首稽首黨言。孟子趙注引書作禹拜讜言。黨言、讜言均昌言也。廣雅釋詁、亢當也。以黨讜亢為之。敵、仇也、从攴啇聲。謂仇匹也。引申為當。以仇匹亦當對也。公羊傳王者無敵、莫敢當也。禮記少儀敵者曰某固願見。左哀十五傳敵子路、注均云敵、當也。彊、弓有力也、从弓畺聲。引申為當。說文則以勍為之。詩載芟侯彊侯以、傳彊、彊力也。左昭十傳彊於陳鮑氏、惠棟補注以為與陳鮑相當也。應、對當也、从心雁聲。詩下武應侯順德、賚我應受之、傳均云應、當也。周語單子儉敬讓咨、以應成德、淮南原道事無不應、注均云應、當也。詩閟宮戎狄是膺、傳膺當也、史記作應。後漢書后紀令大將冀女弟膺紹聖善、注膺、當也。以膺為之。丁、鐕也、象形。今俗以釘為之。正字為當。當丁雙聲。詩雲漢寧丁我躬、傳丁、當也。後漢書班固傳逢吉丁辰、景命也、張衡傳丁厥子而事刃、楚詞惜賢丁時逢殃、逢尤思丁文兮聖明哲、文選西京賦淮愛所丁、注均云丁、當也。書洛誥我二人共貞、馬注貞、當也。文選吳都賦高門鼎貴、謂當貴也。廣雅釋詁、儻、當也。以貞鼎儻為之。當、田相值也、从田尚聲。引申為應也、合也。公羊莊十三傳、君請當其君、臣請當其臣。

義證

昌敵彊應丁當也彊巨良反　應於矜反

註書曰禹拜昌言彊者好與物相當值**補正**邢疏皆

相當也。昌者、言當也。敵者、仇匹相當也。左傳曰、敵惠敵怨。大雅下武云應侯順德。雲漢云寧丁我躬。

郭注補正

昌敵彊應丁當也　注書曰禹拜昌言彊者好與物相當值

正曰、孟子公孫丑上趙注尚書曰、禹拜讜言。趙注所用眞古文本作讜言、不作昌言。至王肅僞造古文大禹謨及皋陶謨益稷乃改讜爲昌、已遷就雅詁。郭引已取證、甚無謂也。昌讀爲讜。文選典引既感羣后之讜辭、蔡注讜、直言。則讜之訓當、與郭注彊者相當值同誼。王尚書經義述聞乃分昌爲當理之當、敵彊應丁爲相當之當、於例未允。

正郭

昌敵彊應丁當也

書曰禹拜昌言彊者好與物相當值也

慧琳大乘大集地藏十輪經一卷音義引爾雅、彊當也、郭璞曰、彊者、好與物相當也。今據補也字。

郭注佚存補訂

昌敵彊應丁當也

當有二義、一爲相當之當、一爲當年之當。當年者、盛壯之年也。呂覽愛類篇云、士有當年而不耕者、女有當年而不績者。淮南齊俗訓云、丈夫丁壯而不耕、婦人當年而不織、當年與丁壯相對、當年即丁年、丁年即壯年也。

昌者、當

年之義也。齊風還子之昌兮、猗嗟猗嗟昌兮、毛傳竝云昌、盛也。鄭風丰子之昌兮、傳云昌、盛壯貌。魯頌閟宮俾爾昌而熾、爾爾昌而大、周頌雝克昌厥後、皆謂昌盛也。　敵者、相當之義也。上文云、敵、匹也。匹亦相當之義。小雅彤弓序箋諸侯敵王所愾、疏云敵、當也。敵與適同。禮記玉藻敵者不在、彼釋文云敵、本作適。大雅思齊刑于寡妻、傳云寡妻、適妻也。適妻、與夫相當者也。　彊者、亦當年之義。彊與強同。釋天太歲在丁曰強圉、釋文云強、本或作彊。李注云、言萬物皆剛盛未通曰強圉。彊與丁同義。丁年、即當年也、謂彊壯之年。周頌載芟侯彊侯以、傳云彊、彊力也、箋云彊有餘力者、謂強壯也。大雅蕩曾是彊禦、傳云彊、梁也。烝民不畏彊禦、疏亦謂彊爲彊梁、皆強壯之義也。　應者、說文云當也。大雅下武應侯順德、周頌賚我應受之、傳竝云應、當也。釋文云、應、本或作膺。魯頌閟宮戎狄是膺、傳云膺、當也。孟子音義引丁音作戎狄是應、史記引同。皆相當之義也。　丁與彊同義。白虎通云、丁者、強也。大雅雲

說詩

漢寧丁我躬、傳云丁、當也。

注疏正字

昌敵節疏雲漢云寧丁我躬（雲漢上當有大雅二字。）

昌敵彊應丁當也

郭曰書曰禹拜昌言。家大人曰、昌言者、當理之言、故曰昌當也。皋陶謨禹拜昌言、某氏傳曰以皋陶言爲當。釋文當、丁浪反。趙注孟子公孫丑篇引書、禹拜讜言。逸周書祭公篇曰、王拜手稽首黨言。管子霸形篇曰、仲父盍不當言。當言、即昌言也。昌讜黨當竝聲近而義同。昌爲當理之當、敵彊應丁爲相當之當也。古者彊禦二字同義。彊之爲當、猶禦之爲當也。（秦風黃鳥傳及齊語注竝云、禦、當也。）秦策曰、東以強齊燕、中以陵三晉。強者、當也、言秦兵之彊、東可以當齊燕、中可以陵三晉也。當字又有盛壯之義。晏子春秋外篇曰、兼壽不能殫其教、當年不能究其禮。呂氏春秋愛類篇曰、士有當年而不耕者、女有當年而不績者。丁當一聲之轉、當年者、丁年也。丁年者、壯年也。淮南齊俗篇曰、丈夫丁壯而不耕、婦人當年而不織。管子揆度篇曰、老者譙之、當壯者遣之邊戍。當壯、即丁壯也。輕重丁篇男女當壯、輕重戊篇作丁壯。然則昌彊丁當又皆有盛壯之義。爾雅直訓彊爲當、而郭云彊者好與物相當值、則非其本指。昭十年左傳齊欒高氏彊於陳鮑氏、惠氏補注引爾雅彊當也、言與陳鮑相當值、亦非。

述聞

昌敵彊應丁當也　應、釋文云本或作膺。詩魯頌閟宮戎狄是膺、傳膺、當也。正義曰膺當、釋詁文。案說文心部應、當也、从心䧹（䧹俗作鷹。）聲。膺、假借。　此亦一訓兼兩義者。陸氏新義曰、當、一名而兩讀。

匡名

昌敵彊應丁當也　說文、當、田相值也。昌、美言也、从日曰。大禹謨禹拜昌言、傳昌、當也。左桓八年傳、不當王、非敵也。彊、詳釋言。史記商鞅傳自勝謂之彊、註好與相當也。膺、匈也、从

爾雅詁林　一　釋詁下

肉雅聲。註勹部、匌、膺也。膺訓爲當、蓋當事以膺任事以肩也。周頌我應受之、傳應當也。大雅甯丁我躳、傳丁、當也。

啓蒙

昌、當也。 當兼當值、當失二義、故書孔傳昌、當也、釋文當、丁浪反、陸佃說、當一名而兩讀、謂此也。然昌亦有當值義、王引之說、昌但為當理之當。

彊、當也。 彊與上強也異體、二字錯見。 彊者直也、直即當之訓、釋名以畺釋彊、是彊有畺義。說文畕比田也、畺界也、从畕三其界畫也。而當之說解、「田相值、田相值與比田義同、此彊之所以訓當也。或曰彊當作疆。案古疆彊通用、不煩破字。

應、當也。 應又訓受、受亦當也、周語其叔父實應且憎、以非余一人、注應受也。通作膺、亦訓受、天問鹿何膺之、注膺受也。

丁、當也。 丁又與貞聲義同、洛誥我二人共貞、馬注貞、當也。又與正聲義同、左氏襄七年傳正直為正、正直亦當也、墨子言正今之世、猶言當今之世矣。

黃侃音訓

昌、敵、彊、應、丁、當也。

說文「當、田相植也。从田、尙聲。」田相値爲當、於是凡相抵相應皆曰當。晉語韋注云：「當、値也、」呂覽高注云：「當、應也、」公羊莊十三年傳云：「君請當其君、臣請當其臣、」何注云：「當、猶敵也、」義皆通。史記張釋之傳「廷尉奏當、」此言罪法相應也；後漢虞翻傳「虞所賚賞、典當胡夷、瓚復抄奪之、」此言幣物相當也；注者於此類當字、每音丁浪反、段氏以爲「無事自擾。」

昌訓當、郭注引書「禹拜昌言。」述聞云：「昌言者、當理之言、孔傳曰：『以皋陶言爲當。』趙注孟子公孫丑篇引書『禹拜讜言、』逸周書祭公篇曰：『王拜手稽首黨言、』管子霸形篇曰：『仲父盍不當言、』當言、即昌言也；昌、讜、黨、當、竝聲近而義同。」此說與雅訓最合。說文以昌言爲美言、李登聲類以讜言爲善言。

敵者、上文云：「匹也；」相匹、即相當也。案左傳云：「今三强服矣、敵楚而已、」敵楚即當楚。

彊者、述聞引秦策曰：「東以强齊燕、中以陵三晉、」謂「强者、當也、言秦兵之彊、東可以當燕齊也。」晉案彊之爲當、與敵之爲當同意。韓詩外傳云：「孫吳用之、無敵於天下、」孟子曰：「晉國天下莫强焉；」無敵於天下者、謂天下無當也、天下莫强者、謂天下莫當也。此彊字仍爲彊弱之彊、彊爲當、則弱爲不當、左傳「頡遇王子弱焉、」謂頡遇王子而不當也。王氏所以謂「敵、彊、爲相當之當」也。

應、說文亦云：「當也。」周頌云：「我應受之、」淮南原道篇云：「事無不應、」毛傳高注竝訓應爲當。爾雅釋文云：「應、本或作膺、同、」是應膺古通。

丁爲當者、大雅云：「寧丁我躬、」後漢書岑彭傳輿人誦云：「我喜我生、獨丁斯時、」邵氏云：「丁當雙聲、義存乎聲。」述聞云：「呂氏春秋愛類篇曰：『士有當年而不耕者、女有當年而不績者、』當年者、丁年也；丁年者、壯年也。淮南齊俗篇曰：『大夫丁壯而不耕、婦人當年而不織、』管子癸度篇曰：『當壯者、遣之邊戍、』當壯、即丁壯也。然則昌、彊、丁、壯、又皆有盛壯之義。」

爾雅學

昌敵彊應丁當也○釋曰 注疏本删。

○注書曰禹拜昌言○釋曰 注疏本删作注云禹拜昌言。

校勘記

好與物相當值 監本毛本同。永懷堂本值誤慎。

注疏校勘札記

五行（注）彊者好與物相當值○慧琳《音義》卷十八引此注作「彊者好與物相當也。」

宋監本校箋

昌敵、彊應、丁、當也。

彊 强

應 英映

當 黨聲

孫品直音

爾雅詁林　一　釋詁下

直音校正

昌、敵、彊强、應膺、丁·當也

楊氏音訓

昌、敵、彊、應、丁·當也 相當也。

干氏音釋

應 膺

郭注

浡肩摇動蠢迪俶厲作也

浡、肩、摇、動、蠢、迪、俶、厲，作也。浡然，興作貌。蠢，動作。公羊傳曰：俶，甚也。穀梁傳曰：始厲樂矣。肩見書，迪未詳。

邢疏

浡肩摇動蠢迪俶厲作也　釋曰：皆興作也。悖然，興作貌。莊公十一年左傳云：禹、湯罪己，其興也悖焉。肩者，勝任之作也。摇者，考工記矢人云：夾而摇之，以視其豐殺之節也。動者，商書咸有一德云：德惟一，動罔不吉。蠢者，鄉飲酒義云：春之爲言蠢也。俶者，始作也。厲者，方言云：厲、卬，爲也。甌越曰卬，吳曰厲。爲亦作也。注公羊至樂矣　釋曰：云公羊傳曰俶甚也者，隱九年云：三月庚辰，大雨雪，何以書？記異也。何異爾？俶甚也。云穀梁傳曰始厲樂矣者，隱五年云：九月，考仲子之宫，初獻六羽，始僭樂矣。尸子曰：舞，夏自天子至諸侯，皆用八佾，初獻六羽，始厲樂矣。

一切注音

浡肩摇動蠢迪俶厲作也

郭璞云：浡然，興作貌。蠢，動作。公羊傳曰：俶，甚也。穀梁傳曰：始厲樂矣。肩見書，迪未詳。今本作蠢動作也。從宋本刪也字。

陸音義

浡 步忽反。蠢 尺允反。俶 昌育反。

浡肩摇動蠢迪俶厲作也

終則無作，俶終則有始作也。雨作之而浡，風作之而摇，雷作之而動，厲弗迪也，爲厲而已。

新義

浡肩摇動蠢迪俶厲作也 浡，所謂浡然也。肩，勝作也。迪，開作也。俶，始作也。厲，穀梁傳曰：始厲樂矣。

鄭樵注

浡肩摇動蠢迪俶厲作也

郭璞曰：浡然，興作貌。蠢，動作也。公羊傳曰：俶，甚也。穀梁傳曰：始厲樂矣。肩見書，迪未詳。宋本無作下無也字。

鄭樵曰：浡，所謂浡然也。肩，勝作也。迪，開作也。俶，始作也。厲，穀梁傳曰：始厲樂矣。

古注合存

浡肩揺動蠢迪俶厲作也，此釋浡肩以下皆作之義也。註曰：浡然興作貌，蠢動作也。疏曰：俶者，始作也。愚按厲之言奮，猶浡也。肩之言任，任，作也。揺動蠢皆爲動作。迪之言行，所謂作而行之也。

注疏參義

鄭云：肩，勝作也。迪，開作也。俶，始作也。

補注

浡肩摇動蠢迪俶厲作也 **註** 浡然興作貌，蠢動作。公羊傳曰：俶，甚也。穀梁傳曰：始厲樂矣。肩見書，迪未詳。**正義** 釋言云：作，爲也。說文云：作，起也。浡者，左氏莊十一年傳云：其興也悖焉。孟子云：則苗浡然興之矣。肩者，上文云：勝也、克也。又訓爲作，義相成也。摇者，說文云：摇，動也。月令云：以摇養氣。左氏昭二十三年傳云：乃摇心矣。動者，樂記云：動之以四時。蠢者，方言云：蠢，作也。考工記云：則春以功。鄭註：春讀爲蠢。蠢，作也。左氏昭二十四年傳云：今王室實蠢蠢焉。杜註：蠢蠢，動擾貌。迪者，微子云：詔王子出迪。迪訓爲行，行即作也。俶者，大雅崧高云：有俶其城。毛傳：俶，作也。厲者，皐陶謨云：庶明厲翼。疏引鄭註云：厲，作也，以衆賢明作輔翼之臣。**註** 公羊至見書○**正義** 俶，甚也，公羊隱九年文。始厲樂矣，穀梁隱五年文。肩見書者，盤庚云：朕不肩好貨。鄭註無考。監本作蠢動作也，宋本無也字。

正義

迪作也

玉案秦誓其尙迪果毅、當依此訓作。

補注殘本

浡肩搖動蠢迪俶厲作也

浡然興作貌。蠢動作。公羊傳曰、俶甚也。穀梁傳曰、始厲樂矣。肩見書。迪未詳。

釋言云、作、爲也。說文云、作、起也。詩與子偕作、易云聖人作、毛傳及馬鄭注竝云作、起也。文選兩都賦序注、作、與也。荀子解蔽篇注、作、動也。禮哀公問注、作、猶變也。按變有更新之義。故詩駉傳云、作、始也。始有創造之義。故詩天作傳云、作、生也。生兼成長二義、故老子王弼注作、長也、易離虞翻注作、成也。是皆展轉生訓而義俱通者也。作與進同。說文云、進、起也。浡者、勃之叚音也。說文云、勃、排也。玉篇云、勃、卒也。蓋卒謂猝然排鋪排也。方言云、舒勃、展也。皆與興作義近。通作悖。左氏莊十一年傳云其興也悖焉。釋文悖、一作勃。盛貌。又通作佛。荀子非十二子篇云佛然平世之俗起焉。楊倞注佛讀爲勃。勃然、興起貌。又通作浡。廣雅云浡、盛也。孟子趙岐注、浡然已盛。一切經音義四引聲類云、浡亦勃字、同蒲沒反。按、浡疑當爲郣。說文云、郣、郣海地。一曰地之起者曰郣。然則起亦作也。是郣爲正體、勃悖俱叚借。浡蓋或體、渤又俗體矣。肩者、上文云勝也、克也、皆與振作義近。釋名云肩、堅也。謚法云堅、長也。長讀如掌。與作起義又近矣。搖者、說文云動也。方言云上也。又云疾也。又云遙、疾行也。遙與搖同、古字通用、皆動作之義。又與榣同。說文云、榣、樹動也。又與踃同。方言云、踃、跳也。又與猶同。檀弓云咏斯猶、鄭注猶當爲搖、聲之誤也。搖謂身動搖也。秦人猶搖聲相近。今按猶搖同聲叚借、非誤也。咏斯猶、猶斯舞、亦爲動作、皆其證矣。動者、說文云作也。楚辭抽思篇云悲夫秋風之動容兮、王逸注動、搖也。呂覽論威篇云物莫之能動、高誘注動、移也。移亦搖也。動又變也、感也、發也、生也、其義皆爲作也。通作董。見周禮大祝注。蠢者、下文云動也、方言云作也、郭注謂動作也。通作春。考工記梓人云則春以功、鄭注春讀爲蠢、蠢、作也、出也。禮鄉飲酒義云、春之爲言蠢也。是春蠢聲同。蠢出聲轉、尙書大傳云、春、出也。物之出也。然則生出亦動作之義。又通作惷。說文云亂也。惷訓亂、與作訓變其義同。說文引左氏昭廿四年傳曰王室曰惷惷焉、今作王室實蠢蠢焉。杜預訓爲動擾貌。是其聲義又同矣。迪者、妯之叚音也。妯、蠢下文俱云動也。動作義同、妯迪聲同。通作迪。上文云、迪、進也。下文云、迪、道也。漢書楊雄傳注、迪、由也。由、道、進與動作義亦近也。迪有軸音、又通作柚。方言云、杼柚、作也。東齊土作謂之杼、木作謂之柚。詩杼柚其空、釋文柚、音逐、本又作軸。是皆字異而音同、故古字又通矣。俶者、上文云始也。始與作義近。毛詩訓作爲始、爾雅訓俶爲作、其義一也。詩有俶其城、毛傳俶、作也。方言云、衡、俶、動也。動亦作也。後漢書張衡傳注、俶、整也。整頓亦動作也。俶與埱聲義同。說文云、埱、气出土也。一曰始也。訓始、既與俶同、气出土與作起之義亦近也。厲者、方言云、爲也。逸周書大武篇云戰有六厲、孔晁注厲、爲也。爲亦作也。故書庶明厲翼、正義引鄭注厲、作也。大戴禮曾子立事篇注鄂鄂辨厲也、引論語曰其言之不作、是作爲奮厲之義。郭引穀梁隱五年傳云始厲樂矣、亦謂始作樂耳。呂覽季冬紀云征鳥厲疾、高誘注厲、高也。文選高唐賦云沫潼潼而高厲、李善注厲、起也。漢書楊雄傳注、厲、奮也。奮起高亦義俱爲作也。方言云厲、今也。今與矜同。矜莊嚴厲、亦振作之意也。厲通作賴、又通作烈、俱一聲之轉。

義疏

浡沛勃肩搖動蠢迪俶厲作也

郭注、浡然、興作皃。蠢、動作。公羊傳曰、俶、甚也。穀梁傳曰、始厲樂矣。肩見書。迪未詳。

孛、从𣎵。𣎵、艸木𣎵𣎵然、作起之皃。語勃如戰色。春秋傳君王沛焉。肩、上云勝、克。郭言見書、卽盤庚不肩好貨、永肩一心也。彼肩爲任、此肩作。蓋釋肩隨耳。記曰、行肩而不併、彼作而我從也。搖猶同用字。記、咏斯猶。書若顛木之有由枿字。亦作榣動。从重力。大傳東方者何、動方也。易傳雷以動之。記動而民莫不敬。蠢从春。字亦作萅。萅从艸日屯、推也。大傳春、出也。書今蠢。記春之爲言蠢也。迪上云進。書各迪有功。與由同用。由自、始作一意也。俶、上云始。詩有俶其城。厲从萬在厂下。萬蟲、蓋蝎蛇類也。蠆故勩伦，因爲勉厲猛厲詞。書庶明厲翼，詩誰生厲階。伦，从人巳。易伦樂崇德。

浡肩搖動蠢迪俶厲作也

浡字本作孛。孛也。从宋人色也。正字為𣎵。𣎵，艸木盛𣎵𣎵然也。引申為作。浡、孛古今字，孛亦通用字。古論語色孛如也，今本作勃，猶記言作色也。詩采芑其旂淠淠，傳淠淠動也。荀子非十二子佛然平世之俗起焉，注佛讀為勃，勃然興起皃。以淠佛為之。肩，髆也，从肉，象形。引申為勝也，作也。書盤庚朕不肩好貨，孫疏肩，作也。文選東京賦百姓不能忍，是用息肩于漢，謝宣遠于房詩息肩纏民思，息肩云者，言止而不作也。搖，動也，謂動作也。从手䍃聲。禮記檀弓咏斯猶，注猶當為搖。搖謂身搖動也。史記賈生傳搖增翮逝而去之，正義搖動也，亦作也。蘇秦傳二日而莫不盡繇，索隱繇動也。以繇為之。動，力作也，从力重聲。易雷以動之，記動而民莫不敬，均是也。孟子滕文公將終歲勤動，呂覽察今必循法以動，注均云動，作也。周禮大祝大夫本四日振董，注振董以兩手相擊也。禮記月令有不戒其容止者，注容止猶動靜也。方言十二，衝，動也。以董容衝為之。蠢，蠢動也，从䖵春聲。考工梓人則春以功，注春讀為蠢。蠢作也，出也。廸，道也，从辵由聲。正字為妯。妯，動也，亦作也。詩所謂憂心且妯是也。廣雅則以抽為之。抽、妯、迪通用字。書微子詔王子出迪，迪訓行，行即作也。俶，善也，始也，从人叔聲。正字為築。築，擣也。引申為作。築、俶通用字。詩崧高有俶其城，傳俶，作也。厲，旱也，从厂蠆聲。正字為勵。勵，勉力也。引申為作。勵、厲通用字。書皐陶謨庶明厲翼，鄭注厲，作也。逸周書大武戰有六厲，注厲，為也，猶作也。作，起也，从人乍聲。引申為興也，為也。　**集解**

義證

迪作也　迪，又進也，道也。凡尚書迪字，先儒悉因道音借訓爲蹈，然義頗有不煩借者，如皐陶謨允迪厥德，迪宜訓進。泰誓其尚迪果毅，迪宜訓作。　**補郭**

浡肩搖動蠢迪俶厲作也

注浡然興作貌。蠢動作也。公羊傳曰俶甚也。穀梁傳曰始厲樂矣。肩見書。迪未詳。補正 鄭樵註云：肩，勝作也。迪，開作也。俶，始作也。　**郭注補正**

俶厲伦也　注公羊傳曰俶甚也。穀梁傳曰始厲樂矣

正曰：郭注引傳文與伦訓無涉。邵編修正義云：詩大雅崧高有俶其城，毛傳俶伦也。書皐陶謨庶明厲翼，孔正義引鄭注厲伦也。毛、鄭皆用雅詁文。　**正郭**

俶厲作也　注公羊傳曰俶甚也穀梁傳曰始厲樂矣

諍曰：隱九年公羊傳大雨雪，何以書？記異也。何異爾？俶甚也。何注：始怒也。釋文云始也。蓋本俶始也之雅訓。隱五年穀梁傳自天子至諸侯皆用八佾，初獻六羽，始厲樂矣。范注：魯於是能自減厲，均不得有作義。錢氏、王氏、郝氏皆引詩有俶其城，傳云俶作也。邵氏厲者，皐陶謨庶明厲翼，疏引鄭注厲作也，以衆賢明作輔翼之臣。足訂其誤。　**諍郭**

浡肩搖動蠢迪俶厲作也

浡然興作貌。蠢動作也。公羊傳曰俶甚也。穀梁傳曰始厲樂矣。肩見書。迪未詳

慧琳新翻密嚴經一卷、集異門足論三卷音義俱引郭注爾雅云：勃然作色貌也。與今本異。　仿宋本、雪牕本蠢動作下脫也字。今從明注疏本。

郭注佚存補訂

浡肩搖動蠢迪俶厲作也

浡，與勃通，又作郣。說文云：郣，郣海地。一曰地之起者曰郣。亦與沸通。荀子非十二子篇佛然平世之俗起焉，注云：佛，讀爲勃。勃然興

爾雅詁林　一　釋詁下

起貌。小雅十月之交山川沸騰、傳云沸、出。采菽觱沸檻泉、傳云觱沸、泉出貌、卽作也。淮南原道訓原流川浡、注云浡、湧也。與沸同義。　肩之爲作、乃作爲之作、非動作之作。上文云肩、勝也、克也。肩讀如書盤庚朕不肩好貨之肩。肩、任也。肩任卽有作爲之義。周頌敬之佛時仔肩、箋云仔肩、任也。　搖者、說文云動也。動作一義也。王風黍離中心搖搖、搖搖、不定之意。廣雅釋詁云搖、動也。與動同義。　動者、說文云作也。豳風七月五月斯螽動股、疏云搖動其股。動股與振羽同義、振、動皆作也。　蠢、義詳下文蠢動也下。　迪與妯同。妯與蠢下文俱訓動義、亦具下文。大雅桑柔弗求弗迪、毛傳云迪、進也。進與作義相成。迪進已見上文。　俶者、上文云始也。始者、初起動之義。大雅崧高有俶其城、傳云俶、作也。　厲、讀如樂記發揚蹈厲之厲。小雅正月胡然厲矣、厲爲暴作之義、言今茲之政胡然暴作如此、正如火之方揚、不可撲滅也。

說詩

浡肩節疏其與也浡然（然、左傳作焉。）以視其豐殺之節也（視、考工記作眡。凡周禮視字同。豐、監本誤豊。）三月庚辰大雨雪（脫雪字。）

注疏正字

迪俶厲作也

郭曰、公羊傳曰俶、甚也。穀梁傳曰始厲樂矣。迪未詳。錢曰、說文妯、動也。迪妯文異義同。詩崧高有俶其城、傳云俶作也。邵解俶字與錢同。又曰、迪者、微子云詔王子出迪、迪訓爲行、行卽作也。厲者、皋陶謨云庶明厲翼、鄭注厲、作也、以衆賢明作輔翼之臣。引之謹案邵解迪字未確。錢謂迪妯義同是也。下文曰蠢妯動也、此曰動蠢迪作也、是妯與迪通。郭解俶厲二字所引傳文皆與作字之義無涉。（隱九年公羊傳大雨雪、何以書記異也、何異爾俶甚也、俶字不得訓爲作。五年穀梁傳舞夏、自天子至諸侯皆用八佾、初獻六羽、始厲樂矣、厲字亦不得訓爲作。）錢邵說是也。俶厲爲作爲之作、又爲動作之作。方言曰、俶動也。廣雅曰、搖俶、（與俶同。）動也。此曰、搖動俶作也。是俶爲動作也。樂記曰發揚蹈厲之已蚤、蹈厲、謂騰躍也。（小雅菀柳傳曰、蹈、動也。漢書揚雄傳注曰、厲、奮也。）周語曰、王以黃鍾之下宮、布戎于牧之野、故謂之厲、所以厲六師也。厲六師、謂作士氣也。齊策曰、田單厲氣循城、謂作氣也。是厲亦爲動作也。

述聞

浡肩搖動蠢迪俶厲作也　說文水部無浡字、當作孛。說文、（出部）孛、𣎵也。（𣎵、艸木𣎵孛之皃。）从出人色也。論語曰色孛如也。又作艴。說文、（色部）艴、色艴如也、从色弗聲。論語曰色艴如也。今論語作勃、通借字。　迪、當作妯。（見前）錢少詹曰、說文妯動也。迪妯文異義同。

匡名

浡肩搖動蠢迪俶厲作也　說文、㞾起也。　左莊十一年傳其與焉浡也、郭註浡然、興作貌。　盤庚朕不肩好貨、傳肩、任也。任卽作矣。　搖、動也。月令、以搖養气。　樂記、動之以四時。　鄉飲酒禮、春之爲言蠢也。言萬物皆動作也。　大甲啟迪後人、註謂開導。開導之、卽與作矣。　大雅有俶其成、傳俶、作也。　厲、旱石也、从厂蠆省聲。或不省。註、旱石者、剛於柔石者也。禹貢厲砥砮丹是也。引伸之爲作也。穀梁隱五年傳始厲樂矣、鄭註厲、作也。又引伸之爲危也、烈也。俗以義異異其形、凡砥厲字作礪、勸勉字作勵、惟嚴厲字作厲、而古引伸假借之法隱矣。凡經傳中有訓爲惡爲病爲鬼者謂厲卽癘之假借也。訓爲遮列者謂厲卽迾之假借也、周禮之厲禁是也。有訓爲涉水者謂厲卽濿之假借、如詩深則厲是也。有訓爲帶之垂者、如垂帶而厲、傳謂厲卽烈之假借也。烈、餘也。

啓蒙

浡　勃　一切經音義四引聲類云。浡亦勃字。同蒲沒反。

說文勃排也、與勃作之訓近、語皆原于孛、草木孛孛之皃。

黄侃評本正名

浡、作也。　說文無浡字、勃之叚音也。浡勃語皆原於孛、說文孛、孛也、从朩、人色也、从子、論語曰、色孛如也、艴、色艴如也、論語曰、色艴如也、今論語作勃。

迪、俶、作也。　迪俶同字並見。

黄侃音訓

迪、作也。

䢖案。迪蓋讀爲由。楚辭懷沙章易初本迪兮。史記屈原傳迪作由。是二字通用。說文马部作甹。云木生條也。商書曰。若顛木之有甹枿。古文言由枿。是由實古文。甹則篆文也。由訓木生條。故與枿字連舉。枿卽蘖字也。由蘖有始義。故爾雅詁由爲作。作與始義近。詩駉篇毛公傳云。作、始也。上文云。俶、始也。而下文俶同訓作。由有始義而訓作。猶俶有始義而亦訓作一例矣。

又案。郝懿行義疏解上文𧑒字云。𧑒通作春。考工記梓人云。則春以功。鄭注春讀爲𧑒。𧑒、作也出也。尚書大傳云。春、出也。物之出也。生出亦動作之意。又解下文俶字。云俶與埱聲義同。說文云。埱、气出土也。气出土與作起之義亦近。迪字在𧑒俶二字之閒。觀𧑒俶二字之說而迪之義可知。木生條之訓與春爲物出、埱爲气出正類。則迪之當讀爲由無疑矣。乃郝疏及錢大昕答問、王引之述聞皆以迪爲妯字之借。不過因下文妯字訓動。而說文女部適依雅訓。遂以訓動爲妯之本義耳。然妯從女。未見其必爲動義也。

校箋

浡、肙、搖、動、𧑒、迪、俶、厲、作也。

釋言云：「作、爲也。」此作爲之作也。說文云：「作、起也。」文選兩都賦序注云：「作、興也。」荀子解蔽篇注云：「作、動也。」興、起、皆動之義、此動作之作也。

浡者、注云：「浡然興作貌。」孟子「則苗浡然興之矣。」此郣所本也。說文云：「一日地之起者曰郣。」起即作也。玉篇云：「郣、卒也；」左傳莊十一年云：「其興也悖焉。」釋文云：「悖、一作勃；」荀子非十二子篇「佛然平世之俗起焉。」楊倞注云：「佛、讀爲勃、勃然興起貌；」是興作之浡、不一其字。郝氏云：「郣爲正體；勃、悖、俱假借；浡葢或體；渤又俗體矣。」

肙、上文云：「勝也、克也。」又訓作者、邵氏引盤庚云：「朕不肙好貨」以爲與勝義相成。

搖、動者、說文動訓作、搖訓動。動通董、見周禮大祝注。

𧑒、下文云：「動也。」動亦作、故本節注云：「𧑒、動作。」說文「𧑒、亂也。」引左氏昭二十四年傳云：「王室日𧑒𧑒焉。」今左傳作𧑒、是𧑒𧑒古通。

迪者、邵氏引微子云：「詔王子出迪。」謂「迪訓爲行、行即作也。」書之迪字、多訓作。皐陶謨云：「允迪厥德。」作迪也、與「作德心逸日休」同義。泰誓云：「其尙迪果毅。」爾雅補郭云：「迪宜訓作。」微子謂「王子出迪。」出迪者、作也、此與論語「作者七人」之作同義。禮鄉飲酒義云：「春之爲言𧑒也。」而尙書大傳云：「春、出也。」是𧑒、出、同解矣；故鄭注考工記梓人云：「春讀爲𧑒；𧑒、作也、出也。」然則「詔王子出迪」者、即詔王子起行也。王引之因下文有妯字、以爲妯迪古通。

俶者、詩崧高「有俶其城。」傳云：「俶、作也。」上文謂「俶、始也。」此又訓作者、詩駉傳云：「作、始也。」是作亦有始義；蓋俶爲作、始之作也。易云：「作者之謂聖、述者之謂明。」即始作之義。

厲訓作、有二義。方言云：「厲、爲也：」逸周書大武篇「戰有六厲。」孔晁注云：「厲、爲也。」皐陶謨「庶明厲翼。」鄭注云：「厲、作也、以衆賢明作輔翼之臣。」以上厲字之訓爲訓作者、皆作爲之義也。郝氏引文選高唐賦李善注云：「厲、起也。」漢書揚雄傳注云：「厲、奮也。」王引之引樂記云：「發揚蹈厲之已蚤。」謂「蹈厲、騰躍也；」又引周語「厲六師。」謂「厲六師、作士氣；」奮、起、皆爲作；是以上諸厲字、皆動作之義。故王氏云：「俶厲爲作爲之作、又爲動作之作。」

爾雅學

𧑒動作　雪窻本同、注疏本下衍也。

涬肩搖動蠢迪俶厲作也○釋曰 注疏本刪。
莊公十一年左傳云 元本同。閩本監本毛本云改曰。
其興也悖焉 元本作涬焉。閩本監本毛本改涬然。
爲亦作也○注公羊至樂矣○釋曰 注疏本刪下八字。
大雨雪 注疏本脫雪。

校勘記

「涬」○唐寫本作「敎」。
六行（注）蠢動作○注疏本「作」下有「也」字。

宋監本校箋

勃佩 村 例
涬肩搖動蠢迪俶厲作也。

孫侶直音

勆
涬肩搖動蠢迪俶厲作也

直音校正

涬 孛

干氏音釋

茲斯咨呰巳此也
茲斯咨呰巳此也 呰巳皆方俗異語。

郭注

茲斯咨呰巳此也 釋曰此者對彼之稱言近在是也茲者虞書大禹謨云念茲在茲斯者召南殷其雷云何斯違斯咨與茲同呰巳與此皆音相近故得爲此也郭云呰巳皆方俗異語。

邢疏

呰此也
呰音些二。釋文

郭音義

黃輯古義

咨呰、音些二。

郭音義

茲斯咨呰巳此也

玉函山房輯佚

郭璞云、呰巳皆方俗異語。

一切注音

呰此也 郭音些二。釋文

古注斠

呰 子爾反、或子移反。郭音些。案、廣雅些、辭也、息計反。又息賀反、謂語餘聲也。巳此 音以。

陸音義

茲斯咨呰巳此也
茲、玄同之。此、斯、離析之。此以有此也、故咨歎之。以有此也、故訴呰之。以有此也故有巳也。若無彼此、以何爲巳。

新義

茲斯咨呰巳此也 咨、與茲同。呰巳與此皆音相近方俗之語有重輕耳。

鄭樵注

茲斯咨呰巳此也 呰、郭音些。
郭璞曰、呰巳、皆方俗異語。
鄭樵曰、咨與茲同。呰巳與此皆音相近、方俗之語有重輕耳

古注合存

茲斯咨呰巳此也 呰音紫。○此釋茲斯以下爲此之義也。註曰、呰巳、皆方俗異語。疏曰、此者、對彼之稱。呰巳、與此相近、故方俗有異也。愚按咨與茲同音、蓋亦俗訛呰巳之例。

注疏參義

亭林云、尙書俱作茲、論語俱作斯、大學以下之書俱作此。語音有輕重、亦時代爲之也。詩與檀弓亦多作斯。

補注

茲斯咨呰巳此也 註 呰巳皆方俗異語 正義 經傳多以此爲語辭、通釋之也。茲者、湯誓云、夏德若茲。考工記嘉量銘云、茲器維則。斯者、檀弓云、情在於斯。左氏襄三年傳云、使巨斯司馬、杜註斯、此也。咨呰與紫音同。文選註引春秋元命包云、紫之言此也。巳者、皐陶謨云、邇可遠在茲、史記作近可遠在巳。是巳卽茲也。註 呰巳至異語○
正義 魏封孔羨碑云、咨可謂命世大聖、億載之師表

者已、以咨爲此也。咨與呰同。戴震曰莊子書已而爲知者、已而不知其然、皆當訓爲此。案淮南道應訓已雖無所除其患害、亦以已爲此也。【正義】

已此也 戴東原曰、已之訓此、如莊子已而爲之者、已而不知其然是也。【校議】

茲斯咨呰已此也 呰已皆方俗異語

說文云、此、止也。按止謂物所止處、人指而名之曰此也。呂覽貴生篇云彼且奚以此之也、高誘注此、此物也。老子云吾何以知衆甫之然哉以此、又云吾何以知其然哉以此、河上公注並云此、今也。今亦爲此、此亦爲今、互相訓也。此、又且也。詩匪且有且、毛傳且、此也。此與且古音相轉也。茲者、說文云艸木多益。又訓此者、因其益多指而別之曰此也。書云茲攸俟、又云越茲麗刑、鄭注並云茲此也。廣雅云茲、今也。茲訓今、與此訓今義亦同。呂覽任地篇云今茲美禾、高誘注茲、年也。蓋亦緣詞生訓、實則今茲卽今此也。今茲倒言之爲此今、音變爲斯今、又變爲自今、並字異而義同矣。斯者、說文云析也。分析與此義近。斯又盡也。盡與止義又近。坊記引書斯謀斯猷、春秋繁露竹林篇作此謀此猷。詩胡斯畏忌、漢書賈山傳作胡此畏忌。又匪今斯今、鄭箋亦以斯今爲此今矣。咨者與茲音近同字通。魏孔羨碑云咨可謂命世大聖千載之師表者已、咨卽茲也。又咨嗟之咨、說文作嗞、从口茲聲、亦其證也。呰者、說文云苛也。苛與呵同。呵責人者、必止其人而問之。故呵有止義、止卽此之訓也。通作訾、訾訓毁、與呰訓苛義近。方言云、訾、何也。何與苛音又同。郭注訾爲聲如斯、斯亦此矣。又通作些。一切經音義二及六並云、呰、古文些、歂二形。爾雅釋文、呰、郭音些。引廣雅云些、辭也。是郭以些爲呰、蓋本楚辭。或讀些爲蘇箇切、非矣。已者、止也。止亦此之訓、故又爲此

也。此从止而訓止、蓋聲兼義也。已古讀如似、而亦訓止、其聲近也。茲亦聲近、故書云邇可遠在茲、史記夏紀作近可遠在已。已與茲俱訓此、故轉相訓也。戴氏震引莊子云已而爲知者、已而不知其然、當解已爲此。【義疏】

茲斯咨呰已以此也 郭注呰已皆方俗異語。茲、从艸茲。說文以爲从茲省。二

茲爲滋潰、因爲彼此詞。書邇可遠在茲。斯从斤其、析也。故亦爲此。書后胥戚鮮惠鮮矜寡、知恤鮮哉、皆以鮮爲斯。又有斯明言以斯違析。詩有兔斯首、以斯爲鮮。鮮、白也。唯何斯斯乃爲此耳。咨、从次。書疇咨、史記釋爲誰呰从此、加口卽訛呰字。云此者、蓋只字異文。詩樂只、卽樂此。楚詞或云些、或云只、一也。已从反巳、隸作以。加人於右又作似、左更加人已爲用、故爲此。易凡言君子以、皆以此之詞也。此从匕止。此爲內詞、彼爲外詞。【集解】

茲斯咨呰已此也 茲、艸木多益也、从艸絲省聲。絲、从二糸。因爲彼此。書呂刑越茲麗刑、鄭注茲、此也。金縢茲攸俟能念予一人、鄭注亦云茲、此也。詩召旻維今之疚不如茲、正月今茲之正、大明築室于茲、下武媚茲一人、閔予小子念茲皇祖、下武昭茲來許、箋均云茲、此也。孟子萬章惟茲臣庶、左隱十一傳無寧茲許公復奉其社稷、晉語使茲四人者爲之、離騷惟茲佩之可貴兮、文選弔魏武帝文齎靈符而在茲、注均云茲、此也。斯、析也、从斤其聲。物析乃有彼此、因釋爲此。說文則以紫爲之。詩采薇彼路斯何、角弓至于已斯亡、正月哀我人斯、抑斯言之玷、箋均云斯、此也。禮坊記引書斯謀斯猷、春秋繁露竹林斯作此。左襄三傳使臣斯司馬、文選鸚鵡賦故每言而稱斯、注均云斯、此也。詩葛屨維是褊心、魯是作此。白虎通宗族惟氏三族之不虞、韓勑後碑於氏憤擶之思。氏、卽是此也。以是氏爲之。咨、謀事也、从口次聲。正字爲茲。茲咨雙聲。書堯典疇咨若時登庸、史記訓爲誰。此爲事物之定稱、誰爲事物之不定稱、均指示代名詞也。魏孔羨碑咨可謂命世大聖、千載之師表者也、咨卽此也。呰、苛

爾雅詁林 一 釋詁下

也。从口比聲。其訓此而爲助語詞者，以爲此之借字故也。詩采菽樂只君子、樂只即樂呰。箋故訓只爲是。楚辭或言只或言呰、其義一也。左傳則以旨爲之。已、用也。从反巳指事。經典借爲發聲之詞、與呰畧同。書大誥已予惟小子是也。莊子已而爲知者、已而不知其然、戴震曰已、此也。或者正字爲矣與。矣位句末、與只同用故矣訓爲止、亦訓爲此。此、止也、从止从匕。匕、相比次也。引申則爲對彼之詞。 義證

茲斯咨呰已此也 呰音些

(註)呰已皆方俗異語

(補正)邢疏咨與茲同、呰已與此皆音相近、故得爲此也。 郭注補正

咨、此也。俗士以爲咨與茲同。案、魏黃初元年封孔羨爲宗聖矦、詔有云咨可謂命世大聖億載之師表、是以咨爲此。不識古義者謂之通於茲、失之矣。 錢氏古義

茲斯咨呰已此也

此、詞也。五者皆此之詞也。 茲者、邶風泉水茲之永歎、小雅正月今茲之正、大雅下武媚茲一人、昭茲來許、緜築室于茲、召旻維今之疚不如茲、周頌閔予小子念茲皇考、鄭箋竝云茲、此也。 斯者、召南殷其靁何斯違斯、小雅采薇彼路斯何、正月哀我人斯、角弓至於已斯亡、大雅抑斯言之玷、傳箋竝云斯、此也。小雅瓠葉有兔斯首、彼釋文云斯此也。郝云、詩胡斯畏忌、漢書賈山傳作胡此畏忌。匪今斯今、箋亦以斯今爲此今矣。 咨者、與資同字。書小民惟曰怨咨、禮記緇衣作小民惟曰怨資。大雅板喪亂蔑資傳謂資爲資財、非也。朱子云、蔑猶滅也、資與咨同、是也。資亦此也、蔑資、謂滅此也。若如毛鄭之說、則桑柔之國步蔑資、又將何說乎。 呰者、釋文云、呰子爾反、或子移反、郭音些。王氏念孫云、些即呰字之譌。草書呰字作些、隸因變而爲些矣。玉篇廣韻竝云些、此也。集韻云、些或作呰。楚辭之些、皆與詩之斯同義。斯呰皆訓爲此、而音又相近。呰亦作訿、小雅小旻潝潝訿訿、荀子作噏噏呰呰。呰亦呰之異體。 已與以同。大雅文王傳帝乙已上也、彼釋文云已本作以。射義引詩曰大夫君子凡以庶士、言凡此庶士也。小雅菀柳居以凶矜、謂處此凶矜之地也。角弓至於已斯亡、言相怨不讓、至於此斯喪亡矣。正義謂已爲已身、坊記引此詩鄭注云以至亡已、亦以已爲已身之已、非是。 注疏正字

說詩

茲斯節音呰音些 些、誤紫。釋文云、廣雅些、辭也。息計切、又息賀切。謂語餘聲也。

茲斯咨呰已此也 茲、不从艸。錢少詹曰、呰與茲斯咨已同

訓此呰語絕之詞。楚詞招魂些字、卽呰之異文。說文、口部呰苛也。又、此部呰窳也。柴、識也。是許君以柴爲楚些字、卽爾雅呰字也。

匡名

茲斯咨呰已此也 說文、此、止也。从止匕。匕、相比次也。徐鍇曰、匕、近也。近在此也。𢆶、黑也、从二幺。湯誓夏德若茲。檀弓情在於斯註斯此也。咨、與茲同。呰、苛也。呰又與咨同。郭註、呰已皆方俗異語。已者、臯陶謨邇可遠在茲。史記作近可遠在已。

啓蒙

茲、咨、已、此也。茲咨聲通同訓。茲已聲通同訓。

黃侃音訓

俌也 疆 垂也 應 當也 呰 此也

郭注、俌猶輔也。釋詁注 釋文、疆、作壃。釋詁釋文 字又作畺。釋詁釋文 經典作疆。假借字。釋詁釋文 應、本或作膺。釋詁釋文 呰、郭音些。釋詁釋文 廣雅、些、辭也。釋詁釋文

疆、垂也。釋文、疆作壃。按、說文畕部畺云、界也。从畕、三其界畫也。畺、或從彊土作疆。土部無壃字。應、當也。釋文、應、本或作膺。按、應膺古字通。魯頌閟宮詩戎狄是膺、史記建元以來侯者年表作戎狄是應。

證異

茲、斯、咨、呰、已、此也。

說文「此、止也；」止者、段云：「於物爲止之處、於文爲止之䛐也。」老子河上注云：「此、今也。」爾雅疏云：「此者、彼之對。」

咨者、邵氏引魏孔羡碑云：「咨可謂命世大聖千載之師表者、」此以咨爲此也。

呰訓此者、王念孫云：「些、即呰字之譌也、草書呰字作岁、隸書因變而爲些矣。爾雅釋文曰：『呰、字爾反、或子移反、郭音些。』玉篇『些、息計切、此也、辭也、又息箇切。』廣韻去聲十二霽：『些、蘇計切、此也、辭也、楚音蘇箇切。』集韻十二霽：『些、思計切、語辭、或作呰；』三十八箇：『些、四箇切、語辭也、見楚詞、或作呰。』據爾雅釋文云：『呰、郭音些、』是呰字兼有些音也。玉篇廣韻並云：『些、此也、』即爾雅呰字之訓。而集韻又云：『些、或作呰、』故知些即呰之譌。呰字以此爲聲、當以息計爲正音；息箇爲變音矣。」晉案郝氏引衆經音義二及六並云：「呰、古文些歟二形、」是呰些本非二字、與集韻所云「些或作呰」之語、正同；然爾雅有呰無些、說文有呰、而些爲新附字；然則呰必爲正字、王氏之說爲可信矣。

已訓此、戴震所引莊子語、已見緒言、邵氏又引淮南道應篇云：「已雖無所除其患害、」已、此也、謂此雖無所除患害也。經傳釋詞云：「禮記祭統衛孔悝之鼎銘曰：『對揚以辟之勤大命、』以、此也、承上文而言、辟、君也、言對揚此君之勤大命。射義引詩曰：『大夫君子、凡以庶士、』亦言凡此庶士也。」鄭注檀弓云：「以與已字本同、」故王念孫說如此。

爾雅學

茲斯咨呰已此也○釋曰 注疏本刪。

召南殷其雷云 注疏本雷作靁。

校勘記

呰已此也。釋文呰、子爾反、或子移反、郭音些、廣雅些、辭也、息計反、又息賀反、謂語餘聲也。按、此經既用郭注、則當依郭音些、而用息計息賀二反。今本僅列音紫一音、未免望文爲義而不之考矣。

注疏本正誤

茲斯咨呰音紫已此也

音圖・音

呰、子爾翻、音紫。或一移翻、音咨。郭音些、息計翻、音細。又息賀翻、娑去聲。案、楚辭招魂些字卽此。

音略

茲、斯、咨、呰紫、已以、此也。

孫偘直音

茲斯咨呰紫已此也

楊氏音訓

呰紫

干氏音釋

嗟咨𨲠也

嗟咨、𨲠也。今河北人云𨲠歎，音兔罝。 郭注

嗟咨𨲠也　釋曰：皆歎也。周南卷耳云：嗟我懷人。堯典云：疇咨若時登庸。郭云：今河北人云𨲠歎。 邢疏

嗟咨𨲠也

𨲠音兔罝之罝。郭注 郭音義

嗟咨𨲠也

嗟，楚人發語端也。文選左太沖吳都賦劉淵林注 黃輯古義 衆家注

嗟咨𨲠也

注曰：嗟，楚人發語端也。文選五左太沖吳都賦劉淵林注 漢注

嗟咨𨲠也

舊注云：嗟，楚人發端語也。文選五卷吳都賦注引爾雅。按當是舊注之文。

郭璞云：今河北云𨲠歎，音兔罝。今本作兔罝之罝，從宋本删之罝字。

嗟𨲠也　舊注云：嗟，楚人發語端也。文選吳都賦注 一切注音

蕙心案：郭注今河北人云嗟嘆，音兔罝。觀舊注以爲楚人語，郭注以爲河北人語，各據方俗語，不必同也。

𨲠　本或作𧨏，字林云：昔古嗟字。　罝　音嗟。 陸音義 古注斠

嗟咨𨲠也　𨲠，讀與兔罝同。郭云：今河北人云𨲠歎。 鄭樵注

嗟咨𨲠也　𨲠，鄭本作𨲠。

郭璞曰：今河北人云𨲠歎，音兔罝之罝。宋本無之罝二字。又按文選注引爾雅舊注有云：嗟，楚人發端語也。名氏未詳。

鄭樵曰：𨲠讀與兔罝同。郭云：今河北人云𨲠歎。 古注合存

嗟咨𨲠也　𨲠音嗟。○此釋嗟咨爲𨲠之義也。註曰：河北人云𨲠嘆，音如兔罝之罝。 注疏參義

文選注引爾雅：嗟，楚人發語端也。不知誰氏之注。 補注

嗟咨𨲠也　註　今河北人云𨲠嘆，音兔罝。 正義　廣韻云：𨲠，長歎也。嗟，說文作𧬌，云咨也。釋名云：嗟，佐也。言之不足以盡意，故發此聲以自佐也。詩序云：言之不足，故嗟歎之。咨者，堯典云咨四嶽，史記作嗟四嶽。註　今河至𨲠嘆。○ 正義　文選註引爾雅舊註云：嗟，楚人發語端也。釋文引字林以𨲠爲古嗟字。監本作音兔罝之罝，宋本無之罝二字。按郭註方言於亟字音爲詐欺，蹻字音爲濟渡，不云音詐欺之欺、濟渡之濟者，省文也。之罝二字係後人所增，今從宋本。

嗟咨𨲠也　今河北人云𨲠歎，音兔罝 正義

玉篇云：𨲠，憂歎也。廣韻云：𨲠，長歎。釋文云：𨲠，本或作𧨏，引字林云：皆古嗟字。太玄䈬云：時𨲠𨲠，范望注：𨲠𨲠，長歎也。通作嗟。詩臣工傳：嗟嗟，勑之也。烈祖箋：重言嗟嗟，美歎之深。又海外東經云：𨲠丘，一曰嗟丘。廣韻作𧨏丘，皆古字通之證也。嗟者，𧬌之或體也。說文云：𧬌，咨也。玉篇作謯，同。通作嗟。釋名云：嗟，佐也，言之不足以盡意，故發此聲以自佐也。文選吳都賦注引爾雅舊注云：嗟，楚人發語端也。按嗟自發端，非必楚語。嗟有奈何之訓，詩憯莫懲嗟，箋：嗟乎奈何。荀子富國篇注本之，而云嗟，奈何。然則鄭意蓋謂事無可奈何故嗟歎之，非以奈何訓嗟也。又通作差。易大耋之嗟，釋文：嗟，荀本作差。詩穀旦于差，釋文：差，韓詩作嗟。

爾雅詁林　一　釋詁下

𥁕詩之于嗟，俱歎詞也。又變作齎。易齎咨涕洟，釋文引鄭注齎咨，嗟歎之辭也。是齎咨卽嗟咨聲之轉矣。咨者，嗞之叚音也。說文云，嗞，嗟也。廣韵云，嗞嗟，憂聲也。亦作嗟茲。詩綢繆傳，子兮者，嗟茲也。通作咨。詩文王曰咨，傳，咨，嗟也。書咨四岳，史記五帝紀作嗟四嶽。論語咨爾舜，皇侃疏亦云咨，咨嗟也。又通作訾。逸周書太子晉篇云，莫有怨訾，孔晁注訾，嘆恨也。又通作資。太玄樂云，則哭泣之蹉資，范望注蹉資，憂哀之貌也。然則蹉資卽嗟咨，怨訾亦卽怨咨，俱古字通矣。禮緇衣引君雅曰，夏日暑雨，小民惟日怨資，冬祈寒，小民亦惟日怨，鄭注資當爲至，按，鄭以資屬下句，故讀爲至，實則怨資相屬，卽怨咨也。下惟曰怨，無資字，句意已足。古書文字不拘，何必斤斤相比對也。

義疏

嗟咨𩯠也

郭注，今河北人云𩯠歎，音兔罝。嗟，說文作𧮙。𧮙从㐺左。左，𠂇通用。𠂇不相値而歎。詩于嗟皆从口，唯穀旦于差作差耳。𩯠本作𩯠，一作䞋。蓋以長言嗟歎，而加長別俗字也。作𩯠，猶愈以今字釋經字耳。易齎資涕洟，或讀爲齊咨。書咨四岳，史記嗟四嶽。

集解

嗟咨𩯠也　嗟，字本作𧮙，咨也。即𩯠也。詩臣工嗟嗟臣工，傳勑之也。大玄𥷚作𩯠𩯠。麟趾于嗟麟兮，傳歎詞𩯠也。易大耋之嗟，釋文本作差。詩東門之枌穀旦于差，釋文差，韓詩作嗟。以差爲之。咨，謀事也，从口次聲。引申爲𩯠。說文則以嗞爲之。書堯典帝曰咨，史記作嗟。詩蕩文王曰咨，傳咨，嗟也。前漢書韋賢傳咨命不永，師古曰咨，嗟也。文選思玄賦咨姤嫮之難𨈐兮，注咨，嗟也。易齎資涕洟，或讀爲齎咨。禮記緇衣引君雅曰，夏暑雨，小民惟曰怨資，怨資即怨咨，𩯠也。以資爲之。𩯠，字本作𩯠。𩯠，好皃，从髟差聲。或以爲𩯠之借字。大玄樂，則哭泣之𩯠資。

義證

嗟𩯠也

文選吳都賦注引尔疋舊注云，嗟，楚人發語端也。

郭注，今河北人云𩯠歎，音兔罝。而于嗟字無注。說文無𩯠字，釋文，𩯠，本或作䞋，字林云皆嗟字。郝蘭皋謂嗟自發端，非必楚語。邵二雲謂郭呂河北人讀𩯠音如罝，各呂方俗爲證也。

舊注攷證

嗟咨𩯠也

今河北人云𩯠歎音兔罝

仿宋本單疏本作𩯠歎，與釋文同。雪牕本作嗟歎，明注疏本歎改嘆。　明注疏本作音兔罝之罝，係後人妄增。

郭注佚存補訂

嗟咨𩯠也

釋文云，𩯠本或作䞋，字林云皆古嗟字。嗟者，詩大序故嗟歎之，釋文云嗟，咨嗟也。周頌卷耳嗟我懷人，魏風陟岵父曰嗟，唐風杕杜嗟行之人，豳風七月嗟我婦子，傳箋皆無解。有言于嗟者，周南麟之趾于嗟麟兮，毛傳云于嗟，歎辭。召南騶虞于嗟乎騶虞，鄭箋云于嗟，美之也。邶風擊鼓于嗟闊兮，箋云故于嗟歎之。衛風氓于嗟女兮，箋云故于嗟而戒之。秦風權輿于嗟乎不承權輿，疏云故于嗟歎之。齊風猗嗟猗嗟昌兮，傳云猗嗟，歎辭。猗嗟，卽于

爾雅詁林　一　釋詁下

嗟也。有言嗟嗟者、周頌臣工嗟嗟臣工、傳云嗟嗟、勑之也。商頌烈祖嗟嗟烈祖、箋云重言嗟嗟、歎美之聲。陳風東門之枌榖旦于差、彼釋文云音嗟、韓詩作嗟。以差爲嗟、省文也。易大耋之嗟嗟荀本作差。 咨者、大雅蕩文王曰咨、傳云咨、嗟也。

說詩

嗟咨䁖也 說文、言部、䛩、咨也、一曰痛惜也。从言差聲。隸變作嗟。䁖、釋文云本或作䤿、字林云皆古嗟字。案、二字皆不見於說文。陸佃新義本雪牕書院校刊本皆作䰍、當從之。䁖、䰍之省。䤿、䁖之省。徐養原曰、漢書眭孟傳漢帝宜誰差天下求索賢人、孟康曰誰問差擇也。案、誰差猶䛴咨、差與䰍古葢通用。 䁖嗟皆从差聲、故同訓。

匡名

嗟咨䁖也 說文、䛩、䛴咨也、一曰痛惜也。又𠿝、嗟也。註、古言䛴嗞、今人作嗟咨非也。楊子、哭泣之䁖咨。廣韻、䁖、長嘆也。通作嗟。 詩序、言之不足、故嗟歎之。 堯典咨四嶽、史記作嗟四嶽。

啓蒙

嗟 䛩 易大耋之嗟。釋文嗟。荀本作差。詩。榖旦于差。釋文差。韓詩作嗟。

嗟䁖皆當作䛴。同字並見、爾雅常例也。

䁖 䛴 太元樂云則哭泣之䁖資。范望注。䁖資。憂哀之貌。則䁖資卽嗟咨。䁖乃䛴之或體。

黃侃評本正名

嗟、咨、䁖也。 嗟䁖同字並見、皆當作䛴。 䁖嗟从正釋段。 䰍本訓髮好、亦由美歎意而來。 嚴元照說、䁖當從陸佃本、雪囱本作䰍、今案鄭樵本同、䁖卽䰍之隸變、凡从髟者、隸或但書長而省彡、如髦或作㲰、又篆書从長者亦或从髟、如肆或作䰈。俞

荃甫說、嗟䁖同字、以嗟釋䁖、義不可通、當以嗟字爲句、咨䁖也三字爲句。今案俞讀不可從、䁖嗟同字、亦于於通述之例、有何不可。

黃侃音訓

嗟咨䁖也

樾謹按、釋文曰、䁖、本或作䤿、字林云䁖䤿皆古嗟字。是嗟之與䁖、古今字耳。若以嗟釋嗟、義不可通。此經當以嗟字爲句、咨䁖也三字爲句。咨䁖卽咨嗟、葢以咨嗟釋嗟字。謂若尙書王曰嗟之類、皆是爲咨嗟之聲、以發語端也。詩序故嗟歎之、釋文曰嗟、咨嗟也。漢書賈誼傳嗟若先生、師古注曰嗟、咨嗟也、皆本爾雅文。是古讀固以咨嗟連文矣。釋詁釋言雖多以一字爲訓、而如毘劉暴樂也、覭髳茀離也、則亦閒有二字者。此云咨嗟、亦猶暴樂、茀離之類耳。上文肆故今也、詩思齊篇毛傳、抑篇鄭箋、皆以故今連讀。宋王觀國學林謂非爾雅句法、失之不考矣。

平議

嗟咨䁖也

錫燧謹案、說文無嗟字、廣韻云、嗟、䛴同。是嗟乃䛴之俗體。又無䁖字、从髟、俗作𩬊見正字通。例之、是䁖乃䰍之俗體。然說文髟部云、䰍、髮好也。與嗟咨義不相蒙。此經䰍字、葢卽䛴之假借。說文言部云䛴、咨也。是也。易大耋之嗟、王肅本作䰍、亦䰍之譌。可證兩字古可通假。釋詁一篇所以明古訓、故有卽本字詁假字者、亦有轉以假字詁本字者、以䰍詁䛴其一也。咨者、說文口部云、謀事曰咨。又云、嗞、嗟也。其義不同。是本經之咨謀

爾雅詁林 一 釋詁下

也、及詩之周爰咨諏、來咨來茹、左傳之訪問于善曰咨、固其本字。而書之帝曰咨、詩之文王曰咨、及此經之咨䰇也、皆當爲嗞之假借。據段書雖次聲茲聲異部、而荀子正論瑱玕龍茲華覲以爲寶、注茲與髭同。書卜陳惟若茲、漢書翟進傳引作此。此聲次聲同十五部、茲既可以通此、茲獨不可以通次乎。

陸錦燧日記

嗟、咨䰇也。

羣經平議云：「釋文曰：『䰇、本或作䞈、字林云：䰇、䞈、皆古嗟字、』是嗟之與䰇、古今字耳。若以嗟釋嗟、義不可通、此經當以嗟字爲句、咨䰇也三字爲句。咨䰇、即咨嗟、蓋以咨嗟釋嗟字、謂若尙書王曰嗟之類、皆是爲咨嗟之聲、以發語端也。詩序『故嗟歎之、』釋文曰：『嗟、咨嗟也；』漢書賈誼傳『嗟若先生、』師古注曰：『嗟、咨嗟也；』皆本爾雅文。是古讀固以咨嗟連文矣。此云咨䰇、亦猶樂荊離類之耳。」晉案上文云：「于、於也、」下文云：「迺、乃也、」于於、迺乃、皆古今字；古今字相訓、本有此例。唯俞所引咨嗟連用之文、是爲此節句讀之證、故用其說。䰇、說文作𧪌、玉篇作𧪌；又通差。咨通作資。

爾雅學

今河北人云䰇歎 單疏本同。雪牕本作嗟歎、注疏本歎改嘆。

音兔罝 雪牕本同。注疏本作音兔罝之罝、係後人增改。

嗟咨䰇也〇釋曰 注疏本删。

校勘記

䰇也 雪牕本作䰇也。

音兔罝 十行本音嗟。

校勘記訂補

嗟咨䰇 嗟音 也

音圖・音

䰇、本或作䞈。字林云、皆古嗟字。玉篇、或作𧪌。

音略

嗟咨、䰇也、 嗟

孫偘直音

嗟咨䰇 嗟 也

楊氏音訓

䰇 嗟

干氏音釋

閑狎串貫習也

閑狎、串、貫、習也。串、厭串。貫、伏也。今俗語皆然。

郭注

閑狎串貫習也 釋曰皆便習也。莊二十二年左傳曰赦其不閑於教訓。曲禮曰賢者狎而敬之。大雅皇矣云串夷載路。齊風猗嗟云射則貫兮。皆是言也。郭云串厭串貫貫伏也今俗語皆然者、當東晉時有此厭串貫伏之語、故以爲證也。

邢疏

串習也

串、心之習也。一切經音義九又十七又十八

犍爲注

串習也

串、五患反。釋文

郭音義

串習也

串、古患反。釋文

沈集注

串習也

串、古患反。釋文

謝音

黃輯古義

閑狎串貫習也

串、心之習也。一切經音義卷九又卷十七又卷十八

犍爲注

串貫、串、五患反。

郭音義

閑狎串貫習也

串、古患反。釋文引沈謝

沈集注

串貫、串、古患反。釋文引沈謝

謝音

玉函山房輯佚

串習也

舍人曰、串、心之習也。一切經音義九又十七又十八

漢注

閑狎串貫習也

郭璞云、串、厭串。貫、貫忕也。今俗語皆然。

一切注音

串習也 舍人云、串、心之習也。一切經音義九

郭五患反。釋文

古注斠

狎乎甲反。串郭音五患反。沈謝古患反。慣本又作貫、又作遦、同。古患反。厭於豔反。忕音逝、又時設反。張揖雜字音曳、云毋伏過度。

陸音義

慣本又作貫又作遦○邢本作貫。

說文遦、始訓習。

音義攷證

閑狎串貫習也

王文公曰、惟閑暇故得閑、習亦閑暇、則宜閑習。

新義

閑狎串貫習也 串、皇矣云串夷載路。習謂便習。

鄭樵注

閑押串貫習也 閑、鄭本作閒。串、郭音五患反。

郭璞曰、串、厭串。貫、貫忕也。今俗語皆然。按忕、本或作忕、作忕、與忕字有別。今從康熙字典

鄭樵曰、串、皇矣云串夷載路。習謂便習。

古注合存

閑狎串貫習也 串貫、並音慣。○此釋閑狎以下皆習之義也。

注疏參義

閑狎串貫習也 註 串厭串貫貫忕也今俗語皆然 正義 玉篇云、習、串也。閑者、鄉射禮註引尚書大傳云、閑之者、貫之也。貫之者、習之也。大畜九三云日閑輿衛、釋文引鄭註以爲日習車徒、仲尼燕居云故戎事閑也。狎者、左氏襄四年傳云、民狎於野。串者、大雅皇矣云串夷載路、毛傳串、習也。荀子大畧篇惡民之串、以無分得也。貫者、齊風猗嗟云、射則貫兮。左氏昭二十六年傳云、貫瀆鬼神、說文引作摜瀆鬼神、云摜、習也。又云遦、習也。釋文作慣、云本又作貫、又作遦、同。

正義

閑狎串貫習也 串厭串貫貫忕也今俗語皆然

說文云、習、數飛也。呂覽審已篇注、習、學也。玉篇云、習、串也。漢書注、習、狎也。按易重坎日習坎、故習訓重也。因而重之、故又訓因也。習而安之、故又訓便也。通作襲。襲亦重也、因也。周禮胥注故書襲爲習。文選齊竟陵文宣王行狀云龜謀襲吉、李善注襲與習通。皆其證也。閑者、居之習也。閑訓遮闌、與重習便習義近。易日閑輿衛、釋文引馬鄭云閑、習也。詩四馬旣閑、旣閑且馳、傳箋竝云閑、習也。鄉射禮記注引尚書傳曰、戰鬬不可不習、故於蒐狩以閑之也。閑之者貫之也、貫之者習之也。通作閒。文選東京賦云旣佶且閒、詩六月篇閑作閒。十畝之閒釋文云、閒、本亦作閑。狎者、說文云、犬可習也。曲禮云賢者狎而敬之、周語云未狎君政、晉語云陽人未狎君德、鄭注及韋昭注竝云狎、習也。方言云媟、狎也、郭注相親狎也。按媟有嬻嫚之意、故廣雅云狎、輕也。輕有忽意、故論語狎大人、鄭注狎、慣忽也。輕忽媟又因狎習而生也。通作甲。詩能不我甲、釋文甲、韓詩作狎。書因甲于內亂、正義引鄭王皆以甲爲狎。釋言云甲、狎也、是諸義所本。一切經音義十四云、狎、古文庘狹二形、是狹狎又通矣。串者、患與毌之叚音也。玉篇廣韵串俱古患切、則與貫同。釋

文引沈謝音亦同、郭音五患反、則與翫同。說文云翫、習猒也、引左氏昭元年傳翫歲而愒日。又僖五年傳云寇不可翫、文選東京賦云目翫阿房、杜預及薛綜注竝云翫、習也。通作玩。玩弄與狎習義近、故文選詩注玩與翫古字通。又通作忨。說文云忨、貪也、引春秋傳曰忨歲而濈日。是皆郭義所本也。作串者、串、古音患、亦通作患。詩串夷載路、毛傳串、習也、鄭箋串夷、卽混夷、西戎國名也。釋文、串、一本作患、或云鄭音患。正義亦云、串詩本爲患。然則患乃本字、串卽患字之省、故一切經音義九及十七八竝引舍人云串、心之習也。據此知爾雅古本串正作患矣。貫者、遦與摜之段音也。說文遦摜竝云、習也。摜字下引左氏昭廿六年傳曰、摜瀆鬼神。通作貫。詩六月正義引書傳云、貫之何習之。詩射則貫兮、魯語云晝而講貫、孟子云我不貫與小人乘、鄭箋及韋昭趙岐注竝云貫、習也。又通作慣。釋文、慣、本又作貫、又作遦、同、古患反。又通作宦。詩三歲貫女、漢石經作三歲宦女。又通作串。荀子大略篇云國法禁拾遺惡民之串以無分得也、楊倞注串、工患反。是串卽貫字也。郭云貫忕也者、釋文、忕、音逝、又時設反。引張揖雜字音曳、云狃忕過度。按說文云、㤜、習也、从曳聲。與張揖音同。㤜卽忕也。

義疏

閑狎串患**貫習也**　舍人注、串、心之習也。郭注、串、厭串。貫、貫忕也。今俗語皆然。

閑、从門中有木。周官、王六閑。易、日閑輿衛。馬在閑中、因爲閑習也。狎、从犬甲。犬可習、因以甲爲習。詩、能不我甲。記、狎而敬之。串患同字、說文以串爲貫、毌、非也。古文患佀患、文似重串、非吅也。說者以爲毌之異文、稍近之矣。貫从毌貝、因爲慣習。詩、串夷載路。又、三歲貫女。記、將由夫患邪淫。上云、貫、事。習从白羽。始生羽、則習飛也。

集解

閑狎串貫習也　閑、闌也、从門中有木會意。正字爲摜。摜、事之習也、傳所謂摜瀆鬼神是也。說文則以遦爲之。遦摜閑通用字。易曰閑輿衛、馬注閑、習也。鄭同。詩卷阿既閑且馳、駟鐵四馬既閑、箋均云閑、習也。尚書大傳戰鬭不可不習、故於蒐狩以閑之也。閑之者貫之也、貫之者習之也。孟子滕文公閑先聖之道、荀子修身多見曰閑、注均云閑、習也。狎、犬可習也、从犬甲聲。引申爲凡習之偁。禮記曲禮賢者狎而敬之、左襄五傳民狎其野、晉語陽人未狎君德、楚語神狎民則不蠲其爲、注均云狎、習也。前漢書武五子傳近狎作亂、內外俱發、師古曰狎、習也。文選曹子建贈丁翼詩我豈狎異人、注狎、習也。書多方因甲於內亂、鄭玄均訓習。漢書息夫躬傳羽檄重迹而押至、注言相因而至也、音狎習之狎。以甲押爲之。串字本作毌、穿物持之也、四象寶貝之形、而貝爲朋、一橫穿之、指事。正字爲翫。翫、習猒也。易繫辭傳而翫其辭、是也。毌串古今字。翫毌串通用字。詩皇矣串夷載路、傳串、習也。文選謝惠連秋懷詩聊用布親串、注串、習也。楚辭哀時命誰可與玩此遺芳、注翫、習也。廣雅釋詁遦貫、行也。皆習也。以玩遦爲之。貫、錢貝之貫也、从毌貝會意。正字爲宦。詩三歲貫女、漢石經作宦。以宦爲貫也。宦、仕也、所謂試用學習之官者。說文則以㤜爲之。㤜宦貫通用字。詩猗嗟射則貫兮、箋貫、習也。左宣六傳以盈其貫、襄三一傳射御貫則能獲禽、孟子滕文公我不貫與小人乘、晉語晝而講貫、注均云貫、習也。習、數飛也、从羽从白會意。引申爲學也、狎也。

義證

閑狎串貫習也

〔註〕串厭串貫貫伏釋文作忕、誌云音逝。張揖雜字音曳、云狃忕過度。今本作伏者誤。也今俗語皆然〔補正〕邢疏皆便習也。左傳赦其不閑於教訓。曲禮曰、賢者狎而敬之。大雅云、串夷載路。齊風云、射則貫兮。

郭注補正

閑狎串慣習也

串厭串慣慣忕也今俗語皆然

今本經注皆作貫。案釋文云、慣、本又作貫、又作遦、同、古患反。是陸所據郭本皆作慣也。後漢書馮異傳注引爾雅狃、復也、郭氏曰謂慣忕、復爲之也。足證此注貫字之誤。雪牕本明注疏本忕作伏，誤。

郭注佚存補訂

閑狎串慣習也

閑者，秦風駟鐵四馬既閑，大雅卷阿既閑且馳，傳箋竝云閑，習也。齊風還序云習於田獵謂之賢，閑於馳逐謂之好，習與閑對言，則閑亦習也。小雅六月閑之維則，既佶且閑，正義引書大傳云閑之者何，貫之。文選東京賦作既佶且閒，薛注云閒，習也。魏風十畝之間彼釋文云間本作閑。狎者，說文云大可習也。引申之為凡習之稱。衛風芄蘭能不我甲，傳云甲，狎也，韓詩作狎。甲者，狎之古文省也。串者，大雅皇矣串夷載路，傳云串，習也。彼釋文云居患反，一本作患，或云鄭音患。舍人云串，心之習也。蓋以串為患矣。慣，與貫同。齊風猗嗟射則貫兮，箋云貫，習也。小雅巧言及爾如貫，此言我與女同為王，最相貫習，何以不我知也。魏風碩鼠三歲貫女，傳云貫，事也。竊謂貫亦為習，謂事女三歲相習已久，何以不肯我顧也。文義最明。三歲貫女，漢石經作三歲宦女。

說詩

閑狎串貫習也 貫，釋文作慣。

注貫貫忕也 忕，誤伏。疏同。

注疏正字

串貫

注，串，厭串。貫貫，忕也。張平子西京賦有憑虛公子者，心奓體忕。釋文，張揖雜字云音曳，狃忕過度，今音泰，非也。說文無串字，患字下云从心上貫吅，或謂从古文毌，毌即⊕字橫書，亦如从目之字多作罒耳。然春秋繁露曰，心止於一中謂之忠，持二中者謂之患，則此字从二中，為會意，⊕非聲矣。董子西京大儒，其說必有所受，予謂當从此說。經文本作⊕，後人以二中為親串字，遂改為串耳。貫，釋文作慣，或作摜，又省作貫也。

小箋

閑狎串慣習也 說文心部患，惪也，从心上貫吅，吅亦聲，非別有串字，而患又从串聲也。俗書省患為串，已失其旨，又與患判為二文，尤非矣。一切經音義九又十七又十八引舍人注曰，串，心之習也，則舍人本作患可知矣。詩大雅皇矣串夷載路，傳串，習也，釋文云，一本作患。又集韻三十諫串，傆，爾雅習也，或作傆。慣，釋文云本又作貫，又作遺。案說文辵部遺，習也，从辵貫聲。又手部摜，習也，从手貫聲，春秋傳曰摜瀆鬼神。今左傳作貫。又案詩齊風猗嗟射則貫兮，箋貫，習也。正義曰，貫習，釋詁文。左傳正義廿二引亦作貫。貫省文，慣俗字。諸本無作慣者。

匡名

閑狎串貫習也 說文習，數飛也。引易朋友講習。閑，闌也。大畜日閑輿衛，鄭注以為日習

車徒。狎、犬可習也。註引伸爲凡相習之偁。古假
甲爲之。衞風能不我甲、傳甲、狎也。此言假借也。左
襄四年傳民狎於野、註狎、習也。　大雅串夷載路
傳串、習也。　遦、習也。假作貫。　左昭二十六年傳
貫瀆鬼神。或作串。大雅串夷載
路。又釋文作慣、并作遦、義俱通。

啓蒙

串　患　詩皇矣釋文。串、一本作患。
慣　貫　釋文。慣本又作貫。
串貫同字並見。皆當作摜、遦並習也。

黃侃評本正名

串貫習也。串貫同字並見。集韻串、傆、爾雅習也、或作傆、案說文傆、黠也、黠習義亦近、但串爲毌字之變體、是串貫亦同文、皆當作摜遦。

黃侃音訓

閑、狎、串、貫、習也。

說文習部「習、數飛也、從羽、白聲；」月令云：「鷹乃學習；」此本訓也。引伸爲習熟之義。呂覽審己篇「習、學也；」漢書注「習、狎也；」皆習熟之謂也。字通襲。

閑者、鄉射禮注引尚書大傳云：「閑之者貫之也、貫之者習之也。」古多用嫺雅字作閑。史記屈原傳云：「屈原嫺於辭令、」是也。閑亦通閒。

狎者、曲禮「賢者狎而敬之；」周語「未狎君政；」鄭韋二氏注竝云：「狎、習也。」

串、郝氏謂爲「患之省、」是也。詩皇矣、「串夷載路、」釋文云：「串、一本作患、」正義亦云：「串、詩本爲患；」是爾雅之串、亦必爲患矣。深經音義兩引舍人云：「串、心之習也、」此釋患字之義。知爾雅必作患也。

貫者、還與摜之假借。說文遦、摜、竝云「習也。」摜篆下引左傳曰：「摜瀆鬼神、」今本左傳貫、杜注云：「習也、」是借貫爲摜也。貫、一作慣、見爾雅釋文。又通宦、見漢石經所引詩句。作慣者俗字。

爾雅學

貫唐石經單疏本雪牕本同。釋文、慣、本又作貫、又作遦、同、古患反。按玉篇、慣、習也。遦、習也。本此經。後漢書馮異傳注引爾雅、忕、復也。郭氏曰、謂慣忕復爲之也。亦用慣字、今本注不然。

貫貫忕也　單疏本忕作忕、從大、是也。釋文亦誤從犬。雪牕本注疏本作伏、更誤。
閑狎串貫習也　釋曰　注疏本刪。

校勘記

貫習也。注貫、貫忕也。今本忕誤作伏。釋文、忕音逝、又時設反。張揖雜字音曳、云狃忕過度。按忕當从大。釋文本从犬、亦誤。

注疏本正誤

當時晉時　監本毛本湘本上時作東。案郭璞本東晉人、故注云今俗語皆然。作東是。

注疏校勘札記

〈行貫習也〇「貫」、《釋文》作「慣」、云：「本又作貫、又作遦、同。」
（注）貫忕也〇「忕」當依《說文》作「忕」、《釋文》「忕」音「逝」。

宋監本校箋

串、郭五患翻、音近玩。翫諫之別。沈謝古患翻、音慣、今通讀此字串通連串之類、爲穿去聲、無讀五患古患兩音者。又別作䩠、與券同。今亦呼串子、爲穿去聲。　案鄉射禮鄭注引濟南伏生尚書傳云、閑之者貫之也、貫之者習之也。與爾雅合。

音略

閑狎串貫習也　匣　慣　慣

孫偘直音

閑狎串貫習也　匣　慣

直音校正

閑狎串貫習也　串貫並音慣　便習也。

楊氏音訓

曩塵佇淹留久也

曩、塵、伫、淹、留、久也。塵垢、佇企、淹滯、皆稽久。 **郭注**

曩塵佇淹留久也 釋曰曩曩塵垢佇企淹滯留止皆稽久也。通見詩書。 **邢疏**

塵久也

塵、居之久、久則塵生矣 書正義九 孫音注

黃輯古義

曩塵佇淹留久也

陳、居之久久則生塵矣。書盤庚中正義 孫音注

玉函山房輯佚

塵

陳、居之久、久則生塵矣。同書疏九 孫音注

鈎沉

塵久也

孫曰塵、居之久也。書正義九

漢注

曩塵伫淹留久也

孫炎云塵、居之久、久則生塵矣。書正義九卷 郭璞云塵垢、伫企、淹滯、皆稽久。今本作稽久也、從宋本刪也字。

一切注音

塵久也孫炎曰塵、居之久、久則生塵矣。書盤庚正義

舊注塵久也。文選思舊賦注

蕙心案書失于政、陳于茲、傳訓陳爲久。正義引釋詁文塵久也、而云古塵陳同、蓋塵陳以聲爲訓。郭注以爲塵垢、非古義也。

古注斠

曩 奴黨反。 **陸音義**

曩塵佇淹留久也 塵、積久也。佇、俟久也。 **鄭樵注**

曩塵佇淹留久也

孫炎曰塵、居之久、久則生塵矣。書盤庚篇疏引作陳居之久。

郭璞曰塵垢、佇企、淹滯、皆稽久也。宋本無也字。

鄭樵曰塵、積久也。佇、俟久也。

古注合存

曩塵佇淹留、久也。此釋曩塵以下皆久之義也。註曰塵垢、佇企、淹滯、皆稽久也。愚按塵垢亦爲久者、猶今云塵俗羈

注疏參義

詩大雅孔塡不甯、毛傳云塡、久也。正義云、釋詁塵、久也。古書塡與塵通、故以爲久。

書正義云孫炎曰陳、居之久、久則生塵矣。古者塵陳同也、故陳爲久之義。

淹、鄭箋引之作奄、想古字相通也。然則奄有三義、久也同也蓋也。

鄭云塵、積久也。伫、俟久也。

補注

曩塵佇淹留久也 **註** 塵垢佇企淹滯皆稽久 **正義** 此釋逺久之義也。曩者、左氏定八年傳云、曩者之難、今又難焉。對今而言、是爲久也。塵者、大雅桑柔云倉兄塡兮、毛傳塡、久也。又南有嘉魚、鄭箋云烝、塵也。塵然猶言久如也。東山鄭箋云、古者聲寘塡塵同也。佇者、邶風燕燕云佇立以泣、毛傳佇立、久立也。淹者、左氏成二年傳云、無令輿師淹於君地。儒行云、淹之以樂好。又通作奄。周頌臣工云奄觀銍艾、鄭箋奄、久也。留者、說文云留、止也。常武云、不留不處。**註** 塵垢至稽久。 **正義** 書疏引孫炎云塵、居之久、久則生塵矣。郭以爲塵垢義、本孫炎。釋言云烝、塵也。郭亦本孫炎之說以爲塵埃、皆望文生義也。監本作皆稽久也、宋本無也字。

正義

爾雅詁林 一 釋詁下

塵久也　王案、瞻切詩孔塡不寍傳曰塡久。疏曰釋詁云塵、久也。古書塡與塵同、故以爲久。

校議

曩塵佇淹畱久也 塵垢佇企淹滯皆稽久也

墨子經上篇云久、彌異時也。玉篇云久遠也長也。公羊莊八年傳爲久也、何休注爲久、稽畱之辭。孟子注久、畱也。文選歸田賦注久、滯也。按久之言舊也、故詩告爾舊止、箋舊、久也。久舊亦通。故書云舊勞于外、史記魯世家作久勞于外。舊爲小人、作久爲小人矣。曩者、釋言云曏也。說文云曏、不久也。今按對遠日言則曏爲不久、對今日言則曏又爲久。故廣雅云曩、久也、鄉也。鄉與曏同。列子黃帝篇云曩吾以汝爲達、張湛注曩、昝也。昝亦久也。聲轉作乃、漢書曹參傳云乃者我使諫君也、集注乃者、猶言曩者。是曩乃音轉字通。蓋語聲有緩急、緩言之爲曩者、急言之爲乃者、其義則同耳。塵者陳之叚音也。詩我取其陳、傳尊者食新、農夫食陳。是陳有久義、故說文云田、陳也。敶者从田十久、并云一種而久、皆取陳久之意也。史記平準書云於是大農陳、集解韋昭云陳、久也。素問鍼解云苑陳則除之者、奇病論云治之以蘭、除陳氣也、王砅注竝云陳、久也。通作塵、文選思玄賦云允塵邈而難虧、舊注塵、久也。書失于政、陳于茲、傳訓陳爲久、正義引釋詁文而云古者塵陳同、又引孫炎曰塵居之久也。久則生塵矣。此古㕟說也。郭本孫義、以塵垢爲訓、亦失之。塵陳以聲爲義耳、非塵垢塵居之謂也。又通作塡、詩倉兄塡兮、毛傳塡、久也。孔塡不寧、鄭箋亦以塡爲久矣。又轉爲烝、釋言云烝、塵也。詩烝在桑野、鄭箋以爲久處桑野。古者聲窴塡塵同也。烝也無戎、箋亦云久。古聲塡窴塵同、是皆義存乎聲矣。孫郭緣詞生訓、均爲失也。今登萊間人謂時之久者或曰烝日、或曰鎭日、或曰塵日、謂年亦曰烝年、鎭年、塵年、皆古音也。鎭與塡亦古字通、其音義又俱爲塵矣。佇者宁之叚音也。說文云宁、辨積物也。文選遊天台山賦注、宁猶積也。佇與宁同。按宁與貯同。說文云貯、積也。史記平準書索隱引字林云貯、塵也。塵積義俱爲久也。通作佇、詩佇立以泣、傳佇立、久立也。漢書敘傳云佇盤桓而且俟、張晏注佇、久也。又通作竚、文選幽通賦作竚盤桓而且俟、曹大家注竚、立也。非也。楚辭大司命之延竚作立旁竚、離騷之延佇作人旁佇、而注俱訓立、亦非也。佇訓久不訓立、毛傳甚明、是皆望文生義耳。又楚辭怨上篇云佇立兮切怛、王逸注佇、停也。停亦積久之義也。淹者方言云敗也、水敝爲淹。按水敝謂漸漬之、與漚同意、故說文云漚、久漬也。禮儒行云淹之以樂好、楚辭離世篇云淹芳芷於腐井兮、淹皆訓漬。漬有久義、故又訓久。公羊宣十二年傳王師淹病矣、晉語云振廢淹、離騷云日月忽其不淹兮、注竝云淹、久也。通作奄、詩奄觀銍艾、箋奄、久也。是鄭讀奄爲淹也。畱者說文云止也、是止之久也。故儒行云悉數之乃畱、鄭注畱、久也。楚辭湘君篇云蹇誰畱兮中洲、王逸注畱、待也。逸周書武順篇注畱、遲也。吳語云一日暘一日畱、韋昭注畱、徐也。徐遲待又皆與久義相成也。

義疏

曩塵佇淹留久也

塵、又轉爲烝。釋言云烝、塵也。詩烝在桑野、箋以爲久處桑野。古者聲窴塡塵同也。烝也無戎、箋亦云古聲塡窴塵同、是皆義存乎聲矣。孫郭緣詞生訓、均爲失也。今登萊間人謂時之久者或曰烝日、或曰鎭日、或曰塵日、謂年亦曰烝年、鎭年、塵年、皆古音也。

念孫案、烝塵乃聲之轉、非字之通。鄭言古聲塡窴塵同矣、未嘗言古聲烝塵同也。

郝注刊誤

曩 曏鄉 **塵** 陳塡烝 **佇淹畱久也** 孫注陳、居之久。郭注塵垢、佇企、淹滯、皆稽久。

曩从襄、卽曏之重文、下云曩曏是也、鄉面也。對面不久之詞、因爲宿昔。記予鄉者言適閒。也、今字作晌。陳、列、故爲陳久字。又作烝、塵、塡。詩、我取其陳。又烝在栗薪。又孔塡不寧。塵从麤以土。衆鹿行則土揚埃。陳列久亦生塵、而經無以塵爲久者。佇从宁、宁積物、故有久待之義。加人、塵加立、加貝、皆俗字、而說文獨有貯字。又作著。詩、佇立以泣。又俟我於著乎而。淹从

爾雅詁林　一　釋詁下

水奄。下云蒙、荒奄也。奄、从大申。申而覆之、故爲遲久。詩、奄觀銍艾。春秋傳、王師淹病矣。畱、與坐同意、皆从丣。古酉字、象閉門、日入時爲丣、猶在田是畱也。詩、不畱不處。久、象脛距。攷工記、久諸牆。凡久物必遲。久字亦佀舊。詩、告爾舊止。書、舊勞于外。

曩塵佇淹畱久也

集解

曩、鄉也。从日襄聲。引申爲久。傳言曩者、記言鄉者、均久舊詞也。漢書則作乃者。文選文賦乃闇合乎曩篇、盧子諒贈劉琨詩借曰如昨、忽爲疇曩、謝靈運還舊園作見顏范二中書詩曩基即先築、注均云曩、久也。塵字本作䴡、鹿行揚土也。从麤从土會意。久也者、从土久則爲塵。所謂風化水蝕是也。文選思玄賦允塵邈而難虧、注塵、久也。詩瞻卬孔塡不寧、桑柔倉兄塡兮、傳均云塡、久也。東山烝在栗薪、常棣烝也無戎、傳均訓久。書盤庚陳于茲、僞傳久於此。詩甫田我取其陳、陳亦訓久。史記平準書於是大農陳、集解陳、久也。前漢書食貨志大倉之粟陳陳相因、師古曰陳謂久舊。素問鍼解菀陳則除之者、奇病論治之以蘭除陳氣也、王注均云陳、久也。文選古詩十九首下有陳死人、注陳、久也。以塡烝陳爲之。佇、字本作宁、辨積物也。象形。正字爲貯。貯、積也。引申爲久。宁佇古今字、宁貯通用字。詩燕燕佇立以泣、傳佇立、久立也。前漢書敘傳佇盤桓而且俟、張晏曰佇、久也。文選謝惠連西陵遇風獻康樂詩佇檝阻風波、注佇、久立也。傅亮爲宋公修張良廟教佇駕留城、注佇、久也。老子其德乃餘、廣雅餘、賒久也。以餘賒爲之。或者佇之正字爲儲、爲歟與。淹、水名、从水奄聲。正字爲延。延、長行也。以引申爲久。說文則以䜴爲之。䜴延淹通用字。公羊宣十二傳王師淹病矣、左成二傳無令輿師淹于君地、襄二六傳君淹恤在外十二年矣、晉語振淹廢、後漢書張衡傳淹棲遲以恣欲兮、離騷日月忽其不淹兮、文選七發淹滯永久而不廢、注均云淹、久也。詩臣工奄觀銍艾、箋奄、久也。荀子修身猒猒乎其能長久也、以奄猒爲之。畱、止也。从田丣聲。引申爲久、謂久止也。墨子所謂止以久也是也。禮記儒行悉數之乃畱、注畱、久也。文選稽叔夜幽憤詩事與願違遘茲淹畱、注淹畱、久也。攷工弓人則及其大脩也、注脩猶久也。文選笙賦注引碑倉瀏宿畱也久也。以脩瀏爲之。久、从後灸之、象人兩脛後有距也。引申爲稽留之詞、與舊同用。公羊莊八傳爲久也。論語久而敬之。

義證

曩塵佇淹留久也

註塵垢佇企淹滯皆稽久也〔補正〕臣鎣按、書疏引孫註云陳、居之久、久則生塵矣。

郭注補正

塵久也　注塵垢皆稽久也

正曰、孫注讀塵爲陳。書盤庚中陳于茲、正義、釋詁塵、久也。孫炎曰塵、居之久。郭注不解塵與陳同、而訓爲塵垢、誤矣。詳釋言烝塵也下。

正郭

塵久也　注塵垢稽久

諍曰、邵氏謂孫炎云塵居之久、久則生塵矣。郭以爲塵垢、皆望文生義。據詩倉兄塡兮、毛傳塡、久也。讀塵爲塡、引東山箋古者聲寘塡塵同、爲證、義本漢說。以視郝氏據書正義古者塵陳同、讀塵爲陳、似較有據、當從之。

諍郭

曩塵伫淹留久也

曩者、釋言云曏也。塵與陳通。書盤庚陳於茲、正義云釋詁塵、久也。孫炎曰陳、居之久。古者陳塵同也、故陳爲久之義。據此則孫本蓋作陳。小雅甫田我取其陳、傳云尊者食新、農夫食陳。是陳爲久也。塵又通作塡。大雅桑柔倉兄塡兮、瞻卬孔塡不寍、傳並云塡、久也。又通作烝。豳風東山烝在桑野、傳云烝、寘也。箋云久處桑野。古者聲寘塡塵同也。烝在栗薪、箋云烝、塵也。言君子又久見使析薪。小雅常棣烝也無戎、傳云烝、塡也。箋云雖有善同門來久也、猶無相助已者。是窴塡皆與塵通也。　佇者、邶風燕燕佇立以泣、傳云佇立、久立也。　淹與奄通。周頌臣工奄觀銍艾、箋云奄、久也。　留者、說文云止也。止久義相成也。大雅常武不留不處、箋云不久處於此也。邶風旄丘何其久也、箋云我君何以久留於此乎。蓋以留釋久也。

說詩

曩塵佇淹留久也　案、尚書疏引孫炎云塵、居之久、久則生塵矣。

注疏正字

曩塵伫淹留久也　伫、釋文不出、今依石經。案說文人部無伫字。詩邶風燕燕伫立以泣、釋文从立、从人。正義文選注卅一引爾雅亦作竚、竚亦俗字也。說文心部𥩟、𥩟箸也、从心䈞省聲。當云䈞聲。𥩟箸即峙䠱。俗作躊躇。峙䠱不前、久之義也。箸古又通宁。詩齊風著俟我于著、傳云門屏之閒曰著。今爾雅釋宮作宁。左傳襄卅年取我衣冠而褚之、一切經音義十四引作貯。呂覽樂成亦云我有衣冠而子產貯之。又鄭注周禮有䌸藏字、釋文曰䌸本或作貯、又作褚。元照案、著褚宁古今字。貯亦俗字。著隸變作著。

匡名

曩塵佇淹留久也　此釋久之義。說文久、从後灸之、象人兩脛後有距也。杜註曩對今而言、故爲久也。　孫炎云、久則生塵。　㐺、久立也。邶風、佇立以泣。　淹、水名、又爲漬也、滯也、敗也、久留也。左成二年傳無令輿師淹於君地、註淹、久也。通作奄。周頌奄觀銍艾、箋奄、久也。　留、止也。大雅不留不處、箋謂不久處于是也。

啓蒙

麈、久也。麈之語由田來、田有陳義、故麈亦有久義。孫炎曰塵、居之久也、其說是矣。　麈聲轉爲塵、亦有宁積之義。

佇、久也　佇字當作竚、說文長眙也。字又通著。　說文趍趙、久也、小徐本。　與峙躇、𥩟箸音相轉、則𧾷路亦得有久義。

黃侃音訓

曩、塵、佇、淹、留、久也。

玉篇「久、遠也、長也；」孟子注「久、留也、」文選籍田賦注「久、滯也；」郝氏云：「久之言舊也；久舊亦通；」是久者、有久遠、久長、滯留、故舊、之義。

曩、列子黃帝篇張湛注云：「昝也；」此時之久、舊、之義也。

塵者、陳之假借。史記韋昭注「陳、久也。」陳通塵、故文選思玄賦舊注云：「塵、久也。」書「失於政、陳于茲、」傳訓陳爲久；正義引「塵、久也」以釋之、竝云：「古者塵陳同。」大雅桑柔云：「倉兄塡兮、」傳云：「塡、久也；」東山鄭箋云：「古者聲塡塵同。」是陳、塡、塵、之爲久、皆以聲爲義也。郝氏云：「今登萊閒人謂時之久者、或曰鎭日、或曰塵日、謂年久亦曰鎭年塵年、」故塵亦時之久也。

佇者、宁之俗字。邶風「宁立以泣、」傳云：「宁立、久立也。」宁爲久者、說文宁部「宁、辨積物也；」貝部「貯、積也；」是宁貯皆積聚之義。積聚而訓久、與留之訓久同意、段氏所謂「積物之義之引伸」者、是也。周禮宁作䇻、文選幽通賦作竚、亦俗。訓宁爲立者、非也。釋宮云：「門屏之閒曰宁、」郭注「人君視朝所宁立處、」此以門屏之閒爲宁立之地、故稱宁也。齊風假著爲宁。

淹、畱者、郭云：「佇企、淹滯、皆稽久。」左傳「詰姦慝、舉淹滯；」西京雜記云：「枚皋文章捷疾、相如製作淹遲；」是淹者、遲滯之謂。前引文選注謂「久、滯也；」故淹滯亦爲久。說文「畱、止也；」楚辭王逸注云：「畱、待也；」逸周書武順篇注云：「畱、遲也；」是畱者、畱止之謂。淹滯、畱止之爲久、其意同；魏文燕歌行云：「何爲淹畱寄他方、」所以竝用爲副詞也。淹同奄。

爾雅學

皆稽久　陳本同。雪牕本注疏本下有也、蓋因疏語增。

曩塵佇淹留久也〇釋曰　注疏本刪。

校勘記

爾雅詁林 一 釋詁下

皆稽久 雪牕本皆稽久也。

校勘記訂補

八下（一八） 一行曩塵佇淹留久也○唐寫本「佇」下有「滯」字。 與也○「與」唐寫本作「与」。

宋監本校箋

古聲塡寳塵同、兩見鄭箋。書正義云古塵陳同。釋文云塡、依古字音田、又依古聲音塵。案古田陳聲近、卽定澄隔標也。

音略

曩塵、佇、淹、畱、久也。

孫偘直音

曩上聲 醃

逮及既暨與也

逮、及、既、暨、與也。公羊傳曰、會及暨、皆與也。逮亦及也。

郭注

逮及暨與也 釋曰、皆相親與也。郭云公羊傳曰會及暨皆與也者、隱元年文也。云逮亦及也者、方言文。

邢疏

逮及暨與也 郭璞云、公羊傳曰會及暨皆與也。逮亦及也。

一切注音

逮音代、一音大計反。暨其器反。

陸音義

逮及暨與也 逮非汲汲、亦非不得已也。

新義

逮及暨與也 公羊傳云、會及暨皆與也。

鄭樵注

逮及暨與也 郭璞曰、公羊傳曰會及暨皆與也。逮亦及也。 鄭樵曰、公羊傳云會及暨皆與也。

古注合存

逮及暨與也 此釋逮及暨皆與之義也。註曰、公羊云、會及暨皆與也。逮亦及也。疏曰皆相親與也。

注疏參義

逮及暨與也 註 公羊傳曰會及暨皆與也。逮亦及也 正義 與、謂相及也。逮者、旅六五傳云、上逮也。及者、祭義云、夫何神明之及交。鄭註、及、與也。暨者、說文作臮、云衆詞與也。虞書曰、臮咎繇。註 公羊至及也○ 正義 會及暨皆與也、隱元年傳文。釋言云、逮、及也。

正義

逮及暨與也 公羊傳曰會及暨皆與也。逮亦及也

說文云、與、黨與也。又爲許與之與。又從也、隨也、如也、皆與及義相近。故檀弓、論語鄭注竝云、與、及也。公羊注、與、并也。漢書注、與、偕也。偕與并其義亦俱近及也。逮者、說文云、唐逮、及也。經典逮俱訓及。通作隶。說文云、隶、及也。又通作隸。說文云、隸、及也。隸與迨同。迨逮釋言竝云、及也。及亦與也。詩摽有梅釋文引韓詩云、迨、願也。願與義近、聲又相轉也。又通作遝。[illegible]石經公羊殘碑云、祖之所遝聞。州輔碑云、遝事和熹后、孝安帝。劉寬碑云、未遝誅討。陳球後碑云、遝完祖齊、俱以遝爲逮也。釋言云、逮、遝也。遝、逮古聲義同也。及者、說文云、逮也。逮亦與故。公羊隱元年傳、及者何、與也。說文云、會及暨皆與也。及猶汲汲也。廣雅云、及、連也。荀子儒效篇注、及、繼也。繼與連其義亦皆近與也。暨者、臮之叚音也。說文云、臮、衆與詞也。引書曰、臮咎繇。又淮夷蠙珠暨魚、史記夏紀及漢書地理志暨俱作臮。朔南暨、地理志亦作臮。通作暨。春秋經之暨、公羊傳云、會及暨皆與也。暨猶暨暨也。然則暨亦及也。暨暨猶汲汲也。故華嚴經音義上引珠叢云、暨謂及預也。預卽與矣。又通作洎。書爰洎小人、鄭注、洎、與也。莊子寓言篇云、後仕三千鍾不洎。文選東京賦云、于斯胥洎。又云、澤洎幽荒。郭象及薛綜注竝云、洎、及也。又通作塈。士喪禮注引喪大記云、塗不暨于棺。釋文、暨、劉本作塈。

義疏

逮及暨與也

逮者、說文云、唐逮、及也。經典逮俱訓及。通作隶。說文云、隶、及也。又通作隸。說文云、隸、及也。隸與迨同。迨、逮、釋言

爾雅詁林　一　釋詁下

並云及也。及亦與也。詩摽有梅釋文引韓詩云迨、願也。願與義近、聲又相轉也。念孫案、迨與逮義同而聲異、不得混爲一字。此非精於三代兩漢之音者、固不能辨之。

郝注刊誤

逮迨隸及暨與也　郭注、公羊傳曰會及暨皆與也。逮亦及也。此以與爲及字亦通作於、相於卽相與也。隶、从又持尾字亦作隸。詩迨天之未陰雨、說文引作隸、謂於未雨時也。記逮事父母。春秋傳祖之所逮聞、殘石經作遝、則訓及、有追企義也。及、从又人。與隶同意。詩玄袞及黼。暨、从旦既。既、小食也。春秋傳及我欲之。暨不得已。書暨臯陶。說文引作臮。又通作洎。書爰洎小人。與、从舁与。与、一勺而舁之。同共之詞。今通爲賜予字、又爲不定之詞。

集解

逮及暨與也　逮、唐逮、及也。亦與也。从辵隶聲。隶、及也。易彖傳終以譽命上逮也、程傳逮、與也。書棐誓無敢不逮、孫疏引釋詁云逮、及、與也。前漢書律歷志萬物棣通。棣卽逮、與也。司馬相如傳莅颯芔歘、注飛相及也。以棣肆爲之。及、逮也、亦與也。从又从人會意。書湯誓予及女皆亡、史記及作與。詩氓及爾偕老、中谷有蓷何嗟及矣、何人斯及爾如貫、谷風及爾同死、棫樸六師及之、箋均云及、與也。儀禮特牲饋食主人降及賓盥、祖亂祭義夫何神明之及交、鄭注均云及與也。公羊隱元傳及者何、與也、左襄四傳臣不敢及、注及、與也。漢書楊雄傳豈駕鸞之能捷、注捷、及也。楚辭少司命芳菲菲兮襲予、注襲、及也。說文逮、遝也。卽與也。以棣襲遝爲之。暨、曰頗見也。从旦既聲。正字爲計。計、會算也。引申爲與。說文則以臮爲之。臮計暨通用字。書堯典讓於稷契暨臯陶、史記暨作與。汝羲暨和、僞傳暨、與也。公羊隱元傳會及暨皆與也。楚辭悲回風暨志介而不忘、文選王仲宣贈士孫文始詩我暨我友、注均云暨、與也。書無逸爰洎小人、鄭注洎、與也。以洎爲之。與、黨與也、从舁从与。引申爲及也、偕也。

義證

逮及暨與也

註公羊傳曰會及暨皆與也逮亦及也補正邢疏皆相親與也。

郭注補正

逮及暨與也

公羊傳曰會及暨皆與也逮亦及也

仿宋本無也字。

郭注佚存補訂

逮及暨與也

逮者、釋言云及也。通作迨。釋文云逮音代、卽迨也。義詳釋言迨及也下。及者、說文云及、逮也。二字互訓、皆爲與也。邶風及爾顛覆、及爾同死、衞風氓及爾偕老、王風中谷有蓷何嗟及矣、豳風七月殆及公子同歸、小雅何人斯及爾如貫、采菽玄袞及黼、大雅大明乃及王季、緜爰及姜女、棫樸六師及之、桑柔載胥及溺、板及爾同僚、及爾出王、傳箋並云及、與也。邶風谷風維風及雨、召南維筐及筥、豳風六月食鬱及薁、七月亨葵及菽、大雅韓奕維筍及蒲、崧高生甫及申、維申及甫、邶風泉水問我諸姑、遂及伯姊、小雅大田去其螟螣、及其蟊賊、魯頌閟宮淮夷蠻貊、及爾南夷、商頌烈祖申錫無疆、及

爾雅詁林　一　釋詁下

爾斯所、凡言及者必上一事一物而連類及之故及爲與也。暨者、說文作臮、云眔詞與也。暨及二字古多互用。

說詩

逮及暨與也　逮、通隶。說文三下隶、及也、从又从尾省。又持尾者、从後及之也。又通隸。說文隶部隸、及也、从隶枲聲。詩曰隸天之未陰雨。暨當作臮。說文㐺部臮、眔詞與也、从㐺自聲。虞書曰臮咎繇。今經典通以暨代、音近而義不同也。唯漢書尙存舊文。

匡名

逮及暨與也　說文與黨與也、从舁与。逮及詳釋言、旅卦上逮也。左宣七年傳、與謀曰及。

堯典、汝羲暨和。說文作臮、眔與、暨也。引書臮咎繇。

啓蒙

及暨與也。　與聲轉爲以、詩江有汜云、不我以、又云不我與、箋以猶與也。　釋訓暨、不及也、相反爲訓。

黄侃音訓

逮、及、暨、與也。

說文舁部云：「與、黨與也、从舁与。𢍰、古文與。」與從舁者、取共舉之意也。檀弓鄭注云：「與、及也；」漢書注云：「與、偕也；」皆共同之義。

逮、及者、說文辵部「逮、唐逮、及也；」隶部云：「隶、及也、」又云「及、逮也、」是逮、及、義同；隶、逮、音義俱同。經典逮及多同訓。公羊隱元年傳「及者何、與也。會、及、暨、皆與也。」唐逮、漢時方言、今南人言與、每言逮、但多寫作帶。

暨者、臮之假借。說文㐺部云：「臮、眔與詞也、从㐺、自聲；」段云：「眔與者、多與也、所與非一人也。」堯典「暨臯陶、」許引作臮、書之「淮夷蠙珠暨魚、」「朔南暨、」史記漢書每引作臮。臮又通洎、鄭詩譜稱無逸云：「爰洎小人」是。又通作墍。

爾雅學

逮及暨與也○釋曰　注疏本刪。

郭云公羊傳曰　元本同、閩本監本毛本郭改注。

校勘記

逮及、臮與也。既

孫侶直音

隲假格陟躋登陞也

隲、假、格、陟、躋、登、陞也。方言曰魯衞之間曰隲、梁益曰格。禮記曰天王登遐。公羊傳曰躋者何、陞也。

郭注

隲假格陟躋登陞也　釋曰皆謂陞上。陟者、周南卷耳云陟彼高岡。餘見注。　注方言至陞也　釋曰云方言曰者、案彼云躡郅音質跂音企佫躋踚音登也。自關而西秦晉之間曰躡、東齊海岱之間謂之躋、魯衞曰郅、梁益之間曰佫或曰跂。隲、郅格佫音義同。云禮記曰天王登遐者、下曲禮文。云公羊傳曰躋者何陞也者、文公二年文也。

邢疏

隲假格陟躋登陞也

郭璞云、方言曰魯衞之間曰隲、梁益曰格。禮記曰天王登遐。公羊傳曰躋者何、陞也。

一切注音

隲之實反。又音陟。假音遐。躋子兮反。陞音升

陸音義

隲假格陟躋登陞也　方言云、魯衞也曰郅、梁益之間曰佫、隲、卽郅、格卽佫也。假、亦音格。

鄭樵注

隲假格陟躋登陞也

郭璞曰、方言曰魯衞之間曰隲、梁益曰格。禮記曰天王登遐。公羊傳曰躋者何、陞也。

爾雅詁林 一 釋詁下

鄭樵曰、方言云魯衛之地曰郅、梁益之間曰格、隮即郅、格即洛也。假亦音格。

古注合存

隮假格陟躋登陞也。隮郅同。假音格，舊音遐，非。○此釋隮假以下爲陞之義也。註曰：方言云：魯衛之間曰隮，梁益曰假。公羊傳云：躋者何？陞也。疏曰：方言云：躡、郅、跂、𢓜、躋、踚，登也。關以東秦晉之間曰躡，東齊海岱之間曰躋，魯衛曰郅，梁益之間曰𢓜，亦曰跂。隮郅、格𢓜音義同。愚按：假舊轉爲遐，訓遐爲陞，引登遐相証。竊謂去登字，單舉遐遠之遐訓陞，頗曲。考字書，假一音格。當云格、𢓜、假音義並同。

注疏參義

隮假格陟躋登陞也 註 方言曰：魯衛之間曰隮，梁益曰格。禮記曰：天王登遐。公羊傳曰：躋者何？陞也。正義 陞當作升。隮者，洪範云：惟天陰隮下民。釋文引馬融云：隮，升也。升猶舉也。假者，商頌烈祖云：鬷假無言。格者，呂刑云：庶有格命。疏引鄭註：格，登也。登命，謂壽考者是也。陟者，說文云：陟，登也。集韻云：陟或作隲，古字通用。舜典云：女陟帝位。史記作女登帝位。夏小正云：魚陟負冰。陟，升也。躋者，說文云：躋，登也。商書曰：告女顛躋。躋通作隮。顧命云：由賓階隮。士虞禮記云：隮祔爾于皇祖某甫。鄭註：隮，升也。又通作齊。樂記云：地氣上齊。鄭註：齊讀爲躋。躋，升也。登者，盤庚云：乃登進厥民。左氏文八年傳云：晉侯將登箕鄭父、先都。註 方言至陞也。○ 正義 方言云：郅、𢓜、躋，登也。東齊海岱之間曰躋，魯衛曰郅，梁益之間曰𢓜。與郭氏所引字句微異。禮記曰天王登遐，下曲禮文。今本作登假。公羊傳曰躋者何、升也，文二年傳文。穀梁傳亦云：躋，升也。正義

隮假格陟躋登陞也 方言曰：魯衛之間曰隮，梁益曰格。禮記曰：天王登遐。公羊傳曰：躋者何？陞也。

陞者，玉篇云：上也，進也，與升同。釋畜云：善陞甗。方言云：未陞天龍謂之蟠龍。竝以陞爲上也。經典俱作升。升、登也。亦與登通。見儀禮喪服注。易升釋文引序卦云：升，上也。馬云：高也。詩天保傳：升，出也。出與高亦登上之義也。通作昇。易釋文：升，鄭本作昇。集解引鄭注云：昇，上也。坤地巽木，木生地中，日長而上，故謂之昇，昇進益之象也。按：昇與陞竝从俗作，經典罕用。升本量名，升斗遞增，卽具登進之義，何須加日加阜，過爲淺俗耶？隮者，牡馬之名，見於釋畜。又訓陞者，牡馬善騰，騰、乘也。隮乘亦升也。故書云惟天陰隮下民，釋文引馬融注：隮，升也。升猶舉也。通作郅。方言云：郅、䠞，登也。魯衛曰郅。郭引作隮，是郅、隮通。釋文：隮，之實反，又音陟。說文亦云：隮从陟聲矣。假者，說文：假、徦竝云至也。又訓陞者，陞至義近，至之言郅也，故郅訓登，又訓至。假亦訓至，又訓陞矣。漢書王莽傳注：假，至也，升也。淮南齊俗篇云：其不能乘雲升假亦明矣。高誘注：假，上也。上亦升也。郭讀假爲遐，故引曲禮曰天王登遐。今作登假。假、遐古音同也。格者，𢓜之叚音也。方言云：𢓜，至也。又云：登也。郭注：𢓜，古格字。通作格。書：庶有格命，鄭注：格，登也。登命謂壽考者。釋天云：太歲在寅曰攝提格。李巡注：格，起也。起亦升也。釋訓云：格格，舉也。舉亦升也。又通作假。詩昭假無贏，湯孫奏假，來假來享，釋文竝云：假音格。箋竝云：假，升也。古書格多作假，故書格于上下，說文人部作假于上下。祖考來格，後漢書章帝紀作祖考來假。惟先格王，漢書成帝紀作惟先假王。格人元龜，史記殷紀作假人元龜。格于皇天，格于上帝，史記燕世家格俱作假。經典所以格多作假者，假、格聲同。故士冠禮注：今文格爲嘏，嘏、假聲同。又方言云：邠唐冀兗之間曰假，或曰𢓜。皆其證矣。陟者，說文云：登也。玉篇云：高也，升也。詩卷耳、公劉傳箋陟俱訓升。車舝、皇矣箋陟俱訓登。登、升一耳。故書云女陟帝位，史記五帝紀作女登帝位矣。陟聲近德。說文云：德，升也。玉篇云：德、福，升也。周禮大卜云：三曰咸陟。鄭注：陟之言得也，讀如王德翟人之德。是德、陟聲義同。又與隮同。集韻云：陟或作隮。釋文云：隮，又音陟。是陟、隮又通矣。躋者，說文云：登也。引商書曰：予顛躋。詩蒹葭、斯干、長發傳竝云：躋，升也。通作隮。詩蝃蝀、候人傳俱以隮爲升。士虞禮記注亦云：隮，升也。春秋文二年經云：躋僖公。周禮大宗伯注作隮僖公。又通作齊。詩聖敬日躋，孔子閒居作聖敬日齊，至于湯齊，鄭注：詩讀湯齊爲湯躋。樂記云：地氣上齊，鄭注：齊讀爲躋。士虞禮記注：今文隮爲齊。又通作資，周禮眡祲云：九曰隮。鄭注：故書隮作資。易得其資斧，釋文引子夏傳及衆家竝作齊斧，是齊、資又通矣。登者，上文云成

也。物成就則可升，故經典登字俱兼成也升也二義。左氏隱五年傳不登於器、服虔注訓登爲成。又云不登於俎、服注訓登爲升。周禮羊人云登其首、鄭注登升也。曲禮云年穀不登、鄭注又云登成也。是成升其義近。又月令登麥、登黍、鄭注竝云登進也。周禮司民登民數、考工記輈人登馬力、鄭注竝云登上也。晉語云不哀年之不登、韋昭注登高也。高、上、進其義亦俱爲升也。登通作升、已見上文登成下。又左氏僖廿二年傳釋文登陘本亦作升陘、亦其證也。

登轉爲得、見公羊隱五年傳登來之注。 **義疏**

騭假格陟躋登陞昇升**也** 郭注、方言曰魯衛之間曰騭、梁益曰格。禮記曰天王登遐。公羊傳曰躋者何、陞也。騭、从馬陟。陟、从步𨸏。書騭下民、詩文王陟降。假、上云大、與格同用。詩書假格互見。格从木各、各、郎閣也。故爲至、夲爲高、因爲登耳。格于皇天、格于上帝、是升也。祖考來格、又有降義。躋、从足齊。齊、夲至也。詩道阻且躋、爲升。書顛躋、又爲降。躋而顛則降矣。登、上云成。周官登其首、登降、登麥、皆升也。升、从人持十。本升斗之名、故加𨸏土或加日。易有升卦、爲本字。郭引公羊今夫佁升、陞葢漢以後字。 **集解**

騭假格陟躋登陞也 騭、牡馬也、从馬陟聲。引申爲陞、謂牡馬善升高耳。書洪範惟天陰騭下民、馬注騭、升也。假、非眞也。从人叚聲。正字爲徦。徦、大遠也。引申爲陞。廣雅則以祖爲之。祖徦假通用字。詩雲漢昭假無贏、那湯孫奏假、烈祖來假來饗、箋均云假、升。淮南齊俗乘雲升假、注假、上也陞也。格、木長皃、从木各聲。引申爲陞。書呂刑庶有格命、鄭注格、登也。君奭格于皇天、漢書王莽傳作假、師古訓升。陟、登也、亦陞也。从𨸏从步會意。方言則以郅爲之。書堯典汝陟帝位、史記陟作登。詩卷耳陟彼崔嵬、傳陟、升也。文王文王陟降、傳訓升。公劉乃陟南岡、箋訓升。夏小正魚陟負冰、傳陟、升也。躋、登也、亦陞也。从足齊聲。易震躋于九陵、釋文躋、升也。詩蒹葭道阻且躋、斯干君子攸躋、傳均云躋、升也。公羊文二傳躋者何、陞也。文選西都賦遂偃蹇而上躋、注躋、升也。詩長發聖敬日躋、禮記孔子閒居引作齊、毛傳升也。樂記地氣上齊、史記樂書作躋。鄭注齊讀爲躋、升也。周禮眡祲九日隮、司農注隮、升氣也。文選西京賦累層構而遂隮、注隮、升也。以齊或隮爲之。登、上車也。从癶豆、象登車形。引申爲陞。說文則以德爲之。周禮羊人登其首、鄭注登、升也。左隱五傳不登於俎、服注登、升也。禮記玉藻登席不由前、孟子滕文公五穀不登、文選景福殿賦玄軒交登、東京賦西登少華、注均云登、升也。書多方不蠲烝、馬注烝、升也。周語禘郊之事則有全烝、注全其牲體而升之也。淮南氾論則捽其髮而拯、注拯、升也。文選西京賦陵重巘、注陵猶升也。三蒼乘、載也。釋名釋姿容乘、陞也。登亦如之也。以烝陵乘或拯爲之。陞字本作升、十合也。从斗、亦象形。其取升爲升進之義者、以爲登之借字故耳。升登疊韵。 **義證**

騭假格陟躋登陞也 假音遐

〔註〕方言曰魯衛之間曰騭、梁益曰格。禮記曰天王登遐。公羊曰躋者何、陞也。〔補正〕臣鑾按、註引方言騭格、方言本作郅洛。邢昺謂騭、郅、格、洛音義同。 **郭注補正**

騭陞也　注方言曰魯衛之閒曰騭

正曰、書洪範惟天陰騭下民、釋文騭、馬云升也。錢詹事潛研堂集云、郭注引方言不引書馬注者、東晉初、僞古文孔傳已行、故不用馬誼。 **正郭**

騭假格陟躋登陞也

方言曰魯衛之閒曰騭、梁益曰格。禮記曰天王登遐。

公羊傳曰躋者何、陞也。

釋文音經之假爲遐、葢本郭讀、郭以假爲遐之借字、故引曲禮作登遐。古人引書往往如此。 **郭注佚存補訂**

騭假格陟躋登陞也

隮與陟通。說文隮從陟聲。陟、登也。集韻云陟或作隮。顏氏家訓云隮或借陟字。陟者、隮之省文。周南卷耳陟彼崔嵬、大雅公劉陟則在巘、傳箋並云陟、升也。升與陞同。小雅車牽陟彼高岡、大雅皇矣陟我高岡、箋並云陟、登也。周頌閔予小子陟降庭止、箋云陟降、上下也。上即陞也。玉篇云陞、上也。詩之言陟者眾矣、皆無異義。假與格古皆通用。大雅雲漢昭假無贏、箋云假、升也。商頌那湯孫奏假、彼釋文云假、鄭作格、升也。烈祖來假來饗、彼釋文云假音格、鄭云升也。玄鳥四海來假、彼釋文云假音格。周頌噫嘻既昭假爾、彼釋文云假、鄭王並音格。箋並云假、至也。至與陞義相近。詩之以假爲格者非一、大雅下武三后在天、箋云此三后既沒登遐、登遐即列子黃帝所云而帝登假者也。釋天云大歲在寅曰攝提格、李巡云格、起也。起亦升也。　躋者、說文云登也。秦風蒹葭道阻且躋、小雅斯干君子攸躋、商頌長發聖敬日躋、傳並云躋、升也。躋與隮通。鄘風蝃蝀朝隮於西、曹風候人南山朝隮、傳並云升也。躋又省作齊。長發至于湯齊、鄭注禮記爲湯躋。聖敬日躋、孔子閒居作日齊、而鄭讀日齊爲齊莊之齊、蓋皆從齊得聲、故相通也。　登者、大雅皇矣誕先登於岸、崧高登是南邦、傳箋並云登、成也。成與陞義相通。公劉既登乃依、登謂登席。登亦升也。

說詩

隮假節注禮記云云登遐（遐、記作假。）躋者何陞也（陞、公羊傳作升。）

疏陟彼高崗（崗當依毛本作岡。）

注疏正字

隮假格陟躋登陞也　說文假假皆訓至、故又同訓登。格假古今字。　躋、說文同。詩（鄘風蝃蝀）朝隮于西、傳隮、升。又（曹風候人）南山朝隮、傳躋、升。正義曰隮升釋詁文。案說文𨸏部無隮字、偏旁相涉而誤。　錢少詹曰、陞當爲升。詩陟彼崔嵬、君子攸躋、傳皆訓升。陞、俗字。元照案詩（大雅雲漢）昭假無贏、箋假、升也。正義曰假升、釋詁文。又（商頌那）湯孫奏假、箋假、升。正義曰釋詁文。尚書正義（舜典）毛詩正義（十九之三）引陟、升也。左傳正義（十八）引躋、升也。又詩（秦風蒹葭）道阻且躋、傳躋、升也。皆無作陞者。華嚴經音義（入法界品）引登、昇也。一切經音義（廿五）引陟、昇也。昇亦俗字。

匡名

鷩假格陟躋登陞也　升、十合也、从斗象形。律厤志合龠爲合、十合爲升、十升爲斗、十斗爲斛。經傳登多作升。今俗所用又作陞。陞者、升之俗字。升者、登之叚借。陞即升也。此釋其義也。六書統、鷩乘馬登山也。商頌、鬷假無言。呂刑庶有格命、疏謂登壽考者。陟、登也。古文𨻞。舜典

爾雅詁林　一　釋詁下

女陟帝位，史記作女登帝位。蹐、登也。左文二年傳躋僖公。公羊傳躋者，升也。或作隮。鄘風朝隮于西，傳隮，升也。又通作齊。樂記地气上齊，鄭註齊，讀爲躋，升也。登，上車也。从癶豆，象登車形。左文八年八晉侯將登箕鄭父、先都。公羊傳登者何，升也。

啓蒙

騭陟陞也。騭陟同字並見夏小正執陟，阮元說陟當為騭，段玉裁說，陟與騭古今字，亦陟騭同字之證。

假格陞也。假格同字並見。

登陞也。登陞同字並見，以段釋正。

黃侃音訓

蹉也　貫　習也　塵　久也　躋　陞也

釋文蹉本或作跮。字林云皆古蹉字。釋詁釋文 貫作慣、云本又作貫。釋詁釋文 又作遺同。古患反。釋詁釋文 毛詩傳塡久也。桑柔詩傳孔疏、古塵塡字同。儀禮注躋作隮、升也。士虞禮記注 禮記注齊讀爲躋升也。樂記注

證異

騭、假、格、陟、躋、登、升也。

易有升卦；小雅云：「如日之升；」郝謂「經典俱作升。」

騭者、洪範「惟天陰騭下民、」釋文引馬融注曰：「騭、升也。」郝氏云：「騭者、牡馬之名、見於釋畜、牡馬善騰；騰、乘也；乘亦升也。」方言云：「郅、狢、躋、登也。東齊海岱之閒曰躋、魯衛曰郅、梁益之閒曰狢。」爾雅郭注引作「魯衛之閒曰騭、梁益曰狢、」郅即騭、古通用。

假、格、皆假之假借字也。假格二字、經廣多通用、堯典「格于上下、」說文引作假于上下、蓋尚書古文作格、今文作假、許引今文故作假。詩書格字、史記漢書作假字者、不一而足、是通用之證也。然假格皆假之借用字、此說本之段玉裁、已詳於上文「格、至也」節下。上文云：「假、大也、」彼假字、是嘏之借用字、與本節無涉。上文既訓格爲至、此又訓假格爲升者、說文彳部云：「假、至也、」郝氏云：「升、至、義近、」故借假爲假而訓升、借格爲假而亦訓升、蓋至之上者也。是故漢書王莽傳注云：「假、至也、升也、」淮南齊俗篇云：「其不能乘雲升假亦明矣、」高注云：「假、上也、」上即升也。釋訓云：「格格、舉也、」舉亦升也。此假、格、所以同訓至、而亦同訓爲升之義也。方言云：「假、狢、至也、」郝氏以爲「格者、狢之假音。」

陟、說文「登也、」玉篇「陟、高也、升也、」登高皆升之義。陟通騭。

躋者、說文亦云：「登也；」詩蒹葭斯干傳並云：「躋、升也。」顧命云：「由賓階躋；」春秋文二年經云：「躋僖公；」大宗伯注作隮；借隮爲躋也。詩「聖敬日躋；」孔子閒居作齊、樂記鄭注云：「齊、讀爲躋、升也；」又借齊爲躋也。

登、說文「上車也；」引伸之、凡上升皆爲登。周禮羊人、「登其首、」鄭注「登、升也；」左傳「鳥獸之肉、不登於俎、」服注亦訓登爲升。晉語「不哀年之不登、」韋注云：「登、高也、」此登字不過假借動詞爲形容詞、不必別立一義。月令云：「農乃登麥、農乃登黍、」登者、升也、謂升於場；故穀梁傳「五穀不升、謂之大饑、」即五穀不登也。曲禮「年穀不登、」不登、亦謂不升耳、鄭注訓登爲成、失之。周禮小司徒「頒比灋于六鄉之大夫、使各登其鄉之衆寡六畜車輦、」注云：「登、成也、成猶定也、」此則本於釋詁篇上文「登、成也」之義、與本節異解。

爾雅學

天王登遐單疏本雪牕本注疏本同。釋文音經假音遐、本注讀也。此經注異字之證、或疑當從禮記作假以合正文、非。

隲假格陟躋登陞也○釋曰注疏本刪。

餘見注○注方言至陞也○釋曰注疏本刪下八字。

躡郅音質跂音企狢躋踚音躍登也注疏本刪小注登也下增郅音質跂音企踚音躍九字。

校勘記

隲音質雪牕本音只　盧刻之實反又音陟

校勘記訂補

文公二年文也案疏引傳例不稱公、此及毛本衍。

注疏校勘札記

鷊音質假音暇格陟躋登陞也

音圖・音

質　遐　賷　升

鷊、假、格、陟、躋、登、陞也。

孫偘直音

質　遐　平聲　升

鷊假格陟躋登陞也

直音校正

鷊郅假遐格陟躋登陞也

楊氏音訓

鷊質假遐

干氏音釋

揮盝歇涸竭也

揮、盝、歇、涸、竭也。月令曰、無漉陂池。國語曰、水涸而成梁。揮、振去水、亦爲竭。歇、通語。

郭注

揮盝歇涸竭也　釋曰、皆謂竭盡也。揮者、郭云揮、振去水、亦爲竭。曲禮曰、執玉器者弗揮、是也。盝卽漉也。郭云歇通語、謂歇卽竭之通語也。涸、水竭也。　注月令至成梁　釋曰、云月令云無漉陂池者、案月令仲春之月、是月也、無竭川澤、無漉陂池、無焚山林。鄭注云、順陽養物也。畜水曰陂、穿地通水曰池。云國語曰水涸而成梁者、案周語定王使單襄公聘於宋、遂假道於陳、以聘楚。單子歸告王曰、陳侯不有大咎、國必亡。王曰、何故。對曰、夫辰角見而雨畢、天根見而水涸、本見而草木節解、駟見而隕霜、火見而清風戒寒、故先王之教曰、雨畢而除道、水涸而成梁、草木節解而備藏、隕霜而冬裘具、清風至而脩城郭宮室。今陳國火朝覿矣、而道路若塞、野場若棄、澤不陂障、川無舟梁、是廢先王之教也。引之者、證涸爲水竭。

邢疏

揮盝歇涸竭也

郭璞云、月令曰無漉陂池。國語曰水涸而成梁。揮、振去水、亦爲竭。歇、通語。

一切注音

爾雅詁林　一　釋詁下

揮許韋反。盝音鹿。歇虛謁反。涸戶各反。渴音竭、本或作竭。毋音無、本今作無。漉音鹿。去水起呂反。

陸音義

渴○邢本作竭。毋○邢本作無。

音義攷證

揮盝歇涸竭也

揮之亦竭、收之亦竭。歇之亦竭、固之亦竭。

新義

揮盝歇涸竭也　揮、振去水也。盝卽漉也。月令云、無漉陂池。

鄭樵注

揮盝歇涸竭也

郭璞曰、月令曰無漉陂池。國語曰水涸而成梁。揮、振去水、亦爲竭。歇、通語。

鄭樵曰揮、振去水也。盝卽漉也。月令云無漉陂池。

古注合存

揮盝歇涸竭也。盝漉同。涸音鶴。○此釋揮盝以下爲竭之義也。註曰、月令云、無漉陂池。揮、振去水也。亦爲歇涸通語

注疏參義

揮盝歇涸竭也【註】月令曰無漉陂池。國語曰水涸而成梁。揮振去水亦爲竭。歇通語也。【正義】鄭註禮記云、竭、盡也。揮者、考工記㡆氏云、淸其灰而盝之、而揮之。是揮與盝皆爲澄而去之也。盝通作漉。楚策云、漉汁灑地。方言云、漉、極也。郭氏彼註云、滲漉極盡也。歇者、左氏宣十二年傳云、憂未歇也。杜註、歇、盡也。涸者、說文云、涸、渴也。渴、盡也。淮南主術訓、不涸澤而漁。高誘註、涸澤、漉池。史記封禪書云、秋涸凍。索隱引字林云、涸、竭也。廣雅云、渴、盝、涸、盡也。

【註】月令至爲竭○【正義】月令云、仲春之月、無竭川澤、無漉陂池。國語曰、水涸而成梁者、周語單襄公告王之辭。揮、振去水、亦爲竭者、左氏僖二十四年傳云、旣而揮之。孔疏云、振去匜中之水、故曰揮。何承天云、振去爲揮。

正義

竭也　竭、釋文作渴、音竭。石經作竭。

校議

揮盋歇涸竭也月令曰無漉陂池國語曰水涸而成梁揮振去水亦爲竭歇通語

竭者渴之叚音也。說文云渴盡也。廣韻十七薛傑紐下云渴、渠列切，水盡也。周禮草人云凡糞種渴澤用鹿，鄭注渴澤故水處也。賈公彥疏故時停水今乃渴也。釋文渴其列反，是渴讀爲竭，爾雅釋文亦云渴音竭，本或作竭。是經典用渴字唯爾雅及周禮兩見今爾雅已非陸本之舊，經典又俗渴爲飢渴之字，於是渴字音義唯見於周禮矣。通作竭，禮大傳云人道竭矣。周語云昔伊洛竭而夏亾，鄭注及韋昭注竝云竭盡也。其餘經典亦俱作竭而渴不復用矣。揮者說文云奮也。奮猶振也。考工記㡆氏云而揮之謂振去之也。曲禮云飲玉爵者弗揮，釋文引何承天云振去餘酒曰揮。齊策云揮汗成雨，高誘注揮、振也。易六爻發揮，釋文引王肅王廙竝云揮、散也。晉語注揮灑也。灑散與竭盡義相成也。盋者漉之叚音也。說文云漉浚也。廣雅云漉滲也。說文滲下漉也。按滲漉亦言滲漏，然則漉之言漏也。水澤漏下故爲竭盡也。郭引月令云毋漉陂池與毋竭川澤句對，知漉亦爲竭。方言云漉極也。極盡義亦爲竭、竭極聲又相轉也。素問瘫論云無刺漉漉之汗。王砅注以漉漉爲汗大出，是亦竭盡之義。今人語以小汗爲漉，漉非矣。通作盝，方言云盝涸也。廣雅云盝盡也。盝與淥同，說文淥卽漉之重文。又通作盋，盋卽盝之省文也。考工記㡆氏云清其灰而盋之，鄭注於灰澄而出盋晞之。鄭意盋謂澄出其水爲盋，而後晞乾之，故廣韵云盋去水也，竭也，或作漉。然則漉俗爲盋明矣。歇者說文云息也。按息、休息也。人倦極則休息，聲轉爲戲泄，故方言云戲歖泄、歇也。楚謂之戲泄，又轉爲歇泄，故說文云歇、一曰气越泄。方言注歇泄气。廣雅云歇、泄也。俱與說文合。今俗語亦爲歇息爲歇泄也。泄、說文作渫，云除去也。除去卽竭盡之義。左氏宣十二年傳憂未歇也，杜預注歇盡也。方言云歇、涸也。郭注謂渴也。渴卽竭字矣。涸者說文云渴也，讀若狐貈之貈。月令及呂覽仲秋紀竝云水始涸，周語云天根見而水涸，涸皆訓竭。廣雅云涸盡也。淮南主術篇云不涸澤而漁，高誘注涸澤、漉池也。本經篇云竭澤而漁，高注竭澤、漏池也。漏池卽漉池，而聲之轉。

義疏

揮**盋**(漉)**歇涸竭也** 郭注月令曰無漉陂池。國語曰水涸而成梁。揮、振去水亦爲竭。歇、通語。揮、从手軍，卽麾也。麾止使歇。易、六爻發揮。字又作煇，詩庭燎有煇，火將盡。也。餘光爲煇。說文揮、奮也。記飲玉爵者勿揮，非此。竭義盋漉同。用攷工記而盋之字，又作淥。歇渴竭皆从曷，曷上云曷止也。歇爲息，渴爲飢渴、竭爲負舉，揭爲高舉，皆从止盡別生意。渴又作漱。周官渴澤用鹿。詩池之竭矣。涸、从水固，固、四塞也。月令、水始涸。

集解

揮盋歇涸竭也 揮、奮也。从手軍聲。引申爲竭，謂揮振去水而竭也。考工㡆氏而揮之是也。易乾六爻發揮，王肅注揮、散也。禮記曲禮飲玉爵者弗揮，注振去餘酒曰揮。文選蘇子卿古詩四首淚下不可揮，注揮竭也。盝字本作漉，浚也。从水鹿聲。竭也者，謂浚之使竭也。禮記月令無漉陂池，釋文漉竭也。歇、息也。一曰气越泄也。从欠曷聲。正字爲渴。渴歇疊韻。周禮艸人渴澤用鹿，注渴澤、故水處也。謂涸水處。左宣十二傳憂未歇也，襄二九傳難未歇也，注均訓盡謂竭也。涸渴也。从水固聲。渴爲竭之正文，故又訓竭。禮記月令水始涸，周語天根見而水涸，注均訓竭。史記封禪書秋涸凍，索隱涸竭也。前漢書公孫弘傳山不童澤不涸，師古曰涸、水竭也。文選沈休文貽京邑游好詩清濟涸無津，文賦豁若涸流，嘯賦横鬱鳴而滔涸，注均云涸竭也。竭、負舉也。从立曷聲。訓爲盡者，借渴義耳。禮記大傳人道竭矣，周語昔伊洛竭而夏亡。

義證

揮盋歇涸竭也盋音鹿

(註)月令曰無漉陂池。國語曰水涸而成梁。揮振去水亦爲竭。歇通語。(補正)邢疏、盋卽漉也。歇卽竭之通語。涸水竭也。

郭注補正

爾雅詁林 一 釋詁下

揮盝歇涸渴也

月令曰毋漉陂池國語曰水涸而成梁揮振去水亦爲渴歇通語

唐殘本玉篇水部漉下引爾雅漉、竭也。郭璞曰、月令無漉陂池是也。盝下又云、字書亦漉字、或復爲盝字。樹枏案、盝漉同字。顧野王所據爾雅作漉、陸氏釋文則經爲盝、注爲漉。顧蓋本郭注以改經文也。釋文云毋、音無。舊校云本今作無。後人皆從今本改作無、非。亦爲渴、今各本皆作竭、依陸氏經文改正。

郭注佚存補訂

揮盝歇涸渴也

揮盝見訂經。歇者、說文云息也、一曰气越泄。通作愒。小雅菀柳不尙愒焉、大雅民勞汔可小愒、毛傳竝云愒、息也。又、通泄。廣雅云歇泄也。民勞俾民憂泄、傳云泄、去也。去卽竭也。板無然泄泄、猶言歇泄也。方言云歇涸也。郭謂渴也。釋文云渴音竭、本或作竭。竭、說文作渴、云盡也。今經典俱作竭。大雅板池之竭矣、以竭爲渴。小雅采薇載飢載渴、以渴爲漱。惟陸氏所據爲正字、說文蓋本爾雅也。

說詩

揮盝歇涸竭也 竭、釋文作渴、音竭。

註無漉陂池 無、釋文作毋。

疏飲玉爵者弗揮是也 飲誤執。爵誤器。

注疏正字

揮盝歇涸渴也　說文水部漉、浚也、从水鹿聲。或从彔作淥。皿部無盝字。郭注引月令毋漉陂池。釋文不云或作盝、則郭本殆不作盝也。類篇十一中一引作盝、亦係譌字。　渴、釋文云本或作竭。石經作竭。集韻屋一引亦作竭。案說文水部渴、盡也、从水曷聲。立部之竭訓爲負舉。今經典以竭代渴、而以渴代飢漱字。

匡名

揮盝歇涸竭也　說文作渴、盡也。註渴竭古今字。古水竭字多用渴、今則用渴爲漱字矣。禮運五行運迭相竭也、言五行運轉盡而復始、故又訓盡也。　周禮清其灰而盝之而揮之。揮、奮也。註謂奮訊振去之也。左僖二十六年傳、既而揮之。盝通作漉。漉、浚也。或从彔。月令毋竭川澤毋漉陂池。釋文漉竭也。　老子、神無以靈將恐歇、谷無以盈將恐竭。涸、渴也。註渴盡也。故釋詁涸渴也。俗本作竭。孟子、其涸也。

啓蒙

盝　盝說文作漉。或作淥。

渴　釋文渴音竭。本或作竭。案說文渴盡也。竭舉也。當作渴。

黃侃評本正名

盝、竭也。盝說文無。者漉之別字、漉之訓竭、亦猶滲之訓盡。廣雅滲與漉並訓盡也、淮南本經竭澤而漁、注竭澤、漏池也、案漏卽漉矣。廣雅釋詁歇、漏、泄也、漏亦漉也。

黃侃音訓

揮、盝、歇、涸、竭也。

釋文「渴，音竭，本或作竭。」是陸氏所見爾雅本作渴。作渴者本字，竭乃音假。說文水部云：「渴，盡也。」廣韻云：「渴，水盡也。」

揮者，說文「奮也；」曲禮「飲玉爵者弗揮；」釋文引何承天云：「振去餘酒曰揮；」齊策高注「揮，振也；」易王肅注「揮，散也；」是揮者，振蕩而盡去之之謂也。左傳「懷嬴奉匜沃盥，既而揮之，」即振而去之，是竭盡之義也。

盝者，廣韻「盝，去水也，竭也，或作漉，」是古假盝為漉矣。說文「漉，浚也；」月令「毋竭川澤，毋漉陂池；」然則漉亦竭也，乃浚而竭之也。方言有盝，訓涸；廣雅訓盡；郝氏云：「盝與淥同，說文淥即漉之重文，盝即盝之省文。」

歇者，左傳宣十二年云：「憂未歇也，」杜注「歇，盡也。」說文「歇，息也；」郝氏云：「人倦極則休息。聲轉為戲泄，故方言云：『戲泄，歇也，』又轉為歇泄，廣雅云：『歇，泄也，』今俗語亦謂歇息為歇泄。泄，說文作渫，云『除去也，』除去即竭盡之義。」如郝說，是歇之為竭，與揮同意。

涸，說文水部云：「渴也。」渴即竭，故佩觿曰：「字林渴，音其列切，」淮南主術篇云：「不涸澤而漁，」本經篇云：「竭澤而漁，」是涸即竭也。

附雅學

涸竭也　唐石經單疏本雪牕本同。釋文渴，音竭，本或作竭。按古竭盡字多作渴，此當從陸本。說文水部涸，渴也。渴，盡也。本此經立部竭云負舉也。

無漉陂池　單疏本雪牕本同。釋文毋，音無，本今作無。按月令毋作無，非。釋文音經盝為鹿，又音注漉為鹿。此經注異字之明證。

揮盝歇涸竭也○釋曰　注疏本刪。

執玉器者弗揮是也　按，禮記飲玉爵者弗揮。此誤記。

涸水竭也○注月令至成梁○釋曰　注疏本刪下八字。

校勘記

竭也。釋文渴，音竭，本或作竭。按此則當作渴為是。不過或作竭耳。若既作竭，無煩音矣。

注疏本正誤

三行盝竭也○原本《玉篇》水部「漉」下引「盝」作「漉」。「漉」「盝」字通。

宋監本校箋

盝音鹿。考工記㡑氏而盝之。集韻通作漉。晉陶潛傳以巾漉酒。

音略

揮、盝、歇、涸、竭也。　祿　先入聲　鶴

孫偘直音

揮、盝（祿）、歇（咸入聲）、涸、竭也（鶴）

直音校正

揮、盝（同漉）、歇、涸（鶴）、竭也。

楊氏音訓

盝　祿

干氏音釋

挋拭刷清也

挋拭刷清也。（振、許）

抆拭埽刷皆所以為絜清。

郭注

挋拭刷清也　釋曰：郭云振訊抆拭埽刷皆所以為潔清。禮記喪大記云：挋用巾。哀十四年公羊傳云：反袂拭面。周禮凌人職云：夏頒冰掌事，秋刷。後鄭云：秋涼冰不用，可以清除其室。

邢疏

挋拭刷清也　郭璞云振訊抆拭埽刷皆所以為絜清。

一切注音

挋（音震）拭（音式）刷（字又作㕞，所劣反。說文云刮也。廣雅云削也。）清也（如字。劉音儀禮慈性反。）抆（亡粉反。）埽（素老反。）

陸音義

埽 ○邢本作掃。

音義攷證

挋拭刷清也

挋之不盡拭之，拭之不盡刷之，夫塵期于盡而後已。

漠察清也，內也；挋拭刷清也，外也。

新義

挋拭刷清也 挋，即振也。清，謂拂除令絜清也。

鄭樵注

挋拭刷清也

郭璞曰：振訊、抆拭、掃刷，皆所以爲潔清。

鄭樵曰：挋，即振也。清，謂拂除令絜清也。

古注合存

挋拭刷清也。挋音振，拭音釋，刷音刮。○此釋挋拭刷爲清之義也。注曰：挋訊抆拭掃刷皆所以潔清也。疏曰：喪大記云：挋用巾。公羊傳云：反袂拭面。周禮夌人云：秋刷。

注疏參義

挋、鄭云即振也。郭解爲訊，即釋言所云振、訊也。

補注

挋拭刷清也 **注** 振訊抆拭掃刷皆所以爲潔清 **正義** 挋者，士喪禮云：乃沐櫛，挋用巾；浴用巾，挋用浴衣。鄭註：挋，晞也，清也。古文挋皆作振。賈疏：挋猶拭也。拭者，聘禮云：賈人北面坐拭圭。鄭註：拭，清也。大戴禮記釁廟篇：雍人拭羊。鄭註雜記云：拭，靜也。刷者，說文云：刷，刮也。㕞、拭也。天官夌人云：秋刷。後鄭云：秋涼冰不用，可以清除其室。

正義

挋拭刷清也

玉案：說文飾、㕞也。讀若式。徐鍇曰：案爾雅刷即飾也。飾與拭同，當依說文作㕞。

補注殘本

刷清也　說文飾、㕞也。讀若式。徐鍇曰：案爾雅㕞即飾也，據此當作㕞，又本作位。

校議

挋拭刷清也 振訊抆拭掃刷皆所以爲潔清

說文云：清、朖也。澂、水之皃。考工記㡆氏注：清、澄也。澄、說文作澂、云清也。是清澂互訓、其義同。清、又靜也。淨也。淨、說文作瀞、云無垢薉也。通作靖。書云自靖、釋文靖、馬本作清、謂絜也。又通作靜。書直哉惟清、史記五帝紀作直哉惟靜潔。禮經解云、絜靜精微。史記萬石張叔傳云、期爲不絜清。絜清即絜靜也。又通作清。周禮宮人注、沐浴所以自潔清、釋文清本亦作清。爾雅釋文亦云清如字、劉音儀禮慈性反。是清清通矣。挋者、㨭之叚音也。說文挋訓給也、約也、別有㨭訓拭也、从堇聲。經典俱作挋、音震、與振同。喪大記云：挋用浴衣、鄭注：挋、拭也。士喪禮云：挋用巾、鄭注：挋、晞也、清也。古文挋皆作振。一切經音義七云：振、古文宸、挋二形。是挋振通。故曲禮云：振書端書於君前有誅。鄭注：振、去塵也。去塵即潔清之意。故郭以振訊爲挋、得其義與聲矣。今人謂去濁取清曰振。蓋亦以振爲挋耳。拭者、飾之叚音也。說文云：飾、㕞也。讀若式。廣韵云：拭、刷也。釋名云：飾、拭也。物穢者拭其上使明、由他物而後明、猶加文於質上也。是拭飾聲義同。經典俱作拭。聘禮云：賈人北面坐拭圭。鄭注：拭、清也。禮雜記云：雍人拭羊。鄭注：拭、靜也。靜即淨、淨亦清矣。刷者、㕞之叚音也。釋文刷字又作㕞、所劣反。說文云：㕞、飾也。通作刷。說文云：刷、刮也。禮有刷巾。周禮夌人秋刷、鄭注：刷清也。詩七月釋文引三蒼云：刷、掃也。掃除亦所以爲潔清。文選魏都賦云：洗兵海島、刷馬江洲。洗刷俱潔清之意。張載注：刷、小嘗也。李善注：刷猶飲也。竝非。

義疏

挋拭刷清也

史記萬石張叔傳云、期爲不絜清。絜清即絜靜也。又通作清。周禮宮人注、沐浴所以自潔清、釋文清本亦作清。

爾雅釋文亦云清、如字。劉音儀禮慈性反。是清清通矣。

念孫案、清無慈性之音、慈性乃是竫字之音、非清字之音。宮人釋文清本亦作清者、字之誤耳、不可援以爲據。

挋者、㨭之假音也。說文挋訓給也、約也、別有㨭訓拭也、从堇聲。經典俱作挋、音震、與振同。

爾雅詁林 一 釋詁下

念孫案、說文㨨字雖訓爲飾、拭俗作而其字自从堇聲、音居焮切、與拒从臣聲而音振者不同、經典作拒者、乃振之假音、非㨨字之假音也。

郝注刊誤

拒振 拭飾 刷清也 郭注 振訊拔拭埽刷皆所以爲潔清。

拒从臣、臣象人屈伏、埽除之事也。禮、拒用巾、古文作振、辰時以手振訊之意、記、振書端書、說文無拭、式从工弋、工所立法、加手修治之、禮、賈人北面坐拭圭、記、雍人拭羊、㕞从尸又巾、刷从刀、㕞持巾進尸拭也。刷則刀刮之、周官秋刷、及此皆當作㕞、清从水青、朗也。

集解

拒拭刷清也 拒、給也、从手臣聲、一曰約也。引申爲清、謂繁雜而約之使清也、說文則以澂爲之。禮記喪大記拒用浴衣、注拒、拭也。儀禮士喪乃沐櫛拒用巾、注拒、晞也清也。禮記曲禮振書端書於君前有誅、注振、去塵也。去塵則清矣、以振爲之。拭字本作飾、飾、刷也。引申爲清。从巾从人食聲。飾拭古今字。禮記雜記雍人拭羊、注拭、靜也。儀禮聘禮賈人北面坐拭圭、注拭、清也。刷、刮也、从刀㕞省聲。正字爲㕞、㕞、飾也。引申爲清。㕞刷通用字。周禮凌人秋刷、注刷、清也。清、朖也、澂水之皃。从水青聲。引申爲澄也、明也。

義證

拒拭刷清也

振訊拔拭埽刷皆所以爲潔清也

鄭注士喪禮云、古文拒皆作振。元應衆經音義云振、古文宸拒二形。是拒振一字。此郭用今文以明古文也。鍾本郎本改爲拒振祓拭、非也。慧琳金剛頂瑜伽祕密三摩地念誦法音義、佛說放牛經音義、阿毗達磨順正理論五十四卷音義、元應大智度論三卷音義、俱引郭璞爾雅云、所以爲清潔也。今本脫也字、據補。

郭注佚存補訂

拒拭刷清也

拒與振同。士喪禮拒用巾、鄭注云拒清也。古文拒皆作振。一切經音義七云振古文宸拒二形。豳風七月六月莎雞振羽、毛傳云、莎雞羽成而振訊之。振訊義與郭注同。周頌振鷺振鷺于飛、疏云、言有振振然絜白之鷺。振卽取絜清之義。箋所謂喻君有絜白之德也。拭與飾通。說文云飾㕞也。讀若式。釋名云飾、拭也。衛風伯兮豈無膏沐、誰適爲容、箋云婦人夫不在、無容飾膏沐、所以絜清也。刷者、釋文云又作㕞。說文云㕞、飾也。又云刷、刮也。刮亦與㕞同義。豳風七月箋云周禮凌人之職、夏頒冰、掌事秋刷、彼釋文云刷、爾雅清也。正義云、凌人注云暑氣盛、王以冰頒賜、則主爲之刷清也。秋涼冰不用、可以清除其室也。

說詩

拒拭節疏周禮凌人職云凌毛本誤從水。旁可以清除其室除誤潔。

注疏正字

拒 說文給也。通作撎。說文拭也。注以振訊釋之，非是。

小箋

拒拭刷清也 說文㕞、又部 撎、手部 二文皆訓拭，然手部無拭字，是傳寫之譌。案手部有抻字訓撎，从手市聲。知撎注拭字乃抻之譌。抻撎二字互相爲訓，許書每如此。後人罕見抻字，故誤作拭。爾雅拭字亦當爲抻。 刷，釋文云字又作㕞。案說文又部 㕞、抻。今誤作拭 从又持巾在尸下。又刀部 刷，刮也，从刀㕞省聲。禮布刷巾。

匡名

拒音振 拭刷清也 說文清，朖也，澂水之皃。註朖者，明也。澂而後明，故云澂水之皃。引伸之凡潔曰清。凡人潔之亦曰清。同瀞。郭註振訊、抆拭、埽刷，皆所以爲潔清。 拒，給也。一曰約也。註給者，相足也。引士喪禮乃沐櫛拒用巾，註拒，清也。楚詞新浴者必拒衣。亦作振。 拭，即撎，攡飾也。拭物者必以巾。从巾去其塵。聘禮賈人北面坐拭圭，註拭，清也。 刷，即㕞。㕞，飾也。飾，㕞也。凡物去其塵垢，即所以增其光采，故㕞爲飾之本義，而一切踵事增華亦謂之飾，則其引伸之義也。周禮秋刷，註刷，清也。

啓蒙

拭 飾 說文。飾。㕞也。周禮封人。飾其牛牲。注。飾。謂刷治潔清之也。管子輕重篇。桓公使八使者式璧而聘之。式者。飾之叚借。拭蓋借用式。又誤加手。

刷 㕞 釋文。刷。字又作㕞。說文。刷。刮也。古有刷巾。㕞。拭也。段氏注云。拭用手用巾。故从又巾。刷巾。刷當爲㕞。叚刷爲㕞。說禮家所定字不同也。案周禮凌人。秋刷。注。刷。清也。亦叚刷爲㕞。㕞正字。刷借字。

兩義皆通

黃侃評本正名

拭，清也。拭正作飾，說文無拭字，而㕞、撎皆訓拭。類篇巾部[illegible]、引爾雅清也，或从巾、手部，仍引作拭。

刷清也。刷㕞字義通。

黃侃音訓

拒、拭、刷、清也。

說文水部云：「清、朖也、澂水之皃、」朖者、明也。又云：「瀞、無垢薉也、」瀞、靜、古今字。古書清、瀞、多通借。亦借靖靜爲之。

拒者、士喪禮「乃沐櫛拒用巾、」鄭注云：「拒、晞也、清也、古文拒皆作振；」其注曲禮云：「振、去塵也；」是拒即振字、拭塵之義也。爾雅郭注云：「振訊、所以爲潔清；」七月傳云：「莎雞羽成而振訊之、」此郭氏所本。

拭者、飾之俗字。說文「飾、㕞也、」是飾者、抆拭之謂；其引伸義爲妝飾耳。聘禮「賈人北面坐拭圭、」鄭注云：「拭、清也、」此與爾雅同用拭、然段氏以爲俗改。周官司尊彝「挩酌、」大鄭云：「挩、拭勺而酌也；」釋文拭作飾、此足爲拭本作飾之證。唯釋名云：「飾、拭也、」此拭字、當是抻之誤、說文有抻、段氏以爲「今拂拭字、」故劉氏以抻訓飾也。郝氏以抻爲飾之假音、失之。

刷者、㕞之假字。說文又部云：「㕞、飾也、从又持巾在尸下、」抆拭必以手以巾、故飾从巾、㕞从又从手也。爾雅借刷爲㕞、故周禮凌人有「秋刷、」說文稱「禮有刷巾、」文選魏都賦云：「洗兵海島、刷馬江洲、」皆借刷爲㕞矣。

爾雅學

振訊抆拭掃刷 雪牕本注疏本同。釋文單疏本掃作埽。按此經作拒，注作振，鍾本郎本改爲拒振，祓拭謬甚。

拒拭刷清也〇釋曰 注疏本刪。

可以清除其室 注疏本除誤潔。

校勘記

拒 雪牕本拒

絜清 十行本雪牕本潔清。

校勘記訂補

五行（注）皆所以爲絜清〇「絜」，宋刻十行本同，邢昺單疏本作「潔」。又慧琳《音義》卷五十三引作「所以清潔也。」

宋監本校箋

爾雅詁林 一 釋詁下

挋音震。夾漈云挋卽振。刷字又作㕞，所劣翻。音說。楊氏愼引賈氏昌朝羣經音辨，刷與雪同。案羣經音辨無此文，楊氏誤。徐氏鍇說文繫傳云爾雅刷卽飾也，申力翻，音義俱異。

音略

挋釋　刷入聲

挋拭刷清也。

孫侶直音

挋式　刷入聲

挋拭刷清也

直音校正

挋振　拭釋　刷所劣切　清也

楊氏音訓

挋震　拭識

干氏音釋

鴻昏於顯間代也

鴻昏於顯間代也。鴻鴈知運代，昏主代明，明亦代昏。昏顯卽明也。間錯亦相代。於義未詳。

郭注

鴻昏於顯間代也　注鴻鴈至相代　釋曰：皆謂更代也。云鴻鴈知運代者，鴻鴈之屬，九月而南，正月而北，是知其時運而更代南北也。云昏主代明者，釋經昏字也。日入後二刻半爲昏，昏來則明往，故云昏主代明。云明亦代昏者，釋經顯也。顯卽明也。云間錯亦相代者，謂間厠交錯，亦相更代也。儀禮鄉飲酒云乃間歌魚麗，鄭注云間代也，謂一歌則一吹是也。又周頌桓篇云皇以間之。

邢疏

間代也

間，厠之代也。書正義五

孫音注

間代也

間古鴈反。釋文

郭音義

間代也

間古閑反。釋文

謝音

間代也

間，胡瞎反。釋文　間，下瞎切。類篇十二上

施音

黃輯古義

鴻昏於顯間代也

間，厠之代也。書益稷正義

孫音注

顯間古鴈反。

郭音義

顯間古閑反。釋文

謝音

施音

玉函山房輯佚

鴻昏於顯間代也。間，胡瞎反。釋文　下瞎切。司馬光類篇卷十二上

間代也

間，厠之代也。書疏五　同

孫音注

間，下瞎切。施音　類篇十二上

鉤沉

間代也

孫曰：間，厠之代也。書正義五

漢注

鴻昏於顯間代也

孫炎云：間，厠之代也。書正義卷五

郭璞云：鴻雁知運代

爾雅詁林　一　釋詁下

昏主代明、明亦代昏、顯即明也。間錯亦相代。於義未詳。施乾音間、下瞎切。類篇十二之上卷

一切注音

間代也孫炎曰間、厠之代也。書益稷正義 郭音古鴈反。

釋文

古注斠

間 古莧反、注同。謝古閑反、郭古鴈反、施胡瞎反。

陸音義

○案間有錯音。說文鬜、鬢禿也。從髟間聲。玉篇音苦閑口瞎二切。廣韻恪八切。則知施音自有所本。閒 施胡瞎反。

音義攷證

鴻昏於顯間代也

於代哺。顯雖貴高亦代也。郭氏謂鴻雁知運代昏主代明明亦代昏。一明一昏間也。

新義

鴻昏於顯間代也 代、更代也。鴻鴈知寒暑之更代。顯即明也。昏明爲晝夜之更代。於、更辭也。間、鄉飲酒云乃間歌魚麗。注謂間代也。

鄭樵注

鴻昏於顯間代也閒、郭古鴈反。孫炎曰間、厠之代也。郭璞曰鴻鴈知運代昏主代明、明亦代昏、顯即明也。間錯亦相代。於義未詳。鄭樵曰代、更代也。鴻鴈知寒暑之更代。顯即明也。昏明爲晝夜之更代。於、更辭也。間、鄉飲酒云乃間歌魚麗。注謂間代也。

古注合存

鴻昏於顯間代也。於音烏、間音澗。○此分釋鴻爲昏於爲顯間爲代之義也。或曰此承上條潔清之意而言。鴻昏謂鴻蒙昏昧也。於顯謂昭明顯爍也。凡所以潔清之者、乃昏污與顯明相間代之意。

注疏參義

於、鄭云更辭也。釋文音烏。依鄭注當如字。

補注

鴻昏於顯間代也**註**鴻雁知運代昏主代明明亦代昏顯即明也間錯亦相代於義未詳**正義**說文云、代、更也。鴻者、康誥云乃洪大誥治、鄭本洪作鴻。孔疏引鄭註以鴻爲代、言周公代成王誥也。昏者、郊特牲云昏禮不賀、人之序也。鄭註序猶代也。於者、孟子萬章篇引逸書云、女其于予治。于於字通用。言汝其代予治之也。趙岐註以爲助我治事、助與代義相通也。顯者、左氏昭十三年傳云、再會而盟以顯昭明。言盟以更著其明也。間者、書疏引孫炎云間、厠之代也。益稷云、笙鏞以間。聘禮云、皮馬相間。周語云新不間舊、韋昭註間、代也。

正義

鴻昏於顯間代也鴻鴈知運代昏主代明明亦代昏顯即明也間錯亦相代於義未詳

說文云、代、更也。按代之爲言遞也。迭也。說文云、遞、更易也。迭、更迭也。迭遞代俱一聲之轉。代又易也。方言云、皆南楚江湘之間代語也。郭注、凡以異語相易謂之代也。代與忒同。說文云忒、更也。又與岱同。云岱、失常也。按忒代俱从弋聲、古讀代如遞、故與忒聲近義同。又與貣同。故書洪範云忒、史記宋世家作衍貣。月令云宿離不貸、又云無或差貸、貸皆讀忒。此又音近字通矣。鴻者、往來之代也。月令云鴻鴈來。夏小正云遰鴻鴈。是往來相代通作洪。書乃洪大誥治、正義引鄭注以洪爲代、言周公代成王誥也。是鴻訓代之證。鴻與庸聲義通。方言云庸、代也。亦其證矣。昏者、明之代也。文選勸進表云昏明迭用。昏又幽也。大戴禮誥志篇云明幽、雌雄也。雌雄迭興、史記厤書作雌雄代興。蓋言日月之代明也。又昏禮成於昏、陽往陰來、亦相代之義。故白虎通云、昏亦陰陽交時也。交猶代也。郊特牲云昏禮不賀、人之序也、鄭注序猶代也。然則昏取序代爲義、亦其證也。於者、間之代也。凡言於者、以此於彼、以彼於此、於字皆居中間、是即間訓代之義。又有相連及之義、相連及亦相交代也。呂覽不侵篇云豫讓國士也、而猶以人之於已也爲念、論語云君子之於天下也、是皆經典用於字之例。然則人之於已、已之於人、竝以相間代爲義矣。於通作于。

孟子萬章篇引古書之言曰、惟茲臣庶、女其于予治、言汝其代予治之也。趙岐注以于爲助、不若以于爲代合於雅訓也。此義本之邵氏晉涵正義所說、前義參之段氏玉裁說、今竝採用以補郭所未詳焉。顯者、明也。明者、昏之代也。左氏昭元年傳六氣曰陰陽風雨晦明也。中庸云莫顯乎微、又云夫微之顯、然則顯與微相代、明與晦相代、其云微之顯者、之字爲中閒聯屬之詞、亦猶於字爲兩相遞代之義矣。閒者、書益稷正義引孫炎曰閒、廁之代也。詩皇以閒之、鄉飲酒禮及燕禮俱云乃閒歌魚麗、毛鄭竝云閒、代也。蓋閒本訓隙、因有釁隙、他物廁之、故又爲代矣。

義疏

鴻昏於顯閒代也　孫注、閒廁之代也。郭注、鴻鴈知運代、昏主代明、明亦代昏、顯即明也、閒錯亦相代、於義未詳。鴻洪通用字。共舉故爲迭代。書、乃洪大誥治。鄭注攷工記、鴻傭也。昏从氏日。氏即低也。昏閔泯通用。慜而代之。書、不昏作勞。以昏爲勉。於古烏字。禮經凡二人往來用於、一人行曰于、若於左於右、有代義也。顯、上云光。書、弗念天顯、謂兄代父、記引是也。顯惟良顯哉、言臣代君也。閒、上云大、大代世、多通用。禮、乃閒歌。詩、皇以閒之。代从弋从人弋立槩、人倚之。

集解

鴻昏於顯閒代也　鴻、鴻鵠也、从鳥工聲。引申爲代、謂鴻雁能知運代也。說文則以迴爲之。書大誥洪惟我幼沖人、孫疏、洪與鴻聲相近、代也。康誥乃洪大誥治、鄭注洪、代也。鄭攷工記注鴻、傭也。前漢書食貨志教民相與庸輓犂、廣雅庸云代也。以洪傭庸爲之。昏、日冥也、从日、从氐省、會意。代也者、以昏代明也。記詩昏義、禮重士昏、其因上事宗廟、下繼後代之故與。於、字一作爲、孝鳥也。象形。正字爲于。于、於、詞也。引申爲詞之代。于於通用字。孟子萬章汝其於予治、言代予治也。顯、明飾也、从頁㬎聲。正字爲閒。閒顯疊韵。書多方乃大降顯休命于成湯、孫疏顯、代也。閒、隙也、从門中見月、會意。引申爲迭也、代也。詩桓皇以閒之、傳閒、代也。儀禮燕禮乃閒歌魚麗、注閒、代也。書多方克以爾多方簡代夏作民主、孫疏簡同閒、代也。廣雅釋詁更、代也。以閒更爲之。代、更也、从人弋聲。引申爲以此續彼、以後續前之通偁。

義證

於代也　張尙書照註疏考證曰、鴻昏於顯四字爲句、閒代也三字爲句。古字於同烏、篆文本象烏形、今但以爲歎辭語辭、遂無以爲烏鴉字者矣。鴻雁宿最遲、故以鴻言昏、烏鴉起最早、故以於言顯。釋曰閒代、言其朝夕相更迭也。按此讀有合于此篇之例、前文謔浪笑敖戲謔也是也。謔浪句見詩邶風、而此未見、豈古經傳有之今亡佚乎。

補郭

鴻昏於顯閒代也　閒古鴈反

〔註〕鴻鴈知運代、昏主代明、明亦代昏、顯即明也、閒錯亦相代、於義未詳。〔補正〕邢疏儀禮鄉飲酒云乃閒歌魚麗、鄭註閒、代也、謂一歌則一吹是也。又周頌皇以閒之、鄭樵註云於、更辭也。臣鑒按、書疏引孫註閒、廁之代也。

郭注補正

鴻代也　注鴻雁知運代　正曰、鴻雁知運代、鴻可訓代、則鴻雁于飛、集于中澤、鴻雁能飛集、夫可以鴻訓集乎。文選四子講德論夫鴻鈞之世、李注鴻與洪古字通。書康誥乃洪大誥治、孔正義鄭以洪爲代、言周公代成王誥。卽鄭注用雅詁文也。郭專用僞書僞傳而置馬鄭注於不問、佀有未合。

正郭

爾雅詁林　一　釋詁下

鴻代也 注鴻雁知運代

評曰、錢氏以注爲望文生義、謂鴻卽洪字、康誥乃洪大誥治、鄭釋洪爲代可證。邵氏郝氏皆從之。按周禮考工記矢人撓之以眡其鴻殺之稱也。禮記樂記注聲之鴻殺也。緇衣注深淵鴻波、皆洪鴻相通之證。鄭訓洪爲代、言周公代成王大誥也。蓋古誼之勵有存者、洵塙證也。 靜郭

鴻昏於顯間代也

於者、周頌雝於薦廣牡、於當訓爲代、謂諸侯之來助祭。代陳廣牡、以相予祀事也。小雅伐木於粲洒埽、於亦當訓代、謂燕諸父諸舅代爲洒埽鮮絜以速其來也。於與于同。竊謂小雅出車玁狁于襄、玁狁于夷、謂南仲奉王命以伐玁狁、代爲襄之夷之也。大雅崧高四國於蕃、四方於宣、謂申伯爲王代蕃四國代宣四方也。 顯者、周頌淸廟肅雝顯相、顯當訓爲代、謂周公之祭淸廟、諸侯之來朝者、肅雝雝以代助祭、相、助也。箋謂顯、光。失之。 間者、周頌桓皇以間之、傳云間、代也。箋云、紂爲天下之君、但由爲惡天以武王代之。餘詳訂經。 說詩

鴻昏於顯間代也 間、釋文作間、後並同。

註鴻雁知運代 雁、毛本誤鴈。後同者不出。 音於音烏 棠於字釋文無音、郭云義未詳、則字之讀烏與否不可知也、當是後人誤增耳、亟刪。

疏謂間則文錯亦相更代也 則當爲廁字誤。 注疏正字

鴻昏於顯間代也 說文作、更也。鴻、鵠也。孔疏鴻雁秋來春去、時相代也、故訓代。 昏、日冥也。註冥者、窈也。窈者、深遠也。夫陽往陰來、日入三商爲昏。引伸爲凡闇之稱。邢疏昏來則明往、是以昏代明、故亦訓代。 孟子引逸書女其于予治、于於通用也、言代予治之也。 左昭十三年傳再會而盟以顯昭明、謂更著其明也。 周語新不間舊韋昭註間代也。 啓蒙

鴻代也。鴻鴈知運代。 鴻者、如郭義則讀如本字、然鴻與傭通。考工記梓人搏身而鴻、注鴻傭也、是鴻傭以同部而通。釋言傭均也、釋詁均易也、易代義同。說文傭均直也、通作庸。 黃侃音訓

鴻昏於顯四字斷句、間代也三字斷句、於同烏。鴻以秋來以春去、故曰昏烏。以曉鳴以暮集、故曰顯。 讀雅筆記

昏代也。郭云昏主代明。案莊子寓言篇罔兩問景曰、向也坐而今也起、向也行而今也止、何也。對曰、火與日吾屯也、陰與夜吾代也。司馬彪注曰屯、聚也。火日明而影見、故曰吾聚也。陰闇則影不見、故曰吾代也。夜代謂使得休息也。此足爲昏訓代之證。 胡氏古義

於代也

注曰於義未詳

樾謹按、於乃語詞也。說文口部哉言之閒也。是古人用語詞本取相閒之義、上文哉與之言竝訓閒、邵氏

晉涵正義曰、周頌雝云假哉皇考、臣工云維暮之春、有客云薄言追之皆謂詞之閒也。然則於亦詞之閒也。凡言於者、皆自此之彼之詞、故爾雅不與哉之言竝訓閒、而與閒竝訓代、義可互明矣。

平議

鴻、昏、於、顯、閒、代也。

說文「代、更也、」士喪禮注云：「更、改也。」故彼此相易謂之代；次第相易謂之遞代；相閒隔者、爲以此代彼、亦謂之代也。

鴻者、邵氏云：「康誥『乃洪大誥治、』鄭本洪作鴻、孔疏引鄭注以鴻爲代、言周公代成王誥也。」

昏者、邵氏云：「郊特牲『昏禮不賀、人之序也、』鄭注『序、猶代也。』」

於者、俞樾云：「說文口部『哉、言之閒也、』是古人用語詞、本多相閒之義。上文『哉』與『之言』竝訓『閒、』邵氏曰：『皆謂詞之閒、』然則『於』亦詞之閒也。凡言『於』者、皆自此之彼之詞、故爾雅不與『哉、之、言』竝訓『閒、』而與『閒』竝訓『代、』義可互明矣。」于於在文法爲介詞、故俞氏如此云。孟子萬章篇引逸書云：「女其于予治、」趙注訓于爲助；邵氏云：「于於字通用、言汝其代予治也。」此以於爲動詞也。

顯者、邵氏引左氏昭十三年傳「再會而盟、以顯昭明、」云：「言盟以更著其明也。」

閒者、邵氏引周禮「新不閒舊、」韋注云：「閒、代也。」郝氏引詩「皇以閒之、」鄉飲酒禮「乃閒歌魚麗、」毛鄭竝云：「閒、代也。」此皆相閒之代。爾雅釋文云：「閒、古莧反、注同、」是郭陸皆讀間爲相閒之音也。盜稷正義引孫炎曰：「閒、厠之代也、」厠之代、謂有隙而厠之代也。此閒字是動詞用法、就其地而閒之之謂閒；因其地之迭相更易之謂代；此閒之所以爲代也。

爾雅學

鴻昏於顯間代也注鴻鴈至相代○釋曰注疏本刪。謂間厠交錯注疏本厠誤則。

校勘記

又周頌桓篇云監本同、毛本湘本桓誤相。

注疏校勘札記

於如字注疏考證音烏。閒釋文郭去聲、古莧古雁同、不必重出。施入聲。下瞎翻音聲。

音略

句讀依考證本烏

鴻、昏、於、顯、閒、代也。諫

孫偘直音

鴻昏於顯閒代也烏　諫

直音校正

鴻昏於烏顯閒澗代也

楊氏音訓

饁饟饋也

饁饟饋也。國語曰其妻饁之。

郭注

饁饟饋也　釋曰饋者以食遺與也、野饋曰饁、舍人曰饟、自家之野也。注國語曰其妻饁之　釋曰晉語云、曰季使舍於冀野、冀缺耨、其妻饁之、敬相代如賓、從而問之、冀芮之子也、與之歸、旣復命而進之曰臣得賢父敢以告、是也。

邢疏

饁饟饋也

饟、自家之野也。詩正義十四之一

犍爲注

饁饋也

饁、野之饋也。詩正義八之一又十九之四春秋正義十七又二十六

孫音注

黃輯古義

饁饟饋也

饟、自家之野也。邢疏詩小雅甫田正義

犍爲注

爾雅詁林　一　釋詁下

饁饟饋也

饁、野之饋也。詩豳風七月正義 又周頌載芟正義 春秋僖三十三年正義又成五年正義

孫音注

玉函山房輯佚

饁饟饋也

饁、野之饋也。孫注 宋本春秋疏十三

饟、自家之野也。舍人注 詩疏十四之一

鉤沉

饁饟饋也

孫曰饁、野之饋也。詩正義八之一又十九之四 春秋正義十七又二十六

舍人曰饟、自家之野也。詩正義十四之一 邢疏

漢注

饁饟饋也

舍人云饟、自家之野也。詩正義十四之一卷 孫炎云饁、野之饋也。詩正義八之一卷又十九卷 左傳正義十三卷 郭璞云、國語曰其妻饁之。

一切注音

饟饋也 舍人曰饟、自家之野也。詩楚茨正義 孫炎曰饁野之餉。同上

古注斠

饁于輒反。字林于怯反。饟式亮反。饋也本或作餽、同。巨愧反。

陸音義

饋也本或作餽同。○案說文饋、餉也。餽、吳人謂祭曰餽。義各不同。陸氏於此不能辨。

音義攷證

饁饟饋也

有噴其饁、親之而已、若饟則有辭讓之事。

新義

饁饟饋也 饋者、遺以食也。

鄭樵注

饁饟饋也

舍人曰饟、自家之野也。

孫炎曰饁、野之饋也。詩疏引此作野之餉。此從左傳疏。

郭璞曰國語曰其妻饁之。

鄭樵曰饋者、遺以食也。

古注合存

饁饟、饋也。饁音叶。饟餉同。○此釋饁饟爲饋之義也。

注疏參義

饁饟饋也。註 國語曰其妻饁之 疏 正義 說文云饋、餉也。詩疏引孫炎云饁、野之餉。舍人云饟、自家之野也。說文云饁、餉田也。詩曰饁彼南畝。餉、饟也。周人謂餉曰饟。小雅甫田云攘其左右、鄭箋攘當爲饟。以酒食饟其左右從行者。註國語至饁之 正義 晉語文。又小宗伯饁獸于郊、鄭註饁、饋也。

正義

饁饟饋也 國語曰其妻饁之

說文云饋、餉也。檀弓及坊記注竝云饋、遺也。士虞禮注云饋猶歸也。周禮膳夫注云進物於尊者曰饋。按此注似非。饋遺通名耳。故玉府注古者致物於人尊之則曰獻。通行曰饋。此說是矣。通作餽。說文云吳人謂祭曰餽。是餽饋異。經典則通。故中山策云飲食餔餽。高誘注吳謂食爲餽。祭鬼亦爲餽。古文通用。讀與饋同。爾雅釋文饋本或作餽。又通作歸。論語云詠而歸、釋文歸、鄭本作饋。饋酒食也。魯讀饋爲歸。今從古。陽貨及微子篇釋文竝同。又詠而歸論衡明雩篇正作詠而饋。檀弓云饋祥肉。士虞禮記注作歸祥肉矣。饁者、說文云餉田也。引詩饁彼南畝。毛傳饁饋也。有噴其饁、鄭箋饁饋饟也。正義引孫炎曰饁野之饋也。晉語韋昭注野饋曰饁。饁與餫同。說文野饋曰餫。左氏成四年傳故宣伯餫諸穀。廣雅云餫饋也。是餫饁聲轉義同矣。饟者、說文云周人謂餉曰饟。蓋本周頌其饟伊黍而言也。漢書食貨志及後漢書章帝紀注竝云饟古餉字。玉篇餉式亮切。饟式尚式章二切。是饟餉聲義同。又借作攘。詩攘其左右、鄭箋攘讀當爲饟。正義引舍人曰饟、自家之野也。

義疏

饁饟餉饋歸餽也 舍人注饟、自家之野也。孫注饁、野之饋也。郭注、國語曰其妻饁之。饁、从盇。皿有盇爲田者食。詩、饁彼南畝。又有嗿其饁。因爲食名也。饟、从襄。解衣耕爲襄。亦田食也。字又作向。詩、其饟伊黍。孟子引書葛伯仇餉。又作攘。詩、攘其左右。饋、从食貴。禮、婦盥饋。或作餽、盇饋食字也。遺、亦从貴。餽遺一字、後分二字。語、詠而饋、字作歸。記、饋祥肉、鄭又引作歸。今通用餽餉。

集解

饁饟饋也 饁、餉田也、从食盇聲。引申爲饋。詩七月甫田饁彼南畝、箋饋、饟也。周禮甸祝及郊饁獸注饁饋也。饟、田食也、从食襄聲。襄、解衣耕也。引申爲饋。詩良耜其饟伊黍、箋訓食即饋也。甫田攘其左右、攘讀爲饟。饁、饟、饋也。孟子滕文公葛伯仇餉、前漢書高帝紀老弱罷轉餉、師古曰餉、饋也。以攘餉爲之。饋、餉也、从食貴聲。禮記檀弓、饋祥肉。論語鄭本詠而饋、魯作歸。

義證

饁饟饋也

註國語曰其妻饁之補正邢疏、饋者、以食遺與也。野饋曰饁。舍人曰饟、自家之野也

郭注補正

饁饟饋也

饁者、說文云餉田也。引詩饁彼南畝。豳風七月饁彼南畝、小雅甫田饁彼南畝傳箋竝云饁饋也。攘其左右、箋云攘當爲饟。饟、饋也。周頌載芟有嗿其饁、箋云饁、饋饟也。孫炎云饁之饋也。饟與餉同。說文云周人謂饟曰餉。良耜其饟伊黍、箋云謂婦子來饁者也。舍人云饟、自家之野也。

說詩

饁饟節疏舍人曰饟自家之野也舍誤食。晉語云臼季使過冀臼季使過冀、左傳文。晉語作舍于冀野。冀芮之子也脫也字。臣得賢人敢以告是也敢、晉語作當。

注疏正字

饁饟饋也　饋、釋文云本或作餽。案說文饁餉田也。饟、餉饋也。饋餉也。則饋乃本字。吳人謂祭曰餽。从食从鬼、鬼亦聲。與饋義異。經典相承通用。

匡名

饁饟音餉饋也說文饋、餉也。周禮、凡王之饋。饁、餉田也。引詩饁彼南畝。傳饁、饋也。饟、周人謂餉曰饟。通作穰。周頌其穰伊黍。又通作攘。小雅攘其左右。箋攘當爲饟。饁饟饋也。

啓蒙

盄　竭也　拒　刷　淸也　鴻　代也　饋也

郭注引月令盄作漉。無漉陂池。儀禮注古文拒皆作振。士喪禮注

釋文刷又作㕞。說文刷、刮也。㕞、拭也。釋詁釋文周書作洪。康誥、乃洪大誥治。鄭氏尚書洪作鴻。孔疏引鄭注以鴻爲代。言周公代成王誥。釋文饋也本或作餽。釋詁釋文

證異

饟、饋也。商子墾令篇、無得爲罪人請於吏而饟食之、通作攘。詩甫田攘其左右、箋攘讀爲饟。乃以酒食攘其左右從行者。

古義補

饁、饟、饋也。

釋文「饋、本或作餽、同。」說文云：「饋、餉也。」周禮玉府注云：「古者致物於人、尊之則曰獻、通行曰饋。」此經典通用之義。古亦假歸爲饋、陽貨篇云：「歸孔子豚、」歸、即饋也。「詠而歸、」釋文謂「鄭本作饋；饋」論衡明雩篇亦作「詠而饋；」是以歸爲饋也。

饁、說文「餉田也；」詩正義孫炎亦云：「饁、野之饋也。」詩「饁彼南

歒、」左傳「其妻饁之、」此爲許孫所本。饟者、說文「周人謂餉曰饟。」漢書食貨志及後漢書章帝紀注竝云：「饟、古餉字。」是饟餉古今字。詩正義引舍人曰：「饟、自家之野也。」

爾雅學

饁饟饋也○釋曰 注疏本刪。

舍人曰 注疏本舍誤食。

○注國語曰其妻饁之○釋曰 注疏本刪作注曰其妻饁之。

晉語云臼季使舍於冀野 注疏本作臼季使過冀。浦鏜曰此左傳文。

冀芮之子也 注疏本脫也。

臣得賢人敢以告 今國語作當以告非。

校勘記

饁饟饋也。釋文饁于輒反、字林于怯反、今本作音叶、誤。按廣韻叶、古文協、胡頰切、二字不同音也。

注疏本正誤

饁者以食遺與也野食曰饁 監本毛本湘本上饁字誤饋。下野食曰饁監本毛本湘本作野饋曰饁。案詩周頌饁彼南畝、正義引孫炎曰饁、野之饋也。作野饋是。

注疏校勘札記

六行饟○唐寫本作「餉」。

宋監本校箋

饁音叶 饟音餉 饋音櫃 也

音圖・音

饁音叶 案饁音葉。今音叶、匣喻之別非。直音誤同。

直音正誤

饟式亮翻、音賞。商去聲。詩釋文式尚翻同。饟與餉同。餉去聲、式亮翻、又上聲始兩翻、竝是本音。若讀享與嚮、讀審爲曉、皆後出之音也。張自烈從許亮翻、香去聲。後出之音。而以舊注商去聲卽式尚翻、轉始兩翻爲非、大謬。鄭箋讀攘爲饟音式尚翻。說文饟人漾翻、仍如攘字翻切、讀審爲日失之矣。

音略

饁叶饟餉饋櫃也。

孫偘直音

饁葉饟餉饋櫃也

楊氏音訓

饁葉饟餉

干氏音釋

遷運徙也

遷運徙也。今江東通言遷徙。

郭注

遷運徙也 釋曰皆謂移徙也。大雅皇矣云帝遷明德。易曰日月運行。郭云今江東通言遷徙者時驗而言也。

邢疏

遷運徙也 郭璞云今江東通言遷徙。

一切注音

遷七延反。注同。徙斯介反。

陸音義

遷運徙也 運有往來。遷有往而已。

新義

遷運徙也 郭璞曰今江東通言遷徙。

古注合存

遷運徙也 此釋遷運爲徙之義也。運轉也。

注疏參義

遷運徙也 **註** 今江東通言遷徙

正義 說文云辿、迻也。或作徙。迻、遷徙也。遷者、小雅伐木云、遷于喬木。左氏宣十二年傳云遷大國之跡于鄭、杜註遷徙也。運者、說文云運迻徙也。呂氏春秋諭大篇引夏書云、天子之德廣運乃神。莊子釋文引向秀云、非海不行、故曰海運。簡文云運徙也。

正義

遷運徙也 今江東通言遷徙

說文云䢒迻也。迻、遷徙也。䢒徙迻移竝聲義同。故華、嚴經音義下引蒼頡篇云徙移也。荀子成相篇注徙、遷也。楚辭哀時命篇云獨徙倚而彷徉、王逸注謂徙倚猶低佪非也。徙倚猶徙移、蓋言移倚不定、其彷徉乃低佪耳。遷者、說文云登也。詩巷伯傳去也。去亦爲徙。故眂及賓之初筵殷武傳竝云遷徙也。齊語及晉語注竝云遷移也。移即徙也。文選西京賦注又云遷易也。易即移也。通作還。曲禮云跪而遷屨。鄭注遷或爲還。今按還讀若旋。般旋與遷徙義近。又通作僊。袁良碑云僊修城之郭。魏元丕碑云有畢萬者僊去仕、晉、尹宙碑云支判流僊、竝以僊爲遷也。運者、說文云迻徙也。逸周書史記篇云民運於下、孔晁注運、亂移也。莊子逍遥遊篇云是鳥也海運、釋文引簡文云運、徙也。司馬云運轉也。淮南天文篇注運旋也。旋轉俱移徙之義。方言云日運爲蹕、月運爲迻、郭注運猶行也。行與遷義亦近、古文遷作拪。

義疏

遷運徙也

遷通作還。曲禮云跪而遷屨、鄭注遷或爲還。今案還讀若旋、般旋與遷徙義近。

念孫案遷之爲還、乃形之譌、非聲之通。淮南天文篇、是謂小遷。今本遷譌作還。

郝注刊誤

遷運徙也 注郭、今江東通言遷徙。

遷从舁。或加卩作䙴。舁囟節之、故爲移徙。易見善則遷。書般庚遷於殷。運从辵軍。移軍徙屯、因爲運行。易傳日月運行。記有禮運。徙从辵止。

集解

遷運徙也

遷登也、从辵䙴聲。引申爲移也徙也。書盤庚遷于殷、孫疏遷、徙也。詩坻以我賄遷、賓之初筵舍其坐遷、殷武是斷是遷、傳均云遷、徙也。周禮小司寇三曰詢國遷、注謂徙都改邑也。儀禮鄉射命弟子贊工遷樂于下、既夕遷于祖用軸、鄭注均云遷徙也。離騷忽緯繣其難遷、文選幽通賦斡流遷其不濟兮、注均云遷、徙也。莊子馬蹄介倪闉扼鷙曼、言移軛也。魏元丕碑有畢萬者僊去仕晉、僊即遷徙也。以闉僊爲之。運、迻徙也、从辵軍聲。引申爲遷。易繫辭日月運行是也。禮記禮運釋文訓爲變易旋轉。逸周書史記民運於下、注運、亂移也。莊子逍遥遊是鳥也海運、簡文注運徙也。淮南繆偁䁧目知晏、高注運目也。大玄元告、天渾而攆。注攆猶移也。蔡周渾歷紀。元首、渾行無窮。廣雅釋詁攆、還也。即徙也。以暈揮渾輝爲之。徙、移也、从彳止聲。字一作䞣。引申爲去也還也。

義證

遷運徙也

遷者、衛風坻以我賄遷、小雅伐木遷于喬木、賓之初筵舍其坐遷、商頌殷武是斷是遷、傳箋竝云遷徙也。小雅巷伯既其女遷、傳云遷、去也。去亦徙也。

運、詳訂經。

說詩

遷運徙也 說文徙、从辵止聲。凡从辵之字隸變皆作辶、獨徙字不然。徐養原曰從字徙字亦此例。

匡名

遷運徙也 徙、說文作䢒、迻也。或从彳。彳者、行也。乍行乍止而竟止則移其所矣。䢒、遷移也。䙴、登也、从辵舁聲。小雅遷于喬木、箋遷徙也。運、迻徙也。後漢百官志尉曹主卒徒轉運事。簡文云運、徙也。

啓蒙

遷、運、徙也。

說文「辿、遂也、從辵止。辿、徙或從彳。遂、遷徙也、从辵、多聲。」段氏云：「从辵止會意者、乍行乍止而竟止、則移其所矣。」郝氏云：「辿、徙、遂、移、竝聲義同。」

遷、說文「登也；拪、古文遷、从手西。」通作還；又通作僊。

運、說文「遂徙也。」淮南天文篇注云：「運、旋也。」

爾雅學

遷運徙也 釋曰注疏本删。

校勘記

秉拱執也

秉拱執也。兩手持為拱。

郭注

秉拱執也 釋曰皆謂持執也。周書金縢云、植璧秉珪、郭云、兩手持為拱。老子云、雖有拱璧。

邢疏

秉拱執也

郭璞云兩手持為拱

一切注音

拱 九勇反

陸音義

秉拱執也 兩手持為拱

鄭樵注

秉拱執也

郭璞曰、兩手持為拱。

鄭樵曰、兩手持為拱。

古注合存

秉拱執也。此釋秉拱為執之義也。註曰、兩手持為拱。

注疏參義

秉拱執也 註 兩手持為拱 正義 執謂持也。秉者、鄭風溱洧云、方秉蕳兮。吳語云、挾經秉枹。拱、通作共。商頌長發云、受小共大共、鄭箋云、共、執也。註 兩手持為拱。正義 孟子云、拱把之桐梓、趙註拱、合兩手也。尚書大傳云、七日大拱、鄭註、兩手搤之曰拱。

正義

秉拱執也 兩手持為拱

執、說文作𡙁、云、捕辠人也。詩執競箋、執、持也。夏小正傳、執、操也。曲禮云、執爾顏、鄭注、執猶守也。周禮校人執駒、鄭注、執猶拘也。拘守與操持義近。執競釋文引韓詩云、執、服也。服訓用、與執義亦近也。通作槷。月令則執騰駒、釋文、執、蔡本作槷。老子注無所繫、槷、釋文槷、一作執。左氏成九年傳南冠而槷者誰也、杜預注槷、拘執。是執槷聲義同也。秉者、說文云、禾束也、从又持禾。是有執持之義。詩之秉簡、秉心、秉彝、韓詩及鄭箋竝云、秉、執也。禮運天秉陽、注、秉猶持也。詩定之方中傳、秉、操也。大田傳、秉、把也。把亦持也、持亦執也。謚法云、秉、順也。秉訓順、與執訓服同也。通作柄。左氏哀十七年傳國子實執齊秉、服虔注、秉、權柄也。管子小匡篇云、治國不失秉、尹知章注、秉、柄也。周禮鼓人注無舌有秉、釋文秉本又作柄。據此則知左傳管子俱俗秉為柄也。蓋說文柄或从秉作棅、故斗柄、史記天官書作斗秉、亦即棅字之省矣。拱者、說文云、斂手也。書序云、亳有祥桑穀共生于朝、正義引書大傳云、七日大拱、鄭注、兩手搤之曰拱。公羊傳卅三年傳、宰上之木拱矣、何休注、拱、可以手對抱。按對抱即合抱、故穀梁傳注、拱、合抱也。孟子趙岐注、拱、合兩手也。郭云兩手持為拱、與說文拱訓斂手其義同也。通作共。詩克共明刑、虔共爾位、傳竝云、共、執也。受小共大共、箋亦同。鄉飲酒禮云、退共、論語云、眾星共之、鄭注竝云共、拱手也。釋文共、鄭作拱。詩岷箋云以自拱持、釋文拱、本又作共。

義疏

秉拱共**𡙁也** 郭注、兩手持為拱。秉、从又禾。持禾束、固為凡持執也。書、植璧秉珪。詩、秉心、無競。禮記十藪為秉、百六十斗。又四秉為筥、則此秉耳。拱、从手共。詩、受小共大共。記皆以拱為斂手、無訓執者。執从丮、㚔。

集解

爾雅詁林 一 釋詁下

秉拱執也

秉禾束也从又持禾。引申為執。書金縢植壁秉珪孫疏秉執也。詩溱洧方秉蕑兮烝民民之秉彝小弁君子秉心箋均云秉執也。晉語吾秉君以殺太子吾不忍韋注秉執也。文選七發秉意乎南山謝僕射游覽詩歲暮以所秉注均云秉執也。周禮大宰以八柄詔王馭羣臣注所秉執以起事者也。文選與吳質書古人思炳燭夜遊注炳或作秉執也。以柄炳為之。拱斂手也从手共聲。正字為奉奉承也。引申為執。說文則以廾為之。廾奉拱通用字。尚書大傳七日大拱鄭注兩手搤之曰拱。吳語擁鐸拱稽後漢書仲長統傳網羅遺漏拱押天人矣注均云拱執也。詩抑克共明刑韓奕虔共爾位傳均云共執。長發受小共大共箋共執也。禮記樂記總干而山立注總訓持執也。以共總為之。執捕辠人也从丮从卒卒亦聲。引申為凡執之偁。詩執競既執爾顏。

義證

秉拱執也

秉者說文云禾束也从又持禾。小雅大田彼有遺秉毛傳云秉把也。此當訓禾穗遺秉與滯穗相對為文則秉亦穗也。其字義則以又持禾故把持皆與執義相近。引申之為凡秉執之稱。小雅小弁君子秉心大雅烝民民之秉彝鄭箋竝云秉執也。桑柔秉心無競箋云其執心不彊於善。鄭風溱洧方秉蕑兮鄘風定之方中秉心塞淵傳云秉操也。操亦執也。商頌長發有虔秉鉞箋云興師出伐又固持其鉞固持即執也。 拱者說文云斂手也。斂手亦執之義也。拱通作共。大雅抑克共明刑傳云共執也彼釋文云共鄭音拱執也一云毛亦音拱正義云以此章文類於上玉必以手執之故易傳以為小拱大拱猶所執搢小球大球也。

說詩

秉拱執也 正義曰拱通共。詩商頌長發受小共大共箋共執也。元照案詩大雅抑克共明刑傳共執正義曰釋詁文彼共作拱。又韓奕虔共爾位傳共執也正義曰釋詁文彼共作拱。

匡名

秉拱執也 說文䄎捕辠人也捕取也。引伸之為凡持守之偁。 秉禾束也从又持禾。註經傳假秉為柄字。邶風右手秉翟秉亦執也。 拱斂手也。孟子拱把之桐梓。通作共。商頌受小共大共箋共執也。

啓蒙

拱執也郭云兩手持為拱。楷案拱者奴字之假音也。說文奴竦手也。拱斂手也。蓋舉手奉物謂之奴沓手致敬謂之拱二字義別也。通作共。詩抑韓奕長發傳箋竝云共執也。亦作拱韋昭吳語注拱執也。即本此。廣雅拱固也固與執義近。故易遯象傳執用黃牛固志也。逸周書謚法解執事堅固曰恭執禮御賓曰恭。恭與拱音義同。

稗疏

秉、拱、執也。

說文「䄎、捕辠人也、」此執之本義。左氏成九年傳「南冠而縶者誰也、

爾雅詁林 一 釋詁下

」杜注「縶、拘執；」老子「無所繫縶、」釋文「縶一作執；」是執縶聲義俱同。引伸之則爲操持之義。

秉、說文又部云：「禾束也、从又持禾、」其本義爲名詞。小雅「彼有遺秉、」傳云：「秉、把也；」聘禮記「四秉曰筥、」注云：「此秉謂刈禾盈手之秉；」皆與許義同。鄭風「方秉蕑兮、」吳語「挾經秉枹、」則名詞假爲動詞也。段氏謂經典多假秉爲柄字、左氏哀十七年傳云：「國子實執齊秉、」管子小匡篇云：「治國不失秉、」皆假柄爲秉也。

拱、注云：「兩手持爲拱、」此與說文所云「拱、斂手、」之義同。左傳「爾墓之木拱矣、」孟子「拱把之桐梓、」皆謂合兩手以抱之。拱通作共、詩「克共明刑、」「虔共爾位、」傳竝云：「共、執也、」即用雅訓也。

爾雅學

秉拱執也○釋曰注疏本刪。

校勘記

歑熙興也

歑熙興也。書曰庶績咸熙、歑見周官。

郭注

歑熙興也　釋曰、皆謂興作。郭云書曰庶績咸熙者、虞書舜典文。云歑見周官者、周官即周禮也。笙師職云大喪歑其樂器、鄭注歑興也、興謂作之。

邢疏

歑興也

歑音歆、又音欽。釋文

郭音義

黃輯古義

歑熙歑音歆、又音欽。並同上

郭音義

玉函山房輯佚

歑熙興也　歑熙本或作歆喜、樂記註興之言喜也。正義引爾雅云歆喜興也。

郭璞云、書曰庶績咸熙。歑見周官。

一切注音

歑熙興也　歑、郭音歆、又音欽。釋文

爾雅詁林　一　釋詁下

蕙心案樂記正義引爾雅作歆喜興也。歑者歆之假音也。

古注斠

歆喜興也。

禮記學記「不興其藝、」鄭玄註云「興之言喜也、歆也、」孔穎達疏云『爾雅「歆、喜、興也」』孫氏讀書脞錄續編據此謂鄭爾雅本作「歆喜」與今本作「歑熙」異。

森案說文「歑讀若歆、」歑即歆之假音。熙者、郝懿行爾雅義疏謂即媐之假音、引說文「媐悅樂也」、又引陸德明襄十年左傳音義「媐本亦作熙、」案慧苑華嚴經音義卷下引說文云「熙、悅也、」今本說文佚此三字、是熙字本有喜悅之義也。華嚴經音義卷下又云「熙字又作巸、」案說文「饎、或从巸作𩜁、」是喜巸通。文選成公綏嘯賦「發微則隆冬熙烝、」李善註引聲類曰「喜熙字、」又揚雄劇秦美新「庶績咸喜、」善註又云「喜與熙古字通」。

歑郭音歆、又音欽。字林火欽反。興也如字。又許應反。

陸音義

鄭玄注稽存

歑熙興也

陽熙以興之、陰凝而成之、歑興使欽焉。故禮有以故興物者、爲使人勿倍也。

新義

廞熙興也　周禮笙師云、大喪廞其樂器。熙、虞書云庶績咸熙。興謂興作。

鄭樵注

廞熙興也　廞郭音歆　郭璞曰、書曰庶績咸熙。廞見周官。鄭樵曰、周禮笙師云、大喪廞其樂器。熙、虞書云庶績咸熙。興謂興作。

古注合存

廞熙興也。廞音歆。○此釋廞熙爲興之義也。註曰書舜典云庶績咸熙、廞見周禮。疏曰周禮笙師云、大喪廞其樂器、鄭註廞興也、興謂作之。愚按熙明作也。

注疏參義

禮記正義引爾雅歆喜、興也。學記不興其藝、注歆也喜也。與今本廞熙不同。蓋所見各異耳。

補注

廞熙興也　註　書曰庶績咸熙廞見周官　正義　釋言云、興、起也。鄭註樂記云、興之言喜也、歆也。孔疏引爾雅作歆喜興也。註書曰至周官。正義　庶績咸熙、堯典文。史記作衆功皆興。廞見周官者、春官巾車云、飾遣車遂廞之行之。車僕云廞革車、鄭註皆以廞爲興也。

正義

廞熙興也　學記疏引爾雅云歆喜興也。釋文引郭氏音云廞音歆。

校議

廞熙興也　書曰庶績咸熙廞見周官　釋言云、興、起也。起與喜義近。書云股肱喜哉、元首起哉、百工熙哉。檀弓云、人喜則斯陶、陶斯咏、咏斯猶、猶當爲搖、謂身體動搖也。然則興起又爲興喜、義可知矣。興與嬹同。說文云嬹、說也。經典俱通作興。興有二音、釋文興如字。又許應反。按如字者、詩興迷亂於政、箋興猶尊尚也。許應反者、讀如興會之興、謂情興所會也。故學記注興之言喜也、歆也。正義引爾雅云歆喜興也。又曾子問及士虞禮記聲三、注竝以聲爲噫歆也。旣夕禮聲三注又引舊說以爲聲噫興也。詩噫嘻成王、又以爲噫嘻也。是興嘻歆俱以聲轉爲義。歆、許金反。卽廞字之音。廞熙俱叚借之字。學記正義引作歆喜。是矣。廞者歆之叚音也。說文廞讀若歆。歆本訓神食气。因而引伸爲喜。楚語云楚必歆之。韋昭注歆猶貪也。貪與喜義近。歆與淫聲又近。故樂記云聲淫及商。鄭注以爲貪商。周禮廞故書皆爲淫。淫有浸淫經久之義。故鄭衆讀淫爲廞。其訓爲陳。亦其義也。周禮司裘司服大司樂大師笙師典庸器巾車司兵圉人俱言廞。後鄭不從先鄭注。皆以廞爲興。本於爾雅也。但爾雅之廞興爲興喜。周禮之廞興爲興作義各有當。爲用不同。若能觀其會通。則亦無不同耳。熙者、㷩之叚音也。說文㷩說樂也。左氏襄十年釋文㷩本亦作熙。是熙㷩通。又通作巸。集韵云熙或省作巸。方言云紛怡喜也。湘潭之閒曰紛怡、或曰巸己。二始詒是巸熙通。詩時純熙矣。箋熙興也。書庶績咸熙、史記五帝紀作衆功皆興。文選劇秦美新作庶績咸喜。李善注喜與熙古字通。又通作嬉。論語摘輔象云隕丘受延嬉。注云嬉興也。又通作嘻。易家人釋文嘻嘻、馬云笑聲。鄭云驕佚喜笑之意。張作嬉嬉。陸作喜喜。然則嬉亦喜也。喜亦興也。今人謂時所喜好爲時興。謂人所歡喜爲高興。斯言竝有合於古矣。或說廞熙非叚借字。廞陳也。是陳之興也。熙廣也。是廣之興也。興卽興作興起。古無訓興爲喜者。宜從古。

義疏

廞歆欽熙興也　郭注、書曰庶績咸熙。廞、見周官。廞、从广、欽。欠、金有歆羨興起之意。書言欽哉、欽明、欽若、皆興。周官凡廞則取义爲陳。說文廞讀若歆。禮噫歆亦興也。熙、上云光。書庶績咸熙。又股肱喜哉、字作喜。與下百工熙哉同意。巽字。興、从舁同。禮記疏引此作歆喜興。

集解

廞熙興也　廞陳興服於庭也、从广欽聲。引申爲興。周禮巾車飾遣車遂廞之、車僕廞革車、典庸器大喪廞筍虡、司裘廞裘飾皮車、笙師廞其樂器、大司樂大喪位廞樂器、大師帥瞽而廞、注均云廞、興也。

書多方叩懶日欽、立政帝欽罰之、孫疏均云欽同廞、興也。禮記曾子問及士虞記聲三、注均以聲爲噫歆。既夕禮聲三注又引舊說以聲爲噫興。說文廞讀若歆。以欽歆爲之。熙、燥也、从火配聲。正字爲起。起、能立也。引申爲興。呂覽直諫百邪悉起注起、興也。是也。起、熙通用字。詩酌時純熙矣、箋熙、興。文選盧子諒贈劉琨詩絡熙有晋、潘安仁關中詩如熙、陽春、注均云熙、興也。書堯典庶績咸熙、史記作眾功皆興。劇秦美新作庶績咸喜。又禮記疏引此作歆喜興。論語摘輔象順上受延嬉、注嬉、興也。以喜嬉爲之。興、起也、从舁从同。同、同力也。會意。引申爲喜也、歆也。

義證

廞熙興也 廞音歆

書曰庶績咸熙。廞見周官。[補正]邢疏笙師職云大喪廞其樂器、鄭註廞、興也。興謂之作。

郭注補正

廞熙興也 注書曰庶績咸熙廞見周官

正曰、禮記學記不興其埶、注興之言喜也歆也。孔正義爾雅云歆、喜興也。孔正義所見爾雅本廞熙作歆喜。當即孫炎注之用鄭本者、郭本乃改歆喜爲廞熙、遂改訓興爲興作之興、與鄭詁遠異。

正郭

廞熙興也

釋文云廞、郭音歆。禮記樂記正義引爾雅云歆喜興也。蓋爾雅別本有作歆喜興者、故孔疏引之。大雅生民履帝武敏歆、鄭箋云心體歆歆然。疏云履拇之下而即言歆、故知心體歆歆然、意動之狀也。上帝居歆、謂歆喜也。興有起義有喜義、歆亦兼此二義。小雅鐘鼓欽欽、毛傳云欽欽言使人樂進也。樂進即興義也。 熙與喜同。郝云書云股肱喜哉、元首起哉、百工熙哉。喜起熙三字皆一義、興起也。 周頌酌時純熙矣、箋云熙、興也。凡熙皆有喜樂之意。列子立命篇注引字林云熙、笑也。漢書禮樂志匈奴傳集注云熙、和樂貌。 小雅彤弓中心喜之、菁菁者莪我心則喜、傳皆訓樂。詩之言喜者眾矣、凡人歡喜之至、未有不手舞足蹈者、故訓喜爲興。文選劇秦美新注云喜與熙古字通。

說詩

廞熙興也 正義云、鄭注樂記云興之言喜也歆也。正義引爾雅作歆喜興也。元照案、說文廞、讀若歆。凡許君所言讀若者皆通用字也。熙喜字亦通、故饎字或作⿰食巸。

匡名

廞熙興也 說文興、起也、从舁同。廞陳興服于庭也。詁周禮故書廞爲淫、鄭云淫讀爲廞、廞陳也。許同先鄭。釋詁廞興也。後鄭注周禮笙師廞其樂器、廞、興也。說同爾雅。堯典庶績咸熙、史記作眾功皆興。

啓蒙

廞熙、興也。 興兼興喜、興作二義、廞熙亦同。 廞、周禮故書皆爲淫、先鄭讀淫爲廞、訓爲陳、陳與興作義亦近。

黃侃音訓

廞、熙、興也。

說文舁部云：「興、起也、从舁同；同、同力也。」其音爲虛陵切。女部云：「嬹、說也、从女、興聲；」其音爲許應切。二字音義皆殊。自後廢嬹而專用興、讀興爲平去二音、而其義乃混。本節云：「廞、熙、興也；」此許書

爾雅詁林 一 釋詁下

興起之興、與喜說之歟無涉。

歟者、周禮笙師云：「歟其樂器、」巾車云：「歟革車、」鄭注皆以歟爲興、即興作之義也。是以郭注亦云：「歟見周官。」熙者、郭注引書云：「庶績咸熙、」此堯典文；史記五帝紀即作「眾功皆興、」是熙者、興也。上文云：「熙、光也、」熙者、廣也；光亦廣也；左傳云：「廣哉熙熙乎、」即廣之義。今又訓興者、蓋廣大之興作也。

爾雅學

歟熙興也○釋曰注疏本刪。

周官即周禮也注疏本脫周官二字。

校勘記

歟欣音熙興也

音圖・音

周禮司裘注歟、興也。興去聲、許應翻。小戴禮學記正義引爾雅歆、喜、興也、與今本歟熙不同。字林歟火欽翻、郎音歆、釋文重出。

音略

歆欽如字

歟熙、興也。

孫偘直音

歟歆欽熙興也

直音校正

歟歆熙興也

楊氏音訓

歟歆

于氏音釋

衛蹶假嘉也

衛、蹶、假、嘉也。詩序曰、假樂嘉成王也。餘未詳。

郭注

衛蹶假嘉也　釋曰、謂嘉美也。郭云詩序曰假樂嘉成王也者、大雅假樂篇序也。

邢疏

衛蹶假嘉也

郭璞云詩序曰假樂嘉成王也。餘未詳。

一切注音

蹶居衛反、下同。假嫁戶反。

陸音義

衛蹶假嘉也

衛、武王之嘉。蹶、文王之嘉。假、成王之嘉。

新義

衛蹶假嘉也　今時俗訝其物則曰衛。蹶與衛亦不相遠、但方俗語有差耳。假、大雅假樂、嘉成王也。嘉者、美之也。

鄭樵注

衛蹶假嘉也

郭璞曰、詩序曰假樂嘉成王也。餘未詳。

鄭樵曰、今時俗訝其物則曰衛。蹶與衛亦不相遠、但方俗語有差耳。假、大雅假樂、嘉成王也。嘉者美之也。

古注合存

衛、蹶、假、嘉也。蹶音貴。假嘉通。○此分釋衛爲蹶、假爲嘉之義也。古字音近、多借用。衛之爲蹶、蓋猶假之爲嘉與。

注疏參義

衛蹶訓嘉、鄭云今時俗訝其物則曰衛。當是閩語。蹶與衛亦不相遠、但方俗語有差耳。按鄭氏此說亦未確。

補注

衛蹶假嘉也 註 詩序曰假樂嘉成王也餘未詳 正義 上文云嘉、美也。衛通作偉。莊子大宗師云偉哉造物、釋文引向秀云偉、美也。淮南精神訓云偉哉造化、高誘註偉哉猶美哉。蹶者、唐風蟋蟀云良士蹶蹶。單舉其文亦爲美詞也。假者、周頌維天之命云假以溢我、說文引作誐以溢我、云誐、嘉善也。假誐聲之轉。註 詩序至王也。正義 大雅云假樂君子、中庸引作嘉樂君子。

正義

衎嘉也

玉案釋地加陵、淮南子作嘉陵、是嘉與加通也。廣韻衎、加也大荒北經云瑢瑰瑤碧皆出衞于山。

補注殘本

衞嘉也　廣韻衞、加也。釋地加陵、淮南子作嘉陵、是加與嘉通。

校議

衞蹶假嘉也　詩序曰假樂嘉成王也餘未詳

上文云嘉、善也、美也。美善義同。通作賀。覲禮云予一人嘉之、鄭注嘉之者、美之辭也。今文嘉作賀。按今東齊里語美辭亦曰嘉、嘉賀蓋古之遺言也。嘉賀俱从加聲、古讀嘉如柯音、轉爲何、何賀音同、故嘉賀通矣。衞者、禕之叚音也。上文云禕、美也。釋訓云委委美也。委禕衞俱聲義同。又與偉瑋同。已見上文。又與麾同。禮器云不麾蚤、鄭注齊人所善曰麾。按麾有快義。故鄭又云麾之言快也。淮南原道篇云彎綦衞之箭、高誘注衞、利也。利快其義同。與美善義亦近也。今登萊人嘉其物曰麾、亦曰禕、亦曰偉。三者音轉語有輕重耳。衞訓爲嘉、皆其證也。蹶者、釋訓云蹶蹶、敏也。敏美音義亦近。蹶有厥音、玉篇蹶渠月居月居衞三切。廣韻十月厥紐下云蹶嘉也、是爾雅蹶讀居月切。釋文云居衞反、非也。今東齊里俗見人有善誇美之曰蹶、蹶即作厥音、證知北方多古語、此言合於雅訓矣。假者、詩假樂君子、假以溢我、假哉皇考、傳竝云假嘉也。釋文假俱音暇、爾雅釋文假戶嫁反、則亦音暇。詩皇矣箋天須假此二國、釋文假本又作暇、昭假遲遲、箋亦讀假爲暇、是假有暇音。曲禮天王登假、郭注引作登遐。檀弓公肩假、漢書古今人表作公肩瑕、皆其證也。遐、古讀如胡音、轉爲何、故詩假以溢我、左氏襄廿七年傳作何以恤我。何又音轉爲誐、說文引詩誐以溢我、云誐、嘉善也。是誐與假音轉義同、假本讀如古、轉爲遐、又轉爲何、爲誐、然則誐何亦遐、遐亦假、假亦嘉矣。假之轉爲遐、亦猶嘉之轉爲賀、故詩假樂君子、中庸引作嘉樂君子矣。今俗聞人有善嘉美曰誐、與說文引詩合。

義疏

衞蹶假嘉也

郭注、詩序曰假樂嘉成王也。餘未詳。衞、上云垂、此通作禕、美也。記殊禕號。又王后禕衣。

蹶从足厥。詩良士蹶蹶。或者衞蹶也、自爲一條。衞行不進、故爲蹶也。書三百里奮武衞。假嘉竝見上。詩假樂、記引嘉樂。禮嘉之、今文作賀。

集解

衞蹶假嘉也　衞、宿衞也、从韋帀从行會意。正字爲偉。偉、奇也。引申爲美也嘉也。莊子偉哉造物是也。偉衞通用字。易泰以其彙征吉、傳注訓美猶嘉也。借彙爲之。或者正字爲韙。與文選東京賦京室密清罔有不韙、注韙、善也。蹶、跳也、从足厥聲。正字爲价。价、善也、猶嘉也。价蹶通用字。詩蟋蟀良士蹶蹶、以蹶蹶美良士、單言蹶亦佳美詞也。假、非真也、从人叚聲。正字爲嘉、嘉假雙聲。廣雅則以暇爲之。詩假樂假樂君子、中庸引作嘉。雝假哉皇考、傳假、嘉也。維天之命假以溢我、說文引作誐、毛傳假嘉。以誐爲之。嘉、美也、从壴加聲。覲禮嘉之、今文作賀。

義證

衞嘉也　鄭樵註曰、今時俗誇其物則曰衞。蹶與衞亦不相遠、但方俗語有差耳。按此說殊覺未確。廣韻衞訓爲加、重疊增益以爲防護、則其義頗相諧。古加嘉二字通用。釋地篇加陵、淮南子作嘉陵、即可驗也。其與蹶假總釋、而獨別出他義、例已詳上戣字科。山海經大荒北篇瑢瑰瑤碧皆出衞于山、舊未有註、今以此釋證之、似言出其嘉美、可備參。

蹶嘉也　詩唐風良士蹶蹶、當依此釋。其次章休休可例參。大雅文王蹶厥生、亦嘉其善心生耳。後文蹶動也、但宜引天之方蹶。

補郭

衞蹶假嘉也　假、戶嫁反。

註詩本曰假樂嘉成王也餘未詳

郭注補正

衞蹶假嘉也

詩序曰假樂嘉成王也餘未詳

仿宋本序作敘。

郭注佚存補訂

衛蹶假嘉也

衛者、禕之假字。上文云禕、美也。嘉亦爲美。釋訓云委委、美也。釋文云委、諸儒本竝作禕。衛與禕俱從韋、故音義皆同。詳見釋訓委委下。　蹶者、邵引唐風蟋蟀良士蹶蹶、毛傳云蹶蹶、動而敏於事。本釋訓蹶蹶敏也爲訓。今案良士蹶蹶與良士休休相對爲文、則蹶蹶亦休休也。休爲嘉美、則蹶亦爲嘉美可知。　假與嘉通。大雅假樂君子、傳云假、嘉也。中庸作嘉樂君子、蓋音義皆同矣。周頌維天之命假以溢我、毛傳竝云假、嘉也。假哉皇考與訪落休矣皇考同義。假以溢我、說文引作誐以溢我、云誐、嘉善也。誐假一聲之轉。

說詩

衛蹶節疏假樂嘉成王也　嘉、監本誤樂。

注疏正字

衛蹶假嘉也　錢少詹曰、衛當作禕、禕與嘉同訓美、故禕亦有嘉義。正義曰衛、通作偉。莊子大宗師偉哉造物、向秀云偉、美也。淮南精神偉哉造化、高誘注、偉哉猶美哉。元照案、衛禕偉皆从韋、故通借。正文當作徽。見前。　正義云詩周頌維天之命假以溢我、說文引作誐、云誐嘉善也。假誐聲之轉。

匡名

衛蹶假嘉也上文訓善、此又伸其義也。說文嘉、美也。經有借假爲嘉者、亦有借賀爲嘉者。衛通作偉。莊子偉哉造物。釋言偉、美也。唐風良蹶蹶、註蹶、美也。周頌假以溢我、傳假、嘉也。說文引作誐以溢我。誐亦嘉善也。又大雅假樂君子、中庸引作嘉樂君子。

啓蒙

衛蹶假、嘉也。　衛蹶同字、並見蹶正作話。　假嘉同字並見假嘉以正釋段。

黃侃音訓

衛蹶嘉也。承珙案、釋木蹶泄苦棗、釋文云蹶本作蹶。一切經音義云蹶、古文作躗、說文踶躗也。躗衛也。廣雅蹷踶也。說文牛部又云䘙、牛踶䘙也。牛踶䘙、疑當作踶躗。據此知衛蹶二字古通、故同訓。

胡氏古義

衛嘉也

衛嘉也、郭注未詳。邵氏正義、衛通作偉。莊子大宗師云偉哉造物、釋文引向秀云偉、美也。錢氏大昕荅問、衛通爲禕、禕與嘉同訓美、故禕亦有嘉義。頤煊案、一切經音義卷十、蹶古文作躗、說文躗衛也。故衛與蹶同訓爲嘉。

讀爾雅錄

蹶嘉也

按經典無訓蹶爲嘉者、一切經音義十云蹶、古文作躗。說文躗、衛也。然則蹶與衛義得相通。衛訓爲嘉、故蹶亦訓爲嘉也。

爾雅詁

衛、蹶、假、嘉也。

上文云：「嘉、善也；美也。」嘉與加、古通用。

衛者、邵氏云：「衛、通作偉。莊子大宗師釋文引向秀云：『偉、美也、』淮南精神訓高注云：『偉哉、猶美哉。』」匡名云：「錢少詹曰：『衛、當作褘。褘與嘉同訓美、故褘亦有嘉義。』元照案衛褘偉、皆从韋、故通借；正文當作徽。」此皆以假字釋之。

蹶、居月切、廣韻十月云：「蹶、嘉也。」亦作蹷。

假者、詩「假樂君子、」中庸引作「嘉樂君子、」是假有嘉義。詩傳假字多訓嘉。上文云：「假、大也；」此訓嘉者、蓋大之美也。凡大義字多有嘉美之義。皇、說文訓大、而大雅「思皇多士、」則為嘉美、故白虎通義云：「皇大也、美也。」詩「亦孔之將、」傳訓將為大；而王引之據下文「亦孔之嘉、」「亦孔之休、」二句、以為「將、嘉、休、皆美也。」此其例。詩維天之命云：「假以溢我、」說文引作誐、云「誐、嘉善也、」郝氏謂「誐與假、音轉義同。今俗聞人有善、嘉美之曰誐、與說文引詩合。」假又通暇、瑕、遐。

爾雅學

衛蹶假嘉也○釋曰注疏本刪。

校勘記

衛蹶假樂嘉也 案此標經衛蹶假嘉文也。經文無樂字、此處不得有樂字、蓋涉注假樂之文而誤衍耳。

注疏校勘札記

衛蹶音貴假音嘏嘉也

音圖・音

衛、蹶、假、嘉也。劌 暇賈

孫偘直音

衛蹶假嘉也 劌 暇

直音校正

衛蹶貴假嘉通嘉也

楊氏音訓

蹶厥假嘉

干氏音釋

廢稅赦舍也

廢、稅、赦、舍也。詩曰召伯所稅。舍、放置。

郭注

廢稅赦舍也 釋曰皆舍置也。廢者、宣八年公羊傳云廢其無聲者。赦者放置也。虞書舜典云青災肆赦。郭云詩曰召伯所稅者召南甘棠文也。

邢疏

廢稅赦舍也

郭璞云、詩曰召伯所稅。舍、放置。

一切注音

廢字亦作癈同。甫穢反。稅始銳反。舍音捨、注同。

陸音義

廢稅赦舍也

廢、舍無功。赦、舍有罪。稅、舍而捨之。

新義

廢稅赦舍也 稅、猶稅駕也。舍、置也。

鄭樵注

廢稅赦舍也

郭璞曰、詩曰召伯所稅。舍、放置。

鄭樵曰、稅、猶稅駕也。舍、置也。

古注合存

廢稅赦舍也。稅脫通、舍上聲。○此釋廢稅赦為舍之義也。廢、周官云廢以馭其罪是也。稅、解也、免也。舊引左傳廢其無聲者、及詩召伯所稅為証、按如此與赦舍之義却不合、其音義殆非。

注疏參義

廢稅赦舍也 **註** 詩曰召伯所稅舍放置 **正義** 舍、置也。廢者、天官太宰云、廢置以馭其吏、鄭註廢猶退也。左氏襄二十三年傳云、天之所廢。廢又訓為置、公羊宣八年傳云廢其無聲者、左氏文二年傳云廢六關是也。稅、通作說。左氏昭二十一年傳云、說甲于公而歸。赦者、說文云赦、置也。舜典云、青災肆赦。秋官司刺掌三刺三宥三赦之灋、鄭註赦、舍也。**註** 詩曰至所稅。○ **正義** 召南甘棠文。今本作召伯所說、毛傳說、舍也。釋文云本或作稅。

正義

廢稅赦舍也 詩曰召伯所稅舍放置

舍有二義、亦有二音。詩夜切者、釋名云、舍、於中舍息也。息即止息。故周禮司戈盾注舍、止也。漢書高帝紀注舍、息也。後漢馮異傳注舍止息也。詩羔裘箋舍猶處也。是皆以止息爲義也。其音書冶切者、舍即捨之叚借。說文云、捨、釋也。釋、解也。經典捨俱作舍、故詩行葦箋及周禮司圜注、舍俱訓釋。舍釋雙聲、古字通用。鄉飲酒禮及大射儀注竝云、古文釋爲舍。楚語注舍、去也。詩雨無正傳舍、除也。左昭四年傳注舍、置也。是皆以捨釋爲義也。爾雅之舍亦兼二音二義。釋文唯主一音、於義疏矣。廢者、屋之舍也。說文廢、屋頓也。蓋屋傾頓則人不居、故其義爲舍。又云癈、固病也。病頓義近、故釋文廢字亦作癈。同甫穢反。是癈廢通。周禮大宰廢置以馭其吏、鄭注廢猶退也。又廢以馭其罪、鄭注廢猶放也。放退其義同。詩楚茨箋及禮檀弓喪大記注竝云、廢、去也。小爾雅及廣雅竝云、廢、置也。置去義亦同。公羊宣八年傳去其有聲者、廢其無聲者、何休注廢、置也。置者、不去也。以不去爲廢者、訓爲舍置而不用、亦與去同。是去爲舍、不去亦爲舍也。又廢亦有止息之義、故表記云中道而廢、鄭注廢、喻力極罷頓不能復行則止也。然則廢又爲止之舍矣。廢與發通。方言云、發、稅、舍車也。以舍車爲發、即廢也。莊子列禦寇篇云會不發藥乎、列子黃帝篇作會不廢藥乎。是廢發古字通。發之與廢、義若相反而實相成。晉書潘岳傳云發槅寫鞍、皆有所憩、此借寫爲卸也。說文卸、舍車解馬也。以舍車爲發、其義與方言正合矣。稅者、車之舍也。方言以舍車爲稅、郭注稅猶脫也。是以解脫爲義。脫乃捝之叚音。說文捝、解捝也。經典捝俱作脫、而又通借作稅。禮文王世子云不稅冠帶、少儀云車則稅綏、又少儀注降稅屨、投壺注旣稅屨、釋文竝云稅本作脫。文選陸機招隱詩注脫與稅古字通是也。又通作說。凡禮記中稅字、釋文竝云稅本作說。檀弓云不說齊衰、玉藻云無說笏、及詩召伯所說、說于農郊之說、釋文竝云說本作稅。鄉射禮注今文說皆作稅、是稅說通。周禮典路鄭衆注說猶舍車也、是皆以舍釋爲義也。詩甘棠傳說、舍也。蜉蝣箋說猶舍息也。是皆以舍止爲義也。凡說稅字通者、每多與脫同音。釋文亦兼始銳、他活二反。故詩瞻卬釋文說音稅、一音他活反是也。爾雅釋文唯舉始銳一音、於義蓋未備矣。赦者、置之舍也。說文云、赦、置也。置亦舍、故一切經音義五引三蒼云、赦、舍也。周禮司刺注同。公羊昭十八年傳云、赦止者、免止之罪辭也。赦與舍音義同。說與赦音相轉。凡音同音轉之字、古人多以爲訓、即六書中轉注叚借之所由生。故詩彼宮有罪、女覆說之、傳云說、赦也。赦即舍、說即稅、稅亦舍矣。

義疏

廢稅赦舍也（郭注、詩曰、召伯所稅。舍、放置。）廢、上云大周官、廢置、詩、廢徹不遲。稅、从禾兌。經文稅說脫通用。兌、說、也。滑澤易脫、故爲脫。舍令人喜悅也。古文作說、今文作稅、又作脫耳。赦从攴赤、或从攴亦、从亦是也。攴而赦之則舍之矣。易君子以赦過宥罪。舍、从余口。我所居也。故爲舍止。

集解

廢稅赦舍也

廢、屋頓也、从广發聲。引申爲弛也、舍也。周禮大宰廢置以馭其吏、注廢猶退也。詩楚茨廢徹不遲、箋廢、去。猶舍也。楚辭惜賢撥諂諛而匡邪兮、一切經義引廣雅云撥、棄也。莊子列禦寇曾不發藥乎、發即廢、舍也。以撥鋑爲之。稅、租也、从禾兌聲。正字爲捝。捝、解捝也。引申爲舍。捝稅通用字。詩甘棠召伯所說、一本作稅、傳舍也。前漢書敘傳稅介免胄、師古曰稅、舍也。文選陸士衡弔魏武帝文將稅駕於此年、曹子建求自試表使邊境未得稅甲、應語詩稅此西墉、注均云稅、舍也。詩定之方中說于桑田、釋文說、舍也。蜉蝣於我歸說、箋猶舍息也。左宣十二傳日中而說、注說、舍也。齊語脫衣就功、注脫、解也、猶舍也。以說脫爲之。赦、置也、免止之罪詞、从攴赤聲。易君子以赦過宥罪是也。引申爲舍。周禮司刺掌三刺三宥三赦之灋、注赦、舍也。舍、市居也、从亼屮、象屋也。口、象築也。以爲廢稅赦之訓者正字爲捨耳。

義證

廢稅赦舍也（稅、始銳反。舍、音捨。）

【註】詩召伯所稅。舍、放置。【補正】邢疏公羊傳、廢其無聲者。書、眚災肆赦。鄭樵註云、稅猶稅駕也。

郭注補正

廢稅赦舍也

詩曰召伯所稅舍放置也

慧琳提婆達多品音義引爾雅廢捨也郭璞曰捨、放置也。今本脫也字、據補。

郭注佚存補訂

廢稅赦舍也

廢者、說文云屋頓也。引申之爲凡廢頓之義。小雅楚茨廢徹不遲、鄭箋云廢去也。去卽去舍也。廢與發通。召南騶虞一發五豝、彼釋文云發、徐音廢。箋云君射一發而翼五豬者。小雅賓之初筵獻爾發功、彼釋文云發、徐音廢。箋云各奏其發矢中的之功。發矢猶舍矢也。小雅車攻舍矢如破、大雅行葦舍矢既均、彼釋文竝云舍音捨。舍卽發也。 稅有二義。召南甘棠召伯所說、傳云說舍也。彼釋文云說本或作稅。故郭注引作稅。稅爲止息、與茇憩同義。鄘風定之方中說于桑田、彼釋文云說舍也。此說字與召南所說同義、謂止於桑田也。曹風蜉蝣於我歸說、彼釋文云說音稅。箋云說猶舍息也。此舍止之義也。大雅瞻卬女覆說之、傳云說赦也。彼釋文云說音稅。此舍脫之義也。

說詩

廢稅節註召伯所稅稅、毛詩作說、音同。**赦放置**赦誤舍。

注疏正字

廢稅赦舍也 廢、釋文云字亦作癈。案說文广部廢、屋頓也、从广發聲。又疒部癈、固病也、从疒發聲。二字義異。此當从广。 正義云稅通說。郭注引召伯所稅、今作說。詩釋文云本或作稅。元照案詩大雅瞻卬女覆說之、傳說、赦也。 舍、一切經音義五引作捨。案說文手部捨、釋也、从手舍聲。又亼部舍、市居曰舍、从亼屮象屋、口象築也。則捨爲正文、經典相承從省去手耳。

匡名

廢稅赦舍也 說文舍、市居曰舍、从亼屮口。屮象屋也、口象築也。註此市字、非買賣所之、謂賓客所之也。舍可止、引伸之爲凡止之稱。 廢、屋頓也。註頓之言鈍、謂屋鈍置無居之者也。引伸之凡鈍置皆曰廢。公羊傳去其有聲者、廢其無聲者、鄭註廢、置也。謂廢留不去也。又左文二年傳廢六關是也。史記李斯傳、我未知所稅駕。通作說。衞風說于農郊、傳說、舍也。 赦、置也。或从亦。周禮三赦之法、鄭註赦、舍也。或作舍。前漢朱博傳、常刑不舍。

啓蒙

赦、舍也。 舍與置同義、故注云舍放置。說文赦訓置、而爾雅赦訓舍。

黃侃音訓

廢、稅、赦、舍也。

衆經音義引本節、舍作捨。郝氏云：「舍有二義、亦有二音。詩夜切者、周禮司戈盾注『舍、止也、』詩羔裘箋『舍、猶處也、』是皆以止息爲義也。其音書冶切者、舍即捨之假借、說文『捨、釋也；』舍釋雙聲、古字通用、鄉飲酒禮及大射儀注竝云：『古文釋爲舍；』是皆以捨釋爲義也。爾雅亦兼二音二義。」

廢、說文「屋頓也：」屋傾頓則爲廢物、人所共棄、故訓舍。爾雅釋文云

：「廢字亦作癈。」說文云：「癈、固病也。」郝氏云：「病頓義近、是癈廢通。」經典用廢、多爲廢棄之義、唯邵氏所引左氏文二年傳「廢六關、」當訓立、謂立關也。廢訓立、反訓例也。廢發古字同。

稅有止息、捨釋二義；其音皆通。召南甘棠「召伯所說、」傳云：「說、舍也、」爾雅郭注引作召伯所稅；蜉蝣箋云：「說、猶舍息也。」此止息義也。說文「捝、解捝也、」他括切、此本字。借稅爲捝者、如文王世子云：「不稅冠帶；」少儀云：「車則稅綏；」是。借說爲捝者、如周禮典路鄭衆注云：「說、猶舍車也。」玉藻云：「無說笏、」是。此捨釋義也。許書捝字、經典多作脫；郝氏云：「凡說稅字通者、每多與脫同音；釋文亦兼始銳他活二反。」

赦、說文云：「置也。」置、即舍也。郝氏云：「赦與舍音義同；說與赦音相轉；凡音同音轉之字、古人多以爲訓、即六書中轉注假借之所由生。故詩『彼宜有罪、女覆說之、』傳云：『說、赦也。』赦即舍、說即稅、稅亦舍矣。」

爾雅學

廢稅赦舍也〇釋曰注疏本刪。

召伯所稅十行本稅作說。

校勘記

校勘記訂補

八行廢稅赦舍也〇「稅」、《釋文》同。唐寫本作「脫」。

九上（一一九）一行(注)舍放置〇原本《玉篇》广部「廢」下引此注「置」下有「也」字。

宋監本校箋

廢稅赦舍音捨也

音圖·音

廢、稅、赦、舍也。捨

孫品直音

廢稅赦舍捨也

楊氏音訓

棲遲、憩、休、苦、㰱、齂、呬、息也。棲遲、

遊息也。苦勞者宜止息。憩見詩。㰱齂呬皆氣息貌。今東齊呼息爲呬也。

郭注

棲遲憩休苦㰱齂呬息也　釋曰、皆止息也。舍人曰、棲遲、行步之息。郭云、棲遲、遊息也。陳風衡門云、衡門之下、可以棲遲。憩者、召南甘棠云、召伯所憩。休者、止而息也。周南漢廣云、不可休息。苦者、郭云、苦勞者宜止息。㰱齂呬者、郭云、皆氣息貌。案方言云、餽、鮹、喙、呬、息也。周鄭宋沛之間曰餽、自關而西秦晉之閒或曰喙、或曰餽、東齊曰呬。故郭云、今東齊呼息爲呬也。

邢疏

棲遲憩息也

棲遲、行步之息也。詩衡門正義　邢疏　憩、臥之息也。

一切經音義一又十九

犍爲注

㰱齂呬息也

齂、虛貴反。呬、許器反。釋文

孫音注

㰱齂呬息也

㰱、苦概反。齂、海拜反。呬、許四反。釋文

郭音義

齂息也

齂、海拜反。釋文

謝音

齂息也

齂、乎被反。釋文

顧音

齂呬息也

䬍、海拜反。呬、火季反。釋文

憩呬息也詩正義云曁與呬古今字。

施音

憩、止之息也。一切經音義二又二十二詩云、民之攸呬。

詩正義十七之三引某氏曰

衆家注

黃輯古義

棲遟憩休苦𢾝䬍呬息也

棲遟、行步之息也。邢疏、詩陳風衡門正義憩、臥之息也。一切經音義卷一又卷十九

犍爲注

棲遟憩休苦𢾝䬍呬息也

詩云、民之攸呬。詩大雅泂酌正義引某氏

樊注

棲遟憩休苦快䬍呬息也釋文𢾝、孫本作快。

快䬍呬息也。釋文𢾝、孫本作快。䬍、虛貴反。呬、許器反。釋文

孫音注

𢾝䬍呬息也。𢾝音苦槩反、又作嘳、𡒃、塊、苦怪二反。釋文

䬍、海拜反。同上引郭施謝呬、許四反。釋文

郭音義

𢾝䬍、海拜反。釋文引郭施謝

謝音

𢾝䬍、乎被反。

顧音

𢾝䬍呬息也。䬍、海拜反。釋文引郭施謝呬、火季切。集韻去聲六至呬字注

施音

玉函山房輯佚

棲遟行步之息也。同詩疏七之一

犍爲注

呬息也詩云、民之攸塈。某注詩疏十七之三

鉤沉

棲遟憩𢾝䬍呬息也釋文𢾝、孫本作快。又詩正義云曁與呬古今字。

舍人曰、棲遟、行步之息也。憩、臥之息也。詩正義七之一一切經音義一又十九邢疏

注曰、憩、止之息也。一切經音義二又二十二浙本按此當是李孫義

孫曰、䬍、虛貴反。呬、許器反。釋文

某氏曰、詩云、民之攸呬。詩正義十七之三

漢注

棲遟憩休苦𢾝䬍呬息也釋文二十九卷𢾝、孫炎本作快。

舍人云、棲遟、行步之息也。憩、臥之息也。詩正義七之一卷一切經音義一

某氏云、詩云、民之攸塈。詩正義十七之三卷孔云塈呬古今字。

郭璞云、棲遟、游息也。苦勞者宜止息。憩見詩。𢾝䬍呬皆氣息貌。今東齊呼息爲呬也。

一切注音

棲遟息也舍人曰、棲遟、行步之息也。詩衡門正義

愒 舊注云、愒、止之息也。一切經音義二一舍人云、愒、臥息也。一切經音義十九

憩、心案、說文尸部眉、臥息也。爲正體。舍人注與說文合。而愒从俗體、蓋眉字經典罕見、愒字則承用已久。

𢾝 孫本作快。郭音苦槩反。釋文

䬍 孫虛貴反。郭海拜反。釋文

爾雅詁林 一 釋詁下

呬某氏注、詩云民之攸墍。詩縣正義郭許四反、孫許器反。釋文

古注斠

棲音西。遟直犂反。憩起例反、本或作愒、同。欳苦怪反、又墟季反、字林以爲喟、丘愧反。孫本作快。郭音苦槩反、又作嘳、墟愧、苦怪二反。齂郭施謝海拜反、孫虛貴反、顧乎被反。呬郭許四反、孫許器反、施火季反。

陸音義

憩○俗本自在左舌在右非。艾○邢本此下有長丁丈反、陸本無。

音義攷證

棲遟憩休苦欳齂呬息也　棲、止息也。遟、行息也。憩、恬息也。休、廕息也。苦、勞息也。欳齂呬皆氣息也。欳、苦怪反。齂、訶戒反。方言云、東齊呼息爲呬。

鄭樵注

棲遟憩休苦欳齂呬息也　欳、孫本作快、郭音苦槩反。齂、孫虛貴反、郭海拜反。呬、孫許器反、郭許四反。

舍人曰、棲遟、行步之息。憩、臥之息也。上句見詩疏、下句見衆經音義、此合錄之、前後多類此、不備著也。

郭璞曰、棲遟、遊息也。苦、勞者宜止息。憩見詩。欳齂呬皆氣息貌。今東齊呼息爲呬也。

鄭樵曰、棲、止息也。遟、行息也。憩、恬息也。休、廕息也。苦、勞息也。欳齂呬皆氣息也。欳、苦怪反。齂、訶戒反。方言云、東齊呼息爲呬。

古注合存

棲遟憩休苦欳齂呬、息也。棲音西。憩音器。欳音快。齂音戲。呬音戲。○此釋棲遟以下皆息之義也。註曰、棲遟、遊息也。苦者宜止息矣。欳齂呬皆氣息貌。疏曰、詩衡門云、可以棲遟。甘棠云、召伯所憩。漢廣云、不可休息。方言云、息、消息也。喙呬息也。周鄭宋沛之間曰餽、或曰喙、東齊曰呬。愚按此條棲遟憩休四字、以身言息。苦字、以事言息。欳齂呬、以氣言息也。

注疏參義

詩正義云、釋詁、呬、息也。某氏引詩民之攸墍。郭璞謂今東齊呼息爲呬、則墍與呬古今字也。

補注

棲遟憩休苦欳齂呬息也 **註** 棲遟、遊息也。苦、勞者宜止息。憩見詩。欳齂呬皆氣息貌。今東齊呼息爲呬也。 **正義** 鄭註樂記云、息、猶休止也。棲遟者、詩疏引舍人云、棲遟、行步之息。小雅北山云、或棲遟偃仰。陳風衡門云、可以棲遟。說文作屖遟也。憩、說文作愒、息也。大雅民勞云、汔可小愒、是也。衆經音義引舍人云、憩、臥之息也。休者、荀子大畧篇、君子息焉、小人休焉、是休即息也。苦訓爲息、於經籍無考。欳與喟通。說文云、喟、太息也。禮運云、喟然而歎。廣韻云、欳、太息也。齂者、說文云、齂、臥息也。呬者、說文引詩曰、昆夷呬矣。詩疏引某氏曰、詩云民之攸墍。按毛傳云、墍、息。是呬與墍通也。**註** 憩見至呬也。○**正義** 憩見詩者、召南甘棠云、召伯所憩。欳齂呬皆氣息貌者、郭意以栖遟憩休苦爲止息之息、欳齂呬爲氣息之息也。東齊呼息爲呬者、方言云、呬、息也。東齊曰呬。說文亦本方言爲義。

正義

棲遟憩休苦欳齂呬息也　棲遟、遊息也。苦、勞者宜止息。憩見詩。欳齂呬皆氣息貌。今東齊呼息爲呬也。

說文云、息、喘也。喘、疾息也。詩殷其靁、葛生、蜉蝣、民勞傳竝云、息、止也。小明傳云、息、猶處也。方言云、息、歸也。歸處與止息義近。檀弓注、息猶安也。樂記注、息猶休止也。鄉射禮注、息猶勞也。按勞讀如勞勑之勞、謂勞苦休息之也。息之言猶餽也。方言云、餽、息也。廣韵云、餽、食也。蓋飲食燕樂亦休息之義、息餽聲義同耳。棲者、說文作卥、或作棲、云、鳥在巢上、象形。日在西方而鳥棲、故因以爲東西之西。是棲以止息安息爲義也。詩如彼棲苴、釋文、棲、謂棲息也。賓之初筵箋、舉鵠而棲之於矦。釋文、棲、著也。著亦止也。廣雅云、棲、歧也。歧者、庋閣之名、與止處之義又近也。遟者、說文云、徐行也。徐行者舒緩、與休息義近。文選有謝靈運南樓中望所遟客詩、遟猶待也、待亦止也。李善注以爲遟猶思、非矣。詩可以棲遟、傳、棲遟、遊息也。正義引舍人曰、棲遟、行步之息也。郭注本毛傳。後漢書蘇竟傳注、棲遟、偃息也。偃息與遊息亦同。棲遟字之壘韵、或作西

爾雅詁林　一　釋詁下

遲嚴發碑云西遲衡門西卽棲也亦作屖遲說文尸部屖字解云屖遲也又作迟迟甘泉賦云靈迟迟兮說文以迟為遲之或體迟迟卽棲遲也憇者惕之或體也說文云惕息也詩不尚惕焉汔可小惕毛傳並云惕息也爾雅釋文憇本或作惕此必晉宋古本也通作揭詩甘棠釋文憇本又作揭又通作偈甘泉賦云度三巒兮偈棠黎李善注引韋昭曰偈息也又通作憇一切經音義廿五引蒼頡篇惕作憇其一又引蒼頡篇憇作屭二文不同憇近俗體蒼頡不應有此屭玉篇作屭亦近譌俗唯說文尸部云屓臥息也此為正體但經典罕用今唯用憇字故詩甘棠傳及華嚴經音義下引珠叢並云憇息也一切經音義二引爾雅舊注云憇止之息也其十九引舍人云憇臥之息也按臥息義與說文合豈舍人本憇字作屓然無可考矣休者說文云息止也从人依木或从广作庥詩瞻卬傳休息也民勞箋休止息也又釋言云休戾也民勞傳休定也穆天子傳注休駐也駐定戾其義亦皆為止息也釋言云庥蔭也庇蔭與止息義近聲轉為歇說文云歇息也歇息卽休息又轉為戲泄方言云戲泄歇也戲歇休俱一聲之轉也苦者方言云快也又云開也開明快樂皆與安息義近開快苦俱以聲轉為義也通作盬周禮盬人及典婦功注杜子春鄭衆並云苦讀為盬是盬苦通詩王事靡盬盬卽苦之段借靡盬言靡有止息耳傳箋似失之又與嫭同說文嫭係任也保任者大司徒云以係息六養萬民是嫭有息義省作姑檀弓云細人之愛人也以姑息詩卷耳傳姑且也廣雅云嫭且也嫭與姑同又與尠同廣雅云尠息也尠息卽姑息亦卽姑且又卽苟且皆率略偷安之意與休息義近也姑又與盬同方言云盬且也盬且亦卽姑且蓋此諸文皆从古聲聲同者義亦同郭云苦勞者宜止息始未了其義與聲耳叡者喟之段音也說文喟或作嘳云大息也楚辭懷沙篇云永歎喟兮王逸注喟息也文選舞賦云嘳息激昂李善注嘳與喟同通作叡釋文叡字林以為喟又作嘳墟愧苦怪二反一切經音義七云喟又作叡又通作快釋文叡孫本作快詩斯干箋噲噲猶快快也按凡人休息者必愉快故快訓為息正與方言苦訓快合齂者說文云臥息也从隶聲讀若虺玉篇云齂鼻息也呼介切釋文齂郭施謝海拜反則讀與玉篇同孫虛貴反顡平被反則音與說文近然二音又卽一聲之轉齂與齁聲近玉篇云齁烏快切喘息也又聲轉為喙方言云喙息也自關而西秦晉之閒或曰喙莊子徐无鬼篇釋文亦云喙息也詩維其喙矣傳喙困也困謂倦劇方言云㑰倦也又云㾌極也是毛傳之喙與㑰㾌同與喙息異然困倦劇而休息其義亦相成矣呬者說文云東夷為息為呬引詩犬夷呬矣方言云呬、[illegible]四息也東齊曰呬是郭此注所本通作氣廣雅云氣息也又通作塈詩伊余來塈民之攸塈傳並云塈息也泂酌箋同假樂正義引釋詁文又引某氏曰詩云民之攸呬是塈氣皆呬之段音矣馬瑞辰說說文犬夷呬矣廣韵引作混夷㾌矣皆約舉詩詞呬㾌並詩維其喙矣喙字之異文也

義疏

棲遲憩休苦快叡**齂呬息也** 憩本作惕。舍人注棲遲、行步之息也。憩、臥之息也。樊注詩云民之攸呬郭注棲遲游息也苦勞者宜止息憩見詩叡齂呬皆氣息皃今東齊呼息為呬也

棲遲連文一作屖遲一作迟迡詩可以棲遲又行道遲遲憩从舌息說文佚之以惕當之非也詩召伯所憩或作揭别為揭著之義非通用字休上云美下云戾詩不可休息記揚休玉包謂發氣也苦从艸古苦勞萎也詩匏有苦葉有敦瓜苦又王事靡盬悽从心妻妻淩也郭本作叡从又甫當作叡故加廾象疾速之意因為歎喟陸德明說叡字林以為喟又作嘳上云謂勤也易其心不悽記喟然而歎齂从隶追及而息也郝引詩惟其喙矣喙一作呬息从心自喘也易傳消息盈虛又以息為生

集解

棲遲憩休苦叡齂呬息也 棲字一作

西鳥在巢上象形或作棲引申為息詩召旻如彼棲苴釋文棲謂棲息也後漢

爾雅詁林 一 釋詁下

書張衡傳濞署至丙鶉火棲、注棲息也。遲、徐行也、从辵犀聲。引申爲息以徐行亦息也。詩衡門可以棲遲、傳棲遲遊息也。說文作屖遲、繁陽令楊君碑徲犀樂志、婁壽碑徲徲衡門、徲即遲、息也。以徲爲之。憩字一作愒、心之息也。从心曷聲。愒憩古今字。詩菀柳不尚愒焉、民勞汔可小愒、傳均云愒、息也。後漢書張衡傳憩夷天之所陶、文選西京賦憩乎昆明之池、謝靈運鄰里相送方山詩相期憩甌越、注均云憩、息也。徐幹七喻安居而天下憩、孟子本作息、詩甘棠召伯所憩、本或作揭、傳息也。左襄九傳大勞未艾、注艾息也。說文歇、息也。以揭艾歇爲之。休、息止也、从人依木會意。易否休否、釋文休息也。詩瞻卬休其蠶織、傳休、息也。民勞汔可小休、箋休、止息也。左襄二八傳吾乃休吾民矣、昭二七傳休公徒之怒、吳語以休君憂、注均云休、息也。史記高帝紀止宮休舍、正義休、息也。穆天子傳天子四日休羣王之山、注休、游息也。苦、大苦苓也、从艸古聲。正字爲盬、實爲暇。暇、閒也。引申爲息。廣雅則以𪊨爲之。𪊨暇盬苦通用字。詩鴇羽四牡王事靡盬、言王事無息也。傳箋似失之。禮記檀弓細人之愛人也以姑息、姑即苦息也。以姑爲之。𣢊、喟之古文。喟、大息也、从口胃聲。禮記喟然而歎是也。前漢書高帝紀喟然大息、注歎息皃。楚辭懷沙永歎喟兮、注喟、息也。釋文𣢊、孫本作快。謂息止而快樂也。文選舞賦噴息激昂、注噴與喟同。以快或噴爲之。齂、臥息也、从鼻隶聲。詩緜維其喙矣、一本作㖔、息也。莊子徐無鬼邱顧有喙三尺、釋文喙、息也。漢書公孫宏傳跂行喙息、淮南俶真作蚑行噲息、注凡口能息者也。借喙爲之。呬、東夷謂息曰呬、从口四聲。廣雅則以氣爲之。詩泂酌民之攸墍、樊光引作呬。箋息也。後漢書張衡傳呬河林之蓁蓁兮、注呬、息也。詩假樂民之攸墍、傳息也。左成二傳引作塈、杜注息也。下泉愾我寤嘆、箋歎息之聲。以塈、塈愾爲之。息、喘也、从心从自自亦聲。或以爲塞爲巳之借字。

義證

棲遲憩休苦𣢊齂呬息也 𣢊音槩齂海拜反呬許四反

注 棲遲遊息也苦勞者宜止息憩見詩𣢊齂呬皆氣息貌今東齊呼息爲呬也

補正 臣鎣按、棲遲、憩、休、苦、皆止息。𣢊、齂、呬、皆氣息。不當溷於一句之中。

郭注補正

呬息也。某氏引詩民之攸呬、按今毛詩作塈、蓋以呬爲正、通於塈。某氏所據未知何家詩。

錢氏古義

憩息也

郭注憩見詩。詩甘棠傳及華嚴經音義下引珠叢並云憩息也。一切經音義二憩駕注引尒疋舊注云憩、止之息也。又十九引舍人云憩臥之息也。郭氏吕詩甘棠傳作注、義與舊注互相發明。

滋然謹按、慧琳一切經音義二十六憩駕注引尒疋云憩、止也。注云止之息也。經注均與郭本不同、亦舊注也。

舊注攷證

棲遲憩休苦𣢊齂呬息也 注棲遲遊息也苦勞者宜止息憩見詩𣢊齂呬皆气息貌今東齊呼息爲呬也

正曰、郭注訓棲遲憩休苦爲止息之息、𣢊齂呬爲气息之息、一訓兩該、於例不合。若依孫樊舊注則皆訓止息也。釋文𣢊、孫本作快。方言二苦、快也。楚曰苦。又三苦、快也。宋鄭周洛韓魏之閒曰苦、自關而西曰快。孫注讀𣢊爲快、苦快爲方俗異語、皆與止息誼合。釋文齂、孫虛貴反。說文鼻部齂、臥息也。讀若虺。孫音與許讀合。臥亦止息也。釋文呬、孫許器反。詩大雅泂酌民之攸塈、鄭箋塈、息也。孔正義引爾雅呬、息也。某氏注詩云民之攸呬。某氏注郎樊光注。孫音與樊鄭讀呬爲塈合。塈亦止息也。王尚書經義述聞亦沿此誤。

正郭

苦息也　注苦勞者宜止息

諍曰、郝氏謂苦通作盬、周禮盬人及典婦功注、杜子春鄭衆並云苦讀爲盬。詩王事靡盬、盬卽苦之叚借、言靡有止息耳。傳箋失之。案漢書息夫躬傳器用盬惡、亦盬通苦之證。以苦勞釋之、說殊迂曲。　**靜郭**

棲遲憩休苦㱇齂呬息也

棲者、陳風衡門可以棲遲、毛傳云棲遲、遊息也。單言之、大雅召旻如彼棲苴、彼釋文云、棲謂棲息也。王風君子於役雞棲於塒、雞棲於桀、棲卽止息也。

遲者、說文云舒緩也。引詩行道遲遲。邶風谷風傳云遲遲、舒行貌。舒緩、舒行、皆休息之義。豳風七月春日遲遲、傳亦云遲遲、舒緩也。小雅楚茨廢徹不遲、箋云、不遲、以疾爲敬也。則遲亦緩也、緩所以息也。

憩者、召南甘棠召伯所憩、傳云憩、息也。舊注云憩、止之息也。舍人云憩、臥之息也。釋文云憩本或作愒。小雅菀柳不尚愒焉、大雅民勞汔可小愒、傳並云愒者息也。憩爲愒之異體。

休者、大雅瞻卬休其蠶織、傳云休、息也。民勞汔可小休、箋云休、止息也。周南漢廣不可休息、箋云故人不得就而止息也。小雅十月之交我獨不敢休、疏云、我獨不敢休息。

苦者、盬之假借。周禮鄭衆杜子春並云苦、讀爲盬。史記匈奴傳集解引韋昭云苦、音若靡盬之盬。小雅采薇杕杜、四牡、北山王事靡盬、傳箋並云盬、不堅固也、非也。盬謂止息、猶言不遑啟處也。郭注云苦勞者宜止息、蓋勞苦未有不思息者。小雅小明其毒太苦、太苦則益思安息矣。苦之爲息猶亂之爲治也。古書反正義相訓者衆矣。以上五者爲安息之息。

㱇者、釋文云孫本作快。小雅斯干噲噲其正、箋云噲噲、猶快快也。一切經音義五引三蒼云、噲亦快字也。淮南俶眞訓云跂行噲息、噲與嘳同字、故釋文云㱇、又作嘳、又作喟、皆謂息也。說文噲、讀若快、云咽也、咽爲氣息之所出入、與喟同字、歎息也。一切經音義七云、喟又作㱇、通作快。

齂者、說文云臥息也。呬者、說文云、東夷謂息爲呬、呬與喙雙聲。大雅緜維其喙矣、傳云喙、困也、謂喘息也。漢書公孫宏傳、跂行喙息、喙息與噲息同義。㱇齂呬一聲之轉、三者皆氣息之息。　**說詩**

棲遲節音齂海拜切誤詞械切。

疏案方言云餽消息喙呬息也消息二字系方言註誤入、　**注疏正字**

苦息也

郭曰苦勞者宜止息、引之謹案苦勞者宜止息、則苦勞非止息也。爾

爾雅詁林　一　釋詁下

雅何以訓苦爲息乎。今案苦讀爲王事靡盬之盬。靡盬者、靡息也。盬與苦古字通。說見前王事靡盬下。

述聞

棲遲憩休苦㰻齂呬息也 說文十二上卥、鳥在巢上。象形。或从木妻作棲、石經作捿誤。 遲、籀文遲。見說文。憩、石經作憇。釋文云本或作愒。案詩大雅民勞汔可小愒、傳愒息。正義曰愒息、釋詁文。說文心部愒、息也。从心曷聲。臣鉉等曰今別作憩、非是。又說文尸部眉、臥息也。从尸自。正文當用眉。憩憇皆俗字。俗又作憩。

㰻、釋文云字林以爲喟、孫本作快、又作嘳。案說文口部喟、大息也。从心胃聲。或从貴作嘳。說文無㰻字、蓋卽艸部之蔽。艸部蔽艸也、从艸㰻聲。㰻聲二字蓋誤。蔽、隸變作蒯、與嘳通。左傳屠蒯、禮記作杜蕢、此其例也。孫本作快、與嘳聲相近。徐養原曰、姚氏文田云耳部聵或作聲、知嘳㰻同字。案古人多以蒯聵爲名者、蒯聵者蔽聲也。蔽聲者嘳聵也。聵聲同字、嘳蔽古通、㰻則說文所無、自不必補。 呬通墍。詩大雅假樂民之攸墍、傳墍息也。正義曰、釋詁云呬、息也。某氏曰詩云民之攸墍、則墍與呬古今字也。 此亦一訓兼兩義者、棲遲休苦是止息、眉喟齂呬是氣息。

匡名

棲遲憩休苦㰻音蒯齂音戲呬音戲息也 說文息、喘也。从心自、自亦聲。樂記息猶休止也。 棲古作西、今以爲棲遲之棲。遲、徐行也。引詩行道遲遲、或从𡰥。郭註棲遲遊息也。召南、召伯所憩。說文作愒、息也。徐鉉曰今別作憩、非是。大雅訖可小愒、傳愒息也。荀子、君子息焉、小人休焉。是休卽息也。 苦、詳釋艸。郭註苦勞者宜止息。 聵、或从㰻。徐鉉曰當从蔽省。見蔽註。說文無㰻字。爾雅㰻、息也。廣韻㰻、太息也。與喟通。禮運、喟然而嘆。喟、太息也。 齂、臥息也。 呬、東夷謂息爲呬。引詩昆夷呬矣。呬、毛詩作駾。邶風伊余來墍、傳墍息也。墍卽呬之叚借也。方言東齊呼息曰呬。

啓蒙

憩 釋文。憩本或作愒。案說文。愒息也。臣鉉等曰。今別作憩。非是。

㰻 釋文。㰻字林以爲喟。孫本作快。又作嘳。案說文。喟太息也。或從貴。說文蔽郙聲皆从㰻聲。而無㰻字。當作喟或作嘳。說文挩㰻字不當輒以爲喟。

黃侃評本正名

棲遲憩休、苦、㰻齂呬、息也。 嚴元照、說此亦一訓兼兩義。棲遲休苦爲止息、憩㰻齂呬爲氣息。案此二義亦相因。 棲呬息聲通同訓。憩㰻齂呬聲通同訓。 釋文憩本或作愒同。愒息歇一語、說文歇息也、憩當是眉之後出字、从自聲與眉同、从舌、从心、由气息引申爲止息、與㰻齂呬同。一切經音義引蒼頡篇憩作㞃、㞃亦是眉之或字。 苦正作嫴、方言苦、快也、開也、方言此訓用爾雅、然則苦之爲息、相反爲義、無可疑也。又案苦息當以𪗋息、姑息爲正、其本字作爲、又有沽略、盬樂之意。郭云苦勞者宜止息、是苦之訓息、猶息之訓勞、然則不破字亦通也。 㰻、字林以爲喟者、見釋文。猶左昭九屠蒯、檀弓下作杜蕢、又蒯聵得名之義與說文聲字合。或謂說文無㰻字、當作喟、案說文挩㰻字、不當輒以爲喟。 齂呬亦一語、齂與𪖙聲近、𪖙與噲同字。

黃侃音訓

苦息也。郭云苦勞者宜止息。或謂苦訓爲息、於經籍無考。承珙案、周禮鹽人注云、杜子春讀苦爲盬。典婦功注云、鄭司農苦讀爲盬。是苦卽盬字。詩王事靡盬、此盬卽爾雅之苦、靡盬謂靡有止息也。傳箋皆訓盬爲不攻緻、不堅固於義爲迂。

叡、息也。釋文叡、孫本作快、又作噲。案此當以噲爲正字。說文噲、咽也、一曰嚵噲也。嚵、一曰喙也。淮南俶眞訓蚑行噲息、天文訓又作蚑行喙息。是噲喙義通。方言喙、息也。廣雅同。說文又云噲讀若快。一切經音義引蒼頡篇云噲亦快字也。公羊昭二十七年邾婁快來奔、釋文快、本作噲。方言逞、苦、了、快也。又逞、曉、恔、苦、快也。苦快同聲、亦同訓、故孫炎本又作快。

胡氏古義

苦、息也。邵氏正義、苦訓爲息、於經籍無考。王氏引之經義述聞、苦讀與靡盬之盬同。周官鹽人共其苦鹽、杜子春讀苦爲盬。王事靡盬者、王事靡有止息也。頤煊案、叡、息也。釋文、孫本作快。方言苦、快也。宋鄭周洛韓魏之間曰苦、自關而西曰快。是苦快同爲息也。

讀爾雅録

叡、息也

案說文有蔽無叡、唐韻叡蔽兩字俱苦怪切、集韻口溉切、竝音蒯、是叡卽蔽之譌。然訓息之誼終不得明。考釋文曰叡、字林云喟也、或作嘳。說文口部喟、大息也。是叡卽喟之叚借字。作嘳者、又喟之或體字。

王頌清日記

苦、息也

按禮記經解云故昏姻之禮廢則夫婦之道苦、而淫辟之罪多矣。謂昏姻之禮廢則夫婦之道息也。郭云勞苦者宜止息、是勞苦不得直訓止息也、郭注似失之。

爾雅詁

棲、遲、憩、休、苦、叡、齂、呬、息也。

息、鼻息也。析言之、則急曰喘、緩曰息；故說文云：「喘、疾息也。」渾言之、則不分緩急；故說文云：「息、喘也。」說文息「从心自、」自者、鼻也。鼻从自、與恖之从囟同意、是也；息从心、與恖之从心同意、此古於呼吸循環分系之理、未能辨別所致、鈞之非也。鼻息爲息之本義；休息之息、生息之息、皆引伸義也。爾雅息字、兼氣息止息二義。棲遲憩休苦、皆止息之息；叡齂呬、皆氣息之息也。

棲、許愼謂爲西之或字、其本字作西。說文西部云：「西、鳥在巢上也、象形。日在西方而鳥西、故因目爲東西之西。」曰「鳥在巢上」者、說西之字義也。曰「目爲東西之西。」者、說假借也。段氏謂西、「古音讀如僊、如西施亦作先施。」漢書曰：「西、遷也；」詩賓之初筵釋文云：「棲、著也；」皆以棲爲止息之義也。

遲與棲疊韻。郭注云：「棲遲、遊息也；」詩正義引舍人云：「棲遲、行步之息也；」皆休息之意。說文訓遲爲徐行、徐行與休息義近。

憩、釋文「憩本或作愒、同。」民勞正義云：「愒、息、釋詁文、」是爾雅本作「愒、息也、」可知矣。說文心部云：「愒、息也、从心、曷聲；」愒从心、是心之息也。因引伸爲凡休息之稱、故詩「召伯所憩；」「訖可小愒；」皆用其義。

苦、王引之謂「爲王事靡盬之盬、靡盬者、靡息也。苦與盬、古字通。」王氏之說、蓋本周禮鹽人杜子春鄭衆注；是苦、非勞苦義也。

叡、釋文「叡、字林以爲喟、孫本作嘳。」說文「喟、太息也、或从貴、作嘳、」是爾雅之息、太息也。說文雖無叡、然姚文田云：「耳部聵、或作聲、知嘳叡同字。」案草部云：「蔽、草也、从艸、叡聲；」是古早有叡字矣。

齂、說文「臥息也、讀若虺、」玉篇「齂、鼻息也。」大雅假樂「民之攸塈、」傳云：「塈、息也；」正義云：「釋詁云：『呬、息也、』某氏曰：詩云：『民之攸呬；』」是呬與塈通也。

爾雅學

爾雅詁林 一 釋詁下

棲釋文單疏本雪牕本同唐石經作棲從手、誤。釋草弧棲鞭、棲字刮磨、並本作手旁、明道本國語越王句踐棲於會稽之上、棲亦從手。

憩唐石經單疏本雪牕本同。釋文作憇。

棲遲憩休苦㱿齂呬息也〇釋曰注疏本刪。

餽息消喙呬息也注疏本消息二字改大字。

校勘記

齂詞戒切雪牕本詞誠反。

校勘記訂補

棲遲憩休苦〇唐寫本「休」下有「劳」字。

宋監本校箋

棲遲憩休苦㱿音快齂音係呬音四息也

音圖・音

齂音係。案齂有海拜虛貴音竝近嘰呼被音𢰅三音、今音係、非。直音音戲亦非。

直音正誤

㱿、苦怪翻音蒯。卦韻又𡑀季翻音喟。寘韻字林以爲喟、邱愧翻。𡑀季翻同寘韻孫本作快、郭音苦㱿翻、音塊。隊韻又作嘳、𡑀愧邱愧翻同寘韻苦怪同上二翻、竝溪母字。齂、郭施謝海拜翻音如嘰但嘰呼外翻泰韻韻不同、以嘰音讀入卦韻。許介翻同孫虛貴翻、音卉讀入未韻。顧呼被翻音𢰅、上聲紙韻。說文讀若𢰅今本呼字訛作乎非。乎被不成翻切紙韻無匣母字呬、郭許四翻音戲。孫許器翻施火季翻許器火季竝與許四同、不必重出。詩正義云釋詁呬息也。某氏引詩民之攸塈與呬古今字。說文引詩塈字作呬。

音略

西　器　蒯　戲諸嘳

棲遲、憩、休、苦、㱿、齂、呬、息也。

孫侶直音

西　器　蒯　讀戲　讀戲

棲遲、憩、休、苦、㱿、齂、呬、息也

直音校正

棲西遲憩器休苦㱿快齂戲呬施息也

楊氏音訓

憩去例切　㱿苦怪切　齂許介切　呬許四切

干氏音釋

供峙共具也

供峙、共、具也。皆謂備具。

郭注

供峙共具也　釋曰皆謂備具也。供者、論語云子路共之。供共音義同。峙者、周書費誓云峙乃糗糧。周頌臣工云庤乃錢鎛。峙庤音義同。共者、小雅小旻云靖共爾位。

邢疏

供峙共具也

共、具物也。偫、具事也。文選揚子雲羽獵賦注

犍爲注

黃輯古義

供偫共具也注疏本作峙文選引舍人作共偫。

共、具物也。偫、具事也。文選揚子雲羽獵賦李善注引郭舍人

犍爲注

玉函山房輯佚

供峙具也文選注引舍人作共偫

舍人曰共、具物也。偫、具事也。文選八揚子雲羽獵賦李善注　文選注舍人上衍郭字

漢注

供峙共具也峙、據文選註引是、舍人本作偫。

郭舍人云共、具物也。偫、具事也。文選八卷羽獵賦註　郭璞云

皆謂備具。 一切注音

供峙具也郭舍人爾雅注曰、共、具、物也。侍、具、事也。文選羽獵賦注

蕙心案、宋氏翔鳳言郭舍人即與東方朔爲射覆者。攷釋文序錄爾雅有犍爲文學注、一云犍爲郡文學卒史臣舍人、漢武帝時待詔。又西京雜記、郭威字文偉、茂陵人、好讀書、以謂爾雅周公所制、而有張仲孝友、張仲宣王時人、非周公之制明矣。郭舍人或即此人。峙字作偫。峙者、偫之借字。又當作畤、峙者、畤之俗體。又通作庤、詩臣工云庤乃錢鎛、傳云庤、具也。

供如字、又居用反。峙直紀反。共音恭。 陸音義

古注斠

供峙共具也

有供焉則具、有峙焉則具、有與共之則具。 新義

供峙共具也 峙、費誓云峙乃糗糧。 鄭樵注

供峙共具也

郭璞曰、皆謂備具。按文選羽獵賦備積共偫、李善注引郭舍人爾雅注曰、共、具物也。偫、具事也。今郭注無此語、當是漢犍爲舍人注耳。

鄭樵曰、峙、費誓云峙乃糗糧。

古注合存

供峙共具也、峙池上聲、共供音義同。○此釋供峙共爲具之義也。註曰、皆謂備具。疏曰、書費誓云、峙乃糗糧。

注疏參義

供峙共具也 註 皆謂備具 正義 具、備也。供者、天官庖人云、共祭祀之好羞。左氏僖四年傳云、共其資糧屝屨、共與供通。峙者、費誓云、峙乃糗糧。大雅崧高云、以峙其粻、孔疏云、預貯米粟謂之儲峙。峙又通作庤。周頌臣工云、庤乃錢鎛、毛傳、庤、具也。文選註引郭舍人云、共、具物也。侍、具事也。是舍人本峙作侍。說文云、侍、待也。儲、侍也。

正義

供峙共具也 皆謂備具

說文云、具、共置也。廣雅云、具、備也。東京賦注、具、足也。與俱通。詩大叔于田、節南山傳竝云、具、俱也。行葦、桑柔箋同。楚茨箋、具、皆也。士相見及特牲饋食禮注竝云、具猶辦也。蓋辦訓治、又同偏、偏即俱足之意、治即具之供備之意廣。韵會云、具、辦也。辦即辯之俗體字也。具之爲言給也、給兼供備相足諸義、皆具字之訓也。供者、說文云、設也、一曰供給。周語云、事之供給、韋昭注、供、具也。具給聲轉、故或言供給、或言供具。又設者陳設、亦供具之義、故或言設、或言倉、或言具倉矣。謚法云、敬事供上曰共。孔晁注、供、奉也。廣雅云、供、進也。進、奉義又同矣。峙者、偫之段音也。說文云、偫、待也。又云、儲、偫也。是偫亦儲也。謂儲具以待人用也。周語云、偫而畚梮、韋昭注、偫、具也。文選羽獵賦云、儲積共偫、李善注引郭舍人爾雅注曰、共、具物也。偫、具事也。按宋翔鳳言郭舍人即與東方朔爲射覆者、其說是也。據選注所引、則知舍人爾雅本峙蓋作偫矣。通作峙、書峙乃楨榦。又通作庤、詩庤乃錢鎛、傳、庤、具也。考工記總目注作偫乃錢鎛、是偫庤通。又通作峙。玉篇云、庤或作峙。峙、一切經音義十二云、偫古文作庤峙跱三形。又通作跱。音義一引字詁云、古文峙今作跱、同、直耳反。後漢書章帝紀及陳忠傳注竝云、跱、具也。文選西京賦注、跱猶置也。置亦具之訓也。聲轉爲偫、爲僎。說文竝云、具也。書堯典馬融注、僝、具也。共者、龔之段借也。說文、龔、給也。玉篇、龔、奉也。今亦作供、是供龔通省作共。舍人注云、共、具物也。詩靖共爾位、魯語不共有法、鄭箋及韋昭注竝云、共、具也。周禮羊人共其羊牲、左氏隱十一年傳不能共億、注竝云、共、給也。給亦具也。通作供。詩關雎箋共荇菜、曲禮云共給鬼神、左氏隱九年傳不共王職、釋文竝云、共、本或作供。凡經傳供共通者、非一、餘皆可知也。

義疏

爾雅詁林 一 釋詁下

供峙共具也　舍人注共、具物也。偫、具事也。郭注皆謂備具。供共通用字。亦作龔、書、象共滔天、女共工。詩、靖共爾位。記、供給鬼神。峙从止寺、寺即持也。止而有持、是具待也。書、峙乃楨榦。詩、庤乃錢鎛。具、从廾貝。蓋本讀貝爲具、後加廾。

集解

供峙共具也　供、設也、从人共聲。引申爲具。禮記曲禮供給鬼神是也。周語事之供給。注供、具也。或者供之正字爲龔。與說文供、一曰共給也。借龔義也。龔、給也、即具也。峙、字本作峙。峙、𨄓也、从止寺聲。正字爲庤。庤、儲置屋下也。引申爲具。詩庤乃錢鎛是也。庤峙通用字。書棐誓峙乃糗糧。孫疏峙、具也。後漢書章帝紀無得設儲跱。注跱、具也。周語偫而畚梮。注偫、具也。周禮外府而待邦之用、注待猶給也、具也。以跱偫待爲之。共、同也、从廿从廾會意。正字爲供。供共疊韻。詩小明靖共爾位。箋共、具也。漢書成帝紀共張繇役之勞。注共、具。張、設。魯語不共有灋。注共、具也。又選羽獵賦儲積共偫。注共、具物也。書盤庚各恭爾事。字一作共。孫疏具也。以恭爲之。具、供置也。从廾从貝省會意。儀禮士相見及特牲饋食注、具猶辦也。

義證

供峙共具也　共音恭

（註）皆謂備具。（補正）邢疏、于路共之、峙乃糗糧、庤乃錢鎛、靜共爾位、共供、峙庤、音義同。

郭注補正

供峙共具也

供者、說文云設也、一曰供給。供之爲具、供給之義也。供與共同。詩多以共爲供。小雅小明靖共爾位、鄭箋云共、具也。案小明念彼共人、共人當爲共給軍人之人、如今之糧臺是也。靖共爾位、共當爲恭、鄭箋以共人爲待賢者之君、以靖共之共爲具、說不可通。巧言匪其止共、箋云小人好爲讒佞、既不共其職事、又爲王作病。彼釋文云共、音恭、亦作供。六月共武之服、彼釋文云共、王徐音恭、蓋讀爲供也。朱子云共與供同。商頌長發受小共大共、共當爲共具之共、朱子引或曰小國大國所共之貢也。文選羽獵賦儲積共偫、注引郭舍人爾雅注共、具物也。偫、具事也。偫與峙同。大雅崧高以峙其粻、箋云峙其糧者、令廬市有止宿之委積、所謂供具也。彼釋文云峙、本又作峙。時峙蓋通字也。又通作庤。周頌臣工庤乃錢鎛、傳云庤、具也。

說詩

供峙節疏庤乃錢鎛　庤誤痔。鎛、毛本誤專旁作。

注疏正字

供峙共具也　峙、俗字。詩（周頌臣工）庤乃錢鎛、傳庤、具也。正義曰庤具、釋詁文。案說文（广部）庤、儲置屋下也、从广寺聲。又通峙。詩（大雅崧高）以峙其粻。說文（共部）共、同也。非此義、當作龔。說文龔給也、从共龍聲。正義云、文選注引郭舍人云共、具物也。偫、具事也。是舍人本峙作偫。說文偫、待也。儲偫也。元照案、鄭注攷工記引詩庤乃錢鎛作偫。又國語（周語中）偫而畚梮、韋昭注偫、具也。

匡名

供峙共具也　說文具、共置也。備也。淮南子、十八年而有六年之備。供、設也、一曰供給。左僖四年傳、敢不供給。或作共。偫、待也。註謂儲物以待用也。經或作峙、費誓峙乃糗糧。又或作庤、周頌庤乃錢鎛傳庤、具也。芀同也、从廿廿。左僖四年傳、共其資糧屝屨。共卽供之假借字。

啓蒙

峙　偫　文選羽獵賦李注引郭舍人爾雅注曰。共具物也。偫具事也。知舍人本作偫。

黃侃評本正名

供共具也　供共同字並見。

黃侃音訓

廢　舍也　憩　叡　吅　息也　峙　具也

廢、釋文字亦作癈。釋詁釋文 周禮注赦、舍也。秋官司刺注 釋文憩、本或作愒、同。釋詁釋文 叡、字林以爲喟。邱愧反 釋詁釋文 孫炎本作快、釋詁釋文 又作嘳。墟愧、苦怪二反 釋詁釋文 說文東夷謂息爲吅。口部吅 郭注東齊呼息爲吅。釋詁注 方言同 舍人本峙作偫、具事也。文選羽獵賦注 毛詩傳作庤、具也。周頌臣工詩傳

吅、息也。注云東齊呼息爲吅。按邢疏引方言云鎴、消息。吅、嗉息也。周鄭宋沛之間曰鎴、自關而西秦晉之間或曰嗉、或曰鎴、東齊曰吅。郭氏葢本方言爲說。大雅緜詩維其喙矣、書大傳作呹、夷嗉矣、說文作犬夷吅矣。

證異

供、峙、共、具也。

說文「具、供置也、从廾具省、古以貝爲貨。」从廾者、取竦其兩手、以有所奉承也；从具者、指所奉承之物；具之本義如此。士相見禮及特牲饋食禮注竝云：「具、猶辯也；」廣韻「具、辦也；」辯者、治也、辦卽辯之俗體。左傳「具餱餼、」史記「孔子曰：古者諸侯出疆、必具官以從、」此治備之義也。詩節南山傳云：「具、俱也、」行葦楚茨箋竝云：「具、皆也、」說文用部云：「葡、具也、」方言云：「備、咸也；」其義與上異。詩曰：「則具是違、」又曰：「戚戚兄弟、莫遠具邇、」二具字、與俱同解、此俱皆之義也。治、備、之具爲動詞；俱、皆、之具爲副詞；義既各別、在文法上之性質、亦不同也。爾雅之具、兼此二義。郭注云：「皆謂備具；」辨別未明。

供者、左氏僖四年傳「共其資糧屝屨、」郝氏謂「共與供通、」是也。說文「供、設也、一曰供給、」段氏謂「設與給二義相足；」意謂施設亦求贍給、供給即所以施設也。是故謚法孔晁注云：「供、奉也、」廣雅「供、進也、」周語韋注用爾雅義云：「供、具也。」此皆治辦之具之義也。

峙者、偫之假借字。說文「偫、待也；」又云：「儲、偫也；」郝氏謂「偫亦儲也、謂儲具以待人用、」是也。詩臣工云：「庤乃錢鎛；」書費誓云：「峙乃糗糧；」借庤峙爲偫也。文選羽獵賦李善注引郭舍人爾雅注云：「共、具物也；偫、具事也。」邵氏據此、以爲「舍人本峙作偫。」峙之爲具、亦治備之具也。

共、說文共部云：「同也；」玉篇同。曲禮云：「父之讎不與共戴天；」王制云：「爵人於朝、與衆共之；」共者、同也。前引詩箋訓具爲皆、而廣韻亦云：「共、皆也、」是共具同義。故共之爲具、乃咸、皆、之義之具也。經傳供給供奉字、皆借共字爲之、於是釋爾雅者、乃供、共、同訓、未審。

爾雅學

供峙共具也○釋曰注疏本刪。

庤乃錢鎛正德本同。閩本監本毛本庤作痔誤。

靖共爾位注疏本靖改靜。

校勘記

共具也釋文共音恭。今本共誤作供。

注疏本正誤

供峙止音共具也

音圖・音

峙音止。秦峙直紀翻音雉。澄 今音止 照 誤。直音音時尤謬

直音正誤

恭貢痔　恭

供、峙、共、具也。

孫偘直音

供恭貢峙痔上聲共恭具也

直音校正

爾雅詁林　一　釋詁下

供峙直紀切共恭具也 【楊氏音訓】

峙丈几切共恭 【干氏音釋】

㥻憐惠愛也

㥻、憐、惠、愛也。㥻、韓鄭語。今江東通呼爲憐。 【郭注】

㥻、憐、惠、愛也 釋曰：愛謂寵惜也。方言云：憮、亡輔切俺、音掩憐、牟、愛也。韓鄭曰憮，晉衛曰俺，汝潁之間曰憐，宋魯之間曰牟，秦或曰憐。憐、通語也。故郭云㥻韓鄭語，今江東通呼爲憐。㥻、憮音義同。惠者，仁愛也。邶北風云：惠而好我。 【邢疏】

㥻憐惠愛也 郭璞云：㥻、韓鄭語。今江東通呼爲憐。 【一切注音】

㥻亡矩反、又音無。憐力田反。 【陸音義】

㥻憐惠愛也 㥻、愛某而已。憐、粦也。惠、猶有所惠。 【新義】

㥻憐惠愛也㥻即憮也。

方言云：韓、鄭曰憮，汝潁曰憐。 【鄭樵注】

㥻憐惠愛也

郭璞曰：㥻、韓鄭語。今江東通呼爲憐。

鄭樵曰：㥻即憮也。方言云：韓鄭曰憮，汝潁曰憐。 【古注合存】

㥻憐惠愛也。㥻音某○此釋㥻憐惠爲愛之義也。註曰：㥻韓鄭語，今江東通呼爲憐。疏曰：愛謂寵惜也。惠者，仁愛也。詩北風云：惠而好我。 【注疏參義】

㥻憐惠愛也【註】㥻韓鄭語今江東通呼爲憐【正義】說文云：㤅、惠也。今通作愛。㥻者、說文云：㥻、憮也。憮、愛也。憐者、趙策云：竊愛憐之。以憐爲愛、古今通語也。惠者、周語云：惠所以和民也。周頌烈文云：惠我無疆。【註】㥻韓鄭語。○【正義】方言云：憮、憐、愛也。韓鄭曰憮，汝潁之間曰憐。郭註本方言。易憮爲㥻者、古者㥻憮音義同。如周原膴膴、韓詩作周原腜腜是也。 【正義】

㥻憐惠愛也㥻韓鄭語今江東通呼爲憐

愛者、㤅之段借也。說文云：㤅、惠也。古文作𢟪、通作愛。廣雅云：愛、仁也。詩烝民箋：愛、惜也。愛又嗇也、吝也。吝嗇亦愛惜之義。故謚法云：嗇於賜與曰愛。通作哀。樂記云：肆直而慈愛者宜歌商。鄭注：愛或爲哀。呂覽報更篇云：人主胡可以不務哀士。高誘注：哀、愛也。是愛哀聲義同。哀憐亦慈愛之意也。㥻者、方言云：憐也。說文云：撫也。撫循義亦爲愛。通作憮。釋言云：憮、撫也。方言云：愛也。韓鄭曰憮。說文本方言。釋文云：㥻、亾矩反、又音無。按：無古讀如模。說文㥻从某聲、讀若侮。是㥻憮聲義同、古字通用。方言又云：憮、哀也。哀亦愛。又云：牟、愛也。牟亦㥻也。是㥻牟又聲之轉、義又同矣。憐者、說文云：哀也。方言云：愛也。又云：憐、通語也。按：以哀愛爲憐、古今方俗通語。今登州人謂相閔念曰㥻㥻憐、憐讀憐爲蘭、蘭憐語有輕重、實一聲也。方言又云：悽、哀也。郭注：悽亦憐耳。音陵。是悽憐聲轉、其義則同。釋訓云：矜憐、撫掩之也。矜憐與悽憐聲亦相近。方言又云：憐、職愛也。言相愛憐者、吳越之閒謂之憐職。按：職蓋語詞、或語餘聲耳。惠者、說文云：仁也。仁亦愛、故謚法云：惠、愛也。經典惠訓愛者非一、而訓順者亦多。書亮采惠疇、詩終溫且惠、惠俱訓順、和順而無所乖忤、亦慈愛之義。惠又賜也、施也。施賜亦仁愛之義。惠與慧通。論語釋文、魯讀慧爲惠、今從古。然則智者無所拂於物、亦與愛人義近、故謚法云：柔質受諫曰慧。 【義疏】

憐惠愛也 郭注：㥻、韓鄭語。今江東通呼爲憐。

㥻憮撫㥻、从呆。古梅字。以和味、與杏同。

象其實。其从甘从某者、卽柑字、非梅也。媒合故相愛。語夫子憮然。又爲愁思之詞。憐。从粦、行皃。下云矜憐。撫。矜憐。同聲通用。詩矜此勞人。書哀矜折獄。矜。卽憐也。惠。从叀心。書安民則惠。又朕言惠。愛故順之也。㤅。从㤅又㤅从旡气逆也。與次同意。

集解

憮憐惠愛也 憮、和而愛也。从心呆、象其實。呆古梅字。鹽梅和羹者也。周禮媒氏鄭注訓謀、謀合二姓之好、卽敦二姓之愛。廣雅極牟、愛也。方言亟、愛也。以媒極亟牟爲之。或者字通憮與。韓詩周原膴膴、毛作膴膴。膴憮謀皆雙聲也。憐、哀也。从心粦聲。引申爲愛。趙策竊愛憐之是也。詩鴻雁爰及矜人、矜有憐義、亦有愛義。方言悽、哀也。愛也。借矜悽爲之。惠、仁也。从心从叀會意。引申爲愛。詩北風惠而好我、褰裳子惠思我、傳均云惠、愛也。民勞惠此中國、烈文惠我無疆、箋均云惠、愛。周語惠、文之慈也。晉語柔惠小民、韋注均云惠、愛也。愛字本作㤅。行皃。从夊㤅聲。經典或以爲㤅之借字。㤅、惠也。

義證

憮憐惠愛也

憮韓鄭語 憐哀愍也 今江東通呼爲憐

慧琳六波羅蜜多經二卷音義引郭注爾雅云、憐哀愍也。今本脫此四字、據補。

郭注佚存補訂

憮憐惠愛也

憮者、說文云撫也。釋言注云憮、愛撫也。憮通作憮。釋言憮、亡矩反、又音無。憮與撫聲義蓋俱同矣。小雅巧言亂如此憮、假憮爲幠、幠字俱從無、故互訓也。

憐者、釋訓云矜憐、撫掩之也。小雅鴻雁爰及矜人。毛傳云矜、憐也。惠者、說文云仁也。仁卽愛也。邶風北風惠而好我、鄭風褰裳子惠思我、小雅小弁君子不惠、大雅民勞惠此中國、瞻卬則不我惠、周頌烈文惠我無疆、傳箋竝云惠、愛也。憐惠皆常語也。

說詩

憮憐節音憮音其 宋釋文云亡矩切又音無。此音其、誤。

疏宋魯之閒曰牟 下泰字衍。 憮義同 下當脫憮字。

注疏正字

憮憐惠㤅也 說文心部㤅、惠也。从心旡聲。又夊部愛、行皃。从夊㤅聲。二字義異、經典相承以愛代㤅。

匡名

憮音武憐惠愛也 說文𢟪、惠也。从心先聲。㤅、行皃也。从夊㤅聲。今假愛爲㤅、愛行而㤅廢矣。𢜮、憮、憮也。徐鍇曰憮愛之也。趙策云、竊愛憐之。叀、仁也。从心叀。古文惠从芔。周頌惠我無疆、箋惠、愛也。

啓蒙

愛 㤅 說文㤅惠也愛行皃經典多作愛。㤅正字、愛借字。

黃侃評本正名

憮、憐、惠、愛也。

說文心部云：「㤅、惠也；」又云：「惠、仁也。」今經典相承、以訓行皃之愛代㤅。愛又訓嗇、諡法云：「嗇於賜與曰愛。」通作哀、樂記鄭注云：「愛、或爲哀；」呂覽云：「人主胡可以不務哀士、」高注云：「哀、愛也、」郝氏謂「愛、哀、聲義同、哀憐亦慈愛之意、」是也。

憮者、說文「憮、憮也、讀若侮。憮、㤅也、韓鄭曰憮。」

憐、說文「哀也；」方言「愛也、」矜哀卽愛意、故辭異而義實同。方言又云：「憐職、愛也、言相愛憐者。吳越之間謂之憐職。」郝氏云：「職蓋語詞、」晉案郝說是也、今姑蘇方言、尙好用哉字爲語助詞、憐職、當是憐哉之悞。

爾雅學

惠者、謚法亦云：「惠、愛也。」惠又訓賜訓施、皆仁愛之引伸義。

㥼憐惠愛也○釋曰注疏本刪。

憮亡輔切俺音俺憐牢愛也注疏本刪音切、愛也下增憮亡輔切俺音淹七字。

今江東通呼爲憐㥼憮音義同注疏本脫通㥼音三字。

校勘記

㥼憐惠愛也、釋文㥼亡矩反、又音無。今本㥼音某、誤。按廣韻㥼文甫切、又莫補切、在上聲第九第十。某、莫厚切、在第四十五。二字不得同音也。

注疏本正誤

㥼音某憐惠愛也

音圖・音

㥼亡矩翻、音侮。方言作憮、亡輔翻、同。又音無。

音略

武無㥼憐惠愛也。

孫品直音

㥼某憐惠愛也

楊氏音訓

㥼武

千氏音釋

娠蠢震戁妯騷感訛蹶動也

娠、蠢、震、戁、妯、騷、感、訛、蹶動也。娠猶震也。詩曰：憂心且妯。無感我帨兮。或寢或訛。蠢戁騷蹶皆搖動貌。

郭注

娠蠢震戁妯騷感訛蹶動也　釋曰、皆謂動作。娠者、說文云妊娠動也。郭云娠猶震也者、以大雅生民云載震載夙、昭元年左傳曰邑姜方震大叔、哀元年左傳曰后緡方震、皆謂有身爲震、故云娠猶震也。蠢者、郭云蠢戁騷蹶皆搖動貌。小雅采芑云蠢爾蠻荊。震者、大雅常武云震驚徐方。戁者、恐動也。商頌長發云不戁不竦。騷者、大雅常武云徐方繹騷。蹶者、大雅緜篇云文王蹶厥生。注詩曰至或訛　釋曰云詩曰憂心且妯者、小雅鼓鍾文。云無感我帨兮者、召南野有死麕文。云或寢或訛者、小雅無羊文。

邢疏

妯動也

妯、盧篤反、又徒歷反。釋文　妯、盧叔反、又音迪。詩小雅鼓鍾釋文

郭音義

妯動也

妯、勑留反。釋文

顧音

黃輯古義

戁妯、盧篤反。釋文

郭音義

戁妯、依詩勑留反。釋文

顧音

玉函山房輯佚

娠蠢震戁妯騷感訛蹶動也

郭璞云：娠猶震也。詩曰、憂心且妯。無感我帨兮。或寢或訛。蠢戁騷蹶皆搖動貌。

一切注音

妯動也　郭盧篤反、又徒歷反。釋文

古注斠

娠指愼反、又音身。蠢尺允反。戁奴板反。妯顧依詩勑留反、郭盧篤反、又徒歷反。騷蘇刀反。訛五禾反。帨始銳反、毛詩傳云佩巾也。

陸音義

爾雅詁林　一　釋詁下

娠蠢震戁妯騷感訛蹶動也

妯女所由小動也。感感之而已。無感我帨兮、感且不得其遠觸遠矣。句有訛字。

新義

娠蠢震戁妯騷感訛蹶動也 娠、猶震也。說文云妊娠、動也。戁、長發云不戁不竦。妯、鼓鐘云憂心且妯。騷、常武云徐方繹騷。訛、無羊云或寢或訛也。

鄭樵注

娠蠢震戁妯騷感訛蹶動也妯、郭盧篤反。

郭璞曰、娠猶震也。詩曰、憂心且妯。無感我帨兮。或寢或訛。蠢戁騷蹶皆搖動貌。

鄭樵曰、娠、猶震也。說文云妊娠、動也。戁、長發云不戁不竦。妯、鼓鐘云憂心且妯。騷、常武云徐方繹騷。訛、無羊云或寢或訛也。

古注合存

娠蠢震戁妯騷感訛蹶動也。娠音振。戁音赧。妯音抽。○此釋娠蠢、以下皆動之義也。註曰、娠、猶震也。詩鼓鐘云、憂心且妯。野有死麕云、無感我帨兮。無羊云、或寢或訛。蠢戁騷蹶、皆搖動貌。疏曰、詩采芑云、蠢爾蠻荊。常武云、震驚徐方。徐方繹騷。長發云、不戁不竦。

注疏參義

娠蠢震戁妯騷感訛蹶動也 註 娠猶震也。詩曰、憂心且妯。無感我帨兮。或寢或訛。蠢戁騷蹶皆搖動貌。

正義 說文云、動、作也。娠者、說文云、娠、女妊身動也。春秋傳曰、后緡方娠。說文所引左氏哀元年傳文也。蠢者、說文云、蠢、蟲動也。鄉飲酒義云、春之爲蠢蟄蟲至春而動、故尚書大傳以春爲動方也。上文云、蠢、作也。義相通也。震者、序卦傳云、震者、動也。穀梁文九年傳云、震、動也。戁者、小爾雅云、面慙曰戁。上文云、震、戁、懼也。此申釋其義也。妯者、方言云、人不靜曰妯。齊宋曰妯。騷者、大雅常武云、徐方繹騷。騷當作慅。說文云、慅、動也。感者、說文云、感、動人心也。樂記云、其感人深。訛通作吪。王風兔爰云、尚寐無吪。蹶者、大雅緜云、文王蹶厥生。鄭箋云、文王動其緜緜民初生之道。註 娠猶至或訛。

正義 娠猶震者、舊疏引大雅生民云、載震載夙。昭元年左傳云、邑姜方震大叔。是有身爲震也。詩曰憂心且妯者、小雅鼓鍾文。無感我帨兮者、召南野有死麕文。或寢或訛者、小雅無羊文。

正義

娠蠢震戁妯騷感訛蹶動也 娠猶震也。詩曰憂心且妯。無感我帨兮。或寢或訛。蠢戁騷蹶皆搖動貌。

上文云、動、作也。作有奮起之意、故動又訓發也、生也、行也、變也、搖也、移也、俱緣作起之義而生也。通作董。周禮大祝云、四曰振動。注引鄭大夫云、動讀爲董。書亦或爲董。振董以兩手相擊也。然則董動以聲爲義耳。娠者、說文云、女妊身動也。引左氏哀元年傳、后緡方娠。一曰官婢女隸謂之娠。按女隸給役使者、是有動作之義也。通作振。方言云、官婢女廝謂之振。說文作娠。是娠振通。振爲女廝、故左氏昭三年傳、辱使董振擇之、蓋言董督女廝使選擇之。杜預訓振爲整、失其義也。此義弇廷相爲余說之。又通作身。詩大任有身、身卽娠也。漢書高帝紀云、已而有娠。孟康注、娠音身。漢史身多作娠。古今字也。是娠身通。故爾雅釋文娠有身音、是矣。蠢者、上文云、作也。亦動也。說文云、蟲動也。古文作𢦫。引周書曰、我有𢦫于西。魏三體石經殘碑大誥云、粵茲𢦫。卽說文所引古文也。詩采芑箋、蠢、動也。書允蠢鰥寡、漢書翟方進傳作誠動鰥寡。法言君子篇序云、蠢迪檢押。李軌注亦以蠢爲動也。餘詳上文。震者、易說卦云、震、動也。雜卦云、震、起也。起亦動也。詩生民時邁閟宮傳、震皆訓動。上文云、震、懼也。恐懼與變動義相成也。通作䟴。說文云、䟴、動也。又通作振、亦通作娠。左氏昭元年傳、方震大叔、釋文震本又作娠。按震說文以爲劈歷振物、是震娠俱以振動爲義矣。戁者、上文云、懼也。與震同義同訓、聲近。說文云、蝡、動也。與蠕同。史記匈奴傳索隱引三蒼云、蝡、蠕、動貌。一切經音義十一引通俗文云、搖動蟲曰蠕。又引字林云、蝡、蟲動也。是蝡蠕與蠢義又同矣。妯者、說文云、動也。詩憂心且妯、毛傳同。方言云、妯、擾也。人不靜曰妯。齊宋曰妯。郭注妯音迪。則與上文迪作之迪同故爾雅釋文妯郭盧篤反又徒歷反徒歷卽迪字之音又云顧依詩勑畱反勑畱卽妯字之音是妯迪通又通作陶一切經音義十二引詩作憂心且陶陶暢也按陶讀如厥草惟繇之繇故訓為暢暢遂亦生動之義又通作怞說文引詩作憂心且怞怞朗也朗暢義亦近也騷者慅之叚音也說文云慅動也一曰起也起亦動義釋訓云慅慅勞也勞動其義同通作騷詩徐方繹騷傳騷動也說文騷擾也擾當為擾擾亦動也方言以妯為擾說文以騷為擾是皆以聲為義矣感者說文云動人心也詩野有死麕傳及樂記注竝云感動也感又觸也發也觸義感義亦為動感之為言摵也說文云摵搖也搖動同義感又通借為憾左氏宣二年成二年及襄十六年廿九年釋文竝云感本作憾今按憾俗字也古止作感亦猶摵俗字也古止作摵耳訛者吪之或體也說文云吪動也引詩尚寐無吪通作訛詩或寢或訛傳訛動也釋文引韓詩作譌譌覺也覺寤與動起義近方言云譌化也釋言作訛化也變化與動作義亦近兔爰釋文吪本亦作訛是訛譌又通矣蹶者說文云跳也跳躍義亦為動詩文王蹶厥生天之方蹶傳竝云蹶動也文選風賦云蹷石伐木李善注蹷動也是蹷蹶同史記酈生陸賈傳索隱引埤蒼云蹶起也釋訓云蹶蹶敏也敏與起亦皆勤動之意

義疏

娠蠢震戁妯騷慅**感訛蹶動也** 郭注娠猶震也詩曰憂心且妯無感我帨兮或寢或訛蠢戁騷蹶皆搖動兒此皆已釋於上唯感未釋耳

娠專為妊動之稱古但用辰記及月辰謂其月初覺動也下云伀則將生矣騷从蚤蚤跳蟲故為動詩勞心慅兮又徐方驛騷又搔首峙蹰讀若蹷周官夜鼓鼜亦讀戚也感从心咸易卦咸感也字又伀摵又伀憾俗字也詩文王蹶厥生動見上卽東字

集解

爾雅詁林 一 釋詁下

娠蠢震戁妯騷感訛蹶動也 娠女妊身動也从女辰聲左哀元傳后緡方娠晉語大任娠文王均是也前漢書高帝紀已而有娠應劭曰娠動也懷妊之意禮記內則及月辰謂其月初覺動也詩大明大任有身箋謂懷孕也以辰身為之蠢蟲動也从䖵春聲書大誥允蠢鰥寡漢書翟方進傳作誠動鰥寡詩采芑蠢爾蠻荊箋蠢動也後漢書皇甫規傳戎醜蠢類注蠢動也法言君子序蠢迪檢押李軌注訓動文選吳都賦萬物蠢生束皙補亡詩蠢蠢庶類注均云蠢動也攷工梓人則春以功注作也出也白虎通五行春之為言偆偆動也左昭二三傳今王室實蠢蠢焉說文引作惷杜注動擾兒以春偆惷為之震辟歷振物也从雨辰聲引申為動說文則以踬為之易繫辭震无咎者存乎悔虞注震動也序卦傳震者動也詩常武徐方震驚生民載震載夙時邁薄言震之閟宮不震不騰傳均云震動也公羊文九傳地震者何動地也周語土氣震發注震動也前漢書張湯傳羣臣震讋師古曰震動也文選齊故安陸昭王碑震響成雷笙賦擩纖翮以震幽簧答賓戲聞之者響震注均云震動也易恒振恒馬注振動也書震驚朕師史記作振驚朕師僞傳動也史記禮書舉若振槁索隱動也文選寡婦賦長松萋兮振柯陸士衡贈顧彥先詩振風薄綺疏曹顏遠思友人詩寒風振纖枯注均云振動也易乾六爻發揮釋文揮動也周禮典同薄聲甄注甄猶掉也動也左僖十五傳亂氣狡憤注憤動也廣雅釋詁奮扮動也以振揮歕憤奮扮為之戁敬也从心難聲上經引申為懼此引申為動謂敬而懼敬而動也詩所謂不戁不竦是也或曰戁聲近蝡蝡微動也戁其蝡之借字乎妯女之動也从女由聲詩鼓鍾憂心且妯傳妯動也三家詩以怞為之騷擾也謂馬騷動也从馬蚤聲詩常武徐方繹騷傳騷動也菀柳上帝甚蹈傳蹈動也禮記月令處必掩身毋躁注躁動也廣雅釋詁傜悄悇動也文選舞賦簡惰跳踃注動足兒以蹈躁傲悄或傜踃為之或者騷之正字為慅與感動人心也从心咸聲易繫辭感而遂通天下之故虞注感動也詩野有死麕無感我帨兮傳感動也禮記樂記其感人心注感動也前漢書外戚傳感惟裳兮發紅羅師古曰感動也文選郭景純遊仙詩時變感人思謝靈運送孔令詩良辰感聖心於南山往北山經湖中瞻眺詩解作竟何感注均云感動也易象下傳咸感也臨咸臨虞注咸感也說文摵搖也廣雅釋詁鎮摵動也以咸摵鎮或

擬為之訛。字本作吪、口之動也、从口化聲、或作訛。詩兔爰尚寐無吪、無羊或寢或吪、傳均云吪、動也。蹶、跳也、从足厥聲。引申為動。說文則以趣為之。詩板天之方蹶、緜文王蹶厥生、傳均云蹶、動也。蟋蟀良士蹶蹶、釋文蹶、動也。文選風賦蹷石伐木、蹷即蹶、注動也。動、作也、从力重聲。字亦作動。周禮大祝職四曰振動。

義證

娠蠢震慸妯騷感訛蹶動也

註 娠猶震也詩曰憂心且妯無感我帨兮或寢或訛蠢慸騷蹶皆搖動貌

補正 邢疏、說文娠、娠動也。左傳后緡方震。商頌不戁不竦。大雅、徐方驛騷。文王蹶厥生。小雅云或寢或訛。

郭注補正

娠蠢震慸妯騷感訛蹶動也

娠猶震也詩曰憂心且妯無感我帨兮或寢或訛蠢慸騷蹶皆搖動貌也

慧琳開元釋教錄八卷音義引郭注爾雅云、蠢謂動搖貌也。文選七命注引郭璞爾雅注曰、蹶動搖之貌也。今本脫也字、據補。

郭注佚存補訂

娠蠢震慸妯騷感訛蹶動也

娠者、說文云女妊身動也。釋文云娠又音身。孟康注漢書帝紀云娠音身、古為身、娠字後出也。大雅大明大任有身、毛傳云身重也。鄭箋云重謂懷孕也。娠通作震。生民載震載夙、傳云震、動也。彼釋文云震、有娠也。昭元年左氏傳方震太叔、彼釋文云震本作娠。蠢者、已詳上文蠢作也下、作即動也。震與娠通、而震又訓動者。大雅常武徐方震驚、周頌時邁薄言震之、莫不震疊、魯頌閟宮不震不騰、傳箋並云震、動也。慸者、已詳上文震慸懼也下、恐懼與震動同義、此又申言之也。妯者、說文云動也。小雅鼓鐘憂心且妯、毛傳云妯、動也。說文引作憂心且怞、一切經音義十二引作憂心且陶。詩釋文云妯、又音廸。釋文徒歷反、即廸字音也。大雅桑柔弗求弗廸、傳云廸、進也。進與動義近。騷者、慅之假借也。說文云慅、動也。大雅常武徐方繹騷、傳云騷、動也。感者、說文云動人心也。召南野有死麕無感我帨兮、傳云感、動也。訛、說文作吪、云動也。引詩尙寐無吪。王風兔爰釋文云吪、本亦作訛。小雅無羊或寢或訛、傳云訛、動也。彼釋文引韓詩作譌、云覺也。覺與動義近。小雅正月民之訛言、節南山式訛爾心、箋云訛、化也。變化亦與動義近。蹶者、說文云蹶、跳也。跳即動也。大雅緜文王蹶厥生、板天之方蹶、傳並云蹶、動也。

說詩

爾雅詁林 一 釋詁下

娠蠢節音妯音抽（釋文云郭盧篤切。）

疏說文云妊身動也（身誤娠。）　后緡方震（震左傳作娠。）

注疏正字

妯

通作怞。說文引詩曰憂心且怞。

小箋

娠蠢震戁妯騷感訛蹶動也　詩（大雅思齊）大任有身、傳身重也。箋云謂懷孕也。元照案身與娠同、重與動同。　說文（足部）䟢、動也、从足辰聲。通借作震。　詩（小雅菀柳）上帝甚蹈、傳蹈動也。案蹈即妯字。妯蹈聲相近、古从由从舀之字多通用。詩左旋右抽、說文引作搯、可徵。徐養原曰、楚策上天甚神、神當是妯字之譌。　說文（心部）慅、動也、从心蚤聲。騷亦蚤聲、又訓擾、故通用。　說文（口部）吪、動也、从口化聲。言部無訛字。　詩（小雅正月）天之扤我、傳扤、動也。疑扤與蹶通。

匡名

娠蠢震戁妯（音抽）騷感訛蹶動也　說文䛖、作也。娠、女姙身動也。引左傳后緡方娠。方娠者、方身動、去産不遠也。其字亦段震爲之、如左傳邑姜方震太叔是也。蠢、上文訓作、又訓爲動、義相通也。序卦、震、動也。商頌不戁不竦、傳戁、恐也。蓋恐則心動也。怞、動也。小雅憂心且妯。大雅徐方驛騷、傳騷、動也。感、動人心也。召南無感我帨兮、傳感、動也。小雅或寢或訛、傳訛、動也。本作吪。王風尚寐無吪、傳吪、動也。蹶、僵也、一曰跳也。大雅文王蹶厥生、傳蹶、動也。

啓蒙

娠蠢震動也　娠震聲通同訓、娠震與蠢聲勢小異、實一語耳。

廣雅娠、傛也。又與震同、詩載震載夙、震即娠也。又與身通、太任有身、身即傛也。通作侲、侲子是也。

妯、動也。妯又通作抽、楚辭九章有抽思篇。

黃侃音訓

娠、蠢、震、戁、妯、騷、感、吪、蹶、動也。

上文云：「動、作也。」動作有奮發、生動、行動、變動、搖動、移動、之義。動亦借爲蕫、見周禮大祝。

娠、震、皆从辰；許氏訓辰爲震、故凡从辰之字、皆有動意。說文女部云：「娠、女妊身動也、从女、辰聲；一曰官婢女隸謂之娠。」案左氏昭三年傳云：「辱使董振擇之、」牟廷相謂「董督女廝使選擇之、」方言云：「燕齊之閒養馬者謂之娠、官婢女廝謂之娠、」此皆許所本、振即娠之借用字也。詩「太任有身、」漢書高帝紀云：「已而有娠、」有身、即有娠也；漢史於可用身字者、多用娠、或據此以爲身娠一字、非也。震、說文「劈歷振物者、」是震者、疾雷也；以其震物故曰震。引伸之、凡動謂之震、故曰震動也。恐懼者必振顫、故上文云：「震、懼也。」左氏昭元年傳云：「邑姜方震大叔、」借震爲娠。

蠢者、說文䖵部云：「蠢、蟲動也；」引伸爲凡動之義、故本節訓動。上文訓作。考工記假春爲蠢。壁中古文尚書、蠢作𢧢。

戁、上文云：「懼也；」今訓動者、即惶駭、敬畏之動也、與震同意；詳懼也節。

妯、說文亦訓動。小雅「憂心且妯、」傳云：「動也；」許引作「憂心且怞、」借怞爲妯也。方言「妯、擾也、人不靜曰妯、齊宋曰妯、」擾與不靜、亦妯也。爾雅釋文「妯、徒歷反；顧依詩勑留反。」徒歷、與說文同、即方言郭注所云：「妯、音迪」也。勑留、則與廣韻「丑鳩切」同、蓋怞之音也。

騷、說文「摩馬也。」段氏云：「人曰搔、馬曰騷、其義一也。摩馬如今人之刷馬；引伸之義爲騷動。」晉案內則「疾痛苛癢敬抑騷之、」注云：「騷、摩也、」是摩亦騷也。就馬言謂之騷、亦謂之刷、文選魏都賦云：「刷馬江洲、」是也。騷刷、即騷除也。史記李斯傳云：「竈上騷除、」又黥布傳云：「大王宜騷淮南之兵、」是也。然則許所言摩馬者、刷馬也、騷除馬也、此皆騷之正義。引伸之、則大雅常武「徐方繹騷、」傳云：「騷、動也、」此毛之

爾雅詁林　一　釋詁下

本于釋詁也。張衡思玄賦「寒風淒其永至兮，拂雲岫之騷騷。」文選注云：「
騷騷，風動貌。」是用爲副詞，亦動之義也。邵郝二氏皆以慅爲騷，是强爾雅
以就說文，强說文之慅以爲騷也。
感，說文「動人心也。」左氏宣二年成二年傳釋文竝云：「感，本作憾。」
郝氏云：「憾，俗字也，古止作感；亦猶撼俗字也，古止作揻。」此說是也。
吪，舊作訛，訛者，吪之誤字。說文「吪，動也。」詩曰：「尚寐無吪。」
許所引見王風。小雅「或寢或吪。」傳云：「吪，動也。」各本作「或訛。」
段氏以爲非；然則爾雅之訛亦非矣。訛即譌字，故改爲吪。
蹶，說文「僵也；一曰跳也；」廣韻「蹶，走也。」僵，跳，走，義亦爲
動。故大雅「文王蹶厥生。」傳，文選風賦注，竝云：「蹶，動也。」

爾雅學

娠蠢震戁妯騷感訛蹶動也○釋曰 注疏本刪
昭元年左傳曰邑姜方震大叔哀元年左傳曰后婚方震
今左傳哀元年作娠。按昭元年釋文云，方震本又作娠，震
娠古今字。漢書高帝紀巳而有娠，應劭注云娠，動，懷任之
意。左傳曰邑姜方娠，師古曰漢書皆以娠爲任身字，邑姜
方震自爲震動之字，不作娠，蓋左氏本作震，以義讀之爲
娠也。
文王蹶厥生○注詩曰至或訛○釋曰 注疏本刪下八字。

校勘記

娠音振 雪牕本音辰

校勘記訂補

妯騷感訛蹶動也。釋文，顧依詩敕留反，郭盧篤反，又徒
歷反。今本妯音抽，是注用郭而音用顧矣。當備載之
方是。

注疏本正誤

周南野有死麕文 監本毛本湘本周作召，是。此誤。

注疏校勘札記

娠音振 蠢震戁音赧 妯騷感訛蹶動也

音圖・音

戁，直音然上聲。案戁，奴板翻，難上聲，泥今然上聲，日
非。

直音正誤

妯，顧依詩敕留翻，音抽。徐直留翻，音儔。郭音爾雅盧叔
篤一作翻，音祿，又音迪。說文从心作怞，音同。

音略

娠振身、蠢、震、戁赧、妯、騷、感祿、訛、蹶搐、動也。

孫偘直音

娠振身蠢震戁赧妯抽騷感搖訛蹶動也

直音校正

娠振蠢震戁赧妯抽騷感訛蹶動也

楊氏音訓

娠申又音震 妯逐 蹶居衛切

干氏音釋

覆察副審也

覆察、副、審也。覆校察視副長，皆所爲審諦。

郭注

覆察副審也 釋曰，郭云覆校察視副長皆所爲審諦。覆者，月令季春云命舟牧覆舟，五覆五反。察者，周書呂刑云惟察惟法。副者，次長之稱。

邢疏

覆察副審也
郭璞云覆挍察視副長皆所爲審諦。

一切注音

覆芳福 副音赴，反後注同 校音教 長丁丈反，下文并注同 諦音帝

陸音義

覆察副審也

爾雅詁林　一　釋詁下

覆之則審、察之則審、有副焉則審。 新義

覆察副審也 覆、又按也。副、次長之稱。 鄭樵注

覆察副審也
郭璞曰、覆校察視、副長皆所爲審諦。
鄭樵曰覆、又按也。副、次長之稱。 古注合存

覆察副審也。此釋覆察爲副審之義也。各二字爲連文。舊析上三字總釋爲審者非。 注疏參義

覆察副審也 注 覆按察視副長皆所爲審諦 正義 說文云、宷、悉也、知宷諦也。篆文作審。覆者、孫子云必覆索之、漢書盧綰傳云上乃令人覆按、是也。察者、說文云察、覆審也。秋官鄉士云察其辭、鄭註察、審也。禮器云五獻察、鄭註察、明也。故釋訓以明明爲察也。賈誼書耳痺篇其視察、言覝之審也。副者、匡謬正俗云副貳之字、副字本爲福字、從衣畐聲。書史假借遂以副字代之。案福與覆聲相近、故訓爲審也。 正義

覆審也 玉案、說文襾、覆也。从冂、上下覆之。又覈注云、攷事襾笮邀遮其辭得實曰覈。徐鍇曰襾者、反覆之也。覆字从襾、義有反覆、故訓爲審。張衡云、神逵昧其難覆兮。 補注殘本

覆審也 玉案說文西、覆也。繫傳西者、反覆之也。覆字从西、義爲反覆、故訓審。 校議

覆察副審也 覆校察視副長皆所爲審諦 說文云、宷、悉也、知宷諦也。篆文作審。廣雅云、審、諟也。又云審、索也。考工記注以審爲察也。呂覽察微篇注審、詳也。音律篇注審、愼也。愼、諟、詳、悉、索俱審聲之遞轉、其義即存乎聲也。覆者、說文云覂也。覂、反覆也。反

覆即詳審之義。故廣雅云、覆、索也。覆與審同訓。索、即索字者、索所以爲詳審也。左氏定四年傳藏在周府、可覆視也。月令云命舟牧覆舟、覆皆考索之意。文選思玄賦云神逵昧其難覆兮、舊注覆審也。考工記弓人云覆之而角至、鄭注覆猶察也。通作復、華嚴經音義序引珠叢云、復謂重審察也。字又作覆、是覆復通。釋文覆芳福反、則與覆蓋之覆音芳救反者異矣。察者、說文云覆也。周禮鄉士注審也、禮中庸注察猶著也。喪服四制注察猶知也。知著義皆爲審。故賈子道術篇云、纖微皆審謂之察。書大傳云察者至也。爾雅下文云、在、察也。在與至亦皆審諦之義矣。副者、釋文音赴、則與覆同。故釋名云、副、覆也。以覆首、亦言副貳也、兼用衆物成其飾也。是副覆音義同。又音芳救切。故廣韵四十九宥副字云、貳也、佐也。又福字云衣一福、今作副。是副福同。文選西京賦云仰福帝居、蓋以福爲副耳。李善注福猶同也。同即副貳之義。按副本音普力切、與周禮疈辜之疈同。偺爲副貳之字。故匡謬正俗以福爲正體、副爲叚偺。又引西京東京賦皆用福字、並爲副貳。其說是矣。但爾雅本爲釋經福字、經典所無、相承惟用副耳。 義疏

覆察副審也 注、郭 覆校、察視、副長、皆所爲審諦。覆、从襾復、而復、葢也。葢而反復之。月令、命舟牧覆舟。察、从宀祭、與禘同意。書、惟察惟浤。副、从刀畐。周官用籒文、皆作疈。記、爲天子削瓜者副之。劈而審視之也。審、从宀采。篆文从番。悉也。 集解

覆察副審也 覆、覂也、一曰蓋也、从襾復聲。引申爲索也、審也。記、命舟牧覆舟是也。考工弓人覆之而角至、注覆猶察也。管子五輔下愈覆鷙而不聽從、注覆察也。後漢書張衡傳神逵昧其難覆兮、注覆審也。察、覆察也、从宀祭聲。祭、重事也。周禮鄉士察其辭、注察審也。賈誼書道術纖微皆審謂之察。離騷悔相道之不察兮、注察審也。副、判也、从刀畐聲。周禮作疈、籒文也。引申爲審、謂判物而審視之也。禮記曲禮爲天子削瓜者副之、言析瓜而審視也。或者副之正字爲福與、欲求福者必審諦。審字一作宷、悉也。从

爾雅詁林 一 釋詁下

宀从釆會意。篆文从番作審。禮記月令審卦吉凶。

義證

覆察副審也

註覆挍察視副長皆所爲審諦補正邢疏月令、命舟牧覆舟、五覆五反。呂刑、惟察惟法。

郭注補正

覆察副審也　注覆校察視副長皆所爲審諦

諍曰、以副長爲審諦、義殊迂遠。邵氏謂匡謬正俗副貳之字本爲福、從衣畐聲。福與覆聲相近、故訓爲審。得其聲仍不得其義。案漢書高惠高后文功臣表副在有司、注貳也。副貳之本又在有司、蓋本之有副貳、所以備審察、故亦訓審。以爲長之副、失其義矣。

靜郭

覆察副審也

覆校察視副長皆所爲審諦

毛本校作挍。

郭注佚存補訂

覆察副審也

覆有反覆之義。審者、反覆以思之也。小雅小明、畏此反覆。覆通作復。蓼莪顧我復我、箋云復、反覆也。大雅桑柔是顧是復、箋云王反顧念而重復之。反覆重復、即審義也。副者、說文云判也。大雅生民不坼不副、說文塲下引作不坼不疈。副爲剖判、與審義近。鄘風君子偕老副笄六珈、疏引追師注云副之言覆。察副俱訓覆、互申其義也。審、說文作宷、云悉也。知宷諦也。篆文作審。

說詩

副

釋文音赴、誤。曲禮爲天子削瓜者副之、鄭注副、析也。當音逼、說文副、判也。

小箋

覆察副審也　說文宷、悉也、知宷諦也。从宀釆。篆作審。中庸審問之。覆、覂也、一曰蓋也。覆有反覆之義。反覆者、詳審也。孫子、必覆索之。論語、必察焉。前漢功臣表副在有司、註副、察也。

啓蒙

覆副審也。覆副同字並見。复聲、畐聲相通之例。又見易小畜與脫輹、釋文輹、本亦作輻。副說文判也、亦與審察義近。

黃侃音訓

副審也　案副與辨一義。說文副、判也。辨、判也。皆爲辨別、故以審訓之。審、古文作宷、从釆。釆、辨別也。副審之訓、最爲較然易明。自副讀如赴、又專用爲副貳字、而其義其音乃皆忘其本。古時所不經見者、今至於莫不然、此音義淆亂之一大較也。郭注曰副長、此指爲副貳字矣。釋文云音赴、遺本音矣。大雅生民之不坼不副、周官之副辜祭、曲禮之削瓜者副之、此皆本音本義也。

包錫咸日記

副審也

案說文副、判也。判之解爲分析。周禮朝士凡有責者有判書、故書判爲辨。鄭司農云辨、讀爲別、謂別券也。

爾雅詁林　一　釋詁下

辨別與分析胥有審義、副既解判、卽以判之義解副、爾雅所以曰審也。郭注副長、失之。

董瑞椿日記

覆、察、副、審也。

說文宷部云：「宷、悉也、知宷諦也。篆文作審。」覆、說文襾部云：「覆、覂也、」覂者、反覆也。左氏定四年傳云：「藏在周府、可覆視也、」漢書盧綰傳云：「上乃令人覆按、」皆言審也。副者、鄘風「副笄六珈、」爲王后首飾。釋名「副、覆也、」是副覆音義同、故竝訓審。匡謬正俗云：「副、副貳之字。副字、本爲福字、从衣、畐聲。書史假借、遂以副字代之。」廣韻四十九宥、以副爲福之今字。

爾雅學

覆挍察視副長單疏本、雪牕本、元本、閩本、監本同。毛本挍作校。釋文挍音教。按五經文字手部云挍、經典及釋文或以爲比校字。按字書無文。又詩序子衿、刺學校廢也。注鄭國謂學爲校、言可以校正道藝。葉鈔釋文以挍正音教。然則此釋文亦當作挍音教也。

覆察副審也○釋曰注疏本删。

校勘記

五行(注)皆所爲審諦○上文「抿拭刷，清也」下注云「皆所以爲潔清」此注「所」下疑脫「以」字。

宋監本校箋

覆察副赴、審也。

孫偘直音

契滅殄絕也

契滅殄、絕也。今江東呼刻斷物爲契斷。

郭注

契滅殄絕也　釋曰、皆謂斷絕。契者、郭云今江東呼刻斷爲契斷。定九年左傳曰盡借邑人之車、契其軸、杜注云契刻也。滅者、小雅正月云寧或滅之。殄者、大雅桑柔云不殄心憂。

邢疏

契絕也　契、苦計反。釋文

郭音義

契絕也　契、苦結反。釋文

顧音

契滅殄絕也　廣韻十六屑引爾雅契作栔。

衆家注

黃輯古義

契滅。契、苦計反、字又作挈。

郭音義

契滅。契苦結反、注同。

顧音

玉函山房輯佚

契滅殄絕也　郭璞云、今江東呼刻斷物爲契斷。

一切注音

契絕也　郭苦計反。釋文

古注斠

注言。左傳云、盡借邑人之車、契其軸是也。殄大典反。刻音克。斷大管反。契郭苦計反、字又作挈。顧苦結反。

陸音義

契滅殄絕也　有合而已有時而絕。

新義

契滅殄絕也　左傳、盡借邑人之車契軸。契、苦結反、刻斷也。

鄭樵注

契滅殄絕也　契郭苦計反。郭璞曰、今江東呼刻斷物爲契斷。鄭樵曰、左傳盡借邑人之車契軸。契、苦結反、刻斷也。

古注合存

爾雅詁林　一　釋詁下

契滅殄、絕也。契音挈。○此釋契滅殄爲絕之義也。註曰、今江東呼刻斷物爲契斷。疏曰、左傳云、盡借邑人之車契其軸。

注疏參義

契滅殄絕也 **註** 今江東呼刻斷物爲契斷 **正義** 釋名云、絕、截也、如割截也。契者、說文云、栔、刻也。左氏定九年傳云、盡借邑人之車、鍥其軸。荀子勸學篇、鍥而舍之。鍥、栔與契通。故釋名云、契、絕也。滅者、夏官大司馬云、外內亂、鳥獸行、則滅之。殄者、益稷云、用殄厥世、史記作用絕其世。

註今江至契斷○**正義**淮南齊俗訓越人契臂、高誘以爲刻臂。呼刻斷物爲契斷、今俗語猶然。

正義

契絕也　玉案、周禮菙氏掌共燋契以待卜事、杜子春云、契卽契龜之鑿。說文契、刻也。釋文契、絕也。刻斷故爲絕。

校議

契滅殄絕也 今江東呼刻斷物爲契斷

說文云、絕、斷絲也。古文作𢇍。廣雅云、絕、斷也。滅也。釋名云、絕、截也。如割截也。契者、栔之叚借也。說文云、栔、刻也。廣雅同。通作契。釋名云、契、刻也。刻識其數也。淮南齊俗篇云、越人契臂、高誘注以爲刻臂也。又通作鍥。左氏定九年傳盡借邑人之車鍥其軸、杜預注鍥、刻也。荀子勸學篇云鍥而舍之、注亦云鍥、刻也。爾雅釋文契、顧苦結反、引左傳作契其軸。又通作挈。釋文契、郭苦計反、字又作挈。詩爰契我龜、考工記輈人注引鄭司農云契、讀爲爰挈我龜之挈。漢書敘傳集注亦作爰挈我龜。文選封禪文云挈三神之歡、李善注引應劭曰挈、絕也。滅、殄上文竝云盡也。盡絕義同。

義疏

契挈**滅殄絕也** 郭注、今江東呼刻斷物爲契斷。契、从大㓞。㓞、刀畫丯刻也。周官掌共燋契。詩爰契我龜。鄭司農引作挈。又死生契闊、謂絕遠也。滅、从威。威、火戌爲威、加水更絕矣。春秋傳、君死乎位曰滅。詩、褒姒威之。又周宗既滅。殄、見上珍。書殄滅之。讒說殄行。絕、从刀糸卩、斷絲也。卩以治之、故爲尤絕。詩、終踰絕險。

集解

契滅殄絕也 契、大約也。从大㓞、會意。㓞亦聲。正字爲割。割、剝也。引申爲絕、謂斷絕也。周禮割亨割牲、記大割祠均是也。割契通用字。詩爰契我龜、傳契開也。擊鼓死生契闊、言絕遠也。蕩本實先撥、箋撥猶絕也。詩契契寤歎、廣雅釋訓作栔栔。文選封禪文挈三神之歡、注挈、絕也。字畧挈、絕之也。以撥栔挈抉爲之。滅、盡也。从水威聲。引申爲絕。論語興滅國繼絕世。公羊昭二三傳、君死乎位曰滅、滅則絕矣。殄、盡而絕也。从歺㐱聲。書堯典讒說殄行、馬注殄、絕也。泰誓殄殲乃讎、僞傳訓絕。詩桑柔不殄心憂、箋殄、絕也。周禮稻人凡稼澤夏以水殄草、注殄、病也、絕也。左僖十傳君祀無乃殄乎、魯語固民之殄病、注均云殄、絕也。孟子引詩肆不殄厥慍、注殄、絕也。絕、斷絲也。从糸从刀从卩、會意。古文作𢇍。引申爲凡斷絕之偁。

義證

契滅殄絕也

註今江東呼刻斷物爲契斷**補正**邢疏、左傳盡借邑人之車契其軸、註云契、刻也。

郭注補正

契滅殄絕也

契、說文云字又作挈。文選封禪文注云挈、絕也。邶風擊鼓死生契闊、彼釋文云契本亦作挈。朱子云契闊、隔遠之意。案契闊二字之義、毛傳謂契闊爲勤苦、於字義毫不相副。杜甫詩、中允聲名久、如今契闊深。李商隱文、契闊十年、流離萬里。以契闊爲隔遠斷絕之義、與朱子之說相合。隔遠卽斷絕義也。挈義與契同。大雅緜爰契我龜、考工記輈人注引鄭司農云、契讀爲爰挈我龜之挈。契挈音義皆同。契絕也。見釋名。滅殄、義詳上文滅殄盡也下。盡亦絕也。

說詩

契滅節音契苦結切釋文云郭苦計切。疏杜預註云契刻也註字誤在杜預上。

注疏正字

契滅殄絕也　契、釋文云字又作挈。廣韻屑十六引作栔。案說文栔部栔刻也、从木从㓞。契挈皆通借字。廣韻所引是也。又借用鍥、左傳定九年、鍥其軸。

匡名

契滅殄絕也　說文絕、絲斷也、从糸刀卪。封禪文、契三神之歡。說文作栔、刻也。唐韻引爾雅亦作栔。郭註今江東呼刻斷物爲栔斷。古經作契、假借字也。小雅甯或滅之、傳滅、盡也。益稷用殄厥世、傳殄、絕也。

啓蒙

契　㓞　說文栔刻也。段氏注云。契廣韻引作栔。案古經多作契。叚借字也。左傳盡借邑人之車。契其軸。爾雅音義所引如是。今左傳作鍥。皆叚借字也。

黃侃評本正名

契、絕也。　契又與劊近、說文劊楚人謂治魚也、廣雅劊、割也。鍥本義亦與契近、說文鍥、鎌也、方言刈鉤或謂之鍥。滅殄、絕也。　滅殄上文云盡也、盡絕義近、文選鮑明遠還都道中詩絕日盡平原、注絕猶盡也。

黃侃音訓

慔　愛也　娠　騷　動也　契　絕也

說文慔、憮也。憮、愛也。慔心部　郭注娠猶震也。注釋詁　說文騷作慅、動也。慅心部　釋文契、字又作挈。釋詁釋文

慔愛也。說文慔、憮也。方言、韓鄭曰憮。注云慔、韓鄭語。按慔憮音義同。緜詩周原膴膴、文選注引韓詩作周原腜腜。

證異

契絕也。詩緜爰契我龜、傳契開也。箋契灼其龜。周禮菙氏掌共燋契以待卜事、杜子春云契謂契龜之鑿也。呂氏春秋察今篇其劍自舟中墜於水遽契其舟注疾刻舟識之。淮南子越人契臂。荀子勸學篇鍥而舍之朽木不朽鍥而不舍、金石可鏤。

古義補

契、滅、殄、絕也。

說文以絕爲斷絲、見前所引。廣雅「絕、斷也。」契爲栔之假借、見緒言。說文以栔爲刻、郭注爾雅謂「今江東呼刻斷物爲契斷、」刻斷、即絕也。左氏定九年傳云：「盡借邑人之車、鍥其軸、」文選封禪文云：「挈三神之歡、」此又借鍥、挈、爲栔也。

爾雅學

契滅殄絕也○釋曰注疏本刪。杜注云注疏本衍作注杜預云。

校勘記

契滅殄絕也。釋文契、郭苦計反、字又作挈。顧苦結反。今本契苦絕切、是字不作挈、而用顧音非是。

注疏本正誤

殄直音音忝　案殄大典翻定今音忝透非。

直音正誤

挈　忝

契、滅、殄、絕也。、

孫侶直音

契挈滅殄絕也

楊氏音訓

郡臻仍迺侯乃也

郡、臻、仍、迺、侯、乃也。迺卽乃。餘未詳。 **郭注**

郡臻仍迺侯乃也 釋曰：乃、語辭也。迺、乃音義同。大雅緜篇云迺慰迺止是也。 **邢疏**

郡臻仍迺侯乃也

郭璞云：迺、卽乃。餘未詳。 **一切注音**

郡臻仍迺侯乃也

居吾事也。臻爲乃革吾事也。仍爲乃。侯汝諸侯也。郡汝大夫也。春秋傳曰：上大夫受郡。迺尙往也。乃、氣出之難。詩曰：迺陟南岡，乃覯于京。 **新義**

郡臻仍迺侯乃也 臻、重至也。迺卽乃也。侯、維也。維亦乃也。乃、引辞也。不絕之義也。郡未詳。 **鄭樵注**

郡臻仍廼侯乃也

郭璞曰：廼卽乃。餘未詳。

鄭樵曰：臻、重至也。廼卽乃也。侯、維也。維亦乃也。乃、引辭也、不絕之義也。郡未詳。 **古注合存**

郡、臻、仍、廼、侯、乃也。此釋郡以下之義也。註曰：廼卽乃。餘未詳。愚按此條多不可解。郡字或疑草書薦字之譌。蓋薦臻爲仍，廼侯爲乃，兩釋之與。 **注疏參義**

鄭云：臻、重至也。廼卽乃也。侯、維也。維亦乃也。乃、引辭也。按重至别是一義，與廼無涉。 **補注**

郡臻仍廼侯乃也 **註** 廼卽乃。餘未詳 **正義** 古者乃、仍二字通用。郡通作窘。小雅正月云：又窘陰雨。鄭箋：窘、仍也。臻者，易釋文引京房易云：水臻至。臻亦仍也。故廣雅云：仍、再也。郡、臻二字俱從仍取義也。仍者，春官司几筵云：凶事仍几。後鄭云：故書仍爲乃。先鄭云：乃讀爲仍。是仍、乃二字相通也。廼者，大雅公劉云：廼埸廼疆。侯者，小雅四月云：侯栗侯梅。 **正義**

郡臻仍迺侯乃也 迺卽乃。餘未詳。

乃者、說文作乃、云：曳詞之難也。象气之出難。公羊宣八年傳云：而者何、難也。乃者何、難也。曷爲或言而、或言乃、乃難乎而也。何休注：言乃者內而深、言而者外而淺。按：而乃語有輕重耳。古讀而乃音近、二字俱爲語詞、又俱訓汝。故周禮小宰云各脩乃職、禮祭統云乃祖莊叔、鄭注竝云：乃猶女也。燕禮及大射儀云大夫不拜乃飲、鄭注竝云：乃猶而也。是而乃其義同。夏小正云匽之興五日翕望乃伏、傳作而伏、是而乃通矣。又通作仍。周禮司几筵云凶事仍几、鄭注：故書仍爲乃。鄭衆注：乃讀爲仍。是仍乃通矣。葢仍而乃聲俱相轉、故古字通用。今讀乃爲奴亥切、轉爲尼損切、登州福山人又轉爲奴哈切。方音遞變、古讀遂不復可通矣。郡者、君之叚借也。水經河水注引黃義仲十三州記云：郡之爲言君也。然則君與矦義近、通作窘。詩又窘陰雨、傳：窘、困也。窘訓困、與乃訓難義又近。箋云：窘、仍也。漢書敘傳窘世薦亾、窘亦訓仍。仍與乃其義同矣。臻者、下文云薦也。薦與荐同。釋言云：荐、再也。又與洊同、與臻通。易坎傳云水洊至、釋文引京房作臻、干寶作洊。說文洊作瀳、从薦聲、讀若尊。是薦臻聲轉、薦訓重也、再也、與仍義又同矣。仍者、下文云因也。說文云仍从乃聲。凡扔訪等字俱从乃聲、而訓因。周禮乃讀爲仍、論語仍讀爲仁、是卽古音通轉之證。又通作陾。詩緜傳：陾陾、衆也。廣雅作仍仍、衆也。說文陾从耎聲、耎从而聲。故詩釋文陾耳升反、又如之反。按如之卽而字之音、故廣韵七之而紐下云陾與隭陑竝同。又音仍、是仍而聲同、而乃聲又同。凡聲同之字、義存乎聲、仍之訓爲乃、亦其證也。迺者、說文作鹵、从乃省、西聲。籒文鹵不省、或曰鹵、往也、讀若仍。按鹵讀若仍、卽乃讀爲仍也。鹵又訓往、一切經音義十八引蒼頡篇云：迺、往也。是迺鹵通。廣雅云：乃、往也。是乃迺又

爾雅詁林 一 釋詁下

通矣。經典迺乃通者非一、故廣韻及列子釋文並以迺為古文乃字是矣。侯者、下文云伊維侯也、是侯訓伊又訓維。伊維侯俱語詞也。詩內侯字傳箋俱訓維無異詞。按大明云維予侯興、侯疑訓乃。乃者難詞。言天維予有德乃興之。箋訓侯為諸侯、恐非。又下武云應侯順德、此侯亦疑訓乃。乃者汝也。正與左傳應乃懿德、禮樂志蕩侯休德句義相同。古讀侯乃伊維疑俱音近義通、故古人謂汝為乃、今人謂彼為伊、伊亦乃也、乃亦侯也。推是而言、伊亦而也、而亦仍也、仍亦乃也。又古人謂汝為爾、今人謂汝為伱、伱即爾也、爾亦而也、而又乃也。是皆古音之展轉相通、聲與義可推求而得也。郭意未了、故為疏通證明之如此。

郡窘君**臻**溱**仍迺侯乃**逌**也**　郭注、迺即乃。餘未詳。

義疏

郡、从君、上云侯、君也。君世及、故以為因仍。詩作窘、字从穴、記焄蒿悽愴。又从火、又書稱人曰君、亦曰乃、亦曰女。禮稱君舅君姑、猶乃稱祖乃父也。臻、从秦、譛聲、後起字、本作存、在也、轉作薦、薦藉、故為仍。詩天方薦瘥、易水臻至、亦作洊、至仍、一字分用、周官仍几、故書作乃、几詩迺慰迺止、八字俱用迺、乃召司空二句用乃、迺立皋門三句又用迺、說文卣、驚聲也。从乃西、卣、氣行皃。从乃卤、乃、曳也、詞之難也。然則迺當作逌、今以逌同攸是也。侯、上云君、下云維、詩侯栗、侯采。侯主侯伯。與乃同意。

集解

郡臻仍迺侯乃也　郡、周制縣所轄地也。春秋傳、上大夫受縣、下大夫受郡是也。正字為君。君、尊也。引申為凡尊人之偁、與乃義同。禮偁君舅君姑、猶書言乃祖乃父也。詩正月又窘陰雨、箋窘、仍也。蓋因君世及而有仍義耳。備窘為之。臻、至也。从至秦聲。正字為荐。荐、薦席也。引申為乃、謂因仍也。荐臻通用字。左襄二二傳不虞荐至、注荐、仍也。易坎水洊至、劉注洊、仍也。以灋為之。仍、因也。从人乃聲。正字為乃。乃仍疊韻。周禮司几筵凶事仍几、故書作乃几。迺、字本作卤、驚聲也。从乃省、籀文西聲。正字為乃。乃迺一聲之轉。詩緜迺慰迺止、公劉迺積迺倉、箋均訓乃。侯、字本作矦、春饗所射矦也。乃也者、謂諸侯世及而有仍義也。詩中侯字多訓為維、唯下武應侯順德、侯當訓乃、猶左傳之言應乃懿德也。乃、曳詞之難也。象氣之出難、或借為發聲之詞、而訓為女。書堯典乃言底可績、禮記祭統纂乃祖服。

義證

郡乃也　孔鮒小爾雅曰乃、汝也。水經注引黃義仲十三州記曰、郡之言君也。君與汝、皆指謂同人之辭、故相釋。一說乃猶僅也。呂氏春秋有始覽、成勝者衆矣、而霸者乃五。言僅有五也。郡或因僅音致訛。

臻乃也　臻、進也及也。逸周書作雒解王既歸乃歲、孔晁註曰、乃謂乃後之歲。此乃字于進義合。夏小正五月乃瓜、戴德傳曰乃者、急瓜之辭也。此乃字于及義合。儀禮中言乃甚多、如鄉射篇乃請、乃席、乃張侯、乃速賓、乃設折俎、乃薦脯醢、乃合樂、乃納射器、乃射、乃設楅、乃奏騶虞、乃羞、乃飲、乃退、乃息司正。士喪篇乃赴、乃沐、乃笄、乃屨、乃襲、乃枕載、乃代哭、乃適饌、乃蓋、乃塗、乃奠、乃就次。既夕篇乃奠、乃載、乃祖、乃代哭、乃行、乃窆、乃反哭、乃就次。皆言其禮節進及之次。讀此則臻釋為乃之義大明。

仍乃也　周禮司几筵凡凶事仍几、註曰故書仍為乃、鄭司農讀乃為仍。徐鉉說文註曰、古字音多與今異、如皀亦音香、乃亦音仍、古今失傳、不可詳究。依此則仍乃二字古且通用、蓋仍者因也、乃亦因上起下之辭、于文人乃為仍、相通之故略可究矣。

侯乃也　凡詩以侯爲語辭者、先儒率訓維、維與乃義不甚遠。然如大雅大明云維予侯興、一語中維侯並用、侯不應復訓維矣。蕩篇侯作侯祝、亦依此訓乃爲確。 **補郭**

郡臻仍迺侯乃也

註迺即乃、餘未詳 補正 鄭樵註云、臻、重至也。侯、維也。維亦乃也。乃、引辭也。不絕之義也。郡未詳。臣鏊按、乃當作發語辭之乃。郡、或爲伊之譌。詩侯誰在矣、侯服于周、伊余來塈、伊誰云從、皆發語辭。仍因仍亦發端辭也、未審孰是。 **郭注補正**

郡臻仍迺侯乃也

迺即乃字也、餘未詳

元應龍王兄弟經音義引爾雅迺、乃也。郭璞曰、迺即乃字也。慧琳優婆夷墮舍迦經音義引同。元應立世阿毗曇論四卷音義引爾雅迺、乃也。郭璞曰、迺亦乃字也。今本脫字也二字、據補。 **郭注佚存補訂**

郡臻仍迺侯乃也

邵云、郡通作窘。小雅正月又窘陰雨、鄭箋云、窘、仍也。今案窘亦乃也、謂終王之所行其長可傷、而又乃陰雨必有泥陷之難也。王氏念孫云、法言孝至篇曰龍堆以西、大漠以北、郡勞王師、漢家不爲也。郡者、仍也。晉語仍、重也。周語注仍、數也。言數勞王師於荒服之外、漢家不爲也。今案郡亦乃也、謂乃勞王師也。　臻與洊一聲之轉。邵引京房易、水洊至。小雅節南山天方薦瘥、傳云薦、重也。薦與洊同。大雅雲漢饑饉薦臻、傳云薦、重。臻、至也。墨子尚同篇、飄風苦雨、荐臻而至。薦、臻、皆重也。謂饑饉重重也。釋天云、仍飢爲荐。臻亦取仍義。仍從乃聲、與乃同義。雲漢傳云、天仍下旱災亂亡之道。正義云、定本集注仍字皆作乃字。大雅常武仍執醜虜、箋訓仍爲就。竊謂仍、乃也。謂屯兵於淮水大防之上、乃執其徐方之衆也。迺與乃同。列子天瑞釋文云迺、古乃字。大雅公劉迺積迺倉、迺裹餱糧、孟子引俱作乃。侯、詩皆訓維、而亦有當訓乃者。大雅蕩侯作侯祝、謂乃作乃祝也。文王上帝既命、侯於周服、謂乃服於周也。 **說詩**

臻乃也

郭注未詳。柏年案古秦曾字通。詩室家溱溱、傳衆也。而釋訓作增增。詩溱與洧、說文作潧與洧。皆其證。此臻當爲曾。說文曾、詞之舒也。與乃之訓曳詞之難義相合。孟子爾何曾比予於管仲、趙注何曾、何乃也。正以曾爲臻矣。 **補釋**

迺

當作㐬、从𠄎、不从攴。

小箋

郡臻仍迺侯乃也

郭曰迺、卽乃。餘未詳。錢曰、郡當爲君。詩君曰卜爾、春秋傳鬬廉謂莫敖曰君次於郊郢、皆以君爲乃也。乃有難義、故春秋傳曰乃難於而。臻亦難於至、仍亦難於因也。詩侯誰在矣、侯服于周、皆與乃同義。段氏若膺曰、郡當爲那之誤。邵曰、郡通作䆮。小雅正月云又䆮陰雨、鄭箋䆮、仍也。臻者、易釋文引京房易云水臻至。臻亦仍也。故廣雅云仍、再也。郡臻二字皆從仍取義也。仍者、春官司几筵云凶事仍几。故書仍爲乃。鄭司農讀爲仍。是仍乃二字相通也。侯者、小雅四月云、侯栗侯梅。家大人曰、小雅天保篇君曰卜爾、毛傳曰君、先君也。尸所以象神。鄭箋曰、尸嘏主人傳神辭也。則君字自指先君而言。君曰卜爾萬壽無疆、猶言神之弔矣詒爾多福、不得訓君爲乃也。桓十一年左傳君次於郊郢以禦四邑、我以銳師宵加於鄖。我與君對文。下又曰商周之不敵、君之所聞也。則君字自指莫敖而言、亦不得訓君爲乃也。錢說失之。諸書無訓那爲乃者。段說亦失之。正月箋䆮、仍也。卽爾雅郡仍同訓之義。邵謂郡通作䆮是也。法言孝至篇曰、龍堆以西、大漠以北、郡勞王師、漢家不爲也。郡者、仍也。仍者、重也、（晉語注、）數也。（周語注。）言數勞王師於荒服之外、漢家不爲也。（李軌注以郡爲郡縣之郡、非是。）法言謂仍爲郡、義本爾雅、則郡非誤字明矣。錢謂臻難於至、仍難於因、其說迂而無據。邵引京房易水臻至謂郡臻二字皆從仍取義、是也。墨子尚同篇曰、飄風苦雨、荐臻而至。節南山傳曰、薦、重也。重亦仍也。是薦臻竝與仍同義。說文仍從乃聲、故二字同聲而通用。（說文㐬往也、讀若仍。此卽今之迺字。故一切經音義十八引倉頡篇曰迺、往也。廣雅曰乃、往也。義竝與說文同。秦嶧山刻石文作㐬、漢繁陽令楊君碑作㐬、桂陽太守周憬功勳銘作迺、州從事尹宙碑作迺、其字一也。）鄭仲師注周官既讀乃爲仍、而吳語邊遽乃至、左傳哀十三年正義引作邊遽仍至。大雅雲漢箋天仍下旱災亡亂之道、正義曰定本集注仍字皆作乃。是仍字古通作乃也。史記張耳陳餘傳乃求得趙歇。漢書乃作仍。（舊本如是。宋祁改仍爲乃、辯見讀書雜志。）匈奴傳乃再出定襄。漢書乃作仍。淮南道應篇盧敖乃與之語、（今本脫乃字、據蜀志郤正傳注引補。）論衡道虛篇乃作仍。是乃字古亦通作仍也。仍乃同聲而訓仍爲乃、猶迺乃同聲而訓迺爲乃矣。侯誰在矣、侯栗侯梅、侯字皆當訓爲維。唯上帝既命、侯于周服之侯、當訓爲乃耳。

述聞

郡臻仍迺侯乃也　正義云、郡通䆮。詩（小雅正月）又䆮陰雨、箋、䆮、仍也。元照案、漢書（叙傳下）䆮世薦亾、師古亦訓仍。　漢書乃字作迺。案說文（𠄎部）㐬、驚聲也。从𠄎省、鹵聲。或曰㐬、往也。讀若仍。許君言讀若者、皆通用字。㐬與仍通、故漢書以代乃字。迺隸變體。

匡名

郡臻仍迺侯乃也

說文𠄎、曳詞之難也。象气之出難。公羊傳、乃者何、難也。乃、然而、汝、若、一語之轉。故乃又訓汝也。籀文𠄔、隸作乃、乃或作迺。大雅、迺左迺右。　郡通作䆮。小雅又䆮陰雨、箋、䆮、仍也。　論語仍舊貫。後鄭書仍爲乃、先鄭乃讀爲仍。仍乃二字古相通也。　㐬、驚聲也。又作發語詞。今多改爲乃。大雅、迺立應門。　小雅、侯栗侯梅。

啓蒙

郡、乃也。　乃有二義、一爲語詞之乃、一爲仍再之乃。（辭見經義述聞。）案二義亦相因、語詞之難、言之重深、是故引申爲仍再之義。郡通作䆮、詩又䆮陰雨、箋䆮、仍也、䆮所以訓乃、䆮訓因與乃訓難義同。段玉裁說郡爲那之誤、別無確證、不可從。

仍、迺、乃也。　仍迺乃同字並見、仍乃以段釋正。廣雅仍再也、是仍亦訓再。

侯、乃也。　侯訓乃猶郡訓乃也。上文侯、君也。　詩內侯字傳箋

爾雅詁林　一　釋詁下

俱訓維，維亦乃也。侯左侯右猶言迺左迺右，侯疆侯以猶言迺疆迺理矣。

黃侃音訓

臻乃也。郭云未詳。楷案，臻者，曾字之假音也。古秦聲曾聲字多通用，釋訓增增，眾也。詩無羊室家溱溱，傳溱溱，眾也。是溱溱即增增矣。說文引詩潧與洧，今詩鄭風作溱與洧。禮記禮運橧巢，淮南原道訓作榛巢，曾之作臻亦其例。說文曾，詞之舒也。詞之舒與乃訓曳詞之難義相合。孟子爾何曾比予於管仲，趙注何曾，何乃也。孫奭音義曾，丁音增，乃也。

稗疏

爾雅釋詁郡臻仍句郡字

經義述聞于爾疋釋詁文之郡臻仍迺侯乃也句之郡字，羅列衆說加以論斷。如錢大昕說郡當爲君，以詩之君曰卜爾及左傳之閼廉謂莫敖曰君次於郊郢以實之，則兩君字本皆有所指屬，豈能訓以爲乃，其失固不待辨。若段玉裁謂郡當爲邪之誤，詁書亦並無訓邪爲乃者，惟邵晉涵謂郡通作窘，引詩小雅正月云又窘陰雨，鄭箋窘仍也。是亦然猶未盡也。又郝懿行亦據鄭箋爲說，旨與邵同，並引漢書叙傳窘世薦亡，謂窘亦訓仍也。王氏因據法言孝至篇有曰龍堆以西大漠以北郡勞王師漢家不爲也，謂法言訓郡爲仍，義本爾疋，知郡固非誤字，且謂郡者仍也，以仍者重也出晉語注，仍者數也出周語注爲證。王說明晰如此，可謂無漏義矣。修祜竊擬以爲郡當即古羣字，釋名郡，羣也，人所羣聚也。秦并天下置三十六郡，其名爲郡，當即取羣字意。尚書酒誥厥或告曰羣飲，說者泥下盡執拘之文，解羣飲爲聚飲，然循上下文并酒誥通篇詳之，皆與衆飲無涉，則其所云羣飲，當即仍飲矣。又辭語有作羣然、羣復然者，羣亦即仍也。元和惠徵君棟古文尚書考注中有云，羣與言羣后，又作郡，古文通。溍于長夏承碑兼覽郡蓺，義作羣，是郡與羣通。然則謂郡之爲仍，本羣字者，愚言爲信有徵矣。又周禮地官胥師司虣，禁屬遊飲食於市者，若不可禁則搏而戮之。梁玉繩瞥記引以爲即酒誥羣飲之罰。愚謂既以若不可禁爲詞，則酒誥羣飲之爲仍飲益信矣。

郡臻仍句臻字

此文當爲郡臻仍也一條，下乃兼舉而并包之曰郡、臻、仍、迺、侯，乃也。蓋說文人部仍字、艸部艿字、手部扔字，皆云從乃聲，是知乃字亦有如乘切之音，因而得同一條耳。條中郡字，愚向以爲即羣字，頗自信其說。至於臻之爲文，偏考經傳無仍義，郝氏義疏素稱洽博，亦第舉下文臻薦也詞而不詳其說。修祜竊以爲是蓋荐之誤文。廣韻荐，荐至也，讀音重也。今易文坎卦水洊至，說文作薦，石經正作洊，惟釋文引京房作水荐至，當是荐至，非臻至也。臻與荐，草書相亂，此殆由六朝以草寫書，迨草變眞，譌誤使然耳。若夫荐之爲仍義，據六書正譌則荐正俗字，並通薦，亦通荐。左氏春秋僖十三年晉荐饑，即爾雅釋天所云仍饑爲荐是。又釋言曰荐，原，再也。小爾雅亦曰荐，重也。又廣雅正詁荐爲仍，故漢書谷永傳用詩文，竟作饑饉仍臻。此皆荐爲仍義之明證也。至於臻之爲義，說文曰至也。玉篇曰及也，聚也，衆也。又其字亦與溱通。墨子尚同篇今若天飄風苦雨溱溱而至者，畢注溱同臻。史記三王世家西溱月氏，正義云溱同臻。太平御覽正作臻。然皆與仍義無涉。惟詩言喪亂曰頻仍，爲疊韻字，言饑饉曰薦臻，爲雙聲字，或者以爲可通借，然則京房所作，未免孤證，他無依據，其或以下文臻爲薦也文爲詞，則於仍義同當先有荐字也。

雋學加商

郡、臻、仍、迺、侯、乃也。

說文乃部云：「乃，曳䛐之難也；象气之出難也。」段云：「曳其言而轉之，若而、若乃，皆是也；乃則其曳之難者也。」公羊宣八年傳云：「而者何，難也；乃者何，難也。曷爲或言而、或言乃，乃難乎而也。」晉案公羊云乃難乎而者，以音言之，郝所謂「而、乃，語有輕重」者，是也。乃字，篆作𠄎，係曲折形，古文乃作𢎗，比篆文曲折尤多；然則許所謂象气之出難也。乃、然、而、汝、若，五字一聲之轉，故乃、然、而，同爲轉接詞；乃、而、汝、若，又同用爲人代名詞也。

郡爲乃者，邵氏云：「郡，通作窘，小雅正月云：『又窘陰雨，』鄭箋：『窘，仍也。』」述聞引法言孝至篇云：「龍堆以西、大漠以北，郡勞王師，漢家不爲也；」謂「郡者仍也，仍者重也，（晉語注）數也，（周語注）言數勞二師於荒服之外，漢家不爲也。」是王氏用邵說。

臻者，邵氏云：「易釋文引京房易曰：『水臻至，』臻亦仍也，故廣雅云：『仍，再也，』郡、臻，二字，俱從仍取義也。」述聞廣其說曰：「墨子尚同篇曰：『飄風苦雨，薦臻而至，』節南山傳云：『薦，重也，』重亦仍也，

爾雅詁林 一 釋詁下

是薦臻竝與仍同義。」案釋文云：「仍饑爲荐、」釋詁云：「臻、薦也；」是臻爲薦、即爲仍、在爾雅亦有明言之。

仍、說文从乃聲、是仍乃聲同。春官司几筵注云：「乃讀爲仍；」大雅雲漢箋：「天仍下旱災亂亡之道、」正義謂「定本集注仍字皆作乃；」此仍乃通用之證。聲同通用、郝氏所謂義存乎聲也。

迺、廣韻及列子釋文、竝以爲古文乃字、非也。說文云：「或曰往也、讀若仍、」玄應書引倉頡篇云：「迺、往也、」是卤迺一字；作乃者、嚴氏云：「隸變，」是也。卤、讀若仍；仍、乃、同聲、即讀若乃；而卤乃亦同聲矣。故廣韻云：「乃、往也、」即以乃爲迺也；漢書乃字、則多作迺；經典迺乃通用者、亦不勝數；此爾雅所以訓迺爲乃也。

侯者、郝氏云：「下武云：『應侯順德、』侯訓乃、乃者、汝也；與左傳『應乃懿德、』句同。」沭聞云：「『侯于周服、』當訓乃。」

爾雅學

郡唐石經雪牕本同。段玉裁云、郡當爲那之誤。按那仍迺乃皆一音之轉、經傳未見訓郡爲乃者。

迺卽乃雪牕本注疏本同。一切經音義卷十三引作迺卽乃字也。卷十八引作迺亦乃字也。

郡臻仍迺侯乃也○釋曰注疏本刪。

校勘記

六行郡臻仍迺侯乃也○「迺」「乃」二字唐寫本互易。

迪繇訓道也○「迪」唐寫本作「通」誤。「道」，原本《玉篇》糸部「繇」下引同，唐寫本作「導」。

宋監本校箋

迪繇訓道也

迪、繇、訓、道也。義皆見詩書。

郭注

迪繇訓道也　釋曰、虞書大禹謨云、惠迪吉。小雅巧言云、秩秩大猷。猷繇音義同。周書顧命云、命汝嗣訓。

邢疏

迪繇訓道也

郭璞云、義皆見詩書。

一切注音

迪音狄。繇音由。道也如字。或徒報反，非。

陸音義

迪繇訓道也

道不可見、以行迪之而見、以比興繇之而見、以訓詁訓之而見。

新義

迪繇訓道也　繇、巧言云、秩秩大猷。繇卽猷也。

鄭樵注

迪繇訓道也

郭璞曰、義皆見詩書。

鄭樵曰、繇、巧言云秩秩大猷。繇卽猷也。

古注合存

迪繇訓道也。繇音由。○此釋迪爲繇訓爲道之義也。

注疏參義

書正義云、迪道也。釋詁文。聲借爲導。導音與蹈同、故迪又爲蹈也。

補注

迪繇訓道也 註 義皆見詩書 正義 釋名云、道、導也、所以通導萬物也。說文云、迪、道也。方言云、裕、猷、道也。東齊日裕、亦日猷。猷與繇通。地官之屬有土訓、誦訓、各道其土地之事也。註 義皆見詩書。○ 正義 見詩者、大雅桑柔云、弗求弗迪。小雅巧言云、秩秩大猷、漢書註引作大繇。周頌烈文云、四方其訓之。見書者、益稷云、迪朕德。史記作道吾德。君奭云、告君乃猷裕我。酒誥云、聽聽祖考之彝訓。

迪繇訓道也義皆見詩書

說文云、道、所行道也。釋名云、道、導也、所以通導萬物也。是道取通導之義。故法言云、道也者、通也、無不通也。又取由行之義。故史記袁盎鼂錯傳云、道軍所來、集解引臣瓚曰、道、由也。由卽行、故釋宮云、行、道也。射義及喪服傳注竝云、道猶行也。行亦言、故上文云、行、言也。大學注、道、言也。是道兼言行之義。道之爲言蹈

正義

也。蹈道聲同古字通用。故列子黃帝篇云向吾見子道之、張湛注道當爲蹈。荀子禮論篇注、史記道作蹈、倞謂當是道誤爲蹈。不知此乃古字通借、非誤也。左氏襄五年經云會吳于善道、公羊穀梁道俱作稻、亦其證矣。迪者、說文云道也。道導同。上文云迪進也。是迪爲進之道也。書允迪厥德、史記夏紀作信其道德、各迪有功、作各道有功。迪朕德作道吾德。是迪皆訓道。廣雅云迪蹈也。蹈亦道也。漢書揚雄傳注迪由也。由亦道也。說文迪从由聲。此古讀也。詩桑柔釋文迪徐徒歷反、則讀如狄。爾雅釋文從徐邈讀、經典因之、古讀遂不可復尋矣。繇者、行之道也。說文作䌛、云隨從也。爾雅上文云由從也。是由與繇同、通作繇。文選典引云孔繇先命聖孚也。上林賦云則仁者不繇也、蔡邕注及郭注竝云繇道也。爾雅釋水釋文繇古由字。文選諷諫詩注亦云繇與由古字通。又通作猷。釋宮云猷道也。又通作猶。詩采芑、斯干、小旻、板、抑、訪落、傳竝云猶道也。禮器緇衣注亦云猶道也。是猶猷由竝與繇同。上文又云猷言也。猷又爲言、則與訓義同矣。訓者、言之道也。道亦爲言、故訓亦爲道。詩烝民烈文傳竝云訓道也。抑傳又云訓教也。教亦道也。訓與馴順古字通用。又說文云侁、古文以爲訓字。

義疏

迪繇訓道也郭注、義皆見詩書。迪繇道皆見上。此以道爲由。迪、从由。由繇同字。上云由、從。從卽訓也。从巛、古順字。書未敢訓公、謂未敢從周公。

集解

迪繇訓道也迪、進之道

也。从辵由聲。書皋陶謨允迪厥德、史記作信其道德。各迪有功、迪朕德、史記迪均作道。君奭茲迪彝教、疏迪道也。禮記緇衣播刑之不迪、注迪道也。前漢書楊雄傳蠢迪檢押、師古曰迪道也。詩賓之初筵匪由勿語、禮記禮運故飲食有由也、由卽迪、道也。以由爲之。繇字一作繇、隨從也。从系䍃聲。引申爲道。呂覽歸當必繇其道是也。前漢書敘傳謨先聖之大繇兮、師古曰繇、道也。文選典引孔繇先命聖孚也、上林賦則仁者不繇也、注均云繇、道也。詩采芑克壯其猶、斯干無相猶矣、板爲猶不遠、小旻不我告猶、抑遠猶辰告、訪落繼猶判渙、傳均云猶、道也。書君奭告君乃猷裕。方言三裕、猷、道也。以猷爲之。訓、說教也、从言川聲。引申爲道。詩烝民古訓是式、烈文四方其訓之、傳均云訓、道也。周禮序官訓方氏注訓、道也。淮道精神以道爲紃、注紃、法也。以紃爲之。道、所行道也。从辵从首。引申爲行也禮也。

義證

迪繇訓道也繇音由

註義皆見詩書。補正邢疏、小雅秩秩大猷、猷繇音義同。書命汝嗣訓。

郭注補正

迪繇訓道也

廸者、上文云進也。進與道義相近。大雅桑柔弗求弗廸、毛傳云廸、進也。廸從由、卽知其義矣。繇與由同。戰國策許由、古今人表作許繇。釋水釋文云繇、古由字。小雅由庚序云、萬物得由其道也。大雅蕩人尚乎由行、傳云言居人上、欲用行是道也。又通作猶。下文繇、喜也。郭注云繇當爲由。古今字耳。小雅采芑克壯其猶、斯干無相猶矣、小旻謀猶回遹、匪大猶是經、大雅板爲猶不遠、抑遠猶辰告、周頌訪落繼猶判渙、傳竝云猶、道也。又通作猷。遠猶辰告、韓詩外傳作遠猷辰告。魏風陟岵猶來無棄、釋言注作猷來無棄。大雅常武王猶允塞、韓詩外傳作王猷允

爾雅詁林　一　釋詁下

塞。釋宮云猷、道也。小雅巧言秩秩大猷、箋云猷、道也。漢書注引作秩秩大繇。　訓者、大雅烝民古訓是式、周頌烈文四方其訓之、傳竝云訓、道也。大雅抑四方其訓之、傳云訓、教也。教亦道也。

說詩

迪繇訓道也　迪說文同。繇當作䌛。見前。又通猶。詩小雅采芑克壯其猶、傳猶、道也。正義曰猶道、釋詁文。又小雅斯干無相猶矣、傳猶、道也。正義曰猶道釋詁文。又小旻謀猶回遹、箋猶、道。又不我告猶、傳猶道也。又哀哉爲猶、傳猶、道也。又巧言秩秩大猷、箋猷、道也。又角弓君子有徽猷、箋猷、道也。又大雅板爲猶不遠、傳猶、道也。正義曰猶道、釋詁文。彼猶作繇、義同也。又抑遠猶辰告、傳猶、道也。正義曰猶道、釋詁文。彼猶作繇。又周頌訪落繼猶判渙、傳猶、道。正義曰釋詁文。禮記禮器匪革其猶、注猶道也。正義曰猶道也、釋詁文。　鄭注周禮地官序官土訓引鄭司農云、訓讀爲馴。爾雅云訓、道也。元照案、据司農之注、則司農讀雅爲馴。說文馬部馴、馬順也。从馬巛聲。訓馴皆从巛音、義皆同。又通循。說文彳部循、行順也。从彳盾聲。　道、釋文云如字、或徒報反、非。案此亦一訓兼兩義者、不可謂徒報反之音爲非。又皋陶謨允迪厥德、傳迪、蹈。正義曰、釋詁文迪、道也。聲借爲導。導音與蹈同、故迪又爲蹈也。

匡名

迪繇訓道也　說文䌛、所行道也。引爾雅一達謂之道。迪、道也。註道、兼道路引導二訓。益稷迪朕德、史記作道吾德。　小雅秩秩大猷、漢書註引作秩秩大繇。　周頌四方其訓之、傳訓、道也。

啓蒙

繇　僭　錢氏苔問云。僭卽鬱陶繇之繇。薛氏傳均云。僭喜也。是正字。繇。隨从也。俗作繇。更非。
說文又有嗂、喜也。

黄侃評本正名

迪、繇、訓、道也、　道訓言者、聲轉爲談、猶禫服通導服矣。

黄侃音訓

繇。道也疏引秩秩大猷猷繇音義同

考異摘要

迪、繇、訓、道也。

說文辵部云：「道、所行道也、」此言道爲道里也。引伸之而有行走、由從、通達、引導、道理之義。射義及喪服傳注云：「道、猶行也。」史記袁盎鼂錯傳集解引臣瓚云：「道、由也、」法言云：「道也者、通也。」釋名云：「道、導也。」此皆引伸之義。要不過借道路之名詞、爲動詞之用耳。不可謂別爲一義。左傳「請君釋憾於宗、敝邑爲道、」道者、道也、道其道路也。史記「道芷陽閒行、」道者、由也、由其道路也、左傳又云：「不如小決使道、」道者、通也、通其道路也。此皆假借之例、要不外就道路之名詞、轉爲動詞、非別一義也。

迪、說文辵部亦云：「道也。」益稷云：「迪朕德、」史記夏紀作「道吾德、」是迪爲引導之道也。上文訓迪爲進者、郝氏云：「迪爲進之道也。」

繇、即說文䌛字、已見上「由、從也」節。上林賦云：「則仁者不繇也、」郭注云：「繇、道也；」道者、由也、謂仁者不由也。

訓者、郝氏云：「言之道也。」說文「訓、敎也、」敎亦道也、故伊訓「伊尹乃明言烈祖之成德、以訓于王、」傳云：「作訓以敎導太甲、」此敎導之義。大雅「古訓是式、」傳云：「訓、道也、」此道理之義也。訓與馴、順、古通用。

爾雅學

迪繇訓道也○釋曰注疏本刪。

周書顧命云注疏本周上衍又。

校勘記

迪繇音由**訓道也**

音圖・音

迪、繇、訓、道也。迪由　如字

孫品直音

迪繇由訓道也。道導也

楊氏音訓

僉咸胥皆也

僉、咸、胥、皆也。東齊曰胥。見方言。

郭注

僉咸胥皆也　釋曰、謂衆皆也。舜典云、僉曰伯禹作司空。商書云、咸有一德。郭云東齊曰胥見方言者、案方言云、僉、胥、皆也。自山而東五國之郊曰僉、東齊曰胥是也。

邢疏

僉咸胥皆也

郭璞云、東齊曰胥。見方言。

一切注音

僉七廉反。胥息廬反。

陸音義

僉咸胥皆也

郭璞曰、東齊曰胥。見方言。

古注合存

僉咸胥皆也。此釋僉咸胥爲皆之義也。

注疏參義

書正義云、釋詁胥皆也。相亦有皆義、故通訓胥爲相。

補注

僉咸胥皆也註東齊曰胥見方言也。正義說文云、皆、俱詞也。僉者、堯典云、僉曰於鯀哉、史記作皆曰鯀可。咸者、士冠禮云、咸加爾服。魯語云、小賜不咸、韋昭註、咸、偏也。胥者、盤庚云、不能胥匡以生。註東齊至方言○正義方言云、僉、胥、皆也。自山而東五國之郊曰僉、東齊曰胥。

正義

僉咸胥皆也東齊曰胥見方言

說文云、皆、俱詞也。詩緜傳、皆、偏也。聘禮注、皆猶竝也。竝、偏一聲之轉。小爾雅云、皆、同也。同亦俱也。通作偕。詩與子偕作、夙夜必偕、傳竝云、偕、俱也。書子及女皆亾、孟子引湯誓皆作偕。詩與子偕行、漢書地理志及趙充國辛慶忌傳贊、偕竝作皆。僉者、衆之皆也。說文方言僉竝訓皆。方言又云、僉、夥也。郭注、僉者同、故爲夥。廣雅云、僉、多也。楚辭天問篇注亦、僉、衆也。小爾雅云、僉、同也。同卽皆之訓。衆、多、夥、其義俱爲皆也。僉之爲言齊也。經典或言齊民、或言齊盟、皆取衆同之義。齊、僉又一聲之轉也。咸者、盡之皆也。說文云、咸、皆也、悉也。按悉訓盡、盡爲賅備之義、故方言云、備、該、咸也。該與賅同。書庶績咸熙、史記五帝紀作衆功皆興。咸若時、夏紀作皆若是。是咸訓皆也。詩克咸厥功、箋、咸、同也。魯語小賜不咸、注、咸、偏也。偏與同、其義亦俱爲皆矣。胥者、相之皆也。下文云、胥、相也。相與皆義近。相、胥又一聲之轉也。方言云、胥、皆也、東齊曰胥。按今文登人或言都都、亦總同之詞。其宅旁邑人謂都爲兜兜、都聲轉。都、胥聲近、語有輕重耳。此卽東齊曰胥之證矣。詩君子樂胥、傳、胥、皆也。角弓、抑、韓奕、有駜箋同。

義疏

僉咸胥皆也郭注、東齊曰胥。見方言。

僉、見上。斂亼一而吅从、是皆也。書僉曰。咸、从戌口。戌、悉也。書、咸若時。易、咸爲感。胥从疋。疋足爲待、加月爲蝑胥。下云胥、相相助爲皆。詩、無胥遠矣。皆、从比自。俱詞也。亦通作偕。

集解

僉咸胥皆也僉、斂聚而

皆吅从也。从亼从吅从从。會意。書堯典僉曰、史記作皆。後漢書張衡傳僉供職而並逝、注僉皆也。釋言檢同也。小爾雅廣言僉同也。與皆義近。以檢爲之。咸、悉也、皆也。从口从戌。戌、悉也。廣雅則以凡爲之。書堯典庶績咸熙、史記作皆。儀禮士冠咸加爾服、周禮掌交使咸知王之好惡、內則咸盥漱、月令百工咸理、繼衣刑不試而民咸服、注均云咸皆也。前漢書司馬相如傳上咸五下登三、師古曰咸皆也。或者正字爲僉與胥、蟹醢也、从肉疋聲。正字爲與、與、黨與也。引申爲皆。廣雅則以餘爲之。餘與胥通用字。詩桑扈君子樂胥、傳胥皆。角弓民胥然矣、抑無淪胥以亡、韓奕侯氏燕胥、有駜于胥樂兮、箋均云胥皆也。前漢書楊雄傳于胥德兮麗萬世、師古曰胥、皆也。公羊成十五傳魯人徐傷歸父之無後也、注徐者、皆共之辭也。禮記內則濡炙之舉燋、疏舉皆也。左襄六傳君舉不信羣臣乎、注舉皆也。以徐舉爲之。皆、俱詞也、从白从比。會意。引申爲同也徧也。詩豐年降福孔皆。

義證

僉咸胥皆也

僉咸、說文竝云皆也。常語也。 咸者、魯頌閟宮克咸厥功、鄭箋云咸、同也。同卽皆也。 胥者、小雅桑扈君子樂胥、角弓民胥然矣、大雅抑無淪胥以亡、韓奕侯氏燕胥、魯頌有駜於胥樂兮、傳箋竝云胥、皆也。

說詩

僉咸胥皆也

僉咸說文同

匡名

僉咸胥皆也

說文皆、俱詞也。僉皆也、从亼从吅从从。堯典僉曰於鯀哉、史記作皆曰鯀可。咸、皆也悉也、从口戌。戌、悉也。士冠禮咸加爾服。胥、蟹醢也。註引伸假借爲相與之義。引小雅君子樂胥傳胥、皆也。又訓相、詳下文。盤庚、不能胥匡以生。方言、東齊言皆曰胥。

啓蒙

僉、皆也。 从僉聲者有劒義、亦與僉相近、方言自關而西秦晉之間凡人語而過曰僉、東齊謂之劒。案劒亦與咸音近。

黃侃音訓

僉、咸、胥、皆也。

說文「皆、俱詞也。」詩緜傳云：「皆、俱也。」豐年傳訓徧、小爾雅訓同、其義一也。皆通偕、書「予及女皆亡、」孟子引作偕。僉、說文亦云：「皆也。」堯典「僉曰、於、鯀哉、」史記作「皆曰鯀可、」是其義同。方言訓僉爲夥、夥亦皆也。小爾雅訓同、與皆一義。咸、說文與爾雅同訓。魯語「小賜不咸、」韋注云：「咸、徧也；」方言云：「備、該、咸也；」徧備該、均與皆義同。

胥者、方言云：「僉、胥、皆也；自山而東五國之郊曰僉、東齊曰胥。」詩傳箋亦訓胥爲皆。郝氏曰：「今文登人或言都、其它旁邑人謂都爲兜、兜都聲轉；都胥聲近；語有輕重耳。」

爾雅學

僉咸胥皆也○釋曰注疏本刪。

校勘記

東魯曰胥 監本毛本湘本魯作齊。案方言作齊。邢舉郭注亦作齊此作魯誤。

注疏校勘札記

鑯 僉、咸、胥、皆也。

孫偘直音

僉七廉切咸胥皆也

楊氏音訓

育孟耆艾正伯長也

育、孟、耆、艾、正、伯、長也。育養亦爲長。正伯皆官長。

郭注

育孟耆艾正伯長也 釋曰、皆謂長上也。郭云、育養亦爲長。邶谷風云既生既育、鄭箋云育、謂長老也。孟、庶長也。又周書康誥云王若曰孟侯、孔安國云孟長也。五侯之長。耆艾皆老長也。曲禮曰五十曰艾、服官政。六十曰耆、指使。正伯皆官長。大雅雲漢云以戾庶正。盤庚云邦伯師長。

邢疏

伯長也

伯、位之長也。一切經音義九

犍爲注

黃輯古義

爾雅詁林 一 釋詁下

育孟耆艾正伯長也

伯、位之長也。一切經音義卷九

犍爲注

玉函山房輯佚

伯長也

舍人曰伯、位之長也。一切經音義九

漢注

育孟耆艾正伯長也

舍人云伯、位之長也。一切經音義九

郭璞云、育養亦爲長。

正伯皆官長。

一切注音

伯長也舍人云伯、位之長也。一切經音義九

古注斠

耆巨之反。禮記云、六十曰耆。艾五蓋反。下同。禮記曰、五十曰艾。

陸音義

育孟耆艾正伯長也

七十曰老而傳則耆艾尚爲長爾。育、長之也。

新義

育孟耆艾正伯長也 育、邶谷風云既生既育。耆、艾、曲禮曰五十曰艾、服官政。六十曰耆、指使。

鄭樵注

育孟耆艾正伯長也
舍人曰伯位之長也
郭璞曰育養亦爲長正伯皆官長
鄭樵曰育邶谷風云既生既育耆艾曲禮曰五十曰艾服官政六十曰耆指使

古注合存

育孟耆艾正伯長也 註 育養亦爲長正伯皆官長 正義 長、謂相長也。育者、說文引書云教育子、鄭註大司樂亦引作育子、今本舜典作教冑子、釋文引馬融云冑、長也。

孟者、康誥云、王若曰孟侯。耆者、曲禮云六十曰耆。說文云耆、老也。釋名云六十曰耆。耆、指也、不從力役指事使人也。艾者、曲禮云五十曰艾。方言云、東齊魯衛之間凡尊老謂之傁、或謂之艾。釋名云、五十曰艾。艾、治也、治事能斷割芟刈無所疑也。正者、大雅皇矣云其正不獲。伯者、穀梁隱二年傳云紀子伯莒子而與之盟、范甯註紀子以莒子爲伯而與之盟。伯、長也。註育養至官長 正義 下文云育、養也。邶風谷風云既生既育、鄭箋云育謂長也。正伯皆官長者、衆經音義引舍人云伯、位之長也。天官之屬有宮正官伯、鄭註正、長也。伯、長也。王制云卒有正州有伯。逸周書大衆解云、立正長以蒐功。

正義

育孟耆艾正伯長也 育養亦爲長 正伯皆官長

釋名云長、厂丈萇也。言體萇也。玉篇云長、直良切、久也。又知兩切、主也。爾雅之長實兼玉篇二義而讀唯一音。耆艾皆年之長、以久爲義也。正伯皆官之長、以主爲義也。其音則皆爲知兩切。長訓尊也、君也、上也、率也、是皆以主爲義也。又訓老也、先也、是皆以久爲義也。長通作丈。穀梁隱元年釋文云長本又作丈。大戴禮本命篇云丈者長也。淮南修務篇注本丈人作長老之稱。蓋丈所以度長、因其長而尊以爲長。此又二長音相通之證矣。育者、下文云養也。養亦長、故詩谷風生民傳竝云育、長也。中庸注育、生也。晉語注育、遂也。遂生義亦爲長也。通作毓。說文育或作毓。易蠱傳育德、釋文引王肅本作毓德。又通作鬻。淮南原道篇云毛者孕育、樂記作孕鬻。又通作冑。周書大子晉篇云注冑、長也。教長天下之子弟。說文及周禮大司樂注竝引作教育子。釋文云育、音冑、本亦作冑。書舜典釋文冑、直又反。按冑从由聲、由育音轉、故古字通。若冑音直又反、則與育聲不相轉、無緣可通矣。孟者、說文云長也。方言云姊也。廣雅云始也。始姊義亦爲長。聲又近也。管子任法篇云奇術技藝之人、莫敢高言孟行以過其情、尹知章注孟、大也。大亦長矣。耆者、說文云老也。老卽長、故玉篇云耆、長也。廣雅及謚法云耆、彊也。彊壯義亦爲長。詩上帝耆之、耆定爾功、箋竝云耆、老也。通作黎。書西伯戡黎、釋文黎、尚書大傳作耆。史記周紀正義引鄒誕生云耆本作黎。然則長老之耆。

爾雅詁林 一 釋詁下

稱或曰黎老或曰耆老是其義又通矣艾者下文云養也與育同義方言云艾長老也楚辭少司命篇云竦長劒兮擁幼艾王逸注艾長也詩夜未艾毛傳艾久也久亦爲長小爾雅云艾大也大亦爲長艾古讀爲乂故說文云艾从乂聲釋名云五十曰艾艾乂也乂治也治事能斷割芟乂無所疑也曲禮釋文艾一音乂此古音也經典多言耆艾謚法云保民耆艾曰胡周語云耆艾修之韋昭注耆艾師傅也師傅亦長老之稱矣正者詩鳲鳩斯干節南山烈祖傳並云正長也正月雨無正皇矣箋同蓋正爲官長之稱故宮正樂正射正酒正之屬皆以正名而正室亦謂嫡子之正長也正月亦謂衆月之長也正長又一聲之轉廣雅云正君也呂覽君守篇注正主也主君其義亦皆爲長也通作政詩其政不獲箋以正長爲訓是正政通矣伯者與孟同意詩將伯助予毛傳伯長也周禮序官宮伯注同古人官之長者稱伯年之長者亦稱伯故詩侯主侯伯傳伯長子也白虎通云伯者子最長迫近父也此皆伯施於年之長也一切經音義九引舍人云伯位之長也曲禮云五官之長曰伯王制注殷之州長曰伯風俗通云伯者長也白也言其咸建五長功實明白廣雅云伯君也此皆伯施於官之長也通作霸白虎通云霸者伯也行方伯之職漢書霸皆作伯集注並云伯讀曰霸霸即伯之叚借也又通作柏柏亦伯之叚借也穆天子傳注古伯字多以木。

義疏

育（毓冑）**孟耆艾正伯**（霸）**長也**　舍人注伯位之長也郭注育養亦爲長。正伯皆官長。

育又作毓从𠫓倒子。𠫓古文去。肉之每之皆長養之也。易振民育德。書教育子。馬本作冑子云長也。孟从子皿。禮說嫡長曰伯庶長曰孟。書孟侯。孟進也。詩彼美孟姜。耆从旨。書罔或耆壽。詩耆定爾功。記六十曰耆。指使耆老皆朝于庠。又五十曰艾。艾从乂。乂刈同字。艸長乃可刈。下云養也。歷也。皆長意也。書艾不格姦。又保乂王家。正从一止。古文从上止。又从一足是也。詩正是四國。易傳各正性命。周官酒正。春秋正月。記正室長子也。伯从人白。白迫也。書咎伯。記九州之長曰伯。分天下以爲左右曰二伯。周官諸伯之地。後改二伯字爲霸。霸从䨣月。月生魄然大長也。記共工氏之霸九州也。長說文以爲假借字。本作久長。借爲官長也。

集解

育孟耆艾正伯長也　育養子使作善也从云肉聲。引申爲長謂長養也。詩谷風昔育恐育鞫生民載生載育傳均云育長也。禮記中庸萬物育焉注育生也長也。晉語育門子選賢良淮南原道呴諭覆育萬物羣生注均云育長也。易蠱傳君子以振民育德王肅本作毓。書堯典教育子馬本作冑云長也。管子宙合天淯陽無計量注淯古育字長也。以毓冑淯爲之。孟子之長也从子皿聲。書康誥孟侯僞傳孟長也。詩有女同車彼美孟姜傳齊之長女。禮記月令孟春之月注孟長也。白虎通嫡長稱伯庶長稱孟。禮緯說同。齊語十連爲鄉鄉有良人廣雅釋詁良云長也。說文凡長也。以良凡爲之。耆老也。六十之偁。从老省旨聲。引申爲長。禮記王制耆老皆朝于庠射義耆耋好禮均是也。詩皇矣上帝耆之武耆定爾功傳均訓老謂長老也。書西伯戡黎尚書大傳黎作耆吳語今王播棄黎老黎即耆長也。僞泰誓作黎老方言黎云老也。書皋陶謨州十有二師鄭注師長也。以黎犂棃師爲之。艾冰臺也。从艸乂聲。正字爲乂。乂芟艸也。艸長乃可乂故引申爲長老之偁。乂艾通用字。詩庭燎夜未艾傳艾久也。禮記曲禮五十曰艾。周書謚法保民耆艾曰胡。艾均長也。楚辭少司命竦長劒兮擁幼艾注艾長也。或者艾之正字爲君與。正是也。从止一以正。正字爲政。書微子亂正四方史記作政。詩皇矣其正不獲鄭本作政。以政爲正也。政正也。引申爲官長之偁。儀禮大射儀爲政請射大戴盛德均五政淬言先知政吏騈惡均是也。政正通用字。詩鳲鳩正是四國節南山覆怨其正斯干噲噲其正玄鳥正域彼四方傳均云正長也。正月今茲之正雨無正正大夫離居箋均云正長也。周禮宮正酒正黨正注均訓長。儀禮鄉飲酒樂正先升立于西階東禮記王制卒有正鄭注均云正長也。左昭二九傳木正曰句芒注正官長也。伯人之長也。从人白聲。詩正月將伯助予傳伯長也。載芟侯主侯伯傳伯長子也。禮記曲禮五官之長曰伯。

王制州有伯、注伯、長也。周禮春官宗伯又九命作伯、注均訓長。荀子仲尼羞循乎五伯、注為諸侯之長。左定四傳戰于柏舉、公羊作伯。穆天子傳河宗之子孫鄘柏絮、注柏爵也。攷工車人柏車轂長一柯、釋名柏車、柏伯也、大也。白虎通號霸者伯也。行方伯之職。孟子離婁丁音霸者長也。言為諸侯之長。以柏霸為之。長、久遠也、从兀从匕、亾聲。其以為長官之偁者、借令義耳。令長雙聲。

義證

育孟耆艾伯長也

〔註〕育養亦爲長正伯皆官長〔補正〕邢疏皆謂長上也。邶風既生既育、箋云育謂長老也。孟、庶長也。康誥孟侯、註孔安國云孟、長也。曲禮五十曰艾、六十曰耆。

郭注補正

育孟耆艾正伯長也

長有三義、一爲長養之長、育是也。一爲年長之長、孟耆艾是也。而艾又與育同義。一爲長官之長、正伯是也。而正伯又與孟同義。

育者、說文云養子使作善也。大雅生民載生載育、昔育恐育鞫、毛傳竝云育、長也。邶風谷風既生既育、鄭箋云育謂長老也。周頌思文帝命率育、箋云育、養也。養亦長也。小雅蓼莪長我育我、長與育對文、育亦長也。故郭注云育養亦爲長。育與毓同。說文云育或從每。晉語注云毓、即育字。廣雅云毓、長也。育又通作鬻。淮南毛者孕育。樂記育作鬻。豳風鴟鴞鬻子之閔斯、鬻子卽育子也。傳以鬻子爲稚子、非是。

孟者、說文云長也。鄭風有女同車彼美孟姜、傳云孟姜、齊之長女。

耆者、說文云老也。老卽長也。大雅皇矣上帝耆之、周頌耆定爾功、箋竝云耆者、老也。

艾者、魯頌閟宮俾爾耆而艾、疏云使女年壽則耆而又艾。小雅庭燎夜未艾、傳云艾、久也。此皆年長之義而亦訓爲長養。鴛鴦福祿艾之、南山有臺保艾爾後、傳竝云艾、養也。

正者、曹風鳲鳩正是四國、正是國人、小雅斯干噲噲其正、節南山覆怨其正、正月令茲之正、雨無正正大夫離居、商頌烈祖正域彼四方、傳箋竝云正、長也。大雅雲漢鞫哉庶正、箋云庶正、眾官長也。羣公先正、傳云先正、百辟卿士也。疏云古者有德之羣公及先世之長官。以戾庶正、箋云乃欲以安定眾官之長。

伯者、說文云長也。小雅正月將伯助予、傳云伯、長也。鄭風丰叔兮伯兮、傳云叔伯迎己者、此迎親長也。蘀兮叔兮伯兮、傳云叔伯言羣臣長幼也。諸人也。小雅何人斯伯氏吹壎、伯者、兄弟之長也。周

爾雅詁林　一　釋詁下

頌載芟侯主侯伯、傳云伯、長子也。此皆年長之義。而又訓爲官長。小雅鴻雁之子于征箋云之子侯伯卿士也疏云伯者長也諸侯之長謂之侯伯召南甘棠召伯所茇傳云作上公爲二伯衛風伯兮伯也執殳傳云伯州伯也巷伯序箋云巷伯奄官也大雅韓奕因以其伯箋云因以其先祖侯伯之事盡予之

說詩

育孟耆艾正伯長也 此釋相長之義。邶風既生既育。或作冑。舜典教冑子、馬云冑、長也。孟長也。康誥、王若曰孟侯。耆、老也。从老省旨聲。曲禮六十曰耆。方言、凡尊老謂之艾人。大雅其正不獲、鄭註正、長也。伯、長也。引周禮九命作伯諸侯之長也。王制州有伯、鄭註伯、長也。

啓蒙

育、長也。　育下文云、養也、長養義近。　鵙鴞毛傳鬻、稚也、正義引釋言鞠、稚也、郭璞曰、鞠一作毓、此云長也、彼云稚也、相反為義。廣雅毓長也、稚也。

艾長也。　艾下文云養也、養長義近。　艾正作嬖治也。　艾與下乂同字並見。

黄侃音訓

育、孟、耆、艾、正、伯、長也。

郝氏云：「玉篇『長、直良切、久也；又知兩切、主也；』爾雅兼二義、而讀唯一音。」二義者、以長久訓耆艾、以長養尊長訓育孟正伯也。

育者、郭注云：「育養亦爲長。」下文云：「育、養也、」邶風「既生既育、」鄭箋亦云：「育、謂長也。」書「教冑子、」馬融注云：「冑、長也、教長天下之子弟；」說文及周禮大司樂注、皆引作「教育子、」郝氏云：「冑、从由聲、由育音轉、故古字通。」育或作毓、見說文。

孟、說文亦云：「長也。」邵氏引康誥云：「王若曰孟侯；」管子任法篇尹注云：「孟、大也、」大亦長也。

耆者、曲禮「六十曰耆、」故說文云：「耆、老也。」然老即長也、故爾雅訓長、玉篇亦云：「耆、長也。」耆通作黎、見西伯戡黎釋文、郝氏云：「長老之稱、或曰黎老、或曰耆老、其義通。」

艾者、釋名「五十曰艾、艾、乂也；乂、治也。治事能斷割芟刈、無所疑也。」是艾者、長老也、故謚法云「保民耆艾曰胡、」與耆字同用爲長老之稱矣。劉訓艾爲治者、說文「艾从乂聲、」曲禮釋文謂「艾、一音刈、」是艾之古音爲乂矣。說文乂訓芟草、芟即治；漢郊祀志云：「天下艾安、」艾安即治安也。老者有治事之經驗、故用艾爲長老之稱也。

正、伯、爲長者、郭注云：「正伯皆官長、」周禮天官之屬、有宮正、宮伯、郭注訓正伯爲長、此郭所本。郝氏云：「正長一聲之轉。」伯者、迫也、白虎通云：「伯者子最長、迫近父、」年長之稱、當先於官長之稱。正通政。伯可借用霸柏字。

爾雅學

育孟耆艾正伯長也○釋曰注疏本刪。

校勘記

育（昱）、孟、耆（礨下同）、艾、正、伯、長（掌）也、

孫偘直音

育孟耆艾正伯長（上聲）也

楊氏音訓

艾歷也

艾、歷也。長者多更歷。

郭注

艾歷也　釋曰、艾又爲歷。郭云長者多更歷。

邢疏

艾歷也
郭璞云、長者多更歷。

切注音

多更音庚。

陸音義

艾歷也謂長者更歷多矣。

鄭樵注

艾歷也
郭璞曰、長者多更歷。
鄭樵曰、謂長者更歷多矣。

古注合存

育孟耆艾正伯長也、艾歷也。長上聲。○此釋育孟以下皆長之義、而又釋艾爲歷也。註曰、育養亦爲長、正伯皆官長也。長者、多更歷。疏曰、詩谷風云、既生既育。鄭箋云、謂長老也。孟庶長也。書康誥云孟侯。

注疏參義

艾歷也註長者多更歷

正義

周頌訪落云朕未有艾、孔疏以艾爲歷也。

正義

艾歷也長者多更歷

說文云、歷過也。廣雅云、行也。漢書注、經也。小爾雅云、久也。按歷有經久之義、與艾訓長老其義又近也。艾者、亦讀爲乂。詩訪落云朕未有艾、鄭箋以艾爲數、蓋本下文歷數爲說、似不如用此文艾歷爲訓也。歷通作麗。淮南俶眞篇云、猶條風之時麗也。高誘注、麗過也。是麗卽歷矣。

義疏

艾厤也　郭注、長者多更歷。歷从厤止、厤治也。厂下治秝、故爲經歷。下云數也。艾書作乂、見上。詩、朕未有艾。

集解

艾歷也　艾正字爲乂。乂芟艸也。引申爲長也、歷也。謂艸長必歷時久而後可芟也。書皋陶謨、俊乂在官。孫疏、乂漢書谷永傳引作艾。艾、長也、歷也。詩訪落、朕未有艾。箋、艾數也。猶歷也。歷過也。从止厤聲。引申爲經也、久也。文選東京賦、歷世彌光。

義證

艾厤也　注長者多更厤。

正郭

艾歷也
上文艾既爲長、而又爲歷、歷亦長久之義。小爾雅云、歷久也。周頌訪落朕未有艾、鄭箋云、艾數也。下文歷數也。其義一也。又案、朕未有艾、猶言朕未有經歷、郭注所謂更歷也。

說詩

艾歷也　說文、歷過也、傳也。周頌朕未有艾、孔疏以艾爲歷也。

啓蒙

艾歷也　歷與下文厤同字互見。詩訪落疏、釋詁艾歷也、歷數也、轉以相訓、故艾爲數。據沖遠此說、此歷當訓數、與邢義異。

黄侃音訓

艾歷也
注曰、長者多更歷
檝謹按、也字衍文。古本與下文合爲一條、其文曰、艾歷厤秭算數也。故詩訪落篇朕未有艾、鄭箋以艾爲數、卽本此文。若如今本、則鄭何以不訓爲歷乎。歷厤竝訓數、亦猶申神竝訓重、任壬竝訓佞。郭所據本於歷下衍一也字、因從而爲之說、殆非其舊矣。下文艾

爾雅詁林　一　釋詁下

平議

歷覛胥相也亦以艾歷二字冠首與此正同。

艾、歷也。説文「歷、過也。」漢書注「歷、經也；」小爾雅「歷、久也。」經即過、經過者必久、其義同。艾者、周頌訪落云：「朕未有艾、」傳云：「艾、久也；」亦經歷之義。唯羣經平議云：「古本與下文合爲一條、其文曰：『艾歷厤秭算、數也。』故詩『朕未有艾、』鄭箋以艾爲數、即本此文；若如今本、鄭何以不訓爲歷乎。歷厤並訓數、亦猶『申神』並訓『重、』任壬並訓『佞。』郭所據本、沿一也字、非其舊矣。下文『艾、歷、覛、胥、相也、』亦以『艾歷』二字冠首、與此正同。」俞氏此說、有詩箋爲證；以歷訓艾、亦不見他經；或二節即爲一條歟。

爾雅學

校勘記

艾口也〇釋曰注疏本刪。

楊氏音訓

艾歷也長者多更歷

郭注

歷秭算數也

歷秭、算、數也。歷、歷數也。今以十億爲秭。論語云何足算也。

邢疏

歷秭算數也　釋曰、皆算數也。郭云歷、歷數也、推律所生之數、虞書大禹謨云、天之歷數在汝躬。秭者、周頌豐年云、萬億及秭、毛傳云、數億至萬曰億、數億至億曰秭。郭云今以十億爲秭者、以時驗而言也。注論語云何足算也　釋曰、案論語子貢問曰、今之從政者何如、子曰、噫、斗筲之人、何足算也。鄭曰、算、數也。

犍爲注

算數也　釋數之曰算。書盤庚正義

郭音義

算數也　算、息轉反。釋文

黃輯古義

謝音

歷秭算數也　數、色主反。釋文

犍爲注

歷秭算數也　釋數之曰算。書盤庚上正義

郭音義

歷秭算數也、算、息轉反。

玉函山房輯佚

謝音

歷秭算數也。數、色主反。釋文

鈎沉

算數也　釋數之曰算。舍人注

漢注

算數也　舍人曰釋數之曰算。書正義十

一切注音

歷秭算數也　舍人云釋數之曰算。書正義九卷　郭璞云歷、歷數也。今以十億爲秭。論語云何足算也。

古注斠

算數也　舍人云釋數之曰算。書盤庚正義

陸音義

秭音姊　算字又作筭、素緩反。郭息轉反。數也色具反。注同。謝色主反。

歷秭算數也

歷以紀之、秭名之。算、數之。

新義

歷秭算數也 歷、歷數也。萬萬爲億、億億爲秭。

鄭樵注

歷秭算數也秭算、郭息反。舍人曰釋數之曰算。郭璞曰歷、歷數也。今以十億爲秭。論語云何足算也。鄭樵曰歷、歷數也。萬萬爲億、億億爲秭。

古注合存

歷秭算數也。秭音姊、數上聲。○此釋歷秭算爲數之義也。註曰歷、歷數也。十億爲秭。疏曰書禹謨云天之歷數在爾躬。詩豐年云萬億及秭。愚按歷言數之意、秭言數之目、算言數之義。

注疏參義

歷秭算數也 註 歷歷數也今以十億爲秭論語云何足算也 正義 說文云數、計也。歷者、堯典云歷象日月星辰、史記作數法日月星辰。秭者、周頌豐年云萬億及秭。算者、少牢饋食禮云筮無算、鄭註算、數也。律歷志引逸書云先其算命。算與撰選義通。鄭氏易云若夫雜物算德、註云算、數也。盤庚云世選爾勞、釋文云選即算也。後漢書註引詩云威儀棣棣不可算也。註今以至算也。○ 正義 說文云數億至萬曰秭。徐岳數術記遺云黃帝爲法、數有十等。十等者億、兆、京、垓、秭、壤、溝、澗、正、載也。廣韻引風俗通云十生萬、萬生億、億生兆、兆生京、京生垓、垓生秭、秭生壤、壤生溝、溝生澗、澗生正、正生載、載、地不能載也。郭云今以十億爲秭者、據時驗也。論語云何足算也、憲問篇文、鄭註算、數也。

正義

厤秭算數也 厤厤數也今以十億爲秭論語云何足算也 釋文云數、色具反、注同。謝色主反。按數有二音二義、爾雅之數兼包二義、故釋文亦具二音也。說文云數、計也。計、算也。周禮廩人云以歲之上下數邦用。鄭注數猶計也。此數讀色主反者也。王制云度量數制。鄭注數百十也。此數讀色具反者也。數从婁聲、古讀婁力俱切、故數从婁聲矣。厤者、書云厤象日月星辰、史記五帝紀作數法日月星辰。管子海王篇云此其大厤也、離騷云喟憑心而厤茲、王逸及尹知章注並云厤、數也。聲轉作歷。方言及說文並云歷、數也。又通作麗。詩其麗不億、傳麗、數也。小爾雅及孟子注同。皆古字段借也。秭者、說文云數億至萬曰秭。一切經音義六引算經云、黃帝爲法、數有十等、謂億兆京垓壤秭溝澗正載、及其用也、有三、謂上中下。下數十萬曰億、中數百萬曰億、上數萬萬曰億。廣韵秭字下引風俗通云、千生萬、萬生億、億生兆、兆生京、京生秭、秭生垓、垓生壤、壤生溝、溝生澗、澗生正、正生載、載、地不能載也。御覽七百五十引風俗通云、十垓謂之秭、與廣韵所引又異。詩豐年傳數億至億曰秭、正義云、於今數爲然、定本集注皆云數億至萬曰秭、則與說文同。郭注又云今以十億爲秭、廣韵又云秭千億也。然則秭之爲數、諸家異說、未有定論。豐年釋文秭一本作數、按數是總名、秭爲散數、二字聲義又別、理無可通、恐是誤本耳。算者、說文云數也、讀若筭。葢說文筭算異字、故云讀若。俗書二字相亂、故爾雅釋文算字又作筭。論語八佾篇集解馬融云多笇飲少笇、釋文笇本今作筭。是筭又別作笇也。儀禮鄉飲酒及燕禮大射儀俱云無算爵。士喪禮云明衣不在算、鄭注並云算、數也。書盤庚正義引舍人云釋數之曰算、按釋謂解散分析之、此布算法也。古者以竹爲籌布算、謂之爲筭。說文云筭長六寸、計厤數者。禮投壺云算長尺二寸、鄭注或曰算長尺有握、明古今爲筭不同也。算通作選。詩言威儀閑富不可選數、選即算也。論語何足算也、漢書傳贊作何足選也。御覽引風俗通云十秭謂之選、選亦算也、是算與秭又同爲計數之名矣。又通作撰、易繫辭云雜物撰德、釋文撰、鄭作算、云數也。以體天地之撰、釋文亦云撰、數也。

義疏

厤秭算數也 舍人注、釋數之曰筭。郭注厤、厤數也。今以十億爲秭。論語云何足算也。厤、或加日。易君子以治曆明時。書、厤象日月星辰。秭、从禾朿、朿、積也。多不可數。詩、萬億及秭。說文、五稷曰秭。一曰數億至萬曰秭。算、經數有十等、億兆京垓壤秭溝澗正載也。算、依舍人字作筭、从竹弄籌也。算、从竹具、具而算之也。算又同巽。禮無算爵皆當作筭、今並作算。算選又作撰。易傳襍物撰德詩不可選也數、从攴婁。婁、屢也。屢攴爲數。

集解

歷秭算數也

歷、過也、从止厤聲。引申爲數、謂歷數必經過乃精耳。書堯典歷象日月星辰、史記作數法日月星辰。大誥嗣無疆大歷服、孫疏歷數也。文選離騷喟憑心而歷茲、赭白馬賦蓋歷雖衰而藝美不忒、辨亡論歷命應化而徹、劇秦美新歷紀圖典之用、注均云歷數也。詩文王其麗不億、傳麗數也。孟子注同。管子海王此其大麻也、注麻、數。方言及說文俱云𢿱數也。以麗麻𢿱爲之。秭、五稯爲秭、一曰數億至萬曰秭。詩豐年萬億及秭、傳又謂數億至億曰秭。算經黃帝爲法數有十等、謂億兆京垓壤秭溝澗正載也。算、籌數也、从竹从具會意。今籌多以木爲之。儀禮鄉飲酒燕禮大射儀俱云無算爵、士喪禮明衣不在算、論語何足算也、禮記禮弓有算爲之節文也、鄭注均云算數也。詩柏舟不可選也、傳訓數。文選封禪文歷選列辟、文穎曰選數也。易繫辭襍物撰德、釋文數也。周禮大司馬羣吏撰車徒、注選讀曰算。算車徒謂數擇之也。文選幽通賦旦筭祀于契龜、赭白馬賦筭延長、注均云筭數也。以選撰筭爲之。數計也、从攴婁聲。周禮保氏六曰九數。禮記儒行遽數之不能終其物。

義證

歷秭算數也 秭、音姊。數、色具反。

註歷歷數也今以十億爲秭論語云何足算也

郭注補正

厤數也　注厤厤數也

正曰、詩周頌訪落朕未有艾、鄭箋艾、數也。我於是未有數、言遠不可及也。正義釋詁艾、厤也。厤、數也。書堯典厤象日月星辰、史記五帝紀用爾雅文改厤爲數。然則鄭箋艾訓厤又轉訓數亦用爾雅文也。郭注長者多更厤與下厤數也違異、失其誼矣。

正郭

歷秭算數也

歷通作𢿱。說文云𢿱數也。省作麗。大雅文王其麗不億、毛傳云麗、數也。　秭者、說文云數億至萬曰秭。周頌豐年萬億及秭、傳云數億至億曰秭。正義云、定本集注皆云數億至萬曰億。正與說文合。至億之億蓋誤字也。郭注云今以十億爲秭、則又與毛許異也。　算者、說文云數也、讀若筭。通作選。論語何足算也、漢書傳贊作何足選也。邶風柏舟傳云物有其容不可數也。御覽引風俗通云十秭謂之選。

說詩

歷秭算數也 案尚書盤庚疏引舍人曰釋數之曰算。音算音筭 案筭即算字、釋文云郭息轉切。

注疏正字

艾歷也歷秭算數也　算、釋文云字又作筭。一切經音義三引作筭。案算筭音義皆同。　正義云、算與撰選義通。繫辭雜物撰德、釋文云撰、鄭作算、云數也。詩邶風柏舟不可選也、傳訓數。後漢書注朱穆傳引詩作算。盤庚世選爾勞、傳選數也。　此一訓兼兩義者。釋文云數、色具反。謝色主反。

匡名

歷秭算數也 說文數、計也。　堯典歷象日月星辰、史記作數法日月星辰。　𥝸、五稯爲秭。周頌萬億及秭。

又與選義通。盤庚世選爾勞。後漢書註引詩威儀棣棣不可算也。

啓蒙

厤秭算數也。嚴元照說此一訓兼兩義。算之訓數又爲選數之數。論語斗筲之人何足算也。鄭注算數也。釋文數色主反。

黃侃音訓

算數也

錦燧謹案、毛詩無算字、柏舟篇不可選也、毛傳云物有其容不可數也。以數訓選、與爾雅以數訓算詮釋正同。朱穆集載絕交論云、威儀棣棣不可算也。見惠氏九經古義。當是三家詩卽有作算者、故朱穆傳據以爲言。雅訓蓋釋三家詩之不可算也句也。易雜物撰德、鄭作算。論語何足算也、漢書作選。周禮大司馬撰車徒、鄭注撰讀曰算。皆算選古通用之證。說文辵部云選、遣也。訓數非其義。竹部云算、數也。是算爲本字、選乃假字、三家多今文、故用本字作算、毛多古文、故用假字作算。傳以數釋之、其意亦讀選爲算、特其文簡古、因直以數詁之耳。古本爾雅又有作筭者、釋文云算本作筭。然筭爲物名、說文竹部云筭長六寸、計口數者。是算筭二字音同義別。自禮記投壺云算長尺二寸、以算爲之、而算筭幾莫辨爲異字矣。說文又有祘字、云明視以算之也、从二示讀若筭。按六縱四橫象所布竹筭形、與算音義俱同。

厤、秭、算、數也。

陸錦燧日記

釋文云：「數、色具反、謝色主反、」是數有二音。大禹謨云：「天之厤數在汝躬、」後漢律厤志云：「隸首作數、」此名詞、色具切、說文云：「數、計也、」曲禮云：「問國君之富、數地以對、」此動詞、色主切。爾雅兼此二義、實一義耳。

秭者、說文云：「數億至萬曰秭。」他書亦有異說、要爲數之總稱耳。此名詞也。

算、郭引論語憲問曰：「何足算也、」鄭注云：「算、數也、」此動詞、故盤庚正義引舍人云：「釋數之曰算。」說文云：「筭長六寸、所以計厤數者、从竹弄、言常弄乃不誤也。」「算、數也、从竹具、讀若筭。」算从竹者、謂計數必用算、从具者、謂其數必備也。是許以筭爲算器；算爲計算明矣。詩車攻序云：「因田獵而選車徒、」選訓數、古假選爲算也。大司馬云：「羣吏撰車徒、」鄭讀撰爲算、古借撰爲算也。然則算之訓數、動詞之數也。惟動詞借爲名詞、亦謂之算、特牲饋食禮「爵皆無算、」鄭注云：「算、數也、」此又名詞之算與數矣。

爾雅學

秭算數也○釋曰 注疏本删。

皆筭數也 注疏本筭改算。

毛傳云數億至萬曰億數億至億曰秭 注疏本作數萬至萬日億。毛詩豐年傳同。按詩正義云、數億至億曰秭、定本集注皆云數億至億曰秭。釋文作數億至萬曰秭、云一本作數億至億曰秭。說文亦云數億至萬日秭。蓋此疏引毛傳本作數萬至萬日億數億至萬日秭。淺人誤改遂不可通。

以時驗而言也○注論語云何足算也○釋曰 注疏本删下十字。

校勘記

秭姊　筭去聲

歷、秭、算、數也。

孫偘直音

歷秭姊算數上聲也

楊氏音訓

爾雅詁林 一 釋詁下

秭姊

干氏音釋

歷傳也

歷傳也。傳、近。

郭注

歷傳也 釋曰、謂傳近也。隱十一年左傳云、庚辰傳於許。

邢疏

歷傳也

郭璞云、傳、近。

一切注音

傳也 符付反、注同。

陸音義

傳也 ○注疏本此上爲歷作音。案歷字上已兩見、今特音此、不解所謂。

音義攷證

歷傳也

師、敎誨之而已、傳、以身歷而審示之。

新義

歷傳也 傳、近也。左傳、庚辰傳于許。

鄭樵注

歷傳也

郭璞曰、傳、近。

鄭樵曰、傳、近也。左傳庚辰傳于許。

古注合存

歷傳也 傳音附。○此釋歷爲傳之義也。傳麗著也。疏曰、左傳云、庚辰傳于許。

注疏參義

歷傳也 註 傳近 正義 說文云、傳、相也。歷訓爲傳、猶下文云、歷相也。註 傳近。 正義 小爾雅云傳、近也。楚詞遠遊云歷太皞以右轉兮、以歷爲近也。左氏僖二十三年傳云昏而傳焉。

正義

歷傳也 傳近

傳者、近也、箸也。晉語注傳、箸也。小爾雅云傳、近也。歷者、過也、經也。凡所經過涉歷卽爲近箸、故歷訓傳也。傳與附同。故玉篇云附、近也、箸也。歷與麗同。故王制云郵罰麗於事。鄭注麗、附也。大司徒云其附於刑者歸於士。鄭注附、麗也。又大司寇小司寇及鄉士凡言麗灋、鄭注竝云麗、附也。是麗附卽歷傳。又與戾同。詩亦傳於天。箋傳、猶戾也。按戾訓至、至亦近箸之意。戾又通作厲。詩翰飛戾天、文選西都賦注引韓詩戾作厲。薛君曰厲、附也。是厲附亦卽歷傳、皆聲之通假矣。

義疏

歷麗傳也 郭注 傳、近。

歷从厤止、故爲歷過。與麗同用。詩其麗不億。麗、數也。書、優賢揚歷。周官、歷而皆歆之。書、不越茲麗刑。易傳、百穀艸木麗于土。周官及宮抱磨。傳、从叀、布也。與附同用。周官、附于刑。又而未麗于灋。傳歷附麗同。

集解

歷傳也 歷傳爲麗駙之借字。麗、艸木相附麗土而生、从艸麗聲。經典多以麗爲之。周禮小司寇以八辟麗邦灋、禮記王制郵罰麗於事、注均訓附。卽此經所謂傳也。傳、相也、从人尃聲。正字爲附、實爲駙。駙、近也。經典多用附或傳。周禮大司徒其附于刑者歸于士。

義證

歷傳也 傳、符付反。

註 傳近 補正 邢疏、左傳云庚辰傳於許。

郭注補正

歷傳也

歷之言麗也。傳之言附也。鄭注王制云麗、附也。注大司徒云附、麗也。小雅魚麗於罶、毛傳云麗、歷也。謂附著於罶也。菀柳亦傳於天、謂附著於天也。

說詩

歷傳也 正義云、說文傳、相也。歷訓爲傳、猶下云歷相也。元照案、邵說是也。郭以傳近訓之、似未審上下文義。

匡名

歷傳也說文傮、相也。鄭云傳、近也。楚詞、歷太皞以右轉兮。

啓蒙

歷、傳也。 歷下文云、相也、傳相義同。歷正作厤、治也。

黃侃音訓

釋詁篇歷、傳也。傳與敷同。五經文字曰敷、經典相承隸省作敷。書舜典敷奏以言、前漢書宣帝紀傳奏其言。詩商頌長發篇敷奏其勇、大戴禮作傳奏其勇。敷傳通用者多矣。天官家法从一而衍之。至于億兆京垓秭壤谿澗正載、有敷義焉。郭邢本左傳庚辰傅于許文、訓傳為近、恐非。

讀雅筆記

歷、傳也。

說文云：「傳、相也。」大雅云：「王命傳御、遷其私人、」箋云：「傳御者、貳王治事、謂冢宰。」

歷者、下文云：「艾歷、相也。」方言「斎歷、相也；」邵氏謂「斎、艾、聲之轉；」是方言之斎歷、即爾雅之艾歷也。案周語「耆艾修之、」韋昭注云：「耆艾、師傅也、」是艾爲師傅、古有明證。艾既爲師傅、則歷亦爲師傅矣。

爾雅學

歷傳也○釋曰注疏本刪。

校勘記

歷、傳也。 附

孫品直音

歷傳傳近附也

楊氏音訓

艾歷覛胥相也

艾、歷、覛、胥、相也。覛謂相視也。公羊傳曰、胥盟者何、相盟也。艾歷未詳。

郭注

艾歷覛胥相也 釋曰、胥謂相共也。覛者、郭云覛謂相視也。說文云覛、邪視也。郭云公羊傳曰胥盟者何、相盟也者、桓三年文。

邢疏

艾歷覛胥相也文選卷十一註引作脈相視也。

郭璞云、覛謂相視也。公羊傳曰、胥盟者何、相盟也。艾歷未詳。文選卷十一註引郭注云脈脈謂相視貌也。

一切注音

覛字又作脈、亡革反。相息羊反、讀者或息亮反、今不用。

陸音義

艾歷覛胥相也

胥相與、相之爰及姜女是也。艾耆精養神、不至不能相也。歷更事閱理、不至不能相也。

新義

艾歷覛胥相也艾卽乂也。察、乂治也。歷、徧閱也。覛、音屘、邪視也。胥、共視也。皆有相規之義。

鄭樵注

艾歷覛胥相也

郭璞曰、覛謂相視也。公羊傳曰、胥盟者何、相盟也。艾歷

爾雅詁林 一 釋詁下

未詳。鄭樵曰艾即乂也。察乂治也。歷、𥄎閱也。覛音脈、邪視也。胥共視也。皆有相規之義。

古注合存

艾歷覛胥相也。覛音脈。○此釋艾歷以下爲相之義也。疏曰覛註謂相視也。說文謂邪視也。愚按胥當爲聿來胥宇之胥。舊引胥盟爲証者非。又艾歷爲相、註未詳。疑此所謂吾閱人多矣之意。

注疏參義

文選注云、爾雅胥相也、謂相戒勗以所好尚也。可備一說。胥、當爲聿來胥宇之胥、舊引胥盟爲証誤。姜上均說。

補注

艾歷覛胥相也

註 覛謂相視也。公羊傳曰胥盟者何相盟也。艾歷未詳

正義 上文云相視也。此又推言其義之轉也。郊特牲云、簡其車徒而歷其卒伍。歷爲相閱也。覛者、說文云覛、衺視也。周語云古者太史順時覛土、韋昭註覛、視也。視即相也。胥者、大雅緜云聿來胥宇、新序作聿來相宇。賈誼書禮篇引詩云君子樂胥、胥者、相也。**註** 覛謂至盟也。○**正義** 文選註引爾雅云眽、相視也。郭註云、眽眽謂相視貌也。與今本字句皆異。春秋桓三年齊侯衛侯胥命于蒲。公羊傳云胥命者何、相命也。郭氏引作相盟、疑傳寫之訛。穀梁傳云、胥之爲言猶相也。

正義

覛相也

玉案、古詩盈盈一水間、眽眽不得語。盈盈對立之象、眽眽相視之貌也。通作牧。白虎通云、使大夫往來牧視諸侯。牧即覛、牧視即相視。

補注殘本

郭注覛謂相視也　文選古詩十九首注、李康運命論註、并引爾雅眽相視也、郭璞云眽眽、相視貌也。

校議

艾歷覛胥相也 覛謂相視也公羊傳曰胥盟者何相盟也艾歷未詳

釋文云相、息羊反、讀者或息亮反、今不用。按今不用者非也。相字凡有數義而讀兼二音。相、訓導也助也又訓視也、竝詳上文。又訓隨也、則左氏昭三年傳云其相胡公大姬、正義引服虔注相、隨也。按隨亦有導助之義。故釋文云相、息亮反、服如字。又詩金玉其相、傳相、質也。釋文亦云相如字、鄭息亮反。是經典相字每兼二音。古無四聲之說、音讀皆通。爾雅此一相字亦應兩讀、釋文獨主息羊一音、蓋失之矣。小爾雅云相、治也。左氏昭九年傳而楚所相也、相亦訓治。艾者、音乂、而訓治。上文云艾、長也。長率治理、是即艾訓相之證也。歷者、上文云艾歷也。又云歷傅也。歷之訓相亦猶歷之訓傅。傳相義同、是即歷訓相之證也。方言云、𧡮歷、相也。𧡮即艾之叚音、與爾雅義正合。不知郭何以未詳耳。覛者、說文云衺視也。眽云目財視也。廣韵引作目邪視也。是眽與覛同、古字通用。周語云太史順時覛土、韋昭及薛綜西京賦注竝云覛視也。文選靈光殿賦及古詩十九首運命論注竝引爾雅作眽、相視也。蓋引郭注之文、郭所以必言相視者、以相是眽之訓。不知相自訓視、眽亦訓視、其義甚明、雖不言相可也。古詩云眽眽不得語、運命論篇亦用眽眽、今本皆作脉脉、竝爲譌俗。又今人多用𡬶覓字、古書不見有覓、蓋亦脉即覛字之譌矣。胥者、上文云皆也、皆有相連及之意、故郭引公羊桓三年傳云胥盟者何相盟也。儷𢇍以證胥相之義。今按郭義亦恐未然。證以詩云聿來胥宇、又云于胥斯原、胥皆訓爲相視之相、故釋文竝云相、息亮反。然則相兼二音、其證甚明。陸德明於爾雅相字獨用息羊反、於義蓋未通矣。

義疏

艾歷覛（覓）**胥相也** 郭注、覛謂相視也。公羊傳曰胥盟者何、相盟也。艾歷未詳。相夬假借字、以相視爲相與也。詩福祿艾之、謂相助之。書、乃非德用乂、又殺人歷人宥、歷人謂助力者。覛、从𠂢見、𠂢、流別。今派字分𠂢、有相助之義。詩、益之以霢霂。斜雨爲脈、細雨爲沐。周官以鹹養脈。血流別爲𧖴。覛讀如蔑、蔑眇通用。書文王蔑德、鄭讀爲妙、德易眇而視、即覛也。胥、上云皆、皆大相也。詩聿來胥宇。又淪胥以鋪。

集解

艾歷覛胥相也 艾冰臺也从艸乂聲。正字為乂。乂芟艸也。上經引申為長。此引申為相。謂長者多經歷而能相視乎事也。書立政以乂我受民。孫疏乂與艾通。相也。歷過也。从止厤聲。正字為厤。厤治也。引申為相。小爾雅廣詁相治也是也。厤歷通用字。禮記月令命宰歷卿大夫至於庶民土田之數。郊特牲歷其卒伍。漢書劉向傳歷周唐之所進以為法。論衡超奇上通下達謂之洞歷。歷均當訓相治也。或視也。覛衺視也。从𠂢从見。引申為相。謂相視也。周語大史順時覛土。後漢書杜篤傳覛平樂儀建章。文選西京賦覛往昔之遺館。注均云覛視也。禮記中庸睨而視之。說文睨衺視也。廣雅釋詁睥睨視也。漢書灌夫傳作辟睨。文選魯靈光殿賦徒脈脈而狋狋。注視皃。古詩十九首脈脈不得語。注相視也。書君奭茲迪彝教文王蔑德。蔑德謂明德。亦視意也。以睨俾辟脈𧖴蔑為之。或者覛之正字為䁹與。書所謂我之不辟是。胥盤醢也。从肉疋聲。正字為與。或為相。與相胥雙聲。詩緜聿來胥宇。公劉于胥斯原。傳均云胥相也。謂相視也。詩角弓無胥遠矣。傳胥相也。孟子引詩載胥及溺。注胥相也。公羊桓三傳胥盟者何。相盟也。穀梁傳胥之為言相也。孟子睊睊胥讒。注訓相。前漢書敘傳薰胥以刑。師古曰胥相也。文選應吉甫晉武帝華林園集詩人胥悅欣。注胥相也。則均謂相與耳。或者胥之正字為疏與。相治也。廣雅疏亦云治也。孟子滕文公禹疏九河。謂治河也。相省視也。从目从木會意。引申為助也治也。謂善省視者乃能助人治人也。

義證

艾相也　言輔佑也。詩小雅保艾爾後。福祿艾之。傳訓艾為養。晉語公孫固曰樹于有禮必有艾。註訓艾為報。似不若並依此釋。

歷相也　郭引公羊相盟為胥字之證。亦讀此相與之相。孟子離婁篇不歷位而相與言。莊子天地篇交臂歷指。俱以人相參錯為歷。又書盤庚歷告爾百姓于朕志。歷告猶云相告。陸氏釋文云相息羊反。讀者或息亮反。今不用。邢氏疏云皆相視。又專主息亮之讀。不用息羊。二家均于篇例未深諦也。前文台朕賚畀總釋為予。兼具羊朱羊汝二音。則讀此相字者。雖既用息亮。又用息羊。亦何礙乎。

補郭

艾歷覛胥相也 覛亡革反　相息羊反

（註）覛謂相視也公羊傳曰胥盟者何相盟也艾歷未詳

（補正）邢疏。說文覛。邪視也。鄭樵註云。艾卽乂也。察。乂治也。歷。編閱也。胥。共視也。皆有相規之義。

郭注補正

艾厤覛胥相也　注覛謂相視也公羊傳曰胥盟者何相盟也艾厤未詳

正曰。方言十三裔。厤。相也。漢韵艾裔兩部相通轉。艾厤覛茲訓相視之相。詩大雅緜聿來胥宇。毛傳胥。相也。胥宇卽視宇也。是胥亦訓相視之相也。郭解胥字。不引毛詩傳而引公羊。一訓兩證。誤矣。王尙書乃吕艾為輔相之相。厤覛為相視之相。胥為相保相受之相。一訓三證。則尤誤矣。

正郭

胥相也　注公羊傳曰胥盟者何相盟也

諍曰。邵氏云。桓三年公羊傳胥命者何。相命也。郭氏引作相盟。疑傳寫之訛。郝氏以注義為未然。謂詩聿來胥宇。于胥斯原。胥皆訓相視之相。故釋文並云相息亮反。按相兼二義。說文相。省視也。即覛謂相視之相。詩行葦傳內相親也。疏云相者。兩相之辭。即胥命之為相命。胥亦兼兩義。注不蒙覛訓相視。而證以胥宇之胥。以歸一例。轉引兩相之義。失之疏漏。

諍郭

艾歷覛胥相也

覛謂相視貌也公羊傳曰胥盟者何相盟也艾歷未

詳

文選運命論注引爾雅曰脈相視也。郭璞曰脈脈謂相視貌也。古詩十九首注亦引爾雅曰脈相視也。郭璞曰脈脈謂相視貌。今本脫貌字、據補。

郭注佚存補訂

艾歷覛胥相也

艾爲相治之相。（小爾雅云相治也。）下文云乂治也。乂與艾同字。周頌臣工奄觀銍艾、彼釋文云艾音刈、謂刈治之也。小雅小旻或肅或艾、傳云艾治也。歷者、傳相之相。上文云歷、傳也。說文云傳、相也。大雅崧高王命傳御、鄭箋云傳御者、貳王治事、謂冢宰也。冢宰卽相也。相、讀爲周頌清廟相爲辟公之相。傳云相、助也。覛者、相視之相。古詩十九首注引作脈、相也。郭璞曰脈謂相視貌。脈者、眽之誤。說文云眽、目財視也。覛、衺視也。二字古通用。胥、亦相視之義。大雅公劉于胥斯原、緜聿來胥宇、傳竝云胥、相也。謂相視也。胥亦兼相皆之義。小雅雨無正淪胥以鋪、角弓無胥遠矣、箋竝云胥、相也。義詳上文胥皆也下。

說詩

艾歷節註胥盟者何相盟也（盟、公羊傳作命。）艾歷未詳（案二字疑涉上文誤衍。）

疏說文云覛邪視也（邪、說文作衺。）

注疏正字

艾歷覛胥相也

郭曰、覛謂相視也。公羊傳曰胥盟者何相盟也。（今公羊桓三年傳作胥命者何相命也。）艾歷未詳。引之謹案、艾與乂同。（皋陶謨俊乂在官、漢書谷永傳作艾。禹貢淮沂其乂、漢書地理志作艾。洪範乂用三德、漢書五行志作艾。史記三代世表楚熊乂、楚世家作熊艾。）乂爲輔相之相。君奭曰用乂厥辟、謂用相厥辟也。（某氏傳曰、用治其君事。案傳訓乂爲治、用治其君、則義不可通、故加事字以增成其義、失之。）多方曰爾曷不夾介乂我周王享天之命、夾介乂皆輔相之義也。（傳曰汝何不近大見治於我周王、失之。）歷覛爲相視之相。郊特牲曰、簡其車賦而歷其卒伍。（邵有）歷謂閱視之也。大戴禮文王官人篇曰、變官民能歷其才藝、謂相其才藝也。晉語曰、夫言以昭信、奉之如機、歷時而發之、謂相時而發之也。說文眽、目財視也。覛、衺視也。周語曰古者太史順時覛土、韋注覛視也。（邵有）魏策曰前脈地形之險阻、脈與覛同。胥爲公羊傳相命之相、又爲輔相之相。（釋文相息羊反、讀者或息亮反、今不用。案胥之訓爲相、有平去二音、若艾歷覛之訓爲相、則當音息亮反、陸說非也。）方言曰胥、由輔也。吳越曰胥、燕之北鄙曰由。郭注胥、相、由、正皆謂輔持也。廣雅曰由胥、輔助也。皆輔相之義也。胥又爲相視之相。大雅緜篇爰及姜女、聿來胥宇、毛傳胥、相也。鄭箋曰於是與其妃太姜自來相可居者。公劉篇于胥斯原、箋曰相此原地以居民。

述聞

艾歷覛胥相也 覛、釋文云字又作脈。案說文（𠂢部）覛、衺視也。从𠂢从見。籒文作䀡。（目部）眽、目財視也。从目𠂢聲。則覛眽音義同。从冈無義、脈必眽之譌。文選注（十一）引爾雅曰眽相視也、郭璞曰眽眽謂相視貌。（廿九五十九所引同）又嘗引胥相也、疑李善所見本是艾歷胥相也、眽相視也。此一訓兼兩義。釋文云相、息羊反、讀者或息亮反、今不用。元照案、不用息亮反、則覛字不可解。

匡名

艾歷覛音脈**胥相也**上文相、視也。此又伸其義也。邢疏、艾、相視也。郊特牲、歷其卒五。說文覛、衺視也。郭註覛謂相視也。覛與脈通用。古詩脈脈不得語、今文選譌作脈、非也。周語順時覛土、註覛、視也。大雅聿來胥宇、傳胥、相也。

啓蒙

艾歷覛胥相也　相有輔相、相視、交相三義。艾歷輔相義也。覛胥相視義也。胥既訓皆又訓相、是交相義也。但交相義亦由輔相義引申、輔相義亦由相視義引申。

黃侃音訓

艾即壁也。歷、徧閱也。有視義。

讀雅筆記

郡　仍　乃也　算　數也　艾　覛　相也

詩箋郡作窘、仍也。小雅正月詩箋周禮後鄭注、故書仍爲乃。先鄭乃讀爲仍。春官司几筵注釋文算、字又作筭。釋詁釋文方言裔、歷、相也。方言裔艾聲之轉。釋文覛字又作脈。亡革反。釋詁釋文

算、數也。說文數億至萬曰秭。徐岳數術記遺、黃帝爲法數、有數十等、十等者、億兆京垓秭壤谿澗正載也。廣韻引風俗通云、千生萬、萬生億、億生兆、兆生京、京生垓、垓生秭、秭生壤、壤生谿、谿生澗、澗生正、正生載。載、地不能載也。郭云今以十億爲秭者、據時驗。

證異

艾相也

艾相也。郭注未詳。邵氏正義、方言裔、歷、相也。裔艾聲之轉也。頤煊案、小爾雅廣詁相、治也。左氏昭九年傳

而楚所相也、杜預注相、治也。下文乂、治也。古通作艾字。艾與相同訓治、是以艾又爲相也。

讀爾雅録

艾、歷、覛、胥、相也。

說文訓相爲「省視。」視、相視也、故引伸之而有「相與」之義、廣韻云：「相、共也；」即其訓也。又引伸之而爲「輔相」之義、輔相亦相與之意、實無別。爾雅上文云：「相、導也、勴也、」皆輔相也。又云：「相、視也、」即說文省視之義之所本。相字息良切、此古音也；後乃有息亮切之音；本節相字、兼用二音之義。

艾與乂通、洪範云：「乂用三德、」漢書五行志作艾；經傳通用者甚多。王引之云：「乂爲輔相之相、君奭曰：『用乂厥辟、』謂用相厥辟也。多方云：『爾曷不夾介乂我周王享天之命、』夾介乂、皆輔相之義也。」

歷、上文云：「傳也；」今訓相者、左傳云：「鄭伯傳王、」注「傳、相也；」蓋師傅亦相人者、故曰「歷、相也。」然歷又有閱歷之義。邵氏引郊特牲云：「簡其車徒而歷其卒伍、」此謂閱視卒伍也、王引之云：「晉語曰：『夫言以昭信、奉之如機、歷時而發之、』謂相時而發之也。」是歷訓相、兼輔相、省視二義。

覛、說文云：「衺視也；」周語云：「古者太史順時覛王、」韋注云：「覛、視也。」是覛之訓相、爲省視之義之相也。廣韻引說文云：「脈、目邪視也、」覛與脈聲義均同。郝氏謂「古詩『脈脈不得語、』今作脈脈、爲譌俗。今人尋覓字、古書不見、蓋覛字之譌。」

胥之訓相有三義。公羊傳云：「胥命者何、相命也、」穀梁傳云：「胥之爲言猶相也、」此常語也。然胥又爲輔助之義、方言「胥、由、輔也、吳越曰胥、燕之北鄙曰由、」郭注「胥、相也；由、正、皆謂輔持也。」廣雅云：「由、胥、輔助也、」此皆輔相之相也。胥又有視之義、大雅緜篇云：「爰及姜女、聿來胥宇、」箋云：「於是與其妃太姜、自來相可居者、」公劉篇「于胥斯原、」箋云：「相此原地以居民、」此皆視之相也。說本王引之。

爾雅學

覛唐石經單疏本雪窻本同。釋文覛字又作脈、亡革反。按五經文字脈、莫白反、見爾雅。文選魯靈光殿賦徒脈脈而狋狋、李

爾雅詁林　一　釋詁下

善注、爾雅曰脈相視也、莫革切。○按釋文又作脈、乃脈之譌也。

艾歷覛胥相也○釋曰皆謂相共也注疏本刪上八字。共誤視。

校勘記

覛雪聰本頋

校勘記訂補

九下（二〇）

二行（注）覛謂相視也○《文選·運命論》注引「《爾雅》曰：脈相視也。郭璞曰：脈脈謂相視貌也。」「脈」即「覛」字。李善所引《爾雅》即本郭注，「郭璞曰：脈脈謂相視貌也」蓋出《音義》。

宋監本校箋

艾歷覛音脈胥相也

音圖·音

覛字又作脈、本从目作䀡、亡革翻、徵明輕重交互出切、音墨職韻字也。今通作脈。魯靈光殿賦注莫革翻同。國語、太史順時覛土。廣韻、莫獲翻、音麥入陌韻。

音略

艾、歷、覛、胥、相也。脈 平聲

孫偘直音

艾歷覛脈胥相也

楊氏音訓

覛麥

干氏音釋

又亂靖神弗淈治也

又亂、靖、神、弗、淈、治也。

論語曰、予有亂臣十人。淈、書序作汩、音同耳。神未詳。餘竝見詩書。

郭注

又亂靖神弗淈治也 注論語至詩書 釋曰、皆治理也。舍人曰亂義之治也。孫炎曰亂治之理也。云論語曰予有亂臣十人者、泰伯篇文也。淈書序作汩音同耳者、虞書序云帝釐下土方設居方、別生分類作汩作、孔傳云汩治、作興也。言其治民之功興、故爲汩作之篇亡。云餘並見詩書者、舜典云有能俾乂。小雅菀柳云俾予靖之。大雅生民云茀厥豐草。弗茀音義同。

邢疏

亂治也

亂義之治也。書正義九 邢疏

犍爲注

亂治也

亂治之理也。書正義九 邢疏

孫音注

淈治也

淈、古沒反、又胡忽反。釋文

郭音義

治也

治、如字。釋文

謝音

淈治也

詩云、淈此羣醜。詩正義二十之一引某氏箋云屈、治。正義云、屈治、釋詁文、彼屈作淈。某氏引此詩、是音義同也。據正義說、知某氏引詩作淈字、蓋所引者是韓魯詩、一與毛氏同也。

衆家注

黃輯古義

又亂靖神弗淈治也

亂、義之治也。邢疏 書盤庚中正義

犍爲注

乂亂靖神弗㴌治也

詩云、㴌此羣醜。詩魯頌泮水正義引某氏

樊注

乂亂靖神弗淈治也

亂、治之理也。邢疏書盤庚中正義

孫音注

弗淈治也。淈、古沒反、又胡忽反。

郭音義

乂亂靖神弗淈治也。治、如字。

謝音

玉函山房輯佚

亂

義之治也。

犍爲注

治之理也。孫注並書疏九

鉤沉

亂淈治也

舍人曰亂、義之治也。書正義九邢疏

孫曰亂、治之理也。書正義九邢疏

某氏曰、詩云淈此羣醜。詩正義二十之一按詩注作屈此羣醜。箋云屈、治。正義云、屈治、釋詁文。彼屈作淈、某氏引此詩是音義同也。據正義說知某氏引詩作淈字、蓋所引者是韓魯詩、一與毛氏同也。

漢注

乂亂靖神弗淈治也淈據詩正義二十之一卷是某氏本作屈

舍人云亂、義之治也。孫炎云亂、治之理也。並書正義九卷

某氏云、詩曰屈此羣醜。詩正義二十之一卷 郭璞云、論語曰予有亂臣十人。淈、書序作汩、音同耳。神未詳。餘見詩書。

一切注音

淈治也某氏云、詩曰屈此羣醜。詩泮水正義

蕙心案、淈爲汩之借字。說文汩、治水也。泮水篇屈此羣醜、箋云屈、治也。又淈字之通借。

亂 舍人云亂、義之治也。孫炎曰亂、治之理也。並書微子正義

古注斠

乂字又作㚏亦作女、同。魚廢反。淈郭古沒反、又胡忽反。治直吏反、謝如字。作汩古沒反。

陸音義

乂亂靖神弗淈治也

疾而能乂之、神農是也。神而能治之、黃帝是也。淈而能治之、禹是也。弗而能治之、稷是也。亂而能治之、湯武是也。靖而能治之、成康是也。

新義

乂亂靖神弗淈治也亂、理亂也。靖、菀柳云俾予靖之。弗、生民云茀厥豐艸。弗茀同。淈、書序作汩。汩者、擾而治之也。神未詳。

鄭樵注

乂亂靖神弗淈治也淈、郭古沒反。

舍人曰亂、義之治也。

孫炎曰亂、治之理也。

郭璞曰、論語曰予有亂臣十人。淈、書序作汩、音同耳。神未詳。餘見詩書。

鄭樵曰亂、理亂也。靖、菀柳云俾予靖之。弗、生民云茀厥豐艸。弗茀同。淈、書序作汩。汩者、擾而治之也。神未詳。

古注合存

乂亂靖神弗淈治也。弗茀同。淈汩同。○此釋乂亂以下爲治之義也。註曰。論語云予有亂臣十人。淈書序作汩。疏曰。虞書序云。帝釐下土。爲汩作之篇。孔傳云。汩治。作興也。言治功興也。詩生民云。茀厥豐草。愚按神註未詳。蓋所謂德盛化神。

注疏參義

乂亂靖神弗淈治也 註 論語曰予有亂臣十人淈書序

作汨音同耳神未詳餘見詩書【正義】釋名云治值也物皆值其所也乂者謚法解云乂治也說文作𢻱治也通作艾漢書五行志引鴻範艾用三德應劭云艾治也亂者說文云亂治也幺子相亂𠬪治之也書疏引舍人云亂義之治也靖者周語云自后稷之始基靖民神者小雅信南山云維禹甸之毛傳甸治也鄭註地官稍人云甸讀如維禹敶之之敶韓詩甸作敶古者甸陳聲同陳又轉爲神其義同也說文云儆理也理即爲治亦以聲近義同也弗者詩釋文引韓詩云拂弗也弗與拂同曲禮云進几杖者拂之言整治之也淈者文選註引倉頡篇云淈水通貌淈通作屈詩疏引某氏云詩曰屈此羣醜按魯頌泮水鄭箋云屈治也是據爾雅爲義也【注】論語至詩書○【正義】論語曰予有亂臣十人泰伯篇文盤庚云茲余有亂政顧命云其能而亂四方皆言治也淈書序作汨者書序云帝釐下土方設居方別生分類作汨作案說文云汨治水也周語云決汨九川又云汨越九原韋註以汨爲通也餘見詩書者堯典云有能俾乂史記作有能使治者周頌烈文云日靖四方大雅生民云茀厥豐草茀弗音義同。【正義】

神治也

玉案大戴禮天圜篇、神者禮樂仁義之祖、而善否治亂所由出也。墨子公輸云、治於神者、眾人不知其功。是神爲治所由出、故得訓爲治。【補注殘本】

神治也　墨子曰、治於神者、眾人不知其功。是神爲治所从出、故神亦得訓爲治。

邢疏、茀厥豐草、茀弗音義同。　按茀厥豐草、傳曰茀、治也。疏云釋詁文。【校議】

乂亂靖神弗淈治也　論語曰予有亂臣十人淈書序作汨音同耳神未詳餘見詩書

釋文云治、直吏反、謝如字。按如字者直之反也。然二音特語有輕重耳、其實非有異也。治訓整也、正也、飭也、理也。喪服傳云故名者、人治之大者也。鄭注治猶理也。禮大傳云上治祖禰、鄭注治猶正也。是治有二音其義則一。故釋名云治、值也、物皆值其所也。通作始。荀子彊國篇云彊始中國、楊倞注始或爲治。公羊襄五年傳故相與往始乎晉、即往治乎晉也。又通作理。論語季氏篇釋文治、本作理。理即治之訓也。乂者𢻱之叚借也。說文云𢻱、治也。引虞書曰有能俾𢻱。爾雅釋文乂字又作𢻱。通作乂。謚法云乂治也。洪範五行傳云言之不從、是謂不乂。鄭注乂、治也。凡書內乂字、史記俱作治。又通作艾。詩或肅或艾、傳艾、治也。書乂用三德、漢書五行志作艾用三德。俊乂在官、谷永傳作俊艾在官。又通作刈。爾雅釋文乂亦作刈、同魚廢反。按艾古讀爲刈、說文刈乂同字、故古通用矣。亂者、說文云治也。从乙、乙治之也。書亂而敬、史記夏紀作治而敬。殷其弗或亂正四方、宋世家作不治政不治四方。馬融注亂、理也。理亦治也。故書正義引舍人曰亂、義之治也。孫炎曰亂、治之理也。通作𤔔。說文𤔔、治也。幺子相𤔔、𠬪治之也。讀若亂同。一曰理也。又通作䜌。說文䜌、亂也。一曰治也。是䜌兼治亂二義。經典通以亂字代之、蓋亂䜌聲義同耳。靖者、上文云謀也。謀亦治、故詩俾予靖之、毛傳靖、治也。鄭箋靖、謀也。日靖四方、毛傳靖、謀也。鄭箋靖、治也。是治謀二義同。類聚八十七引韓詩曰有靖家室、靖、善也。靖訓善者、蓋善之爲言繕也。繕亦精治之義矣。神者、引之治也。神訓引、引伸與治義近。廣雅云伸、理也。理即治也。伸本作儆、說文云儆、理也。通作旬。小爾雅及廣雅並云旬、治也。按古神字篆文作𤰈、見郊特牲注。蓋𤰈之省爲旬、猶𤰈之省爲旦也。又通作敶與旬。詩信南山及韓奕兩言維禹甸之、傳並云甸、治也。周禮稍人注甸讀與維禹敶之之敶同。賈公彥疏、韓詩作敶。是敶甸古音同、敶神聲又近、故古字並通矣。洪頤煊按月令毋發令而待、以妨神農之事也。孟子滕文公上有爲神農之言者許行。神農皆謂治農。弗者、不之治也。弗訓不、說文云撟也。撟揉所以治之、故詩以弗無子、毛傳弗、去也。鄭箋弗之言祓也。然則祓除消去、皆撟除之義也。通作茀。詩茀厥豐草、毛傳茀、治也。鄭箋除治也。又通作拂。釋文茀、韓詩作拂。拂、弗也。蓋言拂與弗

爾雅詁林　一　釋詁下

同。文選顏延年應詔讌曲水詩注、拂亦作弗、古字通、是其證也。淈者、汩之叚音也。說文云、汩、治水也。書序云、作汩作。楚辭天問篇云、不任汩鴻。王逸注、汩、治也。通作淈。書汩陳其五行。漢書五行志注、汩、亂也。後漢書張衡傳注、淈、亂也。是淈汩同。汩訓治、又訓亂者、亦如亂字兼治亂二義也。書釋文及漢書注竝云、汩音骨。廣韵淈汩同音。玉篇淈、亦汩字。是皆淈汩字通之證。又通作滑。小爾雅及周語、晉語注竝云、滑、亂也。莊子繕性篇云、滑欲于俗思。釋文滑音骨、亂也。崔云、治也。齊物論釋文、滑、向本作汩。史記樗里子甘茂傳正義云、滑、讀爲淈。是淈汩滑三字俱音義同。又通作屈。詩屈此羣醜。鄭箋屈、治也。正義云、釋詁文、彼屈作淈。某氏引此詩、是音義同也。

義疏

乂亂靖神弗茀拂淈屈汩治也

舍人注、亂、義之治也。孫注、亂、治之理也。樊注、詩云、淈此羣醜。郭注、論語曰、予有亂十人。淈、書序作汩、音同耳。神未詳。餘竝見詩、書。書、有能俾乂、說文引作嬖。書從作乂。詩、或肅　或艾。亂、从乙、𤔔。書、厥亂爲民。靖、見上。書、自靖人。詩、日靖四方。神、从申。申、展治之。見易、重巽以申命。月令、以妨神農之事也。弗、見上。易、彌上。又云、茀離也。字本作芾。詩、以弗無子。周官、掌歲時祓除。淈、从屈。屈、尾出、故屈曲。易傳屈申、此作淈。神弗淈又爲𤔔。詩、四方以無拂。書、汩陳其五行。治、本作給。絲亂、治之也。蓋以治、水。从水。

集解

乂亂靖神弗淈治也　乂芟艸也、芟艸即所以治艸也。从丿乀相交會意。或乂从刀作刈。說文則以嬖爲之。書堯典有能俾乂、史記俾乂作使治。禹貢雲土夢作乂、史記作雲夢土爲治。淮沂其乂、洪範從作乂、史記乂均作治。書序作咸乂四篇、馬注乂、治也。前漢書武五子傳保國乂民、師古曰乂、治也。詩小旻或肅或艾、傳艾、治也。孟子萬章自怨自艾、注艾、治也。前漢書酷吏傳黎民艾安、谷永傳則左右肅艾、師古均曰艾讀爲乂、治也。書洪範乂用三德、漢書五行傳作艾。應劭曰艾、治也。詩長發玄王桓撥、傳撥、治也。公羊哀十四傳撥亂世反諸正、注撥、治也。周語、汩越九原、宅居九隩。淮南人間室始成竘然善也。廣雅釋詁、越列竘治也。方言、竘貌治也。以艾撥越竘列爲之。亂、絲之治也。从𤔔从乙。乙、治之也。書皋陶謨亂而敬、微子殷其弗或亂政四方、史記亂均作治。顧命其能而亂四方、僞傳訓治。左襄二八傳武王有亂臣十人、注亂、治也。論語馬注同。廣雅𤺌治也。說文𤔔、絲治也。以𤺌𤔔爲之。靖、立竫也。从立青聲。與竫略同。引申爲安也治也。詩菀柳俾予靖之、傳靖、治也。我將日靖四方、箋靖、治也。周語畋畝之人或在社稷由欲靖民也、注靖、治也。文選東京賦乃整泫服、注整、理也治也。廣雅釋詁刑治也。說文竫、治也。以整刑竫爲之。神、天神引出萬物者也。从示申聲。正字爲申。申、束身也。束身即所以治身。申神通用字。易繫辭神農氏作。禮記月令以妨神農之事也。神農爲古君名、蓋因其以耒耜教民治農故也。詩信南山維禹甸之、周禮稍人注作禹敶。毛傳治也。說文敶、理也治也。廣雅作伸、云理也。小爾雅廣詁甸治也。左昭元傳主齊盟者、誰能辯焉、注辯、治也。說文辡、尹均治也。以甸敶伸甸辯尹爲之。弗、撟也。从丿从乀从韋省。正字爲拂。拂、過擊也。引申爲除也治也。儀禮大射儀授弓拂弓、既夕商祝拂柩均是也。拂弗通用字。詩生民以弗無子、傳弗、去也、猶治也。茀、厥豐草、傳茀、治也。孟子滕文公堯獨憂之舉舜而敷焉、注敷、治也。廣雅作傅、云治也。以茀敷傅爲之。淈、濁也。一曰滒泥。从水屈聲。正字爲汩。汩、治水也。引申爲凡治之偁。書序作汩作、楚辭天問不任汩鴻、師何以尚之均是也。汩淈通用字。詩泮水淈此羣醜。今本作屈、傳治也。公劉徹田爲糧、崧高徹申伯土田、傳均云徹、治也。孟子滕文公禹抑洪水而天下平、注抑、治也。以徹抑爲之。治、水名。从水台聲。經典多以爲理爲釐之借字。儀禮喪服傳、故名者人治之大者也。

義證

神治也　大戴禮曾子天圓篇、神者、禮樂仁義之祖、而善否治亂所由出也。孟子、所存者神。呂覽引夏書、天子之德、廣運乃神。皆以言帝王之隆治。

補郭

乂亂靖神弗淈治也

註論語曰予有亂臣十人淈書序作汩音同耳神未

爾雅詁林　一　釋詁下

詳餘見詩書〔補正〕邢疏、舍人曰亂、義之治也。孫炎曰
亂、治之理也。大雅茀厥豐草、茀弗音義同。郭注補正

淈治也　注淈書序伲汨音同耳
正曰、古韵淈入微齊皆灰部、汨入支佳部謂兩部
聲轉猶可、今郭注云音同則誤甚也。詩魯頌泮水
屈此羣醜、鄭箋屈治也。釋文屈、鄭云治也。正義屈
治、釋詁文。彼屈伲淈、某氏注引此詩。某氏注卽爾
雅樊光注也。是鄭箋與樊注同誼也。郭注不解此
誼而破淈爲汨、失其音讀矣。正郭

乂亂靖神弗淈治也
論語曰予有亂臣十人淈書序作汨音同耳神未詳
餘並見詩書
仿宋本作書敘。明注疏本脫並字。郭注佚存補訂

乂亂靖神弗淈治也
乂說文作㽮云治也今經典通以乂爲之乂與刈
同周南葛覃是刈是濩釋訓釋文云乂本作刈韓
詩云刈取也取與治義相近又通作艾義詳上文
艾相也下　亂者、說文云治也、從乙。乙、治之也。舍
人云亂、義之治也。孫炎云亂、治之理也。小雅沔水
莫肯念亂、亂亦治也、言人莫肯思治者、故鄭箋云

無肯念此於禮法爲亂者。能守禮法則治矣。靖
者、周頌我將日靖四方、小雅菀柳俾予靖之、傳箋
並云靖、治也。大雅召旻實靖夷我邦、周頌昊天有
成命肆其靖之、皆當訓治。　神者、化也。見呂覽注。孟子、所過
者化、所存者神、神化一也。化卽治也。獨斷云安仁立政曰神。邵云小雅信
南山維禹甸之、傳云甸、治也。鄭注地官稍人云甸、
讀如維禹𠟭之之𠟭。韓詩甸作𠟭、古音甸陳聲同、
陳又轉爲神、其義同也。說文云㪂、理也。理卽爲治。
今案神者、㪂之假借。㪂與伸同。神者、伸也。見論衡論死篇
伸、理也。見廣雅釋詁理卽治也。　弗者、大雅生民以弗
無子、傳云弗去也。弗者、去之治也。又通作茀。茀厥
豐草、傳云茀、治也。彼釋文云茀、韓詩作拂。拂亦拂
去之義。　淈爲屈之假借。荀子宥坐篇注云淈、讀爲屈。魯頌泮
水屈此羣醜、箋云屈、治也。正義云屈治、釋詁文。彼
屈作淈、某氏引此詩、是音義同也。說詩

神治也
郭曰神未詳。邵曰、小雅信南山云維禹甸之、毛傳甸、治也。韓詩甸作
𠟭、古者甸陳聲同、陳又轉爲神、其義同也。引之謹案陳轉爲神於古
無據、竊謂孟子盡心篇、夫君子所過者化、所存者神、神治也。言君子
所過之地則民化、所在之地則民治。不言在而言存者、變文協韻耳、

其實一也。（趙注曰、存在此國、其化如神。神上加如字、於義未安。集注曰、心所存主處便神妙不測、則又於所存上加心字矣。）荀子議兵篇亦曰、仁人之兵所存者神、所過者化。又王制篇曰、故天之所覆、地之所載、莫不盡其美、致其用、上以飾賢良、下以養百姓而安樂之、夫是之謂大神。大神、亦謂大治也。（楊倞注、能變通裁制萬物、故曰大神也、失之。）

述聞

乂亂靖神弗淈治也　乂、釋文云、字又作㢾、亦作刈。案說文（辟部）㢾、治也。从辟乂聲。虞書曰、有能俾㢾。又⿱辟井、治也。从辟从井。周書曰、我之不⿱辟井。是㢾⿱辟井二文皆可用。又通⿱乂心。說文（心部）⿱乂心、懲也。从心乂聲。其作乂者、㢾之省文。刈者、乂之或體。又通借作艾。詩（小雅小旻）或肅或艾、傳、艾、治也。　亂與𤔔同。說文（受部）𤔔、治也。幺子相亂、受治之也。讀若亂同。一曰理也。又（乙部）亂、治也。从乙。乙治之也。从𤔔。　靖當作埩。說文（土部）埩、治也。从土爭聲。　正義云、詩（小雅節南山）維禹甸之、傳、甸、治也。周禮注（地官稍人）曰、甸讀如維禹敶之之敶。韓詩甸作敶。古者甸敶聲同、陳又轉爲神。其義同也。　弗當作茀。詩（大雅生民）茀厥豐草、傳、茀、治也。正義曰、茀治、釋詁文。又通撥。詩（商頌長發）元王桓撥、傳、撥、治。卽此文也。蓋弗與祓通、生民詩以弗無子、弗卽祓也。古犮發偏旁通借。詩鱣鮪發發、說文作鮁鮁、此其徵也。　淈通屈。詩（魯頌泮水）屈此羣醜、箋、屈、治。正義曰、釋詁文、彼屈作淈、某氏引此詩、是音義同也。淈說文同。郭注云、淈、書序作汩、音同耳。案說文汩、治水也。从水曰聲。與汨羅字从冥省聲者別。釋文作汨、从日、音古沒反、非也。

匡名

乂亂靖神弗淈（音骨）治也　治。說文、治、水名。今借爲治亂之治。乂、芟艸也。从丿乀相交。

堯典有能俾乂、史記作有能使治者。論語、予有亂臣十人。周頌曰、靖四方、箋、靖、治也。弗、撟也、从丿乀、从韋省。弗通作茀。大雅茀厥豐草、註、茀、治也。又通拂。曲禮進几杖者拂之、言整治之也。淈、濁也、一曰滒泥、一曰水出貌。註、今人汩亂字當作此。某氏注爾雅引詩淈此羣醜。淈通作汩。汩、治水也。書序、帝作汩作。汩、治也。

啓蒙

乂、治也。　乂與上下諸文亦同字並見。淈、治也。　淈、說文訓濁、爾雅訓治、義相反。

黃侃音訓

神治也

神治也。郭注未詳。頤煊案、禮記月令、毋發令而待、以妨神農之事也。孟子滕文公上、有爲神農之言者許行。神農皆謂治農。

讀爾雅録

淈治也。詩泮水屈此羣醜、箋、屈、治也。周語決汩九川、韋云、汩、通也。

古義補

神治也

注曰神未詳

樾謹按、上文申神竝訓重、邢疏謂申與神同、然則此文神訓治、猶申訓治也。說文申部、申、神也。七月陰氣成體、自申束、從臼、自持也。自申束卽有治義。廣雅釋詁、伸、理也。伸與申通、理卽治也。爾雅亂神竝訓治、廣雅亂伸竝訓理、其義同矣。下文又曰、神、愼也。亦卽申束之義。釋詁神字凡三見、惟首條訓重者、申神竝列、至下二條則有神無申、知神卽申矣。郭氏不達叚借之旨、故多未詳也。

平議

弗治也。邢疏云、詩茀厥豐草、弗茀音義同。楷案、邢說是也。毛傳訓茀爲治、孔疏以爲釋詁文。釋文引韓詩作拂、云拂、弗也。是弗茀音義同也。易頤弗經于丘頤、子夏傳弗、輔弼也。弼、說文作弻、云輔也。古文从弗作㢸。輔亦治也。玉篇輔、相也。小爾雅相、治也。是也。詩敬之佛時仔肩、箋佛、輔也。又廣雅拂、除也。除亦治也。鄭注曲禮除、治也。是也。輔爲治、除亦爲治、則㢸佛拂亦皆爲治也。漢書王莽傳予之北巡必躬載拂、顏師古注拂、所以擊治禾者也。亦與弗音義同。

稗疏

乂、亂、靖、神、弗、淈、治也。

喪服傳鄭注云：「治、猶理也。」治亦通作理、見季氏篇釋文。郝又云：「通殆。」

乂、說文丿部云：「乂、芟艸也、从丿乀相交。刈、乂或从刀。」是乂爲本字、刈爲或體；艾則假借字。乂之本義爲芟艸、引伸之義訓治。其本義訓治者有嬖字、說文辟部云：「嬖、治也、从辟、乂聲、虞書曰：有能俾嬖。」此爲訓治之嬖、許所舉爲古文經、故作嬖。今則乂訓治、而芟艸之義廢；孔安國以今字讀尚書、而嬖之字亦廢矣。爾雅釋文云：「乂字又作嬖、」是古之爾雅、疑有兩本。謚法云：「乂、治也、」其義與爾雅符。

亂者、說文「不治也、从乙𠭥、乙治之也、」（依段本）段氏云：「乙以治之、謂詘者達之也。」是亂本訓不治、今訓治者、乃反訓例。說文𠬪部有𠭥字、亦訓不治、諸書所引多譌。

靖、上文云：「謀也、」今訓治者、詩「俾予靖之、」傳訓治、「日靖四方、」箋亦訓治。

神訓治者、洪頤煊云：「月令『毋發令而待以妨神農之事也、』孟子『有爲神農之言者許行、』神農皆謂治農。」王引之云：「盡心篇『夫君子所過者化、所存者神、』神、治也、言所在之地則民治也。王制篇曰：『故天之所覆、地之所載、莫不盡其美、致其用、上以飾賢良、下以養百姓而安樂之、夫是之謂大神、』大神、亦謂大治也。」此皆經典中訓神爲治之證也。至神字所以有治義之故、亦宜知之。郝氏云：「神者、引之治也。」神訓引、引伸與治義近。廣雅云：『伸、理也、』理卽治也。」此解本於說文。俞樾云：「此文神訓治、猶申訓治也。說文申部『申、神也、七月侌气成、體自申束、從臼、自持也、』自申束、卽有治義。廣雅釋詁『伸、理也、』伸與申通、理卽治也。下文又曰：『神、愼也、』亦卽申束之義。釋詁神字凡三見、惟首條訓重者、申神竝列；至下二條、則有神無申、知神則申矣。郭氏不達假借之理、故多未詳。」晉案凡訓治理之字、其義雖一、亦各以類相別。弗者、茀也、詩「茀厥豐草、」箋云：「除治也。」乂之本義既爲芟草、亦除治也。是乂與茀爲一類。說文云：「𤔔、繹理也、从乂寸、分理之也。」淈爲治水、瀹之排之、其法用導、所以分治之。神爲引、卽引伸也、神之爲治、亦分治之。是淈與神爲一類。各就其類以求、則神之訓治、可比例而得之矣。

弗者、前引詩「茀厥豐草、」傳訓治。韓詩作拂、拂者、拂拭也、曲禮云：「進几杖者拂之、」亦鄭箋所謂除治意也。文選顏延年應詔讌曲水詩注云：「拂亦作弗、」是弗、茀、拂、古字通。

淈者、魯頌泮水云：「屈此羣醜、」鄭箋「屈、治也、」正義云：「釋詁文。」但淈之本字爲汩、說文云：「汩、治水也；」引伸之爲凡治理之義。作淈屈者皆音假。洪範云：「汩陳其五行、」注「汩、亂也、」此與亂之訓治同例。

爾雅學

校勘記

論語曰予有亂臣十人　單疏本雪牕本同。惠棟云、臣字俗人妄加。

餘並見詩書　單疏本雪牕本同。陳本並誤幷、注疏本脫此字。

又亂靖神弗淈治也○注論語至詩書○釋曰　注疏本刪。

舜典云有能俾乂案此堯典文也。作舜典誤。

注疏校勘札記

乂亂靖神弗淈音骨治也

音圖・音

乂、亂、靖、神、弗、淈、治也。骨　持又如字

孫侶直音

乂、亂、靖、神、弗、淈治也。靜　骨　持又如字

直音校正

乂亂靖神弗同茀淈同汨治也

楊氏音訓

淈骨

干氏音釋

頤艾育養也

頤、艾、育、養也。汝潁梁宋之閒曰艾。方言云。

郭注

頤艾音頤　育養也　釋曰、頤者、易曰頤貞吉。育者、易无妄象曰、先王以茂對時育萬物。郭云汝潁梁宋之間曰艾、方言云者、案方言云、台胎陶鞠養也。晉衛燕魏曰台、陳楚韓鄭之間曰鞠、秦或曰陶、汝潁梁宋之間曰胎、或曰艾是也。

邢疏

頤艾育養也

郭璞云、汝潁梁宋之間曰艾。方言云。

頤以之反。

一切注音

陸音義

頤艾育養也

五十曰艾、知養自中年以後異矣。

新義

頤艾育養也方言云、汝潁梁宋之間曰艾。

鄭樵注

頤艾育養也

郭璞曰、汝潁梁宋之間曰艾。方言云。

鄭樵曰、方言云、汝潁梁宋之間曰艾。

古注合存

頤艾育養也。此釋頤艾育皆養之義也。

注疏參義

頤艾育養也**註**汝潁梁宋之間曰艾方言云**正義**皆言長養也。頤者、序卦傳云頤者、養也。說文云養、供養也。艾者、小雅鴛鴦云福祿艾之、艾通作乂。益稷云萬邦作乂、詩疏引鄭註云乂、養也。育者、周頌思文云、帝命率育。育通作鬻。豳風鴟鴞云、鬻子之閔斯。又省作粥。夏小正云粥也者、養也。秋官修閭氏云與其國粥、鄭註粥、養也。

註汝潁至言云。○**正義**方言云胎、養也。汝潁梁宋之間曰胎、或曰艾。

正義

艾養也　玉案外戚傳云太白司艾、應劭曰艾、安也。與養義亦相通。

校議

頤艾育養也汝潁梁宋之閒曰艾方言云

說文云、養、供養也。夏小正云、執養宮事。又云時有養日、傳並云養、長也。詩遵養時晦、傳養、取也。養猶將也。詩不遑將父、天不我將、傳箋並云將、養也。淮南原道篇云、聖人將養其神、是其義也。今俗亦有將養之言矣。頤者、宧之段音也。說文云、宧、養也。室之東北隅、食所居。本釋宮爲說也。李巡注宧、養也。通作頤。易序卦云頤者、養也。雜卦云頤、養正也。曲禮云百年曰期頤。文選典引云、微胡瑣而不頤。頤皆訓養。又通作台。方言云台、養也。郭注台猶頤也。音怡。又通作胎。說文台从口、目聲。胎从台聲。古讀二字音同。故方言作台、胎並訓養。爾雅舊注亦云胎、始養也。釋文胎本或作台、是台胎同矣。艾者、上文云長也、長亦養。詩係艾爾後、福祿艾之、毛傳並云艾、養也。左氏襄九年傳大勞未艾、杜預注艾、息也。哀十六年傳是得艾也、杜注艾、安也。安

息與養義近。通作乂。書萬邦作乂、鄭注乂、養也。是乂卽艾矣。育者、上文云長也。長亦養。故說文云育、養子使作善也。葢本虞書教育子爲說也。詩帝命率育、易君子以果行育德、鄭箋及虞翻注竝云育、養也。通作鬻。莊子德充符篇云四者天鬻也。釋文鬻音育、養也。又通作粥。周禮修閭氏云與其國粥、夏小正云雞粥、傳注竝云粥、養也。育聲近鞠、詩蓼莪傳及方言竝云鞠、養也。育艾頤又俱聲轉之字。

義疏

頤艾育養也　舊注頤作胎。釋文一作台。□注胎、始養也。郭注、汝潁梁宋之閒曰艾。方言云。頤从頁臣。古但作臣、籒作䪿。易有頤卦、傳養也。臣象口閒以飲食爲養。記百年曰期頤。艾、長也。育亦長。故通爲養。詩保艾爾後。又帝命率育。又鬻子之閔斯。書萬邦作乂。鄭云乂、養也。養从羊食。養老以羊。古文作羧。則以攴爲養。

集解

頤艾育養也。頤、字本作臣、顊也。象形。篆文作頤。引申爲養。易序卦頤者、養也。襍卦頤、養正也。禮記曲禮百年曰期頤、注頤、養也。前漢書敘傳祿賜頤賢、師古曰頤、養也。文選魏都賦覿亨頤賓、幽通賦皓頤志而弗傾、稽叔夜憂憤詩頤性養壽、盧子諒贈劉琨詩先民頤意、注均云頤、養也。前漢書地理志祇台德先、師古曰台、養也。方言台、胎、陶、養也。說文宧、養也。室之東北隅。食所居也。以台胎陶宧爲之。艾、冰臺也。从艸乂聲。正字爲埶、埶、種也。引申爲養。字亦作藝、說文作埶。埶艾通用字。詩南山有臺保艾爾後、箋蒍藹福祿艾之。傳均云艾、養也。書皋陶謨萬邦作乂、鄭注乂、養也。以乂爲之。或者正字爲飤、與育。育、養子使作善也。从云肉聲。云、倒子也。書所謂教育子是也。詩思文帝命率育、箋育、養也。易蒙傳君子以果行育德、虞注育、養也。孟子盡心得天下英才而教育之、注育、養也。周禮脩閭氏與其國粥、注粥、養也。夏小正勛厥母粥、雞粥、傳均云粥、養也。莊子德充符四者天鬻也。釋文養也。禮記曲禮畜鳥者則勿佛也、注畜、養。晉語畜力一紀、注畜、養也。書盤庚鞠人謀人之保居、鄭注鞠、養也。老子亭之毒之、釋文毒本作育、養也。谷神不死、河上公作浴、注養也。以鬻畜蓄鞠毒浴爲之。養、供養也。从食羊聲。禮記郊特牲凡食養陰氣也。凡飲養陽氣也。

義證

頤艾育養也

頤說文作臣。頤養一聲之轉、常語也。　艾育義詳上文育艾長也下。

說詩

頤艾育養也　說文頤、篆文臣。正義云艾通乂。書益稷萬邦作乂、鄭注乂、養也。　育通鞠。書盤庚下鞠人、鄭注鞠、養也。詩小雅蓼莪母兮鞠我、傳鞠、養也。皆取此訓。釋言鞠、生也。詩序箋衞風有狐、禮記注中庸皆曰育、生也。又釋言鞠、稚也。詩傳邶風谷風云育、稚也。正義曰育得兩訓、故釋言爲稚、釋詁爲長。又詩傳豳風鴟鴞云鬻、稚也。正義曰釋言云鞠、稚也。郭璞曰鞠一作毓。是鬻爲稚也。案說文去部育、養子使作善也。从去肉聲。虞書曰教育子。或作毓。是鞠鬻皆通借字。　正義曰育通鬻、又省作粥。夏小正曰粥也者養也。秋官修閭氏與其國粥、注粥、養也。

匡名

頤艾育養也　說文養、供養也。　頤、顊也。象形。序卦頤、養也。　小雅福祿艾之。通作乂。益稷萬邦作乂、鄭註乂、養也。　育、養子使作善也。从去肉聲。引書教育子。周頌帝命率育。通作鬻。豳風鬻子之閔斯。省作粥。夏小正粥也者、養也。

啓蒙

頤、艾、育、養也。　養有二義、一訓長養之養、長讀丁丈反。一訓長養之養、長讀直良反。夏小正云、時有養日、時有養夜、傳並云、養、長也。此長乃平讀也。

黃侃音訓

頤、艾、育、養也。

說文食部云：「養、供養也；从食、羊聲。」邵氏本節注云：「皆言長養也。」詩傳箋訓將爲養；淮南原道篇云：「聖人將養其神；」今俗言將養本此。

頤、說文𦣝部云：「𦣝、顄也、象形；頤、篆文𦣝。」頤者、合車輔口以成；以其爲養人之物也、故訓養、序卦傳云：「頤者、養也。」方言「台、胎、養也。晉衞燕魏曰台、汝潁梁宋之間曰胎、或曰艾。」台即頤之音假。惟胎則不同、胎之爲言始也、故爾雅舊注云：「胎、始養也、」與頤音同而義異。

艾、上文云：「長也、」長亦有養義、故又訓養。小雅鴛鴦云：「福祿艾之、」傳以艾爲養、盆稷「萬邦作乂、」鄭亦以乂爲養。

育者、說文𠫓部云：「育、養子使作善也、从𠫓、肉聲。虞書曰：『教育子。』毓、育或从每。」凡事之不順而出者爲𠫓；故𠫓即易突如之突、說文謂到子也。法人拉克伯里解離之突如云：「離、羅也、不意之遭殃、」此以同聲相假也。育與鬻粥通用、豳風云：「鬻子之閔斯；」夏小正云：「粥也者養也；」皆育之假借也。上文訓育爲長、長與養一也。

爾雅學

頤艾育養也○釋曰注疏本刪。

晉衞燕趙曰台音頤○注疏本音頤改大字。

或曰艾是也注疏本脫是。

校勘記

晉衞燕趙曰台 案今本方言趙作魏。

注疏校勘札記

頤艾育養也。（怡）

孫偘直音

沃渾隕墜也

沃渾隕墜也。沃渾皆水落貌。

郭注

沃渾隕墜也　釋曰皆墜落也郭云沃渾皆水落貌。春秋僖公十六年經云星隕如雨。

邢疏

沃墜也

沃、徒蓋反、宜作汏。釋文

顧音

沃墜也

沃、胡犬反。釋文

施音

黃輯古義

沃渾沃徒蓋反字宜作汏。

顧音

沃渾沃、胡犬反。釋文

施音

玉函山房輯佚

沃渾隕墜也 釋文二十九卷 沃字宜作汏。

郭璞云沃渾皆水落貌。

一切注音

沃姑犬反。施胡犬反。顧徒蓋反、字宜作汏。渾胡本反。隕于敏反。墜也直類反。

陸音義

沃渾隕墜也

揚無墜也、沃乃有之。淸無墜也、渾乃有之。損無墜也、益乃有之。

新義

沃渾隕墜也 郭云沃渾皆水落貌。

鄭樵注

沃渾隕墜也

郭璞曰沃渾皆水落貌。

鄭樵曰、郭云沃渾皆水落貌。

古注合存

沃渾隕墜也 沃音犬渾上聲○此釋沃渾以下之義也註曰沃渾皆水落貌春秋僖十六年云星隕如雨。

注疏參義

沃渾隕墜也 **註** 沃渾皆水落貌 **正義** 上文云墜、落也。此又廣其義也。沃當作汏。說文云汏、淅𤅢也。高誘淮南註云渾、轉行貌。郭以爲皆水落之貌也。隕、落也。已見上文。

正義

爾雅詁林　一　釋詁下

沃渾隕墜也 沃渾皆水落貌

墜者、上文云落也。說文作隊、通作墜、或作隧、俱詳上文。沃當爲汏字之譌。汏者、淅米之墜也。故說文云汏、淅瀰也。淅、汏米也。廣韵云汏、濤汏。然則濤之汏之、沙礫處下、故爾雅以爲墜落之義。釋文旣作顧音汏徒蓋反、則其字宜作汏、而又爲誤本之沃字作音、非矣。今據說文及顧本訂正之。汏聲轉爲隤、隤亦墜也。故說文云隤、下隊矣。渾者水流之墜也。說文云混流聲也、一曰洿下皃。洿下亦沈墜之義也。郭云沃渾皆水落貌。此無成文、蓋以意說耳。隕者、上文與墜竝云落也。落墜其義同。故詩氓七月緜傳竝云隕、墜也。小弁傳隕、隊也。隊墜同。

義疏

沃渾隕墜也

沃當汏字之譌。汏者、淅米之墜也。故說文云汏、淅瀰也。淅、汏米也。廣韻云汏、濤汏。然則濤之汏之、沙礫處下、故爾雅以爲墜落之義。釋文既从顧音汏徒蓋反、則其字宜作汏、而又爲誤本之沃字作音、非矣。今據說文及顧本訂正之。汏、聲轉爲隤、隤亦墜也。故說文云隤、下隊矣。

念孫案、此以沃爲汏之譌、蓋爲邵說所惑。校勘記辨之詳矣、當從之。

郝注刊誤

沃渾隕墜也 郭注沃渾皆水落皃。 沃、淅米也。字當作泰。易有泰卦、傳通也。古文从大二、蓋象人通天地、巛爲地水、亦地也。詩泰風有隧、隧即墜也。渾運通用。運、轉。上云徙也。故有墜義。易、有隕自天。上云落也。

集解

沃渾隕墜也 沃、淅瀰也、从水大聲。正字爲泰。泰、滑也。引申爲墜、謂物因滑而墜也。字亦作達。泰沃通用字。易序卦、泰者通也。詩桑柔泰風有隧、隧即墜也。書顧命用克達殷集大命、言能墜殷而集大命也。說文夳、滑也。詩子衿夳兮達兮、毛本作挑、以達夳挑爲之。渾、混流聲也、从水軍聲。與混圂同。正字爲隕、或爲碩。碩隕渾雙聲。左宣十五傳有死無霣、注霣、廢墜也。借霣爲之。隕、从高下也、从阜員聲。引申爲墜。詩七月十月隕蘀、緜亦不隕厥問、傳均云隕、墜也。左文十八傳世濟其美、不隕其名、注隕、墜也。前漢書司馬相如傳隕其家聲、師古曰隕、墜也。文選寡婦賦木葉落而隕枝、注隕、墜也。墜、字本作隊。從高隕也、从阜㒸聲。記檀弓、退人若將隊諸淵。

義證

沃渾隕墜也 沃始犬反

註 沃渾皆水落貌 補正 臣鑾按、渾釋文胡本反、蓋與滚同。荀子富國篇、財貨渾渾如泉原。

郭注補正

沃渾隕墜也

沃以水去土 沃渾皆水落貌也

釋文沃姑犬反。施胡犬反、顧徒蓋反、字宜作汏。樹枏案、陸所據經注葢俱作沃、據顧音則字宜作汏、非爾雅之舊也。唐石經雪牕本仿宋本明注疏本俱從陸作沃、單疏本經注俱從顧改汏。慧琳續高僧傳十六卷音義引郭注爾雅云汏、以水去土。慧琳所據本亦作汏、與顧氏同、而所引之注則今本脫之。慧琳肇正論上卷音義引郭注爾雅渾、水落貌也。唐殘本玉篇水部汏下引爾雅郭注曰汏、水落貌也。今皆據補。

郭注佚存補訂

爾雅詁林 一 釋詁下

汱渾隕墜也

釋文云汱、顧徒蓋反、字宜作汏。廣雅汏、洒也。通俗文云、淅米謂之洮汏。汏謂汏去、與墜落義近。小雅伐木於粲洒埽、鄭箋云粲然已灑攮矣。大雅抑洒埽庭內、傳云洒、灑也。渾、郭注謂水落貌、渾當為揮、上文揮、竭也。與汏同義。隕者、詳上文隕墜落也下。衛風氓其黃而隕、豳風七月十月隕蘀、大雅緜亦不隕厥問、傳竝云隕、墜也。說文墜作隊。小雅小弁涕既隕之、傳云隕、隊也。 **說詩**

汱渾隕墜也 汱、釋文云、姑犬反、顧徒蓋反、字宜作汏。案說文有汏無汱、顧音是也。 墜當作隊。見前 **匡名**

汱渾隕墜也 上文墜落也。此又廣其義也。 說文汏、淅瀟也。註汏之則沙礫去、故曰墜也。廣韻汏、伏水也。 渾、溷流聲、一曰洿下也。註一曰窊下也。 隕、落也。已詳上文。郭註皆水落貌。

啓蒙

汱、渾、隕墜也。 汱渾隕同字並見。 釋文汱、姑犬反、施胡犬反、案從施音、則與渾皆為混之叚借、此同文並見也。或汱即渾之別字、如犬夷作混夷昆夷是。 犬聲軍聲相通、詩皇矣疏吠昆聲相近、說文渾、混流聲也。 軍聲貟聲相通者、春秋哀十二公會衛侯、宋皇瑗于鄖、公羊作運、山海經廣貟百里、畢沅說廣貟即國語之廣運。 **黃侃音訓**

汱渾隕墜也。郭云汱渾皆水落貌。邵晉涵爾雅正義云、汱當作汏。說文云汏、淅瀟也。高誘淮南注云渾、轉行貌。楷案、徧攷書傳、無以汱渾作水落解者。邵謂汱當作汏、蓋本釋文顧氏徒蓋反一音、段玉裁注說文亦依此為說。然究涉牽強、二說均非也。竊謂渾字下當脫一也字、而汱字又為誤體字。說文無汱字、依義當作混。古昆聲與犬聲同、詩緜混夷駾矣、說文口部引作犬夷呬矣、王應麟詩攷引左傳注作昳夷喙矣。以此例之、是此汱字本或作混、特以昆犬聲同、而傳寫者因於作水旁之後誤作犬字而成此不體之字、理或然也。混者、說文豐流也。重言之曰混混。廣雅混混流也。又云混混轉也。是混有流轉二義。渾者、說文混流聲也。重言之曰渾渾。楊倞荀子富國篇注渾渾、水流貌。邵引高誘淮南注渾、轉行貌。是渾亦有流轉二義。二字義相同、故以為訓。然則混渾也為一條、隕墜也為一條、不知何時脫去上也字、而混又誤作汱、於是說者愈附會而愈不可通矣。 **稗疏**

汱、渾、隕、墜也。

上文墜與隕並訓落、此又推廣其義也。

汱、釋文云：「顧徒蓋反、」阮元乃作汱；邵郝二氏皆謂「宜作汏。」汏者、說文「汏、淅瀟也、从水、大聲。」凡被汏者、必沈墜、故汏訓墜。

渾、釋文「胡本反、」說文「混、一曰洿下皃、」郝氏云：「洿下、亦沈隊之義也。」

爾雅學

沃唐石經雪牕本注疏本同。單疏本作泆從大、引注同。非也。按釋文泆、姑犬反、施胡犬反、顧徒蓋反字宜作汏。是陸德明施乾皆作沃音犬。惟據顧音謂字宜作汏、猶未改爲汏也。廣韻二十七銑沃、爾雅云墜也、姑泫切。即此字。十四泰汏濤汏。說文云淅𣻢也、徒蓋切。非此義。邵晉涵正義謂沃當作汏、失之。

沃渾隕墜也○釋曰注疏本刪。

校勘記

渾故本切雪牕本扶本反。盧刻胡本反。

校勘記訂補

沃姑犬切渾故本切監本永懷堂本毛本湘本姑作古、故作胡。

春秋僖公十六年經云星隕如雨案春秋僖十六年、隕石于宋。傳云、隕星也。星隕如雨在莊公十年、此係於僖十六年者蓋涉彼隕石之文而誤也。

注疏校勘札記

四行沃渾隕墜也注沃渾皆水落皃○「沃」、《釋文》音姑犬反，施乾音胡犬反。是《釋文》所據及施乾本字均從「犬」。惟《釋文》云：「顧徒蓋反。字宜作汏」」顧謂顧野王。原本《玉篇》水部「汏」音達蓋反，與《釋文》引顧音相同。《玉篇》云：「《爾雅》：汏，墜也。郭璞曰：水落皃也。」是顧本字從「大」作「汏」。案慧琳《音義》卷九十三「澄汏」條，「汏」音達帶反，引郭注《爾雅》云：「汏以水去土。」慧琳所引注文不見顧野王《玉篇》，蓋出自《音義》也。宋邢昺單疏本正文及注文「沃」均作「汏」。邵氏《正義》及郝氏《義疏》亦謂「沃」當作「汏」。

宋監本校箋

沃音捲潬隕墜也

音圖·音

沃姑犬翻音捲。施乎犬翻、縣上聲。顧徒蓋翻、音太。字宜作汏。案字本从犬、依顧从大。

音略

沃映魂上聲渾隕墜也。

孫侶直音

沃犬去聲渾隕墜也

楊氏音訓

沃映

干氏音釋

際接翜捷也

際、接、翜、捷也。捷謂相接續也。

郭注

際接翜捷也　釋曰、郭云捷謂相接續也。際者、相會之捷也。左傳曰爾未際也。小雅菀柳云無自瘵焉、鄭箋云瘵、接也。接者、曾子問云接祭而已、謂捷速而祭也。翜者未詳。

邢疏

際接翜捷也

郭璞云、捷謂相接續也。

一切注音

翜所甲反。捷才接反。

陸音義

際接翜捷也郭氏謂捷者、相接續也。翜、所甲反、其義未詳。

鄭樵注

際接翜捷也

郭璞曰、捷謂相接續也。

鄭樵曰、郭氏謂捷者相接續也。翜、所甲反、其義未詳。

古注合存

際接翜捷也、翜音殺。○此釋際接翜爲捷之義也、註曰、捷謂相接續也、疏曰、左傳云爾未際也、禮曾子問云、接祭而已、愚按翜註未詳、字書云疾飛也、飛捷則相接、

注疏參義

際接𦒱捷也**註**捷謂相接續也**正義**捷、速也。又訓爲接。以聲爲義也。際者、小爾雅云、際、接也。左氏昭四年傳云、爾未際。孟子萬章篇敢問交際何心也、趙岐註、際、接也。淮南本經訓上際青雲、高誘註、際、接也。又通作瘵。小雅菀柳云無自瘵焉、鄭箋、瘵、接也。接者、曾子問云、接祭而已矣。內則云接以太牢、鄭註、接讀爲捷。捷、勝也。又鄭註易晉卦亦云、接、勝也。荀子大畧篇先事慮事謂之接、楊倞註、接、讀爲捷、速也。𦒱者、說文云、𦒱、捷也。飛之疾也。

正義

接捷也　玉案、荀子曰先事慮事謂之接、接則事優成。注云、接讀爲捷、速也。

校議

際接𦒱捷也捷謂相接續也

捷者、接也。說文云、捷、獵也。初學記廿二引蔡邕月令章句云、獵、捷也。是捷獵互訓、二字疊韵、其義則皆爲接也。故文選魯靈光殿賦云、捷獵鱗集、景福殿賦云、獵捷相加、李善注並云、相接貌。洞簫賦云、羅鱗捷獵、又作緁獵、羽獵賦云、鴻絅緁獵、李善注、緁獵、相次貌也。又作狎獵、西京賦云、披紅葩之狎獵、薛綜注、狎獵重接貌。然則狎獵猶捷獵也。莊子人閒世篇云、必將乘人而鬬其捷、釋文、捷、引續也。韓詩外傳云、宏演可謂忠士矣、殺身以捷其君、蓋演剖腹納君之肝、捷訓接續、皆其證矣。際者、說文云、壁會也。小爾雅云、際、接也。左氏昭四年傳、爾未際、孟子萬章云、敢問交際、淮南本經篇云、上際青雲、注並云、際、接也、通作瘵、詩無自瘵焉、箋、瘵、接也。易天際翔也、釋文引鄭云、際當爲瘵、是瘵際通、又通作戢、詩戢其左翼、釋文引韓詩云、戢、捷也。捷其噣於左也。是戢際又通矣。接者、說文云、交也。聘禮云、接聞命、楚辭哀郢篇云、憂與愁其相接、注並云、接、續也。淮南本經篇云、接經歷遠、高誘注、接、疾也。接訓疾者、捷有疾義、捷接聲同、故古字通、易云、晝日三接、內則云、接以大牢、鄭皆讀接爲捷、春秋經宋萬弑其君捷、又鄭伯捷卒、公羊捷俱作接、漢書古今人表捷子、莊子則陽篇作接子、是接捷通、皆其證矣。𦒱者、釋文云所甲反、說文云、𦒱、捷也、飛之疾也、𦒱

聲近雲、文選吳都賦云報雲警捷、李善注報雲、走疾貌。按俗語云一雲時、亦捷疾之意也。此𦒱字與際接義異而同訓捷、爾雅此例甚多。

義疏

際接𦒱捷也郭注、捷謂相接續也。際从祭、因接神而爲交際。詩、無自際焉、字作瘵。易、天際翔也。接、从妾、辛女接於君者。易、晝日三接、鄭讀爲捷。𦒱、从夾、禮作翣。葬以飾柩、因立壙中、並築之取其捷疾。疌、从又、已有手、更加手爲疾、爲接續。

集解

際接𦒱捷也此以接訓際、以捷訓𦒱也。際、壁會也。从阜祭聲。引申爲接。易豐天際翔也、焦循曰、際猶接也。禮記大傳異姓主名治際會、注、際會、合禮交接之會也。左昭四傳爾未際、孟子萬章敢問交際、淮南本經上際青雲、注均云際、接也。詩菀柳無自瘵焉、箋、瘵、接也。以瘵爲之。𦒱、飛之捷也。从羽夾聲。禮記樂記狹則思欲、注謂聲急也。借挾爲之。或曰捷爲接之借字、故際接𦒱均訓爲捷。接、交也。从手妾聲。經典借用捷。易晉晝日三接、禮記內則接以大牢、鄭注均讀爲捷。𦒱正字爲頰、頰面旁也。引申爲捷、謂面旁之切接也。周禮縫人衣翣柳之材、注故書作接。儀禮鄉射禮兼挾乘矢、注、方持弦矢曰挾、古文皆作接。孟子盡心挾貴而問、注挾、接也。借翣挾爲之。或若正字爲捷與。捷、軍獲得也。从手疌聲。經典或以爲疌爲接之借字。疌、疾也。

義證

接、捷也。按古接捷字通。禮記內則接以太牢、注接讀爲捷。春秋左氏傳莊十一年宋萬弑其君捷、公羊作君接。僖三十二年鄭伯捷卒、公羊作接卒。是字通之證。

𦒱、捷也。按說文解字云𦒱、捷也、飛之捷也、讀若澀。今徐鉉本作濇。此从繫傳改。許君本爾雅以解字、明𦒱爲捷是已。周禮縫人衣翣柳之材、

康成注、故書翜爲接。鄭司農云接讀爲翣。春秋傳曰四翣不蹕、先鄭讀接爲翣、本字作翣。是翣接翣三字同義。許以翜同翣、鄭以翣爲翣。然則翜翣二字亦通與。

錢氏古義

際接翜捷也 翜、所甲反。捷、才接反。

〔註〕捷謂相接續也〔補正〕邢疏、際者、相會之捷也。左傳曰爾未際也。小雅云無自瘵焉、箋云瘵、接也。曾子問云接祭而已、謂捷速而祭也。翜未詳。

郭注補正

際接翣捷也

際捷一聲之轉。際、接也。通作瘵。小雅菀柳無自瘵焉、鄭箋云瘵、接也。易天際翔也、鄭云際當爲瘵。際接爲捷獵之捷、說文云捷、獵也。李善注靈光賦云捷獵相接貌。翣爲捷速之捷、說文云翣、捷也。

說詩

際接翜捷也 正義云際通瘵。詩小雅菀柳無自瘵焉、箋瘵、接也。翜、說文同。

匡名

際接翜捷也 上文捷訓爲勝、此又訓爲接也。郭註謂相接續也。說文際、壁會也。註兩牆相合之縫也。引伸之凡兩合皆曰際。泰卦天地際也、言理之循環甚速也。接、交也。曾子問接祭而已矣、註接、速也、謂速而祭之。翜、捷也、飛之疾也。一曰俠也。註翜捷皆謂敏疾。敏疾則際無痕、義相成也。

啓蒙

際接翜捷也。 捷兼文捷、捷速二義。際爲交捷、翜爲捷速、而接則兼之。 接捷同字並見。

黃侃音訓

翜集韻與霎霅同。吳都賦歘霅驚捷、俗謂瞬息爲一霅。

讀雅筆記

際、接、翜、捷也。

郭注「捷、謂相接續。」上文云：「捷、勝也。」今以聲爲義、故云接續。莊子釋文云：「捷、引續也。」與郭同意。本節捷字、又兼疾速之義。

際、小爾雅云：「接也。」孟子萬章篇趙注、淮南本經篇高注、皆同。古人借瘵爲際、見小雅菀柳箋。

接、說文「交也。」易「晝日三接」、內則「接以太牢」、鄭竝讀接爲捷、本之雅義也。淮南本經篇注又云：「接、疾也。」捷接二字既同用、捷有疾義、故接亦有疾義也。

翜、說文「捷也、飛之疾也。」是翜訓捷、乃疾速之捷。郝氏云：「俗語云：『一霎時。』亦捷疾之義也。」

爾雅學

校勘記

際接翜捷也○釋曰 注疏本刪。

捷也 十行本無也字。

校勘記訂補

捷謂相接續也 各本同。案捷當皆字之譌。邢疏捷字同。郭注於雅義易曉者例不分注、如上皆見詩禮、皆謂教導之之類、不一而足。此總訓爲相接續、故邢疏分疏雅義、不復郭注。

注疏校勘札記

際接翜 音插 捷也

音圖・音

翜音插 案翜所甲翻 審 今音插 穿 非

直音正誤

翜、所甲翻、與霎同審母字。集韻與霎霅同

音略

爾雅詁林 一 釋詁下

際、接、翜、捷也。啑殺

孫偘直音

際、接、翜、捷也 霎

直音校正

際接翜殺捷也

楊氏音訓

翜色立切

干氏音釋

毖神溢慎也

毖、神、溢、慎也。神未詳。餘見詩書。

郭注

毖神溢慎也　釋曰、謂謹慎也。毖者、周書洛誥云、夙夜毖祀。溢者舍人曰溢行之慎。周頌維天之命云假以溢我。故注云見詩書。

邢疏

溢慎也

溢行之慎也。詩正義十九之一　邢疏

犍爲注

溢慎也

假以溢我。詩正義十九之一引某氏曰。案首當有詩云二字。

衆家注

黃輯古義

毖神溢慎也

溢、行之慎也。邢疏　詩周頌維天之命正義

犍爲注

毖神溢慎也

玉函山房輯佚

樊注

詩云假以溢我。詩周頌維天之命正義引某氏

溢慎也

溢行之慎。舍人注　十九之一

鈎沈

詩云假以溢我慎也。某注　詩疏

溢慎也

舍人曰溢、行之慎也。詩正義十九之一　邢疏

某氏曰、詩云假以溢我。詩正義十九之一　詩云二字以意增。

漢注

毖神溢慎也

舍人云溢、行之慎也。　某氏云詩曰假以溢我慎也。

並詩正義十九之一卷　郭璞云、神未詳。餘見詩書。

一切注音

溢慎也舍人云溢、行之慎也。詩維天之命正義　某氏注詩云假以溢我慎也。詩桑柔正義

古注斠

毖音祕溢音逸。

陸音義

毖神溢慎也

溢則宜慎、神則宜慎、祕則宜慎、雖小猶慎也。若養由基之射、百發百中、一有不慎、前功廢矣。

新義

毖神溢慎也　毖、洛誥云、夙夜毖祀。溢、周頌云、假以溢我。神未詳。

鄭樵注

毖神溢慎也

舍人曰溢、行之慎。

郭璞曰神未詳。餘見詩書。

鄭樵曰毖、洛誥云夙夜毖祀。溢、周頌云假以溢我。神未詳。

古注合存

爾雅詁林　一　釋詁下

毖神溢愼也。毖音秘〇。此釋毖神溢爲愼之義也。疏曰、書洛誥云、夙夜毖祀。溢者、舍人謂行之愼也。愚按神爲愼未詳。蓋神周則愼、神散則怠、與舍人之義不可解。

注疏參義

毛傳假以溢我、溢訓順。按古愼順字通。王肅及崔申毛竝作順解、非也。

補注

毖神溢愼也 註 神未詳。餘見詩書 正義 上文云、愼、誠也。毖者、說文云、毖、愼也。周書曰、無毖于卹。神者、魯頌云、閟宮有侐。鄭箋、閟、神也。又說文云、祕、神也。閟祕毖音義同、是神卽毖也。溢者、詩疏引舍人云、溢、行之愼也。註見詩書。〇 正義 大誥云、天閟毖我成功所。大雅桑柔云、爲謀爲毖。詩疏引某氏曰、詩云、假以溢我、愼也。

正義

毖神溢愼也 神未詳。餘見詩書

愼者、上文云、誠也、靜也。誠靜與謹愼義近、故說文云、愼、謹也。愼猶馴也、遜也。馴遜亦謹敬之義也。毖者、說文云、愼也。引書無毖于卹。詩爲謀爲毖、予其懲而毖後患。傳竝云、毖、愼也。通作閟。詩閟宮、書天閟毖我成功所、傳云、閟、愼也。詩閟宮箋、閟、神也。神亦愼也。又通作祕。說文云、祕、神也。是祕閟毖竝音義同。神者、祕之愼也。神訓申。上文云、治也。自治理與自申束、皆所以爲愼也。愼兼誠靜之訓。神有幽閟之義、故鄭箋訓閟爲神。爾雅訓神爲愼、是其義同。荀子非相篇云、貴之神之。楊倞注、神之、謂不敢慢也。不敢慢卽愼矣。溢者、上文云、靜也。靜、愼義近、故詩假以溢我。傳、溢、愼也。正義引舍人曰、溢、行之愼也。釋文、溢、音逸。徐云、毛音謚。文王釋文云、謚、音示、愼也。然則毛公讀溢爲謚。謚、行之迹、故舍人以爲行之愼。蓋義本毛音也。溢通作謚。假以溢我、說文引作誐以謐我。謐溢上文又俱訓靜、故靜愼二義通。神之訓愼、義亦同矣。

義疏

毖神溢愼也 舍人注、溢、行之愼也。郭注、神未詳、餘見詩書。樊注、詩云、假以溢我。毖、从必、必卽密也。書、劼毖。又天閟我成功所。又神茲酒今

佖祀。已㠯相近而誤。祀用酒、不必朝夕毖也。溢謐通用。愼當佖昚。昚、从日、火中。火上出當愼之。

集解

毖神溢愼也 毖、密而愼也。从比必聲。比者、今所用之密字也。書召誥毖祀于上下、洛誥伻來毖殷、大誥天亦惟用勤毖我民、康誥汝劼毖殷獻臣、僞傳均訓愼。詩桑柔爲謀爲毖、小毖予其懲而毖後患、傳均云毖愼也。閟宮閟宮有侐、箋閟神也。書大誥天閟毖我成功所、僞傳閟愼。易繫詞是以君子愼密而不出也。廣雅必、敕也。說文祕、神也。以閟密必祕爲之。神、天神引出萬物者也。从示申聲。正字爲愼。愼神登韵。逸周書寶典行之以神、集訓神、愼也。易說卦坤、順也。古順愼通用。禮含文嘉神者信也。信、誠也。愼亦誠也。以神信爲之。溢、器滿也。从水益聲。正字爲謐。謐、靜語也。引申爲愼。謐溢通用字。詩維天之命假以溢我、傳溢愼也。文王箋崩謚曰文。釋文謚、愼也。以謚爲之。或著正字爲抑。抑與詩賓之初筵威儀抑抑、傳密也。愼、謹也。从心眞聲。引申爲敕也、誠也。

義證

神愼也 莊子在宥篇述廣成子語曰、無視無聽、抱神以靜。繼之曰、愼汝內。是以神內藏爲密愼也。荀子非相篇貴之神之。楊倞註曰、神謂不敢慢也。不敢慢卽謹愼。詩大雅神之格思、不可度思、矧可射思、特廣演此義云爾。

補郭

神愼也。郭氏未詳。案定義不見於詩書、然許氏說文解字曰、天神引出萬物、地祇提出萬物。是釋神爲引。檀弓其愼也注、愼當爲引。禮家讀然、是通引於神、或因之見義與。

錢氏古義

毖神溢愼也 毖音秘

註 神未詳、餘見詩書。補正 邢疏、洛誥云、夙夜毖祀。舍人曰、溢、行之愼。周頌、假以溢我。

郭注補正

爾雅詁林 一 釋詁下

毖神溢愼也

毖者、說文云愼也。大雅桑柔爲謀爲毖、周頌小毖予其懲而毖後患、毛傳竝云毖、愼也。通作閟。魯頌閟宮閟宮有侐、箋云閟、神也。又通作秘。邶風泉水毖彼泉水、韓詩作秘。說文云祕、神也。閟祕毖音義皆同。故毖訓愼、神亦訓愼也。大雅抑神之格思、不可度思、矧可射思、不敢射即愼也。詩凡言神、皆有敬畏之義、故曰愼也。　溢者、周頌維天之命假以溢我、傳云溢、愼也。舍人云溢、行之愼也。彼釋文云溢、毛音謚。說文引作誐以謐我。謚溢謐上文俱云靜也。靜與愼義相成。

說詩

毖神溢愼也　書大誥天閟毖我成功所、傳閟、愼也。正義曰閟愼、釋詁文。詩魯頌閟宮閟宮有侐、箋閟、神也。正義引釋詁云、閟與毖字異音同。文選注引詩作祕宮。說文示部祕、神也。又比部毖、愼也。又門部閟、閉門也。是祕毖正文、閟爲通借、三字皆从必聲。

匡名

毖神溢愼也　愼、詳上文。　說文毖、愼也、引書無毖于卹。大雅爲謀爲毖、傳毖、愼也。　金石文字記、神、古碑多作𥛔、下从旦、卽禮所以交於神明之義、有愼意也。　周頌假以溢我、傳溢、愼也。

啓蒙

神愼也。　神愼同字並見。

黃侃音訓

神、戰國策引小疋上天甚神。神有治義。

讀雅筆記

毖、神、溢、愼也。

說文心部云：「愼、謹也。」凡謹者必誠實而肅靜、故上文云：「愼、誠也、靜也。」

毖、說文比部云：「愼也、从比、必聲。」許訓比爲密、故比爲愼。大雅桑柔云：「爲謀爲毖、」傳訓毖爲愼、謂愼密也。

神訓愼者、夫神有祕密之義焉。說文云：「祕、神也；」詩閟宮之閟、即許書祕之假借字。（用段說）大誥僞「閟、愼也；」閟宮箋「閟、神也；」是神即愼矣。徐氏云：「祕之言閉、祕不可宣也；」廣雅云：「祕、密也、藏也；」然則神者、神祕也、愼密也。夫神、又有尊敬之義焉。郝氏云：「荀子非相篇云：『貴之神之、』楊倞注『神之、謂不敢慢也；』不敢慢、即愼矣。」此說是也。小明之四章曰：「靖共爾位、正直是與、神之聽之、式穀以女；」其卒章曰：「靖共爾位、好是正直、神之聽之、介爾景福；」言有位君子、結納正直、尊之聽之、則國家自與之福祿也。伐木曰：「矧伊人矣、不求友生、神之聽之、終和且平、」言苟求友生、尊之聽之、終致和平之效也。鄭箋以鬼神釋神字、施之小明、尚可耳；用之伐木、必不可通、推之衛風君子偕老曰：「胡然而天也、胡然而帝也、」天、亦神也、言胡然而尊之、胡然而貴之也。故毛傳云：「尊之如天、審諦如帝、」尊敬、皆愼之義也。然則神之爲愼祕之愼、（郝語）尊敬之愼也。上文云：「神、重也、治也」者、能自治與自持、斯其所以爲愼也。

溢者、謚之假借字。諡法解云：「謚、行之迹也；」說文同。爾雅訓愼者、詩正義引舍人云：「溢、行之愼也。」詩維天之命云：「假以溢我、」傳云：「溢、愼也、」釋文云：「溢、音逸、徐云：毛音謚、」是詩之用溢、與爾雅同爲假字、故毛讀溢爲謚也。上文云：「溢、靜也、」靜義雖同愼、惟彼節溢爲侐之假字、本節之溢則爲謚之假字、詩文王釋文云：「謚、音示、愼也、」此謚溢之音也。溢、謚、謐、侐、恤、洫、音相近、古亦通用、見上「靜也

爾雅學

毖神溢愼也○釋曰注疏本刪。

校勘記

爾雅詁林　一　釋詁下

毖音祕　監本永懷堂本毛本湘本祕作祕。案釋文正作祕。

周官洛誥云　案周官當作周書。監本毛本湘本官作書是。此誤。

注疏校勘札記

五行毖神溢慎也○「溢」，唐寫本作「逸」。原本《玉篇》言部「謐」下引「《爾雅》：謐，靜也，眘也。」「眘」為古「慎」字。「謐」字今本此條無。劉師培謂此條「毖」字顧野王所據《爾雅》蓋作「謐」。案毖，《釋文》音祕；謐，《玉篇》音莫橘反，字音不同。劉說恐未為得。疑此條本有「謐」字。

宋監本校箋

毖音祕神溢慎也

音圖·音

祕

毖神溢、慎也。

孫偘直音

毖祕神溢慎也

楊氏音訓

鬱陶繇喜也

鬱陶、繇、喜也。孟子曰、鬱陶思君。禮記曰、人喜則斯陶、陶斯詠、詠斯猶。猶即繇也、古今字耳。

郭注

鬱陶繇喜也　注孟子至字耳　釋曰、皆謂歡悅。鬱陶者、心初悅而未暢之意也。云孟子曰鬱陶思君者、案孟子云象往入舜宮、舜在牀琴。曰鬱陶思君爾。忸怩。趙氏注云、象見舜生在牀鼓琴、愕然反辭曰我鬱陶思君、故來爾。辭也。忸怩而慙、是其情也。云禮記曰人喜則斯陶、陶斯詠、詠斯猶者、下檀弓文。鄭注云陶、鬱陶也。咏、謳也。猶當為搖、聲之誤也。搖謂身動搖也。秦人猶搖聲相近、云猶即繇也古今字耳者、言禮記猶即此經繇也。古今字異耳。

邢疏

鬱陶繇喜也

郭璞云、孟子曰鬱陶思君。禮記曰、人喜則斯陶、陶斯詠、詠斯猶。猶即繇也、古今字耳。

一切注音

陶徒刀反。繇音由、一音遥。

陸音義

鬱陶繇喜也

人喜斯陶、陶斯詠、詠即繇也。

新義

鬱陶繇喜也　檀弓云、人喜則斯陶、陶斯詠、詠斯猶。猶即繇也。注云陶、鬱陶也。

鄭樵注

鬱陶繇喜也

郭璞曰、孟子曰鬱陶思君。禮記曰、人喜則斯陶、陶斯詠、詠斯猶。猶即繇也、古今字耳。

鄭樵曰、檀弓云人喜則斯陶、陶斯詠、詠斯猶。猶即繇也。注云陶、鬱陶也。

古注合存

鬱陶繇喜也　繇、記作猶、搖同。○此釋鬱陶為繇喜之義也。註曰孟子云鬱陶思君。記檀弓云人喜則斯陶、陶斯詠、詠斯猶、猶繇古今字耳。疏曰鄭註云鬱陶、陶也。詠謳也。繇當為搖、聲之誤也。搖謂身動搖也。秦人猶搖聲相近。

注疏參義

鬱陶繇喜也　註　孟子曰鬱陶息君禮記曰人書則斯陶陶斯詠詠斯猶猶即繇也古今字耳　正義　上文云喜、樂也。鬱陶者、方言云、鬱悠思也、晉宋衛魯之間謂之鬱悠。郭氏彼註云鬱悠猶鬱陶也。禮記疏引何允云陶懷喜未暢意也。繇通作猶。大戴禮記文王官人云喜色猶然以出。註　孟子至斯猶。○　正義　孟子曰鬱陶思君、萬章篇文。禮記曰人喜則斯陶、陶斯詠、詠斯猶者、檀弓文。鄭註陶、鬱陶也。猶當為搖、搖、秦人猶搖聲相近。

正義

鬱陶繇喜也　孟子曰鬱陶思君禮記曰人喜則斯陶陶斯詠詠斯猶猶即繇也古今字耳

上文云喜、樂也。此又廣釋喜義也。鬱陶者、陶音遙。釋文陶、徒刀反、非矣。鬱陶猶言怡悅、竝字之雙聲、其義又俱爲喜也。孟子云鬱陶思君、爾、鬱陶卽喜。故檀弓云人喜則斯陶、鄭注陶、鬱陶也。鬱陶連文、本爾雅爲訓也。文選七發注引薛君韓詩章句曰陶、暢也。暢亦喜也。鬱陶轉爲鬱悠、方言云鬱悠、思也。郭注鬱悠猶鬱陶也。然則悠陶疊韵、陶讀爲遙、亦其證矣。繇者嗂之叚音也。說文云嗂、喜也。通作傜。云傜、喜也。又通作繇。繇陶聲同也。又通作猶。莊子逍遙遊篇云宋榮子猶然笑之。釋文引崔李云猶、笑貌。檀弓云咏斯猶、鄭注猶當爲搖、秦人猶搖聲相近。是鄭讀猶爲搖、郭讀猶爲繇。繇搖疊韵、亦雙聲也。又通作由。孟子云由由然。管子小問篇云由由乎、尹知章注由由、悅也。又通作油。逸周書官人篇云喜色猶然以出、猶本或作油。玉藻云禮已三爵而油油、鄭注油油、說敬貌。是油油卽由由。又轉爲言言。廣雅云言言、喜也。蓋言言卽誾誾、和說貌也。又轉爲陽陽。詩君子陽陽、自得貌也。又轉爲陶陶。君子陶陶、毛傳和樂貌、鄭箋陶陶猶陽陽也。釋文陶音遙。此音是也。爾雅及檀弓釋文俱失之。古讀陶繇聲同。書之臯陶、古作咎繇、是其證。繇卽鬱陶之合聲也。

義疏

鬱陶繇喜也 郭注孟子曰鬱陶思君。禮記曰人喜則斯陶、陶斯詠、詠斯猶。猶卽繇也。古今字耳。

鬱陶連文。孟子引書鬱陶思君。爾上云繇、憂。此又爲喜也。下云徒歌曰謠。是喜。詩我歌且謠。爲憂。喜樂字又作憙嬉。

集解

鬱陶繇喜也 鬱、木叢生也。从林、鬱省聲。正字爲慮。慮、謀思也。引申爲喜。慮鬱通用字。詩晨風鬱彼北林、周禮典同弇聲鬱、均無喜義。唯孟子鬱陶思君爾、有思義亦有喜義也。漢書溝洫志魚弗鬱兮柏冬日、師古曰、柏與迫同、弗鬱、憂不樂也。則直訓鬱爲喜矣。或若正字爲慮、實爲娛。與陶再成邱也、从阜匋聲。正字爲蹈。蹈、踐也。引申爲喜。記所謂足之蹈之是也。說文則以嗂爲之。嗂蹈陶通用字。詩君子陶陶、傳和樂皃。禮記檀弓人喜則斯陶、注陶、鬱陶也。喜也。文選謝惠連獻康樂詩漾舟陶嘉月、酬惠連詩共陶暮秋時、注均云陶、喜也。繇、字一作繇、隨從也。从系䍃聲。正字爲邎、實爲瘉。瘉、病瘳也。引申爲樂也喜也。瘉邎繇通用字。管子小問繇繇乎、今字作由、注悅也。猶喜也。禮記玉藻作油油。檀弓咏斯猶、注猶當爲搖、喜也。莊子逍遙遊宋榮子猶然笑之、釋文猶、笑皃。謂喜皃。廣雅釋訓喻喻、喜也。釋詁愉、喜也。以由油搖猷喻愉爲之。喜、樂也、从壴从口會意。古文从欠、與歡同意。

義證

鬱陶繇喜也

〔注〕孟子曰鬱陶思君禮記曰人喜則斯陶陶斯詠詠斯猶猶卽繇也古今字耳〔補正〕邢疏皆謂歡悅。鬱陶者、心初悅而未暢之意也。

郭注補正

鬱陶繇喜也

鬱陶與悅懌爲雙聲字。釋文云陶、音遙。小雅頍弁庶幾悅懌、悅懌卽喜也。重言之則爲陶陶。王風君子陶陶、傳云陶陶、和樂貌。陶與繇同聲、繇之聲又轉爲陽。君子陽陽、箋云陽陽、猶陶陶也。繇又轉爲謠、謠通作嗂。說文云嗂、喜也。歌謠亦喜義也。

說詩

鬱陶

鬱陶連文、陶可訓爲鬱、陶鬱不可訓爲陶也。

小箋

鬱陶繇喜也 說文鬯部有鬱字乃鬱鬯之鬱、从臼从冂从缶从鬯从彡。又林部有鬱字云木叢生者、从林鬱省聲。二字音同義異。經典鬱鬯字相承、亦用林部之鬱。今此鬱陶字未知本是何體。說文口部嗂、喜也、从口䍃聲。又人部傜、喜也、从人䍃聲。案繇與嗂傜搖猶四字皆通用。

匡名

鬱陶繇喜也 說文喜、樂也、从壴口。孟子、鬱陶思君。檀弓、人喜則思陶、陶斯詠、詠斯猶。猶即繇、當作搖。

啓蒙

鬱陶繇、喜也。 鬱由木叢生之義引申、言思之多也。 陶繇同字並見。 陶讀爲繇、與鬱悠一語耳。思而喜謂之鬱陶、亦謂之陶、亦謂之繇、此文是也。思而憂亦謂之鬱陶、九辯鬱陶而思君、魏文帝燕歌行鬱陶思君未敢言是也。亦謂之鬱、管子內業憂鬱生疾是也。亦謂之陶、廣雅釋言陶憂也、應音十二引詩憂心且陶、陶暘也、是陶訓暘亦通於憂。韓詩陶作暘解、鬱則恒言憂鬱則以二字喜憂相對。今詩作妯、亦謂之繇、上文繇憂也。亦謂之悠、上文悠憂、思也。原其本義、只訓爲思、故憂喜之思皆可用斯語。閻若璩尚書古文疏證專據此文以鬱陶爲喜、因謂諸書以鬱陶爲憂思者爲誤、王氏駁之、是也。 陶有兩音、其讀徒刀者、亦與軸遂通、考槃箋軸、病也、上文遂、病也、其本字皆當作妯耳。

黃侃音訓

乂 漏 治也 泆 墜也 接 捷也 繇 喜也

釋文乂字又作嬖。釋詁釋文 亦作刈。釋詁釋文 郭注漏書序作汨。釋詁注

鄭氏詩箋作屈治也。魯頌泮水詩箋 釋文泆字宜作泆。釋詁釋文 禮記注

接讀爲捷。內則注 郭注禮記詠斯猶猶即繇也古今字耳。釋詁注

禮記注猶當爲搖。檀弓注

掘、治也。書序漏作汨。詩箋作屈。按漏汨屈聲並相近。

證異

繇。喜也。註引記曰詠斯猶。云猶即繇也、古今字耳。

考異摘要

鬱陶繇喜也

郭璞注以孟子曰鬱陶思君爾、禮記曰人喜則斯陶、陶斯詠、詠斯猶。謂猶即繇、古今字耳。殆亦以繇爲即古由字、然鄭注檀弓固已謂猶當爲搖、以秦人猶搖聲相近爲說、乃 本朝郝農部懿行作爾雅義疏則又廣徵諸說、謂通作猶者、莊子逍遙遊篇云宋榮子猶然笑之、釋文引崔李云猶、笑貌。又通作油者、孟子云由由然。管子小問篇云由由乎、尹知章註由由悅也。又通作油者、逸周書官人篇云喜色猶然以出。猶本或作油。玉藻云禮已三爵而油油、鄭註油油說敬貌。此則疑似繇當作猶聲矣。然修祜則又竊疑爾雅本文當作鬱陶喜也匹字句。繇字當是陶。下小字本係註家以是爲陶字作音、而後人誤攙入正文者也。何以明之、書之皋陶、古作咎繇。說文嗂、喜也。通作傜。云傜、喜也。則知釋文所謂陶音搖者是也。其必以繇音陶者、則以釋文又有往刀反之音、未免騎牆、故以繇之當讀餘部切者明注之。若夫郝之所舉爲猶爲由爲油之釋以爲喜者、誠爲古書傳之所有、而如繇之訓以爲喜、則固書無正文也。又今經師授讀於孟子鬱陶無不讀從衣音、而於三國鍾元常名又並讀以爲由聲、而於世說所載司馬師昭兄弟與鍾毓鍾會以父名相嘲語、一似絕未寓目者、諦審此文、始知古人爲此慮深遠矣。

有以此條爲不然者、視郭注引禮檀弓爲說疑此亦正字、不知彼文自詠至辟皆爲有所指實之詞、故鄭破猶爲之謂爲身動搖也、不然茲既讀由又讀遙、庚戌何不援是以證彼、則知非其義也。

脩學加商

鬱、陶、繇、喜也。

上文云：「喜、樂也、」此復廣其義。

鬱陶者、孟子「鬱陶思君爾、」檀弓「人喜則斯陶、」鄭注云：「陶、鬱陶、」是鬱陶者、思也、喜也、方言「鬱悠、思也；」郭注云：「鬱悠、猶鬱陶；」此亦以鬱陶爲思。其有喜義者、蓋思之喜也。上文「思也、」凡二節、其一節爲哀思、有哀思、即有喜思矣。

繇者、傜之假借。說文人部云：「傜、喜也。」詩「君子陶陶、」傳云：和樂貌、」箋云：「陶陶、猶陽陽也、」釋文云：「陶、音遙、陶陶者、即傜傜也。」鄭謂陶陶猶陽陽、則陽陽亦即傜傜之音轉耳。檀弓云：「人喜則斯陶、陶斯詠、詠斯猶、」鄭注云：「猶、當爲搖、秦人猶、搖、聲相近。」鄭所謂搖、段以爲「身之動搖、」郭以之解繇、失之。

爾雅學

鬱陶繇喜也○注孟子至字耳○釋曰 注疏本刪。

云孟子曰鬱陶思君者案孟子云閩本監本毛本上云改注脫下云。元本上亦作云。

曰鬱陶思君爾注疏本衍作象曰。按此蒙上象往入舜宮、句無象字是。

象見舜生在牀鼓琴注疏本生誤正。

陶鬱陶也咏嘔也元本上句同。嘔改謳。閩本監本毛本作鬱陶陶也咏謳也。按禮記釋文云咏謳本亦作嘔、與此合。

校勘記

鬱陶繇音由喜也

音圖・音

鬱陶繇、喜也。由遥

孫佁直音

鬱陶繇遥喜也

直音校正

鬱陶繇記作猶搖同喜也

楊氏音訓

戠穧獲也

戠、穧、獲也。今以獲賊耳爲戠、獲禾爲穧。竝見詩。

郭注

戠穧獲也 釋曰、皆謂克獲也。郭云今以獲賊耳爲戠者、大雅皇矣云攸馘安安、毛傳云、不服者殺而獻其左耳曰馘。魯頌泮水云在泮獻馘、鄭箋云馘所格者之左耳。皆謂臨陳格殺之而取其耳也。云獲禾爲穧者、小雅大田云此有不斂穧、穧者、禾之鋪而未束。故云獲禾爲穧。是並見詩也。

邢疏

戠穧獲也

郭璞云、今以獲賊耳爲戠、獲禾爲穧。並見詩。

一切注音

戠古獲反。本又作賊。音同。穧本或作齊、同。才細反。依注字宜從禾。穫禾一本作獲。禾戶郭反。

陸音義

穫禾一本作獲禾。〇邢本作獲。

音義攷證

戠穧獲也

戠、戰之獲。穧、耕之獲。

新義

戠穧獲也 獲賊首曰戠、獲禾曰穧。

鄭樵注

戠穧獲也

郭璞曰、今以獲賊耳爲戠、獲禾爲穧。竝見詩。

鄭樵曰、獲賊首曰戠、獲禾曰穧。

古注合存

戠穧獲也。戠音國。穧齊去聲。〇此釋戠穧爲獲之義也。註曰、獲賊耳爲戠、獲禾爲穧。疏曰、詩閟宮云、在泮獻馘、謂獲囚而取其耳也。大田云、此有不斂穧、穧者、獲禾鋪而未束也。

注疏參義

戠穧獲也 **註** 今以獲賊耳爲戠獲禾爲穧竝見詩 **正義** 俘獲之獲、收穫之穫、俱通作獲、此合而釋之也。漢書引今文武成云、乃以庶國祀馘於周廟。說文云、穧、穫刈也。**註** 今以至見詩。〇 **正義** 今以獲賊耳爲馘者、毛傳云不服者殺而獻其左耳曰馘。獲禾爲穧者、逸周書大關武解云、既秋而不穫、維禽其饗之。是獲與穫通、孔穎達以穧爲禾之鋪而未束者也。竝見詩者、大雅皇矣云、攸馘安安。魯頌泮水云、在泮獻馘。小雅大田云、此有不斂穧。

正義

戠獲也

玉案、說文聝、軍戰而斷耳也。春秋傳曰以爲俘聝。是聝本從耳、故皇矣泮水詩傳箋竝有取左耳之訓。又繫傳引爾雅亦作聝。今本作馘、从首、誤。

補注殘本

戠穧獲也 玉案、說文繫傳穧注引爾雅云聝、穧、獲也。

爾雅詁林 一 釋詁下

是爾雅聝本从耳。又玉篇耳部有聝字、云說文云戰而斷耳也。書聝本从耳、故皇矣泮水詩訓馘字注並有取左耳之說。

【校議】

馘穧獲也 今以獲賊耳爲馘獲禾爲穧並見詩

獲之言得也。經典獲皆訓得。左氏定九年傳、凡獲器用曰得、得用曰獲。此單主物而言、實則人亦曰獲、故墨子小取篇云獲人也。楚辭哀時命篇云釋管晏而任臧獲兮、王逸注獲爲人所係得也。或曰獲主禽者也。按魯人展獲字禽、與或說合。是獲兼人物而言。說文以獲爲獵所獲、亦單主物言耳。獲通作穫、以聲爲義也。馘者、說文作聝、或作馘、云軍戰斷耳也。引春秋傳曰以爲俘聝。是聝有从耳从首之別、故詩皇矣釋文引字林截耳則作耳旁、獻首則作首旁。此亦不必然也。聝馘二形實同一義。故皇矣傳馘獲也、不服者殺而獻其左耳曰馘。泮水箋馘所格者之左耳。是皆首旁馘亦訓斷耳、可知呂說非矣。王制注馘或作國、此於義無可通、唯聲近耳。穧者、說文云穫刈也。詩此有不斂穧、釋文穧、穫也。正義云穧者、禾之鋪而未束者。此以穧對秉言、故云未束、實則穧亦穫禾之總名。穫獲古通用。故爾雅釋文穫禾一本作獲禾。禮儒行云不隕獲於貧賤、釋文獲本又作穫。荀子富國篇云一歲而再獲之、楊倞注獲讀爲穫。逸周書大開武篇云既秋而不獲、維禽其饗之。是皆以獲爲穫也。穧通作齊。釋文穧本或作齊、同、才細反。依注字宜从禾。

【義疏】

馘穧獲也 郭注、今以獲賊耳爲馘、獲禾爲穧、並見詩。馘聝同字。禮記伀或皆从或、守國所獲取左耳。詩、攸聝安安。穧从齊、𠫤象禾麥吐穗。要从禾、爲割穗也。詩此有不斂穧。獲穫通用字、皆从萑、在手加犬、爲凡得詞、加禾專爲刈穫。

【集解】

馘穧獲也 馘、字一作聝、軍戰斷耳也。从耳或聲。引申爲獲字亦作馘。詩皇矣攸馘安安、傳馘獲也。左僖二十二傳師縉示之俘馘、釋文戰所獲。禮記王制以訊馘告、注馘或作國獲也。以國爲之。穧、獲刈也、从禾齊聲。引申爲獲。詩大田此有不斂穧、釋文穧、穫也。猶獲也。獲、獵所得也、从犬蒦聲。引申爲凡事之得。書微子、乃罔恒獲。詩皇矣、其政不獲。呂覽審時穄就而不獲、注得也。則借作獲。

【義證】

馘穧獲也 馘、古獲字。

㊟今以獲賊耳爲馘獲禾爲穧並見詩

【郭注補正】

馘穧獲也

今以獲賊耳爲馘穫禾爲穧並見詩

釋文云、穫禾一本作獲禾。阮氏云、穫禾字當從禾、此經注異文之證。今本依經改犬旁非。

【郭注佚存補訂】

馘穧獲也

馘、說文作聝、云軍戰斷耳也。或作馘。大雅皇矣攸馘安安、毛傳云馘、獲也。不服者殺而獻其左耳曰馘。魯頌泮水在泮獻馘、箋云馘所格者之左耳。穧者、說文云獲刈也。小雅大田此有不斂穧、彼釋文云穧、獲也。穫獲古通用、故郭注作穫禾。

【說詩】

馘穧獲也 馘、釋文云本又作聝。案說文耳部聝从耳或聲、或从首作馘。 穧、釋文云本或作齊、依注字宜從禾。 正義云俘獲之獲、收穫之穫、俱通作獲。元照案、此亦兼兩義而義最相近。

匡名

馘穧獲也說文、𤟤、獵所獲也。邵氏云、俘獲之獲、收穫之穫、俱通作獲。此合而釋之也。䤋、軍戰斷耳也。引左傳以爲俘䤋。从耳或聲、或从首。郭註獲賊耳爲馘。魯頌在泮獻馘、箋馘所格者之左耳。穧、穫刈也。小雅此有不斂穧。郭註獲禾爲穧。

啓蒙

馘穧獲也。今以獲賊耳爲馘、獲禾爲穧、並見詩。獲兼二義、郭注引明揭一訓兩義之例矣。邵晉涵說俘獲之獲收穫之穫俱通作獲、此合而釋之。

黃侃音訓

馘、穧、獲也。說文犬部云：「獲、獵所獲也、从犬、蒦聲。」引伸之爲凡得之稱。郝氏云：「魯人展獲字禽；」但此禽字、非飛禽、白虎通云：「禽、鳥獸總名、」是仍與許說同義。楚辭「釋管晏而任臧獲兮、」王逸注云：「獲、爲人所係得也、」此獲之屬人言者也。逸周書大開武云：「既秋而不獲、維禽其饗之、」邵氏以爲「獲與穫通；」然此不過爲農夫所獲耳、不必改獲爲穫也。爾雅獲字、兼人物而言。

馘者、說文聝之或體。皇矣傳云：「馘、獲也、不服者殺而獻其左耳曰馘、」是馘之爲獲、俘獲也、郭所云「今以獲賊耳爲馘」也。

穧者、說文云：「穧、穫刈也；穫、刈穀也。」是穧亦獲也。詩大田云：「此有不斂穧、」斂穧同稱、即取穫之義、故郭云：「獲禾爲穧。」

爾雅學

獲禾爲穧單疏本雪牕本同。釋文、穫禾、一本作獲禾。按穫禾字當從禾、此經注異文之證。今本依經改犬旁非。

馘穧獲也○釋曰注疏本刪。

□云獲禾爲穧者云上空闕一字當是郭字或注字。注疏本排勻。

此有不斂穧穧者注疏本脫一穧。是並見詩也注疏本脫也。

校勘記

馘音國穧音濟獲也

音圖・音

馘、穧、獲也。

蟈

劑

孫侶直音

馘國穧齊去聲獲也

楊氏音訓

馘古伯切穧祭

干氏音釋

阻艱難也

阻、艱、難也。皆險難。

郭注

阻艱難也 釋曰、皆險難也。秦風蒹葭云道阻且長。商書說命云非知之艱。

邢疏

阻艱難也

郭璞云、皆險難。

一切注音

難奴旦反、注同。一音如字。

陸音義

阻艱難也

以進則難、止而又艱、有爲之阻者矣。

新義

阻艱難也難、險難也。

鄭樵注

阻艱難也

郭璞曰、皆險難。

鄭樵曰難、險難也。

古注合存

爾雅詁林 一 釋詁下

注疏參義

阻艱難也。難去聲○此釋阻艱爲難之義也。

阻艱難也【註】皆險難。【正義】釋名云：難，憚也，人所忌憚也。阻者，說文云：阻，險也。秦風蒹葭云：道阻且長。艱，說文作囏，云：土難治也。釋名云：艱，根也，如物根也。士喪禮云：無有後艱。

正義

阻艱難也皆險難

釋文：難，奴旦反，注同。一音如字。今按二讀俱通。左氏哀十二年傳：而藩其君舍以難之。杜預注：難，困苦也。周禮占夢注，杜子春難讀爲難問之難。是皆主前一音也。釋名云：難，憚也，人所忌憚也。莊子說劒篇云：瞋目而語難。釋文：難如字，艱難也。是皆主後一音也。實則二音理自通矣。阻者，說文云：險也。險阻難也。詩雄雉、谷風傳竝云：阻，難也。書黎民阻飢，鄭注：阻讀曰俎，阻，戹也。戹亦難也。左氏閔二年傳：狂夫阻之，杜預注：阻，疑也。正義引服虔注：阻，止也。止、疑皆畏憚之意，其義亦爲難也。通作沮。沮亦止也，疑也。故詩亂庶遄沮，傳：沮，止也。小爾雅云：沮，疑也。禮儒行云：沮之以兵，家語儒行篇作沮之以兵而不懾，王肅注：沮，難也。艱者，說文云：土難治也。釋名云：艱，根也，如物根也。詩中谷有蓷傳及北門、何人斯、鳧鷖箋竝云：艱，難也。書塈稷播奏庶艱食，史記夏紀作與稷予衆庶難得之食。又大誥篇內艱字，漢書翟方進傳竝作難也。艱義與蹇同。易彖傳及雜卦竝云：蹇，難也。離騷云：謇吾法夫前修兮，王逸注：謇，難也。

義疏

阻艱難也　郭注：皆險難。

阻从且，難詞也。書，黎民阻饑。亦作祖。艱从艮，艮，限也。易有艮卦，傳：止也。書，奏庶艱食。與難皆从堇，黏土難治。加鳥、隹，凡難之詞也。

集解

阻艱難也　阻，險也，从阜且聲。引申爲難。詩雄雉自詒伊阻、谷風既阻我德，傳均云：阻，難也。書堯典黎民阻飢，鄭讀曰俎。俎，戹也。僞傳訓難。禮記儒行沮之以兵，家語注：難也。易夬其行次且，廣雅作趑趄，云：難行也。以俎、沮、且、雎爲之。艱，土難治也，从堇艮聲。堇，黏土也。易大有艱則无咎，虞注：艱，難。書皋陶謨暨稷播奏庶艱食，史記作與稷予衆庶難得之食。大誥遺大投艱於朕身，漢書翟方進傳作難。詩北門莫知我艱、鳧鷖無有後艱、何人斯其心孔艱，箋均云：艱，難也。文選傅長虞贈何劭王濟詩序歷試無效，且有家艱，注引詩未堪家多難。周禮遺人以恤人民之囏阨，囏，艱之籀文。故書作墐阨。大玄守象艮有守，注：艮，難也。易屯剛柔始交而難生，說文：屯，難也。很，不聽從也，一曰行難也。以墐、艮、屯、很爲之。難字一作鷬。鷬，鳥也。正字爲憚，或爲蹇。易彖傳云：蹇，難也。

義證

阻艱難也

皆險難也

郭注佚存補訂

慧琳廣弘明集十八卷音義引郭注爾雅云：阻險難也。今據補也字。

阻艱難也

阻者，說文云：險也。險即難矣。邶風雄雉自詒伊阻、谷風既阻我德，毛傳竝云：阻，難也。秦風蒹葭道阻且躋，鄭箋云：言其難至。商頌殷武罙入其阻，箋云：冒入其險阻。險阻即難也。　艱者，說文云：土難治也。引申之爲凡艱難之稱。邶風北門莫知我艱、王風中谷有蓷遇人之艱難矣、小雅何人斯其心孔艱、大雅鳧鷖無有後艱，傳箋竝云：艱，難也。

說詩

阻艱難也　說文：鷬，鳥也，或作難。今借爲難易之難。阻，險也。秦風：道阻且長。士喪禮：無有後

爾雅詁林　一　釋詁下

艱。說文作艱、土難治也。籀文作囏。註引伸之凡難理皆曰艱。从喜者、謂有喜悅之心而後不畏其艱而後無不治也。

啓蒙

阻、艱、難也。

莊子說劍篇釋文云：「難、如字、艱難也；」左氏哀十二年傳「而藩其君舍以難之、」周禮占夢注「杜子春難、讀爲難問之難；」是難字古有二音。但郝氏云：「實則二音理自通。」

阻、說文「險也；」詩雄雉谷風傳、並云：「阻、難也。」左氏閔二年傳云：「狂夫阻之、」杜訓爲疑；正義引服虔注訓止；郝云：「止疑皆畏憚之意、義亦爲難。」

爾雅學

阻艱難也○釋曰 注疏本刪。

校勘記

八行(注)皆險難○原本《玉篇》阜部「阻」下引此注作「謂險難也。」

宋監本校箋

阻、艱難也。 去聲又孥

孫偘直音

剡挈利也

剡、挈、利也。詩曰以我剡耜。

郭注

剡挈利也 釋曰、皆耜之利也。小雅大田云以我覃耜。剡覃音義同。周頌載芟云有略其耜。挈略音義同。

邢疏

剡挈利也

郭璞云詩曰以我剡耜。

一切注音

剡羊冉反。挈力約反、詩本作略。耜音似。

陸音義

剡挈利也

器略而見功、多利也。

新義

剡挈利也 大田云、以我覃耜。載芟云、有畧其耜。覃即剡、畧即挈。

鄭樵注

剡挈利也

郭璞曰、詩曰以我剡耜。

鄭樵曰、大田云以我覃耜。載芟云有畧其耜。覃即剡、畧即挈。

古注合存

剡挈利也。剡覃挈畧音義並同○此釋剡挈爲利之義也。疏曰詩大田云以我覃耜。載芟云有畧其耜。

注疏參義

剡挈利也 **註** 詩曰以我剡耜 **正義** 說文云剡、銳利也。繫傳云、周易剡木爲矢。禮大圭剡上、削令上銳也。案橘頌云會枝剡棘。王逸注剡、利也。挈、說文作㓞云刀劍刃也。籀文作挈、通作畧。周頌載芟云有畧其耜。匡繆正俗云問曰俗於礪山出刀子謂之略刀、有舊義否。答曰按爾雅云剡、略利也。張揖古今字詁云古作挈、一本作挈、未知孰是。此則礪刀使利、故稱略刀耳。**註**詩曰至剡耜○**正義**今小雅大田篇作以我覃耜。覃剡聲相近。淮南氾論訓古者剡耜而耕、高誘注剡、利也。

正義

剡挈利也 詩曰以我剡耜

說文云利、銛也、从刀、和然後利、从和省、引易曰利者義之和也。按和利字亦通用。荀子正論篇云利而不流、楊倞注利、或爲和。是和利通。利又廉也。呂覽孟秋紀云其器廉以深、必已篇云廉則挫、高誘注並云廉、利也。按廉利雙聲、今人作事敢速亦稱廉利矣。剡者、說文云銳利也。楚辭橘頌篇云會枝剡棘、淮南氾論篇云古者剡耜而耕、王逸及高誘注並云剡、利也。通作覃。詩以我覃耜傳覃、利也。釋文覃以冉反、徐以廉反。爾雅釋文剡羊冉反。今按三音俱非古讀也。古讀剡蓋如襢知者、說文剡从炎聲、木部棪亦从炎聲、讀若三年導服之導。士虞禮記注、古文襢或爲導。喪大記注、襢或皆作道。道與導同、是導服即襢服。古讀棪若導、亦當讀剡若禫矣。剡讀若禫、故與覃通、此古音也。郭引詩覃耜作剡耜、蓋齊魯韓三家作剡、毛詩叚俗作覃耳。䂮者、說文作㓵、籒文作䂮、云刀劍刃也。通作略。詩有略其耜、傳略、利也。釋文略字書本作䂮。匡謬正俗引張揖古今字詁云略古作䂮、一本作䂮。按䂮蓋䂮之或體。䂮利一聲之轉。淮南脩務篇云誦詩者期於通道略物、略當訓利、高誘注略、達也。通達與利義亦近。

義疏

剡䂮略鍔**利也**郭注、詩曰以我剡耜。剡耜、今詩作覃耜。周官、琰圭記、剡上寸半。䂮鍔、㓵字異文。䂮从各。詩、有略其耜。略亦从各。利从刀禾。刀割禾、銛利易見。又利得禾。說文从禾省非。

集解

剡䂮利也剡、銳利也、从刀炎聲。字亦作挾。易繫辭剡木為楫是也。淮南氾論古者剡耜而耕、楚辭橘頌曾枝剡棘、注均云剡、利也。文選東京賦介馭間以剡耜、注覃、利也。剡與覃同。考工玉人琰圭九寸典瑞、司農注琰圭有鋒芒、傷害征伐誅討之象。詩大田以我覃耜、傳覃、利也。漢書賈誼傳莫邪為鈍兮鉛刀為銛、注世俗謂利為銛徹。廣雅釋詁剫、鐵、利也。以琰覃銛鐵或剫為之。䂮字一作㓵、劍刃。从刀咢聲。引申為利。莊子說劍齊岱為㓵是也。籒文从㓞、各聲。字亦作鍔。詩載芟有略其耜、傳略、利也。借略為之。利、銛也。从刀、刈禾會意。禾亦聲。引申為便也、疾也。

義證

剡䂮利也䂮力約反

註詩曰以我剡耜 補正 邢疏、小雅以我覃耜、周頌有略其耜、䂮略音義同。

郭注補正

剡䂮利也

剡者、說文云銳利也。通作覃。小雅大田以我覃耜、毛傳云覃、利也。郭注引作以我剡耜、蓋三家詩也。毛以覃為之。案文選東京賦注云覃與剡同。覃之為剡、亦猶譚之為談、𧥢之為燂也。通俗文燂訓門楗、即蔡邕月令章句之剡。說文棪讀如譚。此皆剡覃互通之證也。䂮者、說文作㓵、云刀劍刃也。籒文作䂮。釋文云䂮、詩本作畧。周頌載芟有畧其耜、傳云畧、利也。彼釋文云畧、字本作䂮。畧亦假借字也。匡俗正謬引爾雅作剡略利也。

說詩

剡䂮利也 釋文云䂮、詩本作略。案說文刀部㓵、刀劍刃也。从刀咢聲。籒文从㓞从各作䂮。古通借作略。匡謬正俗六引爾雅作略。

匡名

剡䂮利也說文𥝢、銛也、刀和然後利、从刀和省。引易利者易之和也。剡、銳利也。繫辭剡木爲矢。高誘註剡、利也。䂮、說文作㓵、刀劍刃也。籒文作䂮。通作略。周頌有略其耜、傳略、利也。䂮、古字。㓵、今字。㓵、正字。略、叚借字。

啓蒙

剡利也。剡又與挾通。淮南俶真注挾、利也。易繫辭傳剡木為楫、剡木為矢、釋文並作挾。又通作錟、錟之本義訓長矛也、與剡義近。史記蘇秦傳錟戈在後。剡又訓鋒、亦與利義近。晉語大喪大亂之剡也不可犯也、注剡、鋒也。

黃侃音訓

剡䂮。利也。註引小雅以我剡耜、詩本作覃、故疏云剡覃音義同。其釋䂮、疏引周

頌有略其耜、云略䂮音義同。 **考異摘要**

剡䂮利也

錦燧謹案、郭注云詩曰以我剡耜、今毛詩作覃耜、當是三家作剡、毛用假字、三家用本字耳。剡覃古音同、棪从炎聲、讀若三年導服之導。士虞禮記注、古文禫或爲導。是導服卽禫服。剡棪同从炎聲、棪讀導、則剡亦可讀如禫矣。故剡可假作覃也。䂮者、說文云䂮、刀劍及也。詩有略其耜、傳略、利也。以略爲之。蓋卽䂮之假借字也。 **陸錦燧日記**

剡、䂮、利也。

說文云；「利、銛也、刀和然後利、从刀和省、易曰：利者義之和也。」（依段本）許謂刀和然後利者、小雅「執其鸞刀、」傳云：「刀有鸞者、言割中節也；」郊特牲曰：「割刀之用、而鸞刀之貴、貴其義也、聲和而后斷也；」是刀之之利、不取銳利、取其和聲而合義而已。和利亦通用、見荀子楊注。呂覽高注訓廉爲利、郝氏云：「廉利雙聲、今人作事敏速、亦稱廉利。」

剡、注引詩曰：「以我剡耜、」此齊魯韓三家詩。今毛詩作覃、傳云：「覃、利也、」此剡之假借字。說文亦云：「剡、銳利也。」

䂮、說文作劉、籀文作䂮、周頌作略。段氏謂「䂮者古字、劉者今字、劉者正字、略者假借字。」說文以䂮爲刀劍刃、是訓利者、引伸義也；故周頌「有略其耜、」傳亦云：「略、利也。」匡謬正俗稱「略刃、」言礪刀使利也。䂮、古亦作䂮、見張揖古今字詁 **爾雅學**

剡䂮利也○釋曰 注疏本删。 **校勘記**

以我剡耜 十行本覃耜。 **校勘記訂補**

剡䂮 音畧 利也 **音圖・音**

䂮、詩作略、音同。張揖古今字詁云、一本作䂮。未知孰是。 **音略**

揜炎 略

剡、䂮、利也。 **孫侶直音**

炎上聲 略

剡、䂮、利也 **直音校正**

剡 羊冉切 䂮 略 利也 **楊氏音訓**

剡 以冉切 䂮 略 **干氏音釋**

允任壬佞也

允、任、壬、佞也。書曰而難任人。允、信者佞人似信。壬猶任也。 **郭注**

允任壬佞也 釋曰、皆謂諂佞也。允信也。佞人似信任者、孫炎云似可任之佞也。虞書舜典云而難任人。壬猶任也。皋陶謨云何畏乎巧言令色孔壬。 **邢疏**

任佞也

任、似可任之佞也。書正義三 邢疏 孫音注 **黃輯古義**

允任壬佞也

任、似、可任之佞也。邢疏 書舜典正義 孫音注 **玉函山房輯佚**

任

似可任之佞也。孫注 書疏三 **鈎沉**

爾雅詁林 一 釋詁下

任佞也
孫曰任、似可任之佞也。書正義三 邢疏

漢注

允任壬佞也
孫炎云、任、似可任之佞也。書正義三卷 郭璞云書曰、而難任人。允信者、佞人似信。壬猶任也。

一切注音

任佞也孫炎曰、似可任之佞也。書舜典正義

古注斠

允任而鴆反、又而淫反、注同。壬而今反。同注

陸音義

允任壬佞也
聽其詞似允、似任其事、佞也。似任其事之似疑誤。

新義

允任壬佞也 允、無所逆也。任、虞書云而難任人。壬猶任也。

鄭樵注

允任壬佞也
孫炎曰、任、似可任之佞也。郭璞曰、書曰、而難任人。允信者、佞人似信。壬猶任也。鄭樵曰、允、無所逆也。任、虞書云而難任人。壬猶任也。

古注合存

允任壬佞也任平聲。○此釋允爲任壬爲佞之義也。註曰任猶佞也。疏曰書皐陶謨曰何畏乎巧言令色孔壬。愚按此條上釋允爲任、而下則釋壬爲佞。允之言信。論語云信則人任焉。通論云信於朋友曰任是也。舊未明上下兩釋之例、而以允任壬皆釋爲佞。據舜典云而難任人、任固與壬同爲佞義。然直釋允爲佞、而取佞人似信之義以文之、則亦典矣。

注疏參義

允任壬佞也 **註** 書曰而難任人允信者佞人似信壬猶任也 **正義** 說文云佞、巧讇高材也。允訓爲信、又訓爲佞者、逸周書寶典解云展允干信。是允爲不信、反覆相訓也。任者、書疏引孫炎云似可任之佞也。壬者、皐陶謨云何畏乎巧言令色孔壬、史記作何畏乎巧言善色佞人。**註** 書曰至任也。○ **正義** 舜典云而難任人、史記作遠佞人。壬猶任者、古者壬任字通用、賓之初筵鄭箋云壬、任也。

正義

允任壬佞也 玉案春秋殺其年夫、左傳作佞夫。國語輿人誦曰佞人見佞、果喪其田。田與佞協、故佞與年通。年古音又讀爲壬、田讀爲陳、陳與壬協、故佞又爲壬、佞字本从壬讀、故書傳訓孔壬爲甚佞。

校議

允任壬佞也 書曰而難任人允信者佞人似信壬猶任也

說文云佞、巧讇高材也。按佞有二義。廣雅云佞、巧也。韓詩外傳云佞、諂也。與說文前義合也。左氏成十三年傳寡人不佞、魯語云寡君不佞、服虔及韋昭注竝以佞爲才也。與說文後義合也。佞、从女从信省。徐鍇以爲女子之信近於佞、是佞又似信也。允任壬本訓爲信、爲大、而又爲佞、美惡不嫌同詞也。韋昭晉語注僞善爲佞、然則佞者以巧辯飾其僞善、故世俗以爲才美之稱、君子惡而遠之矣。允者上文云信也、誠也。又訓佞者、逸周書寶典篇云展允干信、蓋展允雖訓信、亦容有信不近義者、故曰干信、是允又爲佞矣。任者、釋文而鴆、而淫二反。說文云任、保也。詩燕燕箋任以恩相親信也。周禮大司徒注任、信於友道。史記季布欒布傳云爲氣任俠、集解引如淳曰相與信爲任。是皆任訓爲信也。又訓佞者、佞人似信、故書舜典正義引孫炎云、似可任之佞也。而難任人、史記五帝紀作遠佞人矣。壬者、上文云大也、詩燕燕傳任大也、是任壬同。又訓佞者、佞人好作大言以欺人、故書云何畏乎巧言令色孔壬。壬、佞也。孔、甚也。甚佞、言大佞也。必言大者、壬本訓大也。壬通作任、故後漢書郅惲傳云孔任不行、孔任即孔壬矣。

義疏

允任壬佞也 注孫任、似可任之佞也。郭注、書曰、而難任人。允信者、佞人似信。壬猶任也。 此以佞爲善非巧

佞之佞也。佞，从女仁，與安保同意。允上云誠信。書朕命惟允。任从壬。壬妊古今字。詩仲氏任只。周官六行孝友睦婣任恤。以安人之危爲任也。書而難任人。彼任同壬爲大使大人畏難言行。沗自貴近始。又何畏乎。孔壬亦謂不畏貴人也。語仁而不佞。佞猶勝任也。孔子惡佞。自此佞乃爲謅。

集解

允任壬佞也　允信也，从儿㠯聲。正字爲雲，實爲曰。曰，詈也。引申爲佞，以佞人之詈多耳。曰雲允通用字。任保也，从人壬聲。正字爲恐。恐，能也。引申爲佞，以荏爲之。荏集恐任通用字。書堯典而難任人。壬位北方也，象人褢妊之形。正字爲淫。淫，書多方惟天不畀允罔固亂，孫疏允佞也。說文則以䋦，論語則以荏。史記作遠佞人矣。僞傳亦云任佞也。浸淫隨理也。引申爲佞。淫壬通用字。書皐陶謨何畏乎巧言令色孔壬，史記壬作佞。漢書鄧惲傳孔任不行，則又以壬與任通矣。佞巧讇也。从女仁聲。謂女子之仁耳。論語是故惡夫佞者。又焉用佞。

義證

允任壬佞也

註書曰而難任人允信也佞人似信壬猶任也 補正

邢疏允、信也。孫炎曰似可任之佞也。鄭樵註云允無所逆也。

郭注補正

允佞也　注允信者佞人似信

正曰，佞與允信相反。洪州倅讀書叢錄云，允當侶兌、形近而譌。易兌象曰兌說也。以言說人即是佞。荀子脩身，饒樂之事，則佞兌而不曲。故雅詁兌訓爲佞。

正郭

允佞也　注允信者佞人似信

諍曰，因似信即以允稱之，直以爲信矣，義不可通。邵氏郝氏皆引逸周書展允干信，直以允爲不信，更非注意。竊謂展允爲信，猶言必信，或至於犯信。允特必求其信耳，不得即以爲佞也。洪氏經義叢鈔云，兌字之譌，兌古通作說，以言說人者即是佞。荀子饒樂之事，則佞兌而不曲，即其證也。案禮記引說命皆作兌命，是兌與說通，兌與允形似而誤。說文鈗篆下云，侍臣所執兵也。周書曰，一人冕執鈗。讀若允。今顧命鈗作銳，鄭注矛屬，即兌允易誤之證。洪說正得其恉。

諍郭

允任壬佞也

書曰而難任人允者佞人似信者也　壬猶任也

希麟新華嚴經廿八卷音義引郭注爾雅云，佞人似信者也。樹枏案，今本作允信者佞人似信。允信者三字有誤，當衍一信字，今以意刪訂。

郭注佚存補訂

允任壬佞也

上文云信也。詩之允，皆訓爲信，反之則爲不信，猶亂之爲治，苦之爲息也。小雅十月之交仲允膳夫，漢書古今人表作中術。權術變作，與佞義相近。任者，說文云似可任之佞也。書而難任人，史記作遠佞人。邶風燕燕仲氏任只，箋云任以恩相親信也。任之爲佞，亦猶允之爲佞也。善佞之人，每以小忠小信巧結主心，斯其所以爲佞也。

說詩

爾雅詁林　一　釋詁下

允佞也

柏年案允上文云信也此訓爲佞、亦猶亂之爲治、故之爲今、徂之爲存、以相反爲訓。洪氏讀書叢錄云、允當作兊、形近而誤。易兊彖曰兊說也、以言說人、卽是佞。雖可強通、然本字原可解、不必改字也。又案佞說文从女信省。徐鉉曰、女子之信、近于佞也。然則佞亦爲信、故允爲信、又爲佞也。

補釋

允任壬佞也 說文佞、巧讇高材也。从女信省。徐鉉曰、女人之信、近於佞也。上文允訓爲信、又訓爲佞、反覆相訓也。逸周書展允於信、郭註允信者、佞人以信。舜典而難任人、史記作遠佞人。皋陶謨何畏乎巧言令色孔壬、史記作何畏乎巧言善色佞人。

啓蒙

任、壬、佞也。 任壬同字互見。上文壬、大也、詩燕燕疏引作任、大也。

黃侃音訓

戠 穧 獲也 剡 挈 利也 壬 佞也

釋文戠本又作職。釋詁釋文 **穧本或作齊、**同才細反、釋詁釋文 **小雅剡作覃。**大田詩以我覃耜。 **周頌挈作畧。**載芟詩有畧其耜。 **說文作剡、**云、刀鋭刃也、籀文從刅從各作挈。刀部剡 **顔師古作剡略利也**匡謬正俗六 **史記壬作佞。**五帝紀孔壬作佞人。

挈、利也。釋文挈、力約反、詩本作畧。按說文田部畧云、經畧土地也、從田各聲。不訓爲利。刀部剡云、刀鋭刃也、從刀咢聲、籀文從刅從各作挈、爾雅從籀文作挈是也。剡俗作鍔、詩作畧、同聲假借字。

證異

允佞也

允佞也郭注允信者佞人似信。頤煊案、允當是兊字之譌、兊古通作說字、以言悅人者卽是佞也。荀子脩身篇饒樂之事則佞兊而不曲、卽其證。

讀爾雅録

允任壬佞也

注曰書曰而難任人。允信者佞人似信。壬猶任也。

樾謹按佞人似信之說義不可通。允者㕣之叚字也。說文口部㕣、山閒陷泥地。從口從水、敗貌。讀若兖州之兖。按兖州之兖古字止作沇、以沇水得名。㕣讀若沇、故通作允。訓允爲佞、卽訓㕣爲佞也。㕣從口從水、敗貌。正與佞義合。以地言則爲陷、以人言則爲讇、其義又相通矣。荀子脩身篇饒樂之事則佞兊而不曲。兊字、疑卽㕣字之誤、因㕣字罕見淺人遂改爲兊矣。此經允任壬同訓佞、而義實不同、爾雅此例甚多。說文女部佞、巧讇高材也。允之爲佞、乃巧讇之義、任壬之爲佞、乃高材之義、任壬文異義同。佞之言能也、勝也、古人自謙不佞、猶言不任矣。疏引孫炎云、似可任之佞也。蓋天下有眞可任之人、亦有似可任之人。四岳舉鯀可用、此卽鯀之似可任也。堯不以爲可因四岳再舉而始用、此卽堯之難任人也。難者、不輕用之意也。郝疏本郭氏佞人似信之說、謂任亦信也、更失之矣。

平議

允、任、壬、佞也。

說文女部云：「佞、巧讇高材也、从女、从信省。」案廣雅云：「佞、巧也；」韓詩外傳云：「佞、諂也；」左氏成十三年傳「寡人不佞、」服虔注云

：「佞、才也；」並與許義合。佞从女从信省者、徐鉉以爲「女子之信近於佞、」是似信而非信也。

允、上文云：「信也、誠也；」又訓佞者、逸周書寶典篇云：「展允干信、」此似信非信之允、乃佞之允也、故允訓佞。

任者、地官大司徒注云：「任信於友道、」史記季布欒布傳注引如淳曰：「相與信爲任、」是任爲親信之義。今訓佞者、舜典正義引孫炎云：「似可任之佞也。」舜典云：「而難任人、」史記五帝紀作「遠佞人。」

壬者、臯陶謨云：「何畏乎巧言令色孔壬、」史記作「何畏乎巧言令色佞人、」是壬爲佞也。蓋任从壬、任壬古通、賓之初筵箋云：「壬、任也；」後漢書郅惲傳云：「孔任不行、」孔任、即書之孔壬；故壬亦訓佞。

爾雅學

允任壬佞也○釋曰 注疏本刪。

校勘記

允任壬佞也注允信也今本也誤作者。

注疏本正誤

允信者 永懷堂本毛本同。案、信者當作信也。說文允信也、邢疏引注亦作允信也、是其證。

注疏校勘札記

十上（二一）一行（注）允信者佞人似信○希麟《續音義》卷三引「郭注《爾雅》云：佞人似信者也。」王樹枏謂「允信者」三字有誤，當衍一「信」字。

宋監本校箋

允、任人去聲、壬、佞也。

孫侶直音

允任去聲壬佞也。

直音校正

允任平聲壬佞也

楊氏音訓

俾拼抨使也俾拼抨使從也

郭注

俾、拼、抨、使也。皆謂使令、見詩。俾、拼、抨、使、從也。四者又爲隨從。

邢疏

俾拼抨使也俾拼抨使從也

釋曰、皆謂使令隨從也。郭云見詩者、魯頌閟宮云、俾爾熾而昌。大雅桑柔云、荓云不逮。拼荓音義同、抨義亦同。此皆爲使令也。俾拼抨使四者又爲隨從。

俾拼抨使也

郭璞云、皆謂使令、見詩。

俾拼抨使從也

郭璞云、四者又爲隨從。

一切注音

俾必尒反。拼北萌反、以利使人曰拼、從手。抨普耕反。案、字書拼抨並普耕補耕二反、訓義亦同。今既二字相隨、故多互其讀也。亦從手、彈也。字又作伻、音同、使人也。使令力呈反。

陸音義

俾拼抨使也

書所謂抨來周公之使也。雖非王人亦非卑者也。拼、字書本从人。案王氏鳴盛尚書後案云、說文人部無伻字、新附亦無、惟手部有抨字、注撣也。則此字从手、或古本尚書本作抨字、後遂訛寫作伻耳。

俾拼抨使從也

自敵以上有不可與使也。

新義

俾拼抨使也。大雅云、荓云不逮。拼荓同。抨即拼也。俾拼抨使隨也。四者又有隨從之義。

鄭樵注

俾拼抨使也

郭璞曰、皆謂使令、見詩。

鄭樵曰、大雅云、荓云不逮。拼荓同。抨即拼也。

爾雅詁林 一 釋詁下

俾拼抨使從也。從鄭本作隨。
郭璞曰、四者又爲隨從。
鄭樵曰、四者又有隨從之義。

古注合存

俾拼抨使也。俾拼抨使從也。拼聘平聲。抨音烹。○此釋俾拼抨皆使之義也。註曰俾拼抨皆謂使令。四者又爲隨從也。疏曰、詩桑柔云、荓云不逮。拼荓音義同。抨義亦然。

注疏參義

俾拼抨使也 **註** 皆謂使令見詩 俾拼抨使從也 **註** 四者又爲隨從 **正義** 說文云使、伶也。伶與令通。秦風寺人之令、釋文引韓詩令作伶也。說文又云從、隨行也。使令隨行其義相通、故連釋之也。○俾拼抨使也。○俾者、堯典云有能俾乂、史記作有能使治者。拼、立政云乃伻我有夏、拼通作伻、班固典引云將拼萬物項從、註拼使也。抨通作伻、洛誥云伻來以圖。○伻拼抨使從也。○使令之義即爲隨從、申釋其義也。拼或省作并。說文云并、相從也。**註** 見詩。**正義** 周頌載見云、俾緝熙于純嘏。大雅桑柔云荓云不逮、毛傳荓、使也。釋文云本或作拼。又周頌小毖云莫予荓蜂、釋訓云甹夆、掣曳也。案說文云德、使也。𢔁、使也。疑荓蜂當作德夆。詩言莫爲予任使者、訓爲掣曳、猶言左右相使、於義亦通。說文又云傳、使也。皆聲之轉也。

正義

俾拼抨使 皆謂使令見詩 俾拼抨使從也 四者又爲隨從

說文云使、伶也。玉篇云使、令也。使、所里切、又疏事切。又云伶、使也。詩車鄰釋文引韓詩令作伶、云使伶、是使令古作使伶、今俗爲使令、通作史。禮雜記云客使自下由路西、鄭注使或爲史、史使聲同也。左氏襄卅年傳使走問諸朝、釋文使服虔王肅本作吏、詩靡使歸聘、釋文使本又作所、所使聲轉、吏使聲同、古字或相通、俗非義例也。俾者、釋言云職也、是職之使也。詩書內俾訓使者非一。通作卑。詩俾予靖之、釋文俾本作卑、使也。書文王卑服、釋文卑馬本作俾、使也。又通作辯。小爾雅云辯、使也。廣雅作辯、使也。書勿辯乃司。傳亦同。又書序云王俾榮伯作賄肅慎之命、釋文俾、馬本作辯。辯卑俾俱一聲之轉也。拼者、當作并。是從之使也。說文云并、相從也。從、亦使也。使、亦從也。故訓從之字、郎可訓使。并別作拼。釋文拼北萌反、以利使人曰拼。從手之拼、蓋後人所加、以利使人、此語未見所出。通作荓。詩荓云不逮、傳荓使也。釋文荓本或作拼。又通作絣。文選典引云將絣萬嗣、蔡邕注絣使也。絣荓拼俱并之叚音矣。抨者、傳之叚音也。說文云傳、使也。通作儁。又云儁、使也。又通作抨。抨、本訓彈。又俗爲使。釋文抨、普耕反、亦从手。文選思玄賦云抨巫咸以占夢兮、舊注抨、使也。一切經音義十二云拼、古文抨、同。此說非也。拼字非古文。拼抨又不同音、蓋本玉篇而誤也。又通作伻。釋文抨字又作伻、音同。使人也。書伻來來、正義引鄭注伻來來者使二人也。漢書劉向傳孟康注亦云伻、使也。又通作苹。書平秩東作、釋文平、馬作苹、云使也。凡此訓使之字、又俱訓從者、說文從、隨行也。隨從亦使令之義。玉篇、廣韻俾竝作俾、廣韻云俾、使也、從也、與俾同。拼訓從者、說文作并、云相從也。

義疏

俾拼抨使也 郭注皆謂使令、見詩。俾从卑、佐甲者、卑賤供使令者。書文王卑服、馬伻俾。詩比于文王、記引伻俾。拼从并、二人持二相從。詩荓云不逮、或伻拼。又莫予荓夆。郭云抨見詩。蓋謂平平左右、平釆相似。書伻來來、又苹秩東伻、鄭馬皆云使。使、从人吏。吏、給事者也。俾拼抨使從也 郭注四者又爲隨從。此以使从申上不盡之意、使不得爲從也。言使人從我耳。从、相聽也。從、隨行也。今从字不用。

集解

俾拼抨使也 俾、門侍人也。从人卑聲。引申爲使。詩卷阿俾爾彌爾性、傳俾、使也。日月俾也可忘、白華俾我獨兮、公劉俾筵俾几、民勞無俾民憂、緜俾立室家、箋均云俾、使也。書無逸文王卑服、馬本作俾、云使也。詩菀柳俾予靖之、釋文俾本作卑、使也。荀子宥坐卑民不迷、校官碑卑爾熾昌、卑即俾、使也。書酒誥勿辯乃司、僞傳辯使也。詩皇矣比于文王、禮記史記均作俾。小爾雅廣言辯使也。以卑辯比辨為之。拼、字本作幷、相從也。从从幵聲。一曰从持二為幷。正字為聘、聘訪也。引申為使。禮記曲禮諸侯使大夫問于諸侯曰聘是也。說文則以甹為之。幷拼古今字、甹聘拼通用字。詩桑柔拼云不逮、今本作荓。傳使也。文選典引將絣萬嗣注、絣使也。以絣為之。抨、撣也。从手平聲。字亦作拼、正字為聘。聘抨疊韻。後漢書張衡傳抨巫咸以占夢兮、注抨、使也。書堯典平秩東作、馬本作苹、云使也。洛誥伻來來伻即甹、鄭注使二人也。說文傳、使也。以平苹傳或伻為之。使令也、从人吏聲。禮記表記故君使其臣。

俾拼抨使從也 俾、門侍人也、从人卑聲。引申為從。書君奭罔不率俾言、無不率而從之也。或者正字為譬與、譬、益也。上經從訓為重、亦有增益意也。西狹頌故云綴崖俾閣。拼、字本作幷、相從也。从从幵聲。禮記王制輕任幷。孜工與人大與小無幷。廣雅釋言幷、兼、均是也。書堯典寅賓出日、馬注云賓、從也。春秋元命苞顓頊駢幹、注猶重也。從、亦重也。借賓駢為之。抨、揮也。从手平聲。正字為幷。幷抨疊韻。論語君子周而不比、言不阿黨以順從也。借比為之。使、令也、从火吏聲。引申為從、謂令而使人從也。禮記曲禮使從俗、蓋因使以從為貴故也。從、隨行也、从辵从从、从亦聲。引申為合也、使也、重也。

義證

俾拼抨使也 拼、北萌反。抨、普耕反。

【注】皆謂使令見詩

郭注補正

俾拼抨使從也

四者又為隨從

慧琳經律異相四十九卷音義引郭注爾雅云、如木匠振墨繩曰拼。樹相案、此八字不見今注、木從繩則直、於從義尚相近、於使義無所取、然其言與郭注不類、其或為音義之文歟。

郭注佚存補訂

俾拼抨使也

俾者、說文云益也、一曰俾、門侍人。俾為門侍人、故轉訓為使。邶風綠衣俾無訧兮、小雅天保俾爾單厚、賓之初筵無俾大怠、菀柳俾予靖之、白華俾我獨兮、大雅緜俾立室家、公劉俾筵俾几、卷阿俾爾彌爾性、民勞無俾民憂、周頌載見俾緝熙於純嘏、魯頌閟宮俾爾熾而昌、傳箋並云俾、使也。俾省作卑。俾予靖之、彼釋文云俾、本作卑。俾爾熾而昌、校官碑作卑爾熾昌。小雅節南山俾民不迷、荀子宥坐篇作卑民不迷。 拼、說文作幷、云相從也。從亦使也。通作荓。大雅桑柔荓云不逮、傳云荓、使也。彼釋文云荓、本作拼。荓者、拼之假借字也。周頌小毖莫予荓蜂、朱子云荓、使也。謂莫使蜂辛螫予也。傳訓荓蜂為摩曳、本釋訓甹夆別為一義。今案、說文甹、使也。夆使也。甹夆、甹夆與荓蜂皆同音字、故毛訓為摩曳也。小毖釋文云荓、爾雅作甹。說文云傳、使也。傳與甹同。竊謂爾雅別本當有作甹者、故陸引之。 抨、釋文云字又作伻、使人也。又通作苹。苹亦使也。書堯典馬注云：苹、使也。小雅采菽平平左右、亦是率從。平亦使也。平平當爲左右使令之人、故曰亦是率從。韓詩作便便、毛訓辨治。平便辨俱通字。書之平秩、或作便、或作辨、皆互相假借也。

俾拼抨使從也

俾拼抨訓爲使、而又訓從者、二義蓋相成也。說文云從、隨行也。俾、廣韵作俾、云使也、從也。拼者、幷之假借。說文云幷、相從也。使者、小雅雨無正云不可使、得罪於天子、亦云可使、怨及朋友、鄭箋云不可使者、不正不從也。可使者、雖不正從也。王氏念孫云、此正用爾雅使從也之訓。

說詩

俾使也

郭云見詩。郝疏未引。柏年案小雅之俾爾單厚、大雅之俾戩熙于純嘏、書之有能俾乂、公羊之俾君子易怠、皆當依此爲訓。

補釋

俾拼抨使從也

引之謹案君奭曰、海隅出日、罔不率俾。俾者從也。猶魯頌言至于海邦、莫不率從也。說見前罔不率俾下。邵曰拼通作幷、說文云幷、府盈切相從也。家大人曰、考工記輿人大與小無幷、鄭注曰幷、偏邪相就也。相就卽相從。廣雅曰從、使也。小雅雨無正篇云不可使、得罪于天子、亦云可使、怨及朋友、鄭箋曰不可使者、不正不從也。可使者、雖不正從也。此正用爾雅使從也之訓。正義誤解使字、辯見毛詩。又管子小匡篇、魯請爲關內之侯、而桓公不使也、邢請爲關內之侯、而桓公不使也。史記龜策傳大將不彊卒不使令。漢書外戚傳少主幼弱、則大臣不使。不使皆謂不從也。使與從同義、故俾拼抨訓爲使、而俾拼抨使又訓爲從也。使又所吏反。從又才用反。襄三十一年左傳曰、無憂客使。又曰、賓從有代。賓從卽客使。雜記曰、客使自下由路西、正義曰客使謂客之從者也。

述聞

捭拼抨使也俾拼抨使從也　釋文云、拼抨皆从手。抨字又作伻。案說文手部無拼字、當作幷。說文从部幷、相從也。从从幵聲。說文抨、撣也。非此義。人部無伻字。詩大雅桑柔荓云不逮、傳荓、使也。正義曰荓、使。釋詁文。元照案荓亦假借字也。釋訓甹夆、詩作荓蜂、說文作德径、則此字亦當作德。

匡名

俾拼抨使也俾拼抨使從也　說文使、伶也。又訓從、引伸之義也。伶與令通。從、隨行也。上文訓自、引伸之義也。又訓逐、如齊風並驅從兩肩兮是也。又訓順、如春秋從祀先公是也。又引伸爲主從、爲從橫、爲操從、亦段縱爲之。使與從義相通也。俾益也。一曰俾、門侍人。註俾埤朇裨音義皆同。今裨行而埤朇俾皆廢矣。經傳之俾皆訓使也。益義之引伸又引伸之爲從也。職也。堯典有能俾乂、史記作有能使治者。拼通作絣。班固云將絣萬物項岱註絣、使也。又通作荓。大雅荓云不逮、註荓、使也。抨、彈也。廣雅彈、拼也。楊子抨雄鳩以作媒。通作伻。洛誥伻來以圖。武城罔不率俾。拼省作幷。𢏎、相從也。

拼　𢏎　文選典引注。絣、使也。絣與拼古字通。邵氏晉涵爾雅正義云。拼通作幷。說文。幷。相從也。當作幷。

啓蒙

拼抨同字並見皆當作俜德

黃侃評本正名

拼抨使也。拼抨同字並見、皆當作俜德。甹、俜、德皆并之孳乳字。拼抨伻皆并之後出字。釋訓甹夆、掣曳也、說文德、使也、夆、使也、是拼又可作甹、德。說文又云、俜、使也。釋文字書拼抨並音普耕、補耕二反、案如此說、是二字同。

黃侃音訓

使從也

錦燧謹案、此釋詩雨無正篇云不可使亦云可使兩句也。鄭箋云不可使者、不正不從也。可使者、雖不正從也。是鄭即用爾雅使從也之訓。經文二云字、皆臣答君之辭、謂王之出令不正、我言不可從、則得罪于天子、若言可從、則是助君為虐、又必怨及朋友矣。乃孔疏不達其意、謂可使與不可使、皆君論臣之辭、稱己意為可使、不稱己意為不可使、申鄭而實失鄭義。

陸錦燧日記

俾、拼、抨、使也。俾、拼、抨、使、從也。

說文「使、伶也；」玉篇云：「伶、使也；」秦風釋文引韓詩、令作伶；是古使令字本作伶。說文又云：「從、隨行也；」廣雅云：「從、使也、」漢書外戚傳「少主幼弱則大臣不使、」謂不從也。使與從其義相通、故連舉以釋之。

俾者、大禹謨「俾予從欲以治、」魯頌「俾爾熾而昌、」皆使之義。廣韻云：「俾、使也、從也、」此俾之兼隨從義也。俾通卑、見詩「俾予靖之」釋文。郝謂俾亦通辯。

拼者、德之假借。大雅桑柔篇云：「荓云不逮、」傳云：「荓、使也；」釋文云：「荓、本或作拼、」是拼即荓矣。說文彳部云：「德、使也；夆、使也。」周頌云：「莫予荓蜂、」蜂、本又作夆、傳云：「荓夆、瘳曳也；」釋訓云：「甹夆、瘳曳也。」周頌之荓蜂、釋訓之甹夆、並即說文之夆德。許訓德夆為使；毛用釋訓文、訓荓蜂為瘳曳、瘳曳者使之也、與說文使之義一也。段氏謂「德夆為正字；」然則甹、夆、必為省寫；詩之荓與荓蜂、釋詁之拼、皆為假借字也。拼訓使、又訓從者、與俾之有從義同意。

抨、釋文云：「字又作伻、使人也。」洛誥云：「伻來以圖、」伻即使也；漢書劉向傳孟康注亦云：「伻、使也。」借作抨、文選賦云：「抨巫咸以占夢兮、」舊注「抨、使也、」此用雅義也。眾經音義以拼為古文抨、郝氏云：「此說非也、拼抨不同音。」抨又通苹、見書「平秩東作」釋文。

爾雅學

俾拼抨使也○釋曰注疏本删。

校勘記

伻拼崩音抨烹音使也

音圖·音

釋文拼、北萌翻、音祊。幫母抨、普耕翻、音烹。滂母二字可互讀、抨可讀北萌翻、補耕翻同拼可讀普耕翻。抨又作伻、音同。文選班固典引注絣與拼古字通、後漢書注絣音方萌翻、非幫互切、音祊同。

音略

繃　烹

俾、拼、抨使也。捭、拼、抨使、從也。

孫偘直音

俾拼抨使也　繃讀烹

直音校正

俾拚聘平聲抨烹使也俾拚抨使從也

楊氏音訓

拼披耕切　抨補耕切

干氏音釋

儴仍因也

儴仍、因也。皆謂因緣。

郭注

儴仍因也　釋曰、皆因緣也。賈誓曰無敢寇攘、鄭注云因其亡失曰攘。儴攘音

爾雅詁林　一　釋詁下

義同。施博士讀曰襄。周書君奭云、襄我二人。郭無明說、義得兩通。論語云、仍舊貫。**邢疏**

儴因也釋文儴、樊如羊反、作攘。

論語、其父攘羊。釋文

樊注

儴因也釋文儴、孫作攘、如羊反。

論語、其父攘羊。釋文

孫音注

儴因也

儴、息羊反。釋文　施博士讀曰襄。邢疏

施音

黃輯古義

攘仍因也釋文儴、樊孫作攘。

攘、如羊反。論語其父攘羊。釋文引樊孫

樊注

攘仍因也釋文儴、樊孫如羊反、作攘。

論語、其父攘羊。釋文

儴仍因也儴、如羊反。釋文引樊孫

孫音注

儴仍因也儴、息羊反、釋文讀曰襄、周書君奭云、襄我二人。邢疏

施音

玉函山房輯佚

儴因也釋文儴、樊孫如羊反、作攘。

樊曰、論語其父攘羊。釋文　按釋文本作樊孫、今以時次先者爲主、下仿此。

漢注

儴仍因也

郭璞云、皆謂因緣。

一切注音

儴因也　孫樊如羊反、引論語其父攘羊、釋之作攘、注云

因來而盜曰攘。釋文

惠心案書奪攘撟虔、鄭注有因而盜曰攘。無敢寇攘、

鄭注因其亡失曰攘。皆據訓因之證。儴者、攘之假音、

樊孫之本儴作攘可知。

古注斠

儴樊孫、如羊反、引

論語其父攘羊。釋之作攘注云因來而盜曰攘施息羊反。

陸音義

儴仍因也

仍有因而已。儴或襄之因者、不必贊前所爲、害則除之可也。

新義

儴仍因也君奭云、襄我二人。儴卽襄也。

鄭樵注

儴仍因也儴、樊孫作攘、音如羊反。樊光曰、論語其父攘羊、因來而盜曰攘。孫炎注同。郭璞曰、皆謂因緣。鄭樵曰、君奭云襄我二人。儴卽襄也。

古注合存

儴仍因也儴音攘。○此釋儴仍爲因之義也。疏曰、書費誓云無敢寇攘。鄭註云因盜亡失曰攘。施博士讀曰襄、書君奭云襄我二人。

注疏參義

書思日贊贊襄哉、馬云襄因也。釋文云爾雅作儴。

儴卽君奭襄我二人之襄、從陳施博士乾讀、疏云郭無明

說、義得兩通。

補注

儴仍因也**註**皆謂因緣**正義**說文云因、就也。儴、通作襄。皐陶謨云日贊贊襄哉、疏引馬融云襄、因也。又通作攘。費誓云無敢寇攘、疏引鄭註云因其亡失曰攘。釋文云樊孫引論語其父攘羊、釋

之作攘。註云因來而盜曰攘。仍者，顧命四言仍几，明堂位云爵用玉琖仍雕，鄭註仍，因也。

正義

儴仍因也皆謂因緣

說文云因，就也。廣韵云仍也。玉篇云緣也。後漢書陳寵傳注因緣，謂依附以生輕重也。逸周書作雒篇云北因于郟山，孔晁注因，連接也。連接亦因緣依就之義也。儴者，攘之叚音也。釋文儴，樊孫如羊反，引論語其父攘羊。釋之作攘，注云因來而盜曰攘，是樊注攘炎本儴作攘。禮器云匹士大牢而祭謂之攘，鄭注盜竊也。是攘訓盜竊，因來而取，故又訓因也。書奪攘撟虔，鄭注有因而盜曰攘，無敢寇攘，鄭注亦云攘，因曰攘，是皆攘訓因之證。故漢書五行志注亦云攘，因也。通作襄，書日贊贊襄哉，釋文引馬融注襄，因也。爾雅釋文儴施息羊反，然則儴有襄音，故邢疏云儴，施博士讀曰襄。按謚法云因事有功曰襄。是襄訓因之證。又通作儴，周禮司几筵鄭衆注引爾雅曰儴，仍，因也。與今本同。仍者，說文云因也。詩常武傳仍，就也。就亦因也。通作扔，說文云扔，因也。常武釋文仍，本或作扔。上文仍，厚，釋文亦云仍本或作扔。又通作乃。司几筵注故書仍爲乃，上文亦云仍，乃也。汪氏中知新記云乃仍雙聲兼疊韵。

義疏

攘儴襄**仍**扔**因也**樊注，論語其父攘羊。孫注，因來而盜曰攘。

郭注，皆謂因緣。｜襄从衣𤕦。𤕦从吅己爻，亂也。衣中亂攘取之義也。說文引漢令解衣說之，則从衣爲贊。書贊贊襄哉，鄭衆引儴仍，皆从人，仍。上云乃，詩仍執醜虜，一作扔，乃、𠧪因事之詞。因从口大，本與因同意。徐鍇說圍就大人非。

集解

儴仍因也儴字一作攘，推也。从手襄聲。正字爲㐮，㐮，橐也。引申爲因，謂藏物之因。㐮儴攘通用字。書皋陶謨思日贊贊襄哉，鄭衆引作儴，馬注因也。漢書五行志攘善，注因也。仍，詞之因也，从人乃聲。書顧命華玉仍几，僞傳仍，因。周禮司几筵凶事仍几，鄭司農注仍，因也。論語仍舊貫，鄭注仍，因也。前漢書叙傳胥仍物而鬼諏兮，應劭曰仍，因也。後漢書班固傳仍增崖而衡閾，文選鮀明遠白頭吟猶恨坐相仍，注均云仍，因也。老子則攘臂而扔之，釋文引也，因也。文選雪賦任地班行，注任猶因也。典引乘其命賜彤弧黃鉞之威，注乘，因也。演連珠乘風載響，注乘猶因也。以扔任乘爲之因，就也。象茵褥之形，中象縫線文理，引申爲親也、仍也。

義證

儴仍因也儴如羊反

註皆謂因緣。補正 邢疏、費誓無敢寇攘，鄭註因其亡失曰攘。儴穰音義同。施博士讀曰襄。君奭襄我二人，郭無明說，義得兩通。臣鍫按，釋文儴字下云、樊孫如羊反，引論語其父攘羊，釋之作攘，註云因來而盜曰攘。又顏師古匡謬正俗云，或問論語云直躬之父攘羊，註云攘，盜也。何以謂盜爲攘，更有何義？荅曰，按爾雅云攘，仍因也。書云寇攘矯虔，即其事也。

郭注補正

儴仍因也

皆謂因緣也

元應俱舍論六卷音義引爾雅仍，因也。郭璞曰謂因緣也。今本脫也字，據補。

郭注佚存補訂

儴仍因也

釋文云，儴，樊孫如羊反，引論語其父攘羊，釋之作攘，注云因來而盜曰攘。小雅甫田攘其左右，謂田畯因其來饁而與左右共食之也。仍者，大雅常武仍執醜虜，毛傳云仍，就也。就即因也。彼釋文云

爾雅詁林 一 釋詁下

仍、本或作扔。

說詩

儴仍因也　釋文云、儴樊孫作攘。尚書正義（微子）引作攘。案說文人部無儴字。　正義云、儴通襄。皋陶謨思曰贊贊襄哉、馬融曰因也。（釋文引）段氏玉裁曰、古襄攘通。史記（龜策）西襄大宛、徐廣曰襄、一作攘。　仍通扔。說文仍（人部）扔（手部）皆訓因。　周禮注引（春官司几筵。）

匡名

儴仍因也　說文因、就也。引史記就之如日。儴或作襄。皋陶謨思日贊贊襄哉、馬云襄、因也。釋言襄除也。凡云攘地攘夷狄、皆襄之叚借也。又襄、駕也。此驤之叚借也。又有訓反、訓上、訓舉者。若用爲輔佐字、古義未嘗有此。

礽、因也。引顧命仍几。

啓蒙

儴　㐮　書思曰贊贊襄哉。釋文。襄。馬云因也。案爾雅作儴因也。說文無儴。當作襄。
襄因之訓由襄助來實皆由相引申也

黃侃評本正名

儴因也。儴因之訓由襄助來、正當作相。俞蔭甫說當作曩、非。

黃侃音訓

儴　因也疏引書無敢寇攘、鄭註云因其亡失曰攘。匕儴音義同、施博士讀曰襄。

考異摘要

儴仍因也

樾謹按、尚書皋陶謨篇思日贊贊襄哉、釋文引馬融曰襄、因也。呂刑篇奪攘矯虔、周官司刑職疏引鄭注曰有因而盜而攘。蓋即從襄聲生義。儴之訓因亦當以此。然襄之本義解衣耕也、殊無因義。上文曩久也、久則有相因之義、漢書食貨志陳陳相因是也。曩訓久、故儴訓因、文異而義通。曩聲轉而爲乃、漢書曹參傳曰乃者、我使諫君也、師古曰乃者猶言曩者。古音乃與仍同、故上文曰仍乃也。儴之與仍、猶曩之與乃、故其訓同矣。郝疏以爲攘之叚音、失之。

平議

儴因也

案說文人部無儴字、手部攘下云推也。論語其父攘羊、注謂因其自來而取曰攘。據此則儴攘誼同、儴、因也。古本當作攘、因也。今本作儴、當是攘之俗。

王頌清日記

儴、仍、因也。

說文「因、就也；」玉篇「因、緣也；」後漢書陳寵傳云：「因緣、謂依附以生輕重也。」

儴者、邢疏云：「施博士讀曰襄。」謚法云：「因事有功曰襄、」皋陶謨疏引馬融云：「襄、因也、」是襄有因之義矣。爾雅本節釋文云：「樊孫引論語『其父攘羊』釋之、作攘、注云：『因來而盜曰攘、』」書鄭注云：「有因而盜曰攘、」漢書五行志亦云：「攘、因也。」蓋攘从襄得聲、故攘亦有因義也。說文雖無儴字、然司几筵注引爾雅亦作儴；故施氏讀儴爲襄、此儴所以訓因也。

仍、說文亦云：「因也。」明堂位云：「爵用玉琖仍雕、」鄭注訓仍爲因。晉案乃字本有因義、書堯典曰：「乃命羲和、」乃者、因也、言因命羲和也。又襄七年左傳云：「吾乃今而後知有卜筮、」言今而後因知有卜筮也。乃有因義、故仍从乃而訓因；說文云：「扔、因也、」扔亦从乃而訓因；其義皆通。司几筵注云：「故書仍爲乃、」是古仍乃通因之證。史記淮南衡山傳贊云：「淮南衡山專挾邪僻之計、謀爲畔逆、仍父子再亡國、各不終其身、」仍者、因也、謂父子因再亡其國也。又匈奴傳「漢復遣大將軍衛青將六將軍軍十餘萬騎、仍再出定襄數百里擊匈奴、」仍者、因也、謂因再出定襄也。此兩仍字、師古皆訓頻、洵不詞也。仍者、「厚也、乃也、」義已見前。 **爾雅學**

儴仍因也○釋曰注疏本刪。

儴攘音義同元本閩本監本同。毛本攘誤穰。 **校勘記**

儴音穰雪牕本音攘。 **校勘記訂補**

二行（注）皆謂因緣○玄應《音義》卷十七引「《爾雅》：仍，因也，郭璞曰：謂因緣也。」今本「緣」下脱「也」字。 **宋監本校箋**

儴音攘仍因也 **音圖・音**

臯陶謨思日贊贊襄哉、馬云襄因也、釋文云案爾雅作儴因也、如羊翻、音誤、當從息羊翻。爾雅釋文儴、樊孫如羊翻、引論語其父攘羊釋之。施息羊翻。訓除之襄、亦有此兩音。案、儴卽臯陶謨及君奭篇襄我二人之襄、當從陳施博士乾讀。又與攘通、別爲一義、微子篇攘竊之攘、費誓寇攘同。正義云、釋詁攘因也、是因其自來而取之名攘也。疏未引。邢疏云郭無明說、義得兩通、不知息羊翻乃施說也、當引臯陶謨君奭如羊翻卽樊孫之說也、當引微子費誓、郭注雖無明文、而義難兩通、邢疏誤。 **音略**

穰

儴仍、因也。 **孫偘直音**

穰

仍因也。儴 **楊氏音訓**

儴忍將切 **干氏音釋**

董督正也

董督正也皆謂御正。 **郭注**

董督正也　釋曰皆謂御正也。虞書大禹謨云、董之用威。春秋僖公十二年左傳云、謂督不忘。 **邢疏**

董督正也

郭璞云皆謂御正。 **一切注音**

督多毒反。 **陸音義**

董督正也

董、正之用威。督、正之用明。 **新義**

董督正也

郭璞曰皆謂御正。 **古注合存**

董督正也、此釋董督爲正之義也。 **注疏參義**

董督正也 **註** 皆謂御正 **正義** 謂理正也。左氏文七年傳引夏書云、董之用威。文六年傳云、董逋逃。督者、春官太祝、禁督逆祀命者。僖十三年傳云、謂督不忘。 **正義**

董督正也皆謂御正

說文云、正、是也。从止、一以止。繫傳云、守一以止也。按止一爲正、所以爲是也。反正爲乏、所以爲非也。正聲近定、故周禮宰夫注、正猶定也。考工記韗人注、正直也。文選東京賦注、正、中也。中直皆是之義也。士冠禮注、正猶善也。善亦是之義也。上文云正長也。呂覽順民篇注、正、治也。治長與是義亦近。通作政。周禮凌人注故書正爲政。詩大序及周禮都司馬釋文並云、正、本又作政。說文云、政、正也。莊子天運篇云、正者、政也。

爾雅詁林　一　釋詁下

故政正通矣。董者、方言云固也。董訓固與正訓定義近、故楚辭涉江篇云余將董道而不豫兮、王逸注董、正也。左氏桓六年昭三年傳杜預注同。文六年傳董逋逃七年傳引夏書董之用威、昭十三年傳董之以武、師杜注並云董、督也。督亦正也。董督又一聲之轉也。督者說文云察也。察舉與正理義近、故方言云督、理也。郭注言正理也。周禮大祝注督、正也。莊子養生主篇緣督以為經、司馬彪及李頤注並云督中也。中亦正也。通作篤。上文云篤、固也。則與董同訓。廣雅云篤、理也。又與督同訓。左氏昭廿二年傳司馬督、漢書古今人表作司馬篤、是篤督通聲轉為端。說文云端、直也。直亦正、故曲禮云振書端書於君前、祭義云以端其位、端俱訓正。

義疏

董督正也 郭注 皆謂御正。董、从童。鼎董、一曰蕅根。童从辛重、男奴也。故有督正義。董督又聲轉。左傳引書董之用威。督、从叔目。壓目視。故為察。周官禁督逆祀命者。

集解

董督正也 董字一作董、鼎董也。从艸童聲。正字為端。端、直也。引申為正。禮記玉藻端行頤霤如矢。曲禮振書端書于君前、均是也。端董董通用字。左桓六傳隨人使少師董成。文六傳董逋逃、七年傳引夏書董之用威、昭三傳而欲使董振擇之、十三傳董之以武、師注訓督、或訓正。楚辭涉江余將董道而不豫兮、王注董正也。後漢書高彪傳董此不虔、注董正也。論語允執厥中、皇疏謂中正之道也。淮南主術是以中立、注中、正也。詩大明天位殷適、傳訓正。廣雅釋詁敵、公正也。以中適敵公為之。督、察也。从目叔聲。引申為理也。正也。廣雅則以篤為之。周禮大祝禁督逆祀命者、注督、正也。文選琴賦乃使離子督墨、楊子幼報孫會宗書賜書教督以所不及、注均云督正也。易師以此毒天下、馬注毒治也。莊子人間世無門無毒、注毒、治也、即正也。周禮大司馬以糾邦國、注糾、猶正也。以督糾為之。正是也。从止、一以正。

義證

董督正也 註皆謂御正。補正 邢疏虞書董之用威。左傳謂督不忘。

郭注補正

董督正也 皆謂御正之也 元應舍利弗問經音義引爾雅督正也。注云謂御正之也。樹枏案御正下宜據增之字、文義方明、今本盎刪脫耳。

郭注佚存補訂

董督正也 說文艸部無董字、當从童作蕫。續漢書五行志一、千里草何青青。乃董字也。則此字後漢俗書已从重矣。督、石經作督。案督从日者、唐時俗體、今已不行。

匡名

董督正也 說文正、是也。从一、一以止。徐鍇曰、守一以止也。大禹謨董之用威。督、察視也。左僖十二年傳謂督不忘。

啓蒙

董正也。董者董之隸變、董當為中之借。訓固者當作重。

黃侃音訓

董、督、正也。

說文止部云：「正、是也。」周禮宰夫注「正、猶定也；」文選東京賦注「正、中也；」定中並與是義通。上文云：「正、長也。」本節正字、兼此數義。說文又云：「政、正也、」故正、政、古通用。

董者、嚴元照以為「說文無董字、當作蕫；後漢俗書从重。」左氏文六年傳云：「董逋逃、」杜注「董、督也。」桓六年傳杜注、楚辭涉江篇王逸注、並用釋詁文、以董為正。

督、說文「察也；」方言云：「理也；」察理並動詞正字之義。莊子養生

爾雅詁林 一 釋詁下

主簿李頤注云：「督、中也、」此與正之訓中同。左傳昭二十二年司馬督、漢書古今人表作司馬篤、是督、篤、古通用。

爾雅學

董督正也○釋曰注疏本刪，又經字督作督、此與唐石經合。春秋僖公十二年左傳云注疏本二誤三。

校勘記

董督正也○「督」唐寫本作「篤」。三行(注)皆謂御正○玄應《音義》卷十六引此注作「謂御正之也。」王樹枏云：「御正下宜據增之字，文義方明。今本蓋刪脱耳。」

宋監本校箋

董督正也。 慬

孫偘直音

享孝也

享、孝也。享祀孝道。

郭注

享孝也 釋曰、享祀孝道也，小雅信南山云、享於祖考。

邢疏

享孝也

郭璞云享祀孝道。

一切注音

享虛丈反、下注同。

陸音義

享孝也享小雅云、享于祖考。

鄭樵注

享孝也

郭璞曰、享祀孝道。

鄭樵曰、享、小雅云、享于祖考。

古注合存

享孝也**註**享祀孝道**正義**享、說文作亯、从高省、曰象進孰物形。孝經曰、祭則鬼亯之。論語云、致孝乎鬼神。史記集解引馬融註云、祭祀豐絜。

正義

享孝也享祀孝道釋訓云善父母爲孝。主生存而言。此云享孝。主祭祀而言。故釋名引孝經說曰孝、畜也。畜、養也。是孝以畜養爲義也。享者、祭祀之義也。享訓祭祀、又訓孝者、孝以畜養爲義、享又以養爲義。故廣雅云、享、養也。祭統云祭者、所以追養繼孝也。蓋緣孝子之心、畜養無已、故於祭祀追而繼之。謚法云協時肇享曰孝。正與爾雅義合。

義疏

享孝也郭注享祀孝道。享、篆作亯、从高省、曰象所獻物。叩、郎古顛倒高字、會意所謂象事也。孝、从子承老。享亨亨一字。易乾元亨、傳亨者嘉之會也。是以亨爲饗、禮以饗爲獻、以饗爲賓、禮亦或通用。詩以孝以享、又是用孝享、享不得爲孝也。禮覲有四享、易公用享于天子、書女其敬識百辟享于王、言享同於祭祀故以孝釋之。

集解

享孝也享、獻也。从高省、曰象進孰食形。引申為孝。易隨王用享于西山、書盤庚茲予大享于先王、詩天保是用孝享、周禮大宗伯以肆獻祼享先王、禮記祭統享嘗乃止、均以享而致孝思、故曰孝也。孝、善事父母者。从老省、从子、子承老也。禮記祭統祭者、所以追養繼孝也。

義證

享孝也

註享祀孝道補正邢疏、小雅云享于祖考。

郭注補正

享孝也

享、說文作亯、云獻也。從高省、而象進孰物形。享者、所以致孝乎鬼神、而其義則爲享獻。故下文又云享、獻也。王氏引之云享訓爲孝。故享祀謂之孝祀。大雅楚茨曰苾芬孝祀、魯頌閟宮曰享祀不忒、是也。分言之則曰孝、曰享。周頌載見以孝以享、是也。合言之則曰孝享。小雅天保曰是用孝享、是也。今彔鐘鼎文孝享二字每多連文、叓頊鼎用追享孝、雔公緘鼎用追孝享於皇祖、如此者非一。**說詩**

享孝也

引之謹案酒誥曰、用孝養厥父母。釋名引孝經說曰孝、畜也。畜、養也。廣雅曰亯、養也。(亯與享同。)是享孝竝與養同義故享又訓爲孝。逸周書諡法篇曰協時肇享曰孝、是也。享訓爲孝故享祀謂之孝祀。小雅楚茨曰苾芬孝祀、魯頌閟宮曰享祀不忒、是也。分言之則曰孝、曰享。周頌載見曰以孝以享、是也。合言之則曰孝享。小雅天保曰是用孝享、萃彖傳曰致孝享、是也。**述聞**

享孝也 郭註、享祀孝道。論語、致孝乎鬼神。說文亯、獻也。从高省、曰象孰物形、引孝經祭則鬼亯之。**啓蒙**

縱、縮、亂也。縱放與縮、皆亂法也。 亂兼治理、煩亂二義。郭但舉一偏耳。**黃侃音訓**

享、孝也。

段玉裁云：「周禮用字之例、凡祭亯用亯字；凡饗燕用饗字；毛詩之例、則獻於神曰亯；神食其所亯曰饗。」周禮既用亯爲祭亯子、本節「亯、孝也、」必屬祭言。毛氏釋詩、多本爾雅、毛詩既用亯爲獻神之字、則本節字義、屬祭祀言、益無疑矣。釋訓謂「善父母爲孝；」釋名引孝經說曰：「孝、畜也、畜、養也；」是孝者養之謂也、此生前之孝也。死後亦謂之養、祭統曰：「祭者、所以追養繼孝也、」此歿後之孝也。諡法云：「協時肇享曰孝、」是即爾雅之義也。

享、說文作亯。廣雅曰：「亯、養也、」孝爲養、故爾雅訓享爲孝也。王引之曰：「享訓爲孝、故享祀爲孝祀、小雅楚茨曰：『苾芬孝祀、』魯頌曰：『享祀不忒、』是也。分言之則曰孝、曰享、周頌曰：『以孝以享、』是也。合言之則曰孝享、小雅天保曰：『是用孝享、』是也。」**爾雅學**

享孝也○釋曰 注疏本刪。**校勘記**

小雅南山云 案享於祖考、信南山文也。監本毛本湘本有信字是、此脫。**注疏校勘札記**

珍享獻也

珍、享、獻也。 珍物宜獻。穀梁傳曰、諸侯不享覲。**郭注**

珍享獻也 釋曰、致物於尊者曰獻。珍者珍物宜獻也。享者、周禮六行人云廟中將幣三享、鄭司農云三享、三獻也。郭云穀梁傳曰諸侯不享覲者、僖五年文。**邢疏**

珍享獻也

獻珍物曰珍、獻食物曰享。文選羽獵賦注 **犍爲注**

黃輯古義

珍享獻也

獻珍物曰珍、獻食物曰獻、文選揚子雲羽獵賦注 犍爲注

玉函山房輯佚

珍享獻也

獻珍物曰珍、獻食物曰享。舍人注 文選注八

鉤沉

珍享獻也

舍人曰、獻珍物曰珍、獻食物曰享。文選八揚子雲羽獵賦注

漢注

珍享獻也

舍人云、獻珍物曰珍、獻食物曰享。文選註八卷 郭璞云、珍物宜獻。穀梁傳曰、諸侯不享覲。

一切注音

珍享獻也 犍爲舍人云、獻珍物曰珍、獻食物曰享。文選羽獵賦注、

古注斠

享孝也珍享獻也

享、孝也。以珍享之、爲獻而已。孔子曰、三者不除、雖日用三牲之養、猶爲不孝也。

新義

珍享獻也 珍、謂珍物宜獻也。

鄭樵注

珍享獻也 舍人曰、獻珍物曰珍、獻食物曰享。郭璞曰、珍物宜獻。穀梁傳曰、諸侯不享覲。

古注合存

享孝也。珍享獻也。此釋享爲孝、珍享爲獻之義也。疏曰、致物於尊者曰獻、珍者、珍物宜獻也。

注疏參義

犍爲舍人注云、獻珍物曰珍、獻食物曰享。

補注

珍享獻也 註 珍物宜獻。穀梁傳曰、諸侯不享覲 正義 文選註引犍爲舍人云、獻珍物曰珍、獻食物曰享。案聘禮云、受享束帛加璧。秋官大行人云、將幣三享。是享不專指食物而言、故荀子大略篇云、享、獻也。盧國篇云、君享其成、羣臣享其功、楊倞註謂受其獻也。註 穀梁至享覲。正義 隱五年傳文。

正義

珍享獻也 珍物宜獻。穀梁傳曰、諸侯不享覲。

玉篇云、獻、奉也、進也、上也、奏也。詩瓠葉傳、獻、奏也。鄉飲酒禮注、獻、進也。進、奏義同。呂覽異寶篇云、願獻之丈人、高誘注、獻、上也。公羊隱五年經云、初獻六羽、何休注、獻者、下奉上之辭。周禮玉府注、古者致物於人、尊之則曰獻。是皆獻之義也。珍者、上文云、美也。是美之獻也。文選羽獵賦注引犍爲舍人云、獻珍物曰珍、獻倉物曰享。今按舍人注但舉一邊耳、實則周禮膳夫珍用八物、皆謂倉物。王制云、八十常珍、又云、就其室以珍從。是獻倉物稱珍也。詩莫敢不來享、曲禮云、五官致貢日享。是獻珍物稱享也。然則珍享對文則別、散則通矣。享者、說文作亯、云獻也、从高省、曰象進孰物形。按孰物即倉物、是許君義與舍人同。詩是用孝享、我將我享、漢範五行傳云、飲倉不享、毛傳鄭注竝云、享、獻也。是皆倉物稱享之證也。考工記玉人云、諸侯以享天子、聘禮云、受享束帛加幣、穀梁昭卅二年傳云、諸侯不享覲、鄭注及范甯注竝云、享、獻也。是皆非倉物亦稱享之證也。通作饗、月令云、以共皇天上帝社稷之饗、鄭注、饗、獻也。曲禮釋文、饗、本又作享。聘義釋文、享、本又作饗。又通作享、古多以亨爲享、易云、享于西山、劉熊碑云、子孫亨之、皆偕亨爲享也。

義疏

珍享獻也 舍人注、獻珍物曰珍、獻食物曰享。郭注、珍物宜獻。穀梁傳曰、諸侯不享覲。珍、當爲琛、下云、珍寶大伲琛。說文無琛字、琛即㴱、从穾。詩曰、穾入其阻、因兵入而獻珍、故爲享。獻用臣禮也。詩來獻其琛。記則就其室以珍從、又八十常珍。珍專謂飲食、與享同。獻从鬳、熟犬、因爲進奉名。

集解

珍享獻也

珍，寶也。从王，㐱聲。引申爲獻，謂以珍異之物獻也。周禮膳夫珍用八物，廛人凡珍異之有滯者，場人果蓏珍異之物，均是也。禮記王制八十常珍，九十飲食不離寢。則常珍者，謂常獻，較不離寢者疏矣。享，上云孝。此云獻，謂獻廟也。詩天保是用孝享，我將我將我享，傳均云享，獻也。楚茨以享以祀，箋享，獻也。享之本義也。攷工玉人諸侯以享天子，儀禮聘禮受享束帛加幣，禮記曲禮五官致貢曰享，穀梁昭三二傳諸侯不享覲，注均云享，獻也。荀子大畧享，獻也。彊國則君享其成，羣臣享其功，注享，獻也。謂受其獻也。則引申義耳。禮記月令以共皇天上帝社稷之饗，食注饗，獻也。以饗爲之。獻，宗廟犬名羹獻，犬肥者以獻之，从犬，从鬳，會意。鬳亦聲。引申爲進也、貢也。

義證

珍享獻也

註 珍物宜獻。穀梁傳曰諸侯不享覲。補正 邢疏、周禮廟中將幣之享，鄭司農云三享之獻也。

郭注補正

珍享獻也犍爲舍人曰，獻珍物曰珍，獻食物曰享。義最精允。

錢氏古義

珍享獻也

文選羽獵賦注引犍爲舍人云，獻珍物曰珍，獻食物曰享。小雅天保是用孝享、周頌我將我享、諸詩毛傳竝云享，獻也。

說詩

享孝也珍享獻也　亯獻，說文同。

匡名

珍享獻也 說文獻，宗廟犬名羹獻。又文選註獻珍物曰珍，獻食物曰享。

啓蒙

珍獻也

注曰珍物宜獻

樾謹按，珍物雖宜獻，而獻物不可即謂之珍，注義非也。珍與畛通。釋言曰畛，致也。即此經珍字。畛爲致，故珍爲獻，文異而義通。上文曰畛，告也。告與致義亦相近。禮記少儀篇曰，致膳於君子。又曰，凡膳告於君子。告即致也。致告竝即獻也。郭氏此注，未免泥乎其形矣。

平議

珍、享、獻也。

玉篇「獻、奉也、進也、上也、奏也。」周禮玉府注云：「古者致物於人、尊之則曰獻。」

珍者、上文云：「美也。」文選羽獵賦注引犍爲舍人云：「獻珍物曰珍、獻食物曰享；」然王制云：「八十常珍、」是獻食物亦稱珍矣。俞樾云：「珍與畛通、釋言曰：『畛、致也、』即此經珍字；畛爲致、故珍爲獻、文異而義通。上文云：『畛、告也、』告與致、義亦相近、禮記少儀篇曰：『致膳於君子；』又曰：『凡膳、告於君子；』告、即致也、致、告、竝即獻也。」

享、說文亯部云：「獻也、从高省、象孰物形、」是許以獻熟物爲享也。各書用享、有與饗殊訓者、如上文「享、孝也」節所引是；有獨用享以概饗義者、如左傳之祭享、饗燕皆作享、是也。易云：「亨於西山、」劉熊碑之「子孫亨之、」郝謂「借亨爲享；」或以爲隸書・

爾雅學

珍享、亦也○釋曰 注疏本刪。

校勘記

諸侯不享覲者隱五年文 案穀梁傳昭公三十二年諸侯不享覲，此作隱五年，誤。

注疏校勘札記

縱縮亂也

縱縮，亂也。縱放，掣縮，皆亂法也。

郭注

縱縮亂也　釋曰、縱放掣縮、皆亂法也。大雅民勞云、無縱詭隨。

邢疏

縱縮亂也

郭璞云、縱放、掣縮、皆亂法也。

一切注音

縱子用反。縮所六反。掣昌世反。

陸音義

縱縮亂也

縱之亂也、縮之亦亂也。

新義

縱縮亂也　郭云、縱放、掣縮、皆亂法也。

鄭樵注

縱縮亂也

郭璞曰、縱放、掣縮、皆亂法也。

鄭樵曰、郭云、縱放、掣縮、皆亂法也。

古注合存

縱縮亂也、此釋縱縮爲亂之義也。註曰縱放掣縮皆亂法也。

注疏參義

縱縮亂也　註　縱放掣縮皆亂法也　正義　縱者、放恣也。小雅民勞云、無縱詭隨。縮者、說文云縮、亂也。是本爾雅爲義、楚語云、縮于財用則匱。

正義

縱縮亂也　縱放掣縮皆亂法也

亂者、治之對也。爾雅此亂蓋𢿢之段借也。說文云𢿢、煩也。玉篇云𢿢亂也。通作亂。亂本治之反、因借爲煩亂之義也。故釋訓云、儚儚、洄洄、亂也。釋名云亂、渾也。荀子解蔽篇注亂、雜也。樂記注亂、謂失行列也。大戴禮曾子立事篇云、好道煩言亂也。此卽亂訓煩之意矣。縱者放也、散也、皆與亂義近。又縱橫交午、亦有亂義、故淮南覽冥篇云縱橫閒之、高誘注南與北合爲縱。是縱卽交亂之意也。通作從。論語云從之、皇侃疏從、放從也。內則云姑縱之、釋文縱本又作從。又通作總。逸周書大聚篇云殷政總總若風草、孔晁注總總亂也。按總總猶縱縱也。檀弓云喪事欲其縱縱爾、鄭注縱、讀如總領之總。是總縱通矣。縮者說文云亂也、下文云綸也、綸亂一聲之轉。鄉飲酒禮云磬階閒縮霤、鄭注縮從也。霤以東西爲從。爾凡儀禮禮記內縮字、鄭訓從者非一、皆以從爲縱。縱橫、經典本作從橫也。通作摍。一切經音義廿云縮字書作摍、同。所六反。詩巷伯釋文縮、又作摍、同。又通作數。周禮司尊彝云醴齊縮酌、鄭注故書縮爲數。按數有煩碎之意、與亂義近。又通作蹙。鄉飲酒及鄉射、大射、士虞、少牢、饋食、有司徹鄭注竝云古文縮爲蹙。

義疏

縱縮亂也　郭注、縱放、掣縮、皆亂㳒也。此亂卽直也。下云正絕流曰亂。縱橫、從衡、縮直皆經傳通語、不可以直對橫、以輪對廣、故以亂流明之。亂有橫絕之義、實則直渡也。

集解

縱縮亂也　縱、緩也。一曰舍也。从糸從聲。引申爲亂、謂絲緊則理、而緩則亂耳。禮記仲尼燕居縱言至于禮。縱當訓亂、猶泛說也。論語從之、皇疏放縱也。七十而從心所欲、皇疏從猶放也。逸周書大聚殷政總總若風草、注總總亂也。以從總爲之。縮、絲之亂也。从糸宿聲。通俗文不申曰縮、是也。詩小明政事愈蹙、周禮司尊彝故書醴齊數酌、蹙數均有煩亂之意、借蹙數爲之。亂、治也。其以爲縱縮之訓者、借𢿢義耳。𢿢、煩也。經典皆以亂爲之。

義證

縱亂也　注縱放亂㳒也

正曰、王尙書經義述聞云、郭注吕縱放爲亂、未確。賈子傳職襍綵從美不吕章、從與縱同。美不吕章、故曰縱美、綵不吕章、故曰襍綵。易襍卦釋文引孟喜注襍、亂也。則縱亦得訓爲亂也。

正郭

縱縮亂也

說文云𤔔治也幺子相亂𠬪治之也。讀若亂。一曰理也。亂、治也。从𤔔从乙、乙治之也。縱縮皆从糸、而乙以治之、故皆訓亂。說文云縱、緩也。一曰舍也。从糸從聲。凡絲持則緊、舍則緩、緊則理、緩則亂、此縱之義也。鄭風大叔於田抑縱送忌、疏謂縱爲放縱。大雅民勞無縱詭隨、疏謂縱爲阿縱、卽此義也。縱之爲亂、而縮之太急亦爲亂、一失之寬、一失之嚴也。大雅緜縮版以載、傳云繩謂之縮。箋云以索縮其築版。縮與縱義相反、皆所以取亂之道。縮、通作蹙。儀禮鄭注云古文縮爲蹙。大雅召旻今也日蹙國百里、小雅小明政事愈蹙、傳竝云蹙促也。節南山蹙蹙靡所騁、箋云蹙蹙縮小之貌。蹙卽縮之義也。

說詩

縱縮亂也

郭曰、縱放掣縮、皆亂法也。家大人曰、郭以縱放爲亂、未確。賈子謂賈子傳職篇曰、雜綵從美不以章、從與縱同。大戴記保傅篇作縱美雜采不以章。（今本大戴譌作縱上下雜采不以章辯見大戴）縱雜皆亂也。（易釋文引孟喜雜卦注曰雜亂也。）美不以章故曰縱美、采不以章故曰雜采、是縱爲亂也。縮謂引而亂之、卽郭所云掣縮也。說文摍、蹴引也。又曰縮、亂也。一曰蹴也。（案蹴謂絲縮不申也、故縮字從糸。縮蹴聲相近、故儀禮古文縮作蹙。）縮與摍同。周語秦策注竝曰縮、引也。易林遯之泰曰、縮緒亂絲、舉手爲災。是引而亂之曰縮也。

述聞

縱縮亂也　縮、說文同。亂乃治亂字非此義、當作㱼。說文攴部㱼、煩也。从攴𤔔聲。

匡名

縱縮亂也　說文𤔔、治也。幺子相亂𠬪治之也。一曰理也。亂、不治也。从乙𤔔、乙治之也。二字音義皆同。郭註縱放、掣縮。太甲縱敗禮。縮、詳釋器。楚語縮於財用則匱。

啓蒙

縱、縮、亂也。

亂義見上文「亂、治也」節、此仍爲治亂之亂。

縱者、述聞云：「賈子傳職篇曰：『雜綵從美不以章、』大戴記保傅篇作『縱美雜采不以章、』從與縱同、縱雜、皆亂也。美不以章、故曰縱美；采不以章、故曰雜采；是縱爲亂也。」

縮、說文「亂也、一曰蹴也。」晉案縮之言蹙也、儀禮古文縮作蹙、聲近相借。故治絲蹙之則亂、引之則治。故易林遯之泰曰：「縮緒亂絲；」縮之訓亂、乃蹙之亂也。上文云：「神、治也、」神者、引也、有引伸之治、故有蹙縮之亂。縮、古通摍、見詩巷伯釋文及眾經音義二十。

爾雅學

縱縮亂也○釋曰注疏本刪。

校勘記

縱（去聲）、縮（夙）、亂也。

孫品直音

探篹俘取也

探、篹、俘、取也。書曰、俘厥寶玉。篹者、奪取也。探者、摸取也。

郭注

探篹俘取也　釋曰、郭云探者、摸取也。篹者、奪取也。李巡曰、因敵曰俘、伐執之曰取。注云書曰俘厥寶玉者、商書序云夏師敗績、湯遂從之、遂伐三朡、俘厥寶玉。孔氏云、俘、取也。

邢疏

俘取也
囚敵曰俘、伐執之曰取。春秋正義十五 邢疏
李注

篡取也
盜位曰篡。一切經音義二
衆家注

黃輯古義

探篡俘取也
囚敵曰俘、伐執之曰取。邢疏 春秋僖二十二年正義
李注

玉函山房輯佚

俘取也
囚敵曰俘、伐執之曰取。李注 宋本春秋疏十二
鈎沉

篡俘取也
注曰、盜位曰篡。一切經音義二
李曰、囚敵曰俘、伐執之曰取。春秋正義十五 邢疏
漢注

探篡俘取也篡、本或作掠、後漢書註引郭註云、掠、奪取也。
李巡云、囚敵曰俘、伐執之曰取。左傳正義十二卷
郭璞云、書曰、俘厥寶玉。篡者、奪取也。探者、摸取也。
一切注音

篡取也。舊注云、盜位曰篡。一切經音義二
俘 李巡曰、大敵曰俘、伐執之曰取。左傳僖二十二年正義

古注斠

探吐南反。篡初患反。俘音孚。摸亡各亡胡二反。
陸音義

探篡俘取也

探、嘗而取之、篡、取之以數、俘、則用兵焉。
新義

探篡俘取也
李巡曰、囚敵曰俘、伐執之曰取。
郭璞曰、書曰、俘厥寶玉。篡者、奪取也。探者、摸取也。
古注合存

探篡俘取也探平聲。篡音竄。俘音孚。○此釋探篡俘爲取之義也。註曰、篡者奪取也。探者摸取也。書序云、伐三朡、俘厥寶玉。
注疏參義

探篡俘取也 **註** 書曰、俘厥寶玉。篡者、奪取也。探者、摸取也。 **正義** 探者、說文云、探、遠取也。繫辭傳云、探賾索隱。穀梁隱元年傳云、已探先君之邪志。篡者、方言云、自關而西秦晉之間、凡取物而逆謂之篡。說文云、屰而奪取曰篡。淮南氾論訓云、相與篡之。法言云、鴻飛冥冥、弋者何篡焉。宋衷曰、篡、取也。今人計數取物爲篡。俘者、說文云、俘、軍所獲也。左氏僖二十二年傳云、示之俘馘。疏引李巡云、囚敵曰俘、伐執之曰取。俘本又作捊。說文云、捊、引取也。謙象傳云、君子以捊多益寡。虞翻曰、捊、取也。**註** 書曰至取也。○ **正義** 書序云、夏師敗績、湯遂從之、遂伐三朡、俘厥寶、玉。篡爲奪取者、後漢書註引郭璞註爾雅曰、掠、奪取也。是篡本或作掠。探爲摸取者、列子天瑞篇、手目所及、亡不探也。
正義

篡取也 郭注、篡者、奪取也。後漢書注引郭璞爾雅注曰、掠、奪取也。是篡本作掠。
校議

探篡俘取也書曰、俘厥寶玉。篡者、奪取也。探者、摸取也
說文云、取、捕取也。釋名云、取、趣也。廣雅云、取、爲也。按取訓爲者、爲爲禽、好爪、盇會以爪取物之意也。探者、

說文云遠取之也。易繫辭云探嘖索隱、文選西京賦云探封狐、虞翻及薛綜注並云探取也。通作撢。說文云撢探也。集韵云探或作撢。周禮撢人釋文撢與探同。一切經音義十四引蒼頡篇云撢持也。持取義亦近也。聲近撏。方言云撏、攓取也。簒者說文云屰而奪取曰簒。方言云自關而西秦晉之間凡取物而逆謂之簒。繇後漢書逸民傳引楊雄曰鴻飛冥冥弋者何簒焉、李賢注引宋衷云簒取也。一切經音義二引爾雅舊注云盜位曰簒。白虎通云簒猶奪也、取也。欲言庶奪嫡孽奪宗引奪取其位。按簒从厶音私言以計數取之、不敢公然劫奪、故逸民傳注云今人謂以計數取物爲簒、是其義矣。俘者說文云軍所獲也。引春秋傳曰以爲俘聝。一切經音義十二引國語賈逵注云伐國取人曰俘。左氏僖廿二年正義引李巡云因敵曰俘、伐執之曰取。按賈李二說俱以俘爲獲取人、實則獲取物亦曰俘。故書序云俘厥寶玉。是取物言俘也。李言伐執曰取、實則凡取物亦曰取也。通作捊。說文云捊、引取也。从孚聲。是捊俘同。捊又蒲矦切、亦聲之轉也。易云裒多益寡、釋文引鄭荀董蜀才作捊、云取也。字書作捂。按說文云今鹽官入水取鹽爲捂、是捂亦取矣。

義疏

揬簒俘取也 注盜位曰簒。李注因敵曰俘、伐執之曰取。郭注書曰俘厥寶玉。簒者奪取也。揬者摸取也。揬从手突。書揬天之威。周官有撢人掌誦王志道國之政事。簒从厶算。私計取之也。春秋傳是吾與爾爲簒也。俘从孚。郎係異文。係守因爲俘取。春秋齊人來歸衛寶古文作俘。書序俘厥寶玉。取从又耳。本取敵馘之名。

集解

探簒俘取也 探遠取之也。从手罙聲。與撢略同。易繫詞傳探嘖索隱、虞注探、取也書多方則惟爾多方、探天之威、偽傳訓取。文選曹子建七啟探隱拯沈、西京賦探封狐、注均云探、取也。簒从厶算聲。公羊傳是吾與爾爲簒也是也。後漢書逸民傳鴻飛冥冥、弋者何簒焉、宋衷曰簒取也。莊子秋水差其時、逆其俗者、謂之簒、穀梁傳序弑逆簒盜者因有、釋文均云簒、取也。易乾萬物資生、鄭注資、取也。文選西京賦擽鯤鮞殄水族、注擽殄言盡取之。廣雅釋詁担摻、取也。說文叡、又取也。以資擽担叡或摻爲之。俘軍所獲也。从人孚聲。引申爲取。左定十五傳胡子盡俘楚邑之近胡者、注俘取也。書序俘厥寶玉、偽傳俘、取也。春秋莊六齊人來歸衛寶、左傳作俘。易裒多益寡、釋文引鄭荀董蜀才作俘、云取也。說文今鹽官入水取鹽曰捂、廣雅釋詁府、取也。以寶裒捂府爲之。取、捕取也。从又从耳、會意。周禮獲者取左耳、禮記月令取鼉登龜取黿。

義證

探簒俘取也

註書曰俘厥寶玉簒者奪取也探者摸取也 補正 邢疏李巡曰因敵曰俘、伐執之曰取。臣鋆按、說文云俘軍所獲也。蓋獲取人曰俘、亦通爲取義。左傳諸侯不相遺俘、書序俘厥寶玉、春秋莊六年齊人來歸衛俘、三傳皆作寶。顏師古謂所取於衛之寶。經傳相會無乖義、豈必俘卽是人凡此皆竟作取也。

郭注補正

簒取也

郭注簒者、奪取也。一切經音義二簒居注引尔疋舊注云、盜位曰簒。白虎通云、簒猶奪也、取也。郭言奪取蓋渾言之。舊注盜位曰簒、蓋切言之。說文云逆而奪取曰簒、卽其義也。

舊注攷證

探簒俘取也

書曰俘厥寶玉簒者奪取也探者摸取也

元應雜阿含經十九卷音義引爾雅探、取也。郭璞曰手摸取也。

郭注佚存補訂

採篹俘取也

採者，說文云遠取之也。商頌殷武罙入其阻，毛傳云罙，深。竊謂罙爲採之省文，言遠取而入其阻也。

俘者，說文云軍所獲也。商頌殷武箋云克其軍率而俘虜其士衆，彼釋文云俘，囚也。李注云囚敵曰俘。

說詩

採篹俘取也　正義曰俘，又作捊。說文云引取也。易君子以捊多益寡，虞翻曰捊，取也。案易作裒，釋文曰鄭荀董蜀才作捊，云取也，邵引虞翻不知何据。

匡名

採篹俘取也說文取，捕取也，从又耳。探，遠取之也。繫辭探賾索隱，屰而奪取曰篹，从厶算聲。前漢書與壯士往篹之。俘，軍所獲也。書序俘厥寶玉。通作捊。捊，引取也。謙卦捊多益寡。

啓蒙

採、篹、俘、取也。

說文又部云：「取，捕取也，从又耳，周禮：獲者取左耳；」許所引，見大司馬，取訓捕取，猶執之訓捕罪人也。

採，郭注「摸取也；」說文「遠取之也。」易繫傳曰：「探賾索隱，」虞翻注用雅義訓取。

篹，郭注「奪取也，」說文「屰而奪取曰篹；」方言云：「自關而西秦晉之間，凡取物而逆謂之篹；」義皆通。邵氏云：「今人謂計數取物曰篹。」

俘，說文「軍所獲也，」此不分人物而言。左氏僖二十二年傳云：「示之俘馘；」書序云：「俘厥寶玉；」人與物古皆言俘矣。後漢書注引郭璞注爾雅曰：「掠、奪取也，」是古本爾雅宜有掠字。

爾雅學

採篹俘取也○釋曰注疏本删。

校勘記

採篹俘取也。今本篹下誤从厶。

注疏本正誤

採貪、篹饌、俘孚、取也。

孫偘直音

採貪、篹、俘孚、取、也。

直音校正

採平聲篹竄俘孚取也

楊氏音訓

徂在存也

徂、在，存也。以徂爲存，猶以亂爲治，以曩爲曏，以故爲今，此皆詁訓義有反覆旁通，美惡不嫌同名。

郭注

徂在存也　釋曰：鄭風出其東門云匪我思且，鄭箋云非我思存也。徂且音義同。在訓存者，常語也。上云徂，往也。往則非存，故郭氏引類以曉人也。云美惡不嫌同名者，案隱七年公羊傳云貴賤不嫌同號，美惡不嫌同辭，何休云若繼體君亦稱卽位，繼弒君亦稱卽位，皆有起文，美惡不嫌同辭是也。若此篇徂往也，死也，亦稱徂，是惡也。存也，亦稱徂，是美也。各首其義，故云美惡不嫌同名。

邢疏

徂在存也

郭璞云，以徂爲存，猶以亂爲治，以曩爲曏，以故爲今，此皆詁訓義有反覆旁通，美惡不嫌同名。

一切注音

在存也　舍人曰，在，見物之察。書堯典正義

古注斠

爲治直吏反。曩乃朗反。爲曏許亮反，本今作鄉。

陸音義

爲曏○邢本作鄉。

音義攷證

徂在存也

以徂爲存、道也、以在爲存、事也。詩先匪我思存、後匪我斯徂。以此。

新義

徂在存也 徂、鄭風云匪我思且。且卽徂也。郭云以徂爲存、猶以亂爲治、以曩爲曏、以故爲今、此皆詁訓義有反覆旁通美惡不嫌同名。

鄭樵注

徂在存也

郭璞曰、以徂爲存、猶以亂爲治、以曩爲郷、以故爲今、此皆詁訓義有反覆旁通美惡不嫌同名。鄭樵曰、徂、鄭風云匪我思且。且卽徂也。郭云、以徂爲存、猶以亂爲治、以曩爲郷、以故爲今、此皆詁訓義有反覆旁通、美惡不嫌同名。

古注合存

徂在存也 此釋徂在爲存之義也。註曰以徂爲在猶以亂爲治詁義反覆旁通美惡不嫌同詞

注疏參義

徂在存也 註 以徂爲存猶以亂爲治以曩爲曏以故爲今此皆詁訓義有反覆旁通美惡不嫌同名 正義 徂通作且。鄭風出其東門云匪我思且、鄭箋云猶匪我思存也。釋文引爾雅徂存也。在者、聘禮記云子以君命在寡君。左氏僖九年傳云其在亂乎、杜註在、存也。曾子立事篇存往者在來者、盧辨註在猶存也。註 以徂至同名。正義 上文云徂往也。此又訓爲存。郭氏以爲義有反覆旁通也。以亂爲治、以故爲今、見上文。以曩爲曏見釋言。郭氏舉以爲例、凡經傳中反覆相訓者可以類推。美惡不嫌同名者、公羊隱七年傳文。

正義

徂在存也 以徂爲存猶以亂爲治以曩爲曏以故爲今此皆詁訓義有反覆旁通美惡不嫌同名

說文云存恤問也。玉篇云有也。有與恤問義近、故王制云八十月告存、月令云存諸孤、竝以存問爲義。釋訓云存存、存在也。在既訓存、存存亦訓在。故公羊隱三年傳有天子存、何休注存在也。楚辭大招篇云遽爽存只、王逸注存、前也。前謂有在、前也。徂者、且之叚音也。詩出其東門箋云匪我思且猶匪我思存也。釋文且音徂。爾雅云存也。是且爲本字、徂爲叚音。其證甚明。說文云且薦也。薦爲承藉之意、存問亦相慰藉也。且薦存又聲相轉也。經內且字如詩籩豆有且、及有萋有且、皆與薦藉義近。箋於韓奕之且則云多貌、傳於有客之且則云敬愼貌。此於詁訓俱無明文、各以意說耳。今按籩豆盛多、卽爲意存獎藉、萋爲文章之貌、且爲蘊藉之貌、竝與且薦義合。且又語詞、如云乃見狂且、其樂只且、竝爲助詞韵句、是且又言之薦矣。又儀禮禮記注、每言某甫且字、於義亦當爲薦也。郭蓋未明叚借之義、誤據上文徂往爲訓、而云以徂爲存、義取相反、斯爲失矣。殊不思徂往之徂、本應作退、徂存之徂、又應作且耳。在者、說文云存也。聘禮記云子以君命在寡君、左氏僖九年傳其在亂乎、鄭注及杜預注竝云在存也。大戴禮曾子立事篇云存往者在來者、盧辯注在猶存也。按存在俱从才聲、古讀才如孳。且子餘切。是且在存俱一聲之轉。

義疏

徂在存也 郭注以徂爲存、猶以亂爲治、以曩爲曏、以故爲今、此皆詁訓義有反覆旁通美惡不嫌同名。徂、上云往、此以薦組本義爲存也。藉苴皆爲薦、薦卽存也。詩予所畜藉本作祖。又、如彼棲苴。在存皆从才。才栽也。加土爲在。禮聘記子以君命在寡君。周官存頫省聘問。春秋傳有天子存。才子爲存也。

集解

徂在存也 徂字一作退、往也。从辵且聲。或从彳。

正字爲存。存徂雙聲。書酒誥我西土棐徂邦君御事、孫疏徂存也。詩出其東門匪我思且、箋猶匪我思存也。以且爲之。在、土之存也。从土才聲。聘禮記子以君

命在寡君、鄭注在、存也。大戴禮曾子立事存往者、在來者、盧辯注在猶存也。左僖九傳其在亂乎、注在存也。襄二六傳吾子獨不在寡人、注在存問之。周語目不在體、注在、存也。存恤問也。从子才聲。今謂存从在省、𡉈省聲、訓當與在同。公羊隱三傳有天子存、晉語狀第之不安邪、抑驪姬之不存側也。

義證

徂在存也

以徂爲存猶以亂爲治以曩爲曏以故爲今此皆詁訓義有反覆旁通美惡不嫌同名

釋文云曏、許亮反。舊校云本今作曏。案各本作曏。

郭注佚存補訂

徂在存也

徂者、說文云往也。凡詩之言徂者、皆訓往。郭注云、以徂爲存、猶以亂爲治。今案大雅楚茨孝孫徂位、箋云孝孫往位堂下西面也。此徂當訓在、不當訓往、謂孝孫在位也。時祭禮既畢、孝孫在其堂下西面之位、而工祝乃致孝孫之意、以告尸也。邵云、徂通作且。鄭風出其東門匪我思且、箋云猶匪我思存也。釋文引爾雅徂、存也。

說詩

徂在節註以曩爲曏曏，釋文作鄉。

注疏正字

徂在存也　說文退或作徂。　正義曰徂、通且。詩鄭風出其東門匪我思且、箋云猶匪我思存也。釋文云且音徂。爾雅云存也。

匡名

徂在存也　說文存、恤問也。从子在省。註恤、恩也、收也。故爾雅在、存也。在、存察也。郭註以徂爲存、猶以亂爲治、反覆旁通之義。　徂通作且。鄭風匪我思且、箋猶匪我思存。　拄、存也。从土才聲。古訓爲存問、今義但訓爲存亡之存、論語、父母在。

啓蒙

徂、在、存也。以徂爲存，猶以亂爲治，以曩爲曏，以故爲今，此皆詁訓義有反覆旁通，美惡不嫌同名。　郭注所言是也。爾雅哉、始、在、終、落、始落、死、繇、憂、繇、喜、育、長、育、稚、鞠、盈、鞠、窮、念、思、勿、念、勿、忘、茅、明、皆是此例。廣雅毓、長也、毓、稚也、曩、久也、曩、鄉也、陶、喜也、陶、憂也、濘、清也、濘、泥也、亦是此例。　古字義相反者多同聲、天地、男女、生死、陰陽、玄黃、鰥寡、古今、多少、好惡、文武、明晦之類皆是。就說文言、祀从巳聲而訓無已、巳與無巳相反。緻从喬聲而訓煩、治與煩相反。𣪊說文訓未定而疑、詩訓定。姡、說文訓不順、而若書訓順也。賊从則聲、取毀則爲賊之義。𡐖从𣈜聲、取高以下基之義。不可枚舉。　存在與生聲義亦通。　一說存有二讀、一讀爲荐、徂之訓存者當讀爲且、說文且、薦也。

黃侃音訓

徂、拄、荐也。

說文子部云：「荐、恤問也、从子在省。」恤問爲存之本義、月令云：「存諸孤、」漢文帝致南粵王書云：「已使人存問、」竝恤問爲存之證也。公羊隱三年傳何休注云：「存、在也；」玉篇云：「存、有也；」有亦在也。今人但知存爲存亡義矣。

徂、郝氏謂「且之假音、」是也。段謂「且、古音俎、」故假同音之徂以爲之。鄭風出其東門云：「匪我思且、」箋云：「猶匪我思存也、」釋文且、音徂、爾雅云：「存也、」此詩用且之本字、而鄭用雅訓以釋之也。

拄、說文土部云：「拄、存也、从土、才聲、」段謂「在之義、古訓爲存、問。」晉案許解存字爲在省、存爲存問、則在之本義爲存問、自無疑矣。聘禮記「子以君命在寡君、」鄭注「在、存也；」大戴禮曾子立事篇云：「存往者、在來者、」盧辯注「在、猶存也；」此皆訓在爲存問之義也。

爾雅學

以曩爲鄉曏鄉。雪牕本注疏本同。釋文爲嚮、本今作曏鄉。按釋言作

徂在存也○釋曰注疏本删。

皆有起文注疏本有誤可。

校勘記

鄭風出其東門監本毛本湘本門下有云字、是此脫。

故稱美惡不嫌同名監本毛本湘本稱作云。案曰故云者、邢疏發明郭注之詞也。邢疏多有此例、作稱誤。

注疏校勘札記

徂、抳、存也。裁上聲、去聲通。

孫侶直音

徂裁上聲在存也。

直音校正

在存省士察也

在、存、省、士、察也。書曰、在璿璣玉衡。士理官亦主聽察、存即在。

郭注

在存省士察也　釋曰、謂審察也。虞書舜典云、在璿璣玉衡、以齊七政。存即在也。省謂視察、論語云、吾日三省吾身。士者理獄之官、亦主聽察。虞書舜典舜命皋陶云汝作士。

邢疏

在察也

在、見物之察。書正義二一

犍爲注

黃輯古義

在存省士察也

在、見物之察。書堯典正義

犍爲注

玉函山房輯佚

在察也

舍人曰、在、見物之察。書正義二一

漢注

在存省士察也

郭璞云、書曰、在璿璣玉衡。士理官亦主聽察、存即在。

一切注音

省息井反。璿音旋、又作琁。

陸音義

在存省士察也

士以上欲容士欲察在神。在焉則察省、明入焉則察存。使可存焉、不盡察之詞。

新義

在存省士察也

在、虞書云、在璿璣玉衡。存即在也。士者、察刑之官。

鄭樵注

在存省士察也

舍人曰、在、見物之察。郭璞曰、書曰、在璿璣玉衡。士、師官亦主聽察、存即在。鄭樵曰、在、虞書云、在璿璣玉衡。存即在也。士者察刑之官也。

古注合存

在存省士察也　此釋在存以下皆察之義也。疏曰、書舜典云、在璿璣玉衡、謂審察也。士者理獄之官、主聽察者。舜典命皋陶云、汝作士。

注疏參義

在存省士察也　**註**　書曰在璿璣玉衡。士師官亦主聽察、存即在。

正義　上文云、察、審也。在者、書疏引舍人云、在、見物之察也。文王世子云必在視寒暖之節、

鄭註在，察也。存者，禮運云處其所存，大傳云五曰存愛，鄭註俱云存，察也。省者，左氏哀十六年傳云，鄭人省之。禮器云，禮不可不省也。士，通作仕。小雅節南山云弗問弗仕，鄭箋仕，察也。【註】書曰至聽察○【正義】在璿璣玉衡，舜典文。士師官亦主聽察者，舜典云女作士，疏引鄭註云士，察也。主察獄訟之事。秋官之屬有士師，鄭註與書註同。【正義】

在存省士察也 書曰在璿璣玉衡士理官亦主聽察存即在

上文云察，審也。離騷注察，視也。呂覽本味篇注察，省也。省察互相訓也。通作詧。顏氏家訓書證篇詧，古察字也。在者，書堯典正義引舍人曰在，見物之察。詩在帝左右，禮文王世子必在視寒煖之節，逸周書大聚篇王親在之，箋注竝云在，察也。在察一聲之轉。存者，恤問是問之察也。禮運處其所存，大傳五曰存愛，鄭注竝云存，察也。周禮司尊彝大喪存奠彝，鄭注存，省也。省亦察矣。省者，說文云視也。是視之察也。書證篇引李登云省，察也。張揖云省，今省詧也。通作告。書王省惟歲，史記宋世家作王告惟歲。周禮大宗伯云省牲鑊，釋文省本又作告。說文云事也。是事之察也。書汝作士，正義引鄭注士，察也。主察獄訟之事。周禮序官士師注同。通作仕。詩弗問弗仕，箋仕，察也。曲禮云前有士師，鄭注士或爲仕，是仕士通，又與伺同。一切經音義二引字林云伺，候也，察也。玉篇同。而云廣雅埤蒼竝作覗。【義疏】

在存省士司**察也** 舍人注，在，見物之察。郭注，書曰，在璿璣玉衡，士，理官大主聽察。存即在。詩在帝左右。周官存奠彝。又省牲視滌濯。省，从眉从中，古文从少从囧，與眇同字。察物或揚其眉，或晚視之，因爲減省字。察大減殺。書三百里蔡是也。士，推十合一。書女作士。因士官又爲士庶人之稱。又作仕。司，从反后。爲君伺察者。周官司王朝。掌司斬殺戮者。察，上云審。【集解】

在

存省士察也 在，士之存也。从土才聲。與坐同意。正字爲司。司臣司事於外者，引申爲察。周禮師氏司王朝，媒氏司男女之無夫家者，均是也。司、在通用字。詩文王在帝左右，箋在，察也。禮記文王世子必在視寒煖之節，逸周書大聚王親在之，文選謝靈運九日從宋公戲馬臺集送孔令詩在宥天下理，注均云在，察也。存，恤問也。从子才聲。正字爲在，實爲司。存、司、在雙聲。周禮司尊彝大喪存奠彝，注存，省也。禮記大傳五曰存愛，禮運處其所存，禮之序也，注均云存，察也。省，視也。从眉省从屮。古文从少从囧。引申爲察。周禮大行人歲徧存，三歲徧覜，五歲徧省，小行人存覜省聘問臣之禮也，禮記禮器禮不可不省也，注省，察也。前漢書梅福傳願陛下深省臣言，師古曰省，察也。晉語民旁有慝無由省之，文選長門賦心慊移而不省故兮，注均云省，察也。士，事也。數始于一，終于十。从一从十。會意。正字爲司。司士一聲之轉。書堯典女作士，鄭注士，察也。主察獄訟之事。詩敬之陟降厥士，正義引釋詁云士，察也。節南山弗問弗仕，箋仕，察也。以仕爲之。察，覆審也。从宀祭聲。引申爲視也、明也。【義證】

在存省士察也

書曰在璿璣玉衡士理官亦主聽察存即在

明注疏本理作師，誤。【郭注佚存補訂】

在存省士察也

在，又爲察者，舍人云在，見物之察。大雅文王在帝左右，鄭箋云在，察也。抑相在爾室，在亦當訓察，謂相察其爾室之中，不愧屋漏也。與論語省其私同義。

存者，說文云恤問也。鄭風出其東門匪我思存，箋云思不存乎相救急。蓋以存爲恤問之存，郝云存者、恤問。是問之察也。省者、說文云視也。郝云是視之察也。大雅皇矣帝省其山、箋以釋詁省善爲訓、不如以省察爲訓也。　士者、說文云事也。郝云是事之察也。小雅節南山弗問弗仕、箋云仕、察也。士仕同字。鄭注曲禮云士或爲仕。

說詩

在存省士察也　案、尚書堯典疏引舍人曰、在、見物之察。

注士理官亦主聽察　理誤師。

疏吾日三省吾身　上當脫論語曾子曰五字。

注疏正字

存察也

郭曰、存即在、引之謹案、周官司尊彝大喪存奠彝、鄭注曰存、省也。荀子脩身篇見善脩然必以自存也、楊倞注使存於身、失之。見不善愀然必以自省也。大戴記曾子立事篇存往者、在來者。在、省、存皆察也。孟子離婁篇存乎人者、莫良於眸子。亦謂察人之術莫善於觀眸子也。邵引禮運云處其所存、大傳云五曰存愛、鄭注俱云存、察也。

述聞

在存省士察也　正義曰、士通仕。詩小雅節南山弗問弗仕、箋仕、察也。

匡名

在存省士察也　說文𥦗、覆審也。徐鉉曰、祭祀必天質明、明察也、故从祭。　舜典在璿璣玉衡、註在、察也。　禮運處其所存、註存、察也。　禮器禮不可不省也、註省、察也。　士事也。數姑于一、終于十、从一十。引孔子曰推十合一爲士。韻會玉篇皆作推一合十。鉉本、廣韻作推十合一、數始一、終十、學者由博返約、故云推十合一。博學、審問、愼思、明辨、篤行、惟以求其至、是也。若一以貫之、則聖人之極致矣。舜典女作士、註士主察獄訟也。通作仕。小雅弗問弗仕、箋仕、察也。

啓蒙

士察也　注曰士理官主聽察

案、士雖主聽察、要不可即謂之察、注義非也。說文士者、事也。事有二義、一職守之事、同司。周禮師氏司王朝、媒氏司男女之無夫家者、注並訓司爲察。一服役之事、同伺。玉篇、字林俱曰伺、候也、察也。在說文亦爲司。史記淮南厲王傳使人候伺、漢書作候司。又案、白虎通通古今辯然、不謂之士通辯、亦察也。景純舍士之本義、反借士師之士、未知何故。

董瑞椿日記

在、存、省、士、察也。

上文云：「察、審也。」顏氏家訓書證篇云：「詧、古察字。」

在、郭注引書「在璿璣玉衡、」在即察也。堯典正義引舍人曰：「在、見物之察也。」詩「在帝左右、」禮文王世子「必在視寒暖之節、」箋注並云：「在、察也。」段氏云：「虞夏書在訓察、謂在與伺音同、即存問之義也。」

存者、王引之云：「孟子離婁篇『存乎人者、莫良於眸子、』亦謂察人之術、莫善於觀眸子也。」邵引禮運鄭注但云：「存、察也；」郝謂「存者、恤問、是問之察、」其義反隘矣。

省、說文「視也；」郝謂「是視之察。」省、古通眚、見周禮大宗伯釋文。

士、說文士部云：「事也、」白虎通云：「士者、事也、任事之稱也、」是士之本訓爲任事、士子者後起之稱謂也。士訓事而又訓察者、郝云：「是事之察也。」舜典云：「汝作士、」正義引鄭注云：「士、察也、主察獄訟之事、」此士所以訓察也。詩「弗問弗仕、」箋云：「仕、察也；」曲禮云：「前有士師、」鄭注「士或爲仕、」此借任爲士。大雅云：「武王豈不仕、」傳云：「仕、事也、」事義借用仕、故察義亦借用仕矣。

爾雅學

士理官（雪牕本同。邢疏云士者、理獄之官。閩本監本毛本作士師官、誤。舊本誤作正、思宜此類不足舉正。）

在存省士察也（一）釋曰（注疏本刪。）

省謂視察論語云（注疏本脫下三字。）

校勘記

在存省士察也注在璿璣玉衡。按璿、㕡當从睿、今本从虍从叉从目、非。

注疏本正誤

六行士察之〇「士」，唐寫本作「事」。

宋監本校箋

徐氏咸清云查為在聲之訛、非察聲訛也、（判詞例用查議查覆字、高陽李相國霨謂是察、北無入聲故訛為查。）爾雅曰在察也第三聲呼在為查、以查與槎同、（漢書山不茬櫱）故在聲為槎、槎轉為查、則是查者、在聲之轉也。若曰察之轉、則是叉也差也、察豈能轉查乎。案仲山因與高陽辨論不得入詞館、毛西河集言之甚詳、要之在為從母故轉而為查、中原音查讀牀母、若讀如吳音亦從母也。察為穿母、故轉而為叉、為差、亦穿母也、此極粗淺而易曉者。高陽北音不分從穿故致混耳、蓋爾雅在察二字義雖同、而音不可混也。

音略

同上

扗存省士察也。（騂上聲）

孫侶直音

在存省士察也（騂上聲）

直音校正

烈枿餘也

烈、枿、餘也。（晉衞之間曰蘖、陳鄭之間曰烈。）

郭注

烈枿餘也　釋曰、謂遺餘也。詩大雅雲漢序云、宣王承厲王之烈。李巡曰、枿、槁木之餘也。商書盤庚云若顛木之有由蘖。枿蘖音義同。郭云晉衞之間曰蘖、陳鄭之間曰烈者、方言文。

邢疏

枿察也

枿、槁木之餘也。（書正義九　邢疏）

李注

黃輯古義

烈枿餘也

枿、槁木之餘也。（邢疏　書盤庚上正義）

李注

玉函山房輯佚

枿餘也

枿、槁木之餘也。（同　書疏九）

李注

鉤沉

枿餘也

李曰枿、槁木之餘也。（書正義九　邢疏）

漢注

烈枿餘也

李巡云枿、槁木之餘也。（書正義九卷）郭璞云、晉衞之間曰蘖、陳鄭之間曰烈。

一切注音

枿餘也　李巡曰枿、槁木之餘也。（書盤庚正義）

古注斠

枿（五割反、本或作㭊、又作木、注作蘖、並同。說文作𣟄、以㭊木為古文、蘖為或體、云伐木之餘。）

陸音義

枿（本或作㭊、又作）

不〇㭊、舊「從大、又不譌作本、俱案字書改正。

音義攷證

爾雅詁林　一　釋詁下

烈枿餘也

火之餘能復烈也、木之餘能復枿也。

新義

烈枿餘也 烈、雲漢序云、宣王承厲王之烈。枿、盤庚云、若顚木之有由蘖。蘖即枿也。方言云、秦晉衛之間曰蘖、陳鄭之間曰烈。

鄭樵注

烈枿餘也

李巡曰、枿、槁木之餘也。

郭璞曰、晉衛之間曰蘖、陳鄭之間曰烈。

鄭樵曰、烈、雲漢序云、宣王承厲王之烈。枿、盤庚云、若顚木之有由蘖。蘖即枿也。方言云、秦晉衛之間曰蘖、陳鄭之間曰烈。

古注合存

烈枿餘也 枿音不。此釋烈枿爲餘之義也。註曰、晉衛之間曰蘖、陳鄭之間曰烈。疏曰、餘謂遺餘也。詩雲漢云、宣王承厲王之烈。李巡云、枿、槁木之餘也。枿蘖音義同。

注疏參義

烈枿餘也 註 晉衛之間曰蘖、陳鄭之間曰烈。正義 烈者、舊疏引大雅雲漢詩序云、宣王承厲王之烈、鄭箋烈、餘也。通作列。廣雅云、列、餘也。枿者、書疏引李巡云、枿、槁木之餘也。漢書敘傳註引詩云、苞有三枿、劉德云、謂木斫髡而復枿生也。今毛詩本枿作蘖。盤庚云、若顚木之有由蘖。說文作𣡌、云伐木餘也。又轉作肄。周南汝墳云、伐其條肄、毛傳肄、餘也、斬而復生曰肄。註 晉衛至曰烈。正義 方言云、烈、枿、餘也。陳鄭之間曰枿、晉衛之間曰肄、或曰烈。郭註据方言爲義、與今本互異。

正義

烈枿餘也 晉衛之間曰蘖、陳鄭之間曰烈

說文云、餘、饒也。玉篇云、饑也。廣韵云、賸也。按俗以物餘爲賸、非古義也。賸俗作剩、非正體也。餘、又羨也、多也。通作余。周禮委人云、凡其余聚以待頒賜、鄭注余、當爲餘聲之誤也。按古字通俗非誤也。史記屈原賈生傳餘何畏懼兮、索隱曰、楚辭餘並作余、是余餘字通之證也。烈者、裂之段音也。說文云、裂、繒餘也。玉篇云、𠛱、帛餘也。廣雅云、𠛱、餘也。𠛱、㓩並與裂同。通作烈。方言云、烈、餘也。詩雲漢序、宣王承厲王之烈、箋亦云、烈、餘也。又通作厲。詩垂帶而厲、下云帶則有餘、是厲訓餘也。故箋謂厲字當作裂。裂、厲聲相轉也。枿者、㭁之別體也。說文作𣡌、或作𣡗、云伐木餘也。引商書曰、若顚木之有粤𣡌。古文作不、亦作㭁。按㭁蓋从𢆉聲、𢆉即𡴆字之省、隸書變𢆉爲卉、經典因之作枿、故方言云、枿、餘也。書盤庚正義引李巡曰、枿、槁木之餘也。詩苞有三蘖、廣韵引作枹有三枿、俱㭁變爲枿耳然。亦有未變者、淮南俶眞篇云、百事之莖葉條㭁、高誘注㭁讀詩頌苞有三蘖同。又云、則必無餘㭁、高注㭁、蘖。經典㭁字、唯此二見、高氏恐人不識、故以蘖字代音。爾雅釋文枿本作㭁。玉篇亦㭁下復出枿字、皆從隸變也。枿轉爲肄。詩伐其條肄、傳肄、餘也、斬而復生曰肄。玉藻云、肄束及帶、鄭注肄讀爲肂。肂、餘也。左氏襄廿九年傳而夏肄是屏、肄亦訓餘、肄枿一聲之轉。郭注本方言、而文小異。

義疏

烈枿（蘖孼）餘也 李注 枿、槁木之餘也。郭注 晉衛之間曰蘖、陳鄭之間曰烈。烈、當作列、亦作裂、𠛱。列、陳、故爲分裂、因爲餘也。列、業、事有餘。字又作厲。詩垂帶而厲。枿𣡌蘖一字。詩作肄。伐其條肄、即書所言由蘖也。又苞有三蘖、記公子曰臣孼、謂餘子也。餘、周官作余。舍分是有餘饒。

集解

烈枿餘也 烈、火猛也。从火、列聲。正字爲裂。裂、繒餘也。引申爲凡事之餘。廣雅則以𠛱爲之。𠛱、裂、烈通用字。詩雲漢序、宣王承厲王之烈。箋烈、餘也。前漢書王莽傳或黃氣熏烝、昭耀章明、以著黃虞之烈焉、師古曰、烈、餘業也。自云承黃虞之後。詩都人士垂帶而厲、下云帶則有餘、以厲爲之。枿、字本作𣡌、伐木餘也。从木、獻聲。或作𣡗𣡗、𣡌枿古今字。書盤庚若顚木之有粤𣡌、馬注顚木而肄生曰枿。詩長發苞有三𣡗、傳𣡗、木餘也。前漢書敘傳三枿之起本根既朽、劉德引爾雅云烈、枿餘也。謂木斫髡而後枿生也。詩汝墳伐其條肄、傳肄、餘也。左襄二九傳晉國不恤周宗之闕、而夏肄是屏、注夏肄杞肄。餘也。禮記玉藻肆束及帶、注肆讀為肄、肄餘也。以肄肆為之、餘、饒也。从食余聲周禮委人凡其余聚以待頒賜。借余為之。

義證

烈枿餘也枿、五割反。

註晉衞之間曰櫱陳鄭之間曰烈補正邢疏、謂遺餘也。臣鋆按書疏引李巡云枿、槁木之餘也。

郭注補正

烈枿餘也

晉衞之間曰烈陳鄭之間曰櫱 櫱木餘也

今本作晉衞之間曰櫱、陳鄭之間曰烈、誤倒。盤庚疏引郭注亦與今本同。今依方言訂正。 慧琳釋迦譜序四卷音義引郭注爾雅云櫱木餘也。今本脫此四字、據補。

郭注佚存補訂

烈枿餘也

烈者裂之假借。說文云裂、繒餘也。大雅雲漢序宣王承厲王之烈、鄭箋云烈、餘也。烈聲轉為厲。小雅都人士垂帶而厲、箋云厲字當作裂。裂、餘也。下文帶則有餘、卽厲字義也。大雅思齊烈假不瑕、唐公房碑作厲蠱不遐、集韵作厲假不瑕。是烈厲通也。

王氏引之云、大雅皇矣其灌其栵、栵讀烈、謂伐木之餘也。 枿、說文作甹。櫱、或作蘖、云伐木餘也。引商書曰若顛木之有甹櫱、而弓部又作若顛木之有甹枿。古文作不、梓枿者、梓之變體也。釋文云枿、本或作梓。商頌長發苞有三櫱、廣韵引作苞有三枿。枿聲又轉為肄、周南汝墳伐其條肄、毛傳云肄、餘也。廣雅釋木云肄、枿也。

說詩

烈枿節註晉衞之間曰櫱陳鄭之間曰烈櫱、方言作烈、烈作枿。

注疏正字

烈餘也

邢引大雅雲漢序云、宣王承厲王之烈。家大人曰、齊語曰戎車待游車之裂、與裂同戎士待陳妾之餘、韋注曰裂殘也。殘亦餘也。說文裂繒餘也。故左氏春秋紀裂繻字子帛。裂與烈皆餘也。引之謹案大雅皇矣篇脩之平之其灌其栵。栵讀為烈、謂伐木之餘也。說見毛詩。

述聞

烈枿餘也 正義云烈通𦅸。廣雅𦅸、餘也。元照案說文巾部無𦅸字、卽裂之別體。說文衣部裂、繒餘也。从衣𠛱聲。古字衣巾偏旁多通用。烈、假借字。 枿、釋文云本或作梓、又作不、注作櫱、竝同。說文作𣞤、以梓不為古文、櫱為或體、云伐木之餘。元照案、一切經音義四又十八又廿一引作梓。又十二又十三引作櫱。詩商頌長發苞有三櫱、傳櫱餘也。疏不引爾雅、失之疏矣。枿乃譌字。

匡名

烈枿餘也 說文餘饒也。詩序宣王承厲王之烈、箋烈餘也。通作㽞。左都賦秦餘徙㽞、廣雅㽞餘也。枿作櫱、伐木餘也。或作蘖。漢書註引詩苞有三枿、今商頌作苞有三蘗。傳蘗餘也。段作肄。周南伐其條肄、傳肄餘也。方言陳鄭之間曰枿、晉衛之間曰烈、秦晉之間曰肄。

啓蒙

枿　㮣　釋文。枿本又作㮣。又作不。注作蘖。並同。說文作巘。以㮣不爲古文。蘖爲或體。伐木之餘。

黃侃評本正名

烈餘也。　烈通作歺、說文歺、列骨之殘、列即歺之後出字。

枿餘也。　枿字益从木𠦬聲、非必㮣字之變體、經傳文字、說文不載者多矣。

黃侃音訓

烈餘也

錦燧謹案、此釋三家詩皇矣篇其灌其烈也。毛詩作栵、傳云栭也。是以栵爲木名。竊謂毛說未允。下文檉椐檿柘、方及木名、菑翳灌栵、俱言木之形狀耳。其旁出者曰栵、所謂餘也。毛公如字讀之、故訓爲栭。下文釋木之栵栭、乃釋毛詩之其灌其栵也。此云烈餘也。當是三家詩有作烈者、爾雅本非出一人之手、故異義者不妨並載、栵烈並從列聲、乃同音假借字。禮記服問上附下附列也、釋文云列、本或作例。詩太叔于田火烈具擧、文選引作列。烈栵通假、猶列例烈通假也。惟說文火部云烈火猛也。木部云栵栭也。與餘義遠、其訓餘者則裂之假借字也。說文衣部云裂、繒餘也。引申之則爲凡餘之稱。詩都人士篇垂帶而厲、假厲爲之、是裂之本義也。此又假烈爲之、則又裂之引申義矣。

陸錦燧日記

烈、枿、餘也。

說文「餘、饒也。」周禮委人史記屈原賈生傳、借余爲餘。烈、方言云：「餘也。」說文烈訓火猛；方言訓餘者、段云：「盛則必盡、盡則必有所餘也。」邵氏引雲漢詩序：「宣王承厲王之烈、」鄭箋亦云：「烈、餘也。」是烈字本有餘義、故爾雅訓烈爲餘。王引之云：「大雅皇矣篇『脩之平之、其灌其栵、』栵讀爲烈、謂伐木之餘也。」此栵之爲餘也。說文衣部云：「裂、繒餘也、」王念孫曰：「左氏春秋紀裂繻、字子帛、裂與烈、皆餘也。」此裂之爲餘也。然則烈者火之餘也；栵者木之餘也；裂者帛之餘也；同爲餘也、而義各有所屬。詩云：「垂帶而厲、」下文又云：「帶則有餘、」箋謂「厲字當作裂、」是也；此則借厲爲裂也。

枿者、巘之或體；木之斬伐而復生者；故曰「枿、餘也。」說文木部云：「巘、伐木之餘也、從木、獻聲、商書曰：『若顛木之有㽕巘。』櫱、巘或从木、辥聲。不、古文巘、从木無頭。㮣、亦古文巘。」如許說、是一字而有「巘櫱不㮣」四體；益之以「枿」而有五體矣。許所引「㽕巘、」今盤庚作「由櫱；」字體雖多、而經典則類用櫱。周南傳云：「肄、餘也、斬而復生曰肄、」肄又櫱之假借字也。方言云：「烈、枿、餘也。陳鄭之間曰枿、晉衛之間曰烈、秦晉之間曰肄、或曰烈、」此古語之至漢而猶有存者也。

爾雅學

校勘記

晉衛之間曰蘖 單疏本雪牕本同。釋文音經枿、五割反、注作蘖、並同。此經注異字之明證。

烈枿餘也○釋曰 注疏本刪。

注疏校勘札記

枿槁木之遺也 監本毛本湘本遺作餘。案書盤庚若顛木之有由蘖、正義引釋詁曰枿、餘也。李巡曰枿、槁木餘也。馬國翰輯本引此亦作枿、槁木之餘也。此遺字誤。

陳衞之間曰烈者方言文 監本毛本湘本衞作鄭。案郭注作鄭、疏引注亦當作鄭、此作衞誤。

七行（注）晉衛之間曰蘖陳鄭之間曰烈○案：《方言》云：「烈、枿，餘也。

陳鄭之間曰枏，晉衛之間曰烈。」此注據《方言》為說，「烈」「蘖」二字互倒，蓋傳寫之誤。

宋監本校箋

烈枿音蘖餘也

音圖・音

枿、五割翻、音如蘖、韻屑而入曷韻、或作栓、又作不、注作蘖、竝同。說文作櫱、以栓不為古文、蘖為或體。詩釋文五葛翻同。

音略

蘖

烈、枿、餘也。

孫偘直音

烈枿蘖同餘也

楊氏音訓

枿 蘖

干氏音釋

迓迎也公羊

迓、迎也。公羊傳曰跛者迓跛者。

郭注

迓迎也 釋曰、謂相逢迎也。郭云、公羊傳曰跛者迓跛者、此成二年傳文。案、彼云晉郤克與臧孫許同時而聘于齊、蕭同姪子者齊君之母也、踊于棓而窺客、則客或跛或眇、於是使跛者迓跛者、眇者迓眇者是也。引之以證迓為迎也。宣二年左傳曰狂狡輅鄭人、杜注云、輅迎也。周禮秋官有訝士、及聘禮云厥明訝賓于館、鄭注皆云、訝、迎也。召南鵲巢云百兩御之、鄭注亦云、御迎也。字形雖別、音義實同、蓋以作非一人、致茲異也。當以迓為正字、餘皆假借。

邢疏

訝迎也訝、今本亦作迓。

郭璞云公羊傳曰、跛者迓跛者。

一切注音

訝五駕反、本又作迓。跛布我反。

陸音義

訝本又作迓○邢本作迓。

音義攷證

迓迎也

郭璞曰、公羊傳曰跛者迓跛者。

古注合存

迓迎也、此釋迓為迎之義也。註曰、公羊傳云、跛者迓跛者、疏曰、聘禮云、厥明訝賓於館、鄭註云、訝、迎也。詩鵲巢云、百兩御之、鄭註亦云、御、迎也。迓訝御音義竝同、當以迓為正。愚按御之為迎、猶左傳狂狡輅鄭人、註云、輅、迎也、是也。

注疏參義

訝迎也【註】公羊傳曰跛者迓跛者【正義】說文云訝、相迓也。周禮曰、諸侯有卿訝也。訝、或作迓。案秋官掌訝云、凡賓客諸侯有卿訝、卿有大夫訝、大夫有士訝、士皆有訝。又鄭註云、訝、迎也。士官主迎四方賓客。聘禮云、訝賓于館。鄭註云、以君命迎賓、謂之訝。盤庚云、予迓續乃命于天。左氏成十三年傳云、迓晉侯于新楚。訝迓經傳通用、迓又通作御。召南鵲巢云、百兩御之、鄭箋御迎也。又通作輅。左氏宣二年傳云、狂狡輅鄭人、杜註輅、迓也。【註】公羊至跛者。○【正義】公羊成二年傳云、使跛者迓跛者、使眇者迓眇者。何休註迓、迎。卿主迎者也。

正義

迓迎也 迓、釋文作訝。

校議

迓迎也者迓跛者公羊傳曰跛

說文云、迎、逢也。逆、迎也。關東曰逆、關西曰迎。是迎逆義同。又與御同。史記天官書云、迎角而戰者不勝、集解徐廣曰迎一作御。御逆迎俱一聲之轉也。迓者說文作訝、或作迓、云相迎也。引周禮掌訝曰諸侯有卿訝也。聘禮云訝賓。書云予迓續乃命于天。迓訝竝訓迎也。通作御。詩百兩御之、以御田祖、以御于家邦、箋傳竝云御迎也。士昏禮云媵御沃盥交、鄭注御當為訝。按古讀訝如御、二字音同、故文選幽通賦云昬衛叔之御昆兮、亦以御為訝。郭引公羊成公二年傳跛者迓跛者、穀梁傳迓亦作御也。又通作禦。書弗迓克

爾雅詁林 一 釋詁下

奔、史記周紀作不禦克奔。又通作梧。聘禮云訝受几于筵前、鄭注今文訝爲梧。釋文梧、五故反。是梧訝禦俱音近、古皆通用。

義疏

迓

御梧迎也 郭注、公羊傳曰跛者迓跛者。迓从牙。古者牙互相似、互收絲器故爲迎迓字。夬作訝。周官禮經皆作訝、後以訝爲怪問詞。書予御續、又弗禦克奔、今皆作迓。禮訝受几、今文作梧。迎、从卬、今仰字。夬與御通用。

集解

迓迎也 迓字本作訝、相迎也。从言牙聲。或作迓。儀禮公食大夫禮從者訝受皮、注訝迎也。聘禮訝賓于館、注以君命迎賓謂之訝。周禮序官訝士、注訝迎也。書盤庚予迓續乃命于天、僞傳迓迎也。左成十三傳迓晉侯於新楚、注迓迎也。詩鵲巢百兩御之、箋御迎也。思齊以御于家邦、傳御迎也。儀禮士昏媵御沃盥交、曲禮君命召雖賤人、大夫士必自御之、注均云御、當爲迓。迓迎也。左宣二傳狂狡輅鄭人、注輅、迎也。以御輅爲之迎、逢也。从辵卬聲。禮記昏義冕而親迎。

義證

訝迎也

公羊傳曰跛者訝跛者

釋文云訝、五駕反、本又作迓。樹枏案、今本皆作迓。唐殘本玉篇言部訝下引爾雅郭璞曰、公羊傳跛者訝跛者是也。顧野王所據本作訝、與陸同。周禮掌訝注訝迎也。鄭司農云訝、讀爲跛者訝跛者之訝、郭蓋本之司農。

郭注佚存補訂

訝迎也

訝者、說文云迎也。或作迓。訝迎一聲之轉、古書皆作訝、今皆用迓。訝、與御同。荀子榮辱篇注云御讀爲訝。曲禮注云御當爲迓。召南鵲巢百兩御之、小雅甫田以御田祖、大雅思齊以御於家邦、傳箋竝云御迎也。小雅六月飲御諸友、傳云御、進也。箋云御、侍也。今案御亦當訓迎、謂迎諸友燕飲之也。

說詩

迓迎也 迓、釋文作訝。

疏踊于棓而窺客 窺、公羊傳作闚。宣二年左傳曰 二、監本誤三。蓋以作非一人致茲乘也 致、毛本誤到。

注疏正字

訝迎也 訝、釋文云本又作迓。案說文訝或作迓。正義云訝、通御。詩召南鵲巢百兩御之、箋御迎也。又通輅。左傳宣二年狂狡輅鄭人、杜云輅、迎也。

匡名

訝迎也 說文迎、逢也。訝、相迎也。周禮諸侯有卿訝也、或作迓。盤庚予迓續乃命于天、叚作御。召南百兩御之、箋御迎也。又叚作輅。左宣二年傳狂狡輅鄭人、註輅、迓也。

啓蒙

訝 訝 釋文。訝本又作迓。案說文。訝相迎也。周禮曰。諸侯有卿訝也。鉉增迓字。云。訝或从辵。係俗字。當作訝。

黃侃評本正名

拼 抨 使也 儴 因也 柟 餘也 訝 迎也

爾雅詁林 一 釋詁下

毛詩傳拼、作荓、使也。桑柔詩荓、本或作拼。釋文 說文抨、作𢔎、使也。彳部𢔎 又俜、使也。人部俜 周書抨作伻。洛誥伻來以圖 釋文樊光孫炎本儴作攘、云因來而盜曰攘。釋詁釋文 郭注栟作櫱。釋詁注 釋文本或作栓、釋詁釋文 又作不、並同。釋詁釋文 說文作巘、云伐木餘也。巘、木部巘。或作櫱、木部巘下 古文作不、木無頭木部巘下 亦作栓。木部巘下 釋文訝、本又作迓。釋詁釋文

訝、迎也。釋文訝、本又作迓。按訝、迎也。書作迓、衙、詩作百兩御之、周禮作掌訝、又田僕注作逆衙、左傳僖十五年作輅秦伯將止之、宣二年作狂狡輅鄭人、晉語十作若川有原以卬浦而後大其音、皆五駕反、義皆訓迎、而字分訝、迓、衙、御、輅、卬爲六。

證異

訝、迎也。

說文「迎、逢也。逆、迎也、關東曰逆、關西曰迎。」訝者、段注說文言部云：「訝、相迎也、周禮曰：『諸侯有卿訝也；』牙聲。」徐鉉本有迓、段以爲俗字、出於許後、故删。許所引秋官掌訝文、鄭注云：「訝、迎也。」召南鵲巢云：「百兩御之、」傳訓御爲迎、此借御爲訝也。經傳訝用迓者、段以爲皆後人所改。陳澧云：「迓迎是雙聲。」

爾雅學

迓迎也 唐石經單疏本雪牕本同。釋文訝、五駕反、本又作迓。按說文訝、相迎也。从言牙聲。周禮曰、諸侯有卿訝。迓、訝或从辵。又周禮掌訝注訝、迎也。鄭司農云訝、讀爲跛者訝跛者之訝。此經當從陸本作訝爲正字。注引公羊傳跛者迓跛者、亦當作訝。與鄭司農所引同。賈公彥邢昺所據公羊皆作迓、淺人遂援以改注、而幷以改經矣。○按說文本無迓篆、今有者、徐鉉所增十九文之一也。

迓迎也○釋曰謂相逢逆也郭云 注疏本刪上五字。逆、誤迎郭改注。

蕭同姪子者 閩本同正德本監本毛本依左傳姪改叔

踊于棓而窺客 浦鏜云、窺、公羊傳作闚。按宋槧官本公羊傳作窺、與此合。公羊釋文云闚本又作窺。

鄭注亦云 注疏本脫亦。

致茲異也 監本同。正德本閩本毛本致誤到。

校勘記

迓迎也○「迓」、《釋文》作「訝」、云：「本文作迓。」原本《玉篇》言部「訝」下引《爾雅》、並引郭注曰：「《公羊傳》：跛者訝跛者、是也。」顧野王所據亦作「訝」。

宋監本校箋

迓迎也 平聲

孫偘直音

元良首也

元、良、首也。左傳曰、狄人歸先軫之元。良未聞。

郭注

元良首也 釋曰、謂頋首也。郭云左傳曰、人歸先軫之元者、僖三十三年狄伐晉及箕、八月戊子、晉侯敗狄于箕、郤缺獲白狄子。先軫曰匹夫逞志於君、而無討、敢不自討乎。免冑入狄師、死焉。狄人歸其元、面如生、是也。引證元爲首。良未詳。

邢疏

元良首也

書疏引釋詁云元首、首也。邵氏正義曰、與郭本異。

衆家注

黃輯古義

元良首也

郭璞云、左傳曰狄人歸先軫之元。良未聞。

一切注音

元良首也

蕙心案、書疏益稷謨引釋詁云元首、首也。疏據唐本、元良疑元首之譌。

古注斠

軫 之忍反。

陸音義

元良首也

元非股肱之良、不成爲首。

新義

元良首也。元從上、從人、其文象人身之首也。良未聞。

鄭樵注

元良首也

郭璞曰、左傳曰狄人歸先軫之元。良未聞。

鄭樵曰、元從上、從人、其文象人身之首也。良未聞。

古注合存

元良首也。此釋元良爲首之義也。註曰、左傳云狄人歸先軫之元、謂首也。良未聞。愚按、凡稱良者本然之善也、亦有首義

注疏參義

書正義云、釋詁元首、首也。元與首各爲頭之別名、此以元首共爲頭也。按今本上首字作良、與正義異。

禮記正義云釋詁文元是首、故爲大也。按此乃轉相訓。

元良首也。按注未引尚書一人元良、當以二文爲義。

補注

元良首也 **註** 左傳曰狄人歸先軫之元良未聞 **正義** 高誘呂覽註云、首、上也。元者、士冠禮云始加元服、鄭註元、首也。魯頌閟宮云建爾元子、毛傳元、首也。良者、小雅六月毛傳云元、戎、先良也。是以良爲元也。左氏昭元年傳云良醫也、猶周禮所云上醫也。又少儀所謂良綏、鄭註以爲君綏、君卽上也。**註** 左傳至之元。**正義** 僖三十二年傳文。又哀十一年傳云公使太史固歸國子之元、孟子滕文篇勇士不忘喪其元、皆以元爲頭也。書疏引釋詁云元首首也、與郭本異。

正義

元良首也 左傳曰狄人歸先軫之元。良未聞。

上文云首始也、此訓頭也。蓋頭爲諸陽之會、居上而得氣最先、故首謂之始、亦謂之頭。說文云頭首也、首頭也。禮稽命徵云三旒齊首、宋衷注首頭也。元者、上云始也。王制注善也、又訓首者、善之首也、故易云元者、善之長也。首亦衆體之長、故玉篇引韓詩云元長也、長亦首、故詩建爾元子、士冠禮始加元服、傳注竝云元首也。左氏僖卅三年傳狄人歸其元、哀十一年傳歸國子之元、竝以元爲首矣。良者、說文云善也、廣雅云元良長也。長善與首同義、但經典良字無訓首之文。或謂元良稱君、協於首出之義、又婦人稱夫爲良、亦以爲君、以此詮釋義固可通。今以字形考之、說文良古文作百、首篆文作百、二字形近相亂、疑爾雅元良卽元首之譌也。或頗以元首首重文爲疑、殊不知元首連文經典非一、書元首起哉、文選辨亡論注引尚書大傳云元首君也。廣雅同。是皆以元首爲君。或單稱元亦爲君、猶之以元首爲首、或單稱元亦爲首、皆省文耳。證以逸周書武順篇云元首曰末、孔晁注元首頭也。此卽本爾雅爲訓、故書益稷正義引釋詁云元首首也。又申之云元與首各爲頭之別名、此以元首共爲頭也。是孔穎達所據爾雅本卽爲元首、不作元良、二孔所見古本俱不誤、唯郭本作元良、故元良未聞矣。又元良連文見於經典亦非一、而俱不訓首、故文王世子云一有元良、鄭注元大也、良善也。梅書太甲下作一人元良、孔傳以爲天子有大善、與鄭義同。廣雅云元良長也。是皆不以元良訓首之證。然則爾雅之元良爲元首、始無可疑矣。

義疏

元良首也

說文良古文作目、首篆文作百、二字形近相亂、疑爾雅元良卽元首之譌也。或頗以元首首重文爲疑、殊不知元首連文經典非一、書元首起哉、文選辨亡論注引尚書大傳云元首、君也。廣雅同是、皆以元首爲君。或單稱元亦爲君、猶之以元首爲首。或單稱元亦爲首、皆省文耳。證以逸周書武順篇云元首曰末、孔晁注元首、頭也。此卽本爾雅爲訓、故書益稷正義引釋詁云元首、首也。又申之云、元與首各爲頭之別名、此以元首共爲頭也。是孔穎達所據爾雅本卽爲元首、不作元良、二孔所見古本俱不誤、唯郭本作元良、故云良未聞矣。元良連文、

爾雅詁林　一　釋詁下

爾雅詁林 一 釋詁下

見於經典亦非一、而俱不訓首、故文王世子云一有元良、鄭注元、大也。良、善也。梅書太甲下作一人元良、孔傳以為天子有大善。與鄭義同。廣雅云元、良、長也。是皆不以元良訓首之證、然則爾雅之元良為元首、殆無可疑矣。

念孫案、宋十行本及閩本尚書正義皆作釋詁云元、良、首也。自明監本始作元首首也、此涉上文元首而誤耳。若爾雅元良二字古本有作元首者、則釋文必載之矣。今釋文並無異詞、則舍人及樊李孫郭皆作元良明矣。何云唯郭本作元良乎。尚書元首明哉、首之為頭無煩引證、故正義但引爾雅元良首也、及狄人歸先軫之元、以證元為首之義、而釋之曰元與首各為頭之別名、此（此字指尚書而言）則以元首共為頭也。若爾雅以元首二字連讀、而云元首首也、孔何得云元與首各為頭之別名乎。今讀正義不審、輒據誤本之元首首也而謂孔所據爾雅本作元首不作元良、又附會以說文良古文作目與篆文首字相似而誤、不幾於將錯就錯乎、此殆惑於邵說而誤也。

郝注刊誤

元㒼首也 郭注左傳曰狄人歸先軫之元㒼未聞。元从上人。說文云、从一兀。兀、夫、一人也。上云元始。始郎首也。書元子哉。禮、始加元服。記、牛曰一元。㒼、从畗亾、古文从口三。又佋月、蓋从申省。禮滕祖㒼席。詩、見此㒼人。夫帥婦爲之首也。書、股肱㒼哉。立禹爲太子也。元㒼又爲重文。記一有元㒼。謂世子也。首、上云始。記首仁也。又不首其義。

集解

元良首也 元、始也。从一从兀。引申為首。書召誥改厥元子、鄭注訓為首子。詩閟宮建爾元子、傳元首。儀禮士冠始加元服、左哀十一傳公使大史固歸國子之元、注均云元首也。前漢書敘傳上將之元、師古曰元首也。良、善也。从畗省亾聲。正字為長實為令。令、發號也。引申為首、謂首民者乃發號也。月令所謂命相布德和令是也。令長良通用字。詩綢繆見此良人、儀禮士昏媵衽良席、蓋以夫為婦首、而名為良也。首、頭也。引申為始也、先也。禮稽命徵三旒齊首。

義證

㒼首也 注疏考證曰、太甲、一人元㒼。故曰首也。元㒼二字連讀、郭邢俱讀斷、遂致㒼不得爲首義。按前文鞠、訩、盈也。鞠有盈義、訩無盈義、詩有成文、爾雅遂兼及之。廣雅釋詁亦以元㒼二字並釋、郭邢之析文求義、誠孟浪矣。然㒼爲本然之善、由于最初雖讀斷、似仍得單釋爲首。史記商鞅傳孝公以爲大㒼造、索隱曰即大上造也。㒼與上同有首義、時因通變其稱。

補郭

元㒼首也 元者、魯頌閟宮建爾元子、毛傳云元、首也。小雅六月元戎十乘、傳云元、大也。周曰元戎、先㒼也。玉篇引韓詩云元、長也。長亦首義也。易文言云元者、善之長。婦人稱夫曰㒼人、夫爲一家之長、即爲一家之首。唐風綢繆見此㒼人、是也。善人亦稱㒼人。秦風黃鳥殲我㒼人、大雅桑柔維此㒼人、是也。書疏引釋詁云元首首也、所見本異。

說詩

元良首也。案、尚書益稷疏引此作元首、首也。云元與首各爲頭之別名、是良本首字之誤。然郭云良未聞。是相延已久、不敢定也。

注疏正字

元良首也

邵曰、書疏引釋詁云元首、首也。與郭本異。家大人曰、宋十行本及閩本尚書疏、皆作釋詁云元良首也。自明監本始作元首首也。此涉上文元首而誤耳。乃俗本尚書疏之譌字、非孔沖遠所見爾雅本作元首也。爾雅所釋之字、與釋之之字、皆不同字。豈有以首釋首者乎。或沿邵氏之誤、以爲爾雅當作元首首也、則惑之甚者也。

述聞

元良首也　尚書正義益稷引作元首、首也。

匡名

元良首也　說文𦣻、古文百也。　孟子勇士不忘喪其元。鄭註、元、首也。　良、善也。从畗省、亡聲。徐鍇曰、良、甚也。故从畗。左昭元年傳良醫也、良醫猶上醫也。

啓蒙

元良首也。　元良爲首、猶林烝爲君、非必本義。連文亦通。　良之爲首、猶俶之爲始、淑之爲善也。

黃侃音訓

元良連讀。太甲一人元良、故曰首也。

讀雅筆記

元良首也

說文良、善也。不訓首。元良之良當作𦣻。說文𦣻、頭也。象形。頭、𦣻也。卽用雅義。良古文目與𦣻最相似、故譌𦣻爲目。後遂隸寫作良、而義不可知。郭云未詳、已據譌本。近儒不知良爲𦣻譌、而說終近鑿。竊疑羣經元良字、皆𦣻字之譌。書疏引元良首也、作元首首也。疑孔氏穎達尚知良卽𦣻字、後傳寫譌爲首。

王仁俊日記

元、良、首也。

首之本義已見上文「首、始也」節。呂覽高注又云：「首、上也、」此引伸義。

元者、左氏僖三十三年傳云：「狄人歸其元、」滕文篇「勇士不忘喪其元、」皆以元爲首。詩「建爾元子、」傳云：「元、首也。」上文云：「元、始也；」玉篇引韓詩云：「元、長也；」此皆引伸義。王制注云：「元、善也；」郝以訓首爲「善之首」者、易云：「元者、善之長也、」此郝義所本。古又連稱元首、益稷云：「元首明哉；」廣雅云：「元首、君也；」蓋元爲首、元首亦爲首；古稱君爲元后、故元首亦爲君稱、此二字連用之義。

良、古無訓首之義。說文云：「良、善也；」少儀「良綏、」鄭注以爲「君綏、」君者、尊長之詞；良之訓首、其以此歟。元良二字連用、亦無訓首之義。文王世子「一有元良、」鄭注「元、大也、良、善也、」太甲下作「一人元良、」孔傳以爲「天子有大善、」亦不以元良爲首。益稷正義引釋詁云：「元首、首也；」逸周書武順篇云：「元首曰末、」孔晁注「元首、頭也。」郝氏據此、以爲「爾雅元良、即元首之譌；」然則郭所據本、或不足信。

爾雅學

元良首也○釋曰　注疏本刪。

郭云左傳曰　正德本同。閩本監本毛本郭改注。

校勘記

元良首也　案、元良當作元首。古無以元良爲首者。書益稷正義引釋詁云元首、首也。郝懿行爾雅義疏曰良、首古篆文形近相亂、疑元良卽元首之譌。

八月戊午　監本同。毛本湘本午作子。案左傳作八月戊子、此作午、誤。

注疏校勘札記

考證本元良連讀下貉編同

元良、首也

孫侶直音

薦摯臻也

薦、摯、臻也。薦進也。摯至也。故皆爲臻。臻至也。

郭注

薦摯臻也　釋曰臻、至也。薦進執摯、皆所以表至也。

邢疏

薦摯臻也　郭璞云、薦進也。摯、至也。故皆爲臻。臻、至也。

一切注音

薦遭續反。摯之二反。臻則巾反。

陸音義

薦摯臻也　摯、自臻薦。薦、使之臻。

新義

薦摯臻也　薦、進也。摯、執也。皆所以表至也。

鄭樵注

薦摯臻也　郭璞曰、薦、進也。摯至也。故皆爲臻。臻至也。鄭樵曰、薦、進也。摯執也。皆所以表至也。

古注合存

荐摯臻也　此釋荐摯爲臻之義也。註曰、荐進也。摯至也。故皆爲臻。臻至也。疏曰、荐進執摯皆以表至也。

注疏參義

薦摯臻也　註　薦進也摯至也故皆爲臻臻至也　正義　上文云臻、至也。又臻與仍義同、亦見上文。薦者、坎象傳云水荐至、釋文引干寶本作水薦至、京房本作水臻至、是也。摯者、說文云𡠗至也。周書曰大命不𡠗、今西伯戡黎篇作大命不摯、史記作不至。大宗伯云以禽作六摯、後鄭註摯之言至也。

正義

薦摯臻也　薦進也摯至也故皆爲臻臻至也　臻者、上文云至也。通作蓁。文選甘泉賦云是時未蓁、夫甘泉也。李善注蓁與臻同、至也。薦者、瀳之叚音也。

說文云瀳水至也。从薦聲。讀若尊。通作薦。上文云薦、進也。進至義相成。又通作洊。易云水洊至。按洊與瀳、同。石經作洊。蓋瀳之或體。爾雅作薦。蓋瀳之省聲耳。洊、京房作臻。臻又薦之訓矣。摯者𡠗之叚音也。說文云𡠗至也。引書西伯戡黎云大命不𡠗。讀若摯同。按今書𡠗正作摯。史記殷紀作大命胡不至。考工記弓人云頸摯必中。函人云凡甲鍛不摯。鄭注竝云摯之言致也。致亦至。故曲禮注摯之言至也。摯又作贄。故書舜典鄭注贄之言至、所以自致也。是贄摯俱𡠗之通借。

義疏

薦摯臻也　郭注薦、進也。摯、至也。故皆爲臻。臻、至也。　薦臻上已見。臻从秦、非古字。秦又無至義。詩饑饉薦臻。薦又非臻。水洊一作水臻、異文同訓耳。執、加手爲摯、加女爲𡠗、今乃以加貝之贄爲俗字、未若手凡重俗之甚也。書大命胡不𡠗。

集解

薦摯臻也　薦、廌獸所食艸也。从廌从艸、會意。正字爲臻。臻薦雙聲。說文則以瀳爲之。瀳臻薦通用字。易水瀳至、京本作臻。摯、握持也。从手从執、會意字。亦作贄。正字爲𡠗。𡠗、女之至也。引申爲臻。廣雅則以爻爲之。又𡠗摯通用字。書西伯戡黎大命不摯、史記作大命胡不至。詩闕雎傳摯而有別、箋摯之言至也、猶臻也。臻至也。从至秦聲。

義證

薦臻也　注薦進也臻至也

正曰、薦訓進、轉訓至、說反迂曲。薦夲有至訓、郭特失檢耳。王尚書經義述聞云、埶文類聚禮部上引書大傳薦、至也。廣雅釋詁薦、至也。言人事至於神也。說文水部瀳、水至也。說夲與薦同訓爲至。

正郭

薦摯臻也

爾雅詁林　一　釋詁下

薦進也摯至也故皆爲臻臻至也

仿宋本脫一臻字。 郭注佚存補訂

薦摯臻也

薦者瀳之省文。說文云瀳、水至也。今經典通作薦。小雅節南山天方薦瘥、毛傳云薦、重也。上文臻、仍、乃也。則臻亦有重義。大雅雲漢饑饉薦臻、薦亦臻也。類聚引書大傳云薦、臻也。薦臻同訓至、而亦同訓重。周頌雝於薦廣牡、箋以薦爲進。大雅行葦醓醢以薦、正義云薦、進之也。進與至義近。 摯者、說文作勢、云至也。引書大命不勢、讀若摯。今書作摯。周南關雎箋云摯之言至也。 說詩

薦摯節音薦遭練切 遭誤書。 注疏正字

薦摯臻也

郭曰、薦進也、摯至也、故皆爲臻。臻至也。家大人曰、進與至不同義。郭彊合爲一、非也。藝文類聚禮部上引書大傳曰薦、至也。廣雅同。說文瀳、水至也。義亦與薦同。言人事至於神也。是薦與臻同義。 述聞

薦摯臻也 正義云、易水洊至釋文云京作臻、干作荐。元照案、說文水部瀳、水至也。从水薦聲。讀若尊。此與釋言荐原再也、皆當作瀳。 正義云、說文女部勢、至也。从女執聲。周書曰大命不勢、讀若摯同。一曰虞書雉勢。今尚書作大命不摯、史記作不至。 匡名

薦摯臻也 說文䲨、至也。詳見上。此伸其義也。郭註薦、進也。摯、至也。故皆爲臻也。 釋文引易水薦至、京房作水臻至、今坎卦作水荐至。 勢、握持也。西伯戡黎大命不摯、史記作大命不至、周書作大命不勢。勢、至也。 啓蒙

薦摯臻也

錦燧謹案、臻乃釋詩雲漢篇饑饉薦臻也。薦臻二字並列。惟說文廌部云薦、獸之所食艸。與臻義絕遠。薦訓臻者、乃瀳之省文假借。說文水部云瀳、水至也。引申之則爲凡至之稱。廣雅釋詁之薦、至也、亦瀳之假也。許書外無瀳字、玉篇洊同瀳、是洊卽瀳之俗體。瀳古音讀若尊、是瀳臻聲亦相同、故易坎水洊至、京房易本作臻、卽假臻爲瀳也。詩中摯字、僅大明篇摯仲氏任一見、義爲國名、並不訓臻。書西伯戡黎篇大命不摯、僞孔傳云至也。至臻義同、疑後人据書傳羼入爾雅、非爾雅原文。說文手部云摯、握持也。从手从執會意。與臻義亦遠。說文女部云勢、至也。讀若摯。凡說文讀若之字、大都皆經傳中通假之字。詳上篤厚然也條下。則摯之訓臻、乃勢之假借也。 陸錦燧日記

薦、摯、臻也。

上文云：「臻、至也；」又云：「臻、乃也、」乃即仍也。本節臻字、兼至也仍也二義。

薦者、頻也。坎象傳云：「水洊至、」釋文引干寶本作「水薦至、」京房本作「水臻至、」是薦洊字通、薦臻義同。薦至、臻至、皆頻仍之義也。摯者、䞇之假借字。說文女部云：「䞇、至也。」引書西伯戡黎「大命不䞇；」今書作摯；史記殷紀作「大命胡不至；」是摯者、至也、故訓臻。舜典鄭注：「贄之言至、所以自致、」許引書亦作䞇、是贄亦䞇之假借、其義亦臻也。

爾雅學

薦摯臻也○釋曰 注疏本刪。

校勘記

故皆爲臻至也 十行本雪牕本吳本故皆爲臻。臻至也。

校勘記訂補

故皆爲臻至也 監本毛本湘本重臻字。案至也二字所以釋經臻字也重臻字是。

注疏校勘札記

薦（箭）摯（至）、臻也。

孫品直音

薦摯臻也 臻至也

楊氏音訓

賡揚續也

賡、揚、續也。書曰、乃賡載歌。揚未詳。

郭注

賡揚續也 釋曰、謂相繼續也。郭云書曰乃賡載歌者、虞書益稷文。

邢疏

賡續也 賡音庚。釋文

孫音注

賡續也

賡音庚、釋文

沈集注

黃輯古義

賡揚賡音庚。釋文引 沈孫

孫音注

賡揚續也 賡音庚。釋文引 沈孫

沈集注

玉函山房輯佚

賡續也 孫曰、賡音庚。釋文

賡揚續也 郭璞云書曰乃賡載歌揚未詳。

漢注

賡續也 孫音庚。釋文

一切注音

蕙心案詩大東西有長庚、正義引釋詁庚續、是爾雅之賡、亦假作庚。書正義又引作西有長庚是庚賡可互假

古注斠

賡 古孟反沈古衡反 孫音庚、說文以爲古文續。續 似欲反。

陸音義

賡揚續也 夫善續者、善者稱焉、不則庚之。

新義

賡揚續也 賡、庚、書云、乃賡載歌、揚。孝經云、揚名於後世。

鄭樵注

賡揚續也 賡、孫音庚。郭璞曰、書曰、乃賡載歌揚未詳。鄭樵曰、賡、庚、書云、乃賡載歌揚。孝經云、揚名於後世。

古注合存

賡揚續也 此釋賡揚爲續之義也。註曰、書益稷云、乃賡載歌、揚未詳。愚按抑而復揚、亦續之義、今云揚風扢雅

注疏參義

爾雅詁林 一 釋詁下

揚、鄭引揚名于後世。補注

賡揚續也 註 書曰乃賡載歌揚未詳 正義 說文云續連也。古文从庚貝。是賡卽續字也。又通作庚。小雅大東云西有長庚，書疏引作西有長賡。毛傳以賡爲續也。揚者，益稷云皋陶拜手稽首颺言，史記作皋陶拜手稽首揚言。是颺卽揚也。曾子立事篇身言之，後人揚之。註 書曰至載歌○正義 益稷文。史記作乃更爲歌，更亦續也。正義

揚續也

玉案：咎繇颺言，史記作揚言。上承帝命，故義得爲續。僞孔傳謂大言而疾曰颺，殊非對君之體。補注殘本

賡揚續也　益稷篇颺言，史記作揚言。皋陶揚言，上承帝命，故義得爲續。孔傳謂大言而疾曰颺，非對君之體也。賡，說文以爲古續字。校議

賡揚續也 書曰乃賡載歌揚未詳

續者，上文云繼也。說文云連也。連，繼爲屬，故說文云屬，連也。屬，續義同。二字互訓，故禮淡衣注續猶屬也。釋名云屬，續也。續，屬以聲爲義也。賡者，庚之段音也。說文以賡爲古續字。書云乃賡載歌，言續爲歌也。史記夏紀作乃更爲歌。更亦續也。管子國蓄篇云愚者有不賡本之事，言不續本也。尹知章注賡猶償也。償續義亦近也。經典賡字止此二見。賡字从庚，因偕爲庚。詩西有長庚，傳庚，續也。正義引釋詁文。楚辭遠逝篇云立長庚以繼日，亦以庚爲續也。檀弓云請庚之。鄭注云庚，償也。通作更。周禮司弓矢云弗用則更。鄭注更，償也。更訓償者，爲有虧損，償還如前，義亦爲續，故晉語云姓利相更。韋昭注更，續也。漢書食貨志云不足以更之。集注亦云更，續也。更迭相代，有續之義，故訓爲續，是皆賡偕爲庚也。爾雅之賡亦偕爲庚，因讀爲庚，不得如說文以賡爲古續字矣。爾雅賡揚續及元首首皆特釋書益稷篇文，讀者或失之耳。揚者通作颺。書之颺言，史記夏紀作揚言。揚訓續者，蓋飛揚輕舉，亦有連續之形，故又訓續。古義或如此也。錢氏大昕潛研堂文集十云：燕禮主人媵觚于賓，注云媵，送也。讀或爲揚。檀弓杜蕢洗而揚觶，注云禮揚作媵。按禮賓主獻酢畢，乃有媵觚，媵爵者則揚觶之揚，蓋取義於續矣。書立政以揚武王之大烈，亦當訓續。義疏

賡揚續也 郭注書曰乃賡載歌揚未詳。賡及賡續一字相訓，與薦臻同例，專釋書乃賡、揚言也。庚、象拱干守衞更代，故以爲接續。詩西有長庚，揚从旦勿，與庚同用，唐古作暘、鍚，今作餳、糖，是也。續从賣，賣卽睦字，相睦賣、鬻，故爲繼續。集解

賡揚續也 賡，續之古文，从庚，賣省聲。書皋陶謨乃賡載歌曰，孫疏：賡，續也。詩大東西有長庚，傳：庚，續也。晉語姓利相更，注：更，續。漢書食貨志不足以更之集注：更，續也。廣雅釋詁：結，續也。以庚更結爲之。揚，飛舉也。从手，昜聲。引申爲續，謂飛揚輕舉而有連續之形也。書皋陶謨皋陶拜手稽首颺言曰，史記作揚言，孫疏：續也。洛誥以予小子揚文武烈，立政以揚武王之大烈，揚均當訓續。續，聯也。从糸，賣省聲。周禮巾車歲時更續。義證

揚續也　書洛誥，以予小子揚文武烈，立政，揚武王之大烈，並以振播前業曰揚。君牙，對揚文武之光命，對揚與追配相嬔爲辭，揚之釋爲續者，可以明矣。或二[illegible]此亦當與賡字連讀。益稷篇賡歌颺言，史夏紀[illegible]作揚。上文元良科，書正義引釋詁作元首首也。元首與賡揚正聯屬，然正本文自有經據，似不必更援及別本通借。補郭

賡揚續也

注書曰乃賡載歌揚未詳補正鄭樵註云、孝經揚名於後世。

郭注補正

賡揚續也

賡、與庚同。小雅大東西有長庚、毛傳云庚、續也。正義引作釋詁文。書疏引作西有長賡。賡從庚、故二字通用。父已鼎癸亥王徙刊作冊、冊旋新室、王賡作冊。謂徙刊作冊、又續作冊也。　揚、詳訂經。

說詩

揚續也

郭注曰、揚未詳。邵曰、曾子立事篇、身言之後人揚之、引之謹案後人揚之謂稱道其言、非謂繼續也。今案雒誥曰、以予小子揚文武烈。立政曰、以揚武王之大烈。（逸周書祭公篇以予小子揚文武大勳。）皆謂續前人之業也。猶言嗣守文武大訓耳、解者於雒誥則以爲褒揚、（某氏傳）於立政則以爲播揚、（正義）胥失之矣。

述聞

賡揚續也　說文（糸部）續、古文从庚貝作賡、則賡卽續字也、當作庚。詩（小雅大東）西有長庚、傳庚續也。正義曰庚、續釋詁文。　說文（勿部）昜開也。从日一勿。一曰飛揚、一曰長也、一曰彊者眾也。長義似與續近。

匡名

賡揚續也　說文續、連也。　益稷乃賡載歌、通作庚。小雅西有長庚、書疏引作西有長賡。　益稷皐陶拜手稽首颺言、史記作皐陶拜手稽首揚言。

啓蒙

賡庚　釋文。賡。古孟反。沈孫音庚。說文以爲古文續。案詩。西有長庚傳。庚續也。疏云。日入後有明星。言其長能續日之明。是庚有續義。古本當作庚。書。乃賡載歌。史記作乃更爲歌。月令注曰。庚之爲言更也。蓋書古亦作庚。詩傳庚續正義以爲釋詁文然庚續之訓正當作賡

黃侃評本正名

賡續也。　詩傳作庚續、正義以爲釋詁文、然庚續之訓正當作叜。　賡續萬崇、乃爾雅同文並見之例。　賡从庚聲、庚聲與昜聲相通。說文唐从口、庚聲、古文作啺、从昜聲。漢書司馬相如傳瑉玉旁唐、師古曰、唐字亦作碭、是其例、然則賡揚亦聲通同訓也。

揚續也。　揚者永羕之借、說文永、長也、象水巠理之長、羕、水長也。永羕訓長又訓續者、猶融訓長又訓續矣。詩山有樞永、引也、引之言胤、胤亦訓續、是永有續義無疑。皐陶揚言、益卽永言矣、工以納言、時而揚之、揚之亦卽永歌之矣。嚴元照說、說文昜、一曰長也、長義似與續近、案昜之訓長、亦永羕之借也。　以揚言爲續、此義甚古、今古文尚書家必有用之者。

黃侃音訓

賡揚、卽繼續二字連讀、書曰賡揚文武之光命、郭邢讀斷、故不得其義也。

讀雅筆記

賡續也賡從庚庚有續義小雅西有長庚傳庚續也疏曰入後有明星言其長能續日之明也說文庚位西方象秋時萬物庚庚有實也粟穀皆於秋時庚庚有實故以續釋之又通作更史記平準書悉巴蜀財賦不足以更之韋昭云更續也

古義補

楊續也

注曰楊未詳

樾謹按、邵氏正義引益稷篇皐陶拜手稽首颺言、史

記作揚言爲證已得之矣。揚言者、繼續其言、校傳謂大言而疾、非也。惟揚何以爲續、邵亦未得其義。今按、揚者昜之叚字。說文勿部昜、一曰長也。字亦作通暢。詩小戎篇文茵暢轂、毛傳曰暢轂長轂也。凡物續之則長、長與續義相近。淮南子人閒篇故交畫不暢、文選神女賦不可盡暢、高誘李善注竝曰暢申也。揚之爲續、猶暢之爲申、皆由昜之爲長而引申之。申重與繼續其義同矣。

平議

賡續也

錦燧謹案、毛詩無賡字、大東篇西有長庚、毛傳云庚、續也。與爾雅合。殆三家異文有作賡者、雅訓乃釋三家詩之西有長賡也。說文糸部云續、連也。从糸賣聲。古文續从庚貝。是賡續乃古文字。賡从庚貝會意、非从庚得聲、俗讀爲加孟皆行二反、誤矣。今以續釋賡、蓋卽以今字釋古文也。書益稷乃賡載歌曰、僞孔傳云賡、續也。與此同。或据詩庚與箱章襄明行韻、賡可假作庚、似賡亦當如俗讀矣。不知此非聲借、乃形借也。假借之以聲者、十居其九、形借亦閒有之。禮記檀弓言乃讙、孔氏正義云言乃讙者、尙書無逸云言乃雍。雍讙字相近、義得兩通。此形近亦可通假之證。賡、从庚、因卽省文假作庚字、音則非讀如庚也。既假作庚、詩遂忘其爲賡字之假、而从俗讀與襄章爲韻耳。

陸錦燧日記

賡、揚、續也。

上文云：「續，繼也。」說文糸部云：「續，連也，从糸，賣聲。賡，古文續，从庚貝；」是許以續賡爲一字矣。

賡與續既同字，爾雅以續訓賡者，說文云：「𢆶，雛也，」𢆶爲古文，雛爲今字，此即以今字釋古字之例也。小雅大東云：「西有長庚，」傳：「庚，續也，」是庚者，更續也；賡从庚貝，爲會意字，段云：「庚貝者貝更迭相聯屬，」是也。或謂賡从貝，庚聲，段已斥其非矣。益稷云：「乃賡載歌；」管子國蓄篇「愚者有不賡本之事，」尹知章注「賡，猶償也，」償與續義相貫；郝謂「經典賡字止此二見。」賡與庚、更，雖通，仍爲續字。

揚者，邵云：「益稷『皋陶拜手稽首颺言，』史記作『揚言，』是颺即揚也；曾子立事篇『身言之，後人揚之。』」王引之引雒誥「以予小子揚文武烈，」謂續前人之業也。俞樾云：「揚者，昜之假字，說文勿部『昜，一曰長也；』字亦通作暢，詩『文茵暢轂，』傳曰：『暢轂，長轂也。』凡物續之則長，長與續，義相近，皆由昜之爲長引申之。」諸家立說雖殊，皆有續義。

爾雅學

賡揚續也○釋曰　注疏本刪。

郭云書曰　正德本同，閩本監本毛本郭改注。

校勘記

賡庚音揚續也

音圖・音

庚

賡揚、續也。

孫品直音

祔祧祖也

祔、祧、祖也。祔、付也。付新死於祖廟。祧、毀廟主。

郭注

祔祖也

祔祧祖也　釋曰謂先祖也。說文云祔後死者合食於先祖也。郭云祔、付也。付新死者於祖廟。士虞記云明日以其班祔。毀廟之主名祧。

邢疏

爾雅詁林　一　釋詁下

祔、音付。釋文

郭音義

黃輯古義

祔祧祔、音付。

郭音義

玉函山房輯佚

祔祧祖也

郭璞云、祔、付也。付新死者於祖廟。祧、毁也。祔新廟毁舊廟也。今本作祧毁舊廟主、蓋有脫誤。說文繫傳一卷引郭注作祧毁也云云、茲據增正。

一切注音

祔音附。郭音付。祧俱毁反。

陸音義

祔祧祖也

尼祖爲祔祧、遠祖也。親在高曾之上危矣。尼祖爲祔之尼譌。郭注曰、祔、付也。付新死者於祖廟。疑此尼字或即付字之誤。黃氏模曰、尼祖之尼、因第二行即尼也之尼、相竝而誤也。

新義

祔祧祖也祔、謂附後死者合食於先祖祧毁廟之主。

鄭樵注

祔祧祖也祔郭音付。

郭璞曰、祔、付也。付新死者於祖廟。祧、毁廟主。

鄭樵曰、祔、謂附後死者合食於先祖。祧、毁廟之主。

古注合存

祔祧祖也。祔音附。祧音鬼。○此釋祔祧爲祖之義也。註曰、祔、謂祔新死者於祖廟。祧者、毁廟主也。

注疏參義

祔祧祖也註祔、付也。付新死者於祖廟。祧、毁廟主。正義說文云、祖、始廟也。又云、祔、後死者合食于先祖也。釋名云、又祭曰祔。祭於祖廟、以後死孫祔於祖也。士虞禮記云、將旦而祔、則薦。喪服小記云、祔必以其昭穆。祧者、說文云祧、祔祧祖也。註祔付至廟主。正義祔付以聲爲義。上文云垝、毁也。垝祧聲同、故以爲毁廟主也。說文繫傳引郭璞曰、祧、毁也。祔新廟毁舊廟也。與今本異。

正義

祔祧祖也

郭注、祔、付也。付新死者於祖廟。祧、毁廟主。玉案、曲禮立之主、注云祔而立主。左傳祔而作祖。是祔亦祖也。主與祖同聲、蓋祖即主耳。

補注殘本

祔祧祖也

說文繫傳引郭璞曰、祧、毁也。祔新廟、毁舊廟也。

校議

祔祧祖也祔付也付新死者於祖廟祧毁廟主祖者、上文云始也。說文云始廟也。是祖兼廟而言。此文當祧祖連讀。祧者、說文云祔祧祖也。文義未明。故玉篇廣韻申之云、祧、毁廟之祖也。是祧訓爲毁。上文云垝、毁也。垝與祧聲義同。祔者、說文云後死者合食於先祖。釋名云、又祭曰祔。祭於祖廟以後死孫祔於祖也。喪服小記云、祔必以其昭穆。故旣夕禮云、明日以其班祔。班即昭穆。明日、卒哭之明日也。鄭注祔猶屬也。祭昭穆之次而屬之。是其義也。祔必於毁祖者、祖親盡則廟毁。祔祭於此、以新死之主將入此廟、故祭而屬之也。郭訓祔爲付、義亦如此。通作付。周禮大祝云付練祥、鄭注付當爲祔。又通作附。曾子問云、祔不附祭。釋文附本或作祔。雜記上下篇言附者非一、鄭注竝云附皆當爲祔。

義疏

祔祧祖也經文

郝云、此文當祧祖連讀、祔必於祧祖者、祖親盡則廟毁、祔祭於此、以新死之主、將入此廟、故祭而屬之也。按郝此說殊不了、說文祖、始廟也。段玉裁注云始兼兩義、新廟爲始、遠廟

爾雅詁林　一　釋詁下

亦爲始、故祔祪皆曰祖也。然則此文仍當以祖也二字連句。

經注集證

祔祪祖也 郭注祔、付也。付新死者於祖廟。祪、毀廟主。　此正毀爲祪也。毀者、壞土之名、不可施於祖廟。祪、从示危。神之高遠者、則遷之、而經傳作毀、不可云毀、祪也。故託釋祔以正之。祔、从付、人所制節爲付、因爲祔祀。有新祔、則遠者祪也。

集解

祔祪祖也 此以祪祖釋祔也。祪、毀也。子孫而言毀祖、義殊未安、故易毀祖爲祪祖、雅其詞也。祔、後死者合食於先祖、親盡而廟當毀、祔祭其中、所以便毀其廟也。喪服小記祔必以其昭穆、既夕禮明日以其班祔、均謂祔廟而使祪祖耳。

義證

祔祪祖也 祪俱毀反。

注祔付也付新死者於祖廟祪毀廟主

郭注補正

祔祪祖也

祔者、說文云後死者合食於先祖。祔、與附通。雜記注云附皆當爲祔。大雅緜予曰有疏附、疏謂附爲親附、祔亦親附於祖廟也。　祪者、說文云祔祪祖也。祪、爲毀廟主。上文云垝、毀也。祪垝聲同而義皆爲毀。衛風氓乘彼垝垣、毛傳云垝、毀也。

說詩

祔祪祖也　說文同。

匡名

祔祪祖也 說文祖、始廟也。始兼兩義、新廟爲始、遠廟亦爲始、故祔祪皆曰祖也。引伸爲凡始也。　祔、後死者合食於先祖。周禮省作付、大祝付練祥。　祪、祔祪祖也。祔謂新廟、祪謂毀廟、皆祖也。

啓蒙

祔祪祖也

注曰祔、付也。付新死者於祖廟。祪、毀廟主。

樾謹按、徐鍇說文繫傳引郭注曰祪、毀也。附新廟毀舊廟也。與今本不同、而其義更明。惟祪毀也之上當有祔附也一句。徐氏因於祪篆下引之、故不及耳。郭意蓋以附釋祔、以毀釋祪、而申之曰附新廟毀舊廟也。兩廟字卽經文祖字。說文示部祖、始廟也。是祖之本義爲廟。尚書甘誓曰用命賞于祖、弗用命戮于社、考工記匠人曰左祖右社、竝以祖社對言。祖社猶廟社也。鄭注考工記曰祖、宗廟。得其本義矣。文二年公羊傳毀廟之主陳于太祖、未毀廟之主、皆升合食于太祖。太祖卽太廟也。毀廟言廟、太廟言祖、廟祖一也、互言之耳。詩有瞽篇序曰、始作樂而合乎祖也。合乎祖、卽合乎廟也。周書嘗麥篇乃嘗麥于太祖。于太祖、卽于太廟也。禮記檀弓篇君復於小寢、大寢、小祖、大祖。小祖、大祖、卽小廟、大廟也。荀子成相篇武王善之、封之于宋立其祖。立其祖卽立其廟也。凡此皆祖之本義。此經曰祔祪祖也、祖之本義也。釋親曰祖、王父也。祖之引申義也。本義爲引申義所奪、而此經之旨失矣。說文以祧祔祖三篆相次，正本此經之文，蓋有新附之廟，有已毀之廟，故必兼祔祧而言，然後廟制乃備。吾鄉許氏宗彥廟祧考曰：五廟者，一祖四親，服止五，廟亦止五。先王于親盡之祖，限于禮不得不毀，而又不忍遽毀，故五廟外建二祧，使親盡者遷焉，行亨嘗之禮，由遷而毀，去事有漸，禮之正、仁之至。此周人宗廟之大法也，詳見鑑止水齋集，其義至精。然則此經兼祔祧言，卽兼廟祧言。廟祧雖別，亦得通稱，故王制曰天子七廟，蓋五廟二祧，并稱七廟也。祧得稱廟，故祧亦稱祖矣。郝氏義疏謂此文當以祧祖連讀，玉篇廣韻曰祧，毀廟之祖也。祔必於毀祖者，祖親盡，則廟毀，祔祭於此，以新死之主將入此廟，故祭而屬之也。此說殊不可通。古者孫祔於祖，但取昭穆相同，非必祔於毀廟之祖也，且如其說，祧祖者毀廟之祖，而祔者祔於毀廟之祖，安得卽以祧祖釋祔乎。

平議

祔、祧、祖也。

上文云：「祖、始也、」乃說文「始廟」之引伸義；王父為祖、亦引伸義；祖之本義實為廟。兪樾云：「甘誓曰：『用命賞於祖、弗用命戮于社、』考工記曰：『左祖右社、』並以祖社對言、祖社猶廟社也。檀弓篇『君復于小寢、大寢、小祖、大祖、』小祖大祖、即小廟大廟也。」然則本節之祖、亦謂廟也。

祔祧為祖、當據本節注及徐鍇說文繫傳所引郭注釋之。蓋祔者、附也；祧者、毀也；附新廟、毀舊廟也。兪樾云：「說文以『祔祧祖』三篆相次、正本此經之文；蓋有新附之廟、有已毀之廟、故必兼祔祧而言、然後廟制乃備。吾鄉許氏宗彥廟祧考曰：『五廟者、一祖四親、服止五、廟亦止五。先王於親盡之祖、限於禮不得不毀、而又不忍遽毀、故五廟外建二祧、使親盡者遷焉、由遷而毀。此周人宗廟之大法也。』」此經祔祧、即兼廟祧言；王制曰：『天子七廟、』蓋五廟二祧、并稱七廟也。」是故祔者、謂附祭新鬼之廟；但以孫祔祖、取昭穆相同、非如郝氏所云「必祔於毀祖」也。親盡則廟毀、祧者、毀廟也；然謂之毀者、亦祇遷其主而已、又不可如郭注所云「毀其主」也。

爾雅學

校勘記

付新死於祖廟雪牕本同。單疏本注疏本作付新死者於祖廟，此脫者。

祔祧祖也〇釋曰注疏本刪。

毀廟之主名祧閩本監本毛本名作日，元本脫此字。

校勘記訂補

付新死者於祖廟十行本雪牕本吳本無者字。

注疏校勘札記

明日於其班祔監本毛本湘本於作以。案儀禮正作以，此於字誤。

音圖・音

祔音附 祧音鬼 祖也

孫侶直音

祔付 祧鬼 祖也

直音校正

祔付 祧詭 祖也。

楊氏音訓

祔祧鬼祖也

干氏音釋

祧詭

即尼也尼定也邇幾暱近也

即尼也即猶今也。尼者、近也。尸子曰：悅尼而來遠。尼定也尼者止也。止亦定。邇幾暱近也暱、親近也。

郭注

卽尼也

釋曰尼近也言卽今相近也 尼定也 釋曰尼詁爲止止卽定舍人曰尼者、私之定也。 邇幾暱近也 釋曰皆謂殆近也邇者鄭風東門之墠云其室則邇幾者、聘義曰、日幾中而后禮成暱者郭云親近也小雅菀柳云無自暱焉。

邢疏

尼定也

尼者、私之定也。邢疏

暱近也

暱、戚之近也。左閔元年正義

犍爲注

卽尼也

卽猶今也。尼者、近也。書正義十 郭同

暱近也

暱、親近也。書正義十一 文選陸士衡歎逝賦注、又顏延年和謝靈運詩注、又謝惠連七月七日夜詠牛女詩注。郭同。

孫音注

卽尼也

尼、羊而反。釋文

謝音

卽尼也尼宜也

尼、奴啟反。釋文

顧音

尼定也

尼者、私之定也。邢疏

黃輯古義

邇幾暱近也

暱、戚之近也。春秋閔元年正義

犍爲注

卽尼也

卽猶今也。尼者、近也。書高宗肜日正義

邇幾昵近也

書正義。文選注引爾雅釋詁昵近、下引孫炎注。

昵親近也 書泰誓中正義。文選陸士衡歎逝賦注、又顏延年和謝靈運詩注、又謝惠連七月七日夜詠牛女詩注。

孫音注

卽尼也尼奴啓反、下同。並同上

謝音

卽尼也尼羊而反。並同上

顧音

玉函山房輯佚

卽尼也

卽猶今也。尼者、近也。孫注書疏十

暱近也

昵、親近也。同書疏十一

孫音注

卽尼也

孫曰卽猶今也。尼者、近也。書正義十。郭同 按、郭景純注爾雅襲用舊說於孫氏尤多、後遇郭義與古注同者、多書郭同二字以驗其所本也。

鈎沉

尼定也

舍人曰、尼者、私之定也。邢疏

暱近也

舍人曰暱、戚之近也。春秋正義十一。

孫曰暱、親之近也。書正義十一。文選十六陸士衡歎逝賦注、又二十六顏延年和謝靈運詩注、又三十謝惠連七月七日夜詠牛女詩注。郭同。

漢注

即尼也

孫炎云即猶今也尼者、近也。書正義十卷　郭璞云即猶今也。尼者、近也。尸子曰悅尼而來遠。

尼定也

舍人云尼者、私之定也。邢昺疏一卷　郭璞云尼者、止也。止亦定。

邇幾暱近也　暱、亦作昵。書十一卷泰誓傳云昵、近。正義云釋詁文引孫炎註亦作暱。文選註引同。

舍人云暱、戚之近也。左傳正義十卷　孫炎云昵、親之近也。書正義十一卷文選十六卷註　郭璞云暱、親近也。

一切注音

即尼也孫炎曰即猶今也。尼者、近也。書高宗肜日正義

尼定也舍人曰尼者私之定也。邢疏

暱近也舍人曰暱、戚之近也。左氏閔元年傳正義　孫炎曰暱、親之近也。文選注　孫炎曰昵、親近也。書泰誓正義　孫炎曰尼、近也。書高宗肜日正義

蕙心案說文暱或作昵、通作尼。故孫注云尼、近也。文選注引爾雅昵、近也。書典祀無豐于昵、昵字乃衛包改。

古注斠

尼　本亦作昵、同。女乙反、謝羊而反、顛奴啓反、下同。幾　音機、又音祈。暱　女乙反。

陸音義

即尼也　不即、無尼也。

尼定也

尼定也、非人之所能爲也。

邇幾暱近也

邇、爾也。近有界辨。詩曰、會言近止、征夫邇止。

新義

即尼也　尼、女乙反、近也。尸子曰、悅尼而來遠。尼定也　尼、止也。定亦止也。邇幾暱近也　暱、小雅無自暱焉。

鄭樵注

即尼也

孫炎曰、即猶今也。尼者、近也。尼郭注與古注同者並全錄古注以見郭所自祖後倣此

郭璞曰、即猶今也。尼者、近也。尸子曰悅尼而來遠。

鄭樵曰、尼、女乙反、近也。尸子曰悅尼而來遠。

尼定也

舍人曰、尼者、私之定也。

郭璞曰、尼者、止也。止亦定。

鄭樵曰、尼、止也。定亦止也。

邇幾暱近也

舍人曰、暱戚之近也。

孫炎曰、暱親之近也。書疏引此無之字、與郭同。此從文選注。

郭璞曰、暱親近也。

鄭樵曰、暱小雅無自暱焉。

古注合存

即尼也　尼音暱、下同。○此釋即爲尼之義也。註曰、即猶今也。尼者近也。尸子云悅尼而來遠是也。

尼定也　此釋尼爲定之義也。註曰、尼者止也、亦定也。

邇幾暱近也　幾平聲。○此釋邇幾暱爲近之義也。註曰、暱親近也。疏曰、聘義云、日幾中而後禮成。

注疏參義

文選注爾雅昵、近也。孫炎云親之近也。今本昵作暱。

補注

即尼也 註 即猶今也尼者近也尸子曰悅尼而來遠尼

爾雅詁林 一 釋詁下

定也 **註** 尼者止也，止亦定 **正義** 即訓爲尼、尼與昵同。高宗肜日云無豐于昵、以昵爲近也。衛風氓云來即我謀、左氏成十三年傳云即楚謀我、皆言近就也。尼又爲定者、上文云尼定止也。是尼定二字訓同。舊疏引舍人云尼者私之定也。**註** 即猶至來遠。**正義** 書疏引孫炎云即猶今也。尼者近也。郭註本孫炎。書釋文引尸子云不避遠昵。

邇幾暱近也 **註** 暱親近也 **正義** 說文云近附也。邇者、皋陶謨云邇可遠在茲。邇省作爾。少牢饋食禮云佐食爾上敦黍于筵上。鄭註爾近也。幾者、左氏襄二十八年傳云楚不幾十年。暱者、說文云暱日近也。暱或作昵。閔元年傳云諸夏親暱。疏引舍人云暱、戚之近也。**註** 暱親近也。**正義** 書疏引孫炎云昵、親近也。文選註引爾雅昵、近也。孫炎云親之近也。郭註本孫炎。

正義

即尼也 即猶今也。尼者近也。尸子曰悅尼而來遠 **尼定也** 尼者止也，止亦定 **邇幾暱近也** 暱親近也

說文云尼從後近之。小爾雅云尼近也。通作昵。釋文尼本亦作昵。同女乙反。即者、方言云就也。是就之尼也。詩東門之墠傳即就也。通作則。禮王制云必即天論。鄭注即或爲則。按則即又皆語詞、而義亦爲近。故廣雅云則即也。則即聲相轉。則之言側也。側訓邊近、與即義同。郭云即猶今也者、今亦爲近。又引尸子曰悅尼而來遠、以證尼近之義。書釋文引尸子云不遐遠昵。按昵亦當爲尼。○尼又訓定者、尼定上文並云止也、止亦定。邢疏引舍人曰尼者私之定也。以尼爲私者、尼與暱通。○尼既訓近、因廣釋近義也。說文近、附也。古文近作岸。从止、是近亦止意。近之義爲迫、故說文迫、近也。玉篇迫、附也。附近即親暱。故華嚴經音義下引顧野王云近所以爲親也。邇者、說文云近也。詩汝墳東門之墠杕杜傳並云邇近也。通作爾。釋名云爾昵也。周禮肆長云實相近者相爾也。鄭注爾亦近也。儀禮燕禮云南鄉爾卿、鄭注爾近也。移也、揖而移之近之也。是皆邇通作爾。故爾雅序釋文云爾字又作邇矣。幾者、上文云危也。說文云始也。始亦近易

月幾望、詩維其幾矣、左氏昭十六年傳幾爲之笑、魯語云民龢幾卒、並以幾爲近也。通作畿。大司馬九畿注云故書畿爲近。是近與畿、幾古俱音同字通。又通作冀。李巡注爾雅冀州云冀近也。史記孝武紀云冀至殊庭。索隱曰冀、漢書作幾。幾、近也。是幾冀又通矣。暱者、說文云日近也。引左氏昭廿五年傳私降暱燕。詩無自暱焉。齊語云野處而不暱。毛傳及韋注並云暱近也。左氏閔元年正義引舍人曰暱戚之近也。文選注引孫炎曰暱、親之近也。通作昵。說文暱或作昵。書大誓正義引孫炎曰昵親近也。高宗肜日釋文昵近也。私降暱燕、今左傳作私降昵宴。又通作尼。書正義引孫炎曰尼者、近也。是尼昵通。

義疏

即尼也 郭注、即猶今也。尼者、近也。尸子曰、悅尼而來遠。此當連上爲文。尼、爾也。即从卩皀、食有度。爲即、因爲即就字。以父就祖附食是曰即。禰書無豐于昵。字又佀藝。書歸格于蓺祖。私廟大爲尼也。即、常語。尼不恆用。非以尼釋即。

尼 疑 **定也** 舍人注、尼者私之定也。郭注尼者止也。止亦定。尼疑聲近。字又佀嶷。禮疑立。詩克岐克嶷。說文引佀嶷。上云尼定止、止以人定在已也。

邇幾暱近也 舍人注、暱戚之近也。孫注昵親近也。郭注暱親近也。邇古文从壐、篆从爾。爾靡麗也。禮經周官並佀爾。詩父母孔邇。書無有遠爾。幾、見上。危、汔、周官九畿故書佀九近。易傳其殆庶幾乎。暱昵同用而義有別。昵从尼、親比之。暱从匿、私之也。詩無自暱焉。近从斤、持斤行當近附之。

集解

即尼也 此承上文而廣祔之義也。尼从後近之也。字亦作昵。俗作禰、父之廟也。祔所以祔祖、亦所以即爲禰也。書高宗肜日典祀無豐于昵、馬注昵考也。謂禰廟也。

尼定也 尼、正字爲疑惑也。引申爲定。以上經尼定均訓止故耳。禮所謂疑立是。

邇幾

暱近也邇、行之近也。从辵爾聲。書皋陶謨邇可遠在茲、史記邇作近。詩汝墳父母孔邇、東門之墠其室則邇、傳均云邇近也。禮記表記邇臣守和、魯語魯之密邇於齊、而又小國也、注均云邇近也。前漢書武五子傳毋桐好逸、毋邇宵人、應劭訓近。管子大匡魯邑之教好邇而訓於禮、注邇近也。周禮肆長實相近者相爾也、注爾亦近也。儀禮燕禮南鄉爾卿、孟子離婁所惡勿施爾也、注均云爾近也。廣雅釋詁次近也。以爾次為之。幾微也、殆也。从丝从戍、會意。正字為近。近幾雙聲。易小畜月幾望、子夏傳作近。詩瞻卬維其幾矣、箋幾近也。禮記樂記知樂則幾於禮矣、左襄十一傳不從晉國幾亡、文選東京賦一言幾於喪國、弔魏武帝文則幾乎密與、閒居賦幾陋身之不保、注均云幾近也。周禮大司馬九畿注、故書畿為近。史記孝武紀冀至殊庭焉、索隱冀、漢書作幾、近也。說文引明堂月令歲將幾終、今月令作數將幾終、謂近終也。以畿冀幾為之。暱、日近也。从日匿聲。或作昵。書高宗肜日典祀無豐于昵、偽傳昵近也。詩菀柳無自暱焉、傳暱近也。晉語大其私暱而益婦人田、齊語是故農之子恒為農野處而不暱、注均云暱近也。近、附也。从辵斤聲。古文作𡲾。易說卦為近利市三倍。禮記月令雖有貴賤近習。

義證

卽尼也釋文云本亦作昵、如啓反。

注卽猶今也。尼者近也。尸子曰悅尼而來遠。補正邢疏尼近言也。卽今相近也。

尼定也

注尼者止也。止亦定也。補正邢疏尼詁為止、止卽定。舍人曰尼者私之定也。

邇幾暱近也

注暱親近也。書疏引孫注同。補正邢疏聘義曰日幾中而後禮成。小雅云無自暱焉。

郭注補正

邇幾暱近也

暱親近也

元應燈指因緣經音義引爾雅暱、近也。郭璞曰謂相近也、亦親也、私昵也。辟支佛因緣論上卷音義引同。

郭注佚存補訂

卽尼也

郭注云卽猶今也。尼者近也。竊謂卽當為就、就則近矣。鄭風東門之墠子不我卽、毛傳云卽就也。子不我卽、卽子不我近也。衛風氓來卽我謀、鄭箋云卽就也。謂來近而與我謀也。齊風東方之日履我卽兮、大雅板我卽爾謀、箋竝云卽就也。

尼定也

尼義詳尼定止也下。

邇幾暱近也

邇者、說文云近也。周南汝墳父母孔邇、邶風谷風不遠伊邇、鄭風東門之墠其室則邇、唐風杕杜征夫邇止、大雅民勞柔遠能邇傳箋竝云邇近也。

幾者、大雅瞻卬維其幾矣、鄭箋云幾近也。幾近一聲之轉。暱者、說文云日近也。或作昵。小雅菀柳

爾雅詁林　一　釋詁下

無自暱焉、毛傳云暱、近也。舍人云暱、戚之近也。孫炎云暱、親之近也。

說詩

即尼也

孫曰、即猶今也。尼者近也。見高宗肜日正義　郭引尸子曰、悅尼而來遠。引之謹案、高宗肜日曰、典祀無豐于尼、傳曰尼、近也。今本尼作昵、乃衛包所改、古文尚書撰異已辯之。宣元年公羊傳曰若此乎古之道不即人心、何注即、近也。是即尼皆爲近。

述聞

即尼也尼定也　尼、釋文云本亦作昵。案說文尸部尼、從後近之。从尸匕聲。又日部暱、日近也。从日匿聲。春秋傳曰、私降暱燕。或从尼作昵。

邇幾暱近也　正義云邇、省作爾。鄭注儀禮禮記爾、近也。案邇、正文。爾通借。見前　暱文選注廿五又廿六又卅　一切經音義一又五又十又十一又十三又十八又廿一又廿二引皆作昵。一切經音義所引爾雅昵、親近也。是注、非正文。尚書正義泰誓曰昵、近。釋詁文。案昵即暱字。見上

匡名

即尼也尼定也　郭註即猶今也。尼者、近也。尼者止也。止亦定。　說文𠬝、即食也。衛風來即我謀。尸从後近之。徐鍇曰、尼猶昵也。尸子悅尼而來遠。通作昵。高宗肜日無豐于昵、註昵、近也。尼又訓爲定。冋、安也。从宀从正。上文定、止也。孟子止或尼之。尼、止也。音異義同。是尼之本義、從後近之而訓止、訓定、與致遠恐泥同爲泥滊之假借字也。若尼山取圩頂水潦所止、昵之假借字也。

邇幾暱近也　說文䢊、附也。邇、近也。皋陶謨邇可遠在茲。省作爾。少牢饋食禮佐食爾上。

左襄二十一年傳、楚不幾十年。暱、日近也。左閔元年傳諸夏親暱、註暱、近也。

啓蒙

即尼也。尼、定也。暱、近也。　尼因下字而轉訓。即尼尼定相承義異。　尼暱同字並見。

黃侃音訓

即尼也

注曰、即猶今也。尼者、近也。

樾謹按、釋文曰尼本亦作昵。是尼有親昵之意。即之言就也。相就即相親。故即訓尼矣。僖二十四年左傳即聾從昧、正義曰即、是依就之義。與此經即尼之訓正合、謂與聾者相昵也。郭以即今說之、非是。

平議

即、尼也。

郭注云：「尼者、近也、尸子曰：『悅尼而來遠。』」王引之曰：「高宗肜日曰：『典禮無豐于尼、』傳曰：『尼、近也；』今本尼作昵、乃衛包所改、古文尚書撰異以辯之。」

即者、方言「尼、就也；」邵引衛風氓云：「來即我謀、」俞樾引左氏僖二十四年傳云：「即聾從昧、」亦皆就近之義。王引之引宣元年公羊傳云：「若此乎古之道、不即人心、」何注云：「即、近也、」是與尼同義。

尼、定也。

上文云：「尼、定、止也。」止、即定也。

尼、邢疏引舍人云：「尼者、私之定也。」

邇、幾、暱、近也。

說文「近、附也；迫、近也。」華嚴經音義引顧野王云：「近、所以爲親也；」是近者、逼近也、親昵也。

幾者、詩「維其幾矣、」襄二十八年左傳云：「楚不幾十年、」皆言近也。郝引大司馬「九畿」注云：「故書畿爲近；」史記孝武紀索隱云：「冀、漢書作幾；」是幾與畿、冀、古俱通。上文訓幾爲危。

暱、說文「日近也。或作昵。」閔元年左傳「諸夏親暱、」疏引舍人云：

「暱、戚之近也。」文選注引爾雅「昵、近也、」大誓正義引孫炎曰：「昵、親近也、」此即本節「暱、近也、」之經注文。

爾雅學

即尼也○釋曰尼近也言即今相近也 注疏本刪上五字。言字誤倒尼近下。

尼定也○釋曰 注疏本刪。

邇幾暱近也○釋曰 注疏本刪。

日幾中而后禮成 元本同、與禮記聘義合。閩本監本毛本后改後。

校勘記

十下（二二）

三行暱近也○「暱」，唐寫本作「昵」。案：「昵」「暱」字通。

妥安坐也○唐寫本無「安」字。

宋監本校箋

邇幾暱 音匿 近也

音圖・音

近詩箋讀如彼其之子之記說文从辵从丌。

音略

即尼也、尼定也、邇幾暱近也、 機 匿 暱作丞聲

孫侶直音

即尼也。尼定也。 暱作

直音校正

即尼。暱 也尼定也邇幾 平聲 暱近也

楊氏音訓

妥安坐也

妥安坐也。禮記曰妥而后傳命。

郭注

妥安坐也　釋曰妥者安定之坐也郭云禮記曰妥而后傳命者案士相見禮云凡言非對也妥而後傳言鄭注云凡言謂已為君言事也妥安坐也傳言猶出言也此言禮記曰妥而后傳命者傳寫誤也或所見本異。

邢疏

妥安坐也

妥他回反。釋文

郭音義

妥安坐也

妥他果反。釋文

沈集注

黃輯古義

妥安坐也妥他回反。

郭音義

妥安坐也

妥他果反。釋文

沈集注

玉函山房輯佚

妥安坐也

郭璞云禮記曰妥而后傳命。今禮記無此文、士相見禮云、妥而后傳言。

一切注音

妥 郭他回反、沈他果反、傳命 直攣反。

陸音義

妥安坐也 妥者、安坐也。

鄭樵注

妥安坐也 妥、郭他回反。郭璞曰、禮記曰、妥而后傳命。鄭樵曰、妥者安坐也。

古注合存

妥安坐也 此釋妥為安坐之義也、疏曰士相見禮云妥而後傳言、鄭註云、妥、安坐也、傳言謂出言也、

注疏參義

妥安坐也 註 禮記曰妥而后傳命 正義 上文云妥、安、止也。此釋妥為安坐、義相承也。釋名云坐、挫也、骨節挫屈也。古者坐為危坐、故釋名又云跪、危也、兩膝隱地體危隍也。妥則為安坐。大射儀命賓諸公卿大夫、公曰以我安賓、諸公卿大夫皆對曰諾、敢不安。又云公以賓及卿大夫皆作

爾雅詁林　一　釋詁下

乃安。是使之安坐也。士虞禮云、主人及祝拜妥尸。特牲饋食禮云、主人拜妥尸。少牢饋食禮云、主人皆拜妥尸。妥尸之禮、卽楚茨所謂以妥以侑也。【註】禮記至傳命。【正義】士相見禮云、凡言非對也、妥而後傳言、鄭註妥、安坐也。傳言、猶出言也。此作禮記曰妥而後傳命、舊疏以爲傳寫誤也、或所見本異。

正義

妥安坐也　古文坐爲危坐、妥爲安坐、當以妥爲一句。

校議

妥安坐也

禮記曰妥而后傳命

說文云、坐、止也。从土、从畱省。土、所止也。此與畱同意。古文作坐。釋名云、坐、挫也。骨節挫詘也。按坐有二義。古有危坐、危坐者跪也。故釋名云、跪、危也。兩膝隱地。體危倪也。詩云、不遑啟處。啟、卽跪也。是危坐之義也。安坐者亦兩膝隱地、而體不危倪、卽安坐矣。妥安者上文與安竝訓止。郭注安者、坐也。卽本此爲訓也。坐止義同、妥安義同、故此四字反覆互訓。義得兼通。爾雅此讀當從坐也斷句、蓋以妥安訓坐、是卽上文妥安訓止之義也。然妥亦可斷句、安訓安坐、亦卽妥安訓坐之義也。蓋此二讀於義俱通矣。以妥安訓坐者、玉篇引爾雅云、妥、坐也。廣韵云、妥、安也。漢書燕刺王旦傳集注亦云、妥、安也。妥與綏同。綏訓安、卽妥訓安也。故漢書注、妥、古綏字。曲禮云、大夫則綏之。又云國君綏視、鄭注竝云、綏讀爲妥。是妥綏古字通。徐鍇疑綏不當从安、此妥說也。以安訓安坐者、詩以妥以侑、傳妥、安坐也。士相見禮云、妥而後傳言、士虞禮及特牲少牢饋食禮竝云、拜妥尸。郊特牲云、詔妥尸。鄭注竝云、妥、安坐也。又云、拜之使安坐也。然則毛鄭俱以安坐訓妥、郭及玉篇廣韵竝以妥安訓坐。二讀不同、於義俱通。郭引儀禮作禮記、傳言作傳命、俱字之誤。

義疏

妥安坐也

郭注禮記曰妥而後傳命。此以安坐釋妥、亦可以坐專釋禮經之妥。妥祭、拜妥尸、尸坐。燕大射請安于賓、君曰以我安。皆升坐。是妥安皆謂坐。妥委隸誤、鄭多讀綏爲妥。禮挼祭、特牲作妥、少牢作綏。此皆挼字、兩手摩也。郝欲以妥爲綏之異文、段玉裁以綏从女爪系、幵車、非也。坙當从古文作坐、象兩人在土上。篆从㽕、以㽕爲畱、與畱同意、非。

集解

妥安坐也

此以安坐訓妥也。妥从爪女、有安之意。坐、止也、亦安也。詩楚茨以妥以侑、儀禮士相見妥而後傳言、士虞及特牲少牢饋食竝云拜妥尸、禮記郊特牲詔妥尸、傳注均以妥爲安坐、本雅訓也。

義證

妥安坐也

【註】禮記曰妥而後傳命【補正】臣鍌按、謂妥者安坐也。

郭注補正

妥安坐也

禮記曰妥而后傳命

仿宋本后作後。

郭注佚存補訂

妥安坐也

上文云、妥、安、止也。郭注云、妥者、坐也。坐止一義。小雅楚茨以妥以侑、毛傳云、妥、安坐也。以安坐連文。郭讀妥、安、坐也。與玉篇合。玉篇引爾雅云、妥、坐也。妥與安同義。廣韵云、妥、安也。是皆以安妥訓坐也。

妥者、綏之省文。鄭注曲禮云、綏讀爲妥。漢書注云、妥、古綏字。周南樛木、小雅南有嘉魚、鴛鴦、楚茨諸詩傳箋竝云、綏、安也。義見前綏安也下。

說詩

爾雅詁林　一　釋詁下

妥安坐也

小雅楚茨篇曰、以妥以侑、士相見禮曰、妥而後傳言、士虞禮曰、主人及祝拜妥尸、郊特牲曰、詔妥尸、毛傳鄭注並曰、妥、安坐也。以安坐二字連讀。引之謹案、上文曰、妥安、止也。是訓妥安爲止。此曰、妥安坐也、亦是訓妥安爲坐、非訓妥爲安坐也。坐與止同義、說文曰、坐、止也。上文曰、妥、止也。（郭曰、妥者、坐也。）此曰、妥、坐也。皆異名而同實。士相見禮之妥而後傳言、本謂坐而後傳言、不必加安字以釋之也。孟子公孫丑篇曰、坐我明語子、逸周書度邑篇曰、安予告女、是安與坐同義、故曰安坐也。不當以安坐二字連讀。說文侳、安也。侳與坐聲近而義同。妥安二字同義、故妥又訓爲安。漢書武五子傳北州以妥、薛瓚曰、妥、安也。妥與綏古字通。（士相見禮注曰、古文妥爲綏。孟康注武五子傳曰、妥、古綏字。）綏亦安也。小雅之以妥以侑、士虞禮之拜妥尸、郊特牲之詔妥尸、妥字皆當訓爲安、若訓爲安坐、而曰拜安坐尸、詔安坐尸、則皆爲不詞矣。

述聞

妥安坐也　說文無妥字。

匡名

妥安坐也　說文𡋾、止也。从土、留省。土、所止也。此與留同意。郭註引禮妥而後傳命、今士相見禮作妥而後傳言、註妥、安坐也。大射儀敢不安、註安亦坐也。

啓蒙

妥安坐也

錦燧謹案、說文無妥字、而綏下云車中把也。从糸从妥、會意。桵下云棫也。材理全白無赤心者爲白桵、从木綏省聲。是許書本有妥字、今本奪去耳。雷先生說文外編据姚文田說謂妥即綏之古文、引儀禮注古文妥爲綏、詩禮注綏讀爲妥爲證。攷詩雄狐綏綏、玉篇引爲夂退、从夂聲、而禮記文子其中退然如不勝衣、注退作或妥。是知綏即从妥得聲、此兩字古音相同之證、然並非一字也。儀禮注之言古文某爲某今文某爲某者、未必即爲一字。就士相見禮篇言之、左頭奉之、注今文頭爲脰。頭爲首、脰爲項、非一字也。某不敢爲儀、注今文不爲非。不爲鳥飛上翔不下來、非爲違、非一字也。眾皆若是、注今文眾爲終。眾爲多、終爲絿絲、非一字也。若父則游目、注今文父爲甫。父爲家長率教者、甫爲男子美稱、非一字也。蓋高堂生所傳爲今文、魯恭王所得爲古文、猶易以費氏爲古文、書以孔氏爲古文也。鄭君較兩家之異文而注之、非若許書之所爲古文、故蒙謂妥乃許書漏略、其說解當訓安、諸書中綏字訓安者、皆妥之假借字。

陸錦燧日記

妥、安、坐也。

說文土部云：「𡋾、止也、从畱省、从土、土、所止也。坐、古文𡋾。」上文云：「妥、安、止也；」本節云：「妥、安、坐也；」坐即止、故許訓坐爲止。王引之引逸周書曰：「安、予告女；」孟子曰：「坐、我明語子；」是坐者安也、止與坐、皆安也。釋名云：「坐、挫也、骨節挫屈也；」又曰：「跪、危也、兩膝隱地、體危院也；」是跪即坐、以體危、故亦稱危坐也。郝氏云：「坐有二義、危坐者、跪也；安坐者、亦兩體隱地而體不危院；」此說是也。郝云所云安坐、疑其來已久、是以楚茨傳及士相見禮士虞禮注並云：「妥、安坐也；」毛鄭之用安坐、自用安坐之詞、非必割爾雅之安字、與坐字聯讀也。

妥、大小徐本說文皆失此字、而偏旁用之、故段氏於女部、補妥篆、解之曰：「妥、安也。」上文訓妥爲止、廣韻及燕刺王旦傳集注訓安、爾雅本節訓坐、毛鄭訓安坐、其義一也。前引儀禮漢書注以妥綏古今字、蓋不足據也。安與坐同義、已見前所引王氏說。說文人部云：「侳、安也；从人、坐聲；」王氏並謂「挫與坐、聲近而義同。」

爾雅學

妥安坐也○釋曰妥者安定之坐也郭云（注疏本删上六字、妥下脫者安）

爾雅詁林 一 釋詁下

郭改注。

案士相見禮云、元本同。閩本監本毛本云改曰。

校勘記

妥他可切 雪聰本他回反盧刻同。

校勘記訂補

安安坐也。釋文妥、郭他回反、沈他果反。今本作他可切。

注疏本正誤

禮記曰妥而後傳命 案、妥而後傳言、儀禮士相見篇文。邢疏正傳命之誤、而未正禮記之誤。

注疏校勘札記

四行(注)禮記曰妥而後傳命〇案:《儀禮·士相見禮》云:「凡言非對也,妥而後傳言。」此注言「《禮記》曰:妥而後傳命」,傳寫有誤。

宋監本校箋

妥 音頹 安坐也

音圖·音

妥、安坐也。 雙聲

孫品直音

貉縮綸也

貉、縮、綸也。綸者、繩也。謂牽縛縮貉之。今俗語亦然。

郭注

貉縮綸也。釋曰、郭云、綸者、繩也。謂牽縛縮貉之。今俗語亦然。據時驗而言也。大雅緜篇云、其繩則直、縮板以載。

邢疏

貉綸也

貉、胡各反。釋文

施音

黃輯古義

貉縮貉、胡各反。釋文

施音

貉縮綸也

郭璞云、綸者、繩也。謂牽縛縮貉之。今俗語亦然。

玉函山房輯佚

貉 亡白反、下同。施胡各反。綸 音倫。繩 音乘。

陸音義

一切注音

貉縮綸也

縮、亂也。亂所綸定、乃能綸之。

新義

貉縮綸也。綸、繩、約也。貉未詳。

鄭樵注

貉縮綸也 郭璞曰、綸者、繩也。謂牽縛縮貉之。今俗語亦然。鄭樵曰、綸、繩、約也。貉未詳。

古注合存

貉縮綸也。貉音陌。〇此釋貉縮爲綸之義也。註曰、綸者繩也、謂牽縛縮貉之也、今俗語亦然。

注疏參義

貉縮晉時俗語亦然、鄭未詳。

補注

貉縮綸也 註 綸者繩也謂牽縛縮貉之今俗語亦然 正義 釋名云、綸、理也、作之有倫理也。貉、爲方俗語。縮者、周語云縮取備物、韋昭註縮、引也。註 謂牽至亦然。正義 淮南俶眞訓云以摸蘇牽連物之微眇、高誘註摸蘇、猶摸索。是貉轉爲摸、縮轉爲蘇、皆言連引之勢、郭引俗語、又因摸蘇而轉。

正義

貉縮綸也 綸者繩也謂牽縛縮貉之今俗語亦然 釋名云、綸、倫也、作之有倫理也。說文云、綸、青絲綬也。綬亦繩、故詩言綸之繩。說文繩、索也。釋器云繩之謂之縮之。卽詩縮版以載也。貉讀爲貊其德音之貊。貉縮謂以縮牽連緜絡之也。聲轉爲莫縮檀弓云今一日而三斬板鄭注斬板謂斷莫縮也。莫縮卽貉縮謂斬斷束板之繩耳。又轉爲摸蘇淮南俶眞篇云以摸蘇牽連物之微妙高誘注摸蘇猶摸索。又變爲落索。顏氏家訓引諺云落索阿姑餐落索蓋緜聯不斷之意今俗語猶然。又變爲莫落新序雜事二云翡翠珠璣莫落連飾。又爲幕絡釋名云幕膜也。幕絡一體也。又云幕絡也言牢絡在衣表也。又云蒉蒚曰莫。莫幕也。貧者著衣可以幕絡絮也。或謂之牽離蒉熟爛牽引使離散如絲然也。凡此諸文皆與爾雅貉縮義近。

義疏

貉縮綸也

貉、讀爲貊其德音之貊。貉縮謂以繩牽連緜絡之也。聲轉爲莫縮。檀弓云今一日而三斬板、鄭注斬板、謂斷莫縮也。莫縮卽貉縮、謂斬斷束板之繩耳。又轉爲摸蘇。淮南俶真篇云以摸蘇牽連物之微妙、高誘注摸蘇、猶摸索。又變爲落索。顏氏家訓引諺云落索阿姑餐。落索、蓋緜連不斷之意、今俗語猶然。又變爲莫落。新序雜事二云翡翠珠璣、莫落連飾。又爲幕絡。釋名云膜、幕也、幕絡一體也。又云幕、絡也。言牢絡在衣表也。又云賁蒚曰莫。莫、幕也。貧者著衣可以幕絡絮也。或謂之牽離、賁熟爛牽引使離散如絲然也。凡此諸文、皆與爾雅貉縮義近。

念孫案、檀弓注本作斬板、謂斷其縮也。縮卽繩也、故又引詩縮板以載、卽爾雅所謂繩之謂之縮之也。釋文出斷其二字、云音短、則鄭注本作斷其縮甚明。宋監本、撫州本、岳本、明嘉靖本、衛氏集說本及禮記考文所引古本足利本並作斷其縮、自明監本始誤爲斷莫縮、而其義遂不可通、今以莫縮爲貉縮、則誤之又誤矣。

郝注刊誤

貉縮綸也 郭注綸者、繩也。謂牽縛縮貉之。今俗語亦然。

貉、當爲絡絮之絡、字亦作落、包絡盛之、因爲籬落網絡之稱。因而取獸亦曰貉。詩一之日于貉。又縮版以載。上云縱、縮、宿、止也。佰夙一字、夙早因爲宿畱、又爲理治、因爲橫直之名。綸、綬糸之有倫理者。詩言綸之繩。記其出如綸。

集解

貉縮綸也 貉、北方豸種、从豸各聲。正字爲絡。絡、絮也。引申爲綸。易象傳君子以經綸、姚信注謂綱也。文選西京賦衍地絡、注亦訓網是也。絡、貉通用字。靈樞經經脈爲裏支而橫者爲絡。素問三部九候論治其經絡、經絡云者、猶經綸也。縮、亂也。从糸宿聲。引申爲綸。經傳縱縮多連文、縱爲經、則縮爲綸也。儀禮士喪禮絞橫三縮一。禮記檀弓古者冠縮縫、今也衡縫。縮對衡言而爲直、亦猶綸對經言而爲緯也。綸、青絲綬也。从糸侖聲。易繫辭彌綸天地之道。禮記緇衣其出如綸。

義證

貉縮綸也

綸者繩也謂牽縛縮貉之今俗語亦然

阮氏云、或作猶然、雪牕本語作言。

郭注佚存補訂

貉縮綸也

貉、當爲絡之假借。說文云絡、絮也。一曰麻未漚也。絡爲繩索、而以繩絡之亦爲絡。廣雅釋詁云絡、纏也。與縮同義。縮者、大雅緜縮板以載、正義謂以繩縮束其板、故釋訓云繩之謂之縮之也。郭注謂牽縛縮貉之。縮貉、卽縮絡也。以貉縮爲疊韵連緜字、小雅采綠言綸之繩、彼釋文云綸是繩名。

說詩

貉通作莫。大雅皇矣貊其德音。貊、貉之俗體。

小箋

貉縮綸也說文綸糾青絲綬也。詁各本無糾字、今依西都賦李注、急就篇顏注補。糾、三合繩也。綸、是青絲繩。小雅言綸之繩是也。後人用以代經綸字、遂使其義不傳。郭註綸者、繩也。謂牽縛縮貉之。今俗語亦然。

啓蒙

貉、縮綸也。貉亦單言、長言之則曰莫落、幕絡。縮之單言者。周語縮取備物、注縮、引也。

黃侃音訓

貉縮綸也

貉、當讀爲絡。方言四絡頭、帞頭也。自關而西秦晉之郊曰絡頭。五自關而東周洛韓魏之間緶或謂之絡。說文絡、絮也。絮亦綬類、故又訓綸青絲綬也。易繫辭上傳虞注訓綸爲絡、正用雅義。漢書李廣傳西域傳注落與絡同。落之爲絡、猶貉之爲絡、皆从各聲也。說文縮、亂也。與本經同。今訓縮爲綸者、釋名綸、經也。亂理以相反爲訓、猶亂訓爲治也。說文毒、厚也。廣雅僞、端也。美惡同辭、皆其例。見經義述聞。釋器繩之謂之縮之、孫注繩束版謂之縮。亦以綸爲繩。

王仁俊日記

貉縮綸也郭云綸者、繩也。謂牽縛縮貉之。今俗語亦然。楷案郭云綸繩釋貉縮爲繩也、云牽縛縮貉之。釋繩名貉縮之義也。繩名貉縮相傳自古、故晉時俗語猶然。景純據之爲說是也。記檀弓今一日而三斬板以封、鄭注斬板謂斷莫縮也。莫縮卽貉縮、而諸本莫或誤其、阮元校勘記反以其字爲是、非也。

稗疏

貉、縮、綸也。

郭注云：「綸者、繩也。」說文云：「綸、青絲綬、」綬亦繩也、故詩云：「言綸之繩。」

貉縮者、郭云：「謂牽縛縮貉之、今俗語亦然。」郝云：「釋器云：『繩之謂之縮之、』卽詩『縮版以載』也。貉、讀爲『貊其德音』之貊；貉縮、謂以縮牽連緜絡之也。聲轉爲莫縮、檀弓云：『今一日而三斬板、』鄭注『斬板、謂斷莫縮也；』莫縮卽貉縮、謂斬斷束板之繩耳。」淮南俶眞篇云：「以摸蘇牽連物之微眇、」高誘注、「摸蘇、猶摸索、」邵謂「是貉轉爲摸、縮轉爲蘇、皆言連引之勢。」今人見作事遲滯者、稱曰莫索、殆亦謂其爲事之牽縛耳。

爾雅學

今俗語亦然注疏本同。或作猶然、雪牕本語作言。

貉縮綸也○釋曰注疏本刪。

校勘記

貉縮綸也（注）綸者繩也謂牽縛縮貉之今俗語亦然○「貉」、《釋文》同，音亡白反。案：原本《玉篇》糸部「絡」下引「《爾雅》：絡、綸也。郭璞曰：綸繩也，謂牽縛縮絡之也，今俗語亦然。」「絡」音力各反。又「縮」下亦引《爾雅》，注文「貉」亦作「絡」。是顧氏所據《爾雅》郭本字從「糸」，不從「豸」。依郭注「牽縛縮絡」之語，自以作「絡」爲是。作「貉」者，蓋因下文「貉定也」而誤。

宋監本校箋

貉音陌縮綸也

音圖・音

貉縮之貉、亡伯翻、音陌、施乎各翻、音鶴。注疏考證引顏氏家訓以絡縮二字連讀、卽絡索之轉、不應音陌。

音略

鶴讀陌非 倫

貉縮、綸也。

孫偘直音

貉(陌)縮綸(倫)也

直音校正

貉(陌)縮綸也 綸繩也謂牽縛縮貉之

楊氏音訓

貉 莫白切

干氏音釋

貉嘆安定也

貉、嘆、安、定也。皆靜定、見詩。

郭注

貉嘆安定也 釋曰、皆靜定也。大雅皇矣云貊其德音、毛傳云貊、靜也。鄭箋云德正應和曰貊。嘆者、皇矣又云求民之莫、鄭箋云求民之定、謂所歸就也。貉貊嘆莫音義同。安者小雅斯干云乃安斯寢。

邢疏

貉嘆安定也

郭璞云皆靜定、見詩。

一切注音

嘆 音莫、本亦作莫。

陸音義

嘆○注疏本此下有寔、音石、陸本無。案公羊釋文音市力反、廣韻常職切在職韻內、石在昔韻內、不當以石音寔。

音義攷證

貉嘆安定也

貉、言物。嘆、言時。綸其動也、安其靜也。老子曰萬物並作、吾以觀其復。

新義

貉嘆安定也 大雅云、貊其德音。又云、求民之莫。貉貊嘆莫音義通。

鄭樵注

貉嘆安定也

郭璞曰皆靜定、見詩。

鄭樵曰、大雅云貊其德音。又云、求民之莫。貉貊嘆莫音義通。

古注合存

貉嘆安定也。此釋貉嘆安爲定之義也。疏曰詩皇矣云、貉其德音、毛傳云、貉靜也。又云、求民之莫、鄭箋云、求民之定也。

貉貊嘆莫、音義並同。

注疏參義

貉嘆安定也 註 皆靜定見詩 正義 上文云貉、靜也。又訓爲定、義相承也。貉、通作莫。釋文云、嘆、本亦作莫。左氏昭二十八年傳云德正應和曰莫。杜註云莫然清靜。安者、繫辭傳云君子安其身而後動。註見詩。正義 大雅皇矣云貊其德音、釋文引韓詩作莫其德音、云莫、定也。皇矣又云求民之莫、鄭箋求民之定謂所歸就也。商頌殷武云、寢成孔安。

正義

貉嘆安定也 皆靜定見詩

安定、上文並云止也。止亦定也。貉者、上文云靜也。靜亦定也。通作貊。詩皇矣傳貊、靜也。釋文貉本又作貊。又通作莫。釋文、貉、左傳作莫、韓詩同、云莫定也。又求民之莫、民之莫矣、傳並云莫、定也。莊子大宗師篇云莫然有閒、釋文引崔譔注莫、定也。嘆者、說文云嗼嘆也。玉篇云靜也。廣雅云安也。安靜亦定。故廣雅又云嘆、定也。呂覽首時篇云飢馬盈廄、嘆然未見芻也。楚辭哀時命篇云嘆寂默而無聲、並以嘆爲靜定也。通作寞。文選西征賦注引韓詩章句云寞、靜也。又通作莫。釋文嘆音莫、本亦作莫。安者、說文云靜也。燕禮云君曰以我安。又云皆對曰諾敢不安。並以安爲坐定也。

義疏

貉嘆安定也 郭注、皆靜定見詩。

因貉落通用、而並釋之。詩貉其德音、字本作貃。貃、善睡多、在舟但睡也。今从百大定意。不必定从舟也。左傳引莫其德音、卽此嘆矣。又、民之莫矣。又、訪予落止、落當訓定、而傳云始、謂始未定時也。安从宀女、有室乃有定、書安女止、記知止而後能定、定而後能靜、靜而後能安。又安定辭、各隨文爲淺深。

集解

貉嘆安定也

貉、北方豸種。正字爲嘆。嘆貉疊韻。詩皇矣貉其德音、韓詩作莫云定也。或者貉之正字爲貊與。貊似狐善睡、上經引申爲靜定亦靜也。嘆、吸嘆也。从口莫聲。引申爲定、今字作寞。詩皇矣求民之莫、板民之莫矣、傳均云莫定。莊子大宗師莫然有閒、崔注莫定也。淮南俶真時既者其神漠、注漠定也。借莫漠爲之。安、竫也。从女在宀中、會意。引申爲定。禮記大學定而后能靜、靜而后能安。儀禮燕禮君曰以我安、又皆對曰諾敢不安、安均謂坐定。文選曹子建樂府詩王帛不時安、注安定也。定、安也。从宀从正、會意。禮記曲禮昏定而晨省。

義證

貉嘆安定也 嘆音莫。

註皆靜定見詩 補正 邢疏大雅貉其德音、傳云貉、靜也。箋云德正應和曰貉。嘆者、皇以文云求民之莫、箋云求民之定、謂所歸就也。貉貊嘆莫音義同。斯干云乃安斯寢。

郭注補正

貉嘆安定也

皆靜定也見詩

慧苑華嚴經下卷音義引郭璞注爾雅曰、漠、謂靜定也。慧苑所據本益作漠、今據補也字。

郭注佚存補訂

貉嘆安定也

貉者、上文云靜也。靜卽定也。通作貊。大雅皇矣貊其德音、毛傳云貊靜也。鄭箋云德正應和曰貊。彼釋文云貉本作貊、左傳作莫、韓詩同、云莫、定也。樂記亦作莫其德音。大雅板民之莫矣、皇矣求民之莫、傳竝云莫、定也。小雅巧言聖人莫之、傳云莫、謨。莫亦當訓定、謂秩秩大猷聖人之所定也。楚茨君婦莫莫、傳云清靜而敬至也。敬至卽定也。荀子非十二子篇莫莫然注云莫讀爲貊。　安者、上文云止也。卽定也。商頌殷武寢成孔安。

說詩

貉嘆節疏貉其德音 貉、詩作貊。

注疏正字

貉嘆安定也 嘆、釋文云本亦作莫。案詩大雅皇矣求民之莫、傳莫、定也。正義曰莫、定、釋詁文。又板民之莫矣、傳莫、定也。正義曰莫、定、釋詁文。華嚴經音義十行品引爾雅莫、定也。　正義云貉、通作貊、又通莫。詩皇矣貊其德音、釋文云韓詩作莫、云定也。華嚴經音義佛不思議法品引郭注爾雅漠、謂靜定也。是又有作漠者。

匡名

貉嘆安定也 郭註皆靜定。　大雅貊其德音、釋文引韓詩作莫其德音。又求民之莫、箋求民之定。　嘆、啾嘆也。楚辭嘆啾默而無聲、亦作莫。大雅求民之莫、傳莫、定也。　繫辭君子安其身而後動。

啓蒙

駱嘆定也。駱嘆同字並見、駱嘆音義並同、實一字也。上文駱靜也、下文漢清也、字皆通。

黃侃音訓

賡 續也 尼也 暱 近也 駱 嘆 定也

沈旋孫炎本賡音庚。（釋詁釋文）說文以爲古文續。（釋詁釋文）尼本亦作昵。（釋詁釋文）說文暱、日近也。（日部暱）暱或作昵。（日部暱下）文選注引作昵、近也。（陸機歎逝賦序注）大雅駱作貊。（皇矣詩貊其德音）釋文嘆本亦作莫。（釋詁釋文）左傳釋文引爾雅作貊莫、安定也。（昭二十八年釋文）

賡、續也。釋文賡、古孟反、沈孫音庚。說文以爲古文續。按說文糸部續、云連也。從糸賣聲。似足切。古本續從庚貝作賡、是賡亦似足切、徐氏曰今俗作古行切。

證異

駱嘆安定也

嘆當讀爲幕。說文幕、帷在上曰幕、覆食案亦曰幕。案幕爲帷帳、有安義。此經當讀駱幕句安定也。二字相訓、絡幕疊均連文。釋名釋牀帳衣服皆曰幕絡也。文選蜀都賦罽羅絡幕、劉注絡幕施張之貌也。此从安定義引申者。幕古省作莫。（史記張釋之馮唐列傳上功莫府、索隱莫當爲幕。漢書李廣傳莫府省文。注莫府者以軍幕爲義。）釋文嘆本亦作莫。據此知古有作絡莫者。又叚爲縸。（後漢書馬融傳注縸與幕通。）馬融傳絡縸、張羅貌也。

王仁俊日記

駱、嘆、安、定也。

上文云：「安、定、止也、」止、即定也、故以止訓定。駱通貊、故上文云：「靜也；」靜定義通。駱又通作莫、詩「求民之莫、」「民之莫矣、」傳並云：「莫、定也。」

嘆者、說文口部云：「嘆、啾嘆也；」段注云：「歺部寂寥、義略同。」又宀部云：「宋、無人聲也、誌、宋或从言；」歺部云：「寥、死宋寥也；」段注云：「宋寥、猶啾嘆也。」如上說、則啾嘆與宋寥義同。許謂宋爲無人聲；呂覽首時篇高注云：「嘆然、無聲也；」然則啾嘆者、無聲之謂也。無聲則靜、故方言云：「家、靜也；」玉篇亦云：「嘆、靜也；」宋與嘆皆訓靜矣。凡訓靜之字、皆有定義、駱、上文訓靜、安、說文訓靜、而駱、安、同有定義；嘆、前引玉篇訓靜、文選西征賦注引韓詩章句亦云：「寞、靜也、」則嘆自亦必有定義矣。是以廣雅云：「嘆、安也、定也、」乃爾雅訓定之證也。爾雅釋文云：「嘆、音莫、本亦作莫、」是不獨駱借用莫、嘆亦借莫爲之。

爾雅學

駱嘆安定也○釋曰 注疏本刪。

貊其德音 注疏本依爾雅貊改貉。按爾雅作貉、邢氏引詩及傳箋作貊、故下云貉貊音義同。

皇矣又云 注疏本又誤文。

校勘記

駱嘆安定也（注）皆靜定見詩○慧苑《華嚴經音義》卷下引「郭注《爾雅》：漢謂靜定也。」「嘆」作「漢」．注文「定」下有「也」字．

宋監本校箋

駱嘆（音莫）安定也

音圖・音

駱直音音鶴讀陌非 案駱亡白翻音陌、施胡各翻音鶴、兩音並通、今必讀鶴而以讀陌爲非、誤矣。

直音正誤

左傳（昭二十八年）及樂記引詩貊其德音並作莫、（韓詩作莫）又廣韻引古詩盈盈一水閒嘆嘆不得語、是貊駱莫嘆覛脈六字並可相通。

音略

麥莫 莫

駱嘆、安定也。

孫偘直音

爾雅詁林 一 釋詁下

直音校正

貉、嘆莫、安、定也。

楊氏音訓

貉同貊、嘆同莫、安、定也。

干氏音釋

嘆莫

伊維也伊維侯也時寔是也

郭注

伊、維也。發語辭。伊、維、侯也。詩曰、侯誰在矣。互相訓。時、寔、是也。公羊傳曰、寔來者何、是來也。

邢疏

伊維也伊維侯也 釋曰、皆發語辭。轉互相訓。邶谷風云、伊余來塈。大雅大明云、維此文王。小雅六月云、侯誰在矣。 時寔是也 釋曰、是此也。秦風駟驖云、奉時辰牡。郭云公羊傳曰、寔來者何、是來也者、案春秋桓五年冬、州公如曹。六年春正月、寔來。公羊傳曰、寔來者何、猶曰是人來也。引之證寔爲是也。

一切注音

伊維也

郭璞云發語辭。

伊維侯也

郭璞云詩曰、侯誰在矣、互相訓。

時寔是也

郭璞云公羊傳曰寔來者何、是來也。

伊維也

伊、彼也。正指之爲伊、旁指之爲維。

伊維侯也

侯、射物之詞、亶侯多藏意言之。

新義

時寔是也

是無常在、時而已矣。寔不出。時、與時推移。

鄭樵注

伊維也伊維侯也侯、六月云、侯誰在矣。時寔是也時、秦風云奉時辰牡。寔、春秋寔來。公羊曰是來也。

古注合存

伊維也

郭璞曰、發語辭。

伊維侯也

郭璞曰詩曰、侯誰在矣。互相訓。

鄭樵曰侯、六月云侯誰在矣。

時寔是也

郭璞曰公羊傳曰、寔來者何、是來也。

鄭樵曰時、秦風云奉時辰牡。寔、春秋寔來。公羊曰是來也。

注疏參義

伊、維也、伊、維、侯也。此釋伊爲維之義。而又總釋爲侯也。

時、寔、是也。此釋時寔爲是之義也。註曰、公羊傳云、寔來者何、是來也。疏曰、詩駟驖云、奉時辰牡。春秋桓五年冬、書州公如曹。六年春、書寔來。公羊云、寔來者何、猶曰是人來也。

伊維也 **註** 發語辭 伊維侯也 **註** 詩曰侯誰在矣互相訓 **正義** 此皆屬辭之間字也。解六五云、君子維有解。孔疏云、維、辭也。士冠禮云、嘉薦伊脯。鄭註、伊、維也。賈疏云、助句辭、非爲義也。伊、又通作緊。左氏隱元年傳云、緊我獨無。伊維又爲侯者、大雅下武云、應侯順德。**註** 發語辭。**正義** 小雅小旻云、伊于胡底。大雅皇矣云、維此王季。皆發語辭。詩曰至在矣。**正義** 小雅六月文。又大雅文王云、侯文王孫子。

時寔是也 **註** 公羊傳曰寔來者何是來也 **正義** 時者、湯誓云、時日曷喪。史記作是日何時喪。無逸云、時舊勞于外。中論引作是舊勞於外。考工記嘉量銘云、時文思索。鄭註時、是也寔者大雅韓奕云實墉實壑鄭箋云實當作寔趙魏之東實寔同聲寔是也秦誓云是能容之大學作實能容之周策云是攻用兵高誘注是實也是通作實古者寔是二字同用詛楚文云是戮力同心以是爲寔也【註】公羊至來也○【正義】春秋桓六年春正月寔來公羊傳云寔來者何猶曰是人來也穀梁傳云寔來者是來也

正義

伊維也發語辭 **伊維矦也**詩曰矦誰在矣互相訓 **時寔是也**公羊傳曰寔來者何是來也

三者皆語詞也凡語詞之字多非本義但取其聲維者惟之叚音也上文云惟謀也思也思又語詞故惟亦語詞玉篇云惟有也辭也伊也離騷云惟庚寅吾以降王逸注惟辭也文選羽獵賦注引韓詩章句亦云惟辭也東京賦及甘泉賦注竝云惟有也東征賦往又云惟是也是與有亦皆語詞也通作維詩維天之命之維韓詩訓念則與惟同毛鄭無訓則亦爲語詞矣伊者亦叚借字也詩何彼穠矣及雄雉蒹葭傳竝云伊維也士冠禮云嘉薦伊脯楚辭悼亂篇云伊余兮念茲鄭注及王逸注竝云伊惟也逸周書大匡篇云展盡不伊孔晁注伊推也推蓋惟字之譌耳又詩云匪伊垂之箋伊辭也漢書禮樂志及楊雄傳注竝云伊是也是亦惟也惟亦辭也通作緊左氏僖五年傳民不易物惟德緊物服虔注緊發聲也襄十四年傳緊伯舅是賴杜注與服注同隱元年傳緊我獨無杜注緊語助是緊伊同故詩雄雉蒹葭東山白駒正月箋竝云伊當作緊緊猶是也史記周紀云共王緊匽索隱引世本作伊匽是皆伊緊字通之證又與嫛同釋名云人始生曰嬰兒或曰嫛婗嫛是也言是人也然則嫛之訓是與緊之訓是同爲語詞又與猗同書斷斷猗禮記大學作斷斷兮兮猗皆語詞也故莊子大宗師篇云而我猶爲人猗釋文引崔譔注猗辭也又與欸同方言云欸譆[illegible][illegible]醫然也南楚凡言然者曰欸或曰醫是醫欸皆語詞與嫛緊同○矦者上文云乃也乃旣語詞故矦亦語詞史記樂書云高祖過沛詩三矦之章索隱曰矦語詞也按詩即大風歌當言三兮云三矦者兮矦皆語詞蓋讀同也伊訓矦者詩伊其相謔箋伊因也因亦仍也仍亦乃也乃亦矦也此即伊訓矦之證維訓矦者詩矦誰在矣矦文王孫子應矦順德傳竝云矦維也正月四月蕩箋竝同漢書禮樂志云蕩矦休德敍傳云矦屮木之區別兮服虔應劭注竝云矦惟也文選東京賦云矦其緯而亦以矦爲語詞也矦訓維維訓矦故郭云互相訓伊維矦古音疑俱相近○是者亦語詞也詞有互施各指所之伊維俱語詞而訓是是亦語詞而訓此故廣雅云是此也經典是此二字通用說文云此止也从止是直也从正正是也从止故止此是三字聲義近而又皆爲語詞矣時者是聲之輕而浮者也古人謂是爲時今人謂時爲是是時一聲也時是一義也故書惟時懋哉史記五帝紀作維是勉哉咸若時紀作皆若是時日曷喪殷紀作是日何時喪竝以時爲是也詩內時字傳箋訓是者非一考工記臬氏云時文思索士冠禮云孝友時格內則云共帥時鄭注竝云時是也竝以是訓時也時與之同之亦語詞又訓爲是故書云惟耽樂之從漢書鄭崇傳作惟耽樂是從詩欲報之德鄭箋之猶是也彼其之子箋之子是子也時又與只同只亦語詞又訓爲是故詩南山有臺及采菽箋竝云只之言是也樛木釋文只猶是也蓋之只聲有輕重亦猶時之與是矣寔者是聲之弇而下者也寔从是聲而訓止說文云寔止也止亦是也故詩寔命不同傳寔是也公羊桓六年傳寔來者何猶曰是人來也穀梁傳寔來者是來也大學云寔能容之寔不能容書秦誓寔俱作是矣通作實詩實維伊何箋實猶是也實墉實壑實畝實藉箋實當作寔趙魏之東實寔同聲左氏桓六年經云寔來文選西京賦云寔蕃有徒杜預及薛綜注竝云寔實也詩小星釋文寔韓詩作實云有也是寔實通今按釋文小星寔時職反韓奕寔市力反公羊桓六年寔亦市力反穀梁寔常式反左氏寔時力反是陸德明凡遇經傳寔字即必加音其於實字則不加音故韓奕釋文實毛如字是其例也唯爾雅之寔及大學之寔二文俱不加音蓋脫漏也或疑二寔陸本作實非也

義疏

伊維也郭注發語辭凡詞但取聲伊

爾雅詁林 一 釋詁下

緊維惟經傳通用。詩維絲伊緝。**伊維侯也** 郭注、詩曰侯誰在矣、互相訓。上云侯、乃。承上詞、此同。伊、維、又發語詞也。**時寔是也** 郭注、公羊傳曰寔來者何、是來也。此聲同借用，大不用本義也。是有所指。禮孝友時格時尊爲詞寔、有所承。詩寔命不同。寔、又同維。詩文徑以時代是以實同寔。

集解

伊維也 伊、維均發聲詞也。凡詞但取聲、不取義耳。伊繄維惟經與通用。詩蒹葭所謂伊人、雄雉自貽伊阻、何彼襛矣、維絲伊緡、傳均訓維。

伊維侯也 上以侯爲乃發聲詞也。伊維均發聲詞、故訓爲侯。詩匪伊垂之、維絲伊緡。又曰侯文王孫子。

時寔是也 時、四時。从日寺聲。正字爲是。是時雙聲。書湯誓時日曷喪、史記作是日何時喪。堯典黎民於變時雍、僞傳時、是也。詩駟驖奉時辰牡、文王帝命不時、傳均云時、是也。爾曰止曰時、生民時維姜嫄、敬之佛時仔肩、箋均云時、是也。儀禮士冠孝友時格、禮記內則共帥時、注均云時、是也。前漢書敘傳時舉傳納、李奇曰時、是也。詩蓼莪欲報之德、箋之猶是也。日月乃如之人兮、箋是人也。以之爲之。寔、止也。从宀是聲。正字爲是。是寔疊韵。說文則以寔爲之。詩小星寔命不同、傳寔、是也。禮記大學寔能容之、寔不能容、書秦誓均作是。公羊桓六傳寔人者何、猶曰是人來也。文選西京賦寔爲咸陽、注寔、是也。詩燕燕實勞我心、釋文本作寔。頍弁實爲伊何、箋實、是也。公羊僖十六提月六鷁退飛、提月猶月令之言是月也。以實提爲之。是、直也。从日正會意。經典或以爲此之借字。此、上云詞也。

義證

伊維侯也

【註】詩曰侯誰在矣互相訓【補正】邢疏、伊余來暨、維此文王。

時寔是也

【註】公羊傳曰寔來者何是來也【補正】邢疏、秦風云奉時辰牡。

郭注補正

伊維也

發語辭也

慧苑華嚴經音義上卷引郭璞注爾雅曰惟、發語聲辭也。文選西征賦幽憤詩注俱引郭璞爾雅注曰惟、發語辭也。封禪文注引郭璞爾雅注曰伊、發語辭也。李善所引俱無聲字。今據補也字。

郭注佚存補訂

伊維也

維、語詞也。伊者、召南何彼襛矣維絲伊緡、邶風雄雉自詒伊戚、秦風蒹葭所謂伊人、毛傳並云伊、維也。伊通作緊。豳風東山伊可懷也、小雅正月伊誰云憎、箋並云伊、當作緊。緊是也。宣二年左氏傳自詒伊感、雄雉正義引作自詒緊慼、二字音義皆同。

伊維侯也

維爲侯者、大雅文王侯文王孫子、下武應侯順德、蕩侯作侯祝、小雅正月侯薪侯蒸、四月侯栗侯梅、六月侯誰在矣、傳箋並云侯、維也。文王侯于周服、王肅以侯爲維。抑謹爾侯度、襄二十二年左氏傳作愼爾侯度、注云侯、維也。

時寔是也

時寔是三字同音、特語有輕重耳。時者、秦風駟鐵奉時辰牡、小雅十月之交豈曰不時、大雅文王帝命不時、緜曰止曰時、生民時維姜嫄、公劉于時處處、江漢時靡有爭、周頌我將于時保之、訪落率時昭考、敬之佛時仔肩、傳箋竝云時、是也。寔者、召南小星寔命不同、傳云寔、是也。寔與實通。大雅韓奕實墉實壑、實畝實籍、箋云實當作寔。趙魏之東實寔同聲。寔、是也。小雅頍弁實爲伊何、箋云實猶是也。

說詩

伊維也節疏伊余來塈 塈、誤塈。 小雅六月云 五字當在下侯誰在矣之下。云、當作文。

注疏正字

伊維也伊維侯也 郭註、發語辭。邵云、此皆屬辭之間字也。伋、殷聖人阿衡也、伊治天下者、又爲發語辭。小雅伊于胡底、又通作繄。左隱元年傳繄我獨無。緌、車蓋維也。引伸之凡相係曰維。伊維又訓爲侯者、大雅應侯順德、註侯維互相訓。大雅、維此王季。

時實是也 說文昰直也。从日正。徐楷曰、日中爲正、是一直不移也。湯誓時日曷喪、史記作是日曷喪。

啓蒙

寔、正也。以寔爲正、卽經傳之寔是也。公羊桓六年傳寔來者、猶云是人來也。秦誓是能容之、大學作寔能容之。

伊、維也。伊維同字並見。詩抑無競維人、蔡邕祖德頌楊公碑、胡公碑作無競伊人。

時、寔、是也。時寔是聲通同訓、書無逸其在高宗時舊勞于外。周策是攻用兵、注是、實也。詩巧言亂是用餤、列女傳是作時。

黃侃音訓

伊、維也。伊、維、侯也。

玉篇離騷王逸注、文選羽獵賦注均云：「惟、辭也；」維乃惟之音假。上文云：「侯、乃也；」史記樂書索隱云：「侯、語詞也。」是維與侯、皆接續詞也。惟維之用於句首者、如皋陶謨云：「惟帝其難之、」詩「維天之命、」是。用於句中者、如解六五云：「君子維有解、」大誥云：「予惟小子、」是。惟字、或作唯。王念孫云：「亦作雖。文十七年左傳云：『雖敝邑之事君、何以不免、』言惟敝邑之事君也；昭九年云：『雖戎狄其何有余一人、』言惟彼戎狄、於余一人何有也。」是借雖爲惟也。大抵虛字之用、不取字義、但取其聲而已。下武云：「應侯順德、」侯亦維也。

伊訓維者、士冠禮云：「嘉薦伊脯、」鄭注「伊、維也、」言嘉薦維脯也。楚辭悼亂篇云：「伊余兮念茲、」王逸注云：「伊、惟也、」言維余念之也。伊、或作繄、隱元年左傳云：「爾有母遺、繄我獨無、」言維我獨無也。伊又訓侯者、詩正月云：「伊誰云憎、」與六月「侯誰在矣、」用法相同、是其證。

維訓侯者、詩「侯文王孫子、」傳云：「侯、維也、」四月蕩箋竝同。漢書禮樂志云：「蕩侯休德、」服虔注云：「侯、惟也、」是維、侯、義同。

時、寔、是也。

胡適之君嘗謂：「研究文字、須用歷史的研究法；」本節時寔訓爲是者、卽以後人習用之是字、解釋古人常用之時寔字、乃時代之關係也。廣雅云：「是、此也；」王引之云：「是、猶於是也。」在文法爲代名詞。時訓是者、書之

爾雅詁林 一 釋詁下

「惟時懋哉、」史記五帝紀作「維是勉哉；」「咸若時、」夏紀作「皆若是；」「時日曷喪、」殷紀作「是日何時喪；」皆其證也。大抵自虞夏以至周初多用時、自周以後時是並用；自漢至今則用是不用時；此則時代之不同耳。寔訓是、亦關於時代、即古用寔、後世用實用是也。春秋桓六年「寔來、」公羊傳云：「寔來者何、猶曰是人來也；」穀梁傳曰：「寔來者、是來也；」此謂古之寔、即是之義也。大雅韓奕云：「實墉實壑、」箋云：「實當作寔；趙魏之東、實寔同聲、寔、是也；」鄭即謂古字作寔、其義爲是、其聲異實、後世以實代之也。此亦古今用字之不同。 爾雅學

伊維也伊維侯也○釋曰 注疏本刪。

伊余來塈 注疏本塈誤暨。

時寔是也○釋曰 注疏本刪。

校勘記

五行(注)發語辭○《文選》《西征賦》、《封禪文》注引「辭」下有「也」字。

宋監本校箋

時寔石音是也

音圖・音

伊維也伊維侯也時寔石是也

楊氏音訓

卒猷假輟已也

卒、猷、假、輟、已也。猷、假未詳。

郭注

卒猷假輟已也

釋曰皆謂終已也。卒者、終盡之已也。輟、止已也。論語曰、耰而不輟。

邢疏

卒已也

卒、事之已也。一切經音義九

李注

假已也

詩烈假不瑕、箋瑕、已也。正義以爲釋詁文。

衆家注

黃輯古義

卒猷假輟已也

卒、事之已也。一切經音義卷九

李注

玉函山房輯佚

卒已也

李曰卒、事之已也。一切經音義九

卒猶假輟已也。假、或本作瑕。詩思齊箋瑕、已也。正義云釋詁文。

郭璞云猶、假未詳。

漢注

卒 終也。李巡曰卒、事之已也。一切經音義九

一切注音

古注斠

瑕、已也、

大雅思齊「烈假不瑕、」鄭箋云「瑕、已也、」孔疏云、『瑕已釋詁文、』孫氏讀書脞錄續編據此謂鄭爾雅本作「瑕」已、與今本作「假」已」異、森案假瑕古通、莊十四年左傳傅瑕、司馬貞史記鄭世家索隱、作「假、」禮記檀弓、公肩假、漢書古今人表作「瑕」皆其證也、

鄭玄注稽存

卒子恤反、又作碎、下同。猷音由。假古雅反。輟丁劣反。已音以、

陸音義

卒猷假輟已也

猶、可以已輟、不可以已、假、僞也。僞則有作有已。卒、卒而後已、亦卒則已矣。

新義

卒猷假輟已也　猷、假未詳。

鄭樵注

卒猷假輟已也
李巡曰卒、事之已也。
郭璞曰猷、假未詳。
鄭樵曰猷、假未詳。

古注合存

卒猷假輟已也、此釋卒猷以下爲已之義也、註曰猷假爲已未詳、愚按假遐通、蓋登遐亦卒已之意與

注疏參義

卒猷假輟已也【註】猷假未詳【正義】鄭註、禮記云已、止也。卒者、士冠禮云卒筮書卦、鄭註卒、已也。左氏襄十九年傳云其爲未卒事於齊故也乎。衆經音義引李巡云卒、事之已也。猷者、春秋宣八年壬午猶繹、公羊傳云猶者、通可以已也。又春秋文六年云猶告于廟、穀梁傳云猶之爲言可以已也。猶猷古通用。假者、曲禮云天王登假、鄭註假已也。本或作瑕。大雅思齊云烈假不瑕、鄭箋瑕已也。孔疏以爲釋詁文。輟者、曲禮云輟朝而顧。

正義

猷已也　玉案、春秋僖三十一年文六年宣八年公羊穀梁傳竝以已釋猶者、猶已二字同屬喻母爲雙聲、因聲爲義、故猶亦爲已也。然尚書大誥曰猷大誥爾多邦、微子之命曰猷殷王元子、多士曰猷告爾多士、多方曰猷告爾四國多方、又大誥曰已予惟小子、康誥曰已汝惟小子、洛誥曰已汝惟沖子、猷已同爲告人之辭、而尊卑親疏之閒、則固有辨矣。

補注殘本

猷已也　玉案、微子之命、多士、多方、皆曰猷。康誥、梓材、洛誥、皆曰已。大誥首節曰猷、次節曰已。是猷與已同也。又猷與猶通。春秋僖三十一年免牲猶三望、公羊曰猶者、通可以已也。穀梁曰猶者、可以已之辭也。文六年猶朝于廟。公羊傳文與前同。宣三年猶繹、穀梁傳文與前同。此猷卽爲已之證。

校議

卒猷假輟已也　猷假未詳

說文已、已也。玉篇止也、畢也、又訖也。畢訖義皆爲盡、盡爲止、故經典已訓爲止。爾雅上云已、此也。此訓止、故已亦止、止已又皆語詞之終也。卒者、上文云盡也。下文云終也。釋言云旣也。旣亦已之詞也。釋名云止、也。止卽已之訓也。一切經音義九引李巡曰卒、事之已也。猷者、春秋文六年云猶朝于廟、公羊傳猶者何、通可以已也。穀梁傳猶之爲言可以已也。宣八年云壬午猶繹、公羊傳與文六年同、穀梁傳猶者、可以已之辭也。左氏僖卅一年云猶三望、杜預注猶者可止之辭。是傳注竝以猶爲止已之義。猶猷古字通。猶必兼可已二義者、釋言云猶、可也。猶有疑惑之意、又有遲回之意、竝與止已義近、故凡言猶者必兼可已二義。猶已聲相轉也。假者、曲禮云天王登假、鄭注假已也。通作瑕。詩烈假不瑕、箋瑕已也。正義引釋詁文、假與格古通用。書格于上下、說文引作假于上下、假古音與格相轉。格訓至也。至亦止也。止亦已也。故小爾雅以格爲止、爾雅以假爲已、其義正同矣。輟者、曲禮云輟朝而顧、及論語微子篇鄭注竝云輟、止也。輟所以訓止者、說文云車小缺復合者。然則輟有車行中斷之義、故會意爲止、止卽已矣。

義疏

卒猶假輟已也　李注卒、事之已也。郭注猷、假未詳。猶、上云道、卒、上云盡、假、上云遠、皆釋爲已止也。已、今作以、上云此、此本爲止。書卒乃復、詩我獨不卒、記卒事。春秋傳猶者何、通可以已也。記假爾泰

鼀，郎以爾泰鼀，鄭以登假爲登已，郎登矣也。輟罬一字，以网覆車。綴止物。字从糸，故又爲已。記禮者所以綴淫也。又，輟朝而顧。

集解

卒猷假輟已也

卒，隸人給事衣有題識者。正字爲訖。訖，止也，即已也。

訖，卒通用字。書堯典卒乃復，鄭注卒，已也。儀禮士冠卒筮、書卦，禮記投壺卒投、司射執算，注均云卒，已也。猷字一作猶，玃屬，从犬酋聲。正字爲已。已猶猷，雙聲。春秋文六猶朝于廟，公羊傳猶者何，通可以已也。穀梁傳猶之爲言可以已也。宣八壬午猶繹，公羊與文六傳同，穀梁傳猶者，可以已之辭也。書盤庚聽予一人之作猷，孫疏猷，已也。假非真也，从人叚聲。正字爲閣。閣所以止扉也。引申爲已。小爾雅則以格，說文則以假爲之。假格閣假通用字。禮記曲禮天王登假，注假，已也。詩思齊烈假不瑕，箋瑕，已也。左昭七傳叔父陟恪，陟恪，即登假已也。以瑕寍爲之。輟，車小缺復合者。从車叕聲。引申爲已。禮記曲禮輟朝而顧，論語耰而不輟，穀梁文七傳輟戰而奔，注均云輟，止也。猶已也。禮記樂記禮者所以綴淫也，莊子秋水匡人圍之數帀而弦歌不惙，注均訓止。文選魏都賦剞劂罔掇，掇即輟已也。周禮大宗伯疏啜，止也。以綴惙掇啜爲之。已用也。从反已，指事字。亦作以，正字爲已。已，巳也。引申爲息也、止也，與已義反。借習久而不之察耳。

義證

猷已也　猷與已，皆發語辭。書大誥首節王若曰猷大誥爾多邦，次節曰已予惟小子，微子之命多士多方皆曰猷。康誥梓材洛誥皆曰已。又猷與猶通。春秋經僖三十一年免牲猶三望，公羊傳曰猶者何，通可以已也。穀梁傳曰猶者，可以已之辭也。文六年猶朝于廟，公羊傳文同上。宣三年猶繹，穀梁傳文同上。

假已也　禮記曲禮告天子喪曰登假，鄭註曰登，上也。假，已也。上已者，若仙去云爾。列子周穆王篇王窮當身之樂，猶百年乃徂世以爲登假焉，張湛註曰假字當爲遐。

補郭

卒猷假輟已也

註猷假未詳　補正邢疏皆謂終已也。

郭注補正

猷假已也，郭氏未詳。按曲禮告喪曰天王登假，康成注假，已也。春秋宣公八年壬午猶繹，公羊傳曰猶者何，通可以已也。是猷假爲已之證，古猷猶字同。

錢氏古義

卒猷假輟已也

卒者，上文云盡也，下文云終也、死也，皆已之義也。小雅漸漸之石維其卒矣，毛傳云卒，竟也。竟即已矣。猷與猶古字通。段氏玉裁云猷，已也，謂已然之辭。魏風陟岵猶來無止，猶來無棄，猶來無死，猶來訓終，謂役終，而不至於止於外，而棄且死也。　假與瑕通。大雅思齊烈假不瑕，箋云瑕，已也。正義云瑕已，釋詁文。今案小雅小弁不遑假寐，假當訓終。言不能終寐也。小明憚我不暇，暇與假通，謂憂我不終也。周南汝墳不我遐棄，遐亦與假通，謂不終棄我也。大雅下武箋云此三后既没登假，彼釋文云假，音遐，已也。本或作遐。

說詩

猷已也

郭注未詳。郝疏謂猷猶古字通、引公羊穀梁傳以猶爲可已、其說是也。柏年案、猶又與瘉通、詩無相猶矣、其德不猶、鄭箋猶當作瘉。廣雅已、瘉也。已既訓瘉、則瘉亦訓已矣。

補釋

卒猷假輟已也　假、大雅思齊疏引作瑕。

注疏正字

猷假已也

郭曰、猷假未詳。引之謹案、小雅鼓鍾篇其德不猶、言其德不已也。說見前其德不猶下。猶與猷同。下文曰酋、卒、終也。此曰卒、猷、已也。猷與酋聲近而義同。邵引春秋僖三十一年猶三望、公羊傳云猶者何、通可以已也。穀梁傳云猶者、可以已之辭也。段氏說文注曰、猷、已也、謂已然之詞、即猶三望之類、皆失之。錢曰假與瑕通、詩烈假不瑕、鄭讀烈假爲厲瘕、訓瑕爲已、謂爲厲瘕之行者、不已之而自已也。正義謂瑕、已、釋詁文。案錢說是也。假又與遐通、召誥曰天既遐終大邦殷之命、遐亦終也、古人自有複語耳。某氏傳天已遠終殷命、失之。終與已同義。

述聞

卒猷假輟已也　釋文云卒、又作殌、下同。案此與下二卒字皆當作殌、省作卒耳。　正義云假、或作瑕、詩大雅思齊烈假不瑕、箋瑕、已也。疏云瑕、已、釋詁文。

匡名

卒猷假輟已也　玉篇已、止也。集韻卒事之辭。損卦已事遄往。宊、隸人給事者爲卒。訓已訓終、皆叚借也。左襄十九年傳其爲未卒事於齊故也乎、鄭註卒、已也。春秋文六年傳猶告於廟、穀梁傳猶之爲言可以已也。猶、猷通用。　曲禮天王登假、或作瑕。大雅烈假不瑕、箋瑕、已也。　輟車

小鈌復合者也。註凡言輟取小鈌之意也。引伸爲作輟之稱。曲禮輟朝而顧、廣韻輟、已也。

啓蒙

卒、已也。卒下文云、終也、死也、已與彼二義皆近。猷、已也。猷猶一字、隸小變耳。猶即酋也、與下酋終同文、並見、已終義又同。輟、已也。說文网部以輟爲罬之重文、罬訓捕鳥覆車、引申訓已、其猶畢引申訓盡歟。

黃侃音訓

猷已也

案猷猶古字通。詩召南實命不猶、爾雅釋言猷、若也。引詩作實命不猷。大雅厥猶翼翼、或作厥猷、皆其證。猷已也者、春秋僖公三十一年免牲猶三望、公羊傳云猶者何、通可以已也。穀梁傳云猶者、可以已之辭也。翟氏灝云猷、與已、皆發語辭是也。

王頌清日記

猷已也

郭云猷假未詳。按已有二義、一爲止已之已、一爲語詞之已。卒假輟已也、止已之已也。猷已也、語詞之已也。已與以通。鄭注檀弓曰以與已字本同。猷與由通。左氏莊十四年傳正義曰古者猶由二字義得通用。廣雅由以用也。漢書劉向傳注旨、由也。大戴禮子張問入官篇忿數者獄之所由生也、距諫者慮之所以塞也。以亦由也、由以一聲之轉。邵引春秋僖三十一年猶三望、公羊傳曰猶者何、通可以已也。穀梁傳曰猶者、可以已之詞也。段氏說文注曰猶已也、謂已然之詞、即猶三望之類、皆失之。

爾雅詁

猷已也、郭云未詳。楷案猷與瘉通。詩斯干無相猶矣、鼓鐘

其德不猶、鄭箋並云猶當作瘉。猶卽猷字。廣雅已、瘉也。已爲瘉則瘉亦爲已矣。

稗疏

卒、猷、假、輟、已也。

鄭注禮記曰：「已、止也；」玉篇云：「已、畢也；」此形容詞也。顏師古注漢書曰：「已、語終之辭也、」此助詞也。已、又爲感歎詞、莊子庚桑楚篇曰：「已我安逃此而可、」是也。又爲副詞、鄭注考工記曰：「已、太也、甚也、」文五年左傳云：「贏曰、以剛、」以剛、謂已剛、是也。上文謂「已、此也；」則又代名詞矣。

卒、上文云：「盡也；」下文云：「終也；」釋言云：「旣也；」眾經音義引李巡曰：「卒、事之已也。」義皆通。襄十九年左傳云：「其爲未卒事於齊故也乎、」此動詞用法也。亦有用爲副詞者。

猷者、邵氏云：「春秋宣八年『壬午猶繹、』公羊傳云：『猶者何、通可以已也；』又春秋文六年云：『猶朝于廟、』穀梁傳云：『猶之爲言可以已也；』猶猷古通用。」考僖三十一年左傳云：「猶三望、亦非禮也、」杜注「猶者、可止之辭、」然則春秋經傳屢用猶字、其用法同、各家解釋亦略相同、知猶字古有已止之義。是以王引之引小雅鼓鍾篇「其德不猶、」亦云：「其德不已」也。猶猷古通、故猷亦訓已也。

假者、瑕之假借。大雅思齊云：「烈假不瑕、」鄭箋「瑕、已也、」孔疏謂爲釋詁文、是爾雅本作「瑕、已也、」可知矣。借假爲瑕、仍訓已、曲禮「天王登假、」鄭注云：「假、已也、」是其證。述聞云：「假又與遐通、召誥曰：『天旣遐終大邦殷之命、』遐、亦終也、古人自有複語；終與已同義。」王氏所引遐字、當仍爲瑕之借字。

輟、曲禮「輟朝而顧、」微子篇「耰而不輟、」鄭並云：「止也。」

爾雅學

卒猷假輟已也〇釋曰注疏本刪。

終盡之已也注疏本盡譌壽。

論語曰注疏本曰、改云。

校勘記

卒猷假輟音拙已也

音圖・音

卒啐下同猷、假、輟啜以、已也。

孫偘直音

求、酋、在、卒、就、終也

求、酋、在、卒、就、終也。詩曰、嗣先公爾酋矣。成就亦終也。其餘未詳。

郭注

求酋在卒就終也　釋曰、昔謂終盡也。求者、大雅下武云、世德作求。郭云詩曰嗣先公爾酋矣者、大雅卷阿文。卒者、邶風日月云畜我不卒。就者凡事物成就亦終也。

邢疏

卒終也

卒、病之終也。一切經音義九

犍爲注

酋終也

酋音遒。釋文

郭音義

黃輯古義

求酋在卒就終也

卒、病之終也。一切經音義卷九

犍爲注

求酋音遒並同上

郭音義

玉函山房輯佚

卒終也

舍人曰卒、病之終也。一切經音義九

漢注

求酋在卒就終也

爾雅詁林 一 釋詁下

孫炎云：卒、病之終也。一切經音義九 郭璞云：詩曰：嗣先公爾酋矣。成就亦終也。其餘未詳。

一切注音

古注斠

酋 郭音遒。釋文

求 巨牛反。又作求。酋 在由反。又子由反。郭音遒。就 如字。或作噈。子六、子合二反。又作蹴。同。終 音終。本又作終。

陸音義

殏。邢本作求。終。本又作終。邢本作終。

音義攷證

求酋在卒就終也

方求、方終。方在、方終。

新義

求酋在卒就終也 求，下武云世德作求。酋，卷阿云嗣先公爾酋矣。在未詳。

鄭樵注

求酋在卒就終也 酋，郭音遒。

孫炎曰：卒、病之終也。

郭璞曰：詩曰：嗣先公爾酋矣。成就亦終也。其餘未詳。

鄭樵曰：求，下武云世德作求。酋，卷阿云嗣先公爾酋矣。在未詳。

古注合存

求酋在卒就終也 酋音囚。此釋求酋以下皆終之義也。註曰：詩卷阿云似先公酋矣。成就亦終也。愚按：求在義未詳。或云求恐為究聲之誤也。凡物有定在，亦有終竟之義。今人云不知所在，亦云不知所終。

注疏參義

求酋在卒就終也 註 詩曰：嗣先公爾酋矣。成就亦終也。其餘未詳。

正義 釋名云：終，盡也。求者，地官牛人云：共其享牛、求牛。後鄭云：求，終也。終事也。大雅文王有聲云：遹求厥寧。舊疏引下武云：世德作求。鄭箋：求，終也。酋與求聲相近。在者，左氏昭十二年傳云：將何以在。哀二十七年傳云：多陵人者皆不在。皆以在為終也。卒者，小雅蓼莪云：我獨不卒。鄭箋：卒，終也。昭二十四年傳云：以待其卒。衆經音義引孫炎云：卒，病之終也。就者，史記楚世家云：韓宣子問叔向曰：子比其濟乎？對曰：不就。宣子曰：何為不就？以就為終也。

註 詩曰至酋矣。正義 大雅卷阿文。今本嗣作似，毛傳：似，嗣也。酋，終也。

正義

求酋在卒就終也 詩曰：嗣先公爾酋矣。就亦終也。其餘未詳。

此又因已義而廣釋終義也。終亦已也，極也，畢也，盡也，竟也。釋言云：彌，終也。郭注：終，竟也。釋名云：終，盡也。周語云：今自大畢伯士之終也。韋昭注：終，卒也。士冠禮云：廣終幅。鄭注：終，充也。充、終聲義近。廣雅云：終，極也。極與畢竟義竝同矣。求者，索之終也。求索之索本作索，蚰韈通作索。敘嫐索訓盡也，盡亦終也。故詩世德作求、遹求厥寧，箋竝云：求，終也。周禮牛人云：凡祭祀共其享牛求牛。注亦云：求，終也。通作救。大司徒：正日景以求地中。注：故書求為救。杜子春云：救當為求。是求救通。故說文云：救，止也。止亦已也，已亦終也。聲與究近，究訓盡，盡亦終矣。酋者，久之終也。方言云：久熟曰酋。久終義近。酋从酉，酉訓就，然則酉之為言就也。故范望太玄注：酋，就也。就亦終。故詩卷阿傳：酋，終也。漢書敘傳音義引韋昭亦云：酋，終也。通作遒。爾雅釋文：酋，郭音遒。詩卷阿正義：酋，正作遒。是遒酋通。史記魯世家云：考公酋。索隱引系本作就，鄒本作遒。詩及爾雅釋文酋俱在由、子由二反，亦即遒之音。又與僃同。說文：僃，終也。僃、酋、就又俱一聲之轉矣。在者，上文云：察也。是察之終也。尚書大傳云：察者，至也。至亦極也，極亦終也。書平在朔易，史記五帝紀作便在伏物。在亦訓察。按春夏秋皆言平秩，唯冬言平在，冬為歲之終，察之訓終，此亦其證。左氏成十六年傳：多怨而階亂，何以在位。昭十二年傳：將何以在。在亦終矣。卒者，說文作𡚁，通作卒。曲禮云：大夫曰卒。鄭注同。白虎通云：大夫曰卒，精熠終卒。卒之為言終於國也。一切經音義九引舍人曰：卒，病之終也。就者，上文云：成也。是成之終也。廣雅云：就，歸也。又云：久也。久與酋義近，歸與卒義近也。越語云：先人就世，不穀卽位。韋昭注：就世，終也。南史徐陵傳：光宅寺慧雲法師毐嗟陵早就，謂之顏回，是亦以就爲終。早就，言不壽，故比之顏回。而陵年七十七而終，明慧雲之言不驗也。今時俗語亦言就了，或言就已，斯皆謂終爲就，方俗之語合於雅訓矣。釋文就或作㵴，又作𡚱。玉篇云：𡚱，于六切，終也。又云：㵴，今作終。又云：𡚱，終也，亦作求。釋文𡚱又作求，㵴又作終。今按以上三體，皆極淺俗，所謂近鄙別字，經典斷不可用。

義疏

求酋在卒就終也舍人注：卒，人病之終也。郭注：詩曰：嗣先公酋矣。成、就，夫終也。其餘未詳。求、裘古文，皮衣，冬服，故爲終。其文从九，九，究亦終也。字夫爲又，終一事，又一事也。詩世德佮求，又其究安宅，又天命不又。禮尸又食。酉，从酉水半見，繹酒也。祭明日又祭爲繹，禮猶挾乘矢，在上云存察終事之詞也。書女明勖偶王在卒，上云盡已。詩畜我不卒，卒勞百姓。就上云成，詩是用不集，左傳引作就。終从冬，古文作舟，綠絲也，綠絲今謂之就，絞急絲相糾結，因爲始終，又與充同用。

集解

求酋在卒就終也求，以手索取物也。从又，从尾省，會意。正字爲究。究，窮也。引申爲終。周書文酌維有求究，是也。究、求通用字。詩下武世德作求，文王有聲遹求厥寧，箋均云：求，終也。周禮牛人享牛求牛，注：求，終也。魯語糾虔天刑與祖識之，祖，始也。對文則糾者終也。周書大匡哭不留日，注：留，盡也。終也。以糾留爲之。酋，繹酒也。从酉水半見于上，酋亦聲。正字爲猷，猷上云已。此故又引申爲終。說文則以僭爲之。僭、猷、酋、遒通用字。詩卷阿似先公酋矣，傳：酋，終也。前漢書叙傳說難既酋，文選本作遒，音義引韋昭曰：酋，終也。文選秋興賦悟歲時之遒盡兮，寡婦賦歲時忽其遒盡，曹子建樂府詩百年忽我遒，注均云：遒，終也。以遒爲之。在，存也。从土，才聲。正字爲截。賓爲再再，一舉而二也。引申爲終，謂事成而有終也。再、截、在通用字。書召誥厥終智藏瘝在，言才智者隱而以老病終也。左昭十二傳將何以在，哀二十七傳多陵人者皆不在，在均訓終。卒上訓爲已，故此又引申爲終。詩日月畜我不卒，鄭風七月何以卒歲，蓼莪我獨不卒，箋均云：卒，終也。前漢書儒林傳復從卒業，酷吏傳而七國之亂發怒於錯，錯卒被戮，師古均曰：卒，終也。管子大匡以卒年君舉，注：卒年，謂終年。淮南謬偁君子幾，注：幾，終也。禮記曲禮大夫曰卒，注：卒，終也。說文作𣨛，云大夫死也。以幾𣨛爲之。就，高也。从京，从尤，尤異於凡也。引申爲成也，終也。周禮典瑞注一帀爲一就，一帀猶一終也。越語先人就世，不穀即位，注：就世，終也。南史徐陵傳每嗟陵早就，謂之顏回，言早終也。詩小旻是用不集，韓詩作就。淮南詮言以數雜之壽，注：雜，帀也。從子至亥爲一帀，謂一終也。以集雜爲之。終字一作夂，緑絲也。象絲一束之形。引申爲窮也，極也。易君子以永終知敝。

義證

在終也　在者存，終者亡。前以在釋徂，此以終釋在，均美惡不嫌同名也。書堯典平在朔易，三時皆言平秩，獨于歲終除舊更新言在。左傳昭十二年叔孫昭子謂華定將何以在，言何以終其位。

補郭

求酋在卒就終也酋音遒。

註詩曰：嗣先公爾酋矣。成、就亦終也。其餘未詳。補正

邢疏：下武云：世德作求。日月云：畜我不卒。

郭注補正

求，終也，郭氏未詳。按詩世德作求、遹求厥甯，毛傳皆訓求爲終是已。

錢氏古義

𣧂酋在卒就殏也

詩曰：嗣先公爾酋矣。成、就亦殏也。其餘未詳

阮氏云：卷阿三章俾爾彌爾性，百神爾主矣。四章俾爾彌爾性，純嘏爾常矣。每章末句俱用爾字，惟二章俾爾彌爾性，嗣先公酋矣，無爾字，葢今本脫。

正義曰又嗣其先君之功、汝主能終之矣。訓爾爲汝、是孔本有爾字、郎本鍾本依今詩刪爾字、非。

殏酋在卒就殄也 **郭注佚存補訂**

說文無殏字。玉篇云殏、終也。釋文云殏、又作求。大雅下武世德作求、文王有聲遹求厥寧、鄭箋竝云求、終也。正義云求、終、釋詁文。 酋者、大雅卷阿似先公酋矣、毛傳云酋、終也。 在者、小雅小弁我辰安在、在、終也。言我辰何所終也。 卒者、邶風日月畜我不卒、豳風七月何以卒歲、小雅蓼莪我獨不卒、節南山國既卒斬、箋竝云卒、終也。卒、說文作𣨛。 孫炎云卒、病之終也。 就、玉篇作䠢、殄也。與釋文合。周頌敬之日就月將、孔子閒居引此文注云就、成也。郭注云成就、亦終也。訪落將予就之、就當訓終、謂助予終昭考之業也。將、助也。

說詩

求酋在卒就終也 釋文求作殏、終作殄。

註詩曰嗣先公爾酋矣 毛詩無爾字。

注疏正字

就終也

引之謹案、酋就聲相近、故皆訓爲終。史記魯世家考公酋、索隱酋、世本作就。越語曰先人就世、不穀即位、韋注就、終也。就與即一聲之轉、故終世謂之就世、亦謂之即世。成十三年左傳曰無祿獻公即世、是也。邵引史記楚世家韓宣子問叔向曰子比其濟乎、對曰不就、於義未確。 **述聞**

殏酋在卒就殄也 釋文云殏、又作求。就、或作噈、又作䠢。殄、本又作終。元照案自石經以後諸本皆作求就終、其歺旁皆俗人所加、噈乃俗歒字、見說文。亦不可用。徐養原曰說文糸部終、絿絲也。又絿、急也。絿求古蓋通用。

匡名

說文人部傮、終也。从人曹聲。傮亦讀囚、與酋音近。

求酋在卒就終也 說文終、絿絲也。註絿、字恐誤。廣韻終、極也、窮也、竟也。其義皆當作冬。冬、四時盡也。故其引伸之義如此。俗分別冬爲四時盡、終爲極也、窮也、竟也、乃使冬失其引伸之義、終失其本義矣。有𠔁而後有𣅈、冬而後有終、此造字之先後也。其音義則先有終之古文也。𠔁、古文終、有𠔁而有𣅈、𣅈而後有終。 大雅世德作求、箋求、終也。 酋、繹酒也。註引伸之凡久皆曰酋、久則有終也。又酋作遒、迫也。酋者遒之假借字。終與迫義相成也。大雅嗣先公酋矣、傳酋、終也。 左昭十二年傳將何以在、註在、終也。 小雅我獨不卒、箋卒、終也。 史記楚世家何爲不就、註就、終也。

啓蒙

殏 𣧢 釋文。殏又作求。 正作救止也

殄 𦃃 釋文。殄本又作終。 正作𠔁

黃侃評本正名

求、終也。 釋文殄本又作終、正作冬。 求與遒就聲通同訓、作救止也。

酋、終也。　酋與湫通、廣雅湫、盡也、淮南俶真精有湫盡而神無窮極。又通揫、揫束與絿絲義亦近。

在、終也。　在从才聲、才訓初而在訓終、亦相反爲義也。在聲又通哉、載、哉上文云始也、載釋天唐虞曰載、注取物終更始。

卒、終也。　卒上文云、已也、已終義近、左僖二十四婦怨無終、注終猶已也。

就、終也。　就上文云、成也、成終義近、周語高朗令終、注終猶成也、詩似先公酋矣、傳云酋終、箋以爲終成矣。

黃侃音訓

在終也

樾謹按、在當讀爲載、載從𢦔聲、在從才聲、亦或從𢦔聲、州輔碑𢦔貴不濡、在作𢦔、是其證也。故在載得通用。載之言成也、成與終義相近、載爲終、猶就爲終矣。上文載訓始、而此文訓終、正以亂爲治、以故爲今之例。釋天唐虞曰載、注曰取物終更始、然則載之義固通乎終始矣。

平議

求、酋、扗、卒、就、終也。

釋名「終、盡也；」周語韋昭注「終、卒也；」廣雅「終、極也；」義皆同。說文糸部終篆、訓絿絲；仌部冬篆下云：「四時盡也、从仌、从夂；夂、古文終字。」是終古作夂、有夂而後有冬、故夂有盡也極也之義。冬字以之會意、而爲四時之盡。自用終爲夂、而夂之本字廢；而終之本義亦廢矣。

求者、地官牛人「共其享牛求牛、」注云：「求、終也、終事也；」大雅文王有聲「遹求厥寧、」箋云：「求、終也；」求本索求之義、此訓終者、郝云：「索之終也。」

酋、大雅卷阿「似先公酋矣、」傳云：「似、嗣也；酋、終也。」

扗者、左氏昭十二年傳云：「將何以扗、」哀二十七年云：「多陵人者皆不扗、」皆以扗爲終。上文云：「扗、察也、」此訓終者、郝謂「察之終也。」

卒、說文作猝。衆經音義引孫炎云：「卒、病之終也。」曲禮「大夫曰卒、」小雅蓼莪「我獨不卒、」注箋竝云：「卒、終也。」

就者、王引之云：「越語『先人就世、不穀即位、』韋注『就、終也、』就與即一聲之轉、故終世謂之就世、亦謂之即世；成十三年左傳曰：『無祿獻公即世、』是也。」爾雅釋文云：「就又作殧、」玉篇云：『殧、千六切、殏也；』殧殏皆俗體、惟其義可以相證。

爾雅學

求酋在卒就終也　唐石經單疏本雪牕本同。釋文殏、巨牛反、又作求。就、又作殧、同。殏、音終、本又作終。按玉篇殏、終也。亦作求。殧、殏也、千六切。殏、殁也。今作終、與陸本合。

嗣先公爾酋矣　單疏本雪牕本注疏本同、按卷阿詩三章俾爾彌爾性、百神爾主矣。四章俾爾彌爾性、純嘏爾常矣。每章末句皆用爾字、惟二章俾爾彌爾性、嗣先公酋矣句無爾字、蓋今本脫。考正義曰又嗣其先君之功、汝主能終之矣。訓爾爲汝、是孔本有爾字、郎本鍾本依今詩刪爾字、非。

求酋在卒就終也○釋曰　注疏本刪。

校勘記

嗣先公爾酋矣　案詩無爾字、蓋今本脫。

案詩校勘記云、爾雅注或出於三家、毛鄭詩非有爾字也。

校勘記識語

嗣先公爾酋矣　十行本似先公酋矣。

校勘記訂補

七行求終也○「求」、《釋文》作「殏」、云：「又作求。」「終」、《釋文》作「殧」、云：「又作終。」案：「殏」「殧」皆後起字。

宋監本校箋

求酋音由在卒就終也

音圖・音

求　同前

求酋扗卒就終也。

孫侶直音

求、酋道、在、卒、就、終也。

直音校正

爾雅詁林　一　釋詁下

求酉囚在卒就終也

楊氏音訓

酉 遒

干氏音釋

崩薨無祿卒徂落殪死也

崩、薨、無祿、卒、徂落、殪、死也。古者死亡尊卑同稱耳、故尚書堯曰殂落、舜曰陟方乃死。

郭注

崩薨無祿卒殂落殪死也 釋曰、此皆死之別稱也。曲禮云、天子死曰崩、諸侯曰薨、大夫曰卒、士曰不祿、庶人曰死。鄭注云、異死名者、爲人褻其無知、若猶不同然也。自上顚壞曰崩。薨、顚壞之聲。卒、終也。不祿、不終其祿。死之言澌也、精神澌盡也。又曰、壽考曰卒、短折曰不祿。鄭注云、祿謂有德行任爲大夫士而不爲者、老而死從大夫之稱、少而死從士之稱。此云無祿者、卽彼之不祿也。徂落者、李巡曰、徂落、堯死之稱。郭云古者死亡尊卑同稱耳、故尚書堯曰殂落、舜曰陟方乃死者、皆虞書舜典文也。謂之殂落者、蓋殂爲往也、言人命盡而往、落者若草木葉落也。殪者、案隱九年左傳云、衷戎師、前後擊之、盡殪。杜注云、殪、死也。

邢疏

殂落死也

殂落、堯死之稱。書正義 邢疏

李注

黃輯古義

崩薨無祿卒殂落死也

殂落、堯死之稱。邢疏 書舜典正義

李注

玉函山房輯佚

殂落死也

李曰、殂落、堯死之稱。書正義 邢疏

漢注

崩薨無祿卒 殂落殪死也

李巡云、殂落、堯死之稱。書正義二卷 郭璞云、古者死亡尊卑同稱耳、故尚書堯曰殂落、舜曰陟方乃死。

一切注音

卒死也 舍人曰、卒、病之終也。一切經音義九

古注斠

殂落死也 李巡曰、殂落、堯死之稱。書正義

古注斠補

薨火弘反。殂音徂、本又作徂。𣧂音落、本又作落。殪於計反。同稱尺證反。

陸音義

𣧂○邢本作落。

音義攷證

崩薨無祿卒徂落殪死也

生以爲有祿、死以爲無祿、見祿而已、士也。徂、魂氣之往。落、體魄之降。殪、盡死也。使其形者亦死也、死而生始復從初起。

新義

崩薨無祿卒 徂落殪死也 徂落、卽虞書帝乃徂落。

鄭樵注

崩薨無祿卒殂落殪死也 殂、李鄭本作徂。

李巡曰、殂落、堯死之稱。

郭璞曰、古者死亡尊卑同稱耳、故尚書堯曰殂落、舜曰陟方乃死。

鄭樵曰、徂落、卽虞書帝乃徂落。

古注合存

崩薨無祿卒徂落殪死也 殪音意。○此釋崩薨以下皆死之義也。疏曰、曲禮云、天子死曰崩、諸侯曰薨、大夫曰卒、士曰不祿。鄭注云、崩者自上顚壞之名。薨者顚壞之聲。卒、終也。不祿、謂不終其祿。死之言澌、精神澌盡也。書舜典云、放勳乃徂落。徂之言往。落者若草木葉落也。隱九年左傳云、戎師盡殪。

注疏參義

爾雅詁林 一 釋詁下

崩薨無祿卒殂落殪死也【註】古者死亡尊卑同稱耳故尚書堯曰殂落舜曰陟方乃死【正義】說文云死澌也人所離也釋名云死
人始氣絕曰死。死，澌也，就消澌也。大戴禮記四代篇
云天子死曰崩，諸侯曰薨，大夫曰不祿，庶人曰死。鄭
註曲禮云異死名者，爲人褻其無知，若猶不同然
也。自下顛壞曰崩。薨，顛壞之聲。卒，終也。不祿，不終其
祿。死之言澌也，精神澌盡也。白虎通義云天子稱崩
何？別尊卑，異生死也。天子曰崩，大尊像，崩之爲言崩
然伏僵，天下撫擊失神明，黎庶殞涕，海內悲凉。諸侯
曰薨，國失陽，薨之言奄也，奄然已也。大夫曰卒，精燿
終也，卒之爲言終於國也。士曰不祿，不終君之祿，祿
之言消也，身消名彰。庶人曰死，魂魄去亡，死之言澌，
精氣窮也。釋名云天子曰崩，崩，壞之形也，崩，硼聲也。
諸侯曰薨，薨，壞之聲也。士曰不祿，不復食祿也。大夫
曰卒，言卒竟也。徂落，徂，祚也，福祚殞落也。徂亦往也，
言往去落也。殪，翳也，就隱翳也。【註】古者至乃死○【正】
【義】郭以爲古者尊卑同稱，然經傳皆以崩薨爲尊稱，
穀梁隱三年傳云高曰崩，厚曰崩，尊曰崩，天子之崩
以尊也。後世唯不祿與卒有互稱者，通典引石渠禮
議云聞人通漢問云記曰君赴於佗國之君曰不祿，
夫人曰寡小君不祿，大夫士或言卒死，皆不能明。戴
聖對曰君死不葬曰不祿，既葬曰薨。又問尸服卒者
之上服，士曰不祿，言卒何也？聖又曰夫尸者所以象
神也，其言卒而不言不祿者，通貴賤尸之義也。通漢
對曰尸象神也，故服其服，士曰不祿，諱辭也，孝子諱
死曰卒。案曲禮云壽考曰卒，短折曰不祿，鄭註祿謂
有德行任爲大夫士而不爲者，老而死從大夫之稱，
少而死從士之稱。是不祿與卒非大夫士之定稱也。
郭引堯曰殂落，舜曰陟方乃死者，據舜典之文，書疏
引李巡云徂落堯死之稱，說文云殂，往死也。白虎通
義云書言殂落死者，各自見義，
【正義】
堯見憯痛之，舜見終各一也。

無祿　玉案喪大記曰，君裏棺用朱綠，大夫用玄綠，士
不綠。今日無祿，卽不祿。不祿蓋卽不綠，爲諱之謙詞。【校議】

崩薨無祿卒徂落殪死也古者死亡尊卑同稱耳故尚書堯曰殂落舜曰陟方乃死
說文云死澌也人所離也檀弓云君子曰終小人曰死
死鄭注死之言澌也事卒爲終消盡爲澌按死終二
字對文則別散文則通故淮南精神篇云生寄也死
歸也是雖君子稱死也說苑雜言篇云死者民之終
也是雖小人稱終也周禮疾醫注少者曰死老者曰
終此亦對文若散文則終死亦老少之通稱矣崩薨
無祿卒者曲禮云天子死曰崩諸侯曰薨大夫曰卒
士曰不祿庶人曰死大戴禮及白虎通俱依此次爾
雅則以無祿居卒之前蓋順文無別義也析言其義
則穀梁隱三年傳高曰崩厚曰崩尊曰崩天子之崩
以尊也說文崩山壞也薨公侯𣨛也大夫死曰𣨛釋
名云崩壞之形也崩硼聲也薨壞之聲也不祿不復
倉祿也卒言卒竟也是釋名本爾雅爲序亦以無祿
居卒之前矣白虎通云崩之爲言傰然伏僵薨之言
奄也奄然亾也卒之爲言終於國也祿之言消也身
消名彰曲禮注異死名者爲人褻其無知若猶不同
然也自上顛壞曰崩薨顛壞之聲卒終也不祿不終
其祿公羊隱三年注不祿無祿也然則諸家之說大
意相同無祿俱作不祿其義同也然不祿之言俱屬
之士故言不終其祿或言不復倉祿此皆塈文生義
古說又復不同按通典八十三引漢石渠議聞人通
漢問云記曰君赴於佗國之君曰不祿夫人曰寡小
君不祿大夫士或言卒死皆不能明戴聖對曰君死
未葬曰不祿既葬曰薨此則諸侯亦稱不祿矣故晉
語云又重之以寡君之不祿韋昭注士死曰不祿禮
君死赴於他國曰寡君不祿謙也韋昭注及石渠議
所據皆禮雜記之文也又大夫亦稱不祿故雜記云
大夫計於同國適者曰某不祿計於士亦曰某不祿
又庶人亦稱不祿故曲禮云壽考曰卒短折曰不祿
鄭注祿謂有德行任爲大夫士而不爲者老而死從
大夫之稱少而死從士之稱然則不祿之言通於上
下今致其義不祿猶言不祥祥祿皆訓善廣雅云祿
善也不祿卽不善謂遭凶禍也祿又福也無祿猶言
無福亦謂遭死喪也詩民今之無祿左氏昭七年傳
今無祿早世其義竝同不祿又卽不淑上文云淑善
也不淑卽不善故雜記云寡君使某問君如何不淑

又云寡君使某如何不淑、是皆弔問凶喪之詞也。王照圓葩經小記說君子偕老云子之不淑、云如之何、詩意當與雜記同。箋以不淑爲不善之行、中谷有蓷云遇人之不淑、亦當謂良人遭死亾之禍、而箋以爲君子於已不善也。夫溫柔敦厚詩人之教、而二詩直露刺譏、似傷忠厚之意、疑皆說者失其義耳。卒者、𣨛之段借也。經典通作卒、而訓終死義亦爲死也、故通典引石渠議云孝子諱死曰卒。又引許愼五經通義云卒之爲言終於國也。曲禮云壽考曰卒。三說互異、蓋卒亦上下之通稱、義與無祿同矣。徂者、殂之段借也。徂落者、說文云殂往死也。引虞書曰放勛乃殂落。通作徂。舜典正義引李巡云徂落死之稱。郭此注又引舜陟方乃死之文、白虎通兩釋之云書言殂落死者、各有見義、堯見憯痛之、舜見終各一也。釋名云徂落、徂祚也。福祚殞落也。徂亦往也。言往去落也。孟子注本爾雅云徂落死也。今按梅書舜典作帝乃殂落。孟子引堯典作放勳乃徂落。說文引書與孟子同、書之眞古文也。釋文殂音徂、本又作徂、𣧌音落、本又作落。今從宋本作徂落、與孟子合、此古本矣。殪者、說文云死也。釋名云殪、翳也、就隱翳也。按殪亦死之通稱、故晉語云擊人盡殪、左氏隱九年傳衷戎師前後擊之盡殪、是皆以人死爲殪也。楚辭國殤篇云左驂殪兮右刃傷、晉語云射兕于徒林、殪以爲大甲、是又以物死爲殪矣。

義疏

崩薨無祿卒徂落殪死也　李注、徂落、堯死之稱。郭注、古者死亾尊卑同稱耳、故尚書堯曰徂落、舜曰陟方乃死。此別尊卑之號也。春秋天王崩。崩从鳳在山旁、蓋鳳死之稱。公薨。薨从夢、夢夢不寤也。宿男卒、宋公和卒、公子益師卒、尹氏卒、五等及天子大夫内大夫同詞。卒、終也。記寡君不祿、寡小君寡大夫同詞、則不祿赴詞也。說文引放勛乃殂、云古文作𣦸、不連落爲文。落卽格、格卽假。記天王登假、則殂與落俱王崩之詞。殪从壹、壹吉在壺中、蔽翳之詞。詩殪此大兕、記壹戎殷則殺、死及鳥獸見殺之詞。死从人、歺。離骨亦升、僊也。記野死、極死、水死、皆在祀典。死亦善詞也。

集解

崩薨無祿卒徂落殪死也　崩字一作崩、山壞也。从山朋聲。古文从阜。引申爲天子死之偁。曲禮天子死曰崩是也。穀梁隱三傳高曰崩、厚曰崩、尊曰崩、天子之崩以尊也。言天子死而偁崩、尊之詞也。薨、公侯死也。从死瞢省聲。曲禮諸侯死曰薨。春秋書天王崩、公薨、以薨爲公侯死之專偁、謂死而不明耳。無祿、不祿食也。禮以爲死者赴詞之偁、襍記君赴於他國之君曰不祿、寡小君寡大夫同詞。均因其死而不祿食也。卒上云終。此故引申爲大夫死之詞。說文則以𣨛爲之。春秋書公子益師卒、尹氏卒、正例也。書宋公和卒、則變例也。徂字一作退、往也。引申爲死。說文則以殂爲之。書堯典放勳乃徂落、孟子注死也。說文引作放勛乃殂、則徂爲王崩之詞、與落不必連文也。前漢書楊雄傳徂落於外、師古曰徂落死也。斥物言也。落、木之落也。从艸洛聲。引申爲王死之偁。曲禮所謂天王登假是也。蓋古者落格假通用、故此言落而記言假也。殪、殺死及鳥獸死之偁、从死壹聲。禮記中庸殪戎衣、晉語擊人書殪、齊策其良士選卒必殪、殺人而致之死也。詩吉日殪此大兕、晉語射兕於徒林、殪以爲大甲、則鳥獸之死也。詩其菑其翳、傳自斃爲翳、韓作殪。以翳爲之。死、澌也、人所離也。从歺从人。

義證

崩薨無祿卒徂落殪死也

注　古者死亡尊卑同稱耳、故尚書堯曰殂落、舜曰陟方乃死。補正　邢疏、李巡曰徂落、堯死之稱。

郭注補正

崩薨無祿卒殂殆殪死也

崩者、說文云崩、山壞也。小雅十月之交山冢崒崩、鄭箋云崩、君道壞也。疏云山高在上、君之象、今崩落、是君道壞也。釋名云天子曰崩、崩、壞之形也。大雅文王箋云崩謚曰文。無祿者、小雅正月念我無祿、箋云無祿者、言不得天祿。民今之無祿、箋云民於今無祿者、天以薦瘥天殺之，是王者之政又復祿破之，言遇害甚也。與君死未薨曰不祿，士大夫死曰不祿不同，然其爲死則一也。曲禮云，壽考曰卒，短折曰不祿。故庶人亦得稱無祿也。

殂殆，釋文云本又作徂落。唐石經作徂落。李巡云徂落，堯死之稱。是李巡本作徂落也。徂落二字分言之，衛風氓大雅桑柔小雅四月諸詩傳箋並訓徂爲往，人死亦謂之往。說文云凡草曰零，木曰落。衛風氓桑之落矣，其黃而隕，王肅云言其色黃隕墜也。文選陸韓卿詩注云殂落猶彫落也。草本曰落，人死亦曰落。　殪者，說文云死也。小雅吉日殪此大兕，傳云殪，壹發而死。是獸死曰殪，人死亦曰殪也。

說詩

卒殂落殪死也　落、釋文作殆。

注疏正字

崩薨無祿卒殂殆殪死也　崩、說文作𡶱，或从𨸏作𨹟。　無祿、儀禮疏喪服經傳引作不祿。又既夕云曲禮與爾雅皆云大夫曰卒、士曰不祿。　殂、釋文云本又作徂。石經作徂、一切經音義廿二引徂落、死也。五經文字且部徂、往也。爾雅又爲徂落字。案殂正文，徂通借，皆有往義也。　殆、釋文云本又作落。石經作落。案殆亦俗字，諸本無作殆者。

匡名

崩薨無祿卒殂落殪死也　說文：死，澌也，人所離也。从歺人。崩，山壞也。古从𨸏。大戴禮天子死曰崩。薨，公侯𣨛也。从死，瞢省聲。大戴禮諸侯曰薨。大夫曰不祿，庶人曰死。𣨛，大夫死曰𣨛。白虎通大夫曰卒，士曰不祿。曲禮壽考曰卒，短折曰不祿。殂，往死也。从歺且聲。堯典徂落。殪，死也。从歺壹也。左隱九年傳前後擊之盡殪。

啓蒙

殆　落　釋文。殆本又作落。

黃侃評本正名

徂、落、殪，死也。作祖、始也，而殂訓死。落，始也，而落訓死。一、數之始也，而殪訓死。胎、生之始也，而殆訓危。故知死生相反，而循環無窮。古人常言已明其義矣。

黃侃音訓

卒　已也　求　就　終也　殂　落

釋文卒、又作𣨛。下同。釋詁釋文　求、作殏、云又作求。釋詁釋文　就、或作噈、子六子合二反。釋詁釋文　又作蹴。釋詁釋文　終、作𣧩、音終、云本又作終。釋詁釋文　殂、本又作徂。釋詁釋文　落、作殆、云本又作落。釋詁釋文

證異

崩、薨、無祿、卒、殂落、殪、死也。

說文死部云：「死、澌也、人所離也、从歺人。」死澌疊韻、方言云：「澌、盡也。」故訓死爲澌；从歺人者、歺爲骨肉分離之意、人死則肉朽而離骨、故曰人所離也、从歺人。檀弓謂「君子曰終、小人曰死；」周禮注謂「少者曰死、老者曰終；」此分析言之。渾言無別。爾雅郭注曰：「古者死亡、尊卑同稱耳、故尙書堯曰殂落、舜曰陟方乃死。」

崩、薨、無祿、卒、爲死者、釋名云：「天子曰崩、崩、壞之形也；諸侯曰薨、薨、壞聲也；士曰不祿、不復食祿也；大夫曰卒、言卒竟也。」大戴禮曲禮白虎通與之互有異同。惟證以禮雜記及漢儒諸說、則無祿也、卒也、又皆爲上下之通稱、不必專屬之士大夫也。

爾雅詁林　一　釋詁下

殂落、見孟子。說文曰：「殂、往死也、」引虞書曰：「勛乃殂；」師古注王莽傳引書作「放勳乃殂、」是殂落二字、亦可分用。爾雅釋文云：「殂、本又作徂；」案玉篇亦云：「殂、今作徂、」以徂爲殂、乃後人之假借。殪者、釋名「殪、翳也、就隱翳也。」小雅毛傳云：「壹發而死爲殪；」說文「殪、从歺、壹聲、」段氏所以謂形聲包會意也。郝氏云：「殪爲死之通稱。」

爾雅學

徂落唐石經單疏本雪牕本同。注疏本改殂、非。釋文殂音徂、本又作徂。殂音落、本又作落。故尚書堯曰殂落單疏本雪牕本注疏本同、此經注異字之明證。按尚書作殂落、說文殂往死也。虞書曰放勛乃殂足證孔氏古文作殂。

崩薨無祿卒徂落殪死也○釋曰注疏本刪。

校勘記

異死名也監本毛本湘本也作者、曲禮鄭注正作者、此誤。

注疏校勘札記

八行徂落○「徂」、唐寫本作「殂」・「落」、《釋文》作「路」，云：「又作落」・案：「路」爲後起字。

宋監本校箋

崩薨無祿卒殂落殪死也、平聲　翳

孫侶直音

崩、薨、無祿、卒、殂、落、殪、死也。徂平聲　翳

直音校正

崩薨無祿卒殂落殪意死也

楊氏音訓

殪於計切

干氏音釋

八四八

爾雅詁林　一　釋詁下